Prinz/Witt
Steuerliche Organschaft

Steuerliche Organschaft

herausgegeben von

Prof. Dr. Ulrich Prinz
Wirtschaftsprüfer und Steuerberater
Köln

Dr. Sven-Christian Witt
Richter am Bundesfinanzhof
München

2. Auflage

2019

otto**schmidt**

Bearbeiter

Tobias Appl, M.Sc.
Steuerberater, Stuttgart

Peter Ballwieser, LL.M. (U.S. Tax)
Rechtsanwalt, Steuerberater, Köln

Prof. Dr. Swen-Oliver Bäuml
Wirtschaftsjurist, Steuerberater, Frankfurt a.M.

Dr. Stefanie Beinert, LL.M. (Chicago)
Rechtsanwältin, Steuerberaterin, Frankfurt a.M.

Prof. Dr. Jens Blumenberg
Steuerberater, Hamburg

Dr. Gottfried Breuninger
Rechtsanwalt, München

Thomas Dennisen
Rechtsanwalt, Steuerberater, Köln

Prof. Dr. Klaus-Dieter Drüen
Ludwig-Maximilians-Universität München
Richter am Finanzgericht Düsseldorf

Dr. Daniel Epe
Rechtsanwalt, München

Dr. Arne von Freeden, LL.M. (NYU)
Rechtsanwalt, Fachanwalt für Steuerrecht
und Steuerberater, Hamburg

Ralf Herbener
Rechtsanwalt, Fachanwalt für Steuerrecht,
MM, Bitburg

Felix Hierstetter
Steuerberater, München

Bettina Hulde
Regierungsrätin, Bayerisches
Staatsministerium der Finanzen, für
Landesentwicklung und Heimat, München

Dr. Christian Hundeshagen
Dipl.-Kfm., Steuerberater, Hamburg

Prof. Dr. Holger Kahle
Universität Hohenheim

Stefan Kolbe, M. Tax
Dipl.-Finw., Vorsitzender Richter am
Finanzgericht Berlin-Brandenburg, Cottbus

Dr. Astrid Krüger
Rechtsanwältin, München

Dr. Simon Patrick Link
Rechtsanwalt, Dipl.-Kfm., München

Marius Marx
Rechtsanwalt, Steuerberater,
Frankfurt a.M.

Dr. Magnus Müller
Rechtsanwalt, Steuerberater,
Fachanwalt für Steuerrecht, München

Dr. Claudia Nees
Syndikusanwältin, Ludwigshafen

Prof. Dr. Petra Oesterwinter
Fachhochschule Dortmund
Steuerberaterin, Dortmund

Prof. Dr. Ulrich Prinz
Dipl.-Kfm., Wirtschaftsprüfer,
Steuerberater, Köln

Dr. Dirk Schade
Rechtsanwalt, München

Dr. Tibor Schober
Richter, Finanzgericht Berlin-Brandenburg,
Cottbus

Thomas Schöneborn, LL.M.
Regierungsdirektor,
Oberfinanzdirektion NRW, Köln

Dr. Sebastian Schulz
Walldorf

Andreas Treiber
Richter am Bundesfinanzhof, München

Dr. Gunther Wagner, LL.M. (NYU)
Rechtsanwalt, Steuerberater, München

Dr. Johann Wagner, LL.M. (NYU)
Rechtsanwalt, Steuerberater, Hamburg

Sabrina Wagner, LL.M.
Steuerberaterin, Nürnberg

Dr. Sven-Christian Witt
Richter am Bundesfinanzhof, München

Zitierempfehlung:
Bearbeiter in Prinz/Witt, Steuerliche Organschaft,
2. Aufl. 2019, Rz. 1.1 ff.

*Bibliografische Information
der Deutschen Nationalbibliothek*

Die Deutsche Nationalbibliothek verzeichnet diese Publikation in der Deutschen Nationalbibliografie; detaillierte bibliografische Daten sind im Internet über http://dnb.d-nb.de abrufbar.

Verlag Dr. Otto Schmidt KG
Gustav-Heinemann-Ufer 58, 50968 Köln
Tel. 02 21/9 37 38-01, Fax 02 21/9 37 38-943
info@otto-schmidt.de
www.otto-schmidt.de

ISBN 978-3-504-20693-2

©2019 by Verlag Dr. Otto Schmidt KG, Köln

Das Werk einschließlich aller seiner Teile ist urheberrechtlich geschützt. Jede Verwertung, die nicht ausdrücklich vom Urheberrechtsgesetz zugelassen ist, bedarf der vorherigen Zustimmung des Verlages. Das gilt insbesondere für Vervielfältigungen, Bearbeitungen, Übersetzungen, Mikroverfilmungen und die Einspeicherung und Verarbeitung in elektronischen Systemen.

Das verwendete Papier ist aus chlorfrei gebleichten Rohstoffen hergestellt, holz- und säurefrei, alterungsbeständig und umweltfreundlich.

Einbandgestaltung: Lichtenford, Mettmann
Satz: WMTP, Birkenau
Druck und Verarbeitung: Kösel, Krugzell
Printed in Germany

Vorwort zur 2. Auflage

Seit Veröffentlichung der ersten Auflage im Jahr 2015, die in der fachlichen Diskussion vielfach Beachtung gefunden hat, gab es im steuerlichen Organschaftsrecht zahlreiche Neuerungen und Weiterentwicklungen. Dies betraf sowohl Gesetzgebung und Rechtsprechung als auch Verwaltung und Literatur. Um dem Nutzer auch weiterhin eine aktuelle Grundlage für seine Entscheidungen zur bzw. seine praktische Arbeit mit einer steuerlichen Organschaft zur Verfügung zu stellen, war es Zeit, unser Grundlagenwerk zum steuerlichen Organschaftsrecht umfassend rundzuerneuern, ohne das bewährte Konzept zu verändern.

Bei dieser Gelegenheit haben wir besonderen Wert darauf gelegt, unseren integrierten Ansatz (Berücksichtigung des Gesellschafts-, Bilanz-, Insolvenz- und Unionsrechts) sowie die Beleuchtung der praxisrelevanten Problemfelder aus unterschiedlichen Perspektiven (Rechtsprechung, Verwaltung, Berater und Wissenschaft) weiter zu verbessern, um so eine bestmögliche Informationsquelle und Entscheidungsgrundlage zu bieten. So sind beispielsweise in Kap. 1 ein Abschnitt zum Bilanzrecht der Organschaft und in Kap. 8 ein Abschnitt zur Verlustnutzung eingefügt worden. Ein weiterer Schwerpunkt lag darin, die einzelnen Kapitel durch zusätzliche Verweise weiter miteinander zu vernetzen. Darüber hinaus hatten wir das Ziel, die mehrfache Behandlung eines Themas auf diejenigen Fälle zu beschränken, in denen ein unterschiedlicher Schwerpunkt oder ein anderer Blickwinkel für den Leser einen Mehrwert ergeben.

Von den Neuerungen und Weiterentwicklungen der Gesetzgebung sind insbesondere die Einführung des § 7a GewStG durch das BEPS-Umsetzungsgesetz vom 20.12.2016 (Sicherstellung der 5%igen Hinzurechnung von Betriebsausgaben beim Bezug schachtelprivilegierter Dividenden durch eine Organgesellschaft) sowie die mit dem Jahressteuergesetz 2018 geplanten Änderungen zu den Ausgleichszahlungen an außenstehende Gesellschafter hervorzuheben. Dies sind Reaktionen des Gesetzgebers auf die Entscheidungen des BFH vom 17.12.2014 (I R 39/14, BFH/NV 2015, 749) und vom 10.5.2017 (I R 93/15, BFH/NV 2018, 144).

Daneben hat der BFH mit zahlreichen weiteren Urteilen zur Fortentwicklung des steuerlichen Organschaftsrechts in den letzten vier Jahren beigetragen. Zu nennen sind hier beispielsweise die Urteile zur Organschaftspause bei zeitweiliger Nichterfüllung einzelner Organschaftsvoraussetzungen während der Mindestlaufzeit des GAV (vom 10.5.2017 – I R 51/15, BStBl. II 2018, 30), zur Anwendung der umwandlungssteuerrechtlichen Rückwirkungsfiktion (vom 10.5.2017 – I R 19/15, BFH/NV 2017, 1558), zu den in der Praxis immer bedeutsamer werdenden organschaftlichen Mehr- und Minderabführungen (vom 15.3.2017 – I R 67/15, BFH/NV 2017, 1276) und zum Umfang der Haftung bei Organschaftsketten (vom 31.5.2017 – I R 54/15, BStBl. II 2018, 54). Im internationalen Bereich kommt das Verbot der doppelten Verlustnutzung im In- und Ausland gemäß § 14 Abs. 1 Satz 1 Nr. 5 KStG hinzu (vom 12.10.2016 – I R 92/12, BFH/NV 2017, 685; BFH vom 12.10.2016 – I R 93/12, BFH/NV 2017, 586).

Last but not least bleibt zu erwähnen, dass die in Kap. 22 erörterte umsatzsteuerliche Organschaft zurzeit einen grundlegenden Wandel durchläuft, weil insbes. auch bestimmte Formen von PersGes. organgesellschaftsfähig geworden sind. Ausgangspunkt ist hier das Urteil des EuGH vom 16.7.2015 (C-108/14 und C-109/14, Larentia + Minerva und Marenave Schifffahrt, BStBl. II 2017, 604). Die hierzu ergangenen Folgeentscheidungen des BFH (unter anderem vom 2.12.2015 – V R 25/13, BStBl. II 17, 547; vom 19.1.2016 – XI R 38/12, BStBl. II 2017, 567; vom 1.6.2016 – XI R 17/11, BStBl. II 2017, 581) und das BMF-Schreiben vom 26.5.2017 (BStBl. I 2017, 790) markieren wohl nur einen vorläufigen „Zwischenstand" der derzeitigen

Rechtsentwicklung, haben aber dessen ungeachtet großen Überprüfungsbedarf in der Praxis ausgelöst.

Wir möchten an dieser Stelle allen Autoren, die an unserem Handbuch mitgewirkt haben, ganz herzlich für ihren großartigen Einsatz und ihre Geduld danken. Wir wissen insbesondere den damit verbundenen Zeitaufwand, der zusätzlich zu den hauptberuflichen Tätigkeiten zu erbringen ist, sehr zu schätzen. Ein besonderer Dank gilt natürlich auch dem Verlag Dr. Otto Schmidt und seinen Mitarbeitern, insbesondere den im Lektorat zuständigen Herren Dr. Wolfgang Lingemann und Dominic Hüttenhoff, die mit ihrem unermüdlichen Arbeitseinsatz die Erstellung der Neuauflage ermöglicht haben.

Wir hoffen sehr, dass auch die zweite Auflage unseres Handbuchs eine gute Aufnahme im Fachpublikum finden wird. Anregungen und Kritik sind weiterhin stets willkommen.

Köln/München im Oktober 2018   Prof. Dr. Ulrich Prinz, Dr. Sven-Christian Witt

Vorwort zur 1. Auflage

Die steuerliche Organschaft bewirkt eine auf das Inland begrenzte Ergebnispoolung in einer Unternehmensgruppe und hat wegen damit verbundener Verlustnutzungs- und Finanzierungsvorteile große Bedeutung in der Praxis. Sie hat sich seit langem als Gestaltungsinstrument über die großen Konzerne hinaus im deutschen Mittelstand etabliert, bereitet aber wegen zahlreicher formeller und inhaltlicher Fallstricke mitunter praktische Sorgen.

Die Gründe dafür sind vielfältig: Die ertragsteuerliche Organschaft setzt – fast einmalig in der Welt – einen ganz besonders ausgestalteten Gewinnabführungsvertrag (im Sinne des § 291 AktG) voraus und hat daher starke Bezüge zum Konzernrecht. Ein gesellschaftsrechtlich einwandfreier Gewinnabführungsvertrag ist Grundvoraussetzung zur Anerkennung der ertragsteuerlichen Organschaft. Das Steuerrecht fordert darüber hinaus aber einiges mehr. Deshalb können Fehler im Gewinnabführungsvertrag zu verunglückten Organschaften führen mit massiven Steuernachteilen. Im Übrigen sind die Rechtsfolgen der Organschaft im Körperschaftsteuerrecht und im Gewerbesteuerrecht trotz ihrer Tatbestandsidentität durchaus disparat. In der Praxis steht meist die ertragsteuerliche Organschaft im Diskussionsmittelpunkt. Aber auch das Umsatzsteuerrecht kennt das Organschaftsphänomen mit durchaus wachsender Bedeutung. Die umsatzsteuerliche Organschaft (§ 2 Abs. 2 Nr. 2 UStG) mit ihren unionsrechtlichen Grundlagen ist rechtskonzeptionell völlig anders als im Ertragsteuerrecht ausgestaltet und erfordert – ohne jegliche Bezugnahme auf gesellschaftsrechtliche Unternehmensverträge – eine faktisch vorliegende finanzielle, wirtschaftliche und organisatorische Eingliederung der Organgesellschaft in den Organträger. Sie bewirkt im Wesentlichen Administrationserleichterungen, kann aber auch zu materiellen Umsatzsteuervorteilen führen. Schließlich kennt auch das Grunderwerbsteuerrecht unter speziellen Tatbestandsvoraussetzungen eine Organschaft, die in Bezug auf unmittelbare oder mittelbare Immobilientransaktionen allerdings nur steuerverschärfend wirkt. Steuerliche Organschaften sind daher im Ergebnis ein äußerst vielschichtiges Rechtsgebilde mit gesellschaftsrechtlichen, bilanzrechtlichen und zunehmend international-steuerlichen Bezügen. Gesetzgebung, Rechtsprechung und Finanzverwaltung setzen die Rahmenbedingungen, die sich im Zeitablauf signifikant verändert haben. Zuletzt wurden zahlreiche Details der Organschaft durch die sogenannte Kleine Organschaftsreform vom 20.02.2013 verändert.

Trotz der großen Bedeutung von Organschaften in der Praxis und einer fast unüberschaubaren Fülle hochspezialisierter Aufsatz- und Kommentarliteratur fehlt es bislang an aktuellen, steuersystematisch ausgerichteten und umfassend angelegten Grundlagenwerken. Mit dem vorliegenden Handbuch soll deshalb eine „Gesamtschau der Organschaft" vorgelegt werden, die gleichzeitig praktischen wie wissenschaftlichen Bedürfnissen Rechnung trägt und einen integrierten Ansatz (einschließlich Gesellschafts-, Bilanz-, Insolvenz- und Unionsrecht) verfolgt. Die vielfältige Organschaftsrealität mit ihren rechtlichen Fragestellungen haben wir in drei Teile gegliedert.

Teil 1 widmet sich den Grundlagen der Organschaft einschließlich ihrer gesellschaftsrechtlichen, verfassungsrechtlichen und unionsrechtlichen Bezüge. In einem eigenständigen Kapitel wird bspw. die Verwaltungssicht zur steuerlichen Organschaft dargelegt. Dies ist ein ideales „Rüstzeug" zur Vorbereitung von Betriebsprüfungen mit Organschaftsthemen. Außerdem unterstützen Beratungsüberlegungen zum Gewinnabführungsvertrag als Kernelement der ertragsteuerlichen Organschaft mit einem erläuterten Vertragsmuster bei der Gründung einer

Vorwort zur 1. Auflage

Organschaft. Darüber hinaus werden de lege ferenda konzeptionelle Überlegungen zur Fortentwicklung der Organschaft zu einem modernen Gruppenbesteuerungssystem dargestellt.

Teil 2 behandelt die vielfältigen inlandsbezogenen Einzelfragen der Organschaft. Dabei konzentriert sich das Handbuch auf die ertragsteuerlichen Details, wie etwa die Behandlung von Ausgleichszahlungen, die Gestaltungsfragen im Zusammenhang mit Unternehmenstransaktionen sowie die Besonderheiten der Personengesellschaft als Organträger. Daneben werden aber auch die umsatzsteuerlichen und die grunderwerbsteuerlichen Organschaftsthemen sowie die insolvenzrechtlichen Auswirkungen der Organschaft in eigenen Kapiteln intensiv dargelegt.

Schließlich befasst sich Teil 3 des Handbuchs mit den zunehmend bedeutsamen internationalen Sonderfragen der Organschaft. Der grenzüberschreitende Gewinnabführungsvertrag, die Verlustabzugssperre des § 14 Abs. 1 Nr. 5 KStG und die neuen organträgerbezogenen Betriebsstättenfragen stehen im Mittelpunkt.

Um ein solches umfassendes und hochaktuelles Grundlagenwerk zum steuerlichen Organschaftsrecht mit integriertem Ansatz zu erstellen, konnten wir auf ein namhaftes und hochmotiviertes Autorenteam zurückgreifen. Die Autoren stammen aus der Unternehmens- und Beratungspraxis, der Finanzgerichtsbarkeit, der Finanzverwaltung und schließlich der Wissenschaft und befassen sich aus ihrem jeweils speziellen Blickwinkel mit den diversen Organschaftsthemen.

Wir möchten allen Autoren danken, die mit großem Einsatz, Langmut, Akribie und „Freizeitverzicht" an unserem Handbuch mitgewirkt haben. Ein Dank gilt auch dem Verlag Dr. Otto Schmidt und dem zuständigen Lektor, Herrn Dr. Wolfgang Lingemann. Die Erstauflage eines neuen Grundlagenwerks birgt vielfältige Herausforderungen und erfordert hohen Zeiteinsatz bei der fachschriftstellerischen Tätigkeit. Wir wissen dies – nicht zuletzt aus eigener Erfahrung – sehr zu schätzen. Schließlich hoffen wir sehr, dass unser Handbuch eine gute Aufnahme im Fachpublikum finden wird. Natürlich sind Anregungen und Kritik Herausgebern und Verlag stets willkommen.

Köln/München im Juni 2015   Prof. Dr. Ulrich Prinz, Dr. Sven-Christian Witt

Inhaltsübersicht

	Seite
Vorwort zur 2. Auflage	VII
Vorwort zur 1. Auflage	IX
Abkürzungsverzeichnis	XVII
Gesamtliteraturverzeichnis	XXV

1. Teil
Grundlagen der Organschaft

	Rz.	Seite

Kapitel 1 Steuerliche Grundlagen der „Organschaft im Wandel" *(Prinz)*

	Rz.	Seite
A. Das Organschaftsphänomen: Unternehmensverbund als begrenzt wirkende „fiktive Besteuerungseinheit"	1.1	2
B. Steuerartenspezifische Rechtsgrundlagen der Organschaft	1.5	5
C. Rechtsentwicklung der Organschaft	1.19	15
D. Rechtskonzeption der Organschaft	1.32	23
E. Wirtschaftliche Bedeutung der Organschaft	1.64	41
F. Organschaft als Gestaltungsinstrument	1.73	44
G. Weiterentwicklung der Organschaft zu einem Gruppenbesteuerungskonzept	1.78	47

Kapitel 2 Gesellschaftsrechtliche Grundlagen der Organschaft *(Link)*

	Rz.	Seite
A. Grundlagen	2.1	54
B. Beteiligte Gesellschaften	2.21	60
C. Inhalt und Auslegung des Gewinnabführungsvertrags	2.28	62
D. Zustandekommen des Gewinnabführungsvertrags	2.45	67
E. Wirkungen des Gewinnabführungsvertrags	2.74	76
F. Der fehlerhafte Gewinnabführungsvertrag	2.111	88
G. Änderung des Gewinnabführungsvertrags	2.114	89
H. Beendigung des Gewinnabführungsvertrags	2.122	91

Kapitel 3 Der Gewinnabführungsvertrag als Kernelement der ertragsteuerlichen Organschaft *(Beinert/Nees/G. Wagner)*

	Rz.	Seite
A. Voraussetzungen einer ertragsteuerlichen Organschaft	3.1	104
B. Muster eines Gewinnabführungsvertrags	3.62	128
C. Muster eines ertragsteuerlichen Umlagevertrags (Verteilungsverfahren)	3.91	141

Kapitel 4 Verfassungs- und verfahrensrechtliche Grundlagen der Organschaft *(Drüen)*

	Rz.	Seite
A. Verfassungsrechtliche Grundlagen der Organschaft	4.1	147
B. Verfahrensrecht und Organschaft	4.11	153

	Rz.	Seite

Kapitel 5 Unionsrechtlicher Einfluss auf die Organschaft *(Hulde)*

	Rz.	Seite
A. Unionsrechtlicher Rahmen für Steuern	5.1	186
B. Vorgaben der Rechtsprechung des EuGH	5.29	199
C. Unionsrechtliche Prägung der Organschaft	5.98	224

Kapitel 6 Organschaft aus Rechtsprechungsperspektive *(Witt)*

	Rz.	Seite
A. Einleitung	6.1	229
B. Rechtsprechung zu den Voraussetzungen einer Organschaft	6.5	231
C. Rechtsprechung zu den Rechtsfolgen einer Organschaft	6.73	254
D. Gewerbesteuerliche Aspekte der Organschaft	6.114	267
E. Verfahrensrechtliche Aspekte der Rechtsprechung	6.135	275
F. Verfassungsrechtliche Aspekte der Rechtsprechung	6.151	280
G. Unions- und DBA-rechtliche Aspekte der Rechtsprechung	6.159	283
H. Fazit	6.170	288

Kapitel 7 Die Organschaft aus Finanzverwaltungsperspektive *(Schöneborn)*

	Rz.	Seite
A. Die Organschaft im Veranlagungsverfahren	7.1	292
B. Die ertragsteuerliche Organschaft in der Betriebsprüfung	7.16	299
C. Zusammenfassung der wesentlichen Erkenntnisse	7.108	330

Kapitel 8 Gestaltungsfragen der ertragsteuerlichen Organschaft
(Blumenberg/Hundeshagen)

	Rz.	Seite
A. Einleitung	8.1	336
B. Gestaltungsmöglichkeiten im Hinblick auf die laufende Ertragsteuerbelastung	8.2	337
C. Gestaltung des Beginns und der Beendigung der Organschaft	8.45	354
D. Verlustnutzung gem. §§ 8c, 8d KStG	8.57	359
E. Gestaltungsmöglichkeiten bei grenzüberschreitendem Unternehmenserwerb	8.62	363
F. Organschaft im Zusammenhang mit Umwandlungen	8.69	368
G. Möglichkeiten und Grenzen grenzüberschreitender Organschaften	8.80	372

Kapitel 9 Rechtsvergleich: Konzernbesteuerung in wichtigen Industriestaaten *(Kahle/Schulz)*

	Rz.	Seite
A. Gruppenbesteuerung zwischen Trennungsprinzip und Einheitsprinzip	9.1	381
B. Grenzüberschreitende Gruppenbesteuerung als steuerplanerisches Instrument	9.3	383
C. Systematisierung von Gruppenbesteuerungssystemen	9.12	387
D. Gruppenbesteuerung in ausgewählten EU-Mitgliedstaaten	9.16	389
E. Schlussbetrachtung	9.130	427

Kapitel 10 Fortentwicklung der Organschaft zu einem modernen Gruppenbesteuerungssystem *(Oesterwinter)*

	Rz.	Seite
A. Einleitung	10.1	431
B. Wesentliche Ziele eines Gruppenbesteuerungskonzepts	10.2	432

	Rz.	Seite
C. Rahmenbedingungen für ein Gruppenbesteuerungskonzept	10.10	436
D. Fortentwicklung der Organschaft zu einem modernen Gruppenbesteuerungskonzept ohne GAV	10.21	440
E. Fazit	10.75	463

2. Teil
Inlandsbezogene Einzelfragen der Organschaft

Kapitel 11 Begründung und Beendigung der ertragsteuerlichen Organschaft *(Beinert/Nees)*

	Rz.	Seite
A. Beginn und Dauer der Organschaft	11.1	467
B. Beendigung der Organschaft	11.15	474
C. Wiederbeleben der Organschaft nach Organschaftspause	11.70	500

Kapitel 12 Finanzielle Eingliederungserfordernisse bei der ertragsteuerlichen Organschaft *(Beinert/M. Marx)*

	Rz.	Seite
A. Begriff der finanziellen Eingliederung	12.1	503
B. Dauer der finanziellen Eingliederung	12.48	520

Kapitel 13 Einkommensermittlung, Einkommenszurechnung, Gewinnabführung und Verlustübernahme bei Organschaft *(Kolbe)*

	Rz.	Seite
A. Gewinnabführung und Einkommenszurechnung: Die Verknüpfung von Handels-, Gesellschafts- und Steuerrecht bei der Organschaft	13.1	534
B. Die Abführung des handelsrechtlichen Gewinns/Verlustes an den Organträger als Voraussetzung der Organschaft (§ 14 Abs. 1 Satz 1 Nr. 3 Satz 1 KStG)	13.4	535
C. Die Ermittlung des Einkommens und des Gewerbeertrags der Organgesellschaft	13.57	551
D. Die Zurechnung des Einkommens der Organgesellschaft beim Organträger und die gewerbesteuerliche Ermittlung des Gewerbeertrags im Organkreis	13.91	562
E. Die Ermittlung des Einkommens des Organträgers	13.112	567

Kapitel 14 Mehr- und Minderabführungen *(von Freeden)*

	Rz.	Seite
A. Einführung	14.1	580
B. Das Problem „Mehr- und Minderabführung" und seine gesetzliche Regelung	14.2	581
C. Identifizierung einer Mehr- oder Minderabführung	14.7	584
D. Rechtsfolgen einer Mehr- oder Minderabführung	14.23	592
E. Auflösung organschaftlicher Ausgleichsposten	14.40	598
F. Einzelne Aspekte bei der Bildung und Fortführung organschaftlicher Ausgleichsposten	14.58	605
G. Besonderheiten bei Mehr- und Minderabführungen in einer mehrstöckigen unmittelbaren Organschaft	14.64	607

	Rz.	Seite
H. Besonderheiten bei Mehr- und Minderabführungen in einer mittelbaren Organschaft	14.66	609
I. Zusammenfassung	14.69	611

Kapitel 15 Ausgleichszahlungen an Minderheitsgesellschafter *(J. Wagner)*

A. Problemstellung, Rechtsentwicklung und Bedeutung	15.1	614
B. Gesellschaftsrechtliche Rahmenbedingungen	15.9	616
C. Steuerrechtliche Behandlung der Ausgleichszahlung	15.28	621

Kapitel 16 Sonderfragen der Personengesellschaft im Organschaftsrecht *(Bäuml)*

A. Bedeutung der Personengesellschaft in Konzernstrukturen und Organschaftsverhältnissen	16.1	637
B. Die Personengesellschaft als ertragsteuerlicher Organträger	16.17	641
C. Die Personengesellschaft im Rahmen einer umsatzsteuerlichen Organschaft	16.122	666
D. Ausblick	16.137	671

Kapitel 17 Holding als Organträger *(Herbener)*

A. Begriff der Holding	17.1	674
B. Holding als ertragsteuerlicher Organträger	17.7	675
C. Holding als umsatzsteuerlicher Organträger	17.32	682
D. Holding als gewerbesteuerlicher Organträger	17.40	685

Kapitel 18 Rechtsfolgen verunglückter Organschaft *(Herbener)*

A. Begriff der verunglückten Organschaft	18.1	688
B. Folgen der verunglückten Organschaft	18.5	688
C. Gründe für das „Verunglücken"	18.25	693

Kapitel 19 Organschaft und Zinsschranke *(Appl)*

A. Grundlagen der Zinsschranke	19.1	710
B. Sondervorschriften für die Organschaft	19.30	721
C. Gestaltungspotential der Organschaft mit Blick auf die Zinsschranke	19.63	735

Kapitel 20 Organschaft und Umwandlung/Umstrukturierung/ Unternehmenskauf *(Hierstetter)*

A. Überblick	20.1	740
B. Organschaft und Unternehmenskauf	20.2	741
C. Organschaft und Umwandlung bzw. Umstrukturierung	20.27	753
D. Begründung stiller Gesellschaften	20.96	788

| | Rz. | Seite |

Kapitel 21 Organschaft bei non-profit-Organisationen (Kommunale sowie gemeinnützige Unternehmen) *(Ballwieser/Dennisen)*

A. Öffentlich-rechtliche Körperschaften als Teil der Organschaft 21.1 792
B. Gemeinnützige Körperschaften mit partieller Steuerpflicht als Teil der Organschaft 21.29 808

Kapitel 22 Sonderfragen umsatzsteuerlicher Organschaft *(Treiber)*

A. Entwicklung der umsatzsteuerlichen Organschaft 22.1 815
B. Zweck der umsatzsteuerlichen Organschaft 22.14 819
C. Voraussetzungen der umsatzsteuerlichen Organschaft 22.20 821
D. Rechtsfolgen der umsatzsteuerlichen Organschaft 22.80 838
E. Beginn und Ende der Organschaft 22.91 842
F. „Verunglückte" und „unerkannte" umsatzsteuerliche Organschaft 22.96 844
G. Fazit 22.99 845

Kapitel 23 Sonderfragen grunderwerbsteuerlicher Organschaft *(Schober)*

A. Bedeutung der Organschaft im Grunderwerbsteuerrecht 23.1 848
B. Die Organschaft im Gesamtgefüge der grunderwerbsteuerlichen Tatbestände 23.3 849
C. Voraussetzungen der grunderwerbsteuerlichen Organschaft 23.9 851
D. Rechtsfolgen der grunderwerbsteuerlichen Organschaft 23.34 862
E. Veränderungen des Organkreises (Anteilsverschiebung, Umwandlung) .. 23.46 868
F. Vermeidungsstrategien in der Praxis 23.59 873
G. Compliance-Aspekte der grunderwerbsteuerlichen Organschaft 23.66 876
H. Fazit 23.71 878

Kapitel 24 Organschaft bei Insolvenz und Sanierung *(J. Wagner)*

A. Insolvenz und Steuerrecht 24.1 880
B. Umsatzsteuerliche Organschaft 24.15 885
C. Körperschaftsteuerliche Organschaft 24.56 901

3. Teil
Internationale Sonderfragen der Organschaft

Kapitel 25 Grundlagen internationaler Organschaft *(Breuninger)*

A. Bedeutung von Organschaften im grenzüberschreitenden Kontext 25.1 910
B. Entwicklung in Rechtsprechung und Gesetzgebung 25.12 915

Kapitel 26 Gesellschaftsrechtliche Fragen *(A. Krüger/Epe)*

A. Grenzüberschreitender Ergebnisabführungsvertrag 26.1 928
B. Doppelte Ansässigkeit von Organgesellschaft/Organträger 26.27 936

	Rz.	Seite
Kapitel 27 Inlandsbezug bei Organträger und Organgesellschaft in grenzüberschreitenden Fällen *(Schade/S. Wagner)*		
A. Aufgabe des doppelten Inlandsbezugs der Organgesellschaft	27.1	945
B. Wegfall des Erfordernisses der unbeschränkten Steuerpflicht bzw. der Eintragung einer Zweigniederlassung im Handelsregister für ausländischen Organträger	27.13	949
C. Zuordnung der Beteiligung an der OG zur inländischen Betriebsstätte des OT und Sicherstellung des deutschen Besteuerungsrechts (§ 14 Abs. 1 Satz 1 Nr. 2 Satz 4–7 KStG)	27.31	955
D. Fazit und Ausblick	27.85	976
Kapitel 28 Grenzüberschreitende Verlustabzugssperre des § 14 Abs. 1 Satz 1 Nr. 5 KStG *(M. Müller)*		
A. Hintergrund der Neufassung der Verlustabzugssperre	28.1	978
B. Sachlicher und persönlicher Anwendungsbereich des § 14 Abs. 1 Satz 1 Nr. 5 KStG	28.7	982
C. Tatbestandsvoraussetzungen der Verlustabzugssperre	28.14	985
D. Anwendungsbeispiele	28.27	993
E. Verfahrensrechtliche Gesichtspunkte	28.46	1010
F. Vereinbarkeit mit höherrangigem Recht und DBA-Grundsätzen	28.50	1012
G. Fazit und Ausblick	28.60	1017
H. Checkliste: Problemkreise der Verlustabzugssperre in der Beratungspraxis	28.61	1018
Stichwortverzeichnis		1019

Abkürzungsverzeichnis

aA	andere(r) Ansicht
aaO	am angegebenen Ort
ABl. EG	Amtsblatt der Europäischen Gemeinschaften (bis Januar 2003)
ABl. EU	Amtsblatt der Europäischen Union (ab Februar 2003)
Abs.	Absatz
Abschn.	Abschnitt
abzfG	abzuführender Gewinn
abzgl.	abzüglich
AdV	Aussetzung der Vollziehung
aE	am Ende
AEAO	Anwendungserlass zur Abgabenordnung
AEUV	Vertrag über die Arbeitsweise der Europäischen Union
aF	alte Fassung
AfA	Absetzung für Abnutzung
AG	Aktiengesellschaft; auch „Die Aktiengesellschaft" (Zeitschrift)
AK	Anschaffungskosten
AktG	Aktiengesetz
Alt.	Alternative
aM	anderer Meinung
amtl.	amtlich
Anh.	Anhang
Anm.	Anmerkung
AO	Abgabenordnung
AOA	Authorised OECD Approach
AO-StB	AO-Steuerberater (Zeitschrift)
arg.e	Argument/Schlussfolgerung aus
Art.	Artikel
AStG	Außensteuergesetz
AT	Österreich
Aufl.	Auflage
ausl.	ausländisch
Az.	Aktenzeichen
BayLfSt	Bayerisches Landesamt für Steuern
BB	Betriebs-Berater (Zeitschrift)
BBK	Buchführung, Bilanzierung, Kostenrechnung (Zeitschrift)
Bd.	Band
BDI	Bundesverband der Deutschen Industrie
Begr.	Begründung
Beschl.	Beschluss
betr.	betreffend
BewG	Bewertungsgesetz
BFH	Bundesfinanzhof
BFHE	Entscheidungssammlung des BFH
BFH/NV	BFH/NV (Zeitschrift)
BFH-PR	Entscheidungen des BFH für die Praxis der Steuerberatung (Zeitschrift)

Abkürzungsverzeichnis

BFuP	Betriebswirtschaftliche Forschung und Praxis (Zeitschrift)
BgA	Betrieb gewerblicher Art
BGB	Bürgerliches Gesetzbuch
BGBl.	Bundesgesetzblatt Teil I oder II
BGH	Bundesgerichtshof
BMF	Bundesministerium der Finanzen
Bp	Betriebsprüfung
BR	Bundesrat
BR-Drucks.	Drucksachen des Bundesrates
Bsp.	Beispiel
bspw.	beispielsweise
BStBl.	Bundessteuerblatt Teil I, II oder III
BT	Bundestag
BT-Drucks.	Drucksachen des Bundestages
Buchst.	Buchstabe
BV	Betriebsvermögen
BVerfG	Bundesverfassungsgericht
bzgl.	bezüglich
BZSt	Bundeszentralamt für Steuern
bzw.	beziehungsweise
CGI	Code Général des Impôts
Corp	Corporation
DB	Der Betrieb (Zeitschrift)
DBA	Doppelbesteuerungsabkommen
ders.	derselbe
dh.	das heißt
dies.	dieselbe(n)
D/J/P/W	Dötsch/Jost/Pung/Witt, Die Körperschaftsteuer, s. Gesamtliteraturverzeichnis
DK	Der Konzern (Zeitschrift)
DStJG	Veröffentlichungen der Deutschen Steuerjuristischen Gesellschaft e.V. (Tagungsbände)
DStR	Deutsches Steuerrecht (Zeitschrift)
DStRE	Deutsches Steuerrecht – Entscheidungsdienst (Zeitschrift)
DStZ	Deutsche Steuerzeitung (Zeitschrift)
€	Euro
-E	(Gesetzes-) Entwurf
EAV	Ergebnisabführungsvertrag
EFG	Entscheidungssammlung der Finanzgerichte (Zeitschrift)
eG	eingetragene Genossenschaft
EG	Vertrag zur Gründung der Europäischen Gemeinschaft in der Fassung des Vertrages von Amsterdam
EK	Eigenkapital
endg.	endgültig
ErbStB	Der Erbschaft-Steuer-Berater (Zeitschrift)
ErbStG	Erbschaft- und Schenkungsteuergesetz

Erl.	Erlass
ESt	Einkommensteuer
EStB	Einkommensteuerberater (Zeitschrift)
EStDV	Einkommensteuer-Durchführungsverordnung
EStG	Einkommensteuergesetz
EStR	Einkommensteuerrichtlinien
ET	European Taxation (Zeitschrift)
EU	Europäische Union
EuGH	Europäischer Gerichtshof
EuGHE	Entscheidungssammlung des EuGH
EuZW	Europäische Zeitschrift für Wirtschaftsrecht (Zeitschrift)
EWR	Europäischer Wirtschaftsraum
EWS	Europäisches Wirtschafts- und Steuerrecht (Zeitschrift)
EZ	Erhebungszeitraum
F	Frankreich
f.	folgende (eine Seite)
ff.	fortfolgende (mehrere Seiten)
FG	Finanzgericht
FGO	Finanzgerichtsordnung
FinMin	Finanzministerium
FinVerw.	Finanzverwaltung
FK	Fremdkapital
Fn.	Fußnote
FR	Finanz-Rundschau (Zeitschrift)
FS	Festschrift
G	Gesetz
GA	Generalanwalt
GAV	Gewinnabführungsvertrag
GbR	Gesellschaft des bürgerlichen Rechtes
gem.	gemäß
GewSt	Gewerbesteuer
GewStG	Gewerbesteuergesetz
GewStR	Gewerbesteuer-Richtlinien
GG	Grundgesetz
ggf.	gegebenenfalls
GKKB	Gemeinsame konsolidierte Körperschaftsteuer-Bemessungsgrundlage
glA	gleiche Ansicht
GmbH	Gesellschaft mit beschränkter Haftung
GmbHG	Gesetz betreffend die Gesellschaften mit beschränkter Haftung
GmbHR	GmbH-Rundschau (Zeitschrift)
GmbH-StB	GmbH-Steuerberater (Zeitschrift)
grds.	grundsätzlich
GrEStG	Grunderwerbsteuergesetz
GrS	Großer Senat
GStB	Gestaltende Steuerberatung (Zeitschrift)
GWR	Gesellschafts- und Wirtschaftsrecht (Zeitschrift)

Halbs.	Halbsatz
HB	Handelsbilanz
HFA	Hauptfachausschuss
HFR	Höchstrichterliche Finanzrechtsprechung (Zeitschrift)
HGB	Handelsgesetzbuch
HHR	Herrmann/Heuer/Raupach, EStG/KStG, s. Gesamtliteraturverzeichnis
H/H/Sp	Hübschmann/Hepp/Spitaler, AO/FGO, s. Gesamtliteraturverzeichnis
hM	herrschende Meinung
IAS	International Accounting Standard
idF	in der Fassung
idR	in der Regel
idS	in dem Sinne
IDW	Institut der Wirtschaftsprüfer
IFA	International Fiscal Association
IFRS	International Financial Reporting Standard
IFSt	Institut Finanzen und Steuern e.V.
i.Gr.	in Gründung
iHd.	in Höhe des/der
iHv.	in Höhe von
Inc.	Incorporated
INF	Die Information für Steuerberater und Wirtschaftsprüfer (Zeitschrift)
InsO	Insolvenzordnung
Intertax	International Tax Review (Zeitschrift)
InvStG	Investmentsteuergesetz
InvZulG	Investitionszulagengesetz
IPrax	Praxis des Internationalen Privat- und Verfahrensrechts (Zeitschrift)
iRd.	im Rahmen des/der
i.S.d.	im Sinne des/der
ISR	Internationale Steuer-Rundschau (Zeitschrift)
IStR	Internationales Steuerrecht (Zeitschrift)
i.S.v.	im Sinne von
ITPJ	International Transfer Pricing Journal (Zeitschrift)
iVm.	in Verbindung mit
IWB	Internationale Wirtschafts-Briefe
JbFStR	Jahrbuch der Fachanwälte für Steuerrecht
JStG	Jahressteuergesetz
jur.	juristisch
jurisPR-SteuerR	juris Praxisreport Steuerrecht
Kap.	Kapitel
KapGes.	Kapitalgesellschaft
KFR	Kommentierte Finanzrechtsprechung (Zeitschrift)
KG	Kommanditgesellschaft
KGaA	Kommanditgesellschaft auf Aktien
KiSt	Kirchensteuer
Komm.	Kommentar
KÖSDI	Kölner Steuerdialog (Zeitschrift)

KSt	Körperschaftsteuer
KStG	Körperschaftsteuergesetz
KStR	Körperschaftsteuer-Richtlinien
KTS	KTS Zeitschrift für Insolvenzrecht
lit.	Litera
LLC	Limited Liability Company
LLP	Limited Liability Partnership
lt.	laut
Ltd.	Private Company Limited by Shares, Limited
m. Anm.	mit Anmerkung(en)
MA	Musterabkommen
mE	meines Erachtens
Mio.	Million(en)
MoMiG	Gesetz zur Modernisierung des GmbH-Rechts und zur Bekämpfung von Missbräuchen
mwN	mit weiteren Nachweisen
MwStR	Mehrwertsteuerrecht (Zeitschrift)
MwStSystRL	Mehrwertsteuersystemrichtlinie
nF	neue Fassung
NL	Niederlande
Nr.	Nummer
NZG	Neue Zeitschrift für Gesellschaftsrecht
NZI	Neue Zeitschrift für das Recht der Insolvenz und Sanierung
nv.	nicht veröffentlicht
oa.	oben angegeben
oÄ	oder Ähnliches
OECD	Organization for Economic Cooperation and Development
OECD-MA	OECD-Musterabkommen zur Vermeidung der Doppelbesteuerung auf dem Gebiet der Steuern vom Einkommen und Vermögen
OECD-MK	OECD-Musterkommentar
OFD	Oberfinanzdirektion
og.	oben genannt
OG	Organgesellschaft
OHG	offene Handelsgesellschaft
OT	Organträger
OVG	Oberverwaltungsgericht
pa.	per annum
PerGes	Personengesellschaft
phG	persönlich haftender Gesellschafter
PIStB	Praxis Internationale Steuerberatung (Zeitschrift)
PL	Polen
RFH	Reichsfinanzhof
RIW	Recht der internationalen Wirtschaft (Zeitschrift)

rkr.	rechtskräftig
RL	Richtlinie
Rs.	Rechtssache
Rspr.	Rechtsprechung
RStBl.	Reichssteuerblatt
Rz.	Randzahl
S.	Seite, auch siehe
SBV	Sonderbetriebsvermögen
Schr.	Schreiben
SE	Societas Europea oder Länderbezeichnung für Schweden
SEStEG	Gesetz über steuerliche Begleitmaßnahmen zur Einführung der Europäischen Gesellschaft und zur Änderung weiterer steuerlicher Vorschriften v. 7.12.2006, BGBl. I 2006, 2782
Slg.	Amtliche Sammlung der EuGH-Entscheidungen
s.o.	siehe oben
sog.	so genannt
SolZG	Solidaritätszuschlagsgesetz
StB	Der Steuerberater (Zeitschrift), auch Steuerbilanz
Stbg	Die Steuerberatung (Zeitschrift)
StBilG	Steuerbilanzgewinn
StbJb	Steuerberater-Jahrbuch
StBp	Die steuerliche Betriebsprüfung (Zeitschrift)
StE	Steuer-Eildienst (Zeitschrift)
StEntlG	Steuerentlastungsgesetz
SteuK	Steuerrecht kurzgefaßt (Zeitschrift)
Stpfl.	Steuerpflicht, auch Steuerpflichtige(r)
StR kompakt	Der Betrieb, Steuerrecht kompakt, elektronische Zeitschrift
StuB	Steuern und Bilanzen (Zeitschrift)
StuW	Steuer und Wirtschaft (Zeitschrift)
StVergAbG	Steuervergünstigungsabbaugesetz v. 16.5.2003, BGBl. I 2003, 660
SWI	Steuer & Wirtschaft International (Zeitschrift)
TNI	Tax Notes International (Zeitschrift)
Tz.	Teilziffer
ua.	unter anderem
uÄ	und Ähnliches
Ubg	Die Unternehmensbesteuerung (Zeitschrift)
uE	unseres Erachtens
UK	Vereinigtes Königreich
UmwG	Umwandlungsgesetz
UmwStG	Umwandlungssteuergesetz
UntStFG	Unternehmensteuerfortentwicklungsgesetz v. 20.12.2001, BGBl. I 2001, 3858
UR	Umsatzsteuer-Rundschau (Zeitschrift)
Urt.	Urteil
USt	Umsatzsteuer
UStAE	Umsatzsteuer-Anwendungserlass

UStG	Umsatzsteuergesetz
u.U.	unter Umständen
v.	vom, von
vE	verdeckte Einlage
Vfg.	Verfügung
VfgSlg	Amtliche Sammlung des österreichischen Verfassungsgerichtshofs
VG	Verwaltungsgericht
vGA	verdeckte Gewinnausschüttung
vgl.	vergleiche
vH	vom Hundert
VO	Verordnung
VZ	Veranlagungszeitraum
WG	Wirtschaftsgut
Wj.	Wirtschaftsjahr
WK	Werbungskosten
WM	Zeitschrift für Wirtschafts- und Bankrecht
WPg	Die Wirtschaftsprüfung (Zeitschrift)
zB	zum Beispiel
ZerlG	Zerlegungsgesetz
ZHR	Zeitschrift für das gesamte Handels- und Wirtschaftsrecht
Ziff.	Ziffer
ZInsO	Zeitschrift für das gesamte Insolvenzrecht
ZIP	Zeitschrift für Wirtschaftsrecht
ZKF	Zeitschrift für Kommunalfinanzen
zT	zum Teil
z.v.E.	zu versteuerndes Einkommen
zzgl.	zuzüglich

Abkürzungsverzeichnis

UStG	Umsatzsteuergesetz
u.U.	unter Umständen
v.	vom/von
VL	verdeckte Einlage
Vor.	Vortrag
VGSlg	Amtliche Sammlung des österreichischen Verfassungsgerichtshofs
VG	Verwaltungsgericht
vGA	verdeckte Gewinnausschüttung
vgl.	vergleiche
vH	vom Hundert
VO	Verordnung
VZ	Veranlagungszeitraum
WG	Wirtschaftsgut
WJ	Wirtschaftsjahr
WK	Werbungskosten
WM	Zeitschrift für Wirts.-, Bank- und Börsenrecht
WPg	Die Wirtschaftsprüfung (Zeitschrift)
z.	zum, Beispiel
ZaDG	Zahlungsgesetz
ZHR	Zeitschrift für das gesamte Handels- und Wirtschaftsrecht
Ziff.	Ziffer
ZInsO	Zeitschrift für das gesamte Insolvenzrecht
ZIP	Zeitschrift für Wirtschaftsrecht
ZKF	Zeitschrift für Kommunalfinanzen
T.	zum Teil
z.v.E.	zu versteuerndes Einkommen
zzgl.	zuzüglich

Gesamtliteraturverzeichnis

Bamberger/Roth/Hau/Poseck, Beck'scher Online-Kommentar zum BGB, 47. Edition, München
Baumbach/Hopt, Handelsgesetzbuch, Kommentar, 38. Auflage 2018
Baumbach/Hueck, GmbH-Gesetz, Kommentar, 21. Aufl., München 2017
Baumhoff/Dücker/Köhler, Besteuerung, Rechnungslegung und Prüfung der Unternehmen, 2010
Beck'scher Bilanz-Kommentar, Handels- und Steuerbilanz, hrsg. von Grottel/Schmidt/Schubert/Winkeljohann, 11. Aufl., München 2018
Beck'sches Handbuch der GmbH, hrsg. von Prinz/Winkeljohann, 5. Aufl., München 2014
Beck'sches Handbuch Umwandlungen international, München 2013
Beermann/Gosch, Abgabenordnung, Finanzgerichtsordnung, Kommentar, Bonn (Losebl.)
Birk/Desens/Tappe, Steuerrecht, 21. Aufl., Heidelberg 2018
Blaurock, Handbuch stille Gesellschaft, 8. Aufl., Köln 2016
Blümich, Einkommensteuergesetz, Körperschaftsteuergesetz, Gewerbesteuergesetze und Nebengesetze, Kommentar, München (Losebl.)
Boor, Die Gruppenbesteuerung im harmonisierten Mehrwertsteuerrecht, Heidelberg 2014
Bork/Hölzle, Handbuch Insolvenzrecht, Köln 2014
Boruttau, Grunderwerbsteuergesetz, Kommentar, 18. Aufl., München 2016
Boruttau/Klein, Grunderwerbsteuergesetz, Kommentar, 2. Aufl., Eberswalde 1942
Braun, Insolvenzordnung, 7. Aufl. 2017
Buchna/Seeger/Brox/Leichinger, Gemeinnützigkeit im Steuerrecht, 11. Aufl., Achim 2015
Bühner, Management Holding, 2. Aufl., Landsberg/Lech 1992
Bürgers/Körber, Aktiengesetz, Kommentar, 4. Aufl., Heidelberg 2017
Bunjes, Umsatzsteuergesetz, Kommentar, 17. Aufl., München 2018

Döllerer, Verdeckte Gewinnausschüttungen und verdeckte Einlagen bei Kapitalgesellschaften, 2. Aufl., Heidelberg 1990
Dötsch/Jost/Pung/Witt, Die Körperschaftsteuer, s. jetzt Dötsch/Pung/Möhlenbrock
Dötsch/Patt/Pung/Möhlenbrock, Umwandlungssteuerrecht, 7. Aufl., Stuttgart 2012
Dötsch/Pung/Möhlenbrock, Kommentar zum Körperschaftsteuergesetz, Umwandlungssteuergesetz und zur internationalen Gewinnabgrenzung, Stuttgart (Losebl.)

Ebenroth/Boujong/Joost/Strohn, Handelsgesetzbuch, 3. Aufl., München 2015
Eckardt/Mayer/van Zwoll, Der Geschäftsführer der GmbH, 2. Aufl., Stuttgart 2014
Emmerich/Habersack, Aktien- und GmbH-Konzernrecht, 8. Aufl., München 2016
Erle/Sauter, Körperschaftsteuergesetz, Kommentar, 3. Aufl., Heidelberg 2010
Erman, Bürgerliches Gesetzbuch, Kommentar, 15. Aufl., Köln 2017
Ernst & Young, EuGH-Rechtsprechung Ertragsteuerrecht, 2. Aufl., Bonn 2007
Ernst & Young, Körperschaftsteuergesetz, Kommentar, Bonn (Losebl.)
Ernst & Young/BDI, Die Unternehmenssteuerreform 2008

Federmann/Kußmaul/Müller, Handbuch der Bilanzierung, Freiburg (Losebl.)
Festschrift für Kurt Ballerstedt, hrsg. von Flume/Raisch u.a., Berlin 1975
Festschrift für Karl Beusch, hrsg. von Beisse/Lutter/Närger, Berlin/, 1993
Festschrift für Franz Böhm zum 80. Geburtstag, hrsg. von Sauermann/Mestmäcker, Tübingen 1975

Festschrift für Christiana Djanani, hrsg. von Brähler/Lösel, Wiesbaden 2008
Festschrift für Georg Döllerer, hrsg. von Klein u.a., Düsseldorf 1988
Festschrift für Werner Flume, in Gemeinschaft mit Ballerstedt und F.A. Mann hrsg. von Jakobs/Knobbe/Keuk/Picker/Wilhelm, Bd. II, Köln 1978
Festschrift für Gerrit Frotscher, hrsg. von Lüdicke/Mössner/Hummel, Freiburg 2013
Festschrift für Norber Herzig, hrsg. von Kessler/Förster/Watrin, München 2010
Festschrift für Ernst E. Hirsch, dargebracht von den Mitgliedern der Juristischen Fakultät, Berlin 1968
Festschrift für Michael Hoffmann-Becking, hrsg. von Krieger/Lutter/Schmidt, München 2013
Festschrift für Heinrich Wilhelm Kruse, hrsg. von Drenseck/Seer, Köln 2001
Festschrift für Joachim Lang, hrsg. von Tipke/Seer/Hey/Englisch, Köln 2010
Festschrift Friedrich Wilhelm Metzeler, hrsg. von van Betteray/Delhaes, Köln 2003
Festschrift für Martin Peltzer, hrsg. von Luther/Scholz/Sigle, Köln 2001
Festschrift für Arndt Raupach, hrsg. von P. Kirchhof/K. Schmidt/Schön, Köln 2006
Festschrift für Dieter Reuter, hrsg. von Martinek/Rawert/Weitemeyer, Berlin 2010
Festschrift für Wolfgang Ritter, hrsg. von Kley/Sünner/Willemsen, Köln 1997
Festschrift für Harald Schaumburg, hrsg. von Spindler/Tipke/Rödder, Köln 2009
Festschrift für Karsten Schmidt, hrsg. von Bitter/Lutter/Priester/Schön/Ulmer, Köln 2009
Festschrift für Wolfgang Spindler, hrsg. von Mellinghoff/Schön/Viskorf, Köln 2011
Festschrift für Michael Streck, hrsg. von Binnewies/Spatscheck, Köln 2011
Festschrift für Jochen Thiel, hrsg. von Herzig, Stuttgart 2003, s. auch Herzig, Organschaft
FGS/BDI, Der Umwandlungsteuer-Erlass 2011, Bonn 2012
FK-InsO – Frankfurter Kommentar zur Insolvenzordnung, hrsg. von Klaus Wimmer, 9. Aufl., Neuwied 2018
v. Freeden, Minder- und Mehrabführungen nach § 14 Abs. 4, § 27 Abs. 6 KStG, Frankfurt 2011
Frotscher/Drüen, Kommentar zum Körperschaft-, Gewerbe- und Umwandlungssteuergesetz, Kommentar, Freiburg (Losebl.)
Frotscher/Geurts, Einkommensteuergesetz, Kommentar, Freiburg (Losebl.)

Gassner/Lang/Wiesner, Besteuerung von Unternehmensgruppen, Wien 1998
Gedächtnisschrift für Christoph Trzaskalik, hrsg. von Tipke/Söhn, Köln 2005
GmbH-Handbuch, Centrale für GmbH, GmbH-Handbuch, Köln (Losebl.)
Gosch, Körperschaftsteuergesetz, Kommentar, 3. Aufl., München 2015
Gosch/Schwedhelm/Spiegelberger, GmbH-Beratung. Gesellschafts- und Steuerrecht, Köln (Losebl.)
Gottwald, Insolvenzrechts-Handbuch, 5. Aufl., München 2015
Grabitz/Hilf/Nettesheim, Das Recht der Europäischen Union, Kommentar, München (Losebl.)
Greif/Schuhmann, Körperschaftsteuergesetz, Kommentar, Heidelberg (Losebl.)
Großkommentar/AktG, hrsg. von Hopt/Wiedemann, 4. Aufl., Berlin 2012
Grotherr, Handbuch der internationalen Steuerplanung, 3. Aufl., Herne 2011

Happ, Konzern- und Umwandlungsrecht, Köln (Losebl.)
Haritz/Menner, Umwandlungssteuergesetz, Kommentar, 4. Aufl., München 2015
Hartmann, Timo, Die Vereinbarkeit der umsatzsteuerrechtlichen Organschaft mit dem Europäischen Unionsrecht, München 2013
Heidel, Thomas, Aktienrecht und Kapitalmarktrecht, 4. Aufl., Baden-Baden 2014
Henssler/Strohn, Gesellschaftsrecht, Kommentar, 3. Aufl., München 2016

Herrmann/Heuer/Raupach, Kommentar zum Einkommensteuer- und Körperschaftsteuergesetz, Köln (Losebl.)
Herzig, Organschaft, Festschrift für Thiel, Stuttgart 2003
Hey, Johanna, Steuerplanungssicherheit als Rechtsproblem, Köln 2002
Hidien/Pohl/Schnitter, Gewerbesteuer, 15. Aufl., Achim 2014
Hölters, Aktiengesetz, 3. Aufl., München 2017
Hoffmann/Lüdenbach, NWB Kommentar Bilanzierung, 9. Aufl., Herne 2018
Hofmann, Ruth/Hofmann, Gerda, Grunderwerbsteuergesetz, 11. Aufl., Herne 2016
Homburg, Allgemeine Steuerlehre, 7. Aufl., München 2015
Hüffer/Koch, Aktiengesetz, 13. Aufl., München 2018
Hüttemann, Gemeinnützigkeits- und Spendenrecht, 4. Aufl., Köln 2018

Jakob, Abgabenordnung, 5. Aufl., München 2010
Joecks/Jäger/Randt, Steuerstrafrecht, 8. Aufl., München 2015
Jurkat, Die Organschaft im Steuerrecht, Heidelberg 1975

Kahlert/Rühland, Sanierungs- und Insolvenzsteuerrecht, 2. Aufl., Köln 2011
Kallmeyer, Umwandlungsgesetz, 6. Aufl., Köln 2017
Kanzler/Kraft/Bäuml/Marx/Hechtner, Einkommensteuergesetz Kommentar, 3. Aufl., Herne 2018
Kanzler/Nacke, Steuergesetzgebung 2007/2008, Herne 2007
Kayser/Thole, Insolvenzordnung, 9. Aufl., Heidelberg 2018
Kessler/Förster/Watrin, Unternehmensbesteuerung, Festschrift für Norbert Herzig, München 2010
Kessler/Kröner/Köhler, Konzernsteuerrecht, 3. Aufl., München 2018
Kirchhof, Paul, Einkommensteuergesetz, Kommentar, 17. Aufl., Köln 2018
Kirchhof/Söhn/Mellinghoff, Einkommensteuergesetz, Kommentar, Heidelberg (Losebl.)
Klein, Abgabenordnung, Kommentar, 13. Aufl., München 2016
Koenig, Abgabenordnung, 3. Aufl., München 2014
Korn, Einkommensteuergesetz, Kommentar, Bonn (Losebl.)
Kreft, Insolvenzordnung, 7. Aufl., Heidelberg 2014
Küting/Weber, Der Konzernabschluss, 14. Aufl., Stuttgart 2018

Lademann, Kommentar zum Einkommensteuergesetz, Stuttgart (Losebl.)
Lenski/Steinberg, Gewerbesteuergesetz, Kommentar, Köln (Losebl.)
Lenz/Borchardt, EU-Verträge, Kommentar, 6. Aufl., Wien 2012
Looks/Heinsen, Betriebsstättenbesteuerung, 3. Aufl., München 2017
Lüdicke/Mössner/Hummel, Das Steuerrecht der Unternehmen. *Festschrift für* Gerrit Frotscher zum 70. Geburtstag, Freiburg 2013
Lutter/Bayer, Holding-Handbuch, 5. Aufl., Köln 2015
Lutter/Hommelhoff, GmbH-Gesetz, Kommentar, 19. Aufl., Köln 2016

Michalski/Heidinger/Leible/Schmidt, Kommentar zum Gesetz betreffend die Gesellschaften mit beschränkter Haftung (GmbH-Gesetz), Kommentar, 3. Aufl., München 2017
Mössner/Seeger, Körperschaftsteuergesetz, Kommentar, 3. Aufl., Herne 2017
Müller/Stöcker/Lieber, Die Organschaft, 10. Aufl., Herne 2017
Münchener Handbuch des Gesellschaftsrechts, Band 3, 5. Aufl., München 201, Band 6, 4. Aufl., München 2013
Münchener Kommentar zum AktG, Band 5, 4. Aufl., München 2015

Gesamtliteraturverzeichnis

Münchener Kommentar zum GmbHG, Band 1, 3. Aufl., München 2018
Münchener Kommentar zur Insolvenzordnung, Bände 2 und 3, 3. Aufl., München 2014

Neumann, Ralf, VGA und verdeckte Einlagen, 2. Aufl., Köln 2006

Oestreicher, Konzernbesteuerung, Herne 2005
Oestreicher, Modernisierung des Unternehmenssteuerrechts, Herne 2013
Oppermann/Classen/Nettesheim, Europarecht, 7. Aufl., München 2016

Pahlke, Grunderwerbsteuergesetz, Kommentar, 6. Aufl., München 2018
Pahlke/Koenig, Abgabenordnung, Kommentar, 3. Aufl., München 2014
Palandt, Bürgerliches Gesetzbuch mit Nebengesetzen, 77. Aufl., München 2018
Patzner/Döser/Kempf, Investmentrecht, Kommentar, 3. Aufl., Baden-Baden 2017
Preißer/Pung, Die Besteuerung der Personen- und Kapitalgesellschaften, 2. Aufl., Weil im Schönbuch 2012
Prinz, Umwandlungen im Internationalen Steuerrecht, Köln 2013
Prinz/Kanzler, Handbuch Bilanzsteuerrecht, 3. Aufl., Herne 2018

Raiser/Veil, Recht der Kapitalgesellschaften, 6. Aufl., München 2015
Rödder/Herlinghaus/van Lishaut, Umwandlungssteuergesetz, 3. Aufl., Köln 2018
Roth, Jan, Insolvenzsteuerrecht, 2. Aufl., Köln 2016
Roth/Altmeppen, GmbHG, 8. Aufl., München 2015
Rowedder/Schmidt-Leithoff, Gesetz betreffend die Gesellschaften mit beschränkter Haftung: GmbH-Gesetz, Kommentar, 6. Aufl., München 2017

Schauhoff, Handbuch der Gemeinnützigkeit, 3. Aufl., München 2010
Schaumburg/Rödder, Unternehmensteuerreform 2008, Köln 2007
Scheffler, Konzernmanagement, 2. Aufl., München 2005
Schmidt, Einkommensteuergesetz, Kommentar, 37. Aufl., München 2018
Schmidt, Karsten, Gesellschaftsrecht, 4. Aufl., Köln 2015
K. Schmidt/Lutter, Aktiengesetz, Kommentar, 3. Aufl., Köln 2015
Schmitt/Hörnagl/Stratz, Umwandlungsgesetz, Umwandlungssteuergesetz, Kommentar, 8. Aufl., München 2018
Schnitger/Fehrenbacher, Kommentar Körperschaftsteuer, 2. Aufl., Berlin 2018
Schön/Osterloh-Konrad, Kernfragen des Unternehmenssteuerrechts, Berlin 2010
Scholz, GmbH-Gesetz, Kommentar, 12. Aufl., Köln 2018
Schreiber, Besteuerung der Unternehmen, 4. Aufl., Berlin 2017
Schulz-Aßberg/von Rönn, Internationales Steuer- und Gesellschaftsrecht Aktuell, Weil im Schönbuch 2010
Schumacher, Die Organschaft im Steuerrecht, 3. Aufl., Berlin 2016
Sedemund, Europäisches Ertragsteuerrecht, Baden-Baden 2008
Sölch/Ringleb, Umsatzsteuergesetz, München (Losebl.)
Sonnleitner, Insolvenzsteuerrecht, München 2017
Spindler/Stilz, Kommentar zum Aktiengesetz, 3. Aufl., München 2015
Stangl/Winter, Formularbuch Recht und Steuern, 9. Aufl., München 2018
Stangl/Winter, Organschaft 2013/2014, München 2014
StEK, Felix/Carlé, Steuererlasse in Karteiform, Losebl. und ottoschmidt online
Streck, Körperschaftsteuergesetz, Kommentar, 9. Aufl., München 2018

Theisen, Der Konzern, 2. Aufl., Wien 2000
Tipke, Die Steuerrechtsordnung, Band II, Köln 2000
Tipke/Kruse, Abgabenordnung – Finanzgerichtsordnung, Kommentar, Köln (Losebl.)
Tipke/Lang, Steuerrecht, 23. Aufl., Köln 2018

Uhlenbruck, Insolvenzordnung, Kommentar, 14. Aufl., München 2015
Ulmer/Habersack/Löbbe, GmbH-Gesetz, Kommentar, Band 2, 2. Aufl., Tübingen 2014

Vogelsang/Stahl, Betriebsprüfungs-Handbuch, München 2008

Wallenhorst/Halaczinsky, Die Besteuerung gemeinnütziger und öffentlich-rechtlicher Körperschaften, 7. Aufl., München 2017
Wassermeyer, Doppelbesteuerungsabkommen, Kommentar, München (Losebl.)
Wassermeyer/Richter/Schnittker, Personengesellschaften im Internationalen Steuerrecht, 2. Aufl., Köln 2015
Waza/Uhländer/Schmittmann, Insolvenzen und Steuern, 12. Aufl., Herne 2018
Wenzig, Die steuerliche Groß- und Konzernbetriebsprüfung, Köln 1985
Widmann/Mayer, Umwandlungsrecht, Kommentar zum Umwandlungsgesetz und Umwandlungssteuergesetz, Bonn (Losebl.)
Wiedemann, Gesellschaftsrecht, Bd. 1 – Grundlagen, München 1980
Witt, Carl-Heinz, Die Konzernbesteuerung, Köln 2006

Tipke, Der Konzern, 2. Aufl., Wien 2009

von Wedelstädt/Sommermann, Insolvenzen und Steuern, 12. Aufl., Herne 2014

1. Teil
Grundlagen der Organschaft

Kapitel 1
Steuerliche Grundlagen der „Organschaft im Wandel"

A. Das Organschaftsphänomen: Unternehmensverbund als begrenzt wirkende „fiktive Besteuerungseinheit" 1.1

B. Steuerartenspezifische Rechtsgrundlagen der Organschaft 1.5

  I. Ertragsteuerliche Rechtsgrundlagen 1.5
  II. Umsatzsteuerliche Rechtsgrundlagen 1.9
  III. Sonderfall: Grunderwerbsteuerliche Organschaft 1.14
  IV. Strukturelle Gemeinsamkeiten im Organschaftsrecht 1.17

C. Rechtsentwicklung der Organschaft 1.19

  I. Bedeutungswandel der Organschaft im „Laufe der Zeit" 1.19
  II. Meilensteine der ertragsteuerlichen Rechtsentwicklung 1.20
  III. Sonderfragen der Mehrmütterorganschaft 1.24
  IV. Branchenspezifische Besonderheiten insb. bei Lebens- und Krankenversicherungsunternehmen 1.27
  V. Umsatzsteuerliche Rechtsentwicklung 1.29

D. Rechtskonzeption der Organschaft 1.32

  I. Steuersubjektprinzip vs. Konzern als Leistungsfähigkeitsverbund 1.32
  II. Zurechnung von Einkommen, Betriebsstättenkonzept 1.35
  III. Bilanzrecht der Organschaft 1.41
  IV. Problematische Verbindung zum Gesellschaftsrecht 1.48
  V. Zeitebenen der Organschaft 1.50
  VI. Internationale Bezüge der Organschaft 1.54
  VII. Unionsrechtskompatibilität 1.57
  VIII. Verfassungsfragen 1.60

E. Wirtschaftliche Bedeutung der Organschaft 1.64

  I. Vor-/Nachteile der ertragsteuerlichen Organschaft 1.64
  II. Bedeutung der umsatzsteuerlichen Organschaft 1.68
  III. Zusammenfassende wirtschaftliche Würdigung 1.71

F. Organschaft als Gestaltungsinstrument 1.73

  I. Einflussnahme auf die Konzernsteuerquote 1.73
  II. Alternativstrukturen zur Organschaft 1.75

G. Weiterentwicklung der Organschaft zu einem Gruppenbesteuerungskonzept 1.78

Literatur: *Adrian/Fey*, Organschaftsrettung durch den BFH, DStR 2017, 2409; *Bäuml*, Personengesellschaften als Organträger in der Gestaltungs- und Unternehmenspraxis, FR 2013, 1121; *Beusch*, Die Besteuerung der Konzerne als wirtschaftliche Einheit in Internationaler Sicht – Ein Überblick, Festschrift Werner Flume, Band II, 1978, 21; *Crezelius*, Organschaft und Ausland, Festschrift Beusch, 1993, 153; *Dötsch/Pung*, Gesetz zur Änderung und Vereinfachung der Unternehmensbesteuerung und des steuerlichen Reisekostenrechts: Die Änderungen bei der Organschaft, DB 2013, 305; *Dötsch/Pung*, Organschaftliche Ausgleichsposten: Ein neuer Denkansatz, DB 2018, 1424; *Dötsch/Pung*, Mehr-

und Minderabführungen bei mehrstufiger und bei mittelbarer Organschaft, Der Konzern 2018, 293; *Endres*, Gesetzgeberischer Überarbeitungsbedarf bei der Organschaft: Eine Bestandsaufnahme, in FS Herzig, 2010, 189; *Gosch/Adrian*, Mehr- und Minderabführungen bei der ertragsteuerlichen Organschaft, GmbHR 2017, 965; *Grotherr*, Der Abschluss eines Gewinnabführungsvertrags als (un-)verzichtbares Tatbestandsmerkmal der körperschaftsteuerlichen Organschaft, FR 1995, 1; *Grotherr*, Kritische Bestandsaufnahme der steuersystematischen und betriebswirtschaftlichen Unzulänglichkeiten des gegenwärtigen Organschaftskonzepts, StuW 1995, 124; *Heuermann*, Neujustierung der Konzernbesteuerung im USt-Recht?, DB 2016, 608; IFSt-*Arbeitsgruppe (Hey, Haas, Herzig, Hirte, Kessler, Kröner, Rennings, Rödder)*, Einführung einer modernen Gruppenbesteuerung – Ein Reformvorschlag, IFSt-Schrift Nr. 741 (Juni 2011); *Hüttemann*, Organschaft, in Schön/Osterloh-Konrad (Hrsg.), Kernfragen des Unternehmenssteuerrecht, 2010, 127-148; *Ismer*, Gruppenbesteuerung statt Organschaft im Ertragsteuerrecht?, DStR 2012, 821; *Kessler/Arnold*, National begrenzte Organschaft, IStR 2016, 226; *Kiontke/Schumacher*, Praxisfragen der Kleinen Organschaftsreform im Inlandsfall, StbJb. 2013/2014, 89; *Krebühl*, Zur Reform und Reformnotwendigkeit der deutschen Konzernbesteuerung, DStR 2001, 1730; *Lüdicke/van Lishaut/Herzig/Krebühl/Witt*, Reform der Konzernbesteuerung I-V, FR 2009, 1025-1049; *Müller-Gatermann*, Überlegungen zur Änderung der Organschaftsbesteuerung, in FS Ritter, 1997, 457; *Oesterwinter*, Aktuelle Entwicklungen im Rahmen der Reform der ertragsteuerlichen Organschaft – Punktuelle Problemlösungen anstelle der Einführung einer Gruppenbesteuerung, DStZ 2012, 867; *Oesterwinter*, Problembereiche der ertragsteuerlichen Organschaft, DStZ 2011, 585; *Pohl*, Zum Standort der Einkommenszurechnung in Organschaftsfällen, DStR 2017, 1687; *Prinz*, Aktuelle Entwicklung und Beratungsfragen im steuerlichen Organschaftsrecht, FR 1993, 725; *Prinz*, Gedankensplitter zur konzeptionellen Fortentwicklung des steuerlichen Organschaftsrechts, Beihefter zu DStR 30/2010, 67; *Prinz*, Organschaft in der Praxis – Aktuelle Brennpunkte, GmbHR 2017, R 273; *Prinz/Keller*, Neue BFH-Rechtsprechung zur ertragsteuerlichen Organschaft: Einordnung und Beratungskonsequenzen, DB 2018, 400; *Rödder*, Die Kleine Organschaftsreform, Ubg 2012, 717, 808; *Rödder*, Ausgewählte aktuelle Organschaftsfragen, JbFSt 2014/2015, 110; *Rödder*, Umwandlungen und Zuordnung der Beteiligung an der Organgesellschaft zu einer Inlandsbetriebsstätte des Organträgers i.S.d. § 14 Abs. 1 S. 1 Nr. 2 Sätze 4–7 KStG, in Lüdicke/Mellinghoff/Rödder (Hrsg.), Festschrift für Dietmar Gosch, 2016, 341; *Schneider/Sommer*, Organschaftsreform „light", GmbHR 2013, 22; *Stangl/Brühl*, Die „Kleine Organschaftsreform", Der Konzern 2013, 77; *v. Wolfersdorff*, Die „Kleine Organschaftsreform": Erleichterungen bei Abschluss und Durchführung des Gewinnabführungsvertrags, IFSt-Schrift Nr. 481 (September 2012); *Wachter*, Verunglückte Organschaft wegen verspäteter Eintragung im Handelsregister, DB 2018, 272; *Wäger*, Umsatzsteuerrechtliche Organschaft im Wandel, DB 2014, 915, *Walter*, Gewinnabführungsvertrag mit Schwestergesellschaft aus zivilrechtlicher Sicht, DB 2014, 2016.

A. Das Organschaftsphänomen: Unternehmensverbund als begrenzt wirkende „fiktive Besteuerungseinheit"

1.1 Das Unternehmenssteuerrecht in Deutschland ist vom „Steuersubjektprinzip" (= Individualbesteuerung) beherrscht. Im Ertragsteuerrecht mit seinem am Leistungsfähigkeitsprinzip ausgerichteten Einkommensmaßstab wird die Mitunternehmerschaft (§ 15 Abs. 1 Satz 1 Nr. 2 EStG) nach Transparenzgrundsätzen und in „Anlehnung" an das Einzelunternehmen bei ihren jeweiligen Mitunternehmern besteuert. Die einzelne Körperschaft (§ 1 Abs. 1 KStG) dagegen wird nach dem Trennungsprinzip unabhängig von ihren Anteilseignern erfasst. Dies geschieht losgelöst davon, ob sie zu einem Unternehmens- oder Konzernverbund mit seinen vielschichtigen Verbundeffekten gehört. Die „Tochter-GmbH 1" zahlt bspw. auf ihre Gewinne Ertragsteuern, unabhängig davon, ob bei der ebenfalls zum Konzern gehörenden „Tochter-GmbH 2" oder bei der gemeinsamen Muttergesellschaft Verluste erzielt werden. Nach dem Steuersubjektprinzip erfolgt keine automatische „phasengleiche Ergebnisverrechnung". Die einzelne rechtsförmliche Einheit ist prinzipieller Anknüpfungspunkt der Ertragsbesteuerung, ungeachtet dessen, ob sie im Rahmen einer „fiktiven Konzerneinheit" finanziert, organisiert, administriert und geführt wird.[1] Ähnlich ist es für die Umsatzsteuer als allgemeine, indirekt ausgestaltete Verbrauchsteuer. Der einzelne Unternehmer mit seiner Leistungsaustauschbeziehung auf der Eingangs- und Ausgangsseite ist Steuerschuldner, der nach der Vorstellung des Gesetzgebers die an die Einkommensverwendung anknüpfende Steuerlast über den Preis für Waren und Dienstleistungen an den Endverbraucher überwälzt.[2] Die Grunderwerbsteuer als immobilienbezogene Rechtsverkehrsteuer knüpft ebenfalls an Transaktionen der jeweiligen rechtlichen Einheit ungeachtet eines etwaigen Konzernverbundes an; nur für grunderwerbsteuerrelevante Umstrukturierungen im Konzernverbund bestehen (unionsrechtsproblematische) Steuervergünstigungen gem. § 6a GrEStG.

Zersplittertes steuerliches Organschaftsrecht: Die Zugehörigkeit rechtlich selbständiger Unternehmen zu einem Unternehmens- oder Konzernverbund wird im Grundsatz im deutschen Unternehmenssteuerrecht „ausgeblendet". Nur im steuerlichen Organschaftsrecht findet die Verbundzugehörigkeit der Legaleinheit – im Wesentlichen begrenzt auf inländische Anknüpfungspunkte – ihren Ausdruck. Als wesentliche Folge der steuerlichen Zusammenfassung zu einer wirtschaftlichen Einheit werden die im Inlandskonzern an unterschiedlichen Stellen entstehenden Gewinne und Verluste „gepoolt" (Organschaft als Verlustnutzungsinstrument). Daneben ist die Organschaft ein Finanzierungs- und Gewinntransferinstrument (bspw. durch „einen Betrieb" i.S.d. Zinsschranke, Vermeidung von Kapitalertragsteuer durch Abführung statt Ausschüttung). Allerdings gibt es nicht die „eine" steuerliche Organschaft. Es besteht vielmehr eine steuerartenspezifische Zersplitterung, die vor allem historisch begründet ist und im Zeitablauf wechselnde Konturen und Wirkungen aufweist. Strukturell gemeinsames Leitbild der Organschaft ist ein hierarchisch aufgebauter Unternehmensverbund, wonach nur im Über-/Unterordnungsverhältnis stehende Gesellschaften organschaftsfähig sind.[3] Die dadurch bestehenden Schwierigkeiten im praktischen Umgang mit der steuerlichen Organschaft liegen „auf der Hand". Denn die heutige Konzernrealität mit ihren teils virtuellen, managementorientierten Strukturen unabhängig von rechtsförmlichen und territorialen Grenzen ist weit vielschichtiger. Ansonsten sind die rechtskonzeptionellen Grundlagen der Organschaft in den jeweiligen Steuerarten höchst unterschiedlich (bspw. Geltung der Filial-, Einheits- oder Zurechnungstheorie).

Schaut man sich das steuerliche Organschaftsrecht als Bestandteil eines Konzernsteuerrechts näher an, so ist wie folgt zu unterscheiden:

– *Vertragsbegründeter Unternehmensverbund für Ertragsteuerzwecke* (§§ 14–19 KStG, § 2 Abs. 2 Satz 2, § 7a GewStG): Zur Begründung einer ertragsteuerlichen Organschaft bedarf es eines Unternehmensverbunds mit einem qualifizierten Gewinnabführungsvertrag, der auf mindestens fünf Jahre abgeschlossen sein muss. Durch das GAV-Erfordernis besteht eine enge Verbindung zum Gesellschaftsrecht, die zu wechselweisen Einflüssen führt und „Verzerrungen" in der einen oder anderen Richtung bewirkt. Das steuerliche Organ-

---

1 Vgl. BFH v. 3.3.2010 – I R 68/09, DStR 2010, 858 mit Anm. *-sch*. Der BFH spricht von einem „strikten oder prinzipiellen Steuersubjektprinzip" und schlussfolgert daraus die Grundentscheidung des Gesetzgebers gegen ein steuersubjektübersteigendes Konzern- oder Gruppenbesteuerungsrecht. Kritisch dazu *Prinz*, Beihefter zu DStR-Heft 30/2010, 68. Die gegen das Urteil eingelegte Verfassungsbeschwerde wurde durch BVerfG v. 31.8.2010 – 2 BvR 998/10 nicht zur Entscheidung angenommen.
2 Zu dieser konzeptionellen Ausgestaltung der Umsatzsteuer vgl. *Englisch* in Tipke/Lang, Steuerrecht[23], § 17 Rz. 10–14.
3 Vgl. zu Grundlagenüberlegungen aus steuerbetriebswirtschaftlicher Sicht *Grotherr*, StuW 1995, 124–150.

schaftsrecht und das „Gesellschaftsrecht der Unternehmensverträge" (§§ 291 ff. AktG) weisen zwar vielfältige Verbindungen auf, insgesamt harmonisiert ist dieser Konzernrechtsbereich aber nicht. Das steuerliche Organschaftsrecht entfaltet vielmehr jenseits des Zivilrechts selbst bei tatbestandssymmetrischen Voraussetzungen (etwa beim wichtigen Grund zur vorzeitigen Kündigung/Aufhebung des EAV während der Mindestlaufzeit) ein „teleologisches Eigenleben". Im Übrigen begründet die ertragsteuerliche Organschaft keine wirkliche Konzernbesteuerung, da die Ergebnisse der in einen Organkreis einbezogenen Unternehmen – abgesehen von offenkundigen Doppelerfassungen (etwa im Hinblick auf Gewinnabführung/Verlustübernahme oder organkreisbezogene Zinswirkungen) – lediglich additiv zusammengerechnet werden. Es erfolgen weder Zwischenergebniseliminierungen bei einem innerkonzernlichen Leistungsaustausch noch finden Kapital- und Schuldenkonsolidierungen statt. Funktional betrachtet ist die ertragsteuerliche Organschaft deshalb im Wesentlichen Verlustnutzungs-, Finanzierungs- und Gewinntransferinstrument im Konzern.

- *Faktischer Konzern für Umsatzsteuerzwecke* (§ 2 Abs. 2 Nr. 2 UStG): Für Umsatzsteuerzwecke existiert auf Basis der unionsrechtlichen Grundlagen der Mehrwertsteuer-Systemrichtlinie eine faktische Organschaft (= Zwangsorganschaft), sofern die Organgesellschaften nach dem Gesamtbild der tatsächlichen Verhältnisse finanziell, wirtschaftlich und organisatorisch in das Unternehmen des Organträgers eingegliedert sind (typusmäßige Betrachtung). Die Ein- und Ausgangsumsätze der OG werden dem OT als Steuererklärungspflichtigem sowie Steuerschuldner zugerechnet. Der umsatzsteuerliche Organkreis mit seiner Inlandsbeschränkung führt zu einem Einheitsunternehmen. Die OG ist – ungeachtet ihrer rechtlichen Eigenständigkeit – Bestandteil des OT. Zwischen OG und OT finden nur nichtsteuerbare Innenumsätze statt. Ein Vertragskonzern muss für Umsatzsteuerzwecke nicht bestehen. Allerdings kann ein (fakultativ verwendbarer) Beherrschungsvertrag (§ 291 Abs. 1 Satz 1 AktG) im Einzelfall zur Sicherstellung der organisatorischen Eingliederung der OG in den OT eingesetzt werden. Maßgebend sind im Grundsatz aber nur die faktischen Verhältnisse. Ein Antragsrecht des Organträgers gibt es nach geltender Rechtslage ebenfalls nicht. Die umsatzsteuerliche Organschaft hat im Wesentlichen Verfahrenserleichterungen zur Folge, kann aber bei nicht voll vorsteuerabzugsberechtigten Unternehmen auch materielle Vorteile gegenüber einem umsatzsteuerlichen Einzelunternehmer begründen.

- *Sonderfall grunderwerbsteuerlicher Organschaft:* Als steuerbegründender Sondertatbestand im Grunderwerbsteuerrecht schließlich existiert eine grunderwerbsteuerliche Organschaft, die die Kriterien unmittelbarer und mittelbarer Anteilsvereinigungen in einem Konzernverbund in Anlehnung an den umsatzsteuerlichen Organschaftsbegriff erweitert (§ 1 Abs. 4 Nr. 2 Buchst. b GrEStG). Dadurch werden betriebswirtschaftlich notwendige Anpassungsmaßnahmen erschwert. Seit 1.1.2010 „federt" die Konzernklausel des § 6a GrEStG einen Teil der steuernachteiligen Wirkungen ab. Derzeit offen ist die Frage, ob es sich insoweit um eine unionsrechtswidrige Beihilfe (Art. 107 AEUV) handelt.

1.4 **Konzeptionelle Grundlagen der Organschaft**: Die steuerlichen Grundlagen der Organschaft, die auf die drei genannten Rechtsbereiche begrenzt sind und bei anderen Steuerarten keine Rolle spielen, sollen im Folgenden in ihren konzeptionellen Ausgangsüberlegungen beschrieben und analysiert werden. Die für die Praxis wichtigen Details sind den späteren Kapiteln vorbehalten. Das Organschaftsphänomen ist dabei nicht statisch, sondern weist in seiner Rechtsentwicklung erhebliche Veränderungen auf (s. unter Rz. 1.20 ff.); es wird zunehmend durch europäische Einflüsse bestimmt (s. unter Rz. 1.51 ff. sowie Rz. 5.1 ff.). Auch die rechtlichen und wirtschaftlichen Wirkungen der Organschaft haben sich im Zeitablauf deutlich verändert (s. unter Rz. 1.58 ff.). Für die Besteuerungspraxis stellt die Organschaft ein wichtiges, vielfältig einsetzbares Gestaltungsinstrument dar (s. Rz. 1.67). Zwar besteht in Wissenschaft und Praxis Einvernehmen über die Notwendigkeit eines modernen Konzern- oder Gruppenbesteuerungsrechts in einer entwickelten Volkswirtschaft, die auch den real zu beobachtenden Verbundwirkungen Rechnung trägt. Über die Ausgestaltung eines sachgerechten Gruppenbesteuerungskonzepts wird jedoch seit vielen Jahren „gerungen" (s. Rz. 1.71 ff. sowie Rz. 10.1 ff.). Das vom Gesetzgeber zu Beginn der 17. Legislaturperiode im Oktober 2009 in Aussicht genommene Ziel der Einführung eines modernen Gruppenbesteuerungssystems für Ertragsteuerzwecke ohne GAV-Erfordernis wurde zwischenzeitlich wegen fehlender finanzieller Spielräume faktisch „ad acta" gelegt und ist seitdem steuerpolitisch nicht ernsthaft wieder aufgenommen worden. Das Handbuch konzentriert sich auf Grundsatz- und Detailfragen der ertragsteuerlichen Organschaft; sie wird in den Mittelpunkt gestellt. Umsatzsteuerliche und grunderwerbsteuerliche Organschaft werden mit ihren Praxisfragen ergänzend erörtert.

B. Steuerartenspezifische Rechtsgrundlagen der Organschaft

I. Ertragsteuerliche Rechtsgrundlagen

Die ertragsteuerliche Organschaft ist für Körperschaftsteuerzwecke in §§ 14–19 KStG, für Gewerbesteuerzwecke in § 2 Abs. 2 Satz 2 GewStG tatbestandsidentisch geregelt. Die Zusammenführung der körperschaftsteuerlichen und gewerbesteuerlichen Tatbestandsgrundlagen der Organschaft einschließlich der „Steuernotwendigkeit" eines GAV ist mit Beginn des Jahres 2002 erfolgt. Dies stand seinerzeit im Zusammenhang mit der Aufgabe des körperschaftsteuerlichen Anrechnungsverfahrens und seiner Ersetzung durch das „klassische" Halb- bzw. Teileinkünfteverfahren. In der Zeit davor gab es für gewerbesteuerliche Organschaftszwecke kein GAV-Erfordernis. Zuletzt hat der Gesetzgeber im Bereich der ertragsteuerlichen Organschaft mit der sog. „Kleinen Organschaftsreform" v. 20.2.2013[1] wichtige Rechtsänderungen vorgenommen, die für national und international tätige Konzerne sowie mittelständische Unternehmensgruppen von großer praktischer Tragweite sind. Dabei ist die Anbindung der ertragsteuerlichen Organschaft an den gesellschaftsrechtlichen Gewinnabführungsvertrag und die handelsbilanziellen Bezüge bei der Ermittlung der Gewinnabführung/Verlustübernahme unverändert beibehalten worden. Die Finanzverwaltung hat bis heute zu den zahlreichen Detailfragen der Kleinen Organschaftsreform kein umfassendes Anwendungsschreiben herausgegeben. In den KStR 2015 finden sich kaum weiterführende Hinweise.[2] Im Übrigen hat sich der Steuergesetzgeber seitdem im Wesentlichen nur auf punktuelle Einzelmaßnahmen – meist als Folge einschlägiger Rechtsprechung – beschränkt. Zu nennen ist zum ersten § 7a GewStG,

1.5

---

[1] Vgl. „Gesetz zur Änderung und Vereinfachung der Unternehmensbesteuerung und des steuerlichen Reisekostenrechts" v. 20.2.2013, BGBl. I 2013, 285. Aus der Literaturflut vgl. exemplarisch *N. Schneider*, StbJb. 2012/2013, 93; *Prinz*, StuB 2013, 265; *Adrian*, StB 2013, 351; *Kiontke/Schumacher*, StbJb. 2013/2014, 89–102; zur fehlerbeseitigenden Durchführungsfiktion von § 14 Abs. 1 Nr. 3, Satz 4, 5 KStG s. *Krohn/Schell*, Ubg 2015, 200–203; instruktiv dazu auch IDW Schreiben v. 23.1.2015, Fachnachrichten – IDW 3/2015, 132. Vgl. auch OFD Frankfurt v. 14.4.2014 – S 2770 A - 55 - St 51, DB 2014, 2194 sowie OFD Karlsruhe v. 16.1.2014 – S 2770/52/2 - St 221, FR 2014, 434; FinMin. Schleswig-Holstein v. 22.2.2016 – VI 3011 - S 2770-086, GmbHR 2016, 560 sowie OFD Frankfurt v. 30.5.2016 – S 2770 A-55-St 51, DStR 2016, 1375.
[2] Vgl. *Pohl*, NWB 2016, 2424–2433.

der durch das BEPS-Umsetzungsgesetz vom 20.12.2016 mit Wirkung ab Erhebungszeitraum 2017 eingeführt wurde und die 5 % Hinzurechnung typisierter nicht abziehbarer Betriebsausgaben bei Bezug schachtelprivilegierter Dividenden durch eine Organgesellschaft sicherstellen will; es handelt sich um die Reaktion des Steuergesetzgebers auf die Entdeckung einer „Hinzurechnungslücke" durch den BFH in seiner Entscheidung vom 17.12.2014.[1] Zum zweiten ist die Erstreckung sanierungssteuerlicher Spezialregelungen auf Organschaften in § 15 Satz 1 Nr. 1 und Nr. 1a KStG im „Gesetz gegen schädliche Steuerpraktiken im Zusammenhang mit Rechteüberlassungen" vom 27.6.2017 zu erwähnen (mit unionsrechtlichem Notifizierungsvorbehalt), der wegen eines zwischenzeitlich ergangenen Comfort Letter der Europäischen Kommission nunmehr zeitnah aufgehoben und ggf. mit Rückwirkung zum 5.7.2017 versehen werden soll; BMF, Mitteilung v. 7.9.2018). Hintergrund ist der Beschluss des Großen Senats des BFH vom 28.11.2016[2] zur Aufhebung des früheren BMF-Sanierungserlasses wegen Verstoß gegen den Grundsatz der Gesetzmäßigkeit der Verwaltung und die daraufhin erfolgte „Rettungsaktion des Gesetzgebers" zur Gewährung einer Steuerfreistellung in Sanierungsfällen.

1.6 Die Rechtsfolgen der ertragsteuerlichen Organschaft sind unterschiedlich:

– Für **Körperschaftsteuerzwecke** ergibt sich die Zurechnung des positiven oder negativen Einkommens an den Organträger als „fremdes Einkommen".[3] Hintergrund dafür ist die Durchbrechung des Steuersubjektprinzips wegen des Gewinnabführungsvertrags. Daraus folgt etwa eine direkte Verlustverrechnung zwischen Organgesellschaften und Organträger oder die Vermeidung der 5 %-Belastung durch nichtabziehbare Betriebsausgaben beim körperschaftsteuerpflichtigen Organträger im Gewinnfall (§ 8b Abs. 5 Satz 1 KStG). Auch Personengesellschaften/Einzelunternehmen kommen als Organträger in Betracht, wobei ihnen dann über den GAV das „Einkommen einer Körperschaft" zugerechnet wird. Originäres Körperschaftsteuersubstrat „wandert" über den GAV ganz oder anteilig in die Einkommensbesteuerung (der Mitunternehmer/des Einzelunternehmers). Dadurch erfolgt im Grundsatz eine Durchbrechung des „Dualismus der Unternehmensbesteuerung" mit einem Bedarf an etlichen rechtsformspezifischen Folgeregelungen (etwa die Bruttomethode gem. § 15 Satz 1 Nr. 2 KStG oder die Sonderregelung zu Ausgleichszahlungen gem. § 16 KStG). Personengesellschaften als Organträger spielen deshalb in der deutschen Organschaftsbesteuerung eine Sonderrolle, die sich aus ihrer weiten Verbreitung und Tradition erklärt, in anderen Jurisdiktionen aber eher unbekannt ist.

– Für **Gewerbesteuerzwecke** gilt die Organgesellschaft als Betriebsstätte des Organträgers, wodurch der „gebrochenen oder eingeschränkten Einheitstheorie" Rechnung getragen wird.[4] Die gewerbesteuerliche „Betriebsstätten-Einheitsbetrachtung" reicht über das bloße Zurechnungskonzept im KSt Recht hinaus.

Die Organgesellschaft selbst bleibt allerdings wegen ihrer eigenständigen Rechtsträgerschaft als Bilanzierungssubjekt erhalten. Eine Ergebnis- oder Kapitalkonsolidierung findet

---

1 Vgl. BFH v. 17.12.2014 – I R 39/14, BStBl. II 2015, 1052 mit Anm. *Suchanek/Rüsch*, GmbHR 2015, 493. Siehe ergänzend auch OFD Karlsruhe v. 17.2.2016, DK 2016, 153 sowie OFD NRW v. 2.10.2017, DB 2017, 2640.
2 Vgl. BFH v. 28.11.2016 – GrS 1/15, BStBl. II 2017, 393; ergänzend auch BFH v. 23.8.2017 – I R 52/14, DStR 2017, 2322 sowie BFH v. 23.8.2017 – X R 38/15, DStR 2017, 2326.
3 So BFH v. 29.8.2012 – I R 65/11, BStBl. II 2013, 555 = FR 2013, 285 Rz. 18. S. ergänzend für Zwecke des § 14 Abs. 1 Nr. 5 KStG bei einer OT-PersGes. auch BFH v. 12.10.2016 – I R 92/12, DStR 2017, 589; zur Diskussion *Pohl*, DStR 2017, 1687. Zur Technik der Einkommenszurechnung auch R 7.1/14.6/14.7 KStR 2015; kritisch dazu *Müller/Stöcker/Lieber*, Die Organschaft[10], Rz. 467.
4 So BFH v. 18.5.2011 – X R 4/10, BStBl. II 2011, 887 = FR 2011, 964 m. Anm. *Wendt*.

weder für Körperschaft- noch für Gewerbesteuerzwecke statt. Die persönliche Gewerbesteuerpflicht der OG wird für die Dauer der Organschaft dem Organträger zugerechnet. Eigenständiges Körperschaftsteuersubjekt bleibt die OG dagegen. Körperschaftsteuerliche und gewerbesteuerliche Organschaft haben im Ergebnis also durchaus unterschiedliche Rechtsfolgen.

Wesentliche Tatbestandsvoraussetzungen einer ertragsteuerlichen Organschaft sind (§§ 14, 17 KStG): 1.7

– Zunächst ist eine Organgesellschaft (= OG) in Gestalt einer AG, GmbH, SE, KGaA oder anderweitigen ausländischen Kapitalgesellschaft mit inländischer Geschäftsleitung und Sitz in einem EU/EWR-Mitgliedsstaat erforderlich. Drittstaaten-KapGes sind trotz inländischer Geschäftsleitung nicht „organschaftsfähig"; gleiches gilt für Inlandsgesellschaften mit ausländischer Geschäftsleitung.

– Diese OG ist in einen Organträger (= OT), der eine Körperschaft, eine natürliche Person oder eine gewerblich tätige (nicht geprägte) Personengesellschaft mit jeweils inländischer Betriebsstätte sein muss, eingegliedert.

– Die Eingliederung erfolgt finanziell vom Beginn ihres Wirtschaftsjahres an ununterbrochen nach Maßgabe der Mehrheit der Stimmrechte (unmittelbar, ggf. mittelbar).

– Die OG muss zudem ihren ganzen Gewinn wegen eines auf mindestens 5 Jahre (= Zeitjahre, nicht Wirtschaftsjahre) abgeschlossenen und durchgeführten Gewinnabführungsvertrages an den OT abführen. Ein Beherrschungsvertrag ist nicht erforderlich, tritt aber in der Praxis noch immer häufig in Kombination mit einem GAV auf (sog. kombinierter Organschaftsvertrag). Vor allem in mitbestimmungsrechtlicher Hinsicht kann der (zusätzliche) Abschluss eines Beherrschungsvertrags bei einer abhängigen GmbH nachteilig sein.[1] Eine vernünftiger kaufmännischer Beurteilung folgende Rücklagenbildung bei der OG ist allerdings möglich (§ 14 Abs. 1 Satz 1 Nr. 4 KStG). Der Abschluss des GAV ist begrenzter veranlagungszeitraumbezogener Rückwirkung zugänglich (§ 14 Abs. 1 Satz 2 KStG).[2]

Daneben gibt es eine Reihe gesetzlicher und verwaltungsseitiger **Sonderbestimmungen für Organschaften**. Große besteuerungspraktische Bedeutung vor allem in Konzernen haben vor-, nach- und innerorganschaftliche Mehr- und Minderabführungen (§ 14 Abs. 3 und 4, § 27 Abs. 6 KStG, s. hierzu Rz. 14.1 ff.). Die Gesetzesgrundlagen muten teils bruchstückhaft an. Deren Abgrenzung ist mitunter schwierig. Verfassungsrechtliche Vertrauensschutzfragen befinden sich derzeit in Klärung. Aktive und passive Ausgleichsposten existieren nur bei innerorganschaftlichen Mehr- oder Minderabführungen (§ 14 Abs. 4 KStG); sie lösen in der Konzernpraxis bei Umstrukturierungen und Veräußerungen Steuerbe- oder -entlastungen aus. Wichtige Detailregelungen zur Ermittlung des Einkommens bei Organschaft enthält § 15 KStG, die – abgesehen vom Abzugsverbot für vororganschaftliche Verluste und den neuen sanierungssteuerlichen Sonderregelungen (insbes. § 15 Satz 1 Nr. 1a KStG) – vereinfacht unter dem Stichwort „Bruttomethode" zusammenfasst werden können und durch § 7a GewStG mit 1.8

---

1 Vgl. *Stangl/Winter*, Organschaft 2013/2014, 72.
2 Die Einkommenszurechnung an der OT erfolgt erstmals für das Kalenderjahr, in dem der GAV zivilrechtlich wirksam wird (= Eintragung im Handelsregister der OG). Selbst bei einer verzögerten Eintragung des GAV in das Handelsregister erst in dem auf das Jahr der Handelsregisteranmeldung folgenden Jahr, die in einem Fehlverhalten des Registergerichts begründet liegt, lehnt der BFH eine „Abmilderung der Steuernachteile" wegen gescheiterter Organschaft aufgrund sachlicher Unbilligkeit ab; so BFH v. 23.8.2017 – I R 80/15, DStR 2017, 2803; vgl. hierzu auch Rz. 6.141).

Wirkung ab 1.1.2017 für grenzüberschreitende Dividendenbezüge einer OG mit abweichender Technik ergänzt werden.[1] Dies betrifft bspw. Anwendungsbesonderheiten bei der Zinsschranke, den § 8b-Status von OG und OT, umwandlungssteuerliche Konstellationen und kommunale Dauerverlustbetriebe sowie spartenbezogene Verlustverrechnungen (im Jahressteuergesetz 2018 sind in § 15 Abs. 2a KStG investmentsteuerliche Sonderregelungen geplant). Die für die Praxis bedeutsamen Ausgleichszahlungen an Minderheitsgesellschafter werden in § 16 KStG geregelt (s. hierzu Rz. 15.1 ff.); im Jahressteuergesetz 2018 ist im Hinblick auf die Zulässigkeit variabler Ausgleichszahlungen ein neuer § 14 Abs. 2 KStG, ggf. mit Bestandsschutz für Altfälle, geplant. Dies wird ergänzt durch ein Abzugsverbot für Ausgleichszahlungen in § 4 Abs. 5 Satz 1 Nr. 9 EStG. Steueranrechnungen (etwa aus Lizenzerträgen), die dem Grunde nach der OG zustehen, sind nach den in § 19 KStG genannten Voraussetzungen zugunsten des Organträgers anzuwenden.[2] Letztlich soll durch §§ 15, 16 sowie 19 KStG im Hinblick auf OT-PersGes mit natürlichen Personen als Mitunternehmer sowie OT-Einzelunternehmen verhindert werden, dass die Rechtsfolgen der angesprochenen Normen (etwa die Steuerfreistellung gem. § 8b KStG) bei nicht privilegierten Personen zur Anwendung kommen.[3] Schließlich bestehen eine Reihe von sehr umstrittenen Verwaltungsregelungen zur Anwendung der Verlustabzugsbeschränkungsnorm des § 8c KStG bei Organschaft.[4] Für den ab 1.1.2017 geltenden fortführungsgebundenen „Verlustvortrag" gem. § 8d KStG ist eine Organträgerstellung stets steuerschädlich.

II. Umsatzsteuerliche Rechtsgrundlagen

1.9 Die für Umsatzsteuerzwecke existente faktische Organschaft ohne Antragsrecht (= Zwangsorganschaft) wird mit ihren Rechtsgrundlagen und Anwendungsdetails seit längerem intensiv in Deutschland diskutiert (zu den Einzelheiten s. Rz. 22.1 ff.). Dies führt zu struktureller Rechtsunsicherheit, die gerade bei der besonders praxisbedeutsamen Umsatzsteuer sehr misslich ist und große Probleme bereitet.[5] Diametral zu diesem Praxisbefund hebt der V. Senat des BFH hervor: Dem Grundsatz der Rechtssicherheit sowie dem Gesichtspunkt der Verwaltungsvereinfachung kommt bei der Auslegung der umsatzsteuerlichen Organschaftsvoraussetzungen, die faktisch wirken, besondere Bedeutung zu.[6] Die Besteuerungsrealität vermittelt häufig einen anderen Eindruck. Gegebenenfalls wird der Gesetzgeber tätig werden müssen (etwa durch Gewährung eines Wahlrechts und Normierung eines organschaftsbezogenen Feststellungsverfahrens). Es erstaunt, dass nach so vielen Jahren der unionrechtlichen Fundierung der umsatzsteuerlichen Organschaft noch immer etliche Grundsatzfragen ungeklärt sind

---

1 Bruttomethode bedeutet: Das Einkommen der OG wird „brutto" ohne Berücksichtigung der in der Norm angesprochenen Sonderregelungen ermittelt; erst auf OT-Ebene kommen die Sonderregelungen zur Anwendung. Vgl. dazu *Herlinghaus* in HHR, § 15 KStG Anm. 7. Zur Anwendung der Bruttomethode für grenzüberschreitende Dividendenbezüge im Rahmen des gewerbesteuerlichen Schachtelprivilegs vgl. BFH v. 17.12.2014 – I R 39/14, BStBl. II 2015, 1052. Dieses Judikat war Auslöser für die Einführung des § 7a GewStG, der nach *Gosch* in Blümich, § 7c GewStG Rz. 21 eine „Nettomethode" anwendet.
2 Zu Details vgl. *Pohl*, BB 2017, 1825; *Claudy*, Ubg 2017, 621.
3 Vgl. etwa *Herlinghaus* in HHR, § 15 KStG Anm. 7.
4 Vgl. BMF v. 28.11.2017, BStBl. I 2017, 1645, insbes. Rz. 37/38 sowie 59/60; s. hierzu auch Rz. 7.77.
5 Zu einem Überblick vgl. *Heuermann*, DB 2016, 608; *Höink/Langenhövel*, DK 2017, 469; *Wäger*, DB 2014, 915; *Slotty-Harms*, WPg 2018, 49; *Prätzler*, BB 2018, 599. Zu den unionsrechtlichen Grundlagen s. *Boor*, Die Gruppenbesteuerung im harmonisierten Mehrwertsteuerrecht, 2014, 111 ff.
6 Vgl. BFH v. 22.4.2010 – V R 9/09, BStBl. II 2011, 597; BFH v. 2.12.2015 – V R 25/13, BStBl. II 2017, 547, Rz. 20, 28/29. Zu Erläuterungen auch *Heuermann*, DB 2016, 608 (611).

und durch das BMF-Schreiben v. 26.5.2017[1] (Anpassung des USt-Anwendungerlasses) wegen im Detail divergierender BFH-Rechtsprechung lediglich ein „Zwischenstand" erreicht ist. Es werden unterschiedliche Akzentuierungen in der EuGH Rechtsprechung „im Verlaufe der Zeit" erkennbar.

Streitige Rechtsgrundlagen der umsatzsteuerlichen Organschaft: Gemäß Art. 11 MwSt-SystRL steht es den Mitgliedsstaaten – vorbehaltlich den Konsultationen des Beratenden Ausschusses – frei, im Inland ansässige Personen, die zwar rechtlich unabhängig, aber durch gegenseitige finanzielle, wirtschaftliche und organisatorische Beziehungen eng miteinander verbunden sind, zusammen als einen Steuerpflichtigen zu behandeln.[2] Dabei räumt Art. 11 Abs. 2 MwStSystRL den Mitgliedsstaaten ergänzend das Recht ein, bei der nationalen Ausgestaltung der Organschaftsregelungen Steuerhinterziehungen oder -umgehungen vorzubeugen. Dem nationalen Gesetzgeber wird damit unionsrechtlich ein Wahlrecht mit Gestaltungsspielräumen gewährt. Der deutsche Gesetzgeber hat dies – seit Jahr und Tag bei Orientierung an der Systematik des Umsatzsteuerrechts – in § 2 Abs. 2 Nr. 2 UStG dahingehend umgesetzt, dass es sich bei der OG zum einen um eine „juristische Person" handeln muss, die zum anderen nach dem Gesamtbild der tatsächlichen Verhältnisse (typusmäßige Betrachtung) finanziell, wirtschaftlich und organisatorisch in das Unternehmen des OT eingegliedert ist. Die Rechtswirkungen der Organschaft sind dabei im Grundsatz auf das Inland beschränkt.[3] Es gilt die Einheitstheorie („Verschmelzung zu einem Steuerpflichtigen"). Bei einem ausländischen Organträger wird der wirtschaftlich bedeutendste Unternehmensteil im Inland als „der Unternehmer" fingiert. Trotz Geltung der Einheitstheorie wird allerdings im Fall der umsatzsteuerlichen Organschaft gem. § 27a Abs. 1 Satz 3 UStG für jede juristische Person eine eigene USt-Identifikationsnummer erteilt. Dies erscheint sachgerecht im Hinblick auf das eigenständige Auftreten von Organgesellschaften im Rechtsverkehr. Unabhängig davon können OG und OT verfahrensrechtlich im Verhältnis zueinander die Eigenschaft als „Dritter" haben (bspw. im Hinblick auf widerstreitende Steuerfestsetzungen gem. § 174 Abs. 4 und 5 AO).[4]

Es stellt sich die Frage, ob § 2 Abs. 2 Nr. 2 UStG die Vorgaben des Unionsrechts sachgerecht umgesetzt hat. Die Klärung der damit zusammenhängenden Fragen hat zwischenzeitlich drei Stadien durchlaufen und lässt sich mit folgendem „Zwischenstand" skizzieren:

- *Stadium 1:* Zunächst war durch die Rechtsprechung zu klären, ob der der im nationalen Recht zu findende Ausschluss von Personengesellschaften und auch Nichtunternehmern im Hinblick auf den im Umsatzsteuerrecht geltenden Grundsatz der Rechtsformneutralität sowie die Vermeidung von Wettbewerbsverzerrungen unionsrechtskonform ist. Zu der Frage der Einbeziehung einer Personengesellschaft in einen potentiellen Organschaftskreis hat der BFH durch Beschluss von 11.12.2013 ein Vorabentscheidungsersuchen an den EuGH

---

[1] BMF v. 26.5.2017, BStBl. I 2017, 790.
[2] Die Formulierung in der MwStSystRL entspricht Art. 4 Abs. 4 Unter-Abs. 2 der Richtlinie 77/388/EWG, für den die deutschen Organschaftsregelungen – historisch betrachtet – Vorbildfunktion hatten. Zur Rechtsentwicklung vgl. *Heuermann*, DB 2016, 608 f.
[3] Zu den fehlenden grenzüberschreitenden Wirkungen einer umsatzsteuerlichen Organschaft s. die Skandia America Corp. filial Sverige Entscheidung des EuGH v. 17.9.2014 – C 7-13, UR 2014, 847 mit Anm. *Maunz* sowie *Heinrichshofen*, UR 2014, 890: Steuerbarkeit der von der Hauptniederlassung einer Drittstaatengesellschaft zu Gunsten des inländischen Organkreises erbrachten Dienstleistungen. Zur Einordnung auch *Sauer/Gissel*, UR 2014, 918 (= Betriebsstätte des Stammhauses).
[4] So BFH v. 19.12.2013 – V R 5/12, DStR 2014, 1100.

formuliert.[1] Zeitlich davor liegend hatte bereits das FG München[2] in einem Urteil v. 13.3.2013 die Einbeziehung einer kapitalistisch strukturierten Personengesellschaft für unionsrechtsgeboten erachtet. Der EuGH hat daraufhin in seiner Larentia + Minerva-Entscheidung vom 16.7.2015[3] judiziert, dass ein nationaler Vorbehalt des Gruppenbesteuerungssystems für Einheiten, die juristische Personen sind und mit dem Organträger dieser Gruppe durch ein Unterordnungsverhältnis verbunden sind, gegen Unionsrecht verstößt. Eine Ausnahme davon lässt der EuGH aber dahingehend zu, dass solchermaßen einschränkende Organschaftsregelungen für die Erreichung der Ziele der Verhinderung missbräuchlicher Praktiken oder Verhaltensweisen und der Vermeidung von Steuerhinterziehung oder -umgehung erforderlich und geeignet sein können; dies ist dann durch nationalstaatliche Gerichte zu prüfen. Auch bringt Art. 11 MwStSystRL nach Meinung des EuGH nicht zum Ausdruck, dass Organgesellschaften in einem Unterordnungsverhältnis zum Organträger stehen müssen. Eine unmittelbare Berufbarkeit auf diese sekundärrechtliche EU-Rechtsgrundlage durch einzelne Steuerpflichtige wird vom EuGH mangels hinreichender Bestimmbarkeit abgelehnt. Im Ergebnis hat die EuGH-Entscheidung Larentia + Minerva dem nationalen Rechtsanwender erhebliche Spielräume belassen.

– *Stadium 2:* Die Rechtsprechung des BFH hat die EuGH-Vorgaben in ihrer Judikatur anschließend im Ergebnis einheitlich dahingehend ausgelegt, dass unter bestimmten Voraussetzungen auch Tocher-Personengesellschaften in den umsatzsteuerlichen Organkreis einzubeziehen sind. Die steuermethodische Argumentation dabei ist aber uneinheitlich, was in weiteren Streitfällen unterschiedliche Ergebnisse nach sich ziehen kann. Der V. Senat gelangt zu seinem Rechtsergebnis auf der Grundlage einer „teleologischen Erweiterung" des § 2 Abs. 2 Nr. 2 UStG dahingehend, dass die betroffene Personengesellschaft in das Unternehmen des Organträgers wie eine juristische Person eingegliedert sein muss.[4] Dies setzt nach Meinung des V. Senats voraus, dass Gesellschafter der Personengesellschaft neben dem Organträger nur Personen sein dürfen, die ebenfalls in das Unternehmen des Organträgers finanziell eingegliedert sind, damit die erforderliche Durchgriffsmöglichkeit selbst bei der stets möglichen Anwendung des Einstimmigkeitsprinzips gewährleistet ist. Ansonsten bleibt der V. Senat bei seiner organschaftsrechtlichen „Einbeziehungsbeschränkung" auf juristische Personen und begründet dies letzlich mit dem Erfordernis einer „einfachen und rechtssicheren Bestimmung des Steuerschuldners". Der XI. Senat dagegen stützt seine Argumentation auf eine richtlinienkonforme Auslegung des § 2 Abs. 2 Nr. 2 UStG dahingehend, dass der Begriff „juristische Person" auch eine GmbH & Co. KG als kapitalistische Struktur umfasst. Dies gebiete nicht zuletzt auch die Berücksichtigung des Grundsatzes der Rechtsformneutralität. Letztlich lässt die XI. Senat-Rechtsprechung[5] da-

---

1 Vgl. BFH v. 11.12.2013 – XI R 17/11, BStBl. II 2014, 417 = UR 2014, 313 sowie BFH v. 11.12.2013 – XI R 38/12, BStBl. II 2014, 428 = UR 2014, 323. Die Verfahren werden als verbundene Rechtssachen C-108/14 und C-109/14 beim EuGH geführt.
2 FG München v. 13.3.2013 – 3 K 235/10, DStR 2013, 1471. Es handelt sich um die Instanzenentscheidung zu BFH v. 2.12.2015 – V R 25/13, BStBl. II 2017, 547. Vgl. auch *Hubertus/Fetzer*, DStR 2013, 1468.
3 EuGH v. 16.7.2015 – C-108/14 und C-109/14 – Larentia + Minerva und Marenave Schifffahrt, DB 2015, 1696.
4 Vgl. insbes. BFH v. 2.12.2015 – V R 25/13, BStBl. II 2017, 547.
5 Vgl. insbes. BFH v. 19.1.2016 – XI R 38/12, BStBl. II 2017, 567 als Nachfolgeentscheidung zum EuGH-Urteil Larentia + Minerva v. 16.7.2015. Zu einer Nachfolgeentscheidung vgl. EuGH, Beschl. v. 12.1.2017 – C-28/16 – MVM, Vorabentscheidungsersuchen der Curia (Ungarn), DStR 2017, 2806: Kein Vorsteuerabzug einer Holding für unentgeltliche Managementleistungen für ihre Tochtergesellschaften.

mit einen erweiterten Kreis von Personengesellschaften zum umsatzsteuerlichen Organkreis zu. Eine Anrufung des Großen Senats war wegen des einvernehmlichen Rechtsergebnisses nicht erforderlich.

– *Stadium 3:* Zwischenzeitlich hat sich die FinVerw. zur „neuen Rechtslage" mit Schreiben vom 26.5.2017 geäußert. Danach kann eine Personengesellschaft ausnahmsweise wie eine juristische Person als eingegliedert i.S.d. § 2 Abs. 2 Nr. 2 UStG anzusehen sein, wenn die finanzielle Eingliederung wie bei einer juristischen Person zu bejahen ist. Die Finanzverwaltung folgt damit im Wesentlichen der Rechtsprechung des V. Senats. Bestehen beispielsweise Minderheitsbeteiligungen im Rahmen einer GmbH & Co. KG, die von Personen außerhalb des Organkreises gehalten werden, so scheidet insoweit eine Einbeziehung in den umsatzsteuerlichen Organkreis aus (sog. „Organschaftsblocker").[1] Über kurz oder lang dürfte es deshalb im Hinblick auf die Einbeziehung von Personengesellschaften in den umsatzsteuerlichen Organkreis zu weiteren Rechtsstreitigkeiten kommen. Im Übrigen geht auch die Finanzverwaltung nunmehr davon aus, dass Personen, die keine Unternehmer i.S.d. § 2 Abs. 1 UStG sind (beispielsweise rein vermögensverwaltende Holdings), weder umsatzsteuerliche Organträger noch Organgesellschaft sein können. Schließlich verfügt die Finanzverwaltung die ausnahmsweise Einbeziehung von PersGes. in den umsatzsteuerlichen Organkreis erst auf nach dem 31.12.2018 ausgeführte Umsätze. Im Rahmen einer Nichtbeanstandungsregelung wird eine frühere Anwendung dann zugelassen, wenn sich die am Organkreis Beteiligten bei der Beurteilung des Umfangs der umsatzsteuerrechtlichen Organschaft übereinstimmend auf die entsprechenden Regelungen dieses Schreibens berufen. Insgesamt wird erkennbar, dass der gesamte Themenbereich der Personengesellschaften letztlich in der Besteuerungspraxis noch weit von einer „einfachen und sicheren Rechtsanwendung" entfernt sein dürfte.

Streitige organisatorische/wirtschaftliche Eingliederungsvoraussetzungen: Vor allem die organisatorische Eingliederung war in den letzten Jahren gerade in mehrstufigen Konzernstrukturen sehr umstritten. Die Frage, ob im konkreten Einzelfall tatsächlich ein umsatzsteuerlicher Organkreis besteht, stand deshalb unter hoher Rechtsunsicherheit mit „mancher Überraschung" bei Betriebsprüfungen. Zwischenzeitlich hat der BFH klargestellt, dass ein unternehmensrechtlicher Beherrschungsvertrag (§ 291 Abs. 1 AktG) die organisatorische Eingliederung gewährleistet. Dies gilt auch für eine umfassende Personalunion in den Geschäftsführungen von OT und OG. Seine Anforderungskriterien – allerdings bezogen auf einen Insolvenzfall – hat der BFH zuletzt verschärft.[2] Nach Meinung des BFH ist es für die organisatorische Eingliederung nicht – wie früher üblich – ausreichend, dass eine vom Willen des OT abweichende Willensbildung bei der Tochtergesellschaft nicht stattfindet, die Muttergesellschaft muss vielmehr in der Lage sein, ihren Willen in der Organgesellschaft durchzusetzen. Deshalb endet nach Meinung des BFH die organisatorische Eingliederung in Insolvenzfällen, wenn das Insolvenzgericht für die OG einen vorläufigen Insolvenzverwalter bestellt und zugleich, gem. § 21 Abs. 2 Satz 1 Nr. 2 Alt. 2 InsO anordnet, dass Verfügungen nur noch mit Zustimmung des zuständigen Insolvenzverwalters wirksam sind (s. auch Rz. 24.12 ff.). Zwischenzeitlich hat die Finanzverwaltung durch Schreiben vom 26.5.2017[3] die Grundsätze der Rechtsprechung zur organisatorischen/wirtschaftlichen Eingliederung sowie zur Beendigung

1.12

---

1 Vgl. dazu etwa *Höink/Langenhövel*, Der Konzern 2017, 469 (474).
2 Vgl. BFH v. 19.3.2014 – V B 14/14, DStR 2014, 793. Dazu auch *Möhlenkamp/Möhlenkamp*, DStR 2014, 1357.
3 BMF v. 26.5.2017, BStBl. I 2017, 790.

der Organschaft im Insolvenzverfahren in den Umsatzsteuer-Anwendungserlass aufgenommen.

1.13 Wichtig ist, dass die für die organisatorische Eingliederung benötigte Personalunion nicht mehr nur über Vorstände, geschäftsführende und leitende Mitarbeiter hergestellt werden kann, sondern auch über „normale Mitarbeiter". Dennoch wird sich Rechtssicherheit bei diesen Eingliederungsfragen im Vorfeld nur über den Abschluss eines Beherrschungsvertrages herstellen lassen. Dies gilt naturgemäß auch für die finanzielle und wirtschaftliche Eingliederung. Zudem hat der BFH in seinem Urteil vom 30.4.2009[1] klargestellt, dass eine umsatzsteuerliche Mehrmütterorganschaft, nach der ein Unternehmen gleichzeitig in verschiedene Organträger eingegliedert ist, ausscheidet. Im Übrigen bleibt der Organträger den Mitgliedern des Organkreises gegenüber trotz nichtsteuerbarer Innenumsätze und der Zurechnung der Außenleistungen zivilrechtlich wegen verbleibender rechtlicher Selbständigkeit zum Ausgleich von USt-Lasten bzw. Vorsteuerüberhängen verpflichtet (gesellschaftsrechtlicher Nachteilsausgleich); Organträger und nachrangig haftende Organgesellschaft (§ 73 AO) werden lt. BGH im Hinblick auf § 44 Abs. 1 AO als Gesamtschuldner behandelt.[2]

III. Sonderfall: Grunderwerbsteuerliche Organschaft

1.14 Die Grunderwerbsteuer erfasst als Rechtverkehrssteuer Grundstückstransaktionen in direkter und indirekter Form.[3] Dabei sind gem. § 1 Abs. 3 GrEStG auch sog. Anteilsvereinigungen als mittelbare Grundstückserwerbe zur Vermeidung von Steuerumgehungen erfasst, wenn mindestens 95 % der Anteile an einer grundbesitzenden Gesellschaft „in einer Hand" zusammengeführt werden. Eine derartige Anteilsvereinigung liegt auch dann vor, wenn die Anteile nicht allein beim Erwerber, sondern „in der Hand von herrschenden und abhängigen Unternehmen" oder nur „in der Hand von abhängigen Unternehmen" vereinigt werden (§ 1 Abs. 3 Nr. 1 GrEStG). § 1 Abs. 4 Nr. 2 Buchst. b GrEStG definiert in diesem Zusammenhang den Begriff des abhängigen Unternehmens durch Zugehörigkeit zu einer grunderwerbsteuerlichen Organschaft. Denn als abhängig gelten

„juristische Personen, die nach dem Gesamtbild der tatsächlichen Verhältnisse finanziell, wirtschaftlich und organisatorisch in ein Unternehmen eingegliedert sind".

Den grunderwerbsteuerlichen Organschaftsbegriff selbst verwendet der Gesetzgeber nicht. Deren Kriterien lehnen sich erkennbar an die umsatzsteuerliche Organschaft an, haben aber im Grunderwerbsteuerrecht eine allein steuerbegründende Sonderfunktion, indem sie den Organkreis als „eine Hand" fingieren. Das heißt im Ergebnis: Der Tatbestand der Anteilsvereinigung wird durch die Fiktion der grunderwerbsteuerlichen Organschaft erweitert.[4]

1.15 Die Finanzverwaltung hat ihr Verständnis der grunderwerbsteuerlichen Organschaft in gleichlautenden Erlassen der obersten Finanzbehörden der Länder vom 19.9.2018[5] dokumentiert. Vor allem bei Umstrukturierungen im Konzern und bei Unternehmenskäufen mit grundbesitzführenden Gesellschaften „im Gefolge" hat die grunderwerbsteuerliche Organ-

---

1 BFH v. 30.4.2009 – V R 3/08, BStBl. II 2013, 873 = UR 2009, 639.
2 Vgl. BGH v. 29.1.2013 – II ZR 91/11, GmbHR 2013, 318 = DStR 2013, 478.
3 Zu den steuersystematischen Grundlagen der GrESt s. *Englisch* in Tipke/Lang, Steuerrecht[23], § 18 Rz. 1–7.
4 Vgl. *Pahlke/Franz* in Pahlke[6], § 1 GrEStG Rz. 354.
5 BStBl. I 2018, 1056.

schaft hohe Praxisrelevanz.[1] Denn die Organkreisfiktion bedeutet: Auch wenn eine Anteilsvereinigung zu 95 % in einer Hand aufgrund direkt und indirekt gehaltener Anteile mangels ununterbrochener Beteiligungskette eigentlich nicht vorliegt, kommt es dennoch durch Erfüllung der grunderwerbsteuerrelevanten Eingliederungsvoraussetzungen zu einer Anteilsvereinigung, wobei die Grundbesitzwerte die Bemessungsgrundlage bilden (§ 8 Abs. 2 Satz 1 Nr. 3 GrEStG).[2] Steuerschuldner sind die an der Anteilsvereinigung „Beteiligten" (§ 13 Nr. 5 Buchst. b GrEStG). Es besteht eine Gesamtschuldnerschaft gem. § 44 AO. Im Übrigen gehören Personengesellschaften tatbestandsmäßig nicht zum grunderwerbsteuerlichen Organkreis, der ausdrücklich nur „juristische Personen" anspricht. Dies wird allerdings aktuell wegen Bezugs auf den umsatzsteuerlichen Unternehmerbegriff und die begrenzte Einbeziehung von Personengesellschaften als abhängige Unternehmen durch Rechtsprechung/FinVerw. streitig diskutiert.[3] Schließlich ist die Definition „herrschendes Unternehmen" und „abhängige Gesellschaft" in § 6a GrEStG eigenständig.

Zwei Grundaspekte sind für das Verständnis der grunderwerbsteuerlichen Organschaft wichtig (zu den Einzelheiten s. Rz. 23.7 ff.): 1.16

– Der grunderwerbsteuerliche Organkreis ist ungeachtet der Abhängigkeitsfiktion kein einheitlicher Rechtsträger. Es wird lediglich das Kriterium der Anteilsvereinigung „in einer Hand" für in bestimmter Weise miteinander verflochtene Unternehmen mit Grunderwerbsteuer begründender Wirkung fingiert. Die Unternehmen des Organkreises bleiben jedes für sich grunderwerbsteuerlich selbständiger Rechtsträger. Das bedeutet: Auch die Veränderung von Anteilsverhältnissen bei bestehendem Organkreis kann GrESt auslösen. Werden die bestehenden Anteilsverhältnisse allerdings beibehalten, so hat die bloße Begründung eines Organschaftsverhältnisses – etwa durch Organisationsmaßnahmen – keinen grunderwerbsteuerlichen Tatbestand zur Folge.

– Auch wenn sich Rechtsprechung, Finanzverwaltung und Schrifttum bei der Auslegung des § 1 Abs. 4 Nr. 2 Buchst. b GrEStG an den Kriterien der umsatzsteuerlichen Organschaft orientieren, erfolgt keine rechtsträgerbezogene Inlandsbeschränkung. Ob herrschendes oder abhängiges Unternehmen im In- oder Ausland ansässig sind, ist für die grunderwerbsteuerrelevante Anteilsvereinigung unerheblich. Es wird vielmehr allein abgestellt auf die Inlandsbelegenheit eines Grundstücks. Auch auf ausländische Konzernsachverhalte kann die grunderwerbsteuerliche Organschaft daher Anwendung finden.

IV. Strukturelle Gemeinsamkeiten im Organschaftsrecht

Trotz aller Unterschiede bei ihrer steuergesetzlichen Ausgestaltung in Grundsatz und Details folgt die Organschaft dem betriebswirtschaftlich-organisatorisch mittlerweile überkommenen Leitbild einer funktional hierarchischen Konzernstruktur. Die Unternehmen haben sich darauf – etwa mittels Bildung von Länderholdings, mehrstufigen Organschaftsketten, überspringenden Gewinnabführungsverträgen usw. – eingestellt. Zumindest organisatorische Verwerfungen bleiben allerdings. Die Weiterentwicklung der Organschaft zu einem sachgerechten Gruppenbesteuerungskonzept, welches den Fiskalbedürfnissen und wirtschaftlichen Erfordernissen genügt, steht auf der „ToDo-Liste" des Gesetzgebers. 1.17

---

1 Vgl. *Lieber* in Müller/Stöcker/Lieber, Die Organschaft[10], Rz. 1804.
2 Zu einem Beispiel *Lieber* in Müller/Stöcker/Lieber, Die Organschaft[10], Rz. 1801.
3 Vgl. *Satish/Weiß*, DStR 2018, 1257. S. auch gleichlautende Erlasse der obersten Finanzbehörden der Länder v. 19.9.2018, BStBl. I 2–18, 1056 Rz. 1.

1.18 Dessen ungeachtet weist das steuerliche Organschaftsrecht einige strukturelle Gemeinsamkeiten auf, die für eine Vielzahl von Einzelfragen praktische Bedeutung haben:[1]

- **Organschaft ist kein Steuerprivileg**, sondern soll lediglich der wirtschaftlichen Einheit eines Unternehmensverbunds (in Grenzen) Rechnung tragen.[2] Für ertragsteuerliche Zwecke ist Maßstab der Leistungsfähigkeit – jedenfalls wirtschaftlich betrachtet – das Gesamtergebnis des Unternehmensverbunds. Das einzelne Konzernunternehmen verfügt dagegen wegen seiner Einbindung in die betriebswirtschaftlichen Konzernabläufe nur über eine Art „künstliche Leistungsfähigkeit", die über Verrechnungspreise, verdeckte Gewinnausschüttungen, verdeckte Einlagen und anderweitige arm's length-Tests nötigenfalls korrigiert werden muss. Die einzelnen Staaten, die an den Ergebnissen des Konzernverbunds angemessen beteiligt sein wollen, gehen dabei unterschiedlich vor. Die EU-gemeinschaftsrechtliche Diskussion, ob die Ermöglichung einer grenzüberschreitenden Verlustverrechnung eine beihilferelevante Steuervergünstigung darstellt, verkennt mE das wirtschaftliche Grundphänomen des Konzerns. Denn die Leistungsfähigkeit bemisst sich letztlich nach dem Konzernergebnis, nicht nach dem Ergebnis jedes einzelnen „Steuerpflichtigen" in seiner lokalen Besteuerungssituation. Eine Organschafts- oder Gruppenbesteuerung nach Maßgabe einer „Verbundleistungsfähigkeit" muss allerdings stets fakultativ sein, da der einzelne Rechtsträger seine faktische Steuerpflicht verliert. Dies geht nicht ohne seine Zustimmung.

- **Rechtsformspezifische Beschränkung der Organschaft** auf beherrschte, körperschaftlich strukturierte Unternehmen, wobei selbst innerhalb der „Gattung" Kapitalgesellschaft Unterschiede bestehen (AG, SE, GmbH wegen § 17 KStG). Personengesellschaften – und auch Einzelunternehmen – können rechtsformbedingt niemals den ertragsteuerlichen Status einer Organgesellschaft haben. Organträgerfähig sind sie dagegen sehr wohl, wobei § 14 Abs. 1 Satz 1 Nr. 2 KStG eine Reihe von Besonderheiten verlangt (etwa Ausübung gewerblicher Tätigkeit, gewerbliche Prägung reicht nicht aus; Beteiligungen im Gesamthandsvermögen, nicht im Sonderbetriebsvermögen; Vorliegen einer inländischen Betriebsstätte). Rechtsformwechsel bei einem beherrschten Unternehmen können daher zum Einstieg in oder Ausstieg aus der Organschaft genutzt werden. Für Zwecke der umsatzsteuerlichen Organschaft wird gem. § 2 Abs. 2 Nr. 2 UStG nur auf „juristische Personen" abgestellt, die in qualifizierter Form in einen Organträger eingegliedert sind. Bemerkenswert ist: In der europäischen Ermächtigungsgrundlage der umsatzsteuerlichen Organschaft (Art. 11 MwStSystRL) ist eine solche Rechtsformbegrenzung nicht zu finden. Danach können „Personen" zu einem Steuerpflichtigen zusammengefasst werden. Dies hat die Diskussion in Deutschland „beflügelt", sodass unter bestimmten Voraussetzungen und ausnahmsweise auch Personengesellschaften umsatzsteuerliche Organgesellschaften sein können (Abschn. 2.8 Abs. 2 Satz 5 UStAE). Es stellt sich nach wie vor die Frage der Unionsrechtskonformität des § 2 Abs. 2 Nr. 2 UStG (Rz. 1.11). Möglicherweise strahlt diese Diskussion in die grunderwerbsteuerliche Organschaft hinein.

- **Inlandsbegrenzung der Organschaft**, sodass im Grundsatz nur bestimmte in einem Unternehmensverbund ausgeübte Inlandsaktivitäten organschaftsrelevant sind. Vor allem die „Kleine Organschaftsreform" im Ertragsteuerrecht aus dem Februar 2013 hat allerdings insoweit diverse Öffnungen gebracht: Bei EU/EWR-Tochtergesellschaften reicht eine inländische Geschäftsleitung aus. Der Organträger, auch wenn er ein Steuerausländer ist, muss zugleich über eine inländische Betriebsstätte als Zurechnungssubjekt der Organbeteiligungen und -einkünfte verfügen. Im Verlustfall enthält § 14 Abs. 1 Satz 1 Nr. 5 KStG eine hochpro-

---

[1] Vgl. dazu *Prinz*, Beihefter zu DStR 30/2010, 67 (69).
[2] Vgl. dazu auch *Desens* in HHR, Einf. KSt Anm. 12, 110.

blematische Missbrauchsverhinderungsregelung. Auch bei der umsatzsteuerlichen Organschaft sind deren Wirkungen auf Innenleistungen zwischen den im Inland gelegenen Unternehmensteilen beschränkt (§ 2 Abs. 2 Nr. 2 Satz 2 UStG).

– **Haftungsverbund der Organschaft**, der sich zum einen „naturgemäß" aus der vertraglichen Ergebnisübernahmeverpflichtung des herrschenden Unternehmens bei der ertragsteuerlichen Organschaft ergibt, darüber hinaus aber auch in der Sondernorm des § 73 AO gründet. Auch wenn die Steuerschuld via Organschaft auf den Organträger übergeht, bleibt die Organgesellschaft für solche Steuern des Organträgers Haftender, für welche die Organschaft zwischen ihnen steuerlich von Bedeutung ist. Für den Fall einer mehrstufigen Organschaftskette hat der BFH in seinem Judikat vom 31.5.2017[1] eine hoch praxisrelevante Haftungsbegrenzung entschieden, die aus der notwendigen „Zweierbeziehung" zwischen abhängiger und herrschender Gesellschaft resultiert. Danach ist der Gegenstand der Haftung für eine körperschaftsteuerrechtliche Organschaft auf solche Steueransprüche beschränkt, die gegen den durch das konkrete Organschaftsverhältnis bestimmten Organträger gerichtet sind. Eine Enkelgesellschaft, die sich in einem Organkreis mit der Tochtergesellschaft befindet, ist deshalb für ertragsteuerliche Organschaftsschulden des letztendlichen Mutterorganträgers nicht haftbar zu machen. Ob der Steuergesetzgeber auf diese „überraschende BFH-Entscheidung" reagieren wird, bleibt abzuwarten. Entsprechendes gilt für etwaige Steuererstattungsansprüche. Bei einer Insolvenz des Organträgers oder einem Ausscheiden der Organgesellschaft aus dem Organkreis, bspw. im Fall von Akquisitionsmaßnahmen, können die durch § 73 AO begründeten Haftungsrisiken bei der OG große Bedeutung erlangen. Der aus § 73 AO resultierende Haftungsumfang der OG betrifft gleichermaßen die ertragsteuerliche und die umsatzsteuerliche Organschaft wegen der im Umsatzsteuerrecht geltenden Einheitsbetrachtung eines inländischen Organkreises, dort allerdings mit u.U. weiterreichendem Charakter.[2] Die Praxis versucht, die Haftung der OG bei Akquisitionsmaßnahmen gestalterisch zu begrenzen (etwa Durchführung eines Asset Deals statt eines Share Deals, allerdings unter Inkaufnahme von § 75 AO). Der vertraglich oder gesetzlich entstehende Haftungsverbund ist in der Praxis mitunter entscheidend für den „Verzicht" auf eine steuerliche Organschaft.

C. Rechtsentwicklung der Organschaft

I. Bedeutungswandel der Organschaft im „Laufe der Zeit"

Die ertragsteuerliche Organschaft mit ihren Sondervorschriften für verbundene Unternehmen war stets integraler Bestandteil der Unternehmensbesteuerung in Deutschland. Ihre praktische Bedeutung hat sich im Laufe der Jahre als eine Art Spiegelbild der Umbrüche im Unternehmenssteuerrecht selbst verändert. Klassische Funktion der Organschaft war und ist die periodengleiche Verlustnutzung in einem Unternehmensverbund, andere Funktionen sind im Laufe der Zeit hinzugekommen (etwa im Hinblick auf nicht abziehbare Betriebsausgaben gem. § 8b Abs. 5 KStG oder die Zinsschranke, § 15 Satz 1 Nr. 3 KStG). Besonders die Mehrmütterorganschaft und das zeitlich befristete Organschaftsverbot für Lebens- und Kranken-

1.19

---

1 BFH v. 31.5.2017 – I R 54/15, BStBl. II 2018, 54; s. hierzu auch Rz. 6.148.
2 Vgl. FG Düsseldorf v. 22.2.2018 – 9 K 280/15 H(U), GmbHR 2018, 442 mit Anm. *Graw*, DB 2018, 1114. Zu Details vgl. etwa *Schimmele/Weber*, BB 2013, 2263 und Der Konzern 2015, 437; *Braunagel/Paschke*, Ubg 2011, 233; *Lüdicke* in Festschrift Herzig, 2010, 259; *Arendt*, StuB 2018, 98; *Bruschke*, BB 2018, 1310; *Pieske-Kontny*, StBp 2017, 305; *Streit/Dachauer*, Der Konzern 2018, 305.

versicherungsunternehmen sind stark verfassungsproblematische Teile der „deutschen Steuergeschichte", an denen diverse Rechtssprünge in unternehmenssteuerlichen Strukturen festgemacht werden können. Gleichermaßen haben Systemwechsel im Umsatzsteuerrecht einen Bedeutungswandel der umsatzsteuerlichen Organschaft ausgelöst. Ein Blick in die Rechtsentwicklung der Organschaft liefert daher wichtige Grundeinsichten zum steuerlichen Organschaftsrecht.

II. Meilensteine der ertragsteuerlichen Rechtsentwicklung

1.20 Das geltende Organschaftsrecht geht in seinen Wurzeln auf die Rechtsprechung des Preußischen OVG zurück, die anschließend von RFH und BFH fortgeführt und weiterentwickelt wurde.[1] Im Ausgangspunkt sollten durch das Rechtsinstitut der Organschaft bei den damaligen Konzernen mögliche Gestaltungen zur Umgehung der preußischen Steuer durch länderspezifische Gewinnallokationen unterbunden werden (Ziel: Schutz des Steuergläubigers). Steuersystematischer Ausgangspunkt der Organschaft war in der Rechtsprechung zunächst die sog. Angestelltentheorie, wonach die abhängige Gesellschaft trotz ihrer rechtlichen Selbständigkeit als eine Art „Angestellter des Mutterunternehmens" qualifiziert wurde. In der Rechtsprechung des RFH wurde dieser Ausgangspunkt der Organschaft zunächst für Körperschaftsteuerzwecke zur sog. Zurechnungstheorie weiterentwickelt. Danach führen die Organgesellschaften zwar ihr Unternehmen auf eigene Rechnung; ihre handels- und steuerbilanziellen Rechnungslegungsverpflichtungen bleiben bestehen. Wegen ihrer wirtschaftlichen Abhängigkeit – dokumentiert in ihrer finanziellen Eingliederung in das Mutterunternehmen sowie den Abschluss eines Gewinnabführungsvertrages, der als „Kind des Steuerrechts" erstmals im AktG 1965 kodifiziert wurde[2] – wird das erzielte und eigenständig ermittelte Ergebnis dann allerdings der Muttergesellschaft zugerechnet. Trotz der engen Verzahnung zwischen körperschaftsteuerlicher und gewerbesteuerlicher Organschaft qualifiziert das Gewerbesteuerrecht die wirtschaftliche Abhängigkeit der Organgesellschaft allerdings mittels Betriebsstättenfiktion (§ 2 Abs. 2 Satz 2 GewStG) und folgt deshalb teleologisch betrachtet eingeschränkt mehr einheitstheoretischen Überlegungen. Die Notwendigkeit zum Abschluss eines GAV für gewerbesteuerliche Organschaftszwecke wurde erst im Jahre 2002 eingeführt. Eine Vollkonsolidierung mit erfolgswirksamer Zwischenergebniseliminierung gibt es bis heute in beiden Bereichen der ertragsteuerlichen Organschaft nicht.

1.21 **Körperschaftsteuerliche Organschaft**: Wegen vielfältiger Zweifelsfragen in der Rechtsprechung[3] und ihrer steigenden besteuerungspraktischen Bedeutung wurde die Organschaft für Körperschaftsteuerzwecke im Jahre 1969 erstmals kodifiziert (§ 7a KStG 1969). Im Zuge der Steuerreform 1977 mit der damaligen Einführung des körperschaftsteuerlichen Anrechnungsverfahrens wurden die Organschaftsregelungen in §§ 14–19 KStG übernommen. Dort liegen bis heute ihre gesetzlichen Grundlagen, die zunehmend auch unionsrechtlichen und internationalen Einflüssen Rechnung tragen müssen (Rz. 1.48, Rz. 1.51).

---

1 Die Entwicklung der Rechtsprechung zur Organschaft vor ihrer körperschaftsteuerlichen Kodifikation wird nachgezeichnet bei *Herzig*, Organschaft, 2003, 4 f. sowie *Müller* in Müller/Stöcker/Lieber, Die Organschaft[10], Rz. 2–6. S. auch *Beusch* in FS Flume, 1978, 21 (23).
2 Vgl. *Priester* in Herzig, Organschaft, 2003, 39.
3 Vgl. dazu vor allem BFH v. 4.3.1965 – I 249/61 F, BStBl. III 1965, 329 sowie BFH v. 17.11.1966 – I 280/63, BStBl. III 1967, 118.

Markante Punkte der Rechtsentwicklung der vergangenen Jahre sind:[1] 1.22

– Im Steuersenkungsgesetz v. 23.10.2000[2] wurden die Merkmale der organisatorischen und wirtschaftlichen Eingliederung für Körperschaftsteuerzwecke aufgegeben. Die Möglichkeit einer mittelbaren finanziellen Eingliederung wurde vereinfacht. Dadurch entstanden – unabhängig vom GAV – weitere Friktionen zur gewerbesteuerlichen Organschaft; die Eingliederungskriterien traditioneller Art galten dort zunächst weiter. Im Übrigen wurde – was von grundlegender steuersystematischer Bedeutung ist – das körperschaftsteuerliche Anrechnungsverfahren im Jahreswechsel 2000/2001 durch das Halbeinkünfteverfahren ersetzt.[3] Dieser körperschaftsteuerliche Systemwechsel hin zu einem klassischen Typus hat – ohne tatbestandsmäßig zum Ausdruck zu kommen – einen Bedeutungswechsel der Organschaft ausgelöst. Vor allem die Wirkung der Organschaft als Verlustnutzungsinstrument hat dadurch erheblich an Bedeutung gewonnen.

– Im „Gesetz zur Fortentwicklung des Unternehmenssteuerrechts (UntStFG) v. 20.12.2001"[4] wurden mit Wirkung ab 2002 die Voraussetzungen für die gewerbesteuerliche Organschaft vollständig an die körperschaftsteuerlichen Voraussetzungen angeglichen. Darüber hinaus ist zur internationalen Öffnung der körperschaftsteuerlichen Organschaft der doppelte Inlandsbezug beim Organträger aufgegeben worden. Trotz ausländischem Sitz in EU/EWR reicht eine inländische Geschäftsleitung für die Organträgerfähigkeit aus. Unter Missbrauchsverhinderungsüberlegungen wurde diese Auslandsöffnung flankiert durch § 14 Abs. 1 Satz 1 Nr. 5 KStG wegen doppelter Verlustberücksichtigung.

– Wegen Abschaffung der Mehrmütterorganschaft wurden mit dem Steuervergünstigungsabbaugesetz v. 16.5.2003[5] die Tatbestandsvoraussetzungen für eine Personengesellschaft als Organträger verschärft (eigenständige gewerbliche Tätigkeit, Organgesellschaften im SonderBV reicht nicht aus).

– Einführung von Sonderregelungen für vororganschaftliche Mehr- und Minderabführungen (§ 14 Abs. 3 KStG) durch das EU-Richtlinien-Umsetzungsgesetz v. 9.12.2004.[6] Anschließend wurden im JStG 2008 v. 20.12.2007 Regelungen über organschaftliche Mehr- und Minderabführungen kodifiziert (§ 14 Abs. 4 KStG, § 27 Abs. 6 KStG).

– Durch das Unternehmensteuerreformgesetz 2008 v. 14.8.2007[7] wurde der Körperschaftsteuersatz wegen des internationalen Steuerwettbewerbs von 25 % auf 15 % herabgesetzt. Zur Gegenfinanzierung dienten vor allem die Einführung der Zinsschranke, die Verlustabzugsbegrenzungen bspw. des § 8c KStG sowie die Verschärfung des Halb- in ein Teileinkünfteverfahren. Vor allem die Finanzierungsrelevanz der Organschaft ist dadurch bedeutsamer geworden. Denn der Organkreis gilt für Zinsschrankenzwecke als ein Betrieb (§ 15 Satz 1 Nr. 3 KStG). Die Verlustnutzungsbedeutung der Organschaft hat – bspw. im Hinblick auf § 8c KStG – ebenfalls zugenommen.

---

1 Zu den Sonderfragen der Mehrmütterorganschaft s. Rz. 1.25, zu branchenspezifischen Besonderheiten bei Lebens- und Krankenversicherungsunternehmen s. Rz. 1.28. Ergänzend auch Bericht der Facharbeitsgruppen „Verlustverrechnung und Gruppenbesteuerung" v. 15.9.2011, 103–105.
2 BGBl. I 2000, 1433.
3 Zu den Gründen s. *Desens* in HHR, Dok. KSt Anm. 61.
4 BGBl. I 2001, 3858.
5 BGBl. I 2003, 660.
6 BGBl. I 2004, 3310.
7 BGBl. I 2007, 1912.

– Die „Kleine Organschaftsreform" v. 20.2.2013[1] hat zu einer Reihe wichtiger Rechtsänderungen geführt. Die formellen Hürden des Gewinnabführungsvertrags und seiner Durchführung wurden erleichtert. Darüber hinaus wurden die unionsrechtlichen Vorgaben der Kommission durch Verzicht auf den doppelten Inlandsbezug bei der Organgesellschaft umgesetzt. Schließlich findet eine Missbrauchsabwehr bei grenzüberschreiten Organschaften statt (neues Betriebsstättenkriterium für Organträger gem. § 14 Abs. 1 Satz 1 Nr. 2 KStG, Abschaffung des § 18 KStG, Ausweitung der double dip-Regelung des § 14 Abs. 1 Satz 1 Nr. 5 KStG). Darüber hinaus wurde für Feststellungszeiträume ab 2014 ein neues organschaftliches Verfahrensrecht eingeführt (§ 14 Abs. 5 KStG). Schließlich sind kleinere, im Wesentlichen nur redaktionelle Bereinigungen der Organschaftsregelungen (§§ 17, 19 KStG) im „Gesetz zur Anpassung des nationalen Steuerrechts an den Beitritt Kroatien zur EU und zur Änderung weiterer steuerlicher Vorschriften" v. 25.7.2014[2] erfolgt.

– Einfügung des § 7a GewStG durch das BEPS-Umsetzungsgesetz vom 20.12.2016[3] mit Wirkung ab Erhebungszeitraum 2017, um die 5 % Hinzurechnung bei Bezug schachtelprivilegierter Dividenden durch eine Organschaft sicherzustellen. Die neue Rechtsnorm ist mit der Überschrift „Sonderregelung bei der Ermittlung des Gewerbeertrags einer Organgesellschaft" versehen worden. Es handelt sich um die Reaktion des Gesetzgebers auf die Entdeckung einer „Hinzurechnungslücke" durch den BFH in seiner Entscheidung vom 17.12.2014 (I R 39/14).[4]

– Schaffung neuer sanierungssteuerlicher Sonderregelungen für Organschaftsfälle gem. § 15 Satz 1 Nr. 1 Satz 2 f. sowie Nr. 1a KStG im „Gesetz gegen schädliche Steuerpraktiken im Zusammenhang mit Rechteüberlassungen" vom 27.6.2017.[5] Bei der Schaffung der neuen Sanierungsregelungen in §§ 3a, 3c EStG, § 7b GewStG mit Erstreckung auf Organschaftsfälle handelt es sich um eine Reaktion des Gesetzgebers auf den Beschluss des Großen Senats des BFH vom 28.11.2016,[6] wonach der frühere Sanierungserlass des BMF gegen den Grundsatz der Gesetzmäßigkeit der Verwaltung verstößt. Die sanierungsbezogenen Neuregelungen im Organschaftsrecht sollen vor Gewährung einer Steuerfreistellung eine vollumfängliche vorrangige Verlustverrechnung bei der Organgesellschaft selbst und (subsidiär) beim Organträger sicherstellen. Sämtliche Regelungen zum Sanierungssteuerrecht wurden zwischenzeitlich durch einen Comfort Letter der Europäischen Kommission genehmigt mit der Folge der zeitnahen Aufhebung des Inkrafttretensvorbehalts (BMF, Mitteilung v. 7.9.2018) und enthalten differenzierte zeitliche Anwendungsbestimmungen mit Stichtag 8.2.2017. Aus Gründen der Rechtssicherheit soll ggf. eine Inkraftsetzung unmittelbar zum 5.7.2017 erfolgen. Vor allem in § 15 Satz 1 Nr. 1a Satz 3 KStG wird ein überschießender organträgerrelevanter „interpersoneller" Verlustuntergang festgelegt, der bei Sanierung früherer Organgesellschaften innerhalb einer 5-Jahres-Periode nach Beendigung der Organschaft (beispielsweise durch Verkauf der Beteiligung) auftreten kann und unter Umständen nachträgliche „Verlustzerstörungen" beim früheren Organträger bewirkt.[7] Gerade in Transaktionsfällen erscheinen insoweit entsprechende Steuerklauseln ratsam.

---

1 BGBl. I 2013, 285.
2 BGBl. I 2014, 1266. Zur Neufassung des § 19 Abs. 1–4 KStG s. *Heinz/Scheuch*, IStR 2014, 915.
3 BGBl. I 2016, 3000.
4 Vgl. BFH v. 17.12.2014 – I R 39/14, BStBl. II 2015, 1052.
5 BGBl. I 2017, 2074.
6 BFH v. 28.11.2016 – GrS 1/15, BStBl. II 2017, 393.
7 Vgl. etwa *Suchanek/Schaaf/Hannweber*, WPg 2017, 909; *Desens*, FR 2017, 981 (989 ff.).

– Derzeit befindet sich das „Jahressteuergesetz 2018" in den parlamentarischen Beratungen; es wurde zwischenzeitlich im „Gesetz zur Vermeidung von Umsatzsteuerausfällen beim Handel mit Waren im Internet und zur Änderung weiterer steuerlicher Vorschriften" umbenannt. Unter Organschaftsaspekten ist die rückwirkend geltende „Neuschaffung" eines § 14 Abs. 2 KStG geplant, der in Orientierung an § 304 Abs. 2 S. 1 AktG an das Ergebnis der OG anknüpfende variable Ausgleichszahlungen an Minderheitsgesellschafter entgegen der BFH-Rechtsprechung zulassen will. Der variable Anteil der Ausgleichszahlungen muss allerdings nach vernünftiger kaufmännischer Beurteilung wirtschaftlich begründet sein und soll bei betroffenen Unternehmen begünstigend wirken. Die Neuregelung zielt auf kommunale Organgesellschaften. Zum zweiten soll in § 15 Nr. 2a KStG die sog. Bruttomethode für Investmenterträge von Organgesellschaften eingeführt werden.

Gewerbesteuerliche Organschaft wurde erstmals gesetzlich kodifiziert im Jahre 1936. Es bestand stets eine enge Verbindung zur körperschaftsteuerlichen Organschaft, ohne dass durchgängig Tatbestandsidentität bestand. Der für das Körperschaftsteuerrecht hochbedeutsame GAV wurde erst ab dem Erhebungszeitraum 2002 auch für gewerbesteuerliche Organschaftszwecke erforderlich; betriebswirtschaftlich fundierte Steuerumlageverträge spielten deshalb bis einschl. EZ 2001 vor allem im Gewerbesteuerrecht eine besondere Rolle (Verteilungsverfahren oder Stand alone-Methode).[1] Die im Gewerbesteuerrecht eigenständige Rechtsfolge der Betriebsstättenfiktion dokumentiert ein von der körperschaftsteuerlichen Organschaft partiell abweichendes Rechtskonzept. Man spricht insoweit von einer eingeschränkten (gebrochenen) Einheitstheorie bzw. modifizierten Zurechnungstheorie, da auch für gewerbesteuerliche Organschaftszwecke das Organeinkommen zunächst separat ermittelt wird mit anschließender Zurechnungsfiktion zum Organträger (allerdings als eigener, nicht als fremder Gewerbeertrag).

1.23

III. Sonderfragen der Mehrmütterorganschaft

Eine sog. Mehrmütterorganschaft liegt vor, wenn sich mehrere gewerbliche Unternehmen zu einer PersGes zum Zweck einheitlicher Willensbildung zusammenschließen, um gemeinsam ein Organschaftsverhältnis zu einer Tochterkapitalgesellschaft zu begründen. Dies war in der Vergangenheit eine verbreitete Gestaltungsstruktur, um bei Joint Venture-Unternehmen mit gleichberechtigten Partnern – also bei einer Abhängigkeit zu mehreren Mutterunternehmen – Anlaufverluste auf die Gesellschafterebene zu transferieren, allerdings ohne gewerbesteuerliche Wirkung (Willensbildungs-GbR als Organträger). Seit 2003 sind Mehrmütterorganschaften im deutschen Unternehmenssteuerrecht in Konterkarierung der großzügigeren BFH-Rechtsprechung nicht mehr zulässig. In etlichen anderen Ländern dagegen sind Mehrmütterorganschaften im Interesse konzernübergreifender Kooperationen möglich (etwa in Großbritannien, Irland, Italien und Österreich).[2]

1.24

Rechtsentwicklung der Mehrmütterorganschaft: Die Rechtsfigur der Mehrmütterorganschaft hat eine wechselvolle Geschichte.[3] Sie wurde gewohnheitsrechtlich bei Zwischenschal-

1.25

---

1 Vgl. etwa BGH v. 1.3.1999 – II ZR 312/97, DStR 1999, 724; s. auch *Rödder/Simon*, DB 2002, 496; *Herlinghaus* in Herzig (Hrsg.), Organschaft, 2003, 119 (128–131).
2 Vgl. *Endres* in FS Herzig, 2010, 189 (203 f.).
3 Als Überblick vgl. *Jonas* in Herzig, Organschaft, 2003, 306–320; *Kirchhof* in Herzig, Organschaft, 2003, 485–506; *Kirchhof/Raupach*, DB 2001, Beilage 3 zu Heft 22; *Kolbe* in HHR, § 14 KStG Anm. 18–21; *Schumacher*, Die Organschaft im Steuerrecht³, 43–45.

tung einer Willensbildungs-GbR von Rechtsprechung und Finanzverwaltung jahrzehntelang anerkannt, der Steuerstatus der Innengesellschaft war allerdings hochstreitig.[1] Der BFH erkannte dabei in Änderung seiner älteren Rechtsprechung die organschaftliche Einbindung der OG unmittelbar zu ihren Gesellschaftern an mit der Folge einer auch gewerbesteuerlichen Zurechnung der Verluste zu den Mutterunternehmen. Die Finanzverwaltung reagierte darauf mit einem Nichtanwendungserlass.[2] Durch das UntStFG v. 20.12.2001 wurde die Mehrmütterorganschaft gegen die Rechtsprechung mit Wirkung ab 2001 gesetzlich verankert mit der Willensbildungs-GbR als Organträger (§ 14 Abs. 2 KStG aF, § 2 Abs. 2 Satz 3 GewStG aF). Ab dem Jahre 2003 schließlich wurde sie durch das StVergAbG vom 16.5.2003 abgeschafft.[3] Im Zuge dieser Rechtssprünge rund um die Mehrmütterorganschaft, die im Wesentlichen fiskalisch begründet sind, mussten eine Reihe verfassungsrechtlicher Vertrauensschutzfragen durch die Gerichte gelöst werden. Trotz erheblicher verfassungsrechtlicher Bedenken im Schrifttum wurden die festzustellenden Rechtssprünge von BFH und BVerfG „abgesegnet".[4] Für die Anerkennung einer ertragsteuerlichen Organschaft ist seit 2003 tatbestandserforderlich, dass der ganze Gewinn bzw. Verlust der Organtochter „an ein einziges anderes gewerbliches Unternehmen abzuführen" ist (§ 14 Abs. 1 Satz 1 Halbs. 1 KStG). Die „Ein-Mutter-Organschaft" ist seitdem zwingend.

1.26 **Steuergesetzliche Ausstrahlungswirkungen** der Abschaffung der Mehrmütterorganschaft sind bis heute zu konstatieren. Zu nennen sind zum einen die „verschärften" Gewerblichkeits- und Vermögenserfordernisse einer Organträger-PersGes (§ 14 Abs. 1 Satz 1 Nr. 2 Satz 2, 3 KStG), zum anderen die Verlustabzugsbeschränkungen bei stillen Gesellschaften zwischen Körperschaften (§ 15 Abs. 4 Satz 6–8 EStG, § 20 Abs. 1 Nr. 4 Satz 2 EStG). Zudem hat der BFH kürzlich in seinem Urteil vom 10.5.2017 (I R 51/15)[5] im Zusammenhang mit einer früheren Mehrmütterorganschaft entschieden, dass die „Anwachsung" des GbR-Anteils (einschließlich Gewinnabführungsvertrag) im fünfjährigen Mindestzeitraum auf den finanziell durchgängig mehrheitlich beteiligten Gesellschafter bei entsprechender Vertragsdurchführung im Letztjahr als wirksame körperschaftsteuerrechtliche Organschaft anzuerkennen ist. Innerhalb des 5-Jahres-Mindestzeitraums kann also eine nur „unterbrochene Organschaft" bestehen, eine volle Nichtanerkennung der Organschaft ist bei derartigen Konstellationen nicht geboten. Diese wichtige neue Rechtserkenntnis hat der I. Senat des BFH in einem Mehrmütterorganschaftsfall exemplifiziert.

---

[1] Vgl. BFH v. 9.6.1999 – I R 43/97, BStBl. II 2000, 695 = FR 2000, 155 m. Anm. *Pezzer* sowie BFH v. 9.6.1999 – I R 37/98, BFH/NV 2000, 347.

[2] BMF v. 4.12.2000 – IV A 2 - S 2770 - 3/00, BStBl. I 2000, 1571 = FR 2001, 43.

[3] Ursprünglich wollte der Gesetzgeber die Mehrmütterorganschaft für den VZ 2003 im Steuervergünstigungsabbaugesetz nicht völlig abschaffen, sondern „nur" durch Einfügung einer 25 % Mindestbeteiligungsgrenze verschärfen. Dann hat sich der Gesetzgeber aber doch für die rückwirkende Abschaffung entschieden.

[4] Vgl. BFH v. 15.2.2012 – I B 7/11 BStBl. II 2012, 751 = FR 2012, 521. Zur verfassungskonformen Auslegung der Übergangsregelung des § 34 Abs. 1 KStG 2002 i.d.F. des StVergAbG, siehe auch BVerfG v. 10.7.2009 – 1 BvR 1416/06, BFH/NV 2009, 1768. Kritisch zur Verfassungsrechtslage insb. *Kirchhof/Raupach*, DB Beilage 3 zu Heft 22/2001.

[5] BFH v. 10.5.2017 – I R 51/15, BStBl. II 2018, 30. Zu Erläuterungen vgl. Rz. 6.60 ff. sowie *Adrian/Fey*, DStR 2017, 2409; *Prinz/Keller*, DB 2018, 400 (402–404); *Brühl/Binder*, NWB 2018, 331.

IV. Branchenspezifische Besonderheiten insb. bei Lebens- und Krankenversicherungsunternehmen

In der Zeit von 2002–2008 (vereinfacht) bestand ein ausdrückliches körperschaftsteuerliches Organschaftsverbot für Lebens- und Krankenversicherungsunternehmen (zuletzt: § 14 Abs. 2 KStG), welches sich wegen der Tatbestandsidentität auch auf die gewerbesteuerliche Organschaft erstreckte.[1] Hintergrund dieser branchenspezifischen Verbotsregelung war: Durch die Umstellung vom körperschaftsteuerrechtlichen Anrechnungsverfahren auf das Halb-/Teileinkünfteverfahren mit Beteiligungsertragsbefreiung gem. § 8b KStG einerseits und die an das handelsbilanzielle Ergebnis anknüpfende Rückstellung für Beitragsrückerstattung (§ 21 KStG) andererseits, entstanden bei Lebens- und Krankenversicherungsunternehmen „strukturbedingte Verluste", die durch eine organschaftliche Anbindung an einen Sachversicherer genutzt werden konnten.[2] Die dafür erforderlichen GAVs wurden trotz des versicherungsrechtlichen Gebots der Spartentrennung in Sonderfällen vom seinerzeit zuständigen Bundesaufsichtsamt für das Versicherungswesen genehmigt.[3] Wegen des potentiell gleichheitssatzwidrigen Sonderrechts für Lebens- und Krankenversicherungsunternehmen bestanden von Anfang an erhebliche verfassungsrechtliche Bedenken gegen das Organschaftsverbot.[4] Auf Initiative des Bundesrats wurde das Organschaftsverbot mit Wirkung ab VZ 2009 – also trotz der bestehenden verfassungsrechtlichen Bedenken nicht rückwirkend – wieder abgeschafft, stattdessen wurde eine punktuelle Einschränkung der Abziehbarkeit von Beitragsrückerstattungen für Lebens- und Krankenversicherungsunternehmen gesetzlich kodifiziert (§ 21 Abs. 1 Nr. 1 Satz 1 KStG); „strukturelle Verluste" können seitdem nicht mehr entstehen. Darüber hinaus wurde für den VZ 2008 im Wege einer Übergangsregelung ein antragsgebundenes Wahlrecht (gemeinsame Ausübung durch OG und OT erforderlich) zur steuerlichen Anerkennung von Organschaften mit Lebens- und Krankenversicherungsunternehmen geschaffen, sofern die Einschränkung des § 21 KStG gleichermaßen akzeptiert wird.

1.27

Im Ergebnis stellt das steuergesetzliche Organschaftsverbot für Lebens- und Krankenversicherungsunternehmen eine zeitlich befristete „Episode" in der Rechtsentwicklung der Organschaft dar. Weitere branchenspezifische Besonderheiten für Organschaften (etwa bezogen auf Immobilienunternehmen) sind nicht festzustellen. Lediglich für Organgesellschaften im kommunalen Bereich mit Dauerverlusten gelten in Erweiterung der sog. Bruttomethode für

1.28

---

1 Das Organschaftsverbot wurde eingeführt durch das Steuerverkürzungsbekämpfungsgesetz – StVBG – v. 19.12.2001 (BGBl. I 2001, 3922) mit Wirkung ab VZ 2002. Es wurde wieder aufgehoben durch das JStG 2009 v. 19.12.2008 (BGBl. I 2008, 2794) mit Wirkung ab VZ 2009. Für den VZ 2008 bestand gem. § 34 Abs. 9 Satz 1 Nr. 6 KStG aF ein besonders ausgestaltetes Antragswahlrecht.
2 Vgl. zu diesem Hintergrund *Hey* in HHR, § 14 KStG Anm. 290/291; *Prinz*, FR 2002, 66 (69); *Müller/Stöcker/Lieber*, Die Organschaft[10], Rz. 38. Im Jahressteuergesetz 2018 ist im Hinblick auf die geänderten Rahmenbedingungen für Versicherungsunternehmen eine Neufassung des § 21 KStG geplant, dessen Grundstruktur allerdings beibehalten werden soll.
3 Allerdings war zwischenzeitlich mit Wirkung ab VZ 2004 (bei abweichendem Wirtschaftsjahr ab VZ 2005) § 8b Abs. 8 KStG durch das Protokollerklärungsgesetz v. 22.12.2003 (BGBl. I 2003, 2840) eingeführt worden, der die Beteiligungsertragsbefreiungen und Verlustabzugsverbote von § 8b Abs. 1–7 KStG für Lebens- und Krankenversicherungsunternehmen auf in Kapitalanlagen gehaltene Anteile suspendiert. Für die VZ 2001–2003 gab es eine spezielle auf Antrag rückwirkende Übergangsregelung (§ 34 Abs. 7 Satz 8 KStG aF). Der unwiderrufliche Antrag war bis spätestens zum 30.6.2004 zu stellen. Ein rückwirkendes Ereignis ist darin lt. BFH v. 12.7.2017 – I R 86/15, GmbHR 2018, 153, nicht zu sehen.
4 Vgl. zu Details *Hey* in Herzig, Organschaft, 2003, 507–524; *Hey*, FR 2001, 1279.

Einkommensermittlung und -zurechnung Sonderregelungen gem. § 15 Satz 1 Nr. 4 und 5 KStG, die durch das JStG 2009 v. 19.12.2008[1] mit Wirkung ab (vereinfacht) 2009 eingeführt wurden. Danach sind die Regelungen für strukturelle Dauerverluste bei kommunalen Organgesellschaften (Suspendierung der Rechtsfolgen einer vGA) sowie entsprechende Verlustverrechnungsverbote im kommunalen Querverbund nur auf Organträger-Ebene anzuwenden (zu den Einzelheiten vgl. Rz. 21.19 ff.). Dadurch soll die Anwendung der Sondervorschriften für kommunale Dauerverlustbetriebe im Rahmen von Organschaftsstrukturen sichergestellt werden.

V. Umsatzsteuerliche Rechtsentwicklung

1.29 Die umsatzsteuerliche Organschaft wurde in der Rechtsprechung des RFH zum UStG 1919 „erfunden", um Verwaltungs- und Organisationserleichterungen zwischen im Über-/Unterordnungsverhältnis stehenden Unternehmen, die wegen Zuordnung zu einem Unternehmensverbund wirtschaftlich unselbständig sind, zu erreichen (umsatzsteuerliche Organlehre). Leistungsbeziehungen zwischen dem Organträger und OG sollten deshalb als nicht steuerbare Vorgänge (= Innenumsätze) unbeachtlich sein; Außenleistungen der Organgesellschaften werden dem Organträger zugerechnet.[2] Die umsatzsteuerliche Organschaft blickt auf eine langjährige Rechtstradition zurück und wurde aus der Systematik des Umsatzsteuerrechts entwickelt.[3]

1.30 **Bruttoallphasenumsatzsteuer bis 1967**: Die umsatzsteuerliche Organschaft wurde erstmals im UStG 1934 kodifiziert und hatte seinerzeit große materielle Bedeutung. Denn wegen der Kaskadenwirkungen der Umsatzsteuer fiel bei mehrstufigen Unternehmensstrukturen mehrfach Umsatzsteuer an. Die Organschaft diente dazu, derartige Kaskadeneffekte durch Schaffung einer „Einheitsunternehmung" von finanziell, wirtschaftlich und organisatorisch in ein Mutterunternehmen eingegliederten juristischen Personen zu vermeiden. Allerdings wurde die Organschaft in der Nachkriegszeit ab dem 1.1.1946 zur Verhinderung der Konzentration größerer wirtschaftlicher Konzerneinheiten[4] weitgehend abgeschafft und erst mit Wirkung ab 1.4.1958 anknüpfend an die „alten Rechtsgrundlagen" wieder eingeführt. Zudem bestand von 1961 bis Ende 1967 ein 75 %iges Mehrheitserfordernis zur Begründung einer umsatzsteuerlichen Organschaft.

1.31 **Mehrwertsteuersystem seit 1968**: Durch Schaffung des Mehrwertsteuersystems mit Vorsteuerabzug des UStG 1968 standen wiederum die Administrationserleichterungen der umsatzsteuerlichen Organschaft im Vordergrund. Im Hinblick auf den Ausschluss vom Vorsteuerabzug bei umsatzsteuerbefreiten Unternehmen erlangte die umsatzsteuerliche Organschaft allerdings wiederum zunehmende materielle Bedeutung im Hinblick auf eine Reduzierung nicht abziehbarer Vorsteuer. Die Unionsrechtsbasierung des deutschen Umsatzsteuerrechts einschließlich der umsatzsteuerlichen Organschaft erfolgte in UStG 1980 durch

---

1 BGBl. I 2008, 2794.
2 Vgl. *Wäger*, DB 2014, 915 mit Hinweis auf RFH v. 26.9.1927 – V A 417/27, RFHE 12, 69; ergänzend *Heuermann*, DB 2016, 608: „Keine Zukunft ohne Herkunft". Vgl. auch *Widmann* in Herzig, Organschaft, 2003, 335.
3 Vgl. BVerfG v. 20.12.1966 – 1 BvR 320/57, 1 BvR 70/62, BStBl. III 1967, 7 (15).
4 Grund: Konzerne wurden von den Siegermächten des 2. Weltkriegs als eine Mitursache des Nazi-Regimes betrachtet. Insoweit dokumentiert die Rechtsentwicklung der umsatzsteuerlichen Organschaft die Wirren der deutschen Geschichte des 20. Jahrhunderts. Dazu auch *Widmann* in Herzig, Organschaft, 2003, 335.

Anpassung an die Vorgaben der 6. EG-Umsatzsteuer-Richtlinie. Ab 1.1.1987 wurden dann die Wirkungen der umsatzsteuerlichen Organschaft – so wie sie auch heute noch gelten – auf die Innenleistungen zwischen den im Inland gelegenen Unternehmensteilen beschränkt. Grund dafür war ein im Jahre 1984 gestartetes und dann 1987 eingestelltes Vertragsverletzungsverfahren der Europäischen Kommission gegen die Bundesrepublik Deutschland. Bei Betrachtung der umsatzsteuerlichen Rechtsentwicklung werden die europäischen Grundlagen des geltenden Umsatzsteuerrechts deutlich erkennbar. Es erstaunt daher, dass gerade der traditionelle Bereich der umsatzsteuerlichen Organschaft letztlich unionsrechtlich in Teilen noch immer unklar ist (Rz. 1.11; Rz. 22.30 ff.; 22.38 ff.; Rz. 22.77; Rz. 22.86 ff.).

D. Rechtskonzeption der Organschaft

I. Steuersubjektprinzip vs. Konzern als Leistungsfähigkeitsverbund

Die Ertragsbesteuerung rechtlich selbständiger Einheiten folgt im Grundsatz dem Steuersubjektprinzip ungeachtet der Zugehörigkeit zu einem Konzernverbund. Nur wenn die differenziert aufgefächerten Gesetzeskriterien eines ertragsteuerlichen Organkreises bei den betroffenen Unternehmen erfüllt sind – dem steuerwirksamen GAV kommt dabei eine Schlüsselrolle zu –, wird das Steuersubjektprinzip partiell durchbrochen, indem das bei der Organgesellschaft bilanziell ermittelte Einkommen dem Organträger zugerechnet wird. Für Gewerbesteuerzwecke erfolgt die Zurechnung nach Art einer fiktiven Betriebsstätte bei Suspendierung der persönlichen Gewerbesteuerpflicht der OG. Das Gesamteinkommen des Organkreises repräsentiert damit eine Art „Leistungsfähigkeitsverbund", das allerdings ohne Vollkonsolidierung innerkonzernlicher Leistungsbeziehungen ermittelt wird. Für Zwecke der Verlustabzugssperre des § 14 Abs. 1 Satz 1 Nr. 5 KStG spricht der BFH von den „konsolidierten Einkünften des Organträgers nach der Zurechnung des Einkommens der Organgesellschaft".[1]

1.32

Grund der Durchbrechung des Steuersubjektprinzips für in den Organkreis einbezogene Unternehmen ist zweierlei:

1.33

– Zum einen muss ein hierarchisches Über-/Unterordnungsverhältnis zwischen den Unternehmen mit einer qualifizierten finanziellen Eingliederung bestehen, so dass der OT letztlich die OG „beherrscht".

– Zum anderen muss ein GAV steuerwirksam begründet und durchgeführt sein, der die Einkommenszurechnung rechtfertigt und vor allem im Verlustfall die Verlusttragung durch den Organträger dokumentiert und gewährleistet.

Die Zurechnung „fremden Einkommens" bzw. Betriebsstätten-Gewerbeertrags kann dabei an eine Körperschaft oder an eine Personengesellschaft (mit natürlichen oder juristischen Mitunternehmern) erfolgen; ggf. kommt als Organträger auch ein Einzelunternehmer in Betracht. Die rechtliche Abschirmwirkung der Körperschaft wird für steuerliche Organschaftszwecke durchbrochen. Der Dualismus der Unternehmensbesteuerung, der die nach dem Transparenzprinzip besteuerten Personengesellschaften deutlich von nach dem Trennungsprinzip besteuerten Körperschaften unterscheidet, wird für Organschaftszwecke weitgehend außer Kraft gesetzt. Bei einer Personengesellschaft als Organträger kann dadurch „eigent-

---

1 So BFH v. 12.10.2016 – I R 92/12, DStR 2017, 589 Rz. 49. Zu Konkurrenzfragen mit § 4i EStG bei einer OT-Personengesellschaft mit ausländischen Mitunternehmern vgl. *Prinz*, DB 2018, 1615 (1618 f.) sowie FR 2018, 973, 981 f.

lich" der Körperschaftsteuer unterliegendes Einkommen in die nach Transparenzgrundsätzen einkommensteuerlich erfasste Mitunternehmerschaft einmünden. Folge daraus ist bspw. das „8b-Anwendungsverbot" bei einer OG (§ 15 Satz 1 Nr. 2 KStG).

1.34 **Durchgriff bei Organschaft**: Losgelöst vom Steuersubjektprinzip nehmen mitunter einzelne Rechtsnormen einen „Durchgriff" bei OT und OG vor. Dies gilt bspw. bei der (verfassungsrechtlich beanstandeten) Verlustabzugsbeschränkungsnorm des § 8c KStG, bei dem qualifizierte Gesellschafterwechsel auf Ebene des OT mittelbare Wirkungen auch auf der Ebene der OG entfalten können. Wegen des Zurechnungskonzepts bei der Körperschaftsteuer wird dies nur vororganschaftliche Verlustabzüge der OG (§ 15 Satz 1 Nr. 1 KStG) oder unterjährige Ergebnisbeiträge (vor Einkommenszurechnung an den OT) betreffen. Die Finanzverwaltung verlangt dabei eine getrennte Anwendung des § 8c KStG auf Ebene des OT einerseits und auf Ebene der OG andererseits. Dies soll auch für die Anwendung der „Stille Reserven-Klausel" des § 8c Abs. 1 Sätze 6–9 KStG gelten.[1]

II. Zurechnung von Einkommen, Betriebsstättenkonzept

1.35 Trotz identischer Tatbestandsvoraussetzungen sind die Rechtsfolgen der beiden Formen ertragsteuerlicher Organschaft unterschiedlich. Für die körperschaftsteuerliche Organschaft gilt das Zurechnungskonzept, für die gewerbesteuerliche Organschaft gilt das Betriebsstättenkonzept. Für Feststellungszeiträume, die nach dem 31.12.2013 beginnen, sieht § 14 Abs. 5 KStG – eingeführt im Rahmen der Kleinen Organschaftsreform v. 20.2.2013 – ein neues (einheitliches und gesondertes) Feststellungsverfahren mit OG und OT als gemeinsamen Feststellungsbeteiligten vor. Es soll vor allem im Hinblick auf das dem OT zuzurechnende Einkommen und damit zusammenhängende andere Besteuerungsgrundlagen eine Bindungswirkung für OG und OT nach Maßgabe einer Grundlagen-Folgebescheidbeziehung schaffen und Verwaltungsvereinfachung bewirken.[2] Für Gewerbesteuerzwecke soll es bei § 35b GewStG bleiben.

1.36 **Zurechnungskonzept für körperschaftsteuerliche Organschaft**: § 14 Abs. 1 Satz 1 Halbs. 1 KStG nennt als Rechtsfolge bei Vorliegen der Tatbestandsvoraussetzungen einer Organschaft: „Das Einkommen der Organgesellschaft (ist), soweit sich aus § 16 nichts anderes ergibt, dem Träger des Unternehmens (Organträger) zuzurechnen." Auf der Tatbestandsebene wird im Zusammenhang mit dem Betriebsstättenkriterium des Organträgers eine Zurechnung des Einkommens der OG zu „der inländischen Betriebsstätte des OT" verlangt (§ 14 Abs. 1 Satz 1 Nr. 2 Satz 6 KStG). Darüber hinaus verlangt Satz 7 des § 14 Abs. 1 Satz 1 Nr. 2 KStG, dass die dieser Betriebsstätte „zuzurechnenden Einkünfte" nach innerstaatlichen Regelungen und Doppelbesteuerungsrecht „der inländischen Besteuerung unterliegen". In der körperschaftsteuerlichen Organschaft sind wortlautgemäß also mehrere Zurechnungserfordernisse angelegt. Vereinfacht lässt sich vor allem im Hinblick auf die Rechtsfolge der körperschaftsteuerlichen Organschaft von einem „Zurechnungskonzept" sprechen. Das geltende körperschaft-

---

[1] Vgl. BMF v. 28.11.2017, BStBl. I 2017, 1645 Rz. 37/38, 59/60. Zur kritischen Einordung vgl. Rz. 7.77 ff., und Rz. 8.58 f. sowie *Neumann/Heuser*, GmbHR 2018, 21 (28/30); *Sommer/Sediqi*, FR 2018, 67–75; *Suchanek/Rüsch*, Ubg 2018, 10–17; *Dreßler*, WPg 2018, 173–178; ergänzend auch *Pohl*, NWB 2016, 2424 und BB 2018, 796. Im „Jahressteuergesetz 2018" ist eine rückwirkende Suspendierung des § 8c Abs. 1 S. 1 KStG für qualifizierte Beteiligungserwerbe zwischen 25 % und 50 % hinsichtlich des Zeitraums 2008-2015 geplant; ggf. nimmt der Gesetzgeber eine Erweiterung auf die Jahre 2016-2018 vor. Vgl. etwa *Ortmann-Babel/Bolik*, DB 2018, 1876.

[2] Zu den Details des Verfahrensrechts der Organschaft s. Rz. 4.11 ff. sowie *Drüen*, Der Konzern 2013, 433–451; *Teiche*, DStR 2013, 2197.

steuerliche Organschaftsrecht folgt damit nicht der sog. Einheitstheorie. Auch erfolgt keine Konzernbesteuerung, die verschiedene Konsolidierungsschritte erfordern würde. Normspezifisch wird das auf dem Steuersubjektprinzip beruhende Zurechnungskonzept allerdings mitunter durchbrochen. Dies gilt etwa im Hinblick auf die Verlustabzugsbeschränkung des § 8c KStG mit ihren vielfältigen Anwendungsfragen im Organschaftsbereich, zu Details s. Rz. 7.39 ff. und Rz. 8.38 f.

Wesentliche Konsequenzen des körperschaftsteuerlichen Zurechnungskonzepts sind: 1.37

– OT und OG bleiben zivil- und steuerrechtlich verschiedene Rechtsträger, die ihr jeweiliges Einkommen selbständig zu ermitteln haben (OG als eigenständiges **Bilanzierungs- und Steuersubjekt**).[1] Die OG ist daher ungeachtet ihres „Nulleinkommens" – sofern keine Ausgleichszahlungen gem. § 16 KStG erfolgen – weiterhin subjektiv körperschaftsteuerpflichtig, muss also eine Körperschaftsteuererklärung abgeben. Ihr gegenüber ergeht ein Körperschaftsteuerbescheid.[2] Beim Organträger sind deshalb das ihm zuzurechnende Organeinkommen als „Fremdeinkommen" und die von ihm erwirtschafteten „eigenen Einkünfte" voneinander zu unterscheiden. Erst mit dem Ende des Wirtschaftsjahres der jeweiligen Organgesellschaft entsteht beim OT der Anspruch auf Gewinnabführung bzw. die Verpflichtung zur Verlustübernahme. Im Hinblick auf die handelsbilanzielle Gewinnabführung bzw. Verlustübernahme werden die vom Organträger übernommenen Ergebnisse im Hinblick auf die Vermeidung von Doppelerfassungen außerbilanziell von seinem Einkommen gekürzt. Für eine mehrstufige Zurechnung in Organschaftsketten (bspw. Mutter-Tochter-Enkelgesellschaft) gilt entsprechendes. Im Übrigen sind evtl. verdeckte Gewinnausschüttungen der OG an den OT als vorweggenommene Gewinnabführungen zu verstehen, die die steuerliche Durchführung des GAV nicht in Frage stellen. Das körperschaftsteuerliche Zurechnungskonzept entschärft damit etwaige vGA-Fragen im Konzern deutlich. Entsprechendes gilt für verdeckte Einlagen des OT in die OG.

– Bei einer **Organträger-PersGes** betrifft die Zurechnung – ungeachtet des Transparenzprinzips – die PersGes selbst. Folge daraus ist: Unterjährige Gesellschafterwechsel in der OT-PersGes, die im Grundsatz eine „zeitanteilige Ergebnisabschichtung" (durch Zwischenbilanz oder im Wege der Schätzung) erfordern,[3] lassen die Zurechnung des Einkommens der OG unberührt. Dazu hat der BFH in seinem Urt. v. 28.2.2013[4] entschieden, dass das Einkommen einer OG entsprechend dem allgemeinen Gewinnverteilungsschlüssel nur den Gesellschaftern einer OT-PersGes zuzurechnen sind, die im Zeitpunkt der Einkommenszurechnung an der Organträgerin beteiligt sind. Dies führt bei kalenderjahrgleichem Wirtschaftsjahr von OG und OT dazu, dass bei einem Mitunternehmerwechsel vor dem Jahresabschlussstichtag das Einkommen der OG vollständig bei den neuen Mitunternehmern zu erfassen ist. Das beim Altgesellschafter entstandene Gewinnbezugsrecht im Hinblick auf die OG-Beteiligungserträge ist insoweit lediglich unselbständiger Bestandteil des veräußerten Mitunternehmeranteils. Eine zeitanteilige Zurechnung des Einkommens an vorher ausgeschiedene Gesellschafter erfolgt ausdrücklich nicht.

– **Behandlung von abweichenden Wirtschaftsjahren**: Trotz Einbeziehung in einen ertragsteuerlichen Organkreis bleiben Organträger und Organgesellschaften eigenständige

---

1 So ausdrücklich BFH v. 28.2.2013 – IV R 50/09, BStBl. II 2013, 494.
2 Vgl. etwa *Müller* in Müller/Stöcker/Lieber, Die Organschaft[10], Rz. 469–472; *Kolbe* in HHR, § 14 KStG Anm. 3: fortbestehende subjektive Steuerpflicht der OG.
3 Vgl. zu Details *Wacker* in Schmidt[37], § 15 EStG Rz. 453.
4 BFH v. 28.2.2013 – IV R 50/09, BStBl. II 2013, 494.

Steuersubjekte, die für ihr jeweiliges Geschäftsjahr/Wirtschaftsjahr handels- und steuerbilanziell rechnungslegungspflichtig sind. Sofern OT und OG über kalenderjahrgleiche Wirtschaftsjahre verfügen, erfolgt die Einkommenszurechnung phasenidentisch. Haben Organträger und Organgesellschaft dagegen voneinander abweichende Wirtschaftsjahre, so stellt sich die Frage, für welches Wirtschaftsjahr die gewinnabführungsbedingte Einkommenszurechnung zum Organträger zu erfolgen hat. Dabei sind verschiedene Stichtagskonstellationen denkbar. So kann etwa die Organgesellschaft ein abweichendes Wirtschaftsjahr, der Organträger ein kalenderjahrgleiches Wirtschaftsjahr haben; auch umgekehrte Konstellationen sind denkbar. Schließlich können auch OG und OT beide über abweichende Wirtschaftsjahre verfügen, die aber ebenfalls voneinander abweichen. Derartige wirtschaftsbezogene Zurechnungsfragen bedürfen besonderer Planung.

1.38 Nach herrschender Rechtsprechung und damit einhergehender Verwaltungsauffassung[1] wird hinsichtlich der zeitlichen Einkommenzurechnung an den Organträger auf das Wirtschaftsjahr abgestellt, in dem die Organgesellschaft ihr Einkommen erzielt hat und es ohne die organschaftsbezogene Zurechnungskonsequenzen selbst versteuern müsste.

Beispiel: Das Wirtschaftsjahr der Organgesellschaft ist kalenderjahrgleich. Der Organträger bilanziert nach einem abweichendem Wirtschaftsjahr 1.7.–30.6. Im Veranlagungszeitraum 01 ist deshalb beim Organträger sein eigenes Einkommen aus der Zeit vom 1.7.00 bis 30.6.01 in Ansatz zu bringen (§ 7 Abs. 4 Satz 2 KStG). Darüber hinaus ist ihm das Einkommen der OG als Fremdeinkommen mit dem Bilanzstichtag 31.12.01 für das gesamte Wirtschaftsjahr 01 zuzurechnen. Die herrschende Meinung stützt sich bei dieser Beurteilung auch auf den Wortlaut des § 14 Abs. 1 S. 2 KStG, wonach das Einkommen der Organgesellschaft dem Organträger erstmals für das Kalenderjahr zuzurechnen ist, in dem das Wirtschaftsjahr der Organgesellschaft endet, in dem der Gewinnabführungsvertrag wirksam wird. Zu zeitlichen Phasenverschiebungen nach Maßgabe des Organträgerwirtschaftsjahrs kann es deshalb nach der herrschenden Meinung nicht kommen. Vor allem im Hinblick auf die Körperschaftsteuervorauszahlungen kann dies abhängig von der Wirtschaftsjahrkonstellation Vor- und Nachteile bewirken.

1.39 **Betriebsstättenkonzept für gewerbesteuerliche Organschaft:** Gemäß § 2 Abs. 2 Satz 2 GewStG gilt die OG trotz ihrer eigenständigen Rechtsfähigkeit „als Betriebsstätte des Organträgers". Hinsichtlich der Tatbestandsvoraussetzungen der Organschaft wird auf §§ 14, 17 KStG verwiesen. Der BFH interpretiert diesen Rechtsfolgenverweis in ständiger Rechtsprechung als eingeschränkte (gebrochene) Einheits- oder Filialtheorie.[2] Das körperschaftsteuerliche Zurechnungskonzept gilt also nicht für gewerbesteuerliche Organschaftszwecke.

1.40 Praktische Folge des Betriebsstättenkonzepts ist im Wesentlichen: Die OG selbst ist nicht persönlich gewerbesteuerpflichtig; deren persönliche Gewerbesteuerpflicht wird dem OT zugerechnet. Gewerbesteuermessbescheide und Gewerbesteuerbescheide ergehen nur gegen den OT. Hier besteht ein verfahrensrechtlicher Unterschied zum körperschaftsteuerlichen Zurechnungskonzept. Dennoch wird der Gewerbeertrag der OG ebenso wie der Gewerbeertrag des OT getrennt nach den jeweils maßgebenden Vorschriften ermittelt und dann zu einem einheitlichen Gewerbeertrag – bei Eliminierung etwaiger Doppelerfassungen und Doppelkürzungen, bspw. im Bereich organschaftsbezogener Zinsaufwendungen und Zinserträge (R 7.1

---

1 Vgl. insb. BFH v. 29.10.1974 – I R 240/72, BStBl. II 1975, 126. Zur Verwaltungsauffassung H 14.7 KStH 2015. Eingehender dazu auch *Müller* in Müller/Stöcker/Lieber, Die Organschaft[10], Rz. 488–499.
2 Vgl. etwa BFH v. 21.10.2009 – I R 29/09, BStBl. II 2010, 64 f. = FR 2010, 527; BFH v. 18.5.2011 – X R 4/10, BStBl. II 2011, 887 = FR 2011, 964 m. Anm. *Wendt*; BFH v. 30.10.2014 – IV R 9/11, GmbHR 2015, 149.

Abs. 5 GewStR) – zusammengefasst.[1] Mitunter sind weitere Besonderheiten zu beachten. So kommt etwa eine erweiterte Kürzung für Grundstücksunternehmen (§ 9 Nr. 1 Satz 2 GewStG) dann nicht im Betracht, wenn es sich bei den Grundstücksunternehmen um eine OG handelt, die alle ihre Grundstücke an eine andere OG desselben Organkreises vermietet. Mietaufwendungen und Mieterträge gleichen sich im Organkreis an; für die erweiterte Kürzung verbleibt dann nach Meinung des BFH kein Raum mehr.[2] Das Zerlegungsverfahren gem. § 28 GewStG setzt bei dem gegenüber dem Organträger festgesetzten Gewerbesteuermessbetrag an.[3] Gewerbesteuerlich sind – losgelöst zur Behandlung abweichender Wirtschaftsjahre für Körperschaftsteuerzwecke – die Gewerbeerträge derjenigen Wirtschaftsjahre des Organträgers und der Organgesellschaft zusammen zu rechnen, die in demselben Erhebungszeitraum enden (R 7.1 Abs. 5 Satz 11 GewStR). Dies wird von der herrschenden Meinung einvernehmlich aus § 10 Abs. 2 GewStG abgeleitet.[4] Mit Wirkung ab Erhebungszeitraum 2017 ist zudem die Sonderregelung des § 7a GewStG für die Ermittlung des Gewerbeertrags einer OG zu beachten (Nichtanwendungsgesetz zu BFH v. 17.12.2014 – I R 39/14). Danach gilt bei Dividendenbezügen einer OG die 5 % Hinzurechnung typisierter nichtabziehbarer Betriebsausgaben auch für Zwecke des inl./ausl. gewerbesteuerlichen Schachtelprivilegs (§ 8 Nr. 5, § 9 Nr. 2a, 7 und 8 GewStG).[5]

III. Bilanzrecht der Organschaft

Die in einen ertragsteuerlichen Organkreis einbezogenen Unternehmen behalten ihre rechtliche Selbstständigkeit mit eigenständigen Rechnungslegungspflichten, autonomen steuerlichen Gewinn-, Einkommens- und Gewerbeertragsermittlungsfolgen sowie haftungsrelevanten Konsequenzen diverser Art für Organträger und Organgesellschaft. Dies gilt für „schlichte" einstufige Organschaftsverbindungen zwischen Mutter- und Tochtergesellschaft gleichermaßen wie für mehrstufige Organschaftsketten (etwa Mutter-, Tochter- und Enkelgesellschaft). Ungeachtet der Einbindung in einen Organkreis erwirtschaftet und ermittelt das abhängige Unternehmen Gewinn/Einkommen selbst. Ein einheitliches Unternehmen entsteht durch die ertragsteuerliche Organschaft nicht. Der organschaftserforderliche GAV führt aber stets zu einem „phasengleichen Ergebnistransfer" von der Organgesellschaft zum jeweiligen Organträger (= Muttergesellschaft) mit Poolungswirkungen nach dem Zurechnungs-/Betriebsstättenkonzept, also ohne jegliche Konsolidierungsmaßnahmen im Organkreis. Hinsichtlich der Höhe des vermögensmäßigen Ergebnistransfers bestehen üblicherweise Unterschiedsbeträge zwischen handelsbilanzieller und steuerlicher Rechnungslegung. Wegen der Erstreckung der Gewinnabführung auf das „gesamte Ergebnis" des Tochterunternehmens wird dort – vorbehaltlich etwaiger Rücklagendotierung-, Verwendung- und Auflösung – zwingend ein „ausgeglichenes Ergebnis auf der Nulllinie" erzielt. Die ertragsteuer-

1.41

---

1 Vgl. ergänzend auch BFH v. 17.9.2014 – I R 30/13, BStBl. II 2017, 726 m. Anm. *Patzner/Nagler* = DStR 2014, 2561: Kein Verstoß gegen die unionsrechtlich verbürgte Niederlassungsfreiheit durch Hinzurechnung sog. Dauerschuldentgelte bei der inl. Muttergesellschaft als Zinsschuldnerin einer belgischen Tochtergesellschaft (keine doppelte gewerbesteuerliche Belastung).
2 So BFH v. 18.5.2011 – X R 4/10, BStBl. II 2011, 887 = FR 2011, 964 m. Anm. *Wendt*. Bestätigt durch BFH v. 30.10.2014 – VI R 9/11, GmbHR 2015, 149: trotz Schlechterstellung des OT im Vergleich zu einer „stand alone"-Situation kein Verstoß gegen Art. 3 Abs. 1 GG. ME im Ergebnis problematisch.
3 Vgl. zu weiteren Details *Müller* in Müller/Stöcker/Lieber, Die Organschaft[10], Rz. 961–971.
4 Vgl. dazu auch *Müller* in Müller/Stöcker/Lieber, Die Organschaft[10], Rz. 977–984.
5 Zu Details vgl. Rz. 6.124 ff.

liche Organschaft mit ihrer handelsrechtlichen Gewinnabführungsverpflichtung weist deshalb bei Begründung, Durchführung und Abwicklung eine Reihe bilanzieller Besonderheiten auf, die unter der Bezeichnung „Bilanzrecht der Organschaft" thematisch zusammengefasst werden können.[1]

1.42 **Handels- und steuerbilanzielle Besonderheiten in der Organschaft:** Bei der abhängigen Tochtergesellschaft setzt die handelsrechtliche Gewinnabführungsverpflichtung gem. § 301 AktG beim Jahresüberschuss, der handelsrechtliche Verlustausgleichsanspruch gem. § 302 AktG beim Jahresfehlbetrag mit verschiedenen, vor allem im Gläubigerschutzinteresse liegenden Korrekturen (etwa Rücklagendotierungen, Abführungssperren oder Garantiedividenden) an. Im Ausgangspunkt macht dies eine „übliche Jahresabschlusserstellung" durch die Organgesellschaft erforderlich, wobei § 277 Abs. 3 Satz 2 HGB sowohl beim OT als auch bei der OG einen G+V Sonderausweis verlangt. Konkret sind Erträge bzw. Aufwendungen aus Verlustübernahme sowie aufgrund eines Gewinnabführungsvertrages erhaltene bzw. abgeführte Gewinne jeweils gesondert unter entsprechender Bezeichnung auszuweisen. Bei der Muttergesellschaft ist dies üblicherweise Teil des Finanzergebnisses, bei der betroffenen Tochter erfolgt meist ein Ausweis vor dem Posten Jahresüberschuss/Jahresfehlbetrag, um den Charakter der Vertragsverpflichtung als Ergebnisverwendung zum Ausdruck zu bringen. Für bestimmte Tochterkapitalgesellschaften sieht § 264 Abs. 3 HGB allerdings Erleichterungen bei der Rechnungslegung vor, die die Aufstellung von Anhang und Lagebericht, die Beachtung ergänzender Ansatz-, Bewertungs- sowie Gliederungs- und Ausweisvorschriften und schließlich die Prüfung und Offenlegung betreffen. Diese durch das BilRUG vom 17.7.2015 modifizierten Rechnungslegungserleichterungen setzen neben der Einbeziehung der Tochterunternehmen in einen Konzernabschluss vor allem eine „Verpflichtungserklärung" des Mutterunternehmens (insbes. für Verluste der Tochter) voraus, was vor allem durch abgeschlossene Gewinnabführungsverträge begründet werden kann.[2]

1.43 Schaut man auf die steuerliche Rechnungslegung in der Organschaft, so ist bei der Organgesellschaft ein zweistufiges Vorgehen festzustellen: Auf der ersten Gewinnermittlungsstufe wird bei der OG ein steuerbilanzieller Gewinn oder Verlust (unter Berücksichtigung der Maßgeblichkeit) ermittelt, der in den meisten Fällen von der handelsrechtlichen Gewinnabführungsverpflichtung abweicht. Im Übergang vom Jahresüberschuss/Jahresfehlbetrag zum Bilanzgewinn/Bilanzverlust sind gem. § 14 Abs. 1 Satz 1 Nr. 4 KStG begrenzte Rücklagenbildungen und -auflösungen erlaubt. Auf der zweiten Stufe erfolgt dann eine Fortentwicklung zum positiven/negativen steuerlichen Einkommen der OG, das dem Organträger bei außerbilanziellen Korrekturen von Doppel- oder Nichterfassungen zugerechnet wird. Für Gewerbesteuerzwecke wird das steuerliche Einkommen der OG zu einem Gewerbeertrag umgerechnet und ebenfalls dem Organträger bei „Stornierung von Doppel- oder Nichterfassungen" als Betriebsstätteneinkommen zugeordnet. Ziel ist die Sicherstellung einer ertragsteuerlichen Einmalbelastung im Organkreis, die dem Zurechnungskonzept ohne umfassende Konsolidierungsmaßnahmen folgt. Handelsrechtliche Ergebnisabführung mit Abgrenzung zur Ausschüttung vororganschaftlicher Rücklagen auf der einen Seite und steuerliche Gewinnermittlung, Einkommens- und Gewerbeertragsermittlung und -zurechnung bei Organgesellschaft und Organträger auf

---

[1] Zu weiteren Details vgl. *Prinz* in Prinz/Kanzler (Hrsg.), Handbuch Bilanzsteuerrecht[3], Rz. 1610–1745. Die nachstehenden Überlegungen beruhen im Wesentlichen auf dieser Grundlage. S. ergänzend auch *Petersen*, WPg 2018, 659.

[2] Vgl. zum Kriterium der Verpflichtungserklärung der Muttergesellschaft eingehend *Stöber* in Hachmeister/Kahle/Mock/Schüppen, Bilanzrecht, 2018, § 264 HGB Rz. 88–91; *Oser*, WPg 2017, 691 (692–696).

der anderen Seite müssen deshalb sorgsam unterschieden werden. Sofern organschaftlich begründete Unterschiede in Gestalt von Minder- oder Mehrabführungen entstehen, sind beim Organträger aktive/passive Ausgleichsposten in der Steuerbilanz entsprechend seiner Beteiligungsquote zu bilden (§ 14 Abs. 4 KStG). Keine Ausgleichsposten entstehen bei vororganschaftlich veranlassten Mehr- und Minderabführungen (§ 14 Abs. 3 KStG). Vielmehr gelten Mehrabführungen als Gewinnausschüttung der OG an den OT (zum Zeitpunkt des Entstehens von Kapitalertragsteuer siehe § 44 Abs. 7 EStG). Minderabführungen sind als Einlagen durch den OT in die OG zu behandeln. Beide Vorgänge können das Einlagekonto gem. § 27 Abs. 6 KStG berühren.

Bei der ertragsteuerlichen Anerkennung von Organschaften spielen in der Praxis häufig auch bilanzielle Zeitaspekte eine Rolle. So werden des Öfteren in Umstrukturierungs- und Transaktionsfällen Rumpfwirtschaftsjahre zur zeitnahen Herstellung einer Organschaft gebildet, um eine finanzielle Eingliederung vom Beginn des Wirtschaftsjahres an zu erreichen. Bei Anwendung der sog. Mitternachtsregelung (R 14.4 Abs. 2 KStR 2015) bei Transaktionen mit Organgesellschaftsanteilen muss ebenfalls auf die sachgerechte wirtschaftliche Zugehörigkeit der Anteile für Bilanzierungszwecke geachtet werden. Ein Ausweis der Beteiligung an der OG in der Schlussbilanz des betreffenden Wirtschaftsjahres beim veräußernden OT ist für die Anwendung der organschaftsspezifischen Mitternachtsregelung allerdings nicht zwingend. 1.44

GAV-Durchführungsfiktion des § 14 Abs. 1 Nr. 3 KStG für fehlerhafte Jahresabschlüsse: 1.45
Durch die sog. Kleine Organschaftsreform vom 20.2.2013 hat der Steuergesetzgeber rückwirkend für alle offenen Fälle eine gesetzlich fingierte Richtigkeitsgewähr der Gewinnabführung/Verlustübernahme bei Organschaften trotz fehlerhaften Jahresabschlusses eingeführt (§ 14 Abs. 1 Satz 1 Nr. 3 Satz 4 und 5 KStG; zu den Einzelheiten s. Rz. 13.10 ff.). Der Hintergrund dieses „gesetzlichen Novums" ist: Laut BGH-Rechtsprechung muss der „richtige Gewinn/Verlust" nach Maßgabe der Handelsbilanz abgeführt werden; ansonsten wird der GAV nicht ordnungsgemäß durchgeführt. Die steuerliche Rechtsänderung soll deshalb gescheiterte Organschaften wegen bilanziellen Durchführungsfehlern beim GAV rückwirkend vermeiden, ohne die Verbindung zum Handelsbilanzrecht und zum unternehmensvertraglichen GAV aufzugeben.

Die gesetzlich fingierte „Richtigkeitsgewähr" verlangt kumulativ: 1.46

- Der von einem fehlerhaften Bilanzansatz (unter Einschluss von Bewertungsfehlern) betroffene Jahresabschluss muss wirksam festgestellt sein. Es darf sich nicht um einen gem. § 256 AktG (analog) nichtigen Jahresabschluss handeln. Die gesetzliche Heilung der Nichtigkeit (§ 256 Abs. 6 AktG) gilt auch für Organschaftszwecke. Die Feststellung als Rechtsakt sollte dokumentiert sein.

- Die Fehlerhaftigkeit des Jahresabschlusses hätte bei dessen Erstellung unter Anwendung der Sorgfalt eines ordentlichen Kaufmanns nicht erkannt werden müssen. Der Steuergesetzgeber stellt insoweit ausdrücklich auf den subjektiven Fehlerbegriff für Rechts- und Tatsachenfragen ab. Dies entspricht dem subjektiven Fehlerbegriffsverständnis im handelsrechtlichen Jahresabschluss und weicht deshalb vom Großen Senatsbeschluss des BFH vom 31.1.2013 ab.[1] Zur Vermeidung von Unschärfen hinsichtlich der Beurteilung des Sorgfaltsmaßstabs besteht gem. § 14 Abs. 1 Satz 1 Nr. 3 Satz 5 KStG eine zwingende gesetzliche Richtigkeitsvermutung, sofern der vermeintlich fehlerhafte Jahresabschluss mit einem uneingeschränkten Bestätigungsvermerk (§ 322 Abs. 3 HGB) oder einer qualifizierten Erstel-

---

1 BFH v. 31.1.2013 – GrS 1/10, BStBl. II 2013, 317. Zur Erläuterung vgl. *Prinz*, WPg 2013, 650.

lungsbescheinigung durch einen Steuerberater/Wirtschaftsprüfer versehen wurde. Etwaige Bilanzierungs- und Bewertungsfehler sind bei „erteiltem Testat" organschaftsunschädlich. Dies gilt auch für den Fall, dass ein testierter Konzernabschluss vorliegt, in den der handelsrechtliche Jahresabschluss der Organtochter einbezogen ist. Nach Meinung der FinVerw. sollen wohl IFRS-Konzernabschlüsse im EU/EWR-Bereich entgegen § 315a HGB nicht zur „Fehlerheilung" akzeptiert werden. Sofern nachträglich eine Einschränkung oder gar Versagung des Testats erfolgt, entfällt die Richtigkeitsgewähr rückwirkend mit der etwaigen Folge einer gescheiterten Organschaft.

– Schließlich muss ein von der FinVerw. beanstandeter Fehler vorliegen, der bei handelsbilanzieller Korrekturnotwendigkeit spätestens im nächsten, nach dem Zeitpunkt der Beanstandung aufzustellenden Jahresabschluss von OG und OT mit Abführungs- und Ausgleichsfolgen berichtigt wird (Korrektur in laufender Rechnung). Dadurch soll eine Änderung der Handelsbilanz ausschließlich zur Rettung der steuerlichen Organschaft vermieden werden, die allerdings in Zweifelsfällen weiterhin zulässig sein dürfte. Das für den Steuerpflichtigen bestehende „Berichtigungszeitfenster" ist eng, so dass die Fehlerbeanstandung üblicherweise durch die BP zeitlich lokalisiert werden sollte. Abzustellen ist dabei auf die nach außen erkennbare abschließende Willensbildung der FinVerw. Im Übrigen kann eine durch die Betriebsprüfung ausgelöste handelsbilanzielle Korrekturnotwendigkeit zu Konflikten mit dem Abschlussprüfer führen, die im Ergebnis zu Lasten des Steuerpflichtigen bei Nichtanerkennung der Organschaft gehen könnte. Erkennt der Steuerpflichtige selbst einen Bilanzierungsfehler, sollte ebenfalls eine Korrekturnotwendigkeit in laufender Rechnung bestehen. Die Nichtberücksichtigung vororganschaftlicher Verlustabzüge beim Höchstbetrag der Gewinnabführung (§ 301 AktG) wird als Anwendungsbereich der Korrekturmöglichkeit von der Finanzverwaltung anerkannt. Bei fehlerhafter Rücklagenbildung ist die Korrekturmöglichkeit gem. § 14 Abs. 1 Satz 1 Nr. 3 Satz 4 Buchst. c KStG dagegen streitig.

1.47 **Sonderfragen einer Teilwertabschreibung auf Anteile an der Organgesellschaft wegen voraussichtlich dauernder Wertminderung:** Sinkt der Ertrags- oder Substanzwert einer Tochtergesellschaft nachhaltig unter ihre Anschaffungskosten, so kann das Mutterunternehmen bei einer „voraussichtlich dauernden Wertminderung" nachweisgebunden eine Teilwertabschreibung auf den Beteiligungsansatz in seiner Steuerbilanz geltend machen (§ 6 Abs. 1 Nr. 2 EStG). Es handelt sich um ein steuerliches Wahlrecht gem. § 5 Abs. 1 Satz 1 EStG, das unabhängig von der handelsbilanziellen Handhabung ausgeübt werden kann, wobei korrespondierend ein latentes Wertaufholungspotential entsteht.[1] Derartige Teilwertabschreibungen werden steuerlich bei Personengesellschaften als Organträger mit natürlichen Personen als Mitunternehmern mit 60 % steuerwirksam (§ 3c Abs. 2 EStG); bei Körperschaften besteht auf der zweiten Stufe der Gewinnermittlung eine außerbilanzielle „Stornierungsnotwendigkeit" (§ 8b Abs. 3 KStG). In der Praxis bestehen allerdings für Teilwertabschreibungen auf Organgesellschaftsanteile strenge Anforderungen, die letztlich einen Substanzverlust der Organgesellschaft erfordern. Dies liegt darin begründet, dass der Organträger wegen des unternehmensvertraglichen GAV ohnehin zur Deckung der Fehlbeträge in der Organgesellschaft verpflichtet ist und deshalb eine doppelte Verlustnutzung über die Teilwertabschreibung sowie die steuerwirksame Verlustübernahme verhindert werden soll. Auf das Erwirtschaften ständiger Verluste allein kann eine Teilwertabschreibung deshalb nicht gestützt werden (R 14.7 Abs. 3 KStR 2015). Anerkannt wird sie allerdings etwa im Fall einer Fehlmaßnahme, weil die Beteiligung von vornherein oder aufgrund ihrer funktionalen Bedeu-

---

1 Vgl. BMF v. 12.3.2010, BStBl. I 2010, 239.

tung im Konzern nachhaltig in ihrem Wert gesunken ist, oder falls der Organträger für die Organgesellschaftsanteile einen strategischen Preis bezahlt hat, der wegen nachhaltig sinkender Ertragskraft eine Werteinbuße erlitten hat.[1] Für Zwecke der Teilwertabschreibung muss deshalb stets geprüft werden, ob der Wert der Beteiligung trotz der bestehenden Verlustübernahmeverpflichtung der Muttergesellschaft nachhaltig gesunken ist. Die Gründe dafür und die Höhe der Teilwertabschreibung sind zu dokumentieren.

IV. Problematische Verbindung zum Gesellschaftsrecht

Grundcharakteristikum der ertragsteuerlichen Organschaftsregelungen ist die enge Anbindung an das Gesellschaftsrecht, konkret das Aktienrecht verbundener Unternehmen (zu den Einzelheiten s. Rz. 2.1 ff.). Ausgestaltung, Durchführung und Beendigung des Gewinnabführungsvertrags gem. § 291 Abs. 1 AktG (= unternehmensrechtlicher Organisationsvertrag mit gesellschafts- und schuldrechtlichen Elementen) ist zentraler Baustein für eine ertragsteuerliche Organschaft und bereitet der Praxis seit jeher wegen haftungsdurchbrechender Wirkung, vielfältiger Formalismen und Streitanfälligkeit vor allem bei Minderheitsgesellschaftern große Probleme. Ein Weisungsrecht gem. § 308 AktG begründet ein „isolierter GAV" nicht. Auch bei Umstrukturierungen und M&A-Transaktionen mit Unternehmen eines ertragsteuerlichen Organkreises bedarf der „Umgang mit dem Gewinnabführungsvertrag" besonderer Beachtung (bspw. organschaftsunschädliche Kündigung „aus wichtigem Grund"; Anwendung der Mitternachtsregelung zur Herstellung zeitlich friktionsfreier Organschaften). Klar ist: Die ertragsteuerliche Organschaft erfordert im Ergebnis einen über den Gewinnabführungsvertrag begründeten **Unternehmensverbund** mit allen Konsequenzen. Die Rechtsprechung sieht diese gesellschaftsvertragliche Anbindung von Tochter- und Enkelgesellschaften in einen steuerlichen Organkreis als ein notwendiges Erfordernis, um – abweichend vom Steuersubjektprinzip – das Einkommen der eigentlich rechtlich selbständigen Organgesellschaft dem Organträger als dessen „Fremdeinkommen" zuzurechnen. Zwischenzeitlich hat sich in der ständigen höchstrichterlichen Rechtsprechung allerdings das Gebot einer steuerteleologischen Auslegung der gesellschaftsrechtlichen Regelungen herausgebildet, bei der die gesellschaftsrechtliche Ordnungsmäßigkeit des GAV vorausgesetzt, aber stets eigenständig steuerlich interpretiert wird.[2] Der Unternehmensvertrag GAV entfaltet deshalb ein „steuerspezifisches Eigenleben". Gruppenbesteuerungskonzepte in anderen Jurisdiktionen haben eine solche enge Anbindung an das Gesellschaftsrecht verbundener Unternehmen üblicherweise nicht. Vielmehr ist die enge Anbindung an das Gesellschaftsrecht ein spezifisch deutsches Charakteristikum ertragsteuerlicher Organschaften. Bei Diskussionen um eine Modernisierung des steuerlichen Organschaftsrechts hin zu einer Gruppenbesteuerung stehen deshalb meist Fragen des Verzichts auf den GAV im Mittelpunkt. Im Übrigen zeigt die Rechtsentwicklung: Die Notwendigkeit eines GAV für steuerliche Organschaftszwecke geht auf die Rechtsprechung des RFH in den 30-/40iger Jahren des vorigen Jahrhunderts zurück (Rz. 1.21). Das Vertragskonzernrecht mit dem GAV als wichtigem Typus wurde dagegen erstmals im Aktiengesetz 1965 kodifiziert als Folge der steuerlichen Gestaltungspraxis.[3] Der GAV

1.48

---

1 Vgl. etwa BFH v. 18.6.2015 – IV R 6/11, GmbHR 2015, 1058. Eingehender auch *Neumann in* Gosch[3], § 14 KStG Rz. 429–434. S. ergänzend zu den Grundlagen von Verlustübernahme und Teilwertabschreibung bereits *Rose*, DB 1960, 1164.
2 Vgl. etwa BFH v. 3.3.2010 – I R 68/09, BFH/NV 2010, 1132; BFH v. 13.11.2013 – I R 45/10, BStBl. II 2014, 486 = FR 2012, 318.
3 Zum Stand des Vertragskonzernrechts als Überblick: *Stephan*, Der Konzern 2014, 1. Zur gesellschaftsrechtlichen Rechtsentwicklung vgl. auch *Schüller*, Konzernrechtliche Konsequenzen der Än-

als Organisationsvertrag kann somit – historisch betrachtet – auf „steuerliche Wurzeln" zurückblicken.

1.49 Zentrale unternehmensvertragliche Regelungselemente der ertragsteuerlichen Organschaft sind:

– Organgesellschaften, die als EU/EWR-KapGes nur über eine inländische Geschäftsleitung verfügen müssen, verpflichten sich zur Begründung einer ertragsteuerlichen Organschaft mit Beginn eines Wirtschaftsjahres „durch einen Gewinnabführungsvertrag i.S.d. § 291 Abs. 1 AktG, ihren ganzen Gewinn an ein einziges anderes gewerbliches Unternehmen abzuführen" (§ 14 Abs. 1 Einleitungssatz KStG). Daraus folgt zweierlei: Zum einen kann durch Beherrschungsverträge, Teilgewinnabführungsverträge, Gewinngemeinschaftsverträge oder andere unternehmensvertragliche Verbindungen keine wirksame ertragsteuerliche Organschaft begründet werden. Nur ein GAV als Vertragstypus ist „organschaftsbegründend", was wegen der GAV-Fiktion des § 291 Abs. 1 Satz 2 AktG auch für sog. Geschäftsführungsverträge gelten sollte.[1] Zum anderen gilt diese Unternehmensvertragsverpflichtung für Steuerzwecke auch bspw. für Organgesellschaften in der Rechtsform einer GmbH, die gesellschaftsrechtlich gar nicht originär von § 291 AktG erfasst werden. Ein kodifiziertes Konzernrecht fehlt im GmbH-Bereich. Bei ausländischen EU/EWR-Tochter- und Enkelgesellschaften, die über eine steuerrelevante inländische Geschäftsleitung verfügen, treten Gestaltungsschwierigkeiten auf, wenn das ausländische Gesellschaftsrecht den Gewinnabführungsvertrag als Unternehmensvertrag nicht kennt. Sofern ein GAV nichtig oder schwebend unwirksam ist, entfaltet er auch keine ertragsteuerlichen Organschaftswirkungen. Der in § 301 AktG definierte Höchstbetrag der Gewinnabführung darf nicht überschritten werden. Die Verlustübernahme gem. § 302 AktG muss mit allen seinen Bestandteilen erfüllt werden. Die durch das BilMoG v. 25.5.2009 begründeten Abführungssperren (§ 301 AktG iVm. § 268 Abs. 8 HGB) sind zu beachten.[2] Die Ausschüttungssperre des § 253 Abs. 6 HGB, die im Zusammenhang mit der Verlängerung des Abzinsungszeitraums für Pensionsrückstellungen von 7 auf 10 Jahre vom Handelsgesetzgeber geschaffen wurde, löst nach Meinung der FinVerw. allerdings keine „parallele Abführungssperre" aus.[3] Dies alles gilt gem. § 17 Abs. 1 Satz 2 Nr. 2 KStG ausdrücklich auch für GmbHs, auch wenn die Regelungen dort aufgrund originären Gesellschaftsrechts nicht zwingend anwendbar sind (dynamischer Rechtsverweis auf § 302 AktG erforderlich). Erst mit der Eintragung des GAV im Handelsregister der abhängigen Gesellschaft wird dieser wirksam (§ 294 Abs. 2 AktG). Steuerlich wirkt dies dann auf den Beginn des Wirtschaftsjahres zurück (§ 14 Abs. 1 Satz 2 KStG). Auch eine unterjährige Kündigung (§ 297 AktG) oder Aufhebung des GAV (§ 296 AktG) wirkt – ungeachtet ihrer gesellschaftsrechtlichen Unterschiede – auf den Beginn des Wirtschaftsjahres zurück.

---

derungen der steuerlichen Organschaft, Diss. Bonn 2006, 25–32. Zu Abschluss und unterjähriger Beendigung von Unternehmensverträgen im GmbH-Konzern vgl. *Beck*, GmbHR 2014, 1075. Wegen der Rechtsaspekte beim Unternehmensverkauf vgl. *Füger/Rieger/Schell*, DStZ 2015, 404–424.

1 Zu diesen in der Konzernrealität nur selten zu beobachtenden Gestaltungsform vgl. *Habegöke/Hasbach*, Der Konzern 2016, 167.
2 Vgl. ausdrücklich etwa BFH v. 3.3.2010 – I R 68/09, BFH/NV 2010, 1132. Zu den Abführungssperren gem. § 301 AktG auch BMF v. 14.1.2010 – IV C 2 - S 2770/09/10002 – DOK 2009/0861137, BStBl. I 2010, 65; dazu auch *Zwirner*, StSenkG 2010, 70; *Kröner/Bolik/Gageur*, Ubg 2010, 237.
3 So BMF v. 23.12.2016, BStBl. I 2017, 41. Kritisch dazu *Hageböke/Hennrichs*, DB 2017, 18; *Kessler/Egelhof*, DStR 2017, 998; *Pohl*, NWB 2017, 2290; *Prinz*, BetrAV 2017, 334 (337); *Prinz*, WiSt 11/2017, 46 (47).

– Der Gewinnabführungsvertrag muss für Steuerzwecke „auf mindestens 5 Jahre abgeschlossen und während seiner gesamten Geltungsdauer durchgeführt werden" (§ 14 Abs. 1 Satz 1 Nr. 3 Satz 1 KStG). Gesellschaftsrechtlich gibt es ein solches 5-Jahres-Mindestzeiterfordernis nicht. Wird bspw. ein Gewinnabführungsvertrag auf 2 Jahre abgeschlossen, bestehen zwar gesellschaftsrechtlich wirksame Gewinnabführungs- bzw. Verlustübernahmeverpflichtungen. Unter Steueraspekten liegt allerdings eine sog. verunglückte Organschaft vor. Gewinnabführungen werden als verdeckte Gewinnausschüttungen, Verlustübernahmen als Einlagen behandelt.[1] Eine vorzeitige Beendigung des Gewinnabführungsvertrages innerhalb der Mindestlaufzeit von 5 Jahren ist steuerunschädlich nur möglich, „wenn ein wichtiger Grund die Kündigung rechtfertigt" (§ 14 Abs. 1 Satz 1 Nr. 3 Satz 2 KStG). Insoweit gilt eine steuerspezifische Auslegung des wichtigen Grundes.[2] Stets muss eine zutreffende handelsbilanzielle Abbildung der Gewinnabführung/Verlustübernahme bei abhängigem und herrschendem Unternehmen erfolgen. In der sog. Kleinen Organschaftsreform v. 20.2.2013 wurden in § 14 Abs. 1 Satz 1 Nr. 3 KStG Heilungsmöglichkeiten für fehlerhafte Jahresabschlüsse geschaffen. Diese handelsbilanziell ausgerichtete Rechtskonzeption der Organschaft ist bislang vom Steuergesetzgeber unangetastet geblieben, obwohl handelsbilanzielle und steuerliche Ergebnisse wegen zunehmender Durchbrechungen der Maßgeblichkeit mittlerweile in der Praxis weithin auseinanderlaufen. Gleiches gilt für die praktische Bedeutung der IFRS-Konzernabschlüsse, die vollständig unabhängig von steuerlichen Gegebenheiten sind. Insoweit hält der Steuergesetzgeber an traditionellen gesellschaftsrechtlichen und handelsbilanziellen Bindungen im ertragsteuerlichen Organschaftsrecht fest.

– Bei außerhalb des Unternehmensverbundes stehenden Minderheitsgesellschaftern müssen angemessene Ausgleichs- und Abfindungszahlungen gem. §§ 304, 305 AktG vereinbart sein, die gem. § 16 KStG stets bei der Organgesellschaft zu versteuern sind. Fehlt es daran, wird die ertragsteuerliche Organschaft nicht anerkannt. Als Ausgleichszahlungen an Minderheitsgesellschafter kommen neben Festbeträgen auch ergebnisabhängige Elemente in Betracht, die sich allerdings stets nur am Ergebnis des Organträgers ausrichten sollten. Wird neben einem bestimmten Festbetrag dagegen ein zusätzlicher Ausgleich gewährt, dessen Höhe sich am Ertrag der abhängigen Tochtergesellschaft orientiert, so führt dies nach Meinung des BFH zu einer lediglich „anteiligen Gewinnzurechnung" an den vermeintlichen Organträger mit der Folge eines Scheiterns der Organschaft. Die großzügigere Auffassung des BMF in seinem Schreiben vom 20.4.2010[3] kann nach der BFH-Entscheidung[4] nicht mehr aufrechterhalten werden. Der Gesetzgeber plant deshalb im „Jahressteuergesetz 2018" eine rückwirkend für alle offenen Jahre geltende Korrekturrege-

---

[1] Zu den Rechtsfolgen einer „verunglückten Organschaft" eingehend Rz. 18.4 ff. sowie *Müller/Stöcker/Lieber*, Die Organschaft[10], Rz. 811–828.

[2] Vgl. BFH v. 13.11.2013 – I R 45/12, BStBl. II 2014, 486 = FR 2014, 608 sowie Erläuterungen in Rz. 6.28 und Rz. 11.30 ff. Zu weiteren Rahmenbedingungen im Hinblick auf das 5-jährige Mindestzeiterfordernisvgl. BFH v. 10.5.2017 – I R 19/15, DStR 2017, 2112 mit Erläuterungen in Rz. 6.68 ff. Dazu auch *Schell/Philipp*, FR 2018, 13; *Brühl/Binder*, NWB 2018, 331; *Walter*, GmbHR 2017, 1226; *Prinz/Keller*, DB 2018, 400–408. Im Nachgang zum Revisionsverfahren vgl. auch FG Düsseldorf v. 17.4.2018 – 6 K 2507/17 K, DStR 2018, 1857 sowie OFD Nordrhein-Westfalen, Vfg. v. 11.7.2018, DStR 2018, 1869.

[3] BMF v. 20.4.2010, BStBl. I 2010, 372.

[4] BFH v. 10.5.2017 – I R 93/15, DStR 2017, 2429 in Bestätigung des Senatsurteils vom 4.3.2009 – I R 1/08, BStBl. II 2010, 407. Zur Einordnung Rz. 6.53 ff. und Rz. 15.39 ff. sowie *Brühl/Weiss*, BB 2018, 94. Wegen Besonderheiten im kommunalen Querverbund vgl. *Jäckel/Schwarz*, DStR 2018, 439; *Belcke/Westermann*, BB 2018, 1431. Zu der geplanten Gesetzesänderung vgl. *Ortmann-Babel/Bolik*, DB 2018, 1876; *Weiss/Brühl*, BB 2018, 2135.

lung in § 14 Abs. 2 KStG, die variable Ausgleichszahlungen an Minderheitsgesellschafter einer OG in bestimmten Grenzen (über den Mindestbetrag nach § 304 Abs. 2 S. 1 AktG hinausgehend; vernünftige kaufmännische Beurteilung) anerkennt und zudem einen Bestandsschutz für bestimmte Altfälle vorsieht; es ist eine Verabschiedung des Gesetzes bis Ende 2018 geplant. Im Übrigen ist festzustellen: Ausgelöst durch die Erfordernisse im steuerlichen Organschaftsrecht sind komplexe Anfechtungsklagen und Spruchstellenverfahren in den Hauptversammlungen abhängiger Aktiengesellschaften zu beobachten. Der aktienrechtliche Minderheitsschutz spielt insoweit für die Praxis trotz komplett eigenständiger Gesetzesteleologie auch im steuerlichen Organschaftsrecht eine besondere Rolle.

V. Zeitebenen der Organschaft

1.50 Die körperschaftsteuerliche Organschaft weist mehrere Zeitebenen auf, die eng miteinander verwoben sind, mE aber hinsichtlich der Tatbestandsvoraussetzungen und Rechtsfolgen separater Prüfung bedürfen. Die Details dazu sind umstritten. Im Gestaltungsbereich (etwa bei Verkauf oder Umstrukturierung von Organbeteiligungen) spielen die zeitlichen Anwendungsfragen der Organschaft eine wichtige Rolle. Sie erfordern intensive Planung (etwa im Hinblick auf die Vermeidung von Organschaftspausen, die Kündigung eines GAV während der Mindestvertragsdauer oder Rückwirkungsfragen bei finanzieller Eingliederung).

1.51 **Vier Zeitebenen** sind zu unterscheiden:

– *Zeitebene 1:* Ununterbrochene finanzielle Eingliederung der OG in den OT von Beginn ihres Wirtschaftsjahres an (§ 14 Abs. 1 Satz 1 Nr. 1 KStG). Dies kann in unmittelbarer oder mittelbarer Form erfolgen. Bei Umstrukturierungen unter Nutzung der 8-monatigen Rückwirkungsfiktion (vor allem § 2 Abs. 1 UmwStG, § 20 Abs. 5 UmwStG) stellen sich komplexe Anwendungsfragen.[1]

– *Zeitebene 2:* Ununterbrochene Zuordnung der OG-Beteiligung während der gesamten Dauer der Organschaft zu einer inländischen Betriebsstätte des Organträgers, und zwar nach Maßgabe des nationalstaatlichen sowie doppelbesteuerungsrechtlichen Verständnisses. In der Folge müssen die „zuzurechnenden Einkünfte" der OG der Inlandsbesteuerung unterliegen. Dadurch soll die Inlandsbesteuerung des Organeinkommens sichergestellt sein. § 14 Abs. 1 Satz 1 Nr. 2 Sätze 4–7 KStG hebelt damit die BFH-Entscheidung v. 9.2.2011[2] im Interesse der Verhinderung sog. weißer Einkünfte aus. Das Betriebsstättenerfordernis ist mE auch dann erfüllt, wenn die OG zunächst einer unmittelbaren und ohne zeitliche Friktion anschließend (bspw. durch einen Einbringungsvorgang) einer mittelbaren Betriebsstätte des OT zugeordnet bleibt. Eine Zuordnung zu „derselben" Betriebsstätte wird im Gesetz nicht gefordert.

– *Zeitebene 3:* Weiterhin muss der Abschluss des GAV – mit Wirkung vom Beginn des Wirtschaftsjahres der OG an – auf mindestens fünf Jahre abgeschlossen sein und während seiner gesamten Geltungsdauer durchgeführt werden (§ 14 Abs. 1 Satz 1 Nr. 3 KStG). Die Beendi-

---

1 Vgl. etwa Umwandlungssteuer-Erlass 2011, BMF v. 11.11.2011 – IV C 2 - S 1978-b/08/10001 – DOK 2011/0903665, BStBl. I 2011, 1314, Rz. Org.03 usw.
2 BFH v. 9.2.2011 – I R 54, 55/10, BStBl. II 2012, 106 = FR 2011, 584 m. Anm. *Buciek*: Gestützt auf das abkommensrechtliche Diskriminierungsverbot gelangt der BFH zu einer Zurechnung des Gewerbeertrags einer inländischen KapGes zu einem ausländischen Organträger. Das Urteil betraf allerdings das Streitjahr 1999, sodass ein GAV zur Erstellung der gewerbesteuerlichen Organschaft seinerzeit nicht erforderlich war.

gung des GAV während der Mindestvertragsdauer ist für die Vergangenheit nur dann unschädlich, wenn sie „aus wichtigem Grund"[1] erfolgt. Ansonsten ist die Organschaft „von Anfang an" gescheitert, es sei denn, es liegen die von der Rechtsprechung herausgearbeiteten Voraussetzungen einer „nur partiellen Versagung" der Organschaft bei ordnungsgemäßem Gewinnabführungsvertrag und durchgängiger tatsächlicher Durchführung vor.[2] Für die „Durchführung" der vertraglichen Gewinnabführungs-/Verlustübernahmeansprüche nach Entstehung nennt der Gesetzgeber keine konkreten Zeitkriterien. Die FinVerw geht von einer Durchführung „innerhalb eines angemessenen Zeitraums" aus (bspw. durch Zahlungsausgleich, Verrechnung, Novation oÄ).[3]

– *Zeitebene 4:* Schließlich wird das Einkommen der Organgesellschaft dem Organträger gem. § 14 Abs. 1 Satz 2 KStG erstmals für das Kalenderjahr zugerechnet, in dem das Wirtschaftsjahr der Organgesellschaft endet, in dem der GAV wirksam wird. Erfolgt beispielsweise der Abschluss eines GAV im Jahr 01, wird die Eintragung im Handelsregister allerdings erst im Jahr 02 vorgenommen, kann die Organschaft frühestens mit dem Wirtschaftsjahr 02 „starten", ggf. sogar bei konkret festgelegtem 5-jährigen Mindestzeitraum gänzlich scheitern. Selbst bei einem Alleinverschulden der verzögerten Registereintragung durch das Registergericht sieht der BFH insoweit keine Möglichkeit für eine sachliche Unbilligkeit.[4] Für einen solchen Sachverhalt sind bei der Formulierung der fünfjährigen Mindestvertragsdauer im Gewinnabführungsvertrag sog. Gleitklauseln wichtig, die keine feste Terminierung der erstmaligen Kündigungsmöglichkeit vorsehen.

Kumulative Zeitkriterienerfüllung? Im Normalfall wird man sich in der Praxis darum bemühen, die verschiedenen Zeitebenen bei Begründung oder Umstrukturierung einer Organschaft synchronisiert einzuhalten. Die Begründung der finanziellen Eingliederung wird mit der Betriebsstättenzuordnung der Beteiligung und der Wirksamkeitsingangsetzung des GAV deshalb üblicherweise in zeitlicher Hinsicht harmonisiert und während der gesamten Mindestvertragsdauer stabil eingehalten. Kommt es im Einzelfall zu Friktionen, so führt dies mE nur bei Nichteinhaltung der Mindestvertragsdauer ohne wichtigen Grund zu einem rückwirkenden Scheitern der gesamten Organschaft; eine Unterbrechung in der Betriebsstättenzuordnung führt dagegen mE nur zu einer Organschaftspause ohne Rückwirkungsfolgen. In Teilen der finanzverwaltungsnahen Literatur wird dies allerdings kritisch gesehen.[5]

1.52

Weitergehende zeitliche Tatbestandsvoraussetzungen bestehen nicht. So hat der BFH in seinem Urt. v. 24.7.2013[6] – entgegen der Rechtsauffassung der Finanzverwaltung – entschieden, eine PersGes als Organträger einer ertragsteuerlichen Organschaft muss nicht bereits zu Beginn des Wirtschaftsjahres der Organgesellschaft gewerblich tätig sein. Ein solches Zeitkriterium fordert § 14 Abs. 1 Satz 1 Nr. 2 Satz 2 KStG nach zutreffender Meinung des BFH gerade nicht.

1.53

---

1 Vgl. BFH v. 13.11.2013 – I R 45/12, FR 2014, 608 = DStR 2014, 643.
2 Vgl. BFH v. 10.5.2017 – I R 51/15, BStBl. II 2018, 30; BFH v. 10.5.2017 – I R 19/15, DStR 2017, 2112 sowie Erläuterungen in Rz. 6.68 ff.
3 Vgl. BFH v. 26.4.2016 – I B 77/15, BFH/NV 2016, 1177; *Gänsler*, Ubg 2014, 701–705.
4 Vgl. BFH v. 23.8.2017 – I R 80/15, DStR 2017, 2803. Zu weiteren Details vgl. Rz. 6.141 ff. und *Wachter*, DB 2018, 272.
5 Vgl. etwa *Schirmer*, StBp 2013, 245 (246).
6 BFH v. 24.7.2013 – I R 40/12, BStBl. II 2014, 272 = FR 2014, 28.

VI. Internationale Bezüge der Organschaft

1.54 Die Wirkungen der ertragsteuerlichen Organschaft sind wegen des Zurechnungs-/Betriebsstättenkonzepts im Kern auf das Inland ausgerichtet. Wegen der unionsrechtlich garantierten Niederlassungsfreiheit (Art. 49 AEUV) ist jedoch seit längerem eine gewisse grenzüberschreitende Öffnung der Organschaftsregelungen durch den Gesetzgeber erfolgt. Die internationalen bzw. „nur" europäischen Bezüge der Organschaft haben durch die „Kleine Organschaftsreform" aus Februar 2013 eine tatbestandliche Neuordnung gefunden. Flankierende Missbrauchsvermeidungsregeln vor allem für mehrfache Verlustnutzung sind die Folge. Das steuergesetzliche Erfordernis eines unternehmensvertraglichen Gewinnabführungsvertrages setzt der grenzüberschreitenden Organschaft vor allem in Outbound-Strukturen mit ausländischen EU/EWR-Tochterunternehmen (aber inländischer Geschäftsleitung) allerdings weiterhin Grenzen. Denn insoweit ist der Gesellschaftsfortbestand der ausl. Tochterunternehmung sowie das ausl. Gesellschaftsrecht maßgebend; nur das österreichische, portugiesische und slowenische Gesellschaftsrecht kennt den organisationsvertraglichen GAV „deutscher Couleur".[1] Aus Fiskalsicht ist das GAV-Erfordernis zunehmend ein Instrument zur Sicherung inländischen Steuersubstrats.

1.55 Wichtige internationale Bezüge der ertragsteuerlichen Organschaft bestehen wie folgt:
– **Neues Betriebsstättenkriterium für den Organträger** in § 14 Abs. 1 Satz 1 Nr. 2 KStG (vgl. hierzu auch Rz. 7.11 ff. und Rz. 27.31 ff.): Als Gegenreaktion auf die Entscheidung des BFH v. 9.2.2011[2] zum DBA-Diskriminierungsverbot ist mit Wirkung ab 2012 ein neues inländisches Betriebsstättenkriterium für unbeschränkt oder beschränkt steuerpflichtige Organträger geschaffen worden, welches für Körperschaften, Personengesellschaften oder Einzelunternehmen gleichermaßen gilt. Unmittelbare oder mittelbare Beteiligungen an der Organgesellschaft müssen danach ebenso wie die zuzurechnenden Einkünfte national- wie doppelbesteuerungsrechtlich ununterbrochen während der gesamten Dauer der Organschaft der inländischen Betriebsstättenbesteuerung unterliegen. Vor allem bei Organträger-Personengesellschaften (mit Holding-Status) mit ausländischem Mitunternehmer kommt es auf die funktionale Zuordnung der Beteiligungen zum inländischen Betriebsstättenvermögen an.[3] Sitz/Geschäftsleitung des Organträgers sind unerheblich. § 18 KStG wurde ersatzlos aufgehoben. Die Vorschrift will mit dem neuen Betriebsstättenkriterium diskriminierungsfrei wirken und dient der inländischen Steuersubstratabsicherung. Eine EU/EWR-Begrenzung ist der Neuregelung des § 14 Abs. 1 Satz 1 Nr. 2 KStG nicht zu entnehmen. Sie gilt bspw. auch für amerikanische oder asiatische Gesellschaften, die über eine inländische Betriebsstätte verfügen und insoweit als Steuerausländer organträgerfähig sind. Der Abschluss des GAV mit dem steuerausländischen Organträger bedarf dabei besonderer Sorgfalt, sollte aber im Regelfall zulässig sein, weil es sich um das herrschende Unternehmen als Vertragspartner handelt.

– Als **Organgesellschaften** kommen Körperschaften in Betracht, sofern sie ihre Geschäftsleitung im Inland haben und über einen Sitz in einem Mitgliedstaat der EU oder des EWR verfügen. Drittstaatenkapitalgesellschaften sind dagegen nicht „organgesellschaftsfähig". Gleiches gilt für InlandsKapGes mit ausländischer Geschäftsleitung.

---

1 Vgl. *Cloer/Kahlenberg*, SteuK 2014, 511 (513).
2 BFH v. 9.2.2011 – I R 54, 55/10, BStBl. II 2012, 106 = FR 2011, 584 m. Anm. *Buciek*.
3 Vgl. dazu eingehend Rz. 16.57 ff. und Rz. 27.67 ff. sowie *Dötsch/Pung*, DB 2014, 1215; *Wiese/Lukas*, GmbHR 2016, 803; *Kraft/Hohage*, DB 2017, 2565; *Blumers*, DB 2017, 2893.

– **Inländische Verlustabzugssperre des § 14 Abs. 1 Satz 1 Nr. 5 KStG.**[1] Diese Sonderregelung will eine internationale mehrfache Verlustnutzung vermeiden und enthält zu diesem Zweck eine im Inland wirkende Abzugssperre, auch wenn es sich um im Inland entstandene Verluste handelt. Abgestellt wird auf negative Einkünfte des Organträgers oder der Organgesellschaft, die nach Meinung des BFH im Urteil vom 12.10.2016[2] nur dann vorliegen, wenn bei einem Organträger nach der Zurechnung des Einkommens der Organgesellschaft ein Verlust verbleibt. Der BFH spricht insoweit von „konsolidierten Einkünften des Organträgers"; eine isolierte Betrachtung der eigenen Organträgereinkünfte wird ausdrücklich ausgeschlossen Der Inlandsabzug solchermaßen „negativer Einkünfte" wird untersagt, sobald sie in einem ausländischen Staat im Rahmen der Besteuerung des Organträgers, der Organgesellschaft oder einer anderen Person berücksichtigt werden (etwa bei Anwendung der doppelbesteuerungsrechtlichen Anrechnungsmethode). Der Tatbestand des § 14 Abs. 1 Satz 1 Nr. 5 KStG ist hochgradig unbestimmt und wenig sachgerecht. Im Hinblick auf die echte Rückwirkung der Vorschrift bestehen verfassungsrechtliche Bedenken. Das Verbot eines inlandsbegründeten Verlustabzugs verstößt gegen Leistungsfähigkeitsbesteuerungsprinzipien. Letztlich sollte nur der „Verluste importierende Steuerstaat" Abzugsrestriktionen ins Auge fassen.

Nach wie vor nicht zulässig im Sinne einer grenzüberschreitenden Ergebniskonsolidierung sind nach herrschender Meinung vor allem die beiden folgenden für die Praxis wichtigen Konstellationen: horizontale Ergebnispoolung bei einer ausländischen Muttergesellschaft ohne inländische Betriebsstätte mit mehreren inländischen Tochterkapitalgesellschaften (keine horizontale Querorganschaft)[3] sowie die Konsolidierung von Inlandsbetriebsstätten ausländischer Tochtergesellschaften. Das hierarchisch ausgerichtete Grundkonzept der Organschaft und das Erfordernis des GAV verhindern Poolungswirkungen bei derartigen Konstellationen.[4]

1.56

VII. Unionsrechtskompatibilität

Vor allem die unionsrechtlich verbürgte Niederlassungsfreiheit (Art. 49 AEUV) hat in den letzten Jahren, ausgelöst durch einschlägige EuGH-Rechtsprechung und EU-Kommissionsinitiativen, zu einer Europäisierung des deutschen Organschaftsrechts durch den Gesetzgeber geführt.[5] Im Hinblick auf das seinerzeit anhängige europäische Vertragsverletzungs-

1.57

---

1 Zu den zahlreichen Anwendungsfragen des § 14 Abs. 1 Satz 1 Nr. 5 KStG s. Rz. 28.7 ff. Anschaulich zu betroffenen Fallkonstellationen IDW v. 5.3.2014, FN-IDW 4/2014, 277–281. Trotz Einführung des § 4i EStG zur inländischen Beschränkung des Sonderbetriebsausgabenabzugs bei Vorgängen mit Auslandsbezug im Rahmen einer Mitunternehmerschaft mit Wirkung ab 1.1.2017 ist § 14 Abs. 1 Satz 1 Nr. 5 KStG unverändert beibehalten worden. Beide Regelungen richten sich gegen sog. Double Dips, allerdings in unterschiedlichen Konstellationen. Zu Konkurrenzfragen vgl. *Prinz*, DB 2018, 1615 (1618 f.) sowie FR 2018, 973–984.
2 Vgl. BFH v. 12.10.2016 – I R 92/12, DStR 2017, 589.
3 Vgl. dazu auch BFH v. 22.2.2017 – I R 35/14, BStBl. II 2018, 33 in Abgrenzung zu EuGH v. 12.6.2014 – C-39/13, C-40/13, C-41/13 – SCA Group Holding BV, DStR 2014, 1333. Das EuGH-Verfahren betrifft die niederländische Regelung zur „fiscalen eenheid". Der EuGH gelangt dabei zu dem Ergebnis, dass die niederländischen Regelungen über die Ertragsbesteuerung multinationaler Konzerne gegen die Niederlassungsfreiheit verstoßen.
4 Zu weiteren Details vgl. *Endres* in FS Herzig, 2010, 198–200.
5 Zu Details vgl. Rz. 5.98 ff.; ergänzend zu den verschiedenen unionsrechtlichen Aspekten auch *Kessler/Arnold*, IStR 2016, 226. Zu einer unionsrechtlich zulässigen gewerbesteuerlichen Sonderkonstellation (inländischer OT als Zinsschuldner, belgische Tochter als fiktive OG) im Hinblick auf

verfahren wurde im Zuge der Kleinen Organschaftsreform v. 20.2.2013 eine Einbeziehung von EU/EWR-Kapitalgesellschaften in den steuerlichen Organkreis erlaubt, soweit sie über eine inländische Geschäftsleitung verfügen. Ob sie allerdings als abhängige Organgesellschaften, also in Outbound-Strukturen, einen Gewinnabführungsvertrag abschließen können, hängt von den jeweiligen Landesjurisdiktionen ab und kann zu praktischen Anerkennungshürden führen. Ungeklärt ist nach wie vor, ob ein „schuldrechtlich nachmodulierter" GAV zu einer EU/EWR-KapGes. mit inl. Geschäftsleitung, der auch grenzüberschreitend bei Anwendung deutscher Rechnungslegungsgrundsätze durchgeführt wird, von der FinVerw. anzuerkennen ist. Ansonsten läuft die Organschaftsmöglichkeit des § 14 Abs. 1 Satz 1 KStG in den meisten Praxisfällen „ins Leere". Insoweit verbleibt die Frage, ob das GAV-Erfordernis letztlich unionsrechtskompatibel ist. Jedenfalls dient der GAV aus fiskalorientierter Sicht zunehmend der Sicherstellung inländischen Besteuerungssubstrats. Im Übrigen hat der EuGH in seiner „X-Holding BV-Entscheidung" v. 25.2.2010[1] geklärt, dass eine weitergehende EU/EWR-Öffnung auf vollständig gebietsfremde Tochtergesellschaften – also mit Sitz und Geschäftsleitung im EU/EWR-Ausland – nicht verlangt werden kann. Das neue internationale Betriebsstättenkriterium für Organträger dürfte letztlich ebenfalls diskriminierungsfrei wirken, da es Steuerinländer und EU/EWR-Ausländer gleichermaßen trifft.

1.58 Der EuGH hat sich zuletzt in seiner „SCA-Group-Holding BV-Entscheidung" v. 12.6.2014[2] mit zwei Spezialfragen grenzüberschreitender Organschaft im Rahmen des niederländischen Konzernsteuerrechts („fiscale eenheid") befasst:

– Zum einen geht es um die Frage, ob eine Organschaftskette auch über ausländische Konzerneinheiten hergestellt werden kann. Nach Meinung des EuGH verstößt die niederländische Regelung gegen die insoweit einzufordernde Niederlassungsfreiheit, da eine solche mittelbare Organschaft dort nicht zugelassen wird. Auch die EuGH-Entscheidung „Felix Stowe Dock" v. 1.4.2014[3] beanstandet die Unzulässigkeit eines Verlusttransfers bei mittelbaren Beteiligungen in grenzüberschreitend strukturierten Konzernen nach britischem Steuerrecht. Aus Sicht der deutschen Organschaftsregelungen dürfte dies dagegen weitgehend unproblematisch sein, da gem. § 14 Abs. 1 Satz 1 Nr. 1 KStG auch mittelbare finanzielle Eingliederungen einer Organgesellschaft unter bestimmten Voraussetzungen anerkannt werden. Auch wenn es sich bei der vermittelnden Gesellschaft um einen ausländischen Rechtsträger handelt, kommt eine ertragsteuerliche Organschaft „deutscher Couleur" mittels stufenüberspringendem GAV in Betracht (H57 KStH 2008).

– Zum anderen beanstandet der EuGH, dass nach niederländischem Recht eine ausländische Muttergesellschaft ohne inländische Betriebsstätte zwei gebietsansässige Tochtergesellschaften nach Art einer horizontal wirkenden Konsolidierung nicht in einen Organkreis einbeziehen kann (keine horizontale Organschaft in Form eines Querverbunds). Auch insoweit dürfte allerdings die neue deutsche Betriebsstättenregelung kombiniert mit dem GAV-Erfordernis im Grundsatz unionsrechtskonform wirken, da sie sowohl bei

---

Dauerschuldentgelte gem. § 8 Nr. 1 GewStG s. BFH v. 17.9.2014 – I R 30/13, BStBl. II 2017, 726 m. Anm. *Patzner/Nagler* = DStR 2014, 2561.

1 EuGH v. 25.2.2010 – C-337/08 – X-Holding BV, DStR 2010, 427.
2 Vgl. EuGH v. 12.6.2014 – C-39/13, C-40/13, C-41/13, DB 2014, 1582 mit Anm. *Möhlenbrock*, dazu auch *v. Brocke/Müller*, DStR 2014, 2106; *Rehfeld*, IWB 2010, 619; *Schnitger*, IStR 2014, 587; *Walter*, DB 2014, 2016; *Lieber*, IStR 2014, 278; *Cloer/Kahlenberg*, SteuK 2014, 511; *Strobl-Haarmann* in FS Haarmann, 2015, 927; *Kessler/Arnold*, IStR 2016, 226 (228).
3 EuGH v. 1.4.2014 – C-80/12 – Felix Stowe Dock, DStR 2014, 784 = AG 2014, 699. Dazu auch *Rehfeld/Krumm*, IWB 2014, 394; *Kahlenberg*, StuB 2014, 603.

inländischen wie auch ausländischen Muttergesellschaften stets eine inländische Betriebsstätte verlangt und eine Ergebnisverrechnung zwischen Schwestergesellschaften – ungeachtet derer gesellschaftsrechtlicher Zulässigkeit – ohne finanzielle Eingliederung in Deutschland nicht erlaubt ist. Dies wurde durch das BFH-Urt. vom 22.2.2017[1] kürzlich bestätigt. Danach ist die Zulassung einer „Querorganschaft", die eine Ergebniskonsolidierung im Gleichordnungskonzern ermöglichen würde, nicht aus unionsrechtlichen Gründen geboten. Das Merkmal der finanziellen Eingliederung setzt vielmehr einen Überordnungskonzern voraus, sodass insoweit keine Diskriminierung grenzüberschreitender Sachverhalte im Vergleich zu rein inländischen Sachverhalten zu erkennen ist. Eine Ergebnispoolung zwischen Schwesterkapitalgesellschaften mittels einer Querorganschaft ist deshalb in Deutschland nicht möglich.

Besonders unionsrechtsproblematisch dürfte die durch die Kleine Organschaftsreform v. 20.2.2013 ausgeweitete Verlustabzugssperre des § 14 Abs. 1 Satz 1 Nr. 5 KStG sein. Danach bleiben im Hinblick auf etwaige internationale double-dips in einem inländischen Organkreis entstehende negative Einkünfte – verstanden als „zusammengerechnete", also nicht isoliert ermittelte Einkünfte von OT und OG – unberücksichtigt, soweit sie in einem ausländischen Staat im Rahmen der Besteuerung des Organträgers, der Organgesellschaft oder einer anderen Person berücksichtigt werden. Insoweit könnte ein Verstoß vor allem gegen die „Philips Electronics-Entscheidung" des EuGH v. 6.9.2012[2] vorliegen, da insoweit – wiederum gestützt auf die Niederlassungsfreiheit – die Verrechnung von Betriebsstättenverlusten mit Gewinnen einer Konzerngesellschaft im gleichen Mitgliedsstaat verlangt wird. Auch wenn das EuGH-Judikat zunächst einmal konkret nur inländische Betriebsstättenverluste anspricht, sind Auswirkungen auch auf das ertragsteuerliche Organschaftsrecht naheliegend. Insoweit dürfte die Unionsrechtskompatibilität des erweiterten § 14 Abs. 1 Satz 1 Nr. 5 KStG ernstlich zweifelhaft sein. Es kommt hinzu, dass der Steuergesetzgeber mit Wirkung ab 1.1.2017 einen neuen § 4i EStG[3] mit einer Beschränkung des Sonderbetriebsausgabenabzugs bei Vorgängen mit Auslandsbezug geschaffen hat, soweit durch diese die Steuerbemessungsgrundlage in einem anderen Staat gemindert wird. Vor allem bei Organträger-PersGes. mit refinanzierenden ausländischen Mitunternehmern ist das Zusammenspiel von § 14 Abs. 1 Satz 1 Nr. 5 KStG bei negativen Einkünften und gleichzeitigem grenzüberschreitendem Sonderbetriebsausgabenabzug gem. § 4i EStG unklar. Die Unionsrechtsproblematik derartiger nur grenzüberschreitend wirkender Abzugsverbote dürfte insoweit noch verstärkt werden. Möglicherweise ist auch der organgesellschaftsbezogene Ausschluss von im Inland errichteten KapGes, die über eine ausländische Geschäftsleitung in einem EU/EWR-Staat verfügen, unionsrechtsproblematisch, denn insoweit besteht gleichermaßen unbeschränkte Steuerpflicht in Deutschland – § 1 Abs. 1 KStG nennt inländischen Sitz und Geschäftsleitung als Alternativkriterien. Insoweit könnte der Organgesellschaftsausschluss eine nicht zu rechtfertigende Diskriminierung bedeuten.[4] Letztlich entschieden sind diese Rechtsfragen vom EuGH allerdings nicht.

1.59

---

[1] Vgl. BFH v. 22.2.2017 – I R 35/14, BStBl. II 2018, 33. Dazu auch *Walter*, Der Konzern 2017, 331.
[2] EuGH v. 6.9.2012 – C-18/11 – Philips Electronics, IStR 2012, 847 mit Anm. *Schiefer*.
[3] Zu den Anwendungsfragen des § 4i EStG vgl. eingehender *Bergmann*, FR 2017, 126; *Schnitger*, IStR 2017, 214; *Bärsch/Böhmer*, DB 2017, 567; *Prinz*, GmbHR 2017, 556 und DB 2018, 1615; *Kahle/Braun*, DStZ 2018, 381; *Oertel*, BB 2018, 351–355.
[4] Vgl. *Thömmes* in Herzig, Organschaft, 2003, 525 (536).

VIII. Verfassungsfragen

1.60 Die **ertragsteuerliche Organschaft** ist bislang verfassungsrechtlich insgesamt nicht in Frage gestellt worden. Allerdings wurde eine Reihe von Einzelfragen im Laufe der Jahre verfassungsrechtlich aufgegriffen, die meist aus „gesetzlichen Rechtssprüngen" resultieren, um auf vermeintlich steuergünstige Rechtsprechung im Interesse der Finanzverwaltung (Vermeidung von Steuerausfällen) zu reagieren. Meist stellen sich unterschiedlich akzentuierte verfassungsrechtliche Vertrauensschutzfragen. Hinzu kommt: Eine „überbordende Missbrauchsabwehr" mit einem sinnwidrigen Anwendungsschwerpunkt bei eigentlich gar nicht betroffenen „Normalfällen" kann verfassungsproblematische Gleichheitssatzverstöße nach sich ziehen.

1.61 Aktuell sind folgende Organschaftsthemen in verfassungsrechtlicher Diskussion:[1]

– *Vororganschaftliche Mehr- und Minderabführungen gem. § 14 Abs. 3 KStG bei ehemals gemeinnützigen Wohnungsbauunternehmen mit Wirkung ab VZ 2004:* Insoweit sind derzeit zwei Vorlagebeschlüsse des BFH zu einem verfassungswidrigen Verstoß gegen das Rückwirkungsverbot bei der Einführung vororganschaftlich verursachter Mehrabführungen für die Streitjahre 2004–2006 beim BVerfG anhängig.[2]

– *Rückwirkende Verlustabzugssperre des § 14 Abs. 1 Satz 1 Nr. 5 KStG:* Die Regelung ist wenig tatbestandsbestimmt und versagt in bestimmten Konstellationen einer doppelten Verlustnutzung einen inländischen Verlustabzug, was unter dem Gesichtspunkt einer Besteuerung nach der wirtschaftlichen Leistungsfähigkeit problematisch sein kann. Die Norm wurde durch die „Kleine Organschaftsreform" v. 20.2.2013 erweitert und gilt rückwirkend in allen offenen Fällen (§ 34 Abs. 9 Nr. 8 KStG aF). Ungeachtet einer etwaigen Unionsrechtswidrigkeit kommt unter Verfassungsaspekten ein Verstoß gegen das Rückwirkungsverbot in Betracht. Konkret anhängig beim BVerfG ist ein solcher Fall derzeit allerdings nicht.[3]

1.62 In der Vergangenheit stand vor allem die Mehrmütterorganschaft mit diversen Vertrauensschutzaspekten sowie das zeitlich befristete Organschaftsverbot für Lebens- und Krankenversicherungsunternehmen (§ 14 Abs. 2 KStG aF) als gleichheitswidriges Sonderrecht in Verfassungsdiskussion. Aus Sicht betroffener Steuerpflichtiger waren die angestrengten verfassungsrechtlichen Verfahren letztlich nicht erfolgreich oder sind – konkret bei den Versicherungsunternehmen – wegen zeitnaher Folgerechtsänderungen im „Sande verlaufen".

1.63 Mit **Verfassungsfragen der umsatzsteuerlichen Organschaft** hat sich das BVerfG vor allem im Hinblick auf einen etwaigen Mangel an Wettbewerbsneutralität in seinem Urteil v. 20.12.1966 auseinandergesetzt.[4] Es ging seinerzeit um die Wiedereinführung der umsatzsteuerlichen Organschaft in das System der Allphasenbruttoumsatzsteuer ab 1.4.1958. Das BVerfG konzidert zwar insoweit eine tendenzielle Begünstigung der Organschaft im dama-

---

1 Vgl. dazu auch *Kolbe* in HHR, § 14 KStG Anm. 11; zu den verfassungsrechtlichen Grundlagen s. Rz. 4.1 ff.
2 Vgl. BFH v. 6.6.2013 – I R 38/11, BStBl. II 2014, 398 = FR 2013, 1140, anhängig beim BVerfG unter 2 BvL 7/13 sowie BFH v. 27.11.2013 – I R 36/13, BStBl. II 2014, 651 = FR 2014, 979 m. Anm. *Wendt*, anhängig beim BVerfG unter 2 BvL 18/14. Dazu auch *Mylich*, DStR 2014, 2427; *Doege/Middendorf*, StuB 2014, 682; vgl. dazu auch das Schreiben des IDW v. 21.12.2017 in dem Verfassungsgerichtsverfahren (vgl. Hinweis in IDW life 2/2018, 212).
3 Die Verfassungsfrage des rückwirkenden Vertrauensschutzes wurde vom BFH in seinem Urt. v. 12.10.2016 – I R 92/12, DStR 2017, 589 ausdrücklich offengelassen (Rz. 48).
4 BVerfG v. 20.12.1966 – 1 BvR 320/57, 1 BvR 70/63, BStBl. III 1967, 7.

ligen Umsatzsteuersystem, nimmt dies aber verfassungsrechtlich hin im Hinblick auf die mit Wirkung ab 1968 auch tatsächlich eingeführte und bis heute im Kern geltende Allphasennettoumsatzsteuer mit Vorsteuerabzug (= Mehrwertsteuersystem). § 2 Abs. 2 Nr. 2 UStG ist als Rechtsgrundlage der umsatzsteuerlichen Organschaft deshalb von Verfassungs wegen nicht zu beanstanden. Etwaige entstehende Wettbewerbsverzerrungen – vor allem bei Organschaften mit vorsteuerabzugsschädlichen Leistungen – halten sich nach Meinung der Folgerechtsprechung des BFH im Rahmen des Zumutbaren.[1] Auf derzeitigem Kenntnisstand kann deshalb für die Praxis von der Verfassungskonformität der umsatzsteuerlichen Organschaft ausgegangen werden.

E. Wirtschaftliche Bedeutung der Organschaft

I. Vor-/Nachteile der ertragsteuerlichen Organschaft

Steht man vor der Gestaltungsfrage, ob zwischen den verschiedenen Rechtsträgern in einem Unternehmensverbund eine regelmäßig auf 5 Jahre ausgerichtete ertragsteuerliche Organschaft begründet werden soll oder nicht, müssen ihre Vor-/Nachteile im Einzelfall untersucht werden.

1.64

Typische Vorteile der ertragsteuerlichen Organschaft:

1.65

– Sofortiger ertragsteuerlicher Verlustausgleich im Organkreis, der sich gleichermaßen auf Verluste von Organträger und Organgesellschaften erstreckt. Dies gilt auch bei mehrstufigen Organschaftsketten. Bei in den Organkreis einbezogenen Gesellschaften mit Auslandsbezug ist § 14 Abs. 1 Satz 1 Nr. 5 KStG zu beachten (Vermeidung eines internationalen doubledip). Vororganschaftliche Verlustabzüge der Organgesellschaft werden allerdings während der Organschaftszeit „eingefroren" (§ 15 Satz 1 Nr. 1 KStG, § 10a Satz 3 GewStG); dies kann für den Zeitpunkt der Organschaftsbegründung ein wichtiger Gesichtspunkt sein.

– Phasengleicher Gewinntransfer ohne Ausschüttungsfolgen (kein typisiertes Betriebsausgaben-Abzugsverbot gem. § 8b Abs. 5 KStG; keine Kapitalertragsteuer).

– Verbesserter Finanzierungskostenabzug (etwa in Bezug auf die Zinsschranke, § 15 Satz 1 Nr. 3 KStG, allerdings bei nur einmalig nutzbarer 3 Mio. € Freigrenze).

– Vermeidung mehrfacher gewerbesteuerlicher Hinzurechnungen, bspw. bei organschaftsinternen Finanzierungen.

– Keine Gefährdung der Veräußerungsgewinnbefreiung gem. § 8b Abs. 2 KStG, § 3 Nr. 40 Buchst. a EStG für Beteiligungen an Organgesellschaften.

– Durchleitung (im Inland steuerfreier) ausländischer Betriebsstättenergebnisse bis zur Gesellschafterebene bei Organträger-PersGes mit natürlichen Personen als Mitunternehmer (s. auch § 15 Satz 1 Nr. 2 KStG).[2]

---

1 Vgl. etwa BFH v. 19.10.1995 – V R 71/93, UR 1996, 277 = BFH/NV 1996, 273. Die gegen das Urteil eingelegte Verfassungsbeschwerde wurde gem. §§ 93a, 93b BVerfGG nicht zur Entscheidung angenommen (BVerfG v. 2.4.1961 – 1 BvR 2604/95, n.v.). Dazu auch *Stöcker* in Müller/Stöcker/Lieber, Die Organschaft[10], Rz. 1120 f.

2 Zu diesem sog. Mittelstandsmodell vgl. *Bär/Spensberger*, StBg. 2017, 227; *Prinz* in Röthel/K. Schmidt (Hrsg.), Internationale Familienunternehmen, 2016, 39 (44–46).

– Erlangung von Zins- und Kostenvorteilen (etwa wegen reduzierten Deklarationsaufwands).

– Reduzierung verdeckter Gewinnausschüttungen und verdeckter Einlagen im Organkreis wegen unternehmensvertraglicher Gewinnabführungsverpflichtung. Allerdings sind vGA/vE weiterhin möglich bei vororganschaftlich begründeten Mehr- und Minderabführungen sowie bei gesellschaftlich veranlassten Vorgängen hinein in oder heraus aus dem Organkreis.[1]

1.66 Typische Nachteile der ertragsteuerlichen Organschaft:

– Gesellschaftsrechtliche Verpflichtung zur Verlustübernahme mit einer umfassenden „Haftungskonzentration" des Organträgers. Subsidiär besteht eine organschaftsbezogene „Ausfallhaftung" der OG (§ 73 AO). Diese haftungserweiternde Wirkung der Organschaft ist in der Praxis häufig ein entscheidender Gesichtspunkt, auf eine Organschaftsbegründung zu verzichten.

– Im Einzelfall nur schwer identifizierbare und nachzuverfolgende Mehr-/Minderabführungen aufgrund von Unterschiedsbeträgen zwischen gesellschaftsrechtlicher Gewinnabführung/Verlustübernahme und steuerbilanzieller Einkommenszurechnung, die ihre Ursache in vororganschaftlicher/organschaftlicher Zeit haben (§ 14 Abs. 3, 4 KStG). Aktive und passive Ausgleichsposten aus organschaftlich veranlassten Unterschiedsbeträgen beim OT können vor allem bei Umstrukturierungen und Transaktionen „Steuerfallen" auslösen. Die Verpflichtung zum Kapitalertragsteuereinbehalt bei vororganschaftlichen Mehrabführungen hat hohe Haftungsrelevanz (§ 44 Abs. 7 EStG).

– Ausgleichzahlungen an Minderheitsgesellschafter mit hoher Streitanfälligkeit vor allem bei kapitalmarktorientierten Organträgern (etwa einer Aktiengesellschaft oder KGaA; Anfechtungsklagen, Spruchverfahren).

– Beeinträchtigung unternehmerischer Flexibilität wegen des 5-jährigen Mindestlaufzeiterfordernisses für den GAV. Nur bei Vorliegen eines „wichtigen Grundes" ist eine steuerunschädliche Organschaftsbeendigung während der Mindestlaufzeit möglich.

– Denkbare Zerlegungsnachteile bei der GewSt.

– Keine gezielte Ausschüttungspolitik möglich.

– „Hochschleusung" der Ertragsteuerbelastung bei Organträger-PersGes. mit natürlichen Personen als Mitunternehmer (keine wegen des Trennungsprizips bestehende Abschirmwirkung der Organgesellschaft).

– Beeinträchtigung moderner Organisationskonzepte.

1.67 Anpassungs- und Monitoringbedarf der Organschaft: Wegen Änderung rechtlicher und faktischer Rahmenbedingungen unterliegen Organschaften einem steten Bedeutungswandel, der bei mittel- und längerfristig ausgerichteter Steuerplanung mitberücksichtigt werden muss. Dies gilt bspw. im Hinblick auf die Zinsschrankenwirkung eines Organkreises (§ 15 Nr. 3 KStG), die es bis Ende 2007 nicht gab. Auch werfen Rechtsänderungen im Gesell-

---

[1] Vgl. mit Bespielen für vE als „Fremdkörper" in der Organschaftsbesteuerung *Prokofiew*, StBp. 2014, 235; StBp. 2014, 262. Zu vGA im Organkreis vgl. *Brinkmann*, StBp. 2015, 33. Zu Mehr- und Minderabführungen bei mehrstufiger und mittelbarer Organschaft vgl. *Dötsch/Pung*, Der Konzern 2018, 293.

schafts- oder Bilanzrecht möglicherweise unerwartete Folgewirkungen bei der Organschaft auf (s. etwa die Übergangsregelungen zur Umsetzung des dynamischen Verlustübernahmeverweises bei einer Organgesellschaft in der Rechtsform einer GmbH, § 17 Abs. 2 i.V.m. § 34 Abs. 10b KStG aF). Die Organschaft muss daher stets „unter Beobachtung" stehen (sog. Monitoring), um zeitkritische Anpassungsmaßnahmen vornehmen zu können. Auch die in organschaftlicher Zeit begründeten aktiven/passiven Ausgleichsposten bei abweichender Gewinnabführung und ertragsteuerlicher Ergebniszurechnung müssen subtil zur Vermeidung von „Organschaftsfallen" nachverfolgt werden. Dies gilt vor allem bei Veräußerung von Organbeteiligungen und entsprechenden Umstrukturierungsmaßnahmen. Es empfiehlt sich eine „steuerliche Ausgleichsposten-Buchführung".

II. Bedeutung der umsatzsteuerlichen Organschaft

Im Vergleich zur ertragsteuerlichen Organschaft entfaltet die umsatzsteuerliche Organschaft völlig andere wirtschaftliche Konsequenzen.[1] Denn die umsatzsteuerliche Organschaft ist im Grundsatz – auch bei mehrstufigen Wertschöpfungsketten – kein Instrument der Steuerersparnis, sondern bewirkt lediglich eine **Verwaltungsvereinfachung** für den Unternehmensverbund und die Finanzverwaltung. Dies unter verschiedenen Aspekten:

1.68

– Sämtliche Außenumsätze von OT und OG werden beim OT zusammengefasst und gemeldet. Nur der OT ist Steuerschuldner. Entsprechendes gilt für die Vorsteuerabzugsberechtigung. Die umsatzsteuerliche Zurechnung der Steuererklärungs-, -anmeldungs- und -zahlungspflichten zum OT muss ablauforganisatorisch sichergestellt werden.

– Leistungsbeziehungen zwischen mehreren OG und zwischen OG sowie OT werden als innerkonzernlicher Leistungsaustausch ohne USt abgewickelt. Ein formaler Rechnungsverkehr mit einer Verbuchung und Abwicklung von USt und VoSt entfällt damit (bloße unternehmensinterne Buchungsbelege). Die Rechtsfolgen des § 14c UStG werden für nichtsteuerbare Innenleistungen nicht ausgelöst. Besondere Aufzeichnungspflichten gem. § 22 UStG bestehen insoweit nicht.

Sofern allerdings in einem Unternehmensverbund nicht (vollständig) vorsteuerabzugsberechtigte Unternehmen sind, können sich durch Begründung einer umsatzsteuerlichen Organschaft neben verwaltungsvereinfachenden Wirkungen **auch echte materielle Steuervorteile** ergeben. Betroffen davon sind vor allem Banken, Versicherungen, Unternehmen des Kranken- und Pflegebereichs und Immobilienunternehmen. Denn durch die Organschaft werden eigentlich zum Ausschluss vom Vorsteuerabzug führende Eingangsleistungen (§ 15 Abs. 2 Satz 1 Nr. 1 UStG) zu nichtsteuerbaren Innenleistungen „umgestaltet". Die nicht abziehbaren Vorsteuern als Kostenbestandteil werden insoweit (ganz oder teilweise) vermieden. Im Gegenzug kann allerdings eine „gesunde" OG durch den Fiskus an Stelle eines „wirtschaftlich angeschlagenen" Organträgers in Haftung genommen werden (§ 73 AO).

1.69

Im Übrigen bleibt von all dem die steuersystematische Berechtigung der umsatzsteuerlichen Organschaft unberührt, da sie lediglich der rechtsformübergreifenden wirtschaftlichen Verbundenheit der in den Organkreis einbezogenen Unternehmen Rechnung trägt.

1.70

---

1 Vgl. *Prinz* in Herzig, Organschaft, 2003, 556–560; *Heuermann*, DB 2016, 608 (610).

III. Zusammenfassende wirtschaftliche Würdigung

1.71 Hinsichtlich der wirtschaftlichen Konsequenzen der Organschaft – ihren Vor- und Nachteilen für die Unternehmensbesteuerung – müssen zusammengefasst[1] drei Bereiche unterschieden werden. Alternativ kommt natürlich auch die „Komplettvermeidung" der Organschaft in Betracht (bspw. wegen der Haftungsgefahren des § 73 AO):

- **Volle Organschaftswirkungen für Ertrag- und Umsatzsteuerzwecke** erfordern einen Vertragskonzern – üblicherweise ausgestaltet mittels Kombination von Gewinnabführungs- und Beherrschungsvertrag – bei gleichzeitiger finanzieller, wirtschaftlicher und organisatorischer Eingliederung der beherrschten Unternehmen in den Organträger. Die Konsequenz ist eine ertragsteuerliche Ergebnispoolung bei gleichzeitiger umsatzsteuerlicher Einheit. Die Erfüllung dieser Voraussetzungen erscheint besonders wichtig für hierarchisch aufgebaute Unternehmensgruppen mit bedeutsamen inländischen Verlustquellen und ggf. nicht vorsteuerabzugsberechtigten Einheiten im Konzern. Die vor allem haftungsrechtlichen Nachteile des Vertragskonzerns mit seinem Haftungsverbund werden dann „in Kauf genommen".

- **Vertragliche Organschaft mittels Ergebnisabführungsvertrag**, allerdings ohne wirtschaftliche und organisatorische Eingliederung der beherrschten Unternehmen, bewirkt „nur" eine ertragsteuerliche Ergebnispoolung. Umsatzsteuerlich bleiben die betroffenen Tochter- und Enkelgesellschaften dagegen selbständig. Trotz Vertragskonzern müssen dafür bei den abhängigen Konzernunternehmen hohe wirtschaftliche und organisatorische Freiräume bleiben. Dies ist für Umsatzsteuerzwecke nur dann nicht nachteilig, falls die inlandsbezogene Unternehmerkette ganz überwiegend aus vorsteuerabzugsberechtigten Unternehmen besteht.

- **Faktische Organschaft durch finanzielle, wirtschaftliche und organisatorische Eingliederung** der beherrschten Konzernunternehmen, allerdings ohne Gewinnabführungsvertrag – ein Beherrschungsvertrag wäre jedoch zur Sicherstellung der organisatorischen Eingliederung zulässig – führt „nur" zu einer umsatzsteuerlichen Unternehmenseinheit im Konzern. An einer ertragsteuerlichen Ergebnispoolung fehlt es insoweit. Dies ist typischerweise für hoch profitable Konzerne ohne nennenswerte inländische Verlustquellen und mit starken Minderheitsgruppen interessant. Die Ergebnispoolung kann dann auch ohne einen Gewinnabführungsvertrag durch steuerbilanziell phasengleich zu erfassende Gewinnausschüttungen erreicht werden, wobei allerdings möglicherweise Liquiditätsnachteile durch den Kapitalertragsteuereinbehalt verbleiben.

1.72 In der Besteuerungsrealität lassen sich vor allem in großen diversifizierten Unternehmensgruppen mit Teilkonzernen häufig alle drei Organschaftsbereiche (volle Organschaft, vertragliche Organschaft und faktische Organschaft) gleichzeitig beobachten. Grund dafür ist jeweils teilkonzernspezifische Optimierung der Steuersituation.

F. Organschaft als Gestaltungsinstrument

I. Einflussnahme auf die Konzernsteuerquote

1.73 Die ertragsteuerliche Organschaft ist ein bedeutsames und komplexes Instrument unternehmerischer Gestaltung mit vielfältigen Anwendungsmöglichkeiten. Die zielgerichtete

---

[1] Weitgehend übernommen aus: *Prinz* in Herzig, Organschaft, 2003, 561.

Schaffung – im Einzelfall auch Vermeidung – der Organschaftsvoraussetzungen in der Aufbaustruktur einer Unternehmensgruppe ist sowohl hinsichtlich des finanziellen Eingliederungserfordernisses als auch hinsichtlich des Gewinnabführungsvertrags (isoliert oder gemeinsam mit einem Beherrschungsvertrag) faktischen und vertraglichen Maßnahmen zugänglich. Vor allem bei Akquisitions- und Umstrukturierungsmaßnahmen müssen die mit einer Organschaft verbundenen Vor- und Nachteile sorgsam ermittelt und abgewogen werden. Ggf. will man eine Organschaftspause erreichen, ggf. soll die Organschaft nahtlos von einem übernehmenden Rechtsträger weiter geführt werden. Die zur Zielerreichung einsetzbaren Gestaltungsinstrumente sind vielschichtig und reichen von der Nutzung des sog. Mitternachtserlasses bis hin zu einem Verzicht auf die Durchführung der Gewinnabführung, um Nachteile aus einer unterjährigen Kündigung des GAV zu vermeiden.[1] Darüber hinaus dürfte sich im Hinblick auf die laufenden Steuerwirkungen der Organschaft wegen veränderter „Rahmenbedingungen" ein regelmäßiges „Update" empfehlen.

Dies verdeutlicht: Die Organschaft ist ein wichtiges Instrument der Steuerplanung und -gestaltung, die insbesondere wegen der Möglichkeit sofortiger Verlustverrechnung im Konzern die Steuerquote der Unternehmensgruppe (temporär/nachhaltig) verbessert oder zumindest stabilisiert.[2] Üblicherweise versteht man unter Konzernsteuerquote – auch als Effective Tax Rate (ETR) bezeichnet – den Quotienten aus der ermittelten (zahlungswirksamen bzw. „nur" latenten) Ertragsteuerbelastung und dem Konzernjahresergebnis vor Steuern. Zwar lassen sich auch in Verlustsituationen ohne Organschaft Wirkungen auf die Konzernsteuerquote durch Aktivierung entsprechender latenter Steuern nach Art eines „Steuersparpotentials der Zukunft" vermeiden. Derartige verlustbedingte aktive Steuerlatenzen dürfen aber nur unter engen Voraussetzungen gebildet werden – so enthält § 274 Abs. 1 Satz 4 HGB ein entsprechendes Wahlrecht begrenzt auf eine 5-Jahres-Periode, ohne Abzinsung. Zudem unterliegt ein solches handels- oder konzernbilanzielles „deferred tax asset" dem Risiko zukünftiger Wertberichtigungen, bspw. aufgrund geänderter Gewinnerwartungen oder veränderter gesetzlicher Rahmenbedingungen zur Verlustnutzung. Es kann deshalb die Konzernsteuerquote in Folgeperioden erheblich gefährden. Zusammengefasst: Mittels ertragsteuerlicher Organschaft wird gestalterisch meist in stabilerer Form eine Verbesserung der Konzernsteuerquote erreicht, die allerdings gesellschaftsrechtlich mit einer vollen Haftungsübernahme der Muttergesellschaft und ggf. auch langjährigen Streitigkeiten mit Minderheitsgesellschaftern verbunden ist.

1.74

II. Alternativstrukturen zur Organschaft

Zur Vermeidung von Organschaftsnachteilen oder wegen fehlender Zulässigkeit der Mehrmütterorganschaft in einem Joint Venture Projekt werden in der Praxis diverse Instrumente zur Erlangung organschaftsähnlicher Wirkungen eingesetzt. Meist geht es um „Ergebniskonsolidierung" zwischen mehreren eigenständig bleibenden Rechtsträgern, die natürlich auch über eine Verschmelzung oder anderweitige Zusammenführung zu einem Einheitsunterneh-

1.75

---

1 Vgl. dazu etwa *Hahn*, Ubg 2014, 427. Zum umgekehrten Fall des Verzichts des OT auf seinen Gewinnabführungsanspruch vgl. FG Münster v. 20.8.2014 – 10 K 2192/13 F, GmbHR 2014, 1326; kritisch dazu *Pyszka*, GmbHR 2014, 1296. Wegen Gestaltungsmöglichkeiten zur Übertragung des Geschäftsbetriebs einer Organgesellschaft s. *Hierstetter*, BB 2015, 859.
2 Vgl. eingehender *Kröner* in Herzig, Organschaft, 2003, 562–569. S. ergänzend zum sog. Mittelstandsmodell auch *Bär/Spensberger*, StBg. 2017, 227.

men erreicht werden kann, was aber aus rein betrieblichen Gründen möglicherweise unerwünscht ist.

1.76 Als Alternativstrukturen, die stets einer Optimierung im Einzelfall bedürfen, sind etwa zu nennen:[1]

– Das sog. Treuhandmodell einer hybrid als „Ein-Personen-Unternehmung" ausgestalteten PersGes.[2] Man versteht darunter eine zivilrechtlich begründete PersGes, bei der steuerlich betrachtet nur „ein" Gesellschafter vorhanden ist. Konkret hält der Kommanditist seine Anteile an der PersGes treuhänderisch für den Komplementär (§ 39 Abs. 2 Nr. 1 AO). Die Treuhand-PersGes ist deshalb „nur" eine Betriebsstätte des Komplementärs. Eine eigenständige gewerbesteuerpflichtige Mitunternehmerschaft besteht nicht. Insoweit entfaltet das Treuhandmodell organschaftsähnliche Wirkungen (allerdings ohne das konfliktträchtige GAV-Erfordernis). Umgekehrt würde eine Treuhänderstellung des (voll haftenden) Komplementärs nicht ausreichen, der Treuhänder-Komplementär bleibt Mitunternehmer.

– Einsatz einer PersGes als Rechtsform des Tochterunternehmens, die wegen des Transparenzprinzips einen Ergebnistransfer zum Mitunternehmer erlaubt, allerdings ohne gewerbesteuerliche Wirkung (§ 5 Abs. 1 Satz 3 GewStG, PersGes als Steuerschuldner). Bei Innengesellschaften (etwa einer Art typisch stillen Beteiligung an einer KapGes) sind spezielle Verlustabzugsbeschränkungen zu beachten.

– Gewinnpooling durch betriebliche Begründung einer Gewinngemeinschaft (= Mitunternehmerschaft), die wegen meist hoher Anerkennungshürden nur in absoluten Sonderfällen einsetzbar ist.[3]

– Hybride Gesellschaftsformen wie etwa eine KGaA mit einem persönlich haftenden Gesellschafter, der „wie ein Mitunternehmer" besteuert wird (§ 15 Abs. 1 Satz 1 Nr. 3 EStG) und den kapitalmäßig beteiligten Kommanditaktionären.

– Tracking-Stock Strukturen mit eigenständigen Ergebnisberechtigungen an separierten Unternehmensteilen.

1.77 Abgesehen von derartigen Alternativstrukturen kommen auch einzelmaßnahmenabhängige Instrumente zum Gewinn- und Verlustausgleich zwischen einzelnen Unternehmen eines Verbundes in Betracht. Dies kann etwa geschehen durch Forderungsverzichte, die Gewährung niedrig verzinslicher Darlehen in verlustführende Tochterunternehmen oder Sale and Lease back Gestaltung.[4]

---

1 Vgl. *Kessler* in Herzig, Organschaft, 2009, 570–592; *Kolbe* in HHR, § 14 KStG Anm. 16.
2 Vgl. BFH v. 3.2.2010 – IV R 26/07, BStBl. II 2010, 751 = FR 2010, 628 m. Anm. *Keß*. Wegen einer Detaildiskussion vgl. *Wacker u.a.*, JbFSt 2010/2011, 446–461; *Kraft/Hohage*, FR 2016, 153. Zu Sonderfragen der Begründung eines Organschaftsverhältnisses zu einer Treuhand-KG vgl. *Suchanek/Hesse*, GmbHR 2013, 1196 sowie *Jochimsen/Mangold/Zinowsky*, DStR 2014, 2045.
3 Vgl. BFH v. 22.2.2017 – I R 35/14, BStBl. II 2018, 33. Zu Erläuterungen *Gosch*, DStR 2018, 747.
4 Zu Fragen des wirtschaftlichen Eigentums bei sale-and-lease-back-Gestaltungen vgl. BFH v. 13.10.2016 – IV R 33/13, BStBl. II 2018, 81 = FR 2017, 527. Zur Einordnung der Entscheidung vgl. *Prinz/Keller*, StuB 2017, 211; *Pöschke*, DB 2017, 625. Zur Bestätigung der Rechtsprechung vgl. auch BFH v. 21.12.2017 – IV R 56/16, DB 2018, 1118.

G. Weiterentwicklung der Organschaft zu einem Gruppenbesteuerungskonzept

Seit Jahren wird in Deutschland über die Weiterentwicklung der tradierten ertragsteuerlichen Organschaft zu einem „modernen Gruppenbesteuerungskonzept" diskutiert.[1] Für einen wichtigen Industrie- und Dienstleistungsstandort wie Deutschland ist die Notwendigkeit eines modernen Konzernsteuerrechts, das den Sonderwirkungen im Unternehmensverbund Rechnung trägt, unbestritten. Im Mittelpunkt der steuerkonzeptionellen Grundlagendiskussion stehen der überkommene hierarchische Ausgangspunkt des Organschaftsrechts, seine international unübliche enge gesellschaftsvertragliche Anbindung, die fehlende Zwischenergebniseliminierung im Organkreis und schließlich die nur begrenzte, unionsrechtsproblematische Auslandsöffnung. Das seit 2005 in Österreich umgesetzte moderne Gruppenbesteuerungskonzept[2] hat – auch im Hinblick auf ähnliche Konzernbesteuerungstraditionen – die Diskussion in Deutschland beflügelt. Im Koalitionsvertrag von CDU/CSU und FDP v. 26.10.2009 zu Beginn der 17. Legislaturperiode wurde ein entsprechender „Prüfauftrag" vereinbart, der mit einem BMF-Bericht der Facharbeitsgruppe „Verlustverrechnung und Gruppenbesteuerung" v. 15.9.2011 abgeschlossen wurde. Darin sind – stets unter Hinweis auf erhebliche Fiskalgefahren – verschiedene Gruppenbesteuerungsmodelle (etwa das Einkommenszurechnungs-Modell, das Gruppenbeitrags-Modell sowie das IFST-Modell) evaluiert worden. Trotz der steuerkonzeptionellen Vorarbeiten konnte sich der Gesetzgeber aber letztlich nicht zu einer „großen Lösung" bei der Organschaftsreformierung durchringen. Grund dafür war letztlich die „Notwendigkeit zur Haushaltskonsolidierung", vielleicht aber auch fehlender politischer Wille mit struktureller Reformierungskraft sowie vielfältige Unsicherheiten über entstehende Systemumstellungswirkungen. Herausgekommen ist vielmehr die sog. „Kleine Organschaftsreform" v. 20.2.2013, die ein Konvolut punktuell veränderter ertragsteuerlicher Organschaftsregelungen enthält, ohne an deren konzeptionellen „Grundfesten" zu rütteln. Ausweislich der Gesetzesbegründung zur Kleinen Organschaftsreform soll das Ziel eines modernisierten Gruppenbesteuerungskonzepts aber nicht gänzlich „ad acta" gelegt werden. Es ist vielmehr eine Weiterverfolgung des Projekts angekündigt, sofern sich dafür finanzielle Spielräume ergeben. Bislang ist es steuerpolitisch aber nicht zu einer „Wiederbelebung" der Gruppenbesteuerungsdiskussion gekommen. Schließlich kann auch das auf europäischer Ebene weiterverfolgte CCCTB-Projekt (Common Consolidated Corporate Tax Base) konzernsteuerbezogenen Umsetzungsbedarf in Deutschland auslösen. Ungeachtet dessen sind Doppel- oder Mehrfachbelastungen von (laufenden bzw. einmaligen) Beteiligungserträgen im Konzern über § 8b KStG zu 95 % freigestellt. Bei einem vollkonsolidierenden Konzernsteuerrecht wäre § 8b KStG konzeptionell entbehrlich, weil insoweit keine eigenständigen Steuersubjekte mehr bestehen.

1.78

---

1 Vgl. zu Bestandsaufnahme und einem Reformvorschlag IFST-Schrift Nr. 471, Juni 2011. Die IFST-Arbeitsgruppe stand unter der Leitung von *Johanna Hey*, deren Mitglieder stammen aus Wissenschaft, Finanzverwaltung sowie Unternehmens- und Beratungspraxis. Weiterhin *v. Wolfersdorff*, IFST-Schrift Nr. 481, September 2012; *Ismer*, DStR 2012, 821. S. schließlich auch Rz. 10.21 ff., das Berliner Steuergespräch zur Reform der Konzernbesteuerung mit *Lüdicke, van Lishaut, Herzig, Krebühl* sowie *Carl-Heinz Witt*, FR 2009, 1025–1049. Zur Konzernbesteuerung de lege ferenda auch *Krebühl* in Herzig, Organschaft, 2003, 595 ff. sowie *Hüttemann* in Schön/Osterloh-Konrad, Kernfragen des Unternehmenssteuerrechts, 2010, 132 (135). Zu einem entsprechenden *Appell* an den deutschen Gesetzgeber vgl. auch *Prinz/Keller*, DB 2018, 400 (408).

2 Eingehender dazu *Leitner/Stetsko*, Ubg 2011, 746; *Mayer*, IStR 2010, 633; *Urtz*, Grenzüberschreitende Gruppenbesteuerung, Reform der Organschaft, Österreich als Vorbild? in *Lüdicke*, Forum der Internationalen Besteuerung, Band 38, 2011, 59–144. Zu weiteren Details vgl. Rz. 9.40–9.65.

1.79 **Zentrale „Bausteine" eines modernen Gruppenbesteuerungskonzepts**, die das geltende Organschaftsrecht konzeptionell erneuern und ggf. schrittweise umgesetzt werden können, sind:

- **Verzicht auf den GAV als Zentralerfordernis:** Die Erfahrungen in anderen Jurisdiktionen zeigen, dass Gruppenbesteuerungskonzepte durchaus ohne Gewinnabführungsvertrag denkbar sind, zumal sich die handelsbilanzielle Ergebnisabführung konzeptionell mittlerweile weit von der steuerlichen Einkommenszurechnung entfernt hat.[1] Es muss dann allerdings gewährleistet sein, dass dem fiskalischen Kernerfordernis einer Gruppenbesteuerung insoweit Genüge getan wird, dass die Muttergesellschaft letztlich vor allem im Verlustfall die Ergebnisse der Tochter- und Enkelgesellschaften „wirtschaftlich" trägt. Dies ist bspw. durch steuerliche Verrechnungskonten, eine Begrenzung des Verlustabzuges auf die Höhe der Beteiligungswerte (etwa in Anlehnung an das § 15a EStG-Konzept), Nachversteuerungsregelungen unter Vermeidung doppelter Verlustnutzung (national, grenzüberschreitend) oder etwa auch ein Group Contribution-System mit konzerninternen Gruppenbeiträgen zwischen Gewinn- und Verlustgesellschaften denkbar. Jeder dieser konzeptionellen Ansätze hat Vor- und Nachteile, die der Gesetzgeber vor einer Systemumstellung eingehend durchdenken muss. Bei Beseitigung der Notwendigkeit eines GAV als Gruppenbesteuerungserfordernis müssen auch etwaige Rückwirkungen im Gesellschaftsrecht Beachtung finden. Verzichtet man auf den Gewinnabführungsvertrag, könnte man eine mehrjährige bindende Antragstellung verlangen. Auch könnte das Mehrheitserfordernis für eine Gruppenbesteuerung über die bisherige 50 %-Grenze hinaus steigen; gedacht werden kann etwa an eine 75 %-Beteiligungsgrenze. Im Hinblick auf das Konzernrecht dürften auch bei Verzicht auf den GAV Umlageverträge (wohl nach Maßgabe der Belastungs-, nicht der Verteilungsmethode) neue Bedeutung erlangen. Schließlich sollte auf einen Gruppenbesteuerungszwang auch im Hinblick auf das vom BFH „hoch gehaltene" Steuersubjektprinzip verzichtet werden.

- **Zwischenergebniseliminierung in der Steuergruppe:** Ein „echtes" Konzernsteuerrecht liegt nur dann vor, wenn der nationale/internationale Unternehmensverbund als „steuerliche Einheit" behandelt wird und deshalb zumindest Zwischenergebniseliminierungen aus gruppenimmanenten Transaktionen erfolgen. Denn entlang einer konzerninternen Wertschöpfungskette werden zwar zwischen den verschiedenen Legaleinheiten Zwischengewinne realisiert, die aus Sicht des Konzernverbunds aber nicht marktrealisiert sind. Vor allem das bislang geltende körperschaftsteuerliche Zurechnungskonzept müsste insoweit zu einem Zwischenergebniseliminierungskonzept weiter entwickelt werden. Realisierbar wäre jedenfalls in einem ersten Schritt eine Begrenzung auf inländische Zwischenergebniswirkungen. Durch einen solchen Verzicht auf Zwischengewinnrealisierungen im Konzern werden gleichzeitig eine Reihe von in der Praxis genutzten Gestaltungsmöglichkeiten zur Hebung stiller Reserven/stiller Lasten entbehrlich. Im Wesentlichen entsteht durch Verzicht auf Zwischengewinnrealisation wirkungsmäßig nur ein Steuerstundungseffekt (evtl. anders aber bei Steuersatzfriktionen, besonderen Verlustkonstellationen usw.). Ob letztlich eine weiterreichende Kapitalkonsolidierung – auch im Hinblick auf die Beteiligungsertragsbefreiung des § 8b Abs. 2 KStG und seiner Folgewirkungen auf Verlustkonstellationen – Sinn macht, ist konzeptionell offen und nicht zwingend. Denkt man daran, ein konsolidierendes Konzernbesteuerungsrecht einzuführen, so werden sämtliche Umstrukturierungen im Konzernverbund – deutlich weitergehend als heute – steuerneutral sein müssen.

---

1 Vgl. zur ausländischen Konzernbesteuerung etwa *Carl-Heinz Witt*, FR 2009, 1045 (1048) mwN.

– **Einbeziehung finaler Auslandsverluste:** Durch die Kleine Organschaftsreform v. 20.2.2013 wurde eine signifikante Auslandsöffnung der ertragsteuerlichen Organschaftsregelungen durchgeführt, die allerdings vor allem aus Sorge um ungewollte Fiskalschäden teilweise überbordende Abwehrregelungen ausgelöst hat (etwa die double-dip-Norm des § 14 Abs. 1 Satz 1 Nr. 5 KStG). Sofern es bei einem national staatlichen Gruppenbesteuerungskonzept bleibt, also bspw. die Gewinne ausländischer Gruppengesellschaften im Ausland besteuert bleiben, müssen allenfalls finale Beteiligungs- und Betriebsstättenverluste aus EU/EWR-Staaten im Inland Berücksichtigung finden, wobei der EuGH dem vor allem durch seine Timac Agro-Entscheidung v. 17.12.2015 faktisch zuletzt eine Absage erteilt hat.[1] Der Gesetzgeber sollte das Thema finaler Auslandsverluste daher aufgreifen und eine praktizierbare Definition des Finalitätskriteriums in ein modernisiertes Gruppenbesteuerungskonzept integrieren. Vorsorgemaßnahmen zur Sicherstellung einer Nachversteuerung könnten dabei ebenfalls Berücksichtigung finden. Natürlich müssen bei einem solchen Gesetzgebungsschritt zur behutsamen Auslandsöffnung im Verlustbereich die Fiskalwirkungen intensiv ermittelt werden.

Schließlich sollten bei der Diskussion um eine Modernisierung der deutschen Gruppenbesteuerung die konzeptionellen Grundlagen des **europäischen CCCTB-Projekts** mit in den Blick genommen werden. Die Europäische Kommission hat am 16.3.2011 einen Richtlinien-Vorschlag für eine solche gemeinsame konsolidierte Körperschaftsteuerbemessungsgrundlage veröffentlicht, der ein komplett durchformuliertes Regelwerk für eine optionale, harmonisierte und konsolidierte Unternehmensbesteuerung von Körperschaften in der EU mit zentrierter Zuständigkeit einer Hauptsteuerbehörde enthält.[2] Das Gesamtprojekt ist dreistufig aufgebaut: In Stufe 1 ist eine einheitliche Steuerbemessungsgrundlage für EU-Körperschaften vorgesehen, die in Stufe 2 zu einem konsolidierten europäischen Gesamtergebnis zusammengeführt wird, um dann in Stufe 3 nach einem bestimmten Verteilungsschlüssel auf die betroffenen Mitgliedsstaaten aufkommensmäßig verteilt zu werden. Zwischenzeitlich ist das EU-weite Unternehmensbesteuerungskonzept durch verschiedene Kompromissvorschläge – allerdings ohne „politische Begleitung" – weiterentwickelt und am 25.10.2016 in zwei Richtlinienentwürfe aufgespalten worden[3] (sog. Two Step Approach zur Komplexitätsreduktion): Der CCTB-Richtlinienentwurf regelt ein einheitliches Gewinnermittlungssystem für EU-Körperschaften und soll ab 1.1.2019 Anwendung finden, was vermutlich zeitlich nicht einzuhalten sein wird. Dadurch sollen EU-weite Gewinnermittlungsgrundsätze geschaffen wer-

1.80

---

1 Vgl. EuGH v. 17.12.2015 – C-388/14 – Timac Agro, BStBl. II 2016, 362. Als Anschlussurteil s. BFH v. 22.2.2017 – I R 2/15, IStR 2017, 490 mit Anm. *Kippenberg* und *Jung/Mielke*.
2 Zum CCCTB-Projekt und seinem konzeptionellen Ausgangspunkt vgl. *Fehling* in Schaumburg/Englisch, Europäisches Steuerrecht, 2015, Rz. 18.1 ff.; *Eggert*, Die Gewinnermittlung nach dem Richtlinienvorschlag über eine Gemeinsame Konsolidierte Körperschaftsteuer-Bemessungsgrundlage, 2015, 1 ff.; *Scheffler/Köstler*, DStR 2013, 2190 sowie 2235; *Scheffler/Köstler*, DStR 2014, 664; *Herzig*, Entwicklung und Perspektiven des CCCTB-Projekts, in FS Gerrit Frotscher, 2013, 203–217. Vgl. weiterhin auch *Lenz/Rautenstrauch*, DB 2011, 726; *Kahle/Schultz*, StuB 2011, 296 und BFuP 5/2011, 456; *Kahle/Dahlke*, StuB 2011, 453; *Prinz*, StuB 2011, 461; *Rautenstrauch*, EWS 2011, 161; *Herzig/Kuhr*, DB 2011, 2053; *Förster/Krauß*, IStR 2011, 607; *Marx*, DStZ 2011, 547; *Kussmaul/Niehren*, StB 2011, 344; *Herzig/Stock*, BFuP 2011, 477. Die EU-Kommission hat in ihrem Aktionsplan für eine „faire und effiziente" Unternehmensbesteuerung vom 17.6.2015 eine Neuauflage des Vorschlags über eine CCCTB in Aussicht gestellt.
3 Vgl. als Überblick *Scheffler/Köstler*, Richtlinie über eine gemeinsame Körperschaftsteuer-Bemessungsgrundlage – mehr als eine Harmonisierung der steuerlichen Gewinnermittlung, ifst-Schrift 518 (Juni 2017); *Krauß*, IStR 2017, 479; *Velte/Mock*, StuW 2017, 126; *Benz/Böhmer*, DB 2016, 2800; *Jakob/Fehling*, IStR 2017, 290.

den, die sich einer G+V-orientierten Technik bedienen und durch diverse Subventions- und Missbrauchsregelungen (zB einer Zinsschranke) ergänzt werden. Darauf aufbauend ergänzt ein CCCTB-Richtlinienentwurf das Gewinnermittlungssystem um Konsolidierungsschritte und einen formelhaften Aufteilungsmechanismus auf die betroffenen Mitgliedsstaaten. Vor allem der zweite Teil des CCCTB-Projekts erscheint nach wie vor „in weiter Ferne". Dessen ungeachtet gibt das Gesamtprojekt Anregungen, die auch für eine Modernisierung des deutschen Gruppenbesteuerungskonzepts Orientierung bieten können. Ein Gewinnabführungsvertrag etwa ist im europäischen CCCTB-Projekt nicht vorgesehen. Hinzu kommt: Aus deutscher Sicht kommen derzeit Personengesellschaften als Organträger in Betracht, was sich in dem EU-weiten Konsolidierungsprojekt derzeit nicht widerspiegelt. Darüber hinaus erstreckt sich die ertragsteuerliche Organschaft auch auf die Gewerbesteuer, die aber letztlich nicht Gegenstand der CCCTB sein kann, da es sich um eine „speziell deutsche" Unternehmensteuer der Gemeinden handelt.

1.81 Soweit der Steuergesetzgeber tatsächlich „eines Tages" die Modernisierung der Gruppenbesteuerung durch konzeptionelle Veränderungen erreichen sollte, sind großzügige Übergangsregelungen und Anpassungsfristen zur Planungssicherheit der Unternehmen zwingend vorzusehen. Vielschichtige Sonderfragen treten in Zusammenhang mit Ein- und Austritt von Unternehmen hinsichtlich des neuen Gruppenbesteuerungsregimes auf.

Kapitel 2
Gesellschaftsrechtliche Grundlagen der Organschaft

A. Grundlagen 2.1
  I. Der Gewinnabführungsvertrag und seine Rechtsgrundlagen 2.1
  II. Gewinn der Gesellschaft und Gewinnanspruch der Gesellschafter .. 2.4
    1. Aktiengesellschaft 2.4
    2. Gesellschaft mit beschränkter Haftung 2.14
  III. Grund für den Abschluss eines Gewinnabführungsvertrags und für die Kombination mit einem Beherrschungsvertrag; isolierter Gewinnabführungsvertrag 2.16
  IV. Rechtsnatur des Gewinnabführungsvertrags 2.20
B. Beteiligte Gesellschaften 2.21
  I. Verpflichtetes Unternehmen 2.21
  II. Berechtigtes Unternehmen 2.23
C. Inhalt und Auslegung des Gewinnabführungsvertrags 2.28
  I. Inhalt 2.28
    1. Allgemeines 2.28
    2. Schutz der außenstehenden Gesellschafter durch Abfindung und Ausgleich 2.30
      a) Anwendungsbereich 2.30
      b) Ausgleichsanspruch 2.33
      c) Abfindung 2.38
    3. Verlustausgleich 2.40
    4. Befristung, Bedingung, Rückbeziehung 2.41
  II. Auslegung 2.44
D. Zustandekommen des Gewinnabführungsvertrags 2.45
  I. Vertragsschluss 2.45
  II. Zustimmung des Aufsichtsrats 2.47
  III. Zustimmung der Gesellschafter ... 2.49
    1. Aktiengesellschaft 2.49
      a) Zustimmung der Hauptversammlung 2.49
      b) Bericht 2.55
      c) Prüfung 2.56
      d) Vorbereitung und Durchführung der Hauptversammlung 2.58
    2. GmbH 2.59
  IV. Eintragung in das Handelsregister . 2.66
  V. Streitigkeiten über die Wirksamkeit des Zustimmungsbeschlusses . 2.70
    1. Aktiengesellschaft 2.70
    2. GmbH 2.73
E. Wirkungen des Gewinnabführungsvertrags 2.74
  I. Vertraglich geregelte Wirkungen .. 2.74
    1. Anspruch auf Gewinnabführung ... 2.74
      a) Festlegung des abzuführenden Gewinns 2.74
      b) Maximalbetrag der Gewinnabführung (§ 301 AktG) 2.76
      c) Einfluss des anderen Vertragsteils auf die Höhe der Gewinnabführung 2.80
    2. Verlustausgleich 2.81
      a) Anspruch und Höhe (§ 302 AktG) 2.81
      b) Verlustausgleich zu Beginn und Ende der Laufzeit des Unternehmensvertrags 2.83
      c) Entstehen, Fälligkeit, Verfügungen und Erfüllung 2.85
    3. Ausgleichsanspruch der außenstehenden Aktionäre 2.88
    4. Abfindungsanspruch der außenstehenden Aktionäre 2.92
  II. Bilanzierung 2.97
  III. Kapitalerhaltung 2.101
  IV. Konzernrecht 2.102
    1. Aktiengesellschaft 2.102
    2. GmbH 2.108
  V. Mitbestimmungsrecht 2.109
F. Der fehlerhafte Gewinnabführungsvertrag 2.111
G. Änderung des Gewinnabführungsvertrags 2.114
  I. Aktiengesellschaft 2.114
  II. GmbH 2.121
H. Beendigung des Gewinnabführungsvertrags 2.122
  I. Aufhebung 2.122

II. Kündigung	2.128	III. Weitere Beendigungsgründe, insb. Hinzutritt außenstehender Gesellschafter	
1. Form und Organzuständigkeit bei der abhängigen Gesellschaft	2.128		2.144
2. Anforderungen an die Kündigung ..	2.131	IV. Weitere Rechtsfolgen der Beendigung des Beherrschungs- und Gewinnabführungsvertrags	
a) Ordentliche Kündigung	2.131		
b) Außerordentliche Kündigung ...	2.135		2.147
c) Besondere außerordentliche Kündigungsgründe	2.139	1. Anspruch der Gläubiger auf Sicherheitsleistung...................	2.147
3. Wirksamwerden und Rechtsfolgen der Kündigung	2.141	2. Sicherung der Überlebensfähigkeit der abhängigen Gesellschaft	2.151

Literatur: *Angerer*, Aufhebung eines Unternehmensvertrags mit einer abhängigen GmbH, ZGR 2016, 609; *Altmeppen*, Zum richtigen Verständnis der neuen §§ 293a–293g AktG zu Bericht und Prüfung beim Unternehmensvertrag, ZIP 1998, 153; *Altmeppen*, Zur Entstehung, Fälligkeit und Höhe des Verlustausgleichsanspruchs nach § 302 AktG – Zugleich Besprechung des Urteils des BGH vom 11.10.1999 – II ZR 120/98 –, DB 1999, 2453; *Baldamus*, An wen ist beim Gewinnabführungsvertrag Ausgleich zu zahlen?, ZGR 2007, 819; *Baumgartl*, Die konzernbeherrschte Personengesellschaft, Köln 1986; *Bayer*, Herrschaftsveränderung im Vertragskonzern – Besprechung der Entscheidung, BGHZ 119, 1 –, ZGR 1993, 599; *Beck*, Stimmverbot des herrschenden GmbH-Gesellschafters bei Kündigung eines Unternehmensvertrags, GmbHR 2012, 777; *Boor*, Gewinnabführungs- und Beherrschungsverträge in der notariellen Praxis, RNotZ 2017, 65; *Bilda*, Erwerb der Ausgleichs- und Abfindungsrechte außenstehender Aktionäre, AG 2008, 641; *Braun/Krämer*, Zur Übertragbarkeit von Abfindungsansprüchen nach § 305 AktG nach Beendigung des Unternehmensvertrages, ZIP 2006, 1396; *Bredow/Liebscher*, Erhalt des steuerlichen Querverbundes bei Teilprivatisierungen durch Änderung von Unternehmensverträgen im GmbH-Konzern, BB 2003, 393; *Breuninger/Krüger*, Organschaft: Ausschüttung einer aufgelösten Kapitalrücklage an den Organträger (Leg-ein-Hol-zurück), GmbHR 2002, 277; *Brühl*, Körperschaftsteuerliche Organschaft: Variable Ausgleichszahlungen an Außenstehende und Anpassungszwang bei Verlustübernahmeklauseln nach § 17 S. 2 KStG a. F., BB 2018, 94; *Bücker*, Die Berücksichtigung des Börsenkurses bei Strukturmaßnahmen – BGH revidiert DAT/Altana, NZG 2010, 967; *Bungert*, Der BGH und der Squeeze Out: Höchstrichterliche Beurteilung der Standardrügen von Anfechtungsklagen – Besprechung des BGH-Urteils v. 18.9.2006 – II ZR 225/04, BB 2006, 254, BB 2006, 2761; *Bungert*, Unternehmensvertragsbericht und Unternehmensvertragsprüfung gemäß §§ 293a ff. AktG (Teil I), DB 1995, 1384; *Bungert*, Unternehmensvertragsbericht und Unternehmensvertragsprüfung gem. §§ 293a ff. AktG (Teil II), DB 1995, 1449; *Busch*, Der Zinsanspruch des Aktionärs bei unangemessenen Bar-Kompensationsansprüchen gem. §§ 304 Abs. 3 S. 3, 305 Abs. 5 S. 2 AktG, AG 1993, 1; *Cahn/Simon*, Isolierte Gewinnabführungsverträge, Der Konzern 2003, 1; *Decher*, Information der Aktionäre über die Unternehmensbewertung bei Strukturmaßnahmen, in *Krieger/Lutter/Schmidt* (Hrsg.), FS für *Hoffmann-Becking* zum 70. Geburtstag, München 2013, 295; *Deilmann*, Abgrenzung der Überwachungsbefugnisse von Gesellschafterversammlung und Aufsichtsrat einer GmbH unter besonderer Berücksichtigung des mitbestimmten Aufsichtsrats, BB 2004, 2253; *Ebenroth/Wilken*, Anmerkung zu LG Konstanz, Beschl. v. 26.11.1992 – 3 HAT 1/92, ZIP 1992, 1738; *Enders*, Die Eintragung eines Unternehmensvertrags beim herrschenden Unternehmen, NZG 2015, 623; *Fleischer/Rentsch*, Zur Beendigung eines fehlerhaften Unternehmensvertrages mit einer GmbH, NZG 2000, 1141; *Gaul/Otto*, Auswirkungen des TransPuG auf das Verhältnis zwischen GmbH-Geschäftsführung und Aufsichtsrat, GmbHR 2003, 6; *Geißler*, Der Geschäftsführer der vertraglich konzernierten GmbH im Spannungsfeld gefährdender Weisungen des herrschenden Unternehmens, GmbHR 2015, 734; *Goette*, Neuere aktienrechtliche Rechtsprechung des II. Zivilsenats des BGH, DStR 2009, 2602; *Goldschmidt/Laeger*, Risiken aus der Beendigung von Unternehmensverträgen beim Verkauf der Untergesellschaft, NZG 2012, 1201; *Grunewald*, Rückverlagerung von Entscheidungskompetenzen der Hauptversammlung auf den Vorstand, AG 1990, 133; *Habersack*, Abfindung für vom herrschenden Unternehmen oder von der beherrschten Gesellschaft erworbene Aktien?, AG 2005, 709; *Halm*, Aktuelle Zweifelsfragen bei der Begründung und Beendigung von Unternehmensverträgen mit der GmbH als Untergesellschaft, NZG 2001, 728; *Heckschen*, Gelöste und ungelöste zivilrechtliche Fragen des GmbH-Konzernrechts, DB 1989, 29; *Heinrich/Theusinger*, Anfechtung wegen Informationsmängeln und Freigabeverfahren nach dem UMAG – ein ungeklärtes Verhältnis, BB 2006, 449; *Hentzen*, Zulässigkeit der Verrechnung des Verlustausgleichsanspruchs aus § 302 Abs. 1 AktG im Cash Pool (§ 302 Abs. 1 AktG), AG 2006, 133; *Hirte*, Bezugsrechtsausschluss und Konzernbildung, Köln 1986; *Hirte*, Informationsmängel und Spruchverfahren, ZHR 167 (2003), 8; *Hirte/Schall*, Zum faktischen Beherrschungsvertrag, Der Konzern 2006, 243; *Hoffmann-Becking*, MünchHdb/AG, 3. Aufl., München 2007; *Hoffmann-Becking*, Münchener Handbuch des Gesellschaftsrechts, Band 4, 4. Aufl. 2015; *Hoffmann-Becking*, Münchener Handbuch des Gesellschaftsrechts, Band 7, 5. Aufl. 2016; *Humbeck*, Die Prüfung der Unternehmensverträge nach neuem Recht, BB 1995, 1893; *Immenga*, Der Preis der Konzernierung, in Sauermann/*Mestmäcker* (Hrsg.), Wirtschaftsordnung und Staatsverfassung, FS für *Böhm*, Tübingen 1975, 253; *Jaeger*, Sicherheitsleistung für Ansprüche aus Dauerschuldverhältnissen bei Kapitalherabsetzung, Verschmelzung und Beendigung eines Unternehmensvertrages, DB 1996, 1069; *Katschinski*, Die analoge Anwendung des § 307 AktG im GmbH-Vertragskonzern – Steuerfalle oder Scheinproblem, in Martinek/Rawert/Weitemeyer (Hrsg.), FS für *Reuter*, Berlin 2010, 1043; *Koppensteiner*, Nachvertragliche Abfindungsansprüche bei Unternehmensverträgen, DStR 2006, 1603; *Kort*, Der Abschluss von Beherrschungs- und Gewinnabführungsverträgen im GmbH-Recht: Übergang vom faktischen zum Vertragskonzern, Köln 1986; *Kort*, Zur Vertragsfreiheit bei Unternehmensverträgen, BB 1988, 79; *Krieger*, Verlustausgleich und Jahresabschluss, NZG 2005, 787; *Krieger/Jannott*, Änderung und Beendigung von Beherrschungs- und Gewinnabführungsverträgen im Aktien- und GmbH-Recht, DStR 1995, 1473; *Leuering*, Die parallele Angemessenheitsprüfung durch den gerichtlich bestellten Prüfer, NZG 2004, 606; *Liebscher*, Die Erfüllung des Verlustausgleichsanspruchs nach § 302 AktG, ZIP 2006, 1221; *Liebscher*, GmbH-Konzernrecht, Die GmbH als Konzernbaustein, München 2006; *Luttermann*, Rechtsnatur und Praxis des Abfindungsanspruchs (§ 305 AktG) als gesetzliches Schuldverhältnis, NZG 2006, 816; *Lwowski/Groeschke*, Die Konzernhaftung der §§ 302, 303 AktG als atypische Sicherheit?, WM 1994, 613; *Mehrbrey*, Handbuch gesellschaftsrechtliche Streitigkeiten, 2. Aufl. 2015, *Mühl/Wagenseil*, Der Gewinnabführungsvertrag – gesellschafts-und steuerrechtliche Aspekte, NZG 2009, 1253; *Müller-Eising/Schmitt*, Mitwirkung der Gesellschafterversammlung der beherrschten GmbH bei der Beendigung von Beherrschungs- und Gewinnabführungsverträgen, NZG 2011, 1100; *Nodoushani*, Die zivil- und steuerrechtlichen Voraussetzungen für die Kündigung eines Ergebnisabführungsvertrages aus wichtigem Grund, DStR 2017, 399; *Paschos/Goslar*, Die Beendigung von Gewinnabführungsverträgen mit einer abhängigen GmbH während des (laufenden) Geschäftsjahres, Der Konzern 2006, 479; *Philippi*/Neveling, Unterjährige Beendigung von Gewinnabführungsverträgen im GmbH-Konzern – Beendigungsgründe und Rechtsfolgen; BB 2003, 1685; *Pluskat*, Auswirkungen der Teilveräußerung der Beteiligung an einer abhängigen GmbH auf den Unternehmensvertrag – zur analogen Anwendung des § 307 AktG, Der Konzern 2004, 525; *Priester*, Herrschaftswechsel beim Unternehmensvertrag, ZIP 1992, 293; *Priester*, Unterjährige Aufhebung des Unternehmensvertrags im GmbH-Konzern, NZG 2012, 641; *Priester*, Verlustausgleich nach § 302 AktG – zwingend in Geld?, BB 2005, 2483; *Priester/Mayer/Wicke*, Münchener Handbuch des Gesellschaftsrechts, Band 3, Gesellschaft mit beschränkter Haftung, 4. Aufl., München 2012; *Puszkailer*, Diagnose und Therapie von aktienrechtlichen Spruchverfahren – Einige Anmerkungen aus der richterlichen Praxis zum geplanten Spruchverfahrensneuordnungsgesetz, ZIP 2003, 518; *Raiser*, Beherrschungsvertrag im Recht der Personengesellschaften – Besprechung der Entscheidung des BGH vom 5.2.1979, ZGR 1980, 558; *Reuter*, Die Personengesellschaft als abhängiges Unternehmen, ZHR 146 (1982), 1; *Rezori*, Abwicklung von durchgeführten Spruchverfahren über Unternehmensverträge: Gläubiger des Ausgleichsergänzungsanspruchs bei zwischenzeitlichem Wechsel des Aktionärskreises, NZG 2008, 812; *Säcker*, Die Rechte der Aktionäre bei konzerninternen Umstrukturierungen gemäß §§ 304 f. AktG, DB 1988, 271; *Schäfer*, Betriebsrentenanpassung im Konzern aus gesellschaftsrechtlicher Sicht, ZIP 2010, 2025; *Schmidt*, Die konzernrechtliche Verlustübernahmepflicht als gesetzliches Dauerschuldverhältnis – Eine rechtsdogmatische Problemskizze zu § 302 AktG –, ZGR 1983, 513; *Schneider*, Die Personengesellschaft als verbundenes Unternehmen – Prolegomena zu einem Konzernrecht für Personengesellschaften, ZGR 1975, 253; *Schnorbus*, Der variable Ausgleich nach § 304 Abs. 2 S. 2 AktG, ZHR 181 (2017), 902; *Schwarz*, Änderung und Beendigung von Unternehmensverträgen – insbesondere in handelsregisterlicher Sicht, MittRhNotK 1994, 49; *Servatius*, Verantwortung der Obergesellschaft nach Beendigung eines Unternehmensvertrages – Quo vadis Konzernausgangsschutz?, ZGR 2015, 754; *Sonnenschein*, Der Gewinnabführungsvertrag zugunsten Dritter im Gesellschaftsrecht und im Steuerrecht, AG 1976, 147; *Sonnenschein*, Die Eingliederung in den mehrstufigen Konzern, BB 1975, 1088; *Spindler/Klöhn*, Verlustausgleichspflicht und Jahresfehlbetrag (§ 302 AktG), NZG 2005, 584; *Stein*, Beendigung von Unternehmensverträgen im GmbH- und Aktienrecht, NJW-Spezial 2015, 527; *Teubner*, Der Beirat zwischen Verbandssouveränität und Mitbestimmung – Zu den Schranken der Beiratsverfassung in der GmbH –, ZGR 1986, 565; *Thoß*, Verzinsung des Verlustausgleichs- und Gewinnabführungsanspruchs im Vertragskonzern?, DB 2007, 206; *Tielmann*, Die Anfechtungsklage – ein Gesamtüberblick unter Berücksichtigung des UMAG, WM 2007, 1686; *Timm*, Zur Sachkontrolle von Mehrheitsentscheidungen im Kapitalgesellschaftsrecht, ZGR 1987, 403; *Ulrich*, Insolvenz der Obergesellschaft: Ende des Beherrschungs- und Gewinnabführungsvertrags?, GmbHR 2016, R293; *Ullrich*, Gewinnabführungsverträge im GmbH-Konzern, Abschluß und Beendigung, insbesondere im Veräußerungsfall, GmbHR 2004, 1000; *Ulmer*, Fehlerhafte Unternehmensverträge im GmbH-Recht – Tragweite und Folgen des BGH-Beschlusses vom 24.10.1988, BB 1989, 10; *van Venrooy*, Weisungen im Rahmen von Geschäftsführungs- und Gewinnabführungsverträgen, DB 1981, 675; *Veith/Schmid*, Abschluss und Beendigung von Beherrschungs- und Gewinnabführungsverträgen im GmbH-Konzern – Zugleich Besprechung des BGH-Urteils v. 31.5.2011 – II ZR 109/10, DB 2012, 728; *Vetter*, Eintragung des Unternehmensvertrages im Handelsregister des herrschenden Unternehmens?, AG 1994, 110; *E. Vetter*, Zur Aufhebung eines Beherrschungs- und Gewinnabführungsvertrages im GmbH-Recht, ZIP 1995, 345; *Walther*, Zur Gewinnverwendung beim abhängigen Partner eines Unternehmensvertrages, DB 1976, 661; *Wernicke/Scheunemann*, Verzinsung des Anspruchs auf Verlustübernahme nach § 302 AktG aus gesellschaftsrechtlicher und steuerrechtlicher Sicht, DStR 2006, 1399; *Wicke*, Praxisfragen der Aufhebung von Unternehmensverträgen, GmbHR 2017, 686; *Willenberg/Welte*, Ausschüttung vororganschaftlicher Gewinnrücklagen nach Abschluß eines Ergebnisabführungsvertrags – Anwendung des sog. „Leg-ein-Hol-zurück-Verfahrens", DB 1994, 1688; *Zeidler*, Ausgewählte Probleme des GmbH-Vertragskonzernrechts, NZG 1999, 692; *Zöllner*, Inhalt und Wirkungen von Beherrschungsverträgen bei der GmbH, ZGR 1992, 173.

A. Grundlagen

I. Der Gewinnabführungsvertrag und seine Rechtsgrundlagen

2.1 Auf gesellschaftsrechtlicher Ebene erfordert die Organschaft gem. § 14 Abs. 1 Satz 1 KStG einen **Gewinnabführungsvertrag**. Dabei handelt es sich gem. § 291 Abs. 1 Satz 1 Alt. 2 AktG um einen Vertrag, durch den eine Gesellschaft sich verpflichtet, ihren ganzen Gewinn an ein anderes Unternehmen abzuführen. Nach § 292 Abs. 1 Nr. 2 AktG ist auch ein **Teilgewinnabführungsvertrag** möglich, der jedoch für eine steuerliche Organschaft nicht ausreicht.

2.2 Eine **gesetzliche Regelung** zum Gewinnabführungsvertrag existiert nur in den **§§ 291 ff. AktG**, die lediglich den Fall der **Aktiengesellschaft als abhängige Gesellschaft** regeln.[1] Welche Rechtsform das herrschende Unternehmen hat, ist hingegen grundsätzlich unerheblich, wobei für den Fall einer AG oder KGaA als herrschendem Unternehmen Besonderheiten bestehen (§ 293 Abs. 2 AktG).

2.3 Der in der Praxis deutlich häufigere Fall der **abhängigen GmbH** ist hingegen **nicht gesellschaftsrechtlich geregelt**. Dass ein solcher Gewinnabführungsvertrag möglich ist, ist unstreitig und von § 30 Abs. 1 Satz 2 GmbHG und § 17 KStG vorausgesetzt.[2] § 17 KStG enthält An-

---

1 Zur Anwendung der §§ 291 ff. AktG auf die SE als abhängige Gesellschaft s. *Habersack* in Emmerich/Habersack[8], Einl. Rz. 46 mwN.
2 *Altmeppen* in MünchKomm/AktG[4], § 291 Rz. 19; *Boor*, RNotZ 2017, 65 (67 f.); *Deilmann* in Hölters[3], § 291 AktG Rz. 6; *Emmerich* in Emmerich/Habersack[8], § 291 AktG Rz. 66; *Koch* in Hüffer/

forderungen an den Inhalt des Gewinnabführungsvertrags, ohne die die steuerliche Anerkennung versagt bleibt, stellt jedoch keine gesellschaftsrechtliche Regelung dar.[1] Inwieweit die Regelungen des Aktiengesetzes auf den Fall der abhängigen GmbH entsprechend anzuwenden sind, ist unklar und umstritten. Dies gilt sowohl für die Regelungen zum Zustandekommen des Vertrags als auch für die Bestimmungen über die Sicherung der außenstehenden Aktionäre.[2] Einzelheiten sind nachfolgend jeweils im Zusammenhang erörtert.

II. Gewinn der Gesellschaft und Gewinnanspruch der Gesellschafter
1. Aktiengesellschaft

Besteht kein Gewinnabführungsvertrag, so steht der Gewinn, den die Gesellschaft erwirtschaftet, ihren Gesellschaftern zu: Gemäß § 58 Abs. 4 AktG haben die Aktionäre einer Aktiengesellschaft **Anspruch auf den Bilanzgewinn**. Dieser wird gem. § 60 Abs. 1 AktG grundsätzlich nach dem jeweiligen Anteil am Grundkapital an die Aktionäre verteilt.

Ausgangspunkt für die Ermittlung des Bilanzgewinns ist gem. §§ 58, 158 Abs. 1 AktG der nach handelsrechtlichen Regeln ermittelte **Jahresüberschuss**. Das Gliederungsschema des § 158 Abs. 1 AktG zeigt die Gewinn- und Verlustrechnung im Anschluss an den Jahresüberschuss hin zum Bilanzgewinn.

Das Aktiengesetz regelt im Einzelnen die **Verteilung der Kompetenzen** zwischen Vorstand und Aufsichtsrat einerseits und Hauptversammlung andererseits zur Verwendung des Jahresüberschusses und zur Verfügung über die Rücklagen der Gesellschaft. Dem liegt die Vorstellung zugrunde, dass die Verwaltung grundsätzlich daran interessiert ist, Ausschüttungen an die Aktionäre zu begrenzen, um das Eigenkapital der Gesellschaft zu stärken, während die Aktionäre an möglichst hohen Ausschüttungen interessiert sind.[3]

Zunächst ist zur Ermittlung des Bilanzgewinns aus dem Jahresüberschuss ein **Gewinn- bzw. Verlustvortrag aus dem Vorjahr** zu berücksichtigen (§ 158 Abs. 1 Nr. 1 AktG).

Sodann sind **Entnahmen aus der Kapitalrücklage** zu addieren (§ 158 Abs. 1 Nr. 2 AktG). Eine Verminderung um Einstellungen in die Kapitalrücklage kommt nicht in Betracht, da gem. § 272 Abs. 2 HGB nur Leistungen der Gesellschafter als Kapitalrücklage auszuweisen sind und damit keine Zuführungen aus dem Jahresüberschuss möglich sind.[4] Entnahmen aus den Kapitalrücklagen nach § 272 Abs. 2 Nrn. 1–3 HGB sind nur zu den in den § 150 Abs. 3 und 4 AktG geregelten Verwendungszwecken möglich, also unter bestimmten Voraussetzungen zum Ausgleich eines Jahresfehlbetrags oder eines Verlustvortrags. Über diese Entnahmen aus der Kapitalrücklage wird im Rahmen der Feststellung des Jahresabschlusses entschieden,

---

Koch[13], § 291 AktG Rz. 6; *Liebscher* in Happ, Konzern- und Umwandlungsrecht, Muster 1.02 Rz. 1.9; *Paschos* in Henssler/Strohn[3], § 291 AktG Rz. 5; *Veil* in Spindler/Stilz[3], § 293 AktG Rz. 4.
1 *Emmerich* in Emmerich/Habersack[8], § 291 AktG Rz. 66; *Koppensteiner* in KölnKomm/AktG[3], § 291 Rz. 79.
2 Hierzu ausführlich *Baldamus*, ZGR 2007, 843; *Kort*, Der Abschluss von Beherrschungs- und Gewinnabführungsverträgen im GmbH-Recht, 4 f.
3 OLG Stuttgart v. 16.11.2005 – 20 U 2/05, WM 2006, 292 (295); *Bayer* in MünchKomm/AktG[4], § 58 Rz. 2; *Cahn/v. Spannenberg* in Spindler/Stilz[3], § 58 AktG Rz. 2; *Drygala* in KölnKomm/AktG[3], § 58 Rz. 5, 14 ff.; *Koch* in Hüffer/Koch[13], § 58 AktG Rz. 1.
4 *Kessler/Freisleben* in MünchKomm/AktG[4], § 158 Rz. 12; *Koch* in Hüffer/Koch[13], § 158 AktG Rz. 3; *Waclawik* in Hölters[3], § 158 AktG Rz. 6.

so dass die Zuständigkeit davon abhängt, ob Vorstand und Aufsichtsrat oder die Hauptversammlung den Jahresabschluss feststellen. Die ebenfalls unter bestimmten Voraussetzungen mögliche Verwendung zur Kapitalerhöhung aus Gesellschaftsmitteln wird allerdings nicht in der Gewinn- und Verlustrechnung erfasst, da es sich um eine Umbuchung von der Kapitalrücklage in das Grundkapital handelt.[1] Bei der Position nach § 158 Abs. 1 Nr. 2 AktG werden außerdem Entnahmen aus der Kapitalrücklage bei der vereinfachten Kapitalherabsetzung nach § 229 AktG erfasst.[2]

2.9 Gemäß § 158 Abs. 1 Nr. 3 AktG sind weiterhin **Entnahmen aus den Gewinnrücklagen** zu addieren. Entnahmen aus der gesetzlichen Rücklage sind dabei ebenfalls nur nach den § 150 Abs. 3 und 4 AktG möglich und erfolgen im Rahmen der Feststellung des Jahresabschlusses, also entweder durch Vorstand und Aufsichtsrat oder durch die Hauptversammlung. Rücklagen für Anteile an herrschenden Unternehmen können nur nach § 272 Abs. 4 HGB aufgelöst werden. Ob Entnahmen aus satzungsgemäßen Rücklagen möglich sind, richtet sich nach der Satzung.

2.10 Der Jahresüberschuss wird gem. § 158 Abs. 1 Nr. 4 AktG gemindert um **Einstellungen in Gewinnrücklagen**. Dazu gehört zunächst die nach § 150 AktG zu bildende gesetzliche Rücklage. § 58 AktG regelt (abgesehen von verpflichtend zu bildenden Rücklagen für Anteile an einem herrschenden oder mehrheitlich beteiligten Unternehmen nach § 272 Abs. 4 HGB), in welchem Umfang Beträge in andere Gewinnrücklagen eingestellt werden können. Im Rahmen einer steuerlichen Organschaft sind aber zusätzlich immer die Beschränkungen des § 14 Abs. 1 Satz 1 Nr. 4 KStG zu beachten. Danach darf die Organgesellschaft Beträge aus dem Jahresüberschuss nur insoweit in andere Gewinnrücklagen als die gesetzlichen Rücklagen einstellen, wie dies bei vernünftiger kaufmännischer Beurteilung wirtschaftlich begründet ist.

2.11 § 58 AktG dient insbesondere dazu, den **Gewinnanspruch der Aktionäre** davor **zu schützen**, dass der verteilungsfähige Bilanzgewinn durch übermäßige Einstellungen in andere Gewinnrücklagen geschmälert wird. Deshalb ist die Einstellung in andere Gewinnrücklagen bei der Feststellung des Jahresabschlusses durch Vorstand und Aufsichtsrat gem. § 58 Abs. 2 AktG begrenzt und die Satzung kann bei Feststellung des Jahresabschlusses durch die Hauptversammlung nur in den Grenzen des § 58 Abs. 1 AktG die Einstellung in Rücklagen vorsehen. Der Schutz der Aktionäre vor einer Aushöhlung ihres Dividendenrechts ist allerdings nur unvollkommen, da die Verwaltung in gewissem Umfang bereits die Entstehung eines Jahresüberschusses verhindern kann, insbesondere durch die Bildung stiller Reserven oder durch die Thesaurierung von Gewinnen in Tochtergesellschaften. Inwieweit hierfür rechtliche Grenzen bestehen, ist umstritten, wobei die wohl hM davon ausgeht, dass der Vorstand insbesondere bei übermäßiger Thesaurierung von Gewinnen in Tochtergesellschaften gegen seine Sorgfaltspflicht nach § 93 Abs. 1 AktG verstoßen kann.[3]

2.12 Gemäß § 58 Abs. 3 AktG kann die Hauptversammlung im Beschluss über die Verwendung des Bilanzgewinns **weitere Beträge in Gewinnrücklagen einstellen** oder als Gewinn vortragen. Dabei handelt es sich aber um eine Verwendung des Bilanzgewinns auf Basis des fest-

---

1 *Brönner* in Großkomm/AktG[4], § 158 Rz. 7; *Kessler/Freisleben* in MünchKomm/AktG[4], § 158 Rz. 12; *Kleindiek* in K. Schmidt/Lutter[3], § 158 AktG Rz. 5, *Koch* in Hüffer/Koch[13], § 158 AktG Rz. 3.
2 *Brönner* in Großkomm/AktG[4], § 158 Rz. 22; *Kessler/Freisleben* in MünchKomm/AktG[4], § 158 Rz. 11; *Waclawik* in Hölters[3], § 158 AktG Rz. 6.
3 Vgl. *Bayer* in MünchKomm/AktG[4], § 58 Rz. 69; *Cahn/v. Spannenberg* in Spindler/Stilz[3], § 58 AktG Rz. 4; *Drygala* in KölnKomm/AktG[3], § 58 Rz. 63, 69; *Koch* in Hüffer/Koch[13], § 58 AktG Rz. 2.

gestellten Jahresabschlusses, die diesen nicht mehr ändert, also nicht nach § 158 Abs. 1 Nr. 4 AktG zu erfassen, sondern im nächsten Jahresabschluss im Anhang zu erläutern ist.[1]

Über die Verwendung des Bilanzgewinns entscheidet sodann die (ordentliche) **Hauptversammlung** (§§ 174 ff. AktG). Sie kann dabei die Ausschüttung an die Aktionäre (bei entsprechender Satzungsermächtigung im Wege der Sachausschüttung, § 58 Abs. 5 AktG), die Einstellung in Gewinnrücklagen oder den Vortrag auf neue Rechnung beschließen (§ 174 Abs. 2 AktG). Der Beschluss über die Verwendung des Bilanzgewinns kann gem. **§ 254 Abs. 1 AktG angefochten** werden, wenn Einstellungen in die Gewinnrücklagen oder ein Vortrag auf neue Rechnung bei vernünftiger kaufmännischer Beurteilung nicht notwendig sind, um die Lebens- und Widerstandsfähigkeit der Gesellschaft für einen hinsichtlich der wirtschaftlichen und finanziellen Notwendigkeiten übersehbaren Zeitraum zu sichern, und dadurch unter die Aktionäre kein Gewinn i.H.v. mindestens 4 % des Grundkapitals verteilt werden kann. Diese Vorschrift dient dem Schutz der Minderheit davor, dass Dividenden dauerhaft vorenthalten werden.

2.13

2. Gesellschaft mit beschränkter Haftung

Da in der GmbH die **Gesellschafter** sowohl **über die Feststellung des Jahresabschlusses als auch über die Verwendung des Ergebnisses entscheiden** (§ 46 Nr. 1 GmbHG), stellt sich hier nicht wie bei der AG das Problem der Verteilung der Kompetenz zur Verwendung von Jahresüberschuss und Rücklagen zwischen Geschäftsleitung und Gesellschaftern. Gemäß § 29 Abs. 1 Satz 1 GmbHG haben die Gesellschafter Anspruch auf den Jahresüberschuss, zzgl. eines Gewinnvortrags und abzgl. eines Verlustvortrags, soweit der sich ergebende Betrag nicht nach Gesetz oder Gesellschaftsvertrag oder aufgrund Gesellschafterbeschlusses von der Verteilung ausgeschlossen ist. Die Verteilung erfolgt gem. § 29 Abs. 3 GmbHG nach dem Verhältnis der Geschäftsanteile, soweit der Gesellschaftsvertrag nichts anderes bestimmt.

2.14

Nach hM ist auf die GmbH die Regelung des **§ 254 Abs. 1 AktG**, insbesondere die 4 %-Mindestausschüttung, **nicht entsprechend anwendbar**.[2] Jedoch ist der Ergebnisverwendungsbeschluss **analog des allgemeinen § 243 Abs. 1 AktG anfechtbar**, wenn er gegen die gesellschaftsrechtliche Treuepflicht verstößt, insbesondere weil unangemessen hohe Rücklagen zu Lasten der Ausschüttung an die Gesellschafter gebildet werden. Ob das der Fall ist, richtet sich nicht nach der starren 4 %-Grenze, sondern ist nach den Umständen des Einzelfalls zu beurteilen.[3] Damit besteht auch in der GmbH ein Schutz der Minderheit vor unangemessener Thesaurierung. Im Rahmen einer steuerlichen Organschaft sind wiederum zusätzlich die Beschränkungen des § 14 Abs. 1 Satz 1 Nr. 4 KStG zu beachten.

2.15

---

1 *Kessler/Freisleben* in MünchKomm/AktG[4], § 158 Rz. 24; *Kleindiek* in K. Schmidt/Lutter[3], § 158 AktG Rz. 7; *Koch* in Hüffer/Koch[13], § 158 AktG Rz. 5; *Vetter* in Henssler/Strohn[3], § 158 AktG Rz. 6; *Waclawik* in Hölters[3], § 158 AktG Rz. 13.

2 *Wertenbruch* in MünchKomm/GmbHG[2], Anh. § 47 Rz. 157 f. mwN auch zur Gegenmeinung; aA für die kapitalistisch strukturierte GmbHG *Fastrich* in Baumbach/Hueck[21], § 29 GmbHG Rz. 43; *Römermann* in Michalski[3], Anh. § 47 GmbHG Rz. 349.

3 *Fastrich* in Baumbach/Hueck[21], § 29 GmbHG Rz. 30, 32; *Stilz* in Spindler/Stilz[3], § 254 AktG Rz. 3; *Wertenbruch* in MünchKomm/GmbHG[2], Anh. § 47 Rz. 158.

III. Grund für den Abschluss eines Gewinnabführungsvertrags und für die Kombination mit einem Beherrschungsvertrag; isolierter Gewinnabführungsvertrag

2.16 In der Praxis werden Gewinnabführungsverträge in der Regel geschlossen, um die Voraussetzungen einer **körperschaft- und gewerbesteuerlichen Organschaft** gem. § 14 Abs. 1 Satz 1 KStG bzw. § 2 Abs. 2 Satz 2 GewStG herzustellen.[1] Sie werden häufig mit Beherrschungsverträgen kombiniert, auch wenn dies für die ertragsteuerliche Organschaft nicht erforderlich ist, weil § 14 KStG für eine wirksame Organschaft nur den Abschluss und die Durchführung eines Gewinnabführungsvertrags verlangt.

2.17 Durch die Kombination mit einem **Beherrschungsvertrag** erhält das herrschende Unternehmen die Möglichkeit, der abhängigen Gesellschaft **Weisungen** zu erteilen, die diese grundsätzlich befolgen muss (§ 308 AktG). Das ermöglicht eine einheitliche Konzernführung. Bei einem isolierten Gewinnabführungsvertrag besteht diese Möglichkeit nicht. Insbesondere besteht keine Befolgungspflicht beim verpflichteten Unternehmen und damit keine Leitungsmacht des anderen Vertragsteils.[2] Entstehen der aufgrund eines isolierten Gewinnabführungsvertrags verpflichteten abhängigen Gesellschaft Nachteile durch ein Rechtsgeschäft, zu dem sie durch den herrschenden anderen Vertragsteil veranlasst wurde, so muss der andere Vertragsteil diese Nachteile gem. § 311 AktG ausgleichen. Andernfalls machen er und sein gesetzlicher Vertreter sich gem. § 317 AktG ersatzpflichtig. Diese Folgen lassen sich durch den Abschluss eines Beherrschungsvertrags vermeiden. Außerdem kann der Beherrschungsvertrag zur Absicherung der organisatorischen Eingliederung für die umsatzsteuerliche Organschaft sinnvoll sein.

2.18 Trotz dieser praktischen Aspekte ist der **isolierte Gewinnabführungsvertrag** nach hM **zulässig**, da er sowohl vom Aktiengesetz als auch vom Körperschaftsteuergesetz vorausgesetzt wird;[3] bereits die Existenz der §§ 316, 324 Abs. 2 Satz 1 AktG zeigt die Zulässigkeit von isolierten Gewinnabführungsverträgen.[4]

2.19 Bei Bestehen eines isolierten Gewinnabführungsvertrags ist die abhängige Gesellschaft nicht an Weisungen gebunden (siehe Rz. 2.17). Sie ist aber **von der Erstellung eines Abhängigkeitsberichts** gem. § 316 AktG **befreit**. Dementsprechend kann es auch nicht zu einer Haftung der Verwaltungsmitglieder des abhängigen Unternehmens nach § 318 AktG kommen, da diese daran anknüpft, dass die Nachteilszufügung pflichtwidrig nicht in den Abhängigkeits-

---

[1] *Altmeppen* in MünchKomm/AktG[4], § 291 Rz. 54; *Deilmann* in Hölters[3], § 291 AktG Rz. 3; *Geißler*, GmbHR 2015, 734 (735); *Mülbert* in Großkomm/AktG[4], § 291 Rz. 8; *Veil* in Spindler/Stilz[3], Vor § 291 AktG Rz. 16 f.

[2] *Altmeppen* in MünchKomm/AktG[4], § 291 Rz. 151; *Deilmann* in Hölters[3], § 291 AktG Rz. 52; *Emmerich* in Emmerich/Habersack[8], § 291 AktG Rz. 49; *Koch* in Hüffer/Koch[13], § 291 AktG Rz. 23, 27; *Koppensteiner* in KölnKomm/AktG[3], § 291 Rz. 89 auch mit Nachweisen zur Weisungsgebundenheit beim Gewinnabführungsvertrag; *Krieger* in Hoffmann-Becking, Münchener Handbuch des Gesellschaftsrechts IV[4], § 72 Rz. 25; *Langenbucher* in K. Schmidt/Lutter[3], § 291 AktG Rz. 60; *Mülbert* in Großkomm/AktG[4], § 291 Rz. 172; *Paschos* in Henssler/Strohn[3], § 291 AktG Rz. 43.

[3] *Altmeppen* in MünchKomm/AktG[4], § 291 Rz. 149 f.; *Emmerich* in Emmerich/Habersack[8], § 291 AktG Rz. 60 f.; *Koch* in Hüffer/Koch[13], § 291 AktG Rz. 24; *Veil* in Spindler/Stilz[3], § 291 AktG Rz. 40 ff.; aA *Sonnenschein*, AG 1976, 147.

[4] *Altmeppen* in MünchKomm/AktG[4], § 291 Rz. 142; *Emmerich* in Emmerich/Habersack[8], § 291 AktG Rz. 5 f.; *Langenbucher* in K. Schmidt/Lutter[3], § 291 AktG Rz. 53.

bericht aufgenommen wurde.[1] In Betracht kommt allerdings eine Haftung nach §§ 93 Abs. 2 und 117 Abs. 2 AktG.[2] Nach der Änderung des § 57 AktG durch das MoMiG[3] führen gem. § 57 Abs. 1 Satz 3 AktG auch beim isolierten Gewinnabführungsvertrag Leistungen an Gesellschafter, die nicht dem Drittvergleich entsprechen, nicht zu einer verbotenen Kapitalrückgewähr nach § 57 Abs. 1 AktG und damit nicht zur Haftung nach § 62 AktG. Nunmehr sind nämlich Leistungen „bei Bestehen eines Beherrschungs- oder Gewinnabführungsvertrags" ausgenommen, während dies früher nur Leistungen „aufgrund" des Vertrags waren, was beim isolierten Gewinnabführungsvertrag allein die Gewinnabführung selbst erfasste.[4] Dennoch ist in der Praxis die Kombination mit einem Beherrschungsvertrag in der Regel sinnvoll (zu den konzernrechtlichen Aspekten hierzu s. noch Rz. 2.107), wenn hiergegen nicht spezifische Erwägungen sprechen (hierzu etwa Rz. 2.109).

IV. Rechtsnatur des Gewinnabführungsvertrags

Die **Besonderheit des Gewinnabführungsvertrags**, die er mit anderen konzernrechtlichen Vertragsformen, insbesondere dem Beherrschungsvertrag, teilt, besteht darin, dass er die rechtliche Organisationsstruktur der abhängigen Gesellschaft fundamental ändert. Diese erwirtschaftet ihren Gewinn nicht mehr wie eine unabhängige Gesellschaft für die Gesellschafter, sondern für den anderen Vertragsteil.[5] Die Gewinnverteilungsregeln gelten zwar fort, laufen aber ins Leere, da in der Regel kein verteilungsfähiger Bilanzgewinn mehr entsteht. Aufgrund dieses Eingriffs in die organisatorischen Regelungen des Gesetzes und der Satzung werden Gewinnabführungs- und Beherrschungsvertrag teilweise als „Organisationsverträge" bezeichnet.[6] Aus dieser Natur resultieren die besonderen Anforderungen an das Zustandekommen des Vertrags, die neben dem gewöhnlichen rechtsgeschäftlichen Vertragsschluss zusätzlich die **Zustimmung der Hauptversammlung mit qualifizierter Mehrheit** erfordern. Allerdings ist der Auffassung zu folgen, nach der sich allein aus der Einstufung als Organisationsvertrag keine Folgerungen für konkrete Rechtsfragen im Zusammenhang mit Unternehmensverträgen ergeben, etwa für die Frage des Umfangs der Vertragsfreiheit; diese sind nicht über eine begriffliche Ableitung, sondern anhand der konkreten Problemstellung nach allgemeinen Regeln zu lösen.[7]

2.20

---

[1] *Altmeppen* in MünchKomm/AktG[4], § 316 Rz. 16; *Habersack* in Emmerich/Habersack[8], § 318 AktG Rz. 5; *Leuering/Goertz* in Hölters[3], § 316 AktG Rz. 9.

[2] *Altmeppen* in MünchKomm/AktG[4], § 318 Rz. 3; *Leuering/Goertz* in Hölters[3], § 318 AktG Rz. 3 f.; *Koch* in Hüffer/Koch[13], § 318 AktG Rz. 1.

[3] Gesetz zur Modernisierung des GmbH-Rechts und zur Bekämpfung von Missbräuchen (MoMiG) v. 23.10.2008, BGBl. I 2008, 2026.

[4] *Bayer* in MünchKomm/AktG[4], § 57 Rz. 133; *Cahn/v. Spannenberg* in Spindler/Stilz[3], § 57 AktG Rz. 136; *Laubert* in Hölters[3], § 57 AktG Rz. 15.

[5] *Mühl/Wagenseil*, NZG 2009, 1253.

[6] *Altmeppen* in MünchKomm/AktG[4], § 291 Rz. 27 ff.; *Veil* in Spindler/Stilz[3], Vor § 291 AktG Rz. 26.

[7] *Altmeppen* in MünchKomm/AktG[4], § 291 Rz. 29 f.; *Koppensteiner* in KölnKomm[3], Vor § 291 Rz. 156 ff.; *Veil* in Spindler/Stilz[3], Vor § 291 AktG Rz. 28 ff.

B. Beteiligte Gesellschaften

I. Verpflichtetes Unternehmen

2.21 Bei den Beteiligten des Gewinnabführungsvertrags ist entlang der vertragscharakteristischen Leistung der Gewinnabführung das hierzu verpflichtete Unternehmen vom nach dem Vertrag berechtigten Unternehmen zu unterscheiden, das die Gewinnabführungen erhält.

2.22 Verpflichtetes Unternehmen nach dem Gewinnabführungsvertrag kann zunächst eine deutschem Recht unterliegende[1] **Aktiengesellschaft** oder **Kommanditgesellschaft auf Aktien** sein, daneben auch eine deutschem Recht unterliegende **Gesellschaft mit beschränkter Haftung**.[2] Gewinnabführungsverträge mit **Personengesellschaften** dürften, wenngleich möglich,[3] praktisch kaum Bedeutung haben,[4] da diese steuerlich ohnehin transparent sind und daher weder das Bedürfnis noch die Möglichkeit der Begründung einer Organschaft besteht. Deshalb wird ihre Zulässigkeit hier nicht näher erläutert. Inwieweit eine Gesellschaft, die ausländischem Recht unterliegt, sich durch Vertrag verpflichten kann, ihren Gewinn an ein anderes Unternehmen abzuführen, ist eine Frage des anwendbaren ausländischen Gesellschaftsrechts[5] (siehe hierzu eingehend Rz. 26.1 ff.).

II. Berechtigtes Unternehmen

2.23 Nach hM muss es sich bei dem berechtigten Vertragsteil um ein **Unternehmen im konzernrechtlichen Sinn** handeln, also eine Person, die „eine wirtschaftliche Interessenbindung außerhalb der Gesellschaft [...] [hat], die stark genug ist, um die ernste Besorgnis zu begründen, der Aktionär könnte um ihretwillen seinen Einfluss zum Nachteil der Gesellschaft geltend machen".[6] Dieses Tatbestandsmerkmal ist die primäre Voraussetzung für die Anwendung der konzernrechtlichen Schutzvorschriften zugunsten des abhängigen Unternehmens.[7] Dass es auch Voraussetzung dafür ist, dass ein Gewinnabführungsvertrag geschlossen werden kann, wird damit begründet, dass die durch den Abschluss des Gewinnabführungsvertrags erfolgende Abweichung vom Vermögensschutzregime der Kapitalrichtlinie europarechtlich nur im Rahmen eines Vertrags mit einem anderen Unternehmen möglich sei.[8]

---

1 Hierzu *Koch* in Hüffer/Koch[13], § 291 AktG Rz. 5; *Veil* in Spindler/Stilz[3], § 291AktG Rz. 5.
2 *Kort*, Der Abschluss von Beherrschungs- und Gewinnabführungsverträgen im GmbH-Recht, 4 f.; *Zöllner*, ZGR 1992, 173 (175); vgl. BGH v. 24.10.1988 – II ZB 7/88 – Supermarkt, BGHZ 105, 324 (330 f.) = GmbHR 1989, 25 = NJW 1989, 295 (296); v. 30.1.1992 – II ZB 15/91, GmbHR 1992, 253 = NJW 1992, 1452.
3 *Baumgartl*, Die konzernbeherrschte Personengesellschaft, 59 ff.; *Raiser*, ZGR 1980, 558 (563 ff.); *Veil* in Spindler/Stilz[3], § 291 AktG Rz. 4; aA *Reuter*, ZHR 146 (1982), 1 (15 ff.); *Schneider*, ZGR 1975, 253 (266 ff.).
4 *Altmeppen* in MünchKomm/AktG[4], § 291 Rz. 21; *Koch* in Hüffer/Koch[13], § 291 AktG Rz. 7.
5 *Mülbert* in Großkomm/AktG[4], Vor § 291 Rz. 27; *Veil* in Spindler/Stilz[3], § 291 AktG Rz. 5.
6 BGH v. 13.10.1977 – II ZR 123/76, BGHZ 69, 334 = NJW 1978, 104; s. auch *Veil* in Spindler/Stilz[3], § 291 AktG Rz. 6.
7 BGH v. 13.10.1977 – II ZR 123/76, BGHZ 69, 334 = NJW 1978, 104; vgl. *Emmerich* in Emmerich/Habersack[8], § 15 AktG Rz. 6, 8; *Langenbucher* in K. Schmidt/Lutter[3], § 291AktG Rz. 11 f.
8 *Langenbucher* in K. Schmidt/Lutter[3], § 291 AktG Rz. 12; *Veil* in Spindler/Stilz[3], § 291 AktG Rz. 7.

Gesellschaftsrechtlich ist ein Gewinnabführungsvertrag mit **mehreren herrschenden Unternehmen** oder mit einer durch mehrere herrschende Unternehmen gebildete Personengesellschaft zulässig.[1] Die Vertragspartner haften gesamtschuldnerisch für die Verpflichtungen aus dem Gewinnabführungsvertrag, insbesondere den Verlustausgleich nach § 302 Abs. 1 AktG.[2] Diese Möglichkeit hat aber nach Abschaffung der steuerlichen Mehrmütterorganschaft mit dem StVergAbG v. 16.5.2003 keine praktische Bedeutung mehr. Der Gewinn kann nicht mehr aufgeteilt werden, sondern muss an ein einziges anderes gewerbliches Unternehmen abgeführt werden (§ 14 Abs. 1 Satz 1 KStG).

2.24

Ein Gewinnabführungsvertrag muss **nicht zwingend mit einem Beherrschungsvertrag verknüpft** werden, auch wenn dies in der Praxis häufig vorkommt (siehe bereits Rz. 2.18). Er muss auch nicht unbedingt zwischen einem herrschenden Unternehmen und seiner abhängigen Gesellschaft geschlossen werden.[3] Das ergibt sich daraus, dass eine entsprechende Voraussetzung in § 291 AktG nicht vorgesehen ist, und etwa § 316 AktG im Unterschied dazu für seinen Anwendungsbereich ausdrücklich das Bestehen des Vertrags zwischen herrschendem Unternehmen und abhängiger Gesellschaft als Voraussetzung nennt. In der Praxis ist aber bisher allein der Fall des Gewinnabführungsvertrags zwischen einem herrschendem Unternehmen und einer (zumindest über vermittelnde zwischengeschaltete Gesellschaften) abhängigen Gesellschaft relevant, weil gem. § 14 Abs. 1 Satz 1 Nr. 1 KStG die finanzielle Eingliederung Voraussetzung der körperschaftsteuerlichen Organschaft ist (hierzu Kapitel 12). Deshalb wird nachfolgend auch die verpflichtete Gesellschaft als abhängige Gesellschaft und der andere Vertragsteil als herrschendes Unternehmen bezeichnet. Allerdings könnten unionsrechtliche Vorgaben dazu führen, dass künftig auch – gesellschaftsrechtlich zulässige – Gewinnabführungsverträge zwischen Schwestergesellschaften eine Rolle spielen (Rz. 12.12 ff.).

2.25

Umstritten ist, ob es möglich ist, die Pflicht zur Abführung des Gewinns so zu begründen, dass der Gewinn an ein drittes Unternehmen, das selbst nicht Vertragspartner ist, abgeführt werden muss (**Gewinnabführungsvertrag zugunsten Dritter**).[4] Die Schwierigkeit besteht hier darin, dass in einem solchen Fall die Schutzmechanismen, insbesondere die Pflicht zum Verlustausgleich, und die Gewinnabführung auseinanderfallen. Dass die Vertragspartnerin dann die Lasten aus dem Vertrag trägt, aber nicht von der Gewinnabführung profitiert, spricht aber nicht gegen die Zulässigkeit eines solchen Gewinnabführungsvertrags zugunsten Dritter.[5] Diese Frage betrifft allein das Verhältnis zwischen der Vertragspartnerin und dem begünstigten Unternehmen, wo u.U. Konzernrecht und Kapitalschutz der Zulässigkeit entgegenstehen können, aber nicht müssen. Aus Sicht der abhängigen Gesellschaft erscheint das Auseinanderfallen irrelevant, solange die Werthaltigkeit des Verlustausgleichsanspruchs gesichert ist.[6] Dennoch ist die hM zurückhaltend und lässt entweder den Gewinnabführungsvertrag nur zwi-

2.26

---

1 *Altmeppen* in MünchKomm/AktG⁴, § 291 Rz. 23, 109; *Mülbert* in Großkomm/AktG⁴, § 291 Rz. 103.
2 *Altmeppen* in MünchKomm/AktG⁴, § 291 Rz. 116.
3 *Emmerich* in Emmerich/Habersack⁸, § 291 AktG Rz. 50; *Koppensteiner* in KölnKomm/AktG³, § 291 Rz. 7.
4 *Langenbucher* in K. Schmidt/Lutter³, § 291 AktG Rz. 53.
5 *Langenbucher* in K. Schmidt/Lutter³, § 291 AktG Rz. 56; aA *Emmerich* in Emmerich/Habersack⁸, § 291 AktG Rz. 58; sowie noch *Hüffer* in Hüffer/Koch¹³, § 291 AktG Rz. 25.
6 In diese Richtung *Koppensteiner* in KölnKomm/AktG³, § 291 Rz. 96; *Mülbert* in Großkomm/AktG⁴, § 291 Rz. 166.

schen Tochter und Enkel zugunsten der Mutter zu oder unter der zusätzlichen Voraussetzung, dass die begünstigte Gesellschaft die Verlustausgleichspflicht übernimmt.[1]

2.27 Gewinnabführungsverträge mit **ausländischen Unternehmen** als berechtigter Vertragspartei sind nach hM unter der Voraussetzung zulässig, dass die Sicherungsrechte der §§ 300 ff. AktG gegenüber diesem durchsetzbar sind (eingehend zu grenzüberschreitenden Gewinnabführungsverträgen Rz. 26.9 ff.).[2]

C. Inhalt und Auslegung des Gewinnabführungsvertrags

I. Inhalt

1. Allgemeines

2.28 Unternehmensverträge müssen sich allgemein im Rahmen der **möglichen Inhalte nach §§ 291 ff. AktG** richten. Ein Gewinnabführungsvertrag muss daher vorsehen, dass die verpflichtete Partei ihren ganzen Gewinn an ein anderes Unternehmen abführt.[3] Der Spielraum für weitere Regelungen ist durch zwingendes Recht begrenzt.[4] Ist abhängige Gesellschaft eine Aktiengesellschaft, gilt insbesondere die **aktienrechtliche Satzungsstrenge**.[5]

2.29 Es wird diskutiert, ob im Vertrag der **Typ des Unternehmensvertrags** ausdrücklich und korrekt **bezeichnet** werden muss. Nach hM, der zuzustimmen ist, ist das nicht erforderlich.[6] Es wird sich aber dennoch in der Regel empfehlen.

2. Schutz der außenstehenden Gesellschafter durch Abfindung und Ausgleich

a) Anwendungsbereich

2.30 Besonderheiten für den Inhalt des Gewinnabführungsvertrags bestehen im Falle einer **Aktiengesellschaft als verpflichtetem Unternehmen**, wenn diese außenstehende Gesellschafter hat, also Gesellschafter, die nicht begünstigte Partei des Gewinnabführungsvertrags sind und mit der begünstigten Partei auch keine wirtschaftliche Einheit bilden (zu den steuerlichen Fragen

---

1 *Emmerich* in Emmerich/Habersack[8], § 291 AktG Rz. 58; *Koppensteiner* in KölnKomm/AktG[3], § 291 Rz. 96.
2 Zu Einzelheiten s. *Altmeppen* in MünchKomm/AktG[4], Einl. Rz. 47 ff.
3 *Busch/Link* in Hoffmann-Becking (Hrsg.), Münchener Handbuch des Gesellschaftsrechts VII[5], § 42 Rz. 3; *Langenbucher* in K. Schmidt/Lutter[3], § 291 AktG Rz. 52; *Mülbert* in Großkomm/AktG[4], § 291 Rz. 144.
4 *Koppensteiner* in KölnKomm/AktG[3], § 293 Rz. 13; Zu den Grenzen der Vertragsfreiheit s. etwa *Meilicke/Kleinertz* in Heidel[4], § 291 AktG Rz. 22 ff.
5 *Busch/Link* in Hoffmann-Becking (Hrsg.), Münchener Handbuch des Gesellschaftsrechts VII[3], § 42 Rz. 3; *Koppensteiner* in KölnKomm/AktG[3], § 293 Rz. 13.
6 OLG München v. 24.6.2008 – 31 Wx 83/07, NZG 2008, 753; *Koch* in Hüffer/Koch[13], § 291 AktG Rz. 23; *Krieger* in Hoffmann-Becking (Hrsg.), Münchener Handbuch des Gesellschaftsrechts IV[3], § 71 AktG Rz. 7; *Hirte/Schall*, DK 2006, 243 (244 f.); für den Beherrschungsvertrag *Koch* in Hüffer/Koch[13], § 291 AktG Rz. 13; *Paschos* in Henssler/Strohn[3], § 291 AktG Rz. 14; aA *Koppensteiner* in KölnKomm/AktG[3], § 293 Rz. 56 ff.

bei außenstehenden Gesellschaftern s. ausführlich Rz. 15.28 ff.).[1] In diesem Fall muss der Vertrag mit der abhängigen Aktiengesellschaft **Ausgleich und Abfindung** für die außenstehenden Aktionäre regeln (§§ 304 Abs. 1 Satz 1, 305 Abs. 1 AktG).

In der Praxis dürften Gewinnabführungsverträge, insbesondere in der Form des isolierten Gewinnabführungsvertrags, ohne Abfindung und Ausgleich überwiegen, da steuerlich motivierte Gewinnabführungsverträge in der Regel mit **Konzerngesellschaften** geschlossen werden, **die keine außenstehenden Gesellschafter haben**. Unternehmensverträge mit Aktiengesellschaften mit außenstehenden Aktionären finden sich in der Praxis häufig nach Übernahmen börsennotierter Gesellschaften durch öffentliches Übernahmeangebot. Diese dienen aber vorrangig dazu, die Kontrolle der Gesellschaft auf eine vertragliche Basis zu stellen und konzernrechtliche Haftungsrisiken im faktischen Konzern (§§ 317 f. AktG) auszuschließen. Daher werden in diesen Konstellationen primär Beherrschungsverträge geschlossen, teilweise isoliert, teilweise in Kombination mit einem Gewinnabführungsvertrag. 2.31

Ob auch ein Gewinnabführungsvertrag mit einer **GmbH als verpflichteter Gesellschaft**, die außenstehende Gesellschafter hat, Abfindung und Ausgleich regeln muss, ist unklar. Die Frage ist eng verknüpft mit der Frage, welche Anforderungen an den Zustimmungsbeschluss der Gesellschafterversammlung zum Gewinnabführungsvertrag gestellt werden (hierzu Rz. 2.59 ff.). Die wohl überwiegende Auffassung verlangt die Zustimmung aller Gesellschafter der GmbH und hält im Gegenzug die Anwendung der §§ 304, 305 AktG auf den Fall der verpflichteten GmbH für nicht erforderlich. Man geht davon aus, dass die Minderheitsgesellschafter durch das Zustimmungserfordernis geschützt sind und der Minderheitenschutz so auf dem Einigungsweg geregelt werden kann.[2] 2.32

Die vertraglichen Regelungen zu Abfindung und Ausgleich werden daher nachfolgend anhand des Falls der Aktiengesellschaft als verpflichtete Gesellschaft behandelt.

b) Ausgleichsanspruch

Da die Aktionäre, die nicht Partei des Gewinnabführungsvertrags sind, nach dessen Wirksamwerden in der Regel keine Dividenden mehr erhalten, muss ihnen der Vertrag als Ersatz hierfür einen **jährlich zu zahlenden Ausgleich** gewähren. **Verpflichteter** muss der andere Vertragsteil, also nicht die abhängige Gesellschaft, sein.[3] 2.33

Die **Höhe des Ausgleichs** richtet sich gem. **§ 304 Abs. 2 Satz 1 AktG** nach dem **Gewinnanteil**, der angesichts **der bisherigen Ertragslage der Gesellschaft und ihren künftigen Ertragsaussichten** voraussichtlich als Gewinnanteil an die Aktionäre verteilt werden könnte.[4] Damit ist für die Ermittlung des Ausgleichs grundsätzlich von einer Vollausschüttung aus- 2.34

---

1 Zum Begriff des außenstehenden Aktionärs vgl. *Deilmann* in Hölters[3], § 304 AktG Rz. 6 ff.; *Krieger* in Hoffmann-Becking (Hrsg.), Münchener Handbuch des Gesellschaftsrechts IV[3], § 71 Rz. 80; *Paulsen* in MünchKomm/AktG[4], § 304 Rz. 26 ff.
2 *Baldamus*, ZGR 2007, 819 (843); *Bredow/Liebscher*, BB 2003, 393; *Hasselbach/Hirte* in Großkomm/AktG[4], § 304 Rz. 142; Darstellung des Streits etwa bei *Boor*, RNotZ 2017, 65 (73); *Geißler*, GmbHR 2015, 734 (736).
3 *Stephan* in K. Schmidt/Lutter[3], § 304 AktG Rz. 26; *Krieger* in Hoffmann-Becking (Hrsg.), Münchener Handbuch des Gesellschaftsrechts IV[3], § 71 Rz. 82, 113.
4 Umfassend zur Berechnung des Ausgleichs: *Stephan* in K. Schmidt/Lutter[3], § 304 AktG Rz. 75 ff.; *Veil* in Spindler/Stilz[3], § 304 AktG Rz. 54 ff.

zugehen.¹ Nicht betriebsnotwendiges Vermögen ist nicht zu berücksichtigen, soweit daraus nicht zusätzliche Erträge erzielt werden.² Die Höhe des Ausgleichs wird in der Praxis auf Basis einer Unternehmensbewertung der abhängigen Gesellschaft ermittelt, für die üblicherweise das Ertragswertverfahren nach dem IDW S1 Standard herangezogen wird. Maßgeblicher Bewertungsstichtag ist der Tag der Hauptversammlung der abhängigen Gesellschaft, die über die Zustimmung zum Gewinnabführungsvertrag beschließt. Der sich so ergebende Unternehmenswert wird dann mithilfe des Diskontierungszinssatzes in eine jährliche (fixe) Ausgleichszahlung umgerechnet.³

2.35 Der **Börsenkurs** der abhängigen Gesellschaft braucht **nicht** als **Untergrenze** berücksichtigt zu werden, weil die Aktionäre einen Ausgleich für die künftige Ertragskraft der Gesellschaft erhalten sollen und nicht eine Abfindung für den Verlust des Eigentums an den Aktien.⁴ Ebenso wenig sind vom herrschenden Unternehmen bezahlte Vorerwerbspreise für Aktien der abhängigen Gesellschaft oder deren Liquidationswert relevant.⁵

2.36 Ermittelt wird die Abfindung als **Bruttobetrag ohne Berücksichtigung von Körperschaftsteuer** und ist dann jeweils unter Abzug der aktuell gültigen Körperschaftsteuer zu gewähren.⁶

2.37 Ist der andere Vertragsteil eine Aktiengesellschaft oder KGaA, kann der Ausgleich alternativ nach dem Betrag bemessen werden, der bei **angemessenem Umrechnungsverhältnis auf Aktien** der anderen Gesellschaft als Gewinnanteil entfällt (**§ 304 Abs. 2 Satz 2 AktG**). Die außenstehenden Aktionäre werden dadurch so gestellt, als wären die abhängige und die herrschende Gesellschaft verschmolzen worden und als hätten die außenstehenden Aktionäre entsprechend Aktien der herrschenden Gesellschaft erhalten.⁷ Zur Ermittlung des angemessenen Umtauschverhältnisses ist allerdings eine Bewertung beider am Gewinnabführungsvertrag beteiligten Unternehmen erforderlich, was einen erheblichen Aufwand darstellt. Deshalb sind entsprechende Regelungen in der Praxis nicht verbreitet.⁸ Mit Urteil vom 10.5.2017⁹ hat der BFH entschieden, dass eine körperschaftsteuerliche Organschaft nicht anzuerkennen ist, wenn ein außenstehender Gesellschafter einen variablen Ausgleich erhält, der sich am Gewinn der beherrschten Gesellschaft orientiert. Ein solcher Ausgleich ließe beliebige Einkommensverteilungsabreden zu, was mit dem Zweck der geforderten Abführung des gesamten Gewinns nicht vereinbar sei. Darüber hinaus würden damit die Organschaftsregelungen zweck- und systemwidrig ausgeweitet.¹⁰

---

1 OLG Stuttgart v. 13.3.1994 – 4 W 56/93, AG 1994, 564; *Deilmann* in Hölters³, § 304 AktG Rz. 25.
2 BGH v. 21.7.2003 – II ZB 17/01, GmbHR 2003, 1362 = NZG 2003, 1017 (1019); *Hasselbach/Hirte* in Großkomm/AktG⁴, § 304 Rz. 82; *Veil* in Spindler/Stilz³, § 304 AktG Rz. 59.
3 BGH v. 21.7.2003 – II ZB 17/01, GmbHR 2003, 1362 = NZG 2003, 1017 (1019).
4 OLG Stuttgart v. 14.2.2008 – 20 W 10/06, NJOZ 2010, 1105 (1110); *Veil* in Spindler/Stilz³, § 304 AktG Rz. 54.
5 *Krieger* in Hoffmann-Becking (Hrsg.), Münchener Handbuch des Gesellschaftsrechts IV³, § 71 Rz. 93.
6 BGH v. 21.7.2003 – II ZB 17/01, GmbHR 2003, 1362 = NZG 2003, 1017; *Hasselbach/Hirte* in Großkomm/AktG⁴, § 304 Rz. 86, § 305 Rz. 85; *Veil* in Spindler/Stilz³, § 304 AktG Rz. 60.
7 Vgl. § 304 Abs. 2 Satz 3 AktG; *Koppensteiner* in KölnKomm/AktG⁴, § 304 Rz. 70.
8 Vgl. *Schnorbus*, ZHR 181 (2017), 902 (904).
9 BFH v. 10.5.2017 – I R 93/15, DStR 2017, 2429 = GmbHR 2018, 36; vgl. dazu Rz. 6.53 ff. und 15.39 ff. sowie *Brühl*, BB 2018, 94.
10 BFH v. 10.5.2017 – I R 93/15, DStR 2017, 2429 = GmbHR 2018, 36.

c) Abfindung

Nach § 305 Abs. 2 AktG sind **Aktien** der herrschenden Gesellschaft zu gewähren, wenn diese eine nicht abhängige und nicht in Mehrheitsbesitz stehende AG oder KGaA mit Sitz in einem Mitgliedstaat der EU oder einem anderen Vertragsstaat des EWR ist. Ist der andere Vertragsteil hingegen seinerseits abhängig oder steht er in Mehrheitsbesitz, so kann alternativ eine **Barabfindung** gewährt werden. Ist die den anderen Vertragsteil beherrschende Gesellschaft ihrerseits eine EU/EWR AG oder KGaA, so können außerdem deren Aktien als Abfindung angeboten werden.[1] In allen anderen Fällen ist eine Barabfindung anzubieten. Werden als Abfindung Aktien des herrschenden Unternehmens gewährt, so ist der außenstehende Aktionär wiederum so gestellt, als wären die herrschende und die abhängige Gesellschaft verschmolzen worden. Werden Aktien der herrschenden Gesellschaft gewährt, muss dazu ein angemessenes Umtauschverhältnis gem. § 305 Abs. 3 Satz 1 AktG ermittelt werden.[2] In der Praxis dürfte der Fall einer Barabfindung freilich am häufigsten sein. Im Falle einer Barabfindung bemisst sich diese nach dem vollen Wert der Beteiligung an der abhängigen Gesellschaft. Sie wird im Wege einer **Unternehmensbewertung** der abhängigen Gesellschaft ermittelt. Auch zur Ermittlung des Umtauschverhältnisses bei der Abfindung in Aktien ist eine Unternehmensbewertung, in diesem Fall sogar beider Gesellschaften, erforderlich, so dass aus der Unternehmenswertrelation das Umtauschverhältnis ermittelt werden kann. Die Unternehmensbewertung erfolgt in der Praxis üblicherweise nach der Ertragswertmethode nach den im IDW S1 Standard zur Unternehmensbewertung niedergelegten Grundsätzen,[3] wenngleich das gesetzlich nicht vorgeschrieben ist. Maßgeblicher Zeitpunkt ist der Zeitpunkt der Beschlussfassung der Hauptversammlung der abhängigen Gesellschaft über die Zustimmung zum Gewinnabführungsvertrag.

2.38

Vom herrschenden Unternehmen in der Vergangenheit für Käufe von Aktien der abhängigen Gesellschaft bezahlte Vorerwerbspreise sind für die Höhe der Abfindung nicht relevant. Die Abfindung darf allerdings **nich**t den **Börsenpreis** der Aktien der abhängigen Gesellschaft **unterschreiten**, damit die Aktionäre mindestens den Wert erhalten, den sie durch Veräußerung der Aktien an der Börse hätten erzielen können.[4] Dabei ist auf einen Durchschnittskurs abzustellen, damit der Wert nicht durch kurzfristige Schwankungen des Börsenkurses verzerrt wird. Außerdem sollen Spekulationen auf die Höhe der Abfindung nicht die Abfindung beeinflussen, so dass ein Durchschnittskurs vor Bekanntgabe der Absicht, einen Gewinnabführungsvertrag abzuschließen, herangezogen werden muss. Nach der Rechtsprechung ist daher der Dreimonatszeitraum vor Bekanntgabe des beabsichtigten Vertragsschlusses maßgeblich.[5] Liegt zwischen der Bekanntgabe des Gewinnabführungsvertrags und der Hauptversammlung, die über die Zustimmung zu diesem entscheidet, ein längerer Zeitraum, so kann es erforderlich sein, den „Börsenwert entsprechend der allgemeinen oder branchentypischen Wertentwicklung unter Berücksichtigung der seitherigen Kursentwicklung hochzurechnen".[6]

2.39

---

1 *Hasselbach/Hirte* in Großkomm/AktG[4], § 305 Rz. 46; *Meilicke/Kleinertz* in Heidel[4], § 305 AktG Rz. 21.
2 *Koch* in Hüffer/Koch[13], § 305 AktG Rz. 21; *Veil* in Spindler/Stilz[3], § 305 AktG Rz. 44.
3 *Hasselbach/Hirte* in Großkomm/AktG[4], § 305 Rz. 113; *Koch* in Hüffer/Koch[13], § 305 AktG Rz. 24; *Stephan* in K. Schmidt/Lutter[3], § 305 AktG Rz. 49 ff.
4 BVerfG v. 27.4.1999 – 1 BvR 1613/94 – DAT/Altana, BVerfGE 100, 28 = NJW 1999, 3769; *Koppensteiner* in KölnKomm/AktG[3], § 305 Rz. 52 ff.; *Meilicke/Kleinertz* in Heidel[4], § 305 AktG Rz. 36; *Stephan* in K. Schmidt/Lutter[3], § 305 AktG Rz. 99.
5 BGH v. 19.7.2010 – II ZB 18/09 – Stollwerck, BGHZ 186, 229 = NJW 2010, 2657; *Meilicke/Kleinertz* in Heidel[4], § 305 AktG Rz. 36; vgl. auch *Bücker*, NZG 2010, 967.
6 BGH v. 19.7.2010 – II ZB 18/09 – Stollwerck, BGHZ 186, 229 = NJW 2010, 2657.

3. Verlustausgleich

2.40 Gemäß § 302 Abs. 1 AktG muss bei Bestehen eines Gewinnabführungsvertrags der andere Vertragsteil jeden während der Vertragsdauer sonst entstehenden **Jahresfehlbetrag ausgleichen** (näher hierzu Rz. 2.81). Obwohl dies bei der abhängigen Aktiengesellschaft nicht unbedingt erforderlich wäre, wird in der Praxis auch hierzu eine Regelung in den Vertrag aufgenommen. Im Falle der abhängigen GmbH ist gem. § 17 Abs. 1 Satz 2 Nr. 2 KStG eine Verlustübernahme durch Verweis auf § 302 in seiner jeweils gültigen Fassung für die steuerliche Anerkennung der Organschaft zwingend erforderlich (Rz. 3.41 ff.).

4. Befristung, Bedingung, Rückbeziehung

2.41 Gewinnabführungsverträge können grundsätzlich **aufschiebend und/oder auflösend befristet** abgeschlossen werden, also einen Anfangs- und/oder Endtermin vorsehen.[1] Ebenso ist eine **aufschiebende Bedingung** zulässig, wobei allerdings die Eintragung in das Handelsregister erst nach Bedingungseintritt erfolgt (Rz. 2.66)[2]. Denkbar sind Bedingungen, die an die Erteilung einer ggf. erforderlichen Kartellfreigabe oder der Zustimmung des Aufsichtsrats anknüpfen,[3] was allerdings beim praktisch häufigsten Fall des Gewinnabführungsvertrags mit einer 100 %-GmbH nicht relevant ist. Umstritten ist, ob auch **auflösende Bedingungen** zulässig sind.[4]

2.42 Anders als Beherrschungsverträge können Gewinnabführungsverträge auch **rückwirkend abgeschlossen** werden. Sie beeinflussen nur die Verwendung des Jahresüberschusses, über die ohnehin jeweils erst nach Ablauf des Geschäftsjahres entschieden wird. Deshalb ist jedenfalls Rückwirkung für Geschäftsjahre zulässig, für die der Jahresabschluss noch nicht festgestellt wurde. Die Gewinnabführung kann dann nämlich noch im Jahresabschluss berücksichtigt werden. Von der hM wird sogar eine darüber hinausgehende Rückwirkung zugelassen.[5] Wurde allerdings für ein Geschäftsjahr bereits ein Gewinnverwendungsbeschluss gefasst, so haben die Aktionäre bereits individuelle Ausschüttungsansprüche erworben. Für eine Rückwirkung, die in solche Ansprüche eingreift, ist die Zustimmung aller Aktionäre erforderlich.

2.43 **Steuerlich** ist gem. § 14 Abs. 1 Satz 2 KStG das Einkommen der Organgesellschaft dem Organträger erstmals für das **Kalenderjahr** zuzurechnen, **in dem das Wirtschaftsjahr der Organgesellschaft endet**, in dem der Gewinnabführungsvertrag wirksam wird. Eine weitere Rückwirkung dürfte daher nur geringe praktische Relevanz haben.

---

1 *Emmerich* in Emmerich/Habersack[8], § 293 AktG Rz. 18; *Krieger* in Hoffmann-Becking (Hrsg.), Münchener Handbuch des Gesellschaftsrechts IV[3], § 71 Rz. 16; *Raiser/Veil*, Kapitalgesellschaftsrecht[6], § 62 Rz. 18.

2 *Emmerich* in Emmerich/Habersack[8], § 293 AktG Rz. 18; *Koppensteiner* in KölnKomm/AktG[3], § 293 Rz. 19; *Altmeppen* in MünchKomm/AktG[4], § 293 Rz. 26; *Veil* in Spindler/Stilz[3], § 293 AktG Rz. 8.

3 *Altmeppen* in MünchKomm/AktG[4], § 293 Rz. 26.

4 Dafür *Koppensteiner* in KölnKomm/AktG[3], § 293 Rz. 19; *Krieger* in Hoffmann-Becking (Hrsg.), Münchener Handbuch des Gesellschaftsrechts IV[3], § 71 Rz. 16; dagegen *Altmeppen* in MünchKomm/AktG[4], § 293 Rz. 26; *Emmerich* in Emmerich/Habersack[8], § 293 AktG Rz. 18; *Raiser/Veil*, Kapitalgesellschaftsrecht[6], § 62 Rz. 18; *Veil* in Spindler/Stilz[3], § 293 AktG Rz. 8.

5 *Busch/Link* in Hoffmann-Becking (Hrsg.), Münchener Handbuch des Gesellschaftsrechts VII[3], § 42 Rz. 19 f.; *Langenbucher* in K. Schmidt/Lutter[3], § 291 AktG Rz. 54; aA (nur bis zum Beginn des laufenden Geschäftsjahres) OLG München v. 14.6.1991 – 23 U 4638/90, GmbHR 1994, 812 = ZIP 1992, 327 (330); *Emmerich* in Emmerich/Habersack[8], § 291 AktG Rz. 55.

II. Auslegung

Ein Gewinnabführungsvertrag beeinflusst die Rechte beliebiger Gesellschafter der verpflichteten Gesellschaft und verändert deren Organisationsstruktur. Damit ist er potentiell für eine Vielzahl von Personen maßgeblich, die am Vertragsschluss selbst nicht beteiligt sind. Er wird der Hauptversammlung zur Zustimmung vorgelegt und in das Handelsregister eingetragen. Aus diesen Gründen ist der Vertrag **objektiv auszulegen**, wie etwa auch Gesellschaftsverträge bzw. Satzungen.[1] Umstände außerhalb der Vertragsurkunde, die nicht allgemein erkennbar sind, insbesondere die Entstehungsgeschichte und die Vorstellungen der Parteien beim Vertragsschluss, bleiben bei der Auslegung außer Acht.[2]

2.44

D. Zustandekommen des Gewinnabführungsvertrags

I. Vertragsschluss

Wie ein gewöhnlicher Vertrag muss der Gewinnabführungsvertrag **zwischen den beteiligten Unternehmen abgeschlossen** werden. Diese werden dabei durch ihre **organschaftlichen Vertreter** (insb. Vorstand, Geschäftsführer), ggf. in gemischter Gesamtvertretung, vertreten; die rechtsgeschäftliche Vertretung, etwa allein durch Prokuristen, ist hingegen nicht möglich.[3] Der Vertrag bedarf der Schriftform (§ 293 Abs. 3 AktG). Enthält der Gewinnabführungsvertrag mit der abhängigen GmbH ein Umtausch- oder Abfindungsangebot, bedarf er gem. § 15 Abs. 4 GmbHG der notariellen Beurkundung.[4]

2.45

Da der Vertrag bei der beherrschten Aktiengesellschaft der Zustimmung der **Hauptversammlung** bedarf, kann diese **den Vorstand** gem. § 83 Abs. 1 Satz 2 AktG **anweisen**, den Gewinnabführungsvertrag vorzubereiten und abzuschließen.[5] Das Gleiche gilt für die Hauptversammlung der herrschenden Aktiengesellschaft.[6] In der GmbH können die Gesellschafter den Geschäftsführern ohnehin Weisungen erteilen (§ 37 Abs. 1 GmbHG).

2.46

---

1 *Deilmann* in Hölters[3], § 291 AktG Rz. 69; *Mülbert* in Großkomm/AktG[4], § 291 Rz. 40; *Veil* in Spindler/Stilz[3], Vor § 291 AktG Rz. 34 f.
2 BFH v. 28.11.2007 – I R 94/06, BFHE 220, 51 = GmbHR 2008, 778; v. 23.1.2013 – I R 1/12, ZIP 2013, 1910; *Deilmann* in Hölters[3], § 291 AktG Rz. 69.
3 *Boor*, RNotZ 2017, 65 (69 f.); *Emmerich* in Emmerich/Habersack[8], § 293 AktG Rz. 15; *Koch* in Hüffer/Koch[13], § 293 AktG Rz. 24.; *Mülbert* in Großkomm/AktG[4], § 293 Rz. 10.
4 BGH v. 30.1.1992 – II ZB 15/91, GmbHR 1992, 253 = NJW 1992, 1452 = ZIP 1992, 395; *Emmerich* in Emmerich/Habersack[8], § 293 AktG Rz. 41; *Lutter/Hommelhoff* in Lutter/Hommelhoff[19], Anh. § 13 GmbHG Rz. 50; *Zöllner/Beurskens* in Baumbach/Hueck[21], Schlussanh. GmbH-Konzernrecht Rz. 102.
5 *Altmeppen* in MünchKomm/AktG[4], § 293 Rz. 6; *Koppensteiner* in KölnKomm/AktG[3], § 293 Rz. 5.
6 Streitig, wie hier: *Altmeppen* in MünchKomm/AktG[4], § 293 Rz. 7 mit dem Hinweis, dass für die Hauptversammlung der Obergesellschaft (als Begünstigte) das Interesse an einem derartigen Recht viel weiterreichender ist und somit mehr praktische Bedeutung hat; *Emmerich* in Emmerich/Habersack[8], § 293 AktG Rz. 16 mit dem Hinweis, dass keine überzeugende Begründung für eine Einschränkung vorliegt; *Koch* in Hüffer/Koch[13], § 293 AktG Rz. 23; *Veil* in Spindler/Stilz[3], § 293 AktG Rz. 3; aA *Koppensteiner* in KölnKomm/AktG[3], § 293 Rz. 9.

II. Zustimmung des Aufsichtsrats

2.47 Der Vertragsschluss kann außerdem die Zustimmung des Aufsichtsrats erfordern, nämlich wenn sein Abschluss einen vorbehaltenen Gegenstand nach § 111 Abs. 4 Satz 2 AktG darstellt.[1] Nach hM ist allerdings eine solche Zustimmung in keinem Fall erforderlich, wenn die Haupt- bzw. Gesellschafterversammlung den Vorstand bzw. die Geschäftsführer zum Vertragsschluss angewiesen hat.[2] **Verweigert der Aufsichtsrat** die Zustimmung, können der Vorstand bzw. die Geschäftsführer gem. § 111 Abs. 4 Satz 3 AktG einen Beschluss der Haupt- bzw. Gesellschafterversammlung herbeiführen.[3] Für den Fall der abhängigen Aktiengesellschaft ist umstritten, welcher Mehrheit ein solcher Beschluss bedarf. Zuzustimmen ist der Auffassung, nach der dasselbe **Mehrheitserfordernis** besteht wie für den Beschluss nach § 293 Abs. 1 AktG (s. hierzu Rz. 2.49). Damit ist in der Regel die **einfache Stimmen- und die qualifizierte Kapitalmehrheit** erforderlich, nicht hingegen auch die qualifizierte Stimmenmehrheit nach § 111 Abs. 4 Satz 4 AktG, da der Zustimmungsvorbehalt zugunsten des Aufsichtsrats nur der Kontrolle des Vorstands dient, hingegen nicht die Anforderungen an den Hauptversammlungsbeschluss beeinflussen soll, was andernfalls der Fall wäre.[4] In der GmbH ist grundsätzlich die einfache Mehrheit ausreichend,[5] wobei aber der Gewinnabführungsvertrag selbst nach wohl überwiegender Meinung der Zustimmung aller Gesellschafter bedarf (Rz. 2.59 ff.). Der die Zustimmung des Aufsichtsrats ersetzende Beschluss kann mit der Zustimmung nach § 293 AktG verbunden werden.

2.48 Auch auf Seiten einer herrschenden Aktiengesellschaft kann die Zustimmung des Aufsichtsrats gem. § 111 Abs. 4 Satz 2 AktG erforderlich sein.[6]

III. Zustimmung der Gesellschafter

1. Aktiengesellschaft

a) Zustimmung der Hauptversammlung

2.49 Im Falle der abhängigen Aktiengesellschaft muss deren Hauptversammlung dem Vertrag zustimmen, damit dieser wirksam werden kann. Der Beschluss bedarf der einfachen Stimmenmehrheit (§ 133 Abs. 1 AktG) sowie zusätzlich einer Mehrheit von mindestens drei Viertel des

---

1 *Altmeppen* in MünchKomm/AktG[4], § 293 Rz. 10 f.; *Koppensteiner* in KölnKomm/AktG[3], § 293 Rz. 7.
2 *Altmeppen* in MünchKomm/AktG[4], § 293 Rz. 10 f.; *Koch* in Hüffer/Koch[13], § 293 AktG Rz. 25; *Peres* in Heidel[4], § 293 AktG Rz. 20.
3 *Deilmann* in Hölters[3], § 293 AktG Rz. 24; *Emmerich* in Emmerich/Habersack[8], § 293 AktG Rz. 34; *Koppensteiner* in KölnKomm/AktG[3], § 293 Rz. 7.
4 *Altmeppen* in MünchKomm/AktG[4], § 293 Rz. 12; *Koppensteiner* in KölnKomm/AktG[3], § 293 Rz. 8; aA (qualifizierte Stimmenmehrheit) *Koch* in Hüffer/Koch[13], § 293 AktG Rz. 25; *Krieger* in Hoffmann-Becking (Hrsg.), Münchener Handbuch des Gesellschaftsrechts IV[3], § 71 Rz. 14.; weitergehend (qualifizierte Stimmen- und Kapitalmehrheit) *Emmerich* in Emmerich/Habersack[8], § 293 AktG Rz. 34.
5 *Altmeppen* in Roth/Altmeppen[8], § 52 GmbHG Rz. 64; *Deilmann*, BB 2004, 2253 (2256); *Gaul/Otto*, GmbHR 2003, 6 (12); *Lutter* in Lutter/Hommelhoff[19], § 52 GmbHG Rz. 15; *Schneider* in Scholz[12], § 52 GmbHG Rz. 147; *Zöllner/Noack* in Baumbach/Hueck[21], § 52 GmbHG Rz. 254; aA (Dreiviertelmehrheit) OLG Koblenz v. 9.8.1990 – 6 U 888/90, GmbHR 1991, 264 (267); *Heermann* in Ulmer/Habersack/Löbbe[2], § 52 GmbHG Rz. 298; *Teubner*, ZGR 1986, 565 (579).
6 Zur Erforderlichkeit eines Aufsichtsratsbeschlusses gem. § 32 MitbestG s. sogleich Rz. 2.49.

bei der Beschlussfassung vertretenen Grundkapitals (§ 293 Abs. 1 AktG). Gegenstand des Zustimmungsbeschlusses kann der bereits abgeschlossene Vertrag oder aber ein noch abzuschließender Entwurf sein. Im letzten Fall bedarf allerdings jede Änderung des Entwurfs einer erneuten Zustimmung.[1] Das Erfordernis der **Hauptversammlungszustimmung hat Außenwirkung**; ohne Zustimmung der Hauptversammlung ist der Vertrag zunächst schwebend unwirksam. Verweigert die Hauptversammlung die Zustimmung, wird die Unwirksamkeit endgültig.[2] Für den anderen Vertragsteil besteht bei der Abstimmung kein Stimmrechtsausschluss.[3] § 32 MitbestG findet Anwendung, wenn das herrschende Unternehmen nach den Regelungen des MitbestG mitbestimmt und zu mehr als einem Viertel an der abhängigen Gesellschaft beteiligt ist. Die Stimmrechte des herrschenden Unternehmens in der Hauptversammlung der abhängigen Gesellschaft sind dann gem. § 32 MitbestG aufgrund eines Beschlusses des Aufsichtsrats des herrschenden Unternehmens auszuüben. Dieser bedarf nur der Mehrheit der Stimmen der Aufsichtsratsmitglieder der Anteilseigner.

Der **Gewinnabführungsvertrag** bedarf auch der **Zustimmung der Hauptversammlung** der herrschenden Gesellschaft, wenn es sich bei dieser um eine Aktiengesellschaft oder KGaA handelt (§ 293 Abs. 2 AktG).[4] Auch auf diesen Beschluss sind § 293 Abs. 1 Satz 2-4 AktG anwendbar (§ 293 Abs. 2 Satz 2 AktG). In anderen Fällen kommt es hinsichtlich der Anforderungen auf Seiten des herrschenden Unternehmens auf das für dieses geltende Recht an. § 293 Abs. 2 AktG ist insbesondere nicht auf ausländische herrschende Unternehmen entsprechend anzuwenden, selbst wenn diese im Typenvergleich einer deutschen Aktiengesellschaft entsprechen sollten.[5]   2.50

Nach hM ist auch dann, wenn zwischen einer Muttergesellschaft und ihrer Tochtergesellschaft ein Unternehmensvertrag besteht, für den Abschluss eines weiteren Unternehmensvertrags **zwischen der Tochter- und einer Enkelgesellschaft nicht die Zustimmung der Hauptversammlung der Muttergesellschaft** erforderlich.[6]   2.51

Der Zustimmungsbeschluss der Hauptversammlung der abhängigen Gesellschaft unterliegt nach hM **keiner materiellen Beschlusskontrolle** hinsichtlich seiner Erforderlichkeit und Angemessenheit. Der Beschluss bedarf also keiner besonderen sachlichen Rechtfertigung.[7]   2.52

---

1 *Altmeppen* in MünchKomm/AktG[4], § 293 Rz. 34; *Koch* in Hüffer/Koch[13], § 293 AktG Rz. 4; *Koppensteiner* in KölnKomm/AktG[3], § 293 Rz. 6; *Veil* in Spindler/Stilz[3], § 293 AktG Rz. 16.
2 *Koch* in Hüffer/Koch[13], § 293 AktG Rz. 24; *Koppensteiner* in KölnKomm/AktG[3], § 293 Rz. 11; *Mülbert* in Großkomm/AktG[4], § 293 Rz. 10.
3 *Koch* in Hüffer/Koch[13], § 293 AktG Rz. 9; *Koppensteiner* in KölnKomm/AktG[3], § 293 Rz. 30; kritisch hierzu *Immenga* in FS Böhm, 253 (262).
4 Zur Begründung des Zustimmungserfordernisses: *Altmeppen* in MünchKomm/AktG[4], § 293 Rz. 96 ff.; *Koch* in Hüffer/Koch[13], § 293 AktG Rz. 17; *Koppensteiner* in KölnKomm/AktG[3], § 293 Rz. 40 f.; *Schenk* in Bürgers/Körber[4], § 293 AktG Rz. 20.
5 OLG Stuttgart v. 5.6.2013 – 20 W 6/10, AG 2013, 724 (725); *Altmeppen* in MünchKomm/AktG[4], § 293 Rz. 124; *Koch* in Hüffer/Koch[13], § 293 AktG Rz. 18; *Koppensteiner* in KölnKomm/AktG[3], § 293 Rz. 43.
6 *Altmeppen* in MünchKomm/AktG[4], § 293 Rz. 118; *Koch* in Hüffer/Koch[13], § 293 AktG Rz. 20; *Koppensteiner* in KölnKomm/AktG[3], § 293 Rz. 45; *Krieger* in Hoffmann-Becking (Hrsg.), Münchener Handbuch des Gesellschaftsrechts IV[3], § 71 Rz. 23; *Langenbucher* in K. Schmidt/Lutter[3], § 293 AktG Rz. 31; *Peres* in Heidel[4], § 293 AktG Rz. 22; *Raiser/Veil*, Kapitalgesellschaftsrecht[6], § 62 Rz. 26; *Sonnenschein*, BB 1975, 1088 (1092 f.); *Veil* in Spindler/Stilz[3], § 293 AktG Rz. 41; aA *Emmerich* in Emmerich/Habersack[8], § 293 AktG Rz. 12.
7 OLG Frankfurt v. 6.4.2009 – 5 W 7/09, GWR 2009, 113; *Altmeppen* in MünchKomm/AktG[4], § 293 Rz. 51 ff.; *Koch* in Hüffer/Koch[13], § 293 AktG Rz. 6 f.; *Kort*, BB 1988, 79 (81); *Veil* in Spindler/

Der Gesetzgeber hat bereits mit den Regelungen der §§ 293 ff. AktG entschieden, dass der Gewinnabführungsvertrag bei Einhaltung der besonderen Schutzvorkehrungen zugunsten der Minderheitsaktionäre angemessen ist.[1] Das gilt selbst dann, wenn die Vertragsparteien Gesellschaften sind, die bislang nicht miteinander verbunden sind.[2]

2.53 Gleiches gilt grundsätzlich für den Zustimmungsbeschluss der Hauptversammlung einer Aktiengesellschaft als anderer Vertragsteil nach § 293 Abs. 2 AktG. Allerdings kann für die Gewährung der Abfindung in Aktien gem. § 305 Abs. 2 Nr. 1 oder 2 AktG beim anderen Vertragsteil eine **Kapitalerhöhung unter Ausschluss des Bezugsrechts** erforderlich sein. Der Beschluss hierüber bedarf nach hM der **sachlichen Rechtfertigung** nach allgemeinen Regeln.[3] Nach hM ist die sachliche Rechtfertigung auch nicht allein darin zu erblicken, dass die neuen Aktien für Zwecke der Abfindung geschaffen werden müssen. Vielmehr muss für das gesamte Vorhaben ein sachlicher unternehmerischer Grund bestehen.[4]

2.54 Gesellschafter der abhängigen Gesellschaft können nach den Grundsätzen der gesellschaftsrechtlichen Treuepflicht **zur Zustimmung zum Gewinnabführungsvertrag verpflichtet** sein, wenn dessen Zustandekommen ohne Zustimmung des Gesellschafters blockiert wäre. Umstritten ist allerdings, unter welchen Voraussetzungen eine solche Pflicht besteht, insbesondere, ob allein die steuerlichen Vorteile, die ein Gewinnabführungsvertrag mit sich bringt, gegenüber der Beeinträchtigung der Mitgliedschaftsrechte der Aktionäre so schwer wiegen können, dass sich eine Pflicht zur Zustimmung ergibt.[5] Eine Zustimmungspflicht besteht in einer solchen Konstellation jedenfalls nur dann, wenn die Vorteile aus dem Gewinnabführungsvertrag zutreffend zwischen den Vertragsteilen aufgeteilt werden. Eine solche Regelung ist aber im Hinblick auf die steuerliche Anerkennung der mit dem Gewinnabführungsvertrag bezweckten Organschaft problematisch.

b) Bericht

2.55 Gemäß § 293a Abs. 1 AktG hat der Vorstand jeder an einem Unternehmensvertrag beteiligten Aktiengesellschaft oder KGaA, soweit die Zustimmung von deren Hauptversammlungen zu dem Vertrag nach § 293 AktG erforderlich ist, einen **ausführlichen schriftlichen Bericht** über den Unternehmensvertrag zu erstatten. Der Bericht kann ggf. für mehrere beteiligte Gesellschaften gemeinsam erstattet werden, § 293a Abs. 1 Satz 1 Halbs. 2 AktG. In dem Be-

---

Stilz[3], § 293 AktG Rz. 23 ff.; aA für den Fall, dass erstmals eine Abhängigkeitslage herbeigeführt wird, *Timm*, ZGR 1987, 403 (427).

1 *Koppensteiner* in KölnKomm/AktG[3], § 293 Rz. 62 ff. mit Differenzierung zu anderen Unternehmensverträgen nach § 292 AktG; *Krieger* in Hoffmann-Becking (Hrsg.), Münchener Handbuch des Gesellschaftsrechts IV[3], § 71 Rz. 51.
2 *Kort*, BB 1988, 79 (81).
3 BGH v. 13.3.1978 – II ZR 142/76 – Kali & Salz, BGHZ 71, 40 = NJW 1978, 1316; *Hirte*, Bezugsrechtsausschluss und Konzernbildung, 149; *Koch* in Hüffer/Koch[13], § 293 AktG Rz. 6 f.; *Krieger* in Hoffmann-Becking (Hrsg.), Münchener Handbuch des Gesellschaftsrechts IV[3], § 71 Rz. 51; *Mülbert* in Großkomm/AktG[4], § 293 Rz. 106.
4 *Krieger* in Hoffmann-Becking, Münchener Handbuch des Gesellschaftsrechts IV[3], § 71 Rz. 51; *Mülbert* in Großkomm/AktG[4], § 293 Rz. 106.
5 Eine Zustimmungspflicht unter bestimmten Voraussetzungen befürwortend *Altmeppen* in MünchKomm/AktG[4], § 293 Rz. 45 f.; *Deilmann* in Hölters[3], § 293 AktG Rz. 22; soweit der Abschluss im dringenden Interesse der Gesellschaft liegt; für eine Zustimmungspflicht nur in Ausnahmefällen *Langenbucher* in K. Schmidt/Lutter[3], § 293 AktG Rz. 26; kritisch *Veil* in Spindler/Stilz[3], § 293 AktG Rz. 22.

richt müssen der Abschluss des Unternehmensvertrags, dessen Regelungen im Einzelnen sowie insbesondere Art und Höhe des Ausgleichs nach § 304 AktG und der Abfindung gem. § 305 AktG rechtlich und wirtschaftlich erläutert und begründet werden. Der Bericht ist nach § 293a Abs. 3 AktG nur dann nicht erforderlich, wenn alle Gesellschafter aller beteiligten Unternehmen auf seine Erstattung verzichten. Der Verzicht muss durch öffentlich beglaubigte Erklärung erfolgen.

c) Prüfung

Der Unternehmensvertrag ist außerdem gem. § 293b AktG für jede vertragschließende Aktiengesellschaft oder KGaA durch einen oder mehrere **gerichtlich bestellte sachverständige Prüfer** zu prüfen, sofern nicht alle Aktien der abhängigen Gesellschaft in der Hand des herrschenden Unternehmens sind oder alle Anteilsinhaber aller beteiligten Unternehmen durch öffentlich beglaubigte Erklärung verzichten. Die Prüfer haben über die Prüfung schriftlich zu berichten (§ 293e AktG). Der oder die Vertragsprüfer werden gem. § 293c AktG auf Antrag der Vorstände der beteiligten Gesellschaften vom Gericht ausgewählt und bestellt. Es kann auch für alle vertragschließenden Unternehmen gemeinsam ein Vertragsprüfer bestellt werden (§ 293c Abs. 1 Satz 2 AktG).[1]

2.56

Der entscheidende Prüfungsgegenstand ist die **Angemessenheit der vom Unternehmensvertrag bestimmten Abfindung** sowie des vorgesehenen Ausgleichs.[2] Deren Festsetzung basiert, wie in Rz. 2.34 f. und Rz. 2.38 dargestellt, auf einer Unternehmensbewertung der abhängigen Gesellschaft. Diese ermittelt üblicherweise ein von den Parteien des Gewinnabführungsvertrags beauftragter Gutachter. Die Prüfung durch den gerichtlich bestellten Prüfer erfolgt in der Praxis parallel zur Erstellung der Unternehmensbewertung durch den Gutachter. So kann der Zeitaufwand für Bewertung und Prüfung, die einen Großteil der Vorbereitungszeit eines Gewinnabführungsvertrags in Anspruch nehmen, reduziert werden. Außerdem kann der Prüfer bereits in die laufende Bewertung eingreifen und die Behebung von festgestellten Mängeln verlangen, was erfahrungsgemäß leichter fällt als eine bereits vollständig fertiggestellte Bewertung in Frage zu stellen. Nach allgemeiner Auffassung ist die Parallelprüfung aus diesen Gründen nicht nur zulässig, sondern zweckmäßig.[3]

2.57

---

1 *Deilmann* in Hölters[3], § 293c AktG Rz. 5; *Emmerich* in Emmerich/Habersack[8], § 293c AktG Rz. 7; *Koch* in Hüffer/Koch[13], § 293c AktG Rz. 4; *Paschos* in Henssler/Strohn[3], § 293c AktG Rz. 3; *Schenk* in Bürgers/Körber[4], § 293c AktG Rz. 4; *Veil* in Spindler/Stilz[3], § 293c AktG Rz. 2; so auch schon *Bungert*, DB 1995, 1384 (1390) für Rechtslage vor Inkrafttreten des KonTraG.
2 LG München I v. 4.6.2009 – 5 HK O 591/09, AG 2009, 918 (922); *Altmeppen* in MünchKomm/AktG[4], § 293b AktG Rz. 8; *Deilmann* in Hölters[3], § 293b AktG Rz. 5; *Koch* in Hüffer/Koch[13], § 293b AktG Rz. 6; *Langenbucher* in K. Schmidt/Lutter[3], § 293b AktG Rz. 6; *Schenk* in Bürgers/Körber[4], § 293b AktG Rz. 5; *Veil* in Spindler/Stilz[3], § 293b AktG Rz. 5.
3 BGH v. 18.9.2006 – II ZR 225/04, NZG 2006, 905 (906); v. 18.9.2006 – II ZR 225/04 – Degussa, BB 2006, 2543; OLG Stuttgart v. 3.12.2003 – 20 W 6/03, NZG 2004, 146; OLG Düsseldorf v. 14.1.2005 – 16 U 59/04, NZG 2005, 347; OLG Karlsruhe v. 29.6.2006 – 7 W 22/06 – Novasoft, AG 2007, 92; *Bungert*, BB 2006, 2761 (2762); *Deilmann* in Hölters[3], § 293b AktG Rz. 9; *Langenbucher* in K. Schmidt/Lutter[3], § 293c AktG Rz. 3; ausführlich *Leuering*, NZG 2004, 606; aA wohl LG Wuppertal v. 6.11.2003 – 12 O 119/03, AG 2004, 161 (162); *Puszkailer*, ZIP 2003, 518 (521); *Emmerich* in Emmerich/Habersack[8], § 293b AktG Rz. 19a, 19b.

d) Vorbereitung und Durchführung der Hauptversammlung

2.58 Besondere Vorschriften zur **Vorbereitung und Durchführung der Hauptversammlung**, die über die Zustimmung zum Gewinnabführungsvertrag beschließt, enthalten die §§ 293f und 293g AktG. Die Vorschriften gelten für die Hauptversammlung sowohl der abhängigen als auch der herrschenden Aktiengesellschaft.[1] Sie sehen im Wesentlichen die Auslegung und Übersendung der wesentlichen Dokumente zum Gewinnabführungsvertrag, nämlich des Vertragstextes, des Vertragsberichts, des Prüfungsberichts sowie der letzten drei Jahresabschlüsse der vertragschließenden Unternehmen vor der Hauptversammlung, alternativ die Zurverfügungstellung über das Internet vor. In der Hauptversammlung sind die Unterlagen ebenfalls zugänglich zu machen und der Vorstand hat den Vertrag zu Beginn der Debatte mündlich zu erläutern.

2. GmbH

2.59 Auch im Falle einer **GmbH als verpflichtete Gesellschaft** bedarf der Gewinnabführungsvertrag der **Zustimmung der Gesellschafterversammlung**,[2] und zwar auch dann, wenn die GmbH nur einen Gesellschafter hat und der Vertrag mit diesem geschlossen wird.[3] Dem Zustimmungserfordernis kommt auch bei der GmbH Außenwirkung zu.[4] Ein ohne Zustimmung der Gesellschafterversammlung geschlossener Vertrag ist schwebend bzw. bei Verweigerung der Zustimmung endgültig unwirksam. § 47 Abs. 4 Satz 2 GmbH findet nach hM keine Anwendung; der herrschende Gesellschafter darf also an der Abstimmung teilnehmen.[5]

2.60 In der Supermarkt-Entscheidung des BGH, wonach auch im Fall einer abhängigen GmbH eine Zustimmung durch deren Gesellschafterversammlung erforderlich ist, wurde die hierfür **erforderliche Mehrheit** offengelassen. In Frage käme die entsprechende Anwendung von § 53 Abs. 2 Satz 1 GmbHG, der für satzungsändernde Beschlüsse in der GmbH eine Drei-Viertel-

---

1 *Emmerich* in Emmerich/Habersack[8], § 293f AktG Rz. 6; *Koch* in Hüffer/Koch[13], § 293f AktG Rz. 1, § 293g AktG Rz. 1; *Schenk* in Bürgers/Körber[4], § 293f AktG Rz. 1; *Veil* in Spindler/Stilz[3], § 293f AktG Rz. 3.
2 BGH v. 24.10.1988 – II ZB 7/88 – Supermarkt, BGHZ 105, 324 = GmbHR 1989, 25 = NJW 1989, 295; v. 30.1.1992 – II ZB 15/91 – Siemens, GmbHR 1992, 253 = NJW 1992, 1452; *Emmerich* in Emmerich/Habersack[8], § 293 AktG Rz. 9; *Koch* in Hüffer/Koch[13], § 293 AktG Rz. 18a; *Koppensteiner/Schnorbus* in Rowedder/Schmidt-Leithoff[6], Anh. § 52 GmbHG Rz. 93; *Wicke*[3], Anh. § 13 GmbHG Rz. 6; *Veil* in Spindler/Stilz[3], § 293 AktG Rz. 37; eine Übersicht zu den möglichen Rechtsgrundlagen bietet *Altmeppen* in Roth/Altmeppen[8], Anh. § 13 GmbHG Rz. 35 f. mwN.
3 BGH v. 24.10.1988 – II ZB 7/88 – Supermarkt, BGHZ 105, 324 = GmbHR 1989, 25 = NJW 1989, 295; v. 30.1.1992 – II ZB 15/91 – Siemens, GmbHR 1992, 253 = NJW 1992, 1452; *Altmeppen* in MünchKomm/AktG[4], § 293 Rz. 33; *Altmeppen* in Roth/Altmeppen[8], Anh. § 13 GmbHG Rz. 30.
4 BGH v. 24.10.1988 – II ZB 7/88 – Supermarkt, BGHZ 105, 324 = GmbHR 1989, 25 = NJW 1989, 295; *Altmeppen* in Roth/Altmeppen[8], Anh. § 13 GmbHG Rz. 30; *Emmerich* in Emmerich/Habersack[8], § 293 AktG Rz. 40; *Koppensteiner/Schnorbus* in Rowedder/Schmidt-Leithoff[6], Anh. § 52 GmbHG Rz. 93; *Lutter/Hommelhoff* in Lutter/Hommelhoff[19], Anh. § 13 GmbHG Rz. 55; *Wicke*[3], Anh. § 13 GmbHG Rz. 6.
5 BGH v. 31.5.2011 – II ZR 109/10, NZG 2011, 902; *Beck*, GmbHR 2012, 777 (784 f.); *Decher/Kiefner* in Priester/Mayer/Wicke, Münchener Handbuch des Gesellschaftsrechts III[4], § 70 Rz. 6; *Emmerich* in Emmerich/Habersack[8], § 293 AktG Rz. 40; *Koppensteiner/Schnorbus* in Rowedder/Schmidt-Leithoff[6], Anh. § 52 GmbHG Rz. 93; *Lutter/Hommelhoff* in Lutter/Hommelhoff[19], Anh. § 13 GmbHG Rz. 51; *Müller-Eising/Schmitt*, NZG 2011, 1100 (1101); *Wicke*[3], Anh. § 13 GmbHG Rz. 6.

Mehrheit verlangt. Diese Frage ist nach wie vor nicht abschließend geklärt.[1] Die wohl überwiegende Meinung lehnt die Anwendung des § 53 Abs. 2 Satz 1 GmbHG ab und verlangt stattdessen die **Zustimmung aller Gesellschafter**, unabhängig davon, ob sie an der beschlussfassenden Gesellschafterversammlung teilnehmen. Das wird insbesondere damit begründet, dass der Minderheitenschutz beim Gewinnabführungsvertrag mit der GmbH nicht gleichermaßen ausgeprägt sei wie bei der AG.[2] Allerdings ist die Argumentation in gewissem Maße zirkulär, weil umgekehrt häufig die entsprechende Anwendung der aktienrechtlichen Schutzvorschriften, insbesondere der Berichts- und Prüfungspflichten der §§ 293a ff. AktG, mit der Begründung abgelehnt wird, für sie bestehe kein Bedürfnis, weil der Unternehmensvertrag ohnehin der Zustimmung aller Gesellschafter bedürfe. In der Praxis sollte nach Möglichkeit die Zustimmung aller Gesellschafter zum Abschluss des Gewinnabführungsvertrags eingeholt werden. Im praktisch häufigsten Fall der eingliedrigen GmbH als verpflichtetem Unternehmen stellt sich die Frage ohnehin nicht.

Innerhalb der Auffassung, die die Zustimmung aller Gesellschafter verlangt, ist weiterhin umstritten, ob das Mehrheitserfordernis durch **Satzungsregelung** auf eine **Drei-Viertel-Mehrheit** abgesenkt werden kann. Das wird von der Mehrzahl der Stimmen für zulässig gehalten, allerdings nur bis zur Grenze der qualifizierten Mehrheit.[3]

2.61

Wie erwähnt, ist auch zweifelhaft, ob die **Berichts- und Prüfungspflichten** der §§ 293a ff. AktG auf den Gewinnabführungsvertrag mit einer **abhängigen GmbH** Anwendung finden. Diejenigen, die für den Abschluss des Unternehmensvertrags die Zustimmung aller Gesellschafter der abhängigen GmbH verlangen, halten die Anwendung der Berichts- und Prüfungspflichten nicht für erforderlich. Die Minderheitsgesellschafter seien durch das Zustimmungserfordernis hinreichend geschützt, da sie ihre Zustimmung von der Befriedigung ihrer Informationsbedürfnisse abhängig machen.[4] Diejenigen, die hingegen eine Zustimmung der Gesellschafterversammlung mit Zwei-Drittel-Mehrheit für ausreichend halten, befürworten auch die Anwendung der Berichts- und Prüfungspflicht der §§ 293a ff. AktG.[5]

2.62

Wird der Gewinnabführungsvertrag mit einer **herrschenden Aktiengesellschaft** geschlossen, so muss deren **Hauptversammlung** gem. § 293 Abs. 2 AktG ebenfalls **zustimmen**. In

2.63

---

1 *Emmerich* in Emmerich/Habersack[8], § 293 AktG Rz. 43, 43a; *Emmerich* in Scholz[12], Anh. § 13 GmbHG Rz. 144 ff.; *Henssler/Strohn* in Henssler/Strohn[3], Anh. § 13 GmbHG Rz. 69; *Liebscher* in MünchKomm/GmbHG[3], Anh. § 13 Rz. 734 ff.; in der Tat ergibt sich aus BGH v. 31.5.2011 – II ZR 109/10, GmbHR 2011, 922 m. Anm. *Ulrich* = NZG 2011, 902 wohl nichts für diese Frage.

2 *Emmerich* in Emmerich/Habersack[8], § 293 AktG Rz. 43a; *Emmerich* in Scholz[12], Anh. § 13 GmbHG Rz. 146; *Henssler/Strohn* in Henssler/Strohn[3], Anh. § 13 GmbHG Rz. 69; *Raiser/Veil*, Kapitalgesellschaftsrecht[6], § 62 Rz. 25; *Ulmer*, BB 1989, 10 (14); *Wicke*[3], Anh. § 13 GmbHG Rz. 6; *Zeidler*, NZG 1999, 693 (693); *Zöllner*, ZGR 1992, 173 (174); jedenfalls für den Beherrschungsvertrag; aA *Lutter/Hommelhoff* in Lutter/Hommelhoff[19], Anh. zu § 13 Rz. 65 f.; *Halm*, NZG 2001, 728 (734).

3 *Emmerich* in Emmerich/Habersack[8], § 293 AktG Rz. 44; *Henssler/Strohn* in Henssler/Strohn[3], Anh. § 13 GmbHG Rz. 70; *Liebscher* in MünchKomm/GmbHG[3], Anh. § 13 Rz. 746.

4 *Casper* in Ulmer/Habersack/Löbbe[2], Anh. § 77 GmbHG Rz. 206; *Koch* in Hüffer/Koch[13], § 293a AktG Rz. 6; *Koppensteiner/Schnorbus* in Rowedder/Schmidt-Leithoff[5], Anh. § 52 GmbHG Rz. 102; *Liebscher* in MünchKomm/GmbHG[3], Anh. § 13 Rz. 765; vgl. auch *Altmeppen*, ZIP 1998, 1853 (1858), nach dem die §§ 293a ff. AktG bei der GmbH gar keine Anwendung finden.

5 *Emmerich* in Emmerich/Habersack[8], § 293a AktG Rz. 11; *Emmerich* in Scholz[12], Anh. § 13 GmbHG Rz. 136; *Humbeck*, BB 1995, 1893 ff.; *Lutter/Hommelhoff* in Lutter/Hommelhoff[19], Anh. § 13 GmbHG Rz. 59.

diesem Fall werden Bericht und Prüfung nach den §§ 293a ff. AktG auch dann gefordert, wenn abhängige Gesellschaft eine GmbH ist.[1]

2.64 Die Frage der entsprechenden **Anwendung der §§ 304, 305 AktG** über Ausgleich und Abfindung zugunsten der außenstehenden Gesellschafter **auf die GmbH** als abhängige Gesellschaft wird parallel zur Anwendung der §§ 293a ff. AktG behandelt. Diejenigen, die ohnehin die Zustimmung aller Gesellschafter der abhängigen Gesellschaft verlangen, halten die Anwendung der §§ 304, 305 AktG nicht für erforderlich.[2] Damit kann der Minderheitenschutz im Falle eines Gewinnabführungsvertrags mit der abhängigen GmbH flexibler geregelt werden. Gleichzeitig ist es aber nicht möglich, den Gewinnabführungsvertrag gegen den Willen einer (auch kleinen) Gesellschafterminderheit durchzusetzen – es muss stets eine Einigung auf dem Verhandlungsweg gefunden werden, es sei denn, die Ablehnung des Vertrags durch die Minderheit würde gegen die gesellschaftsrechtliche Treuepflicht verstoßen (Rz. 2.54).

2.65 Nach überwiegender Auffassung ist aber auch im Falle einer **herrschenden GmbH** die **Zustimmung von deren Gesellschafterversammlung** erforderlich, und zwar mit einer Mehrheit von drei Viertel des bei der Beschlussfassung vertretenen Grundkapitals.[3]

IV. Eintragung in das Handelsregister

2.66 Um wirksam zu werden, bedarf der Gewinnabführungsvertrag gem. § 294 Abs. 2 AktG der Eintragung in das Handelsregister der **abhängigen Gesellschaft**. Der Vorstand ist verpflichtet, den Vertrag zur Eintragung anzumelden (§ 294 Abs. 1 AktG). Aufschiebend bedingte oder befristete Gewinnabführungsverträge werden erst nach Ablauf der Befristung bzw. nach Eintritt der Bedingung in das Handelsregister eingetragen[4] (zu den daraus folgenden Problemen für die steuerliche Organschaft s. Rz. 11.5).

2.67 Zur Eintragung des Gewinnabführungsvertrags ist **keine Negativerklärung des Vorstands** darüber erforderlich, dass eine Klage gegen die Wirksamkeit des zustimmenden Hauptversammlungsbeschlusses nicht oder nicht fristgemäß erhoben oder eine solche Klage rechtskräftig abgewiesen oder zurückgenommen worden ist (wie etwa nach § 319 Abs. 5 AktG für die

---

1 LG Frankfurt v. 18.12.2012 – 3-5 O 96/12, AG 2013, 529; *Emmerich* in Emmerich/Habersack[8], § 293a AktG Rz. 11; *Koch* in Hüffer/Koch[13], § 293a AktG Rz. 6; *Zöllner/Beurskens* in Baumbach/Hueck[21], Schlussanh. GmbH-Konzernrecht Rz. 104; aA *Altmeppen*, ZIP 1998, 1853 (1859 f.).
2 *Baldamus*, ZGR 2007, 819 (843 ff.); *Bredow/Liebscher*, BB 2003, 393; *Hasselbach/Hirte* in Großkomm/AktG[4], § 304 Rz. 142; *Emmerich* in Emmerich/Habersack[8], § 304 AktG Rz. 11; *Paulsen* in MünchKomm/AktG[4], § 304 Rz. 19; *Zöllner*, ZGR 1992, 173 (193 ff.).
3 BGH v. 24.10.1988 – II ZB 7/88 – Supermarkt, BGHZ 105, 324 = GmbHR 1989, 25 = NJW 1989, 295; v. 30.1.1992 – II ZB 15/91 – Siemens, GmbHR 1992, 253 = NJW 1992, 1452 (1453); *Emmerich* in Emmerich/Habersack[8], § 293 AktG Rz. 9, 36, 46; *Koch* in Hüffer/Koch[13], § 293 AktG Rz. 18a; *Koppensteiner/Schnorbus* in Rowedder/Schmidt-Leithoff[6], Anh. § 52 GmbHG Rz. 103; *Wicke*[3], Anh. § 13 GmbHG Rz. 6; für andere Obergesellschaft als AG und KGaA in der Literatur umstritten, vgl. *Altmeppen* in MünchKomm/AktG[4], § 293 Rz. 103 ff.
4 *Deilmann* in Hölters[3], § 294 AktG Rz. 22; *Emmerich* in Emmerich/Habersack[8], § 293 AktG Rz. 18; *Grunewald*, AG 1990, 133 (138); *Koppensteiner* in KölnKomm/AktG[3], § 293 Rz. 19; *Krieger* in Hoffmann-Becking (Hrsg.), Münchener Handbuch des Gesellschaftsrechts IV[3], § 71 Rz. 16; *Veil* in Spindler/Stilz[3], § 293 AktG Rz. 8.

Eingliederung und über § 327e Abs. 2 AktG für den Ausschluss von Minderheitsaktionären).[1] Es besteht also keine formelle Registersperre wie bei anderen Strukturmaßnahmen; diese wurde auch nicht mit der Eröffnung des Freigabeverfahrens für Unternehmensverträge in § 246a AktG eingeführt.[2]

Auch im Falle einer **abhängigen GmbH** bedarf der Gewinnabführungsvertrag zu seiner Wirksamkeit der Eintragung in das Handelsregister. Dies ergibt sich sowohl aus § 294 AktG analog als auch aus § 54 GmbHG.[3] Bei der GmbH müssen die **Zustimmungsbeschlüsse** sowohl der Gesellschafter der GmbH als auch der herrschenden Gesellschaft zum Handelsregister eingereicht werden; die Zustimmungsbeschlüsse der GmbH gelangen hier – anders als bei der AG nach § 130 Abs. 5 AktG – nicht bereits anderweitig zum Handelsregister. 2.68

Bei der **herrschenden Gesellschaft** ist nach überwiegender Ansicht weder im Falle der Aktiengesellschaft noch im Falle einer GmbH eine Eintragung in das Handelsregister erforderlich.[4] 2.69

V. Streitigkeiten über die Wirksamkeit des Zustimmungsbeschlusses

1. Aktiengesellschaft

Sind Aktiengesellschaften mit Minderheitsaktionären Partei des Gewinnabführungsvertrags, so können diese den Beschluss der jeweiligen Hauptversammlung über die Zustimmung zum Vertragsschluss mit der **Anfechtungs- und Nichtigkeitsklage** angreifen. Die Anfechtung kann auf Verstöße gegen die Anforderungen an Vorbereitung und Durchführung der Hauptversammlung nach den §§ 293f, 293g AktG sowie gegen die allgemeinen Anforderungen an Einberufung, Vorbereitung und Durchführung der Hauptversammlung gestützt werden. Häufig werden insbesondere **Verletzungen des Fragerechts** der Aktionäre gerügt. 2.70

Bei der **abhängigen Aktiengesellschaft** kann die Anfechtung des zustimmenden Hauptversammlungsbeschlusses gem. §§ 304 Abs. 3 Satz 2, 305 Abs. 5 AktG nicht darauf gestützt werden, dass der im Vertrag bestimmte Ausgleich nicht angemessen sei oder der Vertrag keine angemessene Abfindung vorsehe. Der Zustimmungsbeschluss ist in diesen Fällen auch nicht nichtig. Angemessenheit von Abfindung und Ausgleich werden vielmehr im **Spruchverfahren** nach dem SpruchG überprüft (§ 1 Nr. 1 SpruchG). Dies gilt lediglich dann nicht, wenn der Vertrag gem. § 304 Abs. 3 Satz 1 AktG nichtig ist, weil er überhaupt keinen Ausgleich vorsieht. 2.71

---

[1] *Altmeppen* in MünchKomm/AktG[4], § 294 Rz. 33; *Deilmann* in Hölters[3], § 294 AktG Rz. 18; *Koch* in Hüffer/Koch[13], § 294 AktG Rz. 13; *Paschos* in Henssler/Strohn[3], § 294 AktG Rz. 7; *Veil* in Spindler/Stilz[3], § 294 AktG Rz. 19.
[2] *Altmeppen* in MünchKomm/AktG[3], § 294 Rz. 32; *Mülbert* in Großkomm/AktG[4], § 294 Rz. 57; *Veil* in Spindler/Stilz[3], § 294 AktG Rz. 19.
[3] BGH v. 24.10.1988 – II ZB 7/88 – Supermarkt, BGHZ 105, 324 = GmbHR 1989, 25 = NJW 1989, 295; *Altmeppen* in MünchKomm/AktG[4], § 294 Rz. 4; *Emmerich* in Emmerich/Habersack[8], § 293 AktG Rz. 45; *Emmerich* in Scholz[12], Anh. § 13 GmbHG Rz. 152.
[4] AG Duisburg v. 18.11.1993 – HRB 3196, GmbHR 1994, 811 sieht die Eintragung sogar als unzulässig an; AG Erfurt v. 2.10.1996 – HRB 8340, GmbHR 1997, 75 = AG 1997, 275; *Altmeppen* in MünchKomm/AktG[4], § 294 Rz. 12; *Emmerich* in Emmerich/Habersack[8], § 293 AktG Rz. 46; *Emmerich* in Scholz[12], Anh. § 13 GmbHG Rz. 153; *Heckschen*, DB 1989, 29 (31); *Vetter*, AG 1994, 110 (114 f.); *Zeidler*, NZG 1999, 692 (694) hält eine Eintragung für zulässig, aber nicht verpflichtend; in diese Richtung tendierend auch OLG Celle v. 4.6.2014 – 9 W 80/14, GmbHR 2014, 1047 = ZIP 2014, 1837; *Enders*, NZG 2015, 623; aA (eintragungsfähig und eintragungspflichtig): LG Bonn v. 27.4.1993 – 11 T 2/93, GmbHR 1993, 443 = AG 1993, 521.

Damit der Anfechtungsausschluss nicht ausgehebelt wird, können Anfechtungs- und Nichtigkeitsklagen nach § 243 Abs. 4 Satz 2 AktG auch nicht auf unrichtige, unvollständige oder unzureichende Information in der Hauptversammlung über die Ermittlung, Höhe oder Angemessenheit von Ausgleich oder Abfindung gestützt werden.[1] Um eine Umgehung des Anfechtungsausschlusses zu verhindern, können Anfechtungs- und Nichtigkeitsklagen schließlich auch nicht auf § 243 Abs. 2 AktG, also auf das Erstreben von Sondervorteilen zum Schaden der Gesellschaft oder der anderen Aktionäre, gestützt werden, soweit es um Sondervorteile in Form zu niedrig bemessener Abfindung oder zu niedrigen Ausgleichs geht.[2] Eine **Anfechtung** bleibt aber nach hM im Falle völliger Verweigerung von Auskünften und bei Informationsdefiziten außerhalb der Beantwortung von Fragen in der Hauptversammlung möglich.[3]

2.72 Für den Zustimmungsbeschluss der **herrschenden Aktiengesellschaft** gelten die Anfechtungsausschlüsse nach hM nicht, das heißt, hier kann im **Anfechtungs- oder Nichtigkeitsverfahren** geltend gemacht werden, Abfindung und/oder Ausgleich seien zu hoch bemessen.[4]

2. GmbH

2.73 Bei der abhängigen GmbH dürfte auf Basis der Auffassung, dass die Zustimmung aller Gesellschafter zum Gewinnabführungsvertrag erforderlich ist, der Beschlussmängelstreit keine wesentliche Rolle spielen. Bei der herrschenden GmbH ist hingegen wiederum eine Mehrheitsentscheidung möglich (Rz. 2.65), so dass auch hier ein Beschlussmängelstreit in Frage kommt.

E. Wirkungen des Gewinnabführungsvertrags

I. Vertraglich geregelte Wirkungen

1. Anspruch auf Gewinnabführung

a) Festlegung des abzuführenden Gewinns

2.74 Der Gewinnabführungsvertrag begründet primär den Anspruch des anderen Vertragsteils gegen die verpflichtete Gesellschaft auf Abführung ihres ganzen Gewinns (§ 291 Abs. 1

---

1 *Austmann* in Hoffmann-Becking (Hrsg.), Münchener Handbuch des Gesellschaftsrechts IV[3], § 75 Rz. 82; *Decher* in FS Hoffmann-Becking, 295 (307); *Emmerich* in Emmerich/Habersack[8], § 293 AktG Rz. 53; *Koch* in Hüffer/Koch[13], § 304 AktG Rz. 21; *Koppensteiner* in KölnKomm/AktG[3], § 293 Rz. 53; *Paulsen* in MünchKomm/AktG[4], § 304 Rz. 181; *Veil* in Spindler/Stilz[3], § 293 AktG Rz. 33.
2 *Koppensteiner* in KölnKomm/AktG[3], § 304 Rz. 107; *Paschos* in Henssler/Strohn[3], § 304 AktG Rz. 15; *Paulsen* in MünchKomm/AktG[4], § 305 Rz. 167.
3 RegBegr. BT-Drucks. 15/5092, 26; *Decher* in FS Hoffmann-Becking, 295 (308); *Emmerich* in Emmerich/Habersack[8], § 293 AktG Rz. 53; *Heinrich/Theusinger*, BB 2006, 449 (450); *Koch* in Hüffer/Koch[13], § 243 AktG Rz. 47c; *Paulsen* in MünchKomm/AktG[4], § 304 Rz. 181; *Tielmann*, WM 2007, 1686 (1692).
4 OLG Hamburg v. 30.12.2004 – 11 U 98/04, NZG 2005, 218; *Deilmann* in Hölters[3], § 304 AktG Rz. 66; *Drescher* in Spindler/Stilz[3], § 1 SpruchG Rz. 25; *Emmerich* in Emmerich/Habersack[8], § 304 AktG Rz. 81; *Hirte*, ZHR 167 (2003), 8 (31); *Paschos* in Henssler/Strohn[3], § 304 AktG Rz. 15; *Paulsen* in MünchKomm/AktG[4], § 304 Rz. 182, § 305 Rz. 168; *Stephan* in K. Schmidt/Lutter[3], § 304 AktG Rz. 112.

Satz 1 AktG) bzw. im Falle eines Teilgewinnabführungsvertrags eines Teils davon (§ 292 Abs. 1 Nr. 2 AktG). Die Fälligkeit des Gewinnabführungsanspruchs kann im Vertrag geregelt und sollte auf den vorangehenden Bilanzstichtag festgelegt werden (s. hierzu Rz. 3.73). Ohne entsprechende Regelung tritt sie nach wohl hM mit dem Stichtag des Jahresabschlusses ein.[1]

Wie der abzuführende Gewinn zu berechnen ist, können die Parteien grundsätzlich im Gewinnabführungsvertrag regeln.[2] § 301 AktG legt aber für den Fall des Gewinnabführungsvertrags mit einer Aktiengesellschaft eine Obergrenze für die Gewinnabführung ausgehend vom Jahresüberschuss fest. Dieser **Höchstbetrag** wird in der Praxis in der Regel als abzuführender Gewinn definiert (zu den steuerlichen Anforderungen an die Festlegung des abzuführenden Gewinns s. Rz. 3.69). Ist keine vertragliche Regelung getroffen, wird angenommen, dass die Parteien die Abführung des nach § 301 AktG zulässigen Höchstgewinns vereinbaren wollten.[3] § 301 AktG dient vor allem dem Schutz der Gläubiger, aber auch demjenigen der außenstehenden Aktionäre der abhängigen Gesellschaft.[4]

2.75

b) Maximalbetrag der Gewinnabführung (§ 301 AktG)

Abgeführt werden kann nach § 301 Satz 1 AktG höchstens der ohne die Gewinnabführung (§ 277 Abs. 3 Satz 2 HGB) entstehende **Jahresüberschuss** (§ 275 Abs. 2 Nr. 20, Abs. 3 Nr. 19 HGB), vermindert um einen Verlustvortrag aus dem Vorjahr, um den Betrag, der nach § 300 AktG in die gesetzlichen (bzw. satzungsgemäßen)[5] Rücklagen einzustellen ist, und um den nach § 268 Abs. 8 HGB ausschüttungsgesperrten Betrag. Ein Verlustvortrag ist auch dann abzuziehen, wenn er aus dem letzten Jahresabschluss vor Inkrafttreten des Gewinnabführungsvertrags stammt.[6]

2.76

Nach § 301 Satz 2 AktG können Beträge, die während der Dauer des Vertrags in andere **Gewinnrücklagen** eingestellt worden sind, den anderen Gewinnrücklagen entnommen und als Gewinn abgeführt werden.[7] Gewinnrücklagen, die vor Inkrafttreten des Gewinnabführungsvertrags gebildet wurden, dürfen folglich nicht abgeführt werden. Das Gleiche gilt für **Gewinnvorträge** aus dieser Zeit, § 301 Satz 2 AktG.[8] Vorvertragliche Gewinnvorträge und, im Falle ihrer Auflösung, vorvertragliche freie Rücklagen können vielmehr nur als reguläre Di-

2.77

---

1 *Deilmann* in Hölters[3], § 301 AktG Rz. 6; *Emmerich* in Emmerich/Habersack[8], § 301 AktG Rz. 10; aA (Feststellung des Abschlusses) *Altmeppen* in MünchKomm/AktG[4], § 291 Rz. 148.
2 *Altmeppen* in MünchKomm/AktG[4], § 301 Rz. 1; *Koppensteiner* in KölnKomm/AktG[3], § 301 Rz. 1.
3 *Schenk* in Bürgers/Körber[4], § 301 AktG Rz. 5; *Veil* in Spindler/Stilz[3], § 301 AktG Rz. 6.
4 *Altmeppen* in MünchKomm/AktG[4], § 301 Rz. 3; *Deilmann* in Hölters[3], § 301 AktG Rz. 1; *Pachos* in Henssler/Strohn[3], § 301 AktG Rz. 2; *Veil* in Spindler/Stilz[3], § 301 AktG Rz. 1.
5 *Hirte* in Großkomm/AktG[4], § 301 Rz. 9; *Koppensteiner* in KölnKomm/AktG[3], § 301 Rz. 10 f.
6 *Cahn/Simon*, DK 2003, 1 (6); *Emmerich* in Emmerich/Habersack[8], § 301 AktG Rz. 9; *Hirte* in Großkomm/AktG[4], § 301 Rz. 9; *Koppensteiner* in KölnKomm/AktG[3], § 301 Rz. 10.
7 Es handelt sich um eine Abweichung von dem Grundsatz, dass der ohne Gewinnabführung entstehende Jahresüberschuss abgeführt wird, denn Beträge aus der Auflösung von Rücklagen gehen nicht in den Jahresüberschuss ein (§ 158 Abs. 1 Satz 1 Nr. 3 AktG); vgl. *Emmerich* in Emmerich/Habersack[8], § 301 AktG Rz. 8, 11 ff.; *Hirte* in Großkomm/AktG[4], § 301 AktG Rz. 11; *Koppensteiner* in KölnKomm/AktG[3], § 301 Rz. 18.
8 *Emmerich* in Emmerich/Habersack[8], § 301 AktG Rz. 16; *Hirte* in Großkomm/AktG[4], § 301 Rz. 19; *Koppensteiner* in KölnKomm/AktG[3], § 301 Rz. 19; *Krumm* in Blümich, § 14 KStG Rz. 136 f. (Stand Nov. 2017).

vidende an die Gesellschafter ausgeschüttet werden.[1] Auch eine Verrechnung mit Jahresfehlbeträgen oder Verlustvorträgen aus dieser Zeit zum Zwecke der Erhöhung der Gewinnabführung scheidet aus (§ 302 Abs. 1 AktG).[2]

2.78 Daraus, dass der Höchstbetrag der Gewinnabführung nach § 301 AktG an den Jahresüberschuss anknüpft, ergibt sich auch, dass die gesetzliche Rücklage während der Laufzeit des Vertrags nicht aufgelöst werden darf, um sie als Gewinn abzuführen, denn eine **Auflösung der gesetzlichen Rücklage** erhöht nicht den Jahresüberschuss (§ 158 Abs. 1 Satz 1 Nr. 3 AktG).[3] Ebenso wenig kann der abzuführende Gewinn durch Entnahmen aus der **Kapitalrücklage** erhöht werden.[4] Das gilt nach Ansicht des BFH auch für Beträge aus Zuzahlungen nach § 272 Abs. 2 Nr. 4 HGB.[5]

2.79 In der Literatur ist umstritten, ob § 301 AktG auf den Fall einer **verpflichteten GmbH** entsprechend anzuwenden ist. Diese Frage hat allerdings geringe praktische Bedeutung, da nach § 17 Abs. 1 Satz 2 Nr. 1 KStG die Gewinnabführung den Betrag nach § 301 AktG nicht überschreiten darf, damit eine körperschaftsteuerliche Organschaft anerkannt wird.[6] Daher sehen Gewinnabführungsverträge in der Regel eine entsprechende Höchstgrenze vor.

c) Einfluss des anderen Vertragsteils auf die Höhe der Gewinnabführung

2.80 Die **Auf- und Feststellung des Jahresabschlusses**, aus dem sich die Höhe des Gewinnabführungsanspruchs ergibt, sowie die Bildung und Auflösung von Rücklagen, die nach den vorstehend dargestellten Grundsätzen die Höhe des Gewinnabführungsanspruchs beeinflussen können, richten sich nach allgemeinen Regeln, erfolgen also bei der AG durch Vorstand, Aufsichtsrat und Hauptversammlung bzw. bei der GmbH durch Geschäftsführer und Gesellschafterversammlung (hierzu oben Rz. 2.6 und 2.14). Bestehende **Weisungsrechte**, etwa aufgrund eines Beherrschungsvertrags oder das Weisungsrecht der Gesellschafterversammlung in der GmbH, können innerhalb des gesetzlichen Rahmens genutzt werden, **um den Jahresabschluss zu beeinflussen**.[7] Allein auf Basis eines **isolierten Gewinnabführungsvertrags** besteht hingegen **kein Weisungsrecht** des anderen Vertragsteils, mit dem dieser den Jahresabschluss beeinflussen könnte.[8] Es ist umstritten, ob ein solches in einem isolierten Gewinnabführungsvertrag vereinbart werden kann, ohne dass ein kombinierter Beherrschungs- und

---

1 *Emmerich* in Emmerich/Habersack[8], § 301 AktG Rz. 15; *Hirte* in Großkomm/AktG[4], § 301 Rz. 10; *Koppensteiner* in KölnKomm/AktG[3], § 301 Rz. 18; *Walther*, DB 1976, 661 (662).
2 *Altmeppen* in MünchKomm/AktG[4], § 302 Rz. 47 f.; *Emmerich* in Emmerich/Habersack[8], § 302 AktG Rz. 31; *Koppensteiner* in KölnKomm/AktG[3], § 302 Rz. 29; *Krumm* in Blümich, § 14 KStG Rz. 137 (Stand Nov. 2017).
3 *Emmerich* in Emmerich/Habersack[8], § 301 AktG Rz. 11; *Hirte* in Großkomm/AktG[4], § 301 Rz. 12; *Koppensteiner* in KölnKomm/AktG[3], § 301 Rz. 13.
4 *Emmerich* in Emmerich/Habersack[8], § 301 AktG Rz. 17; *Hirte* in Großkomm/AktG[4], § 301 Rz. 13; *Koppensteiner* in KölnKomm/AktG[3], § 301 Rz. 14.
5 BFH v. 8.8.2001 – I R 25/00, NZG 2002, 832 (833 f.); *Breuninger/Krüger*, GmbHR 2002, 277 (278 f.); *Cahn/Simon*, DK 2003, 1 (8); *Emmerich* in Emmerich/Habersack[8], § 301 AktG Rz. 17; *Paschos* in Henssler/Strohn[3], § 301AktG Rz. 14; *Willenberg/Welte*, DB 1994, 1688 (1690).
6 *Altmeppen* in MünchKomm/AktG[4], § 301 Rz. 13.
7 *Emmerich* in Emmerich/Habersack[8], § 302 AktG Rz. 29a; *Veil* in Spindler/Stilz[3], § 302 AktG Rz. 16.
8 HM, *Emmerich* in Emmerich/Habersack[8], § 291 AktG Rz. 49, 65; *Koppensteiner* in KölnKomm/AktG[3], § 291 Rz. 89; aA *van Venrooy*, DB 1981, 675 (681).

Gewinnabführungsvertrag abgeschlossen wird.[1] Jedenfalls soll aber die abhängige Gesellschaft bei der Ausfüllung von Bilanzierungsspielräumen verpflichtet sein, auf den anderen Vertragsteil Rücksicht zu nehmen; andernfalls hafte sie wegen Verletzung des Gewinnabführungsvertrags.[2]

2. Verlustausgleich

a) Anspruch und Höhe (§ 302 AktG)

Nach § 302 Abs. 1 AktG hat der andere Vertragsteil bei Bestehen eines Gewinnabführungsvertrags jeden während der Vertragsdauer sonst (also ohne den Verlustausgleich) entstehenden Jahresfehlbetrag auszugleichen. Im Vertragskonzern mit einer **GmbH als abhängiger Gesellschaft** ist § 302 AktG **entsprechend** anwendbar.[3] Der auszugleichende Jahresfehlbetrag ergibt sich aus dem Einzelabschluss nach den handelsrechtlichen Bilanzierungsregeln.[4] Für die Ausübung dabei bestehender Wahlrechte und Bilanzierungsspielräume gelten die vorstehenden Ausführungen entsprechend (Rz. 2.80). Die Verlustausgleichspflicht schützt die Gläubiger und außenstehenden Aktionäre der abhängigen Gesellschaft, deren Rechte durch die Lockerung der Vermögensbindung im Vertragskonzern beeinträchtigt sind.[5]

2.81

Da der Verlustausgleich bei der verpflichteten Gesellschaft handelsrechtlich als Ertrag auszuweisen ist (§ 277 Abs. 3 Satz 2 HGB), entfällt der Jahresfehlbetrag.[6] Der Betrag des auszugleichenden Jahresfehlbetrags vermindert sich nur, soweit den anderen Gewinnrücklagen Beträge entnommen werden, die während der Vertragsdauer in sie eingestellt worden sind (§ 302 Abs. 1 AktG),[7] nicht hingegen im Falle von Entnahmen aus vorvertraglichen Einstellungen oder Gewinnvorträgen aus vorvertraglicher Zeit (§ 302 Abs. 1 AktG).[8] Die Verlustausgleichspflicht kann auch nicht durch Entnahmen aus der Kapitalrücklage (einschließlich der Rücklage nach § 272 Abs. 2 Nr. 4 HGB) oder aus der gesetzlichen oder satzungsgemäßen Rücklage oder durch eine Kapitalherabsetzung[9] vermieden werden.

2.82

---

1 Hierzu *Veil* in Spindler/Stilz[3], § 291 AktG Rz. 37 ff., der selbst die Vereinbarung von Weisungsrechten in Bezug auf die Bilanzierung für zulässig hält.
2 Zu einer Konstellation, in der die Ausübung von Wahlrechten zu einer höheren Verlustausgleichspflicht führte, OLG Frankfurt v. 29.6.1999 – 5 U 251/97, NZG 2000, 603 (604); ebenso *Deilmann* in Hölters[3], § 302 AktG Rz. 8; *Emmerich* in Emmerich/Habersack[8], § 301 AktG Rz. 7e; ablehnend *Hirte* in Großkomm/AktG[4], § 302 Rz. 22.
3 BGH v. 7.10.2014 – II ZR 361/13, GmbHR 2015, 24 m. Anm. *von Woedtke* = NZG 2014, 1340 Rz. 8 mwN; *Emmerich* in Emmerich/Habersack[8], § 302 AktG Rz. 25; *Liebscher* in Happ, Konzern- und Umwandlungsrecht, Muster 1.02 Rz. 4.1; *Koppensteiner/Schnorbus* in Rowedder/Schmidt-Leithoff[6], Anh. § 52 GmbHG Rz. 119; *Servatius* in Michalski[3], Syst. Darst. 4 Rz. 271, 281.
4 *Emmerich* in Emmerich/Habersack[8], § 302 AktG Rz. 29; *Hirte* in Großkomm/AktG[4], § 302 Rz. 20; *Koch* in Hüffer/Koch[13], § 302 AktG Rz. 9; *Veil* in Spindler/Stilz[3], § 302 AktG Rz. 15.
5 *Altmeppen* in MünchKomm/AktG[4], § 302 Rz. 9 f.; *Emmerich* in Emmerich/Habersack[8], § 302 AktG Rz. 1, 4.
6 *Emmerich* in Emmerich/Habersack[8], § 302 AktG Rz. 28; *Hirte* in Großkomm/AktG[4], § 302 Rz. 20; *Koppensteiner* in KölnKomm/AktG[3], § 302 Rz. 19; *Veil* in Spindler/Stilz[3], § 302 AktG Rz. 15.
7 *Altmeppen* in MünchKomm/AktG[4], § 302 Rz. 20; *Emmerich* in Emmerich/Habersack[8], § 302 AktG Rz. 32; *Hirte* in Großkomm/AktG[4], § 302 Rz. 4. Zur Einstellung von Beträgen in die anderen Gewinnrücklagen während der Dauer des Vertrags s. oben Rz. 2.10 ff.
8 *Altmeppen* in MünchKomm/AktG[4], § 302 Rz. 47 f.; *Koppensteiner* in KölnKomm/AktG[3], § 302 Rz. 23; *Krumm* in Blümich, § 14 KStG Rz. 136 f. (Stand Nov. 2017).
9 *Altmeppen* in MünchKomm/AktG[4], § 302 Rz. 52; *Hirte* in Großkomm/AktG[4], § 302 Rz. 24.

b) Verlustausgleich zu Beginn und Ende der Laufzeit des Unternehmensvertrags

2.83 Die **Verlustausgleichspflicht** besteht grundsätzlich **ab Wirksamwerden des Gewinnabführungsvertrags** (einschließlich einer etwaigen Rückwirkung)[1] und erfasst alle danach entstehenden Jahresfehlbeträge, nicht hingegen solche aus der Zeit zuvor, insbesondere nicht einen Verlustvortrag aus der Zeit vor Wirksamwerden. Beginnt der Gewinnabführungsvertrag allerdings während eines laufenden Geschäftsjahres, so ist der Verlust für das gesamte Geschäftsjahr auszugleichen; das kann nur durch Bildung eines Rumpfgeschäftsjahrs vermieden werden.[2]

2.84 Am Ende der Laufzeit des Gewinnabführungsvertrags ist der dann bestehende Jahresfehlbetrag auszugleichen. Das gilt auch, wenn der Zeitpunkt in ein laufendes Geschäftsjahr fällt. In diesem Fall ist der **Ausgleichsanspruch auf Basis eines Zwischenabschlusses** zu ermitteln.[3] Ist die verpflichtete Gesellschaft ohne den laufenden Verlustausgleich nicht überlebensfähig, kann die Beendigung des Unternehmensvertrags dazu führen, dass das Unternehmen keine positive Fortführungsprognose mehr aufweist und deshalb das Vermögen zu **Zerschlagungswerten** zu bilanzieren ist. Ein sich daraus ergebender Verlust erhöht den letzten Verlustausgleichsanspruch.[4] Hingegen sind in diesen nach hM keine Abwicklungs- und Zerschlagungsverluste einzuberechnen, die erst in späteren Perioden anfielen.[5]

c) Entstehen, Fälligkeit, Verfügungen und Erfüllung

2.85 Der Verlustausgleichsanspruch entsteht nicht erst mit Feststellung des Jahresabschlusses, sondern mit Ende des Geschäftsjahrs, in dem der auszugleichende Verlust angefallen ist.[6] Er entsteht auch im Falle eines fehlerhaften Jahresabschlusses in der Höhe, die sich bei richtiger Bilanzierung ergäbe.[7] Der Anspruch ist nach hM **sofort fällig** und zu verzinsen (§§ 352, 353 HGB).[8] Allerdings tritt Verzug mit der Folge der höheren Verzugszinsen erst ein, wenn die

---

1 *Altmeppen* in MünchKomm/AktG[4], § 302 Rz. 20; *Emmerich* in Emmerich/Habersack[8], § 302 AktG Rz. 37; *Hirte* in Großkomm/AktG[4], § 302 Rz. 18. Siehe zum rückwirkenden Abschluss auch oben Rz. 2.42.
2 *Deilmann* in Hölters[3], § 302 AktG Rz. 10; *Emmerich* in Emmerich/Habersack[8], § 302 AktG Rz. 37; *Hirte* in Großkomm/AktG[4], § 302 Rz. 17; *Koppensteiner* in KölnKomm/AktG[3], § 302 Rz. 28; *Schmidt*, ZGR 1983, 513 (523 f.); *Veil* in Spindler/Stilz[3], § 302 AktG Rz. 18.
3 *Emmerich* in Emmerich/Habersack[8], § 302 AktG Rz. 38; *Hirte* in Großkomm/AktG[4], § 302 Rz. 19; *Koch* in Hüffer/Koch[13], § 302 AktG Rz. 11.
4 *Hirte* in Großkomm/AktG[4], § 302 Rz. 23; so wohl auch *Altmeppen* in MünchKomm/AktG[4], § 302 Rz. 41 ff.; *Koppensteiner* in KölnKomm/AktG[3], § 302 Rz. 37.
5 OLG Düsseldorf v. 2.4.1998 – 19 W 3/93 AktE, AG 1999, 89 (91); *Emmerich* in Emmerich/Habersack[8], § 302 AktG Rz. 39; *Lwowski/Groeschke*, WM 1994, 613 (615 f.); *Paschos* in Henssler/Strohn[3], § 302 AktG Rz. 10; *Veil* in Spindler/Stilz[3], § 302 AktG Rz. 17; aA *Altmeppen* in MünchKomm/AktG[4], § 302 Rz. 41 ff.; *Hirte* in Großkomm/AktG[4], § 302 Rz. 23; *Schmidt*, ZGR 1983, 513 (531 ff.).
6 BGH v. 11.10.1999 – II ZR 120/98, GmbHR 1999, 1299 m. Anm. *Brauer* = NJW 2000, 210; v. 14.2.2005 – II ZR 361/02, GmbHR 2005, 628 = ZIP 2005, 854 (855); *Altmeppen*, DB 1999, 2453; *Altmeppen* in MünchKomm/AktG[4], § 302 Rz. 72; *Emmerich* in Emmerich/Habersack[8], § 302 AktG Rz. 40; *Hirte* in Großkomm/AktG[4], § 302 Rz. 36; *Veil* in Spindler/Stilz[3], § 302 AktG Rz. 20.
7 BGH v. 11.10.1999 – II ZR 120/98, GmbHR 1999, 1299 m. Anm. *Brauer* = NJW 2000, 210; *Altmeppen* in MünchKomm/AktG[3], § 302 Rz. 72; *Spindler/Klöhn*, NZG 2005, 584 (585); aA *Krieger*, NZG 2005, 787.
8 *Altmeppen* in MünchKomm/AktG[4], § 302 Rz. 72, 75; *Deilmann* in Hölters[3], § 302 AktG Rz. 19; *Koch* in Hüffer/Koch[13], § 302 AktG Rz. 13 f.; *Paschos* in Henssler/Strohn[3], § 302 AktG Rz. 14 f.;

abhängige Gesellschaft den Verlustausgleichsanspruch beziffert und das herrschende Unternehmen auf Mahnung hin nicht leistet (§ 286 Abs. 1 BGB) oder einer der anderen speziellen verzugsbegründenden Tatbestände (insb. § 286 Abs. 2 Nr. 3 und 4 und Abs. 3 BGB) eingreift.[1]

Droht der abhängigen Gesellschaft die **Zahlungsunfähigkeit**, ist der andere Vertragsteil nach umstrittener Auffassung verpflichtet, zu deren Vermeidung **Abschlagszahlungen** auf den Verlustausgleichsanspruch zu leisten.[2] Um die Verrechnung mit späteren Verlustausgleichsansprüchen sicherzustellen, muss der andere Vertragsteil aber auf eine eindeutige Zweckbestimmung der Zahlung achten.[3]

2.86

Der Verlustausgleichsanspruch kann **nicht gestundet** werden. Gemäß § 302 Abs. 3 AktG kann die Gesellschaft auf den Anspruch erst drei Jahre nach Bekanntmachung der Eintragung der Beendigung des Vertrags in das Handelsregister **verzichten** oder sich über ihn **vergleichen**. Die außenstehenden Aktionäre müssen dem Vergleich durch Sonderbeschluss zustimmen; dieser scheitert, wenn eine Minderheit mit einem Anteil von 10 % oder mehr des bei der Beschlussfassung vertretenen Grundkapitals Widerspruch einlegt.[4] Steuerlich führt ein Verzicht bzw. Vergleich in jedem Fall dazu, dass die für die Organschaft erforderliche tatsächliche Durchführung des Gewinnabführungsvertrags entfällt, da die Verpflichtung aus § 14 Abs. 1 Satz 1 KStG, den ganzen Gewinn abzuführen, nicht erfüllt ist.[5] Aufrechnung und einvernehmliche Leistung an Erfüllung statt sind zulässig, wenn die Gegenforderung bzw. die Leistung werthaltig ist.[6]

2.87

3. Ausgleichsanspruch der außenstehenden Aktionäre

Gemäß § 304 Abs. 1 Satz 1 AktG müssen Gewinnabführungsverträge mit einer AG als abhängiger Gesellschaft einen angemessenen Ausgleich für die außenstehenden Aktionäre in Form einer **regelmäßigen Ausgleichszahlung** vorsehen. Auch wenn anders als in § 305 AktG der Schuldner nicht bestimmt ist, besteht Einigkeit darüber, dass auch im Falle des § 304 Abs. 1 Satz 1 AktG „**der andere Vertragsteil**" verpflichtet ist, also das herrschende

2.88

---

aA *Krieger* in Hoffmann-Becking (Hrsg.), Münchener Handbuch des Gesellschaftsrechts IV³, § 71 Rz. 75.

1 Ähnlich *Altmeppen* in MünchKomm/AktG⁴, § 302 Rz. 76; *Hirte* in Großkomm/AktG⁴, § 302 Rz. 64; *Thoß*, DB 2007, 206 (207 f.); *Wernicke/Scheunemann*, DStR 2006, 1399 (1400); aA *Emmerich* in Emmerich/Habersack⁸, § 302 AktG Rz. 40b.

2 *Altmeppen* in MünchKomm/AktG⁴, § 302 Rz. 73; *Emmerich* in Emmerich/Habersack⁸, § 302 AktG Rz. 41; *Veil* in Spindler/Stilz³, § 302 AktG Rz. 8; aA *Hentzen*, AG 2006, 133 (140 f.); *Hirte* in Großkomm/AktG⁴, § 302 Rz. 62; *Krieger* in Hoffmann-Becking (Hrsg.), Münchener Handbuch des Gesellschaftsrechts IV³, § 71 Rz. 75; *Liebscher*, ZIP 2006, 1221 (1222); wohl auch *Deilmann* in Hölters³, § 302 AktG Rz. 23.

3 *Deilmann* in Hölters³, § 302 AktG Rz. 23 unter Hinweis auf BGH v. 10.7.2006 – II ZR 238/04, GmbHR 2006, 928 m. Anm. *Theiselmann* = AG 2006, 629.

4 *Altmeppen* in MünchKomm/AktG⁴, § 302 Rz. 99; *Emmerich* in Emmerich/Habersack⁸, § 302 AktG Rz. 54 f.; *Hirte* in Großkomm/AktG⁴, § 302 Rz. 72; *Koch* in Hüffer/Koch¹³, § 302 AktG Rz. 27; *Paschos* in Henssler/Strohn³, § 302 AktG Rz. 29.

5 FG Münster v. 20.8.2014 – 10 K 2192/13 F, GmbHR 2014, 1326, rkr.

6 BGH v. 10.7.2006 – II ZR 238/04, GmbHR 2006, 928 m. Anm. *Theiselmann* = NZG 2006, 664; *Deilmann* in Hölters³, § 302 AktG Rz. 22; *Emmerich* in Emmerich/Habersack⁸, § 302 AktG Rz. 40f; *Goldschmidt/Laeger*, NZG 2012, 1201 (1203); *Priester*, BB 2005, 2483 (2485 f.); *Veil* in Spindler/Stilz³, § 302 AktG Rz. 28.

Unternehmen[1] (hierzu und insbesondere zur Höhe des Ausgleichsanspruchs s. bereits oben Rz. 2.33 ff.). Außenstehende Aktionäre sind alle Aktionäre mit Ausnahme des vertragschließenden herrschenden Unternehmens und dessen 100 %-Töchter, der Unternehmen, die alle Anteile an dem herrschenden Unternehmen halten, sowie der Unternehmen, die mit diesem über einen Beherrschungs- und/oder Gewinnabführungsvertrag verbunden sind.[2] Als außenstehende Aktionäre im Rahmen der §§ 304, 305, 307 AktG *anzuerkennen* sind allerdings auch bloß faktische Konzernunternehmen oder Mehrheitsbeteiligungen.[3]

2.89 Der Ausgleichsanspruch hängt nicht davon ab, dass der außenstehende Aktionär zur Zeit des Abschlusses des Unternehmensvertrags bereits an der Gesellschaft beteiligt war. Bei **späteren Übertragungen** der Aktien der abhängigen Gesellschaft erlischt der Anspruch des Veräußerers und beim Erwerber entsteht der Verlustausgleichsanspruch neu.[4] Den Ausgleich für ein bestimmtes Geschäftsjahr erhält derjenige, der die Aktie im Zeitpunkt des Fälligwerdens des Anspruchs (hierzu sogleich) hält.[5] Eine Besonderheit besteht bei Beendigung des Gewinnabführungsvertrags während eines **laufenden Spruchverfahrens**. Hier bleibt der Anspruch zugunsten der Aktionäre bestehen, die die Aktien zum Zeitpunkt der Beendigung und bis zur Erfüllung des Anspruchs halten, so dass diese Anspruch auf ggf. im Spruchverfahren festgesetzte Erhöhungen haben. Zwar erlischt der Ausgleichsanspruch auch hier bei Veräußerung der Aktien, er entsteht dann jedoch nicht erneut zugunsten der Erwerber.[6]

2.90 Der Ausgleichsanspruch wird jeweils **mit Ablauf der ordentlichen Hauptversammlung fällig**, weil an diesem Tag sonst der Gewinnverwendungsbeschluss gefasst worden wäre; im Vertrag kann auch der darauf folgende Werktag bestimmt werden.[7] Ob auf den Ausgleichsanspruch Fälligkeitszinsen (wie für die Abfindung nach § 305 Abs. 3 Satz 3 AktG) anfallen, ist umstritten. Dagegen spricht, dass § 304 AktG sie im Unterschied zu § 305 AktG nicht vorsieht und dass Ausgleichsansprüche keine Forderungen im Sinne von § 353 Satz 1 HGB sind.[8] Teil-

---

1 *Emmerich* in Emmerich/Habersack[8], § 304 AktG Rz. 23 f.; *Geißler*, GmbHR 2015, 734 (736); *Koppensteiner* in KölnKomm/AktG[3], § 304 Rz. 22; *Paulsen* in MünchKomm/AktG[4], § 304 Rz. 36.
2 *Emmerich* in Emmerich/Habersack[8], § 295 Rz. 28 ff., § 304 AktG Rz. 15 ff.; *Hasselbach/Hirte* in Großkomm/AktG[4], § 304 Rz. 28; *Veil* in Spindler/Stilz[3], § 304 AktG Rz. 17 ff.
3 *Hasselbach/Hirte* in Großkomm/AktG[4], § 304 Rz. 31; *Emmerich* in Emmerich/Habersack[8], § 304 AktG Rz. 18; *Paulsen* in MünchKomm/AktG[4], § 304 Rz. 28; *Veil* in Spindler/Stilz[3], § 304 AktG Rz. 23; nach der Höhe der Beteiligungsquoten differenzierend *Koppensteiner* in KölnKomm/AktG[3], § 295 Rz. 43.
4 BGH v. 8.5.2006 – II ZR 27/05, NZG 2006, 623 zum Abfindungsanspruch nach § 305 AktG; *Emmerich* in Emmerich/Habersack[8], § 304 AktG Rz. 21a; *Keul* in Mehrbrey, Handbuch Gesellschaftsrechtliche Streitigkeiten, § 24 Rz. 10; *Koppensteiner* in KölnKomm/AktG[3], § 304 Rz. 17; *Paulsen* in MünchKomm/AktG[4], § 304 Rz. 119; aA *Bilda* AG 2008, 641 (642 ff.) für derivativen Folgeerwerb.
5 *Emmerich* in Emmerich/Habersack[8], § 304 AktG Rz. 21 f.; *Hasselbach/Hirte* in Großkomm/AktG[4], § 304 Rz. 33; *Koch* in Hüffer/Koch[13], § 304 AktG Rz. 2; *Rezori*, NZG 2008, 812 (813).
6 BGH v. 8.5.2006 – II ZR 27/05, NZG 2006, 623 zum Abfindungsanspruch nach § 305 AktG; v. 17.3.2008 – II ZR 45/06, AG 2008, 370; v. 9.10.2006 – II ZR 46/05, NZG 2007, 26; *Meilicke/Kleinertz* in Heidel[4], § 304 AktG Rn. 9c; *Keul* in Mehrbrey, Handbuch Gesellschaftsrechtliche Streitigkeiten, § 24 Rz. 10; *Paulsen* in MünchKomm/AktG[4], § 304 Rz. 35.
7 BGH v. 19.4.2011 – II ZR 237/09, NJW-RR 2011, 1119; *Hasselbach/Hirte* in Großkomm/AktG[4], § 304 Rz. 42; *Koch* in Hüffer/Koch[13], § 304 AktG Rz. 13; *Paulsen* in MünchKomm/AktG[4], § 304 Rz. 108; *Veil* in Spindler/Stilz[3], § 304 AktG Rz. 34.
8 *Veil* in Spindler/Stilz[3], § 304 AktG Rz. 35; gegen Fälligkeitszinsen deshalb auch OLG Hamm v. 21.3.2012 – I-8 U 183/10, AG 2012, 598 (599); LG Nürnberg-Fürth v. 22.4.1999 – 1 HK 6730/89, AG 2000, 89 (91); OLG München v. 12.11.1997 – 7 U 4229/97, NZG 1998, 192; *Koch* in Hüffer/

weise wird jedoch davon ausgegangen, dass mit Fälligkeit Verzugszinsen nach § 286 Abs. 2 Nr. 1 BGB anfallen.[1] Eine Verzinsung wird außerdem für den Fall erwogen, dass der Ausgleichsanspruch durch das Gericht im Spruchverfahren erhöht wird.[2]

Der Ausgleichsanspruch **verjährt nach allgemeinen Vorschriften**, also nach drei Jahren ab Ende des Jahres, in dem der Anspruch entstanden und fällig geworden ist (§§ 195, 199 Abs. 1 BGB).[3]   2.91

4. Abfindungsanspruch der außenstehenden Aktionäre

Gemäß § 305 Abs. 1 AktG muss der Beherrschungs- und/oder Gewinnabführungsvertrag außerdem ein **Abfindungsangebot des anderen Vertragsteils**[4] zugunsten der außenstehenden Aktionäre (hierzu soeben Rz. 2.88) enthalten (hierzu bereits oben Rz. 2.38 f.); fehlt es an dieser oder ist die angebotene Abfindung zu gering, ist diese im Spruchverfahren durch das Gericht festzusetzen (§ 305 Abs. 5 AktG). Ist anderer Vertragsteil eine nicht abhängige oder in Mehrheitsbesitz stehende AG oder KGaA in der EU oder dem EWR, besteht die **Abfindung in Aktien dieser Gesellschaft** (§ 305 Abs. 2 Nr. 1 AktG). Ist der andere Vertragsteil seinerseits von einer AG oder KGaA in der EU oder dem EWR abhängig, so können Aktien dieser Gesellschaft oder eine Barabfindung angeboten werden (§ 305 Abs. 2 Nr. 2 AktG). Ansonsten ist eine Barabfindung anzubieten (§ 305 Abs. 2 Nr. 3 AktG).[5]   2.92

Das **Abfindungsangebot** kann im Unternehmensvertrag **befristet** werden (§ 305 Abs. 4 Satz 1 AktG). Die Frist darf frühestens zwei Monate nach Eintragung des Unternehmensvertrags im Handelsregister bzw. zwei Monate nach Bekanntmachung der Entscheidung im Spruchverfahren (§ 305 Abs. 4 Satz 2 und 3 AktG) enden. Enthält der Vertrag keine Befristung, besteht die Abfindungsoption bis zum Vertragsende.[6]   2.93

Der einzelne Aktionär hat aufgrund des Abfindungsangebots zunächst das **Recht**, gegen Abfindung aus der Gesellschaft **auszuscheiden**. Dieses muss er durch Erklärung gegenüber dem anderen Vertragsteil ausüben. Dieses Optionsrecht ist nicht selbständig verkehrsfähig.[7] Bei Veräußerung der Aktien erlischt es in der Hand des Veräußerers und entsteht beim Erwerber neu, solange die Frist für das Abfindungsangebot noch nicht abgelaufen ist und der   2.94

Koch[13], § 304 AktG Rz. 13; *Paulsen* in MünchKomm/AktG[4], § 304 Rz. 113; *Stephan* in K. Schmidt/Lutter[3], § 304 AktG Rz. 36; aA (Fälligkeitszinsen befürwortend) *Busch*, AG 1993, 1 (4 f., 11); *Koppensteiner* in KölnKomm/AktG[3], § 304 Rz. 10.

1 *Emmerich* in Emmerich/Habersack[8], § 304 AktG Rz. 31; *Koppensteiner* in KölnKomm/AktG[3], § 304 Rz. 10.

2 *Hasselbach/Hirte* in Großkomm/AktG[4], § 304 Rz. 47; *Paulsen* in MünchKomm/AktG[4], § 304 Rz. 114.

3 *Emmerich* in Emmerich/Habersack[8], § 304 AktG Rz. 33b; *Hasselbach/Hirte* in Großkomm/AktG[4], § 304 Rz. 50; *Paulsen* in MünchKomm/AktG[4], § 304 Rz. 121.

4 *Emmerich* in Emmerich/Habersack[8], § 305 AktG Rz. 22; *Koch* in Hüffer/Koch[13], § 305 AktG Rz. 8; *Koppensteiner* in KölnKomm/AktG[3], § 305 Rz. 34; *Paulsen* in MünchKomm/AktG[4], § 305 Rz. 19.

5 Zu Einzelheiten der Regelung der Abfindung im Unternehmensvertrag Rz. 2.38 ff.

6 *Emmerich* in Emmerich/Habersack[8], § 305 AktG Rz. 19; *Paulsen* in MünchKomm/AktG[4], § 305 Rz. 159.

7 BGH v. 8.5.2006 – II ZR 27/05, NZG 2006, 623; *Braun/Krämer* ZIP 2006, 1396 (1398); *Luttermann*, NZG 2006, 816 (817); *Paulsen* in MünchKomm/AktG[4], § 305 Rz. 27; *Veil* in Spindler/Stilz[3], § 305 AktG Rz. 28; kritisch *Koppensteiner*, DStR 2006, 1603 ff.; aA *Habersack* AG 2005, 709, (711).

Unternehmensvertrag nicht vor Veräußerung wirksam beendet wurde. Das gilt auch für den Fall, dass der Veräußerer bereits zuvor eine Erklärung gegenüber dem herrschenden Unternehmen abgegeben hatte. Wenn zum Zeitpunkt des Erwerbs die Frist bereits abgelaufen ist oder der Vertrag beendet wurde, so erwerben die neuen Aktionäre den Abfindungsanspruch daher nicht; dies gilt auch dann, wenn noch ein vertragsüberdauerndes Spruchverfahren läuft.[1]

2.95 Eine **Barabfindung** ist gem. § 305 Abs. 3 Satz 3 AktG ab dem Wirksamwerden mit jährlich 5 Prozentpunkten über dem jeweiligen Basiszins nach § 247 BGB **zu verzinsen**. Die vom Gesetz angesprochene Geltendmachung eines weiteren Schadens setzt Verzug voraus, der im Regelfall nur eintreten kann, wenn der Aktionär seine Aktien einreicht.[2]

2.96 Nimmt der Aktionär das Abfindungsangebot an, nachdem er zuvor Ausgleichszahlungen bezogen hat, so sind die erhaltenen Ausgleichszahlungen auf die Abfindungszinsen **anzurechnen**. Die Anrechnung erfolgt (so jedenfalls die in der Sache wenig überzeugende hM) nur **geschäftsjahresweise**, so dass eine Anrechnung unterbleibt, soweit in einzelnen Jahren die Ausgleichszahlungen die Zinsen übersteigen.[3]

II. Bilanzierung

2.97 Gewinnabführungen der verpflichteten Gesellschaft werden handelsbilanziell als Aufwand, ein etwaiger Verlustausgleich als Ertrag erfasst, so dass sich in der Regel weder ein Jahresüberschuss noch ein Fehlbetrag ergibt (ausführlich zu den bilanzrechtlichen Fragen: steuerliche Gewinnermittlung: Rz. 13.57 ff. und Rz. 1.43, handelsrechtliche Gewinnermittlung: Rz. 2.7 ff. und Rz. 1.42). Zu einem **Jahresüberschuss** kann es allerdings kommen, wenn nach § 301 AktG die Gewinnabführung auf einen niedrigeren Betrag als den Jahresüberschuss begrenzt ist, insbesondere weil ein Betrag zum Ausgleich eines Verlustvortrags verwendet oder nach § 300 AktG in die Rücklagen eingestellt werden muss. Umgekehrt kann sich ein **Jahresfehlbetrag** ergeben, wenn ein höherer Betrag als der Jahresüberschuss abgeführt wird, oder nicht der ganze Jahresfehlbetrag ausgeglichen werden muss, weil während der Vertragslaufzeit gebildete Gewinnrücklagen aufgelöst werden (§§ 301 Satz 2, 302 Abs. 1 AktG). Zu Rechnungslegungserleichterungen für bestimmte Organgesellschaften s. § 264 Abs. 3 HGB.

2.98 Besteht noch ein vorvertraglicher Gewinnvortrag oder werden vorvertragliche Gewinnrücklagen oder Kapitalrücklagen (insb. nach § 272 Abs. 2 Nr. 4 HGB) aufgelöst, so dürfen diese nicht aufgrund des Gewinnabführungsvertrags abgeführt werden (s. oben Rz. 2.77). Vielmehr kommt es insoweit zu einem **Bilanzgewinn**, der ggf. nach allgemeinen Regeln an die Gesellschafter ausgeschüttet werden kann.

---

1 BGH v. 8.5.2006 – II ZR 27/05, NZG 2006, 623 zum Abfindungsanspruch nach § 305 AktG; *Emmerich* in Emmerich/Habersack[8], § 305 AktG Rz. 20 ff.; *Paulsen* in MünchKomm/AktG[4], § 305 Rz. 35, 38; *Keul* in Mehrbrey, Handbuch Gesellschaftsrechtliche Streitigkeiten, § 24 Rz. 10; *Veil* in Spindler/Stilz[3], § 305 AktG Rz. 26.

2 *Emmerich* in Emmerich/Habersack[8], § 305 AktG Rz. 31 f.; *Krieger* in Hoffmann-Becking (Hrsg.), Münchener Handbuch des Gesellschaftsrechts IV[3], § 71 Rz. 116; *Paulsen* in MünchKomm/AktG[4], § 305 Rz. 154 f.

3 BGH v. 16.9.2002 – II ZR 284/01, GmbHR 2002, 1120 m. Anm. *Kallmeyer* = NZG 2002, 1057; *Deilmann* in Hölters[3], § 305 AktG Rz. 27 f.; *Emmerich* in Emmerich/Habersack[8], § 305 AktG Rz. 33; *Paulsen* in MünchKomm/AktG[4], § 305 Rz. 150 f. Aus den bei *Krieger* in Hoffmann-Becking (Hrsg.), Münchener Handbuch des Gesellschaftsrechts IV[3], § 71 Rz. 117 angeführten Gründen überzeugt die Auffassung der hM wirtschaftlich nicht.

2.99 Im Falle einer abhängigen Aktiengesellschaft laufen bei einem Gewinnabführungsvertrag die Anforderungen des § 150 AktG an die **Dotierung der gesetzlichen Rücklage**, insbesondere die Pflicht 1/20 des Jahresüberschusses einzustellen, leer, weil es in der Regel nicht mehr zu einem Jahresüberschuss kommt. Daher enthält § 300 Nr. 1 AktG eine abweichende Regelung zur Dotierung der gesetzlichen Rücklage. Diese knüpft an den Jahresüberschuss, der ohne Gewinnabführung entstanden wäre, abzgl. eines Verlustvortrags aus dem Vorjahr an. Daraus ist der Betrag in die gesetzliche Rücklage einzustellen, der erforderlich ist, um die gesetzliche Rücklage zusammen mit einer Kapitalrücklage innerhalb der ersten fünf Geschäftsjahre ab Wirksamwerden des Gewinnabführungsvertrags gleichmäßig auf 10 % des Grundkapitals (oder den in der Satzung bestimmten höheren Anteil) aufzufüllen. Es sind aber jeweils mindestens 5 % des Jahresüberschusses ohne Berücksichtigung der Gewinnabführung und abzgl. eines Verlustvortrags aus dem Vorjahr einzustellen, bis die gesetzliche Rücklage und die Kapitalrücklagen nach § 272 Abs. 2 Nr. 1 bis 3 HGB 10 % (oder den in der Satzung bestimmten höheren Teil) des Grundkapitals erreichen (§ 300 Nr. 1, 2, 150 Abs. 2 AktG).

2.100 § 300 AktG findet nur im Falle einer abhängigen AG oder KGaA (nach deutschem Recht), nicht dagegen im Falle einer GmbH Anwendung, da hier keine gesetzliche Rücklage zu bilden ist.[1] Welche Rechtsform das herrschende Unternehmen hat, ist unerheblich.[2]

III. Kapitalerhaltung

2.101 Gemäß §§ 57 Abs. 1 Satz 2, 291 Abs. 3 AktG stellen Leistungen der abhängigen Aktiengesellschaft bei Bestehen eines Beherrschungsvertrags **keinen Verstoß gegen die §§ 57, 58 und 60 AktG** dar. Auch gilt das **Verbot der Financial Assistance** nach § 71a Abs. 1 Satz 1 AktG gemäß dessen Satz 3 **nicht** für Rechtsgeschäfte bei Bestehen eines Gewinnabführungsvertrags. Im Falle der abhängigen GmbH gilt gem. § 30 Abs. 1 Satz 2 GmbHG das Verbot der Rückzahlung des Stammkapitals nach § 30 Abs. 1 Satz 1 GmbHG nicht bei Leistungen, die bei Bestehen eines Gewinnabführungsvertrags erfolgen. Anders als vor der Änderung der genannten Vorschriften durch das MoMiG[3] sind damit nicht mehr nur Leistungen aufgrund des Gewinnabführungsvertrags (so der frühere Wortlaut des § 291 Abs. 3 AktG) und damit primär die Gewinnabführung selbst, sondern auch andere Leistungen (einschließlich Leistungen an Dritte) bei Bestehen des Gewinnabführungsvertrags privilegiert. Durch die Erweiterung des Privilegs sollte insbesondere das **Cash-Pooling im Vertragskonzern** auf eine rechtssichere Grundlage gestellt werden.[4]

IV. Konzernrecht

1. Aktiengesellschaft

2.102 Der Gewinnabführungsvertrag gewährt, soweit er nicht mit einem Beherrschungsvertrag kombiniert wird, dem anderen Vertragsteil **keine konzernrechtliche Leitungsmacht**. Der

---

1 *Altmeppen* in MünchKomm/AktG[4], § 300 Rz. 7; *Emmerich* in Scholz[12], Anh. § 13 GmbHG Rz. 203; *Hirte* in Großkomm/AktG[4], § 300 Rz. 68.
2 *Altmeppen* in MünchKomm/AktG[4], § 300 Rz. 6; *Emmerich* in Emmerich/Habersack[8], § 300 Rz. 5; *Hirte* in Großkomm/AktG[4], § 300 Rz. 59.
3 Gesetz zur Modernisierung des GmbH-Rechts und zur Bekämpfung von Missbräuchen (MoMiG) v. 23.10.2008, BGBl. I 2008, 2026.
4 *Veil* in Spindler/Stilz[3], § 291 AktG Rz. 71 f.; *Verse* in Scholz[12], § 30 GmbHG Rz. 73.

andere Vertragsteil hat also auf Basis eines isolierten Gewinnabführungsvertrags insbesondere kein Recht, Weisungen zu erteilen, die die Verwaltung der verpflichteten Gesellschaft befolgen müsste.[1]

2.103 Es ist umstritten, ob in einem Gewinnabführungsvertrag zumindest im Bereich der Ausübung von bilanziellen Wahlrechten und Ermessensspielräumen (die sich auf die Höhe des Gewinnabführungsanspruchs bzw. der Verlustausgleichspflicht auswirkt) dem herrschenden Unternehmen ein **Weisungsrecht** eingeräumt werden kann (hierzu bereits oben Rz. 2.80). Die wohl hM hält zwar Regelungen zur Ausnutzung dieser Spielräume im Gewinnabführungsvertrag für möglich (etwa dazu, wie ein bestimmtes Wahlrecht auszuüben ist), nicht hingegen ein abstraktes Weisungsrecht für das herrschende Unternehmen in diesem Bereich.[2] Auf dieser Basis müsste dazu also ebenfalls ein Beherrschungsvertrag geschlossen werden.

2.104 Nach hM bleiben auch bei **Bestehen eines isolierten Gewinnabführungsvertrags** die **§§ 311, 317 AktG** aus dem Recht des faktischen Konzerns **anwendbar**.[3] Nachteilige Einflussnahmen eines herrschenden Unternehmens sind daher unzulässig, wenn die Nachteile nicht ausgeglichen werden (§ 311 AktG). Wird der Nachteil nicht bis zum Ende des Geschäftsjahres tatsächlich ausgeglichen oder der abhängigen Gesellschaft ein Rechtsanspruch auf einen zum Ausgleich bestimmten Vorteil gewährt, so ist das herrschende Unternehmen der Aktiengesellschaft und ihren Aktionären zum Ersatz des daraus entstehenden Schadens verpflichtet (§ 317 Abs. 1 AktG). Gegenüber den Aktionären bezieht sich die Ersatzpflicht nur auf Schäden, die über den Schaden hinausgehen, der aus der Schädigung der Gesellschaft resultiert (§ 317 Abs. 1 Satz 2 AktG). Auch die gesetzlichen Vertreter des herrschenden Unternehmens, die die Gesellschaft zu der nachteiligen Maßnahme veranlasst haben, haften als Gesamtschuldner (§ 317 Abs. 3 AktG).

2.105 Die Anwendbarkeit der §§ 311, 317 AktG stellt eine gewisse **Relativierung der kapitalerhaltungsrechtlichen Privilegierung** dar, denn eine Verletzung der Kapitalerhaltungsvorschriften kann auch eine nachteilige Maßnahme darstellen, die, wenn sie durch das herrschende Unternehmen veranlasst wurde, die Haftungsfolge des § 317 AktG auslöst. Deshalb ist die Anwendung der Vorschriften des faktischen Konzerns auch Gegenstand von Diskussion in der Literatur.[4]

2.106 Auch im Falle eines **isolierten Gewinnabführungsvertrags** besteht eine konzernrechtliche Privilegierung dahingehend, dass die abhängige Gesellschaft gem. § 316 AktG keinen Bericht über Beziehungen zu verbundenen Unternehmen nach den §§ 312 bis 315 AktG aufzustellen

---

1 *Altmeppen* in MünchKomm/AktG[4], § 291 Rz. 151; *Emmerich* in Emmerich/Habersack[8], § 291 AktG Rz. 49; *Koch* in Hüffer/Koch[13], § 291 AktG Rz. 27; *Paschos* in Henssler/Strohn[3], § 291 AktG Rz. 43.
2 *Deilmann* in Hölters[3], § 291 AktG Rz. 52 f.; *Langenbucher* in K. Schmidt/Lutter[3], § 291 AktG Rz. 60; *Mülbert* in Großkomm/AktG[4], § 291 Rz. 154; wohl auch *Altmeppen* in MünchKomm/AktG[4], § 291 Rz. 146; aA *Veil* in Spindler/Stilz[3], § 291 AktG Rz. 39, der eine Vereinbarung von Weisungsrechten in Bezug auf die Bilanzierung für zulässig hält.
3 *Altmeppen* in MünchKomm/AktG[4], § 291 Rz. 150; *Emmerich* in Emmerich/Habersack[8], § 291 AktG Rz. 61a; *Langenbucher* in K. Schmidt/Lutter[3], § 291 AktG Rz. 61; *Krieger* in Hoffmann-Becking (Hrsg.), Münchener Handbuch des Gesellschaftsrechts IV[3], § 72 Rz. 26; *Paschos* in Henssler/Strohn[3], § 291 AktG Rz. 46.
4 *Altmeppen* in MünchKomm/AktG[4], § 291 Rz. 169; *Emmerich* in Emmerich/Habersack[8], § 291 AktG Rz. 61a; die Anwendbarkeit der §§ 311, 317 AktG ablehnend *Koppensteiner* in KölnKomm/AktG[3], § 291 Rz. 3.

braucht. Damit entfällt der Aufwand der Erstellung des Berichts sowie seiner Prüfung durch den Abschlussprüfer und den Aufsichtsrat. Außerdem kann mangels Abhängigkeitsberichts auch keine Haftung nach § 318 AktG eintreten, da danach die Vorstands- und Aufsichtsratsmitglieder nur haften, wenn eine nachteilige Maßnahme sorgfaltswidrig nicht in den Abhängigkeitsbericht aufgenommen wurde bzw. nicht auf einen nicht ausgeglichenen Nachteil hingewiesen wurde oder der Aufsichtsrat seine Prüfungspflichten verletzt hat.[1]

Wird der Gewinnabführungsvertrag mit einem **Beherrschungsvertrag** kombiniert, so kommt dem herrschenden Unternehmen das Weisungsrecht des § 308 AktG zu und die §§ 311 bis 315, 317 und 318 AktG finden keine Anwendung. Diese konzernrechtlichen Vorteile sprechen in der Praxis für eine Kombination des Gewinnabführungsvertrags mit einem Beherrschungsvertrag, soweit nicht spezielle Erwägungen entgegen stehen (hierzu etwa Rz. 2.109).

2.107

2. GmbH

Bei der GmbH hat die Frage des Weisungsrechts geringe Bedeutung, da hier die Gesellschafterversammlung den Geschäftsführern **Weisungen** erteilen kann.[2] Auch hier ergibt sich aber kein Weisungsrecht zugunsten des anderen Vertragsteils aus einem isolierten Gewinnabführungsvertrag.[3] Bei einer GmbH ohne außenstehende Gesellschafter besteht keine konzernrechtliche Haftung für die einfache Veranlassung nachteiliger Maßnahmen. Ist die abhängige Gesellschaft – wie meistens in der Praxis – eine GmbH, ist daher die Kombination des Gewinnabführungsvertrags mit einem Beherrschungsvertrag weniger wichtig als bei der abhängigen Aktiengesellschaft. Die Grundsätze des **existenzvernichtenden Eingriffs** gelten aber auch im Falle des Bestehens eines isolierten Gewinnabführungsvertrags, wobei der Eingriff nicht in der Gewinnabführung selbst bestehen kann.[4] Bei einer GmbH mit außenstehenden Gesellschaftern bleibt auch bei Bestehen eines isolierten Gewinnabführungsvertrags die Nachteilszufügung gegenüber der Gesellschaft unzulässig.[5] Sie kann aber nicht in dem Abschluss des Gewinnabführungsvertrags bestehen, da dieser auf Basis der überwiegenden Meinung ohnehin nur mit Zustimmung aller Gesellschafter abgeschlossen werden darf (Rz. 2.59 f.).

2.108

---

[1] *Altmeppen* in MünchKomm/AktG[4], § 316 Rz. 16; *Bödeker* in Henssler/Strohn[3], § 316 AktG Rz. 5; *Emmerich* in Emmerich/Habersack[8], § 316 AktG Rz. 8; *Koch* in Hüffer/Koch[13], § 316 AktG Rz. 6; *Leuering/Goertz* in Hölters[3], § 316 AktG Rz. 10; *Müller* in Spindler/Stilz[3], § 316 AktG Rz. 6.

[2] *Altmeppen* in Roth/Altmeppen[8], § 37 GmbHG Rz. 3; *Lenz* in Michalski[3], § 37 GmbHG Rz. 16 ff.; *Oetker* in Henssler/Strohn[3], § 37 GmbHG Rz. 11; *Stephan/Tieves* in MünchKomm/GmbHG[2], § 37 Rz. 115; *Wicke*[3], § 37 GmbHG Rz. 4; *Zöllner/Noack* in Baumbach/Hueck[21], § 37 GmbHG Rz. 20.

[3] Vgl. dazu *Altmeppen* in MünchKomm/AktG[4], § 291 AktG Rz. 151; *Emmerich* in Emmerich/Habersack[8], § 291 AktG Rz. 61; *Langenbucher* in K. Schmidt/Lutter[3], § 291 AktG Rz. 60; *Krieger* in Hoffmann-Becking (Hrsg.), Münchener Handbuch des Gesellschaftsrechts IV[3], § 72 Rz. 25 f.; *Paschos* in Henssler/Strohn[3], § 291 AktG Rz. 43.

[4] *Habersack* in Emmerich/Habersack[8], Anh. § 318 AktG Rz. 33 ff.; *Lutter/Hommelhoff* in Lutter/Hommelhoff[19], Anh. § 13 GmbHG Rz. 20 f.; *Verse* in Henssler/Strohn[3], Anh. § 13 GmbHG Rz. 44 ff.; vgl. die Rspr. zur Existenzvernichtungshaftung, BGH v. 17.9.2001 – II ZR 178/99 – Bremer Vulkan, BGHZ 149, 10 = GmbHR 2001, 1036; v. 24.6.2002 – II ZR 300/00 – KBV, BGHZ 151, 181, 187 = GmbHR 2002, 902; v. 16.7.2007 – II ZR 3/04 – Trihotel, BGHZ 173, 246 = GmbHR 2007, 927.

[5] *Habersack* in Emmerich/Habersack[8], Anh. § 318 AktG Rz. 23; *Verse* in Henssler/Strohn[3], Anh. § 13 GmbHG Rz. 48.

V. Mitbestimmungsrecht

2.109 Gemäß § 1 Abs. 1 DrittelbG greift die **Drittelmitbestimmung im Aufsichtsrat** der erfassten Gesellschaftsformen (insb. AG und GmbH) nur dann ein, wenn die Gesellschaft in der Regel mehr als 500 Arbeitnehmer hat. Für Zwecke dieser Prüfung gelten gem. § 2 Abs. 2 DrittelbG die Arbeitnehmer eines Konzernunternehmens als solche des herrschenden Unternehmens, wenn zwischen den Unternehmen ein Beherrschungsvertrag besteht oder das abhängige Unternehmen in das herrschende Unternehmen eingegliedert ist. Ein isolierter Gewinnabführungsvertrag führt hingegen nicht zu dieser Zurechnung.[1]

2.110 Für die **Zurechnung von Arbeitnehmern** bei der Prüfung, ob die für die **paritätische Mitbestimmung** relevante Schwelle von 2000 Arbeitnehmern überschritten ist (§ 5 Abs. 1 MitbestG), spielt das Bestehen eines Unternehmensvertrags keinerlei Rolle, sondern es kommt allein darauf an, ob ein Konzernverhältnis gem. § 18 Abs. 1 AktG besteht.

F. Der fehlerhafte Gewinnabführungsvertrag

2.111 Die primären Fehlerquellen eines Gewinnabführungsvertrags neben allgemeinen rechtsgeschäftlichen Fehlerquellen[2] sind das Nichtvorliegen der Voraussetzungen für sein Zustandekommen nach den §§ 291 ff. AktG sowie Beschlussmängel des zustimmenden Gesellschafterbeschlusses, insbesondere bei der Aktiengesellschaft Fehler bei Vorbereitung und Durchführung der zustimmenden Hauptversammlung. Letztere können sich aus Verstößen gegen allgemeine Anforderungen nach den §§ 118 ff. AktG (etwa Fehler bei der Einberufung, Verletzung des Teilnahme- oder des Auskunftsrechts) oder gegen die besonderen Anforderungen der §§ 293f und 293g AktG ergeben.

2.112 Der Gewinnabführungsvertrag ist insbesondere gem. § 304 Abs. 3 Satz 1 AktG nichtig, wenn er bei außenstehenden Gesellschaftern überhaupt **keinen Ausgleich** vorsieht. Fehlt hingegen die Bestimmung einer Abfindung, so ist der Vertrag dennoch nicht nichtig oder der zustimmende Hauptversammlungsbeschluss nichtig oder anfechtbar, sondern die Abfindung wird gem. § 305 Abs. 5 Satz 2 AktG im Spruchverfahren festgelegt.[3]

2.113 Kommt es zur Eintragung eines **fehlerhaften Beherrschungs- und/oder Gewinnabführungsvertrags** und wird dieser durchgeführt, so finden die **Grundsätze über die fehlerhafte Gesellschaft** Anwendung. Die Fehlerhaftigkeit des Vertrags kann damit nur mit Wirkung ex nunc durch außerordentliche Kündigung geltend gemacht werden.[4] Sieht der Vertrag allerdings keinen Ausgleich vor, ist er nach § 304 Abs. 3 Satz 1 AktG nichtig.[5] Darüber hinaus

---

1 *Gach* in MünchKomm/AktG[4], § 2 DrittelbG Rz. 11.
2 Etwa die Anfechtung wegen Willensmängeln bei Abschluss, hierzu *Altmeppen* in MünchKomm/AktG[4], § 291 Rz. 193.
3 *Hasselbach/Hirte* in Großkomm/AktG[4], § 305 Rz. 251 ff.; *Paulsen* in MünchKomm/AktG[4], § 305 Rz. 166 f.; *Veil* in Spindler/Stilz[3], § 305 AktG Rz. 107; hierzu Rz. 2.71.
4 *Krieger* in Hoffmann-Becking (Hrsg.), Münchener Handbuch des Gesellschaftsrechts IV[3], § 71 Rz. 19; aA *Emmerich* in Emmerich/Habersack[8], § 291 AktG Rz. 32, der die einfache Berufung auf die Nichtigkeit genügen lässt.
5 *Deilmann* in Hölters[3], § 304 AktG Rz. 60; *Koch* in Hüffer/Koch[13], § 304 AktG Rz. 20; *Veil* in Spindler/Stilz[3], § 304 AktG Rz. 85.

werden bestimmte weitere Fälle diskutiert, in denen die Grundsätze über die fehlerhafte Gesellschaft keine Anwendung finden sollen.[1] Außerdem ist zu beachten, dass die Grundsätze über die fehlerhafte Gesellschaft nicht zur steuerlichen Anerkennung des Gewinnabführungsvertrags führen (s. Rz. 3.34).

G. Änderung des Gewinnabführungsvertrags

I. Aktiengesellschaft

Ein Gewinnabführungsvertrag kann durch Abschluss eines Änderungsvertrags zwischen den Vertragspartnern geändert werden (s. a. Rz. 11.62 ff.). Auf diesen sind gem. § 295 Abs. 1 Satz 2 AktG die Bestimmungen über den Vertragsschluss anwendbar, so dass auch er der **Schriftform** bedarf (§§ 293 Abs. 3 i.V.m. 295 Abs. 1 Satz 2 AktG). 2.114

Der Vorstand der abhängigen Gesellschaft entscheidet eigenverantwortlich über die Vertragsänderung. Die Hauptversammlung der abhängigen Gesellschaft kann allerdings eine Anweisung gem. §§ 83 Abs. 1 i.V.m. § 295 Abs. 1 AktG erteilen (§ 119 Abs. 2 AktG).[2] 2.115

Die Anforderungen der §§ 293 bis 294 AktG über die Zustimmung zum Abschluss des Unternehmensvertrags gelten grundsätzlich entsprechend (§ 295 Abs. 1 Satz 2 AktG), s. Rz. 2.49 ff. Die Änderung bedarf demnach der **Zustimmung der Hauptversammlung der abhängigen Gesellschaft**. Ist der andere Vertragsteil eine AG oder KGaA, ist nach §§ 293 Abs. 2 i.V.m. 295 Abs. 1 Satz 2 AktG auch die Zustimmung von dessen Hauptversammlung erforderlich.[3] 2.116

Nach hM finden bei Vertragsänderungen, die Abfindung und/oder Ausgleich berühren, auch die **Berichts- und Prüfungspflichten der §§ 293a ff. AktG** Anwendung. Bei anderen Vertragsänderungen ist deren Anwendung jedoch umstritten, da sie hauptsächlich der Erläuterung und Prüfung der Ermittlung von Ausgleich und Abfindung dienen.[4] In der Praxis kann man aus Vorsichtsgründen dennoch einen Bericht erstellen und prüfen lassen, diesen aber auf die Erläuterung der Änderung beschränken;[5] das reduziert den Aufwand erheblich, da sich keine Bewertungsfragen stellen. 2.117

Nach § 295 Abs. 1 AktG ist die Zustimmung der außenstehenden Aktionäre durch **Sonderbeschluss mit qualifizierter Mehrheit** erforderlich, wenn die vertraglichen Regelungen zu Abfindung und Ausgleich geändert werden. Das gilt auch bei Änderungen, die sich nur mit- 2.118

---

[1] Vgl. den zusammenfassenden Meinungsstand bei *Altmeppen* in MünchKomm/AktG[4], § 291 Rz. 194 ff.

[2] *Deilmann* in Hölters[3], § 299 AktG Rz. 4; *Emmerich* in Emmerich/Habersack[8], § 299 AktG Rz. 6; *Koppensteiner* in KölnKomm/AktG[3], § 299 Rz. 4; *Veil* in Spindler/Stilz[3], § 299 AktG Rz. 9; aA *Altmeppen* in MünchKomm/AktG[4], § 299 Rz. 7 ff.

[3] *Altmeppen* in MünchKomm/AktG[4], § 295 AktG Rz. 18; *Emmerich* in Emmerich/Habersack[8], § 295 AktG Rz. 18; *Mülbert* in Großkomm/AktG[4], § 295 Rz. 41; *Veil* in Spindler/Stilz[3], § 295 AktG Rz. 17.

[4] *Altmeppen* in MünchKomm/AktG[4], § 295 AktG Rz. 20 ff.; *Bungert*, DB 1995, 1449; *Koch* in Hüffer/Koch[13], § 295 AktG Rz. 8; *Veil* in Spindler/Stilz[3], § 295 AktG Rz. 16.

[5] *Koch* in Hüffer/Koch[13], § 295 AktG Rz. 8; *Veil* in Spindler/Stilz[3], § 295 AktG Rz. 16.

telbar auf die Abfindungs- oder Ausgleichspflicht auswirken,[1] sowie bei einer Vertragsübernahme, da diese zu einem Schuldnerwechsel führt.[2] Eine Ausnahme besteht nach hM auch nicht bei **konzerninternen Umstrukturierungen,** selbst wenn (insbesondere aufgrund weiterer Unternehmensverträge) der bisherige Schuldner weiter für die Erfüllung der Ansprüche haftet.[3] Beim Beitritt eines weiteren Vertragspartners ist hingegen kein Sonderbeschluss der außenstehenden Aktionäre erforderlich, da dann der bisherige Schuldner erhalten bleibt.[4]

2.119 Auch die **Beteiligung des Aufsichtsrats** der abhängigen und/oder herrschenden Gesellschaft kann gem. § 111 Abs. 4 Satz 2 AktG erforderlich sein. § 299 AktG ändert hieran nichts.[5] § 32 MitbestG findet ggf. Anwendung.[6]

2.120 Gemäß §§ 294 Abs. 2 i.V.m. 295 Abs. 1 Satz 2 AktG wird die Änderung erst **mit Eintragung** in das Handelsregister **wirksam.**

II. GmbH

2.121 § 295 AktG ist nach h. M. auf den Unternehmensvertrag mit einer GmbH entsprechend anzuwenden.[7] Auch hier stellt sich die Frage der erforderlichen Mehrheit an zustimmenden Gesellschaftern (hierzu oben Rz. 2.60 f.). Nur wenn man nicht ohnehin die Zustimmung aller Gesellschafter verlangt, ist ein Sonderbeschluss der außenstehenden Gesellschafter nach § 295 Abs. 2 AktG erforderlich.[8] Die Gesellschafterversammlung kann bei der GmbH auch die Geschäftsführer zum Abschluss eines Änderungsvertrags anweisen.[9]

---

1 OLG Frankfurt v. 5.7.2004 – 20 W 414/92, DB 2004, 2463; *Altmeppen* in MünchKomm/AktG[4], § 295 Rz. 30; *Emmerich* in Emmerich/Habersack[8], § 295 AktG Rz. 26; *Veil* in Spindler/Stilz[3], § 295 AktG Rz. 24.
2 *Altmeppen* in MünchKomm/AktG[4], § 295 Rz. 31 ff.; *Bayer*, ZGR 1993, 599 (608); *Emmerich* in Emmerich/Habersack[8], § 295 AktG Rz. 27; *Priester*, ZIP 1992, 293 (300); *Veil* in Spindler/Stilz[3], § 295 AktG Rz. 21.
3 *Altmeppen* in MünchKomm/AktG[4], § 295 Rz. 33; *Säcker*, DB 1988, 271 (273 ff.); *Veil* in Spindler/Stilz[3], § 295 AktG Rz. 21; aA *Krieger/Jannott*, DStR 1995 1473 (1479).
4 BGH v. 15.6.1992 – II ZR 18/91, NJW 1992, 2760; *Altmeppen* in MünchKomm/AktG[4], § 295 Rz. 34 ff.; *Bayer*, ZGR 1993, 599 (608); differenzierend (Sonderbeschluss in manchen Fällen erforderlich): *Emmerich* in Emmerich/Habersack[8], § 295 AktG Rz. 27; *Koch* in Hüffer/Koch[13], § 295 AktG Rz. 11; *Veil* in Spindler/Stilz[3], § 295 AktG Rz. 22.
5 *Altmeppen* in MünchKomm/AktG[4], § 295 Rz. 25; *Deilmann* in Hölters[3], § 299 AktG Rz. 6; *Emmerich* in Emmerich/Habersack[8], § 299 AktG Rz. 8; *Koch* in Hüffer/Koch[13], § 299 AktG Rz. 5; *Langenbucher* in K. Schmidt/Lutter[3], § 299 Rz. 3.
6 *Altmeppen* in MünchKomm/AktG[4], § 295 Rz. 25; *Deilmann* in Hölters[3], § 293 AktG Rz. 25; *Emmerich* in Emmerich/Habersack[8], § 293 AktG Rz. 34; *Koppensteiner* in KölnKomm/AktG[3], § 293 Rz. 30; *Ulmer/Habersack* in Ulmer/Habersack/Henssler[3], § 32 MitbestG Rz. 13; *Veil* in Spindler/Stilz[3], § 293 AktG Rz. 21.
7 BFH v. 22.10.2008 – I R 66/07, BStBl. II 2009, 972 = GmbHR 2009, 329; *Altmeppen* in MünchKomm/AktG[4], § 295 Rz. 19; *Emmerich* in Emmerich/Habersack[8], § 295 AktG Rz. 4.
8 *Altmeppen* in MünchKomm/AktG[4], § 295 Rz. 19; vgl. auch *Krieger/Jannot*, DStR 1995, 1473 (1474); aA *Emmerich* in Emmerich/Habersack[8], § 295 AktG Rz. 4a.
9 Zur Kündigung: BGH v. 31.5.2011 – II ZR 109/10, GmbHR 2011, 922 m. Anm. *Ulrich* = NZG 2011, 902; aA *Emmerich* in Emmerich/Habersack[8], § 299 AktG Rz. 3a.

H. Beendigung des Gewinnabführungsvertrags

I. Aufhebung

Ein Gewinnabführungsvertrag kann durch **schriftliche** (§ 296 Abs. 1 Satz 3 AktG) Vereinbarung der Vertragsparteien aufgehoben werden. Die Aufhebung kann gem. § 296 Abs. 1 AktG nur zum Ende des Geschäftsjahres der abhängigen Gesellschaft bzw. des sonst vertraglich bestimmten Abrechnungszeitraums erfolgen.[1] Nach § 296 Abs. 1 Satz 2 AktG ist die **rückwirkende Aufhebung** unzulässig. Die Beendigung des Vertrags ist gem. § 298 AktG in das Handelsregister einzutragen. Die Eintragung ist aber nur deklaratorisch, also keine Voraussetzung für die Wirksamkeit der Beendigung.[2]

2.122

Bei der **Aktiengesellschaft** entscheidet der **Vorstand** im Rahmen seiner Geschäftsführungskompetenz über die Aufhebung des Gewinnabführungsvertrags. Ein Gesellschafterbeschluss ist daher, abgesehen vom Sonderbeschluss nach § 296 Abs. 2 AktG (hierzu sogleich), nicht erforderlich, und zwar auch nicht bei der herrschenden Aktiengesellschaft.[3] Entsprechend kann die Hauptversammlung auch keine Weisung nach § 83 Abs. 1 AktG erteilen.[4] Handelt es sich bei der Aufhebung um einen vorbehaltenen Gegenstand nach § 111 Abs. 4 Satz 2 AktG, bedarf sie der **Zustimmung des Aufsichtsrats**. Auch dieser kann allerdings den Vorstand nicht zum Abschluss eines Aufhebungsvertrags anweisen.[5] Besteht zusätzlich zum Gewinnabführungsvertrag ein Beherrschungsvertrag, sind Weisungen an den Vorstand der abhängigen Gesellschaft, einen Aufhebungsvertrag zu schließen, gem. § 299 AktG unzulässig und damit unwirksam.

2.123

Sieht der Gewinnabführungsvertrag mit einer Aktiengesellschaft Abfindung und Ausgleich für die außenstehenden Aktionäre vor, bedarf die Aufhebung deren **Zustimmung durch Sonderbeschluss** (§ 296 Abs. 2 AktG) mit einer Mehrheit von mindestens drei Viertel des bei der Beschlussfassung vertretenen Grundkapitals. Nach umstrittener Auffassung muss der Sonderbeschluss vor dem Beendigungszeitpunkt ergehen, da ansonsten der Vertrag zunächst weiterbestehe und die Aufhebung dann nachträglich in während dieser Zeit entstandene Ansprüche der außenstehenden Aktionäre eingreife.[6] Die Satzung kann eine größere Mehrheit

2.124

---

1 *Altmeppen* in MünchKomm/AktG[4], § 296 Rz. 21; *Emmerich* in Emmerich/Habersack[8], § 296 AktG Rz. 13; *Koppensteiner* in KölnKomm/AktG, § 296 Rz. 12.
2 *Altmeppen* in MünchKomm/AktG[4], § 296 Rz. 28; *Mülbert* in Großkomm/AktG[4], § 296 Rz. 34; *Veil* in Spindler/Stilz[3], § 296 AktG Rz. 13.
3 *Altmeppen* in MünchKomm/AktG[4], § 296 Rz. 8; *Emmerich* in Emmerich/Habersack[8], § 296 AktG Rz. 8; *Koch* in Hüffer/Koch[13], § 296 AktG Rz. 5; *Krieger* in Hoffmann-Becking (Hrsg.), Münchener Handbuch des Gesellschaftsrechts IV[3], § 71 Rz. 196; *Veil* in Spindler/Stilz[3], § 296 AktG Rz. 9; in der Praxis ist es dennoch üblich, einen Zustimmungsbeschluss der herrschenden Gesellschaft einzuholen, *Liebscher* in MünchKomm/GmbHG[3], Anh. § 13 Rz. 999; *Wicke*, GmbHR 2017, 686 (688).
4 *Altmeppen* in MünchKomm/AktG[4], § 296 Rz. 20; *Emmerich* in Emmerich/Habersack[8], § 296 AktG Rz. 10; *Mülbert* in Großkomm/AktG[4], § 296 Rz. 10; *Veil* in Spindler/Stilz[3], § 296 AktG Rz. 10.
5 *Altmeppen* in MünchKomm/AktG[4], § 296 Rz. 19; *Emmerich* in Emmerich/Habersack[8], § 296 AktG Rz. 10; *Mülbert* in Großkomm/AktG[4], § 296 Rz. 11; *Veil* in Spindler/Stilz[3], § 296 AktG Rz. 11.
6 Zustimmend: *Altmeppen* in MünchKomm/AktG[4], § 296 Rz. 36 f.; *Emmerich* in Emmerich/Habersack[8], § 296 AktG Rz. 21; *Krieger* in Hoffmann-Becking (Hrsg.), Münchener Handbuch des Gesellschaftsrechts IV[3], § 71 Rz. 197; *Schwarz*, MittRhNotK 1994, 49 (69); ablehnend: LG Essen v. 16.12.1994 – 47 O 212/94, AG 1995, 189 (191); *Koch* in Hüffer/Koch[13], § 296 AktG Rz. 8; *Koppensteiner* in KölnKomm/AktG[3], § 296 Rz. 21; *E. Vetter*, ZIP 1995, 345 (348).

und weitere Erfordernisse vorsehen (§ 293 Abs. 1 Satz 2, 3 i.V.m. § 296 Abs. 2 Satz 2 AktG). Das Zustimmungserfordernis hat Außenwirkung – bei fehlender Zustimmung wird die Aufhebung nicht wirksam.[1]

2.125 Im Falle des Gewinnabführungsvertrags mit einer **abhängigen GmbH** ist ebenfalls ein **zustimmender Gesellschafterbeschluss** der abhängigen Gesellschaft erforderlich; die Aufhebung ist keine reine Geschäftsführungsmaßnahme; das herrschende Unternehmen ist im Rahmen des Gesellschafterbeschlusses nicht vom Stimmrecht ausgeschlossen.[2] Nach umstrittener Auffassung finden die §§ 53, 54 GmbHG entsprechende Anwendung, so dass der Gesellschafterbeschluss der **qualifizierten Mehrheit** bedarf und anders als bei der Aktiengesellschaft der Handelsregistereintragung konstitutive Wirkung zukommt.[3] Ansonsten seien die Regelungen des § 296 AktG (Aufhebung nur zum Ende des Geschäftsjahres entsprechend § 296 Abs. 1 Satz 1 AktG,[4] keine Rückwirkung,[5] Schriftform, Sonderbeschluss bei vorhandener Ausgleichspflicht) auf die Aufhebung eines Gewinnabführungsvertrags mit einer GmbH als verpflichteter Gesellschaft entsprechend anzuwenden.[6] Das Rückwirkungsverbot des § 296 Abs. 1 Satz 2 AktG ist jedoch (entgegen der Auffassung des BGH)[7] nicht auf den Zustimmungsbeschluss der Gesellschafterversammlung der eingliedrigen abhängigen GmbH anzuwenden, da es nur dem Schutz außenstehender Aktionäre dient.[8]

2.126 Ist der andere Vertragsteil des Gewinnabführungsvertrags eine **GmbH**, ist dort die **Zustimmung der Gesellschafterversammlung** nach überwiegender Auffassung nur erforderlich, wenn die Aufhebung im Einzelfall eine **außergewöhnliche Geschäftsführungsmaßnahme** darstellt, die nach allgemeinen Regeln nur mit Zustimmung der Gesellschafter zulässig ist.[9]

2.127 Zu steuerlichen Anforderungen an die Mindestlaufzeit des Gewinnabführungsvertrags s. Rz. 11.6 ff.

---

1 *Emmerich* in Emmerich/Habersack[8], § 296 AktG Rz. 19; *Mülbert* in Großkomm/AktG[4], § 296 Rz. 29; *Veil* in Spindler/Stilz[3], § 296 AktG Rz. 20.
2 BGH v. 31.5.2011 – II ZR 109/10, GmbHR 2011, 922 m. Anm. *Ulrich* = NZG 2011, 902; *Emmerich* in Emmerich/Habersack[8], § 296 AktG Rz. 7b; *Wicke*, GmbHR 2017, 686 (687 f.).
3 *Emmerich* in Emmerich/Habersack[8], § 296 AktG Rz. 7c mwN; *Wicke*, GmbHR 2017, 686 (690); aA (rein deklaratorische Wirkung der Handelsregistereintragung: BayObLG v. 5.2.2003 – 3Z BR 232/02, GmbHR 2003, 476 = ZIP 2003, 798; OLG München v. 21.3.2011 – 31 Wx 80/11, GmbHR 2011, 489 = ZIP 2012, 133.
4 BGH v. 16.6.2015 – II ZR 384/13, GmbHR 2015, 985 m. Anm. *Ulrich*, GmbHR 2015, 988; dazu auch *Angerer*, ZGR 2016, 609; Der BGH hat damit die Entscheidung des OLG München bestätigt; OLG München v. 16.3.2012 – 31 Wx 70/12, GmbHR 2012, 645 = NZG 2012, 590; dazu kritisch: *Priester*, NZG 2012, 641; will das herrschende Unternehmen nicht so lange warten, kann es an die Möglichkeit denken, ein Rumpfgeschäftsjahr zu beschließen, *Stein*, NJW-Spezial 2015, 527 (528).
5 BGH v. 5.11.2001 – II ZR 119/00, GmbHR 2002, 62 = NJW 2002, 822 (823); *Emmerich* in Emmerich/Habersack[8], § 296 AktG Rz. 15.
6 *Emmerich* in Emmerich/Habersack[8], § 296 AktG Rz. 7f, 13 f., 15; *Halm*, NZG 2001, 728 (735 f.); zur Aufhebung von Unternehmensverträgen ausführlich *Wicke*, GmbHR 2017, 686 ff.
7 BGH v. 5.11.2001 – II ZR 119/00, GmbHR 2002, 62 = NJW 2002, 822 (823); siehe auch *Emmerich* in Emmerich/Habersack[8], § 296 AktG Rz. 7f, 15.
8 OLG München v. 27.10.2014 – 31 Wx 235/14, GmbHR 2015, 368 m. Anm. *Wachter* = NZG 2015, 311.
9 *Emmerich* in Emmerich/Habersack[8], § 296 AktG Rz. 7e; hierzu etwa *Altmeppen* in Roth/Altmeppen[8], § 37 GmbHG Rz. 22 f.; *Lenz* in Michalski[3], § 37 GmbHG Rz. 8; *Stephan/Tieves* in MünchKomm/GmbHG[2], § 37 Rz. 65.

II. Kündigung

1. Form und Organzuständigkeit bei der abhängigen Gesellschaft

Statt den Gewinnabführungsvertrag einvernehmlich aufzuheben, kann er auch durch eine seiner Parteien gekündigt werden. Die Kündigungserklärung (einseitige empfangsbedürftige Willenserklärung)[1] bedarf gem. § 297 Abs. 3 AktG (entsprechend)[2] der **Schriftform**. Dies gilt sowohl für die ordentliche als auch für die außerordentliche Kündigung.[3]

2.128

In der **Aktiengesellschaft** entscheidet der **Vorstand** im Rahmen seiner Geschäftsführungskompetenz über die Kündigung des Gewinnabführungsvertrags. Außerhalb von § 297 Abs. 2 AktG (hierzu sogleich Rz. 2.134) ist kein Beschluss der Hauptversammlung erforderlich. Daher ist auch keine Anweisung nach § 83 Abs. 1 AktG möglich. Besteht auch ein Beherrschungsvertrag, so berechtigt dieser das herrschende Unternehmen nicht dazu, den Vorstand zur Kündigung des Gewinnabführungsvertrags anzuweisen (§ 299 AktG).

2.129

Bei der **abhängigen GmbH** stellt die Kündigung des Vertrags nach einer Entscheidung des BGH entgegen der zuvor überwiegenden Auffassung[4] keine reine Geschäftsführungsmaßnahme dar; es handelt sich vielmehr um einen innergesellschaftlichen Organisationsakt, über den die Gesellschafter durch **Beschluss der Gesellschafterversammlung** entscheiden; das herrschende Unternehmen darf dabei mitstimmen.[5] Die Einzelheiten sind umstritten, so insbesondere das Mehrheitserfordernis (das allerdings in dem in der Praxis häufigen Fall der eingliedrigen abhängigen Gesellschaft keine Rolle spielt) und das Erfordernis einer konstitutiv wirkenden Handelsregistereintragung.[6] Im Übrigen wird § 297 AktG aber auf die GmbH entsprechend angewandt.[7]

2.130

2. Anforderungen an die Kündigung

a) Ordentliche Kündigung

Hinsichtlich der näheren Voraussetzungen der Kündigung ist zwischen der ordentlichen und der außerordentlichen Kündigung zu unterscheiden.

2.131

---

1 *Deilmann* in Hölters[3], § 297 AktG Rz. 21; *Koch* in Hüffer/Koch[13], § 297 AktG Rz. 19; *Langenbucher* in K. Schmidt/Lutter[3], § 297 AktG Rz. 25; *Mülbert* in Großkomm/AktG[4], § 297 Rz. 13; *Veil* in Spindler/Stilz[3], § 297 AktG Rz. 29.
2 Zur GmbH etwa *Wicke*, GmbHR 2017, 686 (689).
3 *Emmerich* in Emmerich/Habersack[8], § 297 AktG Rz. 1; *Koch* in Hüffer/Koch[13], § 297 AktG Rz. 20; *Mülbert* in Großkomm/AktG[4], § 297 Rz. 14.
4 Vgl. *Emmerich* in Emmerich/Habersack[8], § 297 AktG Rz. 3a; *Emmerich* in Scholz[12], Anh. § 13 GmbHG Rz. 189 ff.; *Wicke*, GmbHR 2017, 686 (689 f.).
5 BGH v. 31.5.2011 – II ZR 109/10, BGHZ 190, 45 = GmbHR 2011, 922 m. Anm. *Ulrich* = NZG 2011, 902; aA (bloße Geschäftsführgnsmaßnahme) *Liebscher* in MünchKomm/GmbHG[3], Anh. § 13 Rz. 1006.
6 Vgl. *Beck*, GmbHR 2012, 777; *Emmerich* in Emmerich/Habersack[8], § 297 AktG Rz. 3a; *Halm*, NZG 2001, 728 (737 f.); aA BayObLG v. 5.2.2003 – 3Z BR 232/02, GmbHR 2003, 476 = ZIP 2003, 798; OLG München v. 21.3.2011 – 31 Wx 80/11, GmbHR 2011, 489 = ZIP 2012, 133; *Veith/Schmid*, DB 2012, 728 (731).
7 OLG Oldenburg v. 23.3.2000 – 1 U 75/99, NZG 2000, 1138 (1140); *Emmerich* in Emmerich/Habersack[8], § 297 AktG Rz. 14a; *Krieger/Jannott*, DStR 1995, 1473 (1475 f.); *Ulrich*, GmbHR 2004, 1000 (1001 f.).

2.132 Abgesehen von den in § 297 AktG geregelten Einzelaspekten ist für die ordentliche Kündigung die **rechtsgeschäftliche Regelung im Unternehmensvertrag** maßgeblich. Nach hM muss dort die **ordentliche Kündigung ausdrücklich vorgesehen** sein, sonst sei sie mangels gesetzlicher Regelung nicht möglich.[1] Auch wenn vertraglich ein entsprechendes Kündigungsrecht vereinbart worden ist, kann eine Kündigung ohne wichtigen Grund aber nicht vor Ablauf der Mindestlaufzeit erfolgen.[2]

2.133 Erlaubt der Vertrag zwar die ordentliche Kündigung, regelt aber nicht deren Frist, will die hM in der Literatur § 132 HGB (Kündigungsfrist für Kündigung des Gesellschafters einer auf unbestimmte Zeit eingegangenen offenen Handelsgesellschaft) analog bzw. im Wege der ergänzenden Vertragsauslegung anwenden, der eine **sechsmonatige Kündigungsfrist** vorsieht.[3] Der Gewinnabführungsvertrag kann abweichend von § 296 Abs. 1 Satz 1 AktG auch die Kündigung zu einem anderen Termin als dem Geschäftsjahresende zulassen.[4] Ohne eine solche Bestimmung wird aber § 296 Abs. 1 Satz 1 AktG entsprechend angewandt.[5]

2.134 Sieht der Gewinnabführungsvertrag Abfindung und Ausgleich vor, setzt die ordentliche Kündigung durch den **Vorstand der abhängigen Gesellschaft** gem. § 297 Abs. 2 AktG voraus, dass die außenstehenden Aktionäre der Kündigung durch **Sonderbeschluss zustimmen**. Der Beschluss bedarf einer Mehrheit, die mindestens drei Viertel des bei der Beschlussfassung vertretenen Grundkapitals (oder die von der Satzung vorgesehene größere Mehrheit) umfasst; die Satzung kann weitere Anforderungen stellen (§§ 293 Abs. 1 Satz 2, 3 i.V.m. 297 Abs. 2 Satz 2 AktG). Bei der Kündigung durch das **herrschende Unternehmen** ist dagegen kein Sonderbeschluss erforderlich.[6]

b) Außerordentliche Kündigung

2.135 § 297 Abs. 1 Satz 1 AktG stellt klar, dass ein Unternehmensvertrag aus wichtigem Grund ohne Einhaltung einer Kündigungsfrist gekündigt werden kann. Auf diese Kündigung ist **§ 314 BGB subsidiär anwendbar**.[7] Nach § 314 Abs. 2 BGB kann eine vorherige Abmahnung oder

---

1 *Altmeppen* in MünchKomm/AktG[4], § 297 Rz. 52 ff., 71 (beachte aber Rz. 70, wonach die Möglichkeit einer ordentlichen Kündigung im Zweifel gewollt ist); *Emmerich* in Emmerich/Habersack[8], § 297 AktG Rz. 33; *Koch* in Hüffer/Koch[13], § 297 AktG Rz. 11, 12 ff.; *Mülbert* in Großkomm/AktG[4], § 297 Rz. 72, 74, 78; *Paschos* in Henssler/Strohn[3], § 297 AktG Rz. 7; *Veil* in Spindler/Stilz[3], § 297 AktG Rz. 21; differenzierend (teilw. ordentliche Kündigung möglich): *Deilmann* in Hölters[3], § 297 AktG Rz. 5; es empfiehlt sich in jedem Fall, die Gründe für eine ordentliche Kündigung vertraglich klar festzusetzen, vgl. *Boor*, RNotZ 2017, 65 (73).
2 *Nodoushani*, DStR 2017, 399 (401 f.).
3 *Altmeppen* in MünchKomm/AktG[4], § 297 Rz. 75 f.; *Deilmann* in Hölters[3], § 297 AktG Rz. 10; *Emmerich* in Emmerich/Habersack[8], § 297 AktG Rz. 11; *Koch* in Hüffer/Koch[13], § 297 AktG Rz. 15; *Koppensteiner* in KölnKomm/AktG[3], § 297 Rz. 6; *Mülbert* in Großkomm/AktG[4], § 297 Rz. 86; *Paschos* in Henssler/Strohn[3], § 297 AktG Rz. 8.
4 BGH v. 5.4.1993 – II ZR 238/91, GmbHR 1993, 446 = NJW 1993, 1976; *Altmeppen* in MünchKomm/AktG[4], § 297 Rz. 78 f.; *Emmerich* in Emmerich/Habersack[8], § 297 AktG Rz. 12; *Veil* in Spindler/Stilz[3], § 297 AktG Rz. 24; aA *Koppensteiner* in KölnKomm/AktG[3], § 297 Rz. 5.
5 *Koch* in Hüffer/Koch[13], § 297 AktG Rz. 16; *Mülbert* in Großkomm/AktG[3], § 297 Rz. 88; *Paschos* in Henssler/Strohn[3], § 297 AktG Rz. 8; aA *Deilmann* in Hölters[3], § 297 AktG Rz. 11.
6 BGH v. 5.4.1993 – II ZR 238/91, GmbHR 1993, 446 = NJW 1993, 1976; *Emmerich* in Emmerich/Habersack[8], § 297 AktG Rz. 9; *Koch* in Hüffer/Koch[13], § 297 AktG Rz. 18; *Paschos* in Henssler/Strohn[3], § 297 AktG Rz. 9; *Veil* in Spindler/Stilz[3], § 297 AktG Rz. 27.
7 Begr. RegE des SMG, BT-Drucks. 14/6040, 177 (2001); *Emmerich* in Emmerich/Habersack[8], § 297 AktG Rz. 18; *Veil* in Spindler/Stilz[3], § 297 AktG Rz. 7.

Setzung einer Abhilfefrist erforderlich sein. § 314 Abs. 2 Satz 2 und 3 BGB (Entbehrlichkeit der Fristsetzung trotz Vorliegens eines solchen Falls) sind aber anwendbar. Gemäß § 314 Abs. 3 BGB muss die Kündigung innerhalb einer angemessenen Frist ab dem Zeitpunkt erfolgen, zu dem der Berechtigte von dem Kündigungsgrund Kenntnis erlangt. Auch Schadenersatzansprüche bleiben gem. § 314 Abs. 4 BGB unberührt.[1]

Ein **wichtiger Grund** liegt nach § 314 Abs. 1 Satz 2 BGB vor, wenn dem kündigenden Teil unter Berücksichtigung aller Umstände des Einzelfalls und unter Abwägung der beiderseitigen Interessen die Fortsetzung des Vertragsverhältnisses bis zur vereinbarten Beendigung oder bis zum Ablauf einer Kündigungsfrist nicht zugemutet werden kann.[2] Nach § 297 Abs. 1 Satz 2 AktG kann der Vertrag insbesondere dann aus wichtigem Grund außerordentlich gekündigt werden, wenn der andere Vertragsteil voraussichtlich nicht in der Lage sein wird, seine aufgrund des Vertrags bestehenden Verpflichtungen zu erfüllen. In diesem Fall können sowohl die abhängige Gesellschaft als auch das herrschende Unternehmen kündigen.[3]

2.136

Der Unternehmensvertrag kann selbst wichtige Gründe definieren, die zur außerordentlichen Kündigung berechtigen, dabei aber das Recht zur außerordentlichen Kündigung nicht einschränken. Da dadurch letztlich das Kündigungsrecht ausgeweitet wird, ist zur Vermeidung einer Umgehung des § 297 Abs. 2 AktG bei einer Kündigung durch den Vorstand der abhängigen Gesellschaft dennoch ein **Sonderbeschluss der außenstehenden Aktionäre** erforderlich, wenn es sich nicht schon um einen gesetzlich anerkannten wichtigen Grund handelt.[4]

2.137

Nach überwiegender Auffassung stellt eine **Veräußerung der Beteiligung des herrschenden Unternehmens** an der abhängigen Gesellschaft für das herrschende Unternehmen keinen Grund zur außerordentlichen Kündigung dar, da es sonst die Kündigungsursache selbst setzen könnte.[5] Aus Sicht des abhängigen Unternehmens kann jedoch ein wichtiger Grund für die Kündigung gegeben sein.[6] In der Praxis wird der Fall der Beteiligungsveräußerung in der Regel ausdrücklich als wichtiger Grund in den Gewinnabführungsvertrag aufgenommen. Zur Frage, wann die Kündigung aus wichtigem Grund vor Ablauf der Mindestlaufzeit des Gewinnabführungsvertrags nach § 14 Abs. 1 Satz 1 Nr. 3 Satz 1 KStG dessen steuerliche Anerkennung unberührt lässt, s. Rz. 11.25.

2.138

---

1 *Emmerich* in Emmerich/Habersack[8], § 297 AktG Rz. 18.
2 *Deilmann* in Hölters[3], § 297 AktG Rz. 12; *Emmerich* in Emmerich/Habersack[8], § 297 AktG Rz. 19 f.; *Koppensteiner* in KölnKomm/AktG[3], § 297 Rz. 17; *Paschos* in Henssler/Strohn[3], § 297 AktG Rz. 5; *Veil* in Spindler/Stilz[3], § 297 AktG Rz. 8.
3 *Altmeppen* in MünchKomm/AktG[4], § 297 Rz. 19 ff.; *Deilmann* in Hölters[3], § 297 AktG Rz. 13; *Emmerich* in Emmerich/Habersack[8], § 297 AktG Rz. 21 ff.; *Koch* in Hüffer/Koch[13], § 297 AktG Rz. 4 f.; *Paschos* in Henssler/Strohn[3], § 297 AktG Rz. 3 f.; *Ulrich*, GmbHR 2004, 1000 (1001).
4 BGH v. 5.4.1993 – II ZR 238/91, GmbHR 1993, 446 = NJW 1993, 1976; *Altmeppen* in MünchKomm/AktG[4], § 297 Rz. 49; *Emmerich* in Emmerich/Habersack[8], § 297 AktG Rz. 17; *Mülbert* in Großkomm/AktG[4], § 297 Rz. 56 f.; *Paschos* in Henssler/Strohn[3], § 297 AktG Rz. 6; *Veil* in Spindler/Stilz[3], § 297 AktG Rz. 6.
5 *Altmeppen* in MünchKomm/AktG[4], § 297 Rz. 39 f.; *Deilmann* in Hölters[3], § 297 AktG Rz. 16; *Emmerich* in Emmerich/Habersack[8], § 297 AktG Rz. 24 f.; *Fleischer/Rentsch*, NZG 2000, 1141; *Ulrich*, GmbHR 2004, 1000 (1001); aA (einen wichtigen Grund bejahend) *Liebscher* in MünchKomm/GmbHG[3], Anh. § 13 Rz. 1020; offenlassend BGH v. 16.6.2015 – II ZR 384/13, GmbHR 2015, 985 Rz. 19.
6 *Deilmann* in Hölters[3], § 297 AktG Rz. 16; *Emmerich* in Emmerich/Habersack[8], § 297 AktG Rz. 24a; *Ulrich*, GmbHR 2004, 1000 (1001).

c) Besondere außerordentliche Kündigungsgründe

2.139 Gemäß §§ 304 Abs. 4, 305 Abs. 5 Satz 4 AktG kann das herrschende Unternehmen den Vertrag fristlos kündigen, wenn das Gericht im Spruchverfahren **Abfindung oder Ausgleich** (abweichend von der Festlegung im Vertrag) bestimmt hat. Die Kündigung muss der abhängigen Gesellschaft innerhalb von zwei Monaten nach Rechtskraft der Entscheidung zugehen.[1]

2.140 Allerdings muss das herrschende Unternehmen den außenstehenden Aktionären trotzdem den Ausgleich (einschließlich der Erhöhung im Spruchverfahren) für die Zeit bis zum Wirksamwerden der Kündigung zahlen, die **Kündigung wirkt** also nur **ex nunc**.[2] Außenstehende Aktionäre können auch trotz der Kündigung das Abfindungsangebot noch annehmen, und zwar bis zwei Monate nach der Bekanntmachung der Entscheidung im Spruchverfahren im Bundesanzeiger; sie erhalten dann ebenfalls die erhöhte Abfindung.[3]

3. Wirksamwerden und Rechtsfolgen der Kündigung

2.141 Die Kündigung wird im Falle einer Aktiengesellschaft als verpflichtetem Vertragsteil unabhängig von der Eintragung in das Handelsregister der abhängigen Aktiengesellschaft wirksam. Die Beendigung des Unternehmensvertrags muss aber vom Vorstand der Gesellschaft unverzüglich zur **Eintragung in das Handelsregister** angemeldet werden (§ 298 AktG). Bei einer abhängigen GmbH ist umstritten, ob die Eintragung in das Handelsregister zum Wirksamwerden der Kündigung erforderlich ist.[4]

2.142 Eine etwaige **Verlustausgleichspflicht** gem. § 302 AktG sowie die Pflicht zur Zahlung des **angemessenen Ausgleichs** gem. § 304 AktG bestehen zeitanteilig bis zum Zeitpunkt des Wirksamwerdens der Kündigung fort.[5] Beim Gewinnabführungsvertrag ist der Gewinn zeitanteilig bis zum Zeitpunkt des Wirksamwerdens der Kündigung abzuführen. Fällt der Zeitpunkt nicht auf ein Geschäftsjahresende, ist ein Zwischenabschluss zu erstellen.[6] Gläubiger der abhängigen Gesellschaft können gem. § 303 AktG **Sicherheitsleistung** verlangen (Rz. 2.147).

---

1 *Emmerich* in Emmerich/Habersack[8], § 304 AktG Rz. 83; *Deilmann* in Hölters[3], § 304 AktG Rz. 67; *Hasselbach/Hirte* in Großkomm/AktG[4], § 304 Rz. 138; *Koch* in Hüffer/Koch[13], § 304 AktG Rz. 23.

2 *Emmerich* in Emmerich/Habersack[8], § 304 AktG Rz. 83; *Deilmann* in Hölters[3], § 304 AktG Rz. 68; *Koch* in Hüffer/Koch[13], § 304 AktG Rz. 23; *Paulsen* in MünchKomm/AktG[4], § 304 Rz. 197; *Stephan* in K. Schmidt/Lutter[3], § 304 AktG Rz. 117.

3 *Hasselbach/Hirte* in Großkomm/AktG[4], § 305 Rz. 261; *Paulsen* in MünchKomm/AktG[4], § 305 Rz. 188.

4 Dafür LG Konstanz v. 26.11.1992 – 3 HT 1/92, GmbHR 1993, 169 = ZIP 1992, 1736; *Ebenroth/Wilken*, ZIP 1992, 1738 (1739); *Emmerich* in Emmerich/Habersack[8], § 296 AktG Rz. 7c m.w.N; aA (rein deklaratorische Wirkung der Handelsregistereintragung): BayObLG v. 5.2.2003 – 3Z BR 232/02, GmbHR 2003, 476 = ZIP 2003, 798; OLG München v. 21.3.2011 – 31 Wx 80/11, GmbHR 2011, 489 = ZIP 2012, 133; *Paschos/Goslar*, DK 2006, 479 (484); *Veith/Schmid*, DB 2012, 728 (731).

5 *Emmerich* in Emmerich/Habersack[8], § 297 AktG Rz. 54 f.; *Koch* in Hüffer/Koch[13], § 297 AktG Rz. 21; *Mülbert* in Großkomm/AktG[4], § 297 Rz. 144.

6 *Deilmann* in Hölters[3], § 297 AktG Rz. 42; *Emmerich* in Emmerich/Habersack[8], § 297 AktG Rz. 54; *Koppensteiner* in KölnKomm/AktG[3], § 297 Rz. 62.

Anhängige Spruchverfahren sind trotz Kündigung weiterzuführen und eine etwaige Erhöhung von Abfindung und Ausgleich nachträglich zu zahlen.[1] Gemäß § 305 Abs. 4 Satz 3 AktG können die außenstehenden Aktionäre trotz der Kündigung das Abfindungsangebot noch bis zum Ablauf von zwei Monaten nach Bekanntmachung der Entscheidung im Spruchverfahren im Bundesanzeiger annehmen. 2.143

III. Weitere Beendigungsgründe, insb. Hinzutritt außenstehender Gesellschafter

Neben Aufhebung und Kündigung kommen eine Reihe weiterer Beendigungsgründe für den Gewinnabführungsvertrag in Betracht.[2] 2.144

Befristete Verträge enden mit Ablauf der vertraglich bestimmten Frist.[3] Im Falle von Defiziten des Vertrags, die nach den Grundsätzen der fehlerhaften Gesellschaft nicht zur Nichtigkeit des Vertrags führen, endet dieser durch fristlose Kündigung eines Vertragsteils (hierzu Rz. 2.113 ff.; Rz. 2.135 ff.) In bestimmten Fällen sind Rücktrittsrechte denkbar, allerdings wohl nur in der Zeit vor Wirksamwerden des Unternehmensvertrags durch Eintragung.[4] Nach hM endet der Unternehmensvertrag außerdem automatisch mit **Eröffnung des Insolvenzverfahrens** über das Vermögen des anderen Vertragsteils.[5] 2.145

Hinzutritt außenstehender Gesellschafter: Hatte die abhängige Gesellschaft zum Zeitpunkt der Beschlussfassung über den Abschluss eines Beherrschungs- und/oder Gewinnabführungsvertrags keine außenstehenden Aktionäre, endet der Vertrag gem. § 307 AktG automatisch und ohne Kündigungserklärung zum Ende des Geschäftsjahres, in dem ein außenstehender Aktionär beteiligt wird (sofern er nicht aus anderem Grund früher endet). Allerdings wird es für möglich gehalten, nach Hinzutreten außenstehender Aktionäre nachträglich eine im Spruchverfahren überprüfbare Ausgleichs- und Abfindungsregelung im Wege der Vertragsänderung aufzunehmen und so die Wirkung des § 307 AktG abzuwenden.[6] Bei der Aktiengesellschaft ist es hingegen nach allgemeiner Meinung nicht möglich, bereits in den ursprüng- 2.146

---

1 *Deilmann* in Hölters[3], § 297 AktG Rz. 42; *Emmerich* in Emmerich/Habersack[8], § 297 AktG Rz. 56; *Mülbert* in Großkomm/AktG[4], § 297 Rz. 144.
2 Hierzu näher *Altmeppen* in MünchKomm/AktG[4], § 297 Rz. 89 ff.; *Boor*, RNotZ 2017, 65 (84 ff.); *Emmerich* in Emmerich/Habersack[8], § 296 AktG Rz. 2; *Veil* in Spindler/Stilz[3], § 297 AktG Rz. 31 ff.
3 *Veil* in Spindler/Stilz[3], § 297 AktG Rz. 31.
4 *Altmeppen* in MünchKomm/AktG[4], § 297 Rz. 95; *Koch* in Hüffer/Koch[13], § 297 AktG Rz. 23; *Krieger/Jannott*, DStR 1995, 1473 (1476); *Veil* in Spindler/Stilz[3], § 297 AktG Rz. 32 ff.
5 *Altmeppen* in MünchKomm/AktG[4], § 297 Rz. 106 ff.; *Koch* in Hüffer/Koch[13], § 297 AktG Rz. 22a; *Krieger* in Hoffmann-Becking (Hrsg.), Münchener Handbuch des Gesellschaftsrechts IV[3], § 71 Rz. 207; *Langenbucher* in K. Schmidt/Lutter[3], § 297 AktG Rz. 30; *Mülbert* in Großkomm/AktG, § 297 Rz. 136; *Veil* in Spindler/Stilz[3], § 297 AktG Rz. 36 ff.; so auch der BGH zur alten Rechtslage vor Inkrafttreten der Insolvenzordnung: BGH v. 14.12.1987 – II ZR 170/87, BGHZ 103, 1 = NJW 1988, 1326; daran anknüpfend BGH v. 16.6.2015 – II ZR 384/13, BGHZ 206, 74 = ZIP 2015, 1483 (1484); aA (nur Kündigungsrecht) *Koppensteiner* in KölnKomm/AktG[3], § 297 Rz. 47; *Zeidler*, NZG 1999, 692 (696 f.); zur Darstellung des Meinungsstands siehe *Ulrich*, GmbHR 2016, R2393 f.
6 *Emmerich* in Emmerich/Habersack[8], § 307 AktG Rz. 2; *Hirte* in Großkomm/AktG[4], § 307 Rz. 16; *Paulsen* in MünchKomm/AktG[4], § 307 Rz. 1.

lichen Vertrag eine vorsorgliche Regelung zu Abfindung und Ausgleich aufzunehmen und so die Beendigung nach § 307 AktG zu verhindern; denn eine solche Regelung unterläge nicht der Kontrolle durch außenstehende Aktionäre.[1]

Die **Anwendbarkeit des § 307 AktG auf die abhängige GmbH** ist umstritten, wird aber überwiegend bejaht.[2] Aufgrund der grundsätzlichen Anwendbarkeit der §§ 293 ff. (zu den §§ 304 f. AktG s. oben Rz. 2.32), ist dies auch durchaus konsequent.[3] Zumindest aber für den Fall des späteren Hinzutretens außenstehender Gesellschafter (deren Zustimmung zum Vertrag dann ja zunächst nicht erforderlich war) besteht ein Schutzbedürfnis, dem durch § 307 AktG Rechnung getragen werden kann.[4] In diesem Fall sollte es aber auch möglich sein, die ausdrückliche Zustimmung des hinzutretenden Gesellschafters zum Fortbestand des Gewinnabführungsvertrags (ggf. in geänderter Form mit Ausgleichsregelung) einzuholen und so die Beendigung nach § 307 AktG zu verhindern; auf diese Weise wäre der Minderheitsgesellschafter ebenso gut geschützt wie im Falle einer Zustimmung zum ursprünglichen Vertragsschluss.

IV. Weitere Rechtsfolgen der Beendigung des Beherrschungs- und Gewinnabführungsvertrags

1. Anspruch der Gläubiger auf Sicherheitsleistung

2.147 Gemäß § 303 Abs. 1 AktG haben die Gläubiger der abhängigen Gesellschaft **Anspruch auf Sicherheitsleistung** gegen das herrschende Unternehmen, wenn ein Beherrschungs- und/oder Gewinnabführungsvertrag endet und ihre Forderungen vor der Bekanntmachung der Eintragung der Beendigung in das Handelsregister begründet worden sind. Die Vorschrift gilt entsprechend für die abhängige GmbH.[5]

2.148 **Begründet** ist eine Forderung, **sobald** ihr **Entstehungsgrund gelegt ist**, auch wenn noch einzelne Tatbestandsmerkmale wie Fristablauf oder Bedingungseintritt fehlen; auf Fälligkeit oder das Bestehen der Einrede nach § 320 BGB kommt es nicht an.[6] Zur Begründung eines Schadenersatzanspruchs ist der Eintritt des Schadens nicht erforderlich.[7] Anspruch auf Sicher-

---

1 *Emmerich* in Emmerich/Habersack[8], § 307 AktG Rz. 2; *Koch* in Hüffer/Koch[13], § 307 AktG Rz. 1; *Koppensteiner* in KölnKomm/AktG[3], § 307 Rz. 3; *Paulsen* in MünchKomm/AktG[4], § 307 Rz. 2.
2 *Bredow/Liebscher*, BB 2003, 393 (394); *Emmerich* in Emmerich/Habersack[8], § 307 AktG Rz. 3; *Hirte* in Großkomm/AktG[4], § 307 Rz. 24; *Liebscher* in MünchKomm/GmbHG[3], Anh. § 13 Rz. 1034 f.; *Philippi/Neveling*, BB 2003, 1685 (1686); *Servatius* in Michalski[3], Syst. Darst. 4 Rz. 333 i.V.m. 250 f.; *Zöllner/Beurskens* in Baumbach/Hueck[21], Schlussanh. GmbH-Konzernrecht Rz. 132; aA *Katschinski* in FS Reuter, 1043 (1050); *Pluskat*, DK 2004, 525 (530).
3 *Altmeppen* in Roth/Altmeppen[8], Anh. § 13 GmbHG Rz. 95; *Paulsen* in MünchKomm/AktG[4], § 307 Rz. 3.
4 *Emmerich* in Emmerich/Habersack[8], § 307 AktG Rz. 3; *Hirte* in Großkomm/AktG[4], § 307 Rz. 24.
5 BGH v. 7.10.2014 – II ZR 361/13, GmbHR 2015, 24 m. Anm. *von Woedtke* = ZIP 2014, 2282; *Emmerich* in Emmerich/Habersack[8], § 303 AktG Rz. 3.
6 BGH v. 7.10.2014 – II ZR 361/13, GmbHR 2015, 24 m. Anm. *von Woedtke* = ZIP 2014, 2282; *Altmeppen* in MünchKomm/AktG[4], § 303 Rz. 16; *Emmerich* in Emmerich/Habersack[8], § 303 AktG Rz. 13; *Koch* in Hüffer/Koch[13], § 303 AktG Rz. 3; *Veil* in Spindler/Stilz[3], § 303 AktG Rz. 11.
7 *Altmeppen* in MünchKomm/AktG[4], § 303 Rz. 16; *Koch* in Hüffer/Koch[13], § 303 AktG Rz. 3; *Koppensteiner* in KölnKomm/AktG, § 303 Rz. 15; *Veil* in Spindler/Stilz[3], § 303 AktG Rz. 12.

heitsleistung haben auch Gläubiger, deren Forderungen vor Abschluss und Wirksamwerden des Beherrschungsvertrags begründet wurden.[1]

Bei **Dauerschuldverhältnissen** genügt es zur Begründung auch künftig fällig werdender Forderungen, dass das Dauerschuldverhältnis entstanden ist. Um diese u.U. endlose Haftung zu begrenzen, sind die §§ 26, 160 HGB und § 327 Abs. 4 AktG entsprechend anzuwenden, so dass nur Forderungen erfasst werden, die innerhalb von fünf Jahren ab Bekanntmachung der Eintragung der Beendigung fällig werden.[2]

2.149

Gläubiger, die Sicherheitsleistung beanspruchen wollen, müssen sich dazu **innerhalb von sechs Monaten** ab der Eintragungsbekanntmachung beim herrschenden Unternehmen **melden** (§ 303 Abs. 1 Satz 1 AktG).

2.150

2. Sicherung der Überlebensfähigkeit der abhängigen Gesellschaft

In Literatur und Rechtsprechung ist umstritten und ungeklärt, ob bzw. welche Mechanismen ggf. zum Schutz der abhängigen Gesellschaft am Ende der Vertragslaufzeit für den Fall eingreifen, dass ihre Überlebensfähigkeit während der Laufzeit des Unternehmensvertrags beeinträchtigt wurde. Für die Forderung, das herrschende Unternehmen habe der abhängigen Gesellschaft „**Wiederaufbauhilfen**" zur Sicherung ihrer Überlebensfähigkeit zu gewähren, fehlt wohl im Gesetz die Basis.[3] Es kann aber der letzte Anspruch auf Verlustausgleich dadurch erhöht sein, dass bei fehlender Überlebensfähigkeit die Bilanz der abhängigen Gesellschaft auf der Basis von Zerschlagungswerten und unter Berücksichtigung von Abwicklungskosten aufzustellen ist, so dass ein entsprechend größerer Verlust entsteht (Rz. 2.84 ff.).

2.151

---

[1] BGH v. 23.9.1991 – II ZR 135/90, BGHZ 115, 187 = GmbHR 1991, 520 (199) = NJW 1991, 3142 (3145); *Emmerich* in Emmerich/Habersack[8], § 303 AktG Rz. 9; *Hirte* in Großkomm/AktG[4], § 303 Rz. 15.

[2] BGH v. 7.10.2014 – II ZR 361/13, GmbHR 2015, 24 m. Anm. *von Woedtke* = NZG 2014, 1340; *Emmerich* in Emmerich/Habersack[8], § 303 AktG Rz. 13a ff.; *Goldschmidt/Laeger*, NZG 2012, 1201 (1205 f.); *Jaeger*, DB 1996, 1069 (1070); *Koppensteiner* in KölnKomm/AktG[3], § 303 Rz. 16; *Servatius*, ZGR 2015, 754 (757 ff.); *Veil* in Spindler/Stilz[3], § 303 AktG Rz. 16; kritisch *Altmeppen* in MünchKomm/AktG[4], § 303 Rz. 30 ff.; *Koch* in Hüffer/Koch[13], § 303 AktG Rz. 3.

[3] *Emmerich* in Emmerich/Habersack[8], § 296 AktG Rz. 25; *Koppensteiner* in KölnKomm/AktG, § 297 Rz. 63; *Krieger* in Hoffmann-Becking (Hrsg.), Münchener Handbuch des Gesellschaftsrechts IV[3], § 71 Rz. 230 ff.; *Langenbucher* in K. Schmidt/Lutter[3], § 296 AktG Rz. 15; *Schäfer*, ZIP 2010, 2025 (2028).

Kapitel 3
Der Gewinnabführungsvertrag als Kernelement der ertragsteuerlichen Organschaft

A. Voraussetzungen einer ertragsteuerlichen Organschaft	3.1
I. Grundsätze	3.1
II. Eignung zum Organträger	3.3
1. Rechtsform	3.3
2. Gewerbliches Unternehmen	3.4
3. Inländische Betriebsstätte	3.19
III. Eignung zur Organgesellschaft	3.21
1. Rechtsform	3.21
2. Sitz und Ort der Geschäftsleitung	3.32
IV. Finanzielle Eingliederung der Organgesellschaft	3.33
V. Gewinnabführungsvertrag	3.34
1. Zivilrechtliche Wirksamkeit	3.34
2. Weitere steuerrechtliche Zusatzanforderungen	3.35
a) Mindestlaufzeit von fünf Zeitjahren	3.35
b) Gewinnabführung	3.40
c) Verlustübernahme	3.41
d) Kündigungsgründe	3.42
3. Exkurs: Einkommensermittlung und grenzüberscheidende Organschaft	3.45
VI. Tatsächliche Durchführung des Gewinnabführungsvertrags	3.46
1. Tatsächliche Durchführung der Hauptpflichten	3.46
2. Abführung des ganzen Gewinns	3.48
3. Erfüllung der Gewinnabführungs- und Verlustausgleichsverpflichtungen	3.50
a) Zwei Phasen der tatsächlichen Durchführung	3.50
b) Erfüllung zum Ende des Gewinnabführungsvertrags	3.51
c) Zulässigkeit von Erfüllungssurrogaten	3.54
B. Muster eines Gewinnabführungsvertrags	3.62
I. Muster	3.62
II. Einzelne Klauseln	3.63
1. Allgemein zur Auslegung; Bezugnahmen auf § 14 KStG	3.63
2. Zu § 1 des Musters: Gewinnabführungsklausel	3.69
a) „Zuviel"-Abführung	3.69
b) „Zuwenig"-Abführung	3.71
c) Fälligkeit	3.73
d) Verzinsung	3.74
3. Zu § 2 des Musters: Verlustübernahmeklausel	3.75
4. Zu § 3 des Musters: Wirksamkeit und Mindestlaufzeit	3.78
5. Zu § 3 des Musters: Kündigungsmöglichkeiten	3.84
6. Sonstiges	3.88
C. Muster eines ertragsteuerlichen Umlagevertrags (Verteilungsverfahren)	3.91
I. Muster	3.91
II. Einzelne Klauseln	3.92
1. Allgemeines zum ertragsteuerlichen Umlagevertrag	3.92
2. Zu § 1 des Musters: Hintergrund und steuerliche Bedeutung	3.93
a) Betriebswirtschaftlicher Hintergrund	3.93
b) Steuerrechtliche Bedeutung	3.94
3. Zu § 2 und § 3 des Musters: Methoden der Steuerumlage	3.96
4. Zu § 4 des Musters: Beendigung der Organschaft	3.100

Literatur: *Adrian/Fey*, Organschaftsrettung durch den BFH – Zugleich Anmerkung zu den BFH-Urteilen v. 10.5.2017 – I R 19/15, I R 51/15, DStR 2017, 2409; *Altrichter-Herzberg*, Die Durchführung des Gewinnabführungsvertrags im Sinne des § 14 Abs. 1 S. 1 Nr. 3 S. 1 Alt. 2 KStG (§ 14 Abs. 1 S. 1 Nr. 3 S. 1 Alt. 2 KStG), GmbHR 2018, 296; *Baltromejus*, Die körperschaftsteuerliche Organschaft unter Berücksichtigung einer stillen Gesellschaft – Anmerkungen zum BMF-Schreiben vom 20.8.2015, StuB 2015, 817; *Behrens/Renner*, Verzinsung von Ansprüchen aus Ergebnisabführungsverträgen, AG 2007, 278; *Benecke/Schnitger*, Wichtige Änderungen bei der körperschaftsteuerlichen Organschaft durch das UntStG 2013, IStR 2013, 143; *Berg/Schmich*, Verdeckte Gewinnausschüttungen bei Gewerbesteuerumlagen nach der Belastungsmethode in „Alt"-Fällen – Zugleich Anmerkung zum BFH-Urt. v 7.11.2001 sowie zum BMF-Schr. v. 12.9.2002, FR 2003, 11; *Brühl*, Anmerkung zu Urteil des FG Kassel vom 28.05.2015 (4 K 677/14) – Zur Mindestlaufzeit eines Gewinnabführungsvertrages und wichtigen Grund bei vorzeitiger Vertragsbeendigung, GmbHR 2016, 79; *Berninger*, Errichtung einer stillen Gesellschaft an einer Tochter-AG bei bestehendem Beherrschungs- und Gewinnabführungsvertrag zwischen Mutter- und Tochter-AG, DB 2004, 297; *Breuninger*, Stille Beteiligung und Organschaft, JbFSt 2016/2017, 148; *Breuninger*, Treuhandmodell, JbFSt 2016/2017, 215; *Brinkmann*, Stille Beteiligung an einer Organgesellschaft möglich?, StBp 2015, 277; *Brühl*, Neues Ungemach bei der Mindestlaufzeit von Gewinnabführungsverträgen in Umwandlungsfällen?, Zum Urteil des FG Düsseldorf v. 3.3.2015 (Az: 6 K 4332/12 K, F), DStR 2015, 1896; *Brühl/Binder*, (Steuerliche) Anwachsung und Organschaft – Update nach der Entscheidung des FG Saarland vom 10.06.2015 (1 K 1109/13) und Hinweise zu Organschaften in Treuhand-Strukturen, Ubg 2016, 647; *Brühl/Binder*, Neues zu den Voraussetzungen der ertragsteuerlichen Organschaft, BFH-Urteile v. 10.5.2017 – I R 51/15, I R 19/15 und I R 93/15, NWB 2018, 331; *Brühl/Holle/Weiss*, Eigenkapital- und Eigenmittelstärkung von Kreditinstituten unter einem Gewinnabführungsvertrag bei Erhalt der steuerlichen Organschaft, FR 2018, 131; *Brühl/Weiss*, Körperschaftsteuerliche Organschaft: Variable Ausgleichszahlungen an Außenstehende und Anpassungszwang bei Verlustübernahmeklauseln nach § 17 S. 2 Nr. 2 KStG a. F., BB 2018, 94; *Deilmann*, Die Beendigung des Beherrschungs- und/oder Gewinnabführungsvertrags in der M&A-Transaktion, NZG 2015, 460; *Dötsch*, Aktuelle Entwicklungen bei der ertragsteuerlichen Organschaft: insbes. Gesetzesänderungen, Rechtsprechung, BMF-Einführungsschreiben, Der Konzern 2003, 21; *Drüen*, Organträgertauglichkeit einer Personengesellschaft trotz Beteiligung steuerbefreiter Gesellschafter, Ubg 2016, 109; *Füger/Rieger/Schell*, Die Behandlung von Ergebnisabführungsverträgen beim Unternehmensverkauf – gesellschafts-, steuer- und insolvenzrechtliche Aspekte, DStZ 2015, 404; *Gänsler*, Die tatsächliche Durchführung von Gewinnabführungsverträgen – Eine Frage des Timings, Ubg 2014, 701; *Gosch*, Die Personengesellschaft als Organträgerin, in Kirchhof/Schmidt/Schön/Vogel (Hrsg.), Festschrift für Arndt Raupach zum 70. Geburtstag, 2006, 461; *Grantz*, Keine körperschaftsteuerliche Organschaft bei einem atypisch stillen Beteiligten, StBW 2015, 811; *Graw*, Anmerkung zu FG Düsseldorf v. 3.3.2015 – 6 K 4332/12 K,F, EFG 2015, 951; *Hageböke*, Nochmals: GmbH & atypisch Still und Organschaft – Kritische Anmerkungen zu den Verfügungen der OFD Frankfurt/M. vom 30.1.2013 und des FM Schleswig-Holstein vom 4.3.2013, Der Konzern 2013, 334; *Hageböke*, Körperschaftsteuerliche Organschaft unter Beteiligung von KapGes. & atypisch Still-Strukturen, DB 2015, 1993; *Hahn*, Fortbestehen einer Organschaft bei Abtretung einer Beteiligung, jurisPR-SteuerR 25/2012 Anm. 6 zu FG Kassel v. 25.1.2012, 4 K 2487/08; *Hahn*, Der Verzicht auf die Durchführung der Gewinnabführung als Gestaltungsinstrument bei M&A-Transaktionen, Ubg 2014, 427; *Herzberg*, Die Mindestvertragslaufzeit im Sinne des § 14 Abs. 1 S. 1 Nr. 3 S. 1 KStG, GmbHR 2014, 85; *Herzberg*, Anmerkung zum Urteil des BFH vom 13.11.2013 (I R 45/12, GmbHR 2014, 499) – Zur Frage einer Organschaft bei Kürzung der Mindestlaufzeit eines Gewinnabführungsvertrages durch Umstellung des Wirtschaftsjahres, GmbHR 2014, 502; *Heurung/Schmidt/Kraft*, BB-Rechtsprechungsreport zur ertragsteuerlichen Organschaft 2017, BB 2018, 470; *Hoheisel*, Die ertragsteuerliche Organschaft in der Unternehmenspraxis – Neues aus der Rechtsprechung, StuB 2018, 325; *Hoheisel/Tippelhofer*, Die ertragsteuerliche Organschaft, Neuerungen aus Finanzverwaltung und Rechtsprechung, StuB 2016, 889; *Hölzer*, Stille Beteiligung an Kapitalgesellschaft schädlich für deren Eignung als Organgesellschaft?, FR 2015, 1065; *Jochimsen/Mangoldt/Zinowsky*, Ertragsteuerliche Organschaft bei Implementierung eines Personengesellschafts-Treuhandmodells, DStR 2014, 2045; *Kahle/Cortez*, Zuzug von Kapitalgesellschaften im Ertragsteuerrecht, FR 2014, 673; *Kessler/Arnold*, National begrenzte Organschaft, IStR 2016, 226; *Kieker/Vollmar*, Änderung des Höchstbetrags der Gewinnabführung durch das BiMoG – Auswirkungen auf die steuerliche Anerkennung von Organschaftsverhältnissen, DStR 2009, 842; *Köster*, Gestaltungshinweise zum Jahresende 2016: Hinweise zur Besteuerung der Kapitalgesellschaften und ihrer Gesellschafter – Einkommensteuer und Körperschaftsteuer, DStZ 2016, 963; *Kraft/Hohage*, Steuerliche Probleme bei Einsatz eines atypischen Treuhandmodells zu Kommanditanteilen, FR 2016, 153; *Krüger*, Reichweite des „falsa demonstratio non nocet"-Grundsatzes und die objektivierte Auslegung korporationsrechtlicher Vereinbarungen im Steuerrecht, DStZ 2013, 491; *Kuszewska-Rode*, Organschaft – Ausgleichszahlungen an Minderheitsgesellschafter – Verlustübernahmevereinbarung bei Änderung des Aktienrechts, DStRK 2018, 12; *Lange*, Der steuerlich wichtige Kündigungsgrund bei der ertragsteuerlichen Organschaft, GmbHR 2011, 806; *Märtens*, Mindestlaufzeit eines Gewinnabführungsvertrags bei körperschaftsteuerrechtlicher Organschaft, jurisPR-SteuerR 48/2017 Anm. 1 zu Anmerkung zu BFH v. 10.05.2017, I R 19/15; *Mayer/Wiese*, Zur Verlustübernahme nach der „kleinen Organschaftsreform" – Vertragsformulierungen im Lichte der Übergangsvorschrift, DStR 2013, 629; *Melan/Karrenbrock*, Die Durchführung des Gewinnabführungsvertrags als Ernstlichkeits- und Veranlassungsprüfung und die Folgen für die Gestaltungspraxis, FR 2009, 757; *Micker*, Die Aufgabe des doppelten Inlandsbezugs bei der Organschaft – Verlustverrechnung über die Grenze, IWB 2013, 309; *Milatz/Schäfers*, Ausgliederung im Gemeinnützigkeitssektor am Beispiel von Krankenhäusern – Können Betriebe gewerblicher Art oder gemeinnützige Körperschaften steuerliche Organschaften nutzen?, DB 2005, 1761; *Möhlenbrock*, Aussprache zu stille Beteiligung und Organschaft, JbFSt 2016/2017, 167; *Möhlenbrock*, Aussprache zu Treuhandmodell, JbFSt 2016/2017, 235; *Neumann*, Die Innengesellschaft innerhalb der körperschaft- und gewerbesteuerlicher Organschaft, in Spindler/Tipke/Rödder (Hrsg.), Festschrift für Harald Schaumburg zum 65. Geburtstag, 2009, 445; *Olbing*, Tatsächliche Durchführung eines Ergebnisabführungsvertrags, Checkliste unschädlicher und schädlicher Faktoren, GmbH-StB 2011, 281; *Olbing*, Keine Organschaft bei atypisch stiller Beteiligung, GmbH-StB 2015, 321; *Ortmann-Babel/Bolik*, Das „Jahressteuergesetz 2018", DB 2018, 1876; *Petersen*, Die ertragsteuerliche Organschaft: aktuelles Praxis-Knowhow, WPg 2018, 320; *Philippi/Fickert*, Organschaft bei Gewinnabführungsverträgen: Ist aus gesellschaftsrechtlicher Sicht eine Verzinsung des Gewinnabführungsanspruchs erforderlich? BB 2006, 1809; *Philippi/Fickert*, Verzinsung von Ansprüchen aus Ergebnisabführungsverträgen – Neues BMF-Schreiben, BB 2007, 2760; *Prinz/Keller*, Neue BFH-Rechtsprechung zur ertragsteuerlichen Organschaft – Einordnung und Beratungskonsequenzen –, DB 2018, 400; *Prokopf*, Die Verzinsung von Verlustausgleichs- und Gewinnabführungsansprüchen im Hinblick auf die steuerliche Anerkennung von Organschaftsverhältnissen, DB 2007, 900; *Pyszka*, Steuergestaltung durch Nichtwahrung der Voraussetzungen einer ertragsteuerlichen Organschaft – zugleich Anmerkungen zum Urteil des FG Münster vom 20.8.2014 – 10 K 2192/13 F, GmbHR 2014, 1296; *Rödder*, Die kleine Organschaftsreform, Ubg 2012, 717; *Rüsch*, Aktuelle Entwicklungen zur steuerlichen Organschaft – Bericht zur 18. Euroforum-Jahrestagung „Die Organschaft 2014" am 22. und 23.9.2014, DStZ 2015, 27; *Rüsch*, Aktuelle Entwicklungen zur steuerlichen Organschaft – Bericht zur 19. Euroforum-Jahrestagung „Die Organschaft 2015", DStZ 2016, 263; *Rüsch*, Aktuelle Entwicklungen zur steuerlichen Organschaft, Bericht zur 20. EUROFORUM-Jahrestagung „Die Organschaft 2016", DStZ 2017, 69; *Scheifele/Hörner*, Neue formale Anforderungen an die Regelung der Verlustübernahmepflicht in Gewinnabführungsverträgen: Handlungsbedarf für Alt- und Neuverträge, DStR 2013, 553; *Scheifele/Marx*, Die zeitlichen Anforderungen an den Gewinnabführungsvertrag und seine Durchführung – Zugleich Besprechung des BFH-Urteils vom 13.11.2013 – I R 45/12, DStR 2014, 1793; *Schell/Philipp*, Mindestlaufzeit eines Gewinnabführungsvertrags bei körperschaftsteuerlicher Organschaft, Anmerkungen zu BFH v. 10.5.2017 – I R 19/15, FR 2018, 39 = BFH/NV 2017, 1558, FR 2018, 13; *Schell/Schrade*, Wiedereinlagevereinbarungen und tatsächliche Durchführung von Gewinnabführungsverträgen iSd § 14 Abs. 1 S. 1 Nr. 3 S. 1 KStG, DStR 2017, 86; *Schmidt/Werner*, Parallele Zulässigkeit von steuerlicher Organschaft und atypisch stiller Beteiligung, GmbHR 2010, 29; *Schneider/Sommer*, Organschaftsreform „light" – Ein Überblick insbesondere zur neuen Fiktion der tatsächliche Durchführung, GmbHR 2013, 22; *Schnitger*, Fragestellungen zur steuerlichen Behandlung doppelt ansässiger Kapitalgesellschaften, IStR 2013, 82; *Schön*, Aussprache zu stille Beteiligung und Organschaft, JbFSt 2016/2017, 167; *Simon*, Steuerumlagen im Konzern, ZGR 2007, 71; *Stangl/Brühl*, Brennende Zweifelsfragen des § 17 Satz 2 Nr. 2 KStG nach der „kleinen Organschaftsreform", DB 2013, 538; *Stangl/Ritzer*, „Zahlungsfähigkeit" oder „Werthaltigkeit" als Voraussetzung für die Durchführung eines Gewinnabführungsvertrags per Novation oder Aufrechnung? Der Konzern 2012, 529; *Stegemann*, Verrechenbare Verluste im Treuhandmodell als Gestaltungsinstrument, DB 2016, 314; *Stephan*, Zum Stand des Vertragskonzernrechts, Der Konzern 2014, 1; *Suchanek/Herbst*, Die tatsächliche Durchführung von Gewinnabführungsverträgen im Sinne des § 14 Abs. 1 S. 1 Nr. 3 S. 1 KStG, FR 2005, 665; *Suchanek/Hesse*, Ertragsteuerliche Organschaft und Treuhand-KG, GmbHR 2013, 1196; *Suchanek*, Körperschaftsteuerliche Organschaft und atypisch stille Gesellschaft – Zugleich Anmerkungen zum BMF-Schreiben vom 20.8.2015, GmbHR 2015, 1031; *Viebrock/Stegemann*, Ertragsteuerliche Konsolidierung im Treuhandmodell, DStR 2013, 2375; *Wachter*, Verunglückte Organschaft wegen verspäteter

Eintragung im Handelsregister, DB 2018, 272; *Wacker*, Aussprache zu stille Beteiligung und Organschaft, JbFSt 2016/2017, 167; *Walter*, Organschaft: Mindestlaufzeit eines Gewinnabführungsvertrag bei körperschaftsteuerrechtlicher Organschaft, Der GmbHR-Kommentar, GmbHR 2017, 1223; *Walter*, Neue Chancen durch Organschaftspause – Reduzierte Gefahr des rückwirkenden Scheiterns der Organschaft, GmbH-StB 2018, 63; *Weigert/Strohm*, Zu den persönlichen Voraussetzungen der ertragsteuerlichen Organschaft unter Berücksichtigung aktueller Entwicklungen, Der Konzern 2013, 249; *Weiss*, Anforderungen an eine körperschaftsteuerliche Organschaft, GmbH-StB 2015, 317; *Weiss*, Neuerungen bei der körperschaftsteuerlichen Organschaft, Praktische Konsequenzen aktueller Verwaltungsanweisungen, EStB 2015, 417; *Weiss*, Neuere Entwicklungen in der Rechtsprechung zur körperschaftsteuerlichen Organschaft (II) – Fehlende finanzielle Eingliederung in einzelnen VZ und Rückwirkungsfiktionen des UmwStG, GmbH-StB 2018, 86; *Wernicke*, Verzinsung des Anspruchs auf Verlustübernahme nach § 302 AktG aus gesellschaftsrechtlicher und steuerrechtlicher Sicht, DStR 2006, 1399; *Werth*, Anerkennung einer körperschaftsteuerrechtlichen Organschaft bei Unterbrechung des Fünf-Jahres-Zeitraums, DB 2017, 2514; *Winkels*, Tracking Stocks als Gestaltungsmittel der Vermögensnachfolgeplanung bei Familiengesellschaften, ErbStB 2014, 128; *Winter/Marx*, „Grenzüberschreitende" Organschaft mit zugezogenen EU-/EWR-Gesellschaften, Neue Gestaltungsmöglichkeiten aufgrund des BMF-Schreibens vom 28.3.2011, DStR 2011, 1101.

A. Voraussetzungen einer ertragsteuerlichen Organschaft

I. Grundsätze

3.1 **Bedeutung der ertragsteuerlichen Organschaft.** Der steuerrechtliche Begriff der ertragsteuerlichen Organschaft beschreibt die wirtschaftliche Abhängigkeit in Form eines Gewinn- und Verlustausgleichs durch einen Gewinnabführungsvertrag zwischen zwei Unternehmen, dem Organträger und der Organgesellschaft. Die Organschaft ermöglicht eine steueroptimierende Verrechnung von Gewinnen und Verlusten.[1] Sie führt dazu, dass die Organgesellschaft trotz ihrer rechtlichen Eigenständigkeit als Unternehmensteil des Organträgers behandelt und ihr Einkommen dem Organträger zugerechnet wird (§ 14 KStG, § 2 Abs. 2 Satz 2 GewStG mit einer Betriebsstättenfiktion).[2] Dessen ungeachtet bleiben Organträger und Organgesellschaft eigenständige Bilanzierungssubjekte.[3]

3.2 **Voraussetzungen einer Organschaft.** Die Voraussetzungen einer Organschaft sind in §§ 14, 17 KStG niedergelegt:

– Tauglicher Organträger i.S.v. § 14 Abs. 1 Satz 1 Nr. 2 Satz 1 KStG (dazu Rz. 3.3 ff.)

– Taugliche Organgesellschaft i.S.v. §§ 14 Abs. 1 Satz 1, 17 KStG (dazu Rz. 3.21 ff.)

– Finanzielle Eingliederung der Organgesellschaft von Beginn ihres Wirtschaftsjahrs in das Unternehmen des Organträgers (§ 14 Abs. 1 Satz 1 Nr. 1 KStG, dazu *Beinert/Marx*, Rz. 12.1 ff.)

---

1 *Frotscher* in Frotscher/Drüen, § 14 KStG Rz. 8 (Stand: Juni 2013).
2 Bei sog. Organschaftsketten wird das Ergebnis zum obersten Organträger „durchgereicht", sofern die Organschaftsvoraussetzungen zeitgleich auf allen Organschaftsebenen vorliegen.
3 Zum Bilanzrecht der Organschaft s. *Prinz* in Prinz/Kanzler, NWB Praxishandbuch Bilanzsteuerrecht[2], 357–394.

– Gewinnabführungsvertrag, der auf mindestens fünf Jahre geschlossen und während seiner gesamten Geltungsdauer durchgeführt werden muss (§ 14 Abs. 1 Satz 1 Nr. 3 Satz 1 KStG, dazu Rz. 3.35 ff., *Beinert/Nees*, Rz. 11.6 ff.)[1]

– Betriebsstättenzurechnung i.S.v. § 14 Abs. 1 Satz 1 Nr. 2 Sätze 4 bis 7 KStG (dazu Rz. 3.19 f.)

– Einer organisatorischen oder wirtschaftlichen Eingliederung bedarf es nicht.

II. Eignung zum Organträger

1. Rechtsform

Rechtsformunabhängigkeit. § 14 KStG verlangt von einem Organträger keine bestimmte Rechtsform. Die Organträgereigenschaft ist damit rechtsformunabhängig. 3.3

2. Gewerbliches Unternehmen

Gewerbliches Unternehmen. Erforderlich ist aber, dass der Organträger ein gewerbliches Unternehmen betreibt (§ 14 Abs. 1 Satz 1 KStG). Hierzu muss er die Voraussetzungen eines Gewerbebetriebs i.S.v. § 2 Abs. 1 Satz 2 GewStG erfüllen.[2] So wird sichergestellt, dass das Gesamtergebnis des Organkreises der Besteuerung mit Gewerbesteuer unterliegt.[3] Organträger können sowohl eine nicht steuerbefreite Körperschaft als auch eine originär gewerblich tätige Personengesellschaft oder eine gewerblich tätige natürliche Person sein (§ 14 Abs. 1 Satz 1 KStG). 3.4

Kapitalgesellschaft. Unseres Erachtens sind keine besonderen Anforderungen an die Unternehmensqualität einer Kapitalgesellschaft zu stellen. Spätestens mit Abschluss des Gewinnabführungsvertrags wird der Organträger zivilrechtlich zum „Unternehmen" (§ 291 Abs. 1 Satz 1 AktG).[4] Steuerrechtlich ist eine Kapitalgesellschaft ebenfalls ein gewerbliches Unternehmen, da die Tätigkeit einer Kapitalgesellschaft nach § 2 Abs. 2 GewStG als Gewerbebetrieb gilt. 3.5

KGaA. Eine KGaA gilt nach § 2 Abs. 2 GewStG als Gewerbebetrieb und ist damit i.S.v. § 14 KStG ein gewerbliches Unternehmen. Eine KGaA kann daher Organträger sein, ohne die besonderen Voraussetzungen erfüllen zu müssen, die an eine Personengesellschaft als Organ- 3.6

---

1 § 14 Satz 1 Nr. 3 Sätze 4, 5 KStG enthalten eine Durchführungsfiktion, wenn ua. ein von der Finanzverwaltung nach § 14 Abs. 1 KStG beanstandeter Fehler korrigiert und das Ergebnis entsprechend abgeführt oder ausgeglichen wird; vgl. dazu BMF v. 29.5.2013 – IV C 2 - S 1910/10/10117, GmbHR 2013, 728. Wird die Organbeteiligung verkauft, sollte im Kaufvertrag sichergestellt werden, dass auf etwaige Fehlerbeanstandungen der Finanzverwaltung „organschaftserhaltend" reagiert wird.
2 Unstreitig, siehe BMF v. 26.8.2003 – IV A 2 - S 2270 - 18/03, BStBl. I 2003, 437 Tz. 2; BFH v. 2.9.2009 – I R 20/09, BFH/NV 2010, 391, juris Rz. 19; *Müller* in Müller/Stöcker/Lieber, Die Organschaft, Rz. 64.
3 BFH v. 12.8.1965 – IV 322/64 U, BStBl. III 1965, 589, juris Rz. 5; *Kolbe* in HHR, § 14 KStG Anm. 58 (Stand: September 2016).
4 *Stephan*, Der Konzern 2014, 1 (9 f.) mwN. *Stephan* weist darauf hin, dass eine Gerichtsentscheidung, die einem Unternehmensvertrag mangels Unternehmenseigenschaft die Wirksamkeit versagt hätte, nicht auffindbar ist.

träger gestellt werden.[1] Ihr persönlich haftender Gesellschafter (phG) kann ebenfalls Organträger sein, wobei er je nach Rechtsform die für diese Rechtsform geltenden Voraussetzungen für die Eignung zum Organträger einhalten muss.[2] Es ist auch denkbar, dass zwischen dem phG und der KGaA eine Organschaft besteht, in der der phG Organträger und die KGaA Organgesellschaft ist, vorausgesetzt, dem phG stehen zugleich die Mehrheit der Stimmrechte aus den Kommanditaktien zu.[3]

3.7 **Steuerbefreite Körperschaft.** Nach § 14 Abs. 1 Satz 1 Nr. 2 Satz 1 KStG ist eine Körperschaft nur als Organträger geeignet, wenn sie nicht von der Körperschaftsteuer befreit ist. Die Norm soll verhindern, dass eigentlich körperschaftsteuerpflichtige Gewinne der Organgesellschaft bei dem Organträger der Besteuerung entzogen werden.[4] Vor diesem Hintergrund ist es unseres Erachtens ausreichend, wenn eine persönlich steuerbefreite Körperschaft partiell steuerpflichtig ist (etwa wenn eine wegen Gemeinnützigkeit steuerbefreite Körperschaft einen wirtschaftlichen Geschäftsbetrieb gemäß § 64 AO unterhält) und die Beteiligung an der Organgesellschaft dem steuerpflichtigen Bereich zuzuordnen ist.[5]

3.8 **BgA.** Ein strukturell dauerdefizitärer Betrieb gewerblicher Art einer juristischen Person des öffentlichen Rechts i.S.v. § 4 Abs. 1 KStG (BgA) kann grundsätzlich kein Organträger sein, da er mangels Gewinnerzielungsabsicht kein gewerbliches Unternehmen betreibt (dazu *Ballwieser*, Rz. 21.4 ff.).[6] Unseres Erachtens ist aber eine Ausnahme zu machen, wenn die Gewinnerzielungsabsicht durch die Zuführung von ertragsbringenden Beteiligungen hergestellt wird.[7] Diese Frage ist jedoch höchstrichterlich noch nicht geklärt. Es bleibt abzuwarten, wie sich der BFH positionieren wird.

3.9 **Personengesellschaft.** Bei einer Personengesellschaft (Mitunternehmerschaft) stellen sich eine ganze Reihe von Besonderheiten, wenn sie Organträger sein soll (dazu *Bäuml*, Rz. 16.17 ff.).[8]

---

1 *Walter* in Ernst & Young, § 14 KStG Rz. 136 (Stand: Oktober 2016); *Dötsch* in Dötsch/Pung/Möhlenbrock, § 14 KStG Rz. 124 (Stand: Juni 2018).
2 Hat der phG die Rechtsform einer Personengesellschaft, bedarf es einer originär gewerblichen Tätigkeit. Die mitunternehmerische Beteiligung an der KGaA als solche (welche gewerbliche Einkünfte i.S.v. § 15 Abs. 1 Nr. 3 EStG vermittelt) reicht dafür nicht aus, vgl. *Dötsch* in Dötsch/Pung/Möhlenbrock, § 14 KStG Rz. 124 (Stand: Juni 2018) zu natürlichen Personen als phG der KGaA.
3 *Frotscher* in Frotscher/Drüen, § 14 KStG Rz. 78a, Rz. 115 (Stand: jeweils Juni 2013); *Dötsch* in Dötsch/Pung/Möhlenbrock, § 14 KStG Rz. 124 (Stand: Juni 2018).
4 BFH v. 10.3.2010 – I R 41/09, BStBl. II 2011, 181 = FR 2010, 846 m. Anm. *Wendt* = GmbHR 2010, 767.
5 BFH v. 10.3.2010 – I R 41/09, BStBl. II 2011, 181 = FR 2010, 846 m. Anm. *Wendt*. Aus dem Schrifttum ua. *Neumann* in Gosch[3], § 14 KStG Rz. 96; *Dötsch* in Dötsch/Pung/Möhlenbrock, § 14 KStG Rz. 131 (Stand: August 2016); *Kolbe* in HHR, § 14 KStG Anm. 155 (Stand: September 2016).
6 Vgl. auch BMF v. 12.11.2009 – IV C 7 - S 2706/08/10004, BStBl. I 2009, 1303 Tz. 94.
7 So auch BFH v. 25.7.2002 – I B 52/02, BFH/NV 2002, 1341, allerdings nur als obiter dictum; BFH v. 2.9.2009 – I R 20/09, GmbHR 2010, 273 = BFH/NV 2010, 391 für eine kommunale GmbH; FG Köln v. 19.12.2013 – 10 K 2933/11, EFG 2014, 662; Hessisches FG v. 16.5.2017 – 4 K 1060/13, EFG 2017, 1544; OFD Karlsruhe v. 19.7.2018 – S 270.6/57-St 13, DB 2018, 1953 (1954). AA FG Düsseldorf v. 18.3.2014 – 6 K 3493/11 K, EFG 2014, 1032, wonach die Gewinnerzielungsabsicht eines BgA gesondert für die jeweilige Betätigung zu prüfen sei, wenn verschiedene, wirtschaftlich eigenständige Betätigungen vorliegen (sog. Segmentierung).
8 Zur Organträgertauglichkeit einer Personengesellschaft trotz Beteiligung steuerbefreiter Gesellschafter *Drüen*, Ubg 2016, 109.

Treuhand-KG.[1] Eine sog. Treuhand-KG[2] kann nicht Organträger sein, da sie ertragsteuerlich keine Mitunternehmerschaft i.S.v. § 15 Abs. 1 Satz 1 Nr. 2 EStG ist, sondern eine Betriebsstätte ihres einzigen (Mit-)Unternehmers.[3] Demgegenüber kann der Treugeber (Komplementär) tauglicher Organträger sein. Dies gilt unseres Erachtens selbst dann, wenn der Gewinnabführungsvertrag zivilrechtlich mit der Treuhand-KG abgeschlossen wird, obwohl in diesem Fall der Vertragspartner des Gewinnabführungsvertrags (Treuhand-KG) und der Organträger (Treugeber als Komplementär) auseinanderfallen. Unseres Erachtens ist dies aber unschädlich. Weder der Wortlaut noch der Telos des § 14 Abs. 1 Satz 1 KStG („*ihren ganzen Gewinn an ein einziges anderes gewerbliches Unternehmen abzuführen*") fordern Personenidentität.[4] Die Finanzverwaltung sieht das anscheinend anders. § 14 Abs. 1 Satz 1 Nr. 2 KStG („*Organträger kann auch eine Personengesellschaft (…) sein*") fordere – so Vertreter der Finanzverwaltung – seit „Abschaffung" der Mehrmütterorganschaft eine Personenidentität zwischen dem zivilrechtlichen Vertragspartner als Organträger und demjenigen, dem steuerrechtlich das Einkommen zugerechnet werde.[5] Unseres Erachtens lässt sich das aus § 14 Abs. 1 Satz 1 Nr. 2 KStG nicht ableiten. Der Norm liegt bei der Frage, wer einen Gewinnabführungsvertrag abschließen kann (und wem gegenüber die finanzielle Eingliederung bestehen muss), ein zivilrechtliches Verständnis zugrunde.[6] Wegen des trotz des zivilrechtlichen Verständnis anwendbaren § 39 AO folgt daraus aber nicht, dass diese Person zwingend auch der Organträger sein muss. Solange es hierzu aber keine Rechtsprechung gibt, sind die Strukturen mit einem gewissen Aufgriffsrisiko behaftet. Die gleiche Frage stellt sich, wenn bei bestehender Organschaft die Organträger-KG durch Abschluss eines Treuhandvertrags zwischen dem Komplementär und dem Kommanditisten zur Treuhand-KG wird. In dem Fall kommt es zur

3.10

---

1 Dazu auch *Beinert/Marx*, Rz. 12.19 f.
2 Eine Treuhand-KG hat zwei Gesellschafter, aber wegen des Treuhandvertrags ertragsteuerlich nur einen (Mit-)unternehmer, dem die Wirtschaftsgüter, die im zivilrechtlichen Eigentum der KG stehen, über § 39 Abs. 2 Nr. 2 AO unmittelbar zugerechnet werden (BFH v. 3.2.1010 – IV R 26/07, BStBl. II 2010, 751).
3 BFH v. 3.2.2010 – IV R 26/07, BStBl. II 2010, 751 = FR 2010, 628 m. Anm. *Keß*. Zur Frage, ob die Treuhand-KG als gewerbliches Unternehmen i.S.v. § 2 Abs. 1 Satz 2 GewStG zu qualifizieren ist *Breuninger*, JbFSt 2016/2017, 215 (229 f.) mwN. Ablehnend ua. auch *Rödder/Liekenbrock* in Rödder/Herlinghaus/Neumann, § 14 KStG Rz. 190; *Kraft/Hohage*, FR 2016, 153 (154); *Stegemann*, DB 2016, 314 (314).
4 So auch *Suchanek/Hesse*, GmbHR 2013, 1196 (1200 f.); *Viebrock/Stegemann*, DStR 2013, 2375 (2380); *Jochimsen/Mangold/Zinowsky*, DStR 2014, 2045 (2048); *Suchanek* nach *Rüsch*, DStZ 2016, 263 (270); *Brühl/Binder*, Ubg 2016, 647 (654); *Breuninger*, JbFSt 2016/2017, 215 (230); *Walter* in Ernst & Young, § 14 KStG Rz. 192 (Stand: Oktober 2016), Rz. 577 (Stand: März 2018).
5 *Möhlenbrock*, JbFSt 2016/2017, 235; *Dötsch* in Dötsch/Pung/Möhlenbrock, § 14 KStG Rz. 67 (Stand: Juni 2018).
6 Vgl. die Diskussion zur Frage, ob eine atypisch stille Gesellschaft Organträger sein kann. Verneinend die nahezu gleichlautenden Erlasse der OFD Frankfurt v. 30.1.2013 – S 2770 A-53-St 51, FMNR0be310013, juris; FM Schleswig-Holstein v. 4.3.2013 – VI 3011-S 2770-080, FMNR0be550013, juris und OFD Niedersachsen v. 19.4.2013 – S 2770-114-St 248 VD, FMNR0be370013, juris. Aus dem Schrifttum u.a. *Neumann* in FS Schaumburg, 2009, 445 (453 f.); *Neumann* in Gosch[3], § 14 KStG Rz. 80a; *Kolbe* in HRR, § 14 KStG Anm. 174 (Stand: September 2016); *Breuninger*, JbFSt 2016/2017, 148 (153 ff.). Bejahend u.a. *Gosch* in FS Raupach, 2006, 461 (473 ff.); *Hageböke*, Der Konzern 2013, 334 (336 ff.); *Olbing*, GmbH-StB 2015, 321 (322); *Suchanek*, GmbHR 2015, 1031 (1031 ff.); *Walter* in Ernst & Young, § 14 KStG Rz. 176, 326.1 (Stand: jeweils Oktober 2016); *Schön*, JbFSt 2016/2017, 167 (169); *Wacker*, JbFSt 2016/2017, 167 (169). AA *Erle/Heurung* in Erle/Sauter[3], § 14 KStG Rz. 77 ff.

steuerlichen Anwachsung[1] auf den Komplementär, was unseres Erachtens zur Folge hat, dass die Organschaft nahtlos mit dem Komplementär (Treugeber) fortgeführt werden kann.[2]

3.11 **Stille und atypisch stille Gesellschaft als Organträger.** Stille und atypisch stille Gesellschaften sind unseres Erachtens als Organträger ungeeignet. Für eine stille Gesellschaft ist dies unstreitig, da der still Beteiligte keine gewerblichen Einkünfte aus Mitunternehmerschaft (§ 15 Abs. 1 Satz 1 Nr. 2 EStG) erzielt. Bei einer atypisch stillen Gesellschaft ist dies anders. Der atypisch still Beteiligte begründet mit dem Geschäftsinhaber eine ertragsteuerliche Mitunternehmerschaft. Diese kann – als reine Innengesellschaft – zwar zivilrechtlich nicht Partei des Gewinnabführungsvertrags und zivilrechtlicher Eigentümer der Anteile an der Organgesellschaft sein; der Geschäftsinhaber führt die Geschäfte aber für die atypisch stille Gesellschaft, bei der eine Art „virtuelles Gesamthandsvermögen" fingiert wird. Wir meinen, dass dieses „virtuelle Gesamthandsvermögen" nicht den Anforderungen von § 14 Abs. 1 Satz 1 Nr. 2 Satz 2 KStG genügt. Die Norm besagt „*Organträger kann auch eine Personengesellschaft (…) sein*", nach § 14 Abs. 1 Satz 1 Nr. 2 Satz 3 KStG müssen „*die Voraussetzungen der Nummer 1* (also insbesondere die finanzielle Eingliederung) *im Verhältnis zur Personengesellschaft selbst erfüllt sein*". Entscheidend ist, ob dies zivilrechtlich zu verstehen ist – dann scheidet eine Organschaft zu einer Mitunternehmerschaft, die zivilrechtlich keine rechtsfähige Personengesellschaft ist, aus – oder ob eine steuerrechtliche Auslegung vorzunehmen ist. Wir meinen, dass der finanziellen Eingliederung und damit auch § 14 Abs. 1 Satz 1 Nr. 2 KStG ein zivilrechtliches Verständnis zugrunde liegt, weshalb eine Innengesellschaft (die atypisch stille Gesellschaft) nicht als tauglicher Organträger qualifiziert werden kann (dazu Rz. 3.10 sowie *Beinert/Marx*, Rz. 12.19 f.). Die gleiche Auffassung hatten verschiedene Finanzverwaltungen bereits 2013 geäußert[3] und wird auch im BMF-Schreiben vom 20.8.2015[4] vertreten, allerdings ohne Begründung. Vertrauensschutz wird – anders als bei der Frage, ob eine Kapitalgesellschaft, an der eine atypisch stille Beteiligung besteht, als Organträger qualifiziert werden kann – nicht gewährt.[5]

3.12 **Davon zu unterscheiden** ist der Fall, dass am Organträger selbst eine stille oder atypisch stille Beteiligung besteht oder ein Tracking Stock-Modell gewählt wurde:

3.13 **Typische stille Beteiligung am Organträger.** Eine Kapitalgesellschaft, an der eine typisch stille Beteiligung besteht, kann Organträger sein.[6]

---

1 Im Unterschied zur Anwachsung nach §§ 738 ff. BGB fällt die KG nur bei steuerlicher Betrachtung weg.
2 So auch *Jochimsen/Mangold/Zinowsky*, DStR 2014, 2045; *Brühl/Binder*, Ubg 2016, 647 (654) (sie empfehlen, die Treuhandstruktur zum Schluss eines (Rumpf-)Wirtschaftsjahrs der Organgesellschaft zu begründen); *Breuninger*, JbFSt 2016/2017, 215 (230 f.).
3 Nahezu gleichlautende Erlasse von OFD Frankfurt v. 30.1.2013 – S 2770 A - 53 - St 51, juris; FM Schleswig-Holstein v. 19.4.2013 – VI 3011-S 2770-080, juris sowie OFD Niedersachsen v. 19.4.2013 – S 2770-114-St 248 VD, juris.
4 BMF v. 20.8.2015 – IV C 2-S 2770/12/1000, BStBl. I 2015, 649.
5 Zu Recht kritisch *Weiss*, GmbH-StB 2015, 317 (318); EStB 2015, 417 (422); *Olbing*, GmbH-StB 2015, 321 (322); *Baltromejus*, StuB 2015, 817 (822); *Hölzer*, FR 2015, 1065 (1069); *Hakeböke*, DB 2015, 1993 (1993 f.).
6 *Dötsch* in Dötsch/Pung/Möhlenbrock, § 14 KStG Rz. 79 (Stand: August 2016). Zustimmend auch *Neumann* in FS Schaumburg, 2009, 445 (449) unter der Voraussetzung, dass die finanzielle Eingliederung zum Organträger besteht. Die Grenze sei erreicht, wenn der typisch still Beteiligte eine Stellung innehabe, die ihn zum wirtschaftlichen Eigentümer der Beteiligung an der Organgesellschaft mache.

Atypisch stille Beteiligung am Organträger. Nach der sehr restriktiven Ansicht des BMF-Schreibens vom 20.8.2015 kann eine Kapitalgesellschaft, an der eine atypisch stille Beteiligung besteht, kein Organträger sein.[1] Eine Begründung dafür wird nicht gegeben. Offenbar wird ein Problem darin gesehen, dass der Kapitalgesellschaft, die die Voraussetzungen des § 14 Abs. 1 KStG erfüllen könnte, das Ergebnis der Organgesellschaft steuerlich nicht voll zugerechnet würde.[2] Unseres Erachtens ist dies inkonsequent. Folgert man aus einem zivilrechtlichen Verständnis des § 14 Abs. 1 Satz 1 Nr. 2 KStG, dass nicht die atypisch stille Gesellschaft als Innengesellschaft, sondern allein der Geschäftsinhaber (also die Kapitalgesellschaft) Organträger sein kann, ist dieser auch Organträger, sofern sich aus § 39 AO (oder § 42 AO) nichts anderes ergibt. Weder § 39 AO noch § 42 AO führen hier aber zu einem abweichenden Ergebnis.[3] Es mag sein, dass die Finanzverwaltung einer Konsolidierung von Gewinnen der Organgesellschaft mit Verlusten des atypisch still Beteiligten, die innerhalb der durch § 15 Abs. 4 Satz 6 und 7 EStG gezogenen Grenzen möglich ist, kritisch gegenübersteht und eine „Wiedereinführung der Mehrmütterorganschaft über die Hintertür"[4] befürchtet. Dem Gesetz lässt sich aber kein entsprechendes Verbot entnehmen. Anders als bei der Mehrmütterorganschaft scheidet zudem eine gewerbesteuerliche Konsolidierung aus.[5]

3.14

Vertrauensschutz. Im BMF-Schreiben vom 20.8.2015 wird ausgeführt: „Am 20.8.2015 bereits bestehende, steuerlich anerkannte Organschaften mit Organträgern, an deren Handelsgewerbe atypisch stille Beteiligungen bestehen, können unter Berücksichtigung der Umstände des Einzelfalls im Wege der Billigkeit und aus Gründen des Vertrauensschutzes weiter steuerlich anerkannt werden".[6] Diese Regelung wird zu Recht kritisiert.[7] Unklar ist, welche Umstände des Einzelfalls es rechtfertigen könnten, eine Billigkeitsmaßnahme zu versagen, worin also der angebliche Missbrauch liegen soll.[8] Unklar ist weiter, was unter „steuerlich anerkannten" Organschaften zu verstehen ist.[9] Eventuell soll der Vertrauensschutz auf Fälle eingegrenzt werden, die durch Betriebsprüfungen anerkannt wurden. Ob dies der Fall ist, wäre

3.15

---

1 BMF v. 20.8.2015 – IV C 2-S 2770/12/1001, BStBl. I 2015, 649.
2 *Möhlenbrock*, JbFSt 2016/2017, 167 (170).
3 Für die Anerkennung einer Kapitalgesellschaft als Organträger, wenn an dieser eine atypische Beteiligung besteht, auch *Rödder* nach Rüsch, DStZ 2016, 263 (269); wohl auch *Olbing*, GmbH-StB 2015, 321 (321). AA *Suchanek*, GmbHR 2015, 1031 (1034), der ein zivilrechtliches Verständnis ablehnt (S. 1032) und daher der Auffassung ist, dass die Kapitalgesellschaft, an der eine atypisch stille Beteiligung besteht, nicht Organträger sein kann, sondern ausschließlich die atypische stille Gesellschaft als Organträger angesehen werden könne, da zu ihr die erforderliche finanzielle Eingliederung bestehe und ihr der Gewinnabführungsvertrag zuzurechnen sei.
4 *Möhlenbrock*, JbFSt 2016/2017, 167 (170). Vgl. auch *Neumann* in FS Schaumburg, 2009, 445 (453), der vor dem Hintergrund der Abschaffung der Mehrmütterorganschaft der Auffassung ist, dass die Forderung, die Beteiligung an der Organgesellschaft müsse auch der Organträger-Personengesellschaft selbst „gehören", also Bestandteil ihres eigenen zivilrechtlichen Vermögens zu sein habe, durchaus berechtigt sei.
5 Darauf weist *Breuninger*, JbFSt 2016/2017, 148 (170) zu Recht hin.
6 BMF v. 20.8.2015 – IV C 2-S 2770/12/1001, BStBl. I 2015, 649.
7 *Weiss*, GmbH-StB 2015, 317 (318); *Olbing*, GmbH-StB 2015, 321 (322); *Hageböke*, DB 2015, 1993 (1993 f.); *Breuninger*, JbFSt 2016/2017, 148 (165 f.).
8 *Olbing*, GmbH-StB 2015, 321 (322); *Hageböke*, Der Konzern 2015, 1993 (1993 f.). *Möhlenbrock*, JbFSt 2016/2017, 167 (168) weist darauf hin, dass der Finanzverwaltung einzelne, missbräuchliche Fallgestaltungen vor Augen standen, ohne diese aber näher auszuführen.
9 *Hageböke*, Der Konzern 2015, 1993 (1994) („Diese Frage wird also erwartungsgemäß demnächst die Bp sowie die Gerichte beschäftigen"). Vgl. auch *Grantz*, StBW 2015, 811 („Man darf jetzt gespannt sein, wie die Finanzämter die vom BMF eingeräumte Vertrauensschutzregelung in den betroffenen Bestandsfällen umsetzen werden"); ebenso *Baltromejus*, StuB 2015, 817 (822).

aber zufallsabhängig, weshalb es kein relevantes Kriterium sein kann, sondern richtigerweise generell Vertrauensschutz bis zum 20.8.2015 zu gewähren ist.[1] Ein entsprechender Antrag sollte gestellt werden.[2]

3.16 **Tracking Stock am Organträger.** Der Sache nach handelt es sich bei einem Tracking Stock-Modell um eine von den Beteiligungsverhältnissen abweichende (inkongruente) Gewinnverteilungsabrede. Das Gewinnbezugsrecht der Gesellschafter bestimmt sich in Abhängigkeit vom Ergebnis bestimmter Unternehmenssegmente, obgleich die Gesellschafter zivilrechtlich am Gesamtunternehmen beteiligt sind.[3] Bei einer Tracking Stock-Vereinbarung führt die Organgesellschaft ihren Jahresüberschuss an den Organträger ab, welcher den erhaltenen Betrag (alleine) an den Tracking Stock-Berechtigten weiterleitet.[4] Die zivilrechtlich zulässige disquotale Gewinnverteilung auf Ebene der Gesellschafter des Organträgers wird steuerrechtlich anerkannt, wenn für den konkreten Fall ein wirtschaftlich vernünftiger und außersteuerlicher Grund nachgewiesen werden kann, der es rechtfertigt, vom gesetzlichen Verteilungsschlüssel der Gewinnverteilung abzuweichen.[5] Hieraus wird zum Teil im Schrifttum gefolgert, dass wegen des Tracking-Stocks der Gewinn der Organgesellschaft beim Organträger nur eine Art durchlaufender Posten sei, der ihn zu keinem Zeitpunkt bereichere, was einer Anerkennung der Organschaft entgegenstehe.[6] Der dieser Auffassung zugrunde liegende Verweis auf einen Gestaltungsmissbrauch (§ 42 AO)[7] überzeugt aber nicht. §§ 14, 17 KStG treffen keine Aussagen zur (nachgelagerten) Gewinnverteilung beim Organträger. Ob eine disquotale Gewinnverteilung steuerrechtlich akzeptiert wird oder nicht, ist von der Frage zu trennen, ob der ganze Gewinn an den Organträger abgeführt wird. Die Vereinbarung eines Tracking Stocks-Modells sollte der Organträgereigenschaft daher nicht entgegenstehen.[8] Da jedoch das BMF atypisch stille Beteiligungen am Organträger für organschaftsschädlich hält (siehe Tz 3.14 des BMF-Schreibens vom 20.8.2015), ist unklar, ob das BMF seine ablehnende Auffassung auf Tracking Stock-Modelle übertragen wird.[9] In der Praxis sollte man daher

---

1 I.Erg. auch *Breuninger*, JbFSt 2016/2017, 148 (166).
2 *Olbing*, GmbH-StB 2015, 321 (322).
3 *Winkels*, ErbStB 2014, 128 (128). Zu Tracking Stock-Strukturen weiterführend *Prinz* in Kessler/Kröner/Köhler, Konzernsteuerrecht[2], 943 f.
4 *Dötsch* in Dötsch/Pung/Möhlenbrock, § 14 KStG Rz. 436 (Stand: August 2016).
5 BMF v. 17.12.2013 – IV C 2 - S 2750-a/11/10001, BStBl. I 2014, 63. Nach ständiger Rechtsprechung sind disquotale Gewinnausschüttungen steuerrechtlich grundsätzlich anzuerkennen, sofern sie zivilrechtlich wirksam sind (BFH v. 19.8.1999 – I R 77/96, BStBl. II 2001, 43 = FR 1999, 1366; BFH v. 28.6.2006 – I R 97/05, FR 2007, 34 m. Anm. *Binnewies* = BFH/NV 2006, 2207; BFH v. 27.5.2010 – VIII B 146/08, BFH/NV 2010, 1865; BFH v. 4.5.2012 – VIII B 174/11, BFH/NV 2012, 1330; BFH v. 4.12.2014 – IV R 28/11, GmbHR 2015, 274; FG Köln v. 14.9.2016 – 9 K 1560/14, EFG 2016, 1875 (Rev. anhängig unter VIII R 28/16).
6 *Dötsch*, Der Konzern 2003, 21 (27 f.); *Dötsch* in Dötsch/Pung/Möhlenbrock, § 14 KStG Rz. 436 (Stand: August 2016).
7 *Dötsch*, Der Konzern 2003, 21 (27 f.).
8 Ähnlich auch *Breuninger/Krüger* in FS Müller, 527 (551); *Frotscher* in Frotscher/Drüen, § 14 KStG Rz. 363 (Stand: Juni 2013); *Rödder/Liekenbrock* in Rödder/Herlinghaus/Neumann, § 14 KStG Rz. 110; *Brink* in Schnitger/Fehrenbacher[2], § 14 KStG Rz. 325; *Suchanek*, GmbHR 2015, 1031 (1034 f.) gelangt zum gleichen Ergebnis für den Fall, dass das atypische stille Beteiligungsverhältnis ausschließlich an einem Unternehmensbereich des Organträgers besteht, welcher die Beteiligung an der Organgesellschaft nicht erfasst.
9 Vgl. *Dötsch* in Dötsch/Pung/Möhlenbrock, § 14 KStG Rz. 436 (Stand: August 2016). *Dötsch* selbst steht Tracking Stock-Strukturen kritisch gegenüber.

Tracking Stock-Modelle im Zusammenhang mit einer Organschaft über eine verbindliche Auskunft absichern lassen.

Vorgründungsgesellschaft. Eine Vorgründungsgesellschaft kann als Personengesellschaft Organträger sein, wenn sie bereits gewerblich tätig ist.[1] Sinnvoll ist die Begründung einer solchen Organschaft im Regelfall aber nicht, da weder die Organbeteiligung noch der Gewinnabführungsvertrag automatisch auf die mit der Beurkundung der Satzung entstehende Vorgesellschaft (GmbH i.Gr./AG i.Gr.) übergehen. Die Organbeteiligung muss stattdessen übertragen und ein neuer Gewinnabführungsvertrag abgeschlossen werden.[2]

3.17

Vorgesellschaft. Die bei einer Vorgründungsgesellschaft geäußerten Bedenken bestehen bei einer Vorgesellschaft nicht. Eine Vorgesellschaft ist mit der durch ihre Eintragung entstehenden Kapitalgesellschaft identisch, so dass eine mit der Vorgesellschaft als Organträger gegründete Organschaft nahtlos fortbesteht.[3] Die Vorgesellschaft muss im Gegensatz zur Vorgründungsgesellschaft keine gewerbliche Tätigkeit ausüben, da die Vorgesellschaft als Kapitalgesellschaft nach § 1 Abs. 1 Nr. 1 KStG besteuert wird,[4] ihre Einkünfte damit kraft Gesetzes gewerbliche Einkünfte sind (§ 8 Abs. 2 KStG).[5] Noch nicht abschließend geklärt ist, ob schon eine Vorgesellschaft den für eine Organschaft erforderlichen Gewinnabführungsvertrag rechtswirksam abschließen kann. Dafür besteht jedoch grundsätzlich kein Bedürfnis. Schließt (erst) die durch Eintragung entstehende Kapitalgesellschaft den Gewinnabführungsvertrag für das laufende Wirtschaftsjahr, wird die Organschaft rückwirkend mit Eintragung des Gewinnabführungsvertrags wirksam, sofern sich dieser auf das ganze Wirtschaftsjahr der Organgesellschaft bezieht (§ 14 Abs. 1 Satz 2 KStG). Wurde bereits ein Gewinnabführungsvertrag durch die Vorgesellschaft abgeschlossen, empfiehlt es sich, dass die durch Eintragung entstehende Kapitalgesellschaft diesen förmlich übernimmt, um keine Angriffsfläche für etwaige Mängel zu bieten.[6]

3.18

3. Inländische Betriebsstätte

Erfordernis einer erweiterten Inlandsbindung. Der Organträger muss nicht (mehr)[7] unbeschränkt steuerpflichtig sein. Erforderlich ist lediglich, dass die Organbeteiligung ununter-

3.19

---

1 *Erle/Heurung* in Erle/Sauter[3], § 14 KStG Rz. 40; *Frotscher* in Frotscher/Drüen, § 14 KStG Rz. 81 (Stand: Juni 2013); *Kolbe* in HHR, § 14 KStG Anm. 153 (Stand: September 2016).
2 BFH v. 8.11.1989 – I R 174/86, BStBl. II 1990, 91 = FR 1990, 230; *Dötsch* in Dötsch/Pung/Möhlenbrock, § 14 KStG Rz. 122 (Stand: August 2016); *Walter* in Ernst & Young, § 14 KStG Rz. 133 (Stand: September 2017).
3 *Frotscher* in Frotscher/Drüen, § 14 KStG Rz. 81 (Stand: Juni 2013); *Kolbe* in HHR, § 14 KStG Anm. 153 (Stand: September 2016).
4 BFH v. 11.4.1973 – I R 172/72, BStBl. II 1973, 568.
5 Anders wohl *Frotscher* in Frotscher/Drüen, § 14 KStG Rz. 81 (Stand: Juni 2013) („gewerbliche Tätigkeit vorausgesetzt"); *Brink* in Schnitger/Fehrenbacher[2], § 14 KStG Rz. 90 („vorbehaltlich einer gewerblichen Tätigkeit").
6 Nach *Dötsch* in Dötsch/Pung/Möhlenbrock, § 14 KStG Rz. 121, 339 (Stand: jeweils August 2016) sowie *Walter* in Ernst & Young, § 14 KStG Rz. 135 (Stand: Oktober 2016) ist eine förmliche Übernahme des Gewinnabführungsvertrags durch die Kapitalgesellschaft erforderlich. Nach *Neumann* in Gosch[3], § 14 KStG Rz. 185 tritt die Kapitalgesellschaft automatisch in den von der Vorgesellschaft abgeschlossenen Gewinnabführungsvertrag ein.
7 Zur Frage der nachträglichen Einrichtung einer funktionalen Verbindung für Altfälle (vor VZ 2012), vgl. OFD Karlsruhe v. 16.1.2014 – S 2770/52/2 - St 221, FR 2014, 434; kritisch dazu *Pung* nach Rüsch, DStZ 2015, 27 (28).

brochen einer inländischen Betriebsstätte des Organträgers i.S.v. § 14 Abs. 1 Satz 1 Nr. 2 Sätze 4–7 KStG zuzurechnen ist und die dieser Betriebsstätte zuzurechnenden Einkünfte sowohl nach innerstaatlichem Recht als auch nach DBA der inländischen Besteuerung unterliegen (§ 14 Abs. 1 Satz 1 Nr. 2 Satz 7 KStG).[1]

3.20 **Verlegung des Orts der Geschäftsleitung.** Verlegt eine Kapitalgesellschaft ihren Ort der Geschäftsleitung aus dem Ausland nach Deutschland (oder umgekehrt), kann ihre Rechtsfähigkeit ggf. entfallen.[2] Für die Eignung zum Organträger ist dies aber unerheblich; dieser muss nur eine körperschaftliche Struktur haben, aber nicht rechtsfähig sein.[3] Eine Organschaft kann daher trotz Verlegung des Orts der Geschäftsleitung des Organträgers fortbestehen oder erstmals errichtet werden.[4]

III. Eignung zur Organgesellschaft

1. Rechtsform

3.21 **Erfordernis einer Kapitalgesellschaft.** Nach § 14 Abs. 1 KStG kann Organgesellschaft eine AG, SE oder KGaA[5] sein. § 17 Abs. 1 KStG erweitert den Kreis möglicher Organgesellschaften auf andere Kapitalgesellschaften. Arg. e contrario sind andere Rechtsformen nicht als Organgesellschaft geeignet.

3.22 **Ausländische Organgesellschaft.** Eine nach ausländischem Recht (EU/EWR-Raum) gegründete Gesellschaft, die im Inland steuerpflichtig ist,[6] kann Organgesellschaft sein, wenn sie mithilfe eines Typenvergleichs als (rechtsfähige) Kapitalgesellschaft einzuordnen ist.[7] Die ausländische Gesellschaft behält ihre Rechtsfähigkeit trotz Verlegung des Orts der Geschäftsleitung ins Inland bei, wenn der ausländische Staat der Gründungstheorie folgt.[8] Zur Frage der Anerkennung eines nach ausländischem Recht abgeschlossenen Gewinnabführungsvertrags bzw. eines schuldrechtlich vergleichbaren Vertrags *A. Krüger/Epe*, Rz. 26.1 ff.

---

1 Ausführlich zu § 14 Abs. 1 Satz 1 Nr. 2 Sätze 4–7 KStG *Schade/S. Wagner*, Rz. 27.1 ff. Zu den Besonderheiten bei Personengesellschaften bzw. Holdinggesellschaften als Organträger *Bäuml*, Rz. 16.1 ff.
2 Anwendungsbereich sind Umzüge in oder aus Staaten außerhalb der EU/EWR, in denen die Sitztheorie gilt. Vgl. *Müller* in Spindler/Stilz, AktG³, Internationales Gesellschaftsrecht Rz. 9 f.
3 *Frotscher* in Frotscher/Drüen, § 14 KStG Rz. 104 (Stand: Juni 2013); *Dötsch* in Dötsch/Pung/Möhlenbrock, § 14 KStG Rz. 119 (Stand: August 2016).
4 Vgl. ua. *Frotscher* in Frotscher/Drüen, § 14 KStG Rz. 104 (Stand: Juni 2013); *Dötsch* in Dötsch/Pung/Möhlenbrock, § 14 KStG Rz. 119 (Stand: August 2016).
5 Nach *Dötsch* in Dötsch/Pung/Möhlenbrock, § 14 KStG Rz. 77 (Stand: August 2016), Rz. 371 (Stand: Juni 2018) allerdings nur für das Teilergebnis, das auf den Bereich der Kommanditaktionäre entfällt unter Hinweis darauf, dass unklar sei, ob die Finanzverwaltung dieser „Aufspaltungstheorie" folge.
6 Der Ort der Geschäftsleitung muss im Inland sein, § 14 Abs. 1 Satz 1 KStG.
7 Ua. *Winter/Marx*, DStR 2011, 1101 (1102 f.); *Weigert/Strohm*, Der Konzern 2013, 249 (252); *Kahle/Cortez*, FR 2014, 673 (684); *Neumann* in Gosch³, § 14 KStG Rz. 50.
8 Ua. *Winter/Marx*, DStR 2011, 1101 (1102 f.); *Kahle/Cortez*, FR 2014, 673 (684 f.); vgl. auch *Kolbe* in HHR, § 14 KStG Anm. 66 (Stand: September 2016).

Kein Erfordernis einer gewerblichen Tätigkeit. Anders als der Organträger muss die Organgesellschaft nicht gewerblich tätig sein.[1] 3.23

Stille und atypisch stille Gesellschaft als Organgesellschaft. Da nur eine Kapitalgesellschaft Organgesellschaft sein kann, scheidet eine stille Gesellschaft als Organgesellschaft aus.[2] Dies gilt in gleicher Weise für eine atypisch stille Gesellschaft.[3] 3.24

Typisch stille Beteiligung an der Organgesellschaft. Durch das Bestehen einer typisch stillen Beteiligung an der Organgesellschaft wird die Organschaft nicht zerstört. Da der Gewinnanteil des still Beteiligten lediglich die Bezugsgröße für den abzuführenden Gewinn, also den Jahresüberschuss laut Handelsbilanz, verringert, wird trotz der stillen Beteiligung der ganze Gewinn i.S.v. § 14 Abs. 1 Satz 1 KStG abgeführt.[4] Solange es zu dieser Frage allerdings keine Rechtsprechung gibt, empfiehlt es sich, eine verbindliche Auskunft einzuholen oder ggf. auf ein partiarisches Darlehen auszuweichen. 3.25

Atypisch stille Beteiligung an der Organgesellschaft. Der BFH hat unseres Erachtens für die Organschaft nach § 14 KStG noch nicht abschließend entschieden, ob eine atypisch stille Beteiligung an der Organgesellschaft die Organschaft zerstört,[5] selbst wenn andere Stimmen 3.26

---

1 BFH v. 21.1.1970 – I R 90/67, BStBl. II 1970, 348; BFH v. 8.12.1971 – I R 3/69, BStBl. II 1972, 289.
2 Unstreitig, ua. FG Hamburg v. 26.10.2010 – 2 K 312/09, GmbHR 2011, 329 m. Anm. *Schmich* = DStRE 2011, 1205; gleichlautende Erlasse der OFD Frankfurt v. 30.1.2013 – S 2770 A-53-St 51, FMNR0be310013, juris; FM Schleswig-Holstein v. 4.3.2013 – VI 3011-S 2770-080, FMNR0be550013; OFD Niedersachsen v. 19.4.2013 – S 2770-114-St 248 VD, FMNR0be370013, juris; *Frotscher* in Frotscher/Drüen, § 14 KStG Rz. 197 (Stand: Januar 2015); *Brinkmann*, StBp 2015, 277 (278); *Dötsch* in Dötsch/Pung/Möhlenbrock, § 14 KStG Rz. 78 (Stand: August 2016).
3 Unstreitig, ua. BMF v. 20.8.2015 – IV C 2-S 2770/12/1001, BStBl. I 2015, 649; *Frotscher* in Frotscher/Drüen, § 14 KStG Rz. 197 (Stand: Januar 2015); *Brinkmann*, StBp 2015, 277 (278); *Olbing*, GmbH-Stb 2015, 321 (322); *Weiss*, GmbH-StB 2015, 417 (421); *Suchanek*, GmbHR 2015, 1031; *Dötsch* in Dötsch/Pung/Möhlenbrock, § 14 KStG Rz. 83 (Stand: August 2016).
4 HM, ua. *Neumann* in Gosch[3], § 14 KStG Rz. 317; *Rödder/Liekenbrock* in Rödder/Herlinghaus/Neumann, § 14 KStG Rz. 122; *Dötsch* in Dötsch/Pung/Möhlenbrock, § 14 KStG Rz. 79 (Stand: August 2016); *Kolbe* in HRR, § 14 KStG Rz. 204 (Stand: September 2016). AA *Berninger*, DB 2004, 297 (298). Dies gilt unseres Erachtens auch bei einer AG, SE oder KGaA, obwohl der Vertrag über die stille Gesellschaft als Teilgewinnabführungsvertrag i.S.v. § 292 Abs. 1 Nr. 2 AktG zu qualifizieren ist; so ua. auch *Neumann* in Gosch[3], § 14 KStG Rz. 317; *Frotscher* in Frotscher/Drüen, § 14 KStG Rz. 200 (Stand: Januar 2016); *Dötsch* in Dötsch/Pung/Möhlenbrock, § 14 KStG Rz. 79 (Stand: August 2016); *Walter* in Ernst & Young, § 14 KStG Rz. 586 (Stand: März 2018); *Pung* nach *Rüsch*, DStZ 2015, 27 (29) betont, dass die Vollabführung des Gewinns bei einer an einer Organgesellschaft bestehenden stillen Gesellschaft unabhängig davon beantwortet werden müsse, ob die Beteiligung eine typische oder atypisch stille sei. Zu Genussrechten, insbesondere mit Beteiligung am Liquidationserlös vgl. die Diskussion bei *Dötsch* in Dötsch/Pung/Möhlenbrock, § 14 KStG Rz. 433 (Stand: August 2016).
5 BFH v. 11.8.2011 – I B 179/10, GmbHR 2011, 1284 = BFH/NV 2011, 2052 unter Rz. II.3 unter Hinweis auf BFH v. 31.3.2011 – I B 177/10, GmbHR 2011, 836 = BFH/NV 2011, 1397, der diese Frage ebenfalls nicht entscheidet. So auch die Einschätzung von *Weigert/Strohm*, Der Konzern 2013, 249 (251) Fn. 14; *Hageböke*, Der Konzern 2013, 334 (344); *Rödder/Liekenbrock* in Rödder/Herlinghaus/Neumann, § 14 KStG Rz. 123; *Hölzer*, FR 2015, 1065 (1069); *Brink* in Schnitger/Fehrenbacher[2], § 14 KStG Rz. 342 Fn. 4; *Walter* in Ernst & Young, § 14 KStG Rz. 586 (Stand: März 2018).

in der Literatur solche Tendenzen ausmachen wollen.[1] In dem Beschluss des BFH vom 31.3.2011[2] war diese Frage nicht entscheidungserheblich, weil der Kläger es unterließ, die Feststellung anzugreifen, es handele sich nicht um den „ganzen Gewinn". In dem Beschluss des BFH vom 11.8.2011[3] kam es auf die Frage, was der „ganze Gewinn" ist, ebenfalls nicht an. Im BMF-Schreiben vom 20.8.2015 heißt es ohne Begründung, dass eine Kapitalgesellschaft, an der eine atypisch stille Beteiligung besteht, keine Organgesellschaft sein könne.[4] Dieser Auffassung liegt die Wertung zugrunde, dass bei einer atypisch stillen Beteiligung an der Organgesellschaft nicht der „ganze Gewinn" an den Organträger abgeführt werde, da „ganzer Gewinn" den Gewinn vor Gewinnabführung und auch vor der Gewinnbeteiligung des Stillen meine.[5] Dem ist aber nicht zu folgen. Ob der „ganze Gewinn" i.S.v. § 14 Abs. 1 Satz 1 KStG abgeführt wird, ist eine allein nach handelsrechtlichen Maßstäben zu entscheidende Frage, deren Obergrenze sich nach § 301 AktG bestimmt.[6] Die Gewinnbeteiligung des atypisch still Beteiligten ist wie die des typisch still Beteiligten lediglich ein gewinnschmälernder Kostenfaktor, der als Betriebsausgabe erfasst wird und den nach § 301 AktG als „Residualgröße" abzuführenden „ganzen Gewinn" mindert.[7] Die Richtigkeit unserer Auffassung wird auch im Vergleich mit einer Situation deutlich, in der die Organgesellschaft an einer Tochter-GmbH & Co. KG beteiligt ist (Mitunternehmerschaft). Der daraus erzielte Gewinn fällt in die Organschaft.[8] Aufgrund der ablehnenden Haltung des BMF sollte allerdings über die Umwandlung der atypisch stillen Beteiligung in eine Kapitalbeteiligung nachgedacht werden.[9]

---

1 *Brinkmann*, StBp 2015, 277 (281); *Hölzer*, FR 2015, 1065 (1065); *Frotscher* in Frotscher/Drüen, § 14 KStG Rz. 204 f. (Stand: Januar 2016); *Dötsch* in Dötsch/Pung/Möhlenbrock, § 14 KStG Rz. 84 ff., 434 (Stand: jeweils August 2016); *Kolbe* in HHR, § 14 KStG Anm. 204 (Stand: September 2016). *Breuninger*, JbFSt 2016/2017, 148 (162) meint, dass der Beschluss des BFH „in der Tendenz" mehr für eine ablehnende Haltung des BFH spreche. Dazu auch *Witt*, Rz. 6.52.
2 BFH v. 31.3.2011 – I B 177/10, GmbHR 2011, 836 = BFH/NV 2011, 1397.
3 BFH v. 11.8.2011 – I B 179/10, GmbHR 2011, 1284 = BFH/NV 2011, 2052.
4 BMF v. 20.8.2015 – IV C 2-S 2770/12/1001, BStBl. I 2015, 649. Vgl. auch FM Schleswig-Holstein v. 4.3.2013 – VI 3011-S 2770-080, FMNR0be550013, juris.
5 Ua. *Schulze zur Wiesche*, DStZ 2013, 621 (624); *Frotscher* in Frotscher/Drüen, § 14 KStG Rz. 204 f. (Stand: Januar 2016); *Dötsch* in Dötsch/Pung/Möhlenbrock, § 14 KStG Rz. 87, 434 (Stand: jeweils August 2016); *Kolbe* in HHR, § 14 KStG Anm. 204 (Stand: September 2016).
6 *Schmidt/Werner*, GmbHR 2010, 29 (30 f.); *Hageböke*, Der Konzern 2013, 334 (345); DB 2015, 1993 (1993); *Suchanek*, GmbHR 2015, 1031 (1033); *Hölzer*, FR 2015, 1065 (1068); *Hoheisel/Tippelhofer*, StuB 2016, 889 (892).
7 Ua. *Weigert/Strohm*, Der Konzern 2013, 249 (251); *Hageböke*, Der Konzern 2013, 334 (345); DB 2015, 1993 (1993); *Suchanek/Hesse*, GmbHR 2013, 1196 (1201); *Suchanek*, GmbHR 2015, 1031 (1033); *Hölzer*, FR 2015, 1065 (1068); *Neumann* in Gosch[3], § 14 KStG Rz. 317; *Rödder/Liekenbrock* in Rödder/Herlinghaus/Neumann, § 14 KStG Rz. 123; *Kiontke* nach *Rüsch*, DStZ 2016, 263 (269); *Krumm* in Blümich, § 14 KStG Rz. 48 (Stand: März 2016); *Hoheisel/Tippelhofer*, StuB 2016, 889 (892); *Walter* in Ernst & Young, § 14 KStG Rz. 586 (Stand: März 2018); *Breuninger*, JbFSt 2016/2017, 148 (164).
8 *Schmidt/Werner*, GmbHR 2010, 29 (31 f.); *Suchanek*, GmbHR 2015, 1031 (1033); *Breuninger*, JbFSt 2016/2017, 148 (164).
9 *Olbing*, GmbH-StB 2015, 321 (322).

Vertrauensschutz. Das BMF-Schreiben vom 20.8.2015[1] gewährt zu Unrecht[2] keinen Vertrauensschutz für Organschaften, bei denen eine (atypisch) stille Beteiligung an der Organgesellschaft besteht. 3.27

Tracking Stock an der Organgesellschaft. Beteiligt sich neben dem Organträger ein Dritter an der Organgesellschaft als Berechtigter einer Tracking-Stock-Vereinbarung, ist die Organschaft nicht anzuerkennen. Eine Tracking Stock-Vereinbarung bewirkt, dass sich die Abführungsverpflichtung nur auf das Ergebnis eines bestimmten Unternehmenssegments erstreckt und nicht auf den Gewinn insgesamt. Damit fehlt es unseres Erachtens an der erforderlichen Vollabführung des Gewinns an den Organträger.[3] 3.28

Vorgründungsgesellschaft. Eine Vorgründungsgesellschaft kann als Personen(handels)gesellschaft keine Organgesellschaft sein (arg. e contrario §§ 14 Abs. 1 Satz 1, 17 Abs. 1 KStG).[4] 3.29

Vorgesellschaft. Eine Vorgesellschaft (GmbH/AG i.Gr.) ist Steuersubjekt i.S.v. § 1 Abs. 1 Nr. 1 KStG, sofern es später zur Eintragung kommt, so dass die Vorgesellschaft nach hM Organgesellschaft sein kann. Die Organschaft kann dadurch nahtlos mit der durch die Eintragung im Handelsregister entstehenden Kapitalgesellschaft fortgesetzt werden.[5] 3.30

Steuerbefreite Körperschaft als Organgesellschaft. Unseres Erachtens kann eine nach § 5 Nr. 9 KStG steuerbefreite Körperschaft grundsätzlich Organgesellschaft sein.[6] Zu beachten ist allerdings das Gebot der zeitnahen Mittelverwendung (§ 55 Abs. 1 Nr. 1 AO). Eine Gesellschaft gefährdet ihren Gemeinnützigkeitsstatus, wenn sie dieses Gebot nicht befolgt.[7] Daher 3.31

---

1 BMF v. 20.8.2015 – IV C 2 - S 2770/12/10001, BStBl. I 2015, 649.
2 Ebenso *Weiss*, GmbH-StB 2015, 317 (318); EStB 2015, 417 (422); *Olbing*, GmbH-StB 2015, 321 (322); *Baltromejus*, StuB 2015, 817 (822); *Hölzer*, FR 2015, 1065 (1069); *Hakeböke*, DB 2015, 1993 (1993 f.). Anders *Dötsch* in Dötsch/Pung/Möhlenbrock, § 14 KStG Rz. 86 (Stand: August 2016), der darauf hinweist, dass die ablehnende Verwaltungsauffassung seit BFH v. 31.3.2011 – I B 177/10, BFH/NV 2011, 1397 bekannt war. Dies überzeugt unseres Erachtens bereits deswegen nicht, weil der Beschluss des BFH sehr unterschiedlich verstanden wird (s. Fn. 67, 68).
3 *Dötsch* in Dötsch/Pung/Möhlenbrock, § 14 KStG Rz. 436 (Stand: August 2016). Positiver *Walter* in Ernst & Young, § 14 KStG Rz. 586.1 (Stand: November 2016).
4 BFH v. 8.11.1989 – I R 174/86, BStBl. II 1990, 91 = FR 1990, 230; aus der Literatur ua. *Erle/Heurung* in Erle/Sauter[3], § 14 KStG Rz. 24; *Weigert/Strohm*, Der Konzern 2013, 249 (251); *Dötsch* in Dötsch/Pung/Möhlenbrock, § 14 KStG Rz. 90 (Stand: August 2016). AA *Walter* in Ernst & Young, § 14 KStG Rz. 64 ff. (Stand: Oktober 2016), der eine Organschaft unter der aufschiebenden Bedingung der späteren Übernahme der Verpflichtungen durch die Vorgesellschaft bzw. Kapitalgesellschaft für zulässig hält.
5 BFH v. 9.3.1978 – V R 90/74, BStBl. II 1978, 486 zur Umsatzsteuer; BFH v. 3.9.2009 – IV R 38/07, BStBl. II 2010, 60 = FR 2010, 237; FG Hamburg v. 28.11.1985 – II 118/83, EFG 1986, 414 zur Gewerbesteuer. Aus dem Schrifttum ua. *Neumann* in Gosch[3], § 14 KStG Rz. 48, Rz. 182; *Dötsch* in Dötsch/Pung/Möhlenbrock, § 14 KStG Rz. 90 (Stand: August 2016); *Walter* in Ernst & Young, § 14 KStG Rz. 69 (Stand: Oktober 2016).
6 Ua. *Dötsch* in Dötsch/Pung/Möhlenbrock, § 14 KStG Rz. 94 (Stand: August 2016); *Krumm* in Blümich, § 14 KStG Rz. 58 (Stand: März 2016); *Kolbe* in HHR, § 14 KStG Anm. 53 (Stand: September 2016); *Walter* in Ernst & Young, § 14 KStG Rz. 97 ff. (Stand: Oktober 2016). AA *Herlinghaus* in Oestreicher, Konzernbesteuerung, 2005, 83 (101); *Milatz/Schäfers*, DB 2005, 1761 (1767); *Erle/Heurung* in Erle/Sauter[3], § 14 KStG Rz. 32.
7 *Frotscher* in Frotscher/Drüen, § 14 KStG Rz. 184 (Stand: Juni 2013).

scheidet unseres Erachtens eine Organschaft zu einem „normalen" Organträger aus. Dagegen ist sie zwischen zwei gemeinnützigen Gesellschaften mit wirtschaftlichen Geschäftsbetrieben möglich, da eine Ergebnisverrechnung innerhalb der durch die Organschaft „zusammengefassten" wirtschaftlichen Geschäftsbetriebe unseres Erachtens nicht gegen das Gebot der zeitnahen Mittelverwendung verstößt.[1]

2. Sitz und Ort der Geschäftsleitung

3.32 **Sitz und Ort der Geschäftsleitung.** Die Organgesellschaft muss ihren Sitz entweder in Deutschland oder in einem anderen Staat des EU/EWR-Raums haben (§§ 14 Abs. 1 Satz 1, 17 KStG) und ihre Geschäftsleitung muss sich im Inland befinden. Als Organgesellschaft scheiden daher auf Basis des geltenden Rechts aus:

– Eine Drittstaaten-Kapitalgesellschaft (zB schweizerische oder US-amerikanische Rechtsform), selbst wenn sie ihre tatsächliche Geschäftsleitung im Inland hat[2] oder über eine inländische Betriebsstätte verfügt[3]

– Eine Gesellschaft mit Sitz im Inland, aber mit Ort der Geschäftsleitung im Ausland[4]

IV. Finanzielle Eingliederung der Organgesellschaft

3.33 **Ununterbrochene finanzielle Eingliederung.** Nach § 14 Abs. 1 Satz 1 Nr. 1 Satz 1 KStG muss die Organgesellschaft vom Beginn ihres Wirtschaftsjahrs an ununterbrochen in das Unternehmen des Organträgers finanziell eingegliedert sein. Eine finanzielle Eingliederung liegt nach § 14 Abs. 1 Satz 1 Nr. 1 Satz 1 KStG vor, wenn der Organträger in einem solchen Maße an der Organgesellschaft beteiligt ist, dass ihm die Mehrheit der Stimmrechte aus den Anteilen an der Organgesellschaft zusteht. Zu der Frage, ob die finanzielle Eingliederung einer Rückbeziehung zugänglich ist, *Beinert/Marx*, Rz. 12.63 ff.

---

1 Vgl. auch *Erle/Heurung* in Erle/Sauter[3], § 14 KStG Rz. 32; *Walter* in Ernst & Young, § 14 KStG Rz. 101 (Stand: Oktober 2016). Zweifelnd an der Beherrschbarkeit der Themen *Walter* in Ernst & Young, § 14 KStG Rz. 102 (Stand: Oktober 2016); *Ballwieser*, Rz. 21.35.

2 Kritisch – zu Recht – wegen eines Verstoßes gegen das Diskriminierungsverbot aus Art. 24 Abs. 1 OECD-MA *Benecke/Schnitger*, IStR 2013, 143 (144); *Walter* in Ernst & Young, § 14 KStG Rz. 74 (Stand: November 2015).

3 *Walter* in Ernst & Young, § 14 KStG Rz. 74 (Stand: November 2015); *Dötsch* in Dötsch/Pung/Möhlenbrock, § 14 KStG Rz. 96 (Stand: August 2016); *Schade/S. Wagner*, Rz. 27.5, 27.7.

4 § 14 Abs. 1 Satz 1 KStG hat zur Folge, dass bei Wegzug (Verlegung des Orts der Geschäftsleitung) einer nach deutschem Recht gegründeten Organgesellschaft die Organschaft beendet wird. Die Organschaft fällt nur für das laufende Wirtschaftsjahr, nicht aber rückwirkend weg, so auch *Dötsch* in Dötsch/Pung/Möhlenbrock, § 14 KStG Rz. 96 (Stand: August 2016); *Walter* in Ernst & Young, § 14 KStG Rz. 96 (Stand: Oktober 2016). Nach unseren Erachtens zutreffender Auffassung (ua. *Schnitger*, IStR 2013, 82 [86]; *Weigert/Strohm*, Der Konzern 2013, 249 [257]; *Micker*, IWB 2013, 309 [316 f.]; *Kessler/Arnold*, IStR 2016, 226 [229]) verstößt § 14 Abs. 1 Satz 1 KStG gegen die Niederlassungsfreiheit, da die Verlegung des Orts der Geschäftsleitung in das EU-Ausland wesentlich erschwert wird, wenn hierdurch die Anwendung der Organschaftsregeln ausgeschlossen wird.

V. Gewinnabführungsvertrag

1. Zivilrechtliche Wirksamkeit

Keine Anwendung der Grundsätze der fehlerhaften Gesellschaft. Die Organschaft ist an den Abschluss eines zivilrechtlich wirksamen Gewinnabführungsvertrags i.S.v. § 291 AktG[1] geknüpft (§ 14 Abs. 1 Satz 1 Nr. 3 KStG). Der Gewinnabführungsvertrag wird nur wirksam, wenn beide Gesellschafterversammlungen dem Vertrag zustimmen und der Vertrag in das Handelsregister der Organgesellschaft eingetragen ist.[2] Nach Auffassung des BFH hat die verspätete Registereintragung in einem Folgejahr auch bei Nichtverschulden des Steuerpflichtigen keine sachliche Unbilligkeit im Hinblick auf die Steuerfolgen (Scheitern der Organschaft) zur Folge.[3] Insoweit hat der BFH die Auffassung bestätigt, dass steuerrechtlich keine Möglichkeit besteht, einen tatsächlich durchgeführten Gewinnabführungsvertrag – entsprechend dem Gesellschaftsrecht – nach den Grundsätzen der fehlerhaften Gesellschaft als wirksam zu behandeln.[4] Nach Auffassung des FG Münster knüpft das Erfordernis eines Gewinnabführungsvertrags nicht an den Ort der Niederlassung der Kapitalgesellschaften an, weshalb es nicht gegen die unionsrechtliche Niederlassungsfreiheit verstößt.[5]

3.34

2. Weitere steuerrechtliche Zusatzanforderungen

a) Mindestlaufzeit von fünf Zeitjahren

Mindestlaufzeit von fünf Zeitjahren. Zivilrechtlich ist eine Mindestlaufzeit des Gewinnabführungsvertrags nicht erforderlich. Für Zwecke der Organschaft muss der Gewinnabführungsvertrag aber auf mindestens fünf Jahre abgeschlossen und während seiner gesamten Geltungsdauer durchgeführt werden (§§ 14 Abs. 1 Satz 1 Nr. 3 Satz 1, 17 Abs. 1 KStG). Der BFH hat klargestellt, dass mit den fünf Jahren i.S.v. § 14 Abs. 1 Satz 1 Nr. 3 Satz 1 KStG Zeit- und nicht Geschäfts- oder Wirtschaftsjahre gemeint sind.[6] Deswegen ist es für die (steuerrechtliche) Wirksamkeit des Gewinnabführungsvertrags irrelevant, ob der Fünfjahreszeitraum fünf Wirtschaftsjahre der Organgesellschaft umfasst oder nicht.[7] Dies kann aber Bedeutung bei der Umstellung des Wirtschaftsjahrs der Organgesellschaft haben (dazu *Beinert/Wagner*, Rz. 3.83).

3.35

Mindestlaufzeit unabhängig vom Vorliegen der nicht vertragslaufzeitbezogenen Organschaftsvoraussetzungen. Auf das Vorliegen der nicht vertragslaufzeitbezogenen Organschaftsvoraussetzungen kommt es nicht an. Mit Urteilen vom 10.5.2017 (I R 51/15, I R 19/15) hat der BFH entschieden, dass diese keinen Einfluss auf die Mindestlaufzeit des Gewinnabführungsvertrags haben, woraus unseres Erachtens folgt, dass – entgegen R 14.5 Abs. 2 Satz 2

3.36

---

1 Zu Organschaften mit ausländischen Organbeteiligten *Breuninger*, Rz. 25.1 ff.
2 BGH v. 24.10.1988 – II ZB 7/88, BGHZ 105, 324; BGH v. 30.1.1992 – II ZB 15/91, DStR 1992, 917.
3 BFH v. 23.8.2017 – I R 80/15, BStBl. II 2018, 141; vgl. auch *Prinz/Keller*, DB 2018, 400 (401); *Wachter*, DB 2018, 272.
4 BFH v. 23.8.2017 – I R 80/15, BStBl. II 2018, 141. AA *Wachter*, DB 2018, 272 (274 ff.).
5 FG Münster v. 13.10.2017 – 13 K 951/16 G,F, EFG 2017, 1970.
6 BFH v. 12.1.2011 – I R 3/10, BStBl. II 2011, 727 = FR 2011, 522 m. Anm. *Buciek*; BFH v. 13.11.2013 – I R 45/12, BStBl. II 2014, 486 = FR 2014, 608. So auch R 14.5 Abs. 2 KStR 2015; *Herzberg*, GmbHR 2014, 502 (503); *Scheifele/Marx*, DStR 2014, 1793 (1793).
7 BFH v. 13.11.2013 – I R 45/12, BStBl. II 2014, 486 = FR 2014, 608.

KStR – auch der Beginn der Mindestlaufzeit nicht an das Vorliegen der nicht vertragslaufzeitbezogenen Organschaftsvoraussetzungen geknüpft ist (dazu *Beinert/Nees*, Rz. 11.10).

3.37 **Ausdrückliche Vereinbarung der Mindestlaufzeit.** Telos des Laufzeiterfordernisses ist es, Manipulationen zu verhindern: Die Organschaft soll nicht zum Zweck willkürlicher Beeinflussung der Besteuerung und zu Einkommensverlagerungen von Fall zu Fall abgeschlossen bzw. beendet werden.[1] Die Mindestlaufzeit muss daher ausdrücklich in den Gewinnabführungsvertrag aufgenommen werden (§ 14 Abs. 1 Satz 1 Nr. 3 KStG) (dazu auch *Beinert/Wagner*, Rz. 3.68). Ein Vertragsschluss über unbestimmte Zeit genügt ebenso wenig wie ein tatsächliches Durchführen von mindestens fünf Zeitjahren ohne entsprechende Mindestlaufzeit.[2] Auch kann eine fehlende oder mangelhafte Laufzeitklausel nicht rückwirkend geheilt werden.[3] Dagegen reicht es unseres Erachtens aus, wenn im Gewinnabführungsvertrag von „fünf Jahren" die Rede ist. Diese Formulierung sollte zugunsten des Steuerpflichtigen als Zeitjahre interpretiert werden.[4]

3.38 **Rückwirkender Beginn der Mindestlaufzeit.** Die Wirksamkeit des Gewinnabführungsvertrags und seine Laufzeitdauer bestimmen sich nach zivilrechtlichen Maßstäben. Der BFH hat in seinem Urteil I R 19/15 erstmalig entschieden, dass eine rückwirkende Wirksamkeit des Gewinnabführungsvertrags auf den Beginn des Geschäftsjahrs des Vertragsabschlusses mit rechtzeitiger (d.h. bis zum Ende des Geschäftsjahres) Eintragung im Handelsregister weder zivilrechtlichen noch steuerrechtlichen Wirksamkeitsbedenken unterliegt. Dies gilt auch dann, wenn eine umwandlungssteuerrechtliche Rückwirkungsfiktion (im konkreten Fall ging es um die Ausgliederung von Teilen des Vermögens des Organträgers auf die Organgesellschaft) auf einen Zeitpunkt vor (unterjähriger) Gründung der Organgesellschaft wirkt.[5] Dem ist zuzustimmen.[6] Da dem Organträger das gesamte Einkommen der Organgesellschaft zuzurechnen ist, in dem das Wirtschaftsjahr der Organgesellschaft endet, in dem der Gewinnabführungsvertrag wirksam wird, das Einkommen also rückwirkend der Besteuerung beim Organträger unterworfen wird (§ 14 Abs. 1 Satz 2 KStG), ist es nur konsequent, den – gesellschaftsrechtlich ohnehin bestehenden – Gewinnabführungsvertrag auch für diesen Zeitraum steuerrechtlich zu beachten. Teil des abzuführenden Gewinns ist aber auch das der aufnehmenden Organgesellschaft zuzurechnende Ergebnis des Rückwirkungszeitraums der

---

1 BFH v. 12.1.2011 – I R 3/10, BStBl. II 2011, 727, juris Rz. 17 = FR 2011, 522 m. Anm. *Buciek*; BFH v. 13.11.2013 – I R 45/12, BStBl. II 2014, 486 = FR 2014, 608, juris Rz. 12; BFH v. 10.5.2017 – I R 51/15, BStBl. II 2018, 30, juris Rz. 11; BFH v. 10.5.2017 – I R 19/15, BFH/NV 2017, 1558, juris Rz. 9.
2 *Neumann* in Gosch[3], § 14 KStG Rz. 212.
3 *Dötsch* in Dötsch/Pung/Möhlenbrock, § 14 KStG Rz. 541 (Stand: Juni 2018).
4 *Scheifele/Marx*, DStR 2014, 1793 (1797). I.Erg. wohl auch *Dötsch* in Dötsch/Pung/Möhlenbrock, § 14 KStG Rz. 563 (Stand: Dezember 2016).
5 BFH v. 10.5.2017 – I R 19/15, BFH/NV 2017, 1558 mwN.
6 Zustimmung zum BFH-Urteil bei *Walter*, GmbHR 2017, 1226 (1227); *Adrian/Frey*, DStR 2017, 2409 (ua. 2415); *Schell/Philipp*, FR 2018, 13 (14); *Weiss*, GmbH-StB 2018, 86 (90 f.); *Prinz/Keller*, DB 2018, 400 (405); *Heurung/Schmidt/Kraft*, BB 2018, 470 (473). Grundsätzlich zustimmend auch *Brühl/Binder*, NWB 2018, 331 (335 ff.), die aber in Bezug auf die finanzielle Eingliederung darauf hinweisen, dass die vom BFH zu machende Unterscheidung zwischen Ausgliederung zur Neugründung und zur Aufnahme mit einem Störgefühl behaftet sei. Jedenfalls keine Kritik äußern *Märtens*, jurisPR-SteuerR 48/2017 Anm. 1; *Petersen*, WPg 2018, 320 (320 ff.). Zur finanziellen Eingliederung *Beinert/Marx*, Rz. 12.1 ff.

Ausgliederung (auch wenn dieser vor der Ausgliederung liegt). Für eine restriktivere Sicht zur Vermeidung von Manipulationen besteht kein Anlass.[1]

Grenzen des rückwirkenden Beginns des Gewinnabführungsvertrags. Eine beliebige Vorverlegung des Laufzeitbeginns des Gewinnabführungsvertrags ist unseres Erachtens aber steuerrechtlich nach wie vor nicht möglich. Die Grenze der Rückbeziehungsmöglichkeit dürfte der Beginn des Geschäftsjahres des Vertragsabschlusses sein (§ 14 Abs. 1 Satz 2 KStG). Denn die steuerrechtliche Mindestlaufzeit setzt nach dem BFH-Urteil I R 19/15 eine grundsätzlich denkbare Einkommenszurechnung nach § 14 Abs. 1 Satz 2 KStG voraus. Eine darüber hinausgehende Rückwirkung ist unseres Erachtens nicht anzuerkennen.[2]

3.39

b) Gewinnabführung

Gewinnabführungsverpflichtung. Die Organschaft setzt nach §§ 14 Abs. 1 Satz 1, 17 Abs. 1 Satz 1 KStG die Verpflichtung der Organgesellschaft voraus, ihren ganzen Gewinn" an den Organträger abzuführen. Deswegen muss eine solche Verpflichtung in den Gewinnabführungsvertrag aufgenommen werden. § 301 AktG legt den Höchstbetrag der Gewinnabführung fest. Dieser Höchstbetrag gilt für alle tauglichen Organgesellschaften. Aus § 14 KStG ergibt sich über die Verpflichtung, den ganzen Gewinn abzuführen (§ 14 Abs. 1 Satz 1 KStG), und aus der Sonderregelung in § 14 Abs. 1 Nr. 4 KStG zu Gewinnrücklagen ein Mindestabführungsbetrag. Für Organgesellschaften i.S.v. § 17 KStG lässt sich ein Mindestabführungsbetrag dagegen anzweifeln. Zu Einzelheiten einschließlich der Fälligkeit und der Verzinsung *Beinert/Wagner*, Rz. 3.73 f.

3.40

c) Verlustübernahme

Verlustübernahmeverpflichtung. Ist eine AG/SE/KGaA Organgesellschaft, regelt § 302 AktG die Verlustübernahme. Handelt es sich bei der Organgesellschaft um eine GmbH, muss der Gewinnabführungsvertrag nach § 17 Abs. 1 Satz 2 Nr. 2 KStG eine ausdrückliche Regelung zur Verlustübernahme in Form eines dynamischen Verweises auf § 302 AktG enthalten.[3] Dies sieht auch R 17 Abs. 3 KStR 2015 vor. Eine reine Textwiedergabe der Norm genügt diesem Erfordernis nicht.[4] Zu Einzelheiten einschließlich der Fälligkeit, *Beinert/Wagner*, Rz. 3.75 ff.

3.41

---

[1] BFH v. 10.5.2017 – I R 19/15, BFH/NV 2017, 1558; *Brühl*, DStR 2015, 1896 (1900); *Petersen*, WPg 2018, 320 (322); *Brühl/Binder*, NWB 2018, 331 (336); *Heurung/Schmidt/Kraft*, BB 2018, 470 (473). AA Vorinstanz FG Düsseldorf v. 3.3.2015 – 6 K 4332/12 K,F, EFG 2015, 951; *Graw*, EFG 2015, 951 (953) zur Vorinstanz.

[2] Wie hier *Brühl*, DStR 2015, 1896 (1898); *Brühl/Binder*, NWB 2018, 331 (336 f.) (unter Bezugnahme auch auf BFH v. 3.9.2009 – IV R 38/07, BStBl. II 2010, 60); *Prinz/Keller*, DB 2018, 400 (405). Wohl auch Schell/Philipp, FR 2018, 13 (14), die eine Rückwirkung auf den Beginn des Geschäftsjahres, in dem der Gewinnabführungsvertrag durch Eintragung wirksam wird, als unstreitig einstufen. Eine weitergehende zeitliche Rückwirkung thematisieren sie hingegen nicht, was aber zu erwarten gewesen wäre, wenn sie diese Auffassung vertreten würden. AA wohl *Adrian/Frey*, DStR 2017, 2409 (2412, 2415), die davon ausgehen, dass die Mindestlaufzeit des Gewinnabführungsvertrags „grundsätzlich" mit dem zivilrechtlich vereinbarten Zeitpunkt beginne; ebenso *Petersen*, WPg 2018, 320 (322).

[3] *Dötsch* in Dötsch/Pung/Möhlenbrock, § 17 KStG Rz. 28 (Stand: Juni 2018). Vgl. auch BFH v. 10.5.2017 – I R 93/15, BFH/NV 2018, 144 zur Anpassung des Gewinnabführungsvertrags an die geänderte Gesetzeslage in Altfällen. Dazu *Beinert/Wagner*, Rz. 3.88.

[4] So ausdrücklich auch *Scheifele/Hörner*, DStR 2013, 553 (554).

d) Kündigungsgründe

3.42 Gesetzliche Kündigungsgründe. Der Gewinnabführungsvertrag kann zivilrechtlich nach Maßgabe von § 297 AktG außerordentlich gekündigt werden. Da das Recht zur Kündigung aus wichtigem Grund nicht abdingbar ist,[1] muss es nicht ausdrücklich in den Gewinnabführungsvertrag aufgenommen werden.

3.43 Vertraglich vereinbarte Kündigungsgründe. Die Vertragsparteien können im Gewinnabführungsvertrag weitere Umstände festlegen, bei deren Vorliegen sie den Gewinnabführungsvertrag fristlos oder zu einem Zeitpunkt kündigen können, der nicht mit dem Ende des Wirtschaftsjahrs der Organgesellschaft übereinstimmt. Die Parteien können sogar Umstände als Kündigungsgründe definieren, deren Vorliegen sie selbst herbeiführen können.[2] Ob man das als außerordentliche Kündigung bezeichnet oder darin – zu Recht – ein auf den Eintritt eines bestimmten Umstandes bezogenes ordentliches Kündigungsrecht ohne Frist sieht, ist für steuerrechtliche Fragestellungen unerheblich. Zu vertraglich vereinbarten Kündigungsgründen des Weiteren *Beinert/Wagner*, Rz. 3.84 ff.

3.44 Keine Auswirkung auf Mindestlaufzeit. Der BFH hat im Urteil vom 13.11.2013 (I R 45/12)[3] entschieden, dass eine weitgehende vertragliche Festlegung von Kündigungsgründen die fünfjährige Mindestlaufzeitdauer des Gewinnabführungsvertrags *nicht* beeinflusst. Ob ein vertraglich festgelegter Kündigungsgrund die Anforderungen an einen steuerrechtlich wichtigen Grund erfüllt, ist getrennt davon zu beantworten (dazu *Beinert/Nees*, Rz. 11.26 ff.).

3. Exkurs: Einkommensermittlung und grenzüberscheitende Organschaft

3.45 Einkommensermittlung und grenzüberschreitende Organschaft. § 15 Satz 1 Nr. 2 KStG legt die sog. Bruttomethode fest. Das Einkommen in der Organschaft wird hiernach in Abhängigkeit vom Steuerstatus des Organträgers ermittelt. Dies bedeutet, dass es in Bezug auf die steuerliche Erfassung der Einkommensteile der Organgesellschaft auf die Besteuerungsregeln ankommt, die für den Organträger gelten (dazu *Kolbe*, Rz. 13.80 ff. und Rz. 13.124 ff.).[4] Mit Wirkung ab 2017 (§ 36 Abs. 2b GewStG) ist für Gewerbesteuerzwecke bei der Ermittlung des Gewerbeertrags von Organgesellschaften § 7a GewStG zu berücksichtigen. Die gesetzliche Sonderregelung regelt die Behandlung von Ausschüttungen, die im Gewerbeertrag der Organgesellschaft enthalten sind, und stellt sicher, dass der Dividendenbezug über eine Organgesellschaft im Vergleich zu einem Bezug über eine Nichtorgangesellschaft nicht mehr[5] privilegiert ist (dazu *Witt*, Rz. 6.122 ff.). Zu (weiteren) Fragen der grenzüberschreitenden Organschaft verweisen wir auf *A. Krüger/Epe*, Rz. 26.1 ff.

---

1 *Stephan*, Der Konzern 2014, 1 (5).
2 BGH v. 5.4.1993 – II ZR 238/91, BGHZ 122, 211 = GmbHR 1993, 446.
3 BFH v. 13.11.2013 – I R 45/12, BStBl. II 2014, 486 = FR 2014, 608.
4 BT-Drucks. 16/11108, 1 (28); BMF 26.8.2003 – IV A 2 - S 2770 - 18/03, BStBl. I 2003, 437 Rz. 22. Im Falle einer Personengesellschaft als Organträger greifen die Regelungen ein, die für die an ihr beteiligten Gesellschafter gelten.
5 Anlass dieser Neuregelung war die ständige Rechtsprechung des BFH, erneute Bestätigung im Urteil v. 17.12.2014 – I R 39/14, BStBl. II 2015, 1052, juris Rz. 16 ff., wonach auf Basis des bis einschließlich 2016 geltenden Rechts Schachteldividenden im gewerbesteuerrechtlichen Organkreis vollständig steuerbefreit waren.

VI. Tatsächliche Durchführung des Gewinnabführungsvertrags

1. Tatsächliche Durchführung der Hauptpflichten

Erfordernis der tatsächlichen Durchführung. Nach § 14 Abs. 1 Satz 1 Nr. 3 Satz 1 KStG muss der Gewinnabführungsvertrag *während seiner gesamten Geltungsdauer* durchgeführt werden. Ohne wirksame Durchführung des Gewinnabführungsvertrags scheitert die Organschaft und dies innerhalb des Fünfjahreszeitraums sogar rückwirkend. Hieran haben die Urteile des BFH vom 10.5.2017[1] nichts geändert.[2] Die Durchführungsverpflichtung gilt stets: Sie gilt bereits ab Beginn der Wirksamkeit des Gewinnabführungsvertrags, selbst wenn zu diesem Zeitpunkt nicht (alle) vertragslaufzeitbezogenen Organschaftsvoraussetzungen vorliegen. Sie gilt des Weiteren, wenn nicht vertragslaufzeitbezogene Organschaftsvoraussetzungen zeitweilig entfallen und daher eine (organschaftsunschädliche) Organschaftspause gegeben ist (dazu *Beinert/Nees*, Rz. 11.13 und Rz. 11.60). Damit ist und bleibt die tatsächliche Durchführung des Gewinnabführungsvertrags der (zeitliche) Dreh- und Angelpunkt für eine wirksame Organschaft.[3]

3.46

Reichweite der tatsächlichen Durchführung. Die Durchführungsverpflichtung bezieht sich lediglich auf die Hauptpflichten des Gewinnabführungsvertrags, also auf die Abführung des ganzen Gewinns durch die Organgesellschaft und auf den Ausgleich eines Verlusts durch den Organträger. Demgegenüber ist die Nichtdurchführung von Nebenpflichten unschädlich, da diese kein konstituierendes Element des Gewinnabführungsvertrags sind (zur Verzinsung *Beinert/Wagner*, Rz. 3.74).[4] Ebensowenig wirken sich ertragsteuerliche Umlagen auf die tatsächliche Durchführung des Gewinnabführungsvertrags aus (dazu *Beinert/Wagner*, Rz. 3.95).

3.47

2. Abführung des ganzen Gewinns

Abführung des ganzen Gewinns. Der nach § 14 Abs. 1 Satz 1 KStG abzuführende „ganze Gewinn" meint den Gewinn der Organgesellschaft laut Handelsbilanz (dazu auch *Kolbe*, Rz. 13.4 ff.). Dies folgt aus der gesetzlichen Verknüpfung dieses Begriffs mit dem Gewinnabführungsvertrag, der als gesellschaftsrechtlicher Organisationsvertrag auf das Zahlenwerk der Handelsbilanz ausgerichtet ist. Es ist dabei nicht auf die tatsächlich aufgestellte Bilanz der Organgesellschaft abzustellen, sondern auf das Ergebnis, das sich bei objektiv richtiger Bilanzierung ergibt (*Kolbe*, Rz. 13.1 ff.).[5]

3.48

Verunglückte Organschaft. Bei fehlerhafter Gewinnabführung gilt der Gewinnabführungsvertrag im betroffenen Wirtschaftsjahr der Organgesellschaft als tatsächlich nicht durchgeführt.[6] Innerhalb der fünfjährigen Mindestlaufzeit des Gewinnabführungsvertrags wird die

3.49

---

1 BFH v. 10.5.2017 – I R 51/19, BStBl. II 2018, 30; BFH v. 10.5.2017 – I R 19/15, BFH/NV 2017, 1558.
2 Das betont auch *Werth*, DB 2017, 2514; *Walter*, GmbH-StB 2018, 63 (64); GmbH-StB 2018, 86 (89); *Brühl/Holle/Weiss*, FR 2018, 131 (135); *Prinz/Keller*, DB 2018, 400 (403 f.); *Heurung/Schmidt/Kraft*, BB 2018, 470 (473).
3 Vgl. *Altrichter-Herzberg*, GmbHR 2018, 296 (298); *Prinz/Keller*, DB 2018, 400 (403).
4 *Olbing*, GmbH-StB 2011, 281 (282).
5 BFH v. 5.4.1995 – I R 156/93, BFHE 177, 429 = FR 1995, 547 = GmbHR 1995, 602; BFH v. 14.2.2005 – II ZR 361/02, GmbHR 2005, 628 = DB 2005, 937.
6 R 14.5 Abs. 8 KStR 2015.

Organschaft als von Beginn an unwirksam behandelt (§ 14 Abs. 1 Satz 1 Nr. 3 Satz 2 KStG; dazu *Herbener*, Rz. 18.5 ff.).[1]

3. Erfüllung der Gewinnabführungs- und Verlustausgleichsverpflichtungen

a) Zwei Phasen der tatsächlichen Durchführung

3.50 **Phasen der tatsächlichen Durchführung.** Der Gewinnabführungsvertrag muss „während seiner gesamten Geltungsdauer durchgeführt" werden (§ 14 Abs. 1 Satz 1 Nr. 3 Satz 1 KStG). Diese tatsächliche Durchführung geschieht in zwei Phasen.[2] In der ersten Phase werden die Jahresabschlüsse aufgestellt. Hierbei wird die Gewinnabführung bei der Organgesellschaft als Gewinnabführungsverbindlichkeit und beim Organträger als Gewinnabführungsforderung verbucht. Für die Verlustübernahme gilt dies vice versa. In der zweiten Phase ist die (fällige) Gewinnabführungs- bzw. Verlustausgleichsverpflichtung tatsächlich zu erfüllen. Die Aufstellung der Jahresabschlüsse alleine reicht für die tatsächliche Durchführung des Gewinnabführungsvertrags unstreitig nicht aus.[3]

b) Erfüllung zum Ende des Gewinnabführungsvertrags

3.51 **Keine Aussage des BFH zum zeitlichen Erfordernis.** Wann sich die zweite Phase (tatsächliche Erfüllung der (fälligen) Gewinnabführungs- bzw. Verlustausgleichsverpflichtung) anschließen muss, ist umstritten. Der BFH hat sich zu dieser Frage unseres Erachtens noch nicht eindeutig geäußert. Insbesondere enthalten weder das Urteil des BFH vom 26.4.2016[4] noch das Urteil vom 5.4.1995[5] eine konkrete Stellungnahme dazu. Der Leitsatz im Urteil vom 26.4.2016 gibt nur die generellen Anforderungen an eine tatsächliche Durchführung wieder (1. Phase: Gewinne werden durch ordnungsgemäße Buchführung ermittelt; 2. Phase: Erfüllung durch tatsächliche Zahlung oder gleichstehende Aufrechnung). Zwar stellt der BFH unter Hinweis auf die Ausführungen in seinem Urteil vom 5.4.1995, juris Rz. 10 fest, dass eine reine Einbuchung ohne Erfüllungswirkung der tatsächlichen Durchführung nicht gleichsteht. Diese Äußerung verstehen wir aber – entgegen anderer Stimmen aus der Literatur[6] – nur als Hinweis darauf, dass es einer Erfüllung bedarf, und nicht als Forderung, dass sich die Erfüllung zeitnah an die erste Phase anschließen muss.

3.52 **Erfüllung zum Ende des Gewinnabführungsvertrags ausreichend.** Die Finanzverwaltung scheint in der Praxis jedenfalls teilweise eine Erfüllung der Ansprüche innerhalb von zwölf

---

1 *Pyszka*, GmbHR 2014, 1296 (1297).
2 *Stangl/Ritzer*, Der Konzern 2012, 529 (531); *Kolbe* in HHR, § 14 KStG Anm. 203 (Stand: September 2016).
3 Siehe den Leitsatz in BFH v. 26.4.2016 – I B 77/15, BFH/NV 2016, 1177 („Ein Gewinnabführungsvertrag wird dann tatsächlich durchgeführt, wenn die nach den Grundsätzen ordnungsgemäßer Buchführung ermittelten Gewinne entweder durch Zahlung oder aber durch eine zur Anspruchserfüllung führende und der tatsächlichen Zahlung gleich stehende Aufrechnung abgeführt werden").
4 BFH v. 26.4.2016 – I B 77/15, BFH/NV 2016, 1177.
5 BFH v. 5.4.1995 – I R 156/93, BB 1995, 1626.
6 So scheinen *Köster*, DStZ 2016, 963 (966); *Pung* nach *Rüsch*, DStZ 2017, 69 (71); *Krumm* in Blümich, § 14 Rz. 138 (Stand: April 2017) den BFH v. 26.4.2016 – I B 77/15, BFH/NV 2016, 1177 zu verstehen. Sie beziehen sich für diese Auslegung (lediglich) auf den oben wiedergegebenen Leitsatz (siehe Fn. 115).

Monaten nach Fälligkeit zu verlangen.[1] Ein Zeitelement verlangt auch das FG Hamburg im Urteil vom 19.5.2015, das einen Fall betraf, in dem wegen wirtschaftlicher Schwierigkeiten der Jahresabschluss der Organgesellschaft verspätet ausgestellt wurde zu einem Zeitpunkt, zu dem der Organträger bereits aufgelöst war. Das FG Hamburg meinte, dass die Parteien die durch den Gewinnabführungsvertrag begründeten Verpflichtungen in angemessener Zeit bzw. zeitnah zu erfüllen hätten.[2] Dem ist nicht zu folgen. Das Erfordernis einer Erfüllung innerhalb angemessener Zeit ist gesetzlich nicht verankert;[3] es liegt jenseits des Wortlauts von § 14 KStG.[4] Für den Steuerpflichtigen wäre auch nicht ersichtlich, was unter „angemessener Zeit" zu verstehen ist,[5] selbst wenn man eine Erfüllung innerhalb eines Zeitraums von drei,[6] nach anderer Auffassung von bis zu zwölf Monaten generell als angemessen ansähe.[7] Daher ist es unseres Erachtens mit der hM, zu der (bisher)[8] auch Vertreter der Finanzverwaltung zählen, ausreichend, wenn die Forderungen und die Verbindlichkeiten bilanziert und die gegenseitigen Ansprüche (spätestens) bei Beendigung des Gewinnabführungsvertrags beglichen werden.[9] Im Schrifttum wird auf die Gefahr hingewiesen, dass bei fehlendem Ausgleich der Forderungen bzw. Verpflichtungen bei Vertragsbeendigung die Organschaft rückwirkend entfalle (§ 175 Abs. 1 Satz 1 Nr. 1 AO).[10] So entfällt die Organschaft, wenn eine Abführung des Gewinns ausbleibt, weil der Organträger bereits im Handelsregister gelöscht ist.[11]

Praxistipp: Um Risiken zu vermeiden, insbesondere auch eine Nichtanerkennung der Organschaft für zurückliegende Zeiträume nach § 175 Abs. 1 Satz 1 Nr. 2 AO, empfiehlt sich aus praktischer Sicht eine zeitnahe Erfüllung[12] oder ein zumindest schrittweises Vorgehen: Der Organträger (die Organgesellschaft) kann zunächst auf Basis einer vorläufigen Schätzung des auszugleichenden Verlusts (Gewinns) eine Abschlagszahlung leisten. Er (sie) gleicht sodann den Spitzenbetrag final aus, wenn das Einkommen der Organgesellschaft endgültig feststeht.[13] Auch eine Umwandlung der Forderung aus

3.53

---

1 So liest man dies bei *Dötsch* in Dötsch/Pung/Möhlenbrock, § 14 KStG Rz. 518 (Stand: August 2016).
2 FG Hamburg v. 19.5.2015 – 6 K 236/12, Der Konzern 2015, 558. Die NZB wurde abgelehnt, BFH v. 26.4.2016 – I B 77/15, BFH/NV 2016, 1177.
3 *Füger/Rieger/Schell*, DStZ 2015, 404 (412); *Kolbe* in HHR, § 14 KStG Anm. 203 (Stand: September 2016); *Rödder/Liekenbrock* in Rödder/Herlinghaus/Neumann, § 14 KStG Rz. 321; *Walter* in Ernst & Young, § 14 KStG Rz. 653 (Stand: März 2018).
4 *Gänsler*, Ubg 2014, 701 (704).
5 *Gänsler*, Ubg 2014, 701 (704). AA *Stangl/Ritzer*, Der Konzern 2012, 529 (531).
6 *Neumann* in Gosch³, § 14 KStG Rz. 318c fordert Erfüllung innerhalb von drei Monaten nach Feststellung der Bilanz.
7 *Suchanek/Herbst*, FR 2005, 665 (666) (Fn. 10); *Schöneborn*, Rz. 7.46. Vgl. *Melan/Karrenbrock*, FR 2009, 757 (Fn. 2) zu älteren Auffassungen.
8 Änderungen in der Verwaltungsauffassung auf Grundlage des BFH-Urteils v. 26.4.2016 – I B 77/15, BFH/NV 2016, 1177 sind uns nicht bekannt.
9 HM, ua. *Erle/Heurung* in Erle/Sauter³, § 14 Rz. 174; *Rödder/Liekenbrock* in Rödder/Herlinghaus/Neumann, § 14 KStG Rz. 317; *Dötsch* in Dötsch/Pung/Möhlenbrock, § 14 KStG Rz. 518 (Stand: August 2016); *Kolbe* in HHR, § 14 KStG Anm. 203 (Stand: September 2016); *Walter* in Ernst & Young, § 14 KStG Rz. 653 (Stand: März 2018); *Prinz/Keller*, DB 2018, 400 (403). AA offenbar *Schöneborn*, Rz. 7.46 f.
10 *Pung* nach *Rüsch*, DStZ 2016, 263 (265).
11 So auch *Güroff* in Glanegger/Güroff⁹, § 2 GewStG Rz. 516. Vgl. FG Hamburg v. 19.5.2015 – 6 K 236/12, Der Konzern 2015, 558; die NZB wurde abgelehnt, BFH v. 26.4.2016 – I B 77/15, BFH/NV 2016, 1177.
12 *Rödder/Liekenbrock* in Rödder/Herlinghaus/Neumann, § 14 KStG Rz. 321.
13 Vgl. *Dötsch* in Dötsch/Pung/Möhlenbrock, § 14 KStG Rz. 525 (Stand: August 2016); *Brink* in Schnitger/Fehrenbacher², § 14 KStG Rz. 478; *Walter* in Ernst & Young, § 14 KStG Rz. 649 (Stand:

dem Gewinnabführungsvertrags in einen Anspruch aus einem Darlehen ist ein probates Mittel, wenn die Werthaltigkeit der Forderung (Anforderung der Finanzverwaltung, dazu Rz. 3.54 ff.) sichergestellt ist.[1]

c) Zulässigkeit von Erfüllungssurrogaten

3.54 **Erfüllungssurrogate.** Nach allgemeiner Auffassung bedarf es steuerrechtlich zur tatsächlichen Durchführung des Gewinnabführungsvertrags keines tatsächlichen Geldflusses.[2] Erfüllungssurrogate sind allgemein anerkannt. Die Forderung unter dem Gewinnabführungsvertrag erlischt ua. durch Aufrechnung mit einer Gegenforderung (§ 389 BGB)[3] oder durch Novation, indem die Forderung auf eine andere Rechtsgrundlage gestellt wird (§ 364 Abs. 1 BGB).[4] Dies wird auch vom BFH akzeptiert[5] und vom BMF für den Fall der Aufrechnung explizit anerkannt,[6] was wir wegen der gleichen Wirkung auf andere Erfüllungssurrogate für übertragbar halten.

3.55 **Grenzen von Erfüllungssurrogate.** § 302 Abs. 3 AktG stellt für das Erfüllungssurrogat eines Verlustausgleichs eine bereits handels- und damit auch steuerrechtlich zu beachtende Grenze auf. Sollte das Erfüllungssurrogat einem faktischen Verzicht der Organgesellschaft gleichkommen, besteht das Risiko, dass das gewählte Erfüllungssurrogat handelsrechtlich unzulässig ist und daher auch die tatsächliche Durchführung scheitert (zum Verzicht *Beinert/Nees*, Rz. 11.57). Beispiel hierfür ist eine befreiende Schuldübernahme eines Dritten zugunsten des Organträgers bei Zustimmung der Organgesellschaft (was einen faktischen Verzicht der Organgesellschaft darstellen könnte).[7] Für den Gewinnabführungsanspruch gilt § 302 Abs. 3 AktG zwar nicht. Sieht man in der Zustimmung zur befreienden Schuldübernahme aber einen faktischen Verzicht, würde auch im Falle der Stundung des Gewinnabführungsanspruchs der Gewinnabführungsvertrag nicht ordnungsgemäß durchgeführt.[8] Demgegenüber beeinflusst

---

März 2018). Die Abschlagszahlung muss unter dem Vorbehalt eines ausreichenden Jahresbilanzgewinns stehen. Nach *Dötsch* (in Dötsch/Pung/Möhlenbrock, § 14 KStG Rz. 525 [Stand: August 2016]) muss zudem vereinbart werden, dass überschießende Abschlagszahlungen als verzinsliche Darlehensgewährungen zu behandeln sind. *Walter* in Ernst & Young, § 14 KStG Rz. 649 (Stand: März 2018) weist unseres Erachtens zu Recht darauf hin, dass für ein solches Erfordernis einer Verzinsung keine Rechtsgrundlage besteht. Generell für die Zulässigkeit von unterjährigen Vorauszahlungen auch *Rödder/Liekenbrock* in Rödder/Herlinghaus/Neumann, § 14 KStG Rz. 320; *Pung* nach *Rüsch*, DStZ 2017, 69 (71) (nur für den Verlustausgleich).

1 So die Empfehlung auch bei *Kolbe* in HRR, § 14 KStG Rz. 204 (Stand: September 204).
2 Ua. *Rödder/Liekenbrock* in Rödder/Herlinghaus/Neumann, § 14 KStG Rz. 319; *Kolbe* in HHR, § 14 KStG Anm. 204 (Stand: September 2016) und Rz. 13.7; *Schell/Schrade*, DStR 2017, 86 (87); *Brink* in Schnitger/Fehrenbacher[2], § 14 KStG Rz. 472; *Walter* in Ernst & Young, § 14 KStG Rz. 653 (Stand: März 2018).
3 Ua. *Stangl/Ritzer*, Der Konzern 2012, 529 (529) mwN; *Köster*, DStZ 2016, 963 (966); *Kolbe* in HHR, § 14 KStG Anm. 204 (Stand: September 2016); *Schell/Schrade*, DStR 2017, 86 (87); *Brink* in Schnitger/Fehrenbacher[2], § 14 KStG Rz. 472.
4 Ua. *Stangl/Ritzer*, Der Konzern 2012, 529 (529) mwN; *Kolbe* in HHR, § 14 KStG Anm. 204 (Stand: September 2016); *Schell/Schrade*, DStR 2017, 86 (86); *Brink* in Schnitger/Fehrenbacher[2], § 14 KStG Rz. 472; *Walter* in Ernst & Young, § 14 KStG Rz. 653 (Stand: März 2018).
5 BFH v. 5.4.1995 – I R 156/93, BB 1995, 1626, juris Rz. 16; BFH v. 26.4.2016 – I B77/15, BFH/NV 2016, juris Rz. 10; *Kolbe* in HHR, § 14 KStG Anm. 203 (Stand: September 2016); Rz. 13.7.
6 BMF v. 25.8.2006 – IV B 7 - S 2770/12/06, Der Konzern 2006, 651.
7 *Deilmann*, NZG 2015, 460 (465); *Walter* in Ernst & Young, § 14 KStG Rz. 653 (Stand: März 2018); *Hierstetter*, Rz. 20.19.
8 *Deilmann*, NZG 2015, 460 (465).

eine Abrede im Innenverhältnis (also ohne Zustimmung des Gläubigers) im Falle des Verlustausgleichsanspruchs zwischen dem Organträger und einem Dritten oder im Falle des Gewinnabführungsanspruchs zwischen der Organgesellschaft und einem Dritten wegen der reinen *inter partes*-Wirkung die tatsächliche Durchführung des Gewinnabführungsvertrags nicht (§§ 315 Abs. 3, 257 Satz 1 BGB) und kann daher organschaftsunschädlich vereinbart werden.[1]

Keine Erfüllung durch Stundung. Die Stundung des Verlustübernahmeanspruchs der Organgesellschaft ist handelsrechtlich unzulässig, da hierin ein temporärer Verzicht auf den Verlustausgleichsanspruch gesehen wird (§ 302 Abs. 3 AktG).[2] Bereits aus diesem Grund kommt eine Erfüllung durch Stundung (auch steuerrechtlich) nicht in Betracht.[3] Demgegenüber ist eine Stundung des Gewinnabführungsanspruchs des Organträgers handelsrechtlich möglich.[4] Sie hat aber offenkundig keine Erfüllungswirkung. Teilweise wird die Stundung (dh. das Stehenlassen des Anspruchs bei Hinausschieben der Fälligkeit) generell als schädlich für die Durchführung des Gewinnabführungsvertrags gehalten.[5] Hierzu scheint auch die Finanzverwaltung zu tendieren.[6] Wir können diese Bedenken nicht teilen, da eine Erfüllung „in angemessener Zeit" tatbestandlich nicht gefordert wird (dazu Rz. 3.51 ff.). Die Stundung hat daher unseres Erachtens keine Auswirkung auf die Organschaft. Die Verpflichtung, den Gewinnabführungsanspruch bei Beendigung des Gewinnabführungsvertrags erfüllen zu müssen, bleibt (mit oder ohne vorangegangene Stundung) bestehen.[7] In der Praxis sollte man aber, wenn möglich, lieber den Weg über sicher anerkannte Erfüllungssurrogate wählen (dazu Rz. 3.54).

3.56

Zusätzliche Anforderungen im Falle der Verlustausgleichsverpflichtung. Der BGH setzte sich im Urteil vom 10.7.2006[8] mit der Frage auseinander, ob der Verlustausgleichsanspruch einer sich in der Krise befindenden Organgesellschaft durch Aufrechnung erfüllt werden konnte. Er entschied, dass eine Aufrechnung nur zulässig und wirksam ist, wenn die zur Auf-

3.57

---

1 *Deilmann*, NZG 2015, 460 (465); *Walter* in Ernst & Young, § 14 KStG Rz. 653 (Stand: März 2018); *Hierstetter*, Rz. 20.19.
2 *Gänsler*, Ubg 2014, 701 (703).
3 *Dötsch* in Dötsch/Pung/Möhlenbrock, § 14 KStG Rz. 531 (Stand: November 2017). Für steuerrechtlich unzulässig und damit organschaftsschädlich halten die Stundung *Suchanek/Herbst*, FR 2005, 665 (666); *Olbing* in Streck[8], § 14 KStG Rz. 121; *Pyszka*, GmbHR 2014, 1296 (1297); *Neumann* in Gosch[3], § 14 KStG Rz. 321 (Stundung sei problematisch, wenn nicht in angemessener Frist erfüllt wird).
4 So liest man es dem Vernehmen nach bei *Gänsler*, Ubg 2014, 701 (703).
5 *Suchanek/Herbst*, FR 2005, 665 (666); *Olbing* in Streck[8], § 14 KStG Rz. 121; wohl auch *Kolbe* in HHR § 14 KStG Rz. 204 (Stand: September 2016). *Gänsler*, Ubg 2014, 701 (703) und *Walter* in Ernst & Young, § 14 KStG Rz. 649 (Stand: März 2018) weisen beide zu Recht darauf hin, dass überwiegend nicht (ausreichend) zwischen der Stundung des Gewinnabführungs- und des Verlustausgleichsanspruchs differenziert wird.
6 So dem Vernehmen nach bei *Gänsler*, Ubg 2014, 701 (703). Wir meinen, dass dies in der Forderung der Finanzverwaltung (siehe *Dötsch* in Dötsch/Pung/Möhlenbrock, § 14 KStG Rz. 518 [Stand: August 2016]; *Pung* nach Rüsch, DStZ 2017, 69 [71]) zum Tragen kommt, der Gewinnabführungsvertrag müsse zeitnah erfüllt werden (dazu Rz. 3.52). Hierzu kommt es im Falle der Stundung gerade nicht.
7 *Dötsch* in Dötsch/Pung/Möhlenbrock, § 14 KStG Rz. 518 (Stand: August 2016), Rz. 531 (Stand: November 2017); *Walter* in Ernst & Young, § 14 KStG Rz. 653 (Stand: März 2018); i.Erg auch *Gänsler*, Ubg 2014, 701 (703).
8 BGH v. 10.7.2006 – II ZR 238/04, BGHZ 168, 285 = GmbHR 2006, 928 m. Anm. *Theiselmann*.

rechnung gestellte Forderung des Organträgers werthaltig ist.[1] Dies ist zutreffend,[2] da es dem Organträger andernfalls ermöglicht würde, zum Nachteil der Organgesellschaft und deren Gläubiger volle Befriedigung für eine nicht (voll) werthaltige Forderung zu erhalten.[3] Zudem bedarf es einer ausdrücklichen und schriftlichen Verrechnungsabrede/Tilgungsbestimmung, um einen möglichen Missbrauch zu vermeiden. Andernfalls könnte der Organträger die von ihm erbrachten Leistungen nachträglich nach Belieben zuordnen und damit zu Lasten anderer Gläubiger handeln. Während ein bloßer Buchungsvorgang zB nicht zwingend beweist, ob die Leistung des Organträgers auf einen bereits entstandenen oder zukünftigen Verlustausgleichsanspruch anzurechnen ist, stellt eine Verrechnungsabrede/Tilgungsbestimmung dies hinreichend klar.[4]

3.58 **Keine zusätzlichen Anforderungen im Falle der Gewinnabführungsverpflichtung.** Die Finanzverwaltung hat sich zur Thematik der fehlenden Werthaltigkeit[5] bei Erfüllungssurrogaten im Falle einer Gewinnabführungsverpflichtung der Organgesellschaft – soweit ersichtlich – bislang nicht geäußert. Sie hat sich aber grundsätzlich dem oben genannten BGH-Urteil vom 10.7.2006 durch das BMF-Schreiben vom 25.8.2006 angeschlossen.[6] Die Frage nach Werthaltigkeit wird zB relevant, wenn die Organgesellschaft wegen besonderer Umstände einen hohen handelsrechtlichen Gewinn erzielt, dem aber keine Liquiditätszuflüsse gegenüberstehen, und sich deshalb der Novation oder der Aufrechnung bedienen möchte.[7] Gegen eine Übertragbarkeit der BGH-Rechtsprechung zur Verlustausgleichsverpflichtung des Organträgers auf die Gewinnabführungsverpflichtung der Organgesellschaft spricht unseres Erachtens, dass die jeweilige Sachlage nicht vergleichbar ist. Die vom BGH in Bezug auf den Verlustausgleichsanspruch herangezogenen Aspekte des Gläubigerschutzes und der Kapitalerhaltung der Organgesellschaft[8] spielen für die Gewinnabführungsverpflichtung der Organgesellschaft keine Rolle. Im Falle der Gewinnabführung trifft die Organgesellschaft die wirtschaftlich belastende Verpflichtung. Wird diese mittels eines Surrogats erfüllt, werden die Kapitalerhaltung oder die Gläubigerschutzinteressen im Hinblick auf die Organgesellschaft nicht beeinflusst. Hier Werthaltigkeit zu fordern, wäre nicht berechtigt.[9] Selbst wenn die

---

1 BGH v. 10.7.2006 – II ZR 238/04, BGHZ 168, 285 = GmbHR 2006, 928 m. Anm. *Theiselmann*; OLG München v. 20.11.2013 – 7 U 5025/11, GmbHR 2014, 535.
2 BMF v. 25.8.2006 – IV B 7 – S 2770/12/06, Der Konzern 2006, 651; *Dötsch* in Dötsch/Pung/Möhlenbrock, § 14 KStG Rz. 423 (Stand: August 2016); *Brink* in Schnitger/Fehrenbacher², § 14 KStG Rz. 473, 476.
3 *Stangl/Ritzer*, Der Konzern 2012, 529 (530); *Brink* in Schnitger/Fehrenbacher², § 14 KStG Rz. 473, 476.
4 OLG München v. 20.11.2013 – 7 U 5025/11, GmbHR 2014, 535.
5 Zum Teil wird in der Literatur im Falle der Novation auch von der Zahlungsfähigkeit der Organgesellschaft gesprochen, so zB *Dötsch* in Dötsch/Pung/Möhlenbrock, § 14 KStG Rz. 520, 524 (Stand: August 2016). Wir meinen, dass *Dötsch* hier keinen anderen Maßstab anlegt, sondern den Begriff der Zahlungsfähigkeit der Organgesellschaft mit Vollwertigkeit des Gewinnabführungsanspruchs des Organträgers gleichsetzt, so auch das Verständnis von *Stangl/Ritzer*, Der Konzern 2012, 529 (530).
6 BMF v. 25.8.2006 – IV B 7 – S 2770/12/06, Der Konzern 2006, 651.
7 *Suchanek/Herbst*, FR 2005, 665 (666 f.); *Stangl/Ritzer*, Der Konzern 2012, 529 (529); *Walter* in Ernst & Young, § 14 KStG Rz. 653.1 (Stand: März 2018).
8 BGH v. 10.7.2006 – II ZR 238/04, BGHZ 168, 285 = GmbHR 2006, 928 m. Anm. *Theiselmann*.
9 *Neyer/Schlepper*, BB 2007, 413 (418); *Stangl/Ritzer*, Der Konzern 2012, 529 (533). AA aber wohl *Pung* nach *Rüsch*, DStZ 2016, 263 (265), wonach eine Erfüllung der Gewinnabführungsverpflichtung auch durch Novation in ein Darlehen des Organträgers an die Organgesellschaft erfüllt werden kann, was aber die Vollwertigkeit der Darlehensforderung voraussetzen würde. Ein späteres

wirtschaftliche Situation der Organgesellschaft prekär ist, werden weder der Organträger noch dessen Gläubiger schlechter gestellt. Es wird lediglich ein Anspruch (aus Gewinnabführungsvertrag) durch einen anderen gegen denselben Schuldner gerichteten und damit automatisch gleichwertigen Anspruch (aus dem Darlehensvertrag) ersetzt.[1] Der Gewinnabführungsvertrag wird damit durchgeführt. Die weiteren Rechtsfolgen bestimmen sich losgelöst von der Organschaft.[2] So lässt eine spätere Uneinbringlichkeit der Darlehensforderung die tatsächliche Durchführung des Gewinnabführungsvertrags unberührt,[3] es sei denn – und diese einzige Ausnahme dürfte zu machen sein –, die Uneinbringlichkeit bestand schon im Zeitpunkt der Novation oder war (sicher) absehbar.[4]

Keine fehlerhafte Durchführung des Gewinnabführungsvertrags. Sollte man entgegen unserer Auffassung im Falle der Erfüllung der Gewinnabführungsverpflichtung der Organgesellschaft durch ein Surrogat die Werthaltigkeit des Surrogats fordern (dazu Rz. 3.58), dürfte dies unseres Erachtens nicht automatisch die Nichtdurchführung des Gewinnabführungsvertrags bedeuten. Die 1. Phase der tatsächlichen Durchführung des Gewinnabführungsvertrags ist durch die Einbuchung der Verbindlichkeit bereits erfolgt. Die 2. Phase würde in diesem Fall noch ausstehen, da der Gewinnabführungsanspruch des Organträgers bzw. der Verlustausgleichsanspruch der Organgesellschaft mangels Werthaltigkeit der Gegenforderung oder Austauschforderung (Novation) nicht erloschen wäre. Sie/er würde fortbestehen und könnte daher bis spätestens zur Beendigung der Organschaft auf andere Art und Weise erfüllt werden.[5]   3.59

Wiedereinlagevereinbarungen. Ein wichtiges Instrument in der Praxis sind sog. Wiedereinlagevereinbarungen. Diese werden vielfach von Banken verlangt, die die Organgesellschaft finanzieren und sind häufig auch im Kontext von Inlandsinvestments von Private-Equity-Fonds mit US-amerikanischer Investorenbasis anzutreffen.[6] Wiedereinlagevereinbarungen sind Abreden, wonach sich der Organträger verpflichtet, den an ihn abzuführenden Gewinn umgehend in die Kapitalrücklage der Organgesellschaft einzulegen. Diese Wiedereinlageverpflichtung ermöglicht es, den Anspruch des Organträgers auf Gewinnabführung gegen den Anspruch der Organgesellschaft auf Leistung einer Gesellschaftereinlage aufzurechnen, was   3.60

Uneinbringlichwerden der Darlehensforderung würde die tatsächliche Durchführung des Gewinnabführungsvertrags dagegen nicht berühren; *Dötsch* in Dötsch/Pung/Möhlenbrock, § 14 KStG Rz. 522 (Stand: August 2016).

[1] *Stangl/Ritzer*, Der Konzern 2012, 529 (533); wohl auch *Walter* in Ernst & Young, § 14 KStG Rz. 653 (Stand: März 2018).
[2] *Brink* in Schnitger/Fehrenbacher², § 14 KStG Rz. 477; wohl auch *Kolbe* in HHR, § 14 KStG Anm. 204 (Stand: September 2016); *Walter* in Ernst & Young, § 14 KStG Rz. 653 (Stand: März 2018).
[3] *Stangl/Ritzer*, Der Konzern 2012, 529 (533); *Dötsch* in Dötsch/Pung/Möhlenbrock, § 14 KStG Rz. 519 (Stand: August 2016); *Brink* in Schnitger/Fehrenbacher², § 14 KStG Rz. 477.
[4] *Brink* in Schnitger/Fehrenbacher², § 14 KStG Rz. 477. AA *Dötsch* in Dötsch/Pung/Möhlenbrock, § 14 KStG Rz. 519 (Stand: August 2016), wonach ein späteres Uneinbringlichwerden die tatsächliche Durchführung unberührt lässt, aber der Steuerpflichtige die Beweislast dafür trägt, dass die Forderung im Zeitpunkt der Novation voll werthaltig war. Der Nachweis der Werthaltigkeit ist nicht erforderlich (Rz. 3.58). Überdies dürfte praktisch eine solche Beweislast schwer zu erfüllen sein, da der Streit um die Werthaltigkeit erst bei Vertragsbeendigung entsteht, die Erfüllungshandlung aber schon zeitlich früher erfolgt ist.
[5] *Stangl/Ritzer*, Der Konzern 2012, 529 (534); *Frotscher* in Frotscher/Drüen, § 14 KStG Rz. 449 a.E. (Stand: Januar 2016); *Dötsch* in Dötsch/Pung/Möhlenbrock, § 14 KStG Rz. 518 f. (Stand: August 2016); *Walter* in Ernst & Young, § 14 KStG Rz. 653.1 (Stand: März 2018).
[6] *Schell/Schrade*, DStR 2017, 86 (87).

das „klassische" (und anerkannte) „Schütt-aus-hol-zurück-Verfahren" vereinfacht.[1] Im neueren Schrifttum wird dies aufgegriffen. Ein Problem wird offenbar in der schieren Dauerhaftigkeit der Vereinbarung gesehen, weshalb diese nicht anzuerkennen sei. Eine nähere Begründung dafür wird nicht gegeben.[2] Unseres Erachtens sind solche Wiedereinlagevereinbarungen organschaftsunschädlich. Die obige restriktive Auffassung ist abzulehnen. Der reine Zeitaspekt, durch den sich die Wiedereinlagevereinbarung von dem anerkannten „Schütt-aus-Hol-zurück-Verfahren" unterscheidet, ist unseres Erachtens kein sachlicher Grund, solche Verfahren nicht anzuerkennen. Der Gewinn wird abgeführt; ein Gestaltungsmissbrauch (§ 42 AO) ist nicht zu erkennen.[3] Sollte man das anders sehen, würde unseres Erachtens die Gewinnabführungsverpflichtung fortbestehen und bis zum Ende der Organschaft zu erfüllen sein, nicht aber die tatsächliche Durchführung des Gewinnabführungsvertrags scheitern (dazu Rz. 3.58).

3.61 **Praxistipp:** Damit keine Unsicherheiten im Zeitpunkt der Beendigung der Organschaft entstehen, sollte man Wiedereinlagevereinbarungen über eine verbindliche Auskunft mit dem zuständigen Finanzamt abstimmen, wobei ggf. auch eine „Schwächung" des Auf- bzw. Verrechnungsautomatismus in Betracht zu ziehen ist. So wäre es ggf. denkbar, die Wiedereinlageverpflichtung vom Überschreiten gewisser Schwellenwerte (bezogen auf den abzuführenden Gewinn oder die Liquidität) abhängig zu machen.[4]

B. Muster eines Gewinnabführungsvertrags

I. Muster

3.62 *Gewinnabführungsvertrag*

zwischen der

[…], eingetragen im Handelsregister des Amtsgerichts […] unter HRB […],

(„Organträger")

und der

[…], eingetragen im Handelsregister des Amtsgerichts […] unter HRB […],

(„Organgesellschaft")

(der Organträger und die Organgesellschaft nachfolgend einzeln auch „Partei" und gemeinsam auch „Parteien" genannt)

Vorbemerkungen
Die Organgesellschaft hat ein Stammkapital von EUR […]. Sämtliche Geschäftsanteile an der Organgesellschaft werden vom Organträger gehalten. [Im Hinblick auf die bestehende finanzielle Eingliederung der Organgesellschaft in den Organträger schließen die Parteien den nachfolgen-

---

1 *Schell/Schrade*, DStR 2017, 86 (86 ff.); *Brink* in Schnitger/Fehrenbacher[2], § 14 KStG Rz. 480; *Walter* in Ernst & Young, § 14 KStG Rz. 654 (Stand: März 2018).
2 *Dötsch* in Dötsch/Pung/Möhlenbrock, § 14 KStG Rz. 449, 529 (Stand: jeweils November 2017).
3 *Schell/Schrade*, DStR 2017, 86 (89).
4 *Schell/Schrade*, DStR 2017, 86 (90).

den Gewinnabführungsvertrag zur Herstellung eines Organschaftsverhältnisses i.S.v. §§ 14, 17 Körperschaftsteuergesetz („*KStG*") und § 2 Abs. 2 Satz 2 Gewerbesteuergesetz („*GewStG*").]

§ 1 Gewinnabführung

(1) Die Organgesellschaft verpflichtet sich, ihren ganzen Gewinn entsprechend der Vorschriften des § 301 Aktiengesetzes („*AktG*") in seiner jeweils gültigen Fassung an den Organträger abzuführen.

(2) Die Organgesellschaft kann mit Zustimmung des Organträgers Beträge aus dem Jahresüberschuss in die Gewinnrücklagen (§ 272 Abs. 3 Handelsgesetzbuch, „*HGB*") einstellen, soweit dies handelsrechtlich zulässig und bei vernünftiger kaufmännischer Beurteilung wirtschaftlich begründet ist.

(3) Während der Dauer des Vertrags gebildete andere Gewinnrücklagen nach § 272 Abs. 3 HGB sind auf Verlangen des Organträgers, soweit rechtlich zulässig, aufzulösen und [zum Ausgleich eines sonst entstehenden Jahresfehlbetrags zu verwenden, soweit § 302 AktG in seiner jeweils gültigen Fassung dem nicht entgegensteht, oder] als Gewinn abzuführen. Sonstige Rücklagen oder ein Gewinnvortrag, der aus der Zeit vor Beginn dieses Vertrags stammt, dürfen nicht als Gewinn abgeführt [und nicht zum Ausgleich eines Jahresfehlbetrags verwendet] werden.

(4) Der Anspruch auf Gewinnabführung entsteht mit Ablauf des jeweiligen Geschäftsjahrs der Organgesellschaft und wird zu diesem Zeitpunkt fällig.

§ 2 Verlustübernahme

(1) Für die Verlustübernahme gelten die Vorschriften des § 302 AktG in seiner jeweils gültigen Fassung entsprechend.

[(2) Der Anspruch auf Verlustübernahme entsteht jeweils zum Ende eines Geschäftsjahrs der Organgesellschaft und wird zu diesem Zeitpunkt fällig.]

§ 3 Wirksamwerden und Vertragsdauer

(1) Der Vertrag bedarf zu seiner Wirksamkeit der Zustimmung der Gesellschafterversammlungen des Organträgers und der Organgesellschaft und der Eintragung in das Handelsregister der Organgesellschaft.

(2) Der Vertrag gilt rückwirkend für die Zeit ab Beginn des Geschäftsjahrs der Organgesellschaft, in dem der Vertrag in das Handelsregister der Organgesellschaft eingetragen wird. Demgemäß besteht ein Anspruch auf Gewinnabführung oder Verlustübernahme erstmals für das gesamte Geschäftsjahr der Organgesellschaft, in dem dieser Vertrag in ihr Handelsregister eingetragen wird.

(3) Um die zeitlichen Anforderungen des § 14 Abs. 1 Satz 1 Nr. 3 Satz 1 KStG zu erfüllen, kann der Vertrag erstmals zum Ablauf von fünf Zeitjahren (60 Monaten) nach Beginn des Geschäftsjahrs der Organgesellschaft, für das der Vertrag nach vorstehendem Absatz 2 erstmals gilt, unter Einhaltung einer Kündigungsfrist von drei Monaten gekündigt werden, sofern an diesem Tag das Geschäftsjahr der Organgesellschaft endet; andernfalls ist eine Kündigung unter Einhaltung der gleichen Kündigungsfrist erstmals zum Ende des an diesem Tag laufenden Geschäftsjahres der Organgesellschaft zulässig. Wird der Vertrag nicht gekündigt, so verlängert er sich bei gleicher Kündigungsfrist bis zum Ende des jeweils nächstfolgenden Geschäftsjahrs der Organgesellschaft. Die Kündigung hat schriftlich zu erfolgen. Für die Einhaltung der Kündigungsfrist kommt es auf den Zugang des Kündigungsschreibens bei der anderen Partei an.

(4) Das Recht zur Kündigung des Vertrags aus wichtigem Grund ohne Einhaltung einer Kündigungsfrist bleibt unberührt. Ein wichtiger Grund liegt insbesondere vor, wenn dem Organträger infolge einer Veräußerung oder Einbringung nicht mehr die Mehrheit der Stimmrechte in

der Organgesellschaft zusteht oder (i) der Organträger oder die Organgesellschaft als übertragender Rechtsträger im Wege der Verschmelzung oder Spaltung umgewandelt werden, (ii) die Organgesellschaft in eine Personengesellschaft formgewechselt wird oder (iii) die Organgesellschaft oder der Organträger liquidiert werden. Das Recht, den Vertrag anstelle einer solchen Kündigung in gegenseitigem Einvernehmen aufzuheben, bleibt unberührt.

§ 4 Schlussbestimmungen

(1) Die Kosten der Beurkundung des Zustimmungsbeschlusses der Gesellschafterversammlung der Organgesellschaft zu diesem Vertrag und die Kosten der Eintragung im Handelsregister trägt die Organgesellschaft.

[(2) Sollte eine Bestimmung dieses Vertrags unwirksam sein oder werden, so gelten die übrigen Bestimmungen gleichwohl. Die Parteien verpflichten sich, die unwirksame Bestimmung durch eine solche zu ersetzen, die im Rahmen des rechtlich Zulässigen dem wirtschaftlichen Zweck der unwirksamen Bestimmung unter Beachtung der Voraussetzungen einer Organschaft i.S.v. §§ 14, 17 KStG und § 2 Abs. 2 Satz 2 GewStG am Nächsten kommt. Entsprechendes gilt, wenn der Vertrag eine Lücke aufweisen sollte.]

[(3) Die Bestimmungen dieses Vertrags sind so auszulegen, dass sie den Anforderungen an die Anerkennung einer Organschaft i.S.v. §§ 14, 17 KStG und § 2 Abs. 2 Satz 2 GewStG entsprechen.]

[...]

II. Einzelne Klauseln

1. Allgemein zur Auslegung; Bezugnahmen auf § 14 KStG

3.63 **Objektive Auslegung.** Da es sich bei dem Gewinnabführungsvertrag um einen gesellschaftsrechtlichen Organisationsvertrag handelt, muss er objektiv ausgelegt werden.[1] Der Wille der Parteien kann nur berücksichtigt werden, wenn er sich unmissverständlich im Vertragstext niedergeschlagen hat. Die Grundsätze der „falsa demonstratio" gelten nicht. Die Parteien sollen kein „faktisches Wahlrecht" haben, das es ihnen ermöglicht, sich auf den konkreten Vertragstext oder auf ein Redaktionsversehen zu berufen.[2]

3.64 **Offensichtliche Unrichtigkeit.** Der BFH lässt offen, ob eine Ausnahme zu machen und damit ein Nachtragsvermerk ex tunc steuerrechtlich anzuerkennen ist, wenn eine offensichtliche Unrichtigkeit i.S.v. § 44a Abs. 2 Satz 1 BeurkG vorliegt. Ein Fehler ist offensichtlich unrichtig, wenn er außenstehenden Dritten offenbar ist oder sich auf eine bloße sprachliche Unklarheit bezieht, die nicht den materiellen Inhalt der wesentlichen Vertragsbestimmungen berührt.[3] Den Ausführungen des BFH ist unseres Erachtens zu entnehmen, dass eine Korrektur nach § 44a Abs. 2 Satz 1 BeurkG allenfalls dann zulässig ist, wenn sich der Inhalt der Korrektur schon im Wege der (objektivierten) Auslegung ergibt.[4] In diesem Fall werden zwar materielle Vertragsbestimmungen formal geändert. Inhaltlich bleibt aber die Vertragsbestimmung gleich, da man sie bereits im Wege der Auslegung so hätte verstehen müssen. Man kann

---

1 *Veil* in Spindler/Stilz[3], Vor § 291 AktG Rz. 34 f.; *Deilmann* in Hölters[3], § 291 AktG Rz. 69.
2 BFH v. 23.1.2013 – I R 1/12, GmbHR 2013, 602 m. Anm. *Walter* = BFH/NV 2013, 989; *Krüger*, DStZ 2013, 491 (493). Kritisch dagegen *Walter*, GmbHR 2013, 605 (606).
3 BFH v. 23.1.2013 – I R 1/12, GmbHR 2013, 602 m. Anm. *Walter* = BFH/NV 2013, 989.
4 So wohl auch *Frotscher* in Frotscher/Drüen, § 14 KStG Rz. 330 (Stand: Januar 2015).

in diesen Fällen den Gewinnabführungsvertrag schlicht korrigieren, da der Wortlaut des Vertrags lediglich an den sich im Wege der Auslegung ergebenden Inhalt angepasst wird. Diese Korrektur ist ohne Einhaltung von Formalien möglich, und zwar auch dann, wenn der ursprüngliche Vertrag notariell beurkundet war.

Präambel. Der BFH lehnt es ab, den Wortlaut des Gewinnabführungsvertrags über die Fallgruppe der offensichtlichen Unrichtigkeit hinaus zu korrigieren, selbst wenn in der Präambel der Wille zum Ausdruck kommt, einen „Organschaftsvertrag" abschließen zu wollen.[1] Unseres Erachtens ist dem nicht zu folgen. Die zivilrechtliche Auslegung kann (selbstverständlich) auch die steuerrechtliche Motivation der Parteien berücksichtigen, wenn sie im Gewinnabführungsvertrag hinreichend deutlich wird.[2] Angesichts der BFH-Rechtsprechung sollte man sich allerdings nicht auf Auslegungsklauseln verlassen, sondern Vorsicht bei der Vertragsformulierung walten lassen. 3.65

Rückwirkungsklausel. Wir empfehlen, den Beginn der fünfjährigen Mindestlaufzeit mit dem Beginn des Wirtschaftsjahres zu verknüpfen, in dem der Gewinnabführungsvertrag (durch Eintragung) wirksam wird (dazu *Beinert/Nees*, Rz. 11.3). Dies ist in § 3 Abs. 2 des Musters vorgesehen. 3.66

Laufzeitklausel. Die Mindestlaufzeit von fünf Jahren muss sich eindeutig (explizit oder durch Auslegung nach objektiven Gesichtspunkten) aus dem Gewinnabführungsvertrag ergeben (§ 14 Abs. 1 Satz 1 Nr. 3 Satz 1 KStG) (dazu *Beinert/Nees*, Rz. 3.37). Um einer unklaren Laufzeitklausel präventiv zu begegnen und Auslegungsprobleme zu vermeiden, empfehlen wir, auf das Mindestlaufzeiterfordernis des § 14 Abs. 1 Satz 1 Nr. 3 Satz 1 KStG ausdrücklich Bezug zu nehmen.[3] Dies ist in § 3 Abs. 3 des Musters vorgesehen. 3.67

Salvatorische Klausel. Ob eine salvatorische Klausel einen Gewinnabführungsvertrag für steuerrechtliche Zwecke heilen kann, der nicht den Voraussetzungen der §§ 14 Abs. 1 Satz 1 Nr. 3, 17 Abs. 1 KStG entspricht, wird im Schrifttum bezweifelt.[4] Auf dieser Linie liegt auch die Äußerung des BFH zur Präambel. Eine Aufnahme schadet aber auch nicht, weswegen sie hier in § 4 Abs. 2, Abs. 3 des Musters vorgesehen ist.[5] 3.68

2. Zu § 1 des Musters: Gewinnabführungsklausel

a) „Zuviel"-Abführung

Höchstbetragsregelung. § 301 AktG regelt den Höchstbetrag der Gewinnabführung für eine AG/SE/KGaA als Organgesellschaft; über § 17 Abs. 1 Nr. 1 KStG gilt er auch für andere taugliche Organgesellschaften. Weder § 14 Abs. 1 Satz 1 KStG noch § 17 Abs. 1 Nr. 1 KStG verlangen, dass im Gewinnabführungsvertrag auf § 301 AktG Bezug genommen werden muss. Es reicht aus, wenn die tatsächliche Gewinnabführung den gesetzlichen Vorgaben an die Höhe des abzuführenden Gewinns entspricht. Insbesondere bei Kapitalgesellschaften, die keine AG/SE/KGaA sind, kann die Bezugnahme auf § 301 AktG aber vorteilhaft sein. Sie dient als Merkposten, um in der praktischen Anwendung einer versehentlich zu hohen Gewinnabführung 3.69

---

1 BFH v. 23.1.2013 – I R 1/12, GmbHR 2013, 602 m. Anm. *Walter* = BFH/NV 2013, 989.
2 *Stephan*, Der Konzern 2014, 1 (4) Fn. 32.
3 *Scheifele/Marx*, DStR 2014, 1793 (1798); *Walter* in Ernst & Young, § 14 KStG Rz. 637 (Stand: März 2018).
4 *Dötsch* in Dötsch/Pung/Möhlenbrock, § 14 KStG Rz. 558 (Stand: August 2016).
5 *Stangl/Winter*, Organschaft 2013/2014, 2014, Rz. A 136.

vorzubeugen. Um sicherzustellen, dass einem zukünftigen Anpassungsbedarf (etwa aufgrund von Gesetzes- oder Rechtsprechungsänderungen) Rechnung getragen wird, empfiehlt es sich, auf § 301 AktG in seiner jeweils geltenden Fassung zu verweisen (dynamische Verweisung).[1]

3.70 Folgen. Dass der Verweis auf § 301 AktG aber nicht erforderlich ist, folgt hieraus:

– Ein falscher oder veralteter Verweis auf § 301 AktG ist unschädlich. Demzufolge müssen Altverträge nicht geändert werden, die bei der Gewinnabführungsklausel noch den Wortlaut des § 301 AktG aus der Zeit vor dem BilMoG wiedergeben (also vor Einführung des Abzugspostens der nach § 268 Abs. 8 HGB ausschüttungsgesperrten Beträge in § 301 AktG). Zwar wird vertreten, dass ein veralteter oder falscher Verweis nichtig sei (§ 134 BGB) und den Gewinnabführungsvertrag teilnichtig mache (§ 139 BGB).[2] Die Höchstgrenze gilt aber stets und auch dann, wenn der Gewinnabführungsvertrag nicht auf sie Bezug nimmt. Denn die Aufnahme von § 301 AktG ist lediglich formeller Natur. Mit einem Verweis auf § 301 AktG wollten die Parteien damals nur sicherstellen, dass der Höchstbetrag beachtet wird. Hätten die Parteien die gesetzliche Änderung bereits gekannt, hätten sie diese im Vertragstext nachvollzogen. Im Wege der ergänzenden Vertragsauslegung nach § 157 BGB ist der Verweis auf § 301 AktG (egal in welcher Fassung) daher stets als dynamische Verweisung zu verstehen.[3]

– Passt man einen bestehenden Gewinnabführungsvertrag an, indem man auf § 301 AktG in seiner jeweils gültigen Fassung verweist, hat diese Anpassung keinen materiellen, sondern nur redaktionellen Charakter. Deswegen muss bei einer solchen Anpassung auch keine erneute fünfjährige Mindestlaufzeit vereinbart werden.[4]

b) „Zuwenig"-Abführung

3.71 Mindestabführungsbetrag. Für Organgesellschaften i.S.v. § 14 KStG ergibt sich aus der Verpflichtung, den ganzen Gewinn abzuführen, und aus der Sonderregelung in § 14 Satz 1 Nr. 4 KStG zu Gewinnrücklagen ein Mindestabführungsbetrag. Für Organgesellschaften i.S.v. § 17 KStG lässt sich ein Mindestabführungsbetrag dagegen anzweifeln. § 17 KStG verweist nicht vollumfänglich auf § 14 KStG. Insbesondere ist nach dem Wortlaut von § 17 Abs. 1 Satz 2 Nr. 1 KStG eine „Zuwenig"-Abführung unschädlich. Die Norm hält nur eine Gewinnabführung für schädlich, die den in § 301 AktG genannten Höchstbetrag überschreitet. Die bislang hM geht aber davon aus, dass durch die Kombination von § 14 Abs. 1 Satz 1 KStG (dort insbesondere Nr. 4)[5] einerseits und § 17 Abs. 1 Satz 2 Nr. 1 KStG i.V.m. § 301 AktG andererseits die zulässige Gewinnabführung auch bei Organgesellschaften i.S.v. § 17 KStG durch einen

---

[1] *Rödder/Joisten* in Rödder/Herlinghaus/Neumann, § 17 KStG Rz. 49; *Dötsch* in Dötsch/Pung/Möhlenbrock, § 17 KStG Rz. 17 (Stand: Juni 2018).
[2] *Kieker/Vollmar*, DStR 2009, 842 (843) mwN; *Dötsch* in Dötsch/Pung/Möhlenbrock, § 17 KStG Rz. 17 (Stand: Juni 2018).
[3] *Stephan*, Der Konzern 2014, 1 (4).
[4] OFD Frankfurt am Main v 11.12.2015 – S 2770 A-55-St 51, DStR 2016, 537; *Dötsch* in Dötsch/Pung/Möhlenbrock, § 14 KStG Rz. 552 (Stand: August 2016). Vgl. auch BMF v. 14.1.2010 – IV C 2 - S 2770/09/10002, BStBl. I 2010, 65 zu Abzugsposten nach § 268 Abs. 8 HGB.
[5] Beträge aus dem Jahresüberschuss können mit Ausnahme der gesetzlichen Rücklagen in die Gewinnrücklagen (§ 272 Abs. 3 HGB) eingestellt werden, soweit dies bei vernünftiger kaufmännischer Beurteilung wirtschaftlich begründet ist.

Höchst- und einen Mindestbetrag begrenzt wird.[1] Dies wird aber neuerdings zu Recht anders gesehen,[2] zumal die Regelung des § 17 Abs. 1 Satz 2 Nr. 1 KStG andernfalls überflüssig wäre (ein schlichter Verweis auf § 14 KStG hätte gereicht). Die Frage ist insbesondere relevant bei der „freiwilligen Bildung einer gesetzlichen Rücklage" bei einer GmbH[3] oder bei der grenzüberschreitenden Organschaft (dazu *A. Krüger/Epe*, Rz. 26.1 ff.).

Praxistipp: Angesichts der Unklarheiten empfiehlt es sich unseres Erachtens, schlicht zu regeln, dass der Gewinn gemäß § 301 AktG in der jeweils gültigen Fassung abzuführen ist, und auf weitere Ausführungen zu verzichten. 3.72

c) Fälligkeit

Fälligkeit des Gewinnabführungsanspruchs. Nach wohl herrschender Auffassung im Gesellschaftsrecht wird der Gewinnabführungsanspruch mit dem Abschlussstichtag fällig (dazu *Link*, Rz. 2.74). Im steuerrechtlichen Schrifttum ist die Fälligkeit des Gewinnabführungsanspruchs umstritten. Der BFH[4] und ihm folgend Teile des Schrifttums[5] lassen die Fälligkeit des Gewinnabführungsanspruchs erst mit dem Beschluss über die Feststellung des Jahresabschlusses der Organgesellschaft eintreten. Andere Stimmen im Schrifttum sprechen sich demgegenüber für einen Gleichlauf von Entstehungs- und Fälligkeitszeitpunkt aus. Hiernach wird der Gewinnabführungsanspruch zum Bilanzstichtag der Organgesellschaft fällig.[6] Vor diesem Hintergrund empfiehlt es sich, sicherheitshalber eine ausdrückliche Regelung in den Gewinnabführungsvertrag aufzunehmen.[7] Auch die Vereinbarung von unterjährigen Vorauszahlungen wird für zulässig erachtet, wenn (nach umstrittener Auffassung verzinsliche[8]) Rückgewähransprüche für überhöhte Zahlungen vorgesehen werden.[9] 3.73

---

1 Dazu etwa BFH v. 8.8.2001 – I R 25/00, BStBl. II 2003, 923 = FR 2002, 514; *Rödder/Joisten* in Rödder/Herlinghaus/Neumann, § 14 KStG Rz 48; *Walter* in Ernst & Young, § 17 KStG Rz. 6 (Stand: Juni 2018).

2 *Pung* nach *Rüsch*, DStZ 2015, 27 (29).

3 Da das GmbHG keine gesetzliche Rücklage kennt (§ 300 AktG gilt für GmbHs nicht), könnte bei einer GmbH andernfalls weniger zurückgestellt werden als zB bei einer AG. *Dötsch* in Dötsch/Pung/Möhlenbrock, § 17 KStG Rz. 20 (Stand: Juni 2018) löst dieses Problem zugunsten der GmbH dadurch, dass er die „freiwillige Bildung einer gesetzlichen Rücklage" wie die Bildung einer Gewinnrücklage beurteilt.

4 BFH v. 22.4.1964 – II 246/60 U, BStBl. III 1964, 334.

5 *Dötsch* in Dötsch/Pung/Möhlenbrock, § 14 KStG Rz. 438 (August 2016); *Kolbe* in HHR, § 14 KStG Anm. 204 (Stand: Januar 2015).

6 *Philippi/Fickert*, BB 2006, 1809 (1810); *Gänsler*, Ubg 2015, 701 (702); *Neumann* in Gosch[3], § 14 KStG Rz. 318 f.

7 *Walter* in Ernst & Young, § 14 KStG Rz. 649 (Stand: März 2018); siehe hierzu auch *Behrens/Renner*, AG 2007, 278; *Stangl/Winter*, Formularbuch Recht und Steuern[9], A. 10.00 Rz. 194, die empfehlen, den Fälligkeitszeitpunkt stets auf den Bilanzstichtag zu legen.

8 *Dötsch* in Dötsch/Pung/Möhlenbrock, § 14 KStG Rz. 525 (Stand: November 2017). *Walter* in Ernst & Young, § 14 KStG Rz. 649 (Stand: März 2018) weist unseres Erachtens zu Recht darauf hin, dass für ein solches Erfordernis einer Verzinsung keine Rechtsgrundlage besteht.

9 Generell für die Zulässigkeit von unterjährigen Vorauszahlungen auch *Rödder/Liekenbrock* in Rödder/Herlinghaus/Neumann, § 14 KStG Rz. 319 f.; *Pung* nach *Rüsch*, DStZ 2017, 69 (71) (nur für den Verlustausgleich).

d) Verzinsung

3.74 Verzinsung. Die unterlassene oder unzutreffende (gesetzliche) Verzinsung des Verlustausgleichsanspruchs nach §§ 352 ff. HGB steht der tatsächlichen Durchführung des Gewinnabführungsvertrags nicht entgegen (H 14.5 KStR 2015). Hintergrund ist, dass es sich bei der Verzinsungspflicht nur um eine Nebenpflicht handelt, die die Hauptpflicht, den Gewinn abzuführen, unberührt lässt.[1] Das Unterlassen der Verzinsung ist eine verdeckte Gewinnausschüttung. Eine solche gilt als vorweggenommene Gewinnabführung und steht der tatsächlichen Durchführung des Gewinnabführungsvertrags nicht entgegen (R 14.6 Abs. 4 Satz 1 KStR 2015).[2] Unseres Erachtens gilt die gleiche Rechtsfolge, wenn die Verzinsung im Gewinnabführungsvertrag abweichend zum Gesetz vereinbart wird, zB durch Verwendung anderer Zinssätze. Wenn bereits ein Verstoß gegen die gesetzliche Verzinsungsregelung der tatsächlichen Durchführung des Gewinnabführungsvertrags nicht entgegensteht, muss dies erst recht für eine vertragliche Verzinsungsregelung gelten.[3]

3. Zu § 2 des Musters: Verlustübernahmeklausel

3.75 Verlustübernahmeklausel. Die Verlustübernahme gilt bei einer AG/KGaA/SE als Organgesellschaft kraft Gesetzes nach § 302 AktG, während bei einer GmbH als Organgesellschaft ein dynamischer Verweis im Gewinnabführungsvertrag enthalten sein muss, vgl. § 17 Abs. 1 Satz 2 Nr. 2 KStG. R 17 Abs. 3 KStR 2015 sieht ausdrücklich vor, dass zwingend auf § 302 AktG in seiner jeweils gültigen Fassung verwiesen werden muss. Eine reine Textwiedergabe der Norm genügt diesem Erfordernis nicht.[4]

3.76 Fälligkeit. Im Gegensatz zur Fälligkeit des Gewinnabführungsanspruchs ist beim Verlustübernahmeanspruch unstreitig, dass dieser mit Feststellung des Jahresabschlusses der Organgesellschaft fällig wird.[5] Vereinzelt wird empfohlen auf eine explizite Regelung zu verzichten, da nicht auszuschließen sei, dass darin ein dem Verweisgebot entgegenstehendes statisches Element gesehen wird und die Regelung ohnehin nur deklaratorisch ist.[6] Zur Vereinbarung von unterjährigen Vorauszahlungen Rz. 3.73 und zur Verzinsung Rz. 3.74.

3.77 (Verdeckte) Regelungen zur Verlustübernahme. Ein Gewinnabführungsvertrag kann nicht nur in der Verlustübernahmeklausel nach § 302 AktG, § 17 Abs. 1 Nr. 2 KStG, sondern auch noch an anderen Stellen (verdeckt) Regelungen zur Verlustübernahme enthalten (zB die Regelung, wonach Gewinnrücklagen auf Verlangen des Organträgers aufzulösen und zum Ausgleich eines ansonsten entstehenden Jahresfehlbetrags zu verwenden sind). Dies ist solange unschädlich, wie diese statischen Regeln dem dynamischen Verweis auf § 302 AktG nicht

---

1 BMF v. 15.10.2007 – IV B 7 - S 2770/0, BStBl. I 2007, 765 = FR 2007, 1084. Aus der Literatur ua. *Wernicke*, DStR 2006, 1399 (1401) mwN.
2 *Suchanek/Herbst*, FR 2005, 665 (666); *Wernicke*, DStR 2006, 1399 (1401) mwN; *Dötsch* in Dötsch/Pung/Möhlenbrock, § 14 KStG Rz. 439 (Stand: August 2016).
3 *Philippi/Fickert*, BB 2007, 2760 (2761); *Olbing*, GmbH-StB 2011, 281; *Dötsch* in Dötsch/Pung/Möhlenbrock, § 14 KStG Rz. 440 (Stand: August 2016). AA *Prokopf*, DB 2007, 900 (904), wobei er eine Begründung dafür vermissen lässt.
4 So ausdrücklich auch *Scheifele/Hörner*, DStR 2013, 553 (554); *Schiffers* in Gosch/Schwedhelm/Spiegelberger, GmbH-Beratung, O 6 (April 2018).
5 BGH v. 11.10.1999 – II ZR 120-98, BGHZ 202, 317; BGH v. 14.2.2005 – II ZR 361/02, GmbHR 2005, 628; *Gänsler*, Ubg 2015, 701 (702).
6 *Stangl/Winter*, Organschaft 2013/2014, 2014, Rz. A 10.02 136.

entgegenstehen.¹ Um jedoch die Regelungen nicht dauerhaft überwachen zu müssen, empfiehlt es sich, entweder auf solche Regelungen zu verzichten² oder ihre Geltung mit der Maßgabe zu vereinbaren, dass sie § 302 AktG in seiner jeweils gültigen Fassung nicht entgegenstehen (dazu *Beinert/Nees*, Rz. 3.42).³

4. Zu § 3 des Musters: Wirksamkeit und Mindestlaufzeit

Wirksamkeit. Die Organschaft ist an den Abschluss eines zivilrechtlich wirksamen Gewinnabführungsvertrags i.S.v. § 291 AktG geknüpft (§ 14 Abs. 1 Satz 1 Nr. 3 KStG) (dazu *Beinert/Nees*, Rz. 3.34). Da ein Gewinnabführungsvertrag erst mit Eintragung in das Handelsregister der Organgesellschaft wirksam wird,⁴ stellt § 3 Abs. 2 des Musters auf diesen Zeitpunkt ab. 3.78

Feste Mindestlaufzeit oder Ausschluss der ordentlichen Kündigung. Ein Gewinnabführungsvertrag muss auf mindestens fünf Jahre abgeschlossen werden (§ 14 Abs. 1 Satz 1 Nr. 3 Satz 1 KStG) (dazu *Beinert/Nees*, Rz. 3.35 ff.). Diese Mindestlaufzeit muss sich eindeutig aus dem Gewinnabführungsvertrag ergeben. Die Vertragsparteien können entweder eine feste Mindestlaufzeit vereinbaren oder die Möglichkeit zur ordentlichen Kündigung innerhalb des Fünfjahreszeitraums ausschließen. Eine Regelung, nach der sich der Gewinnabführungsvertrag nach Ablauf der Mindestlaufzeit um jeweils einen bestimmten Zeitraum verlängert, wenn der Vertrag nicht rechtzeitig gekündigt wird, ist zulässig.⁵ 3.79

Gleitende Laufzeitklausel. Die Finanzverwaltung ist der Auffassung, dass der Fünfjahreszeitraum erst zu laufen beginnt, wenn alle sonstigen Organschaftsvoraussetzungen vorliegen.⁶ Nach Ansicht des BFH ist diese Auffassung jedoch überholt, da es laut BFH nicht erforderlich ist, dass sämtliche Organschaftsvoraussetzungen während der gesamten Mindestlaufzeit des Gewinnabführungsvertrages vorliegen müssen (dazu *Beinert/Nees*, Rz. 11.10).⁷ Die Organschaft scheitert vielmehr nur partiell in den Veranlagungszeiträumen, in denen eine nicht vertragslaufzeitbezogene Organschaftsvoraussetzung (zB die finanzielle Eingliederung der Organgesellschaft) fehlt.⁸ Eine Unterbrechung der bereits bestehenden Organschaft während der 3.80

---

1 OFD Nordrhein-Westfalen v. 11.7.2018 – S 2270-2018/0013 – St 131, juris, wonach § 302 Abs. 1 AktG nur eine Minderung der Verlustübernahmeverpflichtung durch die Auflösung von anderen Gewinnrücklagen erlaubt, nicht jedoch durch die Auflösung von Kapitalrücklagen; so auch FG Düsseldorf v. 17.4.2018 – 6 K 2507/17 K, DStR 2018, 1857.
2 *Rödder*, Ubg 2012, 717 (719); *Benecke/Schnitger*, IStR 2013, 143 (156); *Stangl/Brühl*, DB 2013, 538; *Rödder/Joisten* in Rödder/Herlinghaus/Neumann, § 14 KStG Rz. 61; *Dötsch* in Dötsch/Pung/Möhlenbrock, § 17 KStG Rz. 28 (Stand: Juni 2018).
3 OFD Karlsruhe v. 16.1.2014 – S 2770/52/2 – St 221, FR 2014, 434. Aus dem Schrifttum ua. *Schneider/Sommer*, GmbHR 2013, 22 (29); *Scheifele/Hörner*, DStR 2013, 553 (554) mwN; *Stangl/Brühl*, DB 2013, 538 (540); *Mayer/Wiese*, DStR 2013, 629 (630).
4 Der Zeitpunkt der Eintragung ist als Wirksamkeitszeitpunkt selbst dann relevant, wenn das Amtsgericht die Eintragung schuldhaft verzögert hat, vgl. FG Nds. v. 13.12.2007 – 6 K 411/07, EFG 2008, 885; *Weiss*, GmbH-StB 2018, 58 (61).
5 *Dötsch* in Dötsch/Pung/Möhlenbrock, § 14 KStG Rz. 538 (Stand: Juni 2018), Rz. 553 (Stand: August 2016). Der BFH geht implizit von der Zulässigkeit einer solchen Klausel aus, vgl. zB BFH v. 12.1.2011 – I R 3/10, BStBl. II 2011, 727 = FR 2011, 522 m. Anm. *Buciek*; BFH v. 23.1.2013 – I R 1/12, GmbHR 2013, 602 m. Anm. *Walter* = BFH/NV 2013, 989.
6 R 14.5 Abs. 2 Satz 2 KStR 2015.
7 BFH v. 10.5.2017 – I R 19/15, BFH/NV 2017, 1558.
8 BFH v. 10.5.2017 – I R 19/15, BFH/NV 2017, 1558; BFH v. 10.05.2017 – I R 51/15, BStBl. II 2018, 30.

Mindestlaufzeit des zivilrechtlich wirksamen Gewinnabführungsvertrages ist für die Anerkennung der Organschaft in sonstigen Wirtschaftsjahren unschädlich. In der Literatur hat diese Rechtsprechung breite Zustimmung gefunden.[1] Um den gegenwärtig noch bestehenden Vorgaben der Finanzverwaltung gerecht zu werden, könnte man an eine gleitende Laufzeitklausel denken mit dem Inhalt: „Die Vertragslaufzeit beginnt im Wirtschaftsjahr der Organgesellschaft, in dem erstmalig alle Tatbestandsvoraussetzungen für die Anerkennung der Organschaft erfüllt sind."[2] Davon raten wir jedoch ab. Zum einen ist eine solche Klausel im Hinblick auf die BFH Rechtsprechung nicht erforderlich. Zum anderen ist ein Gewinnabführungsvertrag, der eine gleitende Laufzeitklausel enthält, nach § 158 Abs. 1 BGB aufschiebend bedingt und kann nur bei nachweislichem Eintritt der Bedingung eingetragen werden.[3] Der Nachweis, dass alle Tatbestandsvoraussetzungen der Organschaft vorliegen, dürfte in der Praxis aber faktisch kaum erbringbar sein.

3.81 **Erneuter Laufzeitbeginn bei Nichtanerkennung der Organschaft.** Gelegentlich finden sich Klauseln, nach denen die fünfjährige Mindestlaufzeit stets (erneut) zu laufen beginnt, wenn die Organschaft innerhalb der ursprünglichen Mindestlaufzeit steuerrechtlich nicht anerkannt wird. Bei nicht vertragslaufzeitbezogenen Organschaftsvoraussetzungen ist eine solche Regelung unseres Erachtens nicht erforderlich, da eine organschaftsunschädliche Organschaftspause entsteht (dazu *Beinert/Nees*, Rz. 11.72). Bei der tatsächlichen Durchführung des Gewinnabführungsvertrags wäre es dagegen beispielsweise so, dass wenn im Jahr 3 der Organschaft der Gewinnabführungsvertrag nicht ordnungsgemäß durchgeführt würde, nach dieser Klausel die Mindestlaufzeit im Jahr 4 erneut zu laufen anfinge, so dass eine ordentliche Kündigung erst im Jahr 9 möglich wäre. Eine solche Klausel bezweckt, die Organschaft zumindest für die Jahre ab Jahr 4 zu retten, da ab diesem Jahr die Organschaft quasi neu gestartet wird. Eine solche Klausel ist praktisch aber kaum durchführbar. Wird zB der Gewinnabführungsvertrag nach Ablauf der Mindestlaufzeit beendet, wird die Betriebsprüfung den Organschaftszeitraum regelmäßig noch nicht untersucht haben. Infolgedessen steht im Zeitpunkt der Beendigung der Organschaft noch nicht endgültig fest, ob der Gewinnabführungsvertrag steuerrechtlich anerkannt und ordnungsgemäß durchgeführt wurde und – wenn dies nicht der Fall gewesen sein sollte – ob bzw. wann sich die Laufzeit verlängert hat und ob diese (verlängerte) Mindestlaufzeit noch andauert. Darüber hinaus ist es praktisch kaum möglich, dem Registergericht zu beweisen, dass die Organschaft steuerrechtlich ordnungsgemäß bestand und der Gewinnabführungsvertrag ordentlich gekündigt werden kann. Aus diesen Gründen ist eine solche Klausel im Muster nicht vorgesehen.

3.82 **Rumpfwirtschaftsjahr bei Beginn der Organschaft.** Mit den fünf Jahren i.S.v. § 14 Abs. 1 Satz 1 Nr. 3 Satz 1 KStG sind Zeit- und nicht Geschäfts- oder Wirtschaftsjahre gemeint (dazu *Beinert/Nees*, Rz. 3.35).[4] Auch wenn der Gewinnabführungsvertrag mit einem Rumpfwirtschaftsjahr der Organgesellschaft beginnt, etwa weil das Wirtschaftsjahr der Organgesellschaft im Zuge des Verkaufs der Organbeteiligung umgestellt wurde, reicht es daher aus,

---

1 Zustimmend u.a. *Adrian/Fey*, DStR 2017, 2409 (2415); *Walter*, GmbHR 2017, 1223 (1227); *Schell/Philipp*, FR 2018, 13 (14); *Brühl/Binder*, NWB 2018, 331 (336 f.); *Prinz/Keller*, DB 2018, 400 (404 f.); *Heurung/Schmidt/Kraft*, BB 2018, 470 (473); wohl auch *Märtens*, jurisPR-SteuerR 48/2017 Anm. 1; *Walter*, GmbH-StB 2018, 63; *Weiss*, GmbH-StB 2018, 86 (91).
2 Vgl. *Walter* in Ernst & Young, § 14 KStG Rz. 637 (Stand: März 2018).
3 *Altmeppen* in Münchener Kommentar AktG[4], § 293 Rz. 26 mwN.
4 BFH v. 12.1.2011 – I R 3/10, BStBl. II 2011, 727 = FR 2011, 522 m. Anm. *Buciek*. So auch R 14.5 Abs. 2 KStR 2015.

den Gewinnabführungsvertrag auf fünf Zeitjahre abzuschließen und durchzuführen.[1] Dies gilt erst recht vor dem Hintergrund, dass man sich bei Abschluss des Gewinnabführungsvertrags nicht sicher sein kann, ob sich das Wirtschaftsjahr der Organgesellschaft erneut ändert und ob infolge dieser Änderung der Gewinnabführungsvertrag überhaupt unterjährig beendet werden wird.[2] Insbesondere ist es auch zulässig, einen Gewinnabführungsvertrag zu vereinbaren, der von Anfang an unterjährig nach Ablauf der fünf Zeitjahre enden soll.[3]

Rumpfwirtschaftsjahr während der Organschaft. Wird während der Organschaft das Wirtschaftsjahr bei der Organgesellschaft umgestellt, endet eine vereinbarte fünfjährige Mindestlaufzeit (60 Monate) zwangsläufig unterjährig, also mitten während des letzten Wirtschaftsjahrs der Organgesellschaft. Deswegen kommt es – ohne zusätzliche Sicherheitsvorkehrung – für die Teilperiode zwischen dem Beginn des laufenden Wirtschaftsjahrs und dem Auslaufen des Gewinnabführungsvertrags nicht mehr zu einer organschaftlichen Ergebniszurechnung. In Teilen der Literatur wird dies, gestützt auf ein BFH-Urteil,[4] als organschaftsunschädlich gesehen, da es für die fünfjährige Mindestlaufzeit im Rahmen einer ex-ante Betrachtung auf die Situation bei Vertragsschluss und nicht auf die nachfolgende Entwicklung ankomme.[5] Die Finanzverwaltung hat sich zu dieser Auffassung noch nicht geäußert und im Schrifttum finden sich auch gewichtige Gegenstimmen,[6] so dass unseres Erachtens weiterhin die Gefahr besteht, dass die Organschaft rückwirkend nicht anerkannt wird. Um dies zu verhindern, bieten sich folgende Optionen an, die alle unter dem Vorbehalt stehen, dass der Gewinn für die Mindestlaufzeit abgeführt wird:

3.83

– Es wird (kurz) vor Ablauf der Mindestlaufzeit ein Rumpfwirtschaftsjahr bei der Organgesellschaft gebildet, und der Gewinn wird bis zum Ablauf der fünf Zeitjahre abgeführt.[7]

– Die Mindestlaufzeit des Gewinnabführungsvertrags wird noch vor Ablauf der fünf Zeitjahre bis zum Ende des abweichenden Wirtschaftsjahrs verlängert.[8] Eine bloße Verlängerung der Laufzeit führt unseres Erachtens (da unwesentliche Änderung) nicht dazu, dass eine erneute fünfjährige Mindestlaufzeit zu vereinbaren und einzuhalten ist.[9]

– Unseres Erachtens lässt sich § 14 Abs. 1 Satz 1 Nr. 3 Satz 1 KStG nicht entnehmen, dass der Gewinnabführungsvertrag im Beendigungsjahr tatsächlich durchgeführt werden muss.

---

1 BFH v. 13.11.2013 – I R 45/12, BStBl. II 2014, 486 = FR 2014, 608; *Herzberg*, GmbHR 2014, 502 (503); *Scheifele/Marx*, DStR 2014, 1793 (1796). AA *Kolbe* in HHR, § 14 KStG Anm. 200 (Stand: Januar 2015), der bei der Berechnung der Mindestlaufzeit die Rückwirkung auf den Beginn des Wirtschaftsjahres einbezieht und die Mindestlaufzeit deshalb auf sechs Wirtschaftsjahre verlängert, wenn der Vertrag mit einem Rumpfwirtschaftsjahr beginnt.
2 *Herzberg*, GmbHR 2014, 85 (88 f.).
3 AA *Walter*, GStB 2014, 195 (198), der auf *Altmeppen* in Münchener Kommentar AktG[4], § 296 Rz. 21 Fn. 37 verweist, die diese Auffassung aber unseres Erachtens nicht hergibt. *Altmeppen* diskutiert ein anderes Thema, nämlich dass es in der Praxis keinen Sinn macht, für den Vertrag einen vom Geschäftsjahr abweichenden periodischen Abrechnungszeitraum zu wählen.
4 BFH v. 13.11.2013 – I R 45/12, BStBl. II 2014, 486 = FR 2014, 608.
5 *Gosch* nach *Rüsch*, DStZ 2016, 263 (266); *Walter* in Ernst & Young, § 14 KStG Rz. 340 (Stand: September 2017).
6 *Brühl*, GmbHR 2016, 79 (81); *Heurung/Fröhr/Schmidt*, BB 2016, 727 (729).
7 *Hahn*, jurisPR-SteuerR 25/2012 Anm. 6; *Herzberg*, GmbHR 2014, 502 (503); *Märtens*, jurisPR-SteuerR 19/2014 Anm. 4; *Dötsch* in Dötsch/Pung/Möhlenbrock, § 14 KStG Rz. 546 (Stand: August 2016).
8 *Dötsch* in Dötsch/Pung/Möhlenbrock, § 14 KStG Rz. 546 (Stand: August 2016).
9 *Scheifele/Marx*, DStR 2014, 1793 (1802); *Dötsch* in Dötsch/Pung/Möhlenbrock, § 14 KStG Rz. 552 (Stand: August 2016); vgl. *Walter* in Ernst & Young, § 14 KStG Rz. 636 ff. (Stand: März 2018).

Nach unserer Auffassung verlangt § 14 Abs. 1 Satz 1 Nr. 3 Satz 1 KStG nur, dass der Gewinnabführungsvertrag auf mindestens fünf Jahre abgeschlossen und „während seiner gesamten Geltungsdauer" durchgeführt wird. Ausgehend vom Sinn und Zweck der Mindestlaufzeit, nämlich eine willkürliche Manipulation der Ergebniszurechnung zu verhindern, ist unter dem Begriff „Geltungsdauer" die steuerrechtliche Geltungsdauer zu verstehen. Mangels eines Rumpfwirtschaftsjahrs kommt es für die Teilperiode aber nicht mehr zu einer organschaftlichen Ergebniszurechnung.[1] Nachdem die Organschaft bei unterjähriger Beendigung schon mit Ablauf des vorangegangenen Wirtschaftsjahrs der Organgesellschaft endet, sind Manipulationen in der Teilperiode nicht mehr möglich. Im Beendigungsjahr ist der Gewinnabführungsvertrag daher steuerrechtlich funktionslos, so dass er auch nicht mehr durchgeführt werden muss (dazu *Beinert/Nees*, Rz. 11.27).[2] Aus Vorsichtsgründen sollte der Gewinnabführungsvertrag aber auch für diese Teilperiode durchgeführt werden, da die Gefahr besteht, dass die Finanzverwaltung beruhend auf einem unzutreffenden Verständnis des Begriffs der „Geltungsdauer" in § 14 Abs. 1 Satz 1 Nr. 3 Satz 1 KStG auch für diese Teilperiode eine tatsächliche Gewinnabführung fordert.

5. Zu § 3 des Musters: Kündigungsmöglichkeiten

3.84 **Divergenz des steuerrechtlichen und zivilrechtlichen wichtigen Kündigungsgrunds.** Die Definitionen des steuerrechtlichen und des zivilrechtlichen wichtigen Kündigungsgrundes (§ 297 Abs. 1 Satz 1 AktG) fallen auseinander (dazu *Beinert/Nees*, Rz. 11.29).[3] Um zu verhindern, dass der Gewinnabführungsvertrag zivilrechtlich nicht gekündigt werden kann, obgleich sich steuerrechtlich die Organschaft wirksam vorzeitig beenden lässt, sollten die Fallgruppen eines steuerrechtlich wichtigen Grundes (dazu *Beinert/Nees*, Rz. 11.45 ff.) vertraglich festgelegt werden.[4] Die Parteien können auch Umstände als Kündigungsgründe definieren, deren Vorliegen sie selbst herbeiführen können.[5] Am Beispiel der Anteilsveräußerung lässt sich dies gut zeigen. Während die überwiegende Meinung im Steuerrecht die Anteilsveräußerung grundsätzlich als steuerrechtlich wichtigen Grund einordnet,[6] ist nach der überwiegenden Meinung im gesellschaftsrechtlichen Schrifttum eine Veräußerung kein wichtiger Grund i.S.v. § 297 Abs. 1 Satz 1 AktG. Die Möglichkeit, die Veräußerung als vertraglichen Kündigungsgrund zu vereinbaren, bleibt aber unbenommen (dazu *Beinert/Nees*, Rz. 3.43).[7]

3.85 **Nichtanerkennung der Organschaft.** Zum Teil wird empfohlen, die steuerrechtliche Nichtanerkennung der Organschaft durch die Finanzverwaltung als vertraglichen Kündigungsgrund zu vereinbaren, da Unsicherheit darüber besteht, ob dies ein wichtiger Grund i.S.v.

---

1 *Scheifele/Marx*, DStR 2014, 1793 (1796); *Dötsch* in Dötsch/Pung/Möhlenbrock, § 14 KStG Rz. 547 (Stand: August 2016); *Walter* in Ernst & Young, § 14 KStG Rz. 637 (Stand: März 2018).
2 Ähnlich *Hahn*, Ubg 2014, 427 (432); *Scheifele/Marx*, DStR 2014, 1793 (1802); *Füger/Rieger/Schell*, DStZ 2015, 404 (413).
3 BFH v. 13.11.2013 – I R 45/12, BStBl. II 2014, 486 = FR 2014, 608; *Dötsch* in Dötsch/Pung/Möhlenbrock, § 14 KStG Rz. 585 f. (Stand: August 2016). AA (vertragliche Gründe für eine außerordentliche Kündigung sind zugleich wichtige Gründe im steuerrechtlichen Sinn) *Walter* in Ernst & Young, § 14 KStG Rz. 781, 785 (Stand: jeweils März 2018).
4 *Lange*, GmbHR 2011, 806 (809).
5 BGH v. 5.4.1993 – II ZR 238/91, BGHZ 122, 211 = GmbHR 1993, 446.
6 Siehe nur R 14.5 Abs. 6 Satz 2 KStR 2015 sowie *Beinert/Nees*, Rz. 11.48.
7 *Langenbucher* in K. Schmidt/Lutter[3], § 297 AktG Rz. 8; *Emmerich* in Emmerich/Habersack, Aktien- und GmbH-Konzernrecht[8], § 297 AktG Rz. 24, jeweils mwN.

§ 297 AktG ist.[1] Wir sehen dies als möglich, aber nicht als zwingend an. Unseres Erachtens ist Sinn und Zweck eines Gewinnabführungsvertrags, eine Organschaft zu begründen. Wird diese von der Finanzverwaltung nicht anerkannt, entspricht es der Natur der Sache, dass der Gewinnabführungsvertrag aus wichtigem Grund zivilrechtlich gekündigt werden kann.

Praxistipp: Legt man Kündigungsgründe im Gewinnabführungsvertrag fest, sollte man nicht schlicht auf § 297 Abs. 1 AktG und § 14 Abs. 1 Satz 1 Nr. 3 Satz 2 KStG verweisen. Unseres Erachtens empfiehlt es sich vielmehr, in einem Klammerzusatz entweder auf die KStR (R 14 Abs. 6 KStR 2015) zu verweisen oder den Text von R 14 Abs. 6 KStR 2015 wiederzugeben (vgl. § 3 Abs. 4 des Musters). Hierdurch werden die Kündigungsgründe möglichst weit gefasst, um eine möglichst weitreichende Flexibilität zu erreichen. Dies reduziert das Risiko, den Gewinnabführungsvertrag nicht kündigen zu können, weil kein Kündigungsgrund i.S.v. § 297 Abs. 1 AktG vorliegt und/oder die Finanzverwaltung bzw. das Finanzgericht das Vorliegen eines wichtigen Grundes i.S.v. § 14 Abs. 1 Satz 1 Nr. 3 Satz 2 KStG ablehnt.

3.86

Spätere Ergänzung weiterer Kündigungsgründe. Da die vertragliche Festlegung von Kündigungsgründen steuerrechtlich unerheblich ist, ist es für steuerrechtliche Zwecke unschädlich, wenn der Gewinnabführungsvertrag kurzfristig ergänzt wird, sollte sich herausstellen, dass – bei Vorliegen eines (steuerrechtlich) wichtigen Grundes – ein vertragliches Kündigungsrecht fehlt.[2] Zivilrechtlich liegt aber nur dann eine Änderung nach § 295 Abs. 1 AktG (und keine Aufhebung und Neuabschluss) vor, wenn der Vertrag bereits vertraglich vereinbarte Kündigungsgründe enthält, die nur ergänzt werden müssen, wie es im Vertragsmuster der Fall ist (dazu *Link*, Rz. 2.114 ff.).

3.87

6. Sonstiges

Variable Ausgleichszahlungen. Im Muster finden sich keine Regelungen zu etwaigen Ausgleichszahlungen, da von einer 100 %-Beteiligung des Organträgers an der Organgesellschaft ausgegangen wird. Sollte es außenstehende Gesellschafter geben, denen eine Ausgleichszahlung zu zahlen ist, stellt sich die Frage, ob sich diese Zahlung aus einem festen Betrag und einem variablen Anteil, der sich nach den Ergebnissen der Organgesellschaft ohne ertragsteuerliche Organschaft bemisst, zusammensetzen darf. Solche Regelungen sind in der Energiebranche weit verbreitet und dienen der Herstellung des steuerlichen Querverbundes in Fällen, in denen ein privater Dritter beteiligt ist. Der BFH entschied 2009, dass die Vereinbarung von Ausgleichszahlungen der Anerkennung eines Gewinnabführungsvertrages entgegen stehen, wenn neben einem bestimmten Festbetrag ein zusätzlicher Ausgleich in jener Höhe vereinbart wird, um die der hypothetische Gewinnanspruch des Außenstehenden ohne die Gewinnabführung den Festbetrag übersteigen würde.[3] Die Finanzverwaltung hat dieses Urteil für nicht anwendbar erklärt.[4] Mit Urteil vom 10.5.2017 (I R 93/15) hat der BFH seine Auffassung noch einmal bestätigt, wobei der zugrunde liegende Sachverhalt insofern untypisch war, als der außenstehende Gesellschafter eine Ausgleichszahlung erhalten hatte,

3.88

---

1 *Olbing* in Streck[9], § 14 KStG Rz. 107.
2 *Lange*, GmbHR 2011, 806 (812). Der Gedanke der Finanzverwaltung, wonach kein wichtiger Grund vorliegt, wenn bereits zum Zeitpunkt des Vertragsabschlusses feststeht, dass der Gewinnabführungsvertrag vor Ablauf der fünfjährigen Mindestlaufzeit gekündigt werden wird (R 14.5 Abs. 6 Satz 3 KStR 2015) (dazu *Beinert/Nees*, Rz. 11.42), kommt nicht zum Tragen, da die Vertragsänderung ausschließlich dazu dient, den Gewinnabführungsvertrag zivilrechtlich beenden zu können.
3 BFH v. 4.3.2009 – I R 1/08, BStBl. II 2010, 407 = FR 2009, 1110.
4 BMF v. 20.4.2010 – IV C 2 - S 2770/08/10006 – DOK 2010/0216002, DStR 2010, 873 zu BFH v. 4.3.2009 – I R 1/08, BStBl. II 2010, 407 = FR 2009, 1110.

die seinen an seiner Beteiligungsquote gemessenen Anteil am Ergebnis der Organgesellschaft überstieg.[1] Das Urteil wurde von der Finanzverwaltung nicht im Bundessteuerblatt veröffentlicht und mit einer abermaligen Veröffentlichung eines dauerhaften Nichtanwendungserlasses war nicht zu rechnen. In Teilen der Literatur wurde daher die Auffassung vertreten, es sei auf variable Ausgleichszahlungen zu verzichten und solche Regelungen in bestehenden Gewinnabführungsverträgen anzupassen.[2] Vereinzelt wurde auch daran gedacht, die festen Ausgleichzahlungen regelmäßig anzupassen, abhängig von der Entwicklung der Organgesellschaft.[3] Diese Schlussfolgerungen waren aber beide nicht zweckdienlich und auch sachgerecht nicht möglich. Insoweit ist es zu begrüßen, dass der Entwurf des Gesetzes zur Vermeidung von Umsatzsteuerausfällen beim Handel mit Waren im Internet und zur Änderung weiterer steuerlicher Vorschriften eine Gesetzesänderung vorsieht,[4] nach der der Gewinnabführungsvertrag als durchgeführt gilt, wenn zugunsten eines außenstehenden Gesellschafters eine Ausgleichszahlung vereinbart wird, die einen variablen Anteil hat. Voraussetzung hierfür ist, dass eine solche variable Ausgleichszahlung nicht den Gewinnanteil übersteigt, der dem Gesellschafter ohne Gewinnabführungsvertrag zugeflossen wäre und der über den Mindestbetrag nach § 304 Abs. 2 Satz 1 AktG hinausgehende Betrag nach vernünftiger kaufmännischer Beurteilung wirtschaftlich begründet ist.[5]

3.89 **Nachträgliche Vereinbarung von Ausgleichszahlung.** Hat eine AG/SE/KGaA im Zeitpunkt des Beschlusses über den Gewinnabführungsvertrag noch keinen außenstehenden Gesellschafter, bewirkt der erstmalige Beitritt eines solchen, dass der Gewinnabführungsvertrag spätestens zum Ende des Geschäftsjahres endet (§ 307 AktG). Bei einer GmbH ist dies umstritten (dazu *Link*, Rz. 2.146). Wendet man § 307 AktG analog an, endet auch hier der Gewinnabführungsvertrag mit dem erstmaligen Beitritt eines außenstehenden Gesellschafters spätestens zum Ende des Geschäftsjahres. Hält man die Norm für unanwendbar, rechtfertigt der Beitritt die außerordentliche Kündigung des Gewinnabführungsvertrags, was auch ein steuerrechtlich wichtiger Grund ist.[6] Die Wirkung des § 307 AktG kann jedoch abgewendet werden, wenn im Wege der Vertragsänderung eine Ausgleichszahlung aufgenommen wird. Diese Vertragsänderung ist während der Dauer der Mindestlaufzeit so wesentlich, dass sie steuerrechtlich als Aufhebung mit Neuabschluss[7] zu bewerten ist mit der Folge, dass zur Fortsetzung der Organschaft eine neue fünfjährige Mindestlaufzeit vereinbart werden muss.[8]

---

1 BFH v. 10.5.2017 – I R 93/15, BFH/NV 2018, 144.
2 *Kuszewska-Rode*, DStRK 2018, 12; *Heurung/Schmidt/Kraft*, BB 2018, 470 (475).
3 *Brühl/Weiss*, BB 2018, 94 (96); *Brühl/Binder*, NWB 2018, 331 (338); *Prinz/Keller*, DB 2018, 400 (406); *Belcke/Westermann*, BB 2017, 1819 (1821 f.) die im Hinblick auf die BFH Rechtsprechung eine Änderung vor einem Zeitablauf von drei Jahren für kritisch erachten und eine Abstimmung mit der Finanzverwaltung empfehlen. Nach *Hoheisel*, StuB 2018, 325 (328) sollte die Anpassung nicht an Kennzahlen der Organgesellschaft anknüpfen; eine Begründung dafür gibt er nicht.
4 § 14 Abs. 2 in der Fassung des Regierungsentwurfs des Gesetzes zur Vermeidung von Umsatzsteuerausfällen beim Handel mit Waren im Internet und zur Änderung weiterer steuerlicher Vorschriften v. 10.8.2018, BR-Drucks. 372/18.
5 Kritisch zum Kaufmannstest *Ortmann-Babel/Bolik*, DB 2018, 1876 (1878).
6 *Frotscher* in Frotscher/Drüen, § 14 KStG Rz. 683 (Stand: Januar 2016); *Rödder/Lieckenbrock* in Rödder/Herlinghaus/Neumann, § 14 KStG Rz. 355 f., 358; *Walter* in Ernst & Young, § 14 KStG Rz. 728 f., 782 (Stand: März 2018). Restriktiver indes *Dötsch* in Dötsch/Pung/Möhlenbrock, § 14 KStG Rz. 581 (Stand: August 2016), der zusätzlich verlangt, dass eine Vertragsbeendigung entsprechend § 307 AktG vertraglich vereinbart wurde.
7 Gesellschaftsrechtlich wird von einer bloßen Vertragsänderung ausgegangen (dazu *Link*, Rz. 2.146).
8 *Lange*, GmbHR 2011, 806 (811).

Keine vorsorgliche Vereinbarung von Ausgleichszahlungen. Gesellschaftsrechtlich ist es 3.90
nicht möglich, vorsorglich Ausgleichszahlungen in den Gewinnabführungsvertrag aufzunehmen für den Fall, dass während der Mindestlaufzeit des Gewinnabführungsvertrags erstmals ein außenstehender Gesellschafter hinkommt (dazu *Link*, Rz. 2.146).[1] Von solchen Klauseln im Gewinnabführungsvertrag ist daher abzusehen.

C. Muster eines ertragsteuerlichen Umlagevertrags (Verteilungsverfahren)

I. Muster

Steuerumlagevertrag 3.91

zwischen der

[...], eingetragen im Handelsregister des Amtsgerichts [...] unter HRB [...],

("Organträger")

und der

[...], eingetragen im Handelsregister des Amtsgerichts [...] unter HRB [...],

("Organgesellschaft")

(der Organträger und die Organgesellschaft nachfolgend einzeln auch „Partei" und gemeinsam auch „Parteien" genannt)

Vorbemerkungen

*Die Organgesellschaft hat ein Stammkapital von EUR [...]. Sämtliche Geschäftsanteile an der Organgesellschaft werden vom Organträger gehalten. Im Hinblick auf die bestehende finanzielle Eingliederung der Organgesellschaft in den Organträger haben die Parteien einen Gewinnabführungsvertrag zur Herstellung eines Organschaftsverhältnisses i.S.v. §§ 14, 17 Körperschaftsteuergesetz („**KStG**") und § 2 Abs. 2 Satz 2 Gewerbesteuergesetz („**GewStG**") geschlossen. Die Parteien beabsichtigen, aufgrund der Organschaft von dem Organträger getragene Steuernachteile und Steuervorteile verursachungsgerecht zwischen den Parteien aufzuteilen.*

§ 1 Steuerausgleich

Der Organträger ist berechtigt, für die bei ihm entstehende Körperschaftsteuer (zzgl. Solidaritätszuschlag) und Gewerbesteuer der Organgesellschaft jeweils eine jährliche Umlage zu erheben. Die Organgesellschaft verpflichtet sich, den jeweils geschuldeten Umlagebetrag an den Organträger zu entrichten.

§ 2 Steuerumlage für Körperschaftsteuerzwecke

Der Betrag der Steuerumlage für Körperschaftsteuerzwecke ist jeweils wie folgt zu ermitteln und zu zahlen:

*(1) Zunächst sind für jeden Veranlagungszeitraum isoliert die Körperschaftsteuerbeträge (zzgl. Solidaritätszuschlag) zu ermitteln, die für den Organträger und die Organgesellschaft im jeweiligen Veranlagungszeitraum festgesetzt würden, wenn zwischen ihnen keine körperschaftsteuerliche Organschaft bestünde („**fiktive Körperschaftsteuerschulden**"). Der Ermittlung der*

---

[1] Ablehnend *Erle/Heurung* in Erle/Sauter[3], § 14 KStG Rz. 188.

fiktiven Körperschaftsteuerschulden ist jeweils das Zahlenwerk zugrunde zu legen, das auch der Erstellung der jeweiligen Körperschaftsteuererklärung des Organträgers und der Organgesellschaft zugrunde gelegt wird.

(2) Die tatsächlich festgesetzte Körperschaftsteuerschuld (zzgl. Solidaritätszuschlag) des Organträgers ist sodann zwischen ihm und der Organgesellschaft in dem Verhältnis aufzuteilen, in dem die beiden fiktiven Körperschaftsteuerschulden zueinander stehen.

(3) Der der fiktiven Körperschaftsteuerschuld der Organgesellschaft entsprechende Anteil an der von dem Organträger tatsächlich geschuldeten Körperschaftsteuer (zzgl. Solidaritätszuschlag) ist der Körperschaftsteuerumlagebetrag, den die Organgesellschaft dem Organträger zu zahlen hat.

(4) Der Organträger hat die Berechnungen nach Bekanntgabe seines Körperschaftsteuerbescheids für den jeweils betroffenen Veranlagungszeitraum vorzunehmen und der Organgesellschaft schriftlich mitzuteilen.

(5) Nachträgliche Anpassungen der vorstehenden Steuerumlagen (etwa aufgrund von Veranlagungen, Außenprüfungen oder Rechtsbehelfsverfahren) finden nicht statt.

§ 3 Steuerumlage für Gewerbesteuerzwecke

Der Betrag der Steuerumlage für Gewerbesteuerzwecke ist jeweils wie folgt zu ermitteln und zu zahlen:

*(1) Zunächst sind für jeden Erhebungszeitraum isoliert die Gewerbesteuerbeträge zu ermitteln, die für den Organträger und die Organgesellschaft im jeweiligen Erhebungszeitraum festgesetzt würden, wenn zwischen ihnen keine gewerbesteuerliche Organschaft bestünde („**fiktive Gewerbesteuerschulden**"). Der Ermittlung der fiktiven Gewerbesteuerschulden ist jeweils das Zahlenwerk zugrunde zu legen, das auch der Erstellung der jeweiligen Gewerbesteuererklärungen des Organträgers und der Organgesellschaft zugrunde gelegt wird.*

(2) Die tatsächlich festgesetzte Gewerbesteuerschuld des Organträgers ist sodann zwischen ihm und der Organgesellschaft in dem Verhältnis aufzuteilen, in dem die beiden fiktiven Gewerbesteuerschulden zueinander stehen.

(3) Der der fiktiven Gewerbesteuerschuld der Organgesellschaft entsprechende Anteil an der von dem Organträger tatsächlich geschuldeten Gewerbesteuer ist der Gewerbesteuerumlagebetrag, den die Organgesellschaft dem Organträger zu zahlen hat.

(4) Der Organträger hat die Berechnungen nach Bekanntgabe seines Gewerbesteuerbescheids für den jeweils betroffenen Erhebungszeitraum vorzunehmen und der Organgesellschaft schriftlich mitzuteilen.

(5) Nachträgliche Anpassungen der vorstehenden Steuerumlagen (etwa aufgrund von Außenprüfungen oder Rechtsbehelfsverfahren) finden nicht statt.

§ 4 Ausgleich bei Ende der Organschaft

Entfällt die Wirkung der Organschaft ganz oder teilweise mit Wirkung für die Vergangenheit, so sind bereits geleistete positive und/oder negative Steuerumlagen nach den §§ 2 und 3 dieses Vertrags für die Zeiträume zu erstatten, für welche die Organschaft steuerlich keine Anwendung findet. Zinsen werden nicht geschuldet.

§ 5 Fälligkeit

(1) Die sich nach den §§ 2 und 3 dieses Vertrags ergebenden Steuerumlagen werden jeweils mit Ablauf des letzten Tages eines Wirtschaftsjahres der Organgesellschaft fällig, zu dem die jeweilige Steuerumlage wirtschaftlich gehört.

(2) Von der Organgesellschaft bzw. dem Organträger sind jährlich Vorauszahlungen auf die sich nach §§ 2 und 3 dieses Vertrags ergebenden Steuerumlagen jeweils in vier gleichen Raten zu entrichten. Die Vorauszahlungen berechnet der Organträger in entsprechender Anwendung der §§ 2 und 3 dieses Vertrags auf Basis der sich voraussichtlich ergebenden Steuerumlagebeträge und teilt sie der Organgesellschaft schriftlich am Anfang eines jeden Jahres mit. Die Abschlagzahlungen sind jeweils zum [...], [...], [...] und [...] eines jeden Jahres fällig, frühestens jedoch nach Ablauf von [...] Bankarbeitstagen, nachdem der Organträger der Organgesellschaft die Höhe der Vorauszahlungsbeträge mitgeteilt hat.

(3) Ein Differenzbetrag zwischen den Vorauszahlungen nach § 5 Abs. 2 dieses Vertrags und den durch den Organträger errechneten Steuerumlagen ist jeweils innerhalb von [...] Bankarbeitstagen zu erfüllen, nachdem der Organträger der Organgesellschaft das Ergebnis der jeweiligen endgültigen Berechnung und den zu begleichenden Differenzbetrag mitgeteilt hat.

§ 6 Dauer des Vertrags

(1) Der Vertrag ist erstmals für den Veranlagungszeitraum und den Erhebungszeitraum [...] anzuwenden.

(2) Der Vertrag kann mit einer Frist von drei Monaten jeweils zum Ende eines Kalenderjahres gekündigt werden, erstmals zum [...]. Die Kündigung hat schriftlich zu erfolgen. Das Recht zur Kündigung aus wichtigem Grund bleibt unberührt. Der Vertrag endet automatisch zu dem Zeitpunkt, zu dem auch der Gewinnabführungsvertrag zwischen dem Organträger und der Organgesellschaft endet, ohne dass es einer Kündigung bedarf.

§ 7 Schlussbestimmungen

[(1) Sollte eine Bestimmung dieses Vertrags unwirksam sein oder werden, so gelten die übrigen Bestimmungen gleichwohl. Die Parteien verpflichten sich, die unwirksame Bestimmung durch eine solche zu ersetzen, die im Rahmen des rechtlich Zulässigen dem wirtschaftlichen Zweck der unwirksamen Bestimmung am Nächsten kommt. Entsprechendes gilt, wenn der Vertrag eine Lücke aufweisen sollte.]

[...]

II. Einzelne Klauseln

1. Allgemeines zum ertragsteuerlichen Umlagevertrag

Rechtliche Ausgangslage. Im Fall einer ertragsteuerlichen Organschaft ist die Zahlung von Steuerumlagen nicht zwingend, da kein gesetzlicher Ausgleichsanspruch besteht.[1] Wenn ein Steuerumlageverfahren durchgeführt werden soll, ist für die entsprechenden Zahlungen ein Vertrag als zivilrechtliche Grundlage erforderlich.[2]

---

1 Eine Ausgleichspflicht nach § 426 Abs. 1 BGB besteht nicht, da durch den Gewinnabführungsvertrag etwas „anderes bestimmt ist", so *Simon*, ZGR 2007, 71 (83); *Dötsch* in Dötsch/Pung/Möhlenbrock, § 14 KStG Rz. 786 (Stand: August 2016); *Walter* in Ernst & Young, § 14 Rz. 854.3 (Stand: November 2012).
2 *Dötsch* in Dötsch/Pung/Möhlenbrock, § 14 KStG Rz. 786 (Stand: August 2016).

2. Zu § 1 des Musters: Hintergrund und steuerliche Bedeutung
a) Betriebswirtschaftlicher Hintergrund

3.93 **Betriebswirtschaftlicher Hintergrund.** Obwohl alle Gesellschaften des Organkreises jeweils eigenständige rechtliche Einheiten darstellen, schuldet allein der Organträger die Steuer, die wirtschaftlich den gesamten Organkreis umfasst. Im Organkreis kann daher eine Steuerumlage vereinbart werden, um aus betriebswirtschaftlicher Sicht eine exakte Zuordnung der Kosten zu ermöglichen.[1] Aus diesem Grund finden sich neben Steuerumlageverträgen für umsatzsteuerliche Zwecke auch Vereinbarungen, die Steuerumlagen im Hinblick auf Gewerbesteuer, Körperschaftsteuer sowie den Solidaritätszuschlag vorsehen.[2]

b) Steuerrechtliche Bedeutung

3.94 **Steuerliche Bedeutung.** Im ertragsteuerlichen Organkreis haben Umlagen keine wesentliche steuerliche Bedeutung, da sich hierdurch das zu versteuernde Einkommen des Organträgers nicht ändert. Vielmehr ist das Ergebnis der Organgesellschaft weiterhin in vollem Umfang an den Organträger abzuführen und die Steuerumlage führt nur zu dessen Aufteilung.[3] So ist ein Teil des Ergebnisses auf Grundlage des Umlagevertrages als Steuerumlage und der restliche Betrag im Rahmen des Gewinnabführungsvertrages an den Organträger abzuführen.[4] Der Umfang des abzuführenden Gesamtbetrages bleibt jedoch gleich.[5]

3.95 **Durchführung des Gewinnabführungsvertrages.** Die ertragsteuerlichen Umlagen haben keine Auswirkung auf die tatsächliche Durchführung des Gewinnabführungsvertrages, da sie nur zu einer Aufteilung des Ergebnisses führen und der abzuführende Gesamtbetrag identisch bleibt.[6] Insoweit kommt es bei einer fehlerhaft berechneten Steuerumlage auch nicht zu einer organschaftsschädlichen „Zuviel"- oder „Zuwenig"-Abführung.[7]

3. Zu § 2 und § 3 des Musters: Methoden der Steuerumlage

3.96 **Methoden der Steuerumlage.** Eine Steuerumlage kann entweder im Belastungs- oder Verteilungsverfahren durchgeführt werden.[8]

3.97 **Belastungsverfahren.** Im Rahmen des Belastungsverfahrens wird die Organgesellschaft mit dem Körperschaft- und/oder Gewerbesteuerbetrag belastet, den sie zu zahlen hätte, wenn sie steuerlich selbständig wäre.[9] Im Fall des Ausgleichs von Gewinnen der Organgesellschaften

---

1 *Simon*, ZGR 2007, 71 (86); *Walter* in Ernst & Young, § 14 Rz. 853 (Stand: Oktober 2017).
2 *Dötsch* in Dötsch/Pung/Möhlenbrock, § 14 KStG Rz. 785 (Stand: August 2016).
3 *Dötsch* in Dötsch/Pung/Möhlenbrock, § 14 KStG Rz. 788 (Stand: August 2016); *Schiffers* in Verdeckte Gewinnausschüttungen und verdeckte Einlagen, Fach 4 A.III.5 Rz. 23 (Stand: November 2017).
4 *Berg/Schmich*, FR 2003, 11.
5 *Walter* in Ernst & Young, § 14 Rz. 853.2 (Stand: Januar 2016).
6 *Walter* in Ernst & Young, § 14 Rz. 853.1 (Stand: November 2016).
7 *Dötsch* in Dötsch/Pung/Möhlenbrock, § 14 KStG Rz. 530 (Stand: November 2017); *Walter* in Ernst & Young, § 14 Rz. 651 (März 2018), 853 (Stand: Oktober 2017).
8 *Berg/Schmich*, FR 2003, 11 (13); *Simon*, ZGR 2007, 71 (91 f.); *Dötsch* in Dötsch/Pung/Möhlenbrock, § 14 KStG Rz. 787 (Stand: August 2016).
9 *Simon*, ZGR 2007, 71 (91).

mit Verlusten des Organträgers führt diese Art der Umlage dazu, dass der Organträger eine höhere Umlage bekommt, als Steuern bei ihm anfallen.[1]

Verteilungsverfahren. Das Verteilungsverfahren sieht vor, dass die vom Organträger zu zahlende Körperschaft- und/oder Gewerbesteuer nach einem bestimmten Schlüssel auf die Organgesellschaften verteilt werden.[2] Als Verteilungsschlüssel kommen zB das Lohnsummenverhältnis, das Einkommen und/oder der Ertrag der Gesellschaften oder die fiktive Körperschaft- und/oder Gewerbesteuer in Betracht.[3]

3.98

Wahl des Verfahrens. Der BGH hatte in (Alt-)Fällen einer reinen Gewerbesteuerorganschaft das Belastungsverfahren abgelehnt, soweit ein Betrag umgelegt wird, der die tatsächliche Steuerbelastung des Organträgers überschreitet.[4] Nach Ansicht des BGH handelt es sich hierbei um einen Nachteil nach §§ 311, 317 AktG und der Organträger ist gegenüber der Organgesellschaft insoweit zum Schadenersatz verpflichtet, als der Umlagebetrag den nach einer betriebswirtschaftlich vertretbaren Verteilungsmethode ermittelten Betrag übersteigt.[5] Der BFH hat sich zur Zulässigkeit der beiden Methoden nicht geäußert, da die Frage nicht entscheidungserheblich war.[6] Nach Auffassung der Finanzverwaltung besteht hinsichtlich der ertragsteuerlichen Umlage ein Wahlrecht und jedes Umlageverfahren, das zu einem betriebswirtschaftlich vertretbaren Ergebnis führt, ist auch steuerlich anzuerkennen.[7] Von der gewählten Methode darf jedoch nicht willkürlich abgewichen werden und mindestens im Durchschnitt mehrerer Jahre darf nur die tatsächlich gezahlte Körperschaft- und/oder Gewerbesteuer umgelegt werden. Dies hat jedenfalls bei der Anwendung des Belastungsverfahrens zur Folge, dass zu viel umgelegte Steuern bei Beendigung des Organschaftsverhältnisses erstattet werden müssen, um eine vGA zu verhindern.[8] Aus diesem Grund ist im Muster unter Rz. 3.91 auch das Verteilungs- und nicht das Belastungsverfahren dargestellt.[9]

3.99

4. Zu § 4 des Musters: Beendigung der Organschaft

Beendigung der Organschaft. Endet die Organschaft mit Wirkung für die Vergangenheit, so sind die gezahlten Umlagen zurück zu gewähren, um aus betriebswirtschaftlicher Sicht die zutreffende Kostenzuordnung zu gewährleisten.

3.100

---

1 *Dötsch* in Dötsch/Pung/Möhlenbrock, § 14 KStG Rz. 787 (Stand: August 2016).
2 *Berg/Schmich*, FR 2003, 11; *Simon*, ZGR 2007, 71 (92).
3 *Dötsch* in Dötsch/Pung/Möhlenbrock, § 14 KStG Rz. 787 (Stand: August 2016).
4 BGH v. 22.10.1992 – IX ZR 244/91, NJW 1993, 585; BGH v. 1.3.1999 – II ZR 312/97, BGHZ 141, 79.
5 BGH v. 1.3.1999 – II ZR 312/97, BGHZ 141, 79; siehe hierzu *Berg/Schmich*, FR 2003, 11 (13 f.).
6 BFH v. 7.11.2001 – I R 57/00, BStBl. II 2002, 369.
7 FinMin NRW v. 14.12.1964, DB 1965, 13.
8 BMF v. 12.9.2002 – IV A 2 - S 2742 - 58/02, DStR 2002, 1716; *Berg/Schmich*, FR 2003, 11; *Simon*, ZGR 2007, 71 (100); *Dötsch* in Dötsch/Pung/Möhlenbrock, § 14 KStG Rz. 789 (Stand: August 2016).
9 Siehe auch *Walter* in Ernst & Young, § 14 KStG Rz. 854.1 (Stand: November 2012).

Kapitel 4
Verfassungs- und verfahrensrechtliche Grundlagen der Organschaft

A. Verfassungsrechtliche Grundlagen der Organschaft	4.1	2. Gegenstand der Feststellungen nach § 14 Abs. 5 KStG	4.25
I. Vorgaben des Verfassungsrechts für die Organschaft	4.1	a) „Das dem Organträger zuzurechnende Einkommen der Organgesellschaft"	4.25
1. Gestaltungsfreiheit des Gesetzgebers bei der Organschaft und Grenzen	4.1	b) „Damit zusammenhängende andere Besteuerungsgrundlagen"	4.27
2. Trennungsprinzip und Organschaft	4.4	c) Anzurechnende Steuern	4.31
3. Organschaft vs. konsolidierte Konzerneinheitsbesteuerung	4.6	d) Kein formelles Statusfeststellungsverfahren	4.34
II. Allgemeine Maßstäbe für verfassungsrechtliche Einzelfragen des Organschaftsrechts	4.7	3. Mehrere Feststellungsverfahren	4.36
		4. Steuerliche Deklarations- und Berichtigungspflichten bei der Organschaft	4.39
B. Verfahrensrecht und Organschaft	4.11	5. Zuständigkeiten für Feststellungs- und Steuerfestsetzungsverfahren	4.43
I. Verfahrensrechtliche Grundlagen der Organschaft	4.11	6. Bekanntgabe des einheitlichen Feststellungsbescheids	4.45
1. Verfahrensrechtliche Trennung trotz organschaftlicher Verbundenheit	4.11	7. Rechtsfolgen der Feststellungen nach § 14 Abs. 5 KStG	4.47
2. Verfahrensrechtliche Einzelfragen der körperschaftsteuerrechtlichen Organschaft	4.14	8. Konsequenzen für den Rechtsschutz bei der Organschaft	4.53
II. Feststellungsverfahren bei der körperschaftsteuerlichen Organschaft (§ 14 Abs. 5 KStG)	4.21	III. Verfahren bei der gewerbesteuerlichen Organschaft	4.56
1. Gesonderte und einheitliche Feststellung nach § 14 Abs. 5 KStG	4.21	IV. Haftungsverfahren bei der Organschaft	4.59

A. Verfassungsrechtliche Grundlagen der Organschaft

Literatur: *Böhmer*, Das Trennungsprinzip im Körperschaftsteuerrecht – Grundsatz ohne Zukunft?, StuW 2012, 33; *Drüen*, Rechtsformneutralität der Unternehmensbesteuerung als verfassungsrechtlicher Imperativ?, GmbHR 2008, 393; *Hennrichs*, Dualismus der Unternehmensbesteuerung aus gesellschaftsrechtlicher und steuersystematischer Sicht, StuW 2002, 201; *Ismer*, Gruppenbesteuerung statt Organschaft im Ertragsteuerrecht, DStR 2012, 821; *Palm*, Person im Ertragsteuerrecht, 2013; *Rau*, Verfassungsdirigierte Prinzipien für das Unternehmenssteuerrecht, 2007.

I. Vorgaben des Verfassungsrechts für die Organschaft

1. Gestaltungsfreiheit des Gesetzgebers bei der Organschaft und Grenzen

Kein spezielles Verfassungsrecht der Organschaft. Das Rechtsinstitut der Organschaft ist entwicklungsgeschichtlich eine Rechtsinnovation der Rechtsprechung, zurückgehend auf das   4.1

Preußische OVG in Staatssteuersachen, fortgeführt durch Reichsfinanzhof und BFH.[1] Das deutsche Grundgesetz (GG) von 1949 verhält sich nicht ausdrücklich zur zunächst richterrechtlich entwickelten Organschaft. Ein besonderes „Verfassungsrecht der Organschaft" gibt es nicht. Die Verfassung enthält nur allgemeine Vorgaben[2] für die Besteuerung von Unternehmen und Unternehmensverbünden,[3] die der Gesetzgeber trotz seiner Gestaltungsfreiheit bei der Steuergesetzgebung achten muss. Insbesondere der Gleichheitssatz (Art. 3 Abs. 1 GG) und die Freiheitsrechte (Art. 14. Abs. 1, 12 Abs. 1, 9 Abs. 1 und 2 Abs. 1 GG[4]) enthalten grundrechtliche Ausgestaltungsvorgaben und -grenzen.

4.2 **Verfassungsrechtliche Vorgaben für das Unternehmenssteuerrecht.** Das GG gibt dem Gesetzgeber die Ausgestaltung des (Unternehmens-)Steuerrechts nicht bis ins Detail vor, aber steckt den Rahmen seiner Gestaltungsfreiheit ab.[5] Das Unternehmenssteuerrecht ist somit im Grundsatz nicht verfassungsdeterminiert,[6] sondern nur verfassungslimitiert.[7] Die Finanzverfassung knüpft in Art. 105 f. GG an tradierte Steuertypen an[8] und baut auf den Dualismus von Einkommensteuer für natürliche Personen und Körperschaftsteuer für juristische Personen, bestimmte Personenvereinigungen und Vermögensmassen als allgemeinem Besteuerungsprinzip auf.[9] Die darauf basierende nicht rechtsformneutrale Unternehmensbesteuerung, die an die Rechtsform des einzelnen Unternehmensträgers anknüpft, ist grundgesetzlich zumindest toleriert und trotz aller gleichheitsrechtlichen Kritik[10] ein verfassungsrechtliches Datum.[11] Das BVerfG hat die rechtsformbedingten Unterschiede im Ertragsteuerrecht zuletzt in seiner Entscheidung zu § 8c Abs. 1 Satz 1 KStG ausdrücklich als verfassungsgemäß eingestuft.[12] Das Unternehmenssteuerrecht folgt der verfassungsrechtlich garantierten Freiheit der Rechtsformwahl als Teil der durch Art. 2 Abs. 1 GG freiheitsrechtlich geschützten Unternehmerfreiheit.[13] Diese schützt auch die Gestaltungsfreiheit der rechtlichen Unternehmensorganisation mit der Wahl des Unternehmensaufbaus als rechtliche Einheit oder Vielheit des Unternehmens. Die Unternehmerfreiheit eröffnet die Möglichkeit, Unternehmen

---

1 PrOVGSt v. 31.5.1902 – VI G. 38/01, PrOVGSt 10, 391 (392 ff.); zur geschichtlichen Entwicklung der Organschaft *Hüttemann*, Organschaft in Schön/Osterloh-Konrad, Kernfragen des Unternehmenssteuerrechts, 127 (129) und eingehend *Witt*, Die Konzernbesteuerung, 143 ff.
2 Demgegenüber sieht das europäische Unionsrecht Vorgaben für die umsatzsteuerrechtliche Organschaft vor (näher *Hartman*, Die Vereinbarkeit der umsatzsteuerrechtlichen Organschaft mit dem Europäischen Unionsrecht, 236 ff.; *Boor*, Die Gruppenbesteuerung im harmonisierten Mehrwertsteuerrecht, 7 ff., 111 ff.). Zu den unionsrechtlichen Vorgaben für die ertragsteuerrechtliche Organschaft *Witt*, Die Konzernbesteuerung, 67.
3 Statt des Begriffes der „Organschaft" oder der rechtspolitisch geforderten und auch versprochenen (modernen) „Gruppenbesteuerung" bietet sich auf der abstrakten Ebene – ungeachtet der einfachgesetzlichen Ausgestaltung – der neutrale Begriff des Unternehmensverbundes an.
4 Zum Einfluss der Freiheitsrechte *F. Kirchhof*, BB 2015, 278 (280 ff.), der dafür plädiert Art. 9 Abs. 1 GG aus seinem „fiskalischen Dornröschenschlaf" zu erwecken (umfassend dazu *Merzrath*, Die Vereinigungsfreiheit des Grundgesetzes als Maßstab der Steuergesetzgebung, 85 ff., 107 ff., 178 ff.).
5 Zu den verfassungsrechtlichen Vorgaben für die Unternehmensbesteuerung näher *Hey*, Verfassungsrechtliche Maßstäbe der Unternehmensbesteuerung in FS Herzig, 7.
6 AA *Rau*, Verfassungsdirigierte Prinzipen für das Unternehmenssteuerrecht, 80 ff.
7 *Drüen*, GmbHR 2008, 393 (403).
8 BVerfG v. 13.4.2017 – 2 BvL 6/13, NJW 2017, 2249.
9 *Böhmer*, StuW 2012, 33 (34).
10 *Hey* in Tipke/Lang, Steuerrecht[23], § 13 Rz. 172 ff. und *Hennrichs* in Tipke/Lang, Steuerrecht[23], § 10 Rz. 4 mwN.
11 *Drüen*, GmbHR 2008, 393 (399) mwN.
12 BVerfG v. 29.3.2017 – 2 BvL 6/11, DStR 2017, 1094 Rz. 112.
13 *Drüen*, StuW 2008, 154 (155 f.).

trotz wirtschaftlicher Verflochtenheit oder Einheit auf verschiedene rechtliche Unternehmensträger aufzugliedern oder ursprünglich getrennte Unternehmensträger wirtschaftlich zusammenwachsen zu lassen. Das Steuerrecht knüpft daran unterschiedliche, rechtsformabhängige Steuerfolgen. Der rechtsformabhängige Dualismus der Unternehmensbesteuerung hat in Deutschland Tradition, wie auch die Versuche zu seiner Überwindung.[1] Das alte Postulat einer rechtsformneutralen Unternehmensbesteuerung stützt sich auf finanz- und betriebswirtschaftliche Effizienz- und Neutralitätskriterien, wie die Entscheidungsneutralität sowie die Wettbewerbs-, Investitions- und Finanzierungsneutralität der Unternehmensbesteuerung.[2] Der damit nicht im Einklang stehende Dualismus der Unternehmensbesteuerung ist eine positive Wertung des an die Rechtsformen des Zivilrechts anknüpfenden Gesetzgebers.[3] Verfassungsgestützte Angriffe auf die rechtsformabhängige Unternehmensbesteuerung als Verstoß gegen den Gleichheitssatz waren bislang ebenso wie rechtspolitische Vorstöße erfolglos. Ebenso erfolglos blieb bisher im Binnenbereich der Organschaft die verfassungsgestützte Rüge einer Ungleichbehandlung von Konzernen mit und ohne Organschaft sowie von Personen- und Kapitalgesellschaften im Rahmen der Organschaftsbesteuerung (s. Rz. 6.158).

Das konkretisierungsbedürfige Leistungsfähigkeitsprinzip. Das vermeintliche „Fundamentalprinzip"[4] der Besteuerung nach der wirtschaftlichen Leistungsfähigkeit[5] macht dem Gesetzgeber keine strikten Vorgaben für die Besteuerung von Unternehmen und Unternehmensverbünden. Denn das dem Gleichheitssatz wie den Freiheitsrechten zugrundliegende Prinzip der Besteuerung nach der wirtschaftlichen Leistungsfähigkeit ist ein abstraktes Leitprinzip, das einer bereichsspezifischen Konkretisierung bedarf.[6] Die gesetzgeberische Konkretisierung des Leistungsfähigkeitsprinzips ist dabei nicht gänzlich ungebunden,[7] aber allein dem Gesetzgeber gebührt zu bestimmen, welche Leistungsfähigkeit er bei wem, wie und wann steuerlich erfassen will. Das Leistungsfähigkeitsprinzip darf hinsichtlich der aus ihm ableitbaren konkreten und konsensfähigen rechtlichen Aussagen nicht überschätzt werden.[8] Überdies kann es durch andere Ziele wie namentlich die Gewähr der Praktikabilität im steuerlichen Massenfallrecht begrenzt werden.[9] Trotz der auch für die Besteuerung von Konzernen formulierten griffigen Forderung nach „gleicher Besteuerung gleicher wirtschaftlicher Sachverhalte mit gleicher Belastungswirkung",[10] obliegt es primär dem Gesetzgeber zu definieren, was Leistungsfähigkeit ist, wie diese gemessen und bei wem besteuert wird. Dabei lässt sich nicht allein über die „richtige" Bemessung individueller Leistungsfähigkeit in Gestalt von Gewinn- und Einkommensdefinitionen streiten, sondern bereits vorgelagert über die Grundfrage des Trägers der wirtschaftlichen Leistungsfähigkeit. Neben der Frage, ob einer juristischen Person eine eigenständige, von den an ihr Beteiligten losgelöste, steuerrechtliche Leistungs-

---

1 Dazu *Witt*, Die Konzernbesteuerung, 422 ff. (434); *Palm*, Person im Ertragsteuerrecht, 485 ff. mwN.
2 Näher zu den einzelnen Neutralitätspostulaten *Desens* in HHR, Einf. KStG Anm. 55 ff. (Stand: Aug. 2014); *Homburg*, Allgemeine Steuerlehre[7], 240 ff., 263 ff. mwN.
3 Für die Abschaffung des Dualismus der Unternehmensbesteuerung *Palm*, Person im Ertragsteuerrecht, 545 ff., 559, 566.
4 Grundlegend *Tipke*, Die Steuerrechtsordnung, Bd. I[2], 471 ff.
5 Statt aller *Birk*, Das Leistungsfähigkeitsprinzip als Maßstab der Steuernormen, 169 ff.; *Hey* in Tipke/Lang, Steuerrecht[23], § 3 Rz. 40 ff.
6 *J. Lang*, Konkretisierungen und Restriktionen des Leistungsfähigkeitsprinzips in FS Kruse, 313 (314 ff.); *Rau*, Verfassungsdirigierte Prinzipien für das Unternehmenssteuerrecht, 86.
7 Näher *Birk*, Das Leistungsfähigkeitsprinzip als Maßstab der Steuernormen, 54 ff., 57, 261.
8 *Drüen* in Tipke/Kruse, § 3 AO Rz. 50 f. (Stand: April 2016).
9 *J. Lang* in FS Kruse, 313 (325).
10 *Witt*, Die Konzernbesteuerung, 411.

fähigkeit – zumindest temporär[1] – zukommt,[2] stellt sich gerade bei verbundenen Unternehmen die Frage, ob die Leistungsfähigkeit rechtsträgerbezogen oder aber rechtsträgerübergreifend zu erfassen und besteuern ist.[3] Der Grundentscheidung rechtsformabhängiger Individualbesteuerung entspricht der rechtsformale und verengende Blick auf den einzelnen Rechtsträger. Jedoch spricht die wirtschaftliche Verbundenheit der rechtsformal selbständigen Unternehmen dafür, den Unternehmensverbund aufgrund seiner wirtschaftlichen Einheit als Träger der Leistungsfähigkeit anzusehen[4] oder von einem „Leistungsfähigkeitstransfer"[5] auf den Organträger auszugehen. Die Verfassung beantwortet diese Fragen nicht explizit.[6] Das BVerfG fordert vom Gesetzgeber allgemein nur eine folgerichtige Ausgestaltung unter Wahrung der Grundrechte.[7]

2. Trennungsprinzip und Organschaft

4.4 **Trennungsprinzip vs. Konzernbesteuerung.** Bei der geltenden rechtsformabhängigen Unternehmensbesteuerung ist das Trennungsprinzip das Strukturprinzip der Besteuerung von Körperschaften.[8] Das deutsche Steuerrecht kennt traditionell kein besonderes „Konzernsteuerrecht", das den Konzernverbund insgesamt als einheitliches Steuersubjekt behandelt.[9] Das Trennungsprinzip und die daraus resultierende Anerkennung der Leistungsbeziehungen zwischen verbundenen Unternehmen im Konzern führen dazu, dass steuerrechtlich trotz der wirtschaftlichen Einheit die Leistungsbeziehungen zwischen verbundenen Unternehmen zu besteuern sind.[10] Die systematische Grundentscheidung gegen ein synthetisches Konzernsteuerrecht gilt selbst für die Organschaft, bei der im Vergleich zu einem bloßen Beteiligungskonzern ein besonders hohes Maß der Konzernierung besteht. Bei zu einem Konzern verbundenen, rechtlich selbständigen Unternehmen knüpft die Körperschaftsteuerpflicht auch im

---

1 *Hennrichs*, StuW 2002, 201 (205).
2 *Witt*, Die Konzernbesteuerung, 414 f.; zur Diskussion näher *J. Lang*, Prinzipien und System der Besteuerung von Einkommen, DStJG 24 (2001), 49 (58 f., 62).
3 Für Letzteres *Montag* in Tipke/Lang, Steuerrecht[23], § 14 Rz. 1; näher *Witt*, Die Konzernbesteuerung, 442; 450 f.; 471 ff.
4 Für einen weiteren Gestaltungsspielraum des Gesetzgebers, der auch eine konsolidierte Besteuerung eines Konzerns als Einheit nach der wirtschaftlichen Betrachtungsweise eröffnet, *Krebühl*, Konzernbesteuerung de lege ferenda, in Herzig, Organschaft, 595 (602 f.).
5 So *Hey*, Besteuerung von Unternehmen und Individualsteuerprinzip, in Schön/Osterloh-Konrad, Kernfragen des Unternehmenssteuerrechts, 1 (17).
6 Übereinstimmend *Ismer*, DStR 2012, 821 (823), nach dem der Gesetzgeber der „Konzernleistungsfähigkeit" Rechnung tragen kann, es aber nicht muss.
7 So erneut BVerfG v. 17.12.2014 – 1 BvL 21/12, BVerfGE 138, 136, Rz. 119 ff. mwN.
8 *Böhmer*, StuW 2012, 33 (36).
9 Ein qualifiziertes Konzernsteuerrecht sieht die konsolidierte Besteuerung verbundener Unternehmen vor. Es wertet die gesellschaftsrechtlich verflochtenen Gesellschaften als einen einheitlichen Geschäftsbetrieb, der lediglich aus betriebswirtschaftlichen oder organisatorischen Gründen in rechtlich selbständige Einheiten aufgeteilt ist. Für diesen Unternehmensverbund entsteht der am Markt realisierte Gewinn oder Verlust auf der Ebene des einheitlichen Geschäftsbetriebs aufgrund von Leistungen an Personen, die außerhalb des Verbundes stehen. Der gesamte Konsolidierungskreis bildet eine wirtschaftliche und steuerrechtliche Einheit. Die Konsolidierungsmitglieder verlieren ihre steuerliche Selbständigkeit und werden wie Betriebsstätten behandelt. Alle Geschäftsvorfälle sind von Begründung der Konsolidierung an dem Konzern zuzurechnen, so insgesamt *Krebühl* in Herzig, Organschaft, 595 (600).
10 *Drüen*, Konzernbetriebsprüfung im föderalen Steuerstaat, StuW 2007, 112 (114).

Organschaftskonzern an die zivilrechtliche Rechtsfähigkeit der einzelnen verbundenen Unternehmen an.[1] Die verbundenen Unternehmen bilden zwar eine wirtschaftliche Einheit, werden aber nach dem Trennungsprinzip rechtsformabhängig besteuert.

Partielle Durchbrechung des Trennungsprinzips bei der Organschaft. Die Organschaftsbesteuerung ist eine (begründungsbedürftige) Ausnahme von der Grundentscheidung des Gesetzgebers für eine rechtsformabhängige Individualbesteuerung des einzelnen Unternehmensträgers.[2] Sie durchbricht insoweit partiell das körperschaftsteuerliche Trennungsprinzip sowie das Subjektsteuerprinzip[3], als das Einkommen der Organgesellschaft dem Organträger zugerechnet wird. Da bei der Organschaft keine Zwischengewinneliminierung erfolgt, führt die Organschaft als Minus zur konsolidierten Konzernbesteuerung nicht zum vollständigen Bruch mit den genannten Prinzipien. Eine solche (partielle) Durchbrechung selbstgesetzter Grundprinzipien ist zulässig, wenn sie folgerichtig ist und/oder auf besonderen sachlichen Gründen beruht.[4] Sachlicher Grund für die Durchbrechung ist die rechtlich abgesicherte wirtschaftliche Einheit des Unternehmensverbundes. Im geltenden Recht sind der Abschluss und die Durchführung eines Gewinnabführungsvertrags Voraussetzungen der ertragsteuerrechtlichen Organschaft. Dadurch hat der Organträger nach § 291 AktG den unmittelbaren Zugriff auf die Gewinne der Organgesellschaft und muss Verluste übernehmen, so dass das Einkommen der Organgesellschaft bei wirtschaftlicher Betrachtung letztlich als Einkommen des Organträgers anzusehen ist.[5] Die rechtspolitisch unterschiedlich ausgestaltbare rechtliche Absicherung der wirtschaftlichen Einheit des Unternehmensverbundes zieht als Rechtsfolge die Verlustkompensation im Organkreis nach sich, die betriebswirtschaftlich als der Hauptzweck der Organschaft angesehen wird.[6] Die näher konditionierte unternehmensträgerübergreifende, intra- und interperiodische Verlustkompensation innerhalb des Organkreises mildert die Folgen einer strengen rechtsträgerbezogenen Individualbesteuerung im Unternehmensverbund ab. Sie vermeidet eine Substanz- oder Übermaßbesteuerung des Unternehmensverbundes, die bei strikter Trennung der einzelnen Unternehmen trotz wirtschaftlicher Einheit droht.

3. Organschaft vs. konsolidierte Konzerneinheitsbesteuerung

Verfassungsoffenheit für die Besteuerung von Unternehmensverbünden. Das GG hat der einfachrechtlich vorgefundenen Organschaft nicht als einzig zulässige Form der Besteuerung eines Unternehmensverbundes verfassungsrechtliche Weihen verliehen. Die nähere Ausgestaltung der Kriterien eines Unternehmensverbundes, der ertragsteuerrechtlich als wirtschaftliche Einheit behandelt wird, und die daran anknüpfenden Rechtsfolgen stehen vielmehr in der weitreichenden Gestaltungsmacht des Gesetzgebers, die allein durch die Grundrechte und den Grundsatz der Folgerichtigkeit eingeschränkt wird. Verfassungsrechtlich sind auch Al-

---

1 *Drüen*, StuW 2007, 112 (114); *Kröner* in Kessler/Kröner/Köhler, Konzernsteuerrecht[2], § 4 Rz. 1.
2 Allgemein zum Individualsteuerprinzip *Hey*, Das Individualsteuerprinzip in Einkommen-, Körperschaft- und Gewerbesteuer, in GS Trzaskalik, 219 (221 ff.); *Hey* in Schön/Osterloh-Konrad, Kernfragen des Unternehmenssteuerrechts, 1 (4 ff., 16 ff.).
3 *Neumann* in Gosch[3], § 14 KStG Rz. 1 f.
4 *Böhmer*, StuW 2012, 33 (37 ff.).
5 *Hüttemann* in Schön/Osterloh-Konrad, Kernfragen des Unternehmenssteuerrechts, 127 (133).
6 *Orth*, Verlustnutzung bei Organschaft, in Herzig, Organschaft, 167.

ternativkonzepte[1] zur Organschaft[2] zulässig. Der internationale Rechtsvergleich (vgl. Kapitel 9 Rz. 9.12 ff. zur Systematisierung sowie Rz. 9.16 ff. zu Konzepten in ausgewählten EU-Mitgliedstaaten) illustriert verschiedene Systeme der Besteuerung von Unternehmensverbünden.[3] Hinsichtlich der Anknüpfung an die zivilrechtliche Rechtsfähigkeit und der Intensität der steuerrechtlichen Verbundwirkungen – (nur) innerkonzernlicher Verlustausgleich oder (auch) innerkonzernliche Erfolgsneutralisierung durch eine Zwischengewinneliminierung – sind zahlreiche verschiedene steuerrechtliche Verbundkonzepte denkbar und werden international zum Teil praktiziert. Welches Konzept der Gesetzgeber umsetzt, schreibt ihm die Verfassung nicht vor.[4] Auch einer „echten" Konzern(einheits)besteuerung mit konsolidierter Besteuerung verbundener Unternehmen stehen das GG und das darin vorausgesetzte Trennungsprinzip nicht entgegen.[5] Der in Art. 106 Abs. 3 GG vorausgesetzte Steuertypus der Körperschaftsteuer ist entwicklungsoffen[6] und schließt eine konsolidierte Besteuerung von Unternehmensverbünden nicht aus.

II. Allgemeine Maßstäbe für verfassungsrechtliche Einzelfragen des Organschaftsrechts

4.7 **Verfassungsfragen bei der Organschaft.** Im Steuerrecht ist allgemein ein Trend zur Konstitutionalisierung auszumachen, in dessen Folge zahlreiche Vorschriften des einfachen Rechts als dem Verfassungsrecht zuwiderlaufend kritisiert werden (s. Rz. 1.60 ff.). Im Verdacht der Verfassungswidrigkeit stehen innerhalb des Organschaftstatbestandes aktuell insbesondere das Erfordernis einer originär gewerblichen Tätigkeit der Organträger-Personengesellschaft in § 14 Abs. 1 Satz 1 Nr. 2 Satz 2 KStG, die finanzielle Eingliederung in die Organträger-Personengesellschaft in § 14 Abs. 1 Satz 1 Nr. 2 Satz 3 KStG, die Verlustabzugsbeschränkung nach § 14 Abs. 1 Satz 1 Nr. 5 KStG (s. Rz. 28.54 ff.), der Beginn der Organschaft nach § 14 Abs. 1 Satz 2 KStG sowie die vororganschaftlichen Mehr- oder Minderabführungen nach § 14 Abs. 3 KStG.[7]

4.8 **Kein verfassungsrechtlicher Sondermaßstab für die Organschaft.** Das GG kennt kein Sonder-Verfassungsrecht der Organschaft. Darum sind die sich im Rahmen der Organschaft stellenden Verfassungsfragen nach allgemeinen verfassungsrechtlichen Maßstäben zu beantworten. Die vom Gesetzgeber gewählte Ausgestaltung der Organschaft muss die bereits aufgezeigten allgemeinen Vorgaben für die Besteuerung von Unternehmen und Unternehmensverbünden wahren.

---

1 Vgl. zur Fortentwicklung der Organschaft zu einem Gruppenbesteuerungskonzept als Alternative: Kapitel 10, Rz. 10.21 ff.
2 Dazu *Hey*, Steuerpolitischer Handlungsbedarf bei der Konzernbesteuerung, FR 2012, 994; *Hüttemann* in Schön/Osterloh-Konrad, Kernfragen des Unternehmenssteuerrechts, 127 (135 ff.).
3 *Endres*, Konzernbesteuerungen in wichtigen Industriestaaten, in Herzig, Organschaft, 461 ff., 477 ff.
4 Ebenso *Ismer*, DStR 2012, 821 (823).
5 *Krebühl* in Herzig, Organschaft, 595 (602 f.). Eingehend zur verfassungsrechtlichen Unbedenklichkeit der von ihm vorgeschlagenen „unternehmensneutralen Konzernbesteuerung" *Witt*, Die Konzernbesteuerung, 452 ff., 474 ff.
6 Zum Spielraum des Gesetzgebers bei der Fortentwicklung der Steuertypen BVerfG v. 13.4.2017 – 2 BvL 6/13, NJW 2017, 2249 Rz. 68.
7 *Kolbe* in HHR, § 14 KStG Anm. 11 (Stand: Januar 2015).

Gleichheitsrechtliche Vorgaben für die Organschaft. Der allgemeine Gleichheitssatz (Art. 3 Abs. 1 GG) ist sowohl dogmatisch als auch praktisch der verfassungsrechtliche Hauptprüfungsmaßstab für Steuernormen. Er ist zugleich die zentrale Gestaltungsmaxime der Besteuerung verbundener Unternehmen.[1] Am Gleichheitssatz zu messen sind einerseits Binnendifferenzierungen innerhalb des Organschaftsrechts. Die diskriminierende Versagung des Organschaftsregimes trotz Erfüllung der allgemeinen Organschaftsvoraussetzungen bedarf eines besonderen sachlichen Grundes. So wurde der frühere mit der Spartentrennung begründete Ausschluss der Lebens- und Krankenversicherungsunternehmen aus dem Organschaftsrecht als Gleichheitsverstoß gerügt.[2] Neben der Binnendiskriminierung ist andererseits auch eine Außendiskriminierung am Gleichheitssatz zu messen. Gilt die Verlustabzugsbeschränkung nach § 14 Abs. 1 Satz 1 Nr. 5 KStG nur für den Organschaftsfall, so bedarf es sachlich tragender Gründe, andere Unternehmen nicht einzubeziehen, obwohl auch außerhalb der Organschaft eine doppelte Verlustnutzung möglich erscheint (dazu Rz. 28.57).[3] Insoweit gelten die allgemeinen Maßstäbe, die dem Gesetzgeber insbesondere Regelungen zur Typisierung oder zur Missbrauchsabwehr eröffnen.[4]

4.9

Rückwirkung. Daneben stellt sich im Organschaftsrecht bei Änderungen des gesetzlichen Tatbestands und der Rechtsfolgen häufig die Frage der verfassungsrechtlichen Grenzen rückwirkender Steuergesetzgebung (s. Rz. 6.151 ff.). Diese sind gerade bei der Abschaffung der Mehrmütterorganschaft lebhaft diskutiert worden.[5] Mangels organschaftsspezifischer Kriterien sind diese nach den allgemeinen Grundsätzen zu beantworten.[6]

4.10

B. Verfahrensrecht und Organschaft

Literatur: *Benecke/Schnitger*, Wichtige Änderungen bei der körperschaftsteuerlichen Organschaft durch das UntStG 2013, IStR 2013, 143; *Brinkmann*, Die förmliche Feststellung von Besteuerungsgrundlagen einer Organgesellschaft – Gelöste und neue Probleme für die Außenprüfung, StBp 2016, 189; *Dötsch/Pung*, Gesetz zur Änderung und Vereinfachung der Unternehmensbesteuerung und des steuerlichen Reisekostenrechts: Die Änderungen bei der Organschaft, DB 2013, 305; *Drüen*, Das neue Verfahrensrecht der Organschaft – Kritische Würdigung des neuen Feststellungsverfahrens nach der „kleinen Organschaftsreform", Der Konzern 2013, 433; *Franzen/Graessner*, Verfahrensrechtliche Auswirkungen organschaftlicher Mehr- und Minderabführungen – Hinweise zum alten und neuen Verfahrensrecht, NWB 2016, 1975; *Hendricks*, Verfahrensrechtliche Grundlagen der körperschaftsteuerlichen Organschaft, Ubg 2011, 711; *Jesse*, Neuregelung zur ertragsteuerlichen Organschaft (Teil II), FR 2013, 681; *Mayer/Wiese*, Zur Verlustübernahme nach der „kleinen Organschaftsreform", DStR 2013, 629; *Middendorf/Holtrichter*, Änderungen bei der ertragsteuerlichen Organschaft, StuB 2013, 123; *Olbing*, Ab 2015 neue Rechtsbehelfe bei der ertragsteuerlichen Organschaft, Stbg 2015, 312; *Rödder*, Die kleine Organschaftsreform, Ubg 2012, 717; *N. Schneider*, Verbesserung der Organschaft?,

---

1 *Witt*, Die Konzernbesteuerung, 410 f.
2 *Hey*, Zum Ausschluss der Lebens- und Krankenversicherungsunternehmen, in Herzig, Organschaft, 507 (510 ff. 519).
3 Zu Recht kritisch zur Organschaft als alleinigem Anwendungsbereich *Lüdicke*, Maßgeblichkeit ausländischer Besteuerung für Nichtbesteuerung und Verlustberücksichtigung im Inland in FS Frotscher, 403 (419); *Ritzer/Aichberger*, Der Konzern 2013, 602 (612).
4 Näher *Drüen*, StuW 2008, 3.
5 Dazu *Jonas*, Abschaffung der Mehrmütterorganschaft und Ersatzlösungen, in Herzig, Organschaft, 306 (315 f.); *P. Kirchhof*, Mehrmütterorganschaft und Rückwirkung, in Herzig, Organschaft, 485 (490 ff.).
6 Zusammenfassend *Drüen* in Tipke/Kruse, § 4 AO Rz. 16 ff. (Stand: Oktober 2011) und *G. Kirchhof* in HHR, Einf. EStG Anm. 331 ff. (Stand: August 2014).

StbJb. 2012/2013, 93; *Schneider/Sommer*, Organschaftsreform „light", GmbHR 2013, 22; *Stangl/Brühl*, Die „kleine Organschaftsreform", Der Konzern 2013, 77; *Teiche*, Verfahrensrechtliche Aspekte nach der Organschaftsreform, DStR 2013, 2197; *von Wolfersdorff/Rödder/Schmidt-Fehrenbacher/Beisheim/ Gerner*, Der Fraktionsentwurf zur „Kleinen Organschaftsreform": Guter Wille, aber doch kein wirklicher Rechtsfrieden!, DB 2012, 2241

I. Verfahrensrechtliche Grundlagen der Organschaft

1. Verfahrensrechtliche Trennung trotz organschaftlicher Verbundenheit

4.11 **Allgemeine Verfahrensregeln.** Ein spezielles Verfahrensrecht für die steuerrechtliche Organschaft gibt es – abgesehen vom Feststellungsverfahren bei der Körperschaftsteuer nach § 14 Abs. 5 KStG (dazu Rz. 4.21 ff.) – nicht. Der Gesetzgeber hat es durch den Verzicht auf spezielle Verfahrensregeln der Praxis überlassen, im unternehmenssteuerrechtlichen System der Individualbesteuerung nach dem Trennungsprinzip eine rechtsträgerübergreifende Besteuerung der im Organkreis verbundenen Unternehmen verfahrensmäßig zu bewerkstelligen. In Ermangelung spezieller Verfahrensregeln[1] gelten für die ertragsteuerrechtliche Organschaft die allgemeinen Verfahrensvorschriften.

4.12 **Verfahrenstrennung.** Trotz einer wirtschaftlichen Unternehmenseinheit gilt bei der Organschaft verfahrensrechtlich das Trennungsprinzip zwischen den verschiedenen Rechtsträgern. Die körperschaftsteuerrechtliche Organschaft begründet keine verfahrensrechtliche Unternehmenseinheit.[2] Das deckt sich mit dem Steuerschuldrecht.[3] Das Körperschaftsteuerrecht respektiert die rechtliche Selbständigkeit der Rechtsträger innerhalb des Organkreises auch dann, wenn es an einer wirtschaftlichen Selbständigkeit der Organgesellschaft mangelt; Kapitalgesellschaften sind stets Subjekt der Körperschaftsteuer.[4] Auch die Organschaft führt nicht dazu, die verbundenen Unternehmen als einheitliches Steuerrechtssubjekt zu behandeln.[5] Organträger und Organgesellschaft bilden kein einheitliches Unternehmen[6] und bleiben vielmehr eigenständige Körperschaftsteuersubjekte[7] (oder Feststellungssubjekte)[8]. Verfahrensrechtlich haben sie jeweils selbständige Rechte sowie selbständige Steuererklärungs-,[9]

---

1 *Dötsch* in Dötsch/Pung/Möhlenbrock, § 14 KStG Rz. 1130 (Stand: August 2016); *Müller*, Der Konzern 2009, 167; *Hendricks*, Ubg 2011, 711.
2 *Drüen*, StbJb. 2006/2007, 273 (301): „keine verfahrensrechtliche Konsolidierung".
3 Zur gebotenen Trennung zwischen dem Steuerschuldrecht der Organschaft und den verfahrensrechtlichen Konsequenzen bereits *v. Groll*, DStR 2004, 1193 (1196, 1198).
4 *Schreiber*, Besteuerung der Unternehmen³, 287.
5 *Drüen*, StuW 2007, 112 (114) mwN.
6 *Herlinghaus*, Einkommensermittlung und Einkommenszurechnung, in Herzig, Organschaft, 119 (120).
7 BFH v. 23.1.2002 – XI R 95/97, BStBl. II 2003, 9 = FR 2002, 786 m. Anm. *Wendt*; *Boeker* in H/H/Sp, § 33 AO Rz. 47 (Stand: Juni 2014); *Drüen* in Tipke/Kruse, § 33 AO Rz. 63 (Stand: Oktober 2015); *Frotscher* in Frotscher/Drüen, § 14 KStG Rz. 538 (Stand: Januar 2015); *Jesse*, DStZ 2001, 113 (114); *Kolbe* in HHR, § 14 KStG Anm. 48 (Stand: Januar 2015); *Müller*, Der Konzern 2009, 167; *Müller/Stöcker/Lieber*, Die Organschaft[10], Rz. 469; *Walter* in Ernst & Young, § 14 KStG Rz. 799 (Stand: November 2016).
8 Im Falle der Personengesellschaft als Organträger.
9 *Dötsch* in Dötsch/Pung/Möhlenbrock, § 14 KStG Rz. 1131 (Stand: August 2016); *Jesse*, DStZ 2001, 113; *Müller*, Der Konzern 2009, 167; *Walter* in Ernst & Young, § 14 KStG Rz. 802 (Stand: Januar 2016).

Buchführungs- und sonstige Mitwirkungspflichten.[1] Trotz der Organschaft ist die Organgesellschaft ein eigenständiges Steuersubjekt mit allen Rechten und Pflichten.[2]

Getrennte Einkommensermittlung. Der Gewinn und das Einkommen jeder Organgesellschaft und des Organträgers sind zunächst eigenständig zu ermitteln.[3] Bis zur Einführung des Feststellungsverfahrens nach § 14 Abs. 5 KStG ab dem Veranlagungszeitraum 2014 (Rz. 4.21 ff.) wurde das dem Organträger zuzurechnende Einkommen der Organgesellschaften nach der materiellen Maßgabe des § 14 Abs. 1 KStG und entsprechend des allgemeinen verfahrensrechtlichen Grundsatzes des § 157 Abs. 2 AO als unselbständige Besteuerungsgrundlage in die Steuerfestsetzung des Organträgers einbezogen.[4] Der Organgesellschaft selbst wird aufgrund der Zurechnung an den Organträger regelmäßig ein Körperschaftsteuer-Nullbescheid erteilt,[5] sofern sie keine Ausgleichszahlungen nach § 16 KStG als eigenes Einkommen zu versteuern hat.[6] Das auf Ebene der Organgesellschaft ermittelte Einkommen[7] und der erteilte Nullbescheid hatten bislang nach ganz herrschender Meinung keine Bindungswirkung für die Einkommensermittlung beim Organträger.[8] Eine solche Bindungswirkung soll indes vom neuen Feststellungsbescheid nach § 14 Abs. 5 Satz 1 KStG ausgehen (dazu Rz. 4.34 f., 4.51 f.).

4.13

---

1 *Hendricks*, Ubg 2011, 711 (713 f.); *Olbing* in Streck[8], § 14 KStG Rz. 130, 170.
2 Explizit *Olbing* in Streck[8], § 14 KStG Rz. 130.
3 *Müller/Stöcker/Lieber*, Die Organschaft[10], Rz. 467; *Walter* in Ernst & Young, § 14 KStG Rz. 801 (Stand: Januar 2016).
4 BFH v. 28.1.2004 – I R 84/03, BStBl. II 2004, 539 = GmbHR 2004, 979; FG Berlin v. 9.12.2003 – 7 K 7106/03, rkr., EFG 2004, 766 = GmbHR 2004, 983; R 61 Abs. 6 KStH 2008; *Brink* in Schnitger/Fehrenbacher[2], § 14 KStG Rz. 676; *Krumm* in Blümich, § 14 KStG Rz. 300 (Stand: März 2016); *Frotscher* in Frotscher/Drüen, § 14 KStG Rz. 611 (Stand: Januar 2016); *v. Groll*, DStR 2004, 1193 (1197); *Kolbe* in HHR, § 14 KStG Anm. 48 (Stand: Januar 2015).
5 BFH v. 28.1.2004 – I R 84/03, BStBl. II 2004, 539 = GmbHR 2004, 979; *Dötsch* in Dötsch/Pung/Möhlenbrock, § 14 KStG Rz. 1131 (Stand: August 2016); *Frotscher* in Frotscher/Drüen, § 14 KStG Rz. 611 (Stand: Januar 2016); *v. Groll*, DStR 2004, 1193 (1196); *Jesse*, DStZ 2001, 113 (115); *Müller*, Der Konzern 2009, 167; *Müller/Stöcker/Lieber*, Die Organschaft[10], Rz. 471.
6 Dazu *Dötsch*, Der Konzern 2006, 64.
7 Über den Körperschaftsteuerbescheid hinaus ergehen gegen die Organgesellschaft auch ein eigener Bescheid über die gesonderte Feststellung des steuerlichen Einlagekontos nach § 27 KStG (*Müller/Stöcker/Lieber*, Die Organschaft[10], Rz. 855; *Müller*, Der Konzern 2009, 167 [169]; *Dötsch* in Dötsch/Pung/Möhlenbrock, § 14 KStG Rz. 1134 [Stand: August 2016]) sowie ggf. Feststellungsbescheide über vororganschaftliche Verluste (*Dötsch* in Dötsch/Pung/Möhlenbrock, § 15 KStG Rz. 5 [Stand: Januar 2017]).
8 BT-Drucks. 17/10774, 20; BFH v. 28.1.2004 – I R 84/03, BStBl. II 2004, 539 = GmbHR 2004, 979; BFH v. 6.3.2008 – IV R 74/05, BStBl. II 2008, 663 = FR 2009, 45; FG Berlin v. 9.12.2003 – 7 K 7106/03, rkr., EFG 2004, 766 = GmbHR 2004, 983; *Brink* in Schnitger/Fehrenbacher[2], § 14 KStG Rz. 678; *Krumm* in Blümich, § 14 KStG Rz. 300 (Stand: März 2016); *Dötsch* in Dötsch/Pung/Möhlenbrock, § 14 KStG Rz. 1132 (Stand: August 2016); *Neumann* in Gosch[3], § 14 KStG Rz. 529; *Olbing* in Streck[8], § 14 KStG Rz. 170; *Rödder*, Ubg 2012, 717 (723); *Stangl/Brühl*, Der Konzern 2013, 77 (103); *Wittkowski/Hielscher*, BC 2012, 542 (548); *Stangl/Winter*, Organschaft 2013/2014, Rz. 517 unter Hinweis auf BFH v. 21.10.2010 – IV R 21/07, FR 2011, 322 m. Anm. *Buciek* = BFH/NV 2011, 151, der die Bindungswirkung der Statusfeststellung ausdrücklich offenlässt. Für eine Grundlagenfunktion aber *Jesse*, DStZ 2001, 113 (116); *Walter* in Ernst & Young, § 14 KStG Rz. 805 (Stand: Januar 2016); dagegen deutlich *Frotscher* in Frotscher/Drüen, § 14 KStG Rz. 913, 919 (Stand: April 2015/September 2013); *v. Groll*, DStR 2004, 1193 (1196).

2. Verfahrensrechtliche Einzelfragen der körperschaftsteuerrechtlichen Organschaft

4.14 Unabgestimmte Verfahren. Eine verfahrensrechtliche Verknüpfung zwischen den verschiedenen Festsetzungen im Organkreis fehlte nach alter Rechtslage.[1] Da Organträger und Organgesellschaft getrennte Steuerrechtssubjekte sind (s. Rz. 4.12)[2] und die inhaltlich voneinander abhängenden Steuerbescheide verfahrensrechtlich nicht miteinander verknüpft waren[3], drohten in der Praxis Abstimmungsprobleme. Es konnte insbesondere zu Mehrfach- oder Nichterfassungen von Gewinnen oder Verlusten kommen. Die verwaltungsinterne Praxis suchte das verfahrensrechtliche Manko durch den Kontroll-Vordruck „MO" zu beheben, mit welchem das Betriebsstättenfinanzamt der Organgesellschaft dem für den Organträger zuständigen Finanzamt das Einkommen, die sonstigen Besteuerungsgrundlagen und die Anrechnungssteuern der Organgesellschaft mit faktisch-präjudizieller Wirkung mitteilte.[4] Rechtliche Bindung kam dem bereits mangels Außen- und Regelungswirkung nicht zu.[5]

4.15 Entscheidungszuständigkeit. Offen und von der Rechtsprechung bisher nicht explizit beantwortet[6] ist die grundlegende Frage, in welchem Steuerbescheid im Organkreis letztlich verbindlich über die steuerrechtliche Anerkennung der Organschaft entschieden wird.[7] Die Unternehmens- und Beratungspraxis steht – gemessen am rechtsstaatlichen Gebot der Rechtsschutzklarheit – vor unbefriedigenden Notlösungen.[8] Verhängnisvoll wird die Unklarheit, wenn für Organgesellschaft und Organträger unterschiedliche Finanzämter örtlich zuständig sind (vgl. §§ 18 Abs. 1 Nr. 4, 20 Abs. 1 AO) und diese zur Anerkennung der Organschaft oder zur Höhe des zuzurechnenden Einkommens divergierende Auffassungen vertreten.[9] Zur Vermeidung derartiger widerstreitender Verwaltungsauffassungen im Einzelfall[10] empfahl das Finanzministerium des Landes Nordrhein-Westfalen in Organschaftsfällen bislang Zu-

---

1 *Dötsch* in Dötsch/Pung/Möhlenbrock, § 14 KStG Rz. 1131 (Stand: August 2016).
2 *Rödder/Liekenbrock* in Rödder/Herlinghaus/Neumann, § 14 KStG Rz. 757.
3 Dazu *Dorenkamp* in HHR, § 14 KStG Anm. 365, 366 (Stand: September 2016).
4 *Dötsch* in Dötsch/Pung/Möhlenbrock, § 14 KStG Rz. 1131 (Stand: August 2016); *Dötsch/Pung*, DB 2013, 305 (313); *Hendricks*, Ubg 2011, 711 (712); *Neumann* in Gosch³, § 14 KStG Rz. 529.
5 *v. Groll*, DStR 2004, 1193 (1197); ebenso *Brink* in Schnitger/Fehrenbacher², § 14 KStG Rz. 676.
6 Vgl. FG Düsseldorf v. 27.3.2007 – 3 K 4024/05 F, EFG 2007, 1104 (dazu *Müller*, Der Konzern 2009, 167 [168]; *Schumacher*, Die Organschaft im Steuerrecht³, 216). Die dagegen gerichtete Revision hat BFH v. 21.10.2010 – IV R 21/07, FR 2011, 322 m. Anm. *Buciek* = Der Konzern 2010, 652 als unbegründet zurückgewiesen.
7 *Dötsch/Pung*, DB 2013, 305 (313); *Hendricks*, Ubg 2011, 711; *Lenz/Adrian/Handwerker*, BB 2012, 2851 (2858); differenzierend für positives und negatives Organeinkommen: *Frotscher* in Frotscher/Drüen, § 14 KStG Rz. 914 ff. (Stand: September 2013); die verschiedenen Ansichten darstellend *Dötsch* in Dötsch/Pung/Möhlenbrock, § 14 KStG Rz. 1136 (Stand: August 2016); zu dem damit verknüpften Problem des Umfangs der Feststellungswirkung im Rahmen von § 14 Abs. 5 KStG: vgl. Rz. 4.34 f.
8 So empfiehlt bislang *Frotscher* in Frotscher/Drüen, § 14 KStG Rz. 919 (Stand: September 2013) der Praxis bei der Frage, welches Unternehmen gegen die Entscheidung über die steuerrechtliche Anerkennung der Organschaft vorgehen muss, vorsorglich Einsprüche gegen beide Bescheide einzulegen, ebenso *v. Wolfersdorff/Rödder/Schmidt-Fehrenbacher/Beisheim/Gerner*, DB 2012, 2241 (2247).
9 *Stangl/Brühl*, Der Konzern 2013, 77 (103).
10 Im Falle der Anerkennung der Organschaft durch die für den Organträger zuständige Finanzbehörde und der Nichtanerkennung durch die für die Organgesellschaft zuständige Finanzbehörde kann es zu einer Doppelerfassung der Erträge kommen, die im Nachhinein als Fall einer Subjektkollision nach § 174 AO zu korrigieren ist, *Hendricks*, Ubg 2011, 711 (716) mwN.

ständigkeitsvereinbarungen nach § 27 AO.[1] Andere Länder treffen eine Zuständigkeitsregelung durch Rechtsverordnung.[2]

Zuständigkeit bei der verbindlichen Auskunft. Im föderalen Steuerstaat stellt sich die praxisrelevante Zweifelsfrage über die Zuständigkeit für verbindliche Auskünfte im Organkreis. Regelmäßig besteht ein besonderes Interesse nach § 89 Abs. 2 Satz 1 AO zwar nur für den Organträger, weil die Auskunft nur für ihn eine steuerliche Auswirkung hat. Die bisherige Verwaltungspraxis hat ihre Auskunftszuständigkeit aber teilweise davon abhängig gemacht, auf welcher Ebene der geplante Sachverhalt verwirklicht werden sollte.[3] Da einer verbindlichen Auskunft eine Bindungswirkung aus Sicht der Verwaltung nur zukam, wenn diese von der zuständigen Behörde erteilt wurde,[4] waren aus Gründen der Rechtssicherheit ggf. mehrere verbindliche Auskünfte erforderlich. Zwar war auch insoweit eine Zuständigkeitsvereinbarung nach § 27 AO möglich, je nach Verwaltungspraxis konnten aber mehrfache oder höhere Gebühren entstehen.[5] Zur Neuregelung nach § 1 Abs. 3 der StAuskV s. Rz. 4.44. 4.16

Zwischenstaatliche Verständigungsverfahren. Bei Verständigungsverfahren entsprechend Art. 25 OECD-MA ist wegen der Zurechnung des Einkommens an den Organträger die Selbstbetroffenheit der Organgesellschaft (die „für sie" eintretende abkommenswidrige Besteuerung) zweifelhaft. Bei Organschaften empfiehlt sich angesichts bestehender Unsicherheiten[6] eine gemeinsame Antragstellung von Organgesellschaft und Organträger.[7] 4.17

Außenprüfung. Die Außenprüfung eines Organkreises erfolgt nicht innerhalb eines einheitlichen Verfahrens. Entsprechend der verfahrensrechtlichen Trennung ist Prüfungsgegenstand der Außenprüfung nicht der gesamte Organkreis. Auch bei der steuerlichen Außenprüfung bleibt es bei der verfahrensrechtlichen Eigenständigkeit von Organgesellschaft und Organträger.[8] Vielmehr wird für jedes Unternehmen innerhalb des Organkreises eine selbständige Prüfung angeordnet.[9] Organgesellschaft und Organträger bleiben selbst bei der koordinierten Konzernbetriebsprüfung[10] eigenständige Prüfungssubjekte, die aufgrund selbständiger Prüfungsanordnungen mit den jeweiligen Mitwirkungspflichten geprüft werden können, ohne dass eine konzernübergreifende Gesamtprüfung stattfindet.[11] Auch eine Konzernbetriebsprüfung setzt sich aus einer Mehrzahl von rechtlich selbständigen Außenprüfungen der jeweiligen 4.18

---

1 FinMin. NW v. 7.5.1990, AO-Kartei NW § 26 AO Karte 803 II, KSt-Kartei NW §§ 14–19 KStG Karte 19, Rz. 1.2.3.
2 So etwa in Hessen (§ 6 Nr. 3 DelegationsVO v. 12.12.2007) und in Thüringen (§ 4 ThürFA-ZustVO v. 2.7.1998), gestützt auf § 17 Abs. 2 Satz 3 FVG.
3 *Hendricks*, Ubg 2011, 711 (713).
4 AEAO zu § 89 AO, Rz. 3.6.4; dagegen aber *Roser* in Gosch, § 89 AO Rz. 65 (Stand: September 2016) sowie *Seer* in Tipke/Kruse, § 89 AO Rz. 36 (Stand: Januar 2017) mwN.
5 Kritisch bereits *Hendricks*, Ubg 2011, 711 (713). Zur Neuregelung s. Rz. 4.44.
6 Vgl. obiter dictum in FG München v. 28.10.2008 – 6 K 2831/97, juris.
7 *Flüchter* in Schönfeld/Ditz, Art. 25 OECD-MA Rz. 47, 58.
8 Näher *Drüen*, StbJb. 2006/2007, 273 (300 f.).
9 *Hendricks*, Ubg 2011, 711 (714); *Vogelsang* in Vogelsang/Stahl, Betriebsprüfungs-Handbuch, Kapitel B Rz. 62; *Wenzig*, Die steuerliche Groß- und Konzernbetriebsprüfung, Rz. 13.
10 Für Unternehmen, die zu einem Konzern i.S.d. § 18 AktG gehören und deren Außenumsätze insgesamt mindestens 25 Millionen Euro betragen, ist nach verwaltungsinterner Regelung eine koordinierte Prüfung vorgesehen (§ 13 BpO; zu Einzelheiten der „Konzernprüfung" nach § 13 BpO *Harle/Olles*, Die moderne Betriebsprüfung³, Rz. 191 ff.), für andere verbundene Unternehmen ist eine solche möglich (Soll-Vorschrift, § 18 BpO).
11 *Drüen*, StbJb. 2006/2007, 273 (300); *Seer* in Tipke/Kruse, § 193 AO Rz. 16 (Stand: Oktober 2013).

einzelnen Unternehmen des Konzernverbundes zusammen, die nur zeitlich und organisatorisch koordiniert werden.[1] Die Prüfungen der einzelnen Konzernunternehmen sind auch bei einer „Konzernprüfung" rechtlich selbständige Prüfungen, weshalb für jedes zu prüfende Unternehmen eine eigenständige Prüfungsordnung vom örtlich zuständigen Finanzamt zu erlassen ist.[2] Die Prüfungszuständigkeit konzernzugehöriger Unternehmen geht *nicht* automatisch bei einer „Konzernprüfung" auf die Betriebsprüfungsstelle des Finanzamts der Konzernspitze über[3]. Die verfahrensrechtliche Selbständigkeit der Prüfungen kann dazu führen, dass sich für den Organträger auch noch nach Abschluss der ihn betreffenden Außenprüfung im Rahmen der Korrekturvorschriften noch Änderungen aufgrund einer nachlaufenden Außenprüfung der Organgesellschaft ergeben.

4.19 **Keine erweiterte Feststellungswirkung.** Die Schwachstellen der verfahrensrechtlichen Selbständigkeit von Organgesellschaft und Organträger zeigten sich schonungslos im Urteilsfall des BFH v. 6.3.2008.[4] In diesem Fall war es mangels entsprechender Rechtsgrundlage nicht möglich, eine nachträgliche Änderung in einem Gewinnfeststellungsbescheid einer Tochtergesellschaft der Organgesellschaft auf der Ebene der Organträgerin umzusetzen. Die Bindungswirkung der Feststellung reichte aus Sicht des BFH nicht hinauf bis auf die Ebene des Organträgers.

Fallbeispiel:[5]

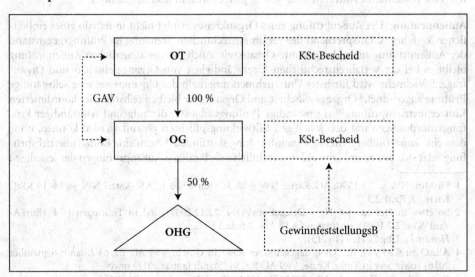

4.20 **„Offenhalten" als vorläufige Praxislösung.** Als Reaktion auf dieses Urteil versuchten die Finanzbehörden zunächst, die Körperschaftsteuerbescheide der Organträger solange nach §§ 164, 165 AO „offenzuhalten", bis nicht mehr mit Änderungen der Gewinnzurechnung der Organgesellschaften zu rechnen war. Dies führte in der Praxis zur Verlängerung des Besteue-

---

1 *Stahl* in Vogelsang/Stahl, Betriebsprüfungs-Handbuch, Kapitel E Rz. 55.
2 *Harle/Olles*, Die moderne Betriebsprüfung³, Rz. 222.
3 *Harle/Olles*, Die moderne Betriebsprüfung³, Rz. 222.
4 BFH v. 6.3.2008 – IV R 74/05, BStBl. II 2008, 663 = GmbHR 2008, 838 = FR 2009, 45.
5 Der pathologische Fall, nachgebildet BFH v. 6.3.2008 – IV R 74/05, BStBl. II 2008, 663 = FR 2009, 45, Grafik nach *Teiche*, DStR 2013, 2197 (2200).

rungsverfahrens beim Organträger bis zum unabänderlichen Abschluss aller Verfahren bei den Organgesellschaften.[1] Letztlich trat demzufolge im Organkreis erst dann Rechtssicherheit ein, nachdem sämtliche Organgesellschaften und der Organträger endgültig veranlagt waren. Ein unbegrenztes „Offenhalten" stößt indes wegen der verfahrensrechtlich unkoordinierten Festsetzungsfristen[2] für die Bescheide von Organträger und Organgesellschaft[3] an Grenzen. Die obersten Finanzbehörden des Bundes und der Länder strebten daher dem Vernehmen nach zur Lösung des Problems entweder eine Änderung des § 15 KStG und damit eine Erstreckung der Grundlagenwirkung des Feststellungsbescheids auch auf den Organträger (sog. kleine Lösung) oder aber als „große Lösung" die Normierung eines gesonderten Feststellungsverfahrens für das Organeinkommen einschließlich aller für die Besteuerung des Organträgers relevanten steuerlichen Daten der Organgesellschaft an.[4]

II. Feststellungsverfahren bei der körperschaftsteuerlichen Organschaft (§ 14 Abs. 5 KStG)

1. Gesonderte und einheitliche Feststellung nach § 14 Abs. 5 KStG

Einführung eines Feststellungsverfahrens.[5] Wegen der bisherigen verfahrensrechtlichen Schwachstellen ist mehrfach die Forderung einer verfahrensmäßigen Anordnung einer Feststellung des Einkommens der Organgesellschaft als Grundlagenbescheid des Organträgers erhoben worden.[6] Der Gesetzgeber hat sie ab 2014 durch § 14 Abs. 5 KStG aufgegriffen. Diese Regelung dient ausweislich der Beschlussempfehlung des Finanzausschusses dem Interesse der Verfahrensökonomie, der Rechtssicherheit und einer gleichmäßigen Besteuerung.[7] Das Feststellungsverfahren gilt nur für die Körperschaftsteuer, nicht dagegen für die Gewerbesteuer (s. Rz. 4. 58). Ein paralleles umsatzsteuerrechtliches Organschaft-Feststellungsverfahren ist zwar rechtspolitisch diskutiert, aber bislang wegen der damit verbundenen Erklärungslasten nicht verwirklicht worden.[8]

4.21

Zeitlicher Anwendungsbereich. Durch das Gesetz zur Änderung und Vereinfachung der Unternehmensbesteuerung und des steuerlichen Reisekostenrechts[9] hat der Gesetzgeber ein Verfahren zur gesonderten und einheitlichen Feststellung von Besteuerungsgrundlagen nach §§ 179 ff. AO für die Besteuerung ertragsteuerlicher Organschaften eingeführt. Dieses neue Feststellungsverfahren gilt erstmals für Feststellungszeiträume, die nach dem 31.12.2013 beginnen (§ 34 Abs. 9 Nr. 9 KStG). Der zeitliche Anwendungsbereich der Neuregelung umfasst

4.22

---

1 Plastisch *Rödder*, Ubg 2012, 717 (723): „faktisch kein Abschluss, bis die Organgesellschaften ‚durch' sind".
2 Mangels eines Grundlagenbescheids gelten § 171 Abs. 10 AO und § 181 Abs. 5 AO bislang nicht.
3 *v. Wolfersdorff/Rödder/Schmidt-Fehrenbacher/Beisheim/Gerner*, DB 2012, 2241 (2246).
4 Zu Letzterem *Dötsch* in FS Herzig, 243 (255).
5 Zur Neuregelung bereits vertiefend *Drüen*, Der Konzern 2013, 433.
6 Vgl. BMF, Bericht der Facharbeitsgruppe „Verlustverrechnung und Gruppenbesteuerung", 2011, 139; *Ismer*, DStR 2012, 821 (828); zuvor *v. Wolfersdorff/Rödder/Schmidt-Fehrenbacher/Beisheim/Gerner*, DB 2012, 2241 (2247); *Rödder*, Ubg 2012, 717 (723); offenlassend *v. Groll*, DStR 2004, 1193 (1197).
7 BT-Drucks. 17/11180, 2.
8 *Filtzinger*, StbJb. 2016/2017, 495 (509).
9 Gesetz v. 20.2.2013, BGBl. I 2013, 285 (289 f.). Der Bundesrat stimmte dem Gesetz in der Fassung des Buchstaben a der Beschlussempfehlung des Finanzausschusses (BT-Drucks. 17/11180) mit einigen Änderungen durch den Vermittlungsausschuss (BT-Drucks. 17/11841) am 1.2.2013 zu (BR-Drucks. 34/13).

wegen des technischen Umstellungsaufwands[1] erst Veranlagungszeiträume ab dem Jahre 2014.

4.23 **Gesonderte Feststellung.** § 14 Abs. 5 Satz 1 KStG legt fest, dass das dem Organträger zuzurechnende Einkommen der Organgesellschaft und damit zusammenhängende andere Besteuerungsgrundlagen gegenüber dem Organträger und der Organgesellschaft gesondert und einheitlich festgestellt werden. Die Norm ordnet damit abweichend von § 157 Abs. 2 AO eine Feststellung nach § 179 AO an, die „sonst in den Steuergesetzen bestimmt ist".[2] § 14 Abs. 5 Satz 1 KStG ordnet die Feststellung als „gesondert und einheitlich" an. Gesondert erfolgt die Feststellung von Besteuerungsgrundlagen nur ausnahmsweise für gesetzlich bestimmte Fälle.[3] Denn die Steuer wird in der Regel auf der Grundlage eines einheitlichen Besteuerungsverfahrens festgesetzt.[4] Diese verfahrensrechtliche Einheit bezweckt eine Verwaltungskonzentration.[5] Abweichungen von der Einheit des Steuerfestsetzungsverfahrens unterliegen dem Gesetzesvorbehalt.[6] Eine Ausnahme von diesem Grundsatz der integrierten Zugrundelegung der Besteuerungsgrundlagen enthält § 157 Abs. 2 Halbs. 2 i.V.m. § 179 Abs. 1 Satz 1 AO, wonach diese durch Feststellungsbescheid gesondert festgestellt werden, soweit dies gesetzlich bestimmt ist. Diese Bestimmung trifft nunmehr § 14 Abs. 5 KStG ab 2014. Gesondert erfolgt die Feststellung dabei in einem eigenständigen Feststellungsverfahren durch einen Feststellungsbescheid als eigenen Verwaltungsakt.[7] Der Feststellungsbescheid nach § 14 Abs. 5 KStG ergeht gesondert von den Steuerbescheiden gegen Organgesellschaft und Organträger.[8] Dadurch ist die Richtigkeit der einzelnen Feststellungen für den Steuerpflichtigen leichter als bisher zu überprüfen. Im Gegensatz zum alten Recht, bei dem der Endbescheid für den Organträger nur eine Summe für den ganzen Organkreis enthält, trifft der jeweilige Feststellungsbescheid nun Aussagen zu der einzelnen Organschaft.[9] Der infolge dieser verfahrensrechtlichen „Parzellierung" entstehende administrative Mehraufwand[10] für die neue Feststellungserklärung soll aus Sicht der Praxis tolerabel sein.[11]

4.24 **Einheitliche Feststellung.** § 14 Abs. 5 Satz 1 KStG trifft eine gesetzliche Anordnung i.S.d. § 179 Abs. 2 Satz 2 Alt. 1 AO. Darum erfolgt die Feststellung „einheitlich", obwohl die allgemeine Voraussetzung des § 179 Abs. 2 Satz AO, wonach der Gegenstand der Feststellung mehreren Personen zuzurechnen sein muss,[12] nicht ohne weiteres erfüllt ist.[13] Die Feststellung

---

1 *Korn*, SteuK 2013, 111 (115).
2 § 180 AO erfasst nur Hauptfälle gesonderter Feststellung und ist bereits nach seinem Wortlaut nicht abschließend („insbesondere").
3 *Birk/Desens/Tappe*, Steuerrecht[20], Rz. 530 ff.
4 *Brandis* in Tipke/Kruse, Vor 179 AO Rz. 1 (Stand: April 2017); *Koenig* in Koenig[3], § 179 AO Rz. 2.
5 *Seer* in Tipke/Lang, Steuerrecht[23], § 21 Rz. 117.
6 *Söhn* in H/H/Sp, § 179 AO Rz. 27 (Stand: November 2010).
7 Allgemein *Brandis* in Tipke/Kruse, § 179 AO Rz. 5 (Stand: April 2017).
8 *v. Wolfersdorff/Rödder/Schmidt-Fehrenbacher/Beisheim/Gerner*, DB 2012, 2241 (2246).
9 *v. Wolfersdorff/Rödder/Schmidt-Fehrenbacher/Beisheim/Gerner*, DB 2012, 2241 (2247).
10 *Stangl/Brühl*, Der Konzern 2013, 77 (106).
11 *v. Wolfersdorff/Rödder/Schmidt-Fehrenbacher/Beisheim/Gerner*, DB 2012, 2241 (2247).
12 Allgemein *Brandis* in Tipke/Kruse, § 179 AO Rz. 4 (Stand: April 2017); *Kunz* in Gosch, § 179 AO Rz. 23 (Stand: August 2003).
13 Anstelle der gemeinschaftlichen Zurechnung entsprechend § 39 Abs. 2 Satz 2 AO an mehrere Beteiligte kommt es bei der Organschaft zur „Zurechnung" beim Organträger und zur spiegelbildlichen „Abrechnung" bei der Organgesellschaft.

erfolgt trotz der materiellen Zurechnung des „Fremdeinkommens"[1] bei dem Organträger nach § 14 Abs. 1 KStG einheitlich gegenüber Organgesellschaft und Organträger. Durch die Einheitlichkeit der Feststellung wird die inhaltsgleiche Geltung gegenüber allen Beteiligten bezweckt.[2] Dadurch sollen divergierende Entscheidungen bei den Beteiligten verhindert werden.

2. Gegenstand der Feststellungen nach § 14 Abs. 5 KStG

a) „Das dem Organträger zuzurechnende Einkommen der Organgesellschaft"

Einkommensermittlung. An erster Stelle ist nach § 14 Abs. 5 Satz 1 KStG „das dem Organträger zuzurechnende Einkommen der Organgesellschaft" gesondert und einheitlich festzustellen. Die bisherige selbständige Ermittlung des Einkommens der Organgesellschaft ändert sich durch die Einführung der gesonderten und einheitlichen Feststellung nicht. Festgestellt wird das (Brutto[3]-) Einkommen vor der Zurechnung zum Organträger.[4] Es ermittelt sich weiterhin wie folgt:[5]

4.25

	Jahresüberschuss/-fehlbetrag der Organgesellschaft lt. Handelsbilanz
+/-	Korrekturen nach § 60 Abs. 2 EStDV
=	Steuerlicher Gewinn/Verlust der Organgesellschaft
+	Nicht abziehbare Aufwendungen, insbesondere § 4 Abs. 5 EStG
-	Steuerfreie Einnahmen (außer § 8b KStG und nach DBA steuerfreie Einnahmen)
+/-	Sonstige Korrekturen
+/-	Abgeführter Gewinn[6]/Ausgeglichener Fehlbetrag
=	Zwischensumme
-	Eigener Spendenabzug der Organgesellschaft
=	**Dem Organträger zuzurechnendes Einkommen der Organgesellschaft (nach § 14 Abs. 1, 5 Satz 1 KStG)**

Unklare verfahrensrechtliche Verortung der Einkommensermittlung. Ob auch die Einkommensermittlung selbst durch die Einführung von § 14 Abs. 5 KStG aus der bisherigen Körperschaftsteuerfestsetzung „ausgeschnitten" und dem Feststellungsverfahren übertragen wird, liegt im Dunkeln. Darum ist die Frage, ob sie nunmehr Teil der bindenden Feststellung ist und der Körperschaftsteuerbescheid der Organgesellschaft dadurch im Regelfall[7]

4.26

---

1 Zu dieser Qualifikation *Jesse*, DStZ 2001, 113 (116); *Müller/Stöcker/Lieber*, Die Organschaft[10], Rz. 467 mwN.
2 Allgemein *Koenig* in Koenig, AO[3], § 179 Rz. 19; *Rödder/Liekenbrock* in Rödder/Herlinghaus/Neumann, § 14 KStG Rz. 760.
3 Steuerbefreiungen und Hinzurechnungen werden erst beim Organträger relevant und sind zuvor als „zusammenhängende andere Besteuerungsgrundlagen" nach § 14 Abs. 5 Satz 1 Alt. 2 KStG festzustellen (*Brinkmann*, StBp 2016, 189 [193]).
4 *Dötsch* in Dötsch/Pung/Möhlenbrock, § 14 KStG Rz. 1138 (Stand: August 2016).
5 Darstellung in Anlehnung an *Dorenkamp* in HHR, § 14 KStG Anm. 371 (Stand: September 2016); *Dötsch* in Dötsch/Pung/Möhlenbrock, § 14 KStG Rz. 696, 699 (Stand: August 2016); *Walter* in Ernst & Young, § 14 KStG Rz. 824 (Stand: Oktober 2017).
6 Zur Feststellung der Gewinnabführung *Brinkmann*, StBp 2016, 189 (193).
7 Sofern die Organgesellschaft keine Ausgleichszahlungen nach § 16 KStG als eigenes Einkommen zu versteuern hat, vgl. *Dötsch* in Dötsch/Pung/Möhlenbrock, § 14 KStG Rz. 1144, 1145 (Stand: August 2016).

zur leeren Hülle wird, offen.[1] Die Deutung, der Gesetzgeber habe ein neues Feststellungsverfahren für organschaftsbezogene Einkommensermittlung, Einkommenszurechnung und Steueranrechnung geschaffen,[2] ist möglich, aber nicht zwingend.

b) „Damit zusammenhängende andere Besteuerungsgrundlagen"

4.27 **Zinsen, Dividenden, etc.** Nach § 14 Abs. 5 Satz 1 KStG beschränkt sich die Feststellung nicht auf das dem Organträger zuzurechnende Einkommen der Organgesellschaft, sondern umfasst auch „damit zusammenhängende andere Besteuerungsgrundlagen".[3] Diese Formulierung bedarf wegen der damit verbundenen Bindungswirkung der Auslegung.[4] Darunter fallen Besteuerungsgrundlagen, die in einem rechtlichen, wirtschaftlichen oder tatsächlichen Zusammenhang mit den festgestellten Einkünften stehen, aber bei der Ermittlung dieser Einkünfte nicht unmittelbar zu berücksichtigen sind.[5] Eine gesetzliche Verankerung finden diese Vorgaben in § 15 KStG, der besondere Vorschriften für die Einkommensermittlung der Organgesellschaft enthält.[6] Relevant für die Besteuerung des Organträgers sind im Einzelnen im Gewinn enthaltene Dividenden i.S.d. § 8b KStG bzw. § 3 Nr. 40 lit. d) EStG und hiermit zusammenhängende Ausgaben nach § 3c Abs. 2 EStG, Zinsaufwendungen, Zinserträge und Abschreibungen im Sinne der Zinsschranke nach § 4h EStG und § 8a KStG sowie die Gesamtsumme der Einkünfte der Organgesellschaft für Zwecke der Höchstbetragsberechnung nach § 34c EStG beim Organträger.[7] Zudem bedarf es einer Feststellung der im Einkommen der Organgesellschaft enthaltenen Dauerverlustgeschäfte nach § 8 Abs. 7 KStG, enthaltener gesonderter Verlustverrechnungskreise für die spartenbezogene Betrachtung nach § 8 Abs. 9 KStG und nach DBA steuerfreier Gewinnanteile sowie entsprechender Aufwendungen (vgl. § 15 KStG). Auch die Anteile am Übernahmeverlust nach § 4 Abs. 6 UmwStG sind festzustellen.[8]

4.28 **Mehr- und Minderabführungen.** Darüber hinaus sind auch Mehr- und Minderabführungen[9] jedenfalls[10] aus organschaftlicher Zeit[11] wegen ihrer Bindungswirkung für die gesonderte

---

1 *Rödder*, Ubg 2012, 717 (723) zählt die Einkommensermittlung nicht als Teil des neuen Feststellungsverfahrens auf. Nach *Dötsch* in Dötsch/Pung/Möhlenbrock, § 14 KStG Rz. 1145 (Stand: August 2016) erfolgt die Ermittlung des Einkommens indes im Feststellungsbescheid. Zur Deutungsoffenheit der gesetzlichen Anordnung kritisch bereits *Drüen*, Der Konzern 2013, 433 (445 ff.).
2 So *U. Prinz*, GmbHR 2013, 39 (40).
3 Kritisch zur unklaren Formulierung *Olbing* in Streck[8], § 14 KStG Rz. 172.
4 Näher zu diesem größeren „Rätsel" des § 14 Abs. 5 KStG *Brinkmann*, StBp 2016, 189 (193 ff.).
5 So zur Feststellung bei Mitunternehmerschaften AEAO zu § 180 Nr. 1 Satz 3; ebenso *Brandis* in Tipke/Kruse, § 180 AO Rz. 64 (Stand: April 2017).
6 *Dorenkamp* in HHR, § 14 KStG Anm. 371 (Stand: September 2016).
7 Insoweit besteht eine Parallele zur bisherigen internen Mitteilung „MO".
8 *Dötsch* in Dötsch/Pung/Möhlenbrock, § 14 KStG Rz. 1139 (Stand: August 2016); *Frotscher* in Frotscher/Drüen, § 14 KStG Rz. 931 (Stand: April 2015).
9 *Krumm* in Blümich, § 14 KStG Rz. 304 (Stand: März 2016); eingehend zu den Auswirkungen der Einführung des Feststellungsverfahrens auf die Mehr- und Minderabführungen *Franzen/Graessner*, NWB 2016, 1975 ff.
10 Nach hM (*Neumann* in Gosch[3], § 14 KStG Rz. 529c *Krumm* in Blümich, § 14 KStG Rz. 304 [Stand: März 2016]; *Dorenkamp* in HHR, § 14 KStG Anm. 372 [Stand: September 2016]; *Franzen/Graessner*, NWB 2016, 1975 [1979]) sollen auch Mehr- und Minderabführungen aus vororganschaftlicher Zeit gesondert festgestellt werden (aA *Brink* in Schnitger/Fehrenbacher[2], § 14 KStG Rz. 682r). Das Gesetz beantwortet diese Frage nicht eindeutig (*Brinkmann*, StBp 2016, 189 [195]).
11 Für während des Bestehens der Organschaft verursachte Mehr- und Minderabführungen sind zur Vermeidung einer Doppel- oder Nichtbesteuerung von Einkommen im Organkreis organ-

Feststellung des steuerlichen Einlagekontos der Organgesellschaft (§ 27 Abs. 6 KStG) festzustellen.[1] Dass die tatbestandlichen Voraussetzungen dieser Norm auf der Ebene der Organgesellschaft denen des § 14 Abs. 4 Satz 1 KStG über die Bildung eines Ausgleichspostens in der Steuerbilanz des Organträgers entsprechen,[2] spricht für ihre Einbeziehung in die bindende Feststellungswirkung. Denn der Bildung, Änderung und Auflösung von Ausgleichsposten kann über ihren Einfluss auf die Steuerbilanz materielle Bedeutung für die laufende Besteuerung des Organträgers[3] und damit für dessen Körperschaftsteuerbescheid zukommen.[4] Bei einer solchen Erstreckung der Bindungswirkung ist indes zu bedenken, dass das für das Feststellungsverfahren zuständige Finanzamt der Organgesellschaft kaum über alle Informationen für die (ggf. anteilige) Bildung, Fortführung und Auflösung des Ausgleichspostens beim Organträger[5] verfügen wird. Darum bleibt ein vorgängiger informeller Informationsaustausch erforderlich und die Folge der Absicherung einer späteren Korrektur durch Anbringung eines Vorbehalts der Nachprüfung (§ 164 AO) liegt nahe. Dieser verwaltungspragmatischen Überbrückung der Informationslücken steht freilich die verfahrensrechtliche Offenheit der Feststellung entgegen.

Negativausgrenzung. Anders als bei Personengesellschaften erfolgt jedoch keine gesonderte Feststellung geleisteter Spenden.[6] Sowohl die Organgesellschaft als auch der Organträger verfügen aufgrund ihrer körperschaftsteuerrechtlichen Eigenständigkeit über einen eigenen, von der Organschaft unabhängigen Spendenabzug.[7] Ebenso ist die Anerkennung des Gewinnabführungsvertrags keine gesondert festzustellende Besteuerungsgrundlage.[8] Die an außenstehende Anteilseigner geleisteten Ausgleichszahlungen sind ebenfalls nicht in die Feststellung einzubeziehen.[9]

4.29

---

schaftliche Ausgleichsposten zu bilden (§ 14 Abs. 4 KStG). Dabei lässt die gesetzliche Regelung eine Fülle von Zweifels-, Abgrenzungs- und Rechtsfolgefragen offen (vgl. nur *Schumacher* in FS H. Schaumburg, 477; *Sedemund*, DB 2010, 1255; eingehend *v. Freeden*, Minder- und Mehrabführungen nach § 14 Abs. 4, § 27 Abs. 6 KStG, 2011, 23 ff.).

1 BT-Drucks. 17/11217, 10; *Dötsch/Pung*, DB 2013, 305 (313); *Dötsch* in Dötsch/Pung/Möhlenbrock, § 14 KStG Rz. 1141 (Stand: August 2016); *Rödder*, Ubg 2012, 717 (723); *Krumm* in Blümich, § 14 KStG Rz. 304 (Stand: März 2016); *N. Schneider*, StBJb 2012/2013, 93 (119); aA *Frotscher* in Frotscher/Drüen, § 14 KStG Rz. 938 (Stand: April 2015); kritisch jüngst *Brink* in Schnitger/Fehrenbacher[2], § 14 KStG Rz. 6820.
2 *Dorenkamp* in HHR, § 14 KStG Anm. 372 (Stand: September 2016); *v. Freeden*, Minder- und Mehrabführungen nach § 14 Abs. 4, § 27 Abs. 6 KStG, 2011, 89 f.
3 *v. Freeden*, Minder- und Mehrabführungen nach § 14 Abs. 4, § 27 Abs. 6 KStG, 77.
4 Bisher sind die Angaben zu Mehr- und Minderabführungen und Ausgleichsposten beim Organträger Teil der Anlage „ORG", vgl. *Frotscher*, Körperschaft-/Gewerbesteuererklärung 2012, 168 (172 f.) und gehen über den Vordruck „KSt 1 A" direkt in die Festsetzung der Körperschaftsteuer ein.
5 Zu Einzelfragen der (anteiligen) Bildung, Fortführung und Auflösung eines Ausgleichspostens in der Steuerbilanz des Organträgers zusammenfassend *v. Freeden*, Minder- und Mehrabführungen nach § 14 Abs. 4, § 27 Abs. 6 KStG, 76 ff.
6 Ebenso *Brinkmann*, StBp 2016, 189 (195); *Krumm* in Blümich, § 14 KStG Rz. 304 (Stand: März 2016).
7 *Herlinghaus* in Herzig, Organschaft, 119 (133, 137 f.); *Walter* in Ernst & Young, § 14 KStG Rz. 856 (Stand: November 2016); kritisch *Dötsch* in Dötsch/Pung/Möhlenbrock, § 14 KStG Rz. 700 ff. (Stand: August 2016); für eine Feststellung von Spenden zur Ermittlung des vortragsfähigen EBITDA: *Frotscher* in Frotscher/Drüen, § 14 KStG Rz. 931 (Stand: April 2015).
8 *Frotscher* in Frotscher/Drüen, § 14 KStG Rz. 931 (Stand: April 2015); aA *Stangl/Brühl*, Der Konzern 2013, 77 (105).
9 *Dorenkamp* in HHR, § 14 KStG Anm. 371 (Stand: September 2016); *Dötsch* in Dötsch/Pung/Möhlenbrock, § 14 KStG Rz. 1138 (Stand: August 2016); *Rödder/Liekenbrock* in Rödder/Herlinghaus/

4.30 **Mehrzahl von Feststellungen.** Die verschiedenen Feststellungen nach § 14 Abs. 5 Satz 1 KStG stehen nebeneinander. Satz 2 verwendet für sie explizit den Plural („die Feststellungen nach Satz 1"). Soweit in einem Feststellungsbescheid eine notwendige Feststellung unterbleibt, ist diese nach § 179 Abs. 3 AO in einem Ergänzungsbescheid nachzuholen. Nicht getroffene Feststellungen dürfen nicht auf informellem Weg Einzug in die Besteuerung des Organträgers finden;[1] eine Nichtfeststellung steht einer Null-Feststellung gleich. Von der lückenhaften Feststellung ist indes die fehlerhafte Feststellung (insbesondere fehlerhafte „Null"-Feststellung) abzugrenzen, bei der eine „ergänzende" Feststellung nach § 179 Abs. 3 AO ausscheidet.[2] Auch bei unvollständigen Feststellungen dürfen Änderungen bzw. Ergänzungen im Rahmen eines Ergänzungsbescheids nach § 179 Abs. 3 AO nur unter den Voraussetzungen einer gesetzlichen Korrekturnorm vorgenommen werden, weil § 179 Abs. 3 AO selbst keine Korrekturvorschrift darstellt.[3]

c) Anzurechnende Steuern

4.31 **Gleichgeordnete Feststellung.** Nach § 14 Abs. 5 Satz 3 KStG gelten in Anlehnung an § 180 Abs. 5 Nr. 2 AO[4] die Sätze 1 und 2 mit der Folge einer bindenden Feststellung entsprechend für von der Organgesellschaft geleistete Steuern, die auf die Steuer des Organträgers anzurechnen sind.[5] Diese weitere Feststellung steht als Teil eines einheitlichen Feststellungsverfahrens neben den Feststellungen nach § 14 Abs. 5 Satz 1 KStG. Eine Verfahrensstufung, bei der die Feststellung nach Satz 3 Gegenstand eines isolierten Feststellungsbescheids und Folgebescheid der Feststellung nach Satz 1 wäre,[6] hätte einer besonderen gesetzlichen Anordnung bedurft. Mangels dieser sind alle auf der Rechtsgrundlage des § 14 Abs. 5 KStG beruhenden Feststellungen gleichgeordnete Teile des einheitlichen Feststellungsbescheids.[7] Die Feststellung der anrechenbaren Steuern ist zwingend; insoweit besteht kein Ermessen für die Finanzverwaltung. Insbesondere darf nicht in Fällen geringerer Bedeutung nach § 180 Abs. 3 Satz 1 Nr. 2 AO von der Feststellung abgesehen werden.[8]

4.32 **Einzelne anzurechnende Steuern.** § 14 Abs. 5 Satz 3 KStG erfasst zunächst die unter § 19 Abs. 5 KStG fallenden Steuern, insbesondere von der Organgesellschaft geleistete Kapitalertragsteuer[9] und der entsprechende Solidaritätszuschlag,[10] sowie die Abzugsteuer auf Li-

---

Neumann, § 14 KStG Rz. 761; *Brink* in Schnitger/Fehrenbacher[2], § 14 KStG Rz. 682s; aA aber *Neumann* in Gosch[3], § 14 KStG Rz. 529c.

1 *Frotscher* in Frotscher/Drüen, § 14 KStG Rz. 930 (Stand: April 2015).
2 BFH v. 22.10.1998 – I R 122/97, BStBl. II 1999, 101 (102) = FR 1999, 213.
3 *Brandis* in Tipke/Kruse, § 179 AO Rz. 22 (Stand: April 2017); *Söhn* in H/H/Sp, § 179 AO Rz. 310 f. (Stand: November 2010).
4 *Jesse*, FR 2013, 681 (689).
5 Beispiele bei *Brinkmann*, StBp 2016, 189 (196 f.).
6 Dafür *Stangl/Brühl*, Der Konzern 2013, 77 (105 f.).
7 Zustimmend *Dorenkamp* in HHR, § 14 KStG Anm. 382 (Stand: September 2016); *Rödder/Liekenbrock* in Rödder/Herlinghaus/Neumann, § 14 KStG Rz. 770; *Brink* in Schnitger/Fehrenbacher[2], § 14 KStG Rz. 683u.
8 *Frotscher* in Frotscher/Drüen, § 14 KStG Rz. 941 (Stand: April 2015).
9 *Dötsch/Pung*, DB 2013, 305 (313).
10 Im Gegensatz zum engeren Wortlaut des § 180 Abs. 5 Nr. 2 AO, dazu *Brandis* in Tipke/Kruse, § 180 Rz. 104 (Stand: April 2017).

zenzeinnahmen[1] und die Bauabzugsteuer.[2] Für ausländische Steuern i.S.d. § 26 KStG kann das Wahlrecht des § 34c EStG von der Organgesellschaft selbst ausgeübt werden.[3] Bei der Wahl der Anrechnung werden die Steuern jedoch auf die festgesetzte Körperschaftsteuer des Organträgers angerechnet,[4] so dass sie ebenfalls gesondert und einheitlich festzustellen sind. Nicht festgestellt werden dürfen ausländische Steuern, die nach § 26 Abs. 6 Satz 1 KStG i.V.m. § 34c Abs. 3 EStG zwingend von der Bemessungsgrundlage abzuziehen sind, weil diese Steuern schon dem Grunde nach nicht anrechenbar sind und das festgestellte Einkommen bereits gemindert haben.[5]

Entsprechende Anwendung. Die Formulierung „entsprechend" in § 14 Abs. 5 Satz 3 KStG knüpft an § 180 Abs. 5 AO an.[6] Sie verdeutlicht, dass die anzurechnenden Steuern weder Teil des „Organeinkommens" noch „andere Besteuerungsgrundlagen" sind. Wie bei § 180 Abs. 5 AO werden außerhalb des eigentlichen Feststellungsbereichs liegende steuererhebliche Sachumstände im Wege eines kombinierten Feststellungsbescheids in das Feststellungsverfahren einbezogen und faktisch zusammengefasst.[7] Dabei entfaltet die getroffene Feststellung nach § 14 Abs. 5 Satz 3 KStG als Grundlagenbescheid entsprechend § 182 Abs. 1 Satz 2 AO Bindungswirkung für die Anrechnungsverfügung[8] und einen ggf. nachfolgenden Abrechnungsbescheid i.S.d. § 218 Abs. 2 AO.[9] Sie ersetzt die fehlenden, weil auf die Organgesellschaft ausgestellten, aber für die Steueranrechnung erforderlichen, Steuerbescheinigungen.[10] Eine Auswirkung auf die Verjährung hat die Bindungswirkung für die Anrechnungsverfügung jedoch nicht, weil § 171 Abs. 10 AO im Rahmen der Zahlungsverjährung (§§ 228 ff. AO) nicht anwendbar ist.[11] 4.33

d) Kein formelles Statusfeststellungsverfahren

Jedenfalls faktische Bindung. Aus der deutungsoffenen gesetzlichen Formulierung des § 14 Abs. 5 KStG[12] lässt sich indes nicht ableiten, dass die gesonderte und einheitliche Feststellung auch die förmliche Feststellung über die Anerkennung der steuerrechtlichen Organschaft umfasst.[13] Eine gesonderte und einheitliche Feststellung auf derart vage Formulierun- 4.34

---

1 *Dötsch* in Dötsch/Pung/Möhlenbrock, § 14 KStG Rz. 1148 (Stand: August 2016); *Krumm* in Blümich, § 14 KStG Rz. 308 (Stand: März 2016).
2 *Brinkmann*, StBp 2016, 189 (196).
3 *Geurts* in Ernst & Young, § 26 KStG Rz. 146 (Stand: September 2015); *Frotscher* in Frotscher/Drüen, § 14 KStG Rz. 940 (Stand: April 2015); *Rödder/Liekenbrock* in Rödder/Herlinghaus/Neumann, § 14 KStG Rz. 771.
4 *Frotscher* in Frotscher/Drüen, § 19 KStG Rz. 31 (Stand: April 2015).
5 *Dötsch* in Dötsch/Pung/Möhlenbrock, § 14 KStG Rz. 1148 (Stand: August 2016); *Frotscher* in Frotscher/Drüen, § 14 KStG Rz. 940 (Stand: April 2015).
6 BT-Drucks. 17/10774, 20.
7 So zu § 180 Abs. 5 AO *Brandis* in Tipke/Kruse, § 180 AO Rz. 102 (Stand: April 2017) mwN.
8 *Krumm* in Blümich, § 14 KStG Rz. 309 (Stand: März 2016).
9 Zur systematischen Unabgestimmtheit im Vergleich mit § 182 Abs. 1 Satz 2 AO: *Frotscher* in Frotscher/Drüen, § 14 KStG Rz. 942 (Stand: April 2015); vgl. zu § 180 Abs. 5 Nr. 2 AO *Koenig* in Koenig[3], § 180 AO Rz. 102 mwN.
10 *Frotscher* in Frotscher/Drüen, § 14 KStG Rz. 943 (Stand: April 2015).
11 *Frotscher* in Frotscher/Drüen, § 14 KStG Rz. 944 (Stand: April 2015).
12 Kritisch zur unklaren Reichweite der Bindungswirkung auch *Olbing* in Streck[8], § 14 KStG Rz. 172.
13 So aber die Gesetzesbegründung BT-Drucks. 17/10774, 20, weil „nur dann […] die Rechtsgrundlage für eine Einkommenszurechnung gegeben" sei; dem folgend namentlich *Dötsch/Pung*, DB

gen zu gründen, widerspricht dem Grundsatz gesetzlicher Feststellungsklarheit[1] und damit dem Gebot der Gesetzmäßigkeit der Verwaltung (Art. 20 Abs. 3 GG), sowie dem Gebot effektiven Rechtsschutzes (Art. 19 Abs. 4 GG). Wegen des drohenden Rechtsverlusts bei nicht erkennbarer Grundlagenwirkung muss es für den Steuerpflichtigen aufgrund einer ausdrücklichen gesetzlichen Anordnung erkennbar sein, in welchen Fällen abweichend vom Grundsatz des § 157 Abs. 2 Halbs. 1 AO eine gesonderte Feststellung der Besteuerungsgrundlagen erfolgt. Daran fehlt es indes bei § 14 Abs. 5 KStG.[2]

Aus systematischer Sicht behandelt diese Fragestellung ein vorab zu klärendes Problem: Denn die Frage des Bestehens der Organschaft ist den Feststellungen nach § 14 Abs. 5 KStG vorgelagert, aber nicht mit dieser identisch.[3] Den steuerrechtlich anzuerkennenden Gewinnabführungsvertrag als Vorbedingung einer Zurechnung bei der Organschaft auf die nachrangige Stufe „damit zusammenhängender andere(r) Besteuerungsgrundlagen" (§ 14 Abs. 5 Satz 1 KStG) zu stellen[4], ist nicht nur gekünstelt, sondern widerspricht auch der auf dem Vorrang der „grundlegenden Feststellung" basierenden Gesetzesbegründung.[5] Das Feststellungsverfahren nach § 14 Abs. 5 KStG setzt alle vertraglichen und tatsächlichen Voraussetzungen der Organschaft sowie mit der Zurechnung auch ihre Rechtsfolge voraus, weshalb diese nicht mit der Einkommenszurechnung „zusammenhängen", sondern diese bedingen.[6]

Die ohnehin deutungsfähige Gesetzesbegründung[7] vermag dieses Manko angesichts der höchstrichterlichen, unzweifelhaften Forderung nach einer ausdrücklichen gesetzlichen Anordnung einer Bindungswirkung[8] nicht auszuräumen. Ein isoliertes Statusfeststellungsverfahren, vergleichbar mit § 60a AO, hat der Gesetzgeber gerade nicht in die Organschaftsbesteuerung aufgenommen.[9] Die faktische Bindung der Feststellung nach § 14 Abs. 5 KStG ist unbestritten,[10] die rechtliche Bindung mehr als zweifelhaft.[11] Diese Zweifel sind nicht rein akademischer Natur, auch ranghohe Ministerialbeamte haben „erhebliche Zweifel", ob die Reichweite des Feststellungsverfahrens die Statusfrage einschließt.[12]

2013, 305 (313 f.); *Dötsch* in Dötsch/Pung/Möhlenbrock, § 14 KStG Rz. 1142 (Stand: August 2016).

1 *Drüen*, IStR 2015, 609 (614 f.), *Brandis* in Tipke/Kruse, § 179 AO Rz. 1 (Stand: April 2017).
2 Entlarvend offen *Teiche*, DStR 2013, 2197 (2204): „Welche konkreten Besteuerungsgrundlagen die einheitliche und gesonderte Feststellung i.S.d. § 14 Abs. 5 Satz 1 KStG umfassen wird, steht derzeit noch nicht fest".
3 Zutreffend *Krumm* in Blümich, § 14 KStG Rz. 305 (Stand: März 2016).
4 So aber *Stangl/Brühl*, Der Konzern 2013, 77 (105).
5 BT-Drucks. 17/10774, 20.
6 Für den strukturellen Unterschied der Statusfeststellung spricht auch ein Vergleich mit den sonst unter § 14 Abs. 5 Satz 1 KStG fallenden „anderen Besteuerungsgrundlagen". Dabei handelt es sich zumeist um Gewinne und Verluste der betroffenen Organgesellschaft; Aufzählung bei *Krumm* in Blümich, § 14 KStG Rz. 305 (Stand: März 2016).
7 GlA *Stangl/Brühl*, Der Konzern 2013, 77 (104).
8 BFH v. 11.4.2005 – GrS 2/02, BStBl. II 2005, 679 (683) mwN = FR 2005, 1026 m. Anm. *Kempermann*; ebenso speziell zur Organschaft bereits *Jesse*, DStZ 2001, 113 (116).
9 Ebenso *Brinkmann*, StBp 2016, 189 (191).
10 Dafür *J. Lohmar* in Lademann, § 14 KStG Rz. 732 (Stand: November 2015); *Rödder*, Ubg 2012, 717 (723); *U. Prinz*, GmbHR 2013, 39 (40); *Teiche*, DStR 2013, 2197 (2200); *N. Schneider*, StbJb. 2012/2013, 93 (119).
11 Zum Ganzen näher *Drüen*, Der Konzern 2013, 433 (446 f.).
12 Explizit *Neumann* in Gosch[3], § 14 KStG Rz. 529d.

Praktikerlösung: Auch rechtliche Bindung. Trotz der aufgezeigten Zweifel und der frühzeitig angemahnten gesetzlichen Klarstellung geht die – problemblinde[1] – Praxis davon aus, dass die gesonderte und einheitliche Feststellung nach § 14 Abs. 5 KStG auch die Status-Feststellung über das Bestehen einer steuerrechtlich anzuerkennenden Organschaft mit Bindungswirkung umfasst.[2] Insbesondere die Formulare der Verwaltung bezüglich der Feststellungsbescheide deuten in diese Richtung.[3]   4.35

Problemfall der negativen Statusfeststellung. Nach der Praktikerlösung ist „unklar ..., was geschieht, wenn das Finanzamt ein Organschaftsverhältnis verneint".[4] Nach *Dötsch* „sollte" ein negativer Feststellungsbescheid ergehen.[5] Nach *Müller* besteht dagegen die Pflicht, einen negativen Feststellungsbescheid zu erlassen. Daneben sei ein paralleler Körperschaftsteuerbescheid an die vermeintliche Organgesellschaft zu erlassen, der das von der Kapitalgesellschaft selbst zu versteuernde Einkommen enthält.[6] Organträger und/oder Organgesellschaft müssen danach wegen der angenommenen Bindungswirkung des Feststellungsbescheids nach § 14 Abs. 5 KStG diesen anfechten, weil sonst Bestandskraft in der Statusfrage eintreten soll, auch wenn der Körperschaftsteuerbescheid an die vermeintliche Organgesellschaft angefochten wurde.[7] Das alles legt die beschriebene Unsicherheit und die damit verbundene Rechtsschutzunklarheit offen. Denn im Falle des Nichtbestehens einer Organschaft kann kein negativer Feststellungsbescheid erlassen werden.[8] Insofern stellt sich die Frage, wie im Folgenden gegen diese Entscheidung des Finanzamtes vorgegangen werden könnte. Ein Einspruch der vermeintlichen Organgesellschaft[9] wäre nur gegen den an sie gerichteten Körperschaftsteuerbescheid möglich. Im Rahmen der zu überprüfenden Einkommensermittlung kommt es erneut auf die Beurteilung an, ob aufgrund § 14 Abs. 1 KStG im Falle einer Organschaft eine Zurechnung des Einkommens an den Organträger erfolgen müsste. Die Frage des Bestehens des Organschaftsverhältnisses müsste inzident[10] als Vorfrage erörtert werden.[11] Insgesamt unterstreicht dies die rein faktische, aber nicht rechtliche Bindung.[12]

---

1 Kritisch auch *Krumm* in Blümich, § 14 KStG Rz. 305 (Stand: März 2016).
2 *Dötsch/Pung*, DB 2013, 305 (313 f.); *Dötsch* in Dötsch/Pung/Möhlenbrock, § 14 KStG Rz. 1142 (Stand: August 2016); *Keller*, DStZ 2013, 60 (64); *Lenz/Adrian/Handwerker*, BB 2012, 2851 (2858); *Müller/Stöcker/Lieber*, Die Organschaft[10], Rz. 472; *Schumacher*, Die Organschaft im Steuerrecht[3], 216; *Walter* in Ernst & Young, § 14 KStG Rz. 805.0.2 (Stand: Oktober 2017).
3 Dazu *Dorenkamp* in HHR, § 14 KStG Anm. 372 (Stand: September 2016).
4 So *Müller/Stöcker/Lieber*, Die Organschaft[10], Rz. 472.
5 So vorsichtig *Dötsch* in Dötsch/Pung/Möhlenbrock, § 14 KStG Rz. 1142 (Stand: August 2016).
6 *Müller/Stöcker/Lieber*, Die Organschaft[10], Rz. 472; so auch *Müller* in Mössner/Seeger[3], § 14 KStG Rz. 765; *Olbing*, Stbg 2015, 312 bei Nichterlass eines solchen Bescheids soll eine Verpflichtungsklage erhoben werden.
7 So die Konsequenz von *Müller/Stöcker/Lieber*, Die Organschaft[10], Rz. 472; vgl. auch *Dorenkamp* in HHR, § 14 KStG Anm. 372 (Stand: September 2016), der auch die erhöhte Rechtssicherheit für den Steuerpflichtigen in Zweifel zieht.
8 *Krumm* in Blümich, § 14 KStG Rz. 305 (Stand: März 2016).
9 Der vermeintliche Organträger ist in dieser Konstellation nicht nach § 350 AO beschwert, weil dessen zu versteuerndes Einkommen geringer ist als bei Anerkennung der Organschaft.
10 Auch nach *Rödder/Liekenbrock* in Rödder/Herlinghaus/Neumann, § 14 KStG Rz. 763 ist die Statusfeststellung „rechtslogisch geboten" und daher „zumindest inzidenter" zu prüfen.
11 *Krumm* in Blümich, § 14 KStG Rz. 305 (Stand: März 2016).
12 AA *Rödder/Liekenbrock* in Rödder/Herlinghaus/Neumann, § 14 KStG Rz. 763.

3. Mehrere Feststellungsverfahren

4.36 Mehrere Organgesellschaften. Das Feststellungsverfahren nach § 14 Abs. 5 KStG erfasst das „dem Organträger zuzurechnende Einkommen *der* Organgesellschaft". Es stellt jeweils eine verfahrensrechtliche Verknüpfung zwischen einer Organgesellschaft und dem Organträger dar, gegenüber dem sich die Gesellschaft durch einen Gewinnabführungsvertrag zur Abführung ihres ganzen Gewinns verpflichtet hat. Ein „Gesamt-Feststellungsverfahren" für den gesamten Organkreis sieht das Gesetz nicht vor. Besteht für mehrere Gesellschaften ein Gewinnabführungsvertrag mit der steuerlichen Folge der körperschaftsteuerlichen Organschaft zugunsten desselben Organträgers, so ist vielmehr für jede dieser Organgesellschaften eine eigene Erklärung zu den gesonderten und einheitlichen Feststellungen abzugeben. Es wird für jede Organgesellschaft ein eigener Feststellungsbescheid erlassen, der jeweils nur inter partes, im Verhältnis zu ihrem Organträger, eine Bindungswirkung entfaltet. Es kommt dadurch zu einer Multiplikation *horizontaler* Feststellungsverfahren im Organkreis, die folgendes Schaubild illustriert:

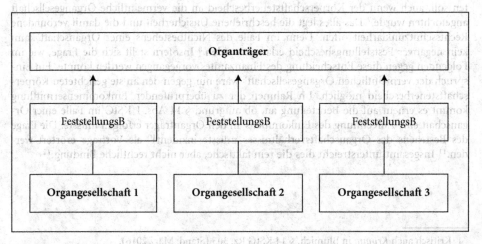

4.37 Kettenorganschaft. Der Organträger einer Gesellschaft kann gleichzeitig Organgesellschaft eines anderen Unternehmens sein, wenn er sich seinerseits verpflichtet hat, seinen ganzen Gewinn – inklusive des zuzurechnenden Gewinns seiner Organgesellschaft (sog. Additionseffekt[1]) – an dieses abzuführen und die sonstigen Voraussetzungen einer körperschaftsteuerlichen Organschaft erfüllt sind. Besteht eine solche Kettenorganschaft, so umfasst die gesonderte und einheitliche Feststellung nach § 14 Abs. 5 KStG nur das jeweilige „dem Organträger zuzurechnende Einkommen der Organgesellschaft" im entsprechenden Organkreis.[2] Es ist für jedes einzelne Organschaftsverhältnis eine eigene Erklärung zu den gesonderten und einheitlichen Feststellungen abzugeben, aufgrund derer ein eigener Feststellungsbescheid erlassen wird. Das multipliziert die *vertikalen* Feststellungsverfahren bei der Kettenorganschaft, die folgendes Schaubild illustriert:

---

1 *Brinkmann*, StBp 2016, 189 (197).
2 *Rödder/Liekenbrock* in Rödder/Herlinghaus/Neumann, § 14 KStG Rz. 760.

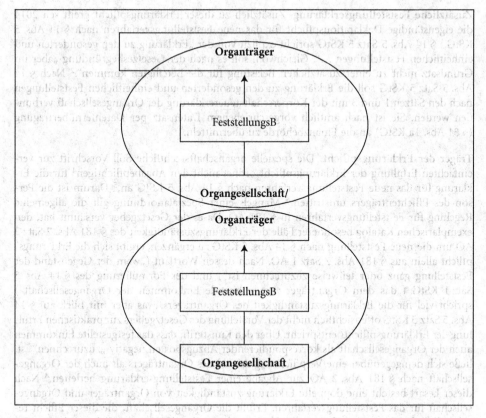

Wie weit die Feststellung im Verhältnis der hybriden Organgesellschaft zu ihrem Organträger an das ihr als Organträger mittels Feststellungsbescheid nach § 14 Abs. 5 KStG zugerechnete Einkommen ihrer Organgesellschaft gebunden ist, erscheint fragwürdig. Insoweit stellt sich dasselbe Problem wie bei der Bindungswirkung eines Feststellungsbescheids einer Tochterpersonengesellschaft der Organgesellschaft für den Feststellungsbescheid nach § 14 Abs. 5 KStG (Rz. 4.34 f.). Die Praxis wird von einem gestuften Feststellungsverfahren ausgehen, in dem der jeweilige Feststellungsbescheid einen Grundlagenbescheid für den nachfolgenden Feststellungsbescheid darstellt.

4.38

4. Steuerliche Deklarations- und Berichtigungspflichten bei der Organschaft

Trennung. Trotz des Feststellungsverfahrens ändert sich an der Erklärungspflicht für die Einkommen- und Körperschaftsteuer der betroffenen Gesellschaften im Organkreis nichts. Organträger in der Rechtsform einer Körperschaft[1] und die Organgesellschaften haben jeweils gesondert Körperschaftsteuererklärungen abzugeben[2] und erhalten jeweils Bescheide über die festzusetzende Körperschaftsteuer.[3]

4.39

---

1 Für natürliche Personen als Organträger greift die Einkommensteuer. Personenhandelsgesellschaften haben Feststellungserklärungen abzugeben.
2 *Brink* in Schnitger/Fehrenbacher[2], § 14 KStG Rz. 674a.
3 *Dötsch* in Dötsch/Pung/Möhlenbrock, § 14 KStG Rz. 1131 (Stand: August 2016); *Walter* in Ernst & Young, § 14 KStG Rz. 802 (Stand: Oktober 2017).

4.40 **Zusätzliche Feststellungserklärung.** Zusätzlich zu dieser Erklärungspflicht greift seit 2014 die eigenständige Deklarationspflicht für das neue Feststellungsverfahren nach § 14 Abs. 5 KStG.[1] § 14 Abs. 5 Satz 5 KStG spricht explizit von der „Erklärung zu den gesonderten und einheitlichen Feststellungen …". Gleichwohl soll es nach der Gesetzesbegründung „aber im Grundsatz nicht zu einer zusätzlichen Belastung für die Beteiligten kommen".[2] Nach § 14 Abs. 5 Satz 5 KStG soll die Erklärung zu den gesonderten und einheitlichen Feststellungen nach den Sätzen 1 und 3 mit der Körperschaftsteuererklärung der Organgesellschaft verbunden werden. Sie ist nach amtlich vorgeschriebenem Datensatz per Datenfernübertragung (§ 31 Abs. 1a KStG) an die Finanzbehörde zu übermitteln.[3]

4.41 **Träger der Erklärungspflicht.** Die spezielle organschaftsrechtliche Soll-Vorschrift zur vereinfachten Erfüllung der Erklärungspflicht ordnet nicht den Abgabepflichtigen[4] für die Erklärung für das neue Feststellungsverfahren nach § 14 Abs. 5 KStG an.[5] Darum ist die Person des Pflichtenträgers umstritten.[6] Mangels einer Spezialanordnung gilt die allgemeine Regelung für Feststellungsverfahren in § 181 AO. Da es der Gesetzgeber versäumt hat, den exemplarischen Katalog besonderer Fälle der Erklärungszuständigkeit des § 181 Abs. 2 Satz 2 AO um die neue Feststellung nach § 14 Abs. 5 KStG zu ergänzen, ergibt sich die Erklärungspflicht allein aus § 181 Abs. 2 Satz 1 AO. Nach dessen Wortlaut („wem der Gegenstand der Feststellung ganz oder teilweise zuzurechnen ist") und der Formulierung des § 14 Abs. 5 Satz 1 KStG („das dem Organträger zuzurechnende Einkommen der Organgesellschaft") spricht viel für die Erklärungszuständigkeit des Organträgers, was aber mit Blick auf § 14 Abs. 5 Satz 5 KStG offensichtlich nicht der Vorstellung des Gesetzgebers zur praktischen Erfüllung der Erklärungspflicht[7] entspricht. Über den Kunstgriff, dass das festgestellte Einkommen auch der Organgesellschaft als korrespondierender Abzugsposten negativ „zuzurechnen" ist, ließe sich demgegenüber eine Verpflichtung sowohl des Organträgers als auch der Organgesellschaft nach § 181 Abs. 2 AO zur Abgabe einer Feststellungserklärung herleiten.[8] Nach dieser Lesart besteht eine doppelte Erklärungszuständigkeit von Organträger und Organgesellschaft für das Feststellungsverfahren. Erfüllt die Organgesellschaft, die dieser Pflicht regelmäßig schneller und einfacher nachkommen kann, ihre Erklärungspflicht, so ist der Organträger nach § 181 Abs. 2 Satz 2 AO befreit.[9] Gibt die Organgesellschaft ihre Erklärung

---

1 *Lenz/Adrian/Handwerker*, BB 2012, 2851 (2858).
2 So BT-Drucks. 17/10774, 20 f.; *Dorenkamp* in HHR, § 14 KStG Anm. 384 (Stand: September 2016).
3 BT-Drucks. 17/10774, 20; *Lenz/Adrian/Handwerker*, BB 2012, 2851 (2858).
4 Die Möglichkeit einer spezialgesetzlichen Regelung der Erklärungszuständigkeit (allgemein BT-Drucks. 10/1636, 46; *Brandis* in Tipke/Kruse, § 181 AO Rz. 11 [Stand: April 2017]) wurde nicht genutzt.
5 Ebenso *Brink* in Schnitger/Fehrenbacher[2], § 14 KStG Rz. 683m.
6 *Krumm* in Blümich, § 14 KStG Rz. 310 (Stand: März 2016) sieht nur die Organgesellschaft als Erklärungspflichtigen an; *Frotscher* in Frotscher/Drüen, § 14 KStG Rz. 945a (Stand: April 2015), nimmt eine Ermessensreduzierung an, wonach primär die Organgesellschaft zur Erklärung aufgefordert werden soll.
7 *Dorenkamp* in HHR, § 14 KStG Anm. 384 (Stand: September 2016).
8 Im Ergebnis dafür *Lenz/Adrian/Handwerker*, BB 2012, 2851 (2858).
9 *Dötsch/Pung*, DB 2013, 305 (314); *Dötsch* in Dötsch/Pung/Möhlenbrock, § 14 KStG Rz. 1151 (Stand: August 2016); *Stangl/Brühl*, Der Konzern 2013, 77 (105).

hingegen nicht ab, bleibt die Pflicht des Organträgers bestehen.[1] Stets ist der Erklärende für die Richtigkeit der gesamten Steuererklärung verantwortlich, auch wenn Erklärungsinhalte von einer anderen Gesellschaft beigesteuert werden.[2]

Berichtigungspflicht. Die bisherige Vereinfachungsvorschrift erscheint pragmatisch, wirft aber verfahrensrechtliche Folgefragen, insbesondere in Hinblick auf eine nachfolgende Berichtigungspflicht nach § 153 AO[3], auf. Diese Garantenpflicht zur Erklärungsberichtigung[4] greift, wenn ein Steuerpflichtiger nachträglich vor Ablauf der Festsetzungsfrist erkennt, dass „eine von ihm oder für ihn abgegebene Erklärung unrichtig oder unvollständig ist und es dadurch zu einer Verkürzung von Steuern kommen kann oder bereits gekommen ist" (§ 153 Abs. 1 Satz 1 Nr. 1 AO). Da die Berichtigungspflicht auch für Erklärungen zur gesonderten Feststellung gilt (§ 181 Abs. 1 AO),[5] ist von entscheidender Bedeutung, wen im Organkreis die Erklärungspflicht trifft. Denn soweit keine Pflicht zur Abgabe einer Erklärung besteht, kann auch keine Richtigstellungspflicht nach § 153 Abs. 1 Satz 1 Nr. 1 AO bestehen.[6] Als Konsequenz für die obige Berichtigungspflicht nach § 153 AO bedeutet die Rekonstruktion einer „doppelten Erklärungspflicht" dem Grunde nach eine Berichtigungspflicht für Organträger und Organgesellschaft. Zwar erfasst § 153 AO nicht den Fall, dass überhaupt keine Erklärung abgegeben wurde.[7] Wenn indes der Organträger trotz bestehender Erklärungspflicht keine eigene Erklärung abgegeben hat, trifft ihn aber gleichwohl eine Berichtigungspflicht im Falle der „für ihn abgegebenen Erklärung" durch die Organgesellschaft. Denn für den Steuerpflichtigen wird eine Erklärung abgegeben, wenn sie sich auf die eigenen Steuerangelegenheiten bezieht.[8] Aufgrund der Bindungswirkung nach § 14 Abs. 5 Satz 2 KStG betrifft das dem Organträger materiell nach § 14 Abs. 1 KStG zuzurechnende Einkommen der Organgesellschaft seine eigene Steuer. Da es für die Berichtigungspflicht nach § 153 AO nicht erforderlich sein soll, dass der Dritte zur Erklärung autorisiert ist,[9] käme es für sie auch nicht darauf an, ob die Feststellungserklärung durch die Organgesellschaft in Abstimmung oder im Auftrag des Organträgers erfolgt.[10]

4.42

---

1 So die gesetzgeberische Intention (vgl. BT-Drucks. 17/10774, 21; ebenso *Dötsch/Pung*, DB 2013, 305 [314]), welche im Wortlaut jedoch nur bedingt Ausdruck gefunden hat. Diese Rekonstruktion scheint sich mit der gesetzgeberischen Intention am besten zu decken, aber erst eine entsprechende spezialgesetzliche Regelung der Deklarationspflicht bei der Organschaft in § 14 Abs. 5 KStG oder eine Ergänzung der Anwendungsfälle des § 181 Abs. 2 Satz 2 AO würde verbleibende Zweifel ausräumen.
2 *Neumann* in Gosch[3], § 14 KStG Rz. 529e.
3 Dazu allgemein aus Verwaltungssicht nunmehr AEAO § 153, BStBl. I 2016, 490.
4 *Rätke* in Klein[13], § 153 AO Rz. 1 mwN.
5 *Seer* in Tipke/Kruse, § 153 AO Rz. 10 (Stand: Oktober 2016).
6 BFH v. 30.1.2002 – II R 52/99, BFH/NV 2002, 917; *Cöster* in Koenig[3], § 153 AO Rz. 9.
7 *Rätke* in Klein[13], § 153 AO Rz. 3.
8 *Dorenkamp* in HHR, § 14 KStG Anm. 384 (Stand: September 2016); *Heuermann* in H/H/Sp, § 153 AO Rz. 7 (Stand: April 2014).
9 So *Heuermann* in H/H/Sp, § 153 AO Rz. 7 (Stand: April 2014).
10 Diese weitreichenden Folgen sprechen angesichts der damit verbundenen Strafbarkeitsrisiken (zusammenfassend *Seer* in Tipke/Kruse, § 153 AO Rz. 20 [Stand: Oktober 2016]) dafür, die Erklärungszuständigkeit für das neue Feststellungsverfahren nach § 14 Abs. 5 KStG klar und abgestimmt auf § 181 Abs. 2 AO zu normieren. Denn die geschilderten Auslegungsbemühungen vermögen zwar die gesetzgeberische Vorstellung der praktischen Erfüllung zu rekonstruieren, können aber keinen darauf gestützten Strafvorwurf tragen. Die gesetzliche Unklarheit der Pflichtenlage darf nicht strafrechtlich sanktioniert werden.

5. Zuständigkeiten für Feststellungs- und Steuerfestsetzungsverfahren

4.43 **Feststellung.** Mit der Einführung des Feststellungsverfahrens geht die Regelung der Feststellungszuständigkeit einher. Nach § 14 Abs. 5 Satz 4 KStG ist das Finanzamt für die Feststellung sachlich zuständig, dem auch die Besteuerung nach dem Einkommen der Organgesellschaft obliegt. Die Feststellungszuständigkeit folgt wie die Festsetzungszuständigkeit für die Körperschaftsteuer aus § 20 AO. Zuständig ist – anders als bei der Gewerbesteuer[1] – das Finanzamt, in dessen Bezirk sich die Geschäftsleitung der Organgesellschaft befindet.[2] Diese Zuständigkeit nach § 14 Abs. 5 Satz 4 KStG als lex specialis gilt auch für das Verfahren der Außenprüfung[3] und setzt sich in Rechtsschutzverfahren fort. Für das Rechtsbehelfsverfahren ergibt sich die Zuständigkeit des Finanzamtes der Organgesellschaft für das neue Feststellungsverfahren aus § 367 Abs. 1 Satz 1 AO. Für das Klageverfahren ist das FG örtlich zuständig, in dessen Bezirk das Finanzamt der Organgesellschaft seinen Sitz hat (§ 38 Abs. 1 FGO). Der Gesetzgeber hat sich somit für eine Dezentralisierung des Verfahrens[4] entschieden, anstatt den gesamten Organkreis in die Zuständigkeit des für den Organträger zuständigen Finanzamtes zu übertragen. Hiermit einher geht freilich das Risiko divergierender Entscheidungen bei großen Organkreisen mit einer Vielzahl gleichgelagerter Sachverhalte.[5] Um dies zu vermeiden, muss der Informationsfluss zwischen den Finanzämtern von Organgesellschaft und Organträger sichergestellt werden.[6] Soweit die Feststellungs- und Bindungswirkung des § 14 Abs. 5 Sätze 1-3 KStG reicht, ist kein Raum mehr für die bisher von der Finanzverwaltung praktizierte Zuständigkeit des Finanzamts des Organträgers.[7] Insoweit sind die früheren Regelungen zur örtlichen Zuständigkeit in Organschaftsfällen (s. Rz. 4.15) durch die neu eingeführte spezielle Zuständigkeitsregelung des § 14 Abs. 5 Satz 4 KStG hinfällig geworden.[8] Der Verweis auf die früher praktizierte Zuständigkeitsvereinbarung nach § 27 AO[9] verfängt nicht, weil die Norm nur Vereinbarungen im Bereich der örtlichen, nicht aber der sachlichen und verbandsmäßigen Zuständigkeit eröffnet.[10] § 14 Abs. 5 Satz 4 KStG begründet aber nicht allein die örtliche Zuständigkeit,[11] sondern die sachliche Zuständigkeit der Finanzbehörde für die Feststellung und zugleich die verbandsmäßige Zuständigkeit des Landes, dem diese Feststellungsbehörde angehört.

---

1 Für die Gewerbesteuer ist allein das Betriebsfinanzamt des Organträgers zuständig (Rz. 4.57).
2 AO-Kartei NW § 26 AO Karte 803 II; *Dorenkamp* in HHR, § 14 KStG Anm. 383 (Stand: September 2016); *Rödder/Liekenbrock* in Rödder/Herlinghaus/Neumann, § 14 KStG Rz. 772.
3 *Brinkmann*, StBp 2016, 189 (197).
4 *Dorenkamp* in HHR, § 14 KStG Anm. 383 (Stand: September 2016); explizit und kritisch *Teiche*, DStR 2013, 2197 (2201).
5 *Teiche*, DStR 2013, 2197 (2201) sieht indes zumindest die Möglichkeit, bei gleichgelagerten Problematiken das Prozesskostenrisiko durch Anfechtung des Feststellungsbescheids mit dem geringsten Streitwert zu minimieren, während die übrigen Verfahren ruhend gestellt werden.
6 *Drüen*, Der Konzern 2013, 433 (443, 449); zustimmend *Dötsch* in Dötsch/Pung/Möhlenbrock, § 14 KStG Rz. 1150 (Stand: August 2016).
7 *Drüen* in Tipke/Kruse, § 20 AO Rz. 5 (Okt. 2014).
8 Weitergehend erachten *Jesse*, FR 2013, 681 (690) und *Dötsch* in Dötsch/Pung/Möhlenbrock, § 14 KStG Rz. 1150 (Stand: August 2016), diese Erlasse zur örtlichen Zuständigkeit insgesamt als überholt.
9 So *Teiche*, DStR 2013, 2197 (2201); differenzierend nunmehr *Brink* in Schnitger/Fehrenbacher[2], § 14 KStG Rz. 684b.
10 *Drüen* in Tipke/Kruse, § 20 AO Rz. 5, § 27 AO Rz. 3 (Okt. 2014).
11 Anders wohl BT-Drucks. 17/10774, 20, unter Hinweis auf § 20 AO.

Verbindliche Auskünfte. Im Rahmen einer Organschaft stellen sich aufgrund der Mehrheit von Steuersubjekten verschiedene Fragen im Zusammenhang mit verbindlichen Auskünften.[1] Zuständig für die Erteilung einer verbindlichen Auskunft ist die Finanzbehörde, die bei Verwirklichung des dem Antrag zugrunde liegenden Sachverhalts örtlich zuständig sein würde (§ 89 Abs. 2 Satz 2 AO). Die auf § 89 Abs. 2 Satz 5 AO basierende Steuer-Auskunftsverordnung (StAuskV) enthält dazu konkretisierende Vorgaben, die indes ihrerseits noch Konkretisierungsbedarf hinterlassen.[2] Zum 12.7.2017[3] wurde die StAuskV weitreichend geändert. Anzuwenden ist die neue Fassung auf Fälle, bei denen der Antrag auf Erteilung einer verbindlichen Auskunft nach dem 1.9.2017 beim Finanzamt eingegangen ist (vgl. § 3 StAuskV). Neben einer allgemeinen Regelung zu Form und Inhalt eines Antrags (§ 1 Abs. 1 StAuskV) regelt die Rechtsverordnung (Art. 80 GG) Einzelheiten des Auskunftsverfahrens. § 1 Abs. 2 Satz 1 StAuskV betrifft die Fälle, in denen nur eine gemeinsame Beantragung aller Beteiligten für eine verbindliche Auskunft möglich ist. Zusätzlich zu der bereits erfassten Konstellation der gesonderten und einheitlichen Feststellung erstreckt sich die Neuregelung nun auch ausdrücklich auf Organschaften.[4] Inhaltlich geht es dabei um Auskünfte bezüglich der Begründung oder Beendigung einer Organschaft sowie Sachverhalte, die durch die Organgesellschaft verwirklicht werden und sich auf die Besteuerungsgrundlage des Organträgers auswirken (vgl. § 1 Abs. 2 Satz 1 Nr. 2, 3 StAuskV). Nach Erteilung der Auskunft ist bei mehreren Beteiligten insbesondere die Frage der Bindungswirkung von Relevanz. § 2 Abs. 2 StAuskV regelt dazu die einheitliche Bindung aller Beteiligten durch einen einzigen Verwaltungsakt.[5] Nach § 1 Abs. 3 Nr. 2 StAuskV ist für die verbindliche Auskunft zuständig das für die gesonderte und einheitliche Feststellung zuständige Finanzamt. Für die Organschaft schlägt die Regelung des § 14 Abs. 5 Satz 4 KStG somit über § 89 Abs. 2 Satz 2 AO und § 1 Abs. 3 Nr. 2 StAuskV auf die verbindliche Auskunft durch, so dass das Finanzamt der Organgesellschaft zuständig ist. Dies entspricht dem Grundsatz der dezentralen Festsetzungsverantwortung. Entsprechendes gilt seit der Neuregelung auch für gewerbesteuerrechtliche Fälle (§ 1 Abs. 2 Nr. 3 lit. b), Abs. 3 Nr. 1 StAuskV). Das Problem, dass für Sachverhalte, die auch eine gewerbesteuerliche Relevanz haben, das Finanzamt des Organträgers für verbindliche Auskünfte zur Gewerbesteuer zuständig ist,[6] stellt sich somit nicht mehr. Trotzdem erscheint fraglich, ob stets eine verbindliche Auskunft mit Bindungswirkung für die Gewerbesteuer erforderlich ist. Regelmäßig werden die entsprechenden steuerrechtlichen Folgen bei der Gewerbesteuer in der Praxis über die (rein faktische) Bindung an das körperschaftsteuerliche Einkommen oder durch nachträgliche Änderungen über § 35b GewStG gezogen. Allerdings birgt eine derartige, auf die Körperschaftsteuer begrenzte Antragstellung das Risiko divergierender Entscheidungen im Einzelfall, weil eine rein faktische Bindung im Streitfall eine rechtliche Bindung nicht ersetzen kann. Jedenfalls bei originär gewerbesteuerrechtlichen Fragen wie der Hinzurechnungen oder Kürzungen nach §§ 8 und 9 GewStG bedarf es einer verbindlichen Auskunft für die Gewerbesteuer.

4.44

---

1 Vertiefend *Thiele*, Steuerrechtliche Auskünfte und Zusagen, 2016; zur jüngsten Reform der verbindlichen Auskunft *Thiele*, FR 2016, 947; *Seer*, FR 2017, 161.
2 Insoweit kritisch *Seer*, FR 2017, 161 (162).
3 BGBl. I 2017, 2360, 2361.
4 BR-Drucks. 412/17, 20.
5 BR-Drucks. 412/17, 20, 21.
6 *Teiche*, DStR 2013, 2197 (2205); *Brink* in Schnitger/Fehrenbacher[2], § 14 KStG Rz. 684e, 684t und Rz. 684v zur Neuregelung.

Gebühr der verbindlichen Auskunft. Nach § 89 Abs. 3 Satz 2 AO wird im Falle einer einheitlichen Erteilung einer verbindlichen Auskunft gegenüber mehreren Antragstellern nur eine Gebühr erhoben. Diese Gesetzesänderung mit dem Verbot der Mehrfachgebühr bei einem einheitlichen Sachverhalt[1] erfolgte durch Gesetz vom 18.7.2016[2] als nicht alltäglicher Fall einer Korrekturgesetzgebung zugunsten des Steuerpflichtigen entgegen der vom BFH bejahten doppelten Antragsgebühr im Organschaftsfall.[3] Auf dieser Neuerung beruht die Anpassung der Steuer-Auskunftsverordnung. Ziel der Änderung war, dass im Falle der einmaligen Gebührenfestsetzung eine Beantragung der verbindlichen Auskunft nur gemeinsam erfolgen und diese auch gegenüber allen Beteiligten einheitlich verbindlich sein soll.[4]

6. Bekanntgabe des einheitlichen Feststellungsbescheids

4.45 **Inhaltsadressat oder Bevollmächtigter.** Ein einheitlicher Feststellungsbescheid[5] ist an den Inhaltsadressaten zu richten und muss diesem als Bekanntgabeadressaten nach § 124 Abs. 1 Satz 1 AO bekanntgegeben werden, um wirksam zu werden.[6] Der Feststellungsbescheid nach § 14 Abs. 5 KStG ist darum grundsätzlich beiden Inhaltsadressaten – der Organgesellschaft und dem Organträger – bekanntzugeben.[7] Nach der Gesetzesbegründung ist „die Bestimmung eines gemeinsamen Empfangsbevollmächtigten ... möglich".[8] Soweit damit die freiwillige Angabe des Empfangsbevollmächtigten durch den Organträger und die Organgesellschaft gemeint ist,[9] besteht diese Möglichkeit unzweifelhaft. Denn nach § 80 Abs. 1 Satz 1 AO kann sich jeder Beteiligte im Steuerverwaltungsverfahren durch einen Bevollmächtigten vertreten lassen und diesen zu allen Verfahrenshandlungen, einschließlich einer Empfangsvollmacht, bevollmächtigen.[10]

4.46 **Keine aufgedrängte Bekanntgabeerleichterung nach § 183 AO.** Soweit in der Gesetzesbegründung aber die finanzbehördliche Bekanntgabeerleichterung nach § 183 AO durch die „Bestellung" eines gemeinsamen Empfangsbevollmächtigten gemeint sein sollte, greift diese bereits tatbestandlich nicht.[11] Denn Organträger und Organgesellschaft sind zwar aufgrund § 14 Abs. 5 Satz 1 und 2 KStG „Feststellungsbeteiligte" im Sinne des Klammerzusatzes des § 183 Abs. 1 Satz 1 AO, erfüllen aber nicht die zugrunde liegende Legaldefinition. Die Bestellung setzt nämlich voraus, dass „mehrere Personen ... an dem Gegenstand der Feststellung als Gesellschafter oder Gemeinschafter beteiligt sind" (§ 183 Abs. 1 Satz 1 AO). Hinter dieser Legaldefinition steht als Prototyp die erleichterte Bekanntgabe von Gewinnfeststellungsbescheiden an Mitunternehmerschaften, insbesondere zur Verfahrenserleichterung bei Pu-

---

1 *Seer*, FR 2017, 161 (167 f.).
2 BGBl. I 2016, 1679.
3 BFH v. 9.3.2016 – I R 66/14, BStBl. II 2016, 706; Parallelentscheidung: BFH v. 9.3.2016 – I R 81/14, BFH/NV 2016, 1137 (entgegen der Vorinstanz FG Köln v. 28.10.2014 – 8 K 731/12, – 8 K 730/12).
4 BR-Drucks. 412/17, 14.
5 So ausdrücklich *Müller* in Mössner/Seeger[3], § 14 KStG Rz. 765.
6 *Brandis* in Tipke/Kruse, § 179 AO Rz. 5 (Stand: April 2017); *Fritsch* in Koenig[3], § 124 AO Rz. 5 ff.
7 BT-Drucks. 17/10774, 20; *Dorenkamp* in HHR, § 14 KStG Anm. 370 (Stand: September 2016); *Dötsch/Pung*, DB 2013, 305 (313).
8 BT-Drucks. 17/10774, 20.
9 Vgl. *Dötsch/Pung*, DB 2013, 305 (313, Note 82), nach denen ein gemeinsamer Zustellungsvertreter möglich ist.
10 *Drüen* in Tipke/Kruse, § 80 AO Rz. 16 (Stand: April 2017).
11 Zust. *Brink* in Schnitger/Fehrenbacher[2], § 14 KStG Rz. 683b.

blikumsgesellschaften.¹ Von dem „dem Organträger zuzurechnenden Einkommen der Organgesellschaft" als Gegenstand des neuen Feststellungsverfahrens nach § 14 Abs. 5 Satz 1 KStG sind zwar Organträger und Organgesellschaft betroffen, nicht aber daran „als Gesellschafter oder Gemeinschafter beteiligt". Die gesellschaftsrechtliche Verbindung ist nur eine Voraussetzung der Organschaft, aber nicht hinreichender Rechtsgrund der Zurechnung. Das Einkommen der Organgesellschaft bleibt ihr Einkommen, das dem Organträger nur aufgrund der finanziellen Eingliederung und der weiteren Voraussetzungen des § 14 KStG als Fremdeinkommen zugerechnet wird. „Beteiligt" i.S.v. § 183 AO sind zudem nur die Personen, denen die festgestellten Besteuerungsgrundlagen „zugerechnet" werden, nicht dagegen alle Personen, an die die Finanzbehörde den Verwaltungsakt verfahrensrechtlich nach § 78 Nr. 2 AO richten will oder gerichtet hat.[2] Das für die Organgesellschaft ermittelte Einkommen ist materiell-rechtlich allein dem Organträger zuzurechnen (§ 14 Abs. 1, Abs. 5 Satz 1 KStG), so dass nicht „mehrere Personen" i.S.v. § 183 Abs. 1 Satz 1 AO beteiligt sind. Überdies ist die Norm wegen der Gefahr einer Verkürzung der Verfahrensrechte der Beteiligten[3] einschränkend auszulegen,[4] weshalb auch eine wortlautüberschreitende Ausdehnung der Vereinfachungsvorschrift des § 183 AO ausscheidet. Darum ist bei der Bekanntgabe des Feststellungsbescheids nach § 14 Abs. 5 KStG nur eine freiwillige Empfangsbevollmächtigung, nicht aber eine Bestellung eines Empfangsbevollmächtigten durch die Finanzbehörde möglich.[5]

7. Rechtsfolgen der Feststellungen nach § 14 Abs. 5 KStG

Bindungswirkung und Folgekorrektur. Die gesonderte und einheitliche Feststellung hat für die Besteuerung von Organgesellschaft und Organträger die zentrale Rechtsfolge der in § 14 Abs. 5 Satz 2 KStG angeordneten Bindungswirkung für Folgebescheide. Diese Norm präzisiert die allgemeine Bindungswirkung eines Feststellungsbescheids als Grundlagenbescheid nach § 182 AO.[6] Explizit ordnet § 14 Abs. 5 Satz 2 KStG in persönlicher Hinsicht die Bindungswirkung sowohl für die Organgesellschaft als auch für den Organträger an.[7] Ist Organträger eine natürliche Person oder eine Personengesellschaft, so besteht die Bindungswirkung des Feststellungsbescheids auch für den Einkommensteuer- bzw. Feststellungsbescheid des Organträgers.[8] Die Reichweite der sachlichen Bindung ist Frage der Ausle-

4.47

---

1 Vgl. nur *Jakob*, Abgabenordnung⁵, Rz. 365 f.
2 Explizit *Ratschow* in Klein¹³, § 183 AO Rz. 2.
3 *Brandis* in Tipke/Kruse, § 183 AO Rz. 5 (Stand: April 2017) mwN; *Ratschow* in Klein¹³, § 183 AO Rz. 3.
4 *Ratschow* in Klein¹³, § 183 AO Rz. 3 mwN.
5 So insgesamt *Drüen*, Der Konzern 2013, 433 (443).
6 Allgemein zum Verhältnis von Grundlagen- und Folgebescheid *Brandis* in Tipke/Kruse, Vor § 179 AO Rz. 3 (Stand: April 2017).
7 *Teiche*, DStR 2013, 2197 (2200). Trotz dieser Anordnung nimmt *Frotscher* in Frotscher/Drüen, § 14 KStG Rz. 934 (Stand: April 2015), eine Bindungswirkung für die Organgesellschaft nur hinsichtlich der Statusfeststellung, nicht aber bzgl. der festgestellten Beträge an. *Bartone* in Gosch, § 350 AO Rz. 15 (Stand: November 2013), geht weitergehend davon aus, dass sich die Feststellungen ungeachtet der Anordnung in § 14 Abs. 5 Satz 1 KStG ausschließlich an den Organträger wenden.
8 BT-Drucks. 17/11217, 10; *Dötsch/Pung*, DB 2013, 305 (313); zur Frage, ob bei Organträgerpersonengesellschaften der nach § 14 Abs. 5 KStG gesondert festgestellte Betrag als eigenständige Besteuerungsgrundlage neben dem eigenen Gewinn der Personengesellschaft in deren Feststellung einzubeziehen ist, näher *Dötsch* in Dötsch/Pung/Möhlenbrock, § 14 KStG Rz. 1152 (Stand: August 2016).

gung.¹ Die Bindung wirkt „veranlagungszeitraumbezogen"². Da der Feststellungsbescheid die Funktion eines Grundlagenbescheids hat,³ ist eine Folgekorrektur nach § 175 Abs. 1 Satz 1 Nr. 1 AO vorgeschrieben. Es besteht eine Anpassungspflicht an den neugeschaffenen Grundlagenbescheid. Nach Erlass, Änderung oder Aufhebung eines Grundlagenbescheids ist die Finanzbehörde nach § 175 Abs. 1 Satz 1 Nr. 1 AO von Amts wegen verpflichtet, den Folgebescheid anzupassen, ohne dass ihr ein Ermessen zusteht.⁴ Dabei sieht eine Dienstanweisung eine unmittelbare Anpassungspflicht der Finanzbehörde vor: „Eingehende Mitteilungen sind von den für die Folgebescheide zuständigen Finanzämtern unverzüglich und vorrangig auszuwerten. Die Auswertung muss auch dann sofort erfolgen, wenn der Grundlagenbescheid angefochten ist."⁵ Auch wenn zu erwarten ist, dass eine Anpassung an mehrere Grundlagenbescheide erforderlich ist, soll nach der Anweisung der OFD Frankfurt/M. davon abgesehen werden, „die Mitteilungen zur gemeinsamen Auswertung zu sammeln".⁶ Damit besteht für die Finanzverwaltung eine fortschreitende „sofortige" Auswertungspflicht der Feststellungsbescheide, die gegen die Organgesellschaften ergehen. Ein Abwarten bis zur Durchprüfung und Bescheidung der letzten Organgesellschaft ist danach nicht zulässig.

4.48 **Feststellungsverjährung.** Weitere Rechtsfolge des Feststellungsverfahrens ist die Verknüpfung der zeitlichen Korrekturmöglichkeiten durch die Feststellungsverjährung (§ 171 Abs. 10, § 181 Abs. 5 AO). Die Grundlagenfunktion des Feststellungsbescheids verhindert, dass Änderungen des Grundlagenbescheids im Folgebescheid aufgrund abgelaufener Festsetzungs-/oder Feststellungsfristen nicht mehr nachvollzogen werden können. § 171 Abs. 10 AO regelt, dass die Festsetzungs-/Feststellungsfrist für den Folgebescheid zwei Jahre nach Bekanntgabe des Grundlagenbescheids gehemmt ist.⁷ Umgekehrt wird die dienende Funktion des Feststellungsverfahrens durch die Regelung des § 181 Abs. 5 AO deutlich.⁸ Danach kann der Grundlagenbescheid auch nach Ablauf der Feststellungsfrist erlassen werden, solange er noch Bindungswirkung für einen Folgebescheid entfalten würde, dessen Festsetzungs-/Feststellungsfrist noch nicht abgelaufen ist.⁹ Insoweit erlangt der verfahrensrechtliche Streit darum, ob die Festsetzungs-/Feststellungsfrist des Folgebescheids noch bei keinem der an der einheitlichen und gesonderten Feststellung Beteiligten abgelaufen sein darf,¹⁰ auch im Organschaftsrecht Bedeutung.

---

1 Der Feststellungsbescheid entfaltet ebenfalls Bindungswirkung für andere Bescheide, die mit „zusammenhängenden anderen Besteuerungsgrundlagen" in Verbindung stehen (*Rödder/Liekenbrock* in Rödder/Herlinghaus/Neumann, § 14 KStG Rz. 764; *Müller* in Mössner/Seeger³, § 14 KStG Rz. 766).
2 *Dorenkamp* in HHR, § 14 KStG Anm. 380 (Stand: September 2016); *Rödder/Liekenbrock* in Rödder/Herlinghaus/Neumann, § 14 KStG Rz. 765.
3 *Keller*, DStZ 2013, 60 (64); *Dötsch/Pung*, DB 2013, 305 (313); *Rödder/Liekenbrock* in Rödder/Herlinghaus/Neumann, § 14 KStG Rz. 764.
4 BFH v. 10.7.1987 – I R 149/83, BStBl. II 1988, 25; *Koenig* in Koenig³, § 175 AO Rz. 19.
5 OFD Frankfurt/M. v. 2.3.2017, Verfügung betreffend Anpassung von Folgebescheiden an Grundlagenbescheide, AO-Kartei Hessen, § 175 AO Karte 1, Rz. 2.2.
6 OFD Frankfurt/M., AO-Kartei Hessen, § 175 AO Karte 1, Rz. 2.2.
7 Dazu allgemein *Banniza* in H/H/Sp, § 171 AO Rz. 195 (Stand: Mai 2016). Nach AEAO zu § 171 Nr. 6.5 löst auch die Aufhebung des Vorbehalts der Nachprüfung die Ablaufhemmung nach § 171 Abs. 10 AO aus.
8 *Brandis* in Tipke/Kruse, § 181 AO Rz. 19 (Stand: April 2017).
9 Insoweit bleibt die Regelung des § 171 Abs. 10 AO außer Betracht, um einen Zirkelschluss zu vermeiden.
10 Zum Streitstand vgl. *Brandis* in Tipke/Kruse, § 181 AO Rz. 20 (Stand: April 2017).

Regelmäßig kein Zuwachs an Rechtssicherheit. Trotz erleichterter Folgekorrekturen und 4.49
der Verbindung der Feststellungsverjährung durch das neue Feststellungsverfahren dürfte von
ihm kein nennenswerter Zuwachs an Rechtssicherheit ausgehen.[1] Zwar wird es nun nicht
mehr erforderlich sein, den Steuerbescheid des Organträgers bis zum Abschluss der letzten
Außenprüfung bei einer Organgesellschaft insgesamt nach § 164 AO „offenzuhalten".[2] Sofern
der neue Feststellungsbescheid aber schematisch bis zum Abschluss der letzten Außenprüfung
unter dem Vorbehalt der Nachprüfung erlassen wird,[3] wovon in der Praxis regelmäßig auszugehen ist,[4] bleibt der Steuerfall hinsichtlich dieser Feststellungen weiterhin offen.[5] Das vom
Gesetzgeber erstrebte Ziel der Verbesserung der Rechtssicherheit bei der Organschaft steht insoweit im Spannungsverhältnis zu der weitestgehend voraussetzungs-[6] und begründungslosen
(§ 164 Abs. 1 Satz 1 aE AO) Ermessensentscheidung zum Vorbehalt der Nachprüfung[7] und
der damit einhergehenden eingeschränkten gerichtlichen Kontrolle (§ 5 AO i.V.m. § 102
FGO).[8] Einzige wirksame Schranke des Vorbehalts ist die durchgeführte Außenprüfung nach
§ 164 Abs. 3 Satz 3 AO.[9] Solange die Finanzbehörde dagegen beabsichtigt, beim Steuerpflichtigen eine Außenprüfung durchzuführen, ist der Vorbehalt ermessensgerecht.[10] Einsatz und
Dauer des Vorbehalts der Nachprüfung werden darum zur Nagelprobe für das neue Verfahrensrecht.[11]

---

1 Dies einräumend auch *Neumann* in Gosch³, § 14 KStG Rz. 529d.
2 *Teiche*, DStR 2013, 2197 (2200).
3 Da der Vorbehalt der Nachprüfung als Teil des einheitlichen, mithin inhaltlich übereinstimmenden (*Dötsch/Pung*, DB 2013, 305 [313]) Feststellungsbescheids sowohl gegenüber der Organgesellschaft als auch gegenüber dem Organträger wirkt, kann er nur einheitlich gegenüber beiden Feststellungsbeteiligten angebracht und aufgehoben werden.
4 Ebenso *Teiche*, DStR 2013, 2197 (2200); *Walter* in Ernst & Young, § 14 KStG Rz. 805.0.1 (Stand: Oktober 2017); *Neumann* in Gosch³, § 14 KStG Rz. 529b, 529d.
5 Kritisch bereits *Middendorf/Holtrichter*, StuB 2013, 123 (127); ebenso *Mayer/Wiese*, DStR 2013, 629 (633).
6 *Cöster* in Koenig³, § 164 AO Rz. 22; *Rüsken* in Klein¹³, § 164 AO Rz. 13: Einzige gesetzliche Voraussetzung einer Vorbehaltsfestsetzung ist die ausstehende abschließende Prüfung des Steuerfalls (§ 164 Abs. 1 Satz 1 AO).
7 *Oellerich* in Gosch, § 164 AO Rz. 64 ff. (Stand: Juli 2015) mwN: Insoweit soll der Finanzbehörde ein Beurteilungsspielraum zukommen. Eingrenzungen der Ermessensbetätigung sind der bisherigen Rechtsprechung kaum zu entnehmen, *Frotscher* in Schwarz, § 164 AO Rz. 22 (Stand: Mai 2016): „Denkbar weiter Ermessensrahmen", einschließlich der Zulässigkeit des Vorbehalts der Nachprüfung aufgrund allgemeiner Dienstanweisungen in bestimmten Fallgruppen. Zu den verfassungsrechtlichen Bedenken vgl. *Hey*, Steuerplanungssicherheit als Rechtsproblem, 2002, 779 ff.
8 Zum umfassenden Vorbehalt der Nachprüfung im Feststellungsverfahren und den Ermessenskriterien für die Setzung des Vorbehalts vgl. *Drüen*, Der Konzern 2013, 433 (448 f.).
9 *Rüsken* in Klein¹³, § 164 AO Rz. 14.
10 *Cöster* in Koenig³, § 164 AO Rz. 29; *Frotscher* in Schwarz, § 164 AO Rz. 22 (Stand: Mai 2016); *Seer* in Tipke/Kruse, § 164 AO Rz. 17 f. (Stand: Mai 2014).
11 Ein Ausschluss der Statusentscheidung aus der Vorbehaltswirkung des § 164 AO, wie *Stangl/Brühl*, Der Konzern 2013, 77 (104 f.) ihn vorschlagen, ist de lege lata nicht möglich (ablehnend auch *Neumann* in Gosch³, § 14 KStG Rz. 529d). Selbst wenn man davon ausgeht, dass auch die Statusfeststellung Gegenstand der gesonderten und einheitlichen Feststellung ist, erstreckt sich die Nebenbestimmung des § 164 AO stets auf den gesamten Bescheid. Ein „Teil-Vorbehalt der Nachprüfung" wäre nach § 125 AO nichtig (ablehnend auch *Brinkmann*, StBp 2016, 189 [192]).

4.50 **Ausnahme bei Ausschluss von Zweifeln beim Organträger.** Ein Zuwachs an Rechtssicherheit kann sich indes in den Fällen ergeben, bei denen die den Organträger betreffenden Voraussetzungen der Organschaft außer Frage stehen. In diesen Fällen ist der Vorbehalt der Nachprüfung im Feststellungsbescheid bereits nach der abschließenden Prüfung der einzelnen Organgesellschaft unabhängig vom Prüfungsergebnis[1] aufzuheben.[2] Insoweit ist in der Besteuerungspraxis ein gestuftes Prüfungsverfahren möglich, indem die Organgesellschaften Schritt für Schritt durchgeprüft werden[3] und der Vorbehalt der Nachprüfung des jeweiligen Feststellungsbescheids nach Durchführung der Außenprüfung bei der jeweiligen Organgesellschaft aufgehoben wird. Dabei ist keine bestimmte Reihenfolge der Prüfungen notwendig und der Organkreis muss nicht mehr insgesamt „offengehalten" werden.[4] Ein Gewinn an Rechtssicherheit ergibt sich hinsichtlich des eigenen Einkommens des Organträgers und des Zurechnungseinkommens bereits geprüfter Organgesellschaften, weil auch diese Einkommensteile des Organträgers bisher bis zum Abschluss der Betriebsprüfung der letzten Organgesellschaft unter dem Vorbehalt der Nachprüfung standen.

4.51 **Fragwürdige Bindungswirkung.** Das Feststellungsverfahren dient dem Ziel der Lückenschließung[5] als Reaktion auf „von der Rechtsprechung entschiedene ‚Bindungslücken' in Organschaftsfällen".[6] Angesichts des gesetzlich nicht klar geregelten Verhältnisses[7] zwischen dem Körperschaftsteuerbescheid der Organgesellschaft und dem neuen Feststellungsbescheid nach § 14 Abs. 5 KStG[8] bestehen jedoch Zweifel, ob die gewünschte strikte Bindungsfolge auch rechtssicher gewährleistet ist.[9] Dies illustriert wiederum der Testfall des BFH zur Änderung des Gewinnfeststellungsbescheids der Tochter-Personengesellschaft der Organgesellschaft:[10]

---

1 Zum zu engen Wortlaut des § 164 Abs. 3 Satz 3 AO vgl. *Seer* in Tipke/Kruse, § 164 AO Rz. 49 (Stand: Mai 2014).
2 Ob der Vorbehalt der Nachprüfung des Feststellungsbescheids nach der Außenprüfung der Organgesellschaft, des Organträgers oder erst beider Gesellschaften aufzuheben ist, hängt darum von den zu prüfenden materiellen Besteuerungsgrundlagen und nicht von der formellen Frage ab, in welcher Prüfungsanordnung (§ 196 AO) die Prüfung des Feststellungsbescheids gesondert angeordnet wurde. Da der Feststellungsbescheid wegen der Bindungswirkung für Organgesellschaft und Organträger (§ 14 Abs. 5 Satz 2 KStG) beide betrifft und beiden bekanntzugeben ist, kann in der jeweiligen Prüfungsanordnung gegen Organgesellschaft und Organträger der Feststellungsbescheid zum Prüfungsgegenstand bestimmt werden.
3 *v. Wolfersdorff/Rödder/Schmidt-Fehrenbacher/Beisheim/Gerner*, DB 2012, 2241 (2246).
4 *v. Wolfersdorff/Rödder/Schmidt-Fehrenbacher/Beisheim/Gerner*, DB 2012, 2241 (2246).
5 *Keller*, DStZ 2013, 60 (63).
6 So *U. Prinz*, GmbHR 2013, 39 (40).
7 Unklar ist weiterhin, ob die Einkommensermittlung nur unselbständiger Teil des Körperschaftsteuerbescheids oder sowohl unselbständiger Teil des Körperschaftsteuerbescheids als auch zugleich des Feststellungsbescheids oder allein unselbständiger Teil des Feststellungsbescheids ist (s. noch Rz. 4.52).
8 Dies konzediert auch *Dötsch* in Dötsch/Pung/Möhlenbrock, § 14 KStG Rz. 1144 f. (Stand: August 2016); kritisch nunmehr auch *Brink* in Schnitger/Fehrenbacher[2], § 14 KStG Rz. 682f, 683l, 683m.
9 Zu den verschiedenen Auslegungsvarianten bereits *Drüen*, Der Konzern 2013, 433 (449 ff.).
10 Nachgebildet BFH v. 6.3.2008 – IV R 74/05, BStBl. II 2008, 663 = FR 2009, 45 (Grafik nach *Teiche*, DStR 2013, 2197 [2200]).

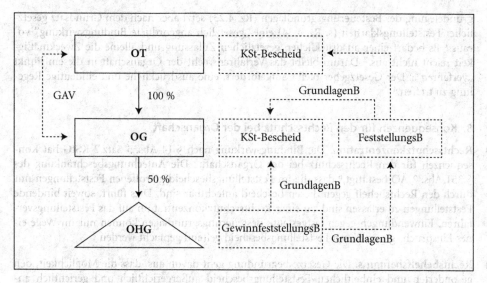

Durchgreifende oder gestufte Feststellungswirkung? Das kaum gewünschte Ergebnis einer – wie zuvor – fehlenden Bindungswirkung des Feststellungsbescheids lässt sich durch die Konstruktion einer durchgreifenden Bindungswirkung direkt zwischen den Feststellungsbescheiden vermeiden.[1] Der Testfall ließe sich dadurch lösen, als es sich bei Feststellungsbescheiden über der Organgesellschaft zuzurechnenden Einkünfte um Grundlagenbescheide für den Feststellungsbescheid nach § 14 Abs. 5 KStG handeln soll.[2] Insoweit ergäbe sich eine „lückenlose Kette von Grundlagen- und Folgebescheiden",[3] so dass „jede Änderung der mitunternehmerschaftlichen Einkunftsermittlung zum OT ,hochfließen'" soll.[4] Allerdings entsteht derart ein Konkurrenz-Problem.[5] Der Feststellungsbescheid für die Tochterpersonengesellschaft wäre ebenso Grundlagenbescheid für den Körperschaftsteuerbescheid der Organgesellschaft, wie auch für den Feststellungsbescheid nach § 14 Abs. 5 KStG[6], der wiederum Grundlagenbescheid für den Körperschaftsteuerbescheid ist. Die vorgeschlagene Stufenbetrachtung, wonach das Einkommen zunächst der Organgesellschaft zugerechnet, danach aber über den Feststellungsbescheid entzogen wird,[7] setzt indes voraus, dass die Einkommensermittlung sowohl als unselbständiger Teil des Körperschaftsteuer- als auch des Feststellungsbescheids angesehen wird.[8] Denn nur in diesem Falle wirkt das festgestellte Einkommen als bloßer Abzugsposten für den Körperschaftsteuerbescheid. Dieser Weg erscheint theoretisch gangbar. Allerdings fehlt es insoweit an der hinreichend klaren gesetzlichen Anordnung der atypischen Bindungswirkung. Eine Ausnahme vom Grundsatz integrierter Zu-

4.52

---

1 Dafür wohl *Frotscher* in Frotscher/Drüen, § 14 KStG Rz. 936 (Stand: April 2015).
2 *Dötsch* in Dötsch/Pung/Möhlenbrock, § 14 KStG Rz. 1144 f., 1147 (Stand: August 2016), mit der weiteren Prämisse, dass die Ermittlung des Einkommens der Organgesellschaft im Feststellungsbescheid nach § 14 Abs. 5 KStG erfolgt.
3 *Teiche*, DStR 2013, 2197 (2200).
4 *Dorenkamp* in HHR, § 14 KStG Anm. 380 (Stand: September 2016).
5 Zutreffend *Teiche*, DStR 2013, 2197 (2200 f.).
6 Dies verneinend *Neumann* in Gosch³, § 14 KStG Rz. 530.
7 So *Teiche*, DStR 2013, 2197 (2201).
8 Weitere Deutungsmöglichkeiten bezüglich der Wirkung des Feststellungsbescheids auf den Körperschaftsteuerbescheid der Organgesellschaft bei *Rödder/Liekenbrock* in Rödder/Herlinghaus/Neumann, § 14 KStG Rz. 766.

grundelegung der Besteuerungsgrundlagen (Rz. 4.23) setzt aber nach dem Grundsatz gesetzlicher Feststellungsklarheit (s. Rz. 4.34) eine „gesetzlich angeordnete Bindungswirkung" voraus.[1] Es bedarf einer ausdrücklichen gesetzlichen Zulassung und alleine die Zweckmäßigkeit reicht nicht aus.[2] Darum bleibt das Verfahrensrecht der Organschaft in diesem Punkt „verfahren".[3] Der Gesetzgeber bleibt aufgefordert, eine ausdrückliche und eindeutige Regelung zu treffen.[4]

8. Konsequenzen für den Rechtsschutz bei der Organschaft

4.53 **Rechtsschutzkonzentration.** Die Bindungswirkung nach § 14 Abs. 5 Satz 2 KStG hat Konsequenzen für den Rechtsschutz bei der Organschaft.[5] Die Anfechtungsbeschränkung des § 351 Abs. 2 AO bestätigt,[6] dass die im Feststellungsbescheid getroffenen Feststellungen nur durch den Rechtsbehelf gegen diesen Bescheid anfechtbar sind. Dies führt, soweit bindende Feststellungen zu erlassen sind, zu einer Rechtsschutzkonzentration auf das Feststellungsverfahren. Einwendungen gegen festgestellte Besteuerungsgrundlagen können nur im Wege eines Einspruchs gegen diesen Feststellungsbescheid geltend gemacht werden.[7]

4.54 **Rechtsbehelfsbefugnis.** Die Gesetzesbegründung geht davon aus, dass die Möglichkeit, den gesonderten und einheitlichen Feststellungsbescheid außergerichtlich und gerichtlich anfechten zu können, sowohl dem Organträger als auch der Organgesellschaft zusteht, und verweist dazu vage auf „vgl. im Übrigen § 352 AO und § 48 FGO".[8] § 352 AO regelt für das finanzbehördliche Einspruchsverfahren, übereinstimmend mit der inhaltsgleichen Norm des § 48 FGO im gerichtlichen Verfahren, die Einschränkung[9] der Rechtsbehelfsbefugnis bei gesonderter und einheitlicher Feststellung von Besteuerungsgrundlagen.[10] Der Verweis auf die persönliche Verengung im Falle mehrerer Beschwerter erscheint nicht unproblematisch.[11] Denn § 352 AO sowie § 48 FGO setzen außer den dortigen besonderen Voraussetzungen die allgemeine Beschwer nach § 350 AO voraus.[12] Dabei begründet die Feststellungswirkung eine persönliche und sachliche Beschwer.[13] Organträger und Organgesellschaft sind aufgrund § 14 Abs. 5 Satz 1 und 2 KStG „Feststellungsbeteiligte". Da der Feststellungsbescheid an beide zu

---

1 Näher *Drüen*, Der Konzern 2013, 433 (451) mwN.
2 *Söhn* in H/H/Sp, § 179 AO Rz. 28 (Stand: November 2010).
3 Aus Praktikersicht spricht auch *Brinkmann*, StBp 2016, 189 (191, 193) von einer „nicht vollkommen geklärten" Rechtslage mit „größeren Rätseln".
4 So jüngst auch *Brink* in Schnitger/Fehrenbacher[2], § 14 KStG Rz. 683m.
5 Zusammenfassend zu den „Neuerungen" beim Rechtsschutz *Olbing*, Stbg 2015, 312.
6 Zur aufgrund der Bindungswirkung nach § 182 AO rein klarstellenden Funktion der Norm vgl. *Seer* in Tipke/Kruse, § 351 AO Rz. 45 (Stand: Mai 2015).
7 *Seer* in Tipke/Kruse, § 351 AO Rz. 45 ff. (Stand: Mai 2015).
8 So BT-Drucks. 17/10774, 20; dem folgend *Stangl/Brühl*, Der Konzern 2013, 77 (106).
9 Explizit *Brandis* in Tipke/Kruse, § 352 AO (Stand: Mai 2015); ebenso *Cöster* in Koenig[3], § 350 AO Rz. 15: „Beschränkung".
10 *Siegers* in H/H/Sp, § 352 AO Rz. 44 (Stand: Mai 2016).
11 Dazu bereits näher *Drüen*, Der Konzern 2013, 433 (444 f.).
12 *Siegers* in H/H/Sp, § 350 AO Rz. 107 (Stand: April 2015), § 352 AO Rz. 44 f. (Stand: Mai 2016); ebenso *Cöster* in Koenig[3], § 350 AO Rz. 4; *Werth* in Gosch, § 352 AO Rz. 6 (Stand: Februar 2009).
13 So bereits zuvor *Jesse*, DStZ 2001, 113 (114); allgemein *Siegers* in H/H/Sp, § 350 AO Rz. 107 f. (Stand: April 2015); *Ratschow* in Klein[13], § 179 AO Rz. 25.

richten ist, können sich beide gegen den an sie gerichteten Feststellungsbescheid wenden.[1] Aus § 350 AO folgt eine parallele Rechtsschutzbefugnis von Organgesellschaft und Organträger.[2] Die frühere Einschränkung, dass die Organgesellschaft durch einen Null-Bescheid nicht beschwert ist, und die frühere Differenzierung zwischen der Statusfrage und der Zurechnungshöhe sind dadurch überwunden.[3] Eine Rechtsschutzkonzentration auf den Organträger war ausweislich der Gesetzesbegründung nicht Ziel des Gesetzgebers und sie bedürfte auch der besonderen gesetzlichen Anordnung durch Erweiterung von § 352 AO und § 48 FGO.[4] Dürfen nunmehr im Falle der Organschaft ohne weiteres Organgesellschaft und Organträger außergerichtliche und gerichtliche Rechtsbehelfe einlegen,[5] ist dieser Multiplikation der Rechtsschutzverfahren[6] durch entsprechende Verknüpfung zur Sicherung einheitlicher Entscheidungen zu begegnen.[7] Bei der Organschaft wird es – wie zuvor – zur Hinzuziehung (§ 360 AO) bzw. zur Beiladung (§ 60 FGO) in Rechtsschutzverfahren kommen,[8] allerdings ist diese nunmehr notwendig.[9]

Einstweiliger Rechtsschutz. Für den einstweiligen Rechtsschutz gelten auch für das Feststellungsverfahren nach § 14 Abs. 5 KStG die allgemeinen Grundsätze im Feststellungsverfahren. Wird die Vollziehung des Feststellungsbescheids als Grundlagenbescheid im Rechtsbehelfsverfahren ausgesetzt, ist insoweit von Amts wegen auch die Vollziehung der Folgebescheide auszusetzen (§ 361 Abs. 3 AO, § 69 Abs. 2 Satz 4 FGO)[10]. 4.55

III. Verfahren bei der gewerbesteuerlichen Organschaft

Organgesellschaft als Betriebsstätte. Bei der Gewerbesteuer verliert die Organgesellschaft im Gegensatz zur körperschaftsteuerrechtlichen Behandlung für die Dauer der Organschaft ihre Eigenschaft als Steuersubjekt,[11] weil sie als Betriebsstätte des Organträgers gilt (§ 2 Abs. 2 Satz 2 GewStG). Ihr Gewerbeertrag wird zwar nach dem Trennungsprinzip selbständig ermit- 4.56

---

1 *Müller* in Mössner/Seeger³, § 14 KStG Rz. 765; *Rödder*, Ubg 2012, 717 (723); *Dötsch/Pung*, DB 2013, 305 (313); *Olbing* in Streck⁸, § 14 KStG Rz. 173; *Brinkmann*, StBp 2016, 189 (198); *Schumacher*, Die Organschaft im Steuerrecht³, 216.
2 FG Münster v. 21.3.2018 – 9 K 3187/16 F, EFG 2018, 1350;-*Dötsch/Pung*, DB 2013, 305 (313); aA *Bartone* in Gosch, § 350 AO Rz. 15 (Stand: November 2013); *Teiche*, DStR 2013, 2197 (2204): „fehlende Beschwer der Organgesellschaft"; *Neumann* in Gosch³, § 14 KStG Rz. 529g.
3 *Dötsch* in Dötsch/Pung/Möhlenbrock, § 14 KStG Rz. 1143 (Stand: August 2016); aA *Bartone* in Gosch, § 350 Rz. 15 (Stand: November 2013), der eine Beschwer der Organgesellschaft nur im hinsichtlich der Statusfrage bejaht.
4 Die Beschwer modifizierende Vorschriften hat der Gesetzgeber für den Bereich der Organschaft aber nicht getroffen (wie hier FG Münster v. 21.3.2018 – 9 K 3187/16 F, EFG 2018, 1350).
5 *Brink* in Schnitger/Fehrenbacher², § 14 KStG Rz. 683b.
6 *v. Wolfersdorff/Rödder/Schmidt-Fehrenbacher/Beisheim/Gerner*, DB 2012, 2241 (2246).
7 *Dötsch/Pung*, DB 2013, 305 (313).
8 Zum alten Recht *Müller*, Der Konzern 2009, 167 (169); zum neuen Recht *Brinkmann*, StBp 2016, 189 (198).
9 *Müller/Stöcker/Lieber*, Die Organschaft¹⁰, Rz. 472.
10 *Rödder/Liekenbrock* in Rödder/Herlinghaus/Neumann, § 14 KStG Rz. 768.
11 *Montag*, Grundlagen der gewerbesteuerlichen Organschaft, in Herzig, Organschaft, 291 (295): Übergang der subjektiven Steuerpflicht; *Müller*, Der Konzern 2009, 167 (169); *Frotscher* in Frotscher/Drüen, § 14 KStG Rz. 538 (Stand: Januar 2015); *Walter* in Ernst & Young, § 14 KStG Rz. 799 (Stand: November 2016).

telt,[1] die Betriebsstättenfiktion führt aber dazu, dass gegen die Organgesellschaft kein eigener Gewerbesteuermessbescheid ergeht.[2] Die persönliche Gewerbesteuerpflicht der Organgesellschaft wird für die Dauer der Organschaft dem Organträger zugerechnet,[3] gegen den ein einheitlicher Gewerbesteuermessbescheid für alle zum Organkreis gehörenden Gewerbebetriebe erlassen wird.[4]

4.57 **Entscheidung über Statusfrage im Gewerbesteuermessbescheid.** Aufgrund dieser steuerschuldrechtlichen wie verfahrensrechtlichen Einheit stellt sich bei der Gewerbesteuer nicht die Frage, in welchem Bescheid die gewerbesteuerliche Organschaft verbindlich anerkannt wird. Denn bereits im Gewerbesteuermessbescheid (und nicht im Zerlegungsbescheid) des vermeintlichen Organträgers wird über die Voraussetzungen der gewerbesteuerrechtlichen Organschaft entschieden.[5] Zuständig dafür ist das Finanzamt, in dessen Bezirk sich die Geschäftsleitung des Organträgers befindet (Betriebsfinanzamt, § 22 Abs. 1 Satz 1 i.V.m. § 18 Abs. 1 Nr. 2 AO). Zwar fehlen dem Finanzamt des Organträgers zum Teil Angaben aus den Bilanzen der Organgesellschaft für die Ermittlungen von Hinzurechnungen und Kürzungen nach §§ 8, 9 GewStG. Diese Werte werden aber intern durch die sog. „Ermittlung des Gewerbeertrags von Organgesellschaften" maschinell bereitgestellt und eine Ausfertigung der Werte wird dem Organträger als Anlage zum Gewerbesteuermessbescheid übermittelt.

4.58 **Umfassende Korrekturmöglichkeit.** Der Gesetzgeber hält bei der Gewerbesteuer keine besondere verfahrensrechtliche Verknüpfung durch ein Feststellungsverfahren für erforderlich.[6] Unter Hinweis auf die nach § 35b GewStG bestehende Korrekturmöglichkeit bedarf es nach der Gesetzesbegründung keiner gesonderten und einheitlichen Feststellung bei der Gewerbesteuer.[7] Dem dagegen erhobenen Einwand, für das Feststellungsverfahren sprächen auch bei der Gewerbesteuer die gleichen Gründe wie bei der Körperschaftsteuer,[8] ist die allgemeine Verfahrenslage bei der Gewerbesteuer entgegenzuhalten. Bei der Festsetzung des Gewerbesteuermessbetrags ist der Gewerbeertrag nach § 7 GewStG eigenständig und ohne Bindung an den Einkommensteuerbescheid oder den Einkünftefeststellungsbescheid zu ermitteln.[9] Weder der Einkommensteuerbescheid noch der Körperschaftsteuer- oder Feststellungsbescheid bei einer Mitunternehmerschaft ist Grundlagenbescheid (§ 171 Abs. 10 AO) für den Gewerbesteuermessbescheid, so dass die Bindungswirkung des § 182 AO und die

---

1 R 2.3 (1) Satz 4 und R 7.1 (5) Satz 2 GewStR 2009; *Montag* in Herzig, Organschaft, 291 (295 ff.).
2 *Müller/Stöcker/Lieber*, Die Organschaft[10], Rz. 964, 971; *Müller*, Der Konzern 2009, 167 (169).
3 BFH v. 27.6.1990 – I R 183/85, BStBl. II 1990, 916; BFH v. 28.1.2004 – I R 84/03, BStBl. II 2004, 539 = GmbHR 2004, 979; BFH v. 21.10.2009 – I R 29/09, BStBl. II 2010, 644 = GmbHR 2010, 441 = FR 2010, 527; *Müller/Stöcker/Lieber*, Die Organschaft[10], Rz. 964.
4 BFH v. 28.1.2004 – I R 84/03, BStBl. II 2004, 539 = GmbHR 2004, 979; *Drüen* in Blümich, § 2 GewStG Rz. 157 (Stand: Oktober 2015).
5 *Müller/Stöcker/Lieber*, Die Organschaft[10], Rz. 936, zum Rechtsschutz Rz. 937 ff.; *Brinkmann*, StBp 2016, 189 (197); zum Rechtsschutz der betroffenen Gemeinden *Müller*, Der Konzern 2009, 167 (169).
6 So BT-Drucks. 17/10774, 20.
7 BT-Drucks. 17/10774, 20; ebenso *Dötsch/Pung*, DB 2013, 313 (314); *Dötsch* in Dötsch/Pung/Möhlenbrock, § 14 KStG Rz. 1143 (Stand: August 2016); *Frotscher* in Frotscher/Drüen, § 14 KStG Rz. 924 (Stand: April 2015).
8 So *Rödder*, Ubg 2012, 717 (723).
9 Statt aller BFH v. 8.4.2008 – VIII R 73/05, BStBl. II 2008, 681 (684) = FR 2008, 1017 m. Anm. *Keß* mwN; *Brandis* in Tipke/Kruse, § 182 AO Rz. 4 (Stand: April 2017); *Söhn* in H/H/Sp, § 179 AO Rz. 111 (Stand: November 2010).

Korrekturnorm für Folgebescheide (§ 175 Abs. 1 Satz 1 Nr. 1 AO) nicht greifen. Wegen der fehlenden verfahrensrechtlichen Bindung eröffnet § 35b GewStG eine vereinfachte Folgekorrektur des Gewerbesteuermessbescheids und vermeidet eine Verdopplung von Rechtsbehelfsverfahren.[1] Nach Auffassung des BFH ist § 35b Abs. 1 Satz 1 GewStG auch in Organschaftsfällen anwendbar, so dass eine Änderung des Körperschaftsteuerbescheids des Organträgers die erleichterte Änderung des Gewerbesteuermessbescheids nach sich zieht.[2] Allerdings lässt § 35b GewStG allgemein und speziell bei der gewerbesteuerrechtlichen Organschaft punktuelle Korrekturlücken.[3] Gleichwohl würde eine spezielle Bindung des Feststellungsverfahrens bei der Organschaft auch für die Gewerbesteuer[4] ohne erkennbaren Gewinn zur Abweichung vom dargestellten Grundsatz führen, obwohl anders als bei der Körperschaftsteuer aufgrund der Betriebsstättenfiktion (§ 2 Abs. 2 Satz 2 GewStG) kein Bedürfnis besteht, mehrere Bescheidebenen verfahrensrechtlich zu verknüpfen. Insgesamt ist die Ausklammerung der Gewerbesteuer aus dem neuen Feststellungsverfahren nach § 14 Abs. 5 KStG[5] vertretbar und auch aus der Rechtsschutzperspektive[6] der betroffenen Unternehmen nicht zu beanstanden.[7] Auf einem anderen Blatt steht die allgemeine rechtspolitische Frage, ob der Gesetzgeber allgemein eine Bindungswirkung zwischen Einkommen- oder Körperschaftsteuer und der darauf nach § 7 GewStG materiell aufbauenden Gewerbeertragsteuer einführen und die nicht lückenlose Korrektur nach § 35b GewStG aufheben sollte.[8]

IV. Haftungsverfahren bei der Organschaft

Haftung der Organgesellschaft. Der Haftungsschuldner haftet zur Sicherung eines Steueranspruches. Der materielle Haftungstatbestand des § 73 AO bestimmt, für welche Steuern eine Organgesellschaft haftet (näher Rz. 24.8 ff.). Dabei sind Grundfragen des Haftungsumfangs nach § 73 AO (s. Rz. 24.9 ff.). umstritten[9] und höchstrichterlich noch nicht geklärt.[10] Verfahrensrechtlich erfolgt die Inanspruchnahme der Organgesellschaft mittels **Haftungsbescheid** nach § 191 AO. Im Gegensatz zum Steuerbescheid (§ 155 Abs. 1 AO) gilt für die Haftungsinanspruchnahme nicht das Legalitätsprinzip, sondern das Opportunitätsprinzip. Bei der **Ermessensentscheidung** (§ 5 AO) hat die Finanzbehörde zu beachten, dass eine Inanspruchnahme der Organgesellschaft nur subsidiär erfolgen soll.[11] Besteht eine Organ-

4.59

---

1 Dazu insgesamt *Drüen* in Blümich, § 7 GewStG Rz. 37 (Stand: April 2017) mwN.
2 BFH v. 21.10.2009 – I R 29/09, BStBl. II 2010, 644 = FR 2010, 527; zustimmend *Benecke/Schnitger*, IStR 2013, 143 (157); *Dötsch/Pung*, DB 2013, 305 (314); *Lenz/Adrian/Handwerker*, BB 2012, 2851 (2858); *Müller/Stöcker/Lieber*, Die Organschaft[10], Rz. 942.
3 *Rödder/Liekenbrock* in Rödder/Herlinghaus/Neumann, § 14 KStG Rz. 759; *Teiche*, DStR 2013, 2197 (2202) mit Fallbeispielen.
4 Dadurch würde der Anwendungsbereich von § 35b GewStG ohne besonderen Grund punktuell zugunsten von § 175 Abs. 1 Satz 1 Nr. 1 AO beschnitten.
5 § 14 Abs. 5 Satz 2 KStG ordnet nur die Bindungswirkung „für die Besteuerung des Einkommens", nicht aber für den daraus abzuleitenden Gewerbeertrag an.
6 Zum Rechtsschutz bei der GewSt *Dorenkamp* in HHR, § 14 KStG Anm. 380 (Stand: September 2016).
7 Ebenso *Brinkmann*, StBp 2016, 189 (198).
8 Diese durchaus diskutable allgemeine Verfahrensverknüpfung spricht aber gegen einen Sonderweg nur bei der Organschaft.
9 Zum Umfang der Haftung vgl. *Boeker* in H/H/Sp, § 73 AO Rz. 15 ff. (Stand: August 2016) mwN.
10 Dazu *Drüen*, DB 2018, 11 (16 f.) mwN.
11 *Rüsken* in Klein[13], § 73 AO Rz. 12.

schaft aus mehreren Organgesellschaften, hat das Finanzamt ein **Auswahlermessen**, welche der Gesellschaften haften.[1] Es liegt regelmäßig ein Ermessensfehler vor, wenn eine Gesellschaft für Steuern in Anspruch genommen wird, die ohne die Organschaft bei ihr nicht angefallen wären[2] (s. Rz. 24.10, auch zu Ausnahmen). Der Verursachungsgedanke im Organkreis und die Beschränkung auf das konkrete Organschaftsverhältnis gilt auch im Falle einer mehrstufigen Organschaft.[3] Die Finanzbehörde hat ihre Ermessensentscheidung zu begründen (§ 121 AO). Rechtsbehelfe gegen Haftungsbescheide sind Einspruch (§ 347 AO) und Anfechtungsklage (§ 40 FGO). Gerade Rechtsbehelfe gegen auf § 73 AO gestützte Haftungsbescheide haben gute Erfolgsaussichten.[4]

---

1 *Boeker* in H/H/Sp, § 73 AO Rz. 22 f. (Stand: August 2016).
2 *Boeker* in H/H/Sp, § 73 AO Rz. 23 (Stand: August 2016).
3 BFH v. 31.5.2017 – I R 54/15, BFHE 259, 1 = GmbHR 2017, 1285, Rz. 10 f. (dazu *Prinz/Keller*, DB 2018, 400 [406 f.] unter Hinweis auf eine denkbare Schließung der „Haftungslücke" durch den Gesetzgeber.
4 Zu den Gründen *Drüen*, DB 2018, 11 (16).

Kapitel 5
Unionsrechtlicher Einfluss auf die Organschaft

A. Unionsrechtlicher Rahmen für Steuern 5.1
  I. Primärrechtlicher Harmonisierungsauftrag 5.1
  II. Sekundärrechtliche Harmonisierung im Bereich der direkten Steuern 5.6
  III. Rahmenvorgaben der Grundfreiheiten für direkte Steuern 5.13

B. Vorgaben der Rechtsprechung des EuGH 5.29
  I. Maßgebliche EuGH-Verfahren mit Organschaftsbezug 5.29
    1. Grundlegung 5.29
    2. Marks & Spencer 5.32
    3. Rewe Zentralfinanz 5.35
    4. Oy AA 5.37
    5. Lidl Belgium 5.40
    6. KR Wannsee 5.43
    7. Papillon 5.46
    8. X Holding 5.48
    9. Philips Electronics UK 5.51
    10. A Oy 5.53
    11. K 5.55
    12. Felixstowe 5.57
    13. SCA Group Holding 5.59
    14. Nordea Bank 5.62
    15. Kommission/Vereinigtes Königreich . 5.66
    16. Groupe Steria 5.69
    17. Finanzamt Linz 5.72
    18. Timac Agro 5.77
    19. X ua 5.80
    20. Bevola und Jens W. Trock 5.84
    21. NN 5.86
  II. Prüfungspraxis des EuGH – von der Diskriminierungs- zur Rechtfertigungsprüfung 5.88

C. Unionsrechtliche Prägung der Organschaft 5.98

Literatur: *Dobratz,* Anhängige EuGH-Rechtssachen im Bereich der Ertragsteuern, IStR 2017, 1006; *Englisch,* Nordea Bank – ein Meilenstein der EuGH-Judikatur, IStR 2014, 561; *Henze,* EuGH-Rechtsprechung: Aktuelle Entwicklungen zu den direkten Steuern im Jahr 2017, ISR 2017, 401; *Henze,* EuGH-Rechtsprechung: Aktuelle Entwicklungen zu den direkten Steuern im Jahr 2016, ISR 2016, 397; *Henze,* EuGH-Rechtsprechung: Aktuelle Entwicklungen zu den direkten Steuern im Jahr 2015, ISR 2015, 398; *Henze,* EuGH-Rechtsprechung: Aktuelle Entwicklungen zu den direkten Steuern im Jahr 2014, ISR 2014, 384; *Henze,* EuGH-Rechtsprechung: Aktuelle Entwicklungen zu den direkten Steuern im Jahr 2013, ISR 2013, 381; *Henze,* EuGH-Rechtsprechung: Aktuelle Entwicklungen zu den direkten Steuern, ISR 2012, 103; *Herbort,* „Marks & Spencer 2.0" – Plädoyer gegen Trends in der EuGH-Judikatur, IStR 2015, 15; *Kokott/Ost,* Europäische Grundfreiheiten und nationales Steuerrecht, EuZW 2011, 496; *Lang,* 2005 – Eine Wende in der steuerlichen Rechtsprechung des EuGH zu den Grundfreiheiten?, in Mellinghoff/Schön/Viskorf (Hrsg.), Steuerrecht im Rechtsstaat, FS für Wolfgang Spindler, Köln 2011, 297 ff.; *Rüsch,* Aktuelle Entwicklungen zur steuerlichen Organschaft, DStZ 2018, 138; *Rüsch,* Aktuelle Entwicklungen zur steuerlichen Organschaft, DStZ 2017, 69; *Schnitger,* Grenzüberschreitende Organschaft und Schachtelstrafe, JbFSt 2016/2017, 39; *Schwenke,* Verrechnung „finaler" ausländischer Betriebsstättenverluste im Inland, in Baumhoff/Schönfeld (Hrsg.), Grenzüberschreitende Verlustverrechnung, Forum der internationalen Besteuerung, Köln 2011, 1 ff.; *Sedemund,* Europäisches Ertragsteuerrecht, Baden-Baden, 2008; *Stöber,* Die grenzüberschreitende Verlustverrechnung in Europa, DStZ 2016, 582.

A. Unionsrechtlicher Rahmen für Steuern

I. Primärrechtlicher Harmonisierungsauftrag

5.1 Grundlage für das Recht der Europäischen Union bilden der Vertrag über die Europäische Union (EUV) und der Vertrag über die Arbeitsweise der Europäischen Union (AEUV). Das durch den Vertrag von Lissabon[1] geformte Vertragswerk konsolidiert und präzisiert die Erweiterung der EG zur EU und wandelte den Vertrag zur Gründung der Europäischen Gemeinschaft in den AEUV[2] um. Inhaltlich übernommen wurde der Besitzstand im Bereich der Steuern, der ausgehend vom EWG-Vertrag von 1957[3] über die Einheitliche Europäische Akte von 1986[4] durch den Vertrag von Maastricht[5] mit der Umgestaltung des EWG-Vertrags zum Vertrag zur Gründung der Europäischen Gemeinschaft[6] geprägt ist von einem freiheitlichen Europa, einem Raum ohne Binnengrenzen für den freien Verkehr von Waren, Personen, Dienstleistungen und Kapital, der Freizügigkeit und Nichtdiskriminierung.

5.2 **Steuerliche Vorschriften im AEUV.** Die vom Vertrag als steuerliche Vorschriften betitelten Bestimmungen der Art. 110 bis 113 AEUV[7] sind in der Entwicklung des vertraglichen Geflechts seit 1957 im Wesentlichen unverändert geblieben. Sie umfassen für den Warenverkehr ein Diskriminierungs- und Protektionsverbot (Art. 110 AEUV) und Privilegierungsverbot für Rückvergütungen (Art. 111 AEUV) sowie ein praktisch bedeutungsloses Kompensationsverbot unter Genehmigungsvorbehalt (Art. 112 AEUV) und schließlich als bedeutsamste Vorschrift in Art. 113 AEUV die Kompetenzgrundlage und den Auftrag zur Harmonisierung der Rechtsvorschriften über die indirekten Steuern, insbesondere die Umsatzsteuer als allgemeine Verbrauchsteuer, die besonderen Verbrauchsteuern und sonstige indirekte Steuern als Auffangtatbestand. Unbeschadet der Bedeutung der Harmonisierung der indirekten Steuern haben die steuerlichen Vorschriften als Politikbereich aufgrund des nahezu unveränderten Zuschnitts dieses Kapitels relativ ihre Bedeutung eingebüßt, da namentlich durch den Vertrag von Maastricht und den Vertrag von Lissabon zahlreiche neue Politikbereiche aufgenommen wurden. Der Umstand, dass die steuerlichen Vorschriften unverändert nur die spezifischen abgabenrechtlichen Verbote für den Warenverkehr und die positive Integration der indirekten Steuern umfasst, lässt sich damit erklären, dass bei der Gründung der EWG

---

1 Vertrag von Lissabon v. 13.12.2007, ABl. 2007 Nr. C 306, 1, in der Fassung der Bekanntmachung v. 9.5.2008, ABl. 2008 C 115, 1, in Kraft getreten am 1.12.2009.
2 Durch den Vertrag von Lissabon wurden die Bestimmungen des Vertrags über die Europäische Union und des Vertrags zur Gründung der Europäischen Gemeinschaft (EGV), geändert, ersetzt, aufgehoben, umgestellt, neue Bestimmungen eingefügt, der EGV wurde in AEUV umbenannt, die Artikel, Abschnitte, Kapitel, Titel und Teile der Verträge wurden „umnummeriert", dh. neu durchnummeriert; bei der Orientierung hilft eine synoptische Gegenüberstellung der bisherigen und der geänderten Bestimmungen („Übereinstimmungstabelle"). Ein vergleichbares Verwirrspiel hatte bereits der am 1.5.1999 in Kraft getretene Vertrag von Amsterdam v. 2.10.1997 beschert, als der EUV, dessen Artikel nach dem Vertrag von Maastricht Buchstabenbezeichnungen hatten, auf Artikelnummerierung umgestellt und der EGV neu durchnummeriert wurde.
3 Vertrag zur Gründung der Europäischen Wirtschaftsgemeinschaft v. 25.3.1957, BGBl. II 1957, 766, in Kraft getreten am 1.1.1968.
4 Einheitliche Europäische Akte v. 28.2.1986, ABl. 1987 Nr. L 169, 1, in Kraft getreten am 1.7.1987.
5 Vertrag über die Europäische Union unterzeichnet zu Maastricht am 7.2.1992, ABl. 1992 Nr. C 191, 1, in Kraft getreten am 1.11.1993.
6 Titel II Art. G des Vertrags über die Europäische Union.
7 Zuvor Art. 90 bis 93 EGV, davor Art. 95 bis 99 EGV und Art. 95 bis 99 EWGV.

der Gemeinsame Markt, der freie Warenverkehr und die Zollunion im Vordergrund standen.

Kein Harmonisierungsauftrag für direkte Steuern. Für die direkten Steuern enthält das Primärrecht keine unmittelbare Kompetenzgrundlage, geschweige denn einen Harmonisierungsauftrag. Soweit punktuell eine Rechtsangleichung im Bereich der direkten Steuern erfolgte, wurde die Richtlinie auf Art. 115 AEUV[1] gestützt. Diese Bestimmung sieht eine Angleichung der Rechts- und Verwaltungsvorschriften der Mitgliedstaaten vor, die sich unmittelbar auf die Errichtung oder das Funktionieren des Binnenmarktes[2] auswirken. Die Vorschrift wurde als Rechtsangleichungs-Grundnorm bezeichnet,[3] hat diese Funktion jedoch zwischenzeitlich verloren, da die Binnenmarktharmonisierung ihre Grundlage weitgehend in Art. 114 Abs. 1 AEUV[4] nach dem ordentlichen Gesetzgebungsverfahren gem. Art. 294 AEUV findet. Art. 114 Abs. 2 AEUV nimmt davon ausdrücklich drei Bereiche aus, die Steuern, die Freizügigkeit und die Rechte und Interessen der Arbeitnehmer. Für die Bereiche Freizügigkeit und Rechte und Interessen der Arbeitnehmer enthält der AEUV Sondervorschriften für eine Rechtsangleichung,[5] so dass als Anwendungsbereich des Art. 115 AEUV die Rechtsangleichung der mitgliedstaatlichen Regelungen zu den direkten Steuern verbleibt. Die nunmehrige Funktion der Vorschrift als Auffangnorm für die Rechtsangleichung zeigt sich darin, dass der Vertrag von Lissabon sie hinter die Kompetenzgrundlage für die Binnenmarktharmonisierung gestellt hat; zudem wurde mit den Einleitungsworten („Unbeschadet des Art. 114 ..."") die Subsidiarität der Vorschrift ausdrücklich angeordnet.[6] Der Erlass von Richtlinien auf der Grundlage des Art. 115 AEUV erfolgt im besonderen Gesetzgebungsverfahren, Art. 289 Abs. 2 AEUV,[7] und erfordert eine einstimmige Ratsentscheidung nach Anhörung des Europäischen Parlaments.[8] Das Einstimmigkeitserfordernis für diese Gesetzgebungsakte zeigt, dass Steuern die Souveränitätsinteressen der Mitgliedstaaten (Fiskal- und Budgethoheit) besonders tangieren.

5.3

Eine Ergänzung der übrigen Vertragsbestimmungen über die Rechtsangleichung und Rechtsvereinheitlichung mit Bedeutung für die direkten Steuern enthielt Art. 293 EGV,[9] wonach, soweit erforderlich, die Mitgliedstaaten untereinander Verhandlungen einleiten, um zugunsten ihrer Staatsangehörigen ua. „die Beseitigung der Doppelbesteuerung innerhalb der Gemeinschaft" sicherzustellen. In Ausführung dieser Bestimmung wurde die **sog. Schiedskonvention**[10] geschlossen. Da es sich dabei um ein multilaterales Abkommen handelt, macht der Beitritt neuer Mitgliedstaaten jeweils ein neues Übereinkommen zwischen den bisherigen Mitgliedstaaten (Vertragsstaaten) und dem/den beitretenden Mitgliedstaat/en sowie die einzelstaatlichen Ratifikationsmaßnahmen erforderlich, was regelmäßig zu Verzögerungen des Inkrafttretens führt. Der EuGH hat es abgelehnt, Art. 293 EGV ein gemeinschaftsrechtliches

5.4

---

1 Zuvor Art. 94 EGV, davor Art. 100 EWGV.
2 In der Fassung bis zum Vertrag von Lissabon „Gemeinsamer Markt".
3 *Oppermann/Classen/Nettersheim*, Europarecht[7], § 35 Rz. 11, 43, 56.
4 Art. 114 AEUV, zuvor Art. 95 EGV, davor Art. 100a EGV idF von Maastricht.
5 Siehe *Tietje* in Grabitz/Hilf/Nettesheim, Das Recht der Europäischen Union, Art. 114 AEUV Rz. 88 ff.
6 Vgl. *Fischer* in Lenz/Borchardt, EU-Verträge[6], Art. 115 AEUV Rz. 1.
7 Für die Harmonisierung der indirekten Steuern gilt nach Art. 113 AEUV ebenfalls das besondere Gesetzgebungsverfahren.
8 Vgl. *Fischer* in Lenz/Borchardt, EU-Verträge[6], Art. 289 AEUV Rz. 3.
9 Zuvor Art. 220 EWGV.
10 Übereinkommen über die Beseitigung der Doppelbesteuerung im Fall von Gewinnberichtigungen zwischen verbundenen Unternehmen v. 23.6.1990 (90/436/EWG), ABl. 1990 Nr. L 160, 1.

Verbot der Doppelbesteuerung mit unmittelbarer Wirkung zu entnehmen.[1] Art. 293 EGV wurde durch den Vertrag von Lissabon aufgehoben.[2]

5.5 Verstreut finden sich weitere **primärrechtliche Regelungsgegenstände mit steuerlichem Bezug**. Art. 28 und 30 AEUV[3] behandeln die Zollunion und das Verbot von Zöllen und Abgaben mit zollgleicher Wirkung, betreffen aber nicht direkte Steuern. Art. 192 Abs. 2 Buchst. a iVm. Art. 191 AEUV[4] enthält eine begrenzte Kompetenzgrundlage für Ökosteuern; danach kann der Rat gemäß dem besonderen Gesetzgebungsverfahren Vorschriften überwiegend steuerlicher Art erlassen, um Ziele der Umweltpolitik der Union zu erreichen. Art. 107 AEUV[5] normiert ein grundsätzliches Verbot staatlicher Beihilfen, echte Legalausnahmen und tatbestandliche Grundlagen für Ermessensausnahmen. Durch die Vorschrift kann auch der Bereich der direkten Steuern betroffen sein, sofern eine steuerliche Regelung eines Mitgliedstaates als Beihilfe anzusehen ist.[6] Die Vorschrift wirkt repressiv; sie ist auf Abschaffung der (steuerlichen) Beihilfe gerichtet, nicht auf deren Ausdehnung. Sie verleiht dem Einzelnen kein Recht auf eine ebenso steuergünstige Behandlung. Das Beihilfeverbot hat in den letzten Jahren im Steuerrecht eine Verschärfung erfahren, der Beihilfebegriff wird vom EuGH weit verstanden und als Gleichheitsgebot ausgelegt. Maßgeblich kommt es auf das Kriterium der Selektivität und die Frage an, ob ein gesetzlich vorgesehener Steuervorteil, eine Verwaltungspraxis oder Einzelmaßnahmen im Steuervollzug zu einer Begünstigung bestimmter Unternehmen oder Produktionszweige führt.[7]

II. Sekundärrechtliche Harmonisierung im Bereich der direkten Steuern

5.6 Das Sekundärrecht umfasst das von den Organen der Union auf Grundlage des Primärrechts geschaffene Recht. Art. 288 AEUV[8] listet die **Rechtsakte für die Ausübung der Zuständigkeiten der Union** auf: Verordnungen, Richtlinien, Beschlüsse, Empfehlungen und Stellungnahmen. Nach Art. 288 Abs. 2 AEUV hat die Verordnung allgemeine Geltung. Sie ist in allen ihren

---

1 EuGH v. 12.5.1998 – C-336/96 – Gilly, Slg. 1998, I-2793 = FR 1998, 847 m. Anm. *Dautzenberg*; EuGH v. 5.7.2005 – C-376/03 – D., Slg. 2005, I-5821.
2 Der Vertrag über eine Verfassung für Europa v. 29.10.2004, ABl. 2004 Nr. C 310, enthielt bereits nicht mehr die Bestimmung des Art. 293 EGV, vgl. dazu *Lehner*, IStR 2005, 397. Nach den ablehnenden Referenden in Frankreich und den Niederlanden wurde der Verfassungsvertrag in dieser Form nicht mehr weiterverfolgt. Die sich anschließende Reform, die schließlich in den Vertrag von Lissabon mündete, entschlackte die vorgesehenen Änderungen wesentlich; bei der Aufhebung des Art. 293 EGV ist es jedoch ohne offizielle Stellungnahme oder Erläuterung geblieben.
3 Zuvor Art. 23 und 25 EGV, Art. 9 und 12 EWGV.
4 Zuvor Art. 175 Abs. 2 Spiegelstrich 1, Art. 174 EGV.
5 Zuvor Art. 87 EGV, Art. 92 EWGV.
6 Siehe dazu *Blumenberg*, Steuervergünstigungen als staatliche Beihilfen im Sinne des Europäischen Gemeinschaftsrechts, in Grotherr (Hrsg.), Handbuch der internationalen Steuerplanung[3], 2133 ff.; *Lausterer*, Verlustverrechnung und Europäisches Wettbewerbsrecht, in Oestreicher (Hrsg.), Modernisierung des Unternehmenssteuerrechts, 117 ff.; *Englisch*, Das Beihilfeverbot im Steuerrecht, in Tipke/Lang (Hrsg.), Steuerrecht, § 4 Rz. 115 ff.
7 Vgl. Bekanntmachung der Kommission zum Begriff der staatlichen Beihilfe i.S.d. Art. 107 Abs. 1 AEUV v. 19.7.2016, C/2016/2946; EuGH v. 21.12.2016 – C-20/15 P und C-21/15 P – Kommission/World Duty Free Group ua, IStR 2017, 77 mit Anm. *Schnitger*, IStR 2017, 84; *Dobratz*, IStR 2017, 1006 (1012); *Henze*, ISR 2017, 401 (406 f.); *Schnitger*, IStR 2017, 421 (423 ff.).
8 Zuvor Art. 249 EGV, Art. 189 EWGV.

Teilen verbindlich und gilt unmittelbar in jedem Mitgliedstaat. Eine Verordnung bedarf daher keiner mitgliedstaatlichen Umsetzung; sie kann unmittelbar Rechte und Pflichten begründen. Anders als bei den indirekten Steuern, insbesondere der Umsatzsteuer haben Verordnungen im Bereich der direkten Steuern mangels Zuständigkeit der Union kaum Bedeutung. Eine Ausnahme bildet die sog. Freizügigkeitsverordnung,[1] die ausdrücklich eine steuerliche Gleichbehandlung vorschreibt.[2]

Nach Art. 288 Abs. 3 AEUV ist die Richtlinie für jeden Mitgliedstaat, an den sie gerichtet wird, hinsichtlich des zu erreichenden Ziels verbindlich, überlässt jedoch den innerstaatlichen Stellen die Wahl der Form und der Mittel. Richtlinien richten sich zwar an die Mitgliedstaaten, die sie in nationales Recht umsetzen müssen, entfalten jedoch mit Ablauf der Umsetzungsfrist zugunsten des Einzelnen eine unmittelbare Wirkung gegenüber dem Staat, wodurch Richtlinien im Steuerrecht eine erhebliche Bedeutung erhalten. Ein Steuerpflichtiger kann sich gegenüber der Finanzbehörde auf eine für ihn günstige Richtlinienbestimmung berufen, wenn diese Richtlinienbestimmung nicht, nicht fristgerecht oder nicht ordnungsgemäß umgesetzt wurde, inhaltlich unbedingt und hinreichend bestimmt ist.

5.7

Im Bereich der direkten Steuern wurden Richtlinien nur zur punktuellen Rechtsangleichung erlassen.

5.8

- **Fusions-Richtlinie**[3] – Richtlinie zur steuerneutralen Fusion, Spaltung, Einbringung von Unternehmensteilen und Austausch von Anteilen bei Beteiligung von Gesellschaften aus zwei oder mehr Mitgliedstaaten.[4]

- **Mutter-Tochter-Richtlinie**[5] – Richtlinie zur Beseitigung steuerlicher Mehrfachbelastungen bei Dividendenzahlungen und anderen Gewinnausschüttungen von Tochter- an Muttergesellschaften innerhalb der Union.[6]

- **Zins- und Lizenzgebühren-Richtlinie**[7] – Richtlinie zur Abschaffung von in einem Mitgliedstaat auf abfließende Zinsen und Lizenzgebühren anfallende Quellensteuern und zur Gewährleistung der Einmalbesteuerung in einem Mitgliedstaat.[8]

---

1 Verordnung (EWG) Nr. 1612/68 des Rates v. 15.10.1968 über die Freizügigkeit der Arbeitnehmer innerhalb der Gemeinschaft, ABl. 1968 Nr. L 257, 2, mit späteren Änderungen, nunmehr (kodifizierte Fassung) Verordnung (EU) Nr. 492/2011 des Europäischen Parlaments und des Rates v. 5.4.2011 über die Freizügigkeit der Arbeitnehmer innerhalb der Union, ABl. 2011 Nr. L 141, 1.
2 Art. 7 Abs. 2 der Verordnung (EU) Nr. 492/2011; zuvor Art. 7 Abs. 2 der Verordnung (EWG) Nr. 1612/68.
3 Richtlinie 90/434/EWG des Rates v. 23.7.1990, ABl. 1990 Nr. L 225, 1, mit nachfolgenden Änderungen, aufgehoben durch die kodifizierte Fassung als Richtlinie 2009/133/EG des Rates v. 19.10.2009, ABl. 2009 Nr. L 310, 34.
4 Näher zur Fusions-Richtlinie u.a. *Sedemund*, Europäisches Ertragsteuerrecht, 105 ff.
5 Richtlinie 90/435/EWG des Rates v. 23.7.1990, ABl. 1990 Nr. L 225, 6, mit nachfolgenden Änderungen, aufgehoben anlässlich der Neufassung als Richtlinie 2011/96/EU des Rates v. 30.11.2011, ABl. 2011 Nr. L 345, 8.
6 Näher zur Mutter-Tochter-Richtlinie u.a. *Sedemund*, Europäisches Ertragsteuerrecht, 90 ff.
7 Richtlinie 2003/49/EG des Rates v. 3.6.2003, ABl. 2003 Nr. L 157, 49, mit späteren Änderungen.
8 Näher zur Zins- und Lizenzgebühren-Richtlinie u.a. *Sedemund*, Europäisches Ertragsteuerrecht, 98 ff.

- **Zinsertrag-Richtlinie**[1] – Die Richtlinie soll über den Austausch von Informationen ermöglichen, dass Erträge, die in einem Mitgliedstaat im Wege von Zinszahlungen an wirtschaftliche Eigentümer, die natürliche Personen und in einem anderen Mitgliedstaat ansässig sind, erzielt werden, nach den Rechtsvorschriften dieses letzteren Mitgliedstaats effektiv besteuert werden.[2]

- **Amtshilfe-Richtlinie**[3] – Nach der Richtlinie erteilen sich die zuständigen Behörden der Mitgliedstaaten gegenseitig die erforderlichen Auskünfte, die insbesondere für die korrekte Festsetzung der direkten Steuern (Einkommen- und Vermögensteuer) geeignet sind.[4] Der EuGH hat diese Richtlinie vielfach als Grundlage für den Informationsaustausch auf Ebene der Steuerverwaltungen der Mitgliedstaaten angeführt, der der Informationsbeschaffung innerhalb eines Mitgliedstaates gleichwertig sei. Diese Möglichkeit der Beschaffung von steuerlichen Informationen aus anderen Mitgliedstaaten steht im Rahmen der steuerlichen Beschränkungen von Grundfreiheiten der Rechtfertigungsgrund der Wirksamkeit der Steueraufsicht entgegen.

- **Beitreibungs-Richtlinie**[5] – Diese Richtlinie ermöglicht die Amtshilfe bei der grenzüberschreitenden Beitreibung von Steueransprüchen und dient ebenfalls dem besseren Schutz der finanziellen Interessen der Mitgliedstaaten. Damit kommt ihr bei steuerlichen Beschränkungen von Grundfreiheiten eine ähnliche Bedeutung zu wie der Amtshilfe-Richtlinie.

- **Kapitalverkehrs-Richtlinie**[6] – Die Richtlinie, die mit Ablauf der Umsetzungsfrist am 1.7.1990 unmittelbare Wirkung erlangte, diente der Durchführung von Art. 67 EWGV,

---

1 Richtlinie 2003/48/EG des Rates v. 3.6.2003, ABl. 2003 Nr. L 157, 38, mit späteren Änderungen. Nach wesentlichen Änderungen durch die Richtlinie 2014/48/EU, ABl. 2014 Nr. L 111, 50, liegt inzwischen ein Vorschlag der Kommission für eine Richtlinie des Rates zur Aufhebung der Zinsertrag-Richtlinie, COM(2015) 129 final, vor. Die Zusammenarbeit der Verwaltungsbehörden sei zur Umsetzung des globalen OECD-Standards für den globalen Informationsaustausch durch die Richtlinie 2014/107/EU des Rates v. 9.12.2014 geändert worden zu einer Verpflichtung zum automatischen Austausch von Informationen im Bereich der Besteuerung; diese Bestimmungen wurden mit Vorrang gegenüber der Zinsertrag-Richtlinie eingeführt. Der Nutzen einer parallelen Weiterführung beider Rechtsinstrumente wäre minimal. Mit der geplanten Aufhebung der Zinsertrag-Richtlinie soll sichergestellt werden, dass es nur einen anwendbaren Standard für den automatischen Informationsaustausch gibt und somit Rechtsunsicherheit und zusätzlicher Aufwand für Steuerbehörden und Unternehmen vermieden werden. Der Richtlinienvorschlag ist Teil eines umfassenderen Maßnahmenpakets, mit dem die Kommission die Steuertransparenz innerhalb der EU verbessern möchte.
2 Näher zur Zinsertrag-Richtlinie ua. *Sedemund*, Europäisches Ertragsteuerrecht, 118 ff.
3 Richtlinie 77/799/EWG des Rates v. 19.12.1977, ABl. 1977 Nr. L 336, 15, mit nachfolgenden Änderungen und ersetzt durch Richtlinie 2011/16/EU des Rates v. 15.2.2011 über die Zusammenarbeit der Verwaltungsbehörden im Bereich der Besteuerung und zur Aufhebung der Richtlinie 77/799/EWG, ABl. 2011 Nr. L 64, 1. Wesentliche Änderungen erfolgten durch die Richtlinie 2014/107/EU des Rates v. 9.12.2014 zur Änderung der Richtlinie 2011/16/EU bezüglich der Verpflichtung zum automatischen Austausch von Informationen im Bereich der Besteuerung, ABl. 2014 Nr. L 359, 1.
4 Näher zur Amtshilfe-Richtlinie u.a. *Sedemund*, Europäisches Ertragsteuerrecht, 126 ff.
5 Ursprünglich Richtlinie 76/308/EWG des Rates v. 15.3.1976, ABl. 1976 Nr. L 73, 18, mit nachfolgenden Änderungen, insbesondere Ausdehnung auf direkte Steuern durch Richtlinie 2001/44/EG des Rates v. 15.6.2001, ABl. 2001 Nr. L 175, 17, Richtlinie 2008/55/EG des Rates v. 26.5.2008 (kodifizierte Fassung), ABl. 2008 Nr. L 150, 28, inzwischen ersetzt durch Richtlinie 2010/24/EU des Rates v. 16.3.2010, ABl. 2010 Nr. L 84, 1.
6 Richtlinie 88/361/EWG des Rates v. 24.6.1988, ABl. 1988 Nr. L 178, 5.

der selbst keine unmittelbare Wirkung hatte. Mit dem Vertrag von Maastricht wurde der freie Kapital- und Zahlungsverkehr unter Übernahme des Inhalts des Art. 1 der Kapitalverkehrs-Richtlinie als unmittelbar wirkende Grundfreiheit im Vertrag selbst verankert. Nach der Rechtsprechung des EuGH behält jedoch die Nomenklatur für den Kapitalverkehr im Anhang zur Kapitalverkehrs-Richtlinie den Hinweischarakter für die nicht abschließende Definition des Begriffs des Kapitalverkehrs.[1]

– **Anti Steuervermeidungs-Richtlinie**[2] – Die Richtlinie enthält Vorschriften zur Bekämpfung von Steuervermeidungspraktiken mit unmittelbaren Auswirkungen auf das Funktionieren des Binnenmarkts. Damit werden die Empfehlungen aus dem BEPS-Projekt der OECD im Bereich der hybriden Gestaltungen mit Drittländern, der Zinsabzugsbeschränkung sowie der Hinzurechnungsbesteuerung umgesetzt.[3] Darüber hinaus sieht sie Mindeststandards zum Schutz der Körperschaftsteuerbemessungsgrundlage der Mitgliedstaaten innerhalb der EU vor bestimmten Steuervermeidungsstrategien vor. Dies betrifft insbesondere den Bereich der Wegzugsbesteuerung und allgemeine Missbrauchsvermeidung.[4]

Ergänzend sei hier auch der Vorschlag für eine Richtlinie des Rates über eine **Gemeinsame konsolidierte Körperschaftsteuer-Bemessungsgrundlage (GKKB)** erwähnt.[5] Konzeptionell ist die GKKB ausgerichtet ua. auf die Vermeidung von Doppelbesteuerung in integrierten Konzernen und als eine wichtige Maßnahme zur Beseitigung von Hindernissen im Rahmen der Vollendung des Binnenmarktes. Durch das vorgeschlagene gemeinsame Konzept würde für die Kohärenz der nationalen Steuersysteme gesorgt, ohne dass die Steuersätze harmonisiert würden. Durch die GKKB würde ua. ein grenzübergreifender Verlustausgleich in der EU möglich. Die GKKB befindet sich – trotz langjähriger Vorarbeiten – weiterhin in einem Vorstadium des Austausches und der Erörterung ua. der Definition, der grundlegenden Besteuerungsgrundsätze und Strukturelemente und notwendiger technischer Aspekte wie einem Mechanismus zur Aufteilung der konsolidierten Steuerbemessungsgrundlage zwischen den Mitgliedstaaten. Die Kommission verfolgt mittlerweile eine schrittweise Einführung, um die politischen Umsetzungschancen der Richtlinie zu erhöhen. In einem ersten Schritt soll eine Gemeinsame Körperschaftsteuer-Bemessungsgrundlage (GKB) und in einem zweiten Schritt die konsolidierte Körperschaftsteuer-Bemessungsgrundlage mit entsprechendem Aufteilungsmechanismus implementiert werden. Dementsprechend hat die Kommission am 25.10.2016 zwei Richtlinien veröffentlicht: eine Richtlinie über eine Gemeinsame Körperschaftsteuer-Bemessungsgrundlage (GKB) und eine Richtlinie über eine Gemeinsame konsolidierte Körper-

5.9

---

1 Vgl. u.a. EuGH v. 16.3.1999 – C-222/97 – Trummer und Mayer, Slg. 1999, I-1661 Rz. 21; EuGH v. 23.2.2006 – C-513/03 – van Hilten-van der Heijden, Slg. 2006, I-1957 Rz. 39.
2 Anti Tax Avoidance Directive, Richtlinie (EU) 2016/1164 des Rates vom 12.7.2016, ABl. Nr. L 193, 1 ff.; mit nachfolgenden Änderungen durch Richtlinie (EU) 2017/952 des Rates v. 29.5.2017 zur Änderung der Richtlinie (EU) 2016/1164 bezüglich hybrider Gestaltungen mit Drittländern (ABl. 2017 Nr. L 144, 1 ff.).
3 Dies betrifft die Maßnahmen zu hybriden Gestaltungen, zur Hinzurechnungsbesteuerung und zur Zinsabzugsbeschränkung.
4 Vgl. u.a. *Benz/Böhmer*, DB 2016, 2800; *Fehling*, DB 2016, 2862; *Hey*, StuW 2017, 248; *Jochimsen*, ISR 2016, 318; *Linn*, IStR 2016, 645; *Neukam/Dettmeier/Dörr/Prodan*, IWB 2016, 3082; *Opel*, IStR 2016, 797, IStR 2015, 813; *Rautenstrauch/Suttner*, BB 2016, 2391; *Roth*, Ubg 2015, 705; *Schnitger/Nitzschke/Gebhardt*, IStR 2016, 960; *Schönfeld*, IStR 2017, 721.
5 Vorschlag für eine Richtlinie des Rates über eine Gemeinsame konsolidierte Körperschaftsteuer-Bemessungsgrundlage (GKKB), v. 16.3.2011, KOM(2011) 121 endg.

schaftsteuer-Bemessungsgrundlage (GKKB).¹ Eine Einigung auf dem Weg zu einer Richtlinie ist jedoch weiterhin kaum absehbar.²

5.10 Nach Art. 288 Abs. 4 AEUV sind Beschlüsse in allen ihren Teilen verbindlich. Sind sie an bestimmte Adressaten gerichtet, so sind sie nur für diese verbindlich. Im Gegensatz zur Verordnung nach Art. 288 Abs. 2 AEUV gilt ein Beschluss nicht für eine unbestimmte Anzahl von Fällen, er setzt einen bestimmten oder bestimmbaren Adressatenkreis voraus. Als Adressaten kommen auch Mitgliedstaaten in Betracht. Im Bereich der direkten Steuern sind insbesondere Beschlüsse zu staatlichen Beihilfen von Bedeutung.³

5.11 Empfehlungen und Stellungnahmen sind nach Art. 288 Abs. 5 AEUV nicht verbindlich. In der Regel sind Empfehlungen und Stellungnahmen an die Mitgliedstaaten gerichtet und beschränken sich auf eine politische Bedeutung.

5.12 Lediglich ergänzend sei hier auf Mitteilungen der Kommission an den Rat, an das Europäische Parlament und an den Europäischen Wirtschafts- und Sozialausschuss hingewiesen. Mitteilungen in diesem Bereich dienen aus Sicht der Kommission dazu, Initiativen anzukündigen. So hat die Kommission am 23.10.2001 die Mitteilung „*Ein Binnenmarkt ohne steuerliche Hindernisse – Strategie zur Schaffung einer konsolidierten Körperschaftsteuer-Bemessungsgrundlage für die grenzüberschreitende Unternehmenstätigkeit in der EU*"⁴ und 5.4.2006 die Mitteilung „*Umsetzung des Lissabon-Programms der Gemeinschaft: Bisherige Fortschritte und weitere Schritte zu einer gemeinsamen konsolidierten Körperschaftsteuer-Bemessungsgrundlage (GKKB)*"⁵ erlassen. Diese mündeten dann in den Vorschlag für eine Richtlinie des Rates über eine Gemeinsame konsolidierte Körperschaftsteuer-Bemessungsgrundlage (GKKB).⁶ Im Nachgang zu diesem Richtlinienvorschlag hat die Kommission am 11.11.2011 die Mitteilung „*Doppelbesteuerung im Binnenmarkt*"⁷ verabschiedet. Am 19.12.2006 hat die Kommission drei Mitteilungen verabschiedet, die die Koordinierung der Regelungen der Mitgliedstaaten zu den direkten Steuern im Binnenmarkt,⁸ die steuerliche Behandlung von Verlusten bei grenzübergreifenden Sachverhalten⁹ sowie die Wegzugsbesteuerung und die Notwendigkeit einer Koordinierung der Steuerpolitiken der Mitgliedstaaten¹⁰ betreffen.

---

1 Vorschlag für eine Richlinie des Rates über eine Gemeinsame Körperschaftsteuer-Bemessungsgrundlage (GKB) v. 25.10.2016, COM/2016/0685 final – 2016/0337 (CNS); Vorschlag für eine Richtlinie des Rates über eine Gemeinsame konsolidierte Körperschaftsteuer-Bemessungsgrundlage (GKKB), v. 25.10.2016, COM/2016/0683 final – 2016/0336 (CNS).
2 Zur GKKB und den Arbeiten am Richtlinienentwurf vgl. u.a. *Scheffler/Köstler*, Richtlinie über eine Gemeinsame Körperschaftsteuer-Bemessungsgrundlage – mehr als eine Harmonisierung der steuerlichen Gewinnermittlung, ifst-Schrift 518 (2017); *Velte/Mock*, StuW 2017, 126; *Benz/Böhmer*, DB 2016, 2800; *Jakob/Fehling*, ISR 2017, 290; *Krauß*, IStR 2016, 59; *Oestreicher/Scheffler/Spengel/Finke/Heckemeyer/Kimpel/Köstler/Vorndamme*, StuW 2014, 326; *Scheffler/Köstler*, DStR 2014, 664; *Spengel/Ortmann-Babel/Zinn/Matenaer*, DB 2013, Beilage Nr. 2; *Kahle/Schulz*, FR 2013, 49; *Ismer*, DStR 2012, 821.
3 ZB Beschluss 2011/527/EU der Kommission v. 26.1.2011 über die staatliche Beihilfe Deutschlands C 7/10 (ex CP 250/09 und NN 5/10) „KStG, Sanierungsklausel", ABl. 2011 Nr. L 235, 26.
4 KOM (2001) 582 endg.
5 KOM (2006) 157 endg.
6 Vorschlag für eine Richtlinie des Rates über eine Gemeinsame konsolidierte Körperschaftsteuer-Bemessungsgrundlage (GKKB), v. 16.3.2011, KOM(2011) 121 endg.; s. dazu oben.
7 KOM (2011) 712 endg.
8 KOM (2006) 823 endg.
9 KOM (2006) 824 endg.
10 KOM (2006) 825 endg.

III. Rahmenvorgaben der Grundfreiheiten für direkte Steuern

Grundfreiheiten als Prüfungsmaßstab für direkte Steuern. Der EuGH prüft seit 1986[1] mitgliedstaatliche Vorschriften im Bereich der direkten Steuern am Maßstab der Grundfreiheiten. Das war – jedenfalls seinerzeit – erstaunlich und insbesondere für die Mitgliedstaaten unverständlich, weil sie die direkten Steuern als ihren Reservatbereich betrachteten. Der EuGH bestreitet nicht die Zuständigkeit der Mitgliedstaaten im Bereich der direkten Steuern ebenso wenig wie in anderen Bereichen ohne unmittelbare gemeinschaftsrechtliche Harmonisierung. Der EuGH stellt dazu frühzeitig fest, *„daß zwar der Bereich der direkten Steuern als solcher beim gegenwärtigen Stand des Gemeinschaftsrechts nicht in die Zuständigkeit der Gemeinschaft fällt, die Mitgliedstaaten die ihnen verbliebenen Befugnisse jedoch unter Wahrung des Gemeinschaftsrechts ausüben müssen"*,[2] um deutlich zu machen, dass es ihm nicht um einen Eingriff in einen den Mitgliedstaaten vorbehaltenen Politikbereich sondern um die fundamentale Bedeutung der Grundfreiheiten für den Binnenmarkt geht.

5.13

Im Fokus der EuGH-Rechtsprechung zu den Grundfreiheiten standen zunächst die Arbeitnehmerfreizügigkeit,[3] die Niederlassungsfreiheit[4] und die Dienstleistungsfreiheit.[5] Diese Grundfreiheiten waren mit Ablauf der Übergangszeit[6] unmittelbar anwendbar.[7] Die ursprünglichen Bestimmungen über den Kapitalverkehr[8] unterschieden sich hiervon dadurch, dass die Verpflichtung der Befreiung des Kapitalverkehrs nur bestand, soweit es für das Funktionieren des Gemeinsamen Marktes notwendig war, was einer unmittelbaren Anwendung dieser Vertragsbestimmungen entgegenstand.[9] Die Liberalisierung des Kapitalverkehrs innerhalb der Gemeinschaft erfolgte jedoch mit der Kapitalverkehrs-Richtlinie,[10] die von den Mitgliedstaaten bis zum 1.7.1990 umzusetzen war. Art. 1 Abs. 1 der Kapitalverkehrs-Richtlinie, der eine Beseitigung der Beschränkungen des Kapitalverkehrs zwischen den Mitgliedstaaten vorsah, hat der EuGH unmittelbare Wirkung zuerkannt[11] und dies auch für steuerliche Bestimmungen mit beschränkender Wirkung bestätigt.[12] Mit dem Vertrag von Maastricht wurde die Kapitalverkehrsfreiheit unmittelbar in das Primärrecht[13] übernommen und außerdem ausgedehnt auf den Kapitalverkehr zwischen den Mitgliedstaaten und Drittstaaten unter Vorbehalt der Ende 1993 bestehenden Beschränkungen in Zusammenhang mit Direktinvestitionen, einschließlich Anlagen in Immobilien, mit der Niederlassung, der Erbringung von Finanzdienstleistungen oder der Zulassung von Wertpapieren zu den Kapitalmärkten. Die neu aufgenommene „Steuerklausel"[14] tut der unmittelbaren Anwendung in Steuerfragen

5.14

---

1 EuGH v. 28.1.1986 – Rs. 270/83 – Kommission/Frankreich, Slg. 1986, 273, besser bekannt unter der Bezeichnung *avoir fiscal*.
2 EuGH v. 14.2.1995 – C-279/93 – Schumacker, Slg. 1995, I-225 = FR 1995, 224 m. Anm. *Waterkamp-Faupel*, Rz. 21; v. 12.7.2012 – C-269/09 – Kommission/Spanien Rz. 47 mwN.
3 Art. 48 ff. EWGV, Art. 39 ff. EGV (Amsterdam), Art. 45 ff. AEUV.
4 Art. 52 ff. EWGV, Art. 43 ff. EGV (Amsterdam), Art. 49 ff. AEUV.
5 Art. 59 ff. EWGV, Art. 49 ff. EGV (Amsterdam), Art. 56 ff. AEUV.
6 Art. 8, Art. 247 Abs. 2 EWG-Vertrag, 31.12.1969.
7 EuGH v. 28.1.1986 – Rs. 270/83 – avoir fiscal, Slg. 1986, 273, Rz. 13.
8 Art. 67 ff. EWGV.
9 Vgl. EuGH v. 11.11.1981 – Rs. 203/80 – Casati, Slg. 1981, 2595, Rz. 10.
10 Richtlinie 88/361/EWG des Rates v. 24.6.1988, ABl. 1988 Nr. L 178, 5.
11 Vgl. EuGH v. 23.2.1995 – C-358/93 und C-416/93 – Bordessa u.a., Slg. 1995, I-361, Rz. 33.
12 Vgl. EuGH v. 6.6.2000 – C-35/98 – Verkooijen, Slg. 2000, I-4071 = FR 2000, 720 m. Anm. *Dautzenberg*.
13 Art. 73b ff. EGV (Maastricht), Art. 56 ff. EGV (Amsterdam), Art. 63 ff. AEUV.
14 Art. 73d EGV (Maastricht), Art. 58 (Amsterdam), Art. 65 Abs. 1 bis 3 AEUV.

keinen Abbruch, da der EuGH in ihr nur eine Kodifizierung seiner vorherigen Rechtsprechung sieht.[1]

5.15 So hat sich die **Kapitalverkehrsfreiheit** gegenüber den anderen Grundfreiheiten nicht nur emanzipiert, sondern übertrifft diese in ihrem räumlichen Anwendungsbereich durch die *erga omnes*-Wirkung. Damit kommt der Kapitalverkehrsfreiheit wiederum eine Sonderstellung zu. Die Kapitalverkehrsfreiheit dient innerhalb der Union wie die anderen Grundfreiheiten der Verwirklichung des Binnenmarkts, im Verhältnis zu Drittstaaten steht sie in einem anderen Kontext und verfolgt andere Ziele,[2] was die Anwendung anderer Maßstäbe rechtfertigen kann.[3]

5.16 Der Einfluss der Grundfreiheiten auf das Steuerrecht der Mitgliedstaaten spiegelt sich in der umfangreichen Rechtsprechung des EuGH seit 1986,[4] die je nach Zählweise bis zu 250 Entscheidungen umfasst. In der steuerlichen Rechtsprechung des EuGH lässt sich bis 2005 eine geradlinige Entwicklung zugunsten der Steuerpflichtigen erkennen. 2005 wendete sich das Blatt jedenfalls insoweit, als der EuGH immer häufiger in seinen Entscheidungen nur unter einschränkenden Voraussetzungen oder überhaupt keinen Verstoß mitgliedstaatlicher Steuerbestimmungen gegen das Unionsrecht erkannte. Die Urteile *D.*[5] und *Marks & Spencer*[6] markierten diese **Trendwende in der EuGH-Rechtsprechung**.[7]

5.17 Die Verpflichtung der Mitgliedstaaten, das Unionsrecht zu wahren, beinhaltet im Bereich der direkten Steuern insbesondere, die Anforderungen der Grundfreiheiten zu achten. Der Anwendungsbereich der Bestimmungen des Vertrages über die Grundfreiheiten erfordert jedoch einen grenzüberschreitenden Bezug, und zwar, wenn es sich nicht um die Kapitalverkehrsfreiheit handelt, einen Bezug zu einem anderen Mitgliedstaat.[8] Die Grundfreiheiten untersagen den Mitgliedstaaten grundsätzlich, grenzüberschreitende Sachverhalte schlechter zu behandeln als rein innerstaatliche.[9]

5.18 **Grundfreiheiten als Diskriminierungsverbote.** Die Grundfreiheiten beinhalten zum einen ein Diskriminierungsverbot als besondere Ausprägung des allgemeinen Verbots der Diskri-

---

1 Vgl. EuGH v. 6.6.2000 – C-35/98 – Verkooijen, Slg. 2000, I-4071 = FR 2000, 720 m. Anm. *Dautzenberg*, Rz. 43 ff.
2 Vgl. EuGH v. 18.12.2007 – C-101/05 – A, Slg. 2007, I-11531 = GmbHR 2008, 157 Rz. 31.
3 Vgl. näher dazu *Michael Lang*, StuW 2011, 209.
4 Vgl. ua. die Zusammenstellungen von *Eicker/Obser* in Ernst & Young (Hrsg.), EuGH-Rechtsprechung Ertragsteuerrecht, 2. Aufl., Bonn 2007; *Rehm/Nagler*, Europäisches Steuerrecht, Wiesbaden 2013; *van Raad*, Materials on International & EU Tax Law, Volume 2, Leiden 2014.
5 EuGH v. 5.7.2005 – C-376/03 – D., Slg. 2005, I-5821.
6 EuGH v. 13.12.2005 – C-446/03 – Marks & Spencer, Slg. 2005, I-10837 = FR 2006, 177.
7 Zur Rechtsprechungswende s. *Michael Lang*, 2005 – Eine Wende in der steuerlichen Rechtsprechung des EuGH zu den Grundfreiheiten? in FS Spindler, 297 ff.
8 Vgl. EuGH v. 16.7.1998 – C-264/96 – ICI, Slg. 1998, I-4698 Rz. 32 ff.; EuGH v. 23.6.2006 – C-471/04 – Keller Holding, Slg. 2006, I-2107 = FR 2006, 425 Rz. 24.
9 Vgl. EuGH v. 16.7.1998 – C-264/96 – ICI, Slg. 1998, I-4698 Rz. 32 ff.; EuGH v. 23.6.2006 – C-471/04 – Keller Holding, Slg. 2006, I-2107 = FR 2006, 425 Rz. 24. Verstößt eine Inländerdiskriminierung gegen das verfassungsrechtliche Gleichheitsgebot, so kann sich ein Verstoß gegen eine Grundfreiheit in einem „gedachten" grenzüberschreitenden Sachverhalt auch zugunsten eines rein inländischen Sachverhalts auswirken; vgl. EuGH v. 13.1.2000 – C-254/98 – TK Heimdienst, Slg. 2000, I-151, zu einem (innerstaatlichen) Fall der österreichischen Gewerbeordnung als Verstoß gegen die Warenverkehrsfreiheit.

minierung aufgrund der Staatsangehörigkeit.[1] Das Verbot erfasst nicht nur offensichtliche Diskriminierungen aufgrund der Staatsangehörigkeit, sondern auch alle versteckten Formen der Ungleichbehandlung, die durch Anwendung anderer Unterscheidungsmerkmale tatsächlich zu dem gleichen Ergebnis führen.[2] So besteht die Gefahr einer mittelbaren Diskriminierung, wenn die Ungleichbehandlung an dem Kriterium des Wohnsitzes anknüpft, da Gebietsfremde meist Ausländer sind.[3] Bei Gesellschaften tritt an die Stelle der Staatsangehörigkeit der Sitz der Gesellschaft, da dieser ebenso wie die Staatsangehörigkeit bei natürlichen Personen dazu dient, ihre Zugehörigkeit zur Rechtsordnung eines Staates zu bestimmen.[4] Eine Ungleichbehandlung aufgrund der Staatsangehörigkeit kann nur aus den in den Verträgen abschließend aufgeführten Gründen[5] gerechtfertigt werden. Eine Ungleichbehandlung liegt nur vor, wenn Gleiches ungleich oder Ungleiches gleich behandelt wird. Namentlich bei steuerlichen Fragen ist zur Feststellung einer mittelbaren oder verschleierten Diskriminierung die Vergleichbarkeit der Situation, in der sich Gebietsansässige und Gebietsfremde befinden, zunächst der Schwerpunkt der Prüfung gewesen. Eine Rechtfertigung war nur in engen Grenzen anerkannt.

Grundfreiheiten als Beschränkungsverbote. Die Grundfreiheiten enthalten auch ein Beschränkungsverbot. Sie stehen nationalen Regelungen entgegen, die zwar unterschiedslos für Inländer und Ausländer anwendbar sind, aber geeignet sind, die Ausübung der Grundfreiheiten zu unterbinden, zu behindern oder weniger attraktiv zu machen. Es bedarf keines Nachweises, dass die Rechtsvorschriften tatsächlich diese Wirkung haben.[6] Das Beschränkungsverbot gilt für Maßnahmen des Herkunftsmitgliedstaats wie auch des Aufnahmemitgliedstaats.[7] Da letztlich jede steuerliche Maßnahme die Ausübung einer Grundfreiheit weniger attraktiv machen kann, wurde als Korrektiv eine erweiterte Rechtfertigungsprüfung für Beschränkungsverbote anerkannt.

5.19

Unsystematische Prüfungspraxis des EuGH. Die Rechtsprechung des EuGH, in der man zunächst eine relativ klare Prüfungspraxis zu erkennen glaubte, erweist sich jedoch insbesondere seit 2005 einer Systematisierung bei der Prüfungsfolge von Tatbestand und Rechtfertigung bei Diskriminierungen und Beschränkungen nicht zugänglich. Dogmatische Grundpositionen der Rechtsprechung verschwimmen. Die Konvergenz der Grundfreiheiten aufgrund ihrer strukturellen Ähnlichkeit verwischt die Unterschiede zwischen gleichheitsrechtlicher und freiheitsrechtlicher Prüfung. Begriffliche Unschärfen und unterschiedliche Prüfungsmuster sowie wiederbelebte und neuformulierte Rechtfertigungsgründe lassen eine stringente und konsistente Linie in der Entwicklung der Rechtsprechung nicht erkennen.

5.20

---

1 Art. 7 EWGV, Art. 6 EGV (Maastricht), Art. 12 EGV (Amsterdam), Art. 18 AEUV.
2 Vgl. EuGH v. 12.2.1974 – Rs. 152/73 – Sotgiu, Slg. 1974, 153 Rz. 11.
3 Vgl. EuGH v. 14.2.1995 – C-279/93 – Schumacker, Slg. 1995, I-225 = FR 1995, 224 m. Anm. *Waterkamp-Faupel* Rz. 28.
4 EuGH v. 28.1.1986 – Rs. 270/83 – avoir fiscal, Slg. 1986, 273 Rz. 18; EuGH v. 13.7.1993 – C-330/91 – Commerzbank, Slg. 1993, I-4017 Rz. 13; EuGH v. 16.7.1998 – C-264/96 – ICI, Slg. 1998, I-4698 Rz. 20.
5 Art. 51 AEUV – Ausübung öffentlicher Gewalt, Art. 52 AEUV – Öffentliche Ordnung, Sicherheit, Gesundheit.
6 Vgl. EuGH v. 18.7.2007 – C-231/05 – Oy AA, Slg. 2007, I-6373 Rz. 42.
7 Vgl. EuGH v. 6.12.2007 – C-298/05 – Columbus Container Services, Slg. 2007, I-10451 = GmbHR 2008, 111 Rz. 34; EuGH v. 28.2.2008 – C-293/06 – Deutsche Shell, Slg. 2008, I-1129 = GmbHR 2008, 391 Rz. 19; EuGH v. 22.12.2008 – C-282/07 – Truck Center, Slg. 2008, I-10767; EuGH v. 1.7.2010 – C-233/09 – Dijkman, Slg. 2010, I-6649 Rz. 23.

5.21 Zunächst ist der Rechtsprechung des EuGH zu entnehmen, dass es auch in den Fällen, in denen es um eine Beschränkung geht, im Grunde genommen auch um eine Ungleichbehandlung von rein internen und grenzüberschreitenden Konstellationen geht. Dabei kann sich insbesondere bei der Kapitalverkehrsfreiheit die Prüfung der Vergleichbarkeit der grenzüberschreitenden mit der Inlandssituation durch den EuGH auf die Rechtfertigungsebene verlagern, nachdem er eine Beschränkung festgestellt hat.[1] Nicht selten differenziert der EuGH jedoch insbesondere bei der Niederlassungsfreiheit nicht ausdrücklich zwischen Diskriminierung und Beschränkung[2] und stellt eine ungleiche Behandlung fest, die nur dann mit der Grundfreiheit vereinbar ist, wenn sie Situationen betrifft, die nicht objektiv miteinander vergleichbar sind, oder durch einen zwingenden Grund des Allgemeininteresses gerechtfertigt ist.[3] Varianten der Prüfung und Begrifflichkeiten sind vielfältig bis hin zur Feststellung einer Beschränkung der Niederlassungsfreiheit aufgrund der Vergleichbarkeit von grenzüberschreitendem und Inlandssachverhalt und Prüfung der Rechtfertigung lediglich anhand von zwingenden Gründen des Allgemeininteresses.[4]

5.22 Ein Prüfungsmuster des EuGH festzustellen ist inzwischen schwieriger, als von einer gewissen Beliebigkeit auszugehen. Der Befund wird nicht dadurch besser, dass der EuGH darauf hinweist, dass in Fällen, in denen sowohl die Niederlassungs- als auch die Kapitalverkehrsfreiheit innerhalb der Union betroffen sind, das Prüfungsergebnis zu der vorrangig betroffenen Grundfreiheit auf die zweitrangig betroffene übertragbar ist.[5] Aus dogmatischer Sicht ist die Situation unbefriedigend.[6]

5.23 Zur Rechtfertigung eines Eingriffs in eine Grundfreiheit (Ungleichbehandlung oder Schlechterbehandlung bei objektiver Vergleichbarkeit von grenzüberschreitendem und Inlandssachverhalt) können außer den im Vertrag selbst aufgeführten Gründen zwingende Gründe des Allgemeininteresses angeführt werden. Im Steuerrecht haben die **ungeschriebenen Rechtfertigungsgründe** in der Rechtsprechung des EuGH zum Teil eine erstaunliche Entwicklung erfahren.

5.24 Nicht als Rechtfertigungsgrund akzeptiert ist die Verminderung von Steuereinnahmen[7] und ein Vorteilsausgleich.[8] Auch die mangelnde Harmonisierung der Rechtsvorschriften der Mit-

---

1 Vgl. EuGH v. 3.6.2010 – C-487/08 – Kommission/Spanien, Slg. 2010, I-4843 Rz. 43 ff.; EuGH v. 14.9.2006 – C-386/04 – Centro di Musicologia Walter Stauffer, Slg. 2006, I-8203 = FR 2007, 242 Rz. 28 ff.
2 Vgl. EuGH v. 21.9.1999 – C-307/97 – Saint-Gobain, Slg. 1997, I-6161 = GmbHR 1999, 565 Rz. 43: „*Die unterschiedliche Behandlung der Zweigniederlassungen ausländischer Gesellschaften und der inländischen Gesellschaften sowie die Einschränkung der freien Wahl der Form des Zweigbetriebs sind somit als einheitlicher Verstoß gegen die Art. 52 und 58 EG-Vertrag anzusehen.*"
3 Vgl. EuGH v. 25.2.2010 – C-337/08 – X Holding, Slg. 2010, I-1215 Rz. 20; EuGH v. 12.12.2006 – C-446/04 – Test Claimants in the FII Group Litigation, Slg. 2006, I-11753 = GmbHR 2007, 103 Rz. 167.
4 Vgl. EuGH v. 18.6.2009 – C-303/07 – Aberdeen Property Fininvest, Slg. 2009, I-5146 Rz. 37 ff.; EuGH v. 18.7.2007 – C-231/05 – Oy AA, Slg. 2007, I-6373 Rz. 29 ff.
5 Vgl. EuGH v. 22.12.2008 – C-282/07 – Truck Center, Slg. 200 8, I-10767 Rz. 51 mwN.
6 Siehe *Kokott/Ost*, EuZW 2011, 496 (499).
7 Vgl. EuGH v. 12.12.2002 – C-324/00 – Lankhorst-Hohorst, Slg. 2002, I-11802 = FR 2003, 182 Rz. 36 mwN; EuGH v. 14.9.2006 – C-386/04 – Centro di Musicologia Walter Stauffer, Slg. 2006, I-8203 = FR 2007, 242 Rz. 59 mwN.
8 Vgl. EuGH v. 12.9.2006 – C-196/04 – Cadbury Schweppes, Slg. 2006, I-7995 = FR 2006, 987 m. Anm. *Lieber* Rz. 49 mwN.

gliedstaaten wurde jedenfalls in der anfänglichen Rechtsprechung als Rechtfertigungsgrund abgelehnt.[1] Die Rechtsprechung zu DBA-Regelungen als Rechtfertigungsgrund ist zwiespältig, so hat der EuGH im Urteil Gilly[2] die Anknüpfungsregelungen des DBA als vereinbar mit der Arbeitnehmerfreizügigkeit angesehen, im Urteil Saint-Gobain[3] hingegen hat er die Regelung in einem DBA mit einem Drittstaat als Rechtfertigung für eine Ungleichbehandlung von Betriebsstätten im Vergleich zu ansässigen Gesellschaften zurückgewiesen; der Grundsatz der Inländerbehandlung verpflichte den an einem solchen DBA beteiligten Mitgliedstaat, den in dem DBA vorgesehenen Vorteil den Betriebsstätten ausländischer Gesellschaften unter den gleichen Voraussetzungen wie den inländischen Gesellschaften zu gewähren. DBA-Regelungen oder Regelungen mit einem Zusammenhang zu einem DBA haben seit dem Urteil D.[4] selten die unionsrechtliche Überprüfung durch den EuGH nicht überstanden. Ein solcher Ausnahmefall ist das Urteil *Imfeld und Garcet*,[5] in dem eine Beschränkung der Niederlassungsfreiheit durch eine belgische Steuerregelung auch nicht mit dem DBA Belgien/Deutschland gerechtfertigt werden konnte.

Als ungeschriebene Rechtfertigungsgründe hat der EuGH insbesondere anerkannt die **Bekämpfung von Steuerhinterziehungen**,[6] **von Steuerumgehungen**[7] **und von missbräuchlichen Praktiken**.[8] Die Anerkennung als Rechtfertigungsgrund besagt noch nicht, dass der EuGH im konkreten Fall von einer Steuerhinterziehung/-umgehung oder einem Missbrauch ausgeht, sondern nur, dass er abstrakt erörtert, ob die in Frage stehende beschränkende Maßnahme des nationalen Rechts für eine Bekämpfung von Steuerhinterziehung/-umgehung oder Missbrauch geeignet ist und nicht über das hinausgeht, was dafür erforderlich ist. Zuweilen steht die Wirksamkeit der Steueraufsicht im Zusammenhang mit den vorstehenden Rechtfertigungsgründen.[9] Das Territorialitätsprinzip per se wurde nur in einer Entscheidung[10] und ohne Erörterung als Rechtfertigungsgrund erwähnt, bis es – außer eher beiläufiger Erwäh- 5.25

---

1 EuGH v. 28.1.1986 – Rs. 270/83 – avoir fiscal, Slg. 1986, 273 Rz. 24.
2 EuGH v. 12.5.1998 – C-336/96 – Gilly, Slg. 1998, I-2823 = FR 1998, 847 m. Anm. *Dautzenberg*.
3 Vgl. EuGH v. 21.9.1999 – C-307/97 – Saint-Gobain, Slg. 1997, I-6161 = GmbHR 1999, 565 Rz. 543 ff.
4 Vgl. EuGH v. 5.7.2005 – C-376/03 – D., Slg. 2005, I-5821.
5 Vgl. EuGH v. 12.12.2013 – C-303/12 – Imfeld und Garcet, ISR 2014, 101 m. Anm. *von Brocke/Wohlhöfler*.
6 Vgl. EuGH v. 28.10.2010 – C-72/09 – Etablissement Rimbaud, Slg. 2010, I-10659 Rz. 33 ff. mwN.
7 Vgl. EuGH v. 21.1.2010 – C-311/08 – SGI, Slg. 2010, I-487 Rz. 65 mwN.
8 Vgl. EuGH v. 22.10.2010 – C-287/10 – Tankreederei I, Slg. 2010, I-14233 Rz. 28 mwN. Vgl. auch EuGH v. 12.9.2006 – C-196/04 – Cadbury Schweppes, Slg. 2006, I-7995 = FR 2006, 987 m. Anm. *Lieber* Rz. 55; in diesem Urteil führt der EuGH vorab aus, dass die Gründung von Tochtergesellschaften in einem anderen Mitgliedstaat, um in den Genuss eines dort geltenden günstigeren Steuersystems zu gelangen, keinen Missbrauch der Niederlassungsfreiheit darstellt. Die Prüfung der Rechtfertigung der in dem Fall in Frage stehenden Beschränkung der Niederlassungsfreiheit aus Gründen der Bekämpfung missbräuchlicher Praktiken erfolgte dann danach, ob es sich um eine rein künstliche Gestaltung handelt, was der EuGH schließlich verneinte.
9 Vgl. EuGH v. 1.7.2010 – C-233/09 – Dijkman, Slg. 2010, I-6649 Rz. 58; EuGH v. 28.10.2010 – C-72/09 – Etablissement Rimbaud, Slg. 2010, I-10659 Rz. 33 ff.
10 Vgl. EuGH v. 15.5.1997 – C-250/95 – Futura Participations und Singer, Slg. 1997, I-2471 = FR 1997, 567 m. Anm. *Dautzenberg*.

nung[1] – im Urteil *Marks & Spencer* wieder auftauchte[2] und im Urteil *National Grid Indus*[3] Erwähnung fand.

5.26 Die **Wahrung der Kohärenz des Steuersystems** ist ein schillernder, mehr oder weniger greifbarer Rechtfertigungsgrund, der lange Zeit als tot galt und dann wie Phönix aus der Asche aufstieg. Bereits in den beiden frühen Urteilen vom 28.1.1992[4] entschied der EuGH, dass die Beschränkung einer Grundfreiheit durch die Notwendigkeit, die Kohärenz des nationalen Steuersystems zu wahren, gerechtfertigt sein kann und im Fall der in beiden Verfahren in Frage stehenden belgischen Steuervorschrift gerechtfertigt war. Die belgischen Bestimmungen sahen vor, dass Versicherungsbeiträge, die an Versicherungen im Ausland gezahlt wurden, in Belgien steuerlich nicht abzugsfähig sind. Der EuGH erkannte einen Zusammenhang zwischen der steuerlichen Abzugsfähigkeit von Versicherungsbeiträgen einerseits und der späteren Besteuerung der Rentenzahlungen oder Kapitalabfindungen andererseits. Waren die Versicherungsbeiträge steuerlich nicht abgezogen worden, wurde auf Rentenzahlungen oder Kapitalabfindungen auch keine Steuer erhoben.

5.27 Mit diesen Entscheidungen hat der EuGH grundsätzlich anerkannt, dass die Wahrung der Kohärenz des Steuersystems ein von der Gemeinschaftsrechtsordnung gebilligtes Ziel ist, auf das sich die Mitgliedstaaten im Rahmen der Rechtfertigung von Beschränkungen der Grundfreiheiten berufen können. In der Sache war mit diesem Verteidigungsargument zumeist nichts anderes gemeint als die Vermeidung einer Doppelbesteuerung[5] oder die Gewährleistung, dass ein Sachverhalt überhaupt (einmal) besteuert wird[6] (Grundsatz der Einmalbesteuerung). Der diffuse Begriff der Kohärenz ist immer wieder als Rechtfertigungsgrund für Beschränkungen verschiedener Grundfreiheiten angeführt worden. In dem Bemühen, dem Ausnahmecharakter dieser Rechtfertigung Rechnung zu tragen, hat der EuGH den Begriff eng begrenzt. Er verlangte, dass ein unmittelbarer Zusammenhang zwischen der Gewährung eines Steuervorteils und dem Ausgleich dieses Vorteils durch eine steuerliche Belastung besteht, die im Rahmen einer einzigen Besteuerung erfolgen.[7] Letztlich fehlte es an einem solchen unmittelbaren Zusammenhang, zB weil es um verschiedene Steuern oder die steuerliche Behandlung verschiedener Steuerpflichtiger geht.[8] Außerdem hatte der EuGH entschieden, dass ein Mitgliedstaat sich nicht auf die Kohärenz berufen kann, wenn er davon Abstand genommen hat, zB durch Abschluss eines DBA, wodurch die Kohärenz dann auf die Ebene der vertrag-

---

1 Vgl. zB EuGH v. 7.9.2004 – C-319/02 – Manninen, Slg. 2004, I-7477 = GmbHR 2004, 1346 Rz. 38 f.
2 Vgl. EuGH v. 13.12.2005 – C-446/03 – Marks & Spencer, Slg. 2005, I-10837 = FR 2006, 177 = GmbHR 2006, 153 Rz. 39.
3 Vgl. EuGH v. 29.11.2011 – C-371/10 – National Grid Indus, Slg. 2011, I-12273 = FR 2012, 25 m. Anm. *Musil* Rz. 43 et passim.
4 EuGH v. 28.1.1992 – C-204/90 – Bachmann, Slg. 1992, I-215; EuGH v. 28.1.1992 – C-300/90 – Kommission/Belgien, Slg. 1992, I-305.
5 So wohl bei den Vorschriften, die Gegenstand der EuGH-Urteile v. 3.10.2002 – C-136/00 – Danner, Slg. 2002, I-8147; EuGH v. 26.6.2003 – C-422/01 – Skandia und Ramstedt, Slg. 2003, I-6817 waren.
6 So in EuGH v. 21.11.2002 – C-436/00 – X und Y, Slg. 2002, I-10829.
7 EuGH v. 6.6.2000 – C-35/98 – Verkooijen, Slg. 2000, I-4071 Rz. 57; EuGH v. 18.9.2003 – C-168/01 – Bosal, Slg. 2003, I-9430 Rz. 29.
8 EuGH v. 18.9.2003 – C-168/01 – Bosal, Slg. 2003, I-9430 Rz. 30, unter Bezugnahme auf das EuGH-Urt. v. 13.4.2000 – C-251/98 – Baars, Slg. 2000, I-2787 Rz. 40.

schließenden Mitgliedstaaten verlagert wird; dann kann dieser Grundsatz nicht mehr herangezogen werden, um im Einzelfall eine Regelung zu rechtfertigen.[1]

Die Kohärenz wurde erstmals im Urteil *Manninen* wieder ausführlich erörtert,[2] wurde aber in diesem Fall nicht als Rechtfertigung anerkannt.[3] In diesem Urteil lässt sich gleichwohl eine Wiederbelebung des Kohärenzarguments verorten, das in späteren Verfahren auch mit Erfolg zur Rechtfertigung einer beschränkenden Regelung führte.[4]

5.28

B. Vorgaben der Rechtsprechung des EuGH

I. Maßgebliche EuGH-Verfahren mit Organschaftsbezug

1. Grundlegung

Der EuGH hatte bislang keine Gelegenheit, sich mit den Regelungen der deutschen Organschaft am Prüfungsmaßstab der Grundfreiheiten zu befassen. Vorgaben für die deutschen Organschaftsregelungen lassen sich jedoch aus der Rechtsprechung des EuGH zu den Grundfreiheiten allgemein sowie insbesondere zur Gruppenbesteuerung in anderen Mitgliedstaaten ableiten. Die Grundfreiheiten setzen einen grenzüberschreitenden Bezug voraus und stellen Beschränkungs- und Diskriminierungsverbote dar. Daher können sich Vorgaben für Gruppenbesteuerungssysteme aus den Grundfreiheiten für die Ausgestaltung in rein nationalen Fallkonstellationen allenfalls als Rückkopplung aus einer beschränkenden Wirkung in grenzüberschreitenden Fällen ergeben. Zudem können sich Vorgaben in Fällen mit grenzüberschreitendem Bezug nur ergeben, wenn ein nationales System der Gruppenbesteuerung besteht; das Unionsrecht in Form der Grundfreiheiten führt nicht dazu, dass ein Mitgliedstaat ein System der Gruppenbesteuerung einzuführen verpflichtet wäre. Auch ein Mitgliedstaat, in dem ein Gruppenbesteuerungssystem besteht, ist für den Fall, dass es in grenzüberschreitenden Konstellationen zu unionsrechtswidrigen Beschränkungen kommt, unionsrechtlich nicht verpflichtet, beschränkungsvermeidende Vergünstigungen auf rein nationale Konstellationen auszudehnen.[5] Vielmehr kann ein solcher Mitgliedstaat Inlandsfälle schlechter behandeln als grenzüberschreitende, ohne gegen die Grundfreiheiten zu verstoßen, oder er kann die grundrechtswidrige Ungleichbehandlung dadurch beseitigen, dass er die bisherige „Vergünstigung" der Inlandsfälle beseitigt[6] oder – im Fall eines Systems der Gruppenbesteuerung – dieses System abschafft.

5.29

---

1 Vgl. EuGH v. 11.8.1995 – C-80/94 – Wielockx, Slg. 1995, I-2508 = FR 1995, 647 Rz. 23 ff.
2 EuGH v. 7.9.2004 – C-319/02 – Manninen, Slg. 2004, I-7477 = GmbHR 2004, 1346 Rz. 40 ff.
3 Auch GAin *Kokott* hatte in ihren Schlussanträgen der Kohärenz breiten Raum eingeräumt, sie letztlich aber ebenfalls abgelehnt, Schlussanträge v. 18.3.2004 – C-319/02 – Manninen, Slg. 2004, I-7480 Rz. 49 ff.
4 Vgl. ua. EuGH v. 23.10.2008 – C-157/07 – Krankenheim Ruhesitz am Wannsee-Seniorenheimstatt („KR Wannsee"), Slg. 2008, I-8061 = GmbHR 2008, 1285 Rz. 40 ff.; EuGH v. 27.11.2008 – C-418/07 – Papillon, Slg. 2008, I-8947 Rz. 41 ff.; EuGH v. 12.6.2014 – C-39/13, C-40/13, C-41/13 – SCA Group Holding u.a. Rz. 32 ff. Siehe zu diesen Urteilen unten unter B.I.
5 Aus dem nationalen zB Verfassungsrecht in Gestalt des Art. 3 Abs. 1 GG mag sich gegebenenfalls Anderes ergeben.
6 So zB die Reaktion des deutschen Gesetzgebers auf das Urteil des EuGH v. 12.12.2002 – C-324/00 – Lankhorst-Hohorst, Slg. 2002, I-11779 = FR 2003, 182, zur Gesellschafter-Fremdfinanzierung § 8a KStG, die in der Frage auf Inlandsfälle ausgedehnt wurde; und das Urteil des EuGH v. 20.10.2011 – C-284/09 – Kommission/Deutschland, Slg. 2011-9879 = FR 2011, 1112, zur Besteue-

5.30 Die Rechtsprechung des EuGH, die für die Organschaft von Bedeutung sein kann, besteht zum einen aus Entscheidungen zur Gruppenbesteuerung in anderen Mitgliedstaaten und zum anderen aus Entscheidungen zum grenzüberschreitenden Verlustabzug allgemein. In den Fällen der Gruppenbesteuerung geht es um die Abziehbarkeit der Verluste inländischer Tochtergesellschaften im Inland. An dieser Stelle sind insbesondere Entscheidungen zum britischen *group relief* und zur skandinavischen *group contribution* hervorzuheben. In den Fällen des grenzüberschreitenden Verlustabzuges geht es um die Abziehbarkeit der Verluste ausländischer Betriebsstätten im Inland. Die steuerrechtlich unterschiedliche Betrachtungs- und Herangehensweise spielt unionsrechtlich kaum eine Rolle, da sich die Niederlassungsfreiheit als maßgebliche Grundfreiheit auf beide Formen der Niederlassung erstreckt, die durch eine rechtlich unselbständige Betriebsstätte[1] und die durch eine rechtlich selbständige Tochtergesellschaft.

5.31 Die deutsche Organschaft ist ein Konzept der zum Teil sehr unterschiedlichen Systeme von Gruppenbesteuerung in vielen anderen Mitgliedstaaten. Trotz ihrer Unterschiedlichkeit dienen diese Systeme einem zeitnahen Verlust-/Gewinnausgleich innerhalb der Gruppe, deren Zusammensetzung sich jedoch von dem Organschaftskonzept deutlich unterscheiden kann. Aus Entscheidungen zur Gruppenbesteuerung in anderen Mitgliedstaaten können Rückschlüsse für die Organschaft insoweit gezogen werden, als sie strukturell Ähnlichkeiten mit dem beurteilten System der Gruppenbesteuerung aufweist.

2. Marks & Spencer

5.32 Das Urteil der **Rechtssache** *Marks & Spencer*[2] ist die erste Entscheidung des EuGH zu einem System der Gruppenbesteuerung, dem britischen *group relief*. In dem Fall ging es im Kern darum, ob die Verluste der kontinentaleuropäischen Tochtergesellschaften (in Frankreich, Deutschland, Belgien) bei *Marks & Spencer* in Großbritannien abzugsfähig sind. Unionsrechtlich ging die Frage vereinfacht dahin, ob der **britische Konzernverlustabzug** (*group relief for losses*) die Niederlassungsfreiheit dadurch beschränkt, dass er einen Abzug von Verlusten von in einem anderen Mitgliedstaat ansässigen Tochtergesellschaften verwehrt, während ein Abzug von Verlusten von im Vereinigten Königreich ansässigen Tochtergesellschaften möglich ist. Die Vorlage an den EuGH sorgte für große Euphorie und Diskussion in der Literatur.[3] Spekulationen über den Ausgang des Verfahrens und die Konsequenzen für die Organschaft wurden durch die Schlussanträge des Generalanwalts gedämpft. Bis zum Urteil dauerte es dann nochmals acht Monate.

5.33 Das Urteil des EuGH (Große Kammer) führte dann zu einer Ernüchterung. Der EuGH entschied, dass zwar eine Beschränkung gegen die Niederlassungsfreiheit vorliege, diese jedoch gerechtfertigt sein kann. Die Besonderheit des Urteils liegt darin, dass der EuGH eine neue Rechtfertigungsmöglichkeit entwickelt (besser: aus dem Hut zaubert), eine **Trias von Rechtfertigungsgründen**: (i) die Kohärenz in Gestalt der Wahrung der Aufteilung der Besteue-

---

rung von ins Ausland fließenden Streubesitzdividenden, worauf in der Folge Streubesitzdividenden von der Steuerbefreiung durch § 8b Abs. 4 KStG allgemein ausgenommen wurden.

1 Art. 49 Abs. 1 Satz 2, Art. 54 AEUV.
2 EuGH v. 13.12.2005 – C-446/03 – Marks & Spencer, Slg. 2005, I-10837 = FR 2006, 177.
3 Vgl. ua. *Cordewener/Dahlberg/Pistone/Reimer/Romano*, European Taxation 2004, 135 (Part One), 218 (Part Two); *Dörr*, Der Konzern 2003, 604; *Dörr*, Der Konzern 2004, 15; *Dörr*, IStR 2004, 265; *Nagler/Kleinert*, DB 2005, 855; *Balmes/Brück/Ribbrock*, BB 2005, 966; *Scheunemann*, IStR 2005, 303.

rungsbefugnis zwischen den Mitgliedstaaten, (ii) Verhinderung der doppelten Verlustberücksichtigung sowie (iii) die Vermeidung der Gefahr von Steuerflucht. Fragwürdig war, ob die Rechtfertigungsgründe kumulativ vorliegen müssen oder jeder für sich allein eine Rechtfertigung bewirken kann. Letzteres war eher zweifelhaft, da das Urteil zu jedem einzelnen der drei Gründe nur knappe Ausführungen enthält, die es an Deutlichkeit für eine solche Folge vermissen lassen. Schließlich sprach die die Rechtfertigungstrias abschließende Folgerung dafür, dass die drei Rechtfertigungsgründe kumulativ vorliegen müssen.[1] Nach Auffassung des EuGH wäre der Abschluss des inländischen Verlustabzuges jedoch dann nicht verhältnismäßig, wenn die ausländische Tochtergesellschaft im Ansässigkeitsstaat alle Möglichkeiten zur Berücksichtigung von Verlusten ausgeschöpft hat, gegebenenfalls durch Übertragung der Verluste auf einen Dritten oder ihre Verrechnung mit Gewinnen, die die Tochtergesellschaft in früheren Zeiträumen erwirtschaftet hat, und keine Möglichkeit besteht, dass die Verluste der ausländischen Tochtergesellschaft im Ansässigkeitsstaat für künftige Zeiträume von ihr selbst oder von einem Dritten, insbesondere im Fall der Übertragung der Tochtergesellschaft auf ihn, berücksichtigt werden.[2] Hieraus leitet sich die **Figur der finalen Verluste** ab.

Der EuGH folgt zwar weitgehend den Schlussanträgen des Generalanwalts, geht aber insofern über diese hinaus, als er die Regel aufstellt, dass der Sitzstaat der Muttergesellschaft nicht verpflichtet ist, die Verluste einer ausländischen Tochtergesellschaft zu berücksichtigen, und eine Verlustberücksichtigung nur ausnahmsweise in Betracht kommt. Die Entscheidung wurde als klares Bekenntnis des EuGH zum Territorialitätsprinzip angesehen und positiv gewürdigt, dass der EuGH nicht auf die Kohärenz als Rechtfertigungsgrund Bezug genommen hat, auf die der Generalanwalt seine Überlegungen gestützt hatte.[3] Die Reaktion in der Literatur war weitgehend geprägt von einerseits Ernüchterung bis zu andererseits gedämpftem Optimismus und Hoffnung auf künftige EuGH-Entscheidungen.[4]

5.34

3. Rewe Zentralfinanz

Die **Rechtssache Rewe Zentralfinanz**[5] betraf mittelbar die inländische Verrechnung ausländischer Verluste. Das FG Köln legte dem EuGH die Frage vor, ob die Niederlassungsfreiheit der Regelung in § 2a Abs. 1 Nr. 3 Buchst. a und Abs. 2 EStG entgegensteht, die den steuerlichen **Ausgleich von Verlusten aus der Teilwertabschreibung auf Beteiligungen an Tochtergesellschaften im EG-Ausland** dann beschränkt, wenn diese passive Tätigkeiten im Sinne der nationalen Vorschrift ausüben und/oder wenn die Tochtergesellschaften aktive Tätigkeiten im Sinne der nationalen Vorschrift nur durch eigene Enkelgesellschaften realisieren, während solche Abschreibungen auf Beteiligungen an inländischen Tochtergesellschaften ohne

5.35

---

1 EuGH v. 13.12.2005 – C-446/03 – Marks & Spencer, Slg. 2005, I-10837 = FR 2006, 177 Rz. 51: „*Insgesamt ergibt sich aus diesen drei Rechtfertigungsgründen …*".
2 EuGH v. 13.12.2005 – C-446/03 – Marks & Spencer, Slg. 2005, I-10837 = FR 2006, 177 Rz. 55.
3 *Thömmes*, IWB Fach 11a, 938.
4 Vgl. ua. *Herzig/Wagner*, DStR 2006, 1; *Englisch*, IStR 2006, 22; *Dörr*, EWS 2006, 34; *Balmes/Brück/Ribbrock*, BB 2006, 186; *Saß*, DB 2006, 123; *Sedemund/Sterner*, DStZ 2006, 29; *Hey*, GmbHR 2006, 113; *Reichl/Wittkowski*, StB 2006, 50; *Scheunemann*, IStR 2006, 145; *Wernsmann/Nippert*, FR 2006, 153; *Eicker/Röhrbein*, Stbg 2006, 117; *Herzig/Wagner*, Der Konzern 2006, 176; *Rehm/Feyerabend/Nagler*, IStR 2007, 7.
5 EuGH v. 29.3.2007 – C-347/04 – Rewe Zentralfinanz, Slg. 2007, I-2647 = GmbHR 2007, 494 m. Anm. *Rehm/Nagler*.

diese Beschränkungen möglich sind.[1] Der EuGH stellte nach umfangreicher Erörterung eine Beschränkung der Niederlassungsfreiheit fest.

5.36 Die deutsche Regierung hatte einen Strauß an Argumenten zur Rechtfertigung der Regelung vorgetragen, die der EuGH zu sechs Rechtfertigungsgründen zusammenfasste. Zu der Ausgewogenheit der Aufteilung der Besteuerungsbefugnis präzisiert der EuGH ausdrücklich, dass er diesen Rechtfertigungsgrund gemäß dem Urteil *Marks & Spencer* nur in Verbindung mit den beiden anderen, der Gefahr einer doppelten Verlustberücksichtigung und der Steuerfluchtgefahr, zugelassen hat. Für eine isolierte Anwendung dieses Rechtfertigungsgrunds, die in Betracht kommen könne, wenn eine Gesellschaft zur Geltendmachung von Verlusten im Ansässigkeitsstaat oder einem anderen Mitgliedstaat optieren könnte, sah er im Streitfall keinen Raum. Zum zweiten Rechtfertigungsgrund, der doppelten Verlustberücksichtigung, stellte der EuGH klar, dass die Berücksichtigung von Verlusten aus der Teilwertabschreibung bei der Muttergesellschaft getrennt von der steuerlichen Behandlung der von den Tochtergesellschaften selbst erlittenen Verlusten zu beurteilen sei, was keinesfalls als doppelte Berücksichtigung derselben Verluste qualifiziert werden könne. Als dritten Rechtfertigungsgrund behandelt der EuGH die Bekämpfung der Steuerumgehung. Hierzu hatte die Bundesregierung vorgetragen, dass ua. der Bereich des Fremdenverkehrs anfällig sei für die Verlagerung typischerweise verlustträchtiger Tätigkeiten in andere Mitgliedstaaten und Geltendmachung der Verluste in Deutschland. Das lehnte der EuGH als Rechtfertigung ab, da die Regelung nicht spezifisch darauf zugeschnitten ist und zudem über das Erforderliche hinausgeht. Zur Wirksamkeit steuerlicher Kontrollen von Auslandssachverhalten als weiterem Rechtfertigungsgrund verwies der EuGH auf die Auskunftsmöglichkeiten nach der Amtshilferichtlinie und die Möglichkeit, von der Muttergesellschaft selbst alle notwendigen Belege zu verlangen, zumal diese in der Lage sein müsste, alle erforderlichen Unterlagen direkt von ihrer Tochtergesellschaft zu verlangen. Zudem können eventuelle Schwierigkeiten dabei ohnehin keine Behinderung der Niederlassungsfreiheit rechtfertigen. Der zur Rechtfertigung angeführten Gleichmäßigkeit der Besteuerung ordnete der EuGH zwei Argumente zu, zum einen die Notwendigkeit, die Kohärenz des deutschen Steuersystems zu wahren, zum anderen die Beachtung des Territorialitätsgrundsatzes. Dem Argument, wegen der DBA-Steuerbefreiung von Dividenden sei die Nichtgewährung eines Verlustabzugs kohärent, hielt der EuGH entgegen, dass bei i.S.v. § 2a Abs. 2 EStG „aktiven" ausländischen Tochtergesellschaften trotz der DBA-Steuerbefreiung von Dividenden Verluste berücksichtigt werden. Außerdem fehle es an dem erforderlichen unmittelbaren Zusammenhang zwischen dem steuerlichen Vorteil und dessen Ausgleich durch eine bestimmte steuerliche Belastung. Denn Muttergesellschaften mit inländischen Tochtergesellschaften könnten in den Genuss sowohl des sofortigen Ausgleichs für Teilwertabschreibungen als auch der Steuerbefreiung der Dividenden kommen. Zum weiteren Argument, die steuerliche Kohärenz werde durch die Steuerbefreiung für Veräußerungsgewinne nach § 8b Abs. 2 KStG sichergestellt, stellte der EuGH fest, dass diese nicht das erste Streitjahr erfasste, weil sie erstmals im Steuerjahr 1994 anzuwenden war, und das unmittelbar wirkende Verbot des Verlustausgleichs nicht damit kompensiert werden kann, dass es später möglich wäre, für die bei einer Veräußerung erzielten Gewinne eine Steuerbefreiung zu erhalten, wenn ein Gewinn in ausreichender Höhe erzielt wird. Schließlich vermochte auch das Territorialitätsprinzip die Regelung nicht zu rechtfertigen. Dieses Prinzip habe die Funktion, bei der Anwendung des Gemeinschaftsrechts sicherzustellen, dass die Grenzen der Zuständigkeiten der Mitgliedstaaten für die Besteuerung berück-

---

1 FG Köln v. 15.7.2004 – 13 K 1908/00, FR 2004, 1118; vgl. *Lausterer*, FR 2004, 1109.

sichtigt werden. Hier hat aber die Gewährung des Verlustabzugs nicht zur Folge, dass die Ausübung einer konkurrierenden Besteuerungszuständigkeit in Frage gestellt wird.

4. Oy AA

Die zum Thema Gruppenbesteuerung nachfolgende EuGH-Entscheidung in der **Rechtssache Oy AA**[1] betraf das **finnische System des Konzernbeitrags** (*group contribution*), bei dem zur Verlustberücksichtigung innerhalb einer Gruppe eine positives Einkommen erzielende Gesellschaft eine Zahlung (sog. Konzernbeitrag) an eine negatives Einkommen erzielende Gesellschaft leistet.[2] Der Konzernbeitrag stellt bei der leistenden Gesellschaft eine Betriebsausgabe dar und bei der empfangenden eine Betriebseinnahme, mit der deren Verlust neutralisiert wird. Das finnische System ist auf inlandsansässige Gesellschaften begrenzt und lässt einen Konzernbeitrag an eine Gruppengesellschaft im Ausland nicht zu. In dem dem Vorabentscheidungsersuchen zugrunde liegenden Verfahren ging es um die Frage, ob die finnische Oy AA an die britische Muttergesellschaft AA Ltd., die die Anteile an der Oy AA über zwei in den Niederlanden ansässige Zwischengesellschaften hielt, einen Konzernbeitrag an die AA Ltd. leisten kann, um deren wirtschaftliche Stellung zu sichern, der bei der Oy AA als abzugsfähige Ausgabe zu behandeln ist. In Frage stand daher, ob die finnische Regelung, nach der Voraussetzung für die Abzugsfähigkeit des Konzernbeitrags ist, dass die zahlende und die den Beitrag empfangende Gesellschaft in Finnland ansässig sind, gegen die Niederlassungsfreiheit verstößt.

5.37

Der EuGH hat diese Regelung im Ergebnis nicht beanstandet. Nach der Feststellung einer Beschränkung der Niederlassungsfreiheit zieht der EuGH unter Bezugnahme auf das Urteil *Marks & Spencer* die dort angeführte **Rechtfertigungstrias** in die Betrachtung ein, lässt aber zwei dieser Gründe ausreichen, da bezüglich der Gefahr einer doppelten Verlustberücksichtigung der Hinweis genüge, *„dass die finnische Konzernbeitragsregelung nicht die Abzugsfähigkeit von Verlusten betrifft."*[3] Die beiden anderen Gründe bejaht der EuGH. Das System der Aufteilung der Besteuerungsbefugnis zwischen den Mitgliedstaaten wäre beeinträchtigt, wenn die Möglichkeit bestünde, dass Unternehmensgruppen nach Belieben den Mitgliedstaat wählen könnten, in dem die Gewinne der Tochtergesellschaft besteuert würden.[4] In der Sache geht es um den Schutz des Territorialitätsprinzips, auch wenn der EuGH auf diesen von einigen Mitgliedstaaten vorgebrachten Grundsatz nicht eingeht. Auch die Vermeidung einer Steuerumgehung als Rechtfertigungsgrund sieht der EuGH als gegeben an. Denn die Regelung berge bei einer Ausdehnung auf grenzüberschreitende Sachverhalte die Gefahr in sich, dass durch rein künstliche Gestaltungen Einkünfte innerhalb einer Unternehmensgruppe auf Gesellschaften übertragen werden, deren Sitz sich in den Mitgliedstaaten befindet, die die niedrigsten Steuersätze anwenden, oder die in den Mitgliedstaaten ansässig sind, in denen diese Einkünfte nicht besteuert werden. Die Wahl des Mitgliedstaats der Besteuerung wäre letzten Endes Sache der Unternehmensgruppe.[5]

5.38

---

1 EuGH v. 18.7.2007 – C-231/05 – Oy AA, Slg. 2007, I-6373. Die bei Vorabentscheidungsersuchen insbesondere im Rahmen eines Vorbescheids übliche Anonymisierung des Steuerpflichtigen erfolgte hier erst nachträglich; das Verfahren war zunächst unter dem Namen *Oy Esab* registriert worden, vgl. ABl. 2005 Nr. C 193, 17.
2 Vgl. *Helminen*, Intertax 2005, 595; *Herzig/Wagner*, DB 2005, 2374.
3 EuGH v. 18.7.2007 – C-231/05 – Oy AA, Slg. 2007, I-6373 Rz. 57.
4 EuGH v. 18.7.2007 – C-231/05 – Oy AA, Slg. 2007, I-6373 Rz. 53 ff.
5 EuGH v. 18.7.2007 – C-231/05 – Oy AA, Slg. 2007, I-6373 Rz. 64 f.

5.39 Mit dem Abschmelzen der im Urteil *Marks & Spencer* aufgestellten Rechtfertigungstrias auf zwei Rechtfertigungsgründe dürfte absehbar sein, dass auch ein Rechtfertigungsgrund allein ausreichend ist. Die Literatur[1] sieht zuweilen in der Entscheidung eine Abwendung von der Rechtfertigungs- und Verhältnismäßigkeitsprüfung zu einer Beliebigkeitsfrage. Der Übertragung von Gewinnen ist eine Beliebigkeit immanent, die beim Verlustabzug in der Regel fehlt.[2] Dem Verlustimport als ultima ratio nach Maßgabe des Einzelfalls steht beim Gewinnexport kein Pendant gegenüber; er kann vom Exportland unabhängig von den Umständen des Einzelfalls generell verwehrt werden. Aus dem Urteil lässt sich für die deutsche Organschaft nicht ableiten, dass ein Anspruch auf Abschluss eines Gewinnabführungsvertrags zwischen inländischer Tochtergesellschaft und ausländischer Muttergesellschaft geschaffen wird, um eine Gewinnabführung ins Ausland zu ermöglichen. Andersherum wird auch für inländische Konzerne kein Anspruch auf Gewinnabführung seitens ihrer ausländischen Tochtergesellschaften geschaffen.[3]

5. Lidl Belgium

5.40 In der EuGH-Entscheidung **in der Rechtssache *Lidl Belgium***[4] ging es auf Vorlage des BFH[5] in der Sache um die Frage, ob die Niederlassungsfreiheit die **inländische Verrechnung von luxemburgischen Betriebsstättenverlusten** erfordert, wenn die Betriebsstätteneinkünfte nach dem maßgeblichen DBA von der inländischen Besteuerung freigestellt sind.

5.41 Die Generalanwältin hatte ausdrücklich als gegenüber dem Ausschluss des Verlustabzugs milderes Mittel ein System des Verlustabzugs mit Nachversteuerung angeführt[6] und dem EuGH als Antwort vorgeschlagen, dass die Verwehrung der Verlustverrechnung nicht mit der Niederlassungsfreiheit vereinbar sei.[7] Dem Vorschlag folgte der EuGH nicht. In dem Urteil hat der EuGH die Wahrung der Aufteilung der Besteuerungsbefugnis unter den betroffenen Mitgliedstaaten unter Betonung der Symmetrie zwischen Gewinnbesteuerung und Verlustverrechnung und die Verhinderung einer doppelten Berücksichtigung von Verlusten als Rechtfertigung bejaht.[8] Er sah sich sodann veranlasst zu erläutern, dass *"angesichts der Vielfalt von Situationen, in denen ein Mitgliedstaat derartige Gründe geltend machen kann,"* nicht verlangt werden kann, dass alle drei im Urteil *Marks & Spencer* angeführten Rechtfertigungsgründe vorliegen müssen, damit eine beschränkende nationale Steuerregelung grundsätzlich gerechtfertigt sein kann.[9] Daher sei hier, wie im Urteil *Oy AA*, das Vorliegen von zwei der drei Gründe ausrei-

---

1 Vgl. u.a. *Thömmes*, IWB 2008 Fach 11a, 1261; *Rainer*, IStR 2007, 635; *Wagner*, IStR 2007, 650; *Cloer/Lavrelashvili*, RIW 2007, 777.
2 Vgl. *Thömmes*, IWB 2007 Fach 11a, 1151 (1154).
3 *Thömmes*, IWB 2007 Fach 11a, 1151 (1154).
4 EuGH v. 15.5.2008 – C-414/06 – Lidl Belgium, Slg. 2008, I-3601 = FR 2008, 831.
5 BFH v. 28.6.2006 – I R 84/04, BStBl. II 2006, 861 = GmbHR 2006, 1282. Vgl. dazu u.a. *Reichl/Wittkowski*, BB 2006, 2496; *Tetzlaff/Schallock*, IWB Gruppe 2, Fach 3, 1325; *Reiser/Roth*, IStR 2006; 787; *Pezzer*, FR 2007, 89; *Koch*, RIW 2007, 371.
6 Schließlich hatte Deutschland ein solches System (in § 2a Abs. 3, 4 aF EStG) zuvor jahrelang praktiziert.
7 GAin *Sharpston*, Schlussanträge v. 14.2.2008 – C-414/06 – Lidl Belgium, Slg. 2008, I-3605, IStR 2008, 183. Siehe dazu *Rainer*, IStR 2008, 187; *Kube*, IStR 2008, 305.
8 EuGH v. 15.5.2008 – C-414/06 – Lidl Belgium, Slg. 2008, I-3601 = FR 2008, 831 Rz. 31 ff.
9 EuGH v. 15.5.2008 – C-414/06 – Lidl Belgium, Slg. 2008, I-3601 = FR 2008, 831 Rz. 38 ff.

chend. Bei der Prüfung der Verhältnismäßigkeit sah der EuGH die **Finalität der Verluste** unter Hinweis auf die Möglichkeit des Verlustvortrags in Luxemburg als nicht nachgewiesen an.[1]

Die Entscheidung wurde in der Literatur[2] ausführlich gewürdigt und als ein Rückschritt für den Binnenmarkt angesehen. Kritisiert wurde auch, dass sich der EuGH nicht mit den rechtssystematischen Unterschieden zwischen einem Einheitsunternehmen und einem Konzern und einer Nachversteuerungsregelung auseinandergesetzt hat. Er habe verkannt, dass es sich bei Betriebsstättenverlusten um Verluste des Steuerpflichtigen handele und nicht um Verluste einer vom Steuerpflichtigen getrennt zu beurteilenden Einheit.[3] Die Entscheidung wurde in der Literatur auch als enttäuschend angesehen, da weiterhin ungeklärt bleibt, wie die Grenzen der Finalität von Verlusten zu ziehen sind.[4] Ein finaler Verlust könne aus der Auflösung einer Betriebsstätte resultieren, wenn weder ein Verlustrücktrag noch eine Übertragung auf einen Dritten möglich sei, denkbar sei aber auch die Inkorporierung bzw. Umwandlung einer Betriebsstätte aus einer transparenten Personengesellschaft in eine ausländische Körperschaft. Weiter bleibt unklar, in welchem Zeitpunkt die Verlustverrechnung stattfindet. Der BFH spricht sich für eine phasengleiche Verlustverrechnung aus.[5]

5.42

6. KR Wannsee

Die **Rechtssache *KR Wannsee*[6]** betraf die Vereinbarkeit der deutschen **Nachversteuerung positiver Einkünfte aus einer österreichischen Betriebsstätte** mit der Niederlassungsfreiheit.[7] Die Klägerin hatte zunächst Verluste ihrer österreichischen Betriebsstätte nach der damaligen Regelung des § 2a Abs. 3 EStG mit ihren inländischen Einkünften verrechnet, wehrte sich dann gegen die spätere Nachversteuerung positiver Einkünfte.

5.43

Der EuGH sah die in der Nachversteuerung bestehende Beschränkung der Niederlassungsfreiheit als gerechtfertigt durch das Erfordernis, die Kohärenz des deutschen Besteuerungssystems zu gewährleisten. Es entspreche dem Gedanken der Kohärenz, dass der steuerliche Abzug der Auslandsverluste mit einer nachfolgenden Besteuerung der Auslandsgewinne (bis zur Höhe der verrechneten Verluste) kombiniert werden könne. Soweit Österreich als Quellenstaat den Verlustvortrag zu Lasten der Klägerin beschränke, könne Deutschland nicht verpflichtet sein, die ungünstigen Auswirkungen zu berücksichtigen.[8]

5.44

---

1 EuGH v. 15.5.2008 – C-414/06 – Lidl Belgium, Slg. 2008, I-3601 = FR 2008, 831 Rz. 47 ff.
2 Vgl. u.a. *Sedemund*, DB 2008, 1120; *Englisch*, IStR 2008, 400 (404); *de Weerth*, IStR 2008, 405; *Thömmes*, IWB 2008 Fach 11a, 1185; *Bron*, EWS 2008, 238; *Rehm/Nagler*, GmbHR 2008, 7013; *Tiedtke/Mohr*, DStZ 2008, 430; *Schulz-Rrieglaff*, StuB 2008, 519; *Rainer*, EuZW 2008, 405; *Hahn*, jurisPR-SteuerR 32/2008 Anm. 1; *Hruschka*, IStR 2008, 499; *Mayr*, BB 2008, 1816; *Kessler/Eicke*, IStR 2008, 581; *Weger*, RIW 2008, 600; *Watrin/Wittkowski/Lindscheid*, IStR 2008, 637.
3 *Schön*, Aktuelle Fragen zum Europäischen Steuer- und Gesellschaftsrecht, JbFStR 2009/2010, 58; *Thömmes*, IWB 2008 Fach 11a, 1185 (1187).
4 *Hahn*, jurisPR-SteuerR 32/2008 Anm. 1.
5 BFH v. 17.7.2008 – I R 84/04, BB 2008, 2556 ff. = FR 2007, 86 m. Anm. *Pezzer*; *Dörfler/Ribbrock*, BB 2008, 2557 ff.; *Sedemund*, DB 2008, 1120 ff.; *Sedemund/Wagner*, DB 2008, 2565 ff.
6 EuGH v. 23.10.2008 – C-157/07 – Krankenheim Ruhesitz am Wannsee-Seniorenheimstatt („KR Wannsee"), Slg. 2008, I-8061 = GmbHR 2008, 1285.
7 BFH v. 29.11.2006 – I R 45/05, BStBl. II 2007, 398 = FR 2007, 757: Niederlassungsfreiheit nach Art. 31 EWRA, da Österreich im Streitjahr 1994 noch kein EG-Mitgliedstaat war.
8 EuGH v. 23.10.2008 – C-157/07 – KR Wannsee, Slg. 2008, I-8061 = GmbHR 2008, 1285 Rz. 46 ff.

5.45 Das Urteil mag irritieren, ihm ist aber im Ergebnis wohl zuzustimmen.¹ Es hätte vielleicht näher gelegen, bereits eine Beschränkung durch das deutsche Steuerrecht zu verneinen, dann hätte die schillernde Figur der Kohärenz als Rechtfertigung nicht bemüht werden müssen. Da bei Geltendmachung (Antrag) des Verlustabzugs – trotz DBA-Freistellung – die Nachversteuerung nachfolgender Gewinne im Inland außer Frage stand, wollte die Klägerin letztlich – aus Sicht des deutschen Steuerrechts – eine Vorzugsbehandlung ihrer ausländischen Verluste gegenüber inländischen Verlusten. Zudem lag die Ursache einer möglichen Beschränkung im Betriebsstättenstaat Österreich, der nur beschränkt Steuerpflichtige vom Verlustvortrag ausgeschlossen hat. Die Niederlassungsfreiheit verpflichtet jedoch nicht den Sitzstaat, Verlustabzugsbeschränkungen durch den Betriebsstättenstaat auszugleichen. Die Entscheidung einer Gesellschaft, sich im Ausland mit einer Betriebsstätte niederzulassen, kann je nach Fall Vor- oder Nachteile haben. Der Herkunftsmitgliedstaat muss aber nicht in allen Situationen eine Besteuerung gewährleisten, die jede Ungleichheit, die sich aus den nationalen Steuerregelungen ergibt, beseitigt.² Der Entscheidung ist jedoch keine Abkehr des EuGH von der Berücksichtigung finaler Verluste als ultima ratio in DBA-Freistellungsstaaten zu entnehmen. Denn in *KR Wannsee* ging es – anders als in *Lidl Belgium* – nicht um die Verrechnung von Auslandsverlusten mit Inlandsgewinnen, sondern um die Vermeidung der Nachversteuerung (bereits verrechneter Auslandsverluste).

7. Papillon

5.46 Die **Rechtssache *Papillon*³** betraf die Vereinbarkeit der **französischen Regelung der Gruppenbesteuerung**, der *intégration fiscale* mit der Niederlassungsfreiheit. Es ging um die Frage, ob eine französische Enkelgesellschaft in die „steuerliche Integration" mit ihrer französischen Muttergesellschaft einbezogen werden kann, wenn die zwischengeschaltete Tochtergesellschaft nicht in Frankreich ansässig ist.

5.47 Zunächst ist darauf hinzuweisen, dass es in dem Fall nicht um die Einbeziehung der niederländischen Tochtergesellschaft in die steuerliche Integration, mithin die Erstreckung des Konsolidierungskreises auf diese Auslandstochtergesellschaft ging. Der EuGH erkennt auf eine Ungleichbehandlung, die nicht durch die von den Mitgliedstaaten angeführten Rechtfertigungsgründe nach den *Marks & Spencer*-Grundsätzen gerechtfertigt ist. Der Schwerpunkt der Prüfung des EuGH lag bei der Kohärenz, auch unter dem Gesichtspunkt doppelter Verlustberücksichtigung. Der EuGH hielt die Regelung jedoch letztlich für unverhältnismäßig, da mildere Mittel wie Amtshilfe und Kontrollmöglichkeiten über die Muttergesellschaft zur Verfügung stünden, um eine doppelte Verlustberücksichtigung durch Teilwertabschreibungen bei der ausländischen Tochtergesellschaft in Bezug auf Verluste der Enkelgesellschaft zu verhindern. Wesentlich neue Erkenntnisse über die *intégration fiscale* hinaus dürfte die Entscheidung nicht bringen.⁴

---

1 Vgl. ua. A.A., IStR 2008, 772; *Lamprecht*, IStR 2008, 766; *Thömmes*, IWB 2008 Fach 11a, 1209; *Lühn*, BB 2009, 90; *Mutscher*, IStR 2009, 293; *Breuninger/Ernst*, DStR 2009, 1981; *Spengel/Matenaer*, IStR 2010, 817.
2 So auch Verfügung des Bay LfSt v. 19.2.2010 – S 1366.1.1-3/10 St32.
3 EuGH v. 27.11.2008 – C-418/07 – Papillon, Slg. 2008, I-8947.
4 Vgl. zu dem Urteil *Hahn*, IStR 2009, 198.

8. X Holding

In der **Rechtssache X Holding**[1] musste sich der EuGH mit der Vereinbarkeit der **niederländischen Regelung zur sog. fiscale eenheid** mit der Niederlassungsfreiheit beschäftigen. Die X Holding und ihre nach britischem Recht gegründete und in Belgien ansässige Tochtergesellschaft beantragten, als steuerliche Einheit in den Niederlanden anerkannt zu werden. Der Antrag wurde abgelehnt, weil die niederländische Gruppenbesteuerung auf Gesellschaften begrenzt ist, die in den Niederlanden ansässig sind. 5.48

Die Vorschrift beschränkt zwar nach Ansicht des EuGH die Niederlassungsfreiheit. Sie wird jedoch durch das Erfordernis gerechtfertigt, die Aufteilung der Besteuerungsbefugnis zwischen den Mitgliedstaaten zu wahren. Denn bei Einbeziehung gebietsfremder Tochtergesellschaften in eine steuerliche Einheit, erhielte die Muttergesellschaft ansonsten die Möglichkeit auszuwählen, in welchem Steuersystem die Verluste berücksichtigt werden.[2] Zur Verhältnismäßigkeit weist der EuGH das Argument zurück, bei einer steuerlichen Einheit könnten die ausländischen wie die inländischen Tochtergesellschaften als Betriebsstätten behandelt werden und dann stünde eine (vorläufige) Übernahme verbunden mit einer Nachversteuerung als milderes Mittel zur Verfügung. Insbesondere seien ausländische Betriebsstätten und ausländische Tochtergesellschaften nicht vergleichbar.[3] 5.49

Die Verlustberücksichtigung als ultima ratio ist nicht angesprochen. Von der Rechtfertigungstrias des Urteils *Marks & Spencer* ist im Urteil *X Holding* ein Rechtfertigungsgrund als ausreichend übrig geblieben und die Verhältnismäßigkeitsprüfung stellt im Wesentlichen darauf ab, dass der Mitgliedstaat, in dem die Verluste geltend gemacht werden, nicht in das Belieben des Steuerpflichtigen gestellt sein darf.[4] Im Ergebnis mag das Urteil nicht überraschen, aber auch nicht überzeugen.[5] 5.50

9. Philips Electronics UK

Das Urteil in der **Rechtssache Philips Electronics UK**[6] sei der Vollständigkeit halber angeführt, denn es betrifft den **britischen Konzernabzug** (*group relief*), wenn auch nicht die Verrechnung von – aus britischer Sicht – ausländischen Verlusten. Die steuerlich im Vereinigten Königreich ansässige Philips Electronics UK wollte ihren eigenen Gewinn mit Verlusten einer britischen Betriebsstätte der LG.PD Netherlands verrechnen, einer niederländischen Tochtergesellschaft eines Joint Venture der Philips-Konzernmutter mit dem südkoreanischen Konzern LG Electronics. Der Antrag wurde von den Finanzbehörden des Vereinigten Königreichs ua. mit der Begründung abgewiesen, dass die Verluste der Betriebsstätte zwar im Vereinigten Königreich entstanden seien, aber auch am Sitz der Gesellschaft in den Niederlanden verrechnet werden könnten. 5.51

Der EuGH erkannte auf eine Ungleichbehandlung, da – anhand des mit den fraglichen nationalen Bestimmungen verfolgten Ziels als Maßstab – die Situation einer gebietsfremden Gesellschaft, die nur über eine Betriebsstätte im Inland verfügt, mit der Situation einer gebietsansässigen Gesellschaft objektiv vergleichbar ist, was die Möglichkeit betrifft, im Ver- 5.52

---

1 EuGH v. 25.2.2010 – C-337/08 – X Holding, Slg. 2010, I-1215.
2 EuGH v. 25.2.2010 – C-337/08 – X Holding, Slg. 2010, I-1215 Rz. 31 ff.
3 EuGH v. 25.2.2010 – C-337/08 – X Holding, Slg. 2010, I-1215 Rz. 36 ff.
4 Vgl. EuGH v. 25.2.2010 – C-337/08 – X Holding, Slg. 2010, I-1215 Rz. 41.
5 Vgl. *Rainer*, EuZW 2010, 515; *Englisch*, IStR 2010, 215; *Pache/Englert*, IStR 2010, 448.
6 EuGH v. 6.9.2012 – C-18/11 – Philips Electronics UK.

einigten Königreich erlittene Verluste mittels Konzernabzug auf eine andere Gesellschaft dieses Konzerns zu übertragen. Eine Rechtfertigung mit der Wahrung der Aufteilung der Besteuerungsbefugnis zwischen den Mitgliedstaaten lehnte der EuGH ab, da es Inhalt dieses Ziels ist, die **Symmetrie zwischen dem Recht zur Besteuerung der Gewinne und der Möglichkeit, Verluste in Abzug zu bringen**, zu wahren. Die Besteuerungsbefugnis des Vereinigten Königreichs werde in keiner Weise berührt, da in seinem Hoheitsbereich die für die Betriebsstättenverluste ursächliche wirtschaftliche Tätigkeit ausgeübt wird; es gehe eben nicht um die Verrechnung von in einem anderen Mitgliedstaat erlittenen Verluste. Auch die Verhinderung einer doppelten Verlustberücksichtigung lässt der EuGH nicht zur Rechtfertigung zu. Denn selbst wenn ein solcher Grund selbständig geltend gemacht werden könnte, hat die Gefahr, dass die Verluste sowohl im Betriebsstätten- als auch im Ansässigkeitsmitgliedstaat berücksichtigt werden, keinen Einfluss auf die **Besteuerungsbefugnis des Betriebsstättenmitgliedstaats**. Diese wird nicht dadurch in Frage gestellt, dass die übertragenen Verluste gegebenenfalls auch in den Niederlanden berücksichtigt werden können. Auch durch die Kombination der beiden Gründe könne die Ungleichbehandlung nicht gerechtfertigt werden.

10. A Oy

5.53 Die **Rechtssache A Oy**[1] betrifft dagegen keinen Fall eines Gruppenbesteuerungssystems, sondern eine **grenzüberschreitende Fusion**, mit der Verluste nach Finnland „importiert" werden sollten. Nach finnischem Recht bestand die Möglichkeit, im Fall einer Fusion die aus den Tätigkeiten einer Tochtergesellschaft entstandenen Verluste abzuziehen, wenn die fusionierte (übertragende) Gesellschaft eine inländische Gesellschaft ist oder die Verluste in der in diesem Staat belegenen Betriebsstätte entstanden sind.

5.54 Der EuGH neigte dazu, aufgrund unterschiedlicher Behandlung gebietsansässiger und gebietsfremder Gesellschaften eine Behinderung der Niederlassungsfreiheit anzunehmen. Auf den Hinweis, dass auch in Inlandsfällen der Verlustabzug versagt werden könne, wenn die Fusion einzig durch die Absicht motiviert ist, einen steuerlichen Vorteil zu erzielen, gab der EuGH dem vorlegenden Gericht auf, dies zu prüfen. Vorsorglich für den Fall, dass dies nicht zutrifft, nimmt der EuGH zur Rechtfertigung Stellung. Dabei bejaht er die drei Rechtfertigungsgründe aus dem *Marks & Spencer*-Urteil, Wahrung der Aufteilung der Besteuerungsbefugnis zwischen den Mitgliedstaaten, Vermeidung der Gefahren der doppelten Verlustberücksichtigung und der Steuerflucht. Bei der Verhältnismäßigkeit stellt der EuGH fest, dass hier – anders als im Urteil *X Holding*[2] – die Muttergesellschaft nicht von einem Jahr zum anderen frei wählen kann, welches Steuersystem auf die Verluste ihrer Tochtergesellschaften anwendbar ist. Zur Finalität der Verluste der Tochtergesellschaft in ihrem Sitzstaat Schweden war der Vortrag der Beteiligten widersprüchlich, weshalb der EuGH dem vorlegenden Gericht aufgab festzustellen, ob A Oy tatsächlich nachgewiesen hat, dass alle in Schweden vorgesehenen Möglichkeiten der Berücksichtigung von Verlusten ausgeschöpft sind.

---

1 EuGH v. 21.2.2013 – C-123/11 – A Oy, FR 2013, 370 m. Anm. *Musil*.
2 EuGH v. 25.2.2010 – C-337/08 – X Holding, Slg. 2010, I-1215 Rz. 32.

11. K

Das Urteil in der **Rechtssache K**[1] betrifft, anders als die anderen hier dargestellten Entscheidungen, nicht die Niederlassungsfreiheit, sondern die **Kapitalverkehrsfreiheit**, weil es um **Verluste aus der Veräußerung einer in Frankreich belegenen Immobilie** ging, die der in Finnland ansässige K dort steuerlich geltend machen wollte.

5.55

In Ermangelung einer Nutzung der französischen Verluste in Frankreich müssten diese Verluste in Finnland zum Abzug zugelassen werden. Der EuGH stellte eine Beschränkung des Kapitalverkehrs fest, da Verluste aus der Veräußerung einer Immobilie, je nachdem ob sie in Finnland oder in einem anderen Mitgliedstaat belegen ist, unterschiedlich behandelt werden. Dies sei geeignet, Steuerpflichtige von Immobilieninvestitionen in einem anderen Mitgliedstaat abzuhalten. Bei der Rechtfertigungsprüfung misst der EuGH zunächst dem DBA zwischen beiden Mitgliedstaaten keine durchschlagende Beachtung zu, da es trotz der Freistellung der Gewinne aus der Veräußerung (Belegenheitsprinzip) den finnischen Fiskus nicht daran hindere, Veräußerungsverluste zum Abzug zuzulassen. Die Ausgewogenheit der Aufteilung der Besteuerungsbefugnis bezweckt als Ziel die Wahrung der Symmetrie zwischen dem Recht, Gewinne zu besteuern, und der Möglichkeit, Verluste in Abzug zu bringen, um zu verhindern, dass der Steuerpflichtige den Mitgliedstaat frei wählt, in dem er solche Gewinne oder Verluste geltend macht. Diese Symmetrie sei hier durch die Versagung des Verlustausgleichs in Finnland gewahrt, da die beiden Staaten im DBA die Besteuerungsbefugnis nach der Belegenheit aufgeführt hätten. Die beiden weiteren *Marks & Spencer* Rechtfertigungsgründe hielt der EuGH für nicht einschlägig. Eine doppelte Verlustberücksichtigung sei von vornherein ausgeschlossen, da das französische Steuerrecht einen Abzug der in Frankreich erlittenen Verluste aus der Veräußerung von Immobilien nicht zuließ. Was die Gefahr der Steuerflucht angehe, so könne der Erwerb einer Immobilie im Ausland und die spätere Veräußerung mit Verlust keine allgemeine Vermutung der Steuerhinterziehung begründen. Zudem sei die finnische Regelung nicht spezifisch und konkret auf die Verhinderung rein künstlicher Konstruktionen ausgerichtet. Als eigenständigen Rechtfertigungsgrund prüft der EuGH die Kohärenz des Steuersystems und bejaht diese im Ergebnis (**„spiegelbildliche Logik" der Versagung des Verlustausgleichs** aufgrund des DBA-Besteuerungsrechts für Gewinne). Schließlich befand der EuGH die finnische Regelung auch für verhältnismäßig. Es könne nicht angenommen werden, dass der Steuerpflichtige die Möglichkeit der Verlustberücksichtigung im Belegenheitsstaat ausgeschöpft habe. Da der Belegenheitsstaat keine Möglichkeit zur Berücksichtigung von Verlusten aus der Veräußerung der Immobilie vorsieht, hat eine solche Möglichkeit nie bestanden. Der Wohnsitzstaat müsse nicht diese Nachteile dafür tragen, dass der Belegenheitsstaat eine Verlustberücksichtigung von vornherein in seiner Rechtsordnung ausschließt. Mit diesem Urteil dürfte feststehen, dass die Umstände, die zu Finalität von Verlusten führen, tatsächlicher Art sein müssen und rein rechtliche Beschränkungen im Quellenstaat grundsätzlich nicht ausreichen.

5.56

12. Felixstowe

Die **Rechtssache *Felixstowe***[2] betraf wieder das **Gruppenbesteuerungssystem des Vereinigten Königreichs**, und zwar in Form des sog. *consortium group relief*. Nach britischem

5.57

---

1 EuGH v. 7.11.2013 – C-322/11 – K, IStR 2013, 913. Vgl. dazu *Thömmes*, IWB 2013, 821; *Müller*, ISR 2013, 427; *Benecke/Staats*, IStR 2013, 919; *Mitschke*, IStR 2014, 37.
2 EuGH v. 1.4.2014 – C-80/12 – Felixstowe, GmbHR 2014, 612 = ISR 2014, 170 m. Anm. *Müller*. Vgl. *Rehfeld/Krumm*, IWB 2014, 394; *Musil*, EuZW 2014, 430; *Kahlenberg*, StuB 2014, 603.

Recht können Verluste übertragen werden, wenn beide Gesellschaften in einem Konzern verbunden sind (*group relief*). Der Verlustübertrag ist aber auch möglich, wenn beide Gesellschaften nur mittelbar über ein Konsortium miteinander verbunden sind und eine dritte Gesellschaft als sog. Bindegliedgesellschaft fungiert, die zu dem beteiligten Konzern und zu dem beteiligten Konsortium gehört. Im Streitfall waren die antragstellende und die die Verluste übertragende Gesellschaft im – aus britischer Sicht – Inland ansässig, aber die **Bindegliedgesellschaft** hatte ihren Sitz im EU-Ausland (Luxemburg) und keine inländische Betriebsstätte, was dem Konsortialantrag auf Konzernabzug entgegenstand. Wohl gemerkt es ging nicht um einen Verlustimport; die Verluste waren im Vereinigten Königreich entstanden und sollten auch mit dort von einer anderen Konzerngesellschaft erwirtschafteten Gewinnen verrechnet werden. Insofern ähnelt die Lage der Rechtssache *Philips Electronics UK*[1] und, was die ausländische Bindegliedgesellschaft angeht, der Rechtssache *Papillon*.[2] Der EuGH urteilte, dass das für die Bindegliedgesellschaft aufgestellte Sitzerfordernis eine Ungleichbehandlung darstellt, da die Ansässigkeit im Vereinigten Königreich oder in einem anderen Mitgliedstaat im Hinblick auf das Ziel des in Frage stehenden Steuersystems objektiv vergleichbar ist, was die Möglichkeit anbelangt, im Vereinigten Königreich entstandene Verluste mittels eines Konzernabzugs im Rahmen eines Konsortiums untereinander zu übertragen. Da die Regierung des Vereinigten Königreichs keine Rechtfertigung vorgebracht hatte, gab der EuGH dem vorlegenden Gericht vorsorglich den Hinweis, dass eine Rechtfertigung mit der Aufteilung der Besteuerungsbefugnis oder mit der Bekämpfung der Steuerumgehung nicht in Betracht kommt. Erstere scheidet aus, weil die Besteuerungsbefugnis für beide Gesellschaften, die die Verluste erlitten hat und die die sie abziehen will, in keiner Weise berührt wird. Für eine Rechtfertigung mit der Bekämpfung von Steueroasen (der Steuerumgehung) war die Regelung nach Dafürhalten des EuGH nicht spezifisch auf die Missbrauchsabwehr zugeschnitten.

5.58 Dogmatisch interessant ist, dass trotz der vom vorlegenden Gericht geäußerten Bedenken der EuGH der **Ansässigkeit der Konzernmuttergesellschaft in einem Drittstaat** (Hong Kong) für die Anwendung der Niederlassungsfreiheit keine Bedeutung beimisst. Denn für den Schutzbereich der Grundfreiheit kommt es auf die Ansässigkeit der betroffenen Gesellschaft in der Union, nicht aber auf die Herkunft ihrer Anteilseigner an. Weiterhin ist es für den EuGH nicht von Bedeutung, dass die Niederlassungsfreiheit der im Vereinigten Königreich ansässigen antragstellenden Gesellschaften nicht tangiert ist, sondern die der luxemburgischen Bindegliedgesellschaft. Eine Gesellschaft kann sich zu steuerlichen Zwecken auf eine Beschränkung der Niederlassungsfreiheit einer anderen, mit ihr verbundenen Gesellschaft berufen, sofern sich eine solche Beschränkung auf ihre eigene Besteuerung auswirkt, um die tatsächliche Wirksamkeit der Niederlassungsfreiheit zu gewährleisten.[3]

---

1 EuGH v. 6.9.2012 – C-18/11 – Philips Electronics UK, ISR 2012, 101 m. Anm. *Pohl.*
2 EuGH v. 27.11.2008 – C-418/07 – Papillon, Slg. 2008, I-8947.
3 EuGH v. 1.4.2014 – C-80/12 – Felixstowe, GmbHR 2014, 612 = ISR 2014, 170 m. Anm. *Müller* Rz. 22 ff. mit Hinweis auf EuGH v. 6.9.2012 – C-18/11 – Philips Electronics UK, ISR 2012, 101 m. Anm. *Pohl* Rz. 39.

13. SCA Group Holding

In der **Rechtssache SCA Group Holding**[1] hatte der EuGH die Vereinbarkeit der **niederländischen Regelungen der Gruppenbesteuerung** als *fiscale eenheid* mit der Niederlassungsfreiheit zu entscheiden, und zwar in zwei Konstellationen: (i) Eine in den Niederlanden ansässige Muttergesellschaft konnte mit ihrer auch dort ansässigen (Ur-)Enkelgesellschaft eine steuerliche Einheit bilden, wenn sie diese über eine oder mehrere ebenfalls in den Niederlanden ansässige Gesellschaft(en) hält, nicht aber, wenn sie die (Ur-)Enkelgesellschaft über gebietsfremde Gesellschaften hält, die in den Niederlanden keine Betriebsstätte hat. (ii) Die Regelung der steuerlichen Einheit fand Anwendung auf eine in den Niederlanden ansässige Muttergesellschaft, die dort ansässige Tochtergesellschaften hält, nicht aber auf in den Niederlanden ansässige Schwestergesellschaften, deren gemeinsame Muttergesellschaft ihren Sitz nicht in den Niederlanden und dort keine Betriebsstätte hat. Nach der Entscheidung des EuGH steht in beiden Konstellationen die Niederlassungsfreiheit der niederländischen Regelung entgegen.

5.59

Zur Konstellation (i) der ausländischen Bindegliedgesellschaft konnte der EuGH weitgehend auf einschlägige Ausführungen in den Urteilen *Papillon*[2] und *Felixstowe*[3] zurückgreifen. Bei der Prüfung der Rechtfertigung mit der Kohärenz der Steuerregelung zeigt der EuGH einen deutlichen Unterschied zu Rechtssache *Papillon* auf. Dort hatte er eine kohärente Regelung darin gesehen, dass die Neutralisierung konzerninterner Transaktionen zum Ziel hatte, eine doppelte Berücksichtigung (ua. Verluste der Enkelgesellschaft im Wege der steuerlichen Integration und durch Teilwertabschreibungen) zu verhindern.[4] Hier griff die Kohärenz zur Verhinderung doppelter Verlustberücksichtigung nicht ein. Denn nach niederländischem Recht bleiben aufgrund der **Beteiligungsfreistellung** per se Gewinne und Verluste aus dem Besitz, Erwerb und der Veräußerung einer Beteiligung außer Ansatz. Damit konnte **kein für die Kohärenz erforderlicher unmittelbarer Zusammenhang zwischen dem Vorteil einer steuerlichen Einheit und dessen Ausgleich durch eine bestimmte Belastung** festgestellt werden. Ergänzend weist der EuGH darauf hin, dass der vorgebrachte Grund der Gefahr der Steuerflucht für sich genommen keine selbständige Rechtfertigung darstellt, wenn sie nicht mit dem speziellen Ziel der Bekämpfung rein künstlicher, jeder wirtschaftlichen Realität barer Gestaltungen verknüpft ist, die darauf ausgerichtet sind, der normalerweise geschuldeten Steuer zu entgehen.

5.60

Zur Konstellation (ii) einer horizontalen steuerlichen Einheit sind die Ausführungen des EuGH recht knapp. Im Rahmen der Rechtfertigung führt er zur Vergleichbarkeit aus, dass sich das Ziel der Regelung, Gesellschaften ein und desselben Konzerns steuerlich als einen einzigen Steuerpflichtigen zu behandeln, ebenso gut bei Konzernen mit gebietsansässiger Muttergesellschaft erreichen lässt wie bei solchen mit gebietsfremder Muttergesellschaft, zu-

5.61

---

1 EuGH v. 12.6.2014 – C-39/13, C-40/13, C-41/13 – SCA Group Holding. Siehe dazu ua. *von Brocke/Müller*, DStR 2014, 2106; *Rehfeld*, IWB 2014, 619; *Schiefer*, EuZW 2014, 702; *Schnitger*, IStR 2014, 587.
2 EuGH v. 27.11.2008 – C-418/07 – Papillon, Slg. 2008, I-8947.
3 EuGH v. 1.4.2014 – C-80/12 – Felixstowe, GmbHR 2014, 612 = ISR 2014, 170 m. Anm. *Müller*.
4 Vgl. EuGH v. 12.6.2014 – C-39/13, C-40/13, C-41/13 – SCA Group Holding Rz. 34 f. mit Verweis auf EuGH v. 27.11.2008 – C-418/07 – Papillon, Slg. 2008, I-8947 Rz. 43 bis 50. Letztlich war die französische Regelung gleichwohl unverhältnismäßig, da sie jedweden Nachweis ausschloss, dass Verluste nicht doppelt berücksichtigt werden; s. EuGH v. 27.11.2008 – C-418/07 – Papillon, Slg. 2008, I-8947 Rz. 52 bis 62.

mindest was die Besteuerung allein der in den Niederlanden steuerpflichtigen Schwestergesellschaften angeht.

14. Nordea Bank

5.62 In der **Rechtssache Nordea Bank**[1] stand die Vereinbarkeit einer dänischen Regelung mit der Niederlassungsfreiheit in Frage, die eine **Nachversteuerung in Abzug gebrachter ausländischer Betriebsstättenverluste** vorsieht, wenn die Betriebsstätte an eine ausländische Tochtergesellschaft veräußert wird.

5.63 Die in Dänemark ansässige Nordea Bank war in den Jahren 1996 bis 2000 in Finnland, Schweden und Norwegen über Betriebsstätten tätig. Die Verluste dieser Betriebsstätten hatte die Nordea Bank – in Übereinstimmung mit dem Nordischen DBA (Anrechnungsverfahren) und dem dänischen Recht – von ihrem in Dänemark steuerpflichtigen Gewinn in Abzug gebracht. Im Jahre 2000 wurde das Geschäft der Betriebsstätten umstrukturiert und zum Teil auf im Ausland ansässige Tochter- oder andere verbundene Gesellschaften übertragen. Diese Transaktion kam einer teilweisen Übertragung des Geschäfts, für das Dänemark seine Besteuerungsbefugnis wahrnahm, an verbundene Gesellschaften gleich, für die es diese Befugnis nicht ausübte. In Anwendung einer Sondervorschrift des dänischen Steuerrechts für ausländische Betriebsstätten versteuerte der dänische Fiskus die zuvor abgezogenen Verluste.

5.64 Der EuGH sieht in der Nachversteuerung von Verlusten ausländischer Betriebsstätten eine nachteilige Behandlung und Beschränkung der Niederlassungsfreiheit. Zuvor befänden sich inländische und ausländische Betriebsstätten im Bezug auf Maßnahmen zur Vermeidung/Abschwächung der Doppelbesteuerung grundsätzlich nicht in einer vergleichbaren Situation; jedoch habe Dänemark **durch die Besteuerung der Gewinne der ausländischen Betriebstätten diese den gebietsansässigen hinsichtlich des Verlustabzugs gleichgestellt**. Im Rahmen der Rechtfertigung mit der Ausgewogenheit der Aufteilung der Besteuerungsbefugnisse erkennt der EuGH als Ziel der dänischen Regelung, die Gefahr von Steuerumgehungen zu verhindern (Abzug der Betriebsstättenverluste und, sobald sie Gewinne erwirtschaften, Veräußerung der Betriebsstätten an eine verbundene Gesellschaft, so dass keine effektive Nachversteuerung vorgenommen werden könnte). Die Regelung geht jedoch über das zur Wahrung der Symmetrie zwischen dem Recht, Gewinne zu besteuern, und der Möglichkeit, Verluste in Abzug zu bringen, Erforderliche hinaus. Denn nach dänischem Recht werden sowohl die Betriebsstättengewinne vor Veräußerung als auch die durch die Veräußerung realisierten Gewinne besteuert.

5.65 Bemerkenswert ist, dass Generalanwältin *Kokott* in den Schlussanträgen[2] eine **dogmatische Neujustierung** vorgeschlagen hatte, namentlich die Vergleichbarkeitsprüfung aus dem Tatbestand zu eliminieren und den Schwerpunkt der Prüfung auf die Rechtfertigungsebene zu verlagern. Zustimmen kann man der Kritik der Generalanwältin, dass die Handhabung durch den EuGH keineswegs konsequent ist, ob, wo und wie intensiv die objektive Vergleichbarkeit geprüft wird. Andererseits scheint auch der EuGH den Prüfungsschwerpunkt bereits auf die Rechtfertigungsebene verlagert zu haben. Auf die Ausführungen der Generalanwältin ist der EuGH nicht eingegangen. Der EuGH leitet die objektive Vergleichbarkeit der Besteuerung inländischer und ausländischer Betriebsstätten im Streitfall daraus ab, dass auch die auslän-

---

1 EuGH v. 17.7.2014 – C-48/13 – Nordea Bank, IStR 2014, 563. Vgl. dazu *Englisch*, IStR 2014, 561; *Mitschke*, IStR 2014, 565; *Musil*, EuZW 2014, 789; *Henze*, ISR 2014, 313.
2 GAin *Kokott* v. 13.3.2014 – C-48/13 – Nordea Bank, IStR 2014, 257.

dischen Betriebsstätten durch die Anwendung der Anrechnungsmethode in Dänemark der Besteuerung unterliegen. Ob man daraus den Schluss ziehen kann, dass bei Anwendung der der Freistellungsmethode nicht von einer objektiven Vergleichbarkeit der Sachverhalte ausgegangen werden könne,[1] erscheint fragwürdig.

15. Kommission/Vereinigtes Königreich

In dem **Vertragsverletzungsverfahren** *Kommission/Vereinigtes Königreich*[2] machte die Kommission einen Verstoß des Vereinigten Königreichs gegen die Niederlassungsfreiheit geltend, da die Voraussetzungen für den grenzübergreifenden Verlustausgleich in Konzernen es praktisch unmöglich machten, einen solchen Ausgleich vorzunehmen, und dieser Ausgleich auf Zeiträume nach dem 1.4.2006 beschränkt sei. Die Kommission hatte die zur Umsetzung des Urteils *Marks & Spencer* eingeführten Vorschriften im Auge, die für den grenzüberschreitenden Konzernabzug ua. voraussetzen, dass *„unmittelbar nach Ende"* des Steuerzeitraums der Verlustentstehung festgestellt werden muss, ob die Verluste der ausländischen Tochtergesellschaft in zukünftigen Steuerzeiträumen nicht mehr genutzt werden können. Dieses unmittelbare Feststellungerfordernis mache eine grenzüberschreitende Verlustnutzung praktisch unmöglich, da sie in der Praxis nur in zwei Fällen möglich sei, nämlich wenn der Sitzstaat der ausländischen Tochtergesellschaft keinen Verlustabzug erlaube oder wenn für die Tochtergesellschaft vor Ende des Steuerzeitraums der Verlustentstehung die Liquidation eingeleitet werde.

Der EuGH hat eine Klage der Kommission zurückgewiesen. Er wiederholt seine Ausführungen aus dem Urteil *Marks & Spencer*, dass eine Ungleichbehandlung von Verlusten inländischer und ausländischer Tochtergesellschaften die Niederlassungsfreiheit behindert, eine solche Ungleichbehandlung jedoch mit drei zwingenden Gründen des Allgemeininteresses, *„zusammen genommen"*, gerechtfertigt werden kann, nämlich der angemessenen Aufteilung der Besteuerungsbefugnis zwischen den Mitgliedstaaten und der Vermeidung doppelter Verlustnutzung sowie der Steuerflucht. Zudem müsse die Regelung verhältnismäßig sein, dh. sie muss geeignet sein, diese Ziele zu erreichen, und darf nicht über das dafür Erforderliche hinausgehen. Der erste von der Kommission angeführte Fall sei für die Verhältnismäßigkeit der britischen Regelungen unerheblich. Denn die sog. Finalität ausländischer Verluste kann nicht daraus hergeleitet werden, dass der Sitzstaat der ausländischen Tochtergesellschaft keinen Verlustabzug zulässt; in einem solchen Fall kann der Herkunftsmitgliedstaat den Verlustabzug ohne Verstoß gegen die Niederlassungsfreiheit verweigern. Zum zweiten Fall habe die Kommission nicht belegt, dass Verluste nur bei Einleitung der Liquidation vor dem Ende des Steuerzeitraums der Verlustentstehung abgezogen werden können. Aus dem Wortlaut der Vorschrift ergäbe sich ein solches Erfordernis jedenfalls nicht. Der EuGH weist darauf hin, dass eine Verlustnutzung im Sitzstaat der Tochtergesellschaft zumindest solange möglich ist, wie – wenn auch minimale – Einnahmen durch die Tochter erzielt werden. Die weitere Rüge der Kommission, die Regelungen würden den grenzüberschreitenden Konzernabzug für Verluste ausschließen, die vor dem 1.4.2006 entstanden sind, wies der EuGH im Ergebnis zurück, weil die Kommission nicht nachgewiesen habe, dass es Situationen gibt, in denen für Verluste vor diesem Datum kein grenzüberschreitender Konzernabzug gewährt wurde.

---

1 So *Mitschke*, IStR 2014, 563 (565).
2 EuGH v. 3.2.2015 – C-172/13 – Kommission/Vereinigtes Königreich, IStR 2015, 137 = ISR 2015, 139 m. Anm. *Müller*. Vgl. dazu *Benecke/Staats*, IStR 2015, 140.

5.68 Generalanwältin *Kokott* hatte in den Schlussanträgen[1] ihr **Plädoyer für die Abschaffung der Marks & Spencer-Ausnahme** (finale Verluste) wiederholt.[2] Darauf ging der EuGH nicht ein, vielmehr wiederholt er seine Ausführungen aus dem *Marks & Spencer*-Urteil. Ohne Eingestehen einer Rechtsprechungsänderung wäre es auch kaum möglich gewesen, die *Marks & Spencer*-Ausnahme bei den Rechtsvorschriften des gleichen Mitgliedstaates als überholt zu behandeln. Und bisher hat der EuGH seine Rechtsprechung nur verdeckt aber nie offen geändert.

16. Groupe Steria

5.69 Die **Rechtssache** *Groupe Steria*[3] hat die Besteuerung von **Dividendenausschüttungen** einer **Tochtergesellschaft an die französische Muttergesellschaft** zum Gegenstand. Bei der Einkünfteermittlung der Muttergesellschaft fand eine Hinzurechnung von 5 % der Ausschüttungserträge der ausländischen Tochtergesellschaft bei vollem Betriebsausgabenabzug statt. Bei einem innerstaatlichen Sachverhalt sehen die **französischen Regelungen zur Gruppenbesteuerung** eine Ausnahme vor, so dass es zu einer Neutralisierung der Ausschüttungserträge kommt.

5.70 Der EuGH sieht in den französischen Regelungen eine Ungleichbehandlung und damit eine Beeinträchtigung der Niederlassungsfreiheit. Diese ist nach Ansicht des EuGH auch weder statthaft noch gerechtfertigt. Der EuGH geht in der Rechtfertigung auf die Wahrung der Besteuerungsbefugnis und Kohärenz des Steuersystems sowie die Mutter-Tochter-Richtlinie ein. Er kommt zu dem Ergebnis, die Regelung sei nicht erforderlich zur Wahrung der Besteuerungsbefugnis. Denn anders als im Urteil *X-Holding*, in dem sich der EuGH mit der Frage auseinandersetzen musste, ob die Anforderung an die Mitglieder einer steuerlichen Gruppe im selben Mitgliedstaat ansässig sein müssen gegen die Niederlassungsfreiheit verstößt, betrifft die vorliegende Entscheidung Steuervorteile innerhalb der Gruppenbesteuerung. Die Besteuerungsbefugnis der Mitgliedstaaten ist damit nicht berührt, da eine Verlagerung von Verlusten in einen anderen Mitgliedstaat gerade nicht zur Diskussion stand. Die Regelung ist nach Ansicht des EuGH auch nicht aus Gründen der Kohärenz des Steuersystems gerechtfertigt, da der gewährte Steuervorteil nicht in unmittelbarem Zusammenhang mit einer steuerlichen Belastung steht, sondern es sich vielmehr um einen isolierten Vorteil im Rahmen der Gruppenbesteuerung handelt. Auf eine Gesamtbetrachtung aller steuerlichen Vor- und Nachteile im Rahmen der Prüfung der Kohärenz, die Generalanwältin *Kokott* in ihren Schlussanträgen[4] entschieden ablehnt, geht der EuGH gar nicht ein. Auch die Mutter-Tochter-Richtlinie und den Mitgliedstaaten darin gewährte Ermessensspielräume können nach den Ausführungen des EuGH einen Verstoß gegen die Grundfreiheiten nicht rechtfertigen.

5.71 Ob die Entscheidung ohne weiteres auf die deutsche Organschaft übertragbar ist, kann nicht abschließend beurteilt werden.[5] Der vorliegenden Entscheidung liegt ein speziell im französischen Recht gewährter Vorteil der Gruppenbesteuerung zugrunde. Dagegen ist zwingendes

---

1 GAin *Kokott* v. 23.10.2014 – C-172/13 – Kommission/Vereinigtes Königreich, IStR 2014, 855. Siehe dazu *Benecke/Staats*, IStR 2014, 862; *Möller*, BB 2015, 616; *Hackethal*, EWS 2015, 32.
2 So schon GAin *Kokott* v. 19.7.2012 – C-123/11 – A Oy, IStR 2012, 618; ihr folgend GA *Mengozzi* v. 21.3.2013 – C-322/11 – K.
3 EuGH v. 2.9.2015 – C-386/14 – Groupe Steria.
4 GAin *Kokott* v. 11.6.2015 – C-386/14 – Groupe Steria, IStR 2015, 563 (567) Rz. 48 ff.
5 Vgl. *Schiefer*, EuZW 2015, 799 (802); *Behme*, EWiR 2016, 327; *Mitschke*, FR 2015, 1117 (1119); *ders.*, IStR 2015, 879 (882); *Schnitger*, IStR 2015, 772.

Erfordernis und rechtliche Grundlage der deutschen Organschaft der Abschluss eines Ergebnisabführungsvertrags, der materiell-rechtlich zwingend die Ergebnisabführung der Organgesellschaften an den Organträger sowie die steuerliche Ergebniszurechnung beim Organträger zur Folge hat. Gerade mit Blick auf diese Unterschiede im deutschen Recht ist fraglich, ob für steuerliche Vorteile im Rahmen der deutschen Organschaft eine objektive Vergleichbarkeit mit grenzüberschreitenden Sachverhalten bejaht werden kann, bei denen kein Ergebnisabführungsvertrag vorliegt und keine derart enge Verknüpfung von zivilrechtlichen Verpflichtungen und Steuerrecht besteht.

17. Finanzamt Linz

In der **Rechtssache *Finanzamt Linz*** [1] ersuchte der österreichische Verwaltungsgerichtshof den EuGH um die Beantwortung von zwei ambivalenten Fragen zur Firmenwertabschreibung im Rahmen der **österreichischen Gruppenbesteuerung**: Der EuGH wurde in einer ersten Frage um Auskunft zur beihilferechtlichen Zulässigkeit der Gewährung der Firmenwertabschreibung gem. Art. 107, 108 Abs. 3 AEUV gebeten. Gegenstand der zweiten Frage war die Vereinbarkeit mit der Niederlassungsfreiheit nach Art. 49 AEUV, da nach österreichischem Recht eine Firmenwertabschreibung bei Anschaffung einer Beteiligung an einer inländischen Tochtergesellschaft im Rahmen der Gruppenbesteuerung auf Ebene der Muttergesellschaft vorgenommen werden durfte, hingegen diese Abschreibungsmöglichkeit bei Anschaffung einer Beteiligung an einer ausländischen Tochtergesellschaft nicht bestand. 5.72

Im zu entscheidenden Fall hielt die in Österreich ansässige IFN GmbH mehrheitlich die Anteile an der ebenfalls in Österreich ansässigen IFN Holding AG, die wiederum mehrheitlich Anteile an der österreichischen CEE Holding GmbH hielt. Die CEE Holding GmbH hatte die Anteile der slowakischen HSF s.r.o. erworben. Infolge einer Verschmelzung der IFN Holding AG mit der CEE Holding GmbH trat die IFN Holding AG in sämtliche Rechtspositionen der CEE Holding GmbH ein. Die CEE Holding GmbH und später die IFN Holding AG machten Firmenwertabschreibungen im Hinblick auf die Beteiligung an der HSF s.r.o. geltend, die vom österreichischen Fiskus nicht anerkannt wurden. 5.73

Die erste Frage nach der beihilferechtlichen Zulässigkeit erachtet der EuGH als unzulässig, da ein konkreter Zusammenhang mit dem anhängigen Rechtsstreit fehle. Der Schuldner der streitigen Abgabe könne sich dieser auch dann nicht entziehen, wenn die Befreiung anderer Unternehmer eine staatliche Beihilfe darstellen sollte. 5.74

Hinsichtlich der Versagung der Firmenwertabschreibung im Rahmen der Gruppenbesteuerung bei Anschaffung einer Beteiligung an einer ausländischen Tochtergesellschaft stellt der EuGH eine nachteilige steuerliche Behandlung im Vergleich zum Erwerb von Beteiligungen an inländischen Tochtergesellschaften und damit eine Behinderung der Niederlassungsfreiheit fest. Die Ungleichbehandlung ist nach Auffassung des EuGH nicht statthaft, da die Situationen der die Beteiligung erwerbenden Muttergesellschaften objektiv vergleichbar sind. Eine steuerliche Gruppe kann nach österreichischem Recht sowohl aus inländischen als auch aus ausländischen Tochtergesellschaften bestehen und in beiden Fällen wird die Erlangung des steuerlichen Abschreibungsvorteils angestrebt. Der EuGH lehnt sowohl eine Rechtfertigung aufgrund der Wahrung der Besteuerungshoheit als auch aus Gründen der Kohärenz des Steuersystems ab. Die Regelung könne eine Wahrung der Besteuerungsbefugnisse nicht 5.75

---

1 EuGH v. 6.10.2015 – C-66/14 – Finanzamt Linz, IStR 2015, 879 mit Anm. *Mitschke*; Klägerinnen des Ausgangsrechtsstreits sind die IFN-Holding AG und die IFN Beteiligungs GmbH.

rechtfertigen, da sie keinen Bezug zur Aufteilung von Gewinnen und Verlusten aufweise. Damit fehlt dem EuGH ein legitimer Zweck der Regelung, um die Aufteilung der Besteuerungsbefugnisse zwischen den Mitgliedstaaten zu bejahen. Auch eine Rechtfertigung aufgrund der Kohärenz der Steuersysteme lehnt der EuGH ab, da kein unmittelbarer Zusammenhang zwischen dem steuerlichen Vorteil der Abschreibungsmöglichkeit und einer steuerlichen Belastung in Form der steuerlichen Zurechnung der Gewinne der erworbenen Gesellschaft bzw. des Veräußerungsgewinns im Falle der Beteiligungsveräußerung bestehe. Der EuGH folgt insoweit den Ausführungen von Generalanwältin *Kokott*[1], dass die Regelung selbst dann nicht zur Firmenwertabschreibung berechtigt, wenn die Muttergesellschaft zur Steuerwirksamkeit der Beteiligung an einer ausländischen Gesellschaft optiert und damit die Veräußerung der Beteiligung besteuert wird. Der EuGH kann auch keinen unmittelbaren Zusammenhang darin erkennen, dass Österreich die Beteiligung an ausländischen Gesellschaften steuerneutral behandelt und kein Besteuerungsrecht für die Gewinne an ausländischen Gesellschaften hat. Dem EuGH fehlt der Bezug der Regelung zur Abschreibungsmöglichkeit zur Berücksichtigung von Gewinnen bzw. Verlusten der Gesellschaft, deren Beteiligung erworben wurde, bei der Muttergesellschaft.

5.76 Das Urteil hat ebenso wie die Entscheidung *Groupe Steria* zu französischen Sonderregelungen nicht die Berücksichtigung grenzüberschreitender Verluste zum Gegenstand, sondern betrifft eine österreichische Sonderregelung zur Gewährung von Steuervorteilen innerhalb der Gruppenbesteuerung. Die Regelungen zur deutschen Organschaft unterscheiden sich insbesondere im Hinblick auf das Erfordernis eines Ergebnisabführungsvertrags von den österreichischen Regelungen.[2] Es ist daher nicht absehbar, inwieweit die Entscheidung für die Regelungen der deutschen Organschaft relevant bzw. übertragbar ist.

18. Timac Agro

5.77 In der **Rechtssache *Timac Agro*[3]** ersuchte das FG Köln den EuGH um eine **Klärung, was „finale" Verluste sind** und ob Deutschland sie trotz DBA-Freistellung importieren muss.

Die zu einer französischen Unternehmensgruppe gehörende und in Deutschland ansässige Timac Agro Deutschland GmbH war in den Jahren 1997 bis 2005 in Österreich über eine Betriebstätte tätig. Die ausländischen Betriebstätteneinkünfte waren nach dem DBA aufgrund der Freistellungsmethode von der deutschen Besteuerung ausgenommen. Die Verluste der österreichischen Betriebstätte wurden entsprechend dem damaligen § 2a Abs. 3 EStG in den Jahren 1997 und 1998 vom steuerpflichtigen Gewinn der Timac Agro in Abzug gebracht. In den Folgejahren konnten die ausländischen Betriebstättenverluste nicht mehr abgezogen werden, da § 2a Abs. 3 EStG aufgehoben wurde. Anlässlich der entgeltlichen Übertragung der Betriebstätte an eine konzernzugehörige österreichische Gesellschaft im Jahre 2005, sollten die

---

1 GAin *Kokott* v. 16.4.2015 – C-66/14 – Finanzamt Linz, Nr. 61.
2 *Mitschke* in FR 2015, 1117 (1122) sowie in IStR 2015, 879 (882) sieht im Erfordernis eines Ergebnisabführungsvertrags für die Organschaft nach deutschem Recht ein „Bollwerk" gegen die objektive Vergleichbarkeit inländischer und grenzüberschreitender Konzernsachverhalte, mit der Folge, dass spezielle Vorteile im Rahmen der Organschaft einer unionsrechtlichen Prüfung nicht zugänglich seien.
3 EuGH v. 17.12.2015 – C-388/14 – Timac Agro Deutschland; Vorabentscheidungsersuchen des FG Köln v. 19.2.2014 – 13 K 3906/09, EFG 2014, 1901 = IStR 2014, 733 = ISR 2014, 341 m. Anm. *Müller*; beim EuGH registriert als C-388/14 – Timac Agro Deutschland, ABl. 2014 Nr. C 372, 5. Siehe dazu *Cloer*, IWB 2014, 923; *Mitschke*, IStR 2014, 738.

abgezogenen Verluste nachversteuert werden, eine weitere Verlustberücksichtigung wurde vom deutschen Fiskus abgelehnt.

Der EuGH sieht, ähnlich wie in seiner Entscheidung *Nordea Bank*, in der Nachversteuerung von Verlusten ausländischer Betriebstätten eine ungünstigere Behandlung und einen unzulässigen Eingriff in die Niederlassungsfreiheit. In Bezug auf Maßnahmen, die zur Vermeidung oder Abschwächung einer Doppelbesteuerung der Gewinne dienten, befänden sich in- und ausländische Betriebstätten nicht in einer objektiv vergleichbaren Situation. Die objektive Vergleichbarkeit werde jedoch erreicht, indem Deutschland die ausländischen Betriebstätten den inländischen im Hinblick auf den Verlustabzug gleichstellt. Der EuGH rechtfertigt die Nachversteuerungsregelung mit der Wahrung der Symmetrie zur Gewährleistung einer ausgewogenen Besteuerungsbefugnis, der Gewährleistung der Kohärenz des nationalen Steuersystems sowie der Verhinderung von Steuerumgehung und sieht die Regelung auch als für die Erreichung dieser Ziele erforderlich an. Zur Berücksichtigung finaler Verluste verweist der EuGH auf die Grundsätze in *Marks & Spencer* sowie seine Ausführungen in *Kommission/Vereinigtes Königreich*, ohne – entgegen der Intention des FG Köln – den Begriff näher zu erläutern. 5.78

Der EuGH verneint hingegen die objektive Vergleichbarkeit im zweiten Fall mit der Folge, dass die Versagung des Verlustabzugs die Niederlassungsfreiheit nicht beschränkt. Damit folgte der EuGH den Schlussanträgen von Generalanwalt *Wathelet*[1], wonach eine objektive Vergleichbarkeit zu inländischen Betriebstätten nicht gegeben ist, da Deutschland nach Aufhebung der Regelung zur Verlustabzugsberechtigung (§ 2a Abs. 3 EStG) aufgrund des zugrunde liegenden DBA keine Besteuerungsbefugnis (wegen Freistellung im DBA) hatte. Dies ist bemerkenswert, da der EuGH damit der Prüfung der objektiven Vergleichbarkeit größeres Gewicht beimisst als in den bisherigen Urteilen erkennbar und nicht mehr zur Prüfung der Rechtfertigung kommt. Der im Fall *Nordea Bank* von Generalanwältin *Kokott* geforderten Abschaffung dieses Prüfungsmerkmals ist damit endgültig eine Absage erteilt worden. Es liegt demnach bei den Mitgliedstaaten, ob vergleichbare Verhältnisse geschaffen werden sollen (durch den Behalt des Besteuerungsrechts), die eine Berücksichtigung finaler Verluste ermöglichen können. Bei Vorliegen einer solchen Regelung kann es zur Berücksichtigung finaler Verluste kommen.[2] Wenn dies nicht der Fall ist, dürfte sich in Freistellungsfällen auch in grenzüberschreitenden Organschaftsfällen der Anwendungsbereich für die *Marks & Spencer* Ausnahme der finalen Verluste deutlich reduziert haben.[3] Der BFH hat die Entscheidung des EuGH übernommen und den Abzug finaler ausländischer Betriebstättenverluste im Freistellungsfall versagt.[4] 5.79

19. X ua

In der Rechtssache **X BV** und **X NV**[5] hat der niederländische Hoge Raad den EuGH in zwei verbundenen Verfahren zu Fragen zur Vereinbarkeit von **niederländischen Regelungen** zur **Abzugsfähigkeit von beteiligungsfinanzierenden Darlehenszinsen** sowie zur **Berücksich-** 5.80

---

1 GA *Wathelet* v. 3.9.2015 – C-388/14 – Timac Agro Deutschland.
2 *Schlücke*, FR 2016, 130.
3 So *Schnitger*, IStR 2016, 72 (74); *Schlücke*, FR 2016, 130 (133); *Schiefer*, IStR 2016, 79 (80); *Benneckel Saats*, IStR 2016, 80 (83).
4 BFH v. 22.2.2017 – I R 2/15, BStBl. II 2017, 709.
5 EuGH v. 22.2.2018 – C-398/16 und C-399/16 – X BV und X NV.

tigung von Anteilswertverlusten aufgrund von Wechselkursschwankungen mit der Niederlassungsfreiheit angerufen.

5.81 Nach niederländischem Recht kann die Muttergesellschaft die an ein verbundenes Unternehmen gezahlten Darlehenszinsen für den Erwerb einer Beteiligung an einer niederländischen Tochtergesellschaft unter bestimmten Voraussetzungen oder im Rahmen einer steuerlichen Einheit in Abzug bringen. Für den Erwerb einer ausländischen Tochtergesellschaft besteht eine solche Abzugsfähigkeit nicht. Darin sieht der EuGH eine Beschränkung der Niederlassungsfreiheit. Die Regelung ist nach Ansicht des EuGH nicht mit der Wahrung der Aufteilung der Besteuerungsbefugnis zwischen den Mitgliedstaaten zu rechtfertigen, da es um die Möglichkeit eines Zinsabzugs gehe und nicht um den allgemeinen Ausgleich von Aufwendungen und Gewinnen im Rahmen der steuerlichen Einheit. Die in Frage stehende Regelung werde unabhängig vom Besteuerungsort des Zinseinkommens angewandt. Eine Rechtfertigung aufgrund der Kohärenz des niederländischen Steuersystems lässt der EuGH mangels Hinweis auf einen spezifischen Gesichtspunkt nicht zu. Auch sieht der EuGH keine Rechtfertigung mit der Verhinderung missbräuchlicher Praktiken, da mit dem Erfordernis besonderer Voraussetzungen oder dem Vorliegen einer steuerlichen Einheit unterschiedliche Zwecke, insbesondere die Konsolidierung innerhalb der steuerlichen Einheit und Neutralisierung konzerninterner Transaktionen, verfolgt würden.

5.82 Mit Blick auf die Berücksichtigung von Anteilswertverlusten aufgrund von Wechselkursschwankungen verneint der EuGH letztlich eine Beschränkung der Niederlassungsfreiheit mangels objektiver Vergleichbarkeit der Situationen. Eine niederländische Gesellschaft könne in der Regel keine Wechselkursverluste auf ihre Beteiligung an einer inländischen Tochtergesellschaft erleiden. Zudem seien die wechselseitigen Beteiligungsverhältnisse in einer steuerlichen Einheit steuerlich neutral.

5.83 Der EuGH hatte ein weiteres Mal über nationale Sonderregelungen zu entscheiden, die steuerliche Vorteile im Rahmen der Gruppenbesteuerung einräumen, deren Bedeutung für die deutschen Regelungen zur Organschaft nicht absehbar sind.

20. Bevola und Jens W. Trock

5.84 In der Rechtssache **Bevola und Jens W. Trock**[1] hat der dänische Østre landsret dem EuGH die Frage vorgelegt:

Steht Art. 49 AEUV einer nationalen Steuerregelung wie der im Ausgangsverfahren streitigen entgegen, die einen Abzug für Verluste von gebietsansässigen Zweigniederlassungen zulässt, einen Abzug für Verluste von in anderen Mitgliedstaaten ansässigen Zweigniederlassungen aber auch dann verwehrt, wenn die im Urteil des Gerichtshofs in der Rechtssache C-446/03, Marks & Spencer, Rz. 55 f., angeführten Voraussetzungen vorliegen, sofern der Konzern nicht unter den im Ausgangsverfahren beschriebenen Bedingungen die internationale gemeinsame Besteuerung gewählt hat?

5.85 In seinen Schlussanträgen[2] vom 17.1.2018 kommt Generalanwalt *Campos Sanchez-Bordona* auf Grundlage der Urteile *Nordea Bank* und *Timac Agro* zu dem Ergebnis, dass die Situation in- und ausländischer Betriebsstätten objektiv miteinander vergleichbar sei, da die dänische

---

1 Vorabentscheidungsersuchen des Østre Landsret (Dänemark) v. 19.12.2016 – A/S Bevola, Jens W. Trock ApS/Skatteministeriet, ABl. EU 2017, Nr. C 63, 18.
2 GA *Campos Sanchez-Bordona* v. 17.1.2018 – C-60/16 – A/S Bevola, Jens W. Trock ApS.

Regelung ein Wahlrecht der Muttergesellschaft vorsehe, im Rahmen der internationalen gemeinsamen Besteuerung die Ergebnisse der in- und ausländischen Gesellschaften des Konzerns sowie aller seiner Betriebsstätten im Ausland während eines Zeitraums von 10 Jahren zu erfassen. Damit sei das Besteuerungsrecht für die Ergebnisse ausländischer Betriebsstätten für diesen Fall Dänemark vorbehalten. Unter Anwendung der Grundsätze der Entscheidung *Marks & Spencer* zu finalen Verlusten kommt er zu dem Ergebnis, dass die dänische Regelung eine unverhältnismäßige Beschränkung der Niederlassungsfreiheit darstellt, da sie keine realistische Abzugsmöglichkeit für finale Verluste unabhängig von der Größe des Konzerns biete und die Mindestfrist von 10 Jahren unverhältnismäßig lang sei und ein Hindernis für die Ausübung des Wahlrechts darstelle.

21. NN

In der Rechtssache *NN*[1] werden dem EuGH vom dänischen Gericht Fragen zur **Verlustberücksichtigung der inländischen Betriebsstätte einer ausländischen Konzerngesellschaft** vorgelegt.

5.86

1. Welche Faktoren sind bei der Prüfung zu berücksichtigen, ob für gebietsansässige Gesellschaften in einer Situation wie der vorliegenden im Hinblick auf die Verlustverrechnung eine Voraussetzung gilt, bei der es sich um eine der für Zweigniederlassungen gebietsfremder Gesellschaften geltenden Voraussetzung „entsprechende Voraussetzung" im Sinne von Rz. 20 des Urteils *Philips* (1) handelt?

2. Wenn man davon ausgeht, dass die dänischen Steuerregelungen keine ungleiche Behandlung vorsehen, wie sie im Urteil *Philips* in Rede stand, stellt dann ein Verrechnungsverbot wie das beschriebene – in einem Fall, in dem auch der Gewinn der Betriebsstätte der gebietsfremden Gesellschaft der Besteuerungshoheit des Aufnahmestaats unterliegt – für sich genommen eine Beschränkung des Niederlassungsrechts nach Art. 49 AEUV dar, die durch zwingende Gründe des Allgemeininteresses gerechtfertigt sein muss?

3. Falls dies bejaht wird, kann eine solche Beschränkung dann durch das Interesse an der Verhinderung der doppelten Verlustberücksichtigung, das Ziel der Wahrung einer ausgewogenen Aufteilung der Besteuerungsbefugnisse zwischen den Mitgliedstaaten oder durch eine Kombination dieser beiden gerechtfertigt sein?

4. Falls dies bejaht wird, ist eine solche Beschränkung verhältnismäßig?

In seinen Schlussvorträgen[2] vom 21.2.2018 kommt Generalanwalt *Campos Sanchez-Bordona* unter Hinweis auf die Anti Steuervermeidungs-Richtlinie zu dem Ergebnis, dass eine Regelung, die zur Vermeidung der Doppelbesteuerung den Verlustabzug einer konzernzugehörigen inländischen Betriebsstätte mit ausländischem Stammhaus nur einmal zulassen möchte – entweder im Betriebsstättenstaat oder im Sitzstaat des Stammhauses – grundsätzlich mit der Niederlassungsfreiheit vereinbar ist. Die dänische Regelung führe aber nur theoretisch zu einem einmaligen Abzug, faktisch würde kein Abzug zugelassen, so dass die Niederlassungsfreiheit unverhältnismäßig beschränkt sei.

5.87

---

1 Vorabentscheidungsersuchen des Østre Landsret (Dänemark), eingereicht am 19.1.2017 – C-28/17 – NN A/S/Skatteministeriet, ABl. EU 2017, Nr. C 121, 12 f.
2 GA *Campos Sanchez-Bordona* v. 21.2.2018 – C-28/17 – NN A/S.

II. Prüfungspraxis des EuGH – von der Diskriminierungs- zur Rechtfertigungsprüfung

5.88 Nach ihrer Auswertung stellt sich die **Rechtsprechung des EuGH als sehr uneinheitlich und kaum systematisierbar** dar. Von einer Dogmatik zu sprechen wäre euphemistisch. Angesichts der Erörterung der EuGH-Entscheidungen aus dem Bereich Gruppenbesteuerung einschließlich grenzüberschreitendem Verlustabzug erscheint es fraglich, ob überhaupt von einer Prüfungspraxis des EuGH gesprochen werden kann, da dies begrifflich eine gewisse Kontinuität voraussetzt. Als einzig kontinuierliches erscheint die Wechselhaftigkeit. Die Entscheidungen machen indes deutlich, dass der EuGH seine Entscheidungskompetenz im Steuerrecht tendenziell zurücknimmt. Sie zeigen einen Trend in Richtung nationaler Steuersouveränität.[1] Plädoyers gegen den Trend[2] sind wohlgemeint, werden aber kaum auf Resonanz in Luxemburg stoßen, wenn schon eindringliche Vorschläge der Generalanwälte zur Neujustierung[3] und Umorientierung[4] unberücksichtigt bleiben.

5.89 Rechtstatsächlich hat sich die **Prüfung des EuGH auf die Rechtfertigungsebene verlagert**. Die Beschränkung der Niederlassungsfreiheit als erster Prüfungspunkt hat der EuGH in den erörterten Entscheidungen zum Teil umfangreich erörtert, in allen Fällen bejaht und dies zum Teil auch ohne große Umschweife. In früheren Urteilen wie *Marks & Spencer* hat der EuGH zunächst die Beschränkung der Niederlassungsfreiheit und dann innerhalb der Zulässigkeit der Beschränkung die Ungleichbehandlung objektiv vergleichbarer Sachverhalte geprüft, während er anderweitig wie in *Kommission/Vereinigtes Königreich* die Ungleichbehandlung objektiv vergleichbarer Sachverhalte auch im Rahmen der Rechtfertigung prüft. Zuweilen wie in *KR Wannsee* oder *Lidl Belgium* wird die objektive Vergleichbarkeit im Rahmen der Prüfung der Beschränkung der Niederlassungsfreiheit vorgenommen. Die Intensität der Prüfung der objektiven Vergleichbarkeit fällt dabei sehr unterschiedlich aus, von einer umfassenden Prüfung bis zur bloßen Feststellung, dass ein steuerlicher Vorteil aus einer Situation resultierte.

5.90 Daher mag das Petitum verständlich sein, von der Prüfung der objektiven Vergleichbarkeit gänzlich Abstand zu nehmen, da es als ein dogmatisches Überbleibsel gesehen werden könne aus der Zeit, als der EuGH nur ausdrücklich im Vertrag vorgesehene Rechtfertigungsgründe akzeptierte. Mit der Anerkennung ungeschriebener Rechtfertigungsgründe habe dieser Prüfungspunkt jedoch keine Berechtigung mehr, weil damit im Wesentlichen untersucht werde, was im Rahmen der Rechtfertigung nochmals geprüft werde.[5] Einzelne Ausführungen in den Schlussanträgen zitiert der EuGH gewöhnlich nur, um seine ausdrückliche Zustimmung kund zu tun; deren Übergehen bedeutet Verweigerung der Zustimmung, ohne dies ausdrücklich zum Ausdruck zu bringen. Im konkreten Fall kann man die ausdrückliche Prüfung der objektiven Vergleichbarkeit als Missbilligung der Kritik in den Schlussanträgen interpretieren. Der **Test der objektiven Vergleichbarkeit** hat mit dem Urteil *Nordea Bank* der Großen Kammer

---

1 So *Englisch*, IStR 2014, 561 (563).
2 *Herbert*, IStR 2015, 15.
3 Verzicht auf die Prüfung der objektiven Vergleichbarkeit und Verlagerung der schwerpunktmäßigen Prüfung auf die Verhältnismäßigkeit im Rahmen der Rechtfertigung; so GAin *Kokott* v. 13.3.2014 – C-48/13 – Nordea Bank, IStR 2014, 257 Rz. 21 ff.
4 Abschaffung der *Marks & Spencer*-Ausnahme der Rechtsfigur der finalen Verluste; so GAin *Kokott* v. 19.7.2012 – C-123/11 – A Oy, IStR 2012, 618; GA *Mengozzi* v. 21.3.2013 – C-322/11 – K; GAin *Kokott* v. 23.10.2014 – C-172/13 – Kommission/Vereinigtes Königreich, IStR 2014, 855.
5 Vgl. GAin *Kokott* v. 13.3.2014 – C-48/13 – Nordea Bank, IStR 2014, 257 Rz. 21 ff.

des EuGH eine Renaissance erlebt,[1] wobei die Tragweite unklar war, namentlich ob daraus der Umkehrschluss (keine objektive Vergleichbarkeit) gezogen werden kann, wenn der Sitzstaat nicht die Anrechnungsmethode (wie Dänemark im Urteilsfall) sondern die Freistellungsmethode anwendet.[2] Zumindest hat der EuGH für dogmatische Unsicherheit gesorgt, da er in dem nur einen Monat vorher verkündeten Urteil *SCA Group Holding* die objektive **Vergleichbarkeit nicht als Tatbestandselement der Beschränkung, sondern bei der Rechtfertigung** der Beschränkung geprüft hat. Mit den Urteilen *Kommission/Vereinigtes Königreich* und *Timac Agro* hat sich der objektive Vergleichbarkeitstest wohl zur ständigen Rechtsprechung des EuGH entwickelt. Darin hat der EuGH den Umkehrschluss aus dem Urteil *Nordea Bank* bestätigt und eine weitere Rechtfertigungsprüfung vom Vorliegen der objektiven Vergleichbarkeit von Auslands- und Inlandsinvestitionen abhängig gemacht.

Die Vergleichbarkeit stellt sich so als Bindeglied zwischen der Prüfung der Beschränkung/Diskriminierung und der Rechtfertigungsprüfung dar, bei der sich die Inkonsistenz der EuGH-Entscheidungen im Sinn einer Berechenbarkeit der Rechtsprechung fortsetzt. Die Öffnung der Rechtfertigungsprüfung für **ungeschriebene Rechtfertigungsgründe** zeigt inflationäre Folgen und ungeahnte Möglichkeiten für die Mitgliedstaaten, steuerprotektionistische Regelungen zu verteidigen. Der Leitgedanke des Binnenmarkts, dessen Verwirklichung die Grundfreiheiten gerade in Ermangelung unionsrechtlicher Vereinheitlichung und Harmonisierung garantieren sollen, gerät ins Hintertreffen und fehlt im Entscheidungskalkül der Entscheidungen. Für den EuGH ist die mangelnde Harmonisierung sogar Grund genug, die mitgliedstaatliche Befugnis im Bereich von DBA grundsätzlich nicht in Frage zu stellen,[3] selbst auf die Gefahr einer offenkundigen Doppelbesteuerung.[4] Manch früher abgelehnter Rechtfertigungsansatz erscheint unter abgewandeltem Argumentationsmuster als nunmehr anerkannter ungeschriebener Rechtfertigungsgrund. Namentlich **die Verminderung oder der Verlust von Steuereinnahmen** der Mitgliedstaaten sowie **die Besteuerungsbefugnis der Mitgliedstaaten** werden als teilweise konturlose Rechtsfiguren zur Rechtfertigung von beschränkenden Maßnahmen zugelassen: die Ausgewogenheit der Aufteilung der Besteuerungsbefugnis zwischen den Mitgliedstaaten; die Gefahr einer doppelten Verlustberücksichtigung; die Gefahr der Steuerflucht oder Steuerumgehung; das Territorialitätsprinzip; die Wahrung der Kohärenz des nationalen Steuersystems. 5.91

Diese als Rechtfertigungsgründe vom EuGH angewandten Rechtsfiguren sind nicht trennscharf voneinander abgrenzbar, sondern ineinander verschwimmend. So bezweckt das Ziel der Ausgewogenheit der Aufteilung der Besteuerungsbefugnis nach Auffassung des EuGH, die **Symmetrie zwischen dem Recht zur Besteuerung der Gewinne und der Möglichkeit, Verluste in Abzug zu bringen**, zu wahren.[5] Dieser Aspekt hat gleichermaßen Bedeutung im 5.92

---

1 *Henze*, ISR 2014, 311 (313).
2 Vgl. *Mitschke*, IStR 2014, 565; *Henze*, ISR 2014, 311 (313).
3 Vgl. EuGH v. 23.10.2008 – C-157/07 – KR Wannsee, Slg. 2008, I-8061 = GmbHR 2008, 1285 Rz. 48; EuGH v. 7.11.2013 – C-322/11 – K, ISR 2013, 425 m. Anm. *Müller* Rz. 41; EuGH v. 17.7.2014 – C-48/13 – Nordea Bank, ISR 2014, 139 m. Anm. *Henze* Rz. 27, jeweils mwN.
4 Vgl. EuGH v. 14.11.2006 – C-513/04 – Kerckhaert-Morres, Slg. 2006, I-10967; EuGH v. 16.7.2009 – C-128/08 – Damseaux, Slg. 2009, I-6823; EuGH v. 12.2.2009 – C-67/08 – Block, Slg. 2009, I-883.
5 Vgl. EuGH v. 15.5.2008 – C-414/06 – Lidl Belgium, Slg. 2008, I-3601 = FR 2008, 831 Rz. 33; EuGH v. 6.9.2012 – C-18/11 – Philips Electronics UK, ISR 2012, 101 m. Anm. *Pohl* Rz. 24; EuGH v. 7.11.2013 – C-322/11 – K, ISR 2013, 425 m. Anm. *Müller* Rz. 51; EuGH v. 1.4.2014 – C-80/12 – Felixstowe, GmbHR 2014, 612 = ISR 2014, 170 m. Anm. *Müller* Rz. 30; EuGH v. 17.7.2014 – C-48/13 – Nordea Bank, ISR 2014, 139 m. Anm. *Henze* Rz. 32.

Rahmen der Kohärenz des Steuersystems[1] und mag zudem bei der Gefahr der doppelten Verlustberücksichtigung relevant sein.[2]

5.93 Eine besonders unrühmliche Inkonsistenz der Rechtsprechung weist die im Urteil *Marks & Spencer* von der Großen Kammer des EuGH statuierte Rechtfertigungsmöglichkeit mit der **Trias der Rechtfertigungsgründe** (i) die Notwendigkeit, eine ausgewogene Aufteilung der Besteuerungsbefugnis zwischen den Mitgliedstaaten zu wahren, (ii) Verhinderung der doppelten Verlustberücksichtigung und (iii) Vermeidung der Steuerfluchtgefahr auf. „*Insgesamt ergibt sich aus diesen drei Rechtfertigungsgründen, dass eine beschränkende Regelung wie die im Ausgangsverfahren streitige zum einen ein berechtigtes und mit dem EG-Vertrag zu vereinbarendes Ziel verfolgt und zwingenden Gründen des Allgemeininteresses entspricht und dass sie zum anderen zur Erreichung dieser Ziele geeignet ist.*"[3] Der EuGH hat im Urteil *Rewe Zentralfinanz* bestätigt, dass diese drei Rechtfertigungsgründe kumulativ vorliegen müssen.[4] Jedoch hat er in den Urteilen *Oy AA* und *Lidl Belgium* zwei dieser Rechtfertigungsgründe ausreichen lassen, im Urteil *Oy AA* mit dem Hinweis, dass die finnische Konzernbeitragsregelung nicht die Abzugsfähigkeit von Verlusten betreffe, im Urteil *Lidl Belgium* mit der Begründung, dass „*angesichts der Vielfalt von Situationen, in denen ein Mitgliedstaat derartige Gründe geltend machen kann*", nicht verlangt werden könne, dass für eine Rechtfertigung alle drei Gründe vorliegen müssten.[5] Schließlich hat der EuGH im Urteil *X Holding* auch einen Rechtfertigungsgrund, die Wahrung der Aufteilung der Besteuerungsbefugnis der Mitgliedstaaten, als ausreichend erachtet, ohne eine Erläuterung hierfür zu geben.[6] Umso verblüffender ist, dass der EuGH im Urteil *Kommission/Vereinigtes Königreich* formuliert, als wäre nichts gewesen: „*Jedoch kann ... eine solche Ungleichbehandlung mit drei zwingenden Gründen des Allgemeininteresses, zusammen genommen, gerechtfertigt werden ...*".[7] Hieraus lässt sich gleichwohl nicht der Schluss ziehen, dass nunmehr wieder auch in anderen Konstellationen alle drei Rechtfertigungsgründe kumulativ vorliegen müssen.

5.94 Der EuGH hat im Urteil *Marks & Spencer* im Rahmen der Verhältnismäßigkeitsprüfung die **Rechtsfigur der finalen Verluste** geschaffen als Ausnahme. Er hat sie für den Vorlagefall umschrieben,[8] ohne sie näher zu definieren. Seither zieht sich die Frage der Finalität von Auslandsverlusten durch die EuGH-Vorlagen zur Übertragung auf Auslandsbetriebsstätten,[9] auf grenzüberschreitende Fusionen[10] und außerbetriebliche Auslandseinkünfte;[11] in einigen

---

1 Vgl. EuGH v. 7.11.2013 – C-322/11 – K, ISR 2013, 425 m. Anm. *Müller* Rz. 64.
2 Vgl. EuGH v. 6.9.2012 – C-18/11 – Philips Electronics UK, ISR 2012, 101 m. Anm. *Pohl* Rz. 29 ff.
3 EuGH v. 13.12.2005 – C-446/03 – Marks & Spencer, Slg. 2005, I-10837 = FR 2006, 177 Rz. 51.
4 Vgl. EuGH v. 29.3.2007 – C-347/04 – Rewe Zentralfinanz, Slg. 2007, I-2647 = GmbHR 2007, 494 m. Anm. *Rehm/Nagler* Rz. 41.
5 EuGH v. 15.5.2008 – C-414/06 – Lidl Belgium, Slg. 2008, I-3601 = FR 2008, 831 Rz. 38 ff.
6 Das Urteil verweist zwar mehrfach das Urteil *Marks & Spencer*, jedoch ohne dessen Rz. 51 zu zitieren.
7 EuGH v. 3.2.2015 – C-172/13 – Kommission/Vereinigtes Königreich Rz. 24.
8 EuGH v. 13.12.2005 – C-446/03 – Marks & Spencer, Slg. 2005, I-10837 = FR 2006, 177 Rz. 55.
9 Vgl. EuGH v. 15.5.2008 – C-414/06 – Lidl Belgium, Slg. 2008, I-3601 = FR 2008, 831, und EuGH v. 23.10.2008 – C-157/07 – KR Wannsee, Slg. 2008, I-8061 = GmbHR 2008, 1285, und Vorlage des FG Köln v. 19.2.2014 – 13 K 3906/09, EFG 2014, 1901 = IStR 2014, 733 = ISR 2014, 341 m. Anm. *Müller*; beim EuGH registriert als C-388/14 – Timac Agro, ABl. 2014 Nr. C 372, 5.
10 Vgl. EuGH v. 18.7.2007 – C-231/05 – Oy AA, Slg. 2007, I-6763.
11 Vgl. EuGH v. 7.11.2013 – C-322/11 – K, ISR 2013, 425 m. Anm. *Müller*.

Fällen ging es um die Grenzen des Anwendungsbereichs.¹ Dabei wurde die *Marks & Spencer*-Ausnahme deutlich eingeschränkt. Die Generalanwälte haben sich in den Schlussanträgen *A Oy, K* und *Kommission/Vereinigtes Königreich* für die Abschaffung dieser Ausnahme ausgesprochen.² Hingegen gehen andere von der Anwendung der Figur der finalen Verluste aus.³ Hierzu hat sich der EuGH bislang nicht geäußert, und ohne eine manifeste Änderung der Rechtsprechung kann er die Ausnahme nicht unmittelbar abschaffen. Es wäre jedoch nicht verwunderlich, wenn er durch Einzelfallpräzisierungen die Ausnahme der finalen Verluste schleichend beseitigen würde. Dabei dürfte bereits geklärt sein, dass die rechtliche Finalität von Auslandsverlusten ihrer Geltendmachung im Inland entgegensteht.⁴ Zudem dürfte sich der Anwendungsbereich für die Figur der finalen Verluste in Freistellungsfällen mit der Entscheidung *Timac Agro* und der einhergehenden Stärkung der objektiven Vergleichbarkeitsprüfung bereits deutlich reduziert haben, ohne dass der EuGH dies aber explizit feststellt.

Im Rahmen der Rechtfertigung kommt als letztem **Prüfungspunkt der Verhältnismäßigkeit zunehmend Bedeutung** zu. Unabhängig von dem im Einzelfall vom EuGH als einschlägig erachteten Rechtfertigungsgrund muss die in Frage stehende Maßnahme auch zur Erreichung des mit ihr verfolgten Ziels geeignet sein und nicht über das dafür Erforderliche hinausgehen, dh. das gelindeste Mittel darstellen. Auf dieser letzten Prüfungsstufe ist die *Marks & Spencer*-Ausnahme für finale Auslandsverluste angesiedelt. 5.95

Bemerkenswert ist, dass im Fall *Papillon*⁵ die französische Regelung letztendlich die **Verhältnismäßigkeitshürde** nur deshalb nicht überwand, da sie den Nachweis ausschloss, dass Verluste nicht doppelt berücksichtigt werden. Die jeweiligen englischen Regelungen in *Philips Electronics UK*⁶ und *Felixstowe*⁷ scheiterten im Ergebnis an der **inneren Widersprüchlichkeit des mitgliedstaatlichen Systems**. Das gilt entsprechend für die niederländische Regelung in *SCA Group Holding*,⁸ wobei hier anders als in *Papillon* die doppelte Verlustberücksichtigung nicht durch Sonderbestimmungen zur Neutralisierung bestimmter Transaktionen vermieden wurde, sondern durch die allgemeine Beteiligungsfreistellung. In das Geflecht der Entscheidungen passt das Urteil *X Holding* insoweit nicht, als der EuGH (erst) bei der Verhältnismäßigkeit im engeren Sinn die Vergleichbarkeit von ausländischen Betriebsstätten und ausländischen Tochtergesellschaften prüft und aufgrund des DBA Niederlande/Belgien ablehnt. 5.96

Eine Prüfungspraxis im Sinn der Berechenbarkeit der Luxemburger Rechtsprechung lässt sich daher schwerlich feststellen. Sie verbleibt als fragmentarische Erkenntnisquelle. 5.97

---

1 Vgl. u.a. EuGH v. 27.11.2008 – C-418/07 – Papillon, Slg. 2008, I-8947; EuGH v. 18.7.2007 – C-231/05 – Oy AA, Slg. 2007, I-6373; EuGH v. 25.2.2010 – C-337/08 – X Holding, Slg. 2010, I-1215.
2 Vgl. GAin *Kokott* v. 19.7.2012 – C-322/11 – A Oy, IStR 2012, 618; GA *Mengozzi*, Schlussanträge v. 21.3.2013 – C-322/11 – K; GAin *Kokott* v. 23.10.2014 – C-172/13 – Kommission/Vereinigtes Königreich, IStR 2014, 855.
3 Vgl. GA *Campos Sanchez-Bordona* v. 17.1.2018 – C-60/16 – A/S Bevola, Jens W. Trock ApS.
4 Vgl. EuGH v. 21.2.2013 – C-123/11 – A Oy, FR 2013, 370 m. Anm. *Musil* Rz. 40 ff.; EuGH v. 7.11.2013 – C-322/11 – K, ISR 2013, 425 m. Anm. *Müller* Rz. 74 ff.; EuGH v. 3.2.2015 – C-172/13 – Kommission/Vereinigtes Königreich, ISR 2015, 139 m. Anm. *Müller* Rz. 33.
5 EuGH v. 27.11.2008 – C-418/07 – Papillon, Slg. 2008, I-8947.
6 EuGH v. 6.9.2012 – C-18/11 – Philips Electronics UK, ISR 2012, 101 m. Anm. *Pohl*.
7 EuGH v. 1.4.2014 – C-80/12 – Felixstowe, GmbHR 2014, 612 = ISR 2014, 170 m. Anm. *Müller*.
8 EuGH v. 12.6.2014 – C-39/13, C-40/13, C-41/13 – SCA Group Holding.

C. Unionsrechtliche Prägung der Organschaft

5.98 Im Vorfeld des Urteils *Marks & Spencer* war die Vereinbarkeit der deutschen Organschaft mit dem Unionsrecht erheblich in Zweifel gezogen worden. In der Kritik standen insbesondere die Begrenzung der Organschaft auf das Inland und die Tatsache, dass Verluste nicht grenzüberschreitend verrechnet werden können.[1] Das schien der Binnenmarkttauglichkeit der Organschaft entgegenzustehen, und die mehrfache Inlandsanknüpfung war geeignet, eine beschränkende Wirkung anzunehmen. Die Erwartungen in das Urteil *Marks & Spencer* waren sehr hoch. Erhofft wurden grundsätzliche Aussagen des EuGH zur Gruppenbesteuerung, aus denen sich auch die Unionsrechtswidrigkeit der Organschaft ergeben würde. Diese Hoffnungen wurden enttäuscht und die Euphorie ebbte ab.

5.99 Dem Urteil *Marks & Spencer*[2] und den nachfolgenden Entscheidungen des EuGH lässt sich entnehmen, dass die territoriale Begrenzung der Organschaft grundsätzlich unionsrechtskonform ist und dass es den Mitgliedstaaten gestattet ist, sich gegen den ungewollten Import von Verlusten ausländischer Tochtergesellschaften zu schützen.[3]

5.100 Die Kommission leitete im Jahr 2008 ein Vertragsverletzungsverfahren[4] gegen Deutschland ein, in dem sie §§ 14 Abs. 1 Satz 1 und 17 KStG für die Anerkennung der steuerlichen Organschaft beanstandete, wonach sich sowohl der Sitz des Unternehmens als auch der Ort der Geschäftsleitung einer Organgesellschaft in Deutschland befinden mussten (doppelten Inlandbezug). Eine Gesellschaft mit Sitz im Ausland konnte nicht Teil einer steuerlichen Organschaft sein, auch wenn sie aufgrund des Ortes ihrer Geschäftsleitung in Deutschland unbeschränkt steuerpflichtig war. Hierin lag ein Verstoß gegen die Niederlassungsfreiheit. Nachdem die Kommission eine mit Gründen versehene Stellungnahme abgegeben hatte, sollte mit dem BMF-Schr. v. 28.3.2011[5] der Beanstandung abgeholfen werden. Da nach der Rechtsprechung des EuGH jedoch eine durch eine Rechtsvorschrift verursachte Vertragsverletzung nur durch eine Änderung des betreffenden Gesetzes und nicht allein durch ein Verwaltungsschreiben abgestellt werden kann, beschloss die Kommission, das Verfahren weiterzuverfolgen und Deutschland vor dem EuGH zu verklagen.[6] Dies führte zu einer Änderung der beanstandeten Vorschriften durch die sog. **Kleine Organschaftsreform**.[7] worauf das Vertragsverletzungsverfahren eingestellt wurde. Ein doppelter Inlandsbezug ist zwar nicht mehr erforderlich, die Wirkungen der Organschaft sind aber weiterhin auf das Inland begrenzt.[8] Eine grenzüberschreitende Organschaft in dem Sinne, dass die Verluste ausländischer Gesellschaften mit den Gewinnen inländischer Organgesellschaften bzw. Organträger verrechnet werden können, ist nach nationalem Recht weiterhin nicht vorgesehen. Unionsrechtlich zweifelhaft ist die Ausdehnung der Verlustabzugssperre des § 14 Abs. 1 Satz 1 Nr. 5 KStG. Danach bleiben negative Einkünfte des Organträgers oder der Organgesellschaft bei der inländischen Besteuerung unberücksichtigt, soweit sie in einem ausländischen Staat im Rah-

---

1 Vgl. *Neumann* in Gosch[2], § 14 KStG Rz. 16.
2 Vgl. EuGH v. 13.12.2005 – C-446/03 – Marks & Spencer, Slg. 2005, I-10837 = FR 2006, 177.
3 Vgl. *Dötsch* in Dötsch/Pung/Möhlenbrock, § 14 KStG Rz. 25 (Stand: Dezember 2013).
4 Vertragsverletzungsverfahren Nr. 2008/4909.
5 BMF v. 28.3.2011 – IV C 2 - S 2770/09/10001 – DOK 2011/0250044, BStBl. I 2011, 300 = FR 2011, 436.
6 IP/12/283 v. 22.3.2012.
7 Art. 2 des Gesetzes zur Änderung des und Vereinfachung der Unternehmensbesteuerung und des steuerlichen Reisekostenrechts v. 20.2.2013, BGBl. I 2013, 285.
8 Vgl. *Frotscher* in Frotscher/Drüen, § 14 KStG Rz. 38.

men der Besteuerung des Organträgers, der Organgesellschaft oder einer anderen Person berücksichtigt werden. Die Unionsrechtskompatibilität der Vorschrift ist sehr zweifelhaft.[1] Die Vermeidung einer doppelten Verlustberücksichtigung dürfte auch unionsrechtlich grundsätzlich unbedenklich sein. Die Vorschrift erfasst jedoch auch Verluste, die der inländischen Besteuerungsbefugnis unterliegen. Nach der EuGH-Rechtsprechung kann eine Regelung zur Wahrung der Aufteilung der Besteuerungsbefugnisse zwischen den Mitgliedstaaten und zur Vermeidung der Gefahr der doppelten Verlustberücksichtigung eine Beschränkung der Niederlassungsfreiheit zwar rechtfertigen, aber dem EuGH-Urteil *Philips Electronics* (Rz. 5.51 ff.) lässt sich entnehmen, dass dadurch **die Berücksichtigung der auf dem Gebiet dieses Mitgliedstaats entstandenen Verluste nicht deshalb eingeschränkt werden darf**, weil sie in einem anderen Mitgliedstaat berücksichtigt werden. Vor diesem Hintergrund ist die Vereinbarkeit der Regelung des § 14 Abs. 1 Nr. 5 KStG mit der Niederlassungsfreiheit nach Art. 49 AEUV sehr fragwürdig.[2]

Der **Abschluss eines Ergebnisabführungsvertrags** ist erforderlich, um eine deutsche Organschaft zu etablieren.[3] Insofern unterscheidet sich das System der deutschen Organschaft von den anderen Gruppenbesteuerungskonzepten, die Gegenstand von EuGH-Entscheidungen waren, wie der englische *group relief*, und ist damit nicht vergleichbar.[4] Die konzeptionellen Unterschiede müssen gleichwohl bei der unionsrechtlichen Kompatibilität nicht alleine in dem Sinn ausschlaggebend sein, dass die Organschaft wegen des erforderlichen Ergebnisabführungsvertrags unionsrechtlich sakrosankt ist. Andererseits ist das Erfordernis eines Ergebnisabführungsvertrags auch nicht per se unionsrechtswidrig, selbst wenn die Eintragung in einem ausländischen Handelsregister rechtlich und/oder faktisch kaum zu bewerkstelligen sein dürfte. Gleichwohl verbleibt die Frage, ob das Erfordernis eines Ergebnisabführungsvertrags aufgrund dieser Hürden unionsrechtskompatibel ist. Auch dieses Erfordernis dürfte unionsrechtlich unter dem Aspekt der Vermeidung von Verlustimporten aus dem Ausland betrachtet werden, die der EuGH tendenziell im Sinne der Mitgliedstaaten beurteilt. 5.101

Mit der Frage der **Zwischenschaltung von ausländischen Gesellschaften als Bindegliedgesellschaften** bzw. mit der Gruppenbesteuerung bei Schwestergesellschaften hat sich der EuGH in seinen Urteilen *Papillon*[5], *Felixstowe*[6] und *SCA Group Holding*[7] auseinandergesetzt. Den Entscheidungen lässt sich ebenfalls entnehmen, dass Maßnahmen zu einer territorialen Begrenzung der Gruppenbesteuerung und zum Ausschluss ausländischer Verluste von der steuerlichen Erfassung zulässig sind. In *Papillon* war die französische Regelung zur Vermeidung einer doppelten Verlustberücksichtigung grundsätzlich gerechtfertigt, scheiterte lediglich im Rahmen der Verhältnismäßigkeit daran, dass sie keinen Nachweis zuließ, dass Verluste nicht doppelt berücksichtigt werden. Nach deutschem Recht wird eine Organschaft zwischen inländischer Mutter- und Enkelgesellschaft bei mittelbarer Beteiligung anerkannt, wenn die Beteiligung an der zwischengeschalteten ausländischen Gesellschaft die Mehrheit der Stimmrechte an den Enkelgesellschaften gewährt. Der für die deutsche Organschaft erforderliche Ge- 5.102

---

1 Vgl. *Benecke/Schnitger*, IStR 2013, 143 (151); *Scheipers/Linn*, IStR 2013, 139 ff., *Schaden/Polatzky*, IStR 2013, 131 (137 f.); *Danelsing* in Blümich, § 14 KStG Rz. 158.
2 So auch *Benecke/Schnitger*, IStR 2013, 143 (151). Zu unionsrechtlichen Aspekten der Neuregelungen durch die Kleine Organschaftsreform s. auch Rz. 1.57 ff.
3 Vgl. *Schwenke* in Baumhoff/Schönfeld, Forum der internationalen Besteuerung, 2011, 3.
4 Vgl. *Müller-Gatermann*, StBJb 2007/08, 151 (159).
5 Vgl. EuGH v. 27.11.2008 – C-418/07 – Papillon, Slg. 2008, I-8947.
6 Vgl. EuGH v. 1.4.2014 – C-80/12 – Felixstowe, GmbHR 2014, 612 = ISR 2014, 170 m. Anm. *Müller*.
7 Vgl. EuGH v. 12.6.2014 – C-39/13, C-40/13, C-41/13 – SCA Group Holding.

winnabführungsvertrag kann dann direkt zwischen Mutter- und Enkelgesellschaften geschlossen werden. Die Gefahr einer doppelten Verlustberücksichtigung besteht nach deutschem Steuerrecht nicht, da eine Teilwertabschreibung hinsichtlich einer Beteiligung untersagt ist.[1]

5.103 Eine **Organschaft zwischen inländischen Schwestergesellschaften** kann nach deutschem Steuerrecht nicht etabliert werden, da ein steuerlich wirksamer Gewinnabführungsvertrag im Zusammenspiel mit einer finanziellen Eingliederung allein unter Schwestergesellschaften nicht möglich ist.[2] Die Ergebnisse inländischer Schwestergesellschaften müssen einem im Inland steuerpflichtigen Organträger zugerechnet werden. Deutschland würde sein Besteuerungsrecht verlieren, wenn sie der ausländischen Muttergesellschaft zugerechnet würden.[3] Dem Konzept der körperschaftsteuerlichen Organschaft liegt die Idee eines vertikalen Verhältnisses der beteiligten Gesellschaften zugrunde, da § 14 KStG die finanzielle Eingliederung der Organgesellschaft beim Organträger verlangt. Das Konzept als solches erscheint nicht als unionsrechtswidrig. Insoweit sind die Vorgaben des Urteils *SCA Group Holding* zum niederländischen Recht jedenfalls nicht direkt auf die deutschen Regelungen übertragbar. Nach deutschem Recht werden die Ergebnisse der Organgesellschaften dem Organträger zugerechnet. Nach nationalem Recht ist die Zuordnung der Organbeteiligung zumindest an eine inländische Betriebsstätte erforderlich. Die Gewinnabführung der Organgesellschaft an die Betriebsstätte oder unmittelbar an den ausländischen Organträger ist aus steuerlicher Sicht unerheblich.[4] Eine unmittelbare Verrechnung der Ergebnisse zwischen den Schwestergesellschaften kann somit aus steuerlicher Sicht nicht erreicht werden; eine Zurechnung muss an einen übergeordneten Organträger erfolgen. Das Unionsrecht kann bei seinem derzeitigen Stand schwerlich vorgeben, an welche Gesellschaft Konzerneinkünfte zugerechnet werden können.[5] Denn der EuGH respektiert grundsätzlich die nationalen Konzepte der Gruppenbesteuerung und prüft sie nur auf ihre beschränkende Wirkung, wobei den einzelstaatlichen Maßnahmen zur Vermeidung des ungewollten Verlustimports und der doppelten Verlustberücksichtigung im Rahmen der Rechtfertigung ein hoher Stellenwert beigemessen wird. Die Zulässigkeit eines Gewinnabführungsvertrags zwischen Schwestergesellschaften mag rein gesellschaftsrechtlich anders gesehen werden. Der Gewinnabführungsvertrag setzt auf dieser Ebene grundsätzlich weder ein Abhängigkeits- noch ein Beteiligungsverhältnis zwischen den Vertragsparteien voraus.[6] Zivilrechtlich betrachtet kann daher im Gegensatz zu den steuerrechtlichen Voraussetzungen ein Gewinnabführungsvertrag auch zwischen Schwestergesellschaften abgeschlossen werden (Rz. 2.25; Rz. 12.13 ff.).

---

1 Vgl. *Lieber*, IStR 2014, 278 (280); *Möhlenbrock*, DB 2014, 1582 (1583).
2 Der BFH führt in seinem Urt. v. 22.2.2017 – I R 35/14, BStBl. II 2018, 33 hierzu aus, dass der Gesetzgeber zur Wahrung der Niederlassungsfreiheit nicht dazu gehalten ist, eine sog. Querorganschaft im Gleichordnungskonzern zuzulassen. Das Erfordernis der finanziellen Eingliederung setze ein Überordnungsverhältnis voraus und betreffe sowohl inländische als auch grenzüberschreitende Sachverhalte. Vgl. näher dazu Kapitel 6, Rz. 6.12 ff.; Kapitel 12, Rz. 12.13 ff. Vgl. zudem *Möhlenbrock*, DB 2014, 1582 (1583); aA *Walter*, GmbHR 2015, 182 (183), der die Möglichkeit einer aus Schwestergesellschaften bestehenden Organschaft durch teleologisch extensive Auslegung des Begriffs der finanziellen Eingliederung bejaht, vorausgesetzt die Muttergesellschaft befindet sich in einem anderen EU/EWR-Staat; *ders.* Der Konzern 2017, 331, der Zweifel daran hat, dass der EuGH die Absage des BFH an eine Querorganschaft zwischen Schwestergesellschaften akzeptieren würde.
3 Vgl. *Sydow*, IStR 2014, 480 (484).
4 Vgl. *Dötsch* in Dötsch/Jost/Pung/Witt, § 14 KStG Rz. 106c (Stand: Dezember 2014).
5 Vgl. *Sydow*, IStR 2014, 480 (485).
6 Vgl. *Emmerich* in Emmerich/Habersack, Aktien- und GmbH-Konzernrecht[8], § 291 Rz. 50; *Walter*, DB 2014, 2016 (2017) mwN.

Kapitel 6
Organschaft aus Rechtsprechungsperspektive

A. Einleitung 6.1
B. Rechtsprechung zu den Voraussetzungen einer Organschaft 6.5
  I. Personelle Voraussetzungen 6.5
    1. Ausübung einer gewerblichen Tätigkeit 6.5
    2. Betrieb gewerblicher Art als Organträger 6.10
  II. Eingliederungsvoraussetzungen ... 6.12
    1. Finanzielle Eingliederung 6.12
      a) Schuldrechtliche Stimmrechtsvereinbarungen 6.12
      b) Steuerliche Rechtsnachfolge 6.14
      c) Unterjähriger Erwerb von Vorratsgesellschaften 6.18
    2. Exkurs: Organisatorische Eingliederung 6.20
  III. Gewinnabführungsvertrag 6.21
    1. „Strenge" Rechtsprechung des BFH . 6.21
    2. Mindestlaufzeit von fünf Jahren 6.23
      a) Zeitjahre maßgeblich 6.23
      b) Auswirkung von Rumpfwirtschaftsjahren 6.27
    3. Vorzeitige Beendigung aus wichtigem Grund 6.31
    4. Keine rückwirkende Negierung der Organschaft 6.40
    5. Steuerliche Auslegung des Gewinnabführungsvertrags 6.44
    6. Vertragliche Regelung zur Verlustübernahme 6.48
    7. Abführung des gesamten Gewinns .. 6.52
      a) Ausgleichszahlungen an außenstehende Gesellschafter 6.52
      b) Atypisch stille Beteiligung 6.57
      c) Tatsächliche Durchführung der Gewinnabführung 6.58
  IV. Zeitliche Aspekte der Organschaftsvoraussetzungen 6.59
    1. Fragestellungen 6.59
    2. Zeitweise Nichterfüllung einzelner Organschaftsvoraussetzungen 6.60
      a) Organschaftspause bei fehlender gewerblicher Tätigkeit und/oder finanzieller Eingliederung 6.60
      b) Offene Fragen 6.65
    3. Rückwirkungen 6.67

C. Rechtsprechung zu den Rechtsfolgen einer Organschaft 6.73
  I. Ermittlung und Zurechnung des Organeinkommens 6.73
    1. Anwendung des § 8b KStG 6.73
    2. Zurechnung des Organeinkommens bei Gesellschafterwechsel der Organträger-Personengesellschaft 6.75
    3. Dauerdefizitärer Betrieb einer Organgesellschaft 6.80
    4. Zusammentreffen mit Gewinnausschüttungen aus vororganschaftlicher Zeit 6.82
  II. Mehr- und Minderabführungen ... 6.83
    1. Problematik und Rechtsentwicklung 6.83
    2. Vororganschaftliche Mehr- und Minderabführungen 6.87
    3. Organschaftliche Mehr- und Minderabführungen 6.93
      a) Weiterentwicklung der Kriterien für Mehr- und Minderabführungen 6.93
      b) Verrechenbare Verluste i.S.d. § 15a EStG 6.95
      c) Ertragszuschuss des Organträgers und Übernahmeverlust 6.102
      d) Auflösung organschaftlicher Ausgleichsposten bei mittelbarer Organschaft 6.108
  III. Verlustabzugsbeschränkungen 6.109
    1. Keine doppelte Verlustberücksichtigung im In- und Ausland 6.109
    2. Kein Verlustrücktrag aus nach- in vororganschaftliche Zeit 6.112

D. Gewerbesteuerliche Aspekte der Organschaft 6.114
  I. Kürzungen und Hinzurechnungen im gewerbesteuerlichen Organkreis 6.114
    1. Sog. gebrochene oder eingeschränkte Einheitstheorie 6.114
    2. Erweiterte Kürzung gem. § 9 Nr. 1 Satz 2 GewStG 6.117
    3. Hinzurechnung gem. § 8b Abs. 5 KStG 6.122
  II. Gewerbesteueranrechnung nach § 35 EStG 6.129

E. Verfahrensrechtliche Aspekte der Rechtsprechung 6.135	II. Gleichbehandlungsgrundsatz 6.158
I. „Dritter" i.S.d. § 174 Abs. 5 AO . . . 6.135	G. Unions- und DBA-rechtliche Aspekte der Rechtsprechung 6.159
1. Umsatzsteuerliche Organschaft 6.135	I. Vereinbarkeit mit Unionsrecht 6.159
2. Körperschaftsteuerliche Organschaft 6.139	1. Gewinnabführungsvertrag und finanzielle Eingliederung 6.159
II. Sachliche Unbilligkeit gemäß § 163 AO 6.141	2. Verzicht auf die gewerbesteuerliche Hinzurechnung von Dauerschuldzinsen 6.162
III. Anwendung des Grundsatzes von Treu und Glauben 6.145	3. Exkurs: Umsatzsteuerliche Organschaft 6.167
IV. Haftung der Organgesellschaften . . 6.147	
F. Verfassungsrechtliche Aspekte der Rechtsprechung 6.151	II. Abkommensrechtliches Diskriminierungsverbot 6.168
I. Übergangsregelungen 6.151	H. Fazit 6.170

Literatur: *Adrian/Fey*, Organschaftsrettung durch den BFH, DStR 2017, 2409; *Altrichter-Herzberg*, Die Durchführung des Gewinnabführungsvertrags im Sinne des § 14 Abs. 1 S. 1 Nr. 3 S. 1 Alt. 2 KStG, GmbHR 2018, 296; *Benecke/Schnitger*, Wichtige Änderungen bei der körperschaftsteuerlichen Organschaft durch das UntStG 2013, IStR 2013, 143; *Breier*, Organschaft und Betriebsprüfung, Kölner Tage Organschaft am 16.4.2015, Tagungsunterlagen, 102; *v. Brocke/Müller*, Die Auswirkungen des SCA Group Holding-Urteils auf das deutsche Steuerrecht, DStR 2014, 2106; *Brühl/Binder*, Neues zu den Voraussetzungen der ertragsteuerlichen Organschaft, NWB 2018, 331; *Brühl/Lange*, § 14 Abs. 1 Satz 2 KStG: Keine Billigkeitsmaßnahme bei verzögerter Handelsregistereintragung eines Gewinnabführungsvertrags, Der Konzern 2016, 541; *Brühl/Weiss*, Körperschaftsteuerliche Organschaft: Variable Ausgleichszahlungen an Außenstehende und Anpassungszwang bei Verlustübernahmeklauseln nach § 17 S. 2 Nr. 2 KStG a.F., BB 2018, 94; *Dötsch/Pung*, Organschaftliche Ausgleichsposten: Ein neuer Denkansatz, DB 2018, 1424; *Dötsch/Pung*, Gesetz zur Änderung und Vereinfachung der Unternehmensbesteuerung und des steuerlichen Reisekostenrechts: Die Änderungen bei der Organschaft, DB 2013, 305; *Doege/Middendorf*, Vororganschaftlich verursachte Mehrabführungen als fiktive Gewinnausschüttungen: „Saldierungsverbot", StuB 2014, 682; *Eisendle*, Grenzüberschreitende Verlustverrechnung im Jahre 11 nach Marks & Spencer – Status quo der EuGH-Rechtsprechung zur Berücksichtigung von Auslandsverlusten kraft Unionsrecht, ISR 2016, 37; *Faller*, Organschaftliche Mehr- und Minderabführungen bei einkommenserheblichen Abweichungen zwischen Handels- und Steuerbilanz, DStR 2013, 1977; *v. Freeden/Joisten*, Auflösung organschaftlicher Ausgleichsposten bei mittelbarer Organschaft, DB 2016, 1099; *v. Freeden/Lange*, Ertragszuschuss eines Organträgers an seine Organgesellschaft, DB 2017, 2055; *Füger/Rieger/Schell*, Die Behandlung von Ergebnisabführungsverträgen bei Unternehmensverkauf, DStZ 2015, 404; *Gosch*, Über Cross Border-Organschaften, IWB 2012, 694; *Gosch/Adrian*, Mehr- und Minderabführungen bei der ertragsteuerlichen Organschaft, GmbHR 2017, 965; *Hahn*, Der Verzicht auf die Durchführung der Gewinnabführung als Gestaltungsinstrument bei M&A-Transaktionen, Ubg 2014, 427; *Hemme*, Zur Unschädlichkeit einer sog. Organschaftsunterbrechung, Ubg 2017, 678; *Heurung/Schmidt/Kollmann*, Mögliche Auswirkungen des EuGH-Urteils Groupe Steria auf die deutsche Organschaft unter besonderer Berücksichtigung der EAV-Problematik, GmbHR 2016, 449; *Heurung/Schmidt/Kraft*, BB-Rechtsprechungsreport zur ertragsteuerlichen Organschaft 2017, BB 2018, 470; *Hölzer*, Nichteinbeziehung des umwandlungs- und umwandlungssteuerrechtlichen Rückbezugszeitraums in die Berechnung der Mindestlaufzeit eines Gewinnabführungsvertrags?, DB 2015, 1249; *Jäckel/Schwarz*, Ausgleichszahlungen an Minderheitsgesellschafter – Sackgasse für den steuerlichen Querverbund?, DStR 2018, 433; *Joisten/Lüttchens*, Auswirkungen außerbilanzieller Korrekturen auf organschaftliche Mehr- und Minderabführungen, Ubg 2017, 561; *Kleinheisterkamp*, Zurechnung von Einkommen bei unterjährigem Ausscheiden aus einer

Organträger-PersGes: BFH v. 28.2.2013 – IV R 50/09, JbFStR 2014/15, 470; *Kollruss/Weißert/Bauer*, Systemimmanente gewerbesteuerliche Nichtanwendung des § 8b Abs. 5 KStG bei Schachteldividendenbezug der Organgesellschaft, Ubg 2015, 137; *Krüger*, Reichweite des „falsa demonstratio non nocet"-Grundsatzes und die objektivierte Auslegung korporationsrechtlicher Vereinbarungen im Steuerrecht, DStZ 2013, 491; *Mitschke*, Das EuGH-Urteil Groupe STeria – ein Meilenstein der europäischen Rechtsprechung?, FR 2015, 1117; *Möhlenbrock*, Niederlassungsfreiheit bei der Bildung steuerlicher Einheiten, DB 2014, 1582; *Nacke*, Sind rückwirkende Gesetze generell verfassungswidrig?, NWB 2014, 2699; *Neumann*, Neues zur Organschaft aus Sicht der Finanzverwaltung, Kölner Tage Organschaft am 16.4.2015, Tagungsunterlagen, 30; *Niemann/Dodos*, Verrechnung von „finalen" Auslandsverlusten – auch nach „Timac Agro"!, DStR 2016, 1057; *Pohl*, Zum Standort der Einkommenszurechnung in Organschaftsfällen, DStR 2017, 1687; *Prinz/Keller*, Neue BFH-Rechtsprechung zur ertragsteuerlichen Organschaft, DB 2018, 400; *Prinz*, Finanzierungsbezogene Sonderbetriebsausgaben eines im Ausland ansässigen Mitunternehmers, GmbHR 2017, 553; *Prinz/Hütig*, Zur typisierten Gewerbesteueranrechnung bei einer Organträger-Personengesellschaft, Anmerkungen zu den BFH-Urteilen v. 22.9.2011 – IV R 3/10 und IV R 8/09, StuB 2012, 20; *Pyszka*, Steuergestaltung durch Nichtwahrung der Voraussetzungen einer ertragsteuerlichen Organschaft – Zugleich Anmerkungen zum Urteil des FG Münster vom 20.8.2014 – 10 K 2192/13 F –, GmbHR 2014, 1296; *Pyszka/Nienhaus*, Gewerbesteuerliches Schachtelprivileg bei Gewinnausschüttungen sowie vororganschaftlichen Mehrabführungen an eine Organgesellschaft, DStR 2014, 1585; *Rödder/Schönfeld*, Abschied (auslandsbeherrschter) inländischer Kapitalgesellschaften von der deutschen Ertragsteuerpflicht?, DStR 2011, 886; *Rüsch*, Aktuelle Entwicklungen zur steuerlichen Organschaft, DStZ 2015, 27; *Scheifele/Marx*, Die zeitlichen Anforderungen an den Gewinnabführungsvertrag und seine Durchführung, DStR 2014, 1793; *Schell/Philipp*, Mindestlaufzeit eines Gewinnabführungsvertrags bei körperschaftsteuerlicher Organschaft, FR 2018, 13; *Schiffers*, Geschützte Dauerverlusttätigkeit i.S.d. § 8 Abs. 7 KStG – zugleich Anmerkung zum BFH-Urteil vom 9.11.206 – I R 56/15, DStZ 2017, 275; *Schnitger*, Urteil des EuGH in der Rs. SCA als Katalysator für eine deutsche Organschaftsreform – jetzt geht's los (?), IStR 2014, 587; *Schnitger*, Grenzüberschreitende Organschaft aufgrund der Grundfreiheiten, Der Konzern 2015, 491; *Sydow*, Gruppenbesteuerung: steuerliche Einheit zwischen Tochtergesellschaften – EuGH-Entscheidung in den verb. Rs. C-39-41/13 „SCA Group Holding BV", IStR 2014, 480; *Trautmann/Faller*, Mehr- und Minderabführungen in der Organschaft nur bei einkommenserheblichen Abweichungen zwischen Handels- und Steuerbilanz, DStR 2013, 293; *Wacker*, Gewerbesteueranrechnung nach § 35 EStG bei Organschaft: BFH v. 22.9.2011 – IV R 3/10 und IV R 8/09, JbFfStR 2012/2013, 481; *Wacker*, Zeitaspekte der gewerblichen Tätigkeit einer Organträger-PersGes: BFH v. 24.7.2013 – I R 40/12, JbFStR 2014/15, 461; *Walter*, Mindestlaufzeit des Gewinnabführungsvertrags und Rumpfwirtschaftsjahre, GStB 2014, 195; *Walter*, Gewinnabführungsvertrag mit Schwestergesellschaften aus zivilrechtlicher Sicht, DB 2014, 2016; *Walter*, Verunglückte Organschaft wegen verspäteter Eintragung im Handelsregister, DB 2018, 272; *Weinberger*, Zum Begriff der negativen Einkünfte iSd Verlustverrechnungsbeschränkung des § 14 Abs. 1 S. 1 Nr. 5 KStG, IStR 2017, 970; *Witt/Tiede*, Erweiterte Gewerbesteuerkürzung: Gefahr durch Gewährung von Sicherheiten?, BB 2006, 696.

A. Einleitung

Betrachtet man die steuerliche Organschaft aus Rechtsprechungsperspektive, fällt zunächst die **große Zahl einschlägiger Entscheidungen** auf. Dies zeigt zum einen die besondere Bedeutung des Konzernsteuerrechts in der Praxis. Zum anderen sind die umfangreichen Aktivitäten der Rechtsprechung Folge der mehrfachen Änderungen der Organschaftsregelungen durch den Gesetzgeber. Zwar ist es bisher noch nicht zu „der" großen Organschaftsreform gekommen, aber auch die Anpassungen der vergangenen Jahre haben zu immer neuem Klärungsbedarf geführt. Ein Ende dieser Entwicklung ist nicht absehbar. Diese Einschätzung

6.1

wird unter anderem durch die zahlreichen Zweifelsfragen bestätigt, die sich aus der im Jahr 2013 verabschiedeten „kleinen Organschaftsreform"[1] ergeben.[2]

6.2 Eine erste Analyse der bisher vom BFH und den Finanzgerichten getroffenen Entscheidungen zeigt die **enge Verbindung der steuerlichen Organschaft mit dem Gesellschaftsrecht**, die insbesondere durch die Anknüpfung an den Gewinnabführungsvertrag verursacht wird. Allerdings hat der BFH mehrfach betont, dass sich die steuerliche Organschaft an gesellschaftsrechtliche Vorgaben anlehne, **letztlich aber ein spezifisch steuerliches Verständnis maßgebend** sei. Grundlegend sind beispielsweise die Ausführungen im Urteil v. 3.3.2010 – I R 68/09.[3] Danach hat sich der Steuergesetzgeber im Körperschaftsteuerrecht bewusst gegen ein steuersubjektübergreifendes Konzern- oder Gruppenbesteuerungskonzept entschieden und maßgeblich auf die Leistungsfähigkeit jeder einzelnen Körperschaft abgestellt („Trennungstheorie"). Da die Organschaft eine Ausnahme von diesem strikten Steuersubjektprinzip darstelle, seien die spezifisch steuerlichen Anforderungen eher eng als weit auszulegen.[4]

6.3 In diesem Zusammenhang fällt auf, dass der für Kapitalgesellschaftskonzerne zuständige I. Senat des BFH auch im Konzernsteuerrecht einer sehr **streng am Wortlaut orientierten Auslegung** den Vorrang einräumt. Allerdings gibt es auch Ausnahmen: Zu nennen sind hier insbesondere die Urteile v. 12.10.2016 – I R 92/12 und I R 93/12,[5] die zu einer einschränkenden Auslegung des Verbots der doppelten Verlustnutzung in § 14 Abs. 1 Satz 1 Nr. 5 KStG führten (s. Rz. 6.110 ff.), sowie der Beschluss v. 15.2.2012 – I B 7/11,[6] der für den Sonderfall einer Übergangsregelung sogar im Wege der Rechtsfortbildung zu einem dem Wortlaut widersprechenden Ergebnis kam. Trotzdem dürfte der I. Senat auch in Zukunft seiner bisherigen Tradition treu bleiben und bei der Auslegung der Gesetze dem Wortlaut eine besonders große Bedeutung beimessen. Dies gilt nicht nur, aber wegen ihres begünstigenden Ausnahmecharakters eben gerade auch für die Regelungen zur steuerlichen Organschaft. *Brandis* hat dies in einer Urteilsanmerkung im Zusammenhang mit § 8 Abs. 7 KStG einmal so ausgedrückt, dass der BFH den Gesetzgeber „beim Wort" nehme und sich dem Ansinnen verweigere, eine Begünstigung ohne klaren gesetzgeberischen Auftrag auszuweiten.[7]

6.4 **Die folgenden Ausführungen** konzentrieren sich auf die aktuellere Rechtsprechung, wobei zunächst die Entscheidungen des BFH und der Finanzgerichte zu den Voraussetzungen (Rz. 6.5 ff.) und Rechtsfolgen (Rz. 6.73 ff.) einer Organschaft sowie zu den Besonderheiten bei der gewerbesteuerlichen Organschaft (Rz. 6.114 ff.) dargestellt und analysiert werden. Anschließend werden die verfahrens- (Rz. 6.135 ff.) und verfassungsrechtlichen (Rz. 6.151 ff.)

---

1 Gesetz zur Änderung und Vereinfachung der Unternehmensbesteuerung und des steuerlichen Reisekostenrechts v. 20.2.2013, BGBl. I 2013, 285.
2 Vgl. hierzu *Dötsch/Pung*, DB 2013, 305; *Benecke/Schnitger*, IStR 2013, 143, jeweils mwN.
3 BFH v. 3.3.2010 – I R 68/09, BFH/NV 2010, 1132 = GmbHR 2010, 661.
4 Vgl. zuletzt auch BFH v. 10.5.2017 – I R 93/15, BFH/NV 2018, 144, wonach steuerrechtlich strengere Vorgaben für Ausgleichszahlungen an außenstehende Gesellschafter sowie für die Anpassung von Gewinnabführungsverträgen an Änderungen des § 302 AktG bestehen (s. hierzu Rz. 6.48 ff. und 6.52 ff.). Die für die Organschaft notwendige Wirksamkeit des Gewinnabführungsvertrags richtet sich allerdings allein nach den zivilrechtlichen Vorgaben, vgl. BFH v. 10.5.2017 – I R 51/15, BStBl. II 2018, 30 und Rz. 6.62.
5 BFH v. 12.10.2016 – I R 92/12, BFH/NV 2017, 685; BFH v. 12.10.2016 – I R 93/12, BFH/NV 2017, 586.
6 BFH v. 15.2.2002 – I B 7/11, BStBl. II 2012, 751 = FR 2012, 521; ebenso BFH v. 27.3.2012 – I R 62/08, BStBl. II 2012, 745 = FR 2012, 727.
7 *Brandis*, BFH/PR 2017, 149.

sowie die unions- und DBA-rechtlichen (Rz. 6.159 ff.) Aspekte der aktuellen Rechtsprechung untersucht.

B. Rechtsprechung zu den Voraussetzungen einer Organschaft

I. Personelle Voraussetzungen

1. Ausübung einer gewerblichen Tätigkeit

In dem Urteil v. 24.7.2013 – I R 40/12[1] nahm der BFH zu den Anforderungen an die Ausübung einer gewerblichen Tätigkeit gem. § 14 Abs. 1 Satz 1 Nr. 2 Satz 2 KStG Stellung. Nach dieser Vorschrift, die im Zuge der Streichung der Mehrmütterorganschaft durch das Steuervergünstigungsabbaugesetz v. 15.5.2013[2] eingefügt worden ist, kann eine Personengesellschaft nur dann Organträgerin sein, wenn sie als Mitunternehmerschaft i.S.d. § 15 Abs. 1 Satz 1 Nr. 2 EStG einzuordnen ist und eine gewerbliche Tätigkeit i.S.d. § 15 Abs. 1 Satz 1 Nr. 1 EStG ausübt. Der BFH kam in seinem Urteil v. 24.7.2013 zu dem Ergebnis, dass der Organträger – entgegen dem BMF-Schreiben v. 10.11.2005[3] – nicht bereits zu Beginn des Wirtschaftsjahrs der Organgesellschaft gewerblich tätig sein muss.[4] Außerdem stellte er klar, dass im Fall der Betriebsaufspaltung die Tätigkeit des Besitzunternehmers für eine gewerbliche Tätigkeit i.S.d. § 14 Abs. 1 Satz 1 Nr. 2 Satz 2 KStG ausreicht.

6.5

Der Entscheidung des BFH lag folgender **Sachverhalt** zugrunde: Die Klägerin, eine GmbH, schloss mit ihrer Muttergesellschaft, einer KG, im Dezember 2005 einen Beherrschungs- und Gewinnabführungsvertrag, der für das Jahr 2006 zu einer ertragsteuerlichen Organschaft führen sollte. Die KG hielt zum 1.1.2006 lediglich die Beteiligung an der GmbH und war somit ausschließlich vermögensverwaltend tätig. Am 1.3.2006 verkaufte die GmbH ihren ganzen Geschäftsbetrieb an die KG und mietete ihn sofort wieder zurück. Trotzdem erkannte das Finanzamt für das Streitjahr 2006 keine Organschaft an, und zwar unter Hinweis darauf, dass die KG nicht ab dem Beginn des Wirtschaftsjahrs der Klägerin gewerblich tätig gewesen sei.

6.6

Besitzunternehmen einer Betriebsaufspaltung gewerblich tätig. Die Klarstellung, dass im Fall der Betriebsaufspaltung das Besitzunternehmen (hier die KG) eine gewerbliche Tätigkeit i.S.d. § 14 Abs. 1 Satz 1 Nr. 2 Satz 2 KStG ausübt, begründete der BFH mit den allgemeinen Grundsätzen der Betriebsaufspaltung. Die gewerbliche Betätigung des Betriebsunternehmens führe auch zur Gewerblichkeit des Besitzunternehmens. Unter Berücksichtigung dieser Argumentation kommt es mE nicht darauf an, ob eine echte oder – wie im Streitfall – unechte Betriebsaufspaltung vorliegt. Zur weiteren Begründung wies der BFH darauf hin, dass die Einbeziehung von Besitzunternehmen als taugliche Organträger bereits im Urteil v. 2.9.2009 – I R 20/09[5] entschieden worden sei. Da die Ausführungen dieses Urteils teilweise noch zu Missverständnissen geführt hatten, sah sich der BFH zu der Bemerkung veranlasst, dass an einem etwaigen abweichenden Verständnis nicht mehr festgehalten werde.

6.7

---

1 BFH v. 24.7.2013 – I R 40/12, BStBl. II 2014, 272 = FR 2014, 28 = GmbHR 2013, 1105 m. Anm. *Walter*.
2 BGBl. I 2003, 660.
3 BMF v. 10.11.2005 – IV B 7 - S 2770 - 24/05, BStBl. I 2005, 1038 = FR 2005, 1216, Rz. 21.
4 Zur weiteren Rechtsprechungsentwicklung im Hinblick auf die zeitlichen Aspekte der Organschaftsvoraussetzungen s. Rz. 6.59 ff.
5 BFH v. 2.9.2009 – I R 20/09, GmbHR 2010, 273 = BFH/NV 2010, 391 zu einem Betrieb gewerblicher Art als Organträger.

- *Gewerbliche Infektion bzw. Abfärbung:* Ausdrücklich offen ließ der BFH, ob beim Besitzunternehmen eine originär gewerbliche Tätigkeit vorliegt oder sich dessen vermögensverwaltende Tätigkeit durch „Infektion" bzw. „Abfärbung" in eine gewerbliche Tätigkeit umwandelt. Daraus folgt, dass nach Auffassung des BFH grundsätzlich auch eine Infektion bzw. Abfärbung gem. § 15 Abs. 3 Nr. 1 EStG für die Ausübung einer gewerblichen Tätigkeit i.S.d. § 14 Abs. 1 Satz 1 Nr. 2 Satz 2 KStG ausreicht. Für die Frage, ob tatsächlich jede Infektion bzw. Abfärbung genügt oder ob bei einer Infektion bzw. Abfärbung aufgrund der Beteiligung an einer anderen gewerblichen Mitunternehmerschaft oder einer nur unwesentlichen eigenen gewerblichen Tätigkeit Ausnahmen gelten, die über die vom BFH für § 15 Abs. 3 Nr. 1 EStG entwickelten Bagatellgrenzen[1] hinausgehen,[2] lassen sich aus dem Urteil v. 24.7.2013 keine Erkenntnisse gewinnen.

- *Gewerblich geprägte Personengesellschaften:* Darüber hinaus ist durch das Urteil v. 24.7.2013 nicht abschließend entschieden, wie eine gewerbliche Prägung gem. § 15 Abs. 3 Nr. 2 EStG zu beurteilen ist. Der ausdrückliche Hinweis des I. Senats auf das Ziel des Gesetzgebers, mit der Forderung einer „originär" gewerblichen Tätigkeit in § 14 Abs. 1 Satz 1 Nr. 2 Satz 2 KStG gewerblich geprägte Personengesellschaften als Organträger auszuschließen, um die Streichung der Mehrmütterorganschaft durch das Steuervergünstigungsabbaugesetz abzusichern, spricht aber dafür, dass eine gewerbliche Prägung nicht für die Ausübung einer gewerblichen Tätigkeit i.S.d. § 14 Abs. 1 Satz 1 Nr. 2 Satz 2 KStG ausreichen soll.[3] Dies entspricht auch der hM in der Literatur.[4]

6.8 **Keine Notwendigkeit einer gewerblichen Tätigkeit ab Beginn des Wirtschaftsjahrs.** Die zweite Kernaussage des Urteils v. 24.7.2013 besteht darin, dass die gewerbliche Tätigkeit nicht bereits zu Beginn des Wirtschaftsjahrs der Organgesellschaft vorliegen muss.

- *Zur Begründung* stützt sich der BFH maßgeblich auf den Wortlaut der Vorschrift und einen systematischen Vergleich mit der Regelung zur finanziellen Eingliederung in § 14 Abs. 1 Satz 1 Nr. 1 Satz 1 KStG, in der – anders als in § 14 Abs. 1 Satz 1 Nr. 2 Satz 2 KStG – ausdrücklich gefordert wird, dass die Mehrheitsbeteiligung „vom Beginn ihres Wirtschaftsjahrs an ununterbrochen" bestehen muss. Auch unter Berücksichtigung des Sinns und Zwecks der Regelung sei keine andere Auslegung erforderlich, da die Gewinnabführung sowohl zivilrechtlich als auch steuerrechtlich erst zum Ende eines Geschäftsjahres erfolge (s. auch Rz. 6.75 ff. zum BFH-Urteil v. 28.2.2013 – I R 50/09[5]).

- *Anwendung auf Folgejahre:* Ob es unter Berücksichtigung dieser Argumentation auch in den Folgejahren ausreicht, jeweils zum Zeitpunkt der Gewinnabführung eine gewerbliche Tätigkeit auszuüben, war nicht Gegenstand der Entscheidung. Hierfür spricht, dass in

---

1 BFH v. 27.8.2014 – VIII R 16/11, BFH/NV 2015, 592; BFH v. 27.8.2014 – VIII R 41/11, BFH/NV 2015, 595; BFH v. 27.8.2014 – VIII R 6/12, BFH/NV 2015, 597.
2 Vgl. *Dötsch* in Dötsch/Pung/Möhlenbrock, § 14 KStG Rz. 146 und 156; *Frotscher* in Frotscher/Drüen, § 14 KStG Rz. 124 ff.; *Erle/Heurung* in Erle/Sauter[3], § 14 KStG Rz. 61 ff.; *Kolbe* in HHR, § 14 KStG Anm. 164 und 169, jeweils mwN.
3 Entsprechendes gilt für BFH v. 29.11.2017 – I R 83/15, BFHE 260, 327; vgl. hierzu auch *Gosch*, BFH/PR 2013, 411 (412), dessen allgemeiner Hinweis auf die „Prägung nach § 15 Abs. 3 EStG" zu einer anderen Interpretation führen könnte; allerdings bezieht sich diese Aussage auf die Besitzgesellschaft im Verfahren I R 40/12, sodass damit nur die im Urteil angesprochene Infektion bzw. Abfärbung gem. § 15 Abs. 3 Nr. 1 EStG gemeint sein dürfte.
4 Vgl. *Kolbe* in HHR, § 14 KStG Anm. 171 mwN.
5 BFH v. 28.2.2013 – IV R 50/09, BStBl. II 2013, 494 = FR 2013, 1137.

§ 14 Abs. 1 Satz 1 Nr. 2 Satz 2 KStG – im Gegensatz zu § 14 Abs. 1 Satz 1 Nr. 1 Satz 1 KStG – auch keine ununterbrochene gewerbliche Tätigkeit gefordert wird.

Änderungen durch die „Kleine Organschaftsreform". Die praktische Bedeutung der Frage nach dem Zeitpunkt der gewerblichen Tätigkeit hat sich durch die „Kleine Organschaftsreform" relativiert. Denn § 14 Abs. 1 Satz 1 Nr. 2 Satz 4 KStG fordert nunmehr, dass die Beteiligung an der Organgesellschaft „ununterbrochen während der gesamten Dauer der Organschaft" einer inländischen Betriebsstätte des Organträgers i.S.v. § 12 AO zuzuordnen ist. Die Relativierung der praktischen Bedeutung gilt auch – zumindest in Fällen mit Auslandsbezug – für die Ausführungen des BFH zur gewerblichen Tätigkeit der Besitzgesellschaft einer Betriebsaufspaltung. Denn § 14 Abs. 1 Satz 1 Nr. 2 Sätze 4 bis 7 KStG fordern nicht nur eine Zuordnung zu einer inländischen Betriebsstätte nach nationalem Recht, sondern auch eine inländische Besteuerung nach DBA-Recht. Insofern wird insbesondere bei einer inländischen Besitzpersonengesellschaft mit ausländischen Gesellschaftern der Hinweis von *Wacker* relevant, dass die gewerblichen Einkünfte des Besitzunternehmens nach Auffassung des I. Senats nicht den DBA-Unternehmensgewinnen zuzuordnen seien.[1]

6.9

2. Betrieb gewerblicher Art als Organträger

Divergierende FG-Entscheidungen. Zu der Frage, unter welchen Voraussetzungen ein Betrieb gewerblicher Art (BgA) Organträger einer ertragsteuerlichen Organschaft sein kann (s. auch Rz. 21.4 ff.), kommen das Hessische FG in seinem Urteil v. 16.5.2017 – 4 K 1060/13[2] und das FG Köln in seinem Urteil v. 19.12.2013 – 10 K 2933/11[3] einerseits sowie das FG Düsseldorf in seinem Urteil v. 18.3.2014 – 6 K 3493/11 K[4] andererseits zu divergierenden Entscheidungen. Sämtliche Entscheidungen betrafen Bäderbetriebe, die dauerhaft Verluste erwirtschafteten. Zum Ausgleich dieser Verluste sollte jeweils eine im gewillkürten Betriebsvermögen gehaltene Beteiligung an einer Tochter-Kapitalgesellschaft dienen, die Gewinne erzielte und mit der ein Gewinnabführungsvertrag geschlossen worden war.

6.10

– *Bejahung einer Gewinnerzielungsabsicht durch das Hessische FG und das FG Köln:* Beide FG bejahten unter Berufung auf den BFH-Beschluss v. 25.7.2002 – I B 52/02[5] die Gewinnerzielungsabsicht des BgA und damit auch dessen Qualifizierung als gewerbliches Unternehmen, dh. die Voraussetzung für die Anerkennung als ertragsteuerlicher Organträger. Eine Gewinnerzielungsabsicht liege auch dann vor, wenn die Trägerkörperschaft zur Verbesserung der Ertragslage Aktien in das gewillkürte Betriebsvermögen des BgA einlege.

– *Verneinung einer Gewinnerzielungsabsicht durch das FG Düsseldorf:* Das FG Düsseldorf führte dagegen aus, die Gewinnerzielungsabsicht eines BgA sei – wie bei Einzelunternehmen und Personengesellschaften – nicht einheitlich für die gesamte Tätigkeit, sondern gesondert für jede eigenständige Betätigung, die nicht nur eine bloße Hilfs- oder Neben-

---

1 *Wacker*, JbFStR 2014/15, 461 (469) unter Verweis auf BFH v. 25.5.2011 – I R 95/10, BStBl. II 2014, 760 = GmbHR 2011, 1004.
2 Hessisches FG v. 16.5.2017 – 4 K 1060/13, EFG 2017, 1544 mit Anm. *Schober*.
3 FG Köln v. 19.12.2013 – 10 K 2933/11, EFG 2014, 662.
4 FG Düsseldorf v. 18.3.2014 – 6 K 3493/11 K, EFG 2014, 1032 – Rev. I R 26/14; glA bereits FG Düsseldorf v. 29.6.2010 – 6 K 2990/07 K, EFG 2010, 1732, ua. mit Hinweis auf BFH, Urt. v. 22.8.2007 – I R 32/06, BStBl. II 2007, 961 = FR 2007, 1160 m. Anm. *Orth*, aus dem zu schließen sei, dass sich bei einer dauerdefizitären Eigengesellschaft eine vGA nicht durch die Einlage einer gewinnträchtigen Beteiligung vermeiden lasse.
5 BFH v. 25.7.2002 – I B 52/02, BFH/NV 2002, 1341.

tätigkeit zur Haupttätigkeit darstelle, zu prüfen (sog. Segmentierung). Da im Streitfall das Betreiben der Schwimmbäder und das Verwalten der Beteiligungen als selbständige Tätigkeitsbereiche anzusehen seien, komme der dauerdefizitäre BgA Bäderbetrieb nicht als tauglicher Organträger in Betracht.

6.11 **Ausblick.** Zurzeit ist unklar, wann der BFH über die Organträgereigenschaft eines dauerdefizitären BgA entscheiden wird. Zu den genannten FG-Urteilen sind jedenfalls keine Revisionen (mehr) anhängig. Die Revision gegen das Urteil des FG Düsseldorf v. 29.6.2010 – 6 K 2990/07 K konnte aus verfahrensrechtlichen Gründen nicht zu einer Entscheidung in der Sache führen,[1] die Revision gegen das Urteil des FG Düsseldorf v. 18.3.2014 – 6 K 3493/11 K wurde durch Rücknahme beendet und das FG-Urteil vom BFH für gegenstandslos erklärt.[2] Entgegen der Auffassung des FG Düsseldorf dürfte aber kaum auf das BFH-Urteil v. 22.8.2007 – I R 32/06[3] zurückgegriffen werden können. Dort ging es nämlich um die Vermeidung einer vGA durch die Verrechnung von Gewinnabführungen und Verlustübernahmen verschiedener Organgesellschaften, während bei der hier diskutierten Frage die Behandlung der gewinnträchtigen Beteiligung als gewillkürtes Betriebsvermögen im Vordergrund stehen dürfte. Für Veranlagungszeiträume ab 2009 werden zusätzlich die durch das Jahressteuergesetz 2009 v. 19.12.2008[4] eingeführten §§ 4 Abs. 6 und 8 Abs. 9 KStG zu berücksichtigen sein, auch wenn sie primär die Segmentierung/Zusammenfassung verschiedener BgA (§ 4 Abs. 6 KStG) bzw. verschiedener Sparten einer Eigengesellschaft der öffentlichen Hand (§ 8 Abs. 9 KStG) und nicht den möglichen Umfang des gewillkürten Betriebsvermögens der einzelnen BgA/Sparten regeln. Sollte für einen BgA keine Organschaft in Betracht kommen, wird als Ausweichgestaltung die Umwandlung in eine Kapitalgesellschaft diskutiert.[5]

II. Eingliederungsvoraussetzungen

1. Finanzielle Eingliederung

a) Schuldrechtliche Stimmrechtsvereinbarungen

6.12 **Kein Einfluss auf die finanzielle Eingliederung.** In der Rechtsprechung stellte sich bereits mehrfach die Frage, ob und inwieweit schuldrechtliche Ausweitungen bzw. Einschränkungen der Stimmrechtsausübung (z.B. Stimmrechtsbindungsverträge, Stimmrechtsvollmachten) Einfluss auf die finanzielle Eingliederung haben. Dies hat der BFH zuletzt im Urteil v. 10.5.2017 – I R 51/15[6] für einen sog. Konsortialvertrag verneint. Maßgebend ist allein die Mehrheit der Stimmrechte aus der Beteiligung an der Organgesellschaft. Auch das FG Bremen hat in seinem Urteil v. 14.12.2017 – 3 K 12/17[7] noch einmal allgemein bestätigt, dass schuldrechtlich vereinbarte Ausweitungen oder Einschränkungen der Stimmrechtsausübung keinen Einfluss auf die finanzielle Eingliederung haben.[8]

---

1 BFH v. 31.3.2011 – I R 74/10, BFH/NV 2011, 1371.
2 BFH v. 12.9.2016 – I R 26/14, nv.
3 BFH v. 22.8.2007 – I R 32/06, BStBl. II 2007, 961 = FR 2007, 1160 m. Anm. *Orth*.
4 BGBl. I 2009, 2794.
5 *Erle/Heurung* in Erle/Sauter[3], § 14 KStG Rz. 98.
6 BFH v. 10.5.2017 – I R 51/15, BStBl. II 2018, 30.
7 FG Bremen v. 14.12.2017 – 3 K 12/17, EFG 2018, 228; kritisch *Brühl*, GmbHR 2018, 325 (326).
8 Vgl. auch Niedersächsisches FG v. 7.6.1990 – VI 626/88, GmbHR 1991, 290; zur abweichenden Rechtsprechung im Rahmen der umsatzsteuerlichen Organschaft vgl. BFH v. 22.11.2001 – V R 50/00, BStBl. II 2002, 167.

Sonderfall Beherrschungsvertrag. Nach Auffassung des BFH ist es sogar irrelevant, wenn 6.13
die Organgesellschaft mit einer anderen Gesellschaft einen Beherrschungsvertrag abgeschlossen hat. Allerdings ist zu berücksichtigen, dass der BFH im konkreten Streitfall nicht nur darauf abgestellt hat, dass der Beherrschungsvertrag nichts an den originären Stimmrechten ändere, sondern auch darauf, dass der Inhaber der Stimmrechtsmehrheit aus der Beteiligung an der Organgesellschaft gleichzeitig auch der Inhaber der Stimmrechtsmehrheit bei der aus dem Beherrschungsvertrag berechtigten Gesellschaft sei und er somit seinen Geschäftsleitungswillen bei der Organgesellschaft weiterhin durchsetzen könne.[1]

b) Steuerliche Rechtsnachfolge

In zwei Urteilen v. 28.7.2010 – I R 89/09 und I R 111/09[2] hatte der BFH Sachverhalte zu 6.14
entscheiden, bei denen es vordergründig um die Rückwirkung der finanziellen Eingliederung in Umwandlungsfällen ging, dh. um die Frage, ob die finanzielle Eingliederung ein rechtliches Merkmal ist, das fiktiv auf den steuerlichen Übertragungsstichtag zurückbezogen werden kann, oder ob sie tatsächlicher Natur ist, sodass eine solche Rückbeziehung nicht in Frage kommt (vgl. hierzu Rz. 12.31). Letztlich war diese Frage jedoch nicht entscheidungserheblich, da der BFH die finanzielle Eingliederung in den Streitfällen bereits aus der umfassenden steuerlichen Rechtsnachfolge der übernehmenden Körperschaft in die Position der übertragenden Körperschaft gem. § 12 Abs. 3 Satz 1 UmwStG aF folgerte (sog. Fußstapfentheorie).

Sachverhalt. Dem Verfahren I R 111/09 lag die Einbringung des 100 %igen Anteils an der Klägerin, der A-GmbH, in deren Schwestergesellschaft, der B-GmbH, gegen Gewährung von Gesellschaftsrechten mit steuerlicher Rückwirkung zugrunde (§ 20 Abs. 1 Satz 2 iVm. Abs. 7 und 8 UmwStG aF). Die A-GmbH schloss anschließend als Organgesellschaft mit der B-GmbH als Organträgerin einen Gewinnabführungsvertrag. Streitjahr war 2005. Auch im Verfahren I R 89/09 ging es um die Einbringung einer 100 %igen Beteiligung an der späteren Organgesellschaft in eine Schwestergesellschaft, der späteren Organträgerin, gegen Gewährung von Gesellschaftsrechten mit steuerlicher Rückwirkung nach § 20 Abs. 1 Satz 2 iVm. Abs. 7 und 8 UmwStG aF. Allerdings waren sowohl die spätere Organgesellschaft als auch die spätere Organträgerin zuvor im Wege der Ausgliederung zweier Teilbetriebe zur Neugründung einer GmbH entstanden (§ 20 Abs. 1 Satz 1 iVm. Abs. 7 und 8 UmwStG aF). Streitjahr war hier 2004. 6.15

Fußstapfentheorie gem. § 12 Abs. 3 Satz 1 UmwStG aF. Der BFH stützte sich bei seinen 6.16
Entscheidungen maßgeblich auf § 12 Abs. 3 Satz 1 iVm. § 22 Abs. 1 und § 4 Abs. 2 Satz 3 UmwStG aF, wonach der übernehmende Rechtsträger in die steuerliche Rechtsstellung des übertragenden Rechtsträgers eintritt. Dies gelte für jegliche Gewinnermittlungsvorschriften einschließlich der Organschaftsvoraussetzungen.

– *Eine finanzielle Eingliederung* liegt danach vor, wenn diese seit dem Beginn des Wirtschaftsjahrs zum übertragenden Rechtsträger und anschließend bis zum Ende des Wirtschaftsjahrs zum übernehmenden Rechtsträger bestanden hat.

---
1 Vgl. BFH v. 10.5.2017 – I R 51/15, BStBl II 2018, 30.
2 BFH v. 28.7.2010 – I R 89/09, BStBl. II 2011, 528 = FR 2011, 184; BFH v. 28.7.2010 – I R 111/09, GmbHR 2011, 44 = BFH/NV 2011, 67; vgl. auch BFH v. 5.11.2014 – I B 34/14, BFH/NV 2015, 356.

– Im Verfahren I R 89/09 sah der BFH die *ursprüngliche Teilbetriebseigenschaft* als stärkste Form der Eingliederung an, so dass auch hier der Eintritt des übernehmenden Rechtsträgers in die (finanzielle) Eingliederung des Teilbetriebs möglich war.

– *Abzugrenzen* sind diese Urteile jedoch von denjenigen Fällen, in denen der übertragende Rechtsträger die Beteiligung erst unterjährig erworben hat und sie anschließend mit Rückwirkung zum Ende des letzten Wirtschaftsjahres in eine andere Kapitalgesellschaft einbringt. Ein solcher Fall war Gegenstand des später noch ausführlicher zu diskutierenden BFH-Urteils v. 10.5.2017 – I R 19/15[1] (s. hierzu Rz. 6.67 ff.). Außerdem hat der BFH in einem Beschluss v. 5.11.2014 – I B 34/14[2] klargestellt, dass die Fußstapfentheorie ausschließlich zu einer finanziellen Eingliederung in die übernehmende Gesellschaft führen kann.

6.17 **Änderungen durch das SEStEG.** Bei Anwendung der BFH-Urteile v. 28.7.2010 – I R 89/09 und I R 111/09 auf die aktuelle Rechtslage ist zu beachten, dass die Rückwirkungsfiktion des § 2 Abs. 1 iVm. § 20 Abs. 7 und 8 UmwStG aF seit dem SEStEG v. 7.12.2006[3] im Fall des Anteilstauschs ausgeschlossen ist (§ 21 UmwStG nF).

– *Keine Klärung durch den BFH:* Auch wenn der BFH diesen Umstand in seinen Entscheidungen v. 28.7.2010 ausdrücklich angesprochen und etwaige Auswirkungen auf die Streitjahre 2004 und 2005 (nur) unter Hinweis darauf verneint hat, dass es sich bei den Änderungen durch das SEStEG um eine konstitutive Neuregelung handele, lässt sich daraus nicht zwingend herleiten, dass er nach neuer Rechtslage zu einem anderen Ergebnis gekommen wäre.

– *Gegen die Auffassung des BMF,* die finanzielle Eingliederung setze in Umwandlungsfällen eine Rückwirkung nach § 2 Abs. 1 iVm. § 20 Abs. 5 und 6 UmwStG nF voraus,[4] spricht insbesondere, dass der BFH seine Entscheidung letztlich nur mit der steuerlichen Rechtsnachfolge gem. § 12 Abs. 3 UmwStG begründet hat. Diese Vorschrift ist beim Anteilstausch aber auch nach den Änderungen durch das SEStEG anwendbar, sofern die Einbringung nicht zum gemeinen Wert erfolgt (§ 23 Abs. 1 UmwStG nF). Außerdem hat der BFH die Fälle der steuerlichen Rechtsnachfolge gem. § 12 Abs. 3 UmwStG in der bereits genannten Entscheidung v. 10.5.2017 – I R 19/15[5] ausdrücklich von der Rückwirkungsproblematik abgegrenzt (s. hierzu Rz. 6.67 ff.).

– *Gestaltungsalternativen:* Etwaige verbleibende Unsicherheiten können durch ein Ausweichen auf Umwandlungsvorgänge vermieden werden, die auch nach dem SEStEG zu einer Rückwirkung gem. § 2 Abs. 1 UmwStG iVm. § 20 Abs. 5 und 6 UmwStG nF führen, zB statt der isolierten Einbringung der Beteiligung an der späteren Organgesellschaft in eine Kapitalgesellschaft gegen Gewährung von Gesellschaftsrechten (Anteilstausch gem. § 21 UmwStG) Gestaltung der Umwandlung als Einbringung eines Teilbetriebs gem. § 20 UmwStG, dem die Beteiligung an der späteren Organgesellschaft als funktional wesentliche Betriebsgrundlage zuzuordnen ist.

---

1 BFH v. 10.5.2017 – I R 19/15, BFH/NV 2017, 1558, nachfolgend FG Düsseldorf v. 17.04.2018 – 6 K 2507/17 K.
2 BFH v. 5.11.2014 – I B 34/14, BFH/NV 2015, 356.
3 Gesetz über steuerliche Begleitmaßnahmen zur Einführung der Europäischen Gesellschaft und zur Änderung weiterer steuerlicher Vorschriften v. 7.12.2006, BGBl. I 2006, 2782.
4 BMF v. 11.11.2011 – IV C 2-S 1978-b/08/10001 – DOK 2011/0903665, BStBl. I 2011, 1314, Rz. Org.15; zur Kritik vgl. auch *Herlinghaus* in Rödder/Herlinghaus/van Lishaut, UmwStG[2], Anh. 4 Rz. 38 f. und 43 mwN.
5 BFH v. 10.5.2017 – I R 19/15, BFH/NV 2017, 1558.

c) Unterjähriger Erwerb von Vorratsgesellschaften

In dem Urteil des Hessischen FG v. 18.10.2012 – 8 K 1694/09[1] ging es um die Begründung einer Organschaft im Anschluss an den unterjährigen Erwerb einer Vorratsgesellschaft, und zwar unter Berücksichtigung der vom BGH im Beschluss v. 7.7.2003 – II ZB 4/02[2] entwickelten Grundsätze, wonach der Erwerb der Anteile an einer Vorrats- oder Mantelgesellschaft einer wirtschaftlichen Neugründung gleichzusetzen sei. Das FG verneinte jedoch eine Übertragbarkeit dieser Grundsätze auf das Steuerrecht, da es dem BGH maßgeblich um einen wirksamen Gläubigerschutz gegangen sei. Damit sei der Erwerb der Vorratsgesellschaft nicht mit dem Beginn eines neuen Wirtschaftsjahrs gleichzusetzen, ab dessen Beginn die finanzielle Eingliederung der Vorratsgesellschaft ununterbrochen bestanden hätte.

6.18

Als **Ausweichgestaltung** kommt in der Praxis die Umstellung des Wirtschaftsjahrs der Vorratsgesellschaft in Betracht (s. hierzu Rz. 12.55 ff.). Hierfür ist die Zustimmung der Finanzverwaltung erforderlich (§ 7 Abs. 4 Satz 3 KStG). Außerdem ist zu beachten, dass keine rückwirkende Umstellung des Wirtschaftsjahrs möglich ist. Die entsprechende Satzungsänderung muss noch vor Beginn des neuen Wirtschaftsjahrs beurkundet und in das Handelsregister eingetragen werden.[3]

6.19

2. Exkurs: Organisatorische Eingliederung

Im Rahmen der umsatzsteuerlichen Organschaft standen in den letzten Jahren ua. die Entscheidungen des BFH zur organisatorischen Eingliederung im Fokus. In diesen Entscheidungen ging es vor allem darum, ob der Organträger die Möglichkeit haben muss, seinen Willen in der Organgesellschaft durchzusetzen, und ob hierfür eine personelle Verflechtung zwischen Organträger und Organgesellschaft erforderlich ist, sowie um etwaige Besonderheiten im Rahmen einer Insolvenz. Hierzu wird auf die ausführliche Diskussion in Rz. 22.66 ff. und Rz. 24.28 ff. verwiesen.

6.20

III. Gewinnabführungsvertrag

1. „Strenge" Rechtsprechung des BFH

Gewinnabführungsvertrag als „Herzstück" des Organschaftsrechts. Zwar wird der Umstand, dass für eine steuerlich wirksame Organschaft gem. § 14 Abs. 1 Satz 1 KStG ein Gewinnabführungsvertrag erforderlich ist, im Rahmen der Diskussion über eine Reform des Konzernsteuerrechts stark kritisiert. Auf Grundlage der derzeitigen gesetzlichen Regelungen kann der Gewinnabführungsvertrag aber als das „Herzstück" des deutschen Organschaftsrechts bezeichnet werden. Deshalb wundert es nicht, dass die Gerichte zahlreiche Gelegenheiten hatten, über die gesetzlichen Anforderungen an den für eine ertragsteuerliche Organschaft erforderlichen Gewinnabführungsvertrag zu urteilen.

6.21

Mindestdauer zur Verhinderung von Manipulationen. Die Rechtsprechung des BFH zum Gewinnabführungsvertrag wird aus dem Blickwinkel der Steuerpflichtigen häufig als streng empfunden, da die formale und sehr am Wortlaut der gesetzlichen Vorschriften bzw. des

6.22

---

[1] FG Hess. v. 18.10.2012 – 8 K 1694/09, rkr., EFG 2013, 235 = GmbHR 2013, 209 m. Anm. *Walter*.
[2] BGH v. 7.7.2003 – II ZB 4/02, BGHZ 155, 382 = GmbHR 2003, 1125 m. Anm. *Peetz*.
[3] BFH v. 18.9.1996 – I B 31/96, GmbHR 1997, 670 = BFH/NV 1997, 378.

Gewinnabführungsvertrags orientierte Betrachtungsweise des BFH zu einigen „harten" Entscheidungen geführt hat. Dies ist aber dadurch gerechtfertigt, dass die Mindestdauer Manipulationen verhindern soll. Um eine willkürliche Beeinflussung der Besteuerung und Einkommensverlagerungen zu vermeiden, soll die ertragsteuerliche Organschaft nicht von Fall zu Fall gebildet bzw. beendet werden können.[1]

2. Mindestlaufzeit von fünf Jahren

a) Zeitjahre maßgeblich

6.23 In dem Urteil v. 12.1.2011 – I R 3/10[2] hat der I. Senat des BFH entschieden, dass § 14 Abs. 1 Satz 1 Nr. 3 Satz 1 KStG, nach dem der Gewinnabführungsvertrag „auf mindestens fünf Jahre" abgeschlossen werden muss, nicht auf Wirtschaftsjahre, sondern auf Zeitjahre abstellt.

6.24 Der zugrunde liegende **Sachverhalt** betraf eine Mutter-GmbH, die am 19.7.2000 eine Tochter-GmbH gegründet hatte. Beide Gesellschaften hatten ein abweichendes Wirtschaftsjahr, das jeweils am 31. März endete. Der Gewinnabführungsvertrag war erstmals zum Ablauf des 31.3.2005 kündbar. Obwohl zum ersten Kündigungstermin am 31.3.2005 fünf Wirtschaftsjahre abgelaufen wären, entschied der BFH, dass die Voraussetzungen einer körperschaftsteuerlichen Organschaft nicht gegeben seien. Denn das Gesetz verlange eine Mindestlaufzeit des Gewinnabführungsvertrags von mindestens fünf Zeitjahren.

6.25 **Begründung des BFH.** Maßgeblicher Gesichtspunkt war nach Auffassung des BFH der (neutrale) Wortlaut „Jahre". Dabei stellte er insbesondere darauf ab, dass der Gesetzgeber in § 14 KStG an anderen Stellen ausdrücklich den speziellen Begriff des Wirtschaftsjahrs verwende und deshalb von einer bewussten Differenzierung auszugehen sei. Außerdem sei der genauere Begriff der Zeitjahre bis zu einer Gesetzesänderung im Jahr 2006 nicht im Gesetz vorgekommen. Dagegen sei der mit der Mindestdauer verfolgte Zweck, Manipulationen zu verhindern, für die Auslegung des Begriffs „Jahre" nicht ergiebig.

6.26 **Keine Bindung an (günstigere) Auffassung der Finanzverwaltung.** Letztlich blieb der I. Senat des BFH mit dieser Entscheidung seiner Rechtsprechungslinie in doppelter Hinsicht treu. Zum einen betonte er einmal mehr die Bedeutung der Auslegung nach dem Wortlaut. Zum anderen war es für ihn nicht erheblich, dass die Finanzverwaltung in Abschnitt 55 Abs. 2 KStR 1977/1981 eine abweichende Auslegung vertreten hatte, die zumindest aus Sicht desjenigen Steuerpflichtigen, der die steuerlichen Folgen einer Organschaft erreichen will, günstiger war. Dabei wies der BFH auf die gegenläufigen steuerlichen Folgen beim Organträger und bei der Organgesellschaft hin, so dass nicht von einem „den" Steuerpflichtigen am wenigsten belastenden Auslegungsergebnis gesprochen werden könne.

b) Auswirkung von Rumpfwirtschaftsjahren

6.27 In dem Urteil v. 12.1.2011 – I R 3/10[3] hatte der BFH ausgeführt, dass „bei Vorhandensein von Rumpfwirtschaftsjahren letztlich eine längere Mindestlaufzeit als fünf Zeitjahre erfor-

---

1 Vgl. Vorlagebeschluss des BFH v. 27.11.2013 – I R 36/13, BStBl. II 2014, 651 = GmbHR 2014, 823 m. Anm. *Suchanek* unter B.III.3.b., mwN – Az. BVerfG 2 BvL 18/14; BFH v. 10.5.2017 – I R 51/15, BStBl. II 2018, 30; BFH v. 10.5.2017 – I R 19/15, BFH/NV 2017, 1558.
2 BFH v. 12.1.2011 – I R 3/10, BStBl. II 2011, 727 = FR 2011, 522 m. Anm. *Buciek*; bestätigt durch BFH v. 13.11.2013 – I R 45/12, BStBl. II 2014, 486 = FR 2014, 608.
3 BFH v. 12.1.2011 – I R 3/10, BStBl. II 2011, 727 = FR 2011, 522 m. Anm. *Buciek*.

derlich" sei. Dies wurde teilweise dahingehend interpretiert, dass im Fall von Rumpfwirtschaftsjahren nicht nur fünf Zeitjahre, sondern fünf zwölfmonatige Wirtschaftsjahre erforderlich seien.[1]

In dem BFH-Urteil v. 13.11.2013 – I R 45/12[2] ging es nun um einen Gewinnabführungsvertrag, der zwar auf die Dauer von fünf Jahren abgeschlossen war, dessen 5-Jahres-Zeitraum aber durch die nachträgliche Bildung eines Rumpfwirtschaftsjahrs während eines laufenden Wirtschaftsjahrs endete. Der I. Senat des BFH hat in diesem Zusammenhang klargestellt, dass sich die oben zitierte Aussage im Urteil v. 12.1.2011 nur auf § 14 Abs. 1 Satz 1 Nr. 3 Satz 3 KStG bezogen habe, wonach die auf einen Zeitpunkt während des laufenden Wirtschaftsjahrs erklärte Kündigung oder Aufhebung des Gewinnabführungsvertrags auf den Beginn dieses Wirtschaftsjahrs zurückwirke. Daraus folge aber nicht zwingend, dass fünf zwölfmonatige Wirtschaftsjahre erforderlich seien. 6.28

Tatsächliche Durchführung des Gewinnabführungsvertrags. Ob die Einhaltung der Mindestlaufzeit in diesen Fällen tatsächlich gelungen ist, kann nach Auffassung des BFH erst im Rahmen des Erfordernisses der tatsächlichen Durchführung des Gewinnabführungsvertrags „während seiner gesamten Geltungsdauer" (§ 14 Abs. 1 Satz 1 Nr. 3 Satz 1 Alternative 2 KStG) geprüft werden. Damit hat eine nachträgliche Umstellung des Wirtschaftsjahrs nicht zwingend das Scheitern der Organschaft zur Folge, sondern die Steuerpflichtigen können die Wirksamkeit der Organschaft durch geeignete Maßnahmen sicherstellen. *Märtens* nennt hierfür beispielhaft sowohl eine Verlängerung der Mindestlaufzeit bis zum Ende des nach Ablauf der fünf Zeitjahre laufenden Wirtschaftsjahrs als auch die Bildung eines weiteren Rumpfwirtschaftsjahrs.[3] 6.29

In der Praxis wird in diesem Zusammenhang die Aussage von *Gosch* diskutiert, dass der BFH im Fall der nachträglichen Umstellung der Wirtschaftsjahre eine Verkürzung der Mindestvertragsdauer von fünf Zeitjahren akzeptiert habe und die Situation bei Vertragsschluss maßgeblich sei.[4] 6.30

– ME sollte diese Aussage nicht dahingehend verstanden werden, dass es auch im Ergebnis bei einer Verkürzung der Mindestvertragsdauer von fünf Zeitjahren bleiben darf.[5] Denn der BFH hat in seinem Urteil v. 13.11.2013 ausdrücklich verlangt, dass die Vertragsparteien bis zum Ablauf der fünf Zeitjahre die Durchführung der Organschaft sicherstellen müssen. Auch im Fall eines nachträglichen Rumpfwirtschaftjahrs und einem daraus folgenden unterjährigen Ablauf des 5-Jahres-Zeitraums muss also verhindert werden, dass die Folgen des § 14 Abs. 1 Satz 1 Nr. 3 Satz 3 KStG eintreten.

– Solange der Gewinnabführungsvertrag – wie in dem vom BFH entschiedenen Fall – „auf die Dauer von 5 Jahren abgeschlossen" ist, sollte darüber hinaus nicht darauf abgestellt werden, ob der Umstand, dass der Ablauf der fünf Zeitjahre nicht auf das Ende eines Wirtschaftsjahrs fällt, aufgrund eines nachträglichen Wechsels der Wirtschaftsjahre oder aufgrund eines schon bei Vertragsschluss bestehenden Rumpfwirtschaftsjahrs eingetreten ist. Auch im zuletzt genannten Fall sollte die Wirksamkeit der Organschaft nicht auf-

---

1 *Walter* in Ernst & Young, § 14 KStG Rz. 637; im Ergebnis auch FG Hess. v. 15.11.2006 – 12 K 4273/01, juris.
2 BFH v. 13.11.2013 – I R 45/12, BStBl. II 2014, 486 = FR 2014, 608.
3 *Märtens*, jurisPR-SteuerR 19/2014 Anm. 4.
4 *Gosch*, BFH/PR 2014, 200 (201).
5 So aber *Neumann*, Kölner Tage Organschaft am 16.4.2015, 30 (52).

grund einer ex-ante-Beurteilung verneint, sondern abgewartet werden, ob der Steuerpflichtige die tatsächliche Durchführung des Gewinnabführungsvertrags für volle fünf Zeitjahre durch nachträgliche Maßnahmen sicherstellt.[1] Voraussetzung ist allerdings, dass man von der zivilrechtlichen Wirksamkeit eines Gewinnabführungsvertrags ausgeht, der bei Vertragsschluss eine Mindestlaufzeit vorsieht, die unterjährig endet.[2]

3. Vorzeitige Beendigung aus wichtigem Grund

6.31 In dem bereits zitierten **Grundsatzurteil v. 13.11.2013 – I R 45/12**[3] hatte der BFH erstmals Gelegenheit, zu der umstrittenen Frage Stellung zu nehmen, unter welchen Umständen ein wichtiger Grund gegeben ist, der dazu führt, dass die Mindestvertragsdauer von fünf Zeitjahren nach § 14 Abs. 1 Satz 1 Nr. 3 Satz 2 KStG ausnahmsweise unterschritten werden darf. Dieses Urteil hat für die Unternehmenspraxis einen außerordentlich großen Stellenwert, da Gewinnabführungsverträge häufig bestimmte Umstände definieren (zB Veräußerung der Beteiligung durch den Organträger oder Umwandlung), die einen wichtigen Grund für die Beendigung des Gewinnabführungsvertrags darstellen sollen.

6.32 Dem Urteil des BFH lag folgender **Sachverhalt** zugrunde: Die Klägerin, eine GmbH, hatte mit ihrer Muttergesellschaft, der W-KG, am 12.5.2005 einen Gewinnabführungsvertrag „auf die Dauer von 5 Jahren abgeschlossen". Beide Gesellschaften gehörten zu einem Konzern mit Sitz in Großbritannien. Die Zuordnung der Klägerin zur W-KG widersprach der Spartenorganisation des Konzerns und sollte Verlustvorträge der W-KG nutzbar machen. Nach Verbrauch der Verlustvorträge hoben die Vertragsparteien den Gewinnabführungsvertrag am 6.3.2007 einvernehmlich zum Ablauf des Wirtschaftsjahrs am 31.3.2007 auf. Anschließend veräußerte die Mutter-KG ihre Anteile an der Klägerin innerhalb des Konzerns an eine Holding-GmbH, um auf Ebene der britischen Konzernmutter die drohende Anwendung der Regeln zu den „controlled foreign companies" (CFC-rules) zu vermeiden.

6.33 **Gleichbehandlung von Kündigung und Aufhebung.** Der BFH hat zunächst klargestellt, dass § 14 Abs. 1 Satz 1 Nr. 3 Satz 2 KStG trotz der Beschränkung des Wortlauts auf eine „Kündigung" auch die vorzeitige Beendigung des Gewinnabführungsvertrags im Wege der einverständlichen Aufhebung erfasst. Insofern liege eine verdeckte Gesetzeslücke vor. Die Vertragsaufhebung müsse nach dem Gesetzeszweck derselben Rechtsfolge wie die vorzeitige Kündigung unterliegen.

6.34 **Eigenständige steuerliche Auslegung des wichtigen Grunds.** Die bedeutsamste Aussage des BFH-Urteils v. 13.11.2013 besteht darin, dass für den Begriff des wichtigen Grunds in § 14 Abs. 1 Satz 1 Nr. 3 Satz 2 KStG eine eigenständige steuerrechtliche Auslegung maßgebend sei. Dagegen komme es nicht auf die Bestimmung des wichtigen Grunds nach § 297 Abs. 1 AktG bzw. nach den Regelungen im Gewinnabführungsvertrag an. Eine solche Anlehnung an das Zivilrecht widerspräche dem Zweck der Mindestlaufzeit, eine willkürliche Beeinflussung der Besteuerung zu vermeiden. Aus steuerlicher Sicht müsse deshalb ein objektiver Maßstab gelten. Eine konkrete Aussage, welche Umstände steuerlich als wichtiger Grund anzusehen sind, enthält das BFH-Urteil aber nur insoweit, als eine Verkürzung des Mindestlaufzeit „insbesondere bei wesentlichen Störungen der Vertragsbeziehungen, die bei Ver-

---

[1] GlA *Herzberg*, GmbHR 2014, 499 (503); *Scheifele/Marx*, DStR 2014, 1797.
[2] Die zivilrechtliche Wirksamkeit eines solchen Gewinnabführungsvertrags ablehnend *Walter*, GStB 2014, 195 (198), mwN; s. hierzu aber auch Rz. 3.82.
[3] BFH v. 13.11.2013 – I R 45/12, BStBl. II 2014, 486 = FR 2014, 608.

tragsschluss nicht vorhersehbar waren", möglich sein soll. „Einer Partei oder den Parteien" dürfe es nicht darum gehen, „die Rechtsfolgen der Organschaft mittels Vertragsaufhebung zeitlich zu begrenzen, um die fünfjährige Mindestlaufzeit zu unterlaufen".

Maßgeblichkeit des Einzelfalls. Unter Berücksichtigung der Urteilsanmerkung von *Märtens*[1] hatte der I. Senat des BFH offensichtlich Umstände vor Augen, die mit dem zivilrechtlichen Wegfall der Geschäftsgrundlage gem. § 314 BGB vergleichbar sind.[2] *Gosch*[3] führt aus, dass es „für beide Beteiligten [...] objektiv unzumutbar" sein müsse, den Vertrag fortzusetzen, um steuerlich von einem wichtigen Grund ausgehen zu können. „Strategische" oder „verlustbezogene" Gründe sollen nicht genügen. Darüber hinaus macht er deutlich, dass es keine allgemeine Antwort gebe, was ein wichtiger Grund im steuerlichen Sinn sei, sondern es auf die konkreten Umstände des Einzelfalls ankomme.   6.35

– Vor diesem Hintergrund ist zunächst der Auffassung zu widersprechen, der BFH wolle keine allzu hohen Anforderungen an den wichtigen Grund stellen, sodass wirtschaftliche Gründe bzw. „good business reasons" ausreichten.[4] Vielmehr dürfte gerade das Gegenteil gelten. Deshalb ist es zweifelhaft, ob der BFH sämtliche der auch weiterhin in R 14.5 Abs. 6 KStR 2015[5] im Rahmen einer „kann"-Regelung von der Finanzverwaltung akzeptierten Gründe, insbesondere die Veräußerung der Beteiligung an der Organgesellschaft sowie Umwandlungsvorgänge (und zwar selbst bei Beteiligung fremder Dritter), per se für einen wichtigen Grund ausreichen ließe. Dies wird durch die Aussage von *Märtens* bestätigt, dass für den Veräußerungs- und Umwandlungsvorgang ein objektiv wichtiger Grund erforderlich sei, dessen Eintritt nicht schon bei Vertragsschluss absehbar gewesen sein dürfe.[6]

– Allerdings kann dem BFH-Urteil v. 13.11.2013 auch nicht entnommen werden, dass eine Änderung der steuerlichen Rahmenbedingungen keinen wichtigen Grund i.S.v. § 14 Abs. 1 Satz 1 Nr. 3 Satz 2 KStG darstellt.[7] Diese Auffassung widerspricht im Übrigen dem Vorlagebeschluss des BFH v. 27.11.2013 – I R 36/13,[8] nach dem eine gravierende Änderung der steuerlichen Rahmenbedingungen der Organschaft als wichtiger Grund i.S.d. § 14 Abs. 1 Satz 1 Nr. 3 Satz 2 KStG anzuerkennen ist.

– Darüber hinaus ist die Auffassung der Vorinstanz, ein wichtiger Grund sei schon deshalb nicht gegeben, weil es sich lediglich um eine konzerninterne Veräußerung gehandelt habe,[9] nicht mit den vom BFH entwickelten Grundsätzen vereinbar. Dies wird durch die konkrete Argumentation des BFH bestätigt, die nicht auf den konzerninternen Vorgang

---

1 *Märtens*, jurisPR-SteuerR 19/2014, Anm. 4.
2 Kritisch hierzu *Rödder/Liekenbrock* in Rödder/Herlinghaus/Neumann, § 14 KStG Rz. 352 ff.; s. auch Rz. 11.39 ff.
3 *Gosch*, BFH/PR 2014, 200 (201).
4 So aber *Herzberg*, GmbHR 2014, 499 (503 f.); *Suchanek*, GmbHR 2014, 833.
5 Entspricht weitgehend R 60 Abs. 6 KStR 2008, allerdings unter Streichung von Satz 4, der die Beendigung des Gewinnabführungsvertrags durch Verschmelzung oder Spaltung der Organgesellschaft oder aufgrund der Liquidation der Organgesellschaft selbst dann als wichtigen Grund ansah, wenn sie schon bei Vertragsschluss feststand.
6 *Märtens*, jurisPR-SteuerR 19/2014, Anm. 4; dagegen *Füger/Rieger/Schell*, DStZ 2015, 404 (419): Veräußerung an einen fremden Dritten weiterhin immer wichtiger Grund.
7 So aber *Trossen*, GmbH-StB 2014, 127 (128).
8 BFH v. 27.11.2013 – I R 36/13, BStBl. II 2014, 651 = GmbHR 2014, 823 m. Anm. *Suchanek* unter B.III.3.b. – Az. BVerfG 2 BvL 18/14.
9 Nds. FG v. 10.5.2012 – 6 K 140/10, EFG 2012, 1591 = GmbHR 2012, 917 m. Anm. *Altrichter-Herzberg*.

an sich, sondern auf die Besonderheiten des konzerninternen Vorgangs im Streitfall abstellt (s. Rz. 6.36). Trotzdem ist die Prüfung des wichtigen Grunds gerade bei konzerninternen Vorgängen von besonderer Bedeutung, da es hier typischerweise ein gemeinsames (Konzern)Interesse der Beteiligten geben kann, die Organschaft von Fall zu Fall zu begründen oder zu beenden. Im Ergebnis lässt sich sagen, dass weder jede konzerninterne Veräußerung schädlich noch jede konzernexterne Veräußerung unschädlich ist, aber bei konzerninternen Sachverhalten ein erhöhtes Risiko besteht.

– Weiterhin ist zu klären, auf welchen Vertragspartner bei der Prüfung des wichtigen Grunds abzustellen ist. Denn der BFH spricht in seinem Urteil v. 13.11.2013 von „einer Partei oder den Parteien", während *Gosch* in seiner Urteilsanmerkung die Unzumutbarkeit der Fortführung des Vertrags „für beide Beteiligten" als Voraussetzung nennt.[1] Daraus dürfte sich aber nicht die Schlussfolgerung ziehen lassen, dass es zwingend auf die gemeinsame Sicht beider Beteiligter ankommen soll.[2] Dies ergibt sich auch aus dem Hinweis von *Märtens* auf den zivilrechtlichen Wegfall der Geschäftsgrundlage.[3]

– Schließlich ist darauf hinzuweisen, dass der Vorschlag, den wichtigen Grund im Wege der verbindlichen Auskunft zu klären,[4] wegen der Maßgeblichkeit der konkreten Umstände des Einzelfalls zum Zeitpunkt der Kündigung in vielen Fällen nur schwer umsetzbar sein dürfte. Dies gilt jedenfalls für ein Auskunftsverlangen, das darauf abzielt, vorab zu klären, ob die im Gewinnabführungsvertrag genannten wichtigen Gründe auch steuerlich anerkannt werden.

6.36 **Im konkreten Fall** hat der BFH entscheidend auf die Feststellung des FG abgestellt, es sei eine konzerntypische Zuordnung der Beteiligung gewählt worden, um zunächst die Verlustvorträge der W-KG zu verbrauchen und die Beteiligung anschließend innerhalb des Konzerns weiter zu veräußern. Damit habe die Beteiligung der W-KG an der Klägerin faktisch unter der auflösenden Bedingung des vollständigen Verlustverbrauchs gestanden. Dass das FG und auch der BFH vor diesem Hintergrund im Ergebnis einen wichtigen Grund abgelehnt haben, dürfte letztlich nicht überraschend gewesen sein. Es zeigt aber einmal mehr, dass die gerichtliche Entscheidung eines Extremfalls auch für diejenigen Steuerpflichtigen negative Auswirkungen haben kann, die bis dahin von einer eher moderaten Auffassung der Finanzverwaltung profitiert haben.

6.37 **Unschädlichkeit vertraglicher Definitionen des wichtigen Grunds.** Dem BFH-Urteil v. 13.11.2013 kann schließlich noch ein weiterer Aspekt entnommen werden, der für die Vertragspraxis von außerordentlich großer Bedeutung ist. Nach Auffassung des BFH wird die Mindestvertragsdauer nicht allein dadurch verletzt, dass die Parteien im Gewinnabführungsvertrag Kündigungsgründe definieren, die im steuerlichen Sinn keine wichtigen Gründe darstellen. Die Schlussfolgerung, dass die Parteien den wichtigen Grund somit ausufernd definieren könnten und die Mindestlaufzeit dadurch zur reinen Floskel bzw. zur bloßen Formalie degradiert werde,[5] dürfte aber zu kurz gegriffen sein.

– Zum einen bleibt es dabei, dass die Kündigung des Gewinnabführungsvertrags aufgrund eines Umstands, der zwar nach dem Vertrag, nicht aber nach der objektiven steuerlichen

---

1 *Gosch*, BFH/PR 2014, 200 (201).
2 So aber *Neumann*, Kölner Tage Organschaft am 16.4.2015, Tagungsunterlagen, 35 (51).
3 Vgl. *Märtens*, jurisPR-SteuerR 19/2014, Anm. 4.
4 *Herzberg*, GmbHR 2014, 499 (503 f.).
5 So *Herzberg*, GmbHR 2014, 499 (503 f.) und *Scheifele/Marx*, DStR 2014, 1793 (1799).

Beurteilung einen wichtigen Grund darstellt, zur Nichtanerkennung der Organschaft auch für die Vergangenheit führt. Zum anderen hat der BFH darauf hingewiesen, dass die Mindestlaufzeit zur Anerkennung der Organschaft ernsthaft vereinbart sein müsse, dh. die Parteien dürften nicht davon ausgehen, dass der Gewinnabführungsvertrag vor Ablauf von fünf Zeitjahren beendet werde. Bei einer ausufernden Regelung der wichtigen Gründe für eine Kündigung des Gewinnabführungsvertrags könnten daran Zweifel bestehen.

In seinem **Vorlagebeschluss v. 27.11.2013 – I R 36/13**[1] hat der BFH die steuerlichen Anforderungen an einen wichtigen Grund weiter präzisiert. Insbesondere hat er klargestellt, dass ein in der beliebigen Disposition der Parteien stehender Auflösungsgrund kein wichtiger Grund i.S.d. § 14 Abs. 1 Nr. 3 Satz 2 KStG sei. Als wichtiger Grund anzuerkennen sei dagegen – wie schon in Rz. 6.35 erwähnt – die gravierende Änderung der steuerlichen Rahmenbedingungen der Organschaft. 6.38

In der bisher einzigen Folgeentscheidung eines Finanzgerichts hat das Hessische FG[2] einen wichtigen Grund zur vorzeitigen Beendigung des Gewinnabführungsvertrags bejaht. In dem entschiedenen Sachverhalt ging es im Kern um die konzerninterne Umhängung einer Organgesellschaft, die der Einrichtung einer Spartenorganisation diente; die Organgesellschaft gehörte auch nach der Umhängung durch Abschluss eines neuen Gewinnabführungsvertrags weiterhin zum selben Organkreis. Vor diesem Hintergrund sah das FG nachvollziehbare wirtschaftliche Gründe für die Anpassung der Organschaft und schloss steuerliche Motive aus. 6.39

– Ob diese Argumentation den strengen Kriterien des BFH entspricht, nach denen unternehmensstrategische Gründe bzw. „good business reasons" gerade nicht mehr ausreichen, scheint zumindest zweifelhaft. Allerdings kam in dem Streitfall hinzu, dass die Organgesellschaft auch nach der Umhängung weiterhin zum selben Organkreis gehörte. Unter diesen Umständen bestand keinerlei Manipulationsgefahr, sodass die Anerkennung eines wichtigen Grundes zur Beendigung des ursprünglichen Gewinnabführungsvertrags nicht dem Zweck der Mindestdauer widersprach und – sofern es zu einem Revisionsverfahren gekommen wäre – gegebenenfalls auch die Zustimmung des BFH hätte finden können.

4. Keine rückwirkende Negierung der Organschaft

Das FG Münster hatte in seinem rechtskräftigen **Urteil v. 20.8.2014 – 10 K 2192/13 F**[3] über die Frage zu entscheiden, ob eine Organschaft rückwirkend zum Anfang des Geschäftsjahrs der Organgesellschaft negiert werden kann (s. auch Rz. 11.21 ff.). Diese Frage wird beispielsweise auch im Zusammenhang mit M&A-Transaktionen diskutiert, und zwar als Alternative zum nahtlosen Übergang der Organschaft, sofern wegen § 8c KStG ein Untergang der vororganschaftlichen Verlustvorträge droht.[4] 6.40

Sachverhalt. In dem vom FG Münster entschiedenen Sachverhalt ging es um eine Organträger-KG, die seit mehr als zehn Jahren eine ertragsteuerliche Organschaft mit der A-GmbH bildete. Als sich zum Ende des Geschäftsjahres 2007 herausstellte, dass die A-GmbH ein po- 6.41

---

1 BFH v. 27.11.2013 – I R 36/13, BStBl. II 2014, 651 = GmbHR 2014, 823 m. Anm. *Suchanek* unter B.III.3.b. (Az. BVerfG 2 BvL 18/14).
2 Hess. FG v. 28.5.2015 – 4 K 677/14, EFG 2015, 2100, rkr.
3 FG Münster v. 20.8.2014 – 10 K 2192/13 F, rkr., GmbHR 2014, 1326.
4 Vgl. *Hahn*, Ubg 2014, 427; zu weiteren Fallkonstellationen, die zu dem Wunsch führen können, eine steuerliche Organschaft zum Anfang eines laufenden Geschäftsjahrs aufzuheben, s. *Pyszka*, GmbHR 2014, 1296.

sitives Ergebnis erwirtschaften wird, sollte ihr Eigenkapital gestärkt werden. Hierzu sollte sie ohne die Folgen einer Organschaft auf „Stand-alone-Basis" besteuert werden und dadurch ihre vororganschaftlichen Verlustvorträge nutzen können. Aus diesem Grund wurde der bestehende Beherrschungs- und Gewinnabführungsvertrag einvernehmlich zum 31.12.2007 aufgehoben. Zusätzlich gaben sowohl die Organträger-KG als auch die A-GmbH am 28.12.2007 eine Erklärung ab, wonach auf die Vollziehung des Gewinnabführungsvertrags zum 31.12.2007 verzichtet wird, und zwar insbesondere auf den daraus folgenden Anspruch auf Gewinnabführung. Damit sollte der Gewinnabführungsvertrag auch auf Ebene der Organträger-KG negiert und eine Besteuerung der Gewinnabführung als verdeckte Gewinnausschüttung vermieden werden. Trotzdem ging das Finanzamt bei der Organträger-KG von einer Versteuerung des Gewinnabführungsanspruchs nach § 8b KStG aus. Der Verzicht führe als verdeckte Einlage zu nachträglichen Anschaffungskosten auf die Beteiligung an der A-GmbH.

6.42 **Keine tatsächliche Durchführung der Organschaft.** Nach Auffassung des FG Münster konnte der Gewinnabführungsvertrag gem. § 296 Abs. 1 Sätze 1 und 2 AktG nur zum Ende des Geschäftsjahrs aufgehoben werden. Dabei ging das FG ohne weitere Begründung davon aus, dass diese Vorschrift auch für eine Organgesellschaft in der Rechtsform einer GmbH Anwendung findet. Im Streitfall sei der zum 31.12.2007 aufgehobene Gewinnabführungsvertrag im Jahr 2007 aber tatsächlich nicht mehr durchgeführt worden. Vielmehr habe die Organträger-KG am 28.12.2007 auf den Gewinnabführungsanspruch verzichtet. Wegen eines Verstoßes gegen § 14 Abs. 1 Nr. 3 Satz 1 KStG seien somit im Veranlagungszeitraum 2007 die Voraussetzungen einer steuerlichen Organschaft nicht mehr erfüllt. Damit war die Organgesellschaft auf „Stand-alone-Basis" zu versteuern und die gewünschte Verrechnung mit den vororganschaftlichen Verlusten möglich.

6.43 **Besteuerung der Gewinnabführung auf Ebene des Organträgers.** Auf Ebene des Organträgers kam das FG dagegen zu dem Ergebnis, den Gewinnabführungsvertrag nicht vollständig negieren zu können. Vielmehr sei der Gewinnabführungsanspruch zum Ablauf des Bilanzstichtags entstanden und in der Bilanz der Organträger-KG einkommenserhöhend zu aktivieren. Ansonsten würde das Verbot der rückwirkenden Aufhebung des Gewinnabführungsvertrags in § 296 Abs. 1 Satz 2 AktG unterlaufen.[1] Wegen des zuvor erklärten Verzichts sei die Forderung gleichzeitig mit ihrem Entstehen erloschen. Steuerlich sei dieser Verzicht nach allgemeinen Grundsätzen als verdeckte Einlage zu behandeln.

5. Steuerliche Auslegung des Gewinnabführungsvertrags

6.44 **In dem Beschluss v. 23.1.2013 – I R 1/12**[2] hat sich der I. Senat des BFH zusammenfassend zur steuerlichen Auslegung von Gewinnabführungsverträgen geäußert. Im Streitfall ging es um die vertragliche Regelung der Mindestdauer eines mit Wirkung zum 1.1.1999 geschlossenen Gewinnabführungsvertrags. Diese Regelung sah vor, dass der Vertrag bis zum 30.12.2003, dh. einen Tag vor Ablauf der gesetzlich geforderten Mindestlaufzeit, unkündbar sein soll.

6.45 **Zur allgemeinen Auslegung eines Gewinnabführungsvertrags** führte der BFH aus, dass eine korporationsrechtliche Bestimmung einheitlich aus sich heraus auszulegen sei. Umstände, für die sich keine ausreichenden Anhaltspunkte in der Satzung fänden, könnten grund-

---

1 Ablehnend *Pyszka*, GmbHR 2014, 1296 (1298) unter Verweis auf den zivilrechtlichen Schutzzweck des § 296 Abs. 1 AktG sowie auf § 302 Abs. 3 AktG, der nur für den Verzicht auf den Anspruch auf Verlustübernahme Einschränkungen vorsehe; s. auch Rz. 11.24 f.
2 BFH v. 23.1.2013 – I R 1/12, GmbHR 2013, 602 m. Anm. *Walter* = BFH/NV 2013, 989.

sätzlich nicht zur Auslegung herangezogen werden. Dies gelte für außerhalb der Satzung liegende Sachzusammenhänge auch dann, wenn deren Kenntnis bei den Mitgliedern und Organen der Vertragsparteien allgemein vorausgesetzt werden könne. Zur Begründung führte der I. Senat aus, den Finanzbehörden müsse eine sichere Prüfungs- und Beurteilungsgrundlage ermöglicht werden, da durch die Organschaft ausnahmsweise ein Steuersubjekt an die Stelle eines anderen Steuersubjekts trete. Ein „faktisches Wahlrecht" je nach wirtschaftlicher und steuerlicher Situation müsse ausgeschlossen werden.

Diese Auslegungsgrundsätze führen nach Auffassung des BFH zu einer nur **eingeschränkten Anwendbarkeit des Grundsatzes „falsa demonstratio non nocet"**, der aus § 133 BGB abzuleiten sei.[1] Im Streitfall fände sich kein eindeutiger Beleg, dass ein Redaktionsversehen vorliege und die Vertragsparteien entgegen dem ausdrücklichen Wortlaut eine Mindestlaufzeit bis zum 31.12.2003 statt bis zum 30.12.2003 vorsehen wollten.[2] Dies gelte auch unter Berücksichtigung der Bezeichnung des Vertrags als „Organschafts- und Gewinnabführungsvertrag" sowie seines rückwirkenden Inkrafttretens zum 1.1.1999. Zwar werde dadurch der Wille zur Begründung einer steuerlichen Organschaft dokumentiert. Die gesetzlichen Voraussetzungen einer Organschaft dürften aber als ein außerhalb des Vertrags liegendes Moment nicht in die objektive Auslegung einbezogen werden. Ansonsten käme es zu einer Umkehrung des allgemeinen Prinzips, wonach sich die steuerliche Bewertung nach dem Inhalt des zivilrechtlich Vereinbarten richte. Durch diese strenge Auslegung sind im Ergebnis kaum Fallgestaltungen denkbar, bei denen eine Auslegung des Gewinnabführungsvertrags entgegen seinem Wortlaut möglich ist. 6.46

Ob eine Rettung der Organschaft durch eine **Berichtigung nach § 44a Abs. 2 BeurkG** in Frage kommt, hat der BFH nicht abschließend behandelt.[3] Da im Streitfall bereits die zivilrechtlichen Voraussetzungen dieser Vorschrift fehlten, konnte er insbesondere offen lassen, ob eine solche Berichtigung ex tunc wirkt. Nach Auffassung des BFH bestanden im Streitfall keine Anhaltspunkte, dass sich die Vertragsparteien konkret Gedanken über das Datum der frühestmöglichen Kündigung gemacht hatten und übereinstimmend den 31.12.2003 statt des beurkundeten 30.12.2003 festlegen wollten (zu weiteren Beispielsfällen aus Sicht der Finanzverwaltung s. Rz. 7.26). 6.47

6. Vertragliche Regelung zur Verlustübernahme

§ 17 Satz 2 Nr. 2 KStG aF forderte bei einer GmbH als Organgesellschaft die Vereinbarung einer „Verlustübernahme entsprechend den Vorschriften des § 302 des Aktiengesetzes". In ständiger Spruchpraxis hat der BFH[4] diese Voraussetzung streng formal gedeutet. Insbesondere verlangte er seit Einfügung einer Verjährungsregelung in § 302 Abs. 4 AktG auch deren Einbeziehung in die im Gewinnabführungsvertrag zu vereinbarende Verlustübernahme. Dies gilt auch für Alt-Verträge, wie der BFH in seinem Urteil v. 10.5.2017 – I R 93/15 ausführlich 6.48

---

1 Vgl. auch *Krüger*, DStZ 2013, 491.
2 Kritisch *Walter*, GmbHR 2013, 602 (606), da ein Gewinnabführungsvertrag zivilrechtlich zwingend auf volle Geschäftsjahre gerichtet sein müsse; s. hierzu aber auch Rz. 3.82.
3 Kritisch *Frotscher* in Frotscher/Drüen, § 14 KStG Rz. 330; auf die Umstände des konkreten Einzelfall abstellend *Behrens*, BB 2013, 1318 (1320).
4 Vgl. BFH v. 22.12.2010 – I B 83/10, FR 2011, 524 = BFH/NV 2011, 528; BFH v. 22.7.2013 – I B 158/12, BFH/NV 2013, 1807; BFH v. 10.5.2017 – I R 93/15, BFH/NV 2018, 144, jeweils mwN.

dargelegt hat.[1] Diese streng formale Sichtweise führte in der Praxis in zahlreichen Fällen zu einem Scheitern der beabsichtigten Organschaft.

6.49 **Neufassung mit Übergangsvorschrift für Alt-Verträge.** Der Gesetzgeber reagierte darauf im Gesetz zur Änderung und Vereinfachung der Unternehmensbesteuerung und des steuerlichen Reisekostenrechts v. 20.2.2013[2] und verlangte in § 17 Satz 2 Nr. 2 KStG aF eine „Verlustübernahme durch Verweis auf die Vorschriften des § 302 des Aktiengesetzes in seiner jeweils gültigen Fassung". Außerdem schaffte er mit § 34 Abs. 10b Sätze 2 und 3 KStG aF eine rückwirkend heilende Übergangsregelung für vor dem 26.2.2013 abgeschlossene Alt-Verträge, bei denen eine Verlustübernahme entsprechend § 302 AktG tatsächlich erfolgte und die Regelungen zur Verlustübernahme bis zum 31.12.2014 an die neuen Voraussetzungen angepasst worden sind bzw. die Organschaft vor dem 1.1.2015 geendet hat. Diese Übergangsregelung gilt für sämtliche Veranlagungszeiträume, die vor dem 1.1.2015 geendet haben.[3] Beide Vorschriften sind durch das Gesetz zur Anpassung des nationalen Steuerrechts an den Beitritt Kroatiens zur EU und zur Änderung weiterer steuerlicher Vorschriften v. 25.7.2014[4] nochmals geändert worden. § 34 Abs. 10b Sätze 2 und 3 KStG wurden gestrichen, gelten aber durch einen Verweis in § 17 Abs. 2 KStG nF weiter fort. Die bisherigen Regelungen des § 17 KStG aF wurden zu § 17 Abs. 1 KStG nF.

6.50 Bereits wenige Monate nach der ersten Gesetzesänderung hatte der I. Senat des BFH in dem **Urteil v. 24.7.2013 – I R 40/12**[5] Gelegenheit, zu § 17 Satz 2 Nr. 2 KStG in der Fassung vom 20.2.2013 und dessen Übergangsregelung Stellung zu nehmen. Bemerkenswert ist dabei vor allem die – allerdings in einem obiter dictum vertretene – weite Auslegung der Übergangsregelung. Der BFH stellte klar, dass § 34 Abs. 10b Satz 2 KStG aF, der von einem nicht den Anforderungen des § 17 Satz 2 Nr. 2 KStG aF entsprechenden Verweis auf § 302 AktG spricht, auch dann erfüllt sei, wenn der Gewinnabführungsvertrag keinen unvollständigen Verweis auf § 302 AktG, sondern einen unvollständigen eigenen Text zur Verlustübernahme enthalte. Entsprechendes gelte, wenn es sich um eine Mischform aus Verweis und Textwiedergabe handele oder überhaupt keine Regelung zur Verlustübernahme vorhanden sei.[6] Ungeklärt blieb dagegen, wie genau der dynamische Verweis auf § 302 AktG formuliert sein muss (Rz. 3.41).

6.51 **Prozessrisiko bei (zu) günstigen Verwaltungsvorschriften.** Von grundsätzlicher Bedeutung sind auch die Aussagen dieses Urteils zu den Auswirkungen von sog. Nichtbeanstandungsregelungen der Finanzverwaltung, die für den Steuerpflichtigen günstig sind, aber nach Auffassung der Gerichte keine Stütze im Gesetz finden. Im Streitfall betraf dies das BMF-Schrei-

---

1 BFH v. 10.5.2017 – I R 93/15, BFH/NV 2018, 144, insbesondere unter Verweis auf die für die gesamte Mindestlaufzeit geltenden Anforderungen an den Gewinnabführungsvertrag, den Zweck des § 17 KStG, die aktienrechtliche und die außeraktienrechtliche Organschaft so weit wie möglich aneinander anzupassen, und den Grundsatz der Abschnittsbesteuerung.
2 BGBl. I 2013, 285.
3 Vgl. § 34 Abs. 10b Satz 2 KStG idF des AIFM-Steuer-Anpassungsgesetzes v. 18.12.2013, BGBl. I 2013, 4318; die ursprüngliche Übergangsvorschrift erfasste dagegen nur Veranlagungszeiträume, die vor dem 31.12.2014 endeten.
4 BGBl. I 2014, 1266.
5 BFH v. 24.7.2013 – I R 40/12, BStBl. II 2014, 272 = FR 2014, 28 = GmbHR 2013, 1105 m. Anm. *Walter*.
6 Vgl. auch *Märtens*, jurisPR-SteuerR 43/2013 Anm. 6; zur Ausdehnung auf die Anpassung von korrekt formulierten Altregelungen s. *Wacker*, JbFStR 2014/15, 461 (469).

ben v. 16.12.2005,[1] nach dem es für vor dem 1.1.2006 abgeschlossene Gewinnabführungsverträge unschädlich sein sollte, wenn der Hinweis auf § 302 Abs. 4 AktG fehlt. Der BFH machte deutlich, dass eine solche Verwaltungsanweisung für die Gerichte keine bindende Wirkung habe, da das materielle Recht im Finanzgerichtsprozess nicht zur Disposition der Verfahrensbeteiligten stehe. *Gosch*[2] weist in diesem Zusammenhang auf ein beträchtliches Prozessrisiko hin, da die Gerichte im Rahmen einer saldierenden Betrachtungsweise auch Fragen aufgreifen können, die zwischen den Verfahrensbeteiligten unstreitig sind. Im Hinblick auf die in der Literatur[3] diskutierte Abgrenzung zum BFH-Urteil v. 8.8.2001 – I R 25/00[4], in dem es ua. um die verfahrensmäßige Bindung an Billigkeitsentscheidungen gem. §§ 163, 227 AO ging, ergänzte der BFH im Urteil v. 10.5.2017 – I R 93/15,[5] dass auch die sachliche Billigkeitsregelung eines BMF-Schreibens der Umsetzung in eine konkrete Einzelfallentscheidung gemäß § 163 AO bedürfe.

7. Abführung des gesamten Gewinns

a) Ausgleichszahlungen an außenstehende Gesellschafter

Gesetzliche Vorgaben und praktische Bedeutung. Nach § 14 Abs. 1 Satz 1 KStG setzt die körperschaftsteuerliche Organschaft voraus, dass sich die Organgesellschaft durch einen Gewinnabführungsvertrag verpflichtet, „ihren ganzen Gewinn" an den Organträger abzuführen. Gleichzeitig ergibt sich aus § 16 KStG die grundsätzliche Zulässigkeit von Ausgleichszahlungen an außenstehende Gesellschafter der Organgesellschaft (s. ausführlich Rz. 15.1 ff.). Solche Ausgleichszahlungen sind in der Praxis ua. bei Eigengesellschaften der öffentlichen Hand von Bedeutung, da die Kommunen regelmäßig ein Bedürfnis haben, ihre verlustbringende Tätigkeiten im Rahmen einer ertragsteuerlichen Organschaft nutzbar zu machen und gleichzeitig Außenstehende an den Ergebnissen (und den Investitionskosten) der Eigengesellschaft zu beteiligen.[6]

6.52

Die praktische Bedeutung von Ausgleichszahlungen für Organschaftstrukturen der öffentliche Hand wird auch daraus erkennbar, dass die Kläger in den **BFH-Urteilen v. 10.5.2017 – I R 93/15 und v. 4.3.2009 – I R 1/08**[7] kommunale Versorgungsunternehmen waren, die als Organgesellschaften in eine ertragsteuerliche Organschaft eingebunden werden wollten. Als Ausgleich für die nicht organschaftlich verbundenen Gesellschafter sahen die jeweiligen Gewinnabführungsverträge sowohl eine fixe Ausgleichszahlung als auch einen variablen Zuschlag vor. Dabei führte die Kopplung der variablen Ausgleichszahlung an das Ergebnis der Organgesellschaft in beiden Fällen letztlich zur Nichtanerkennung der steuerlichen Organschaft. Die Kernaussage der Urteile besteht darin, dass es jedenfalls dann, wenn dem außenstehenden Gesellschafter infolge der Ausgleichszahlung der Gewinn der Organgesellschaft in demjenigen Verhältnis zufließt, in dem er ihn ohne den Gewinnabführungsvertrag erhalten hätte, nicht zur Abführung des gesamten Gewinns an den Organträger kommt.

6.53

---

1 BMF v. 16.12.2005 – IV B 7 - S 2770 - 30/05, BStBl. I 2006, 12 = FR 2006, 193.
2 *Gosch*, BFH/PR 2013, 411 (413).
3 *Walter*, GmbHR 2013, 1109 (1110).
4 BFH v. 8.8.2001 – I R 25/00, BStBl. II 2003, 923 = FR 2002, 514.
5 BFH v. 10.5.2017 – I R 93/15, BFH/NV 2018, 144.
6 Zur Bedeutung der Ausgleichszahlungen für den steuerlichen Querverbund vgl. auch *Jäckel/Schwarz*, DStR 2018, 433 (439).
7 BFH v. 10.5.2017 – I R 93/15, BFH/NV 2018, 144; BFH v. 4.3.2009 – I R 1/08, BStBl. II 2010, 407.

6.54 **Keine abschließende Anknüpfung an gesellschaftsrechtliche Vorgaben.** Der BFH macht in seiner Begründung zunächst Ausführungen zu den gesellschaftsrechtlichen Grundlagen, insbesondere zu § 304 AktG. Diese Vorschrift, die originär nur für eine Aktiengesellschaft als Organgesellschaft gilt, sehe lediglich eine fixe oder eine am Ergebnis des Organträgers orientierte variable Ausgleichzahlung vor, nicht aber eine Ausgleichszahlung, die an den schwankenden Gewinn der Organgesellschaft anknüpfe. Ob zivilrechtlich – erst Recht im Fall einer GmbH als Organgesellschaft – andere bzw. weitergehende Vereinbarungen möglich sind, lässt der BFH im Ergebnis offen. Unter Berücksichtigung des Zwecks des Tatbestandsmerkmals „Abführung des gesamten Gewinns" seien jedenfalls steuerlich nur solche Ausgleichszahlungen anzuerkennen, die gesellschaftsrechtlich dem dort zwingend Gebotenen Rechnung tragen und nicht zu einer beliebigen Aufteilung des von der Organgesellschaft erzielten Einkommens führen. Dabei ergebe sich das zwingend Gebotene auch für GmbH-Organgesellschaften aus § 304 AktG. Allerdings trifft der BFH auch insoweit keine gesellschaftsrechtliche Aussage zur Anwendung des § 304 AktG auf GmbH-Organgesellschaften, sondern beschränkt sich auf einen rein steuerrechtlichen Rückgriff auf § 304 AktG, der auf die Anordnung einer entsprechenden Anwendung der §§ 14 bis 16 KStG auf GmbH-Organgesellschaften in § 17 Abs. 1 KStG zurückzuführen sei.

– *Die teilweise in der Literatur geäußerte Kritik,*[1] der BFH habe mit der Anwendung des § 304 AktG auf GmbH-Organgesellschaften eine gesellschaftsrechtlich umstrittene Frage ohne nähere Begründung beantwortet, beruht mE auf einer zu weit gehenden Interpretation der Urteilsbegründung. Denn der BFH hat die gesellschaftsrechtliche Zulässigkeit einer von § 304 AktG abweichenden Vereinbarung ausdrücklich offen gelassen und sich allein auf eine steuerliche Argumentation gestützt. Dies ist auch zutreffend, da gesellschaftsrechtlich der Schutz der außenstehenden Gesellschafter im Verhältnis zum Organträger und damit eine Begrenzung der Ausgleichszahlungen „nach unten" im Vordergrund steht, während der Zweck des steuerlichen Tatbestandsmerkmals einer „Abführung des gesamten Gewinns" eine Begrenzung der Ausgleichszahlungen „nach oben" erforderlich macht, dh. steuerlich nicht alles anerkannt werden kann, was gesellschaftsrechtlich gegebenenfalls zulässig ist. Ob der Schutzzweck des § 304 AktG auch (oder gegebenenfalls sogar besser) durch einen am Gewinn der Organgesellschaft orientierten variablen Zuschlag erfüllt werden kann, spielt somit steuerlich keine Rolle, sofern dies über das nach § 304 AktG zwingend Gebotene hinausgeht.

6.55 **Wertende Betrachtung.** Während die Ausgleichszahlung im Urteil v. 4.3.2009 – I R 1/08 tatsächlich zu einem Ergebnis führte, das der Gewinnverteilung ohne Abschluss des Gewinnabführungsvertrags entsprach, gab es im Urteil v. 10.5.2017 – I R 93/15 keine entsprechende Identität. Der BFH hat jedoch klargestellt, dass für ihn nicht die volle betragsmäßige Übereinstimmung der Ergebnisverteilung ohne und mit Gewinnabführungsvertrag entscheidend ist, sondern eine wertende Betrachtung. Allerdings wirft dies weitere Fragen auf:

– *Im Urteil v. 10.5.2017 – I R 93/15* kam es bei wertender Betrachtung letztlich nicht zu einer Abführung des gesamten Gewinns an den Organträger. Die fixe Ausgleichszahlung substituierte in dem konkreten Streitfall zumindest weitgehend den vor Abschluss des Gewinnabführungsvertrags bestehenden Anspruch des außenstehenden Gesellschafters auf eine Vorabgewinnausschüttung; und der zusätzlich vereinbarte variable Ausgleich entsprach der quotalen Verteilung des restlichen Gewinns.

---

1 Vgl. *Jäckel/Schwarz*, DStR 2018, 433 (435 ff.) und *Brühl/Weiss*, BB 2018, 94 (95).

– *Offen bleibt aber*, ob eine Anknüpfung der Ausgleichszahlung an das Ergebnis der Organgesellschaft auch dann schädlich ist, wenn damit letztlich nur ein Teil dieses Ergebnisses nach den ohne Gewinnabführungsvertrag geltenden Regeln verteilt werden soll. Gegen die steuerliche Anerkennung einer solchen Regelung spricht, dass auch ein Teilgewinnabführungsvertrag nicht zur Begründung einer steuerlichen Organschaft ausreicht (vgl. hierzu auch Rz. 6.57).

– Als *Ausweichgestaltung* wird in der Literatur insbesondere die Vereinbarung einer fixen Ausgleichszahlung mit regelmäßiger Überprüfung und gegebenenfalls Anpassung diskutiert. Wenn es dadurch zu Ausgleichszahlungen kommt, die der Gewinnverteilung ohne Gewinnabführungsvertrag entsprechen, weicht dies aber ebenfalls von dem in § 304 AktG geregelten Mindestschutz ab und ist deshalb kritisch zu sehen. Außerdem wird in diesem Zusammenhang zutreffend darauf hingewiesen, dass sorgfältig zu prüfen sei, ob die jeweilige Änderung zu einer neuen Mindestlaufzeit führe.[1]

Ausblick. Das BMF hatte das erste BFH-Urteil v. 4.3.2009 – I R 1/08 noch mit einem Nichtanwendungserlass belegt.[2] Angesichts der Bestätigung und Klarstellung der Rechtsprechung durch das Urteil v. 10.5.2017 – I R 93/15 sollte zu erwarten sein, dass der Fiskus diesen Nichtanwendungserlass aufhebt. Allerdings ist – insbesondere wegen der Bedeutung dieses Problemkreises für die wirtschaftliche Betätigung der öffentlichen Hand – eine die Rechtsprechung des BFH brechende Gesetzesänderung geplant.[3]

6.56

b) Atypisch stille Beteiligung

Nach dem **BFH-Beschluss v. 31.3.2011 – I B 177/10**[4] ist es nicht klärungsbedürftig, dass eine atypisch stille Beteiligung an der Organgesellschaft zur Verletzung der aus § 14 Abs. 1 Satz 1 KStG folgenden Pflicht führt, den „ganzen Gewinn" abzuführen. Diese Einschätzung stimme mit der Rechtsprechung des BGH überein, nach der die stille Beteiligung an einer Aktiengesellschaft als Teilgewinnabführungsvertrag i.S.d. § 292 Abs. 1 Nr. 2 AktG zu qualifizieren sei.[5] Ein Verstoß gegen die Verpflichtung zur Abführung des gesamten Gewinns liegt nach Auffassung des BFH selbst dann vor, wenn sich die atypisch stille Beteiligung nur auf einen sachlich abgegrenzten Teilbereich der Tätigkeitsfelder der Organgesellschaft bezieht, der aus diesem Teilbereich erzielte Gewinn ausschließlich aus einer ausländische Betriebsstätte stammt und dieser Gewinn nach dem anwendbaren DBA von der Bemessungsgrundlage der Körperschaftsteuer auszunehmen ist. Eine Aussage zur typischen stillen Beteiligung trifft der Beschluss aber nicht.[6]

6.57

---

1 *Prinz/Keller*, DB 2018, 400 (406); vgl. auch *Brühl/Weiss*, BB 2018, 94 (97) und *Jäckel/Schwarz*, DStR 2018 433 (439), Letzterer mit dem Vorschlag der Einrichtung einer Zwischenholding und einer am Ergebnis dieser Zwischenholding orientierten variablen Ausgleichszahlung, wobei auch diese Lösung bei wertender Betrachtung trotz Anlehnung an § 304 Abs. 2 Satz 2 AktG im Einzelfall kritisch zu sehen sein dürfte.
2 BMF v. 20.4.2010 – IV C 2-S 2770/08/10006, BStBl. I 2010, 407.
3 Gesetzentwurf der Bundesregierung über ein Gesetz zur Vermeidung von Umsatzsteuerausfällen beim Handel mit Waren im Internet und zur Änderung weiterer steuerlicher Vorschriften (ehemals Jahressteuergesetz 2018), BR-Drs. 372/18, S. 9 (§ 14 Abs. 2 KStG-E mit Anwendung auf alle noch offenen Fälle gemäß § 34 Abs. 6b KStG-E; vgl. hierzu Rz. 15.42 und *Ortmann-Babel/Bolik*, DB 2018, 1876 (1878 f.).
4 BFH v. 31.3.2011 – I B 177/10, GmbHR 2011, 836 = BFH/NV 2011, 1397.
5 BGH v. 21.7.2003 – II ZR 109/02, BGHZ 156, 38 = AG 2003, 625.
6 Vgl. hierzu *Kolbe* in HHR, § 14 KStG Rz. 204 mwN; *Rüsch*, DStZ 2015, 27 (29).

c) Tatsächliche Durchführung der Gewinnabführung

6.58 Im Anschluss an den **BFH-Beschluss v. 26.4.2016 – I B 77/15**[1] ist zumindest geklärt, dass der nach den Grundsätzen ordnungsmäßiger Buchführung ermittelten Gewinn der Organgesellschaft entweder durch Zahlung oder aber durch eine zur Anspruchserfüllung führende und der tatsächlichen Zahlung gleich stehende Aufrechnung abgeführt werden muss. Die reine Einbuchung der Forderung beim Organträger ohne Erfüllungswirkung ist dagegen nicht ausreichend. Die weiteren Einzelheiten, insbesondere die zeitlichen Anforderungen, sind noch nicht höchstrichterlich geklärt.

IV. Zeitliche Aspekte der Organschaftsvoraussetzungen

1. Fragestellungen

6.59 **Zeitweise Nichterfüllung einzelner Organschaftsvoraussetzungen und Rückwirkungen.** Im Rahmen der Organschaftsvoraussetzungen sind zahlreiche zeitliche Aspekte zu berücksichtigen (s. auch Rz. 1.50 ff.). Hiervon sind insbesondere einige Anforderungen an die konkrete Berechnung der fünfjährigen Mindestlaufzeit des Gewinnabführungsvertrags (Zeitjahre, Rumpfwirtschaftsjahre) sowie die vorzeitige Beendigung des Gewinnabführungsvertrags bereits behandelt worden (s. Rz. 6.23 ff.). Darüber hinaus sind vor allem zwei Fragestellungen relevant: Zum einen geht es darum, welche Folgen die zeitweise Nichterfüllung einzelner Organschaftsvoraussetzungen hat, dh. ob die zeitweise Nichterfüllung einzelner Organschaftsvoraussetzungen zu einer insgesamt verunglückten Organschaft oder lediglich zu einer zeitweiligen Organschaftspause führt (s. unten Rz. 6.60 ff.). Zum anderen stellt sich die Frage, welche Organschaftsvoraussetzungen einer Rückwirkung zugänglich sind. In diesem Zusammenhang sind insbesondere etwaige umwandlungssteuerrechtliche Rückwirkungen relevant (s. unten Rz. 6.67 ff.).

2. Zeitweise Nichterfüllung einzelner Organschaftsvoraussetzungen

a) Organschaftspause bei fehlender gewerblicher Tätigkeit und/oder finanzieller Eingliederung

6.60 Der BFH hat in seinem **Urteil v. 10.5.2017 – I R 51/15**[2] erstmals die allgemeine Aussage getroffen, dass die Forderung des § 14 Abs. 1 Satz 1 Nr. 3 Satz 1 KStG, der Gewinnabführungsvertrag müsse im Rahmen der Mindestlaufzeit „während seiner gesamten Geltungsdauer" tatsächlich durchgeführt werden, nicht bedeutet, dass sämtliche tatbestandlichen Voraussetzungen des § 14 Abs. 1 KStG durchgehend erfüllt sein müssen. Somit führt die zeitweise Nichterfüllung einzelner Organschaftsvoraussetzungen nicht zwangsläufig zu einer insgesamt verunglückten Organschaft, sondern kann auch eine lediglich unterbrochene Organschaft (Organschaftspause) zur Folge haben. Darüber hinaus ist es sogar möglich, dass die zeitweise Nichterfüllung einzelner Tatbestandsmerkmale überhaupt keine Auswirkungen auf die Anerkennung der steuerlichen Organschaft hat. So hat der BFH in seinem Urteil v. 24.7.2013 – I R 40/12[3] entschieden, dass die originäre gewerbliche Tätigkeit des Organträ-

---

[1] BFH v. 26.4.2016 – I B 77/15, BFH/NV 2016, 1177.
[2] BFH v. 10.5.2017 – I R 51/15, BStBl. II 2018, 30 mit Darstellung des bisherigen Streitstands in Rz. 25.
[3] BFH v. 24.7.2013 – I R 40/12, BStBl. II 2014, 272 = FR 2014, 28 = GmbHR 2013, 1105 m. Anm. Walter.

gers nicht bereits ab dem Beginn des Wirtschaftsjahrs vorliegen müsse (s. hierzu Rz. 6.5 ff.). Maßgebend sind letztlich die vom Gesetz für die einzelnen Tatbestandsvoraussetzungen konkret formulierten zeitlichen Anforderungen.[1]

Sachverhalt. In dem BFH-Urteil v. 10.5.2017 – I R 51/15 ging es um eine sog. Mehrmütterorganschaft zwischen einer Willensbildungs-GbR als Organträgerin und der Klägerin, einer AG, als Organgesellschaft. Gesellschafter der Willensbildungs-GbR wie auch der Organgesellschaft waren jeweils zu 51 % die A-AG und zu 49 % die B-AG, dh. die Willensbildungs-GbR war nicht selbst Gesellschafterin der Organgesellschaft. In den Veranlagungszeiträumen 2001 und 2002 war die Mehrmütterorganschaft auf Grundlage des § 14 Abs. 2 KStG aF steuerlich anerkannt worden. Nachdem in den Veranlagungszeiträumen 2003 und 2004 wegen Abschaffung des § 14 Abs. 2 KStG aF keine ertragsteuerliche Organschaft mehr bestand, übertrug die B-AG ihre Beteiligung an der Willensbildungs-GbR rückwirkend zum 1.1.2005 auf die A-AG mit der Folge der Anwachsung auf die A-AG als letzte verbliebene Gesellschafterin der GbR. Streitig war die Anerkennung der körperschaftsteuerlichen Organschaft im Veranlagungszeitraum 2005, dem letzten Jahr der fünfjährigen Mindestlaufzeit.

6.61

Zivilrechtlich wirksamer Gewinnabführungsvertrag und finanzielle Eingliederung. Der BFH hat zunächst klargestellt, dass dem Gesetz kein eigenständiger steuerrechtlicher Maßstab für die Wirksamkeit des Gewinnabführungsvertrags zu entnehmen sei, sondern allein dessen zivilrechtliche Wirksamkeit maßgeblich sei. Diese sei durch die Abschaffung der Mehrmütterorganschaft nicht berührt. Insbesondere sei es nicht zu einer Auflösung der Willensbildungs-GbR wegen Zweckerreichung oder Unmöglichwerdens des vereinbarten Zwecks gekommen. In Folge der Anwachsung sei der Gewinnabführungsvertrag vielmehr im Wege der Gesamtrechtsnachfolge auf die A-AG übergegangen. Die finanzielle Eingliederung habe aufgrund der direkten 51 %igen Beteiligung der A-AG an der Klägerin ohnehin von Anfang an bestanden.

6.62

Unterbrochene Organschaft. Die in den Jahren 2003 und 2004 fehlende gewerbliche Tätigkeit der Organträgerpersonengesellschaft sowie die fehlende finanzielle Eingliederung in die Willensbildungs-GbR führten nach Auffassung des BFH lediglich zu einer Unterbrechung der Organschaft (Organschaftspause).[2] Dabei stellte er maßgeblich auf den Gesetzeswortlaut des § 14 Abs. 1 Satz 1 Nr. 3 Satz 1 KStG ab, der sich lediglich auf die tatsächliche Durchführung der zivilrechtlichen Vertragspflichten beziehe. Auch die spezielle zeitliche Regelung zur finanziellen Eingliederung zeige, dass es keinen allgemeinen Grundsatz einer vertragslaufzeitbezogenen Erfüllung sämtlicher Tatbestandsvoraussetzungen gebe.

6.63

Ausnahme bei Gestaltungsmissbrauch. Allerdings ist zu berücksichtigen, dass der BFH seine Auffassung mit einem Vorbehalt versehen hat. Denn er hat den Hinweis, dass der Zweck der Mindestlaufzeit, Manipulationen zu verhindern, nicht nur bei der zivilrechtlichen Durchführung des Vertrags, sondern auch im Hinblick auf die übrigen Tatbestandsvoraussetzungen eine laufzeitbezogene Betrachtung erfordere, nicht pauschal zurückgewiesen. Stattdessen hat er darauf abgestellt, dass diesem Hinweis „jedenfalls" im Streitfall, in dem es um eine Anpas-

6.64

---

1 Vgl. *Märtens*, jurisPR-SteuerR 48/2017, Anm. 2.
2 Bestätigung der Organschaftspause bei zeitweiser Nichterfüllung der finanziellen Eingliederung auch durch BFH v. 10.5.2017 – I R 19/15, BFH/NV 2017, 1558, wobei es dort sogar um das erste Jahr der Organschaft ging; aA noch FG Berlin-Brandenburg v. 15.7.2009 – 12 K 12148/08, rkr., EFG 2009, 2049, nach dem die fünfjährige Mindestdauer erst in demjenigen Wirtschaftsjahr beginne, in dem das Ergebnis der Organgesellschaft erstmals dem Organträger steuerlich zugerechnet werden könne; vgl. hierzu auch *Scheifele/Marx*, DStR 2014, 1793 (1794), mwN.

sung an eine geänderte Gesetzeslage ging, kein entscheidendes Gewicht zukomme. Vor diesem Hintergrund dürfte die neue Rechtsprechung zur Organschaftspause kaum dafür nutzbar sein, die steuerlichen Folgen der Organschaft gezielt zeitweise „abzuschalten".[1]

b) Offene Fragen

6.65 **Anwendung auf weitere Organschaftsvoraussetzungen.** Der BFH hat sich bisher nur zu den Kriterien originäre gewerbliche Tätigkeit des Organträgers und finanzielle Eingliederung ausdrücklich geäußert. Ob und inwieweit auch für die zeitweise Nichterfüllung anderer Kriterien eine Organschaftspause statt einer insgesamt verunglückten Organschaft in Frage kommt, ist bisher nicht abschließend entschieden. Interessant ist insbesondere der Hinweis des BFH im Urteil v. 10.5.2017 – I R 51/15 auf den konkreten Zeitbezug der durch die kleine Organschaftsreform im Jahr 2013 eingefügten Tatbestandsvoraussetzung des § 14 Abs. 1 Satz 1 Nr. 2 Satz 4 KStG, wonach die Beteiligung an der Organgesellschaft ununterbrochen während der gesamten Dauer der Organschaft einer inländischen Betriebsstätte des Organträgers zugeordnet sein muss. Teilweise wird daraus geschlossen, für dieses Tatbestandsmerkmal keine Organschaftspause zuzulassen.[2] Die Gegenauffassung[3] weist zutreffend darauf hin, dass der Wortlaut auf die „Dauer der Organschaft" und nicht auf die (Mindest)Laufzeit des Gewinnabführungsvertrags abstellt (s. Rz. 11.17). Ob sich der zeitliche Bezug deshalb (nur) auf die ununterbrochene Betriebsstättenzuordnung während eines einzelnen Wirtschaftsjahrs der Organgesellschaft bezieht, in dem auch die übrigen Voraussetzungen der Organschaft vorliegen, bleibt aber abzuwarten. Immerhin wollte der Gesetzgeber mit der Formulierung in § 14 Abs. 1 Satz 1 Nr. 2 Satz 4 KStG („…ununterbrochen während der gesamten Dauer …") erkennbar über die auf das einzelne Wirtschaftsjahr bezogene Betrachtungsweise der finanziellen Eingliederung gemäß § 14 Abs. 1 Satz 1 Nr. 1 KStG („… vom Beginn ihres Wirtschaftsjahrs an ununterbrochen …") hinausgehen.

6.66 **Zeitweise Nichterfüllung nach Ablauf der Mindestlaufzeit.** Darüber hinaus ist noch nicht abschließend entschieden, welche Folgen die Nichterfüllung einzelner Tatbestandsmerkmale nach Ablauf der Mindestlaufzeit hat. Sofern es um Tatbestandsmerkmale geht, deren zeitweise Nichterfüllung während der Mindestlaufzeit lediglich zu einer Organschaftspause führt, dürfte dies erst Recht für den Zeitraum nach Ablauf der Mindestlaufzeit gelten.[4] Dagegen dürften die Merkmale, deren zeitweise Nichterfüllung während der Mindestlaufzeit zu einer insgesamt verunglückten Organschaft führt, nach Abschluss der Mindestlaufzeit einen Neuabschluss bzw. die erneute Vereinbarung einer Mindestlaufzeit erforderlich machen, um die Organschaft fortführen zu können.[5]

---

1 Vgl. auch *Prinz/Keller*, DB 2018, 400 (403); kritisch zur Annahme eines Gestaltungsmissbrauchs im Einzelfall *Altrichter-Herzberg*, GmbHR 2018, 296 (298); s. auch Rz. 11.14.
2 *Hemme*, Ubg 2017, 678 (682); iE auch *Frotscher* in Frotscher/Drüen, § 14 KStG Rz. 141k für die Dauer der Mindestlaufzeit des Gewinnabführungsvertrags.
3 *Kolbe* in HHR, § 14 KStG Anm. 190; *Adrian/Fey*, DStR 2017, 2409 (2412); *Prinz/Keller*, DB 2018, 400 (403); *Brühl/Binder*, NWB 2018, 331 (334); vgl. auch *Brink* in Schnitger/Fehrenbacher[3], § 14 KStG Rz. 228t; nach *Benecke/Schnitger*, IStR 2013, 143 (153) kommt es trotz der Gesetzesformulierung jedenfalls dann nicht zum rückwirkenden Scheitern der gesamten Organschaft, wenn ein wichtiger Grund im Sinne der Grundsätze über die vorzeitige Beendigung des Gewinnabführungsvertrags vorliegt.
4 Vgl. auch *Prinz/Keller*, DB 2018, 400 (403); *Schell/Philipp*, FR 2018, 13 (15).
5 AA *Adrian/Fey*, DStR 2017, 2409 (2413).

3. Rückwirkungen

Gesetzliche Grundlagen. Dass im Rahmen der ertragsteuerlichen Organschaft eine Rückwirkung bestimmter Merkmale möglich ist, ergibt sich bereits unmittelbar aus den § 14 Abs. 1 KStG. Zu nennen sind hier insbesondere § 14 Abs. 1 Satz 2 KStG, wonach es ausreicht, dass der Gewinnabführungsvertrag bis zum Ende des ersten Wirtschaftsjahrs wirksam wird, sowie die nachträglichen Korrekturmöglichkeiten gemäß § 14 Abs. 1 Satz 1 Nr. 3 Satz 4 KStG bei Gewinnabführungen aufgrund fehlerhafter Bilanzansätze. Darüber hinaus stellt sich die Frage, ob und inwieweit für die Voraussetzungen der steuerlichen Organschaft die umwandlungssteuerrechtlichen Rückwirkungsfiktionen (§ 2 Abs. 1 UmwStG sowie § 20 Abs. 7 und 8 UmwStG aF bzw. § 20 Abs. 5 und 6 UmwStG nF) Anwendung finden. Davon abzugrenzen sind die Rückwirkungseffekte, die allein Folge einer steuerlichen Rechtsnachfolge (gemäß § 12 Abs. 3 UmwStG) sind (s. hierzu Rz. 6.14 ff.).

6.67

Mit **Urteil v. 10.5.2017 – I R 19/15**[1] hat der BFH entschieden, dass die umwandlungssteuerrechtliche Rückwirkungsfiktion auch für die Mindestlaufzeit des Gewinnabführungsvertrags gilt. Damit ist es grundsätzlich möglich, den Beginn einer Organschaft auf einen Zeitpunkt vorzuverlegen, in dem die Organgesellschaft noch gar nicht bestand.[2] In denjenigen Fällen, in denen die Organgesellschaft erst im Rückwirkungszeitraum von einem Dritten erworben wird (zB eine Vorratsgesellschaft), ist allerdings zu beachten, dass die umwandlungssteuerrechtliche Rückwirkungsfiktion nicht zu einer Vorverlagerung der finanziellen Eingliederung führen kann.

6.68

Sachverhalt. In dem Streitfall hatte eine als Organträgerin vorgesehene Holding-GmbH Teile ihres Vermögens im Wege der Ausgliederung mit Wirkung zum 1.1.2005 auf eine als Organgesellschaft vorgesehene Tochter-GmbH übertragen, die im Februar 2005 als Vorratsgesellschaft von einem Dritten gegründet und anschließend von der Holding-GmbH erworben worden war. Der zwischen beiden Gesellschaften geschlossene Gewinnabführungsvertrag sah eine Geltung ab dem 1.1.2005 und eine erstmalige Kündbarkeit zum 31.12.2009 vor. Das Finanzamt und die Vorinstanz[3] kamen daraufhin zu dem Ergebnis, dass die Mindestdauer von fünf Jahren verletzt sei.

6.69

Keine Rückwirkung der finanziellen Eingliederung. Der BFH entschied, dass jedenfalls in der Konstellation des Erwerbs der späteren Organgesellschaft von einem Dritten im Wege der Einzelrechtsnachfolge keine Rückwirkung der finanziellen Eingliederung möglich sei. *Brandis* spricht insofern von einem „strengen Subjektbezug"[4] der finanziellen Eingliederung. Allerdings kann es im Rahmen einer steuerlichen Rechtsnachfolge i.S.d. § 12 Abs. 3 UmwStG letztlich doch zu einer faktischen Rückwirkung der finanziellen Eingliederung kommen. Auf diese Fälle (s. hierzu Rz. 6.14 ff.) weist der BFH zur Abgrenzung ausdrücklich hin.

6.70

Rückwirkung der fünfjährigen Mindestlaufzeit. Die Kernaussage des Urteils liegt darin, dass die umwandlungssteuerrechtliche Rückwirkungsfiktion für die fünfjährige Mindestlaufzeit von Bedeutung ist, und zwar selbst dann, wenn die künftige Organgesellschaft erst nach dem Beginn des Rückwirkungszeitraums gegründet worden ist. Dabei stellt der BFH ent-

6.71

---

1 BFH v. 10.5.2017 – I R 19/15, BFH/NV 2017, 1558; nachfolgend FG Düsseldorf v. 17.4.2018 – 6 K 2507/17 K.
2 *Märtens*, jurisPR-SteuerR 48/2017, Anm. 1.
3 FG Düsseldorf v. 3.3.2015 – 6 K 4332/12 K,F, EFG 2015, 951 = GmbHR 2015, 543 m. Anm. *Walter*; vgl. auch *Hölzer*, DB 2015, 1249.
4 *Brandis*, BFH/PR 2017, 401 (402).

scheidend darauf ab, dass durch die Rückwirkung tatsächlich das gesamte Einkommen, das der eingebrachte Betrieb bzw. Teilbetrieb im Jahr 2005 erzielt habe, dem Organträger zugerechnet worden sei und deshalb kein Bedarf für eine restriktive Sicht aus Gründen der Manipulationsabwehr bestehe. Darüber hinaus weist der BFH darauf hin, dass das Gesetz in § 14 Abs. 1 Satz 2 KStG selbst die Möglichkeit vorsehe, einen Gewinnabführungsvertrag rückwirkend auf den Beginn des laufenden Wirtschaftsjahrs abzuschließen, dh. die Mindestdauer unter Einbeziehung eines Rückwirkungszeitraums zu berechnen. Da die Feststellungen des FG nicht ausreichten, um die Anwendbarkeit der bei einer Ausgliederung allein in Frage kommenden Rückwirkung gemäß § 20 Abs. 7 und 8 UmwStG aF beurteilen zu können, musste der BFH den Fall im Ergebnis an das FG zurückverweisen.

6.72 **Offene Fragen.** Der BFH nimmt nicht ausdrücklich zu der in der Literatur diskutierten Frage Stellung, ob eine rückwirkende finanzielle Eingliederung zumindest dann in Betracht kommt, wenn im Rahmen der Umwandlung eine Kapitalerhöhung durchgeführt wird und die neu ausgegebenen Anteile die von dem Dritten erworbenen Anteile übersteigen.[1]

C. Rechtsprechung zu den Rechtsfolgen einer Organschaft

I. Ermittlung und Zurechnung des Organeinkommens

1. Anwendung des § 8b KStG

6.73 In dem **BFH-Urteil v. 12.3.2014 – I R 55/13**[2] ging es in erster Linie um die Frage, wie sich bei einer Veräußerung von Kapitalgesellschaftsanteilen i.S.v. § 8b Abs. 2 KStG nachträgliche Änderungen des Veräußerungspreises bzw. der Veräußerungskosten auswirken. Der BFH entschied, dass der Veräußerungsgewinn i.S.d. § 8b Abs. 2 KStG stichtagsbezogen auf den Veräußerungszeitpunkt zu ermitteln sei. Spätere Änderungen des Veräußerungspreises bzw. der Veräußerungskosten führten deshalb nach § 175 Abs. 1 Satz 1 Nr. 2 AO zu einer rückwirkenden Korrektur des Veräußerungsgewinns im Veranlagungsjahr der Veräußerung. In den Veranlagungszeiträumen, in denen sich die nachträglichen Änderungen des Veräußerungspreises bzw. der Veräußerungskosten bilanziell auswirkten, seien sie deshalb außerbilanziell zu korrigieren.[3]

6.74 **Besonderheiten im Rahmen eines Organschaftsverhältnisses.** Da der Veräußerer im Streitfall eine Organgesellschaft war, deren Anteile von einer Organträger-Personengesellschaft (Klägerin) gehalten wurden, hatte der BFH auch Gelegenheit, zu den Besonderheiten im Rahmen der Ermittlung des Organeinkommens Stellung zu nehmen.

– *Nach § 15 Satz 1 Nr. 2 KStG* sind § 8b Abs. 1 bis 6 KStG nicht bei der Ermittlung des Einkommens der Organgesellschaft, sondern erst bei der Ermittlung des Einkommens des Organträgers anzuwenden (sog. Bruttomethode). Auf diese Weise soll sichergestellt werden, dass auf Ebene des Organträgers nur derjenige von der Steuerfreistellung des § 8b Abs. 2 KStG profitiert, der dessen Voraussetzungen erfüllt. Bei einer Organträger-Personengesellschaft kommt es insoweit auf deren Gesellschafter an.

---

[1] Vgl. hierzu Rz. 12.57 sowie *Adrian/Fey*, DStR 2017, 2409 (2414); *Schell/Philipp*, FR 2018, 13 (15).

[2] BFH v. 12.3.2014 – I R 55/13, FR 2014, 811 = BFH/NV 2014, 1329.

[3] Vgl. bereits BFH v. 22.10.2010 – I R 58/10, FR 2011, 472 m. Anm. *Buciek* = BFH/NV 2011, 711.

– *Außerbilanzielle Korrekturen trotz Bruttomethode:* Enthält das bilanzielle Ergebnis der Organgesellschaft nachträgliche Änderungen des Veräußerungspreises bzw. der Veräußerungskosten eines Veräußerungsgeschäfts i.S.v. § 8b Abs. 2 KStG, die rückwirkend im Veräußerungsjahr zu berücksichtigen sind, müssen sie nach Auffassung des BFH trotz § 15 Satz 1 Nr. 2 KStG auf Ebene der Organgesellschaft außerbilanziell korrigiert werden. Zwar handele es sich um Gegenkorrekturen, die erforderlich seien, weil sich die entsprechenden Änderungen bereits bei der Berechnung des Veräußerungsgewinns gem. § 8b Abs. 2 KStG im Veräußerungsjahr auswirkten. Trotz dieses Zusammenhangs gehe es bei diesen Gegenkorrekturen aber nicht um eine – durch § 15 Satz 1 Nr. 2 KStG ausgeschlossene – unmittelbare Anwendung des § 8b Abs. 2 KStG.

2. Zurechnung des Organeinkommens bei Gesellschafterwechsel der Organträger-Personengesellschaft

Das Urteil v. 28.2.2013 – IV R 50/09[1] enthält einige grundlegende Aussagen des BFH zu der in § 14 Abs. 1 Satz 1 KStG vorgesehenen Zurechnung des Einkommens der Organgesellschaft beim Organträger. Der Kläger dieses Verfahrens war alleiniger Kommanditist einer Organträger-KG. Zum 29.12.1998 hatte er seine Kommanditanteile auf einen Dritten übertragen, und zwar mit dem Gewinnbezugsrecht für das am 31.12.1998 endende Geschäftsjahr mehrerer Organgesellschaften.

Allgemeine Grundsätze der Einkommenszurechnung. Zunächst bestätigte der BFH, dass der Organträger und die Organgesellschaft zivil- und steuerrechtlich verschiedene Rechtsträger blieben, die ihr jeweiliges Einkommen selbständig zu ermitteln haben. Erst in einem zweiten Schritt sei das Organeinkommen dem Organträger zuzurechnen. Dies gelte auch bei einer Organträger-Personengesellschaft.[2]

Zeitpunkt der Zurechnung des Organeinkommens. Die Kernaussage des BFH-Urteils v. 28.2.2013 besteht darin, dass das Organeinkommen erst zum Ende des Wirtschaftsjahrs der jeweiligen Organgesellschaft dem Organträger zugerechnet wird.[3] Denn der sich nach Maßgabe der Handelsbilanz ergebene Anspruch des Organträgers auf Gewinnabführung entstehe ebenfalls erst mit dem Ende des Wirtschaftsjahrs der Organgesellschaft. Darüber hinaus bestätigte der BFH, dass die aufgrund des Gewinnabführungsvertrags abgeführten Gewinne beim Organträger außerhalb dessen Bilanz abgezogen werden, um eine Doppelbesteuerung zu vermeiden.

Folgen bei Wechsel der Gesellschafter einer Organträger-Personengesellschaft. Aus den vorgenannten Grundsätzen schloss der IV. Senat des BFH, dass bei einem unterjährigen Gesellschafterwechsel das Einkommen der Organgesellschaft nur denjenigen Gesellschaftern einer Organträger-Personengesellschaft nach dem allgemeinen Gewinnverteilungsschlüssel zuzurechnen ist, die zum Zeitpunkt der Einkommenszurechnung an der Organträgerin beteiligt waren. Dagegen lehnte er es ab, das Organeinkommen dem Veräußerer und dem Erwerber (zeit)anteilig zuzurechnen. Neben dem Zeitpunkt der Entstehung des Anspruchs auf Gewinn-

---

1 BFH v. 28.2.2013 – IV R 50/09, BStBl. II 2013, 494 = FR 2013, 1137.
2 Diese Grundsätze dürften nicht durch BFH v. 12.10.2016 – I R 92/12, BFH/NV 2017, 685 überholt sein, vgl. Ausführungen in Rz. 6.110.
3 Ablehnend zu einer noch weitergehenden Verschiebung auf das Ende des Wirtschaftsjahrs des Organträgers bei nicht übereinstimmenden Wirtschaftsjahren im Organkreis *Wacker*, JbFStR 2014/15, 461 (469); ebenso *Kleinheisterkamp*, JbFStR 2014/15, 470 (476 f.) mwN.

abführung verwies der BFH hierfür insbesondere auf die fehlende Pflicht zur Erstellung einer Zwischenbilanz. Letztlich sei die Einkommenszurechnung in der Sache wie ein einzelner Geschäftsvorfall zu behandeln.

6.79 **Gewinnbezugsrecht kein selbständiges Wirtschaftsgut.** Das BFH-Urteil v. 28.2.2013 enthält darüber hinaus Ausführungen zur Berechnung des Veräußerungsgewinns. Nach Auffassung des BFH stellt das Gewinnbezugsrecht auch dann kein selbständiges, vom Mitunternehmeranteil losgelöstes Wirtschaftsgut dar, wenn bei dessen Veräußerung – wie in dem vom BFH entschiedenen Fall – ausdrücklich vereinbart wird, dass ein Teil des Kaufpreises auf das übertragene Gewinnbezugsrecht entfällt. Auch in einem solchen Fall gehört also der gesamte Kaufpreis zum Veräußerungsgewinn des Mitunternehmeranteils.

3. Dauerdefizitärer Betrieb einer Organgesellschaft

6.80 **Hintergrund.** Für die wirtschaftliche Tätigkeit der öffentlichen Hand ist die Quersubventionierung defizitärer Tätigkeiten durch deren steuerliche Zusammenfassung mit gewinnbringenden Betrieben von großer Bedeutung. Nachdem der BFH bei einer strukturell dauerdefizitären Eigengesellschaft verdeckte Gewinnausschüttungen angenommen hatte,[1] drohte dieses System zu kollabieren. Der Gesetzgeber reagierte daraufhin mit der Einführung eines Sonderrechts in § 8 Abs. 7 bis 9 KStG und § 4 Abs. 6 KStG durch das JStG 2009.[2] Gem. § 8 Abs. 7 KStG sind insbesondere die Rechtsfolgen einer verdeckten Gewinnausschüttung bei bestimmten Dauerverlustgeschäften bestimmter (kommunaler) Unternehmen ausgeschlossen.

6.81 **Dreistufige Prüfung.** In dem Urteil v. 9.11.2016 – I R 56/15[3] hatte der BFH erstmals Gelegenheit, zur technischen Umsetzung dieses Sonderrechts im Fall kommunaler Organgesellschaften Stellung zu nehmen. Rechtsgrundlage ist hierfür § 15 Satz 1 Nr. 4 KStG, wobei der BFH über gewisse Ungenauigkeiten in der Formulierung der Vorschrift hinwegging und eine dreistufigen Prüfung zugrunde legte: Zunächst ist auf Ebene der Organgesellschaft zu prüfen, ob einzelne dauerdefizitäre Tätigkeiten vorliegen, die gem. § 8 Abs. 7 Satz 2 KStG begünstigt sind. Ist dies zu bejahen, ist das dem Organträger zuzurechnende Einkommen gem. § 15 Satz 1 Nr. 4 Satz 1 KStG ohne die Rechtsfolgen einer verdeckten Gewinnausschüttung zu ermitteln. Schließlich ist in einem dritten Schritt zu prüfen, ob in dem zugerechneten Einkommen Verluste aus begünstigten Dauerverlustgeschäften enthalten sind. Für diese Verluste gilt dann gem. § 15 Satz 1 Nr. 4 Satz 2 KStG auf Ebene des Organträgers § 8 Abs. 7 KStG, dh. die Rechtsfolgen einer verdeckten Gewinnausschüttung sind auch auf dieser Ebene ausgeschlossen.

4. Zusammentreffen mit Gewinnausschüttungen aus vororganschaftlicher Zeit

6.82 **Anteilige Anwendung des Halbabzugsverbots des § 3c Abs. 2 Satz 1 EStG.** Das FG Saarland hatte in seinem Urteil v. 1.2.2006 – 1 K 1145/12[4] über den Abzug von Finanzierungsaufwendungen im Jahr 2002 zu entscheiden, die beim Organträger für den Erwerb der Beteiligung an der Organgesellschaft angefallen waren. Da der Organträger im Streitjahr nicht nur die Gewinnabführung, sondern auch eine vororganschaftliche Gewinnausschüttung erhalten

---

1 BFH v. 22.8.2007 – I R 32/06, BStBl. II 2007, 961; kritisch *Schiffers*, DStZ 2017, 275.
2 Jahressteuergesetz 2009 v. 19.12.2008, BGBl. I 2008, 2794; vgl. auch *Gosch* in Gosch[3], § 8 KStG Rz. 1040 ff.; *Paetsch* in Rödder/Herlinghaus/Neumann, § 8 KStG Rz. 1821 ff.; *Brandis*, BFH/PR 2017, 149.
3 BFH v. 9.11.2016 – I R 56/15, BStBl II 2017, 498.
4 FG Saarland v. 1.2.2006 – 1 K 1145/12, EFG 2016, 1013 (Rev. BFH VIII R 4/16).

hatte, sah das FG nur einen quotalen Abzug der Finanzierungsaufwendungen als gerechtfertigt an.

II. Mehr- und Minderabführungen

1. Problematik und Rechtsentwicklung

Auslöser für Mehr- und Minderabführungen. Der aus dem Gewinnabführungsvertrag folgende Anspruch des Organträgers auf Gewinnabführung richtet sich nach dem handelsrechtlichen Jahresüberschuss, während das zuzurechnende Organeinkommen gem. § 14 Abs. 1 Satz 1 KStG an die Steuerbilanz anknüpft. Sog. Mehr- bzw. Minderabführungen resultieren grundsätzlich daraus, dass beide Größen nicht deckungsgleich sind (s. ausführlich Rz. 13.1 ff.). 6.83

– *Beispiele für Minderabführungen, dh. für einen niedrigeren handelsrechtlichen Jahresüberschuss:* Bildung einer handelsbilanziellen Rückstellung, die steuerlich nicht (zB wegen § 6 Abs. 3 bis 4b oder § 4 Abs. 5 EStG) bzw. nicht in vollständiger Höhe (zB wegen § 6 Abs. 1 Nr. 3a Buchst. e EStG oder § 6a EStG) anerkannt wird; in der Handelsbilanz Abschreibung des entgeltlich erworbenen Geschäfts- oder Firmenwerts über einen kürzeren als den steuerlich in § 7 Abs. 1 Satz 3 EStG vorgesehenen Zeitraum von 15 Jahren.

– *Beispiele für Mehrabführungen, dh. für einen höheren handelsrechtlichen Jahresüberschuss:* Auflösung von Rückstellungen, die in früheren Geschäftsjahren in der Handelsbilanz gebildet und steuerlich nicht bzw. nur in geringerer Höhe anerkannt worden sind; ehemals gemeinnützige Wohnungsbauunternehmen, die ihre steuerlichen Buchwerte (unter Fortführung der handelsbilanziellen Buchwerte) gem. § 13 Abs. 2 und 3 KStG steuerfrei auf den Teilwert aufgestockt haben und bei denen deshalb die steuerliche AfA höher als die handelsbilanziellen Abschreibungen sind (vgl. auch § 14 Abs. 3 Satz 4 KStG).

Letztlich kommt es für die Annahme von Mehr- oder Minderabführungen aber auf den Grundsatz der Einmalbesteuerung an (s. unten Rz. 6.94 ff.). Je nachdem, ob der zugrunde liegende Geschäftsvorfall vor oder während der organschaftlichen Zeit eingetreten ist, spricht man von vororganschaftlichen oder organschaftlichen Mehr- und Minderabführungen.

Rechtslage vor 2004. Bis zum Jahr 2004 fehlte eine gesetzliche Regelung der Mehr- und Minderabführungen. § 27 Abs. 6 Satz 1 KStG aF befasste sich lediglich mit den Auswirkungen von organschaftlichen Mehrabführungen auf das steuerliche Einlagekonto. Die in der Praxis angewandten Regelungen über Mehr- und Minderabführungen ergaben sich somit fast ausschließlich aus Verwaltungsvorschriften:[1] 6.84

– *Vororganschaftliche Mehr- und Minderabführungen* sollten danach als Gewinnausschüttung bzw. Einlage behandelt werden. Dadurch sollte der in vororganschaftlicher Zeit erzielte ausschüttbare Gewinn der besonderen Organschaftsbesteuerung entzogen und der regulären Besteuerung unterworfen werden, insbesondere der Besteuerung von Gewinnausschüttungen nach § 8b KStG/§ 3 Nr. 40 EStG und den Körperschaftsteuererhöhungen nach § 38 KStG. Letzteres hatte auch nach dem Wechsel zu einer ausschüttungsunabhängigen Körperschaftsteuererhöhung ab dem 1.1.2007 in § 38 Abs. 4 ff. KStG praktische Bedeutung, da gerade die ehemals gemeinnützigen Wohnungsbauunternehmen, bei denen es wegen der Aufstockung der steuerlichen Buchwerte zu Mehrabführungen kommen

---

1 Vgl. insbesondere A 59 KStR 1995.

kann, nach § 34 Abs. 14 KStG nF (ehemals Abs. 16) ein Wahlrecht für die Anwendung der alten (ausschüttungsabhängigen) Regelungen in § 38 Abs. 1 bis 3 KStG hatten und dies in der Regel auch ausübten.[1]

– *Organschaftliche Mehr- und Minderabführungen* führten dagegen zur einkommensneutralen Bildung aktiver und passiver Ausgleichsposten in der Steuerbilanz des Organträgers, die (erst) im Fall der Veräußerung der Organbeteiligung einkommenswirksam aufzulösen waren. Damit sollte erreicht werden, dass es weder zu einer Doppel- noch zu einer Nichtbesteuerung kommt.

6.85 **Rechtslage ab 2004.** Ausgelöst durch das BFH-Urteil v. 18.12.2002 – I R 51/01,[2] in dem der BFH die Verwaltungsauffassung zur Behandlung vororganschaftlicher Mehrabführungen ablehnte, hat der Gesetzgeber mit dem Richtlinien-Umsetzungsgesetz v. 9.12.2004[3] einen neuen § 14 Abs. 3 KStG eingefügt, mit dem die bisherige Verwaltungsauffassung rechtsprechungsbrechend kodifiziert werden sollte. Die Neuregelung ist erstmals für Mehrabführungen von Organgesellschaften anzuwenden, deren Wirtschaftsjahr nach dem 31.12.2003 endet (§ 34 Abs. 9 Nr. 4 KStG aF). Die Minderabführungen werden in § 34 Abs. 9 KStG aF nicht erwähnt.

6.86 **Rechtslage ab 2008.** Durch das Jahressteuergesetz 2008 v. 20.12.2007[4] kam § 14 Abs. 4 KStG hinzu, der nunmehr auch die organschaftlichen Mehr- und Minderabführungen entsprechend der bis dahin geltenden Verwaltungsauffassung regeln soll. Auch hier war Auslöser ein die Verwaltungsauffassung ablehnendes BFH-Urteil, und zwar das Urteil v. 7.2.2007 – I R 5/05,[5] in dem der BFH die Auffassung vertreten hatte, dass ein passiver Ausgleichsposten im Fall der Veräußerung der Organbeteiligung nicht einkommenswirksam, sondern erfolgsneutral aufzulösen sei. Außerdem war der BFH entgegen der Finanzverwaltung davon ausgegangen, dass die aktiven und passiven Ausgleichsposten außerhalb der Steuerbilanz als (technische) Korrekturposten zu erfassen seien.[6] Nach § 34 Abs. 9 Nr. 5 KStG idF des Jahressteuergesetzes 2008 soll die Neuregelung in § 14 Abs. 4 KStG bereits für Veranlagungszeiträume vor 2008 anzuwenden sein.

2. Vororganschaftliche Mehr- und Minderabführungen

6.87 In den **Vorlagebeschlüssen v. 6.6.2013 – I R 38/11 und v. 27.11.2013 – I R 36/13**[7] befasste sich der BFH mit den vororganschaftlichen Mehr- und Minderabführungen i.S.d. § 14 Abs. 3 KStG (zur verfassungsrechtlichen Problematik der Übergangsregelung in § 34 Abs. 9 Nr. 4 KStG aF s. Rz. 6.151 ff.). Auch wenn die Ausführungen des BFH lediglich im Rahmen eines Normenkontrollersuchens ergingen und damit nur vorläufigen Charakter haben, kön-

---

1 Einschränkend dagegen *Doege/Middendorf*, StuB 2014, 682 (685); *Stangl/Winter*, Organschaft 2013/2014, Rz. 416.
2 BFH v. 18.12.2002 – I R 51/01, BStBl. II 2005, 49 = FR 2003, 457 m. Anm. *Then*; bestätigt durch BFH v. 6.6.2013 – I R 38/11, BStBl. II 2014, 398 = FR 2013, 1140 – Az. BVerfG: 2 BvL 7/13; BFH v. 27.11.2013 – I R 36/13, BStBl. II 2014, 651 – Az. BVerfG 2 BvL 18/14.
3 BGBl. I 2004, 3310.
4 BGBl. I 2007, 3150.
5 BFH v. 7.2.2007 – I R 5/05, BStBl. II 2007, 796 = FR 2007, 1018; Nichtanwendungserlass des BMF v. 5.10.2007 – IV B 7 - S 2770/07/0004, BStBl. I 2007, 743.
6 Vgl. auch BFH v. 29.8.2012 – I R 65/11, BStBl. II 2013, 555 = GmbHR 2012, 1308 = FR 2013, 285 unter II.3.a., mwN.
7 BFH v. 6.6.2013 – I R 38/11, BStBl. II 2014, 398 = FR 2013, 1140 – Az. BVerfG: 2 BvL 7/13; BFH v. 27.11.2013 – I R 36/13, BStBl. II 2014, 651 – Az. BVerfG 2 BvL 18/14.

nen durch diese Entscheidungen mehrere Problembereiche als – zumindest weitgehend – höchstrichterlich geklärt angesehen werden.[1] Dies betrifft insbesondere wesentliche Kriterien für die Annahme von Mehr- und Minderabführungen, die Abgrenzung zwischen organschaftlichen und vororganschaftlichen Mehr- und Minderabführungen sowie die Frage nach etwaigen Saldierungsmöglichkeiten.

Sachverhalt. In beiden Vorlagebeschlüssen ging es um ehemals gemeinnützige Wohnungsbauunternehmen, die ihre steuerlichen Buchwerte gem. § 13 Abs. 2 und 3 KStG aF steuerfrei aufgestockt hatten und bei denen es aufgrund der anschließenden Bildung einer steuerlichen Organschaft zu vororganschaftlichen Mehrabführungen kam. Das Finanzamt behandelte diese Mehrabführungen in den Streitjahren (2004 bzw. 2004 bis 2006) gem. § 14 Abs. 3 KStG als Gewinnausschüttungen, die gem. § 38 Abs. 1 Satz 4 KStG zu einer Verwendung von Alt-EK02 und damit zu einer Körperschaftsteuererhöhung gem. § 38 Abs. 2 Satz 1 KStG führten. 6.88

Rein rechnerischer Differenzbetrag. Hinsichtlich der äußerst umstrittenen Frage, ob die Mehrabführung i.S.d. § 14 Abs. 3 KStG einen tatsächlichen Vermögensabfluss voraussetzt oder als ein rein rechnerischer Differenzbetrag zu begreifen ist, entschied sich der BFH für die zuletzt genannte Auffassung. Zwar sei für die Bestimmung von Mehrabführungen i.S.d. § 14 Abs. 3 KStG kein Rückgriff auf die Definition in § 14 Abs. 4 Satz 6 KStG möglich, da dort nur auf § 14 Abs. 4 Satz 1 KStG verwiesen werde. Es würde aber dem Sinn und Zweck des § 14 Abs. 3 KStG widersprechen, wenn die Annahme von vororganschaftlichen Mehrabführungen davon abhinge, ob ein handels-/steuerbilanzieller Gewinn oder Verlust erzielt werde. 6.89

– *Vergleichswerte:* Ob bzw. in welcher Höhe es zu Mehr- oder Minderabführungen kommt, ergibt sich nach Auffassung des BFH zunächst aus einem Vergleich des handelsrechtlichen Jahresüberschusses der Organgesellschaft mit dem Ergebnis nach der Steuerbilanz. Damit stellt er für die Vergleichsrechnung auf eine rein bilanzielle Betrachtung ab, dh. ohne Berücksichtigung außerbilanzieller Korrekturen wie beispielsweise § 8b KStG (zu Ausnahmen aufgrund des letztlich maßgebenden Gesichtspunkts der Einmalbesteuerung s. unten Rz. 6.94 ff.). Zur Begründung weist der BFH darauf hin, dass steuerfreie Vermögensmehrungen nicht als Mehrabführung erfasst werden sollen.

– *Keine Begrenzung auf den handelsbilanziellen Jahresüberschuss:* Aus der Betrachtung der Mehrabführung als einen rein rechnerischen Differenzbetrag folgt, dass sie der Höhe nach nicht durch den handelsbilanziellen Jahresüberschuss begrenzt ist. Vielmehr kann eine Mehrabführung nach Auffassung des BFH auch dann vorliegen, wenn die Organgesellschaft handelsbilanziell einen geringeren Verlust erlitten hat, als dem Organträger zuzurechnen ist (sog. Minderverlustübernahme).

Saldierungsverbot. Darüber hinaus hat sich der BFH für eine geschäftsvorfallbezogene Betrachtungsweise entschieden. Dies führt zu einem Saldierungsverbot zwischen einer vororganschaftlichen Mehrabführung i.S.d. § 14 Abs. 3 KStG und (vororganschaftlichen oder organschaftlichen) Minderabführungen. 6.90

– *Zur Begründung* beruft sich der BFH zum einen auf den Wortlaut des Gesetzes, der die Begriffe Mehr- und Minderabführungen im Plural verwende. Außerdem ergebe sich das Saldierungsverbot zwischen vororganschaftlichen und organschaftlichen Mehr- und Min-

---

[1] Vgl. *Gosch*, BFH/PR 2013, 408; zu einem beim FG Rheinland-Pfalz anhängigen Verfahren zu vororganschaftlichen Mehrabführungen bei einer mittelbaren Organschaft vgl. *Neumann*, Kölner Tage Organschaft am 16.4.2015, 30 (44).

derabführungen aus den unterschiedlichen Tatbestandsvoraussetzungen und Rechtsfolgen gem. § 14 Abs. 3 und 4 KStG. Darüber hinaus sei das Saldierungsverbot erforderlich, um die einzelnen Geschäftsvorfälle der vororganschaftlichen/organschaftlichen Zeit zuordnen zu können.

– *Zur Möglichkeit einer Saldierung zwischen organschaftlichen Mehr- und Minderabführungen* trifft der BFH in seinen Vorlagebeschlüssen keine Aussage.[1] Allerdings dürfte diese Frage nur dann von praktischer Relevanz sein, wenn es trotz der vom BFH vorgenommenen Einordnung sämtlicher Ausgleichsposten als steuerliche Bilanzierungshilfe[2] zu unterschiedlichen Folgen für das steuerbilanzielle Eigenkapital kommen sollte (s. dazu unten Rz. 6.98).

6.91 **Verursachung in vororganschaftlicher oder organschaftlicher Zeit.** Hinsichtlich der Regeln für die Zuordnung der Mehrabführungen zur organschaftlichen oder vororganschaftlichen Zeit, trifft der BFH zwei Aussagen:

– Für den Streitfall beruft er sich auf die ausdrückliche Bestimmung in *§ 14 Abs. 3 Satz 4 KStG*. Danach ist der Teilwertansatz nach § 13 Abs. 3 KStG der vororganschaftlichen Zeit zuzurechnen.

– Zusätzlich nennt der BFH aber auch *allgemeine Zuordnungskriterien*. Danach liegt eine vororganschaftliche Veranlassung immer dann vor, wenn die Mehrabführungen zwar in organschaftlicher Zeit realisiert werden, aber Folge der in vororganschaftlicher Zeit vorgenommenen Bilanzansätze sind. Dies stehe in keinem Widerspruch zum Urteil v. 18.12.2002 – I R 51/01,[3] in dem noch von einer grundsätzlichen Veranlassung in organschaftlicher Zeit ausgegangen worden sei. Denn der Gesetzgeber habe durch die spätere Neuregelung des § 14 Abs. 3 KStG eine periodenübergreifende Verknüpfung zwischen dem ursprünglichen Geschäftsvorfall und den durch diesen Geschäftsvorfall verursachten späteren Mehrabführungen vorgenommen.

6.92 **Leistung i.S.d. § 38 Abs. 1 Satz 3 KStG.** Schließlich hat der BFH in seinen Vorlagebeschlüssen klargestellt, dass vororganschaftliche Mehrabführungen trotz ihres Charakters als rein rechnerischer Differenzbetrag als Leistungen i.S.d. § 38 Abs. 1 Satz 3 KStG anzusehen seien und somit zu einer Körperschaftsteuererhöhung führen könnten. Dies folge aus § 14 Abs. 3 Satz 1 KStG, der vororganschaftliche Mehrabführungen als Gewinnausschüttungen fingiere. Diese gesetzliche Fiktion schlage auf den Leistungsbegriff in § 38 Abs. 1 Satz 3 KStG durch.[4] Auf Grundlage dieser Argumentation dürfte auch auf Ebene des Organträgers von fiktiven Gewinnausschüttungen und einer entsprechenden Besteuerung nach § 20 Abs. 1 Nr. 1 EStG auszugehen sein.[5]

---

1 Vgl. zu dieser Frage *von Freeden* in HHR, § 14 KStG Anm. 352; *Rödder/Liekenbrock* in Rödder/Herlinghaus/Neumann, § 14 KStG Rz. 664 f., jeweils mwN.
2 BFH v. 29.8.2012 – I R 65/11, BStBl. II 2013, 555 = FR 2013, 285 unter II.3.b.
3 BFH v. 18.12.2002 – I R 51/01, BStBl. II 2005, 49 = FR 2003, 457 m. Anm. *Then*.
4 Zur weiterhin bestehenden Kritik vgl. *Suchanek*, GmbHR 2014, 832; auch *Gosch*, BFH/PR 2013, 408 (409) sieht die Gegenauffassung als ebenso gut vertretbar an.
5 GlA *von Freeden* in HHR, § 14 KStG Anm. 313; *Stangl/Winter*, Organschaft 2013/2014, Rz. A56 und 429.

3. Organschaftliche Mehr- und Minderabführungen

a) Weiterentwicklung der Kriterien für Mehr- und Minderabführungen

Regelbeispiel des § 14 Abs. 4 Satz 6 KStG. Die Kriterien für Mehr- und Minderabführungen sind von der jüngeren Rechtsprechung des BFH vor allem im Rahmen organschaftlicher Mehr- und Minderabführungen und deren Regelbeispiel in § 14 Abs. 4 Satz 6 KStG weiterentwickelt worden. Nach dieser Vorschrift liegen Mehr- oder Minderabführungen „insbesondere vor, wenn der an den Organträger abgeführte Gewinn von dem Steuerbilanzgewinn der Organgesellschaft abweicht." Dies entspricht dem bisherigen Ansatz einer bilanziellen Sichtweise.

6.93

Grundsatz der Einmalbesteuerung. Die Rechtsprechung des BFH ist aber nicht bei einer rein bilanziellen Sichtweise stehen geblieben, sondern mündete mit dem Urteil v. 15.3.2017 – I R 67/15[1] in der allgemeinen Aussage, die Entscheidung über die Annahme einer (organschaftlichen) Mehr- oder Minderabführung sei letztlich an dem Grundanliegen des Gesetzgebers auszurichten, die Einmalbesteuerung der organschaftlichen Erträge beim Organträger sicherzustellen. Unter Berücksichtigung des Regelbeispiels in § 14 Abs. 4 Satz 6 KStG geht der BFH deshalb grundsätzlich, aber nicht nur und auch nicht immer im Fall der Abweichung des handelsbilanziellen Jahresüberschusses der Organgesellschaft von deren Steuerbilanzgewinn von einer Mehr- oder Minderabführung aus. Im Übrigen hat der I. Senat in diesem Urteil klargestellt, dass für ihn keine Ansatzpunkte ersichtlich sind, den Begriff der Mehr- oder Minderabführung für vororganschaftliche und organschaftliche Mehr- oder Minderabführungen unterschiedlich auszulegen.

6.94

b) Verrechenbare Verluste i.S.d. § 15a EStG

Diese Entwicklung der Rechtsprechung des BFH begann bereits mit dem **Urteil v. 29.8.2012 – I R 65/11.**[2] In diesem Urteil ging es um die Bildung eines passiven Ausgleichspostens bei verrechenbaren Verlusten i.S.d. § 15a EStG sowie um die Frage, welche Auswirkungen aktive bzw. passive Ausgleichsposten auf das für die Ausschüttungsfiktion des § 10 Satz 1 UmwStG aF maßgebliche steuerbilanzielle Eigenkapital haben.

6.95

Sachverhalt. Klägerin des Rechtsstreits war eine KG, die infolge einer Umwandlung mit steuerlicher Wirkung zum 31.12.2003 Gesamtrechtsnachfolgerin einer Organträger-GmbH geworden war. Zwischen der Organträger-GmbH und ihrer Organgesellschaft bestand seit 1994 eine körperschaftsteuerliche Organschaft. Die Organgesellschaft war wiederum als Kommanditistin an einer Tochter-KG beteiligt, die Verluste erwirtschaftete. Daraus folgte für die Organgesellschaft zum 31.12.2003 ein verrechenbarer Verlust gem. § 15a EStG. Die Klägerin hatte sich mit ihrer Klage beim FG erfolgreich gegen folgende Schlussfolgerungen des Finanzamts gewehrt:

6.96

– *Bildung eines passiven Ausgleichspostens:* Da das negative Kapitalkonto der Organgesellschaft bei ihrer Tochter-KG nach der sog. Spiegelbildmethode in der Steuerbilanz der Organgesellschaft auszuweisen sei, es in der Handelsbilanz aber bei dem Restwertansatz iHv. 1 Euro bleibe, kam das Finanzamt zu einer organschaftlichen Mehrabführung, für die –

---

[1] BFH v. 15.3.2017 – I R 67/15, BFH/NV 2017, 1276.
[2] BFH v. 29.8.2012 – I R 65/11, BStBl. II 2013, 555 = FR 2013, 285; zur beschränkten Anwendung durch die Finanzverwaltung s. BMF v. 15.7.2013 – IV C 2 - S 2770/07/10004:004 – DOK 2013/0457677, BStBl. I 2013, 921 = FR 2013, 772.

nach Saldierung mit einer organschaftlichen Minderabführung – ein passiver Ausgleichsposten zu bilden sei.

– *Minderung des steuerlichen Eigenkapitals:* Darüber hinaus sei die durch die Verschmelzung bedingte Körperschaftsteuerminderung (§ 10 UmwStG aF) auf Grundlage des um den passiven Ausgleichsposten geminderten steuerbilanziellen Eigenkapitals zu berechnen.

6.97 **Aktive und passive Ausgleichsposten.** Der BFH erläutert in seiner Entscheidung v. 29.8.2012, dass handelsrechtliche Minderabführungen zu einem aktiven Ausgleichsposten und handelsrechtliche Mehrabführungen zu einem passiven Ausgleichsposten führen. Damit solle beispielsweise für den Fall der Veräußerung der Anteile an der Organgesellschaft eine Doppel- bzw. Nichtbesteuerung vermieden werden.

– *Vor Einführung des § 14 Abs. 4 KStG* waren diese Ausgleichsposten nach Auffassung des BFH außerhalb der Steuerbilanz des Organträgers als (technische) Korrekturposten zu erfassen.

– *Auf Grundlage des § 14 Abs. 4 KStG* kommt der BFH zu einem Ausweis innerhalb der Steuerbilanz. Die Ausgleichsposten seien aber weder als eigenständiges Wirtschaftsgut noch als Korrekturposten zum Beteiligungsansatz, sondern als steuerliche Bilanzierungshilfe zu qualifizieren.[1]

6.98 **Einfluss auf das steuerbilanzielle Eigenkapital.** Vor Einführung des § 14 Abs. 4 KStG schied nach Auffassung des BFH ein Einfluss der Ausgleichsposten auf das steuerbilanzielle Eigenkapital schon deshalb aus, weil sie außerhalb der Bilanz zu bilden waren. Ob dies auch nach Einführung des § 14 Abs. 4 KStG und der damit verbundenen Qualifizierung als steuerliche Bilanzierungshilfe in jedem Fall ausgeschlossen bleibt, hat der BFH ausdrücklich offen gelassen. Jedenfalls würden aktive Ausgleichsposten nicht zu einer Erhöhung des steuerbilanziellen Eigenkapitals i.S.d. § 10 UmwStG aF führen, da diese Beträge handelsrechtlich nicht an den Organträger abgeführt worden seien und damit auch nicht Gegenstand einer den gesellschaftsrechtlichen Vorgaben entsprechenden Gewinnausschüttung des Organträgers sein könnten.

6.99 **Kein passiver Ausgleichsposten bei verrechenbaren Verlusten i.S.d. § 15a EStG.** Die wichtigste Aussage des BFH-Urteils v. 29.8.2012 betraf die Voraussetzungen für die Bildung passiver Ausgleichsposten. Im Streitfall war es durch die Kommanditbeteiligung der Organgesellschaft an einer defizitären Tochter-KG zu einer handelsrechtlichen Mehrabführung gekommen, und zwar in Form einer Minderverlustübernahme, da sich das bei der KG geführte negative Kapitalkonto auf Ebene der Organgesellschaft nur in der Steuerbilanz (Spiegelbildmethode), nicht aber in der Handelsbilanz (weiterhin Ansatz der Beteiligung mit dem Restbuchwert iHv. 1 EURO) ausgewirkt hatte.

– *Bei einer rein bilanziellen Sichtweise* hätte es damit zu einem passiven Ausgleichsposten kommen müssen.

– *Der BFH* stellte aber darauf ab, dass § 14 Abs. 4 Satz 6 KStG keine Legaldefinition, sondern lediglich einen Typusbegriff formuliere.[2] Deshalb sei im Streitfall zu berücksichtigen, dass die handelsrechtliche Mehrabführung steuerlich außerhalb der Bilanz durch

---

1 Zu den steuerlichen Folgen der Rechtsnatur des Ausgleichspostens aus Sicht der Betriebsprüfung vgl. *Breier*, Kölner Tage Organschaft am 16.4.2015, 102 (118 ff.).
2 Die beiläufige Bezeichnung des § 14 Abs. 4 Satz 6 KStG als Legaldefinition in den Vorlagebeschlüssen des BFH v. 6.6.2013 – I R 38/11, BStBl. II 2014, 398 = FR 2013, 1140 – Az. BVerfG: 2 BvL 7/13

§ 15a EStG neutralisiert werde, dh. die erhöhten Verluste in der Steuerbilanz sich letztlich gar nicht auf die Besteuerung auswirkten. Im Ergebnis seien die Abweichungen zwischen Handels- und Steuerbilanz somit nur in der Technik der Einkommensermittlung begründet. Vor diesem Hintergrund sei die Bildung eines passiven Ausgleichspostens nicht gerechtfertigt.[1]

Beibehaltung der bilanziellen Sichtweise. In den zeitlich nachfolgenden Vorlagebeschlüssen v. 6.6.2013 und v. 27.11.2013[2] hat der BFH zwar weiterhin die bilanzielle Sichtweise betont. Trotzdem lässt sich aus dem Urteil v. 29.8.2012 bereits die allgemeine Schlussfolgerung ableiten, dass eine Einbeziehung außerbilanzieller Korrekturen zumindest dann in Betracht kommt, wenn sie bilanzielle Abweichungen zwischen Handels- und Steuerbilanz neutralisieren. Damit führen beispielsweise auch Gewinne aus einer Kommanditbeteiligung, denen verrechenbare Verluste i.S.d. § 15a EStG gegenüberstehen, nicht zur Bildung eines Ausgleichspostens.[3]

6.100

Vertrauensschutz nach § 176 Abs. 2 AO. Zusätzlich enthält das BFH-Urteil v. 29.8.2012 eine für die Praxis bedeutsame Aussage zum Umfang des Vertrauensschutzes nach § 176 Abs. 2 AO, wenn nach Erlass eines wirksamen Steuerbescheids eine allgemeine – zugunsten des Steuerpflichtigen wirkende – Verwaltungsvorschrift der Bundesregierung bzw. einer obersten Bundes- oder Landesbehörde von einem obersten Gerichtshof des Bundes verworfen wird. Zum einen reicht nach Auffassung des BFH eine allgemeine Verwaltungsübung nicht aus, um einen entsprechenden Vertrauensschutz zu begründen. Zum anderen könne ein Vertrauensschutz von vornherein nicht entstehen, wenn die Verwaltungsvorschrift bereits zum Zeitpunkt ihres Erlasses im Widerspruch zur Rechtsprechung des BFH gestanden habe.

6.101

c) Ertragszuschuss des Organträgers und Übernahmeverlust

In seinem **Urteil v. 15.3.2017 – I R 67/15**[4] entwickelte der BFH die Ausnahmen von der rein bilanziellen Sichtweise der Mehr- oder Minderabführungen weiter fort. Konkret ging es um die Frage, ob trotz der Behandlung eines Ertragszuschusses des Organträger als verdeckte Einlage bzw. der außerbilanziellen Korrektur eines Verschmelzungsverlusts i.S.d. § 12 Abs. 2 Satz 1 UmwStG eine organschaftliche Mehr- bzw. Minderabführung vorlag.

6.102

Sachverhalt. Die Klägerin des Streitfalls war eine Organgesellschaft, die von ihrer Organträgerin einen nicht rückzahlbaren Ertragszuschuss erhalten hatte. Diesen Zuschuss verbuchte sie im Streitjahr 2002 handelsbilanziell als Ertrag. Darüber hinaus erfasste sie in der Han-

6.103

---

und BFH v. 27.11.2013 – I R 36/13, BStBl. II 2014, 651 = FR 2014, 979 – Az. BVerfG: 2 BvL 18/14 sollte mE nicht als Abkehr von dieser Auffassung verstanden werden.
1 AA *Frotscher* in Frotscher/Drüen, § 14 KStG Rz. 811b ff. unter Hinweis auf den Gesetzeswortlaut „insbesondere" in § 14 Abs. 4 Satz 6 KStG, der dazu führe, dass zwar eine Erweiterung auf diejenigen Fälle möglich sei, in denen keine bilanzielle Abweichung vorliege, aber keine Einschränkung, wenn tatsächlich eine bilanzielle Abweichung gegeben sei.
2 BFH v. 6.6.2013 – I R 38/11, BStBl. II 2014, 398 = FR 2013, 1140 – Az. BVerfG: 2 BvL 7/13; BFH v. 27.11.2013 – I R 36/13, BStBl. II 2014, 651 = FR 2014, 979 – Az. BverfG: 2 BvL 18/14.
3 Vgl. *Faller*, DStR 2013, 1977 (1979) und *Trautmann/Faller*, DStR 2013, 293 (295 f.), die allerdings auch bei nach DBA steuerfreien Einnahmen von einer Abweichung zwischen Handels- und Steuerbilanz ausgehen, obwohl die Steuerfreiheit der Einnahmen zutreffenderweise erst außerbilanziell zu berücksichtigen ist; zu eng dagegen BMF v. 15.7.2013 – IV C 2 - S 2770/07/10004:004 – DOK 2013/0457677, BStBl. I 2013, 921 = FR 2013, 772.
4 BFH v. 15.3.2017 – I R 67/15, BFH/NV 2017, 1276.

delsbilanz den Übernahmeverlust aus einer Verschmelzung mit einer Tochtergesellschaft, der steuerlich gem. § 12 Abs. 2 Satz 1 UmwStG nicht abgezogen werden durfte. Im Rahmen des Streits um die gesonderte Feststellung des steuerlichen Einlagekontos ging es um die Frage, ob aus diesen Vorgängen organschaftliche Mehr- und Minderabführungen i.S.d. § 27 Abs. 6 KStG resultierten.

6.104 **Ertragszuschuss als verdeckte Einlage.** Der BFH stellte zunächst klar, dass der nicht rückzahlbare Ertragszuschuss steuerlich als verdeckte Einlage der Organträgerin zu werten sei. Insbesondere gebe es keine vorweggenommene Saldierung des Zuschusses mit dessen Rückgewähr an die Organträgerin, die daraus resultiere, dass der Zuschuss aufgrund der Verbuchung als Ertrag Bestandteil der handelsrechtlichen Gewinnabführung an die Organträgerin sei. Vielmehr seien der Zuschuss und dessen Rückgewähr zwei eigenständig zu würdigende Vorgänge.

6.105 **Mehrabführung durch Ertragszuschuss.** Die bei einer rein bilanziellen Sichtweise zur Bestimmung von Mehr- und Minderabführungen erhebliche Frage, ob die steuerliche Behandlung des Ertragszuschusses als verdeckte Einlage zu einer Korrektur des steuerlichen Ergebnisses innerhalb oder außerhalb der Steuerbilanz führte, ließ der BFH ausdrücklich offen. Selbst wenn die Korrektur außerhalb der Steuerbilanz stattfände und somit keine Abweichung zwischen dem handelsbilanziellen und dem steuerbilanziellen Ergebnis i.S.d. § 14 Abs. 4 Satz 6 KStG bestünde, läge eine organschaftliche Mehrabführung vor, die gem. § 27 Abs. 6 KStG zu einer Minderung des steuerlichen Einlagekontos führe. Dies folge aus dem für die Bestimmung von Mehr- und Minderabführungen letztlich entscheidenden Grundsatz der Einmalbesteuerung. Ohne die Annahme eines passiven Ausgleichspostens bzw. eine Minderung des steuerlichen Einlagekontos infolge der organschaftlichen Mehrabführung käme es im Fall der Veräußerung der Organbeteiligung zu einer ungerechtfertigten Minderung des steuerlichen Veräußerungsgewinns um den geleisteten Ertragszuschuss. Denn die verdeckte Einlage des Ertragszuschusses führe beim Organträger zu nachträglichen Anschaffungskosten auf die Beteiligung und bei der Organgesellschaft zu einer Erhöhung des steuerlichen Einlagenkontos, ohne dass sich der tatsächliche Wert der Beteiligung geändert hätte.

6.106 **Keine Minderabführung durch Verschmelzungsverlust.** Hinsichtlich des Verschmelzungsverlusts führten entsprechende Überlegungen des BFH zum umgekehrten Ergebnis, dh. zur Ablehnung einer organschaftlichen Minderabführung gem. § 27 Abs. 6 KStG. Zwar komme es wegen der außerbilanziellen Korrektur des Übernahmeverlusts gem. § 12 Abs. 2 Satz 1 UmwStG letztlich zu einem über den handelsrechtlichen Jahresüberschuss hinausgehenden steuerlichen Gewinn. Es bestehe aber kein Bedarf, diese rein außerbilanzielle Abweichung als organschaftliche Minderabführung zu berücksichtigen. Denn sie diene gerade dem Grundanliegen des Gesetzgebers, die Einmalbesteuerung der organschaftlichen Erträge beim Organträger sicherzustellen. Ein späterer Gewinn des Organträgers aus der Veräußerung der Beteiligung an der Organgesellschaft werde dadurch nicht beeinflusst und müsse somit auch nicht durch Auflösung eines aktiven Ausgleichspostens korrigiert werden.

6.107 **Offene Fragen und Ausblick.** Der BFH macht die Annahme einer Mehr- bzw. Minderabführung sachgerecht von dem Zweck der damit verbundenen aktiven und passiven Ausgleichsposten abhängig, die Einmalbesteuerung der organschaftlichen Erträge sicherzustellen, dh. grundsätzlich sowohl eine Nicht- als auch eine Doppelbesteuerung zu vermeiden. Die rein bilanzielle Sichtweise i.S.d. § 14 Abs. 4 Satz 6 KStG führt zwar weiterhin regelmäßig zu zutreffenden Ergebnissen und kann deshalb als Ausgangspunkt dienen. Letztlich entscheidend ist aber die Sicherstellung einer Einmalbesteuerung, sodass die Ergebnisse der bilanziellen Sichtweise in jedem Fall anhand dieses Ziels überprüft werden müssen.[1] Dabei ist zu berücksichtigen, dass auch das Ziel der Einmalbesteuerung nicht vorbehaltlos gilt. Beispielsweise führen außerbilanzielle Korrekturen wegen steuerfrei zu stellender Einnahmen grundsätzlich nicht zu Mehrabführungen, obwohl dies im Ergebnis eine Nichtbesteuerung dieser Einnahmen zur Folge hat. Denn eine Einmalbesteuerung infolge der Annahme einer Mehrabführung würde hier dem grundsätzlichen Ziel der (dauerhaften) Steuerfreistellung widersprechen. Trotz der sachgerechten und klaren Vorgaben des BFH dürfte es somit im Einzelfall schwierig werden, Mehr- und Minderabführungen zu identifizieren.[2]

d) Auflösung organschaftlicher Ausgleichsposten bei mittelbarer Organschaft

Veräußerung der Organbeteiligung. Gem. § 14 Abs. 4 Satz 2 KStG sind die organschaftlichen Ausgleichsposten „im Zeitpunkt der Veräußerung der Organbeteiligung" aufzulösen und erhöhen bzw. mindern dadurch den Veräußerungsgewinn. Für den Fall einer mittelbaren Organschaft, dh. des Abschlusses eines Gewinnabführungsvertrags unter Außerachtlassung einer Zwischengesellschaft, ist diese Voraussetzung auslegungsbedürftig (s. auch Rz. 14.65 ff.). Das FG Münster hat in einem Urteil v. 19.11.2015[3] entschieden, dass die Veräußerung der Organbeteiligung durch die Zwischenkapitalgesellschaft jedenfalls dann zur Auflösung der auf Ebene des Organträgers gebildeten Ausgleichposten führe, wenn die Zwischenkapitalgesellschaft ihrerseits eine Organschaft mit dem Organträger gebildet habe. Der BFH wird im Rahmen des Revisionsverfahrens I R 16/16 Gelegenheit haben, sich hierzu zu äußern. Allerdings ist zu beachten, dass der Sachverhalt des FG Münster einen Sonderfall erfasste (mittelbare Organschaft zwischen Organträger und Organenkelgesellschaft sowie gleichzeitig Organschaft zwischen dem Organträger und der Zwischenkapitalgesellschaft). Ob und inwieweit sich der BFH auch zu anderen Fallgruppen mittelbarer Organschaften äußert, bleibt deshalb abzuwarten.

6.108

III. Verlustabzugsbeschränkungen

1. Keine doppelte Verlustberücksichtigung im In- und Ausland

Gesetzliche Grundlage. § 14 Abs. 1 Satz 1 Nr. 5 KStG sollte zum Zeitpunkt seiner Einführung durch das UntStFG v. 20.12.2001[4] verhindern, dass doppelt ansässige Organträger ihre Verluste sowohl im In- als auch im Ausland nutzen. Hierzu sah die ursprüngliche Fassung vor, dass ein „negatives Einkommen des Organträgers" bei der inländischen Besteuerung unberücksichtigt bleibt, soweit es in einem ausländischen Staat im Rahmen einer der deutschen Besteuerung des Organträgers entsprechenden Besteuerung berücksichtigt wird. Im Zuge der Zulassung doppelt ansässiger Organgesellschaften kam es im Jahr 2014 zu einer rückwirkenden Erweiterung des § 14 Abs. 1 Satz 1 Nr. 5 KStG. Danach gilt die Verlustabzugsbeschränkung für „negative Einkünfte des Organträgers oder der Organgesellschaft". Allgemein zu be-

6.109

---

1 Zu den sich daraus ergebenen Fallgruppen vgl. *Gosch/Adrian*, GmbHR 2017, 965 (967 ff.); kritisch zur Zielvorgabe der Sicherstellung einer Einmalbesteuerung *Dötsch/Pung*, DB 2018, 1424.
2 Vgl. beispielsweise die Diskussion verschiedener Sachverhaltskonstellationen bei Ertragszuschüssen durch *v. Freeden/Lange*, DB 2017, 2055 (2056 f.) und *Joisten/Lüttchens*, Ubg 2017, 561 (568 ff.); *Prinz/Keller*, DB 2018, 400 (408) schlagen vor diesem Hintergrund in das Rechnungswesen integrierte Systeme zur Erfassung von Mehr- und Minderabführungen vor.
3 FG Münster v. 19.11.2015 – 9 K 3400/13 K, F, EFG 2016, 594 (Az. BFH I R 16/16); vgl. hierzu auch *v. Freeden/Joisten*, DB 2016, 1099.
4 Unternehmenssteuerfortentwicklungsgesetz v. 20.12.2001, BGBl. I 2001, 3858.

achten, dass § 14 Abs. 1 Satz 1 Nr. 5 KStG trotz seiner systematischen Stellung keine Voraussetzung der steuerlichen Organschaft regelt, sondern eine Beschränkung ihrer Rechtsfolge.[1]

6.110 In den weitgehend inhaltsgleichen **BFH-Urteilen v. 12.10.2016 – I R 92/12 und I R 93/12**[2] hatte der BFH erstmals Gelegenheit, zur neuen Fassung der Verlustabzugsbeschränkung des § 14 Abs. 1 Satz 1 Nr. 5 KStG Stellung zu nehmen. Die Kernaussage besteht darin, dass vom Verlustabzug ausgeschlossene negative Einkünfte des Organträgers nur dann vorliegen können, wenn die **„konsolidierten Einkünfte des Organträgers"** nach der Zurechnung des Einkommens der Organgesellschaften negativ sind. Diese Voraussetzung war in den Streitfällen nicht erfüllt, da zwar bei isolierter Betrachtung der Organträgerin negative Einkünfte vorlagen, nicht aber nach deren Saldierung mit den positiven Einkünften der Organgesellschaften. Die Begründung des BFH ist unter mehreren Gesichtspunkten interessant:

– *Zunächst ist bemerkenswert*, dass der Wortlaut der Vorschrift (negative Einkünfte des Organträgers „oder" der Organgesellschaft) die Auslegung des BFH nicht unbedingt nahelegt, wie er auch selbst in seiner Begründung andeutet. Seine Auslegung dürfte deshalb von dem Willen getragen sein, der zu weit gefassten Vorschrift einen Inhalt zu geben, der unter Berücksichtigung ihrer systematischen Stellung im Organschaftsrecht an die Besonderheiten der Besteuerung von Organschaften anknüpft. Dies könnte auch für die ausdrücklich offen gelassene Frage von Bedeutung sein, ob der Anwendungsbereich der Vorschrift auf diejenigen negativen Einkünfte des Organträgers beschränkt ist, die ihre Ursache im Organschaftsverhältnis haben (dh. auf den zugerechneten negativen Einkommen der Organgesellschaften beruhen).[3]

– *Der Wortlaut „Einkünfte" statt „Einkommen"* ist nach Auffassung des BFH allein dadurch begründet, dass die Vorschrift auf Organgesellschaften erweitert werden sollte und bei einer Organgesellschaft aufgrund der in § 14 Abs. 1 Satz 1 KStG angeordneten Rechtsfolge (Zurechnung des Einkommens beim Organträger) kein Einkommen verbleibt. Vor diesem Hintergrund dürfte es zu weit gehen, dem BFH zu unterstellen, mit seinen Entscheidungen die allgemeine Systematik der Einkommensermittlung bei Organschaften (getrennte Ermittlung des Einkommens des Organträgers und der Organgesellschaft mit anschließender Zurechnung des Einkommens der Organgesellschaften beim Organträger) ändern zu wollen.[4] Vielmehr dürfte es dem BFH allein um die spezifische Auslegung der Voraussetzungen des § 14 Abs. 1 Satz 1 Nr. 5 KStG gegangen sein.

6.111 **Weitere offene Fragen.** Zunächst ist zu beachten, dass es in den beiden Urteilen des BFH v. 12.10.2016 nur um die Variante „negative Einkünfte des Organträgers" ging. Liegen negative Einkünfte einer Organgesellschaft vor, dürfte die grundsätzliche Anwendbarkeit des § 14 Abs. 1 Satz 1 Nr. 5 KStG dagegen nicht von einer Saldierung mit etwaigen positiven Einkünften des Organträgers abhängen.[5] Darüber hinaus hat der BFH mehrere weitere Fragen, die sich

---

1 *Wacker*, IStR 2017, 286 (288).
2 BFH v. 12.10.2016 – I R 92/12, BFH/NV 2017, 685; BFH v. 12.10.2016 – I R 93/12, BFH/NV 2017, 586; vgl. auch *Prinz*, GmbHR 2017, 553; kritisch *Weinberger*, IStR 2017, 970.
3 Vgl. auch *Martini*, HFR 2017, 307 (309).
4 So aber *Pohl*, DStR 2017, 1687 (1688 ff.).
5 Vgl. auch *Wacker*, IStR 2017, 286 (288), der alternativ negative Einkünfte der Organgesellschaften oder saldierte negative Einkünfte des Organträgers nach den organschaftsrechtlichen Ergebniszurechnungen als Voraussetzungen für die Anwendbarkeit des § 14 Abs. 1 Satz 1 Nr. 5 KStG nennt.

auf Grundlage des Sachverhalts im Rahmen des § 14 Abs. 1 Satz 1 Nr. 5 KStG hätten stellen können, ausdrücklich offen gelassen:

– *Zulässigkeit der Rückwirkung?* Diese Frage stellt sich, da die geänderte Fassung des § 14 Abs. 1 Satz 1 Nr. 5 KStG gem. § 34 Abs. 9 Nr. 8 KStG aF in allen noch nicht bestandskräftig veranlagten Fällen gelten soll.

– *Anwendung auf Personengesellschaften als Organträger?* Die Problematik resultiert daraus, dass § 14 Abs. 1 Satz 1 Nr. 5 KStG nunmehr auf Einkünfte abstellt, eine Personengesellschaft aber nicht Subjekt der Einkünfteerzielung ist.[1]

– *Verhältnis zu den DBA?* Der BFH hat die Frage aufgeworfen, ob § 14 Abs. 1 Satz 1 Nr. 5 KStG die abkommensrechtlich vereinbarte Anrechnungsmethode verdrängt, da diese gerade die Einbeziehung von positiven wie negativen Einkünfte in die Bemessungsgrundlage beider Vertragsstaaten zur Folge hat.

2. Kein Verlustrücktrag aus nach- in vororganschaftliche Zeit

In dem BFH-Urteil v. 12.12.2012 – I R 69/11[2] verfolgte die Klägerin das Ziel eines steuerlichen Verlustrücktrags gem. § 10d Abs. 1 EStG iVm. § 8 Abs. 1 Satz 1 KStG in der für das Streitjahr 1999 geltenden Fassung. Die Besonderheit lag darin, dass der Verlust nicht aus dem nachfolgenden Veranlagungszeitraum 2000, sondern aus dem Veranlagungszeitraum 2003 in den Veranlagungszeitraum 1999 zurückgetragen werden sollte. Zur Begründung verwies die Klägerin darauf, dass sie in den Jahren 2000 bis 2002 als Organgesellschaft in eine steuerliche Organschaft eingebunden gewesen sei.

Kein Verlustrücktrag aus nach- in vororganschaftliche Zeit. Der BFH stellte klar, dass das Gesetz keinen Verlustrücktrag aus dem ersten nachorganschaftlichen in den letzten vororganschaftlichen Veranlagungszeitraum vorsehe. Angesichts des unmissverständlichen Wortlauts des § 10d Abs. 1 Satz 1 EStG, der einen Abzug vom Gesamtbetrag der Einkünfte „des unmittelbar vorangegangenen Veranlagungszeitraums" vorsieht, konnte die Klägerin auch kaum auf eine für sie günstige Entscheidung hoffen. Hinzu kommt, dass bei einer Organgesellschaft für jeden Veranlagungszeitraum der organschaftlichen Zeit eine eigenständige Veranlagung durchgeführt wird und § 15 Satz 1 Nr. 1 KStG keine Regelung enthält, wonach die organschaftliche Zeit bei der Bestimmung des unmittelbar vorangegangenen Veranlagungszeitraums auszuklammern ist.[3]

6.112

6.113

D. Gewerbesteuerliche Aspekte der Organschaft

I. Kürzungen und Hinzurechnungen im gewerbesteuerlichen Organkreis

1. Sog. gebrochene oder eingeschränkte Einheitstheorie

Bestätigung der ständigen Rechtsprechung. Die für die gewerbesteuerliche Organschaft in ständiger Rechtsprechung vertretene sog. gebrochene oder eingeschränkte Einheitstheorie

6.114

---

1 Ausdrücklich zweifelnd *Wacker*, IStR 2017, 286 (288).
2 BFH v. 12.12.2012 – I R 69/11, BFHE 240, 34 = FR 2013, 608 m. Anm. *M. Prinz* = GmbHR 2013, 425.
3 Vgl. auch FG Münster v. 15.6.2011 – 9 K 1292/07 K, EFG 2012, 638.

wurde vom BFH in jüngerer Zeit noch einmal senatsübergreifend bestätigt.[1] Danach gelten die Organgesellschaften für gewerbesteuerliche Zwecke zwar gem. § 2 Abs. 2 Satz 2 GewStG als Betriebsstätte des Organträgers, bilden mit diesem aber kein einheitliches Unternehmen. Organgesellschaften und Organträger bleiben vielmehr selbständige Gewerbebetriebe.

– *In einem ersten Schritt* ermitteln die Organgesellschaften und der Organträger ihre Gewerbeerträge jeweils getrennt unter Beachtung der Hinzurechnungs- und Kürzungsvorschriften (§§ 8, 9 GewStG).

– *In einem zweiten Schritt* sind unter Berufung auf § 2 Abs. 2 Satz 2 GewStG ungerechtfertigte steuerliche Doppelbelastungen bzw. -entlastungen zu korrigieren und gegenüber dem Organträger ein einheitlicher Gewerbesteuer-Messbetrag festzusetzen.[2]

6.115 **Korrektur doppelter Be- und Entlastungen im Organkreis.** Rechtsgrundlage für die im zweiten Schritt vorzunehmenden Korrekturen ist nach einhelliger Auffassung der BFH-Senate § 2 Abs. 2 Satz 2 GewStG. Die Einzelheiten der Begründung lassen aber durchaus Unterschiede erkennen. Der X. Senat des BFH[3] folgert aus § 2 Abs. 2 Satz 2 GewStG, dass die innerhalb des Organkreises bestehende Korrespondenz von Aufwands- und Ertragsseite nicht durch einseitige Hinzurechnungen bzw. Kürzungen gestört werden dürfe. Bei einer drohenden Störung dieser Korrespondenz seien die entsprechenden Hinzurechnungs- oder Kürzungsvorschriften teleologisch zu reduzieren, dh. deren Anwendung ausgeschlossen. Der IV. Senat des BFH[4] stellt dagegen allein darauf ab, ob eine Korrektur erforderlich ist, um die doppelte Erfassung eines Ertrags bzw. die doppelte Berücksichtigung eines Aufwands beim gleichen Rechtsträger (dem Organträger als Gewerbesteuerschuldner) zu vermeiden. Dagegen komme es weder auf den Zweck der gewerbesteuerlichen Kürzungs- und Hinzurechnungsvorschriften noch auf die Frage an, ob es ohne das Organschaftsverhältnis ebenfalls zu einer doppelten Erfassung der Erträge bzw. zu einer doppelten Berücksichtigung der Aufwendungen (dann aber bei unterschiedlichen Rechtsträgern) gekommen wäre. Trotz dieser Unterschiede in der Begründung dürften die Ergebnisse aber grundsätzlich identisch sein.

6.116 **Anwendungsfälle.** Der BFH hat in seinen Entscheidungen mehrere Anwendungsfälle für gem. § 2 Abs. 2 Satz 2 GewStG notwendige Korrekturen aufgeführt.[5] Für zu korrigierende Hinzurechnungen i.S.d. § 8 GewStG ist insbesondere auf Dauerschuldzinsen gem. § 8 Nr. 1 GewStG bei innerhalb des Organkreises gewährten Darlehen hinzuweisen (zur Vereinbarkeit des § 8 Nr. 1 GewStG mit der unionsrechtlichen Niederlassungs- und Dienstleistungsfreiheit vgl. Rz. 6.162 ff.). Ohne eine Korrektur würden die Zinsen beim Organträger zweimal erfasst,

---

1 BFH v. 18.5.2011 – X R 4/10, BStBl. II 2011, 887 = FR 2011, 964 m. Anm. *Wendt*; BFH v. 30.10.2014 – IV R 9/11, BFH/NV 2015, 227 = GmbHR 2015, 149; BFH v. 17.12.2014 – I R 39/14, BFH/NV 2015, 749 = FR 2015, 472 m. Anm. *Roser* mwN, auch zur früher vom RFH vertretenen sog. Filial- oder Einheitstheorie; kritisch *Neumann*, Kölner Tage Organschaft am 16.4.2015, 30 (37) unter Hinweis auf den Wortlaut des § 2 Abs. 2 Satz 2 GewStG.
2 Ob die Korrekturen nach § 2 Abs. 2 Satz 2 GewStG bereits beim jeweils getrennt ermittelten Gewerbeertrag der zum Organkreis gehörenden Betriebe oder erst bei der Summe der Gewerbeerträge vorzunehmen sind, wird vom BFH meist ausdrücklich davon abhängig gemacht, um welchen Rechenposten es sich handelt; mE wäre es konsequent, etwaige Korrekturen nach § 2 Abs. 2 Satz 2 GewStG immer erst im Anschluss an die Zusammenrechnung der Gewerbeerträge vorzunehmen.
3 BFH v. 18.5.2011 – X R 4/10, BStBl. II 2011, 887 = FR 2011, 964 m. Anm. *Wendt*.
4 BFH v. 30.10.2014 – IV R 9/11, BFH/NV 2015, 227 = GmbHR 2015, 149.
5 Vgl. BFH v. 18.5.2011 – X R 4/10, BStBl. II 2011, 887 = FR 2011, 964 m. Anm. *Wendt*; BFH v. 30.10.2014 – IV R 9/11, BFH/NV 2015, 227 = GmbHR 2015, 149, jeweils mwN.

nämlich einmal als Zinsertrag und einmal über die Hinzurechnung nach § 8 Nr. 1 GewStG. Bei den Kürzungen i.S.d. § 9 GewStG kommt eine Korrektur insbesondere im Rahmen der erweiterten Gewerbesteuerkürzung gem. § 9 Nr. 2 GewStG in Betracht (s. Rz. 6.117 ff.). Als weiteres Beispiel werden vom BFH Teilwertabschreibungen genannt, soweit sie auf Verlusten beruhen, die ebenfalls in den zusammengerechneten Gewerbeerträgen enthalten sind. Ergänzend ist darauf hinzuweisen, dass eine Korrektur von vornherein nur insoweit erforderlich ist, wie die Teilwertabschreibungen grundsätzlich steuerlich wirksam wären und damit beim Organträger tatsächlich zu einer doppelten Entlastung führten.

2. Erweiterte Kürzung gem. § 9 Nr. 1 Satz 2 GewStG

Nach den BFH-Urteilen v. 18.5.2011 – X R 4/10 und v. 30.10.2014 – IV R 9/11[1] ist die erweiterte Kürzung für Grundstücksunternehmen (§ 9 Nr. 1 Satz 2 GewStG) zu versagen, sofern es sich bei dem Grundstücksunternehmen um eine Organgesellschaft handelt, die ihren gesamten Grundbesitz an eine andere Organgesellschaft desselben Organkreises vermietet.

6.117

Das Urteil des X. Senats des BFH betraf einen **Sachverhalt**, bei dem ein Einzelunternehmer Alleingesellschafter zweier GmbHs war („Verwaltungs-GmbH" und „Handels-GmbH"), die mit ihm als Organträger einen Organkreis bildeten. Die Verwaltungs-GmbH vermietete ihren gesamten Grundbesitz an die Handels-GmbH. In dem Urteil des IV. Senats des BFH ging es ebenfalls um die Verpachtung des gesamten Grundvermögens einer GmbH, und zwar um die Verpachtung eines Hotelgebäudes (ohne Betriebsvorrichtungen und Geschäftsausstattung) der B-GmbH an ihre Schwestergesellschaft C-GmbH. Beide GmbHs waren Organgesellschaften der A-GmbH (Organträgerin), die ihrerseits Organgesellschaft der X-KG war (mehrstufiger Organkreis).

6.118

Keine erweiterte Kürzung im Organkreis. Nach Auffassung des BFH folgt aus den Grundsätzen der sog. gebrochenen oder eingeschränkten Einheitstheorie, dass es innerhalb des Organkreises nicht zu einer erweiterten Gewerbesteuerkürzung gem. § 9 Nr. 1 Satz 2 GewStG kommen darf. Anderenfalls wäre – so der X. Senat – die Korrespondenz zwischen Aufwands- und Ertragsseite gestört, da sowohl die Mietaufwendungen als auch die Mieterträge in den zusammengerechneten Gewerbeerträgen enthalten seien und sich gegenseitig neutralisierten. Aus diesem Grund erfordere der Zweck der erweiterten Gewerbesteuerkürzung – Gleichstellung von Unternehmen, die nur aufgrund ihrer Rechtsform der Gewerbesteuer unterliegen, mit vermögensverwaltenden Personenunternehmen – keine (zusätzliche) Anwendung des § 9 Nr. 1 Satz 2 GewStG.[2] Der IV. Senat konzentriert sich dagegen auf die ungerechtfertigte doppelte Entlastung beim Organträger als alleinigen Gewerbesteuerschuldner. Auch wenn er die Erforderlichkeit der Korrektur letztlich ebenso wie der X. Senat mit dem Hinweis begründet, § 9 Nr. 1 Satz 2 GewStG nehme Erträge von der Gewerbesteuer aus, obwohl die korrespondierenden Aufwendungen gewerbesteuermindernd abzuziehen seien, bietet der Ansatz des IV. Senats, die Stellung des Organträgers als alleinigen Gewerbesteuerschuldner sowie die damit zusammenhängende Konsolidierung der Gewerbeerträge zu betonen, Vorteile. Denn unter Berücksichtigung dieser Umstände besteht ein Unterschied zwischen einem Organkreis einer-

6.119

---

1 BFH v. 18.5.2011 – X R 4/10, BStBl. II 2011, 887 = FR 2011, 964 m. Anm. *Wendt*; BFH v. 30.10.2014 – IV R 9/11, BFH/NV 2015, 227 = GmbHR 2015, 149.
2 Kritisch hierzu *Wendt*, FR 2011, 968 (969), der darauf hinweist, dass die Korrespondenz von Mieterträgen und Mietaufwendungen keine unterschiedliche Behandlung von Konzernstrukturen mit/ ohne Organschaft rechtfertigen kann und sich die Lösung aus § 9 Nr. 1 Satz 5 Nr. 1 GewStG ergeben muss.

seits und einer Muttergesellschaft mit nicht organschaftlich verbundenen Tochtergesellschaften andererseits, so dass der IV. Senat trotz Schlechterstellung des Organkreises durch die Nichtanwendung des § 9 Nr. 1 Satz 2 GewStG einen Verstoß gegen Art. 3 GG überzeugend ablehnen konnte.

6.120 **Die einfache Kürzung gem. § 9 Nr. 1 Satz 1 GewStG** ist dagegen auch im Organkreis vorzunehmen. Zwar gehen der IV. Senat überhaupt nicht und der X. Senat nur indirekt hierauf ein, da § 9 Abs. 1 Nr. 1 GewStG in beiden Entscheidungen nicht zum Streitgegenstand gehörte. Aus seinem Verweis auf die unterschiedlichen Zwecke der einfachen und der erweiterten Gewerbesteuerkürzung wird jedoch deutlich, dass der X. Senat gegen die Anwendbarkeit des § 9 Nr. 1 Satz 1 GewStG im Organkreis keine Bedenken hat.[1] Entsprechendes muss letztlich aber auch auf Grundlage der Argumentation des IV. Senats gelten.

6.121 **Ungeklärte Fragen.** Die Entscheidungen des BFH betrafen Sachverhalte, bei denen das Grundstücksunternehmen seinen gesamten Grundbesitz innerhalb des Organkreises vermietet. Nicht abschließend geklärt sind deshalb folgende Fragen:

– *Teilweise Vermietung außerhalb des Organkreises:* Wenn eine Organgesellschaft nur einen Teil seines Grundbesitzes innerhalb und den Rest außerhalb des Organkreises vermietet, dürfte ausgehend von der Argumentation des BFH eine anteilige erweiterte Kürzung gem. § 9 Nr. 1 Satz 2 GewStG zulässig sein.

– *Keine Korrespondenz von Mieterträgen und -aufwendungen:* Entsprechendes dürfte gelten, wenn die den Grundbesitz betreffenden Erträge aus anderen Gründen nicht mit den Aufwendungen der Organgesellschaften korrespondieren, beispielsweise weil der Grundbesitz innerhalb des Organkreises vermietet, zusätzlich aber einer Konzerngesellschaft außerhalb des Organkreises entgeltlich zur Nutzung als Sicherheit zur Verfügung gestellt wird.[2]

– *Prüfung weiterer Ausschlusstatbestände:* Allerdings kann die erweiterte Kürzung in diesen Fällen aus anderen Gründen ausgeschlossen sein. Zum einen sind die Voraussetzungen einer erweiterten Kürzung gem. § 9 Nr. 1 Satz 2 GewStG auch dann nicht erfüllt, wenn das Grundstücksunternehmen als Besitzgesellschaft einer (kapitalistischen) Betriebsaufspaltung gewerbliche Einkünfte erzielt.[3] Zum anderen kann die erweiterte Kürzung gem. § 9 Nr. 1 Satz 5 Nr. 1 GewStG entfallen, wenn der Grundbesitz ganz oder zum Teil dem Gewerbebetrieb eines Gesellschafters dient. Allerdings hat der IV. Senat des BFH im Urt. v. 30.10.2014 – IV R 9/11 klargestellt, dass die Nutzung durch eine Schwester-Kapitalgesellschaft wegen deren Abschirmwirkung gegenüber der gemeinsamen Muttergesellschaft (Organträgerin) nicht zur Anwendung des § 9 Nr. 1 Satz 5 Nr. 1 GewStG führt.

3. Hinzurechnung gem. § 8b Abs. 5 KStG

6.122 In seinem **Urteil v. 17.12.2014 – I R 39/14**[4] hat der BFH entschieden, dass die an eine Organgesellschaft gezahlte Schachteldividende einer ausländischen Tochtergesellschaft unter

---

1 Vgl. auch *Förster*, BFH/PR 2011, 386 (387).
2 Ausführlich zur Gewährung von Sicherheiten durch ein Grundstücksunternehmen *Witt/Tiede*, BB 2006, 696 mwN.
3 BFH v. 22.1.2009 – IV R 80/06, GmbHR 2009, 893 = BFH/NV 2009, 1279; BFH v. 24.1.2012 – I B 136/11, GmbHR 2012, 698 m. Anm. *Herbst/Bohn* = BFH/NV 2012, 1176.
4 BFH v. 17.12.2014 – I R 39/14, BFH/NV 2015, 749 = FR 2015, 472 m. Anm. *Roser*; vgl. auch FG Münster v. 14.5.2014 – 10 K 1007/13 G, EFG 2014, 1511 = GmbHR 2014, 1115 m. Anm. *Demel/Sundheimer* = ISR 2014, 276 m. Anm. *Böhmer*; ablehnend *Neumann*, Kölner Tage Organschaft v.

den Voraussetzungen des § 9 Nr. 7 GewStG in vollem Umfang steuerfrei bleibt, dh. der dem gewerbesteuerlichen Organträger zuzurechnende Gewerbeertrag nicht gem. § 8b Abs. 5 KStG um nicht abziehbare Betriebsausgaben iHv. 5 % (sog. Schachtelstrafe) zu erhöhen ist. Diese Entscheidung ist nach Einführung des § 7a GewStG durch das „BEPS-Umsetzungsgesetz" v. 20.12.2006[1] mit Wirkung ab dem Erhebungszeitraum 2017 überholt. Trotzdem lohnt eine genauere Betrachtung dieser Entscheidung sowohl im Hinblick auf die Behandlung der Erhebungszeiträume bis 2016 als auch zum grundlegenden Verständnis der „technischen" Vorgehensweise des I. Senats in Organschaftsfällen.

Sachverhalt. Klägerin war eine Organträger-Personengesellschaft, die mit ihrer 100 %igen Tochter-GmbH (Organgesellschaft) einen gewerbesteuerlichen Organkreis bildete. Die Organgesellschaft hielt ihrerseits 72,3 % der Anteile an einer italienischen Kapitalgesellschaft, die für das Streitjahr 2006 Dividenden ausgeschüttet hatte. In der Klage ging es darum, ob die Dividende auf Ebene der Organträgerin in vollem Umfang oder nur zu 95 % gewerbesteuerfrei ist.   6.123

Kürzung gem. § 9 Nr. 7 GewStG auf Ebene der Organgesellschaft (erste Stufe). Auch wenn die Organgesellschaft gem. § 2 Abs. 2 Satz 2 GewStG als Betriebsstätte des Organträgers gilt, hat sie ihren Gewerbeertrag nach der Rechtsprechung des BFH selbständig zu ermitteln (Rz. 6.114). Auf dieser Grundlage bestätigte der BFH die streng am Wortlaut und der Systematik des Gesetzes orientierte Auslegung des FG Münster. Der Gewerbeertrag der Organgesellschaft sei gem. § 7 Satz 1 GewStG auf Grundlage der Gewinnermittlungsvorschriften des EStG und des KStG zu ermitteln, vermehrt und vermindert um die in §§ 8 und 9 GewStG genannten Beträge. Hierzu gehörten auch die spezifischen Gewinnermittlungsvorschriften für den körperschaftsteuerlichen Organkreis, dh. auch die sog. Bruttomethode gem. § 15 Satz 1 Nr. 2 KStG, nach der § 8b Abs. 1 bis 6 KStG auf Ebene der Organgesellschaft keine Anwendung finde. Die von der italienischen Tochtergesellschaft erhaltene Dividende sei aber trotzdem aus dem Gewerbeertrag der Organgesellschaft zu kürzen, da die Voraussetzungen des ebenfalls anwendbaren § 9 Nr. 7 GewStG (gewerbesteuerliches Schachtelprivileg) vorgelegen hätten. Die sich daraus ergebene Kürzung erfasse trotz des Verweises in § 9 Nr. 7 Satz 3 GewStG auf § 9 Nr. 2a Satz 4 GewStG iVm. § 8b Abs. 5 KStG die gesamte Dividende, da § 15 Satz 1 Nr. 2 KStG auch insoweit die Anwendbarkeit des § 8b Abs. 5 KStG ausschließe. Im Ergebnis seien also die von der Beteiligungsgesellschaft gezahlten Dividenden rechnerisch wie rechtlich in vollem Umfang nicht (mehr) Bestandteil des für die Organgesellschaft ermittelten Gewerbeertrags.[2]   6.124

Keine Korrektur auf Ebene der Organträgerin (zweite Stufe). Der Gewerbeertrag der Organgesellschaft ist dem Organträger als Saldogröße zuzurechnen. Auch auf der Ebene des Organträgers kommt es nach Auffassung des BFH nicht zu einer Anwendung der Schachtelstrafe gem. § 8b Abs. 5 KStG, sodass die Schachteldividende – anders als im Rahmen der Körperschaftsteuer – insgesamt gewerbesteuerfrei bleibt.   6.125

16.4.2015, 30 (37 ff.) mit dem abschließenden Hinweis auf eine etwaige Gesetzesänderung als Reaktion auf das BFH-Urteil.
1 Gesetz zur Umsetzung der Änderungen der EU-Amtshilferichtlinie und von weiteren Maßnahmen gegen Gewinnkürzungen und -verlagerungen v. 20.12.2016, BGBl. I 2016, 3000.
2 Vgl. auch BFH v. 14.1.2009 – I R 47/08, BStBl. II 2011, 131 = GmbHR 2009, 556 zur vergleichbaren Problematik eines DBA-Schachtelprivilegs bei der Ermittlung des Gewerbeertrags einer Organgesellschaft sowie die gesetzliche Korrektur durch Einfügung des § 15 Satz 2 KStG.

- *Keine Anwendbarkeit über § 15 Satz 1 Nr. 2 Satz 2 KStG:* Eine Anwendung des § 8b Abs. 5 KStG als Folge der Bruttomethode scheide bereits deshalb aus, weil die ausländische Schachteldividende wegen der technischen Ausgestaltung der Bruttomethode nicht mehr – wie von § 15 Satz 1 Nr. 2 Satz 2 KStG gefordert – im Gewerbeertrag der Organgesellschaft „enthalten" sei. Diese „Hinzurechnungslücke" könne weder durch Auslegung noch durch Analogie geschlossen werden. Da der Gesetzgeber ein ausgefeiltes und wechselseitig aufeinander abgestimmtes Regelungsgeflecht geschaffen habe, könne er sich nicht – ebenso wie umgekehrt der Steuerpflichtige – darauf berufen, etwas übersehen zu haben.

- *Keine Korrektur gem. § 2 Abs. 2 Satz 2 GewStG:* Darüber hinaus sei auch eine spezifisch organschaftliche Korrektur gem. § 2 Abs. 2 Satz 2 GewStG ausgeschlossen, da keine ungerechtfertigte Doppel- bzw. Nichterfassung vorliege, die durch die getrennte Ermittlung und Zusammenrechnung der Gewerbeerträge verursacht worden sei. Vielmehr beruhe die 100 %ige Freistellung der Dividende allein auf dem ausdrücklichen Regelungsbefehl des Gesetzgebers in § 15 Satz 1 Nr. 2 KStG.

6.126 **Anwendbarkeit auf inländische Beteiligungen einer Organgesellschaft.** In der Literatur wird – mE zutreffend – darauf hingewiesen, dass die Argumentation des BFH bzw. der Vorinstanz auch auf Dividenden übertragbar sei, die eine Organgesellschaft von inländischen Tochtergesellschaften beziehe und für die eine Kürzung nach § 9 Nr. 2a GewStG in Betracht komme.[1]

6.127 **Beschränkung der Kürzungen nach § 9 Nr. 2a und 7 GewStG auf „Gewinne".** Einschränkend ist zu berücksichtigen, dass sich die Kürzungen nach § 9 Nr. 2a und 7 GewStG nur auf die „Gewinne aus Anteilen" beziehen und die „im unmittelbaren Zusammenhang mit Gewinnanteilen stehende Aufwendungen" den Kürzungsbetrag mindern (§ 9 Nr. 2a Satz 3 und § 9 Nr. 7 Satz 2 GewStG). Dies betrifft insbesondere Finanzierungsaufwendungen der Organgesellschaft für den Erwerb der Schachtelbeteiligung.

- *Keine entsprechenden Feststellungen des FG Münster:* Das FG Münster stellte in der Vorinstanz weder positiv noch negativ fest, ob es solche Aufwendungen im Streitfall gab. Vielmehr knüpft es allein an die Behandlung der Dividenden an. Dementsprechend hat auch der BFH keine Ausführungen zu den Auswirkungen einer etwaigen Minderung des Kürzungsbetrags durch unmittelbar mit den Gewinnanteilen in Zusammenhang stehende Aufwendungen gemacht.

- *Anwendung des § 8b Abs. 5 KStG auf eine Minderung des Kürzungsbetrags:* In der Literatur wird teilweise vertreten, dass auf Ebene des Organträgers auch dann eine Korrektur nach § 8b Abs. 5 KStG ausscheide, wenn der Kürzungsbetrag gem. § 9 Nr. 2a Satz 3 GewStG und § 9 Nr. 7 Satz 2 GewStG gemindert worden sei.[2] Legt man diese Auffassung zugrunde, könnte sich der vermeintliche Vorteil durch das BFH-Urteil v. 14.12.2014 schnell in sein Gegenteil verkehren, da auch § 8b Abs. 5 Satz 2 KStG suspendiert wäre und sich damit die unmittelbar mit den Dividenden in Zusammenhang stehenden Aufwendungen insgesamt nicht mehr gewerbesteuermindernd auswirken könnten.[3] ME führt eine konsequente An-

---

1 *Hielscher*, BB 2014, 1832; *Pyszka/Nienhaus*, DStR 2014, 1585 (1586); vgl. auch *Gosch* in Blümich, § 9 GewStG Rz. 187a.
2 *Hielscher*, BB 2014, 1832.
3 *Pyszka/Nienhaus*, DStR 2014, 1585 (1586 f.) empfehlen deshalb, Schachtelbeteiligungen künftig über eine Organgesellschaft zu halten, das zum Erwerb dieser Beteiligung erforderliche Fremdkapital aber vom Organträger aufnehmen zu lassen und der Organgesellschaft als Eigenkapital zur Verfügung zu stellen.

wendung der Argumentation des BFH aber dazu, dass die Schachteldividende in Höhe des Minderungsbetrags gem. § 9 Nr. 2a Satz 3 bzw. § 9 Nr. 7 Satz 2 GewStG in dem Gewerbeertrag der Organgesellschaft enthalten wäre und insoweit auf Ebene des Organträgers Korrekturen vorgenommen werden könnten, dh. die Schachtelstrafe des § 8b Abs. 5 KStG – begrenzt auf den Minderungsbetrag gem. § 9 Nr. 2a Satz 3 bzw. § 9 Nr. 7 Satz 2 GewStG – Anwendung fände.[1] Gleichzeitig wären die Aufwendungen, welche die Minderung der Kürzung verursacht hatten, wegen § 8b Abs. 5 Satz 2 KStG abzugsfähig, so dass für den Steuerpflichtigen insgesamt ein Vorteil bliebe.

Keine Auswirkung auf Veräußerungsgewinne. Auswirkungen des BFH-Urteils v. 17.12.2014 auf die Besteuerung von Veräußerungsgewinnen (§ 8b Abs. 2 und 3 KStG) sind mE ausgeschlossen.[2] Zwar gilt auch insoweit die Bruttomethode gem. § 15 Satz 1 Nr. 2 KStG. Es fehlt aber ein alternativer gewerbesteuerlicher Kürzungstatbestand.   6.128

II. Gewerbesteueranrechnung nach § 35 EStG

Regelungsgehalt und Zweck der Vorschrift. § 35 EStG regelt für Einzelunternehmern, aber auch für (ein-, doppel- oder mehrstöckige) Mitunternehmerschaften, soweit an ihnen letztlich natürliche Personen beteiligt sind, eine pauschalierte Anrechnung der Gewerbesteuer auf die Einkommensteuer. Hintergrund für die Einführung dieser Gewerbesteueranrechnung war die Senkung des Körperschaftsteuersatzes für Kapitalgesellschaften durch das Steuersenkungsgesetz v. 23.10.2000[3] auf 25 %. Mit der pauschalierten Gewerbesteueranrechnung sollte für Personengesellschaften und Einzelunternehmen eine „gleichwertige Entlastung" geschaffen werden, um den „Weg für eine rechtsformneutrale Besteuerung zu ebnen".[4] Verfahrensrechtlich sieht § 35 EStG für Mitunternehmerschaften eine gesonderte und einheitliche Feststellung vor.   6.129

In drei Urteilen v. 22.9.2011 – IV R 8/09, IV R 42/09 und IV R 3/10[5] ging der IV. Senat des BFH der Frage nach, ob bzw. inwieweit die Regelungen des § 35 EStG auf Organschaftsstrukturen anwendbar sind, bei denen Organträgerin eine Personengesellschaft ist (vgl. hierzu auch Rz. 16.82 ff.). Diesen Entscheidungen lag – stark vereinfacht – ein Sachverhalt zugrunde, bei dem eine KG 2 (Organträgerin) an einer GmbH (Organgesellschaft) beteiligt war, die ihrerseits Kommanditistin einer KG 1 war.   6.130

Keine Durchleitung der Anrechnung bei einer Organschaft. Das Urteil v. 22.9.2011 – IV R 3/10 befasst sich mit der materiellen Frage, ob der für die KG 1 festgestellt Gewerbesteuer-Messbetrag auf Ebene der KG 2 zu berücksichtigen ist und damit bei deren Gesellschaftern, soweit es sich um natürliche Personen handelt („Schlussgesellschafter"), zu einer Gewerbesteueranrechnung führen kann. Der BFH lehnte dies ab.[6] Seit diesem Urteil wird in der Praxis möglichst vermieden, die Organgesellschaften einer Organträger-Personengesellschaft (mit   6.131

---

1 GlA *Kollruss/Weißert/Bauer*, Ubg 2015, 137.
2 GlA *Hielscher*, BB 2014, 1832.
3 BGBl. I 2000, 1433.
4 Vgl. Gesetzentwurf der Bundesregierung, BT-Drucks. 14/3074, 4 iVm. BT-Drucks. 14/2683, 97.
5 BFH v. 22.9.2011 – IV R 8/09, BStBl. II 2012, 183 = FR 2012, 372; BFH v. 22.9.2011 – IV R 42/09, BFH/NV 2012, 236; BFH v. 22.9.2011 – IV R 3/10, BStBl. 2012, 14 = FR 2012, 371; zustimmend FG des Saarlandes v. 22.2.2017 – 1 K 1459/14, (Az. des BFH für das NZB-Verfahren IV R 16/17).
6 Zur Kritik vgl. *Wacker*, JbFfStR 2012/2013, 481 (491 ff.); *U. Prinz/Hütig*, StuB 2012, 20 (22 f.).

natürlichen Personen als Mitunternehmern) an nachgeordneten Personengesellschaften zu beteiligen. Zur Begründung seiner Auffassung führt der IV. Senat folgende Gesichtspunkte an:

– *Der Wortlaut* des § 35 Abs. 3 Satz 4 EStG 2002 (heute § 35 Abs. 2 Satz 5 EStG) sehe nur die Einbeziehung von anteiligen Gewerbesteuer-Messbeträgen vor, die aus der (unmittelbaren) Beteiligung an einer Mitunternehmerschaft stammten. Selbst wenn man eine mittelbare Beteiligung ausreichen ließe, sei nur eine mittelbare Beteiligung über ein oder mehrere Personengesellschaften, nicht aber über eine Kapitalgesellschaft als „mitunternehmerisch" i.S.d. § 35 Abs. 3 Satz 4 EStG 2002 zu qualifizieren.

– *Weder verfassungskonforme Auslegung noch analoge Anwendung:* Obwohl es bei einer Durchleitung von Anrechnungsvolumen auf eine Organträger-Personengesellschaft grundsätzlich nicht zu einer (unerwünschten) Doppelbegünstigung durch eine Gewerbesteueranrechnung gem. § 35 EStG und dem 25 %igen Körperschaftsteuersatz kommen könne, sei weder eine verfassungskonforme Auslegung geboten noch komme eine analoge Anwendung des § 35 Abs. 3 Satz 4 EStG 2002 in Betracht. Insofern verweist der BFH insbesondere auf die Abschirmung der Vermögenssphäre einer Kapitalgesellschaft gegenüber ihren Anteilseignern und auf das Fehlen einer planwidrigen Gesetzeslücke.

6.132 **Verfahrensrechtliche Auswirkungen.** Die mit der (im Ergebnis abgelehnten) Durchleitung von Anrechnungsvolumen verbundenen verfahrensrechtlichen Fragen auf Ebene der nachgeordneten Personengesellschaften waren Gegenstand des Urteils v. 22.9.2011 – IV R 8/09.

– *Umfang der Feststellung:* Der BFH stellt klar, dass sowohl die Qualifizierung eines Mitunternehmers als Kapitalgesellschaft als auch die Frage, ob bzw. inwieweit der einem Mitunternehmer in der Rechtsform einer Kapitalgesellschaft zuzurechnende Anteil an dem Gewerbesteuer-Messbetrag an eine Organträger-Personengesellschaft durchgeleitet werden kann, keine Folgen für die gesonderte und einheitliche Feststellung nach § 35 EStG haben. Das Feststellungsfinanzamt (im Streitfall der KG 1) müsse für sämtliche Mitunternehmer einen Anteil am Gewerbesteuer-Messbetrag feststellen, dh. auch für Mitunternehmer in der Rechtsform einer Kapitalgesellschaft. Ob diese Feststellung dann tatsächlich zu einer Anrechnung von Gewerbesteuer führe, sei auf Ebene der Kapitalgesellschaft bzw. der Organträgerin zu entscheiden. Der Feststellungsbescheid entfalte insoweit keine Bindungswirkung.

– *Verbindung von Feststellungsbescheiden:* Darüber hinaus entschied der BFH, dass keine Bedenken gegen eine Verbindung der gesonderten und einheitlichen Feststellung nach § 35 EStG mit einer gesonderten und einheitlichen Feststellung gem. §§ 179 Abs. 2 Satz 2, 180 Abs. 1 Nr. 2 Buchst. a AO in einem Sammelbescheid bestünden.[1]

6.133 **Keine sachliche Unbilligkeit (§ 163 AO).** In dem Urteil v. 22.9.2011 – IV R 42/09 verweist der BFH für die materiell- und verfahrensrechtlichen Fragen zunächst auf die beiden zuvor behandelten Urteile IV R 3/10 und IV R 8/09. Zusätzlich führt er aus, dass die Nichtberücksichtigung der Gewerbesteuer-Messbeträge einer nachgeordneten Personengesellschaft bei der gesonderten und einheitliche Feststellung nach § 35 EStG auf Ebene der Organträger-Personengesellschaft auch nicht sachlich unbillig i.S.d. § 163 AO sei.

6.134 **Veräußerungsgewinne nach Umwandlung einer Organgesellschaft in eine Personengesellschaft.** In dem nachfolgenden BFH-Urteil v. 28.5.2015 – IV R 27/12[2] ging es um die Um-

---

1 Bestätigt durch BFH v. 28.5.2015 – IV R 27/12, BStBl. II 2015, 837.
2 BFH v. 28.5.2015 – IV R 27/12, BStBl. II 2015, 837.

wandlung einer Organgesellschaft in eine Personengesellschaft mit anschließender Veräußerung der Anteile dieser Personengesellschaft durch die Organträger-KG im Jahr 2005 innerhalb des Fünf-Jahres-Zeitraums des § 18 Abs. 4 UmwStG aF (§ 18 Abs. 3 UmwStG nF). Der BFH stellte zunächst fest, dass die Gewerbesteueranrechnung gem. § 35 Abs. 1 Nr. 2 EStG aF (§ 35 Abs. 1 Satz 1 Nr. 2 EStG nF) grundsätzlich auch für gewerbesteuerpflichtige Veräußerungs- und Aufgabegewinne gem. § 7 Satz 2 Nr. 1 und 2 GewStG gelte, die Anrechnung im Fall der vorherigen Umwandlung in eine Personengesellschaft aber bereits durch eine teleologische Reduktion des § 35 EStG ausgeschlossen sei (§ 18 Abs. 4 Satz 3 UmwStG habe nur deklaratorische Bedeutung). Die Ausnahme von der Anrechnung sei jedoch nicht gerechtfertigt, wenn die umgewandelte Kapitalgesellschaft die Organgesellschaft einer Organträger-KG gewesen sei, da in diesem Fall auch die Betriebsveräußerung durch die ehemalige Kapitalgesellschaft auf Ebene der Organträger-KG zur Anwendung des § 35 EStG geführt hätte. Allerdings weist *Schießl* darauf hin, dass ein anderes Ergebnis möglich gewesen wäre, wenn die organschaftliche Anbindung missbräuchlich allein der Vermeidung einer Besteuerung gem. § 18 Abs. 4 UmwStG aF gedient hätte.[1]

E. Verfahrensrechtliche Aspekte der Rechtsprechung

I. „Dritter" i.S.d. § 174 Abs. 5 AO

1. Umsatzsteuerliche Organschaft

In den Urteilen v. 19.12.2013 – V R 5/12 und V R 6/12[2] nahm der BFH zu der verfahrensrechtlichen Problematik Stellung, ob die Gesellschaften eines umsatzsteuerlichen Organkreises „Dritte" i.S.d. § 174 Abs. 5 AO sind. 6.135

– *Gemeinsamer Sachverhalt:* Beiden Urteilen lag eine Konstellation zugrunde, bei der eine Organgesellschaft in vororganschaftlicher Zeit einen Vorsteuererstattungsanspruch geltend gemacht hatte, der dann von der Organträgerin in organschaftlicher Zeit korrigiert wurde, nachdem die Organgesellschaft und ihre Vertragspartnerin erklärt hatten, nicht mehr auf die Steuerbefreiung des zugrunde liegenden Geschäfts (Veräußerung einer Hotelimmobilie) gem. § 9 UStG verzichten zu wollen. Die zunächst erlassenen Bescheide betrafen den Veranlagungszeitraum, in dem die entsprechenden Erklärungen abgegeben worden waren. Sie wurden anschließend wieder aufgehoben, da die Korrektur des Vorsteuererstattungsanspruchs nach der Rechtsprechung des BFH im Jahr des Umsatzes vorzunehmen ist. Gleichzeitig erließ das Finanzamt auf Grundlage von § 174 Abs. 4 AO neue Änderungsbescheide für die entsprechenden – in vororganschaftlicher Zeit liegenden – Veranlagungszeiträume des Umsatzes. Diese Bescheide waren Gegenstand der Klage- und Revisionsverfahren.

– *Unterschiede:* Der Unterschied zwischen den Verfahren besteht darin, dass in dem Revisionsverfahren V R 6/12 die Organgesellschaft schon vor Erlass der neuen Änderungsbescheide auf die Organträgerin verschmolzen worden war, während dies in dem Revisionsverfahren V R 5/12 erst nachträglich geschah.

---

1 *Schießl*, HFR 2015, 859 (860).
2 BFH v. 19.12.2013 – V R 5/12, BFH/NV 2014, 1122; BFH v. 19.12.2013 – V R 6/12, BFH/NV 2014, 1126.

6.136 **Änderungsbefugnis gem. § 174 Abs. 4 iVm. Abs. 5 AO.** Wird ein Steuerbescheid im Anschluss an einen Rechtsbehelf oder einen Antrag des Steuerpflichtigen aufgrund irriger Beurteilung eines bestimmten Sachverhalts aufgehoben oder geändert, kann das Finanzamt gem. § 174 Abs. 4 AO trotz einer etwaigen Festsetzungsverjährung die richtigen steuerlichen Folgerungen ziehen.[1] Betrifft eine solche Folgeänderung „Dritte", ist sie nach § 174 Abs. 5 Satz 1 AO aber nur dann zulässig, wenn der Dritte an dem ursprünglichen Verfahren, das zur Aufhebung oder Änderung des fehlerhaften Bescheids geführt hatte, beteiligt war, dh. wenn er entweder gem. § 360 AO hinzugezogen bzw. nach § 60 FGO beigeladen war oder wenn er durch eigene verfahrensrechtliche Initiative auf die Korrektur des fehlerhaften Bescheids hingewirkt hatte. „Dritter" i.S.d. Vorschrift ist nach ständiger Rechtsprechung des BFH jeder, der im zu ändernden fehlerhaften Bescheid nicht als Steuerschuldner angegeben wird. Maßgeblich ist allein die formale Stellung im Verfahren.

6.137 **Umsatzsteuerliche Organgesellschaften als „Dritte" i.S.d. § 174 Abs. 5 AO.** Der V. Senat des BFH bestätigt in seinen Urteilen v. 19.12.2013, dass Organgesellschaften eines umsatzsteuerlichen Organkreises im Fall der Änderung eines an den Organträger als Steuerschuldner gerichteten Steuerbescheids grundsätzlich Dritte i.S.d. § 174 Abs. 5 AO sind. Zwar führe die umsatzsteuerliche Organschaft auf Grundlage der EuGH-Rechtsprechung zu einer Verschmelzung zu einem einzigen Steuerpflichtigen. Diese Wirkung erstrecke sich aber nicht auf die verfahrensrechtlichen Regelungen. Wegen der Verfahrensautonomie der Mitgliedstaaten dürfe das Unionsrecht nicht im Wege einer unionsrechtskonformen Auslegung in das nationale Verfahrensrecht transformiert werden. Auch der XI. Senat des BFH geht in seinem Beschluss v. 25.3.2014 – XI B 127/13[2] davon aus, dass umsatzsteuerliche Organgesellschaften bei einer Korrektur von Steuerbescheiden des Organträgers „Dritte" i.S.d. § 174 Abs. 5 sind.

6.138 **Auswirkungen einer Verschmelzung der Organgesellschaft auf den Organträger.** Aus dem BFH-Urteil v. 19.12.2013 – V R 6/12 folgt, dass die Stellung als Dritter i.S.d. § 174 Abs. 5 AO entfällt, wenn die Organgesellschaft noch vor dem Zeitpunkt des Eintritts einer Änderungsmöglichkeit nach § 174 Abs. 4 AO auf den Organträger verschmolzen wird und dadurch Personenidentität zwischen dem ursprünglichen Steuerschuldner und dem Adressaten der Änderungsbescheide nach § 174 Abs. 4 AO eintritt (Gesamtrechtsnachfolge gem. § 45 Abs. 1 AO). Im Ergebnis können also Vorgänge, die zu einer Gesamtrechtsnachfolge führen, den Dritten i.S.d. § 174 Abs. 5 AO eliminieren und damit die Änderungsmöglichkeiten der Finanzbehörden erweitern.

2. Körperschaftsteuerliche Organschaft

6.139 Sofern um die Anerkennung einer körperschaftsteuerlichen Organschaft gestritten wird, sind die Gesellschaften des körperschaftsteuerlichen Organkreises **erst recht Dritte i.S.d. § 174 Abs. 5 AO.** Davon geht auch der BFH in seinem Urteil v. 5.11.2009 – IV R 40/07[3] aus. Denn anders als bei der umsatzsteuerlichen Organschaft, die zu einem einheitlichen Unternehmen führt, folgt aus der körperschaftsteuerlichen Organschaft lediglich die Zurechnung des Einkommens der Organgesellschaft zum Organträger.

---

1 Ausnahme nach § 174 Abs. 4 Satz 4 AO, wenn die Festsetzungsfrist für das „richtige" Änderungsjahr bereits bei Erlass des fehlerhaften Bescheids abgelaufen war; in diesem Fall ist zusätzlich § 174 Abs. 3 Satz 1 AO zu beachten.
2 BFH v. 25.3.2014 – XI B 127/13, BFH/NV 2014, 1012.
3 BFH v. 5.11.2009 – IV R 40/07, BStBl. II 2010, 720.

Änderung durch die „Kleine Organschaftsreform". Allerdings ist zu berücksichtigen, dass sich die verfahrensrechtliche Behandlung der körperschaftsteuerlichen Organschaft durch die Einführung einer gesonderten und einheitlichen Feststellung in § 14 Abs. 5 KStG, die erstmals für nach dem 31.12.2013 beginnende Feststellungszeiträume gilt, vollständig geändert hat (s. dazu ausführlich Rz. 4.21 ff.). Zu den konkreten Auswirkungen und der Reichweite dieser Neuregelung liegen bisher noch keine Entscheidungen der Gerichte vor.

6.140

II. Sachliche Unbilligkeit gemäß § 163 AO

In dem **BFH-Urteil v. 23.8.2017 – I R 80/15**[1] ging es um die verfahrensrechtliche Besonderheit, ob bzw. unter welchen Voraussetzungen eine durch verspätete Handelsregistereintragung verunglückte Organschaft im Wege einer Billigkeitsmaßnahme gemäß § 163 AO „repariert" werden kann. Nach dieser Vorschrift können Steuern niedriger festgesetzt werden oder einzelne Besteuerungsgrundlagen, welche die Steuern erhöhen, unberücksichtigt bleiben, wenn die Erhebung der Steuer nach der Lage des einzelnen Falls unbillig wäre. Hintergrund dieser Entscheidung war also letztlich die Frage, ob der BFH trotz (oder gerade wegen) seiner strengen Rechtsprechung zu den formalen Voraussetzungen des Gewinnabführungsvertrags im Einzelfall einen Ausweg zulässt, um die negativen Folgen einer verunglückten Organschaft zu vermeiden. Dabei konnte sich die Klägerin im Streitfall darauf berufen, dass sie den Gewinnabführungsvertrag rechtzeitig zur Eintragung in das Handelsregister angemeldet hatte und die Eintragung nur wegen eines Fehlverhaltens des Registergerichts zu spät erfolgte, dh. abweichend von § 14 Abs. 1 Satz 2 KStG nicht mehr in demjenigen Wirtschaftsjahr, für das die Organschaft erstmals gelten sollte.

6.141

Keine sachliche Unbilligkeit bei verspäteter Handelsregistereintragung. Der BFH sah trotz der Besonderheiten des Streitfalls in der Versagung einer Billigkeitsmaßnahme gemäß § 163 AO keinen Ermessensfehler. Vielmehr entspreche die Ablehnung der Organschaft nicht nur dem eindeutigen Wortlaut des Gesetzes in § 14 Abs. 1 Satz 2 KStG, sondern auch dessen Wertungen, so dass eine sachliche Unbilligkeit i.S.d. § 163 AO ausscheide.[2] Der Gesetzgeber habe durch die mit dem Steuervergünstigungsabbaugesetz eingeführte Verschärfung der zeitlichen Anforderungen an die Wirksamkeit des Gewinnabführungsvertrags bewusst auf die Eintragung in das Handelsregister und nicht auf den Zeitpunkt des entsprechenden Antrags abgestellt. Über diesen objektivierten Willen des Gesetzgebers könne man sich nicht im Wege einer Billigkeitsmaßnahme gemäß § 163 AO hinwegsetzen, da dies zu einer strukturellen Gesetzeskorrektur führen würde. Damit blieb nur der Hinweis auf einen etwaigen Amtshaftungsanspruch gemäß § 839 BGB.

6.142

Rettung der Organschaft in den Folgejahren. Der vom BFH entschiedene Sachverhalt gibt aber auch Anhaltspunkte, wie die negativen Folgen einer wegen verspäteter Eintragung verunglückten Organschaft beschränkt werden können. Hierfür ist insbesondere zu prüfen, ob das Erfordernis der fünfjährigen Mindestlaufzeit des Gewinnabführungsvertrags gemäß § 14 Abs. 1 Satz 1 Nr. 3 Satz 1 KStG auch ohne Berücksichtigung des verunglückten Jahrs bzw. der verunglückten Jahre gewahrt ist. Gegebenenfalls muss die Mindestlaufzeit durch eine

6.143

---

1 BFH v. 23.8.2017 – I R 80/15, BStBl. II 2018, 141; zu den vorherigen FG-Entscheidungen *Brühl/Lange*, Der Konzern 2016, 541.
2 Kritisch *Walter*, DB 2018, 272, 276 ff.; ebenso *Brühl/Lange*, Der Konzern 2016, 541 (547 f.) zur Vorinstanz.

Nachtragsvereinbarung rechtzeitig verlängert oder von vornherein eine Gleitklausel verwendet werden.[1]

6.144 **Nicht abschließend geklärt** bleibt, ob eine sachliche Unbilligkeit auch dann ausscheidet, wenn das Finanzamt eine belastende steuerliche Folge ziehen musste, weil eine andere Behörde steuerrechtliche Vorschriften falsch angewandt hat. Denn der BFH hat ausdrücklich offen gelassen, ob er der Auffassung des FG Düsseldorf folgen könnte, unter diesen Voraussetzungen eine Billigkeitsmaßnahme gemäß § 163 AO zuzulassen.[2]

III. Anwendung des Grundsatzes von Treu und Glauben

6.145 Die oben zitierten **Urteile v. 19.12.2013 – V R 5/12 und v. 5.11.2009 – IV R 40/07** (s. Rz. 6.135 und Rz. 6.139) enthalten darüber hinaus Ausführungen, inwieweit die an einem Organkreis beteiligten Gesellschaften in ihren Handlungsmöglichkeiten durch den Grundsatz von Treu und Glauben eingeschränkt sein können. Nach Auffassung des BFH gilt der Grundsatz von Treu und Glauben zwar auch im Verhältnis zwischen Steuerpflichtigen und Finanzbehörden, habe allerdings lediglich rechtsbegrenzende Wirkung innerhalb bestehender Schuldverhältnisse und setze eine Identität der Rechtssubjekte voraus. Eine solche Identität fehle bei einer Organgesellschaft und ihrem Organträger. Außerdem habe das Institut von Treu und Glauben grundsätzlich nicht die Funktion, verfahrensmäßige Fehler des Finanzamts aufzufangen. Zu solchen Fehlern gehöre es auch, die verfahrensmäßige Beteiligung eines Dritten i.S.d. § 174 Abs. 5 AO versäumt zu haben, und zwar selbst dann, wenn verschiedene Finanzämter betroffen seien. Insofern dürfte es aus Sicht der Finanzverwaltung sinnvoll sein, im Rahmen einer Organschaft künftig vermehrt die Möglichkeiten des § 174 Abs. 5 Satz 2 AO in Anspruch zu nehmen.[3]

6.146 **In dem Urteil v. 26.8.2014 – VII R 16/13**[4] verneinte der VII. Senat des BFH unter Anwendung des Grundsatzes von Treu und Glauben den Ausweis eines umsatzsteuerlichen Erstattungsanspruchs in einem an die ehemalige Organträgerin (Klägerin) gerichteten Abrechnungsbescheid, da das Finanzamt den entsprechenden Betrag bereits aufgrund eines (gegebenenfalls nur vermeintlichen) Anfechtungsrechts i.S.d. §§ 129 ff. InsO an den Insolvenzverwalter der ehemaligen Organgesellschaft ausgezahlt hatte. Tragender Gesichtspunkt war die Erwägung, dass die Klägerin die Steuererstattung ohne die insolvenzrechtliche Anfechtung an ihre Organgesellschaft hätte weiterleiten müssen. Da genau dieses Ergebnis auch durch die Anfechtung des Insolvenzverwalters der Organgesellschaft und eine entsprechende Zahlung des Finanzamts eingetreten war, blieb der Organträgerin die Geltendmachung eines etwaigen Steuererstattungsanspruchs unter dem Gesichtspunkt von Treu und Glauben verwehrt, ohne dass der BFH abschließend über das Zusammenspiel von steuer- und insolvenzrechtlichen Ansprüchen im Rahmen einer umsatzsteuerlichen Organschaft entscheiden musste. Letztlich ging es hier also nicht um die Korrektur eines verfahrensmäßigen Fehlers des Finanzamts bzw. die fehlende Identität von Organträger und Organgesellschaft, sondern

---

1 Vgl. *Märtens*, jurisPR-SteuerR 5/2018, Anm. 4; *von Freeden/Lange*, Der Konzern 2018, 191 (194).
2 Vgl. FG Düsseldorf v. 25.11.2003 – 6 K 3001/01 K und Urt. v. 27.5.2011 – 6 K 3100/09 K, wobei sich der BFH bei letzterer Entscheidung wohl nur auf das Ergebnis des FG bezog, von einer fehlerhaften Anwendung steuerrechtlicher Vorschriften auszugehen, und nicht darauf, ob die technische Panne, die Gegenstand des dortigen Streitfall war, tatsächlich zu dieser Fallgruppe gehörte.
3 Vgl. auch *Herbert*, MwStR 2014, 472.
4 BFH v. 26.8.2014 – VII R 16/13, BFH/NV 2015, 8.

allein um die Einschränkung der Geltendmachung eines Anspruchs im Verhältnis zwischen Organträger und Finanzamt.

IV. Haftung der Organgesellschaften

Spezielle Haftungsnorm in § 73 AO. Nach § 73 Satz 1 AO haftet eine Organgesellschaft für solche Steuerschulden des Organträgers, für welche die Organschaft zwischen ihnen steuerlich von Bedeutung ist. Mit diesem haftungsrechtlichen Zugriff des Fiskus auf das Vermögen der Organgesellschaft sollen Steuerausfälle vermieden werden, die durch die Verlagerung der steuerlichen Rechtszuständigkeit auf den Organträger oder durch Vermögensverlagerungen innerhalb des Organkreises verursacht werden.[1] In der Praxis hat die Regelung des § 73 AO ua. beim Abschluss von Unternehmenskaufverträgen große Bedeutung, da sie im Fall des Share Deals zu einer Haftung des Erwerbers einer Organgesellschaft für die Steuerschulden des ehemaligen Organträgers führen kann. Allerdings sind die Einzelheiten der Voraussetzungen und des Umfangs der Haftung gemäß § 73 AO stark umstritten, so dass sie bereits mehrfach Gegenstand der Rechtsprechung waren (vgl. ausführlich Rz. 24.5 ff.).

6.147

Im Urteil v. 31.5.2017 – I R 54/15[2] hatte der BFH erstmals Gelegenheit, zur Haftung der Organgesellschaft bei mehrstufigen Organschaften (sog. Organschaftsketten) Stellung zu nehmen. In dem zugrunde liegenden Sachverhalt bestand sowohl zwischen einer Mutter-AG und ihrer Tochter-GmbH als auch zwischen der Tochter-GmbH und einer Enkel-GmbH eine körperschaftsteuerliche Organschaft mit Gewinnabführungsvertrag. Nach der Eröffnung des Insolvenzverfahrens über das Vermögen der Mutter-AG nahm das Finanzamt die Enkel-GmbH für rückständige Körperschaftsteuer und Solidaritätszuschlag der Mutter-AG gemäß § 73 AO in Anspruch, allerdings begrenzt auf den Anteil des Einkommens der Enkel-GmbH an der Summe aller positiven Organeinkommen der Mutter-AG.

6.148

Begrenzung der Haftung auf Zwei-Personen-Verhältnis. Der I. Senat des BFH legte seiner Entscheidung einmal mehr eine streng am Wortlaut orientierte Auslegung zugrunde. Aus der Anordnung einer Haftung der Organgesellschaft für die Steuern des Organträgers, für welche „die Organschaft zwischen ihnen" von Bedeutung ist, schloss der BFH eine Begrenzung der Haftung auf das zweipersonale Organschaftsverhältnis, auch wenn es dadurch zu einer Haftungslücke komme und ein weitergehender Haftungsumfang zweckgerecht wäre. Letzteres sei angesichts des gegenwärtigen Gesetzeswortlauts eine rechtspolitische Frage, die nur der Gesetzgeber entscheiden könne. Für den Streitfall bedeutete dies die Aufhebung des Haftungsbescheids, da die Enkel-GmbH nur für Steuerschulden der Tochter-GmbH, nicht aber für die Steuerschulden der Mutter-AG haftete.

6.149

Offene Fragen. Hinsichtlich der Haftung gemäß § 73 AO innerhalb eines größeren Organkreises bestehen allerdings zahlreiche weitere Fragen, die weiterhin nicht abschließend geklärt sind:

6.150

– *Anteilige Haftungsbegrenzung:* Ob und inwieweit die Haftung der Organgesellschaft zumindest im Wege des Ermessens anteilig auf die Steuern beschränkt ist, die durch das

---

1 BFH v. 10.5.2004 – VII R 76/03, BStBl. II 2006, 3; BFH v. 31.5.2017 – I R 54/15, BStBl. II 2018, 54.
2 BFH v. 31.5.2017 – I R 54/15, BStBl. II 2018, 54.

von ihr erwirtschaftete Organeinkommen verursacht worden sind,[1] war zwar Gegenstand des vom BFH im Urteil v. 31.5.2017 – I R 54/15 dargelegten Sachverhalts, aber nicht seiner Entscheidungsgründe.

– *Haftung im Rahmen einer sog. Klammerorganschaft:* Der vom BFH entschiedene Fall betraf eine Organschaftskette mit mehreren hintereinander geschalteten Gewinnabführungsverträgen. Hätte die Mutter-AG dagegen direkt mit der Enkel-GmbH einen Gewinnabführungsvertrag geschlossen und eine körperschaftsteuerliche Organschaft gebildet (sog. Klammerorganschaft), wäre es nach dem Wortlaut des § 73 AO wohl zu einer Haftung der Enkel-GmbH für die Steuerschulden der Mutter-AG gekommen. Hierfür spricht auch die ausdrückliche Abgrenzung des BFH zur Klammerorganschaft.

– *Anwendung auf die umsatzsteuerliche Organschaft:* Ob die Rechtsprechung des I. Senats zu Organschaftsketten auch auf die umsatzsteuerliche Organschaft Anwendung findet, ist zweifelhaft. Das FG Düsseldorf hat dies in seinem Urteil v. 22.2.2018 – 9 K 280/15 H(U) unter Hinweis auf die unterschiedlichen Rechtsfolgen der körperschaftsteuerlichen und der umsatzsteuerlichen Organschaft verneint.[2] Darüber hinaus ist zu beachten, dass über die gegen diese Entscheidung eingelegte Revision nicht der I. Senat des BFH, sondert der VII. Senat entscheidet (Az: VII R 19/18).

– *Verhältnis zu Kapitalerhaltungsvorschriften:* Auch das Verhältnis der Haftung gemäß § 73 AO zu den für die Organgesellschaft geltenden Kapitalerhaltungsvorschriften ist weiterhin nicht abschließend geklärt.[3]

– *Ertragsteuerliche Folgen einer Haftung:* Schließlich wird diskutiert, welche ertragsteuerlichen Folgen die Haftungsinanspruchnahme der Organgesellschaft gemäß § 73 AO hat. Das FG Münster hat hierzu in seinem Urteil v. 4.8.2016 – 9 K 3999/13 K, G entschieden, dass für den entsprechenden Aufwand zwar kein Abzugsverbot gemäß § 10 Nr. 2 KStG besteht, aber eine verdeckte Gewinnausschüttung in Frage kommt.[4]

F. Verfassungsrechtliche Aspekte der Rechtsprechung

I. Übergangsregelungen

6.151 Betrachtet man die verfassungsrechtlichen Aspekte der Rechtsprechung zur Organschaft (s. ausführlich Rz. 4.1 ff.), sind zunächst die **Vorlagebeschlüsse des BFH an das BVerfG v. 6.6.2013 und v. 27.11.2013**[5] zu untersuchen. Beide Beschlüsse sind in weiten Teilen identisch und betreffen die Übergangsregelung zur Einführung des § 14 Abs. 3 KStG (vororganschaftliche Mehr- und Minderabführungen) in § 34 Abs. 9 Nr. 4 KStG aF. Nach dieser Vorschrift soll

---

1 Vgl. zum Streitstand *Loose* in Tipke/Kruse, § 73 AO Rz. 6; zu den Voraussetzungen einer nachträglichen Ergänzung der Ermessensbegründung vgl. FG Düsseldorf v. 12.12.2006 – 6 K 4464/12 H(K), EFG 2017, 687 (Rev. BFH XI R 56/17); zu etwaigen Besonderheiten im Rahmen der umsatzsteuerlichen Organschaft *Zitzl*, UStB 2018, 97 (98).
2 FG Düsseldorf v. 22.2.2018 – 9 K 280/15 H(U), GmbHR 2018, 442 mit Anm. Zitzl, UStB 2018, 97; aA *Heurung/Schmidt/Kraft*, BB 2018, 470 (471).
3 Vgl. hierzu *Bormann*, GmbHR 2017, 1286 (1287), mwN.
4 FG Münster v. 4.68.2016 – 9 K 3999/13 K, G, EFG 2017, 149 (Rev. BFH I R 78/16); kritisch zur verdeckten Gewinnausschüttung *Walter*, GmbHR 2017, 265 (271 f.).
5 BFH v. 6.6.2013 – I R 38/11, BStBl. II 2014, 398 = FR 2013, 1140 – Az. BVerfG: 2 BvL 7/13; BFH v. 27.11.2013 – I R 36/13, BStBl. II 2014, 651 – Az. BVerfG 2 BvL 18/14.

der durch das Richtlinien-Umsetzungsgesetz v. 9.12.2004[1] eingeführte § 14 Abs. 3 KStG bereits für alle Mehrabführungen von Organgesellschaften anwendbar sein, deren Wirtschaftsjahr nach dem 31.12.2003 endete.

Reichweite des Vertrauensschutzes im Fall einer sog. unechten Rückwirkung. Nach Auffassung des BFH widerspricht die rückwirkende Anwendung des § 14 Abs. 3 KStG auf das Streitjahr 2004 dem Gebot rechtsstaatlichen Vertrauensschutzes (Art. 20 Abs. 3 GG). Dabei stützt sich der BFH auf die Rechtsprechung des BVerfG zur sog. unechten Rückwirkung bei bereits ins Werk gesetzten Sachverhalten (sog. „tatbestandliche Rückanknüpfung"). Die Rechtfertigung von belastenden Änderungen einer Steuernorm mit Wirkung für den laufenden Veranlagungszeitraum unterliege danach gesteigerten Anforderungen. Solche Änderungen könnten nur aufgrund eines besonderen öffentlichen Interesses unter Wahrung der Verhältnismäßigkeit gerechtfertigt sein.[2]

6.152

Gewährleistungsfunktion der Rechtsordnung. Die für die Vertrauensschutzerwägungen maßgebende Disposition des Steuerpflichtigen sah der BFH nicht erst in der tatsächlichen Mehrabführung zum Ende des Wirtschaftsjahrs, sondern bereits in der Verpflichtung zur Gewinnabführung aufgrund des Abschlusses eines Gewinnabführungsvertrags. Allerdings könne dies nicht dazu führen, dass der Gesetzgeber während der Laufzeit des Gewinnabführungsvertrags keine Gesetzesänderungen vornehmen dürfe. In den Streitfällen folge das berechtigte Vertrauen deshalb vorrangig aus der Gewährleistungsfunktion der Rechtsordnung. Der hierfür erforderliche erkenn- und belegbare gesteigerte Grad der Abgeschlossenheit des Geschäftsvorgangs sei gegeben, da die für § 14 Abs. 3 KStG maßgeblichen Sachverhalte in den Streitjahren definitiv gewesen seien. Insbesondere sei eine Kündigung des Gewinnabführungsvertrags aus wichtigem Grund zwar möglich, aber wegen der damaligen unklaren Rechtslage unzumutbar gewesen. In diesem Zusammenhang ist bemerkenswert, dass der BFH im Beschluss v. 27.11.2013 den Vertrauensschutz nicht nur auf das Veranlagungsjahr der Gesetzesänderung beschränkt, sondern auch auf die innerhalb der Mindestlaufzeit des Gewinnabführungsvertrags liegenden Folgejahre 2005 und 2006 ausdehnt.

6.153

Dagegen zweifeln **kritische Stimmen in der Literatur** an der Entstehung eines schützenswerten Vertrauens, wenn der Gewinnabführungsvertrag zu einem Zeitpunkt abgeschlossen worden ist, zu dem das maßgebliche BFH-Urteil v. 18.12.2002 – I R 51/01[3] noch nicht veröffentlicht war und die Finanzverwaltung in der Praxis entsprechend dem später eingeführten § 14 Abs. 3 KStG vorging.[4] ME müssen insoweit aber die neueren Erwägungen des BVerfG im Beschluss v. 17.12.2013 – 1 BvL 5/09 berücksichtigt werden, auch wenn sie den Fall einer echten Rückwirkung betrafen.[5] Danach ist bei auslegungsbedürftigen Gesetzen das Vertrauen des Steuerbürgers in das durch die Judikative gefundene Auslegungsergebnis geschützt.[6]

6.154

---

1 BGBl. I 2004, 3310.
2 BVerfG v. 10.10.2012 – 1 BvL 6/07, BStBl. II 2012, 932; fortgeführt in BVerfG v. 10.4.2018 – 1 BvR 1236/11, DStR 2018, 731, mwN.
3 BFH v. 18.12.2002 – I R 51/01, BStBl. II 2005, 49 = FR 2003, 457 m. Anm. *Then* = GmbHR 2003, 363.
4 *Doege/Middendorf*, StuB 2014, 682 (687).
5 BVerfG v. 17.12.2013 – 1 BvL 5/09, FR 2014, 326 m. Anm. *Birk*; vgl. auch *Nacke*, NWB 2014, 2699 (2704).
6 Vgl. auch BFH v. 14.3.2006 – I R 1/04, BStBl. II 2006, 549 und Hess. FG v. 8.3.2017, EFG 2017, 1288 zur – mittlerweile wieder abgeschafften – Kodifizierung der Mehrmütterorganschaft in § 14 Abs. 2 KStG und § 2 Abs. 2 Satz 3 GewStG durch das UntStFG v. 20.12.2001, wobei die rückwir-

6.155 **Keinen Einfluss auf den Vertrauensschutz** hatte der Umstand, dass die Finanzverwaltung das BFH-Urteil v. 18.12.2002 – I R 51/01[1] zunächst nicht im Bundessteuerblatt veröffentlicht hatte. Der BFH führte hierzu unmissverständlich aus, dass es der Balance im System der Gewaltenteilung widerspreche, wenn es die Finanzverwaltung durch ihr Verhalten in der Hand hätte, ein Vertrauen des Bürgers nicht entstehen zu lassen. Die besondere Bedeutung dieser Aussage wird durch *Gosch* hervorgehoben, indem er in einer Urteilsanmerkung anregt, die einschlägigen Verkehrskreise sollten sich diese Aussage „hinter die Ohren schreiben"[2].

6.156 **Eine verfassungskonforme Auslegung** gegen den ausdrücklichen Wortlaut und den klar erkennbaren Willen des Gesetzgebers lehnte der BFH in seinen Beschlüssen v. 6.6.2013 und v. 27.11.2013 ab. Anders als in den Beschlüssen v. 15.2.2012 – I B 7/11 und v. 27.3.2012 – I R 62/08,[3] in denen es um die Übergangsregelungen im Zusammenhang mit der Abschaffung der Mehrmütterorganschaft ging, sah der BFH auch keine Anhaltspunkte für eine verdeckte Regelungslücke, die durch eine ergänzende Rechtsfortbildung hätte geschlossen werden können.

6.157 **Übergangsregelung zu § 14 Abs. 4 KStG.** Abschließend ist darauf hinzuweisen, dass *Gosch*[4] auch zur Übergangsregelung in § 34 Abs. 9 Nr. 5 KStG aF, der die Anwendung des durch das Jahressteuergesetz 2008 v. 20.12.2007[5] eingeführten § 14 Abs. 4 KStG (organschaftliche Mehr- und Minderabführungen) für Veranlagungszeiträume vor 2008 vorsieht, verfassungsrechtliche Zweifel äußert. Sofern eine entsprechende Fallkonstellation beim BFH anhängig wird, kann es deshalb auch für diese Vorschrift zu einer Vorlage an das BVerfG kommen. § 34 Abs. 9 Nr. 5 KStG aF ist ebenso wie die zuvor behandelte Übergangsregelung in Nr. 4 durch das Gesetz zur Anpassung des nationalen Steuerrechts an den Beitritt Kroatiens zur EU und zur Änderung weiterer steuerlicher Vorschriften v. 25.7.2014[6] ersatzlos gestrichen worden, ohne dass sich nach der Gesetzesbegründung der Bundesregierung daraus eine inhaltliche Änderung ergeben soll.[7]

II. Gleichbehandlungsgrundsatz

6.158 Die Berufung auf den allgemeinen Gleichbehandlungsgrundsatz in Art. 3 Abs. 1 GG war bisher **nicht erfolgreich**.

– *Nachteile für Organschaften gegenüber Konzernen ohne Organschaften:* Dies betrifft zum einen etwaige steuerliche Nachteile von Organschaften gegenüber der Besteuerung von Konzernen ohne Begründung einer Organschaft. Insofern verweist der BFH auf die Möglichkeit, eine ertragsteuerliche Organschaft zu verhindern, indem ein Gewinnabführungsvertrag nicht abgeschlossen bzw. aufgehoben wird. Außerdem seien die steuerlichen Vor-

---

kend eingeführten Regelungen allerdings sowohl der ständigen Rechtsprechung als auch der Verwaltungspraxis entsprachen.
1 BFH v. 18.12.2002 – I R 51/01, BStBl. II 2005, 49 = FR 2003, 457 m. Anm. *Then*.
2 *Gosch*, BFH/PR 2013, 408 (410).
3 BFH v. 15.2.2002 – I B 7/11, BStBl. II 2012, 751 = FR 2012, 521; ebenso BFH v. 27.3.2012 – I R 62/08, BStBl. II 2012, 745 = FR 2012, 727.
4 *Gosch*, BFH/PR 2013, 53.
5 BGBl. I 2007, 3150.
6 BGBl. I 2014, 1266.
7 BT-Drucks. 18/1529, 69.

teile einer Organschaft als Rechtsfertigung für eine sachliche Ungleichbehandlung zu berücksichtigen.[1]

– *Unterschiedliche Behandlung von Kapital- und Personengesellschaften:* Zum anderen gilt dies auch für eine unterschiedliche Behandlung von Kapital- und Personengesellschaften im Rahmen der Organschaftsbesteuerung. Insofern verweist der BFH auf die Abschirmwirkung einer Kapitalgesellschaft als rechtfertigendes Differenzierungskriterium.[2]

G. Unions- und DBA-rechtliche Aspekte der Rechtsprechung

I. Vereinbarkeit mit Unionsrecht

1. Gewinnabführungsvertrag und finanzielle Eingliederung

Keine abschließende Entscheidung des BFH zum Gewinnabführungsvertrag. Ob die Voraussetzung eines Gewinnabführungsvertrags gem. § 14 Abs. 1 Satz 1 KStG und die damit verbundene Anknüpfung der Organschaft an eine besondere Vertragsform des inländischen Gesellschaftsrechts mit der unionsrechtlichen Niederlassungsfreiheit gem. Art. 49 AEUV vereinbar ist bzw. inwieweit diese Voraussetzung bei einem grenzüberschreitenden Sachverhalt unionsrechtskonform angepasst werden muss, wurde und wird ausführlich diskutiert. Der BFH hat hierzu aber noch keine abschließende Entscheidung getroffen. Auch die Revisionen zu den FG-Urteilen v. 17.3.2010 und v. 11.2.2010 führten zu keiner Klärung.[3] Allerdings hat der BFH in seinem Urteil v. 13.10.2010 – I R 79/09[4] Zweifel geäußert, ob durch die Anknüpfung an den Gewinnabführungsvertrag ein Verstoß gegen Unionsrecht vorliegen könne. Dies gelte jedenfalls dann, wenn die Beteiligten keinen Willen bekundet sowie keine Bemühungen unternommen haben, eine Organschaft zu begründen und sie faktisch zu leben.[5]

6.159

Rechtsprechung des EuGH zu ausländischen Gruppenbesteuerungsmodellen. Der EuGH hatte bisher noch keine Gelegenheit, sich zur Vereinbarkeit der Voraussetzung eines Gewinnabführungsvertrags mit dem Unionsrecht zu äußern. Allerdings hat er mehrfach zu ausländischen Gruppenbesteuerungsmodellen Stellung genommen. Insofern stellt sich die Frage, ob bzw. welche Schlussfolgerungen aus diesen Urteilen für die deutschen Organschaftsregelungen zu ziehen sind. In der jüngeren Vergangenheit wurde dies ua. für die EuGH-Urteile v.

6.160

---

1 BFH v. 27.11.2013 – I R 36/13, GmbHR 2014, 823 m. Anm. *Suchanek* = BFH/NV 2014, 1775 zu vororganschaftlichen Mehrabführungen; nach BFH v. 30.10.2014 – IV R 9/11, BFH/NV 2015, 227 = GmbHR 2015, 149 ist Art. 3 Abs. 1 GG durch die Versagung der erweiterten Kürzung für Grundstücksunternehmen (§ 9 Nr. 1 Satz 2 GewStG) innerhalb eines gewerbesteuerlichen Organkreises bereits deshalb nicht verletzt, weil im Vergleich zu nicht organschaftlich verbundenen Gesellschaften unterschiedliche Sachverhalte vorliegen (s. Rz. 6.119).
2 BFH v. 22.9.2011 – IV R 3/10, BStBl. 2012, 14 = FR 2012, 371 zu § 35 EStG.
3 FG Rh.-Pf. v. 17.3.2010 – 1 K 2406/07, EFG 2010, 1632 – Rev. I R 34/10, nach Rücknahme eingestellt; Nds. FG v. 11.2.2010 – 6 K 406/08, EFG 2010, 815 – Rev. I R 16/10 = GmbHR 2011, 277 = FR 2011, 489 durch BFH, Beschl. v. 9.11.2010, BFH/NV 2011, 524 gem. § 126a FGO aus anderen Gründen als unbegründet abgewiesen.
4 BFH v. 13.10.2010 – I R 79/09, BStBl. II 2014, 943; vgl. auch *Gosch*, IWB 2012, 694 (696 f.).
5 Vgl. auch BFH v. 7.12.2011 – I R 30/08 (Schlussurteil in Sachen Scheuten Solar Technology), BStBl. II 2012, 507 = GmbHR 2012, 1451 = FR 2012, 536; einen Verstoß gegen die unionsrechtliche Niederlassungsfreiheit durch das Tatbestandsmerkmal des Gewinnabführungsvertrags ausdrücklich ablehnend FG Münster v. 13.10.2017 – 13 K 951/16 G, F, EFG 2017, 1970.

12.6.2014 – C-39-41/13 – SCA Group Holding[1], v. 3.2.2015 – C-172/13 – Kommission/Vereinigtes Königreich[2] und v. 2.9.2015 – C-386/14 – Groupe Steria[3] diskutiert, die zur niederländischen, britischen und französischen Gruppenbesteuerung ergangen sind. Darüber hinaus ist vor allem das Urteil v. 17.12.2015 – C-388/14 – Timac Agro[4] zu nennen, mit dem der EuGH seine Rechtsprechung zu finalen ausländischen Betriebsstättenverlusten aufgegeben hat. Dass dies auch Auswirkungen auf die Anerkennung finaler Verlusten etwaiger grenzüberschreitender Organschaften hat, ist zumindest nicht fernliegend.[5] Zu den weiteren Einzelheiten dieser EuGH-Rechtsprechung und den zurzeit noch anhängigen Verfahren wird auf die Ausführungen in Rz. 5.28 ff. und Rz. 25.12 ff. verwiesen.

6.161 **Keine Verpflichtung zur Zulassung einer „Querorganschaft".** In seinem Urteil v. 22.2.2017 – I R 35/14[6] hat der BFH klargestellt, dass der deutsche Gesetzgeber nach seiner Auffassung nicht aus unionsrechtlichen Gründen gezwungen sei, eine ertragsteuerliche „Querorganschaft" zuzulassen, dh. eine Organschaft zwischen Schwestergesellschaften eines Gleichordnungskonzerns. Das Tatbestandsmerkmal der finanziellen Eingliederung, das einen Überordnungskonzern voraussetze, führe nicht zu einem Verstoß gegen die Niederlassungsfreiheit gem. Art. 49 AEUV, da es auch in einem rein inländischen Sachverhalt die steuerliche Ergebnispoolung zwischen Schwestergesellschaften ausschließe. Damit spricht sich der BFH gegen eine Übertragung des EuGH-Urteils v. 12.6.2014 – C-39-41/13 – SCA Group Holding auf die deutsche Rechtslage aus.

2. Verzicht auf die gewerbesteuerliche Hinzurechnung von Dauerschuldzinsen

6.162 **In dem BFH-Urteil v. 17.9.2014 – I R 30/13**[7] ging es primär um die Frage, ob ein Verstoß gegen die Niederlassungsfreiheit gem. Art. 49 AEUV iVm. Art. 54 AEUV vorliegt, weil der Verzicht auf die Hinzurechnung von Dauerschuldzinsen gem. § 8 Nr. 1 GewStG aF durch Abschn. 41 Abs. 1 Satz 5 und 6 GewStR 1998 (nunmehr R 7.1 Abs. 5 Satz 3 und 4 GewStR 2009) auf den (inländischen) gewerbesteuerlichen Organkreis beschränkt ist. Der BFH verneinte dies. Die Entscheidung ist im Zusammenhang mit der Rechtsprechung des BFH im Scheuten-Solar-Verfahren[8] zu sehen, auch wenn sie die Hinzurechnung von Dauerschuld-

---

1 EuGH v. 12.6.2014 – C-39/13, C-40/13, C-41/13 – SCA Group Holding, DStR 2014, 1333, wobei für das deutsche Organschaftsrecht insbesondere die Konstellation in C-40/13 interessant ist, in der es um zwei Schwestergesellschaften geht, die eine ausländische Muttergesellschaft haben; vgl. auch *v. Brocke/Müller*, DStR 2014, 2106; *Möhlenbrock*, DB 2014, 1582; *Schnitger*, IStR 2014, 587; *Sydow*, IStR 2014, 480; *Walter*, DB 2014, 2016, jeweils mwN.
2 EuGH v. 3.2.2015 – C-172/13 – Kommission/Vereinigtes Königreich, IStR 2015, 137 m. Anm. *Benecke/Staats* = BB 2015, 614 m. Anm. *Möller*.
3 EuGH v. 2.9.2015 – C-386/14 – Groupe Steria, FR 2015, 1135; vgl. auch *Heurung/Schmidt/Kollmann*, GmbHR 2016, 449; *Mitschke*, FR 2015, 1117.
4 EuGH v. 17.12.2015 – C-388/14 – Timac Agro, BStBl. II 2016, 362; vgl. auch BFH v. 22.2.2017 – I R 2/15, BStBl. II 2017, 709 = FR 2017, 831 m. Anm. *Mitschke*; *Eisendle*, ISR 2016, 37; *Niemann/Dodos*, DStR 2016, 1057.
5 *Märtens*, jurisPR-SteuerR 29/2017, Anm. 3.
6 BFH v. 22.2.2017 – I R 35/14, BStBl. II 218, 33.
7 BFH v. 17.9.2014 – I R 30/13, BFH/NV 2015, 270 = GmbHR 2015, 215 m. Anm. *Patzner/Nagler*; vgl. auch *Gosch*, BFH/PR 2015, 91; *Müller*, ISR 2015, 63; zu etwaigen Auswirkungen des EuGH-Urteils v. 2.9.2015 – C-386/14 – Groupe Steria, FR 2015, 1135 vgl. FG Münster v. 13.10.2017 – 13 K 951/16 G, F, EFG 2017, 1970.
8 BFH v. 7.12.2011 – I R 30/08, BStBl. II 2012, 507 = GmbHR 2012, 1451 = FR 2012, 536; zuvor EuGH v. 21.7.2011 – C-397/09 – Scheuten Solar Technology, BFH/NV 2011, 1643, wobei die Vor-

zinsen in den Erhebungszeiträumen 1999 bis 2001 und damit die alte Rechtslage betrifft, die für die gewerbesteuerliche Organschaft noch keinen Gewinnabführungsvertrag forderte. Im Scheuten-Solar-Verfahren war das Streitjahr dagegen 2004, dh. ein Jahr, in dem die Voraussetzungen der gewerbesteuerlichen Organschaft bereits an die Voraussetzungen der körperschaftsteuerlichen Organschaft angeglichen waren.

Sachverhalt. Die Klägerin war eine im Inland ansässige Muttergesellschaft, die an ihre belgische Tochtergesellschaft in den Streitjahren 1999 bis 2001 Dauerschuldzinsen gezahlt hatte. Bei der Ermittlung des Gewerbeertrags der Klägerin rechnete die Finanzverwaltung gem. § 8 Nr. 1 GewStG aF 50 % der Dauerschuldzinsen hinzu. Da mit der belgischen Tochtergesellschaft keine gewerbesteuerliche Organschaft bestehe, könne darauf nicht gem. Abschn. 41 Abs. 1 Satz 5 und 6 GewStR 1998 verzichtet werden.[1] 6.163

Kein Verstoß gegen die Zins- und Lizenzrichtlinie. Der BFH führte zunächst aus, dass die gewerbesteuerliche Hinzurechnung der Dauerschuldzinsen bei der inländischen Muttergesellschaft nicht gegen die Zins- und Lizenzrichtlinie verstößt. Dies ist seit dem EuGH-Urteil v. 21.7.2011 – C-397/09 – Scheuten Solar Technology geklärt.[2] In diesem Urteil hat der EuGH entschieden, dass Art. 1 Abs. 1 der Zins- und Lizenzrichtlinie nur auf die Besteuerung des Zinsgläubigers gerichtet ist. 6.164

Kein Verstoß gegen die Niederlassungsfreiheit. Die Kernaussage der BFH-Entscheidung v. 17.9.2014 liegt darin, dass kein Verstoß gegen die Niederlassungsfreiheit vorliegt, obwohl die Hinzurechnung gem. § 8 Nr. 1 GewStG bei Zinszahlung innerhalb eines inländischen gewerbesteuerlichen Organkreises unterblieben wäre. Hierfür stellt der I. Senat auf folgende Gesichtspunkte ab: 6.165

– *Keine Ungleichbehandlung von In- und Auslandssachverhalten:* Zunächst fehlt nach Auffassung des BFH bereits eine Ungleichbehandlung von In- und Auslandssachverhalten.[3] Denn sowohl bei inländischen als auch bei ausländischen Tochtergesellschaften sei eine gewerbesteuerliche Organschaft (nur) möglich, soweit eine inländische Betriebsstätte bestehe. Die Beschränkung auf das Inland sei bei der Gewerbesteuer „strukturell" bedingt.

– *Kein Verzicht auf die Hinzurechnung trotz Annahme einer grenzüberschreitenden gewerbesteuerlichen Organschaft:* Sollte der strikte inländische Betriebsstättenbezug unionsrechtlich problematisch sein,[4] käme es gleichwohl nicht zu einem Verzicht auf die Hinzurechnung der Dauerschuldzinsen. Denn bei der Ermittlung des Gewerbeertrags der ausländischen Tochtergesellschaft wären die auf die ausländischen Betriebsstätten entfallenen Erträge nach den Grundsätzen der gebrochenen oder eingeschränkten Einheitstheorie zu kürzen, und zwar entweder aufgrund von DBA-Regelungen oder gem. § 9 Nr. 3 GewStG. Damit drohe durch die Hinzurechnung keine doppelte Belastung mit Gewerbesteuer und ein Verzicht auf diese Hinzurechnung sei nicht erforderlich.

---

lagefragen aber auf einen etwaigen Verstoß gegen die Zins- und Lizenzrichtlinie beschränkt waren.
1 Auch insofern zeigt sich ein Unterschied zum Scheuten-Solar-Verfahren. Dort ging es nämlich umgekehrt um Zinszahlungen einer deutschen Tochtergesellschaft an ihre niederländische Muttergesellschaft.
2 EuGH v. 21.7.2011 – C-397/09 – Scheuten Solar Technology, BFH/NV 2011, 1643.
3 Kritisch *Müller*, ISR 2015, 63 (66).
4 Vgl. hierzu EuGH v. 12.6.2014 – C-39-41/13 – SCA Group Holding, IStR 2014, 486.

– *Zusätzliche steuerliche Belastung im Ausland irrelevant:* Selbst wenn es im Ausland zu einer Belastung mit einer der Gewerbesteuer vergleichbaren Steuer käme, führt dies nach Auffassung des BFH zu keinem anderen Ergebnis. Aufgrund des derzeitigen Entwicklungsstands des Gemeinschaftsrechts könnten die Mitgliedstaaten ihre Besteuerungsbefugnisse parallel ausüben.

– *Rechtfertigungsgrund der Kohärenz:* Schließlich sei das Ergebnis im Sinne der Spruchpraxis des EuGH „kohärent" und deswegen gerechtfertigt. Dem widerspreche auch nicht das Eurowings-Urteil des EuGH v. 26.10.1999 – C-294/97 zu § 8 Nr. 7 GewStG aF.[1] Denn die steuerlichen Vor- und Nachteile beträfen im Streitfall nicht verschiedene Steuerpflichtige, sondern der Ausgleich finde bei ein- und derselben Person statt.[2]

6.166 **Offengelassene Fragen.** Der BFH ließ in seiner Entscheidung v. 17.9.2014 mehrere Fragen offen, die in künftigen Verfahren von Bedeutung sein können.

– *Niederlassungsfreiheit bei doppelt ansässigen Gesellschaften mit Sitz in einem Drittland:* Dies betrifft zunächst die Frage, ob sich die Klägerin, die eine nach US-amerikanischen Recht errichtete Kapitalgesellschaft mit Geschäftsleitung im Inland war, gem. Art. 54 AEUV überhaupt auf die Niederlassungsfreiheit berufen durfte. Dies hat der EuGH in einem Urteil v. 11.9.2014 – C-47/12[3] verneint, so dass der BFH die Revision schon aus diesem Grund hätte zurückweisen können.

– *Verzicht auf die Hinzurechnung als unzulässige Beihilfe gem. Art. 107 AEUV:* Des Weiteren ließ der BFH ausdrücklich offen, ob der Verzicht auf die Hinzurechnung von Dauerschuldzinsen im gewerbesteuerlichen Organkreis nicht ohnehin eine unzulässige Beihilfe gem. Art. 107 AEUV darstellt. Dieser Hinweis dürfte aber lediglich als „Merkposten" zu interpretieren sein, mit der noch keine Aussage über eine entsprechende Tendenz verbunden ist.

– *Behandlung der umgekehrten Beteiligungsrichtung:* Schließlich hat der BFH auch offen gelassen, wie Zinszahlungen einer inländischen Tochtergesellschaft an ihre ausländische Muttergesellschaft zu bewerten sind. Da es auf diese Frage schlicht nicht ankam, sollte dies nicht als Abkehr von den Grundgedanken der Scheuten-Solar-Entscheidung interpretiert werden, der solch ein umgekehrter Sachverhalt zugrunde lag.[4] Hier hatte der BFH unter anderem darauf abgestellt, dass die Inlandsbeschränkung einer ertragsteuerlichen Gruppenbesteuerung nach der Rechtsprechung des EuGH[5] von dem Rechtfertigungsgrund der Wahrung der Aufteilung der Besteuerungsbefugnisse gedeckt sei. Im Übrigen könne sich ein Unternehmen nicht auf einzelne vorteilhafte Elemente der Organschaftsbesteuerung berufen, ohne zumindest den Willen bekundet bzw. versucht zu haben, eine Organschaft durch Abschluss eines Gewinnabführungsvertrags zu bilden.[6]

---

1 EuGH v. 26.10.1999 – C-294/97 – Eurowings, BStBl. II 1999, 851 = FR 1999, 1327.
2 Kritisch *Müller*, ISR 2015, 63 (66).
3 EuGH v. 11.9.2014 – C-47/12 – Kronos International, GmbHR 2014, 1221.
4 Vgl. aber auch *Gosch*, BFH/PR 2015, 91 (94), der in dieser Konstellation einen Verstoß gegen das Unionsrecht zumindest für „denkbar" hält und zusätzlich auf eine etwaige Verletzung des abkommensrechtlichen Diskriminierungsverbots verweist.
5 Vgl. EuGH v. 25.2.2010 – C-337/08 – X-Holding, BFH/NV 2010, 1064.
6 Zur Zahlung von Dauerschuldzinsen an eine ausländische Schwestergesellschaft vgl. FG Münster v. 13.10.2017 – 13 K 951/16 G, F, EFG 2017, 1970.

3. Exkurs: Umsatzsteuerliche Organschaft

Schwerpunkt der unionsrechtlichen Aspekte war in den letzten Jahren aber die Rechtsprechung zur umsatzsteuerlichen Organschaft. Dies verwundert schon deshalb nicht, weil die umsatzsteuerliche Organschaft gem. § 2 Abs. 2 Nr. 2 UStG an Art. 11 MwStSystRL[1] zu messen ist. Bemerkenswert ist lediglich, dass die Vereinbarkeit der nationalen Regelungen mit dem Unionsrecht erst relativ spät in den Blickpunkt der Rechtsprechung gerückt ist. Die bisherigen Vorgaben des EuGH, insbesondere durch das Urteil v. 16.7.2015 – C-108/14 und C-109/14 – Larentia+Minerva und Marenave Schifffahrt[2], sowie die Folgerungen, die der V. und der XI. Senat des BFH daraus für die Voraussetzungen und Rechtsfolgen der umsatzsteuerlichen Organschaft gem. § 2 Abs. 2 Nr. 2 UStG ziehen, werden ebenso wie die von der Rechtsprechung noch nicht abschließend geklärten Fragen ausführlich in Kapitel 22 erörtert.

6.167

II. Abkommensrechtliches Diskriminierungsverbot

Das DBA-Recht spielte vor allem in dem viel beachteten **Urteil v. 9.2.2011 – I R 54, 55/10**[3] eine Rolle. Der BFH ging hier für das Streitjahr 1999 von der Anerkennung einer grenzüberschreitenden gewerbesteuerlichen Organschaft zwischen einer deutschen GmbH und einer Kapitalgesellschaft mit Sitz und Geschäftsleitung in Großbritannien aus. Zwar erfülle die britische Kapitalgesellschaft nicht die Anforderungen an einen tauglichen Organträger gem. § 2 Abs. 2 Satz 2 GewStG 1999 iVm. § 14 Nr. 3 Satz 1 KStG 1999, da sie kein „inländisches Unternehmen" sei. Dieses Erfordernis verstoße aber gegen das abkommensrechtliche Gesellschafterdiskriminierungsverbot gem. Art. XX Abs. 4 und 5 DBA-Großbritannien 1964/1970 (vgl. auch Art. 24 Abs. 5 OECD-Musterabkommen), da die deutsche GmbH wegen ihrer britischen Gesellschafterin schlechter behandelt werde (Hinzurechnung von Dauerschuldzinsen gem. § 8 Nr. 1 GewStG 1999, welche die deutsche GmbH an ihre britische Gesellschafterin gezahlt hatte) als bei einem inländischen Gesellschafter (keine entsprechende Hinzurechnung im Rahmen einer gewerbesteuerlichen Organschaft).[4] Die Möglichkeit der Erzielung sog. weißer Einkünfte („Keinmalbesteuerung"), sofern die britische Organträgerin über keine Betriebsstätte im Inland verfügt und damit ein steuerlicher Zugriff des inländischen Fiskus ausscheidet, nahm der BFH ausdrücklich in Kauf.[5]

6.168

Reaktion des Gesetzgebers. Zwar war für die Anerkennung einer gewerbesteuerlichen Organschaft im Streitjahr 1999 noch kein Gewinnabführungsvertrag erforderlich. Dies änderte aber nichts an den drohenden Steuerausfällen, sodass der Gesetzgeber mit der Einfügung der Sätze 4 bis 7 in § 14 Abs. 1 Satz 1 Nr. 2 KStG durch das Gesetz zur Änderung und Vereinfachung der Unternehmensbesteuerung und des steuerlichen Reisekostenrechts vom

6.169

---

1 Zuvor Art. 4 Abs. 4 Unterabs. 2 der Richtlinie 77/388/EWG.
2 EuGH v. 16.7.2015 C-108/14 und C-109/14, C-108/14, C-109/14, Larentia + Minerva und Marenave Schiffahrt, BStBl II 2017, 604.
3 BFH v. 9.2.2011 – I R 54/10, I R 55/10, BStBl. II 2012, 106 = FR 2011, 584 m. Anm. *Buciek*.
4 Vgl. auch BFH v. 7.12.2011 – I R 30/08 (Schlussurteil in Sachen Scheuten Solar Technology), BStBl. II 2012, 507 = GmbHR 20112, 1451 = FR 2012, 536, wonach diese Rechtsprechung mangels einer mit Art. 24 Abs. 5 OECD-Musterabkommen vergleichbaren Regelung nicht auf das DBA Niederlande übertragbar ist.
5 Nichtanwendungserlass des BMF v. 27.12.2011 – IV C 2 - S 2770/11/10002 – DOK 2011, 0965132, BStBl. I 2012, 119; zur weiteren Diskussion vgl. statt vieler *Benecke/Schnitger*, IStR 2013, 143 (152); *Gosch*, IWB 2012, 694 (701 ff.); *Rödder/Schönfeld*, DStR 2011, 886, jeweils mwN.

20.2.2013[1] („Kleine Organschaftsreform") reagierte. Der Kern dieser Vorschriften besteht darin, dass die Organbeteiligung einer inländischen Betriebsstätte i.S.d. § 12 AO zugeordnet sein muss[2] und dass das dieser Betriebsstätte zuzurechnende Einkommen der Organgesellschaft sowohl nach innerstaatlichem Steuerrecht als auch nach DBA-Recht der inländischen Besteuerung unterliegen muss (s. Rz. 27.31 ff. sowie zu den Besonderheiten bei Personengesellschaften bzw. Holdinggesellschaften als Organträger Rz. 16.57 ff. und Rz. 17.7 ff.). Da somit nicht mehr zwischen inländischen und ausländischen Anteilseignern differenziert wird, dürfte es dem Gesetzgeber gelungen sein, einen Verstoß gegen das DBA-Diskriminierungsverbot zu vermeiden.[3]

H. Fazit

6.170 Als Fazit bleibt festzuhalten, dass in den letzten Jahren viele Probleme aus dem Bereich der steuerlichen Organschaft – zumindest teilweise – höchstrichterlich entschieden worden sind. Gerade im Jahr 2017 hat der BFH wieder einmal mehrere wichtige Entscheidungen getroffen. Trotzdem ist auch in Zukunft nicht mit einer Minderung der Rechtsprechungsaktivitäten zu rechnen, zumal die Gesetzesänderungen (zB durch die „Kleine Organschaftsreform" und die Einführung des § 7a GewStG) zu neuem Klärungsbedarf geführt haben. Als aktuelle Großbaustelle kann weiterhin die umsatzsteuerliche Organschaft bezeichnet werden, obwohl hier mittlerweile einige Fragen durch den EuGH und den BFH geklärt worden sind. Auch im ertragsteuerlichen Bereich sind weitere interessante Entscheidungen abzusehen. Dies betrifft unter anderem das beim BFH anhängige Revisionsverfahren zum Zeitpunkt der Auflösung aktiver/passiver Ausgleichsposten i.S.d. § 14 Abs. 4 KStG bei mittelbaren Organschaften sowie die noch ausstehenden Entscheidungen des BVerfG zu den vom BFH vorgelegten Übergangsregelungen. Darüber hinaus wird interessant sein, wie die Grundsätze des BFH zur vorzeitigen Kündigung eines Gewinnabführungsvertrags aus wichtigem Grund weiter konkretisiert werden und wie sich die Rechtsprechung in den Klageverfahren positionieren wird, die zu den vielfältigen Zweifelsfragen des § 14 Abs. 1 Satz 1 Nr. 5 KStG zu erwarten sind.

6.171 Schließlich bleibt abzuwarten, ob bzw. wie die Gesetzgebung auf die aktuellen Entscheidungen des BFH reagiert. So war in der Vergangenheit oft zu beobachten, dass Entscheidungen des BFH zu einer Gesetzesänderung geführt haben. Als Beispiele seien hierfür nur die Reaktionen des Gesetzgebers auf die Rechtsprechung des BFH zur sog. Mehrmütterorganschaft[4], zu den organschaftlichen und vororganschaftlichen Mehr- und Minderabführungen[5] und zum Ausschluss der Schachtelstrafe des § 8b Abs. 5 KStG im Fall eines gewerbesteuerlichen Schach-

---

1 BGBl. I 2013, 285.
2 Vgl. hierzu auch BFH v. 29.11.2017 – I R 58/15, BFHE 260, 209, BFH/NV 2018, 684; Anm. *Klein*, Ubg 2018, 334.
3 *Benecke/Schnitger*, IStR 2013, 143 (152); vgl. auch *Gosch*, IWB 2012, 694 (706).
4 Einfügung einer gesetzlichen Regelung zur Mehrmütterorganschaft in § 14 Abs. 2 KStG aF als Reaktion auf BFH v. 9.6.1999 – I R 43/97, BStBl. II 2000, 695 und BFH v. 9.6.1999 – I R 37/98, BFH/NV 2000, 347; ab Veranlagungszeitraum 2003 allerdings Abschaffung der Mehrmütterorganschaft durch Streichung des § 14 Abs. 2 KStG aF.
5 Einfügung der gesetzlichen Regelungen zu organschaftlichen und vororganschaftlichen Mehr- und Minderabführungen in § 14 Abs. 3 und 4 KStG als Reaktion auf BFH v. 18.12.2002 – I R 51/01, BStBl. II 2005, 49 = FR 2003, 457 m. Anm. *Then* und BFH v. 7.2.2007 – I R 5/05, BStBl. II 2007, 796 = FR 2007, 1018.

telprivilegs[1] genannt. Dem entsprechend könnten beispielsweise auch das BFH-Urteil v. 10.5.2017 – I R 93/15[2] zu den Ausgleichszahlungen an außenstehende Gesellschafter oder das BFH-Urteil v. 31.5.2017 – I R 54/15[3] zur Beschränkung der Haftung gem. § 73 AO bei Organschaftsketten zu einer Änderung der gesetzlichen Regelungen führen.

---

[1] Einfügung des § 7a GewStG durch das Gesetz zur Umsetzung der Änderungen der EU-Amtshilferichtlinie und von weiteren Maßnahmen gegen Gewinnkürzungen und -verlagerungen v. 20.12.2016, BGBl. I 2016, 3000 als Reaktion auf BFH v. 17.12.2014 – I R 39/14, BFH/NV 2015, 749 = FR 2015, 472 m. Anm. *Roser*.
[2] BFH v. 10.5.2017 – I R 93/15, BFH/NV 2018, 144.
[3] BFH v. 31.5.2017 – I R 54/15, BStBl. II 2018, 54.

Kapitel 7
Die Organschaft aus Finanzverwaltungsperspektive

A. **Die Organschaft im Veranlagungsverfahren** 7.1
  I. Verfahrensmäßige Bündelung von Organschaftswissen 7.1
  II. Örtliche Zuständigkeit 7.2
  III. Besteuerungsverfahren und Technik 7.4
  IV. Prüfungstätigkeit der Veranlagungsstelle 7.9
  V. Föderale Zerlegung der Körperschaftsteuer 7.13

B. **Die ertragsteuerliche Organschaft in der Betriebsprüfung** 7.16
  I. Durchführung einer Konzernbetriebsprüfung 7.16
  II. Fallaufgriffe und Technik der Bp .. 7.21
  III. Prüfungsaufgriffe im Bereich der Formalia der Organschaft 7.23
    1. Strenge BFH-Rechtsprechung 7.23
    2. Steuerliche Mindestlaufzeit eines GAV von 5 Zeitjahren 7.25
    3. Organträgerfähigkeit 7.29
    4. Finanzielle Eingliederung und mittelbare Beteiligungen 7.31
    5. Einbeziehung des § 302 AktG im GmbH-Konzern 7.33
    6. Änderung einer gesondert und einheitlichen Gewinnfeststellung für die OG, wenn der OT bereits bestandskräftig veranlagt wurde 7.37
  IV. Prüfungsaufgriffe im Bereich der materiellen Fragen der Organschaft 7.39
    1. Hauptproblemfelder 7.39
    2. Die Durchführung des Gewinnabführungsvertrages 7.40
      a) Ausgangsproblem: Zeitnahe Durchführung 7.40
      b) Abwandlung Novation 7.48
      c) Abwandlung Novation und Werthaltigkeit 7.51
      d) Abwandlung Pfändung und Stundung des Verlustausgleichsanspruchs 7.54
      e) Abwandlung Forderungsverzicht .. 7.58
    3. Fehlerhafte Bilanzansätze als Durchführungsmängel 7.62
      a) Seltene Fälle der Nichtigkeit des Jahresabschlusses 7.62
      b) Unterbliebene Verrechnung des vororganschaftlichen Verlustvortrages nach § 301 AktG 7.63
      c) Prüfungsansatz: Zutreffende Berichtigung nach Beanstandung durch die Vor-Bp 7.71
    4. Abgrenzungen bei Mehr- und Minderabführungen 7.74
    5. Ausgleichszahlungen an außenstehende Gesellschafter 7.76
    6. Organschaft und Verluste (§ 8c KStG) 7.77
      a) Rechtslage und aktuelle Problemfelder 7.77
      b) Beispiel: Einbeziehung der stillen Reserven der OG beim OT? Stille Reservenklausel seit 2010 ..... 7.80
      c) Ergebnisverrechnung im Jahr der Anteilsveräußerung und unterjähriger Beteiligungserwerb am OT 7.83
    7. Stille Gesellschaften 7.88
    8. Verdeckte Gewinnausschüttungen der OG an den OT 7.93
    9. Gewerbesteuerliche Fragen 7.98
      a) Grundlagen 7.98
      b) Keine erweiterte Kürzung im Organkreis 7.99
      c) Anwendung der Schachtelstrafe gem. § 8b Abs. 5 KStG bei Ausschüttung von Seiten einer nicht organschaftlichen Schachtelbeteiligung an eine OG auf Grund des neuen § 7a GewStG ab dem Erhebungszeitraum 2017 .... 7.103

C. **Zusammenfassung der wesentlichen Erkenntnisse** 7.108

Literatur: *Baldamus*, Durchführung von Gewinnabführungsverträgen zu § 14 KStG und § 302 AktG nach MoMiG und BilMoG, Ubg 2009, 484; *Breuninger/Ernst*, Der Beitritt eines rettenden Investors als (stiller) Gesellschafter und der „neue" § 8c KStG – Droht jetzt das Ende der Sanierungsklausel durch das EU-Beihilfeverbot?, GmbHR 2010, 561; *Brinkmann*, vGA im Organkreis, StBp 2015, 33; *Brinkmann*, Die förmliche Feststellung von Besteuerungsgrundlagen einer Organgesellschaft, StBp 2016, 189; *Dötsch/Pung*, Gesetz zur Änderung und Vereinfachung der Unternehmensbesteuerung und des steuerlichen Reisekostenrechts: Die Änderungen bei der Organschaft, DB 2013, 305; *Eisgruber/ Schaden*, Vom Sinn und Zweck des § 8c KStG – Ein Beitrag zur Auslegung der Norm, Ubg 2010, 73; *Hageböke/Heinz*, Die Organträgereignung einer atypisch stillen Gesellschaft, DB 2006, 473; *Jäckel/ Schwarz*, Ausgleichszahlungen an Minderheitsgesellschafter – Sackgasse für den steuerlichen Querverbund?, DStR 2018, 433; *Kollruss*, Kein pauschales Abzugsverbot nach § 8b Abs. 5 KStG für Gewerbesteuerzwecke bei Bezug von Schachteldividenden über eine Organgesellschaft, DStR 2006, 2291; *Lenz/Adrian/Handwerker*, Geplante Neuregelung der ertragsteuerlichen Organschaft, BB 2012, 2851; *Melan/Karrenbrock*, Die Durchführung des Gewinnabführungsvertrags als Ernstlichkeits- und Veranlassungsprüfung und die Folgen für die Gestaltungspraxis, FR 2009, 757; *Nadoushani*, Zur objektiven Auslegung von Ergebnisabführungsverträgen durch den Bundesfinanzhof, DStR 2009, 620; *Olbing*, Nun doch: Die (kleine) Reform des Organschaftsrechts, GmbH-StB 2013, 154; *Prinz*, Unternehmenssteuerreform 2001: Organschaftsbesteuerung im Wandel, FR 2000, 1255; *Prinz*, Die „kleine Organschaftsreform" – erste Einschätzung aus Praktikersicht, GmbHReport 6/2013, R 81; *Rödder*, Droht in Deutschland ein zigfaches Scheitern steuerlicher Organschaften?, DStR 2010, 1218; *Rödder*, Die kleine Organschaftsreform, Ubg 2012, 717; *Prinz/Keller*, Neue BFH-Rechtsprechung zur ertragsteuerlichen Organschaft, DB 2018, 400; *Sauter/Heurung*, Ausgleichszahlungen i.S.d. § 16 KStG iVm. § 304 AktG und vororganschaftliche Gewinnausschüttungen nach dem Systemwechsel, GmbHR 2001, 754; *Schneider/Sommer*, Organschaftsreform „light" – Ein Überblick insbesondere zur neuen Fiktion der tatsächlichen Durchführung, GmbHR 2013, 22; *Schöneborn*, Aktuelle Formfragen der ertragsteuerlichen Organschaft, DB 2010, 245; *Schöneborn*, Gewerbesteuerliche Schachtelfragen bei Ausschüttungen an Kapitalgesellschaften, NWB 2013, 2878; *Sistermann/Brinkmann*, Wachstumsbeschleunigungsgesetz: Die Änderungen bei der Mantelkaufregelung, DStR 2009, 2633; *Suchanek/Herbst*, Die tatsächliche Durchführung von Gewinnabführungsverträgen i.S.d. § 14 Abs. 1 S. 1 Nr. 3 S. 1 KStG, Auswirkungen der jüngeren zivilrechtlichen Rechtsprechung, FR 2005, 665; *Teiche*, Verfahrensrechtliche Aspekte nach der Organschaftsreform, DStR 2013, 2197; *Wernicke/Scheunemann*, Verzinsung des Anspruchs auf Verlustübernahme nach § 302 AktG aus gesellschaftsrechtlicher und steuerrechtlicher Sicht, DStR 2006, 1399.

A. Die Organschaft im Veranlagungsverfahren

I. Verfahrensmäßige Bündelung von Organschaftswissen

7.1 Die ertragsteuerliche Organschaft stellt in der Praxis eines Festsetzungsfinanzamtes naturgemäß kein alltägliches „Massengeschäft" dar. Die Bearbeitung der eingehenden Steuererklärungen wird von den zuständigen **Körperschaftsteuerstellen**[1] vorgenommen, wobei finanzamtsintern häufig ein spezialisierter Veranlagungsbezirk bestimmt wird, bei dem sich sämtliche Organschaften eines Amtes bündeln. So ist gewährleistet, dass das erforderliche rechtliche Spezialwissen einerseits vorhanden ist und der Sachbearbeiter und sein vorgesetzter Sachgebietsleiter dieses durch die Vielzahl der Vorgänge in der täglichen Praxis nicht verlieren. In diesen Veranlagungsbezirken werden zudem häufig herausgehobene Steuerpflichtige „geführt", sodass von Seiten der Amtsleitung bevorzugt erfahrene und rechtlich versierte Sachbearbeiter eingesetzt werden. Diese müssen sowohl mit der schwierigen Materie an sich als auch im Umgang mit den Steuerabteilungen von Großkonzernen, mit deren Beratern so-

---

[1] Zuweilen lautet die Bezeichnung in NRW auch „Firmenstelle".

wie den Groß- und Konzernbetriebsprüfern versiert sein und benötigen eine gewisse Zeitdauer, um dies souverän zu beherrschen. Aus diesem Grund ist der Wechsel innerhalb eines Finanzamtes auf einen derartigen Veranlagungsbezirk eine Auszeichnung, das mit einem gewissen Renommee und – im Gegensatz zur sonstigen Finanzamtspraxis – üblicherweise mit einer längeren Verbleibensdauer auf dieser Stelle verbunden ist.

II. Örtliche Zuständigkeit

Örtlich zuständig ist entsprechend der allgemeinen Regelung in § 20 Abs. 1 AO das Finanzamt, in dessen Bezirk sich die Geschäftsleitung der Körperschaft befindet. Dies gilt sowohl für den OT wie die OG. Handelt es sich um den – in der Praxis eher seltenen – Fall mit einer natürlichen Person oder einer Personengesellschaft als OT, so ist vom Grundsatz das Wohnsitzfinanzamt (§ 19 Abs. 1 AO) oder das Betriebsfinanzamt (§ 19 Abs. 3 AO bzw. § 18 Abs. 1 Nr. 2 AO) zuständig. Wird die Geschäftsleitung der OG durch den OT derart beeinflusst, dass dieser ständig in die Tagespolitik der OG eingreift und dadurch die im gewöhnlichen Geschäftsverkehr erforderlichen Entscheidungen von einigem Gewicht selbst trifft, so bestimmt sich die **örtliche Zuständigkeit** für die Besteuerung der OG nach dem Ort, von dem aus der OT die Geschäfte auch der OG leitet.[1] In einem derartigen Fall ergäbe sich keine abweichende Finanzamtszuständigkeit für den OT und die OG, sondern der gesamte Organkreis würde beim Finanzamt des OT geführt.

7.2

Da eine zentrale Lenkung der Tagesgeschäfte der OG – insbesondere in verschachtelten Großkonzernen – nicht die Regel ist, sind häufig unterschiedliche Finanzämter zuständig, wenn OT und OG ihre Geschäftsleitungen in unterschiedlichen Finanzamtsbezirken haben. Dies wird einer sinnvollen Besteuerung und einer einheitlichen Behandlung des Corpus Organschaft nicht gerecht. Aus diesem Grund soll nach den bestehenden Weisungen der Finanzverwaltung in der Regel eine **Zuständigkeitsvereinbarung** angestrebt werden, die die Zuständigkeit des für den OT zuständigen Finanzamts auch für die OG begründet.[2] Demnach orientiert sich die Zuständigkeit immer „nach oben" zum OT; dort soll sich die Veranlagung sämtlicher nachgeordneter OG bündeln. Dies hat zur Folge, dass im Idealfall ein Organkreis ausschließlich von einem Finanzamt und dort durch einen Sachbearbeiter veranlagt wird. Erforderlich hierfür ist jedoch eine Zuständigkeitsvereinbarung i.S.v. § 27 AO. Die Initiative hierzu kann sowohl von Seiten der abgebenden (der OG) als auch der aufnehmenden Finanzbehörde (des OT) ausgehen. Erforderlich ist aber immer die Zustimmung der betroffenen OG, da sie durch die Zuständigkeitsvereinbarung ihr originär örtlich zuständiges Finanzamt verliert. Die Zustimmung kann dem Gesetz nach auch durch Schweigen erfolgen, wenn die OG auf die Wirkung des Schweigens als Zustimmung hingewiesen wurde (§ 27 Satz 3 und 4 AO). In der Praxis führen derartige Zuständigkeitsvereinbarungen dazu, dass viele Organschaften zentral in einem Finanzamt bearbeitet werden. Ein Rechtsanspruch von Seiten der Unternehmen auf die Veranlagung des gesamten Organkreises in nur einem Finanzamt besteht jedoch nicht.

7.3

---

1 BFH v. 26.5.1970 – II 29/65, BStBl. II 1970, 759.
2 AO-Kartei Nordrhein-Westfalen, § 26 AO Karte 803 II, Körperschaftsteuer-Kartei NW §§ 14–19 KStG Karte 19.

III. Besteuerungsverfahren und Technik

7.4 Körperschaftsteuerlich bleiben OG und OT selbständige **Steuersubjekte**. Sie geben jeweils eine eigene **Körperschaftsteuererklärung** ab und erhalten separate Steuerbescheide. Bis einschließlich 2013 bestand zwischen der Veranlagung von OG und OT keine verfahrensrechtliche Bindung; seit 2014 besteht das **Feststellungsverfahren nach § 14 Abs. 5 KStG** (Rz. 4.21 ff.). Nichtsdestotrotz sind im Bereich der Körperschaftsteuer OT und OG selbständige Körperschaftsteuersubjekte, bei denen jeweils eine getrennte Einkommensermittlung vorgenommen wird. Dies gilt sowohl für den Zeitraum bis 2013 wie auch danach.[1]

7.5 Bis zum Veranlagungszeitraum 2013 mussten die Besteuerungsgrundlagen der OG dem Veranlagungsbezirk des OT außerhalb eines förmlichen Feststellungsverfahrens mitgeteilt werden. Dies geschah mittels der finanzamtsinternen „Mitteilung für den Organträger", der sog. **Anlage „MO"**. Für nach dem 31.12.2013 beginnende Wirtschaftsjahre wird bei der OG das besondere Feststellungsverfahren nach § 14 Abs. 5 KStG durchgeführt. Das dem OT zuzurechnende Einkommen der Organgesellschaft sowie alle damit zusammenhängenden Besteuerungsgrundlagen werden gegenüber dem OT und den OG gesondert und einheitlich festgestellt.

Die Vordrucke sehen nunmehr einen Verbund von Körperschaftsteuer- und Feststellungserklärung bei der OG vor. Die bisherige zusammengefasste Anlage ORG ist seitdem in die Anlagen OT und OG aufgeteilt. Die Anlage OG ist von der Organgesellschaft abzugeben; der Organträger hat für jede seiner Organgesellschaften eine Anlage OT abzugeben.

7.6 Der Feststellungsbescheid nach § 14 Abs. 5 KStG hat für die Körperschaftsteuerbescheide von OG und OT Grundlagenfunktion i.S.v. § 175 Abs. 1 Satz 1 Nr. 1 AO. Hierdurch werden das dem OT zuzurechnende Einkommen, damit zusammenhängende sonstige Besteuerungsgrundlagen (z.B. Mehr- und Minderabführungen, das eigene zvE der OG, Zinserträge bzw. Zinsaufwendungen für Zwecke der Zinsschranke) sowie anrechenbare Steuern i.S.v. § 19 KStG festgestellt. Durch den Feststellungsbescheid wird erstmals auch über das Vorliegen der Organschaft dem Grunde nach entschieden, was zuweilen von der Literatur kritisch betrachtet wird.[2] Sind die Voraussetzungen der ertragsteuerlichen Organschaft nicht erfüllt, ist ein negativer Feststellungsbescheid zu erlassen. Neben den vertraglichen Voraussetzungen ist auch die Durchführung des GAV zu prüfen, was regelmäßig durch die Bp erfolgt. Liegen die Voraussetzungen einer körperschaftsteuerlichen Organschaft nicht oder nicht mehr vor, ist ein Ablehnungsbescheid zu erlassen. Da sowohl OT wie auch OG als Feststellungsbeteiligte beschwert sind, können beide gegen den Feststellungsbescheid Rechtsmittel einlegen. Einwendungen, die die Höhe des Einkommens der OG betreffen, können lediglich in diesem Verfahren gegen den Feststellungsbescheid geltend gemacht werden gem. § 351 Abs. 1 AO. Anliegend eine Übersicht über die Rechtsbehelfsbefugnis zu den einzelnen Bescheiden:

---

1 Siehe hierzu *Drüen*, Rz. 4.12 ff. zu den Grundsätzen der Verfahrenstrennung und getrennten Einkommensermittlung.
2 *Brinkmann*, StBp 2016, 192 mit Bezug auf *Teiche*, DStR 2013, 2201.

Bescheid	Rechtsbehelfbefugnis OT	Rechtsbehelfbefugnis OG
KSt-Bescheid des OT	Ja	Nein
KSt-Bescheid der OG (0-Festsetzung; Regelfall)	Nein	Nein
KSt-Bescheid der OG (keine 0-Festsetzung; z.B. in Fällen des § 16 KStG)	Nein	Ja
Feststellung steuerliches Einlagekonto der OG (§ 27 Abs. 2 KStG)	Nein	Ja
Feststellungsbescheid § 14 Abs. 5 KStG	Ja	Ja
GewSt-Messebescheid des OT	Ja	Nein

Im Bereich der gewerbesteuerlichen Organschaft werden wegen der **Betriebsstättenfiktion** des § 2 Abs. 2 Satz 2 GewStG – anders als bei der Körperschaftsteuer – keine eigenständigen Steuerbescheide an die OG erteilt. Hier beschränkt sich die Tätigkeit des Veranlagungsbezirks auf die Ermittlung des Gewerbeertrages nach Maßgabe der §§ 7–10 GewStG und auf dessen Mitteilung an den Veranlagungsbezirk des OT. Denn die Gewerbesteuer ist von der Regelung des § 14 Abs. 5 KStG nicht betroffen; für sie gelten die „alten Regelungen" der verwaltungsinternen Mitteilung weiter.[1] Der Gewerbeertrag wird bei der OG separat ermittelt und für die Veranlagung des OT mitgeteilt. Anders als bei der Körperschaftsteuer erfolgt auf Ebene der OG bei der Gewerbesteuer keine eigene Veranlagung. Hier ist nach allgemeiner Ansicht die Änderungsnorm des § 35b GewStG auch in Organschaftsfällen anwendbar, so dass Änderungen beim körperschaftsteuerlichen Einkommen einer OG bei der Festsetzung des Gewerbesteuermessbetrages des OT umgesetzt werden können.[2]

IV. Prüfungstätigkeit der Veranlagungsstelle

Da der Großteil der z.T. langjährig bestehenden Organschaften auf Grund der Größeneinstufungen als **Großbetrieb**[3] unter die sog. Anschlussprüfung nach § 4 Abs. 2 **Betriebsprüfungsordnung**[4] (BpO) fällt, veranlagt der Steuerbezirk den OT und die OG regelmäßig unter dem **Vorbehalt der Nachprüfung** nach § 164 AO. Dies erfordert nur eine überschlägige Prüfung der formalen Voraussetzungen des GAV, der steuerlichen Voraussetzungen der §§ 14 ff. KStG sowie des tatsächlichen Vollzugs des GAV. Die eigentliche Prüfungstätigkeit wird der nachfolgenden **Betriebsprüfung** (Bp) überlassen.

---

1 *Brinkmann*, StBp 2016, 198.
2 BFH v. 21.12.2009 – I R 29/09, BStBl. II 2010, 644.
3 Abgrenzungsmerkmale für den 23. Prüfungsturnus nach dem BMF-Schr. v. 13.4.2018 – IV A 4-S 1450/17/10001, BStBl. I 2018, Einordnung in Größenklassen gem. § 3 BpO 2000, Festlegung neuer Abgrenzungsmerkmale zum 1.1.2019: Umsatzerlöse von 8,6 Mio. Euro (Handelsbetriebe) bzw. 5,2 Mio. Euro (Fertigungsbetriebe) oder Steuerlicher Gewinn über 335 T Euro (Handelsbetrieb) bzw. 300 T Euro (Fertigungsbetrieb).
4 Allgemeine Verwaltungsvorschrift für die Betriebsprüfung – Betriebsprüfungsordnung – (BpO 2000) v. 15.3.2000, zuletzt geändert durch die allgemeine Verwaltungsvorschrift vom 20.7.2011, BStBl. I 2011, 710.

7.10 Anders ist dies bei neu begründeten Organschaften bzw. bei solchen kleineren Fällen, die nicht zwingend der Anschluss-Bp unterliegen. Das ist insb. dann der Fall, wenn sich im Organkreis kein Großbetrieb befindet. Dann wird der Veranlagungsbezirk verstärkt tätig und prüft nach Aktenlage, ob die Voraussetzungen für die Anerkennung der Organschaft erfüllt sind. Dies schließt auch die Prüfung des GAV mit ein. Insbesondere bei Organschaften im sog. Erstjahr soll von Seiten des Veranlagungsbezirks eine genaue Überprüfung erfolgen; unabhängig davon ob ein Großbetrieb vorliegt oder nicht.

7.11 Die Prüfungstätigkeit orientiert sich, ebenso wie bei den Bp-Stellen, anhand einer **Checkliste**. Dies hat den Vorteil, dass möglichst kein Problem übersehen wird. Es gibt bspw. in Nordrhein-Westfalen keine landesweit verbindliche Checkliste, jedoch richten sich die Merkblätter bzw. Checklisten der unterschiedlichen Finanzämter regelmäßig nach einem wiederkehrenden Muster, welches der gesetzlichen Systematik der Prüfung einer ertragsteuerlichen Organschaft folgt. Ein derartiges Muster[1] könnte wie folgt verkürzt aussehen:

Prüfungsschema

1. **Organträger**
    a) Ist der OT organträgerfähig? Hinweis auf § 14 Abs. 1 Satz 1 Nr. 2 KStG
    Betrieb eines inländischen, gewerblichen Unternehmens, unabhängig von der Rechtsform.
    Bei Personengesellschaften: Ist die Personengesellschaft originär gewerblich und nicht nur gewerblich geprägt?
    Geschäftsleitung im Inland ist seit 2012 nicht mehr Voraussetzung; es muss aber die Beteiligung an der OG einer inländischen Betriebsstätte zugeordnet sein.
    b) **Finanzielle Eingliederung?** Hinweis auf § 14 Abs. 1 Satz 1 Nr. 1 KStG
    Verfügt der OT über die Mehrheit der Stimmrechte an der OG?
    c) Liegen die Eingliederungsvoraussetzungen während des gesamten Wirtschaftsjahres der OG vor? Hinweis auf § 14 Abs. 1 Satz 1 Nr. 1 KStG
    d) Bei **Personengesellschaft** als OT: Wird die Beteiligung an der OG mehrheitlich im Gesamthandsbereich gehalten? Hinweis auf § 14 Abs. 1 Satz 1 Nr. 2 Satz 3 KStG

2. **Organgesellschaft**
    Kapitalgesellschaft mit Geschäftsleitung im Inland und Sitz in einem Mitgliedstaat der EU/EWR? Hinweis auf § 14 Abs. 1 Satz 1 und § 17 Abs. 1 Satz 1 KStG

3. **Formalia des Gewinnabführungsvertrages**
    a) Liegt ein zivilrechtlich wirksamer, ins Handelsregister eingetragener GAV nach § 291 Abs. 1 AktG vor?
    Hinweis: Die Handelsregistereintragung indiziert die zivilrechtliche Wirksamkeit.
    b) Rechtzeitige Eintragung im Handelsregister der OG, für das Jahr, für das die körperschaftsteuerliche Organschaft erstmals gelten soll Hinweis auf § 294 AktG und § 14 Abs. 1 Satz 2 KStG
    c) Abschluss auf mindestens 5 Zeitjahre? Hinweis auf § 14 Abs. 1 Satz 1 Nr. 3 KStG
    d) Enthält der Vertrag eine Abführung des gesamten Gewinns? Hinweis auf § 291 AktG
    e) Enthält der Vertrag eine Ausgleichsverpflichtung gegenüber außenstehenden Gesellschaftern? Hinweis auf § 304 AktG

---

[1] Das Muster erhebt keinen Anspruch auf Vollständigkeit und stellt auch **keine** amtliche Checkliste dar. Zudem wird die Checkliste in der Praxis ggf. noch detaillierter sein.

- f) **Besonderheiten bei einer GmbH als OG nach § 17 KStG**
  - aa) Zustimmung der Gesellschafterversammlung der GmbH mit ¾-Mehrheit und notarielle Beurkundung des Zustimmungsbeschlusses? Hinweis auf R 17 Abs. 1 KStR 2015
  - bb) Vereinbarung der Verlustübernahme durch Verweis auf die Vorschriften des § 302 AktG in seiner jeweils gültigen Fassung bzw. tatsächliche Verlustübernahme und wirksame Vereinbarung im Sinne der aktuellen Gesetzesfassung? Hinweis auf § 17 Abs. 1 Satz 2 Nr. 2 KStG iVm. § 34 Abs. 10b KStG aF

4. **Vollzug des Gewinnabführungsvertrages**

   Berechnung des abzuführenden Gewinns unter Beachtung von § 301 AktG = handelsrechtlicher Höchstbetrag bzw. Mindestbetrag des Verlustersatzes gem. § 302 AktG?
   - a) **Schädliche Verstöße** wie bspw. die fehlende Verrechnung vorvertraglicher Verluste mit in der Organschaft entstandenen Gewinnen; Hinweis auf § 301 AktG, oder die Auflösung und Abführung vorvertraglicher Gewinn- und Kapitalrücklagen mit Ausnahme einer eingegliederten AG/KGaA
   - b) **Unschädliche Vorgänge** wie bspw. verdeckte Gewinnausschüttungen bzw. verdeckte Gewinnabführungen; Hinweis auf R 14.6 KStR 2015

5. **Folgen der Nichtdurchführung oder eines schädlichen Verstoßes**
   - a) Innerhalb der 5-jährigen Mindestlaufzeit: GAV von Anfang an unwirksam
   - b) Außerhalb der 5-jährigen Mindestlaufzeit: GAV nur für die entsprechenden Jahre unwirksam
   - c) Fiktion der ordnungsgemäßen Durchführung bei fehlerhaftem Bilanzansatz nach § 14 Abs. 1 Satz 1 Nr. 3 Satz 4 KStG bei testiertem Jahresabschluss und Richtigstellung in der folgenden Handelsbilanz = Heilung schädlicher Verstöße unter bestimmten Voraussetzungen

6. **Kündigung oder Aufhebung innerhalb der Mindestlaufzeit aus wichtigem Grund**
   - a) Bei Kündigung aus wichtigem Grund zum Ende des Wirtschaftsjahres der OG: Keine Auswirkungen für die Vergangenheit
   - b) Bei unterjähriger Kündigung: s. Punkt 5 a) oder b)
   - c) Wegfall des Anerkennungshindernisses: Wird der GAV in einem späteren Jahr wieder durchgeführt?

7. **Liquidation der OG**

   Der Liquidationsgewinn kann nicht Gegenstand der Abführung sein

Feststellungsverfahren § 14 Abs. 5 KStG, Verbindliche Auskunft: Sind für die Besteuerung von OG und OT zwei unterschiedliche Finanzämter zuständig, so soll auch das FA des OT gebeten werden, die Organschaft zu überprüfen. Kommen beide Finanzämter überein, dass keine Bedenken hinsichtlich der Anerkennung besteht, sollte das Finanzamt der OG dem Firmenverbund diese Einschätzung zunächst unverbindlich mitteilen. Außerdem erfolgt eine Mitteilung an die zuständige Bp-Stelle über die neue OG, damit von dort möglichst zeitnah eine Prüfung durchgeführt werden kann. Divergieren die Meinungen über die Anerkennung der Organschaft, so muss ein Finanzamt entscheiden. Auf Grund der Regelung des Feststellungsverfahren nach § 14 Abs. 5 KStG entscheidet das FA der OG über die Frage, ob die Voraussetzungen der Organschaft vorliegen.[1] Ist dies nicht der Fall, so ergeht ein negativer Feststellungsbescheid, gegen den wiederum Rechtsmittel möglich ist. Dies gilt gleichermaßen für Fragen zu verbindlichen Auskünften im Zusammenhang mit der Anerkennung der Organschaft. Hierüber entscheidet ebenfalls das Finanzamt, welches für die OG zuständig ist.

7.12

---

[1] Ebenso *Brinkmann*, StBp 2016, 192.

V. Föderale Zerlegung der Körperschaftsteuer

7.13 Neben der Veranlagung der Organschaft muss der Veranlagungsbezirk, der den OT besteuert, die verbleibende Körperschaftsteuer und auch die Körperschaftsteuervorauszahlungen nach den Vorschriften der §§ 2–6 des **Zerlegungsgesetzes** auf die unterschiedlichen Bundesländer **zerlegen**, wenn die Steuer einen absoluten Betrag von 500.000 € übersteigt und der OT bzw. die OG Betriebsstätten in unterschiedlichen Bundesländern unterhält. Dabei gelten Organgesellschaften und deren **Betriebsstätten** als Betriebsstätten des OT (§ 2 Abs. 3 ZerlG). Hierzu geben die Konzerne eine **Zerlegungserklärung**, ähnlich derjenigen bei der Gewerbesteuer, ab (vgl. § 6 Abs. 7 ZerlG). Auch im Zerlegungsverfahren für die Körperschaftsteuer sind die Arbeitslöhne Grundlage für den Zerlegungsanteil des jeweiligen Bundeslandes. Sinn und Zweck der Zerlegung ist, dass das Bundesland, in welchem das Einkommen der Organschaft erwirtschaftet wird, seinen ihm zustehenden Anteil erhält. Würde man sich demgegenüber rein an der Steuerschuldnerschaft des OT orientieren, so ginge das gesamte Steuersubstrat in das Bundesland des OT, ohne dass dort tatsächlich Einkommen erwirtschaftet sein müsste, wenn es sich bspw. um eine reine Holding handelte, die ausschließlich Gewinnabführungen von ihren Organtöchtern erhielte. Die Zerlegung führt somit, ähnlich wie bei der GewSt, zu einer pauschalierten Steuerzurechnung zum zutreffenden Steuergläubiger. Andererseits hat die Körperschaftsteuerzerlegung materiell – anders als bei der Gewerbesteuer – für den Steuerschuldner keine Auswirkung, da der Körperschaftsteuersatz im gesamten Bundesgebiet gleich ist. Folgerichtig ist der Konzern auch nicht Beteiligter im Sinne der AO an dem **Zerlegungsverfahren** (§ 6 Abs. 3 ZerlG); gleichwohl ist er zur Abgabe einer Zerlegungserklärung verpflichtet. Liegt eine Zuständigkeitsvereinbarung i.S.v. § 27 AO vor, wie dies in Organschaftsfällen häufig der Fall ist (Rz. 7.3), wird hierdurch die unmittelbare Steuerberechtigung des materiell berechtigten Bundeslandes nicht berührt.

7.14 **Beispiel:** Gibt das Land NRW die Veranlagung einer OG an das Land Hessen im Rahmen einer Zuständigkeitsvereinbarung nach § 27 AO ab, weil dort der OT sitzt, so sollen sowohl das abgebende wie auch das aufnehmende Bundesland organisatorisch sicherstellen, dass die in jedem Veranlagungszeitraum auf die OG entfallende Körperschaftsteuer an das steuerberechtigte Land NRW gezahlt wird. Der bisher zuständige Veranlagungsbezirk in NRW wird dementsprechend einen Überwachungsbogen anlegen und jährlich – sofern nicht rechtzeitig eine Überweisung an NRW erfolgt – die Zerlegung anmahnen.

7.15 Technisch geht das Zerlegungsverfahren wie folgt vonstatten: Das Finanzamt, welches den OT veranlagt, zerlegt als sog. Erhebungsfinanzamt die verbleibende Körperschaftsteuer bzw. die Vorauszahlungen, die mindestens 500.000 € betragen müssen, auf die beteiligten Bundesländer nach Maßgabe der Grundsätze aus dem Gewerbesteuerrecht. Dh. die Zerlegung erfolgt primär nach den anteiligen Arbeitslöhnen in den Betriebsstätten. Anschließend teilt das Erhebungsfinanzamt einem zentral zuständigen Finanzamt seines Bundeslandes (in NRW: Düsseldorf-Altstadt) den Zerlegungsfall mit. Dieses Finanzamt rechnet im Rahmen eines Clearingverfahrens mit den übrigen Bundesländern ab. Das hat idealtypisch zur Folge, dass jedes Bundesland in Organschaftsfällen seinen ihm zustehenden Anteil erhält.

B. Die ertragsteuerliche Organschaft in der Betriebsprüfung

I. Durchführung einer Konzernbetriebsprüfung

Die Prüfung der steuerlichen Verhältnisse von herrschenden und abhängigen Unternehmen i.S.d. § 18 AktG obliegt der **Konzernprüfung** (§ 13 BpO[1]). Diese ist in den einzelnen Bundesländern recht unterschiedlich strukturiert. Während in Nordrhein-Westfalen derzeit 15 spezialisierte **Finanzämter für Groß- und Konzernbetriebsprüfung** bestehen, die für die Prüfung der Konzerne zuständig sind, ist in den übrigen Bundesländern die Konzernbetriebsprüfung regelmäßig als eine Abteilung einem Festsetzungsfinanzamt angegliedert. Lediglich Niedersachsen hat – neben NRW – selbständige Finanzämter für Großbetriebsprüfung. Auch Baden-Württemberg hat mit dem Zentralen Konzernprüfungsamt Stuttgart eine eigene Behörde. Eine weithin bekannte und bedeutende Konzernprüfungsstelle ist die Abteilung Betriebsprüfung bei dem Finanzamt München. Daneben haben viele Bundesländer ihre KonzernBp-Stellen bei bestimmten Finanzämtern konzentriert. Der Begriff „Konzernprüfung" darf nicht dahingehend verstanden werden, dass sämtliche Gesellschaften des Unternehmensverbundes durch eine Bp-Stelle geprüft werden. Vielmehr richtet sich die Prüfungszuständigkeit nach den allgemeinen Regeln und folgt vom Grundsatz der Zuständigkeit des Veranlagungsfinanzamtes.[2]

7.16

In der Praxis kommt es häufiger vor, dass verschiedene Unternehmen eines Organkreises von unterschiedlichen Bp-Stellen geprüft werden. Die Prüfung erfolgt unter der Leitung derjenigen Bp-Stelle, die für die Prüfung des herrschenden Unternehmens (OT) zuständig ist (§ 14 BpO). Diese startet einen sog. **Prüfungsaufruf** an die Finanzämter, die für die Prüfung der OG zuständig sind. Derartige Prüfungsaufrufe sind als innerbehördliche Maßnahmen zwischen zwei (oder mehr) Bp-Stellen ohne Außenwirkung durch die Unternehmen nicht anfechtbar. Außerdem stellt die leitende Stelle ggf. Richtlinien zur Durchführung der Konzernprüfung auf, insb. was die **Prüfungsschwerpunkte** sowie die rechtliche Behandlung bestimmter Sachverhalte angeht. Ihre Konzernleitung wird auch durch das Freigabeerfordernis des Bp-Berichts deutlich, wonach die Feststellungen bei der/den OG erst dann gegenüber der/den OG bekanntgegeben werden dürfen, wenn die konzernleitende Bp-Stelle dem zugestimmt hat. Dabei prüft die Bp-Stelle, die für die Organgesellschaft zuständig ist, deren steuerliche Verhältnisse autark. Sie wird auf Grund des Prüfungsaufrufs, sofern keine Konzernrichtlinien aufgestellt worden sind, lediglich im Hinblick auf den Prüfungszeitraum (regelmäßig drei Veranlagungszeiträume)[3] sowie den zeitlichen Prüfungsabschluss gebunden. Die Prüfungsanordnung i.S.v. § 196 AO soll ab dem VZ 2014 nach den einschlägigen Weisungen neben der Körperschaftsteuer und dem steuerlichen Einlagekonto auch die einheitliche und gesonderte Feststellung gem. § 14 Abs. 5 KStG mit umfassen.

7.17

Beispiel: Divergenz zwischen zwei Bp-Stellen. Die Bp-Stelle, welche die OG X-AG prüft, ist der Ansicht, dass die Organschaft im Prüfungszeitraum 2014-2016 verunglückt sei, da die Jahresabschlüsse auf Grund schwerwiegender Bilanzierungsfehler in der Handelsbilanz nichtig seien. Sie beabsichtigt, die X-AG als eigenständiges Steuersubjekt zu besteuern. Im Entwurf des Bp-Berichts weist sie zu zahlende Körperschaftsteuer und Gewerbesteuer aus und rechnet bei der Gewerbesteuer konzerninterne Finanzierungen nach § 8 Nr. 1a GewStG hinzu. Die konzernleitende Bp-Stelle der Muttergesellschaft

7.18

---

1 BpO 2000 v. 15.3.2000, zuletzt geändert durch die allgemeine Verwaltungsvorschrift vom 20.7.2011, BStBl. I 2011, 710.
2 Siehe *Drüen*, 4.18 Außenprüfung.
3 Sofern es sich nicht um eine zeitnahe Betriebsprüfung i.S.v. § 4a BpO handelt.

M-AG konzediert zwar handelsrechtliche Bilanzierungsfehler; ist aber der Ansicht, dass die Jahresabschlüsse der X-AG nur fehlerhaft – und nicht nichtig – seien, so dass sich nach § 14 Abs. 1 Satz 1 Nr. 3 Satz 4 KStG noch eine Heilungsmöglichkeit ergebe. Das betroffene Unternehmen hat unmittelbar nach Bekanntwerden des Bilanzierungsfehlers bei der X-AG diesen handelsbilanziell korrigiert und die entsprechende Ergebnisabführung vorgenommen.

7.19 Die Bp-Stelle der OG kann im vorliegenden Beispiel nicht ohne weiteres die Besteuerung der OG aus eigenem Recht veranlassen, vielmehr muss sie auf die Zustimmung der Bp-Stelle des OT warten. Besteht eine **Divergenz in der Anerkennung einer Organschaft** zwischen der Bp des OT und der Bp der OG, bedarf es einer Entscheidung, welche notfalls die vorgesetzten Behörden treffen müssen (§ 16 Abs. 2 BpO). Diese Regelung in der BpO weicht von der grundsätzlichen Entscheidung des Gesetzgebers in § 14 Abs. 5 KStG ab, wonach das Finanzamt (Bp-Stelle), welches für die Veranlagung der OG zuständig ist, über die Anerkennung derselben zu entscheiden hat.

7.20 Zweck der **Außenprüfung** ist die Ermittlung und Beurteilung der steuerlich bedeutsamen Sachverhalte, um die Gleichmäßigkeit der Besteuerung sicherzustellen (§ 85 AO und § 2 Abs. 1 BpO). Die Außenprüfung erfolgt zugunsten wie zuungunsten des Steuerpflichtigen (§ 199 Abs. 1 AO). Das og. Beispiel verdeutlicht, wo der Schwerpunkt der Prüfung von Organschaften liegt. In der Praxis der Bp ist eine sehr häufige Frage im Zusammenhang mit der Prüfung von Organschaften die sog. **"verunglückte" Organschaft.** Hiervon spricht man, wenn die Beteiligten zwar eine ertragsteuerliche Organschaft gewollt haben, diese aber von Anbeginn nicht zustande gekommen oder im Nachhinein – auch zeitweise – weggefallen ist.[1] Daneben tritt in jeder Bp, die bilanzielle Feststellungen bei der OG enthält, die Ermittlung von vor- bzw. organschaftlichen Mehr- und Minderabführungen. Allerdings wird die Bp auch Feststellungen zugunsten eines Unternehmensverbundes treffen, sofern sie denn durch die Organschaft begründet sind. Beispielhaft zu nennen sind hier die nicht selten anzutreffenden Hinzurechnungen von Finanzierungsaufwand bei der separaten Ermittlung des Gewerbeertrages einer OG, welcher innerhalb der Organschaft gezahlt wird (Rz. 7.98). Eine solche unzutreffende Hinzurechnung wird die Außenprüfung zugunsten des Unternehmensverbundes neutralisieren.[2]

II. Fallaufgriffe und Technik der Bp

7.21 Weiterhin soll die Bp bei ihrer Prüfung auch regelmäßig die steuerlichen Auswirkungen im Gesamtkonzern unter Verhältnismäßigkeitsgesichtspunkten beachten. Es macht aus fiskalischer Sicht in manchen Fällen weniger Sinn, verunglückte Organschaften in einem Kapitalgesellschaftskonzern festzustellen, dessen Unternehmen **ausschließlich** Gewinne generieren, um dann mit viel Aufwand separate Besteuerungen der einzelnen Unternehmen herbeizuführen. Denn letztendlich kommt bei solchen Feststellungen – abgesehen von den Steuerfolgen empfangener Gewinnausschüttungen (Rz. 7.39) (5 %) durch die verunglückten „Gewinnabführungen" sowie die Möglichkeit der gewerbesteuerlichen Hinzurechnungen innerhalb des nicht vorhandenen Organkreises – kein erhebliches fiskalisches **„Mehrergebnis"** heraus. Ob dies einen Aufgriff rechtfertigt, der zudem das Prüfungsklima nicht unerheblich verschärfen kann,

---

1 *Neumann* in Gosch[3], § 14 KStG Rz. 531. Zu den vielfältigen möglichen Gründen für das Scheitern einer Organschaft s. *Brinkmann*, StBp 2016, 192.
2 Siehe dazu weitergehend Rz. 7.98 ff.

will in der Praxis im Einzelfall wohlüberlegt sein. Demgegenüber stellen Unternehmensverbünde, bei denen vor Bp Gewinne mit Verlusten unterschiedlicher Gesellschaften verrechnet werden, aus fiskalischer Sicht interessantere Prüfungsfälle dar. Diese führen häufig zu Aufgriffen der Bp und dann auch zu späteren Einspruchs- und Klageverfahren.

Hinsichtlich der inhaltlichen Prüfung von Organschaften orientiert sich die Bp, ebenso wie der Veranlagungsbezirk, an Checklisten. Es gilt das bereits unter Rz. 7.11 Ausgeführte.

Weiterhin bedarf die Bp des OT einer Vielzahl von Informationen aus den Prüfungen der OG, um das konsolidierte Ergebnis bei sich darstellen zu können. Zu diesem Zwecke wird bei größeren Konzernfällen von Seiten der konzernleitenden Bp des OT ein standardisiertes Einkommensermittlungsschema für Organgesellschaften erstellt und an die Bp-Stellen der Organgesellschaften versandt. Dort erfolgt in Tabellenform die Ermittlung des dem Organträger zuzurechnenden Einkommens sowie des Gewerbeertrages vor wie nach Bp. Weiterhin werden steuerliche Werte der Organgesellschaften mitgeteilt, die sich auf Ebene der Gesellschaft nicht ausgewirkt haben, allerdings für die Besteuerung des OT maßgeblich sind. Hierunter fallen nach § 15 Satz 1 Nr. 2 und 3 KStG bspw. steuerfreie § 8b-Erträge oder der Nettozinsaufwand nach den Regelungen zur Zinsschranke (§ 4h EStG, § 8a KStG). Schließlich werden auch Mehr- und Minderabführungen mitgeteilt.

7.22

III. Prüfungsaufgriffe im Bereich der Formalia der Organschaft

1. Strenge BFH-Rechtsprechung

Die Rechtsprechung ist bei **formalen Fehlern** im Zusammenhang mit Organschaften außerordentlich streng (Rz. 6.2; Rz. 6.40). Dies zeigt sich insbesondere in den Urteilen des BFH zu § 17 Satz 2 Nr. 2 KStG aF,[1] der bei fehlerhaftem oder unterbliebenen Verweis auf die Vorschriften des § 302 AktG keine wirksame Organschaft im GmbH-Konzern annahm.[2] Ähnliches gilt für die Nichtanerkennung der Organschaft mangels rechtzeitiger Eintragung des GAV im Handelsregister ohne Verschulden des Unternehmens.[3] Während die zivilrechtliche Rechtsprechung nach den Grundsätzen des faktischen Konzerns auch bei Formfehlern und durchgeführter Ergebnisabführung die zivilrechtliche Anerkennung regelmäßig nicht versagt,[4] ist die steuerliche Judikatur insbesondere des I. Senats des BFH deutlich schärfer.[5] Das führt naturgemäß dazu, dass sich die Betriebsprüfung hieran orientiert und verstärkt auch **Formalia** von GAV prüft. Dies gehört zum Standardprogramm einer Bp, selbst wenn im Laufe der Jahre über die Organschaft schon mehrere Betriebsprüfungen „gegangen" sind. Findet sich dann bei der Bp ein folgenschwerer **Formfehler**, der bereits Jahre zuvor passiert ist, wird dies zuweilen von den betroffenen Unternehmen bzw. deren Beratern als unbillig angesehen und das Prüfungsklima erleidet ggf. eine erhebliche Verschlechterung. Andererseits sind derartige Themen aus Sicht der Bp häufig eindeutige Punkte, bei denen keine längere inhaltliche Dis-

7.23

---

1 Rechtsprechung vor Einführung der Heilungsmöglichkeit nach § 34 Abs. 10b nF KStG.
2 BFH v. 3.3.2010 – I R 68/09, GmbHR 2010, 661 = BFH/NV 2010, 1132 betreffend § 302 Abs. 3 AktG und BFH v. 22.12.2010 – I B 83/10, FR 2011, 524 = DB 2011, 212 betreffend § 302 Abs. 4 AktG bei Neuverträgen ab 2006; s. auch BFH v. 10.5.2017 – I R 93/15, DB 2017, 2650 für Altverträge vor 2006; *Schöneborn*, DB 2010, 245.
3 BFH v. 23.8.2017 – I R 80/15.
4 *Neumann* in Gosch[3], § 14 KStG Rz. 208 mwN zur Rechtsprechung des BGH.
5 *Prinz/Keller*, DB 2018, 407 sprechen von einer „positivistischen Rechtsauslegungstradition".

kussion nötig ist, wenn die Rechtsprechung oder Verwaltungsmeinung klar ist. Darum sind **Formfragen in Betriebsprüfungen** nicht unbeliebt und werden zuallererst geprüft. Dies sollte die geprüften Unternehmen veranlassen, peinlichst genau ihre organschaftlichen Formalia zu gestalten.

7.24 Allerdings überprüft die Verwaltung regelmäßig nicht die **zivilrechtliche Wirksamkeit** des GAV. Denn dieser wird im Handelsregister eingetragen (§ 294 AktG) und dort auch ausgiebig auf seine handelsrechtlichen Voraussetzungen geprüft. Insoweit geht die Verwaltung dann von der zivilrechtlichen Wirksamkeit aus.

Im Folgenden werden exemplarisch einige **formale Prüfungsaufgriffe** aus der praktischen Bp-Tätigkeit dargestellt.

2. Steuerliche Mindestlaufzeit eines GAV von 5 Zeitjahren

7.25 Problematisch ist in diesem Zusammenhang das rein steuerliche Erfordernis, den GAV nach § 14 Abs. 1 Satz 1 Nr. 3 Satz 1 KStG auf mindestens 5 **Zeitjahre** abzuschließen. Hier kommt es im Zusammenspiel zwischen den verbundenen Unternehmen, deren steuerlichen Beratern und dem beurkundenden Notar gelegentlich zu Abstimmungsschwierigkeiten, die im Ergebnis dazu führen, dass die nur steuerlich notwendige 5-Jahresfrist auf Grund bedauerlicher Fehler nicht eingehalten wird. Dann wird in der Praxis versucht, über einen sog. **Nachtragsvermerk** des beurkundenden Notars gem. § 44a Beurkundungsgesetz die Organschaft zu „retten". Nicht immer gelingt aber der Rettungsversuch.

7.26 **Beispiel: Gelungener Nachtragsvermerk.** Die Bp stellt bei der OG-GmbH im Prüfungszeitraum 2009–2011 bei kalendergleichem Wirtschaftsjahr folgenden Sachverhalt fest: Nach den Steuererklärungen der Gesellschaft bestehen seit 2010 umsatz- und ertragsteuerliche Organschaftsverhältnisse zur OT-AG. Bereits im August 2009 hat die OG einen Beherrschungs-und Gewinnabführungsvertrag geschlossen, der im selben Monat notariell beurkundet wird. Ursprünglich wollten die Parteien die Organschaft für den Zeitraum 2009–2013 beurkunden lassen; darauf basieren auch noch die Vertragsentwürfe, die beim Notar eingereicht werden. Man kam jedoch später – allerdings vor dem Notartermin – überein, die steuerliche Organschaft erst ab 2010 begründen zu wollen. Dementsprechend wird der Notar vor dem Beurkundungstermin ausdrücklich gebeten, sämtliche Daten im Vertragsentwurf um ein Jahr nach hinten zu schieben. Diesem Petitum kommt der Notar leider nur unvollständig nach. So wird in § 2 des GAV die OG verpflichtet, erstmals für ihr ab dem 1.1.2010 beginnendes Geschäftsjahr den ganzen Gewinn an den OT abzuführen. Hier ersetzt der Notar den Beginn der Abführungsverpflichtung zutreffend handschriftlich vom 1.1.2009 auf den 1.1.2010. In § 5 des GAV unterbleibt fehlerhaft jedoch die erforderliche Anpassung. Dort heißt es: Nr. 2: „Der Vertrag wird wirksam mit der Eintragung in das Handelsregister der OG-GmbH und gilt – mit Ausnahme des Weisungsrechts nach § 1 – rückwirkend für die Zeit ab 1.1.2009. Nr. 3: Dieser Vertrag kann erstmals zum Ablauf des 31.12.2013 unter Einhaltung einer Kündigungsfrist von 6 Monaten gekündigt werden". Der Vertrag wird im September 2009 im Handelsregister eingetragen und erstmals – wie von den Parteien gewollt – für 2010 durchgeführt.

Die Bp war zunächst der Ansicht, dass die Laufzeit des Vertrages nur 4 Jahre betrage (1.1.2010–31.12.2013) und demzufolge gegen die Mindestlaufzeit von 5 Jahren verstoße. Demgegenüber argumentiert die OG, dass man seinerzeit den Beginn der Organschaft um ein Jahr habe hinausschieben wollen und den Notar gebeten habe, alle Termine des Vertrages zu ändern. Die OG bittet den Notar, dies zu bestätigen. Daraufhin fertigt der Notar einen Nachtragsvermerk nach § 44a BeurkG Anfang 2014. Dem Vermerk zufolge enthalten die Regelungen des § 5 eine offenbare Unrichtigkeit. Nach dem im Termin bekundeten Willen der Parteien soll der GAV ab dem 1.1.2010 gelten und die erstmalige Kündigungsmöglichkeit zum 31.12.2014 möglich sein. Die entsprechende Änderung in § 5 habe er versehentlich nicht übernommen. Das Versehen sei auch offensichtlich, denn ansonsten mache die vorgenommene Änderung in § 2 keinen Sinn. Weiterhin erfolgt eine formale Richtigstellung durch den Notar.

In diesem Fall kann der Nachtragsvermerk als inhaltliche Richtigstellung von der Bp akzeptiert werden, da anhand der Gesamtumstände schlüssig nachgewiesen wird, dass es sich tatsächlich um ein Notarversehen handelt. Die Parteien hatten inhaltlich den GAV vom 1.1.2010 bis zum 31.12.2014 abschließen wollen und dies auch so im Notartermin geäußert. Es gilt hier der Grundsatz der **"falsa demonstratio non nocet"** aus dem Recht der Vertragsauslegung nach § 133 BGB,[1] wonach eine fehlerhafte Bezeichnung dann unschädlich ist, soweit sich für das tatsächlich Gemeinte im Vertrag oder den allgemein zugänglichen Quellen eindeutig Belege finden lassen.[2] Hier lässt sich aus der handschriftlichen Änderung des § 2 des Vertrages entnehmen, dass eine Verschiebung der Organschaft um ein Jahr nach hinten gewollt ist; das Versehen bei der Anpassung des Endtermins lag schlüssig auf der Hand. Da mit dem Abschluss des GAV offensichtlich eine steuerliche Organschaft bezweckt ist und die Parteien und der Notar glaubhaft versichern, die Anpassung in § 5 sei versehentlich unterblieben, kann so eine Heilung durch den Nachtragsvermerk herbeigeführt werden. In derartigen vergleichbaren Fällen eines Notarversehens wird die Bp sicherlich nicht kleinlich verfahren.

Liegt demgegenüber ausschließlich ein **Büroversehen** – beispielsweise des Steuerberaters oder der Firma – vor, den die Parteien notariell beurkunden lassen ohne dass dem Notar ein Versehen unterläuft, kann auch ein Nachtragsvermerk nicht mehr helfen. 7.27

Beispiel: Misslungener Nachtragsvermerk. Die M-AG und ihre 100 %ige Tochter T-GmbH schließen im Jahre 2011 einen GAV, der mit der Eintragung in das Handelsregister in 2012 wirksam wird und vertraglich für die Zeit ab dem 1.1.2012 gilt. Ausweislich des Vertragstextes, den ein Angestellter der M-AG entworfen hat, kann der Vertrag erstmals zum Ablauf des 31.12.2015 gekündigt werden. Der verantwortliche Mitarbeiter der Steuerabteilung hat den Vertragstext aus einem anderen – älteren – GAV der M-AG herauskopiert, dabei alle Angaben als Textbausteine geändert außer das Enddatum den aktuellen Gegebenheiten anzupassen. Erforderlich für die steuerliche Anerkennung wäre als frühestes Enddatum der 31.12.2016 gewesen. Der GAV wird von den Gesellschaften bestätigt, der Zustimmungsbeschluss wird notariell beurkundet und ins Handelsregister eingetragen. Da die Betriebsprüfung die Organschaft mangels 5-jähriger Mindestlaufzeit des GAV nicht anerkennt, trägt die M-AG vor, dass es sich um ein offensichtliches Versehen handele, welches unschädlich sei. Es sei sowohl aus den Umständen auch als auch aus der Urkunde selbst heraus eindeutig, dass eine wirksame ertragsteuerliche Organschaft gewollt sei; dies sei auch dem Notar klar gewesen, der auf Betreiben der M-AG einen Nachtragsvermerk fertigt. An die Beurkundung selbst und die näheren Umstände konnte sich der Notar nicht mehr erinnern.[3] 7.28

Die Bp kann den Nachtragsvermerk hier nicht akzeptierten und orientiert sich an den og. Grundsätzen der BFH-Rechtsprechung.[4] Der BFH stellt in seiner Rechtsprechung allein formal auf den Wortlaut des GAV ab, der als gesellschaftsrechtlicher Organisationsvertrag nur sehr begrenzt einer Auslegung zugänglich ist. Da derartige Verträge ein kalendermäßig klar bestimmtes Enddatum haben, kommt nach Ansicht des BFH ein Verständnis dahingehend, dass ein anderer (späterer) Tag maßgeblich sei, nicht in Betracht. Insbesondere komme der offensichtlich abweichenden Vorstellung der Vertragsparteien, die eine mindestens 5-jährige Laufzeit wollten, keine Bedeutung zu. Der BFH legt den GAV zum Schutze unbeteiligter Dritter – etwa potentiellen Anteilserwerbern oder der Finanzverwal-

---

1 Vgl. zu diesem zivilrechtlichen Grundsatz bei der Auslegung von Organschaftsverträgen: BFH v. 23.1.2013 – I R 1/12, GmbHR 2013, 602 m. Anm. *Walter* = ZIP 2013, 1910.
2 BFH v. 28.11.2007 – I R 94/06, BFHE 220, 51 = FR 2008, 1075.
3 Nachgebildet: *Schöneborn*, DB 2010, 246.
4 BFH v. 23.1.2013 – I R 1/12, GmbHR 2013, 602 m. Anm. *Walter* = ZIP 2013, 1910; BFH v. 28.11.2007 – I R 94/06, BFHE 220, 51 = FR 2008, 1075.

tung – eng am Wortlaut aus, um eine einfache Prüfung solcher Unternehmensverträge zu ermöglichen. Auf Grund dieser Rechtsprechung kann im Beispielsfall von einer verunglückten Organschaft ausgegangen werden.

Auch der vorgelegte Nachtragsvermerk vermag daran nichts zu ändern. Zunächst ist zu prüfen, ob tatsächlich eine **offenbare Unrichtigkeit** aus Sicht des Notars vorliegt, denn Nachtragsvermerke sind für die Finanzverwaltung steuerlich nicht ohne weiteres bindend.[1] Die offenbare Unrichtigkeit ist vorliegend schon nicht gegeben, da der Notar angibt, „sich an die Sache überhaupt nicht mehr erinnern zu können". Unabhängig davon lässt das BFH-Urteil den zwingenden Rückschluss zu, dass derartige Nachtragsvermerke zumindest dann körperschaftsteuerlich irrelevant sind, wenn die offensichtliche Unrichtigkeit nicht nach objektivierbaren Kriterien erkennbar ist. Dies ist vorliegend auch gegeben, da der Fehler in der subjektiven Wahrnehmung der Parteien liegt. Anders als im Fall zuvor ist auch aus der Urkunde selbst heraus keine offenbare Unrichtigkeit zu erkennen.

3. Organträgerfähigkeit

7.29 Dem Gesetz nach muss OT ein einziges anderes gewerbliches Unternehmen sein; dh. es muss **gewerbliche Einkünfte** i.S.v. § 15 Abs. 2 EStG erzielen. Dies ist für Kapitalgesellschaften auf Grund der Rechtsform unproblematisch gegeben, unabhängig von deren konkreter Tätigkeit (§ 8 Abs. 2 KStG). Problematisch ist diese Voraussetzung für die Tätigkeit von Personengesellschaften, sofern sie nicht originär gewerblich – ggf. im Rahmen von § 15 Abs. 3 Nr. 1 EStG oder im Rahmen einer Betriebsaufspaltung – tätig werden. Gewerblich geprägte Personengesellschaften i.S.v. § 15 Abs. 3 Nr. 2 EStG können damit nicht OT sein[2]. Weiterhin muss die Organbeteiligung im Gesamthandsvermögen gehalten werden; eine Beteiligung im Sonderbetriebsvermögen eines Mitunternehmers genügt nicht.

7.30 Fraglich war bis zur Entscheidung des BFH v. 24.7.2013[3] (Rz. 6.5), ob die gewerbliche Betätigung des OT im gesamten **Wirtschaftsjahr** der OG erfolgen muss oder ob das Eintreten der Gewerblichkeit des OT auch unterjährig geschehen könne. Auf Grund der Veröffentlichung des Urteils im Bundessteuerblatt hat sich die Verwaltung der Auffassung des BFH angeschlossen; die Gewerblichkeit des OT kann somit auch unterjährig eintreten.

4. Finanzielle Eingliederung und mittelbare Beteiligungen

7.31 Üblicherweise stellen **mittelbare Beteiligungen**, wenn sie durchgerechnet im Konzern zu 100 % dem OT zuzurechnen sind, kein Problem dar. Sie können als OG taugliches Subjekt einer steuerlichen Organschaft mit der Muttergesellschaft sein (R 14.2 Satz 2 KStR 2015 mit Verweis auf § 14 Abs. 1 Satz 1 Nr. 1 Satz 2 KStG). Problematisch und strittig sind jedoch diejenigen Fälle, in denen auf der Ebene der OG „durchgerechnet" nicht mehr als 50 % Stimmrechte von Seiten des OT bestehen.

---

1 AA *Nadoushani*, DStR 2009, 623, der ausführt, dass „die Finanzverwaltung den Nachtragsvermerk nicht ohne weiteres in Zweifel ziehen dürfte".
2 BMF v. 10.11.2005 – IV B 7 - S 2770 - 24/05, BStBl. I 2005, 1038, FR 2005, 1216 Rz. 21.
3 BFH v. 24.7.2013 – I R 40/12, BStBl. II 2014, 272 = GmbHR 2013, 1105.

Dazu folgender Fall und folgende Beteiligungskonstellation: 7.32

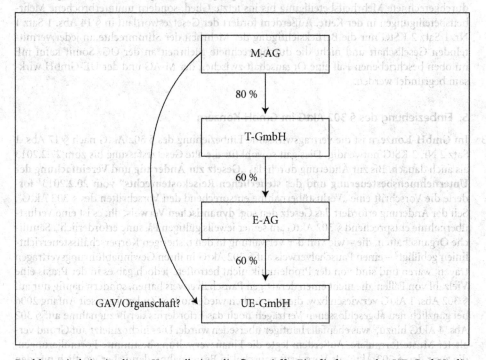

Problematisch ist in dieser Konstellation die **finanzielle Eingliederung** der UE-GmbH, die direkt mit der M-AG eine ertragsteuerliche Organschaft eingehen möchte. Das Gesetz (§ 14 Abs. 1 Satz 1 Nr. 1 Satz 2 KStG) enthält hierzu keine ausdrückliche Lösung. In der Literatur werden hierzu zwei Lösungsansätze vertreten. Einmal die sog. **„Durchrechnungsmethode",**[1] wonach vorliegend die M-AG durchgerechnet an der UE-GmbH nur 28,8 % (80*60*60) der Stimmanteile hält und somit eine finanzielle Eingliederung nicht gegeben sei. Dem scheint auch die Finanzverwaltung folgen zu wollen.[2] Anderseits wird die sog. **Additionsmethode** von der wohl überwiegenden Literaturmeinung[3] vertreten, die der M-AG sämtliche Stimmanteile sowohl der T-GmbH (an der E-AG) als auch der E-AG an der UE-GmbH zurechnet, sofern es sich denn um eine **Mehrheitsbeteiligung** auf jeder Stufe handelt. Somit würden der M-AG hier vermittels ihrer Mehrheitsbeteiligung an der T-GmbH die mittelbare Mehrheitsbeteiligung der E-AG an der UE-GmbH von 60 % zugerechnet. Demnach wäre nach dieser Ansicht die finanzielle Eingliederung gegeben. M.E. spricht für die überwiegende Literaturansicht der Sinn und Zweck des Gesetzes, dass der OT mittels seiner Einflussmöglich-

---

1 *Neumann* in Gosch[3], § 14 KStG Rz. 138 f.
2 R 14.2 Satz 2 KStR 2015 „Finanzielle Eingliederung" mit 3 Beispielsfällen und BMF v. 26.8.2003 – IV A 2 - S 2770 – 18/03, BStBl. I 2003, 437 = FR 2003, 981 Rz. 13 f. Das vorliegende Problem wird zwar nicht explizit angesprochen, jedoch kann man Beispiel 3 **zu** R 14.2 Satz 2 KStR 2015 entnehmen, dass die Verwaltung „durchrechnet".
3 *Frotscher* in Frotscher/Drüen, § 14 KStG Rz. 236 ff. (Stand: 9/2015); *Prinz*, FR 2000, 1255; *Dötsch* in Dötsch/Pung/Möhlenbrock, § 14 KStG Rz. 127 (Stand 8/2014).

keit auf die OG dort seinen geschäftlichen Willen durchsetzen kann. Dies erfordert keine durchgerechnete Mehrheitsbeteiligung bis ins letzte Glied, sondern ununterbrochene Mehrheitsbeteiligungen in der Kette. Außerdem fordert der Gesetzeswortlaut in § 14 Abs. 1 Satz 1 Nr. 1 Satz 2 KStG nur die Berücksichtigung der Mehrheit der Stimmrechte an jeder vermittelnden Gesellschaft und nicht die durchgerechnete Mehrheit an der OG. Somit kann mE im oben beschriebenen Fall eine Organschaft zwischen der M-AG und der UE-GmbH wirksam begründet werden.

5. Einbeziehung des § 302 AktG im GmbH-Konzern

7.33 Im GmbH-Konzern ist die vertragswirksame Einbeziehung des § 302 AktG nach § 17 Abs. 1 Satz 2 Nr. 2 KStG notwendig. Dies galt sowohl für die alte Gesetzesfassung bis zum 27.2.2013 als auch danach. Bis zur Änderung durch das **„Gesetz zur Änderung und Vereinfachung der Unternehmensbesteuerung und des steuerlichen Reisekostenrechts"** vom 20.2.2013[1] forderte die Vorschrift eine „Verlustübernahme entsprechend den Vorschriften des § 302 AktG". Seit der Änderung erfordert das Gesetz den sog. **dynamischen Verweis**, dh. es ist eine Verlustübernahme entsprechend § 302 AktG „in seiner jeweils gültigen Fassung erforderlich". Sämtliche Organschaften, die – wie von der Verwaltung in den bisherigen Körperschaftssteuerrichtlinien gebilligt[2] – einen Pauschalverweis auf § 302 AktG in ihren Gewinnabführungsverträgen tragen, waren und sind von der Problematik nicht betroffen. Jedoch gab es in der Praxis eine Vielzahl von Fällen, die nicht einen derartigen Pauschalverweis hatten, sondern häufig nur auf § 302 Abs. 1 AktG verwiesen bzw. diesen wörtlich wiederholten. Zudem kam seit Anfang 2006 bei gänzlich neu abgeschlossenen Verträgen noch das Erfordernis der Bezugnahme auf § 302 Abs. 4 AktG hinzu,[3] was ebenfalls häufiger übersehen wurde. Dies nicht zuletzt auf Grund veralteter Musterformulare. Außerdem legte die Finanzverwaltung bestimmte Formulierungen, die zwar den § 302 AktG als Vorschrift pauschal in Bezug nahm, dann aber wörtlich nur den Abs. 1 wiederholte, als nicht regelkonform aus[4] und verwarf somit aus der eigentlichen „Formalie" § 17 KStG heraus eine Vielzahl von Organschaften. Dies wurde von Seiten der Beraterschaft[5] – nicht ganz zu Unrecht – weitgehend als unbillig empfunden. Dem Petitum, fehlerhafte GAV mittels einer Heilungsmöglichkeit für die zurückliegende Zeit zu exculpieren, ist der Gesetzgeber durch die aktuelle Fassung des § 17 Abs. 1 Satz 2 Nr. 2 KStG und insbesondere die vormalige Übergangsregelung in § 34 Abs. 10b KStG entgegengekommen. Demnach bedarf es in **Verträgen** ab dem 27.2.2013 eines sog. dynamischen Verweises. Wurde ein solcher bis zum 31.12.2014 in einem bisher nicht ausreichenden Vertrag nachgeholt, so wirkt der Verweis zurück für alle noch nicht bestandskräftigen Jahre, sofern in diesen Jahren bei einem Verlust der OG eine Verlustübernahme tatsächlich erfolgt ist. Endete die Organschaft vor dem 1.1.2015, bedurfte es auch keiner Änderung des Vertrages mehr. Die Anpassung an die aktuelle Gesetzeslage gilt außerdem – für Zwecke der 5-Jahresfrist – nicht als Neuabschluss des GAV.

---

1 BGBl. I 2013, 285.
2 Abschn. 66 Abs. 3 Satz 3 KStR 2004.
3 BMF v. 16.12.2005 – IV B 7 - S 2770 - 30/05, BStBl. I 2006, 12 = FR 2006, 193.
4 Gemeinsame Verfügung der Oberfinanzdirektionen Rheinland und Münster v. 12.8.2009 – S 2770 - 1015 - St 131, BB 2010, 101.
5 *Rödder*, DStR 2010, 1218.

Es sind somit folgende Szenarien denkbar[1]: 7.34

Altvertrag mit dynamischen, pauschalen oder ausreichendem wörtlichen Verweis auf § 302 AktG	Altvertrag, der bis zum 1.1.2015 endete	Altvertrag, der bisher den Bezug auf § 302 AktG nicht erfüllte	Neuvertrag ab 27.2.2013 oder wirksamer Altvertrag, der aus anderen Gründen geändert wird
Keine Anpassung erforderlich, sofern keine Anpassung aus anderen Gründen	Keine Anpassung erforderlich	Anpassung an dynamischen Verweis war bis zum 31.12.2014 erforderlich	Dynamischer Verweis erforderlich

Im Jahre 2014 wurden bei den Finanzämtern eine Vielzahl geänderter Altverträge mit der erforderlichen Anpassung eingereicht. Sollte es in Fällen mit bisher mängelbehafteten Verträgen bis dahin nur zu abgeführten Gewinnen – und nicht zur Verlustübernahme – gekommen sein, so kommt mE ebenfalls eine Heilungsmöglichkeit in Betracht. Denn das Gesetz fordert nur eine rechtlich bindende Verlustübernahmebereitschaft.[2] 7.35

Anzuraten ist den Unternehmen auch die Anpassung solcher **Altverträge** bis 2006, die – mangels Gesetzesvorschrift zum damaligen Zeitpunkt – keinen Hinweis auf § 302 Abs. 4 AktG haben konnten. Zwar erfüllen sie nach Verwaltungssicht als Altvertrag die Formvoraussetzungen;[3] jedoch ist der BFH hier anderer Auffassung.[4] Er ist der Ansicht, dass auch solche Altverträge angepasst werden müssten. Es besteht somit die Gefahr, dass bei einem Streit über die Organschaft aus irgend einem anderen Grund der aus Sicht des BFH fehlerhafte Alt-GAV, den die Finanzverwaltung nicht beanstandet hat, in einen Finanzrechtsstreit „gerät" und dann der Prozess mit Hinweis auf die fehlende Anpassung an § 302 Abs. 4 AktG aus Sicht des Unternehmens verloren geht[5]. Auch derartige Anpassungen von GAV führen entsprechend § 34 Abs. 10b Satz 4 KStG nicht zu einem Neubeginn der 5-Jahresfrist nach § 14 Abs. 1 Satz 1 Nr. 3 KStG. Sie werden zwar – zumindest nach Ansicht der Verwaltung – nicht unmittelbar vom Wortlaut der Übergangsvorschrift umfasst, müssen jedoch vom Telos der Norm als mitumfasst gesehen werden. 7.36

Mit einer neueren Verfügung weist die OFD NRW darauf hin, dass Organschaftsverträge mit geminderter Verlustübernahmeverpflichtung dergestalt, dass der Jahresfehlbetrag der GmbH-OG auch durch die Auflösung von Kapitalrücklagen ausgeglichen werden kann, nicht anzuerkennen sind. Die Vorschrift des § 302 Abs. 1 AktG erlaubt nur eine Minderung der Verlustübernahmeverpflichtung durch die Auflösung von anderen Gewinnrücklagen; nicht jedoch durch die Auflösung von Kapitalrücklagen[6].

---

1 S. auch *Teiche*, DStR 2013, 2198 mit sehr differenzierter Darstellung der unterschiedlichen Varianten sowie aus Verwaltungssicht OFD Karlsruhe, Verfügung vom 16.1.2014, FR 2014, 434 ff.
2 *Olbing*, GmbH-StB 2013, 154 (157).
3 Siehe BMF v. 16.12.2005 – IV B 7 - S 2770 - 30/05, BStBl. I 2006, 12 = FR 2006, 193: Die Verwaltung beanstandet das Fehlen von § 302 Abs. 4 AktG in derartigen Fällen nicht.
4 BFH v. 24.7.2013 – I R 40/12, BStBl. II 2014, 272 = FR 2014, 28 und BFH v. 10.5.2017 – I R 93/15, DB 2017, 2650.
5 ebenso *Prinz/Keller*, DB 2018, 408, die – vor diesem Hintergrund – auf einen „äußerst begrenzten Vertrauensschutz von Verwaltungsanweisungen" verweisen.
6 Verfügung OFD NRW vom 11.7.2018, S 2770- 2018/0013 St 131, KSt-Kartei NW § 17 KStG Karte 2.

6. Änderung einer gesonderten und einheitlichen Gewinnfeststellung für die OG, wenn der OT bereits bestandskräftig veranlagt wurde

7.37 Bekanntlich hatte der Körperschaftsteuerbescheid gegenüber der OG bisher[1] keine **Grundlagenfunktion** für den Steuerbescheid des OT.[2] Somit ergab sich bis einschließlich dem Veranlagungszeitraum 2013 ein Änderungsproblem, welches sehr häufig in Betriebsprüfungen auftauchte[3]. Die Veranlagung bzw. auch Betriebsprüfung des OT konnte nicht abgeschlossen werden in der Form, dass der Vorbehalt der Nachprüfung aufgehoben wurde, solange nicht die den Organgesellschaften nachgeschalteten Personengesellschaften endgültig abgeschlossen waren. Zwar konnten Änderungen bei der Personengesellschaft noch – qua Grundlagenfunktion gem. § 175 Abs. 1 Satz 1 Nr. 1 AO – bei der OG berücksichtigt werden. Jedoch konnte diese Änderung dann nicht mehr auf Ebene des OT berücksichtigt werden, wenn dort die Veranlagung auf Grund einer Bp endgültig bestandskräftig war.

Insbesondere diese Problematik hat zur Einführung des Feststellungsverfahrens nach § 14 Abs. 5 KStG bei der OG geführt.

7.38 Das beschriebene Problem hat sich nunmehr durch die Einführung des **Feststellungsverfahrens** nach § 14 Abs. 5 KStG ab 2014 erledigt. Nunmehr können Änderungen bei nachgeordneten Personengesellschaften unproblematisch über die OG in den OT überführt werden. Die bisherigen verfahrensmäßigen „Tricksereien"[4] sind somit obsolet; der OT kann auch abgeschlossen werden, sofern nachgeordnete Personengesellschaften noch nicht abgeschlossen sind.

Dieses Problem galt nur für Personengesellschaften, die einer OG nachgeordnet waren. Personengesellschaften, die unmittelbar unter dem OT hingen, konnten stets zu einer Änderung auf dessen Ebene führen.

IV. Prüfungsaufgriffe im Bereich der materiellen Fragen der Organschaft

1. Hauptproblemfelder

7.39 Hat die Organschaft die Klippe der formalen Anforderungen gemeistert, kommt das „materielle" Recht zum Zuge. Prüfungsaufgriffe der Bp im Bereich der materiellen Fragen der Organschaft können mannigfalter Natur sein. Hierbei ist häufig das Problem, ob der GAV wirksam durchgeführt wurde. Weiterhin geht es um die zutreffende Bildung von Gewinnrücklagen oder Fehler bei Ausgleichszahlungen an Außenstehende. Betriebsprüfungen verursachen regelmäßig steuerliche Bilanzkorrekturen, die zu Mehr- und Minderabführungen i.S.v. § 14 Abs. 3 und 4 KStG führen. Ob diese vororganschaftlich oder innerorganschaftlich verursacht sind, ist dann die Folgefrage. Schließlich stehen im Fokus des Betriebsprüfers auch immer Verlustfragen (§ 8c KStG, § 10a GewStG) sowie die Prüfung von **stillen Gesellschaften** im Zusammenhang mit einer Organschaft. Auch **verdeckte Gewinnausschüttungen** innerhalb einer Organschaft können Auswirkungen zeitigen. Besonderes Augenmerk verdienen insbesondere

---

1 Bis zum 31.12.2013 mit der Einführung des neuen Feststellungsverfahrens.
2 BFH v. 29.1.2004 – I R 84/03, BStBl. II 2004, 539 = GmbHR 2004, 979; BFH v. 6.3.2008 – IV R 74/05, BStBl. II 2008, 663 = FR 2009, 45.
3 S. dazu das Beispiel unter Rz. 7.22. in der 1. Aufl. 2015 sowie Rz. 7.4 ff.
4 S. dazu mein Beispiel unter Rz. 7.22. in der Vorauflage.

rein gewerbesteuerliche Fragen, die mit dem Bedeutungszuwachs der Gewerbesteuer – im Verhältnis zur Körperschaftsteuer – seit 2008[1] vermehrt in den Fokus der Bp gelangen.

2. Die Durchführung des Gewinnabführungsvertrages

a) Ausgangsproblem: Zeitnahe Durchführung

Die **tatsächliche Durchführung** des GAV ist Wirksamkeitsvoraussetzung für die Anerkennung durch die Bp nach § 14 Abs. 1 Satz 1 Nr. 3 Satz 1 KStG. Auf Grund der Änderungen durch die sog. **„Kleine Organschaftsreform"**[2] wird ein Aufgriff bei **handelsrechtlichen Bilanzierungsfehlern** auf Grund der Heilungsmöglichkeit des § 14 Abs. 1 Satz 1 Nr. 3 Satz 4 KStG nur noch sehr eingeschränkt möglich sein (Rz. 7.62 ff.). In der Praxis der Betriebsprüfung bleibt in Zukunft als zentrales Prüfungsfeld die Thematik **„tatsächliche Durchführung des GAV"**. Die Kernfrage ist hier, zu welchem Zeitpunkt und in welcher Form OG und OT ihre Verpflichtungen aus der Organschaft erfüllen müssen. Diese Frage ist auch durch die Reform nicht konkretisiert worden, so dass sich an der Rechtslage nichts geändert hat. Da es auch keine eindeutigen Verwaltungsmeinungen oder Rechtsprechung hierzu gibt, bietet diese Frage einiges an Streitpotential mit einer Bp. 7.40

Ausgangsbeispiel: Die OG-GmbH erzielt im Jahre 2016 – vor Abführung – einen handelsrechtlichen Jahresüberschuss von 1 Mio. Euro. Die Handelsbilanz wird am 2.4.2017 festgestellt und es wird eine **Abführungsverbindlichkeit** gegenüber der OT-AG iHv. 1 Mio. Euro ausgewiesen. In der Handelsbilanz der OT-AG wird eine Forderung auf Gewinnabführung von 1 Mio. Euro bilanziert. Die OG-GmbH erfüllt ihre Abführungsverpflichtung durch Barzahlung von 1 Mio. Euro am 1.7.2018; mithin mehr als ein Jahr nach Aufstellung ihrer Handelsbilanz. 7.41

Alternative: Anstatt eines Jahresüberschusses erzielt die OG-GmbH einen Jahresfehlbetrag iHv. 1 Mio. Euro. Im Übrigen wie vor. Der Ausgleich des Fehlbetrages erfolgt durch die OT-AG durch Barzahlung am 1.7.2018. 7.42

Die Bp beanstandet in beiden Fällen die **rechtzeitige Durchführung des GAV** und ist der Meinung, dass durch den tatsächlichen Ausgleich mehr als ein Jahr nach Aufstellung der Handelsbilanzen die Organschaft verunglückt sei. Die Steuerabteilung des Konzerns ist der Ansicht, dass die korrespondierende Buchung als Verbindlichkeit und Forderung bei den Gesellschaften für die rechtzeitige Durchführung genüge.

Die Fälligkeit der Ansprüche auf Verlustübernahme bzw. Gewinnabführung hat auf die Frage der tatsächlichen Durchführung keine Auswirkung. Während der Verlustübernahmeanspruch bereits zum Bilanzstichtag fällig wird,[3] wird der Anspruch auf Gewinnabführung nach wohl hM erst mit dem Beschluss zur Feststellung des Jahresabschlusses der OG fällig.[4] Nach aA ent- 7.43

---

1 Durch das Unternehmensteuerreformgesetz 2008 v. 14.8.2007 BGBl. I 2007, 1912; zuletzt geändert durch Art. 16 des Gesetzes v. 20.12.2008, BGBl. I 2008, 2850 wurde der Körperschaftsteuersatz von 25 % auf 15 % abgesenkt, so dass die Gewerbesteuer in ihrer Bedeutung gegenüber der Körperschaftsteuer erheblich zugenommen hat. Dies drückt sich auch im Aufkommen aus. In 2016 lag das Aufkommen aus der Gewerbesteuer bei ca. 50 Mrd. Euro, an Körperschaftsteuer fielen „nur" 27 Mrd. Euro an, Quelle: „Steuerspirale" des BMF.
2 „Gesetz zur Änderung und Vereinfachung der Unternehmensbesteuerung und des steuerlichen Reisekostenrechts", BGBl. 2013, 285; s. dazu auch: *Prinz*, GmbHR 6/2013, R 81.
3 BGH v. 14.2.2005 – II ZR 361/02, GmbHR 2005, 628 = DB 2005, 937.
4 BFH v. 22.4.1964 – II 246/60, BStBl. III 1964, 334; *Sterner* in HHR, § 14 KStG Anm. 204 (Stand Mai 2006); *Walter* in Ernst & Young, § 14 KStG Rz. 649.

steht auch dieser Anspruch, wie der Anspruch auf Verlustausgleich, bereits am Bilanzstichtag.[1] Entscheidend ist hier die Frage, wann der tatsächliche Vollzug der Ansprüche nach Fälligkeit zu erfolgen hat. Nach der wohl überwiegenden Auffassung in der Literatur genügt für die **zeitnahe Durchführung** bereits die korrespondierende Buchung als Verbindlichkeit und Ertrag in der Handelsbilanz von OG und OT. Ein tatsächlicher Ausgleich habe nicht zeitnah zu erfolgen. Lediglich bei Beendigung der Organschaft müssten dann die Ansprüche erfüllt werden.[2] Wollte man rein rechtspositivistisch argumentieren, so könnte man vorbringen, dass die Vorschrift des § 14 Abs. 1 Satz 1 Nr. 3 KStG sich zu dieser Frage nicht explizit äußert und somit zugunsten der betroffenen Firmen das geringstmögliche Erfordernis genügen muss. Dann wäre ein Ausgleich zum Zeitpunkt der Beendigung der Organschaft ausreichend.[3] Nach anderer Auffassung genügen für eine ordnungsgemäße Durchführung des GAV nicht allein die Buchungen, sondern es muss eine zeitnahe tatsächliche Erfüllung in angemessener Frist dazu treten.[4] Dieses Verständnis ergibt sich aus einer teleologischen Auslegung der Vorschrift.

7.44 Die Finanzverwaltung hat sich weder in den Körperschaftsteuerrichtlinien noch anderweitig bisher offiziell zu dieser Problematik geäußert. Allerdings dürfte in weiten Teilen der Finanzverwaltung hier eher die Lösung favorisiert werden, dass der Ausgleich innerhalb einer angemessenen Frist nach Ablauf des Steuerjahres zu erfolgen habe. Diese Lösung ist mE auch zutreffend. Denn die Buchung zivilrechtlich entstandener Forderungen und Verbindlichkeiten ist bereits handelsrechtlich nach dem Vollständigkeitsgebot nach § 246 Abs. 1 Satz 1 HGB vorgeschrieben. Hierzu hätte es nicht einer eigenständigen Regelung in § 14 KStG bedurft. Auch die Auslegung des Wortes „Durchführung" legt ein tatsächliches Handeln der Beteiligten nahe, welches nicht in die ferne Zukunft geschoben werden kann. Somit kommt nach der hier vertretenen Auffassung nur ein tatsächlicher, zeitnaher Ausgleich in Betracht.

7.45 **Zwischenergebnis**: Allein die Buchungen genügen nicht für die Durchführung des GAV; erforderlich ist die tatsächliche Durchführung auf Grund der Zahlung vom 1.7.2014. Fraglich ist nunmehr, ob diese Zahlung **rechtzeitig** erfolgte.

7.46 Wie lang die Zeitspanne zwischen Ermittlung des Ergebnisses bei der OG und dessen tatsächlicher Abführung bzw. dem Ausgleich zu sein hat, wird in der Literatur – sofern sie denn überhaupt von einem zeitnahen tatsächlichen Ausgleich ausgeht – unterschiedlich beurteilt. Die Finanzverwaltung hat bisher offiziell keine Frist vorgegeben. In der Literatur wird gemeinhin eine Frist zwischen 3 Monaten und einem Jahr für angemessen gehalten.[5] ME scheint ein Jahr zwischen Aufstellung der Bilanz der OG und tatsächlichem Ausgleich durchaus eine angemessene Frist zu sein. Hier bietet sich argumentativ ein Rückgriff auf die Grundsätze des BFH zur Prüfung der gesellschaftsrechtlichen Veranlassung bei der Auszahlung von Tantiemen bzw. jährlichen Sonderzahlungen an beherrschende Gesellschafter-Geschäftsführer an. Denn es handelt sich um eine vergleichbare Situation. Auch in derartigen Fällen geht es um die Frage, ob bei einer jährlichen Einmalzahlung die Durchführung noch zeitnah erfolgt. Dabei hat die Rechtsprechung spätestens 12 Monate nach Fälligkeit des Anspruchs die Auszahlung bzw. ein Erfüllungssurrogat verlangt.[6] Vorliegend beginnt die 12-Monatsfrist mit dem Zeit-

---

1 *Neumann* in Gosch[3], § 14 KStG Rz. 318.
2 *Baldamus*, Ubg 2009, 484 (491); *Frotscher* in Frotscher/Drüen, § 14 KStG Rz. 450.
3 So *Frotscher* in Frotscher/Drüen, § 14 KStG Rz. 450.
4 *Neumann* in Gosch[3], § 14 KStG Rz. 318b; *Suchanek/Herbst*, FR 2005, 665; *Neumann*, vGA und verdeckte Einlagen[2], S. 351.
5 Siehe *Suchanek/Herbst*, FR 2005, 665 (666).
6 BFH v. 28.7.1993 – I B 54/93, GmbHR 1994, 416 = BFH/NV 1994, 345.

punkt der Aufstellung der Bilanz der OG, da erst ab diesem Zeitpunkt die genaue Höhe der Ausgleichsverpflichtung bekannt ist.

Lösung zum Ausgangsbeispiel und zur Alternative: In beiden Fällen erfolgt die Gewinnabführung bzw. der Verlustausgleich später als 12 Monate nach Erstellung der Handelsbilanz der OG. Folglich ist die Organschaft für das Jahr 2016 verunglückt. Eine anderweitige Korrektur ist nicht möglich.

7.47

b) Abwandlung Novation

Einen Tag nach Aufstellung der Handelsbilanzen wandeln OG und OT den Gewinnabführungsanspruch der OT-AG in ein unverzinsliches Darlehn von Seiten des OT um.

7.48

Die **Novation** ist ein gängiges Gestaltungsmittel zur Durchführung der Abführungsverpflichtung, welches die Finanzverwaltung anerkennt. Diese führt zum Erlöschen des ursprünglichen Anspruchs auf Gewinnabführung. Insoweit liegt eine Leistung an Erfüllungs statt nach § 364 Abs. 1 BGB vor; der Gläubiger hat damit über seine bisherige Forderung verfügt und ist so zu behandeln, als sei ihm der Geldbetrag zugeflossen und dem Schuldner sofort wieder als Darlehn zurückgewährt worden.[1] Somit führt die Novation zur Erfüllung des ursprünglichen Anspruchs aus dem GAV und damit zur Durchführung.[2] Fraglich ist weiterhin, ob die Unverzinslichkeit des Darlehns schädlich für die Erfüllungsfiktion ist; mithin, ob das Darlehn zu fremdüblichen Konditionen hingegeben werden muss. Dies betrifft insbesondere Sicherheiten und angemessene Zinskonditionen. Nach einer Literaturauffassung bedarf es der Fremdüblichkeit, da andernfalls eine ernstgemeinte Durchführung nicht vorliege.[3] Nach anderer Meinung sind fremdübliche Konditionen bei der Novation nicht erforderlich.[4] Diese Auffassung ist mE zutreffend, denn bei unangemessener Verzinsung sind alleine die Grundsätze der verdeckten Gewinnausschüttung heranzuziehen.[5] Auch der BFH verlangt in Konzernfällen für die Beurteilung der Fremdüblichkeit von Darlehn nicht deren Besicherung.[6]

7.49

Lösung Abwandlung Novation: Die Umwandlung in ein Darlehnsverhältnis genügt für eine Erfüllung des Gewinnabführungsanspruchs. Dasselbe gilt, wenn die Buchung klar und eindeutig auf einem Gesellschafterverrechnungskonto erfolgt[7] oder ein Guthaben auf die liquiden Mittel eines Cash-Pools generiert wird.[8]

7.50

c) Abwandlung Novation und Werthaltigkeit

Der Verlustübernahmeanspruch der OG-GmbH gegenüber der OT-AG wird unmittelbar nach Aufstellung der Handelsbilanzen in ein Darlehnsverhältnis umgewandelt. Die OT-AG befindet sich in wirtschaftlichen Schwierigkeiten und wäre nicht in der Lage, den Anspruch der OG-GmbH tatsächlich zu erfüllen. Allerdings gibt der Anteilseigner der OT-AG, die Y-GmbH, eine voll werthaltige **Patronatserklärung** zugunsten des OT ab.

7.51

---

1 BFH v. 10.7.2001 – VIII R 35/00, BStBl. II 2001, 646 = FR 2001, 958.
2 *Neumann* in Gosch³, § 14 KStG Rz. 321; *Wernicke/Scheunemann*, DStR 2006, 1399.
3 *Melan/Karrenbrock*, FR 2009, 757 (760) für den Verlustausgleichsanspruch der OG.
4 *Dötsch* in Dötsch/Pung/Möhlenbrock, § 14 KStG Rz. 201 mwN.
5 *Dötsch* in Dötsch/Pung/Möhlenbrock, § 14 KStG Rz. 201.
6 BFH v. 21.12.1994 – I R 98/93, BStBl. II 1995, 419 = FR 1995, 418.
7 FG Düsseldorf v. 27.3.2007 – 3 K 4024/05 F, EFG 2007, 1104; *Dötsch* in Dötsch/Pung/Möhlenbrock, § 14 KStG Rz. 210b.
8 *Suchanek/Herbst*, FR 2005, 665 (669).

7.52 Problematisch ist bei fehlender Werthaltigkeit, dass insoweit keine tatsächliche Verfügung der OG vorliegt. Aus steuerlicher Sicht ist somit der Verlustausgleichsanspruch der OG aus § 302 Abs. 1 AktG nicht erloschen.[1] Wird jedoch durch den Anteilseigner des OT eine werthaltige Sicherheit für den Verlustübernahmeanspruch abgegeben wie eine Bürgschaft, Garantie- oder Patronatserklärung, so führt dies zur wirksamen Durchführung der Novation, da nunmehr der Anspruch wieder als werthaltig anzusehen ist.

7.53 **Lösung Abwandlung Novation und Werthaltigkeit:** Auf Grund der Patronatserklärung ist die Darlehnsforderung der OG-GmbH als werthaltig anzusehen und die Novation somit wirksam.

d) Abwandlung Pfändung und Stundung des Verlustausgleichsanspruchs

7.54 Der Verlustausgleichsanspruch der OG-GmbH wird unmittelbar nach der Aufstellung der Handelsbilanz durch einen Gläubiger gepfändet.

7.55 **Alternativ:** Die OG-GmbH stundet den Anspruch auf zwei Jahre gegen angemessenen Zins.

7.56 Auf Grund der **Pfändung** muss der Schuldner, die OT-AG, nicht an seinen Gläubiger die OG-GmbH, sondern an den pfändenden Dritten zahlen. Somit kann die Schuld nicht mehr gegenüber der OG durch Zahlung oder Erfüllungssurrogat ausgeglichen werden. Auf Grund dessen scheidet die **tatsächliche Durchführung** des GAV i.S.v. § 14 Abs. 1 Satz 1 Nr. 3 Satz 1 KStG aus.[2] Dasselbe gilt für Stundungen. Diese sind bereits zivilrechtlich nicht wirksam und somit auch steuerlich nicht anzuerkennen.[3] Im Übrigen bewirkt eine **Stundung** zivilrechtlich -anders als die Zahlung oder die Novation- nicht das Erlöschen des Anspruchs. Die OG verfügt nicht über ihren Anspruch, sondern er bleibt in seiner ursprünglichen Form bestehen. Dass die Stundung wirtschaftlich wie ein Darlehn wirkt, macht sie rechtlich noch nicht zu einem Darlehn. Dies gilt sowohl für den Anspruch auf Gewinnabführung wie auch für denjenigen auf Verlustausgleich.

7.57 **Lösung:** Sowohl im Falle der Pfändung als auch der Stundung liegt keine wirksame Durchführung des GAV vor.

e) Abwandlung Forderungsverzicht

7.58 Die OT-AG verzichtet auf ihren Anspruch auf Gewinnabführung

aa) unmittelbar nach Aufstellung der Handelsbilanzen,

7.59 **alternativ**

bb) nach Novation auf ihren Darlehnsanspruch.

Die Absicht zum Verzicht bestand bereits vor der Novation.

7.60 Der Verzicht auf den Anspruch aus dem GAV ist grundsätzlich schädlich und führt zur Nichtanerkennung der Organschaft mangels Durchführung. Dies gilt gleichermaßen für den Anspruch aus der Gewinnabführung wie auch aus der Verlustübernahme.[4] Wird der Gewinn-

---

1 *Suchanek/Herbst*, FR 2005, 665 (668); *Dötsch* in Dötsch/Pung/Möhlenbrock, § 14 KStG Rz. 210a.
2 FG München v. 18.3.1998 – 1 K 1214/91, GmbHR 1998, 1096 = EFG 1998, 1155.
3 *Suchanek/Herbst*, FR 2005, 665 mwN.
4 *Dötsch* in Dötsch/Pung/Möhlenbrock, § 14 KStG Rz. 212.

abführungsanspruch aber zunächst erfüllt und zeitnah wieder in die OG eingelegt, sog. „Führ-ab-hol-zurück-Verfahren",[1] so steht dies der Durchführung nicht entgegen. Liegt jedoch ein schädlicher Gesamtplan dergestalt vor, dass bereits zuvor die Rückzahlung der abgeführten Gewinne vereinbart wurde, so stellt auch dieses – grundsätzlich zulässige – Verfahren keine tatsächliche Durchführung dar.[2] Hinsichtlich des Verlustausgleichsanspruchs ist zwar nach § 302 Abs. 3 AktG ein Verzicht der OG nach Ablauf von 3 Jahren nach Beendigung des GAV zivilrechtlich zulässig, doch ändert dies nichts daran, dass es steuerlich insoweit an der Durchführung des GAV mangelt und der Verzicht in den ersten fünf Jahren zur rückwirkenden Nichtanerkennung der Organschaft führt. Diese Rechtsfolge wird auch von der Ansicht gezogen, nach welcher der Anspruch aus dem GAV nicht angemessen zeitnah erfüllt werden muss, sondern erst spätestens bei Beendigung der Organschaft.[3]

Lösung Forderungsverzicht: In beiden Fällen liegt keine wirksame Durchführung vor. Zwar wurde im Fall bb) zunächst eine wirksame Novation durchgeführt. Da diese jedoch auf einem schädlichen Gesamtplan gründet, kann sie von der Bp wie ein unmittelbarer Verzicht gewertet werden. 7.61

3. Fehlerhafte Bilanzansätze als Durchführungsmängel

a) Seltene Fälle der Nichtigkeit des Jahresabschlusses

Durch die gesetzliche Regelung des § 14 Abs. 1 Satz 1 Nr. 3 Satz 4 und 5 KStG haben sich viele frühere Bp-Aufgriffe erledigt, die bisher vor allem an „formellen" Bilanzierungsfehlern festgemacht wurden. Das Vorliegen dieser Korrekturnorm, die es in allen offenen Veranlagungszeiträumen und somit auch in laufenden Betriebsprüfungen ermöglicht, **handelsrechtliche Bilanzierungsfehler** zu korrigieren, ist bei bilanziellen Beanstandungen von Seiten der Bp zu prüfen. Zwar greift diese Vorschrift nicht bei nichtigen Jahresabschlüssen, sondern „nur" bei fehlerhaften. Derartige besonders schwerwiegende Fehler, die gem. § 256 AktG[4] zur Nichtigkeit des Jahresabschlusses führen, bilden in der Praxis jedoch die Ausnahme. Es sind im Wesentlichen besonders schwerwiegende Bilanzierungsfehler (§ 256 Abs. 1 Nr. 1 AktG) oder eine unterbliebene gesetzlich vorgeschriebene Abschlussprüfung nach HGB (§ 256 Abs. 1 Nr. 2 AktG). Zudem werden die meisten Nichtigkeitsgründe, bis auf die komplett unterbliebene Abschlussprüfung, nach § 256 Abs. 6 AktG durch Zeitablauf präkludiert. Aus der ursprünglich nichtigen Bilanz wird dann wiederum eine „nur" fehlerhafte Bilanz, die nach heilbar ist. Denkbar als verbleibender Nichtigkeitsgrund ist somit allein die versehentlich unterlassene Abschlussprüfung der OG; etwa auf Grund unzutreffender Einstufung nach den gesetzlichen Größenklassen des § 267 HGB. 7.62

b) Unterbliebene Verrechnung des vororganschaftlichen Verlustvortrages nach § 301 AktG

„Vergessene" Verrechnung mit dem vororganschaftlichen Verlustvortrag: Die OG-GmbH hat aus vororganschaftlicher Zeit 01 einen Verlustvortrag von 10.000 Euro. Im ersten Jahr der Organschaft in 02 erzielt sie einen Jahresüberschuss vor Abführung von 1 Mio. Euro. Diesen führt sie in vollem Umfang an den OT ab, indem sie ihm den Betrag auf dem Verrechnungskonto gutschreibt. Der Jahresabschluss sowohl der OG als auch des OT wird vom Wirtschaftsprüfer uneingeschränkt bestätigt. Die 7.63

---

1 *Neumann*, vGA und verdeckte Einlagen, 351.
2 *Neumann*, vGA und verdeckte Einlagen, 351.
3 *Frotscher* in Frotscher/Drüen, § 14 KStG Rz. 459.
4 *Baldamus*, Ubg 2009, 484 (486).

nachfolgende Bp im Jahre 06 bemängelt dieses Vorgehen und sieht die Organschaft für den Bp-Zeitraum 02–04 als verunglückt an, da die Organschaft auf 5 Jahre abgeschlossen wurde und ein Fehler innerhalb der ersten 5 Jahre vorliege (R 14.5 Abs. 8 Nr. 1 KStR 2015). Daraufhin berichtigt die OG-GmbH in 07 formell zutreffend ihre Handelsbilanzen rückwirkend für 02 sowie diejenigen der Folgejahre. Die Gutschrift auf dem Verrechnungskonto wird um 10.000 Euro vermindert; stattdessen erfolgt die Verrechnung mit dem vororganschaftlichen Verlustvortrag, der nunmehr ab 02 auf 0 Euro valutiert.

7.64 Derartige Fehler waren bislang sehr häufig Aufgriffspunkte von Betriebsprüfungen. Es handelte sich – erneut – um einen formalen Prüfungsansatz, der wenig Raum zur Diskussion ließ. So hat der BFH in seiner Rechtsprechung ausdrücklich betont, dass es sich bei einem derartigen Verrechnungsfehler nicht um einen unbeachtlichen Verstoß handele,[1] wie dies teilweise in der Literatur vertreten wurde.[2] Dies galt ausdrücklich auch für die Höhe des Verstoßes; mithin konnte schon eine versehentliche Nichtverrechnung von ganz geringfügigen Beträgen aus **vororganschaftlichen Verlusten** zur Unwirksamkeit der Organschaft führen.[3] Ob dann eine nachträgliche Heilung durch Änderung der Handelsbilanzen herbeigeführt werden konnte, war häufig ein weiterer Streitpunkt mit der Bp.

7.65 Durch die Vorschrift des § 14 Abs. 1 Satz 1 Nr. 3 Satz 4 und 5 KStG hat sich dieses Problem nunmehr in laufenden Betriebsprüfungen erledigt. Denn die Unternehmen können handelsrechtlich fehlerhafte Bilanzierungen, sofern sie nicht zur Nichtigkeit führen (Rz. 7.62), nach Beanstandung durch die Finanzverwaltung in der nächsten Handelsbilanz ausgleichen. Dabei muss es nicht zu einer rückwirkenden Korrektur im Fehlerjahr kommen, sondern es genügt eine Korrektur in der Handelsbilanz, die auf das Jahr der Beanstandung folgt. Unter die neu eingeführte Vorschrift fallen nicht nur „klassische" Bilanzierungsfehler wie zu hoch ausgewiesene Rückstellungen oder zu niedrig aktivierte Vermögensgegenstände. Es sollen nach dem ausdrücklichen Willen des Gesetzgebers, der den beschriebenen Fall explizit mit regeln wollte, auch fehlerhafte Bilanzansätze auf Grund von Verstößen gegen gesellschaftsrechtliche Vorschriften unter die Korrekturnorm fallen, obwohl es sich gar nicht um Bilanzierungsfehler im engeren Sinne handelt. Hierunter sind dann insbesondere folgende Fallgestaltungen zu fassen: Unterbliebener Ausgleich vororganschaftlicher Verluste (§ 301 Satz 1 AktG), unzulässige Abführung vorvertraglicher Gewinn- und Kapitalrücklagen, sofern es sich nicht um eine eingegliederte AG/KGaA handelt,[4] unzulässige Abführung einer in organschaftlicher Zeit gebildeten Kapitalrücklage, Nichtbeachtung handelsrechtlicher Abführungssperren nach BilMoG. Die Literatur fordert insoweit ein großzügiges Verständnis der Neuregelung.[5] Dass in derartigen Fällen Bilanzierungsfehler mit Auswirkung auf die Position „Eigenkapital" i.S.v. § 266 Abs. 3 HGB vorliegen, ist eindeutig und angesichts des weiten Verständnisses des Gesetzgebers erscheint eine Einbeziehung gesellschaftsrechtlicher Fehler auch sachgerecht. Zu weit gehen würde es allerdings, würde man in die Korrekturmöglichkeit auch die unzulässige Bildung einer Gewinnrücklage i.S.v. § 14 Abs. 1 Satz 1 Nr. 4 KStG einbeziehen.[6] Denn dieser Fall wird durch eine steuerliche Spezialvorschrift abgedeckt, die eine Korrektur nicht vorsieht. Dies gilt ebenso für sonstige Wirksamkeitsvoraussetzungen der Organschaft wie z.B. die Mindest-

---

1 BFH v. 21.10.2010 – IV R 21/07, BStBl. II 2014, 481 = FR 2011, 322 m. Anm. *Buciek* Rz. 37.
2 *Walter* in Ernst & Young, § 14 KStG Rz. 649.1, 680.2.
3 Ebenso *Neumann* in Gosch[3], § 14 KStG Rz. 310; *Dötsch* in Dötsch/Pung/Möhlenbrock, § 14 KStG Rz. 181.
4 *Frotscher* in Frotscher/Drüen, § 14 KStG Rz. 418; *Dötsch/Pung*, DB 2013, 305 (309).
5 *Lenz/Adrian*/Handwerker, BB 2012, 2851.
6 *Dötsch/Pung*, DB 2013, 305 (309). Ebenso OFD Karlsruhe, Verfügung vom 16.1.2014, FR 2014, 434.

laufzeit von 5 Jahren und die fünfjährige Durchführung sowie die durchgehende finanzielle Eingliederung.

Aus Verwaltungssicht haben sich bisher verschiedene Mittel- und Oberbehörden zu den Problemfragen im Zusammenhang mit der Heilungsmöglichkeit geäußert[1]. Dies erfolgte leider in verschiedenen Einzelfragen nicht immer einheitlich, so dass von Seiten der Beraterschaft zuweilen Rechtsunsicherheit bemängelt wird. Hier wäre ein klarstellendes BMF-Schreiben oder eine nähere Erläuterung in den Körperschaftsteuerrichtlinien sicherlich hilfreich.

7.66

Lösung Beispiel: Die Korrekturnorm des § 14 Abs. 1 Satz 1 Nr. 3 Satz 4 und 5 KStG greift. Denn der ursprüngliche Jahresabschluss wurde wirksam festgestellt. Die Fehlerhaftigkeit der Handelsbilanz war subjektiv nicht erkennbar, da der Jahresabschluss durch einen Wirtschaftsprüfer testiert worden war und die Korrektur in der folgenden Handelsbilanz erfolgte. Eine rückwirkende Korrektur auf die Fehlerjahre 02 ff. ist nicht einmal nötig; es hätte hier auch einer Korrektur in laufender Rechnung des Jahresabschlusses genügt, welcher auf den Zeitpunkt der Beanstandung folgt[2].

7.67

Zu beachten ist, dass nicht jeder Bilanzierungsfehler, den die Bp richtigstellt, gleich zur Korrektur der Handelsbilanz nach § 14 Abs. 1 Satz 1 Nr. 3 Satz 4 KStG führen muss. Ein Fehler liegt nach der Gesetzesbegründung nur dann vor, wenn er subjektiv erkennbar im Sinne des Handelsrechts ist. Die Aufgabe des subjektiven Fehlerbegriffs für die Steuerbilanz durch den BFH[3] dürfte in diesem Zusammenhang unbeachtlich sein.[4] In der Praxis wird zuweilen von Seiten der Unternehmen darum gebeten, dass ein im Bp-Bericht festgestellter Bilanzierungsfehler nicht als solcher i.S.v. § 14 Abs. 1 Satz 1 Nr. 3 Satz 4 und 5 KStG gilt. Einen Rechtsanspruch auf diese konkrete Aussage haben die Unternehmen nicht; die Bp kann diese Aussage treffen und ist in dem Falle eines solchen Negativtestats für die Zukunft dann mE im Regelfall auch aus den Grundsätzen von Treu und Glauben daran gebunden. Das Unternehmen hat daraus die Rechtssicherheit, dass aus der Nichtberichtigung der folgenden Handelsbilanzen keine negativen Folgerungen für das Scheitern der Organschaft gezogen werden können. Allerdings genügt die Aussage des Wirtschaftsprüfers, es läge kein oder kein wesentlicher handelsrechtlicher Fehler vor, welcher eine Korrektur vonnöten macht, für die Betriebsprüfung nicht[5].

7.68

Auf Grund gesetzlicher Neuregelung wurde in 2016 der handelsrechtliche Ansatz von Rückstellungen für Pensionsverpflichtungen geändert. Abzuzinsen sind derartige Rückstellungen nunmehr nicht mehr mit dem durchschnittlichen Marktzinssatz, der sich aus den vergangenen sieben Geschäftsjahren ergibt, sondern mit dem Markzinssatz, der sich aus den vergangenen zehn Geschäftsjahren ergibt (§ 253 Abs. 2 Satz 1 HGB). Grundsätzlich ist diese Neuregelung erstmals für Jahresabschlüsse ab 2016 anzuwenden. Hierdurch ergeben sich in den Handelsbilanzen voraussichtlich geringere Pensionsrückstellungen und damit höhere Ge-

7.69

---

1 S. insb. OFD Karlsruhe, Verfügung vom 16.1.2014, FR 2014, 434; OFD Frankfurt, Rundverfügung vom 14.4.2014, DStR 2014, 2026 und FinMin. Schleswig-Holstein, Körperschaftsteuer-Kurzinformation 2016 Nr. 3 vom 22.2.2016, DB 2016, 502.
2 Noch weitergehend: OFD Karlsruhe, FR 2014, 434, wonach die Korrektur des Geschäftsjahres genügt, welches auf die Beanstandung folgt.
3 Beschluss des Großen Senats des BFH v. 31.1.2013 – GrS 1/10, BStBl. II 2013, 317 = FR 2013, 699 m. Anm. *M. Prinz*.
4 *Rödder*, Ubg 2012, 717 (720); *Olbing*, GmbH-StB 2013, 154 (156).
5 Ebenso Verfügung der OFD Frankfurt, DStR 2014, 2026 und Kurzinfo KöSt FinMin. Schleswig-Holstein, DB 2016, 502; ausreichend laut Verfügung der OFD Karlsruhe, FR 2014, 434.

winne als bisher. Für den jährlich zu ermittelnden Unterschiedsbetrag (Abstockungsgewinn), der sich aus der Abzinsung ergibt, wurde in § 253 Abs. 6 HGB eine Ausschüttungssperre geschaffen, die in jedem künftigen Geschäftsjahr zu ermitteln ist. Eine korrespondierende Abführungssperre bei GAV wurde ausdrücklich nicht geregelt; § 301 AktG blieb unverändert bestehen.

7.70 Dementsprechend sind laut Verwaltungsauffassung[1] auch die Gewinne, die auf der Anwendung des § 253 HGB beruhen, vollständig an den OT abzuführen. Eine analoge Anwendung der Ausschüttungssperre kommt ausdrücklich nicht in Betracht. Auch sind derartige Gewinne grundsätzlich nicht rücklagenfähig nach § 14 Abs. 1 Nr. 4 KStG, sofern nicht konkrete Anhaltspunkte im Einzelfall für eine derartige Rücklage sprechen. Dies können bspw. die zeitnahe Erfüllung der Altersvorsorgeverpflichtung oder ein zeitnahes Ende des GAV und der Verlustübernahmeverpflichtung des OT sein. Bei Nichterfüllung der Abführungspflicht hat die Verwaltung eine Nichtbeanstandungsregelung veranlasst, wonach eine bis zum 23.12.2016 (Tag des BMF-Schreibens) unterlassene Abführung nicht beanstandet wird, wenn diese spätestens in 2017 nachgeholt wird.

c) Prüfungsansatz: Zutreffende Berichtigung nach Beanstandung durch die Vor-Bp

7.71 Die Bp wird nunmehr nach bilanziellen Beanstandungen (in der Vor-Bp) in der Folge-Bp prüfen, ob der Fehler handelsbilanziell zutreffend berichtigt und das Ergebnis tatsächlich abgeführt wurde. Als **Beanstandung** durch die Finanzverwaltung ist insbesondere die Erwähnung des Fehlers im Betriebsprüfungsbericht zu verstehen.[2] Mit der Bekanntgabe des Bp-Berichts ist der Zeitpunkt der Beanstandung festgelegt.[3] Auch außerhalb von Betriebsprüfungen kann es grundsätzlich durch den Veranlagungsbezirk zu einer Beanstandung kommen, was praktisch aber kaum eine Rolle spielen dürfte. Erforderlich ist dann eine nach außen erkennbare abschließende Willensbildung der Finanzverwaltung;[4] etwa durch ein eindeutiges Erörterungsschreiben des Finanzamts. Die Beanstandung i.S.v. § 14 Abs. 1 Satz 1 Nr. 3 Satz 4 Buchst. c) KStG muss – insbesondere auch zum Schutz der Unternehmen – mE abgrenzbar von „sonstigen" Beanstandungen bilanzieller Art sein, die keine faktische Korrekturpflicht verursachen. Dementsprechend ist eine ausdrückliche Kennzeichnung als **Beanstandung** im Sinne der Vorschrift und auch die Darlegung der möglichen Rechtsfolge bei Nichtanpassung der Bilanz aus Verwaltungssicht erforderlich[5]. Die Beanstandung durch die Finanzverwaltung stellt eine Verfahrenshandlung und keinen Verwaltungsakt i.S.v. § 118 AO dar[6]. Als Teil des – ebenfalls nicht rechtsmittelfähigen – Bp-Berichts hat die Beanstandung keine unmittelbaren Rechtsfolgen für das Unternehmen und kann somit auch nicht separat mit dem Einspruch angefochten werden. Dasselbe gilt für eine Beanstandung außerhalb der Bp durch den Veranlagungsbezirk. Allerdings ist das Finanzamt an die einmal getroffene Wertung als Beanstandung nach den Grundsätzen von **Treu und Glauben** gebunden. Denn die Beanstandung führt für den Konzern zu einer faktischen Berichtigungspflicht der folgenden Handelsbilanz, sofern das Unternehmen es nicht auf einen Rechtsstreit ankommen lassen möchte. Dh. dass der Steuerpflichtige im Vertrauen auf die Aussage des Finanzamts eine Disposition ein-

---

1 BMF v. 23.12.2016, BStBl. I 2017, 41.
2 OFD Frankfurt/M., DStR 2014, 2026.
3 Begründung des Bundestagsfinanzausschusses, BT-Drucks. 17/11217.
4 *Schneider/Sommer*, GmbHR 2013, 22 (27); OFD Karlsruhe, FR 2014, 434.
5 OFD Frankfurt/M., DStR 2014, 2026.
6 OFD Karlsruhe, FR 2014, 434.

geht. Hieran muss sich die Finanzverwaltung dann für das beanstandete Steuerjahr und den beanstandeten Fehler auch festhalten lassen.[1]

Die faktische Korrekturpflicht bei der OG und dem OT besteht auch, wenn von Seiten des Unternehmens oder dem Wirtschaftsprüfer bzw. dem vereidigten Buchprüfer[2] der im Bp-Bericht beanstandete Fehler in der Handelsbilanz bestritten wird.[3] Dies kann dann problematisch werden, wenn sich der Abschlussprüfer der OG weigert, den „angeblichen" **handelsrechtlichen Bilanzierungsfehler** anzuerkennen und einer Korrektur der Folgebilanz seine Anerkennung verweigert. Hier stellt sich die Frage, ob in solchen Fällen noch eine subjektiv fehlerhafte Bilanz i.S.v. § 14 KStG vorliegt. ME ist dies der Fall, denn durch die Beanstandung der Finanzverwaltung wird das Unternehmen „bösgläubig" im Hinblick auf die Fehlerhaftigkeit der Bilanz. Handelt es sich dann – nach besserer Erkenntnis auf Grund eines Klageverfahrens – um eine zutreffende Beanstandung von Seiten der Finanzverwaltung und kommen die Unternehmen ihrer Berichtigungspflicht nicht nach, weil sie die Sichtweise der Finanzverwaltung für unzutreffend halten, so trifft sie das Risiko eines Rechtsbehelfs- und Klageverfahrens.[4] Gewinnt das Unternehmen den Rechtsstreit, so ist eine Nichtanpassung der Bilanzen unschädlich. Verliert das Unternehmen den Rechtsstreit, kommt es rückwirkend zur Nichtanerkennung der Organschaft. Die Nichtberichtigung der Handelsbilanz ist ihrerseits kein Bilanzierungsfehler, auf den wiederum die Fiktion des § 14 Abs. 1 Satz 1 Nr. 3 Satz 4 und 5 KStG n.F. anwendbar wäre.[5]

7.72

Fazit: Die Bp wird in Zukunft prüfen, ob die Unternehmen den Beanstandungen aus der Vor-Bp gefolgt sind und in der ersten Folgebilanz den Fehler eliminiert haben. Dabei ist die Bp an die rechtliche Einschätzung in der Beanstandung für das betreffende Steuerjahr gebunden.

7.73

4. Abgrenzungen bei Mehr- und Minderabführungen

Mehr- und Minderabführungen sind gesetzlich in § 14 Abs. 3 und Abs. 4 KStG geregelt, wobei das Gesetz nach vororganschaftlich verursachten (Abs. 3) und organschaftlich verursachten (Abs. 4) Abführungen differenziert. Daneben enthält § 27 Abs. 6 KStG noch eine Regelung zu den organschaftlich verursachten Mehr- und Minderabführungen im Hinblick auf ihre Auswirkungen beim **steuerlichen Einlagekonto**. Die Finanzverwaltung orientiert sich hier neben R 14.8 KStR 2015 an dem BMF-Schr. v. 26.8.2003[6]. In der Praxis der Bp kommt insbesondere der Unterscheidung zwischen **vororganschaftlich** und **organschaftlich verursachten Mehrabführungen** eine große Bedeutung zu. Denn sobald es sich um eine vororganschaftliche Abführung handelt, gilt diese nach § 14 Abs. 3 Satz 1 KStG als Gewinnausschüttung mit der Folge einer Versteuerung bei dem OT nach den allgemeinen Regeln.[7] In Konzernen mit einer Kapitalgesellschaft als OT führt dies im Ergebnis „nur" zu einem un-

7.74

---

1 *Schneider/Sommer*, GmbHR 2013, 22 (28).
2 OFD Karlsruhe, FR 2014, 434.
3 *Rödder*, Ubg 2013, 717 (721); *Dötsch/Pung*, DB 2013, 305 (310). Ebenso: OFD Frankfurt, DStR 2014, 2026 und FinMin. Schleswig-Holstein, DB 2016, 502. Entgegengesetzt: OFD Karlsruhe, FR 2014, 434.
4 BT-Drucks. 17/11217. Ebenso OFD Frankfurt, DStR 2014, 2026 und FinMin. Schleswig-Holstein, DB 2016, 502.
5 *Dötsch/Pung*, DB 2013, 305 (311).
6 BMF v. 26.8.2003 – IV A 2 - S 2770 - 18/03, BStBl. I 2003, 437 = FR 2003, 981.
7 Vgl. zur Rückwirkungsproblematik der Kodifizierung der vororganschaftlichen Mehrabführung durch § 14 Abs. 3 KStG 2002 i.d.F. des EU-Richtlinien-Umsetzungsgesetzes v. 9.12.2004, BStBl. I

mittelbaren steuerlichen „Mehrergebnis" von 5 % Erhöhung der Bemessungsgrundlage auf Grund der Steuerfreistellung nach § 8b Abs. 1 und 5 KStG. Demgegenüber hat diese Feststellung bei natürlichen Personen als OT bzw. einer Personengesellschaft mit dahinterstehenden natürlichen Personen ganz erhebliche Auswirkungen. Dort sind nach dem Teileinkünfteverfahren 60 % steuerpflichtig. Dementsprechend ist in der Praxis zu beobachten, dass Konzernsteuerabteilungen bei reinen Kapitalgesellschaftskonzernen dem „Abgrenzungsthema" (Rz. 13.4 ff.) keine erhöhte Aufmerksamkeit zuwenden, sondern derartige Aufgriffe regelmäßig durch die Bp geschehen.

7.75 **Beispiel: Umqualifizierung von erklärter organschaftlicher in vororganschaftliche Mehrabführung durch die Bp.** Für die Jahre 2010 bis 2012 fand bei der X-GmbH eine Betriebsprüfung im Jahre 2014 statt. Im Prüfungszeitraum war sie bereits eine 100 %ige Tochtergesellschaft der Y-AG, allerdings ohne GAV. Der Prüfer machte in seiner Prüferbilanz für das Jahr 2012 eine **Teilwertabschreibung**, die sowohl handels- als auch steuerrechtlich vorgenommen worden war, auf eine Maschine iHv. 1,5 Mio. Euro rückgängig und erhöhte den steuerlichen Gewinn um 1,5 Mio. Euro. Ab dem Jahre 2013 bestand eine ertragsteuerliche Organschaft mit der Y-AG. Durch die Wechselwirkung aus der Vor-Bp verminderte sich der steuerliche Gewinn in den Jahren 2013 bis 2016 um jeweils 500.000 Euro, da der nachaktivierte Betrag nach Verständigung mit der Bp in 3 Jahren abgeschrieben werden sollte. Die Firma deklarierte die steuerlichen Abschreibungen als organschaftliche Mehrabführungen und bildete einen steuerneutralen **passiven Ausgleichsposten** gem. § 14 Abs. 4 Satz 1 KStG beim OT, der Y-AG. Außerdem minderte sie das steuerliche Einlagekonto der X-GmbH in den drei Jahren um insgesamt 1,5 Mio. Euro.

Vorliegend handelt es sich in den Jahren 2013 bis 2015 um eine vororganschaftlich verursachte Mehrabführung, da der handelsbilanziell abgeführte Gewinn um jeweils 500.000 Euro über dem steuerlich zuzurechnenden Einkommen liegt. Denn handelsrechtlich wurde die Teilwertabschreibung in 2012 nicht rückgängig gemacht, sondern es wurde ein um 1,5 Mio. Euro geringeres Ergebnis erzielt als nach steuerlichen Grundsätzen. Somit wurde durch die Bp-Feststellung für 2012 eine steuerliche Gewinnrücklage gebildet, die in den Jahren 2013 bis 2015 hätte bei ihrer Auflösung ausgeschüttet und nach den allgemeinen Grundsätzen von Gewinnausschüttungen (insb. § 8b KStG) hätte behandelt werden müssen. Da bisher auf Grund der Behandlung als organschaftlich verursachte Mehrabführung sich keine Einkommensauswirkung beim OT ergeben hat, war dies durch die Bp nachzuholen.

Die Bp stellte somit für die Jahre 2013 bis 2015 Folgendes fest:

1. Bei der X-GmbH (OG):

    a) + 500.000 Erhöhung des zuzurechnenden Einkommens durch die Gewinnausschüttung p.a. gem. § 14 Abs. 3 Satz 1 KStG

    b) keine Verminderung des steuerlichen Einlagekontos, da § 27 Abs. 6 KStG nicht für vororganschaftlich verursachte Abführungen gilt. Ein Abzug nach § 27 Abs. 1 Satz 3 KStG beim steuerlichen Einlagekonto erfolgte nicht, da die Leistung den ausschüttbaren Gewinn i.S.v. § 27 Abs. 1 Satz 5 KStG nicht überstieg.

2. Bei der Y-AG (OT):

    a) Rückgängigmachung des steuerneutral gebildeten passiven Ausgleichspostens pa. iHv. 500.000 Euro

    b) Steuerfreistellung von 95 % auf die empfangene Gewinnausschüttung nach § 8b Abs. 1 und Abs. 5 KStG = – 475.000 Euro pa.

Per Saldo führt diese klassische Bp-Feststellung im Organkreis somit „nur" zu einer Erhöhung der Bemessungsgrundlage von 5 % von 1,5 Mio. Euro = 75.000 Euro, verteilt auf 3 Jahre zu jeweils 25.000 Euro. Außerdem wird das Ergebnis auch „nur" verschoben. Denn durch die Ausbuchung des passiven Ausgleichspostens durch die Bp fällt in Zukunft – bei Veräußerung der OG – die Nachver-

---

2004, 1158 die beiden BFH-Vorlagebeschlüsse an das BVerfG, BFH v. 6.6.2013 – I R 38/11, BStBl. II 2014, 398 = FR 2013, 1140; BFH v. 27.11.2013 – I R 36/13, BStBl. II 2014, 651 = FR 2014, 979.

steuerung in gleicher Höhe weg. Diese Tatsachen mögen begründen, warum derartige Feststellungen häufig erst durch Betriebsprüfungen erfolgen und nicht im Vorhinein erklärt werden. Würde es sich demgegenüber im vorliegenden Fall bei dem OT um natürliche Personen handeln, die hinter einer OT-Personengesellschaft stünden, so wären 60 % von 1,5 Mio. Euro (900.000 Euro) zu versteuern.

Die Entscheidung darüber, ob von einer (organschaftlichen) Mehr- oder Minderabführung auszugehen ist, ist nach der Rechtsprechung des BFH am Grundanliegen des Gesetzgebers auszurichten, der mit den Regelungen des § 14 Abs. 4 KStG die Einmalbesteuerung der organschaftlichen Erträge beim OT sicherstellen wollte.[1]

5. Ausgleichszahlungen an außenstehende Gesellschafter

Gemäß § 304 Abs. 1 AktG müssen nicht im Organkreis stehende, sog. **außenstehende Aktionäre** durch eine angemessene **Ausgleichszahlung** am Gewinn der OG beteiligt werden. Ein GAV, der eine derartige Ausgleichsregelung nicht vorsieht, ist nach § 304 Abs. 3 AktG nichtig und steuerlich nicht zu berücksichtigen. Sofern eine GmbH OG ist, findet die Vorschrift nach hM dann entsprechende Anwendung, sofern nicht alle Gesellschafter dem Abschluss des GAV zustimmen müssen[2], da es in derartigen Fällen im Interesse und zum Schutz der Minderheitsgesellschafter notwendig ist, die Vorschrift des § 304 AktG analog auch im GmbH-Konzern anzuwenden. Ähnlicher Auffassung ist der BFH, der im GmbH-Konzern die Vorschriften über Ausgleichszahlungen ohne nähere Begründung anwendet[3]. Bei der Frage der Ausgleichszahlungen ergeben sich im Rahmen von Betriebsprüfungen zwei wesentliche **Prüfungsfelder.** Zum einen die Frage, ob es sich bei einem Gesellschafter, der nicht am GAV, wohl aber an der OG beteiligt ist, um einen „Außenstehenden" handelt. Und zum anderen die Frage, ob auch die Vereinbarung zumindest teilweise variabler Ausgleichskomponenten zulässig ist. In der ersten Frage folgt die Finanzverwaltung der BFH-Rechtsprechung, wonach ein Minderheitsgesellschafter dann nicht außen stehend ist, wenn er zu 100 % in den Organkreis einbezogen ist.[4] Nur sofern ein Minderheitsgesellschafter außerhalb des Organkreises steht, wird die Bp den Fall aufgreifen und dem GAV ggf. ihre Zustimmung versagen. Im Bereich der teilweisen variablen Ausgleichszahlungen geht die Finanzverwaltung – zumindest bisher – über die sehr strenge Sichtweise des BFH zugunsten der Unternehmen hinaus. Der BFH hat das Nebeneinander von fester Ausgleichszahlung mit einem zusätzlich variablen Ausgleich nicht für zulässig angesehen und dies erneut in jüngster Vergangenheit bestätigt.[5] Dieser Ansicht hat die Finanzverwaltung schon vor längerer Zeit mittels **Nichtanwendungserlass** widersprochen und erkennt derartige Vereinbarungen grundsätzlich an.[6] Problematisch ist allerdings in solchen Fällen, dass – sofern die Verwaltung den GAV wegen vermeintlich anderer Fehler aufgreift und der Fall zum Gericht geht –, das Unternehmen Gefahr läuft, wegen einer solchen – aus Sicht der Rechtsprechung unzulässigen – Ausgleichsvereinbarung den Prozess zu verlieren. Hier ergibt sich dieselbe Problematik wie beim durch die Finanzverwaltung nicht beanstandeten GAV, der aber aus Rechtsprechungssicht unzulässig ist, hinsichtlich der

---

1 BFH v. 15.3.2017 – I R 67/15, FR 2018, 179 (Ls. mit Anmerkung *Weber-Grellet*). Siehe dazu auch *Prinz/Keller*, DB 2018, 400.
2 *Dötsch* in Dötsch/Pung/Möhlenbrock, § 16 KStG Rz. 13; *Emmerich* in Emmerich/Habersack[8], § 304 AktG Rz. 11, *Jäckel/Schwarz*, DStR 2018, 433.
3 BFH v. 10.5.2017 – I R 93/15, DB 2017, 2650.
4 BFH v. 4.3.2009 – I R 1/08, BStBl. II 2010, 407 = FR 2009, 1110.
5 BFH v. 4.3.2009 – I R 1/08, BStBl. II 2010, 407 = FR 2009, 1110; BFH v. 10.5.2017 – I R 93/15, DB 2017, 2650.
6 BMF v. 20.4.2010 – IV C 2 - S 2770/08/10006, BStBl. I 2010, 372 = FR 2010, 490 mit Bezug auf das BMF, Schr. v. 16.4.1991 – IV B 7 - S 2770 - 11/91.

Problematik der Einbeziehung des § 302 Abs. 4 AktG in sog. „Altverträge" vor 2006 s. Rz. 7.36. Sehr instruktiv ist insofern das BFH-Urt. v. 10.5.2017, welches gleich beide Fehlerquellen -sowohl variable Ausgleichszahlung wie auch fehlender Verweis auf § 302 Abs. 4 AktG- enthielt[1]. Ob die Finanzverwaltung angesichts der sehr strengen Rechtsprechung weiterhin an ihrer bisherigen Linie festhält, bleibt abzuwarten. Für die Organschaften mit außenstehenden Anteilseignern herrscht nicht unerhebliche Rechtsunsicherheit[2]. Nach dem Entwurf des JStG 2018, das zwischenzeitlich in „Gesetz zur Vermeidung von Umsatzsteuerausfällen beim Handel mit Waren im Internet und zur Änderung weiterer steuerlicher Vorschriften" umbenannt wurde[3], soll ein § 14 Abs. 2 KStG eingeführt werden, der die bisherige großzügigere Linie der Finanzverwaltung festschreibt. Der Gesetzesentwurf befindet sich derzeit in den parlamentarischen Beratungen, die voraussichtlich erst zum Jahresende 2018 abgeschlossen sein werden.

6. Organschaft und Verluste (§ 8c KStG)

a) Rechtslage und aktuelle Problemfelder

7.77 § 8c KStG regelt seit 2008 den **Verlustwegfall** beim Anteilseignerwechsel bzw. wirtschaftlich vergleichbaren Sachverhalten von mehr als 25 % (anteiliger Wegfall) bzw. mehr als 50 % (kompletter Wegfall) innerhalb von 5 Jahren an einen Erwerber bzw. eine Erwerbergruppe. Dies gilt sowohl für den unmittelbaren wie auch den mittelbaren Anteilseignerwechsel in der Gruppe. Das BMF hat in 2017 sein ursprüngliches Schreiben zu § 8c KStG aus 2008 modifiziert, an die seit 2010 durch die Einführung der sog. **„Stille-Reservenklausel"** und **„Konzernklausel"** geänderte Gesetzeslage angepasst und ein überarbeitetes BMF-Schreiben veröffentlicht.[4] Die Vorschrift des § 8c KStG, die im Zuge des Unternehmenssteuerreformgesetzes 2008 eingeführt worden war und neben der Einführung der Zinsschranke sowie der Nichtabziehbarkeit der Gewerbesteuer als Gegenfinanzierungsmaßnahme für die damals wirksam eingetretenen Steuerminderungen[5] gedacht war, hat durch den Beschluss des BVerfG zu den Fallgestaltungen des § 8c Abs. 1 Satz 1 KStG zwischen 25 % und 50 % Anteilsübertragung viel von seiner Brisanz verloren. Demnach ist diese Vorschrift -bis zu einer gesetzlichen Neuregelung- zwischen dem VZ 2008 und 2015 zumindest für die Fälle der unmittelbaren Anteilsübertragung nicht anwendbar. Der Beschluss des BVerfG entwickelt insofern Gesetzeskraft. Mit dem Entwurf des JStG 2018[6] soll nunmehr eine vollständige rückwirkende Streichung aller Tatbestände des § 8c I S. 1 KStG (Fälle zwischen 25 % und 50 % Anteilsübertragung) für die Veranlagungszeiträume 2008 bis 2015 erfolgen. Ob dem verbleibenden Tatbestand der mehr als 50 %-tigen Übertragung gegebenenfalls nicht das gleiche Schicksal bevorsteht, bleibt abzuwarten. Auch dort ist mittlerweile ein Normenkontrollverfahren beim BVerfG anhängig[7].

7.78 Schließlich gilt es ab dem Veranlagungszeitraum 2016 die neue Vorschrift des § 8d KStG zu beachten. Demnach kann, trotz des Vorliegens der Tatbestandsvoraussetzungen des § 8c KStG, unter bestimmten Voraussetzungen ein sog. „fortführungsgebundener Verlustvortrag"

---

1 BFH v. 10.5.2017 – I R 93/15, DB 2017, 2650.
2 *Jäckel/Schwarz*, DStR 2018, 433.
3 BT-Drucks. 19/4455 v. 24.9.2018; s. auch Rz. 15.42. Dazu auch *Ortmann-Babel/Bolik*, DB 2018, 1876 (1878); *Weiss/Brühl*, BB 2018, 2135 (2138).
4 Vgl. hierzu aktuell BMF v. 28.11.2017, IV C 2-S 2745-a/09/10002:004, BStBl. I 2017, 1645.
5 Herabsenkung der Körperschaftsteuer von 25 % auf 15 % und Senkung der Gewerbesteuermesszahl bei Kapitalgesellschaften auf einheitlich 3,5 %.
6 Siehe Fn. 107.
7 Az.: 2 BvL 19/17.

festgestellt und fortgeführt werden. Diese Vorschrift, die ursprünglich mit Blick auf die Erhaltung von Anlaufverlusten sog. „start-ups" geschaffen wurde, ist jedoch nicht anwendbar, soweit die Kapitalgesellschaft die Stellung eines OT einnimmt (§ 8d Abs. 2 Satz 2 Nr. 5 KStG).

In der Bp ergeben sich zum Problemkreis von § 8c KStG und Organschaft im Wesentlichen zwei Fragen, die mittlerweile aus Verwaltungssicht durch besagtes BMF-Schreiben gelöst worden sind. Zunächst die Frage, in welcher Höhe und auf welcher Ebene Verluste zu kürzen sind, wenn die Beteiligung am OT (ggf. unterjährig) veräußert wird. Und weiterhin seit dem Veranlagungszeitraum 2010 die Frage, wie die stillen Reserven beim OT für Zwecke des § 8c Abs. 1 Satz 6 ff. KStG zu ermitteln sind (Stille Reservenklausel). Außerdem gilt es immer zu beachten, dass durch die Vorschrift des § 8c KStG auch „eingefrorene" vororganschaftliche Verlustvorträge der OG „vernichtet" werden können; ansonsten sind auf Grund der Vorschrift des § 15 Satz 1 Nr. 1 KStG naturgemäß nur Verlustvorträge des OT betroffen. Da die Veräußerung von Anteilen des OT zu einem mittelbaren schädlichen Beteiligungserwerb bei der OG führen kann, kann es dort -nach Verwaltungssicht- trotz der festgestellten Verfassungswidrigkeit bei unmittelbaren Erwerben zwischen 25 % und 50 % zu einem Untergang vororganschaftlicher Verlustvorträge kommen. 7.79

b) Beispiel: Einbeziehung der stillen Reserven der OG beim OT? Stille Reservenklausel seit 2010

Der A ist zu 100 % Anteilseigner an der OT-AG. Die OT-AG verfügt zum 31.12.2013 über einen **Verlustvortrag** von 1 Mio. Euro; stille Reserven befinden sich (nur) iHv. 2 Mio. Euro in der 100 %-Beteiligung an der OG-GmbH. Die OG-GmbH hat ihrerseits stille Reserven in ihrem Anlagevermögen von 500.000 Euro. Am 1.1.2014 veräußert A all seine Anteile an der OT-AG an den B. Da die Beteiligung an der OG-GmbH auf Grund von § 8b Abs. 2 KStG bei Veräußerung steuerfrei bliebe, wird die stille Reserve an den Anteilen der OG nach § 8c Abs. 1 Satz 7 KStG insgesamt nicht berücksichtigt, ungeachtet der Tatsache, dass 5 % des Gewinns über § 8b Abs. 3 Satz 1 KStG steuerpflichtig wären. Fraglich ist aber, ob bei der Anwendung der Stille-Reservenklausel beim OT auch auf die stillen Reserven der OG abgestellt werden darf.[1] Die Finanzverwaltung nimmt nach dem BMF-Schreibens zu § 8c KStG keine Zurechnung der stillen Reserven der OG beim OT vor.[2] Dementsprechend entfiele nach Bp der komplette Verlustvortrag der OT-AG. 7.80

Diese Auffassung der Finanzverwaltung dürfte bei reinen Holdinggesellschaften, die stille Reserven ausschließlich in ihren Beteiligungen haben, Übertragungen erheblich erschweren. Gegen eine separate Betrachtung von OT und OG wird eingewandt, dass es sich bei dem Organkreis um eine Einheit handelt und dass zumindest, soweit Verluste aus der OG „heraufgeschleust", mithin der OT diese als quasi eigene getragen und versteuert hat, auch die stillen Reserven der OG dem OT zuzurechnen seien. Eine ähnliche Betrachtungsweise hat die Zinsschrankenregelung in § 15 Satz 1 Nr. 3 Satz 3 KStG normiert. Dort werden Zinserträge und -aufwendungen ausschließlich auf Ebene des OT erfasst. Hintergedanke der gesamten Argumentation ist, dass es aus der Sicht des OT unbillig erscheint, zwar die Lasten der Organschaft zu tragen (Verlustübernahme), nicht aber die Vorteile zu genießen (Übernahme der stillen Reserven). 7.81

Andererseits spricht mE für die Betrachtungsweise der Finanzverwaltung die Tatsache, dass dem OT grundsätzlich nur sein eigenes Betriebsvermögen zuzurechnen ist und OT und OG 7.82

---

1 So *Sistermann/Brinkmann*, DStR 2009, 2633 (2636); *Breuninger/Ernst*, GmbHR 2010, 561; *Eisgruber/Schaden*, UbG 2010, 73 (84).
2 Rz. 59 des BMF v. 28.11.2017, IV C 2-S 2745-a/09/10002:004, BStBl. I 2017, 1645.

eigenständige Rechtsträger und Gewinnermittlungsobjekte bleiben. Auch die Spezialnormierung im Bereich der Zinsschranke kann als Ausnahmevorschrift verstanden werden, die nicht analogiefähig ist und beweist, dass ein „Stille-Reserventransfer" bei der Organschaft vom Gesetzgeber gerade nicht gewollt ist. In diese Richtung geht auch die Vorschrift des § 8c Abs. 1 Satz 9 KStG, die bestimmt, dass „bei der Ermittlung der stillen Reserven nur das Betriebsvermögen zu berücksichtigen (ist), das der Körperschaft ohne steuerliche Rückwirkung, insbesondere ohne Anwendung des § 2 Abs. 1 des UmwStG, zuzurechnen ist." Zwar wird hier insbesondere der Rückwirkungsfall geregelt; der Vorschrift kann aber nicht entnommen werden, dass auch die stillen Reserven der OG dem OT zuzurechnen sind. Da der I. Senat des BFH mittlerweile zu einer sehr wortlautgetreuen Auslegung der Gesetze neigt,[1] dürfte die Auffassung der Literatur in der Durchsetzung bei Finanzverwaltung und FG nicht unbedingt aussichtsreich sein.

c) Ergebnisverrechnung im Jahr der Anteilsveräußerung und unterjähriger Beteiligungserwerb am OT

7.83 Nach Auffassung der Finanzverwaltung ist die **Verlustkürzung** nach § 8c KStG vor der Einkommenszurechnung der Organgesellschaften zu ziehen.[2] Dies liegt darin begründet, da für jede Organgesellschaft eine eigenständige Einkommensermittlung vorgenommen wird und die Anwendung des § 8c KStG auf Ebene der OG nicht durch § 15 KStG ausgeschlossen ist. Erzielt also die OG einen Verlust, wird bereits auf ihrer Ebene eine Verlustkürzung nach § 8c KStG vorgenommen. Es findet also im Jahr des Beteiligtenwechsels keine Ergebniskonsolidierung im Organkreis statt. Weder darf ein Verlust des OT mit den Gewinnen der OG verrechnet werden, noch können Gewinne des OT mit Verlusten der OG verrechnet werden, weil das zuzurechnende Einkommen auf dieser Ebene bereits gekürzt worden ist.

7.84 Auf Grund der separaten Betrachtung von OT und OG hinsichtlich des § 8c KStG kann es zu dem kuriosen Ergebnis kommen, dass ein anteiliger Verlustuntergang vorliegt, obwohl der Organkreis weder über Verlustvorträge verfügt noch einen laufenden Verlust erleidet.

7.85 **Beispiel:** Die OT-AG ist zu 100 % Gesellschafterin der OG-GmbH. Beide Gesellschaften haben keine stillen Reserven. Weder OT noch OG verfügen über (bei der OG: vororganschaftliche) Verlustvorträge. Am 1.7.2014 veräußert A sämtliche Anteile an der OT-AG an den B. Die OG-GmbH hat vor der Zurechnung ihres Einkommens einen Verlust von 1 Mio. Euro. Das Einkommen der OT-AG beträgt 5 Mio. Euro vor Zurechnung des Organeinkommens. Nach Auffassung der Finanzverwaltung kann dem OT nur ein negatives Einkommen von 500.000 Euro für die zweite Hälfte von 2014 zugerechnet werden,[3] obwohl die OT-AG 1 Mio. Euro Verlust für das gesamte Jahr 2014 ausgleichen muss. Dieser Vorgang führt nicht zu einer Minderabführung, da eine solche nur bei Abweichen zwischen Handels- und Steuerbilanz vorliegt. Es ist kein aktiver Ausgleichsposten zu bilden. Das zu versteuernde Einkommen der OT-AG beträgt somit in 2014 4,5 Mio. Euro, obwohl die OT-AG saldiert nur 4,0 Mio. Euro „Gewinn" erzielt hat.

---

1 Siehe hierzu bspw. das Urteil BFH v. 12.3.2014 – I R 87/12, GmbHR 2014, 764 = DStR 2014, 1227 zur Auslegung des Abzugsverbots nach § 8b Abs. 3 Satz 3 und 4 KStG nF.
2 Rz. 33 Satz 2 i.V.m. Rz. 38 des BMF v. 28.11.2017, IV C 2-S 2745-a/09/10002:004, BStBl. I 2017, 1645.
3 Rz. 33 Satz 2 i.V.m. Rz. 38 des BMF v. 28.11.2017, IV C 2-S 2745-a/09/10002:004, BStBl. I 2017, 1645.

Durch das Urteil vom 30.11.2011 hat der BFH[1] unabhängig von Organschaftsfragen in allen § 8c-Fällen – entgegen der bisherigen Verwaltungsauffassung[2] – zugelassen, dass bei unterjährigem Anteilseignerwechsel Verlustvorträge noch mit laufenden Gewinnen bis zum schädlichen Beteiligungserwerb verrechnet werden dürfen. Dieser Rechtsauffassung hat sich die Verwaltung durch die Veröffentlichung des Urteils im BStBl. und die Anpassung im neuen BMF-Schreiben angeschlossen. Somit können zumindest eigene laufende Gewinne des OT noch mit dem eigenen Verlustvortrag des OT verrechnet werden.

Zusammenfassendes Beispiel zur Problematik des § 8c KStG aus Sicht der Verwaltung: Die OT-AG hat zwei Organgesellschaften, die OG1-GmbH und die OG2-GmbH, an der sie jeweils zu 100 % beteiligt ist. Am 1.7.2014 werden die Anteile an der OT-AG an einen neuen Anteilseigner veräußert. Für den Veranlagungszeitraum 2014 ergeben sich für die einzelnen Gesellschaften folgende Einkommen, die gleichmäßig über das Jahr erwirtschaftet wurden:

OT-AG: 1 Mio. Euro, OG1-GmbH: ./. 100.000 Euro, OG2-GmbH: 200.000 Euro.

Die OT-AG verfügte über einen Verlustvortrag zum 31.12.2013 von 5 Mio. Euro, die OG2-GmbH hatte einen (vororganschaftlichen) Verlustvortrag von 100.000 Euro.

Nach den oben beschriebenen Grundsätzen ergibt sich das konsolidierte Einkommen wie folgt:

Eigenes Einkommen OT-AG:	1 Mio. Euro
Abzüglich Verlustverrechnung 1. Jahreshälfte	– 500.000 Euro
Einkommen OT1-GmbH (nur zweites Halbjahr)	– 50.000 Euro
Einkommen OG2-GmbH	+ 200.000 Euro
Einkommen OT-AG konsolidiert:	650.000 Euro

Außerdem fällt der verbleibende Verlustvortrag sowohl der OT-AG (4,5 Mio. Euro nach Verrechnung) als auch der OG2 (100.000 Euro) komplett weg.

7. Stille Gesellschaften

Bp-Aufgriffe bei **stillen Gesellschaften** im Organkreis resultieren regelmäßig aus einer abweichenden Würdigung der Bp, welche die zunächst vom Unternehmen deklarierte **typisch stille Gesellschaft** nach Prüfung zu einer **atypisch stillen Gesellschaft** erklärt. Dies hat nach Ansicht der Finanzverwaltung erhebliche Folgen für die Anerkennung der Organschaft.

Beispiel Atypisch stille Gesellschaft nach Bp: Die OG-GmbH nimmt gegen Einlage von 1 Mio. Euro den A als stillen Gesellschafter auf. A ist zugleich alleiniger Anteilseigner der OT-GmbH, die 100 % an der OG-GmbH hält. Der A hat einen Anspruch auf Beteiligung an den stillen Reserven und des Geschäftswertes der OG-GmbH im Falle der Kündigung der stillen Gesellschaft. Zudem wird er bei der OG-GmbH als Geschäftsführer bestellt. Die Bp ist unter Hinweis auf die Einkommensteuerrichtlinien[3] und die BFH-Rechtsprechung[4] der Ansicht, dass eine atypisch stille Gesellschaft vorliege. Dies führe zur Aberkennung der Organschaft.

Die Rechtsansicht der Finanzverwaltung ist im Hinblick auf stille Gesellschaften eindeutig. Sofern es sich um eine atypisch stille Gesellschaft handelt,[5] mithin steuerlich eine Mitunter-

---

1 BFH v. 30.11.2011 – I R 14/11, BStBl. II 2012, 360 = FR 2012, 310 m. Anm. *Klein/Nosky*.
2 BMF v. 4.7.2008 – IV C 7 - S 2745-a/08/10001 – DOK 2008/0349554, BStBl. I 2008, 736 = FR 2008, 839 Rz. 31 Satz 2.
3 EStH 15.8 (1) 2017 „Stiller Gesellschafter".
4 BFH v. 27.5.1993 – IV R 1/92, BStBl. II 1994, 700 = FR 1994, 17.
5 Vgl. zur Abgrenzung zwischen typisch und atypisch stiller Gesellschaft allgemein: *Hidien* in Hidien/Pohl/Schnitter, Gewerbesteuer[15], 580.

nehmerschaft vorliegt, ist der Organschaft die Anerkennung zu versagen. Dies gilt sowohl für den Fall, in welchem die OG eine atypisch stille Gesellschaft begründet, als auch für den Fall, dass die atypisch stille Gesellschaft auf der Ebene des OT begründet wird. Diese Ansicht hat die Finanzverwaltung in einer Verfügung der OFD Frankfurt[1] als auch in einem Erlass des FM Schleswig-Holstein[2] klar zum Ausdruck gebracht. Im Falle der stillen Gesellschaft auf Ebene der OG wird als Begründung angeführt, dass hier nicht der „ganze" Gewinn der OG i.S.v. § 14 Abs. 1 Satz 1 KStG an den OT abgeführt werde, sondern nur derjenige vermindert nach Gewinnabführung innerhalb der stillen Gesellschaft. Im Falle der stillen Gesellschaft auf Ebene des OT verweist die Finanzverwaltung auf die Vorschrift des § 14 Abs. 1 Satz 1 Nr. 2 Satz 3 KStG. Zwar kann eine Mitunternehmerschaft unproblematisch OT sein; hierfür bedarf es allerdings des Haltens der mehrheitsvermittelnden Anteile an der OG im **Gesamthandsvermögen** der Personengesellschaft.[3] Da eine atypisch stille Gesellschaft als sog. Innengesellschaft ohne Vermögen mit gesamthänderischer Bindung i.S.v. §§ 717–719 BGB hierüber nicht verfüge, könne dieses Merkmal nicht erfüllt sein. Außerdem habe die atypisch stille Gesellschaft steuerlich kein Betriebsvermögen, in welchem die Beteiligung ausgewiesen werden könne. Vielmehr werde der Gewinn der atypisch stillen Gesellschaft aus der Addition der Steuerbilanz des Geschäftsinhabers und dessen Sonderbilanz sowie der Sonderbilanz des stillen Gesellschafters ermittelt.[4]

7.91 **Lösung Beispiel:** Da hier auf Grund der Beteiligung an den stillen Reserven der OG-GmbH das sog. Mitunternehmerrisiko im erhöhten Maße erfüllt ist und der A durch seine Geschäftsführerbestellung auch die sog. Mitunternehmerinitiative innehat, liegt steuerlich eine atypisch stille Gesellschaft an der OG-GmbH vor. Nach Ansicht der Finanzverwaltung ist der Organschaft die Anerkennung zu versagen.

7.92 Die Ansicht der Finanzverwaltung wird auf Seiten der Literatur teilweise geteilt[5] und teilweise abgelehnt.[6] Die Rechtsprechung hat sich zu beiden Fragen bisher nicht explizit positioniert. Zwar hat der BFH in einem Beschluss vom 31.3.2011[7] bei der Frage der Eignung einer GmbH & atypisch Still die wohl herrschende Literaturansicht zitiert, wonach diese Form keine OG-Eignung habe. Jedoch musste der BFH im konkreten Fall nicht in den tragenden Gründen Stellung zu dieser Frage nehmen. Unabhängig von dem Meinungsstreit sollten aus Sicht der Unternehmen stille Beteiligungen im Organkreis so ausgestaltet sein, dass sie nicht Gefahr laufen, in atypisch stille Beteiligungen umqualifiziert zu werden und letztlich die Organschaft zu gefährden. Dies gelingt am einfachsten, indem keine Beteiligung des „Stillen" an den stillen Reserven oder dem Geschäftswert eingeräumt noch ihm in irgendeiner Form eine Geschäftsführungsbefugnis erteilt wird.

---

1 Verfügung OFD Frankfurt/M. v. 30.1.2013 – S 2770 A - 53 - St 51, DB 2013, 610.
2 Erlass des FM Schleswig-Holstein v. 4.3.2013 – VI 3011 - S 2770 - 080, Der Konzern 2013, 363 Körperschaftsteuerliche Organschaft und GmbH & atypisch stille Gesellschaft (§ 14 KStG).
3 BMF v. 10.11.2005 – IV B 7 - S 2770 - 24/05, BStBl. I 2005, 1038 Rz. 13.
4 OFD Erfurt v. 23.10.2003 – S 2241 A - 08 - L 221 Rz. 3.2.1 Steuerliche Behandlung der typisch und atypisch stillen Gesellschaft.
5 *Frotscher* in Frotscher/Drüen, § 14 KStG Rz. 86a; *Dötsch* in Dötsch/Pung/Möhlenbrock, § 14 KStG Rz. 198. *Frotscher* in Frotscher/Drüen, § 14 KStG Rz. 169 ff.
6 *Schmidt/Werner*, GmbHR 2010, 29 (32); *Walter* in Ernst & Young, § 14 KStG Rz. 277; *Hageböke/Heinz*, DB 2006, 473 (474). *Neumann* in Gosch[3], § 14 KStG Rz. 317.
7 BFH v. 31.3.2011 – I B 177/10, GmbHR 2011, 836.

8. Verdeckte Gewinnausschüttungen der OG an den OT

Verdeckte Gewinnausschüttungen gem. § 8 Abs. 3 Satz 2 KStG in ihren unterschiedlichsten Facetten sind regelmäßig Prüfungsschwerpunkte bei Betriebsprüfungen. Allerdings wird der Prüfer auch immer die Gesamtauswirkung beachten, dh. auch die Frage mitberücksichtigen, wie die vGA beim Empfänger zu behandeln ist. So werden bspw. ungern vGAs aufgegriffen, die bei der Körperschaft lediglich gegen Verlustvorträge verrechnet werden, beim Empfänger demgegenüber ggf. noch zu einer Steuererstattung führen, weil sie dort teilweise (nach dem Teileinkünfteverfahren) oder komplett (nach § 8b KStG) steuerfrei sind. Vom Grundfall betrachtet bringt die Feststellung einer vGA von der OG an den OT kein steuerliches Mehr-Ergebnis, da nach dem System der Organschaft die vGA als **vorweggenommene Gewinnabführung** zu behandeln und somit – aus Verwaltungssicht – auf Ebene des OT aus dessen Einkommen herauszurechnen ist (R 14.7 KStR 2015). Die einfache vGA von der OG direkt an den OT, etwa auf Grund einer zu niedrigen Verzinsung eines Darlehns der OG an den OT, wird der Betriebsprüfer mit Hinblick auf die Gesamtauswirkung regelmäßig nicht aufgreifen.

7.93

Beispiel 1: vGA ohne Auswirkung im Organkreis. Die OG-GmbH gewährt der OT-AG ein Darlehn iHv. 1 Mio. Euro zinslos. Fremdüblich wären Zinsen von 5 %. Bei der OG liegt somit eine vGA iHv. 50.000 Euro pa. vor, die ihr Einkommen erhöht. Diesen Betrag hat der OT als (fiktiven) Aufwand erspart. Der OT müsste somit buchen: (Fiktiver) Aufwand 50.000 Euro an Ertrag (aus vGA) 50.000 Euro. Da sich Aufwand und Ertrag neutral gegenüberstehen, unterbleibt die Buchung in der Praxis und es wird lediglich außerbilanziell beim Einkommen des OT 50.000 Euro zur Neutralisierung der empfangenen vGA abgezogen.

7.94

Der Abzug des Betrages der vGA beim OT kommt aber nur in den Fällen in Betracht, in denen die vGA beim OT auch zu einem fiktiven Aufwand führt bzw. beim OT der Gewinn durch eine Ertragsbuchung erhöht wurde.[1] Dies ist nicht immer der Fall wie folgende Beispiele verdeutlichen mögen. In solchen Fällen wird dann auch die Feststellung einer vGA für die Bp interessant.

7.95

Beispiel 2: vGA im Dreieck mit Auswirkung im Organkreis

7.96

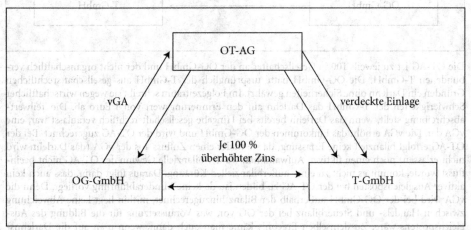

---

[1] Siehe dazu umfassend mit vielen Beispielen: *Brinkmann*, StBp 2015, 33, u.a. auch zu den Sonderfällen mit steuerlicher Auswirkung.

Die OT-AG ist zu jeweils 100 % an der OG-GmbH und der nicht organschaftlich verbundenen T-GmbH beteiligt. Die T-GmbH gibt der OG-GmbH ein Darlehn zu überhöhtem Zinssatz. In Höhe des überhöhten Zinses liegt bei der OG ein vGA vor, die ihr Organeinkommen erhöht. Die OT-AG empfängt die vGA und hat, da sie den Zinsvorteil an ihre Tochtergesellschaft T-GmbH im Wege der verdeckten Einlage weiterreicht, zu buchen: Beteiligung T-GmbH an Ertrag aus vGA. Bei der T-GmbH liegt eine **verdeckte Einlage** nach § 8 Abs. 3 Satz 3 KStG vor, die das Einkommen nicht erhöhen darf und dort außerbilanziell zu kürzen ist. Weiterhin erhöht sich bei ihr entsprechend das Einlagekonto (§ 27 KStG). Der erhöhte Gewinn bei der OT-AG ist, da er als **vorweggenommene Gewinnabführung** zu behandeln ist, steuerfrei und außerbilanziell wieder abzuziehen; im Ergebnis ist somit der Gewinn auf Ebene der OT-AG steuerfrei gestellt. Da der Betrag der vGA aber den Buchwert der Beteiligung der T-GmbH erhöht hat, liegt somit kein fiktiver Aufwand vor und ein zusätzlicher Abzug außerhalb der Bilanz wird nicht vorgenommen.

Im Ergebnis erhöht in einem solchen Fall die vGA durch Erhöhung des Beteiligungsbuchwertes das Einkommen des Organkreises und vermindert das Einkommen der T-GmbH außerhalb des Organkreises. Eine solche Verlagerung kann für die Bp, welche den Organkreis prüft, durchaus interessant sein, insb. wenn die außenstehende T-GmbH im Verlustbereich operiert und der Organkreis Gewinne generiert.

7.97 Beispiel 3: Teilwertabschreibung auf Forderungen bei Organschaft

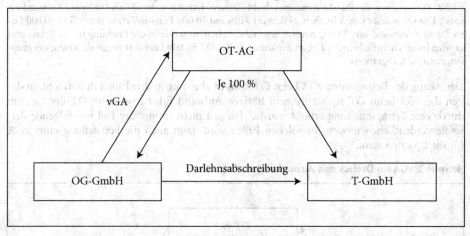

Die OT-AG ist zu jeweils 100 % Gesellschafter an der OG-GmbH und der nicht organschaftlich verbundenen T-GmbH. Die OG-GmbH hatte ursprünglich der T-GmbH aus gesellschaftsrechtlichen Gründen ein Darlehn ohne Sicherheiten gewährt. Im Folgezeitraum schreibt sie wegen wirtschaftlicher Schwierigkeiten der T-GmbH das Darlehn auf den Erinnerungswert von 1 Euro ab. Die Teilwertabschreibung stellt, wenn das Darlehn bereits bei Hingabe gesellschaftsrechtlich veranlasst war, eine vGA dar. Die vGA erhöht das Einkommen der OG-GmbH und wird der OT-AG zugerechnet. Bei der OT-AG erfolgt bilanziell keine Erfassung, da sie weder einen Zufluss aus der vGA (das Darlehn wird nicht erlassen) noch einen fiktiven Aufwand hat. Da der bilanzielle Gewinn der OT-AG nicht beeinflusst wurde, kommt es nicht zu einer außerbilanziellen Kürzung. Daraus folgt dann, dass auch kein aktiver Ausgleichsposten bei der OT-AG zu bilden ist, da keine Minderabführung vorliegt. Denn die vGA wird bei der OG-GmbH außerhalb der Bilanz hinzugerechnet, mithin liegt keine Abweichung zwischen Handels- und Steuerbilanz bei der OG vor, was Voraussetzung für die Bildung des Ausgleichspostens wäre. Zu demselben Ergebnis käme man auch dann, wenn man auf die Darlehnsabschreibung § 8b Abs. 3 Satz 4 KStG anwenden würde, welcher die Abschreibung konzerninterner Forderungen ab 2008 außerbilanziell korrigiert. Die Anwendung des § 8b Abs. 3 Satz 4 KStG würde dann auf Ebene des Organträgers stattfinden. Allerdings geht die verdeckte Gewinnausschüttung der Hinzurechnungsnorm des § 8b Abs. 3 Satz 4 ff. KStG systematisch vor, so dass man diese Vorschrift gar nicht mehr bemühen muss. Die vGA erhöht somit das Organeinkommen in voller Höhe.

9. Gewerbesteuerliche Fragen
a) Grundlagen

Seit dem Erhebungszeitraum 2002 bedarf es für die Anerkennung einer gewerbesteuerlichen Organschaft derselben Voraussetzungen wie für diejenigen der körperschaftsteuerlichen Organschaft;[1] insbesondere das Vorliegen eines GAV. Die OG gilt gem. § 2 Abs. 2 Satz 2 GewStG als Betriebsstätte des OT; sie erhält – anders als bei der Körperschaftsteuer – keinen eigenständigen Gewerbesteuermessbescheid, sondern der **Gewerbeertrag** der OG wird nachrichtlich an das Finanzamt des OT übermittelt. Trotzdem werden die Gewerbeerträge der OG und des OT unter Berücksichtigung der **Hinzurechnungen** und **Kürzungen** nach § 8 GewStG und § 9 GewStG zunächst separat ermittelt und erst dann zusammengerechnet (Abschn. 2.3 Abs. 1 Satz 4 GewStR 2009). Dabei unterbleiben Hinzurechnungen und Kürzungen, die zu einer **doppelten Belastung** als auch zu einer Doppelbegünstigung innerhalb des Organkreises führen (Abschn. 7.1 Abs. 5 GewStR). So werden bspw. Zinsen, die die OG an den OT zahlt, nicht bei der Ermittlung des Gewerbeertrages der OG hinzugerechnet. Hier gilt der Grundsatz der Neutralität innerhalb des Organkreises. Das Feststellungsverfahren nach § 14 Abs. 5 KStG greift nicht für die **Gewerbesteuer** und ist dort auch systematisch nicht notwendig, da kein eigenständiger Steuerbescheid auf Ebene der OG vorliegt. Die beschriebene „Zwitterstellung" der OG bei der Gewerbesteuer,[2] einerseits unselbständige Betriebsstätte und andererseits eigenständiges Objekt der Gewerbeertragsermittlung, wirft diverse Fragestellungen auf. Insbesondere im Bereich der erweiterten Kürzung sowie bei Ausschüttungen an Organgesellschaften hat es Verwerfungen gegeben, die durch Rechtsprechung bzw. den Gesetzgeber mittlerweile behoben worden sind.

7.98

b) Keine erweiterte Kürzung im Organkreis

7.99

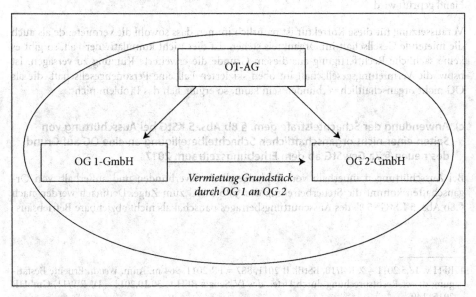

---

1 BMF v. 26.8.2003 – IV A 2 - S 2770 - 18/03, BStBl. I 2003, 437 = FR 2003, 981 Rz. 11.
2 Sog. eingeschränkte bzw. gebrochene Einheitstheorie; entwickelt durch die Rechtsprechung des BFH, vgl. bspw. BFH v. 24.1.1990 – I R 133/86, BFH/NV 1990, 669 und erneut bestätigt durch BFH v. 17.12.2014 – I R 39/14, DStR 2015, 780 = FR 2015, 472 m. Anm. *Roser*.

Problemstellung: In derartigen Fällen handelt es sich bei der OG 1 um eine rein grundstücksverwaltende Gesellschaft, der gem. § 9 Nr. 1 Satz 2 ff. GewStG auf Antrag die sog. **erweiterte Kürzung** zusteht. Vermittels dieser gewerbesteuerlichen Kürzung wird der Ertrag aus der Überlassung von Immobilien gewerbesteuerfrei gestellt. Da die OG 1 ihren Gewerbeertrag separat unter Berücksichtigung dieser Kürzung zu ermitteln hat, bleibt ihr Gewerbeertrag insoweit gewerbesteuerfrei. Die OG 2-GmbH hat demgegenüber den korrespondierenden Aufwand aus den Mietzahlungen, den sie in ihrem Ergebnis an den OT berücksichtigt. Somit käme es durch das Instrument der erweiterten Kürzung im Organkreis zu einer Begünstigung, denn es stehen sich hier nicht Aufwand und Ertrag ausgeglichen gegenüber. Während der Aufwand im Ergebnis beim OT berücksichtigt würde, gilt dies für den Ertrag aus der Vermietung auf Grund der erweiterten Kürzung nicht.

7.100 **Lösung:** Dieses Problem, welches mit höchstrichterlichem Urteil des BFH v. 18.5.2011[1] geklärt wurde (Rz. 6.117), kann in der Praxis von der Bp nur dann zutreffend behandelt werden, wenn die Bp den gesamten Organkreis im Blick hat. Der BFH hat in seinem Urteil aus systematischen Gründen die erweiterte Kürzung auf Ebene der OG 1 bereits nicht zugelassen. Anders war noch das FG München in einem rechtskräftigen Urteil v. 14.11.2005[2] vorgegangen, welches die erweiterte Kürzung bei der OG zwar zugelassen, beim OT aber dann wiederum einen Zuschlag in Höhe der Mieterträge gemacht hatte. Beide Lösungen kommen aber zum selben Endergebnis beim OT; nämlich der Nichtberücksichtigung des Kürzungsbetrages.

7.101 Die Bp-Stellen werden auf Grund dieser Rechtsprechung bei Fragen zur erweiterten Kürzung, sofern sie denn innerhalb von Organschaften vorgenommen wird, ihr erhöhtes Augenmerk auf derartige Sachverhalte richten. Bisher sind solche Konstellationen nämlich nur dann aufgefallen, wenn ein Prüfer den gesamten Organkreis prüfte und ihm der unberechtigte Steuervorteil auf der Hand lag. Da die Problematik auf Grund der BFH-Rechtsprechung nunmehr „bekannter" sein dürfte[3], werden sich in der Konstellation „Erweiterte Kürzung und Organschaft" auch dann Prüfungsansätze ergeben, wenn nicht die gesamte Organschaft in einer Hand geprüft wird.

7.102 Voraussetzung für diese Korrektur ist natürlich immer, dass sowohl die vermietende als auch die mietende Gesellschaft im Organkreis stehen. Ist dies nicht kumulativ der Fall, so gibt es keine sachliche Rechtfertigung aus diesem Grunde die erweiterte Kürzung zu versagen. Ist bspw. die Vermietungsgesellschaft im oben skizierten Fall eine Personengesellschaft, die als OG nicht organschaftlich verbunden sein kann, so ergibt sich das Problem nicht.

c) Anwendung der Schachtelstrafe gem. § 8b Abs. 5 KStG bei Ausschüttung von Seiten einer nicht organschaftlichen Schachtelbeteiligung an eine OG auf Grund des neuen § 7a GewStG ab dem Erhebungszeitraum 2017

7.103 Bei Ausschüttungen innerhalb von Kapitalgesellschaftsverbünden und außerhalb von Organschaften kommt die Steuerbefreiung des § 8b KStG zum Zuge. Demnach werden nach § 8b Abs. 5 KStG[4] 5 % des Ausschüttungsbetrages pauschal als nicht abziehbare Betriebsaus-

---

1 BFH v. 18.5.2011 – X R 4/10, BStBl. II 2011, 887 = FR 2011, 964 m. Anm. *Wendt*. Erneute Bestätigung dieser Rechtsprechung durch Urteil des IV. Senats BFH v. 30.10.2014 – IV R 9/11, GmbHR 2015, 149.
2 FG München v. 14.11.2005 – 7 K 2699/03, EFG 2006, 578.
3 Dazu trägt auch die Fundstelle H 9.2 (2) GewStH 2016 „Organschaft" bei, die auf das BFH-Urt. v. 18.5.2011 hinweist.
4 Seit dem VZ 2004.

gaben dem Einkommen außerbilanziell wieder hinzugerechnet. Dies gilt körperschaftsteuerlich – zumindest bis zur Einführung der Steuerpflicht von Streubesitzdividenden in 2013[1] – sowohl für sog. Schachtel- wie auch Streubesitzdividenden. Da der gewerbesteuerliche Ertrag nach § 7 GewStG auf dem körperschaftsteuerlichen Einkommen aufsetzt, sollte man meinen, dass die 5 % **„Schachtelstrafe"** sowohl bei der Körperschaftsteuer wie auch der Gewerbesteuer unumgänglich seien. Dies zumal der Gesetzgeber noch 2006 durch die Einführung des § 9 Nr. 2a Satz 4 GewStG klargestellt hat,[2] dass der 5 %-Zuschlag nicht nach Dividendengrundsätzen bei der Gewerbesteuer kürzungsfähig ist.

Gewerbesteuerlich wurde trotz dieser Grundsätze bereits seit längerem das Problem diskutiert, ob der 5 %-Zuschlag auf der Ebene des OT zur Anwendung kommt, wenn aus einer nicht organschaftlich verbundenen Schachtelbeteiligung an eine OG ausgeschüttet wird. Der Sachverhalt ist graphisch dargestellt folgender:

7.104

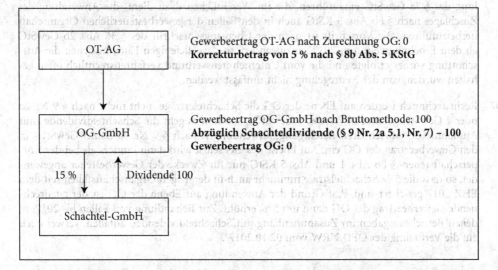

Zu der bisherigen Betrachtungsweise von Seiten der Finanzverwaltung s. Rz. 7.49 in der Vorauflage mit weiteren Literaturnachweisen. Die Verwaltung wollte auf Ebene der OG die gewerbesteuerliche Kürzung nach § 9 Nr. 2a oder 7 GewStG vollumfänglich durchführen und auf Ebene des OT den außerbilanziellen Zuschlag nach § 8b Abs. 5 KStG nachholen. Vergleiche hierzu auch das Schaubild zu Rz. 7.49 in der Vorauflage. Hiergegen ist die Judikative eingeschritten und hat diesen Weg für rechtswidrig erklärt.

7.105

Erstmals hatte sich das FG Münster mit dem Thema auseinandergesetzt und die Verwaltung in die Schranken gewiesen.[3] Zwar konzedierte das Gericht die gesetzgeberische Belastungsentscheidung, die sowohl bei der Körperschaft- wie auch der Gewerbesteuer davon ausgeht, dass zumindest 5 % beim Dividendenbezug zu versteuern seien. Jedoch ging das FG von ei-

7.106

---

1 Bis zur Neufassung des § 8b Abs. 4 KStG durch das Amtshilferichtlinie-Umsetzungsgesetz v. 21.3.2013, BGBl. I 2013, 561.
2 Vgl. die Übergangsvorschrift des § 36 Abs. 8 Satz 5 GewStG; Klarstellung zumindest nach Auffassung der Finanzverwaltung.
3 FG Münster v. 14.5.2014 – 10 K 1007/13 G, GmbHR 2014, 1115 m. Anm. *Demel/Sundheimer* = ISR 2014, 276 m. Anm. *Böhmer*.

ner gesetzgeberischen Lücke aus, die auch nicht im Wege der Auslegung beseitigt werden könne, da dem Gesetzgeber das Thema seit Jahren auf Grund von Literaturmeinungen bekannt sei und er „sehenden Auges" nichts unternommen habe. Diese Erwägungen des FG Münster hat der BFH in der anschließenden Revisionsentscheidung[1] vollumfänglich bestätigt und sich insoweit argumentativ der bis dato herrschenden Literaturmeinung[2] angeschlossen. Denn laut BFH sind in dem dem OT zugewiesenen Gewerbeertrag der OG die Gewinnausschüttungen der Schachtelbeteiligung nicht „enthalten", da sie zuvor wegen der besonderen gewerbesteuerlichen Vorschriften des § 9 Nr. 2a bzw. 7 GewStG auf Ebene der OG gekürzt worden sind. Eine Korrektur dieses Ergebnisses könne weder über Auslegung des § 2 Abs. 2 Satz 2 GewStG noch durch eine Analogie erfolgen. Der Gesetzgeber habe dieses Ergebnis angesichts der sonstigen Regelungsdichte bei der gewerbesteuerlichen Organschaft hingenommen und müsse dann auch die Konsequenzen der Nichterfassung des 5 %-Zuschlages tragen. Diese Rechtsprechung hat den Gesetzgeber bewogen die Neuregelung des § 7a GewStG einzuführen, die im Wesentlichen dazu dient, die Anwendung des Zuschlages nach § 8b Abs. 5 KStG auch in den Fällen der gewerbesteuerlichen Organschaft herbeizuführen. Die Vorschrift ist nach der Übergangsvorschrift des § 36 Abs. 2b GewStG ab dem Erhebungszeitraum 2017[3] anzuwenden, so dass diejenigen Fälle, in denen die Ausschüttung vorher erfolgte und die vom Unternehmensverbund verfahrensrechtlich offen gehalten wurden, von der Neuregelung nicht umfasst werden.

7.107 Rechtstechnisch werden auf Ebene der OG die Schachtelerträge nicht mehr nach § 9 Nr. 2a oder 7 GewStG gekürzt (§ 7a Abs. 1 GewStG), sondern es geht die Schachteldividende -mit Ausnahme der abziehbaren Beteiligungsaufwendungen nach § 9 Nr. 2a Satz 3 GewStG- in den Gewerbeertrag der OG ein. Auf Ebene des OG selbst wird dann -anders als bei der Körperschaftsteuer- § 8b Abs. 1 und Abs. 5 KStG nur für Zwecke der Gewerbesteuer angewendet, so dass die 5 % Schachtelstrafe nunmehr auch in derartigen Organschaftsfällen seit dem EHZ 2017 gesichert sind. Auf Grund der Anwendung auf Ebene der OG ist der zuzurechnende Gewerbeertrag der OG dann um 5 % erhöht. Zur Behandlung von Fällen bis 2017, in denen Betriebsausgaben im Zusammenhang mit Schachteldividenden anfallen, verweise ich auf die Verfügung der OFD NRW vom 02.10.2017[4].

C. Zusammenfassung der wesentlichen Erkenntnisse

7.108 In der Praxis der Veranlagung sowie der Betriebsprüfung von Organschaften ist von Seiten der Finanzverwaltung nur ein relativ kleiner, jedoch hoch spezialisierter Personenkreis eingesetzt. Der Einstieg einer Überprüfung durch die Finanzverwaltung erfolgt über Checklisten, die sich an der gesetzlichen Systematik der ertragsteuerlichen Organschaft gem. §§ 14 ff. KStG orientiert. Die Überprüfung von Seiten der Bp geht regelmäßig dahin, ob eine sog. „verunglückte" Organschaft vorliegt. Aus diesem Grund sollten die betroffenen Unternehmen den formalen Anforderungen an die Organschaft, insbesondere der zutreffenden Formulierung des GAV erhöhte Aufmerksamkeit widmen. Hier ist die Rechtsprechung des BFH zuweilen noch strenger als die Sichtweise der Finanzverwaltung. Auch dies müssen die Be-

---

1 BFH v. 17.12.2014 – I R 39/14, FR 2015, 472 m. Anm. *Roser* = DStR 2015, 637.
2 *Roser* in Lenski/Steinberg, § 9 Nr. 2a GewStG Rz. 45b (Stand: 10/2014); *Gosch* in Blümich, § 9 GewStG Rz. 187a; *Frotscher* in Frotscher/Drüen, § 15 KStG Rz. 94; *Kollruss*, DStR 2006, 2291; *Müller/Stöcker*, Die Organschaft, 251 Rz. 1005.
3 § 7a GewStG eingeführt durch Gesetz von 20.12.2016 (BGBl. I, S. 3000).
4 Az.: G 1425 – 2015/0018 – St 131, Fundstelle: DB 2017, S. 2640.

troffenen im Auge behalten, wenn es zu einem Finanzprozess kommt bzw. kommen kann. In materieller Hinsicht wird ein Aufgriff bei handelsrechtlichen Bilanzierungsfehlern auf Grund der Heilungsmöglichkeit nach § 14 Abs. 1 Nr. 3 Satz 4 KStG nur noch sehr eingeschränkt möglich sein. In der Praxis der Bp bleibt als zentrales Prüffeld die Thematik „tatsächliche Durchführung" des GAV. Die Kernfrage ist hier, zu welchem Zeitpunkt und in welcher Form OG und OT ihren Verpflichtungen aus dem GAV nachkommen müssen. Gerade bei der Frage der Zeitnähe der Durchführung ergibt sich Streitpotential zwischen Verwaltung und Unternehmen, da es hier mangels kodifizierter zeitlicher Grenzen Rechtsunsicherheit gibt. Als neuerer Prüfungsansatz wird sich die zutreffende handelsbilanzielle Berichtigung nach Beanstandung durch die Vor-Bp ergeben. Unterlässt das Unternehmen die materiell gebotene Berichtigung, läuft es Gefahr, dass die Organschaft scheitert. Die materiell wichtige Frage der Abgrenzung zwischen vor- und innerorganschaftlichen Mehr- bzw. Minderabführungen übernimmt im Kapitalgesellschaftskonzern häufig die Bp. Bei den Ausgleichszahlungen an außenstehende Gesellschafter ist -auch im GmbH-Konzern- die Vorschrift des § 304 AktG zu beachten. Die außerordentlich strenge BFH-Rechtsprechung führt dazu, dass jedwede variable Ausgleichszahlung die Organschaft scheitern lassen kann. Hier ist durch den Entwurf dss JStG 2018 eine unternehmensfreundlichere Regelung geplant. Im Hinblick auf die Verlustvernichtungsvorschrift des § 8c KStG ist das aktuelle BMF-Schreiben zu § 8c KStG zu beachten, wobei die Vorschrift auf Grund der Rechtsprechung des BVerfG viel von ihrem „Schrecken" verloren hat; der Gesetzgeber plant die rückwirkende Aufhebung des § 8c Abs. 1 S. 1 KStG für die Jahre 2008 bis 2015. Bei stillen Gesellschaften an einer Gesellschaft im Organkreis gilt es zu beachten, dass diese möglichst nicht in atypisch stille umgedeutet werden können. Sollte dies der Fall sein, so wäre nach Ansicht der Verwaltung die Organschaft gescheitert. Dies gilt unabhängig davon, ob die atypisch Stille auf Ebene des OT oder der OG vorliegt. Im Bereich der speziell gewerbesteuerlichen Fragen sind die Besonderheiten der Hinzurechnungen und Kürzungen auf Ebene der OG zu beachten. Es darf nicht zu einer doppelten Begünstigung kommen, wie dies der Fall ist, wenn die erweiterte Kürzung von Grundstücksunternehmen bei Grundstücksüberlassungen innerhalb des Organkreises zum Zuge käme. Ebenso wenig darf es zu einer doppelten Belastung kommen, wenn bspw. Hinzurechnungen von Finanzierungsaufwand innerhalb des Organkreises erfolgt. In Erhebungszeiträumen ab 2017 greift die neue Vorschrift des § 7a GewStG, wonach die körperschaftsteuerliche Schachtelstrafe von 5 % auch auf die Ermittlung des Gewerbeertrages des OT durchschlägt.

Kapitel 8
Gestaltungsfragen der ertragsteuerlichen Organschaft

A. Einleitung 8.1
B. Gestaltungsmöglichkeiten im Hinblick auf die laufende Ertragsteuerbelastung 8.2
 I. Ergebniskonsolidierung 8.2
  1. Einkommenszurechnung 8.2
  2. Steuerbelastungseffekte 8.4
  3. Besonderheiten bei steuerlichen Verlustvorträgen 8.11
  4. Besonderheiten bei Organschaftsketten 8.16
 II. Keine Schachtelstrafe nach § 8b Abs. 5 KStG 8.18
 III. Steuersatzeffekte 8.21
 IV. Abzug von Beteiligungsaufwendungen 8.26
  1. Beteiligungsaufwendungen auf Ebene des Organträgers 8.26
  2. Beteiligungsaufwendungen auf Ebene der Organgesellschaft 8.29
 V. Besonderheiten bei der Zinsschranke 8.32
 VI. Keine Kapitalertragsteuer 8.36
 VII. Verdeckte Gewinnausschüttungen im Organkreis 8.37
 VIII. Gewerbesteuer 8.38
  1. Vermeidung gewerbesteuerlicher Hinzurechnungen 8.38
  2. Steuerermäßigung bei Einkünften aus Gewerbebetrieb 8.39
  3. Erweiterte Kürzung für Grundbesitz 8.42
  4. Belastungseffekte aus der gewerbesteuerlichen Zerlegung 8.43
C. Gestaltung des Beginns und der Beendigung der Organschaft 8.45
 I. Finanzielle Eingliederung der Organgesellschaft 8.45
 II. Gewerbliche Tätigkeit von Organträger-Personengesellschaften 8.50
 III. (Vorzeitige) Beendigung der Organschaft 8.53
D. Verlustnutzung gem. §§ 8c, 8d KStG 8.57
 I. Verlustuntergang gem. § 8c KStG . 8.57
  1. Schädlicher Erwerb der Beteiligung an der Organgesellschaft 8.58
  2. Schädlicher (unmittelbarer) Erwerb der Beteiligung am Organträger 8.59
 II. Fortführungsgebundener Verlustvortrag gem. § 8d KStG 8.61
E. Gestaltungsmöglichkeiten bei grenzüberschreitendem Unternehmenserwerb 8.62
 I. Strukturierungsaspekte bei Inbound-Investitionen 8.62
  1. Steuerwirksamer Abzug von Akquisitionsaufwendungen 8.62
  2. Beschränkung der doppelten Verlustberücksichtigung, § 14 Abs. 1 Satz 1 Nr. 5 KStG 8.63
 II. Strukturierungsaspekte bei Outbound-Investitionen 8.65
F. Organschaft im Zusammenhang mit Umwandlungen 8.69
 I. Fortsetzung einer bestehenden bzw. (rückwirkende) Begründung einer Organschaft 8.69
 II. Mehrabführungen aus Umwandlungsmaßnahmen 8.74
G. Möglichkeiten und Grenzen grenzüberschreitender Organschaften .. 8.80
 I. Anwendungsmöglichkeiten 8.80
 II. Verhinderung der sog. grenzüberschreitenden doppelten Verlustberücksichtigung 8.82

Literatur: *Bäuml*, Personengesellschaften als Organträger in der Gestaltungs- und Unternehmenspraxis, FR 2013, 1121; *Benecke/Blumenberg*, Internationales Steuerrecht. § 14 Abs. 1 Satz 1 Nr. 5 KStG n.F., StbJb. 2013/2014, 349; *Benecke/Schnitger*, Wichtige Änderungen bei der körperschaftsteuerlichen Organschaft durch das UntStG 2013, IStR 2013, 143; *Benz*, Die Auswirkungen des § 8c KStG bei der Organschaft, Ubg 2011, 772; *Beußer*, Der Zinsvortrag bei der Zinsschranke, FR 2009, 49; *Bien/ Wagner*, Erleichterungen bei der Verlustabzugsbeschränkung und der Zinsschranke nach dem Wachstumsbeschleunigungsgesetz, BB 2009, 2627; *Blumenberg*, Gestaltungsberatung bei Auslandsbeziehungen nach deutschem und ausländischem Steuerrecht – Internationales Unternehmenssteuerrecht – Quo vadis? Leveraged Buyout = Missbrauch?, JbFSt 2012/13, 587; *Blumenberg*, Organschaft im Zusammenhang mit Umstrukturierungen und Unternehmenskauf, in Herzig, Organschaft, 2003, 250; *Blumenberg/Crezelius*, § 8c KStG nach der Entscheidung des BVerfG, DB 2017, 1405, *Blumenberg/ Kring*, Anmerkungen zu KStR-E 2015, DB 2015, 1435; *Blumenberg/Lechner*, Umwandlung und Organschaft, DB 2012, Beilage 1; *Brandis*, 65. Berliner Steuergespräch: Die Entscheidung des BVerfG zu § 8c KStG und ihre Folgen, FR 2018, 81; *Brühl*, Umwandlung und Organschaft – Die finanzielle Eingliederung im Spannungsfeld von Rückwirkung und Rechtsnachfolge, Ubg 2016, 586; *Dörr*, Wachstumsbeschleunigung durch den neuen § 8c KStG. Erleichterungen bei der Verlustabzugsbeschränkung für Körperschaften, NWB 2010, 184; *Dötsch*, Einbindung von Personengesellschaften in einen Organkreis, in *Kessler/Förster/Watrin*, Unternehmensbesteuerung, 2010, 244; *Dörr/Fehling*, Gestaltungsmöglichkeiten zum Öffnen der Zinsschranke, Ubg 2008, 345; *Dötsch/Pung*, Organschaftsbesteuerung: Das Einführungsschreiben des BMF vom 26.8.2003 und weitere aktuelle Entwicklungen, DB 2003, 1970; *Dötsch/Pung*, Gesetz zur Änderung und Vereinfachung der Unternehmensbesteuerung und des steuerlichen Reisekostenrechts: Die Änderungen bei der Organschaft, DB 2013, 305; *Dötsch/Pung*, Die organschaftlichen Ausgleichsposten: Warum tun wir uns das an?, in Lüdicke/*Mössner/Hummel*, Das Steuerrecht der Unternehmen, 2013, 52; *Dorenkamp*, Mantelkaufsvorschrift in einer Welt nach § 8c KStG – Was steuerpolitisch getan werden sollte und was besser nicht, FR 2018, 83; *Eilers/Beutel*, Seminar G: Steuerfreistellungen und -gewährleistungen in M&A-Transaktionen, IStR 2010, 564; *Ettinger*, Zum Untergang des Zinsvortrags bei Umwandlungen von Organgesellschaften, Ubg 2017, 293; *Fichtelmann*, Beendigung der Organschaft durch Eröffnung des Insolvenzverfahrens?, GmbHR 2005, 1346; *Fischer/Wagner*, Das BMF-Schreiben zur Zinsschranke. Überblick. Bewertung. verbleibende Gestaltungen, BB 2008, 1872; *Franzen/Graessner*, Verfahrensrechtliche Auswirkungen organschaftlicher Mehr- und Minderabführungen – Hinweise zum alten und neuen Verfahrensrecht, NWB 2016, 1975; *Freeden/Joisten*, Auflösung organschaftlicher Ausgleichsposten bei mittelbarer Organschaft, DB 2016, 1099; *Förster/von Cölln*, Die Neuregelung des § 8d KStG beim schädlichen Beteiligungserwerb, DStR 2017, 8. *Frotscher*, Grenzüberschreitende Organschaft – wo stehen wir?, IStR 2011, 697; *Fuhrmann*, Organschaft als steuerliches Gestaltungsinstrument, KÖSDI 2008, 15989; *Gehm*, Die Haftung bei Organschaft gemäß § 73 AO – Risikoprofil in der Praxis, StBp 2016, 37; *Glahe*, Verfassungsmäßigkeit der sog. Zinsschranke, ISR 2016, 86; *Glahe*, Zur zeitlichen Begrenzung einer möglichen Vorwirkung der Anti-BEPS-Richtlinie, FR 2016, 829; *Gosch*, Passivierung „angeschaffter" Pensionsrückstellungen. Verlustrücktrag bei Organschaft, BFH/PR 2013, 181; *Gosch*, Gewerbesteuerliche Organschaft zwischen einem in Großbritannien ansässigen Organträger und einer inländischen Organgesellschaft über eine inländische Zwischenholding, BFH/PR 2011, 266; *Gosch*, Zur Begründung einer gewerbesteuerlichen Organschaft durch rückwirkende Umwandlung, StBp 2004, 27; *Herfort*, Inbound Akquisition über eine Personengesellschaft. Steuerliche Chancen und Risiken, Internationales Steuer- und Gesellschaftsrecht Aktuell 2010, 33; *Herzig/Liekenbrock*, Zinsschranke im Organkreis, DB 2007, 2387; *Heurung/Engel/Müller-Thomczik*, Der „wichtige Grund" zur Beendigung des Gewinnabführungsvertrags, GmbHR 2012, 1227; *Heurung/Schmidt/Kollmann*, Mögliche Auswirkungen des EuGH-Urteils Groupe Steria auf die deutsche Organschaft unter besonderer Berücksichtigung der EAV-Problematik, GmbHR 2016, 449; *Hörhammer*, Die Entscheidung des Bundesverfassungsgerichts zu § 8c KStG, FR 2018, 49; *Jänisch/Klein*, Inbound Finanzierung von Großbritannien nach Deutschland über eine KG Holding Struktur – Anwendungsfall von § 14 Abs. 1 Satz 1 Nr. 5 KStG?, BB 2007, 696; *Kaminski*, Ausgewählte Gestaltungsüberlegungen zur Begrenzung der Belastung mit ausländischer Erbschaftsteuer, Stbg 2013, 214; *Kessler*, Alternativen zur Organschaft, in Herzig, Organschaft, 2003, 570; *Kowanda*, Körperschaftsteuerliche Organschaft bei Neuaufnahme eines Gesellschafters im Rahmen einer Barkapitalerhöhung, GmbH-StB 2017, 351; *Löwenstein/Maier*, Organschaft und eingeschränkte Verlustnutzung bei doppelt ansässigen Organträgern, Mitwirkung von Dr. Jekyll und Mr. Hyde bei den Neuregelungen des UntStFG?, IStR 2002, 185; *Mitschke*, Zinsschranke wirklich verfassungswidrig? – Anmerkungen zum Vorlagebeschluss des BFH v. 14.10.2015, FR 2016, 412; *Moritz*, Unterjährige Beteiligungswechsel bei Organschaft- Verlustabzugsbeschränkung nach § 8c Abs. 1 KStG, § 10a

S. 10 GewStG?, GmbHR 2016, 861; *München/Mückl,* Die Vereinbarkeit der Zinsschranke mit dem Grundgesetz, DStR 2014, 1469; *Neumann/Heuser,* Neues BMF-Schreiben zu § 8c KStG, GmbHR 2018, 21; *Neyer,* Verlustnutzung nach unterjährigem Anteilserwerb: Verwertungsverbot und Verschonungsregeln, DStR 2010, 1600; *Orth,* § 11 Verlustverrechnungsstrategien, in Kessler/Kröner/Köhler, Konzernsteuerrecht, 2. Aufl. 2008, 967; *Pohl/Staringer,* Gestaltungsberatung bei Auslandsbeziehungen nach deutschem und ausländischem Steuerrecht. Multinationales vs. Mittelstand? Mittelständische Strukturen und Österreich, JbFSt 2013/2014, 555; *U. Prinz,* Schachteldividenden in gewerbesteuerlichen Organschaftsstrukturen: Gelöstes und ungelöstes rund um den geplanten § 7a GewStG, GmbHR 2016, R289; *U. Prinz,* Nichtanwendungserlass zur Zinsschranken-Aussetzung wegen Verfassungszweifeln, DB 2014, 2739; *U. Prinz,* Zinsschranke vor dem Scheitern?-Anmerkungen zum BFH-Beschluss vom 18.12.2013 – I B 85/13, DB 2014, 1102; *U. Prinz,* Ist die Zinsschranke verfassungsrechtlich besser als ihr Ruf? – Eine Einschätzung aus Praktikersicht, FR 2013, 145; *U. Prinz,* Wirtschaftliche Konsequenzen der Organschaft, in Herzig, Organschaft, 2003, 545; *U. Prinz,* Gedankensplitter zur konzeptionellen Fortentwicklung des steuerlichen Organschaftsrechts. Diskussionsbeitrag zum 2. Münchner Unternehmenssteuerforum, Beihefter zu DStR 30/2010, 67; *U. Prinz,* 65. Berliner Steuergespräch: Die Entscheidung des BVerfG zu § 8c KStG und ihre Folgen – Statement, FR 2018, 76; *U. Prinz/Hütig,* Zur typisierten Gewerbesteueranrechnung bei einer Organträger-Personengesellschaft, StuB 2012, 20; *U. Prinz/Otto,* Plädoyer für die Beibehaltung der gewerbesteuerlichen Organschaft, FR 2003, 53; *Reusch,* Die ertragsteuerliche Organschaft in M&A Transaktionen, in *Baumhoff/Dücker/Köhler,* Besteuerung, Rechnungslegung und Prüfung der Unternehmen, 2011, 369; *Richter/Welling,* Diskussionsbericht zum 65. Berliner Steuergespräch „Die Entscheidung des BVerfG zu § 8c KStG und ihre Folgen", FR 2018, 67; *Rödder/Schönfeld,* Abschied (auslandsbeherrschter) inländischer Kapitalgesellschaften von der deutschen Ertragsteuerpflicht? Erste Anmerkungen zum überraschenden Urteil des BFH v. 9.2.2011 (I R 54, 55/10, DStR 2011, 762), DStR 2011, 886; *Rödder/Schumacher,* Das Steuervergünstigungsabbaugesetz, DStR 2003, 805; *Rödder/Liekenbrock,* Auswirkungen von Umwandlungen und Einbringungen auf die Inlandsverhaftung der Beteiligung an der Organgesellschaft i.S.d. § 14 Abs. 1 Nr. 2 Sätze 4 ff. KStG, Ubg 2015, 445; *Röder,* Weiterentwicklung der Regelung zur Verhinderung von Mantelkaufgestaltungen nach der Entscheidung des BVerfG zu § 8c KStG, FR 2018, 52; *Schaden/Polatzky,* Neuregelung der Verlustausgleichsbeschränkung des § 14 Abs. 1 Satz 1 Nr. 5 KStG – Auswirkungen auf deutsche Inbound-Finanzierungen über KG-Holding-Strukturen, IStR 2013, 131; *Schaefer/Wind/Mager,* Beendigung und Begründung von Organschaften beim Unternehmenskauf, DStR 2013, 2399; *Schaumburg/Bäuml,* Organschaft und Gewerbesteueranrechnung, FR 2010, 1061; *Scheffler,* Körperschaftsteuerliche und gewerbesteuerliche Organschaft nach der Unternehmensteuerreform 2008, StuB 2008, 58; *Scheunemann/Dennisen/Behrens,* Steuerliche Änderungen durch das Wachstumsbeschleunigungsgesetz, BB 2010, 23; *Schneider/Schmitz,* Ausschluss der Verlustberücksichtigung bei Organschaft. Überblick über § 14 Abs. 1 Nr. 5 KStG n.F., GmbHR 2013, 281; *Seer,* Unterjähriger Beteiligungswechsel bei der Organschaft und Verlustabzugsbeschränkung nach § 8c Abs. 1 KStG, § 10a S. 10 GewStG, Verhältnis von 8c KStG zu §§ 14 ff. KStG, FR 2015, 729; *Seker,* Outboundgestaltungen inländischer Personengesellschaften im Lichte des neuen DBA Türkei. Investitionen in der Türkei, IWB 2012, 57; *Sistermann/Brinkmann,* Wachstumsbeschleunigungsgesetz: Die Änderungen bei der Mantelkaufregelung-Entschärfung der Verlustabzugsbeschränkungen durch Konzernklausel und Verschonung in Höhe der stillen Reserven, DStR 2009, 2633; *Sommer/Sediqi,* Ausgewählte Aspekte des aktualisierten BMF-Schreibens zu § 8c KStG, FR 2018, 67; *Stangl/Brühl,* Die „kleine Organschaftsreform", Der Konzern 2013, 77; *Stangl/Hageböke,* E. Zinsschranke und gewerbesteuerliche Hinzurechnung von Finanzierungsentgelten, in Schaumburg/Rödder, Unternehmensteuerreform 2008, 2007, 447; *Stangl/Winter,* Organschaft 2013/2014. Steuerrecht – Gesellschaftsrecht, 2014; *Suchanek,* Körperschaftsteuerliche Organschaft und atypisch stille Gesellschaft, GmbHR 2015, 1031; *Tinter/Klahr/Ungemach,* Ertragsteuerrechtliche Organschaft: Der Zeitpunkt des Beginns der gewerblichen Betätigung, NWB 2013, 3303; *Vanselow,* Mehrstufige Organschaft im kleinen GmbH-Konzern. Ausgewählte Steuerrechtsfragen und -antworten anhand typischer Beispiele, GmbH-StB 2004, 305; *von Freeden/Liekenbrock,* Neue Zinsabzugsbeschränkung für Inbound-Akquisitionsfinanzierungen durch § 14 I Nr. 5 KStG n.F.?, DB 2013, 1690; *Walter,* Anmerkung zum Urteil des BFH vom 24.7.2013 (I R 40/12, GmbHR 2013, 1105). Zur Bestimmung des Zeitpunkts der gewerblichen Betätigung des Organträgers und der rückwirkenden steuerlichen Anerkennung von Gewinnabführungsverträgen mit unzureichender Verlustübernahmeregelung, GmbHR 2013, 1109; *Walter*, Finanzielle Eingliederung bei Organschaft durch wirtschaftliches Eigentum, Der Konzern 2013, 472; *Weggenmann/Claß*, Die Zinsschrankenregelung auf dem verfassungsrechtlichen Prüfstand – Zugleich Anmerkung zu BFH, 14.10.2015 – I R 20/15, BB 2016, 1175; *Weiss*, Neuerungen bei der körperschaftsteuerlichen Organschaft-Praktische Konsequenzen aktueller Verwaltungsanweisungen, EStB 2015, 417.

A. Einleitung

8.1 Die ertragsteuerliche Organschaft stellt in der Praxis der Unternehmensbesteuerung ein wichtiges Gestaltungsinstrument dar, durch das sich die Steuerbelastung einer Unternehmensgruppe im Einzelfall spürbar reduzieren lässt.[1] Dabei muss allerdings immer auch berücksichtigt werden, dass die Organschaft – neben der Durchbrechung der Haftungsabschirmung im Verhältnis zwischen Organträger und Organgesellschaft[2] – im Einzelfall durchaus auch steuerliche Nachteile haben kann (allgemein zu den Vor- und Nachteilen vgl. Rz. 1.59 f.). Zudem birgt die Organschaft eine nicht unerhebliche Komplexität und administrativen Aufwand.[3]

Die mit der Organschaft verbundenen Steuervorteile sind vielfältig und reichen vom einfachen Aspekt der Konsolidierung der Ergebnisse von Organträger und Organgesellschaft bis hin zu speziellen Entlastungseffekten bei der Gewerbesteuer (s. Abschnitt B). Praktisch bedeutsam ist auch die Frage, ab welchem Zeitpunkt die Organschaft (frühestens) besteht bzw. wie und wann ein Organschaftsverhältnis steuerschonend beendet werden kann (s. Abschnitt C). Von besonderem Interesse ist das Zusammenspiel von Organschaft und Verlustnutzung gem. §§ 8c, 8d KStG (s. Abschnitt D). Eine bedeutsame Rolle spielt der Einsatz der Organschaft bei der Strukturierung grenzüberschreitender Unternehmensakquisitionen, und zwar sowohl im Inbound- als auch im Outbound-Fall (s. Abschnitt E). Bei konzerninternen Umwandlungen sind insbesondere die Fortsetzung einer bestehenden Organschaft und die Vermeidung von Mehrabführungen, die ihre Ursache in vororganschaftlicher Zeit haben, wichtige Gestaltungsziele (s. Abschnitt F). Obwohl das deutsche Steuerrecht eine echte grenzüberschreitend wirkende Organschaft nicht zulässt, hat die Anpassung der Organschaftsvoraussetzungen an unionsrechtliche Anforderungen in gewissem Umfang neue Einsatzmöglichkeiten geschaffen.[4] Bei alledem ist indes nicht zu übersehen, dass der Nutzung des Instruments der Organschaft gerade im grenzüberschreitenden Kontext Grenzen gesetzt wurden bzw. sogar Nachteile drohen, die im Rahmen steuerplanerischer Überlegungen zu berücksichtigen sind (s. Abschnitt G, Rz. 8.80 ff.).

---

1 Die nachstehenden Ausführungen können bei weitem nicht alle denkbaren steuerlichen Gestaltungsmöglichkeiten der Organschaft berücksichtigen. Sie konzentrieren sich auf bestimmte, in der Praxis häufig anzutreffende, steuerliche Gestaltungsfragen.
2 Vgl. zur Haftung gem. § 73 AO bei Organschaft *Gehm*, StBp 2016, 37 ff.; nach BFH v. 31.5.2017 – I R 54/15, BStBl. II 2018, 54 haftet bei der ertragsteuerlichen Organschaft die Organgesellschaft nach § 73 Satz 1 AO jeweils nur für die Steuern ihres eigenen Organträgers. Es bleibt abzuwarten, ob der Gesetzgeber das Urteil zum Anlass nehmen wird, die Haftungsvorschriften für die Zukunft dahin zu erweitern, dass sie auch mehrstufigen Konstellationen gerecht werden.
3 Die vielfältigen gesellschafts- und handelsrechtlichen Aspekte und Gestaltungsüberlegungen werden in diesem Beitrag nicht behandelt.
4 Der EuGH hat mit Urt. v. 2.9.2015 – C-386/14 – Groupe Steria SCA, DStR 2015, 2125 (für das französische Recht) festgestellt, dass die Inlandsbeschränkung von steuerlich vorteilhaften Gruppenbesteuerungsregelungen jedenfalls nicht grundsätzlich unionsrechtswidrig ist, vgl. a. *Heurung/Schmidt/Kollmann*, GmbHR 2016, 449.

B. Gestaltungsmöglichkeiten im Hinblick auf die laufende Ertragsteuerbelastung

I. Ergebniskonsolidierung

1. Einkommenszurechnung

Liegen die tatbestandlichen Voraussetzungen der Organschaft vor, so wird das Einkommen der Organgesellschaft dem Organträger zugerechnet (§ 14 Abs. 1 Satz 1 KStG). Diese **Zurechnung** „von unten nach oben" bewirkt eine ertragsteuerliche Konsolidierung der Ergebnisse von Organgesellschaft (bei der es sich um eine Kapitalgesellschaft handeln muss) und Organträger (ihrer Gesellschafter), jedoch ohne Eliminierung etwaiger, im bilateralen Verhältnis zwischen Organgesellschaft und Organträger anfallender Zwischengewinne. Denn die Einkommen von Organgesellschaft und Organträger werden zunächst getrennt ermittelt und erst anschließend wird das positive oder negative Einkommen der Organgesellschaft dem Einkommen des Organträgers zugerechnet. Die Ergebniskonsolidierung erfordert sowohl für Zwecke der Körperschaft-/Einkommensteuer als auch der Gewerbesteuer den Abschluss eines Gewinnabführungsvertrags i.S.d. § 291 Abs. 1 AktG auf mindestens fünf Jahre und dessen tatsächliche Durchführung während seiner gesamten Geltungsdauer; ein Eingriff in die rechtliche Organisationsstruktur, zB eine Verschmelzung, ist für die Ergebniskonsolidierung hingegen nicht erforderlich (Rz. 3.1 ff.).[1] Im Falle von Schwester(kapital)gesellschaften setzt eine Ergebniskonsolidierung voraus, dass beide ein Organschaftsverhältnis zum gleichen Organträger haben; stets erfolgt die Ergebniskonsolidierung auf Ebene des gemeinsamen Organträgers.[2]

8.2

Liegen die Voraussetzungen der Organschaft nicht vor, so unterbleibt wegen des Trennungsprinzips die steuerwirksame Konsolidierung der Einkommen von Organgesellschaft und ihren Gesellschaftern. Bei der Organgesellschaft muss es sich um eine Kapitalgesellschaft handeln, für die außerhalb der Organschaft das Trennungsprinzip gilt.[3] Erzielt beispielsweise in einem Wirtschaftsjahr eine Kapitalgesellschaft ein negatives und ihr Gesellschafter ein positives Einkommen, so findet eine Zusammenrechnung der beiden Einkommen nicht statt. Das Einkommen des Gesellschafters unterliegt dann (bei natürlichen Personen) der Einkommensteuer, während die Kapitalgesellschaft das negative Einkommen – vom Verlustrücktrag gem. § 10d Abs. 1 EStG abgesehen – nur mit positivem Einkommen zukünftiger Veranlagungszeiträume verrechnen kann, wobei wiederum die Grenzen der Mindestbesteuerung (§ 10d Abs. 2 EStG) zu beachten sind.[4] Gleiches gilt im umgekehrten Fall, wenn die Kapitalgesellschaft ein positives und der Gesellschafter ein negatives Einkommen erzielt.

8.3

---

1 Vgl. *Neumann* in Gosch[3], § 14 KStG Rz. 125.
2 Vgl. *Kessler* in Herzig, Organschaft, 2003, 572 f.
3 Eine Kapitalgesellschaft kann jedoch weder Organgesellschaft noch Organträgerin sein, wenn an ihr eine atypische stille Beteiligung besteht, so BMF-Schreiben v. 20.8.2015 – IV C 2 - S 2770/12/10001 – DOK 2015/0717655, BStBl. I 2015, 649; krit: *Suchanek*, GmbHR 2015, 1031.
4 Im Rahmen der GewSt richtet sich die Verlustverrechnung nach § 10a GewStG, vgl. dazu *Orth* in Kessler/Kröner/Köhler[2], § 11 Rz. 609. Auf gewerbesteuerliche Besonderheiten wird im Folgenden nur bei abweichenden Rechtsfolgen eingegangen.

2. Steuerbelastungseffekte

8.4 Die Steuereffekte der Organschaft hängen von einer Reihe unterschiedlicher Faktoren ab und können im Einzelfall höchst unterschiedlich sein. Nachfolgend werden die **Auswirkungen der Ergebniskonsolidierung** exemplarisch für verschiedene Fallkonstellationen aufgezeigt.

8.5 **Beispiel 1:** Die M-GmbH hält 100 % der Anteile an der T-GmbH. Die M-GmbH erzielt positive Einkünfte von 100, die T-GmbH negative Einkünfte von 50. Der Ertragsteuersatz beträgt (vereinfacht) 30 %.

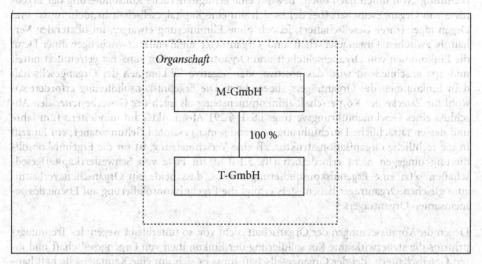

Auf Ebene der M-GmbH fallen ohne Organschaft Ertragsteuern von 30 an (30 % v. 100). Die negativen Einkünfte der T-GmbH gehen lediglich in den Verlustabzug gem. § 10d EStG der T-GmbH ein. Die Gesamtsteuerbelastung beträgt 30.

Im Fall einer Organschaft zwischen der M und T wird das Einkommen der Organgesellschaft T-GmbH dem Einkommen des Organträgers M-GmbH zugerechnet, § 14 Abs. 1 Satz 1 KStG (vgl. zur Zurechnung Rz. 13.86 ff.). Das zu versteuernde Einkommen der M-GmbH beträgt dementsprechend 50, die Ertragsteuer 15. Durch die Begründung einer Organschaft reduziert sich die Ertragsteuerbelastung in der einjährigen Betrachtungsperiode von 30 auf 15.

8.6 Eine phasengleiche steuerwirksame Verlustverrechnung setzt voraus, dass einer der an der Organschaft beteiligten Rechtsträger positive Einkünfte erzielt, oder aber das ihm zugerechnete negative Einkommen im Rahmen des Verlustrücktrags nutzen kann.[1] Anderenfalls kann der auf Ebene des Organträgers anfallende Verlust (Saldogröße) nur in zukünftigen Wirtschaftsjahren im Rahmen der Mindestbesteuerung von positiven Einkünften abgezogen werden.

8.7 Der Steuervorteil der organschaftlichen Ergebniskonsolidierung kann temporärer oder permanenter Natur sein. Ein temporärer Vorteil der organschaftlichen Verlustverrechnung besteht, wenn Organträger und Organgesellschaft in späteren Wirtschaftsjahren stand-alone positive Einkünfte erzielen, die sie mit den im Rahmen der Organschaft verrechneten Ver-

---

[1] Handelt es sich beim Organträger um eine Personengesellschaft, gilt der Höchstbetrag in § 10d Abs. 1 EStG für jeden Mitunternehmer und kann folglich mehrfach in Anspruch genommen werden, vgl. *Orth* in Kessler/Kröner/Köhler[2], § 11 Rz. 680.

lusten selbst hätten ausgleichen können. Die Organschaft führt in diesem Fall nur zu einem Zinsvorteil,[1] der sich ökonomisch in einem geringeren Barwert der zu zahlenden Steuer niederschlägt.

Beispiel 2: Die M-GmbH hält 100 % der Anteile an der T-GmbH. M erzielt in den Jahren t_1 und t_2 jeweils positive Einkünfte von 100, die T-GmbH in t_1 negative Einkünfte von 50 und in t_2 positive Einkünfte von 50. Der Ertragsteuersatz beträgt 30 %. Die Mindestbesteuerung wird nicht berücksichtigt. 8.8

Die nachstehende Tabelle zeigt die Ermittlung der Gesamtsteuerbelastung sowie des Steuerbarwerts bei einem Diskontierungszins von 10 % jeweils ohne und mit Organschaft zwischen M-GmbH und T-GmbH.

Tabelle 1: Temporäre Vorteile

	Barwert	t_1	Steuer (30 %)	t_2	Steuer (30 %)	Steuer gesamt
Ohne Organschaft						
M-GmbH		100	30	100	30	
T-GmbH		– 50		50		
Verlustabzug		0		– 50		
z.v.E.		0	0	0	0	
Gesamtsteuer pa.			30		30	60
Steuerbarwert[2]	52,06					
Mit Organschaft						
M-GmbH		100		100		
Zurechnung T-GmbH		– 50		+ 50		
z.v.E.		50	15	150	45	
Gesamtsteuer pa.			15		45	60
Steuerbarwert	50,83					
Vorteil Organschaft	**1,23**					**0**

Es zeigt sich, dass die nominale Gesamtsteuerzahlung durch die Begründung einer Organschaft nicht sinkt. Gleichwohl hat sich der Steuerbarwert um 1,23 und damit einhergehend die finanzielle Belastung der betrachteten Unternehmensgruppe aus dem zeitlichen Anfall der Steuerzahlungen reduziert.

Permanente Vorteile können durch die Organschaft erzielt werden, wenn Organträger oder Organgesellschaft stand-alone keine positiven Einkünfte erzielen. Ohne Organschaft würden sich im Zeitablauf Verlustvorträge aufbauen. Dabei ist auch zu beachten, dass die steuerliche Nutzung von Verlustvorträgen Restriktionen unterliegt oder ganz wegfallen kann, zB bei einem schädlichen Gesellschafterwechsel (§ 8c KStG) oder aufgrund von Umwandlungsmaßnahmen (vgl. §§ 4 Abs. 2 Satz 2, 12 Abs. 1 Satz 2, 15 Abs. 3 und 2 Abs. 4 UmwStG). Gleiches gilt für Zins- und EBITDA-Vorträge nach der Zinsschranke (§ 4h Abs. 1 EStG). 8.9

---

1 Vgl. im Ergebnis ebenso *Prinz*, Beihefter zu DStR 30/2010, 70.
2 Der Steuerbarwert ermittelt sich bei einem Diskontierungszinssatz von (vereinfacht) 10 % durch Multiplikation der Steuerzahlung in t_1 mit dem Faktor $\frac{1}{(1 + 0,1)^1} \approx 0,909$ sowie der Steuerzahlung in t_2 mit dem Faktor $\frac{1}{(1 + 0,1)^2} \approx 0,826$.

8.10 **Beispiel 3:** Die M-GmbH hält 100 % der Anteile an der T-GmbH. Die M-GmbH erzielt in den Jahren t_1 bis t_3 negative Einkünfte von 50. Die Verlustvorträge gehen in t_4 aufgrund eines schädlichen Anteilseignerwechsels (§ 8c KStG) unter. Die T-GmbH erwirtschaftet dauerhaft positive Einkünfte von 100. Der Ertragsteuersatz beträgt 30 %. Die Mindestbesteuerung wird nicht berücksichtigt.

Die folgende Tabelle zeigt die Gesamtsteuerbelastung exemplarisch für drei aufeinander folgende Jahre jeweils ohne und mit Organschaft.

Tabelle 2: Permanente Vorteile

	t_1	Steuer (30 %)	t_2	Steuer (30 %)	t_3	Steuer (30 %)	Steuer gesamt
Ohne Organschaft							
M-GmbH	– 50		– 50		– 50		
Verlustabzug	0		– 50		– 100		
z.v.E.	– 50	0	– 100	0	– 150	0	
T-GmbH (z.v.E.)	100	30	100	30	100	30	
Gesamtsteuer pa.		30		30		30	90
Mit Organschaft							
M-GmbH	– 50		– 50		– 50		
Zurechnung T-GmbH	+ 100		+ 100		+ 100		
z.v.E.	50	15	50	15	50	15	
Gesamtsteuer pa.		15		15		15	45
Vorteil Organschaft		**15**		**15**		**15**	**45**

Die Organschaft führt im Beispiel zu einer jährlichen Reduktion der Gesamtsteuerzahlung (Steuer von 45 statt 90). Außerdem fällt in der Situation ohne Organschaft im Jahr t_4 ein Verlustvortrag von 150 aufgrund des Anteilseignerwechsels weg.

3. Besonderheiten bei steuerlichen Verlustvorträgen

8.11 Die Organschaft führt ferner dazu, dass **auf Ebene des Organträgers** bestehende Verlustvorträge im Rahmen der Mindestbesteuerung steuerwirksam genutzt werden können. Der Vorteil kann zum einen darin bestehen, dass Verlustvorträge des Organträgers überhaupt genutzt werden können (vgl. Beispiel 3 oben). Zum anderen kann die Begründung einer Organschaft auch dazu führen, dass die Verlustvorträge des Organträgers trotz Mindestbesteuerung schneller steuerwirksam verrechnet werden.

8.12 **Beispiel 4:** Die M-GmbH hält 100 % der Anteile an der T-GmbH. Die M-GmbH verfügt über einen Verlustvortrag von € 10 Mio. und erzielt in den Jahren t_1 und t_2 jeweils positive Einkünfte von € 5 Mio. Die T-GmbH erzielt in den Jahren t_1 und t_2 jeweils positive Einkünfte von € 10 Mio. Der Ertragsteuersatz beträgt 30 %.

Die nachstehende Tabelle zeigt die Gesamtsteuerbelastung für die Jahre t_1 und t_2 jeweils ohne und mit Organschaft.

Tabelle 3: Verlustvorträge des Organträgers

Werte in € Mio.	t_1	Steuer (30 %)	t_2	Steuer (30 %)
Ohne Organschaft				
M-GmbH	5,0		5,0	
Verlustabzug, § 10d EStG	– 3,4[1]		– 3,4	
z.v.E.	1,6	0,5	1,6	0,5
Verlustvortrag per 31.12.	6,6		3,2	
T-GmbH (z.v.E.)	10,0	3,0	10,0	3,0
Gesamtsteuer pa.		3,5		3,5
Mit Organschaft				
M-GmbH	5,0		5,0	
Zurechnung T-GmbH	10,0		10,0	
Verlustabzug, § 10d EStG	– 9,4[2]		– 0,6	
z.v.E.	5,6	1,7	14,4	4,3
Verlustvortrag per 31.12.	0,6		0,0	
Gesamtsteuer pa.		1,7		4,3
Vorteil Organschaft		1,8		– 0,8

Im Jahr t_2 kommt es durch die Organschaft zwar zu einer höheren Steuerzahlung von im Beispiel € 0,8 Mio. Dem steht jedoch eine Steuerersparnis von € 1,8 Mio. im Jahr t_1 bei vollständiger Nutzung des Verlustvortrages der T-GmbH gegenüber.

Die im Rahmen einer Organschaft verrechenbaren Verluste umfassen auch die Verluste, die dem Organträger oder der Organgesellschaft aus der **Beteiligung an einer** (nicht zum Organkreis gehörenden) **Personengesellschaft** zugerechnet werden. Dies gilt jedoch nur für die Einkommen-/Körperschaftsteuer, nicht für gewerbesteuerliche Verluste der Personengesellschaft, die nur auf Ebene der Personengesellschaft verrechnet werden können.[3]

Die organschaftliche Ergebniskonsolidierung ist aber nicht in allen Fällen vorteilhaft. Bestehen beispielsweise **auf Ebene der Tochtergesellschaft** (Organgesellschaft) Verlustvorträge aus vororganschaftlicher Zeit, so werden diese während des Bestehens der Organschaft nicht in die Verlustverrechnung einbezogen, § 15 Satz 1 Nr. 1 KStG.[4] Diese **eingefrorenen Verlustvorträge** sind für die Organgesellschaft erst nach Beendigung der Organschaft wieder nutzbar.[5] In der Literatur werden zur Lösung des Problems des Einfrierens vororganschaftlicher Verluste verschiedene Lösungsmöglichkeiten diskutiert.[6] Im Einzelfall mag es sich beispielsweise an-

---

1 Die Mindestbesteuerung nach § 10d EStG führt zu einem Verlustabzug von insgesamt € 3,4 Mio. bestehend aus dem Sockelbetrag von € 1 Mio. erhöht um 60 % der den Sockelbetrag übersteigenden Einkünfte (vorliegend € 5 Mio. – € 1 Mio. = € 4 Mio. × 60 % = € 2,4 Mio.).
2 Die Mindestbesteuerung nach § 10d EStG führt zu einem Verlustabzug von insgesamt € 9,4 Mio. bestehend aus dem Sockelbetrag von € 1 Mio. erhöht um 60 % der den Sockelbetrag übersteigenden Einkünfte (vorliegend € 15 Mio. – € 1 Mio. = € 14 Mio. × 60 % = € 8,4 Mio.).
3 Vgl. *Orth* in Kessler/Kröner/Köhler[2], § 11 Rz. 675; dazu BFH v. 29.8.2000 – VIII R 1/00, FR 2001, 251 m. Anm. *Wendt* = DStR 2001, 164.
4 Vgl. zur Rechtfertigung *Neumann* in Gosch[3], § 15 KStG Rz. 2.
5 Vgl. *Krumm* in Blümich, § 15 KStG Rz. 10 (November 2017); *Erle/Heurung* in Erle/Sauter[3], § 15 KStG Rz. 11.
6 Vgl. zB zum bedingten Abschluss des Ergebnisabführungsvertrags *Krumm* in Blümich, § 15 KStG Rz. 12 (November 2017); *Erle/Heurung* in Erle/Sauter[3], § 15 KStG Rz. 26; *Orth* in Kessler/Kröner/

bieten, Verlustvorträge der Organgesellschaft mit Gewinnen aus der Veräußerung von Vermögensgegenständen an den Organträger noch vor Begründung einer Organschaft zu verrechnen.[1] In der Praxis wird die Nichtverrechenbarkeit vororganschaftlicher Verlustvorträge aufgrund der allgemeinen Vorteile der Organschaft sowie von Kosten-Nutzen-Überlegungen im Hinblick auf etwaige Verlustnutzungsstrategien nicht selten hingenommen.

8.15 **Verluste einer (ehemaligen) Organgesellschaft**, die nach Beendigung der Organschaft anfallen, können nur mit künftigen Gewinnen dieser Gesellschaft (im Rahmen der Mindestbesteuerung) verrechnet werden. Ein Verlustrücktrag der Organgesellschaft (§ 10d Abs. 1 EStG) ist weder im letzten vororganschaftlichen Veranlagungszeitraum[2] noch während der Zeit der Organschaft möglich. Erwirtschaftet hingegen der Organträger im ersten Veranlagungszeitraum nach Beendigung der Organschaft einen Verlust, kann dieser nach den allgemeinen Grundsätzen in das letzte Jahr der Organschaft zurückgetragen werden.[3]

4. Besonderheiten bei Organschaftsketten

8.16 Die vorstehend dargestellten Gestaltungsansätze gelten grundsätzlich auch in Fällen sog. **Organschaftsketten**. Damit sind mehrstöckige Organschaften gemeint, die vorliegen, wenn auf verschiedenen einander nachgeordneten Beteiligungsstufen Organschaften bestehen.[4] Hierfür muss auf jeder Stufe ein Gewinnabführungsvertrag abgeschlossen sein (und durchgeführt werden), bei dreistufigem Konzernaufbau zwischen Enkel- (E-GmbH) und Tochtergesellschaft (T-GmbH) sowie zwischen Tochter- (T-GmbH) und Muttergesellschaft (M-GmbH). Ggf. ist insoweit auch zusätzlich ein „stufenüberspringender GAV" zwischen E-GmbH und M-GmbH denkbar. Sind auch die übrigen Organschaftsvoraussetzungen erfüllt (§§ 14 ff. KStG, § 2 Abs. 2 Satz 2 GewStG), wird das Einkommen der E-GmbH zunächst der T-GmbH zugerechnet, um sodann – zusammen mit dem eigenen Einkommen der T-GmbH – der M-GmbH zugerechnet zu werden. Grundsätzlich führen Organschaftsketten, da sie das Ergebnis mehrerer unmittelbarer Organschaften sind, nicht zu Abweichungen im Vergleich zu einfachen Organschaftsstrukturen. Besonderheiten können allerdings im Hinblick auf Mehr- und Minderabführungen bestehen.[5] Vgl. auch Kap. 14.

8.17 Bei **mehrstufigem Konzernaufbau** ist allerdings zu beachten, dass die Zwischenschaltung einer Personengesellschaft die Organschaftskette grundsätzlich unterbricht, da eine Personengesellschaft rechtsformbedingt nicht zugleich taugliche Organgesellschaft sein kann (§§ 14 Abs. 1 Satz 1, 17 Abs. 1 Satz 1 KStG).[6] In diesen Fällen kommt allenfalls die Begründung einer sog. mittelbaren Organschaft in Betracht, bei der der Organträger (M-GmbH) an der Organgesellschaft (E-GmbH) nicht direkt, sondern nur indirekt über eine oder mehrere betei-

---

Köhler[2], § 11 Rz. 627 mwN; *Emmerich* in Emmerich/Habersack[8], § 294 AktG Rz. 26 unter Verweis auf § 293 AktG Rz. 18.
1 Vgl. *Krumm* in Blümich, § 15 KStG Rz. 12 (November 2017); *Erle/Heurung* in Erle/Sauter[3], § 15 KStG Rz. 25 mwN.
2 Vgl. BFH v. 12.12.2012 – I R 69/11, FR 2013, 608 m. Anm. *Prinz* = DStR 2013, 570; dazu *Gosch*, BFH/PR 2013, 181 ff.; s.a. Rz. 6.82.
3 Vgl. *Orth* in Kessler/Kröhner/Köhler[2], § 11 Rz. 641.
4 Vgl. *Erle/Heurung* in Erle/Sauter[3], § 14 KStG Rz. 578.
5 Vgl. hierzu u.a. *Dötsch* in Dötsch/Pung/Möhlenbrock, § 14 KStG Rz. 681, 1030 (August 2016); *Vanselow*, GmbH-StB 2004, 305 (306 ff.); *Freeden/Joisten*, DB 2016, 1099.
6 Vgl. *Dötsch* in Dötsch/Pung/Möhlenbrock, § 14 KStG Rz. 76 (August 2016) Fundstelle: „Pers-Ges könne nicht OG sein"; *Erle/Heurung* in Erle/Sauter[3], § 14 KStG Rz. 22.

ligungsvermittelnde Personengesellschaften[1] beteiligt ist. In diesem Fall muss der Gewinnabführungsvertrag zwischen der M-GmbH und der E-GmbH abgeschlossen werden, damit die Einkommenszurechnung i.S.d. § 14 Abs. 1 Satz 1 KStG unmittelbar zum Organträger M-GmbH erfolgt.

II. Keine Schachtelstrafe nach § 8b Abs. 5 KStG

Gewinnausschüttungen und diesen gleichgestellte Bezüge, die eine (Mutter-) Kapitalgesellschaft von einer anderen (Tochter-) Kapitalgesellschaft bezieht, sind auf Ebene der Mutterkapitalgesellschaft gem. § 8b Abs. 1 KStG grundsätzlich zu 100 % steuerfrei gestellt. Allerdings gelten 5 % dieser Bezüge als Ausgaben, die nicht als Betriebsausgabe abgezogen werden dürfen und damit das Einkommen der Muttergesellschaft erhöhen (§ 8b Abs. 5 KStG); dafür aber ist der Abzug anderer Betriebsausgaben zulässig. Bei einem Steuersatz von 30 % beträgt die Belastung durch die Schachtelstrafe mithin 1,5 % der Bezüge. Ausnahmen bestehen insbesondere für Streubesitzbeteiligungen sowie für Kreditinstitute und Finanzdienstleister (§ 8b Abs. 4 bzw. 7 KStG, § 9 Nr. 2a, 7 GewStG). 8.18

Durch die Begründung einer Organschaft lässt sich die **Schachtelstrafe des § 8b Abs. 5 KStG** vermeiden, die bei mehrstufigem Konzernaufbau im Ausschüttungsfall auf jeder Beteiligungsstufe anfällt. Denn bei Bestehen einer Organschaft erzielt die Organträger-Muttergesellschaft (grundsätzlich) keine Beteiligungserträge (Bezüge i.S.d. § 20 Abs. 1 EStG), vielmehr wird ihr das Einkommen der Tochtergesellschaft zugerechnet.[2] Eine Besonderheit gilt, wenn die Organträger-Muttergesellschaft ihrerseits Organgesellschaft eines Organträgers in der Form der Personenunternehmung ist: Nach der sog. Bruttomethode sind dann die Regelungen des § 8b Abs. 1 bis 6 KStG (wie auch § 4 Abs. 6 UmwStG) bei der Organgesellschaft nicht anzuwenden. Die Behandlung der Bezüge richtet sich nach den Verhältnissen auf Ebene des Organträgers; die Einkünfte der Organgesellschaft werden dem Organträger ohne Berücksichtigung von etwaigen, auf Ebene der Organgesellschaften geltenden Steuerbefreiungen und Abzugsverboten („brutto") zugerechnet. 8.19

Für gewerbesteuerliche Zwecke hatte der BFH Ende 2014 klargestellt, dass die Gewinnanteile (Dividenden), welche die Organgesellschaft aus der Beteiligung an einer (ausländischen) Tochtergesellschaft erzielt, beim Organträger (wenn dieser eine Kapitalgesellschaft ist) nicht der 5 %igen Schachtelstrafe unterliegen.[3] 8.20

Der Gesetzgeber hat auf diese für die Steuerpflichtigen vorteilhafte Rechtsprechung mit der Einführung von § 7a GewStG für Dividendeneinnahmen nach dem 31.12.2016 reagiert.[4] Auf Ebene der Organgesellschaft unterbleibt zunächst eine Kürzung der von der Organgesellschaft bezogenen Dividenden gem. § 9 Nr. 2a, 7 und 8 GewStG. Die Regelungen des § 15 Satz 1 Nr. 2 Sätze 2 bis 4 KStG sind sodann entsprechend anzuwenden:

---

1 Zur mittelbaren Organschaft vgl. u.a. BFH v. 2.11.1977 – I R 143/75, BStBl. II 1978, 74; *Schumacher*, Die Organschaft im Steuerrecht, 2016, 207; *Erle/Heurung* in Erle/Sauter[3], § 14 KStG Rz. 119.
2 Vgl. *Frotscher* in Frotscher/Drüen, § 8b KStG Rz. 536 (September 2015).
3 Vgl. BFH v. 17.12.2014 – I R 39/14, GmbHR 2015, 489 m. Anm. *Suchanek/Rüsch* = DStR 2015, 637 mwN, der die bisher bereits hM ausdrücklich bestätigt; s.a. Rz. 6.92 ff.
4 *Prinz*, GmbHR 2016, R289.

a) Ist der Organträger eine Körperschaft, wird die Schachtelstrafe gem. § 8b Abs. 5 KStG auf Ebene der Organgesellschaft angesetzt und die tatsächlich anfallenden Aufwendungen können abgezogen werden.

b) Ist der Organträger ein gewerblich tätiges Einzelunternehmen oder eine Personengesellschaft mit natürlichen Personen als Mitunternehmer (beide zusammen im Folgenden „**Personenunternehmungen**"), kommt das Teileinkünfteverfahren bei der Ermittlung des Zurechnungsbetrags auf Ebene der Organgesellschaft zur Anwendung (§§ 3 Nr. 40, 3c Abs. 2 EStG).

III. Steuersatzeffekte

8.21 Im Rahmen der laufenden Steuerbelastung führt die Organschaft nicht nur zur Ergebniskonsolidierung, sondern ggf. auch dazu, dass **andere Steuertarife** zur Anwendung gelangen als ohne Organschaft, was wiederum die Höhe der Steuerbelastung beeinflusst.

8.22 Steuersatzeffekte treten ein, wenn es sich beim Organträger um eine Personenunternehmung handelt. In diesem Fall fallen auf Ebene der Tochterkapitalgesellschaft ohne Organschaft Körperschaftsteuer, Solidaritätszuschlag und Gewerbesteuer an. Von der Tochterkapitalgesellschaft ausgeschüttete Gewinne werden nach dem Teileinkünfteverfahren zu 60 % als Einkünfte aus Gewerbebetrieb in das zu versteuernde Einkommen der Mitunternehmer oder des Einzelunternehmers einbezogen (vgl. § 3 Nr. 40 Buchst. d) EStG) und unterliegen dem progressiven Einkommensteuertarif mit einem Steuersatz von bis zu 45 % zzgl. Solidaritätszuschlag und ggf. Kirchensteuer. Auf Ebene der Personengesellschaft oder des Einzelunternehmens fällt aufgrund des gewerbesteuerlichen Schachtelprivilegs keine zusätzliche Gewerbesteuer an (§ 9 Nr. 2a GewStG). Ohne Ausschüttung bleibt es bei der Besteuerung auf Gesellschaftsebene.

8.23 Besteht hingegen zwischen der Organgesellschaft und dem Personenunternehmen (Organträger) eine Organschaft, so unterliegen Einkommen und Gewerbeertrag der Organgesellschaft der Einkommensteuer zum ungemilderten Tarif zzgl. Solidaritätszuschlag und ggf. Kirchensteuer sowie der Gewerbesteuer (mit gewerbesteuerlicher Zerlegung, wenn Betriebsstätten in mehreren Gemeinden unterhalten werden, und Anrechnung der Gewerbesteuer auf die Einkommensteuer).

8.24 Handelt es sich sowohl beim Organträger als auch bei der Organgesellschaft um eine Kapitalgesellschaft, so beschränken sich die Effekte aus den unterschiedlichen Tarifen auf die Gewerbesteuer (ggf. mit Unterschieden bei der Zerlegung des Steuermessbetrags für Zwecke der Gewerbesteuer).

Das folgende Beispiel zeigt die Effekte, die je nach Höhe des anwendbaren Einkommensteuersatzes ohne und mit Organschaft eintreten.

8.25 **Beispiel 5:** Der Einzelunternehmer A hält 100 % der Anteile an der A-GmbH in seinem Einzelunternehmen. Die A-GmbH erzielt positive Einkünfte von 100. Der Einfachheit halber wird unterstellt, dass die Nachsteuergewinne der A-GmbH phasengleich ausgeschüttet werden und A in seinem Einzelunternehmen ein Einkommen von Null erzielt. Der Gewerbesteuerhebesatz betrage 400 %. Die Gesamtsteuerbelastung wird in Abhängigkeit des Einkommensteuersatzes von a) 35 %, b) 40 % und c) 45 % jeweils ohne und mit Organschaft ermittelt.

B. Gestaltungsmöglichkeiten im Hinblick auf die laufende Ertragsteuerbelastung

Tabelle 4: Einfluss von Steuersatzdifferenzen

ESt-Satz	a) 35 %		b) 40 %		c) 45 %	
Organschaft	ohne	mit	ohne	mit	ohne	mit
A-GmbH						
Einkünfte	100,00	100,00	100,00	100,00	100,00	100,00
GewSt (HS 400 %) = 14 %	−14,00		−14,00		−14,00	
KSt = 15 %	−15,00		−15,00		−15,00	
SolZ = 5,5 %	−0,83		−0,83		−0,83	
Ausschüttung/Zurechnung	70,17	100,00	70,17	100,00	70,17	100,00
Natürliche Person A						
Ausschüttung/Zurechnung	70,17	100,00	70,17	100,00	70,17	100,00
§ 3 Nr. 40 EStG	−28,07	0,00	−28,07	0,00	−28,07	0,00
Einkünfte aus GewB	42,10	100,00	42,10	100,00	42,10	100,00
§ 9 Nr. 2a GewStG	−42,10	0,00	−42,10	0,00	−42,10	0,00
Gewerbeertrag	0,00	100,00	0,00	100,00	0,00	100,00
GewSt (HS 400 %) = 14 %	0,00	−14,00	0,00	−14,00	0,00	−14,00
ESt	−14,74	−35,00	−16,84	−40,00	−18,95	−45,00
Anrechnung § 35 EStG	0,00	13,30	0,00	13,30	0,00	13,30
SolZ = 5,5 %	−0,81	−1,19	−0,93	−1,47	−1,04	−1,74
Netto-Einkommen	54,62	63,11	52,40	57,83	50,17	52,56
Vorteil Organschaft		**8,49**		**5,43**		**2,39**

Im Beispiel führt die Begründung einer Organschaft zu einer Reduzierung der Gesamtsteuerbelastung (höheres Nettoeinkommen). Der Vorteil nimmt zwar mit steigendem Einkommensteuersatz ab, wird aber im Beispiel auch bei einem Einkommensteuersatz von 45 % nicht vollständig aufgezehrt. Dieses Ergebnis kann anders ausfallen, wenn gewstl. Effekte in die Betrachtung einbezogen werden (Rz. 8.38 ff.).

Der vorstehend dargestellte Vorteil resultiert aus der unmittelbaren Zurechnung des Einkommens zum Organträger. Ein Nachteil der Organschaft besteht darin, dass die Besteuerung auf Anteilseignerebene zeitlich nicht hinausgezögert werden kann. Die Ertragsteuern auf das dem Organträger zugerechnete Einkommen fallen unmittelbar im Veranlagungszeitraum der Einkommenserzielung an. Steuerstundungseffekte aus der Thesaurierung von Gewinnen einer Kapitalgesellschaft sind bei Vorliegen einer Organschaft ausgeschlossen.

IV. Abzug von Beteiligungsaufwendungen

1. Beteiligungsaufwendungen auf Ebene des Organträgers

Das Bestehen einer Organschaft wirkt sich insbesondere auf den Abzug von Aufwendungen aus, die im Zusammenhang mit der Beteiligung an einem Tochterunternehmen stehen („Beteiligungsaufwendungen")[1]. Handelt es sich beim **Organträger** um eine **Kapitalgesellschaft**, so kann dieser Beteiligungsaufwendungen im Zusammenhang mit der Organgesellschaft grundsätzlich in vollem Umfang abziehen. Grundsätzlich gilt dies auch in der Situation ohne Organschaft, allerdings mit der Besonderheit der 5 %igen Schachtelstrafe für Gewinnausschüttungen und ähnliche Bezüge (§ 8b Abs. 5 KStG; Rz. 8.18).

---

[1] Die Besonderheiten in Bezug auf die Zinsschranke sind Gegenstand eines separaten Abschnitts (Rz. 8.32).

8.27 Anders sieht dies aus, wenn die Beteiligung an der Tochterkapitalgesellschaft im Betriebsvermögen einer Personenunternehmung gehalten wird, an der natürliche Personen als Mitunternehmer beteiligt sind. In dieser Konstellation können Beteiligungsaufwendungen außerhalb der Organschaft nur i.H.v. 60 % steuerwirksam abgezogen werden (§ 3 Nr. 40 i.V.m. § 3c Abs. 2 EStG). Bei Vorliegen einer Organschaft greift § 3c Abs. 2 EStG nicht, denn das dem Organträger zugerechnete Einkommen (der Organgesellschaft) ist in vollem Umfang zu versteuern (ohne § 3 Nr. 40 Buchst. d) EStG), die Beteiligungsaufwendungen sind vorbehaltlich anderer Abzugsbeschränkungen in voller Höhe abzugsfähig. Eine Ausnahme besteht für abführungsbedingte Teilwertabschreibungen auf die Beteiligung an der Organgesellschaft. Diese sind nach § 3c Abs. 2 Satz 8 EStG nur zu 60 % steuerlich abzugsfähig.

8.28 Soweit an einer Organträger-Personengesellschaft allerdings eine Kapitalgesellschaft (als Mitunternehmer) beteiligt ist, können die auf diese (anteilig) entfallenden Beteiligungsaufwendungen mit und ohne Organschaft grundsätzlich in voller Höhe abgezogen werden. Allerdings gelten ohne Organschaft 5 % der (anteiligen) Ausschüttung als nicht abzugsfähige Betriebsausgabe (§ 8b Abs. 5 Satz 1 i.V.m. Abs. 6 Satz 1 KStG). Durch die Begründung einer Organschaft zwischen der Personengesellschaft und ihrer Tochtergesellschaft kann die Schachtelstrafe vermieden werden.

2. Beteiligungsaufwendungen auf Ebene der Organgesellschaft

8.29 Die Begründung einer Organschaft hat bei Organträger-Kapitalgesellschaften – abgesehen von der Vermeidung der Schachtelstrafe (Rz. 8.18) – keinen Einfluss auf die Höhe des Abzugs von Beteiligungsaufwendungen, die auf Ebene der Organgesellschaft anfallen.

8.30 Anders sieht dies aus, wenn (und soweit) es sich beim **Organträger** um ein **Einzelunternehmen** oder eine **Personengesellschaft** handelt, an der natürliche Personen beteiligt sind. In diesem Fall ist die Bruttomethode des § 15 Satz 1 Nr. 2 KStG zu beachten. Es sind zwei Effekte zu unterscheiden:[1]

a) Die von der Organgesellschaft zu tragenden Beteiligungsaufwendungen mindern die ertragsteuerlichen Bemessungsgrundlagen nicht mehr gem. § 8b Abs. 3 Satz 2 KStG vollumfänglich, sondern unterliegen aufgrund des Teileinkünfteverfahrens in § 3 Nr. 40 EStG der Abzugsbeschränkung des § 3c Abs. 2 EStG.

b) Die Anwendung von § 8b Abs. 1 bis Abs. 6 KStG ist auf Ebene der Organgesellschaft ausgeschlossen, § 15 Satz 1 Nr. 2 KStG, so dass es nicht zu einer Einkommenserhöhung aus § 8b Abs. 3 oder 5 KStG kommt.

Wie das folgende Beispiel zeigt, treten hier gegenläufige Effekte auf, die in der Summe auch zu einem Anstieg der Steuerbelastung führen können:

8.31 **Beispiel 7:** Die A-GmbH bezieht eine Gewinnausschüttung von der A-AG von 100. Alleingesellschafter der A-GmbH ist der Einzelunternehmer A. Die A-GmbH erzielt operative Gewinne von 100 und hat Beteiligungsaufwendungen von 20. Der Ertragsteuersatz für Kapitalgesellschaften betrage (vereinfacht) 30 %, der Einkommensteuersatz (inkl. SolZ/KiSt) des A betrage (vereinfacht) 50 %. Es wird unterstellt, dass Gewinne phasengleich ausgeschüttet werden.

---

[1] Vgl. *Neumann* in Gosch[3], § 14 KStG Rz. 28; *Dötsch* in Kessler/Förster/Watrin, Unternehmensbesteuerung, 247.

Tabelle 5: OG-Beteiligungsaufwand bei OT-Einzelunternehmen

Organschaft	nein	ja
A-GmbH		
Operativer Gewinn	100,00	100,00
Beteiligungsertrag	100,00	100,00
Beteiligungsaufwand	− 20,00	− 20,00
§ 8b Abs. 1 KStG	− 100,00	0,00
§ 8b Abs. 5 KStG	5,00	0,00
z.v.E.	85,00	0,00
Ertragsteuern (30 %)	25,50	0,00
Ausschüttung/Zurechnung	154,50	180,00
Einzelunternehmen		
Beteiligungsertrag/Zurechnung	154,50	180,00
§ 3 Nr. 40 d) EStG	− 61,80	− 40,00
§ 3c Abs. 2 EStG	0,00	+ 8,00
z.v.E.	92,70	148,00
Ertragsteuern (50 %)	46,35	74,00
Netto-Einkommen	108,15	106,00
Nachteil Organschaft		**2,15**

Die Steuerbelastung erhöht sich im Beispiel durch die Anwendung des Teilabzugsverfahrens (§ 3c Abs. 2 EStG) isoliert um 4,20.[1] Diese Mehrbelastung kann weder durch die Vermeidung der Schachtelstrafe des § 8b Abs. 5 KStG (Reduktion der Steuerbelastung um isoliert 1,05[2]) noch durch die vorteilhafte tarifliche Ertragsteuerbelastung (Reduktion der Steuerbelastung von isoliert 1,00[3]; vgl. Rz. 8.21) ausgeglichen werden.

V. Besonderheiten bei der Zinsschranke

Für Zwecke der Zinsschranke[4] (§ 4h EStG) gelten Organträger und Organgesellschaft als **ein Betrieb** (§ 15 Satz 1 Nr. 3 KStG). Auf Ebene der Organgesellschaft ist die Zinsschranke nicht anzuwenden. Vielmehr sind von der Organgesellschaft erzielte Zinserträge und Zinsaufwen-

---

1 Die Mehrbelastung aus § 3c Abs. 2 EStG kann wie folgt ermittelt werden: (20 × (30 % + (1 − 30 %) × 60 % × 50 %)) − 20 × 60 % × 50 % = 4,20.
2 Die Minderbelastung aus dem Wegfall der Schachtelstrafe gem. § 8b Abs. 5 KStG beträgt 100 × 5 % × 30 % × (1 − 60 % × 50 %) = 1,05.
3 Durch den Wegfall der Körperschaftsbesteuerung im Rahmen der Organschaft reduziert sich die tarifliche Ertragsteuerbelastung um (100 × 30 % + (100 (1 − 30 %) + 100) × 0,6 × 0,50) − (100 × 60 % × 50 % + 100 × 50 %) = 1,00.
4 Die Vereinbarkeit der Zinsschranke mit dem Verfassungsrecht ist umstritten, der entsprechende Vorlagebeschluss des BFH (BFH v. 14.10.2015 − I R 20/15 = BStBl. II 2017, 1240) ist derzeit beim BVerfG unter dem Az. 2 BvL 1/16 anhängig; vgl. *Weggenmann/Class*, BB 2016 1175; *Prinz*, DB 2014, 2739. Zur Verfassungswidrigkeit der Zinsschranke vgl. u.a. auch *München/Mückl*, DStR 2014, 1469 ff.; *Seiler* in Kirchhof[17], § 4h EStG Rz. 4 ff.; *Gosch*, BFH/PR 2014, 226 ff.; *Heuermann*, DStR 2013, 1; *Prinz*, FR 2013, 145 sowie DB 2014, 1102 und DB 2014, 2739. *Mitschke*, FR 2016, 412 (413 ff., geht vor dem Hintergrund der ATAD I, RL (EU) 2016/1164 des Rates v. 12.7.2016, die eine der deutschen Zinsschranke vergleichbare Regelung enthält, davon aus, dass das BVerfG die Vorlage wegen des Anwendungsvorrangs von Unionsrecht als unzulässig, jedenfalls unbegründet zurückweisen müsse. A.A. *Glahe*, ISR 2016, 86, *ders.*, FR 2016, 829, der unseres Erachtens zutreffend herausarbeitet, dass eine Vorwirkung der ATAD I auf das BVerfG-Verfahren weder auf

dungen auf Ebene des Organträgers zu berücksichtigen; sodann wird über die Abzugsfähigkeit von Zinsaufwendungen der Organgesellschaft im Rahmen der Einkommensermittlung des Organträgers befunden.[1] Das Bestehen einer Organschaft beeinflusst somit den Abzug von Zinsaufwendungen im Rahmen der Zinsschranke. Das Verhältnis von Organschaft und Zinsschranke wird ausführlich in Kapitel 19 erörtert.

8.33 Steuerlich vorteilhaft sind insbesondere folgende Aspekte:

– Zinsaufwendungen und -erträge aus innerorganschaftlichen Verbindlichkeiten und Forderungen werden saldiert und unterliegen nicht der Zinsschranke;[2]

– Nettozinserträge (der Betrag, um den Zinserträge die Zinsaufwendungen übersteigen) der Organgesellschaft können zum Ausgleich von (Netto-)Zinsaufwendungen des Organträgers – und vice versa – genutzt werden;

– ein verrechenbares EBITDA des Organträgers oder der Organgesellschaft, welches ohne Organschaft in einen EBITDA-Vortrag eingehen würde, kann den Betrag der abzugsfähigen Zinsaufwendungen erhöhen;[3]

– Zinsvorträge des Organträgers können durch die Begründung einer Organschaft ggf. schneller genutzt werden;

– ggf. kann die Zinsschranke durch Anwendung der sog. Escape-Klausel (§ 4h Abs. 2 Satz 1 Buchst. b) EStG) vermieden werden. Dieser Vorteil ist auf rein nationale Unternehmensgruppen begrenzt, da ausländische Tochtergesellschaften nicht in den Organkreis einbezogen werden können;[4]

– ggf. lässt sich die Rückausnahme der schädlichen Gesellschafterfremdfinanzierung (§ 8a KStG) vermeiden, sofern es sich beim Organträger um eine Personenunternehmen handelt, an der nur natürliche Personen beteiligt sind.[5]

8.34 Umgekehrt kann sich die Organschaft in Bezug auf die Zinsschranke auch nachteilig auswirken. So wird die **Freigrenze** von € 3 Mio. (§ 4h Abs. 2 Satz 1 Buchst. a) EStG) bei Bestehen einer Organschaft nur einmal – dem Organträger – gewährt.[6] Ferner sind Zinsvorträge der Organgesellschaft aus vororganschaftlicher Zeit nach Auffassung der Finanzverwaltung[7] und der hM[8] während des Bestehens der Organschaft nicht nutzbar.[9]

---

die EuGH-Rechtsprechung gestützt werden noch vor dem Hintergrund des Rechtsstaatsprinzips in der Sache überzeugen kann.

1 Vgl. *Dötsch* in Dötsch/Pung/Möhlenbrock, § 15 KStG Rz. 67 ff. (Januar 2017).
2 Vgl. *Herzig/Liekenbrock*, DB 2007, 2394 f.; *Scheffler*, StuB 2008, 62.
3 Vgl. *Erle/Heurung* in Erle/Sauter³, § 15 KStG Rz. 62 mwN sowie Rz. 116; *Dörr/Fehling*, Ubg 2008, 349.
4 Vgl. *Herzig/Liekenbrock*, DB 2007, 2388.
5 Vgl. *Scheffler*, StuB 2008, 62; *Krumm* in Blümich, § 15 KStG Rz. 36 (November 2017); *Erle/Heurung* in Erle/Sauter³, § 15 KStG Rz. 112.
6 Vgl. BMF v. 4.7.2008 – IV C 7 - S 2742-a/07/10001 – DOK 2008/0336202, BStBl. I 2008, 718 = FR 2008, 778 Rz. 57.
7 Vgl. BMF v. 4.7.2008 – IV C 7 - S 2742-a/07/10001 – DOK 2008/0336202, BStBl. I 2008, 718 = FR 2008, 778 Rz. 48 und 49; *Dötsch* in Dötsch/Pung/Möhlenbrock, § 15 KStG Rz. 74 (Januar 2017).
8 Vgl. zB *Frotscher* in Frotscher/Drüen, § 15 KStG Rz. 126 (Januar 2018); *Stangl/Hageböke* in Schaumburg/Rödder, Unternehmenssteuerreform 2008, 511; *Kolbe* in HHR, Jahresband 2008, § 15 KStG, Anm. J 07-6.
9 AA *Erle/Heurung* in Erle/Sauter³, § 15 KStG Rz. 69.

Die Behandlung von **Zinsvorträgen** des **Organträgers** bei **Beendigung der Organschaft** ist unklar. Nach vereinzelten Stimmen in der Literatur soll der Zinsvortrag vollständig untergehen, weil die Beendigung einer Organschaft zu einer Auflösung des fingierten Betriebs (§ 15 Satz 1 Nr. 3 Satz 2 KStG) und somit zu einer Betriebsaufgabe i.S.d. § 4h Abs. 5 Satz 1 EStG führe.[1] Dies überzeugt unseres Erachtens nicht. Es finden sich keine Regelungen in § 15 Satz 1 Nr. 3 KStG oder in § 4h Abs. 5 EStG, wie mit einem Zinsvortrag bei Beendigung der Organschaft zu verfahren ist. Die Beendigung der Organschaft führt nicht zu einer Betriebsaufgabe oder -übertragung des Organträgers, so dass der auf Ebene des Organträgers gem. § 4h Abs. 4 EStG gesondert festzustellende Zinsvortrag nicht gem. § 4h Abs. 5 Satz 1 EStG untergehen kann.[2] Die Finanzverwaltung geht von einem anteiligen Untergang des Zinsvortrages aus, weil das Ausscheiden einer Organgesellschaft aus dem Organkreis als Aufgabe eines Teilbetriebs gelte.[3] Unklar ist jedoch, woraus die Finanzverwaltung ihr Ergebnis ableitet. Aus der Betriebsfiktion in § 15 Satz 1 Nr. 3 Satz 2 KStG lässt sich dies unseres Erachtens nicht ableiten. Weder der Gesetzeswortlaut noch die -systematik legen nahe, dass es sich bei Organträger und Organgesellschaft jeweils um steuerliche Teilbetriebe handelt.[4] Vielmehr sollten die Zinsvorträge analog zu den Verlustvorträgen über das Bestehen der Organschaft hinaus auf Ebene des Organträgers genutzt werden können.[5]

8.35

VI. Keine Kapitalertragsteuer

Gewinnausschüttungen einer Kapitalgesellschaft unterliegen grundsätzlich dem Kapitalertragsteuereinbehalt der §§ 43 ff. EStG. Zählt die Beteiligung an der Kapitalgesellschaft zu einem Betriebsvermögen, kann die Kapitalertragsteuer auf die Einkommen- bzw. Körperschaftsteuer des Gesellschafters angerechnet werden (§ 36 Abs. 2 Nr. 2 EStG bzw. § 31 Abs. 1 KStG). Soweit keine Anpassung der Vorauszahlungen auf die Einkommen- bzw. Körperschaftsteuer des Anteilseigners erfolgt[6] (§ 37 Abs. 3 EStG, § 31 KStG), entsteht durch die zeitlich später stattfindende Erstattung zu viel gezahlter und/oder einbehaltener Steuern ein Liquiditätsnachteil. Durch die Begründung einer Organschaft kann dieser Nachteil vermieden werden, da Gewinnabführungen nicht dem Kapitalertragsteuereinbehalt unterliegen.

8.36

VII. Verdeckte Gewinnausschüttungen im Organkreis

Werden Leistungsbeziehungen zwischen einer Kapitalgesellschaft und ihren Gesellschaftern zum Nachteil der Kapitalgesellschaft abgerechnet, werden die resultierenden Einkommensminderungen im **Rahmen von verdeckten Gewinnausschüttungen** korrigiert. Die Differenz zwischen dem tatsächlich vereinbarten Entgelt und dem fremdüblichen Entgelt wird außerbilanziell dem Einkommen der Kapitalgesellschaft hinzugerechnet. Verdeckte Gewinnausschüttungen unterliegen ferner dem Kapitalertragsteuereinbehalt und führen auf Gesellschafterebene zu steuerpflichtigen Einkünften.

8.37

---

1 Vgl. *Neumann* in Gosch[3], § 15 KStG Rz. 38; vgl. zum Streitstand auch *Ettinger*, Ubg 2017, 294 f.
2 Vgl. *Erle/Heurung* in Erle/Sauter[3], § 15 KStG Rz. 69.
3 Vgl. BMF v. 4.7.2008 – IV C 7 - S 2742-a/07/10001 – DOK 2008/0336202, BStBl. I 2008, 718 = FR 2008, 778 Rz. 47.
4 Vgl. *Beußer*, FR 2009, 54; *Fischer/Wagner*, BB 2008, 1875; *Krumm* in Blümich, § 15 KStG Rz. 38 ff. (November 2017).
5 Vgl. *Dötsch* in Dötsch/Pung/Möhlenbrock, § 15 KStG Rz. 87 mwN (Januar 2017).
6 Vgl. *Scheffler*, StuB 2008, 60; *Fuhrmann*, KÖSDI 2008, 15995 f.

Demgegenüber werden verdeckte Gewinnausschüttungen innerhalb des Organkreises als vorweggenommene Gewinnabführungen behandelt.[1] Das Einkommen der Organgesellschaft wird erhöht und nachfolgend dem Organträger zugerechnet. Beim Organträger kommt es zu einer außerbilanziellen Reduktion in Höhe der verdeckten Gewinnausschüttungen.[2] Schließlich unterliegt eine verdeckte Gewinnausschüttung im Organkreis nicht der Kapitalertragsteuer, sodass auch insoweit die unter B. VI genannten Finanzierungskosten vermieden werden.[3]

VIII. Gewerbesteuer

1. Vermeidung gewerbesteuerlicher Hinzurechnungen

8.38 Die ursprünglich zur Ermittlung des objektiven Gewerbeertrags eingeführte Vorschrift des § 8 GewStG listet eine Reihe von Aufwendungen auf, die dem Gewinn aus Gewerbebetrieb wieder hinzugerechnet werden, soweit sie bei der Ermittlung des Gewinns abgesetzt worden sind. Zu nennen sind insbesondere Schuldzinsen, Renten und dauernde Lasten, Miet- und Pachtzinsen und Lizenzgebühren, soweit deren Summe den Betrag von € 100.000 übersteigt (§ 8 Nr. 1 GewStG). Bei Bestehen der Organschaft unterbleibt – trotz der getrennten Ermittlung des Gewerbeertrags von Organträger und Organgesellschaft – diese gewerbesteuerliche Hinzurechnung, soweit sie zu einer doppelten steuerlichen Berücksichtigung führen würde.[4] Dies betrifft beispielsweise innerorganschaftliche Darlehens- und Mietbeziehungen.[5] Vorteilhaft ist ferner, dass der Freibetrag von € 100.000 nach § 8 Nr. 1 GewStG auch bei Bestehen einer Organschaft sowohl vom Organträger als auch von der Organgesellschaft genutzt werden kann.[6] Eine Sonderregelung besteht für Gewinnminderungen aus Teilwertabschreibungen, die auf organschaftliche Gewinnabführungen zurückzuführen sind, sie werden nach § 8 Nr. 10 GewStG hinzugerechnet.[7]

2. Steuerermäßigung bei Einkünften aus Gewerbebetrieb

8.39 Natürliche Personen erhalten zur Abmilderung der wirtschaftlichen Doppelbesteuerung gewerblicher Einkünfte mit Gewerbesteuer und Einkommensteuer eine Steuerermäßigung, § 35 EStG. Danach vermindert sich die tarifliche Einkommensteuer, soweit sie anteilig auf im zu versteuernden Einkommen enthaltene gewerbliche Einkünfte entfällt, um das 3,8-fache des Gewerbesteuer-Messbetrags, wobei die Ermäßigung auf die tatsächlich zu zahlende Gewerbesteuer begrenzt ist.

Durch die Begründung einer Organschaft kann die Steuerermäßigung des § 35 EStG im Einzelfall besser genutzt und somit die Gesamtbelastung vermindert werden. Von Bedeutung ist dies in Fällen, in denen der Organträger oder die an der Organträger-Personengesellschaft be-

---

1 Vgl. R 14.6 Abs. 4 Satz 1 KStR 2015.
2 Vgl. R 14.7 Abs. 2 KStR 2015.
3 Vgl. *Erle/Heurung* in Erle/Sauter[3], § 14 KStG Rz. 292 mwN.
4 Vgl. R 7.1 Abs. 5 Satz 3 GewStR 2009; *Keß* in Lenski/Steinberg, § 2 GewStG Anm. 3766 (November 2017).
5 Vgl. *Drüen* in Blümich, § 2 GewStG Rz. 173 (Oktober 2015); *Schaumburg/Bäuml*, FR 2010, 1062.
6 Gleichlautende Erlasse der obersten Finanzbehörden der Länder zu Anwendungsfragen zur Hinzurechnung von Finanzierungsanteilen nach § 8 Nr. 1 GewStG, v. 2.7.2012, BStBl. I 2012, 654 Rz. 45.
7 Vgl. *Kolbe* in HHR, § 14 KStG Anm. 35 (Januar 2015).

B. Gestaltungsmöglichkeiten im Hinblick auf die laufende Ertragsteuerbelastung | Rz. 8.40 Kap. 8

teiligten Personen der Einkommensteuer unterliegen. In diesem Fall wird die auf die Organgesellschaft entfallende Gewerbesteuer (anteilig) auf die Einkommensteuer angerechnet. Im Einzelfall kann die Begründung einer Organschaft zu einer Erhöhung des Anrechnungshöchstbetrags nach § 35 Abs. 1 Satz 2 EStG und damit des Anrechnungspotentials führen. Ohne Organschaft gehen Gewinnausschüttungen nur zu 60 % in die Einkünfte aus Gewerbebetrieb ein und sind auf Gesellschafterebene bei entsprechender Beteiligungshöhe gewerbesteuerlich gem. § 9 Nr. 2a GewStG zu kürzen. Mit Organschaft bewirken die höheren Einkünfte aus Gewerbebetrieb auf Gesellschafterebene ein höheres Anrechnungsvolumen. Durch die Organschaft kann deshalb im Einzelfall erreicht werden, dass auf Ebene des Organträgers stand-alone nicht nutzbare Anrechnungspotentiale doch genutzt bzw. über den Gewerbeertrag der Organgesellschaft Anrechnungsüberhänge beim Organträger abgebaut werden.

Die Zusammenhänge und Effekte soll das folgende Beispiel verdeutlichen:

Beispiel 8: Der Einzelunternehmer A hält im Betriebsvermögen 100 % der Anteile an der A-GmbH. A erzielt mit seinem Einzelunternehmen gewerbliche Einkünfte von 100 und auch der Gewerbeertrag der A-GmbH möge 100 betragen. Gewinne der A-GmbH werden (bei Ausschüttung) phasengleich vereinnahmt. Der GewSt-Hebesatz beträgt in Alternative 1 für das Einzelunternehmen 500 % und für die A-GmbH 200 %. In Alternative 2 beträgt der GewSt-Hebesatz für das Einzelunternehmen 200 % und für die A-GmbH 500 %. Der Einkommensteuersatz des A beträgt 40 %. Der GewSt-Messbetrag des Organkreises wird jeweils zur Hälfte auf OT und OG zerlegt.

Tabelle 6: Organschaft und § 35 EStG

Organschaft	Alternative 1		Alternative 2	
	Ohne	Mit	Ohne	Mit
A-GmbH				
Gewinn/Einkünfte	100,00	100,00	100,00	100,00
GewSt	7,00[1]	**0,00**	17,50	**0,00**
KSt inkl. SolZ (15,825 %)	15,83	0,00	15,83	0,00
Ausschüttung/Abführung	77,17	100,00	66,67	100,00
Natürliche Person A				
Gewinn	100,00	100,00	100,00	100,00
Ausschüttung/Zurechnung	77,17	100,00	66,67	100,00
§ 3 Nr. 40 Buchst. d) EStG	−30,87	0,00	−26,67	0,00
Einkünfte aus GewB	146,30	200,00	140,00	200,00
§ 9 Nr. 2a GewStG	−46,30	0,00	−41,05	0,00
Gewerbeertrag	100,00	200,00	100,00	200,00
GewSt	17,50	24,50[2]	7,00	24,50
Tarifliche ESt (40 %)	58,52	80,00	56,00	80,00
§ 35 EStG[3]				
3,8faches des GewSt-MB	13,30[4]	26,60	13,30	26,60
Zu zahlende GewSt	17,50	**24,50**	7,00	**24,50**
Festgesetzte ESt	45,22	55,50	49,00	55,50
Gesamtsteuerbelastung	**85,55**	**80,00**	**89,33**	**80,00**
Effektive GewSt-Belastung	**11,20**	**0,00**	**17,50**	**0,00**

---

1 $100{,}00 \times 3{,}5\,\% \times 200\,\% = 7{,}00$.
2 $100{,}00 \times 3{,}5\,\% \times 200\,\% + 100 \times 3{,}5 \times 500\,\% = 24{,}50$.
3 Da im Beispiel nur Einkünfte aus Gewerbebetrieb erzielt werden, wurde auf die Berechnung des Anrechnungshöchstbetrages nach § 35 Abs. 1 Satz 2 EStG verzichtet.
4 $100{,}00 \times 3{,}5\,\% \times 3{,}8 = 13{,}30$.

Durch die Begründung einer Organschaft wird die Belastung mit Gewerbesteuer in beiden Alternativen in vollem Umfang durch die Minderung der Einkommensteuer absorbiert.

Bei Alternative 1 kommt es ohne Organschaft zu einem Anrechnungsüberhang auf Ebene des Einzelunternehmens von 4,20.[1] Die effektive tarifliche Gewerbesteuerbelastung beträgt übergreifend insgesamt 11,20. Durch die Organschaft wird sowohl die auf die Organgesellschaft entfallende Gewerbesteuer vollständig angerechnet als auch der Anrechnungsüberhang vermieden. Die Reduzierung der Gewerbesteuer schlägt sich jedoch nicht vollständig in der Gesamtsteuerbelastung nieder – die Gesamtsteuerbelastung geht nur um 5,55 zurück. Hintergrund hierfür ist die höhere Belastung des Einkommens der Organgesellschaft aus dem Wechsel der Körperschaftbesteuerung in Verbindung mit dem Teileinkünfteverfahren hin zu einer vollen Besteuerung mit Einkommensteuer.

Bei Alternative 2 kann das Anrechnungspotential von 13,30 vom Einzelunternehmer ohne Organschaft nicht vollständig genutzt werden,[2] während bei Bestehen einer Organschaft sowohl die auf die A-GmbH entfallende als auch die auf das Einzelunternehmen entfallende Gewerbesteuer vollständig angerechnet werden können.

8.41 Bezieht eine Organgesellschaft Einkünfte aus der Beteiligung an einer nachgeordneten Personengesellschaft, so vermitteln diese der Organträger-Personenunternehmung – anders als bei einer doppelstöckigen Personengesellschaft[3] – kein Anrechnungspotential für Zwecke des § 35 EStG.[4] Vor diesem Hintergrund werden in der Literatur für den Fall der Organträger-Personengesellschaft folgende Lösungsansätze aufgezeigt:[5]

– die Verschmelzung der Organgesellschaft auf den Organträger zur Herstellung einer doppelstöckigen Personengesellschaft;

– die Abspaltung des Mitunternehmeranteils der Organgesellschaft an der Tochter-Personengesellschaft auf die Organträger-Personengesellschaft;

– der Formwechsel der Tochter-Personengesellschaft in eine Kapitalgesellschaft und die Begründung einer doppelstöckigen Organschaft; und

– die Verschmelzung der Tochter-Personengesellschaft auf die Organgesellschaft.

3. Erweiterte Kürzung für Grundbesitz

8.42 Gewerblich tätige Unternehmen, die ausschließlich eigenen Grundbesitz verwalten oder nutzen, kommen unter bestimmten Voraussetzungen in den Genuss der erweiterten Grundstückskürzung nach § 9 Nr. 1 Satz 2 GewStG. Hierdurch wird der Teil des Gewerbeertrages des Grundbesitzunternehmens gekürzt, der auf die Verwaltung und Nutzung des eigenen Grundbesitzes entfällt. Die Mietzahlungen unterliegen beim mietenden Unternehmen der Hinzurechnung nach § 8 Nr. 1 Buchst. e) GewStG.

---

1 17,50 – 13,30 = 4,20.
2 Der nicht nutzbare Anrechnungsbetrag beträgt 13,30 – 7,00 = 6,30.
3 BMF v. 3.11.2016, IV C 6-S 2296-a/08/10002:003, BStBl. I 2016, 1187, vgl. Rz. 25.
4 Vgl. BFH v. 22.9.2011 – IV R 3/10, FR 2012, 371 = DStR 2011, 2243; s. auch BFH v. 22.9.2011 – IV R 42/09, BFH/NV 2012, 236; BFH v. 22.9.2011 – IV R 8/09, FR 2012, 372; OFD Koblenz v. 30.3.2012 – S 2296a – St 31 3; FMNR228460012; sowie *Bäuml*, FR 2013, 1125 ff.; *Prinz/Hütig*, StuB 2012, 23.
5 Vgl. *Prinz/Hütig*, StuB 2012, 23 f.; *Bäuml*, FR 2013, 1125 ff.

Wird nun ein Grundstücksunternehmen in einen Organkreis einbezogen, kann dies zum Wegfall der erweiterten Kürzung führen, wenn der Organkreis auch andere gewerbliche Einkünfte erzielt. Denn abzustellen ist für die Inanspruchnahme der erweiterten Kürzung allein auf die Gewerbesteuerschuld des Organträgers. Laut BFH bietet die gewerbesteuerliche Organschaft (§ 2 Abs. 2 Satz 2 GewStG) die Rechtsgrundlage dafür, dass sich aufgrund der Zusammenrechnung der Gewerbeerträge von Organträger und Organgesellschaft(en) etwa ergebende ungerechtfertigte Be- oder Entlastungen zu korrigieren sind.[1] Auch ist eine an sich zu gewährende erweiterte Kürzung für Grundstücksunternehmen im Organkreis zu versagen, wenn es sich bei dem Grundstücksunternehmen um eine Organgesellschaft handelt, die alle ihre Grundstücke an eine andere Organgesellschaft desselben Organkreises vermietet.[2]

4. Belastungseffekte aus der gewerbesteuerlichen Zerlegung

Die Gewerbesteuermessbeträge von Kapitalgesellschaften und ihrer Gesellschafter werden ohne Or-ganschaft getrennt ermittelt. Sofern die Unternehmen Betriebsstätten in mehreren Gemeinden unterhalten, ist der Steuermessbetrag des jeweiligen Gewerbebetriebs nach den Regelungen in §§ 28 ff. GewStG zu zerlegen.

8.43

Vergleichbares gilt auch im Rahmen von Organschaften, wenn Organträger und Organgesellschaften in verschiedenen Gemeinden ansässig sind.[3] Auch wenn zerlegungsbedingte Mehr- oder Minderbelastungen in Bezug auf die Entscheidung zur Begründung einer Organschaft selten ein ausschlaggebendes Kriterium darstellen,[4] sollen die Effekte nachfolgend anhand eines Beispiels kurz skizziert werden.[5] Maßgeblich für die Steuerbelastungseffekte sind die Hebesätze in den Gemeinden und die Volumina der zerlegungsrelevanten Arbeitslöhne in den einzelnen Betriebsstätten.

Beispiel 9: Die M-GmbH ist in der Gemeinde M ansässig und betreibt dort ihre einzige Betriebsstätte. Der Gewerbeertrag der M-GmbH entspricht dem operativen Gewinn von 100. Der GewSt-Hebesatz für die M-GmbH ist 500 % (alternativ 200 %). Die zerlegungsrelevanten Arbeitslöhne betragen 20.

8.44

Die M-GmbH hält eine 100 %-Beteiligung an der T-GmbH. Die T-GmbH ist in der Gemeinde T ansässig und betreibt dort ihre einzige Betriebsstätte. Sie erzielt einen Gewerbeertrag von 100 bei einem GewSt-Hebesatz von 200 % (alternativ 500 %). Die zerlegungsrelevanten Arbeitslöhne betragen 40. Die T-GmbH thesauriert ihre Gewinne.

---

1 Vgl. BFH v. 30.10.2014 – IV R 9/11, GmbHR 2015, 149 = BFH/NV 2015, 227. Zur Kritik an der Entscheidung vgl. *Gosch* in Blümich, § 9 GewStG Rz. 121 (November 2016) mwN.
2 Ebenda.
3 Vgl. *Schiffers* in Gosch/Schwedhelm/Spiegelberger, GmbH-Beratung, Organschaft O14 (März 2010).
4 Die gilt insbesondere bei identischen Gewerbesteuer-Hebesätzen.
5 Vgl. *Prinz* in Herzig, Organschaft, 2003, 553; *Prinz/Otto*, FR 2003, 56 f.

Tabelle 7: Gewerbesteuerliche Zerlegung

	Alternative 1		Alternative 2	
Organschaft	nein	ja	nein	ja
T-GmbH				
Operativer Gewinn	100,00	100,00	100,00	100,00
Steuermessbetrag (3,5 %)	3,50	0,00	3,50	0,00
GewSt	7,00	0,00	17,50	0,00
KSt inkl. SolZ (15,825 %)	15,83	0,00	15,83	0,00
Ausschüttung/Zurechnung	0,00	100,00	0,00	100,00
M-GmbH				
Operativer Gewinn	100,00	100,00	100,00	100,00
Zurechnung	0,00	100,00	0,00	100,00
Gewerbeertrag	100,00	200,00	100,00	200,00
Steuermessbetrag (3,5 %)	3,50	7,00	3,50	7,00
Zerlegung				
Anteil Gemeinde M	3,50	2,33[1]	3,50	2,33
Anteil Gemeinde T		4,67[2]		4,67
GewSt				
Gemeinde M	17,50	11,65	7,00	4,66
Gemeinde T		9,34		23,35
KSt inkl. SolZ (15,825 %)	15,83	31,65	15,83	31,65
GewSt-Belastung	24,50	20,99	24,50	28,01

Die Begründung einer Organschaft führt in Alternative 1 zu einem Absinken der Gewerbesteuerbelastung. Durch die Verteilung der Arbeitslöhne führt die Zerlegung zu einer Verschiebung des Steuermessbetrags hin zu der Gemeinde T mit dem niedrigeren Hebesatz (200 %). In Alternative 2 dreht sich dieser Effekt um, da in der Gemeinde T nun der höhere Hebesatz zur Anwendung kommt.

C. Gestaltung des Beginns und der Beendigung der Organschaft

I. Finanzielle Eingliederung der Organgesellschaft

8.45 Dem Organträger muss vom Beginn bis zum Ende des Wirtschaftsjahres der Organgesellschaft an ununterbrochen die Mehrheit der Stimmrechte aus den Anteilen an der Organgesellschaft aus eigenem Recht zustehen (finanzielle Eingliederung, § 14 Abs. 1 Satz 1 Nr. 1 KStG, zur finanziellen Eingliederung ausführlich Rz. 12.1 ff.);[3] selbst kurze Unterbrechungen der finanziellen Eingliederung sind schädlich.[4]

Erforderlich ist das wirtschaftliche Eigentum an den Anteilen. Stimmbindungsverträge und Stimmrechtsvollmachten für fremde Anteile oder ein nur schuldrechtlicher Anteilsübertragungsanspruch reichen allein nicht aus.[5] In bedingt abgeschlossenen Unternehmenskaufverträgen sollte daher der wirtschaftliche Übergang der Stimmrechte sowie der Übergang des

---

1 $20/(20 + 40) \times 7 = 2,33$.
2 $40/(20 + 40) \times 7 = 4,67$.
3 Vgl. R 14.4 Abs. 1 KStR 2015.
4 Vgl. *Frotscher* in Frotscher/Drüen, § 14 KStG Rz. 272 (Juni 2013); siehe ausführlich Kapitel 11 und 12.
5 Vgl. *Müller* in Mössner/Seeger³, § 14 KStG Rz. 164; *Walter* in Ernst & Young, § 14 KStG Rz. 276 (Oktober 2016).

wirtschaftlichen Eigentums an den Anteilen vor dem Beginn des Wirtschaftsjahres der zukünftigen Organgesellschaft durch entsprechende Regelungen im Vertrag sichergestellt werden.[1]

Ein in der Praxis häufig anzutreffendes Gestaltungsinstrument sind **sog. Mitternachtsgeschäfte**, in denen die Beteiligung an einer Organgesellschaft zum Ende ihres Wirtschaftsjahres veräußert wird. (s. Rz. 12.66). Auf diese Art lässt sich erreichen, dass die finanzielle Eingliederung zum veräußernden Organträger bis zum Ende des ablaufenden Wirtschaftsjahres (zB 31. Dezember, 24.00 Uhr) erhalten bleibt und die finanzielle Eingliederung zum neuen Organträger zum Beginn des folgenden Wirtschaftsjahres (1. Januar, 0.00 Uhr) begründet wird.[2] Möglich und von der Finanzverwaltung generell akzeptiert werden auch mehrere Mitternachtsgeschäfte hintereinander auf denselben Stichtag.[3]

8.46

Wird die Beteiligung an einer Organgesellschaft „**unterjährig**", also während des Wirtschaftsjahres der Organgesellschaft veräußert, so lässt sich die nahtlose Organschaft zum Erwerber durch die Umstellung des Wirtschaftsjahres der Organgesellschaft auf den Veräußerungszeitpunkt erreichen. Hierfür erforderlich ist die Zustimmung der Finanzverwaltung, § 7 Abs. 4 Satz 3 KStG. Durch die Umstellung lässt sich erreichen, dass die finanzielle Eingliederung beim Veräußerer bis zum Ende des (*Rumpf-*) Wirtschaftsjahres und die finanzielle Eingliederung beim Erwerber vom Beginn des neuen Wirtschaftsjahres an gegeben sind.[4] Das Einziehen eines Rumpfwirtschaftsjahres bei der Organgesellschaft löst insbesondere das Problem einer verdeckten Gewinnausschüttung in Höhe der zivilrechtlich noch gebotenen Gewinnabführung für das laufende Wirtschaftsjahr, da bei unterjähriger Beendigung des Ergebnisabführungsvertrags die steuerliche Organschaft bereits zum Ende des vorangegangen Wirtschaftsjahres und damit rückwirkend entfällt.[5] Dabei ist zu beachten, dass die Umstellung des Wirtschaftsjahres vor der Veräußerung in das Handelsregister eingetragen sein muss.[6]

8.47

Die **Umstellung des Wirtschaftsjahres** auf einen vom Kalenderjahr abweichenden Zeitraum ist steuerlich nur wirksam, wenn sie im Einvernehmen mit dem Finanzamt vorgenommen wird, § 7 Abs. 4 Satz 3 KStG. Dient die Umstellung der Begründung oder der Beendigung einer Organschaft, so hat die Finanzverwaltung der Umstellung des Wirtschaftsjahres der Organgesellschaft auf ein abweichendes Wirtschaftsjahr zuzustimmen.[7] Die Zustimmung ist für die Begründung einer Organschaft auch dann zu erteilen, wenn das Wirtschaftsjahr im selben Veranlagungszeitraum ein zweites Mal umgestellt wird, sofern auf diese Weise der Abschlussstichtag der Organgesellschaft dem Abschlussstichtag des Organträgers angepasst wird.[8] Dies gilt auch dann, wenn das neue Wirtschaftsjahr ebenfalls vom Kalenderjahr abweicht.[9]

8.48

---

1 Vgl. im Einzelnen *Walter*, Der Konzern 2013, 472 ff.
2 Vgl. R 14.4 Abs. 2 KStR 2015.; *Stangl/Winter*, Organschaft 2013/2014, 2014, Rz. 96 ff.; *Dötsch* in Dötsch/Pung/Möhlenbrock, § 14 KStG Rz. 299 (August 2016); *Frotscher* in Frotscher/Drüen, § 14 KStG Rz. 278 (Januar 2015).
3 Vgl. *Dötsch* in Dötsch/Pung/Möhlenbrock, § 14 KStG Rz. 299 (August 2016).
4 Vgl. R 14.4 Abs. 2 Satz 3 KStR 2015.
5 Vgl. *Eilers/Beutel*, IStR 2010, 565.
6 Vgl. *Dötsch* in Dötsch/Pung/Möhlenbrock, § 14 KStG Rz. 302 (August 2016) mwN; *Stangl/Winter*, Organschaft 2013/2014, 2014, Rz. 98; BFH v. 13.9.1989 – I R 105/86, BFH/NV 1990, 326; *Krumm* in Blümich, § 14 KStG Rz. 91 (März 2016).
7 Vgl. R 14.4 Abs. 3 Satz 3 KStR 2015.
8 Vgl. R 14.4 Abs. 3 Satz 2 KStR 2015.
9 Vgl. R 14.4 Abs. 3 Satz 3 KStR 2015; sowie *Dötsch* in Dötsch/Pung/Möhlenbrock, § 14 KStG Rz. 304 f. (August 2016) mwN.

8.49 In der steuerlichen Transaktionspraxis ist der zivilrechtliche Übergang der Anteile an der Zielgesellschaft häufig an eine oder mehrere **aufschiebende Bedingungen** geknüpft, zB die Zustimmung von Behörden oder Gläubigern. In diesem Fall ist der genaue Zeitpunkt des Anteilsübergangs im Einzelfall kaum vorhersehbar, was ein Mitternachtsgeschäft, wie oben beschrieben, ausschließen kann. Hier bietet es sich regelmäßig an, das Wirtschaftsjahr der Organgesellschaft möglichst kurz vor dem Zeitpunkt des (erwarteten) Anteilsübergangs zu beenden und den Ergebnisabführungsvertrag zum Ende dieses Rumpfwirtschaftsjahres zu kündigen.[1] Es kann sich empfehlen, zu Lasten einer nahtlosen Organschaft ein Sicherheitspolster einzuplanen, damit die Beendigung des Wirtschaftsjahres (und des Ergebnisabführungsvertrags) nicht nach dem Anteilsübergang wirksam wird.[2] Aus der Käuferperspektive verzögert diese Gestaltung die Begründung der Organschaft mit der Zielgesellschaft, so dass insoweit steuerliche Verluste mit entsprechenden Liquiditätsnachteilen eintreten können (s. oben B. I).

II. Gewerbliche Tätigkeit von Organträger-Personengesellschaften

8.50 Eine Personengesellschaft i.S.d. § 15 Abs. 1 Satz 1 Nr. 2 EStG kann (nur dann) Organträger sein, wenn sie eine originär gewerbliche Tätigkeit i.S.d. § 15 Abs. 1 Nr. 1 EStG ausübt, § 14 Abs. 1 Satz 1 Nr. 2 KStG. (vgl. a. Rz. 16.17 ff.). Eine nur gewerblich geprägte Personengesellschaft (vgl. § 15 Abs. 3 Nr. 2 EStG) ist kein zulässiger Organträger.

8.51 **Ab welchem Zeitpunkt** die Personengesellschaft die gewerbliche Tätigkeit ausüben muss, war lange umstritten. Der Auffassung der Finanzverwaltung, dass die gewerbliche Tätigkeit vom Beginn des Wirtschaftsjahres der Organgesellschaft vorliegen müsse,[3] erteilte der BFH[4] mit Verweis auf die hM[5] eine Absage. Es ist vielmehr ausreichend, wenn die Personengesellschaft im Zeitpunkt der Gewinnabführung gewerblich tätig ist. Folglich kann eine gewerblich geprägte Personengesellschaft bis zum Zeitpunkt der Einkommenszurechnung nach § 14 Abs. 1 Satz 2 KStG in eine originär gewerbliche Tätigkeit hineinwachsen.[6]

8.52 Nach Auffassung der Finanzverwaltung muss die eigene gewerbliche Tätigkeit der Personengesellschaft zudem einen **nicht nur geringen Umfang** aufweisen.[7] Der Gesetzeswortlaut gibt eine Wesentlichkeitsgrenze nicht her.[8] In der Literatur wird vorschlagen, den Umfang der eigenen gewerblichen Tätigkeit anhand der BFH-Grundsätze zur Abfärbe- und Infektionstheorie zu beurteilen.[9] Hiernach ist eine gewerbliche Tätigkeit von 1,25 % bzw. 3 % der Gesamt-

---

[1] Vgl. *Reusch* in Baumhoff/Dücker/Köhler, Besteuerung, Rechnungslegung und Prüfung der Unternehmen, 2010, 379 f.

[2] Vgl. *Dötsch* in Dötsch/Pung/Möhlenbrock, § 14 KStG Rz. 302 (August 2016); *Schaefer/Wind/Mager*, DStR 2013, 2399.

[3] Vgl. das insoweit überholte BMF v. 10.11.2005 – IV B 7 - S 2770 – 24/05, BStBl. I 2005, 1038 = FR 2005, 1216, Rz. 21.

[4] Vgl. BFH v. 24.7.2013 – I R 40/12, BStBl. II 2014, 272 = FR 2014, 28.

[5] Vgl. *Walter* in Ernst & Young, § 14 KStG Rz. 235 (Oktober 2016); *Frotscher* in Frotscher/Drüen, § 14 KStG Rz. 134 (Januar 2015); *Kolbe* in HHR, § 14 KStG, Anm. 163 (Januar 2015); *Erle/Heurung* in Erle/Sauter[3], § 14 KStG Rz. 65.

[6] Vgl. *Tinter/Klahr/Ungemach*, NWB 2013, 3305; *Walter*, GmbHR 2013, 1109.

[7] Vgl. BMF v. 10.11.2005 – IV B 7 - S 2770 – 24/05, BStBl. I 2005, 1038 = FR 2005, 1216 Rz. 17.

[8] Vgl. *Dötsch* in Dötsch/Pung/Möhlenbrock, § 14 KStG Rz. 146 (August 2016); *Rödder/Schumacher*, DStR 2003, 808; *Dötsch/Pung*, DB 2003, 1971.

[9] Vgl. *Dötsch* in Dötsch/Pung/Möhlenbrock, § 14 KStG Rz. 146 (August 2016); *Bäuml*, FR 2013, 1122; *Wacker* in Schmidt[37], § 15 EStG Rz. 188 mwN.

umsätze bzw. ein Mindestumsatz von € 24.500 aus gewerblicher Tätigkeit für eine Infektion hinreichend.[1]

Eine eigene gewerbliche Tätigkeit liegt bereits vor, wenn die Personengesellschaft lediglich gegenüber einer anderen Konzerngesellschaft administrative Dienstleistungen (zB Buchführung, EDV-Unterstützung etc.) erbringt und diese gegen ein fremdübliches Entgelt abrechnet.[2] Auch die Besitzpersonengesellschaft einer Betriebsaufspaltung kommt als Organträger in Betracht,[3] da sie über das Betriebsunternehmen am allgemeinen wirtschaftlichen Verkehr teilnimmt bzw. von diesem „infiziert" wird.[4] Eine Beteiligung an einer weiteren gewerblich tätigen Personengesellschaft soll hingegen nicht ausreichen.[5]

III. (Vorzeitige) Beendigung der Organschaft

Der für die Organschaft zwingend erforderliche Gewinnabführungsvertrag muss auf mindestens fünf Jahre geschlossen und während seiner gesamten Geltungsdauer durchgeführt werden; eine vorzeitige Beendigung[6] ist (nur) unschädlich, wenn ein wichtiger Grund die Kündigung rechtfertigt, § 14 Abs. 1 Satz 1 Nr. 3 Sätze 1 und 2 KStG. Dies wirft die Frage auf, was im Einzelnen als wichtiger Grund anzuerkennen ist, um die Organschaft vor Ablauf der fünf Jahre steuerschonend beenden zu können.

8.53

Unstreitig kein wichtiger Grund liegt vor, wenn die vorzeitige Vertragsbeendigung bereits bei Abschluss des Gewinnabführungsvertrags feststand.[7] Im Gegensatz dazu wird ein **wichtiger Grund** in folgenden Fällen angenommen:[8]

8.54

– bei Veräußerung oder Einbringung der Organbeteiligung durch die Organträger;
– bei Verschmelzung, Spaltung oder Liquidation von Organträger oder Organgesellschaft;
– bei Ausgliederung auf Ebene der Organgesellschaft;[9]
– bei Verschmelzung von Organgesellschaft auf Organträger (oder umgekehrt);[10]

---

1 Vgl. BFH v. 11.8.1999 – XI R 12/98, BStBl. II 2000, 229 = FR 1999, 1182 m. Anm. *Wendt*; BFH v. 27.8.2014 – VIII R 41/11, BFH/NV 2015, 595; BFH v. 27.8.2014 – VIII R 16/11, BFH/NV 2015, 592; BFH v. 27.8.2014 – VIII R 6/12, BFH/NV 2015, 597.
2 Vgl. BMF v. 10.11.2005 – IV B 7 - S 2770 – 24/05, BStBl. I 2005, 1038 = FR 2005, 1216 Rz. 19; *Herfort*, Internationales Steuer- und Gesellschaftsrecht Aktuell 2010, 39.
3 Vgl. BFH v. 24.7.2013 – I R 40/12, FR 2014, 28 = GmbHR 2013, 1105 m. Anm. *Walter* = BFH/NV 2013, 1737; so bereits BMF v. 10.11.2005 – IV B 7 - S 2770 – 24/05, BStBl. I 2005, 1038 = FR 2005, 1216 Rz. 16.
4 Vgl. *Dötsch* in Dötsch/Pung/Möhlenbrock, § 14 KStG Rz. 148 (August 2016); *Tinter/Klahr/Ungemach*, NWB 2013, 3305; BFH v. 16.6.1982 – I R 118/80, BStBl. II 1982, 662 = FR 1982, 543.
5 BMF v. 10.11.2005 – IV B 7 - S 2770 – 24/05, BStBl. I 2005, 1038 = FR 2005, 1216 Rz. 20.
6 Zu im Rahmen von Umwandlungen zu beachtenden Besonderheiten s. Rz. 8.69 ff.
7 Vgl. R 14.5 Abs. 6 Satz 3 KStR 2015.
8 Vgl. R 14.5 Abs. 6 Satz 2; BMF v. 11.11.2011 – IV C 2 - S 1978-b/08/10001, S 1978 A - 43 - St 51, DOK 2011/0903665, BStBl. I 2011, 1314, Rz. Org.12 sowie Rz. Org.26.
9 Vgl. *Dötsch* in Dötsch/Pung/Möhlenbrock, § 14 KStG Rz. 609 (August 2016) mit Verweis auf *Dötsch* in Dötsch/Pung/Möhlenbrock, Anh. 1 UmwStG Rz. 11 (Januar 2017).
10 Vgl. *Walter* in Ernst & Young, § 14 KStG Rz. 782 (Oktober 2017); *Dötsch* in Dötsch/Pung/Möhlenbrock, § 14 KStG Rz. 593 (August 2016).

- bei Änderungen der wirtschaftlichen und rechtlichen Verhältnisse, so dass die Fortführung des Ergebnisabführungsvertrages nicht mehr zweckmäßig erscheint;[1]

- bei der Begründung von Ausgleichszahlungen oder Abfindungsverpflichtungen durch Eintritt eines neuen, nicht dem gleichen Konzern angehörenden Gesellschafters in eine Organgesellschaft, weil dies gravierende Auswirkungen auf den Organträger haben kann;[2]

- wenn die Fortführung bei vernünftiger kaufmännischer Überlegung nicht mehr sachgerecht ist;[3]

- bei Verlagerung des Geschäftsleitungsorts von Organträger bzw. Organgesellschaft ins Ausland;[4]

- beim Formwechsel einer GmbH in eine AG zur Vorbereitung eines Börsengangs;[5]

- bei schlechter Ertragslage des Organträgers (!);[6]

- bei Aufnahme eines konzernfremden Neugesellschafters im Rahmen einer Barkapitalerhöhung, sofern diese vorzeitige Aufnahme nicht von Anfang an geplant oder absehbar war;[7] sowie

- Eröffnung des Insolvenzverfahrens über das Vermögen des Organträgers oder der Organgesellschaft.[8]

Ob ein steuerlich anzuerkennender wichtiger Grund vorliegt, kann nur im Einzelfall beurteilt werden. Unter Umständen können auch Steuergesetzänderungen einen wichtigen Grund für die (vorzeitige) Beendigung des Ergebnisabführungsvertrages darstellen.[9] Zu nennen sind die Abschaffung der Mehrmütterorganschaft[10] oder die steuerverschärfende Änderung von § 14 Abs. 1 Satz 1 Nr. 5 KStG.[11]

8.55 Besondere Vorsicht ist bei einer **konzerninternen Veräußerung** der Organbeteiligung geboten. Die finanzgerichtliche Rechtsprechung hat diese nicht als wichtigen Grund anerkannt, weil damit die Mindestdauer des Gewinnabführungsvertrags dem Belieben der beteiligten Gesellschaften überlassen sei.[12] Dem ist in dieser Allgemeinheit nicht zuzustimmen. Konzerninterne Veräußerungen der Organbeteiligung sollten als wichtiger Grund anzuerkennen sein, sofern diese betriebswirtschaftlich notwendig und – anders als der entschiedene Fall – nicht ausschließlich steuerlich motiviert sind. Das BFH-Urteil sollte daher mit Augenmaß angewendet und sinnvolle konzerninterne Restrukturierungsmaßnahmen nicht ohne Not behindert werden.

---

1 Vgl. *Dötsch* in Dötsch/Pung/Möhlenbrock, § 14 KStG Rz. 604 (August 2016).
2 Vgl. *Frotscher* in Frotscher/Drüen, § 14 KStG Rz. 683 (Januar 2016); *Walter* in Ernst & Young, § 14 KStG Rz. 785 (November 2016).
3 Vgl. *Frotscher* in Frotscher/Drüen, § 14 KStG Rz. 680 (Januar 2016).
4 Vgl. *Walter* in Ernst & Young, § 14 KStG Rz. 781 (Oktober 2017).
5 Vgl. ähnlich auch *Dötsch* in Dötsch/Pung/Möhlenbrock, § 14 KStG Rz. 607 (August 2016).
6 Vgl. krit. *Dötsch* in Dötsch/Pung/Möhlenbrock, § 14 KStG Rz. 608 (August 2016).
7 So *Kowanda*, GmbH-StB 2017, 351 (357).
8 Vgl. *Frotscher* in Frotscher/Drüen, § 14 KStG Rz. 685 (Januar 2016) mwN.
9 Vgl. *Walter* in Ernst & Young, § 14 KStG Rz. 781 (November 2016).
10 Vgl. BMF v. 10.11.2005 – IV B 7 – S 2770 – 24/05, BStBl. I 2005, 1038 = FR 2005, 1216 Rz. 6.
11 Vgl. *von Freeden/Liekenbrock*, DB 2013, 1690 ff.; *Dötsch* in Dötsch/Pung/Möhlenbrock, § 14 KStG Rz. 605 (August 2016).
12 Vgl. BFH v. 13.11.2013 – I R 45/12, FR 2014, 608 = BeckRS 2014, 94629.

In folgenden Fällen soll ein **wichtiger Grund** für eine vorzeitige Beendigung des Gewinn- 8.56
abführungsvertrages **nicht** vorliegen:[1]

– bei formwechselnder Umwandlung des Organträgers von einer Kapitalgesellschaft in eine Kapitalgesellschaft oder einer Personengesellschaft in eine Personengesellschaft;

– bei formwechselnder Umwandlung der Organgesellschaft von einer Kapitalgesellschaft in eine Kapitalgesellschaft;

– bei Veräußerung von Anteilen am Organträger;

– bei Verschmelzung einer anderen Gesellschaft auf Organträger oder Organgesellschaft;

– bei schlechter Ertragslage der Organgesellschaft,[2] falls keine Bedrohung der Lebensfähigkeit des Gesamtkonzerns vorliegt;[3]

– Schwierigkeiten, die bei Vertragsverhandlungen befürchtet werden, wenn der Ergebnisabführungsvertrag bestehen bleibt;[4] sowie

– wenn der Gewinnabführungsvertrag aus Sicht von Organträger und Organgesellschaft seinen Zweck der Konzernverlustverrechnung erfüllt hat.[5]

D. Verlustnutzung gem. §§ 8c, 8d KStG

I. Verlustuntergang gem. § 8c KStG

Durch die Organschaft sollen insbesondere Verluste zwischen Organgesellschaft und Organ- 8.57
träger verrechnet werden. Organschaften können allerdings nicht verhindern, dass auf Ebene von Organträger und/oder Organgesellschaften (temporäre) Verlustsituationen eintreten. Kommt es dann zu einem schädlichen Beteiligungserwerb i.S.d. § 8c Abs. 1 oder Abs. 2 KStG,[6] gehen die zum schädlichen Beteiligungserwerb nicht ausgeglichenen oder abgezogenen negativen Einkünfte (nicht genutzte Verluste) insoweit anteilig unter (§ 8c Abs. 1 Satz 1 KStG).[7] Werden 50 Prozent auf einen neuen Erwerber übertragen, gehen die Verluste voll-

---

1 Vgl. BMF v. 11.11.2011 – IV C 2 - S 1978-b/08/10001, S 1978 A - 43 - St 51, DOK 2011/0903665, BStBl. I 2011, 1314, Rz. Org.12 und Org.26; *Dötsch* in Dötsch/Pung/Möhlenbrock, § 14 KStG Rz. 607 (August 2016).
2 Vgl. *Dötsch* in Dötsch/Pung/Möhlenbrock, § 14 KStG Rz. 608 (August 2016); OLG Karlsruhe v. 12.4.2001 – 11 Wx 77/00, GmbHR 2001, 523 = NJW-RR 2001, 974; BGH v. 31.5.2011 – II ZR 109/10, BGHZ 190, 45-52 = GmbHR 2011, 922 m. Anm. *Ulrich*.
3 Vgl. FG Berlin-Brandenburg v. 19.10.2011 – 12 K 12078/08, EFG 2012, 443; *Dötsch* in Dötsch/Pung/Möhlenbrock, § 14 KStG Rz. 608 (August 2016); *Fichtelmann*, GmbHR 2005, 1347; implizit auch *Heurung/Engel/Müller-Thomczik*, GmbHR 2012, 1229.
4 Vgl. *Frotscher* in Frotscher/Drüen, § 14 Rz. 683c (Januar 2016).
5 Vgl. BFH v. 13.11.2013 – I R 45/12, BStBl. II 2014, 486.
6 Ein schädlicher Beteiligungserwerb liegt vor, wenn innerhalb von fünf Jahren mittelbar oder unmittelbar mehr als 25 Prozent des gezeichneten Kapitals, der Mitgliedschaftsrechte, der Beteiligungsrechte oder der Stimmrechte an einer Kapitalgesellschaft auf einen neuen Erwerber übertragen werden.
7 Das BVerfG hat § 8c Abs. 1 Satz 1 KStG durch Beschl. v. 29.3.2017 – 2 BvL 6/11, DB 2017, 1124, jedenfalls mit der zeitlichen Grenze des Inkrafttretens des § 8d KStG für mit Art. 3 Abs. 1 GG unvereinbar und damit verfassungswidrig erklärt. Der Gesetzgeber hat indes die Möglichkeit erhalten, rückwirkend für den Zeitraum vom 1.1.2008 bis zum 31.12.2015 eine Neuregelung zu entwerfen oder § 8c Abs. 1 Satz 1 KStG entfallen zu lassen. Vgl. für eine Erörterung des Urteils, etwaiger

ständig unter (§ 8c Abs. 1 Satz 2 KStG). Die Verluste bleiben allerdings erhalten, soweit eine der folgenden drei Ausnahmen greift:

(i) die sog. Konzernklausel (§ 8c Abs. 1 Satz 5 KStG),

(ii) die sog. Stille-Reserven-Klausel (§ 8c Abs. 1 Satz 6 ff. KStG) oder

(iii) die im Jahr 2016 eingeführten Regelungen des § 8d KStG zum sog. Fortführungsgebundenen Verlustvortrag.

Nachfolgend werden deshalb zunächst die Implikationen für Organgesellschaften und Organträger aufgezeigt. Sodann werden die Besonderheiten von Organschaften im Rahmen des Fortführungsgebundenen Verlustvortrags gem. § 8d KStG dargestellt.

1. Schädlicher Erwerb der Beteiligung an der Organgesellschaft

8.58 Der schädliche Beteiligungserwerb der Organgesellschaft führt zum – ggf. anteiligen – Untergang der vororganschaftlichen Verlustvorträge und der laufenden negativen Einkünfte der Organgesellschaft.[1] Eine Besonderheit liegt vor, wenn trotz Beteiligungserwerbs eine bestehende Organschaft fortbesteht, zB wenn der Organträger 30 % der Anteile an der Organgesellschaft hinzuerwirbt. Da § 8c Abs. 1 KStG nur den Untergang von „nicht ausgeglichenen oder abgezogenen negativen Einkünften" anordnet, führt ein unterjähriger Hinzuerwerb von Anteilen an der Organgesellschaft nach der hier vertretenen Auffassung nicht zu einem anteiligen Untergang der negativen Einkünfte, sofern die negativen Einkünfte der Organgesellschaft vom Organträger ausgeglichen werden.[2] Die Finanzverwaltung will allerdings das negative Einkommen auf Ebene der Organgesellschaft vor der Einkommenszurechnung anteilig kürzen.[3] Falls der schädliche Beteiligungserwerb am Organträger bzw. an der Organgesellschaft zum Ende des Wirtschaftsjahres des Organträgers bzw. der Organgesellschaft stattfindet, soll die Verlustkürzung nach § 8c KStG nur beim Organträger nach Zurechnung des Einkommens

---

Handlungsmöglichkeiten des Gesetzgebers und verfahrensrechtlicher Konsequenzen *Blumenberg/Crezelius*, DB 2017, 1405–1410, sowie die Beiträge zum 65. Berliner Steuergespräch am 20.11.2017: *Hörhammer*, FR 2018, 49; *Röder*, FR 2018, 52; *Richter/Welling*, FR 2018, 64; *Sommer/Sediqi*, FR 2018, 67; *U. Prinz*, FR 2018, 76; *Brandis*, FR 2018, 81; *Dorenkamp*, FR 2018, 83. Mittlerweile hat das FG Hamburg den vollständigen Verlustuntergang bei Erwerb einer Mehrheitsbeteiligung (§ 8c Abs. 1 Satz 2 KStG) dem BVerfG vorgelegt, vgl. FG Hamburg v. 29.8.2017 – 2 K 245/17, DStR 2017, 2377, und darüber hinaus auch die Aussetzung der Vollziehung nach § 69 Abs. 3 FGO gewährt, vgl. FG Hamburg v. 11.4.2018 – 2 V 20/18, juris. Im JStG 2018 – zwischenzeitlich umbenannt in „Gesetz zur Vermeidung von Umsatzsteuerausfällen beim Handel mit Waren im Internet und zur Änderung weiterer steuerlicher Vorschriften" – ist eine ersatzlose Streichung des § 8c Abs. 1 Satz 1 KStG für die Jahre 2008–2015 geplant, die ggf. auf die Jahre 2016–2018 erweitert werden soll. Das derzeit in den parlamentarischen Verhandlungen befindliche Gesetzgebungsvorhaben wird voraussichtlich erst Ende 2018 zum Abschluss kommen.

1 So BMF v. 28.11.2017, IV C 2-S 2745-a/09/10002:004, DOK 2017/0789973, BStBl. I 2017, 1645 Rz. 2.
2 Vgl. *Benz*, Ubg 2011, 774; *Lang* in Ernst & Young, § 8c KStG Rz. 77.7 und 77.16 (Februar 2017); *Roser* in Gosch³, § 8c KStG Rz. 98; *Suchanek* in HHR, § 8c KStG, Anm. 32a (Januar 2017); *Neyer*, DStR 2010, 1602; a.A. *Dötsch/Leibner* in Dötsch/Pung/Möhlenbrock, § 8c KStG Rz. 89 (April 2016) mwN; Entwurf BMF v. 15.4.2014 – IV C 2 - S 2745-a/09/10002:004 Rz. 33.
3 Vgl. BMF v. 28.11.2017, IV C 2-S 2745-a/09/10002:004, DOK 2017/0789973, BStBl. I 2017, 1645 Rz. 37. So auch *Neumann/Heuser*, GmbHR 2018, 28.

der Organgesellschaft vorgenommen werden.[1] Die Verlustkürzung erfolgt somit in diesem Fall erst nach Saldierung der Ergebnisse im Organkreis.[2] Vor diesem Hintergrund empfiehlt es sich, den Beteiligungserwerb auf das Ende des Wirtschaftsjahres zu legen.

Unabhängig davon bleiben der vororganschaftliche Verlustvortrag sowie die anteiligen negativen Einkünfte in Höhe der im Inland steuerpflichtigen stillen Reserven im Betriebsvermögen der Organgesellschaft bestehen, § 8c Abs. 1 Sätze 6 und 7 KStG.

2. Schädlicher (unmittelbarer) Erwerb der Beteiligung am Organträger

Werden die Anteile am Organträger (und somit der Organschaftsverbund) veräußert/erworben, sind weitere Effekte zu berücksichtigen. Durch den Beteiligungserwerb kann es zum (anteiligen) Untergang der Verlustvorträge oder bei unterjährigem Erwerb zum anteiligen Untergang der negativen Einkünfte des Organträgers kommen. Negative Einkünfte des Organträgers gehen im Fall eines unterjährigen Beteiligungserwerbs (vorbehaltlich § 8c Abs. 1 Sätze 6 und 7 KStG) nur unter, soweit sie nicht durch positive Einkünfte der Organgesellschaft ausgeglichen werden. Gewinne der Organgesellschaft, die vor einem schädlichen Anteilseignerwechsel am Organträger anfallen, sind nach der hier vertretenen Auffassung auch im Rahmen der Organschaft zu berücksichtigen, und zwar ungeachtet des Umstandes, dass das Einkommen der Organgesellschaft erst nach einer separaten Einkommensermittlung zugerechnet wird.[3] Hierfür spricht der Zweck der Organschaft, der in einer phasengleichen „Saldierung" der Einkommen im Organkreis besteht.[4] Dieser Auslegung hat sich die Finanzverwaltung allerdings nicht angeschlossen und will das negative Einkommen auf Ebene des Organträgers vor der Einkommenszurechnung anteilig kürzen.[5] Nur für den Fall, dass der Beteiligungserwerb zum Ende des Wirtschaftsjahres von Organträger bzw. Organgesellschaft erfolgt, ist die Verlustkürzung auch aus Sicht der Finanzverwaltung nur beim Organträger nach Zurechnung des Einkommens der Organgesellschaft vorzunehmen.[6] Es empfiehlt sich also auch insoweit, den Beteiligungserwerb auf das Ende des Wirtschaftsjahres zu legen.

8.59

Nicht genutzte Verluste des Organträgers sollen nach § 8c Abs. 1 Sätze 6 und 7 KStG bestehen bleiben, sofern im Betriebsvermögen des Organträgers im Inland steuerpflichtige stille Reserven vorhanden sind. Strittig ist bisher die Berücksichtigung der stillen Reserven im inländischen Betriebsvermögen der Organgesellschaft. Ohne die Einbeziehung der stillen Reserven der Organgesellschaft in die stillen Reserven des Organträgers droht die Stille-Reserven-Klausel in Organschaftsfällen häufig leerzulaufen, weil stille Reserven des Organkreises anders als

8.60

---

1 Vgl. BMF v. 28.11.2017, IV C 2-S 2745-a/09/10002:004, DOK 2017/0789973, BStBl. I 2017, 1645 Rz. 32.
2 Vgl. BMF v. 28.11.2017, IV C 2-S 2745-a/09/10002:004, DOK 2017/0789973, BStBl. I 2017, 1645 Rz. 32; Neumann/Heuser, GmbHR 2018, 25.
3 So auch Moritz, GmbHR 2016, 861 ff., Seer, FR 2015, 729 ff. mwN.
4 Vgl. Benz, Ubg 2011, 777; Lang in Ernst & Young, § 8c KStG Rz. 77.17 (Februar 2017); jedenfalls gegen eine Zwischenkonsolidierung zum Zeitpunkt des schädlichen Beteiligungserwerbs: Dötsch/Leibner in Dötsch/Pung/Möhlenbrock, § 8c KStG Rz. 269 (April 2016).
5 Vgl. BMF v. 28.11.2017 – IV C 2-S 2745-a/09/10002:004, DOK 2017/0789973, BStBl. I 2017, 1645 Rz. 37.
6 Vgl. BMF v. 28.11.2017 – IV C 2-S 2745-a/09/10002:004, DOK 2017/0789973, BStBl. I 2017, 1645 Rz. 32; Neumann/Heuser, GmbHR 2018, 25.

nicht genutzte Verluste nicht auf Ebene des Organträgers akkumuliert werden. Nach Ansicht der Finanzverwaltung sind die stillen Reserven der Organgesellschaft nicht beim Organträger zu berücksichtigen.[1] Dieses Ergebnis ist nicht sachgerecht, weil es zum Untergang von nicht genutzten Verlusten führt, obwohl im Organkreis ausreichend steuerpflichtige stille Reserven vorhanden sind.[2]

II. Fortführungsgebundener Verlustvortrag gem. § 8d KStG

8.61 Der Gesetzgeber gewährt für schädliche Beteiligungserwerbe nach dem 31.12.2015 unter bestimmten Voraussetzungen den sog. fortführungsgebundenen Verlustvortrag gem. § 8d KStG, dh. eine antragsgebundene[3] Rückausnahme zum Verlustuntergang gem. § 8c KStG.[4] Die Kapitalgesellschaft muss seit ihrer Gründung oder zumindest seit dem Beginn des dritten Veranlagungszeitraumes vor dem Veranlagungszeitraum des schädlichen Beteiligungserwerbs ausschließlich denselben Geschäftsbetrieb unterhalten haben. In diesem Zeitraum darf auch kein schädliches Ereignis i.S.v. § 8d Abs. 2 KStG eingetreten sein. Im Fall von Organschaften ist Folgendes zu beachten:[5]

(i) Der fortführungsgebundene Verlustvortrag wird nicht gewährt, wenn die übertragene Kapitalgesellschaft am Beginn des dritten Veranlagungszeitraums vor dem Veranlagungszeitraum des schädlichen Beteiligungserwerbs eine Organträgerin gewesen ist (§ 8d Abs. 1 Satz 2 Nr. 2 KStG).

(ii) Gleiches gilt, wenn die übertragene Kapitalgesellschaft innerhalb des Dreijahreszeitraums bzw. im Veranlagungszeitraum des schädlichen Beteiligungserwerbs eine Stellung als Organträgerin einnimmt bzw. eingenommen hatte (§ 8d Abs. 1 Satz 1 i.V.m. Abs. 2 KStG).

(iii) Der zuletzt festgestellte fortführungsgebundene Verlustvortrag geht – soweit nicht die Stille-Reserven-Klausel des § 8c Abs. 1 Satz 6 ff. KStG greift – unter, wenn die übertragene Körperschaft in den Veranlagungszeiträumen nach dem Veranlagungszeitraum des schädlichen Beteiligungserwerbs die Stellung eines Organträgers einnimmt (§ 8d Abs. 2 Satz 2 Nr. 5 KStG). Die zwischenzeitlich genutzten fortführungsgebundenen Verlustvorträge bleiben unberührt.

(iv) Eine Stellung als Organgesellschaft ist hingegen unschädlich.[6] Die fortführungsgebundenen Verlustvorträge sind allerdings während der Organschaft grundsätzlich nicht nutzbar, da es sich um vororganschaftliche Verlustvorträge handelt.

Die Regelung soll nach Ansicht des Gesetzgebers Gestaltungsmöglichkeiten einschränken und Missbräuche vermeiden. Ob es einer derart weitreichenden typisierenden Missbrauchsvermeidung bedurfte, darf allerdings bezweifelt werden. Unseres Erachtens schießt die Regelung weit über das Ziel hinaus, da aus der Stellung als Organträgerin per se kein missbräuchlicher Han-

---

1 Vgl. BMF v. 28.11.2017, IV C 2-S 2745-a/09/10002:004, DOK 2017/0789973, BStBl. I 2017, 1645, Rz. 32; Neumann/Heuser, GmbHR 2018, 25.
2 Vgl. Dötsch/Leibner in Dötsch/Pung/Möhlenbrock, § 8c KStG Rz. 189 (April 2016); Bien/Wagner, BB 2009, 2631; Sistermann/Brinkmann, DStR 2009, 2636; Scheunemann/Dennisen/Behrens, BB 2010, 28 f.; Dörr, NWB 2010, 197.
3 Vgl. Lang in Ernst & Young, § 8d KStG Rz. 29 (September 2017).
4 Vgl. Förster/von Cölln, DStR 2017, 9.
5 Vgl. Lang in Ernst & Young, § 8d KStG Rz. 40 (September 2017).
6 Vgl. Förster/von Cölln, DStR 2017, 13.

del mit Verlustvorträgen abgeleitet werden kann. Es muss mehr hinzutreten, um einen Missbrauch vermuten zu dürfen.

E. Gestaltungsmöglichkeiten bei grenzüberschreitendem Unternehmenserwerb

I. Strukturierungsaspekte bei Inbound-Investitionen

1. Steuerwirksamer Abzug von Akquisitionsaufwendungen

Eines der Hauptziele bei Inbound-Investitionen ist aus steuerlicher Sicht regelmäßig der **steuerwirksame Abzug** von im Zusammenhang mit der Investition stehenden **Aufwendungen im Inland** (ggf. im In- und Ausland), insbesondere von Finanzierungsaufwendungen aus dem Erwerb und der laufenden Finanzierung des Inlandsengagements. Noch bevor die generell bestehenden Regelungen über etwaige Beschränkungen des Zinsabzugs (vgl. insbesondere die Zinsschranke gem. § 4h EStG und Fremdvergleichsüblichkeit der vereinbarten Zinsen) zum Tragen kommen, besteht die steuerliche Gestaltungsaufgabe zunächst darin, den Finanzierungsaufwand und die operativen Einkünfte der Zielgesellschaft steuerlich zusammen zu bringen.

8.62

Zu diesem Zweck werden bei Inbound-Akquisitionen in der Praxis häufig spezielle Akquisitionsgesellschaften genutzt, die vom ausländischen Investor mit Eigen- und ggf. Gesellschafterfremdkapital ausgestattet werden und die außerdem externes Fremdkapital aufnehmen, um aus diesen Mitteln den Erwerb eines inländischen Target-Unternehmens zu finanzieren; grafisch:[1]

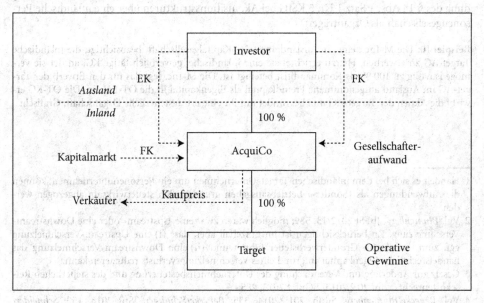

---

1 Vgl. dezidiert zu diesem Sachverhalt *Blumenberg*, JbFSt 2012/13, 587 ff.

Handelt es sich bei dem Zielunternehmen um eine Kapitalgesellschaft, wie in der vorstehenden Abbildung, so scheitert ein steuerwirksamer Abzug der Vergütungen für das Gesellschafterfremdkapital wie auch für das externe Fremdkapital zunächst einmal an dem für die Besteuerung von Körperschaften geltenden Trennungsprinzip.[1] Denn regelmäßig erzielt die Akquisitionsgesellschaft (die „AcquiCo") keine oder nur geringe eigene Einkünfte, so dass sich – vorbehaltlich der Begründung einer Organschaft – auf Ebene der AcquiCo steuerliche Zins- oder Verlustvorträge aufbauen, die im Zweifel nie genutzt werden können. Zur Konsolidierung dieser Aufwendungen mit den operativen Gewinnen des Targets kommen neben üblicherweise weitreichenden umwandlungsrechtlichen Maßnahmen (zB Verschmelzung)[2] die Begründung einer Organschaft zwischen der Akquisitionsgesellschaft und dem Zielunternehmen in Betracht. Verfügt das Target-Unternehmen über inländischen Grundbesitz, so bietet die Begründung der Organschaft gegenüber der Verschmelzung insbesondere den Vorteil, dass keine (weitere) Grunderwerbsteuer ausgelöst wird.

2. Beschränkung der doppelten Verlustberücksichtigung, § 14 Abs. 1 Satz 1 Nr. 5 KStG

8.63 Eine Einschränkung erfährt der Steuervorteil aus der Nutzung der Organschaft bei Erwerbsstrukturen insbesondere durch § 14 Abs. 1 Satz 1 Nr. 5 KStG, wonach die **doppelte** (in- und ausländische) **Verlustnutzung** verhindert werden soll.[3] Nach dieser Vorschrift bleiben negative Einkünfte des Organträgers oder der Organgesellschaft bei der inländischen Besteuerung unberücksichtigt, soweit sie in einem ausländischen Staat im Rahmen der Besteuerung des Organträgers, der Organgesellschaft oder einer anderen Person berücksichtigt werden. § 14 Abs. 1 Satz 1 Nr. 5 KStG ist sowohl im Tatbestand als auch in den Rechtsfolgen umstritten, insbesondere dessen Reichweite ist unklar.[4] Besonders kontrovers diskutiert wird die Anwendung des § 14 Abs. 1 Satz 1 Nr. 5 KStG bei Akquisitionsstrukturen über eine inländische Personengesellschaft als Organträger:[5]

8.64 **Beispiel 10:** Die M-Inc., eine im Ausland ansässige Kapitalgesellschaft, beabsichtigt, die inländische Target-AG zu erwerben. Hierzu errichtet sie eine inländische, gewerblich tätige KG, an der sie vermögensmäßig zu 100 % als Kommanditist beteiligt ist. Die M-Inc. legt das für den Erwerb der Target-AG im Ausland aufgenommene Fremdkapital als Eigenkapital in die OT-KG ein. Die OT-KG erwirbt die Aktien der Target-AG und begründet mit ihr eine ertragsteuerliche Organschaft. Grafisch:

---

[1] Handelt es sich bei dem inländischen Target-Unternehmen um ein Personenunternehmen, können die Aufwendungen als (Sonder-) Betriebsausgaben grundsätzlich steuerwirksam abgezogen werden.
[2] Vgl. *Blumenberg*, JbFSt 2012/13, 589; möglich wären zwar eine Upstream- oder eine Downstream-Verschmelzung. Zu berücksichtigen ist im Einzelfall aber, dass (i) eine Upstream-Verschmelzung ggf. zum Anfall von Grunderwerbsteuer führen und (ii) eine Downstream-Verschmelzung das handelsrechtliche Eigenkapital aufgrund eines Verschmelzungsverlusts reduzieren kann.
[3] Gesetz zur Änderung und Vereinfachung der Unternehmensbesteuerung und des steuerlichen Reisekostenrechts vom 20.2.2013, BGBl. I 2013, 285.
[4] Vgl. *Benecke/Blumenberg*, StbJb. 2013/2014, 355; *Benecke/Schnitger*, IStR 2013, 150; *Schneider/Schmitz*, GmbHR 2013, 285; *Frotscher* in Frotscher/Drüen, § 14 KStG Rz. 477 ff. (Januar 2015); *Stangl/Brühl*, Der Konzern 2013, 98 ff.
[5] Vgl. *Schaden/Polatzky*, IStR 2013, 131 ff.; zur Struktur vgl. *Herfort*, Internationales Steuer- und Gesellschaftsrecht Aktuell 2010, 37.

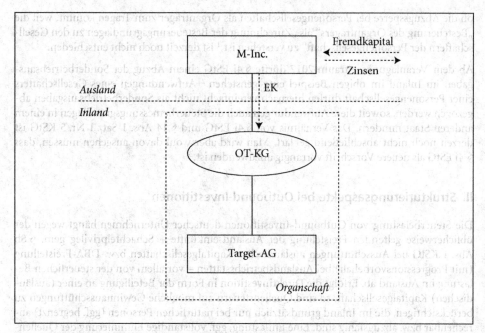

Grundsätzlich stellen die Fremdkapitalzinsen der M-Inc. im Inland zu berücksichtigende Sonderbetriebsausgaben im Zusammenhang mit ihrer Beteiligung an der OT-KG dar und können aufgrund der Organschaft – vorbehaltlich einer etwaigen Anwendung des § 14 Abs. 1 Satz 1 Nr. 5 KStG – mit den Ergebnissen der Target-AG verrechnet werden. Sofern das Ausland keine der deutschen Mitunternehmerkonzeption vergleichbare Besteuerung kennt oder die OT-KG wie eine Kapitalgesellschaft behandelt, stellen die Fremdkapitalzinsen auf Ebene der M-Inc. abzugsfähigen Aufwand dar. Im Ergebnis sind die Zinsaufwendungen – ab Veranlagungszeitraum 2017 vorbehaltlich des § 4j EStG – sowohl im Inland als auch im Ausland abzugsfähig ("double dip"). Es stellt sich die Frage nach der Anwendung des § 14 Abs. 1 Satz 1 Nr. 5 KStG.

Die Beantwortung dieser Frage hängt insbesondere vom Verständnis des Begriffs der "Einkünfte" des Organträgers ab. Keine Anwendung findet die Abzugssperre, wenn die Personengesellschaften nur als Objekte der Einkünfteermittlung, nicht jedoch als Steuersubjekte betrachtet werden.[1] Vorliegend werden die negativen Einkünfte vom Gesellschafter, der M-Inc., erzielt, die selbst jedoch nicht Organträger ist.[2] Zu einem anderen Ergebnis würde man gelangen, wenn man, wie es vermutlich die Finanzverwaltung tut, § 14 Abs. 1 Satz 1 Nr. 5 KStG als Einkünfteermittlungsvorschrift ansieht.[3] Nach der hier vertretenen Auffassung ist dies nicht der Fall, denn dazu hätte die Abzugssperre in § 15 KStG geregelt werden müssen. Die Frage,

---

[1] Vgl. *Neumann* in Gosch³, § 14 KStG Rz. 479; *Dötsch* in Dötsch/Pung/Möhlenbrock, § 14 KStG Rz. 654 (August 2016); *Frotscher* in Frotscher/Drüen, § 14 KStG Rz. 499 (Januar 2015); *Benecke/Schnitger*, IStR 2013, 147.
[2] Vgl. *Löwenstein/Maier*, IStR 2002, 191; *Jänisch/Klein*, BB 2007, 697.
[3] Vgl. *Dötsch* in Dötsch/Pung/Möhlenbrock, § 14 KStG Rz. 657 (August 2016).

ob die Abzugssperre bei Personengesellschaften als Organträger zum Tragen kommt, weil die „Besteuerung des Organträgers" als „Zurechnung der Besteuerungsgrundlagen zu den Gesellschaftern der Personengesellschaft" zu verstehen ist,[1] ist derzeit noch nicht entschieden.

Ab dem Veranlagungszeitraum 2017 dürfte § 4i EStG einem Abzug der Sonderbetriebsausgaben im Inland im obigen Beispiel entgegenstehen.[2] Aufwendungen eines Gesellschafters einer Personengesellschaft dürfen hiernach vereinfacht nicht als Sonderbetriebsausgaben abgezogen werden, soweit diese Aufwendungen auch die Steuerbemessungsgrundlagen in einem anderen Staat mindern. Das Verhältnis von § 4i EStG und § 14 Abs. 1 Satz 1 Nr. 5 KStG ist derzeit noch nicht abschließend geklärt. Man wird aber wohl davon ausgehen müssen, dass § 4i EStG als neuere Vorschrift vorrangig anzuwenden ist.[3]

II. Strukturierungsaspekte bei Outbound-Investitionen

8.65 Die Steuerbelastung von Outbound-Investitionen deutscher Unternehmen hängt wegen der üblicherweise geltenden Freistellung der Auslandseinkünfte – Schachtelprivileg gem. § 8b Abs. 1 KStG bei Ausschüttungen ausländischer Kapitalgesellschaften bzw. DBA-Freistellung (mit Progressionsvorbehalt) bei Auslandsbetriebsstätten – vor allem von der steuerlichen Belastung im Ausland ab. Erfolgt die Direktinvestition in Form der Beteiligung an einer (ausländischen) Kapitalgesellschaft, so sind Quellensteuern auf mögliche Gewinnausschüttungen zu berücksichtigen, die im Inland grundsätzlich nur bei natürlichen Personen (ggf. begrenzt) anrechenbar bzw. abzugsfähig sind. Eine Entlastung, ggf. vollständige Eliminierung der Quellensteuer kann sich nach DBA oder Mutter-/Tochterrichtlinie ergeben, wobei ggf. Anti Treaty/Directive Shopping-Regelungen zu beachten sind.

Wird das inländische Unternehmen in der Rechtsform der Personengesellschaft (an der natürliche Personen als Gesellschafter beteiligt sind) betrieben, kann die Zwischenschaltung einer inländischen Tochterkapitalgesellschaft, zu der ein Organschaftsverhältnis begründet wird, unter Gestaltungsgesichtspunkten steuerlich vorteilhaft sein.

8.66 **Beispiel 11:** Die inländische, gewerblich tätige OT-KG, an der als Kommanditisten im Inland ansässige natürliche Personen beteiligt sind, begründet eine Organschaft mit der inländischen OG-GmbH. Diese wiederum nimmt die Direktinvestition im Ausland vor, entweder durch (a) unmittelbares Tätigwerden im Ausland unter Begründung einer ausländischen Betriebsstätte bzw. Beteiligung an einer ausländischen („steuertransparenten") Personengesellschaft oder (b) 100 %ige Beteiligung an einer im Ausland ansässigen Tochterkapitalgesellschaft. Grafisch:

---

1 Vgl. *Frotscher* in Frotscher/Drüen, § 14 KStG Rz. 499 (Januar 2015). *Frotscher* hält eine Anwendung von § 14 Abs. 1 Satz 1 Nr. 5 KStG a.F. auf Personengesellschaften auch aus verfassungsrechtlichen Gründen für geboten; *Benecke/Schnitger*, IStR 2013, 146; so wohl auch *Dötsch* in Dötsch/Pung/Möhlenbrock, § 14 KStG Rz. 654 (August 2016).
2 Vgl. *Pohl* in Blümich, § 4i EStG Rz. 24 (November 2017); *Gosch* in Kirchhof[17], § 4i EStG Rz. 4.
3 Vgl. *Gosch* in Kirchhof[17], § 4i EStG Rz. 4.

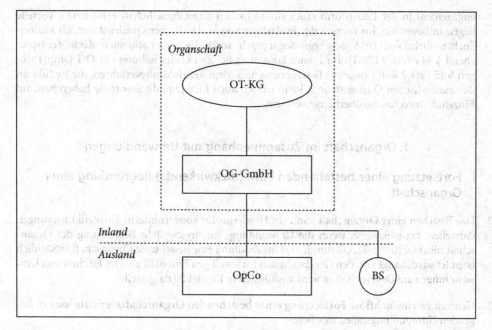

Direktinvestition in Form einer ausländischen Betriebsstätte/Personengesellschaft: 8.67
Begründet die inländische OT-KG im Ausland eine Betriebsstätte oder beteiligt sie sich unmittelbar an einer ausländischen Personengesellschaft (die im Ausland über eine feste Geschäftseinrichtung verfügt), so werden die inländischen Gesellschafter der OT-KG im Ausland (beschränkt) einkommensteuerpflichtig, wobei der Tarif der ausländischen Einkommensteuer regelmäßig höher liegt als der Tarif der ausländischen Körperschaftsteuer. Insoweit kann die Zwischenschaltung einer inländischen Kapitalgesellschaft (OG-GmbH), zu der eine Organschaft begründet wird, Vorteile bieten: Werden die ausländischen Unternehmensgewinne der OG-GmbH nach DBA von der inländischen Besteuerung freigestellt, lässt sich durch die Zwischenschaltung der organschaftlich verbundenen OG-GmbH – vereinfacht (abgesehen von Progressionseffekten bei Einkommensteuersätzen von unter 42 % bzw. 45 %) – eine Steuerentlastung in Höhe der Differenz zwischen dem ausländischen Einkommensteuer- und dem ausländischen Körperschaftsteuersatz erreichen.[1] Die Freistellung der Betriebsstätteneinkünfte wird auch nicht durch § 15 Satz 2 KStG eingeschränkt.[2] Besteht kein DBA oder gilt die Anrechnungsmethode, lassen sich im Einzelfall Anrechnungsüberhänge vermeiden. Vorteile hat die Zwischenschaltung der OG-GmbH zudem im Hinblick auf steuerliche Befolgungskosten, da bei Zwischenschaltung einer Kapitalgesellschaft typischerweise nur diese, nicht aber alle Gesellschafter des Personenunternehmens, Steuererklärungen im Ausland abgeben müssen.[3]

Direktinvestition in Form einer ausländischen Kapitalgesellschaft: Die Zwischenschaltung der inländischen OG-GmbH kann auch dann von Vorteil sein, wenn das Auslands- 8.68

---

1 Vgl. *Kaminski*, Stbg 2013, 220 f.; *Pohl/Staringer*, JbFSt 2013/2014, 557 f.; die Autoren gehen auch auf erbschaftsteuerliche Vorteile aus der Zwischenschaltung einer Kapitalgesellschaft ein. Siehe für Investments in der Türkei: *Seker*, IWB 2012, 66.
2 Vgl. *Erle/Heurung* in Erle/Sauter[3], § 15 KStG Rz. 51; *Neumann* in Gosch[3], § 15 KStG Rz. 31a mwN.
3 Vgl. *Pohl/Staringer*, JbFSt 2013/14, 559.

engagement in der Rechtsform einer ausländischen Kapitalgesellschaft erfolgt. Die Vorteile liegen insbesondere im Bereich der Entlastung von ausländischer Quellensteuer, zB Mutter-Tochter-Richtlinie, DBA oder ggf. sogar nach ausländischem nationalen Recht (entsprechend § 44a Abs. 9 EStG). Im Inland kommt es bei Zwischenschaltung der OG-GmbH wegen § 15 Satz 2 KStG zwar zur Besteuerung nach dem Teileinkünfteverfahren, die Reduktion der ausländischen Quellensteuern kann jedoch auch hier Liquiditätsvorteile haben bzw. im Einzelfall Anrechnungsüberhänge vermeiden.

F. Organschaft im Zusammenhang mit Umwandlungen

I. Fortsetzung einer bestehenden bzw. (rückwirkende) Begründung einer Organschaft

8.69 Das Bestehen einer Organschaft kann ein Hindernis für konzerninterne Umstrukturierungen darstellen, beispielsweise, wenn die Umwandlung zur ungewollten Beendigung der Organschaft führt (s. Rz. 8.53). Ob durch die Umwandlung eine bestehende Organschaft tatsächlich beendet wird, hängt von den Gegebenheiten im jeweiligen Einzelfall ab. Der Einfluss von Umwandlungen auf Organschaften wird ausführlich in Kapitel 20 dargestellt.

8.70 Generell ist eine **nahtlose Fortsetzung eines bestehenden Organschaftsverhältnisses** in folgenden Umwandlungsfällen möglich:[1]

– bei der Verschmelzung des Organträgers auf ein anderes gewerbliches Unternehmen i.S.d. § 14 Abs. 1 Satz 1 Nr. 2 KStG;

– bei der Aufspaltung des Organträgers, wenn die Beteiligung an der Organgesellschaft auf ein gewerbliches Unternehmen i.S.d. § 14 Abs. 1 Satz 1 Nr. 2 KStG übergeht;

– bei der Abspaltung der Beteiligung an der Organgesellschaft auf ein gewerbliches Unternehmen i.S.d. § 14 Abs. 1 Satz 1 Nr. 2 KStG;

– bei der Ausgliederung eines Betriebs, zu dem auch die Beteiligung an der Organgesellschaft gehört, auf ein gewerbliches Unternehmen i.S.d. § 14 Abs. 1 Satz 1 Nr. 2 KStG;

– beim Formwechsel des Organträgers, wenn anschließend die Voraussetzung des § 14 Abs. 1 Satz 1 Nr. 2 KStG vorliegt. Für einen Formwechsel in ein Personenunternehmen ist deshalb notwendig, dass dieses gewerblich tätig ist (s. Rz. 8.50).

8.71 Entscheidendes Kriterium für die Fortsetzung einer bestehenden Organschaft ist die **finanzielle Eingliederung der Organgesellschaft**[2] zum aufnehmenden Organträger, die bekanntlich ab dem Beginn des Wirtschaftsjahres der Organgesellschaft bestehen muss. In diesem Zusammenhang spielt die umwandlungssteuerliche Rückwirkungsfiktion (§§ 2, 20 Abs. 5 und 6 sowie § 24 Abs. 4 UmwStG) eine ausschlaggebende Rolle.[3] Grundsätzlich werden durch die Rückwirkung der steuerliche Übertragungsstichtag und die hiermit verbundene steuerliche Zurechnung der Beteiligung an der Organgesellschaft um bis zu acht Monate zurückgelegt, mithin auf einen im Umwandlungszeitpunkt ggf. bereits verstrichenen Beginn des Wirt-

---

1 Vgl. BMF v. 11.11.2011 – IV C 2 - S 1978-b/08/10001, S 1978 A – 43 – St 51, DOK 2011/0903665, BStBl. I 2011, 1314, Rz. Org.01, 02, 06, 07, 08 und 10.
2 Vgl. Brühl, Ubg 2016, 586.
3 Vgl. Zur Sichtweise des BFH auch BFH v. 28.7.2010 – I R 89/09, BStBl. II 2011, 528, BFH v. 17.9.2003 – I R 55/02, BStBl. II 2004, 534; s.a. Rödder/Liekenbrock, Ubg 2015, 445 (447).

schaftsjahres der Organgesellschaft.[1] Allerdings verlangt die Finanzverwaltung, dass die Tochtergesellschaft zum steuerlichen Übertragungsstichtag bereits in den übertragenden Rechtsträger finanziell eingegliedert ist. Hierdurch kann es insbesondere in solchen Fällen, in denen der Übertragungsstichtag nicht auf den Beginn des Geschäftsjahres der Organgesellschaft fällt, zu einer ungewollten Organschaftspause kommen, ggf. sogar zum Wegfall der Organschaft.[2] Die Lösung dieses Problems kann in der Umstellung des Geschäftsjahres der Organgesellschaft auf den steuerlichen Übertragungsstichtag liegen. In Zweifelsfällen kann es ratsam sein, insoweit eine verbindliche Auskunft nach § 89 Abs. 2 AO einzuholen.[3]

Daneben kann die Organschaft auch bei einer **Einbringung der Beteiligung** an der Organgesellschaft im Wege des Anteilstauschs i.S.d. § 21 UmwStG in ein gewerbliches Unternehmen i.S.d. § 14 Abs. 1 Satz 1 Nr. 2 KStG fortgesetzt werden. Voraussetzung hierfür ist, dass das betreffende Wirtschaftsjahr der Organgesellschaft nach dem steuerlichen Übertragungsstichtag beginnt.[4]

8.72

Problematisch sind die Fälle, in denen die **finanzielle Eingliederung** zur Tochtergesellschaft erst **rückwirkend** geschaffen wird. Zwar lässt sich durch Umwandlung die Beteiligung an der Organgesellschaft mit steuerlicher Rückwirkung nach § 2, § 20 Abs. 5 und 6 sowie § 24 Abs. 4 UmwStG auf den aufnehmenden Rechtsträger übertragen.[5] Nicht ausreichend ist aber, wenn die Voraussetzung der finan-ziellen Eingliederung erst infolge der Umwandlung geschaffen wird. Dies ist zB der Fall, wenn übertragender und aufnehmender Rechtsträger vor der Umwandlung jeweils zu weniger als 50 %, aber der aufnehmende Rechtsträger in Folge der Umwandlung zu mehr als 50 % an der Organgesellschaft beteiligt ist. In einem solchen Fall ist die Organgesellschaft nach Auffassung der Finanzverwaltung nicht bereits ab dem steuerlichen Übertragungsstichtag in den übernehmenden Rechtsträger finanziell eingegliedert.[6] Soweit ersichtlich, hat sich der BFH zu dieser Fragestellung noch nicht geäußert.[7] UE lässt sich mit beachtlichen Argumenten vertreten, dass die Anteile an der potentiellen Organgesellschaft auch dann zu einer finanziellen Eingliederung ab dem steuerlichen Übertragungsstichtag führen, wenn die übertragende und die aufnehmende Gesellschaft jeweils zwar weniger als 50 % der Stimmrechte aus den Anteilen an der Organgesellschaft halten, jedoch durch die Umwandlung eine Mehrheitsbeteiligung zum steuerlichen Übertragungsstichtag geschaffen wird.[8]

8.73

---

1 Vgl. BMF v. 11.11.2011 – IV C 2 - S 1978-b/08/10001, S 1978 A – 43 – St 51, DOK 2011/0903665, BStBl. I 2011, 1314, Rz. Org.03. Vgl. zur Kritik *Blumenberg/Lechner*, DB 2012, Beilage 1, 58 f.
2 Für Einzelheiten und Beispiele vgl. *Blumenberg/Lechner*, DB 2012, Beilage 1, 57.
3 Vgl. *Brühl*, Ubg 2016, 595.
4 Vgl. BMF v. 11.11.2011 – IV C 2 - S 1978-b/08/10001, S 1978 A – 43 – St 51, DOK 2011/0903665, BStBl. I 2011, 1314, Rz. Org.08.
5 Vgl. BFH v. 28.7.2010 – I R 89/09, BStBl. II 2011, 528 = FR 2011, 184; s. auch BFH v. 28.7.2010 – I R 111/09, GmbHR 2011, 44 = BFH/NV 2011, 67-68.
6 Vgl. BMF v. 11.11.2011 – IV C 2 - S 1978-b/08/10001, S 1978 A – 43 – St 51, DOK 2011/0903665, BStBl. I 2011, 1314, Rz. Org.03.
7 Der BFH hat allerdings in einem anders gelagerten Fall eine finanzielle Eingliederung vom Beginn des Wirtschaftsjahrs der Organgesellschaft auch unter Geltung einer umwandlungssteuerrechtlichen Rückwirkungsfiktion abgelehnt, wenn die Anteile an der Organgesellschaft im Rückwirkungszeitraum (unterjährig) von einem Dritten auf den Organträger übergehen, vgl. BFH v. 10.5.2017 – I R 19/15, BFHE 258, 344.
8 So auch *Blumenberg/Lechner*, DB 2012, Beilage 1, 59; *Neumann* in Gosch³, § 14 KStG Rz. 159, *Blumenberg* in Herzig, Organschaft, 2003, 252; *Gosch*, StBp 2004, 27.

II. Mehrabführungen aus Umwandlungsmaßnahmen

8.74 Sofern die Umwandlung zu sog. Mehr- oder Minderabführungen (Rz. 7.74)[1] (Unterschiede zwischen dem handelsrechtlichen Gewinn, der unter dem Gewinnabführungsvertrag an den Organträger abzuführen ist, und dem steuerbilanziellen Gewinn der Organgesellschaft, welcher dem Organträger zuzurechnen ist) führt, ist besonderes Augenmerk geboten. In der Praxis ist der handelsrechtliche Übernahmegewinn nur selten mit der in der Steuerbilanz des Übernehmers ausgewiesenen Vermögensmehrung identisch. Offensichtlich ist dies, wenn die Umwandlung steuerlich zu Buchwerten, handelsrechtlich aber zu Verkehrswerten erfolgt. Aber auch im Falle einer einheitlichen Ausübung des Bewertungswahlrechts gibt es regelmäßig Differenzen aufgrund von Unterschieden zwischen den handels- und den steuerrechtlichen Gewinnermittlungsvorschriften.

8.75 Die steuerliche Behandlung von Mehr- oder Minderabführungen richtet sich allgemein danach, ob die Abweichungsursache in vororganschaftlicher oder in organschaftlicher Zeit liegt. Im ersten Fall gelten Mehrabführungen als Gewinnausschüttungen der Organgesellschaft und werden Minderabführungen steuerlich als Einlage des Organträgers behandelt (§ 14 Abs. 3 KStG). Für Mehr- oder Minderabführungen, die ihre Ursache hingegen in organschaftlicher Zeit haben, sind in der Steuerbilanz des Organträgers passive bzw. aktive Ausgleichsposten in Höhe eines der Beteiligungsquote des Organträgers entsprechenden Betrags zu bilden (§ 14 Abs. 4 Satz 1 KStG). Bei Veräußerung der Organbeteiligung und in gleichgestellten Fällen sind aktive Ausgleichsposten beim Organträger gewinnmindernd, passive Ausgleichsposten gewinnerhöhend aufzulösen (§ 14 Abs. 4 Satz 2 ff. KStG). Zusammen mit dem sonstigen Veräußerungsgewinn oder -verlust aus der Anteilsveräußerung unterliegen die Gewinne oder Verluste aus der Auflösung von Ausgleichsposten der Besteuerung unter Berücksichtigung der Regelungen der §§ 3 Nr. 40, 3c Abs. 2 EStG bzw. § 8b KStG. Damit sind die Ausgleichsposten für natürliche Personen und Personengesellschaften mit natürlichen Personen als Gesellschaftern besonders bedeutsam (keine Anwendung von § 8b KStG).

8.76 Nach hM bleiben **Ausgleichsposten** bei fortbestehender Beteiligung erhalten, wenn bei Beendigung der Organschaft **keine Veräußerung** stattfindet oder **kein veräußerungsgleicher Vorgang** vorliegt.[2] Allerdings sieht die Finanzverwaltung die Umwandlung und Einbringung auf Ebene des übertragenden Rechtsträgers als Veräußerungsvorgang an.[3] Entsprechend soll bei Verschmelzungen, Auf- und Abspaltung grundsätzlich eine Veräußerung der Organbeteiligung i.S.d. § 14 Abs. 4 Satz 2 KStG vorliegen, die zur Auflösung der Ausgleichsposten führt.[4] Abweichend davon kann der Übernehmer die Ausgleichsposten fortführen, wenn die Umwandlung zu Buchwerten (dann volle Fortführung) oder zu Zwischenwerten (dann anteilige Auflösung und anteilige Fortführung) erfolgt und die Organschaft fortgesetzt wird. Die Voraussetzung der Fortführung der Organschaft wird kritisiert, weil der Ausgleichspos-

---

1 Vgl. Auch *Franzen/Graessner*, NWB 2016, 1975.
2 Vgl. R 14.8 Abs. 3 Sätze 1,2 KStR 2015.
3 Vgl. BMF v. 11.11.2011 – IV C 2 – S 1978-b/08/10001, S 1978 A – 43 – St 51, DOK 2011/0903665, BStBl. I 2011, 1314, Rz. 00.02.
4 Vgl. BMF v. 11.11.2011 – IV C 2 – S 1978-b/08/10001, S 1978 A – 43 – St 51, DOK 2011/0903665, BStBl. I 2011, 1314, Rz. Org.05 für die Verschmelzung, Rz. Org.06 Abs. 2 für die Aufspaltung, Rz. Org.07 Abs. 2 für die Abspaltung und Rz. Org.10 für den Formwechsel des Organträgers.

ten einen Korrekturposten zum Beteiligungsbuchwert bildet und der Ausgleichsposten eben auch bei Beendigung der Organschaft fortgeführt werden kann.[1] Unstreitig aufzulösen sind organschaftliche Ausgleichsposten bei Formwechsel der Organgesellschaft in eine Personengesellschaft oder bei Verschmelzung der Organgesellschaft auf eine Personengesellschaft (§ 14 Abs. 4 Satz 5 KStG).

Als nachteilig können sich vor allem **Mehrabführungen**, die ihre Ursache in **vororganschaftlicher Zeit** haben, erweisen. Diese stellen beim Organträger gem. § 14 Abs. 3 KStG Ausschüttungen dar, soweit für sie nicht das Einlagekonto i.S.d. § 27 KStG als verwendet gilt und sind im besten Fall nach § 8b KStG nur zu 5 % steuerpflichtig. Ist der Organträger eine natürliche Person oder eine Personengesellschaft mit natürlichen Personen als Gesellschaftern, so besteht nach dem Teileinkünfteverfahren eine Steuerpflicht zu 60 %. Hinzu kommt, dass die fiktiven Ausschüttungen der Kapitalertragsteuer unterliegen, was Liquiditätsnachteile haben kann.[2] Nach Auffassung der Finanzverwaltung sollen Mehrabführungen infolge von Umwandlungen und Einbringungen auf die Organgesellschaft immer als vororganschaftlich verursacht gelten, wenn das übertragene Vermögen steuerlich zu Buchwerten, handelsrechtlich aber zu Verkehrswerten angesetzt wird.[3] Weiter sollen, sofern bereits bei dem übertragenden Rechtsträger Bewertungsunterschiede zwischen Handels- und Steuerbilanz bestanden, sowohl der Unterschiedsbetrag der handels- und steuerlichen Übernahmegewinne als auch die Gewinnunterschiede aus der späteren Auflösung der Bewertungsdifferenzen dem § 14 Abs. 3 KStG unterfallen.[4] Diese Auffassung der Finanzverwaltung ist umstritten. Die Ursache der in organschaftlicher Zeit erfolgten Mehrabführung ist Folge von nicht zum Organkreis gehörenden Vermögensübertragungen und damit nicht vororganschaftlich, sondern außerorganschaftlich begründet. Die Gleichsetzung der außerorganschaftlichen Verursachung mit einer vororganschaftlichen Verursachung findet in der Literatur Unterstützung und Gegner.[5]

8.77

Anders kann die Situation aussehen, wenn sich die **Mehrabführung** infolge einer **Umwandlung der Organgesellschaft** ergibt:[6]

8.78

Beispiel 12: Die OG-GmbH ist derzeit überwiegend mit Eigenkapital finanziert. Sie verfügt über zwei profitable Teilbetriebe – A und B. Die Unternehmensführung möchte das günstige Zinsniveau nutzen und die Fremdfinanzierung der OG-GmbH um € 10 Mio. erhöhen. Die freigesetzte Liquidität soll möglichst steuerschonend zum Organträger transferiert werden. Zu diesem Zweck wird Teilbetrieb A, der über stille Reserven von € 10 Mio. verfügt, auf die 100 %ige Tochtergesellschaft ausgegliedert:

---

1 Vgl. *Blumenberg/Lechner*, DB 2012, Beilage 1, 64 f. mwN.
2 Umwandlungsvorgänge, die nach dem UmwStG nach dem steuerlichen Buchwertansatz eigentlich steuerneutral sein sollen, können auf diese Weise mit ggf. erheblichen Steuerbelastungen belegt sein. Für Einzelheiten vgl. *Blumenberg/Lechner*, DB 2012, Beilage 1, 57 und 68 ff.
3 Vgl. BMF v. 11.11.2011 – IV C 2 - S 1978-b/08/10001, S 1978 A – 43 – St 51, DOK 2011/0903665, BStBl. I 2011, 1314, Rz. Org.33.
4 Vgl. BMF v. 11.11.2011 – IV C 2 - S 1978-b/08/10001, S 1978 A – 43 – St 51, DOK 2011/0903665, BStBl. I 2011, 1314, Rz. Org.34.
5 Vgl. *Blumenberg/Lechner*, DB 2012, Beilage 1, 69 mwN.
6 Vgl. zB *Dötsch/Pung* in Lüdicke/Mössner/Hummel, Das Steuerrecht der Unternehmen, 2013, 68 ff. mwN.

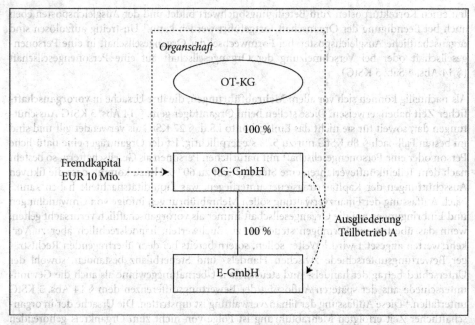

Während die Ausgliederung steuerlich zu Buchwerten (§ 20 UmwStG) erfolgt, werden die stillen Reserven von € 10 Mio. in der Handelsbilanz der OG-GmbH durch den Ansatz der Verkehrswerte aufgedeckt und erhöhen die Gewinnabführung der OG-GmbH. Für die Mehrabführung, die ihre Ursache in organschaftlicher Zeit hat, ist in der Steuerbilanz der OT-KG gem. § 14 Abs. 4 Satz 1 KStG ein passiver Ausgleichsposten i.H.v. € 10 Mio. zu bilden.[1]

8.79 Der Vorteil des steuerfreien Liquiditätstransfers ist zwar nur temporärer Natur, da passive Ausgleichsposten spätestens bei Veräußerung der Organbeteiligung durch die OG-GmbH aufzulösen sind. Wird die Organbeteiligung über längere Zeit gehalten, können sich aber je nach Rechtsform des Organträgers nicht unerhebliche Vorteile ergeben:

Beispiel 12 (Fortsetzung): An der OT-KG ist die natürliche Person A als Kommanditist zu 100 % beteiligt. Die Beteiligung an der OG-GmbH soll mindestens noch weitere 10 Jahre gehalten werden. Der Einkommensteuersatz des A beträgt (vereinfacht) 45 %. Der Kalkulationszinssatz sei 3 %.

Würde die Mehrabführung wie eine Gewinnausschüttung behandelt, fällt unmittelbar eine Einkommensteuer von € 10 Mio. × 0,6 × 45 % = € 2,7 Mio. an. Der Barwert der Steuerbelastung aus einer Auflösung des Ausgleichspostens bei Verkauf nach zehn Jahren beträgt € 2,0 Mio. (€ 10 Mio. × 0,6 × 45 % x $\frac{1}{(1+3\%)^{10}}$), der Vorteil der Mehrabführung mithin € 0,7 Mio.

G. Möglichkeiten und Grenzen grenzüberschreitender Organschaften

I. Anwendungsmöglichkeiten

8.80 Eine echte grenzüberschreitende Organschaft (s. hierzu auch Rz. 25.1 ff. und 27.1 ff.) in dem Sinne, dass inländische und ausländische Ergebnisse steuerwirksam konsolidiert wer-

---

[1] Vgl. *Dötsch* in Dötsch/Pung/Möhlenbrock, Anh. 1 UmwStG Rz. 67 (Januar 2017).

den, lässt das nationale Steuerrecht nicht zu. Ungeachtet zwischenzeitlicher EU-Vertragsverletzungsverfahren und Rechtsprechung zu abkommensrechtlichen Diskriminierungsverboten (Rz. 5.1 ff. sowie 6.159 ff.) ist das deutsche Organschaftsrecht nach wie vor rein national ausgerichtet.[1] Eine gewisse Ausweitung des Anwendungsbereichs der Organschaft hat Anfang 2013 die sog. Kleine Organschaftsreform[2] für alle noch nicht bestandskräftig durchgeführten Veranlagungen gebracht.[3]

Während als Organgesellschaften ehemals nur Kapitalgesellschaften mit Sitz und Ort der Geschäftsleitung im Inland in Betracht kamen, reicht es mittlerweile aus, dass sich der **Ort der Geschäftsleitung im Inland** und der **Sitz in einem Vertragsstaat des EWR-Abkommens** befinden; § 14 Abs. 1 Satz 1 KStG.[4] Ferner wurden als Reaktion auf die Rechtsprechung des BFH[5] die Voraussetzung des doppelten Inlandsbezugs bei Kapitalgesellschaften sowie der unbeschränkten Steuerpflicht bei natürlichen Personen aufgegeben, um dem abkommensrechtlichen Gesellschafterdiskriminierungsverbot der Art. 24 Abs. 5 OECD-MA nachgebildeten DBA zu genügen.[6]

8.81

Für die Bildung einer Organschaft mit einem doppelt ansässigen Organträger ist nunmehr Voraussetzung, dass eine inländische Betriebsstätte i.S.d. § 12 AO besteht, der die Beteiligung an der Organgesellschaft mittelbar oder unmittelbar ununterbrochen während der gesamten Dauer der Organschaft zuzuordnen ist, und dass die zuzurechnenden Einkünfte sowohl nach innerstaatlichem Steuerrecht als auch nach DBA der inländischen Besteuerung unterliegen, § 14 Abs. 1 Satz 1 Nr. 2 Sätze 4 bis 7 KStG.

Im Ergebnis können nach derzeitigem Stand doppelt ansässige Kapitalgesellschaften als mögliche Organgesellschaft qualifizieren und auch beschränkt steuerpflichtige natürliche Personen und Kapitalgesellschaften mit Sitz im EWR-Ausland taugliche Organträger sein.

---

1 Vgl. *Dötsch/Pung*, DB 2013, 307.
2 Gesetz zur Änderung und Vereinfachung der Unternehmensbesteuerung und des steuerlichen Reisekostenrechts v. 20.2.2013, BGBl. I 2013, 285.
3 Hintergrund war ein von der Europäischen Kommission gegen die Bundesrepublik Deutschland eingeleitetes Vertragsverletzungsverfahren, Beschluss v. 29.1.2009, Nr. 2008/4909, IP/10/1253.
4 Zur Frage, ob auch Kapitalgesellschaft mit Sitz in Drittstaaten als Organgesellschaft in Frage kommen vgl. *Benecke/Schnitger*, IStR 2013, 144.
5 Vgl. BFH v. 9.2.2011 – I R 54/10, I R 55/10, BStBl. II 2012, 106 = FR 2011, 584 m. Anm. *Buciek*; Nichtanwendungserlass BMF v. 28.3.2011 – IV C 2 - S 2770/09/10001 – DOK 2011/0250044, BStBl. I 2011, 300 = FR 2011, 436. Im Urteil, das zum Rechtsstand 1999 ergangen war, wurde eine gewerbesteuerliche Organschaft zwischen einer deutschen Kapitalgesellschaft und einer englischen Kapitalgesellschaft aufgrund der wirtschaftlichen, organisatorischen und finanziellen Eingliederung anerkannt, auch weil ein Ergebnisabführungsvertrag damals nicht erforderlich war. Die englische Kapitalgesellschaft konnte zwar nach § 2 Abs. 2 Satz 2 GewStG 1999 nicht Organträger sein, weil sie Sitz und Geschäftsleitung nicht im Inland hatte. Der BFH sah darin aber einen Verstoß gegen das Diskriminierungsverbot nach Art. XX Abs. 4 und Abs. 5 des DBA D-UK 1964/1970 und wies den Gewerbeertrag von der deutschen Kapitalgesellschaft (im Streitfall ein Verlust) der englischen Kapitalgesellschaft zu. Eine gewerbesteuerliche Zerlegung schied aus, weil die deutsche Kapitalgesellschaft keine Betriebsstätte im DBA-Sinne war (sondern eine Tochtergesellschaft). Im Ergebnis kam es für Zwecke der GewSt zu „weißen Einkünften", nämlich keiner Besteuerung in Deutschland (wegen Organschaft) und keiner Besteuerung in UK (weil man dort die Organschaft nicht kennt).
6 Vgl. Begründung, BT-Drucks. 17/10774, 18; *Dötsch/Pung*, DB 2013, 307; *Rödder/Schönfeld*, DStR 2011, 886–890; *Frotscher*, IStR 2011, 697–703; *Gosch*, BFH/PR 2011, 266–269.

II. Verhinderung der sog. grenzüberschreitenden doppelten Verlustberücksichtigung

8.82 Beim Einsatz von Organschaften im Rahmen der grenzüberschreitenden Konzernstrukturplanung ist insbesondere die Regelung in § 14 Abs. 1 Satz 1 Nr. 5 KStG zu beachten, deren Zweck die **Verhinderung einer doppelten Verlustnutzung** über die Grenze sein soll. Die Regelung wurde oben unter Rz. 8.63 bereits angesprochen und wird in Kapitel 28 ausführlich diskutiert, so dass im Folgenden allein Strukturierungsüberlegungen erörtert werden.

§ 14 Abs. 1 Satz 1 Nr. 5 KStG (keine Berücksichtigung negativer Einkünfte von Organträger und Organgesellschaft bei der inländischen Besteuerung) greift nur, wenn im Inland eine Organschaft besteht. Im Einzelfall ist deshalb zu prüfen, ob die Ergebniskonsolidierung im Rahmen der Organschaft (Rz. 8.2) vorteilhafter ist, als ein Verlustabzug im Ausland. Wie das folgende Beispiel zeigt, hängt diese Entscheidung insbesondere von der Höhe des ausländischen Ertragsteuersatzes ab.

8.83 **Beispiel 13:** Die im Land A ansässige Muttergesellschaft M-Inc. hat die Anteile an der inländischen OG-GmbH mittelbar über die OT-GmbH erworben. Der Refinanzierungsaufwand auf Ebene der OT-GmbH beträgt 50. Die M-Inc. und die OG-GmbH erwirtschaften operative Gewinne von je 100. Der effektive Ertragsteuersatz beträgt in Deutschland 30 % und im Land A 20 % bzw. alternativ 40 %. Das ausländische Steuerrecht bietet für die M-Inc. die Wahlmöglichkeit, ausländische Personen- und Kapitalgesellschaften für ertragsteuerliche Zwecke entweder als intransparent oder als transparent zu behandeln. Das bestehende DBA sieht für Land A bei deutschen Betriebsstätteneinkünften eine Vermeidung der Doppelbesteuerung nach der Anrechnungsmethode vor. Grafisch:

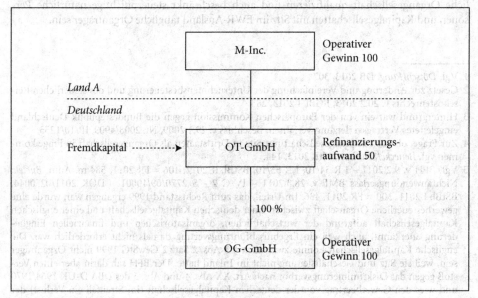

Aus Konzernperspektive stellt sich die Frage, ob eine Organschaft zwischen OT-GmbH und OG-GmbH vorteilhafter als eine Verlustberücksichtigung in Land U ist.

Tabelle 8: Organschaft vs. grenzüberschreitende Verlustverrechnung

Ertragsteuersatz in Land U	20 %		40 %	
Organschaft	ja	nein	ja	nein
OG-GmbH				
Operativer Gewinn	100,00	100,00	100,00	100,00
Ertragsteuer (30 %)	0,00	30,00	0,00	30,00
Zurechnung zur OT-GmbH	100,00	0,00	100,00	0,00
OT-GmbH				
Verlust	– 50,00	– 50,00	– 50,00	– 50,00
Zurechnung OG-GmbH	100,00	0,00	100,00	0,00
Summe	50,00	– 50,00	50,00	– 50,00
Ertragsteuer (30 %)	15,00	0,00	15,00	0,00
M-Inc.				
Operativer Gewinn	100,00	100,00	100,00	100,00
Berücksichtigung Verlust OT	0,00	– 50,00	0,00	– 50,00
Summe	100,00	50,00	100,00	50,00
Ertragsteuer	20,00	10,00	40,00	20,00
Summe Ertragsteuern	35,00	40,00	65,00	50,00

Die Ergebnisse in Tabelle 8 zeigen, dass der Vorteil des Verlustabzugs im Ausland bei hohem ausländischen Ertragsteuersatz größer sein kann, als die Reduktion deutscher Ertragsteuern durch Begründung einer Organschaft.

Neben der Frage, ob die Begründung einer Organschaft vorteilhafter als der Verlustabzug im Ausland ist, bestehen möglicherweise **Alternativen für eine Ergebniskonsolidierung im Inland**, die die grenzüberschreitende Verlustnutzung nicht ausschließen. Bis zur Einführung von § 4i EStG ab dem Veranlagungszeitraum 2017 konnte sich beispielsweise ein Formwechsel der OG-GmbH in eine Personengesellschaft anbieten. Die Refinanzierungsaufwendungen auf Ebene der OT-GmbH waren als Sonderbetriebsausgaben II sowohl für körperschaft- als auch für gewerbesteuerliche Zwecke von den operativen Gewinnen der OG-PersG abziehbar (Rz. 8.63). Kennt das Land A keine der deutschen Mitunternehmerkonzeption vergleichbare Besteuerung und wählt die M.-Inc. für die OG-PersG eine Berücksichtigung als intransparente Tochtergesellschaft und für die OT-GmbH eine Berücksichtigung als transparente Tochtergesellschaft, besteht aus Sicht der M.-Inc. die oben angesprochene Wahlmöglichkeit, nur die Verluste auf Ebene der OT-GmbH in die ausländische Bemessungsgrundlage einzubeziehen. Da in diesem Szenario auf die Begründung einer Organschaft verzichtet werden kann, bleibt für eine Anwendung von § 14 Abs. 1 Satz 1 Nr. 5 KStG kein Raum.

Bei der Entscheidung muss berücksichtigt werden, dass es durch den Formwechsel zu einer **Besteuerung offener Rücklagen** der OG-GmbH kommt (§ 7 UmwStG) und entsprechend Kapitalertragsteuer an die Finanzverwaltung abzuführen ist. Die hiermit verbundenen Nachteile umfassen im Beispiel insbesondere die aus der Schachtelstrafe des § 8b Abs. 5 KStG resultierenden Ertragsteuern auf Ebene der OT-GmbH (rd. 1,5 % des Betrags der offenen Rücklagen, falls nicht auf das steuerliche Einlagekonto der OG-GmbH zurückgegriffen werden kann). Daneben ist die Finanzierung der anfallenden Kapitalertragsteuer zu berücksichtigen.

Kapitel 9
Rechtsvergleich: Konzernbesteuerung in wichtigen Industriestaaten

A. Gruppenbesteuerung zwischen Trennungsprinzip und Einheitsprinzip 9.1

B. Grenzüberschreitende Gruppenbesteuerung als steuerplanerisches Instrument 9.3
  I. Konsolidierung im weiteren Sinn . 9.3
  II. Konsolidierung im engeren Sinn .. 9.6
  III. Zinsabzug 9.10

C. Systematisierung von Gruppenbesteuerungssystemen 9.12

D. Gruppenbesteuerung in ausgewählten EU-Mitgliedstaaten 9.16
  I. Frankreich: Steuerliche Integration *(intégration fiscale)* 9.16
    1. Wesentliche Anwendungsvoraussetzungen 9.16
      a) Überblick 9.16
      b) Persönliche Anwendungsvoraussetzungen 9.19
      c) Sachliche Anwendungsvoraussetzungen 9.21
    2. Wesentliche Rechtsfolgen 9.27
      a) Ergebnisverrechnung 9.27
      b) Weitere steuerliche Konsolidierungsmaßnahmen 9.31
    3. Zinsabzug 9.33
  II. Österreich: Gruppenbesteuerung .. 9.40
    1. Wesentliche Anwendungsvoraussetzungen 9.40
      a) Überblick 9.40
      b) Persönliche Anwendungsvoraussetzungen 9.42
      c) Sachliche Anwendungsvoraussetzungen 9.47
    2. Wesentliche Rechtsfolgen 9.55
      a) Ergebniszurechnung 9.55
      b) Nachversteuerung 9.59
      c) Teilwert- und Firmenwertabschreibungen 9.61
      d) Rückabwicklungen 9.63
    3. Zinsabzug 9.64
  III. Polen: Steuerliche Kapitalgruppe *(Podatkowa grupa kapitałowa)* ... 9.70
    1. Wesentliche Anwendungsvoraussetzungen 9.70
      a) Überblick 9.70
      b) Persönliche Anwendungsvoraussetzungen 9.71
      c) Sachliche Anwendungsvoraussetzungen 9.72
    2. Wesentliche Rechtsfolgen 9.78
    3. Zinsabzug 9.81
  IV. Schweden: Konzernbeitrag (Koncernbidrag) und Konzernabzug *(Koncernavdrag)* 9.85
    1. Konzernbeitrag *(Koncernbidrag)* ... 9.85
      a) Überblick 9.85
      b) Persönliche Anwendungsvoraussetzungen 9.86
      c) Sachliche Anwendungsvoraussetzungen 9.88
      d) Wesentliche Rechtsfolgen 9.94
    2. Konzernabzug *(Koncernavdrag)* 9.99
      a) Überblick 9.99
      b) Persönliche Anwendungsvoraussetzungen 9.101
      c) Sachliche Anwendungsvoraussetzungen 9.102
      d) Wesentliche Rechtsfolgen 9.104
    3. Zinsabzug 9.106
  V. Vereinigtes Königreich: *Group relief* 9.111
    1. Wesentliche Anwendungsvoraussetzungen 9.111
      a) Überblick 9.111
      b) Persönliche Anwendungsvoraussetzungen 9.112
      c) Sachliche Anwendungsvoraussetzungen 9.113
    2. Wesentliche Rechtsfolgen 9.118
    3. Zinsabzug 9.123

E. Schlussbetrachtung 9.130

Allgemeine Literatur: *Altvater*, Niederlassungsfreiheit vs. nationale Besteuerungsbefugnisse: Eine (Trend-)Analyse der aktuellen EuGH-Rechtsprechung, DB 2009, 1201; *Ault/Schön/Shay*, Base Erosion and Profit Shifting: A Roadmap for Reform, Bulletin for International Taxation 2014, 275; *Bader*, Steuergestaltung mit Holdinggesellschaften. Standortvergleich steuerlicher Holdingkriterien in Europa, 2. Aufl., Herne/Berlin 2007; *Bannes/Cloer*, BEPS Aktionsplan 4: Begrenzung des Abzugs von Zinsen und anderer finanzieller Aufwendungen, BB 2016, 1815; *Bauer*, Unterkapitalisierungsregelungen in Europa – eine Analyse, StuW 2009, 163; *BDI/KPMG*, Die Behandlung von Finanzierungsaufwendungen. Ein Vergleich der Zinsschranke in Deutschland mit den Regelungen in den USA, Italien, Frankreich, den Niederlanden und Schweden, BDI-Drucksache Nr. 437, Berlin 2009; *BDI/PwC*, Verlustberücksichtigung über Grenzen hinweg. Vergleichende Gegenüberstellung der Verlustverrechnungsmöglichkeiten in 35 Ländern, Freiburg/Berlin/München 2011; *Becker/Loitz/Stein*, Steueroptimale Verlustnutzung, Wiesbaden 2009; *Becker/Loose*, Praxis der internationalen Verlustnutzung für deutsche Kapitalgesellschaftskonzerne, Ubg 2014, 141; *BMF*, Verlustverrechnung und Gruppenbesteuerung, Bericht der Facharbeitsgruppe „Verlustverrechnung und Gruppenbesteuerung", 15.9.2011; *Benz/Böhmer*, Die Richtlinienvorschläge der EU-Kommission vom 25.10.2016 zur weiteren Harmonisierung der Unternehmensbesteuerung, DB 2016, 2800; *Bohn*, Zinsschranke und Alternativmodelle zur Beschränkung des steuerlichen Zinsabzugs, Diss., Wiesbaden 2009; *Braunagel*, Verlustverrechnung und Verlustverrechnungsbeschränkungen in ausgewählten Ländern, in Lüdicke/Kempf/Brink (Hrsg.), Verluste im Steuerrecht, Baden-Baden 2010, 276; *Demscher/Stefaner*, Gruppenbesteuerung: Sandwichgruppen möglich?, SWI 2009, 9; *Dörr*, § 10. Überblick über die Konzernbesteuerung in einzelnen EU-Mitgliedstaaten, in Schön (Hrsg.), Steuerliche Maßgeblichkeit in Deutschland und Europa, Köln 2005, 727; *Dötsch/Pung*, Grenzüberschreitende Verlustverrechnung: Muss der deutsche Gesetzgeber wegen der europarechtlichen Entwicklungen reagieren?, DK 2006, 130; *Dötsch/Pung*, Gesetz zur Änderung und Vereinfachung der Unternehmensbesteuerung und des steuerlichen Reisekostenrechts: Die Änderungen bei der Organschaft, DB 2013, 305; *Dötsch/Pung*, Die „kleine Organschaftsreform": Alles nur theoretische Probleme?, DB 2013, 2169; *Endres*, Gruppenbesteuerung über die Grenze, PIStB 2009, 214; *Endres*, Konzernbesteuerung in wichtigen Industriestaaten, in Herzig (Hrsg.), Organschaft. Laufende und aperiodische Besteuerung, nationale und internationale Aspekte, Hinweise zum EU-Recht, FS für Thiel, Stuttgart 2003, 461; *Endres/Oestreicher/Scheffler/Spengel*, The Determination of Corporate Taxable Income in the EU Member States, Alphen aan de Rijn 2007; *Esser*, Grenzüberschreitende Verlustverrechnung im Konzern. Ansatzpunkte für eine Reform der deutschen Gruppenbesteuerung vor dem Hintergrund ausländischer Erfahrungen, IFSt-Schrift Nr. 450, Bonn 2008; *Esterer/Bartelt*, Modernes Gruppenbesteuerungssystem für Deutschland – Kritische Analyse der Organschaft und mögliche Reformansätze –, BB 2010, Special 1/2010, 2; *Frotscher*, Die grenzüberschreitende Organschaft, DK 2003, 98; *Fuest/Spengel/Finke/Heckemeyer/Nusser*, Profit Shifting and „Aggressive" Tax Planning by Multinational Firms: Issues and Options for Reform, World Tax Journal 2013, 307; *Füger/Rieger/Schell*, Die Behandlung von Ergebnisabführungsverträgen beim Unternehmenskauf – gesellschafts-, steuer- und insolvenzrechtliche Aspekte, DStZ 2015, 403; *Fülbier*, Mitunternehmerbesteuerung als konsolidierte steuerliche Gewinnermittlung? Implikationen für eine künftige europäische Gruppenbesteuerung, BFuP 2007, 482; *Fülbier*, Konzernbesteuerung nach IFRS. IFRS-Konsolidierungsregeln als Ausgangspunkt einer konsolidierten steuerlichen Gewinnermittlung in der EU?, Frankfurt/M. 2006; *Fülbier*, Überlegungen zum steuerlichen Konsolidierungsbegriff und zur Systematisierung von Gruppenbesteuerungssystemen vor dem Hintergrund europäischer Entwicklungen, in Strunk/Wassermeyer/Kaminski (Hrsg.), Unternehmensteuerrecht und Internationales Steuerrecht, GS für Krüger, Bonn/Berlin 2006, 211; *Gerlach*, Die Organschaft im Ertragsteuerrecht – ein Auslaufmodell?, FR 2012, 450; *Glahe*, Zur zeitlichen und inhaltlichen Begrenzung einer möglichen Vorwirkung der Anti-BEPS-Richtlinie, FR 2016, 829; *Gosch*, Über Cross-Border-Organschaften, IWB 2012, 694; *Grotherr*, Die unterschiedlichen Konzernbesteuerungssysteme in den Mitgliedstaaten der Europäischen Union. Eine steuersystematische Analyse im Hinblick auf Reformüberlegungen beim steuerlichen Organschaftskonzept, StuW 1996, 356; *Grotherr*, Erweiterungen der Anti-BEPS-Richtlinie – ATAD 2 Bekämpfung von Steuervermeidungspraktiken durch hybride Gestaltungen, IWB 2017, 289; *Herzig*, Konsolidierung im Rahmen der Harmonisierung der steuerlichen Gewinnermittlung, in Weber/Lorson/Pfitzer/Kessler/Wirth (Hrsg.), Berichterstattung für den Kapitalmarkt, FS für Küting, Stuttgart 2009, 641; *Herzig/Bohn*, Internationale Vorschriften zur Zinsabzugsbeschränkung. Systematisierung denkbarer Alternativmodelle zur Zinsschranke, IStR 2009, 253; *Herzig/Liekenbrock*, Konzernabgrenzung und Konzernbilanzierung nach §§ 4h EStG, 8a KStG bei Organschaft, Ubg 2009, 750; *Herzig/Liekenbrock*, Zinsschranke im Organkreis – Systematisierung und Analyse der gesetzlichen Neuerungen, DB 2007, 2387; *Heuermann*, Steuerinnovation im Wandel: Einige Thesen zur Zinsschranke und ihrer Verfassungsmäßigkeit, DStR 2013, 1; *Heurung/Schmidt/Kollmann*, Mögliche Auswirkungen des EuGH-Urteils Groupe Steria auf die deutsche Organschaft unter besonderer Berücksichtigung der EAV-Problematik, GmbHR 2016, 499; *Homburg*, AWD – ein deutscher Anwendungsfall für Marks & Spencer, IStR 2009, 350; *Homburg*, Die unheimliche Nummer Sechs – Eine Entscheidung zum Ausgleich grenzüberschreitender Konzernverluste, IStR 2010, 246; *IFSt-Arbeitsgruppe*, Einführung einer modernen Gruppenbesteuerung – Ein Reformvorschlag –, IFSt-Schrift Nr. 471, Berlin 2011; *Ismer*, Gruppenbesteuerung statt Organschaft im Ertragsteuerrecht, DStR 2012, 821; *Jacobs* (Hrsg.), Internationale Unternehmensbesteuerung. Deutsche Investitionen im Ausland. Ausländische Investitionen im Inland, 88. Aufl., München 20166; *Jervis/Jones/Van den Brande*, Deductibility of finance costs across Europe, Tax Journal, 4 October 2013, 14; *Jesse*, Neuregelungen zur ertragsteuerlichen Organschaft, Teil I, FR 2013, 629; *Jochum*, Organschaft vs. Gruppenbesteuerung: Ist der Ergebnisabführungsvertrag als Organschaftsvoraussetzung bei der Körperschaftsteuer verzichtbar?, FR 2005, 577; *Kahle/Biebinger/Wildermuth*, Aggressive Steuerplanung und Treaty-/Directive-Shopping im Binnenmarkt, Ubg 2014, 285; *Kahle/Braun/Burger*, Ausgewählte Entwicklungen der Ertragsbesteuerung von Betriebsstätten, FR 2018, 717; *Kahle/Cortez*, Zuzug von Kapitalgesellschaften im Ertragsteuerrecht, FR 2014, 673; *Kahle/Schulz*, Sachstand und Lösungsansätze zur Entwicklung einer G(K)KB, FR 2013, 49; *Kahle/Schulz*, Gruppenbesteuerung als Instrument der internationalen Konzernsteuerplanung, in Grotherr (Hrsg.), Handbuch der internationalen Steuerplanung, 3. Aufl., Herne 2011; *Kahle/Vogel/Schulz*, Internationale Aspekte der Organschaft unter besonderer Berücksichtigung aktueller Reformvorschläge, Ubg 2011, 761; *Kahlenberg*, Verlustverrechnung: Ist die Geschichte finaler Verluste jetzt final?, NWB 2017, 3056; *Kessler/Arnold*, National begrenzte Organschaft, IStR 2016, 226; *Kahlenberg*, BEPS wird Realität – Die Anti-BEPS-RL als Sekundärrechtsakt gegen Gewinnverlagerung und Bemessungsgrundlagenerosion, StuB 2016, 911; *Kessler/Dorfmueller*, Gestaltungsstrategien bei internationaler Steuerplanung mit Holdinggesellschaften, PIStB 2001, 177; *Kessler/Kröner/Köhler* (Hrsg.), Konzernsteuerrecht. National –.National – International, 2. Aufl., München 2008; *Kippenberg/Jung/Mielke*, Kein Abzug sog. finaler (Betriebsstätten-)Verluste nach Unionsrecht – Nachversteuerung gemäß § 2a Abs. 4 Nr. 2 EStG 1997/StBereinG 1999, IStR 2017, 490; *Kollruss*, Ist die Zinsschranke verfassungswidrig?, WPg 2017, 918; *Köhler*, Erste Gedanken zur Zinsschranke nach der Unternehmensteuerreform, DStR 2007, 597; *KPMG*, Taxation of Cross-Border Mergers and Acquisitions (Onlinequelle: https://www.kpmg.com/global/en/issuesandinsights/articlespublications/cross-border-mergers-acquisitions/pages/default.aspx, letzter Zugriff: 12.12.2014); *KPMG*, Global Corporate Tax Handbook 2017; *Krawitz/Karthaus*, Grenzüberschreitende Gruppenbesteuerungssysteme in der Europäischen Union und deren Übertragbarkeit auf Deutschland, in Seicht (Hrsg.), Jahrbuch für Controlling und Rechnungswesen 2008, Wien 2008, 167; *Kußmaul/Niehren*, Grenzüberschreitende Verlustverrechnung im Lichte der jüngeren EuGH-Rechtsprechung, IStR 2008, 81; *Lüdicke/Rödel*, Generalthema II: Gruppenbesteuerung, IStR 2004, 549; *Lüdicke/Kempf/Brink* (Hrsg.), Verluste im Steuerrecht, Baden-Baden 2010; *Marx*, Rechtfertigung, Bemessung und Abbildung von Steuerumlagen, DB 1996, 950; *Micker*, Die Aufgabe des doppelten Inlandsbezugs bei der Organschaft, IWB 2013, 309; *Mitschke*, Zur zeitlichen und inhaltlichen Begrenzung einer möglichen Vorwirkung der Anti-BEPS-Richtlinie, FR 2016, 834; *Mitschke*, Zinsschranke wirklich verfassungswidrig?, FR 2016, 412; *Mitschke*, Das EuGH-Urteil Groupe Steria – ein Meilenstein der europäischen Rechtsprechung?, FR 2015, 1117; *Möhlenbrock*, Niederlassungsfreiheit bei der Bildung steuerlicher Einheiten, DB 2014, 1582; *München/Mückl*, Die Verfassungswidrigkeit der Steuerinnovation „Zinsschranke" – Zugleich Anm. zum BFH-Beschluss vom 14.10.2015 – I R 20/15, DB 2016, 497; *Oestreicher/Scheffler/Spengel/Wellisch*, Modelle einer Gruppenbesteuerung für Deutschland und Europa, Baden-Baden 2008; *Pellens/Amshoff/Schmidt*, Konzernsichtweisen in der Rechnungslegung und im Gesellschaftsrecht: Zur Übertragbarkeit des betriebswirtschaftlichen Konzernverständnisses auf Ausschüttungsregulierungen, ZGR 2009, 231; *Prinz*, Ist die Zinsschranke verfassungsrechtlich besser als ihr Ruf?, FR 2013, 145; *Princen/Gérard*, International tax consolidation in the European Union: evidence of heterogeneity, European Taxation 2008, 174; *PwC*, Worldwide Tax Summaries, Corporate Taxes 2017/201878; *Rehfeld*, Isolierte Gruppenbesteuerung zwischen Schwesterkapitalgesellschaften. EuGH, Urteil vom 12.6.2014 – Rs. C-39–41/13,

SCA Group Holding B.V. u. a., IWB 2014, 619; *Sauerland*, Besteuerung europäischer Konzerne. Eine Analyse alternativer Modelle der Konzernbesteuerung, Diss., Wiesbaden 2007; *Scheffler*, Internationale betriebswirtschaftliche Steuerlehre, 3. Aufl., München 2009; *Schmidt/Heinz*, Gruppenbesteuerung im internationalen Vergleich. Darstellung verschiedener Gruppenbesteuerungsmodelle in Europa, Stbg 2006, 60 (Teil I) und 141 (Teil II); *Schnitger*, EuGH in der Rs. Timac Agro zu finalen ausländischen Betriebsstättenverlusten – War es das bei der Freistellungsmethode?, IStR 2016, 72; *Schnitger*, Keine 5 % nichtabzugsfähige Betriebsausgabe in Folge grenzüberschreitender Organschaft – Auswirkungen der Entscheidung des EuGH in der Rs. Groupe Steria für den deutschen Rechtskreis, IStR 2015, 772; *Schnitger*, Fragestellungen zur steuerlichen Behandlung doppelt ansässiger Kapitalgesellschaften, IStR 2013, 82; *Schön/Schreiber/Spengel* (Hrsg.), A Common Consolidated Corporate Tax Base for Europe. Eine gemeinsame konsolidierte Körperschaftsteuerbemessungsgrundlage für Europa, Berlin 2008; *Schönfeld*, Praxisfragen der grenzüberschreitenden Organschaft – dargestellt anhand von Fallbeispielen, IStR 2012, 368; *Schreiber*, International Company Taxation, An Introduction to the Legal and Economic Principles, Berlin/Heidelberg 2013; *Schreiber*, Die Duale Einkommensteuer: Zur Rechtsformabhängigkeit der Besteuerung, in Oestreicher (Hrsg.), Reform der Unternehmensbesteuerung: Verschiedene Wege diskutieren, Herne/Berlin 2007, 35; *Schreiber/Stiller*, Ökonomische Anforderungen an eine Reform der Gruppenbesteuerung, StuW 2014, 216; *Schulz*, Harmonisierung der steuerlichen Gewinnermittlung in der Europäischen Union, Diss., Lohmar/Köln 2012; *Schwenke*, Grenzüberschreitende Organschaft – Anmerkungen zu den Neuregelungen im Gesetz zur Änderung und Vereinfachung der Unternehmensbesteuerung und des steuerlichen Reisekostenrechts, ISR 2013, 41; *Sievert*, Konzernbesteuerung in Deutschland und Europa. Ertragsteuerliche und betriebswirtschaftliche Analyse der europäischen Gruppenbesteuerungssysteme, Diss., Düsseldorf 2006; *Sillich/Schneider*, Sind die finalen Verluste noch zu retten? Eine Anti-These zu „Timac Agro" und BFH I R 2/15, IStR 2017, 809; *Spengel*, Concept and Necessity of a Common Tax Base – an Academic Introduction, in Schön/Schreiber/Spengel (Hrsg.), A Common Consolidated Tax Base for Europe. Eine einheitliche Körperschaftsteuerbemessungsgrundlage für Europa, Berlin/Heidelberg 2008, 1; *Spengel/Oestreicher*, Gemeinsame (konsolidierte) Körperschaftsteuerbemessungsgrundlage in der EU und Umsetzungsfragen, IStR 2009, 773; *Staats*, Zur „Begrenzung der Gewinnkürzung durch Abzug von Zins- oder sonstigen finanziellen Aufwendungen" – Der OECD-Bericht zu Maßnahme 4 des BEPS-Aktionsplans, IStR 2016, 135; *Stangl*, Organschaftskonzerne, in Kessler/Kröner/Köhler (Hrsg.), Konzernsteuerrecht. National – International, 3. Aufl., München 2018, 211; *Sydow*, Gruppenbesteuerung: steuerliche Einheit zwischen Tochtergesellschaften – EuGH-Entscheidung in den verb. Rs. C-39 – 41/13 „SCA Group Holding BV", IStR 2014, 480; *Thiedemann*, Die Entwicklung einer modernen, europarechtskonformen und zukunftsweisenden Gruppenbesteuerung für Deutschland. Eine Untersuchung insbesondere unter gemeinschaftsrechtlichen und steuersystematischen Gesichtspunkten, Diss., Frankfurt/M. u.a. 2013; *Treisch*, Outbound-Investitionen und die asymmetrische Berücksichtigung von Gewinnen und Verlusten in europäischen Konzernen, in Brähler/Lösel (Hrsg.), Deutsches und internationales Steuerrecht. Gegenwart und Zukunft, FS für Djanani, Wiesbaden 2008, 533; *Wagner*, Konzeption einer Gruppenbesteuerung, Diss., Lohmar/Köln 2006; *Wassermeyer*, Gemeinschaftsrechtliche und abkommensrechtliche Anforderungen an eine Gruppenbesteuerung, SWI 2005, 521; *Watrin/Sievert/Strohm*, Reform der Konzernbesteuerung in Deutschland und Europa, FR 2004, 1; *Webber*, Thin Capitalization and Interest Deduction Rules: A Worldwide Survey, Tax Notes International 2010, 683; *Weber*, Grenzüberschreitende Verlustverrechnung im Konzern. Formulierung eines Reformvorschlags für die deutsche Organschaft, Diss., Hamburg 2008; *Weigert/Strohm*, Zu den persönlichen Voraussetzungen der ertragsteuerlichen Organschaft unter Berücksichtigung aktueller Entwicklungen, DK 2013, 249; *Winter/Marx*, „Grenzüberschreitende" Organschaft mit zugezogenen EU-/EWR-Gesellschaften, DStR 2011, 1101; *Wittkowski*, Grenzüberschreitende Verlustverrechnung in Deutschland und Europa. Eine ökonomische, europa- und verfassungsrechtliche Analyse, Diss., Wiesbaden 2008; *Zielke*, Internationale Steuerplanung mit Gesellschafter-Fremdfinanzierung in der Europäischen Union, Norwegen und der Schweiz, StuW 2009, 63.

A. Gruppenbesteuerung zwischen Trennungsprinzip und Einheitsprinzip

Die Besteuerung verbundener Unternehmen steht seit jeher in einem Spannungsverhältnis zwischen rechtlicher Vielfalt (**Trennungsprinzip**) und wirtschaftlicher Einheit (**Einheitsprinzip**).[1] Gruppenbesteuerungsregelungen zielen darauf ab, verbundene Unternehmen trotz ihrer zivilrechtlichen Eigenständigkeit für Zwecke der Besteuerung vollständig oder teilweise als wirtschaftliche Einheit zu behandeln.[2] Im Rahmen von Geschäftsaktivitäten von verbundenen Unternehmen ist zu prüfen, inwieweit nationale Gruppenbesteuerungsregeln als steuerplanerisches Instrument nutzbar gemacht werden können.

9.1

Im deutschen Ertragsteuerrecht wird der wirtschaftlichen Verbundenheit vor allem durch das **Rechtsinstitut der Organschaft** Rechnung getragen. Das deutsche Organschaftsrecht ermöglicht auch nach der Neuregelung durch das „Gesetz zur Änderung und Vereinfachung der Unternehmensbesteuerung und des steuerlichen Reisekostenrechts"[3] **keine grenzüberschreitende Organschaft**.[4] Der Nutzen der ertragsteuerlichen Organschaft als steuerplanerisches Instrument für **Outbound-Aktivitäten** deutscher Unternehmen bleibt damit begrenzt.

9.2

Der Organträger muss eine inländische Betriebsstätte i.S.d. § 12 AO im Inland haben, der die Beteiligung an der Organgesellschaft ununterbrochen während der gesamten Dauer der Organschaft zugeordnet ist (§ 14 Abs. 1 Satz 1 Nr. 2 Satz 4 KStG, § 17 Satz 1 KStG). Organgesellschaft kann (auch) eine Kapitalgesellschaft mit Geschäftsleitung im Inland und Sitz in einem Mitgliedstaat der EU bzw. in einem Vertragsstaat des EWR-Abkommens sein (§ 14 Abs. 1 Satz 1 KStG). Die ausländische Gesellschaft muss mithilfe eines **Typenvergleichs** als Kapitalgesellschaft eingeordnet werden. Zudem muss eine Kapitalgesellschaft i.S.d. § 14 Abs. 1 Satz 1 KStG rechtsfähig sein.[5]

Eine (potentielle) Organgesellschaft mit Sitz im Ausland muss allerdings mit dem Organträger einen **Gewinnabführungsvertrag** abschließen können, um ein wirksames Organschaftsverhältnis herbeizuführen. Der Gewinnabführungsvertrag muss auf mindestens fünf Jahre[6] abgeschlossen und während seiner gesamten Geltungsdauer durchgeführt werden (§ 14 Abs. 1 Satz 1 Nr. 3 Satz 1 KStG).[7] Im grenzüberschreitenden Fall richtet sich die Frage, ob der Abschluss eines Gewinnabführungsvertrages möglich ist, aufgrund kollisionsrechtlicher Grundsätze im Wesentlichen nach dem Gesellschafts- und Zivilrecht des Ansässigkeitsstaates der

---

1 Vgl. grundlegend *Herzig* in FS Küting, 641 (647). Die Besteuerung von Unternehmensgruppen wird im Folgenden als „Gruppenbesteuerung" bezeichnet. Zum Konzern im betriebswirtschaftlichen und (gesellschafts-)rechtlichen Verständnis vgl. *Pellens/Amshoff/Schmidt*, ZGR 2009, 231 ff.
2 Zu den ökonomischen Anforderungen an eine Gruppenbesteuerung vgl. *Schreiber/Stiller*, StuW 2014, 216 ff.
3 Vgl. BGBl. I 2013, 285.
4 Vgl. *Dötsch/Pung*, DB 2013, 305 (307). Zur Rechtsentwicklung vgl. zB auch *Jesse*, FR 2013, 629 ff.; *Kahle/Vogel/Schulz*, Ubg 2011, 761 ff.
5 Vgl. im Einzelnen *Kahle/Cortez*, FR 2014, 673 (684 f.).
6 In die Berechnung der fünfjährigen Mindestlaufzeit des GAV ist die steuerliche Rückwirkung eines Umwandlungs- bzw. Einbringungsvorganges mit einzubeziehen vgl. BFH v. 10.05.2017 – I R 19/15, DStR 2017, 2112.
7 Eine reine Einbuchung ohne Erfüllungswirkung ist nicht ausreichend für die tatsächliche Durchführung des GAV vgl. BFH v. 26.4.2016 – I B 77/15, BFH/NV 2016, 1177; aA *Füger/Rieger/Schnell*, DStZ 2016, 403 (412).

abhängigen Tochtergesellschaft.[1] Die Anforderung eines Gewinnabführungsvertrages im Verhältnis zu ausländischen Tochtergesellschaften dürfte regelmäßig nicht erfüllbar sein; in aller Regel kennen die ausländischen Rechtsordnungen das Rechtsinstitut des Gewinnabführungsvertrages nicht.[2] Neben Deutschland sieht lediglich Slowenien einen solchen Vertrag als Formalerfordernis für die Begründung einer Gruppenbesteuerung vor (Rz. 9.12).[3]

Die wohl hM sieht das Erfordernis eines Gewinnabführungsvertrages in grenzüberschreitenden Fällen als **unionsrechtswidrig** an.[4] Es ist strittig, ob ähnliche schuldrechtliche Vertragsstrukturen, die inhaltlich den Anforderungen an den Gewinnabführungsvertrag möglichst nahekommen („Vertrag minderer Art"[5]), die sachliche Anforderung eines Gewinnabführungsvertrages erfüllen.[6]

Der EuGH hatte sich in seinem zur französischen Rechtslage ergangenen Urteil in der Rs. **Groupe Steria** (vgl. auch Rz. 9.31 und 5.69 ff.) mit der Frage zu befassen, inwieweit spezifische Vorteile einer Organschaft[7] auch bei grenzüberschreitenden Sachverhalten zu gewähren sind und entschieden, dass die Inlandsbeschränkung von steuerlich vorteilhaften Gruppenbesteuerungsregeln nicht grundsätzlich unionsrechtswidrig ist.[8] Nach hM ist für eine Übertragbarkeit des EuGH-Urteils auf die deutsche Rechtslage bei grenzüberschreitenden Sachverhalten ein Gewinnabführungsvertrag oder zumindest eine schuldrechtliche Verpflichtung zur Gewinnabführung und Verlustübernahme, wie bei einer inländischen Organschaft, erforderlich.[9] Andernfalls ist eine Vergleichbarkeit der Sachverhaltskonstellationen nicht gegeben. Eine Kapitalgesellschaft mit inländischem statutarischem Sitz, die ihre **Geschäftsleitung ins Ausland verlegt**,[10] ist zwar nach wie vor unbeschränkt körperschaftsteuerpflichtig, sie kann aber nach dem eindeutigen Wortlaut des § 14 Abs. 1 Satz 1 KStG nicht (mehr) Organgesellschaft sein.[11]

---

1 Vgl. BFH v. 7.12.2011 – I R 30/08, BStBl. II 2012, 507, 509 = FR 2012, 536; BGH v. 13.12.2004 – II ZR 256/02, GmbHR 2005, 299 = DStR 2005, 340; OLG Stuttgart v. 30.5.2007 – 20 U 12/06, ZIP 2007, 1213; *Gosch*, IWB 2012, 694 (696); *Stangl/Winter*, Organschaft 2013/14, Rz. A115.
2 Vgl. *Dötsch/Pung*, DB 2013, 2169 (2169). Ausnahmen innerhalb der EU sind Gewinnabführungsverträge in Österreich, Portugal und Slowenien vgl. *Stangl/Winter*, Organschaft 2013/14, Rz. A116; *Homburg*, IStR 2010, 246 (247). In diesen Fällen würde eine grenzüberschreitende Organschaft allerdings an der Sitztheorie, die in diesen Ländern angewandt wird, scheitern, vgl. *Winter/Marx*, DStR 2011, 1101 (1104).
3 Vgl. *IFSt-Arbeitsgruppe*, IFSt-Schrift Nr. 471, 22; *Dötsch/Pung/Möhlenbrock*, Körperschaftsteuer, § 14 KStG Anm. 20.
4 Vgl. *Kahle/Cortez*, FR 2014, 673 (685) mwN; *Kessler/Arnold*, IStR 2016, 226 (231) mwN; aA *Mitschke*, FR 2015, 1117 (1119 f.).
5 So *Gosch*, IWB 2012, 694 (696).
6 Vgl. im Einzelnen *Kahle/Cortez*, FR 2014, 673 (685) mwN; *Heurung/Schmidt/Kollmann*, GmbHR 2016, 449 (453 ff.) mwN; *Kessler/Arnold*, IStR 2016, 226 (231) mwN.
7 Nicht jedoch die grenzüberschreitende Verlustnutzung, vgl. EuGH v. 13.12.2005 – Rs. C-446/03 – Marks & Spencer, EuGHE I 2005, 10866 = GmbHR 2006, 153.
8 Vgl. EuGH v. 2.9.2015 – Rs. C-386/14 – Groupe Steria SCA, BB 2015, 2402, Rz. 28; vgl. hierzu *Hulde*, Rz. 5.69.
9 Vgl. *Schnitger*, IStR 2015, 772 (773 f.); *Heurung/Schmidt/Kollmann*, GmbHR 2016, 449 (453 ff.).
10 Seit dem MoMiG v. 23.10.2008 muss sich nur der Satzungssitz der Kapitalgesellschaft in Deutschland befinden (§ 5 AktG, § 4a GmbHG). Die Geschäftsleitung kann also ohne Einschränkung ins Ausland verlagert werden.
11 Vgl. *Micker*, IWB 2013, 309 (310); *Schnitger*, IStR 2013, 82 (86); *Weigert/Strohm*, DK 2013, 249 (257). Nach wohl hM liegt ein Verstoß gegen die Niederlassungsfreiheit (Art. 49 AEUV) vor.

Kapitalgesellschaften mit **Sitz und Ort der Geschäftsleitung im Ausland** und inländischer Betriebsstätte scheiden als Organgesellschaften gleichfalls aus.[1]

B. Grenzüberschreitende Gruppenbesteuerung als steuerplanerisches Instrument

I. Konsolidierung im weiteren Sinn

Grundlegende Anforderung an ein Gruppenbesteuerungssystem aus praktischer Sicht ist die gruppeninterne **innerperiodische Verrechnung** positiver und negativer Ergebnisse.[2] Zu einer Steuerbelastung sollte es aus Gruppensicht im Sinne des Einheitsprinzips (vgl. Rz. 9.1) erst kommen, wenn insgesamt ein positives (Gruppen-)Ergebnis erzielt wird.[3] Ökonomische Nachteile (insbesondere Liquiditätsnachteile) entstehen indessen, soweit Verluste nur durch die verlusterleidenden Gruppengesellschaften selbst genutzt werden können, eine **intragruppeninterne Verlustverrechnung** mithin **ganz oder teilweise unterbunden** wird. Dies gilt insbesondere im grenzüberschreitenden Kontext: Im Rahmen der internationalen Steuerplanung muss regelmäßig davon ausgegangen werden, dass eine gruppenübergreifende Ergebnisverrechnung nach den nationalstaatlichen Gruppenbesteuerungsregeln auf jene Gruppengesellschaften beschränkt bleibt, die im **selben Staat ansässig** sind.[4]

9.3

Der EuGH hatte in der Rs. **Marks & Spencer** zu entscheiden, ob ein Staat, dessen Steuerrecht Konzernsteuerregelungen enthält, im Rahmen der Besteuerung einer dort ansässigen Muttergesellschaft auch Verluste EU-ausländischer Tochtergesellschaften zum Abzug zulassen muss. Dem EuGH zufolge müssen zunächst sämtliche **Möglichkeiten der Verlustberücksichtigung** im Ansässigkeitsstaat der Tochtergesellschaft **ausgeschöpft** sein, bevor der Ansässigkeitsstaat der Muttergesellschaft verpflichtet ist, diese Verluste in gleicher Weise wie bei einer inländischen Tochtergesellschaft zu berücksichtigen.[5] Nach hM strahlt das Urteil **Marks & Spencer** auch auf die **deutsche Organschaft** aus.[6] Die „**Finalität**" von Verlusten ist nicht abschließend geklärt.[7]

9.4

In der Rs. **Timac Agro** hat der EuGH jedoch den Anwendungsbereich finaler Verluste in Betriebsstättenfällen stark eingeschränkt.[8] Der EuGH hat entschieden, dass eine Verpflichtung

---

1 Zur Diskussion und Kritik vgl. *Schwenke*, ISR 2013, 41 (43); *Micker*, IWB 2013, 309 (316). Sog. „Drittstaaten-Kapitalgesellschaften", bspw. eine amerikanische Corporation, dürfen auch bei inländischer Geschäftsleitung und unbeschränkter deutscher Körperschaftsteuerpflicht nicht in einen Organkreis einbezogen werden.
2 Vgl. *Jacobs*, Internationale Unternehmensbesteuerung[8], 1001 ff.; *Endres* in FS Thiel, 461 (477); *Köhler* in Kessler/Kröner/Köhler, Konzernsteuerrecht[3], § 8 Rz. 26; *Scheffler*, Internationale betriebswirtschaftliche Steuerlehre[3], 415; *Schreiber*, International Company Taxation, 10.
3 Vgl. *Endres*, PIStB 2009, 214; *Treisch* in FS Djanani, 533 (546).
4 Vgl. *Kessler/Dorfmueller*, PIStB 2001, 177 (184). Für eine Übersicht vgl. zB auch *Spengel* in Schön/Schreiber/Spengel, 1 (13).
5 Vgl. EuGH v. 13.12.2005 – Rs. C-446/03 – Marks & Spencer, FR 2006, 177 = GmbHR 2006, 153 = DStR 2005, 2168 ff. Bestätigt durch EuGH v. 21.2.2013 – Rs. C-123/11 – A Oy, GmbHR 2013, 321 = FR 2013, 370 m. Anm. *Musil* = IStR 2013, 239 ff.
6 Vgl. insbesondere *Homburg*, IStR 2009, 350 ff. AA *Dötsch/Pung*, DK 2006, 130 ff.
7 Vgl. zur Diskussion zB *Kahle/Braun/Burger*, FR 2018, 717 (722 ff.); *Becker/Loose*, Ubg 2014, 141 (152 f.); *Schönfeld*, IStR 2012, 368 (368 ff.).
8 Der EuGH geht in der Rs. *Timac Agro* von einer weiteren Anwendbarkeit der Grundsätze der Rs. *Marks & Spencer* aus, kritisch vgl. *Schnitger*, IStR 2016, 72 (74).

zur Berücksichtigung ausländischer Betriebsstättenverluste bei Anwendung der Freistellungsmethode mangels Vergleichbarkeit[1] nicht besteht,[2] wobei der Sachverhalt eine konzerninterne Transaktion betraf. Der BFH hat sich dem EuGH angeschlossen.[3] Die Entscheidung in der Rs. Timac Agro wurde in der nachfolgenden Rs. **Bevola und Trock** relativiert, in der die Große Kammer des EuGH die Vergleichbarkeit zwischen in- und ausländischer Betriebsstätte im Verlustfall wieder bejahte.[4] Im Ergebnis werden die finalen Verluste bestätigt. Zur Begründung stellt der EuGH dabei auch auf das Leistungsfähigkeitsprinzip ab, was aus ökonomischer Sicht kritisch zu beurteilen ist.[5] Schlussendlich muss nach derzeitigem Stand davon ausgegangen werden, dass die Figur der finalen Verluste weiterhin anwendbar ist.[6]

9.5 Nach dem Urteil des EuGH in der Rs. **Oy AA** haben Konzerne keinen Anspruch auf eine grenzüberschreitende Übertragung von Gewinnen innerhalb der EU.[7] Gemäß dieser Entscheidung sind die Mitgliedstaaten nicht verpflichtet, für eine innergemeinschaftliche Gewinn- und Verlustverrechnung zu sorgen. In diesem Fall nämlich stünde es dem Steuerpflichtigen frei, den Mitgliedstaat der Gewinn- bzw. Verlustentstehung zu wählen. Dass ein solches Wahlrecht mit der Wahrung der mitgliedstaatlichen Besteuerungsbefugnisse nicht zu vereinbaren ist, dürfte außer Frage stehen. Ein deutscher Organträger hat demnach keinen Anspruch auf Gewinnübertragungen von im EU-Ausland ansässigen Tochtergesellschaften.[8] Insbesondere vor dem Hintergrund der EuGH-Entscheidung in der Rs. Oy AA ist nicht zu erwarten, dass der deutsche Gesetzgeber einer „echten" grenzüberschreitenden Organschaft **in absehbarer Zeit** die Tür öffnen wird.[9]

II. Konsolidierung im engeren Sinn

9.6 Bereits die **Zusammenfassung** von Einzelergebnissen bzw. die dadurch **ermöglichte Verlustverrechnung** kann als eine **einfache Form einer steuerlichen Konsolidierung** betrachtet werden.[10] Das Einheitsprinzip erfordert aber darüber hinausgehende Konsolidierungsschritte. Zu den Konsolidierungsschritten im engeren Sinne zählen die **Kapital-**, die **Schulden-**, die **Betriebsausgaben- und -einnahmenkonsolidierung** sowie die **Zwischenergebniseliminierung**.[11]

9.7 Während die **Kapitalkonsolidierung** die Eigenkapitalverflechtungen bereinigt, bezweckt die **Schuldenkonsolidierung** eine Korrektur der Fremdkapitalbeziehungen zwischen den einzel-

---

1 Diese Vergleichbarkeit wurde bereits in der Rs. *Nordea Bank* in Frage gestellt, vgl. EuGH v. 17.7.2014 – C-48/13 – Nordea Bank, IStR 2014, 563 mit Anm. *Mitschke*.
2 Vgl. EuGH v. 17.12.2015 – C-388/14 – Timac Agro, IStR 2016, 74 Rn. 65, kritisch *Schnitger*, IStR 2016, 72 (73 f.).
3 Vgl. BFH v. 22.2.2017 – I R 2/15, IStR 2017, 490.
4 Vgl. EuGH v. 12.6.2018 – C-650/16 – A/S Bevola und Jens W. Trock ApS, IStR 2018, 502.
5 Vgl. im Einzelnen *Kahle/Braun/Burger*, FR 2018, 717 (724).
6 So auch *Heckerodt/Schulz*, DStR 2018, 1457 (1463).
7 Vgl. EuGH v. 18.7.2007 – Rs. C-231/05 – Oy AA, IStR 2007, 631 ff.; vgl. auch EuGH v. 25.2.2010 – Rs. C-337/08 – X-Holding BV, IStR 2010, 213.
8 Vgl. *Kußmaul/Niehren*, IStR 2008, 81 (86).
9 Vgl. *Stangl* in Kessler/Kröner/Köhler, Konzernsteuerrecht³, § 3 Rz. 129; *Altvater*, DB 2009, 1201 (1204).
10 Vgl. *Sauerland*, Besteuerung europäischer Konzerne, 26.
11 Vgl. *Fülbier* in GS Krüger, 211 (220); *Fülbier*, Konzernbesteuerung nach IFRS, 197–205; *Wagner*, Konzeption einer Gruppenbesteuerung, 103–107.

nen Gruppengesellschaften. Erträge aus konzerninternen Lieferungen und Leistungen, zB im Zusammenhang mit der Übertragung von Wirtschaftsgütern zwischen Gruppengesellschaften, werden im Rahmen der **Zwischenergebniseliminierung** beseitigt. Diese Maßnahme ist aus Sicht des Einheitsprinzips zwingend, um eine Besteuerung von sog. Zwischengewinnen zu verhindern, jenen Gewinnen also, die aus Gruppensicht noch nicht am Markt realisiert wurden. Ziel der steuerlichen Zwischenergebniseliminierung ist mithin der alleinige Ausweis von gruppenextern realisierten Gewinnen.[1] Die (stromgrößenorientierte) **Betriebsausgaben- und -einnahmenkonsolidierung** eliminiert entsprechend die aus gruppeninternen Transaktionen resultierenden Betriebsausgaben und Betriebseinnahmen.[2]

Aus Sicht einer Unternehmensgruppe erscheint derjenige Investitionsstandort am attraktivsten, dessen nationale Gruppenbesteuerungsregeln dem ökonomischen Ideal des **Einheitsprinzips** am stärksten Rechnung tragen, sei es durch eine originäre Gesamtgewinnermittlung oder die Vornahme umfangreicher Konsolidierungsschritte. Dabei ist allerdings auch zu berücksichtigen, dass umfangreiche Ergebniskorrekturen **gegebenenfalls einen erheblichen (technischen) Mehraufwand** nach sich ziehen, der den steuerlichen Vorteil der gruppeninternen Konsolidierung im Sinne des Einheitsprinzips überwiegt.[3] Es besteht mithin das „Dilemma, dass man das Trennungsprinzip braucht, weil sonst die Vollzugskosten der Besteuerung zu hoch wären, das Trennungsprinzip aber unerwünschte ökonomische Folgen auslösen kann"[4]. 9.8

Es ist überdies zu beachten, dass Konsolidierungsmaßnahmen, die nicht ausschließlich der **Gewinn- bzw. Einkommenskorrektur**, sondern vielmehr einer **ergebnisneutralen Korrektur** von Bestands- und Stromgrößen dienen, aus Sicht der steuerlichen Gewinnermittlung verzichtbar erscheinen.[5] Stehen sich beispielsweise Forderungen und Verbindlichkeiten in gleicher Höhe gegenüber, mag eine Schuldenkonsolidierung für steuerliche – wohl aber nicht für informationsorientierte, handelsrechtliche – Zwecke unterbleiben.[6] Es besteht aus steuerlicher Sicht also **nicht immer die Notwendigkeit**, die vorgenannten Konsolidierungsschritte vollumfänglich im Sinne des Einheitsprinzips durchzuführen.[7] 9.9

III. Zinsabzug

Die Begründung einer steuerlichen Gruppe kann weiterhin Vorteile beim Abzug **von Zinsaufwendungen** bieten. Nach § 15 Satz 1 Nr. 3 Satz 2 KStG sind Organträger und Organgesellschaften für Zwecke der **Zinsschranke**[8] (§§ 4h EStG, 8a KStG) als „ein Betrieb" zu betrachten. Die Vorteilhaftigkeit dieser **Betriebsfiktion** ist im Zusammenhang mit der **Konzern-Klausel** des § 4h Abs. 2 Satz 1 Buchst. b) EStG zu sehen. So wird ein Betrieb, der nicht oder nur an- 9.10

---

1 Vgl. *Wagner*, Konzeption einer Gruppenbesteuerung, 106.
2 Vgl. *Fülbier* in GS Krüger, 211 (220).
3 Vgl. *Lüdicke/Rödel*, IStR 2004, 549 (552).
4 *Schreiber* in Oestreicher, Reform der Unternehmensbesteuerung, 35 (48).
5 Vgl. *Fülbier* in GS Krüger, 211 (222 f.).
6 Vgl. *Fülbier*, BFuP 2007, 482 (487).
7 Vgl. *Fülbier* in GS Krüger, 211 (222 f.).
8 Der BFH gelangt mit dem Beschluss vom 14.10.2015 – I R 20/15, BFH/NV 2016, 475 zu dem Ergebnis, dass die Regelungen der Zinsschranke wegen Verstoßes gegen den allgemeinen Gleichheitsgrundsatz des Art. 3 Abs. 1 GG verfassungswidrig sind. Für die Verfassungsmäßigkeit zB *Kollruss*, WPg 2017, 918 (918 ff.); *Heuermann*, DStR 2013, 1 (1 ff.); aA *Prinz*, FR 2013, 145 (145 ff.); *München/Mückl*, DB 2016, 497 (497 ff.). Zur Diskussion einer möglichen Vorwirkung der ATAD I vgl. *Mitschke*, FR 2016, 412 (412 ff.); *ders.*, FR 2016, 834 (834 ff.); *Glahe*, FR 2016, 829 (829 ff.).

teilsmäßig einem Konzern zugehörig ist, von der Anwendung der Zinsschranke ausgenommen. Entspricht der Konzern dem Organkreis, entfällt die Annahme einer Konzernzugehörigkeit, weil nur ein einziger Betrieb vorliegt.[1] Dieser bildet per se keinen (steuerlichen) Konzern.[2] Folglich könnte eine Organschaft der Zinsschranke unter Rückgriff auf die Konzern-Klausel grundsätzlich[3] entgehen.[4] Insofern lohnt es sich zu prüfen, ob steuerliche Unternehmensgruppen im Ausland hinsichtlich der lokalen Zinsabzugsbeschränkungen eine vergleichbar vorteilhafte Behandlung in Bezug auf den laufenden Zinsabzug erfahren.

9.11 Darüber hinaus werden Gruppenbesteuerungsregeln regelmäßig dazu eingesetzt, den steuerlichen Zinsabzug durch **Verlagerung von Zinsaufwendungen** in das Ausland zu optimieren (*debt push down*).[5] Eine solche Verlagerung erscheint vorteilhaft, wenn die Zinsschranke den steuerlichen Abzug einschränkt, der Zinsabzug in Deutschland rechtlich nicht möglich ist oder ein Zinsabzugspotential mangels steuerpflichtiger Einkünfte wirkungslos bleibt.[6] Im idealtypischen Fall erwirbt eine (gegebenenfalls neu errichtete) Auslandstochtergesellschaft (Akquisitionsgesellschaft) eine lokale Zielgesellschaft im Wege der gruppeninternen Fremdfinanzierung. Die hierfür notwendigen Kapitalmittel werden von der Muttergesellschaft am Kapitalmarkt aufgenommen und an die erwerbende Tochtergesellschaft weiter gereicht. Um die auf Ebene der Akquisitionsgesellschaft anfallenden **Schuldzinsen steuereffektiv zu verrechnen**, muss sie über ein positives zu versteuerndes Einkommen verfügen (was aber zB aufgrund von Dividendenfreistellungen und mangels eigener Aktivitäten nicht immer der Fall ist). Dieses Positiveinkommen erhält die Akquisitionsgesellschaft, indem sie mit der (operativen) Zielgesellschaft eine Gruppenbesteuerung mit Ergebnisverrechnung eingeht. Finanzierungsaufwendungen der Akquisitionsgesellschaft und operative Erträge der Zielgesellschaft können somit verrechnet werden. **Debt push down-Gestaltungen** dieser Art werden durch das lokale Steuerrecht regelmäßig unterbunden.[7] Zudem sind etwaige Abwehrmaßnahmen im Zuge des BEPS-Aktionsplans zu beobachten. **Aktionspunkt 4** des **BEPS**-Projekts schlägt Maßnahmen zur Begrenzung der Gewinnkürzungen vor, die durch den Abzug von Zinsen und anderen finanziellen Aufwendungen verursacht werden.[8] Die OECD empfiehlt die Umsetzung einer der deutschen Regelung in § 4h EStG (Zinsschranke) konzeptionell entlehnten Maßnahme und erarbeitet einen „Best-Practice"-Ansatz für Zinsabzugsbeschränkungen.[9] Darauf basierend wurde auf europäischer Ebene die sog. **Anti-BEPS-Richtlinie**[10] eingeführt

---

1 Vgl. *Köhler*, DStR 2007, 597 (599).
2 Vgl. *Herzig/Liekenbrock*, Ubg 2009, 750.
3 Zu beachten ist die Rückausnahme des § 8a Abs. 2 KStG.
4 Vgl. *Herzig/Liekenbrock*, DB 2007, 2387 (2389).
5 Vgl. im Einzelnen *Jacobs*, Internationale Unternehmensbesteuerung[8], 1006 ff.; *Bader*, Steuergestaltung mit Holdinggesellschaften[2], 110 ff.; *Köhler* in Kessler/Kröner/Köhler, Konzernsteuerrecht[3], § 8 Rz. 27. Ein *debt push down* ist grundsätzlich auch bei rein nationalen Akquisitionsstrukturen denkbar.
6 Vgl. auch *Blumenberg/Hundeshagen* in Kessler/Kröner/Köhler, Konzernsteuerrecht[3], § 7 Rz. 50 ff.
7 Für länderübergreifende Darstellungen von steuerlichen Zinsabzugsbeschränkungen s. *Lenz/Dörfler*, DB 2010, 18 ff.; *Herzig/Bohn*, IStR 2009, 253 ff.; *Zielke*, StuW 2009, 63 ff.; *Bauer*, StuW 2009, 163 ff.; *Ehlermann/Nakhai*, ISR 2012, 29 ff.; *Jervis/Jones/van den Brande*, Tax Journal, 4 October 2013, 14 ff.; *Webber*, TNI 2012, 683 ff.; *Kahlenberg/Kopec*, IStR 2015, 84 ff.
8 Vgl. OECD, Action 4, 2015.
9 Vgl. *Staats*, IStR 2016, 135 (135 f.); *Bannes/Cloer*, BB 2016, 1815. Das deutsche Steuerrecht entspricht bereits im Wesentlichen den OECD-Vorgaben.
10 Vgl. Richtlinie (EU) 2016/1164 des Rates vom 12.7.2016 mit Vorschriften zur Bekämpfung von Steuervermeidungspraktiken mit unmittelbaren Auswirkungen auf das Funktionieren des Binnenmarkts. Inzwischen erweitert durch die Richtlinie (EU) 2017/952 vom 29.5.2017 zur Ände-

(Anti-Tax-Avoidence-Directive I, kurz: ATAD I)) mit dem Ziel einer europaweit koordinierten und einheitlichen Implementierung der BEPS-Maßnahmen. Dabei sollen die Bestimmungen lediglich Mindeststandards (Art. 3) für die EU-Mitgliedsstaaten normieren, womit es den Mitgliedstaaten freisteht, darüber hinaus schärfere Regelungen einzuführen.[1] Die darin beschriebenen Regeln (Art. 4) orientieren sich am deutschen Zinsschrankenmodell, sodass zwar für den deutschen Gesetzgeber kaum Handlungsbedarf auf diesem Gebiet bestehen dürfte,[2] jedoch sind (weitreichende) Veränderungen in anderen EU-Staaten beim Zinsabzug zu erwarten. Grundsätzlich haben die Mitgliedstaaten die nationalen Gesetze an die Mindeststandards der ATAD I bis zum 31.12.2018 anzupassen.

C. Systematisierung von Gruppenbesteuerungssystemen

Nationale Gruppenbesteuerungssysteme weichen im Hinblick auf Anwendungsvoraussetzungen sowie Rechtsfolgen voneinander ab.[3] Hinsichtlich der formalen Anwendungsvoraussetzungen interessiert zunächst, welche Beteiligungsquote der Gruppenträger an den Gruppengesellschaften innehaben muss, und ob es des Abschlusses eines spezifischen Gewinnabführungsvertrags bedarf. Die nachstehende Tabelle gibt einen Überblick über die **wesentlichen sachlichen Anwendungsvoraussetzungen** in exemplarisch ausgewählten Ländern:

Land (in alphabetischer Folge)	Wesentliche sachliche Anwendungsvoraussetzungen für die Begründung einer Gruppenbesteuerung	
	Mindestbeteiligungsquote[4]	Gewinnabführungsvertrag
Deutschland (Rz. 9.2 ff.)	50 %	erforderlich
Frankreich (Rz. 9.16 ff.)	95 %	nicht erforderlich
Japan[5]	100 %	nicht erforderlich
Niederlande[6]	95 %	nicht erforderlich
Österreich (Rz. 9.40 ff.)	50 %	nicht erforderlich
Polen (Rz. 9.70 ff.)	95 %	nicht erforderlich
Schweden (Rz. 9.85 ff.)	90 %	nicht erforderlich
USA[7]	80 %	nicht erforderlich
Vereinigtes Königreich (Rz. 9.111 ff.)	75 %	nicht erforderlich

---

rung der Richtlinie (EU) 2016/1164 bezüglich hybrider Gestaltungen mit Drittländern, die die Anti-BEPS-Richtlinie im Hinblick auf „hybride Gestaltungen" ergänzt. Zu dieser sog. „ATAD II-Richtlinie" vgl. *Grotherr*, IWB 2017, 289 ff.

1 Vgl. *Kahlenberg*, StuB 2016, 911 (912 f.).
2 *Rautenstrauch/Suttner*, BB 2016, 2391 (2395); *Kahlenberg*, StuB 2016, 911 (913).
3 Vgl. *Braunagel* in Lüdicke/Kempf/Brink, Verluste im Steuerrecht, 276 (285).
4 Mit teilweise abweichenden Bezugsgrößen.
5 In diesem Beitrag nicht näher behandelt.
6 In diesem Beitrag nicht näher behandelt.
7 In diesem Beitrag nicht näher behandelt.

9.13 Zur Systematisierung des Umfangs, in dem der wirtschaftlichen Einheit **rechtsfolgenseitig** Rechnung getragen wird, kann auf eine von *Grotherr* entwickelte **Systematik** zurückgegriffen werden.[1] Nach Maßgabe der „steuerverfahrenstechnischen Veranlagungsform" kann zunächst eine Zweiteilung in **einzelveranlagungsbasierte** und **zusammenveranlagungsbasierte Gruppenbesteuerungsmodelle** vorgenommen werden.[2]

Bei den **einzelveranlagungsbasierten** Gruppenbesteuerungssystemen (auch als **Einzelbilanzkonzepte**[3] bezeichnet) erfolgt keine systematische Zurechnung der Einzelergebnisse zum Gruppenträger. Die wirtschaftliche Einheit wird im Rahmen der Einzelveranlagung nur insofern respektiert, als zwischen gruppenzugehörigen Gesellschaften **Gewinne** (*group contribution*) oder **Verluste** (*group relief*) **transferiert** werden können.

9.14 **Zusammenveranlagung** bedeutet dagegen, dass die jeweils getrennt ermittelten Ergebnisse der Gruppengesellschaften auf Ebene des Gruppenträgers der Besteuerung unterliegen. Mit dem:

(1) **uneingeschränkten Einheitskonzept**, dem

(2) **eingeschränkten Einheitskonzept** sowie dem

(3) **Zurechnungskonzept**

werden üblicherweise drei Zusammenveranlagungsmodelle unterschieden.[4] Eine Gemeinsamkeit dieser Konzepte ist die Möglichkeit eines gruppeninternen Verlustausgleichs. Die Modelle unterscheiden sich hingegen vor allem in der Berücksichtigung der wirtschaftlichen Einheit und damit im Umfang der über den Verlustausgleich hinausgehenden Gruppenerleichterungen (Konsolidierungsschritte).

9.15 Das (uneingeschränkte) **Einheitskonzept (1)** behandelt eine Gruppe juristisch selbständiger Unternehmen als einheitliches Unternehmen. Gedanklich baut es auf einer fingierten Verschmelzung der Gruppengesellschaften auf den Gruppenträger auf, ohne dass es hierbei zu einer (sofortigen) Aufdeckung stiller Reserven kommt.[5] In Konsequenz werden die Vermögens- und Schuldpositionen der Gruppengesellschaften dem Gruppenträger zugerechnet. Geschäfte der Gruppengesellschaften gelten als solche des Gruppenträgers. **Zwischenerfolge** treten deshalb nicht auf und brauchen mithin auch nicht eliminiert zu werden. Das Einheitskonzept erfordert eine **originäre Gesamtgewinnermittlung**, also die Aufstellung einer einheitlichen Steuerbilanz sowie Gewinn- und Verlustrechnung. Konsolidierungsmaßnahmen sind nur noch erforderlich „für die steuerliche Eröffnungsbilanz der Gruppe oder für die spätere (Des-)Integration einzelner Unternehmen".[6] Das uneingeschränkte Einheitskonzept ist bislang nur in den Niederlanden umgesetzt worden.[7]

---

1 Vgl. *Grotherr*, StuW 1996, 356 (359 ff.). Für eine Systematisierung von Gruppenbesteuerungsmodellen vgl. zB auch *Schreiber*, International Company Taxation, 10 f.
2 Zur Diskussion, welches Gruppenbesteuerungsmodell ökonomischen Anforderungen am besten gerecht wird, vgl. insbesondere *Schreiber/Stiller*, StuW 2014, 216 ff.
3 Vgl. *Wassermeyer*, SWI 2005, 521 (522); *Kußmaul/Niehren*, IStR 2008, 81 (82).
4 Vgl. *Grotherr*, StuW 1996, 356 (359); leicht modifiziert auch *IFSt-Arbeitsgruppe*, IFSt-Schrift Nr. 471, 106 ff. (keine weitere Differenzierung zwischen dem Einheitskonzept und dem eingeschränkten Einheitskonzept).
5 Vgl. *Grotherr*, StuW 1996, 356 (361); *Wassermeyer*, SWI 2005, 521.
6 *Fülbier* in GS Krüger, 211 (230).
7 Vgl. *IFSt-Arbeitsgruppe*, IFSt-Schrift Nr. 471, 107.

Das **eingeschränkte Einheitskonzept (2)** zielt im Grundsatz zwar auch auf die steuerliche Behandlung eines wirtschaftlichen Verbundes als ein einheitliches Unternehmen ab. Im Gegensatz zum (strengen) Einheitskonzept erstellen die Gruppenmitglieder eine isolierte steuerliche Gewinnermittlung. Die separat ermittelten Ergebnisse werden sodann **zusammengefasst und dem Gruppenträger zugerechnet.** Zwischenerfolge werden (vollständig oder teilweise) bereinigt.[1] **Weitere Konsolidierungsschritte** sind beim eingeschränkten Einheitskonzept nur **ansatzweise** vorgesehen.

Nach dem **Zurechnungskonzept (3)** wird der wirtschaftlichen Verbundenheit allein dadurch Rechnung getragen, dass die **Einzelergebnisse** der Gruppengesellschaften dem Gruppenträger **zugerechnet** werden. **Konsolidierungsmaßnahmen** werden **weder vor noch nach** dieser Zurechnung durchgeführt.

Die folgende Tabelle fasst die bislang **umgesetzten Gruppenbesteuerungsmodelle** in exemplarisch ausgewählten Ländern zusammen:[2]

Land (in alphabetischer Folge)	Gruppenbesteuerungsmodell
Deutschland	Zurechnungskonzept (*Organschaft*)
Frankreich	Eingeschränktes Einheitskonzept (*intégration fiscale*)
Japan[3]	Eingeschränktes Einheitskonzept
Niederlande[4]	**Einheitskonzept (*Fiscale eenheid*)**
Österreich	**Zurechnungskonzept (*Gruppenbesteuerung*)**
Polen	**Zurechnungskonzept (*Steuerliche Kapitalgruppe*)**
Schweden	**Konzernbeitrag (*Koncernbidrag*) bzw. -abzug (*Koncernavdrag*)**
USA[5]	Eingeschränktes Einheitskonzept
Vereinigtes Königreich	Modifizierte Einzelveranlagung (*Group Relief*)

D. Gruppenbesteuerung in ausgewählten EU-Mitgliedstaaten

I. Frankreich: Steuerliche Integration *(intégration fiscale)*

Landesspezifische Literatur: *Crucifix*, Neueste Finanzgesetze 2012/2013 in Frankreich. Übersicht der finalen steuerlichen Änderungen, IWB 2013, 129; *Delaurière*, News Analysis: New Criteria Relevant To French Thin Cap Rules, Tax Notes International 2012, 25; *Delaurière*, The Papillon Decision: Upcoming French Tax Group Reform, Tax Notes International 2009, 903; *Dorenkamp*, Konvergenzinitiative Körperschaftsteuer Deutschland Frankreich – Anlegung eines steuersystematischen Kompasses, Ubg 2012, 421; *Durand/Rutschmann*, The Papillon Case: A First Step Toward a New Era in European Tax Treatment of Groups?, ECTR 2009, 122; *Ehlermann/Nakhai*, Finanzierung: Zins-

---

1 Vgl. *Wassermeyer*, SWI 2005, 521.
2 Vgl. auch *IFSt-Arbeitsgruppe*, IFSt-Schrift Nr. 471, 106 ff.
3 In diesem Beitrag nicht näher behandelt.
4 In diesem Beitrag nicht näher behandelt.
5 In diesem Beitrag nicht näher behandelt.

abzugsbeschränkungen – Nationale und internationale Entwicklungen, ISR 2012, 29; *Eilers/Nücken/ Valentin/Daniel-Mayeur*, Das „Grünbuch der Deutsch-Französischen Zusammenarbeit – Konvergenzpunkte bei der Unternehmensbesteuerung", DB 2012, 535; *Geiger*, Die Ertragsbesteuerung der Konzernunternehmung in Frankreich im Rahmen der Zusammenveranlagung nach dem beschränkten Einheitskonzept, IWB 2003, 63; *Grotherr*, Die konsolidierte Konzernbesteuerung in Frankreich und ihre Übertragbarkeit ins deutsche Konzernsteuerrecht, AG 1995, 403; *Hahn*, Im Westen nichts Neues. Überlegungen zur Entscheidung des EuGH in der Rechtssache Papillon, IStR 2009, 198; *Hellio/Crucifix*, Steuerliche Optimierung einer fremdfinanzierten Übernahme in Frankreich, IWB 2009, 433433; *Hellio/Crucifix/Schruoffeneger*, Frankreich, in Mennel/Förster (Hrsg.), Steuern in Europa, Amerika und Asien, Loseblatt, Herne/Berlin, Stand: 2016; *Hellio/Jolk/Hadjiveltchev*, Frankreich: Wichtige Bestimmungen des Finanzgesetzentwurfs für 2013. „Kampfbudget" und rigorose Besteuerung von Vermögenden, IWB 2012, 825; *Hellio/Rädler jr.*, Anmerkungen zur Diskussion um die Option zur Körperschaftsteuer aus französischer Sicht, IStR 2000, 401; *Hiller*, Règles des sous-capitalisation – Die Thin Cap-Regeln in Frankreich, IWB 2009, 1083; *Jacobs/Spengel*, Ertragsbesteuerung von Konzernen in Deutschland und Frankreich – Eine vergleichende Analyse unter besonderer Berücksichtigung der Behandlung konzerninterner Transaktionen, IStR 1994, 100 (Teil I) und 146 (Teil II); *Jansen*, Verlustbehandlung bei Personen- und Kapitalgesellschaften in Frankreich, IWB 2012, 162; *Jervis/Jones/Van den Brande*, Deductibility of finance costs across Europe, Tax Journal, 4 October 2013, 14; *Kahle/Schulz*, Angleichung der Unternehmensbesteuerung zwischen Deutschland und Frankreich – neuer Anstoß für eine Harmonisierung in Europa?, FR 2012, 741; *Kahlenberg/Kopec*, Unterkapitalisierungsvorschriften in der EU – eine Analyse im Vorfeld des OECD-Berichts zur Maßnahme 4 des BEPS-Aktionsplans, IStR 2015, 84; *Kochs*, Dividendenzahlungen zwischen Deutschland und Frankreich: Positive Effekte aus aktuellen Änderungen des französischen Steuerrechts, IWB 2017, 326; *Leffers/Julien-Saint-Amand*, Steueränderungen in Frankreich, IStR 2013, 491; *Lenz/Dörfler*, Die Zinsschranke im internationalen Vergleich, DB 2010, 18; *Lenz/Seroin/Handwerker*, Die französische Gruppenbesteuerung – ein Modell für Deutschland?, DB 2012, 365; *Marquardt*, Ertragsbesteuerung von Unternehmen in der Europäischen Union. Erörterung von Grundsatzfragen unter besonderer Berücksichtigung der Mitgliedstaaten Deutschland und Frankreich, Diss., Frankfurt/M. u.a. 2003; *PwC*, Worldwide Tax Summaries, Corporate Taxes 2017/2018; *Richard*, Comparison between UK and French Taxation of Groups of Companies, Intertax 2003, 20; *Rubechi*, Frankreich: Steuerliche Neuigkeiten – Im Westen etwas Neues!, IStR-LB 1/2018, 2; *Rubechi*, Frankreich: Das Jahr der steuerlichen (R)Evolution?, IStR-LB 5/2013, 23; *Rubechi*, Frankreich: Verschärfung der Regelung für Gesellschafterfremdfinanzierung, IStR 15/2011, 78; *Sabin*, France, in IFA (Hrsg.), Cahiers de Droit Fiscal International, 2017 Rio de Janeiro Congress, Vol. 102A, 341; *Scheunemann*, Grenzüberschreitende konsolidierte Konzernbesteuerung, Diss., Köln 2005; *Schienke*, Das französische Jahressteuergesetz für 2006, IStR 2006, 302; *Schultze*, Internationalisierung der Organschaft – Frankreich: Möglichkeiten und Grenzen, IStR 2015, 546; *Sedlaczek*, Verlustbehandlung bei Kapitalgesellschaften und Konzernen in Frankreich – ein Überblick, IWB 2006, 11031103; *Viegener*, Überblick über das Steuerrecht Frankreichs, in Wassermeyer, Doppelbesteuerung. Kommentar zu allen deutschen Doppelbesteuerungsabkommen, Loseblatt, München, Band II, Anh. Frankreich, Stand: Januar 2015; *Weier/Serion*, Reform der Gesellschafter-Fremdfinanzierung und der Unternehmensbesteuerung in Frankreich, IStR 2005, 725.

1. Wesentliche Anwendungsvoraussetzungen

a) Überblick

9.16 Bis in das Jahr 2011 kannte das französische Körperschaftsteuerrecht drei verschiedene Gruppenbesteuerungssysteme: das *régime de l'intégration fiscale*, das *régime du bénéfice consolidé* sowie das *régime du bénéfice mondial*. Die beiden letztgenannten Sonderregime, die eine Berücksichtigung ausländischer Verluste ermöglichten (Welteinkommensprinzip), wurden im Jahr

2011 abgeschafft. In der französischen Besteuerungspraxis hatten sie aber ohnehin keine bzw. eine nur sehr eingeschränkte Bedeutung.[1]

Die *intégration fiscale* (Art. 223 A bis 223 U CGI) basiert konzeptionell auf einem **eingeschränkten Einheitskonzept** (Rz. 9.15).[2] Der Anwendungsbereich der *intégration fiscale* ist intraterritorial ausgerichtet, was Ausdruck des im französischen Steuerrecht fest verankerten Territorialitätsprinzips (Art. 209-I CGI) ist.[3]

9.17

Einstweilen frei.

9.18

b) Persönliche Anwendungsvoraussetzungen

Als Gruppengesellschaften oder Gruppenträger können grundsätzlich nur in Frankreich ansässige **Kapitalgesellschaften** fungieren, die **unbeschränkt der französischen Körperschaftsteuer** (*Impôt sur les Sociétés – IS*) unterliegen (Art. 223 A Côde Général des Impôts; im Folgenden abgekürzt: CGI).[4] Hierzu gehören insbesondere Aktiengesellschaften (*Société anonyme*), die ihnen gleichgestellten vereinfachten Aktiengesellschaften (*Société par actions simplifiée*), Kommanditgesellschaften auf Aktien (*Société en commandite par actions*) sowie Gesellschaften mit beschränkter Haftung (*Société à responsabilité limité*).[5] Bestimmte Personengesellschaften (*Société en nom collectif*, *Société coopérative* sowie die *Société en commandite simple*) sind **optional körperschaftsteuerpflichtig**;[6] bei entsprechender Optionsausübung dürfen auch sie in eine *intégration fiscale* einbezogen werden.[7]

9.19

In Frankreich befindliche **Betriebsstätten** ausländischer Unternehmen können ebenfalls Gruppengesellschaft oder Gruppenträger sein, sofern sie der französischen Körperschaftsteuer unterliegen.[8] Die Gruppenträgereigenschaft einer französischen Betriebsstätte setzt ua. zwingend voraus, dass die Beteiligungen an den Gruppengesellschaften ihrem Betriebsvermögen zuzuordnen sind.[9]

9.20

c) Sachliche Anwendungsvoraussetzungen

Wesentliche sachliche Voraussetzung für die steuerliche Integration ist die unmittelbare oder mittelbare finanzielle Eingliederung, die durch eine **Mindestbeteiligung von 95 %** begründet wird (Art. 223 A CGI).[10] Diese Beteiligungsgrenze bezieht sich jeweils auf die Stimmrechte und die Gewinnberechtigungen und muss während des gesamten Wirtschaftsjahres gewahrt

9.21

---

1 Vgl. hierzu *Kahle/Schulz* in Grotherr, Handbuch der internationalen Steuerplanung³, 301 (314–316).
2 Vgl. *Wagner*, Konzeption einer Gruppenbesteuerung, 169.
3 Vgl. *Grotherr*, AG 1995, 403 (414); *Scheunemann*, Grenzüberschreitende konsolidierte Konzernbesteuerung, 50–65; *Lenz/Seroin/Handwerker*, DB 2012, 365 (366).
4 Vgl. *Geiger*, IWB 2003, 63 (64); *Lenz/Seroin/Handwerker*, DB 2012, 365 (366).
5 Vgl. auch *Lenz/Seroin/Handwerker*, DB 2012, 365 (366 Fn. 17).
6 Vgl. *Hellio/Rädler jr.*, IStR 2000, 401 ff.; zu den im Text genannten Rechtsformen auch *Marquardt*, Ertragsbesteuerung von Unternehmen in der Europäischen Union, 5 ff.
7 Vgl. *Lenz/Seroin/Handwerker*, DB 2012, 365; *Jansen*, IWB 2012, 162 (163).
8 Vgl. *Lenz/Seroin/Handwerker*, DB 2012, 365 (366).
9 Vgl. *Lenz/Seroin/Handwerker*, DB 2012, 365 (366).
10 Vgl. *Scheunemann*, Grenzüberschreitende konsolidierte Konzernbesteuerung, 143; *Lenz/Seroin/Handwerker*, DB 2012, 365 (367); *Schultze*, IStR 2015, 546.

sein.¹ Einschränkend gilt, dass der **Gruppenträger seinerseits nicht zu mehr als 95 %** (unmittelbar oder mittelbar) im Beteiligungsbesitz einer französischen oder ausländischen Gesellschaft stehen darf, die der französischen Körperschaftsteuer nach den allgemeinen Regeln unterliegt (Art. 223 A CGI).²

Im deutsch-französischen **Rechtsvergleich** erscheint die nach französischem Körperschaftsteuerrecht geforderte Beteiligungshöhe von **95 %** als „äußerst restriktiv und problematisch"³. Nach § 14 Abs. 1 Satz 1 Nr. 1 KStG genügt bekanntermaßen die Mehrheit der Stimmrechte.⁴

9.22 Eine steuerliche Integration kann auch zwischen einer **Großmutter- und ihrer Enkelgesellschaft** begründet werden. Dies setzt allerdings voraus, dass auf jeder Beteiligungsstufe eine direkte Mindestbeteiligungsquote von 95 % vorliegt.⁵ Aus der Beschränkung der *intégration fiscale* auf nationale Sachverhalte hat die französische Finanzverwaltung in der Vergangenheit geschlossen, dass in Frankreich ansässige Enkelgesellschaften nicht integriert werden dürfen, wenn ihre Anteile mittelbar über eine ausländische Zwischengesellschaft gehalten werden.⁶ Dementgegen hat der EuGH in der Rs. **Société Papillon**⁷ herausgestellt, dass es eine nicht zu rechtfertigende Beschränkung der Niederlassungsfreiheit (Art. 43 EGV) darstellt, wenn die Gruppenbildung allein durch die Zwischenschaltung einer ausländischen Gesellschaft verhindert wird.⁸ Im Rahmen des berichtigenden Jahressteuergesetzes für 2009 (*loi de finances rectificative pour 2009*) wurde Art. 223 A CGI an diese Rechtsprechung des EuGH angepasst. Nunmehr dürfen auch solche französische Enkelgesellschaften in eine *intégration fiscale* einbezogen werden, die über eine oder mehrere Tochtergesellschaften mit Sitz in einem anderen EU- oder EWR-Staat gehalten werden.⁹

Ende des Jahres 2014 wurde eine weitere wesentliche Änderung des Art. 223 A CGI beschlossen. Für ab dem 31.12.2014 endende Wirtschaftsjahre ist nunmehr auch die Bildung einer (isolierten) **horizontalen steuerlichen Integration** zwischen den **französischen Schwestergesellschaften einer gemeinsamen EU-/EWR-Muttergesellschaft** zulässig. Hierfür müssen jedoch bestimmte Voraussetzungen erfüllt sein, ua. muss die Muttergesellschaft einer der französischen Körperschaftsteuer (*Impôt sur les sociétés*) entsprechenden Besteuerung unterliegen. Diese Gesetzesänderung ist eine Reaktion auf das EuGH-Urteil in der Rs. **SCA Group Holding BV**.¹⁰ In diesem hat der EuGH ua. klargestellt, dass eine Gruppenbesteuerung zwischen ge-

---

1 Vgl. *Lenz/Seroin/Handwerker*, DB 2012, 365 (366); *Grotherr*, AG 1995, 403 (406); *Viegener* in Wassermeyer, Doppelbesteuerung, Anh. Frankreich, Rz. 143 (Stand: Januar 2015); *Hellio/Crucifix/Schruoffeneger* in Mennel/Förster, Frankreich Rz. 276 (Stand: 2016).
2 Vgl. auch *Lenz/Seroin/Handwerker*, DB 2012, 365 (367); *Hellio/Crucifix/Schruoffeneger* in Mennel/Förster, Frankreich Rz. 276 (Stand: 2016); *Schultze*, IStR 2015, 546.
3 *Lenz/Seroin/Handwerker*, DB 2012, 365 (368).
4 Vgl. *Dorenkamp*, Ubg 2012, 421 (423).
5 Vgl. *Geiger*, IWB 2003, 63 (65); *Sievert*, Konzernbesteuerung in Deutschland und Europa, 157.
6 Zur Kritik vgl. *Richard*, Intertax 2003, 20 (24).
7 Vgl. EuGH v. 27.11.2008 – Rs. C-418/07 – Société Papillon, IStR 2009, 66 ff.; zur Urteilsdiskussion ua. *Delaurière*, TNI 2009, 903 ff.; *Hahn*, IStR 2009, 198 ff.; *Mamut/Schilcher*, taxlex 2009, 13 ff.; *Demscher/Stefaner*, SWI 2009, 9 ff.; *Durand/Rutschmann*, ECTR 2009, 122 ff.
8 So auch EuGH v. 12.6.2014 – verb. Rs. C-39/13, C-40/13, C-41/13 – SCA Group Holding BV, IStR 2014, 486; dazu *Sydow*, IStR 2014, 480 ff.; *Möhlenbrock*, DB 2014, 1582 f.
9 Vgl. auch *Eilers/Nücken/Valentin/Daniel-Mayeur*, DB 2012, 535 (536, Fn. 15); *Hellio/Crucifix/Schruoffeneger* in Mennel/Förster, Frankreich Rz. 276 (Stand: 2016).
10 Vgl. EuGH v. 12.6.2014 – Rs. C-39/13, C-40/13, C-41/13 – SCA Group Holding BV, IStR 2014, 486. Zur Problematik einer isolierten Gruppenbesteuerung zwischen Schwestergesellschaften vgl. *Rehfeld*, IWB 2014, 619 ff.

bietsansässigen Schwestergesellschaften – positiv formuliert – auch dann zulässig sein muss, wenn deren gemeinsame **Muttergesellschaft ihren Sitz nicht in diesem Mitgliedstaat hat und dort keine Betriebsstätte unterhält**. Das Urteil ist zur niederländischen Gruppenbesteuerung ergangen. Da die französischen Gruppenbesteuerungsregeln ebenfalls die Bildung einer solchen horizontalen Gruppe untersagten, sah der französische Gesetzgeber die Notwendigkeit, sie in entsprechender Weise an die Vorgaben des EuGH anzupassen.

Eine Ausweitung der *intégration fiscale* auf **Auslandsgesellschaften** sieht das französische Körperschaftsteuerrecht nach wie vor nicht vor, „sondern vielmehr nur die europarechtlich gebotene Einbeziehung der Ergebnisse von inländischen Gruppengesellschaften in die Gewinnermittlung trotz einer nicht-inländischen Beteiligungskette"[1]. 9.23

Zwar ist nunmehr auch die Bildung einer horizontalen *intégration fiscale*, bestehend aus den Schwestergesellschaften einer gemeinsamen EU-/EWR-Muttergesellschaft, möglich (Rz. 9.22). Letztere wird aber selbst nicht Teil der (horizontalen) Gruppe.

Die Nutzung einer *intégration fiscale* erfolgt **optional auf Antrag**; hierbei handelt es sich um ein formloses Schreiben an die örtlich zuständige Steuerbehörde.[2] Der Abschluss zusätzlicher gesellschaftsvertraglicher oder sonstiger organisationsrechtlicher Vereinbarungen ist nicht erforderlich.[3] Hierin liegt ein **wesentlicher Unterschied zur deutschen Organschaft**. Vor allem im Kontext des Grünbuchs der „Deutsch-Französischen Zusammenarbeit – Konvergenzpunkte bei der Unternehmensbesteuerung" wurde vielfach und uE zu Recht eine diesbezügliche Angleichung an das französische Körperschaftsteuerrecht angeregt.[4] Zwar ist auch nach französischem Steuerrecht ein Unternehmensvertrag abzuschließen, in diesem werden aber lediglich Modalitäten wie die Aufteilung der Steuerlast zwischen den Gruppengesellschaften niedergelegt.[5] 9.24

Bei Vorliegen der entsprechenden Voraussetzungen wird dem Gruppenträger ein **Wahlrecht** zugestanden, welche der (qualifizierenden) Tochtergesellschaften in den Gruppenkreis einbezogen werden. Die *intégration fiscale* kann insoweit nach eigenem Ermessen abgegrenzt werden. Die einbezogenen Gesellschaften müssen lediglich ihr schriftliches Einverständnis zur Aufnahme geben. 9.25

Die **Mindestlaufzeit** der *intégration fiscale* beträgt **fünf Jahre** und kann jeweils um fünf Jahre stillschweigend verlängert werden (Art. 223 A CGI).[6] 9.26

2. Wesentliche Rechtsfolgen

a) Ergebnisverrechnung

Ungeachtet ihrer Gruppenzugehörigkeit bleiben sämtliche Gruppenmitglieder – Gruppenträger wie Gruppengesellschaften – steuerlich selbständig und ermitteln ihr steuerliches Er- 9.27

---

1 *Lenz/Seroin/Handwerker*, DB 2012, 365 (366).
2 Vgl. *Lenz/Seroin/Handwerker*, DB 2012, 365 (366).
3 Vgl. *Lenz/Seroin/Handwerker*, DB 2012, 365 (366); *Hellio/Crucifix/Schruoffeneger* in Mennel/Förster, Frankreich Rz. 276 (Stand: 20162016).
4 Vgl. insbesondere *Lenz/Seroin/Handwerker*, DB 2012, 365 (368); *Dorenkamp*, Ubg 2012, 421 (423); *Kahle/Schulz*, FR 2012, 741 (754).
5 Vgl. *Oestreicher/Scheffler/Spengel/Wellisch*, Modelle einer Gruppenbesteuerung für Deutschland und Europa, 66; *Lenz/Seroin/Handwerker*, DB 2012, 365 (367).
6 Vgl. *Lenz/Seroin/Handwerker*, DB 2012, 365 (366); *Schultze*, IStR 2015, 546 (549).

gebnis auf individueller Basis.[1] Die Ermittlung des Gruppenergebnisses nimmt ihren Ausgangspunkt in der Zusammenfassung der steuerlichen Einzelergebnisse (Gewinne und Verluste) sämtlicher Gruppenmitglieder (erster Schritt). Die positiven oder negativen Einzelergebnisse der Gruppengesellschaften werden sodann in einem zweiten Schritt auf Ebene des Gruppenträgers zusammengefasst (Art. 223 B ff. CGI) und in einem dritten und letzten Schritt verschiedenen „Bereinigungsmaßnahmen" (Konsolidierungsschritten) unterzogen, um der Gruppenzugehörigkeit Rechnung zu tragen.[2] Für die so ermittelte „Gesamtheit der Ergebnisse der Gruppe ist dann nur der Gruppenträger körperschaftsteuerpflichtig"[3], sodass am Ende eine Ergebnisverrechnung lediglich im Rahmen der französischen Körperschaftsteuer (*impôt sûr les sociétés*) erfolgt; im Hinblick auf die *Contribution Economique Territoriale* (entspricht in etwa der deutschen Gewerbesteuer) bleibt jede Gruppengesellschaft ein eigenständiges Rechtssubjekt.[4]

9.28 Ein **Gesamtverlust der Gruppe** ist nur auf Ebene des Gruppenträgers nutzbar (Art. 223 E CGI).[5] Es gelten die allgemeinen Regelungen zur Verlustbehandlung, die im Jahr 2011 novelliert und dabei – im Sinne einer vorgeblichen Konvergenz an die deutschen Verlustregeln – erheblich verschärft wurden.[6] Ein solcher Gruppenverlust kann zwar zeitlich unbegrenzt vorgetragen werden; zugleich greift aber eine der deutschen sog. „**Mindestbesteuerung**" vergleichbare Limitierung. Die nach Nutzung des Verlustrücktrags nicht ausgeglichenen Verluste dürfen bis zu einem steuerpflichtigen Gewinn von 1 Mio. Euro unbegrenzt, darüber hinaus aber nur iHv. 50 % des 1 Mio. Euro übersteigenden steuerpflichtigen Gewinns berücksichtigt werden (Art. 220 quinquies CGI).[7] Ein **Verlustrücktrag** ist zeitlich und betragsmäßig begrenzt; er kann lediglich auf das dem Verlustjahr vorangegangene Wirtschaftsjahr und dabei auch nur iHv. 1 Mio. Euro zurückgetragen werden.[8]

9.29 Für Verluste von Gruppengesellschaften, die dem Gruppenträger zugerechnet werden, **verlieren die Gruppengesellschaften jeglichen Anspruch**.[9] Verluste, die vor Begründung einer intégration fiscale bzw. vor der Aufnahme in eine ebensolche bei den Gruppengesellschaften entstanden sind (**Vorgruppenverluste**), können (nur) auf Ebene der jeweils verlustverursachenden Gruppengesellschaft während der Dauer der Gruppenzugehörigkeit genutzt werden (Art. 223 I CGI).[10]

---

1 Vgl. *Schienke*, IStR 2006, 302 (303); *Lenz/Seroin/Handwerker*, DB 2012, 365 (367); *Eilers/Nücken/Valentin/Daniel-Mayeur*, DB 2012, 535 (536).
2 Vgl. *Eilers/Nücken/Valentin/Daniel-Mayeur*, DB 2012, 535 (536); *Hellio/Crucifix/Schruoffeneger* in Mennel/Förster, Frankreich Rz. 276 (Stand: 2016).
3 *Eilers/Nücken/Valentin/Daniel-Mayeur*, DB 2012, 535 (535 f.).
4 Vgl. *Schultze*, IStR 2015, 546 (547).
5 Vgl. *Lenz/Seroin/Handwerker*, DB 2012, 365 (367).
6 Vgl. *Kahle/Schulz*, FR 2012, 741 (753); im Einzelnen *Jansen*, IWB 2012, 162 ff.
7 Vgl. *Jansen*, IWB 2012, 162 (164); *Viegener* in Wassermeyer, Doppelbesteuerung, Anh. Frankreich, Rz. 126 (Stand: Januar 2015).
8 Vgl. *Jansen*, IWB 2012, 162 (164).
9 Vgl. *Lenz/Seroin/Handwerker*, DB 2012, 365 (367). Daraus folgt auch, dass die dem Gruppenträger zugerechneten Verluste lediglich durch diesen vortragbar sind, vgl. hierzu *Schultze*, IStR 2015, 546 (548).
10 Vgl. auch *Hellio/Crucifix/Schruoffeneger* in Mennel/Förster, Frankreich Rz. 276 (Stand: 2016); *Schultze*, IStR 2015, 546 (548).

Anders als nach deutscher Rechtslage werden diese **vororganschaftlichen Verluste** also nicht „eingefroren" (§ 15 Satz 1 Nr. 1 KStG).[1] Da Vorgruppenverluste gegebenenfalls das dem Gruppenträger zuzurechnende Einkommen mindern,[2] kann eine indirekte Nutzung derselben auf Ebene des Gruppenträgers erfolgen.[3] Ein während der Gruppenbesteuerungsphase entstandener gruppenbezogener Verlust darf **nach Beendigung einer intégration fiscale** ausschließlich durch einen Gruppenträger genutzt werden.[4] Eine Gruppengesellschaft, die aus dem Integrationskreis (vorzeitig) ausscheidet, kann zwar keine Verluste in die **Nachkonsolidierungsphase** übertragen.[5] Es ist jedoch zulässig, entsprechende **Kompensationszahlungen** an die ausscheidende Gesellschaft zu leisten.[6]

9.30

b) Weitere steuerliche Konsolidierungsmaßnahmen

Um dem **Einheitsprinzip** (Rz. 9.1) – zumindest eingeschränkt – Rechnung zu tragen, ist das Bruttogruppenergebnis auf Ebene des Gruppenträgers[7] um bestimmte **gruppeninterne Geschäfts- und sonstige Beziehungen zu bereinigen**. Auf diese Weise soll eine doppelte oder gar mehrfache Berücksichtigung von bestimmten gruppeninternen Sachverhalten vermieden werden, was sich sowohl positiv als auch negativ auf das Gesamtergebnis auswirken kann. Eine Neutralisierung ist dabei ua. vorgesehen für langfristige Veräußerungsgewinne, Dividendenausschüttungen mit Schachtelprivileg, Wertberichtigungen (zB für zweifelhafte Forderungen, Teilwertabschreibungen auf Beteiligungen oder gruppenintern erworbene Wirtschaftsgüter), Forderungsverzichte oder Zuschüsse.[8] Insofern finden sich im französischen Körperschaftsteuerrecht ausgeprägte **Ansätze einer Zwischenergebniseliminierung**.

9.31

Mit dem Finanzberichtigungsgesetz 2015 wurde die vollständige **Steuerbefreiung** von inländischen **Dividendenausschüttungen** innerhalb der Gruppe aufgehoben. Für gruppeninterne Dividenden, die nach dem 1.1.2016 ausgeschüttet wurden, ergibt sich nun eine 99 %-ige Freistellung. Entgegen der Rechtslage vor dem 1.1.2016 findet die Freistellung jetzt auch auf Ausschüttungen von EU-/EWR-Tochterkapitalgesellschaften Anwendung, an der die französische Mutterkapitalgesellschaft zu mindestens 95 % beteiligt ist. Die Gesetzesänderung resultiert aus dem EuGH-Urteil in der **Rs. Groupe Steria** (vgl. auch Rz. 9.2 und 5.69 ff.).[9] In diesem Urteil hat der EuGH entschieden, dass die französische Dividendenfreistellung im Organschaftsfall gegen die Niederlassungsfreiheit verstößt, indem die pauschale Hinzurechnung von 5 % für Ausgaben und Aufwendungen im Inlandsfall neutralisiert wird, während für Dividenden

---

1 Vgl. *Lenz/Seroin/Handwerker*, DB 2012, 365 (367); *Dorenkamp*, Ubg 2012, 421 (424).
2 Vgl. *Sedlaczek*, IWB 2006, 1103 (1106); *Dörr* in Schön, Steuerliche Maßgeblichkeit in Deutschland und Europa, 769; *Esser*, Grenzüberschreitende Verlustverrechnung im Konzern, 70, 78; *Hellio/Crucifix/Schruoffeneger* in Mennel/Förster, Frankreich Rz. 276 (Stand: 2016); *Lenz/Seroin/Handwerker*, DB 2012, 365 (367).
3 Vgl. *Grotherr*, AG 1995, 403 (411); *Geiger*, IWB 2003, 63 (66).
4 Vgl. *Wittkowski*, Grenzüberschreitende Verlustverrechnung in Deutschland und Europa, 123.
5 Vgl. *Grotherr*, AG 1995, 403 (412); *Oestreicher/Scheffler/Spengel/Wellisch*, Modelle einer Gruppenbesteuerung für Deutschland und Europa, 75, 77.
6 Zur Diskussion vgl. *Lenz/Seroin/Handwerker*, DB 2012, 365 (367 f.).
7 Vgl. *Wagner*, Konzeption einer Gruppenbesteuerung, 127.
8 Vgl. *Lenz/Seroin/Handwerker*, DB 2012, 365 (367 f.); *Hellio/Crucifix/Schruoffeneger* in Mennel/Förster, Frankreich Rz. 276 (Stand: 2016).
9 Vgl. EuGH v. 2.9.2015 – Rs. C-386/14 – Groupe Steria, BB 2015, 2400. Auf mögliche Auswirkungen dieses Urteils auf die Besteuerung in Deutschland, vgl. Rz. 9.2; *Schnitger*, IStR 2015, 772; *Mitschke*, FR 2015, 1117.

einer ausländischen Tochterkapitalgesellschaft an die französische Muttergesellschaft keine Neutralisierung stattfindet (vgl. Rz. 5.69 ff.).[1]

9.32 Aus **rechtsvergleichender Betrachtung** wäre es wünschenswert, wenn das **deutsche Körperschaftsteuerrecht** vergleichbare Maßnahmen zur Neutralisierung gruppeninterner Vorgänge, wie sie das französische Steuerrecht vorsieht, adaptieren würde.

3. Zinsabzug

9.33 Zinsausgaben sind in Frankreich grundsätzlich abzugsfähig; allerdings kennt das französische Steuerrecht **diverse Zinsabzugsbeschränkungen**,[2] insbesondere die Beschränkungen zur Gesellschafterfremdfinanzierung bzw. Unterkapitalisierung (Art. 39-1-3°, 212 CGI), Zinsabzugsbeschränkungen bei fremdfinanzierten Beteiligungserwerben (Art. 223B, 209 IX CGI) sowie eine neuerlich eingeführte, allgemeine Zinsabzugsbeschränkung (Art. 212 bis CGI). Die Abzugsfähigkeit von Zinsen für **Darlehen von Gesellschaftern bzw. nahe stehenden Personen** wird in einem ersten Schritt versagt (Angemessenheitstest), soweit (1) der tatsächlich vereinbarte Zinssatz einen **gesetzlich definierten (Fremdvergleichs-) Zinssatz**,[3] der jährlich veröffentlicht wird, übersteigt (zB 2,07 % für Wj., die am 31.12.2016 enden[4]) und (2) auch nicht vonseiten des Steuerpflichtigen nachgewiesen werden kann, dass ein unabhängiger Dritter einen entsprechend höheren **(Markt-) Zinssatz** verlangen würde (Art. 212-I Buchst. a) i.V.m. Art. 39-1-3° CGI).[5] Finanzierungsaufwendungen, die an **nicht verbundene Darlehensgeber** geleistet werden, liegen grundsätzlich nicht im Anwendungsbereich der Regel.[6] Gleichwohl werden seit dem 1.1.2011 auch bestimmte Finanzierungen durch fremde Dritte erfasst, wenn das Darlehen durch ein verbundenes Unternehmen abgesichert ist (**Back-to-Back-Finanzierungen**).[7] Der unangemessene Teil der Zinsaufwendungen wird als **verdeckte Gewinnausschüttung** qualifiziert. Auf Verlangen der französischen Finanzbehörden ist nachzuweisen, dass der Empfänger der Zinszahlungen mit den Zinserträgen einer **Mindestbesteuerung** von 25 % unterliegt (Art. 212-I Buchst. b) CGI).[8] Diese neuerliche Bedingung für den Zinsabzug ist Ausfluss der internationalen Base Erosion and Profit Shifting-Diskussion (BEPS).[9]

9.34 Für denjenigen Teil des Zinsaufwands, der nach dem oben genannten **Angemessenheitstest** (Rz. 9.33) an sich **abzugsfähig** wäre, ist eine **weitere Prüfungsstufe** vorgesehen, die gegebe-

---

1 Vgl. *Hellio/Crucifix/Schruoffeneger* in Mennel/Förster, Frankreich Rz. 276 (Stand: 2016); *Kochs*, IWB 2017, 326.
2 Zu den diversen französischen Zinsabzugsbeschränkungen im Überblick vgl. *Ehlermann/Nakhai*, ISR 2012, 29 (31 ff.); *BDI/KPMG*, Die Behandlung von Finanzierungsaufwendungen, 31 ff.; *Sabin*, IFA Cahiers, Vol. 102A (2017), 354 ff.
3 Durchschnittlicher Zinssatz, den Banken auf Darlehen mit variablem Zinssatz und einer Laufzeit von über zwei Jahren berechnen. Vgl. *BDI/KPMG*, Die Behandlung von Finanzierungsaufwendungen, 31.
4 Vgl. *PwC*, Worldwide Tax Summaries, Corporate Taxes 2017/2018, 813.
5 Vgl. *Sabin*, IFA Cahiers, Vol. 102A (2017), 354.
6 Zu weiteren Ausnahmevorschriften vgl. *BDI/KPMG*, Die Behandlung von Finanzierungsaufwendungen, 35–37.
7 Vgl. hierzu eingehend *Rubechi*, IStR-LB 15/2011, 78 ff.; *PwC*, Worldwide Tax Summaries, Corporate Taxes 2017/2018, 814.
8 Vgl. auch *Kahlenberg/Kopec*, IStR 2015, 84 (87).
9 Zu BEPS vgl. ua. *Ault/Schön/Shay*, BIT 2014, 275 ff.; *Fuest/Spengel/Finke/Heckemeyer/Nusser*, WTJ 2013, 307 ff.; *Kahle/Biebinger/Wildermuth*, Ubg 2014, 285 ff.

nenfalls eine (weitere) Nichtabzugsfähigkeit nach sich zieht. So muss für die – aus Sicht des Steuerpflichtigen positiv formuliert – volle Abzugsfähigkeit des Zinsaufwands **mindestens eine der drei** folgenden Kriterien („**safe harbors**") **erfüllt** sein (Art. 212-II.1. CGI):[1]

(1) Der gesamte Zinsaufwand des in Rede stehenden Unternehmens beträgt nicht mehr als 25 % des EBITDA.

(2) Die an verbundene Unternehmen geleisteten Zinsaufwendungen des Unternehmens übersteigen nicht die von verbundenen Unternehmen empfangenen Zinserträge.

(3) Das Fremdkapital-/Eigenkapitalverhältnis des Unternehmens ist nicht größer als 1,5:1.

Nur wenn alle drei „Nichtaufgriffsgrenzen" kumulativ nicht erfüllt sind, dh. der Zinsaufwand mehr als 25 % des EBIDTA beträgt, die an verbundene Unternehmen geleisteten Zinsaufwendungen die von verbundenen Unternehmen empfangenen Zinserträge übersteigen und das Verhältnis von Fremdkapital zu Eigenkapital mehr als 1,5:1 beträgt, gilt das Unternehmen als **unterkapitalisiert**. Um den nichtabzugsfähigen Teil der Zinsaufwendungen zu ermitteln, sind drei Grenzwerte zu ermitteln, erstens 25 % des steuerlichen EBITDA, zweitens das Produkt aus dem 1,5-fachen des Eigenkapitals und dem og. gesetzlich definierten Referenzzinssatz und drittens die von verbundenen Unternehmen empfangenen Zinszahlungen (Zinserträge). Der höchste der drei Grenzwerte ist der maßgebende und bildet das Oberlimit der abzugsfähigen Zinsaufwendungen. Diesem Betrag sind die „angemessenen" Zinsaufwendungen gegenüberzustellen; Letztere entsprechen der Verzinsung der von verbundenen Unternehmen erhaltenen Darlehen unter Anwendung des gesetzlichen („angemessenen") Referenzzinssatzes. Die Differenz zwischen dem höchsten Grenzwert und den „angemessenen" Zinsaufwendungen ist dem Grunde nach nicht als Betriebsausgabe abzugsfähig,[2] wobei allerdings ein **Freibetrag von 150.000 Euro** gewährt wird.[3] Nichtabzugsfähige Zinsaufwendungen können in die folgenden Wirtschaftsjahre **vorgetragen** werden, wobei allerdings ab dem zweiten Jahr des Zinsvortrags ein Abschlag von 5 % pa. vorzunehmen ist.

Bei der Anwendung der vorgenannten **Unterkapitalisierungsregeln** in Bezug auf die **intégration fiscale** sind einige **Besonderheiten** zu beachten. Die Unterkapitalisierungsregeln sind zunächst auf Ebene jedes einzelnen Gruppenmitglieds anzuwenden. Gruppenzugehörige Gesellschaften können sich gegebenenfalls auf eine sog. „**Escape-Klausel**" berufen. Hiernach wird ein vollständiger Zinsabzug gewährt, wenn die Verschuldungsquote einer gruppenzugehörigen Gesellschaft der Verschuldungsquote der gesamten Gruppe (Konzernverschuldungsquote) entspricht oder diese unterschreitet (Art. 212-III. CGI).[4]

Der (zunächst) nicht abzugsfähige Teil der individuellen Zinsaufwendungen auf Ebene der Gruppengesellschaften darf von diesen nicht vorgetragen werden, sondern wird auf Gruppenebene einer speziellen **Verhältnisrechnung** unterworfen. Dabei werden – vereinfacht dargestellt – die gesamten gruppeninternen Zinsaufwendungen einem Grenzwert gegenübergestellt, der sich errechnet „als 25 % des laufenden Gewinns der gesamten Gruppe vor Steuern, erhöht um die an verbundene Unternehmen gezahlten Zinsen, die nicht dem Organkreis angehören, und um die abzugsfähigen Abschreibungen sowie vermindert um die innerhalb der

---

1 Vgl. *Weier/Seroin*, IStR 2005, 725 (728 ff.); *Hellio/Jolk/Hadjiveltchev*, IWB 2012, 825 f.; *Kahlenberg/Kopec*, IStR 2015, 84 (86 f.); *Sabin*, IFA Cahiers, Vol. 102A (2017), 354.
2 Es erfolgt mithin keine Umqualifizierung in eine verdeckte Gewinnausschüttung.
3 Vgl. *Hiller*, IWB 2009, 1083 (1086).
4 Vgl. *Hiller*, IWB 2009, 1083 (1086); *PwC*, Worldwide Tax Summaries, Corporate Taxes 2017/2018, 814.).

Organschaft gezahlten Zinsen"[1] (**gruppenbezogenes EBITDA**). Sofern die gesamten gruppeninternen Zinsaufwendungen diesen Grenzwert nicht übersteigen, bleibt die gänzliche Abzugsfähigkeit der Zinsaufwendungen gewahrt. Die Abziehbarkeit der Zinsen kann hierbei ausschließlich auf Ebene des Gruppenträgers geltend gemacht werden. Nicht abzugsfähige Zinsen können auf Gruppenebene vorgetragen werden (wiederum 5 % Abschlag pa.).[2] Im Ergebnis soll die Gruppe wie ein einheitliches Unternehmen behandelt werden.[3]

9.36 Weitere Zinsabzugsbeschränkungen bestehen hinsichtlich des **fremdfinanzierten Beteiligungserwerbs**. Nach der sog. „**Amendement Charasse**" (Art. 223B CGI) wird der Zinsabzug (anteilig) versagt, wenn der Erwerber direkt oder indirekt vom Verkäufer kontrolliert wird bzw. der Erwerber von einer Gesellschaft kontrolliert wird, die auch den Verkäufer kontrolliert, und die akquirierte Gesellschaft nach der Akquisition erstmals in eine intégration fiscale einbezogen wird.[4] Einer Zinsabzugsbeschränkung unterliegen dabei sowohl eine Gesellschafterfremdfinanzierung als auch eine externe Fremdfinanzierung (zB Darlehensaufnahme von fremden Dritten).[5] Die Zinsabzugsbeschränkung gilt für einen Zeitraum von **neun Jahren** nach Erwerb der Beteiligung,[6] sofern die erworbene Gesellschaft nicht vorher die Gruppe verlässt. Von der Zinsabzugsbeschränkung i.S.d. „Charasse-Regel" **ausgenommen** sind insbesondere Beteiligungsverkäufe zwischen Gesellschaften, die Mitglied derselben Gruppe sind.

9.37 Im Jahr 2011 wurde eine weitere Zinsabzugsbeschränkung („**Anti-Debt Push Down-Regel**") im Zusammenhang mit Beteiligungsfinanzierungen eingeführt (sog. „**Amendement Carrez**" gem. Art. 209 IX CGI).[7] Zielsetzung dieser Regelungen ist die Versagung eines Zinsabzugs für den Fall, dass eine Beteiligung zwar formal von einer französischen Gesellschaft erworben wird (Erwerbergesellschaft), die **wesentlichen Entscheidungen** bzw. die **Kontrollfunktionen** in Bezug auf die erworbene Beteiligung indessen von einer Gesellschaft außerhalb Frankreichs getroffen bzw. ausgeübt werden. Insofern ist vonseiten des den Zinsabzug begehrenden Steuerpflichtigen der Nachweis zu erbringen, dass die Entscheidungshoheit bzw. Kontrolle über die akquirierte Beteiligung tatsächlich aufseiten der französischen Mutter- oder einer französischen Schwestergesellschaft liegt.[8] Diese Zinsabzugsbeschränkung findet keine Anwendung, wenn der Gesamtwert der Beteiligungen der akquirierenden französischen Erwerbergesellschaft weniger als 1 Mio. Euro beträgt, der Erwerb der Beteiligung nicht fremdfinanziert wurde (und zwar weder auf Ebene der französischen Erwerbergesellschaft noch auf Ebene einer anderen Gesellschaft, die derselben Gruppe zugehörig ist) und das Fremdkapital-/Eigenkapitalverhältnis der gesamten Gruppe entspricht bzw. höher ist als das Fremdkapital-/Eigenkapitalverhältnis der Erwerbsgesellschaft. Der gegebenenfalls nicht abzugsfähige Anteil der Zinsaufwendungen ermittelt sich anhand der folgenden Formel: Zinsaufwendungen der Erwerbergesellschaft*(Kaufpreis der Anteile/durchschnittliche Verschuldung der Erwerbergesellschaft).[9] Im Zuge des **Finanzgesetzes 2018** (loi des finances

---

1 *BDI/KPMG*, Die Behandlung von Finanzierungsaufwendungen, 36.
2 Vgl. *Weier/Seroin*, IStR 2005, 725 (728).
3 Vgl. *BDI/KPMG*, Die Behandlung von Finanzierungsaufwendungen, 36.
4 Zu dieser „Charasse-Regel" vgl. *Leffers/Julien-Saint-Amand*, IStR 2013, 491 (492); *Sabin*, IFA Cahiers, Vol. 102A (2017), 355.
5 Vgl. *Ehrlermann/Nakhai*, ISR 2012, 29 (33).
6 Vgl. *Leffers/Julien-Saint-Amand*, IStR 2013, 491 (492).
7 Zu dieser „Carrez-Regel" vgl. auch *Sabin*, IFA Cahiers, Vol. 102A (2017), 355.
8 *Hellio/Jolk/Hadjiveltchev*, IWB 2012, 825 (825 f.).
9 Vgl. *Delaurière*, TNI 2012, 25.

pour 2018) wurde die „Carrez-Regel" **abgeschafft**. Dies dürfte einen „debt push down" mithilfe einer französischen Holdinggesellschaft erleichtern.[1]

Eine **allgemeine Beschränkung des Zinsabzugs** wurde im Jahr 2013 eingeführt.[2] Danach sind **lediglich 75 %** der gesamten Nettozinsaufwendungen (Differenz zwischen den Zinsaufwendungen und den Zinserträgen) steuerlich abzugsfähig (für Wirtschaftsjahre, die ab dem 1.1.2014 enden). Es erfolgt mithin eine **Pauschalhinzurechnung von 25 %** der Zinsaufwendungen zum steuerlichen Ergebnis (Art. 212 bis-I CGI). Allerdings wird eine Freigrenze von 3 Mio. € gewährt, dh. unterhalb dieses Betrags besteht grundsätzlich keine Einschränkung hinsichtlich des Zinsabzugs.[3] Die neue Regel ergänzt die bereits vorhandenen Zinsabzugsbeschränkungen für die Gesellschafterfremdfinanzierung (Art. 212 CGI) sowie die sog. „Carrez-Regel" (Art. 209 IX CGI, ab dem Wj. 2018 nicht mehr anwendbar, Rz. 9.37).[4] Sie ist **subsidiär** anzuwenden; Zinsaufwendungen, die bereits nach Maßgabe dieser Regelungen nicht als Betriebsausgabe abzugsfähig sind, sind nicht (erneut) hinzuzurechnen (Art. 212 bis-IV CGI). Für Zwecke der Zinsabzugsbeschränkungen ist es im Grundsatz unbeachtlich, ob die (Netto-) Zinsaufwendungen an fremde Dritte (zB Banken) oder an nahe stehende Personen gezahlt werden.[5] Einige (wenige) Finanzierungsaufwendungen sind von der Abzugsbeschränkung ausgenommen (zB Mietzahlungen für die Anmietung von Grundstücken[6]). Hiernach nicht abzugsfähige Zinsen können **nicht vorgetragen** werden; es handelt sich also um ein permanentes Abzugsverbot.[7] Soweit der Nettozinsaufwand in Summe weniger als **3 Mio. Euro** beträgt, greift die Zinsabzugsbeschränkung nicht (Freigrenze gem. Art. 212 bis-II CGI). Bei einer intégration fiscale sind die Regelungen **auf Gruppenebene** (und nicht auf Ebene der einzelnen Gruppengesellschaften) **zur Anwendung zu bringen**.[8] Der Freibetrag bezieht sich konsequenterweise auf die Nettozinsaufwendungen der Gruppe. Finanzierungsströme innerhalb der Gruppe bleiben unberücksichtigt.[9] Eine etwaige Pauschalhinzurechnung ist auf Ebene des Gruppenträgers vorzunehmen.[10]

9.38

Einstweilen frei.

9.39

II. Österreich: Gruppenbesteuerung

Landesspezifische Literatur: *Althuber/Mang*, Ausgewählte Fragen zur neuen Gruppenbesteuerung in Österreich, IWB 2004, 825; *Bruckner*, Gruppenbesteuerung – Top oder Flop? Möglichkeiten der Verlustwertung im Rahmen der neuen Gruppenbesteuerung, ÖStZ 2005, 227; *Danelsing*, Reform der inländischen Organschaftsbesteuerung – Die österreichische Gruppenbesteuerung als ein mögliches Modell, DStR 2005, 1342; *Eberhartinger/Pummerer*, Tochterkapitalgesellschaft, Betriebsstätte und österreichische Gruppenbesteuerung – eine grenzüberschreitende Betrachtung, StuW 2007, 64; *Gassner*, Reform der Konzernbesteuerung in Deutschland und Europa – Österreich ersetzt Organschaft durch Gruppenbesteuerung, FR 2004, 517; *Hirschler/Schindler*, Die österreichische Gruppenbesteuerung als

---

1 Vgl. *Rubechi*, IStR-LB 1/2018, 2.
2 Vgl. hierzu *Crucifix*, IWB 2013, 129 (130 f.); *Hellio/Jolk/Hadjiveltchev*, IWB 2012, 825 f.
3 Vgl. *Sabin*, IFA Cahiers, Vol. 102A (2017), 355.
4 Vgl. auch *PwC*, Worldwide Tax Summaries, Corporate Taxes 2017/2018, 807.
5 Vgl. *Rubechi*, IStR-LB 5/2013, 23 (25); *Leffers/Julien-Saint-Amand*, IStR 2013, 491 (492).
6 Vgl. *Crucifix*, IWB 2013, 129 (130); *PwC*, Worldwide Tax Summaries, Corporate Taxes 2017/2018, 807.
7 *PwC*, Worldwide Tax Summaries, Corporate Taxes 2017/2018, 807.
8 Vgl. *PwC*, Worldwide Tax Summaries, Corporate Taxes 2017/2018, 807.
9 Vgl. *Crucifix*, IWB 2013, 129 (131).
10 Vgl. *Crucifix*, IWB 2013, 129 (131).

Vorbild für Europa?, IStR 2004, 505; *Hristov/Zeitlinger*, Änderungen innerhalb der Gruppenbesteuerung durch das AbgÄG 2014, taxlex 2014, 109; *Karthaus*, Die österreichische Gruppenbesteuerung als Modell für Deutschland. Reformnotwendigkeit und mögliche Neugestaltung der körperschaftsteuerlichen Organschaft, Diss., Marburg 2009; *Kessler/Daller*, Die österreichische Gruppenbesteuerung aus der Sicht ausländischer Gruppenmitglieder – investitionsentscheidungsbeeinflussende Faktoren, IStR 2006, 289; *Kessler/Jepp*, Tu felix Austria? – Lehren aus der österreichischen Gruppenbesteuerung, DB 2009, 2737; *Kluger*, Investition in ausländische Betriebsstätte mit österreichischer Gruppenbesteuerung optimieren, PIStB 2010, 223; *Lang/Schuch/Staringer/Stefaner* (Hrsg.), Grundfragen der Gruppenbesteuerung, Wien 2007; *Lehner*, Fremdfinanzierte Beteiligungen ab 2011 – Kommentar zu § 11 Abs. 1 Z 4 KStG, Zeitschrift für Gesellschaftsrecht und angrenzendes Steuerrecht 2011, 121; *Leitner/Stetsko*, Erfahrungen mit der Gruppenbesteuerung in Österreich, Ubg 2010, 746; *Mamut/Plansky*, „Zinsschranke" auch für Österreich? Überlegungen zur Abzugsfähigkeit von Zinsen für fremdfinanzierte Beteiligungserwerbe (Teil 2), ÖStZ 2007, 425; *Mamut/Schilcher*, Auswirkungen des EuGH-Urteils Papillon auf die österreichische Gruppenbesteuerung, taxlex 2009, 13; *Marchgraber*, Neuerungen beim fremdfinanzierten Beteiligungserwerb im Konzern. Weitreichendes Abzugsverbot für konzerninterne Schuldzinsen, SWK 2014, 634; *Mayr*, Gruppenbesteuerung als Herzstück der Konzernbesteuerung, in ÖJT, 2012, 44; *Mayr*, Moderne Gruppenbesteuerung für Deutschland? – zehn Vorschläge aus den Praxiserfahrungen Österreichs, IStR 2010, 633; *Niemann/Treisch*, Investitionswirkung der Gruppenbesteuerung – Die österreichische Steuerreform als Vorbild für die deutsche Organschaft?, zfbf 2006, 1013; *Prinz*, Neue österreichische Gruppenbesteuerung – Steuersystematische und steuerplanerische Erwägungen aus deutscher Sicht, GmbHR 2005, 917; *Reinold/Reinold*, Gegensätzliche BFG-Rechtsprechung zum Zinsenabzugsverbot innerhalb einer Unternehmensgruppe, taxlex 2016, 304; *Stefaner/Weninger*, Österreichische Gruppenbesteuerung und Steuerplanung deutscher Konzerne, IWB 2006, 29200629; *Trinks*, Neue „Lizenzschranke" für konzerninterne Transaktionen in Österreich. Abgabenänderungsgesetz 2014 vs. Steueroasen, IWB 2014, 211; *Trinks*, Österreich: Abgabenänderungsgesetz 2014, IStR-LB 5/2014, 20; *Tumpel/Moshammer*, Ausländische Gruppenverluste in Österreich, in Lüdicke/Mössner/Hummel (Hrsg.), FS für Frotscher, Freiburg/München 2013, 613; *Urtz*, Grenzüberschreitende Gruppenbesteuerung. Reform der Organschaft – Österreich als Vorbild?, in Lüdicke (Hrsg.), Internationales Steuerrecht – Aufbruch oder Konsolidierung?, Köln 2011, 59.

1. Wesentliche Anwendungsvoraussetzungen

a) Überblick

9.40 Mit dem **Steuerreformgesetz 2005** wurde in Österreich die bis dahin geltende Organschaft durch ein **grenzüberschreitendes Gruppenbesteuerungssystem** ersetzt.[1] Die Gruppenbesteuerung erlaubt den sofortigen Ausgleich der steuerlichen Ergebnisse – also der Gewinne und Verluste – innerhalb einer Unternehmensgruppe. Allgemein sind die Voraussetzungen weniger restriktiv als in Deutschland, weshalb die Reform aus der Sicht der Wirtschaft begrüßt wurde.[2] Anfänglich stiegen laut ÖBMF die Körperschaftsteuereinnahmen wegen der erhöhten Standortattraktivität.[3] Im Zeitverlauf hat das Regime Einschränkungen erfahren.[4] Durch das **Abgabenänderungsgesetz 2009** wurde eine Nachversteuerungsregel im Falle eines wirtschaftlichen Ausscheidens aus der Gruppe etabliert;[5] im **Abgabenänderungsgesetz 2010** der Umfang der möglich Gruppenmitglieder durch die Bildung von Beteiligungsgemeinschaften

---

[1] Die Gruppenbesteuerung wurde zum 1.1.2005 eingeführt, vgl. Steuerreformgesetz 2005, öBGBl. I Nr. 57/2004. Vgl. dazu statt vieler *Gassner*, FR 2004, 517 ff.; *Lüdicke/Rödel*, IStR 2004, 550 ff.
[2] Vgl. *Mayr*, IStR 2010, 633.
[3] Vgl. ÖBMF vom 10.9.2008, 4799/AB 2. GP, ÖStZ 2008, 417; vgl. auch *Kessler/Jepp*, DB 2009, 2737.
[4] Vgl. *Heffermann*, GES 2014, 127.
[5] Vgl. *Mayr*, RdW 2009, 365.

begrenzt.¹ Der überschießende Verlustimport aufgrund abweichender Bemessungsgrundlagen ist seit dem **1. Stabilitätsgesetz 2012** nicht mehr möglich.² Die grenzüberschreitende Ergebnisverrechnung wurde durch das **Abgabenänderungsgesetz 2014** beschränkt (Rz. 9.57).³

Eine **Unternehmensgruppe** setzt sich aus Gruppenträger und Gruppenmitgliedern zusammen. Sowohl Gruppenträger als auch Gruppenmitglieder sind im österreichischen System nur **Körperschaften**.⁴ Die Gruppenmitglieder können auch ausländische Gesellschaften sein, wodurch eine **grenzüberschreitende Verlustverrechnung** ermöglicht wird.⁵

9.41

b) Persönliche Anwendungsvoraussetzungen

Der **Gruppenträger** steht als beteiligte Körperschaft an der Spitze der Unternehmensgruppe und übernimmt dadurch eine übergeordnete Funktion.⁶ Die zugelassenen Körperschaften werden in § 9 Abs. 3 öKStG abschließend aufgelistet. Demnach können unbeschränkt steuerpflichtige Kapitalgesellschaften sowie Erwerbs- und Wirtschaftsgenossenschaften, die unter § 7 Abs. 3 öKStG fallen, Gruppenträger sein.⁷ Daneben sind aber auch beschränkt steuerpflichtige Körperschaften als Gruppenträger zugelassen, sofern sie mit einer **Zweigniederlassung** im Firmenbuch eingetragen sind und die Beteiligungen an den Gruppenmitgliedern dieser Zweigniederlassung zuzurechnen sind.⁸ Durch das Anknüpfen der Gruppenträgereigenschaft an eine inländische Zweigniederlassung sichert der österreichische Gesetzgeber das Besteuerungsrecht Österreichs an den Mitgliedsbeteiligungen auf DBA-rechtlicher Basis.⁹

9.42

Auch eine Beteiligungsgemeinschaft, bspw. ein Joint Venture, kann als Gruppenträger fungieren, sofern sämtliche Mitglieder der Beteiligungsgemeinschaft für sich die Anforderungen des § 9 Abs. 3 öKStG erfüllen.¹⁰ Man spricht in diesem Fall von einer sog. **Mehrmütter-**

9.43

---

1 Vgl. dazu *Haslehner*, SWK 2010, 604; *Gatterer*, IStR-LB 13/2010, 64.
2 Vgl. Erläuterungen zur Regierungsvorlage zum öBGBl. I Nr. 22/2012, S. 21, abrufbar unter: https://www.parlament.gv.at/PAKT/VHG/XXIV/I/I_01680/fname_245675.pdf (letzter Abruf: 25.9.2018); *Schmidt/Gatterer*, IStR-LB 15/2012, 88 (89).
3 Vgl. *Trinks*, IStR-LB 5/2014, 20; *Kovar/Frey*, SWK-Spezial März 2014, 20.
4 Vgl. *Gerlach*, FR 2012, 450 (461).
5 Vgl. *Esterer/Bartelt*, BB-Special 1/2010, 2; *Mayr*, IStR 2010, 633. Ziel der Einführung eines Gruppenbesteuerungssystems war es, neben der Anpassung der Besteuerung an gesellschafts- und konzernrechtliche Entwicklungen, insbesondere die Steigerung der Standortattraktivität Österreichs, vgl. *Danelsing*, DStR 2005, 1342 (1344); *Leitner/Stetsko*, Ubg 2010, 746 (748). Kritisch zu der positiven Wirkung der Gruppenbesteuerung auf das Entscheidungsverhalten potentieller Investoren: *Niemann/Treisch*, zfbf 2006, 1013 (1029).
6 Vgl. *Karthaus*, Die österreichische Gruppenbesteuerung als Modell für Deutschland, 105; *Oberascher/Staringer* in Lang/Schuch/Staringer/Stefaner, Grundfragen der Gruppenbesteuerung, 29 (31).
7 Des Weiteren werden gem. § 9 Abs. 3 öKStG unbeschränkt steuerpflichtige Versicherungsvereine auf Gegenseitigkeit i.S.d. Versicherungsaufsichtsgesetzes sowie unbeschränkt steuerpflichtige Kreditinstitute i.S.d. Bankwesengesetzes als Gruppenträger anerkannt.
8 Ausführlich dazu *Oberascher/Staringer* in Lang/Schuch/Staringer/Stefaner, Grundfragen der Gruppenbesteuerung, 29 (36–45).
9 Vgl. *Hirschler/Schindler*, IStR 2004, 505 (509); *Kessler/Daller*, IStR 2006, 289 (290).
10 Ausführlich zu den Voraussetzungen und Rechtsfolgen der Beteiligungsgemeinschaft vgl. auch *Lang/Schneeweiss* in Lang/Schuch/Staringer/Stefaner, Grundfragen der Gruppenbesteuerung, 87 ff.

gruppe.[1] Die Beteiligungsgemeinschaft kann die Rechtsform einer Personengesellschaft annehmen oder als Beteiligungssyndikat firmieren.[2]

9.44 Eine **operative oder gewerbliche Tätigkeit** des Gruppenträgers wird im Gesetz nicht ausdrücklich vorgeschrieben. Damit kann auch eine **rein vermögensverwaltende** Körperschaft oder eine geschäftsleitende Holding als Gruppenträger fungieren.[3]

9.45 Bei den **Gruppenmitgliedern** handelt es sich um die – aus der Perspektive des Gruppenträgers – zu einer Unternehmensgruppe zusammengefassten Beteiligungskörperschaften.[4] Das Gesetz setzt, wie auch für den Gruppenträger, keine operative Tätigkeit der Gruppenmitglieder voraus, woraus folgt, dass auch **rein vermögensverwaltende** Gesellschaften Gruppenmitglieder sein können.[5] In § 9 Abs. 2 öKStG sind die als Gruppenmitglieder zugelassenen Körperschaften aufgezählt. Dazu gehören unbeschränkt steuerpflichtige Kapitalgesellschaften sowie Erwerbs- und Wirtschaftsgenossenschaften, die unter § 7 Abs. 3 öKStG fallen. Daneben können auch ausländische Kapitalgesellschaften in den Anwendungsbereich der Gruppenbesteuerung einbezogen werden.

9.46 Der Einbezug in die Gruppe setzt voraus, dass die Rechtsform der **ausländischen Gesellschaft** mit einer inländischen Kapitalgesellschaft vergleichbar ist. Zur Beurteilung dient der **Typenvergleich**, wie er schon im sog. „Venezuela-Urteil"[6] des Reichsfinanzhofs definiert wurde.[7] Des Weiteren müssen die ausländischen Gesellschaften ausschließlich mit unbeschränkt steuerpflichtigen Gruppenmitgliedern oder dem Gruppenträger finanziell verbunden sein.[8] Für ausländische Körperschaften aus Drittstaaten gilt zudem die Voraussetzung, dass sie ihren Sitz in einem Staat haben, der Österreich umfassende **Amtshilfe** leistet.[9]

c) Sachliche Anwendungsvoraussetzungen

9.47 Alleinige sachliche Voraussetzung für den Einbezug einer Körperschaft in eine Unternehmensgruppe ist die **finanzielle Eingliederung** gem. § 9 Abs. 4 öKStG.[10] Dafür genügt eine **einfache Mehrheit**, dh. eine Beteiligung des Gruppenträgers von mehr als 50 % am Grund-, Stamm- oder Genossenschaftskapital sowie an den Stimmrechten einer untergeordneten Gesellschaft.

---

1 Vgl. *Leitner/Stetsko*, Ubg 2010, 746 (748).
2 Vgl. *Kessler/Daller*, IStR 2006, 289 (290).
3 Vgl. *Karthaus*, Die österreichische Gruppenbesteuerung als Modell für Deutschland, 106; *Oberascher/Staringer* in Lang/Schuch/Staringer/Stefaner, Grundfragen der Gruppenbesteuerung, 29 (31); *Gahleitner/Furherr*, DK 2005, 129 (136).
4 Vgl. *Oberascher/Staringer* in Lang/Schuch/Staringer/Stefaner, Grundfragen der Gruppenbesteuerung, 29 (45).
5 Vgl. *Thiedemann*, Die Entwicklung einer modernen, europarechtskonformen und zukunftsweisenden Gruppenbesteuerung für Deutschland, 201; *Karthaus*, Die österreichische Gruppenbesteuerung als Modell für Deutschland, 108; *Althuber/Mang*, IWB 2004, 825 (829).
6 Vgl. RFH v. 12.2.1930 – VI A 899/27, RStBl. 1930, 444.
7 Vgl. *Oberascher/Staringer* in Lang/Schuch/Staringer/Stefaner, Grundfragen der Gruppenbesteuerung, 31 (47).
8 Dazu ausführlich mit Beispielen *Tumpel/Moshammer* in FS Frotscher, 613 (618 f.).
9 Eine Liste der Staaten mit umfassender Amtshilfe wird in regelmäßigen Abständen durch das BMF veröffentlicht. Zuletzt durch die Aktualisierung zum 1.1.2017 vom 13.12.2016 (BMF-010221/0810-VI/8/2016).
10 Vgl. *Leitner/Stetsko*, Ubg 2010, 746 (748).

Die finanzielle Verbindung kann auch über **mittelbare Beteiligungen**, zB über Personengesellschaften oder andere Gruppenmitglieder, erreicht werden.[1] Eine wirtschaftliche und organisatorische Eingliederung ist ebenso wenig erforderlich wie ein **Gewinnabführungsvertrag**.[2] Insbesondere für Joint Ventures bietet sich zudem die Möglichkeit, eine **Beteiligungsgemeinschaft** zu bilden. Dazu ist es jedoch erforderlich, dass eine Kernmuttergesellschaft mit mindestens 40 % beteiligt ist und die weiteren Muttergesellschaften zu mindestens 15 % beteiligt sind; so können folglich maximal fünf Gesellschaften eine Beteiligungsgemeinschaft bilden.[3]

9.48

Über die verschiedenen Möglichkeiten, die Voraussetzung der finanziellen Eingliederung zu erfüllen, bietet der österreichische Gesetzgeber einen breiten Zugang zur Gruppe. Damit soll eine **Strukturneutralität der Besteuerung** erreicht werden; betriebswirtschaftlich sinnvolle Strukturen sollen durch die Besteuerung nicht benachteiligt werden.[4]

9.49

Zur Begründung der Gruppenbesteuerung bedarf es keines gesonderten zivilrechtlichen Vertrags.[5] § 9 Abs. 8 öKStG verlangt lediglich einen **schriftlichen Gruppenantrag**. Dabei handelt es sich um eine gemeinsam zu unterzeichnende Antragstellung des Gruppenträgers sowie sämtlicher inländischer Gruppenmitglieder.[6]

9.50

Der **Umfang der Unternehmensgruppe** ist nicht reglementiert, so dass die Zusammenstellung der Unternehmensgruppe dem Steuerpflichtigen anheim gestellt wird.[7] **Ausländische Gruppenmitglieder** sind im Antrag zu benennen, sie müssen diesen jedoch nicht unterzeichnen.[8] Der Gruppenantrag ist vor Ablauf der Wirtschaftsjahre der erstmaligen Einbeziehung der Gruppenmitglieder und innerhalb eines Monats nach der Unterzeichnung an das zuständige Finanzamt des Gruppenträgers zu übermitteln. Darüber hinaus sind die jeweiligen Finanzämter der inländischen Gruppenmitglieder zu benachrichtigen. Der Antrag muss die Beteiligungs- und Stimmrechtsverhältnisse sowie die Wirtschaftsjahre aller einzubeziehenden Körperschaften dokumentieren.

9.51

Des Weiteren sind die vereinbarten Regelungen über den Steuerausgleich (**Steuerumlagevereinbarungen**) zwischen den Gruppenmitgliedern und dem Gruppenträger anzugeben.[9] Dabei handelt es sich um vertragliche Abreden, die eine verursachungsgerechte Aufteilung der Kör-

---

1 Vgl. *Obermair/Stefaner* in Lang/Schuch/Staringer/Stefaner, Grundfragen der Gruppenbesteuerung, 51 (56 f.).
2 Die der Gruppenbesteuerung vorangehende Organschaft setzte hingegen die genannten Eingliederungsmerkmale voraus, vgl. *Stefaner/Weninger* IWB 2006,29 (30 f.). Ausführlich zu der Rechtslage vor dem Steuerreformgesetz 2005 und den damit verbundenen Mängeln s. auch *Leitner/Stetsko*, Ubg 2010, 746 ff.
3 Vgl. *Leitner/Stesko*, Ubg 2010, 746 (748).
4 Vgl. *Obermaier/Stefaner* in Lang/Schuch/Staringer/Stefaner, Grundfragen der Gruppenbesteuerung, 51 (58).
5 Vgl. *Hirschler/Schindler*, IStR 2004, 505 (510).
6 Vgl. *Jochum*, FR 2005, 577 (582).
7 Vgl. *Thiedemann*, Die Entwicklung einer modernen, europarechtskonformen und zukunftsweisenden Gruppenbesteuerung für Deutschland, 203. Die österreichische Gruppenbesteuerung weicht insoweit von solchen europäischen Gruppenbesteuerungssystemen ab, die dem „all-in/all out"-Prinzip folgen, und schafft dadurch zusätzliche Freiheiten für den Steuerpflichtigen, vgl. *Danelsing*, DStR 2005, 1342 (1345); *Lüdicke/Rödel*, DStR 2004, 550 (553); *Schmidt/Heinz*, Stbg 2006, 60 (65).
8 Vgl. *Prinz*, GmbHR 2005, 917 (918).
9 Zur Diskussion hinsichtlich der Regelung über den Steuerausgleich vgl. *Danelsing*, DStR 2005, 1342 (1345 f.); *Karthaus*, Die österreichische Gruppenbesteuerung als Modell für Deutschland,

perschaftsteuerbelastung in der Gruppe bezwecken.¹ Durch die Ergebniszurechnung auftretende gruppeninterne Verschiebungen der Steuerlast sollen durch den Steuerausgleich betriebswirtschaftlich kompensiert werden. Die gesetzliche Pflicht zur Steuerumlagevereinbarung betrifft nur die inländisch finanziell verbundenen Körperschaften.²

9.52 Ein erfolgreicher Gruppenantrag wird mit einem **Feststellungsbescheid** des Finanzamts bestätigt. Mit dem Erlass eines Feststellungsbescheids wird die Unternehmensgruppe für die Zwecke der Gruppenbesteuerung wirksam. Die Bestätigung über die Annahme der Unternehmensgruppe gewährt den Gruppenbeteiligten Rechtssicherheit, da die Anwendungsvoraussetzungen so bereits zum Anfang der Unternehmensgruppe, anstatt erst im Rahmen einer Außenprüfung, festgestellt werden.³

9.53 Die **Mindestdauer** für die Gruppenbildung beträgt gem. § 9 Abs. 10 öKStG mindestens drei volle Wirtschaftsjahre. Falls bei einem Gruppenmitglied ein Rumpfwirtschaftsjahr vorliegt, erhöht sich die Mindestdauer auf den Zeitraum, bis das dritte volle Wirtschaftsjahr vorüber ist.⁴ Die Mindestdauer gilt auch für nachträglich eintretende Gruppenmitglieder. Bei vorzeitigem Ausscheiden eines Mitglieds aus der Gruppe erfolgt eine Rückabwicklung der steuerlichen Behandlung des Mitglieds für den Zeitraum seit dessen Beitritt.

9.54 **Änderungen der Unternehmensgruppe** sind unter Beachtung des § 9 Abs. 9 öKStG grundsätzlich möglich, ohne das Bestehen der Gruppe zu gefährden. Es ist zu beachten, dass die Änderungen dem jeweils zuständigen Finanzamt innerhalb eines Monats angezeigt werden müssen. Der Gruppenträger und die Gruppenmitglieder erhalten in der Folge einen entsprechend abgeänderten Feststellungsbescheid. Scheidet der Gruppenträger oder das letzte verbliebene Gruppenmitglied aus der Gruppe aus, gilt die Gruppe als beendet.⁵

2. Wesentliche Rechtsfolgen

a) Ergebniszurechnung

9.55 Die österreichische Gruppenbesteuerung folgt dem **Zurechnungskonzept**,⁶ denn anders als gemäß der Einheitstheorie im engeren Sinne kommt es nicht zu einer Zwischenergebniseliminierung und auch nicht zu einer Besteuerung eines konsolidierten Ergebnisses.⁷ Vom **britischen Group Relief System** (vgl. Rz. 9.111 ff.), das dem österreichischen System als Vorbild diente, unterscheidet sich die österreichische Gruppenbesteuerung insbesondere durch

---

115–119; *Hristov/Weninger* in Lang/Schuch/Staringer/Stefaner, Grundfragen der Gruppenbesteuerung, 313 ff.

1 Vgl. *Marx*, DB 1996, 950 (951); *Hristov/Weninger* in Lang/Schuch/Staringer/Stefaner, Grundfragen der Gruppenbesteuerung, 313 (316).
2 Vgl. *Hristov/Weninger* in Lang/Schuch/Staringer/Stefaner, Grundfragen der Gruppenbesteuerung, 313 (316 f.).
3 Vgl. *Achatz/Tumpel* in Quantschnigg/Achatz/Haidenthaler/Trenkwalder/Tumpel, § 9 Abs. 1 öKStG Rz. 6; *Jochum*, FR 2005, 577 (582).
4 Vgl. *Kessler/Daller*, IStR 2006, 289 (292).
5 Vgl. *Karthaus*, Die österreichische Gruppenbesteuerung als Modell für Deutschland, 120.
6 Vgl. *Thiedemann*, Die Entwicklung einer modernen, europarechtskonformen und zukunftsweisenden Gruppenbesteuerung für Deutschland, 199; *Esterer/Bartelt*, BB-Special 1/2010, 2 (4); *Mayr*, IStR 2010, 633.
7 Vgl. *Jettmar/Stieglitz* in Lang/Schuch/Staringer/Stefaner, Grundfragen der Gruppenbesteuerung, 119 (126).

das Festhalten an einem Gruppenträger und der damit verbundenen Zurechnung der Ergebnisse nach „oben", also „nur in eine Richtung".[1]

Nach dem österreichischen Modell ist ein Einkommen zunächst bei den Gruppenmitgliedern gesondert, dh. nach den allgemeinen steuerlichen Vorschriften, zu ermitteln. Anschließend wird es, entsprechend dem **Prinzip der stufenweisen Zurechnung** (auch: „Schneeballsystem"), an die beteiligte Körperschaft weitergereicht, bis es letzten Endes den Gruppenträger erreicht.[2] Das bedeutet, dass das Ergebnis der untersten Einheit in das Ergebnis der – entsprechend der Beteiligungshierarchie – nächsthöheren Gesellschaft einbezogen wird und somit für jedes Gruppenmitglied ein eigenes Ergebnis ermittelt wird, über das jeweils ein eigener Feststellungsbescheid ergeht.[3] Die steuerlichen Ergebnisse inländischer Gruppenmitglieder werden dem Gruppenträger – unabhängig von der Beteiligungshöhe – vollständig zugerechnet. Abschließend werden die gesamten zugerechneten Ergebnisse auf der Ebene des Gruppenträgers mit dessen Ergebnis verrechnet und besteuert. Handelt es sich bei dem Gruppenträger um eine Beteiligungsgemeinschaft, so wird den Mitgliedern der Beteiligungsgemeinschaft jener Anteil zugerechnet, der ihrer Beteiligung an der Beteiligungsgemeinschaft entspricht.[4]

9.56

Die Attraktivität der Gruppenbesteuerung für potentielle Investoren ergibt sich aus der Möglichkeit der **sofortigen Berücksichtigung von Verlusten ausländischer Gruppenmitglieder**.[5] So lassen sich zB bei der Gründung von Auslandstochtergesellschaften häufig auftretende Anfangsverluste mit Gewinnen der Muttergesellschaft steuerlich kompensieren.[6] Hinsichtlich der Ergebniszurechnung ergeben sich für ausländische Gruppenmitglieder partiell andere Regelungsinhalte als für inländische Gruppenmitglieder. Während von inländischen Gruppenmitgliedern sowohl die Gewinne als auch die Verluste zugerechnet werden, beschränkt sich die Zurechnung bei ausländischen Gruppenmitgliedern auf deren Verluste. **Auslandsgewinne** werden mangels österreichischen Besteuerungsrechts nicht berücksichtigt.[7] Zudem dürfen Verluste ausländischer Gesellschaften nur **quotal**, entsprechend der Beteiligungshöhe, berücksichtigt werden.[8] Die Zurechnung erfolgt im Verlustentstehungsjahr.[9] Mit der Änderung des § 9 Abs. 6 Ziff. 6 öKStG im Rahmen des **Abgabenänderungsgesetzes 2014**[10] wurde die Verlustverrechnung ausländischer Gruppenmitglieder eingeschränkt. In den Erläuterungen der Gesetzesänderung wurden Extremfälle angesprochen, bei denen das zusammengefasste Einkommen „trotz inländischer Gewinne sogar negativ"[11] wurde. Dieses aus fiskalischer Sicht unvorteilhafte Resultat wurde durch die Einführung einer Mindestbesteuerung beseitigt. Zuzurechnende Verluste können demnach nur noch im Ausmaß von 75 % der Summe der eigenen Einkommen sämtlicher unbeschränkt steuerpflichtiger Gruppenmitglieder sowie des Gruppenträgers berücksichtigt werden. Insoweit unberücksichtigt

9.57

---

1 Vgl. *Gassner*, FR 2004, 517 (518); *Schmidt/Heinz*, Stbg 2006, 60 (66).
2 Vgl. *Karthaus*, Die österreichische Gruppenbesteuerung als Modell für Deutschland, 121; *Plansky/Ressler* in Lang/Schuch/Staringer/Stefaner, Grundfragen der Gruppenbesteuerung, 141 (148).
3 Vgl. *Jettmar/Stieglitz* in Lang/Schuch/Staringer/Stefaner, Grundfragen der Gruppenbesteuerung, 119 (129–131).
4 Vgl. *Stefaner/Weninger*, IWB 2006, 29 (32).
5 Vgl. *Tumpel/Moshammer* in FS Frotscher, 613 f.; *Becker/Loose*, Ubg 2014, 141 (147 f.).
6 Dabei ist jedoch zu berücksichtigen, dass diese Kompensation nur temporär wirkt.
7 Vgl. *Kessler/Daller*, IStR 2006, 289 (294); *Schmidt/Heinz*, Stbg 2006, 60 (66).
8 Vgl. *Schmidt/Heinz*, Stbg 2006, 60 (65 f.); *Tumpel/Moshammer* in FS Fotscher, 613 (626).
9 Vgl. *Leitner/Stesko*, Ubg 2010, 746 (749).
10 Vgl. öBGBl. I Nr. 13/2014. Vgl. hierzu zB *Marchgraber*, SWK 2014, 634 ff.
11 Vgl. Erläuterungen zur Regierungsvorlage zum öBGBl. I Nr. 13/2014, 20, abrufbar unter: https://www.parlament.gv.at/PAKT/VHG/XXV/I/I_00024/fname_337614.pdf (letzter Abruf: 25.9.2018).

gebliebene Verluste sind in den folgenden Jahren als **vortragsfähige Verluste** vom Einkommen des Gruppenträgers abzuziehen.[1]

9.58 Wie in grenzüberschreitenden Verrechnungssystemen üblich, muss eine Umrechnung der Ergebnisse auf **österreichische Gewinnermittlungsvorschriften** erfolgen.[2] Falls das ausländische Steuerrecht sehr stark vom österreichischen Steuerrecht abweicht, darf für die Umrechnung aus praktischen Gründen von einem IFRS- oder US-GAAP Abschluss ausgegangen werden.[3] Die Umrechnung auf österreichisches Steuerrecht ist im Ausmaß auf die Höhe des nach ausländischem Steuerrecht ermittelten Verlusts gedeckelt.[4]

b) Nachversteuerung

9.59 Mit der Berücksichtigung von Verlusten ausländischer Gruppenmitglieder geht die österreichische Gruppenbesteuerung über die derzeitigen Vorgaben des EuGH hinaus.[5] Allerdings handelt es sich dabei regelmäßig nur um eine **vorübergehende Berücksichtigung**. Zur Verhinderung einer **doppelten Verlustberücksichtigung** („double dipping") kommt es gem. § 9 Abs. 6 Ziff. 6 öKStG zu einer **Nachversteuerung** eines zugerechneten Verlusts in Österreich, sobald die Tochtergesellschaft den Verlust im Ausland verwerten kann.[6] Folglich findet eine Verrechnung nur finaler ausländischer Verluste statt.[7] Die tatsächliche Verlustverwertung ist für die Zwecke der Nachversteuerung nicht entscheidend, es reicht die **bloße Möglichkeit**, den Verlust nutzen zu können. In einem Jahr, in dem der ausländische Verlust im Ausland verwertet werden könnte, ist dieser betragsmäßig dem inländischen Gruppenmitglied bzw. Gruppenträger, welchem der Verlust zugerechnet wurde, als Gewinn zuzurechnen.

9.60 Scheidet ein ausländisches Gruppenmitglied aus der Gruppe aus, kommt es zu einer **vollständigen Nachversteuerung** aller zugerechneten Verluste des bisherigen Gruppenmitglieds[8] (sog. „Exit-Falle" der Gruppenbesteuerung)[9]. Dazu ist ein fiktiver nachzuversteuernder Gewinn beim entsprechenden Gruppenmitglied bzw. beim Gruppenträger anzusetzen.[10] Weitere Tatbestände, die eine Nachversteuerung von in Österreich verwerteten Verlusten auslösen, sind die Liquidation oder Insolvenz des ausländischen Gruppenmitglieds oder der Verlust der Vergleichbarkeit des ausländischen Gruppenmitglieds. Letzteres soll wirtschaftlich stillgelegten Mantelgesellschaften, die bloß zur Verlustverwertung weitergeführt werden, entgegenwirken.[11]

---

1 Zu den Details und zur Kritik der Regelung vgl. *Hristov/Zeitlinger*, taxlex 2014, 109 (110 f.).
2 Vgl. *Mayr* in ÖJT, 2012, 44 (45).
3 Vgl. *Tumpel/Moshammer* in FS Fotscher, 613 (621).
4 Der „Verlustdeckel" wurde mit dem Stabilitätsgesetz 2012 eingeführt, vgl. 1. Stabilitätsgesetz 2012, öBGBl. I Nr. 22/2012. Ausführlich zur Einführung eines „Verlustdeckels" s. *Mayr* in ÖJT, 2012, 44 (47–53).
5 Vgl. hierzu Rz. 9.4.
6 Vgl. *Kessler/Daller*, IStR 2006, 289 (294); *Leitner/Stetsko*, Ubg 2010, 746 (750).
7 Vgl. *Gerlach*, FR 2012, 450 (461). Im Fall des Ausscheidens eines Gruppenmitglieds können auch finale Verluste der Nachversteuerungsplicht unterliegen.
8 Vgl. *Thiedemann*, Die Entwicklung einer modernen, europarechtskonformen und zukunftsweisenden Gruppenbesteuerung für Deutschland, 204.
9 So *Eberhartinger/Pummerer*, StuW 2007, 64.
10 Vgl. *Kessler/Daller*, IStR 2006, 289 (294); *Tumpel/Moshammer* in FS Frotscher, 613 (623).
11 Zu den Details und zur Kritik an der Regelung vgl. *Tumpel/Moshammer* in FS Frotscher, 613 (624 f.).

c) Teilwert- und Firmenwertabschreibungen

§ 9 Abs. 7 öKStG normiert die Vorschriften zur steuerlichen Behandlung von Beteiligungen innerhalb der Unternehmensgruppe. Teilwertabschreibungen und Veräußerungsverluste von Beteiligungen an Gruppenmitgliedern sind nicht steuerwirksam,[1] denn ansonsten wäre aufgrund der direkten Verlustübernahme durch die Beteiligungskörperschaft eine doppelte Verlustverwertung möglich.[2] Das Abzugsverbot entfaltet keine Auswirkungen auf die steuerliche Behandlung von Beteiligungen an Nicht-Gruppenmitgliedern.

9.61

Die ebenfalls in § 9 Abs. 7 öKStG geregelte **Firmenwertabschreibung** gilt, unter bestimmten Voraussetzungen, für den Erwerb von inländischen betriebsführenden Körperschaften im Zusammenhang mit einer Gruppenbildung nach dem 31.12.2004 und vor dem 1.3.2014. Der mit den Anschaffungskosten bezahlte Firmenwert ist ab der Zugehörigkeit der Körperschaft zur Unternehmensgruppe über einen Zeitraum von **fünfzehn Jahren linear** abzuschreiben. Der Firmenwert errechnet sich gem. § 9 Abs. 7 öKStG als Differenz aus den Anschaffungskosten und dem anteiligen unternehmensrechtlichen Eigenkapital zzgl. der stillen Reserven des nicht abnutzbaren Anlagevermögens. Die Bemessungsgrundlage für die Abschreibungen ist jedoch auf 50 % der Anschaffungskosten begrenzt. Ein **negativer Firmenwert** ist erfolgswirksam zu realisieren. Die Firmenwertabschreibung ist auf direkt gehaltene inländische Beteiligungen während der Zugehörigkeit zur Unternehmensgruppe beschränkt. Beteiligungskäufe von Konzernunternehmen oder einem einen beherrschenden Einfluss ausübenden Gesellschafter sind aus Gründen der Missbrauchsvermeidung von der Firmenwertabschreibung ausgeschlossen.[3]

9.62

d) Rückabwicklungen

Gemäß § 9 Abs. 10 öKStG muss die Unternehmensgruppe für einen Zeitraum von mindestens drei Jahren bestehen. Scheidet eine Körperschaft innerhalb von drei Jahren nach dem Eintritt aus der Unternehmensgruppe aus, so sind jene steuerlich maßgebenden Verhältnisse herzustellen, die sich ohne Gruppenzugehörigkeit ergeben hätten (**Rückabwicklung**). Handelt es sich bei der ausscheidenden Gesellschaft um den Gruppenträger oder um das letzte verbleibende Gruppenmitglied, kommt es folglich zur Rückabwicklung und Beendigung der gesamten Gruppe. Scheidet hingegen ein einzelnes Gruppenmitglied vorzeitig aus, so wird auch nur dieses „rückabgewickelt", während das Bestehen der Gruppe an sich nicht gefährdet ist.[4]

9.63

---

1 Vgl. *Hirschler/Schindler*, IStR 2004, 505 (511).
2 Vgl. *Gassner*, FR 2004, 517 (519). Zur Kritik am Verbot der Teilwertabschreibung, insbesondere in Fällen, in denen das Gruppenmitglied gar keine Verluste erzielt, sondern die im Rahmen der Kaufpreisallokation erwarteten Gewinne ausbleiben, vgl. *Jettmar/Stieglitz* in Lang/Schuch/Staringer/Stefaner, Grundfragen der Gruppenbesteuerung, 119 (136); *Bruckner*, ÖStZ 2005, 227 (228).
3 Ausführlich zur Firmenwertabschreibung vgl. *Hofstätter* in Lang/Schuch/Staringer/Stefaner, Grundfragen der Gruppenbesteuerung, 249 ff.
4 Vgl. *Jettmar/Stieglitz* in Lang/Schuch/Staringer/Stefaner, Grundfragen der Gruppenbesteuerung, 119 (138 f.).

3. Zinsabzug

9.64 In Österreich existieren weiterhin **keine spezifischen Unterkapitalisierungsregeln**, die eine vollständige oder partielle Zinsabzugsbeschränkung vorsehen.[1] Als Folge der **BEPS-Diskussion** sah sich der österreichische Gesetzgeber allerdings veranlasst, ein **neuerliches Abzugsverbot für Zinsen** (und Lizenzen i.S.d. § 99a Abs. 1 zweiter und dritter Satz des öEStG 1988[2]) zu normieren (§ 12 Abs. 1 Ziff. 10 öKStG). Es knüpft tatbestandlich an den Empfänger der Zinszahlungen an. Das Abzugsverbot greift, wenn die folgenden drei Voraussetzungen kumulativ gegeben sind:

– Die Zinsen oder Lizenzgebühren werden an eine Körperschaft i.S.d. § 1 Abs. 2 Z 1 öKStG oder an eine vergleichbare ausländische Körperschaft geleistet (§ 12 Abs. 1 Ziff. 10 Buchst. a öKStG).

– Die empfangende Körperschaft ist unmittelbar oder mittelbar **konzernzugehörig** oder steht unmittelbar oder mittelbar unter dem beherrschenden Einfluss desselben Gesellschafters (Tatbestandsmerkmal der „Konzernzugehörigkeit" gem. § 12 Abs. 1 Ziff. 10 Buchst. b öKStG).

– Die Zinsen oder Lizenzgebühren unterliegen bei der empfangenden Körperschaft aufgrund einer persönlichen oder sachlichen Befreiung keiner Besteuerung oder einem Steuersatz von **weniger als 10 %** oder aufgrund einer dafür vorgesehenen Steuerermäßigung einer tatsächlichen Steuerbelastung von weniger als 10 % (Tatbestandsmerkmal der „Niedrigbesteuerung" gem. § 12 Abs. 1 Ziff. 10 Buchst. c öKStG).

9.65 Die Abzugsfähigkeit von Zinsen für die **Fremdfinanzierung von Beteiligungen** hat in den letzten zehn Jahren eine wechselhafte Entwicklung durchlaufen. Im Zuge des **Steuerreformgesetzes 2005**[3] wurde zunächst der Abzug von Zinsen für die Fremdfinanzierung von Beteiligungen ausdrücklich zugelassen (§ 11 Abs. 1 Ziff. 4 öKStG), um Österreich als Holdingstandort zu etablieren. Aufgrund der parallelen Einführung der Gruppenbesteuerung (§ 9 öKStG) wurden jedoch Gestaltungen ermöglicht, in denen die Zinsen der Fremdfinanzierung auf Ebene der Erwerbergesellschaft mit den operativen Ergebnissen der erworbenen Gesellschaft verrechnet werden konnten (debt push down). In der Folge wurden diese Gestaltungen zunehmend als unerwünscht betrachtet und man sah sich veranlasst, im Rahmen des **Budgetbegleitgesetzes 2011**[4] eine sog. „Konzernklausel" einzuführen (§ 11 Abs. 1 Ziff. 4 Satz 2 öKStG aF), um ebensolche Gestaltungen einzudämmen.[5] Nach § 12 Abs. 1 Ziff. 9 öKStG, eingeführt durch das **Abgabenänderungsgesetz 2014**,[6] besteht nunmehr ein eigenständiges Zinsabzugsverbot für Beteiligungserwerbe,[7] (auch) um das Umgehen des bisher

---

1 Vgl. auch *Kahlenberg/Kopec*, IStR 2015, 84 (88 f.). Aufgrund der am 19.7.2016 veröffentlichten Anti-BEPS-Richtlinie (2016/1164/EU) ist Österreich jedoch dazu verpflichtet, bis zum 31.12.2018 eine Unterkapitalisierungsregelung einzuführen und ab 1.1.2019 anzuwenden. Zur Richtlinie selbst und zur einzuführenden Unterkapitalisierungsregelung, auch im Rahmen einer Gruppenbesteuerung, vgl. *Kahlenberg*, StuB 2016, 911.
2 Zu dieser sog. „Lizenzschranke" vgl. zB *Trinks*, IWB 2014, 211 (214 ff.).
3 Vgl. öBGBl. I Nr. 57/2004. Vgl. hierzu zB *Mamut/Plansky*, ÖStZ 2007, 425 (425 f.).
4 Vgl. öBGBl. I Nr. 111/2010.
5 Zur aktuell divergierenden Rechtsprechung des BFG bezüglich des § 11 Abs. 1 Ziff. 4 S. 2 öKStG aF im Rahmen der Gruppenbesteuerung vgl. *Reinold/Reinold*, taxlex 2016, 304.
6 Vgl. öBGBl. I Nr. 13/2014. Vgl. hierzu zB *Marchgraber*, SWK 2014, 634 ff.
7 Zur Rechtsentwicklung des Zinsabzugsverbots (§§ 11 Abs. 1 Ziff. 4, 12 öKStG) vgl. insbesondere *Lehner*, GES 2011, 121 ff.

schon bestehenden Zinsabzugsverbots im Wege der „Umgründung" zu verhindern. Sachlich unterliegen diesem Abzugsverbot „Aufwendungen für Zinsen in Zusammenhang mit einer Fremdfinanzierung, die dem Erwerb von Kapitalanteilen i.S.d. § 10 öKStG gedient hat, wenn diese Kapitalanteile unmittelbar oder mittelbar von einem konzernzugehörigen Unternehmen bzw. unmittelbar oder mittelbar von einem einen beherrschenden Einfluss ausübenden Gesellschafter erworben worden sind. Dies gilt auch bei Kapitalerhöhungen oder Zuschüssen, die in Zusammenhang mit einem Erwerb von Kapitalanteilen im Sinne des vorherigen Satzes stehen."

Einstweilen frei. 9.66–9.69

III. Polen: Steuerliche Kapitalgruppe *(Podatkowa grupa kapitałowa)*

Landesspezifische Literatur: *Alberts*, Polen, in Mennel/Förster (Hrsg.), Steuern in Europa, Amerika und Asien, Loseblatt, Herne/Berlin, Stand: 2016; *Alberts/Brzoza*, Steuerreformen in Polen 2013/2014. Jüngste Entwicklungen und absehbare Reformen, IWB 2013, 771; *Bernat/Filipczyk/Prejs*, Poland, in IFA (Hrsg.), Cahiers de Droit Fiscal International, 2017 Rio de Janeiro Congress, Vol. 102A, 623; *Bacia*, Gruppenbesteuerung in Polen, WiRO 2007, 50; *Bramo/Arnberger*, Ausländische Investitionen in der Republik Polen, SWI 2002, 481; *Kanczew*, Group Taxation Regime in Poland, European Taxation 2012, 355; *Nabiałek*, Die Einkommensteuer juristischer Personen (CIT), in Kudert (Hrsg.), Investieren in Polen. Steuerliche und rechtliche Rahmenbedingungen für deutsche Unternehmen – mit Gestaltungsempfehlungen, 3. Aufl., Berlin 2007, 127; *Rödl & Partner* (Hrsg.), Podatek dochodowy od osób fizycznych. Podatek dochodowy od osób prawnych – Einkommensteuer. Körperschaftsteuer, Zweisprachige Textausgabe Polnisch – Deutsch, 2. Aufl., Warschau 2008; *Schmitt*, Übersicht über das Steuerrecht Polens, IWB 2004, 365; *Slapio/Jürgensmann*, Die steuerliche Behandlung von Unternehmensverlusten in EU-Beitrittsländern. Einige lokale Besonderheiten am Beispiel Polens und Ungarns, RIW 2004, 925; *Stiller*, Gestaltungsspielräume bei Verlusten einer ausländischen EU-Betriebsstätte. Grenzüberschreitende Verlustverrechnung, IWB 2011, 913; *Stiller*, Verlustverrechnung in Polen. Rahmenbedingungen und Gestaltungshinweise zur Verlustnutzung, IWB 2010, 765; *Walczak/Dabrowski*, Polen, in Deloitte (Hrsg.), Unternehmenskauf im Ausland. Steuerliche Rahmenbedingungen bei M&A-Transaktionen im Ausland – Erwerb, Verschmelzung, Joint Ventures, 3. Aufl., Herne 2009, 249; *Wasylkowski/Krempa*, Steuerliche Behandlung von Unternehmenskäufen sowie Umstrukturierungen in Polen, IWB 2001, 721; *Wojcieszyk-Kluge*, Polnische Konzernbesteuerung und körperschaftsteuerliche Organschaft im polnischen Steuerrecht – Steuerliche Motive, Voraussetzungen und Reformbedarf, RIW 2005, 606.

1. Wesentliche Anwendungsvoraussetzungen

a) Überblick

Das polnische Körperschaftsteuergesetz (*Ustawa o podatku dochodowym od osób prawnych*; im Folgenden kurz: PDP) kennt eine Gruppenbesteuerung in Form der sog. **„steuerlichen Kapitalgruppe"** (podatkowa grupa kapiałowakapialowa) (Art. 1a i.V.m. 7a PDP). Aus systematischer Sicht kann die polnische Gruppenbesteuerung dem **Zurechnungskonzept** (Rz. 9.15) zugeordnet werden.[1] Die polnischen Gruppenbesteuerungsregeln wurden durch ein **Änderungsgesetz vom 27.10.2017**[2] teilweise geändert. Die betreffenden Änderungen sollen vor allem die Anwendungsvoraussetzungen für die Bildung einer steuerlichen Kapitalgruppe lo-

9.70

---

1 Vgl. *Wagner*, Konzeption einer Gruppenbesteuerung, 114; *Wojcieszyk-Kluge*, RIW 2005, 606 (609); IFSt-Arbeitsgruppe, IFSt-Schrift Nr. 471, 108.
2 Abrufbar unter: http://www.dziennikustaw.gov.pl/DU/2017/2175/1 (letzter Abruf: 31.1.2018).

ckern (Höhe des Stammkapitals, Mindestbeteiligung, Durchschnittsrentabilität, s. nachfolgend Rz. 9.71 ff.). So hatte die steuerliche Kapitalgruppe in der Vergangenheit eine nur geringe praktische Bedeutung; Ende des Jahres 2010 gab es in Polen offenbar nur **sechzehn steuerliche Kapitalgruppen**.[1]

b) Persönliche Anwendungsvoraussetzungen

9.71 Eine steuerliche Kapitalgruppe kann ausschließlich durch Gesellschaften gebildet werden, die nicht körperschaftsteuerbefreit sind.[2] Dazu gehören insbesondere[3] die Aktiengesellschaft (*Spółka akcyjna*) sowie die Gesellschaft mit beschränkter Haftung (*Spółka z ograniczoną odpowiedzialnością*). Das polnische Gruppenbesteuerungskonzept zeichnet sich mithin durch einen rigorosen **Inlandsbezug** aus, denn Gesellschaften der vorgenannten Rechtsformen müssen ihren Sitz zwingendermaßen in Polen haben (Art. 1a Abs. 1 und Abs. 2 Nr. 1 PDP).[4] Diese Bedingung gilt für alle Gruppenmitglieder, dh. **sowohl für den Gruppenträger als auch die Gruppengesellschaften**.

c) Sachliche Anwendungsvoraussetzungen

9.72 Darüber hinaus muss das **durchschnittliche Stammkapital** eines jeden Gruppenmitglieds **mindestens 500.000 PLN**[5] betragen (Art. 1a Abs. 2 Nr. 1 a) PDP). Vorausgesetzt wird zudem, dass die Muttergesellschaft (Gruppenträger) eine **unmittelbare Beteiligung von mindestens 75 %**[6] an den Tochtergesellschaften hält (Art. 1 Abs. 2 Nr. 1 lit. b) PDP).[7] Die geforderte Unmittelbarkeit der Beteiligung dürfte bei mehrstufigen Konzernen ein erhebliches Anwendungshemmnis darstellen.[8] Gesellschaften, die am Stammkapital anderer Gruppenmitglieder (Mutter- oder Schwestergesellschaft) beteiligt sind, bleibt die Aufnahme in eine steuerliche Kapitalgruppe verwehrt (Art. 1 Abs. 2 Nr. 1 lit. c) PDP).[9] Insofern wird deutlich, dass das polnische Gruppenbesteuerungskonzept auf eine streng **vertikale Konzernstruktur** abstellt, die realiter aber wohl nur selten vorzufinden ist.[10]

9.73 Es dürfen zudem nur solche Gesellschaften integriert werden, die **keine Körperschaftsteuer- oder Umsatzsteuerrückstände** bei den polnischen Finanzbehörden haben (lokale Steuern sind insoweit unbeachtlich).[11]

---

1 So *Kanczew*, ET 2012, 355 (355).
2 Vgl. *Stiller*, IWB 2010, 765 (770).
3 Seit dem Jahr 2014 werden Kommanditgesellschaften und Kommanditgesellschaften auf Aktien als Körperschaftsteuersubjekte behandelt; vgl. *Alberts/Brzoza*, IWB 2013, 771 (775).
4 Vgl. auch *Stiller*, IWB 2010, 765 (770).
5 Diese Voraussetzung gilt ab dem 1.1.2018; vgl. Änderungsgesetz vom 27.10.2017, Art. 2. Nach alter Rechtslage war ein Stammkapital von mindestens 1.000.000 PLN erforderlich. Vgl. *Jamrozy/Kudert*, IStR-LB 3/2018, 16 (18).
6 Diese Voraussetzung gilt ab dem 1.1.2018; vgl. Änderungsgesetz vom 27.10.2017, Art. 2. Nach alter Rechtslage war eine unmittelbare Beteiligung von 95 % notwendig. Vgl. *Jamrozy/Kudert*, IStR-LB 3/2018, 16 (18).
7 Vgl. *Kanczew*, ET 2012, 355 (356).
8 Vgl. *Wojcieszyk-Kluge*, RIW 2005, 606 (607).
9 Vgl. *Kanczew*, ET 2012, 355 (356).
10 Vgl. *Kanczew*, ET 2012, 355 (356).
11 Vgl. hierzu eingehend *Kanczew*, ET 2012, 355 (356).

Eine steuerliche Kapitalgruppe entsteht formal durch Abschluss eines **notariell beglaubigten** und auf mindestens **drei Jahre** laufenden **Gruppenvertrages** (Art. 1a Abs. 2 Nr. 2 i.V.m. Abs. 2a PDP). Dieser darf indes nicht mit einem Ergebnisabführungsvertrag nach deutschem Verständnis gleichgesetzt werden.[1] Der Gruppenvertrag und mithin die Anerkennung der steuerlichen Kapitalgruppe als solche stehen unter dem Vorbehalt einer finanzbehördlichen Genehmigung.[2] Der Vertrag ist spätestens **45 Tage** vor Beginn des Wirtschaftsjahres einzureichen.[3]

9.74

Bei Erfüllung der entsprechenden Voraussetzungen besteht ein gesetzliches **Wahlrecht**, welche der qualifizierenden Gesellschaften in die Kapitalsteuergruppe einbezogen werden.[4] Zugleich aber besteht eine **feste Gruppenmitgliedschaft**,[5] dh. die in die steuerliche Kapitalgruppe einbezogenen Gesellschaften müssen abschließend in einem Gruppenvertrag benannt werden (Art. 1a Abs. 3 Nr. 1 PDP).

9.75

Während der Dreijahresfrist dürfen **keine neuen Gesellschaften (nachträglich) in die Gruppe aufgenommen werden** (Art. 1a Abs. 6 PDP).[6] Insofern erweist sich die steuerliche Kapitalgruppe abermals als inflexibel.

9.76

Ferner wird für die Begründung einer steuerlichen Kapitalgruppe vorausgesetzt, dass die Kapitalsteuergruppe für jeden Veranlagungszeitraum im Durchschnitt aller Gruppenmitglieder eine **Umsatzrentabilität von wenigstens 2 %**[7] aufweisen muss (Art. 1a Abs. 2 Nr. 4 PDP).[8] Es wird hierbei auf den Zeitpunkt der Abgabe der Steuererklärung abgestellt; es wird also nicht verlangt, dass die 2 %-Umsatzrentabilität während eines Jahres durchgehend besteht. Wird diese Bedingung nicht erfüllt, büßt die gesamte Gruppe gem. Art. 1a Abs. 12 PDP ihren Status als steuerliche Kapitalgruppe ein.[9]

9.77

2. Wesentliche Rechtsfolgen

Für die Ermittlung des Gesamtergebnisses der steuerlichen Kapitalgruppe werden zunächst die **positiven und negativen Einzelergebnisse** der Gruppengesellschaften nach Maßgabe der allgemeinen Regeln des polnischen Körperschaftsteuergesetzes ermittelt, zusammengefasst und sodann dem Ergebnis des Gruppenträgers hinzugerechnet (Art. 7a Abs. 1 PDP). Steuerliche Gewinne und Verluste werden auf diese Weise unmittelbar ausgeglichen. Hierin dürfte der eigentliche Vorzug der steuerlichen Kapitalgruppe liegen.[10] Das aggregierte Gruppenergebnis unterliegt auf Ebene der Gruppenspitze der polnischen Körperschaftsteuer. Der aktuelle Körperschaftsteuersatz in Polen beträgt 19 %.[11]

9.78

---

1 Vgl. *Bacia*, WiRO 2007, 50 (51); *Bramo/Arnberger*, SWI 2002, 481 (483); *Alberts* in Mennel/Förster, Polen Rz. 253 (Stand: 2016).
2 Vgl. *Alberts* in Mennel/Förster, Polen Rz. 253 (Stand: 2016).
3 Die Frist wurde von 3 Monaten auf 45 Tage verkürzt; vgl. Änderungsgesetz vom 28.10.2017, Art. 2.
4 Vgl. *IFSt-Arbeitsgruppe*, IFSt-Schrift Nr. 471, 110 Fn. 285.
5 Vgl. *Wojcieszyk-Kluge*, RIW 2005, 606 (608).
6 Vgl. auch *IFSt-Arbeitsgruppe*, IFSt-Schrift Nr. 471, 110 Fn. 286.
7 Die „2 %-Grenze" gilt ab dem 1.1.2018; vgl. Änderungsgesetz vom 27.10.2017, Art. 2; *Jamrozy/Kudert*, IStR-LB 3/2018, 16 (18).
8 Vgl. mit Einzelheiten *Kanczew*, ET 2012, 355 (356); *Stiller*, IWB 2010, 765 (770 f.).
9 Vgl. *Bacia*, WiRO 2007, 50 (53).
10 Vgl. mit Beispiel *Kanczew*, ET 2012, 355 (361).
11 Vgl. *PwC*, Worldwide Tax Summaries, Corporate Taxes 2017/2018, 1984.

9.79 Für die Behandlung von **Gruppenverlusten** gelten die allgemeinen Verlustvortragsregeln gem. Art. 7 Abs. 5 PDP,[1] die sowohl eine zeitliche als auch eine betragsmäßige Begrenzung vorsehen. Danach beträgt der maximal zulässige Verlustvortragszeitraum **fünf Jahre**. Innerhalb eines Jahres dürfen maximal 50 % der Verluste genutzt werden.[2] Einen Verlustrücktrag kennt das polnische Steuerrecht nicht.[3] **Vorgruppenverluste** dürfen während des Bestehens der steuerlichen Kapitalgruppe weder mit dem eigenen positiven Einkommen noch mit dem insgesamt erzielten Positiveinkommen der Gruppe verrechnet werden (Art. 7a Abs. 3 PDP).[4] Da diese Verluste für die fünfjährige Vortragsfrist über die Bestehungszeit der steuerlichen Kapitalgruppe nicht „eingefroren" werden, besteht ein erhebliches Risiko eines nicht genutzten Verlustvortrags (Verlustuntergangs).[5] Gruppenverlustvorträge gehen **nach Beendigung einer steuerlichen Kapitalgruppe** vollständig verloren, weil sie nicht auf Ebene der Gruppengesellschaften genutzt werden dürfen.[6]

9.80 Das Eingehen einer steuerlichen Kapitalgruppe lässt die steuerliche Behandlung von **Transaktionen zwischen den Gruppengesellschaften** unberührt,[7] dh., das steuerliche Gesamtergebnis wird nicht etwa um Zwischengewinne oder weitere gruppeninterne Vorgänge bereinigt.[8]

3. Zinsabzug

9.81 Die polnischen Zinsabzugs- bzw. Unterkapitalisierungsvorschriften wurden in der Vergangenheit **mehrfach geändert**. Sie begrenzten den Zinsabzug zunächst nur insoweit, als das Gesellschafterfremdkapital das **Dreifache des Stammkapitals** überstieg.[9] **Ab dem 1.1.2015** wurde die Abzugsfähigkeit sodann (anteilig) verwehrt, soweit die Zinsbeträge das **FK/EK-Verhältnis von 1:1** übersteigen (Basismethode).[10] Zudem wurde eine sog. **Alternativmethode** zur Bestimmung des maximal zulässigen Zinsabzugs eingeführt (Art. 15c PDP aF). Diese basierte auf folgender Formel: (Referenzsatz der polnischen Zentralbank + 1,25 %) × (Gesamtsteuerwert der Wirtschaftsgüter − Gesamtsteuerwert immaterieller Wirtschaftsgüter), wobei der so ermittelte Maximalbetrag seinerseits auf 50 % des operativen Ergebnisses der betreffenden Steuerperiode begrenzt war.[11]

---

1 Vgl. *Slapio/Jürgensmann*, RIW 2004, 925; *Kanczew*, ET 2012, 355 (358).
2 Vgl. *Kanczew*, ET 2012, 355 (358); *Stiller*, IWB 2011, 913 (914); *Stiller*, IWB 2010, 765 (769 ff.).
3 Vgl. *Stiller*, IWB 2011, 913 (914).
4 Vgl. *Kanczew*, ET 2012, 355 (358); *Stiller*, IWB 2010, 765 (770); *Alberts* in Mennel/Förster, Polen Rz. 253 (Stand: 2011).
5 Vgl. *Stiller*, IWB 2010, 765 (770).
6 Vgl. *Kanczew*, ET 2012, 355 (358); *BDI/PwC*, Verlustberücksichtigung über Grenzen hinweg, 69; *Schmitt*, IWB 2004, 365 (372); *IFSt-Arbeitsgruppe*, IFSt-Schrift Nr. 471, 111 Fn. 292.
7 Vgl. *BDI/PwC*, Verlustberücksichtigung über Grenzen hinweg, 68.
8 Vgl. *Endres/Oestreicher/Scheffler/Spengel*, The Determination of Corporate Taxable Income in the EU Member States, 93, Table 98. Zur Kritik an der Verwehrung einer Zwischenergebniseliminierung vgl. *Wojcieszyk-Kluge*, RIW 2005, 606 (607).
9 Vgl. *Bohn*, Zinsschranke und Alternativmodelle zur Beschränkung des steuerlichen Zinsabzugs, 147 mwN.
10 Zu diesbezüglichen Rechtsänderungen vgl. *Kahlenberg/Kopec*, IStR 2015, 84 (89); *Bernat/Filipczyk/Prejs*, IFA Cahiers, Vol. 102A (2017), 629.
11 Vgl. zu Einzelheiten *Kahlenberg/Kopec*, IStR 2015, 84 (89); *Bernat/Filipczyk/Prejs*, IFA Cahiers, Vol. 102A (2017), 629.

Mit Wirkung zum **1.1.2018**[1] wurde eine **neue Zinsabzugsregel** eingeführt, die die beiden bislang geltenden Methoden (Basis- und Alternativmethode) ablöst (Art. 15c PDP nF[2]). Die Neuregelung fußt auf der „ATAD 1-Richtlinie"[3]. Damit ist ein (Netto-) Zinsabzug generell nur noch in Höhe von **30 % des steuerlichen EBITDA**[4] möglich. Erfasst werden Aufwendungen sowohl für interne als für externe Finanzierungen. Es wird eine **Freigrenze** von 3m PLN gewährt. Nicht genutzte Nettozinsaufwendungen können vorgetragen werden.

Nach alter Rechtslage war es offenbar zulässig, die auf Ebene einer fremdfinanzierenden Erwerbergesellschaft anfallenden Zinsaufwendungen mit Gewinnen einer akquirierten Zielgesellschaft zu verrechnen, indem eine steuerliche Kapitalgruppe begründet wurde (*debt push down*).[5] Mit Wirkung zum **1.1.2018** greifen nunmehr spezielle Regelungen zur **Verhinderung** eines solchen **„debt push down"** (Art. 16 Abs. 1 Nr. 13e) PDP).[6] Ein „debt push down" ist mithin nicht mehr möglich.

9.82

Einstweilen frei.

9.83–9.84

IV. Schweden: Konzernbeitrag *(Koncernbidrag)* und Konzernabzug *(Koncernavdrag)*

Landesspezifische Literatur: *Burmeister/Tivéus*, Koncernbidragsrätt vid förändrat ägande/ändrad verksamhet, Skattenytt 2002, 424; *Hultqvist/Wiman*, Sweden, in IFA (Hrsg.), Cahiers de Droit Fiscal International, 2017 Rio de Janeiro Congress, Vol. 102A, 721; *Monsenego*, Corporate Loss Utilization through Aggressive Tax Planning, International Transfer Pricing Journal 2012, 357; *Mutén*, Schweden: Grenzüberschreitender Verlustabzug, IStR-LB 9/2009, 38; *Ohlsson*, Ränteavdragen och EU-rätten, Skattenytt 2014, 11; *Sedlaczek*, Verlustbehandlung bei Kapitalgesellschaften und Konzernen in Schweden – ein Überblick, IWB 2006, 6767; *Strömberg/Kristoffersson*, Schweden, in Mennel/Förster (Hrsg.), Steuern in Europa, Amerika und Asien, Loseblatt, Herne/Berlin, Stand: 2014; *Wiman*, Sweden, in IFA (Hrsg.), Cahiers de Droit Fiscal International, 2004 Vienna Congress, Vol. 89b, 633; *Wunderlich*, Schweden: Investmentabzug, Neuregelungen 2014, carried interest, Zinsabzugsbeschränkungen, IStR-LB 5/2014, 22; *Wunderlich*, Schweden: Etatvorschlag, Förderung von Forschung und Entwicklung, Verwaltungsanweisung zu Konzernbeiträgen und DBA-Diskriminierungsklauseln, IStR-LB 21/2012, 110; *Wunderlich*, Überblick über das Steuerrecht Schwedens, in Wassermeyer, Doppelbesteuerung. Kommentar zu allen deutschen Doppelbesteuerungsabkommen, Loseblatt, München, Band V, Anh. Schweden, Stand: Juli 2009.

---

1 Mit Gewährung bestimmter Übergangsvorschriften, auf die hier nicht im Einzelnen eingegangen wird.
2 Vgl. Änderungsgesetz vom 27.10.2017, Art. 2 Nr. 16).
3 Vgl. Richtlinie (EU) 2016/1164 des Rates vom 12.7.2016 mit Vorschriften zur Bekämpfung von Steuervermeidungspraktiken mit unmittelbaren Auswirkungen auf das Funktionieren des Binnenmarkts, Abl EU v. 19.7.2016, L 193/1.
4 Ergebnis des Steuerpflichtigen vor Zinsen, Steuern und Abschreibungen. Dazu *Jamrozy/Kudert*, IStR-LB 3/2018, 16 (17).
5 Für die Diskussion einer solchen Erwerbsstruktur vgl. *Wasylkowski/Krempa*, IWB 2001, 721 (727). Vgl. auch *KPMG*, Taxation of Cross-Border Mergers and Acquisitions, Poland, 4 ff.
6 Vgl. Änderungsgesetz vom 27.10.2017, Art. 2 Nr. 19).

1. Konzernbeitrag *(Koncernbidrag)*

a) Überblick

9.85 Das schwedische Ertragsteuerrecht *(Inkomstskattelag;* im Folgenden abgekürzt: IL) kennt ebenfalls **keine Vollkonsolidierung**.[1] Der wirtschaftlichen Einheit wird lediglich ansatzweise durch das Konzept des sog. „Konzernbeitrags" *(koncernbidrag)* Rechnung getragen (35 kap. IL). Hiernach ist es unter bestimmten Voraussetzungen zulässig, den von einer Gesellschaft erzielten steuerlichen Gewinn einer Periode auf eine andere (meist defizitäre) Gesellschaft derselben Gruppe zu übertragen. Das Konzept des Konzernbeitrags wurde unlängst durch den sog. Konzernabzug *(koncernavdrag* gem. 35a kap. IL) ergänzt, wodurch der EuGH-Rechtsprechung zur Behandlung eines **finalen (Auslands-)Verlustes** Rechnung getragen werden soll.

b) Persönliche Anwendungsvoraussetzungen

9.86 **Mutterunternehmen** (Gruppenträger) innerhalb des Konzernbeitragssystems kann neben einer schwedischen Aktiengesellschaft *(svenskt aktiebolag)* auch eine schwedische wirtschaftliche Vereinigung *(svensk ekonomisk förening)*, eine schwedische Sparkasse *(svensk sparbank)*, eine schwedische Versicherungsgesellschaft auf Gegenseitigkeit *(svenskt ömsesidigt försäkringsföretag)*, eine schwedische Stiftung *(svensk stiftelse)* oder ein schwedischer ideeller Verein *(svensk ideell förening)* sein, wobei die beiden letztgenannten Rechts- bzw. Organisationsformen nicht steuerbefreit sein dürfen (35 kap. 2 § IL).[2] Europäische Aktiengesellschaften und Versicherungsaktiengesellschaften werden wie Aktiengesellschaften behandelt.[3] Als **Tochterunternehmen** innerhalb des Konzernbeitragssystems dürfen indes nur schwedische Aktiengesellschaften oder schwedische wirtschaftliche Vereinigungen fungieren (35 kap. 2 § IL). Weder bei dem Mutterunternehmen (Gruppenträger) noch bei dem Tochterunternehmen (Gruppengesellschaft) darf es sich um ein privates Immobilienunternehmen *(privatbostadsföretag)* oder eine Investmentgesellschaft *(investmentföretag)* handeln (35 kap. 3 § Nr. 1 IL).[4]

9.87 Eine **ausländische Gesellschaft** mit Sitz in einem Staat der Europäischen Union (EU) bzw. des Europäischen Wirtschaftsraums (EWR) wird für Zwecke des Konzernbeitrags den vorgenannten schwedischen Gesellschafts- bzw. Organisationsformen gleichgestellt. Dies setzt jedoch erstens voraus, dass die in Rede stehende ausländische Gesellschaft einer schwedischen Rechtsform vergleichbar ist; zweitens muss der Empfänger eines Konzernbeitrags mit dem Gewerbebetrieb, an den der Konzernbeitrag geleistet wird, in Schweden steuerpflichtig sein (35 kap. 2a § IL).[5] Eine schwedische Gesellschaft, die ihren Sitz abkommensrechtlich außerhalb Schwedens in einem Staat der Europäischen Union (EU) bzw. des Europäischen Wirtschaftsraums (EWR) hat, wird ebenfalls für Zwecke des Konzernbeitrags den schwedischen Gesellschafts- bzw. Organisationsformen gleichgestellt; allerdings wird auch hier verlangt, dass der Empfänger eines Konzernbeitrags mit demjenigen Gewerbebetrieb, an den der Kon-

---

1 Vgl. *Monsenego*, ITPJ 2012, 357 (358).
2 Vgl. auch *Wunderlich* in Wassermeyer, Doppelbesteuerung, Anh. Schweden, Rz. 57 (Stand: Juli 2009).
3 Vgl. BDI/PwC, Verlustberücksichtigung über Grenzen hinweg, 91.
4 Vgl. *Strömberg/Kristoffersson* in Mennel/Förster, Schweden Rz. 244 (Stand: 2014). Diese Ausnahme begründet sich dadurch, dass für die beiden Rechtformen jeweils spezifische Besteuerungsregime bestehen; vgl. *Wiman* in Cahiers de Droit Fiscal International, Vol. 89b, 635 f.
5 Vgl. BDI/PwC, Verlustberücksichtigung über Grenzen hinweg, 91.

zernbeitrag tatsächlich geleistet wird, in Schweden steuerpflichtig ist (35 kap. 2a § IL).[1] Daraus lässt sich allgemein ableiten, dass ein Konzernbeitrag (auch) in **grenzüberschreitenden Fällen** nur akzeptiert wird, wenn dieser in Schweden dem steuerlichen Zugriff unterliegt. Ob die Muttergesellschaft bzw. eine andere vermittelnde Gesellschaft ihren Sitz in der Europäischen Union bzw. im europäischen Wirtschaftsraum hat, ist indes nicht erheblich.[2]

c) Sachliche Anwendungsvoraussetzungen

Für Zwecke des Konzernbeitragssystems wird eine **direkte oder indirekte Beteiligung** des Gruppenträgers (Muttergesellschaft) an einer Gruppengesellschaft (Tochtergesellschaft) von **mehr als 90 %** verlangt (35 kap. 2 § IL).[3] Bezugsgröße der geforderten Beteiligungshöhe ist das Beteiligungskapital; die vermittelte Stimmrechtshöhe ist insoweit unbeachtlich. Der Abschluss eines **Ergebnisabführungsvertrags** nach deutschem Verständnis ist nicht erforderlich. Ein Konzernbeitrag muss nicht zwingend monetär geleistet werden; der Ausweis einer Forderung (beim Konzernbeitragsleistenden) bzw. einer Verbindlichkeit (beim Konzernbeitragsempfangenden) genügt für den geforderten „**Vermögenstransfer**".[4]

9.88

Neben der Mindestbeteiligung (Rz. 9.88) sind **weitere Voraussetzungen** für den Konzernbeitrag vorgeschrieben.[5] Wie genannt (Rz. 9.86), darf es sich weder bei dem Mutterunternehmen (Gruppenträger) noch bei dem Tochterunternehmen (Gruppengesellschaft) um ein privates Immobilienunternehmen (*privatbostadsföretag*) oder eine Investmentgesellschaft (*investmentföretag*) handeln (35 kap. 3 § Nr. 1 IL). Sowohl Leistender als auch Empfänger des Konzernbeitrags müssen diesen in ihren Steuererklärungen offen legen, und zwar im gleichen Veranlagungszeitraum (35 kap. 3 § Nr. 2 IL). Die geforderte Beteiligung von mehr als 90 % muss während des gesamten Wirtschaftsjahres bzw. seit dem Zeitpunkt des Beginns der wirtschaftlichen Tätigkeit des Tochterunternehmens bestehen (35 kap. 3 § Nr. 3 IL). Für Änderungen der Anteilsverhältnisse sieht die Vorschrift des 35 kap. 7 § IL vor, dass Gesellschaften, die „unterjährig" Gegenstand gruppeninterner Beteiligungstransaktionen sind, ihren Status als Gruppengesellschaft nicht verlieren (35 kap. 7 § IL).[6] Des Weiteren darf der Empfänger des Konzernbeitrags abkommensrechtlich nicht (aus schwedischer Sicht) im Ausland ansässig sein, es sei denn, das Besteuerungsrecht Schwedens in Bezug auf den Konzernbeitrag beim Empfangenden ist sichergestellt (35 kap. 3 § Nr. 4 IL). Der Empfänger des Konzernbeitrags darf abkommensrechtlich nicht in Schweden von der Besteuerung ausgenommen sein (35 kap. 3 § Nr. 5 IL). Wird ein Konzernbeitrag von einem Tochterunternehmen (Gruppengesellschaft) an dessen Muttergesellschaft (Gruppenträger) geleistet, darf eine im selben Wirtschaftsjahr vorgenommene Dividende nicht das steuerpflichtige Einkommen der Mutter erhöhen (35 kap. 3 § Nr. 6 IL).

9.89

Die vorgenannten (Rz. 9.89) Voraussetzungen nach 35 kap. 3 § Nr. 1–5 IL gelten auch für Konzernbeiträge zwischen Gruppengesellschaften (**Schwestergesellschaften**) mit einem gemeinsamen Gruppenträger. Hierbei wird allerdings zusätzlich gefordert, dass entweder das Mutterunternehmen eine „Investmentgesellschaft" ist (35 kap. 4 § Nr. 1 IL), Gewinnaus-

9.90

---

1 Vgl. *BDI/PwC*, Verlustberücksichtigung über Grenzen hinweg, 91.
2 Vgl. *BDI/PwC*, Verlustberücksichtigung über Grenzen hinweg, 91.
3 Vgl. auch *Monsenego*, ITPJ 2012, 357 (358); *Strömberg/Kristoffersson* in Mennel/Förster, Schweden Rz. 244 (Stand: 2014).
4 Vgl. *BDI/PwC*, Verlustberücksichtigung über Grenzen hinweg, 91.
5 Vgl. auch *BDI/PwC*, Verlustberücksichtigung über Grenzen hinweg, 91 f.
6 Vgl. hierzu im Einzelnen *Burmeister/Tivéus*, Skattenytt 2002, 424 ff.

schüttungen der konzernbeitrags*leistenden* Tochtergesellschaft auf Ebene des Mutterunternehmens steuerfrei vereinnahmt werden (35 kap. 4 § Nr. 2 IL) oder die von einer konzernbeitrags*empfangenden* Tochtergesellschaft geleisteten Gewinnausschüttungen auf Ebene des Mutterunternehmens der Steuerpflicht unterliegen (35 kap. 4 § Nr. 3 IL).[1]

9.91 Gruppenträger (Mutterunternehmen) können grundsätzlich auch an solche schwedischen Aktiengesellschaften Konzernbeiträge leisten, die sich unterhalb der ersten Beteiligungsstufe befinden, so zB an **Enkel- oder Urenkelgesellschaften**. Dies setzt neben den Voraussetzungen nach 35 kap. 3 § Nr. 1, 2, 4 und 5 IL – vereinfacht dargestellt – voraus, dass das empfangende Unternehmen (hypothetisch) auf das Mutterunternehmen verschmolzen werden könnte (sog. „**Verschmelzungsklausel**" gem. 35 kap. 5 § IL).[2] Dafür ist nach schwedischem Recht insbesondere eine Beteiligung von mehr als 90 % erforderlich.[3]

9.92 Nach der sog. „**Vermittlungsklausel**" (35 kap. 6 § IL) können Konzernbeiträge unter der Voraussetzung übertragen werden, dass in jeder Stufe der Beteiligungskette ein Konzernbeitrag zulässigerweise hätte geleistet werden können. Damit dürfen zB auch Enkelgesellschaften untereinander Konzernbeiträge leisten.[4]

9.93 Eine bestimmte Mindest- oder Höchstdauer schreiben die schwedischen Regelungen zum Konzernbeitrag nicht vor. Es besteht vielmehr ein **jährliches Wahlrecht**.[5]

d) Wesentliche Rechtsfolgen

9.94 Das Konzernbeitragssystem kann (bei Vorliegen der Anwendungsvoraussetzungen) für jeden Veranlagungszeitraum **optional** ausgeübt werden; es muss nicht zwingend alle Gruppenmitglieder umfassen. Die einzelnen Gruppengesellschaften bleiben **selbständig steuerpflichtig** (Grundsatz der Einzelveranlagung).[6]

9.95 Das steuerpflichtige Einkommen des Konzernbeitragsleistenden wird in Höhe des Konzernbeitrags gemindert (**Betriebsausgabe**), das der konzernbeitragsempfangenden Gesellschaft korrespondierend erhöht (**Betriebseinnahme**), 35 kap. 1 § IL. Ein Konzernbeitrag ist der Höhe nach im Grundsatz unbegrenzt. Ein früherer Gesetzesvorschlag, die Höhe des Konzernbeitrags auf das zu versteuernde Einkommen des Leistenden zu beschränken, wurde nicht umgesetzt.

9.96 Der Vorzug des schwedischen Konzernbeitragssystems liegt aus rechtsvergleichender (deutscher) Sicht darin, dass verlustleidende Gruppengesellschaften in Höhe des Konzernbeitrags ihre **Verluste ausgleichen** können.[7] Da ein Konzernbeitrag – anders als nach der deutschen Organschaft – sowohl in vertikaler als auch in horizontaler Beteiligungsrichtung möglich ist,

---

1 Vgl. auch *BDI/PwC*, Verlustberücksichtigung über Grenzen hinweg, 92; *Wunderlich* in Wassermeyer, Doppelbesteuerung, Anh. Schweden, Rz. 58 (Stand: Juli 2009).
2 Vgl. mit Beispiel *BDI/PwC*, Verlustberücksichtigung über Grenzen hinweg, 92.
3 Vgl. *Oestreicher/Scheffler/Spengel/Wellisch*, Modelle einer Gruppenbesteuerung für Deutschland und Europa, 64.
4 Vgl. auch *BDI/PwC*, Verlustberücksichtigung über Grenzen hinweg, 92; *Wunderlich* in Wassermeyer, Doppelbesteuerung, Anh. Schweden, Rz. 58 (Stand: Juli 2009).
5 Vgl. auch *IFSt-Arbeitsgruppe*, IFSt-Schrift Nr. 471, 113.
6 Vgl. *Sievert*, Konzernbesteuerung in Deutschland und Europa, 140; *BDI/PwC*, Verlustberücksichtigung über Grenzen hinweg, 90.
7 Vgl. *Princen/Gérard*, ET 2008, 174 (179).

können die steuerlichen Gewinne nicht nur zwischen Mutter- und Tochtergesellschaften (bzw. nachgelagerten Beteiligungsebenen), sondern vielmehr auch zwischen verbundenen Gruppengesellschaften (**Schwestergesellschaften**) transferiert werden. Aus Gruppensicht bietet diese indirekte Verlustverrechnung einerseits den ökonomischen Vorteil, dass Steuerminderungspotentiale aufgrund der grundsätzlich frei zu wählenden Allokationsrichtung möglichst frühzeitig genutzt werden können.[1] Andererseits ist zu berücksichtigen, dass die Voraussetzungen für einen Konzernbeitrag relativ strikt sind, was zu Lasten der Flexibilität des Konzernbeitrags als steuerplanerisches Instrument geht.

Das schwedische Einkommensteuerrecht lässt grundsätzlich einen zeitlich und betragsmäßig unbegrenzten **Verlustvortrag** zu. Ein **Verlustrücktrag** ist grundsätzlich unzulässig.[2] Verluste, die bei einer Gesellschaft vor Erfüllung der Konzernbeitragsvoraussetzungen entstanden sind (Vorgruppenverluste), bleiben während der Phase der Gruppenzugehörigkeit nutzbar, unterliegen dabei aber den allgemeinen Beschränkungen der Verlustnutzung.[3] Hierbei sind die Verlustvortragsbeschränkungen im Fall eines Wechsels in der Anteilseignerschaft („change of control") zu beachten (40 kap. IL).[4] Danach führt die Übertragung der Mehrheit der Anteile an einer Verlustgesellschaft zu einer zweifachen Sperre ihrer Verlustvorträge, dh. zu einer sog. „**betragsmäßigen Sperre**" (*beloppsspärr* gem. 40 kap. 15 § ff. IL) in Höhe des 200 % der Anschaffungskosten übersteigenden Teils der Verlustvorträge sowie darüber hinaus zu einer zeitlichen Sperre von fünf Jahren, in der die nach der betragsmäßigen Sperre verbleibenden Verlustvorträge nicht durch empfangene Konzernbeiträge anderer Gruppenmitglieder ausgeglichen werden dürfen („**Konzernbeitragssperre**" bzw. *koncernbidragspärren* gem. 40 kap. 18 § ff. IL).[5] Es handelt sich hierbei um eine **Missbrauchsvorschrift**; es soll verhindert werden, dass (gruppenexterne) Verlustgesellschaften nur deshalb akquiriert und in eine Gruppe einbezogen werden, um deren Verluste durch die Zuweisung von Konzernbeiträgen nutzen zu können.[6] Die vorgenannten Missbrauchsvorschriften „gelten jedoch nicht für Übertragungen innerhalb eines Konzerns, wenn vor der Übertragung Konzernbeiträge geleistet werden konnten"[7].

Eine **Zwischenergebniseliminierung** sehen die schwedischen Konzernbeitragsregeln nicht vor.[8] In Ausnahme zu dem Grundsatz, dass Wirtschaftsgüter im Fall der Veräußerung zu ihrem Marktpreis zu bewerten sind, können Wirtschaftsgüter des Anlagevermögens[9] gruppenintern zu einem niedrigeren Wertansatz (minimal zum Buchwert) übertragen werden.[10] Konzeptionell handelt es sich hierbei eher um eine „roll-over-Methode", bei der die stillen Reserven auf eine andere Gruppengesellschaft verlagert werden, nicht jedoch um eine Zwischenergebniseliminierung i.e.S., weil ein zu eliminierender Gewinn noch nicht realisiert

---

1 Vgl. *Watrin/Sievert/Strohm*, FR 2004, 1 (3 f.).
2 Vgl. *Monsenego*, ITPJ 2012, 357. Ein dem Verlustrücktrag vergleichbares Ergebnis lässt sich lediglich im Rahmen der sog. „Periodisierungsrücklage" (*periodiseringsfond*) erzielen; vgl. *Sedlaczek*, IWB 2006, 6767 f.; *BMF*, Verlustverrechnung und Gruppenbesteuerung, 62.
3 Vgl. *BDI/PwC*, Verlustberücksichtigung über Grenzen hinweg, 92.
4 Vgl. hierzu detailliert *Monsenego*, ITPJ 2012, 357 (358).
5 Vgl. *Sedlaczek*, IWB 2006, 67 (69); *BDI/PwC*, Verlustberücksichtigung über Grenzen hinweg, 92.
6 Vgl. *Monsenego*, ITPJ 2012, 357 (359).
7 *BDI/PwC*, Verlustberücksichtigung über Grenzen hinweg, 93.
8 So auch *Endres* in FS Thiel, 461 (474).
9 Vgl. *Oestreicher/Scheffler/Spengel/Wellisch*, Modelle einer Gruppenbesteuerung für Deutschland und Europa, 79.
10 Vgl. *Wiman* in Cahiers des Droit Fiscal International, Vol. 89b, 633 (640 ff.).

wurde.¹ Weitere Konsolidierungsmaßnahmen sieht das schwedische Steuerrecht nicht vor. Insofern wird der wirtschaftlichen Einheit auch im Ertragsteuerrecht Schwedens nur bedingt Rechnung getragen.

2. Konzernabzug *(Koncernavdrag)*

a) Überblick

9.99 Das Konzept des sog. Konzernabzugs (35a kap. IL) stellt eine Möglichkeit dar, **finale Verluste** einer (aus schwedischer Sicht) **ausländischen Tochtergesellschaft** für Zwecke der schwedischen Besteuerung auf Ebene ihrer **schwedischen Muttergesellschaft** (Gruppenträger) zu nutzen. Diese „Verlustnutzungsrichtung" ist indes abschließend: Es besteht mithin keine Möglichkeit, in „umgekehrter Richtung" Verluste der Muttergesellschaft auf Ebene einer Tochtergesellschaft geltend zu machen. Ebenso ist zB eine Verlustverrechnung zwischen Mutter- und Enkelgesellschaft sowie zwischen Schwestergesellschaften nicht zulässig.²

9.100 Mit Einführung des 35a kap. IL hat der schwedische Gesetzgeber auf eine wegweisende (Sammel-) Entscheidung des schwedischen Obersten Verwaltungsgerichtshofs *(Högsta förvaltningsdomstolen)* vom 11.3.2009 reagiert,³ in der herausgestellt wurde, dass das geltende schwedische Konzernbeitragssystem in Teilen gegen die **Rechtsprechung des EuGH** in Sachen **Marks & Spencer** und **Oy AA** (vgl. Rz. 9.4 f.) verstößt. Die Voraussetzungen für die Berücksichtigung **finaler Verluste** von Auslandstöchtern bei der schwedischen Muttergesellschaft sind im Ganzen allerdings nach wie vor **sehr restriktiv**.⁴ Eine Reaktion des schwedischen Gesetzgebers auf die nachfolgenden Urteile des EuGH in den Rs. **Nordea Bank** und **Timac Agro** ist bislang unterblieben.

b) Persönliche Anwendungsvoraussetzungen

9.101 Die an die Mutter- und Tochtergesellschaft gerichteten, persönlichen Voraussetzungen entsprechen im Grundsatz denen des Konzernbeitrags. Als Mutterunternehmen (**Gruppenträger**) kommt eine schwedische Aktiengesellschaft *(svenskt aktiebolag)*, eine schwedische wirtschaftliche Vereinigung *(svensk ekonomisk förening)*, eine schwedische Sparkasse *(svensk sparbank)*, eine schwedische Versicherungsgesellschaft auf Gegenseitigkeit *(svenskt ömsesidigt försäkringsföretag)*, eine schwedische Stiftung *(svensk stiftelse)* sowie ein schwedischer ideeller Verein *(svensk ideell förening)* in Frage, wobei die beiden letztgenannten Gesellschafts- bzw. Organisationsformen wiederum nicht steuerbefreit sein dürfen (35a kap. 2 Nr. 1–6 § IL). Als **ausländisches Tochterunternehmen** *(utländskt dotterföretag)* qualifizieren solche Gesellschaften, die einer schwedischen Aktiengesellschaft oder einer schwedischen wirtschaftlichen Vereinigung entsprechen und ihren Sitz innerhalb eines Staates der Europäischen Union (EU) oder des Europäischen Wirtschaftsraums (EWR) haben (35a kap. 2 § IL). Weder bei dem Mutterunternehmen noch bei dem ausländischem Tochterunternehmen darf es sich

---

1 Vgl. *Wagner*, Konzeption einer Gruppenbesteuerung, 128 f., 166.
2 Vgl. auch *Monsenego*, ITPJ 2012, 357 (358).
3 Vgl. Regeringsrätten v. 11.3.2009 – Målnr. 6511-06, 6512-06, 7322-06, 7444-06, 1648-07, 1650-07, 1651-07, 1652-07, 3628-07, 1267-08, Regeringsrättens årsbok (RÅ) ref. 13 (ua.). Zur Urteilsdiskussion vgl. *Holmdahl/Ohlsson*, Skattenytt 2009, 452 ff.; *Lindstrom-Ihre/Berglund*, TNI 2009, 1057 f.; *Mutén*, IStR-LB 9/2009, 38.
4 Vgl. auch *Monsenego*, ITPJ 2012, 357 (358).

um ein privates Immobilienunternehmen (*privatbostadsföretag*) oder eine Investmentgesellschaft (*investmentföretag*) handeln (35a kap. 2 IL).

c) Sachliche Anwendungsvoraussetzungen

Die Muttergesellschaft muss zu **mehr als 90 % an der Tochtergesellschaft beteiligt** sein (35a kap. 2 § IL). Des Weiteren muss die in Rede stehende Tochtergesellschaft liquidiert werden und die Liquidation muss bereits abgeschlossen sein (35a kap. 5 Nr. 1 § IL). Ein reiner Bankrott der Tochtergesellschaft genügt also nicht, einen Verlust als **final** zu erklären.[1] Die Tochtergesellschaft muss während des gesamten Wirtschaftsjahres bzw. seit Beginn ihrer wirtschaftlichen Tätigkeit und bis zur Beendigung der Liquidation im qualifizierten Anteilsbesitz (mehr als 90 % der Anteile) der Muttergesellschaft stehen (34a kap. 5 Nr. 2 § IL). Der Konzernabzug kann erst in dem Wirtschaftsjahr geltend gemacht werden, in dem die Liquidation abgeschlossen ist (34a kap. 5 Nr. 3 § IL). Der Konzernabzug muss in der Steuererklärung der Muttergesellschaft offen gelegt werden (34a kap. 5 Nr. 4 § IL). Im Ansässigkeitsstaat der liquidierten Tochtergesellschaft darf kein dem Mutterunternehmen nahe stehendes Unternehmen den Geschäftsbetrieb der liquidierten Tochtergesellschaft fortführen; in diesem Fall wird der Verlust nämlich nicht als final angesehen (35a kap. 5 Nr. 5 § IL).

9.102

Ein Verlust wird zudem nur dann als „**final**" angesehen, wenn – vereinfacht dargestellt – sämtliche Verlustnutzungsmöglichkeiten ausgenutzt wurden, dh. dieser Verlust weder im Ansässigkeitsstaat der Tochtergesellschaft noch in einem anderen Staat geltend gemacht werden könnte (35a kap. 6 Nr. 1 § IL). Der Grund, dass ein Verlust nicht genutzt werden kann, darf dabei nicht in fehlenden „rechtlichen Möglichkeiten" einer Verlustnutzung oder zeitlichen Begrenzungen einer Verlustnutzung liegen (35a kap. 6 Nr. 2 § IL). Der Ablauf einer zeitlichen Verlustvortragsgrenze genügt also nicht, einen Verlust als final zu erklären.

9.103

d) Wesentliche Rechtsfolgen

Der auf Ebene der Muttergesellschaft zu berücksichtigende finale Verlust wird durch mehrere komplexe Berechnungsregeln **der Höhe nach eingeschränkt**. Der finale Verlust ist sowohl zum Ende des letzten vollständigen, der Liquidation vorausgegangenen Wirtschaftsjahres als auch zum Ende der Liquidation zu ermitteln. Berücksichtigungsfähig ist lediglich **der niedrigere der beiden Beträge**. Dabei hat die Ermittlung des finalen Verlustes sowohl nach den **steuerlichen Vorschriften des Ansässigkeitsstaates** als auch nach **schwedischem Steuerrecht** zu erfolgen (unter der Annahme, die ausländische Tochtergesellschaft sei in Schweden steuerpflichtig, 35a kap. 8 § IL).[2] Maximal berücksichtigungsfähig ist wiederum nur der niedrigere der beiden so errechneten Beträge. Bei der Ermittlung des finalen Verlustes sind vorhandene stille Reserven zwingend aufzudecken (35a kap. 8 § IL). Eine weitere Einschränkung liegt darin, dass der Konzernabzug ein **positives zu versteuerndes Einkommen** der Muttergesellschaft im betreffenden Wirtschaftsjahr (vor Berücksichtigung des Konzernabzugs) nicht übersteigen darf (35a kap. 7 § IL). Ein Konzernabzug darf auf Ebene der Muttergesellschaft mithin zu keinem Periodengesamtverlust führen. Auch sind Verluste nur insoweit zu berücksichtigen, als sie auf den **Zeitraum des erforderlichen Beteiligungsbesitzes** entfallen; ein Konzernabzug ist ausgeschlossen für solche Verluste der Auslandstochtergesellschaft, die vor Erlangung der erforderlichen Mindestbeteiligung durch die schwedische Muttergesellschaft (mehr als 90 % der Anteile) entstanden sind.

9.104

---

1 Vgl. *Monsenego*, ITPJ 2012, 357 (358).
2 Vgl. auch *Monsenego*, ITPJ 2012, 357 (358).

9.105 Wurden in den **letzten zehn Jahren** vor der Liquidation **stille Reserven** von der Tochtergesellschaft auf ein nahe stehendes Unternehmen übertragen, erfolgt eine Kürzung des zu berücksichtigenden Verlustes in dieser Höhe (35a kap. 9 § IL).

3. Zinsabzug

9.106 Das schwedische Steuerrecht kennt weiterhin keine speziellen Unterkapitalisierungsvorschriften (*thin capitalisation rules*).[1] Mit Wirkung zum 1.1.2009 wurden allerdings **spezielle Zinsabzugsbeschränkungen** eingeführt (24 kap. 10a–10f §§ IL).[2] Diese richteten sich zunächst nur gegen die **Darlehensvergabe zwischen verbundenen Unternehmen** (einer sog. „Interessengemeinschaft") zur Finanzierung von **konzerninternen Beteiligungserwerben** (debt push down); entsprechenden Zinsaufwendungen wird seitdem regelmäßig die Abzugsfähigkeit versagt.[3] Entsprechendes gilt für *Back-to-Back*-Finanzierungen.[4]

9.107 Der sachliche Anwendungsbereich dieser Zinsabzugsbeschränkung wurde in der Folge erheblich ausgeweitet: Mit Wirkung zum 1.1.2013 sind Zinsen für Darlehen, die zwischen verbundenen Unternehmen vergeben werden, generell nur noch unter der Voraussetzung abzugsfähig, dass sie auf Seiten des Zinsempfängers (i.S. eines *beneficial owner*) effektiv mit mindestens 10 % besteuert werden (24 kap. 10d § IL).[5] Es kommt insoweit nicht mehr darauf an, ob diese Darlehen genutzt werden, um konzerninterne Beteiligungserwerbe zu finanzieren. Die **Nachweispflicht** liegt hierbei auf Seiten des Steuerpflichtigen. Zu dieser Grundregel sind allerdings zwei **Ausnahmen** zu berücksichtigen (Rz. 9.108 f.).[6]

9.108 Eine Ausnahme wird gewährt, sofern die Zinserträge auf Seiten des Empfängers zwar **nicht** der geforderten (effektiven) „Mindestbesteuerung" von **10 %** unterliegen (Rz. 9.107), der Empfänger der Zinszahlung (*beneficial owner*) jedoch in einem Land der EU oder des EWR ansässig ist.[7] Unter bestimmten Umständen ist auch die Ansässigkeit in einem DBA-Staat hinreichend.[8]

9.109 Liegt die Motivation der Darlehensbeziehung ausschließlich oder fast ausschließlich darin begründet, einen **steuerlichen Vorteil** für die Gruppe zu erlangen, wird die Zinsabzugsfähigkeit stets versagt.[9] Gleiches gilt, wenn mit dem Darlehen ein verbundenes Unternehmen erworben wird, es sei denn, dass der Erwerb hauptsächlich auf geschäftlichen Gründen fußt.[10]

---

1 Vgl. *PwC*, Worldwide Tax Summaries, Corporate Taxes 2017/2018, 2328.
2 Vgl. auch *Lenz/Dörfler*, DB 2010, 18 (21).
3 Solche (*Debt push down-*)Steuerplanungsmodelle werden in Schweden unter dem Begriff „räntesnurror" (zu Deutsch: „Zinskreisel") diskutiert. Vgl. *Kahle/Schulz* in Grotherr, Handbuch der internationalen Steuerplanung³, 301 (323).
4 Vgl. auch *Lenz/Dörfler*, DB 2010, 18 (21).
5 Vgl. auch *Kahlenberg/Kopec*, IStR 2015, 84 (89 f.); *Hultqvist/Wiman*, IFA Cahiers, Vol. 102A (2017), 730.
6 Vgl. auch *Hultqvist/Wiman*, IFA Cahiers, Vol. 102A (2017), 730; *PwC*, Worldwide Tax Summaries, Corporate Taxes 2017/2018, 2327 f.
7 Vgl. *Wunderlich*, IStR-LB 11/2018, 50.
8 Vgl. *Wunderlich*, IStR-LB 11/2018, 50; *EY*, Worldwide Corporate Tax Guide 2017, 1482.
9 Vgl. auch *Ehlermann/Nakhai*, ISR 2012, 29 (32); *Wunderlich*, IStR-LB 21/2012, 110 (111); *Hultqvist/Wiman*, IFA Cahiers, Vol. 102A (2017), 730 f.
10 Vgl. *Wunderlich*, IStR-LB 11/2018, 50.

Im Juni 2017 hat das schwedische Finanzministerium eine komplette **Neuregelung der Zins-** 9.110
abzugsbeschränkungen zur Diskussion gestellt.¹ Die Neuregelungen wurde ratifiziert und
tritt mit Wirkung zum 1.1.2019 neben den bestehenden Restriktionen der 24 kap. 10a–10f
§§ IL in Kraft. Der schwedische Gesetzgeber hat sich an den OECD-Arbeiten zu den BEPS-Aktionspunkten 2 und 4 bzw. der europäischen „ATAD 1-Richtlinie" orientiert. Kern des Gesetzesvorschlages ist eine generelle Zinsabzugsbeschränkung, die – in Anlehnung an die „deutsche" Zinsschranke (§ 4h EStG, § 8a KStG) – an das EBITDA anknüpft.² Grundsätzlich wird
dem Steuerpflichtigen einen Freigrenze von 5.000.000 SEK eingeräumt, ansonsten ist ein
Zinsabzug bis zu 30 % des steuerlichen EBITDA möglich.³ Analog zur deutschen Regelung
wird ein Zinsvortrag eingeführt, der auf sechs Jahre begrenzt ist.⁴ Ein EBITDA-Vortrag ist
nicht vorgesehen. Die Berechnung der Abzugsbeschränkung erfolgt grundsätzlich auf einer
Stand-alone-Basis, wobei unter den Voraussetzungen der Gruppenbesteuerung relevante Gewinne und Zinsüberhänge verschoben werden können. Gegen hybride Gestaltungen wird eine zu § 4i EStG ähnliche Regelung eingeführt, nach der Zinsen nicht abziehbar sind, wenn
ein verbundenes Unternehmen außerhalb von Schweden die Zinsen ebenfalls abziehen darf.⁵
Dies gilt nicht, wenn die entsprechenden Einkünfte doppelt erfasst werden.

V. Vereinigtes Königreich: *Group relief*

Landesspezifische Literatur: *Altmann*, Großbritannien und Nordirland, in Mennel/Förster (Hrsg.),
Steuern in Europa, Amerika und Asien, Loseblatt, Herne/Berlin, Stand: 2017; *Brown/Hatton/Dehkordi/Will*, Großbritannien, in Deloitte (Hrsg.), Unternehmenskauf im Ausland. Steuerliche Rahmenbedingungen bei M&A-Transaktionen im Ausland – Erwerb, Verschmelzung, Joint Ventures, 4. Aufl.,
Herne 2016, 113; *Challen*, Sections 30-34 and Schedules 13-14: loss provisions, British Tax Review
2013, 411; *Grundke*, Direktinvestitionen deutscher Kapitalgesellschaftskonzerne in Großbritannien.
Steuerplanung aus deutscher und britischer Sicht, Diss., Herne/Berlin 2006; *Head/Javed*, How to
handle the new corporate interest restriction, Tax Journal, 27 October 2017, 10 ff.; *Levedag*, Überblick über das Steuerrecht Großbritanniens, in Wassermeyer, Doppelbesteuerung. Kommentar zu allen deutschen Doppelbesteuerungsabkommen, Loseblatt, München, Band III, Anh. Großbritannien,
Stand: Juli 2012; *Linn/Müller*, Dual Consolidated Loss Rules nach der Philips Electronics-Entscheidung. EuGH, Urteil v. 6.9.2012 – Rs. C-18/11, IWB 2012, 761; *Müller*, Anmerkung zu EuGH v.
1.4.2014 – Rs. C-80/12, Britische Gruppenbesteuerung bei Drittstaatenkonzernen, ISR 2014, 170;
O'Shea, ECJ Rules Against U.K. Group Loss Relief Rules, Tax Notes International 2012, 941; *Panayi*,
The Common Consolidated Corporate Tax Base and the UK Tax System, The Institute for Fiscal Studies, TLRC Discussion Paper No. 9, November 2011; *Rehfeld/Krumm*, Verlusttransfer bei mittelbaren
Beteiligungen im grenzüberschreitend strukturierten Konzern. EuGH-Urteil v. 1.4.2014 – Rs. C-80/12,
Felixstowe Dock, IWB 2014, 394; *Sedlaczek*, Verlustbehandlung bei Kapitalgesellschaften und Konzernen in Großbritannien – ein Überblick, IWB 2006, 369369; *Webber*, Thin Capitalization and Interest
Deduction Rules: A Worldwide Survey, Tax Notes International 2010, 683; *Wilke*, Finale Verluste – eine
weitere Runde, PIStB 2015, 90.

---

1 Vgl. *Finansdepartementet*, Skatte- och tullavdelningen, Fi2017/02752/S1, Nya skatteregler för företagssektorn, Juni 2017; s. hierzu *Wunderlich*, IStR-LB 21/2017, 98 (99).
2 Vgl. *Wunderlich*, IStR-LB 21/2017, 98 (99).
3 Vgl. *Wunderlich*, IStR-LB 11/2018, 50.
4 Vgl. *Wunderlich*, IStR-LB 11/2018, 50.
5 Vgl. *Wunderlich*, IStR-LB 11/2018, 50.

1. Wesentliche Anwendungsvoraussetzungen

a) Überblick

9.111 Spezifische Regeln zur Konzernbesteuerung weist das Körperschaftsteuerrecht des Vereinigten Königreichs[1] in Form des sog. **group relief** (Part 5 des Corporation Tax Act 2010 [abgekürzt: CTA 2010]) auf. Der *group relief* gestattet es insbesondere, gewerbliche Verluste (*trading losses*) von einer Gruppengesellschaft (*surrending company*) auf eine oder mehrere Gesellschaften (*claimant company*) derselben Gruppe zu übertragen.[2] Durch das System des *group relief* lässt sich mithin eine **gruppeninterne Verlustverrechnung** erreichen. Neben gewerblichen Verlusten (*trading losses*) können folgende „**andere Beträge**" (*other amounts*) Gegenstand einer gruppeninternen Übertragung sein: *excess capital allowances* (Sec. 101 CTA 2010), *non-trading deficits on loan relationships* (Chapter 16 of Part 5 of CTA 2009), *amounts allowable as qualifying charitable donations* (Part 6 CTA 2010), *UK property business losses* (Sec. 102 CTA 2010), *management expenses* (Sec. 103 CTA 2010) sowie *non-trading losses on intangible fixed assets* (Sec. 104 CTA 2010).

b) Persönliche Anwendungsvoraussetzungen

9.112 Die Voraussetzungen für den *group relief* finden sich in Part 5 des CTA 2010.[3] Der *group relief* zeichnet sich durch einen strengen **Inlandsbezug** aus. Sowohl die verlustübertragende als auch die verlustübernehmende Gesellschaft müssen ihren **Sitz im Vereinigten Königreich** haben (Sec. 131 i.V.m. 134(a) CTA 2010). Der *group relief* ist zudem nur Gesellschaften in der Rechtsform einer *company* zugänglich, die derselben Gruppe angehören (Sec. 131(a) CTA 2010). **Betriebsstätten** ausländischer (zB deutscher) Gesellschaften, über die eine gewerbliche Tätigkeit (*trade*) **im Vereinigten Königreich** ausgeübt wird, können ebenfalls in eine Gruppe für Zwecke des *group relief* einbezogen werden und dabei sowohl Verluste empfangen als auch abgeben (Sec. 131 i.V.m. Sec. 134(b) CTA 2010).

c) Sachliche Anwendungsvoraussetzungen

9.113 Die sachlichen Voraussetzungen für die Bildung einer *corporation tax loss relief group* sind relativ umfangreich. Wesentliche Bedingung ist eine **Mindestbeteiligung von 75 %** des Gruppenträgers an einer Gruppengesellschaft (Sec. 131, 150–152 CTA 2010).[4] Dies bedeutet, dass entweder eine Gesellschaft im geforderten Anteilsbesitz eines anderen Unternehmens steht oder aber beide Gesellschaften zu jeweils mindestens 75 % von einem anderen (dritten) Unternehmen gehalten werden.[5] Die geforderte Mindestbeteiligung muss sich gleichermaßen auf das Nennkapital (*share capital*), den ausschüttungsfähigen Gewinn (*profits available for distribution to equity holders of the subsidiary*) sowie auf einen etwaigen Liquidationserlös (*assets of the subsidiary available for distribution to such equity holders on a winding up*) erstrecken

---

1 Zu den (potenziellen) ertragsteuerlichen Auswirkungen des sog. „Brexit" vgl. etwa *Cloer/Holle*, FR 2016, 921 ff.; *Demleitner*, SteuK 2016, 478 ff.; *Herbst/Gebhardt*, DStR 2016, 1705 ff.; *Linn*, DStR 2016, 557 ff.
2 Vgl. *Altmann* in Mennel/Förster, Großbritannien Rz. 221 (Stand: 2017).
3 Abrufbar unter: https://www.legislation.gov.uk/ukpga/2010/4/part/5 (letzter Abruf: 21.2.2018).
4 Vgl. auch *Levedag* in Wassermeyer, Doppelbesteuerung, Anh. Großbritannien Rz. 61 (Stand: Januar 2012); *Panayi*, The Common Consolidated Corporate Tax Base and the UK Tax System, 33.
5 Vgl. *Panayi*, The Common Consolidated Corporate Tax Base and the UK Tax System, 33.

(Sec. 151(4) CTA 2010).[1] Für die Ermittlung der Mindestbeteiligung sind sowohl unmittelbare als auch mittelbare Beteiligungen zu berücksichtigen.[2]

Als **Gruppenträger** kann auch ein sog. **Konsortium** von Gesellschaften fungieren. Die qualifizierende Mindestbeteiligung von 75 % an einer Gruppengesellschaft muss dabei im Besitz des Konsortiums stehen, wobei jedes Mitglied (maximal 20) eine Mindestbeteiligung von 5 % halten muss (Sec. 153 CTA 2010).[3] Auf diesen *consortium relief* wird im Folgenden nicht näher eingegangen. 9.114

Die qualifizierende Mindestbeteiligung kann auch über eine nicht im Vereinigten Königreich ansässige „**Bindegliedgesellschaft**" vermittelt werden. Entgegenstehende Regelungen des britischen *group* bzw. *consortium relief* sind nach Urteil des EuGH in der Rs. **Felixstowe Dock** im Ergebnis nicht mit Art. 49 und 54 AEUV vereinbar.[4] Die og. Voraussetzung, dass sowohl die verlustübertragende als auch die verlustübernehmende Gesellschaft selbst im Vereinigten Königreich ansässig bzw. belegen (bei einer Betriebsstätte) sein müssen, wird durch das Urteil des EuGH indes nicht außer Kraft gesetzt. 9.115

Die Beanspruchung des *group relief*-Systems ist optional. Die Übertragung eines Verlustes erfolgt nicht automatisch, sondern auf Antrag der verlustübernehmenden Gesellschaft (daher auch die Bezeichnung „*claimant company*"). Der Antrag ist grundsätzlich innerhalb von **zwei Jahren** nach Ablauf des Wirtschaftsjahres der Verlustentstehung bei der zuständigen Finanzbehörde im Rahmen der entsprechenden Steuererklärung zu stellen.[5] Er bedarf zudem der schriftlichen Zustimmung der verlustübertragenden Gesellschaft. Der Abschluss eines eigenen „**Ergebnisabführungsvertrags**" wird indes nicht vorausgesetzt.[6] 9.116

Eine Verlustübertragung setzt weiterhin voraus, dass sowohl die verlustübertragende als auch die verlustempfangende Gesellschaft das **gleiche Wirtschaftsjahr** haben. Eine Verlustübertragung ist nur für den kongruenten Teil des Wirtschaftsjahres (*overlapping accounting period*) zulässig. 9.117

2. Wesentliche Rechtsfolgen

Sind die entsprechenden Voraussetzungen erfüllt, darf der Verlust einer Gruppengesellschaft (*surrending company*) auf eine andere Gesellschaft derselben Gruppe (*claimant company*) übertragen werden. Jedes Gruppenmitglied bleibt indes **steuerlich selbständig**. Der *group* 9.118

---

1 Vgl. auch *Grundke*, Direktinvestitionen deutscher Kapitalgesellschaftskonzerne in Großbritannien, 113; *Oestreicher/Scheffler/Spengel/Wellisch*, Modelle einer Gruppenbesteuerung für Deutschland und Europa, 63; *Oestreicher/Spengel/Koch*, WTJ 2011, 5 (8); *Panayi*, The Common Consolidated Corporate Tax Base and the UK Tax System, 33.
2 Vgl. *Watrin/Sievert/Strohm*, FR 2004, 1 (5); *BDI/PwC*, Verlustberücksichtigung über Grenzen hinweg, 51.
3 Vgl. *BDI/PwC*, Verlustberücksichtigung über Grenzen hinweg, 64; *Altmann* in Mennel/Förster, Großbritannien Rz. 221 (Stand: 2013).
4 Vgl. EuGH v. 1.4.2014 – Rs. C-80/12 – Felixstowe Dock and Railway Company Ltd. ua., GmbHR 2014, 612 = DStR 2014, 784 ff.; zur Urteilsdiskussion vgl. *Rehfeld/Krumm*, IWB 2014, 394 ff.; *Müller*, ISR 2014, 170 ff.
5 Vgl. auch *Levedag* in Wassermeyer, Doppelbesteuerung, Anh. Großbritannien Rz. 62 (Stand: Januar 2012).
6 Vgl. *Grundke*, Direktinvestitionen deutscher Kapitalgesellschaftskonzerne in Großbritannien, 114.

bzw. *consortium relief* geht also nicht so weit, die steuerliche Gruppe als einheitlichen Steuerpflichtigen zu betrachten (Einheitsprinzip).[1] Die verlustübertragende Gesellschaft **verliert jeden Anspruch** auf die Nutzung des Verlustes.[2] Eine aufnehmende Gruppengesellschaft behandelt den Verlust im Rahmen der individuellen Einkommensermittlung als **Betriebsausgabe**.[3] Die Verlustallokation ist sowohl **vertikal** (zwischen Mutter- und Tochtergesellschaften) als auch **horizontal** (zwischen Schwestergesellschaften) zulässig.[4] Es ist zudem statthaft, den Verlust eines Gruppenmitgliedes **aufzuteilen**, also auf verschiedene Gruppengesellschaften zu übertragen.[5]

9.119 Ein übertragungsfähiger Verlust wird sowohl dem Grunde als auch der Höhe nach durch **verschiedene Regelungen beschränkt** (Sec. 105 ff. CTA 2010). Zunächst ist zu berücksichtigen, dass eine Übertragung nur für den laufenden Verlust eines Wirtschaftsjahres (*accounting period*) gestattet ist (Sec. 99 ff. CTA 2010).[6] Zudem darf eine Gesellschaft Verluste nur bis zur Höhe ihres eigenen Gewinns desselben Wirtschaftsjahres empfangen. „Daher können im Ergebnis Verluste einer Gruppengesellschaft **nicht** durch eine **andere** Gruppengesellschaft **vor- oder zurückgetragen** werden"[7]. „**Vorgruppenverluste**" dürfen lediglich durch jene Gesellschaft genutzt werden, die den Verlust erlitten hat.[8] Ein **Verlustvortrag** war im Vereinigten Königreich bislang sowohl zeitlich als auch der Höhe nach unbegrenzt möglich.[9] Indessen wurden durch den **Finance (No. 2) Act 2017** neue Regeln zur Einschränkung einer Verlustvortragsnutzung eingeführt.[10] Danach kann ein vorhandener Verlustvortrag nur noch bis zu einer Höhe von **£ 5 Mio.** uneingeschränkt geltend gemacht werden. Ein danach verbleibender Verlustvortrag kann nur noch in Höhe von **50 %** des laufenden Periodengewinns berücksichtigt werden (soweit dieser mithin £ 5 Mio. übersteigt), was zu einer Art „Mindestbesteuerung" führt. Die neuen Regeln zur „corporate loss restriction" sind grundsätzlich **ab dem 1.4.2017** anwendbar. Ein Wechsel des Anteilseigners bzw. Änderungen des Geschäftsbetriebs können zu einer Beschränkung bzw. Versagung des Verlustabzugs führen.[11]

9.120 Eine aus der Perspektive eines ausländischen (deutschen) Investors zusätzlich relevante Beschränkung betrifft die **Übertragung von Verlusten einer** im Vereinigten Königreich belegenen **Betriebsstätte**, deren Stammhaus nicht im Vereinigten Königreich ansässig ist (Sec. 107 CTA 2010). Danach ist die Übertragung eines Betriebsstättenverlustes (ua.) untersagt, wenn dieser Verlust oder ein Teil desselben in einem ausländischen Staat genutzt werden könnte. Auf die tatsächliche Nutzung kommt es hierbei nicht an. Durch Sec. 107 CTA soll mithin die **doppelte Verlustnutzung** innerhalb einer Gruppe unterbunden werden. In seinem Urteil vom 6.9.2012 in der Rs. **Philips Electronics** hat der EuGH indessen entschieden, dass eine solche Beschränkung eine nicht zu rechtfertigende Verletzung der Niederlassungsfreiheit (Art. 49 AEUV) darstellt, weil sie Nichtansässige davon abhält, ihren wirtschaftlichen Tätig-

---

1 Vgl. auch *Sydow*, IStR 2014, 480 (483).
2 Vgl. *Sedlaczek*, IWB 2006, 369 (372); *BDI/PwC*, Verlustberücksichtigung über Grenzen hinweg, 63.
3 Vgl. *Watrin/Sievert/Strohm*, FR 2004, 1 (6).
4 Vgl. *Watrin/Sievert/Strohm*, FR 2004, 1 (6).
5 Vgl. *Endres* in FS Thiel, 461 (467); *BDI/PwC*, Verlustberücksichtigung über Grenzen hinweg, 64.
6 Vgl. *BDI/PwC*, Verlustberücksichtigung über Grenzen hinweg, 63.
7 Vgl. *BDI/PwC*, Verlustberücksichtigung über Grenzen hinweg, 63.
8 Vgl. *BDI/PwC*, Verlustberücksichtigung über Grenzen hinweg, 64.
9 Vgl. *BMF*, Gruppenbesteuerung und Verlustverrechnung, 20, 62.
10 Vgl. Part 1 Sec. 18-19 i.V.m. Schedule 4 Finance (No. 2) Act 2017, abrufbar unter: http://www.legislation.gov.uk/ukpga/2017/32/contents/enacted (letzter Abruf: 21.2.2018).
11 Vgl. *BMF*, Gruppenbesteuerung und Verlustverrechnung, 78.

keiten im Vereinigten Königreich in Form einer Betriebsstätte nachzugehen, während Tochtergesellschaften von dieser Beschränkung insoweit nicht betroffen sind.¹ Dieses Urteil hat zu einer entsprechenden Anpassung von Sec. 107 CTA geführt (Sec. 30 Finance Act 2013).² Eine Verlustübertragung wird mit Wirkung zum 1.4.2013 nur noch dann ausgeschlossen, wenn die entsprechenden Betriebsstättenverluste tatsächlich außerhalb des Vereinigten Königreichs genutzt wurden.³ Da Sec. 107 CTA 2010 weiterhin nur Betriebsstätten von außerhalb des Vereinigten Königreichs ansässigen Gesellschaften trifft, bestehen weiterhin Zweifel, ob die Norm europarechtskonform ist.⁴

In Folge des EuGH-Urteils in der Rs. **Marks & Spencer** (vgl. Rz. 9.4) gewährt das Körperschaftsteuerrecht des Vereinigten Königreichs seit dem 1.4.2006 Möglichkeiten für eine **grenzüberschreitende Verlustübertragung** in das Vereinigte Königreich.⁵ Eine solche Verlustübertragung unterliegt allerdings strikten Voraussetzungen (Sec. 111-128 CTA 2010).⁶ Der zu berücksichtigende Auslandsverlust muss *erstens* einem Verlust im Vereinigten Königreich äquivalent sein; dh., wäre der Auslandsverlust im Vereinigten Königreich entstanden, hätte er für eine Übertragung im Rahmen des *group relief* zur Verfügung gestanden (sog. *equivalence condition*). Der zu berücksichtigende Auslandsverlust muss *zweitens* nach dem Recht desjenigen EU-/EWR-Staates, in dem er angefallen ist, als steuerlicher Verlust qualifizieren (sog. *EEA tax loss condition*). *Drittens* darf eine Nutzung des Auslandsverlustes weder im Entstehungsstaat noch in einem anderen Staat möglich sein, und zwar weder bezogen auf die aktuelle, vergangene noch auf künftige Perioden; er muss in diesem Sinne also **final** sein (sog. *qualifying loss condition*). Schließlich darf der Auslandsverlust *viertens* auch nicht von einer „zwischengeschalteten" (bezogen auf die verlustübertragende und verlustempfangende) Gesellschaft nutzbar sein (sog. *precendence condition*). Nach Auffassung der Europäischen Kommission verstoßen diese britischen Regelungen (insbesondere Sec. 119(4) CTA 2010) gegen die Niederlassungsfreiheit. Eine entsprechende Vertragsverletzungsklage hat der **EuGH mit Urteil v. 3.2.2015** jedoch abgewiesen.⁷ 9.121

Weitere Konsolidierungsschritte, wie zB eine Zwischenergebniseliminierung, gewährt das britische Körperschaftsteuerrecht mit Blick auf den *group relief* nicht.⁸ Jedoch können innerhalb einer Gruppe Aktiva erfolgsneutral übertragen werden, die übernehmende Gesellschaft setzt unabhängig vom Veräußerungspreis den Buchwert der übertragenden Gesellschaft an (Sec. 171 Taxation of Chargeable Gains Act 1992).⁹ Die Definition einer Gruppe für diesen Zweck weicht geringfügig von der Definition im Sinne des *group relief* ab, stellt aber hauptsächlich analog zum *group relief* auf das 75 %-Kriterium ab.¹⁰ Letztlich wird dem Einheits- 9.122

---

1 Vgl. EuGH v. 6.9.2012 – Rs. C-18/11 – Philips Electronics, IStR 2012, 847; hierzu *O'Shea*, TNI 2012, 941 ff.; *Linn/Müller*, IWB 2012, 761 ff.
2 Vgl. hierzu *Challen*, British Tax Review 2013, 411 f.
3 Vgl. *Challen*, British Tax Review 2013, 411.
4 Vgl. *Challen*, British Tax Review 2013, 411 f.
5 Vgl. auch *Altmann* in Mennel/Förster, Großbritannien Rz. 222 f. (Stand: 2017).
6 Vgl. hierzu und zum Folgenden *Panayi*, The Common Consolidated Corporate Tax Base and the UK Tax System, 34 ff.
7 Vgl. EuGH v. 3.2.2015 – Rs. C-172/13 – Kommission/Vereinigtes Königreich, IStR 2015, 137 mit Anm. *Benecke/Staats*; *Wilke*, PIStB 2015, 90 f.
8 Vgl. auch *BDI/PwC*, Verlustberücksichtigung über Grenzen hinweg, 63; *Oestreicher/Spengel/Koch*, WTJ 2011, 5 (12).
9 Vgl. *KPMG*, Global Corporate Tax Handbook 2017, 1433.
10 Vgl. *PwC*, Worldwide Tax Summaries, Corporate Taxes 2017/2018, 2579.

prinzip auch im Körperschaftsteuerrecht des Vereinigten Königreichs nur im Ansatz Rechnung getragen.

3. Zinsabzug

9.123 Durch den Finance (No. 2) Act 2017 wurden neue Regeln zur **Zinsabzugsbeschränkung** („Corporate Interest Restriction") eingeführt (neuer Part 10 des Taxation [International and Other Provisions] Act 2010; abgekürzt: TIOPA 2010).[1] Die neuen Regeln sind rückwirkend anzuwenden ab dem **1.4.2017** und ersetzen bzw. erweitern die vorher geltenden **„Worldwide Debt Cap"-Regeln**.[2] Die neu eingeführten Regeln zur Zinsabzugsbeschränkung gelten als sehr komplex;[3] sie können daher nachfolgend nur im Überblick dargestellt werden.

9.124 Regelungstechnisch orientieren sich die neuen Zinsabzugsregeln an den OECD-Arbeiten zu **BEPS-Aktionspunkt 4** („Limiting Base Erosion involving Interest Deductions and other Financial Payments").[4] Nettozinsaufwendungen, die auf Ebene von UK-Gesellschaften angefallen sind, können bis zu einer Höhe von £ **2 Mio.** grundsätzlich ohne Einschränkung steuerlich abgezogen werden (Freigrenze). Für Nettozinsaufwendungen, die diese Freigrenze übersteigen, bemisst sich der maximal zulässige Betrag entweder nach der sog. „Fixed Ratio"-Methode (Regelmethode) oder der sog. „Group Ratio"-Methode (optionale Methode). Nach der sog. **„Fixed Ratio"-Methode** beträgt der maximal zulässige Betrag an Nettozinsaufwendungen 30 % des steuerlichen EBITDA, wobei für beide Größen (Nettozinsaufwendungen und EBITDA) auf die UK-Gesellschaften einer Gruppe abgestellt wird. Nach der **„Group Ratio"-Methode** werden die – durch bestimmte Anpassungen bereinigten – Nettozinsaufwendungen für Drittfinanzierungen[5] der gesamten Gruppe (sog. „qualifying net group interest expense") ins Verhältnis gesetzt zu dem steuerlichen EBITDA der gesamten Gruppe. Der sich ergebende Quotient (der ggf. höher sein kann als die 30 % gemäß der „Fixed Ratio"-Methode) multipliziert mit dem steuerlichen EBITDA der betroffenen UK-Gesellschaften ergibt den maximal zulässigen Betrag an steuerlich abzugsfähigen Nettozinsaufwendungen. Zu beachten ist allerdings, dass sowohl der nach der „Fixed Ratio"-Methode als auch nach der „Group Ratio"-Methode berechnete Maximalbetrag jeweils „gedeckelt" ist (**„Fixed Ratio Debt Cap"** bzw. **„Group Ratio Debt Cap"**). Die Obergrenzen werden – vereinfacht dargestellt – jeweils aus den Nettozinsaufwendungen der gesamten Gruppe abgeleitet (Basis für den „Fixed Ratio Debt Cap" ist der sog. „Adjusted Net Group Interest Expense", Basis für den „Group Ratio Debt Cap" ist der sog. „Qualifying Net Group Interest Expense"). Die in einer Periode nach Maßgabe der vorgenannten Regelungen nicht abzugsfähigen Nettozinsaufwendungen können in die nachfolgenden Perioden vorgetragen werden („Zinsvortrag"). Ein Schuldzinsenabzug im Vereinigten Königreich dürfte nach Einführung der neuen „corporate interest restrictions" nunmehr erheblich erschwert sein.

9.125–9.129 Einstweilen frei.

---

1 Vgl. Part 1 Sec. 20 i.V.m. Schedule 5 Finance (No. 2) Act 2017, abrufbar unter: http://www.legislation.gov.uk/ukpga/2017/32/contents/enacted (letzter Abruf: 21.2.2018).
2 Vgl. hierzu noch in der Vorauflage.
3 Vgl. *Head/Javed*, Tax Journal, 27 October 2017, 10 ff.
4 Vgl. hierzu bspw. *Staats*, IStR 2016, 135 ff.
5 Der „Group Ratio"-Test berücksichtigt nur Zinsaufwendungen für Finanzierungen mit konzernunverbundenen Dritten; Zinsaufwendungen für Finanzierungen mit verbundenen Unternehmen werden folglich ausgeschlossen.

E. Schlussbetrachtung

Der **Gedanke der wirtschaftlichen Einheit** wird durch die exemplarisch diskutierten Gruppenbesteuerungssysteme in Frankreich, Österreich, Polen, Schweden und im Vereinigten Königreich **nur bedingt** umgesetzt. Während die Grundanforderung einer unmittelbaren Ergebnisverrechnung – zumindest im innerstaatlichen Verhältnis – in allen beschriebenen Ländern erfüllt werden kann, sind die darüber hinaus gehenden Konsolidierungsmaßnahmen stark eingeschränkt. Die Zulässigkeit von *Debt push down*-Gestaltungen wird mittels spezieller Zinsabzugsbeschränkungen regelmäßig verhindert; eine Privilegierung von Unternehmensgruppen vergleichbar der deutschen Konzern-Klausel ist nicht erkennbar. Die diskutierten Gruppenbesteuerungsmodelle zeichnen sich in ihren Grundvoraussetzungen durch einen **starken Inlandsbezug** aus; eine grenzüberschreitende Verlustverrechnung ist nur im Ausnahmefall möglich. Nach den Bestrebungen der **EU-Kommission** sollen die aus diesen Beschränkungen resultierenden nachteiligen ökonomischen Folgen künftig durch Schaffung einer **gemeinsamen konsolidierten Körperschaftsteuerbemessungsgrundlage** (GKKB) verhindert werden.[1]

9.130

---

[1] Zur GKKB vgl. ua. *Spengel/Oestreicher*, DStR 2009, 773 ff.; *Schön/Schreiber/Spengel*, Common Corporate Tax Base 2008; *Kahle/Schulz*, FR 2013, 49 ff.; *Schulz*, Harmonisierung der steuerlichen Gewinnermittlung in der Europäischen Union, 7 ff.; European Commission, A Fair and Efficient Corporate Tax System in the European Union: 5 Key Areas for Action, COM(2015) 302 final, Brussels, 17.6.2015; European Commission, Proposal for a Council Directive on a Common Consolidated Corporate Tax Base (CCCTB), COM(2016) 683 final, Strasbourg, 25.10.2016; dazu *Benz/Böhmer*, DB 2016, 2800.

Kapitel 10
Fortentwicklung der Organschaft zu einem modernen Gruppenbesteuerungssystem

A. Einleitung 10.1
B. Wesentliche Ziele eines Gruppenbesteuerungskonzepts 10.2
   I. Behandlung eines Konzerns als wirtschaftliche Einheit 10.2
   II. Beseitigung grundlegender Probleme der ertragsteuerlichen Organschaft 10.7
      1. Verzicht auf den GAV 10.7
      2. Berücksichtigung finaler ausländischer Verluste aus EU-/EWR-Staaten? 10.9
C. Rahmenbedingungen für ein Gruppenbesteuerungskonzept 10.10
   I. Orientierung an dem europäischen GK(K)B-Projekt 10.10
      1. Ziele des GKKB-Projekts 10.10
      2. Grundkonzeption des GK(K)B-Projekts 10.11
      3. Bedeutung des GKKB-Projekts für das Gruppenbesteuerungskonzept .. 10.17
   II. Anforderungen der Finanzverwaltung 10.18
D. Fortentwicklung der Organschaft zu einem modernen Gruppenbesteuerungskonzept ohne GAV .. 10.21
   I. Einzubeziehende Steuerarten 10.21
   II. Voraussetzungen der Gruppenbesteuerung 10.23
      1. Einzubeziehende Rechtsformen und Ansässigkeitsvoraussetzungen 10.23
      2. Unmittelbare oder mittelbare Beteiligung von mindestens 75 % 10.27
      3. Gruppenantrag mit fakultativer Aufnahme in die Gruppe? 10.29
   III. Rechtsfolgen der Gruppenbesteuerung 10.30
      1. Gesellschaftsrechtliche und handelsbilanzielle Konsequenzen der Gruppenbesteuerung 10.30
         a) Nachteilsausgleich als Schutzmechanismus im faktischen Konzern 10.30
         b) Abschluss eines Steuerumlagevertrags zur Vermeidung nicht sachgerechter handelsbilanzieller Vermögensverschiebungen 10.35
         c) Anwendbarkeit des Nachteilsausgleichs auf den Steuerumlagevertrag 10.36
         d) Gesellschaftsrechtliche Konsequenzen bei einer GmbH als abhängige Gesellschaft 10.44
         e) Folgen für ein Gruppenbesteuerungskonzept 10.47
      2. Steuerliche Konsolidierung in der Gruppe 10.49
         a) Vollkonsolidierung als Fernziel .. 10.49
         b) Zwischenergebniseliminierung (eingeschränktes Einheitskonzept) als Zwischenziel 10.53
         c) Verrechnung (inländischer) Verluste 10.57
         d) Berücksichtigung finaler ausländischer Verluste 10.62
         e) Berücksichtigung von Vorgruppenverlusten 10.67
         f) Technische Umsetzung durch Verrechnungskonten 10.69
   IV. Verfahrensrecht und Übergangsvorschriften 10.73
E. Fazit 10.75

Literatur: *Blumenberg*, Die Zukunft der grenzüberschreitenden Verlustverrechnung in der EU in FS Herzig, 2010, 211; *von Brocke*, Kein Finale für die finalen Verluste, IWB 2013, 189; *Bünning/Möser*, Gemeinsame konsolidierte Körperschaftsteuer-Bemessungsgrundlage (GKKB) – Vorbild für eine nationale Neuordnung der Gruppenbesteuerung?, BB 2011, 2647; *Brusch*, DB 2011, Standpunkte 45; *Eiling*, IWB 2017, 49; *Eisgruber*, Zum aktuellen Stand der Reformüberlegungen, DB 2010, Standpunkte 39; *Elsweiler/Grave*, Die niederländische Einheitstheorie im Praxistest – eine Alternative für die Organschaft in Deutschland?, IStR 2013, 91; *Endres*, Gesetzgeberischer Überarbeitungsbedarf bei der Organschaft: eine Bestandsaufnahme in FS Herzig, 2010, 189; *Esser*, Grenzüberschreitende Verlustverrechnung im Konzern, IFSt-Schrift Nr. 450, Berlin 2008; *Esterer/Bartelt*, Modernes Gruppenbesteuerungssystem für Deutschland, BB-Special 1.2010, 2; *Förster/Krauß*, Der Richtlinienvorschlag der Europäischen Kommission zur Gemeinsamen konsolidierten Körperschaftsteuer-Bemessungsgrundlage (GKKB) vom 16.3.2011, IStR 2011, 607; *Frey/Sälzer*, Die deutsche Konzernbesteuerung im Umbruch – Gelingt die Befreiung aus den Schlingen des Gewinnabführungsvertrags?, BB 2012, 294; *Fuest*, Steuerpolitische Aspekte der Gruppenbesteuerung in Deutschland, DB Standpunkte 2010, 35; *Geyer/Ullmann/Wittkowski*, Und immer wieder „verunglückte Organschaft": Diskussion und deskriptive Erkenntnisse zur Abschaffung des Gewinnabführungsvertrags (!) im Gegenzug einer Erhöhung der beteiligungsmäßigen Anforderungen an die finanzielle Eingliederung, DStZ 2018, 197; *Grotherr*, Kritische Bestandsaufnahme der steuersystematischen und betriebswirtschaftlichen Unzulänglichkeiten des gegenwärtigen Organschaftskonzepts, StuW 1995, 124; *Grotherr*, Übertragung von Konzernrechnungslegungsgrundsätzen ins Konzernsteuerrecht?, WPg 1995, 81; *Grotherr*, Die unterschiedlichen Konzernbesteuerungssysteme in den Mitgliedstaaten der Europäischen Union, StuW 1996, 356; *Habersack*, Steuerumlagen im faktischen Konzern – konzernrechtlich betrachtet, BB 2007, 1397; *Heckerodt*, „Finale" ausländische Betriebsstättenverluste – back to the roots, IWB 2018, 521; *Herzig*, Die Organschaft im Umbruch, Beihefter zu DStR 2010, 61; *Herzig*, Die Zukunft der Gruppenbesteuerung, StuW 2010, 214; *Herzig*, Entwicklung und Perspektiven des CCCTB-Projektes in FS Frotscher, 2013, 203; *Herzig/Pung*, Gesetz zur Änderung und Vereinfachung der Unternehmensbesteuerung und des steuerlichen Reisekostenrechts: Die Änderungen bei der Organschaft, DB 2013, 305; *Herzig/Stock*, Entwicklung der Organschaft und Zukunftsperspektiven einer Gruppenbesteuerung, BFuP 2011, 476; *Heurung/Engel/Bresgen*, Berücksichtigung „finaler Verluste" aus anderen EU/EWR-Mitgliedstaaten – Zugleich Anmerkungen zum EuGH-Urteil v. 21.2.2013 – Rs. C-123/11 – A Oy, GmbHR 2013, 638; *Hey*, Steuerpolitischer Handlungsbedarf bei der Konzernbesteuerung, FR 2012, 994; IFSt-Arbeitsgruppe, Einführung einer modernen Gruppenbesteuerung – Ein Reformvorschlag, IFSt-Schrift Nr. 471, Berlin 2011; *Hirte*, Abschaffung der steuerrechtlichen Organschaft und Folgerungen für das Gesellschaftsrecht, DB 2011, Standpunkte 47; *Hüttemann*, Steuerumlagen im Konzern, ZHR 2007, 451; *Ismer*, Gruppenbesteuerung statt Organschaft im Ertragsteuerrecht?, DStR 2012, 821; *Jochum*, Organschaft vs. Gruppenbesteuerung: Ist der Ergebnisabführungsvertrag als Organschaftsvoraussetzung bei der Körperschaftsteuer verzichtbar?, FR 2005, 577; *Kahle/Vogel/Schulz*, Internationale Aspekte der Organschaft unter besonderer Berücksichtigung aktueller Reformvorschläge, Ubg 2011, 761; *Kaeser*, Praktische Erwägungen zur Reform der Gruppenbesteuerung, DB 2010, Standpunkte 37; *Kessler*, Steuerwissenschaftliches Plädoyer für eine grenzüberschreitende Gruppenbesteuerung in FS Herzig, 2010, 285; *Krebühl*, Beteiligung an ausländischen Gesellschaften – Möglichkeiten und Grenzen des § 8b KStG, DB 1994, 496; *Küting/Weber*, Der Konzernabschluss, 13. Aufl., Stuttgart 2012; *Kußmaul/Niehren*, Die Gemeinsame Konsolidierte Körperschaftsteuer-Bemessungsgrundlage in der Europäischen Union, StB 2011, 344; *Lenz/Rautenstrauch*, Der Richtlinienentwurf zur Gemeinsamen konsolidierten KSt-Bemessungsgrundlage (GKKB), DB 2011, 726; *Lüdicke/van Lishaut/Herzig/Krebühl/Carl-Heinz Witt*, Reform der Konzernbesteuerung I–IV, FR 2009, 1025–1049; *Mayr*, Moderne Gruppenbesteuerung für Deutschland? – zehn Vorschläge aus den Praxiserfahrungen Österreichs, IStR 2010, 633; *Menkel*, Ausgleichsanspruch der Organgesellschaft gegenüber dem Organträger bei umsatzsteuerlicher Organschaft, NZG 2014, 52; *Oestreicher/Koch/Vordamme/Hohls*, Aufkommenswirkungen einer Abschaffung des Ergebnisabführungsvertrags bei der ertragsteuerlichen Organschaft, IFSt-Schrift Nr. 482, Berlin 2012; *Oestreicher/Scheffler/Spengel/Finke/Heckemeyer/Kimpel/Köstler/Vordamme*, Gemeinsame Körperschaftsteuer-Bemessungsgrundlage (GKB) bzw. Gemeinsame Unternehmensteuer-Bemessungsgrundlage (GUB): Eine steuerliche Folgenabschätzung für Deutschland, StuW 2014, 326; *Oesterwinter*, Problembereiche der ertragsteuerlichen Organschaft – Lösung durch die Einführung eines modernen Gruppenbesteuerungssystems?, DStZ 2011, 585; *Oesterwinter*, Aktuelle Entwicklungen im Rahmen der Reform der ertragsteuerlichen Organschaft – Punktuelle Problemlösungen anstelle der Einführung einer Gruppenbesteuerung, DStZ 2012, 867; *Pache*, Grenzüberschreitende Verlustverrechnung deutscher Konzernspitzen – Ist die Organschaft noch zu retten?, IStR 2007, 47; *Petutschnig*, Gesellschaftsrechtliche und betriebswirtschaftliche Begleitmaßnahmen zur Einführung der CCCTB, StuW 2014, 226; *U. Prinz*, Neue österreichische Gruppenbesteuerung – Steuersystematische und steuerplanerische Erwägungen aus deutscher Sicht, GmbHR 2005, 917; *U. Prinz*, Gedankensplitter zur konzeptionellen Fortentwicklung des steuerlichen Organschaftsrechts, Beihefter zu DStR 2010,

67; *U. Prinz*, Das europäische GKKB-Projekt – eine Einschätzung aus Beratersicht, StuB 2011, 461; *U. Prinz*, Die „kleine Organschaftsreform" – erste Einschätzung aus Praktikersicht, GmbHR 2013, R81; *Reis*, Die Körperschaftsbesteuerung des Konzerns als wirtschaftliche Einheit, Diss., Würzburg, 1996; *Rödder*, Perspektiven der Konzernbesteuerung, ZHR 2007, 380; *Rödder*, Reformbedarf bei der steuerlichen Organschaft; DB 2011, Standpunkte 41; *Rödder/Simon*, Folgen der Änderung der gewerbesteuerlichen Organschaftsvoraussetzungen für die steuerrechtliche Beurteilung von Steuerumlagen im Konzern, DB 2002, 496; *Scheffler/Köstler*, Kompromissvorschlag zur GK(K)B – Die Arbeiten am Richtlinienentwurf zur GK(K)B gehen weiter, DStR 2014, 664; *Scheffler/Köstler*, Richtlinie über eine Gemeinsame Körperschaftsteuer-Bemessungsgrundlage – mehr als eine Harmonisierung der steuerlichen Gewinnermittlung, IFSt-Schrift Nr. 518, Berlin 2017; *Schön*, Perspektiven der Konzernbesteuerung, ZHR 2007, 409; *Schön/Schreiber/Spengel*, A Common Consolidated Corporate Tax Base for Europe – Eine einheitliche Körperschaftsteuerbemessungsgrundlage für Europa, Berlin/Heidelberg 2008; *Schöne/Heurung/Petersen*, Erforderliche Änderungen im Recht des faktischen Konzerns im Zuge der Reform der steuerlichen Organschaft, DStR 2012, 1680; *Schreiber/Stiller*, Ökonomische Anforderungen an eine Reform der Gruppenbesteuerung, StuW 2014, 216; *Simon*, Zulässigkeit von Gewerbesteuerumlagen nach der Belastungsmethode im Lichte der zivilrechtlichen Rechtsprechung, DStR 2000, 431; *Simon*, Steuerumlagen im Konzern, ZGR 2007, 71; *Spengel*, Norbert *Herzig* und die europäische Steuerharmonisierung in FS Herzig, München 2010, 879; *Stiller*, Finale Auslandsverluste, NWB 2013, 1642; *Sureth/Mehrmann/Dahle*, Grenzüberschreitende Verlustverrechnungssysteme in Europa – Vorbilder für eine Reform der deutschen Organschaft?, StuW 2010, 160; *Thiedemann*, Die Entwicklung einer modernen, europarechtskonformen und zukunftsweisenden Gruppenbesteuerung für Deutschland, Diss., Siegen 2013; *Tumpel/Moshammer*, Ausländische Gruppenverluste in Österreich in FS Frotscher, Freiburg 2013, 613; *Wagner*, Konzeption einer Gruppenbesteuerung, Diss., Köln, 2006; *Winter/Marx*, „Grenzüberschreitende" Organschaft mit zugezogenen EU/EWR-Gesellschaften – Neue Gestaltungsmöglichkeiten aufgrund des BMF-Schreibens vom 28.3.2011, DStR 2011, 1101; *Carl-Heinz Witt*, Die Konzernbesteuerung, Habil., Köln 2006; *Sven-Christian Witt*, Grenzüberschreitende Organschaft – Neue Entwicklungen der Rechtsprechung, Ubg 2010, 737.

A. Einleitung

Die ertragsteuerliche Organschaft steht seit längerem insbesondere aufgrund des Erfordernisses des GAV sowie der nur begrenzten Auslandsöffnung in der Kritik. Die letzten Reformbemühungen aus dem Koalitionsvertrag von CDU/CSU und FDP v. 26.10.2009 beinhalteten die Prüfung der Einführung eines Gruppenbesteuerungskonzepts (unter Berücksichtigung von drei verschiedenen Modellen).[1] Diese führten auf Basis des BMF-Berichts der Facharbeitsgruppe „Verlustverrechnung und Gruppenbesteuerung" vom 15.9.2011 aufgrund der geforderten Aufkommensneutralität zu der sog. „Kleinen Organschaftsreform".[2] In dieser kleinen Reform wurde die ertragsteuerliche Organschaft nicht strukturell, sondern punktuell überarbeitet.[3] Lt. der Gesetzesbegründung soll das Ziel „Einführung einer Gruppenbesteuerung" wieder aufgegriffen werden, sofern finanzielle Spielräume vorhanden sein sollten. Ziel der nachfolgenden Ausführungen ist es, ein modernes Gruppenbesteuerungskonzept zu entwickeln, das die grundlegenden Probleme der ertragsteuerlichen Organschaft beseitigen und

10.1

---

1 Vorschlag des Instituts für Steuern und Finanzen (IFSt), Einkommenszurechnungsmodell aus dem Ergebnis einer Länder-Arbeitsgruppe aus dem Jahr 2007 sowie ein Gruppenbeitragsmodell.
2 Gesetz zur Änderung und Vereinfachung der Unternehmensbesteuerung und des steuerlichen Reisekostenrechts v. 20.2.2013 (BGBl. I 2013, 285 v. 25.2.2013).
3 Vgl. zur Kleinen Organschaftsreform zB *Herzig/Pung*, DB 2013, 305; *Prinz*, GmbHR 2013, R81; *Oesterwinter*, DStZ 2012, 867.

durch Behandlung des Konzerns als wirtschaftliche Einheit als sachgerechtes Konzernsteuerrecht den Wirtschaftsstandort Deutschland stärken soll.

B. Wesentliche Ziele eines Gruppenbesteuerungskonzepts

I. Behandlung eines Konzerns als wirtschaftliche Einheit

10.2 Eine Gruppenbesteuerung als ein einheitliches Konzernsteuerrecht baut auf dem Grundgedanken der wirtschaftlichen Einheit eines Konzerns auf. In einem Konzern werden selbständige Unternehmen zu einer wirtschaftlichen Planungs-, Koordinierungs- und Entscheidungseinheit zusammengefasst. Betriebswirtschaftliche Entscheidungen werden somit aus Sicht eines einheitlichen Unternehmens und nicht aus Sicht der einzelnen Konzerngesellschaften getroffen, die trotz rechtlicher Selbständigkeit wie Betriebsabteilungen geführt werden. Diese betriebswirtschaftliche Betrachtungsweise greift im Ergebnis auf Elemente des Konzernbegriffs im Gesellschafts- und Handelsrecht zurück.[1]

10.3 **Gesellschafts- und handelsrechtlicher Konzernbegriff.** Das Gesellschaftsrecht bezeichnet einen Konzern als Zusammenfassung eines herrschenden mit einem oder mehreren abhängigen Unternehmen unter einer einheitlichen Leitung, wobei bereits bei Mehrheitsbeteiligungen i.S.d. § 17 Abs. 2 AktG eine Konzernbildung vermutet wird (§ 18 Abs. 1 Satz 1, 3 AktG).[2] Auch nach Handelsrecht wird für Rechnungslegungszwecke bei Mehrheitsbeteiligungen (bezogen auf die Stimmrechte) ein beherrschender Einfluss unterstellt, so dass diese nach § 290 Abs. 2 Nr. 1 HGB in den Konzernabschluss einzubeziehen sind (Control-Konzept). Der Konzernabschluss soll nach § 297 Abs. 3 Satz 1 HGB die Vermögens-, Finanz- und Ertragslage der einbezogenen Unternehmen so darstellen, als ob diese Unternehmen insgesamt ein einziges Unternehmen wären. Dieser sog. Einheitsgrundsatz unterstellt für die handelsrechtliche Konsolidierung, dass unter wirtschaftlicher Betrachtungsweise die einzelnen Konzernunternehmen rein fiktiv wie unselbständige Betriebe und dadurch der Konzern hypothetisch als Einheitsunternehmen betrachtet wird.[3]

10.4 **Wirtschaftliche Unselbständigkeit durch Mehrheit von 75 %.** Diese über die beschriebenen Beherrschungsanforderungen hinausgehende Mehrheit erlaubt die Durchsetzung von zB Satzungsänderungen oder Beherrschungsverträgen. Folglich ist es der Tochtergesellschaft im Konfliktfall nicht möglich, ihre eigenen Ziele gegen die Konzernleitung durchzusetzen; sie ist wirtschaftlich unselbständig. Da das herrschende Unternehmen auch das wirtschaftliche Ergebnis der abhängigen Tochtergesellschaft beeinflussen kann, ist dieses Ergebnis nicht Ausdruck ihrer eigenen Leistungsfähigkeit, sondern der Leistungsfähigkeit der Konzernspitze einschließlich aller Konzerngesellschaften.[4]

---

1 Vgl. zum betriebswirtschaftlichen Konzernbegriff zB *Küting/Weber*, Der Konzernabschluss[13], 83; ausführlich *Reis*, Die Körperschaftsbesteuerung des Konzerns als wirtschaftliche Einheit, 21 ff. jeweils mwN.

2 Zum Begriff der einheitlichen Leitung vgl. *Emmerich* in Emmerich/Habersack[8], § 18 AktG Rz. 8, 13.

3 Vgl. zum Konzernbegriff im Handelsrecht statt vieler *Küting/Weber*, Der Konzernabschluss[13], 83, 95 f. 126; *Theisen*, Der Konzern[2], 24 f., 498 jeweils mwN.

4 So auch *Carl-Heinz Witt*, Die Konzernbesteuerung, 470; zur qualifizierten Beteiligung auch IFSt-Arbeitsgruppe, Einführung einer modernen Gruppenbesteuerung, 54.

Steuerliche Gesamtleistungsfähigkeit. Aufgrund der wirtschaftlichen Einheit (bei unterstellter Beherrschung durch eine Beteiligung von 75 %) ist von einer gemeinsamen steuerlichen Leistungsfähigkeit des Konzerns auszugehen, die in der Literatur auch als Gesamt- oder Verbundleistungsfähigkeit bezeichnet wird. Diesem Grundgedanken sollte die Besteuerung folgen und ertragsteuerlich das Gesamtergebnis des Konzerns zugrunde legen.[1] Somit sind in einer Gruppenbesteuerung konzernspezifische ertragsteuerliche Mehrbelastungen zu vermeiden oder wenigstens zu minimieren, um die Konzernbesteuerung an die Besteuerung einer Einheitsunternehmung anzunähern (Konzernneutralität).[2]

10.5

Abweichende aktuelle Konzernbesteuerung. Das deutsche Steuerrecht orientiert sich nicht am wirtschaftlichen Sachverhalt bzw. an dem Einheitsgrundsatz, sondern auch für Konzerne gilt nach der sog. Trennungstheorie das Steuersubjektprinzip, nach dem jede einzelne Konzern-Kapitalgesellschaft nach § 1 KStG der Körperschaftsteuer separat unterliegt. Eine Abweichung vom strikten Steuersubjektprinzip sowie eine damit verbundene Durchbrechung des Trennungsprinzips und ansatzweise Berücksichtigung der wirtschaftlichen Einheit Konzern existiert im aktuellen Steuerrecht nur im Fall der ertragsteuerlichen Organschaft.[3] Sie stellt aber keine einheitliche Konzernbesteuerung dar, da sie ua. Auslandsverluste nicht einbezieht und keine konsolidierte Bemessungsgrundlage zugrunde legt.[4] Daher sollte sie zu einer Gruppenbesteuerung fortentwickelt werden, die aufgrund der wirtschaftlichen Einheit des Konzerns und der daraus resultierenden Gesamtleistungsfähigkeit bei wirtschaftlicher Unselbstän-

10.6

---

1 Vgl. zum Ansatz der gemeinsamen Leistungsfähigkeit *Hey*, FR 2012, 994 (996); *Prinz*, Beihefter zu DStR 2010, 67 (69); *Herzig*, BFuP 2011, 476; IFSt-Arbeitsgruppe, Einführung einer modernen Gruppenbesteuerung, 46; *Elsweiler/Grave*, IStR 2013, 91(94); *Thiedemann*, Die Entwicklung einer modernen, europarechtskonformen und zukunftsweisenden Gruppenbesteuerung in Deutschland, 126; mit Fokus auf die internationale Verlustverrechnung *Fuest*, Standpunkte DB 2010, 35. BFH v. 3.3.2010 – I R 68/09, GmbHR 2010, 661 = BFH/NV 2010, 1132 weist zwar auf das Ziel einer gleichheitsgerechten Besteuerung entsprechend der Leistungsfähigkeit hin, vermerkt aber gleichzeitig, dass es auf die Leistungsfähigkeit jeder einzelnen Gesellschaft ankomme. *Reis*, Die Körperschaftsbesteuerung des Konzerns als wirtschaftliche Einheit, 168 f. argumentiert über den Grundsatz der Gleichmäßigkeit der Besteuerung. Einen rein ökonomischen Ansatz wählen *Schreiber/Stiller*, StuW 2014, 216 (217), die als geeignete normative Grundlage für eine ökonomische Analyse die neutrale Besteuerung der Investition in der Gruppe wählen. Ihren Ansatz begründen sie damit, dass nur natürliche Personen über eine steuerliche Leistungsfähigkeit verfügen können. Aus rechtlicher Perspektive können auch Unternehmen als Zuordnungssubjekte steuerlicher Leistungsfähigkeit erklärt werden, da sie separat besteuertes Einkommen erwirtschaften. Vgl. zu dieser Argumentation *Hey* in Tipke/Lang[23], § 3 Rz. 51.; *Carl-Heinz Witt*, Die Konzernbesteuerung, 414 ff.
2 Vgl. *Hey*, FR 2012, 994 (996); *Kessler* in FS Herzig, 285 (298); *Schön*, ZHR 2007, 409 (416); *Herzig*, Beihefter zu DStR 2010, 61 (63), der auf eine Organisations- und Konzernneutralität verweist.
3 BFH v. 3.3.2010 – I R 68/09, GmbHR 2010, 661 = BFH/NV 2010, 1132 bezeichnet die Organschaft als ausnahmsweises Absehen vom Steuersubjektprinzip mit dem Hinweis, dass sich der Gesetzgeber gegen ein steuersubjektübergreifendes Konzern- oder Gruppenbesteuerungsrecht entschieden habe. Die IFSt-Arbeitsgruppe nennt Sachverhalte, bei denen trotz des Steuersubjektprinzips de lege lata die wirtschaftliche Einheit berücksichtigt wird, so zB bei der Betriebsstättenfiktion des § 2 Abs. 2 Satz 2 GewStG oder bei der Zusammenfassung der Organkreisunternehmen im Rahmen der Zinsschranke nach § 15 Satz 1 Nr. 3 KStG. Vgl. IFSt-Arbeitsgruppe, Einführung einer modernen Gruppenbesteuerung, 32.
4 Vgl. *Witt*, FR 2009, 1025 (1046) sowie *Grotherr*, StuW 1995, 124 (142) mit einer genaueren Analyse. *Kolbe* bezeichnet die zum Organkreis gehörenden Unternehmen als eine Art wirtschaftliche Einheit (mit additiver Einkommenszurechnung, ohne Zwischenergebniseliminierung). Vgl. *Kolbe* in HHR, § 14 KStG Rz. 10 (Stand Jan. 2015).

digkeit der Tochtergesellschaften zur Konzernneutralität führen und damit die grundlegenden Probleme der Organschaft lösen soll.

II. Beseitigung grundlegender Probleme der ertragsteuerlichen Organschaft

1. Verzicht auf den GAV

10.7 Der Verzicht auf den GAV ist aufgrund folgender Kritikpunkte dringend erforderlich:

– **Verknüpfung von Steuer- und Gesellschaftsrecht.** Die ertragsteuerliche Organschaft setzt den Abschluss und die tatsächliche Durchführung eines zivilrechtlich wirksamen GAV i.S.d. § 291 AktG voraus. Damit determiniert das Gesellschaftsrecht und nicht das Steuerrecht, ob ein wirksamer GAV vorliegt und eine steuerrechtliche Ergebniszurechnung im Organkreis erfolgt (Rz. 2.45 ff.).[1]

– **Abweichungen zwischen steuer-und handelsrechtlichem Ergebnis.** Dem Organträger wird steuerlich nicht das handelsrechtliche abgeführte Ergebnis zugerechnet, sondern das nach den steuerlichen Vorschriften ermittelte – und betragsmäßig häufig deutlich abweichende – Einkommen, wodurch Voraussetzungen un Rechtsfolgen der Organschaft sachfremd verknüpft sind.[2]

– **Haftungskonzentration beim Organträger.** Eine steuerlich wirksame Verlustzurechnung setzt die gesellschaftsrechtliche Verlustübernahme des Organträgers voraus, was auf dieser Ebene zu einer Haftungskonzentration führt.[3]

– **Betriebswirtschaftliche Fehlsteuerungen** bzw. eine Unvereinbarkeit mit moderner Unternehmensführung ergeben sich dadurch, dass durch den GAV der Organgesellschaft die unternehmerische (Ergebnis-)Verantwortung und Möglichkeiten der Ausschüttungsgestaltung genommen werden.[4]

– **Mangelnde Internationalität.** Nur wenige Staaten neben Deutschland kennen das Rechtsinstitut des GAV.[5] Dies zeigt, dass andere Staaten entweder einer solchen Voraussetzung kritisch gegenüberstehen oder diese für nicht erforderlich halten.[6] Zudem erschwert das Erfordernis des GAV eine grenzüberschreitende Organschaft mit ausländischen EU/EWR-

---

1 Vgl. IFSt-Arbeitsgruppe, Einführung einer modernen Gruppenbesteuerung, 23; *Neumann* in Gosch³, § 14 KStG Rz. 172. *Priester* bezeichnet die gesellschaftsrechtlichen Unternehmensverträge als „Kinder des Steuerrechts". Vgl. *Priester* in Herzig, Organschaft, 39. Zur Anlehnung an das Zivilrecht vgl. auch BFH v. 13.11.2013 – I R 45/12, FR 2014, 608 = DStR 2014, 643.
2 Vgl. *Grotherr* in Gassner/Lang/Wiesner, Besteuerung von Unternehmensgruppen, 258.
3 Vgl. *Prinz* in Herzig, Organschaft, 553; *Esterer/Bartelt*, BB-Special 1/2010, 2 (3) mwN. IFSt-Arbeitsgruppe, Einführung einer modernen Gruppenbesteuerung, 23 weist auf eine dadurch möglicherweise verursachte Überschuldungssituation des Organträgers hin.
4 Vgl. zB *Esterer/Bartelt*, BB-Special 1/2010, 2 (3); *Simon*, ZGR 2007, 71 (87); *Grotherr* in Gassner/Lang/Wiesner, Besteuerung von Unternehmensgruppen, 258; *Krebühl*, DB 1994, 496 (500). Dagegen weist *Ismer*, DStR 2012, 821 (822) auf betriebswirtschaftliche Steuerungsinstrumente zur Vermeidung dieser Probleme hin und sieht darin einen Widerspruch, dass eine einheitliche Leitung als Argumentation für eine Gruppenbesteuerung vorausgesetzt wird.
5 Hierzu zählen Länder wie Österreich, Slowenien und Portugal, wobei diese Staaten den GAV nicht (mehr) als Voraussetzung für die Einbeziehung in die Gruppenbesteuerung verlangen. Vgl. *Dötsch* in Dötsch/Pung/Möhlenbrock, § 14 KStG Rz. 315 (Stand Aug. 2016).
6 Vgl. IFSt-Arbeitsgruppe, Einführung einer modernen Gruppenbesteuerung, 22.

Tochtergesellschaften mit inländischer Geschäftsleitung, da nicht mit allen Staaten der Abschluss eines grenzüberschreitenden GAV möglich ist.[1]

Keine Notwendigkeit des GAV. Auch die Gruppenbesteuerung erfordert die Durchbrechung des Trennungsprinzips, was wie bisher durch eine gesetzliche Regelung erfolgen muss. Vor der Kodifizierung der körperschaftsteuerlichen Organschaft rechtfertigte nach Auffassung der Rechtsprechung nur der GAV die Ergebniszurechnung zwischen den Konzerngesellschaften und die damit verbundene Durchbrechung des körperschaftsteuerlichen Trennungsprinzips. Seit der Kodifizierung der Organschaft in § 14 KStG wird nach Literaturmeinung das Trennungsprinzip bereits durch die Anordnung der Zurechnung der Ergebnisse durch das Gesetz überwunden, so dass der GAV entbehrlich ist.[2] Aus fiskalischer Sicht wird der GAV für die unbeschränkte sofortige Verlustverrechnung im Organkreis gefordert, da der Organträger den (handelsrechtlichen) Verlust durch die Übernahme wirtschaftlich trägt. Da der handelsrechtliche Gewinn und das zuzurechnende Einkommen zunehmend voneinander abweichen, verliert dieser Gedanke an Überzeugungskraft[3] und durchbricht den Grundsatz der steuerlichen Leistungsfähigkeit.[4] Zudem wurden durch das Bilanzrichtlinie-Umsetzungsgesetz (BilRUG) Erleichterungen bei den Befreiungsvorschriften (u.a. § 264 Abs. 3 Nr. 2 HGB) vorgenommen. So wird die bisherige Verlustausgleichsverpflichtung durch eine Einstandspflicht des Mutterunternehmens für die Verpflichtungen des Tochterunternehmens ersetzt. Dennoch sollte diese fiskalische Forderung in einem Gruppenbesteuerungskonzept berücksichtigt werden, so dass eine steuerliche Verlustverrechnung nur in dem Umfang möglich sein sollte, in dem die Muttergesellschaft den Verlust auch wirtschaftlich trägt.

10.8

2. Berücksichtigung finaler ausländischer Verluste aus EU-/EWR-Staaten?

Auch nach der „Kleinen Organschaftsreform" wird eine grenzüberschreitende Organschaft bzw. insbesondere eine grenzüberschreitende Verlustverrechnung (in der EU) weiterhin versagt.[5] Abweichend hierzu waren zur ausnahmsweisen (zwingenden) Berücksichtigung finaler Verluste von Tochtergesellschaften und Betriebsstätten aus dem EU-/EWR-Ausland in den letzten Jahren einige EuGH-Entscheidungen ergangen. Seit den EuGH-Entscheidungen in der Rs. „*Marks & Spencer*"[6] und Rs. „*Lidl Belgium*"[7] waren solche Verluste bei der inländischen Muttergesellschaft zu verrechnen, was grundsätzlich in der EuGH-Entscheidung in der Rs.

10.9

---

1 Vgl. *Kahle/Vogel/Schulz*, Ubg 2011, 791; *Winter/Marx*, DStR 2011, 1101; *Sven-Christian Witt*, Ubg 2010, 737 (740 f.). Zur Kritik am GAV allgemein vgl. statt vieler *Herzig*, Beihefter zu DStR 2010, 61 (62); *Oesterwinter*, DStZ 2011, 585 (588 ff.), jeweils mit zahlreichen Nachweisen.
2 Vgl. *Jochum*, FR 2005, 577 (580 f.) mit ausführlicher rechtsdogmatischer Herleitung; *Grotherr*, StuW 1996, 356 (376). AA *Neumann* in Gosch³, § 14 KStG Rz. 170, der mit Blick auf den Gleichheitssatz auf die Notwendigkeit des Gewinnabführungsvertrags als Rechtfertigung für die Einkommenszurechnung verweist. Auch *Kaeser*, DB 2010, Standpunkte 37 sieht aus systematischen Erwägungen Argumente für die Voraussetzung des GAV für die Ergebnisverrechnung.
3 Außerdem berücksichtigt dieser Grundgedanke nicht, dass die steuerliche Organschaft nicht nur zur steuerlichen Verrechnung von Gewinnen und Verlusten innerhalb einer Unternehmensgruppe dient. Auch Unternehmen mit hohen steuerlichen Gewinnen profitieren vom ertragsteuerneutralen Gewinntransfer. Vgl. *Herzig*, StuW 2010, 214 (224); *Herzig*, Beihefter zu DStR 2010, 61 (62) mwN.
4 Vgl. *Hey*, FR 2012, 994 (998).
5 Vgl. *Herzig/Pung*, DB 2013, 305 (307) sowie zu den verbleibenden offenen Punkten nach der Kleinen Organschaftsreform zB *Oesterwinter*, DStZ 2012, 867 (870).
6 EuGH v. 13.12.2005 – Rs. C-446/03 – Marks & Spencer, GmbHR 2006, 153 = FR 2006, 177.
7 EuGH v. 15.5.2008 – Rs. C-414/06 – Lidl Belgium, GmbHR 2008, 709 = FR 2008, 831.

"A Oy"[1] bestätigt wurde. Auch die EuGH-Entscheidung in der Rs. „X Holding BV"[2] widerspricht nicht diesem Grundsatz, da sich diese Entscheidung nicht auf die Unterscheidung von laufenden und „finalen" Verlusten bezieht.[3] Allerdings wurde diese als geklärt geltende Einschätzung zu finalen Verlusten durch die EuGH-Entscheidung in der Rs. „Timac Agro"[4] wieder ins Wanken gebracht. Trotz dogmatischer Bedenken sah sich der BFH[5] anschließend an diese Rechtsprechungsänderung gebunden und versagte den Abzug finaler Verluste einer (DBA-)Betriebsstätte. Gemeinhin wurde diese Rechtsprechungsänderung als Kehrtwende in Bezug auf die Berücksichtigung finaler Verluste gesehen, so dass die anschließende Entscheidung in der Rs. „Bevola/Trock"[6] für Überraschung gesorgt hat. Mit diesem Urteil bestätigte der EuGH, dass die Grundsätze des „Marks & Spencer"-Urteils weiterhin gelten und der Abzug finaler Verluste innerhalb der EU grenzüberschreitend zulässig sei. Insbesondere in Bezug auf die Gefahr der doppelten Verlustberücksichtigung unterscheide sich die inländische Betriebsstätte nicht von einer ausländischen Betriebsstätte.[7] Im Gegensatz zu laufenden ausländischen Verlusten sollte aufgrund der jüngsten EuGH-Rechtsprechung (Rz. 5.33 und 25.7 ff.) eine Berücksichtigung von finalen Verlusten aus dem EU-Ausland in einem Gruppenbesteuerungskonzept aufgenommen werden.[8]

C. Rahmenbedingungen für ein Gruppenbesteuerungskonzept

I. Orientierung an dem europäischen GK(K)B-Projekt

1. Ziele des GKKB-Projekts

10.10 Der EuGH gewährleistet als Korrektiv eine stärkere Harmonisierung der direkten Steuern in der EU. Weiterführend schlägt die Europäische Kommission die Einführung einer Gemeinsamen Konsolidierten Körperschaftsteuer-Bemessungsgrundlage („GKKB")[9] als in die Zukunft gerichtetes Projekt der Mitgliedstaaten mit Ausrichtung auf eine europäische Konzernbesteuerung vor.[10] Im Jahr 2011 hat die EU-Kommission den ersten Richtlinienentwurf veröffentlicht, der eine wichtige Maßnahme zur Beseitigung der Hindernisse für eine grenzüberschreitende Wirtschaftstätigkeit im Binnenmarkt darstellen und somit Wachstum und

---

1 EuGH v. 21.2.2013 – Rs. C-123/11 – A Oy, GmbHR 2013, 321 = FR 2013, 370 m. Anm. *Musil*.
2 EuGH v. 25.2.2010 – Rs. C-337/08 – X Holding BV, DStR 2010, 427.
3 Vgl. *Kahle/Vogel/Schulz*, Ubg 2011, 761; *Sven-Christian Witt*, Ubg 2010, 737 (739) mwN; mit einer genauen Analyse *Heurung/Engel/Bresgen*, GmbHR 2013, 638 (643, 645) sowie IFSt-Arbeitsgruppe, Einführung einer modernen Gruppenbesteuerung, 35 f.
4 EuGH v. 17.12.2015 – Rs. C-388/14 – Timac Agro, BStBl. II 2016, 362 = FR 2016, 126. Dieses Urteil erging zu einer Freistellungsbetriebsstätte.
5 BFH v. 22.2.2017 – I R 2/15, BStBl. II 2017, 709 = FR 2017, 831.
6 EuGH v. 12.6.2018 – Rs. C-650/16, Bevola/Trock, DStR 2018, 1353 = IStR 2018, 502 m. Anm. *Kraft* ua zur Vergleichbarkeit von Betriebsstätte und Tochtergesellschaft im Hinblick auf ihre steuerliche Behandlung.
7 Daher sollten finale Verluste auch bei Freistellungsbetriebsstätten im Inland anzusetzen sein, auch wenn im behandelten Sachverhalt die Anrechnungsmethode anzuwenden war. Vgl. zu dieser Schlussfolgerung *Heckerodt*, IWB 2018, 521 (526).
8 Aufgrund des Territorialitätsprinzips der Gewerbesteuer sind in der gewerbesteuerlichen Organschaft ausländische Verluste nicht einzubeziehen. Vgl. auch *Sureth/Mehrmann/Dahle*, StuW 2010, 160.
9 Vgl. Vorschlag für eine Richtlinie des Rates über eine Gemeinsame konsolidierte Körperschaftsteuer-Bemessungsgrundlage vom 16.3.2011, KOM(2011) 121 Endgültig/2.
10 Vgl. *Herzig* in FS Frotscher, 203 (206).

Beschäftigung im EU-Binnenmarkt fördern sollte. So sollten insbesondere die aus den unterschiedlichen nationalen Steuergesetzen resultierenden steuerlichen Befolgungs- und Verwaltungskosten reduziert, die Doppelbesteuerungen aufgrund uneinheitlich festgesetzter Verrechnungspreise beseitigt, eine grenzüberschreitende Verlustverrechnung zwischen Mutter- und Tochtergesellschaft ermöglicht, Behinderungen grenzüberschreitender Reorganisationen sowie kollidierende Besteuerungsbefugnisse der Mitgliedstaaten vermieden werden.[1] Da sich die Mitgliedstaaten auf diesen (ehrgeizigen) Vorschlag nicht einigen konnten, hat die EU-Kommission im Jahr 2016 eine überarbeitete Fassung vorgelegt, in der die Bekämpfung von Steuervermeidungsstrategien im länderübergreifenden Kontext an Bedeutung gewinnt.

2. Grundkonzeption des GK(K)B-Projekts

Zweistufiges Verfahren. Der überarbeitete Richtlinienvorschlag aus dem Jahr 2016 sieht eine Implementierung in zwei Stufen vor. Erst nach der politischen Einigung über eine Gemeinsame Körperschaftsteuerbemessungsgrundlage (= GKB)[2], die zum 1.1.2019 in Kraft treten soll, wird anschließend das GKKB-Projekt[3] weiter verfolgt (geplantes Inkrafttreten zum 1.1.2021). In der ersten Stufe berechnet jede Konzerngesellschaft separat nach einem einheitlichen Verfahren ihre Steuerbemessungsgrundlage auf Basis von in der EU harmonisierten Gewinnermittlungsvorschriften (= GKB). In der zweiten Stufe werden diese einzeln festgestellten Ergebnisse zu einem grenzüberschreitend konsolidierten Konzernergebnis zusammengefasst. Dieses Konzernergebnis wird anschließend auf die Mitgliedstaaten verteilt, die ihre nationalen Körperschaftsteuersätze hierauf anwenden. Eine Steuersatzharmonisierung ist grundsätzlich kein Bestandteil des GKKB-Projekts.[4]

10.11

Der Geltungsbereich der GK(K)B ist auf körperschaftsteuerliche Unternehmen (insbesondere Kapitalgesellschaften)[5] und Betriebsstätten innerhalb der EU begrenzt. Somit fallen weder Einzelunternehmen und Personengesellschaften[6] noch die deutsche Gewerbesteuer unter dieses Regelwerk. Die Mitgliedstaaten könnten allerdings eine Verknüpfung mit der Gewerbesteuer herstellen,[7] da anderenfalls die Reduzierung der Befolgungskosten ins Leere laufen würde. Abweichend vom Richtlinienvorschlag aus dem Jahr 2011 werden nun nach Art. 2 der

10.12

---

1 Vgl. *Oestreicher/Scheffler/Spengel/Finke/Heckemeyer/Kimpel/Köstler/Vorndamme*, StuW 2014, 326; *Kußmaul/Niehren*, StB 2011, 344 mwN.
2 Vgl. Vorschlag für eine Richtlinie des Rates über eine Gemeinsame Körperschaftsteuer-Bemessungsgrundlage v. 25.10.2016, COM(2016) 685 final (im Folgenden = GKB-RLE 2016).
3 Vgl. Vorschlag für eine Richtlinie des Rates über eine Gemeinsame Konsolidierte Körperschaftsteuer-Bemessungsgrundlage v. 25.10.2016, COM(2016) 683 final (im Folgenden = GKKB-RLE 2016).
4 Zum (in diesem Punkt im Grundsatz unveränderten) Richtlinienvorschlag 2011 Vgl. *Kußmaul/ Niehren*, StB 2011, 344 (345 f.); *Prinz*, StuB 2011, 463. Durch dieses Vorgehen wird eine Besteuerung in den jeweiligen Quellenstaaten und damit eine Kapitalimportneutralität erreicht. Vgl. *Herzig* in FS Frotscher, 203 (206).
5 Anhang I des GKB-Richtlinienentwurfs enthält eine genaue Aufzählung der betroffenen Rechtsformen.
6 Harmonisierungsbemühungen unter Einbezug von Personengesellschaften in der EU sind nicht absehbar, was auch für die Einkommensteuer gilt. Vgl. *Spengel* in FS Herzig, 879 (887). *Herzig* betont, dass eine rechtsformabhängige Zweispurigkeit vermieden werden sollte, insbesondere aufgrund der großen Bedeutung von Personenunternehmen in Deutschland. Vgl. *Herzig* in FS Frotscher, 203 (215) mwN.
7 Vgl. *Förster/Krauß*, IStR 2011, 607 (614). *Prinz*, StuB 2011, 461 (463) weist darauf hin, dass Sonderfragen wie die Gewerbesteuer nur in Deutschland und nicht auf europäischer Ebene lösbar sei-

GKB-RLE 2016 größere Unternehmensgruppen erfasst, für welche die Regelungen der GKKB verpflichtend gelten (somit Aufgabe des Optionsmodells), sofern in der für Rechnungslegungszwecke zu konsolidierenden Gruppen der Gesamtumsatz den Betrag von 750 Mio. Euro übersteigt. Tochterkapitalgesellschaften werden in die GKB einbezogen, sofern es sich um qualifizierte Tochtergesellschaften handelt (mehr als 50 % der Stimmrechte und mehr als 75 % des Kapitals oder der Gewinnansprüche). Kleinere Unternehmensgruppen und nicht konzernverbundene Unternehmen können zur Anwendung der GKB-Regelungen optieren.[1] Die Tochterkapitalgesellschaften bleiben selbständig steuerpflichtig. Da planmäßig die GKKB nur zwei Jahre nach Einführung der GKB in Kraft treten soll, enthält die GKB keine Regelungen für eine nationale Gruppenbesteuerung, so dass in Deutschland insoweit die Vorschriften zur ertragsteuerlichen Organschaft weiterhin gelten.[2]

10.13 **Fokussierung auf die GKB (erste Stufe).** Nach dem GKB-Richtlinienvorschlag erfolgt die Ermittlung des Einkommens durch ein eigenständiges Gewinnermittlungskonzept ohne Maßgeblichkeit handelsrechtlicher Regelungen oder Anknüpfung an die IFRS.[3] Neben allgemeinen Gewinnermittlungsgrundsätzen und zahlreichen konkreten Vorschriften, beispielsweise zum Zinsabzug, zum Verlustabzug und zu verschiedenen Wirtschaftsgütern, enthält der GKB-RLE 2016 Vorschriften zur steuerlichen Förderung von Forschung und Entwicklung sowie der Eigenfinanzierung. Außerdem sind Missbrauchsvermeidungsvorschriften wie z.B. die Zinsschranke enthalten. Insgesamt weichen die Vorschriften zwar teilweise vom deutschen Steuerrecht ab, verstoßen aber nicht gegen Prinzipien der steuerlichen Gewinnermittlung in Deutschland.[4] Ob sich im Rahmen der GKB im Vergleich zur deutschen Gewinnermittlung für die Unternehmen Mehr- oder Minderbelastungen ergeben würden, kann nicht eindeutig bestimmt werden. Allerdings sind verhältnismäßig geringe finanzielle Auswirkungen durch die Harmonisierung der Gewinnermittlung zu erwarten.[5]

10.14 **Konsolidierung (zweite Stufe).** In den Konsolidierungskreis werden zwingend alle im Unionsgebiet ansässigen Tochtergesellschaften aufgenommen, welche die Beteiligungsvoraussetzungen iHv. 50 % der Stimmrechte und mehr als 75 % des Eigenkapitals oder 75 % der Ansprüche auf Gewinnbeteiligung erfüllen. Es handelt sich um ein semi-obligatorisches System, das körperschaftsteuerpflichtigen Unternehmensgruppen, welche die Größenmerkmale nicht erfüllen, ein Wahlrecht zur Inanspruchnahme der Konsolidierung gewährt. Die Konsolidierung beinhaltet keine Kapital- oder Schuldenkonsolidierung, aber eine Eliminierung konzerninterner Transaktionen[6] (entsprechend einer Aufwands- und Ertragskonsolidierung sowie einer Zwischenergebniseliminierung). Hierdurch entfällt die vorgezogene Steuerbelastung auf Zwischengewinne im Konzern sowie die Besteuerung der durch konzerninterne Umstrukturierungen aufgedeckten stillen Reserven. Schließlich werden durch die Konsolidierung automatisch grenzüberschreitend alle Gewinne und Verluste in der Gruppe verrechnet.

---

en. Widerstand der Kommunen erwartet *Herzig* wegen der großen Abweichung zum deutschen Gewerbeertrag. Vgl. *Herzig* in FS Frotscher, 203 (216).

1 Auch Enkelgesellschaften sind einzubeziehen. Zum persönlichen Anwendungsbereich hinsichtlich der GKB vgl. ausführlich *Eiling*, IWB 2017, 49 (51); *Scheffler/Köstler*, IFSt-Schrift 518 (2017), 25 f. Entsprechendes gilt für die GKKB (vgl. Art. 2 der GKKB-RLE 2016).
2 Vgl. *Scheffler/Köstler*, IFSt-Schrift 518 (2017), 26.
3 Vgl. *Eiling*, IWB 2017, 49 (52).
4 Vgl. *Lenz/Rautenstrauch*, DB 2011, 726, ausführlich *Scheffler/Köstler*, DStR 2014, 664 sowie *Oestreicher/Scheffler/Spengel/Finke/Heckemeyer/Kimpel/Köstler/Vorndamme*, StuW 2014, 326 (327 ff.); *Eiling*, IWB 2017, 49 (53); *Scheffler/Köstler*, IFSt-Schrift 518 (2017), 94 ff.
5 *Scheffler/Köstler*, IFSt-Schrift 518 (2017), 99.
6 Vgl. Art. 9 GKKB-RLE 2016.

Verteilung auf die Mitgliedstaaten. In einem letzten Schritt wird das steuerliche Gesamtkonzernergebnis auf alle Mitgliedstaaten verteilt, in denen Konzerngesellschaften ansässig sind. Die formelmäßige Aufteilung basiert auf den Faktoren Umsatz, Arbeit und Vermögenswerte.[1] Diese Vorgehensweise bedeutet einen Paradigmenwechsel von der direkten Methode hin zur indirekten Methode der Konzerngewinnabgrenzung.[2]

10.15

Verluste. Sofern die Gruppe insgesamt einen Verlust erwirtschaftet, ist dieser zeitlich unbegrenzt vortragsfähig. Ein Verlustrücktrag ist nicht vorgesehen. Vor der Konsolidierung entstandene vortragbare Verluste dürfen mit dem Anteil der Gesellschaft an der konsolidierten Steuerbemessungsgrundlage verrechnet werden. Verlässt ein Unternehmen die Gruppe, erhält es keine anteilige Verlustzuweisung aus der konsolidierten Gruppe, während bei Auflösung der gesamten Gruppe noch nicht ausgeglichene Verluste grundsätzlich aufzuteilen sind.[3]

10.16

3. Bedeutung des GKKB-Projekts für das Gruppenbesteuerungskonzept

Auswirkungen auf ein mögliches Gruppenbesteuerungskonzept ergeben sich insbesondere aus der grenzüberschreitenden Verrechnung von Verlusten einer in einem anderen EU-Staat belegenen Betriebsstätte und einer in einem anderen EU-Staat ansässigen Tochter- oder Enkelkapitalgesellschaft[4] sowie der Konsolidierung und der Aufteilung der Steuerbemessungsgrundlage. Allerdings werden diese Punkte politisch bei den Mitgliedstaaten schwer durchsetzbar sein, da eine dadurch bedingte zwischenstaatliche Verschiebung des Steueraufkommens betragsmäßig schwer abschätzbar[5] und die Aufteilung der Bemessungsgrundlage missbrauchsanfällig ist.[6] Daher ist (entgegen den zeitlichen Planungen seitens der EU) die Wahrscheinlichkeit einer kurz- bis mittelfristigen Realisierung der zweiten Stufe, also des GKKB-Projekts (weiterhin) als gering einzustufen, so dass der deutsche Steuergesetzgeber im Vorgriff auf ein einheitliches europäisches Konzernsteuerrecht eine nationale Gruppenbesteuerung implementieren sollte. Auch wenn noch keine rechtliche Verpflichtung existiert, sollte sich ein solches Gruppenbesteuerungskonzept zur Vermeidung erkennbarer Insellösungen[7] durch Einbezug der steuersystematischen Grundsätze inhaltlich an dem GKKB-Projekt orientieren. Außerdem wäre dies ein wichtiger Schritt zur Erreichung des europäischen Gesamtziels.

10.17

II. Anforderungen der Finanzverwaltung

Sicherung des Steueraufkommens. Aus nationaler Perspektive wird ein Gruppenbesteuerungskonzept nur dann politisch durchsetzbar sein, wenn es grundlegend die Anforderun-

10.18

---

1 Vgl. zur zweiten Stufe *Bünning/Möser*, BB 2011, 2647 (2648); *Förster/Krauß*, IStR 2011, 607; *Kußmaul/Niehren*, StB 2011, 344 (346); *Lenz/Rautenstrauch*, DB 2011, 726 (727); *Eiling*, IWB 2017, 49 (54).
2 Vgl. *Petutschnig*, StuW 2014, 226 (239).
3 Vgl. Art. 7, 15, 16, 21 GGKB-RLE 2016.
4 Bis zur Einführung der GKKB soll eine grenzüberschreitende Verlustverrechnung durch eine Form der Nachversteuerung nach Art. 42 GKB-RLE 2016 ermöglicht werden, die (nur) zu einer vorübergehenden Liquiditätsentlastung führt. Vgl. *Scheffler/Köstler*, IFSt-Schrift 518 (2017), 106 ff.
5 Vgl. *Förster/Krauß*, IStR 2011, 607 (614).
6 Vgl. *Bünning/Möser*, BB 2011, 2647 (2649); *Oestreicher/Scheffler/Spengel/Finke/Heckemeyer/Kimpel/Köstler/Vorndamme*, StuW 2014, 326; *Herzig* in FS Frotscher, 203 (212); *Scheffler/Köstler*, DStR 2014, 664; *Lenz/Rautenstrauch*, DB 2011, 726 (727).
7 *Prinz*, StuB 2011, 461 (463).

gen der Finanzverwaltung erfüllt. So ist die langfristige Sicherung des Steueraufkommens aus Sicht der Finanzverwaltung zu gewährleisten.[1] Eine aufkommensneutrale Reform ist jedoch nicht realisierbar. Die Abschaffung des Gewinnabführungsvertrags – bei gleichzeitiger Anhebung der Mindestbeteiligungsquote –[2] wird zu Steuermindereinnahmen führen, die im Vorfeld der Reform zur Haushaltssicherung abzuschätzen sind.

10.19 **Keine Erhöhung der Verwaltungskosten.** Die sog. Vollzugskosten der Finanzverwaltung sind einzuschätzen. Auf der einen Seite würde der Wegfall des GAV zu Erleichterungen im Besteuerungsverfahren führen, weil der damit verbundene Kontrollaufwand der Behörden reduziert würde. Auf der anderen Seite würde sich durch grenzüberschreitende Sachverhalte der Abstimmungsbedarf zwischen den EU/EWR-Staaten erhöhen, was grundsätzlich vermehrten administrativen Aufwand der Finanzbehörden bedeutet. Dieser Mehraufwand kann ggf. mittelfristig durch die fortschreitende Digitalisierung reduziert werden.

10.20 **Wirtschaftspolitische Konsequenzen.** Ein modernes (teilweise grenzüberschreitendes) Gruppenbesteuerungskonzept kann durch Förderung der (Außen-)Wirtschaft[3] die Steuereinnahmen erhöhen. Zur dauerhaften Sicherung von Steueraufkommen sollte Deutschland durch ein attraktives Steuersystem für Konzerne den Wirtschaftsstandort stärken sowie die Wettbewerbsfähigkeit steigern.[4]

D. Fortentwicklung der Organschaft zu einem modernen Gruppenbesteuerungskonzept ohne GAV

I. Einzubeziehende Steuerarten

10.21 Organschaften im Konzern existieren als ertragsteuerliche Organschaft im Bereich der Körperschaft- und Gewerbesteuer sowie als umsatz- und grunderwerbsteuerliche Organschaft. Sowohl die jeweiligen Tatbestandsmerkmale als auch die steuerrechtlichen Folgen unterscheiden sich bei den verschiedenen Steuerarten teilweise erheblich, so dass zB eine umsatzsteuerliche Organschaft unabhängig von einer ertragsteuerlichen Organschaft eingegangen werden kann. Während ertrag- und umsatzsteuerliche Organschaften zur Erzielung von steuerlichen Vorteilen gebildet werden, bewirkt eine grunderwerbsteuerliche Organschaft durch Erweiterung des Tatbestands der Anteilsvereinigung steuerliche Nachteile; hierdurch können be-

---

1 Die vom BMF eingesetzte Facharbeitsgruppe „Verlustverrechnung und Gruppenbesteuerung" unterstellt in Ihrem Bericht vom 15.9.2011 Steuerausfälle (ESt, GewSt, KSt) im niedrigen bis hohen einstelligen Milliardenbereich, wobei bei der Berechnung Zahlen der amtlichen Statistik aus dem Jahr 2004 herangezogen wurden. Vgl. Bericht der Facharbeitsgruppe „Verlustverrechnung und Gruppenbesteuerung", 140–142. Die Fortentwicklung der Organschaft zu einer Gruppenbesteuerung ist daher bisher aufgrund der finanziellen Auswirkungen gescheitert. Vgl. *Hey*, FR 2012, 994 (998); *Oesterwinter*, DStZ 2012, 867.
2 Vgl. *Oestreicher/Koch/Vorndamme/Hohls*, Aufkommenswirkungen einer Abschaffung des Ergebnisabführungsvertrags bei der ertragsteuerlichen Organschaft, 47 f., aber auch *Geyer/Ullmann/Wittkowski*, DStZ 2018, 197 (201 ff.).
3 Die Förderung der Außenwirtschaft gehörte zu den Zielen der Gruppenbesteuerung in Frankreich und Österreich. Vgl. *Esser*, Grenzüberschreitende Verlustverrechnung im Konzern, 30.
4 Deutliche Forderungen nach einem konkurrenzfähigen Wirtschaftsstandort Deutschland finden sich zB bei *Endres* in FS Herzig, 189 (190), *Krebühl* in Herzig, Organschaft, 597, *Schön* in Schön/Schreiber/Spengel, A Common Consolidated Corporate Tax Base for Europe – Eine Einheitliche Körperschaftsteuerbemessungsgrundlage für Europa, 53.

triebswirtschaftlich sinnvolle (ertragsteuerneutrale) Umstrukturierungen erschwert werden.[1] Die steuerlichen Vorteile einer umsatzsteuerlichen Organschaft (Rz. 22.1 ff.) bestehen in den meisten Fällen in administrativen Erleichterungen dadurch, dass nur der Organträger Unternehmer ist und somit innerhalb des Organkreises keine steuerbaren Umsätze ausgeführt werden.[2] In den Fällen steuerbefreiter Ausgangsumsätze kann sie durch Erhalt des Vorsteuerabzugs zu materiellen Steuervorteilen führen.[3] Die steuerlichen Vorteile der ertragsteuerlichen Organschaft (Rz. 1.64 ff.) ergeben sich insbesondere durch die Verrechnung von Gewinnen und Verlusten im Organkreis und der Vermeidung der Mehrfachbesteuerung von ausgeschütteten Gewinnen.

Begrenzung auf Ertragsteuern. Für die beschriebenen Organschaften bzw. Steuerarten existiert in Deutschland kein übergreifendes einheitstheoretisches Konzept für eine Konzernbesteuerung,[4] was in der Literatur auch als steuerartenspezifische Zersplitterung[5] bezeichnet wird. Auch wenn eine Annäherung der Voraussetzungen für die verschiedenen Organschaften grundsätzlich zu überdenken sein kann[6] und unter systematischen Gesichtspunkten ein steuerartenübergreifendes Konzept optimal wäre, kann ein Gruppenbesteuerungskonzept in einem ersten Schritt nur die ertragsteuerliche (körperschaftsteuerliche und gewerbesteuerliche) Organschaft mit zusätzlichen Auswirkungen auf die Einkommensteuer (im Fall eines Personenunternehmens als Muttergesellschaft) umfassen. Eine spätere Weiterentwicklung zu einem steuerartenübergreifendem Konzept (beginnend mit der Umsatzsteuer) ist wünschenswert, aber nur über einen längeren Zeithorizont realisierbar. Aus systematischen und praktischen Gründen sollten die Voraussetzungen und Rechtsfolgen der Gruppenbesteuerung sowohl für die Körperschaftsteuer als auch für die Gewerbesteuer gelten, wie es auch bei einer Umsetzung des GKKB-Projekts denkbar wäre.[7]

10.22

II. Voraussetzungen der Gruppenbesteuerung

1. Einzubeziehende Rechtsformen und Ansässigkeitsvoraussetzungen

Bei der Festlegung der Voraussetzungen der Gruppenbesteuerung sind Abweichungen vom bisherigen Organschaftsrecht zu vermeiden, sofern diese keine nennenswerten systematischen oder praktischen Vorteile bewirken oder die steuerpolitische Durchsetzbarkeit schwierig bis unmöglich machen würden. Dies soll auch für die zulässigen Rechtsformen gelten.

10.23

---

1 Vgl. Rz. 23.1 ff. sowie *Lieber* in Müller/Stöcker/Lieber, Die Organschaft[10], Rz. 1756; *Hey*, FR 2012, 994 (998 f.); *Prinz*, Beihefter zu DStR 2010, 67 (69).
2 Vgl. *Englisch* in Tipke/Lang, Steuerrecht[23], § 17 Rz. 65.
3 Vgl. *Stöcker* in Müller/Stöcker/Lieber, Die Organschaft[10], Rz. 1154 ff.; *Prinz*, Beihefter zu DStR 2010, 67 (69), der aus diesem Grund ein ggf. mehrjähriges Optionsrecht anregt.
4 Vgl. Rz. 1.1 ff. sowie *Grotherr*, StuW 1995, 124 (128).
5 *Prinz*, Beihefter zu DStR 2010, 67 (68).
6 Vgl. *Hey*, FR 2012, 994 (998), die zudem eine umsatzsteuerliche Zwangsorganschaft zur Diskussion stellt.
7 So auch IFSt-Arbeitsgruppe, Einführung einer modernen Gruppenbesteuerung, 50. *Esser* weist auf die „gerechte" Aufkommensverteilung der Gewerbesteuer bzw. „Schutzfunktion" für die Sitzgemeinde der Organschaft hin. Vgl. *Esser*, Grenzüberschreitende Verlustverrechnung im Konzern, 32 f. Zu berücksichtigen ist, dass bereits im aktuellen Organschaftsrecht die Aufnahme einer Organgesellschaft in den Organkreis in nicht seltenen Fällen zu massiven Einnahmeverlusten einzelner Gemeinden führt.

10.24 **Gruppenträger.** In Deutschland sind im Rahmen der Organschaft neben Kapitalgesellschaften auch gewerblich tätige Personengesellschaften oder Einzelunternehmen als Organträger anerkannt. Auf der einen Seite spricht gegen den Einbezug von Personenunternehmen als Gruppenträger, dass nicht nur die Komplexität eines Gruppenbesteuerungskonzepts deutlich erhöht,[1] sondern zusätzlich eine Abweichung zum GKKB-Projekt verursacht wird. Auf der anderen Seite sind Personenunternehmen im deutschen Mittelstand von so großer Bedeutung, dass ein Ausschluss dieser Gruppe in Deutschland politisch voraussichtlich nur schwer durchsetzbar wäre. Um eine praktische Realisierbarkeit zu ermöglichen, sollte wie bisher als Gruppenträger jedes bilanzierende gewerblich tätige Unternehmen (einschließlich Personengesellschaften und Einzelunternehmen) anerkannt sein.[2]

10.25 **Gruppengesellschaften.** Analog zur Organschaft sollten nur Kapitalgesellschaften als Gruppengesellschaften einbezogen werden. Ein Einbezug von Personengesellschaften ist aufgrund des Transparenzprinzips und der damit verbundenen grundsätzlichen Verlustverrechnungsmöglichkeiten beim Mitunternehmer trotz der gewerbesteuerlichen Inselbildung[3] nicht zwingend erforderlich.[4] Es ergibt sich keine Abweichung zum GKKB-Projekt.

10.26 **Ansässigkeitserfordernisse von Gruppenträger und Gruppengesellschaft** können den Regelungen der ertragsteuerlichen Organschaft entnommen werden. Beim Organträger spielen Sitz oder Geschäftsleitung keine Rolle. Die Beteiligung an der Organgesellschaft und die zuzurechnenden Einkünfte müssen nach innerstaatlichem Recht und Abkommensrecht einer inländischen Betriebsstätte des Organträgers zuzurechnen sein (§ 14 Abs. 1 Satz 1 Nr. 2 KStG). Organgesellschaften werden in den Organkreis einbezogen, sofern sie ihre Geschäftsleitung im Inland haben und über einen Sitz in der EU oder dem EWR verfügen (§ 14 Abs. 1 Satz 1 KStG).

2. Unmittelbare oder mittelbare Beteiligung von mindestens 75 %

10.27 **Beteiligungen von mindestens 75 % (am Eigenkapital und den Stimmrechten)** stützen den Grundgedanken der wirtschaftlichen Einheit des Konzerns sehr viel deutlicher als die im Organschaftsrecht geforderte einfache Mehrheitsbeteiligung, da sie dem Gruppenträger rechtliche Kontrolle verleihen und damit zu einer wirtschaftlichen Unselbständigkeit der Gruppengesellschaften führen (Rz. 10.4).[5] Im internationalen Vergleich stellt diese Beteiligungshöhe ei-

---

1 Vgl. *Herzig*, StuW 2010, 214 (226), der vor allem auf den Transfer von Verlusten von der körperschaftsteuerlichen in die einkommensteuerliche Sphäre hinweist und daher den Einbezug von Personenunternehmen ablehnt. So auch *Esterer/Bartelt*, BB-Special 1/2010, 2 (6) mit dem Zusatz, dass auch andere Staaten (zB Österreich) die Gruppenbesteuerung auf Körperschaftsteuersubjekte beschränken.
2 So auch IFSt-Arbeitsgruppe, Einführung einer modernen Gruppenbesteuerung, 49.
3 Vgl. *Kaeser*, DB 2010, Standpunkte 37 (38).
4 So auch IFSt-Arbeitsgruppe, Einführung einer modernen Gruppenbesteuerung, 49 mit Hinweis auf das BFH-Urteil zur Ein-Unternehmer-Personengesellschaft (sog. Treuhandmodell), BFH v. 3.2.2010 – IV R 26/07, BStBl. II 2010, 751 = FR 2010, 628 m. Anm. *Keß*.
5 Ebenso zB *Schreiber/Stiller*, StuW 2014, 216 (218); IFSt-Arbeitsgruppe, Einführung einer modernen Gruppenbesteuerung, 54; *Rödder*, ZHR 2007, 380 (390); *Esterer/Bartelt*, BB-Special 1/2010, 2 (7); *Eisgruber*, DB 2010, Standpunkte 39; *Krebühl*, FR 2009, 1042 (1043), teilweise mit dem Hinweis auf Ergänzung einer „Mehrmütter-Regelung". AA *van Lishaut*, FR 2009, 1030 (1033), der an der bisherigen Mehrheit von 50 % festhalten möchte. *Grotherr*, StuW 1996, 356 (376) hält allerdings eine Beteiligungsquote von mindestens 90 % oder sogar 99 % für sinnvoll, da diese Quote die Durchführung einer einheitstheoretischen Konzernbesteuerung erleichtert.

nen Mittelwert dar.[1] Ein Gruppenbesteuerungskonzept sollte eine solche Erhöhung der Beteiligungsgrenze vorsehen, obwohl daraus die Auflösung bestehender Organschaftsbeziehungen folgen wird. Entsprechend sieht auch das GKKB-Projekt eine mittelbare oder unmittelbare Beteiligung von mehr als 75 % am Eigenkapital oder den Gewinnansprüchen der Tochtergesellschaft (und zusätzlich von mehr als 50 % der Stimmrechte) vor (Rz. 10.12).[2]

Unmittelbare und mittelbare Beteiligungen sollten wie im geltenden Recht und dem GKKB-Projekt einbezogen werden, auch wenn sich die technische Komplexität insbesondere bei der Umsetzung des Ergebnistransfers zwischen dem Gruppenträger und den Gruppengesellschaften hierdurch erhöht.[3] Die Integration einer Mehrmütter-Regelung in die Gruppenbesteuerung würde zwar die Attraktivität Deutschlands als Joint Venture-Standort stärken, wird aber nicht zwingend vom Grundgedanken der wirtschaftlichen Einheit des Konzerns getragen[4] und soll daher nicht in das Konzept aufgenommen werden.

10.28

3. Gruppenantrag mit fakultativer Aufnahme in die Gruppe?

Faktisch existiert durch den Abschluss eines GAV (bei Vorliegen der Voraussetzungen des § 14 KStG) ein Wahlrecht zur Aufnahme einer Gesellschaft in den ertragsteuerlichen Organkreis, was in der Gruppenbesteuerung durch einen Antrag mit fakultativer Aufnahme beibehalten werden könnte. Alternativ könnte der Gruppenantrag zwingend alle Gesellschaften umfassen, welche die Voraussetzung erfüllen („all-in-all-out-Prinzip"). Letzteres Vorgehen entspricht zwar sowohl dem Grundsatz der wirtschaftlichen Einheit des Konzerns als auch der handelsrechtlichen Konsolidierungspflicht (§ 290 Abs. 1 Satz 1 HGB). Anders als beim handelsrechtlichen Konzernabschlusses stehen bei der Besteuerung aber nicht die Vermittlung eines den tatsächlichen Verhältnissen entsprechenden Bildes der Vermögens-, Finanz- und Ertragslage des Konzerns im Vordergrund (§ 297 Abs. 2 Satz 2 HGB),[5] sondern Fiskalzwecke (§ 3 AO). Aus betriebswirtschaftlicher Sicht spricht für die Beibehaltung des Wahlrechts, dass hierdurch die Kontinuität in der unternehmerischen Flexibilität bewahrt bliebe. Das Wahlrecht entspräche auch der Verantwortlichkeit des Vorstands einer abhängigen AG ohne Beherrschungsvertrag (§ 291 AktG) für die Interessen seiner Gesellschaft (§ 76 AktG).[6] Gruppenträger und Gruppengesellschaft formulieren einen gemeinsamen Antrag an die zuständigen Finanzämter. Dieser sollte – dem aktuellen Recht folgend – eine Bindungsfrist von fünf Jahren vorsehen.[7] Wie bisher sollte eine Verkürzung der Fünfjahresfrist aus wichtigem Grund möglich[8] und eine Genehmigung durch das Finanzamt nicht erforderlich sein.

10.29

---

1 Vgl. *Esterer/Bartelt*, BB-Special 1/2010, 2 (7); *Eisgruber*, DB 2010, Standpunkte 39.
2 Art. 3 der GKKB-RLE 2016.
3 Vgl. IFSt-Arbeitsgruppe, Einführung einer modernen Gruppenbesteuerung, 54.
4 So auch *Rödder*, ZHR 2007, 380 (391).
5 Neben dem Einheitsgrundsatz nach § 297 Abs. 3 Satz 1 HGB.
6 Für eine fakultative Aufnahme in die Gruppe sprechen sich *Prinz*, Beihefter zu DStR 2010, 67 (71) sowie IFSt-Arbeitsgruppe, Einführung einer modernen Gruppenbesteuerung, 55 aus. AA *Schreiber/Stiller*, StuW 2014, 215 (224); *Pache*, IStR 2007, 47 (49).
7 Nach Meinung der Literatur wird ein Zeitraum von 3–5 Jahren als konsensfähig angesehen. Vgl. *Herzig*, Beihefter zu DStR 2010, 61 (65). *Rödder*, DB 2011, Standpunkte 41; *Esterer/Bartelt*, BB-Special 1/2010, 2 (7) halten an den 5 Jahren fest. *Prinz*, Beihefter zu DStR 2010, 67 (71) sowie *Grotherr*, StuW 1996, 356 (376) schlagen eine Verkürzung auf 3 Jahre vor, um Konzernumstrukturierungen aus steuerlichen Gründen nicht unnötig zu blockieren.
8 So auch IFSt-Arbeitsgruppe, Einführung einer modernen Gruppenbesteuerung, 55.

III. Rechtsfolgen der Gruppenbesteuerung

1. Gesellschaftsrechtliche und handelsbilanzielle Konsequenzen der Gruppenbesteuerung

a) Nachteilsausgleich als Schutzmechanismus im faktischen Konzern

10.30 Ein Gruppenbesteuerungskonzept hat nicht nur Auswirkungen auf das Ertragsteuerrecht, sondern auch auf das Gesellschaftsrecht. Aufgrund des gleichzeitigen Wegfalls des Gewinnabführungs- und des Beherrschungsvertrags, der in der Praxis idR zusammen mit dem GAV abgeschlossen wird (§ 291 AktG) und der Absicherung der organisatorischen Eingliederung dient,[1] sind in Bezug auf Aktiengesellschaften als abhängige Unternehmen die Vorschriften zum Nachteilsausgleich in §§ 311, 317 Abs. 1 Satz 1 AktG (Recht des faktischen Konzerns) anzuwenden. Dies ist gegenüber abhängigen Gesellschaften in der Rechtsform der GmbH anders (Rz. 10.44 ff.). Da die Gruppengesellschaften (mittelbar oder unmittelbar) aufgrund der vorgegebenen Beteiligungshöhe von mindestens 75 % im Mehrheitsbesitz des Gruppenträgers stehen (§ 17 Abs. 2 AktG), gelten die Gruppengesellschaften als abhängige Gesellschaften, der Gruppenträger als herrschendes Unternehmen. Die Schutzmechanismen des Vertragskonzerns (§§ 300 ff. AktG) greifen ohne Beherrschungs- und/oder Gewinnabführungsvertrag nicht. Damit entfallen zB die Verlustübernahmeverpflichtung nach § 302 AktG sowie die umfassende Sicherung der außenstehenden Aktionäre nach §§ 304 ff. AktG.

10.31 **Nachteilsausgleich und Schadensersatzpflicht des herrschenden Unternehmens (§§ 311, 317 AktG).** Aufgrund der Beherrschung besteht die Möglichkeit der Einflussnahme durch den Gruppenträger mit der Gefahr, dass dieser eigene Belange zum Nachteil der abhängigen Tochtergesellschaften verfolgt. Dieser „Konzernkonflikt" wird dadurch gelöst, dass die gesetzlichen Vertreter der beteiligten Gesellschaften einschließlich Aufsichtsrat zum Schadensersatz gem. §§ 317 f. AktG verpflichtet sind, sofern sie insbesondere die Nachteilsausgleichspflicht des § 311 AktG verletzen. § 311 AktG steht nicht grundsätzlich einer nachteiligen Einflussnahme durch die beherrschende Gesellschaft entgegen, sondern stellt die Rechtmäßigkeit der Befolgung einer nachteiligen Weisung des herrschenden durch das abhängige Unternehmen unter die Voraussetzung, dass der Nachteil im Geschäftsjahr ausgeglichen oder der Ausgleich rechtsverbindlich versprochen wird. Insoweit dürfen der Gruppengesellschaft durch den Gruppenträger nur individualisierbare Weisungen erteilt werden, deren Nachteilhaftigkeit konkret zu dokumentieren und auszugleichen ist (System des Einzelausgleichs). Lediglich unspezifische Nachteile aus der allgemeinen Konzernzugehörigkeit (passive Konzerneffekte) bleiben vom Nachteilsausgleich ausgenommen.[2] Solange demnach die Vermögensinteressen der abhängigen Gesellschaft gewahrt bleiben, kann die Konzernobergesellschaft Eigen- bzw. Konzerninteressen gegen die abhängige Gesellschaft durchsetzen, ohne dass daraus eine Schadensersatzpflicht folgt. Hierdurch erhält diese Vorschrift eine Schutz- und auch eine Privilegierungsfunktion.[3]

---

[1] Auch ein isolierter GAV führt zu einem faktischen Konzern (Umkehrschluss aus § 316 AktG: §§ 311, 317 AktG sind anzuwenden), die §§ 300 ff. AktG sind aber parallel anzuwenden.

[2] So fallen zB allgemeine Folgen wie ein schlechteres Rating oder ein schlechterer Zugang zu Beschaffungs- oder Absatzkanälen nicht unter § 311 AktG. Vgl. *Habersack*, BB 2007, 1397 (1400).

[3] Vgl. zum allgemeinen Regelungszweck und grundlegenden Inhalt des faktischen Konzerns *Habersack* in Emmerich/Habersack[8], § 311 AktG Rz. 1–6, 17; *Müller* in Spindler/Stilz[3], Vorbemerkung zu den §§ 311 bis 318 AktG Rz. 1 f.

Schadensersatzansprüche des abhängigen Unternehmens. Befolgt das abhängige Unternehmen Weisungen unter Verstoß gegen § 311 AktG, tritt ua. eine Ersatzpflicht seines Vorstands aus § 93 Abs. 2 AktG ein[1] (die Rechtslage gegenüber Geschäftsführern einer GmbH nach § 43 Abs. 2 GmbHG ist im Hinblick auf die Geschäftsführungskompetenz der Gesellschafter nach §§ 45 f. GmbHG etwas anders gelagert).[2] Besitzt das herrschende Unternehmen 100 % der Anteile, ist die Prüfung eines potentiellen Nachteils auf Basis des Gläubigerschutzes vorzunehmen.[3] In der Praxis erlangt der Gläubigerschutz erst im Insolvenzfall Bedeutung, so dass die Angemessenheitsprüfung im Rahmen der Insolvenzanfechtung zu erfolgen hätte.[4] Um die Durchsetzbarkeit der Schutzfunktion des § 311 AktG bzw. des Nachteilsausgleichs zu gewährleisten, verlangt § 312 AktG die Aufstellung eines Abhängigkeitsberichts durch den Vorstand der beherrschten Konzerngesellschaft. In diesem Bericht, der vom Abschlussprüfer und dem Aufsichtsrat geprüft wird, ist über die ausgleichspflichtigen Rechtsgeschäfte hinausgehend allgemein die Beziehung der beherrschten Gesellschaft zu verbundenen Unternehmen darzulegen.[5] Verstöße hiergegen sind schadensersatzbewehrt (§ 318 AktG).

10.32

Gruppenbesteuerung als ausgleichspflichtiger Nachteil? Im Rahmen der Gruppenbesteuerung werden der herrschenden Gesellschaft (= Gruppenträger) die steuerlichen Ergebnisse der abhängigen Gesellschaften (= Gruppengesellschaften) zugerechnet, so dass die herrschende Gesellschaft die Ertragsteuern der Gruppe schuldet. Sofern eine Tochtergesellschaft Gewinne erzielt und die Steuerbelastung insoweit den Gruppenträger trifft, ist mangels eines Nachteils kein direkter Anknüpfungspunkt für § 311 AktG erkennbar. Erzielt eine Gruppengesellschaft dagegen Verluste, werden in der Literatur unterschiedliche Meinungen darüber vertreten, ob ein Rechtsanspruch auf Gewährung einer negativen Steuerumlage besteht. Einerseits wird die Verlustverrechnung einer abhängigen Tochtergesellschaft im Konzern als ein nach § 311 AktG ausgleichspflichtiger Nachteil gesehen. Denn bei der abhängigen Gesellschaft entfällt mangels Verrechnungsmöglichkeit der Verluste mit eigenen zukünftigen Gewinnen eine potentielle zukünftige Steuerminderung, die bilanziell zum Ausweis einer aktiven latenten Steuer führen könnte.[6] Andererseits wird ein Verlustverbrauch als passiver Konzerneffekt eingestuft, der keinen nach § 311 AktG ausgleichspflichtigen Nachteil darstellt.[7]

10.33

BGH-Rechtsprechung zur gewerbesteuerlichen Organschaft. Für die weitere Untersuchung kann insoweit auf den vergleichbaren Rechtsstand der gewerbesteuerlichen Organ-

10.34

---

1 Ebenso ggf. aus §§ 318 Abs. 1 und § 117 Abs. 2 AktG. Parallel ergeben sich Ansprüche des abhängigen Unternehmens sowie seiner (außenstehenden) Aktionäre gegen das herrschende Unternehmen aus § 317 Abs. 1 AktG, aus §§ 117 Abs. 1 AktG mit § 31 BGB und aus §§ 57, 58, 62 AktG, gegen die Vertreter des herrschenden Unternehmens aus §§ 317 Abs. 3 und 117 Abs. 1 AktG.
2 Vgl. *Mayer* in Eckardt/Mayer/van Zwoll, Der Geschäftsführer der GmbH[2], 120 f., 123 ff.
3 Vgl. *Altmeppen* in Roth/Altmeppen[8], § 13 GmbHG Rz. 104 ff. (zur Existenzvernichtungshaftung).
4 Sinngemäß IFSt-Arbeitsgruppe, Einführung einer modernen Gruppenbesteuerung, 118. Zum GmbH-Recht vgl. *Mayer* in Eckardt/Mayer/van Zwoll, Der Geschäftsführer der GmbH[2], 125.
5 Der Bericht soll den außenstehenden Aktionären und Gesellschaftsgläubigern die Durchsetzung von Ersatzansprüchen erleichtern. Sie haben selbst keinen Zugriff auf diesen Bericht, die Ergebnisse der Prüfungen sind aber durch Abschlussprüfer und Aufsichtsrat offen zu legen. Vgl. *Müller* in Spindler/Stilz[3], § 312 AktG Rz. 2, 23 f.
6 Vgl. *Simon*, ZGR 2007, 71 (103 f.); bestätigend *Schöne/Heurung/Petersen*, DStR 2012, 1680 (1682); *Witt*, Die Konzernbesteuerung, 355. Ähnlich IFSt-Arbeitsgruppe, Einführung einer modernen Gruppenbesteuerung, 115.
7 Vgl. *Habersack* in Emmerich/Habersack[8], § 311 AktG Rz. 50a, 52; *Habersack*, BB 2007, 1397 (1401).

schaft bis zum Erhebungszeitraum 2001 („Altfälle") zurückgegriffen werden, da bis zu diesem Zeitpunkt kein GAV vorausgesetzt wurde.[1] Eine Pflicht zum Nachteilsausgleich nach § 311 AktG wurde dabei (umgekehrt) nur hinsichtlich der Höhe von Steuerumlagen vom BGH[2] gesehen, wenn die Organgesellschaften über den tatsächlichen Steueraufwand bei der Organträgerin hinaus belastet worden waren und folglich nicht am Steuererstattungspotential aus den Verlusten der Organträgerin teilhatten. Vereinbarkeit, Notwendigkeit und zulässige Ausgestaltung von Steuerumlageverträgen sind deshalb in einem Gruppenbesteuerungskonzept umfassend zu klären.

b) Abschluss eines Steuerumlagevertrags zur Vermeidung nicht sachgerechter handelsbilanzieller Vermögensverschiebungen

10.35 Der Verzicht auf den GAV als wesentlicher Bestandteil der Reform führt auch zu handelsbilanziellen Konsequenzen. Ohne GAV wird dem Gruppenträger das Ergebnis der Gruppengesellschaften nur steuerlich und nicht handelsrechtlich zugerechnet. Steuerschuldner der auf die gesamte Gruppe entfallenden Ertragsteuern (Körperschaft- und Gewerbesteuer) soll der Gruppenträger sein, so dass sein handelsbilanzielles Ergebnis auch durch die von den Gruppengesellschaften ausgelösten bzw. wirtschaftlich verursachten Ertragsteuern belastet wird. Dagegen wird in demselben Umfang das Ergebnis der Gruppengesellschaft mangels Aufwandsbuchung höher als im Stand-alone-Fall ausgewiesen. Im Fall einer Verlustzurechnung gilt das vice versa. In diesem Fall wird der handelsrechtliche Gewinn des Gruppenträgers höher als im Stand-alone-Fall ausgewiesen, da der Steueraufwand auf Ebene der Konzernobergesellschaft reduziert wird.[3] Dagegen entfällt für die Gruppengesellschaft ein Verlustvortrag, der nunmehr von dieser Gesellschaft nicht mit zukünftigen Gewinnen in einem späteren Veranlagungszeitraum verrechnet werden kann. Diese handelsrechtliche Vermögensverschiebung, die zu einem nicht verursachungsgerechten Ausweis der jeweiligen Ergebnisse der Konzerngesellschaften führt, ist betriebswirtschaftlich fragwürdig und könnte durch den Abschluss von Steuerumlageverträgen vermieden werden.[4] Zusätzlich erhielte der Gruppenträger die notwendige Liquidität zur Begleichung der Steuerschuld.[5]

c) Anwendbarkeit des Nachteilsausgleichs auf den Steuerumlagevertrag

10.36 Diese Vermögensverschiebungen haben Auswirkungen auf den Gesellschafter- und Gläubigerschutz. Soweit außenstehende Anteilseigner an einer Gruppengesellschaft beteiligt sind,

---

1 Dagegen hat in einem Vertragskonzern mit GAV eine Steuerumlage weder aus gesellschafts- noch aus steuerrechtlicher Sicht die Bedeutung, da sie praktisch nur eine Aufteilung der Gewinnabführung beinhaltet. Vgl. zB *Hüttemann*, ZHR 2007, 451 (479); *Witt*, Die Konzernbesteuerung, 316.
2 BGH v. 1.3.1999 – II ZR 312/97, BGHZ 141, 79 = GmbHR 1999, 660; BGH v. 22.10.1992 – IX ZR 244/91, BGHZ 120, 50 = GmbHR 1993, 92.
3 Voraussetzung hierfür ist, dass bei dem Gruppenträger aufgrund eigener oder von anderen Gruppengesellschaften zugerechneter Gewinne im Ergebnis positives Einkommen verbleibt. Sollte dies nicht der Fall sein, baut sich beim Gruppenträger ein Verlustvortrag auf, der mit zukünftigen positiven Ergebnissen der Gruppe in einem späteren Veranlagungszeitraum verrechnet werden kann.
4 Vgl. *Simon*, ZGR 2007, 71 (74 f.); *Simon*, DStR 2000, 431 (433), jeweils mwN. *Dötsch* verweist auf die aus betriebswirtschaftlichen Gründen notwendige zutreffende Kostenabgrenzung, vgl. *Dötsch* in Dötsch/Pung/Möhlenbrock, § 14 KStG Rz. 785 (Stand Aug. 2016). Trotz geforderter wirtschaftlicher Einheit des Konzerns bleibt für Gewinnausschüttungszwecke weiterhin das handelsrechtliche Ergebnis relevant.
5 Vgl. *Herzig/Stock*, BFuP 2011, 476 mwN.

würden sie im Falle steuerlich anzuerkennender Verluste auf Ebene der Gruppenträgerin (oder einer anderen Gruppengesellschaft) bei einer unterstellten Vollausschüttung durch die Gruppengesellschaft von einer überhöhten Dividende profitieren. In der Literatur ist umstritten, ob dieser Fall einen wirtschaftlichen Nachteil des Gruppenträgers bedeutete, der zur Annahme führen müsste, dass der Vorstand bzw. der Geschäftsführer der Konzernobergesellschaft seinerseits der Sorgfaltspflicht nach § 93 Abs. 2 AktG bzw. § 43 Abs. 2 GmbHG nicht nachgekommen wäre. Umgekehrt ist streitig, ob durch Zurechnung von Verlusten der Organgesellschaft an die Organträgerin außenstehende Anteilseigner entschädigungslos hinnehmen müssten, dass das darin liegende Steuersparpotential abgeht.[1]

Vereinbarkeit eines Steuerumlagevertrags mit den §§ 311 ff. AktG? In einem gewerbesteuerlichen „Altfall" erkannte der BGH[2] einem Organträger, der die Steuerbelastung des gesamten Organkreises zu tragen hatte, gegenüber der Organgesellschaft (Haftungsschuldnerin nach § 73 AO) einen Ausgleichsanspruch zu. Begründet wurde die Steuerumlage im Innenverhältnis des Konzerns analog zu § 426 Abs. 1 Satz 1 BGB (Gesamtschuldnerausgleich) und anknüpfend an betriebswirtschaftliche Erwägungen. Ungeachtet einer Subsidiarität der Haftung der Organgesellschaft ist diese danach verpflichtet, dem Organträger den auf ihren Betrieb entfallenden Anteil an der tatsächlich gezahlten Gewerbesteuer des Organkreises zu erstatten. Dieser Entscheidung lag nur ein Fall positiver steuerlicher Ergebnisse im Organkreis zugrunde, und sie bezieht sich insofern nur auf die Verrechnung positiver Steuerumlagen.[3] Eine Aussage zu § 311 AktG ist hieraus nicht direkt abzuleiten. Für ein Gruppenbesteuerungskonzept folgt, dass bei vergleichbar formulierter Haftung der Gruppengesellschaft der Gruppenträger dem Grunde nach einen Rechtsanspruch zumindest auf eine positive Steuerumlage der Gruppengesellschaft hat. 10.37

Methoden zu Berechnung einer Steuerumlage. Die Festlegung der Höhe einer Steuerumlage in einem Gruppenbesteuerungskonzept kann nach der Stand-alone-Methode (auch Belastungsmethode genannt) oder der Verteilungsmethode erfolgen. Im Rahmen der Stand-alone-Methode wird eine Steuerumlage auf Basis einer fingierten Unabhängigkeit der Konzerntochtergesellschaft ermittelt, dh. die Tochtergesellschaft wird mit der Steuerzahlung belastet, die sie hätte zahlen müssen, wenn sie steuerlich selbständig wäre. Demgegenüber wird bei der Verteilungsmethode die tatsächlich vom Gruppenträger geschuldete und an das Finanzamt abgeführte Steuer auf die Gruppengesellschaft und den Gruppenträger nach einem bestimmten Schlüssel[4] verteilt. Bei der Verteilungsmethode werden Vorteile aus der Gruppenbesteuerung (auch als Umlagegewinn oder Konzernprämie[5] bezeichnet), die sich zB aus der Verrechnung von Gewinnen und Verlusten ergeben, auf alle Gesellschaften der Gruppe verteilt, während sie bei der Stand-alone-Methode beim Gruppenträger verbleiben.[6] 10.38

---

1 *Simon*, ZGR 2007, 71 (75) mwN postuliert einen entsprechenden Ausgleich in Form einer Steuerumlage. AA *Habersack*, BB 2207, 1397.
2 BGH v. 22.10.1992 – IX ZR 244/91, BGHZ 120, 50 = GmbHR 1993, 92.
3 Vgl. erläuternd *Habersack*, BB 2007, 1397; *Simon*, DStR 2000, 431 (434); *Witt*, Die Konzernbesteuerung, 333 ff.
4 Diskussionen zu einem sachgerechten Verteilungsschlüssel finden sich bei *Habersack*, BB 2007, 1397 (1402); *Simon*, ZGR 2007, 71 (92 f.).
5 Als Konzernprämie kommen neben der Saldierung von Gewinnen und Verlusten zwischen den Konzerngesellschaften insbesondere die weiteren Vorteile einer Organschaft bzw. Gruppenbesteuerung in Frage, wie zB der Wegfall der 5 %igen Dividendenbesteuerung nach § 8b Abs. 5 KStG, gewerbesteuerlicher Hinzurechnungen oder die Anwendung der Zinsschranke auf Gesellschaftsebene.
6 Zur Definition der Methoden vgl. statt vieler BFH v. 21.12.2004 – I R 107/03, BStBl. II 2005, 490 = FR 2005, 603.

Beispiel 1:[1] Ein Gruppenträger (GT) und die Gruppengesellschaft A (A) haben einen steuerlichen Gewinn von jeweils 100, die Gruppengesellschaft B (B) erzielt dagegen einen Verlust von 100. Der bei GT zu versteuernde Gewinn beträgt damit 100. Bei Anwendung eines – einheitlichen – Ertragsteuersatzes von 30 % würde GT nach der Stand-alone-Methode A eine positive Steuerumlage von 30 in Rechnung stellen, B eine negative Steuerumlage von 30 erstatten. An das Finanzamt muss GT insgesamt 30 zahlen. Damit ist auch GT mit einer Steuer von 30 auf sein eigenes Ergebnis belastet. Die Konzernprämie bzw. den Steuervorteil aus der Verlustverrechnung erhielte B. Aus betriebswirtschaftlicher und Praxissicht wäre dies ein zutreffendes Ergebnis, da jede Gruppengesellschaft mit der Steuer belastet wird, die sie wirtschaftlich ausgelöst hat.[2]

Bei Anwendung der Verteilungsmethode würde GT an A eine Steuer von 15 (= ½ × 100 × 30 %) belasten, so dass GT selbst ebenfalls nur eine Steuer von 15 tragen würde. Die Konzernprämie würde auf GT und A entsprechend ihren Gewinnanteilen umverteilt werden. B als eigentliche Verursacherin würde mangels zulässiger Verrechnung einer negativen Steuerumlage nicht profitieren.

10.39 **Zulässigkeit der Verteilungsmethode bei gewerbesteuerlicher Organschaft (BGH v. 22.10.1992).**[3] Kernaussage dieser Entscheidung zu einem „Altfall" der gewerbesteuerlichen Organschaft ist die Berechtigung (und damit indirekt die Notwendigkeit) positiver Steuerumlagen bezogen auf die Verteilung (nur) des tatsächlich im Organkreis angefallenen Steueraufwands. Die Anwendung der Verteilungsmethode wird dabei auf einen nicht näher ausgeführten Grundsatz bezogen, dass im Rahmen von § 426 BGB nur der tatsächliche Aufwand umlagefähig ist.[4]

10.40 **Zulässigkeit der Verteilungsmethode bei gewerbesteuerlicher Organschaft (BGH v. 1.3.1999).**[5] In der nachfolgenden Entscheidung des BGH vom 1.3.1999 zu einem weiteren „Altfall" der gewerbesteuerlichen Organschaft wird ausführlich hergeleitet, dass der Organträger nur seinen effektiven Steueraufwand auf die Organgesellschaften umlegen dürfe und die Auferlegung eines darüber hinausgehenden fiktiven Steueraufwands (= Stand-alone-Methode) einen Nachteil nach § 311 AktG begründe. Demnach sei Vergleichsmaßstab für die Beurteilung eines Nachteils nicht die Sicht einer unabhängigen Gesellschaft, sondern einer Organgesellschaft, die zwischen den Berechnungsweisen der Belastungs- oder Verteilungsmethode frei wählen könne. Führe die Verteilungsmethode zu einer geringeren Höhe der Steuerumlage, habe eine Organgesellschaft demgemäß einen Anspruch auf Nachteilsausgleich nach § 311 AktG gegen den Organträger, wenn der Organträger auf Grundlage des Gesamtschuldnerausgleichs eine Steuerumlage verlange, obwohl er selbst – aufgrund eigener Verluste und trotz zugerechneten Gewinns der Organgesellschaft – keine Steuer schuldet und an das Finanzamt zahlt. Aktienrechtlich hat der BGH die Umlage einer nur fiktiven Steuerschuld (entsprechend der Belastungsmethode; stand-alone) folgerichtig als verdeckte Gewinnausschüttung gewertet.[6] Die Steuerumlage sei „schon begrifflich" und deshalb wie jede Kon-

---

1 Modifikation und Fortführung eines Beispiels von *Habersack*, BB 2007, 1397 (1402), an Hand dessen er die Wirkungen der Verteilungsmethode und der Stand-alone-Methode gegenüber stellt. Dieses Beispiel wird um eine negative Steuerumlage ergänzt, die er explizit ausschließt.
2 Vgl. zB *Rödder/Simon*, DB 2002, 496.
3 BGH v. 22.10.1992 – IX ZR 244/91, BGHZ 120, 50 (59) = GmbHR 1993, 92.
4 BGH v. 22.10.1992 – IX ZR 244/91, BGHZ 120, 50 (60) = GmbHR 1993, 92.
5 BGH v. 1.3.1999 – II ZR 312/97, BGHZ 141, 79 = GmbHR 1999, 660. Die Reaktionen in der Literatur auf dieses Urteil waren geteilt. Während sich dem Urteil insbesondere gesellschaftsrechtliche Autoren angeschlossen haben, wurde schwerpunktmäßig im steuerlichen Schrifttum die Stand-alone-Methode unter Verweis auf bereicherungsrechtliche Erwägungen (§ 812 ff. BGB) bevorzugt. Nachweise bei BFH v. 21.12.2004 – I R 107/03, BStBl. II 2005, 490 = FR 2005, 603 (kritisch zur Anwendung von § 812 BGB) sowie bei *Habersack*, BB 2007, 1397 (1399).
6 Vgl. *Rödder/Simon*, DB 2002, 496.

zernumlage der Höhe nach auf den tatsächlichen Aufwand begrenzt. Dies könne durch rechtsgeschäftliche Vereinbarung (Konzernvereinbarung oder -anordnung) nicht dahin umgangen werden, dass die Organgesellschaft unentgeltliche Leistungen an den Organträger zu erbringen hätte. Das in der Möglichkeit der Verlustverrechnung liegende Steuersparpotential wird dabei ausdrücklich als nicht umlagefähiger Aufwand (jedenfalls seitens des Organträgers) erwähnt.

Zulässigkeit der Stand-alone-Methode bei umsatzsteuerlicher Organschaft (BGH v. 29.1.2013).[1] In dieser Entscheidung hat der BGH aufgrund einer vergleichbaren Rechtslage eine analoge Anwendung des dargestellten Ausgleichsanspruchs zwischen Organträger und Organgesellschaft im Fall der umsatzsteuerlichen Organschaft angenommen. Im entschiedenen Fall hat der BGH einen Schadensersatzanspruch der Organgesellschaft auf Erstattung des Vorsteuerüberschusses gem. §§ 311, 317 AktG gegen den Organträger unterstellt und dabei abweichend die Stand-alone-Methode zugrunde gelegt.[2] Die Anwendung dieser Methode hat das Gericht damit begründet, dass das Umsatzsteuerrecht im Unterschied zum Gewerbesteuerrecht nicht auf spezifische steuerliche Effekte, sondern auf den Grundsatz der Belastungsneutralität ausgerichtet sei. Dieses Urteil ist schwerlich auf ein Gruppenbesteuerungskonzept zu übertragen, da die Umsatzsteuer (anders als die Körperschaft- und Gewerbesteuer) nur treuhänderisch vereinnahmt wird.

10.41

Praxisgerechte Lösung. Das Verteilungsverfahren muss wohl nach der Rechtsprechung des BGH als einzig zulässiger Weg des im Konzerninteresse getragenen Aufwands gelten. Nur soweit von vornherein Aufwand ausgeschlossen ist, zB bei der Umsatzsteuer (Belastungsneutralität), können Leistungen nach Stand-alone-Grundsätzen abgerechnet werden. Das Verteilungsverfahren führt in Fällen einzelner Verlustgesellschaften systematisch stets zu einem Auseinanderfallen von wirtschaftlicher Verlusttragung und Nutzung des steuerlichen Verlustverrechnungspotentials.[3] Aus Gründen der Planungssicherheit sollte für gesetzgeberische Belange die BGH-Rechtsprechung zu den „Altfällen" der gewerbesteuerlichen Organschaft streng ausgelegt werden, weshalb de lege ferenda eine abweichende Sichtweise im Bereich der Steuerumlagen gesondert und sachgerecht im Steuerrecht festzuschreiben wäre. Ein Auseinanderfallen von Steuerrecht und Gesellschaftsrecht hinsichtlich des zulässigen Umfangs von Steuerumlagen gegenüber anderen Konzernumlagen wäre in Folge dessen (bis auf weiteres) hinzunehmen.[4]

10.42

Negative Steuerumlage. Ein gesellschaftsrechtlicher Anspruch einer Gruppengesellschaft auf Ausgleich des Verlustverrechnungspotentials ist nicht Gegenstand einer BGH Entscheidung gewesen.[5] Sollte der Gruppenträger die Steuerumlage ohne einen Rechtsanspruch zah-

10.43

---

1 BGH v. 29.1.2013 – II ZR 91/11, GmbHR 2013, 318.
2 Kritische Ausführungen insbesondere zum Ausgleichsanspruch finden sich bei *Menkel*, NZG 2014, 52.
3 BGH v. 22.10.1992 – IX ZR 244/91, BGHZ 120, 50 (59) = GmbHR 1993, 92 weist auf unterschiedliche Schlüssel innerhalb des Verteilungsverfahrens zur sachgerechten Verteilung des Aufwands (unter Betonung der Hebesätze) hin; bei BGH v. 1.3.1999 – II ZR 312/97, BGHZ 141, 79 = GmbHR 1999, 660 wurde die Schlüsselung (konsequenterweise) nicht erwogen.
4 Kritisch zum Auseinanderfallen von Steuer- und Gesellschaftsrecht dagegen *Hüttemann*, ZHR 2007, 451 (478 ff.).
5 Soweit BGH v. 1.3.1999 – II ZR 312/97, BGHZ 141, 79 (87) = GmbHR 1999, 660 bestimmt, dass die „Konzernprämie auch nicht als Betriebsausgabe im Sinne einer negativen Steuerumlage zum Ausgleich der (...) durch Erträge der Organgesellschaften eintretenden Minderung der Verlustvortragsmöglichkeit anerkannt werden" könne, erscheint das sprachlich uneindeutig, aber auf eine

len, läge zivilrechtlich eine verdeckte Einlage vor. Auch eine verursachungsgerechte Allokation bei der Gruppengesellschaft setzt damit de lege ferenda einen gesetzlichen Ausgleichsanspruch (im Steuerrecht) voraus.[1] Der bloße Abschluss eines (privatrechtlichen) Steuerumlagevertrags, der die Anwendung der Stand-alone-Methode und daraus folgend die Festsetzung negativer Steuerumlagen in so berechneter Höhe vorschreibt,[2] könnte konsequent als verdeckte Einlage behandelt werden.[3] Dabei wäre auch von einer Bewertung auf Basis einer ex-ante-Sichtweise[4] abzukehren, da insbesondere unbekannt ist, ob bzw. wann diese Gruppengesellschaft ihre Verluste nach Verlassen der Gruppe durch Verrechnung mit Gewinnen nutzen könnte.[5] Vielmehr wäre die Bemessung nach der Höhe der tatsächlich realisierten Steuerersparnis des Gruppenträgers denkbar. Ein wohl noch geeigneterer Bewertungsansatz wäre (der Bilanzierung folgend), die Steuerumlage in Höhe der fiktiv wegen des Verlustvortrags zu aktivierenden latenten Steuer festzusetzen.[6]

Versagung der negativen Steuerumlage zu zielen. Die in Bezug genommene Entscheidung BFH v. 27.6.1990 – I R 183/85, BStBl. II 1990, 916 (917 ff.) = BFHE 161, 157 = GmbHR 1991, 36 lehnt eine unter betriebswirtschaftlicher Beurteilung geforderte Aufteilung eines (bei Ende der Organschaft) nicht ausgeglichenen Gewerbeverlusts auf die Organgesellschaften ab und betrifft somit ihrerseits nicht die Frage negativer Steuerumlagen, lässt sich aber grundsätzlich in diese Richtung gehend interpretieren.

1 *Dötsch* in Dötsch/Pung/Möhlenbrock, § 14 KStG Rz. 786 (Stand Aug. 2016) mit Bezug auf BFH v. 21.12.2004 – I R 107/03, BStBl. II 2005, 490 = FR 2005, 603 verweist auf die durch einen Steuerumlagevertrag geschaffene zivilrechtlich ausreichende Basis für die Umlagefestsetzung (ohne Bewertung der Berechnungsmethode).
2 Ohne Stand-alone-Methode käme es gar nicht zu einer negativen Umlage, weil auch diese Verlustverrechnung passiver Konzerneffekt wäre.
3 Umkehrschluss aus BGH v. 1.3.1999 – II ZR 312/97, BGHZ 141, 79 (84) = GmbHR 1999, 660. § 426 BGB käme als Anspruchsgrundlage nicht in Frage, soweit „kein Ertrag aus Steuern" negativ umzulegen (zu erstatten) wäre, jedenfalls nicht über die Verrechnung von echten Steuererstattungen hinaus.
4 Im Anwendungsbereich des § 311 AktG ist die Höhe des Nachteils im Zeitpunkt der Vornahme des Rechtsgeschäfts oder der Maßnahme zu ermitteln. Vgl. *Habersack* in Emmerich/Habersack[8], § 311 AktG Rz. 44.
5 *Simon*, ZGR 2007, 71 (110) schlägt wegen der Rechtsunsicherheit hinsichtlich der künftigen eigenen Verlustnutzung einen pauschalierten Ausgleich in Höhe der hälftigen nominellen Steuerentlastung vor. *Schöne/Heurung/Petersen*, DStR 2012, 1680 (1683) bezeichnen die mit der Verlustverrechnung verbundenen Nachteile sogar als nicht quantifizierbar, da die Nachteilhaftigkeit bis zum Ende des Geschäftsjahres der Antragstellung für die Gruppenbesteuerung noch nicht beziffert werden kann. Im Fall einer Nichtquantifizierbarkeit sind die Nachteile nicht nach § 311 Abs. 2 AktG ausgleichsfähig, und eine solche Einflussnahme wäre von vornherein rechtswidrig. Folge hiervon wäre eine Schadensersatzpflicht der gesetzlichen Vertreter des herrschenden Unternehmens nach § 317 Abs. 1 Satz 1 AktG. Zu nicht quantifizierbaren Nachteilen vgl. zB *Habersack* in Emmerich/Habersack[8], § 311 AktG Rz. 43. Dagegen geht die IFSt-Arbeitsgruppe, Einführung einer modernen Gruppenbesteuerung, 117, davon aus, dass eine nachträgliche Quantifizierbarkeit der Nachteile und deren Ausgleich ausreicht. Nach der hier vertretenen Auffassung sind diese Folgen der Gruppenbesteuerung abschließend im KStG zu regeln (Rz. 10.42); Unsicherheiten in der Anwendung des Gesellschaftsrechts sowie generell ein Nachteil i.S.d. § 311 AktG können dann per definitionem weder in der Gruppenbesteuerung selbst noch im Steuerumlagevertrag liegen.
6 Vgl. Vorschlag der IFSt-Arbeitsgruppe, Einführung einer modernen Gruppenbesteuerung, 58 f. Daher sollte im Fall dauerhafter Verluste einer Gruppengesellschaft entsprechend dem Vorgehen bei den latenten Steuern keine negative Steuerumlage verrechnet werden.

d) Gesellschaftsrechtliche Konsequenzen bei einer GmbH als abhängige Gesellschaft

In der Praxis treten Konzerngesellschaften häufig in der Rechtsform der GmbH auf. In einem faktischen GmbH-Konzern gelten die bisherigen Ausführungen zu §§ 311, 317 AktG jedoch nicht. §§ 311 ff. AktG sind nur auf eine AG, KGaA und über Art. 3 Abs. 1, 5 und 9 Abs. 1 Buchst. c II Europ. SE-Verordnung auf eine SE anwendbar, nach ständiger Rechtsprechung jedoch nicht (auch nicht analog) auf eine GmbH als abhängige Gesellschaft.[1] Anders als der Vorstand einer AG ist der Geschäftsführer einer GmbH nach §§ 37, 45 GmbHG und insbesondere § 46 Nr. 6 GmbHG an auch bis ins Einzelne gehende Weisungen seiner Gesellschafter gebunden und müsste nachteiligen Weisungen auch ohne Abschluss eines Unternehmensvertrags stets folgen (dagegen gelten die Regelungen zum Vertragskonzern in §§ 291 ff. AktG für die GmbH durchaus analog).[2]

10.44

Minderheitenschutz wird im GmbH-Recht aus den allgemeinen gesellschaftsrechtlichen Grundsätzen, insbesondere der Treuepflicht des herrschenden Unternehmens, abgeleitet.[3] Will ein beherrschendes Unternehmen die GmbH im Konzerninteresse benachteiligen, müssen alle (Minderheits-) Gesellschafter (je nach Gegenstand und Gesellschaftsvertrag) mehrheitlich zustimmen. Damit obliegt es zuerst den außenstehenden Gesellschaftern, solche nachteiligen Maßnahmen zu verhindern.[4] Die Kompensation erfolgt schließlich zumeist nicht zwischen herrschenden Unternehmen und der abhängigen GmbH, sondern unter den Gesellschaftern.[5]

10.45

Folgen des GmbH-Rechts sind, dass im Extremfall bei mangelnder Zustimmung der Minderheitsgesellschafter der GmbH die Integration in die Gruppenbesteuerung in Ausnahmefällen (bei Treuepflichtverstoß) blockiert werden kann;[6] hinsichtlich der Höhe der Steuerumlagen hat der GmbH-Gesellschafter nur die Grenzen der Kapitalerhaltung nach § 30 GmbHG, des existenzvernichtenden Eingriffs und der Durchgriffshaftung zu beachten.[7] Daher sind gegenüber einer GmbH gesellschaftsrechtlich Steuerumlagen grundsätzlich sowohl nach der

10.46

---

1 Die Rechtsform des herrschenden Unternehmens ist dagegen unerheblich. Vgl. *Habersack* in Emmerich/Habersack[8], § 311 AktG Rz. 13; *Müller* in Spindler/Stilz[3], Vorbemerkung zu den §§ 311 bis 318 AktG Rz. 21.
2 Zuletzt vgl. OLG München v. 20.11.2013 – 7 U 5025/11, GmbHR 2014, 535, rkr.; *Eckardt* in Eckardt/Mayer/van Zwoll, Der Geschäftsführer der GmbH[2], 57 und *Mayer* in Eckardt/Mayer/van Zwoll, Der Geschäftsführer der GmbH[2], 120 f.
3 BGH v. 5.6.1975 – II ZR 23/74 – ITT, BGHZ 65, 15 (18 ff.); *Habersack* in Emmerich/Habersack[8], Anh. zu § 318 AktG Rz. 24 ff. Sehr weitgehend *Servatius* in Michalski/Heidinger/Leible/J. Schmidt, GmbHG[3], Band 1, Systematische Darstellung 4, Rz. 393 ff.
4 Da im GmbH Recht die actio pro socio nur subsidiär greift, müssen außenstehende (Minderheits-)Gesellschafter auch insoweit zuerst die Sozialansprüche der Gesellschaft mittels Anfechtungsklage gegen schädigende Mehrheitsbeschlüsse, im Übrigen durch den Versuch der Herbeiführung eines Klageerhebungsbeschlusses verfolgen, bevor sie erst anschließend ihre parallelen Individualansprüche aus der Treuepflichtverletzung geltend machen können. Vgl. *Mayer* in Eckardt/Mayer/van Zwoll, Der Geschäftsführer der GmbH[2], 115 f.
5 Vgl. IFSt-Arbeitsgruppe, Einführung einer modernen Gruppenbesteuerung, 116. Regressansprüche bestehen zudem zwischen geschädigter Gesellschaft und ihren Geschäftsführern gem. § 43 Abs. 2 GmbHG, die treuepflichtwidrige Gesellschafterbeschlüsse nicht umsetzen dürfen. Vgl. im Detail *Liebscher* in MünchKomm/GmbHG[3], Band 1, Anhang zu § 13: Die GmbH als Konzernbaustein Rz. 472 f.
6 Vgl. IFSt-Arbeitsgruppe, Einführung einer modernen Gruppenbesteuerung, 117.
7 Vgl. *Mayer* in Eckardt/Mayer/van Zwoll, Der Geschäftsführer der GmbH[2], 115 f. (zur Kapitalerhaltung), 125 (zum existenzvernichtenden Eingriff) und 142 ff. (zur Außenhaftung).

Stand-alone-Methode als auch nach der Verteilungsmethode zulässig, da durch die Steuerumlagen, insoweit anders als nach § 311 AktG maßgeblich, die wirtschaftliche Existenz der GmbH nicht bedroht sein wird.[1]

e) Folgen für ein Gruppenbesteuerungskonzept

10.47 Aufgrund der konzernrechtlichen Unsicherheiten infolge der vorgesehenen Verlustverrechnung müsste von Gesetzes wegen klargestellt werden, wann und inwieweit ein ausgleichspflichtiger Nachteil nach § 311 AktG nicht vorliegt. Es empfiehlt sich aus Gründen der Rechtssicherheit, die Verpflichtung zum Abschluss eines Steuerumlagevertrags und die Festlegung der Berechnungsmethode gesetzlich festzuschreiben. Durch den verursachungsgerechten Ergebnisausweis im Rahmen der Stand-alone-Methode führt nur dieses Verfahren aus betriebswirtschaftlicher Sicht methodisch zum richtigen Ergebnis[2] und sollte daher zugrunde gelegt werden.[3] Auch wenn durch den Steuerumlagevertrag gesellschaftsrechtliche Folgen geregelt werden,[4] sollten die Regelungen wegen ihrer auf Steuerumlagen begrenzten Reichweite im Steuerrecht erfolgen.[5] Vorteilhaft ist, dass die Vorschriften auch für GmbHs gelten und nicht auf Fälle außerhalb der Gruppenbesteuerung anzuwenden wären. Die Aufnahme einer Gesellschaft in das System der Gruppenbesteuerung sollte im Anhang zum Jahresabschluss bekannt gemacht werden, um außenstehende Gesellschafter auf das Risiko steuerinduzierter Vermögensverschiebungen hinzuweisen.[6]

10.48 **Steuerliche Behandlung einer Steuerumlage.** Handelsrechtlich stellt die Umlage bei der Tochtergesellschaft Aufwand und auf Ebene der Muttergesellschaft Ertrag dar, wodurch die Höhe der handelsrechtlichen Ausschüttung beeinflusst wird. Im Rahmen der gewerbesteuerlichen Organschaft bis zum EZ 2001 war eine sachgerechte Gewerbesteuerumlage (steuerliche) Betriebsausgabe der Organgesellschaft und Betriebseinnahme des Organträgers.[7] Eine nicht sachgerechte oder fehlende Umlage konnte zu einer verdeckten Gewinnausschüttung oder verdeckten Einlage führen. Aktuell stellen weder die Körperschaftsteuer (§ 10 Nr. 2

---

[1] Vgl. *Simon*, ZGR 2007, 71 (101); *Mayer* in Eckardt/Mayer/van Zwoll, Der Geschäftsführer der GmbH², 123 f.
[2] Zustimmend *Dötsch* in Dötsch/Pung/Möhlenbrock, § 14 KStG Rz. 791 (Stand Aug. 2016); *Herzig/Stock*, BFuP 2011, 476. Die Finanzverwaltung lässt bisher zwar grundsätzlich beide Methoden zu, verlangt aber, dass bei der Stand-alone-Methode bei Beendigung der Organschaft die zu viel gezahlte Steuer erstattet wird. Denn mindestens im Durchschnitt mehrerer Jahre dürfe nur die tatsächlich gezahlte Steuer umgelegt werden. Vgl. BMF v. 12.9.2002 – IV A 2 - S 2742 - 58/02, GmbHR 2002, 1090.
[3] Vgl. *Hirte*, DB 2011, Standpunkte 47, 115, der Änderungen im Gesellschaftsrecht vorschlägt. *Hüttemann*, ZHR 2007, 451 (478 ff.) betont, dass eine isolierte Regelung im Steuerrecht zum Auseinanderfallen von Steuer- und Gesellschaftsrecht führen würde (nur in Bezug auf Steuerumlagen gegenüber anderen Konzernumlagen). Die Stand-alone-Methode bezeichnet er als das „kleinere Übel", das erhebliche Vereinfachungseffekte verursachen würde. IFSt-Arbeitsgruppe, Einführung einer modernen Gruppenbesteuerung, 56 lehnt eine Vorgabe für steuerliche Zwecke ab, da es sich um eine gesellschaftsrechtliche Folge der Gruppenbesteuerung handelt. In Österreich erfolgt die entsprechende Bestimmung im Gesellschafts- und nicht im Steuerrecht.
[4] Vgl. IFSt-Arbeitsgruppe, Einführung einer modernen Gruppenbesteuerung, 56.
[5] Eine zT diskutierte bloße Klarstellung, wonach der Eintritt in die Gruppenbesteuerung an sich keinen Nachteil i.S.d. § 311 AktG darstelle, reicht im Hinblick auf die streitigen Berechnungsmethoden von Steuerumlagen nicht aus.
[6] Vgl. IFSt-Arbeitsgruppe, Einführung einer modernen Gruppenbesteuerung, 118.
[7] Vgl. *Rödder/Simon*, DB 2002, 496.

KStG) noch die Gewerbesteuer (§ 4 Abs. 5b EStG) eine abzugsfähige Betriebsausgabe dar. Analog sollten sich Steuerumlagen auf den bilanziellen Gewinn auswirken, aber steuerneutral wirken, was im Körperschaftsteuerrecht zu regeln ist.[1]

2. Steuerliche Konsolidierung in der Gruppe
a) Vollkonsolidierung als Fernziel

Die Leitidee der wirtschaftlichen Einheit des Konzerns unter Berücksichtigung der Gesamtleistungsfähigkeit führt systematisch zu einer steuerlichen Vollkonsolidierung in der Gruppe.[2] De lege lata sind international agierende Konzerne durch die (vollständige) Versagung der grenzüberschreitenden Verlustverrechnung grundsätzlich benachteiligt, was zu betriebs- und volkswirtschaftlichen Ineffizienzen führen kann.[3] Durch eine Vollkonsolidierung würden nicht nur die ausländischen Verluste im Inland berücksichtigt, sondern auch die entsprechenden Gewinne. Für die steuerliche Verrechnung von in- und ausländischen Gewinnen wäre allerdings eine Systemumstellung auf abkommensrechtlicher Ebene von der Freistellungs- auf die Anrechnungsmethode notwendig, was insbesondere im Fall von Anrechnungsüberhängen nicht beherrschbare Probleme verursachen könnte.[4] Außerdem wäre es aus wirtschaftspolitischer Sicht für Deutschland als exportorientierten Staat vorteilhaft, die Freistellungsmethode beizubehalten.[5]

10.49

Bestandteile der Vollkonsolidierung. Bei Durchführung einer steuerlichen Vollkonsolidierung würde durch eine Zwischenergebniseliminierung, Aufwands- und Ertragskonsolidierung sowie Kapital- und Schuldenkonsolidierung eine einheitliche Gruppen-Steuerbilanz einschließlich steuerlicher Gewinnermittlung erstellt. Die praktische Umsetzung könnte auf Grundlage der vorhandenen handelsrechtlichen Konzernrechnungslegung erfolgen (bei allerdings abweichendem Konsolidierungskreis), zumal die für die Gruppenbesteuerung in Frage kommenden Unternehmen regelmäßig über ausreichende Erfahrungen im Bereich der Konsolidierung verfügen werden.[6]

10.50

---

1 So auch IFSt-Arbeitsgruppe, Einführung einer modernen Gruppenbesteuerung, 57. Auch in Österreich sind die Steuerumlagen steuerneutral und wirken sich nur in der Bilanz aus. Vgl. zB *Prinz*, GmbHR 2005, 917 (918).
2 Vgl. *Krebühl* in Herzig, Organschaft, 597 ff.; *Desens* in HHR, Einf. KSt Anm. 12 (Stand Aug. 2014); IFSt-Arbeitsgruppe, Einführung einer modernen Gruppenbesteuerung, 46 f.
3 Vgl. IFSt-Arbeitsgruppe, Einführung einer modernen Gruppenbesteuerung, 32; *Esterer/Bartelt*, BB-Special 1/2010, 2 (4); *Sureth/Mehrmann/Dahle*, StuW 2010, 160. *Kessler* in FS Herzig, 285 (298) sieht in einem grenzüberschreitenden Verlustverrechnungssystem einen Gleichklang einzelwirtschaftlicher und fiskalischer Interessen. Von einem temporären Abschied von der Kapitalimportneutralität profitiere auch der Fiskus, weil zur Verlustverwertung zunächst Wertschöpfung generiert werden müsse. Eine ähnliche Argumentation findet sich bei *Esser*, Grenzüberschreitende Verlustverrechnung im Konzern, 30.
4 Vgl. zur Anrechnung von ausländischen Steuern *Esterer/Bartelt*, BB-Special 1/2010, 2 (7): *Rödder*, ZHR 2007, 380 (391).
5 Ausführlich *Thiedemann*, Die Entwicklung einer modernen, europarechtskonformen und zukunftsweisenden Gruppenbesteuerung für Deutschland, 273 ff., der die Berücksichtigung laufender und finaler ausländischer Verluste im Inland steuerpolitisch und steuerjuristisch als sachgerecht bezeichnet.
6 Vgl. *Kahle/Vogel/Schulz*, Ubg 2011, 761 (770).

10.51 **Steuerliche Relevanz der Bestandteile.** Die Aufwands- und Ertragskonsolidierung berührt in den meisten Fällen nicht das (steuerliche) Konzernergebnis[1] und ist daher nicht zwingend für Besteuerungszwecke erforderlich. Eine erfolgswirksame Kapitalkonsolidierung würde durch den Ansatz der Zeitwerte (§ 301 Abs. 1 Satz 2 HGB) grundsätzlich eine Besteuerung der stillen Reserven bewirken, die nicht nur eine Gruppenbesteuerung unattraktiv machen würde,[2] sondern zudem mangels einer Veräußerung, Entnahme oder Übertragung der entsprechenden Wirtschaftsgüter aus steuerlicher Sicht grundsätzlich fraglich wäre. Eine Schuldenkonsolidierung zur Eliminierung innerkonzernlicher Kreditbeziehungen kann zwar in Einzelfällen bei Bewertungsunterschieden im Bereich der Forderungen und Verbindlichkeiten Auswirkungen auf den Gewinn haben (zB unverzinsliche Verbindlichkeiten);[3] aber durch die (beizubehaltende) Anwendung der Zinsschrankenregelung in § 15 Satz 1 Nr. 3 KStG auf die Organschaft als Betrieb erfolgt faktisch bereits eine Konsolidierung. Dagegen vermeidet eine Zwischenergebniselimierung die frühzeitige Besteuerung innerkonzernlicher Transaktionen.

10.52 **Fernziel.** Auch bei unterstellten Kenntnissen in der Konsolidierung wäre eine vollständige Übernahme handelsrechtlicher Konsolidierungsmaßnahmen in das Konzernsteuerrecht sehr aufwendig und (abgesehen von der Zwischenergebniseliminierung) nicht unbedingt zielführend. Insgesamt würde eine Vollkonsolidierung so umfangreich in die konzeptionelle Gestaltung des Steuerrechts eingreifen (auch durch abkommensrechtliche Fragestellungen), dass sie nur als Fernziel angestrebt werden sollte und wohl nur im Rahmen des GKKB-Projekts umsetzbar ist,[4] das aktuell ebenfalls keine Kapital- und Schuldenkonsolidierung vorsieht.

b) Zwischenergebniseliminierung (eingeschränktes Einheitskonzept) als Zwischenziel

10.53 Nach derzeitiger Rechtslage wird unter Berücksichtigung des Fremdvergleichsgrundsatzes für jede einzelne Gesellschaft im Organkreis bzw. Konzern der „zutreffende" Gewinn ermittelt. Für die in der Praxis üblichen konzerninternen Lieferungen oder Dienstleistungen (ua. durch Shared Service Gesellschaften) sind angemessene Verrechnungspreise festzulegen. Insbesondere führt diese Vorgehensweise zur frühzeitigen Versteuerung von konzerninternen (also nicht außerhalb des Konzerns) realisierten Gewinnen. Die Besteuerung wird somit temporär vorgezogen (Steuerstundungseffekt).[5] In einem produktionstechnisch tief gegliederten Konzern führt diese vorzeitige Gewinnrealisierung zu Wettbewerbsnachteilen gegenüber ausländischen Konkurrenzunternehmen.[6]

---

1 Die ergebniswirksamen Aufwendungen und Erträge aus konzerninternen Lieferungen werden im Rahmen der Zwischenergebniseliminierung erfasst. Es bleiben ua. Sachverhalte, wie Abschreibungen auf Beteiligungen und bestimmte Darlehensforderungen von Konzernunternehmen, die steuerlich nicht wirksam sind (§ 8b Abs. 3 Satz 3, 4).
2 Vgl. *Schreiber/Stiller*, StuW 2014, 216 (222); *Grotherr* in Gassner/Lang/Wiesner, Besteuerung von Unternehmensgruppen, 264. Zu einer ausführlichen Analyse zur Übertragung handelsrechtlicher Konsolidierungsvorschriften in das Konzernsteuerrecht vgl. *Grotherr*, WPg 1995, 81 (97).
3 Vgl. zur handelsrechtlichen Konsolidierung zB *Küting/Weber*, Der Konzernabschluss[13], 279 ff., 498 ff., 547 ff.
4 So auch IFSt-Arbeitsgruppe, Einführung einer modernen Gruppenbesteuerung, 41. Auch entfällt konsequenterweise zB § 8b Abs. 2 KStG, da im Fall der Veräußerung einer Gruppengesellschaft die (steuerpflichtige) Veräußerung einzelner Wirtschaftsgüter vorliegen würde.
5 Vgl. *Prinz*, Beihefter zu DStR 2010, 67 (69). Ausführlich *Wagner*, Konzeption einer Gruppenbesteuerung, 1 ff. mwN.
6 *Grotherr* in Gassner/Lang/Wiesner, Besteuerung von Unternehmensgruppen, 262 f. mwN wählt die Bezeichnung Vorverlagerung des marktorientierten Realisationsprinzips. Die Eliminierung der

Steuerliche Zwischenergebniseliminierung. Zur Gewährleistung der Konzernneutralität (Rz. 10.5) könnte in einem Gruppenbesteuerungskonzept durch eine Zwischenergebniseliminierung die Besteuerung dieser konzerninternen Wertschöpfung vermieden werden. Zwischenergebnisse (Gewinne und Verluste) sollten dann sowohl bei Lieferungen zwischen Gruppenträger und Gruppengesellschaft als auch innerhalb der Gruppengesellschaften eliminiert werden. Alternativ könnte durch eine direkte Übertragung zum Buchwert (damit Vermeidung der Zwischengewinnrealisierung) die Festsetzung und Kontrolle von Verrechnungspreisen entfallen; eine solche Regelung wäre aber missbrauchsgefährdet. Denn wertvolle Wirtschaftsgüter könnten zum Buchwert auf eine Gruppengesellschaft übertragen werden, die anschließend steuerfrei verkauft werden könnte. Daher sind zur Sicherstellung einer späteren Besteuerung Zwischenergebnisse festzustellen und festzuschreiben.[1] Zur Begrenzung des technischen Aufwands kann eine Beschränkung auf das Anlagevermögen erfolgen, da im Umlaufvermögen aufgrund einer schnelleren Umschlagshäufigkeit der Zeiteffekt geringer ist.[2]

10.54

Technische Umsetzung durch Ausgleichspostenmethode. Bei der Übertragung von Vermögen ist zur technischen Umsetzung der Zwischenergebniseliminierung die Anwendung einer Ausgleichspostenmethode geeignet, um eine verursachungsgerechte Gewinnallokation vornehmen zu können. Auch eine alternative außerbilanzielle Hinzurechnung bzw. Kürzung ist umsetzbar;[3] die Ausgleichspostenmethode ist grundsätzlich übersichtlicher und weniger fehleranfällig. Die Ausgleichsposten sollten beim Gruppenträger geführt werden, dem die Gewinne zugerechnet werden. Bei Ermittlung der Zwischengewinne können die Gruppengesellschaften grundsätzlich auf handelsrechtliche Werte zurückgreifen.[4]

10.55

Beispiel 2: Die M-AG (Gruppenträger) hat zwei Tochtergesellschaften in der Rechtsform die GmbH (GmbH 1 und GmbH 2), die eine steuerliche Gruppe bilden. GmbH 1 liefert im Jahr 01 an GmbH 2 ein Wirtschaftsgut zum Fremdvergleichspreis von 120 bei Anschaffungs-/Herstellungskosten von 100, was bei GmbH 1 zu einem Zwischengewinn von 20 führt. Im Jahr 02 erzielt GmbH 2 durch Verkauf des Wirtschaftsguts für 150 an einen (konzer-)fremden Dritten einen Zwischengewinn von 30. Der gesamte Konzerngewinn von 50 ist im Jahr 02 zu versteuern. Im Jahr 01 bucht die M-AG einen steuerlichen Ausgleichsposten gegenüber GmbH 1 iHv. 20 gewinnmindernd ein (Kürzung des von GmbH 1 zugerechneten Gewinns). Im Jahr 02 wird dieser Ausgleichsposten gewinnerhöhend aufgelöst. Von den Tochtergesellschaften sind der M-AG sowohl die Gewinne aus der Lieferung an Gruppenmitglieder als auch der Zeitpunkt des Verkaufs am Absatzmarkt zu melden.[5]

Eingeschränktes Einheitskonzept. Im Fall einer teilweisen (Anlagevermögen) oder vollständigen (Anlage- und Umlaufvermögen) Zwischenerfolgseliminierung wird das körperschaftsteuerliche Zurechnungskonzept zum eingeschränkten Einheitskonzept fortentwickelt.[6] Analog zum bisherigen Zurechnungskonzept erfolgt beim eingeschränkten Einheitskonzept im

10.56

Zwischengewinne und Zwischenverluste zur Lösung des Periodisierungsproblems wird handelsrechtlich durch Ansatz der Vermögensgegenstände mit den Konzernanschaffungs- oder Konzernherstellungskosten erreicht (§ 304 Abs. 1 HGB). Vgl. zB *Küting/Weber*, Der Konzernabschluss[13], 513.

1 Vgl. *Schreiber/Stiller*, StuW 2014, 216 (223).
2 Vgl. *Schreiber/Stiller*, StuW 2014, 216 (223); *Herzig*, StuW 2010, 214 (229).
3 In der Literatur wird eine Anlehnung an § 4g EStG vorgeschlagen. Vgl. *Herzig*, StuW 2010, 214 (229); *Endres* in FS Herzig, 189 (195).
4 Zu beachten sind aber zB ggf. abweichenden Herstellungskosten (§ 255 Abs. 2, 3 HGB, R 6.3 EStR 2012).
5 Im Fall der Übertragung von Anlagevermögen ist ggf. auch eine Korrektur der Abschreibung vorzunehmen, um einen doppelten Abzug im Konzern zu vermeiden.
6 Vgl. *Grotherr*, StuW 1996, 356.

ersten Schritt eine getrennte Einkommensermittlung der Gruppengesellschaften (nach Fremdvergleichsgrundsätzen). Auf Ebene des Gruppenträgers werden anschließend die gesamten Einzelergebnisse zusammengefasst, dh. auch bei einer Beteiligung von unter 100 % findet keine quotale Erfassung statt.[1] In dem Fall außenstehender Gesellschafter an der Gruppengesellschaft wird durch die Verbuchung von Steuerumlagen nach der Stand-alone-Methode handelsrechtlich der zutreffende Gewinn ausgewiesen, der für eine Gewinnausschüttung zur Verfügung steht. Durch die Zusammenfassung der steuerlichen Ergebnisse der Gruppengesellschaften und des Gruppenträgers werden automatisch gruppeninterne Gewinne und Verluste sowie Aufwendungen und Erträgen (zB Zinsaufwendungen und -erträge bei konzerninternen Darlehen) verrechnet. Neben dieser Saldierung sollte das eingeschränkte Einheitskonzept zur Gewährleistung der Konzernneutralität folgende Regelungen enthalten:

- Die Gruppe ist wie in der ertragsteuerlichen Organschaft als ein Betrieb im Rahmen der Zinsschranke zu qualifizieren.

- Mangels Kapitalkonsolidierung findet die Veräußerungsgewinnbefreiung nach § 8b Abs. 2 KStG weiterhin Anwendung.

- Aufgrund des Wegfalls des GAV nehmen Gruppengesellschaften Gewinnausschüttungen auf Basis ihres handelsrechtlichen Ergebnisses vor. Diese Beteiligungserträge sollten systemkonform steuerfrei beim Gruppenträger vereinnahmt werden können (keine 5 %ige Besteuerung nach § 8b Abs. 5 KStG).

- Gewerbesteuerliche Modifikationen sollten entsprechend behandelt werden.[2]

c) Verrechnung (inländischer) Verluste

Die wirtschaftliche Belastung ist Voraussetzung für die Verrechnung von Verlusten von Tochter- und Enkelgesellschaften bei dem Gruppenträger;[3] spätestens am Ende der Gruppe hat eine tatsächliche Verlusttragung zu erfolgen. Diese kann systemkonform auf Basis des Grundgedankens der wirtschaftlichen Einheit des Konzerns (unter Berücksichtigung der festgelegten Mindestbeteiligungsquote von 75 %) argumentiert werden und würde eine unbegrenzte steuerliche Zurechnung von inländischen Verlusten bei dem Gruppenträger bewirken.[4] Dieser Grundsatz wird in der Literatur durch verschiedene Argumente gestützt. So führt *Schön* an, dass auch ohne GAV Verluste eines Tochterunternehmens auf die wirtschaftliche Situation in der (Konzern-)Bilanz der Muttergesellschaft durchschlagen, entweder durch unmittelbare Zurechnung oder zeitlich verzögert im Rahmen der Bewertung der Anteile oder im Fall der Veräußerung der Anteile an der Tochterunternehmung.[5] *Herzig/Stock* begründen die Verlustverrechnung damit, dass der Gruppenträger mit der Erstattung einer

---

1 Vgl. *Herzig*, Beihefter zu DStR 2010, 61 (66); *Rödder*, ZHR, 380 (390); *Grotherr*, StuW 1996, 356 (359). Auch die österreichische Gruppenbesteuerung sieht bei inländischen Beteiligungen eine vollständige Zurechnung bei einer finanziellen Beteiligung von unter 100 % vor. Vgl. *Tumpel/Moshammer* in FS Frotscher, 613 (617). AA *Esterer/Bartelt*, BB-Special 1/2010, 2 (8), die beim Verrechnungskontenmodell auf eine anteilige Zurechnung verweisen.
2 Vgl. *Herzig*, Beihefter zu DStR 2010, 61 (66).
3 Vgl. zB *Schreiber/Stiller*, StuW 2014, 216; *Prinz*, Beihefter zu DStR 2010, 67 (71).
4 Vgl. IFSt-Arbeitsgruppe, Einführung einer modernen Gruppenbesteuerung, 50. Unterstützend weist *Mayr*, IStR 2010, 633 (634) darauf hin, dass in der Praxis idR unabhängig vom GAV Verluste von Tochtergesellschaften im Konzern wirtschaftlich getragen bzw. abgefedert werden.
5 Vgl. *Schön* in Schön/Schreiber/Spengel, A Common Consolidated Corporate Tax Base for Europe – Eine Einheitliche Körperschaftsteuerbemessungsgrundlage für Europa, 55.

negativen Steuerumlage für den ökonomischen Wert des Verlusts aufkomme und damit keine ungerechtfertigten Verluste geltend mache; zumal sich die Vorteile der Gruppenbesteuerung auf Zins- und Liquiditätseffekte aus der phasengleichen Verlustnutzung beschränkten.[1]

Beschränkung der Verlustverrechnung auf das investierte Eigenkapital? Die oben dargestellte unbegrenzte Verlustzurechnung in einer Gruppenbesteuerung führt grundsätzlich zu einer Bevorteilung gegenüber einem ebenfalls nur beschränkt haftenden Kommanditisten (§ 15a EStG) und zu der Möglichkeit der direkten Umgehung dieser Beschränkung im Fall einer Personenunternehmung als Gruppenträger.[2] Wird diese Vorschrift auf die Gruppenbesteuerung übertragen, ist die steuerliche Verlustzurechnung grundsätzlich betragsmäßig auf die Höhe des Investments, dh. den Beteiligungsbuchwert zzgl. nachträglicher Einlagen ggf. inklusive nicht ausgeschütteter Gewinne, beschränkt.[3]

10.58

Erhöhte oder unbeschränkte Verlustverrechnung durch Erweiterung der Haftung? Analog zur erweiterten Haftung des Kommanditisten (§ 15a Abs. 1 Satz 2 EStG) könnte der Umfang der zivilrechtlichen Haftung des Gruppenträgers vergrößert werden. In der Literatur wird eine erweiterte Haftung durch eine aktienrechtliche Eingliederung (echter Haftungsverbund nach § 322 AktG), harte Patronatserklärung[4] oder Haftungsübernahmerklärung vorgeschlagen. Als Übergangslösung könnte auch der Abschluss eines Gewinnabführungs- oder Beherrschungsvertrags dienen. Nachteilig wäre die erneute Verknüpfung zwischen Steuer- und Gesellschaftsrecht, die insbesondere für die letztgenannte Lösung gilt.[5] Der aus den Vereinbarungen resultierende Haftungsbetrag müsste für steuerliche Zwecke festgestellt werden, was die Verwaltungskosten erhöhen könnte.

10.59

Erhöhte Verlustverrechnung durch Nachversteuerung? Auch ist in der Literatur die Argumentation zu finden, dass Verluste wirtschaftlich getragen werden, sofern sie durch spätere Gewinne ausgeglichen werden. Dieser Gedanke folgt der Konsolidierung. Im Konzernabschluss mindern Verluste der Tochtergesellschaften das Konzernergebnis unbegrenzt; erst bei der Endkonsolidierung wird auf Basis von Veräußerungserlös sowie Vermögenswerten und Schulden der Tochtergesellschaft das End-Ergebnis ermittelt. Analog hierzu könnte für steuerliche Zwecke bei unbegrenzter Verrechnung laufender Verluste ein steuerlicher Merkposten gebildet und fortgeführt werden, der bei Untergang der Beteiligung (Anteilsveräußerung oÄ) aufgelöst würde und dann ggf. zu einer Nachversteuerung führen würde. Das fiskalische Risiko wäre aber sehr hoch, da ein Unternehmen zur Erzielung eines hohen Zinseffekts den Untergang der Beteiligung aufschieben könnte.[6]

10.60

---

1 Vgl. *Herzig/Stock*, BFuP 2011, 476.
2 Vgl. *Grotherr*, StuW 1996, 356 (377). Sinngemäß auch *van Lishaut*, FR 2009, 1030 (1033). Eine Vergleichbarkeit mit einem Einheitsunternehmen sei diesbezüglich nicht gegeben. *Herzig*, Beihefter zu DStR 2010, 61 (65) sieht die Notwendigkeit einer Beschränkung im Fall der Personenunternehmung als Gruppenträger mit dem Hinweis auf die Alternative, Personengesellschaften steuerlich wie Kapitalgesellschaften zu behandeln. *Lüdicke*, FR 2009, 1025 (1028) sieht mit dem Hinweis auf § 15a EStG im Fall der Streichung des GAV einen schwer auflösbaren Wertungswiderspruch.
3 *Schreiber/Stiller*, StuW 2014, 216 (224) bezeichnen ein solches Vorgehen als unangemessen scharf.
4 Eine (harte) Patronatserklärung erfüllt beispielsweise die Einstandspflicht iSv. § 264 Abs. 3 HGB nach BilRUG.
5 Vgl. *Schreiber/Stiller*, StuW 2014, 216 (224); IFSt-Arbeitsgruppe, Einführung einer modernen Gruppenbesteuerung, 50 ff., 114; *Hirte*, DB 2011, Standpunkte 47.
6 Vgl. *Schreiber/Stiller*, StuW 2014, 216 (224 f.).

10.61 **Erhöhte oder unbeschränkte Verlustverrechnung durch ein Gruppenbeitragsmodell?** Das Gruppenbeitragsmodell ist bereits in den skandinavischen Staaten Schweden, Finnland und Norwegen implementiert und sieht anstelle eines GAV einen Gruppenvertrag vor (Rz. 9.85 ff.). Die Technik der Ergebniszurechnung wird aufgegeben und durch Gruppenbeiträge ersetzt. Dieses Modell soll absichern, dass nur Verluste verrechnet werden können, die der Gruppenträger tatsächlich wirtschaftlich getragen bzw. geleistet hat. Die Verlustverrechnung erfolgt durch einen „Abkauf" des Verlusts durch Ausgleichszahlungen bzw. Forderungs- und Verbindlichkeitsbuchungen, die bei der Gewinngesellschaft zu einer steuerlich abzugsfähigen Betriebsausgabe und bei der Verlustgesellschaft zu einer steuerpflichtigen Betriebseinnahme führen.[1] Betragsmäßig ist der Gruppenbeitrag auf das zu versteuernde Einkommen des leistenden Unternehmens (Gruppenträger oder Gruppengesellschaft) begrenzt; eine Verpflichtung zur Zahlung besteht nicht. Hessen hat ein solches Gruppenbeitragsmodell als Konzept einer Gruppenbesteuerung vorgeschlagen.[2] Aus betriebswirtschaftlicher Sicht erscheint die 100 %ige Beitragsleistung zur Gewinnung eines ca. 30 %igen Steuervorteils wenig sinnvoll und führt gesellschaftsrechtlich möglicherweise zu einem Ausgleichsanspruch.[3] Darüber hinaus können gesellschaftsrechtlich die Gruppenbeiträge und ein Gruppenvertrag im Konflikt mit bestehenden Regeln zum Schutz der Gläubiger und Minderheitsaktionäre stehen. Der erforderliche Gruppenvertrag kann als Unternehmensvertrag i.S.d. §§ 291 ff. AktG dieselben formalen Probleme wie ein GAV auslösen.[4] Vorteile dieses Konzepts sind nach der Facharbeitsgruppe „Verlustverrechnung und Gruppenbesteuerung" vergleichsweise geringe Steuermindereinnahmen und geringer administrativer Aufwand, insbesondere da keine Gruppenkonten zu führen sind.[5]

d) Berücksichtigung finaler ausländischer Verluste

10.62 Aufgrund der EuGH-Rechtsprechung sollten in einem Gruppenbesteuerungskonzept endgültige ausländische Verluste in der Gruppe zu verrechnen sein (Rz. 10.9).[6] Trotz der Begrenzung auf finale Verluste sind mit dieser Regelung Steuerausfälle verbunden, deren Höhe im Vorfeld zur Vermeidung von Haushaltsrisiken einzuschätzen sind. Zur weiteren Begrenzung der Steuermindereinnahmen könnte entsprechend der österreichischen Gruppenbesteuerung grundsätzlich nur die erste Auslandsebene einbezogen werden.[7]

---

1 Vgl. zum Modell *Petutschnig*, StuW 2014, 226 (231); *Schreiber/Stiller*, StuW 2014, 216 (221); *Montag* in Tipke/Lang, Steuerrecht²³, § 14 Rz. 31; *Frey/Sälzer*, BB 2012, 294 (296).
2 Vgl. *Brusch*, DB 2011, Standpunkte 45.
3 Vgl. IFSt-Arbeitsgruppe, Einführung einer modernen Gruppenbesteuerung, 48.
4 Vgl. *Frey/Sälzer*, BB 2012, 294 (298).
5 Vgl. *BMF*, Bericht der Facharbeitsgruppe „Verlustverrechnung und Gruppenbesteuerung", 142.
6 Analog zur Vorgehensweise bei inländischen Gruppengesellschaften dürfte in diesem Fall keine Pflicht zur Festsetzung einer negativen Steuerumlage bestehen, da die Gesellschaft selbst diese nicht mehr nutzen kann.
7 Gegen diese Begrenzung können unionsrechtliche Bedenken vorgebracht werden, die sich nach der Einschätzung von *Mayr*, IStR 2010, 633 (635) mwN zerstreuen lassen. In Österreich können lt. § 9 Abs. 2 KStG ausländische Körperschaften, die mit einer inländischen Kapitalgesellschaft oder Erwerbs- und Wirtschaftsgenossenschaft vergleichbar sind, Gruppenmitglieder sein, sofern sie ausschließlich mit unbeschränkt steuerpflichtigen Gruppenmitgliedern oder dem Gruppenträger finanziell verbunden sind. Mit dem ausländischen Staat muss eine umfassende Amtshilfe bestehen.

Zur Finalität von Verlusten hat der EuGH in der Rs „*Bevola/Trock*"[1] nicht erneut Stellung genommen und auf das Grundsatzurteil „Marks & Spencer" verwiesen. Auf Basis dieser ständigen Rechtsprechung des EuGH liegen finale Verluste nach BFH[2] vor, sofern die Verluste steuerlich unter keinen Umständen anderweitig verwertbar sind und somit die Verluste im Quellenstaat aus tatsächlichen Gründen nicht mehr berücksichtigt werden können oder ihr Abzug in diesem Staat nur theoretisch möglich, aber aus tatsächlichen Gründen so gut wie ausgeschlossen ist. Ein wider Erwarten dennoch erfolgter späterer Abzug muss im Inland verfahrenstechnisch rückwirkend nachvollzogen werden können. Damit führen rechtliche Beschränkungen des ausländischen Staates, wie zB eine zeitliche Beschränkung der Verlustvortragsmöglichkeit, nicht zu einer Finalität. Eine andere Sichtweise würde einen Anreiz für Staaten schaffen, die eigenen Verlustverrechnungsmöglichkeiten einzuschränken, was einen Verlustabzug und damit Steuereinnahmeverlusten im anderen Staat bewirken würde.[3] Finalität kann daher nur aus wirtschaftlichen Sachverhalten resultieren, wie zB im Fall der Schließung einer defizitären EU-Betriebsstätte.

10.63

Zeitpunkt der Verlustverrechnung. Der EuGH hat (bisher) nicht entschieden, in welchem Zeitpunkt die finalen Verluste im Inland zu verrechnen sind. Entweder könnten die Auslandsverluste phasengleich in Deutschland im Entstehungsjahr berücksichtigt werden bei obligatorischer Nachversteuerung im Fall der späteren Verlustverwertung im Ausland. Allerdings wird idR im Verlustentstehungsjahr noch nicht bekannt sein, ob die Verluste final werden, weshalb ein Verlustrücktrag in das Verlustentstehungsjahr möglich sein müsste (Endgültigkeit als rückwirkendes Ereignis nach § 175 Abs. 1 Nr. 2 AO). Oder alternativ wären die ausländischen Verluste im Finalitätsjahr mit Gewinnen der Muttergesellschaft im Inland zu saldieren.[4] Die letztgenannte Alternative erscheint verfahrensrechtlich praktikabler und vermeidet zusätzlich eine Besserstellung gegenüber der Behandlung von Verlusten einer ausländischen Betriebsstätte, die lt. BFH[5] im Finalitätsjahr berücksichtigt werden. Aus diesem Grund soll diesem Vorgehen der Vorzug gegeben werden.[6]

10.64

Höhe der finalen Verluste. Die Ermittlung der Verluste kann entweder nach ausländischem Recht des EU-/EWR-Mitgliedstaates (Sitz der Tochtergesellschaft) oder inländischem Recht (Sitz der Muttergesellschaft) erfolgen. Diesbezüglich hat der EuGH[7] zwar nicht eindeutig entschieden, welches Recht zur Anwendung kommt. Er stellt allerdings klar, dass es zu keiner Ungleichbehandlung im Verhältnis zu einer innerstaatlichen Umwandlung führen dürfe.[8] Eine somit geforderte Gleichbehandlung mit inländischen Sachverhalten wird grundsätzlich erreicht, wenn die Verluste auf Basis des inländischen (Steuer-)Rechts ermittelt werden. Diese

10.65

---

1 EuGH v. 12.6.2018 – Rs. C-650/16 – Bevola/Trock, DStR 2018, 1353 (Rz. 63).
2 BFH v. 5.2.2014 – I R 48/11, FR 2014, 714 = DStR 2014, 837.
3 Vgl. *Pache*, IStR 2007, 47 (51). Kritisch zur engen Auslegung und der Ablehnung eines „Importzwanges" ausländischer Verlustabzugsmöglichkeiten *Sven-Christian Witt*, Ubg 2010, 737 (743).
4 Vgl. *Heurung/Engel/Bresgen*, GmbHR 2013, 638 (644); *Blumenberg* in FS Herzig 212 (222); *Endres* in FS Herzig 189 (193).
5 BFH v. 5.2.2014 – I R 48/11, FR 2014, 714 = DStR 2014, 837; BFH v. 9.6.2010 – I R 100/09, BStBl. II 2010, 1065 = FR 2010, 901.
6 Vgl. *Sven-Christian Witt*, Ubg 2010, 737 (744). A.A *Heurung/Engel/Bresgen*, GmbHR 2013, 638 (644), da die phasengleiche Verrechnung dem Leistungsfähigkeitsprinzip sowie der Gleichbehandlung mit inländischen Sachverhalten folgen würde.
7 EuGH v. 21.2.2013 – Rs. C-123/11 – A Oy, FR 2013, 370 m. Anm. *Musil* Rz. 61.
8 So auch *von Brocke*, IWB 2013, 189 (192); *Stiller*, NWB 2013, 1642. Dagegen unterstellen *Heurung/Engel/Bresgen*, GmbHR 2013, 638 (644), dass die Verluste nach Meinung des EuGH auf jeden Fall nach deutschem Steuerrecht zu ermitteln sind.

Auffassung steht im Einklang mit der BFH-Rechtsprechung[1] zu ausländischen Betriebsstättenverlusten. In der Praxis führt dies zu Problemen, da die Verluste zunächst nach ausländischem Recht (Sitzstaat) ermittelt werden, so dass eine – ggf. sehr aufwendige – Umrechnung in deutsches Recht zu erfolgen hat.

10.66 **Gesetzliche Regelungen.** Insbesondere aufgrund der durch den EuGH noch nicht endgültig geklärten Rechtsfragen sollte der deutsche Gesetzgeber eher enge Regelungen in das Körperschaftsteuergesetz aufnehmen:

– Die nationale Konkretisierung resp. Definition der Finalität, die mittelfristig einer Prüfung durch den EuGH unterzogen werden wird, sollte daher nur zweifelsfrei vom EuGH geklärte Fälle beinhalten und nicht durch gestalterische Maßnahmen erreichbar sein. So könnte die tatsächliche Finalität auf liquidierte Unternehmen und dauerhafte Einstellung der Geschäftstätigkeit beschränkt werden.[2]

– Aus systematischen und unionsrechtlichen Erwägungen heraus könnte – entsprechend dem Vorgehen im Inland – ein vollständiger Einbezug der ausländischen finalen Verluste erfolgen, auch wenn die Beteiligung an der Auslandstochterkapitalgesellschaft weniger als 100 % beträgt. Alternativ kann eine quotale Verlustzurechnung wie in Österreich vorgesehen werden.[3]

– Nachversteuerungsregeln können aufgenommen werden, um eine doppelte Verlustnutzung sicher zu vermeiden (bei wider Erwarten doch erfolgtem Abzug im Ausland).

e) Berücksichtigung von Vorgruppenverlusten

10.67 Vororganschaftliche Verluste von Organträger und Organgesellschaft werden im aktuellen Organschaftsrecht unterschiedlich behandelt. Vororganschaftlich verursachte Verluste der Organgesellschaft nach § 10d EStG sind nach § 15 Satz 1 Nr. 1 KStG während der Organschaft steuerlich „eingefroren". Diese steuerlichen Verluste können nur nach Beendigung der Organschaft bei der ehemaligen Organgesellschaft verrechnet werden. Dagegen werden vororganschaftlich entstandene körperschaft- und gewerbesteuerliche Verlustvorträge des Organträgers mit Gewinnen der Organgesellschaften aus organschaftlicher Zeit verrechnet.

10.68 **Kein „Einfrieren" von Vorgruppenverlusten.** Zur Abschaffung dieser steuersystematischen Inkonsequenz sollten in einem Gruppenbesteuerungskonzept die vor Begründung der Gruppe entstandenen Verluste der Tochtergesellschaften nicht mehr „eingefroren" bleiben, sondern zur Verrechnung in der Gruppenzeit zur Verfügung stehen. Entweder können diese Verlustvorträge mit späteren Gewinnen der Tochtergesellschaft oder mit Gewinnen der gesamten Gruppe innerhalb der Gruppenzeit verrechnet werden.[4] Dasselbe gilt für Gruppenträger-Verluste. Die Interessen von Wirtschaft und Finanzverwaltung sind abzuwägen. Durch den Ver-

---

1 BFH v. 9.6.2010 – I R 107/09, FR 2010, 896 m. Anm. *Buciek*; BFH v. 9.6.2010 – I R 100/09, BStBl. II 2010, 1065 = FR 2010, 901.
2 Vgl. *IFSt-Arbeitsgruppe*, Einführung einer modernen Gruppenbesteuerung, 74; *Kahle/Vogel/Schulz*, Ubg 2011, 761 (770).
3 Vgl. zur österreichischen Verlustverrechnung *Tumpel/Moshammer* in FS Frotscher, 613 (620, 627).
4 IFSt-Arbeitsgruppe, Einführung einer modernen Gruppenbesteuerung, 60 fordert die Verrechnung von Vorgruppenverlusten von Tochtergesellschaften mit Gewinnen der Tochtergesellschaft in der Gruppenzeit. Vergleichbar *Brusch*, DB 2001, Standpunkte 45; *van Lishaut*, FR 2009, 1030 (1035) verlangt dagegen die Verrechnung dieser Verluste beim Organträger.

zicht auf das „Einfrieren" von Verlustvorträgen aus der Vorgruppenzeit ergeben sich Steuermindereinnahmen. Zur Gegenfinanzierung kann eine grundsätzliche Beschränkung der Verrechnungsmöglichkeit von Vorgruppenverlusten mit den eigenen Gewinnen der Gruppengesellschaft vorgesehen werden. Dieses Vorgehen empfiehlt sich für alle Gruppenmitglieder (also entsprechend beim Gruppenträger);[1] zudem entspricht es grundsätzlich dem GKKB-Projekt (Art. 15 GKKB-RLE 2016), das einen Vortrag der Vorgruppenverluste und anschließende Verrechnung mit dem zugewiesenen Anteil an der konsolidierten Steuerbemessungsgrundlage vorsieht. (Rz. 10.16).

f) Technische Umsetzung durch Verrechnungskonten

Gruppenträger und Gruppengesellschaft führen korrespondierende Verrechnungskonten, welche die im Organschaftsrecht existierenden Ausgleichsposten ersetzen. Auf den Verrechnungskonten werden sämtliche zuzurechnenden Gewinne und Verluste sowie Zahlungsströme (zB Gewinnausschüttungen, Verlustübernahmen, Steuerumlagen) erfasst. Auf der einen Seite verursachen die Konten zwar einen gewissen Verwaltungsaufwand, auf der anderen Seite sind aber die Abweichungen zwischen Handels- und Steuerbilanz nicht mehr zu entwickeln.

Gruppenträger. Als Unterkonto zum Beteiligungsbuchwert der Gruppengesellschaft führt der Gruppenträger ein (aktives) Gruppenträgerkonto (GT-Konto), das sich durch die in der Gruppenzeit zugewiesenen – um die Steuerumlagen gekürzten – steuerbilanziellen Ergebnisse der Tochtergesellschaften erhöht bzw. analog um die zugewiesenen – um die negativen Steuerumlagen verringerten – steuerbilanzielle Verluste verringert. In der Gruppenzeit erhaltene handelsrechtliche Gewinnausschüttungen werden verrechnet, wobei die Buchungen jeweils steuerneutral erfolgen. Durch zugewiesene Verluste kann dieses Konto negativ werden. Sollte die Verlustzurechnung auf das investierte Eigenkapital begrenzt werden, sind zur Berechnung des abzugsfähigen Verlusts (analog § 15a EStG) der Beteiligungsbuchwert und das Gruppenträgerkonto zu berücksichtigen. Nicht relevant ist dagegen der Ausgleichsposten (AP), auf dem die konzerninternen Zwischenergebnisse erfasst werden. Im Fall der Anteilsveräußerung sind zur Ermittlung des Veräußerungsgewinns dem Veräußerungspreis sowohl der fortgeschriebene Beteiligungsbuchwert als auch das Gruppenträgerkonto gegenüberzustellen.

Gruppengesellschaft. Betragsmäßig korrespondierend entwickelt jede Gruppengesellschaft ein Gruppengesellschaftskonto (GG-Konto) mit analoger Verbuchung der zugewiesenen steuerbilanziellen Gewinne oder Verluste sowie der Gewinnausschüttungen. Zusätzlich wird bei der Gruppengesellschaft ein Altrücklagen-Konto geführt, in das der Bestand des ausschüttbaren Gewinns bei Eintritt in die Gruppe eingestellt wird; die Fortentwicklung der Bestände wird wie bei dem bisherigen Einlagekonto nach § 27 KStG festgestellt.[2]

---

1 Vgl. *Oesterwinter*, DStZ 2011, 585 (591, 594 ff.) mwN. *Mayr*, IStR 2010, 633 (637) empfiehlt aufgrund schlechter Erfahrungen in Österreich die grundsätzliche Verrechnung von Vorgruppenverlusten einer Gesellschaft mit späteren Gewinnen dieser Gesellschaft. Die Möglichkeit der Verrechnung von Vorgruppengewinnen des Gruppenträgers mit dem Gesamtergebnis der Gruppe habe dazu geführt, dass als Gruppenträger die Gesellschaften mit den höchsten Verlustvorträgen zu finden seien.
2 So im Grundsatz die Empfehlung der IFSt-Arbeitsgruppe, Einführung einer modernen Gruppenbesteuerung, 64 ff. auf Basis des Vorschlags des Bayerischen Staatsministeriums der Finanzen zur Reform der Organschaft. Letzterer sieht ein Zwischenorganträgerkonto vor, das zwar die Abstimmung erleichtert, aber zusätzlichen administrativen Aufwand bedeutet.

10.72 Gewinnausschüttungen. Offene und verdeckte Gewinnausschüttungen werden vorrangig mit dem Gruppengesellschaftskonto verrechnet; sie führen als steuerfreie Erträge zu keiner Dividendenbesteuerung nach § 8b Abs. 3 KStG, § 3 Nr. 40 Satz 1 Buchst. d EStG. Darüber hinaus gilt das Altrücklagen-Konto als verwendet; Ausschüttungen aus diesem Konto sind steuerlich als Beteiligungserträge zu behandeln.[1] Folgende Konten ergeben sich auf den einzelnen Beteiligungsstufen (unter Berücksichtigung der konzerninternen Lieferung aus Beispiel 2):

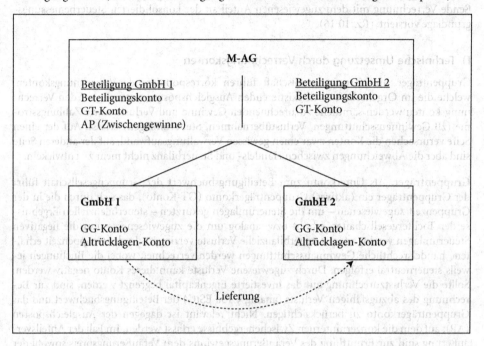

IV. Verfahrensrecht und Übergangsvorschriften

10.73 Verfahrensrecht. Würde ein Gruppenbesteuerungskonzept auf Basis der Einheitstheorie eine steuerliche Vollkonsolidierung und damit die Erstellung einer einheitlichen Konzernbilanz vorsehen, würde die Behandlung des Konzerns als Besteuerungssubjekt und damit die Abkehr von der subjektiven Steuerpflicht der einzelnen Konzerngesellschaften naheliegen.[2] Hiervon unabhängig bleiben zivilrechtlich die einzelnen Gruppengesellschaften rechtsfähig und nicht der Konzern als Ganzes. Unter dem Gedanken der ertragsteuerlichen Behandlung des Konzerns als Einheitsunternehmen sollte der Gruppenträger[3] als beherrschendes Unternehmen Steuerschuldner der Ertragsteuern sein (entsprechend der Vorgehensweise des GKKB-Pro-

---

1 Vgl. *Herzig*, StuW 2010, 214 (230); IFSt-Arbeitsgruppe, Einführung einer modernen Gruppenbesteuerung, 62 f.; *Esterer/Bartelt*, BB-Special 1/2010, 2 (8). *Schreiber/Stiller*, StuW 2014, 216 (224) schlagen als Basis das Beteiligungskonto vor.

2 So auch *Krebühl* in Herzig, Organschaft, 602; *Gassner* in Gassner/Lang/Wiesner, Besteuerung von Unternehmensgruppen, 24 und *Elsweiler/Grave*, IStR 2013, 91(94 f.) sehen hierin keine zwangsläufige Konsequenz.

3 Ist der Gruppenträger eine Personengesellschaft, gilt dies für deren Gesellschafter.

jekts).¹ Damit sind der Rechtsträger, der die Steuern schuldet und der Rechtsträger, der die Steuern verursacht, regelmäßig nicht identisch. Im Innenverhältnis sind daher die Gruppengesellschaften verursachungsgerecht mit Steuerumlagen zu be- oder entlasten.² Dementsprechend sollte die Haftungsnorm des § 73 AO verursachungsgerecht in der Weise eingeschränkt werden, dass Gruppengesellschaften für die Steuerschulden des Gruppenträgers nur in dem Umfang haften, in dem sie selbst zum steuerlichen Ergebnis beigetragen haben.³ Bereits de lege lata ist die Inanspruchnahme der Organgesellschaft für Steuern, die im Betrieb des Organträgers oder einer anderen Organgesellschaft verursacht worden sind, idR ermessensfehlerhaft und nur in Ausnahmefällen zulässig.⁴

Übergangsvorschriften mit ausreichend langen Fristen sind für eine planmäßige Umstellung von der heutigen Organschaft zur Gruppenbesteuerung erforderlich, um Unternehmen notwendigen Vorlauf für die Prüfung und Umsetzung gesellschaftsrechtlich erforderlicher oder sinnvoller Anpassungen zu gewähren. Insbesondere durch die Erhöhung der Mindestbeteiligungsgrenze werden sich Änderungen in der Zusammensetzung der Gruppe ergeben. Für eine gewisse Übergangszeit könnte ein bestehender GAV als erweiterte Haftung zur unbeschränkten Verlustverrechnung anerkannt werden. Die bisherigen vor- und innerorganschaftlichen Ausgleichsposten sind in die Technik der Gruppengesellschafts- und Gruppenträgerkonten zu überführen.⁵ Außerdem sind Vorschriften für den Eintritt und den Austritt aus der Gruppe zu erlassen.

10.74

E. Fazit

Zur Stärkung des Wirtschaftsstandorts benötigt Deutschland ein modernes Gruppenbesteuerungskonzept als systemkonformes und wettbewerbsfähiges Konzernsteuerrecht. Die Basis hierfür bildet die ertragsteuerliche Organschaft, bei der auch nach der „kleinen Organschaftsreform" grundlegende Probleme ungelöst geblieben sind. Diese Untersuchung zeigt, dass die Einführung einer Gruppenbesteuerung ohne GAV realisierbar ist. Bei ihrer Implementierung sollte der Gesetzgeber insbesondere streitanfällige gesellschaftsrechtliche Konsequenzen durch klare steuerliche Vorschriften vermeiden und hinsichtlich des Umfangs der Verlustverrechnung beim Gruppenträger die Vor- und Nachteile der verschiedenen dargestellten Alternativen abwägen. Allerdings ist auch unter Berücksichtigung grundlegender fiskalischer Anforderungen eine bislang geforderte aufkommensneutrale Umsetzung nicht möglich. Wann die für diese Reform erforderlichen finanziellen Spielräume vorhanden sein werden, ist ungewiss. Daher könnte zur Verminderung der Haushaltseffekte auch eine schrittweise Umsetzung des Konzepts erfolgen.

10.75

---

1 Nach Art. 109 Abs. 1 des Richtlinienentwurfs gibt der Hauptsteuerpflichtige eine konsolidierte Steuererklärung bei der für ihn zuständigen Hauptsteuerbehörde ab.
2 Vgl. *Witt*, Die Konzernbesteuerung, 315.
3 Vgl. IFSt-Arbeitsgruppe, Einführung einer modernen Gruppenbesteuerung, 75 f.; gleichzeitig sollte die Haftung (weiter als die derzeitige Regelung, vgl. hierzu BFH v. 31.5.2017 – I R 54/15, BStBl. II 2018, 54) für sämtliche Gruppengesellschaften gelten.
4 Vgl. *Loose* in Tipke/Kruse, § 73 AO Rz. 8 mit Beispielen zu einer ausnahmsweise gerechtfertigten Haftung der Organgesellschaft (Stand April 2018).
5 Vgl. IFSt-Arbeitsgruppe, Einführung einer modernen Gruppenbesteuerung, 76.

2. Teil
Inlandsbezogene Einzelfragen der Organschaft

Kapitel 11
Begründung und Beendigung der ertragsteuerlichen Organschaft

A. Beginn und Dauer der Organschaft ... 11.1
  I. Beginn der Organschaftswirkungen ... 11.1
  II. Rückwirkung des Gewinnabführungsvertrags ... 11.2
  III. Bedingungen im Gewinnabführungsvertrag ... 11.4
  IV. Zeitliche Anforderungen an die Organschaftsvoraussetzungen ... 11.6
    1. Fünfjahresfrist (nur) für Gewinnabführungsvertrag und tatsächliche Durchführung ... 11.6
    2. Nicht vertragslaufzeitbezogene Organschaftsvoraussetzungen ... 11.12
      a) Erforderliche Dauer der nicht vertragslaufzeitbezogenen Organschaftsvoraussetzungen ... 11.12
      b) Organschaftsunschädliche Organschaftspause ... 11.13

B. Beendigung der Organschaft ... 11.15
  I. Überblick ... 11.15
  II. Beendigung des Gewinnabführungsvertrags/Fehler in der tatsächlichen Durchführung ... 11.16
    1. Beendigung des Gewinnabführungsvertrags nach Ablauf der Mindestlaufzeit ... 11.16
      a) Grundsätze ... 11.16
      b) Zeitpunkt der Beendigung der Organschaft ... 11.18
      c) Unterjähriger Verzicht auf die Forderung auf Gewinnabführung ... 11.21
    2. Beendigung des Gewinnabführungsvertrags während der Mindestlaufzeit ... 11.26
      a) Grundsätze ... 11.26
      b) Zivilrechtlicher wichtiger Grund ... 11.28
      c) Steuerrechtlich wichtiger Grund ... 11.29
        aa) Eigenständige Regelung ... 11.29
        bb) Auslegung des steuerrechtlich wichtigen Grunds durch Rechtsprechung und Finanzverwaltung ... 11.36
        cc) Leitlinien zum Vorliegen eines steuerrechtlich wichtigen Grunds ... 11.37
      d) Umsetzung in der Praxis ... 11.43
      e) Fallgruppen des steuerrechtlich wichtigen Grunds ... 11.45
        aa) Fallgruppe 1: Änderung der steuerrechtlichen Rahmenbedingungen ... 11.45
        bb) Fallgruppe 2: Änderung der wirtschaftlichen Rahmenbedingungen ... 11.46
        cc) Fallgruppe 3: Beendigung des Gewinnabführungsvertrags ohne oder gegen den Willen der Vertragsparteien ... 11.55
    3. Fehler in der tatsächlichen Durchführung des Gewinnabführungsvertrags ... 11.56
  III. Wegfall nicht vertragslaufzeitbezogener Organschaftsvoraussetzungen ... 11.60
  IV. (Keine) neue Mindestlaufzeit bei Ergänzung/Änderung des Gewinnabführungsvertrags ... 11.62
  V. Gewollte Zerstörung der Organschaft ... 11.67

C. Wiederbeleben der Organschaft nach Organschaftspause ... 11.70
  I. Gewinnabführungsvertrag ... 11.70
  II. Nicht vertragslaufzeitbezogene Organschaftsvoraussetzungen ... 11.72

Literatur: *Adrian/Fey,* Organschaftsrettung durch den BFH, DStR 2017, 2409; *Altrichter-Herzberg,* Die Durchführung des Gewinnabführungsvertrags im Sinne des § 14 Abs. 1 S. 1 Nr. 3 S. 1 Alt. 2 KStG (§ 14 Abs. 1 S. 1 Nr. 3 S. 1 Alt. 2 KStG), GmbHR 2018, 296; *Bahns/Graw,* Organschaftliche Einkommenszurechnung bei Auflösung und Umwandlung einer Organgesellschaft, DB 2008, 1645; *Benz/Pung,* Aktuelle Fragen zur Organschaft, StbJb 2016/2017, 139; *Blumenberg/Kring,* Anmerkungen zu KStR-E 2015, DB 2015, 1435; *Breuninger,* Die Organschaft, insbesondere Gestaltungen zur vorzeitigen Beendigung, JbFSt 2016/2017, 179; *Brill,* Steuerliche Anerkennung selbst definierter wichtiger Gründe für vorzeitige Beendigung einer Organschaft von Motivation der Parteien abhängig, GWR 2014, 183; *Brühl,* Neues Ungemach bei der Mindestlaufzeit von Gewinnabführungsverträgen in Umwandlungsfällen? – Zum Urteil des FG Düsseldorf v. 3.3.2015 (Az: 6 K 4332/12 K, F), DStR 2015, 1896; *Brühl,* Der GmbHR-Kommentar zu FG Kassel v. 28.05.2015, 4 K 677/14, GmbHR 2016, 75; *Brühl/Binder,* Neues zu den Voraussetzungen der ertragsteuerlichen Organschaft, BFH-Urteile v. 10.5.2017 – I R 51/15, I R 19/15 und I R 93/15, NWB 2018, 331; *Brühl/Holle/Weiss,* Eigenkapital- und Eigenmittelstärkung von Kreditinstituten unter einem Gewinnabführungsvertrag bei Erhalt der steuerlichen Organschaft, FR 2018, 131; *Brühl/Weiss,* Körperschaftsteuerliche Organschaft: Variable Ausgleichszahlungen an Außenstehende und Anpassungszwang bei Verlustübernahmeklauseln nach § 17 S. 2 Nr. 2 KStG a. F., BB 2018, 94; *Deilmann,* Die Beendigung des Beherrschungs- und/oder Gewinnabführungsvertrags in der M&A-Transaktion, NZG 2015, 460; *Fichtelmann,* Die Beendigung des Gewinnabführungsvertrags und ihre Auswirkungen auf die Organschaft, GmbHR 2010, 576; *Förster/von Cölln,* Die Neuregelung des § 8d KStG beim schädlichen Beteiligungserwerb, DStR 2017, 8; *Füger/Rieger/Schell,* Die Behandlung von Ergebnisabführungsverträgen beim Unternehmensverkauf – gesellschafts-, steuer- und insolvenzrechtliche Aspekte, DStZ 2015, 404; *Gosch,* Praxis-Hinweise zu BFH-Urteil v. 13.11.2013, I R 45/12, BFH/PR 2014, 200; *Gosch,* Aussprache zu „Die Organschaft", insbesondere Gestaltungen zur vorzeitigen Beendigung, JbFSt 2016/2017, 193; *Haase,* Veräußerungsgewinne im Organschaftsmodell mit ausländischer Betriebsstätte, PiSt 2008, 295; *Hahn,* Fortbestehen einer Organschaft bei Abtretung einer Beteiligung, jurisPR-SteuerR 25/2012 Anm. 6 zu FG Kassel v. 25.1.2012, 4 K 2487/08; *Hahn,* Der Verzicht auf die Durchführung der Gewinnabführung als Gestaltungsinstrument bei M&A-Transaktionen, Ubg 2014, 427; *Hemme,* Zur Unschädlichkeit einer sog. Organschaftsunterbrechung, Ubg 2017, 678; *Heurung/Engel/Müller-Thomczik,* Der „wichtige Grund" zur Beendigung des Gewinnabführungsvertrags, GmbHR 2012, 1227; *Heurung/Engel/Schröder,* BB-Rechtsprechungsreport ertragsteuerliche Organschaft 2011, BB 2012, 1123; *Heurung/Fröhr/Schmidt,* BB-Rechtsprechungsreport ertragsteuerliche Organschaft 2015, BB 2016, 727; *Heurung/Schmidt/Kraft,* BB-Rechtsprechungsreport zur ertragsteuerlichen Organschaft 2017, BB 2018, 470; *Hierstetter,* Übertragung des Geschäftsbetriebs einer Organgesellschaft, BB 2015, 859; *Hoheisel,* Die ertragsteuerliche Organschaft in der Unternehmenspraxis – Neues aus der Rechtsprechung, StuB 2018, 325; *Kahlert,* Beendigung der ertragsteuerlichen Organschaft mit dem vorläufigen Insolvenzverfahren, DStR 2014, 73; *Keilhoff/Risse,* Unzureichende Umsetzung der Intentionen des Gesetzgebers im neuen § 8d KStG-E, Überschießende Tendenzen des § 8d Abs. 2 KStG-E, FR 2016, 1085; *Kessler/Egelhof/Probst,* Auswirkungen des BVerfG-Beschlusses v. 29.3.2017 auf § 8c Abs. 1 S. 1 KStG iVm § 8d KStG und § 8c Abs 1 S. 2 KStG, DStR 2017, 1289; *Kleinheisterkamp/Schell,* Der Übergang des wirtschaftlichen Eigentums an Kapitalgesellschaftsanteilen beim Unternehmenskauf, DStR 2010, 833; *Kowanda,* Körperschaftsteuerliche Organschaft bei Neuaufnahme eines Gesellschafters im Rahmen einer Barkapitalerhöhung, GmbH-Stb 2017, 351; *Lange,* Der steuerlich wichtige Kündigungsgrund bei der ertragsteuerlichen Organschaft, GmbHR 2011, 806; *Märtens,* Organschaft: Mindestlaufzeit des Gewinnabführungsvertrages, jurisPR-SteuerR 19/2014 Anm. 4; *Märtens,* Mindestlaufzeit eines Gewinnabführungsvertrags bei körperschaftsteuerrechtlicher Organschaft, jurisPR-SteuerR 48/2017 Anm. 1; *Märtens,* Anerkennung einer körperschaftsteuerrechtlichen Organschaft, jurisPR-SteuerR 48/2017 Anm. 2; *Möhlenbrock,* Aussprache zu „Die Organschaft", insbesondere Gestaltungen zur vorzeitigen Beendigung, JbFSt 2016/2017, 194; *Müller/Stöcker/Lieber,* Die Organschaft, 10. Aufl. 2017; *Nodoushani,* Die zivil- und steuerrechtlichen Voraussetzungen für die Kündigung eines Ergebnisabführungsvertrages aus wichtigem Grund, DStR 2017, 399; *Petersen,* Die ertragsteuerliche Organschaft: aktuelles Praxis-Knowhow, WPg 2018, 320; *Philipp/Kröger,* Körperschaftsteuerliche Organschaft: Wichtiger Grund bei konzerninterner Einbringung der Organbeteiligung, DB 2015, 2783; *Pohl,* Die KStR 2015 – Wichtige Neuerungen im Hinblick auf die körperschaftsteuerliche Organschaft, Stellungnahme der

Finanzverwaltung, NWB 2016, 2424; *Prinz/Keller,* Neue BFH-Rechtsprechung zur ertragsteuerlichen Organschaft – Einordnung und Beratungskonsequenzen, DB 2018, 400; *Pyszka,* Steuergestaltung durch Nichtwahrung der Voraussetzungen einer ertragsteuerlichen Organschaft – zugleich Anmerkungen zum Urteil des FG Münster vom 20.8.2014 – 10 K 2192/13 F, GmbHR 2014, 1296; *Rüsch,* Aktuelle Entwicklungen zur steuerlichen Organschaft – Bericht zur 18. Euroforum-Jahrestagung „Die Organschaft 2014" am 22. und 23.9.2014, DStZ 2015, 27; *Rüsch,* Aktuelle Entwicklungen zur steuerlichen Organschaft – Bericht zur 19. Euroforum-Jahrestagung „Die Organschaft 2015", DStZ 2016, 263; *Rüsch,* Aktuelle Entwicklungen zur steuerlichen Organschaft – Bericht zur 20. EUROFORUM-Jahrestagung „Die Organschaft 2016", DStZ 2017, 69; *Schaefer/Wind/Mager,* Beendigung und Begründung von Organschaften beim Unternehmenskauf, DStR 2013, 2399; *Scheifele/Marx,* Die zeitlichen Anforderungen an den Gewinnabführungsvertrag und seine Durchführung – Zugleich Besprechung des BFH-Urteils vom 13.11.2013 – I R 45/12, DStR 2014, 1793; *Schell/Philipp,* Mindestlaufzeit eines Gewinnabführungsvertrags bei körperschaftsteuerlicher Organschaft – Anmerkungen zu BFH v. 10.5.2017 – I R 19/15, FR 2018, 39 = BFH/NV 2017, 1558, FR 2018, 13; *Schüppen,* Aussprache zu „Die Organschaft", insbesondere Gestaltungen zur vorzeitigen Beendigung, JbFSt 2016/2017, 196; *Sedemund,* Der Verfall von Unternehmensvermögen bei Schmiergeldzahlungen durch die Geschäftsleitung von Organgesellschaften, DB 2003, 323; *Stangl/Brühl,* Aktuelle Entwicklungen zur Beendigung von Gewinnabführungsverträgen aus wichtigem Grund, Ubg 2012, 657; *Stangl/Brühl,* Die „kleine Organschaftsreform", Der Konzern 2013, 77; *Trossen,* Mindestlaufzeit des Gewinnabführungsvertrages und Kündigung aus wichtigem Grund, GmbH-StB 2014, 127; *Vogel,* Zweifelsfragen der Organschaft in Umwandlungsfällen, Ubg 2010, 618; *Wachter,* Verunglückte Organschaft wegen verspäteter Eintragung im Handelsregister, DB 2018, 272; *Walter,* Aktuelle Rechtsprechung zur Organschaft, GmbHR 2012, 670; *Walter,* Anmerkung zu einer Entscheidung des BFH, Urteil vom 10.05.2017 (I R 51/15) – Zu Fragen der Voraussetzung ertragsteuerlicher Organschaft, GmbHR 2017, 1219; *Walter,* Organschaft: Mindestlaufzeit eines Gewinnabführungsvertrags bei körperschaftsteuerrechtlicher Organschaft, GmbHR 2017, 1226; *Walter,* Neue Chancen durch Organschaftspause, Reduzierte Gefahr des rückwirkenden Scheiterns der Organschaft, GmbH-StB 2018, 63; *Weber,* Vereinbarung der Verlustübernahme im GmbH-Vertragskonzern: eine unendliche Geschichte?, Ubg 2010, 556; *Weiss,* Neuere Entwicklungen in der Rechtsprechung zur körperschaftsteuerlicher Organschaft (I), Verspätete Eintragung eines GAV und Haftung der Organgesellschaft nach § 73 AO, GmbH-Stb 2018, 58; *Weiss,* Neuere Entwicklungen in der Rechtsprechung zur körperschaftsteuerlicher Organschaft (II) – Fehlende finanzielle Eingliederung in einzelnen VZ und Rückwirkungsfiktionen des UmwStG, GmbH-StB 2018, 86; *Werth,* Anerkennung einer körperschaftsteuerrechtlichen Organschaft bei Unterbrechung des Fünfjahreszeitraums, DB 2017, 2514; *Wilken/Ziems,* Beendigung von Unternehmensverträgen in der Krise und in der Insolvenz, in *van Betteray/Delhaes* (Hrsg.), Festschrift für *Friedrich Wilhelm* Metzeler zum 70. Geburtstag, 2003, S. 153.

A. Beginn und Dauer der Organschaft

I. Beginn der Organschaftswirkungen

Beginn der Organschaftswirkungen. Die Organschaftswirkungen entfalten sich erstmals in dem Kalenderjahr, in dem das Wirtschaftsjahr der Organgesellschaft endet, in dem der Gewinnabführungsvertrag wirksam wird (§ 14 Abs. 1 Satz 2 KStG) und die sonstigen Organschaftsvoraussetzungen vorliegen. Die Rechtsfolgen der Organschaft treten automatisch ein, ohne dass es eines Antrags bedarf. Strikt von den Wirkungen der Organschaft zu trennen ist der Beginn des Gewinnabführungsvertrags (dazu Rz. 11.10).

11.1

II. Rückwirkung des Gewinnabführungsvertrags

11.2 **Steuerrechtliche Rückwirkung.** Zivilrechtlich kann ein Gewinnabführungsvertrag nach hM bei entsprechender vertraglicher Vereinbarung auf alle Wirtschaftsjahre der Organgesellschaft zurückwirken, für die der Jahresabschluss noch nicht festgestellt wurde.[1] Steuerrechtlich ist die Rückwirkung auf den Beginn des Jahres der Eintragung des Gewinnabführungsvertrags im Handelsregister der Organgesellschaft beschränkt (§ 14 Abs. 1 Satz 2 KStG). Um diese Rückwirkung zu erreichen, muss sie im Gewinnabführungsvertrag ausdrücklich vereinbart werden.[2] Eine gewisse Flexibilität in der Gestaltungspraxis hat sich durch das BFH-Urt. v. 10.5.2017 (I R 19/15)[3] ergeben (dazu Rz. 3.35 ff. und Rz. 6.67 ff.).

11.3 **Praxistipp:** Sollte unsicher sein, ob der Gewinnabführungsvertrag noch im laufenden Wirtschaftsjahr der Organgesellschaft in das Handelsregister eingetragen wird, empfiehlt es sich, die fünfjährige Mindestlaufzeit nicht auszurechnen, sondern deren Beginn mit dem Beginn des Wirtschaftsjahrs zu verknüpfen, in dem der Gewinnabführungsvertrag (durch Eintragung) wirksam wird.[4] Solche Klauseln werden von der Finanzverwaltung anerkannt.[5]

III. Bedingungen im Gewinnabführungsvertrag

11.4 **Aufschiebende Bedingung.** Um möglichst weitgehend Verlustvorträge der Organgesellschaft vor Eingehen der Organschaft nutzen zu können,[6] könnte es sinnvoll sein, den Gewinnabführungsvertrag unter der aufschiebenden Bedingung (§ 158 Abs. 1 BGB) zu schließen, dass die steuerlichen Verlustvorträge der Organgesellschaft aufgebraucht sind. Denn mit Beginn der Organschaft werden diese Verlustvorträge eingefroren (§ 15 Satz 1 Nr. 1 KStG).

11.5 **Eintragung in das Handelsregister.** Diese Variante bietet sich in den meisten Fällen jedoch nicht an. Es ist bereits umstritten, ob ein Gewinnabführungsvertrag aufgrund seiner materiell satzungsändernden Wirkung bedingungsfeindlich ist oder nicht.[7] Frühere Fassungen der KStR sahen zwar vor, dass ein Gewinnabführungsvertrag aufschiebend bedingt abgeschlossen werden konnte;[8] auch heute noch halten Teile des Schrifttums eine aufschiebende[9] oder eine auflösende[10] Bedingung für möglich (§ 158 Abs. 1, Abs. 2 BGB). Die Registergerichte weigern sich aber in der Praxis, solche ihrer Ansicht nach unbestimmten Gewinnabführungsverträge

---

1 Nach *Koch* in Hüffer/Koch[13], § 294 AktG Rz. 20 mwN ist eine Rückwirkung darüber hinaus unbedenklich, wenn der Jahresabschluss zwar schon festgestellt, der Gewinnverwendungsbeschluss aber noch aussteht. Weitergehend OLG Frankfurt v. 12.6.1996 – 20 W 440/94, GmbHR 1996, 859.
2 *Koch* in Hüffer/Koch[13], § 294 AktG Rz. 20 mwN.
3 BFH v. 10.5.2017 – I R 19/15, BFH/NV 2017, 1558.
4 AA *Wachter*, DB 2018, 272 (278), der meint, dass im Falle einer verspäteten Handelsregistereintragung eine solche Regelung der (vorzeitigen) Anerkennung des Gewinnabführungsvertrags nach den Grundsätzen über die fehlerhafte Gesellschaft entgegenstehen könnte. Die fehlerhafte Gesellschaft wird unseres Erachtens aber steuerrechtlich nicht anerkannt (dazu BFH v. 23.8.2017 – I R 80/15, BStBl. II 2018, 141), was der Auffassung von *Wachter* entgegensteht.
5 BMF v. 10.11.2005 – IV B 7 - S 2770 – 24/05, BStBl. I 2005, 1038 = FR 2005, 1216, Tz. 4. Vgl. auch *Scheifele/Marx*, DStR 2014, 1793 (1795); *Dötsch* in Dötsch/Pung/Möhlenbrock, § 14 KStG Rz. 342 (Stand: August 2016).
6 Zur Verlustnutzung durch gewollte Zerstörung der Organschaft Rz. 11.67 ff.
7 So *Frotscher* in Frotscher/Drüen, § 14 KStG Rz. 336 (Stand: Januar 2016).
8 R 55 Abs. 3 KStR 1999. Vgl. auch BFH v. 5.3.1955 – I 73/54, BStBl. III 1955, 187.
9 *Dötsch* in Dötsch/Pung/Möhlenbrock, § 14 KStG Rz. 345 (Stand: Juni 2018) mwN.
10 *Hahn*, jurisPR-SteuerR 25/2012 Anm. 6, Anm. zu FG Kassel v. 25.1.2012 – 4 K 2487/08, juris.

in das Handelsregister einzutragen.¹ Da die Eintragung im Handelsregister in der Praxis erst nach Bedingungseintritt geschieht,² ist die praktische Bedeutung solcher Regelungen gering, auch wenn es Ausnahmen gibt (dazu Rz. 2.41).

IV. Zeitliche Anforderungen an die Organschaftsvoraussetzungen

1. Fünfjahresfrist (nur) für Gewinnabführungsvertrag und tatsächliche Durchführung

Gesetzeswortlaut. Der Gesetzgeber hat sehr detailliert geregelt, wann welche Organschaftsvoraussetzungen vorliegen müssen. Das Gesetz bestimmt ausdrücklich die Tatbestandsmerkmale, die über eine Mindestdauer von fünf Jahren durchgängig vorliegen müssen. § 14 Abs. 1 Satz 1 Nr. 3 Satz 1 KStG verlangt dies (nur³) für den Gewinnabführungsvertrag und dessen tatsächliche Durchführung, nicht aber für andere Organschaftsvoraussetzungen (daher „nicht vertragslaufzeitbezogene Organschaftsvoraussetzungen") oder für die Organschaft als solche. 11.6

Gesetzessystematik. § 14 KStG enthält keinen allgemeinen Grundsatz vertragslaufzeitbezogener Tatbestandsmerkmale. Dies wird – so der BFH in seinem wegweisenden Urteil vom 10.5.2017 (I R 51/15) – durch die in § 14 Abs. 1 Satz 1 Nr. 3 Satz 1 KStG getroffene und ausdrücklich zeitpunktbezogene Regelung verdeutlicht, nach der die finanzielle Eingliederung vom Beginn des Wirtschaftsjahrs der Organgesellschaft an gegeben sein muss.⁴ 11.7

Telos der Norm. Eines allgemeinen Grundsatzes vertragslaufzeitbezogener Tatbestandsmerkmale bedarf es auch nicht. Eine Mindestlaufzeit dient der Missbrauchsvermeidung. Die Organschaft soll nicht zum Zweck willkürlicher Beeinflussung der Besteuerung und zu Einkommensverlagerungen von Fall zu Fall abgeschlossen bzw. beendet werden.⁵ Dafür genügt die Existenz nur eines laufzeitbezogenen Merkmals. Hier hat sich der Gesetzgeber allein für das Merkmal der tatsächlichen Durchführung des Gewinnabführungsvertrags über fünf Jahre am Stück entschieden (§ 14 Abs. 1 Satz 1 Nr. 3 Satz 1 KStG). Der BFH hat im Urteil I R 51/15⁶ für die gewerbliche Tätigkeit der Organträger-Personengesellschaft und die finanzielle Eingliederung der Organgesellschaft entschieden, dass diese keine fünf Jahre lang vorliegen müssen. Dem ist vollumfänglich zuzustimmen. Der Zweck, willkürliche Manipulationen zu vermeiden, verlangt nicht das Vorliegen sämtlicher Organschaftsvoraussetzungen während der fünfjährigen Mindestlaufzeit des Gewinnabführungsvertrags. Willkürliche Manipulationen der Steuerpflichtigen werden bereits dadurch verhindert, dass sie (vorbehaltlich einer Vertragsbeendigung wegen Vorliegens eines steuerrechtlich wichtigen Grunds, dazu Rz. 11.29 ff.) fünf Jahre lang an den Gewinnabführungsvertrag gebunden sind und diesen durchführen müssen,⁷ 11.8

---

1 *Dötsch* in Dötsch/Pung/Möhlenbrock, § 14 KStG Rz. 345 (Stand: Juni 2018) mwN.
2 *Kolbe* in HHR, § 14 KStG Anm. 67 (Stand: September 2016).
3 Wir können nicht erkennen, dass der Gesetzgeber dies auch für die Zuordnung der mehrheitsvermittelnden Beteiligung zu einer inländischen Betriebsstätte verlangt (§ 14 Abs. 1 Satz 1 Nr. 3 KStG), dazu Rz. 11.12. AA *Hemme*, Ubg 2017, 678 (678, 682).
4 BFH v. 10.5.2017 – I R 51/15, BStBl. II 2018, 30, juris Rz. 27 f.
5 BFH v. 12.1.2011 – I R 3/10, BStBl. II 2011, 727, juris Rz. 17 = FR 2011, 522 m. Anm. *Buciek*; BFH v. 13.11.2013 – I R 45/12, BStBl. II 2014, 486 = FR 2014, 608, juris Rz. 12; BFH v. 10.5.2017 – I R 51/15, BStBl. II 2018, 30, juris Rz. 11; BFH v. 10.5.2017 – I R 19/15, BFH/NV 2017, 1558, juris Rz. 9.
6 BFH v. 10.5.2017 – I R 51/15, BStBl. II 2018, 30; s. auch Rz. 6.60 ff.
7 Ebenso u.a. *Scheifele/Marx*, DStR 2014, 1793 (1803); *Pung* nach *Rüsch*, DStZ 2015, 27 (29); *Adrian/Fey*, DStR 2017, 2409 (2412); *Walter*, GmbHR 2017, 1219 (1223); GmbH-StB 2018, 63 (64); *Schell/Philipp*, FR 2018, 13 (15); *Weiss*, GmbH-StB 2018, 86 (89); *Altrichter-Herzberg*,

was bereits ein ganz erheblicher Eingriff für die Beteiligten ist. Die nicht vertragslaufzeitbezogenen Organschaftsvoraussetzungen sind zudem – rein praktisch gesehen – wenig manipulationsgeeignet,[1] weshalb es – soweit ersichtlich – dazu auch keine Fälle gab, die vor Gericht kamen.

11.9 Bedeutung für alle nicht vertragslaufzeitbezogenen Organschaftsvoraussetzungen. Auch wenn sich der BFH im Urteil I R 51/15 nur mit der gewerblichen Tätigkeit der Organträger-Personengesellschaft und der finanziellen Eingliederung beschäftigte, meinen wir, dass seine Aussagen verallgemeinerungsfähig sind und auf alle nicht vertragslaufzeitbezogenen Organschaftsvoraussetzungen zutreffen.[2]

11.10 Bedeutung für den Beginn der Mindestlaufzeit. Nach Auffassung der Finanzverwaltung (R 14.5 Abs. 2 Satz 2 KStR 2015) beginnt die steuerliche Mindestlaufzeit des Gewinnabführungsvertrags (erst) mit dem Anfang des Wirtschaftsjahrs, für das die Rechtsfolgen des § 14 Abs. 1 Satz 1 KStG erstmals eintreten, also erst zu einem Zeitpunkt, in dem auch die nicht vertragslaufzeitbezogenen Organschaftsvoraussetzungen vorliegen. Dem ist der BFH mit Urteil vom 10.5.2017 (I R 19/15)[3] zu Recht entgegengetreten.[4] Im Streitfall hatte der BFH für das erste Geltungsjahr des mit einer Mindestlaufzeit von fünf Zeitjahren versehenen Gewinnabführungsvertrags das Vorliegen der finanziellen Eingliederung verneint. Gleichwohl wies er darauf hin, dass die finanzielle Eingliederung nicht während der gesamten Mindestlaufzeit des Gewinnabführungsvertrags gegeben sein müsse, um dem Erfordernis der Vertragsdurchführung während der gesamten Geltungsdauer gerecht zu werden (§ 14 Abs. 1 Satz 1 Nr. 3 Satz 1 KStG). Der BFH sah daher unter Bezugnahme auf das Urteil I R 51/15 im Fehlen einer finanziellen Eingliederung im ersten Jahr keinen Grund, die Organschaft in den Folgejahren nicht anzuerkennen. Dies galt ungeachtet des Umstandes, dass bis zum Datum der erstmaligen Beendigungsmöglichkeit des Gewinnabführungsvertrags die Organschaftswirkungen nur vier Kalenderjahre umfassten.[5] R 14.5 Abs. 2 Satz 2 KStR 2015 ist da-

---

GmbHR 2018, 296 (298); *Brühl/Binder*, NWB 2018, 391 (393 f.); *Prinz/Keller*, DB 2018, 400 (403); *Heurung/Schmidt/Kraft*, BB 2018, 470 (472); *Dötsch* in Dötsch/Pung/Möhlenbrock, § 14 KStG Rz. 633 (Stand: Juni 2018). AA teilweise die Literatur aus der Zeit vor dem BFH-Urteil, vgl. *Lange*, GmbHR 2011, 806 (808); *Frotscher* in Frotscher/Drüen, § 14 KStG Rz. 141k und 277 (Stand: Januar 2015) für die Betriebsstättenzuordnung und die finanzielle Eingliederung. Man wird sehen, ob *Frotscher* seine Auffassung auf Basis der jüngsten Rechtsprechung in der nächsten Aktualisierung ändern wird. *Walter* hat bereits durch zwei Aufsätze (GmbHR 2017, 1219 (1223); GmbH-StB 2018, 63 [64]) deutlich gemacht, dass er dem BFH folgen wird. Insofern war eine Aktualisierung von *Walter* in Ernst & Young, § 14 KStG Rz. 637.3 (Stand: November 2016) zu erwarten, die nun im März 2018 diesen Jahres erfolgt ist, s. nur *Walter* in Ernst & Young, § 14 KStG Rz. 636 f.; insbesondere Rz. 637.3; Rz. 649; Rz. 719 ff. (Stand: jeweils März 2018); für ein alle Tatbestandsmerkmale umfassendes Zeitelement auch *Müller* in Müller/Stöcker/Lieber[10], Rz. 824.

1 AA wohl *Frotscher* in Frotscher/Drüen, § 14 KStG Rz. 141k und 277 (Stand: Januar 2015).
2 So auch *Märtens*, jurisPR-SteuerR 48/2017 Anm. 2; *Hemme*, Ubg 2017, 678 (682 ff. mit der Ausnahme der Betriebsstättenzuordnung); *Adrian/Fey*, DStR 2017, 2409 (2412); *Walter*, GmbH-StB 2018, 63 (64); *Weiss*, GmbH-Stb 2018, 86 (89); *Schell/Philipp*, FR 2018, 13 (15); *Petersen*, WPg 2018, 320 (325); *Brühl/Binder*, NWB 2018, 331 (333 f.); *Prinz/Keller*, DB 2018, 400 (403); *Heurung/Schmidt/Kraft*, BB 2018, 470 (472).
3 BHF v. 10.5.2017 – I R 19/15, BFH/NV 2017, 1558; s. auch Rz. 6.67 ff.
4 Zustimmend u.a. *Adrian/Fey*, DStR 2017, 2409 (2415); *Walter*, GmbHR 2017, 1223 (1227); GmbH-StB 2018, 63; *Schell/Philipp*, FR 2018, 13 (14); *Brühl/Binder*, NWB 2018, 331 (336 f.); *Prinz/Keller*, DB 2018, 400 (404 f.); *Heurung/Schmidt/Kraft*, BB 2018, 470 (473); wohl auch *Märtens*, jurisPR-SteuerR 48/2017 Anm. 1; *Weiss*, GmbH-StB 2018, 86 (91).
5 So auch *Adrian/Fey*, DStR 2017, 2409 (2414); *Schell/Philipp*, FR 2018, 13 (14).

mit nicht vereinbar. Das Urteil überzeugt. Da sich weder nach dem Wortlaut noch nach dem Telos des Gesetzes die Mindestlaufzeit auf die nicht vertragslaufzeitbezogenen Organschaftsvoraussetzungen erstreckt, wäre es ein Systembruch, die Mindestlaufzeit doch noch mit den nicht vertragslaufzeitbezogenen Organschaftsvoraussetzungen zu „verquicken", indem man den Beginn der Mindestlaufzeit daran anknüpft. Das Urteil I R 19/15 wurde noch nicht im Bundessteuerblatt veröffentlicht. Es ist zu hoffen, dass dies bald geschieht.[1] Zur Frage der Berechnung der fünfjährigen Mindestlaufzeit des Gewinnabführungsvertrags bei rückwirkenden Umwandlungsmaßnahmen Rz. 3.38.

Bedeutung für die tatsächliche Durchführung des Gewinnabführungsvertrags? Im Schrifttum wird die Auffassung vertreten, das Urteil I R 51/15 habe auch Bedeutung für die tatsächliche Durchführung des Gewinnabführungsvertrags, etwa dergestalt, dass sich ein Verstoß gegen die Verpflichtung zur kaufmännischen Begründung der Bildung von Gewinnrücklagen bei der Organgesellschaft (§ 14 Abs. 1 Satz 1 Nr. 4 KStG) nur im Wirtschaftsjahr des Verstoßes auswirke.[2] Dem ist nicht zu folgen. Unseres Erachtens ist der Wortlaut des § 14 Abs. 1 Satz 1 Nr. 3 Satz 1 KStG eindeutig. Danach muss der Gewinnabführungsvertrag auf mindestens fünf Jahre abgeschlossen *und während seiner gesamten Geltungsdauer durchgeführt werden.* Die Durchführungsverpflichtung wird also von Gesetzes wegen auf die gesamte Geltungsdauer des Gewinnabführungsvertrags erstreckt.[3] Vorbehaltlich der Durchführungsfiktion in § 14 Abs. 1 Satz 1 Nr. 3 Satz 4 KStG scheitert die Organschaft daher rückwirkend, wenn während der Mindestlaufzeit des Gewinnabführungsvertrags gegen § 14 Abs. 1 Satz 1 Nr. 3 Satz 1 KStG (wozu Nr. 4 gehört[4]) verstoßen wird. Demgegenüber wirken sich nach Ablauf der Mindestlaufzeit des Gewinnabführungsvertrags Fehler in der tatsächlichen Durchführung mangels anderweitiger gesetzlicher Regelung nur noch auf das jeweilige Wirtschaftsjahr der Organgesellschaft aus (R. 14.5 Abs. 8 Satz 1 Nr. 2 Satz 1 KStR 2015).[5] Das laufzeitbezogene Durchführungserfordernis gilt nach dem Wortlaut des Gesetzes nur für fünf Jahre. Hätte der Gesetzgeber gewollt, dass sich Fehler in der tatsächlichen Durchführung des Gewinnabführungsvertrags in einem späteren Wirtschaftsjahr auch auf andere Jahre auswirken, hätte er dies wegen des im Steuerrecht herrschenden Jahresprinzips ausdrücklich anordnen müssen, was aber nicht geschah.[6]

11.11

---

[1] Nach *Heurung/Schmidt/Kraft*, BB 2018, 470 (473) bleibt abzuwarten, ob die Finanzverwaltung das Urteil anwenden wird. So auch *Petersen*, WPg 2018, 320 (322).
[2] *Adrian/Fey*, DStR 2017, 2409 (2412); *Weiss*, GmbH-StB 2018, 86 (89) („lässt sich argumentieren"); *Hoheisel*, StuB 2018, 325 (327 Fn. 7). Für die Zeit vor dem BFH-Urteil (I R 51/15) bereits *Kolbe* in HHR, § 14 KStG Anm. 253 (Stand: September 2016): § 14 Abs. 1 Satz 1 Nr. 4 KStG sei eine „eigenständige Voraussetzung für die Einkommenszurechnung".
[3] Ebenso *Rödder/Liekenbrock* in Rödder/Herlinghaus/Neumann, § 14 KStG Rz. 322; *Werth*, DB 2017, 2514; *Märtens*, jurisPR-SteuerR 48/2017 Anm. 2; *Walter*, GmbH-StB 2018, 63 (64); *Brühl/Weiss*, BB 2018, 94 (98); *Brühl/Holle/Weiss*, FR 2018, 131 (135); *Prinz/Keller*, DB 2018, 400 (403 f.); *Heurung/Schmidt/Kraft*, BB 2018, 470 (473). Offener *Weiss*, GmbH-StB 2018, 86 (89) („Hier muss die neu entstandene Rechtsprechungslinie (...) genau beobachtet werden").
[4] Vgl. R. 14.5 Abs. 5 Satz 1 Nr. 3 KStR 2015; BFH v. 29.10.1980 – I R 61/77, BStBl. II 1981, 336, juris Rz. 15; *Neumann* in Gosch[3], § 14 KStG Rz. 323.
[5] Zur Fortführung der Organschaft ist aber nach Verwaltungsauffassung eine neue fünfjährige Laufzeit des Gewinnabführungsvertrags erforderlich (R. 14.5 Abs. 8 Nr. 2 Satz 2 KStR 2015), Rz. 11.57.
[6] *Frotscher* in Frotscher/Drüen, § 14 KStG Rz. 359a (Stand: Januar 2015).

2. Nicht vertragslaufzeitbezogene Organschaftsvoraussetzungen

a) Erforderliche Dauer der nicht vertragslaufzeitbezogenen Organschaftsvoraussetzungen

11.12 **Differenzierte Betrachtung.** Die erforderliche Dauer der nicht vertragslaufzeitbezogenen Organschaftsvoraussetzungen ist unseres Erachtens differenziert zu beurteilen. Der Gesetzgeber hat im Detail geregelt, welche nicht vertragslaufzeitbezogenen Organschaftsvoraussetzungen wann vorliegen müssen:

– **Finanzielle Eingliederung.** Die finanzielle Eingliederung muss nach dem klaren Wortlaut des § 14 Abs. 1 Satz 1 Nr. 1 Satz 1 KStG während des gesamten Wirtschaftsjahrs der Organgesellschaft gegeben sein.

– **Betriebsstättenzuordnung.** Bei der Betriebsstättenzuordnung verlangt § 14 Abs. 1 Satz 1 Nr. 2 Satz 4 KStG die „ununterbrochene" Zuordnung der Organbeteiligung zu einer inländischen Betriebsstätte „während der gesamten Dauer der Organschaft". Mangels Bezugnahme zur Mindestlaufzeit des Gewinnabführungsvertrags (die nicht mit der Dauer der Organschaft zu verwechseln ist) muss die Zuordnung unseres Erachtens (nur) während des gesamten Wirtschaftsjahrs der Organgesellschaft bestehen.[1] Die Finanzverwaltung scheint das (noch?) anders zu sehen.[2]

– **Gewerbliche Tätigkeit.** Für die gewerbliche Tätigkeit einer Organträger-Personengesellschaft enthält § 14 Abs. 1 Satz 1 Nr. 2 Satz 2 KStG keinen zeitlichen Bezugspunkt. Aus § 14 Abs. 1 Satz 1 KStG (Abführung an ein gewerbliches Unternehmen) folgt aber, dass die Gewerblichkeit (nur) im Zeitpunkt der Gewinnabführung vorliegen muss. Dies hat der BFH mit Urteil vom 24.7.2013 (I R 40/12) zumindest für das erste Jahr der Organschaft ausdrücklich entschieden.[3]

– **Sonstige nicht vertragslaufzeitbezogene Organschaftsvoraussetzungen.** Den Urteilen des BFH vom 24.7.2013 (I R 40/12) und vom 10.5.2017 (I R 51/15, I R 19/15) kann man zwar entnehmen, dass die nicht vertragslaufzeitbezogenen Organschaftsvoraussetzungen keine fünf Jahre lang vorliegen müssen (dazu Rz. 11.6 ff.). Zu ihrer spezifischen Dauer äußert sich der BFH aber nicht. In Anlehnung an das Urteil des BFH zur gewerblichen Tätigkeit einer Organträger-Personengesellschaft (I R 40/12) fordert das FG des Saarlandes (Vorinstanz des BFH-Urteils I R 51/15) das Vorliegen der nicht vertragslaufzeitbezogenen Organschaftsvoraussetzungen im Zeitpunkt der Gewinnabführung;[4] nach in der Literatur geäußerter Auffassung müssen die nicht vertragslaufzeitbezogenen Organschaftsvoraussetzungen zum Ende des Wirtschaftsjahrs der Organgesellschaft vorliegen.[5] Aus dem Gesetz lässt sich das jeweils nicht ableiten.[6] Der Wortlaut von § 14 Abs. 1 Satz 1 KStG, wonach der ganze Gewinn „an ein einziges gewerbliches Unternehmen abzuführen" ist, spielt für die

---

1 *Kolbe* in HHR, § 14 KStG Rz. 190 (Stand: September 2016); *Adrian/Fey*, DStR 2017, 2409 (2412); *Brühl/Binder*, NWB 2018, 331 (334); vermutlich auch *Prinz/Keller*, DB 2018, 400 (403). AA *Frotscher* in Frotscher/Drüen, § 14 KStG Rz. 141k (Stand: Januar 2015); *Hemme*, Ubg 2017, 678 (682 ff.); s. auch Rz. 6.65.
2 OFD Karlsruhe v. 16.1.2014 – S 2770/52/2-St 221, FR 2014, 434.
3 BFH v. 24.7.2013 – I R 40/12, BStBl. II 2014, 272, juris Rz. 14; s. auch Rz. 6.5 ff.
4 FG des Saarlandes v. 16.6.2015 – 1 K 1109/13, EFG 2016, 396, juris Rz. 57.
5 *Dötsch* in Dötsch/Pung/Möhlenbrock, § 14 KStG Rz. 635 (Stand: Juni 2018). Ähnlich *Frotscher* in Frotscher/Drüen, § 14 KStG Rz. 666 (Stand: Januar 2016).
6 Vgl. auch *Dötsch* in Dötsch/Pung/Möhlenbrock, § 14 KStG Rz. 635 (Stand: Juni 2018) („im Gesetz nicht zweifelsfrei geregelt").

gewerbliche Tätigkeit der Organträger-Personengesellschaft eine Rolle, nicht aber für die anderen nicht laufzeitbezogenen Organschaftsvoraussetzungen. Weitergehende Vorgaben stellt § 14 KStG nicht auf. Da der Gesetzgeber vielfach detaillierte Regelungen für die Organschaft vorgesehen hat, ist dieses gesetzgeberische Schweigen als solches zu respektieren. Überraschend ist dies nicht. Da diese Organschaftsvoraussetzungen wenig manipulationsgeeignet sind, besteht schlicht kein Regelungsbedarf. Es reicht daher aus, wenn die nicht laufzeitbezogenen Organschaftsvoraussetzungen nur zu irgendeinem Zeitpunkt im Wirtschaftsjahr der Organgesellschaft (nicht notwendigerweise zum gleichen Zeitpunkt) vorliegen.

b) Organschaftsunschädliche Organschaftspause

Auswirkung nur für das jeweils betroffene Wirtschaftsjahr der Organgesellschaft. Da nach Auffassung des BFH (I R 51/15, I R 19/15) nur der Gewinnabführungsvertrag und dessen tatsächliche Durchführung, nicht aber die nicht vertragslaufzeitbezogenen Organschaftsvoraussetzungen fünf Zeitjahre lang vorliegen müssen, kommt es bei einem Wegfall einer nicht vertragslaufzeitbezogenen Organschaftsvoraussetzung nur für das jeweils betroffene Wirtschaftsjahr der Organgesellschaft zu einer (organschaftsunschädlichen) Organschaftspause. Liegt die Organschaftsvoraussetzung im Folgejahr wieder vor, kann die Organschaft fortgesetzt werden.[1] Es bedarf weder eines Neuabschlusses des Gewinnabführungsvertrags (mit neuer fünfjähriger Mindestlaufzeit) noch dessen Verlängerung über weitere fünf Jahre. Es ist daher unschädlich, wenn erst in einer Betriebsprüfung das vorübergehende Fehlen einer Organschaftsvoraussetzung festgestellt wird (in einer solchen Situation fehlt es naturgemäß am Neuabschluss/Verlängerung des Gewinnabführungsvertrags). Die Finanzverwaltung hat das Urteil I R 51/15 im Bundessteuerblatt veröffentlicht, woraus zu schließen ist, dass sie der Auffassung des BFH folgt. Aus den KStR ergibt sich nichts anderes.[2]

Keine spezielle Missbrauchsprüfung. Der BFH führte im Urteil I R 51/15 aus, dass ein Anhaltspunkt für einen Gestaltungsmissbrauch (§ 42 AO) „insbesondere mit Rücksicht darauf, dass die Beteiligten auf eine geänderte Gesetzeslage reagiert haben", nicht ersichtlich sei.[3] Diese Ausführungen sind unseres Erachtens vor dem Hintergrund zu sehen, dass die Anwendung von § 42 AO zwischen den Beteiligten in erster Instanz streitig war, worauf der BFH selbst hinwies. Wir meinen daher, dass sich der BFH hier kein spezifisches „Hintertürchen"[4] offen gelassen hat und man auch über § 42 AO zu keiner (wie auch immer definierten) Mindestdauer der nicht vertragslaufzeitbezogenen Organschaftsvoraussetzungen kommen kann.[5] § 42 AO ist wie bei jeder Gestaltung zu berücksichtigen. Die Norm stellt aber keine speziellen Anforderungen an das Vorliegen der nicht vertragslaufzeitbezogenen Organschaftsvoraussetzungen.[6] Dies gilt umso mehr, als bei Entfallen einer nicht vertragslaufzeit-

---

[1] *Pung* nach *Rüsch*, DStZ 2015, 27 (29); *Dötsch* in Dötsch/Pung/Möhlenbrock, § 14 KStG Rz. 633 ff. (Stand: Juni 2018).
[2] R 14.5 Abs. 8 Satz 1 KStR 2015 ist nicht einschlägig, da die Regelung alleine die Auswirkungen auf die Organschaft beleuchtet, wenn der Gewinnabführungsvertrag nicht ordnungsgemäß durchgeführt wird. Zur Bewertung der Regelung auch Rz. 11.70.
[3] BFH v. 10.5.2017 – I R 51/15, BStBl. II 2018, 30, juris Rz. 29.
[4] So *Walter*, GmbHR 2017, 1219 (1223); *Walter* in Ernst & Young, § 14 KStG Rz. 723 (Stand: März 2018).
[5] *Altrichter-Herzberg*, GmbHR 2018, 296 (298).
[6] So wohl auch *Hemme*, Ubg 2017, 678 (684). Vorsichtiger *Prinz/Keller*, DB 2018, 400 (403) („Dieser Rechtsaspekt des Judikats mahnt die Gestaltungspraxis zur Vorsicht"); *Heurung/Schmidt/Kraft*,

bezogenen Organschaftsvoraussetzung die zivilrechtliche Verpflichtung, den Gewinnabführungsvertrag durchzuführen, fortbesteht und auch beachtet werden muss, soll die Organschaft nicht rückwirkend entfallen.

B. Beendigung der Organschaft

I. Überblick

11.15 **Fallgruppen der Beendigung der Organschaft.** Die Organschaft wird beendet, wenn eine Organschaftsvoraussetzung entfällt, wie zB die finanzielle Eingliederung, die Eignung zum Organträger, der Gewinnabführungsvertrag oder die Betriebsstättenzurechnung der Organbeteiligung. Ob hierdurch rückwirkend die Organschaft zerstört wird, hängt von dem wegfallenden Tatbestandsmerkmal, dem Grund der Beendigung (Vorliegen eines steuerrechtlich wichtigen Grunds) sowie von der Einhaltung der fünfjährigen Mindestlaufzeit des Gewinnabführungsvertrags ab. Für eine genauere Analyse werden im Folgenden zwei Fallgruppen unterschieden: Die Beendigung des Gewinnabführungsvertrags/Fehler in der tatsächlichen Durchführung (dazu Rz. 11.16 ff.) und der Wegfall einer nicht laufzeitbezogenen Organschaftsvoraussetzung (dazu Rz. 11.60 f.).

II. Beendigung des Gewinnabführungsvertrags/Fehler in der tatsächlichen Durchführung

1. Beendigung des Gewinnabführungsvertrags nach Ablauf der Mindestlaufzeit

a) Grundsätze

11.16 **Ablauf der Mindestlaufzeit.** Ein befristeter Gewinnabführungsvertrag endet, wenn seine fünfjährige Mindestlaufzeit abgelaufen ist.[1] Da in diesem Fall die Mindestlaufzeit eingehalten ist, scheidet eine rückwirkende Nichtanerkennung der Organschaft aus. In der Praxis ist diese Situation allerdings nur selten anzutreffen. Im Regelfall ist vereinbart, dass nach Ablauf der fünfjährigen Mindestlaufzeit der Gewinnabführungsvertrag automatisch um jeweils eine bestimmte Zeitperiode (zB ein Wirtschaftsjahr) fortgesetzt wird, sollte der Gewinnabführungsvertrag nicht innerhalb einer gewissen Frist vor Ablauf der jeweiligen Zeitperiode gekündigt werden.

11.17 **Kündigung, Aufhebung und automatische Beendigung des Gewinnabführungsvertrags.** Der Gewinnabführungsvertrag kann gekündigt, aufgehoben oder automatisch beendet werden. Wollen die Vertragsparteien den Gewinnabführungsvertrag unterjährig beenden, kommt eine Aufhebung nicht in Betracht. Sie ist nur zum Schluss eines jeden Wirtschaftsjahrs der Organgesellschaft möglich; eine unterjährige (oder rückwirkende) Beendigung durch Aufhebung

---

BB 2018, 470 (472) (zu Umstrukturierung; „beispielsweise sollten die Umstrukturierungen nicht die Zielsetzung verfolgen, die Einkommenszurechnung nach eigenen Ermessen zu steuern"); *Walter* in Ernst & Young, § 14 KStG Rz. 723 (Stand: März 2018) („Doch ist aus Sicht der Gestaltungsberatung auf das Risiko hinzuweisen, wenn eine Maßnahme offenkundig dem Zweck dienen könnte, die lange Zeit als unabdingbar geltende mindestens fünf Jahre dauernde Organschaftszeit zu unterlaufen."); s. auch Rz. 6.64.

[1] *Veil* in Spindler/Stilz[3], § 297 AktG Rz. 31; *Emmerich* in Emmerich/Habersack[8], § 296 AktG Rz. 2; *Dötsch* in Dötsch/Pung/Möhlenbrock, § 14 KStG Rz. 570 (Stand: August 2016).

scheidet damit aus (§ 296 Abs. 1 AktG). Dies gilt nach höchstrichterlicher Entscheidung auch für eine GmbH als abhängige Gesellschaft.[1] Es bleibt der Weg der Kündigung. Die Beendigung des Gewinnabführungsvertrags ist analog § 298 AktG in das Handelsregister einzutragen, die Eintragung ist aber rein deklaratorisch.[2]

b) Zeitpunkt der Beendigung der Organschaft

Beendigung zum Ablauf eines Wirtschaftsjahrs. Wird der Gewinnabführungsvertrag zum Ende eines Wirtschaftsjahrs der Organgesellschaft beendet, besteht die Organschaft bis zum Ablauf dieses Wirtschaftsjahr fort (argumentum e contrario § 14 Abs. 1 Satz 1 Nr. 3 Satz 3 KStG), sofern der Gewinnabführungsvertrag für dieses Jahr durchgeführt wird und die nicht laufzeitbezogenen Organschaftsvoraussetzungen vorliegen. Ab dem kommenden Wirtschaftsjahr besteuert die Organgesellschaft ihr Einkommen selbst und muss ihre Verluste eigenständig tragen.   11.18

Zivilrechtliche Aspekte bei unterjähriger Beendigung. Bei einer außerordentlichen Kündigung endet der Gewinnabführungsvertrag ggf. unterjährig.[3] In diesem Fall divergieren die zivil- und steuerrechtlichen Rechtsfolgen. Zivilrechtlich besteht der Gewinnabführungsvertrag bis zum unterjährigen Beendigungszeitpunkt fort. Nach hM ist ein bis zum Beendigungszeitpunkt entstandener Verlust gem. § 302 AktG durch den Organträger auszugleichen; ein Gewinn ist an ihn abzuführen.[4] Zur Ermittlung der Ansprüche ist eine Zwischenbilanz (Sonderbilanz) aufzustellen;[5] einer Prüfung dieser Zwischenbilanz bedarf es nicht.[6]   11.19

Steuerrechtliche Aspekte bei unterjähriger Beendigung. Aus steuerrechtlicher Sicht ist weder eine (unterjährige) Gewinnabführung noch ein (unterjähriger) Verlustausgleich erforderlich. Da die Organschaft bei einer unterjährigen Beendigung des Gewinnabführungsvertrags nach Ablauf der fünfjährigen Mindestlaufzeit ohnehin rückwirkend zum Ende des vorhergehenden Wirtschaftsjahrs der Organgesellschaft endet (§ 14 Abs. 1 Satz 1 Nr. 3 Satz 3 KStG), schadet eine fehlende Durchführung des Gewinnabführungsvertrags im Beendigungsjahr nicht (dazu Rz. 11.27). Unterjährige Leistungen, die infolge der Stichtagsbilanz erbracht werden, sind steuerrechtlich als verdeckte Einlagen bzw. als verdeckte Gewinnausschüttungen, auf die ggf. Kapitalertragsteuer einzubehalten ist, zu qualifizieren. Im letzteren Fall wird der Betrag eventuell (ganz oder teilweise) aus dem steuerlichen Einlagekonto der Organgesellschaft gespeist.[7]   11.20

---

1 Sofortige Aufhebung kann allerdings i.d.R. durch eine Änderung des Geschäftsjahrs und Aufhebung zum Ende des neu gebildeten Rumpfgeschäftsjahrs erreicht werden, BGH v. 16.6.2015 – II ZR 384/13, BGHZ 206, 74; *Koch* in Hüffer/Koch[13], § 296 AktG Rz. 10.
2 OLG München v. 27.10.2014 – 31 Wx 235/14, NZG 2015, 311; *Emmerich* in Emmerich/Habersack[8], § 296 AktG Rz. 7c; *Koch* in Hüffer/Koch[13], § 298 AktG Rz. 5.
3 Dies gilt, wenn der Kündigungsgrund die Anforderungen an einen wichtigen Grund i.S.v. § 297 Abs. 1 AktG erfüllt, aber auch bei vertraglich vereinbarten Kündigungsgründen.
4 BGH v. 14.12.1987 – II ZR 170/87, BGHZ 103, 1 = GmbHR 1988, 174; *Emmerich* in Emmerich/Habersack[8], § 297 AktG Rz. 54, § 302 AktG Rz. 38; *Koch* in Hüffer/Koch[13], § 302 AktG Rz. 11.
5 *Dötsch* in Dötsch/Pung/Möhlenbrock, § 14 KStG Rz. 575 (Stand: August 2016).
6 *Koch* in Hüffer/Koch[13], § 302 AktG Rz. 11.
7 *Neumann* in Gosch[3], § 14 KStG Rz. 542; *Krumm* in Blümich, § 14 KStG Rz. 244 (Stand: März 2016).

c) Unterjähriger Verzicht auf die Forderung auf Gewinnabführung

11.21 **Möglichkeit eines unterjährigen Verzichts.** Bei einem unterjährigen Verzicht auf die Forderung auf Gewinnabführung wird nicht die tatsächliche Durchführung des Gewinnabführungsvertrags infrage gestellt (anders beim Verzicht nach Ablauf des Wirtschaftsjahrs, dazu Rz. 11.58). Stattdessen stellen sich die Fragen nach der verdeckten Gewinnausschüttung und der verdeckten Einlage. Aus Beratersicht drängt sich die Frage auf, ob diese Rechtsfolgen durch einen Verzicht vermieden werden können.

11.22 **Nachträglicher Verzicht.** Wird der Verzicht zeitlich nach dem zivilrechtlichen Beendigungszeitpunkt des Gewinnabführungsvertrags erklärt, ist der Verzicht steuerrechtlich als verdeckte Gewinnausschüttung und verdeckte Einlage zu behandeln.[1]

11.23 **Vorheriger Verzicht.** Anders könnte die Situation im Fall eines vorherigen Verzichts auf die Forderung auf Gewinnabführung zu beurteilen sein. Das FG Münster verneinte dies mit Urteil vom 30.8.2014.[2] Da ein Gewinnabführungsvertrag zivilrechtlich nur zum Ende des Wirtschaftsjahrs aufgehoben werden könne (§ 296 AktG), entstehe zunächst die Forderung auf die Gewinnabführung, selbst wenn auf sie vor dem zivilrechtlichen Beendigungszeitpunkt des Gewinnabführungsvertrags verzichtet worden sei. Erst im Anschluss wirke sich ein – wenn auch vorher erklärter – Verzicht aus. Da der Gewinnabführungsvertrag für den Zeitraum noch gilt (wenngleich er steuerrechtlich keine Wirkung entfaltet), ist der Verzicht nach Ansicht des FG Münster steuerrechtlich als verdeckte Gewinnausschüttung und verdeckte Einlage zu qualifizieren.[3]

11.24 **Eigene Stellungnahme.** Die Auffassung des FG Münster überzeugt nicht.[4] Bereits der Ausgangspunkt des FG Münster ist unrichtig. § 296 AktG lässt sich keine Aussage zur unterjährigen Beendigung des Gewinnabführungsvertrags entnehmen, da er hierfür gerade nicht gilt. Des Weiteren baut sich der Gewinnabführungsanspruch nicht ratierlich während des Jahres auf, sondern entsteht erst im Zeitpunkt der Beendigung des Gewinnabführungsvertrags. Dieser Zeitpunkt kann, muss aber nicht auf das Ende eines Wirtschaftsjahrs der Organgesellschaft fallen.[5] Es wird also nicht – wie das FG Münster meint – auf einen entstandenen Anspruch verzichtet, sondern mit dem Verzicht wird bereits das Entstehen des Anspruchs verhindert. Infolgedessen fehlt es unseres Erachtens an einem hinreichend greifbaren Vermögensvorteil, der im Verzichtsfall eine verdeckte Gewinnausschüttung auslösen könnte.[6] Der Verzicht verstößt unseres Erachtens auch nicht gegen das Verbot des Gestaltungsmissbrauchs (§ 42 AO), da mit dem Verzicht ein anzuerkennender wirtschaftlicher Grund verfolgt wird, nämlich das Eigenkapital der Organgesellschaft zu stärken.[7]

---

1 Vgl. *Pyszka*, GmbHR 2014, 1296 (1297).
2 FG Münster v. 20.8.2014 – 10 K 2192/13 F, GmbHR 2014, 1326; s. hierzu auch Rz. 6.40 ff.
3 FG Münster v. 20.8.2014 – 10 K 2192/13 F, GmbHR 2014, 1326; zustimmend *Pung* nach *Rüsch*, DStZ 2016, 263 (265); *Dötsch* in Dötsch/Pung/Möhlenbrock, § 14 KStG Rz. 527 (Stand: November 2017), Rz. 1166 (Stand: August 2016).
4 *Pyszka*, GmbHR 2014, 1296 (1298); *Füger/Rieger/Schell*, DStZ 2015, 404 (413).
5 Vgl. BFH v. 28.2.2013 – IV R 50/09, BStBl. II 2013, 494 = FR 2013, 1137 zur unterjährigen Zurechnung eines Gewinns aus der Gewinnabführung bei Gesellschafterwechsel auf Ebene der Organträger-Personengesellschaft.
6 *Hahn*, Ubg 2014, 427 (431 f.); *Pyszka*, GmbHR 2014, 1296 (1297 f.).
7 *Walter* in Ernst & Young, § 14 KStG Rz. 653 (Stand: März 2018). AA FG Münster v. 20.8.2014 – 10 K 2192/13 F, GmbHR 2014, 1326; *Dötsch* in Dötsch/Pung/Möhlenbrock, § 14 KStG Rz. 527 (Stand: November 2017).

Praxistipp: Das FG Münster hat die Revision nicht zugelassen, sodass eine höchstrichterliche Entscheidung zu diesem Thema bislang nicht erging. Ein vorheriger Verzicht auf die Forderung auf Gewinnabführung empfiehlt sich angesichts dieser Rechtsprechung nur, wenn das zuständige Finanzamt zustimmt (verbindliche Auskunft) oder die Gefahr eines Rechtsstreits hingenommen werden kann.[1] Alternativ ist über die Bildung eines Rumpfwirtschaftsjahrs bei der Organgesellschaft nachzudenken. Wird verzichtet, ist darauf zu achten, dass die zivilrechtlichen Anforderungen an eine Vertragsänderung (Zustimmung der Gesellschafterversammlungen, Handelsregistereintragung, dazu Rz. 2.114 ff.) eingehalten werden, da der Verzicht zum Teil als Änderung des Gewinnabführungsvertrags gesehen wird.[2]

11.25

2. Beendigung des Gewinnabführungsvertrags während der Mindestlaufzeit

a) Grundsätze

Steuerrechtlich wichtiger Grund. Während der fünfjährigen Mindestlaufzeit ist die vorzeitige Beendigung des Gewinnabführungsvertrags grundsätzlich organschaftsschädlich, es sei denn, sie beruht auf einem wichtigen Grund (§ 14 Abs. 1 Satz 1 Nr. 3 Satz 2 KStG). In diesem Fall bleibt die Organschaft für die Wirtschaftsjahre der Organgesellschaft wirksam, die dem Jahr der Beendigung vorausgegangen sind bzw. auf deren Ende der Gewinnabführungsvertrag beendet wird.

11.26

Steuerrechtliche Aspekte bei unterjähriger Beendigung. Wird der Gewinnabführungsvertrag unterjährig beendet, endet die Organschaft zum Ende des vorangegangenen Wirtschaftsjahrs der Organgesellschaft (§ 14 Abs. 1 Satz 1 Nr. 3 Satz 3 KStG). Fraglich ist, ob der Gewinnabführungsvertrag im Beendigungsjahr noch tatsächlich durchgeführt werden muss, damit die Organschaft nicht unter dem Aspekt der fehlenden Durchführung des Gewinnabführungsvertrags rückwirkend auch für die Vorjahre entfällt. Unseres Erachtens ist dies nicht erforderlich. Eine entsprechende Verpflichtung lässt sich insbesondere nicht § 14 Abs. 1 Satz 1 Nr. 3 Satz 1 KStG entnehmen. Die Norm verlangt nur, dass der Gewinnabführungsvertrag auf mindestens fünf Jahre abgeschlossen und „während seiner gesamten Geltungsdauer" durchgeführt wird. Ausgehend vom Sinn und Zweck der Mindestlaufzeit, nämlich eine willkürliche Manipulation der Ergebniszurechnung zu verhindern, ist unseres Erachtens unter dem Begriff „Geltungsdauer" die steuerrechtliche Geltungsdauer zu verstehen. Nachdem die Organschaft bei unterjähriger Beendigung ohnehin schon mit Ablauf des vorangegangenen Wirtschaftsjahrs der Organgesellschaft endet, sind Manipulationen in der Teilperiode nicht mehr möglich. Im Beendigungsjahr ist der Gewinnabführungsvertrag daher steuerrechtlich funktionslos, sodass er auch nicht mehr durchgeführt werden muss.[3] Aus Vorsichtsgründen sollte der Gewinnabführungsvertrag aber auch für diese Teilperiode durchgeführt werden, da die Gefahr besteht, dass die Finanzverwaltung beruhend auf einem unzutreffenden Verständnis des Begriffs der „Geltungsdauer" auch für diese Teilperiode eine tatsächliche Gewinnabführung for-

11.27

---

1 *Füger/Rieger/Schell*, DStZ 2015, 404 (412) sehen einen vorherigen Verzicht für die Gestaltungspraxis als einstweilen versperrt an.
2 *Hahn*, Ubg 2014, 427 (430 f.); *Pyszka*, GmbHR 2014, 1296 (1299). AA *Walter* in Ernst & Young, § 14 KStG Rz. 653 (Stand: März 2018) (der zur Absicherung aber ebenfalls dazu rät, die zivilrechtlichen Anforderungen an eine Vertragsänderung einzuhalten).
3 Ähnlich *Hahn*, Ubg 2014, 427 (432); *Scheifele/Marx*, DStR 2014, 1793 (1802); *Füger/Rieger/Schell*, DStZ 2015, 404 (413).

dert. Sicherheitshalber sollte daher ein Rumpfwirtschaftsjahr gebildet oder der Gewinnabführungsvertrag entsprechend verlängert werden (dazu Rz. 3.82).[1]

b) Zivilrechtlicher wichtiger Grund

11.28 **Vertragliche Vereinbarung.** Eine Kündigung beendet den Gewinnabführungsvertrag. Nach zivilrechtlichen Maßstäben liegt ein wichtiger Grund i.S.v. § 297 Abs. 1 Satz 1 AktG vor, wenn dem kündigungswilligen Vertragsteil die Fortsetzung des Gewinnabführungsvertrags unter Abwägung aller Umstände nicht mehr zumutbar ist.[2] Ein Kündigungsgrund nach § 297 Abs. 1 Satz 2 AktG ist zB gegeben, wenn der Organträger seinen vertraglichen Verpflichtungen, insbesondere der Verpflichtung zum Verlustausgleich, voraussichtlich nicht nachkommen kann.[3] Eine (zivilrechtliche) Kündigung ist aber auch möglich, wenn ein bestimmter Sachverhalt als Kündigungsgrund vertraglich vereinbart wird (dazu Rz. 2.137). Aus steuerrechtlicher Sicht empfiehlt es sich, in einem Klammerzusatz entweder auf die KStR (R 14 Abs. 6 KStR 2015) zu verweisen oder den Text von R 14 Abs. 6 KStR 2015 wiederzugeben (dazu Rz. 3.86).

c) Steuerrechtlich wichtiger Grund

aa) Eigenständige Regelung

11.29 **Steuerrechtlicher Maßstab.** Von der Frage, ob der Gewinnabführungsvertrag zivilrechtlich wirksam beendet werden kann, ist die Frage zu trennen, unter welchen Voraussetzungen eine vorzeitige Beendigung unschädlich für die Organschaft ist. Hierfür trifft § 14 Abs. 1 Satz 1 Nr. 3 Satz 2 KStG eine eigenständige steuerrechtliche Regelung. Der Gewinnabführungsvertrag kann während der fünfjährigen Mindestlaufzeit vorzeitig steuerunschädlich beendet werden, wenn ein steuerrechtlich wichtiger Grund vorliegt (§ 14 Abs. 1 Satz 1 Nr. 3 Satz 2 KStG). Es ist nach eigenen steuerrechtlichen Maßstäben zu entscheiden, ob der wichtige Grund im Einzelfall objektiv vorliegt.[4] Was ein wichtiger Grund ist, bestimmt das Gesetz nicht näher. Dennoch lassen sich gewisse Leitlinien aufstellen, die die Handhabung in der Praxis erleichtern (dazu Rz. 11.37 ff.). Der wichtige Grund muss auch bei vertraglich vereinbarten Kündigungsgründen vorliegen.[5] Nicht jeder vertraglich fixierte Kündigungsgrund erfüllt unseres Erachtens die Anforderungen an einen steuerrechtlich wichtigen Grund,[6] da nach eigenen steuerrechtlichen Maßstäben zu entscheiden ist, ob ein steuerrechtlich wichtiger Grund gegeben ist. Andernfalls würde es durch eine geschickte Vertragsgestaltung möglich, willkür-

---

1 Dazu Rz. 20.18, nach dem der Begriff „Geltungsdauer" auf die zivilrechtliche Laufzeit Bezug nimmt; *Brink* in Schnitger/Fehrenbacher[2], § 14 KStG Rz. 564. AA *Walter* in Ernst & Young, § 14 KStG Rz. 784 (Stand: März 2018).
2 BGH v. 31.5.2011 – II ZR 109/10, BGHZ 190, 45 = GmbHR 2011, 922 m. Anm. *Ulrich*.
3 Nach hM besteht das Kündigungsrecht für beide Seiten; *Mülbert* in Großkomm/AktG, § 297 Rz. 27 (Stand: Oktober 2012) nimmt ein Kündigungsrecht für den leistungsunfähigen Teil nur im Ausnahmefall an, wenn er seine eigene voraussichtliche Leistungsfähigkeit nicht zu vertreten hat und ein Wegfall der Geschäftsgrundlage vorliegt oder die Leistungsunfähigkeit auf Gründen außerhalb des Gewinnabführungsvertrags beruht.
4 BFH v. 13.11.2013 – I R 45/12, BStBl. II 2014, 486 = FR 2014, 608; v. 27.11.2013 – I R 36/13, BStBl. II 2014, 651 = FR 2014, 979 – anhängig beim BVerfG, Az. des BVerfG: 2 BvL 18/14; FG Hessen v. 28.5.2015 – 4 K 677/14, EFG 2015, 2100; s. zu diesen Urteilen auch Rz. 6.31 ff.
5 *Scheifele/Marx*, DStR 2014, 1793 (1798 f.).
6 So aber *Walter* in Ernst & Young, § 14 KStG Rz. 781, 785 (Stand: jeweils März 2018).

lich über die Organschaftswirkungen zu disponieren, was durch das Erfordernis eines steuerrechtlich wichtigen Grunds aber gerade verhindert werden soll (dazu Rz. 11.38).[1]

Beendigungsart. Nach dem Wortlaut von § 14 Abs. 1 Nr. 3 Satz 2 KStG bezieht sich das Erfordernis des steuerrechtlich wichtigen Grunds nur auf eine Kündigung des Gewinnabführungsvertrags. Die hM wendet § 14 Abs. 1 Nr. 3 Satz 2 KStG weitergehend auf andere Beendigungstatbestände an. Der BFH hat in seinem Urteil vom 13.11.2013 (I R 45/12)[2] klargestellt, dass die Rechtsfolge des § 14 Abs. 1 Nr. 3 Satz 2 KStG auch für die Aufhebung des Gewinnabführungsvertrags gilt. Das bedeutet zum einen, dass für diese Fälle ebenfalls ein steuerrechtlich wichtiger Grund vorliegen muss; das heißt zum anderen aber auch, dass bei Vorliegen eines steuerrechtlich wichtigen Grunds die Beendigung des Gewinnabführungsvertrags unschädlich ist.

11.30

Maßgeblicher Zeitpunkt. Der steuerrechtlich wichtige Grund muss im Zeitpunkt der Beendigung des Gewinnabführungsvertrags vorliegen.[3] Ob im Zeitpunkt des Vertragsabschlusses ein bestimmter Sachverhalt abstrakt gesehen ein steuerrechtlich wichtiger Grund wäre, ist dagegen irrelevant. Der Gewinnabführungsvertrag muss nicht sofort beendet werden, wenn der steuerrechtlich wichtige Grund vorliegt. § 14 Abs. 1 Satz 1 Nr. 3 Satz 2 KStG verlangt nur, dass ein wichtiger Grund die Kündigung *rechtfertigt*. Eine solche Kausalität ist unseres Erachtens auch gegeben, wenn der Gewinnführungsvertrag nicht im unmittelbaren zeitlichen Zusammenhang beendet wird,[4] die Kündigung aber noch auf dem wichtigen Grund beruht.[5] Es reicht unseres Erachtens aus, wenn die Vertragsbeendigung erst zum Ende des Geschäftsjahres der Organgesellschaft erfolgt, in dem der steuerrechtlich wichtige Grund eintritt. So kann die Organschaft für das laufende Jahr beibehalten werden.[6]

11.31

Praxistipp: Da Vertreter der Finanzverwaltung[7] (und auch Teile der weiteren Literatur[8]) einen zeitlichen Zusammenhang zwischen dem wichtigen Grund und der Beendigung des Gewinnabführungsvertrags fordern, empfiehlt es sich, dies in der Planung zu berücksichtigen und zu dokumentieren, was

11.32

---

1 Vgl. BFH v. 13.11.2013 – I R 45/12, BStBl. II 2014, 486, juris Rz. 22.
2 BFH v. 13.11.2013 – I R 45/12, BStBl. II 2014, 486 = FR 2014, 608.
3 *Scheifele/Marx*, DStR 2014, 1793 (1801).
4 Für einen engen zeitlichen Zusammenhang *Pung* nach *Rüsch*, DStZ 2015, 27 (29) (allerdings vor Ergehen des Urteils des Hessischen FG v. 28.5.2015 – 4 K 677/14, EFG 2015, 2100).
5 *Walter* in Ernst & Young, § 14 KStG spricht in Rz. 697 (Stand: November 2016) von einem engen zeitlichen Zusammenhang; in Rz. 781 (Stand: November 2016) ist er der Auffassung, dass die Kündigung und die Kündigungsursache nicht zeitgenau zusammenfallen müssen und scheint daher unter Verweis auf das Urteil des Hessischen FG v. 28.5.2015 – 4 K 677/14, EFG 2015, 2100 eine Kündigung auf das Jahresende für ausreichend zu halten. *Dötsch* in Dötsch/Pung/Möhlenbrock, § 14 Rz. 597 (Stand: August 2016) spricht von einem zeitlichen (nicht: enger zeitlicher) Zusammenhang mit der Kündigungsursache. Nach *Philipp/Kröger*, DB 2015, 2783 (2784 f.) hat der zeitliche Zusammenhang nur Indizwirkung.
6 So der Fall des Hessischen FG v. 28.5.2015 – 4 K 677/14, EFG 2015, 2100. Das Hessische FG griff diesen Aspekt nicht auf. Vgl. auch *Pung* nach *Rüsch*, DStZ 2015, 27 (29); *Frotscher* in Frotscher/Drüen, § 14 KStG Rz. 681b (Stand: Januar 2016); *Dötsch* in Dötsch/Pung/Möhlenbrock, § 14 Rz. 597 (Stand: August 2016).
7 So jedenfalls das Finanzamt im Sachverhalt des Urteils des Hessischen FG v. 28.5.2015 – 4 K 677/15, EFG 2015, 2100. Vgl. auch *Pung* nach *Rüsch*, DStZ 2015, 27 (29); *Dötsch* in Dötsch/Pung/Möhlenbrock, § 14 KStG Rz. 597 (Stand: August 2016).
8 *Lange*, GmbHR 2011, 806 (808 f.); *Frotscher* in Frotscher/Drüen, § 14 KStG Rz. 681b (Stand: Januar 2016).

Grund der Beendigung war.[1] Etwaige Diskussionen in der Praxis zur zeitlichen Abfolge lassen sich von vorneherein vermeiden, wenn die Kündigungserklärung frühzeitig abgegeben wird. Beim Wegfall der finanziellen Eingliederung könnte die Kündigung beispielsweise spätestens mit dem Übergang des wirtschaftlichen Eigentums an den Anteilen an der Organgesellschaft[2] (in der Regel dem Closing) wirksam werden, wobei das Closing idealerweise auf ein Monatsende fallen sollte.[3] Zwingend erforderlich ist dies aber nicht.

11.33 Prognoseentscheidung. Stellt sich nach Beendigung des Gewinnabführungsvertrags wegen Vorliegens eines steuerrechtlich wichtigen Grunds heraus, dass die erwartete Tatsache wider Erwarten nicht eintrat, ist die Beendigung des Gewinnabführungsvertrags aus ex post-Sicht zwar nicht erforderlich und ggf. sogar verfehlt gewesen. Aber es entwertet die seinerzeitige Annahme eines steuerrechtlich wichtigen Grunds nicht, wenn aus Sicht des Kaufmanns mit dem Eintritt der Tatsache ernsthaft zu rechnen war.[4] Letztlich ist im Zeitpunkt der Beendigung des Gewinnabführungsvertrags wegen Vorliegens eines steuerrechtlich wichtigen Grunds eine Prognoseentscheidung zu treffen,[5] also zu fragen, ob der anzunehmende Grund im Zeitpunkt der Kündigungserklärung eine Beendigung des Gewinnabführungsvertrags und damit der Organschaft rechtfertigt.[6]

11.34 Wahlfreiheit hinsichtlich des „Obs" einer Beendigung des Gewinnabführungsvertrags? Liegt ein steuerrechtlich wichtiger Grund für die Beendigung des Gewinnabführungsvertrags vor, muss dieser unseres Erachtens nicht in Anspruch genommen werden. Der Steuerpflichtige kann frei entscheiden, ob er von dieser Möglichkeit Gebrauch machen will oder nicht. Er kann den Gewinnabführungsvertrag (und damit die Organschaft) beenden, er kann aber auch darauf verzichten und die Organschaft fortführen oder durch Nichtdurchführung des Gewinnabführungsvertrags die Organschaft (rückwirkend) zerstören. Der Einwand, der Steuerpflichtige binde sich fünf Jahre und dürfe nicht zwischen Organschaftsbesteuerung und Normalbesteuerung wahllos hin- und herwechseln,[7] ist zwar grundsätzlich richtig, greift vorliegend aber nicht. Es wird nur eine Ausnahmeregelung (§ 14 Abs. 1 Satz 1 Nr. 3 Satz 2 KStG) nicht in Anspruch genommen, die es ermöglichen würde, die Organschaft steuerunschädlich zu beenden.[8]

---

1 Vgl. *Philipp/Kröger*, DB 2015, 2783 (2784 f.).
2 Zum Übergang des wirtschaftlichen Eigentums vgl. ua. *Kleinheisterkamp/Schell*, DStR 2010, 833.
3 Vgl. *Hahn*, Ubg 2014, 427 (432); *Füger/Rieger/Schell*, DStZ 2015, 404 (410).
4 *Rödder/Liekenbrock* in Rödder/Herlinghaus/Neumann, § 14 KStG Rz. 353.
5 *Walter* in Ernst & Young, § 14 KStG Rz. 783 (Stand: März 2018); *Rödder/Liekenbrock* in Rödder/Herlinghaus/Neumann, § 14 KStG Rz. 353 sprechen davon, dass es ausreichend ist, „wenn sich ein wichtiger Grund abzeichnet bzw. der Kaufmann mit dem Eintritt der Tatsache ernsthaft rechnen muss, die als wichtiger Grund anzuerkennen ist." Vgl. auch *Dötsch* in Dötsch/Pung/Möhlenbrock, § 14 KStG Rz. 580 (Stand: August 2016) in Bezug auf § 297 AktG („Ein wichtiger Grund i.S.d. § 297 AktG [...] erfordert uE eine *belastbare Prognose* der Ertragssituation, zudem muss es sich um eine längerfristige und zeitlich nicht verlässlich eingrenzbare ‚Störung' handeln").
6 *Deilmann*, NZG 2015, 460 (462) ist der Auffassung, dass eine Kündigung erst erfolgen kann, wenn der wichtige Grund im Zeitpunkt der Kündigung vorliegt. Wir sehen hierin keinen Widerspruch zu unserer Auffassung, da auf Basis des konkret vorliegenden Sachverhalts entschieden werden muss, ob ein wichtiger Grund gegeben ist. Hierbei kann unseres Erachtens auch eine Prognoseentscheidung zu treffen sein, zur Diskussion zum zeitlichen Zusammenhang Rz. 11.31.
7 *Dötsch* in Dötsch/Pung/Möhlenbrock, § 14 KStG Rz. 610 (Stand: August 2016).
8 *Vogel*, Ubg 2010, 618 (619); *Lange*, GmbHR 2011, 806 (809); eventuell auch *Walter* in Ernst & Young, § 14 KStG Rz. 719 (Stand: März 2018) („im Ergebnis jedoch gestaltbar").

Folgesachverhalt. Was im Anschluss an die Beendigung des Gewinnabführungsvertrags geschieht, ist für die Frage, ob ein steuerrechtlich wichtiger Grund vorlag, grundsätzlich unbeachtlich. Der Sachverhalt muss im Zeitpunkt der Vertragsbeendigung diese rechtfertigen (§ 14 Abs. 1 Satz 1 Nr. 3 Satz 2 KStG). Dem Folgesachverhalt kann aber Indizwirkung zukommen. So kann nach einer Beendigung des Gewinnabführungsvertrags wegen der Errichtung einer Zwischenholding und Einbringung der Beteiligung an der Organgesellschaft in diese die Fortführung der Organschaft in zweistufiger Form als Indiz dafür herangezogen werden, dass die Umstrukturierung ein steuerrechtlich wichtiger Grund war; sie ist aber nicht Voraussetzung dafür.[1]

11.35

bb) Auslegung des steuerrechtlich wichtigen Grunds durch Rechtsprechung und Finanzverwaltung

Rechtsprechung und Finanzverwaltung haben sich zum steuerrechtlich wichtigen Grund wie folgt geäußert (s. hierzu auch Rz. 6.31 ff.):

11.36

– **BFH:** Der BFH hatte im Urteil vom 13.11.2013 (I R 45/12) über einen Fall zu entscheiden, bei dem die Beteiligung an der Organgesellschaft nach den sonst üblichen Umständen konzerntypisch „aufgehängt" und der Abschluss des Gewinnabführungsvertrags allein durch das Motiv getragen war, die Verlustvorträge des Organträgers zu verbrauchen, um anschließend das Organschaftsverhältnis durch eine konzerninterne Veräußerung wieder zu beenden. Die konzerninterne Veräußerung erfolgte, um steuerlich nachteilige Folgen (Anwendung der CFC-Rules in Großbritannien) zu vermeiden.[2] Der BFH grenzte den steuerrechtlich wichtigen Grund negativ ab. Der Grund für die Vertragsbeendigung müsse nach eigenen steuerrechtlichen Maßstäben objektiv vorliegen. Das schließe es zwar nicht aus, entsprechend den allgemeinen zivilrechtlichen Grundsätzen zur außerordentlichen Kündigung bzw. zur Beendigung von Dauerschuldverhältnissen aus wichtigem Grund eine Verkürzung der Mindestlaufzeit ausreichen zu lassen, insbesondere bei wesentlichen Störungen der Vertragsbeziehungen, die bei Vertragsschluss nicht vorhersehbar waren. Gehe es einer Partei oder den Parteien jedoch darum, die Rechtsfolgen der Organschaft mittels Vertragsaufhebung zeitlich zu begrenzen, um die fünfjährige Mindestlaufzeit zu unterlaufen, liege kein wichtiger Grund im Steuerrechtssinne vor.[3]

– **FG Hessen.** Das Hessische FG hatte im Urteil vom 28.5.2015 (4 K 677/14) über einen Fall zu entscheiden, bei dem ca. zwei Jahren nach Abschluss eines Ergebnisabführungsvertrags eine Spartenorganisation geschaffen wurde, in deren Folge die Beteiligung an der Organgesellschaft Mitte 2006 in eine Zwischenholding eingebracht wurde. Der Ergebnisabführungsvertrag wurde auf Ende 2006 gekündigt, die bis dahin weiterbestehende (mittelbare) Organschaft durch eine zweistufige Organschaft (über die Zwischenholding) ersetzt. Das FG führte aus, dass nicht jede Einbringung bzw. nicht jeder Verlust der unmittelbaren Mehrheit der Stimmrechte als wichtiger Grund anzusehen sei. Denn die Einbringung könne – ebenso wie eine konzerninterne Veräußerung (I R 45/12) – gerade darauf beruhen,

---

1 *Benz/Pung*, StbJb. 2016/2017, 139 (142). Strenger FG Hessen v. 28.5.2015 – 4 K 677/14, EFG 2015, 2100, juris Rz. 32, wonach ein steuerrechtlich wichtiger Grund im konkreten Fall zweifelhaft gewesen wäre, wenn nicht von vornherein festgestanden hätte, dass die Organschaft in zweistufiger Form fortgeführt werden sollte.
2 So die für den BFH bindende Sachverhaltsfeststellung des Niedersächsischen FG v. 10.5.2012 – 6 K 140/10, EFG 2012, 1591.
3 BFH v. 13.11.2013 – I R 45/12, BStBl. II 2014, 486 = FR 2014, 608; FG Hessen v. 28.5.2015 – 4 K 677/14, EFG 2015, 2100.

dass der Anschein eines für die Abkürzung der Laufzeit wichtigen Grunds geschaffen werden soll. Die Einbringung der Beteiligung an der Organgesellschaft in die Zwischenholding sei aber ein nachvollziehbarer wirtschaftlicher (nicht steuerlicher) Grund. Denn es wäre schwierig gewesen, den auch die Beherrschung der Organgesellschaft enthaltenen Gewinnabführungsvertrag fortzusetzen, obwohl nunmehr die Zwischenholding mit der Führung des Bereichs befasst sein sollte. Das FG weist darauf hin, dass es ohne die bereits im Zeitpunkt der Beendigung des Gewinnabführungsvertrags beabsichtigte zweistufige Fortführung der Organschaft ab 2007 erhebliche Zweifel daran gehabt hätte, ob die Einbringung Mitte 2006 ein wichtiger Grund für die Beendigung als solche einerseits und für die Beendigung gerade zum 31.12.2006 anderseits sein könnte.[1]

– **Finanzverwaltung**. Die Finanzverwaltung hat sich in den KStR 2015 und im UmwSt-Erl. 2011 zum steuerrechtlich wichtigen Grund positiv geäußert, indem potentiell wichtige Gründe aufgezählt werden. Nach R 14.5 Abs. 6 Satz 2 KStR 2015 „kann" ein wichtiger Grund insbesondere die Veräußerung oder Einbringung der Organbeteiligung durch den Organträger, die Verschmelzung, Spaltung oder Liquidation des Organträgers oder der Organgesellschaft sein. Dem entspricht die Regelung des UmwSt-Erl. 2011 Rz. Org.12, wonach die Umwandlung des Organträgers, nach UmwSt-Erl. 2011 Rz. Org.26 die Umwandlung der Organgesellschaft, ein wichtiger Grund „ist", um die Organschaft zu beenden (zum Verhältnis von KStR 2015 und UmwSt-Erl. 2011 Rz. 11.49). Dieses „Kann" wurde in der Vergangenheit als ein „Ist" verstanden, weswegen sich die Praxis darauf einrichtete, dass die Finanzverwaltung die in den KStR genannten Gründe mit hinreichender Sicherheit als wichtigen Grund im konkreten Fall anerkennen würde. Seit dem BFH, Urt. v. 13.11.2013 bedarf es einer Einzelfallprüfung (dazu Rz. 11.40). Andere nicht in den KStR 2015 explizit genannten Gründe können ebenfalls die Anforderungen an einen steuerrechtlich wichtigen Grund erfüllen. Die Verwendung des Begriffs „insbesondere" zeigt, dass die Aufzählung der wichtigen Gründe in KStR 2015 nicht abschließend zu verstehen ist.[2]

– **Rückausnahme der Finanzverwaltung**. Nach R 14.5 Abs. 6 Satz 3 KStR 2015 liegt ein steuerrechtlich wichtiger Grund nicht vor, wenn im Zeitpunkt des Vertragsabschlusses bereits *feststand*, dass der Gewinnabführungsvertrag vorzeitig beendet werden wird.[3] Dies hat nach allgemeinen Grundsätzen die Finanzverwaltung nachzuweisen.[4] Die frühere Rückausnahme für die Fälle der Verschmelzung, Spaltung oder bei Liquidation der Organgesellschaft ist entfallen (R 60 Abs. 6 Satz 4 KStR 2004).

cc) Leitlinien zum Vorliegen eines steuerrechtlich wichtigen Grunds

11.37 **Leitlinien.** Unseres Erachtens lassen sich den obigen Äußerungen der Rechtsprechung und Finanzverwaltung folgende Leitlinien zur Beurteilung des Vorliegens eines steuerrechtlich wichtigen Grunds entnehmen:

11.38 **Keine willkürliche Beeinflussung der Besteuerung.** Die Organschaft soll – so der BFH in ständiger Rechtsprechung – nicht zum Zweck willkürlicher Beeinflussung der Besteuerung

---

1 FG Hessen v. 28.5.2015 – 4 K 677/14, EFG 2015, 2100.
2 *Kowanda*, GmbH-StB 2017, 351 (355); *Walter* in Ernst & Young, § 14 KStG Rz. 781 (Stand: März 2018).
3 Vgl. auch *Nodoushani*, DStR 2017, 399 (404), dem zufolge dieser Umstand dafür spräche, dass die Mindestlaufzeit nicht ernsthaft vereinbart sei.
4 *Kowanda*, GmbH-StB 2017, 351 (356); *Walter* in Ernst & Young, § 14 KStG Rz. 782 (Stand: März 2018).

und zu Einkommensverlagerungen von Fall zu Fall abgeschlossen bzw. beendet werden können.[1] Gehe es einer Partei oder den Parteien darum, die Rechtsfolgen der Organschaft mittels Vertragsaufhebung zeitlich zu begrenzen, um die fünfjährige Mindestlaufzeit zu unterlaufen, liege kein wichtiger Grund im Steuerrechtssinne vor.[2] Ein in der beliebigen Disposition der Parteien stehender Auflösungsgrund ist kein steuerrechtlich wichtiger Grund.[3]

Keine weitergehende Grenze. Eine weitergehende Grenze gibt es unseres Erachtens nicht. Die Auslegung des BFH-Urteils I R 45/12[4] wird dadurch erschwert, dass der BFH „insbesondere" wesentliche, bei Vertragsschluss nicht vorhersehbare Störungen als wichtigen Grund nennt. Daraus könnte man schließen (und wurde auch geschlossen), dass der BFH tendenziell strenge Maßstäbe an den steuerrechtlich wichtigen Grund anlegt und es nicht reicht, wenn wirtschaftliche Gründe für eine Vertragsbeendigung sprechen. Nach Auffassung von *Gosch* ist die Organschaftsbesteuerung eine „Ausnahme" vom steuerrechtlichen Subjektprinzip, weshalb die zu beachtenden Hürden streng auszulegen seien.[5] Es müsse für alle Beteiligten schlechterdings objektiv ausgeschlossen oder unzumutbar sein, weiterhin am Gewinnabführungsvertrag festzuhalten.[6] Im BFH-Urteil I R 45/12 findet sich dieses Erfordernis unseres Erachtens allerdings nicht[7], auch wenn in der Praxis berücksichtigt werden sollte, dass sich Mitglieder des I. Senats in diese Richtung geäußert haben (s. Rz. 6.35).[8] Entscheidend ist stattdessen der Ausgangspunkt des BFH, nämlich die Betonung des Missbrauchsvermeidungszwecks der Mindestlaufzeit. Durch die Mindestlaufzeit soll sichergestellt werden, dass der Steuerpflichtige nicht beliebig mithilfe der Organschaft die Besteuerung „steuert". Dies ist bereits dann nicht gegeben, wenn die Umstände des Einzelfalls eine Vertragsbeendigung „wirtschaftlich nachvollziehbar" erscheinen lassen.[9] Andere meinen, der Vertragsbeendigungsgrund müsse „wirtschaftlich vernünftig",[10] „wirtschaftlich sinnvoll",[11] aus „vernünftiger

11.39

---

1 BFH v. 12.1.2011 – I R 3/10, BStBl. II 2011, 727; BFH v. 13.11.2013 – I R 45/12, BStBl. II 2014, 485; BFH v. 27.11.2013 – I R 36/13, BStBl. II 2014, 651 = FR 2014, 979 – anhängig beim BVerfG, Az. des BVerfG: 2 BvL 18/14.
2 BFH v. 13.11.2013 – I R 45/12, BStBl. II 2014, 485.
3 BFH v. 27.11.2013 – I R 36/13, BStBl. II 2014, 651 = FR 2014, 979 – anhängig beim BVerfG, Az. des BVerfG: 2 BvL 18/14.
4 BFH v. 13.11.2013 – I R 45/12, BStBl. II 2014, 486 = FR 2014, 608.
5 Dem misst *Gosch*, JbFSt 2016/2017, 193 (194) eine maßgebliche Bedeutung bei.
6 So *Gosch*, BFH/PR 2014, 200 (201); nach *Rüsch*, DStZ 2016, 263 (266); JbFSt 2016/2017, 193 (194). Nach *Frotscher* in Frotscher/Drüen, § 14 KStG Rz. 681 (Stand: Januar 2016) muss ein vertraglich vereinbarter wichtiger Grund gewichtig sein und in seiner Bedeutung den gesetzlich normierten Kündigungsmöglichkeiten aus wichtigem Grund entsprechen, um steuerrechtlich als wichtiger Grund anerkannt zu werden. *Trossen*, GmbH-StB 2014, 127 verlangt exzeptionelle Umstände, die er als nicht vorhersehbare Vertragsstörung definiert.
7 *Rödder/Lieckenbrock* in Rödder/Herlinghaus/Neumann, § 14 KStG Rz. 352 f.; *Brühl*, GmbHR 2016, 75 (80); *Benz/Pung*, StbJb. 2016/2017, 139 (141).
8 *Märtens*, jurisPR-SteuerR 19/2014 Anm. 4 unterscheidet nicht zwischen konzerninternen und -externen Vorgängen.
9 FG Hessen v. 28.5.2015 – 4 K 677/14, EFG 2015, 2100 („nachvollziehbare wirtschaftliche (nicht steuerliche) Gründe"). Vgl. auch *Dötsch* in Dötsch/Pung/Möhlenbrock, § 14 KStG Rz. 604 (Stand: August 2016) (falls „kaufmännisch nachvollziehbar" im Regelfall steuerlich wichtiger Grund).
10 *Heurung/Engel/Müller-Thomczik*, GmbHR 2012, 1227 (1231 f.); *Stangl/Brühl*, Ubg 2012, 657 (664); ähnlich *Walter* in Ernst & Young, § 14 KStG Rz. 785 (Stand: März 2018 – „vernünftige kaufmännische Gründe").
11 *Breuninger*, JbFSt 2015/2016, 179 (189).

kaufmännischer Überlegung sachgerecht"[1] oder nach „kaufmännischer Beurteilung erforderlich"[2] sein, wobei es sich hier wohl um sprachliche und nicht um inhaltliche Differenzen handelt. Die Grenze zum Schädlichen ist erst erreicht, wenn der Grund nur vorgeschoben wird, um willkürlich die Besteuerung zu beeinflussen.[3] Eine weitergehende Grenze lässt sich aus dem Telos des Gesetzes (Missbrauchsverhütung, dazu BFH-Urteil I R 45/12) unseres Erachtens nicht entwickeln. Das wurde durch das Urteil des Hessischen FG[4] deutlich, welches ausgehend vom BFH-Urteil I R 45/12 einen steuerrechtlich wichtigen Grund annahm, obwohl nur ein „wirtschaftlicher Grund" im konkreten Sachverhalt gegeben war. Kritisch zu sehen ist allerdings die Einschränkung des Hessischen FG, wonach ein steuerrechtlich wichtiger Grund im konkreten Fall zweifelhaft gewesen wäre, wenn nicht von vornherein festgestanden hätte, die Organschaft nach der Einbringung in zweistufiger Form fortzuführen. Zwar ist die Beendigung des Gewinnabführungsvertrags sicherlich nicht steuerrechtlich motiviert, wenn nach der konzerninternen Übertragung der Beteiligung an der Organgesellschaft das Einkommen der Organgesellschaft im Ergebnis weiterhin demselben (obersten) Organträger zugerechnet wird.[5] Es gibt aber auch ohne eine solche Fortsetzung der Organschaft wirtschaftliche Gründe für ein Umhängen der Beteiligung. Vor dem Hintergrund des Urteils des Hessischen FG ist derzeit jedoch zu empfehlen, eine Organschaft nach einer Umstrukturierung fortzusetzen, sofern technisch darstellbar.

11.40 **Auffassung der Finanzverwaltung.** Es bedarf einer sorgfältigen Einzelfallprüfung. Das BFH-Urteil I R 45/12 betraf einen von besonderen Umständen geprägten Einzelfall,[6] weshalb es nicht pauschal verallgemeinert werden kann.[7] Das scheint auch die Finanzverwaltung so zu sehen, die die KStR zeitlich nach dem BFH-Urteil überarbeitete, die für die Organschaft relevanten Regelungen aber (von der Streichung der Rückausnahme abgesehen) nahezu unverändert ließ.[8] Im Schrifttum wird daher davon ausgegangen, dass die Finanzverwaltung in den in den KStR genannten Fällen grundsätzlich einen steuerrechtlich wichtiger Grund anerkennen und einen solchen lediglich ausnahmsweise in Fällen verneinen wird, in denen (insbesondere mit einer konzerninternen Umstrukturierung) bewusst versucht wird, die Mindestlaufzeit des Gewinnabführungsvertrags zweckwidrig abzukürzen.[9] Die Darlegungs-

---

1 *Erle/Heurung* in Erle/Sauter[3], § 14 KStG Rz. 194; *Lohmar* in Lademann, § 14 KStG Rz. 250 (Stand: November 2016).
2 *Rödder/Lieckenbrock* in Rödder/Herlinghaus/Neumann, § 14 KStG Rz. 353.
3 I.Erg. auch *Rödder/Liekenbrock* in Rödder/Herlinghaus/Neumann, § 14 KStG Rz. 351 ff.
4 FG Hessen v. 28.5.2015 – 4 K 677/14, EFG 2015, 2100.
5 *Philipp/Kröger*, DB 2015, 2783 (2784).
6 *Scheifele/Marx*, DStR 2014, 1793 (1800); *Breuninger*, JbFSt 2015/2016, 179 (192); *Philipp/Kröger*, DB 2015, 2783 (2784); *Heurung/Fröhr/Schmidt*, BB 2016, 727 (731); *Benz/Pung*, StbJb. 2016/2017, 139 (142); *Dötsch* in Dötsch/Pung/Möhlenbrock, § 14 KStG Rz. 591 (Stand: Juni 2018).
7 *Philipp/Kröger*, DB 2015, 2783 (2784); *Heurung/Fröhr/Schmidt*, BB 2016, 727 (731).
8 Ebenso *Pohl*, NWB 2016, 2424 (2426); *Benz/Pung*, StbJb. 2016/2017, 139 (142). *Blumenberg/Kring*, DB 2015, 1435 (1436) sprechen demgegenüber von Unsicherheiten („Unsicherheiten ergeben sich aus einem 2014 veröffentlichten BFH-Urteil (...). Es wäre zu begrüßen, wenn der Richtliniengeber diese Unsicherheit in den KStR-E 2015 entschärfen würde.").
9 *Dötsch* in Dötsch/Pung/Möhlenbrock, § 14 KStG Rz. 592 (Juni 2018) („Regelvermutung"). Vgl. auch *Rödder/Liekenbrock* in Rödder/Herlinghaus/Neumann, § 14 KStG Rz. 354 („könnte als Signal verstanden werden (...) einer Regelvermutung"); *Pohl*, NWB 2016, 2424 (2426 f.) („Mit Urteil vom 13.11.2013 (...) hat der BFH einen anderen Weg beschritten und bei einer allein steuerlich motivierten Veräußerung einen wichtigen Grund verneint. Auch die Finanzverwaltung folgt dieser Ansicht (...). Eine Änderung bzw. Präzisierung der entsprechenden Richtlinie war vor diesem Hintergrund nicht erforderlich."); *Benz/Pung*, StbJb. 2016/2017, 139 (142) („eine sorgfältige Ein-

last für die Motivationslage der Beteiligten trägt im Streitfall die Finanzverwaltung.[1] Ein Gericht wäre an die KStR allerdings nicht gebunden.

Keine Besonderheiten bei konzerninternen Veräußerungen. Konzerninterne Veräußerungen sollten unseres Erachtens nach den gleichen Grundsätzen wie konzernexterne Veräußerungen beurteilt werden.[2] Selbst wenn konzernintern der typische Interessengegensatz fehlen kann,[3] der Veräußerungen an fremde Dritte immanent ist, rechtfertigt dies nicht die Anwendung eines strengeren oder anderen Maßstabs.[4] Dies scheint auch die Finanzverwaltung so zu sehen. Die KStR 2015 unterscheiden jedenfalls nicht zwischen konzerninternen und -externen Vorgängen, was aber zu erwarten wäre, wenn für konzerninterne Vorgänge strengere Maßstäbe gelten sollten.[5] Das BFH-Urteil I R 45/12 zwingt unseres Erachtens zu keiner anderen Auslegung. Es betraf einen nicht per se verallgemeinerungsfähigen Einzelfall, bei dem versucht wurde, die Organschaftswirkungen missbräuchlich zu nutzen. Unseres Erachtens scheiden konzerninterne Vorgänge daher nur – nach allgemeinen Grundsätzen – als steuerrechtlich wichtiger Grund aus, wenn die Organschaft dadurch „manipuliert" werden soll, der konzerninterne Vorgang also „vorgeschoben" wird, um etwas anderes (nämlich die Beendigung der Organschaft) zu erreichen. Besteht dagegen ein wirtschaftlicher Grund für den konzerninternen Vorgang, fehlt es an der Manipulationssituation, sodass der konzerninterne Vorgang als steuerrechtlich wichtiger Grund anzusehen ist.[6]

11.41

Rückausnahme der Finanzverwaltung. Steht im Zeitpunkt des Vertragsabschlusses bereits fest, dass der Gewinnabführungsvertrag vorzeitig beendet werden wird, scheidet nach R 14.5 Abs. 6 Satz 3 KStR 2015 der steuerrechtlich wichtige Grund aus. Ursache dieser Verschärfung ist wohl das BFH-Urteil I R 45/12.[7] Die Reaktion der Finanzverwaltung darauf war allerdings überschießend, da nicht jeder bereits bei Vertragsschluss feststehende Grund manipulationsgeeignet ist.[8] So kommt es zB bei einer Liquidation zu keinem potentiell missbräuchlichen oder willkürlichen Wechsel von der Organschaftsbesteuerung zur Normalbesteuerung, weshalb unseres Erachtens eine Organschaft trotz geplanter Liquidation im Zeitpunkt des Vertragsschlusses nach wie vor möglich sein sollte. Im Schrifttum wird eine Ausweitung der Rege-

11.42

---

zelfallprüfung notwendig (…), auch wenn (…) im Grundsatz von steuerlich wichtigen Gründen ausgegangen werden kann.").
1 So auch *Scheifele/Marx*, DStR 2014, 1793 (1801).
2 *Scheifele/Marx*, DStR 2014, 1793 (1801); *Philipp/Kröger*, DB 2015, 2783 (2784); *Breuninger*, JbFSt 2015/2016, 179 (186); *Heurung/Fröhr/Schmidt*, BB 2016, 727 (731); *Benz/Pung*, StbJb. 2016/2017, 139 (142); *Dötsch* in Dötsch/Pung/Möhlenbrock, § 14 KStG Rz. 591 (Stand: Juni 2018).
3 Vgl. *Dötsch* in Dötsch/Pung/Möhlenbrock, § 14 KStG Rz. 591 (Stand: Juni 2018), wonach allenfalls in der endgültigen Trennung von der Beteiligung ein Grund für eine unterschiedliche Beurteilung von konzernexterner und -interner Beteiligung liegen könnte, was *Dötsch* aber ablehnt.
4 AA *Frotscher* in Frotscher/Drüen, § 14 KStG Rz. 682 (Stand: Januar 2016) bei Veräußerung an eine zu 100 % dem gleichen Konzern angehörige Gesellschaft; vgl. auch *Trossen*, GmbH-StB 2014, 127 (128).
5 Das betonen auch *Rödder/Liekenbrock* in Rödder/Herlinghaus/Neumann, § 14 KStG Rz. 356 sowie *Möhlenbrock*, JbFSt 2015/2016, 194 (195).
6 Explizit *Dötsch* in Dötsch/Pung/Möhlenbrock, § 14 KStG Rz. 591 (Stand: Juni 2018) („UE sollte die […] Konzernausnahme nur in Fällen greifen, in denen die vorzeitige Beendigung des GAV in Folge konzerninterner Anteilsveräußerung objektiv im Belieben der Parteien steht und von vornehenerein geplant war, die Organschaft nur solange aufrecht zu erhalten, bis die damit angestrebten St-Vorteile erreicht worden sind.").
7 *Benz/Pung*, StbJb. 2016/2017, 139 (140).
8 Kritisch auch *Walter* in Ernst & Young, § 14 KStG Rz. 782 (Stand: März 2018).

lung zur „feststehenden" auf eine „geplante oder zumindest in Erwägung gezogene" Beendigung vertreten, da auch in diesem Fall von keiner hinreichend gewollten fünfjährigen Bindung ausgegangen werden könne.[1] Von R 14.5 Abs. 6 Satz 3 KStR 2015 wird dies nicht gedeckt; diese Regelung lässt keinen Raum für Wahrscheinlichkeitserwägungen. Von einem pflichtgemäß handelnden Geschäftsführer ist zu erwarten, dass er sich mit möglichen Zukunftsszenarien auseinandersetzt. Würde dies bestraft, würde ein sorgfältig handelnder Steuerpflichtige, der mögliche Eventualitäten mitbedenkt, schlechter gestellt als derjenige, der – ohne weitere Überlegungen anzustellen – einen Gewinnabführungsvertrag abschließt. Daher liegt ein „Feststehen" weder vor, wenn ein Antrag auf Erteilung einer verbindlichen Auskunft zu geplanten Umstrukturierungsschritten gestellt oder ein Letter of Intent (unverbindliche Absichtserklärung) unterzeichnet wird.[2]

d) Umsetzung in der Praxis

11.43 **Dokumentation.** Es empfiehlt sich, bei Vertragsschluss den Beweggrund zu dokumentieren, der Anlass für die Vereinbarung eines bestimmten vertraglichen Kündigungsgrunds ist,[3] um die Vermutung auszuschließen, dass von Anfang an geplant war, die Organschaft nur als Vehikel einer Steueroptimierung zu nutzen und dabei die fünfjährige Mindestlaufzeit zu unterlaufen. Gleiches gilt für den Beendigungsfall. Beispielsweise sollte bei konzerninternen Vorgängen dokumentiert werden, dass die Beendigung des Gewinnabführungsvertrags Teilschritt eines (wirtschaftlich nachvollziehbaren) Umstrukturierungskonzepts ist.[4]

11.44 **Einholung einer verbindlichen Auskunft.** Da auch die von der Finanzverwaltung in den KStR 2015 als steuerrechtlich wichtig anerkannten Gründe für den konkreten Einzelfall keine vollständige Sicherheit bieten, ist im Zweifelsfall eine verbindliche Auskunft einzuholen.[5] Dies gilt erst recht, wenn es um einen nicht in den KStR 2015 erwähnten wichtigen Grund geht. Bei der Formulierung des Antrags ist darauf zu achten, dass die Angaben zutreffend und vollständig sind. Nach § 2 Abs. 1 Satz 1 StAuskV entfällt die erwünschte Bindungswirkung der verbindlichen Auskunft, wenn der später tatsächlich verwirklichte Sachverhalt wesentlich von dem im Antrag dargestellten Sachverhalt abweicht.

e) Fallgruppen des steuerrechtlich wichtigen Grunds

aa) Fallgruppe 1: Änderung der steuerrechtlichen Rahmenbedingungen

11.45 **(Geplante) Änderung der steuerrechtlichen Rahmenbedingungen.** Ein steuerrechtlich wichtiger Grund liegt vor, wenn sich die gesetzlichen Vorschriften oder die Verwaltungsanweisungen ändern, auf deren Fortbestand das betreffende Organschaftsverhältnis aufgebaut hat. Da die Vertragsparteien die Entscheidung für den Gewinnabführungsvertrag (auch) auf der Grundlage des geltenden Rechts getroffen haben, kann der Rechtsbindungswille bei einer Änderung der Rechtslage entfallen und zur Beendigung des Gewinnabführungsvertrags berechti-

---

1 *Kowanda*, GmbH-StB 2017, 351 (356).
2 *Dötsch* in Dötsch/Pung/Möhlenbrock, § 14 KStG Rz. 594 (Stand: Juni 2018).
3 *Brill*, GWR 2014, 183.
4 *Philipp/Kröger*, DB 2015, 2783 (2784); *Brühl*, GmbHR 2016, 75 (80).
5 So u.a. *Scheifele/Marx*, DStR 2014, 1793 (1801); *Füger/Rieger/Schell*, DStZ 2015, 404 (410); *Breuninger*, JbFSt 2015/2016, 179 (193); *Benz/Pung*, StbJb. 2016/2017, 139 (143); *Neumayer* in Centrale für GmbH, Rz. 593 (Stand: April 2017).

gen.[1] Eine (geplante[2]) relevante Änderung der steuerrechtlichen Rahmenbedingungen ist damit ein steuerrechtlich wichtiger Grund für die Beendigung des Gewinnabführungsvertrags.[3] Zu dieser Fallgruppe gehören zB der Wegfall der Mehrmütterorganschaft,[4] die geänderten Anforderungen an die Organträgereigenschaft einer Personengesellschaft,[5] die Einfügung von § 14 Abs. 3 KStG durch das EuRLUmsG[6] oder die durch § 14 Abs. 1 Satz 1 Nr. 5 KStG neu geschaffene Reglung zur doppelten Verlustrechnung im In- und Ausland.[7] Als steuerrechtlich wichtiger Grund wäre unseres Erachtens auch eine relevante Änderung der steuerlichen Rahmenbedingungen im Ausland, wie zB die Einführung einer Dual-Consolidated *Loss* Rule, anzusehen.[8]

bb) Fallgruppe 2: Änderung der wirtschaftlichen Rahmenbedingungen

(Drohende) Änderung der wirtschaftlichen Rahmenbedingungen. Eine (drohende) Änderung der wirtschaftlichen Rahmenbedingungen berechtigt zur Beendigung des Gewinnabführungsvertrags, sofern die Änderung von den Vertragsparteien nicht manipulativ herbeigeführt wird, um die Organschaft vorzeitig zu beenden. Für einen steuerrechtlich wichtigen Grund müssen sich die wirtschaftlichen Rahmenbedingungen in der Regel derart ändern, dass die Vertragsparteien bei vernünftiger kaufmännischer Beurteilung den Gewinnabführungsvertrag in der bisherigen Form nicht geschlossen hätten.[9]

11.46

Wichtige Gründe i.S.v. § 297 Abs. 1 AktG. Eine Kündigung des Gewinnabführungsvertrags wegen Vorliegens eines wichtigen Grunds i.S.v. § 297 AktG ist unseres Erachtens stets als steuerrechtlich wichtiger Grund zu qualifizieren.[10] Nach § 297 Abs. 1 Satz 2 AktG liegt ein wichtiger Grund namentlich vor, wenn der andere Vertragsteil voraussichtlich nicht in der Lage sein wird, seine auf Grund des Vertrags bestehenden Verpflichtungen zu erfüllen. Mit einer Manipulationssituation hat das nichts zu tun. Davon zu trennen sind die zivilrechtlich wichtigen Gründe, die kraft vertraglicher Vereinbarung als wichtiger Grund festgelegt wurden (dazu Rz. 11.28).

11.47

---

1 *Lange*, GmbHR 2011, 806 (810); vgl. auch *Rödder/Liekenbrock* in Rödder/Herlinghaus/Neumann, § 14 KStG Rz. 357.
2 *Lange*, GmbHR 2011, 806 (810) fordert, dass die Umsetzung der Gesetzesänderung wahrscheinlich bzw. zeitlich bekannt sein muss.
3 BFH v. 6.6.2013 – I R 38/11, BStBl. II 2014, 398 erwähnt dies als Möglichkeit; BFH v. 27.11.2013 – I R 36/13, BStBl. II 2014, 651 = FR 2014, 979 sieht die gravierende Änderung der steuerlichen Rahmenbedingungen explizit als wichtigen Grund an.
4 BMF v. 10.11.2005 – IV B 7 - S 2770 – 24/05, BStBl. I 2005, 1038 = FR 2005, 1216 Rz. 6.
5 *Walter* in Ernst & Young, § 14 KStG Rz. 781 (Stand: März 2018).
6 BFH v. 27.11.2013 – I R 36/13, BStBl. II 2014, 651.
7 *Dötsch* in Dötsch/Pung/Möhlenbrock, § 14 KStG Rz. 605 (Stand: August 2016); *Walter* in Ernst & Young, § 14 KStG Rz. 781 (Stand: März 2018).
8 *Rödder/Liekenbrock* in Rödder/Herlinghaus/Neumann, § 14 KStG Rz. 357 mwN.
9 *Frotscher* in Frotscher/Drüen, § 14 KStG Rz. 680 (Stand: Januar 2016).
10 *Lange*, GmbHR 2011, 806 (810); *Heurung/Engel/Müller-Thomczik*, GmbHR 2012, 1227 (1233); *Nodoushani*, DStR 2017, 399 (404); vgl. auch *Rödder/Liekenbrock* in Rödder/Herlinghaus/Neumann, § 14 KStG Rz. 359, nach denen im Wesentlichen eine Übereinstimmung mit den zivilrechtlichen Anforderungen für einen wichtigen Grund wegen voraussichtlich dauerhafter Leistungsunfähigkeit besteht, wenn aufgrund der (voraussichtlichen) Verschlechterung der wirtschaftlichen Lage einer Vertragspartei die Existenz der anderen Vertragspartei bedroht wird.

11.48 **Veräußerungen.** Für Veräußerungen gilt:

- **Konzernexterne Veräußerung.** Ein steuerschädliches Motiv wird sich bei einer konzernexternen Veräußerung nicht finden lassen. Eine willkürliche Beeinflussung der Besteuerung wird durch die erforderliche Mitwirkung des (konzernexternen) Dritten vermieden. Daher kann bei einer konzernexternen Veräußerung regelmäßig vom Vorliegen eines steuerrechtlich wichtigen Grunds für die Beendigung des Gewinnabführungsvertrags ausgegangen werden (vgl. R 14 Abs. 6 Satz 2 KStR 2015).[1] Eine Ausnahme ist nach R 14 Abs. 6 Satz 3 KStR 2015 allerdings dann zu machen, wenn die Veräußerung von Anfang an geplant war.[2]

- **Konzerninterne Veräußerung.** Bei einer konzerninternen Veräußerung gelten unseres Erachtens die gleichen Maßstäbe zur Beurteilung des Vorliegens eines wichtigen Grunds wie bei einer konzernexternen Veräußerung (dazu Rz. 11.41). Es besteht kein Erfordernis, bei einer konzerninternen Veräußerung die Organschaft in abgeänderter Form (z.B. nach Veräußerung an eine Zwischenholding in Form einer mittelbaren Organschaft oder in einer über die Zwischenholding durchgeleiteten Organschaft) fortzuführen, selbst wenn dies möglich sein sollte (dazu Rz. 11.35 und Rz. 11.39).[3] Eine konzerninterne Veräußerung der Organbeteiligung ist aber dann kein steuerrechtlich wichtiger Grund, wenn die Veräußerung nur „vorgeschoben" wird, um – rein steuerlich motiviert – die Beendigung der Organschaft zu erreichen.[4]

- **Teilveräußerung.** Ein steuerrechtlich wichtiger Grund kann nach den obigen Grundsätzen auch gegeben sein, wenn der Organträger seine Beteiligung an der Organgesellschaft nur teilweise (intern oder extern) veräußert. R 14 Abs. 6 Satz 2 KStR 2015 benennt zwar nur die Veräußerung, nicht aber die Teilveräußerung als wichtigen Grund. Wenn durch die Teilveräußerung die (unmittelbare) finanzielle Eingliederung verloren geht, gleicht die Teilveräußerung einer Vollveräußerung.[5] Unseres Erachtens liegt ein steuerrechtlich wichtiger Grund auch dann vor, wenn zwar die (unmittelbare) finanzielle Eingliederung erhalten bleibt, aber durch die Teilveräußerung erstmals ein außenstehender Dritter beteiligt wird. Die Beteiligung des Dritten würde die Notwendigkeit einer Ausgleichszahlung begründen. Sofern der Gewinnabführungsvertrag hierdurch nicht ohnehin automatisch endet (§ 307 AktG), sollte er unseres Erachtens aus wichtigem Grund gekündigt werden können.

- **Put-Option.** Die Vereinbarung einer Put-Option bereits bei oder vor Beginn der Organschaft halten wir für steuerunschädlich, da eine willkürliche Beeinflussung der Besteuerung auch in diesem Falle ausgeschlossen ist. Die Vereinbarung einer Put-Option bedeutet nicht zwingend, dass die Parteien deren Ausübung und damit den Wegfall der Organschaft anti-

---

1 *Scheifele/Marx*, DStR 2014, 1793 (1800); *Füger/Rieger/Schell*, DStZ 2015, 404 (410); *Neumayer* in Centrale für GmbH, Rz. 5936 (Stand: April 2017); s. aber auch Rz. 6.35.
2 *Stangl/Brühl*, Ubg 2012, 657 (665).
3 *Breuninger*, JbFSt 2015/2016, 179 (192).
4 BFH v. 13.11.2013 – I R 45/12, BStBl. II 2014, 486 = FR 2014, 608; BFH v. 27.11.2013 – I R 36/13, BStBl. II 2014, 651 = FR 2014, 979 – anhängig beim BVerfG, Az. des BVerfG: 2 BvL 18/14.
5 *Lange*, GmbHR 2011, 806 (811); *Dötsch* in Dötsch/Pung/Möhlenbrock, § 14 KStG Rz. 598, 602 (Stand: jeweils August 2016). Weitergehend wohl *Frotscher* in Frotscher/Drüen, § 14 KStG Rz. 683 (Stand: Januar 2016) (Teilveräußerung reicht, falls an einen neuen, nicht dem gleichen Konzern zugehörigen Gesellschafter veräußert wird); *Walter* in Ernst & Young, § 14 KStG Rz. 782 (Stand: März 2018 – jede Teilveräußerung reicht aus).

zipieren, weshalb die Rückausnahme des R 14.5 Abs. 6 Satz 3 KStR 2015 (dazu Rz. 11.36 und Rz. 11.42) unseres Erachtens nicht einschlägig ist.[1]

Umwandlungsvorgänge. Für Umwandlungsvorgänge gilt: 11.49

– **Verhältnis UmwSt-Erl. 2011 und KStR 2015.** Der UmwSt-Erl. 2011 geht bei Umwandlungen stets vom Vorliegen eines wichtigen Grunds aus, wohingegen R 14.5 Abs. 6 Satz 2 KStR 2015 von „können" spricht (dazu Rz. 11.36). Das Vorrangverhältnis des UmwSt-Erl. 2011 und der KStR 2015 wird zugunsten letzterer aufgelöst. R 1 Abs. 3 KStR 2015 legt fest, dass „Anordnungen, die mit den nachstehenden Richtlinien im Widerspruch stehen, (…) nicht mehr anzuwenden" sind. Mithin kann der Umwandlungsvorgang ein wichtiger Grund sein (Regelfall), muss es aber nicht.[2]

– **Anwendung der allgemeinen Grundsätze.** Für Umwandlungsvorgänge sind daher die allgemeinen Grund-sätze anzuwenden, um zu bestimmen, ob ein steuerrechtlich wichtiger Grund vorliegt (dazu Rz. 11.37 ff.). Eine konzerninterne Umstrukturierung ist danach im Regelfall als steuerrechtlich wichtiger Grund anzusehen, sofern keine Manipulationssituation besteht.[3] Es empfiehlt sich, den wirtschaftlich nachvollziehbaren Grund zu dokumentieren, um die Annahme auszuschließen, dass von Anfang an geplant war, die Organschaft nur als Vehikel einer Steueroptimierung zu nutzen und dabei die fünfjährige Mindestlaufzeit zu unterlaufen (dazu Rz. 11.42).

– **Einbringung der Beteiligung an der Organgesellschaft.** Für eine Einbringung gilt unseres Erachtens nichts anderes. Sie ist im Regelfall als steuerrechtlich wichtiger Grund zu qualifizieren, sofern keine Manipulationssituation besteht. Die Einschränkung des Hessischen FG, wonach bei einer Einbringung der Organbeteiligung in eine Zwischenholding der steuerrechtlich wichtige Grund zweifelhaft gewesen wäre, hätte nicht von vornherein festgestanden, dass die Organschaft nach der Einbringung in zweistufiger Form fortgeführt werden sollte, ist kritisch zu sehen (dazu Rz. 11.35 und Rz. 11.39).

– **Weitere Umwandlungsvorgänge.** Als weitere Umwandlungsvorgänge, die im Regelfall als steuerrechtlich wichtiger Grund zu qualifizieren sind, sofern keine Manipulationssituation besteht, kommen nach Maßgabe von R 14 Abs. 6 Satz 2 KStR 2015 in Betracht (zu Ausnahmen Rz. 11.54):

– **Verschmelzung**[4] des Organträgers (vgl. UmwSt-Erl. 2011 Rz. Org.04) oder der Organgesellschaft (vgl. UmwSt-Erl. 2011 Rz. Org.26, Org.21)

---

1 Kritischer *Dötsch* in Dötsch/Pung/Möhlenbrock, § 14 KStG Rz. 599 (Stand: August 2016) mit Verweis auf R 14.5 Abs. 6 Satz 3 KStR 2015, der darin ein Indiz dafür sieht, dass es beabsichtigt war, den Gewinnabführungsvertrag schon vor Ablauf der fünfjährigen Mindestlaufzeit zu beenden.
2 *Pohl*, NWB 2016, 2424 (2427).
3 Vgl. *Rödder/Liekenbrock* in Rödder/Herlinghaus/Neumann, § 14 KStG Rz. 356; *Brühl*, GmbHR 2016, 75 (80) („Auch mit konzerninternen Umhängen der Organbeteiligung sind jedoch zahlreiche Konsequenzen verbunden, die eine steuerliche Motivation in den Hintergrund treten lassen"); *Heurung/Fröhr/Schmidt*, BB 2016, 727 (731) („Konzerninterne Übertragungsvorgänge können demnach u.E. genauso wie konzerninterne Beteiligungsveräußerungen auch weiterhin einen wichtigen Grund i.S.v. § 14 Abs. 1 S. 1 Nr. 3 S. 2 KStG darstellen.").
4 Dies gilt unseres Erachtens auch dann, wenn man von einer automatischen Beendigung des Gewinnabführungsvertrags im Zuge der Verschmelzung ausgeht. So auch *Neumann* in Gosch[3], § 14 KStG Rz. 288; *Walter* in Ernst & Young, § 14 KStG Rz. 782 (Stand: März 2018). AA *Schüppen*, JbFSt 2015/2016, 196.

– **Spaltung** des Organträgers oder der Organgesellschaft (vgl. UmwSt-Erl. 2011 Rz. Org.12, 22)

– **Formwechsel** des Organträgers oder der Organgesellschaft, wenn hierdurch die Fähigkeit, Organträger oder Organgesellschaft zu sein, entfällt (argumentum e contrario UmwSt-Erl. 2011 Rz. Org.10). Die Organträgereigenschaft entfällt zB, wenn der Organträger von einer vermögensverwaltenden Körperschaft in eine vermögensverwaltende Personengesellschaft formgewechselt wird.[1] Eine vermögensverwaltende Personengesellschaft betreibt kein gewerbliches Unternehmen, was aber nach § 14 Abs. 1 Satz 1 Nr. 2 Satz 2 KStG Voraussetzung für die Organträgereigenschaft einer Personengesellschaft ist. Die Fähigkeit, Organgesellschaft zu sein, entfällt zB, wenn die bisherige Kapitalgesellschaft in eine Personengesellschaft formgewechselt wird.[2] Ob es in einem solchen Fall überhaupt einer Kündigung des Gewinnabführungsvertrags bedarf oder dieser automatisch endet, ist umstritten.[3] Unstreitig ist der Vorgang aber für die Vergangenheit organschaftsunschädlich, sofern er nicht schon bei Vertragsschluss feststand.[4]

11.50 **Erstmaliger Beitritt eines außenstehenden Gesellschafters.** Hat eine AG/SE/KGaA im Zeitpunkt des Beschlusses über den Gewinnabführungsvertrag noch keinen außenstehenden Gesellschafter, bewirkt der erstmalige Beitritt eines solchen, dass der Gewinnabführungsvertrag endet (§ 307 AktG). Bei einer GmbH ist dies umstritten (dazu Rz. 2.146). Wendet man § 307 AktG analog an, endet auch hier der Gewinnabführungsvertrag mit dem erstmaligen Beitritt eines außenstehenden Gesellschafters. Hält man die Norm für unanwendbar, rechtfertigt der Beitritt die außerordentliche Kündigung des Gewinnabführungsvertrags, was auch ein steuerrechtlich wichtiger Grund ist.[5] Die Wirkung des § 307 AktG kann jedoch abgewendet werden, wenn im Wege der Vertragsänderung eine Ausgleichszahlung aufgenommen wird (dazu Rz. 3.89).

11.51 **Auflösung des Organträgers und der Organgesellschaft.** Die Auflösung des Organträgers oder der Organgesellschaft ist nach R 14.5 Abs. 6 Satz 2 KStR 2015 ein steuerrechtlich wichtiger Grund (zur Ausnahme Rz. 11.54). Im Falle der Liquidation der Organgesellschaft galt dies nach R 60 Abs. 6 Satz 4 KStR 2004 selbst dann, wenn bei Vertragsschluss bereits feststand, dass es zu einer Liquidation kommt. In R 14.5 Abs. 6 Satz 3 KStR 2015 ist diese Regelung nicht mehr enthalten. Zum Teil wird daher gefolgert, dass die bisherige Rückausnahme künftig keine Bedeutung mehr haben sollte.[6] Unseres Erachtens entfällt nur die Regelver-

---

1 *Haase*, PiStB 2008, 295 (298); *Frotscher* in Frotscher/Drüen, § 14 KStG Rz. 969 (Stand: September 2013). *Kolbe* in HHR, § 14 KStG Anm. 215 (Stand: September 2016) verlangt einen zusätzlichen steuerrechtlich wichtigen Grund beim Formwechsel der Organgesellschaft, da andernfalls durch den Formwechsel eine unschädliche Beendigung der Organschaft herbeigeführt werden könne. Beim Formwechsel des Organträgers stellt *Kolbe* in HHR, § 14 KStG Anm. 214 (Stand: September 2016) ebenfalls auf die Fähigkeit ab, Organträger zu sein.
2 *Haase*, PiStB 2008, 295 (298 f.).
3 *Schüppen*, JbFSt 2015/2016, 196.
4 Vgl. u.a. *Schüppen*, JbFSt 2015/2016, 196; *Breuninger*, JbFSt 2015/2016, 179 (196); *Walter* in Ernst & Young, § 14 KStG Rz. 352 (Stand: Oktober 2016) mwN.
5 *Frotscher* in Frotscher/Drüen, § 14 KStG Rz. 683 (Stand: Januar 2016); *Rödder/Lieckenbrock* in Rödder/Herlinghaus/Neumann, § 14 KStG Rz. 355 f., 358; *Walter* in Ernst & Young, § 14 KStG Rz. 782 (Stand: November 2016). Restriktiver indes *Dötsch* in Dötsch/Pung/Möhlenbrock, § 14 KStG Rz. 581 (Stand: August 2016), der zusätzlich verlangt, dass eine Vertragsbeendigung entsprechend § 307 AktG vertraglich vereinbart wurde.
6 *Pohl*, NWB 2016, 2424 (2426).

mutung. Ist aber im Einzelfall kein Missbrauch gegeben, sollte der steuerrechtlich wichtige Grund anerkannt werden. Beispielsweise sollte eine Organschaft trotz geplanter Liquidation der Organgesellschaft im Zeitpunkt des Vertragsschlusses auch künftig möglich sein, da eine Liquidation grundsätzlich nicht manipulativ ist (dazu auch Rz. 11.42). Einer Auflösung gleichzustellen (und damit als steuerrechtlich wichtiger Grund zu qualifizieren) ist unseres Erachtens der Fall, in dem die Organgesellschaft ihren Geschäftsbetrieb nicht nur vorrübergehend einstellt und ihr Betriebsvermögen veräußert.[1] Hierbei muss die Organgesellschaft ihren Gewinn selbst versteuern. Es ist grundsätzlich nicht möglich, den im Zeitraum der Abwicklung erzielten Gewinn noch dem Organträger zuzurechnen (dazu Rz. 20.23).[2]

Leistungsunfähigkeit des Organträgers. Kann der Organträger seine Verpflichtung zum Verlustausgleich nicht mehr erfüllen, weil er voraussichtlich nicht nur vorübergehend, sondern (dauerhaft) leistungsunfähig wird, kann die Organgesellschaft unter Verweis auf § 297 Abs. 1 Satz 2 AktG kündigen. Eine solche Kündigung nach § 297 AktG ist als Kündigung aus steuerrechtlich wichtigem Grund zu qualifizieren.[3] Der Zeitpunkt der drohenden Leistungsunfähigkeit ist unseres Erachtens spätestens mit der Eröffnung des vorläufigen Insolvenzverfahrens erreicht.[4] Demgegenüber liegt kein steuerrechtlich wichtiger Grund vor, wenn bereits im Zeitpunkt des Vertragsschlusses feststand, dass der Organträger seiner Verlustausgleichsverpflichtung nicht nachkommen kann (R 14.5 Abs. 6 Satz 3 KStR 2015). 11.52

Weitere steuerrechtlich wichtige Gründe. Weil sie zu einer wesentlichen Änderung der wirtschaftlichen Rahmenbedingungen führen, sind weitere steuerrechtlich wichtige Gründe grundsätzlich auch: 11.53

– **(Beabsichtigter) Börsengang der Organgesellschaft.** Der steuerrechtlich wichtige Grund liegt im geplanten (erfolgreichen) Zugang der Organgesellschaft zum Kapitalmarkt. Dies setzt die Beendigung der Organschaft voraus.[5]

– **Kündigung** des Gewinnabführungsvertrags **durch den Pfandgläubiger**, nachdem dieser Vollrechtsinhaber wurde[6]

---

1 So auch *Dötsch* in Dötsch/Pung/Möhlenbrock, § 14 KStG Rz. 621, 630 (Stand: jeweils August 2016).
2 H 14.6 KStH; BFH v. 18.10.1967 – I 262/63, BStBl. II 1968, 105; BFH v. 17.2.1971 – I R 148/68, BStBl. II 1971, 411; *Dötsch* in Dötsch/Pung/Möhlenbrock, § 14 KStG Rz. 628 (Stand: August 2016); *Micker* in HHR, § 11 KStG Rz. 61 (Stand: März 2017). AA *Bahns/Graw*, DB 2008, 1645 (1647 ff.); *Müller* in Müller/Stöcker/Lieber[10], Rz. 743, welche die Einbeziehung auch des Abwicklungsergebnisses in die Organschaft bejahen. Zu möglichen Ausweggestaltungen *Hierstetter*, BB 2015, 859 (861 f.) sowie Rz. 20.23.
3 Vgl. *Dötsch* in Dötsch/Pung/Möhlenbrock, Anh. 1 UmwStG Rz. 4, 11 (Stand: jeweils Januar 2017).
4 *Kahlert*, DStR 2013, 73 (75); *Dötsch* in Dötsch/Pung/Möhlenbrock, § 14 KStG Rz. 626 (Stand: August 2016). AA *Neumann* in Gosch[3], § 14 KStG Rz. 296.
5 Vgl. ua. *Frotscher* in Frotscher/Drüen, § 14 KStG Rz. 683a (Stand: Januar 2016); *Rödder/Lieckenbrock* in Rödder/Herlinghaus/Neumann, § 14 KStG Rz. 355; *Walter* in Ernst & Young, § 14 KStG Rz. 781 (Stand: März 2018). Der Gewinnabführungsvertrag kann bereits vor Durchführung des (hinreichend konkret beabsichtigten) Börsengangs beendet werden. Oftmals geschieht dies im Zusammenhang mit dem vorgelagerten Formwechsel von einer GmbH in eine AG, vgl. *Dötsch* in Dötsch/Pung/Möhlenbrock, § 14 KStG Rz. 607 (Stand: August 2016); Anh. 1 UmwStG Rz. 19 (Stand: Januar 2017); *Neumayer* in Centrale für GmbH, Rz. 5931 (Stand: April 2017).
6 *Walter* in Ernst & Young, § 14 KStG 783 (Stand: März 2018).

- **Drohende Verfallanordnung** bezüglich des Unternehmensvermögens der Organgesellschaft wegen Schmiergeldzahlungen gem. §§ 73 ff., 299 StGB sowie der aus diesem Grund **drohende Arrestbeschluss**[1]

- **Verlegung** des Orts **der Geschäftsleitung** des Organträgers oder der Organgesellschaft ins Ausland, wenn damit die persönlichen Organschaftsvoraussetzungen entfallen[2]

11.54 **Keine steuerrechtlich wichtigen Gründe.** Die folgenden Beispiele haben zwar auch eine Änderung der wirtschaftlichen Rahmenbedingungen zum Inhalt. Da sie aber entweder manipulationsbehaftet sind oder keine wesentliche Änderung nach sich ziehen, sind sie nicht als steuerrechtlich wichtiger Grund anzuerkennen.

- **Veräußerung der Anteile am Organträger**, da dies die Vertragssituation zwischen Organträger und Organgesellschaft nicht berührt.[3] Die wirtschaftlichen Rahmenbedingungen bleiben unverändert.

- **Formwechsel des Organträgers oder der Organgesellschaft**, wenn die Fähigkeit, Organträger oder Organgesellschaft zu sein, erhalten bleibt.[4] Da der Gewinnabführungsvertrag fortbesteht, ändern sich die wirtschaftlichen Rahmenbedingungen nicht.

- **Verschmelzung** einer anderen Gesellschaft auf die Organgesellschaft oder auf den Organträger, wenn hierdurch der Gewinnabführungsvertrag in seiner Wirksamkeit unberührt bleibt[5] und nicht erstmals ein außenstehender Dritter an der Organgesellschaft beteiligt wird. Bei einer Verschmelzung auf den Organträger ist dies stets der Fall; bei einer Verschmelzung auf die Organgesellschaft setzt dies voraus, dass die finanzielle Eingliederung bestehen bleibt.[6]

- **Insolvenz der Organgesellschaft**. Weder eine schlechte Ertragslage der Organgesellschaft noch ihre Insolvenz berechtigen den Organträger grundsätzlich nach § 297 Abs. 1 Satz 2 AktG zur außerordentlichen Kündigung. Der Wesensinhalt des Gewinnabführungsvertrags ist es gerade, Verluste zu übernehmen.[7] Eine Ausnahme ist bei Bedrohung der Lebensfähigkeit des ganzen Konzerns gegeben oder – anders formuliert – zu machen, wenn die Existenz des Organträgers durch die Übernahme der Verluste gefährdet ist.[8] Mit Einschaltung eines (vorläufigen) Insolvenzverwalters findet die Organschaft ex nunc ihr En-

---

1 *Walter* in Ernst & Young, § 14 KStG Rz. 781 (Stand: März 2018). Zweifelnd *Sedemund*, DB 2003, 323 (329), da die KStR 2015 den Verfall als steuerrechtlich wichtigen Grund nicht explizit vorsähen.
2 *Walter* in Ernst & Young, § 14 KStG Rz. 781 (Stand: März 2018).
3 *Dötsch* in Dötsch/Pung/Möhlenbrock, § 14 KStG Rz. 607 (Stand: August 2016).
4 Vgl. UmwSt-Erl. 2011 Rz. Org.12, 26; *Frotscher* in Frotscher/Drüen, § 14 KStG Rz. 969 (Stand: September 2013); *Dötsch* in Dötsch/Pung/Möhlenbrock, § 14 KStG Rz. 600, 607 (Stand: jeweils August 2016).
5 *Kolbe* in HHR, § 14 KStG Anm. 214 für den Organträger (Stand: September 2016), Anm. 215 für die Organgesellschaft (Stand: September 2016); *Dötsch* in Dötsch/Pung/Möhlenbrock, § 14 KStG Rz. 607 (Stand: August 2016).
6 UmwSt-Erl. 2011 Rz. Org.29; *Kolbe* in HHR, § 14 KStG Anm. 214 f. (Stand: September 2016).
7 *Fichtelmann*, GmbHR 2010, 576 (582). AA *Wilken/Ziems* in FS Metzeler, 153 (157), die dem Organträger ohne weiteres ein Recht zur außerordentlichen Kündigung zugestehen.
8 FG Berlin-Brandenburg v. 10.10.2011 – 12 K 12078/08, EFG 2012, 443; *Frotscher* in Frotscher/Drüen, § 14 KStG Rz. 683c (Stand: Januar 2016); *Rödder/Lieckenbrock* in Rödder/Herlinghaus/Neumann, § 14 KStG Rz. 359. Kritisch u.a. *Walter*, GmbHR 2012, 670 (671); *Heurung/Engel/Schröder*, BB 2012, 1123 (1128); *Heurung/Engel/Müller-Thomczik*, GmbHR 2012, 1227 (1230); *Dötsch* in Dötsch/Pung/Möhlenbrock, § 14 KStG Rz. 608 (Stand: August 2016).

de.¹ Ob hierbei die Position des vorläufigen Insolvenzverwalters „schwach" oder „stark" ausgestaltet ist, beeinflusst unseres Erachtens das Vorliegen des steuerrechtlich wichtigen Grundes nicht. In beiden Fällen kann der Organträger seinen Willen in der Organschaft nicht mehr positiv durchsetzen, ohne auf den vorläufigen Insolvenzverwalter angewiesen zu sein.²

– **Auflösung der Organgesellschaft**, wenn sie vom Organträger als alleinigem Gesellschafter beschlossen wurde.³ Andernfalls wären Manipulationen möglich.

cc) Fallgruppe 3: Beendigung des Gewinnabführungsvertrags ohne oder gegen den Willen der Vertragsparteien

Nicht gestaltbare Beendigung des Gewinnabführungsvertrags. Eine nicht gestaltbare, automatische Beendigung der Organschaft liegt vor, wenn die Vertragsparteien keinen Einfluss auf die Beendigung des Gewinnabführungsvertrags haben, er also ohne oder gegen ihren Willen beendet wird. Die nicht gestaltbare Beendigung des Gewinnabführungsvertrags ist unschädlich i.S.v. § 14 Abs. 1 Satz 1 Nr. 3 Satz 2 KStG, da sie auf einem steuerrechtlich wichtigen Grund beruht. Eine nicht gestaltbare Beendigung ist schlechterdings nicht manipulationsgeeignet. Die Organschaft fällt in diesem Fall nicht rückwirkend weg, selbst wenn der Fünfjahreszeitraum noch nicht abgeschlossen ist. Diese Fallgruppe ist allerdings eher selten. Beispiel hierfür ist der Widerruf einer für den Gewinnabführungsvertrag erforderlichen aufsichtsrechtlichen Genehmigung.⁴

11.55

3. Fehler in der tatsächlichen Durchführung des Gewinnabführungsvertrags

Nach Ablauf der Mindestlaufzeit. Nach Ablauf der fünfjährigen Mindestlaufzeit wirken sich Fehler in der tatsächlichen Durchführung des Gewinnabführungsvertrags vorbehaltlich der Durchführungsfiktion in § 14 Abs. 1 Satz 1 Nr. 3 Satz 4 KStG nur auf das jeweilige Wirtschaftsjahr der Organgesellschaft aus. Eine durchgängige Durchführungspflicht besteht lediglich während der Mindestlaufzeit des Gewinnabführungsvertrags.⁵ Die Finanzverwaltung scheint dies zwar ebenso zu sehen (R 14.5 Abs. 8 Satz 1 Nr. 2 Satz 1 KStR 2015). Soll die Organschaft ab einem späteren Jahr wieder anerkannt werden, bedarf es aber nach Auffassung der Finanzverwaltung der Vereinbarung einer neuen Fünfjahresfrist (R 14.5 Abs. 8 Satz 1 Nr. 2 Satz 2 KStR 2015). Für diese Verschärfung der Voraussetzungen der Organschaft gibt es keine Rechtfertigung.⁶

11.56

---

1 Ausführlich *Kahlert*, DStR 2014, 73; *Dötsch* in Dötsch/Pung/Möhlenbrock, § 14 KStG Rz. 620 ff., insbesondere Rz. 626 (Stand: jeweils August 2016) auch zu weiteren Fallgestaltungen, die sich im Rahmen des (vorläufigen) Insolvenzverfahrens stellen können.
2 *Kahlert*, DStR 2014, 73 (73 ff.); *Dötsch* in Dötsch/Pung/Möhlenbrock, § 14 KStG Rz. 623 f. (Stand: August 2016).
3 OLG München v. 20.6.2011 – 31 Wx 163/11, GmbHR 2011, 871; *Dötsch* in Dötsch/Pung/Möhlenbrock, § 14 KStG Rz. 582 (Stand: August 2016); *Walter* in Ernst & Young, § 14 KStG Rz. 753 (Stand: März 2018).
4 *Lange*, GmbHR 2011, 806 (810); *Pung* nach *Rüsch*, DStZ 2016, 263 (265); *Walter* in Ernst & Young, § 14 KStG Rz. 781 (Stand: März 2018).
5 Ebenso *Adrian/Fey*, DStR 2017, 2409 (2413); *Schell/Philipp*, FR 2018, 13 (15); *Walter*, GmbH-StB 2018, 63 (65).
6 Ablehnend auch *Frotscher* in Frotscher/Drüen, § 14 KStG Rz. 359a (Stand: Januar 2015); *Kolbe* in HHR, § 14 Rz. 207 (Stand: September 2016), dazu auch Rz. 13.9; *Adrian/Fey*, DStR 2017, 2409 (2413); *Walter* in Ernst & Young, § 14 KStG Rz. 723 (Stand: März 2018). Anders *Müller* in Müller/Stöcker/Lieber¹⁰, Rz. 824.

11.57 Während der Mindestlaufzeit. Der BFH hat in seinen jüngsten Urteilen I R 51/15 und I R 19/15 mangels Entscheidungsrelevanz nicht explizit gesagt, dass es organschaftsschädlich ist, wenn es in einzelnen Jahren während der Mindestlaufzeit an der tatsächlichen Durchführung des Gewinnabführungsvertrags fehlt. Er betont aber das Erfordernis der tatsächlichen Durchführung.[1] Unseres Erachtens ist der Gesetzeswortlaut eindeutig. Dies hat zur Folge, dass Fehler in der tatsächlichen Durchführung des Gewinnabführungsvertrags während der Mindestlaufzeit organschaftsschädlich sind (dazu Rz. 11.11).

11.58 Organschaftsschädlicher Verzicht. An der tatsächlichen Durchführung des Gewinnabführungsvertrags innerhalb der fünfjährigen Mindestlaufzeit fehlt es auch, wenn auf die Forderung auf Gewinnabführung/Verlustübernahme verzichtet wird (zur tatsächlichen Durchführung des Gewinnabführungsvertrags bei unterjähriger Beendigung Rz. 11.20).[2] Zivilrechtlich könnte nach § 302 Abs. 3 AktG drei Jahre nach dem Tag, an dem die Eintragung der Beendigung des Gewinnabführungsvertrags im Handelsregister wirksam geworden ist, auf die Forderung aus Verlustübernahme verzichtet werden. Steuerrechtlich ist dies aber unbeachtlich, d.h. jeder Verzicht ist schädlich.[3]

11.59 Kein Gestaltungsmissbrauch. Die gezielte vorzeitige Beendigung einer für den Steuerpflichtigen nicht vorteilhaften Organschaft durch Nichtdurchführung des Gewinnabführungsvertrags stellt keinen Gestaltungsmissbrauch (§ 42 AO) dar.[4]

III. Wegfall nicht vertragslaufzeitbezogener Organschaftsvoraussetzungen

11.60 Keine Rückwirkung. Die Organschaft fällt bei Wegfall einer nicht vertragslaufzeitbezogenen Organschaftsvoraussetzung nicht rückwirkend weg. Für den Wegfall der gewerblichen Tätigkeit des Organträgers und der finanziellen Eingliederung der Organgesellschaft innerhalb der fünfjährigen Mindestlaufzeit hat dies der BFH explizit entschieden;[5] die Begründung lässt sich ohne weiteres auf die anderen nicht vertragslaufzeitbezogenen Organschaftsvoraussetzungen übertragen (dazu Rz. 11.9). Nichts anderes gilt für den Wegfall nicht vertragslaufzeitbezogener Organschaftsvoraussetzungen außerhalb der Mindestlaufzeit.[6] Die Organschaft besteht daher nur nicht in dem Wirtschaftsjahr der Organgesellschaft, in dem eine nicht vertragslaufzeitbezogene Organschaftsvoraussetzung fehlt (dazu Rz. 11.13).

11.61 Beendigungsmöglichkeit. Bleibt die Organschaft trotz Wegfall einer nicht vertragslaufzeitbezogenen Organschaftsvoraussetzung grundsätzlich erhalten und tritt nur eine organschaftsunschädliche Organschaftspause ein, stellt sich die Frage, ob der Gewinnabführungsvertrag dennoch aus steuerrechtlich wichtigem Grund beendet werden kann. Unseres Erachtens ist nach den allgemeinen Grundsätzen zu beurteilen, ob der Wegfall einer nicht vertragslauf-

---

1 BFH v. 10.5.2017 – I R 51/15, BStBl. II 2018, 30, juris Rz. 27.
2 FG Münster v. 20.8.2014 – 10 K 2192/13 F, GmbHR 2014, 1326; *Dötsch* in Dötsch/Pung/Möhlenbrock, § 14 KStG Rz. 527 f. (Stand: November 2017), Rz. 1166 (Stand: August 2016).
3 *Frotscher* in Frotscher/Drüen, § 14 KStG Rz. 459 (Stand: Januar 2016); *Dötsch* in Dötsch/Pung/Möhlenbrock, § 14 KStG Rz. 528 (Stand: November 2017), Rz. 1166 (Stand: August 2016).
4 Konkludent FG Münster v. 20.8.2014 – 10 K 2192/13 F, GmbHR 2014, 1326; *Hahn*, Ubg 2014, 427 (433); *Dötsch* in Dötsch/Pung/Möhlenbrock, § 14 KStG Rz. 1166 (Stand: August 2016); *Walter* in Ernst & Young, § 14 KStG Rz. 719 (Stand: März 2018).
5 BFH v. 10.5.2017 – I R 51/15, BStBl. II 2018, 30.
6 Für einen a maiore ad minus-Schluss *Schell/Philipp*, FR 2018, 13 (15); *Petersen*, WPg 2018, 320 (325); *Prinz/Keller*, DB 2018, 400 (403).

zeitbezogenen Organschaftsvoraussetzung ein steuerrechtlich wichtiger Grund ist (dazu Rz. 11.29 ff.). Bei der Beurteilung des Einzelfalls kann zB zu berücksichtigen sein, ob der Wegfall der nicht vertragslaufzeitbezogenen Organschaftsvoraussetzung permanent zu erwarten oder nur temporär ist. Ist absehbar, dass eine nicht vertragslaufzeitbezogene Organschaftsvoraussetzung im nächsten Wirtschaftsjahr wieder vorliegt, könnte fraglich sein, ob der nur temporäre Wegfall der nicht vertragslaufzeitbezogenen Organschaftsvoraussetzung ein ausreichender wirtschaftlicher Grund ist, den Gewinnabführungsvertrag organschaftsunschädlich zu beenden. Die Entwicklung in der Rechtsprechung bleibt abzuwarten.

IV. (Keine) neue Mindestlaufzeit bei Ergänzung/Änderung des Gewinnabführungsvertrags

Ausgangspunkt. Wird der Gewinnabführungsvertrag nachträglich ergänzt oder (und sei es auch nur durch eine Verlängerung der Laufzeit) geändert, könnte dies innerhalb der fünfjährigen Mindestlaufzeit des Gewinnabführungsvertrags die Wirksamkeit der Organschaft beeinflussen. Die zivilrechtliche Betrachtung ist von der steuerrechtlichen Bewertung zu trennen. 11.62

Zivilrechtliche Betrachtung. Zivilrechtlich soll der weite Begriff der Vertragsänderung i.S.v. § 295 Abs. 1 AktG die Beteiligung der Gesellschafterversammlung sicherstellen.[1] Daher wird zivilrechtlich zwischen der Aufhebung und dem Neuabschluss eines Gewinnabführungsvertrags einerseits und einer bloßen Vertragsänderung i.S.v. § 295 Abs. 1 AktG[2] andererseits unterschieden (zu den zivilrechtlichen Anforderungen an eine Vertragsänderung Rz. 2.114 ff. und Rz. 2.122 ff.). Eine Vertragsänderung ist dabei jede zweiseitige rechtsgeschäftliche Vereinbarung der Parteien, die noch während der Laufzeit des Gewinnabführungsvertrags wirksam werden soll. Es wird nicht zwischen einer nur redaktionellen Änderung oder einer Änderung mit sachlicher Bedeutung, einer wesentlichen und einer unwesentlichen Änderung unterschieden.[3] Im Einzelfall kann eine Änderung des Gewinnabführungsvertrags nach hM allerdings als Aufhebung des alten Gewinnabführungsvertrags mit einem anschließenden Neuabschluss zu werten sein, so zB bei einem Wechsel der Art des Unternehmensvertrags.[4] 11.63

Steuerrechtliche Betrachtung. Steuerrechtliches Ziel ist es, die Organschaft wie bisher fortsetzen zu können, ohne den Gewinnabführungsvertrag um eine weitere fünfjährige Mindestlaufzeit verlängern zu müssen. Dem stünde eine Vertragsaufhebung mit Neuabschluss, aber auch eine (steuerrechtliche) Qualifizierung der Ergänzung/Änderung des Gewinnabführungsvertrags als Vertragsaufhebung mit Neuabschluss entgegen. Steuerrechtlich wird nach der Art der Ergänzung/Änderung des Gewinnabführungsvertrags differenziert.[5] Die Ergänzung/Änderung wird steuerrechtlich als Aufhebung des alten Gewinnabführungsvertrags mit anschließendem Neuabschluss gewertet, wenn bei einer originär steuerrechtlichen Prüfung die wesentlichen Vertragspflichten und -inhalte (essentialia negotii), wie zB die Gewinnabfüh- 11.64

---

1 *Koch* in Hüffer/Koch[13], § 295 AktG Rz. 1.
2 Nach BFH v. 22.10.2008 – I R 66/07, BStBl. II 2009, 972 = FR 2009, 618 gilt § 295 AktG grundsätzlich analog, wenn die Organgesellschaft eine GmbH ist; die analoge Anwendung sei hingegen fraglich, wenn der Organträger keine AG sei.
3 BGH v. 18.9.2012 – II ZR 50/11, AG 2013, 92; *Koch* in Hüffer/Koch[13], § 295 AktG Rz. 3.
4 Vgl. *Koch* in Hüffer/Koch[13], § 295 AktG Rz. 7 mwN.
5 *Rödder/Liekenbrock* in Rödder/Herlinghaus/Neumann, § 14 KStG Rz. 339 mwN. Anders *Weber*, Ubg 2010, 556 (559), die davon ausgeht, dass die zivilrechtliche Betrachtung auch auf das Steuerrecht durchschlägt.

rungspflicht, die Verlustübernahme oder eine bisher zu kurze Mindestlaufzeit, verändert werden. Hierzu gehört unseres Erachtens auch die Aufnahme einer nachträglichen Ausgleichszahlung, wenn erstmals ein außenstehender Gesellschafter hinzutritt (dazu Rz. 3.89).[1] Eine derart wesentliche Veränderung besteht indes nicht, wenn der bisherige Gewinnabführungsvertrag wirtschaftlich genauso wie bisher fortgeführt wird (unwesentliche Änderung).[2] Nach anderer Auffassung wird nicht zwischen Änderung und Aufhebung differenziert, sondern einerseits die Frage nach einem wichtigen Grund für die vorzeitige Beendigung und andererseits die Frage nach einer neuen fünfjährigen Mindestlaufzeit gestellt,[3] was aber unseres Erachtens auf das gleiche Ergebnis hinauslaufen dürfte.[4]

11.65 **Kein Neuabschluss.** Kein Neuabschluss des Gewinnabführungsvertrags sind daher:

– **Rein redaktionelle Änderungen** oder Änderungen von Nebenbestimmungen[5]

– **Anpassung** einer bestehenden Ausgleichszahlung an geänderte Anforderungen[6]

– **Anpassung** des Gewinnabführungsvertrags an eine geänderte Rechtslage,[7] zB die Aufnahme eines dynamischen Verweises auf § 302 AktG[8] bei einem Formwechsel einer AG/KGaA oder SE in eine GmbH

– **Bloße Verlängerung** des Gewinnabführungsvertrags vor oder nach Ablauf von fünf Zeitjahren (dazu Rz. 3.83)

– **Anpassung** eines bestehenden Gewinnabführungsvertrags durch Verweis auf § 301 AktG in seiner jeweils gültigen Fassung (dazu Rz. 3.69)[9]

– **Ergänzung von Kündigungsgründen** (dazu Rz. 3.87).[10]

11.66 **Eigene Bewertung.** Die beschriebene Differenzierung zwischen Zivil- und Steuerrecht ist berechtigt. Der weite Begriff der Vertragsänderung i.S.v. § 295 Abs. 1 AktG soll die Betei-

---

1 *Lange*, GmbHR 2011, 806 (811).
2 *Frotscher* in Frotscher/Drüen, § 14 KStG Rz. 474 (Stand: Januar 2016); *Dötsch* in Dötsch/Pung/Möhlenbrock, § 14 KStG Rz. 562 (Stand: August 2016); *Kolbe* in HHR, § 14 KStG Anm. 201 (Stand: September 2016); *Walter* in Ernst & Young, § 14 KStG Rz. 638 (Stand: März 2018).
3 *Rödder/Liekenbrock* in Rödder/Herlinghaus/Neumann, § 14 KStG Rz. 339.
4 Das sieht unseres Erachtens auch *Rödder/Liekenbrock* in Rödder/Herlinghaus/Neumann, § 14 KStG Rz. 339 als Urheber dieser anderen Differenzierung so.
5 *Frotscher* in Frotscher/Drüen, § 14 KStG Rz. 474 (Stand: Januar 2016).
6 *Kolbe* in HHR, § 14 KStG Anm. 201 (Stand: September 2016).
7 *Kolbe* in HHR, § 14 KStG Anm. 201 (Stand: September 2016). Die Finanzverwaltung hat bei einer Anpassung des Gewinnabführungsvertrags in der Vergangenheit Vertrauensschutz gewährt und eine Änderung des Gewinnabführungsvertrags explizit nicht für erforderlich gehalten, vgl. BMF v. 16.12.2005 – IV B 7 - S 2770 – 30/05, BStBl. I 2006, 12 = FR 2006, 193 zur Einführung der Verjährungsregelung des § 302 Abs. 4 AktG, ähnlich auch BMF v. 14.1.2010 – IV C 2 - S 2770/09/10002, BStBl. I 2010, 65 zur Änderung des Höchstbetrags der Gewinnabführung nach § 301 AktG. AA BFH v. 22.12.2010 – I B 83/10, BStBl. II 2014 490 = FR 2011, 524; BMF v. 22.7.2013 – I B 158/12, BFH/NV 2013, 1807, wonach auch auf § 302 Abs. 4 AktG Bezug genommen werden muss.
8 OFD Frankfurt/M. v. 11.12.2015 – S 2770 A-55-St 51, DStR 2016, 537, 538; *Dötsch* in Dötsch/Pung/Möhlenbrock, § 14 KStG Rz. 552, Rz. 561 (Stand: jeweils August 2016).
9 OFD Frankfurt/M. v 11.12.2015 – S 2770 A-55-St 51, DStR 2016, 537; *Dötsch* in Dötsch/Pung/Möhlenbrock, § 14 KStG Rz. 552 (Stand: August 2016). Vgl. auch BMF v. 14.1.2010 – IV C 2 - S 2770/09/10002, BStBl. I 2010, 65 zu Abzugsposten nach § 268 Abs. 8 HGB.
10 *Lange*, GmbHR 2011, 806 (812); *Hahn*, Ubg 2014, 427 (428) Fn. 8.

ligung der Gesellschafterversammlung sicherstellen.[1] Die Mindestlaufzeit in § 14 Abs. 1 Satz 1 Nr. 3 Satz 1 KStG verfolgt dagegen den Zweck, eine willkürliche Beeinflussung der Besteuerung zu verhindern. Wenn jedoch die wesentlichen Vertragspflichten von einer Ergänzung oder Änderung des Gewinnabführungsvertrags unbeeinflusst bleiben, kann man nicht von einem Neuabschluss im steuerrechtlichen Sinn ausgehen. Dann bleibt die Organschaft wirksam bestehen. Dagegen ist eine wesentliche Änderung von Vertragsbedingungen als Neuabschluss zu werten. Für eine nahtlose Fortsetzung der Organschaft ist es in diesem Fall erforderlich, eine erneute fünfjährige Mindestlaufzeit zu vereinbaren.[2] Dies ist vor allem dann essentiell, wenn der Gewinnabführungsvertrag noch keine fünf Zeitjahre bestand, da andernfalls die rückwirkende Nichtanerkennung der Organschaft droht. Bestehen Rechtsunsicherheiten bei der Einordnung der Änderung, empfiehlt sich vorsorglich eine Vertragsverlängerung.[3]

V. Gewollte Zerstörung der Organschaft

Gewollte Zerstörung der Organschaft. Gelegentlich besteht das Bedürfnis, die Organschaft wieder (rückwirkend) zu beseitigen, weil die Situation ohne Organschaft für die Beteiligten in spezifischen Situationen günstiger wäre als bei Fortbestand der Organschaft. Da der Wegfall einer nicht vertragslaufzeitbezogenen Organschaftsvoraussetzung nur zu einer organschaftsunschädlichen Organschaftspause führt (dazu Rz. 11.13 und Rz. 11.60), verbleibt unseres Erachtens als tauglicher Anknüpfungspunkt (nur noch) der Gewinnabführungsvertrag und dessen Durchführung. 11.67

Konstellationen. Zu denken ist zB an folgende Konstellationen:[4] 11.68

– **Verlustvorträge des Organträgers.** Der Organträger soll verkauft werden, was nach § 8c Abs. 1 Satz 2 KStG grundsätzlich zum Untergang der Verlustvorträge und laufenden Verluste des Organträgers führen würde, sollte man – entgegen unserer Auffassung – § 8c Abs. 1 Satz 2 KStG für verfassungskonform halten.[5] Nach derzeitiger Auffassung der Finanzverwaltung können die stillen Reserven aus der Beteiligung an der Organgesellschaft nicht für Zwecke der Verlusterhaltung im Rahmen von § 8c KStG herangezogen werden; auch die stillen Reserven im Betriebsvermögen der Organgesellschaft werden beim Organträger nicht berücksichtigt.[6] Sofern Verluste von der Organgesellschaft stammen, kann es daher im Einzelfall günstiger sein, die Organschaft rückwirkend zu zerstören. Durch die

---

1 *Koch* in Hüffer/Koch[13], § 295 AktG Rz. 1.
2 Siehe zu dieser Fragestellung auch *Frotscher* in Frotscher/Drüen, § 14 KStG Rz. 474 (Stand: Januar 2016); *Dötsch* in Dötsch/Pung/Möhlenbrock, § 14 KStG Rz. 562 (Stand: August 2016); *Walter* in Ernst & Young, § 14 KStG Rz. 638 (Stand: März 2018).
3 Vgl. *Walter* in Ernst & Young, § 14 KStG Rz. 723 Fn. 3 (Stand: März 2018), der bei einer Vertragsänderung wegen der verschärften Anforderungen der Finanzverwaltung an die Verlustübernahme vorsorglich eine Vertragsverlängerung empfiehlt.
4 Nachfolgende Beispiele beruhen auf *Pyszka*, GmbHR 2014, 1296 (1296 ff.); zu §§ 8c, 8d KStG s. auch Rz. 8.57 ff. und Rz. 7.77 ff., zu den Einzelheiten der Zinsschranke s. Rz. 19.1 ff.
5 Vgl. Vorlagebeschluss des FG Hamburg v. 29.8.2017 – 2 K 245/17, EFG 2017, 1906 – Az. des BVerfG: 2 BvL 19/17. Das FG Hamburg hat am 11.4.2018 – 2 V 20/18, juris vorläufigen Rechtsschutz gewährt. Es widerspricht damit der gegenwärtigen Verwaltungspraxis (BMF v. 15.1.2018, BStBl. I 2018, 2, V. i.V.m. Abschnitt B der Anlage), wonach für eine Aussetzung der Vollziehung von Steuerbescheiden, die auf Basis des § 8c Abs. 1 Satz 2 KStG ergangen sind, kein Grund besteht.
6 BMF v. 28.11.2017 – IV C 2-S 2745-a/09/10002:004, BStBl. I 2017, 1645.

Zerstörung der Organschaft wird zugleich auch die Anwendung von § 8d KStG und damit die Feststellung von fortführungsgebundenen Verlusten auf Ebene des „Organträgers" ermöglicht,[1] was bei Bestehen einer Organträgerstellung ab dem dritten Veranlagungszeitraum, der dem Veranlagungszeitraum der Veräußerung vorangeht, ausgeschlossen wäre (§ 8d Abs. 1 Satz 2 Nr. 2, Abs. 2 Satz 2 Nr. 5 KStG).[2]

– **Verlustvorträge der Organgesellschaft.** Die mittlerweile profitable Organbeteiligung soll verkauft werden, was grundsätzlich zum Untergang der vororganschaftlichen, während der Dauer der Organschaft „eingeforenen" Verlustvorträge der Organgesellschaft führen würde, sollte man – entgegen unserer Auffassung – § 8c Abs. 1 Satz 2 KStG für verfassungskonform halten.[3] Sofern die Organgesellschaft in den letzten Jahren ausreichend profitabel war, könnte es im Einzelfall günstiger sein, die Organschaft rückwirkend zu zerstören und die Verlustvorträge (unter Inkaufnahme der Mindestbesteuerung, § 10d Abs. 2 EStG) bei der Organgesellschaft zu nutzen. Ein danach noch bestehender Verlustvortrag kann trotz Veräußerung der Organbeteiligung auf Ebene der „Organgesellschaft" erhalten bleiben, wenn er fortführungsgebunden ist (§ 8d Abs. 1 Satz 1 KStG).[4]

– **Zinsschranke.** Im Einzelfall kann die Zinsschranke besser genutzt werden, wenn man die Organschaft rückwirkend zerstört. Dies ist der Fall, wenn der Nettozinsaufwand bei Organträger und Organgesellschaft jeweils unter 3 Mio. Euro (§ 4h Abs. 2 Satz 1 lit. a EStG) liegt, kumuliert aber den Betrag der Freigrenze übersteigt.[5]

– **Sanierung der Organgesellschaft.** Unter Anwendung des zwischenzeitlich für verfassungswidrig erklärten[6] Sanierungserlasses konnte die rückwirkende Zerstörung der Organschaft es ermöglichen, die Verlustvorträge der Organgesellschaft bei einer Sanierung des Organkreises durch Forderungsverzicht der Gläubiger vor einer Verrechnung mit dem (auf Ebene des Organträgers anfallenden) Sanierungsgewinn zu „retten".[7] Der Gesetzgeber hat mit dem Gesetz gegen schädliche Steuerpraktiken im Zusammenhang mit Rechteüberlas-

---

[1] Ua. *Keilhoff/Risse*, FR 2016, 1085 (1088); *Förster/von Cölln*, DStR 2017, 8 (13); *Suchanek/Rüsch* in HHR, § 8d KStG Rz. 32 (Stand: Oktober 2017); *Leibner/Dötsch* in Dötsch/Pung/Möhlenbrock, § 8d KStG Rz. 20 (Stand: November 2017).

[2] Zur Berechnung des sog. Beobachtungszeitraums u.a. *Suchanek/Rüsch* in HHR, § 8d KStG Rz. 32 (Stand: Oktober 2017); *Leibner/Dötsch* in Dötsch/Pung/Möhlenbrock, § 8d KStG Rz. 14 ff. (Stand: November 2017). *Kessler/Egelhof/Probst*, DStR 2017, 1289 (1294 f., 1297) kritisieren unseres Erachtens zu Recht, dass eine bereits zu Beginn des Beobachtungszeitpunkts bestehende Organträgerstellung vom Anwendungsbereich des § 8d KStG ausgenommen sein soll (§ 8d Abs. 2 Satz 2 Nr. 5 KStG). Die Möglichkeit zu fortführungsgebundenen Verlusten knüpft gerade an den Fortbestand eines identischen Geschäftsbetriebs an. Im Gegensatz zu einer Organträgerstellung, die erst im Laufe des Beobachtungszeitraums erworben wird, bleibt der Geschäftsbetrieb eines bereits bestehenden Organträgers im gesamten Beobachtungszeitraum aber unverändert.

[3] Vgl. Vorlagebeschluss des FG Hamburg v. 29.8.2017 – 2 K 245/17, EFG 2017, 1906 – Az. des BVerfG: 2 BvL 19/17; Gewährung von vorläufigen Rechtsschutz durch FG Hamburg v. 11.4.2018 – 2 V 20/18, juris.

[4] Eine Organgesellschaft kann fortführungsgebundene Verluste aus dem Zeitraum vor Eingehen einer Organschaft haben. Hierbei ist strittig, ob sie für die Dauer der Organschaft „eingefroren" sind (so *Keilhoff/Risse*, FR 2016, 1085 (1087 f.); *Stimpel* nach *Rüsch*, DStZ 2018, 138 (144) oder auch während der Organschaft genutzt werden könnten (so *Dötsch* in Dötsch/Pung/Möhlenbrock, § 15 KStG Rz. 6 (Stand: Januar 2017); *Suchanek/Rüsch* in HHR, § 8d KStG Rz. 10 (Stand: Oktober 2017).

[5] Im Organkreis gilt der Freibetrag nur einmal (§ 15 Satz 1 Nr. 3 KStG).

[6] BFH v. 28.11.2016 – GrS 1/15, BStBl. II 2017, 393.

[7] *Pyszka*, GmbHR 2014, 1296 (1297).

sungen vom 27.6.2017 neue Sanierungsregelungen (§§ 3a, 3c EStG nF, § 15 KStG nF) auf den Weg gebracht, deren Inkrafttreten unter dem Zustimmungsvorbehalt der EU-Kommission steht (Art. 6 Abs. 2 Gesetz gegen schädliche Steuerpraktiken im Zusammenhang mit Rechteüberlassungen v. 27.6.2017). Die Anwendung der neuen Sanierungsregelungen erfolgt getrennt auf Ebene von Organgesellschaft und Organträger (s. im Einzelnen Rz. 13.80 ff.). Wird eine Organgesellschaft saniert, werden zunächst ihre vororganschaftlichen Verlustvorträge (§ 15 Satz 1 Nr. 1 Satz 2 KStG nF) und sodann im Umfang des verbleibenden Sanierungsertrags die Verlustpositionen des Organträgers verringert (§ 15 Satz 1 Nr. 1a Satz 1 KStG nF).[1] Woher diese Verluste herrühren, ist irrelevant. Es können zB auch Verluste einer anderen Organgesellschaft sein, die dem Organträger zugerechnet werden.[2] Will man die Verringerung der Verlustpositionen des Organträgers vermeiden, könnte es im Einzelfall sinnvoll sein, die Organschaft rückwirkend zu zerstören.[3]

Mittel zum Ziel. Das Ziel einer gewollten Zerstörung der Organschaft kann auf unterschiedlichem Weg erreicht werden. Die Organschaft kann zerstört werden, indem der Gewinnabführungsvertrag gekündigt oder aufgehoben wird, ohne dass ein steuerrechtlich wichtiger Grund vorliegt, sofern dies zivilrechtlich möglich ist. Die Organschaft kann auch zerstört werden, indem der Gewinnabführungsvertrag innerhalb der fünfjährigen Mindestlaufzeit nicht ordnungsgemäß durchgeführt wird. Eine Nichtdurchführung liegt zB vor, wenn Gewinne nicht mehr abgeführt oder Verluste nicht mehr ausgeglichen werden oder auf die Erfüllung der Verpflichtungen aus dem Gewinnabführungsvertrag verzichtet wird. All diese Varianten, die bewusst darauf abzielen, die Organschaft (rückwirkend) zu zerstören, sind kein Fall des Gestaltungsmissbrauchs i.S.v. § 42 AO.[4] Es wird lediglich eine gesetzlich vorgesehene Möglichkeit wahrgenommen unter Hinnahme der dafür gesetzlich vorgesehen Folgen (Einzelbesteuerung der Gesellschaften).[5] Das Motiv, hierdurch Steuern zu sparen, lässt die Gestaltung nicht unangemessen werden.[6] Den Steuerpflichtigen steht es frei, ihre Rechtsverhältnisse so zu gestalten, dass sich eine möglichst geringe Steuerlast ergibt.[7]

11.69

---

[1] Ua. *Desens*, FR 2017, 981 (991); *Sistermann/Beutel*, DStR 2017, 1065 (1068); *Krumm* in Blümich, § 15 KStG Rz. 15 (Stand: November 2017); *Weiss*, GmbH-StB 2018, 58 (61).

[2] *Krumm* in Blümich, § 15 KStG Rz. 15 (Stand: November 2017).

[3] Eine rückwirkende Zerstörung der Organschaft scheidet aus, wenn die Organschaft bereits beendet wurde. Aber auch in diesem Fall gilt die oben geschilderte Reihenfolge, wenn die Organschaft innerhalb der letzten fünf Jahre vor dem Sanierungsjahr bestanden hat (§ 15 Satz 1 Nr. 1a Satz 3 KStG nF). Hierdurch soll offenbar sichergestellt werden, dass krisenbedingte Verluste einer Organgesellschaft, die unter der Organschaft dem Organträger zugerechnet wurden, auch dann durch den Sanierungsertrag verbraucht werden, wenn die Organschaft vor dem Zeitpunkt des Schuldenerlasses beendet wurde. Zur berechtigten Kritik hieran *Desens*, FR 2017, 981 (991 f.); *Sistermann/Beutel*, DStR 2017, 1065 (1068).

[4] FG Münster v. 20.8.2014 – 10 K 2192/13 F, GmbHR 2014, 1326; *Hahn*, Ubg 2014, 427 (433); *Dötsch* in Dötsch/Pung/Möhlenbrock, § 14 KStG Rz. 1156 (Stand: August 2016); *Walter* in Ernst & Young, § 14 KStG Rz. 719 (Stand: März 2018).

[5] Vgl. BFH v. 10.8.2011 – I R 45/10, BStBl. II 2012, 118, juris Rz. 20 („Die Ausnutzung eines in einer gesetzlichen Regelung angelegten Steuervorteils begründet auch keinen Missbrauch von rechtlichen Gestaltungsmöglichkeiten i.S.v. § 42 Abs. 1 AO"); *Ratschow* in Klein/Ratschow[13], § 42 AO Rz. 40, 42.

[6] Vgl. BFH v. 29.11.1982 – GrS 1/81, BStBl. II 1983, 272, juris Rz. 73; BFH v. 3.2.1998 – IX R 38/96, BStBl. II 1998, 539, juris Rz. 15.

[7] BFH v. 29.11.1982 – GrS 1/81, BStBl. II 1983, 272, juris Rz. 73; BFH v. 23.10.1996 – I R 55/95, BStBl. II 1998, 90, juris Rz. 17.

C. Wiederbeleben der Organschaft nach Organschaftspause

I. Gewinnabführungsvertrag

11.70 **Kein Pausieren des Gewinnabführungsvertrags während der Mindestlaufzeit.** Wird der Gewinnabführungsvertrag innerhalb der fünfjährigen Mindestlaufzeit nicht ordnungsgemäß durchgeführt oder ohne steuerrechtlich wichtigen Grund beendet, fällt die Organschaft rückwirkend weg. Um die Organschaft für einen späteren Zeitraum wieder aufzunehmen, muss der Gewinnabführungsvertrag erneut mit einer fünfjährigen Mindestlaufzeit abgeschlossen und für diese Zeitperiode ununterbrochen durchgeführt werden (R 14.5 Abs. 8 Satz 1 Nr. 2 Satz 2 KStR 2015). Hieran hat das BFH-Urteil I R 51/15 nichts geändert. Der BFH hat nur entschieden, dass das Nichtbestehen einer nicht vertragslaufzeitbezogenen Organschaftsvoraussetzung für die nicht betroffenen Wirtschaftsjahre der Organgesellschaft organschaftsunschädlich ist (dazu Rz. 11.13 und Rz. 11.60).

11.71 **Pausieren des Gewinnabführungsvertrags nach Ablauf der Mindestlaufzeit.** Nach Verwaltungsauffassung muss eine erneute fünfjährige Mindestlaufzeit auch dann vereinbart werden, wenn der Gewinnabführungsvertrag nach Ablauf von fünf Jahren ausgesetzt wird und nach einer Organschaftspause fortgeführt werden soll (R 14.5 Abs. 8 Nr. 2 Satz 2 KStR 2015).[1] Dies überzeugt unseres Erachtens nach nicht: Nach § 14 Abs. 1 Satz 1 Nr. 3 KStG kommt es nur während der fünfjährigen Mindestlaufzeit bei Nichtdurchführung des Gewinnabführungsvertrags zur rückwirkenden Unwirksamkeit der Organschaft; nach Ablauf dieses Zeitraums wirkt sich – mangels anderer gesetzlicher Anordnung – die Nichtdurchführung des Gewinnabführungsvertrags nur noch im jeweils betroffenen Wirtschaftsjahr der Organgesellschaft aus. Wird die Durchführung des Gewinnabführungsvertrags nach Ablauf der fünf Jahre lediglich ausgesetzt, der Gewinnabführungsvertrag selbst aber nicht aufgehoben und nach der „Organschaftspause" fortgeführt, bleibt er trotz seiner Nichtdurchführung in einem Wirtschaftsjahr der Organgesellschaft wirksam.[2] Steuerrechtlich hat dies zur Folge, dass ab dem folgenden Wirtschaftsjahr der Organgesellschaft die „pausierte" Organschaft ohne erneute Mindestlaufzeit fortgesetzt werden kann.[3]

II. Nicht vertragslaufzeitbezogene Organschaftsvoraussetzungen

11.72 **Organschaftsunschädliche Organschaftspause.** Die Organschaft kann nach einer Organschaftspause „wiederbelebt" werden. Wird während der Organschaftspause der Gewinnabführungsvertrag weiterhin durchgeführt, treten die Wirkungen der Organschaft automatisch erneut ein, sobald die entfallene Organschaftsvoraussetzung wieder vorliegt. Für den Zeitraum innerhalb der Mindestlaufzeit wurde dies bereits höchstrichterlich entschieden.[4] Für den Zeitraum nach Ablauf der Mindestlaufzeit gilt dies ebenso (dazu Rz. 11.60).[5]

---

1 R 14.5 Abs. 8 Satz 1 Nr. 2 Satz 2 KStR 2015.
2 U.a. *Scheifele/Marx*, DStR 2014, 1793 (1799); *Frotscher* in Frotscher/Drüen, § 14 KStG Rz. 359a (Stand: Januar 2015), anders noch Rz. 705 (Stand: September 2013); *Kolbe* in HHR, § 14 KStG Anm. 207 (Stand: September 2016); *Dötsch* in Dötsch/Pung/Möhlenbrock, § 14 KStG Rz. 533 (Stand: Juni 2018).
3 *Adrian/Fey*, DStR 2017, 2409 (2413); *Schell/Philipp*, FR 2018, 13 (15); *Dötsch* in Dötsch/Pung/Möhlenbrock, § 14 KStG Rz. 533 (Stand: Juni 2018).
4 BFH v. 10.5.2017 – I R 51/15, BStBl. II 2018, 30.
5 Für einen a maiore ad minus-Schluss *Schell/Philipp*, FR 2018, 13 (15); *Petersen*, WPg 2018, 320 (325); *Prinz/Keller*, DB 2018, 400 (403).

Kapitel 12
Finanzielle Eingliederungserfordernisse bei der ertragsteuerlichen Organschaft

- **A. Begriff der finanziellen Eingliederung** 12.1
  - **I. Gesetzliche Grundlagen** 12.1
  - **II. Mehrheit der Stimmrechte** 12.3
    1. Grundsätze 12.3
    2. Besonderheiten 12.5
    3. Berücksichtigung eigener Anteile ... 12.11
  - **III. (Wirtschaftliches) Eigentum an den Anteilen** 12.12
    1. Wirtschaftliches Eigentum 12.12
    2. Einkommenszurechnung auf horizontaler Ebene? 12.13
    3. Auseinanderfallen wirtschaftliches Eigentum und Stimmrechte 12.18
    4. „Beteiligung" Dritter an den Anteilen 12.21
        - a) Nießbrauch 12.21
        - b) Unterbeteiligung 12.23
        - c) Verpfändung/Pfändung 12.24
        - d) Stimmrechtsbeschränkungen ... 12.26
    5. Schuldrechtliche Anteilsübertragungsansprüche 12.29
    6. Gesellschafterliste bei der GmbH ... 12.32
    7. Gesamthandsvermögen bei einer Personengesellschaft 12.33
  - **IV. Mittelbare finanzielle Eingliederung** 12.34
    1. Berechnung der Stimmrechtsmehrheit 12.34
    2. Qualität der vermittelnden Gesellschaft 12.40
    3. Zuordnung zu einer (inländischen) Betriebsstätte 12.41
    4. Weitere Folgen einer mittelbaren Organschaft 12.42
- **B. Dauer der finanziellen Eingliederung** 12.48
  - **I. Ununterbrochene Beteiligung des Organträgers** 12.48
  - **II. Beginn der finanziellen Eingliederung** 12.51
    1. Erwerb einer Organbeteiligung 12.51
    2. Unterjähriger Erwerb einer Vorratsgesellschaft 12.60
    3. Rückbeziehung der finanziellen Eingliederung 12.63
        - a) Fallgruppe 1: Fußstapfentheorie bei bestehender finanzieller Eingliederung 12.64
        - b) Fallgruppe 2: Einbringung eines Teilbetriebs 12.67
        - c) Fallgruppe 3: Herbeiführung der finanziellen Eingliederung durch Umwandlungsmaßnahmen 12.70
        - d) Gestaltungsalternative mittelbare Organschaft 12.71
  - **III. Wegfall der finanziellen Eingliederung** 12.72

Literatur: *Adrian/Fey*, Organschaftsrettung durch den BFH, DStR 2017, 2409; *Benz/Pung*, Aktuelle Fragen zur Organschaft, StbJb 2016/2017, 139; *Blumenberg/Lechner*, Umwandlung und Organschaft, DB Beilage zu Heft 2/2012, 57; *Breier*, Mehr- und Minderabführungen in der Organschaft – Teil 1/2 –, Der Konzern 2011, 11; *Breier*, Mehr- und Minderabführungen in der Organschaft – Teil 2/2 –, Der Konzern 2011, 84; *v. Brocke/Müller*, Die Auswirkungen des SCA Group Holding-Urteils auf das deutsche Steuerrecht, DStR 2014, 2106; *Brühl*, Umwandlung und Organschaft – Die finanzielle Eingliederung im Spannungsfeld von Rückwirkung und Rechtsnachfolge, Ubg 2016, 586; *Brühl/Binder*, Neues zu den Voraussetzungen der ertragsteuerlichen Organschaft, NWB 2018, 331; *Dötsch*, Umwandlung und Organschaft nach dem UmwSt-Erlass 2011, GmbHR 2012, 175; *Forst/Schaaf/Reichhardt*, Die treuhänderische Übertragung von Anteilen an Kapitalgesellschaften – Fallstricke bei Organschaft und Anteilstausch, EStB 2010, 390; *v. Freeden/Joisten*, Auflösung organschaftlicher Ausgleichsposten bei mittelbarer Organschaft, DB 2016, 1099; *Gosch*, Rechtsprechungs-Highlights zum Unternehmenssteuerrecht der Kapitalgesellschaften, StbJb. 2011/2012, 9; *Gosch*, Rückwirkende Begründung einer körperschaftsteuerlichen Organschaft nach Ausgliederung eines Teilbetriebs zur Neugründung und nach Anteilseinbringung, BFH/PR 2012, 22; *Graw*, Anmerkung zum Hessischen FG v. 18.10.2012 – 8 K 1694/09, EFG 2013, 236; *Hahn*, Organschaft beim Erwerb von Anteilen an einer sog. Vorratsgesellschaft, jurisPR-SteuerR 11/2013; *Herrmann*, Unterjährige Veräußerung einer Organgesellschaft und Umstellung des Geschäftsjahres, BB 1999, 2270; *Herzberg*, Anmerkung zum Urteil des BFH vom 13.11.2013 (I R 45/12, GmbHR 2014, 499) – Zur Frage einer Organschaft bei Kürzung der Mindestlaufzeit eines Gewinnabführungsvertrages durch Umstellung des Wirtschaftsjahrs, GmbHR 2014, 502; *Heurung/Engel*, Fortführung und rückwirkende Begründung von Organschaftsverhältnissen in Umwandlungsfällen, BB 2011, 151; *Heurung/Engel/Schröder*, BB-Rechtsprechungsreport ertragsteuerliche Organschaft 2012, BB 2013, 663; *Heurung/Schmidt/Kraft*, BB-Rechtsprechungsreport zur ertragsteuerlichen Organschaft 2017, BB 2018, 470; *Heurung/Seidel*, Ausgleichspostenmethode bei Organverlusten und mittelbarer Organschaft, Der Konzern 2009, 400; *Kowanda*, Körperschaftsteuerliche Organschaft bei Neuaufnahme eines Gesellschafters im Rahmen einer Barkapitalerhöhung – Darstellung aktueller Problemfelder an Hand eines Fallbeispiels, GmbH-StB 2017, 351; *Möhlenbrock*, Niederlassungsfreiheit bei der Bildung steuerlicher Einheiten, DB 2014, 1582; *Mylich*, Die Dogmatik vororganschaftlich verursachter Minderabführungen (§ 14 Abs. 3 S. 2 KStG) und ihre praktischen Folgen; DStR 2014, 2427; *Neumann*, Die Innengesellschaft innerhalb der körperschaft- und gewerbesteuerlichen Organschaft, in Spindler/Tipke/Rödder (Hrsg.), Steuerzentrierte Rechtsberatung – Festschrift für *Harald Schaumburg* zum 65. Geburtstag, 2009, 445; *Neumann*, Mehr- und Minderabführungen – ein altes Thema mit immer wieder neuen Fragestellungen, Ubg 2010, 673; *Neumann/ Suchanek*, (Vor-)organschaftlich verursachte Mehr- und Minderabführungen – Ein Disskussionsbeitrag, Ubg 2013, 549; *v. Oertzen/Stein*, Die Sicherung erbschaftsteuerlicher Vergünstigungen für Drittstaaten-Personengesellschaften durch Organschaften, Ubg 2011, 353; *Petersen*, Die ertragsteuerliche Organschaft: aktuelles Praxis-Knowhow, WPg 2018, 320; *Prinz/Keller*, Neue BFH-Rechtsprechung zur ertragsteuerlichen Organschaft – Einordnung und Beratungskonsequenzen, DB 2018, 400; *Pyszka*, Risiken einer Organschaft im Rumpfwirtschaftsjahr, DB 2010, M 20; *Rehfeld/Krumm*, Verlusttransfer bei mittelbaren Beteiligungen im grenzüberschreitend strukturierten Konzern – EuGH, Urteil vom 1.4.2014 – Rs. C-80/12, Felixtowe Dock, IWB 2014, 394; *Rödder*, Finanzielle Eingliederung, JbFStR 2012/2013, 125; *Rödder*, Umwandlungen und Organschaft – Kritische Anmerkungen zu den Org.-Textziffern des UmwSt-Erlass-Entwurfs vom 2.5.2011, DStR 2011, 1053; *Schaefer/Wind/ Mager*, Beendigung und Begründung von Organschaften beim Unternehmenskauf, DStR 2013, 2399; *Scheifele/Marx*, Die zeitlichen Anforderungen an den Gewinnabführungsvertrag und seine Durchführung – Zugleich Besprechung des BFH-Urteils vom 13.11.2013 – I R 45/12, DStR 2014, 1793; *Schell/ Philipp*, Mindestlaufzeit eines Gewinnabführungsvertrags zur körperschaftsteuerlicher Organschaft – Anmerkungen zu BFH v. 10.5.2017 – I R 19/15, FR 2018, 39; *Schirmer*, Organschaft: Zuordnung zu einer inländischen Betriebsstätte – Wiedergeburt eines vergessenen Merkmales bei Organschaft? FR 2013, 605; *Schneider/Hinz*, Verunglückte Organschaften – Ursachen und Heilungsmöglichkeiten, Ubg 2009, 738; *Schnitger*, Urteil des EuGH in der Rs. SCA als Katalysator für eine deutsche Organschaftsreform – Jetzt geht's los (?), IStR 2014, 587; *Schulze zur Wiesche*, Die ertragsteuerliche Organschaft unter Berücksichtigung des Gesetzes zur Vereinfachung der Unternehmensbesteuerung und der steuerlichen Reisekosten sowie der aktuellen Rechtsprechung, DStZ 2013, 621; *Schumacher*, Übertragung von Beteiligungen an Organgesellschaften und die „vororganschaftliche Zeit" im Sinne des § 14 Abs. 3 KStG, DStR 2006, 310; *Sistermann*, Umwandlungen und Organschaft, DStR-Beihefter zu Heft 2/2012, 18; *Stadler/Bindl*, Gesellschafterliste und finanzielle Eingliederung bei der Organschaft, GmbHR 2010, 412; *Stangl/Aichberger*, Unterjährige Verschmelzung einer Organgesellschaft – Auswirkungen auf das Organschaftsverhältnis zum übertragenden Rechtsträger, Ubg 2013, 685; *Stangl/Brühl*, Die „kleine Organschaftsreform", Der Konzern 2013, 77; *Streck/Schwedhelm*, Zwei aufeinanderfolgende Rumpfwirtschaftsjahre – stets unzulässig? BB 1988, 679; *Suchanek*, Körperschaftsteuerliche Organschaft und atypisch stille Gesellschaft – Zugleich Anmerkungen zum BMF-Schreiben vom 20.8.2015, GmbHR 2015, 1031; *Sydow*, Gruppenbesteuerung: steuerliche Einheit zwischen Tochtergesellschaften – EuGH-Entscheidung in den verb. Rs. C-39 – 41/13 „SCA Group Holding BV", IStR 2014, 480; *Walter*, Der Millionenmantel und seine finanzielle Eingliederung bei Organschaft, GmbHR 2006, 243; *Walter*, Anmerkung zum Urteil des FG Kassel vom 18.10.2012 (8 K 1694/09, GmbHR 2013, 209) – Zur finanziellen Eingliederung einer Organschaft beim Kauf von Anteilen einer Vorrats-GmbH, GmbHR 2013, 211; *Walter*, Finanzielle Eingliederung bei Organschaft durch wirtschaftliches Eigentum, Der Konzern 2013, 472; *Walter*, Organschaft zwischen Schwestergesellschaften de lege lata, GmbHR 2015, 182; *Walter*, Hat der BFH die Gewinngemeinschaft nun anerkannt, Der Konzern 2017, 331; *Weiss*, Keine finanzielle Eingliederung bei nur schuldrechtlichem Vertrag mit den übrigen Gesellschaftern, DStRK 2018, 86.

A. Begriff der finanziellen Eingliederung

I. Gesetzliche Grundlagen

Finanzielle Eingliederung. Zentrales Erfordernis der ertragsteuerlichen Organschaft ist nach § 14 Abs. 1 Nr. 1 Satz 1 KStG die finanzielle Eingliederung. Diese ist gegeben, wenn der Organträger über die „Mehrheit der Stimmrechte" an der Organgesellschaft verfügt (§ 14 Abs. 1 Nr. 1 Satz 1 KStG), wobei unmittelbare und mittelbare Beteiligungen, wenn die Beteiligung an jeder vermittelnden Gesellschaft die Mehrheit der Stimmrechte gewährt, berücksichtigt werden (§ 14 Abs. 1 Nr. 1 Satz 2 KStG). Die Stimmrechte müssen dem Organträger aus den Anteilen an der Organgesellschaft zustehen. 12.1

Zuordnung zu inländischer Betriebsstätte. Darüber hinaus verlangt § 14 Abs. 1 Satz 1 Nr. 2 Satz 4 KStG, dass die Organbeteiligung ununterbrochen während der gesamten Dauer der Organschaft einer inländischen Betriebsstätte des Organträgers zugeordnet ist. Wer die Stimmrechte ausübt, ob die ausländische Hauptniederlassung oder die inländische Betriebsstätte, ist dagegen unbeachtlich.[1] Eine inländische Betriebsstätte nach § 14 Abs. 1 Satz 1 Nr. 2 Satz 7 KStG nur gegeben, wenn die der Betriebstätte zuzurechnenden Einkünfte sowohl nach innerstaatlichem Recht als auch nach dem jeweiligen DBA der inländischen Besteuerung unterliegen. Die Zuordnung zur Betriebsstätte muss nach § 14 Abs. 1 Satz 1 Nr. 2 Satz 4 KStG ununterbrochen während der gesamten Dauer der Organschaft bestehen (hierzu Rz. 11.12 und Rz. 27.31 ff., zu Besonderheiten bei Personengesellschaften bzw. Holdinggesellschaften als Organträger Rz. 16.57 ff. und Rz. 17.12 ff.). 12.2

II. Mehrheit der Stimmrechte

1. Grundsätze

Mehrheit der Stimmrechte. Nach § 14 Abs. 1 Satz 1 Nr. 1 Satz 1 KStG muss dem Organträger die Mehrheit der Stimmrechte aus den Anteilen an der Organgesellschaft zustehen. § 39 Abs. 2 Nr. 1 AO (wirtschaftliches Eigentum) kann für Zwecke der Zuordnung der Stimmrechte nicht angewandt werden, da § 39 AO lediglich die Zuordnung von Wirtschaftsgütern, nicht aber der daraus resultierenden Stimmrechte betrifft.[2] Aus der Tatsache, dass dem Organträger das wirtschaftliche Eigentum an Anteilen an der Organgesellschaft zusteht, folgt daher nicht automatisch, dass er auch Inhaber der aus diesen Anteilen resultierenden Stimmrechte ist. 12.3

Einfache Stimmenmehrheit. Im Regelfall genügt die einfache Stimmenmehrheit, da es diese dem Organträger erlaubt, die Geschäftspolitik der Organgesellschaft in der Haupt- bzw. Ge- 12.4

---

[1] *Stangl/Brühl*, Der Konzern 2013, 77 (80 f.); *Frotscher* in Frotscher/Drüen, § 14 KStG Rz. 141i (Stand: Januar 2015); *Dötsch* in Dötsch/Pung/Möhlenbrock, § 14 KStG Rz. 182 (Stand: August 2016); *Walter* in Ernst & Young, § 14 KStG Rz. 125 (Stand: September 2017).
[2] *Forst/Schaaf/Reichhardt*, EStB 2010, 390 (392); *Neumann* in Gosch³, § 14 KStG Rz. 133; *Kolbe* in HHR, § 14 KStG Anm. 113 (Stand: September 2016).

sellschafterversammlung zu bestimmen (§ 16 Abs. 3 AktG, § 47 Abs. 1 GmbHG).[1] Unter bestimmten Voraussetzungen (zB stimmrechtslose Anteile, Anteile mit Mehrfachstimmrecht, eigene Anteile der Organgesellschaft) kann die Stimmrechtsmehrheit auch bei einem Anteilsbesitz von unter 50 % vorliegen.

2. Besonderheiten

12.5 **Qualifizierte Stimmrechtsmehrheit.** Bedarf es nach dem Gesellschaftsvertrag der Organgesellschaft auch bei allgemeinen Beschlüssen (jenseits der Satzungsänderung oder ähnlich außergewöhnlichen Beschlüssen) einer qualifizierten Stimmrechtsmehrheit, muss diese nach hM auch für die finanzielle Eingliederung gegeben sein.[2] Dies wird mit Sinn und Zweck der Norm gerechtfertigt, die sicherstellen soll, dass der Organträger in Fragen des regelmäßigen Geschäftsverkehrs seinen Willen durchsetzen kann.[3] Insbesondere bei Familiengesellschaften empfiehlt es sich, diesen Gesichtspunkt zu berücksichtigen, da deren Gesellschaftsverträge häufig qualifizierte Mehrheitserfordernisse vorsehen und eine Zusammenrechnung der Beteiligungen verschiedner Gesellschafter gerade nicht möglich ist.[4]

12.6 **Qualifizierte Stimmrechtsmehrheit.** Ungeklärt ist der Fall, in dem der Gesellschaftsvertrag der Organgesellschaft nur für bestimmte (aber nicht für alle oder die überwiegende Anzahl der) Gesellschafterbeschlüsse eine qualifizierte Stimmrechtsmehrheit verlangt. Hier kommt es auf den Einzelfall an, wobei unseres Erachtens großzügig zu verfahren ist.[5] Der Organträger muss sich bei den Beschlüssen durchsetzen können, die die Ergebnisübernahme durch den Organträger betreffen (wie zB die Feststellung des Jahresabschlusses oder die Ergebnisverwendung durch Bildung von Gewinnrücklagen).[6] Soweit im Schrifttum darüber hinausgehend verlangt wird, dass sich der Organträger nach dem Gesamtbild der Verhältnisse in den „wichtigen regelmäßigen Fragen"[7] oder dem „wesentlichen Teil der Geschäftspolitik"[8] durchsetzen kann, ist dies bereits wegen der damit verbundenen Rechtsunsicherheit abzulehnen.

12.7 **Stimmbindungen.** Die Mehrheit der Stimmrechte muss sich nach § 14 Abs. 1 Nr. 1 Satz 1 KStG „aus den Anteilen an der Organgesellschaft" ergeben, weshalb es nach wohl hM nicht

---

1 Vgl. u.a. *Neumann* in Gosch³, § 14 KStG Rz. 131; *Frotscher* in Frotscher/Drüen, § 14 KStG Rz. 210 (Stand: Januar 2016); *Dötsch* in Dötsch/Pung/Möhlenbrock, § 14 KStG Rz. 254 (Stand: August 2016).
2 BFH v. 22.11.2001 – V R 50/00, BStBl. II 2002, 167 = GmbHR 2002, 174. Aus dem Schrifttum u.a. *Neumann* in Gosch³, § 14 KStG Rz. 131; *Dötsch* in Dötsch/Pung/Möhlenbrock, § 14 KStG Rz. 254 (Stand: August 2016); *Kolbe* in HHR, § 14 KStG Anm. 111 (Stand: September 2016). AA *Rödder*, JbFStR 2012/13, 125 (126); *Walter* in Ernst & Young, § 14 KStG Rz. 274 (Stand: September 2017).
3 Vgl. u.a. FG Köln v. 10.6.2010 – 13 K 416/10, EFG 2010, 2029; *Neumann* in Gosch³, § 14 KStG Rz. 131; *Frotscher* in Frotscher/Drüen, § 14 KStG Rz. 210 (Stand: Januar 2016); *Kolbe* in HHR, § 14 KStG Anm. 111 (Stand: September 2016).
4 *Walter* in Ernst & Young, § 14 KStG Rz. 274 (Stand: September 2017).
5 Noch weitergehend *Walter* in Ernst & Young, § 14 KStG Rz. 274 (Stand: September 2017), nach dem es ausreicht, wenn mindestens ein Regelungsbereich übrig bleibt, für den die einfache Mehrheit genügt.
6 Nach *Dötsch* in Dötsch/Pung/Möhlenbrock, § 14 KStG Rz. 254 (Stand: August 2016) ist „insbesondere" auf diese Beschlüsse abzustellen, wobei unklar bleibt, welche weiteren Beschlüsse relevant sein sollen.
7 *Frotscher* in Frotscher/Drüen, § 14 KStG Rz. 210 (Stand: Januar 2016).
8 *Kolbe* in HHR, § 14 KStG Anm. 111 (Stand: September 2016).

reicht, wenn der Organträger nur kraft schuldrechtlicher Vereinbarungen auf die notwendige Stimmrechtsmehrheit kommt oder über eine Stimmrechtsvollmacht eines Mitgesellschafters verfügt.[1] In einer älteren Entscheidung zur umsatzsteuerlichen Organschaft sieht der BFH es zwar (wenn auch in einem obiter dictum) als ausreichend an, wenn die notwendige Stimmrechtsmehrheit über einen Stimmbindungsvertrag zwischen dem Mehrheits- und dem Minderheitsgesellschafter hergestellt wird.[2] Ausdrücklich bezieht sich der BFH aber nur auf den Fall, dass der Mehrheitsgesellschafter aufgrund des Stimmbindungsvertrags ein (satzungsmäßig erforderliches) qualifiziertes Mehrheitserfordernis erreicht. Unklar war, ob dem Urteil darüber hinaus entnommen werden kann, dass der BFH die Begründung der finanziellen Eingliederung über einen Stimmbindungsvertrag auch bei nicht bestehender Mehrheitsbeteiligung für möglich hält. Zwischenzeitlich hat sich der BFH zumindest für ertragsteuerliche Zwecke deutlich positioniert. Im Urteil vom 10.5.2017 (I R 51/15) stellt der BFH fest, dass *„schuldrechtliche Einschränkungen der Stimmrechte für die finanzielle Eingliederung nicht maßgeblich"* seien.[3] Es kommst also nicht darauf an, ob die Stimmrechtsausübung tatsächlich möglich ist, solange nur eine Mehrheitsbeteiligung besteht. Konsequenterweise dürfte dann umgekehrt auch die tatsächliche Möglichkeit der Stimmrechtsausübung allein nicht reichen, eine finanzielle Eingliederung zu begründen.

Entherrschungsvertrag. Eine vertragliche Vereinbarung, dass die Stimmrechtsmehrheit nicht ausgeübt wird (sog. Entherrschungsvertrag) steht unseres Erachtens der finanziellen Eingliederung nicht entgegen. Zwar ist es Sinn und Zweck des Entherrschungsvertrags, die aktienrechtlich aufgrund der Stimmrechtsmehrheit vermutete Beherrschung der Untergesellschaft zu widerlegen (vgl. § 17 Abs. 2 AktG).[4] Er ändert aber nichts daran, dass dem Organträger, so wie vom Gesetz gefordert, die Mehrheit der Stimmrechte an der Organgesellschaft zusteht.[5] Weitergehende Anforderungen lassen sich dem Gesetz nicht entnehmen.[6]

12.8

Beherrschungsvertrag. Ein Beherrschungsvertrag mit der Organgesellschaft als beherrschter Gesellschaft steht unseres Erachtens der finanziellen Eingliederung nicht entgegen. Dies ist offensichtlich in dem Regelfall, in dem der Beherrschungsvertrag zwischen dem Organträger und der Organgesellschaft zusätzlich zu dem Gewinnabführungsvertrag (regelmäßig als kombinierter Gewinnabführungs- und Beherrschungsvertrag) geschlossen wird, da sich da-

12.9

---

1 FG Bremen v. 14.12.2017 – 3 K 12/17 1, GmbHR 2018, 321 (mit Anmerkungen *Brühl*). Die vom FG zugelassene Revision wurde nicht eingelegt. *Müller* in Mössner/Seeger[3], § 14 KStG Rz. 164. Zur Stimmrechtsvollmacht u.a. *Olbing* in Streck[9], § 14 KStG Rz. 44; *Neumann* in Gosch[3], § 14 KStG Rz. 129; *Frotscher* in Frotscher/Drüen, § 14 KStG Rz. 220 (Stand: Januar 2015); *Müller* in Müller/Stöcker/Lieber, Die Organschaft[10], Rz. 78; *Kolbe* in HHR, § 14 KStG Anm. 113 (Stand: September 2016); *Walter* in Ernst & Young, § 14 KStG Rz. 276 (Stand: Oktober 2016); *Kowanda*, GmbH-StB 2017, 351; *Weiss*, DStRK 2018, 86.
2 BFH v. 22.11.2001 – V R 50/00, BStBl. II 2002, 167 = UR 2002, 127; *Müller* in Müller/Stöcker/Lieber, Die Organschaft[10], Rz. 78. Gegen die Berücksichtigung von Stimmrechtsbindungsverträgen Niedersächsisches FG v. 7.6.1990 – VI 626/88, GmbHR 1991, 290 sowie aus dem Schrifttum *Erle/Heurung* in Erle/Sauter[3], § 14 KStG Rz. 110; *Dötsch* in Dötsch/Pung/Möhlenbrock, § 14 KStG Rz. 258 (Stand: Juni 2018; *Walter* in Ernst & Young, § 14 KStG Rz. 276 (Stand: Oktober 2016).
3 BFH v. 10.5.2017 – I R 51/15, BStBl. II 2018, 30.
4 *Bayer* in MünchKomm/AktG[4], § 17 Rz. 99.
5 So auch *Dötsch* in Dötsch/Pung/Möhlenbrock, § 14 KStG Rz. 258 (Stand: Juni 2018).
6 AA *Grottel/zu Hohenlohe*, BeckBilanzkomm[11], § 271 HGB Rz. 111, der einen Entherrschungsvertrag mit dem Wesen der Organschaft für unvereinbar hält.

durch die Einflussmöglichkeiten des Organträgers lediglich verstärken. Aber auch ein Beherrschungsvertrag der Organgesellschaft als beherrschter Gesellschaft mit einem anderen Unternehmen als dem Organträger (beispielsweise einer Konzernobergesellschaft) lässt die finanzielle Eingliederung unseres Erachtens nicht entfallen. Der Beherrschungsvertrag erlaubt es dem herrschenden Unternehmen lediglich, dem Vorstand bzw. der Geschäftsführung Weisungen zu erteilen (§ 308 Abs. 1 AktG). Das Stimmrecht des Organträgers bleibt von dem Beherrschungsvertrag aber unberührt. Bei einer Aktiengesellschaft als beherrschter Gesellschaft dürfte der Organträger dem Vorstand der Organgesellschaft zudem ohnehin keine Weisungen erteilen (§ 76 AktG), so dass seine Rechte auch durch einen Beherrschungsvertrag der Organgesellschaft mit einem Dritten nicht wesentlich beschnitten werden.[1]

12.10 **KGaA.** Bei einer KGaA besteht die Besonderheit, dass dem persönlich haftenden Gesellschafter (phG) zwingend die Geschäftsführung und die Vertretung der KGaA übertragen sind (§ 278 Abs. 3 AktG). Dennoch reicht es für die finanzielle Eingliederung aus, dass der Organträger die Mehrheit der Kommanditaktien hält, er muss also nicht auch am phG beteiligt sein. Dahinter steht § 285 Abs. 1 Satz 1 AktG, wonach der phG in der Hauptversammlung der KGaA nur ein Stimmrecht aus seinen Kommanditaktien hat.[2]

3. Berücksichtigung eigener Anteile

12.11 **Eigene Anteile.** Das Stimmrecht aus eigenen Anteilen, die die Organgesellschaft hält, ruht gem. § 71b AktG.[3] Damit liegt eine finanzielle Eingliederung auch dann vor, wenn der Organträger zu 50 % oder weniger an der Organgesellschaft beteiligt ist.[4]

III. (Wirtschaftliches) Eigentum an den Anteilen

1. Wirtschaftliches Eigentum

12.12 **Stimmrechte aus eigenem Recht.** Die Stimmrechte müssen dem Organträger aus eigenem Recht zustehen. Nach § 14 Abs. 1 Satz 1 Nr. 1 KStG muss dem Organträger die Mehrheit der Stimmrechte „aus den Anteilen an der Organgesellschaft" zustehen. Nur schuldrechtliche Anteilsübertragungsansprüche, Stimmbindungsverträge oder eine Stimmrechtsvollmacht für

---

[1] Im Ergebnis für den Fall eines Beherrschungsvertrags der Organgesellschaft mit einer Zwischengesellschaft so auch BFH v. 10.5.2017 – I R 51/15, BStBl. II 2018, 30. Der BFH hebt im Entscheidungsfall zwar zusätzlich hervor, dass der Organträger in der Zwischengesellschaft die Stimmrechtsmehrheit hatte und damit mittelbar über den Beherrschungsvertrag auf die Geschäftsleitung der Organgesellschaft Einfluss nehmen konnte. Dies dürfte aber unseres Erachtens nicht entscheidungstragend gewesen sein.

[2] *Neumann* in Gosch[3], § 14 KStG Rz. 134; *Frotscher* in Frotscher/Drüen, § 14 KStG Rz. 213 (Stand: Januar 2015); *Dötsch* in Dötsch/Pung/Möhlenbrock, § 14 KStG Rz. 260 (Stand: Juni 2018); *Kolbe* in HHR, § 14 KStG Rz. 113 (Stand: September 2016); *Walter* in Ernst & Young, § 14 KStG Rz. 276 (Stand: Oktober 2016).

[3] Nach heute ganz hM gilt dies auch bei der GmbH, auch wenn insoweit eine ausdrückliche Vorschrift fehlt, vgl. BGH v. 30.1.1995 – II ZR 45/94, GmbHR 1995, 291 = NJW 1995, 1027 sowie aus dem gesellschaftsrechtlichen Schrifttum *Zöllner* in Baumbach/Hueck[21], § 47 GmbHG Rz. 57.

[4] *Müller* in Mössner/Seeger[3], § 14 KStG Rz. 165; *Dötsch* in Dötsch/Pung/Möhlenbrock, § 14 KStG Rz. 256 (Stand: Juni 2018); *Walter* in Ernst & Young, § 14 KStG Rz. 273 (Stand: September 2017).

fremde Dritte genügen für die finanzielle Eingliederung daher nicht.[1] Bei den Anteilen ist auf das wirtschaftliche Eigentum abzustellen.[2]

2. Einkommenszurechnung auf horizontaler Ebene?

Schwestergesellschaften. Zivilrechtlich verlangt ein Gewinnabführungsvertrag nach hM keine Beteiligung zwischen dem berechtigtem und dem verpflichteten Unternehmen.[3] Er kann daher auch zwischen Schwestergesellschaften (an der gemeinsamen Muttergesellschaft vorbei) abgeschlossen werden. Das Steuerrecht korrigiert hier. Die nach § 14 Abs. 1 Nr. 1 KStG erforderliche finanzielle Eingliederung setzt eine Stimmrechtsmehrheit voraus, die sich daraus ableiten muss, dass der Organträger das wirtschaftliche Eigentum an den Anteilen der Organgesellschaft zusteht. Daran fehlt es aber im Verhältnis von Schwesterngesellschaften zueinander.[4] Steuerrechtlich ist eine rein horizontale Einkommenszurechnung zwischen Schwestergesellschaften daher nach bisherigem Verständnis nicht möglich.

12.13

Europarecht. Unklar ist, ob etwas anderes aus dem Urteil des EuGH vom 12.6.2014[5] folgt (dazu auch Rz. 5.59 und Rz. 27.24). Der EuGH schließt aus der europäischen Niederlassungsfreiheit (Art. 49 AEUV) auf die Notwendigkeit der Konsolidierung zwischen Schwestergesellschaften, die eine im Ausland ansässige gemeinsame Muttergesellschaft haben. Aus dem EuGH-Urteil wird von Teilen des Schrifttums abgeleitet, dass eine Konsolidierung zwischen Schwestergesellschaften erlaubt werden müsse, auch wenn die ausländische Muttergesellschaft die Beteiligungen direkt, also nicht über eine inländische Betriebsstätte, halte. Die Organschaft dürfe also nicht am fehlenden Inlandsbezug der Muttergesellschaft scheitern.[6]

12.14

Querkonsolidierung. Dagegen wird eingewandt, dass die deutsche Organschaft einen Gewinnabführungsvertrag verlange, weshalb eine „Querkonsolidierung" (im Sinne einer Einkommenszurechnung zwischen den Schwestergesellschaften) nicht möglich sei.[7] Eine „Aufwärtskonsolidierung" (im Sinne einer grenzüberschreitende Einkommenszurechnung zur ausländischen Muttergesellschaft) könne nicht gefordert werden, weil Deutschland dann das Besteuerungsrecht an den Einkünften verliere, was zur Wahrung der Aufteilung der Besteuerungsrechte verhindert werden dürfe.[8] Auch der BFH lehnt in einer neueren (nicht zur Or-

12.15

---

1 Zum umgekehrte Fall einer Stimmrechtsbeschränkung aufgrund eines Konsortialvertrags BFH v. 10.5.2017 – I R 51/15, BStBl. II 2018, 30.
2 R 14.2 Satz 1KStR 2015. Aus dem Schrifttum u.a. *Neumann* in Gosch[3], § 14 KStG Rz. 128; *Kolbe* in HHR, § 14 KStG Anm. 102 (September 2016); *Dötsch* in Dötsch/Pung/Möhlenbrock, § 14 KStG Rz. 250 (Stand: Juni 2018).
3 Vgl. u.a. OLG Nürnberg v. 17.1.1996 – 12 U 2801/95, DB 1996, 464; OLG Koblenz v. 15.4.2014 – 3 U 633/13, Stbg 2014, 323. Aus dem gesellschaftsrechtlichen Schrifttum u.a. *Altmeppen* in MünchKomm/AktG[4], § 291 Rz. 18; *Emmerich* in Emmerich/Habersack[8], § 291 AktG Rz. 50. AA *Möhlenbrock*, DB 2014, 1582 (1583).
4 Niedersächsisches FG v. 4.9.2007 – 6 K 194/07, EFG 2008, 323; FG Berlin-Brandenburg v. 15.7.2009 – 12 K 12148/08, EFG 2009, 2049; OLG Koblenz v. 15.4.2014 – 3 U 633/13, Stbg 2014, 323. Aus dem Schrifttum u.a. *Neumann* in Gosch[3], § 14 KStG Rz. 125; *Müller* in Müller/Stöcker/Lieber, Die Organschaft[10], Rz. 88; *Dötsch* in Dötsch/Pung/Möhlenbrock, § 14 KStG Rz. 261 (Stand: Juni 2018).
5 EuGH v. 12.6.2014 – C-39/13, C-40/13, C-41/13 – SCA Group Holding BV, DStR 2014, 1333.
6 *Schnitger*, IStR 2014, 587 (588); *v. Brocke/Müller*, DStR 2014, 2106 (2109); *Walter*, GmbHR 2015, 182 (183).
7 *Möhlenbrock*, DB 2014, 1582 (1583).
8 *Sydow*, IStR 2014, 480 (484 f.).

ganschaft ergangenen) Entscheidung einen Verstoß gegen die Niederlassungsfreiheit knapp ab. Es liege schon keine Diskriminierung vor, da es auch einer inländischen Konzernmutter verwehrt sei, die Ergebnisse von inländischen Schwesterkapitalgesellschaften zu poolen.[1]

12.16 **Stellungnahme.** Unseres Erachtens wäre eine Querkonsolidierung möglich. Gegen diese lässt sich nicht einwenden, dass die inländische Organschaft einen Gewinnabführungsvertrag verlangt. Wie ausgeführt ist dessen Abschluss auch zwischen Schwestergesellschaften möglich. Problematisch ist aber die finanzielle Eingliederung, die zwischen den Schwestergesellschaften grundsätzlich nicht vorliegt. Die finanzielle Eingliederung war aber auch Voraussetzung der niederländischen Gruppenbesteuerung (die sogar eine Beteiligungsquote von 95 % voraussetzte), welche den EuGH in seinem Urteil vom 12.6.2014 aber nicht davon abhielt, die entsprechende Regelung für europarechtswidrig zu erklären. Auch wenn der EuGH sein Urteil nur knapp begründet, so sind die tragenden Erwägungen unseres Erachtens auf die inländische Organschaft übertragbar.

12.17 **Folgen des EuGH-Urteils.** Unseres Erachtens ist das EuGH-Urteil so zu verstehen, dass eine Konsolidierung der Schwestergesellschaften möglich sein muss, aber auch ausreichend ist.[2] Dafür bestehen zwei Möglichkeiten: Entweder schließen die beiden Schwestergesellschaften einen Gewinnabführungsvertrag ab und die finanzielle Eingliederung der beiden Schwestergesellschaften in die ausländische Muttergesellschaft wird der Schwestergesellschaft zugerechnet, die als Vertragspartei des Gewinnabführungsvertrags den Anspruch auf Gewinnabführung hat. So wird eine Organschaft zwischen den Schwestergesellschaften (an der ausländischen Muttergesellschaft vorbei) möglich.[3] Oder beide Schwestergesellschaften schließen je einen Gewinnabführungsvertrag mit der gemeinsamen Muttergesellschaft ab und als Steuerschuldner für das im Rahmen der Organschaft zugewiesene Einkommen wird im Sinne einer Fiktion die größere der beiden Schwestergesellschaften bestimmt.[4] Eine vergleichbare Mechanik findet sich bereits jetzt bei einer umsatzsteuerlichen Organschaft mit ausländischem Organträger, vgl. § 2 Abs. 2 Nr. 2 Satz 4 UStG.[5] Hier ist die weitere Rechtsentwicklung abzuwarten.

3. Auseinanderfallen wirtschaftliches Eigentum und Stimmrechte

12.18 **Treuhandverhältnisse.** Vor allem bei Treuhandverhältnissen und der Sicherungsübereignung fallen regelmäßig die Person des wirtschaftlichen Eigentümers (der Anteile an der Organgesellschaft) und die des Stimmrechtsausübungsberechtigten auseinander.

12.19 **Treugeber bzw. Sicherungsgeber.** Bei einem Treuhandverhältnis[6] bzw. einer Sicherungsübereignung ist der Treugeber bzw. der Sicherungsgeber wirtschaftlicher Eigentümer der Anteile;

---

1 BFH v. 22.2.2017 – I R 35/14, BStBl. II 2018, 33, dazu *Walter*, Der Konzern 2017, 331 (334) Fn. 24.
2 So *v. Brocke/Müller*, DStR 2014, 2106 (2108).
3 *Walter*, GmbHR 2015, 182 (183 f.). AA die (bislang) hM: Vgl. BFH v. 22.11.2001 – V R 50/00, BStBl. II 2002, 157 = GmbHR 2002, 174; BFH v. 13.2.2008 – I B 187, 188/07, I B 187/07, I B 188/07, I B 187, 188/07, juris. Aus dem Schrifttum so auch u.a. *Olbing* in Streck[8], § 14 KStG Rz. 52; *Dötsch* in Dötsch/Pung/Möhlenbrock, § 14 KStG Rz. 245 (Stand: Juni 2018).
4 *v. Brocke/Müller*, DStR 2014, 2106 (2109).
5 Die Finanzverwaltung stellt für die Bestimmung des bedeutendsten Unternehmensteils regelmäßig auf den Umsatz ab, vgl. 2.9 Abs. 7 Satz 4 UStAE.
6 Die Vereinbarung eines Treuhandverhältnisses ist grundsätzlich formfrei. Bei GmbH-Geschäftsanteilen bedarf der Vertrag der notariellen Beurkundung nach § 15 Abs. 4 GmbHG, BGH v. 19.4.1999 – II ZR 365/97, BGHZ 141, 207 = GmbHR 1999, 707.

mit ihm wird typischerweise auch der Gewinnabführungsvertrag abgeschlossen (zum Sonderfall einer Treuhand-KG, bei der der Gewinnabführungsvertrag unseres Erachtens auch mit der KG geschlossen werden kann, Rz. 3.10). Dies ist zivilrechtlich ohne weiteres möglich, da ein Gewinnabführungsvertrag eine zivilrechtliche Beteiligung nicht voraussetzt.[1] Nach wohl hM kann der Treugeber bzw. Sicherungsgeber aber nur dann Organträger sein, wenn ihm auch die Stimmrechte „zustehen". Dies ist der Fall, wenn der Treuhänder bzw. Sicherungsnehmer bei der Ausübung der Stimmrechte an die Weisungen des Treugebers bzw. Sicherungsgebers gebunden ist, so dass der Treugeber bzw. Sicherungsgeber in der Lage ist, seinen Willen bei der Organgesellschaft auch tatsächlich durchzusetzen.[2]

Treuhänder bzw. Sicherungsnehmer. In den Sicherungsnehmer bzw. Treuhänder kann die Organgesellschaft – mangels wirtschaftlichen Eigentums an ihren Anteilen – nicht finanziell eingegliedert sein, so dass eine Organschaft nicht in Betracht kommt.[3] 12.20

4. „Beteiligung" Dritter an den Anteilen
a) Nießbrauch

Organschaft mit dem Nießbraucher. Besteht an den Anteilen an der Organgesellschaft ein Nießbrauchsrecht, weisen §§ 1068 Abs. 2, 1030 Abs. 1 BGB dem Nießbraucher (nur) das Recht zu, Nutzungen aus dem Recht zu ziehen. Ihm steht also der Gewinn der Organgesellschaft zu. Grundsätzlich ist der Nießbraucher aber nicht wirtschaftlicher Eigentümer der mit dem Nießbrauch belasteten Anteile.[4] Es fehlt daher im Regelfall an der finanziellen Eingliederung im Verhältnis zum Nießbraucher, weshalb eine Organschaft mit ihm als Organträger ausscheidet.[5] Das kann im Einzelfall dann anders sein, wenn der Nießbraucher nach den Grundsätzen des § 39 Abs. 2 Satz 1 Nr. 1 AO das wirtschaftliche Eigentum an den Anteilen innehat; das Recht zur Stimmrechtsausübung allein genügt hierfür aber nicht.[6] 12.21

Organschaft mit dem Gesellschafter. Eine finanzielle Eingliederung zu dem Gesellschafter als Nießbrauchsbelasteten ist zwar grundsätzlich denkbar, wenn dieser wirtschaftlicher Eigentümer der Anteile bleibt und ihm auch das Stimmrecht zusteht. Eine organschaftliche Ergebniszurechnung scheitert aber unseres Erachtens an dem Erfordernis, dass der ganze Gewinn der Organgesellschaft an den Organträger abgeführt werden muss. Der Nießbrauch führt dazu, dass der Gewinnanspruch originär in der Person des Nießbrauchers entsteht, 12.22

---

1 *Walter* in Ernst & Young, § 14 KStG Rz. 580 (Stand: März 2018) mwN.
2 Ua. *Stadler/Bindl*, GmbHR 2010, 412 (415 f.); *Forst/Schaaf/Reichhardt*, EStB 2010, 390 (392); *Olbing* in Streck[8], § 14 KStG Rz. 43; *Stangl/Winter*, Organschaft 2013/2014, 2014, 87 Rz. 84; *Neumann* in Gosch[3], § 14 KStG Rz. 133; *Frotscher* in Frotscher/Drüen, § 14 KStG Rz. 221 (Stand: Januar 2015); *Krumm* in Blümich, § 14 KStG Rz. 84 (Stand: März 2016); *Dötsch* in Dötsch/Pung/Möhlenbrock, § 14 KStG Rz. 250 (Stand: Juni 2018); *Walter* in Ernst & Young, § 14 KStG Rz. 277 (Stand: September 2017).
3 *Olbing* in Streck[8], § 14 KStG Rz. 43; *Walter* in Ernst & Young, § 14 KStG Rz. 277 (Stand: September 2017).
4 Zur Zurechnung von Kapitalgesellschaftsanteilen bei Vorbehaltsnießbrauch FG Düsseldorf v. 26.4.2013 – 1 K 1143/12 E, EFG 2014, 447.
5 *Neumann* in Gosch[3], § 14 KStG Rz. 129; *Müller* in Müller/Stöcker/Lieber, Die Organschaft[10], Rz. 83; *Kolbe* in HHR, § 14 KStG Rz. 103 (Stand: September 2016). Unklar *Olbing* in Streck[8], § 14 KStG Rz. 43.
6 BFH v. 28.1.1992 – VIII R 207/85, BStBl. II 1992, 605 = FR 1992, 417; *Kolbe* in HHR, § 14 KStG Anm. 103 (Stand: September 2016).

ohne Durchgangserwerb beim Gesellschafter.[1] Damit kommt es nicht zu einer Abführung des „gesamten Gewinns" an den Gesellschafter.[2] Hierin unterscheidet sich der Nießbrauch unseres Erachtens von den Fällen der Unterbeteiligung (dazu sogleich) und der stillen Beteiligung an der Organgesellschaft. Letztere verändert handelsrechtlich lediglich die Bezugsgröße des Gewinnanspruchs, lässt diesen im Übrigen aber unangetastet (dazu Rz. 3.11 ff.).

b) Unterbeteiligung

12.23 **Unterbeteiligung.** Eine Unterbeteiligung an den Anteilen des Gesellschafters an der Organgesellschaft bedroht die Organschaft (mit dem Gesellschafter als Organträger), wenn der Unterbeteiligte zum wirtschaftlicher Eigentümer der Anteile wird.[3] Ob dies der Fall ist, hängt vom Gesamtbild der tatsächlichen Verhältnisse im jeweiligen Einzelfall ab.[4] Der Unterbeteiligte wird nur dann wirtschaftlicher Eigentümer, wenn er in der Lage ist, alle mit der Beteiligung gekoppelten wesentlichen Rechte auszuüben und in etwaigem Konfliktfall effektiv durchzusetzen; das wird nur selten der Fall sein.[5] Somit bleibt es trotz einer Unterbeteiligung regelmäßig bei der finanziellen Eingliederung. An dem Kriterium der Abführung des gesamten Gewinnes fehlt es unseres Erachtens, im Gegensatz zum Nießbrauch, nicht. Der Unterbeteiligte hat im Regelfall lediglich einen Anspruch gegen den Gesellschafter (also den Organträger), nicht die Gesellschaft.[6] Der Gewinnanspruch entsteht daher zunächst ungeschmälert beim Gesellschafter, welcher den Unterbeteiligten im nächsten Schritt entsprechend der Unterbeteiligungsabrede teilhaben lässt. Die Unterbeteiligung vollzieht sich somit auf der Stufe der Gewinnverwendung durch den Organträger, was unseres Erachtens für das Kriterium der Abführung des gesamten Gewinns unschädlich ist (zur stillen Beteiligung am Organträger Rz. 3.11 ff.).

c) Verpfändung/Pfändung

12.24 **Verpfändung/Pfändung.** Eine Verpfändung/Pfändung der Anteile an der Organgesellschaft führt regelmäßig nicht zum Wegfall der finanziellen Eingliederung. Der Organträger bleibt wirtschaftlicher Eigentümer; sein Eigentum ist lediglich mit einem (Pfändungs-)pfandrecht belastet. Ihm wird auch nicht die Möglichkeit der Stimmrechtsausübung genommen.[7] Die finanzielle Eingliederung endet aber mit der Verwertung;[8] (erst) zu diesem Zeitpunkt endet auch die Abführung des ganzen Gewinns an den Organträger.

---

1 *W. Müller* in Ulmer/Habersack/Löbbe², § 29 GmbHG Rz. 120; *Ekkenga* in MünchKomm/GmbHG², § 29 Rz. 125.
2 I.Erg. ebenso *Olbing* in Streck⁸, § 14 KStG Rz. 43; *Müller* in Müller/Stöcker/Lieber, Die Organschaft¹⁰, Rz. 83.
3 *Müller* in Müller/Stöcker/Lieber, Die Organschaft¹⁰, Rz. 84.
4 BFH v. 7.5.2014 – IX B 146/13, BFH/NV 2014, 1204.
5 Zur Frage des wirtschaftlichen Eigentums eines an Aktien Unterbeteiligten BFH v. 1.8.2012 – IX R 6/11, GmbHR 2012, 1370 = BFH/NV 2013, 9.
6 *W. Müller* in Ulmer/Habersack/Löbbe², § 29 GmbHG Rz. 120.
7 *Neumann* in Gosch³, § 14 KStG Rz. 129; *Kolbe* in HHR, § 14 KStG Anm. 103 (Stand: September 2016); *Müller* in Müller/Stöcker/Lieber, Die Organschaft¹⁰, Rz. 85. Aus dem gesellschaftsrechtlichen Schrifttum *Emmerich* in Emmerich/Habersack⁸, § 16 AktG Rz. 14 mwN. AA für den Fall der Pfändung *Frotscher* in Frotscher/Drüen, § 14 KStG Rz. 224 (Stand: Januar 2015).
8 *Walter* in Ernst & Young, § 14 KStG Rz. 277 (Stand: September 2017).

Pfandrechtsgläubiger. Zum (Pfändungs-)pfandrechtsgläubiger kann vor der Verwertung keine finanzielle Eingliederung begründet werden. Es fehlt bereits am wirtschaftlichen Eigentum.[1]

d) Stimmrechtsbeschränkungen

Stimmrechtsbeschränkungen. Schuldrechtliche Stimmrechtsbeschränkungen, -ausschlüsse oder -bindungen oder Stimmrechtsvollmachten stehen der finanziellen Eingliederung nicht entgegen, da der Gesellschafter das Stimmrecht jederzeit entgegen der vertraglichen Vereinbarung nach eigenem Ermessen im eigenen Namen ausüben könnte.[2] Dies hat der BFH jüngst bestätigt.[3] Nach Ansicht des BFH sind schuldrechtliche Einschränkungen der Stimmrechte für die finanzielle Eingliederung nicht maßgeblich. Unschädlich sind auch Stimmrechtsverbote bezogen auf einzelne Geschäfte.[4]

Poolvertrag. Dies gilt unseres Erachtens auch dann, wenn der Mehrheitsgesellschafter mit einem Minderheitsgesellschafter (zB aus erbschaftsteuerlichen Gründen zur Erreichung des 25 %-Quorums in § 13b Abs. 1 Nr. 3 ErbStG) einen sog. Poolvertrag abschließt, in dem er sich verpflichtet, sein Stimmrecht mit dem Minderheitsgesellschafter nur einheitlich auszuüben.[5] Durch den Poolvertrag verliert der Organträger nicht die Stimmrechtsmehrheit bei der Organgesellschaft.

Stimmrechtsverlust. Können Stimmrechte wegen nichterfüllter Anzeigepflichten nicht ausgeübt werden (§§ 20 Abs. 7, 21 Abs. 4 AktG, § 28 Satz 1 WphG), steht dies der finanziellen Eingliederung entgegen.[6]

5. Schuldrechtliche Anteilsübertragungsansprüche

Schuldrechtliche Anteilsübertragungsansprüche. Schuldrechtliche Anteilsübertragungsansprüche begründen grundsätzlich noch kein wirtschaftliches Eigentum an den Anteilen an der Organgesellschaft. Sie verschaffen auch keine Verfügungsmacht über die Stimmrechte.[7]

Wirtschaftliches Eigentum. Anders ist dies nur, wenn schon mit Abschluss des schuldrechtlichen Vertrags das wirtschaftliche Eigentum an den Anteilen auf den Erwerber übergeht (§ 39 Abs. 2 Nr. 1 AO). Entscheidend ist das Gesamtbild der Verhältnisse im jeweiligen Einzelfall. Kriterien für eine Zuordnung des wirtschaftlichen Eigentums zu einem Dritten sind u.a.: (i) dem Dritten stehen die aus dem Wirtschaftsgut resultierenden Erträge zu, (ii) der Dritte kann das Wirtschaftsgut verkaufen, verpfänden, verleihen oder anderweitig hierüber verfügen, (iii) Gläubiger des Dritten können auf das Wirtschaftsgut zugreifen, (iv) der Dritte ist zur Ausübung der mit dem Wirtschaftsgut verbundenen Verwaltungs- und Vermögensrechte befugt und (v) Risiko und Chance von Wertveränderungen sind auf den Dritten über-

---

1 *Olbing* in Streck[8], § 14 KStG Rz. 43.
2 H 14.2 KStR 2015. Aus dem Schrifttum u.a. *Stangl/Winter*, Organschaft 2013/2014, 2014, Rz. 83; *Neumann* in Gosch[3], § 14 KStG Rz. 133; *Olbing* in Streck[8], § 14 KStG Rz. 44; *Dötsch* in Dötsch/Pung/Möhlenbrock, § 14 KStG Rz. 258 (Stand: Juni 2018); *Walter* in Ernst & Young, § 14 KStG Rz. 273 (Stand: September 2017).
3 BFH v. 10.5.2017 – I R 51/15, BStBl. II 2018, 30.
4 *Frotscher* in Frotscher/Drüen, § 14 KStG Rz. 211 (Stand: Januar 2016).
5 *v. Oertzen/Stein*, Ubg 2011, 353 (356).
6 *Stadler/Bindl*, GmbHR 2010, 412 (415).
7 *Frotscher* in Frotscher/Drüen, § 14 KStG Rz. 216 (Stand: Januar 2015).

gegangen.[1] Bei Kapitalgesellschaftsanteilen verlangt der BFH zudem, dass der Erwerber aufgrund des schuldrechtlichen Vertrags bereits eine rechtlich geschützte, auf den Erwerb des Rechts gerichtete Position erworben hat, die ihm gegen seinen Willen nicht mehr entzogen werden kann.[2] Die Fragen, die sich neuerdings bei cum/ex- und cum/cum-Transaktionen stellen, die auf eine nur kurze Haltedauer des am Tag der Hauptversammlung rechtlichen Eigentümers der Anteile ausgelegt sind, spielen bei einer auf längeres Halten ausgerichteten Organschaft unseres Erachtens keine Rolle.[3]

12.31 **Umstrukturierungen.** Eine vergleichbare Frage stellt sich bei Umstrukturierungen. Zu denken ist zB an den Fall, dass eine Gesellschaft am Ende des Geschäftsjahrs auf die (künftige) Organgesellschaft verschmolzen wird. Die dadurch entstehende (Mehrheits)Beteiligung an der Organgesellschaft soll noch im alten Geschäftsjahr im Wege einer Kapitalerhöhung in den künftigen Organträger eingebracht werden, damit die Organschaft bereits am 1.1. des Folgejahres beginnen kann.

Beispiel:[4] Die M-AG ist an der T1-GmbH mehrheitlich beteiligt; diese ist wiederum an der E-GmbH (Wirtschaftsjahr = Kalenderjahr) mehrheitlich beteiligt. Die T1-GmbH soll aufgrund notariell beurkundeten Vertrags vom 28.12.2015 abwärts auf die E-GmbH verschmolzen werden, wobei im Rahmen einer Kapitalerhöhung bei der E-GmbH neue Anteile ausgegeben werden. Unmittelbar im Anschluss bringt die M-AG ihre Beteiligung an der E-GmbH im Rahmen eines qualifizierten Anteilstauschs (§ 21 UmwStG) in eine weitere Tochtergesellschaft (die T2-GmbH) mit Wirkung zum 31.12.2015 ein. Zwischen der T2-GmbH und der E-GmbH soll bereits ab dem 1.1.2016 ein Organschaftsverhältnis begründet werden.

Die (neuen) Anteile an der E-GmbH als aufnehmende Gesellschaft gehen erst mit der Handelsregistereintragung der Verschmelzung (§ 20 Abs. 1 Nr. 3 UmwG) auf die M-AG über, so dass auch die T2-GmbH vorher nicht Anteilseigner der E-GmbH werden kann. Die E-GmbH ist dann zu Beginn ihres Wirtschaftsjahrs nicht in die T2-GmbH finanziell eingegliedert. Es wird im Schrifttum aber für möglich gehalten, bereits die künftige Beteiligung im Wege der Kapitalerhöhung in den künftigen Organträger einzubringen. Sofern der Organträger (im Beispiel die T2-GmbH) zudem angewiesen werde, das Stimmrecht eigenverantwortlich wahrzunehmen, sei die Organschaft schon ab diesem Zeitpunkt der Vorausabtretung mög-

---

1 Ua. BFH v. 10.3.1988 – IV R 226/85, BStBl. II 1988, 832 = FR 1988, 533; BFH v. 11.7.2006 – VIII R 32/04, BStBl. II 2007, 296 = FR 2007, 251; BFH v. 4.7.2007 – VIII R 68/05, BStBl. II 2007, 937 = FR 2008, 135 m. Anm. *Mayer*, jeweils mwN.
2 Ua. BFH v. 5.10.2011 – IX R 57/10, BStBl. II 2012, 318 = FR 2012, 831 m. Anm. *Bode* mwN; BFH v. 15.10.2013 – I B 159/12, BFH/NV 2014, 291; BFH v. 7.5.2014 – IX B 146/13, BFH/NV 2014, 1204.
3 Nach Ansicht des BFH (BFH v. 16.4.2014 – I R 2/12, BFH/NV 2014, 1813) geht bei einem Wertpapierdarlehen das wirtschaftliche Eigentum an den übertragenen Aktien dann nicht auf den Darlehensnehmer über, wenn aufgrund einer modellhaften Vertragsgestaltung die im Rahmen der Wertpapierleihe grundsätzlich auf den Darlehensnehmer übergehenden Verwaltungs-, Vermögens- und sonstigen Nutzungsrechte des Darlehensnehmers durch gegenläufige Vertragsgestaltungen entwertet werden (zB wenn der Darlehensnehmer nicht über die übertragenen Aktien verfügen darf). Ähnlich auch BFH v. 18.8.2015 – I R 88/13, BStBl. II 2016, 961, nach dem das wirtschaftliche Eigentum ausnahmsweise beim Verleiher bleibt, wenn dem Entleiher aufgrund der konkreten Vertragsgestaltung und sonstigen Umstände lediglich eine formelle Rechtsposition verschafft wird (der Verleiher erhält wirtschaftlich die Dividende durch eine Dividendenkompensationszahlung, der kurzfristige Überlassungszeitraum belässt Chancen und Risiken beim Verleiher, keine sinnvolle Nutzung der Stimmrechte durch den Entleiher möglich).
4 Beispiel nach *Walter*, Der Konzern 2013, 472.

lich.[1] Da Rechtsprechung und Finanzverwaltung zu dieser Möglichkeit bisher keine Stellung genommen haben, ist aufgrund der rechtlichen Unsicherheiten zu einer vorherigen Abstimmung mit der Finanzverwaltung zu raten, falls eine solche Gestaltung in Betracht gezogen wird. Insbesondere lassen die Urteile vom 28.7.2010 (I R 89/09[2] und I R 111/09)[3] keine Rückschlüsse zu dieser Fallkonstellation zu. In diesen Urteilen setzt sich der BFH mit der Frage auseinander, unter welchen Umständen eine bestehende finanzielle Eingliederung im Rahmen von Einbringungen auf die übernehmende Gesellschaft übergeht (Fußstapfentheorie). Hier erwirbt aber auch die M-AG die Anteile erst mit Wirksamkeit der Verschmelzung, so dass ihre Organträgerstellung nicht auf die T2-GmbH übergehen kann. Auch aus dem BFH-Urt. v. 10.5.2017 (I R 19/15)[4] ergibt sich nichts anderes. Dort wurde die Tochtergesellschaft, zu der ein Organschaftsverhältnis begründet werden sollte, unterjährig (also im laufenden Wirtschaftsjahr der zu erwerbenden Gesellschaft) von einem Dritten erworben. Anschließend wurde ein Teilbetrieb mit gewollter steuerlicher Rückwirkung auf den Beginn des Wirtschaftsjahrs in die erworbene Gesellschaft eingebracht. Der BFH lehnte die finanzielle Eingliederung im Jahr des Erwerbs ab.[5] Diese Fallkonstellation unterscheidet sich von der Vorliegenden durch die Tatsache, dass die erworbenen Anteile vor Erwerb tatsächlich einem Dritten zustanden, während die Anteile in der hier besprochenen Konstellation unterjährig überhaupt erst entstehen.

6. Gesellschafterliste bei der GmbH

Gesellschafterliste. Im Verhältnis zu einer GmbH gilt bei Wechsel der Gesellschafter oder Veränderung des Umfangs ihrer Beteiligung als Inhaber eines Geschäftsanteils nur, wer als solcher in der im Handelsregister aufgenommenen Gesellschafterliste (§ 40 GmbHG) eingetragen ist (§ 16 Abs. 1 GmbHG).[6] Von der Eintragung hängt deswegen auch die Stimmrechtsausübung ab. Daher könnte es der finanziellen Eingliederung entgegenstehen, wenn der Organträger zu Beginn des Wirtschaftsjahrs der Organgesellschaft noch nicht in der Gesellschafterliste eingetragen war, zB weil er die Anteile erst erwarb. Unseres Erachtens scheitert die Organschaft daran nicht. Zwar gilt gegenüber der Gesellschaft weiterhin der Rechtsvorgänger als Inhaber der Geschäftsanteile (§ 16 Abs. 1 Satz 1 GmbHG); der Erwerber ist aber bereits materiell Berechtigter.[7] Die Aktualisierung der Gesellschafterliste wird zeitnah erfolgen, da die Geschäftsführer nach § 40 Abs. 1 GmbHG zur Einreichung einer neuen aktualisierten Gesellschafterliste verpflichtet sind. Unseres Erachtens ist es nicht erforderlich, kann aber aus Vorsorgegründen geschehen, dass der Veräußerer den Erwerber flankierend

12.32

---

1 Die Vorausabtretung liegt dabei zeitlich nach der Beurkundung der Verschmelzung, vgl. *Walter*, Der Konzern 2013, 472; *Walter* in Ernst & Young, § 14 KStG Rz. 277 (Stand: September 2017).
2 BFH v. 28.7.2010 – I R 89/09, BStBl. II 2011, 528 = FR 2011, 184.
3 BFH v. 28.7.2010 – I R 111/09, GmbHR 2011, 44 = BFH/NV 2011, 67.
4 BFH v. 10.5.2017 – I R 19/15, BFH/NV 2017, 1558.
5 Dazu Rz. 12.69.
6 Handlungen, die vor Eintragung in das Handelsregister vorgenommen werden, gelten nach § 16 Abs. 1 Satz 2 GmbHG als von Anfang an wirksam, wenn die Liste unverzüglich nach Vornahme der Rechtshandlung in das Handelsregister aufgenommen wird; LG München I v. 20.8.2009 – 17 HK T 13711/09, GmbHR 2010, 151.
7 *Stadler/Bindl*, GmbHR 2010, 412 (416 f.); *Frotscher* in Frotscher/Drüen, § 14 KStG Rz. 218 (Stand: Januar 2015); *Dötsch* in Dötsch/Pung/Möhlenbrock, § 14 KStG Rz. 253 (Stand: Juni 2018); *Walter* in Ernst & Young, § 14 KStG Rz. 277 (Stand: September 2017). Tendenziell auch *Krumm* in Blümich, § 14 KStG Rz. 94 (Stand: März 2016).

zur Ausübung der Stimmrechte bevollmächtigt[1] oder der Veräußerer bis zur Eintragung des Erwerbers in die Gesellschafterliste an dessen Weisungen gebunden wird.[2]

7. Gesamthandsvermögen bei einer Personengesellschaft

12.33 **Personengesellschaft als Organträger.** Organträger kann auch eine „Personengesellschaft i.S.v. § 15 Abs. 1 Nr. 2 EStG" sein (§ 14 Abs. 1 Satz 1 Nr. 2 Satz 2 KStG). Die finanzielle Eingliederung muss nach § 14 Abs. 1 Satz 1 Nr. 2 Satz 3 KStG „im Verhältnis zur Personengesellschaft selbst erfüllt sein". Nach Verwaltungsauffassung setzt dies voraus, dass Anteile zumindest in einem Umfang, der die Stimmrechtsmehrheit vermittelt, der Personengesellschaft zivilrechtlich gehören, also Bestandteil ihres Gesamthandsvermögens sind.[3] Dies wird weniger aus dem Gesetzeswortlaut abgeleitet als vielmehr aus dem Willen des Gesetzgebers, Gestaltungen zu verhindern, „durch die über eine andere nicht gewerblich tätige Personengesellschaft das Ergebnis einer Mehrmütterorganschaft erreicht werden könnte".[4] Aus dem wohl gleichen Grund lehnt die Finanzverwaltung die Organträgereigenschaft einer atypisch stillen Gesellschaft ab, da diese über kein Gesamthandsvermögen verfügt und somit im Verhältnis zur ihr keine finanzielle Eingliederung gegeben sein soll.[5] Es genügt daher auch nicht, dass die Anteile von einem oder mehreren Mitunternehmern gehalten werden, selbst wenn es sich bei den Anteilen um notwendiges Sonderbetriebsvermögen der Mitunternehmer handeln sollte.[6] Da es auf die Zugehörigkeit der Anteile an der Organgesellschaft zum Gesamthandsvermögen der Personengesellschaft ankommt, ist es nur konsequent, dass ein Wechsel der Mitunternehmer der Personengesellschaft das Organschaftsverhältnis nicht berührt.[7]

IV. Mittelbare finanzielle Eingliederung

1. Berechnung der Stimmrechtsmehrheit

12.34 **Mittelbare Beteiligung.** Die finanzielle Eingliederung kann nach § 14 Abs. 1 Satz 1 Nr. 1 Satz 2 KStG auch über mittelbare Beteiligungen gegeben sein, wenn die Beteiligung an jeder vermittelnden Gesellschaft die Mehrheit der Stimmrechte gewährt. Eine Vermittlung über mehrere Konzernstufen ist möglich, wobei die Organgesellschaft dem Organträger gesellschaftsrechtlich nachgeschaltet sein muss.[8] Eine mittelbare Beteiligung liegt nicht vor, wenn es

---

1 *Stadler/Bindl*, GmbHR 2010, 412 (417); *Walter* in Ernst & Young, § 14 KStG Rz. 277 (Stand: September 2017).
2 *Walter* in Ernst & Young, § 14 KStG Rz. 277 (Stand: September 2017); anders die Empfehlung von *Frotscher* in Frotscher/Drüen, § 14 KStG Rz. 219 (Stand: Januar 2015).
3 BMF v. 10.11.2005 – IV B 7 - S 2770 – 24/05, BStBl. I 2005, 1038 = FR 2005, 1216 Rz. 13.
4 BT-Drucks. 15/119, Begründung zu § 14 Abs. 1 Nr. 2 KStG. Vgl. dazu *Neumann* in FS Schaumburg, 445 (453).
5 BMF v. 20.8.2015 – VV DEU BMF 2015-08-20 IV C 2-S 2770/12/10001, BStBl. I 2015, 649 (ohne Begründung). So bereits OFD Frankfurt/M. v. 30.1.2013 – S 2770 A – 53 – St 51, GmbHR 2013, 448. Ablehnend *Suchanek*, GmbHR 2015, 1031 (1032). Ausführlich zu stillen Beteiligungen Rz. 3.11 ff., 3.24 ff.
6 *Frotscher* in Frotscher/Drüen, § 14 KStG Rz. 268 (Stand: Juni 2013). Nach *Schulze zur Wiesche*, DStZ 2013, 621 (622) könnte es dagegen reichen, wenn die Gesellschafter die Gesellschafterrechte aus der Beteiligung im Sonderbetriebsvermögen, insbesondere das Stimmrecht, für einen Zeitraum von mindestens fünf Jahren an die Personengesellschaft abtreten.
7 R 14.3 Satz 3 und 4 KStR 2015; *Frotscher* in Frotscher/Drüen, § 14 KStG Rz. 269 (Stand: Juni 2013); *Dötsch* in Dötsch/Pung/Möhlenbrock, § 14 KStG Rz. 283 (Stand: August 2016).
8 *Dötsch* in Dötsch/Pung/Möhlenbrock, § 14 KStG Rz. 265 (Stand: August 2016).

sich beim Organträger und der Organgesellschaft um Schwestergesellschaften handelt (dazu Rz. 12.13 ff.).[1]

Organschaftskette. Die mittelbare Organschaft ist von der Organschaftskette zu unterscheiden. Bei der Organschaftskette bestehen Organschaftverhältnisse jeweils zwischen den unmittelbar über- und untergeordneten Gesellschaften, so dass im Ergebnis alle Gesellschaften in der Kette in den Organkreis einbezogen sind. Bei der mittelbaren Organschaft gehört die vermittelnde Gesellschaft hingegen nicht zum Organkreis; die Organschaft wird „um sie herum" gebildet. Entscheidend ist der Abschluss des Gewinnabführungsvertrags, der vorgibt, welche Gesellschaften Organträger und Organgesellschaft sind. Während bei einer Organschaftskette mehrere Gewinnabführungsverträge hintereinander geschaltet werden, besteht in den Fällen der mittelbaren Organschaft der Gewinnabführungsvertrag „stufenüberspringend" zwischen dem Organträger und der Organgesellschaft.

12.35

Vorteile der mittelbaren Organschaft. Eine mittelbare Organschaft kann vorteilhaft sein. Zu denken ist zB an Veräußerungsfälle. Veräußert die vermittelnde Gesellschaft die Anteile an der Organgesellschaft, muss der Organträger einen etwaigen passiven Ausgleichsposten nicht sofort auflösen. Zur Nachversteuerung kommt es nach der hier vertretenen und von der Finanzverwaltung geteilten Auffassung erst, wenn der Organträger seine Beteiligung an der vermittelnden Gesellschaft veräußert (dazu Rz. 12.45). Zu denken ist zB auch an eine „cash-Repatriierung". Schüttet die ausländische vermittelnde Gesellschaft ihren cash nicht aus (was eine Besteuerung nach § 8b KStG zur Folge hätte), sondern bringt sie diesen in die (deutsche) Organgesellschaft ein, kann diese dem Organträger ein up-stream Darlehen unter Vermeidung der gewerbesteuerlichen Hinzurechnung geben. Zu einer mittelbaren Organschaft kann es vor allem auch nach konzerninternen Umstrukturierungen kommen.

12.36

Berechnungsmethode. Umstritten ist, wie die Mehrheit der Stimmrechte bei einer mittelbaren Beteiligung ermittelt wird.

12.37

– Nach der von der Finanzverwaltung vertretenen **Durchrechnungsmethode** wird „durchgerechnet", es werden also nur die dem Organträger (mittelbar) anteilig zustehenden Beteiligungen an der Organgesellschaft berücksichtigt.[2] Die Ermittlung erfolgt durch Multiplikation der verschiedenen Beteiligungsprozentsätze.[3]

– Unseres Erachtens ist demgegenüber der **Additionsmethode** zu folgen. Nach der Additionsmethode werden die gesamten Stimmrechte, die der vermittelnden Gesellschaft gegenüber der Organgesellschaft zustehen berücksichtigt und dem Organträger (aufgrund seiner Mehrheitsbeteiligung an der vermittelnden Gesellschaft) zugerechnet.[4] Es gibt unseres Erachtens keinen Grund, die Stimmrechte nur anteilig zu berücksichtigen. Solange bei jeder vermittelnden Gesellschaft die Stimmrechtsmehrheit gewährleistet ist, kann sich der Or-

---

[1] BFH v. 22.11.2001 – V R 50/00, BStBl. II 2002, 157 = GmbHR 2002, 174; BFH v. 13.2.2008 – I B 187/07, 188/07, juris. Aus dem Schrifttum so auch u.a. *Olbing* in Streck[8], § 14 KStG Rz. 52; *Dötsch* in Dötsch/Pung/Möhlenbrock, § 14 KStG Rz. 245 (Stand: Juni 2018).
[2] So R 14.2 KStR 2015; *Neumann* in Gosch[3], § 14 KStG Rz. 139; *Müller* in Müller/Stöcker/Lieber, Die Organschaft[10], Rz. 94.
[3] Bsp. bei *Frotscher* in Frotscher/Drüen, § 14 KStG Rz. 236 (Stand: Januar 2015).
[4] Ua. *Erle/Heurung* in Erle/Sauter[3], § 14 KStG Rz. 117; *Frotscher* in Frotscher/Drüen, § 14 KStG Rz. 237 (Stand: August 2011); *Dötsch* in Dötsch/Pung/Möhlenbrock, § 14 KStG Rz. 267, 277 (Stand: August 2016); *Kolbe* in HHR, § 14 KStG Rz. 113 (Stand: September 2016); *Walter* in Ernst & Young, § 14 KStG Rz. 295.1 (Stand: Oktober 2016).

ganträger – wie für finanzielle Eingliederung erforderlich – gegenüber der vermittelnden Gesellschaft und dann auch (im Ergebnis) gegenüber der Organgesellschaft durchsetzen.[1]

12.38 **Aufaddierung.** Die nach der Additionsmethode ermittelnden Prozentsätze können bei mehreren Beteiligungssträngen aufaddiert werden. Es ist dabei nicht erforderlich, dass die in einem Beteiligungsstrang jeweils letzte vermittelnde Gesellschaft mehrheitlich an der Organgesellschaft beteiligt ist; nur in der Summe der Beteiligungsstränge muss die maßgebliche Stimmrechtsmehrheit erreicht werden.[2]

12.39 **„Umhängungen" innerhalb der Beteiligungskette(n).** Solange die finanzielle Eingliederung erhalten bleibt, können Beteiligungen innerhalb eines Beteiligungsstrangs oder zwischen zwei Beteiligungssträngen „umgehängt" werden (zB Veräußerung der Organbeteiligung durch die vermittelnde Gesellschaft an den Organträger). Der bestehende Gewinnabführungsvertrag wird dadurch nicht berührt.[3]

2. Qualität der vermittelnden Gesellschaft

12.40 **Vermittelnde Gesellschaft.** Die vermittelnde Gesellschaft muss nicht organschaftstauglich sein, also selbst Mitglied einer Organschaft sein können. Daher kommt als vermittelnde Gesellschaft zB auch eine vermögensverwaltende, aber gewerblich geprägte Personengesellschaft oder eine Gesellschaft mit Sitz und Geschäftsleitung im Ausland in Betracht.[4] Nach hM ist daher auch eine Mäander-Struktur zulässig, also eine finanzielle Eingliederung einer deutschen Organgesellschaft über eine zwischengeschaltete ausländische Gesellschaft.[5] Nach einer im Schrifttum vertretenen Auffassung soll die rein vermögensverwaltende Personengesellschaft dagegen nicht als vermittelnde Gesellschaft taugen.[6] Als Argument wird angeführt, dass dem Organträger die Anteile an der Organgesellschaft gem. § 39 Abs. 2 Nr. 2 AO unmittelbar zugerechnet würden. Die finanzielle Eingliederung ist nach dieser Auffassung also nur dann gegeben, wenn der Organträger durchgerechnet zu mehr als 50 % an der Organgesellschaft beteiligt ist. Wir halten das nicht für überzeugend. Entscheidend ist, dass der Organträger über die vermittelnde Gesellschaft seinen Willen in der Organgesellschaft durchsetzen kann. Dies ist der Fall, wenn er auf jeder vermittelnden Stufe über die Mehrheit der Stimmrechte

---

1 So auch *Frotscher* in Frotscher/Drüen, § 14 KStG Rz. 238 (Stand: August 2011).
2 *Dötsch* in Dötsch/Pung/Möhlenbrock, § 14 KStG Rz. 277 f. (Stand: August 2016).
3 BMF v. 11.11.2011 – IV C 2 - S 1978-b/08/10001, S 1978 A – 43 – St 51, DOK 2011/0903665, BStBl. I 2011, 1314 Rz. Org.17. Aus dem Schrifttum u.a. *Frotscher* in Frotscher/Drüen, § 14 KStG Rz. 265, 272 (Stand: Juni 2013); *Neumann* in Gosch[3], § 14 KStG Rz. 155; *Dötsch* in Dötsch/Pung/Möhlenbrock, § 14 KStG Rz. 264 (Stand: Juni 2018); *Müller* in Müller/Stöcker/Lieber, Die Organschaft[10], Rz. 96; *Kolbe* in HHR, § 14 KStG Anm. 115 (Stand: September 2016); *Walter* in Ernst & Young, § 14 KStG Rz. 281 (Stand: September 2017).
4 R 14.2 Bsp. 3 KStR 2015; BFH v. 2.11.1977 – I R 143/75, BStBl. II 1978, 74. Aus dem Schrifttum u.a. *Neumann* in Gosch[3], § 14 KStG Rz. 149; *Frotscher* in Frotscher/Drüen, § 14 KStG Rz. 233 (Stand: Januar 2015); *Kolbe* in HHR, § 14 KStG Anm. 104 (Stand: September 2016); *Walter* in Ernst & Young, § 14 KStG Rz. 279 (Stand: September 2017), Rz. 290 (Stand: Oktober 2016).
5 *Erle/Heurung* in Erle/Sauter[3], § 14 KStG Rz. 119; *Olbing* in Streck[9], § 14 KStG Rz. 52; *Neumann* in Gosch[3], § 14 KStG Rz. 150; *Frotscher* in Frotscher/Drüen, § 14 KStG Rz. 141n, 234 (Stand: Januar 2015); *Dötsch* in Dötsch/Pung/Möhlenbrock, § 14 KStG Rz. 271 (Stand: August 2016); *Walter* in Ernst & Young, § 14 KStG Rz. 293 (Stand: Oktober 2016). Zu den daraus erwachsenden Steuerfragen *Rehfeld/Krumm*, IWB 2014, 394 (398 f.).
6 *Neumann* in Gosch[3], § 14 KStG Rz. 149; *Frotscher* in Frotscher/Drüen, § 14 KStG Rz. 258 (Stand: Januar 2015).

verfügt.[1] Ob die vermittelnde Gesellschaft ertragsteuerlich als Mitunternehmerschaft qualifiziert oder ob dem Organträger die Anteile an der Organgesellschaft für ertragsteuerliche Zwecke unmittelbar zugerechnet werden, ist für diese Möglichkeit der Stimmrechtsausübung ohne Belang. § 39 Abs. 2 Nr. 2 AO setzt voraus, dass eine anteilige Zurechnung des Wirtschaftsguts (hier der Anteile an der Organgesellschaft) für den Beteiligten (hier Organträger) für Zwecke der Besteuerung erforderlich ist. Wie gezeigt ist dies für das Kriterium der finanziellen Eingliederung nicht der Fall.[2]

3. Zuordnung zu einer (inländischen) Betriebsstätte

Inländische Betriebsstätte. Nach § 14 Abs. 1 Satz 1 Nr. 2 Sätze 4 bis 7 KStG ist es erforderlich, dass die Beteiligung an der vermittelnden Gesellschaft während der gesamten Dauer der Organschaft einer inländischen Betriebsstätte des Organträgers zuzuordnen ist; das Organeinkommen muss der inländischen Betriebsstätte zuzurechnen sein und der inländischen Besteuerung unterliegen (dazu Rz. 27.31 ff.). Bei einer mittelbaren Organschaft muss nur die Beteiligung an der obersten, dem Organträger unmittelbar nachgeordneten Gesellschaft der inländischen Betriebsstätte zuzuordnen sein.[3] Dies reicht aus, um sicherzustellen, dass die Beteiligung im Inland steuerverhaftet ist und das Einkommen der Organgesellschaft im Inland der Besteuerung unterliegt.

12.41

4. Weitere Folgen einer mittelbaren Organschaft

Weitere Folgen. Eine mittelbare Organschaft hat Steuerfolgen jenseits der Ergebniskonsolidierung,[4] insbesondere:

12.42

Verdeckte Gewinnausschüttungen. In der mittelbaren Organschaft liegt der Verzicht der vermittelnden Gesellschaft auf ihren Gewinnanspruch. Darin liegt zu Recht nach heute allgemeiner Ansicht keine verdeckte Gewinnausschüttung (vGA). Ansonsten hätte der Gesetzgeber in § 14 Abs. 1 Satz 1 Nr. 1 Satz 2 KStG keine mittelbare Organschaft zulassen dürfen, wenn er über eine Einkommenserhöhung nach § 8 Abs. 3 KStG hieran negative steuerliche Folgen hätte knüpfen wollen.[5] Wird die finanzielle Eingliederung über eine ausländische Kapitalgesellschaft vermittelt, muss das Nichtvorliegen einer der vGA vergleichbaren Steuerfolge auch im Ansässigkeitsstaat der vermittelnden ausländischen Kapitalgesellschaft geprüft werden.[6] Konsequenterweise liegt in der Verlustübernahme auch keine verdeckte Einlage des Organträgers in die vermittelnde Gesellschaft.

12.43

---

1 Zu dem vergleichbaren Streit, ob bei der vermittelnden Gesellschaft die Additions- oder die Durchrechnungsmethode anzuwenden ist auch Rz. 12.37.

2 Kritisch wohl auch *Walter* in Ernst & Young, § 14 KStG Rz. 291 (Stand: Oktober 2016).

3 *Frotscher* in Frotscher/Drüen, § 14 KStG Rz. 141o (Stand: Januar 2015); *Dötsch* in Dötsch/Pung/Möhlenbrock, § 14 KStG Rz. 192, 273 (Stand: August 2016); *Kolbe* in HHR, § 14 KStG Anm. 191 (Stand: September 2016). AA *Schirmer*, FR 2013, 605 (608).

4 Ua. *Rehfeld/Krumm*, IWB 2004, 394 (399 f.) (zur vermittelnden ausländischen Kapitalgesellschaft); *Neumann/Suchanek*, Ubg 2013, 549 (554) (zu vororganschaftlich verursachten Mehrabführungen); *Mylich*, DStR 2014, 2427 (2433) (zu vororganschaftlich verursachten Minderabführungen).

5 *Frotscher* in Frotscher/Drüen, § 14 KStG Rz. 235 (Stand: Januar 2015); *Dötsch* in Dötsch/Pung/Möhlenbrock, § 14 KStG Rz. 683 (Stand: August 2016); *Walter* in Ernst & Young, § 14 KStG Rz. 581 (Stand: März 2018).

6 *Rehfeld/Krumm*, IWB 2014, 394 (399) dort auch zur Vereinbarung einer Ausgleichszahlung, um eine vGA zu vermeiden.

12.44 **Organschaftliche Ausgleichsposten.** § 14 Abs. 4 KStG regelt, unter welchen Voraussetzungen Ausgleichsposten beim Organträger zu bilden und aufzulösen sind (dazu Rz. 14.5 ff.). Die Norm gilt auch für die mittelbare Organschaft. Hiernach hat der Organträger einer mittelbaren Organschaft Ausgleichsposten zu bilden, wohingegen auf Ebene der vermittelnden Gesellschaft keine Ausgleichsposten gebildet werden können.[1] Die Ausgleichsposten sind nach hM eine bloße Bilanzierungshilfe und kein Zusatzposten zur Beteiligung des Organträgers an der vermittelnden Gesellschaft.[2] Um ihre Höhe zu berechnen, gibt es zwei denkbare Methoden. Die Höhe der Ausgleichsposten könnte dem Umfang der Beteiligung des Organträgers an dem Nennkapital der vermittelnden Gesellschaft entsprechen. Dafür wird für den Fall eines aktiven Ausgleichspostens angeführt, dass dieser der Neutralisierung eines Veräußerungsgewinns dienen soll und sich daher auf die unmittelbare Beteiligung des Organträgers an der vermittelnden Gesellschaft beziehen muss.[3] Richtigerweise müssen Ausgleichsposten aber in Höhe des (durchgerechneten) Umfangs der mittelbaren Beteiligung des Organträgers an der Organgesellschaft gebildet werden, da sich nur insoweit das durch Mehr- oder Minderabführungen beeinflusste Vermögen der Organgesellschaft (zB aufgrund handelsrechtlicher Gewinnrücklagen) beim Organträger auswirkt.[4]

12.45 **Auflösung der Ausgleichsposten.** Für die Auflösung der Ausgleichsposten stellt § 14 Abs. 4 Satz 2 KStG auf die Veräußerung der Organbeteiligung ab. Im Falle einer mittelbaren Organschaft ist strittig, ob unter Organbeteiligung im Sinne der Norm die unmittelbare Beteiligung des Organträgers an der vermittelnden Gesellschaft zu verstehen ist, so dass es auf die Veräußerung dieser Beteiligung ankommt (so das FG Münster sowie die Finanzverwaltung),[5] oder ob unter Organbeteiligung die Beteiligung der vermittelnden Gesellschaft an der Organgesellschaft zu verstehen ist, so dass die Ausgleichposten (auch) bei Veräußerung der Beteiligung an der Organgesellschaft durch die vermittelnde Gesellschaft aufzulösen sind.[6] Letztere Ansicht nimmt für sich den Wortlaut der Norm in Anspruch. Gegen diese Ansicht spricht aber Sinn und Zweck der Regelung des § 14 Abs. 4 Satz 2 KStG, nämlich im Falle eines aktiven Ausgleichspostens einen Veräußerungsgewinn auf Ebene des Organträgers zu neutralisieren. Durch die Veräußerung der Organbeteiligung (durch die vermittelnde Gesellschaft) erzielt der Organträger aber keine Vermögensmehrung, die es durch Auflösung des Ausgleichspostens zu neutralisieren gilt. Die von der vermittelnden Gesellschaft realisierten stillen Reserven sind für den Organträger weiterhin in der vermittelnden Gesellschaft vorhanden. Erst mit Veräuße-

---

1 FinMin. Schleswig-Holstein v. 8.12.2011 – VI 3011 – S 2770 – 054, DStR 2012, 1607 (1608).
2 Zum Streitstand *Dötsch* in Dötsch/Pung/Möhlenbrock, § 14 KStG Rz. 942 ff. (Stand: August 2016).
3 So wohl *Frotscher* in Frotscher/Drüen, § 14 KStG Rz. 883 (Stand: September 2013).
4 So *Breier*, Der Konzern 2011, 11 (24); *Brink* in Schnitger/Fehrenbacher[2], § 14 KStG Rz. 1174a. I.Erg. auch *Müller* in Müller/Stöcker/Lieber, Die Organschaft[10], Rz. 659; *Dötsch* in Dötsch/Pung/Möhlenbrock, § 14 KStG Rz. 1114 (Stand: Januar 2017).
5 FG Münster v. 19.11.2015 – 9 K 3400/13 K,F, EFG 2016, 594 (obiter dictum) – Rev. beim BFH anhängig: I R 16/16; R 14.8 Abs. 3 Satz 7 KStR 2015; zuvor schon FinMin. Schleswig-Holstein v. 8.12.2011 – VI 3011 – S 2770 – 054, DStR 2012, 1607 (1608). Aus dem Schrifttum *Breier*, Der Konzern 2011, 11 (24); *Frotscher* in Frotscher/Drüen, § 14 KStG Rz. 884 (Stand: September 2013); *Walter* in Ernst & Young, § 14 KStG Rz. 280 (Stand: September 2017); *Brink* in Schnitger/Fehrenbacher[2], § 14 KStG Rz. 1177.
6 *Heurung/Seidel*, Der Konzern 2009, 400 (405); *von Freeden/Joisten*, DB 2016, 1099 (1102); *Dötsch* in Dötsch/Pung/Möhlenbrock, § 14 KStG Rz. 1121 (Stand: Januar 2017).

rung der Beteiligung des Organträgers an der vermittelnden Gesellschaft oder der Weiterleitung des Gewinns aus der Veräußerung an den Organträger (dazu Rz. 12.46) ergibt sich die Notwendigkeit, den Ausgleichsposten aufzulösen. Für passive Ausgleichsposten kann nichts anderes gelten.

Weiterleitung des Veräußerungsgewinns. Es stellt sich die Anschlussfrage, ob eine Auflösung von Ausgleichsposten auch dann in Betracht kommt, wenn die vermittelnde Gesellschaft den Veräußerungsgewinn an den ehemaligen Organträger ausschüttet. § 14 Abs. 4 Satz 2 KStG lässt eine Auflösung der Ausgleichsposten dem Wortlaut nach nur bei einer Veräußerung zu, nicht aber wenn der (ehemalige) Organträger den durch die vermittelnde Gesellschaft erzielten Veräußerungsgewinn im Wege einer Ausschüttung vereinnahmt. Wirtschaftlich ist dieser Fall einer Veräußerung der Beteiligung des Organträgers an der vermittelnden Gesellschaft aber vergleichbar. In beiden Fällen vereinnahmt der Organträger Vermögenswerte, die er zuvor schon aufgrund der Organschaft zu versteuern hatte. Daher erwägen Teile des Schrifttums eine entsprechende Anwendung des § 14 Abs. 4 Satz 2 KStG.[1] Dem ist zuzustimmen, da so sichergestellt wird, dass Gewinne im Organkreis nur einmal besteuert werden. Gleiches gilt unseres Erachtens, wenn zwischen dem Organträger und der vermittelnden Gesellschaft ein weiteres Organschaftsverhältnis besteht.[2] Auch in einem solchen Fall wird der Veräußerungsgewinn an den Organträger „weitergeleitet", so dass eine Auflösung des Ausgleichspostens geboten ist.

12.46

FG Münster. Diese Auffassung vertritt auch das FG Münster mit Urteil vom 19.11.2015 zu einer Fallkonstellation, bei der die Organgesellschaft auf die vermittelnde Gesellschaft (zwischen dem Organträger und der vermittelnden Gesellschaft bestand eine unmittelbare Organschaft) verschmolzen wurde.[3] Die Aufwärtsverschmelzung der Organgesellschaft auf die vermittelnde Gesellschaft (im Ergebnis ein Tausch der Anteile an der Organgesellschaft gegen deren Wirtschaftsgüter) behandelt das FG Münster für Zwecke der Auflösung von Ausgleichsposten ausdrücklich wie eine Veräußerung der Organbeteiligung, so dass die Auffassung des FG Münsters ohne weiteres auf „einfache" Veräußerungsfälle übertragbar ist.[4] Die Finanzverwaltung hat gegen das Urteil Revision eingelegt mit dem Ziel zu klären, ob in dieser Konstellation der Ausgleichsposten aufzulösen ist. Es bleibt abzuwarten, ob sich der BFH der Auffassung des FG Münsters anschließen wird.

12.47

---

1 *Neumann*, Ubg 2010, 673 (681); *Brink* in Schnitger/Fehrenbacher[2], § 14 KStG Rz. 1177a. AA *Frotscher* in Frotscher/Drüen, § 14 KStG Rz. 885 (Stand: September 2013) mit der Begründung, die Besteuerung sei gerechtfertigt, da die vermittelnde Gesellschaft nicht in den Organkreis eingebunden sei.
2 *Neumann* in Gosch[3], § 14 KStG Rz. 468; *Frotscher* in Frotscher/Drüen, § 14 KStG Rz. 885 (Stand: September 2013). AA *Dötsch* in Dötsch/Pung/Möhlenbrock, § 14 KStG Rz. 1122 (Stand: Januar 2017).
3 FG Münster v. 19.11.2015 – 9 K 3400/13 K,F, EFG 2016, 594 – Rev. beim BFH anhängig: I R 16/16 (dazu *Benz/Pung*, StbJb. 2016/2017, 139 [154 ff.]). Das FG Münster hat aber ausdrücklich offen gelassen, ob es diese Meinung auch bei einer bloßen Ausschüttung des Veräußerungsgewinns an den Organträger vertreten würde.
4 Zustimmend *v. Freeden/Joisten*, DB 2016, 1099 (1102) mwN.

B. Dauer der finanziellen Eingliederung

I. Ununterbrochene Beteiligung des Organträgers

12.48 **Ununterbrochene Beteiligung.** Nach § 14 Abs. 1 Satz 1 Nr. 1 KStG muss der Organträger an der Organgesellschaft vom Beginn des (jeweiligen)[1] Wirtschaftsjahrs[2] der Organgesellschaft bis zu dessen Ende ununterbrochen in einer Weise beteiligt sein, die den Voraussetzungen der finanziellen Eingliederung genügt. Der Begriff „ununterbrochen" ist eng auszulegen. Jede noch so kurze Unterbrechung schadet und führt zur Auflösung der finanziellen Eingliederung und damit zum Ende der Organschaft, rückwirkend ab Beginn des laufenden Wirtschaftsjahrs.[3] Bei Wiederbegründung der finanziellen Eingliederung wird die Organschaft fortgesetzt (organschaftsunschädliche Organschaftspause).

12.49 **Mindestdauer der finanziellen Eingliederung.** Nach Teilen des Schrifttums muss die finanzielle Eingliederung entsprechend § 14 Abs. 1 Satz 1 Nr. 3 Satz 1 KStG für die Dauer von fünf Jahren bestehen.[4] Dies ist unseres Erachtens abzulehnen; im Gesetz finden sich hierfür keine Anhaltspunkte. Die Mindestvertragsdauer bezieht sich ausdrücklich allein auf den Abschluss des Gewinnabführungsvertrags und dessen Durchführung (dazu Rz. 11.6 ff.).[5] Dies hat nunmehr auch der BFH (und ihm folgend die Finanzverwaltung durch Veröffentlichung im Bundessteuerblatt) ausdrücklich bestätigt.[6] Dem Urteil vom 10.5.2017 (I R 19/15) lässt sich insbesondere entnehmen, dass auch eine fehlende finanzielle Eingliederung zu Beginn der Organschaft die steuerliche Anerkennung in den Folgejahren nicht gefährdet, wenn der Gewinnabführungsvertrag für fünf Zeitjahre abgeschlossen und tatsächlich durchgeführt wird (dazu näher unter Rz. 11.10). Auch wenn die BFH-Urteile jeweils nur Fälle betrafen, in denen die finanzielle Eingliederung während des Fünf-Jahres-Zeitraums zeitweise nicht vorlag, gilt gleiches ohne weiteres auch für den Wegfall der finanziellen Eingliederung nach Ablauf des Fünf-Jahres-Zeitraums.[7] Insbesondere muss in diesen Fällen keine erneute fünfjährige Mindestlaufzeit vereinbart werden, um die Organschaft nach Wiederherstellung der finanzielle Eingliederung fortsetzen zu können (dazu Rz. 11.71).

12.50 **Treuhandvertrag.** Soll eine Organbeteiligung über einen Treuhandvertrag erworben werden und soll mit der Organgesellschaft ein Gewinnabführungsvertrag geschlossen werden, ist darauf zu achten, die Wirksamkeit des Treuhandvertrags nicht von der aufschiebenden Bedin-

---

1 § 14 Abs. 1 Satz 1 Nr. 1 Satz 1 KStG bezieht sich nicht nur auf das erste Wirtschaftsjahr, vgl. *Neumann* in Gosch³, § 14 KStG Rz. 155; *Kolbe* in HHR, § 14 KStG Anm. 115 (Stand: September 2016). AA *Jurkat*, Die Organschaft im Körperschaftsteuerrecht, 1975, Rz. 561 ff.
2 Das kann auch ein Rumpfwirtschaftsjahr sein, R 14.4 Abs. 1 Satz 3 KStR 2015.
3 Ua. *Frotscher* in Frotscher/Drüen, § 14 KStG Rz. 272 (Stand: Juni 2013); *Neumann* in Gosch³, § 14 KStG Rz. 155; *Müller* in Müller/Stöcker/Lieber, Die Organschaft¹⁰, Rz. 167.
4 *Frotscher* in Frotscher/Drüen, § 14 KStG Rz. 277 (Stand: Januar 2015).
5 *Schneider/Hinz*, Ubg 2009, 738 (739); *Schaefer/Wind/Mager*, DStR 2013, 2399 Fn. 4; *Herzberg*, GmbHR 2014, 502 (503); *Scheifele/Marx*, DStR 2014, 1793 (1803); *Dötsch* in Dötsch/Pung/Möhlenbrock, § 14 KStG Rz. 633 (Stand: Juni 2018).
6 BFH v. 10.5.2017 – I R 51/15, BStBl. II 2018, 30; vgl. auch BFH v. 10.5.2017 – I R 19/15, BFH/NV 2017, 1558; ausführlich zu diesen Urteilen Rz. 6.60 ff.
7 Für einen a maiore ad minus-Schluss *Schell/Philipp*, FR 2018, 13 (15); *Petersen*, WPg 2018, 320 (325); *Prinz/Keller*, DB 2018, 400 (403). Zum Kriterium der tatsächlichen Durchführung des Gewinnabführungsvertrags Rz. 11.57.

gung der zivilrechtlichen Wirksamkeit des Gewinnabführungsvertrags abhängig zu machen.[1] Die Verknüpfung über eine aufschiebende Bedingung kann unliebsame Folgen haben. Die Rückwirkungsmöglichkeit des § 14 Abs. 1 Satz 2 KStG gilt nur für den Gewinnabführungsvertrag, nicht aber für die finanzielle Eingliederung. Es fehlt daher an der Organschaft im ersten Jahr.[2]

II. Beginn der finanziellen Eingliederung

1. Erwerb einer Organbeteiligung

Erwerb einer Organbeteiligung. Wird eine Organbeteiligung erworben, hat die Verkäuferin regelmäßig ein Interesse daran, die Organschaft so lange wie möglich bestehen zu lassen. Gleichzeit will die Erwerberin häufig die Gesellschaft schnellst möglich in ihren Organkreis integrieren, zB um ihre Finanzierungskosten der Akquisition mit den operativen Gewinnen der Zielgesellschaft verrechnen zu können.[3] 12.51

Veräußerung der Anteile. Stehen der Verkäuferin – wie üblich – nach der Veräußerung der Anteile an der Organgesellschaft nicht mehr die Mehrheit der Stimmrechte an der Organgesellschaft zu, geht die finanzielle Eingliederung verloren (§ 14 Abs. 1 Satz 1 Nr. 1 KStG). Die Organschaft endet. 12.52

Unterjähriger Verkauf. Bei einem unterjährigen Übergang des wirtschaftlichen Eigentums endet die Organschaft rückwirkend zum Ende des letzten Wirtschaftsjahrs der Organgesellschaft, da die finanzielle Eingliederung für das gesamte Wirtschaftsjahr der Organgesellschaft bestehen muss.[4] Die Organgesellschaft wird im Wirtschaftsjahr der Veräußerung „stand alone" besteuert. Da der Gewinnabführungsvertrag in der Regel erst auf den Zeitpunkt des Übergangs des wirtschaftlichen Eigentums beendet wird,[5] wird die zivilrechtlich für die Teilperiode noch durchzuführende Gewinnabführung oder Verlustübernahme wie eine verdeckte Gewinnausschüttung oder verdeckte Einlage behandelt. Wurde der Gewinnabführungsvertrag noch keine fünf Jahre durchgeführt, ist der Organschaft rückwirkend für die Vorjahre die Anerkennung zu versagen, es sei denn, ein steuerrechtlich wichtiger Grund rechtfertigt die vorzeitige Beendigung des Gewinnabführungsvertrags (§ 14 Abs. 1 Satz 1 Nr. 3 Sätze 1 und 2 KStG), dazu Rz. 11.48. 12.53

Rumpfwirtschaftsjahr. Endet das Wirtschaftsjahr der Organgesellschaft mit dem Übergang des wirtschaftlichen Eigentums (Closing), kann die Organschaft bis zum Closing fortbestehen.[6] Das kann bei einer an sich unterjährigen Veräußerung durch vorherige Umstellung des Wirtschaftsjahrs der Organgesellschaft erreicht werden, so dass ein Rumpfwirtschaftsjahr entsteht, das zum Closing endet. Die für die Umstellung auf ein vom Kalenderjahr abweichendes 12.54

---

1 FG Schleswig-Holstein v. 2.12.2005 – 1 K 359/00, EFG 2006, 1782; BFH v. 17.10.2007 – I R 39/06, GmbHR 2008, 444 = BFH/NV 2008, 614; *Walter* in Ernst & Young, § 14 KStG Rz. 327 (Stand: Oktober 2016).
2 FG Schleswig-Holstein v. 2.12.2005 – 1 K 359/00, EFG 2006, 1782; BFH v. 17.10.2007 – I R 39/06, GmbHR 2008, 444 = BFH/NV 2008, 614.
3 *Schaefer/Wind/Mager*, DStR 2013, 2399 (2403).
4 R 14.4 Abs. 1 KStR 2015.
5 Der Gewinnabführungsvertrag wird zivilrechtlich nicht automatisch mit Veräußerung der Organbeteiligung beendet, sondern muss gekündigt oder aufgehoben werden, OLG München v. 20.11.2013 – 7 U 5025/11, GmbHR 2014, 535.
6 R 14.4 Abs. 2 Sätze 1 und 2 KStR 2015.

Wirtschaftsjahr erforderliche Zustimmung des Finanzamts (§ 7 Abs. 4 Satz 3 KStG) ist zu erteilen.[1] Der Käufer kann eine nahtlos anschließende Organschaft errichten. Ohne Umstellung des Wirtschaftsjahrs kann der Käufer eine neue Organschaft erst mit Wirkung zum Beginn des nächsten Wirtschaftsjahrs der Organgesellschaft begründen.

12.55 **Keine rückwirkende Umstellung des Wirtschaftsjahrs.** Zu beachten ist, dass eine rückwirkende Umstellung des Wirtschaftsjahrs der Organgesellschaft nicht möglich ist.[2] Bei der Umstellung des Wirtschaftsjahrs handelt es sich um eine Satzungsänderung, die neben eines Gesellschafterbeschlusses auch der Eintragung im Handelsregister bedarf (§ 181 Abs. 3 AktG, § 54 Abs. 3 GmbHG). Da die Handelsregistereintragung konstitutiv ist, muss sie vor dem Ende des gewollten Rumpfwirtschaftsjahrs (also Closing) stattfinden.[3]

12.56 **Closing Conditions.** Der alte Organträger muss bis zum Ablauf des Rumpfwirtschaftsjahrs der Organgesellschaft auch das wirtschaftliche Eigentum (§ 39 Abs. 2 Nr. 1 AO) an den Anteilen an der Organgesellschaft behalten (dazu Rz. 11.12). Insofern ist bei der Vereinbarung von Closing Conditions (also aufschiebende Bedingungen hinsichtlich des zivilrechtlichen Eigentumsübergangs) besondere Sorgfalt walten zu lassen. Eine rechtlich geschützte Position hat der Erwerber inne, sobald sämtliche Closing Conditions, deren Eintritt der Erwerber nicht einseitig herbeiführen kann, eingetreten sind. Dies kann dazu führen, dass das wirtschaftliche Eigentum vorzeitig übergeht. Hängt der Übergang des zivilrechtlichen Eigentums hingegen vom Veräußerer oder von einem Dritten ab (z.B. kartellrechtliche Freigabe), geht auch das wirtschaftliche Eigentum nicht vorzeitig über.[4]

12.57 **Erneute Umstellung des Wirtschaftsjahrs durch den Erwerber.** Das Wirtschaftsjahr der Organgesellschaft kann vom Erwerber dann wieder auf einen anderen Zeitraum umgestellt werden. Bei einer Umstellung auf das Kalenderjahr bedarf es keiner Zustimmung der Finanzverwaltung. Bei einer Umstellung auf ein vom Kalenderjahr abweichendes Wirtschaftsjahr, das dem Wirtschaftsjahr des Organträgers entspricht, ist die Zustimmung zu erteilen (R 14.4 Abs. 3 Satz 2 und Satz 3 KStR 2015). Nach unseres Erachtens zutreffender Auffassung im Schrifttum können so zwei Rumpfwirtschaftsjahre hintereinandergeschaltet werden.[5] § 8b EStDV[6] steht dem nicht entgegen, da sein Anwendungsbereich keine Konstellationen rund um die ertragsteuerliche Organschaft umfasst.

---

[1] R 14.4 Abs. 3 Satz 1 KStR 2015; *Olbing* in Streck[8], § 14 KStG Rz. 69; *Frotscher* in Frotscher/Drüen, § 14 KStG Rz. 283 (Stand: Januar 2015); *Dötsch* in Dötsch/Pung/Möhlenbrock, § 14 KStG Rz. 292, 301 (Stand: August 2016).

[2] BFH v. 13.9.1989 – I R 105/86, BFH/NV 1990, 326; BMF v. 18.5.1990 – IV B 7 - S 2770 – 11/90, DB 1990, 1164.

[3] *Olbing* in Streck[8], § 14 KStG Rz. 61; *Frotscher* in Frotscher/Drüen, § 14 KStG Rz. 281 ff. (Stand: Januar 2015); *Dötsch* in Dötsch/Pung/Möhlenbrock, § 14 KStG Rz. 301 (Stand: August 2016). AA *Herrmann*, BB 1999, 2270 (2273).

[4] BFH v. 25.6.2009 – IV R 3/07, BStBl. II 2010, 182 = FR 2010, 329 m. Anm. *Kanzler* zum Übergang des wirtschaftlichen Eigentums bei Kartellvorbehalt. Aus dem Schrifttum u.a. *Schaefer/Wind/Mager*, DStR 2013, 2399 (2400); *Walter* in Ernst & Young, § 14 KStG Rz. 328 (Stand: Oktober 2016).

[5] *Dötsch* in Dötsch/Pung/Möhlenbrock, § 14 KStG Rz. 304 (Stand: August 2016); auf bestimmte Fälle einschränkend *Streck/Schwedhelm*, BB 1988, 679.

[6] BFH v. 7.2.1969 – VI R 88/67, BStBl. II 1969, 337 (zu § 2 Abs. 5 Nr. 2 Satz 2 EStG) steht dem nicht entgegen, da es keinen Bezug zur Organschaft hat; so auch die Finanzverwaltung, vgl. BMF v. 17.11.1989 – IV B 7 - S 2770 – 29/89, DB 1989, 2512.

Rückwirkende Verschmelzung. Wird die Umstellung des Wirtschaftsjahrs der Organgesellschaft wider Erwarten nicht rechtzeitig im Handelsregister eingetragen oder die Umstellung des Wirtschaftsjahrs unterlassen, kann dies unseres Erachtens durch eine (auf das Closing) rückwirkende Verschmelzung der Organgesellschaft auf den Erwerber „geheilt" werden. Durch diese Verschmelzung entsteht bei der Organgesellschaft für steuerliche Zwecke ein mit dem Closing endendes Rumpfwirtschaftsjahr, und zwar ohne dass es eines Einvernehmens des Finanzamts nach § 7 Abs. 4 Satz 3 KStG bedürfte.[1] Unseres Erachtens ist von einer Erfassung des bis dahin erzielten Ergebnisses im Rahmen der Organschaft auszugehen, so dass diese noch bis zum steuerlichen Übertragungsstichtag anzuerkennen ist.[2] Es verbleiben aber Rechtsunsicherheiten.[3]

12.58

Gewerbesteuerliche Mehrbelastung. Kommt es nach unterjährigem Erwerb einer Organgesellschaft im ersten Rumpfwirtschaftsjahr zu einer vororganschaftlich verursachten Mehrabführung,[4] so kann dies zu einer gewerbesteuerlichen Mehrbelastung führen. Grund hierfür ist, dass das gewerbesteuerliche Schachtelprivileg eine qualifizierte Beteiligung zu Beginn des Erhebungszeitraumes voraussetzt (§ 9 Nr. 2a GewStG). Erhebungszeitraum ist das Kalenderjahr (§ 14 Satz 2 GewStG). Diese nachteilige Rechtsfolge lässt sich vermeiden, in dem das Rumpfwirtschaftsjahr der Organgesellschaft so gestaltet wird, dass es nach dem Ende des Wirtschaftsjahrs des Organträgers endet.[5] Aufgrund von § 14 Abs. 3 Satz 3 KStG gilt die Mehrabführung in dem Zeitpunkt erfolgt, in dem das Wirtschaftsjahr der Organgesellschaft endet, für das die Mehrabführung erfolgt.[6] Bei dem Organträger sind die Folgen der Mehrabführung hingegen in dem Veranlagungszeitraum zu ziehen, in den sein Wirtschaftsjahr endet.[7] Zu diesem Zeitpunkt sind dann die zeitlichen Anforderungen von § 9 Nr. 2a GewStG erfüllt. Regelmäßig wird es im Anschluss notwendig sein, dass Wirtschaftsjahr der Organgesellschaft auf das Wirtschaftsjahr des Organträgers umzustellen. Auch dieser Fall ist unseres Erachtens vom Wortlaut von R 14.4 Abs. 3 Satz 2 und 3 KStR 2015 gedeckt, da das Wirtschaftsjahr im Zuge der Begründung einer Organschaft auf das Wirtschaftsjahr des Organträger umgestellt wird. Vom „Grundfall" unterscheidet sich diese Vorgehensweise nur da-

12.59

---

1 *Stangl/Aichberger*, Ubg 2013, 685 (686) überlegen, ob sich der BFH (und mit ihm die Finanzverwaltung) mit Urteil v. 7.4.2010 (I R 96/08, BStBl. II 2011, 467 = FR 2010, 890 m. Anm. *Benecke/Staats*) von seinem Urt. v. 21.12.2005 – I R 66/05, BStBl. II 2006, 469 = FR 2006, 604 losgesagt hat und das steuerliche Rumpfwirtschaftsjahr fortan nicht zum steuerlichen Übertragungsstichtag endet, sondern zum Zeitpunkt der zivilrechtlichen Wirksamkeit der Verschmelzung. Unseres Erachtens gibt das Urteil eine solche Auslegung nicht her, so auch *Dötsch* in Dötsch/Pung/Möhlenbrock, UmwStG Anh 1 Rz. 51 (Stand: Januar 2017).
2 *Stangl/Aichberger*, Ubg 2013, 685 (689); *Walter* in Ernst & Young, § 14 KStG Rz. 345.1 (Stand: Oktober 2016). AA *Herlinghaus* in Rödder/Herlinghaus/van Lishaut[2], UmwStG Anh. 4 Rz. 62 und *Dötsch* in Dötsch/Pung/Möhlenbrock, UmwStG Anh 1 Rz. 50 (Stand: Januar 2017), wenn nicht gleichzeitig auch das handelsrechtliche Wirtschaftsjahr umgestellt wird.
3 *Stangl/Aichberger*, Ubg 2013, 685 (691) empfehlen, zur Sicherheit auch das handelsrechtliche Wirtschaftsjahr umzustellen.
4 Nach umstrittener Ansicht sind Mehrabführungen auch dann vororganschaftlich verursacht, wenn die Organgesellschaft vor Erwerb in den Organkreis des Veräußerers eingebunden wurde, vgl. *Breier*, Der Konzern 2011, 84 (93); *Frotscher* in Frotscher/Drüen, § 14 KStG Rz. 751 (Stand: April 2015); *Dötsch* in Dötsch/Pung/Möhlenbrock, § 14 KStG Rz. 880 (Stand: Januar 2017). AA *Schumacher*, DStR 2006, 310 (312); *Erle/Heurung* in Erle/Sauter[3], § 14 KStG Rz. 110.
5 Ausführlich dazu *Pyszka*, DB 2010, M 20.
6 *Frotscher* in Frotscher/Drüen, § 14 KStG Rz. 781 (Stand: April 2015); *Dötsch* in Dötsch/Pung/Möhlenbrock, § 14 KStG Rz. 898 (Stand: Juni 2018).
7 *Frotscher* in Frotscher/Drüen, § 14 KStG Rz. 782 (Stand: April 2015).

2. Unterjähriger Erwerb einer Vorratsgesellschaft

12.60 **Unterjähriger Erwerb.** Es stellt sich die Frage, ob bei unterjährigem Erwerb einer sog. Vorratsgesellschaft eine Organschaft bereits für das laufende Wirtschaftsjahr der Vorratsgesellschaft begründet werden kann.

12.61 **Wirtschaftliche Neugründung.** Dafür könnte sprechen, dass in dem unterjährigen Erwerb der Anteile an einer solchen Vorratsgesellschaft eine „wirtschaftliche Neugründung" liegt. Das würde bedeuten, dass in diesem Moment (wirtschaftlich) eine (neue) Gesellschaft entsteht, die ein Rumpfwirtschaftsjahr hat, welches im Zeitpunkt des Erwerbs der Anteile beginnt.[1] Für diese Sichtweise könnte die Rechtsprechung des BGH sprechen, der den Erwerb der Anteile an einer Vorratsgesellschaft einer Neugründung gleichsetzt.[2] Dies geschieht allerdings aus Gründen des Gläubigerschutzes. Danach werden die der Gewährleistung der Kapitalausstattung dienenden handelsrechtlichen Gründungsvorschriften des GmbHG einschließlich der registergerichtlichen Kontrolle analog auf den Erwerb von Anteilen an einer Vorratsgesellschaft angewendet.[3]

12.62 **Beginn der Steuerpflicht.** Für das Steuerrecht kommt es aber darauf an, wann die Steuerpflicht der Vorratsgesellschaft beginnt.[4] Dies ist spätestens mit ihrer Eintragung in das Handelsregister der Fall und nicht erst mit dem Erwerb ihrer Anteile durch den Organträger. Der unterjährige Anteilserwerb ist steuerrechtlich nicht mit einer Neugründung durch den Organträger vergleichbar.[5] Infolgedessen besteht für den laufenden Veranlagungszeitraum keine ununterbrochene Beteiligung, so dass ohne weitere Maßnahmen eine Organschaft zur Vorratsgesellschaft in diesem Zeitraum nicht begründet werden kann.[6] Um sicherzustellen, dass die finanzielle Eingliederung für das gesamte Wirtschaftsjahr der Vorratsgesellschaft gegeben ist, muss in einem solchen Fall das Wirtschaftsjahr der Vorratsgesellschaft unter Bildung eines Rumpfgeschäftsjahrs umgestellt werden.[7]

---

1 *Walter*, GmbHR 2006, 243 (244); *Walter* in Ernst & Young, § 14 KStG Rz. 327 (Stand: Oktober 2016).
2 BGH v. 7.7.2003 – II ZB 4/02, BGHZ 155, 318 = GmbHR 2003, 1125 m. Anm. *Peetz*; BGH v. 9.12.2002 – II ZB 12/02, BGHZ 153, 158 = GmbHR 2003, 227 m. Anm. *Peetz*; BGH v. 16.3.1992 – II ZB 17/91, NJW 1992, 1824.
3 BGH v. 9.12.2002 – II ZB 12/02, BGHZ 153, 158 = GmbHR 2003, 227 m. Anm. *Peetz*; *Graw*, EFG 2013, 236 (237).
4 Hessisches FG v. 18.10.2012 – 8 K 1694/09, EFG 2013, 235. Zustimmend aus dem Schrifttum u.a. *Heurung/Engel/Schröder*, BB 2013, 663 (665); *Frotscher* in Frotscher/Drüen, § 14 KStG Rz. 274 (Stand: Juni 2013); *Graw*, EFG 2013, 236 (237); *Hahn*, jurisPR-SteuerR 11/2013 Anm. 6; *Krumm* in Blümich, § 14 KStG Rz. 90 (Stand: März 2016); *Dötsch* in Dötsch/Pung/Möhlenbrock, § 14 KStG Rz. 295 (Stand: August 2016); *Kolbe* in HHR, § 14 KStG Anm. 115 (Stand: September 2016); *Müller* in Mössner/Seeger³, § 14 KStG Rz. 364. AA *Walter*, GmbHR 2013, 211 (212); *Walter* in Ernst & Young, § 14 KStG Rz. 327 (Stand: November 2015).
5 FG Hessen v. 18.10.2012 – 8 K 1694/09, GmbHR 2013, 209 m. Anm. *Walter* = EFG 2013, 235; dazu auch Rz. 6.18 f.
6 *Frotscher* in Frotscher/Drüen, § 14 KStG Rz. 274 (Stand: Juni 2013).
7 *Frotscher* in Frotscher/Drüen, § 14 KStG Rz. 275 (Stand: Juni 2013).

3. Rückbeziehung der finanziellen Eingliederung

Ununterbrochene finanzielle Eingliederung. Die finanzielle Eingliederung muss grundsätzlich vom Beginn des Wirtschaftsjahrs der Organgesellschaft an ununterbrochen vorliegen. Eine Rückbeziehung ist bei unterjähriger finanzieller Eingliederung regelmäßig nicht zulässig.[1] Besteht allerdings bereits eine finanzielle Eingliederung, kann sich diese bei Umwandlung des Organträgers oder der Organgesellschaft bei dem übernehmenden Rechtsträger fortsetzen (Fußstapfentheorie, dazu Rz. 12.64 f.). Zudem lässt der BFH bei Einbringung eines Teilbetriebs in gewissem Umfang eine faktische Rückbeziehung der finanziellen Eingliederung der aufnehmenden Gesellschaft zu (dazu Rz. 12.66 ff.). Ungeklärt ist, ob darüber hinaus über eine Umwandlungsmaßnahme mit steuerlicher Rückwirkung auch die finanzielle Eingliederung rückwirkend begründet werden kann (dazu Rz. 12.70).

12.63

a) Fallgruppe 1: Fußstapfentheorie bei bestehender finanzieller Eingliederung

Fußstapfentheorie. Bei Umwandlung des Organträgers oder der Organgesellschaft sieht das UmwStG in bestimmten Fällen vor, dass der übernehmende Rechtsträger in die Rechtsstellung des übertragenden Rechtsträgers eintritt (sog. Fußstapfentheorie, dazu Rz. 20.32). Demzufolge sollte auch die finanzielle Eingliederung beim übernehmenden Rechtsträger fortwirken.[2] Die Finanzverwaltung verlangt – entgegen der ganz hM[3] – allerdings einschränkend, dass die Beteiligung an der Organgesellschaft dem übernehmenden Rechtsträger bereits zu Beginn des betroffenen Wirtschaftsjahrs der Organgesellschaft zuzurechnen sein muss.[4] Dem ist unseres Erachtens nicht zu folgen (dazu Rz. 12.65). Um Streitigkeiten mit der Finanzverwaltung zu vermeiden, empfiehlt es sich aber ggf., das Wirtschaftsjahr der Organgesellschaft auf den steuerlichen Übertragungsstichtag umzustellen.[5]

12.64

Einbringung einer Beteiligung. Kritisch ist insbesondere folgende Fallkonstellation: Zwischen dem Gesellschafter und einer Tochtergesellschaft besteht eine finanzielle Eingliederung. Der Gesellschafter will die Beteiligung an dieser ersten Tochtergesellschaft in eine zweite Tochtergesellschaft (Zwischenholding) einbringen; zwischen diesen Gesellschaften soll eine Organschaft errichtet werden. Nach Verwaltungsauffassung ist danach zu unterscheiden, ob die Beteiligung an der Tochtergesellschaft im Rahmen eines Teilbetriebs nach § 20 UmwStG in die Zwischenholding eingebracht wird oder ob es sich um einen Anteilstausch nach § 21 UmwStG handelt. Die Beteiligung an der Organgesellschaft muss dem übernehmenden Rechtsträger (Zwischenholding) bereits zu Beginn des betroffenen Wirtschaftsjahrs der Organgesellschaft zuzurechnen sein. Dies setzt voraus, dass die Einbringung steuerlich zurückwirkt, was nur bei einer Teilbetriebseinbringung der Fall ist (§ 20 Abs. 5, 6 UmwStG). Bei einem Anteilstausch nach § 21 UmwStG scheidet eine steuerliche Rückbeziehung dagegen aus. Nach Verwaltungsauffassung bedeutet dies, dass bei einem Anteilstausch eine Organschaft bei unterjähriger Ein-

12.65

---

1 BMF v. 26.8.2003 – IV A 2 - S 2770 – 18/03, BStBl. I 2003, 437 = FR 2003, 981.
2 BFH v. 28.7.2010 – I R 89/09, BStBl. II 2011, 528 = FR 2011, 184; BFH v. 28.7.2010 – I R 111/09, GmbHR 2011, 44 = BFH/NV 2011, 67. Vgl. auch Rz. 6.14 ff. und *Gosch*, StbJb. 2011/2012, 9 (25).
3 *Brink* in Schnitger/Fehrenbacher[2], § 14 KStG Rz. 206a; *Dötsch* in Dötsch/Pung/Möhlenbrock, UmwStG Anh 1 Rz. 22a (Stand: Januar 2017) mwN.
4 BMF v. 26.3.2003 – IV A 2 - S 2770 – 18/03, BStBl. I 2003, 437 = FR 2003, 981, Rz. 12; OFD Frankfurt v. 21.11.2005 – S 1978 A – 19 – St II 1.02, DStR 2006, 41; BMF v. 11.11.2011 – IV C 2 - S 1978-b/08/10001, S 1978 A – 43 – St 51, DOK 2011/0903665, BStBl. I 2011, 1314 Rz. Org.02 Satz 2.
5 *Kolbe* in HHR, § 14 KStG Anm. 115 (Stand: September 2016).

bringung (und ohne Umstellung des Wirtschaftsjahrs) nur im Folgejahr begründet werden kann.[1] Wir halten diese Auffassung nicht für überzeugend. In beiden Fällen (Teilbetriebseinbringung und Anteilstausch) wird die finanzielle Eingliederung dem übernehmenden Rechtsträger (Zwischenholding) aufgrund von dessen Eintritt in die Rechtsstellung der übertragenden Gesellschaft zugerechnet.[2] Die steuerliche Gesamtrechtsnachfolge ist umfassend.[3] Es sind keine Gründe ersichtlich, warum gerade das Merkmal der finanziellen Eingliederung von ihr ausgenommen sein soll. Auch der Anteilstausch führt zur steuerlichen Rechtsnachfolge (§ 23 Abs. 1 Halbs. 2 UmwStG bei Buch- oder Zwischenwertansatz). Demzufolge ist die Organschaft zu Beginn des Wirtschaftsjahrs der Einbringung möglich.[4]

12.66 **Unterjährige Verschmelzung.** Auch bei einer unterjährigen Verschmelzung, bei der die Beteiligung auf den übernehmenden Rechtsträger übergeht, stellt sich die Frage, ab welchem Zeitpunkt die finanzielle Eingliederung beim übernehmenden Rechtsträger vorliegt. Auf Basis der Auffassung der Finanzverwaltung ist es erforderlich, dass dem übernehmenden Rechtsträger die Beteiligung schon zu Beginn des Wirtschaftsjahres der Organgesellschaft zuzurechnen sind.[5] Als Konsequenz ist eine rückwirkende Begründung einer Organschaft daher nur möglich, wenn der steuerliche Übertragungsstichtag am oder vor dem Beginn des Wirtschaftsjahrs der Organgesellschaft liegt. Da es für die Begründung der finanziellen Eingliederung aber nach richtiger Auffassung allein darauf ankommt, dass der übernehmende Rechtsträger in die steuerliche Rechtsstellung der übertragenden Gesellschaft eintritt (dazu Rz. 12.64 f.), ist der steuerliche Übertragungsstichtag unerheblich (dazu Rz. 20.40 ff.).

b) Fallgruppe 2: Einbringung eines Teilbetriebs

12.67 **Ausgliederung zur Neugründung.** Gliedert der Organträger unterjährig einen Teilbetrieb auf eine im Zuge dessen neu gegründeten Rechtsträger aus (Ausgliederung zur Neugründung) und geschieht dies mit steuerlicher Rückwirkung (§ 20 UmwStG) auf den Jahresbeginn, ist die finanzielle Eingliederung bereits ab dem steuerlichen Übertragungsstichtag gegeben. Unschädlich ist, dass der aufnehmende Rechtsträger zivilrechtlich zu diesem Zeitpunkt noch nicht existierte. Nach Auffassung des BFH[6] ergibt sich die finanzielle Eingliederung im Zeitraum zwischen dem steuerrechtlichen Übertragungsstichtag und der zivilrechtlichen Existenz des übernehmenden Rechtsträgers allerdings nicht aus der Rückwirkungsfiktion des UmwStG, sondern aus dem Umstand, dass der ausgegliederte Teilbetrieb zum Vermögen des Organträgers gehörte und damit auf diese Weise in ihn eingegliedert war. Letztlich handelt es sich um einen Erst-Recht-Schluss (Teilbetrieb als stärkste Form der finanziellen Eingliederung).[7] Ab zivilrechtlicher Existenz des aufnehmenden Rechtsträgers setzt sich die finanzielle Ein-

---

1 BMF v. 11.11.2011 – IV C 2 - S 1978-b/08/10001, S 1978 A – 43 – St 51, DOK 2011/0903665, BStBl. I 2011, 1314 Rz. Org.15.
2 BFH v. 28.7.2010 – I R 89/09, BStBl. II 2011, 528 = FR 2011, 184.
3 BFH v. 28.7.2010 – I R 89/09, BStBl. II 2011, 528 = FR 2011, 184.
4 *Rödder*, DStR 2011, 1053 (1056); *Rödder/Jonas/Montag* in FGS/BDI, UmwSt-Erlass 2011, Org.15; *Blumenberg/Lechner*, DB Beilage zu Heft 2/2012, 57 (61); *Widmann* in Widmann/Mayer, Umwandlungsrecht, Org. 15 (Stand: Januar 2017); *Walter* in Ernst & Young, § 14 KStG Rz. 366 (Stand: September 2017). AA wohl *Dötsch* in Dötsch/Pung/Möhlenbrock, UmwStG Anh 1 Rz. 37 (Stand: Januar 2017); anders aber noch *Dötsch*, GmbHR 2012, 175 (177).
5 BMF v. 11.11.2011 – IV C 2 - S 1978-b/08/10001, S 1978 A – 43 – St 51, DOK 2011/0903665, BStBl. I 2011, 1314 Rz. Org.02 und 03.
6 BFH v. 28.7.2010 – I R 89/09, BStBl. II 2011, 528; dazu Rz. 6.14 ff.
7 Aus dem Schrifttum *Heurung/Engel*, BB 2011, 151 (154); *Dötsch* in Dötsch/Pung/Möhlenbrock, Anh 1 UmwStG Rz. 33 (Stand: Januar 2017).

gliederung in der üblichen Form der Mehrheitsbeteiligung des Organträgers an diesem nahtlos fort.

Ausgliederung zur Aufnahme. Analog zur Ausgliederung zur Neugründung ist unseres Erachtens der Fall zu behandeln, dass der aufnehmende Rechtsträger zuvor vom Organträger unterjährig als Vorratsgesellschaft gegründet wurde.[1] Auch hier vermittelt die Zugehörigkeit des Teilbetriebs zum Vermögen des Organträgers die finanzielle Eingliederung bis zur zivilrechtlichen Existenz des aufnehmenden Rechtsträgers.

12.68

Unterjähriger Beteiligungserwerb. Anders behandelt der BFH den unterjährigen Erwerb einer Vorratsgesellschaft von Dritten mit anschließender Einbringung eines Teilbetriebs in diese. Im Entscheidungsfall[2] hatte der Organträger die Anteile an der im März 2015 (Eintragung Handelsregister) von einem Dritten gegründeten, späteren Organgesellschaft im August 2015 erworben. Unmittelbar im Anschluss an den Erwerb gliederte der Organträger Teile seines Vermögens auf die Organgesellschaft mit vertraglich vereinbarter Rückwirkung zum 1.1.2015 aus und schloss mit dieser einen Gewinnabführungsvertrag ab. Der BFH verneinte für das Streitjahr 2005 die finanzielle Eingliederung, da der Organträger nicht seit Beginn des Wirtschaftsjahrs der Organgesellschaft an dieser beteiligt gewesen sei. Auch wenn die Ausgliederung mit steuerlicher Rückwirkung vorgenommen worden wäre (dies hatte das FG nicht geklärt), könne dies über die fehlende ununterbrochene finanzielle Eingliederung seit Beginn des Wirtschaftsjahrs der Organgesellschaft nicht hinweghelfen (zu den weiteren Implikationen des Urteils auf die Laufzeit des Gewinnabführungsvertrags Rz. 11.10). Ohne explizit[3] auf die zuvor (Rz. 12.67 f.) beschriebenen Fallkonstellationen einzugehen, geht der BFH anscheinend davon aus, dass die faktische Eingliederung des ausgegliederten Teilbetriebs in den Organträger im steuerlichen Rückwirkungszeitraum nicht darüber hinweghilft, dass die erworbene Beteiligung an der Organgesellschaft für einen gewissen Zeitraum tatsächlich einem Dritten zustand.[4] Wir meinen, dem ist im Ergebnis zuzustimmen. Auch wenn der Teilbetrieb die stärkste Form der finanziellen Eingliederung darstellt, so muss sich das Merkmal der finanziellen Eingliederung dennoch auf die Organgesellschaft beziehen. Diese ist aber nicht seit Beginn ihres Wirtschaftsjahrs in den Organträger eingegliedert. Aus gestalterischer Sicht empfiehlt sich in diesen Fällen, das Wirtschaftsjahr der Organgesellschaft auf den Zeitpunkt des Erwerbs umzustellen (dazu auch Rz. 12.62).

12.69

---

1 So auch FG Köln v. 10.6.2010 – 13 K 416/10, EFG 2010, 2029; *Dötsch* in Dötsch/Pung/Möhlenbrock, Anh 1 UmwStG Rz. 34 (Stand: Januar 2017); *Adrian/Fey*, DStR 2017, 2409 (2415).
2 BFH v. 10.5.2017 – I R 19/15, BFH/NV 2017, 1558; dazu Rz. 6.67 ff. und *Heurung/Schmidt/Kraft*, BB 2018, 470 (473).
3 Der BFH grenzt sich zwar unter Rz. 13 des Urteils I R 19/15 von seinem Urt. v. 28.7.2010 – I R 89/09, BStBl. II 2011, 528 ab. Der im Urteil v. 28.7.2010 entschiedene Sachverhalt bestand aber aus zwei Schritten. Zunächst wurde ein Teilbetrieb in eine Tochtergesellschaft eingebracht (Teilbetrieb als stärkste Form der Eingliederung). Im Anschluss wurde diese Beteiligung in eine weitere Tochtergesellschaft im Wege des Anteilstauschs eingebracht (Fußstapfentheorie, dazu Rz. 12.64). Der BFH stellt in Rz. 13 nur fest, dass kein Fall der Fußstapfentheorie vorliegt (Schritt 1), erläutert aber nicht, warum sich die finanzielle Eingliederung nicht über die faktische Eingliederung des Teilbetriebs ergibt (Schritt 2).
4 *Adrian/Fey*, DStR 2017, 2409 (2413). Kritisch zu dieser Differenzierung *Brühl/Binder*, NWB 2018, 331 (335).

c) **Fallgruppe 3: Herbeiführung der finanziellen Eingliederung durch Umwandlungsmaßnahmen**

12.70 **Rückwirkende finanzielle Eingliederung.** Nicht abschließend geklärt ist, ob auch außerhalb der vorstehend dargestellten Konstellationen eine finanzielle Eingliederung rückwirkend begründet werden kann (dazu Rz. 20.44). Betroffen sind Fälle, in denen die finanzielle Eingliederung erst durch die Umwandlungsmaßnahme hergestellt wird (beispielsweise durch eine rückwirkende Verschmelzung zweier Gesellschaften, die jeweils 50 % der Anteile an der Organgesellschaft halten). Hier besteht vor Durchführung der Umwandlungsmaßnahme keine finanzielle Eingliederung, so dass diese auch nicht nach der Fußstapfentheorie auf den übernehmenden Rechtsträger übergehen kann. Es wird auch kein Teilbetrieb übertragen. Versteht man das Merkmal der finanziellen Eingliederung mit der wohl hM im Schrifttum richtigerweise als ein rechtliches Tatbestandsmerkmal,[1] so müsste die umwandlungssteuerrechtliche Rückwirkungsfiktion auch insoweit greifen. Die Finanzverwaltung versteht das Merkmal der finanziellen Eingliederung aber seit jeher als etwas Tatsächliches, das einer rückwirkenden Begründung nicht zugänglich ist.[2] Der BFH musste über diese Frage bisher nicht ausdrücklich entscheiden. Nicht klar ist, ob sich der BFH in seinem Urteil vom 10.5.2017 (I R 19/15)[3] implizit der Auffassung der Finanzverwaltung angeschlossen hat. In dem zugrunde liegenden Fall einer mit steuerlicher Rückwirkung vorgenommenen Teilbetriebseinbringung i.S.v. § 20 UmwStG in eine unterjährig von einem Dritten erworbenen Gesellschaft, stellt sich nämlich die Anschlussfrage, ob die finanzielle Eingliederung nicht durch die im Rahmen der notwendigen Kapitalerhöhung neu ausgegebenen Anteile hergestellt wurde, wenn diese neuen Anteile mehr als 50 % der Stimmrechte an der Organgesellschaft gewähren.[4] Da die neuen Anteile dem Organträger schon zum steuerlichen Übertragungsstichtag zuzurechnen sind,[5] wäre hierdurch (rückwirkend) eine finanzielle Eingliederung gegeben gewesen. In seinen Prüfungsanweisungen an das FG geht der BFH davon aus, dass für das Streitjahr die finanzielle Eingliederung nicht gegeben ist und zwar anscheinend unabhängig davon, ob die Einbringung mit steuerlicher Rückwirkung vorgenommen wurde. Dies könnte dafür sprechen, dass der BFH sich der Auffassung der Finanzverwaltung anschließt.[6] Da der BFH auf die Fallkonstellation einer steuerlich rückwirkenden Kapitalerhöhung aber nicht ausdrücklich eingeht, ist die Frage unseres Erachtens weiter offen.[7]

d) **Gestaltungsalternative mittelbare Organschaft**

12.71 **Fortführung als mittelbare Organschaft.** Besteht bereits eine Organschaft, ist immer auch daran zu denken, dass diese nach einer Einbringung der Beteiligung an der Organgesellschaft in eine Zwischenholding zunächst als mittelbare Organschaft fortgeführt werden kann. Zum Ende des Wirtschaftsjahrs der Organgesellschaft könnte diese Organschaft dann

---

1 *Neumann* in Gosch[3], § 14 KStG Rz. 152b; *Gosch*, BFH/PR 2012, 22; *Blumenberg/Lechner*, DB Beilage zu Heft 2/2012, 57 (59); *Brühl*, Ubg. 2016, 586 (591).
2 BMF v. 11.11.2011 – IV C 2 - S 1978-b/08/10001, S 1978 A – 43 – St 51, DOK 2011/0903665, BStBl. I 2011, 1314 Rz. Org.03 Satz 3 f.; dazu auch *Dötsch* in Dötsch/Pung/Möhlenbrock, UmwStG Anh 1 Rz. 21 ff. (Stand: Januar 2017) mwN zum Streitstand.
3 BFH v. 10.5.2017 – I R 19/15, BFH/NV 2017, 1558; vgl. auch Rz. 6.67 ff.
4 *Schell/Philipp*, FR 2018, 13 (15).
5 BMF v. 11.11.2011 – IV C 2 - S 1978-b/08/10001, S 1978 A – 43 – St 51, DOK 2011/0903665, BStBl. I 2011, 1314 Rz. 20.14; *Rödder* in Rödder/Herlinghaus/van Lishaut[2], § 20 UmwStG Rz. 226b.
6 So wohl *Adrian/Fey*, DStR 2017, 2409 (2413).
7 *Schell/Philipp*, FR 2018, 13 (15).

beendet und nahtlos zum nächsten Wirtschaftsjahr die neue Organschaft begründet werden.[1] So geschah dies im Fall des Hessischen FG. Vor Ablauf der fünfjährigen Mindestlaufzeit des Gewinnabführungsvertrags bedarf es eines wichtigen Grundes zur Kündigung des alten Gewinnabführungsvertrages. Dieser ist in der Einbringung zu sehen, wenn diese nicht allein erfolgt, um die Besteuerung willkürlich zu beeinflussen (dazu Rz. 11.49).

III. Wegfall der finanziellen Eingliederung

Zum Wegfall der finanziellen Eingliederung kann es zB kommen bei: 12.72

– Eröffnung des Insolvenzverfahrens (dazu Rz. 11.54 und Rz. 24.52 ff.)

– (Teilweise) Veräußerung der Organbeteiligung (dazu Rz. 12.52 ff.)

– Veränderung der Stimmrechte

– Ausübung des Pfandrechts bezüglich verpfändeter Anteile an der Organgesellschaft (dazu Rz. 12.24)

– Umwandlungen der Organträgers und/oder der Organgesellschaft

Mitternachtsgeschäft. Bei einer Veräußerung der Beteiligung zum Ende eines Wirtschaftsjahrs der Organgesellschaft bleibt die finanzielle Eingliederung zum veräußernden Organträger bis 24.00 Uhr bestehen und entsteht beim Erwerber ab 0.00 Uhr des ersten Tags des neuen Wirtschaftsjahrs. Bei diesem sog. Mitternachtsgeschäft ist daher eine Anschlussorganschaft möglich.[2] Auch mehrere Mitternachtsgeschäfte hintereinander auf denselben Stichtag werden von der Finanzverwaltung anerkannt.[3] Dies muss unseres Erachtens auch dann gelten, wenn die Verkäuferin im Falle einer mittelbaren Organschaft die vermittelnde Gesellschaft veräußert, auch wenn der Wortlaut der Körperschaftsteuerrichtlinie anscheinend nur auf die Veräußerung der unmittelbaren Organbeteiligung abstellt.[4] Gründe, diesen Fall abweichend zu behandeln, sind nicht ersichtlich. 12.73

Unterjährige Veräußerung. Eine unterjährige Veräußerung der Organbeteiligung führt – ohne zusätzliche Begleitmaßnahmen – dazu, dass die finanzielle Eingliederung (und damit die Organschaft) im Wirtschaftsjahr der Veräußerung entfällt. Sollte es nicht möglich sein, den Übergang des wirtschaftlichen Eigentums (im Regelfall das Closing) auf den Ablauf des Wirtschaftsjahrs der Organgesellschaft zu legen, ist über eine Umstellung des Wirtschaftsjahrs der Organgesellschaft auf das Closing nachzudenken (dazu Rz. 12.54). 12.74

---

1 BMF v. 11.11.2011 – IV C 2 - S 1978-b/08/10001, S 1978 A – 43 – St 51, DOK 2011/0903665, BStBl. I 2011, 1314 Rz. Org.16; *Sistermann*, DStR-Beihefter zu Heft 2/2012, 18 (20).
2 R 14.4 Abs. 2 KStR 2015; *Frotscher* in Frotscher/Drüen, § 14 KStG Rz. 278 (Januar 2015); *Neumann* in Gosch[3], § 14 KStG Rz. 162; *Dötsch* in Dötsch/Pung/Möhlenbrock, § 14 KStG Rz. 299 (August 2016).
3 *Dötsch* in Dötsch/Pung/Möhlenbrock, § 14 KStG Rz. 129 (August 2016).
4 Wie hier *Brink* in Schnitger/Fehrenbacher[2], § 14 KStG Rz. 191.

Kapitel 13
Einkommensermittlung, Einkommenszurechnung, Gewinnabführung und Verlustübernahme bei Organschaft

A. Gewinnabführung und Einkommenszurechnung: Die Verknüpfung von Handels-, Gesellschafts- und Steuerrecht bei der Organschaft 13.1

B. Die Abführung des handelsrechtlichen Gewinns/Verlustes an den Organträger als Voraussetzung der Organschaft (§ 14 Abs. 1 Satz 1 Nr. 3 Satz 1 KStG) 13.4
 I. Die tatsächliche Durchführung des Gewinnabführungsvertrags als Voraussetzung für die Organschaft 13.4
 II. Die Folgen der mangelnden tatsächlichen Durchführung des Gewinnabführungsvertrags 13.10
 III. Die Fiktion der tatsächlichen Durchführung des Gewinnabführungsvertrags (§ 14 Abs. 1 Satz 1 Nr. 3 Satz 4 f. KStG) 13.11
  1. Heilung einer fehlerhaften Gewinnabführung/Verlustübernahme, die auf einem Jahresabschluss beruht, der fehlerhafte Bilanzansätze enthält 13.11
  2. Die besonderen Voraussetzungen für die Heilung (§ 14 Abs. 1 Satz 1 Nr. 3 Satz 4 Buchst. a) bis c) KStG) 13.20
   a) Wirksam festgestellter Jahresabschluss (§ 14 Abs. 1 Satz 1 Nr. 3 Satz 4 Buchst. a) KStG) 13.20
   b) Mangelnde Erkennbarkeit der fehlerhaften Bilanzansätze bei Erstellung des Jahresabschlusses (§ 14 Abs. 1 Satz 1 Nr. 3 Satz 4 Buchst. b) KStG) 13.28
    aa) Grundfall: Mangelndes Verschulden 13.28
    bb) Sonderfall: Fiktion der mangelnden Erkennbarkeit in den Fällen des § 14 Abs. 1 Satz 1 Nr. 3 Satz 5 KStG... 13.37
   c) Korrektur eines von der Finanzverwaltung beanstandeten fehlerhaften Bilanzansatzes (§ 14 Abs. 1 Satz 1 Nr. 3 Satz 4 Buchst. c) KStG) 13.44
   d) Umsetzung der Korrektur durch Gewinnabführung/Verlustübernahme 13.51
   e) Korrektur nur, wenn Handelsbilanz zu korrigieren ist 13.54

C. Die Ermittlung des Einkommens und des Gewerbeertrags der Organgesellschaft 13.57
 I. Die allgemeinen Grundsätze der Einkommensermittlung 13.57
 II. Organschaftliche Besonderheiten der Einkommensermittlung 13.62
  1. Die Behandlung von vGA und verdeckten Einlagen bei der Organgesellschaft 13.62
  2. Spendenabzug 13.68
  3. Latente Steuern und Steuerumlagen 13.69
  4. Kein Abzug von Verlusten aus nichtorganschaftlicher Zeit bei der Organgesellschaft (§ 15 Satz 1 Nr. 1 KStG) 13.71
  5. Sanierungserträge (§ 3a EStG) 13.78
  6. Aufwendungen für Rechteüberlassungen (§ 4j EStG) 13.79
  7. Keine Anwendung des Teileinkünfteverfahrens bei der Organgesellschaft (sog. Bruttomethode) 13.80
  8. Anwendung der Zinsschranke (§ 15 Satz 1 Nr. 3 KStG) 13.86
  9. Steuerlicher Querverbund (§ 15 Satz 1 Nr. 5 KStG) 13.87
 III. Gewerbesteuerliche Besonderheiten 13.88
  1. Grundsatz der eigenständigen Ermittlung des Gewerbeertrags für die Organgesellschaft 13.88
  2. Sonderregelung des § 7a GewStG für Dividendenerträge 13.89
   a) Gewerbesteuerlicher Hintergrund für die Neuregelung 13.90

b) Neuregelung des § 7a GewStG mit Wirkung ab 1.1.2017 ...... 13.90
D. Die Zurechnung des Einkommens der Organgesellschaft beim Organträger und die gewerbesteuerliche Ermittlung des Gewerbeertrags im Organkreis 13.91
  I. Die sachliche Zurechnung des Einkommens 13.91
   1. Zurechnung des Einkommens 13.91
   2. Zurechnung beim Organträger ... 13.95
  II. Die zeitliche Zurechnung des Einkommens 13.96
   1. Die erstmalige Zurechnung des Einkommens (§ 14 Abs. 1 Satz 2 KStG) 13.96
   2. Die Zurechnung des Einkommens während der Organschaft 13.102
  III. Gewerbesteuerliche Besonderheiten 13.111
E. Die Ermittlung des Einkommens des Organträgers 13.112
  I. Allgemeine Grundlagen der Einkommensermittlung 13.112
  II. Organschaftliche Besonderheiten bei der Ermittlung des Einkommens des Organträgers 13.114
   1. Teilwertabschreibungen 13.114
    a) Teilwertabschreibung auf die Beteiligung an der Organgesellschaft 13.114
    b) Abführungsbedingte Teilwertabschreibung 13.117
    c) Forderungsabschreibung 13.118
   2. Aufwendungen auf die Beteiligung an der Organgesellschaft 13.119
   3. Rückstellung wegen drohender Verlustübernahme 13.120
   4. Korrektur von vGA und verdeckter Einlagen 13.121
   5. Spendenabzug beim Organträger .. 13.123
   6. Anwendung des Teileinkünfteverfahrens auf der Ebene des Organträgers (§ 15 Satz 1 Nr. 2 und Satz 2 KStG) 13.124
    a) Bruttomethode nach § 15 Satz 1 Nr. 2 Satz 2 KStG 13.124
    b) Bruttomethode beim internationalen Schachtelprivileg (§ 15 Satz 2 KStG) 13.132
   7. Anwendung der Zinsschranke beim Organträger 13.135
   8. Steuerlicher Querverbund (§ 15 Satz 1 Nr. 5 KStG) 13.136
   9. Sanierungserträge (§ 3a EStG) 13.137
   10. Sonderbetriebsausgabenabzug (§ 4i EStG) 13.138

Literatur: *Adrian*, Bilanzierungsfehler und Organschaft, StB 2013, 351; *Adrian*, Gewerbesteuerliche Behandlung von Dividenden bei Organschaft, BB 2015, 1113; *Adrian/Fey*, Organschaftsrettung durch den BFH DStR 2017, 2409; *Baldamus*, Durchführung von Gewinnabführungsverträgen – zu § 14 KStG und § 302 AktG nach MoMiG und BilMoG, Ubg 2009, 484; *Benecke/Schnitger*, Wichtige Änderungen bei der körperschaftsteuerlichen Organschaft durch das UntStG 2013, IStR 2013, 143; *Benz/Böhmer*, Die Nichtanwendungsgesetze des RefE eines „Anti-BEPS-Umsetzungsgesetzes", DB 2016, 1531; *Blumenberg/Kring*, Erste Umsetzung von BEPS in nationales Recht, BB 2017, 151; *Borggräfe/Kutsch*, Heilung von nicht durchgeführten Organschaftsverträgen mittels Bilanz, NWB 2011, 1946; *Dahlke*, Bilanzierung latenter Steuern bei Organschaften nach dem BilMoG, BB 2009, 878; *Desens*, Die neue Besteuerung von Sanierungserträgen, FR 2017, 981; *Döllerer*, Verdeckte Gewinnausschüttungen und verdeckte Einlagen bei Kapitalgesellschaften, 2. Aufl., Heidelberg 1990; *Dötsch*, Kann eine unzutreffende handelsrechtliche Bilanzierung zur steuerlichen Nichtanerkennung der Organschaft führen?, Der Konzern 2009, 171; *Dötsch*, Können auch vor Beginn der Organschaft entstandene Einkommensteile Gegenstand der organschaftlichen Zurechnung sein?, Der Konzern 2010, 34; *Dötsch*, Umwandlungen und Organschaft, Ubg 2011, 20; *Dötsch*, Steuerschädliche Zuviel- oder Zuwenig-Abführungen bei Organschaft, Der Konzern 2012, 104; *Dötsch/Buyer*, Teilwertabschreibung auf Organbeteiligungen, DB 1991, 10; *Dötsch/Pung*, Gesetz zur Änderung und Vereinfachung der Unternehmensbesteuerung und des steuerlichen Reisekostenrechts: Die Änderungen bei der Organschaft, DB 2013, 305; *El Mourabit/Fischnaler*, Vollständige GewSt-Freiheit von Schachteldividenden, DB 2015, 1552; *Endert/Sepetauz*, Gewinnabführungen innerhalb einer Organschaft, BBK 2011, 660; *Feldgen*, Latente Steuern nach dem BilMoG, NWB 2010, 3621; *Forst/Suchanek/Klopsch*, Handelsrechtliche Bilanzierungsfehler und ihre Auswirkungen auf die tatsächliche Durchführung eines Gewinnabführungsvertrags, GmbHR 2013, 914; *Hechtner*, Änderungen bei der Besteuerung der Unternehmen und den Reisekosten, BBK 2012, 1024; *Heil/Pupeter*, Lizenzschranke – Gesetzesentwurf eines neuen § 4j EStG, BB 2017, 795; *Herzig/Liekenbrock/Vossel*, Gestaltungsoptionen bei der Bilanzierung von latenten Steuern im Organkreis, Ubg 2012, 141; *Hesse/Frieburg*, Änderungen des KStG und GewStG im Entwurf des AHRL-ÄndUmsG, GmbH-StB 2016, 271; *Hoffmann*, Fehlerhafte Organbilanzen, StuB 2013, 397; *Honert*, Teilwertabschreibung im Organkreis, EStB 1999, 219; *Jesse*, Neuregelungen zur ertragsteuerlichen Organschaft (Teil II), FR 2013, 681; *Jochimsen/Zinowsky*: DBA-Schachtelprivileg und Gewerbesteuer im Organschaftsfall, DStR 2015, 1999; *Käshammer/Schümmer*, Zurechnung von Übertragungsgewinnen bei Umwandlung einer Organgesellschaft zum Organträger, Ubg 2011, 244; *Kanzler*, Steuerbefreiung von Sanierungsgewinnen, NWB 2017, 2260; *Kempf/Zipfel*, Offene Fragen der Einkommenszurechnung bei abweichendem Wirtschaftsjahr im Organkreis, DStR 2005, 1301; *Kerssenbrock*, Körperschaftsteuerliche Probleme bei unterjährigem Beginn von Organschaft, BB 1998, Beilage 3 zu Heft 14; *Krau*, Tatsächliche Durchführung des Gewinnabführungsvertrages bei körperschaftsteuerlicher Organschaft, StBp 2010, 65; *Krebs/Blumenberg*, Zum Abzug von Finanzierungskosten für eine Organbeteiligung, BB 2002, 1721; *Kreidl/Riehl*, Tatsächliche Durchführung des Gewinnabführungsvertrags – Gibt es eine Möglichkeit, die „vergessene" Verlustausgleichsverpflichtung nach § 301 AktG zu heilen?, BB 2006, 1880; *Kröner/Bolik/Gageur*, Stolpert die Organschaft über das BilMoG?, Ubg 2010, 237; *Lenz/Adrian/Handwerker*, Geplante Neuregelung der ertragsteuerlichen Organschaft, BB 2012, 2851; *Maier/Weil*, Latente Steuern im Einzel- und Konzernabschluss: Auswirkungen des BilMoG auf die Bilanzierungspraxis, DB 2009, 2729; *Lüdicke*, Abzug von Aufwendungen für eine Organbeteiligung, BB 2002, 1521; *Meining*, Korrektur von Gewinnabführungen bei der steuerlichen Organschaft, GmbHR 2010, 309; *Melcher/Murer*, Bilanzierung von latenten Steuern bei Organschaften nach dem BilMoG im Fall von Steuerumlageverträgen, DB 2013, 2329; *Neumann*, Bestandsaufnahme der Fallen und Klippen bei der Organschaft, StbJb. 2011/2012, 53; *Neumayer/Imschweiler*, Aktuelle Rechtsfragen zur Gestaltung und Durchführung von Gewinnabführungsverträgen, GmbHR 2011, 57; *Neyer/Schlepper*, Zivilrechtliches Verbot der Aufrechnung gegen einen Verlustausgleichsanspruch – Gefahr für die Anerkennung einer ertragsteuerlichen Organschaft?, BB 2007, 413; *Oeser/Kropp*, Keine Gewinnrealisierung des Organträgers durch Auflösung latenter Steuern seiner Organgesellschaft, BB 2016, 875; *Olbing*, Tatsächliche Durchführung eines Ergebnisabführungsvertrag, GmbH-StB 2011, 281; *Olbing*, Nun doch: Die (kleine) Reform des Organschaftsrechts, GmbH-StB 2013, 154; *Oppen/Polatzky*, Ausgewählte Zweifels- und Praxisfragen zur Verschmelzung nach dem UmwSt-Erlass 2011, GmbHR 2012, 263; *Pohl*, Zum Standort der Einkommenszurechnung in Organschaftsfällen DStR 2017, 1687; *U. Prinz*, „Fortentwicklung" des Organschaftsrechts: Neue Irrungen und Wirrungen, FR 2002, 66; *U. Prinz*, „Doppelte Organschaftsfalle" bei Veräußerung oder Umstrukturierung von Beteiligungsbesitz, FR 2003, 708; *U. Prinz*, Organschaft in der Praxis – Aktuelle Brennpunkte, GmbHR 2017, R 273; *U. Prinz/Keller*, Neue BFH-Rechtsprechung zur ertragsteuerlichen Organschaft, DB 2018, 400; *Rödder*, Umwandlungen und Organschaft, DStR 2011, 1053; *Rödder*, Die kleine Organschaftsreform, Ubg 2012, 717; *Rödder/Stangl*, Der Umwandlungssteuer-Erlass 2011, Bonn 2012; *Schaden/Franz*, Abzugsfähigkeit von Aufwendungen eines Organträgers auf die Organbeteiligung, GmbHR 2002, 880; *Scheifele/Marx*, Die zeitlichen Anforderungen an den Gewinnabführungsvertrag und seine Durchführung, DStR 2014, 1793; *Schlagheck*, Verdeckte Gewinnausschüttungen und die ertragsteuerliche Organschaft, StuB 2001, 164; *Schneider/Hinz*, Verunglückte Organschaften – Ursachen und Heilungsmöglichkeiten, Ubg 2009, 738; *Schneider/Sommer*, Organschaftsreform „light", GmbHR 2013, 22; *Schulze-Osterloh*, Das Ende des subjektiven Fehlerbegriffs bei der Anwendung von Bilanzrecht, BB 2013, 1131; *Schulze zur Wiesche*, Die ertragsteuerliche Organschaft unter Berücksichtigung des Gesetzes zur Vereinfachung der Unternehmensbesteuerung und der steuerlichen Reisekosten sowie der aktuellen Rechtsprechung, DStZ 2013, 621; *Sievert/Stolze*, Spendenabzug bei Organschaft, StuB 2006, 616; *Sistermann/Beutel*, Unternehmenssanierungen nach der Grundsatzentscheidung des Großen Senats des BFH, DStR 2017, 1065; *Stangl/Brühl*, Die „kleine" Organschaftsreform, Der Konzern, 2013, 77; *Stangl/Ritzer*, „Zahlungsfähigkeit" oder „Werthaltigkeit" als Voraussetzung für die Durchführung eines Gewinnabführungsvertrags per Novation oder Aufrechnung?, Der Konzern 2012, 529; *Suchanek/Herbst*, Die tatsächliche Durchführung von Gewinnabführungsverträgen i.S.d. § 14 Abs. 1 S. 1 Nr. 3 S. 1 KStG, FR 2005, 665; *Suchanek/Klopsch*, Fehlerhafte Bilanzansätze und tatsächliche Durchführung eines Gewinnabführungsvertrags, GmbHR 2016,

524; *Thiel*, Abzugsfähigkeit der Finanzierungskosten einer Organbeteiligung, FR 2002, 925; *Thiel*, Abzugsverbot für Finanzierungskosten einer Organbeteiligung, DB 2002, 1340; *von Wolfersdorff*, Die „kleine" Organschaftsreform: Erleichterung bei Abschluss und Durchführung des Gewinnabführungsvertrags, IFSt-Schrift Nr. 481, Berlin 2012; *Walter*, Wichtige Praxisfragen und Rechtsänderungen bei der ertragsteuerlichen Organschaft, GStB 2013, 46; *Walter/Stümper*, Vorzeitige Versteuerung des Organeinkommens bei abweichendem Wirtschaftsjahr erstmals gesetzlich geregelt?, GmbHR 2003, 652; *Wassermeyer*, Teilwertabschreibung bei Organschaft – Systembedingte Folgen oder Denkfehler?, StbJb. 1992/93, 219; *Wassermeyer*, Können organschaftliche Mehrabführungen Gewinnausschüttungen sein?, GmbHR 2003, 313; *Wassermeyer*, Widersprüchlichkeiten bei der Organschaft, DStR 2004, 214; *Weiss*, Die gesetzliche Neuregelung des Sanierungssteuerrechts, StuB 2017, 581; *Wessel/Papenroth*, Berücksichtigung latenter Steuern bei der Bilanzierung von Beteiligungen, FR 2012, 563; *von Wolfersdorff/Rödder/Schmidt-Fehrenbacher/Beisheim/Gerner*, Der Fraktionsentwurf zur „Kleinen Organschaftsreform": Guter Wille, aber doch kein wirklicher Rechtsfrieden!, DB 2012, 2241; *Zinowsky/Jochimsen*: Körperschaftsteuerliche Behandlung von Dividendenerträgen im Fall von Organträgerpersonengesellschaften, DStR 2016, 285.

A. Gewinnabführung und Einkommenszurechnung: Die Verknüpfung von Handels-, Gesellschafts- und Steuerrecht bei der Organschaft

13.1 Mit der sog. **kleinen Organschaftsreform** durch das UntStReiseKG v. 20.2.2013[1] hat der Gesetzgeber deutlich gemacht, dass er zwar die Regelungen der Organschaft vereinfachen, jedoch die Bindung an das Handels- und Gesellschaftsrechtrecht nicht aufgeben will.[2] Die ertragsteuerliche Organschaft weist deshalb auch weiterhin enge Verbindungen zum Handels- und Gesellschaftsrecht aus, wie insbesondere das Festhalten am Erfordernis des Abschlusses eines Gewinnabführungsvertrags als eine der wesentlichen Tatbestandsvoraussetzungen des § 14 Abs. 1 Satz 1 KStG (Rz. 2.1) belegt.[3] Handels- und gesellschaftsrechtliche Fragen haben aber auch im Zusammenhang mit der tatsächlichen Durchführung des Gewinnabführungsvertrags einen erheblichen Einfluss auf die Anerkennung der Organschaft. Denn nur wenn der nach dem Gewinnabführungsvertrag abzuführende Gewinn bzw. der zu übernehmende Verlust auch tatsächlich abgeführt/übernommen werden, sind die Voraussetzungen der Organschaft erfüllt (§ 14 Abs. 1 Satz 1 Nr. 3 Satz 1 und Satz 4 ff. KStG). Allerdings führen die handelsrechtlichen Bezüge insbesondere im Zusammenhang mit der als Vereinfachungsregelung „verkauften" Einführung einer Fiktion der tatsächlichen Durchführung nach § 14 Abs. 1 Satz 4 ff. KStG, die entscheidend auf den handelsrechtlichen Jahresabschluss abstellt, zu erheblichen Unsicherheiten und Problemen bei der Gesetzesanwendung,[4] die nicht gerade zur Vereinfachung des Rechts der Organschaft beitragen und eher kontraproduktiv wirken. Darüber hinaus hat sich das Organschaftsrecht durch die Einführung von Regelungen zum Sanierungsgewinn in § 15 Satz 1 Nr. 1 Satz 2 und 3 und Nr. 1a KStG sowie in gewerbesteuerlicher Hinsicht durch die Vorschrift des § 7a GewStG wieder verkompliziert.

13.2 Auf der **Rechtsfolgenseite** der Organschaft ist die Gewinnabführung/Verlustübernahme nach Maßgabe des Gewinnabführungsvertrags von Bedeutung für Minder- oder Mehrabführungen i.S.d. § 14 Abs. 3 und 4 KStG. Jedoch bestimmt das Gesetz in § 14 Abs. 1 Satz 1 KStG nicht die Versteuerung des abgeführten Gewinns/des übernommenen Verlustes beim Organträger, son-

---

1 BGBl. I 2013, 285; BStBl. I 2013, 188.
2 BT-Drucks. 17/10774, 9.
3 Vgl. auch *Prinz* in Prinz/Kanzler[2], Rz. 1620 ff.
4 Siehe nur das Schreiben des IDW v. 23.1.2015 – 613/515, https://www.idw.de/idw/download/ BMF__Fehlerhafter__Bilanzansatz.pdf?id=643220&property=Inhalt.

dern die Zurechnung des (steuerlichen) Einkommens der Organgesellschaft. Für die Ermittlung des zuzurechnenden Einkommens der Organgesellschaft trifft § 15 KStG verschiedene organschaftsspezifische Sonderregelungen, wobei die Anwendung der sog. Brutto-Methode des § 15 Satz 1 Nr. 2 und Satz 2 KStG eine Kernfrage der Einkommensermittlung darstellt. Im Übrigen sind die Regelungen zur Einkommenszurechnung aber wenig aussagekräftig: § 14 Abs. 1 Satz 1 KStG ordnet lediglich die Zurechnung des Einkommens der Organgesellschaft beim Organträger an; und § 14 Abs. 1 Satz 2 KStG regelt in zeitlicher Hinsicht nur den Zeitpunkt der erstmaligen Zurechnung des Einkommens beim Organträger. Die Beantwortung konkreter Einzelfragen, insbesondere auf welcher Ebene das Einkommen der Organgesellschaft beim Organträger zuzurechnen ist und zu welchem Zeitpunkt dieses Einkommen beim Organträger anzusetzen ist, sind der Gesetzesauslegung und praktischen Gesetzesanwendung vorbehalten.

Die gewerbesteuerliche Organschaft ist eng an die körperschaftsteuerliche Organschaft angeknüpft. Nach § 2 Abs. 2 Satz 2 GewStG setzt die gewerbesteuerliche Organschaft das Vorliegen der tatbestandlichen Voraussetzungen der §§ 14 und 17 KStG voraus. Rechtsfolge ist nach dieser Vorschrift, dass die Organgesellschaft als Betriebsstätte des Organträgers gilt. Gleichwohl werden Organträger und Organgesellschaft gewerbesteuerlich nicht als einheitliches Unternehmen behandelt. Vielmehr sind nach der sog. gebrochenen Einheitstheorie die Gewerbeerträge des Organträgers und der Organgesellschaft getrennt zu ermitteln und werden dann auf der Ebene des Organträgers zu einem Gewerbeertrag zusammengerechnet.[1] Dies führte bei Gewinnanteilen zu einer vollständigen gewerbesteuerlichen Freistellung[2] und veranlasste den Gesetzgeber in Reaktion auf die diesbezügliche Rechtsprechung des BFH zur Einführung der Sonderregelung des § 7a GewStG für die gewerbesteuerliche Organschaft.[3]

13.3

B. Die Abführung des handelsrechtlichen Gewinns/Verlustes an den Organträger als Voraussetzung der Organschaft (§ 14 Abs. 1 Satz 1 Nr. 3 Satz 1 KStG)

I. Die tatsächliche Durchführung des Gewinnabführungsvertrags als Voraussetzung für die Organschaft

Nach § 14 Abs. 1 Satz 1 Nr. 3 Satz 1 KStG muss der Gewinnabführungsvertrag während seiner gesamten Geltungsdauer **tatsächlich durchgeführt** werden. Das ist der Fall, wenn der Gewinnabführungsvertrag so durchgeführt wird, wie er abgeschlossen worden ist.[4] Ob der Gewinnabführungsvertrag tatsächlich durchgeführt wurde, ist also anhand des konkreten Gewinnabführungsvertrags – und nicht anhand (möglicher) abweichender gesetzlicher Bestimmungen – zu entscheiden.

13.4

Gestaltungshinweis: Ändern sich nach Abschluss des Gewinnabführungsvertrags die gesetzlichen Vorgaben über die Gewinnabführung, wie zB aufgrund der Ergänzung des § 301 Satz 1 AktG durch das BilMoG für ausschüttungsgesperrte Beträge, muss zwar der GAV nicht geändert werden; die neu-

---

1 S. Rz. 13.88.
2 S. Rz. 13.89.
3 Hierzu Rz. 13.90.
4 BFH v. 21.10.2010 – IV R 21/07, FR 2011, 322 m. Anm. *Buciek* = BFH/NV 2011, 151; vgl. auch *Walter* in Ernst & Young, § 14 KStG Rz. 649; *Krumm* in Blümich, § 14 KStG Rz. 134.

en gesetzlichen Vorgaben sind aber nunmehr zu beachten.[1] Gleiches gilt, wenn nach Art. 67 EGHGB vorrangig mit bestehenden Gewinnrücklagen zu verrechnende Beträge die Gewinnrücklage mindern.[2]

13.5 Die **tatsächliche Durchführung** setzt insbesondere voraus, dass die Organgesellschaft ihren ganzen Gewinn an den Organträger abführt und der Organträger einen ggf. anfallenden Verlust der Organgesellschaft übernimmt (zu den Sonderfragen bei der stillen Gesellschaft s. Rz. 16.31 ff. und bei der Umwandlung s. Rz. 20.76). Grundlage der Gewinnabführung/Verlustübernahme ist der handelsrechtliche Jahresabschluss der Organgesellschaft.[3] Ob die Gewinnabführung/Verlustübernahme vertragsgerecht erfolgt, ist anhand des objektiv nach den Grundsätzen ordnungsmäßiger Buchführung ermittelten Gewinns zu prüfen.[4] Nur wenn auch dieser Gewinn abgeführt bzw. dieser Verlust übernommen wird, ist die tatsächliche Durchführung gegeben; jede Abweichung lässt dagegen die tatsächliche Durchführung scheitern.[5]

Beispiel: Die Organgesellschaft führt an den Organträger auf der Grundlage ihres Jahresabschlusses einen Gewinn iHv. 100.000 Euro ab. Bei der Ermittlung des Jahresüberschusses hat die Organgesellschaft jedoch zu Unrecht eine Rückstellung für ungewisse Verbindlichkeiten iHv. 10.000 Euro gebildet.

Lösung: Der Gewinnabführungsvertrag wird tatsächlich nicht durchgeführt, da die Organgesellschaft objektiv einen Gewinn iHv. 110.000 Euro hätte abführen müssen.[6]

13.6 Gleichermaßen wird ein Gewinnabführungsvertrag tatsächlich nicht durchgeführt, wenn die Organgesellschaft die **Verrechnung mit vororganschaftlichen Verlusten** (§ 301 Satz 1 AktG) unterlässt.[7]

13.7 Die **gegenseitigen Verpflichtungen** aus dem Gewinnabführungsvertrag werden in der Regel durch den Ausweis entsprechender Forderungen bzw. Verbindlichkeiten beim Organträger und der Organgesellschaft berücksichtigt. Dabei stellt § 14 Abs. 1 Satz 1 Nr. 3 Satz 1 KStG ausdrücklich nicht auf die Erfüllung der Forderung/Verbindlichkeit aus dem Gewinnabführungsvertrag ab, sodass uE die tatsächliche Durchführung keinen Geldfluss voraussetzt.[8] Deshalb besteht auch bei einer Begleichung der Forderungen erst im Zeitpunkt der Beendigung der

---

1 Vgl. auch BMF v. 14.1.2010 – IV C 2-S 2770/09/10002 – DOK 2009/0861137, BStBl. I 2010, 65; *Brink* in Schnitger/Fehrenbacher[2], § 14 KStG Rz. 374.
2 Hierzu: *Brink* in Schnitger/Fehrenbacher[2], § 14 KStG Rz. 400; *Kahle/Schulz/Vogel*, Ubg 2011, 178; *Kröner/Bolik/Gageur*, Ubg 2010, 237.
3 BFH v. 18.12.2002 – I R 51/01, FR 2003, 457 m. Anm. *Then* = BFH/NV 2003, 572 (573).
4 Vgl. BGH v. 14.2.2005 – II ZR 361/02, DB 2005, 937; BFH v. 21.10.2010 – IV R 21/07, FR 2011, 322 m. Anm. *Buciek* = BFH/NV 2011, 151; *Brink* in Schnitger/Fehrenbacher[2], § 14 KStG Rz. 332; *Dötsch*, Der Konzern 2012, 104; *Forst/Suchanek/Klopsch*, GmbHR 2013, 914 (915 f.); aA *Baldamus*, Ubg 2009, 484 (487 f.); *Schneider/Hinz*, Ubg 2009, 738 (744).
5 So auch *Dötsch*, Der Konzern 2012, 104 (106); zweifelnd *Buciek*, FR 2011, 325.
6 Indessen ermöglicht § 14 Abs. 1 Satz 1 Nr. 3 Satz ff. KStG die Heilung eines derartigen Fehlers, vgl. Rz. 13.11 ff.
7 BFH v. 21.10.2010 – IV R 21/07, FR 2011, 322 m. Anm. *Buciek* = BFH/NV 2011, 151; *Rohrer/von Goldacker/Huber*, DB 2009, 360; aA *Baldamus*, Ubg 2009, 484 (486); hierzu auch *Schneider*, StbJb. 2010/2011, 327 (350 f.).
8 Ebenso *Walter* in Ernst & Young, § 14 KStG Rz. 653; *Brink* in Schnitger/Fehrenbacher[2], § 14 KStG Rz. 482; *Stangl/Ritzer*, Der Konzern 2012, 529 (531); *Neyer/Schlepper*, BB 2007, 413 (417); *Baldamus*, Ubg 2009, 484 (491); aA *Müller* in Mössner/Seeger[3], § 14 KStG Rz. 545; *Müller* in Müller/Stö-

Organschaft kein Grund, die Organschaft rückwirkend nicht anzuerkennen.[1] Dagegen ist das FG Hamburg der Auffassung die Forderung/Verbindlichkeit aus dem Gewinnabführungsvertrag müsse „zeitnah"[2] zum Fälligkeitszeitpunkt des Anspruchs auch erfüllt werden.[3] Allerdings betraf diese Entscheidung einen Sonderfall, bei dem die Bilanz der Organgesellschaft erst nach Beendigung der Organschaft (nach Löschung des Organträgers im Handelsregister) erstellt wurde.

Gestaltungshinweis: Um die tatsächliche Durchführung nicht zu gefährden, wenn bei Fälligkeit der Gewinn nicht abgeführt bzw. der Verlust nicht übernommen wird, sollte die entsprechende Forderung in eine Darlehensverbindlichkeit umgewandelt werden, wodurch eine eigenständiger und neuer Schuldgrund begründet und zugleich die Forderung/Verbindlichkeit aus dem Gewinnabführungsvertrag erfüllt wird.[4] Für die Frage der tatsächlichen Durchführung ist es dann unbeachtlich, wenn später auf diesen Darlehensanspruch verzichtet wird. Gleichermaßen hängt die Anerkennung der Organschaft nicht davon ab, ob das Darlehen verzinslich ist.[5] Insoweit kann zwar eine vGA vorliegen, die jedoch für die tatsächliche Durchführung unproblematisch ist, weil eine vGA eine vorweggenommene Gewinnabführung darstellt.[6] Weitere Gestaltungsmöglichkeiten stellen die Verrechnung der Forderungen/Verbindlichkeiten aus dem Gewinnabführungsvertrag auf einem laufenden Verrechnungskonto[7] oder die Aufrechnung mit werthaltigen Forderungen[8] dar. In diesem Fall gilt der GAV spätestens im Zeitpunkt des Ausgleichs des Verrechnungskontos als durchgeführt.

Ist der Organträger ein **ausländischer Organträger**, ist zwar nach § 14 Abs. 1 Satz 1 Nr. 2 Satz 6 KStG das Einkommen der Organgesellschaft der inländischen Betriebsstätte des Organträgers zuzurechnen. Hieraus folgt aber nicht, dass der Gewinnabführungsvertrag nur dann tatsächlich durchgeführt wird, wenn auch der Gewinn an die inländische Betriebsstätte des ausländischen Organträgers abgeführt wird. Denn zivilrechtlich wird der Gewinnabführungsvertrag zwischen dem Organträger – und nicht dessen inländischer Betriebsstätte – und der Organgesellschaft abgeschlossen. § 14 Abs. 1 Satz 1 Nr. 3 Satz 1 KStG erfordert aber nur die tatsächliche Durchführung des Gewinnabführungsvertrag. Daher ist es für die Annahme der

13.8

---

cker/Lieber, Die Organschaft[10], Rz. 243; *Neumann*, StbJb. 2011/2012, 53 (68); *Melan/Karrenbrock*, FR 2009, 757 (760).

1 Ebenso *Walter* in Ernst & Young, § 14 KStG Rz. 653; *Brink* in Schnitger/Fehrenbacher[2], § 14 KStG Rz. 482; *Stangl/Ritzer*, Der Konzern 2012, 529 (531); *Neyer/Schlepper*, BB 2007, 413 (417); *Baldamus*, Ubg 2009, 484 (491); aA *Müller* in Mössner/Seeger[3], § 14 KStG Rz. 545; *Müller* in Müller/Stöcker/Lieber[10], Rz. 243; *Neumann*, StbJb. 2011/2012, 53 (68); *Melan/Karrenbrock*, FR 2009, 757 (760).
2 Hierzu Rz. 7.40 f.; krit. *Walter* in Ernst & Young, § 14 KStG Rz. 653.
3 FG Hamburg v. 19.5.2015 – 6 K 236/12, Der Konzern 2015, 558, bestätigt durch BFH v. 26.4.2016 – I B 77/15, BFH/NV 2016, 1177.
4 Vgl. *Walter* in Ernst & Young, § 14 KStG Rz. 653; *Dötsch* in Kessler/Kröner/Köhler[2], § 3 Rz. 232; *Stangl/Ritzer*, Der Konzern 2012, 529; *Dötsch* in Herzig, Organschaft, 111; s.a. BFH v. 26.4.2016 – I B 77/15, BFH/NV 2016, 1177; aA *Suchanek/Herbst*, FR 2005, 665.
5 Siehe auch *Walter* in Ernst & Young, § 14 KStG Rz. 653; *Suchanek/Herbst*, FR 2005, 665; aA *Neumann*, StbJb. 2011/2012, 53 (67); *Melan/Karrenbrock*, FR 2009, 757 (760).
6 R 14.6 Abs. 4 KStH 2015.
7 Hierzu: *Suchanek*, FR 2006, 872 (874); aA *Melan/Karrenbrock*, FR 2009, 757 (761).
8 Hierzu: BGH v. 10.7.2006 – II ZR 238/04, BGHZ 168, 285; *Stangl/Ritzer*, Der Konzern 2012, 529; *Neyer/Schlepper*, BB 2007, 413; *Suchanek/Herbst*, FR 2005, 665; *Neumann* in Gosch[3], § 14 KStG Rz. 318b; *Neumann*, StbJb. 2011/2012, 53 (67); *Baldamus*, Ubg 2009, 484 (493); *Suchanek*, FR 2006, 872; einschränkend *Stangl/Ritzer*, Der Konzern 2012, 529 (534).

Organschaft nicht schädlich, dass der Gewinn der Organgesellschaft an den (ausländischen) Organträger abgeführt wird.[1]

13.9 Die tatsächliche Durchführung umfasst außerdem alle sich aus dem Gewinnabführungsvertrag ergebenden **weiteren Verpflichtungen**, wie zB die Pflicht nach § 353 Satz 1 i.V.m. § 352 Abs. 2 HGB zur Verzinsung des Anspruchs auf Gewinnabführung/Verlustübernahme. Allerdings stellt die Vorschrift des § 353 HGB dispositives Recht dar, das heißt, es steht den Vertragsparteien frei, in dem Vertrag ausdrücklich auf eine Verzinsung der Ansprüche zu verzichten.[2] Im Übrigen hat eine unterlassene und/oder unzutreffende Verzinsung keine Auswirkung auf die tatsächliche Durchführung, weil nur eine vertragliche Nebenpflicht verletzt wird.[3]

II. Die Folgen der mangelnden tatsächlichen Durchführung des Gewinnabführungsvertrags

13.10 Wird der Gewinnabführungsvertrag während der **Mindestlaufzeit von fünf Jahren** (§ 14 Abs. 1 Satz 1 Nr. 3 Satz 1 KStG) in einem Jahr nicht tatsächlich durchgeführt, entfällt die Organschaft grundsätzlich (s. aber § 14 Abs. 1 Satz 1 Nr. 3 Satz 2 KStG) rückwirkend für die gesamte Zeit (zu den Folgen der verunglückten Organschaft s. Rz. 18.5 ff.). Wird der Gewinnabführungsvertrag in einem späteren Jahr wieder tatsächlich durchgeführt, beginnt die Mindestlaufzeit von fünf Jahren erneut. Wird der Vertrag in einem Jahr nicht durchgeführt, nachdem er bereits für mindestens fünf Jahre tatsächlich durchgeführt worden ist, besteht kein Anlass für eine rückwirkende Nichtanerkennung der Organschaft. Vielmehr ist das Einkommen der Organgesellschaft nur in dem betreffenden Jahr nicht zuzurechnen und ist die Organschaft – entgegen der Auffassung der Finanzverwaltung[4] – ab dem Jahr steuerlich anzuerkennen, in dem der Vertrag wieder tatsächlich durchgeführt wird.[5] Das Merkmal der tatsächlichen Durchführung bezieht sich nur auf die tatsächliche Durchführung des Gewinnabführungsvertrags, nicht auf die weiteren steuerlichen Voraussetzungen der Organschaft.[6] Daher entfällt die Organschaft weder rückwirkend für den Fünf-Jahres-Zeitraum, noch beginnt dieser Zeitraum erneut, wenn der Gewinnabführungsvertrag tatsächlich durchgeführt, aber ein sonstiges Tatbestandsmerkmal der steuerlichen Organschaft, zB die finanzielle Eingliederung, nicht erfüllt wird. Vielmehr ist die Organschaft nur für die Jahre nicht anzuerkennen, in denen ihre Voraussetzungen nicht vorlagen.[7]

---

1 Vgl. auch *Frotscher* in Frotscher/Drüen, § 14 KStG Rz. 141 f.
2 Vgl. *Kindler* in Ebenroth/Boujong/Joost/Strohn[3], § 353 HGB Rz. 27.
3 BMF v. 15.10.2007 – IV B 7 - S 2770/0, BStBl. I 2007, 765; BayLfSt. v. 10.4.2007 – S 2770-17 St 3106 M, DStR 2007, 994; *Rödder/Liekenbrock* in Rödder/Herlinghaus/Neumann, § 14 KStG Rz. 318; *Walter* in Ernst & Young, § 14 KStG Rz. 649; *Müller* in Mössner/Seeger[3], § 14 KStG Rz. 536; *Baldamus*, Ubg 2009, 484 (494); *Prokopf*, DB 2007, 900 (902 f.); *Wernicke/Scheunemann*, DStR 2006, 1399 (1401).
4 R 14.5 Abs. 8 Nr. 2 Satz 2 KStH 2015.
5 So auch *Rödder/Liekenbrock* in Rödder/Herlinghaus/Neumann, § 14 KStG Rz. 315 und 322; *Walter* in Ernst & Young, § 14 KStG Rz. 723; *Krumm* in Blümich, § 14 KStG Rz. 141; *Scheifele/Marx*, DStR 2014, 1793 (1799); *Olbing*, GmbH-StB 2011, 281; *Schneider*, StbJb. 2010/2011, 327 (352); *Schneider/Hinz*, Ubg 2009, 738 (739); aA *Müller* in Müller/Stöcker/Lieber[10], Rz. 823.
6 BFH v. 10.5.2017 – I R 51/15, BFHE 258, 351 = BFH/NV 2017, 1552; BFH v. 10.5.2017 – I R 19/15, BFHE 258, 354 = BFH/NV 2017, 1558.
7 BFH v. 10.5.2017 – I R 19/15, BFHE 258, 354 = BFH/NV 2017, 1558; *U. Prinz/Keller*, DB 2018, 400 (403); *Adrian/Fey*, DStR 2017, 2409 (2412).

III. Die Fiktion der tatsächlichen Durchführung des Gewinnabführungsvertrags (§ 14 Abs. 1 Satz 1 Nr. 3 Satz 4 f. KStG)

1. Heilung einer fehlerhaften Gewinnabführung/Verlustübernahme, die auf einem Jahresabschluss beruht, der fehlerhafte Bilanzansätze enthält

Mit dem UntStReiseKG v. 20.2.2013[1] hat der Gesetzgeber in § 14 Abs. 1 Satz 1 Nr. 3 Satz 4 und 5 KStG eine **Heilungsmöglichkeit** bei fehlerhafter Gewinnabführung/Verlustübernahme in das Gesetz eingefügt, die nach § 34 Abs. 9 Nr. 7 i.d.F. des UntStReiseKG v. 20.2.2013 in allen noch nicht bestandskräftig veranlagten Fällen anzuwenden ist. Durch die Neuregelung sollen Hindernisse für die Anerkennung von Organschaften beseitigt werden, die auf einer fehlerhaften Bilanzierung und einer damit verbundenen fehlerhaften Gewinnabführung bzw. Verlustübernahme beruhen.[2] Die Fiktion betrifft aber nur die Frage der Heilung einer fehlerhaften Gewinnabführung bzw. Verlustübernahme. Ist also der Gewinnabführungsvertrag nicht auf mindestens fünf Jahre abgeschlossen und nicht während seiner gesamten Geltungsdauer durchgeführt worden, so ist eine Heilung wegen dahingehender Mängel der tatsächlichen Durchführung i.S.d. § 14 Abs. 1 Satz 1 Nr. 3 Satz 1 KStG nicht möglich.

13.11

Die Neuregelung ermöglicht eine nachträgliche Heilung einer unzutreffenden Gewinnabführung/Verlustübernahme in einem späteren Jahresabschluss, also ohne Berichtigung schon an der Fehlerquelle. Zwar ist streitig, ob gleichwohl eine Heilung der fehlerhaften Gewinnabführung/Verlustübernahme durch Berichtigung an der Fehlerquelle zulässig ist,[3] jedoch lässt jedenfalls die OFD Karlsruhe[4] auch eine Heilung durch rückwirkende Berichtigung an der Fehlerquelle zu.

13.12

Hinweis: § 14 Abs. 1 Satz 1 Nr. 3 Satz 4 Buchst. c) KStG regelt nur den Zeitpunkt, zu dem der Fehler spätestens zu korrigieren ist. Daher ermöglicht § 14 Abs. 1 Satz 1 Nr. 3 Satz 4 KSG auch eine frühere Korrektur, zB in laufender Rechnung, mit der Möglichkeit zur Heilung (s. Rz. 13.47).

§ 14 Abs. 1 Satz 1 Nr. 3 Satz 4 KStG eröffnet eine Heilungsmöglichkeit, wenn auf der Grundlage des Jahresabschlusses der Organgesellschaft[5] ein sich hieraus ergebender Gewinn bzw. Verlust abgeführt bzw. übernommen wurde. Wurde dagegen ein „anderer" Gewinn abgeführt bzw. Verlust übernommen, ist eine Heilung nicht möglich.

13.13

Beispiel: Die Organgesellschaft weist einen handelsrechtlichen Jahresüberschuss iHv. 100.000 Euro aus; dieser Betrag entspricht auch dem abzuführenden Gewinn i.S.d. § 301 AktG. Die Organgesellschaft führt jedoch nur 95.000 Euro an den Organträger ab.

Lösung: Eine nachträgliche Heilungsmöglichkeit nach § 14 Abs. 1 Satz 1 Nr. 3 Satz 4 KStG besteht schon deshalb nicht, weil die Organgesellschaft nicht den sich aus ihrem Jahresabschluss ergebenden Gewinn abgeführt hat.

Vielmehr muss die fehlerhafte Gewinnabführung/Verlustübernahme auf einem **fehlerhaften Bilanzansatz im Jahresabschluss** beruhen. Dabei ergibt sich aus § 14 Abs. 1 Satz 1 Nr. 3 Satz 5 KStG, der auf den handelsrechtlichen Jahresabschluss verweist, dass unter dem Jahres-

13.14

---

1 BGBl. I 2013, 285; BStBl. I 2013, 188.
2 Vgl. auch BT-Drucks. 17/10774, 19.
3 Hierzu: *Kolbe* in HHR, § 14 KStG Anm. 223.
4 OFD Karlsruhe v. 16.1.2014 – S 2770/52/2 – St 221, FR 2014, 434, unter II.
5 Vgl. *Rödder/Liekenbrock* in Rödder/Herlinghaus/Neumann, § 14 KStG Rz. 378; *Frotscher* in Frotscher/Drüen, § 14 KStG Rz. 445e; *Dötsch* in Dötsch/Pung/Möhlenbrock, § 14 KStG Rz. 470; *Stangl/Brühl*, Der Konzern 2013, 77 (86); *Schneider/Sommer*, GmbHR 2013, 22 (26).

abschluss nur der handelsrechtliche Jahresabschluss i.S.d. § 242 Abs. 1 Satz 1 HGB zu verstehen ist. Soweit die Organgesellschaft daher im Hinblick auf § 325 Abs. 2a HGB auch einen nach internationalen Rechnungsstandards (§ 315a Abs. 1 HGB) erstellten Einzelabschluss aufgestellt hat, ist dieser für die Anwendung des § 14 Abs. 1 Satz 1 Nr. 3 Satz 4 KStG unbeachtlich.

13.15 Der Verweis auf einen fehlerhaften Bilanzansatz ist von einem **steuerrechtlichen (Miss-)Verständnis** der handelsrechtlichen Gewinnermittlung geprägt. Denn der handelsrechtliche Gewinn wird nicht durch Bestandsvergleich (§ 4 Abs. 1 Satz 1 EStG), sondern über die Gewinn- und Verlustrechnung i.S.d. § 275 HGB ermittelt. Da der Jahresüberschuss/Jahresfehlbetrag aber auf der Passivseite der Bilanz im Eigenkapital ausgewiesen wird (§ 266 Abs. 3 A. V. HGB), liegt durch den Ausweis des Jahresüberschusses/Jahresfehlbetrags im Eigenkapital zumindest mittelbar auch ein fehlerhafter Bilanzansatz der Bilanzposition Eigenkapital vor.[1]

13.16 Die Erfüllung der sich aus dem Gewinnabführungsvertrag ergebenden **Verpflichtung zur Gewinnabführung bzw. Verlustübernahme** beruht auf dem handelsrechtlichen Jahresabschluss der Organgesellschaft. Deshalb ist nur nach handelsrechtlichen Grundsätzen zu entscheiden, ob ein fehlerhafter Bilanzansatz vorliegt; auf die Steuerbilanz kommt es also nicht an.[2] Die Neuregelung des § 14 Abs. 1 Satz 1 Nr. 3 Satz 4 KStG führt aber zu einer Verschärfung der bisherigen Handhabung: Denn nach der Rechtsprechung des BFH sollen Meinungsverschiedenheiten zwischen der Finanzverwaltung und dem Unternehmen über den Ansatz oder die Bewertung von Bilanzposten und daraus resultierende spätere BP-Mehrergebnisse der tatsächlichen Durchführung des Gewinnabführungsvertrags nicht entgegenstehen.[3] Indessen stellt die Neuregelung des § 14 Abs. 1 Satz 1 Nr. 3 Satz 4 KStG auf die objektive Rechtslage ab, da erst § 14 Abs. 1 Satz 1 Nr. 3 Satz 4 Buchst. b) KStG ausdrücklich auf die Erkennbarkeit dieses Fehlers und damit auf einen subjektiven Fehlerbegriff zurückgreift.[4] Damit wird im Ergebnis für die Fragen der tatsächlichen Durchführung der steuerliche Fehlerbegriff auf den handelsrechtlichen Jahresabschluss übertragen.[5]

Hinweis: Das BMF hat auf die vom IDW[6] geäußerten Bedenken nicht aufgegriffen und für eine bundeseinheitliche Meinungsäußerung, zB in den KStR gesorgt.[7] Allerdings werden sich in der Praxis kaum Probleme ergeben, weil in den Fällen der Beanstandung eines fehlerhaften Bilanzansatzes die Heilungsmöglichkeit des § 14 Abs. 1 Satz 1 Nr. 3 Satz 4 KStG eröffnet ist, ohne dass eine rückwirkende Korrektur der betreffenden Handelsbilanzen erforderlich wird.

---

1 Ebenso *Frotscher* in Frotscher/Drüen, § 14 KStG Rz. 445f, 445h; *Dötsch/Pung*, DB 2013, 305 (309); *Schneider/Sommer*, GmbHR 2013, 22 (24).
2 *Rödder/Liekenbrock* in Rödder/Herlinghaus/Neumann, § 14 KStG Rz. 378; *Frotscher* in Frotscher/Drüen, § 14 KStG Rz. 445e; *Adrian*, StB 2013, 351 (356).
3 So BFH v. 5.4.1995 – I R 156/93, FR 1995, 547 = DStR 1995, 1109; BFH v. 21.10.2010 – IV R 21/07, FR 2011, 322 m. Anm. *Buciek* = BFH/NV 2011, 151.
4 So auch *Hechtner*, BBK 2012, 1024 (1025); *Adrian*, StB 2013, 351 (356); *Forst/Suchanek/Klopsch*, GmbHR 2013, 914 (916); *Müller/van der Laage*, FR 2013, 727 (729); wohl auch *Benecke/Schnitger*, IStR 2013, 143 (155); aA *Schneider/Sommer*, GmbHR 2013, 22 (24 f.); *Dötsch* in Dötsch/Pung/Möhlenbrock, § 14 KStG Rz. 470 und 474; OFD Karlsruhe v. 16.1.2014 – S 2770/52/2 – St 221; krit. *v. Wolfersdorff/Rödder/Schmidt-Fehrenbacher/Beisheim/Gerner*, DB 2012, 2241 (2244).
5 Vgl. hierzu im Übrigen *Kolbe* in HHR, § 14 KStG Anm. 225; s.a. FinMin. Schleswig-Holstein, KSt-Kurzinformation 2016 Nr. 3 v. 22.2.2016, DB 2016, 502 gegen OFD Frankfurt/M., Vfg. v. 14.4.2014 – S 2770 A-55-St 51, DB 2014, 2194.
6 Schreiben vom 23.1.2015 – 613/515, https://www.idw.de/idw/download/BMF__Fehlerhafter__Bilanzansatz.pdf?id=643220&property=Inhalt.
7 Krit. auch *Prinz*, GmbHR 2017, 273.

13.17 Liegt ein fehlerhafter Bilanzansatz vor, der die **Nichtigkeit des Jahresabschlusses** zur Folge hat, greift die Fiktion des § 14 Abs. 1 Satz 1 Nr. 3 Satz 4 KStG grundsätzlich nicht, denn § 14 Abs. 1 Satz 1 Nr. 3 Satz 4 Buchst. a) KStG setzt einen wirksam festgestellten Jahresabschluss voraus.[1] Allerdings kann unter den Voraussetzungen des § 256 Abs. 6 AktG ein nichtiger Jahresabschluss durch Zeitablauf geheilt werden. Ist der Fehler in diesem Sinne geheilt, so liegt ein wirksamer Jahresabschluss vor und ist der Anwendungsbereich des § 14 Abs. 1 Satz 1 Nr. 3 Satz 4 KStG eröffnet.[2]

13.18 Für die **Fiktion der tatsächlichen Durchführung** ist es unerheblich, in welcher Höhe sich der fehlerhafte Bilanzansatz auf die Gewinnabführung oder die Verlustübernahme auswirkt. Die Vorschrift ist nach dem Wortlaut des § 14 Abs. 1 Satz 1 Nr. 3 Satz 4 Buchst. c) KStG auf jeden Fehler anzuwenden, der nach handelsrechtlichen Grundsätzen zu korrigieren ist.[3] Allerdings liegt im handelsrechtlichen Sinn nur dann ein Fehler vor, wenn dieser wesentlich ist.[4] Liegt also ein unwesentlicher Fehler vor und ist deshalb der Jahresabschluss handelsrechtlich nicht zu korrigieren, muss der Jahresabschluss auch für steuerliche Zwecke nicht korrigiert werden (§ 14 Abs. 1 Satz 1 Nr. 2 Satz 4 Buchst. c) KStG).[5]

13.19 **Pflanzt sich ein fehlerhafter Bilanzansatz** aus einem Jahresabschluss in weitere, nachfolgende Jahresabschlüsse **fort**, so sind auch diese Jahresabschlüsse fehlerhaft, denn die Vorschrift stellt auf den Zusammenhang zwischen dem fehlerhaften Jahresabschluss und der darauf beruhenden Gewinnabführung bzw. dem darauf beruhenden Verlustausgleich ab.[6] Eine Korrektur scheidet aber aus, wenn der Fehler im Ergebnis kompensiert wurde.[7]

Beispiel: Die Organgesellschaft schafft im Jahr 01 einen Vermögensgegenstand an, den sie mit jährlich 25 % abschreibt. Tatsächlich betrug die Nutzungsdauer aber 5 Jahre, und hätte die Organgesellschaft nur eine jährliche Abschreibung iHv. 20 % vornehmen dürfen. Der Fehler wird im Jahr 05 beanstandet.

Lösung: Eine Heilung der fehlerhaften Gewinnabführung scheidet aus, weil der Vermögensgegenstand auch bei Anwendung des längeren Abschreibungszeitraums mit 1 Euro auszuweisen ist. Daher kann (und braucht) der Bilanzfehler nicht mehr korrigiert werden. Denn der fehlerhafte Bilanzansatz wäre nach § 14 Abs. 1 Satz 1 Nr. 3 Satz 4 Buchst. c KStG frühestens im Jahresabschluss für das Jahr 05 zu korrigieren (hierzu Rz. 13.47 ff.).

---

1 *Jesse*, FR 2013, 681 (682); *Krumm* in Blümich, § 14 KStG Rz. 115144; *Dötsch/Pung*, DB 2013, 305 (308); *Hoffmann*, StuB 2013, 397 (398); *Schneider/Sommer*, GmbHR 2013, 22 (24); *Forst/Suchanek/Klopsch*, GmbHR 2013, 914 (921); *Schulze zur Wiesche*, DStZ 2013, 621 (625).

2 Vgl. *Schneider/Sommer*, GmbHR 2013, 22 (24); *Schneider*, StbJb. 2012/2013, 93 (102); *Olbing*, GmbH-StB 2013, 154 (156); *Rödder/Liekenbrock* in Rödder/Herlinghaus/Neumann, § 14 KStG Rz. 386.

3 So auch *Jesse*, FR 2013, 681 (682).

4 Vgl. *Hoffmann/Lüdenbach* in Hoffmann/Lüdenbach[9], § 252 HGB Rz. 245.

5 Ebenso *Walter* in Ernst & Young, § 14 KStG Rz. 652.5; *Forst/Suchanek/Klopsch*, GmbHR 2013, 914 (916); *Müller* in Mössner/Seeger[3], § 14 KStG Rz. 533.

6 AA *Frotscher* in Frotscher/Drüen, § 14 KStG Rz. 445o.

7 So auch *Müller* in Mössner/Seeger[3], § 14 KStG Rz. 533; *Müller* in Müller/Stöcker/Lieber[10], Rz. 244; *Rödder/Liekenbrock* in Rödder/Herlinghaus/Neumann, § 14 KStG Rz. 400; *Forst/Suchanek/Klopsch*, GmbHR 2013, 914 (917); *Adrian*, StB 2013, 351 (357); *Lenz/Adrian/Handwerker*, BB 2012, 2851 (2853); *Stangl/Brühl*, Der Konzern 2013, 77 (92).

2. Die besonderen Voraussetzungen für die Heilung (§ 14 Abs. 1 Satz 1 Nr. 3 Satz 4 Buchst. a) bis c) KStG)

a) Wirksam festgestellter Jahresabschluss (§ 14 Abs. 1 Satz 1 Nr. 3 Satz 4 Buchst. a) KStG)

13.20 Eine Heilung einer fehlerhaften Gewinnabführung/Verlustübernahme setzt voraus, dass der betreffende **Jahresabschluss** der Organgesellschaft **wirksam festgestellt** wurde. Da die Vorschrift des § 14 Abs. 1 Satz 1 Nr. 3 Satz 4 KStG auf den handelsrechtlichen Jahresabschluss der Organgesellschaft abstellt (s.o. Rz. 13.14), ist die wirksame Feststellung anderer Abschlüsse, zB eines nach internationalen Rechnungsstandards (§ 315a Abs. 1 HGB) für die Organgesellschaft erstellten Einzelabschlusses i.S.v. § 325 Abs. 2a HGB oder eines Konzernabschlusses, in den der Jahresabschluss der Organgesellschaft einbezogen wurde, unbeachtlich.[1]

13.21 Bei einer **AG** kommen drei verschiedene Möglichkeiten der Feststellung des Jahresabschlusses in Betracht:

– Der Vorstand legt den von ihm aufgestellten und durch Beschluss verabschiedeten[2] Jahresabschluss dem Aufsichtsrat vor, der diesen durch Beschluss billigt. Mit der Billigung des Jahresabschlusses durch den Aufsichtsrat ist dieser festgestellt (§ 172 Satz 1 Alt. 1 AktG).

– Vorstand und Aufsichtsrat beschließen, die Feststellung des Jahresabschlusses der Hauptversammlung zu überlassen (§ 172 Satz 1 Alt. 2 AktG). Dann ist der Jahresabschluss erst durch Beschluss der Hauptversammlung festgestellt (§ 173 Abs. 1 Satz 1 AktG).

– Billigt der Aufsichtsrat den Jahresabschluss nicht, stellt die Hauptversammlung den Jahresabschluss fest (§ 173 Abs. 1 Satz 1 AktG). Dabei gilt die Billigung des Aufsichtsrat dann als verweigert, wenn der Aufsichtsrat den Jahresabschluss nicht innerhalb der der Nachfrist des § 171 Abs. 3 Satz 2 AktG feststellt (§ 171 Abs. 3 Satz 3 AktG).

13.22 Handelt es sich bei der Organgesellschaft um eine **Societas Europaea**, gilt für diese das deutsche Aktienrecht (Art. 9 Abs. 1 Buchst. c) SE-VO i.V.m. § 1 SEEG). Bei der monistischen Societas Europaea, also einer Societas Europaea mit einem Verwaltungsrat, sind aber die Sondervorschriften des § 47 SEEG über die Prüfung und Feststellung des Jahresabschlusses zu beachten.

13.23 Bei der **GmbH** als Organgesellschaft wird der Jahresabschluss durch Beschluss der Gesellschafterversammlung festgestellt (§ 46 Abs. 1 Nr. 1 i.V.m. § 47 Abs. 1 GmbHG). Allerdings kann die Satzung auch vorsehen, dass die Feststellung des Jahresabschlusses einem anderen Organ, zB einem Aufsichtsrat (§ 52 GmbHG) oder auch den Geschäftsführern, übertragen wird.[3]

13.24 Bei einer **KGaA** wird der Jahresabschluss von der Hauptversammlung beschlossen (§ 286 Abs. 1 Satz 1 AktG). Der persönlich haftende Gesellschafter muss dem Beschluss der Hauptversammlung zustimmen (§ 286 Abs. 1 Satz 2 AktG), wobei in der Vorlage der Abschlussunterlagen durch die persönlichen haftenden Gesellschafter zugleich deren konkludente Zustimmung angenommen wird.[4]

---

1 Ebenso *Frotscher* in Frotscher/Drüen, § 14 KStG Rz. 445i.
2 Vgl. *Hennrichs/Pöschke* in MünchKomm/AktG[4], § 172 Rz. 25.
3 *Zöllner/Noack* in Baumbach/Hueck[21], § 46 GmbHG Rz. 16.
4 *Perlitt* in MünchKomm/AktG[4], § 286 Rz. 46.

B. Die Abführung des handelsrechtlichen Gewinns/Verlustes an den OT | Rz. 13.31 Kap. 13

§ 14 Abs. 1 Satz 1 Nr. 3 Satz 4 Buchst. a) KStG erfordert einen **wirksam festgestellten Jahresabschluss**. Aus diesem Erfordernis folgt im Umkehrschluss, dass eine Heilung nicht möglich ist, wenn der Jahresabschluss nichtig ist.[1] Nichtig ist der Jahresabschluss einer AG außer in den Fällen des § 173 Abs. 3 Satz 2 AktG (fehlender Bestätigungsvermerk bei einem durch die Hauptversammlung geänderten Jahresabschluss), des § 234 Abs. 3 und des § 235 Abs. 2 AktG (verspätete Eintragung eines Beschlusses über die Kapitalherabsetzung) insbesondere in den Fällen des § 256 AktG. Die Vorschrift des § 256 AktG erfasst sowohl inhaltliche Mängel des Jahresabschlusses wie auch Prüfungs- und Verfahrensmängel. Allerdings tritt in bestimmten Fällen eine Heilung ein, wenn die in § 256 Abs. 6 AktG genannten Fristen abgelaufen sind. Dann gilt der Jahresabschluss als wirksam festgestellt.[2] Dagegen ist ein nur anfechtbarer Jahresabschluss wirksam, es sei denn, er wurde erfolgreich angefochten. 13.25

Im Gegensatz zu den Regelungen in § 256 AktG für die AG sieht das **GmbHG** keine Bestimmungen zur Nichtigkeit des Jahresabschlusses vor. Ungeachtet dieser fehlenden gesetzlichen Regelung im GmbHG wird für die GmbH aber die analoge Anwendung des § 256 AktG bejaht, wobei jedoch den Besonderheiten der GmbH Rechnung zu tragen ist.[3] 13.26

Ist der Jahresabschluss zwar nichtig, aber **objektiv „richtig"**, bedarf es keiner Heilung nach § 14 Abs. 1 Satz 1 Nr. 3 Satz 4 KStG, weil in diesem Fall gleichwohl der zutreffende Gewinn abgeführt bzw. der zutreffende Verlust übernommen werden müsste, sodass der Gewinnabführungsvertrag ungeachtet der Nichtigkeit des Jahresabschlusses auch tatsächlich i.S.d. § 14 Abs. 1 Satz 1 Nr. 3 Satz 1 KStG durchgeführt wird.[4] 13.27

b) Mangelnde Erkennbarkeit der fehlerhaften Bilanzansätze bei Erstellung des Jahresabschlusses (§ 14 Abs. 1 Satz 1 Nr. 3 Satz 4 Buchst. b) KStG)

aa) Grundfall: Mangelndes Verschulden

Als weitere Voraussetzung einer Heilung einer fehlerhaften Gewinnabführung/Verlustübernahme setzt § 14 Abs. 1 Satz 1 Nr. 3 Satz 4 Buchst. b) KStG voraus, dass der fehlerhafte Bilanzansatz unter Anwendung der Sorgfalt eines ordentlichen Kaufmanns **nicht hätte erkannt werden müssen**. Dabei wird eine etwaige Verschuldensfrage durch die Fiktion des § 14 Abs. 1 Satz 1 Nr. 3 Satz 5 KStG, die in den genannten Fällen der Prüfung des Jahresabschlusses durch fachkundige Dritte die mangelnde Erkennbarkeit des Fehlers fingiert, in vielen Fällen entschärft. 13.28

In persönlicher Hinsicht ist bei der AG und Societas Europaea darauf abzustellen, ob der fehlerhafte Bilanzansatz für den **Vorstand** erkennbar war, da der Vorstand den Jahresabschluss aufstellt (vgl. zB § 170 Abs. 1 Satz 1 AktG). 13.29

Bei der GmbH stellen die **Geschäftsführer** den Jahresabschluss auf (§ 42a Abs. 1 Satz 1 GmbHG) und ist daher die Erkennbarkeit für die Geschäftsführer entscheidend. 13.30

Bei der KGaA kommt es auf die Erkennbarkeit für die **persönlich haftenden Gesellschafter** an, die den Jahresabschluss aufzustellen haben (§ 283 Nr. 9 AktG). 13.31

---

1 So auch *Krumm* in Blümich, § 14 KStG Rz. 151; *Schneider/Sommer*, GmbHR 2013, 22 (24).
2 Vgl. *Koch* in MünchKomm/AktG⁴, § 256 Rz. 68; *Schneider*, StbJb. 2012/2013, 93 (102).
3 Siehe hierzu nur *Koch* in MünchKomm/AktG⁴, § 256 Rz. 87.
4 Ebenso *Jesse*, FR 2013, 681 (683).

13.32 Der **Verschuldensbegriff** des § 14 Abs. 1 Satz 1 Nr. 3 Satz 4 Buchst. b) KStG lehnt sich an den Verschuldensbegriff des § 347 Abs. 1 HGB an und stellt damit auf eine subjektive Komponente ab. Die in beiden Vorschriften erwähnte Sorgfalt eines ordentlichen Kaufmanns stellt eine spezifisch handelsrechtliche Form der Fahrlässigkeit dar.[1] Ob ein derartiges Verschulden vorliegt, ist zum einen objektiv-normativ zu entscheiden. Zum anderen bestimmt sich aber der Inhalt der Sorgfaltspflichten auch durch das konkrete Handelsgewerbe, in dem der Kaufmann tätig ist, wobei der Kaufmann die sein Handelsgewerbe betreffenden Rechtsvorschriften kennen muss.[2]

13.33 Auf dieser Grundlage folgt für **bilanzielle Rechtsfragen** dem Grunde nach, dass jeder Fehler, der der objektiven Rechtslage nicht entspricht, mit der Sorgfalt eines ordentlichen Kaufmanns hätte erkannt werden müssen. Da § 14 Abs. 1 Satz 1 Nr. 3 Satz 4 Buchst. b) KStG jedoch auf die Erkennbarkeit des Fehlers im Zeitpunkt der Erstellung des Jahresabschlusses abstellt, liegt kein Verstoß gegen die Sorgfaltspflicht des Kaufmanns vor, wenn zur Zeit der Erstellung des Jahresabschlusses eine bilanzielle Rechtsfrage noch nicht objektiv geklärt worden ist. Hieraus folgt: Liegt zu einer bilanziellen Rechtsfrage (noch) keine Rechtsprechung vor, so entspricht zur Zeit der Erstellung des Jahresabschlusses jeder rechtlich vertretbare Bilanzansatz der kaufmännischen Sorgfalt. Liegt dagegen zur Zeit der Erstellung des Jahresabschlusses eine Rechtsprechung vor, muss der Kaufmann diese Rechtsprechung kennen und anwenden. Insofern ist aber problematisch, dass es bei der Anwendung des § 14 Abs. 1 Satz 1 Nr. 3 Satz 4 KStG um die Fehlerhaftigkeit eines Bilanzansatzes im handelsrechtlichen Jahresabschluss geht und daher die Richtigkeit von der handelsrechtlichen Rechtsprechung zu entscheiden ist.[3] Gleichwohl kann und darf insoweit auf die bilanzrechtliche Rechtsprechung des BFH zurückgegriffen werden, da die Entscheidungen des BFH zu Bilanzfragen zugleich auch die objektive Rechtslage in handelsrechtlicher Hinsicht wiedergeben.

13.34 Hängt ein Bilanzansatz von **Tatsachen** ab und steht dem Kaufmann bei der Bilanzierung ein Beurteilungsspielraum zu, so liegt nur dann ein Verstoß gegen die Sorgfalt eines ordentlichen Kaufmanns vor, wenn die Einschätzung der Tatsachen nicht mehr vertretbar ist.

13.35 Ein **mangelndes Verschulden** muss zur Zeit der Erstellung des Jahresabschlusses vorliegen. Erweist sich also ein Bilanzansatz erst nach der Erstellung des Jahresabschlusses als fehlerhaft, zB weil zu einer Bilanzfrage eine höchstrichterliche Entscheidung ergeht, so kann dem Kaufmann kein Verschuldensvorwurf gemacht werden.

13.36 Das Gesetz hebt auf die **Erstellung des Jahresabschlusses** als maßgeblichen Zeitpunkt ab, dh. auf den Zeitpunkt der Aufstellung des Jahresabschlusses.[4] Denn der Gesetzgeber stellt in § 242 Abs. 1 Satz 1 und § 243 Abs. 1 und 3 HGB auf den Begriff der Aufstellung des Jahresabschlusses ab. Dabei folgt aus der Vorschrift des § 243 Abs. 3 HGB, die eine zeitliche Vorgabe für die Aufstellung des Jahresabschlusses gibt, dass der Zeitpunkt der Aufstellung des Jahresabschlusses der Zeitpunkt der Beendigung der Abschlussarbeiten ist. In diesem Zeitpunkt endet also die Erstellung des Jahresabschlusses.

---

1 Vgl. auch *Joost* in Ebenroth/Boujong/Joost/Strohn[3], § 347 HGB Rz. 26.
2 S. *Joost* in Ebenroth/Boujong/Joost/Strohn[3], § 347 HGB Rz. 28 mwN.
3 Hierzu auch *Hoffmann/Lüdenbach* in Hoffmann/Lüdenbach[9], § 252 HGB Rz. 253c.
4 So auch *Jesse*, FR 2013, 681 (685); *Rödder/Liekenbrock* in Rödder/Herlinghaus/Neumann, § 14 KStG Rz. 390; wohl auch BT-Drucks. 17/10774, 19.

Hinweis: Für die Beurteilung, ob der Kaufmann den fehlerhaften Bilanzansatz hätte erkennen müssen, kommt es also nicht auf den Zeitpunkt der Feststellung des Jahresabschlusses an.[1]

bb) Sonderfall: Fiktion der mangelnden Erkennbarkeit in den Fällen des § 14 Abs. 1 Satz 1 Nr. 3 Satz 5 KStG

Mit der Vorschrift des § 14 Abs. 1 Satz 1 Nr. 3 Satz 5 KStG stellt der Gesetzgeber für verschiedene Sachverhalte einer **qualifizierten Prüfung** eine Fiktion auf. Durch die Einführung einer Fiktion wird die Prüfung der Frage, ob der Fehler hätte erkannt werden müssen, in vielen Fällen erheblich vereinfacht, da bei mittelgroßen und großen Kapitalgesellschaften als Organgesellschaft die Prüfung des Jahresabschlusses durch einen Abschlussprüfer obligatorisch ist (§ 316 Abs. 1 Satz HGB). Liegt in den gesetzlich bestimmten Fällen eine qualifizierten Prüfung des Jahresabschlusses durch eine unabhängige Person vor, so fingiert das Gesetz, dass der fehlerhafte Bilanzansatz im Jahresabschluss nicht hätte erkannt werden müssen. Es kommt dann auch nicht darauf an, ob der Fehler möglicherweise hätte erkannt werden müssen oder sogar bekannt war.[2]

13.37

Hinweis: Die Vorschrift fingiert nicht das Vorliegen der weiteren Voraussetzungen des § 14 Abs. 1 Satz 1 Nr. 3 Satz 4 KStG.

Die mangelnde Erkennbarkeit wird zunächst bei einem **uneingeschränkten Bestätigungsvermerk** nach § 322 Abs. 3 HGB zum Jahresabschluss der Organgesellschaft fingiert. Nach § 316 Abs. 1 Satz 1 ist der Jahresabschluss von mittelgroßen und großen Kapitalgesellschaften (§ 267 Abs. 2 und 3 HGB) zwingend durch einen Abschlussprüfer zu prüfen; anderenfalls kann der Jahresabschluss nicht festgestellt werden (§ 316 Abs. 1 Satz 2 HGB). Fehlt es also an einem geprüften Jahresabschluss, kann der Jahresabschluss nicht wirksam festgestellt werden, sodass § 14 Abs. 1 Satz 1 Nr. 3 Satz 4 KStG dem Grunde nach nicht anwendbar ist.[3] Das Ergebnis seiner Prüfung hat der Abschlussprüfer in einem Bestätigungsvermerk zum Jahresabschluss zusammenzufassen (§ 322 Abs. 1 Satz 1 HGB), der u.a. eine Beurteilung des Prüfungsergebnisses enthalten muss (§ 322 Abs. 1 Satz 2 HGB). § 322 Abs. 2 HGB sieht verschiedene Arten der Beurteilung des Prüfungsergebnisses vor, nämlich

13.38

– ein uneingeschränkter Prüfvermerk (§ 322 Abs. 2 Satz 1 Nr. 1 HGB),

– ein eingeschränkter Prüfvermerk (§ 322 Abs. 2 Satz 1 Nr. 2 HGB),

– die Versagung des Bestätigungsvermerks aufgrund von Einwendungen (§ 322 Abs. 2 Satz 1 Nr. 3 HGB) oder

– die Versagung des Bestätigungsvermerks, weil der Abschlussprüfer kein Prüfungsurteil abgeben kann (§ 322 Abs. 2 Satz 1 Nr. 4 HGB).

Erteilt der Abschlussprüfer einen uneingeschränkten Prüfvermerk, so hat er zu erklären, dass die Prüfung zu keinen Einwendungen geführt hat, dass der von den gesetzlichen Vertretern der Gesellschaft aufgestellte Jahresabschluss aufgrund der bei der Prüfung gewonnenen Erkenntnisse nach seiner Beurteilung den gesetzlichen Vorschriften entspricht und unter Beachtung der GoB oder sonstiger maßgeblicher Rechnungslegungsgrundsätze ein den tatsächlichen Verhältnissen entsprechendes Bild der Vermögens-, Finanz- und Ertragslage des Un-

---

[1] Vgl. auch *Jesse*, FR 2013, 681 (685); aA *Frotscher* in Frotscher/Drüen, § 14 KStG Rz. 445k.
[2] So auch *Frotscher* in Frotscher/Drüen, § 14 KStG Rz. 445l; *Dötsch* in Dötsch/Pung/Möhlenbrock, § 14 KStG Rz. 486.
[3] AA wohl *Dötsch* in Dötsch/Pung/Möhlenbrock, § 14 KStG Rz. 486.

ternehmens oder des Konzerns vermittelt (§ 322 Abs. 3 Satz 1 HGB). Nur im Fall der Erteilung eines uneingeschränkten Bestätigungsvermerks nach § 322 Abs. 3 Satz 1 i.V.m. Abs. 2 Satz 1 Nr. 1 HGB greift die Fiktion des § 14 Abs. 1 Satz 1 Nr. 3 Satz 5 KStG.

13.39 Liegt lediglich ein **eingeschränkter Bestätigungsvermerk** vor, der aber den fehlerhaften Bilanzansatz nicht betrifft, greift die Fiktion nicht, denn § 14 Abs. 1 Satz 1 Nr. 3 Satz 5 KStG verweist ausdrücklich nur auf § 322 Abs. 3 HGB, der wiederum nur auf den uneingeschränkten Bestätigungsvermerk i.S.d. § 322 Abs. 2 Satz 1 Nr. 1 HGB verweist.[1] Allerdings wird in diesem Fall ein Kennen-Müssen des Fehlers i.S.d. § 14 Abs. 1 Satz 1 Nr. 3 Satz 4 Buchst. b) KStG für den Kaufmann auszuschließen sein, wenn selbst ein Abschlussprüfer den Fehler nicht beanstandet hat.

13.40 Die mangelnde Erkennbarkeit eines Fehlers wird außerdem bei einem **uneingeschränkten Bestätigungsvermerk zu einem Konzernabschluss**, in den der Jahresabschluss einbezogen ist, fingiert. Dabei stellt die Vorschrift des § 14 Abs. 1 Satz 1 Nr. 3 Satz 5 KStG ausdrücklich auf einen Konzernabschluss ab, in den der handelsrechtliche Jahresabschluss der Organgesellschaft einbezogen worden ist.[2] Nach § 290 Abs. 1 Satz 1 HGB sind Kapitalgesellschaften mit Sitz im Inland verpflichtet, einen Konzernabschluss und einen Konzernlagebericht aufzustellen, wenn diese auf ein anderes Unternehmen (Tochterunternehmen) unmittelbar oder mittelbar einen beherrschenden Einfluss ausüben können. Ein beherrschender Einfluss besteht nach § 290 Abs. 2 Nr. 1 HGB stets, wenn dem Mutterunternehmen bei einem anderen Unternehmen die Mehrheit der Stimmrechte der Gesellschafter zusteht. Aufgrund des Erfordernisses der finanziellen Eingliederung (§ 14 Abs. 1 Satz 1 Nr. 1 KStG; hierzu Kapitel 12) ist bei einer Organschaft mit einer inländischen Kapitalgesellschaft als Organträger ein Konzernabschluss aufzustellen, es sei denn, es greift die Befreiung nach § 293 HGB. Darüber hinaus ist die Muttergesellschaft von der Pflicht zur Erstellung eines Konzernabschlusses befreit, wenn ein EU-/EWR-Konzernabschluss i.S.d. § 291 HGB vorliegt. Wird ein Konzernabschluss aufgestellt, so braucht die Organgesellschaft als Tochtergesellschaft, die in den Konzernabschluss einbezogen wird, nach Maßgabe des § 264 Abs. 3 HGB keinen eigenen Jahresabschluss, der zu prüfen ist, zu erstellen. In diesem Fall besteht folglich die Prüfungspflicht nur für den Konzernabschluss (§ 264 Abs. 3 i.V.m. § 316 Abs. 2 Satz 1 HGB), daher kann die Fiktion nur in Bezug auf diesen Konzernabschluss Anwendung finden. § 14 Abs. 1 Satz 1 Nr. 3 Satz 5 Alt. 2 KStG stellt zwar klar, dass der handelsrechtliche Jahresabschluss der Organgesellschaft in den nach § 316 Abs. 2 Satz 1 HGB zu prüfenden Konzernabschluss einbezogen sein muss.[3] Allerdings ergibt sich schon aus § 317 Abs. 3 Satz 1 i.V.m. Abs. 1 HGB, dass in die Prüfung des Konzernabschlusses auch die Jahresabschlüsse der im Konzernabschluss erfassten Unternehmen einzubeziehen sind. Deshalb ermöglicht § 14 Abs. 1 Satz 1 Nr. 3 Satz 5 KStG die Fiktion des Nicht-Erkennen-Müssens auch für den Konzernabschluss, wenn für diesen Abschluss ein uneingeschränkter Prüfvermerk i.S.d. § 322 Abs. 3 i.V.m. Abs. 2 Satz 1 Nr. 1 HGB vorliegt.

13.41 Für die Fälle, in denen keine handelsrechtliche Prüfungspflicht besteht, zB weil es sich bei dem Organträger nicht um eine Kapitalgesellschaft handelt oder die Organgesellschaft nur eine kleine Kapitalgesellschaft (§ 267 Abs. 1 HGB) ist, kann die Organgesellschaft gleichwohl

---

1 So auch *Rödder*, Ubg 2012, 717 (721); *Schneider/Sommer*, GmbHR 2013, 22 (26); *Schneider*, StbJb. 2012/2013, 93 (104); *Stangl/Brühl*, Der Konzern 2013, 77 (89); *Dötsch* in Dötsch/Pung/Möhlenbrock, § 14 KStG Rz. 488; aA *Frotscher* in Frotscher/Drüen, § 14 KStG Rz. 445m.
2 Vgl. *Lenz/Adrian/Handwerker*, BB 2012, 2851 (2853); abweichend *Hoffmann*, StuB 2013, 397 (398).
3 Vgl. auch BT-Drucks. 17/11217, 10.

eine **freiwillige Prüfung** des Jahresabschlusses durch einen Abschlussprüfer herbeiführen, um auf diese Weise sicherzustellen, dass beim Vorliegen eines fehlerhaften handelsrechtlichen Jahresabschlusses die Fiktion des § 14 Abs. 1 Satz 1 Nr. 3 Satz 5 KStG greift. Da § 14 Abs. 1 Satz 1 Nr. 3 Satz 5 Alt. 1 und 2 KStG im Hinblick auf § 316 Abs. 1 Satz 2 und Abs. 2 Satz 2 HGB die Prüfung des Jahres- bzw. Konzernabschlusses vor der Feststellung erfordern, folgt aus dem systematischen Zusammenhang mit diesen Regelungen, dass auch die freiwillige Prüfung vor der Feststellung des Jahresabschlusses erfolgen muss. Denn § 14 Abs. 1 Satz 1 Nr. 3 Satz 4 KStG stellt auf einen wirksamen, also festgestellten Jahresabschluss ab. Gleichermaßen wird durch § 14 Abs. 1 Satz 1 Nr. 3 Satz 4 Buchst. b) KStG auf den Zeitpunkt der Erstellung des Jahresabschlusses für die Frage des Erkennen-Müssens des Fehlers abgestellt.

Schließlich eröffnet die 4. Alternative des § 14 Abs. 1 Satz 1 Nr. 3 Satz 5 KStG die Fiktion der mangelnden Erkennbarkeit, wenn ein **Testat** eines Wirtschaftsprüfers (§ 1 Abs. 1 WiPrO) oder eines Steuerberaters (§ 32 Abs. 1 Alt. 1 StBerG) über die Erstellung des handelsrechtlichen Jahresabschlusses der Organgesellschaft mit umfassenden Beurteilungen vorliegt. Dabei erfasst der Begriff des Steuerberaters alle in § 32 Abs. 1 StBerG genannten Berufsträger, denn es kann für die Erstellung eines entsprechenden Jahresabschlusses insbesondere keinen Unterschied machen, ob der Jahresabschluss von einem Steuerberater oder einer Steuerberatungsgesellschaft erstellt wurde. Der Begriff des Steuerberaters ist vielmehr als Oberbegriff zu verstehen. Dagegen ist ein vereidigter Buchprüfer (§ 128 WiPrO) kein Wirtschaftsprüfer und wird deshalb nicht von § 14 Abs. 1 Satz 1 Nr. 3 Satz 5 KStG erfasst.[1] Gleiches gilt zB für einen Rechtsanwalt, der zwar nach § 3 Nr. 1 StBerG zur geschäftsmäßigen Hilfeleistung in Steuersachen befugt ist, jedoch nicht zu den in § 32 StBerG genannten Berufsträgern gehört. 13.42

Für die **Erstellung von Jahresabschlüssen durch Wirtschaftsprüfer** gilt der IDW-Standard IDW S 7. Diesen Standard hat die Bundessteuerberaterkammer sinngemäß auf die Erstellung von Jahresabschlüssen durch Steuerberater übernommen.[2] Hat der den Jahresabschluss erstellende Wirtschaftsprüfer oder Steuerberater den Jahresabschluss nach diesen Standards erstellt und liegt zugleich eine umfassende Beurteilung im Sinne dieser Standards vor, so ersetzt die Bescheinigung des Wirtschaftsprüfers oder Steuerberaters den uneingeschränkten Bestätigungsvermerk. Dagegen erfüllt eine nur prüferische Durchsicht des Jahresabschlusses diese Standards nicht, sodass ein entsprechender Prüfvermerk den uneingeschränkten Bestätigungsvermerk nicht zu ersetzen vermag.[3] 13.43

c) Korrektur eines von der Finanzverwaltung beanstandeten fehlerhaften Bilanzansatzes (§ 14 Abs. 1 Satz 1 Nr. 3 Satz 4 Buchst. c) KStG)

Die Heilung einer unzutreffenden Gewinnabführung/Verlustübernahme i.S.d. § 14 Abs. 1 Satz 1 Nr. 3 Satz 4 KStG setzt eine **Beanstandung eines fehlerhaften Bilanzansatzes** durch die Finanzverwaltung und dessen Korrektur voraus. Problematisch ist vor allem, in welchen Fällen überhaupt eine Beanstandung vorliegt.[4] Immerhin soll die Beanstandung schriftlich und unter ausdrücklichem Hinweis auf § 14 Abs. 1 Nr. 3 Satz 4 und 5 erfolgen.[5] 13.44

---

[1] AA OFD Karlsruhe v. 16.1.2014 – S 2770/52/2 – St 221, FR 2014, 434, unter II., *Hoffmann*, StuB 2013, 397 (398).
[2] DStR 2010, Beihefter zu Heft 16.
[3] So auch BT-Drucks. 17/10774, 20; *Frotscher* in Frotscher/Drüen, § 14 KStG Rz. 445p; *Dötsch* in Dötsch/Pung/Möhlenbrock, § 14 KStG Rz. 488; *Jesse*, FR 2013, 681 (684).
[4] Vgl. *Kolbe* in HHR, § 14 KStG Anm. 230.
[5] OFD Frankfurt/M. v. 14.4.2014 – S 2770 A-55-St 51, DB 2014, 2194.

Gleichwohl ist diese Regelung überaus streitanfällig und erfordert im Ergebnis von den betroffenen Unternehmen einen vorauseilenden Gehorsam, um die negativen Folgen der Aberkennung der Organschaft (hierzu Kapitel 18) zu vermeiden. Insbesondere in BP-Fällen, bei denen oftmals Bilanzierungsfragen streitig sind, drohen massive Probleme mit der Finanzverwaltung, wenn die beanstandeten Fehler nicht innerhalb der Fristen des § 14 Abs. 1 Satz 1 Nr. 3 Satz 4 Buchst. c) KStG korrigiert werden. Damit wird nicht nur eine erhebliche Rechtsunsicherheit herbeigeführt, sondern auch in einem besonderen Maß fiskalischer Druck auf die Unternehmen ausgeübt und auf diese Weise der steuerliche Rechtsschutz materiell-rechtlich beeinträchtigt. Insbesondere bei Beanstandungen innerhalb des Fünf-Jahres-Zeitraumes des § 14 Abs. 1 Satz 1 Nr. 3 Satz 1 KStG und der möglichen rückwirkenden Vollaberkennung der Organschaft drohen erhebliche wirtschaftliche Nachteile, wenn auf eine Beanstandung durch die Finanzverwaltung nicht reagiert wird.

13.45 Ungeachtet der Probleme, die mit dem Begriff der Beanstandung und dessen Reichweite verbunden sind,[1] besteht daher in allen Fällen, in denen die BP eine bestimmte handelsbilanzielle Behandlung bei der Organgesellschaft aufgreift, Handlungsbedarf, um die Organschaft möglichst reibungslos zu retten. Wird ein handelsrechtlicher Bilanzansatz als fehlerhaft aufgegriffen, sollte also von der Möglichkeit der Heilung Gebrauch gemacht werden, um alle mit einer Aberkennung der Organschaft verbundenen Probleme von vornherein und rechtssicher auszuschließen.

13.46 Die Fiktion des § 14 Abs. 1 Satz 1 Nr. 3 Satz 4 KStG zielt darauf ab, **nachträglich eine Heilung** einer unzutreffenden Gewinnabführung bzw. Verlustübernahme wegen eines fehlerhaften Jahresabschlusses zu ermöglichen. Daher kann und darf ein Fehler auch dann freiwillig korrigiert werden, wenn das Finanzamt den Fehler (noch) nicht beanstandet hat.[2]

13.47 § 14 Abs. 1 Satz 1 Nr. 3 Satz 4 Buchst. c) KStG stellt ein **zeitliches Limit** für die Fehlerkorrektur auf. Hiernach muss der beanstandete Fehler spätestens in den nächsten nach dem Zeitpunkt der Beanstandung des Fehlers aufzustellenden Jahresabschlüssen sowohl der Organgesellschaft wie auch des Organträgers korrigiert werden. Dabei kann der Fehler auch im laufenden Jahresabschluss[3] oder einem anderen vorhergehenden Jahresabschluss korrigiert werden,[4] zB wenn zwischen Finanzamt und Stpfl. Einigkeit über das Vorliegen eines Fehlers besteht. Allerdings kann eine derartige Korrektur zu Abweichungen zwischen dem Betrag der Gewinnabführung/Verlustübernahme und dem zugerechneten Einkommen führen, sodass eine Mehr- oder Minderabführung i.S.d. § 14 Abs. 3 bzw. 4 vorliegen kann (hierzu Kapitel 14).[5]

13.48 Nach § 14 Abs. 1 Satz 1 Nr. 3 Satz 4 Buchst. c) KStG soll der Fehler in den **Jahresabschlüssen der Organgesellschaft und des Organträgers** zu korrigieren sein. Allerdings beruht der i.S.d. § 14 Abs. 1 Satz 1 Nr. 3 Satz 4 KStG unzutreffend abgeführte Gewinn bzw. übernom-

---

1 Hierzu *Kolbe* in HHR, § 14 KStG Anm. 230.
2 Ebenso *Frotscher* in Frotscher/Drüen, § 14 KStG Rz. 445s; *Dötsch* in Dötsch/Pung/Möhlenbrock, § 14 KStG Rz. 490; *Schneider/Sommer*, GmbHR 2013, 22 (27); *Adrian*, StB 2013, 351 (357); *Schneider*, StbJb. 2012/2013, 93 (105); *Lenz/Adrian/Handwerker*, BB 2012, 2851 (2853); aA *Hechtner*, BBK 2012, 1024 (1026).
3 BMF v. 29.5.2013 – IV C 2 - S 1910/10/10117:005 – DOK 2013/0499578, GmbHR 2013, 728; *Krumm* in Blümich, § 14 KStG Rz. 158; *Adrian*, StB 2013, 351 (355, 357); *Stangl/Brühl*, Der Konzern 2013, 77 (89); *Schneider*, StbJb. 2012/2013, 93 (105).
4 Ebenso *Jesse*, FR 2013, 681 (687); *Schneider/Sommer*, GmbHR 2013, 22 (26); *Stangl/Brühl*, Der Konzern 2013, 77 (89).
5 S. auch *Adrian*, StB 2013, 351 (357).

mene Verlust originär auf einem fehlerhaften Bilanzansatz im Jahresabschluss der Organgesellschaft. Zudem ist bei der Organgesellschaft der Betrag der Gewinnabführung bzw. der Verlustübernahme unter Einbeziehung des korrigierten Fehlers in ihrem korrigierten Jahresabschluss auszuweisen. Soweit das Gesetz deshalb die Korrektur eines Fehlers auch im Jahresabschluss des Organträgers voraussetzt, kann es sich hierbei nur um den Ausweis des veränderten Betrags der Gewinnabführung bzw. Verlustübernahme im Jahresabschluss des Organträgers handeln.

Der Fehler ist **spätestens** in dem Jahresabschluss zu korrigieren, der nach dem Zeitpunkt der Beanstandung aufzustellen ist,[1] denn das Gesetz stellt ausdrücklich auf den nächsten nach dem Zeitpunkt der Beanstandung aufzustellenden Jahresabschluss und nicht auf das Geschäftsjahr der Beanstandung ab.   13.49

Hinweis: Die OFD Karlsruhe lässt aber die Korrektur erst des Jahresabschlusses für das Wirtschaftsjahr zu, in dem die Beanstandung erfolgte.[2]

Da sowohl der Jahresabschluss der Organgesellschaft, wie auch der Jahresabschluss des Organträgers zu korrigieren sind, ist **getrennt zu entscheiden**, wann der nächste Jahresabschluss aufzustellen ist. Insoweit können sich bei abweichenden Wirtschaftsjahren unterschiedliche Korrekturfristen ergeben.[3] Bei abweichenden Zeitpunkten der tatsächlichen Aufstellung der Jahresabschlüsse ist zu berücksichtigen, dass der sich aus der Korrektur des Jahresabschlusses der Organgesellschaft ergebende veränderte Betrag der Gewinnabführung bzw. Verlustübernahme beim Organträger erst mit seiner Entstehung, also am entsprechenden Bilanzstichtag der Organgesellschaft,[4] handelsrechtlich ausgewiesen werden darf. Daher kann die nach § 14 Abs. 1 Satz 1 Nr. 3 Satz 4 Buchst. c) KStG erforderliche Korrektur des Jahresabschlusses des Organträgers frühestens für ein Jahr erfolgen, in dem der veränderte Betrag der Gewinnabführung bzw. Verlustübernahme beim Organträger auszuweisen ist.[5]   13.50

d) Umsetzung der Korrektur durch Gewinnabführung/Verlustübernahme

Neben der Korrektur der Jahresabschlüsse der Organgesellschaft und des Organträgers muss auch der hiernach abzuführende Gewinn bzw. zu übernehmende Verlust **tatsächlich abgeführt bzw. übernommen werden**. § 14 Abs. 1 Satz 1 Nr. 3 Satz 4 Buchst. c) KStG stellt allerdings für diese Gewinnabführung/Verlustübernahme kein zeitliches Erfordernis auf. Vielmehr folgt aus der Pflicht zur Korrektur auch des Jahresabschlusses des Organträgers, der seinen Jahresabschluss aber nur hinsichtlich des veränderten Betrags der Gewinnabführung bzw. Verlustübernahme korrigieren kann, dass die entsprechend korrigierten Forderungen bzw. Verbindlichkeiten aus der Gewinnabführung bzw. Verlustübernahme in den Jahresabschlüssen auszuweisen sind. Eine Frist, innerhalb derer der Gewinn tatsächlich abzuführen bzw. der Verlust tatsächlich zu übernehmen ist, ergibt sich aus der Vorschrift des § 14 Abs. 1 Satz 1   13.51

---

1 AA *Stangl/Brühl*, Der Konzern 2013, 77 (90), die auf den Jahresabschluss des Geschäftsjahres der Beanstandung abstellen.
2 OFD Karlsruhe v. 16.1.2014 – S 2770/52/2 – St 221, FR 2014, 434, unter II.
3 S. *Jesse*, FR 2013, 681 (687).
4 Vgl. BGH v. 11.10.1999 – II ZR 120/98, BGHZ 142, 382.
5 Ebenso *Jesse*, FR 2013, 681 (687); in diesem Sinne auch *Frotscher* in Frotscher/Drüen, § 14 KStG Rz. 445u.

Nr. 3 Satz 4 Buchst. c) KStG dagegen nicht.[1] Vor dem Hintergrund der Rechtsprechung des FG Hamburg[2], die eine zeitnahe Erfüllung verlangt, sollte die betreffende Forderung/Verbindlichkeit bei Fälligkeit erfüllt werden, zB durch Umwandlung in ein Darlehen oder Verbuchung auf einem Verrechnungskonto.[3]

13.52 Bei einer **fehlerhaften Berechnung des Betrags der Gewinnabführung/Verlustübernahme** liegt ein fehlerhafter Bilanzansatz in Form des fehlerhaften Ausweises der Bilanzposition „Abführungsverpflichtung/Verlustübernahmeanspruch" vor.[4] Daher ist ein sich ergebender korrigierter Betrag der Gewinnabführung bzw. Verlustübernahme auszuweisen und abzuführen bzw. zu übernehmen. Hat die Organgesellschaft für das Fehlerjahr einen Gewinn abgeführt, obwohl dieser Gewinn zunächst mit einem vororganschaftlichen Verlust hätte verrechnet werden müssen (§ 301 Satz 1 AktG), und erzielt die Organgesellschaft im Korrekturjahr einen Verlust, so erhöht sich der vom Organträger zu übernehmende Verlust (§ 302 Abs. 1 AktG).[5]

13.53 Ist die **Organschaft** bereits **beendet**, wenn der fehlerhafte Bilanzansatz mit heilender Wirkung i.S.d. § 14 Abs. 1 Satz 1 Nr. 3 Satz 4 Buchst. c) KStG zu korrigieren ist, ist die Vorschrift nur anwendbar, wenn innerhalb der zeitlichen Grenzen des § 14 Abs. 1 Satz 1 Nr. 3 Satz 4 Buchst. c) KStG ein aufzustellender Jahresabschluss, der noch die Organschaft betrifft, korrigiert werden kann. Auch wenn die Finanzverwaltung mit den Neuregelungen der sog. kleinen Organschaftsreform auftretende Probleme bei der tatsächlichen Durchführung zugunsten der Stpfl. verringern wollte,[6] ist die Vorschrift anderenfalls nicht anwendbar.[7] Denn § 14 Abs. 1 Satz 1 Nr. 3 Satz 4 Buchst. c) KStG verweist auf die „Organgesellschaft" und den „Organträger" und ordnet die Abführung eines Gewinns bzw. die Übernahme eines Verlustes an und geht damit von einer bestehenden Gewinn- bzw. Verlustübernahmepflicht aus.[8]

Gestaltungshinweis: Zur Vermeidung des nachträglichen Fortfalls der Organschaft wegen einer mangelnden tatsächlichen Durchführung des Gewinnabführungsvertrags sollte deshalb im Gewinnabführungsvertrag eine Klausel aufgenommen werden, nach der sich nachträglich ergebende Veränderungen bei der Gewinnabführung bzw. Verlustübernahme aufgrund einer Pflicht zur Korrektur nach § 14 Abs. 1 Satz 1 Nr. 3 Satz 4 Buchst. c) KStG auch nach Beendigung der Organschaft berücksichtigt werden müssen.[9] Die OFD Karlsruhe lässt in diesem Fall jedoch die rückwirkende Korrektur an der Quelle zu.[10]

---

1 Ebenso *Rödder/Liekenbrock* in Rödder/Herlinghaus/Neumann, § 14 KStG Rz. 404; *Frotscher* in Frotscher/Drüen, § 14 KStG Rz. 445x; *Dötsch* in Dötsch/Pung/Möhlenbrock, § 14 KStG Rz. 505; *Dötsch/Pung*, DB 2013, 305 (311); *Jesse*, FR 2013, 681 (687).
2 FG Hamburg v. 19.5.2015 – 6 K 236/12, Der Konzern 2015, 558, bestätigt durch BFH v. 26.4.2016 – I B 77/15, BFH/NV 2016, 1177.
3 Vgl. oben Rz. 13.7.
4 *Kolbe* in HHR, § 14 KStG Anm. 225.
5 So wohl auch *Frotscher* in Frotscher/Drüen, § 14 KStG Rz. 445w.
6 BMF v. 29.5.2013 – IV C 2 - S 1910/10/10117:005 – DOK 2013/0499578, GmbHR 2013, 728.
7 Siehe hierzu *Walter* in Ernst & Young, § 14 KStG Rz. 652.7; aA *Dötsch* in Dötsch/Pung/Möhlenbrock, § 14 KStG Rz. 508; *Dötsch/Pung*, DB 2013, 305 (311); OFD Karlsruhe v. 16.1.2014 – S 2770/52/2 – St 221, FR 2014, 434; abweichend *Adrian*, StB 2013, 351 (357).
8 So auch *Frotscher* in Frotscher/Drüen, § 14 KStG Rz. 445y; aA *Jesse*, FR 2013, 681 (688).
9 In diesem Sinne auch *Schneider/Sommer*, GmbHR 2013, 22 (28); *Jesse*, FR 2013, 681 (689); aA *Frotscher* in Frotscher/Drüen, § 14 KStG Rz. 445y.
10 OFD Karlsruhe v. 16.1.2014 – S 2770/52/2 – St 221, FR 2014, 434, unter II.

e) Korrektur nur, wenn Handelsbilanz zu korrigieren ist

Die Jahresabschlüsse der Organgesellschaft und des Organträgers und ein sich aus einem korrigierten Jahresabschluss ergebender veränderter Betrag der Gewinnabführung bzw. Verlustübernahme sind aber nur dann zu korrigieren, wenn der **Fehler in der „Handelsbilanz" zu korrigieren** ist. Dabei ist unter dem Begriff der Handelsbilanz der handelsrechtliche Jahresabschluss zu verstehen.[1]

13.54

Handelsrechtlich kommt eine Korrektur des Jahresabschlusses nur dann in Betracht, wenn es sich um einen wesentlichen Fehler handelt.[2] Die Ausnahme des § 14 Abs. 1 Satz 1 Nr. 3 Satz 4 Buchst. c) KStG erweist sich indessen als problematisch, wenn Streit darüber entsteht, ob ein wesentlicher Fehler vorliegt.[3] In diesem Fall verlangt die Vorschrift im Ergebnis eine Korrektur des Jahresabschlusses, damit die Fiktion des § 14 Abs. 1 Satz 1 Nr. 3 Satz 4 KStG greifen kann.[4] Hinzu kommt, dass selbst innerhalb der Finanzverwaltung streitig ist, ob eine Korrektur unterbleiben kann, wenn der Steuerpflichtige eine Bestätigung vorlegt, nach der eine Korrektur handelsrechtlich nicht zu erfolgen braucht.[5]

13.55

Eine **Korrektur unterbleibt** ferner, wenn sich die Korrektur eines ursprünglich fehlerhaften Bilanzansatzes in dem nach § 14 Abs. 1 Satz 1 Nr. 3 Satz 4 Buchst. c) KStG zu korrigierenden Jahresabschluss nicht auswirken kann.

13.56

Beispiel: Die Organgesellschaft schreibt einen Vermögensgegenstand in den Jahren 01 bis 04 mit 25 %/Jahr ab. Im Jahr 06 wird diese Handhabung beanstandet, weil die Nutzungsdauer tatsächlich 5 Jahre betrage.

Lösung: Eine Korrektur unterbleibt, weil der Vermögensgegenstand in dem zu korrigierenden Jahresabschluss für das Jahr 06 ebenfalls und weiterhin mit 1 Euro auszuweisen ist.[6]

C. Die Ermittlung des Einkommens und des Gewerbeertrags der Organgesellschaft

I. Die allgemeinen Grundsätze der Einkommensermittlung

Um das **Einkommen** der Organgesellschaft nach § 14 Abs. 1 Satz 1 KStG zuzurechnen, muss zunächst dieses zuzurechnende Einkommen ermittelt werden. Dabei folgt aus § 15 Satz 1 KStG, dass das Einkommen der Organgesellschaft nach Maßgabe der allgemeinen Vorschriften über die Einkommensermittlung, also nach § 8 KStG zu ermitteln ist. Dementsprechend

13.57

---

1 Vgl. auch *Kolbe* in HHR, § 14 KStG Anm. 233.
2 Vgl. *Dötsch* in Dötsch/Pung/Möhlenbrock, § 14 KStG Rz. 477; *Walter* in Ernst & Young, § 14 KStG Rz. 652.5; *Forst/Suchanek/Klopsch*, GmbHR 2013, 914 (916); *Müller* in Mössner/Seeger[3], § 14 KStG Rz. 533; *Müller* in Müller/Stöcker/Lieber[10], Rz. 244 nimmt eine Wesentlichkeitsgrenze von 5 % an; s. auch *Hoffmann/Lüdenbach* in Hoffmann/Lüdenbach[9], § 252 HGB Rz. 245 und 233 ff.
3 Zu Fragen der Wesentlichkeit: *Forst/Suchanek/Klopsch*, GmbHR 2013, 914 (917 ff.).
4 S. auch *Stangl/Brühl*, Der Konzern 2013, 77 (92).
5 Einerseits OFD Karlsruhe v. 16.1.2014 – S 2770/52/2 – St 221, FR 2014, 434, unter II.; andererseits OFD Frankfurt/M. v. 14.4.2014 – S 2770 A – 55 – St 51, juris.
6 So auch *Müller* in Mössner/Seeger[3], § 14 KStG Rz. 533; *Müller* in Müller/Stöcker/Lieber[9], Rz. 242; *Forst/Suchanek/Klopsch*, GmbHR 2013, 914 (917); *Adrian*, StB 2013, 351 (357); *Lenz/Adrian/Handwerker*, BB 2012, 2851 (2853); *Stangl/Brühl*, Der Konzern 2013, 77 (92).

muss die Organgesellschaft steuerliche Bilanzierungs- und Bewertungswahlrechte (zB nach § 6b EStG) eigenständig ausüben, und es ist bei der Gewinnermittlung nur auf die Verhältnisse der Organgesellschaft abzustellen.[1] Die Organgesellschaft darf auch das Wahlrecht nach § 26 Abs. 6 Satz 1 KStG i.V.m. § 34c Abs. 2 EStG und § 12 Abs. 2 AStG eigenständig ausüben; der Organträger ist an die Ausübung des Wahlrechts gebunden.[2]

13.58 Allerdings werden die allgemeinen Vorschriften über die Einkommensermittlung für die Organgesellschaft in verschiedener Hinsicht durch die **Sonderregelungen in § 15** modifiziert (Rz. 13.81 ff.; Rz. 13.125 ff.).

13.59 Das **Einkommen** der Organgesellschaft i.S.v. § 8 Abs. 1 und 2 KStG i.V.m. §§ 5, 4 Abs. 1 Satz 1 EStG errechnet sich wie folgt:

	Eigenkapital am Schluss des Wj.
./.	Eigenkapital am Schluss des vorangegangenen Wj.
	Unterschiedsbetrag i.S.d. § 4 Abs. 1 Satz 1 EStG
+	nichtabziehbare Aufwendungen (z.B. nach § 4 Abs. 5 EStG; §§ 9 Abs. 1 Nr. 2, 10 KStG)
+	vGA (§ 8 Abs. 3 Satz 2)
./.	steuerfreie Einnahmen (z.B. § 13 Satz 1 InvZulG 2010; § 3 EStG)
+/–	sonstige Korrekturen
+	an den Organträger abgeführter Gewinn
./.	vom Organträger ausgeglichener Verlust
	Gewinn (= Einkommen) der Organgesellschaft

13.60 Da die **Organgesellschaft** nach § 14 Abs. 1 Satz 1 KStG ihren Ort der Geschäftsleitung im Inland inne haben muss, ist sie als Kapitalgesellschaft i.S.d. § 1 Abs. 1 Nr. 1 KStG nicht nur stets unbeschränkt steuerpflichtig, sondern erzielt nach § 8 Abs. 2 KStG auch nur Einkünfte aus Gewerbebetrieb. Daher entspricht der Gewinn der Organgesellschaft zugleich ihrem Einkommen.[3] Bei der Gewinnermittlung sind die steuerlichen Hinzurechnungs- und Kürzungsbeträge, wie die nichtabziehbaren Betriebsausgaben (§ 4 Abs. 5 EStG), die nichtabziehbaren Aufwendungen i.S.d. § 10 KStG und der den Höchstbetrag nach § 9 Abs. 1 Nr. 2 KStG übersteigende Aufwand sowie erstattete nichtabziehbare Betriebsausgaben und Erträge aus nichtabziehbaren Aufwendungen zu berücksichtigen. Außerdem sind Vermögensmehrungen, die nicht der Körperschaftsteuer unterliegen, zB die Investitionszulage (§ 13 Satz 1 InvZulG 2010) oder steuerfreie Einnahmen (§ 3 EStG), auszuscheiden. Insbesondere ist aber bei der Gewinnermittlung der abgeführte Gewinn wieder hinzuzurechnen bzw. der ausgeglichene Verlust abzuziehen, da diese Beträge die Höhe des zuzurechnenden Einkommens nicht beeinflussen dürfen. Diese Korrektur hat ihre Grundlage im Wesen der Organschaft; denn es liegt weder eine Ausschüttung vor,[4] noch enthält § 4 Abs. 5 EStG eine dahingehende gesetzliche Regelung.[5]

13.61 Ungeachtet der Zurechnung des Einkommens der Organgesellschaft beim Organträger, muss die Organgesellschaft in den Fällen des **§ 16 KStG** (Ausgleichszahlungen an außenste-

---

1 Ebenso *Erle/Heurung* in Erle/Sauter[3], § 14 KStG Rz. 215.
2 So auch *Dötsch* in Kessler/Kröner/Köhler[2], § 3 Rz. 268.
3 Vgl. *Wassermeyer* in Herzig, 208 (211).
4 S. BFH v. 7.8.2002 – I R 2/02, BStBl. II 2004, 131 = FR 2003, 132.
5 Ausführlich *Wassermeyer* in Herzig, 208 (210 f.).

hende Anteilseigner) ihr Einkommen selbst versteuern (Rz. 15.44). Das zu versteuernde Einkommen der Organgesellschaft errechnet sich in diesem Fall wie folgt:

  Einkommen der Organgesellschaft
./. an den Organträger abgeführter Gewinn
+ vom Organträger ausgeglichener Verlust
+ Ausgleichszahlungen an außenstehenden Gesellschafter
  zu versteuerndes Einkommen der Organgesellschaft

II. Organschaftliche Besonderheiten der Einkommensermittlung

1. Die Behandlung von vGA und verdeckten Einlagen bei der Organgesellschaft

Aus der eigenständigen Ermittlung des Gewinns der Organgesellschaft folgt, dass auch **verdeckte Gewinnausschüttungen und verdeckte Einlagen** auf der 2. Stufe der Gewinnermittlung der Organgesellschaft zu berücksichtigen sind.[1] Dies gilt auch und insbesondere für vGA und verdeckte Einlagen in Bezug auf den Organträger. 13.62

Bei einer **vGA an den Organträger** ist zu beachten, dass sich diese beim Organträger regelmäßig erfolgswirksam ausgewirkt hat. Zur Vermeidung einer doppelten Erfassung der vGA ist deshalb eine Korrektur vorzunehmen,[2] sodass sich die vGA im Ergebnis nur als eine vorweggenommene Gewinnabführung auswirkt.[3] Diese Korrektur ist nach Auffassung des RFH und BFH auf der Ebene der Organgesellschaft vorzunehmen.[4] Allerdings sieht § 14 Abs. 1 Satz 1 KStG die Zurechnung des Einkommens vor, sodass eine Korrektur von vGA und verdeckter Einlage bei der Einkommensermittlung der Organgesellschaft nicht der gesetzlichen Regelung in § 14 Abs. 1 Satz 1 KStG entspricht. Vielmehr ist das Einkommen des Organträgers zu berichtigen.[5] 13.63

Bei einer Vermögensminderung (verhinderte Vermögensmehrung) zugunsten einer **Schwestergesellschaft der Organgesellschaft** liegt eine vGA an den Organträger (Muttergesellschaft) vor. Zugleich ist bei der Empfängerin der Vermögensminderung (verhinderten Vermögensmehrung) eine verdeckte Einlage der Muttergesellschaft anzunehmen.[6] 13.64

---

1 So auch BFH v. 20.8.1986 – I R 150/82, BStBl. II 1987, 455 (456) = FR 1987, 229; *Rödder/Liekenbrock* in Rödder/Herlinghaus/Neumann, § 14 KStG Rz. 516.
2 BFH v. 20.8.1986 – I R 150/82, BStBl. II 1987, 455 (456) = FR 1987, 229.
3 Vgl. auch R 14.6 Abs. KStH 2015.
4 RFH v. 22.1.1935, RStBl. 1935, 517 (522); BFH v. 20.8.1986 – I R 150/82, BStBl. II 1987, 455 (456) = FR 1987, 229.
5 So noch BFH v. 29.10.1974 – I R 240/72, BStBl. II 1975, 126 (127); ebenso *Rödder/Liekenbrock* in Rödder/Herlinghaus/Neumann, § 14 KStG Rz. 540; *Dötsch* in Dötsch/Pung/Möhlenbrock, § 14 KStG Rz. 717; *Erle/Heurung* in Erle/Sauter[3], § 14 KStG Rz. 293; *Frotscher* in Frotscher/Drüen, § 14 KStG Rz. 582 und 632; *Brink* in Schnitger/Fehrenbacher[2], § 14 KStG Rz. 722; *Müller* in Müller/Stöcker/Lieber[10], Rz. 531; *Dötsch* in Kessler/Kröner/Köhler[2], § 3 Rz. 296; *Döllerer* in Döllerer[2], 163 f.; *Herlinghaus* in Herzig, Organschaft, 2003, 119 (125 f.); *Schlagheck*, StuB 2001, 164 (167); *Jahn*, DB 1987, 1459 (1460); *Brezing*, StBp. 1972, 125 (127); R 14.7 Abs. 2 Satz 2 KStH 2015.
6 Vgl. BFH v. 29.1.1975 – I R 135/70, BStBl. II 1975, 553 (555); *Gosch* in Gosch[3], § 8 KStG Rz. 236 f.; *Herlinghaus* in Herzig, 119 (127).

13.65 Bei der Zuwendung eines Vermögensvorteils an einen **Gesellschafter des Organträgers** liegt regelmäßig eine vGA an den Organträger vor, weil der Gesellschafter des Organträgers eine nahestehende Person ist.[1]

13.66 Die vorstehenden Grundsätze gelten gleichermaßen für **verdeckte Einlagen**. Diese stellen insbesondere keinen vorweggenommenen Verlustausgleich dar, sondern sind beim Organträger als Anschaffungskosten der Beteiligung zu aktivieren.[2] Die Verlustübernahme nach § 302 AktG führt hingegen nicht zu nachträglichen Anschaffungskosten für die Beteiligung. Denn nach § 14 Abs. 1 Satz 1 KStG erfolgt stattdessen die Zurechnung des Einkommens der Organgesellschaft beim Organträger, sodass die Gewinnabführung oder die Verlustübernahme sich nicht auf den Ansatz der Beteiligung auswirken.[3]

13.67 Für vGA im Zusammenhang mit **Dauerverlustgeschäften** i.S.d. § 8 Abs. 7 Satz 2 KStG ist § 15 Satz 1 Nr. 4 Satz 1 KStG zu beachten. Liegt also ein Dauerverlustgeschäft vor und ist dieses als vGA einzustufen, so ist gleichwohl auf der Ebene der Organgesellschaft das Einkommen nicht nach § 8 Abs. 3 Satz 2 KStG wieder zu erhöhen.[4]

2. Spendenabzug

13.68 Der **Höchstbetrag für den Spendenabzug** ist für die Organgesellschaft und den Organträger gesondert zu ermitteln.[5] Das für die Berechnung des Höchstbetrags für den Spendenabzug maßgebliche Einkommen ist das um den Betrag der Gewinnabführung oder den Betrag des ausgeglichenen Verlusts bereinigte Einkommen einschließlich der von der Organgesellschaft an die außenstehenden Anteilseigner geleisteten Ausgleichszahlungen.[6] Besonderheiten ergeben sich nur bei sog. Stiftungsspenden (§ 10b Abs. 1a EStG), bei denen nur ein Festbetrag abziehbar ist.

3. Latente Steuern und Steuerumlagen

13.69 Aufgrund der Zurechnung des Einkommens der Organgesellschaft beim Organträger und der daraus folgenden Versteuerung dieses Einkommens beim Organträger darf die Organgesellschaft in ihrem handelsrechtlichen Jahresabschluss keine **latenten Steuern** ausweisen; vielmehr sind die tatsächlichen und die latenten Steuern beim Organträger auszuweisen.[7] Gleiches gilt in gewerbesteuerlicher und umsatzsteuerlicher Hinsicht, da die Organgesellschaft nach § 2 Abs. 2 Satz 2 GewStG als Betriebsstätte des Organträgers gilt[8] bzw. die Organgesellschaft nach § 2 Abs. 2 Nr. 2 Satz 3 UStG Teil des Unternehmens des Organträgers ist.

---

1 BFH v. 3.10.1985 – I R 247/81, BStBl. II 1986, 195 (199) = FR 1986, 151; FG Hamburg v. 4.9.1997 – II 82/94, rkr., EFG 1998, 392 (393 f.); *Gosch* in Gosch³, § 8 KStG Rz. 231; *Walter*, GStB 1999, 56 (67); *Büttner*, StBp. 1988, 30 (31 f.).
2 Vgl. *Herlinghaus* in Herzig, 119 (126).
3 S. BFH v. 24.7.1996 – I R 43/91, BStBl. II 1996, 614 (616) = FR 1996, 794.
4 Zu den Einzelheiten *Neumann* in Gosch³, § 15 KStG Rz. 40; *Herlinghaus* in HHR, § 15 KStG Anm. 77.
5 Vgl. BFH v. 23.1.2002 – XI R 95/97, BStBl. II 2003, 9 (10) = FR 2002, 786 m. Anm. *Wendt*.
6 Ebenso *Neumann* in Gosch³, § 14 KStG Rz. 407; *Sievert/Stolze*, StuB 2006, 616 (618); *Herlinghaus* in Herzig, 119 (133).
7 S. *Melcher/Meurer*, DB 2013, 2329; *Wessel/Papenroth*, FR 2012, 563 (564); *Herzig/Liekenbrock/Vossel*, Ubg 2010, 85; *Feldgen*, NWB 2010, 3621 (3629 f.); *Hoffmann/Lüdenbach* in Hoffmann/Lüdenbach⁹, § 274 HGB Rz. 84; s. aber auch *Müller* in Müller/Stöcker/Lieber¹⁰, Rz. 663.
8 Hierzu auch BFH v. 2.2.1994 – I R 10/93, BStBl. II 1994, 768 (769) = FR 1994, 332.

Allerdings dürfen latente Steuern auf **temporäre Differenzen** der Organgesellschaft von der Organgesellschaft bilanziert werden.[1] Bei der Begründung einer Organschaft können sich aber Differenzen ergeben, zB wenn die Organgesellschaft aufgrund vororganschaftlicher Verlustvorträge aktive latente Steuern ausgewiesen hatte, die aber im Hinblick auf § 15 Abs. 1 Satz 1 Nr. 1 KStG bei der Ermittlung des Einkommens der Organgesellschaft nicht berücksichtigt werden dürfen, und sich daher keine steuerliche Auswirkung für den Organträger ergibt.[2]

13.70

Gestaltungshinweis: Aus Sicht des Organträgers kann es sich daher anbieten, die entsprechenden Steuern im Wege einer Umlage auf die Organgesellschaft abzuwälzen. Dabei ist es auch denkbar, latente Steuern in die Umlage mit einzubeziehen.[3] Steuerliche Vorteile ergeben sich aus einer Umlage aber nicht mehr, da die Gewerbesteuer nach § 4 Abs. 5b EStG keine Betriebsausgabe darstellt.[4] Vielmehr wirkt die Steuerumlage wirtschaftlich nur als eine vorweggenommene Gewinnabführung,[5] die sich aber auf das konsolidierte Ergebnis des Organträgers nicht auswirkt.

4. Kein Abzug von Verlusten aus nichtorganschaftlicher Zeit bei der Organgesellschaft (§ 15 Satz 1 Nr. 1 KStG)

§ 15 Satz 1 Nr. 1 KStG schließt einen **Verlustabzug nach § 10d EStG** aus. Dabei gilt dieser Ausschluss nach dem ausdrücklichen Gesetzeswortlaut nur für die Organgesellschaft; eine Einschränkung des Verlustabzugs beim Organträger wird dagegen nicht bestimmt.[6]

13.71

Nach ihrem Wortlaut gilt die **Verlustabzugsbeschränkung** des § 15 Satz 1 Nr. 1 KStG für alle Verluste der Organgesellschaft. Allerdings kann für während der Organschaft erzielte Verluste ein Verlustrücktrag nach § 10d Abs. 1 Satz 1 EStG oder ein Verlustvortrag nach § 10d Abs. 2 Satz 1 EStG nicht entstehen, weil das negative Einkommen der Organgesellschaft dem Organträger nach § 14 Abs. 1 Satz 1 KStG zugerechnet wird.[7]

13.72

Deshalb gilt § 15 Satz 1 Nr. 1 KStG im Ergebnis nur für **Verluste aus nichtorganschaftlicher Zeit**, also für Verluste aus vororganschaftlicher und aus nachorganschaftlicher Zeit.[8] Mit der Regelung soll gesichert werden, dass beim Organträger nur solches Einkommen der Organgesellschaft versteuert wird, das während der Organschaft von der Organgesellschaft erzielt wurde. Es ist somit auch unbeachtlich, aus welcher Quelle die betreffenden Verluste herrühren. Vielmehr werden von § 15 Satz 1 Nr. 1 KStG auch sog. außerorganschaftliche Verluste erfasst, also Verluste, die die Organgesellschaft aus anderen Quelle, zB aufgrund einer Verlustzuweisung, erzielt.[9]

13.73

Darüber hinaus hindert die Vorschrift aber auch eine Verlustnutzung in Bezug auf das von der Organschaft nach **§ 16 KStG** eigenständig zu versteuernde Einkommen während der Zeit der Organschaft. Verfügt die Organgesellschaft also über einen vororganschaftlichen

13.74

---

1 Vgl. *Hoffmann/Lüdenbach* in Hoffmann/Lüdenbach⁹, § 274 HGB Rz. 85; s. auch *Dahlke*, BB 2009, 878 (879).
2 S. *Loitz/Klevermann*, DB 2009, 409 (414 f.); *Melcher/Meurer*, DB 2013, 2329 (2332 f.).
3 Vgl. *Maier/Weil*, DB 2009, 2729 (2736); *Müller* in Müller/Stöcker/Lieber¹⁰, Rz. 663.
4 S. *Endert/Sepetauz*, BBK 2011, 660 (663).
5 BGH v. 1.12.2003 – II ZR 202/01, GmbHR 2004, 258; *Rödder/Simon*, DB 2002, 496 (497); *Loitz/Klevermann*, DB 2009, 409 (410 f.).
6 Vgl. *Herlinghaus* in HHR, § 15 KStG Anm. 34.
7 S. *Herlinghaus* in HHR, § 15 KStG Anm. 38; *Neumann* in Gosch³, § 15 KStG Rz. 7.
8 So auch *Herlinghaus* in HHR, § 15 KStG Anm. 35.
9 Vgl. auch *Neumann* in Gosch³, § 15 KStG Rz. 10 ff.; *Herlinghaus* in HHR, § 15 KStG Anm. 35.

Verlustvortrag und muss sie nach § 16 KStG eigenes Einkommen versteuern, ist die Verwendung des Verlustvortrags nach § 15 Satz 1 Nr. 1 KStG ausgeschlossen.

13.75 Entscheidende Bedeutung hat § 15 Satz 1 Nr. 1 KStG für **vororganschaftliche Verluste**. Verfügt die Organgesellschaft über einen Verlustvortrag aus vororganschaftlicher Zeit, so kann sie diesen Verlustvortrag nicht mit dem während der Organschaft erzielten Einkommen verrechnen.[1] Im Ergebnis wird also ein vororganschaftlicher Verlustvortrag bis zum Ende der Organschaft eingefroren und kann erst wieder in nachorganschaftlicher Zeit genutzt werden. Sollen vorhandene vororganschaftliche Verluste der Organgesellschaft noch genutzt werden, müssen entweder vor Beginn der Organschaft entsprechende Gewinne, zB durch Aufdeckung stiller Reserven, generiert oder muss der Beginn der Organschaft bis zur vollständigen Verlustnutzung hinausgeschoben werden.[2]

13.76 Da handelsrechtlich ein vororganschaftlicher Verlust den abzuführenden Gewinn mindert (§ 301 Satz 1 AktG), kann sich aufgrund der Anwendung des § 15 Satz 1 Nr. 1 KStG eine **Minderabführung** ergeben (Rz. 14.13).

13.77 Gleichermaßen schließt § 15 Satz 1 Nr. 1 KStG einen **Verlustrücktrag** aus nachorganschaftlicher Zeit in organschaftliche Zeit aus. Dabei scheidet aber ein denkbarer Rücktrag in vororganschaftliche Zeit regelmäßig aus, weil nach § 10d Abs. 1 Satz 1 EStG ein Rücktrag nur in den unmittelbar vorangegangenen Veranlagungszeitraum möglich ist.[3]

5. Sanierungserträge (§ 3a EStG)

13.78 Als Reaktion auf den Beschluss des Großen Senats des BFH zur Rechtswidrigkeit des Sanierungserlasses[4] hat der Gesetzgeber die Regelung des § 3a EStG eingeführt. Diese Vorschrift ist grundsätzlich (Ausnahme: Billigkeitsantrag des Stpfl. aus Vertrauensschutzgründen, § 52 Abs. 4a Satz 2 EStG) in allen Fällen anzuwenden, in denen Schulden ganz oder teilweise nach dem 8.2.2017 erlassen wurden (§ 52 Abs. 4a Satz 1 EStG). Allerdings befinden sich die Neuregelung noch im – für ihr Inkrafttreten erforderlichen – beihilferechtliche Notifizierungsverfahren.

Die Vorschrift des § 3a EStG ist bei der Ermittlung des Einkommens der Organgesellschaft zu beachten (§ 8 Abs. 1 KStG). Dabei sind nach § 15 Satz 1 Nr. 1 Satz 2 KStG insbesondere etwaig bestehende vororganschaftliche Verluste zu mindern.[5] Zudem regelt § 15 Satz 1 Nr. 1a KStG, dass ein – nach Anwendung des § 3a EStG auf der Ebene der Organgesellschaft – verbleibender Sanierungsertrag beim Organträger zu berücksichtigen ist.

Im Übrigen bestimmt § 15 Satz 1 Nr. 1a Satz 3 KStG, dass ein verbleibender Sanierungsertrag auch dann beim Organträger nach Maßgabe des § 15 Satz 1 Nr. 1a Satz 1 KStG zu berücksichtigen ist, wenn zwar im Sanierungsjahr keine Organschaft i.S.d. § 14 Abs. 1 KStG besteht, je-

---

1 Vgl. *Herlinghaus* in HHR, § 15 KStG Anm. 36.
2 Hierzu *Herlinghaus* in HHR, § 15 KStG Anm. 39.
3 Siehe auch BFH v. 12.12.2012 – I R 69/11, FR 2013, 608 m. Anm. *M. Prinz* und *Schlotter* = BFHE 240, 34 = BFH/NV 2013, 840.
4 BFH v. 28.11.2016 – GrS 1/15, BFHE 255, 482, BStBl. II 2017, 393.
5 *Sistermann/Beutel*, DStR 2017, 1065 (1068); *Desens*, FR 2017, 981 (991); *Weiss*, StuB 2017, 581 (587).

doch in einem der letzten fünf Jahre vor dem Sanierungsjahr liegenden Veranlagungszeitraum bestand.[1]

Ergänzend zur Regelung des § 3a EStG bestimmt § 3c Abs. 4 Satz 1 EStG ein Abzugsverbot für Betriebsvermögensminderungen und Betriebsausgaben, die mit einem steuerfreien Sanierungsertrag in unmittelbarem wirtschaftlichen Zusammenhang stehen. Soweit ein verbleibender Sanierungsertrag (§ 3a Abs. 3 Satz 4 EStG) vorhanden ist, sind allerdings Aufwendungen i.S.d. § 3c Abs. 4 Satz 1 EStG, die nach dem Sanierungsjahr entstehen, nur bis zur Höhe des verbleibenden Sanierungsertrags nicht abziehbar (§ 3c Abs. 4 Satz 4 EStG). Da jedoch nach § 15 Satz 1 Nr. 1a KStG ein verbleibender Sanierungsertrag der Organgesellschaft vom Organträger verwendet werden kann, bestimmt § 15 Satz 1 Nr. 1 Satz 3 KStG für die Organgesellschaft, dass der für die Organgesellschaft maßgebende verbleibende Sanierungsertrag i.S.d. § 3c Abs. 4 Satz 4 EStG der Sanierungsertrag ist, der sich nach Anwendung der Regelung des § 3a EStG beim Organträger ergibt.

6. Aufwendungen für Rechteüberlassungen (§ 4j EStG)

Mit Wirkung vom VZ 2018 (§ 52 Abs. 8a EStG) sind Aufwendungen für Rechteüberlassungen zwischen nahestehenden Personen i.S.d. § 1 Abs. 2 AStG nur zum Teil als Betriebsausgaben abziehbar, wenn die Einnahmen des Gläubigers aus der Rechteüberlassung einer niedrigen Besteuerung unterliegen.[2] Das Erfordernis des Nahestehens von Schuldner und Gläubiger hat insbesondere Bedeutung im Konzernverbund und damit auch für Fälle einer Organschaft. Bei der Anwendung dieser Vorschrift ist § 4j Abs. 2 Satz 3 EStG zu beachten: Hiernach ist für die Entscheidung, ob eine niedrige Besteuerung der Einnahmen des Gläubigers vorliegt, nicht nur auf die Besteuerung beim Gläubiger selbst, sondern auch auf die Besteuerung, zB aufgrund einer Zurechnung, bei einer anderen Person abzustellen. Werden also Einnahmen des Gläubigers aufgrund einer Organschaft einer anderen Person zugerechnet, ist auf die Summe der Belastungen abzustellen (§ 4j Abs. 2 Satz 3 EStG).[3]

13.79

7. Keine Anwendung des Teileinkünfteverfahrens bei der Organgesellschaft (sog. Bruttomethode)

§ 15 Satz 1 Nr. 2 Satz 1 KStG bestimmt für die Ermittlung des Einkommens – sowie über § 7 Satz 1 GewStG auch für die Ermittlung des Gewerbeertrags – der Organgesellschaft auch den **Ausschluss** der Anwendung der Regelungen in § 8b Abs. 1 bis 6 KStG sowie des § 4 Abs. 6 UmwStG (Übernahmeverlust bei bestimmten Verschmelzungsvorgängen). Vielmehr sind § 8b KStG, § 4 Abs. 6 UmwStG sowie §§ 3 Nr. 40 und 3c EStG auf der Ebene des Organträgers anzuwenden (Rz. 13.125). Dagegen sind die Vorschriften des § 8b Abs. 7 bis 10 KStG bei der Ermittlung des Einkommens der Organgesellschaft weiterhin anzuwenden.

13.80

Die Regelung des § 15 Satz 1 Nr. 2 KStG beruht auf der Überlegung, dass natürliche Personen als Organträger bzw. natürliche Personen, die an einer Organträger-Personengesellschaft beteiligt sind, **nicht durch die unmittelbare Anwendung der Vorschriften des § 8b KStG begünstigt** werden, weil entsprechende Erträge auf der Ebene der Organgesellschaft als Kapitalgesellschaft steuerfrei bleiben (zB § 8b Abs. 1 Satz 1 KStG) und damit bei Zurechnung des „Netto"-Einkommens unter Anwendung des § 8b KStG bei ihnen unversteuert blieben. Durch

13.81

---

1 Krit. *Desens*, FR 2017, 981 (991).
2 Zu den Einzelheiten z.B. *Heil/Pupeter*, BB 2017, 795.
3 S.a. *Heil/Pupeter*, BB 2017, 795 (799).

den Anwendungsausschluss auf der Ebene der Organgesellschaft wird daher sichergestellt, dass bei natürlichen Personen Erträge i.S.v. § 8b KStG mit 60 % versteuert werden (§ 3 Nr. 40 EStG).[1]

13.82 Aus der Nichtanwendung der Vorschriften des § 8b Abs. 1 bis 6 KStG folgt für die Organgesellschaft, dass die sich hieraus ergebenden **Korrekturen auf der Ebene der Organgesellschaft nicht durchzuführen sind** und damit dem Organträger das nicht korrigierte Einkommen der Organgesellschaft „brutto" zuzurechnen ist. Gleichermaßen ist ein etwaiger Übernahmeverlust nach § 4 Abs. 6 UmwStG bei der Organgesellschaft uneingeschränkt zu berücksichtigen.

13.83 Aus dem Prinzip der Bruttozurechnung folgt zugleich, dass die **mit Erträgen** i.S.d. § 8b Abs. 1 bis 6 KStG **zusammenhängenden Aufwendungen** ebenfalls auf der Ebene der Organgesellschaft uneingeschränkt, das heißt also unter Nichtanwendung des § 3c Abs. 2 EStG abgezogen werden dürfen.[2]

Beispiel: Die Organgesellschaft erzielt aus einer Beteiligung Dividendenerträge iHv. 10.000 Euro. Zudem sind ihr im Zusammenhang mit dieser Beteiligung Aufwendungen iHv. 3.000 Euro erwachsen.

Lösung: § 8b Abs. 1 KStG und § 3c Abs. 2 EStG sind bei der Ermittlung des Einkommens der Organgesellschaft nicht anzuwenden. Deshalb sind die Dividendenerträge mit 10.000 Euro und Betriebsausgaben aus der Beteiligung mit 3.000 Euro bei der Ermittlung des Einkommens anzusetzen.

13.84 Darüber hinaus bestimmt § 15 Satz 2 KStG für nach einem **DBA steuerfreie Gewinnanteile** aus der Beteiligung an einer ausländischen Gesellschaft, dass § 15 Satz 1 Nr. 2 KStG – und damit § 15 Satz 1 Nr. 2 Satz 1 KStG in Bezug auf die Organgesellschaft – entsprechend anzuwenden ist. Daher ist die Bruttomethode auch auf nach einem DBA steuerfreie Beteiligungserträge anzuwenden, mit der Folge, dass diese Erträge auf der Ebene der Organgesellschaft bei der Ermittlung des Einkommens zu berücksichtigen sind.

13.85 Zur Sicherstellung der Anwendung der Bruttomethode sind die maßgeblichen Besteuerungsgrundlagen in der **Anlage MO** zu erklären.

8. Anwendung der Zinsschranke (§ 15 Satz 1 Nr. 3 KStG)

13.86 Zur Anwendung der **Zinsschranke** des § 4h EStG: Siehe Kapitel 19.

9. Steuerlicher Querverbund (§ 15 Satz 1 Nr. 5 KStG)

13.87 Bei einem sog. **steuerlichen Querverbund** wird nach § 8 Abs. 9 Satz 2 KStG für jede einzelne Sparte der Gesamtbetrag der Einkünfte gesondert ermittelt und darf ein negativer Gesamtbetrag der Einkünfte einer Sparte nicht mit einem positiven Gesamtbetrag der Einkünfte einer anderen Sparte verrechnet werden (§ 8 Abs. 9 Satz 4 KStG). Bei der Organgesellschaft schließt § 15 Satz 1 Nr. 5 Satz 1 KStG diese getrennte Ermittlung auf der Ebene der Organgesellschaft aus; es ist also ein einheitliches Einkommen für alle Sparten zu ermitteln. Erst bei der Ermittlung des Einkommens des Organträgers sind die einzelnen Sparten nach Maßgabe des § 8 Abs. 9 KStG zu berücksichtigen (§ 15 Satz 1 Nr. 5 Satz 2 KStG).

---

1 Vgl. auch BFH v. 12.3.2014 – I R 55/13, FR 2014, 811 = BFHE 245, 30 = BFH/NV 2014, 1329; *Neumann* in Gosch[3], § 15 KStG Rz. 18.
2 *Herlinghaus* in HHR, § 15 KStG Anm. 44; *Rödder/Liekenbrock* in Rödder/Herlinghaus/Neumann, § 15 KStG Rz. 52.

III. Gewerbesteuerliche Besonderheiten

1. Grundsatz der eigenständigen Ermittlung des Gewerbeertrags für die Organgesellschaft

Gemäß § 2 Abs. 2 Satz 2 GewStG gilt die Organgesellschaft als Betriebsstätte des Organträgers. Diese Fiktion hat aber nach der ständigen Rechtsprechung[1] nicht zur Folge, dass Organträger und Organgesellschaft als einheitliches Unternehmen behandelt werden. Vielmehr bleiben beide Unternehmen selbständige Gewerbebetriebe, die eigenständig ihren Gewinn zu ermitteln haben und für die die Gewerbeerträge getrennt zu ermitteln sind. Die Gewerbeerträge werden also zunächst – auf einer ersten Stufe – so ermittelt, als bestünde die Organschaft nicht. Dementsprechend sind zB innerorganschaftliche Geschäfte als Drittgeschäfte zu behandeln. Gleichermaßen ist die Gewinnabführung oder die Verlustübernahme nicht einzubeziehen.[2] Zudem sind bei der Ermittlung der Gewerbeerträge des Organträgers und der Organgesellschaft die Hinzurechnungs- und Kürzungsvorschriften der §§ 8 und 9 GewStG zu beachten (sog. gebrochene oder eingeschränkte Einheitstheorie).[3]

13.88

Hinweis: Aus diesem Prinzip folgt, dass über die Frage, ob eine Steuerbefreiung i.S.d. § 3 GewStG vorliegt, jeweils gesondert für den Organträger und die Organgesellschaft zu entscheiden ist. Zugleich wirkt eine etwaige Steuerbefreiung nicht für den Organkreis, sondern erstreckt sich nur auf das Unternehmen, das die Voraussetzungen für die Steuerbefreiung erfüllt.[4]

Der auf dieser Grundlage ermittelte Gewerbeertrag der Organgesellschaft ist dann erst in einer zweiten Stufe mit dem ebenfalls auf dieser Grundlage ermittelten Gewerbeertrag des Organträgers zusammenzurechnen, wobei unberechtigte doppelte steuerrechtliche Be- oder Entlastungen, z.B. im Rahmen einer erweiterten Kürzung im Organkreis[5], auszuscheiden sind.[6] Der zusammengerechnete Gewerbeertrag bildet dann die Grundlage für die Festsetzung des einheitlichen Gewerbesteuermessbetrags (nur) beim Organträger.[7]

Beispiel: Die Organgesellschaft leistet an den Organträger Zahlungen, die nach § 8 Nr. 1 GewStG hinzuzurechnen sind. Diese Zahlungen sind beim Organträger als Ertrag, bei der Organgesellschaft als Aufwand erfasst. Würde bei der Organgesellschaft eine Hinzurechnung nach § 8 Nr. 1 GewStG erfolgen, träte eine Doppelbesteuerung ein. Zur Vermeidung dieses Effekts unterbleibt die Hinzurechnung bei der Organgesellschaft.[8]

Gleichermaßen ist ein bei der Veräußerung der Beteiligung an der Organgesellschaft entstehender Veräußerungsgewinn zu korrigieren, wenn dieser Veräußerungsgewinn nicht ausgeschüttete Gewinne enthält, die aber aufgrund der Zusammenrechnung bereits der Gewerbesteuer im Organkreis unterlagen.[9]

---

1 S. BFH v. 17.12.2014 – I R 39/14, BFHE 248, 179 = BStBl. II 2015, 1052.
2 *Sarrazin* in Lenski/Steinberg, § 2 GewStG Rz. 3761.
3 Vgl. BFH v. 17.12.2014 – I R 39/14, BFHE 248, 179 = BStBl. II 2015, 1052, mwN.
4 BFH v. 10.3.2010 – I R 41/09, BFHE 229, 358 = BStBl. II 2011, 181.
5 Vgl. Rz. 7.99.
6 BFH v. 17.12.2014 – I R 39/14, BFHE 248, 179 = BStBl. II 2015, 1052.
7 Vgl. BFH v. 10.3.2010 – I R 41/09, BFHE 229, 358 = BStBl. II 2011, 181; *Keß* in Lenski/Steinberg, § 2 GewStG Rz. 3525, mwN.
8 S.a. *Keß* in Lenski/Steinberg, § 2 GewStG Rz. 3766, mwN.
9 R. 7.1 Abs. 5 Satz 5 GewStR.

2. Sonderregelung des § 7a GewStG für Dividendenerträge

a) Gewerbesteuerlicher Hintergrund für die Neuregelung

13.89 Für Gewinne aus Anteilen an Kapitalgesellschaften i.S.d. § 9 Nr. 2a, 7 und 8 GewStG, die nach dem 31.12.2016 zufließen (§ 36 Abs. 2b GewStG) hat der Gesetzgeber in Reaktion auf das BFH, Urt. v. 17.12.2014[1] die Vorschrift des § 7a GewStG eingeführt. Damit soll die Anwendung des § 8b Abs. 5 KStG auch für die Zwecke der Gewerbesteuer sichergestellt werden.

Beispiel 1: OT ist Organträgerin der OG. OG ist am Stammkapital der Z-GmbH mit 40 % beteiligt. OG erhält im Jahr 2015 eine Gewinnausschüttung i.H.v. 10.000 Euro, die im Gewerbeertrag des Jahres 2015 enthalten ist.

Die Vorschrift des § 15 Satz 1 Nr. 2 KStG stellt eine Einkommensermittlungsvorschrift dar. Daher ist diese Vorschrift nach § 7 Satz 1 GewStG auch bei der Ermittlung des Gewerbeertrags zu berücksichtigen.[2] Auf der Grundlage der gebrochenen Einheitstheorie[3] ist somit § 8b Abs. 1 bis 6 KStG, insbesondere § 8b Abs. 5 KStG, bei OG nicht anzuwenden (§ 7 Satz 1 GewStG i.V.m. § 15 Satz 1 Nr. 2 Satz 1 KStG). Da jedoch der Gewinnanteil an der Z-GmbH im Gewerbeertrag der OG enthalten ist, ist eine Kürzung nach § 9 Nr. 2a Satz 1 GewStG um diesen Gewinnanteil vorzunehmen. Dabei ist der Kürzungsbetrag nicht nach § 9 Nr. 2a Satz 4 GewStG i.V.m. § 8b Abs. 5 KStG zu kürzen, da § 15 Satz 1 Nr. 2 Satz 1 KStG – über § 7 Satz 1 GewStG – die Anwendung des § 9 Nr. 2a Satz 4 GewStG suspendiert.[4] Im Ergebnis ist der Gewinnanteil also im Gewerbeertrag von OG nicht enthalten.

Bei der Ermittlung des Gewerbeertrags von OT ist zwar § 15 Satz 1 Nr. 2 Satz 2 KStG dem Grunde nach anzuwenden, jedoch setzt diese Vorschrift voraus, dass in dem zugerechneten Einkommen ein Gewinnanteil enthalten ist, was vorliegend nicht der Fall ist. Damit unterbleibt auch bei OT eine Anwendung der Vorschrift des § 8b KStG.[5] Im Gegensatz zur körperschaftsteuerlichen Regelung[6] bleibt folglich der Gewinnanteil an der Z-GmbH vollständig steuerfrei.

Abwandlung 1: OG sind im Zusammenhang mit der Beteiligung an der Z-GmbH Aufwendungen i.H.v. 1.000 Euro entstanden.

Lösung: Nach § 9 Nr. 2a Satz 3 GewStG ist der Kürzungsbetrag um die unmittelbar[7] mit Gewinnanteilen stehenden Aufwendungen zu kürzen; § 8 Nr. 1 GewStG ist nicht anzuwenden (§ 9 Nr. 2a Satz 3 GewStG). Mithin bleiben nur 9.000 Euro steuerfrei. Da somit im zusammengerechneten Gewerbeertrag ein Gewinnanteil enthalten ist, ist auf der Ebene von OT § 15 Satz 1 Nr. 2 KStG anwendbar.[8] Im Hinblick auf die Aufwendungen von OG unterbleibt eine Hinzurechnung nach § 8 Nr. 1 GewStG bei OT, da es sich nicht um Aufwendungen von OT handelt.[9]

Abwandlung 2: OG ist am Stammkapital der Z-GmbH nur mit 10 % beteiligt.

Lösung: Eine Kürzung nach § 9 Nr. 2a GewStG kommt nicht in Betracht, da OG nicht mit mindestens 15 % an der Z-GmbH beteiligt ist. Damit ist der Gewinnanteil im zusammengerechneten Gewerbeertrag enthalten und ist folglich auf der Ebene von OT § 15 Satz 1 Nr. 2 KStG anwendbar. Allerdings

---

1 I R 39/14, BFHE 248, 179 = BStBl. II 2015, 1052.
2 BFH v. 17.12.2014 – I R 39/14, BFHE 248, 179 = BStBl. II 2015, 1052.
3 S.o. 13.89.
4 BFH v. 17.12.2014 – I R 39/14, BFHE 248, 179 = BStBl. II 2015, 1052.
5 BFH v. 17.12.2014 – I R 39/14, BFHE 248, 179 = BStBl. II 2015, 1052.
6 S. Rz. 13.125 ff.
7 Vgl. hierzu auch *Prinz*, GmbHR 2016, R 289.
8 *Adrian*, BB 2015, 1113 (1115); OFD NRW v. 2.10.2017 – G 1425-2015/0018 St 13, DB 2017, 2640.
9 OFD NRW v. 2.10.2017 – G 1425-2015/0018 St 13, DB 2017, 2640.

greift nach umstrittener Auffassung der Finanzverwaltung auf der Ebene des Organträgers die Hinzurechnungsvorschrift des § 8 Nr. 5 GewStG.[1]

b) Neuregelung des § 7a GewStG mit Wirkung ab 1.1.2017

13.90 Die Regelung des § 7a GewStG sieht eine zweistufige Ermittlung des Gewerbeertrags bei der Organgesellschaft in Bezug auf Gewinnanteile i.S.d. § 9 Nr. 2a, 7 und 8 GewStG vor:

Zunächst bestimmt § 7a Abs. 1 Satz 1 GewStG, dass die Kürzungsvorschriften des § 9 Nr. 2a, 7 und 8 GewStG bei der Ermittlung des Gewerbeertrags der Organgesellschaft nicht anzuwenden sind. Sind der Organgesellschaft also entsprechend dem obigen Beispiel entsprechende Gewinnanteile zugeflossen, ist die Summe des Gewinns und der Hinzurechnungen nicht nach § 9 Nr. 2a, 7 und 8 GewStG zu kürzen. Zugleich unterbleibt aber eine Hinzurechnung nach § 8 Nr. 1 GewStG für Aufwendungen, die im unmittelbaren Zusammenhang mit einem derartigen Gewinnanteil stehen (§ 7a Abs. 1 Satz 2 GewStG).

Beispiel 2: Wie Beispiel 1. Zum Erwerb ihrer Beteiligung an der Z-GmbH hat OG ein Darlehen aufgenommen. Insoweit ist OG im Jahr 2018 ein Zinsaufwand i.H.v. 1.000 Euro entstanden.

Lösung: Im Gewerbeertrag von OG ist zum einen der Gewinnanteil i.H.v. 10.000 Euro und zum anderen der Zinsaufwand i.H.v. 1.000 Euro enthalten. Nach § 7a Abs. 1 Satz 1 GewStG ist eine Kürzung nach § 9 Nr. 2a Satz 1 GewStG nicht vorzunehmen. Zugleich unterbleibt eine Hinzurechnung hinsichtlich des Zinsaufwands nach § 8 Nr. 1 Buchstabe a) GewStG (§ 7a Abs. 1 Satz 2 GewStG).

Für die zweite Stufe der Ermittlung des Gewerbeertrags der Organgesellschaft bestimmt nunmehr § 7a Abs. 2 GewStG die entsprechende Anwendung des § 15 Satz 1 Nr. 2 Satz 2 bis 4 KStG sowie des § 8 Nr. 1 und 5 und des § 9 Nr. 2a, 7 und 8 GewStG (§ 7a Abs. 2 Satz 1 GewStG).

Beispiel 3: Fortführung von Beispiel 2; zweite Ebene der Ermittlung des Gewerbeertrags bei OG.

Lösung: Im Gewerbeertrag von OG ist ein Gewinnanteil der Z-GmbH enthalten. Folglich ist § 15 Satz 1 Nr. 2 Satz 2 KStG anwendbar und greift damit § 8b KStG. Dementsprechend ist der Gewinnanteil nach § 8b Abs. 1 Satz 1 KStG i.V.m. § 7a Abs. 2 Satz 1 GewStG bei OG steuerfrei. Allerdings können nach § 8b Abs. 5 KStG i.V.m. § 7a Abs. 2 Satz 1 GewStG 5 % der Bezüge, hier also 500 Euro nicht als Betriebsausgaben abgezogen werden. Eine Kürzung nach § 9 Nr. 2a GewStG unterbleibt, da der Gewinnanteil nicht im Gewerbeertrag enthalten ist (§ 9 Nr. 2a Satz 1 am Ende GewStG).

Ferner ist hinsichtlich des Zinsaufwands nach § 8 Nr. 1 Buchstabe a) GewStG eine Hinzurechnung vorzunehmen (§ 7a Abs. 2 Satz 1 und 2 GewStG), hier also i.H.v. 25 % von 1.000 Euro = 250 Euro.[2]

Handelt es sich bei dem Organträger nicht um eine Kapitalgesellschaft, sondern um eine natürliche Person, sind nach § 7a Abs. 2 Satz 1 GewStG i.V.m. § 15 Satz 1 Nr. 2 KStG § 3 Nr. 40 und § 3c EStG anzuwenden. Ist eine Personengesellschaft Organträgerin, so sind §§ 3 Nr. 40 und 3c Abs. 2 EStG sowie § 8b KStG bei der Ermittlung des Gewerbeertrags der Personengesellschaft anzuwenden (§ 7 Satz 4 GewStG).

Aus der entsprechenden Anwendung des § 15 Satz 1 Nr. 2 Satz 2 bis 4 KStG (§ 7a Abs. 2 Satz 1 GewStG) folgt, dass für die Bestimmung der maßgeblichen Beteiligungshöhe die Beteiligungen des Organträgers und der Organgesellschaft nicht zusammengerechnet werden dürfen.[3]

Die Neuregelung des § 7a GewStG ist schließlich auch in den Fällen des internationalen Schachtelprivilegs (§ 15 Satz 2 KStG)[4] anzuwenden (§ § 7a Abs. 3 GewStG).

---

1 BMF v. 26.8.2003 – VI A 2 – S 2770 – 18/03, BStBl. I 2003, 437, Rz. 32; vgl. hierzu auch *Rödder/Liekenbrock* in Rödder/Herlinghaus/Neumann, § 15 KStG Rz. 100, mwN.
2 S.a. Berechnungsbeispiel in BT-Drucks. 18/9536, 61.
3 BT-Drucks. 17/9596, 60 f.
4 S. Rz. 13.133 ff.

Hinweis: Die Neuregelung greift nicht für Veräußerungsgewinne, da diese nicht unter die gewerbesteuerlichen Kürzungsvorschriften fallen.[1]

D. Die Zurechnung des Einkommens der Organgesellschaft beim Organträger und die gewerbesteuerliche Ermittlung des Gewerbeertrags im Organkreis

I. Die sachliche Zurechnung des Einkommens

1. Zurechnung des Einkommens

13.91 Als Rechtsfolge der Organschaft ordnet § 14 Abs. 1 Satz 1 KStG die **Zurechnung des Einkommens der Organgesellschaft** an. Dabei ist aber nicht jegliches Einkommen der Organgesellschaft zuzurechnen, sondern nur das Einkommen der Organgesellschaft für ein Wirtschaftsjahr, in dem der Gewinnabführungsvertrag seine Wirkung entfaltet. Daher ist dem Organträger ein von der Organgesellschaft erzieltes Einkommen eines anderen Wirtschaftsjahres, das zwar im selben Veranlagungszeitraum bezogen wurde, aber das nicht unter den Gewinnabführungsvertrag fällt, nicht zuzurechnen. Vielmehr muss die Organgesellschaft dieses Einkommen selbst versteuern.[2]

13.92 Ist eine **Personengesellschaft Organträger**, ist das Einkommen dieser Personengesellschaft zuzurechnen. Die steuerliche Verteilung des das zuzurechenden Einkommen umfassenden Gewinns der Personengesellschaft richtet sich regelmäßig nach den allgemeinen Grundsätzen der Ermittlung des Gewinnanteils der Gesellschafter.[3]

13.93 Handelt es sich bei dem Organträger um einen **ausländischen Organträger**, so präzisiert § 14 Abs. 1 Satz 1 Nr. 2 Satz 6 KStG die Rechtsfolge des § 14 Abs. 1 Satz 1 KStG dahingehend, dass das Einkommen der Organgesellschaft der inländischen Betriebsstätte des Organträgers zuzurechnen ist (Rz. 17.32 ff.).

13.94 In einer **Organschaftskette** ergeben sich keine Besonderheiten: Ist die Organgesellschaft zugleich Organträger eines anderen Unternehmens, ist das Einkommen dieser Organgesellschaft Bestandteil des eigenen Einkommens der Organgesellschaft, und ist somit der Muttergesellschaft als Organträgerin im Ergebnis das Einkommen sowohl der Tochter-Organgesellschaft wie auch der Enkel-Organgesellschaft zuzurechnen.

2. Zurechnung beim Organträger

13.95 Das Gesetz ordnet sowohl in § 14 Abs. 1 Satz 1 KStG wie auch in § 14 Abs. 1 Satz 1 Nr. 2 Satz 6 KStG nur die **Zurechnung des Einkommens** der Organgesellschaft beim Organträger (bzw. seiner inländischen Betriebsstätte) an, ohne ausdrücklich festzulegen, auf welcher steuerlichen Berechnungsstufe diese Zurechnung beim Organträger erfolgt. Die Finanzverwaltung ist der Ansicht, das Einkommen der Organgesellschaft sei bei einer Körperschaft im Rahmen der Ermittlung des Gesamtbetrags der Einkünfte dem Organträger zuzurechnen;[4] für einen Organträger (bzw. dessen Gesellschafter), der der Einkommensteuer unterliegt, enthält R 2 Abs. 1 EStR 2012 aber keine vergleichbare Regelung. ME muss das Einkommen der Organge-

---

1 *Prinz*, GmbHR 206, R 289; *Sarrazin* in Lenski/Steinberg, § 2 GewStG Rz. 3764.
2 Ebenso *Jurkat*, Die Organschaft im Körperschaftsteuerrecht, 1975, Rz. 612.
3 Vgl. BFH v. 28.2.2013 – IV R 50/09, BStBl. II 2013, 494 = FR 2013, 1137.
4 R 7.1 Abs. 1 [Pos. 25] KStH 2015.

sellschaft aber Bestandteil des nach den Vorschriften des EStG oder KStG zu ermittelnden Gewinns aus Gewerbebetrieb sein.[1] Daher kann die Zurechnung nur einheitlich, und zwar auf der 2. Stufe der Gewinnermittlung – außerhalb der Steuerbilanz – erfolgen.[2] Praktische Bedeutung haben die unterschiedlichen Auffassungen kaum.

II. Die zeitliche Zurechnung des Einkommens

1. Die erstmalige Zurechnung des Einkommens (§ 14 Abs. 1 Satz 2 KStG)

Aus § 14 Abs. 1 Satz 2 KStG ergibt sich der **Zeitpunkt der erstmaligen Zurechnung** des Einkommens der Organgesellschaft: Das Einkommen der Organgesellschaft ist erstmals für das Kalenderjahr zuzurechnen, in dem das Wirtschaftsjahr der Organgesellschaft endet, in dem der Gewinnabführungsvertrag wirksam wird.

13.96

Daher ist für die erstmalige Zurechnung **zunächst festzustellen**, in welchem Wirtschaftsjahr der Organgesellschaft der Gewinnabführungsvertrag wirksam wurde (zu den einzelnen Voraussetzungen s. Rz. 2.45 ff.). Die Regelung gewinnt besondere Bedeutung für nicht eingegliederte Gesellschaften, denn der Gewinnabführungsvertrag bedarf in diesem Fall zu seiner Wirksamkeit der Eintragung in das Handelsregister (§ 294 Abs. 2 AktG). Daher ist bei nicht eingegliederten Gesellschaften die Eintragung in das Handelsregister der maßgebliche Zeitpunkt für den Eintritt der Rechtsfolge der Organschaft. Hingegen ist bei einer eingegliederten Gesellschaft die Eintragung des Gewinnabführungsvertrag in das Handelsregister nicht erforderlich. Es genügt also, dass der Gewinnabführungsvertrag nach zivilrechtlichen Grundsätzen wirksam ist.

13.97

Die Vorschrift stellt ausdrücklich auf die **zivilrechtliche Wirksamkeit** des Gewinnabführungsvertrags ab. Deshalb können auch die Regeln über die fehlerhafte Gesellschaft keine Anwendung finden,[3] denn nach diesen Regeln wird ein unwirksamer, aber tatsächlich durchgeführter Gewinnabführungsvertrag lediglich als wirksam behandelt.[4] Auch aus § 41 Abs. 1 Satz 1 AO ergibt sich keine abweichende Beurteilung, da § 14 Abs. 1 Satz 2 KStG eine abweichende Regelung i.S.d. § 41 Abs. 1 Satz 2 AO ist.[5]

13.98

Die Vorschrift des § 14 Abs. 1 Satz 2 KStG gilt auch für einen **geänderten Gewinnabführungsvertrag**. Werden daher erst auf der Grundlage eines geänderten Gewinnabführungsvertrag die Voraussetzungen für die Organschaft erfüllt, so ist das Einkommen nach Maßgabe des § 14 Abs. 1 Satz 2 KStG dem Organträger für das Kalenderjahr zuzurechnen, in dem das Wirtschaftsjahr der Organgesellschaft endet, in dem die Änderung wirksam wurde.[6]

13.99

---

1 S. auch RFH v. 18.2.1933, RStBl. 1933, 647 (648); *Pohl*, DStR 2017, 1687 (1688) unter Hinweis auf BFH v. 12.10.2016 – I R 92/12, BFHE 256, 32, BFH/NV 2017, 685.
2 Zu den Einzelheiten *Kolbe* in HHR, § 14 KStG Anm. 86.
3 Ebenso BMF v. 31.10.1989 – IV B 7 - S 2770-31/89, BStBl. I 1989, 430 = FR 1989, 695.
4 Vgl. BGH v. 14.12.1987 – II ZR 170/87, BGHZ 103, 1 (4 ff.); *Timm*, BB 1981, 1491 (1497); *Timm*, GmbHR 1987, 8 (12); *Timm*, GmbHR 1989, 11 (17).
5 S. auch BFH v. 30.7.1997 – I R 7/97, BStBl. II 1998, 33 (34) = FR 1998, 164; BFH v. 3.9.2009 – IV R 38/07, BStBl. II 2010, 60 = FR 2010, 237; *Blumers/Schmidt*, DB 1989, 31 (32); *Ulmer*, BB 1989, 10 (19); *Hönle*, DB 1979, 485 (490).
6 BFH v. 15.9.2010 – I B 27/10, BStBl. II 2010, 935 = FR 2010, 1082.

13.100 Die **erstmalige Zurechnung** des Einkommens der Organgesellschaft hängt sodann davon ab, in welchem Kalenderjahr das Wirtschaftsjahr des Wirksamwerdens der Organgesellschaft endet. Die Zurechnung des Einkommens erfolgt erstmals für dieses Kalenderjahr.

Beispiel: Organträger und Organgesellschaft schließen am 1.3.2001 einen Gewinnabführungsvertrag ab. Der Gewinnabführungsvertrag wird aufgrund seiner Eintragung in das Handelsregister am 1.11.2001 wirksam. Das Wirtschaftsjahr der Organgesellschaft ist der Zeitraum vom 1. Oktober bis 30. September.

Lösung: Der Gewinnabführungsvertrag wurde im Wirtschaftsjahr 1.10.2001 bis 30.9.02 wirksam. Dieses Wirtschaftsjahr endet im Jahr 02. Folglich kann eine Zurechnung des Einkommens der Organgesellschaft erstmals für das Kalenderjahr (den Veranlagungszeitraum) 02 erfolgen.

13.101 Insbesondere bei **nicht eingegliederten Gesellschaften**, bei denen die Wirksamkeit des Gewinnabführungsvertrags von der Eintragung in das Handelsregister abhängt, bestehen durch die Regelung des § 14 Abs. 1 Satz 2 KStG erhebliche Risiken. Denn der Zeitpunkt des Eintritts der Folgen der Organschaft hängt nicht von objektiven Merkmalen, sondern vom kaum beeinflussbaren Tempo des Registergerichts ab; eine teleologische Reduktion der Vorschrift bei verzögerten Eintragungen ist nicht zulässig.[1] Erfolgt also ungeachtet einer (noch) fehlenden Eintragung gleichwohl die Gewinnabführung/Verlustübernahme, greifen die Regelungen über die verunglückte Organschaft (hierzu Rz. 18.5 ff.). Im Einzelfall kann zwar eine Billigkeitsregelung nach § 163 AO in Betracht kommen[2], jedoch sollte vor dem Hintergrund des BFH-Urteils vom 23.8.2017[3], das eine sachliche Unbilligkeit selbst bei einer vom Registergericht verschuldeten verzögerten Eintragung ablehnt, mit einer positiven Entscheidung über einen entsprechenden Antrag nicht gerechnet werden.[4] Es können sich zudem erhebliche Probleme im Zusammenhang mit der Einhaltung des Fünf-Jahres-Zeitraumes nach § 14 Abs. 1 Satz 1 Nr. 3 Satz 1 KStG ergeben, wenn der Gewinnabführungsvertrag erst verzögert wirksam wird.

Gestaltungshinweis: Es empfiehlt sich, durch entsprechende Klauseln in dem Gewinnabführungsvertrag – z.B. durch Vereinbarung einer fünf Jahre überschreitenden Vertragslaufzeit oder einer automatischen Verlängerungsklausel bei verspäteter Eintragung – sicherzustellen, dass die Mindestlaufzeit des § 14 Abs. 1 Satz 1 Nr. 3 Satz 1 KStG eingehalten wird.

2. Die Zurechnung des Einkommens während der Organschaft

13.102 Für den **Zeitraum der Dauer der Organschaft** enthält das Gesetz keine ausdrückliche Regelung, zu welchem Zeitpunkt das Einkommen der Organgesellschaft dem Organträger zuzurechnen ist. Aus § 14 Abs. 1 Satz 2 KStG kann aber mittelbar geschlossen werden, für welchen Zeitraum die Zurechnung beim Organträger zu erfolgen hat. Hiernach ist das Einkommen der Organgesellschaft in dem Kalenderjahr (= Veranlagungszeitraum, § 31 Abs. 1 KStG i.V.m. § 25 Abs. 1 EStG) dem Organträger zuzurechnen, in dem das Wirtschaftsjahr der Organgesellschaft endet.[5] Das heißt, dem Organträger ist das Einkommen der Organgesell-

---

1 BFH v. 12.6.2008 – I B 20/08, juris; Niedersächsisches FG v. 13.12.2007 – 6 K 411/07, EFG 2008, 885; FG BW v. 8.7.2013 – 6 K 3578/11, juris.
2 S. zB den Fall in FG Düsseldorf v. 17.5.2011 – 6 K 3100/09 K, G, AO, juris; nachgehend BFH v. 23.4.2012 – I B 100/11, BFH/NV 2012, 1327.
3 I R 80/15, DStR 2017, 2803.
4 Krit. *U. Prinz/Keller*, DB 2018, 400 (401).
5 Ebenso BFH v. 28.2.2013 – IV R 50/09, BStBl. II 2013, 494 = FR 2013, 1137; *Walter/Stümper*, GmbHR 2003, 652 (653); zweifelnd *Dötsch* in Dötsch/Pung/Möhlenbrock, § 14 KStG Rz. 742.

schaft für den Veranlagungszeitraum zuzurechnen, in dem die Organgesellschaft dieses Einkommen bezogen hat und es ohne die Zurechnungsvorschrift des § 14 Abs. 1 Satz 1 KStG selbst zu versteuern haben würde.[1] Für die steuerrechtliche Zurechnung des Einkommens der Organgesellschaft ist also der Veranlagungszeitraum entscheidend, in dem das entsprechende Wirtschaftsjahr der Organgesellschaft endet.

Stimmen die Wirtschaftsjahre von Organträger und Organgesellschaft **überein**, können der Zeitpunkt der Zurechnung des Einkommens und des erfolgswirksamen Ausweises des abzuführenden Gewinns bzw. des zu übernehmenden Verlusts nicht auseinanderfallen.[2] Durch die Eingehung einer Organschaft kann somit eine phasengleiche Versteuerung des Einkommens der abhängigen Gesellschaft erreicht werden.[3]   13.103

Beispiel 1: Die Wirtschaftsjahre des Organträgers und der Organgesellschaft beginnen am 1.7.2001 und enden am 30.6.02. In der Bilanz auf den 30.6.02 muss der Organträger den Betrag der Gewinnabführung als Forderung bzw. den Betrag der Verlustübernahme als Verbindlichkeit (Rückstellung) ausweisen. Da das Wirtschaftsjahr der Organgesellschaft am 30.6.02 endet, ist das Einkommen der Organgesellschaft dem Organträger steuerrechtlich für den Veranlagungszeitraum 02 zuzurechnen.

Weichen hingegen das **Wirtschaftsjahr** des Organträgers und der Organgesellschaft **voneinander ab**, können der Zeitpunkt der handelsrechtlichen Berücksichtigung der Gewinnabführung/Verlustübernahme und der Einkommenszurechnung abweichen.   13.104

Endet dabei das Wirtschaftsjahr der Organgesellschaft vor dem Wirtschaftsjahr des Organträgers, ist deren Einkommen bereits in einem vorhergehenden Veranlagungszeitraum dem Organträger zuzurechnen, wenn zwischen den Stichtagen der Wirtschaftsjahr das Ende des Veranlagungszeitraums liegt.[4] Einer vom handelsrechtlichen Ausweis abweichenden Zurechnung steht auch nicht der Maßgeblichkeitsgrundsatz des § 5 Abs. 1 Satz 1 EStG entgegen,[5] denn die Zurechnung erfolgt nicht im Rahmen der Ermittlung des Steuerbilanzgewinns des Organträgers, sondern auf der 2. Stufe der Gewinnermittlung (s. Rz. 13.96).   13.105

Beispiel 2: Das Wirtschaftsjahr der Organgesellschaft beginnt am 1.10.01 und endet am 30.9.02. Das Wirtschaftsjahr des Organträgers beginnt am 1.11.01 und endet am 31.10.02. Im Jahresabschluss des Organträgers auf den 31.10.02 ist der Betrag der Gewinnabführung/Verlustübernahme auszuweisen. Das Wirtschaftsjahr der Organgesellschaft endet im Veranlagungszeitraum 02. Damit ist das Einkommen der Organgesellschaft dem Organträger für den VZ 02 zuzurechnen.

Beispiel 3: Das Wirtschaftsjahr der Organgesellschaft beginnt am 1.10.01 und endet am 30.9.02. Das Wirtschaftsjahr des Organträgers beginnt am 1.2.02 und endet am 31.1.03. Das Wirtschaftsjahr der Organgesellschaft endet im Veranlagungszeitraum 02. Damit ist das Einkommen der Organgesellschaft dem Organträger bereits im Veranlagungszeitraum 02 zuzurechnen. Hingegen wirkt sich die Gewinnabführung/Verlustübernahme handelsrechtlich erst im Jahresabschluss des Organträgers auf den 31.1.03 aus.

---

1 Vgl. auch BFH v. 29.10.1974 – I R 240/72, BStBl. II 1975, 126 (127); *Rödder/Liekenbrock* in Rödder/Herlinghaus/Neumann, § 14 KStG Rz. 479; *Müller* in Müller/Stöcker/Lieber[10], Rz. 494; *Walter/Stümper*, GmbHR 2003, 652 (653); aA *Knobbe-Keuk*, Bilanz- und Unternehmenssteuerrecht[9], § 20 II 2b, 715.
2 Vgl. BFH v. 29.10.1974 – I R 240/72, BStBl. II 1975, 126 (129).
3 Ebenso *Blaum/Kessler*, StuB 2000, 1233 (1245); *Prinz*, FR 2000, 1255 (1260).
4 Vgl. BFH v. 29.10.1974 – I R 240/72, BStBl. II 1975, 126 (129); *Kerssenbrock*, RIW 2002, 889 (892); aA *Wassermeyer* in Herzig, 203 (218).
5 So aber *Kerssenbrock*, BB 1998, Beilage 3, 15 ff., auch unter Hinweis auf die Grundsätze des (damals geltenden) Anrechnungsverfahrens.

Gestaltungshinweis: Um eine Phasenverschiebung zu vermeiden, kann es sich anbieten, das Wirtschaftsjahr durch die Bildung eines *Rumpf*-Wirtschaftsjahrs in Einklang zu bringen. Jedoch sollte hierbei bedacht werden, dass die Phasenverschiebung bei Verlusten der Organgesellschaft auch vorteilhaft für den Organträger sein kann.

13.106 Bildet die Organgesellschaft im Hinblick auf die Voraussetzung des § 14 Abs. 1 Satz 1 Nr. 1 Satz 1 KStG (finanzielle Eingliederung vom Beginn des Wirtschaftsjahr der Organgesellschaft an) ein *Rumpf*-**Wirtschaftsjahr**, kommt eine teilweise Einkommenszurechnung nicht in Betracht, denn § 14 Abs. 1 Satz 2 KStG sieht ausdrücklich vor, dass das Einkommen erstmals dem Organträger in dem Wirtschaftsjahr zuzurechnen ist, in dem der Gewinnabführungsvertrag wirksam wird.

Beispiel 4: Organgesellschaft und Organträger schließen mit Wirkung vom 1.3.01 einen Gewinnabführungsvertrag ab, der am 31.5.01 ins Handelsregister eingetragen wird. Das Wirtschaftsjahr stimmte mit dem Kalenderjahr überein. Im Hinblick auf § 14 Abs. 1 Satz 1 Nr. 1 Satz 1 KStG stellt die Organgesellschaft ihr Wirtschaftsjahr auf die Zeit vom 1. März bis 28. Februar um und bildet ein Rumpf-Wirtschaftsjahr für die Zeit vom 1.1.01 bis 28.2.01.

Lösung: Nach § 14 Abs. 1 Satz 2 KStG ist das Einkommen der Organgesellschaft dem Organträger für das Wirtschaftsjahr 1.3.01 bis 28.2.02 im Jahr 02 zuzurechnen, denn der Gewinnabführungsvertrag wurde im Wirtschaftsjahr 1.3.01 bis 28.2.02 wirksam. Das Einkommen des Rumpf-Wirtschaftsjahr 1.1. bis 28.2.01 muss die Organgesellschaft selbst versteuern.

13.107 **Veräußert** der Organträger seine Beteiligung zum Ende des Wirtschaftsjahrs der Organgesellschaft, ist das Einkommen für das abgelaufene Wirtschaftsjahr der Organgesellschaft dem bisherigen Organträger zuzurechnen.[1]

13.108 Bei einer **Organschaftskette** schlägt die Zurechnung des Einkommens der Enkelgesellschaft auf die Muttergesellschaft durch.

Beispiel 5: Es besteht ein Organschaftsverhältnis zum einen zwischen MG und TG und zum anderen zwischen TG und EG. Das Wirtschaftsjahr von MG umfasst den Zeitraum vom 1. Oktober bis 30. September, das Wirtschaftsjahr von TG umfasst den Zeitraum vom 1. Januar bis 31. Dezember und das Wirtschaftsjahr von EG umfasst den Zeitraum vom 1. Juli bis 30. Juni.

Lösung: Das Einkommen für das am 30.6.01 endende Wirtschaftsjahr von EG ist TG im Veranlagungszeitraum 01 zuzurechnen. Das Einkommen von EG ist dementsprechend bei der Gewinnermittlung (2. Stufe) von TG für das im Veranlagungszeitraum 01 endende Wirtschaftsjahr zu berücksichtigen. Das Einkommen für das am 31.12.01 endende Wirtschaftsjahr von TG ist MG im Veranlagungszeitraum 01 zuzurechnen.[2]

13.109 Ist eine **Personengesellschaft** Organträger, müssen die Gesellschafter deren Einkünfte versteuern. Daher ist das Einkommen der Organgesellschaft in dem Zeitpunkt bei der einheitlichen und gesonderten Feststellung zu berücksichtigen, in dem es die Organgesellschaft zu versteuern haben würde.[3] Dabei ist das Einkommen der Organgesellschaft nach Maßgabe des allgemeinen Gewinnverteilungsschlüssels auf die Gesellschafter der Personengesellschaft im Zeitpunkt der Zurechnung zu verteilen. Hat sich der Gesellschafterbestand im Veranla-

---

1 S. auch *Dötsch*, Der Konzern 2003, 21 (36).
2 Wegen weiterer Zurechnungsfragen in der Organschaftskette s. *Kolbe* in HHR, § 14 KStG Anm. 87.
3 Vgl. BFH v. 28.2.2013 – IV R 50/09, BStBl. II 2013, 494 = FR 2013, 1137; *Neumann* in Gosch[3], § 14 KStG Rz. 512; *Müller* in Müller/Stöcker/Lieber[10], Rz. 511; *Walter* in Ernst & Young, § 14 KStG Rz. 909.

gungszeitraum der Zurechnung des Einkommens der Organgesellschaft verändert, ist das Einkommen der Organgesellschaft nur den Gesellschaftern der Organträger-Personengesellschaft zuzurechnen, die im Zeitpunkt der Zurechnung (= Ende des Wirtschaftsjahr der Organgesellschaft) Gesellschafter der Organträger-Personengesellschaft sind.[1]

Im Fall der **Umwandlung** ist das Einkommen entweder dem übertragenden oder dem übernehmenden Rechtsträger zuzurechnen: Fällt der steuerliche Übertragungsstichtag (§§ 2 Abs. 1 Satz 1, 20 Abs. 6 UmwStG) mit dem Schluss des Wirtschaftsjahrs der Organgesellschaft zusammen, ist das Einkommen der Organgesellschaft der übertragenden Gesellschaft zuzurechnen. Anderenfalls ist das Einkommen der Organgesellschaft dem übernehmenden Rechtsträger zuzurechnen.[2] 13.110

III. Gewerbesteuerliche Besonderheiten

Gewerbesteuerliche Rechtsfolge der Organschaft ist nicht die Zurechnung des Einkommens der Organgesellschaft beim Organträger. Vielmehr sind der jeweils eigenständig ermittelte Gewerbeertrag der Organgesellschaft und des Organträgers auf einer zweiten Stufe zusammenzurechnen und ggf. um unberechtigte doppelte steuerrechtliche Be- oder Entlastungen zu korrigieren.[3] Dieser zusammengerechnete Gewerbeertrag stellt dann die Grundlage für die Ermittlung des einheitlichen Gewerbesteuermessbetrags dar. 13.111

E. Die Ermittlung des Einkommens des Organträgers

I. Allgemeine Grundlagen der Einkommensermittlung

Auch beim Organträger sind die **Besteuerungsgrundlagen** eigenständig nach Maßgabe der entsprechenden Gewinnermittlungsvorschriften zu ermitteln, wobei jedoch die Verhältnisse bei der Organgesellschaft dann zu berücksichtigen sind, wenn es sich um Besteuerungsgrundlagen handelt, die sich auf die Höhe der Steuer, z.B. bei der Anrechnung ausländischer Steuern, auswirken. 13.112

Der Organträger muss nach § 14 Abs. 1 Satz 1 KStG einen **Gewerbebetrieb** unterhalten. Regelmäßig wird es dabei zugleich auch um ein Handelsgewerbe i.S.d. § 1 HGB handeln, da aufgrund des Abschlusses des Gewinnabführungsvertrag jedenfalls ein in kaufmännischer Weise eingerichteter Geschäftsbetrieb erforderlich sein wird (§ 1 Abs. 2 HGB). Dementsprechend ist der Organträger nach § 238 Abs. 1 HGB zur Führung von Büchern verpflichtet und muss den Gewinn nach §§ 5, 4 Abs. 1 EStG ermitteln; eine Gewinnermittlung nach § 4 Abs. 3 EStG ist deshalb kaum denkbar. 13.113

---

1 BFH v. 28.2.2013 – IV R 50/09, BStBl. II 2013, 494 = FR 2013, 1137; *Schulze zur Wiesche*, DStZ 2013, 621 (623).
2 Vgl. *Rödder/Liekenbrock* in Rödder/Herlinghaus/Neumann, § 14 KStG Rz. 498; *Neumann* in Gosch³, § 14 KStG Rz. 523 ff.; *Dötsch* in Dötsch/Pung/Möhlenbrock, Anh. 1 zum UmwStG Rz. 4 und 53; *Dötsch*, Ubg 2011, 20; *Rödder/Jonas/Montag* in Rödder/Stangl, Der Umwandlungssteuer-Erlass 2011, 2012, 566; *Dötsch*, Der Konzern 2003, 21 (36); *Thiel/Eversberg/van Lishaut/Neumann*, GmbHR 1998, 397 (425); BMF v. 11.11.2011 – IV C 2 - S 1978-b/08/10001 – DOK 2011/0903665, BStBl. I 2011, 1314, Tz. Org.19.
3 S.o. Rz. 13.89.

II. Organschaftliche Besonderheiten bei der Ermittlung des Einkommens des Organträgers

1. Teilwertabschreibungen

a) Teilwertabschreibung auf die Beteiligung an der Organgesellschaft

13.114 Nach § 6 Abs. 1 Nr. 2 Satz 2 EStG kann anstelle der Anschaffungskosten für die Beteiligung der **niedrigere Teilwert** angesetzt werden, wenn dieser auf einer voraussichtlich dauernden Wertminderung beruht. Daher ist auch im Rahmen einer Organschaft eine Teilwertabschreibung auf die Beteiligung grundsätzlich zulässig,[1] wobei aber § 8b Abs. 3 und 6 KStG sowie § 3c Abs. 2 Satz 2 EStG und bei der Gewerbesteuer § 8 Nr. 10 GewStG zu beachten sind.

13.115 Erzielt die Organgesellschaft **Verluste**, scheidet eine Teilwertabschreibung aufgrund einer dauerhaften Minderung des Substanzwerts der Beteiligung aus. Denn der Organträger ist nach § 302 AktG verpflichtet, den Verlust auszugleichen, sodass der Organgesellschaft in Höhe des auszugleichenden Verlustes ein Vermögenswert zufließt. Damit mindert sich aber das Vermögen der Organgesellschaft und folglich auch der Substanzwert der Beteiligung an der Organgesellschaft trotz des Verlustes nicht. Zudem wirkt sich der Verlust aufgrund der Ausgleichspflicht des Organträgers und aufgrund der steuerlichen Zurechnung des Verlusts beim Organträger gewinnmindernd aus. Insoweit entsteht also beim Organträger durch den Verlust ein Aufwand. Es ist daher auch aus diesem Grund nicht gerechtfertigt, den Verlust nochmals im Wege einer Teilwertabschreibung zu berücksichtigen.[2] Dabei gilt die widerlegbare Vermutung, dass eine Teilwertminderung auf dem Verlust beruht, wenn die Teilwertabschreibung im Verlustjahr oder im darauffolgenden Jahr erfolgt.[3]

13.116 Allerdings bestimmt sich der Teilwert einer Beteiligung nicht nur nach dem **Substanzwert**. Deshalb kann eine Teilwertabschreibung auf die Beteiligung dann in Betracht kommen, wenn der Ertragswert oder die funktionale Bedeutung der Beteiligung für den Betrieb des Gesellschafters als weitere – neben dem Substanzwert – den Teilwert bestimmenden Faktoren sich negativ verändern.[4] Zwar führt die Verpflichtung einer Organgesellschaft zur Abführung ihres Gewinns nicht dazu, dass die Organgesellschaft als ertraglos anzusehen ist.[5] Jedoch kann ein dauerhafter Verlust der Organgesellschaft insbesondere den Geschäftswert beeinflussen. In diesem Fall ist unter den weiteren Voraussetzungen des § 6 Abs. 1 Nr. 2 Satz 2 EStG durchaus eine Teilwertabschreibung zulässig.[6]

---

1 So auch *Rödder/Liekenbrock* in Rödder/Herlinghaus/Neumann, § 14 KStG Rz. 526; *Frotscher* in Frotscher/Drüen, § 14 KStG Rz. 617; *Neumann* in Gosch³, § 14 KStG Rz. 429; R 14.7 Abs. 3 Satz 1 KStH 2015.
2 Vgl. BFH v. 17.9.1969 – I 170/65, BStBl. II 1970, 48 (49); BFH v. 12.10.1972 – IV R 37/68, BStBl. II 1973, 76 (78); *Frotscher* in Frotscher/Drüen, § 14 KStG Rz. 618; *Neumann* in Gosch³, § 14 KStG Rz. 430; *Dötsch/Buyer*, DB 1991, 10 (12).
3 BFH v. 6.11.1985 – I R 56/82, BStBl. II 1986, 73 (75) = FR 1986, 216; BFH v. 22.4.1998 – I R 109/97, BStBl. II 1998, 748 (749) = FR 1998, 1040.
4 S. BFH v. 22.4.1998 – I R 109/97, BStBl. II 1998, 748 (749) = FR 1998, 1040; offen gelassen in BFH v. 17.9.1969 – I 170/65, BStBl. II 1970, 48 (49).
5 BFH v. 29.3.1963 – III 352/59 U, BStBl. III 1963, 324 (325).
6 Ebenso *Frotscher* in Frotscher/Drüen, § 14 KStG Rz. 619 ff.; *Walter* in Ernst & Young, § 14 KStG Rz. 887 f.; *Müller* in Müller/Stöcker/Lieber¹⁰, Rz. 566; *Lohmar* in Lademann, § 14 KStG Rz. 514; *Gutike* in Greif/Schumann, § 14 KStG Rz. 74; *Honert*, EStB 1999, 219; *Laule*, KFR Fach 5, § 2 GewStG, 2/99; *Grothere*, BB 1993, 1986 (1993).

b) Abführungsbedingte Teilwertabschreibung

Die Organgesellschaft kann über den Gewinnabführungsvertrag hinaus auch Gewinne, zB aus der Ausschüttung vororganschaftlicher Gewinne oder der Auflösung einer Kapitalrücklage oder aufgrund einer vGA, abführen. Insofern kann unter den Voraussetzungen des § 6 Abs. 1 Nr. 2 Satz 2 EStG eine **abführungsbedingte Teilwertabschreibung** vorgenommen werden.[1]

13.117

c) Forderungsabschreibung

Als weiterhin rechtlich selbständige Rechtsträger können die Organgesellschaft und der Organträger **gegenseitige Forderungen und Verbindlichkeiten** begründen, die in den Bilanzen auszuweisen sind.[2] Dementsprechend sind die jeweiligen Forderungen und Verbindlichkeiten auch nach den allgemeinen Grundsätzen zu bewerten. Allerdings ist hierbei zu berücksichtigen, dass der Organträger zivilrechtlich zur Übernahme eines Verlusts der Organgesellschaft verpflichtet ist. Deshalb ist es grundsätzlich nicht denkbar, dass eine Forderung des Organträgers gegen die Organgesellschaft uneinbringlich wird. Es besteht deshalb für eine Teilwertabschreibung regelmäßig kein Raum.[3] Gleichwohl kann eine Teilwertabschreibung zB dann gerechtfertigt sein, wenn der Organträger seine Forderung nicht mehr durchzusetzen vermag und die Vermögenslage der Organgesellschaft auch nicht mehr durch die Verlustübernahme verbessert werden kann.[4]

13.118

2. Aufwendungen auf die Beteiligung an der Organgesellschaft

Im Zusammenhang mit der Beteiligung an der Organgesellschaft können dem Organträger **Aufwendungen**, wie zB Schuldzinsen oder sonstige Finanzierungskosten entstehen. Diese Aufwendungen stellen betrieblichen Aufwand und damit auch Betriebsausgaben beim Organträger dar, die auch nicht unter den Anwendungsbereich des § 8b Abs. 3 KStG bzw. des § 3c EStG fallen.[5] Zwar wird der abgeführte Gewinn der Organgesellschaft zunächst aus dem Ergebnis des Organträgers ausgeschieden. Aus diesem Umstand folgt jedoch nicht, dass dieser Gewinn steuerfrei ist. Vielmehr unterliegt der Gewinn weiterhin, nämlich aufgrund der Zurechnung nach § 14 Abs. 1 Satz 1 KStG, uneingeschränkt der Besteuerung.[6] Deshalb greift auch ein Vergleich mit einer Ausschüttung der Tochtergesellschaft an die Muttergesellschaft nicht, da diese nach § 8b Abs. 1 Satz 1 KStG bzw. nach § 3c Abs. 2 EStG steuerfrei ist.[7] Im Übrigen sollen die Vorschriften des § 8b Abs. 3 KStG und des § 3c EStG gewährleisten, dass Aufwendungen, die wirtschaftlich mit steuerfreien Einnahmen zusammenhängen, nicht als

13.119

---

1 Vgl. BFH v. 13.11.2002 – I R 9/02, BStBl. II 2003, 489 (491) = FR 2003, 715; *Neumann* in Gosch[3], § 14 KStG Rz. 433; *Honert*, EStB 1999, 219; *Dötsch/Buyer*, DB 1991, 10 (12).
2 RFH v. 26.7.1932, RStBl. 1933, 136 (138 f.).
3 Ebenso *Dötsch* in Dötsch/Pung/Möhlenbrock, § 14 KStG Rz. 765; *Frotscher* in Frotscher/Drüen, § 14 KStG Rz. 624; *Dötsch/Buyer*, DB 1991, 10 (13); *Rose*, DB 1960, 1164 (1165).
4 So auch *Dötsch* in Dötsch/Pung/Möhlenbrock, § 14 KStG Rz. 765; *Eckl*, DStR 2001, 1280 (1282 f.); vgl. auch RFH v. 31.10.1933, RStBl. 1934, 684 (685).
5 AA *Thiel*, DB 2002, 1340; *Thiel*, FR 2002, 925.
6 Ebenso *Frotscher* in Frotscher/Drüen, § 14 KStG Rz. 629; *Füger/Rieger*, FR 2003, 589 (590); *Lüdicke*, BB 2002, 1521 (1522); *Beinert/Miekus*, DB 2002, 1467; *Frotscher/Berg/Pannen/Stifter*, DB 2002, 1522 (1523 ff.); *Rödder/Schumacher*, DStR 2002, 1163 (1164); *Köplin/Klein/Lüpges*, FR 2002, 921; *Krebs/Blumenberg*, BB 2002, 1721; *Carlé/Bauschatz*, FR 2002, 1163; *Pupeter*, GmbHR 2002, 768; *Schnittker/Schmitz-Herscheidt*, FR 2002, 1163 (1166); *Wassermeyer*, GmbHR 2003, 313 (314 f.); BMF v. 26.8.2003 – IV A 2 - S 2770 – 18/03, BStBl. I 2003, 437 = FR 2003, 981, Rz. 24.
7 So auch *Schnittker/Schmitz-Herscheidt*, FR 2002, 1163 (1166).

Betriebsausgaben abgezogen werden, um einen doppelten steuerlichen Vorteil aus dem Abzug der Aufwendungen zu verhindern.[1] Da der Organträger aber das Einkommen der Organgesellschaft versteuern muss, entsteht auch kein doppelter steuerlicher Vorteil, der durch ein Abzugsverbot kompensiert werden müsste.

3. Rückstellung wegen drohender Verlustübernahme

13.120 In steuerlicher Hinsicht scheidet die Bildung einer **Rückstellung wegen drohender Verlustübernahme** aus, da eine derartige Rückstellung den Verlustausgleich vorwegnimmt. Daher steht § 14 Abs. 1 Satz 1 KStG der Bildung einer entsprechenden Rückstellung entgegen.[2]

4. Korrektur von vGA und verdeckter Einlagen

13.121 Liegt eine **vGA oder eine verdeckte Einlage** vor, so sind diese zur Vermeidung einer doppelten Erfassung beim Organträger zu korrigieren. Die Erfassung erfolgt nur im Wege der Zurechnung des Einkommens der Organgesellschaft (s.o. Rz. 13.64).

Beispiel: Die Organgesellschaft entrichtet an den Organträger eine überhöhte Miete von insgesamt 150 Euro für die Nutzung eines WG. In Höhe des unangemessenen Teils der Miete (angenommen 50 Euro) liegt eine vGA (§ 8 Abs. 3 Satz 2 KStG) vor. Bei der Organgesellschaft ist bei der Ermittlung des Jahresergebnisses der Mietaufwand in voller Höhe, also iHv. 150 Euro zu berücksichtigen. Auf der 2. Stufe der Gewinnermittlung ist das Einkommen um den unangemessenen Teil der Miete, also um 50 Euro zu erhöhen. Im Ergebnis wirkt sich bei der Organgesellschaft nur die angemessene Miete, also 100 Euro ergebniswirksam aus. Beim Organträger wirken sich zum einen der entsprechende Mietertrag (100 Euro) und die vGA (50 Euro) aus. Zum anderen führt die Zurechnung des Einkommens der Organgesellschaft hinsichtlich der vGA zu einer erneuten Berücksichtigung des Betrags von 50 Euro beim Organträger. Deshalb bleibt beim Organträger die vGA außer Ansatz und erfolgt die Berücksichtigung der vGA nur im Wege der Einkommenszurechnung.

13.122 Ist bei einem **Dauerverlustgeschäft** i.S.d. § 8 Abs. 7 Satz 2 KStG eine vGA anzunehmen, bleibt auf der Ebene der Organgesellschaft das Einkommen gemindert (§ 15 Satz 1 Nr. 4 Satz 1 KStG). Die entsprechende vGA darf aber das Einkommen des Organträgers nicht mindern (§ 15 Satz 1 Nr. 4 Satz 2 KStG).[3]

5. Spendenabzug beim Organträger

13.123 Bei der Berechnung des **Höchstbetrags** der abziehbaren Spenden nach § 9 Abs. 1 Nr. 2 KStG bzw. § 10b Abs. 1 EStG ist das Einkommen der Organgesellschaft nicht zu berücksichtigen. Es ist vielmehr nur auf das eigene Einkommen bzw. den eigenen Gesamtbetrag der Einkünfte des

---

1 Vgl. BFH v. 14.11.1986 – VI R 209/82, BStBl. II 1989, 351.
2 Ebenso BFH v. 26.1.1977 – I R 101/75, BStBl. II 1977, 441 (442); *Frotscher* in Frotscher/Drüen, § 14 KStG Rz. 626; *Müller* in Müller/Stöcker/Lieber[10], Rz. 561; *Dötsch* in Dötsch/Pung/Möhlenbrock, § 14 KStG Rz. 760; *Döllerer* in FS Schmidt, 523 (537); *von Wallis*, DStZ/A 1975, 81 (82); aA *Jurkat*, Die Organschaft im Körperschaftsteuerrecht, 1975, Rz. 744; *Raupach/Clausen*, BB 1974, 689 (690 ff.); *Knobbe-Keuk*, Bilanz- und Unternehmenssteuerrecht, 9. Aufl. 1993, § 20 III 2a, 713 f.; zur handelsrechtlichen Problematik: *Förschle/Peun* in BeckBilanzkomm[11], § 277 HGB Rz. 18; *Kropff* in FS Döllerer, 1988, 349 (351 f.); *Kusterer*, DStR 1996, 114; *Jonas*, DB 1994, 1529 (1532); *Rose*, DB 1960, 1164 (1166).
3 Zu den Einzelheiten *Neumann* in Gosch[3], § 15 KStG Rz. 40 f.; *Herlinghaus* in HHR, § 15 KStG Anm. 81.

Organträgers abzustellen.¹ Ist eine Personengesellschaft Organträgerin, ist bei der Berechnung des Höchstbetrags für den Gesellschafter das anteilige zugerechnete Einkommen der Organgesellschaft auszuscheiden.² Hat der Organträger Ausgleichszahlungen an außenstehende Gesellschafter entrichtet, die von der Organgesellschaft nach § 16 KStG zu versteuern sind, ist die Bemessungsgrundlage für den Höchstbetrag um diese Ausgleichszahlungen zu erhöhen.³

6. Anwendung des Teileinkünfteverfahrens auf der Ebene des Organträgers (§ 15 Satz 1 Nr. 2 und Satz 2 KStG)

a) Bruttomethode nach § 15 Satz 1 Nr. 2 Satz 2 KStG

Korrespondierend zur Vorschrift des § 15 Satz 1 Nr. 2 Satz 1 KStG, nach der § 8b Abs. 1 bis 6 KStG und § 4 Abs. 6 UmwStG auf der Ebene der Organgesellschaft nicht anzuwenden sind (hierzu Rz. 13.81 ff.), bestimmt § 15 Satz 1 Nr. 2 Satz 2 KStG die Anwendung des **Teileinkünfteverfahrens erst auf der Ebene des Organträgers**. Dies gilt auch für die Ermittlung des Gewerbeertrags. Voraussetzung hierfür ist, dass in dem dem Organträger zugerechneten Einkommen der Organgesellschaft

13.124

– Bezüge, Gewinne oder Gewinnminderungen i.S.v. § 8b Abs. 1 bis 3 KStG oder

– mit Bezügen, Gewinnen oder Gewinnminderungen i.S.v. § 8b Abs. 1 bis 3 KStG zusammenhängende Ausgaben i.S.v. § 3c Abs. 2 EStG oder

– ein Übernahmeverlust nach § 4 Abs. 6 UmwStG

enthalten sind.

Handelt es sich dagegen um Beträge, die nicht **aus dem zugerechneten Einkommen der Organschaft** resultieren, greift § 15 Satz 1 Nr. 2 Satz 2 KStG nicht. Daher ist § 3c EStG für eigene Aufwendungen des Organträgers auf seine Beteiligung an der Organgesellschaft nicht anzuwenden.⁴

13.125

Gleichermaßen stellen **vGA innerhalb des Organkreises** keinen Bezug i.S.d. § 8b Abs. 1 KStG bzw. des § 3 Nr. 40 Buchst. d) EStG dar, da die vGA lediglich eine vorweggenommene Gewinnabführung ist.⁵ Insoweit gelten also die allgemeinen Grundsätze der Einkommensermittlung im Zusammenhang mit vGA (Rz. 13.63 ff. und Rz. 13.122 f.).

13.126

In den Fällen **des § 8b Abs. 7, 8 KStG** (bestimmte Anteile von Kreditinstituten, Finanzdienstleistungsunternehmen oder von Lebens- und Krankenversicherungsunternehmen) oder § 8b Abs. 10 KStG (Überlassung dieser Anteile an eine andere Körperschaft), sieht § 15 Satz 1 Nr. 2 Satz 3 KStG eine **Rückausnahme** vom Anwendungsvorrang des § 15 Satz 1 Nr. 2 Satz 2 KStG vor.⁶

13.127

---

1 BFH v. 23.1.2002 – XI R 95/97, BStBl. II 2003, 9 (10) = FR 2002, 786 m. Anm. *Wendt*; FG Düsseldorf v. 26.6.2012 – 6 K 3767/10 F, rkr., EFG 2012, 1876; *Sievert/Stolze*, StuB 2006, 616; aA *Gerlach*, DB 1986, 2357; *Olbing* in FS Streck, 121 (125 ff.).
2 Vgl. BFH v. 23.1.2002 – XI R 95/97, BStBl. II 2003, 9 (10) = FR 2002, 786 m. Anm. *Wendt*.
3 Ebenso *Frotscher* in Frotscher/Drüen, § 14 KStG Rz. 603.
4 *Rödder/Schumacher*, DStR 2002, 105 (110).
5 Vgl. R 14.6 Abs. 4 KStH 2015; *Frotscher* in Frotscher/Drüen, § 15 KStG Rz. 58.
6 Zu den Einzelheiten: *Neumann* in Gosch³, § 15 KStG Rz. 24b; *Herlinghaus* in HHR, § 15 KStG Anm. 59 ff.

13.128 Liegen entsprechende **zugerechnete Einkommensbestandteile** vor, so sind § 8b KStG, § 4 Abs. 6 UmwStG und §§ 3 Nr. 40 und 3c Abs. 2 EStG auf der Ebene des Organträgers anzuwenden. Dabei gilt § 8b KStG für eine Kapitalgesellschaft als Organträger oder für eine an einer Organträger-Personengesellschaft beteiligte Kapitalgesellschaft, und gelten §§ 3 Nr. 40 und 3c Abs. 2 EStG für eine natürliche Person als Organgesellschaft oder für eine an einer Organträger-Personengesellschaft beteiligte natürliche Person.

13.129 Ist eine Personengesellschaft Organträger, so ist diese selbständiges Subjekt der Gewerbesteuer. Insoweit stellt § 7 Satz 4 GewStG klar, dass §§ 3 Nr. 40 und 3c Abs. 2 EStG sowie § 8b KStG bei der Ermittlung des Gewerbeertrags der Personengesellschaft anzuwenden sind.

13.130 In einer **Organschaftskette** ist § 15 Satz 1 Nr. 2 Satz 2 KStG nur auf den Organträger an der Spitze der Organschaftskette anzuwenden. Für Organträger, die zugleich Organgesellschaft sind, gilt also § 15 Satz 1 Nr. 2 Satz 1 KStG.[1]

13.131 Bei der Anwendung des § 8b KStG ist die Regelung des **§ 8b Abs. 4 KStG**, die für alle Bezüge gilt, die nach dem 28.2.2013 zufließen (§ 34 Abs. 7a KStG),[2] zu beachten. Hiernach sind Bezüge i.S.d. § 8b Abs. 1 Satz 1 KStG nur steuerfrei, wenn die betreffende Beteiligung am Grund- oder Stammkapital 10 % oder mehr beträgt (§ 8b Abs. 4 Satz 1 KStG). Für die Berechnung dieser Beteiligungsgrenze sind nach § 15 Satz 1 Nr. 2 Satz 4 KStG die Beteiligungen des Organträgers und der Organgesellschaft getrennt zu betrachten.[3] Sind die Bezüge nach § 8b Abs. 4 Satz 1 KStG nicht steuerbefreit, so ist auch § 8b Abs. 5 KStG nicht anzuwenden (§ 8b Abs. 4 Satz 7 KStG).

Beispiel 1: OT, eine Kapitalgesellschaft, ist Organträger der OG. OG erzielt aus einer Beteiligung Dividendenerträge iHv. 10.000 Euro. Zudem sind OG im Zusammenhang mit dieser Beteiligung Aufwendungen iHv. 3.000 Euro erwachsen.

Lösung: In dem Einkommen von OG sind Dividendenerträge iHv. 10.000 Euro und Betriebsausgaben aus der Beteiligung iHv. 3.000 Euro enthalten. Daher sind die Voraussetzungen des § 15 Satz 1 Nr. 2 Satz 2 KStG erfüllt und ist § 8b KStG bei OT anzuwenden: Nach § 8b Abs. 1 Satz 1 KStG sind die Dividendenerträge bei OT steuerfrei und folglich bei der Gewinnermittlung der 2. Stufe auszuscheiden. Zudem gelten 5 % der Dividendenerträge, also 500 Euro, als nicht abzugsfähige Betriebsausgaben (§ 8b Abs. 5 Satz 1 KStG).

Beispiel 2: Wie Beispiel 1, nur ist OT, eine natürliche Person.

Lösung: Nach § 3 Nr. 40 Buchst. d) Satz 1 EStG sind die Dividendenerträge bei OT zu 40 %, also iHv. 4.000 Euro, steuerfrei. Zudem dürfen nur 60 % der Beteiligungsaufwendungen, also 1.800 Euro, als Betriebsausgaben abgezogen werden (§ 3c Abs. 2 Satz 1 EStG).

Beispiel 3: Wie Beispiel 1, nur ist OT eine Personengesellschaft, an der ausschließlich natürliche Personen beteiligt sind.

Lösung: Weil die Gesellschafter natürliche Personen sind, sind nach § 3 Nr. 40 Buchst. d) Satz 1 EStG die Dividendenerträge bei OT zu 40 %, also iHv. 4.000 Euro, steuerfrei.[4] Zudem dürfen nur 60 % der Beteiligungsaufwendungen, also 1.800 Euro, als Betriebsausgaben abgezogen werden (§ 3c Abs. 2 Satz 1 EStG).

---

1 So auch *Neumann* in Gosch[3], § 15 KStG Rz. 25; *Herlinghaus* in HHR, § 15 KStG Anm. 53; *Müller* in Mössner/Seeger[3], § 15 KStG Rz. 62.
2 Vgl. auch *Frotscher* in Frotscher/Drüen, § 15 KStG Rz. 100c.
3 Hierzu auch: *Zinowsky/Jochimsen*, DStR 2016, 285 (287 f.).
4 Vgl. *Prinz*, FR 2002, 66 (74).

Beispiel 4: Wie Beispiel 3, nur ist OT eine Personengesellschaft, an der neben einer natürliche Personen auch eine Kapitalgesellschaft beteiligt ist (Beteiligung jeweils 50 %).

Lösung: In Bezug auf die natürliche Person als Gesellschafter von OT sind §§ 3 Nr. 40 und 3c Abs. 2 EStG anzuwenden: Nach § 3 Nr. 40 Buchst. d) Satz 1 EStG sind deshalb die hälftigen Dividendenerträge zu 40 %, also iHv. 2.000 Euro, steuerfrei. Zudem dürfen nur 60 % der hälftigen Beteiligungsaufwendungen, also 900 Euro, als Betriebsausgaben abgezogen werden (§ 3c Abs. 2 Satz 1 EStG). In Bezug auf die Kapitalgesellschaft als Gesellschafterin von OT ist hingegen § 8b KStG anzuwenden (§ 8b Abs. 6 Satz 1 KStG): Nach § 8b Abs. 1 Satz 1 KStG sind die hälftigen Dividendenerträge iHv. 5.000 Euro steuerfrei. Zudem gelten 5 % der hälftigen Dividendenerträge, also 250 Euro, als nicht abzugsfähige Betriebsausgaben (§ 8b Abs. 5 Satz 1 KStG).

Beispiel 5: OT, eine Kapitalgesellschaft, ist Organträger der OG. OG ist an der Z-GmbH mit 5 % des Stammkapitals beteiligt und erzielt aus dieser Beteiligung Dividendenerträge iHv. 10.000 Euro. Zudem sind OG im Zusammenhang mit dieser Beteiligung Aufwendungen iHv. 3.000 Euro erwachsen. OT ist an der Z-GmbH ebenfalls, und zwar mit 6 % beteiligt.

Lösung: Nach § 8b Abs. 4 Satz 1 iVm. Abs. 1 Satz 1 KStG sind die Dividendenerträge bei OT nicht steuerfrei, weil OG mit weniger als 10 % an der Z-GmbH beteiligt ist. Der Anteil von OT an der Z-GmbH ist nicht miteinzurechnen (§ 15 Satz 1 Nr. 2 Satz 4 KStG). Zudem ist § 8b Abs. 5 Satz 1 KStG nicht anzuwenden (§ 8b Abs. 4 Satz 7 KStG).

b) Bruttomethode beim internationalen Schachtelprivileg (§ 15 Satz 2 KStG)

Nach § 15 Satz 2 KStG gilt die sog. Bruttomethode auch für nach einem **DBA steuerfreie Gewinnanteile** aus einer Beteiligung an einer ausländischen Gesellschaft. Bei der Organgesellschaft sind also entsprechende steuerfreie Beteiligungserträge bei der Ermittlung des Einkommens zu berücksichtigen (Rz. 13.85), und ist erst auf der Ebene des Organträgers zu entscheiden, ob die im zugerechneten Einkommen enthaltenen Beteiligungserträge nach dem betreffenden DBA steuerfrei sind.[1]

Beispiel: OT ist eine Kapitalgesellschaft und Organträger der Organgesellschaft OG. OG ist an einer in Frankreich ansässigen Kapitalgesellschaft mit 25 % beteiligt. Aus der Beteiligung erhält OG eine Dividende iHv. 10.000 Euro. Im Zusammenhang mit der Beteiligung sind OG Aufwendungen iHv. 1.000 Euro entstanden.

Lösung: Nach § 15 Satz 2 in Verbindung mit Satz 1 Nr. 2 Satz 1 KStG sind die Dividendenerträge und die Aufwendungen bei OG bei der Ermittlung des Einkommens zu berücksichtigen (Rz. 13.85). Auf der Ebene von OT ist zu entscheiden, wie die Dividendenerträge in der BR Deutschland steuerlich behandelt werden. Da es sich bei OT um eine Kapitalgesellschaft i.S.v. Art. 20 Abs. 3 DBA-Frankreich handelt und OG zu mindestens 25 % an der französischen Kapitalgesellschaft beteiligt ist, sind die Dividendenerträge in der BR Deutschland steuerfrei (sog. internationales Schachtelprivileg). Folglich ist das Einkommen von OT nach § 15 Satz 2 in Verbindung mit Satz 1 Nr. 2 Satz 2 KStG auf der 2. Stufe der Gewinnermittlung um 10.000 Euro zu mindern. Zudem gelten nach § 8b Abs. 5 Satz 1 KStG 5 % von 1.000 Euro = 50 Euro als nicht abzugsfähige Betriebsausgaben von OT.

Handelt es sich dagegen bei dem OT um eine **natürliche Person** oder um eine **Organträger-Personengesellschaft**, so greift die Steuerfreiheit nach Art. 20 Abs. 3 DBA-Frankreich nicht.[2]

---

1 Hierzu: BFH v. 17.12.2014 – I R 39/14, DStR 2015, 637.
2 Str., vgl. *Frotscher* in Frotscher/Drüen, § 15 KStG Rz. 73, mwN.

13.134 § 15 Satz 2 KStG gilt im Übrigen nur für **Gewinnanteile aus einer Beteiligung** und erfasst daher nicht Einkünfte der Organgesellschaft aus einer ausländischen Betriebsstätte.[1]

7. Anwendung der Zinsschranke beim Organträger

13.135 Wegen der Anwendung der Regelung des § 4h EStG (**Zinsschranke**) beim Organträger (§ 15 Satz 1 Nr. 3 KStG): Siehe Kapitel 14.

8. Steuerlicher Querverbund (§ 15 Satz 1 Nr. 5 KStG)

13.136 Im sog. **steuerlichen Querverbund**, bei dem nach § 8 Abs. 9 Satz 2 KStG für jede einzelne Sparte der Gesamtbetrag der Einkünfte gesondert ermittelt wird, ist die spartenmäßige Ermittlung des Gesamtbetrags der Einkünfte für die einzelnen Sparten erst auf der Ebene des Organträgers durchzuführen, wenn das zugerechnete Einkommen der Organgesellschaft aus einem Dauerverlustgeschäft i.S.d. § 8 Abs. 7 KStG herrührt (§ 15 Satz 1 Nr. 5 Satz 2 KStG).

9. Sanierungserträge (§ 3a EStG)

13.137 Als Reaktion auf den Beschluss des Großen Senats des BFH zur Rechtswidrigkeit des Sanierungserlasses[2] hat der Gesetzgeber die Regelung des § 3a EStG eingeführt. Diese Vorschrift ist grundsätzlich (Ausnahme: Billigkeitsantrag des Stpfl. aus Vertrauensschutzgründen, § 52 Abs. 4a Satz 2 EStG) in allen Fällen anzuwenden, in denen Schulden ganz oder teilweise nach dem 8.2.2017 erlassen wurden (§ 52 Abs. 4a Satz 1 EStG). Allerdings befinden sich die Neuregelung noch im – für ihr Inkrafttreten erforderlichen – beihilferechtliche Notifizierungsverfahren.

Die Vorschrift des § 3a EStG ist auch bei der Ermittlung des Einkommens der Organgesellschaft zu beachten (§ 8 Abs. 1 i.V.m. § 15 Satz 1 Nr. 1 Satz 2 KStG). Für den sich hiernach bei der Organgesellschaft ergebenden verbleibenden Sanierungsertrag lässt allerdings § 15 Satz 1 Nr. 1a Satz 1 KStG die Anwendung des § 3a Abs. 3 Satz 2, 3 und 5 EStG beim Organträger zu.

Darüber hinaus bestimmt § 15 Satz 1 Nr. 1a Satz 3 KStG, dass ein verbleibender Sanierungsertrag auch dann beim Organträger nach Maßgabe des § 15 Satz 1 Nr. 1a Satz 1 KStG zu berücksichtigen ist, wenn zwar im Sanierungsjahr keine Organschaft i.S.d. § 14 Abs. 1 KStG besteht, jedoch in einem der letzten fünf Jahre vor dem Sanierungsjahr liegenden Veranlagungszeitraum bestand.[3] Dabei ist eine gesonderte Feststellung i.S.d. § 3a Abs. 4 EStG auch durchzuführen wenn die Organschaft bereits beendet ist.[4]

Schließlich bestimmt § 15 Satz 1 Nr. 1a Satz 2 KStG, dass die Verwendung eines verbleibenden Sanierungsertrags beim Organträger nach § 15 Satz 1 Nr. 1a Satz 1 und 2 KStG auch bei einer Personengesellschaft als Organträgerin zu erfolgen hat.[5]

---

1 Siehe *Herlinghaus* in HHR, § 15 KStG Anm. 92; *Neumann* in Gosch[3], § 15 KStG Rz. 31a; *Krumm* in Blümich, § 15 KStG Rz. 34.
2 BFH v. 28.11.2016 – GrS 1/15, BFHE 255, 482, BStBl. II 2017, 393.
3 Krit. *Desens*, FR 2017, 981 (991).
4 Vgl. BT-Drucks. 18/12128, 35; *Walter* in Ernst & Young, § 15 KStG Rz. 17.
5 *Walter* in Ernst & Young, § 15 KStG Rz. 17; *Weiss*, StuB 2017, 581 (587).

10. Sonderbetriebsausgabenabzug (§ 4i EStG)

Mit der erstmals für den VZ 2017 geltenden Neuregelung des § 4i EStG soll bei Auslandssachverhalten die doppelte steuerwirksame Berücksichtigung von Sonderbetriebsausgaben unterbunden werden. Bei einer OT-Personengesellschaft kann daher ein Konkurrenzverhältnis zur organschaftsspezifischen Verlustabzugsregelung des § 14 Abs. 1 Nr. 5 KStG entstehen.[1]

13.138

---

[1] Hierzu ausführlich: Rz. 28.6, 28.31 ff.; s.a. *Hick* in Herrmann/Heuer/Raupach, § 4i EStG Anm. J 16-5; *U. Prinz*, GmbHR 2017, R 273.

Kapitel 14
Mehr- und Minderabführungen

A. Einführung 14.1

B. Das Problem „Mehr- und Minderabführung" und seine gesetzliche Regelung 14.2

   I. Regelungsziele von § 14 Abs. 3 und 4 KStG 14.2

   II. Zweck, Funktionsweise und zeitliche Anwendung des § 14 Abs. 3 KStG 14.3

   III. Zweck, Funktionsweise und zeitliche Anwendung des § 14 Abs. 4 KStG 14.5

C. Identifizierung einer Mehr- oder Minderabführung 14.7

   I. Methode der Erkennung 14.7

   II. Erster Prüfungsschritt: Verursacht der prüfungsgegenständliche Geschäftsvorfall eine Mehr- oder Minderabführung? 14.11

     1. Regelbeispiel des § 14 Abs. 4 Satz 6 KStG 14.11

     2. Ursachen für eine Abweichung zwischen Ergebnisabführung und Steuerbilanzgewinn............. 14.17

   III. Zweiter Prüfungsschritt: Ist die identifizierte Mehr- oder Minderabführung vororganschaftlich oder innerorganschaftlich verursacht? 14.18

   IV. Dritter Prüfungsschritt: Können mehrere identifizierte Mehr- und Minderabführungsbeträge vor Umsetzung der Rechtsfolgen saldiert werden? 14.21

D. Rechtsfolgen einer Mehr- oder Minderabführung 14.23

   I. Rechtsgrundlagen 14.23

   II. Mehr- oder Minderabführung mit Ursache in vororganschaftlicher Zeit 14.24

     1. Vororganschaftliche Mehrabführung 14.24

       a) Organgesellschaft verfügt über ausschüttbaren Gewinn 14.24

       b) Organgesellschaft verfügt nicht über ausschüttbaren Gewinn und es besteht ein positives Einlagekonto 14.29

     2. Vororganschaftliche Minderabführung 14.30

   III. Mehr- oder Minderabführung mit Ursache in (inner-)organschaftlicher Zeit 14.31

     1. Innerorganschaftliche Mehrabführung 14.31

       a) Bildung eines Ausgleichspostens in der Steuerbilanz des Organträgers 14.31

       b) Minderung des steuerlichen Einlagekontos der Organgesellschaft 14.38

     2. Innerorganschaftliche Minderabführung 14.39

E. Auflösung organschaftlicher Ausgleichsposten 14.40

   I. Einkommenswirksame Auflösung eines Ausgleichspostens 14.40

     1. Tatbestand „Veräußerung der Organbeteiligung" 14.40

     2. Tatbestand „Vergleichbarer Sachverhalt" 14.47

     3. Rechtsfolge 14.53

       a) Auflösung des Ausgleichspostens 14.53

       b) Einkommenserhöhung oder -minderung 14.55

   II. Keine Rechtsgrundlage für eine einkommensneutrale Auflösung eines Ausgleichspostens 14.57

F. Einzelne Aspekte bei der Bildung und Fortführung organschaftlicher Ausgleichsposten 14.58

   I. Rechtsnatur organschaftlicher Ausgleichspostens 14.58

   II. Aufstockung der Organbeteiligung 14.60

   III. Auswirkungen organschaftlicher Ausgleichsposten auf die Anwendung anderer Tatbestände 14.61

   IV. Keine Korrektur des Buchwerts der Organbeteiligung um aktive und passive Ausgleichsposten 14.62

V. Teilwertabschreibung eines aktiven Ausgleichspostens 14.63

G. Besonderheiten bei Mehr- und Minderabführungen in einer mehrstöckigen unmittelbaren Organschaft 14.64

I. Anwendung von § 14 Abs. 3 KStG und § 14 Abs. 4 KStG in einer Organschaftskette 14.64

II. Auflösung eines Ausgleichspostens als Ursache für eine vororganschaftliche Mehrabführung? 14.65

H. Besonderheiten bei Mehr- und Minderabführungen in einer mittelbaren Organschaft 14.66

I. Anwendung von § 14 Abs. 3 KStG . 14.66

II. Anwendung von § 14 Abs. 4 KStG . 14.68

I. Zusammenfassung 14.69

Literatur: *Adrian*, Aktuelle BFH-Rechtsprechung zur ertragsteuerlichen Organschaft, StuB 2013, 809; *Bareis*, Systembruch durch Ausgleichsposten nach § 14 Abs. 4 KStG?, FR 2008, 649; *Bareis*, Zur Systematik der Ausgleichsposten bei körperschaftsteuerlicher Organschaft, FR 2012, 937; *Böing*, Regelung zur vororganschaftlichen Mehrabführung als Gewinnausschüttung ab 2004: verfassungswidrig?, GmbH-StB 2013, 335; *Breier*, Mehr- und Minderabführungen in der Organschaft, Der Konzern 2011, 11 und 84; *Bünning/Stoll*, Bildung und Auflösung von Kapitalrücklagen bei bestehenden Gewinnabführungsverträgen, BB 2016, 555; *Dörfler/Adrian/Geeb*, Aktuelle Entwicklungen beim organschaftlichen Ausgleichsposten – zugleich Anmerkungen zum Urteil des BFH vom 7.2.2007, I R 5/05, DStR 2007, 1889; *Dötsch*, Minder- und Mehrabführungen mit Verursachung in organschaftlicher Zeit – Bildung und Auflösung steuerlicher Ausgleichsposten zur Organbeteiligung nach Inkrafttreten des § 14 Abs. 4 KStG i.d.F. des JStG 2008, Ubg 2008, 117; *Dötsch*, Begründung einer Organschaft bei vorvertraglichen Verlustvorträgen, Der Konzern 2010, 99; *Dötsch/Pung*, Mehrabführungen in organschaftlicher Zeit mit vororganschaftlicher Verursachung, Der Konzern 2003, 278; *Dötsch/Pung*, Organschaftliche Mehr- bzw. Minderabführungen mit vorvertraglicher Veranlassung, Der Konzern 2005, 37; *Dötsch/Pung*, Minder- und Mehrabführungen bei Organschaft – Zur Abrenzung zwischen § 14 Abs. 3 und § 14 Abs. 4 KStG, Der Konzern 2008, 150; *Dötsch/Pung*, Mehr- und Minderabführungen, die auf der Ebene einer der Organgesellschaft nachgeordneten Personengesellschaft verursacht sind, Der Konzern 2010, 223; *Dötsch/Pung*, Die organschaftlichen Ausgleichsposten: Warum tun wir uns das an?, in Lüdicke/Mössner/Hummel (Hrsg.), Das Steuerrecht der Unternehmen, FS für Frotscher, 2013, 51; *Dötsch/Georg Witt*, Mehr- und Minderabführungen mit Verursachung in vororganschaftlicher Zeit: Ein weiterer Diskussionsbeitrag, Der Konzern 2007, 190; *Faller*, Organschaftliche Mehr- oder Minderabführungen bei einkommenserheblichen Abweichungen zwischen Handels- und Steuerbilanz – Anmerkungen zum BMF-Schreiben vom 15.7.2013, DStR 2013, 1977; *von Freeden/Rogall*, Organschaftliche Mehr- und Minderabführungen im Anwendungsbereich der Thesaurierungsbegünstigung des § 34a EStG, FR 2009, 785; *von Freeden/Joisten*, Wie sind organschaftliche Ausgleichsposten bei einer Veräußerung der Organbeteiligung aufzulösen?, Ubg 2014, 512; *von Freeden/Joisten*, Auflösung organschaftlicher Ausgleichsposten bei mittelbarer Organschaft, DB 2016, 1099; *von Freeden/Lange*, Der Ertragszuschuss im körperschaft- und gewerbesteuerlichen Organkreis, Wpg 2016, 697; *von Freeden/Lange*, Ertragszuschuss eines Organträgers an seine Organgesellschaft, DB 2017, 2055; *Frotscher*, Organschaftliche Mehr- und Minderabführungen mit Verursachung in vertraglicher Zeit – Bildung und Auflösung steuerlicher Ausgleichsposten zur Organbeteiligung, Der Konzern 2007, 34; *Geberth/Höhn*, Ertragszuschuss als organschaftliche Mehrabführung im Sinne von § 27 Abs. 6 S. 1 KStG, GmbHR 2017, 262; *Glutsch/Meining*, Der passive Ausgleichsposten bei organschaftlichen Mehrabführungen, DB 2007, 308; *Görden*, Anmerkung zu BFH v. 29.8.2012 – I R 65/11, GmbH-StB 2012, 360; *Gosch*, Verrechenbare Verluste der Organgesellschaft: kein passiver Ausgleichsposten für Mehrabführungen – kein EK-Charakter des aktiven Ausgleichspostens, BFH-PR 2013, 53; *Gosch/Adrian*, Mehr- und Minderabführungen bei der ertragsteuerlichen Organschaft, GmbHR 2017, 965; *Grube/Behrendt*, Verschmelzungsgewinne bei einer Organgesellschaft unter Berücksichtigung der Neufassung des § 14 Abs. 3 KStG durch das EURLUmsG, GmbHR 2005, 1172; *Grube/Behrendt/Heeg*, Vororganschaftlich verursachte Mehr- und Minderabführungen und die sog. Fußstapfentheorie im Umwandlungssteuerrecht (Teil 1 und 2), GmbHR 2006, 1026 und 1079; *Günther*, Verrechenbare Verluste der Organschaft, EStB 2012, 449; *Günther*, Vororganschaftlich verursachte Mehrabführungen als fiktive Gewinnausschüttungen, EStB 2014, 254; *Haarmann*, Brennpunkte bei der Besteuerung der Kapitalgesellschaften, JbFStR 2008/2009, 199; *Heerdt*, Die steuerliche Behandlung von Mehrabführungen im Rahmen eines Upstream-mergers auf eine Organgesellschaft, DStR 2009, 938; *Heurung/Engel/Schröder*, BB-Rspr.-Report ertragsteuerliche Organschaft 2011, BB 2012, 1123; *Heurung/Seidel*, Ausgleichspostenmethode bei Organverlusten und mittelbarer Organschaft, Der Konzern 2009, 400; *Heurung/Müller-Thomczik*, Der organschaftliche Ausgleichsposten im Umwandlungsfall, StB 2013, 111; *Hötzel*, Vor- und innerorganschaftlich verursachte Mehr- und Minderabführungen, JbFStR. 2012/2013, 137; *Joisten/Lüttchens*, Auswirkungen außerbilanzieller Korrekturen auf organschaftliche Mehr- und Minderabführungen, Ubg 2017, 561; *Kolbe*, Mehr- oder Minderabführungen in organschaftlicher Zeit – Die Neuregelung des § 14 Abs. 4 KStG, StuB 2008, 293; *Krinninger/Helm*, Vororganschaftlich verursachte Mehr- und Minderabführungen – Die Neuregelung in § 14 Abs. 3 KStG, BB 2005, 1191; *Kuhn/Reiß*, Organschaftliche Ausgleichsposten unter dem Regime des Halbeinkünfteverfahrens, StuB 2004, 753; *Kußmaul/Richter*, Ertragsteuerliche Organschaft: Entwicklungstendenzen bei der steuerlichen Berücksichtigung von Minder- und Mehrabführungen ohne und mit Bezug zur außerorganschaftlichen Zeit, BB 2007, 1256; *Lang*, Ausgleichsposten für Mehr-/Minderabführungen in organschaftlicher Zeit, NWB 2009, 118; *Lohmann/Heerdt*, Außerorganschaftlich verursachte Mehrabführungen nach formwechselnder Umwandlung, DB 2008, 1937; *Lohmann/Heerdt*, Die Regelungen zu vororganschaftlich und organschaftlich verursachten Mehrabführungen im neuen Umwandlungssteuererlass, Ubg 2012, 91; *Meining*, Mehrabführungen anlässlich der Verschmelzung einer Tochtergesellschaft auf ihre Mutterorgangesellschaft, BB 2009, 1444; *Mische/Recnik*, Bilanzielle Behandlung organschaftlicher Ausgleichsposten bei Auf- und Abstockungen der Organbeteiligung, BB 2012, 1015; *Nagel/Thies*, Steuerliche Behandlung der Schlußauflösung von organschaftlichen Ausgleichsposten bei Kapitalgesellschaften, GmbHR 2004, 35; *Neumann*, Mehr- und Minderabführungen – ein altes Thema mit immer wieder neuen Fragestellungen, Ubg 2010, 673; *Neumann/Suchanek*, (Vor-)organschaftlich verursachte Mehr- und Minderabführungen – Ein Diskussionsbeitrag, Ubg 2013, 549; *Oser/Kropp*, Keine Gewinnrealisierung des Organträgers durch Auflösung latenter Steuern seiner Organgesellschaft, BB 2016, 875; *Pfaar/Welke*, Verschmelzungen und Spaltungen auf Organgesellschaften – Auswirkungen von Mehr- und Minderabführungen an den Organträger durch steuerneutrales Übernahmeergebnis; *Pohl*, Thesaurierungsbegünstigung nach § 34a EStG in Organschaftsfällen, DB 2008, 84; *U. Prinz*, Körperschaftsteuererhöhung durch vororganschaftliche Mehrabführungen. Anmerkung zu FG Düsseldorf v. 15.4.2013 – 6 K 4270/10 K,F, FR 2013, 898; *U. Prinz/Kanzler* (Hrsg.), Handbuch Bilanzsteuerrecht, 3. Aufl., Herne 2018, 355; *U. Prinz*, Schachteldividenden in gewerbesteuerlichen Organschaftsstrukturen: Gelöstes und Ungelöstes rund um den geplanten § 7a GewStG, GmbHR 2016, 289; *U. Prinz/Keller*, Neue BFH-Rechtsprechung zur ertragsteuerlichen Organschaft, DB 2018, 400; *Pyszka/Nienhaus*, Gewerbesteuerliches Schachtelprivileg bei Gewinnausschüttungen sowie vororganschaftlichen Mehrabführungen an eine Organgesellschaft, DStR 2014, 1585; *Reiß*, Organschaftliche Ausgleichsposten unter dem Regime des Halbeinkünfteverfahrens – Ausgewählte Einzelfragen, StuB 2004, 812; *Reiß*, Steuerliche Einkommenszurechnung, handelsrechtliche Gewinnabführung und steuerliche Ausgleichsposten im Rahmen der Organschaft – München locuta, causa finita?, Der Konzern 2008, 9; *Rödder*, Vororganschaftlich verursachte Mehrabführungen i.S.d. § 14 Abs. 3 KStG nF, DStR 2005, 217; *Rödder/Stangl*, Einbringungsgewinn I: „Automatische" schädliche Einlagenrückgewähr bei Organschaft?, Ubg 2008, 39; *Rogall*, Thesaurierungsbegünstigung – Regelungslücken bei der Organschaft und der doppelstöckigen Personengesellschaft, DStR 2008, 429; *Ronneberger*, Zur Systematik organschaftlicher Ausgleichsposten nach dem BFH-Urteil vom 29.8.2012, Stbg 2013, 297; *Ronneberger*, Bestimmung organschaftlicher Ausgleichsposten, Stbg 2014, 27; *Rüsch*, Aktuelle Entwicklung zur steuerlichen Organschaft, DStZ 2017, 69; *Rüsch*, Aktuelle Entwicklungen zur steuerlichen Organschaft, DStZ 2018, 138; *Schmidtmann*, Anteilige Auflösung organschaftlicher Ausgleichsposten bei „upstream"-Abspaltungen, DStR 2014, 405; *Schumacher*, Übertragung von Beteiligungen an Organgesellschaften und die „vororganschaftliche Zeit" im Sinne des § 14 Abs. 3 KStG, DStR 2006, 310; *Schumacher*, Mehr- und Minderabführungen i.S.d. § 14 Abs. 3 und 4 KStG im Rahmen von Umwandlungen, in Spindler/Tipke/Rödder (Hrsg.), Steuerzentrierte Rechtsberatung, FS für Schaumburg, Köln 2009, 477 ff.; *Schumann/Kempf*, Vororganschaftliche Mehr-/Minderabführungen: Definitionsversuch und Analyse der Rechtsfolgen, FR 2006, 219; *Sedemund*, Ungelöste Fragen bei vor- und innerorganschaftlichen Mehr- und Minderabführungen, DB 2010, 1255; *Suchanek*, Neues zu vororganschaftlich verursachten Mehr- und Minderabführungen, INF 2005, 21; *Suchanek/Herbst*, Ausgleichsposten bei Organschaft nach dem JStG 2008: Unzulässige Rückbewirkung der Rechtsfolgen des § 14 Abs. 4 KStG durch die Anwendungsvorschrift, FR 2008, 112; *Suchanek/Jansen/Hesse*, Organschaftliche Ausgleichsposten – Geht der Streit zwischen BFH und Finanzverwaltung weiter?, Ubg 2013, 280; *Suchanek/ Schaaf/Hannweber*, Organschaftliche Ausgleichsposten bei Umwandlungen am Beispiel der Verschmelzung, Ubg 2012, 223; *Thiel*, Probleme beim Übergang vom Halbeinkünfteverfahren zur Organschaft – Mehr- und Minderabführungen nach § 14 Abs. 3 KStG, in Kirchhof/Schmidt/Schön/ Vogel (Hrsg.), FS für Raupach, Köln 2006, 543 ff.; *Thiel*, Nach 50 Jahren immer noch aktuell: Die besonderen Ausgleichsposten in der Steuerbilanz des Organträgers, in Tipke/Seer/Hey/Englisch (Hrsg.), FS für Lang, Köln 2010, 755 ff.; *Tiede*, Organschaftliche Ausgleichsposten nur bei einkommenserheblichen Abweichungen von Handels- und Steuerbilanz, StuB 2013, 93; *Trautmann/Faller*, Mehr- und Minderabführungen in der Organschaft nur bei einkommenserheblichen Abweichungen zwischen Handels- und Steuerbilanz?, DStR 2012, 890; *Trautmann/Faller*, Mehr- und Minderabführungen in der Organschaft nur bei einkommenserheblichen Abweichungen zwischen Handels- und Steuerbilanz, DStR 2013, 293; *Vanselow*, Mehrstufige Organschaft im kleinen GmbH-Konzern. Ausgewählte Steuerrechtsfragen und -antworten anhand typischer Beispiele, GmbH-StB 2004, 305; *Wassermeyer*, Können organschaftliche Mehrabführungen Gewinnausschüttungen sein?, GmbHR 2003, 313; *Wassermeyer*, Inner- und vororganschaftlich verursachte Mehr- und Minderabführungen, steuerliche Ausgleichsposten, in Herzig (Hrsg.), Organschaft, FS für Thiel, Stuttgart 2003, 208 ff.

A. Einführung

14.1 Eine ertragsteuerliche Organschaft ohne Vorliegen von Mehr- und Minderabführungen ist in der Besteuerungspraxis kaum vorstellbar. Eine Mehr- oder Minderabführung ergibt sich „automatisch", wenn die Höhe des handelsbilanziellen Ergebnisses der Organgesellschaft, das der unternehmensvertraglichen Gewinnabführungs- und Verlustübernahmeverpflichtung unterliegt, von der Höhe des steuerbilanziellen Ergebnisses der Organgesellschaft abweicht. Ursache kann zB die Bildung einer Drohverlustrückstellung in der Handelsbilanz der Organgesellschaft sein. Nach § 5 Abs. 4a EStG darf die Rückstellung in der Steuerbilanz nicht gebildet werden, so dass das handelsbilanzielle Ergebnis (zB 90) und das steuerbilanzielle Ergebnis (zB 100) voneinander abweichen. Folge ist die Entstehung einer Minderabführung. Die Voraussetzungen und (wesentlichen) Rechtsfolgen von Mehr- und Minderabführungen sind in § 14 Abs. 3 und Abs. 4 KStG geregelt. In anderen Vorschriften sind weitere (Begleit-)Rechtsfolgen bestimmt.

In der Praxis ergeben sich Fragen zur Behandlung von Mehr- oder Minderabführungen und zur Bildung, Fortführung und Auflösung organschaftlicher Ausgleichsposten häufig erst im Rahmen der Steuerdeklaration, also nach Verwirklichung eines Sachverhalts. ZT werden Mehr- und Minderabführungen erst in diesem „Deklarationsstadium" identifiziert. Für eine Vermeidung (oder Minimierung) einer (nachteiligen) Steuerbelastung ist es in diesem Zeitpunkt in vielen Fällen zu spät. Deshalb muss Ziel bei Bestehen einer ertragsteuerlichen Organschaft sein, eine Mehr- oder Minderabführung vor ihrer Entstehung zu erkennen. Ein möglicher Steuernachteil kann im Einzelfall durch entsprechende Maßnahmen vermieden werden. Bei der steuerlichen Strukturierung von Umwandlungen und Akquisitionen sind die Auswirkungen von (möglichen) Mehr- und Minderabführungen und die Folgen für bestehende organschaftliche Ausgleichsposten regelmäßig Prüfungsgegenstand einer Beratung (und Betriebsprüfung!).

Die in der Besteuerungspraxis aufgeworfenen Fragen lassen sich zwei Themenbereichen zuordnen: Der erste Bereich umfasst Fragen zum Vorliegen einer Mehr- oder Minderabführung, also zB Fragen zur Identifizierung einer Mehr- oder Minderabführung, zur Abgrenzung von

Abs. 3 und Abs. 4 und zu den Rechtsfolgen für Organträger und Organgesellschaft (dazu Rz. 14.7 ff.). Der zweite Themenbereich umfasst Fragen zu organschaftlichen Ausgleichsposten, also zB Fragen zur einkommensneutralen Bildung eines Ausgleichspostens, zu seiner steuerbilanziellen Behandlung während seines Bestehens und zu seiner einkommenswirksamen Auflösung (Rz. 14.40 ff.).

B. Das Problem „Mehr- und Minderabführung" und seine gesetzliche Regelung

I. Regelungsziele von § 14 Abs. 3 und 4 KStG

Die gesetzliche Regelung von Mehr- und Minderabführungen in Form von § 14 Abs. 3 KStG und § 14 Abs. 4 KStG ist erforderlich, um (ungewollte) steuerliche Vor- und Nachteile für den Steuerpflichtigen (und den Fiskus) zu vermeiden, die sich ohne entsprechende Regelung auf Grund der steuertechnischen Wirkungsweise einer Organschaft ergeben könnten. Dabei liegen Abs. 3 und Abs. 4 unterschiedliche steuertechnische Probleme zugrunde, die sich allerdings aus demselben „organschaftsrechtlichen Phänomen" einer Mehr- oder Minderabführung ergeben. Beide Vorschriften haben deshalb auch unterschiedliche Regelungsziele, deren Verständnis bei der Auslegung der gesetzlichen Bestimmungen entscheidend sein kann. Die Rechtsfolgewirkungen der beiden Vorschriften sind auf den ersten Blick gleichfalls unterschiedlich. Eine Mehrabführung nach Satz 3 hat als fiktive Gewinnausschüttung eine sofortige Einkommensauswirkung beim Organträger (häufig mit Steuerfolge) zur Folge, eine Mehrabführung nach Abs. 4 hat „nur" eine einkommensneutrale Ausgleichspostenbildung (ohne sofortige Steuerwirkung) zur Folge (erst bei Veräußerung der Organbeteiligung – also möglicherweise erst Jahrzehnte nach der Postenbildung – ist der passive Ausgleichsposten einkommenserhöhend aufzulösen). Im Ergebnis haben beiden Vorschriften allerdings identische Folgen: Mehrabführungen haben eine Erhöhung des Organträger-Einkommens zur Folge,[1] Minderabführungen eine Verringerung des Organträger-Einkommens.[2] Der Gesetzgeber könnte deshalb mE beide Vorschriften zusammenlegen. In diesem Fall wäre keine Abgrenzung zwischen vororganschaftlichen und innerorganschaftlichen Mehr- und Minderabführungen erforderlich.

---

[1] Einkommenserhöhung bei Mehrabführung nach Abs. 3 im Veranlagungszeitraum des Vorliegens der Mehrabführung auf Grund einer fiktiven Gewinnausschüttung der Organgesellschaft (zB Jahr 01); Einkommenserhöhung bei Mehrabführung nach Abs. 4 im Zeitpunkt der Veräußerung der Organbeteiligung auf Grund der einkommenswirksamen Auflösung eines passiven Ausgleichspostens (zB Jahr 15), der im Jahr der Mehrabführung einkommensneutral zu bilden war (zB Jahr 01).

[2] Einkommensminderung bei Minderabführung nach Abs. 3 im Zeitpunkt der Veräußerung der Organbeteiligung (zB Jahr 15) auf Grund einer fiktiven Einlage des Organträgers im Veranlagungszeitraum des Vorliegens der Minderabführung (zB Jahr 01; fiktive Einlage hat Buchwert der Organbeteiligung im Jahr 01 erhöht); Einkommensminderung bei Minderabführung nach Abs. 4 im Zeitpunkt der Veräußerung der Organbeteiligung auf Grund der einkommenswirksamen Auflösung eines aktiven Ausgleichspostens (zB Jahr 15), der im Jahr der Minderabführung einkommensneutral zu bilden war (zB Jahr 01).

II. Zweck, Funktionsweise und zeitliche Anwendung des § 14 Abs. 3 KStG

14.3 **Zweck und Funktionsweise von § 14 Abs. 3 KStG.** Die Gewinnausschüttung einer Kapitalgesellschaft hat grundsätzlich eine Ausschüttungsbesteuerung bei ihrem Gesellschafter zur Folge. In Abhängigkeit von der Rechtsform des Gesellschafters ist der „Gewinntransfer" von der Kapitalgesellschaft an den Gesellschafter Gegenstand der Abgeltungsteuer, des Teileinkünfteverfahrens oder der § 8b KStG-Besteuerung. Dagegen löst eine Abführung des von der Organgesellschaft erzielten Gewinns an den Organträger auf der Grundlage eines Gewinnabführungsvertrags keine Ausschüttungsbesteuerung beim Organträger aus, dh. der Gewinntransfer von der Organgesellschaft an ihren Gesellschafter wird nicht besteuert. Es wird also ausschließlich das Einkommen der Organgesellschaft beim Organträger besteuert, obwohl es zu einem „ausschüttungsähnlichen" Gewinntransfer (Gewinnabführung) kommt. Dieses organschaftliche Privileg soll aber nur Gewinne der Organgesellschaft erfassen, die diese in der Zeit der Organschaft erzielt hat.[1] Im Fall einer vororganschaftlichen Mehrabführung wird jedoch Gewinn abgeführt, der von der Organgesellschaft in vororganschaftlicher Zeit erzielt und (bei der Gesellschaft) besteuert worden ist, jedoch erst später – nämlich in der Organschaftszeit – erstmalig in der Handelsbilanz erscheint.[2] Dadurch kommt es zu einem innerorganschaftlichen Transfer von Gewinnen der Organgesellschaft, die diese in vororganschaftlicher Zeit erzielt hat. Dieser Gewinntransfer muss aus Sicht des Gesetzgebers der Ausschüttungsbesteuerung unterliegen.

Beispiel: Mehrabführung mit Ursache in vororganschaftlicher Zeit. M-AG ist zu 100 % an T-GmbH beteiligt. T-GmbH erzielt im Jahr 10 einen Gewinn iHv. 100. Bei der Ermittlung des Gewinns ist die Bildung einer Drohverlustrückstellung noch nicht berücksichtigt. Nach Bildung einer Drohverlustrückstellung iHv 10 in der Handelsbilanz beträgt der handelsbilanzielle Gewinn 90. Nach § 5 Abs. 4a EStG darf in der Steuerbilanz keine Rückstellung gebildet werden (§ 5 Abs. 4a EStG). Der Steuerbilanzgewinn beträgt somit 100.

Im Jahr 11 errichten M-AG als Organträger und T-GmbH als Organgesellschaft mit Wirkung zum 1.1.11 eine ertragsteuerliche Organschaft. T-GmbH löst die bestehende Drohverlustrückstellung zum 31.12.11 auf (Handelsbilanzgewinn: +10; keine Auswirkung auf Steuerbilanzgewinn). Der Betrag iHv. 10 wird von T-GmbH als Bestandteil der Gewinnabführung an den Organträger abgeführt. Eine Ausschüttungsbesteuerung erfolgt – bei Außerachtlassung von § 14 Abs. 3 KStG – nicht, da es sich um eine Gewinnabführung handelt. Im Ergebnis würde der bei der T-GmbH im Jahr 10 (vororganschaftliche Zeit) erzielte steuerliche Gewinn (100) anteilig (10) ohne Ausschüttungsbesteuerung in Form einer Gewinnabführung an die M-GmbH transferiert. Diese Nicht-Besteuerung verhindert § 14 Abs. 3 KStG.

14.4 Nach § 14 Abs. 3 KStG werden vororganschaftliche Mehrabführungen als (offene)[3] Gewinnausschüttungen der Organgesellschaft und vororganschaftliche Minderabführungen als Einlagen des Organträgers behandelt.[4] Im vorstehenden Beispiel gilt die (Mehr-)Gewinnabführung der T-GmbH nach § 14 Abs. 3 Satz 1 KStG iHv. 10 als Gewinnausschüttung,[5] dh. es kommt zu einer Ausschüttungsbesteuerung beim Gesellschafter (Organträger). Kapitalertrag-

---

1 *Dötsch/Pung*, Der Konzern 2003, 278 (280); *Dötsch/G. Witt*, Der Konzern 2007, 190 (191); *Müller* in Mössner/Seeger[3], § 14 KStG Rz. 716.
2 Vgl. *Dötsch/G. Witt*, Der Konzern 2007, 190 (192); *Schumacher* in FS Schaumburg, 477 (480).
3 Die Behandlung einer vororganschaftliche Mehrabführung ist der einer offenen – nicht der einer verdeckten – Gewinnausschüttung stark angenähert, *Dötsch/Pung*, Der Konzern 2005, 37 (39); *Neumann* in Gosch[3], § 14 KStG Rz. 420; *von Freeden* in HHR, § 14 KStG Anm. 322.
4 Zufluss- bzw. Einlagezeitpunkt ist das Ende des Wirtschaftsjahres der Organgesellschaft.
5 Zum Regelungsbedarf unter dem körperschaftsteuerrechtlichen Anrechnungsverfahren, *Thiel* in FS Raupach, 543 (546).

steuer ist von der Organgesellschaft nach § 44 Abs. 7, § 45a Abs. 1 Satz 1 EStG einzubehalten und abzuführen (Rz. 14.27).

III. Zweck, Funktionsweise und zeitliche Anwendung des § 14 Abs. 4 KStG

Zweck und Funktionsweise von § 14 Abs. 4 KStG. Der Organträger und die Organgesellschaft bilden den Organkreis. Nach dem Grundsatz der Einmalbesteuerung soll das Einkommen im Organkreis, das während der Zeit der Organschaft erzielt wird, einmal besteuert werden.[1] Bei Anwendung und Auslegung der Vorschrift lässt sich der BFH von diesem „Grundanliegen" des Gesetzgebers leiten.[2] Dies geschieht indem das Einkommen der Organgesellschaft dem Organträger als „fremdes Einkommen" zugerechnet wird. Eine Nicht- oder eine Doppelbesteuerung soll vermieden werden.[3]

14.5

Beispiel: Minderabführung mit Ursache in organschaftlicher Zeit. Der Verkehrswert und der steuerliche Buchwert der Beteiligung der M-AG (OT) an der T-GmbH (OG) betragen 0. Im Jahr 10 erzielt OG einen Jahresüberschuss iHv. 100. Die Gesellschaft führt diesen Betrag nicht vollumfänglich an den OT ab, sondern bildet eine Gewinnrücklage nach § 14 Abs. 1 Satz 1 Nr. 4 KStG iHv. 10. Die Gewinnabführung beträgt somit nur 90. Das von OG an OT zugerechnete Einkommen beträgt 100, das von OT versteuert wird (Rücklagenbildung wirkt sich nicht auf Einkommenshöhe aus). Der Verkehrswert der Beteiligung an OG beträgt auf Grund der gebildeten Rücklage (typisiert) 10.[4]

In den Jahren 12 und 13 erzielt OG kein Einkommen. Im Jahr 13 veräußert OT seine OG-Beteiligung an einen Dritten zum Preis von 10. Der Preis spiegelt das Eigenkapital der OG in Höhe der Rücklage (10) wider. Der steuerliche Veräußerungsgewinn des OT beträgt somit 10 (Veräußerungserlös 10 ./. Buchwert 0). Im Ergebnis würde das Einkommen im Organkreis – bei Außerachtlassung von § 14 Abs. 4 KStG – doppelt besteuert (zugerechnetes OG-Einkommen für Jahre 11-13: 100; Einkommen des OT im Jahr 13 aus Veräußerung: 10). Diese Doppelbesteuerung verhindert § 14 Abs. 4 KStG.

Nach § 14 Abs. 4 KStG ist in Höhe der Minderabführung einkommensneutral ein aktiver Ausgleichsposten in der Steuerbilanz des Organträgers zu bilden (Rz. 14.39). Dem liegt die Überlegung zugrunde, eine innerorganschaftliche Minderabführung als Einlage des Organträgers in die Organgesellschaft zu behandeln (Erhöhung des Beteiligungsbuchwerts in Form des aktiven Ausgleichspostens), das steuerliche Einlagekonto der Organgesellschaft ist nach § 27 Abs. 6 KStG zu erhöhen (Rz. 14.38 und Rz. 14.39). Dieser Posten ist im Fall einer Veräußerung der Beteiligung des Organträgers an der Organgesellschaft aufzulösen (Rz. 14.40). Durch diese Technik wird der Grundsatz der Einmalbesteuerung sichergestellt.

Fortführung des Beispiels: Bildung eines aktiven Ausgleichspostens. Der Sachverhalt des obigen Beispiels ist nach der Ausgleichspostenlösung wie folgt zu behandeln: M-AG als OT bildet nach § 14 Abs. 4 Satz 1 KStG im Jahr 11 in ihrer Steuerbilanz einen aktiven Ausgleichsposten zur OG-Beteiligung iHv. 10. Die Postenbildung erfolgt einkommensneutral, dh. die steuerbilanzielle Ergebnisaus-

---

1 Nach Auffassung von *Kolbe* soll lediglich eine Doppelbesteuerung von Einkommen der Organgesellschaft verhindert werden, nicht eine Doppelbesteuerung von Einkommen des Organträgers, StuB 2008, 293 (298).
2 BFH v. 15.3.2017 – I R 67/15, BFH/NV 2017, 2159: Die Entscheidung darüber, ob von einer (organschaftlichen) Mehr- oder Minderabführung auszugehen ist, ist nach der Rechtsprechung des Senats am Grundanliegen des Gesetzgebers auszurichten, der mit den Regelungen des § 14 Abs. 4 KStG nF die Einmalbesteuerung der organschaftlichen Erträge beim Organträger sicherstellen wollte (Rz. 20).
3 *von Freeden* in HHR, § 14 KStG Anm. 340; *Olbing* in Streck[9], § 14 KStG Rz. 140.
4 § 14 Abs. 4 KStG geht von einem „typisierten" Mehrwert aus, *Neumann* in Gosch[3], § 14 KStG Rz. 447.

wirkung ist außerbilanziell zu korrigieren. Im Jahr 13 löst OT den Posten auf Grund der Veräußerung der OG-Beteiligung nach § 14 Abs. 4 Sätze 2 bis 4 KStG auf. Die Postenauflösung ist einkommenswirksam, dh. das steuerbilanzielle Ergebnis ist außerbilanziell nicht zu korrigieren. Der Veräußerungsgewinn beträgt 0 (Veräußerungserlös 10 ./. Buchwert 0 ./. aktiver Ausgleichsposten 10). Das Einkommen im Organkreis für die Jahre 11 bis 13 wird einmal besteuert (zugerechnetes OG-Einkommen für Jahre 11–13: 100; Einkommen des OT im Jahr 13 aus Veräußerung: 0). § 14 Abs. 4 KStG verhindert einen Verstoß gegen den Grundsatz der Einmalbesteuerung.

Im Fall einer innerorganschaftlichen Mehrabführung der Organgesellschaft ist einkommensneutral ein passiver Ausgleichsposten in der Steuerbilanz des Organträgers zu bilden (Rz. 14.31 ff.). Dem liegt die Überlegung zugrunde, eine innerorganschaftliche Mehrabführung wie eine Einlagenrückgewähr zu behandeln (Minderung des Buchwerts der Organbeteiligung in Form des passiven Ausgleichspostens). Das steuerliche Einlagekonto der Organgesellschaft ist nach § 27 Abs. 6 KStG entsprechend zu mindern (Rz. 14.38). Der Ausgleichsposten ist im Fall einer Veräußerung der Organbeteiligung einkommenswirksam aufzulösen. Durch diese Technik wird eine (anteilige) Nichtbesteuerung von Organkreiseinkommen vermieden.

14.6 **Zeitliche Anwendung.** § 14 Abs. 4 KStG wurde durch das Jahressteuergesetz 2008 vom 20.12.2007[1] (verkündet am 28.12.2007) in das KStG eingefügt. Nach § 34 Abs. 9 Nr. 5 KStG 2007 ist die Vorschrift auch für Veranlagungszeiträume vor 2008 anzuwenden. Diese rückwirkende Ingangsetzung ist mE verfassungswidrig, soweit auch die Auflösung passiver Ausgleichsposten vor dem Jahr 2007 erfasst sein soll. Die Regelung greift insoweit als (Besteuerungs-)Rechtsgrundlage in Sachverhalte ein, die im Zeitpunkt des Inkrafttretens von Abs. 4 bereits abgeschlossen waren (zB innerorganschaftliche Mehrabführung mit Bildung eines passiven Ausgleichspostens im Jahr 2004 und einkommenswirksame Auflösung des Postens im Jahr 2006).[2]

C. Identifizierung einer Mehr- oder Minderabführung

I. Methode der Erkennung

14.7 Das Erkennen eines Mehr- oder Minderabführungssachverhalts ist Voraussetzung für eine Anwendung von § 14 Abs. 3 oder Abs. 4 KStG. In der Besteuerungspraxis ist diese Sachverhaltsidentifizierung kein „Selbstläufer", erfahrungsgemäß werden entsprechende Sachverhalte häufig erst im Rahmen einer Betriebsprüfung (zT sogar erst in einem finanzgerichtlichen Klageverfahren) erkannt. Gründe hierfür sind, dass die Voraussetzungen für das Vorliegen einer Mehr- oder Minderabführung (nach wie vor) umstritten sind und das Erkennen einer Mehr- oder Minderabführung (durch zB die Steuerabteilung der Organgesellschaft und/oder des Organträgers) im Grundsatz eine Analyse sämtlicher Geschäftsvorfälle der Organgesellschaft voraussetzt (ein bloßer Vergleich der Handels- und Steuerbilanzposition hilft häufig nicht weiter, da die Positionen bereits in Vorjahren gebildet worden sind oder als bi-

---

1 BGBl. I 2007, 3150.
2 So zB auch *Fuhrmann/Strahl*, DStR 2008, 125; *Glutsch/Meining*, DB 2007, 308; *Gosch*, BFH/PR 2013, 53; *Kolbe*, StuB 2008, 293; *Neumann* in Gosch[3], § 14 KStG, Rz. 446; *Suchanek/Herbst*, FR 2008, 112. Vgl. dazu auch *von Freeden* in HHR, § 14 KStG Anm. 342.

lanzielle „Sammelposten" eine Vielzahl einzelner Kontensalden aus dem Rechnungswesen abbilden). Dies ist in der Praxis in den wenigsten Fällen darstellbar.[1]

Wirksamkeit der Organschaft. Das Nicht-Erkennen einer Mehr- oder Minderabführung nach Abs. 3 oder Abs. 4 kann mE in keinem Fall zur Unwirksamkeit einer Organschaft führen. Die Anwendung der Vorschriften hat insbesondere keine Auswirkungen auf die Höhe des (abzuführenden) Gewinns der Organgesellschaft. Aus demselben Grund kann mE eine unzutreffende Anwendung der beiden Vorschriften keine Unwirksamkeit der Organschaft zur Folge haben (zB Anwendung von Abs. 3 statt von Abs. 4; zB Berechnung des Betrags einer Minderabführung ist unzutreffend). Allerdings kann die Korrektur eines Jahresabschlusses im Rahmen einer Anwendung der „Heilungsvorschrift" des § 14 Abs. 1 Nr. 3 KStG eine Mehr- oder Minderabführung auslösen (zB Korrektur führt zu einer Abweichung von Handels- und Steuerbilanz). 14.8

Geschäftsvorfallbezogene Identifizierung. Nach überwiegend vertretener Auffassung ist das Vorliegen einer Mehr- oder Minderabführung geschäftsvorfallbezogen zu prüfen,[2] dh. bei jeder Transaktion der Organgesellschaft müsste nach den Auswirkungen auf die Höhe des abgeführten Gewinns und des Steuerbilanzgewinns gefragt werden. Zumindest in einem Konzernsachverhalt ist dies so gut wie nicht umsetzbar. Danach können im selben Wirtschaftsjahr der Organgesellschaft zahlreiche Minderabführungen (zB Bildung einer Drohverlustrückstellung in der Handelsbilanz) und zahlreiche Mehrabführungen (zB Ausgliederung eines Teilbetriebs unter Aufdeckung handelsrechtlicher stiller Reserven in der Handelsbilanz) nebeneinander vorliegen. 14.9

Prüfungsschritte. Das Vorliegen der Voraussetzungen einer Mehr- oder Minderabführung kann nach folgendem Schema geprüft werden: 14.10

---

1. Prüfungsschritt:
Verursacht der prüfungsgegenständliche Geschäftsvorfall eine Mehr- oder Minderabführung? (Rz. 14.9; Rz. 14.11 ff.)

2. Prüfungsschritt:
Ist die identifizierte Mehr- oder Minderabführung vororganschaftlich oder innerorganschaftlich verursacht? (Rz. 14.18 ff.)

3. Prüfungsschritt:
Können mehrere identifizierte Mehr- und Minderabführungsbeträge vor Umsetzung der Rechtsfolgen saldiert werden? (Rz. 14.21 ff.)

---

1 Im Hinblick auf diese Problematik war der Prüfauftrag des Finanzausschusses des Bundestages hinsichtlich einer möglichen Vereinfachung der Mehr- und Minderabführungsthematik (BT-Drucks. 16/7036, 10) nachvollziehbar. Eine solche Vereinfachung steht nach wie vor aus (denkbar wäre zB eine [kleine oder große] „Einlagelösung", dazu *Dötsch* in Dötsch/Pung/Möhlenbrock, § 14 KStG Rz. 924; *von Freeden*, Minder- und Mehrabführungen nach § 14 Abs. 4, § 27 Abs. 6 KStG – Ausgleichspostenlösung und Einlagelösung, 2011; *Prinz*, DB 2011, Nr. 12, M1.
2 *Brink* in Schnitger/Fehrenbacher[2], § 14 KStG Rz. 1040; *Krumm* in Blümich, § 14 KStG Rz. 277; *Dötsch* in Dötsch/Pung/Möhlenbrock, § 14 KStG Rz. 942; *Neumann*, Ubg 2010, 673; *Thiel* in FS Raupach, 543.

II. Erster Prüfungsschritt: Verursacht der prüfungsgegenständliche Geschäftsvorfall eine Mehr- oder Minderabführung?

1. Regelbeispiel des § 14 Abs. 4 Satz 6 KStG

14.11 **Beispielhafte Beschreibung einer Mehr- oder Minderabführung.** Der typische (Normal-)Fall einer Mehr- oder Minderabführung ist in § 14 Abs. 4 Satz 6 KStG in Form eines Regelbeispiels dargestellt (Rz. 13.13). Danach liegt eine Mehr- oder Minderabführung vor, wenn der an den Organträger abgeführte Gewinn vom Steuerbilanzgewinn der Organgesellschaft abweicht. Das Regelbeispiel erfasst mE den Anwendungsbereich von § 14 Abs. 3 und Abs. 4 KStG, also generell das Vorliegen von Mehr- und Minderabführungen.[1]

14.12 **Abweichung zwischen abgeführtem Gewinn und Steuerbilanzgewinn.** Nach dem Regelbeispiel in Satz 6 liegt eine Mehr- oder Minderabführung vor, wenn der von der Organgesellschaft an den Organträger abgeführte Gewinn vom Steuerbilanzgewinn der Organgesellschaft abweicht. Dabei ist auf den Steuerbilanzgewinn vor Gewinnabführung abzustellen.[2] Eine Mehrabführung liegt danach vor, wenn der abgeführte Gewinn auf Grund einer Transaktion den Steuerbilanzgewinn übersteigt.[3] Eine Minderabführung liegt vor, wenn der abgeführte Gewinn der Organgesellschaft den Steuerbilanzgewinn unterschreitet.[4]

Beispiel: Minderabführung. T-GmbH als OG erzielt einen Handels- und Steuerbilanzgewinn iHv. 100. Bei der Gewinnermittlung wurde die Bildung einer Drohverlustrückstellung iHv. 10 noch nicht berücksichtigt. Nach Rückstellungsbildung beträgt das handelsbilanzielle Ergebnis 90. Nach § 5 Abs. 4a Satz 1 EStG ist die Bildung einer Drohverlustrückstellung in der Steuerbilanz nicht zulässig, der Steuerbilanzgewinn beträgt somit 100. Es liegt eine Minderabführung iHv. 10 vor (abzuführender [Handelsbilanz-]Gewinn 90 < Steuerbilanzgewinn [vor Gewinnabführung] 100).

Der abgeführte Gewinn der Organgesellschaft entspricht i.d.R. dem Jahresüberschuss der Organgesellschaft, der nach handelsrechtlichen Regelungen zu ermitteln ist. Bildet die Organgesellschaft aus ihrem Jahresüberschuss eine Rücklage (unter Beachtung von § 14 Abs. 1 Satz 1 Nr. 4 KStG), weichen abgeführter Gewinn und handelsrechtlicher Jahresüberschuss voneinander ab. In diesem Fall liegt eine Minderabführung vor, da der abgeführte Gewinn kleiner ist als der Steuerbilanzgewinn.

14.13 **Verlust der Organgesellschaft.** Eine Mehr- oder Minderabführung liegt auch vor, wenn der Organträger einen handelsbilanziellen Verlust der Organgesellschaft auszugleichen hat.[5] Danach liegt zB eine Mehrabführung vor, wenn der vom Organträger zu übernehmende (handelsbilanzielle) Verlust kleiner ist (zB ./. 100) als der steuerbilanzielle Verlust (zB ./. 150). Eine Minderabführung liegt zB vor, wenn die Organgesellschaft einen handelsbilanziellen Verlust erleidet, der Steuerbilanzgewinn jedoch positiv ist. Aus der Formulierung „abgeführter Gewinn" in § 14 Abs. 4 Satz 6 KStG folgt nichts Gegenteiliges, da Satz 6 lediglich ein Regelbeispiel (Rz. 14.11) für einen Gewinnfall darstellt.

---

1 Vgl. BFH v. 29.8.2012 – I R 65/11, BStBl. II 2013, 555 = FR 2013, 285.
2 *Frotscher* in Frotscher/Drüen, § 14 KStG Rz. 799.
3 *von Freeden* in HHR, § 14 KStG Anm. 350.
4 *von Freeden* in HHR, § 14 KStG Anm. 350.
5 Zu § 14 Abs. 3 KStG: BFH v. 6.6.2013 – I R 38/11, BStBl. II 2014, 398 = FR 2013, 1140, Vorinstanz FG Nds. v. 10.3.2011 – 6 K 338/07, EFG 2012, 261. Zu § 14 Abs. 4 KStG: *Breier*, Der Konzern 2011, 11; *Dötsch/Pung*, Der Konzern 2005, 37; *Erle/Heurung* in Erle/Sauter³, § 14 KStG Rz. 462; *von Freeden* in HHR, § 14 KStG Anm. 350.

Ertragszuschuss. Eine Mehrabführung[1] liegt nach BFH auch vor, wenn der Organträger einen Ertragszuschuss an die Organgesellschaft, an der er unmittelbar beteiligt ist, leistet.[2] Dies soll nach Auffassung des Gerichts unabhängig davon gelten, ob eine steuerliche „Ergebnisneutralisierung" der verdeckten Einlage (Ertrag erhöht abzuführenden Gewinn der Organgesellschaft) bei der Organgesellschaft innerbilanziell[3] oder außerbilanziell[4] vorzunehmen ist.[5] Geht man von einer innerbilanziellen Korrektur der verdeckten Einlage aus, liegt eine Mehrabführung vor, da der abzuführende Gewinn (erhöht durch Ertragszuschuss) höher ist als Steuerbilanzgewinn (nach innerbilanzieller Kürzung iHd. Ertragszuschusses). Die Voraussetzungen des Regelbeispiels von § 14 Abs. 4 Satz 6 KStG sind insoweit erfüllt. Geht man davon aus, dass die verdeckte Einlage außerbilanziell zu kürzen ist, ist von einer Mehrabführung auszugehen, da nur auf diese Weise das Grundanliegen des Gesetzgebers, eine Einmalbesteuerung des Organkreiseinkommens sicherzustellen (Rz. 14.5), durchgesetzt wird.[6] Die Grundsätze, die der BFH im Rahmen seiner Ertragszuschuss-Entscheidung anwendet, dürften über den (Ertragszuschuss-)Sachverhalt hinaus auf sämtliche Fallgruppen der verdeckten Einlage anwendbar sein, wenn die Einlage bei der Organgesellschaft ertragswirksam erfasst wird und somit den abzuführenden Gewinn erhöht.[7]

14.14

Keine Mehrabführung bei Abweichung zwischen abgeführtem Gewinn und Steuerbilanzgewinn auf Grund der Technik der Einkommensermittlung. Der BFH verneint das Vorliegen einer innerorganschaftlichen Mehrabführung nach § 14 Abs. 4 Satz 1 KStG, wenn die Abweichung zwischen abgeführtem Gewinn und Steuerbilanzgewinn ausschließlich auf der Technik der Einkommensermittlung beruht (zum Nicht-Vorliegen einer Mehr- und Minderabführung bei Nicht-Abweichung zwischen abgeführten Gewinn und Steuerbilanzgewinn trotz außerbilanzieller Korrektur, Rz. 14.18).[8] Der BFH-Rspr. liegt ein § 15a EStG-Sachverhalt zugrunde, bei dem der auf eine Organgesellschaft entfallende nur verrechenbare Verlust aus der Kommanditbeteiligung an einer (inländischen) Personengesellschaft auf Grund außerbilanzieller Hinzurechnung nach § 15a EStG neutralisiert wird. Das dem Organträger zuzurechnende Einkommen wird im Ergebnis nicht gemindert. Der abzuführende Gewinn und der Steuerbilanzgewinn der Organgesellschaft weichen zwar voneinander ab. Auf Grund außerbilanzieller Verlustzurechnung nach § 15a EStG wird eine Nichtbesteuerung von Organkreiseinkommen aber vermieden, dh. das Regelungsziel von § 14 Abs. 4 KStG (Rz. 14.5) wird ohne Anwendung der Vorschrift erreicht. Entsprechendes muss mE gelten, soweit ein Verlust der Organgesellschaft auf eine ausländische Anrechnungsbetriebsstätte in Form einer (auslän-

14.15

---

1 Mehrabführung nach § 14 Abs. 4 Satz 1 KStG. Zur Abgrenzung von Abs. 3 und 4, Rz. 14.18.
2 BFH v. 15.3.2017 – I R 67/15, BFH/NV 2017, 2159; dazu *Bünning*, BB 2017, 2159; *Geberth/Höhn*, GmbHR 2017, R262; *Gosch/Adrian*, GmbHR 2017, 965; *Günther*, EStB 2017, 355; *von Freeden/Lange*, DB 2017, 2055; *U. Prinz/Keller*, DB 2018, 400; *Schiffers*, DStZ 2017, 623; *Schwetlik*, GmbH-StB 2017, 266; *Weber-Grellet*, FR 2018, 179.
3 FG München v. 13.8.2015 – 6 K 36/13, EFG 2015, 1974.
4 Mehrabführung, weil abzuführender Gewinn (erhöht durch Ertragszuschuss) höher ist als Einkommen (nach außerbilanzieller Kürzung des Ertragszuschusses). Der Annahme einer Mehrabführung steht § 14 Abs. 4 Satz 6 KStG nicht entgegen, da es sich lediglich um ein Regelbeispiel handelt.
5 Zur „Kürzungstechnik" hat sich der BFH nicht geäußert, BFH v. 15.3.2017 – I R 67/15, BFH/NV 2017, 2159.
6 BFH v. 15.3.2017 – I R 67/15, BFH/NV 2017, 2159.
7 *von Freeden/Lange*, DB 2017, 2055.
8 BFH v. 29.8.2012 – I R 65/11, BStBl. II 2013, 555 = FR 2013, 285; BMF v. 15.7.2013 – IV C 2 - S 2770/07/10004:004 – DOK 2013/0457677, BStBl. I 2013, 921 = FR 2013, 772.

dischen) Personengesellschaft entfällt, da auch in diesem Fall der Verlust nach § 14 Abs. 1 Satz 1 Nr. 5 KStG außerbilanziell hinzugerechnet wird.[1]

14.16 **Keine Mehr- oder Minderabführung auf Grund außerbilanzieller Korrekturen.** Eine Mehr- oder Minderabführung liegt nicht vor, wenn sich abgeführter Gewinn und Steuerbilanzgewinn entsprechen, jedoch eine Abweichung zwischen abgeführtem Gewinn und Einkommen vorliegt (zum Nicht-Vorliegen einer Mehr- und Minderabführung trotz Abweichung zwischen abgeführtem Gewinn und Steuerbilanzgewinn, Rz. 14.17; zum Vorliegen einer Mehrabführung bei verdeckter Einlage, Rz. 14.14).[2] Danach lösen folgende Transaktionen keine Mehr- oder Minderabführung aus:[3] Außerbilanzielle Hinzurechnung nicht abziehbarer Betriebsausgaben (zB § 10 Nr. 2 bis 4 KStG, § 4 Abs. 5 EStG, § 160 AO), außerbilanzielle Kürzung steuerfreier Einnahmen bzw. Vermögensmehrungen, außerbilanzielle Hinzurechnung von steuerlich nicht zu berücksichtigenden Verlusten, außerbilanzielle Hinzurechnungen einer verdeckten Gewinnausschüttung, Berücksichtigung von „fiktiven Gewinnelementen" (zB Hinzurechnungsbetrag nach §§ 7 ff. AStG, Berichtigungsbetrag nach § 1 AStG, fiktive Verzinsung nach § 6b Abs. 7 EStG), Steuerbelastung auf Ausgleichszahlungen nach § 16 KStG.

2. Ursachen für eine Abweichung zwischen Ergebnisabführung und Steuerbilanzgewinn

14.17 § 14 Abs. 3 und Abs. 4 KStG regeln nicht, was die Ursache einer Mehr- oder Minderabführung ist. Nach der Begründung des Gesetzentwurfs von Abs. 3[4] ist für das Merkmal Ursache auf den steuerlich relevanten Sachverhalt abzustellen, der die Mehr- oder Minderabführung auslöst.[5] Die Begründung des Gesetzentwurfs von Abs. 4[6] nennt als Beispiel für eine Ursache die Bildung von Gewinnrücklagen i.S.d. § 272 Abs. 3 HGB.[7] Die Verwaltung stellt auf einen Geschäftsvorfall ab, der zu einer Abweichung zwischen abgeführtem Gewinn und Steuerbilanzgewinn führt.[8] Dem folgt auch die überwiegend in der Literatur vertretene Auffassung, wobei konkret auf die erste Buchung eines Geschäftsvorfalls abgestellt wird, der Grundlage einer Mehr- oder Minderabführung ist.[9] In Folge der Buchung ergäbe sich eine bilanzielle Auswirkung. Diese bilanzielle Auswirkung sei Ursache der Mehr- oder Minderabführung (zB Buchung der Bildung einer Drohverlustrückstellung) und entscheide auch darüber, ob ein

---

1 *Wagner/Liekenbrock*, Ubg 2013, 133; mögliche weitere Fallgruppen skizziert *Breier*, Der Konzern 2011, 84.
2 Vgl. BMF v. 15.7.2013 – IV C 2 - S 2770/07/10004:004 – DOK 2013/0457677, BStBl. I 2013, 921 = FR 2013, 772; *Dötsch* in Dötsch/Pung/Möhlenbrock, § 14 KStG Rz. 946; *Erle/Heurung* in Erle/Sauter[3], § 14 KStG Rz. 464; *von Freeden* in HHR, § 14 KStG Anm. 350; *Schumacher* in FS Schaumburg, 477 (479); *Kußmaul/Richter*, BB 2007, 1256; aA *Sedemund*, DB 2010, 1255.
3 *Dötsch* in Dötsch/Pung/Möhlenbrock, § 14 KStG Rz. 946; *von Freeden* in HHR, § 14 KStG Anm. 350; *Frotscher* in Frotscher/Drüen, § 14 KStG Rz. 812; *Thiel* in FS Raupach, 549.
4 § 14 Abs. 3 KStG wurde eingeführt durch das EURLUmsG, das einen Tag nach Verkündung am 9.12.2004 in Kraft trat, BGBl. I 2004, 3310.
5 BT-Drucks. 15/3667, 36.
6 § 14 Abs. 4 KStG wurde eingeführt durch das JStG 2008, das einen Tag nach der Verkündung am 28.12.2007 in Kraft trat, BGBl. I 2007, 3150.
7 BT-Drucks. 16/7036, 20.
8 BMF v. 15.7.2013 – IV C 2 - S 2770/07/10004:004 – DOK 2013/0457677, BStBl. I 2013, 921 = FR 2013, 772.
9 *Frotscher* in Frotscher/Drüen, § 14 KStG Rz. 764; *Grube/Behrendt*, GmbHR 2005, 1172; *Neumann* in Gosch[3], § 14 KStG Rz. 418; *Schumann/Kempf*, FR 2006, 219; *Thiel* in FS Raupach, 543 (550).

aktiver oder passiver Ausgleichsposten zu bilden sei.[1] Eine erneute bilanzielle Auswirkung dieser Ursache sei lediglich Folgewirkung.[2] Bei der (rückwirkenden) Änderung der steuerrechtlichen Abschreibungsdauer eines Wirtschaftsguts stelle die Abschreibungskürzung für jedes (einzelne) Wirtschaftsjahr eine Ursache dar. In diesem Fall lägen mehrere Geschäftsvorfälle vor, die jeweils einzelne Abführungsdifferenzen zur Folge hätten.

Beispiele.[3] Bei den folgenden Geschäftsvorfällen kann es sich um Ursachen von Mehr- oder Minderabführungen handeln (im Klammerzusatz wird die Abweichung zwischen abzuführendem Gewinn und Steuerbilanzgewinn dargestellt): Bildung einer gesetzlichen Rücklage oder Gewinnrücklage durch Organgesellschaft nach § 272 Abs. 3 HGB (abzfG < StBilG); Auflösung einer Kapital- oder Gewinnrücklage durch Organgesellschaft (abzfG > StBilG); Ausgleich eines vororganschaftlichen Verlustvortrags durch Organgesellschaft (abzfG < StBilG); Abführung unter Beachtung handelsrechtlicher Gewinnabführungsverbote (abzfG < StBilG); handels- und steuerbilanzielle Wirkung eines Geschäftsvorfalls in unterschiedlichen Zeiträumen (abzfG < StBilG oder abzfG > StBilG; zB Verschmelzung einer KapGes auf die Organgesellschaft, wobei der steuerliche Übernahmegewinn aus Verschmelzung auf Grund steuerlicher Rückwirkung im Wirtschaftsjahr 01 entsteht, der handelsrechtliche Übernahmegewinn erst mit Registereintragung im Wirtschaftsjahr 02); Bildung einer Drohverlustrückstellung ausschließlich in Handelsbilanz (abzfG < StBilG); handelsbilanzieller Ausweis aktiver latenter Steuern nach § 274 HGB (abzfG < StBilG); unterschiedliche Abschreibung eines Wirtschaftsguts in Handels- und Steuerbilanz (abzfG < StBilG oder abzfG > StBilG); keine Aktivierung eines eines Disagios unter Ausübung des Wahlrechts, § 250 Abs. 3 HGB, H 6.10 EStR 2008 (abzfG < StBliG); Thesaurierung des Gewinns einer Tochter-PersGes der Organgesellschaft (abzfG < StBilG); Verlust einer Tochter-PersGes der Organgesellschaft (abzfG > StBilG, wenn keine handelsbilanzielle Teilwertabschreibung vorgenommen wird); Umwandlungsmaßnahme bei Organgesellschaft unter Ansatz von Zeitwerten in Handelsbilanz und Buchwerten in Steuerbilanz (abzfG > StBilG; zB Teilbetriebsausgliederung; Up-Stream-Verschmelzung auf Organgesellschaft[4]); verdeckte Einlage des Organträgers in Organgesellschaft (Rz. 14.14).

III. Zweiter Prüfungsschritt: Ist die identifizierte Mehr- oder Minderabführung vororganschaftlich oder innerorganschaftlich verursacht?

Nach Identifizierung einer Mehr- oder Minderabführung ist zu bestimmen, ob die Mehr- oder Minderabführung in vororganschaftlicher Zeit (dann Anwendung von § 14 Abs. 3 KStG, dazu Rz. 14.24 ff.) oder in (inner-)organschaftlicher Zeit (dann Anwendung von § 14 Abs. 4, § 27 Abs. 6 KStG, dazu Rz. 14.31 ff.) verursacht worden ist. Diese Abgrenzung ist in der Besteuerungspraxis mit erheblichen Rechtsunsicherheiten behaftet. Bei Vorliegen einer Mehrabführung können sich in Abhängigkeit einer Anwendung von Abs. 3 oder Abs. 4 erhebliche Belastungsunterschiede ergeben. Eine vororganschaftliche Mehrabführung nach Abs. 3 gilt als Gewinnausschüttung (mit ggf. sofortigem Steuerbelastungseffekt beim Organträger), eine innerorganschaftliche Mehrabführung nach Abs. 4, § 27 Abs. 6 KStG hat dagegen (zunächst

14.18

---

1 *Lang*, NWB 2009, 118.
2 ZB Buchung der Auflösung einer Drohverlustrückstellung; *von Freeden* in HHR, § 14 KStG Anm. 351; *Frotscher* in Frotscher/Drüen, § 14 KStG Rz. 764; *Grube/Behrendt/Heeg*, GmbHR 2006, 1026; *Dötsch* in Dötsch/Pung/Möhlenbrock, § 14 KStG Rz. 442; *Dötsch/Pung*, Der Konzern 2008, 150; *Lang*, NWB 2009, 118.
3 Vgl. *von Freeden* in HHR, § 14 KStG Anm. 351.
4 BMF v. 11.11.2011 – IV C 2 – S 1978-b/08/10001 – DOK 2011/0903665, BStBl. I 2011, 1314, Rz. Org.33.

nur) die einkommensneutrale Bildung eines Ausgleichspostens in der Steuerbilanz des Organträgers (ohne sofortigen Steuerbelastungseffekt) und eine Einlagekontominderung bei der Organgesellschaft (ohne sofortigen Steuerbelastungseffekt) zur Folge. Gesetzlich geregelt ist (mit fiskalischem Motiv) nur die Fallgruppe „ursprünglich steuerbefreites gemeinnütziges Wohnungsunternehmen wird steuerpflichtig" (vgl. § 13 Abs. 2 KStG); der Gewinn aus dem gesetzlich bestimmten Teilwertansatz (vgl. § 13 Abs. 3 Satz 1 KStG) ist der vororganschaftlichen Zeit zuzurechnen (§ 14 Abs. 3 Satz 4 KStG).

14.19 **Bestimmung des Zeitpunkts der Ursache einer Mehr- oder Minderabführung.** Liegt die Ursache (Rz. 14.17) einer Mehr- oder Minderabführung vor der organschaftlichen Zeit, ist Abs. 3 anwendbar. Hat eine Mehr- oder Minderabführung ihre Ursache in organschaftlicher Zeit, ist Abs. 4 anwendbar. Eine Mehr- oder Minderabführung kann ihre Ursache nicht nach der organschaftlichen Zeit, also nach Beendigung der Organschaft, haben. Die Begründung zum Gesetzentwurf von Abs. 3 stellt für die vororganschaftliche Zeit auf steuerlich relevante Sachverhalte ab, die vor der steuerlichen Wirksamkeit der Organschaft verwirklicht worden sind und die in organschaftlicher Zeit zu Mehr- oder Minderabführungen führen.[1] Die vororganschaftliche Zeit ist danach der Zeitraum vor Wirksamwerden der Organschaft, die organschaftliche Zeit der Zeitraum ab Wirksamwerden der Organschaft.[2] Der Begründung der Gesetzentwürfe ist nicht zu entnehmen, ob es auf die steuerliche Wirksamkeit einer bestimmten Organschaft ankommt bzw. ob die steuerliche Wirksamkeit der Organschaft aus Sicht des Organträgers oder der Organgesellschaft zu prüfen ist. Wird zB der Organträger einer Organgesellschaft in Folge einer Transaktion „ausgetauscht" (zB Verschmelzung eines Organträgers auf eine Kapitalgesellschaft unter Fortsetzung des Gewinnabführungsvertrags), könnte es sich für Zwecke des Abs. 4 um die Fortsetzung der bestehenden Organschaft oder um die Begründung einer neuen Organschaft handeln. Sofern man von der Begründung einer neuen Organschaft ausgeht, wäre der Zeitraum vor Wirksamwerden der (neuen) Organschaft vororganschaftliche Zeit i.S.d. Abs. 3, obwohl auch in der Zeit vor der neuen Organschaft eine wirksame Organschaft bestanden hat. ME ist auf die „organschaftliche Beziehung" eines Organträgers zu einer bestimmten Organgesellschaft abzustellen. Diese organschaftliche Beziehung bleibt unberührt, wenn sie von einem Gesamtrechtsnachfolger des Organträgers ohne Unterbrechung fortgesetzt wird. Dies gilt auch, wenn ein bestehender Ergebnisabführungsvertrag durch einen neuen Vertrag ersetzt wird, ohne dass die Organschaft unterbrochen wird (zB Beendigung des alten Vertrags zum 31.12.2001, Beginn des neuen Vertrags zum 1.1.2002).[3]

14.20 **Außerorganschaftliche Ursache.** Nach einer Auffassung soll § 14 Abs. 3 KStG auch anwendbar sein, wenn eine vororganschaftliche Ursache (Rz. 14.17) im Wege einer Gesamtrechtsnachfolge (von „außen") auf die Organgesellschaft übertragen wurde.[4] Man spricht in diesem Fall von einer außerorganschaftlich verursachten Mehr- oder Minderabführung, diese (außerorganschaftlichen) Mehr- und Minderabführungen sind gesetzlich nicht geregelt und deshalb problematisch.[5]

---

1 BT-Drucks. 15/3677, 36.
2 BFH v. 18.12.2002 – I R 51/01, BStBl. II 2005, 49 = FR 2003, 457 m. Anm. *Then*.
3 *von Freeden* in HHR, § 14 KStG Anm. 351.
4 *Dötsch/Pung*, Der Konzern 2008, 150 (156); *Dötsch/G. Witt*, Der Konzern 2007, 190 (197); *Dötsch* in Dötsch/Pung/Möhlenbrock, Anh UmwStG (SEStEG) Rz. 48; *Schumacher* in FS Schaumburg, 477 (487).
5 Vgl. *von Freeden* in HHR, § 14 Abs. 3 KStG Anm. 320; *Rödder*, DStR 2005, 217 (220).

Beispiel: Verschmelzung einer Schwesterkapitalgesellschaft auf OG. M-AG ist als OT zu jeweils 100 % am Nennkapital der T1-GmbH als OG und an der T2-GmbH (keine Organgesellschaft) beteiligt. T2-GmbH bildet im Jahr 1 in ihrer Handelsbilanz eine Drohverlustrückstellung iHv 10, in der Steuerbilanz scheidet eines Rückstellungsbildung aus. Im Jahr 2 wird T2-GmbH unter Buchwertansatz auf T1-GmbH (OG) verschmolzen. OG löst die „erworbene" Drohverlustrückstellung im Jahr 3 auf. Das handelsbilanzielle Ergebnis erhöht sich um 10, das steuerbilanzielle Ergebnis bleibt unberührt. Der Sachverhalt ist eine Mehrabführung.

Die Mehrabführung im Beispiel ist nach Auffassung der Finanzverwaltung und einer in der Literatur vertretenen Auffassung eine vororganschaftliche Mehrabführung nach § 14 Abs. 3 KStG.[1] Dabei liegt nach dieser Auffassung eine außerorganschaftliche Ursache nur vor, wenn – aus Sicht des Organträgers – die Ursache von außerhalb des Organkreises stammt.[2] In der Literatur wird die Problematik zT mit Hinweis auf die (frühere) steuerliche Behandlung eines im Rahmen einer Verschmelzung auf eine Organgesellschaft übergehenden Verlustvortrags behandelt (§ 12 Abs. 3 Satz 2 UmwStG 1995). Die Finanzverwaltung behandelte einen solchen (auf die Organgesellschaft übergegangenen) Verlustvortrag bei der Organgesellschaft als vororganschaftlichen Verlustvortrag (§ 15 Satz 1 Nr. 1 KStG).[3] Diese Rechtsauffassung war – soweit ersichtlich – bislang nicht Gegenstand einer gerichtlichen Überprüfung. Unter Berücksichtigung des Wortlauts von § 14 Abs. 3 und Abs. 4 KStG, der ausdrücklich auf die Merkmale „vororganschaftliche Zeit" und „organschaftliche Zeit" – also auf Zeitpunkte bzw. Zeiträume – abstellt, ist die Existenz außerorganschaftlicher Ursachen mE zweifelhaft.

IV. Dritter Prüfungsschritt: Können mehrere identifizierte Mehr- und Minderabführungsbeträge vor Umsetzung der Rechtsfolgen saldiert werden?

In einem Wirtschaftsjahr der Organgesellschaft können gleichzeitig vororganschaftliche Mehrabführungen, vororganschaftliche Minderabführungen, innerorganschaftliche Mehrabführungen und innerorganschaftliche Minderabführungen vorliegen. Fraglich ist, ob die identifizierten Mehr- und Minderabführungsbeträge eines Wirtschaftsjahres vor Anwendung der Rechtsfolgen des § 14 Abs. 3 KStG und/oder der § 14 Abs. 4, § 27 Abs. 6 KStG saldiert werden können.

14.21

Es gilt das Folgende:

14.22

– **Keine Saldierung vororganschaftlicher Mehr- und Minderabführungen:** Wegen des Wortlauts von § 14 Abs. 3 Satz 1 und 2 KStG[4] sowie der unterschiedlichen Rechtsfolgen

---

[1] BMF v. 11.11.2011 – IV C 2 - S 1978-b/08/10001 – DOK 2011/0903665, BStBl. I 2011, 1314, Rz. Org. 34; *Dötsch* in Dötsch/Pung/Möhlenbrock, Anh UmwStG (SEStEG) Rz. 48 und Rz. 52; *Dötsch/G. Witt* in Dötsch/Pung/Möhlenbrock, § 14 KStG Rz. 894; *Dötsch/G. Witt*, Der Konzern 2007, 190, (197, 199); *Dötsch/Pung*, Der Konzern 2008, 150 (156); *Schumacher* in FS Schaumburg 477 (487); zweifelnd *Grube/Behrendt/Heeg*, GmbHR 2006, 1026 und 1079.
[2] *Dötsch* in Dötsch/Pung/Möhlenbrock, Anh UmwStG (SEStEG) Rz. 48; *Schumacher* in FS Schaumburg, 477 (487), auch zum Fall der „Ursachen-Übertragung" durch Einbringung eines Teilbetriebs vom Organträger.
[3] BMF, Schr. v. 25.3.1998 – IV B 7 - S 1978 – 21/98, IV B 2 - S 1909 – 33/98, BStBl. I 1998, 268, Rz. Org.27.
[4] Mehrabführung**en** und Minderabführung**en**.

von Mehrabführungen (fiktive Gewinnausschüttung) und Minderabführungen (fiktive Einlage) ist eine Saldierung vororganschaftlicher Mehrabführungen mit vororganschaftlichen Minderabführungen – genauso wie die Saldierung „echter" Gewinnausschüttungen mit „echten" Einlagen – ausgeschlossen.[1]

- **Keine Saldierung vororganschaftlicher Mehr- und Minderabführungen mit innerorganschaftlichen Mehr- und Minderabführungen:** Nach Auffassung des BFH[2] und der überwiegend in der Literatur vertretenen Auffassung ist eine „tatbestandsübergreifende" Saldierung von Mehr- und Minderabführungen i.S.d. § 14 Abs. 3 KStG mit solchen i.S.d. § 14 Abs. 4 KStG nicht möglich.[3]
- **Saldierung innerorganschaftlicher Mehr- und Minderabführungen:** Nach einer in der Literatur vertretenen Auffassung scheidet eine Saldierung innerorganschaftlicher Mehr- und Minderabführungen aus.[4] ME können Mehr- und Minderabführungen i.S.d. § 14 Abs. 4 KStG saldiert werden.[5] Der Wortlaut der Vorschrift steht dieser Ansicht nicht entgegen, in Satz 1 wird die Bildung eines besonderen Ausgleichspostens angeordnet. Dieser Posten ist mE durch Saldierung fortzuentwickeln. Danach kommt es zu einer Saldierung von Mehr- und Minderabführungen einer Organgesellschaft i.S.d. § 14 Abs. 4 KStG. Diese Vorgehensweise führt nicht zu einer Verletzung des Grundsatzes der Einmalbesteuerung (Rz. 14.5). Für diese Ansicht spricht auch das in Satz 6 geregelte Regelbeispiel, wonach für die Identifizierung einer Mehr- oder Minderabführung die Höhe des abgeführten Gewinns mit dem Steuerbilanzgewinn zu vergleichen ist (Rz. 14.11).[6]

D. Rechtsfolgen einer Mehr- oder Minderabführung

I. Rechtsgrundlagen

14.23 Bei Vorliegen einer Mehr- oder Minderabführung mit Ursache in vororganschaftlicher Zeit ergeben sich die Rechtsfolgen aus § 14 Abs. 3 KStG, bei Vorliegen einer Mehr- oder Minderabführung mit Ursache in (inner-)organschaftlicher Zeit ergeben sich die (unmittelbaren) Rechtsfolgen aus § 14 Abs. 4, § 27 Abs. 6 KStG.

---

1 *Brink* in Schnitger/Fehrenbacher, § 14 KStG Rz. 1216; *Dötsch* in Dötsch/Pung/Möhlenbrock, § 14 KStG Rz. 892; *Frotscher* in Frotscher/Drüen, § 14 KStG Rz. 764; *Neumann* in Gosch[3], § 14 KStG Rz. 422.
2 Vorlagebeschluss BFH v. 6.6.2013 – I R 38/11, FR 2013, 1140 = DStR 2013, 1986 (1990) – Az. des BVerfG: 2 BvL 7/13; so auch Vorinstanz FG Düsseldorf v. 15.4.2013 – 6 K 4270/10 K,F, FR 2013, 898 m. Anm. *Prinz* = BB 2013, 1902.
3 *Brink* in Schnitger/Fehrenbacher, § 14 KStG Rz. 1040; *Dötsch/G. Witt*, Der Konzern 2007, 190; *Erle/Heurung* in Erle/Sauter[3], § 14 KStG Rz. 568; ausführlich *von Freeden* in HHR, § 14 KStG Anm. 352; *Hötzel*, JbFStR 2012/2013, 137; *Krinninger/Helm*, BB 2005, 1191; *Neumann* in Gosch[3], § 14 KStG Rz. 422.
4 *Dötsch*, Ubg 2008, 117; *Lang*, NWB 2009, 118; *Neumann* in Gosch[3], § 14 KStG Rz. 460; wohl auch *Erle/Heurung* in Erle/Sauter[3], § 14 KStG Rz. 571.
5 *Breier*, Der Konzern 2011, 84; *Brink* in Schnitger/Fehrenbacher[2], § 14 KStG Rz. 1040; *von Freeden* in HHR, § 14 KStG Anm. 350; wohl auch *Neumann* in Gosch[3], § 14 KStG Rz. 422.
6 BMF v. 15.7.2013 – IV C 2 - S 2770/07/10004:004 – DOK 2013/0457677, BStBl. I 2013, 921 = FR 2013, 772; *von Freeden* in HHR, § 14 KStG Anm. 350.

II. Mehr- oder Minderabführung mit Ursache in vororganschaftlicher Zeit

1. Vororganschaftliche Mehrabführung

a) Organgesellschaft verfügt über ausschüttbaren Gewinn

In Abhängigkeit davon, ob bei der Organgesellschaft ausschüttbarer Gewinn nach § 27 Abs. 1 Satz 5 KStG (in Höhe des Mehrabführungsbetrags) vorliegt, können sich unterschiedliche Steuerwirkungen ergeben. 14.24

Fiktive Gewinnausschüttung der Organgesellschaft. Eine vororganschaftliche Mehrabführung gilt nach § 14 Abs. 3 Satz 1 KStG als Gewinnausschüttung der Organgesellschaft an den Organträger. Die Gewinnausschüttung gilt zum Ende des Wirtschaftsjahres der Organgesellschaft als erfolgt (Abs. 3 Satz 3). Dies bedeutet, dass in Höhe des Mehrabführungsbetrags für Besteuerungszwecke vom Vorliegen einer Gewinnausschüttung der Organgesellschaft (und nicht von einer Gewinnabführung) auszugehen ist. Die steuerliche Behandlung der (fiktiven) Gewinnausschüttung hängt davon ab, ob bei der Organgesellschaft (steuerlicher) ausschüttbarer Gewinn nach § 27 Abs. 1 Satz 5 KStG vorliegt. Soweit dies der Fall ist, hat die Mehrabführung die Folgen einer „normalen" (offenen) Gewinnausschüttung (andernfalls liegt eine Einlagenrückgewähr vor, Rz. 14.29).[1] Beim Organträger unterliegt die (fiktive) Ausschüttung in Abhängigkeit von der Rechtsform des Organträgers der Einkommen- oder Körperschaftsteuer (Teileinkünfteverfahren oder § 8b KStG-Besteuerung) und der Gewerbesteuer (Rz. 14.28). 14.25

Körperschaftsteuerminderung oder -erhöhung bei Organgesellschaft. Bei der Organgesellschaft kann die Mehrabführung (in Altfällen) eine Körperschaftsteuerminderung (§ 37 Abs. 2 KStG) oder eine Körperschaftsteuererhöhung (§ 38 Abs. 2 KStG) auslösen. 14.26

Kapitalertragsteuer. Im Grundsatz hat die Organgesellschaft Kapitalertragsteuer einzubehalten (§ 44 Abs. 7 Satz 1 EStG). Die Steuer entsteht mit der Feststellung der Handelsbilanz, spätestens acht Monate[2] nach Ablauf des Wirtschaftsjahres der Organgesellschaft. Dabei muss die Organgesellschaft als Schuldnerin der Kapitalerträge die Kapitalertragsteuer gem. § 44 Abs. 1 Satz 3 EStG i.V.m. § 44 Abs. 7 Satz 3 EStG für den Organträger abführen. Zuständig ist das Finanzamt, das auch für die ertragsteuerliche Behandlung der Organgesellschaft zuständig ist.[3] ME ist – wie bei einer „normalen" (offenen) Gewinnausschüttung – keine Kapitalertragsteuer einzubehalten, wenn der Organträger die Voraussetzungen einer Holding erfüllt (vgl. § 44a Abs. 5 Satz 1 EStG). Die von der OFD Münster[4] für den Fall einer normalen (offenen) Gewinnausschüttung aufgestellten Grundsätze dürften auch für eine fiktive Gewinnausschüttung nach Abs. 3 gelten. Danach müssen die Kapitalerträge Betriebseinnahmen des Organträgers und die festzusetzende Kapitalertragsteuer höher als die festzusetzende Körperschaftsteuer sein. Das Erfüllen der Voraussetzungen ist durch eine Bescheinigung des für den Gläubiger zuständigen Finanzamts nachzuweisen.[5] 14.27

---

1 Dazu *von Freeden* in HHR, § 14 KStG Anm. 313; *Dötsch/Pung*, Der Konzern 2005, 37 (39); *Prinz* in Prinz/Kanzler, Handbuch Bilanzsteuerrecht³, Rz. 1731.
2 Kritisch *Suchanek*, INF 2005, 21.
3 *von Freeden* in HHR, § 14 KStG Anm. 313; *Prinz* in Prinz/Kanzler, Handbuch Bilanzsteuerrecht³, Rz. 1732.
4 OFD Münster v. 20.10.2011 – S 2400 – 44 – St 22 – 31, juris.
5 *Lindberg* in Blümich, § 44a EStG Rz. 30.

14.28 Gewerbesteuer. Die fiktive Ausschüttung unterliegt nach normalen Grundsätzen der Gewerbesteuer. Dies gilt auch für die Anwendung des gewerbesteuerlichen Schachtelprivilegs (§ 8 Nr. 5 i.V.m. § 9 Nr. 2a GewStG).[1] Bei Nicht-Vorliegen der Voraussetzungen des Schachtelprivilegs kann die Mehrabführung eine (ggf. erhebliche) Gewerbesteuerbelastung zur Folge haben. Bei Vorliegen der Voraussetzungen des Schachtelprivilegs und unter Zugrundelegung der Rechtsauffassung des FG Münster[2] kann der Mehrabführungsbetrag bei einem Kapitalgesellschafts-Organträger, der zugleich Organgesellschaft im Verhältnis zu einem übergeordneten (Ober-)Organträger ist (mehrstufige Organschaftskette), mE vollumfänglich – also einschließlich der 5 % nicht abziehbaren Betriebsausgabe nach § 8b Abs. 5 KStG und entgegen § 9 Nr. 2a Satz 4 GewStG – gekürzt werden.[3]

b) Organgesellschaft verfügt nicht über ausschüttbaren Gewinn und es besteht ein positives Einlagekonto

14.29 Eine vororganschaftliche Mehrabführung gilt nach § 14 Abs. 3 Satz 1 KStG als Gewinnausschüttung der Organgesellschaft an den Organträger. Dabei gilt – wie bei einer „normalen" (offenen) Gewinnausschüttung – die Verwendungsreihenfolge des § 27 Abs. 1 KStG (Regel: Gewinnausschüttung der Gesellschaft wird aus ausschüttbarem Gewinn gespeist, erst nach „Verbrauch" des ausschüttbaren Gewinns gilt das Einlagekonto als verwendet). Verfügt die Organgesellschaft nicht über ausschüttbaren Gewinn, gilt das steuerliche Einlagekonto als verwendet (vgl. § 27 Abs. 1 Satz 3 KStG). Es ist mE auf den Bestand des ausschüttbaren Gewinns und des steuerlichen Einlagekontos zum Schluss des vorangegangenen Wirtschaftsjahres abzustellen. Die vororganschaftliche Mehrabführung hat im Ergebnis die Wirkung einer fiktiven Einlagenrückgewähr: Bei der Organgesellschaft ist das steuerliche Einlagekonto zu mindern, eine Verpflichtung zum Einbehalt von Kapitalertragsteuer besteht nicht.[4] Beim Organträger ist der steuerliche Buchwert der Organbeteiligung zu kürzen.[5] Übersteigt der Mehrabführungsbetrag den Buchwert der Organbeteiligung ergibt sich ein (fiktiver Veräußerungs-)Gewinn (in Abhängigkeit von der Rechtsform des Organträgers findet § 8b Abs. 2 KStG Anwendung). Bei Vorliegen sperrfristbehafteter Anteile (§ 22 Abs. 1 UmwStG) kann es nach Auffassung der Finanzverwaltung zur Entstehung eines Einbringungsgewinns kommen (§ 22 Abs. 1 Satz 6 Nr. 3 UmwStG).[6]

2. Vororganschaftliche Minderabführung

14.30 Eine vororganschaftliche Minderabführung ist als Einlage des Organträgers in die Organgesellschaft zum Ende des Wirtschaftsjahres der Organgesellschaft zu behandeln (§ 14 Abs. 3 Sätze 2 und 3 KStG). Dies bedeutet, dass sich beim Organträger und bei der Organgesellschaft die Steuerwirkungen ergeben, die sich im Fall einer „echten" (verdeckten) Einlage des Betrags der Mehrabführung ergeben würden. Beim Organträger ist der steuerliche Buchwert der Organbeteiligung in Höhe des Mehrabführungsbetrags zu erhöhen, bei der Organgesellschaft ist der Bestand des steuerlichen Einlagekontos zu erhöhen. Sofern andere Steuertat-

---

[1] OFD Kiel v. 25.9.2000 – G 1425 A – St 261, juris.
[2] FG Münster v. 14.5.2014 – 10 K 1007/13 G, GmbHR 2014, 1115 m. Anm. *Demel/Sundheimer* = ISR 2014, 276 m. Anm. *Böhmer* = BB 2014, 1830 – Rev. I R 39/14.
[3] So auch *Pyszka/Nienhaus*, DStR 2014, 1585 (1587).
[4] *Ott*, DStR 2014, 673 (674).
[5] *Ott*, DStR 2014, 673 (674).
[6] BMF v. 11.11.2011 – IV C 2 - S 1978-b/08/10001 – DOK 2011/0903665, BStBl. I 2011, 1314, Rz. 22.24 aE.

bestände an das Vorliegen einer Einlage anknüpfen, können sich mE auch insoweit Auswirkungen ergeben (vgl. Sanierungsregelung des § 8c Abs. 1a Satz 3 Nr. 3 KStG[1]: „[...] der Körperschaft durch Einlagen wesentliches Betriebsvermögen zugeführt wird. [...]").

III. Mehr- oder Minderabführung mit Ursache in (inner-)organschaftlicher Zeit

1. Innerorganschaftliche Mehrabführung

a) Bildung eines Ausgleichspostens in der Steuerbilanz des Organträgers

Bei Vorliegen einer Mehrabführung i.S.d. § 14 Abs. 4 KStG ist in der Steuerbilanz des Organträgers ein besonderer passiver Ausgleichsposten zu bilden (§ 14 Abs. 4 Satz 1 KStG). Eine Minderung des Buchwerts der Organbeteiligung – statt Bildung eines besonderen Postens – ist nach dem Wortlaut des Gesetzes („besonderer Ausgleichsposten") nicht zulässig.[2] Der Ausgleichsposten ist in der Steuerbilanz des Organträgers zu bilden, eine außerbilanzielle Bildung des Postens ist unzulässig (vor Inkrafttreten von Abs. 4 war der Ausgleichsposten nach Auffassung des BFH[3] außerhalb der Steuerbilanz zu bilden). Sofern der Organträger keine Steuerbilanz aufstellt, ist der Ausgleichsposten in der Überleitungsrechnung nach § 60 Abs. 2 EStDV zu bilden.[4] Die Bildung des Ausgleichspostens in der Steuerbilanz hat keine Auswirkungen auf die Handelsbilanz des Organträgers. Der Ausgleichsposten ist nach § 14 Abs. 4 Satz 1 KStG nur beim Organträger zu bilden, nicht in der Steuerbilanz einer anderen Person (zB keine Bildung in der Steuerbilanz der Zwischengesellschaft bei mittelbarer Organschaft).[5] Die Bildung eines Ausgleichspostens ist auch noch im Rahmen einer Betriebsprüfung (rückwirkend) möglich.[6]

14.31

Ausgleichsposten ist ggf. nur anteilig zu bilden. Ein organschaftlicher Ausgleichsposten ist in Höhe des Betrags zu bilden, der dem Verhältnis der Beteiligung des Organträgers am Nennkapital der Organgesellschaft entspricht (§ 14 Abs. 4 Satz 1 KStG). Bei der Beteiligung kann es sich auch um eine mittelbare Beteiligung handeln, Satz 1 stellt nicht auf eine unmittelbare Beteiligung ab.[7] Dabei ist im Fall einer mittelbaren Beteiligung durchzurechnen, dh auch vermittelnde Gesellschaften sind einzubeziehen. Eine Mehrheit der Stimmrechte an der vermittelnden Gesellschaft ist nicht erforderlich.[8] Andernfalls würde eine Doppel- oder Nichtbesteuerung im Organkreis nicht vermieden.

14.32

Zeitpunkt der Postenbildung. Der Zeitpunkt der Postenbildung ist in Abs. 4 nicht bestimmt. Nach einer Auffassung soll der Posten zum Stichtag der Steuerbilanz zu bilden sein.[9] Dies könne dazu führen, dass bei Veräußerung der Organbeteiligung zum 31.12.2006 trotz Vorliegens

14.33

---

1 Die Vorschrift findet nur unter den Voraussetzungen des § 34 Abs. 7c KStG Anwendung.
2 *Dötsch*, Ubg 2008, 117.
3 BFH v. 29.10.2008 – I R 31/08, BFH/NV 2009, 791.
4 *Dötsch* in Dötsch/Pung/Möhlenbrock, § 14 KStG Rz. 942; *von Freeden* in HHR, § 14 KStG Anm. 352.
5 ZB keine Bildung eines Postens in der Steuerbilanz einer Zwischengesellschaft bei mittelbarer Organschaft; aA *Bosch* in Preißer/Pung, Die Besteuerung der Pers- und KapGes., C VI. Rz. 255.
6 *von Freeden* in HHR, § 14 KStG Anm. 352.
7 *Dötsch* in Dötsch/Pung/Möhlenbrock, § 14 KStG Rz. 1020; *Frotscher*, Der Konzern 2007, 34; *Heurung/Seidel*, Der Konzern 2009, 400; *Kolbe*, StuB 2008, 293; *Neumann* in Gosch[3], § 14 KStG Rz. 447.
8 So wohl auch *Erle/Heurung* in Erle/Sauter[3], § 14 KStG Rz. 534; *Frotscher*, Der Konzern 2007, 34.
9 *Breier*, Der Konzern 2011, 11.

einer Mehrabführung im Jahr 6 noch kein Ausgleichsposten zum 31.12.2006 bestehe. Der Posten sei erst eine juristische Sekunde später zu bilden, also nach Veräußerung der Organbeteiligung. ME ist ein Ausgleichsposten im Zeitpunkt der Mehr- oder Minderabführung zu bilden. Wenn das Wirtschaftsjahr des Organträgers und das der Organgesellschaft dem Kalenderjahr entsprechen, ist dies der 31.12. Besteht für ein Wirtschaftsjahr eine Organschaft (zB Jahr 06), veräußert der Organträger die Organbeteiligung mit Ablauf des Wirtschaftsjahrs (zB 31.12.2006) und liegt für das Wirtschaftsjahr (zB Jahr 06) eine Mehr- oder Minderabführung vor, ist für eine juristische Sekunde ein Ausgleichsposten zu bilden und sogleich im Rahmen der Ermittlung des Ergebnisses aus der Veräußerung der Organbeteiligung aufzulösen. Dieses Vorgehen folgt mE aus dem Zweck von Abs. 4, eine Doppel- oder Nichtbesteuerung im Fall einer innerorganschaftlichen Mehr- oder Minderabführung zu vermeiden.[1]

14.34 **Postenbildung zu einer bestimmten Organbeteiligung.** Ein Ausgleichsposten ist zu einer bestimmten Organbeteiligung zu bilden. Sofern ein Organträger an mehreren Organgesellschaften beteiligt ist, sind die entsprechenden Ausgleichsposten zu unterscheiden, eine Saldierung scheidet aus. Wenn der Organträger nur mittelbar an der Organgesellschaft beteiligt ist, ist der Posten zur Beteiligung an der Zwischengesellschaft zu bilden. Aus § 14 Abs. 4 Satz 1 KStG ergibt sich nicht, ob ein (einziger) Ausgleichsposten pro Organbeteiligung zu bilden ist oder ob für jede Ursache einer Mehr- oder Minderabführung ein Posten (jeweils für die entsprechende Organbeteiligung) zu bilden ist. Satz 1 sieht bei Vorliegen von Mehr- oder Minderabführungen die Bildung eines (einzigen) Ausgleichspostens vor. Satz 2 spricht allerdings von den besonderen Ausgleichsposten, dh. nach Satz 2 können mehrere Ausgleichsposten bestehen. Nach einer in der Literatur vertretenen Auffassung ist für jede Ursache einer Mehr- oder Minderabführung ein separater Ausgleichsposten zu bilden.[2] Eine Saldierung von organschaftlichen Minder- und Mehrabführungen scheidet danach aus. In der Steuerbilanz des Organträgers werden die einzelnen aktiven Ausgleichsposten addiert und als ein einziger aktiver Ausgleichsposten abgebildet, die einzelnen passiven Ausgleichsposten werden als ein einziger passiver Ausgleichsposten ausgewiesen. In der Praxis setzt diese Auffassung eine komplexe „Ausgleichspostennebenrechnung" auf Ebene des Organträgers voraus. ME ergibt sich aus dem Zweck des Abs. 4, dass ein Organträger stets nur einen einzigen Ausgleichsposten pro Organbeteiligung bilden muss.[3] Es kann sich um einen aktiven oder um einen passiven Ausgleichsposten handeln. Dieser Posten ist fortzuentwickeln und bei Veräußerung der Organbeteiligung aufzulösen. Wenn eine organschaftliche Mehrabführung einen bestehenden aktiven Ausgleichsposten übersteigt, wandelt sich der aktive zu einem passiven Ausgleichsposten.[4] Entsprechendes gilt bei einer Minderabführung, die einen bestehenden passiven Ausgleichsposten übersteigt.

14.35 **Einkommensneutrale Postenbildung.** Nach § 14 Abs. 4 Satz 1 KStG ist ein Ausgleichsposten in der Steuerbilanz zu bilden. Die Bildung des Postens vollzieht sich mE Steuerbilanzgewinn mindernd oder erhöhend.[5] Da die Postenbildung einkommensneutral erfolgt,[6] ist ei-

---

1 *von Freeden* in HHR, § 14 KStG Anm. 352.
2 *Dötsch*, Ubg 2008, 117; *Lang*, NWB 2009, 118; *Neumann* in Gosch[3], § 14 KStG Rz. 460; wohl auch *Erle/Heurung* in Erle/Sauter[3], § 14 KStG Rz. 571.
3 *von Freeden* in HHR, § 14 KStG Anm. 352; *Olbing* in Streck[9], § 14 KStG Rz. 143.
4 *Olbing* in Streck[9], § 14 KStG Rz. 143.
5 *von Freeden* in HHR, § 14 KStG Anm. 354.
6 Eine Auffassung, wonach ein Ausgleichsposten einkommenswirksam zu bilden ist, widerspräche zunächst dem Gesetzeswortlaut. Denn in Satz 3 Satz 1 ist bestimmt, dass sich das Einkommen des Organträgers in Folge einer Auflösung von Ausgleichsposten im Rahmen einer Veräußerung

ne außerbilanzielle Korrektur vorzunehmen (Bildung aktiver Ausgleichsposten: Erhöhung des Steuerbilanzgewinns ist außerbilanziell durch Kürzung zu neutralisieren; Bildung passiver Ausgleichsposten: Minderung des Steuerbilanzgewinns ist außerbilanziell durch Hinzurechnung zu neutralisieren).

Auswirkung auf das steuerbilanzielle Eigenkapital des Organträgers. Nach Auffassung des BFH erhöht ein aktiver Ausgleichsposten nicht das steuerliche Eigenkapital des Organträgers für Zwecke des § 10 Satz 1 UmwStG 2002.[1] Das Gericht lässt allerdings offen, ob die Einordnung eines Postens als bloße steuerliche Bilanzierungshilfe durchgängig dessen Zuordnung zum steuerbilanziellen Eigenkapital ausschließt. Die Finanzverwaltung geht zumindest für bewertungs- und erbschaftsteuerliche Zwecke davon aus, dass ein Ausgleichsposten Eigenkapitalcharakter hat.[2] ME führt die Bildung eines Ausgleichspostens in der Steuerbilanz des Organträgers zu einer Erhöhung des steuerbilanziellen Vermögens des Organträgers.[3] Der Gesetzgeber hat in Kenntnis der bisherigen Auffassung des BFH, wonach ein Ausgleichsposten außerhalb der Steuerbilanz als Erinnerungsposten zu bilden war, die Postenbildung in der Steuerbilanz geregelt. Eine Postenbildung in der Steuerbilanz wirkt sich zwangsläufig auf die Höhe des steuerbilanziellen Betriebsvermögens aus. Ein aktiver Ausgleichsposten erhöht das steuerbilanzielle Vermögen des Organträgers, ein passiver Ausgleichsposten mindert es. Die Bildung von organschaftlichen Ausgleichsposten wirkt sich also unmittelbar auf den Steuerbilanzgewinn des Organträgers (und damit auch auf dessen steuerbilanzielles Eigenkapital) aus. Die Auswirkung auf den Steuerbilanzgewinn ist außerbilanziell zu korrigieren. Bei Zugrundelegung dieser Auffassung wirkt sich die Bildung von Ausgleichsposten auch auf die Anwendung anderer Tatbestände, für deren Anwendung die Höhe des Steuerbilanzgewinns oder des steuerbilanziellen Eigenkapitals Bedeutung hat, aus (vgl. zB § 34a EStG)[4].

14.36

Saldierung von Ausgleichsposten. Nach einer in der Literatur vertretenen Auffassung ist für jede Ursache einer Mehr- oder Minderabführung ein separater Ausgleichsposten zu bilden.[5] In der Praxis würde diese Auffassung eine „Ausgleichspostennebenrechnung" auf Ebene des Organträgers voraussetzen. ME ergibt sich aus dem Zweck des Abs. 4, dass ein Organträger stets nur einen einzigen Ausgleichsposten pro Organbeteiligung zu bilden hat.[6] Dieser Posten ist fortzuentwickeln und im Fall der Veräußerung der Organbeteiligung aufzulösen. Dieser

14.37

---

der Organbeteiligung erhöht oder verringert. Daraus kann im Umkehrschluss abgeleitet werden, dass sich das Einkommen bei der Bildung von Ausgleichsposten nicht erhöht oder verringert (*Bareis*, FR 2008, 649; *Krumm* in Blümich, § 14 KStG Rz. 277; *Dötsch* in Dötsch/Pung/Möhlenbrock, § 14 KStG Rz. 491; *von Freeden* in HHR, § 14 KStG Anm. 354; *Frotscher* in Frotscher/Drüen, § 14 KStG Rz. 313; *Kolbe*, StuB 2008, 293; *Lang*, NWB 2009, 118; *Müller* in Mössner/Seeger, § 14 KStG Rz. 696; *Neumann* in Gosch[3], § 14 KStG Rz. 449; *Teller* in Kanzler/Nacke, Steuergesetzgebung 2007/2008, 258, 260; *Reiß*, Der Konzern 2008, 9; *Schumacher* in FS Schaumburg, 477 (481); *Suchanek/Herbst*, FR 2008, 112. Weiterhin ließe eine solche Auffassung auch die Entstehungsgeschichte der Vorschrift unberücksichtigt. Der Gesetzgeber wollte durch Abs. 4 die bisherige Verwaltungsauffassung vergesetzlichen, dies umfasst auch die einkommensneutrale Bildung von Ausgleichsposten (vgl. BT-Drucks. 16/7036, 20 f.).

1 BFH v. 29.8.2012 – I R 65/11, BStBl. II 2013, 555 = FR 2013, 285.
2 R B 11.3 Abs. 4 und R B 103.1 Abs. 2 ErbStR 2011; *Prinz* in Prinz/Kanzler, Handbuch Bilanzsteuerrecht[3], Rz. 1707.
3 *Breier*, Der Konzern 2011, 11.
4 Ausführlich *von Freeden/Rogall*, FR 2009, 785.
5 *Dötsch*, Ubg 2008, 117; *Lang*, NWB 2009, 118; *Neumann* in Gosch[3], § 14 KStG Rz. 460; wohl auch *Erle/Heurung* in Erle/Sauter[3], § 14 KStG Rz. 571.
6 *von Freeden* in HHR, § 14 KStG Anm. 352; *Olbing* in Streck[9], § 14 KStG Rz. 143.

Auffassung steht der missverständliche Wortlaut von Abs. 4 nicht entgegen, wonach für mehrere Minder- und Mehrabführungen nur ein einziger Ausgleichsposten zu bilden ist (Satz 1), im Fall einer Veräußerung der Organbeteiligung jedoch „die besonderen Ausgleichsposten" (Satz 2) aufzulösen sind. Der Widerspruch ist im Rahmen einer Auslegung des Gesetzes mit Blick auf den Telos der Norm zu beseitigen. Im Übrigen regelt Abs. 4 nicht eine einkommensneutrale Auflösung von Ausgleichsposten (Rz. 14.57). Deshalb kann zB ein aktiver Ausgleichsposten, der in Folge einer Minderabführung i.S.d. Abs. 4 gebildet worden ist, einkommensneutral nur durch Saldierung mit einer späteren Mehrabführung i.S.d. Abs. 4 wieder aufgelöst werden.

b) Minderung des steuerlichen Einlagekontos der Organgesellschaft

14.38 Das steuerliche Einlagekonto der Organgesellschaft ist in Höhe des Betrags der Mehrabführung zu mindern (§ 27 Abs. 6 KStG). Dies gilt auch, wenn der Organträger nicht zu 100 % am Nennkapital der Organgesellschaft beteiligt ist und deshalb nur ein anteiliger Ausgleichsposten in der Steuerbilanz des Organträgers zu bilden ist (Rz. 14.32). Dabei kann der Bestand des Einlagekontos negativ werden (§ 27 Abs. 1 Satz 4 Halbs. 2 KStG).

2. Innerorganschaftliche Minderabführung

14.39 Bei Vorliegen einer innerorganschaftlich verursachten Minderabführung ist in der Steuerbilanz des Organträgers ein aktiver Ausgleichsposten zu bilden (§ 14 Abs. 4 Satz 1 KStG). Die Darstellung in Rz. 14.31 gilt für die innerorganschaftliche Minderabführung entsprechend.

Das steuerliche Einlagekonto der Organgesellschaft ist in Höhe der Minderabführung zu erhöhen (§ 27 Abs. 6 KStG). Die Darstellung in Rz. 14.38 gilt für die innerorganschaftliche Minderabführung entsprechend.

E. Auflösung organschaftlicher Ausgleichsposten

I. Einkommenswirksame Auflösung eines Ausgleichspostens

1. Tatbestand „Veräußerung der Organbeteiligung"

14.40 Nach § 14 Abs. 4 Sätze 2 bis 5 KStG sind organschaftliche Ausgleichsposten bei einer Veräußerung der Organbeteiligung oder bei Vorliegen eines vergleichbaren Sachverhalts einkommenswirksam aufzulösen.

14.41 **Veräußerung.** Eine Veräußerung i.S.d. Satzes 2 ist eine entgeltliche Übertragung des wirtschaftlichen Eigentums der Organbeteiligung durch den Organträger oder seinen Rechtsnachfolger auf einen anderen Rechtsträger.[1] Satz 2 setzt nicht voraus, dass eine Organschaft besteht. Der Veräußerer muss im Zeitpunkt der Veräußerung nicht mehr Organträger sein (zB wurde die Organschaft vor Veräußerung beendet), der Veräußerer kann im Zeitpunkt der Veräußerung auch außenstehender Gesellschafter sein (zB ist Dritter nach anteiliger Veräußerung der Organbeteiligung neuer Organträger). Tatbestandsmäßig sind auch Tausch, tauschähn-

---

1 ZB BFH v. 11.7.2006 – VIII R 32/04, BStBl. II 2007, 296 = FR 2007, 251.

liche Rechtsgeschäfte und das Vorliegen einer Veräußerungsfiktion (zB § 12 Abs. 1 Satz 1 KStG). Nicht tatbestandsmäßig ist mE eine Veräußerung von Anteilen an die Organgesellschaft, wenn durch diese Transaktion die Beteiligungsquote des Organträgers i.S.d. Abs. 4 unverändert bleibt.[1] Im Fall einer mittelbaren Organschaft soll nach Auffassung der Finanzverwaltung eine tatbestandliche Veräußerung der Organbeteiligung nicht vorliegen, wenn (nur) die Zwischengesellschaft, die nicht Organgesellschaft des Organträgers ist, ihre Beteiligung an der Organgesellschaft veräußert (Rz. 14.68).[2] Wenn die Zwischengesellschaft auch Organgesellschaft ist[3], soll nach Auffassung des FG Münster eine tatbestandliche Veräußerung auch vorliegen, wenn die Zwischen(organ)gesellschaft die Beteiligung an der Organgesellschaft veräußert (Rz. 14.68).[4]

Betriebsaufgabe. Eine Betriebsaufgabe gilt nach § 16 Abs. 3 Satz 1 EStG als Veräußerung, Satz 2 ist anwendbar. 14.42

Anteilige Veräußerung. Auch eine anteilige Veräußerung der Organbeteiligung durch den Organträger soll eine tatbestandsmäßige Veräußerung sein.[5] Ein Ausgleichsposten soll in diesem Fall anteilig aufzulösen sein. Die Auffassung ist mE konsequent, wenn man davon ausgeht, dass ein Ausgleichsposten ein Korrekturposten zum Buchwert der Organbeteiligung ist. Qualifiziert man einen Ausgleichsposten – wie der BFH[6] – dagegen nur als steuerliche Bilanzierungshilfe, könnte man unter Berücksichtigung des Wortlauts von Satz 2 („Veräußerung der Organbeteiligung") vertreten, dass ein bestehender Ausgleichsposten erst bei vollständiger Veräußerung der Organbeteiligung aufzulösen ist.[7] Satz 2 sieht – anders als Satz 1 für die Bildung eines Ausgleichspostens (Rz. 14.32) – keine anteilige Auflösung vor. 14.43

Abstockung der Organbeteiligung. Wenn die anteilig veräußerten (und identifizierbaren) Anteile an der Organgesellschaft nach der Bildung eines Ausgleichspostens (zur Beteiligungsaufstockung Rz. 14.60) erworben worden sind (Neu-Anteile), stellt sich die Frage, ob auch in diesem Fall der Ausgleichsposten aufzulösen ist. Bei Zugrundelegung der Auffassung des BFH, wonach ein Ausgleichsposten eine steuerliche Bilanzierungshilfe ist,[8] dürfte eine anteilige Auflösung zu bejahen sein. Geht man dagegen davon aus, dass der Ausgleichsposten ein Korrekturposten zum Beteiligungsbuchwert (der Alt-Anteile) ist, wäre eine anteilige Postenauflösung abzulehnen.[9] 14.44

Veräußerung von Anteilen an einer Organträger-Personengesellschaft. Ein Ausgleichsposten ist (ggf. anteilig) aufzulösen, wenn ein Gesellschafter einer Organträger-Personengesell- 14.45

---

1 *von Freeden* in HHR, § 14 KStG Anm. 355.
2 FinMin. Schl.-Holst. v. 8.12.2011 – VI 3011 – S 2770 – 054, DStR 2012, 1607; *Breier*, Der Konzern 2011, 11. Diese Sichtweise folgt m.E. auch aus R 14.8 Abs. 3 Satz 7 KStR 2015; *von Freeden/Joisten*, DB 2016, 1099.
3 Struktur: OT ist zu 100 % an Z-OG beteiligt, Z-OG ist zu 100 % an OG beteiligt. Es bestehen folgende Ergebnisabführungsverträge: OT/Z-OG und OT/OG.
4 FG Münster v. 19.11.2015 – 9 K 3400/13 K,F, EFG 2016, 594 (Az. der Rev. I R 16/16). Dazu *von Freeden/Joisten*, DB 2016, 1099; *Rengers*, EFG 2016, 599.
5 *Dötsch* in Dötsch/Pung/Möhlenbrock, § 14 KStG Rz. 523; *Erle/Heurung* in Erle/Sauter³, § 14 KStG Rz. 556 und 559; *von Freeden* in HHR, § 14 KStG Anm. 355; *Frotscher* in Frotscher/Drüen, § 14 KStG Rz. 1043; *Kolbe*, StuB 2008, 293.
6 BFH v. 29.8.2012 – I R 65/11, BStBl. II 2013, 555 = FR 2013, 285.
7 Vgl. *Erle/Heurung* in Erle/Sauter³, § 14 KStG Rz. 556.
8 BFH v. 29.8.2012 – I R 65/11, BStBl. II 2013, 555 = FR 2013, 285.
9 *Mische/Recnik*, BB 2012, 1015.

schaft seine Beteiligung veräußert.[1] Personengesellschaften unterliegen für Einkommen- und Körperschaftsteuerzwecke dem Transparenzprinzip, der Mitunternehmeranteil des Gesellschafters ist die Summe der Anteile des Gesellschafters an den Wirtschaftsgütern der Mitunternehmerschaft.[2] Danach umfasst der Mitunternehmeranteil auch die zum Gesamthandsvermögen der Organträger-PersGes gehörende Organbeteiligung. Bei der Veräußerung eines Mitunternehmeranteils ist aus steuerlicher Sicht nicht der Anteil an der Gesellschaft Veräußerungsgegenstand, sondern der ideelle Anteil des Veräußerers an den einzelnen Wirtschaftsgütern des Gesamthandsvermögens, ua. der ideelle Anteil an der Organbeteiligung.[3]

14.46 **Umwandlungen.** Die FinVerw. behandelt Umwandlungen als Veräußerungen.[4] Im Grundsatz wäre ein Ausgleichsposten somit nach § 14 Abs. 4 Satz 2 KStG aufzulösen, wenn die Organbeteiligung (ggf. anteilig) im Rahmen einer Umwandlung auf einen neuen Rechtsträger übertragen wird. Nach dem Umwandlungssteuererlass ist ein Ausgleichsposten bei Verschmelzung, Spaltung und Formwechsel des Organträgers sowie bei Ausgliederung der Organbeteiligung jedoch nicht aufzulösen, wenn die Organschaft fortgeführt wird und steuerliche Buchwerte angesetzt werden.[5] Dies soll auch im Fall einer Abspaltung von Vermögen aus der Organgesellschaft unter Ansatz steuerlicher Buchwerte gelten, wenn die Organschaft fortgeführt wird, sowie im Fall einer Ausgliederung und im Fall eines homogenen Formwechsels.[6]

2. Tatbestand „Vergleichbarer Sachverhalt"

14.47 Nach § 14 Abs. 4 Satz 2 KStG sind im Fall einer Veräußerung der Organbeteiligung die besonderen Ausgleichsposten aufzulösen. Nach Satz 5 sind insbesondere die Umwandlung der Organgesellschaft auf eine Personengesellschaft oder eine natürliche Person, die verdeckte Einlage der Beteiligung an der Organgesellschaft und die Auflösung der Organgesellschaft einer Veräußerung gleichgestellt, dh. das Vorliegen einer Transaktion i.S.d. Satzes 5 löst die Rechtsfolgen der Sätze 2–4 aus. Bei der Aufzählung in Satz 5 handelt es sich um Regelbeispiele,[7] die Aufzählung der Sachverhalte ist nicht abschließend.

14.48 **Umwandlung der Organgesellschaft auf eine Personengesellschaft oder eine natürliche Person.** Die Umwandlung der Organgesellschaft auf eine Personengesellschaft oder eine natürliche Person kann in Form eines Formwechsels oder einer Verschmelzung erfolgen. Unbeachtlich ist, ob die Transaktion unter Ansatz des Buchwerts, eines Zwischenwerts oder des gemeinen Werts erfolgt. Bestehende Ausgleichsposten sind nach Sätzen 2–4 aufzulösen.

14.49 **Verdeckte Einlage der Beteiligung an der Organgesellschaft.** Tatbestandsmäßig ist wie bei § 17 Abs. 1 Satz 2 EStG und § 23 Abs. 1 Satz 5 Nr. 2 EStG die verdeckte Einlage der Organbeteiligung in eine andere Kapitalgesellschaft.[8] Die Regelung entspricht insoweit § 8b Abs. 2

---

1 *Erle/Heurung* in Erle/Sauter[3], § 14 KStG Rz. 593; *von Freeden* in HHR, § 14 KStG Anm. 355; *Wacker* in Schmidt[36], § 16 EStG Rz. 161.
2 BFH v. 25.2.1991 – GrS 7/89, BStBl. II 1991, 691 = FR 1991, 270 m. Anm. *Schwichtenberg*.
3 *Schallmoser* in Blümich, § 16 EStG Rz. 223.
4 BMF v. 11.11.2011 – IV C 2 - S 1978-b/08/10001 – DOK 2011/0903665, BStBl. I 2011, 1314; vgl. dazu *Heurung/Müller-Thomczik*, StB 2013, 111.
5 BMF v. 11.11.2011 – IV C 2 - S 1978-b/08/10001 – DOK 2011/0903665, BStBl. I 2011, 1314, Rz. Org.05, 06, 07, 08, 10, 16 und 17.
6 BMF v. 11.11.2011 – IV C 2 - S 1978-b/08/10001 – DOK 2011/0903665, BStBl. I 2011, 1314, Rz. Org.21, 22 und 24.
7 *Kolbe*, StuB 2008, 293.
8 *Dötsch* in Dötsch/Pung/Möhlenbrock, § 14 KStG Rz. 526.

Satz 6 KStG. Die verdeckte Einlage der Organbeteiligung in eine Personengesellschaft soll bei Ansatz des steuerlichen Buchwerts nicht tatbestandsmäßig sein.[1]

Auflösung der Organgesellschaft. Eine Auflösung der Organgesellschaft i.S.d. Satzes 5 liegt mit Fassen des Beschlusses über die Auflösung der Gesellschaft vor.[2] 14.50

Weitere Fallgruppen. Durch das Merkmal „insbesondere" in § 14 Abs. 4 Satz 5 KStG ist klargestellt, dass die Aufzählung in Satz nicht abschließend ist, dh. weitere Transaktionen sind einer Veräußerung der Organbeteiligung gleichzustellen. In Betracht kommen die folgenden Transaktionen: Beschränkung des Besteuerungsrechts der Bundesrepublik Deutschland nach § 12 Abs. 1 KStG;[3] Hochverschmelzung der Organgesellschaft auf den Organträger unter Ansatz gemeiner Werte oder steuerlicher Buchwerte;[4] Hinabverschmelzung des Organträgers auf die Organgesellschaft. 14.51

Keine Transaktionen i.S.d. § 14 Abs. 4 Satz 5 KStG. Die folgenden Transaktionen sind kein Anwendungsfall von Satz 5: Einkommensneutrale Auflösung von Ausgleichsposten in Folge einer sog. gegenläufigen Mehr- oder Minderabführung; Beendigung eines Ergebnisabführungsvertrags.[5] 14.52

3. Rechtsfolge

a) Auflösung des Ausgleichspostens

Postenauflösung. Bei Vorliegen einer Veräußerung i.S.v. § 14 Abs. 4 Satz 2 KStG sind bestehende Ausgleichsposten aufzulösen. ME ist nach Satz 1 nur ein Posten für jede Organbeteiligung zu bilden und fortzuentwickeln. Deshalb kann es nach Satz 2 nur zur Auflösung eines Postens kommen. Weitere Rechtsfolgen ergeben sich aus Satz 3 und 4. Das Gesetz unterscheidet nicht zwischen Ausgleichsposten, die vor Inkrafttreten des § 8b KStG gebildet worden sind und solchen, die danach gebildet worden sind.[6] Die Auflösung der Ausgleichsposten erfolgt nach Satz 2 im Zeitpunkt der Veräußerung der Organbeteiligung. Gemeint sein dürfte der steuerliche Zeitpunkt der Veräußerung, also der Zeitpunkt der Übertragung des wirtschaftlichen Eigentums an der Beteiligung der Organgesellschaft bzw. der Zeitpunkt der Realisierung der steuerlichen stillen Reserven. Werden die steuerlichen stillen Reserven mit Rückwirkung realisiert, ist auch der Ausgleichsposten mit Rückwirkung auf den steuerlichen Übertragungsstichtag aufzulösen. Andernfalls könnte das Ergebnis aus der Auflösung des Ausgleichspostens nicht nach der Nettomethode im Rahmen der Ermittlung des Ergebnisses aus der Veräußerung der Organbeteiligung erfolgen (zB Verschmelzung des Organträgers unter Ansatz gemeiner Werte mit steuerlicher Rückwirkung im Jahr 01, Eintragung der Verschmelzung im Handelsregister im Jahr 02, Auflösung des Ausgleichspostens im Jahr 01). 14.53

---

1 *Dötsch* in Dötsch/Pung/Möhlenbrock, § 14 KStG Rz. 526 mit Hinweis auf § 6 Abs. 5 Sätze 3–5 EStG.
2 § 60 Abs. 1 Nr. 2 GmbHG, § 262 Abs. 1 Nr. 2 AktG; kritisch mit Blick auf den Zeitpunkt der Auflösung des Ausgleichspostens, *Frotscher* in Frotscher/Drüen, § 14 KStG Rz. 903.
3 *Suchanek/Herbst*, FR 2008, 112 (115) Fn. 30; *Erle/Heurung* in Erle/Sauter[3], § 14 KStG Rz. 566; mE zweifelhaft mit Blick auf EU-Recht.
4 *Schumacher* in FS Schaumburg, 477 (483), Auflösung der Ausgleichsposten erfolgt in diesem Fall bei der Ermittlung des Übernahmeergebnisses.
5 R 63 Abs. 3 Satz 1 KStR 2004; *Neumann* in Gosch[3], § 14 KStG Rz. 462.
6 *Frotscher* in Frotscher/Drüen, § 14 KStG Rz. 912; kritisch bereits vor Inkrafttreten von Abs. 4 *Nagel/Thies*, GmbHR 2004, 35.

14.54 Ermittlung des Ergebnisses aus der Postenauflösung. Im Gesetz ist nicht geregelt, wie das Ergebnis aus der Postenauflösung zu bestimmen ist. In Betracht kommt eine Ergebnisermittlung nach der Brutto- oder der Nettomethode. Unter Berücksichtigung der Tatsache, dass der BFH in seiner Entscheidung vom 29.8.2012[1] an seiner Rechtsauffassung zur Qualifizierung von Ausgleichsposten als steuerliche Bilanzierungshilfe festhält, dürfte die Rechtsfrage in der Steuerpraxis streitbehaftet bleiben.[2]

Beispiel: Auswirkungen der Brutto- und Nettomethode.[3] Die Steuerbilanz der OT-GmbH weist einen aktiven Ausgleichsposten aus (200). OT veräußert OG-Beteiligung für 300 (Buchwert: 100), der aktive Ausgleichsposten ist einkommenswirksam aufzulösen. Folgende Alternativen zur Ermittlung des Ergebnisses aus der Postenauflösung sind denkbar:

I	Nettomethode	
	Veräußerungserlös	300
	./. Buchwert der Beteiligung	100
	./. aktiver Ausgleichsposten	200
	Veräußerungsgewinn (keine Steuerbelastung)	0
II	Bruttomethode	
	Veräußerungserlös	300
	./. Buchwert der Beteiligung	100
	Veräußerungsgewinn	200
	davon steuerpflichtig (§ 8b Abs. 2, Abs. 3 KStG)	10
	Verlust aus Ausgleichspostenauflösung (nicht steuerwirksam, § 8b Abs. 3 KStG)	200

Fraglich ist, welche Ermittlungsmethode anzuwenden ist.

Rechtsauffassungen zur Frage der Anwendung von Brutto- und Nettomethode: Bei Zugrundelegung der bisherigen Auffassung der Finanzverwaltung ist die Antwort nicht eindeutig. Das BMF unterscheidet möglicherweise zwischen passiven und aktiven Ausgleichsposten. Die Einkommenserhöhung in Folge der Auflösung eines passiven Ausgleichspostens ist Teil des Gewinns aus der Veräußerung der Organbeteiligung,[4] die Einkommensminderung in Folge der Auflösung eines aktiven Ausgleichspostens ist nicht Teil des Gewinns aus der Veräußerung der Organbeteiligung.[5] Die OFD Frankfurt und die OFD Hannover haben bislang vertreten, dass der Betrag aus der Auflösung eines passiven oder aktiven Ausgleichspostens den Veräußerungsgewinn oder -verlust erhöhe bzw. mindere.[6] Die Bruttomethode soll auch nach Inkrafttreten von Abs. 4 anzuwenden sein.[7] Diese Methode soll auch den Rechnerprogrammen der Finanzverwaltung zugrunde liegen.[8]

---

1 BFH v. 29.8.2012 – I R 65/11, BStBl. II 2013, 555 = FR 2013, 285.
2 Vgl. dazu auch *von Freeden/Joisten*, Ubg 2014, 512.
3 Beispiel nach *von Freeden* in HHR, § 14 KStG Anm. 356.
4 BMF v. 28.4.2003 – IV A 2 - S 2750a – 7/03, BStBl. I 2003, 292 = FR 2003, 528 Rz. 16, 25–27, Rz. 43 ff.
5 BMF v. 28.4.2003 – IV A 2 - S 2750a – 7/03, BStBl. I 2003, 292 = FR 2003, 528; so wohl auch *Lang* mit Blick auf Abs. 4, NWB 2009, 118.
6 OFD Frankfurt v. 8.11.2005 – S 2750a A – 8 – St II 1.01, DStR 2005, 2044; OFD Hannover v. 25.11.2005 – S 2750a – 21 – StO 241, juris, in der Verfügung der OFD Hannover wird auf Rz. 43 des BMF, Schr. v. 26.8.2003 – IV A 2 - S 2750a – 7/03, BStBl. I 2003, 292 = FR 2003, 528 verwiesen, das unter Rz. 44 jedoch lediglich ein Beispiel zur Auflösung eines passiven Ausgleichspostens umfasst.
7 *Lang*, NWB 2009, 118; *Neumann* in Gosch[3], § 14 KStG Rz. 461 mit Hinweis auf BMF v. 28.4.2003 – IV A 2 - S 2750a – 7/03.
8 *Breier*, Der Konzern 2011, 11.

Nach einer anderen Auffassung ist die Nettomethode anzuwenden.[1] In „Altfällen" kann § 8b Abs. 4 KStG in der am 12.12.2006 geltenden Fassung anzuwenden sein.[2] Begründet wird diese Auffassung mit dem Wortlaut von Satz 4, der auf § 8b KStG verweise. Im Übrigen ergäbe sich diese Auffassung zwingend aus dem Grundsatz der Besteuerung nach der wirtschaftlichen Leistungsfähigkeit und dem objektiven Nettoprinzip.

Der BFH vertritt die Auffassung, dass es sich bei einem Ausgleichsposten um eine steuerliche Bilanzierungshilfe in Form eines steuerbilanziellen Merkpostens handelt.[3] Offen ist, ob der BFH eine Anwendung der Brutto- oder Nettomethode befürwortet.[4]

Stellungnahme: Die Ermittlung des Ergebnisses aus der Auflösung eines aktiven oder passiven Ausgleichspostens erfolgt im Rahmen der Ermittlung des Ergebnisses aus der Veräußerung der Organbeteiligung[5] oder bei der Ermittlung eines umwandlungssteuerrechtlichen Übernahmegewinns oder -verlusts.[6] Das Regelungsziel von Abs. 4 (Rz. 14.7), eine Doppel- oder Nichtbesteuerung zu vermeiden, wird nur durch Anwendung der Nettomethode sichergestellt. Eine Anwendung der Bruttomethode hätte insoweit einen Verstoß gegen den Grundsatz der Einmalbesteuerung zur Folge. Dies gilt auch, wenn die Besteuerung des Gewinns aus der Veräußerung der Organbeteiligung gesetzlichen Besonderheiten unterliegt (zB § 8b Abs. 4 KStG in der am 12.12.2006 geltenden Fassung; ggf. § 8b Abs. 7 KStG nach Beendigung der Organschaft). Bei Anwendung der Bruttomethode, würde das Ergebnis aus der Veräußerung der Organbeteiligung nach anderen Vorschriften besteuert werden als das Ergebnis aus der Auflösung eines Ausgleichspostens. Einer Anwendung der Nettomethode steht mE auch nicht der Wortlaut von Abs. 4 entgegen. Zwar könnte der Verweis in Satz 4 auf § 3 Nr. 40, § 3c Abs. 2 EStG oder § 8b KStG dafür sprechen, dass der Gesetzgeber eine isolierte Ermittlung des Ergebnisses aus der Ausgleichspostenauflösung in Erwägung gezogen hat. Allerdings wäre bei diesem Gesetzesverständnis unklar, unter welchen Voraussetzungen – und ob überhaupt – zB § 8b Abs. 4 KStG in der am 12.12.2006 geltenden Fassung anzuwenden sein soll. ME stellt der Verweis in Satz 4 sicher, dass im Fall einer zwingenden isolierten Auflösung eines Ausgleichspostens bei einer mittelbaren Organschaft (Rz. 14.68) das Teileinkünfteverfahren bzw. § 8b KStG anzuwenden ist. Vertritt man bei Vorliegen einer mittelbaren Organschaft die Auffassung, dass eine Veräußerung der Organbeteiligung durch die Zwischengesellschaft eine Veräußerung i.S.d. Satzes 2 ist, dann erfolgt die Ausgleichspostenauflösung beim Organträger isoliert, also außerhalb der Ermittlung eines Veräußerungsgewinns auf Ebene der Zwischengesellschaft. Dies ist mE der einzige Fall einer Anwendung der Bruttomethode.[7]

---

[1] *Bosch* in Preißer/Pung, Die Besteuerung der Pers- und KapGes., C VI. Rz. 249 und 252 Beispiel 9 aE; *Breier*, Der Konzern 2011, 11; *Erle/Heurung* in Erle/Sauter[3], § 14 KStG Rz. 518 und 524; *Heurung/Seidel*, Der Konzern 2009, 400; *Müller* in Mössner/Seeger, § 14 KStG Rz. 701; *Müller* in Müller/Stöcker/Lieber, Die Organschaft[10], Rz. 656 a.E.; *Olbing* in Streck[8], § 14 KStG Rz. 146; so wohl auch *Haarmann* in JbFStR 2008/2009, 253; *Neumann/Stimpel*, GmbHR 2008, 57.
[2] *Frotscher* in Frotscher/Drüen, § 14 KStG Rz. 912; *Lang*, NWB 2009, 118.
[3] BFH v. 29.8.2012 – I R 65/11, BStBl. II 2013, 555 = FR 2013, 285.
[4] Vgl. *Suchanek/Jansen/Hesse*, Ubg 2013, 280.
[5] Vgl. *von Freeden/Joisten*, Ubg 2014, 512.
[6] *Schumacher* in FS Schaumburg, 477 (483); *Widmann* in Widmann/Mayer, § 4 UmwStG Rz. 131.
[7] *von Freeden* in HHR, § 14 KStG Anm. 356.

b) Einkommenserhöhung oder -minderung

14.55 **Einkommenswirksamkeit der Postenauflösung.** Nach § 14 Abs. 4 Satz 3 KStG erhöht oder verringert sich das Einkommen des Organträgers in Folge der Auflösung bestehender Ausgleichsposten. Satz 3 ergänzt die Rechtsfolge von Satz 2. Die Regelung bestimmt, dass die Auflösung von Ausgleichsposten einkommenswirksam ist. Eine Einkommenserhöhung soll eine Nichtbesteuerung, eine Einkommensminderung soll eine Doppelbesteuerung von Organkreiseinkommen vermeiden. Die Erhöhung oder Minderung des Einkommens erfolgt steuertechnisch dadurch, dass der im Rahmen der Auflösung eines Ausgleichspostens erhöhte oder verminderte Steuerbilanzgewinn des Organträgers nicht außerbilanziell korrigiert wird. Geht man – wie möglicherweise der BFH[1] – davon aus, dass die Auflösung des Ausgleichspostens das Steuerbilanzergebnis des Organträgers unberührt lässt, ist Satz 3 die Rechtsgrundlage für eine außerbilanzielle Einkommenserhöhung (Auflösung passiver Ausgleichsposten) bzw. Einkommensminderung (Auflösung aktiver Ausgleichsposten).

14.56 **Anwendung des Teileinkünfteverfahrens oder des § 8b KStG.** Nach § 14 Abs. 4 Satz 4 KStG sind § 3 Nr. 40, § 3c Abs. 2 EStG oder § 8b KStG anzuwenden. Satz 4 ergänzt die Rechtsfolgen der Sätze 2 und 3. Die Regelung bestimmt, dass auf das Ergebnis aus der Auflösung eines Ausgleichspostens in Abhängigkeit von der Rechtsform des Organträgers § 3 Nr. 40, § 3c Abs. 2 EStG oder § 8b KStG anzuwenden sind. Das Ergebnis aus der Auflösung eines Ausgleichspostens wird danach so behandelt wie der Gewinn oder Verlust aus der Veräußerung der Beteiligung an einer KapGes.

II. Keine Rechtsgrundlage für eine einkommensneutrale Auflösung eines Ausgleichspostens

14.57 Nach § 14 Abs. 4 Satz 1 KStG ist bei einer Mehr- oder Minderabführung ein Ausgleichsposten zu bilden. Nach bisheriger Auffassung der Finanzverwaltung war bei Vorliegen einer (zeitlich späteren) „gegenläufigen" Mehr- oder Minderabführung ein bestehender Ausgleichsposten einkommensneutral aufzulösen, R 59 Abs. 1 Satz 4 KStR 2004.

Beispiel: Einkommensneutrale Auflösung eines Ausgleichspostens. T-GmbH als OG bildet im Jahr 1 eine Gewinnrücklage iHv. 10. Die Rücklagenbildung verursacht eine Minderabführung nach § 14 Abs. 4 KStG. M-AG als OT bildet in ihrer Steuerbilanz einen aktiven Ausgleichsposten (10). Im Jahr 2 löst OG die Rücklage auf, so dass der abzuführende Gewinn erhöht wird. Der Steuerbilanzgewinn wird nicht berührt, so dass der Sachverhalt eine Mehrabführung iHv 10 verursacht. Es handelt sich um die „gegenläufige" Mehrabführung zur vorangegangenen Minderabführung. Nach bisheriger Verwaltungsauffassung hat OT keinen passiven Ausgleichsposten zu bilden, sondern den im Jahr 1 gebildeten aktiven Ausgleichsposten einkommensneutral aufzulösen.

Abs. 4 sieht eine einkommensneutrale Auflösung eines Ausgleichspostens nicht vor. Nach Satz 1 ist im Beispiel ein passiver Ausgleichsposten zu bilden. Dieser passive Posten ist mE mit dem aktiven Posten zu saldieren, so dass in der Steuerbilanz kein Ausgleichsposten mehr auszuweisen ist. Nach dem Wortlaut von Satz 1 könnte – zusätzlich zum bestehenden aktiven Ausgleichsposten – auch ein passiver Posten zu bilden sein. Beide Auffassungen hätten bei der Postenbildung keine Einkommensauswirkung. Bei Veräußerung der Organbeteiligung könnten sich in Abhängigkeit von der Anwendung der Brutto- oder Nettomethode allerdings unterschiedliche Einkommensauswirkungen ergeben (s. dazu Rz. 14.53, Rz. 14.54).

---

1 BFH v. 29.8.2012 – I R 65/11, BStBl. II 2013, 555 = FR 2013, 285.

F. Einzelne Aspekte bei der Bildung und Fortführung organschaftlicher Ausgleichsposten

I. Rechtsnatur organschaftlicher Ausgleichspostens

In § 14 Abs. 4 KStG ist geregelt, dass bei einer Mehr- oder Minderabführung mit Ursache in (inner-)organschaftlicher Zeit[1] in der Steuerbilanz des Organträgers (einkommensneutral) ein passiver oder aktiver Ausgleichsposten zu bilden (Rz. 14.31; Rz. 14.39) und bei zB Veräußerung der Organbeteiligung (einkommenswirksam) aufzulösen ist (Rz. 14.55). Da die Rechtsnatur des Ausgleichspostens gesetzlich nicht geregelt ist, ist unklar, wie sich die Bildung des Postens und seine steuerbilanzielle Fortführung bis zur Auflösung auf die Anwendung anderer Tatbestände auswirken. Im Folgenden werden einzelne Aspekte dieser Thematik dargestellt.

14.58

Die Bestimmung der Rechtsnatur des Ausgleichspostens hat Bedeutung für die Frage, wie ein Ausgleichsposten während seines Bestehens im Rahmen von Transaktionen zu behandeln ist (zB Teilwertabschreibung auf aktiven Ausgleichsposten, Behandlung des Ausgleichspostens bei Umwandlungen, Verrechnung einer Einlagenrückgewähr der Organgesellschaft mit aktivem Ausgleichsposten). Die Rechtsnatur des Ausgleichspostens ist gesetzlich nicht geregelt. Nach Auffassung des BFH handelt es sich bei einem Ausgleichsposten i.S.d. Abs. 4 um eine steuerliche Bilanzierungshilfe in Form eines steuerbilanziellen Merkpostens,[2] ein Wirtschaftsgut ist der Posten demnach nicht. Der ausschließliche Zweck der Bildung des Postens sei es, eine zweifache Besteuerung von Organkreiseinkommen zu vermeiden. Nach einer anderen – mE zutreffenden – Auffassung handelt es sich bei einem Ausgleichsposten um einen Korrekturposten zur Organbeteiligung.[3] Der Charakter als Korrekturposten folgt aus dem Verweis in Satz 4 auf § 3 Nr. 40, § 3c Abs. 2 EStG und § 8b KStG. Darüber hinaus folgt diese Sichtweise auch daraus, dass ein Ausgleichsposten in der Steuerbilanz zu bilden ist. Der Gesetzgeber hat durch die gesetzliche Anordnung einer Bildung des Ausgleichspostens in der Steuerbilanz – und nicht außerhalb der Steuerbilanz wie vom BFH bereits vor Inkrafttreten von Abs. 4 vertreten[4] – deutlich gemacht, dass er der bisherigen Sichtweise des BFH nicht folgt. Dies sei bei der Auslegung von Abs. 4 unter Berücksichtigung seiner Entstehungsgeschichte zu beachten. Darüber hinaus folgt mE auch aus § 95 Abs. 1 Satz 2 BewG aF, dass es sich bei einem Ausgleichsposten um einen Korrekturposten zum Beteiligungsbuchwert handelt. Nach dieser Vorschrift war ein Ausgleichsposten für Bewertungszwecke nicht anzusetzen.[5] Dieser Regelung lag der Gedanke zugrunde, dass der Ausgleichsposten ein Korrekturposten zum Beteiligungsbuchwert ist. Da eine Beteiligung an einer Organgesellschaft bewertungsrechtlich nicht mit dem Steuerbilanzwert, sondern dem Börsenkurs oder dem gemeinen Wert anzusetzen war, kam es auf den steuerlichen Buchwert – und einen den Buchwert korrigierenden Ausgleichsposten – nicht an. Begreift man den Ausgleichsposten als Kor-

14.59

---

1 § 14 Abs. 4 Satz 1 KStG.
2 BFH v. 29.8.2012 – I R 65/11, BStBl. II 2013, 555 = GmbHR 2012, 1308 = FR 2013, 285.
3 *Bareis*, FR 2008, 649; *Bosch* in Preißer/Pung, Die Besteuerung der Pers- und KapGes., C VI. Rz. 249; *Dötsch* in Dötsch/Pung/Möhlenbrock, § 14 KStG Rz. 947; *Erle/Heurung* in Erle/Sauter[3], § 14 KStG Rz. 512; *von Freeden* in HHR, § 14 KStG Anm. 352; *Heerdt*, DStR 2009, 938; *Lohmann/Heerdt*, DB 2008, 1937; *Müller* in Mössner/Seeger, § 14 KStG Rz. 696; *Reiß*, Der Konzern 2008, 9.
4 BFH v. 7.2.2007 – I R 5/05, BStBl. II 2007, 796 = FR 2007, 1018; BFH v. 24.7.1996 – I R 41/93, BStBl. II 1996, 614 = FR 1996, 794.
5 R 114 Abs. 2 Satz 5 Nr. 1 ErbStR 2003.

rekturposten zum Beteiligungsbuchwert, durfte der Ausgleichsposten – wie in § 95 Abs. 1 Satz 2 BewG aF bestimmt – nicht zusätzlich neben dem gemeinen Wert der Beteiligung angesetzt werden.[1]

II. Aufstockung der Organbeteiligung

14.60 Der Organträger kann seine Beteiligung an der Organgesellschaft (Alt-Anteile, zB 75 %-Beteiligung) nach Bildung eines Ausgleichspostens durch Hinzuerwerb von weiteren Anteilen (Neu-Anteile, zB weitere 10 %-Beteiligung) aufstocken. In diesem Fall stellt sich die Frage, ob der Ausgleichsposten zur Gesamtbeteiligung (Alt-Anteile + Neu-Anteile) oder nur zu den Alt-Anteilen besteht. Bedeutsam wird die Frage bei einer isolierten Veräußerung der Neu-Anteile (Rz. 14.44). Der BFH, nach dessen Auffassung es sich bei einem Ausgleichsposten um eine steuerliche Bilanzierungshilfe handelt, könnte von einem Zusammenhang zwischen Gesamtbeteiligung und Ausgleichsposten ausgehen. Vertritt man – mE zutreffend – die Auffassung, dass ein Ausgleichsposten ein Korrekturposten zum Buchwert der Organbeteiligung ist, könnte man von einem Zusammenhang zwischen Ausgleichsposten und Alt-Anteilen ausgehen (zur Auflösung des Ausgleichspostens bei Abstockung).

III. Auswirkungen organschaftlicher Ausgleichsposten auf die Anwendung anderer Tatbestände

14.61 Den organschaftlichen Ausgleichsposten kann auf Grund der in § 14 Abs. 4 KStG angeordneten Bildung in der Steuerbilanz auch für die laufende Besteuerung des Organträgers materielle Bedeutung zukommen. Die Bildung von Ausgleichsposten, ihre Erhöhung, Minderung oder Auflösung beeinflusst mE den Steuerbilanzgewinn des Organträgers. Die Tatsache, dass die Bildung von Ausgleichsposten einkommensneutral erfolgt, ändert hieran nichts. Der Steuerbilanzgewinn des Organträgers ist zB Grundlage für die Bestimmung des nicht entnommenen Gewinns i.S.d. § 34a EStG.[2]

IV. Keine Korrektur des Buchwerts der Organbeteiligung um aktive und passive Ausgleichsposten

14.62 Bei Zugrundelegung der Rechtsauffassung des BFH[3] dürfte ein Ausgleichsposten als steuerliche Bilanzierungshilfe nicht den Buchwert der Organbeteiligung erhöhen oder kürzen. Der Posten ist danach keine „Korrektur" des Beteiligungsbuchwerts. Danach ist zB ein passiver Ausgleichsposten nicht mindernd bei der Höhe des Buchwerts der Organbeteiligung im Rahmen einer Transaktion zu berücksichtigen (zB steuerneutrale Verrechnung einer Einlagenrückgewähr der Organgesellschaft mit Buchwert der Organbeteiligung[4]).

---

1 von Freeden in HHR, § 14 KStG Anm. 352.
2 von Freeden in HHR, § 14 KStG Anm. 352.
3 BFH v. 29.8.2012 – I R 65/11, BStBl. II 2013, 555 = GmbHR 2012, 1308 = FR 2013, 285.
4 AA hinsichtlich einer Anwendung von § 22 Abs. 1 Satz 6 Nr. 3 UmwStG, BMF v. 11.11.2011 – IV C 2 - S 1978-bb/08/10001 – DOK 2011/0903665, BStBl. I 2011, 1314, Rz. 22.24 a.E.

V. Teilwertabschreibung eines aktiven Ausgleichspostens

Ein aktiver Ausgleichsposten ist nach Auffassung des BFH und einer in der Literatur vertretenen Auffassung einer Teilwertabschreibung nicht zugänglich.[1] Ein Ausgleichsposten habe nur den Zweck, eine Doppel- bzw. Nichtbesteuerung im Fall der Veräußerung der Organbeteiligung zu vermeiden. Solange die Beteiligung besteht, entfalte der Posten keine Wirkung. Bei Zugrundelegung dieser Rechtsauffassung „kürzt" ein passiver Ausgleichsposten auch nicht den Buchwert der Organbeteiligung für Zwecke einer Teilwertabschreibung. Nach einer anderen Auffassung, die einen Ausgleichsposten als Korrekturposten zum Buchwert der Organbeteiligung qualifiziert, ist eine Teilwertabschreibung auf einen Ausgleichsposten möglich.[2]

14.63

G. Besonderheiten bei Mehr- und Minderabführungen in einer mehrstöckigen unmittelbaren Organschaft

I. Anwendung von § 14 Abs. 3 KStG und § 14 Abs. 4 KStG in einer Organschaftskette

Eine mehrstöckige Organschaft liegt vor, wenn ein Organträger an einer Organgesellschaft beteiligt ist und diese wiederum – als Organträger – an einer weiteren Organgesellschaft beteiligt ist (Organschaftskette: OT-Mutter ist beteiligt an OT/OG-Tochter, diese ist beteiligt an OG-Enkel). In der Konzernsteuerpraxis ist das Vorliegen einer mehrstöckigen Organschaftskette der Regelfall. Dabei müssen die einzelnen Organschaften zwischen den „Gliedern" der Kette nicht zeitgleich errichtet worden sein (zB Organschaft Tochter/Enkel beginnt im Jahr 01, Organschaft Mutter/Tochter beginnt im Jahr 03). Bei der Anwendung von § 14 Abs. 3 KStG und § 14 Abs. 4, § 27 Abs. 6 KStG sind die Vorschriften jeweils für das konkrete Organschaftsverhältnis anzuwenden.

14.64

Beispiel: Innerorganschaftliche Minderabführung der Enkel-Organgesellschaft. Es besteht eine Beteiligungs- und Organschaftskette Mutter-Tochter-Enkel. Enkel bildet in Handelsbilanz zum 31.12.05 eine Drohverlustrückstellung iHv. 10, der Jahresüberschuss (und abzuführende Gewinn) beträgt deshalb (nur) 90. Eine Rückstellungsbildung in der Steuerbilanz scheidet auf Grund von § 5 Abs. 4a EStG aus, der Steuerbilanzgewinn beträgt deshalb 100. Es liegt eine innerorganschaftliche Minderabführung von Enkel an Tochter iHv. 10 vor.
Welche Rechtsfolgen ergeben sich für Tochter und Mutter?

§ 14 Abs. 4 Satz 1 ist im Verhältnis Mutter/Tochter und Tochter/Enkel anzuwenden. Danach ist auf Grund der Minderabführung des Enkels ein aktiver Ausgleichsposten in der Steuerbilanz der Tochter als Organträgerin zu bilden (10). Die Bildung des aktiven Ausgleichspostens in der Steuerbilanz der Tochter erhöht nicht ihren an Mutter-Organträger abzuführenden Gewinn (zB 90), da in der Handelsbilanz kein Ausgleichsposten zu bilden ist. Geht man – mE zutreffend – davon aus, dass die Bildung des aktiven Ausgleichspostens in der Steuerbilanz der Tochter den Steuerbilanzgewinn erhöht (+10), kommt es bei der Tochter zu einer

---
[1] BFH v. 29.8.2012 – I R 65/11, BStBl. II 2013, 555 = GmbHR 2012, 1308 = FR 2013, 285; *Frotscher* in Frotscher/Drüen, § 14 KStG Rz. 847; *Neumann* in Gosch³, § 14 KStG Rz. 448 a.E.; vgl. auch OFD Münster v. 13.6.1980, OFD Düss. v. 24.6.1980 und OFD Köln v. 30.6.1980, alle Verfügungen wegen Zeitablaufs zum 1.1.2005 aufgehoben.
[2] *Dötsch* in Dötsch/Pung/Möhlenbrock, § 14 KStG Rz. 953; so auch *Erle/Heurung* in Erle/Sauter³, § 14 KStG Rz. 525 und *Haarmann* in JbFStR 2008/2009, 253 (257); vgl. auch FinBeh. Hamburg v. 13.6.1963, DB 1963, 979, wonach eine Teilwertabschreibung zulässig war.

Abweichung zwischen abgeführtem Gewinn (90) und Steuerbilanzgewinn (100 = handelsbilanzieller Gewinn 90 + steuerbilanzieller Ertrag aus Bildung des aktiven Ausgleichspostens 10). Diese Abweichung verursacht eine Minderabführung nach Abs. 4 von Tochter an Mutter (mit innerorganschaftlicher Ursache), so dass bei Mutter-Organträger gleichfalls ein aktiver Ausgleichsposten (10) nach § 14 Abs. 4 Satz 1 KStG zu bilden ist.[1]

Geht man davon aus, dass die Bildung des Ausgleichspostens in der Steuerbilanz der Tochter keine Auswirkung auf den Steuerbilanzgewinn hat,[2] liegt im Verhältnis Mutter/Tochter keine Minderabführung vor (handelsbilanzieller Gewinn 90 = steuerbilanzieller Gewinn 90). In der Steuerbilanz der Mutter wäre kein Ausgleichsposten zu bilden.

II. Auflösung eines Ausgleichspostens als Ursache für eine vororganschaftliche Mehrabführung?

14.65 Fraglich ist, ob die Auflösung eines Ausgleichspostens die Ursache für eine vororganschaftliche Mehrabführung sein kann.

Beispiel: Auflösung eines Ausgleichspostens bei Tochter. Im Jahr 01 besteht eine Beteiligungskette Mutter-Tochter-Enkel, zwischen Tochter und Enkel besteht eine Organschaft. Enkel bildet in ihrer Handelsbilanz zum 31.12.01 eine Drohverlustrückstellung iHv. 10, der Jahresüberschuss (und abzuführende Gewinn) beträgt deshalb (nur) 90. Eine Rückstellungsbildung in der Steuerbilanz scheidet auf Grund von § 5 Abs. 4a EStG aus, der Steuerbilanzgewinn beträgt deshalb 100. Es liegt eine innerorganschaftliche Minderabführung von Enkel an Tochter iHv. 10 vor. Tochter bildet in ihrer Steuerbilanz zum 31.12.01 einen aktiven Ausgleichsposten iHv. 10. Da zwischen Mutter und Tochter (noch) keine Organschaft besteht, ergeben sich keine weiteren Folgen.

Im Jahr 03 wird eine Organschaft zwischen Mutter und Tochter errichtet. Im selben Jahr löst Tochter den bestehenden aktiven Ausgleichsposten auf Grund einer Umstrukturierung (einkommenswirksam) auf. Der Betriebsprüfer vertritt die Auffassung, die Auflösung des aktiven Ausgleichspostens bei Tochter im Jahr 3 habe eine vororganschaftliche Mehrabführung von Tochter an Mutter iHv. 10 ausgelöst (Folge: fiktive Gewinnausschüttung von Tochter an Mutter mit Kapitalertragsteuereinbehalt). Ist die Rechtsauffassung des Betriebsprüfers zutreffend?

Geht man davon aus, dass die Auflösung des aktiven Ausgleichspostens in der Steuerbilanz der Tochter den Steuerbilanzgewinn mindert (./. 10), kommt es bei der Tochter zu einer Abweichung zwischen abgeführtem Gewinn (zB 100) und Steuerbilanzgewinn (90 = handelsbilanzieller Gewinn 100 ./. steuerbilanzieller Aufwand aus Auflösung des aktiven Ausgleichspostens 10). Diese Abweichung wäre eine Mehrabführung von Tochter an Mutter (abzuführender Gewinn > Steuerbilanzgewinn). Die Ursache dieser Mehrabführung könnte die Bildung des Ausgleichspostens sein, diese erfolgte aus Sicht der Mutter in vororganschaftlicher Zeit (Postenbildung bei Tochter im Jahr 01; Errichtung der Organschaft zwischen Mutter und Tochter erst im Jahr 3). Bei Zugrundelegung dieser Auffassung wäre die Auffassung des Betriebsprüfers im Beispiel nachvollziehbar.

Geht man davon aus, dass Bildung und Auflösung eines Ausgleichspostens in der Steuerbilanz keine Auswirkungen auf den Steuerbilanzgewinn haben,[3] führt die Auflösung des Postens nicht zu einer Abweichung zwischen der Höhe des abzuführenden Gewinns der

---

1 *von Freeden* in HHR, § 14 KStG Anm. 352.
2 So möglicherweise BFH v. 29.8.2012 – I R 65/11, BStBl. II 2013, 555 = FR 2013, 285.
3 So möglicherweise BFH v. 29.8.2012 – I R 65/11, BStBl. II 2013, 555 = FR 2013, 285.

Tochter und ihrem Steuerbilanzgewinn. In diesem Fall läge keine Mehrabführung vor, die Auffassung des Betriebsprüfers wäre unzutreffend.

Das Beispiel zeigt, dass die Auflösung organschaftlicher Ausgleichsposten in Abhängigkeit vom Einzelfall bei Bestehen einer Organschaftskette zu einer (ggf. erheblichen) Steuerbelastung auf höheren Konzernstufen führen kann. Bei Prüfung der Steuerfolgen aus der Auflösung von Ausgleichsposten sind regelmäßig auch diese (möglichen) „mittelbaren Steuereffekte" zu beachten.

H. Besonderheiten bei Mehr- und Minderabführungen in einer mittelbaren Organschaft

I. Anwendung von § 14 Abs. 3 KStG

14.66 Eine mittelbare Organschaft liegt vor, wenn der Organträger seine Beteiligung an der Organgesellschaft über eine Zwischengesellschaft hält (zB Beteiligungskette: OT-Mutter ist beteiligt an Tochter, diese ist beteiligt an OG-Enkel; Gewinnabführungsvertrag besteht zwischen OT-Mutter und OG-Enkel).

14.67 Nach einer in der Literatur vertretenen Auffassung erfolgt eine vororganschaftliche Mehrabführung an den Organträger, dh. eine (erste) fiktive Gewinnausschüttung von der Organgesellschaft an die Zwischengesellschaft und eine (zweite) fiktive Gewinnausschüttung von der Zwischengesellschaft an den Organträger ergibt sich danach nicht.[1] Entsprechend erfolgt bei einer Minderabführung die fiktive Einlage direkt in die Organgesellschaft, also nicht über die Zwischengesellschaft.[2] Nach einer anderen Auffassung, der mE zuzustimmen ist, erfolgt die fiktive Gewinnausschüttung der Organgesellschaft im Fall einer Mehrabführung durch die Beteiligungskette an den Organträger, eine fiktive Einlage im Fall einer Minderabführung erfolgt gleichfalls durch die Kette.[3] Für den Fall, dass es sich bei der Zwischengesellschaft um eine ausländische Gesellschaft handelt, kann mE nichts anderes gelten (im Zusammenhang mit der fiktiven Ausschüttung der Zwischengesellschaft ist ggf. das Bestehen eines abkommensrechtlichen deutschen Besteuerungsrechts zu prüfen). Hierfür spricht, dass § 14 Abs. 3 KStG auf Rechtsfolgenseite eine Ausschüttungs- und Einlagefiktion bestimmt. Die steuertechnische Umsetzung dieser Fiktion ist nicht geregelt, so dass es mE bei den normalen Grundsätzen bleibt (Rz. 14.24 ff.). Danach erfolgt eine Ausschüttung der Organgesellschaft bzw. eine Einlage des Organträgers stets über die Beteiligungskette, es ergeben sich Steuerfolgen für alle beteiligten Rechtsträger.

II. Anwendung von § 14 Abs. 4 KStG

14.68 **Keine Ausgleichspostenbildung bei Zwischengesellschaft.** Nach § 14 Abs. 4 Satz 1 KStG ist in der Steuerbilanz des Organträgers bei Vorliegen einer Mehr- oder Minderabführung ein Ausgleichsposten zu bilden. Eine unmittelbare Beteiligung des Organträgers an der Organgesellschaft ist keine Tatbestandsvoraussetzung, so dass Satz 1 auch gilt, wenn der Organträ-

---

[1] *Suchanek* in *Neumann/Suchanek*, Ubg 2013, 549 (554); *Brink* in Schnitger/Fehrenbacher[2], § 14 KStG Rz. 1240.
[2] *Brink* in Schnitger/Fehrenbacher[2], § 14 KStG Rz. 1251.
[3] *Neumann* in *Neumann/Suchanek*, Ubg 2013, 549 (554). *Dötsch* in Dötsch/Pung/Möhlenbrock, § 14 KStG Rz. 895.

ger (nur) mittelbar – über eine Zwischengesellschaft – an der Organgesellschaft beteiligt ist. In der Zeit vor Inkrafttreten von Abs. 4 sollte ein Ausgleichsposten zusätzlich auch bei der Zwischengesellschaft zu bilden sein.[1] Für die Zeit nach Inkrafttreten von Abs. 4 ist diese Auffassung im Hinblick auf den Wortlaut von Satz 1 („in der Steuerbilanz des Organträgers") nicht mehr vertretbar, dh. ein Ausgleichsposten ist in der Steuerbilanz der Zwischengesellschaft nicht zu bilden.[2]

Ausgleichspostenauflösung (nur) bei Veräußerung der Zwischengesellschaft? Wenn der Organträger nur mittelbar an der Organgesellschaft beteiligt ist, stellt sich die Frage, wann ein in der Steuerbilanz des Organträgers bestehender Ausgleichsposten aufzulösen ist.

Beispiel: Mittelbare Organschaft. OT ist zu 100 % an Zwischen-GmbH beteiligt, diese wiederum ist zu 100 % an OG beteiligt. Zwischen OT und Zwischen-GmbH besteht keine Organschaft, zwischen OT und OG besteht eine (mittelbare) Organschaft. Im Jahr 02 kommt es zu einer innerorganschaftlichen Mehrabführung iHv. 10, OT bildet einen passiven Ausgleichsposten nach § 14 Abs. 4 Satz 1 KStG in entsprechender Höhe. Bei Zwischen-GmbH ist kein Ausgleichsposten zu bilden. Im Jahr 06 wird die Organschaft zwischen OT und OG beendet. Die Zwischen-GmbH veräußert ihre Beteiligung an OG. Ist der bei OT bestehende passive Ausgleichsposten aufzulösen?

Nach einer Auffassung, die sich mE auch aus den Körperschaftsteuerrichtlinien 2015 ergibt[3], ist der Ausgleichsposten nur aufzulösen, wenn der Organträger die Beteiligung an der Zwischengesellschaft veräußert.[4] Der Aufwand oder Ertrag aus der Auflösung der Ausgleichsposten vermindere oder erhöhe den Gewinn des Organträgers aus der Veräußerung der Beteiligung an der Zwischengesellschaft. Eine Veräußerung der Organbeteiligung durch die Zwischengesellschaft führe dagegen nicht zur Auflösung des Ausgleichspostens. Es bestehe kein überzeugender Grund für die Auflösung. Die Veräußerung der Organbeteiligung führe lediglich zu einer Verlagerung der Reserven oder Lasten der Organgesellschaft, die Grund für die Bildung der Ausgleichsposten waren. Die Zwischengesellschaft realisiere nämlich einen höheren oder niedrigeren Veräußerungserlös für die Beteiligung an der Organgesellschaft in Folge der vorangegangenen Mehr- oder Minderabführung. Aus Sicht des Organträgers seien die Reserven oder Lasten nach wie vor im Beteiligungsstrang vorhanden, nunmehr auf Ebene der Zwischengesellschaft und nicht mehr auf Ebene der Organgesellschaft. Nach dieser Auffassung entfaltet die Zwischengesellschaft eine „Abschirmwirkung" für Zwecke des Abs. 4.[5] Nach aA ist der Ausgleichsposten (auch) aufzulösen, wenn die Zwischengesellschaft ihre Beteiligung an der Organgesellschaft veräußert.[6] Der Aufwand oder Ertrag aus der Auflösung des Ausgleichspostens auf Ebene des Organträgers korrigiert zeitlich vorher einen Gewinn aus der Veräußerung der Beteiligung an der Zwischengesellschaft (es erfolgt keine Einkommenskor-

---

1 *Krebs*, BB 1996, 1301; *Dötsch*, Der Konzern 2003, 21; Ubg 2008, 117; aA *Frotscher* in Frotscher/Drüen, § 14 KStG Rz. 881; *Frotscher*, Der Konzern 2007, 34.
2 FinMin. Schl.-Holst. v. 8.12.2011 – VI 3011 – S 2770 – 054, DStR 2012, 1607; *Dötsch* in Dötsch/Pung/Möhlenbrock, § 14 KStG Rz. 1030; *Erle/Heurung* in Erle/Sauter³, § 14 KStG Rz. 588; *von Freeden* in HHR, § 14 KStG Anm. 352; *Frotscher* in Frotscher/Drüen, § 14 KStG Rz. 881; *Heurung/Seidel*, Der Konzern 2009, 400; so wohl auch *Haarmann*, in JbFStR 2008/2009, 253 (259); aA *Bosch* in Preißer/Pung, Die Besteuerung der Pers- und KapGes., C VI. Rz. 255.
3 R 14.8 Abs. 3 Satz 7 KStR 2015.
4 FinMin. Schl.-Holst. v. 8.12.2011 – VI 3011 – S 2770 – 054, DStR 2012, 1607; *Breier*, Der Konzern 2011, 11; *Dötsch* in Dötsch/Pung/Möhlenbrock, § 14 KStG Rz. 1117; *Frotscher* in Frotscher/Drüen, § 14 KStG Rz. 884; *Heurung/Seidel*, Der Konzern 2009, 400.
5 Zum Sonderfall der Veräußerung der Organbeteiligung von der Zwischengesellschaft an den Organträger, *Dötsch* in Dötsch/Pung/Möhlenbrock, § 14 KStG Rz. 1125.
6 *Frotscher* in Frotscher/Drüen, § 14 KStG Rz. 884; *Heurung/Seidel*, Der Konzern 2009, 400.

rektur auf Ebene der Zwischengesellschaft).¹ Die Tatsache, dass sich in Folge der Mehr- oder Minderabführung der Organgesellschaft auch auf Ebene der Zwischengesellschaft ein erhöhter oder verminderter Veräußerungsgewinn (bzw. -verlust) ergibt, sei unbeachtlich. Die Zwischengesellschaft sei nicht Gegenstand des Organkreises. Das FG Münster vertritt diese Auffassung für den Fall, dass auch die Zwischengesellschaft Organgesellschaft des Organträgers ist.²

Stellungnahme: Ein Ausgleichsposten ist unter Berücksichtigung des Wortlauts von Satz 2 auch im Fall einer Veräußerung der Organbeteiligung durch die Zwischengesellschaft aufzulösen.³ Dies gilt unabhängig davon, ob die Zwischengesellschaft selbst Organgesellschaft ist. Denn bei Beantwortung der Rechtsfrage geht es um die Auslegung des Merkmals „veräußert". Der Aspekt, welcher Gesellschaft (OT oder Zwischengesellschaft) ein Veräußerungsgewinn einkommensmäßig zuzurechnen ist⁴, hat m.E. unberücksichtigt zu bleiben. Bei einer Veräußerung der Organbeteiligung durch die Zwischengesellschaft liegt aus Sicht des Organträgers eine mittelbare Veräußerung vor. Nach Satz 2 sind Ausgleichsposten aufzulösen, wenn die Organgesellschaft veräußert wird. Das Gesetz setzt keine „unmittelbare" Veräußerung durch den Organträger voraus. Entscheidend ist, dass die Organbeteiligung veräußert wird. Nach dem Wortlaut von Satz 4 wäre bei Auflösung eines aktiven Ausgleichspostens § 8b Abs. 3 Satz 3 KStG anzuwenden. Dem steht mE nicht entgegen, dass auf Ebene des Organträgers eine Beteiligungsveräußerung nicht vorliegt. Der Aufwand aus der Auflösung des aktiven Ausgleichspostens steht zeitlich vorgezogen im Zusammenhang mit einer Veräußerung des Anteils an der Zwischengesellschaft. Diese Auffassung führt zur Anwendung der Bruttomethode (Rz. 13.80 ff.).

I. Zusammenfassung

Mehr- und Minderabführungen ergeben sich in einer ertragsteuerlichen Organschaft, wenn abzuführender Gewinn und Steuerbilanzgewinn der Organgesellschaft voneinander abweichen. Entsprechendes gilt bei einem Verlust der Organgesellschaft. In Abhängigkeit vom Zeitpunkt der Ursache der Ergebnisabweichung ist § 14 Abs. 3 KStG oder § 14 Abs. 4 KStG anwendbar. Liegen in einem Wirtschaftsjahr mehrere Mehr- und Minderabführungen vor, können mE die innerorganschaftlichen Mehr- und Minderabführungen saldiert werden. Eine Saldierung vororganschaftlicher Mehr- und Minderabführungen und eine Saldierung von vororganschaftlichen mit innerorganschaftlichen Mehr- und Minderabführungen scheiden aus.

14.69

Eine vororganschaftliche Mehr- oder Minderabführung gilt als Gewinnausschüttung der Organgesellschaft oder als Einlage des Organträgers (§ 14 Abs. 3 KStG). In der Besteuerungspraxis sind vororganschaftliche Mehrabführungen auf Grund ihrer unmittelbaren Steuerwirkung „gefürchtet", insbesondere wenn der Organträger eine Personengesellschaft ist, an der natürliche Personen beteiligt sind (Anwendung Teileinkünfteverfahren).

---

1 So möglicherweise *Heurung/Seidel*, Der Konzern 2009, 400.
2 FG Münster v. 19.11.2015 – 9 K 3400/13 K,F, EFG 2016, 594 (Az. der Rev. I R 16/16). Dazu *von Freeden/Joisten*, DB 2016, 1099; *Rengers*, EFG 2016, 599.
3 *von Freeden* in HHR, § 14 KStG Anm. 356.
4 Das FG Münster begründet seine Entscheidung (vereinfacht dargestellt) mit der (im Grundsatz zutreffenden) Feststellung, dass ein Veräußerungsgewinn der Zwischengesellschaft (OG) im Ergebnis das Einkommen des OT erhöht, FG Münster v. 19.11.2015 – 9 K 3400/13 K,F, EFG 2016, 594 (Az. der Rev. I R 16/16).

Eine innerorganschaftliche Mehr- oder Minderabführung hat die (einkommensneutrale) Bildung von Ausgleichsposten in der Steuerbilanz des Organträgers zur Folge (§ 14 Abs. 1 Satz 1 KStG). Eine unmittelbare Steuerbelastung ergibt sich nicht, allerdings können sich steuerliche Folgewirkungen ergeben (Postenbildung hat mE Auswirkung auf den Steuerbilanzgewinn und somit ggf. auch auf die Anwendung anderer Tatbestände). Kommt es in der Zeit nach Postenbildung zu einer Veräußerung der Organbeteiligung (oder zu einem vergleichbaren Sachverhalt), sind bestehende Ausgleichsposten einkommenswirksam aufzulösen (§ 14 Abs. 4 Satz 2 bis 5 KStG). In diesem Fall kann sich eine unmittelbare Steuerbelastung ergeben.

Kapitel 15
Ausgleichszahlungen an Minderheitsgesellschafter

A. Problemstellung, Rechtsentwicklung und Bedeutung	15.1
I. Problemstellung	15.1
II. Rechtsentwicklung	15.2
III. Bedeutung	15.5
B. Gesellschaftsrechtliche Rahmenbedingungen	15.9
I. Ausgleichszahlung an außenstehende Aktionäre	15.9
II. Begriff des außenstehenden Gesellschafters	15.13
III. Bemessung der Ausgleichszahlung	15.17
IV. Schuldner der Ausgleichszahlung	15.23
V. Entstehungszeitpunkt	15.24
VI. Besonderheiten bei Organgesellschaften in der Rechtsform der GmbH	15.25
C. Steuerrechtliche Behandlung der Ausgleichszahlung	15.28
I. Steuerrechtliche Anforderungen an die Ausgleichszahlung	15.28
1. Problematik	15.28
2. Fehlende oder überflüssige Ausgleichszahlungen	15.29
a) AG, KGaA oder SE als Organgesellschaft	15.29
b) GmbH als Organgesellschaft	15.32
3. Bemessung der Ausgleichszahlung	15.35
a) Höhe der Ausgleichszahlung	15.35
b) Problemfall: Variabler Ausgleich, der sich am Gewinn der Untergesellschaft orientiert	15.38
c) Anpassungen	15.43
II. Rechtsfolgen	15.44
1. Versteuerung der Ausgleichszahlung durch die Organgesellschaft	15.44
2. Besteuerung der Ausgleichszahlung beim außenstehenden Gesellschafter	15.47
3. Verfahrensrecht	15.48
III. Einzelfragen	15.49
1. Nießbrauch am Ausgleichsanspruch	15.49
2. Verlustabzug	15.50
3. Steuerfreie Einnahmen	15.51
4. Verwendungsreihenfolge	15.52
5. Kapitalertragsteuer	15.56
6. Gewerbesteuer	15.59
7. Solidaritätszuschlag	15.60
8. Verdeckte Gewinnausschüttungen/verdeckte Einlagen	15.61
9. Verunglückte Organschaft	15.63

Literatur: *Bayer*, Mehrstufige Unternehmensverträge, FS für Kurt *Ballerstedt*, 1975, 157; *Baldamus*, Der Einfluss der Körperschaftsteuer auf den sog. festen Ausgleich nach § 304 Abs. 2 Satz 1 AktG, AG 2005, 77; *Baldamus*, An wen ist beim Gewinnabführungsvertrag Ausgleich zu zahlen?, ZGR 2007, 819; *Baldamus*, Gestaltungsspielraum bei Art und Maß von Ausgleichszahlungen nach § 304 AktG, Ubg 2010, 483; *Beckmann/Simon*, Ist ein Ausgleich gem. § 304 AktG nach der Unternehmenssteuerreform anzupassen?, ZIP 2001, 1906; *Brühl/Weiss*, Körperschaftsteuerliche Organschaft: Variable Ausgleichszahlungen an Außenstehende und Anpassungszwang bei Verlustübernahmeklauseln nach § 17 S. 2 Nr. 2 KStG a.F. – Anmerkung zu BFH, 10.5.2017 – I R 93/15, BB 2018, 94; *Hasbach/Brühl*, Steuerliche Anerkennung von Ergebnisabführungsverträgen bei kombinierten Ausgleichszahlungen und fehlendem Verweis auf § 302 Abs. 4 AktG – Zugleich Anmerkungen zum Urteil des Niedersächsischen FG v. 11.11.2015 – 6 K 386/13, DStR 2016, 2361; *Marquardt/Krack*, Variable Ausgleichszahlungen und körperschaftsteuerrechtliche Organschaft, FR 2009, 1098; *Neumayer/Imschweiler*, Aktuelle Rechtsfragen zur Gestaltung und Durchführung von Gewinnabführungsverträgen, GmbHR 2011, 57; *Nolting/Voßkuhl*, Steuerbelastungswirkungen der Behandlung des Ausgleichsanspruchs eines außenstehenden Minderheitsgesellschafters, DB 2007, 2223; *Prinz/Keller*, Neue Rechtsprechung zur ertragsteuerlichen Organschaft, DB 2018, 400; *Riegger/Kramer*, Sind Ausgleichszahlungen an außenstehende Aktionäre wegen der Senkung der Körperschaftsteuerausschüttungsbelastung zu erhöhen?, DB 1994, 565; *Rogall/Dreßler*, Ungereimtheiten betreffend Ausgleichszahlungen an Minderheitsgesellschafter bei Organschaften, DStR 2015, 449; *Sauter/Heurung*, Ausgleichszahlungen i.S.d. § 16

KStG iVm. § 304 AktG und vororganschaftliche Gewinnausschüttungen nach dem Systemwechsel, GmbHR 2001, 754; *Schöneborn*, Aktuelle Formfragen der ertragsteuerlichen Organschaft, DB 2010, 245; *Stephan*, »Ytong« ernst genommen – Anmerkung zu OLG Hamburg vom 7.1.2013 – 13 W 2/12, Der Konzern 2014, 425.

A. Problemstellung, Rechtsentwicklung und Bedeutung

I. Problemstellung

15.1 Durch den Gewinnabführungsvertrag verpflichtet sich die Organgesellschaft gegenüber dem Organträger gem. § 291 AktG zur Abführung ihres ganzen Gewinns. Außenstehende Aktionäre verlieren damit ihre Beteiligung am künftigen Erfolg der Gesellschaft. Nach § 304 AktG muss der Gewinnabführungsvertrag zur Kompensation dieses Verlusts zugunsten der außenstehenden Aktionäre (neben der in diesem Kapitel nicht behandelten Verpflichtung des Organträgers, auf Verlangen eines außenstehenden Aktionärs dessen Aktien gegen eine angemessene Abfindung zu erwerben, vgl. § 305 AktG) einen angemessenen Ausgleich in Form einer jährlich wiederkehrenden Geldleistung (Ausgleichszahlung) vorsehen. Steuerlich sind die Ausgleichszahlungen – als Ausnahme von dem Grundsatz, dass das gesamte Einkommen der Organgesellschaft dem Organträger zuzurechnen und von diesem zu versteuern ist – von der Organgesellschaft selbst zu versteuern (§ 16 KStG). In der Praxis bereitet die Bemessung der Ausgleichszahlung häufig sowohl aus gesellschafts- als auch aus steuerrechtlichen Gründen Schwierigkeiten. Zum einen ist die Ermittlung der angemessenen Höhe anhand der künftigen Ertragsaussichten naturgemäß mit Unsicherheiten behaftet und daher streitanfällig – entsprechende Spruchverfahren bilden ein beliebtes Betätigungsfeld für Berufsaktionäre. Zum anderen besteht die Herausforderung darin, die Ausgleichszahlung so zu bemessen, dass bei wirtschaftlicher Betrachtung trotz Ausgleichszahlung noch der ganze Gewinn an den Organträger abgeführt wird – andernfalls droht das Scheitern der körperschaftsteuerlichen Organschaft. Darüber hinaus bestehen Unklarheiten über die Bestimmung des Begriffs des außenstehenden Aktionärs und damit über den Anwendungsbereich der §§ 304 AktG, 16 KStG.

II. Rechtsentwicklung

15.2 Anlässlich der **erstmaligen gesetzlichen Regelung** der körperschaftsteuerrechtlichen Organschaft wurde mit § 7a Abs. 3 KStG i.d.F. des Gesetzes vom 15.8.1969[1] eine dem heutigen § 16 KStG entsprechende Vorschrift geschaffen.[2] Der Gesetzgeber hat sich dabei an dem Gutachten des BFH vom 27.11.1956 zur steuerlichen Behandlung der Dividendengarantie im Rahmen einer steuerlich anerkannten Organschaft[3] orientiert.[4] Bei Einführung des **Anrechnungsverfahrens** wurde die Regelung durch Gesetz vom 31.8.1976[5] mit Wirkung ab dem Veranlagungszeitraum 1977 in den § 16 KStG verlagert. Ausgleichszahlungen wurden danach wie Ausschüttungen behandelt; es wurde also die Ausschüttungsbelastung hergestellt und den au-

---

1 BGBl. I 1969, 471.
2 Vgl. *Frotscher* in Frotscher/Drüen, § 16 KStG Rz. 4.
3 BFH v. 27.11.1956 – I D 1/56 S, BStBl. III 1957, 139.
4 *Dallwitz* in Schnitger/Fehrenbacher², § 16 KStG Rz. 3.
5 BGBl. I 1976, 445.

ßenstehenden Gesellschaftern das Anrechnungsguthaben vermittelt. Die Ausgleichszahlungen hatte die Organgesellschaft zu versteuern.[1]

Durch Gesetz vom 23.10.2000[2] ist die Vorschrift anlässlich der Abschaffung des Anrechnungsverfahrens und der Einführung des **Halbeinkünfteverfahrens** angepasst und durch Gesetz vom 20.12.2001[3] rückwirkend präzisiert worden;[4] durch das Gesetz vom 20.12.2001 ist außerdem klargestellt worden, dass es für die steuerliche Behandlung unerheblich ist, ob der Organträger oder die Organgesellschaft die Ausgleichszahlung leistet. 15.3

Mit Wirkung ab dem Veranlagungszeitraum 2008 wurde angesichts der **Absenkung des Körperschaftsteuersatzes von 25 % auf 15 %** die Bemessungsgrundlage für die von der Organgesellschaft geschuldete Steuer durch Gesetz vom 14.8.2007[5] von 4/3 in 20/17 der Ausgleichszahlung geändert. 15.4

III. Bedeutung

Durch den Abschluss eines Gewinnabführungsvertrags wird die Untergesellschaft gem. § 300 AktG verpflichtet, ihren gesamten Gewinn an die Obergesellschaft abzuführen. Dadurch verlieren die außenstehenden Aktionäre der Untergesellschaft ihren mitgliedschaftlichen Anspruch auf Beteiligung an deren Gewinn. Die vor dem Hintergrund des Art. 14 GG verfassungsrechtlich gebotene[6] Ausgleichszahlung gem. § 304 AktG **kompensiert** diesen Verlust. 15.5

Durch die Regelung des § 16 KStG (und des § 4 Abs. 5 Nr. 9 EStG) wird das aktienrechtliche Institut der Ausgleichszahlung zum Schutz außenstehender Aktionäre **in das steuerrechtliche Konzept der Organschaftsbesteuerung integriert**. Die Vorschrift betrifft nicht die Ermittlung des Einkommens der Organgesellschaft, sondern sie bewirkt, dass die Ausgleichszahlungen von der in § 14 KStG angeordneten **Zurechnung** des Einkommens der Organgesellschaft zum Organträger ausgenommen werden.[7] Die systematische Bedeutung der Bestimmung besteht darin, dass sie eine **Ausnahme** von dem Grundsatz schafft, dass die Organschaft scheitert, wenn nicht der gesamte Gewinn der Organgesellschaft an den Organträger abgeführt wird.[8] Dabei ist der **Anwendungsbereich des § 16 KStG** insoweit weiter als der der §§ 304 ff. AktG, als § 16 KStG – durch den Verweis in § 17 Abs. 1 KStG – auch auf Ausgleichzahlungen anzuwenden ist, in denen die Organgesellschaft keine AG, KGaA oder SE ist und auf die daher die §§ 304 ff. AktG keine (direkte) Anwendung finden. Zur Frage, ob eine Ausgleichszahlung auch an außenstehende Gesellschafter einer GmbH als Organgesellschaft geleistet werden muss, s. Rz. 15.25. 15.6

Beim außenstehenden Aktionär wird die Ausgleichszahlung **steuerlich als Dividende** behandelt. Die Regelung des § 16 KStG gewährleistet, dass das Einkommen, aus dem die Ausgleichszahlung geleistet wird, mit Körperschaftsteuer vorbelastet wird. Andernfalls wäre – 15.7

---

1 Vgl. *Frotscher* in Frotscher/Drüen, § 16 KStG Rz. 5.
2 BGBl. I 2000, 1428.
3 BGBl. I 2002, 35.
4 Vgl. *Frotscher* in Frotscher/Drüen, § 16 KStG Rz. 6.
5 BGBl. I 2007, 630.
6 S. BVerfG v. 7.8.1962 – 1 BvL 16/60, BVerfGE 14, 263 (276 ff.); BVerfG v. 27.4.1999 – 1 BvR 1613/94, BVerfGE 100, 289 (303, 305).
7 *Krumm* in Blümich, § 16 KStG Rz. 10.
8 *Rätke* in HHR, § 4 EStG Anm. 1801.

zumindest in Fällen, in denen der Organträger mit dem zugerechneten Einkommen nicht der Körperschaftsteuer unterliegt – keine **systemgerechte Gesamtsteuerbelastung** gewährleistet.

15.8 In Fällen, in denen der Organträger selbst der Körperschaftsteuer unterliegt, ist die von § 16 KStG angeordnete Zurechnung eigentlich überflüssig; tendenziell führt sie sogar zu einer **Übermaßbesteuerung**, weil Ausgleichszahlungen nach § 16 KStG unabhängig davon besteuert werden, ob Gewinne oder Verluste erwirtschaftet werden.[1] Rechtspolitisch ist die Regelung daher umstritten.[2]

B. Gesellschaftsrechtliche Rahmenbedingungen

I. Ausgleichszahlung an außenstehende Aktionäre

15.9 Da § 16 KStG lediglich die steuerlichen Rechtsfolgen der in § 304 AktG normierten Ausgleichszahlungen an außenstehende Aktionäre bestimmt, nicht aber die **tatbestandlichen Voraussetzungen** regelt, setzt die Anwendung des § 16 KStG das Verständnis der gesellschaftsrechtlichen Vorschriften über die Ausgleichszahlungen voraus, s. Rz. 2.30 ff., Rz. 2.88 ff.

15.10 Nach § 304 Abs. 1 Satz 1 AktG muss der Gewinnabführungsvertrag einen **angemessenen Ausgleich** für die außenstehenden Aktionäre einer AG, KGaA oder SE durch eine auf die Anteile am Grundkapital bezogene wiederkehrende Geldleistung (Ausgleichszahlung) vorsehen.

15.11 Ein Vertrag, der überhaupt **keinen Ausgleich** vorsieht, obwohl im Zeitpunkt der Beschlussfassung der Hauptversammlung außenstehende Aktionäre vorhanden sind, ist gem. § 304 Abs. 3 Satz 1 AktG **nichtig**. Ist der vertraglich bestimmte Ausgleich dagegen lediglich **nicht angemessen**, ist der Vertrag wirksam; in diesem Fall kann der außenstehende Aktionär aber nach § 304 Abs. 3 Satz 3 AktG im Wege des **Spruchverfahrens** die Festsetzung einer angemessenen Ausgleichszahlung verlangen.[3]

15.12 Hat die Gesellschaft im Zeitpunkt der Beschlussfassung ihrer Hauptversammlung über den Gewinnabführungsvertrag keinen außenstehenden Aktionär, so **endet der Vertrag gem. § 307 AktG** spätestens zum Ende des Geschäftsjahrs, in dem sich ein außenstehender Aktionär beteiligt.

II. Begriff des außenstehenden Gesellschafters

15.13 Das Gesetz verlangt in § 304 AktG Ausgleichszahlungen an außenstehende Aktionäre, ohne den Begriff des außenstehenden Aktionärs zu definieren. Nach der gesetzlichen Systematik steht lediglich fest, dass die Obergesellschaft selbst kein außenstehender Aktionär ist, weil das Gesetz begrifflich zwischen dem **anderen Vertragsteil** und dem **außenstehenden Aktionär** unterscheidet.

---

1 *Rogall/Dreßler*, DStR 2015, 449 (450).
2 S. zB *Dötsch* in Dötsch/Pung/Möhlenbrock, § 16 KStG Rz. 30 f.
3 Dazu *Riegger/Gayk* in Kölner Kommentar[3], Einl. SpruchG.

Eine nur **mittelbare Gesellschafterstellung** kann ebenso wenig einen Anspruch auf eine Ausgleichszahlung begründen wie ein schuldrechtlicher Anspruch, der gewinnabhängig ausgestaltet ist, also zB ein **Genussrecht**.[1]

15.14

Es sind aber auch nicht alle Aktionäre der Organgesellschaft, die nicht mit dem Organträger identisch sind, außenstehend.[2] Eine **einschränkende Auslegung** gebietet insoweit der Sinn und Zweck der Ausgleichszahlung, der darin besteht, den mit dem Abschluss des Gewinnabführungsvertrags einhergehenden Verlust der Beteiligung am Erfolg der Gesellschaft zu kompensieren; nach zutreffender Ansicht liegt er aber nicht etwa darin, das Interesse der Gläubiger daran zu schützen, dass ihrem zukünftigen Schuldner Erträge zufließen.[3] Daher sind nach dem Willen des historischen Gesetzgebers Aktionäre der Organgesellschaft, die zwar formal nicht mit dem Organträger identisch sind, deren Vermögen aber wirtschaftlich mit dem Vermögen des Organträgers eine Einheit bilden oder deren Erträge dem Organträger oder denen die Erträge des Organträgers zufließen, aus dem Begriff des außenstehenden Aktionärs auszuklammern.[4] Vor diesem Hintergrund sind nach zutreffender Ansicht neben dem Organträger keine außenstehenden Gesellschafter solche Aktionäre, die am Organträger unmittelbar oder mittelbar zu 100 % beteiligt sind,[5] sowie Aktionäre, die – als Organgesellschaft oder Organträger – mit dem Organträger durch einen Gewinnabführungs- oder Beherrschungsvertrag verbunden sind.[6] Dasselbe muss im Hinblick auf den oben erläuterten Schutzzweck auch für Aktionäre gelten, an denen der Organträger unmittelbar oder mittelbar zu 100 % beteiligt ist, auch wenn kein Gewinnabführungs- oder Beherrschungsvertrag besteht;[7] dies ist – soweit ersichtlich – jedoch noch nicht höchstrichterlich bestätigt.

15.15

Beispiel 1: Die X-GmbH hält jeweils 100 % der Geschäftsanteile der Y-GmbH und der Z-GmbH. Die Y-GmbH hält 75 % der Aktien der A-AG, 25 % der Aktien hält die Z-GmbH. Schließt die X-GmbH mit der A-AG einen Gewinnabführungsvertrag, braucht an die Z-GmbH keine Ausgleichszahlung geleistet zu werden; sie ist nach der hier vertretenen Auffassung kein außenstehender Aktionär, weil der Organträger an ihr zu 100 % beteiligt ist.

Beispiel 2: Die A-GmbH hält 75 % der Geschäftsanteile der B-GmbH, welche ihrerseits 100 % der Aktien der C-AG hält. Zwischen der A-GmbH und der B-GmbH besteht kein Beherrschungs- oder Gewinnabführungsvertrag. Schließt die A-GmbH mit der C-AG einen Gewinnabführungsvertrag, ist

---

1 BGH v. 28.5.2013 – II ZR 67/12, MDR 2013, 1180; *Koch* in Hüffer/Koch[13], § 221 AktG Rz. 68b f. mwN; *Stephan* in K. Schmidt/Lutter[3], § 304 AktG Rz. 68; aA bzgl. mittelbarer Gesellschafter *Bayer* in FS Ballerstedt, 157 (169 ff.); aA bzgl. Genussscheinrechtsinhabern *Hasselbach/Hirte* in Großkomm[4], § 304 AktG Rz. 147.
2 BFH v. 4.3.2009 – I R 1/08, BStBl. II 2010, 407 = FR 2009, 1110, Rz. 41; OLG Nürnberg v. 17.1.1996 – 12 U 2801/95, AG 1996, 228 f.; *Emmerich* in Emmerich/Habersack[8], § 304 AktG Rz. 18; *Paulsen* in MüKo/AktG[4], § 304 Rz. 26 ff.; *Koppensteiner* in Kölner Kommentar[3], § 295 AktG Rz. 40 ff.; *Hasselbach/Hirte* in Großkomm/AktG[4], § 304 AktG Rz. 25 ff.; *Koch* in Hüffer/Koch[13], § 304 AktG Rz. 3; jeweils mwN; aA *Stephan* in K. Schmidt/Lutter[3], § 304 AktG Rz. 69, s. dort aber auch Rz. 71.
3 So auch *Baldamus*, ZGR 2007, 819 (824); *Dötsch* in Dötsch/Pung/Möhlenbrock, § 16 KStG Rz. 2; aA *Meilicke/Kleinert* in Heidel[4], § 304 AktG Rz. 9.
4 BT-Drucks. IV/171, 220.
5 BT-Drucks. IV/171, 220; BFH v. 4.3.2009 – I R 1/08, BStBl. II 2010, 407 = FR 2009, 1110; *Hasselbach/Hirte* in Großkomm/AktG[4], § 304 AktG Rz. 27 ff.; *Emmerich* in Emmerich/Habersack[8], § 304 AktG Rz. 18; *Koch* in Hüffer/Koch[13], § 304 AktG Rz. 3.
6 *Hasselbach/Hirte* in Großkomm/AktG[4], § 304 AktG Rz. 27 ff. mwN; *Emmerich* in Emmerich/Habersack[8], § 304 AktG Rz. 18.
7 BT-Drucks. IV/171, 220.

die B-GmbH, obwohl sie Alleinaktionär der C-AG ist, außenstehender Aktionär i.S.d. § 304 AktG, weil weder die A-GmbH sämtliche Geschäftsanteile der B-GmbH innehat noch zwischen A-GmbH und B-GmbH ein Unternehmensvertrag besteht. Sieht der Gewinnabführungsvertrag keine Ausgleichszahlung an die B-GmbH vor, ist er nichtig.

15.16 **Maßgeblicher Zeitpunkt** für die Bestimmung der Frage, ob ein Aktionär außenstehend ist, ist der Zeitpunkt des (hypothetischen) Entstehens des Ausgleichsanspruchs (s. hierzu Rz. 15.24).[1]

III. Bemessung der Ausgleichszahlung

15.17 Der Gesetzgeber sieht in § 304 Abs. 2 Satz 1 und 2 AktG **zwei verschiedene Methoden** zur Ermittlung des nach § 304 Abs. 1 Satz 1 AktG erforderlichen **„angemessenen"** Ausgleichs vor, und zwar die fixe und die variable Ausgleichszahlung.

15.18 Gemäß § 304 Abs. 2 Satz 1 AktG ist als Ausgleichszahlung **mindestens** die jährlich wiederkehrende Zahlung des Betrags zuzusichern, der nach der bisherigen Ertragslage der Gesellschaft und ihren künftigen Ertragsaussichten unter Berücksichtigung angemessener Abschreibungen und Wertberichtigungen, jedoch ohne Bildung anderer Gewinnrücklagen, voraussichtlich als durchschnittlicher Gewinnanteil auf die einzelne Aktie verteilt werden könnte (**fixe Ausgleichszahlung**). Die Anknüpfung an Ertragslage und Ertragsaussichten erfordert regelmäßig eine Unternehmensbewertung nach dem Ertragswertverfahren.[2] Ein ggf. vorhandener Börsenkurs spielt (anders als im Fall des variablen Ausgleichs, s. dazu Rz. 15.21) im Rahmen der Bemessung fester Ausgleichszahlungen i.d.R. keine entscheidende Rolle. Denn die festen Ausgleichszahlungen sollen die Ausschüttungserwartungen der außenstehenden Aktionäre widerspiegeln; die Ausschüttungen orientieren sich jedoch an den erwirtschafteten Erträgen, nicht aber am Börsenkurs.[3] Nach der Rechtsprechung bleibt auch nicht betriebsnotwendiges Vermögen insoweit grundsätzlich außer Betracht.[4] Allerdings setzt sich in jüngerer Zeit die Ansicht durch, dass zumindest die erwartbaren Erträge aus dem nicht betriebsnotwendigen Vermögen in die Bemessung der Ausgleichszahlung einzubeziehen sind.[5] Ferner ist es regelmäßig nicht erforderlich, die Ausgleichszahlung an einer angemessenen Verzinsung des Liquidationswerts der Organgesellschaft zu orientieren.[6] Die Höhe der Ausgleichszahlung nach dem Ertragswert zu bemessen, ist im Grundsatz auch verfassungsrechtlich geboten, weil der außenstehende Aktionär nur durch einen an den Ertragsaussichten orientierten Ausgleich für die Beeinträchtigung seiner vermögensrechtlichen Stellung „wirtschaftlich voll

---

1 *Dötsch* in Dötsch/Pung/Möhlenbrock, § 16 KStG Rz. 12.
2 BGH v. 21.7.2003 – II ZB 17/01, BGHZ 156, 57 = GmbHR 2003, 1362; *Stangl/Winter*, Organschaft 2013/2014, Rz. 288.
3 Hierzu zuletzt vgl. OLG Düsseldorf v. 25.5.2016 – I-26 W 2/15 (AktE), 26 W 2/15, AG 2017, 584; vgl. auch BGH v. 13.2.2006 – II ZR 392/03, BGHZ 166, 195; *Müller* in Wachter[2], § 304 AktG Rz. 17; *Stephan* in K. Schmidt/Lutter[3], § 304 AktG Rz. 77.
4 Vgl. BGH v. 21.7.2003 – II ZB 17/01, BGHZ 156, 57 = GmbHR 2003, 1362; OLG München v. 30.11.2006 – 31 Wx 59/06, AG 2007, 411; *Koch* in Hüffer/Koch[13], § 304 AktG Rz. 10.
5 Vgl. OLG München v. 17.7.2007 – 31 Wx 60/06, AG 2008, 28; OLG Stuttgart v. 14.9.2011 – 20 W 6/08, AG 2012, 49; OLG Frankfurt v. 18.12.2014 – 21 W 34/12, AG 2015, 241; *Emmerich* in Emmerich/Habersack[8], § 304 AktG Rz. 42; *Paulsen* in MüKo[4], § 304 AktG Rz. 89; *Stephan* in K. Schmidt/Lutter[3], § 304 AktG Rz. 82 mwN.
6 BGH v. 13.2.2006 – II ZR 392/03, BGHZ 166, 195; *Paulsen* in MüKo/AktG[4], § 304 Rz. 93.

entschädigt" wird.[1] Dabei sind die Ertragsaussichten grundsätzlich nach dem Stichtagsprinzip auf den Zeitpunkt zu schätzen, zu dem die Hauptversammlung der Organgesellschaft die Zustimmung zum Abschluss des Gewinnabführungsvertrags erteilt.[2] Steuervorteile, die der Organträger aufgrund der Organschaft realisiert, bleiben unberücksichtigt.[3]

Entgegen dem Stichtagsprinzip sollen nach einem Beschluss des BGH[4] jedoch **Änderungen des Körperschaftsteuertarifs**, die sich nach dem Stichtag ergeben, berücksichtigt werden, so dass dem außenstehenden Aktionär der auf ihn entfallende Anteil am voraussichtlich ausschüttungsfähigen Gewinn abzgl. der darauf gemäß dem jeweils gültigen Körperschaftsteuersatz entfallenden Körperschaftsteuer zugesichert wird.[5] Leider hat der BGH offen gelassen, ob dasselbe auch für den Solidaritätszuschlag und die Gewerbesteuer gilt[6] und auf welche Bemessungsgrundlage der jeweilige Körperschaftsteuersatz angewendet werden soll. In der Praxis wird häufig ein **Bruttoausgleich** vereinbart, von dem dann Körperschaftsteuer und Solidaritätszuschlag in Höhe des jeweils geltenden Tarifs abgezogen werden.[7]

15.19

Macht die Organgesellschaft dauerhaft Verluste und ist auch in Zukunft kein Ertrag zu erwarten, kann auch eine Ausgleichszahlung i.H.v. 0 € angemessen sein;[8] ein solcher „**Nullausgleich**" ist dem Fehlen einer Ausgleichsregelung nicht gleichzustellen und führt daher nicht zur Nichtigkeit des Vertrags.

15.20

Für den Fall, dass der Organträger eine AG, eine KGaA oder eine SE ist, erlaubt § 304 Abs. 2 Satz 2 AktG es alternativ, als Ausgleichszahlung die Zahlung des Betrags zuzusichern, der unter Herstellung eines angemessenen Umrechnungsverhältnisses auf Aktien des Organträgers jeweils als Gewinnanteil entfällt. Die Angemessenheit der Umrechnung bestimmt sich in diesem Fall gem. § 304 Abs. 2 Satz 3 AktG nach dem Verhältnis, in dem bei einer Verschmelzung auf eine Aktie der Organgesellschaft Aktien des Organträgers zu gewähren wären, also nach der Verschmelzungswertrelation. Das bedeutet, dass die Festsetzung einer **variablen Ausgleichszahlung** eine Bewertung der beiden Gesellschaften voraussetzt. Anders als im Rahmen des festen Ausgleichs nach § 304 Abs. 2 Satz 1 AktG (s. dazu Rz. 15.18) ist dabei das nicht betriebsnotwendige Vermögen gesondert zu bewerten und zum Ertragswert der jeweiligen Gesellschaft hinzuzurechnen.[9] Auch sind hier Liquidationswert und Börsenkurs jeweils als Untergrenze der Bewertung zu berücksichtigen.[10] Umstritten ist, ob für die Höhe der Ausgleichszahlung die tatsächlich gezahlte Dividende der Obergesellschaft maßgeblich ist oder deren Jahresüberschuss;[11] das Telos des § 304 AktG, den außenstehenden Aktionär zu schüt-

15.21

---

1 Vgl. BVerfG v. 27.4.1999 – 1 BvR 1613/94, BVerfGE 100, 289 (303); BVerfG v. 8.9.1999 – 1 BvR 301/89, ZIP 1999, 1804 (1806).
2 *Baldamus*, AG 2005, 77 (80); vgl. *Dötsch* in Dötsch/Pung/Möhlenbrock, § 16 KStG Rz. 17a.
3 BGH v. 13.2.2006 – II ZR 392/03, BGHZ 166, 195 = MDR 2006, 1177.
4 BGH v. 21.7.2003 – II ZB 17/01, BGHZ 156, 57 = GmbHR 2003, 1362.
5 Krit. hierzu *Stephan* in K. Schmidt/Lutter³, § 304 AktG Rz. 88 ff.
6 So wohl OLG Hamburg v. 7.1.2013 – 13 W 2/12, juris; *Dötsch* in Dötsch/Pung/Möhlenbrock, § 16 KStG Rz. 17a; ablehnend und eine strenge stichtagsbezogene Betrachtung einfordernd *Stephan*, Der Konzern 2014, 425 (428).
7 Vgl. *Baldamus*, Ubg 2010, 483 (484).
8 BGH v. 13.2.2006 – II ZR 392/03, BGHZ 166, 195 = MDR 2006, 1177.
9 Zutreffend *Stangl/Winter*, Organschaft 2013/2014, Rz. 288.
10 BVerfG v. 27.4.1999 – 1 BvR 1613/94, BVerfGE 100, 289 (303); vgl. auch *Emmerich* in Emmerich/Habersack⁸, § 304 AktG Rz. 52; *Stangl/Winter*, Organschaft 2013/2014, Rz. 288.
11 Für Maßgeblichkeit der tatsächlich gezahlten Dividende OLG Düsseldorf v. 26.1.1978 – 19 W 5/77, NJW 1978, 827; OLG Düsseldorf v. 17.2.1984 – 19 W 1/81, AG 1984, 216; *Koch* in Hüffer/

zen, spricht dafür, unabhängig von der Dividendenpolitik auf den Jahresüberschuss abzustellen.

15.22 Aktienrechtlich sind **Modifikationen** der beiden vom Gesetz vorgesehenen Methoden zur Bestimmung der Ausgleichszahlung zulässig, solange sichergestellt ist, dass das durch § 304 Abs. 2 AktG vorgegebene **Mindestmaß** erreicht wird.[1]

IV. Schuldner der Ausgleichszahlung

15.23 Schuldner der Ausgleichszahlung ist der **Organträger**.[2] Wenn die Organgesellschaft die Ausgleichszahlung leistet, muss sie daher richtigerweise einen entsprechenden Rückforderungsanspruch gegen den Organträger aktivieren.[3] Der in § 16 Satz 2 KStG geregelte Fall ist daher der Normalfall.[4]

V. Entstehungszeitpunkt

15.24 Der Anspruch des außenstehenden Aktionärs auf die Ausgleichszahlung entsteht **dem Grunde nach** mit dem Wirksamwerden des Gewinnabführungsvertrags.[5] Der **konkrete Zahlungsanspruch** entsteht – vorbehaltlich einer abweichenden vertraglichen Regelung – nach zutreffender Auffassung in demselben Zeitpunkt wie der Dividendenanspruch, an dessen Stelle er tritt. Damit ist beim festen Ausgleich grundsätzlich das Ende der ordentlichen Hauptversammlung der Untergesellschaft maßgeblich,[6] während es beim variablen Ausgleich auf den Gewinnverwendungsbeschluss bei der Obergesellschaft ankommt.[7] Der Zeitpunkt des Entstehens des konkreten Zahlungsanspruchs ist grundsätzlich identisch mit dessen Fälligkeit.

Koch[13], § 304 AktG Rz. 15; *Stephan* in K. Schmidt/Lutter[3], § 304 AktG Rz. 95; dagegen für Maßgeblichkeit des Jahresüberschusses *Emmerich* in Emmerich/Habersack[8], § 304 AktG Rz. 49; *Koppensteiner* in Kölner Kommentar[3], § 304 AktG Rz. 81.

1 *Hirte/Hasselbach* in Großkomm/AktG[4], § 304 Rz. 70; *Baldamus*, Ubg 2010, 483 ff.
2 *Deilmann* in Hölters[3], § 304 AktG Rz. 5; *Emmerich* in Emmerich/Habersack[8], § 304 AktG Rz. 23; *Koppensteiner* in Kölner Kommentar[3], § 304 AktG Rz. 20 ff.; *Paulsen* in MüKo/AktG[4], § 304 Rz. 36; *Hasselbach/Hirte* in Großkomm/AktG[4], § 304 Rz. 36.
3 *Dötsch* in Dötsch/Pung/Möhlenbrock, § 16 KStG Rz. 14.
4 *Dötsch* in Dötsch/Pung/Möhlenbrock, § 16 KStG Rz. 14.
5 BGH v. 2.6.2003 – II ZR 85/02, AG 2003, 629; OLG Hamburg v. 29.1.2002 – 11 U 37/01, AG 2002, 409; *Stephan* in K. Schmidt/Lutter[3], § 304 AktG Rz. 34; *Paulsen* in MüKo/AktG[4], § 304 Rz. 102; *Emmerich* in Emmerich/Habersack[8], § 304 AktG Rz. 30.
6 BGH v. 19.4.2011 – II ZR 237/09, BGHZ 189, 261 Rz. 12 ff.; OLG Düsseldorf v. 23.1.2008 – I-26 W 6/06 AktE, AG 2009, 822; OLG Frankfurt v. 26.8.2009 – 23 U 69/08, DB 2009, 2200; *Stephan* in K. Schmidt/Lutter[3], § 304 AktG Rz. 35; *Paulsen* in MüKo/AktG[4], § 304 Rz. 108; *Koch* in Hüffer/Koch[13], § 304 AktG Rz. 13; *Emmerich* in Emmerich/Habersack[8], § 304 AktG Rz. 30a; vgl. auch *Neumann* in Gosch[3], § 16 KStG Rz. 6; aA *Frotscher* in Frotscher/Drüen, § 16 KStG Rz. 17, der auf den Schluss des Geschäftsjahres der Untergesellschaft abstellt.
7 *Stephan* in K. Schmidt/Lutter[3], § 304 AktG Rz. 35; *Paulsen* in MüKo/AktG[4], § 304 Rz. 110; *Koppensteiner* in Kölner Kommentar[3], § 304 AktG Rz. 9; *Koch* in Hüffer/Koch[13], § 304 AktG Rz. 15; *Hasselbach/Hirte* in Großkomm/AktG[4], § 304 Rz. 43; *Emmerich* in Emmerich/Habersack[8], § 304 AktG Rz. 30b.

VI. Besonderheiten bei Organgesellschaften in der Rechtsform der GmbH

Ob und inwieweit die §§ 304 ff. AktG auf Gesellschaften anderer Rechtsformen, insbesondere die GmbH, anzuwenden sind, ist **umstritten**.[1] Die Frage der Anwendbarkeit der §§ 304 ff. AktG auf die GmbH ist eng verknüpft mit der Frage, ob der Abschluss eines Gewinnabführungsvertrags mit einer GmbH einen einstimmigen Beschluss ihrer Gesellschafterversammlung erfordert (Rz. 2.59 ff.). 15.25

Wenn ein Gewinnabführungsvertrag nur mit der einstimmigen Zustimmung der Gesellschafterversammlung wirksam ist und er damit **ohne Zustimmung** der außenstehenden Gesellschafter nicht zustande kommen kann, bedarf es zu deren Schutz auch keines obligatorischen Ausgleichs.[2] 15.26

Wenn die außenstehenden Gesellschafter hingegen dem Abschluss des Gewinnabführungsvertrags nicht zustimmen müssen, weil ausnahmsweise keine Einstimmigkeit erforderlich ist, so spricht auch bei einer GmbH viel für das Erfordernis einer Ausgleichszahlung.[3] Ob in diesem Fall das Fehlen einer Ausgleichszahlung analog § 304 Abs. 3 Satz 1 AktG zur Nichtigkeit des Gewinnabführungsvertrags führt, ist umstritten.[4] Die Antwort auch auf die Frage nach der Nichtigkeit hängt maßgeblich davon ab, ob man für die Zustimmung zum Gewinnabführungsvertrag Einstimmigkeit verlangt. Wenn der Zustimmungsbeschluss den Konsens aller Gesellschafter verlangt, besteht für die Nichtigkeitssanktion kein Bedürfnis.[5] 15.27

C. Steuerrechtliche Behandlung der Ausgleichszahlung

I. Steuerrechtliche Anforderungen an die Ausgleichszahlung

1. Problematik

Angesichts der bestehenden Unklarheiten bezüglich der Auslegung des Begriffs des außenstehenden Aktionärs und der zutreffenden Bemessung der Ausgleichszahlung sowie vor dem Hintergrund, dass § 14 Abs. 1 Satz 1 KStG grundsätzlich die **Abführung des ganzen Gewinns** verlangt, stellt sich die Frage nach der steuerlichen Anerkennung der Organschaft, wenn eine Ausgleichszahlung zu Unrecht nicht vereinbart wird oder eine solche geleistet wird, obwohl dies gesellschaftsrechtlich eigentlich nicht erforderlich wäre. Außerdem ist zu klären, welche Anforderungen das Steuerrecht an die Bemessung der Ausgleichszahlung stellt. 15.28

2. Fehlende oder überflüssige Ausgleichszahlungen

a) AG, KGaA oder SE als Organgesellschaft

Ist ein Gewinnabführungsvertrag mit einer AG, KGaA oder SE als Organgesellschaft gem. § 304 Abs. 3 Satz 1 AktG **nichtig**, weil er keine Ausgleichsregelung vorsieht, obwohl außen- 15.29

---

1 Zum Streitstand im Einzelnen s. *Hasselbach/Hirte* in Großkomm/AktG[4], § 304 Rz. 142 mwN.
2 *Hasselbach/Hirte* in Großkomm/AktG[4], § 304 Rz. 142.
3 Vgl. *Emmerich* in Emmerich/Habersack[8], § 304 AktG Rz. 11.
4 Dafür LG Dortmund v. 11.3.1998 – 20 AktE 4/97, GmbHR 1998, 941; *Emmerich* in Emmerich/Habersack[8], § 304 AktG Rz. 12; dagegen die überwiegende Auffassung in der Literatur, s. etwa *Baldamus*, ZGR 2007, 819, 844 f.; *Casper* in Ulmer/Habersack/Löbbe[2], Anh. zu § 77 GmbHG Rz. 215; *Liebscher* in MüKo/GmbHG[3], Anh. zu § 13 Rz. 949 f. mwN, auch zur Gegenauffassung.
5 So auch *Liebscher* in MüKo/GmbHG[3], Anh. zu § 13 Rz. 949.

stehende Aktionäre vorhanden sind (zum sog. „Nullausgleich" s. oben Rz. 15.20) und diese auf den Ausgleich auch nicht wirksam verzichtet haben,[1] besteht **keine Organschaft**.[2] Denn diese setzt gem. § 14 Abs. 1 Satz 1 KStG einen wirksamen Gewinnabführungsvertrag voraus. Vor dem Hintergrund der Unsicherheiten über die Definition des Begriffs des außenstehenden Aktionärs (s. Rz. 15.13 ff.) empfiehlt es sich in der Praxis regelmäßig, möglichst eine ausdrückliche Verzichtserklärung der anderen zum Konzern des Organträgers gehörenden Aktionäre einzuholen.

15.30 Sieht ein Gewinnabführungsvertrag dagegen umgekehrt eine **Ausgleichszahlung an einen Aktionär vor, der nicht als außenstehend** i.S.d. § 304 AktG anzusehen ist, führt dies zumindest dann nicht zum Scheitern der Organschaft, wenn eine solche Ausgleichszahlung nach den Anforderungen des § 304 AktG bemessen ist (zu den steuerlichen Vorgaben in Bezug auf die Bemessung der Ausgleichszahlung s. Rz. 15.35 ff.).[3] Eine solche ausschließlich vertraglich begründete Ausgleichszahlung ist handelsbilanziell Betriebsausgabe und verringert daher den nach § 301 AktG an den Organträger abzuführenden Gewinn, so dass es – trotz entsprechend reduzierter Zahlung an den Organträger – bei der von § 14 KStG geforderten Abführung des ganzen Gewinns an diesen bleibt.[4]

15.31 Der BFH hat dies zwar bislang – soweit ersichtlich – nicht ausdrücklich bestätigt. Doch lässt sich aus der Begründung seines Urteils vom 4.3.2009[5] zu einem außenstehenden Aktionär ohne gesetzlichen Ausgleichszahlungsanspruch durchaus schlussfolgern, dass er diese Sichtweise teilt. Denn nach der Urteilsbegründung steht sogar eine ohne gesetzliche Verpflichtung **außerhalb des Gewinnabführungsvertrags freiwillig abgeschlossene Vereinbarung mit einem hinzugetretenen außenstehenden Aktionär** über die Gewährung von Ausgleichszahlungen für den Zeitraum bis zum Ende des Geschäftsjahrs, in dem der außenstehende Aktionär sich beteiligt hat, der Anerkennung der Organschaft nicht entgegen. Dasselbe muss dann erst recht für gesetzlich nicht erforderliche Ausgleichszahlungen gelten, die im Gewinnabführungsvertrag selbst geregelt sind. Anders als in der hier diskutierten Fallkonstellation handelte es sich bei dem Minderheitsgesellschafter in dem vom BFH entschiedenen Fall zwar immerhin um einen außenstehenden Aktionär i.S.d. § 304 AktG, der nur deswegen keinen gesetzlichen Anspruch auf eine Ausgleichszahlung hatte, weil er zu dem für die Anspruchsentstehung maßgeblichen Zeitpunkt (Rz. 15.24) noch kein außenstehender Aktionär war. Dennoch ist die vom BFH getroffene Wertung nach der hier vertretenen Auffassung auf andere Fälle gesetzlich nicht erforderlicher Ausgleichszahlungen zu übertragen.

b) GmbH als Organgesellschaft

15.32 Ist eine **GmbH** Organgesellschaft, ist die Lage komplizierter, weil gesellschaftsrechtlich nicht geklärt ist, ob und, wenn ja, unter welchen Voraussetzungen die §§ 304 ff. AktG überhaupt

---

1 Vgl. zum Verzicht *Baldamus*, Ubg 2010, 483 (488); *Dötsch* in Dötsch/Pung/Möhlenbrock, § 16 KStG Rz. 5; *Frotscher* in Frotscher/Drüen, § 16 KStG Rz. 15.
2 BFH v. 30.7.1997 – I R 7/97, BStBl. II 1998, 33 = FR 1998, 164; BFH v. 4.3.2009 – I R 1/08, BStBl. II 2010, 407 = FR 2009, 1110 Rz. 40.
3 *Dötsch* in Dötsch/Pung/Möhlenbrock, § 16 KStG Rz. 5, 10, 17; *Erle/Heurung* in Erle/Sauter[3], § 16 KStG Rz. 24; *Frotscher* in Frotscher/Drüen, § 16 KStG Rz. 16; *Walter* in Ernst & Young, § 16 KStG Rz. 8; aA *Dallwitz* in Schnitger/Fehrenbacher[2], § 16 KStG Rz. 34, dem zufolge „allenfalls steuerliche Billigkeitsmaßnahmen zur Vermeidung von Härtefällen" in Betracht kommen.
4 *Dötsch* in Dötsch/Pung/Möhlenbrock, § 16 KStG Rz. 5.
5 BFH v. 4.3.2009 – I R 1/08, BStBl. II 2010, 407 = FR 2009, 1110.

(analog) anzuwenden sind (Rz. 15.25 ff.). Angesichts dieser Unsicherheit wird vielfach dafür plädiert, dass ein Gewinnabführungsvertrag mit einer GmbH als Organgesellschaft **steuerlich unabhängig davon anzuerkennen sein muss, ob er Ausgleichszahlungen vorsieht oder nicht.**[1] Richtigerweise kann das jedoch zum einen nur mit der Einschränkung gelten, dass der Gewinnabführungsvertrag zumindest **zivilrechtlich wirksam** sein muss.[2] Ist der Gewinnabführungsvertrag nichtig, fehlt es nämlich an einer gesetzlichen Tatbestandsvoraussetzung der Organschaft. Zum anderen ist zu berücksichtigen, dass der BFH jüngst festgestellt hat, dass die Beachtung der §§ 304 ff. AktG auch im Fall einer (vermeintlichen) Organgesellschaft in der Rechtsform der GmbH – unabhängig von der Frage der analogen Anwendung für Zwecke des Gesellschaftsrechts – jedenfalls steuerrechtlich Wirksamkeitserfordernis der Organschaft sei; dies ergebe sich aus dem mittelbaren Verweis auf die zwingenden aktienrechtlichen Vorschriften in § 17 Satz 1 KStG (s. dazu unten Rz. 15.38 ff.).[3]

Um das Risiko der Nichtigkeit auszuschließen, empfiehlt es sich jedenfalls, bei Vorhandensein außenstehender Gesellschafter einen Gewinnabführungsvertrag ohne Ausgleichszahlung allenfalls dann abzuschließen, wenn **alle Gesellschafter zustimmen** und die außenstehenden Gesellschafter **auf eine Ausgleichszahlung verzichten**; dazu wird es in der Praxis freilich selten kommen, so dass die Vereinbarung von Ausgleichszahlungen die Regel sein wird, wenn (echte) außenstehende Gesellschafter vorhanden sind. 15.33

Wie bei der AG und der KGaA darf auch bei der GmbH eine **gesetzlich nicht erforderliche Ausgleichszahlung** der Anerkennung der Organschaft nicht entgegenstehen (s. dazu Rz. 15.30 f.).[4] 15.34

3. Bemessung der Ausgleichszahlung

a) Höhe der Ausgleichszahlung

§ 304 Abs. 1 Satz 1 AktG verlangt, dass die Ausgleichszahlung der Höhe nach „angemessen" ist. Es stellt sich daher die Frage, welche Konsequenzen sich ergeben, wenn die Ausgleichszahlung **zu hoch** oder **zu niedrig** ist. 15.35

Ist die im Gewinnabführungsvertrag vorgesehene Ausgleichszahlung zu niedrig bemessen, ist der Gewinnabführungsvertrag – anders als bei gänzlichem Fehlen einer Ausgleichsregelung – **nicht nichtig**.[5] In diesem Fall kann der außenstehende Gesellschafter lediglich eine höhere – angemessene – Ausgleichszahlung verlangen. Steuerlich ist die **Organschaft in diesem Fall anzuerkennen**.[6] Eine **verdeckte Einlage** i.S.d. § 8 Abs. 3 Satz 3 KStG liegt bei einer zu niedrig bemessenen Ausgleichszahlung nicht vor, weil es an einem einlagefähigen Vorteil fehlt.[7] 15.36

---

1 S. zB *Dötsch* in Dötsch/Pung/Möhlenbrock, § 16 KStG Rz. 13; *Sauter/Heurung*, GmbHR 2001, 754 (755); *Schöneborn*, DB 2010, 245 (246); *Neumayer/Imschweiler*, GmbHR 2011, 57 (63).
2 AA anscheinend *Dötsch* in Dötsch/Pung/Möhlenbrock, § 16 KStG Rz. 13 „solange die handelsrechtliche Frage nicht höchstrichterlich entschieden ist".
3 BFH v. 10.5.2017 – I R 93/15, BFH/NV 2018, 144 = GmbHR 2018, 36 Rz. 19.
4 Ebenso *Dötsch* in Dötsch/Pung/Möhlenbrock, § 16 KStG Rz. 13.
5 BGH v. 13.2.2006 – II ZR 392/03, BGHZ 166, 195 = MDR 2006, 1177.
6 *Dötsch* in Dötsch/Pung/Möhlenbrock, § 16 KStG Rz. 6; *Frotscher* in Frotscher/Drüen, § 16 KStG Rz. 12.
7 *Dötsch* in Dötsch/Pung/Möhlenbrock, § 16 KStG Rz. 46; *Frotscher* in Frotscher/Drüen, § 16 KStG Rz. 29.

15.37 Überhöhte Ausgleichszahlungen können steuerlich als **verdeckte Gewinnausschüttungen** i.S.d. § 8 Abs. 3 Satz 2 KStG zu qualifizieren sein.[1] Diese Einordnung hat aber lediglich akademische Bedeutung. Denn richtigerweise sind verdeckte Gewinnausschüttungen an außenstehende Gesellschafter wiederum wie Ausgleichszahlungen i.S.d. § 16 KStG zu behandeln,[2] weil sie wirtschaftlich an deren Stelle treten. Daher spielt es nach zutreffender Auffassung steuerlich letztlich auch keine Rolle, wenn die Ausgleichszahlung zu hoch ist.[3] Insoweit gelten für überhöhte Ausgleichszahlungen an außenstehende Aktionäre dieselben Grundsätze wie für Ausgleichszahlungen an Aktionäre, die nicht als außenstehend i.S.d. § 304 AktG anzusehen sind (Rz. 15.30 f.). Eine Einschränkung ergibt sich freilich aus der Rechtsprechung des BFH, nach der die Anerkennung der Organschaft zu versagen ist, wenn nur bei formaler, nicht aber bei wirtschaftlicher Betrachtung der ganze Gewinn als an den Organträger abgeführt anzusehen ist (Rz. 15.38).

b) Problemfall: Variabler Ausgleich, der sich am Gewinn der Untergesellschaft orientiert

15.38 Dass es für die steuerliche Anerkennung der Organschaft keine Relevanz hat, ob die Ausgleichszahlung zu hoch oder zu niedrig ist, gilt freilich nur, wenn die Ausgleichszahlung **konzeptionell** einem der beiden in § 304 Abs. 2 Satz 1 und Satz 2 AktG vorgesehenen Grundmodelle – also entweder fester Ausgleich oder variabler, am Gewinn der Obergesellschaft orientierter Ausgleich (Rz. 15,17 ff.) – entspricht. Wird von den gesetzlich vorgesehenen Grundmodellen zB dadurch abgewichen, dass eine variable Ausgleichszahlung vereinbart wird, die sich ausschließlich an der Ertragslage der Organgesellschaft orientiert, ist die **Organschaft nach der Rechtsprechung des BFH nicht anzuerkennen**. Denn die Organschaft führe dann nach der Auffassung des BFH ihren ganzen Gewinn entgegen § 14 KStG nur formal, nicht aber bei der steuerlich gebotenen „wirtschaftlichen Betrachtung" an den Organträger ab.[4]

15.39 Aber auch dann, wenn zusätzlich zu einer festen Ausgleichszahlung, die bereits für sich genommen den Anforderungen des § 304 Abs. 2 Satz 1 AktG genügt, noch eine **variable Komponente**, deren Höhe an den Gewinn der Untergesellschaft gekoppelt ist, vereinbart wird, erkennt der BFH die Organschaft mangels „Abführung des ganzen Gewinns" nicht an: Der BFH entschied zunächst, dass die Ausgleichszahlungen jedenfalls dann nicht anzuerkennen sind, wenn die Kombination von fester und variabler Komponente dazu führt, dass der außenstehende Gesellschafter letztlich so gestellt wird, als bestünde kein Gewinnabführungsvertrag.[5] In diesem Fall liegt nach Auffassung des BFH keine Ausgleichszahlung i.S.d. § 304 AktG vor.[6] Diese Rechtsprechung hat der BFH unlängst bestätigt und sogar verschärft (vgl. auch Rz. 6.53 ff.). Maßgeblich dafür, ob die Wirkungen des Gewinnabführungsvertrages

---

[1] Vgl. *Dötsch* in Dötsch/Pung/Möhlenbrock, § 16 KStG Rz. 46.
[2] R 14.6 Abs. 4 Satz 4 KStR 2015; *Dötsch* in Dötsch/Pung/Möhlenbrock, § 16 KStG Rz. 17; *Walter* in Ernst & Young, § 16 KStG Rz. 10; einschränkend *Neumann* in Gosch³, § 16 KStG Rz. 14; *Krumm* in Blümich, § 16 KStG Rz. 19, nach denen verdeckte Gewinnausschüttungen an den bzw. die außenstehenden Gesellschafter einen solchen Umfang annehmen können, dass sie einen Verstoß gegen die Gewinnabführungsverpflichtung darstellen; vgl. auch *Pache* in HHR, § 16 KStG Anm. 35.
[3] Vgl. *Dötsch* in Dötsch/Pung/Möhlenbrock, § 16 KStG Rz. 17.
[4] Vgl. BFH v. 10.5.2017 – I R 93/15, BFH/NV 2018, 144 = GmbHR 2018, 36; BFH v. 31.3.1976 – I R 123/74, BStBl. II 1976, 510.
[5] Vgl. BFH v. 4.3.2009 – I R 1/08, BStBl. II 2010, 407 = FR 2009, 1110 Rz. 38 ff.
[6] Dem BFH zustimmend *Dötsch* in Dötsch/Pung/Möhlenbrock, § 16 KStG Rz. 24; *Frotscher* in Frotscher/Drüen, § 16 KStG Rz. 31 ff.

praktisch umgangen werden, soll nicht die volle betragsmäßige Übereinstimmung der Ergebnisverteilung vor und nach Abschluss des Gewinnabführungsvertrages sein, sondern eine wertende Betrachtung der Abrede.[1] Demnach kann eine Organschaft auch dann scheitern, wenn die Ausgleichszahlung unterhalb des dem außenstehenden Gesellschafter ohne den Gewinnabführungsvertrag zustehenden Betrags liegt. Der Ansicht der Vorinstanz, wonach jegliche Anknüpfung der Ausgleichszahlung an das Ergebnis der Untergesellschaft vor Ergebnisabführung schädlich ist,[2] hat sich der BFH zwar nicht ausdrücklich angeschlossen. Allerdings seien – unabhängig von der höchstrichterlich bislang ungeklärten Frage, ob und inwieweit die §§ 304 ff. AktG im Fall einer Untergesellschaft in der Rechtsform der GmbH überhaupt entsprechende Anwendung finden – zumindest steuerrechtlich (auch) im Fall der GmbH grundsätzlich nur solche Ausgleichszahlungsvereinbarungen anzuerkennen, die dem in den §§ 304 ff. AktG zwingend Gebotenen Rechnung tragen und nicht zu einer beliebigen Aufteilung des von der Organgesellschaft erzielten Einkommens führen.[3] Das Aktienrecht lasse lediglich die Wahl zwischen einem festen Ausgleich (§ 304 Abs. 2 Satz 1 AktG) und einem am Ergebnis des Organträgers orientierten variablen Ausgleich (§ 304 Abs. 2 Satz 2 AktG), sehe aber keinen am Gewinn der Untergesellschaft orientierten variablen Ausgleich vor.[4] Damit spricht der BFH zwar nicht offen aus, dass er jedwede Koppelung der Ausgleichszahlung an das Ergebnis der Untergesellschaft für schädlich erachtet; erkennbar ist jedoch, dass er dieser Art der Bemessung der Ausgleichszahlung äußerst kritisch gegenübersteht.[5]

Dieser Rechtsprechung liegt die Vorstellung zugrunde, dass die gesellschaftsrechtlichen Vorschriften, auf die das Steuerrecht verweist, einer **autonom steuerrechtlichen Auslegung** zugänglich seien. Diese Sichtweise, die übrigens auch bei der „steuernormspezifischen" Definition des eine außerordentliche Kündigung rechtfertigenden „wichtigen Grundes" durch den BFH ihren Niederschlag gefunden hat,[6] ist systematisch fragwürdig; denn das vom Gesetzgeber gewählte Instrument der Verweisung spricht eigentlich gerade gegen eine steuerrechtlich autonome Auslegung der in Bezug genommenen gesellschaftsrechtlichen Normen und Begriffe, sondern vielmehr dafür, dass sich das Steuerrecht bei der Auslegung schlicht an das Gesellschaftsrecht „dranzuhängen" hat. Die autonom steuerrechtliche Auslegung ist auch nicht durch die vom BFH angestellte teleologische Überlegung zu rechtfertigen, dass das Tatbestandsmerkmal der „Abführung des ganzen Gewinns" steuerrechtlich eine Begrenzung der Ausgleichszahlung erforderlich mache;[7] denn auch dieser Überlegung liegt ebenfalls wiederum die systematisch fragwürdige autonome („wertende" und vom Gesellschaftsrecht abweichende) Auslegung eines gesellschaftsrechtlichen Begriffs zugrunde, nämlich in diesem Fall des in § 291 AktG geregelten Begriffs des „ganzen Gewinns". Dem BFH ist daher entgegenzuhalten, dass § 304 Abs. 2 Satz 1 AktG seinem Wortlaut nach **lediglich einen Mindestausgleich** vorsieht, der durchaus überschritten werden darf.[8]

15.40

---

1 Vgl. BFH v. 10.5.2017 – I R 93/15, BFH/NV 2018, 144 = GmbHR 2018, 36 Rz. 21.
2 Nds. FG v. 11.11.2015 – 6 K 386/13, EFG 2016, 1193 = GmbHR 2016, 1002; kritisch hierzu *Hasbach/Brühl*, DStR 2016, 2361 (2363 ff.).
3 BFH v. 10.5.2017 – I R 93/15, BFH/NV 2018, 144 = GmbHR 2018, 36 Rz. 19.
4 Vgl. BFH v. 10.5.2017 – I R 93/15, BFH/NV 2018, 144 = GmbHR 2018, 36 Rz. 19.
5 Vgl. *Gronenschild*, GmbHR 2018, 40 (41) – Anm. zu BFH v. 10.5.2017 – I R 93/15, BFH/NV 2018, 144 = GmbHR 2018, 36.
6 Vgl. BFH v. 13.11.2013 – I R 45/12, BStBl. II 2014, 486.
7 Vgl. BFH v. 10.5.2017 – I R 93/15, BFH/NV 2018, 144 = GmbHR 2018, 36 Rz. 19.
8 *Marquardt/Krack*, FR 2009, 1098 (1099).

15.41 Mit genau dieser Begründung hat die Finanzverwaltung auf die Entscheidung des BFH vom 4.3.2009 mit einem **Nichtanwendungserlass** reagiert.[1] Sie orientiert sich in ihrer Rechtsanwendung nach wie vor an dem BMF-Schreiben vom 13.9.1991.[2] Darin stellt das BMF – im Einvernehmen mit dem BMJ – fest, dass es gesellschaftsrechtlich zulässig ist, einen festen Mindestausgleich nach § 304 Abs. 2 Satz 1 AktG mit einem Zuschlag zu kombinieren, der sich an einem Prozentsatz des tatsächlichen Gewinns der Untergesellschaft orientiert. Das BMF wiederholte in seinem Nichtanwendungserlass zum BFH-Urteil v. 4.3.2009 außerdem ausdrücklich seine bereits im Schreiben vom 16.4.1991[3] getroffene (und systematisch zutreffende) Aussage, dass sich das Steuerrecht in der Frage, wie eine Ausgleichszahlung zu bemessen ist, in vollem Umfang der **zivilrechtlichen Betrachtungsweise** anschließe. Bis zu der Entscheidung des BFH vom 10.5.2017[4] war daher davon auszugehen, dass die Finanzverwaltung eine Kombination von festem und – am Gewinn der Untergesellschaft orientiertem – variablem Ausgleich grundsätzlich anerkennt. Nach dem Urteil des BFH vom 10.5.2017 war allerdings fraglich, ob das BMF bei seiner in dem Nichtanwendungserlass geäußerten Auffassung bleiben wird.

15.42 Als Reaktion auf die genannte Entscheidung des BFH ist nunmehr im **Entwurf des Jahressteuergesetzes 2018**[5] vorgesehen, dass ein neuer § 14 Abs. 2 KStG-E die Höhe der Ausgleichszahlungen für steuerliche Zwecke regelt. Nach dem Regelungsentwurf gilt der gesamte Gewinn auch dann als abgeführt, wenn über den Mindestbetrag i.S.d. § 304 Abs. 2 Satz 1 AktG hinausgehende Ausgleichszahlungen vereinbart und geleistet werden. Damit können neben die zugesicherten festen Beträge auch variable Zahlungsbestandteile treten. Dies steht nach § 14 Abs. 2 Satz 2 und 3 KStG-E jedoch unter der Voraussetzung, dass die Ausgleichszahlungen insgesamt den dem Anteil am gezeichneten Kapital entsprechenden Gewinnanteil des Wirtschaftsjahres nicht überschreiten, der ohne Gewinnabführungsvertrag geleistet worden wäre, und der über den Mindestbetrag hinausgehende Zahlungsbestandteil nach vernünftiger kaufmännischer Beurteilung wirtschaftlich begründet sein muss. Die Anwendungsregelung des § 34 Abs. 6b KStG-E sieht vor, dass die Neuregelung auf alle offenen Fälle anzuwenden ist.

Zwar ist die Gesetzgebungsinitiative zur Ausräumung der oben skizzierten Unsicherheiten im Ansatz zu begrüßen, jedoch besteht auch Anlass zur **Kritik**. Zunächst ist der Vorbehalt, die über den Mindestbetrag hinausgehende Zahlung müsse nach vernünftiger kaufmännischer Beurteilung wirtschaftlich begründet sein[6], recht unbestimmt. Außerdem dürfte diese Voraussetzung in der Regel erfüllt sein, wenn dem Minderheitsgesellschafter eine variable Zahlung bis zur Höhe des auf seine Beteiligung entfallenden Anteils am Gewinn der Organgesellschaft gewährt wird.[7] Sinnvoller erschiene daher eine Regelung, nach der auch über den jeweils auf den Minderheitsgesellschafter entfallenden Gewinnanteil hinausgehende Zahlungen zulässig sind, sofern sie wirtschaftlich begründet sind. Darüber hinaus sind Fälle denkbar, in denen die geplante Neuregelung zu einer Schlechterstellung gegenüber der bisherigen Rechtslage führt. § 14 Abs. 2 Satz 1 KStG-E bezieht sich insbesondere nur auf zwingende (fixe) Ausgleichszah-

---

1 S. BMF v. 20.4.2010 – IV C 2 – S 2770/08/10006 – DOK 2010/0216002, BStBl. I 2010, 372 = FR 2010, 490; ablehnend *Dötsch* in Dötsch/Pung/Möhlenbrock, § 16 Rz. 27.
2 BMF v. 13.9.1991 – IV B 7 – S 2770 – 34/91, DB 1991, 2110.
3 BMF v. 16.4.1991 – IV B 7 – S 2770 – 11/91, DB 1991, 1049.
4 BFH v. 10.5.2017 – I R 93/15, BFH/NV 2018, 144 = GmbHR 2018, 36.
5 Der Titel des Gesetzesentwurfes wurde im Verfahrensverlauf von „JStG 2018" in „Entwurf eines Gesetzes zur Vermeidung von Umsatzsteuerausfällen beim Handel mit Waren im Internet und zur Änderung weiterer steuerlicher Vorschriften" geändert, BR-Drucks. 372/18 v. 10.8.2018.
6 In der Gesetzesbegründung wird dies als „Kaufmannstest" bezeichnet, BR-Drucks. 372/18, 54.
7 So auch *Ortmann-Babel/Bolik*, DB 2018, 1876 (1878).

lungen gemäß § 304 Abs. 2 Satz 1 AktG, so dass die Beschränkungen des § 14 Abs. 2 Sätze 2 und 3 KStG-E nach dem Wortlaut auch für variable, am Gewinn des Organträgers ausgerichtete Ausgleichszahlungen i.S.d. § 304 Abs. 2 Satz 2 AktG gelten. Dagegen dürften fixe Ausgleichszahlungen, die sich gesellschaftsrechtlich innerhalb der Grenzen des zwingend Gebotenen bewegen, auch dann unproblematisch bleiben, wenn sie aufgrund eines niedrigen Jahresergebnisses nicht die Voraussetzungen des § 14 Abs. 2 Sätze 2 und 3 KStG-E ("insgesamt") erfüllen. Denn § 14 Abs. 2 Satz 1 KStG-E greift nach seinem Wortlaut erst dann, wenn eine Ausgleichszahlung über das nach § 304 Abs. 2 Satz 1 AktG zwingend Gebotene hinausgeht. In jedem Fall bleibt zu hoffen, dass Bestandsschutz für diejenigen Fälle gewährt wird, in denen bisher durch die Finanzverwaltung anerkannte Ausgleichszahlungen nicht mehr den Anforderungen des § 14 Abs. 2 KStG-E entsprechen, sowie die Anpassung bereits bestehender Ergebnisabführungsverträge ermöglicht wird.

Für künftige Fälle empfiehlt es sich, die Vereinbarung einer Ausgleichszahlung im Zweifel durch Einholung einer **verbindlichen Auskunft** abzusichern. Darüber hinaus ist zu berücksichtigen, dass auch auf Grundlage der bisherigen Auffassung der Finanzverwaltung unklar war, ob die **Relation zwischen Festbetrag und variabler Aufstockung** beliebig gestaltbar ist.[1] Ebenfalls war nicht sicher, ob die Finanzverwaltung eine Vereinbarung akzeptiert, wonach sich die variable Komponente nicht an einem Prozentsatz des Gesamtgewinns der Organgesellschaft, sondern zB am Gewinn einer Sparte (sog. **Tracking-Stock-Modell**) orientiert.[2]

c) Anpassungen

Ändern die Parteien eines Gewinnabführungsvertrags die Höhe der Ausgleichszahlung, zB weil sich die **ursprünglichen Berechnungsgrundlagen stark verändert** haben und die Ausgleichszahlung daher **grob unangemessen** erscheint,[3] so hat dies keinen Einfluss auf die steuerliche Anerkennung, weil die Änderung dazu dient, den wirtschaftlichen Vertragsinhalt unverändert fortzuführen.[4] Dies gilt auch dann, wenn die Änderung innerhalb der **Fünfjahresfrist** des § 14 Abs. 1 Satz 1 Nr. 3 KStG vorgenommen wird.[5] Vor diesem Hintergrund kann die regelmäßige Überprüfung und Anpassung der Ausgleichszahlung u.U. ein geeignetes Instrument sein, um im Einzelfall dem Bedürfnis der Parteien nach einer gewissen Variabilität der Ausgleichszahlung entgegenzukommen und zugleich den Anforderungen der Rechtsprechung nach strikter Beachtung der in § 304 AktG vorgesehenen Konzepte zu genügen;[6] bei "echten" Außenstehenden wird dieses Instrument jedoch nur eingeschränkt hilfreich sein, weil es kaum mit der Rechtsprechung des BFH vereinbar sein dürfte, von vorneherein einen Anspruch auf Anpassung in der Weise zu konstituieren, dass bei wirtschaftlicher Betrachtung aus der fixen eine variable Ausgleichszahlung wird.

15.43

---

1 Für eine Begrenzung des variablen Anteils auf ein Drittel *Dötsch* in Dötsch/Pung/Möhlenbrock, § 16 KStG Rz. 27; für eine Begrenzung auf 10 % *Frotscher* in Frotscher/Drüen, § 16 KStG Rz. 31; zu Recht gegen jede Form der Begrenzung *Walter* in Ernst & Young, § 16 KStG Rz. 12.
2 Im Einzelnen dazu *Baldamus*, Ubg 2010, 483 (485 ff.); *Dötsch* in Dötsch/Pung/Möhlenbrock, § 16 KStG Rz. 19.
3 Vgl. dazu *Riegger/Kramer*, DB 1994, 565; *Beckmann/Simon*, ZIP 2001, 1906.
4 Ebenso *Dötsch* in Dötsch/Pung/Möhlenbrock, § 16 KStG Rz. 22.
5 *Schumacher* in Herzig, Organschaft, 2003, 197; *Dötsch* in Dötsch/Pung/Möhlenbrock, § 16 KStG Rz. 22.
6 Vgl. *Prinz/Keller*, DB 2018, 400 (406).

II. Rechtsfolgen

1. Versteuerung der Ausgleichszahlung durch die Organgesellschaft

15.44 Nach § 16 KStG hat die Organgesellschaft i.H.v. 20/17 der Ausgleichszahlung ein **eigenes Einkommen** zu versteuern, und zwar unabhängig davon, ob sie oder der Organträger die Ausgleichszahlung leistet, § 16 Satz 2 KStG.

Beispiel 3:[1] Die Organgesellschaft erwirtschaftet – vor Gewinnabführung und Körperschaftsteuer – einen Jahresüberschuss von 110.000 Euro. Der Organträger erwirtschaftet – vor Ausgleichszahlung – einen eigenen Jahresüberschuss von 100.000 Euro. Die Ausgleichszahlung i.H.v. 8.500 Euro wird vom Organträger an den außenstehenden Aktionär der Organgesellschaft geleistet.

	Gesellschaftsrecht	Steuerrecht
Organgesellschaft		
Jahresüberschuss der Organgesellschaft vor Gewinnabführung und KSt	+ 110.000	
Einkommen der Organgesellschaft vor Zurechnung an Organträger		+ 110.000
Einkommenszurechnung an Organträger (§ 14 Abs. 1 Satz 1 KStG)		– 100.000
Bei der Organgesellschaft zu versteuerndes Einkommen (§ 16 Satz 2 KStG)		= 10.000
KSt auf Ausgleichszahlung (§ 16 Satz 2 KStG)	– 1.500	
Gewinnabführung an Organträger	– 108.500	
Jahresüberschuss der Organgesellschaft	= 0	
Organträger		
Jahresüberschuss des Organträgers vor Ausgleichszahlung	+ 100.000	
Ausgleichszahlung	– 8.500	
Gewinnabführung	+ 108.500	
Jahresüberschuss	= 200.000	
Eigenes Einkommen des Organträgers (§ 4 Abs. 5 Nr. 9 EStG)		+ 100.000
Dem Organträger zuzurechnendes Einkommen der Organgesellschaft (§ 14 Abs. 1 Satz 1 KStG)		+ 100.000
Beim Organträger zu versteuerndes Einkommen		= 200.000

Die vom Organträger geschuldete Ausgleichszahlung mindert den handelsbilanziellen Jahresüberschuss der Organgesellschaft (vor Gewinnabführung) – anders als die von der Organgesellschaft zu zahlende Körperschaftsteuer – nicht. Handelsbilanziell beträgt der Jahresüberschuss bei der Organgesellschaft aufgrund der Gewinnabführung 0 Euro. Ihr steuerliches Einkommen (vor Zurechnung zum Organträger) beträgt 110.000 Euro. Davon sind gemäß § 16 Satz 2 KStG 10.000 Euro von ihr selbst zu versteuern und gemäß § 14 Abs. 1 Satz 1 KStG 100.000 Euro dem Organträger zuzurechnen

---

1 In Anlehnung an *Dötsch* in Dötsch/Pung/Möhlenbrock, § 16 KStG Rz. 40.

und von ihm zu versteuern. Die vom Organträger geleistete Ausgleichszahlung darf dessen Einkommen nach § 4 Abs. 5 Satz 1 Nr. 9 EStG nicht mindern und ist seinem Gewinn deshalb wieder hinzuzurechnen.

Die Anwendung des § 16 KStG setzt voraus, dass die Ausgleichszahlung **tatsächlich geleistet** worden ist; entscheidend ist also nicht der Zeitpunkt der Passivierung der Verbindlichkeit, sondern der des **Abflusses**.[1] Umstritten ist hingegen, zu welchem Zeitpunkt die Rechtsfolgen des § 16 KStG – sprich die Zurechnung des Einkommens und dessen Versteuerung – eintreten sollen. Nach zutreffender Ansicht ist auf das Wirtschaftsjahr abzustellen, für das die Ausgleichszahlung geleistet wurde.[2] Keine Rolle spielt, ob die Organgesellschaft tatsächlich ein positives oder ein negatives Ergebnis erzielt. Und auch wenn der Organkreis insgesamt einen Verlust erwirtschaftet, ist § 16 KStG anwendbar; ein **Verlustausgleich** innerhalb des Organkreises ist nicht möglich, weil in Bezug auf die Ausgleichszahlung die Wirkung der Organschaft (Zurechnung des Einkommens der Organgesellschaft zum Organträger) durch § 16 KStG gerade suspendiert wird. Zum Verbot der Verrechnung mit vororganschaftlichen Verlusten s. Rz. 15.50.

15.45

Nach § 4 Abs. 5 Nr. 9 EStG darf eine Ausgleichszahlung weder den Gewinn des Organträgers noch den Gewinn der Organgesellschaft mindern. Sie ist beim leistenden Unternehmen als **nicht abziehbare Betriebsausgabe** hinzuzurechnen. Maßgeblicher Zeitpunkt für die Hinzurechnung nach § 4 Abs. 5 Nr. 9 EStG ist die **Passivierung der Ausgleichszahlung** (also – anders als für Zwecke der Besteuerung der Ausgleichszahlung – nicht ihr Abfluss).[3]

15.46

2. Besteuerung der Ausgleichszahlung beim außenstehenden Gesellschafter

Beim außenstehenden Gesellschafter sind die Ausgleichszahlungen **Kapitalerträge i.S.d. § 20 Abs. 1 Nr. 1 EStG** (zum Fall des § 20 Abs. 1 Nr. 1 Satz 3 EStG s. Rz. 15.52 ff.).[4] Dies gilt unabhängig davon, ob der Organträger oder die Organgesellschaft die Ausgleichszahlung leistet.[5] Ist der außenstehende Gesellschafter eine natürliche Person, fällt – abhängig davon, ob die Beteiligung im Privat- oder im Betriebsvermögen gehalten wird – entweder **Abgeltungsteuer** i.H.v. 25 % nach § 32d EStG an oder es kommt nach § 3 Nr. 40 Buchst. d EStG das **Teileinkünfteverfahren** zur Anwendung. Ist der außenstehende Gesellschafter eine Kapitalgesellschaft, sind – **vorbehaltlich des § 8b Abs. 4 KStG** – nach § 8b Abs. 1 KStG 95 % der Ausgleichszahlung **von der Steuer freigestellt**.

15.47

---

1 *Dötsch* in Dötsch/Pung/Möhlenbrock, § 16 KStG Rz. 34; *Neumann* in Gosch[3], § 16 KStG Rz. 15; *Pache* in HHR, § 16 KStG Anm. 25.
2 FG Münster v. 21.9.2007 – 9 K 4007/06 K, EFG 2008, 324 (328), ebenso *Dötsch* in Dötsch/Pung/Möhlenbrock, § 16 KStG Rz. 39; *Frotscher* in Frotscher/Drüen, § 16 KStG Rz. 47; *Schumacher* in Herzig, Organschaft, 2003, 204; *Walter* in Ernst & Young, § 16 KStG Rz. 17; *Pache* in HHR, § 16 KStG Anm. 20; aA *Dallwitz* in Schnitger/Fehrenbacher[2], § 16 KStG Rz. 52; *Rätke* in HHR, § 4 EStG Anm. 1813; *Rogall/Dreßler*, DStR 2015, 449 (451), die auf den tatsächlichen Zu- bzw. Abfluss der Ausgleichszahlung abstellen.
3 Vgl. *Rätke* in HHR, § 4 EStG Anm. 1813; *Dötsch*, in Dötsch/Pung/Möhlenbrock, § 16 KStG Rz. 39.
4 *Dötsch* in Dötsch/Pung/Möhlenbrock, § 16 KStG Rz. 30; *Pache* in HHR, § 16 KStG, Anm. 10.
5 *Krumm* in Blümich, § 16 KStG Rz. 28; zur Abgrenzung von § 20 Abs. 1 Nr. 1 EStG und sonstigen Einkünften gem. § 22 Nr. 1 Buchst. a EStG bei Leistung durch den Organträger vgl. *Rogall/Dreßler*, DStR 2015, 449 (451); aA *Dötsch* in Dötsch/Pung/Möhlenbrock, § 16 KStG Rz. 70.

3. Verfahrensrecht

15.48 Die bei der Organgesellschaft auf die Ausgleichszahlung anfallende Körperschaftsteuer wird durch **Bescheid gegenüber der Organgesellschaft** festgesetzt, so dass diese bei Fehlerhaftigkeit des Bescheids beschwert und einspruchsbefugt ist.[1]

III. Einzelfragen

1. Nießbrauch am Ausgleichsanspruch

15.49 Unter § 16 KStG können auch Ausgleichszahlungen fallen, die von § 304 AktG nicht erfasst sind. Dies setzt voraus, dass sie **bei wirtschaftlicher Betrachtung vergleichbar** sind. Ein Beispiel dafür ist das vom Organträger an einen außenstehenden Aktionär für die Einräumung eines Nießbrauchs an dessen unmittelbarem Ausgleichsanspruch gezahlte Entgelt.[2]

2. Verlustabzug

15.50 Das von der Organgesellschaft wegen der Ausgleichszahlung nach § 16 KStG selbst zu versteuernde Einkommen darf gem. § 15 Satz 1 Nr. 1 KStG nicht um einen **vororganschaftlichen Verlust** gemindert werden. Die vororganschaftlichen Verluste bleiben daher auch insoweit eingefroren.

3. Steuerfreie Einnahmen

15.51 Hat die Organgesellschaft ausschließlich steuerfreie Einnahmen erwirtschaftet, hat sie dennoch ein eigenes Einkommen i.H.v. 20/17 der geleisteten Ausgleichszahlung zu versteuern. Die Steuerbefreiungen finden jedoch über die Einkommenszurechnung **beim Organträger** Berücksichtigung.[3]

4. Verwendungsreihenfolge

15.52 Ausgleichszahlungen sind Leistungen i.S.d. § 27 Abs. 1 KStG, so dass für sie nach § 27 Abs. 1 Satz 3 KStG grundsätzlich auch das **steuerliche Einlagekonto** als verwendet gelten kann[4] – mit der Folge, dass insoweit beim außenstehenden Gesellschafter eine Dividendenbesteuerung ausscheidet (§ 20 Abs. 1 Nr. 1 Satz 3 EStG) und auch keine Kapitalertragsteuer anfällt (§ 43 Abs. 1 Satz 1 Nr. 1 Satz 1 EStG). Dies soll jedenfalls dann der Fall sein, wenn die Aus-

---

1 Nds. FG v. 22.4.2004 – 6 K 303/00, DStRE 2004, 1356; *Dallwitz* in Schnitger/Fehrenbacher², § 16 KStG Rz. 58; *Krumm* in Blümich, § 16 KStG Rz. 12.

2 Vgl. BFH v. 4.3.2009 – I R 1/08, BStBl. II 2010, 407; BFH v. 25.7.1973 – I R 225/71, BStBl. II 1973, 791 = FR 2009, 1110; *Krumm* in Blümich, § 16 KStG Rz. 20; *Dötsch* in Dötsch/Pung/Möhlenbrock, § 16 KStG Rz. 8; aA *Walter* in Ernst & Young, § 16 KStG Rz. 9.

3 Vgl. *Dallwitz* in Schnitger/Fehrenbacher², § 16 KStG Rz. 44; *Krumm* in Blümich, § 16 KStG Rz. 26; *Dötsch* in Dötsch/Pung/Möhlenbrock, § 16 KStG Rz. 44.

4 Vgl. BFH v. 3.2.2010 – I B 32/09, BFH/NV 2010, 1128; *Nolting/Voßkuhl*, DB 2007, 2223 (2225); aA *Bauschatz* in Gosch³, § 27 KStG Rz. 50, nach dem die Ausgleichszahlungen nach § 16 KStG aufgrund von § 4 Abs. 5 Satz 1 Nr. 9 EStG nichtabziehbare Betriebsausgaben darstellen und deshalb keine Leistungen i.S.v. § 27 Abs. 1 Satz 3 KStG sein können.

gleichszahlung durch die Organgesellschaft geleistet wird.[1] Nicht abschließend geklärt ist hingegen, ob etwas anderes gilt, wenn der Organträger die Ausgleichszahlung tätigt.[2]

Zur Verwendung des steuerlichen Einlagekontos kommt es nicht, wenn die Organgesellschaft in ausreichendem Maße über in vororganschaftlicher Zeit gebildete **Gewinnrücklagen** verfügt. Weist das steuerliche Einlagekonto jedoch einen positiven Bestand aus und fehlt es an ausreichenden Gewinnrücklagen, so kommt es im ersten Jahr nach Begründung der Organschaft zu einer Verrechnung der Ausgleichszahlung mit dem steuerlichen Einlagekonto, soweit die Ausgleichszahlung den auf den Schluss des der Leistung vorangegangenen Wirtschaftsjahrs ermittelten ausschüttbaren Gewinn der Organgesellschaft übersteigt. Dieses Ergebnis folgt aus der von § 27 KStG angeordneten Verwendungsreihenfolge. Dabei handelt es sich jedoch um einen **einmaligen Effekt**, weil die Minderung des steuerlichen Einlagekontos dazu führt, dass im Folgejahr der ausschüttbare Gewinn um den Betrag der Ausgleichszahlung aus dem Vorjahr erhöht ist.

15.53

Beispiel 4: Die T-GmbH schließt einen Gewinnabführungsvertrag mit ihrer Muttergesellschaft. Sie hat ein Stammkapital von 25.000 Euro. Außerdem verfügt sie zum Zeitpunkt der Errichtung der Organschaft über eine Kapitalrücklage i.H.v. 75.000 Euro (und ein steuerliches Einlagekonto in derselben Höhe). Gewinnrücklagen oder Verlustvorträge aus vororganschaftlicher Zeit gibt es nicht. An den außenstehenden Gesellschafter X ist nach dem Gewinnabführungsvertrag eine Ausgleichszahlung von 10.000 Euro p.a. zu leisten.

	Jahr 01	Jahr 02
Ausgleichszahlung	10.000	10.000
Eigenkapital laut Steuerbilanz	100.000	100.000
./. Gezeichnetes Kapital	./. 25.000	./. 25.000
./. Bestand des steuerlichen Einlagekontos	./. 75.000	./. 65.000
Ausschüttbarer Gewinn (§ 27 Abs. 1 Satz 5 KStG)	0	10.000
./. Ausschüttbarer Gewinn	./. 0	./. 10.000
Verwendung des steuerlichen Einlagekontos für Ausgleichszahlung	10.000	0

Als ausschüttbaren Gewinn definiert § 27 Abs. 1 Satz 5 KStG das um das gezeichnete Kapital geminderte in der Steuerbilanz ausgewiesene Eigenkapital abzüglich des Bestands des steuerlichen Einlagekontos. Daraus ergibt sich für das Jahr 01 ein ausschüttbarer Gewinn von 0 Euro. Die Ausgleichszahlung ist daher aus dem steuerlichen Einlagekonto zu leisten, das nach § 27 Abs. 1 Satz 2 KStG um

---

1 *Dötsch* in Dötsch/Pung/Möhlenbrock, § 16 KStG Rz. 60 f.; *Dötsch*, Der Konzern 2006, 64 (65); *Nolting/Voßkuhl*, DB 2007, 2223 (2225); *Oellerich* in Blümich, § 27 KStG Rz. 33; *Rogall/Dreßler*, DStR 2015, 449 (452 f.); *Walter* in Ernst & Young, § 16 KStG Rz. 2; *Endert* in Frotscher/Drüen, § 27 KStG Rz. 96 ff.; aA *Frotscher* in Frotscher/Drüen, § 16 KStG Rz. 56; *Bauschatz* in Gosch[3], § 27 KStG Rz. 50.
2 Nicht zwischen Leistung durch den Organträger oder die Organgesellschaft differenzierend FinMin. BB v. 5.7.2012 – 35 - S 2770 - 2012/002, IDW-Veranlagungshandbuch KSt 2013, Anlage § 016-03; ebenso *Endert* in Frotscher/Drüen, § 27 KStG Rz. 96e; aA *Dötsch* in Dötsch/Pung/Möhlenbrock, § 16 KStG Rz. 68 f.; *Rogall/Dreßler*, DStR 2015, 449 (453 f.), nach denen sich Ausgleichszahlungen des Organträgers nicht auf das steuerliche Einlagenkonto auswirken können; ausführlich zum Streitstand vgl. auch *Endert* in Frotscher/Drüen, § 27 KStG Rz. 96c ff.

den Abgang fortzuschreiben ist. Es weist daher im Jahr 02 nur noch einen Betrag von 65.000 Euro (gegenüber 75.000 Euro in 01) aus. Vorausgesetzt, die Summe des Eigenkapitals bleibt gegenüber dem Vorjahr unverändert, führt dies im Jahr 02 in Anwendung des § 27 Abs. 1 Satz 5 KStG allerdings zu einem ausschüttbaren Gewinn von 10.000 Euro.

15.54 Bei Vorhandensein **vororganschaftlicher Verlustvorträge** kann es jedoch mehrere Jahre dauern, bis die Ausgleichszahlungen nicht mehr aus dem steuerlichen Einlagekonto finanziert werden.

Beispiel 5: Organgesellschaft ist die V-GmbH (Stammkapital 25.000 Euro, Kapitalrücklage = steuerliches Einlagekonto 75.000 Euro), die bei Abschluss des Gewinnabführungsvertrags über Verlustvorträge i.H.v. 50.000 Euro verfügt. An den außenstehenden Gesellschafter A hat sie nach dem Gewinnabführungsvertrag eine Ausgleichszahlung von 10.000 Euro p.a. zu leisten.

	Jahr 01	Jahr 02
Ausgleichszahlung	10.000	10.000
Eigenkapital laut Steuerbilanz	50.000	50.000
./. Gezeichnetes Kapital	./. 25.000	./. 25.000
./. Bestand des steuerlichen Einlagekontos	./. 75.000	./. 65.000
Ausschüttbarer Gewinn (§ 27 Abs. 1 Satz 5 KStG)	0	0
./. Ausschüttbarer Gewinn	./. 0	./. 0
Verwendung des steuerlichen Einlagekontos für Ausgleichszahlung	10.000	10.000

Unter Berücksichtigung der Verlustvorträge i.H.v. 50.000 Euro ergibt sich für das Jahr 01 ein steuerliches Eigenkapital von ebenfalls 50.000 Euro. Zieht man von diesem das gezeichnete Kapital und den Bestand des steuerlichen Einlagekontos ab, verbleibt kein i.S.d. § 27 Abs. 1 Satz 5 KStG ausschüttbarer Gewinn, weshalb die Ausgleichszahlung als aus dem steuerlichen Einlagekonto geleistet gilt. Das steuerliche Einlagekonto ist nach § 27 Abs. 1 Satz 2 KStG fortzuschreiben, womit für das Folgejahr ein Betrag von 65.000 Euro (gegenüber 75.000 Euro aus 01) verbleibt. Vorausgesetzt, die Summe des Eigenkapitals bleibt gegenüber dem Vorjahr unverändert, ergibt sich nach § 27 Abs. 1 Satz 5 KStG auch im Jahr 02 erneut kein ausschüttbarer Gewinn. Es ist daher wiederum das steuerliche Einlagekonto zu verwenden und fortzuschreiben.

15.55 Rechtspolitisch stößt die Möglichkeit der Verrechnung von Ausgleichszahlungen mit dem steuerlichen Einlagekonto zu Recht auf Kritik, weil sie den außenstehenden Gesellschafter **systemwidrig** bevorteilt.[1]

5. Kapitalertragsteuer

15.56 Da die Ausgleichszahlung zu den Kapitalerträgen i.S.d. § 20 Abs. 1 Nr. 1 EStG gehört (Rz. 15.47), fällt gem. § 43 Abs. 1 Nr. 1 EStG grundsätzlich Kapitalertragsteuer (zzgl. Solidaritätszuschlag) an, und zwar gemäß der Grundregel des § 44 Abs. 1 Satz 2 KStG im **Zuflusszeit-**

---

[1] S. zB *Dötsch* in Dötsch/Pung/Möhlenbrock, § 16 KStG Rz. 63 ff.; *Frotscher* in Frotscher/Drüen, § 16 KStG Rz. 56 f., der freilich auch de lege lata die Möglichkeit der Finanzierung von Ausgleichszahlungen verneint.

punkt. Da kein gesonderter Beschluss über die Ausgleichszahlung gefasst wird, kommt die Sonderregelung des § 44 Abs. 2 Satz 1 EStG nicht zur Anwendung.

Schuldner der Kapitalertragsteuer ist nach § 44 Abs. 1 Satz 1 EStG der Gläubiger der Kapitalerträge, also der außenstehende Gesellschafter. Die Kapitalertragsteuer ist nach § 44 Abs. 1 Satz 3 KStG jedoch grundsätzlich **vom Schuldner der Kapitalerträge** für Rechnung des Gläubigers einzubehalten, anzumelden und abzuführen. Ungeachtet der Tatsache, dass zivilrechtlich stets der Organträger die Ausgleichszahlung schuldet (Rz. 15.23), ist im Hinblick auf die Sonderregelung des § 16 KStG die **Organgesellschaft** zur Einbehaltung und Abführung der Kapitalertragsteuer verpflichtet, und zwar unabhängig davon, ob die Ausgleichszahlung tatsächlich vom Organträger oder der Organgesellschaft geleistet wird.[1]   15.57

Sind Aktien der Organgesellschaft gem. § 5 DepotG zur Sammelverwahrung durch eine Wertpapiersammelbank zugelassen und dieser zur Sammelverwahrung im Inland anvertraut worden oder fallen sie sonst in den Anwendungsbereich des § 43 Abs. 1 Satz 1 Nr. 1a EStG, hat nach § 44 Abs. 1 Satz 3 EStG die die Kapitalerträge auszahlende Stelle, also gem. § 44 Abs. 1 Satz 4 Nr. 3 Buchst. a EStG regelmäßig die **Depotbank**, den Abzug der Kapitalertragsteuer vorzunehmen.   15.58

6. Gewerbesteuer

Nach § 2 Abs. 2 Satz 2 GewStG gilt die Organgesellschaft als Betriebsstätte des Organträgers, ist also kein eigenständiges Steuersubjekt. Daran ändert sich auch im Fall von Ausgleichszahlungen an außenstehende Gesellschafter nichts. Zwar ist das Einkommen von Organgesellschaft und Organträger im Rahmen der Gewerbesteuer getrennt zu ermitteln (gebrochene Einheitstheorie). § 16 KStG ist aber keine Einkommensermittlungsnorm, sondern regelt lediglich eine Ausnahme von der körperschaftsteuerlichen Zurechnung des Einkommens der Organgesellschaft zum Organträger (Rz. 15.6). Das Gewerbesteuerrecht kennt auch **keine dem § 16 KStG vergleichbare Ausnahmebestimmung**. Anwendbar bleibt lediglich die Versagung des Betriebsausgabenabzugs nach § 4 Abs. 5 Nr. 9 EStG, so dass die Ausgleichszahlung letztlich keine gewerbesteuerliche Auswirkung hat.   15.59

7. Solidaritätszuschlag

Das von der Organgesellschaft gem. § 16 KStG zu versteuernde Einkommen ist mit 20/17 der Ausgleichszahlung so bemessen, dass daraus sowohl die Ausgleichszahlung als auch die Körperschaftsteuer bestritten werden kann. Der Solidaritätszuschlag, den die Organgesellschaft gem. §§ 2 Nr. 3, 3 Abs. 1 Nr. 1 SolZG **ebenfalls selbst schuldet**, vermindert dagegen den an den Organträger abzuführenden Jahresüberschuss, nicht aber das dem Organträger zuzurechnende Einkommen.   15.60

---

[1] Ebenso *Erle/Heurung* in Erle/Sauter[3], § 16 KStG Rz. 86; *Frotscher* in Frotscher/Drüen, § 16 KStG Rz. 73 f.; *Walter* in Ernst & Young, § 16 KStG Rz. 2; *Pache* in HHR, § 16 KStG Anm. 40, 47; vgl. auch BMF v. 20.12.2012 – IV C 1 - S 2401/08/10001:008, BStBl. I 2013, 36 Rz. 43 (aufgehoben für nach dem 31.12.2014 verwirklichte Steuertatbestände durch BMF v. 14.3.2016 – IV A 2-O 2000/15/10001, 2016/0210799, BStBl. I 2016, 290); aA *Dötsch* in Dötsch/Pung/Möhlenbrock, § 16 KStG Rz. 70, nach dem bei Zahlung durch den Organträger schon keine Kapitalerträge vorliegen; vgl. auch *Dallwitz* in Schnitger/Fehrenbacher[2], § 16 KStG Rz. 64, nach dessen Auffassung der Organträger als Schuldner der Ausgleichszahlung auch Schuldner der Kapitalertragsteuer ist; offengelassen von *Rogall/Dreßler*, DStR 2015, 449 (455).

8. Verdeckte Gewinnausschüttungen/verdeckte Einlagen

15.61 Eine **zu niedrig bemessene** Ausgleichszahlung führt mangels einlagefähigen Wirtschaftsguts zu keiner verdeckten Einlage in die Organgesellschaft. **Überhöhte** Ausgleichszahlungen können zwar als verdeckte Gewinnausschüttungen der Organgesellschaft zu qualifizieren sein; da verdeckte Gewinnausschüttungen an außenstehende Gesellschafter nach zutreffender Auffassung aber wiederum wie Ausgleichszahlungen i.S.d. § 16 KStG zu behandeln sind (Rz. 15.37), spielt es insoweit grundsätzlich keine Rolle, wenn eine Ausgleichszahlung zu hoch ist. Im Ergebnis kommt es also im **Verhältnis zwischen der Organgesellschaft und deren Gesellschaftern** aufgrund überhöhter oder zu niedrig bemessener Ausgleichszahlungen nicht zu steuerlichen Korrekturen.

15.62 Fraglich ist, ob dies auch im **Verhältnis zwischen dem Organträger und anderen Gesellschaftern der Organgesellschaft** gilt, wenn der Organträger mit diesen gesellschaftsrechtlich verbunden ist (und zwar unabhängig davon, ob es sich um außenstehende Gesellschafter handelt oder nicht). Ist der Organträger zB nur mittelbar, nämlich über eine von ihm zu 100 % gehaltene Zwischengesellschaft, an der Organgesellschaft beteiligt, so ist die Zwischengesellschaft kein außenstehender Gesellschafter und hat daher keinen gesetzlichen Anspruch auf eine Ausgleichszahlung (Rz. 15.15). Stimmt die Zwischengesellschaft dem Abschluss eines Gewinnabführungsvertrags zu, ohne dass sie – aufgrund vertraglicher Vereinbarung – eine Ausgleichszahlung erhält, wird dies dennoch regelmäßig durch das Gesellschaftsverhältnis veranlasst sein. Nach zutreffender Auffassung stünde die Annahme einer verdeckten Gewinnausschüttung in diesem Fall aber im **Widerspruch zur gesetzlichen Gesamtkonzeption**, die eine mittelbare Beteiligung für die Begründung einer Organschaft ausreichen lässt und der Zwischengesellschaft keinen gesetzlichen Ausgleichsanspruch einräumt.[1]

9. Verunglückte Organschaft

15.63 Die Anwendung des § 16 KStG setzt systematisch die **steuerliche Anerkennung** der Organschaft voraus.[2] Dies erfordert nach § 14 Abs. 1 Satz 1 KStG (ggf. i.V.m. § 17 KStG) einen wirksamen Gewinnabführungsvertrag und dessen tatsächliche Durchführung. Bei einer unrichtigen Gewinnabführung infolge fehlerhafter Bilanzansätze kommt jedoch (anders als bei Vertragsfehlern) eine Heilung nach § 14 Abs. 1 Satz 1 Nr. 3 Sätze 4 ff. KStG in Betracht (s. dazu im Einzelnen Rz. 13.11 ff. und Rz. 18.43 ff.). Falls die Organschaft steuerlich nicht anzuerkennen ist, liegt i.H.d. Ausgleichszahlung eine **verdeckte Gewinnausschüttung** der vermeintlichen Organgesellschaft an den außenstehenden Gesellschafter vor, und zwar unabhängig davon, ob der vermeintliche Organträger oder die vermeintliche Organgesellschaft die Ausgleichszahlung leistet.[3]

---

1 Vgl. *Dallwitz* in Schnitger/Fehrenbacher[2], § 16 KStG Rz. 69; *Dötsch* in Dötsch/Pung/Möhlenbrock, § 14 KStG Rz. 683.
2 Ebenso *Krumm* in Blümich, § 16 KStG Rz. 9; *Dötsch* in Dötsch/Pung/Möhlenbrock, § 16 KStG Rz. 49; *Pache* in H/H/R, § 16 KStG Anm. 16 f.; *Walter* in Ernst & Young, § 16 KStG Rz. 37; aA *Frotscher* in Frotscher/Drüen, § 16 KStG Rz. 64.
3 Vgl. BFH v. 28.11.2007 – I R 94/06, BFH/NV 2008, 1270; BFH v. 4.3.2009 – I R 1/08, BStBl. II 2010, 407; *Dötsch* in Dötsch/Pung/Möhlenbrock, § 16 KStG Rz. 49.

Kapitel 16
Sonderfragen der Personengesellschaft im Organschaftsrecht

A. Bedeutung der Personengesellschaft in Konzernstrukturen und Organschaftsverhältnissen 16.1

I. Motive für die Organisation von Holdingstrukturen als Personengesellschaften 16.1

II. Voraussetzungen, Rechtsfolgen und Vorteile der körperschaft- und gewerbesteuerlichen Organschaft 16.7

B. Die Personengesellschaft als ertragsteuerlicher Organträger 16.17

I. Überblick über die rechtformspezifischen Besonderheiten 16.17

II. Anforderungen an eine Personengesellschaft als Organträger sowie Besonderheiten bei der Einkommenszurechnung 16.18
1. Begrenzung auf Mitunternehmerschaften 16.18
2. Eigene gewerbliche Tätigkeit der Organträger-Personengesellschaft . 16.21
3. Finanzielle Eingliederung bei der Organträger-Personengesellschaft . 16.36
4. Praxishinweise/Gestaltungsmöglichkeiten 16.40
   a) Beginn der gewerblichen Tätigkeit bei Organträger-Personengesellschaft 16.40
   b) Zurechnung von Organeinkommen bei unterjährigem Ausscheiden eines Gesellschafters aus der Organträger-Personengesellschaft 16.46

III. Änderungen durch die sog. „Kleine Organschaftsreform" ... 16.51
1. Überblick 16.51
2. Spezifische Aspekte des § 14 Abs. 1 Satz 1 Nr. 2 Sätze 4–7 KStG. 16.57
   a) Zusätzliche Anforderungen für die Anerkennung einer Organschaft 16.57
   b) Zuordnung der Organbeteiligung zu einer inländischen Betriebsstätte (§ 14 Abs. 1 Satz 1 Nr. 2 Sätze 4 und 5 KStG) 16.63

   c) Sicherstellung des deutschen Besteuerungsrechts (§ 14 Abs. 1 Satz 1 Nr. 2 Satz 7 KStG) 16.66
      aa) Problemstellung 16.66
      bb) Abkommensrechtliche Beschränkung des deutschen Besteuerungsrechts 16.68
      cc) Zugehörigkeit der Organbeteiligung zu einer inländischen Betriebsstätte des Organträgers 16.70
   d) Gleichlauf von Einkommenszurechnung und Beteiligungszuordnung (§ 14 Abs. 1 Satz 1 Nr. 2 Satz 6 KStG) 16.75

IV. Anrechenbare Steuern bei Organträger-Personengesellschaft/ Steuerumlage 16.76

V. Ertragsteuerliche Organschaft und Anrechnung gem. § 35 EStG 16.82
1. Grundlagen der Gewerbesteueranrechnung 16.82
2. Anrechnung gem. § 35 EStG bei mehrstöckigen Mitunternehmerschaften 16.85
3. Anrechnung gem. § 35 EStG im Falle einer der Organschaft nachgeordneten Personen- oder Kapitalgesellschaft 16.88
   a) Vergleichbarkeit mit mehrstöckigen Mitunternehmerschaften? 16.88
   b) Die Entscheidungen des BFH v. 22.9.2011 (IV R 3/10; IV R 42/09) 16.90
   c) Umsetzung der Urteile durch die Finanzverwaltung 16.95
   d) Analyse und Bedeutung der Urteile für die Praxis 16.100

VI. Verfahrensrechtliche Verknüpfung der an Organgesellschaft und Organträger gerichteten Steuerbescheide 16.112

VII. Praxishinweise/Gestaltungsmöglichkeiten 16.118

C. Die Personengesellschaft im Rahmen einer umsatzsteuerlichen Organschaft 16.122

I. Überblick über die rechtsformspezifischen Besonderheiten 16.122

II. Finanzielle Eingliederung in Zusammenhang mit Personengesellschaften 16.130

III. Wirtschaftliche und organisatorische Eingliederung 16.134

D. Ausblick 16.137

Literatur: *Adrian*, Gewerbesteuerliche Behandlung von Dividenden bei Organschaft, BB 2015, 1113; *Baltromejus*, Die körperschaftsteuerliche Organschaft unter Berücksichtigung einer stillen Gesellschaft, StuB 2015, 817; *Bäuml*, Personengesellschaften als Organträger in der Gestaltungs- und Unternehmenspraxis, FR 2013, 1121; *Bäuml*, Investmentvermögen im neuen Kapitalanlagegesetzbuch (Teil I), FR 2013, 640; *Bäuml*, AIFM-Steueranpassungsgesetz: Die geplante Besteuerung von Investmentvermögen (Teil II), FR 2013, 746; *Benecke/Schnitger*, Wichtige Änderungen bei der körperschaftsteuerlichen Organschaft durch das UntStG 2013, IStR 2013, 143; *Blumers*, Organträgerpersonengesellschaft und DBA-Betriebsstättenvorbehalt, DB 2017, 2893; *Butler*, Das Treuhandmodell – eine Organschaft für Personengesellschaften?, NWB 2012, 2925; *Christ*, Der organschaftliche Ausgleichsposten bei der Verschmelzung einer Organträgerpersonen- auf eine Kapitalgesellschaft als neuen Organträger, DStR 2018, 150; *Dötsch/Pung*, Gesetz zur Änderung und Vereinfachung der Unternehmensbesteuerung und des steuerlichen Reisekostenrechts: Die Änderungen bei der Organschaft, DB 2013, 305; *Dötsch/Pung*, Organträger-Personengesellschaft mit ausländischen Gesellschaftern: Zur Anwendung des § 14 Abs. 1 Satz 1 Nr. 2 Satz 7 KStG, DB 2014, 1215; *Engel*, Zurechnung von Organeinkommen bei unterjährigen Gesellschafterwechsel einer Organträger-Personengesellschaft – Anmerkung zu BFH v. 28.2.2013 – IV R 50/09, BB 2013, 1445; *Fechner/Bäuml*, Fortentwicklung des Rechts der Besteuerung von Personenunternehmen, FR 2010, 744; *Fechner/Bäuml*, „Replik zum Aufruf der Wissenschaft zur Abschaffung der satzermäßigten Besteuerung thesaurierter Gewinne von Personenunternehmen – Aufruf zur moderaten Modifikation des § 34a EStG!", DB 2008, 1652; *Fechner/Bäuml*, FR 2009 (Heft 11), Sonderbeilage zur Erbschaftsteuerreform 2009, 22; *Frotscher*, Personengesellschaften im ertragsteuerlichen Organschaftsverbund, Ubg 2009, 426; *Hageböke*, Körperschaftsteuerliche Organschaft unter Beteiligung von KapGes. & atypisch Still-Strukturen, DB 2015 1993; *Grambeck*, Grundsatzentscheidungen des BFH zur umsatzsteuerlichen Organschaft, StuB 2016, 268; *Grünwald*, Personengesellschaft als Organgesellschaft?, WPg 2016, 1097; *Hammerl/Fietz*, Umsatzsteuerrechtliche Organschaft und Vorsteuerabzug von Holdings, NWB 2018, 133; *Hoheisel/Tippelhofer*, Die ertragsteuerliche Organschaft – Neuerungen aus Finanzverwaltung und Rechtsprechung, StuB 2016, 889; *Jochimsen/Mangold/Zinowsky*, Ertragsteuerliche Organschaft bei Implementierung eines Personengesellschafts-Treuhandmodells, DStR 2014, 2045; *Klein*, Betriebsstättenzurechnung bei gewerblich geprägter KG im Nicht-DBA-Fall, Ubg 2018, 334; *Kollruss*, Beim Schlussgesellschafter ist Schluss: Keine GewSt-Anrechnung nach § 35 EStG bei Beteiligung von Organgesellschaft an Personengesellschaft. (Zugleich Anmerkung zu BMF, Schr. v. 12.1.2007 – IV B 2 - S 2296a - 2/07), DStR 2007, 378; *Korezkij*, Organschaft und die Steuerermäßigung nach § 35 EStG – Gegenwart und Zukunft, GmbHR 2003, 1178; *Korn*, Bedeutsame Änderungen des Umsatzsteuer-Anwendungserlasses zur Organschaft, NWB 2017, 1856; *Kudert/Kahlenberg/Mroz*, Umfassende Verschärfung von § 50i EStG im Rahmen des „Kroatiengesetzes", IStR 2014, 257; *Lüdicke*, Das DBA-Gespenst der Organschaft, IStR 2011, 740; *Neu*, Unternehmenssteuerreform 2001: Die pauschalierte Gewerbesteueranrechnung nach § 35 EStG, DStR 2000, 1933; *Prinz*, Hochproblematische Verschärfung der „§ 50i EStG-Entstrickungsregelung" im Kroatien-Anpassungsgesetz, GmbHR 2014, R 241; *Prinz/Hütig*, Zur typisierten Gewerbesteueranrechnung bei einer Organträger-Personengesellschaft. Anmerkungen zu den BFH-Urteilen v. 22.9.2011 – IV R 3/10 und IV R 8/09, StuB 2012, 20; *Richter/Chuchra/Dorn*, Offene Fragen und Probleme bei Anwendung der sog „Aufwärtsinfektion" des § ESTG § 15 Abs. ESTG § 15 Absatz 3 Nr. ESTG § 15 Absatz 3 Nummer 1 Alt. 2 EStG – Zugleich Anmerkung zum Urteil des FG Baden-Württemberg v. 22.4.2016, DStR 2016, 2944; *Rödder/Kuhr/Heimig*, § 50i EStG-Strukturen nach dem „Kroatiengesetz" – warum massive Kollateralschäden drohen, Ubg 2014, 477; *Rödder/Schönfeld*, Abschied (auslandsbeherrschter) inländischer Kapitalgesellschaften von der deutschen Ertragsteuerpflicht? Erste Anmerkungen zum überraschenden Urteil des BFH v. 9.2.2011 (I R 54, 55/10, DStR

2011, 762), DStR 2011, 886; *Rüsch,* Aktuelle Entwicklungen zur steuerlichen Organschaft, DStZ 2016, 263; *Sauter/Heurung/Klübenspies,* Das Entwurfs-Schreiben des BMF zu ertragsteuerlichen Organschaften unter der Ägide des StVergAbG, BB 2005, 1304; *Schaden/Polatzky,* Neuregelung der Verlustausgleichsbeschränkung des § 14 Abs. 1 Satz 1 Nr. 5 KStG – Auswirkungen auf deutsche Inbound-Finanzierungen über KG-Holding-Strukturen, IStR 2013, 131; *Schaumburg/Bäuml,* Organschaft und Gewerbesteueranrechnung, FR 2010, 1061; *Schirmer,* Organschaft: Zuordnung zu einer inländischen Betriebsstätte – Wiedergeburt eines vergessenen Merkmales der Organschaft, FR 2013, 605; *Schöneborn,* Gewerbesteueranrechnung nach § 35 EStG für Veräußerungsgewinne nach Umwandlung einer Organgesellschaft in eine Personengesellschaft, NWB 2015, 2480; *Schirmer,* Holding als Organträger nach der Organschaftsreform, GmbHR 2013, 797; *Suchanek,* Körperschaftsteuerliche Organschaft und atypisch stille Gesellschaft, GmbHR 2015, 1031; *von Streit/Streit,* Selektive Eingliederung von Personengesellschaften nach § 2 Abs. 2 Nr. 2 UStG?, UStB 2016, 147; *Wacker,* Abschaffung der Mehrmütterorganschaft und Verlustverwertungsbeschränkungen bei stillen Beteiligungen. (Anmerkungen zu BFH v. 15.2.2012 – I B 7/11 und v. 27.3.2012 – I R 62/08), NWB 2012, 2462; *Walter,* Anmerkung zum Urteil des BFH v. 28.2.2013 (IV R 50/09, GmbHR 2013, 661) – (Organschaft: Zurechnung von Organeinkommen bei unterjährigem Ausscheiden eines Gesellschafters aus Organträger-Personengesellschaft), GmbHR 2013, 664; *Weiss,* Zur Einbeziehung anteiliger Gewerbesteuer-Messbeträge bei einer Organgesellschaft nachgeschalteten Personengesellschaft, DStRK 2017, 254; *Wendt,* StSenkG: Pauschale Gewerbesteueranrechnung bei Einzelunternehmen, Mitunternehmerschaft und Organschaft, FR 2000, 1173; *Zinowsky/Jochimsen,* Körperschaftsteuerliche Behandlung von Dividendenerträgen im Fall von Organträgerpersonengesellschaften, DStR 2016, 285.

A. Bedeutung der Personengesellschaft in Konzernstrukturen und Organschaftsverhältnissen

I. Motive für die Organisation von Holdingstrukturen als Personengesellschaften

Nicht wenige große Familienunternehmen gestalten ihre Holdingstrukturen als Personengesellschaften aus. Dies hat neben gesellschaftsrechtlichen Erwägungen insbesondere auch ertragsteuerliche Gründe.

16.1

Durch die Wahl einer steuerlich transparenten Personengesellschaft als Rechtsform wird auf Ebene der Holding zunächst die Schaffung einer zusätzlichen Besteuerungsebene vermieden. Der damit verbundene Nachteil einer entnahmeunabhängigen Sofortbesteuerung der zufließenden Erträge kann abgemildert werden, indem die Gesellschafter der Personengesellschaft – individuell im Rahmen der persönlichen Einkommensteuererklärung – einen Antrag auf **begünstigte Besteuerung thesaurierter Gewinne nach § 34a EStG** stellen. Erst bei Entnahme der begünstigt besteuerten, auf Ebene der Personengesellschaft thesaurierten Erträge fällt eine Nachsteuer von 25 % (vergleichbar der Abgeltungsteuer auf Dividenden einer Kapitalgesellschaft) an.

16.2

Familienunternehmer können zudem eine weitere Facette des § 34a EStG für die Erbschaftsteuervorsorge nutzen, sind doch Entnahmen begünstigt besteuerter Gewinne dann von der Nachsteuer befreit, wenn die Entnahme zur Begleichung der Erbschaftsteuerschuld auf das betriebliche Vermögen erfolgt („**Erbschaftsteuer-Sparkasse**").[1] Bei Personengesellschaften sind auch **disquotale Entnahmen** steuerlich anzuerkennen, was einen deutlichen Vorteil bei der Deckung des individuellen Liquiditätsbedarfs einzelner Gesellschafters für private oder außer-

16.3

---

[1] Hierzu und zu § 34a EStG insgesamt: *Fechner/Bäuml,* DB 2008, 1652; *Fechner/Bäuml,* FR 2010, 744.

unternehmerische Zwecke im Vergleich zur Kapitalgesellschaft (zB GmbH, AG) bietet. Eine Bindung an starre Ausschüttungsquoten wie bei der Kapitalgesellschaft entfällt.

16.4 Auch ist man insbesondere im Rahmen der **Gestaltung der vorweggenommenen Erbfolge** flexibler, gelten doch für Beteiligungen an Personengesellschaften keine Mindestbeteiligungsquoten für die erbschaftsteuerliche Begünstigung, wie dies bei Kapitalgesellschaften der Fall ist. Nicht nur deshalb ist die Rechtsform der Personengesellschaft ein zentrales Instrument für erbschaftsteuerbegünstigte Vermögensübertragungen im Rahmen der vorweggenommenen Erbfolge.[1]

16.5 Mit der Begründung einer Organschaft verschiebt sich zudem die **Leitungs- und Kontrollmacht** von den einzelnen Organgesellschaften hin zum Organträger. Durch den Abschluss des Ergebnisabführungsvertrages greift der Organträger mit satzungsändernder Wirkung in die Vermögensautonomie der Organgesellschaft ein.[2] Diese Folge ist häufig auch eines der (außersteuerlichen) Motive für die Begründung einer Organschaft in Familienunternehmen, deren Holding – nicht selten historisch bedingt – die Rechtsform einer Personengesellschaft hat. Mit einer Personengesellschafts-Holding kann regelmäßig auch die gewünschte (zivilrechtliche) Haftungsbegrenzung für die Gesellschafter erreicht werden.

16.6 Da auch in personalistischen Konzern- und Unternehmensstrukturen die **Gewinnabführung bzw. Verlustübernahme** auf Grundlage einer körperschaft- bzw. gewerbesteuerlichen Organschaft ein zentrales Gestaltungsinstrument ist, spielt die Rechtsform der Personengesellschaft als Organträger eine bedeutende Rolle. Die Begründung einer ertragsteuerlichen Organschaft unter Einbeziehung einer Personengesellschaft als Organträger führt allerdings auch zu besonderen steuerlichen Herausforderungen.

II. Voraussetzungen, Rechtsfolgen und Vorteile der körperschaft- und gewerbesteuerlichen Organschaft

16.7 Die **Voraussetzungen** einer ertragsteuerlichen Organschaft i.S.d. §§ 14 ff. KStG und damit gleichermaßen des § 2 Abs. 2 Satz 2 GewStG[3] sind die finanzielle Eingliederung der Organgesellschaft in die Organträgergesellschaft sowie der Abschluss eines Gewinnabführungsvertrages (GAV), der begrifflich synonym mit der inhaltlich zutreffenderen Bezeichnung des Ergebnisabführungsvertrages zu verwenden ist, ist doch auch die Verlustausgleichsverpflichtung (negatives Ergebnis) Bestandteil des Vertrages und nicht nur die Abführung des (positiven) Gewinns.

16.8 Die **finanzielle Eingliederung** ist legal definiert in § 14 Abs. 1 Satz 1 Nr. 1 KStG und bezieht sich im Wesentlichen auf die Stimmrechtsmehrheit des Organträgers aus den Anteilen der Organgesellschaft. Mit dem **GAV** i.S.d. § 291 Abs. 1 AktG verpflichtet sich die eingegliederte Organgesellschaft, ihren ganzen Gewinn an ein einziges anderes gewerbliches Unternehmen abzuführen. Diese Voraussetzungen gelten unabhängig davon, ob die Organträgerin Kapital- oder Personengesellschaft ist.

---

1 Vgl. nur *Fechner/Bäuml*, FR 2009 (Heft 11), Sonderbeilage zur Erbschaftsteuerreform 2009, 22.
2 *Erle/Heurung* in Erle/Sauter[3], Vor §§ 14–19 KStG Rz. 33.
3 Nach § 2 Abs. 2 Satz 2 GewStG sind die Voraussetzungen der gewerbesteuerlichen Organschaft vollständig an die Voraussetzungen der körperschaftsteuerlichen Organschaft angepasst; vgl. auch BMF v. 26.8.2003 – IV A 2 - S 2770 - 18/03, BStBl. I 2003, 437 = FR 2003, 981 Rz. 11.

Die Details der weiteren Prüfung der Qualifikationsmerkmale, die eine Personengesellschaft als Organträger zu erfüllen hat, unterscheiden sich jedoch deutlich von den für die Kapitalgesellschaft geltenden Anforderungen.[1]

Organträger können grundsätzlich eine natürliche Person, eine (i.S.d. § 15 Abs. 1 Satz 1 Nr. 2 EStG gewerbliche) Personengesellschaft oder eine nicht von der Körperschaftsteuer befreite Kapitalgesellschaft sein. Bei der Organgesellschaft muss es sich um eine unbeschränkt körperschaftsteuerpflichtige Kapitalgesellschaft mit Geschäftsleitung im Inland und Sitz in einem EU-/EWR-Staat handeln. 16.9

Rechtsfolge einer körperschaftsteuerlichen Organschaft ist, dass das Einkommen der Organgesellschaft während des Bestehens der Organschaft dem Organträger zugerechnet wird (§ 14 Abs. 1 KStG). 16.10

Bei der Ermittlung des Einkommens der Organgesellschaft ist § 8b KStG nicht anzuwenden (§ 15 Satz 1 Nr. 2 KStG). Dies führt dazu, dass grundsätzlich steuerfreie Bezüge der Organgesellschaft aus dem Verkauf von Beteiligungen an Kapitalgesellschaften sowie – unter Beachtung des durch das Gesetz vom 21.3.2013[2] neu gefassten § 8b Abs. 4 KStG (Schachtelprivileg) – aus Dividenden zunächst bei der Ermittlung des Einkommens der Organgesellschaft zu erfassen sind (**sog. Bruttomethode**). Für die Anwendung der Beteiligungsgrenze des § 8b Abs. 4 KStG werden Beteiligungen der Organgesellschaft und Beteiligungen des Organträgers getrennt betrachtet (§ 15 Satz 1 Nr. 2 Satz 4 KStG). Der Gesetzeswortlaut stellt ausdrücklich auf „unmittelbare" Beteiligungen ab, sodass eine Durchrechnung grundsätzlich nicht geregelt ist.[3] 16.11

Die – ggf. teilweise (Teileinkünfteverfahren) – **Steuerfreistellung** dieser Bezüge erfolgt nach der Einkommenszurechnung auf der Ebene des Organträgers. Ist der Organträger eine Körperschaft, so ist bei diesem in Bezug auf die Beteiligungsveräußerungen/Dividenden der Organgesellschaft die Steuerfreiheit nach § 8b KStG zu gewähren. Handelt es sich bei dem Organträger um eine natürliche Person, so kommt insoweit das Teileinkünfteverfahren nach § 3 Nr. 40 EStG zur Anwendung. Ist eine Personengesellschaft Organträger, so kommt es hinsichtlich der steuerlichen Behandlung der Beteiligungserträge auf die an der Personengesellschaft beteiligten Gesellschafter an.[4] 16.12

Mit der Unternehmenssteuerreform 2008 (UntStRG 2008) wurde die **Abzugsfähigkeit der Gewerbesteuer als Betriebsausgabe** abgeschafft. Bei Kapitalgesellschaften führt die Gewerbesteuer damit zu einer Definitivbelastung. Verschärft wird dies durch die umfängliche Erweiterung der **Hinzurechnungstatbestände des § 8 Nr. 1 GewStG**. Die Gewerbesteuer hat mithin seit der Absenkung des Körperschaftsteuersatzes auf 15 % und aufgrund der (substanzbesteuernden) Hinzurechnungstatbestände des § 8 Nr. 1 GewStG in der unternehmenssteuerlichen Praxis zum Teil eine erhebliche Bedeutung erlangt. 16.13

Die Frage der definitiven Belastung durch Gewerbesteuer ist neben der Rechtsform des Unternehmens auch vom Einsatz gestalterischer Elemente wie zB der Organschaft abhängig.[5] 16.14

---

1 Vgl. insgesamt im Überblick: *Bäuml*, FR 2013, 1121.
2 Gesetz zur Umsetzung des EuGH-Urteils vom 20.10.2011 in der Rechtssache C-284/09, BGBl. I 2013, 561.
3 Vertiefend und instruktiv hierzu *Zinowsky/Jochimsen*, DStR 2016, 285 (289 ff.).
4 So auch *Adrian*, BB 2015, 1113 (1115) mwN.
5 Zu den Vorteilen der gewerbesteuerlichen Organschaft im Allgemeinen vgl. *Schaumburg/Bäuml*, FR 2010, 1061 (1062).

Vor diesem Hintergrund erlebt die ertragsteuerliche **Organschaft als Gestaltungsmittel** eine Renaissance insbesondere bei mittelständischen Unternehmen.

16.15 Die Vorteile der gewerbesteuerlichen Organschaft liegen auf der Hand:

– Möglichkeit der sofortigen Verrechnung von Gewerbeverlusten zwischen den einzelnen Gesellschaften des Organkreises;

– Vermeidung einer zweifachen Erfassung von Entgelten für Schulden i.S.d. § 8 Nr. 1 lit. a GewStG beim Gewerbeertrag. Dies gilt bei Personengesellschaften als Organträger nicht für deren Beziehungen zum jeweiligen Mitunternehmer, da dieser nicht Bestandteil des Organkreises wird;

– Bei Hinzurechnungen und Kürzungen nach §§ 8 und 9 GewStG sind die Beträge auszuscheiden, die von Unternehmen aus dem Organkreis stammen;

– Für die Unternehmen in einem Organkreis wird der Gewerbeertrag jeweils gesondert ermittelt. Daher kann der Freibetrag iHv. 100.000 € bei der Hinzurechnung von Finanzierungsanteilen nach § 8 Nr. 1 GewStG, der von den Finanzierungsanteilen abzuziehen ist, jeweils gesondert gewährt werden.[1]

16.16 Die Organgesellschaft gilt im Gewerbesteuerrecht als **Betriebsstätte des Organträgers**. Trotz dieser Fiktion bilden Organgesellschaft und Organträger kein einheitliches Unternehmen. Die Organschaft führt jedoch dazu, dass die persönliche Gewerbesteuerpflicht der Organgesellschaft für die Dauer der Organschaft dem Organträger zugerechnet wird. Deshalb ist der einheitliche **Gewerbesteuer-Messbetrag** für die zum Organkreis gehörenden Gewerbebetriebe allein gegenüber dem Organträger festzusetzen.[2] Hierzu erfolgt eine Zusammenrechnung der getrennt ermittelten Gewerbeerträge des Organträgers und der Organgesellschaft, wobei steuerliche Doppelbelastungen oder ungerechtfertigte steuerliche Entlastungen gem. § 2 Abs. 2 Satz 2 GewStG zu korrigieren sind.[3] Das heißt, dass zB

– eine verlustbedingte Teilwertabschreibung auf die Beteiligung an der Organgesellschaft wieder hinzuzurechnen,[4]

– die doppelte Hinzurechnung zB nach § 8 Nr. 1 GewStG zu vermeiden und[5]

– eine Teilwertabschreibung auf ein der Organgesellschaft zur Verlustfinanzierung gewährtes Darlehen einerseits und der Ertrag aus einem Darlehensverzicht des Organträgers andererseits zu korrigieren ist.[6]

---

1 Vgl. gleich lautende Erlasse der Finanzbehörden der Länder v. 4.7.2008, BStBl. I 2008, 736 Rz. 44 f.
2 BFH v. 22.4.1998 – I R 109/97, BStBl. II 1998, 748 = FR 1998, 1040 = GmbHR 1998, 1141; BFH v. 30.1.2002 – I R 73/01, BStBl. II 2003, 354 = FR 2002, 783 m. Anm. *U. Prinz*; BFH v. 5.11.2009 – IV R 57/06, FR 2010, 279 m. Anm. *Wendt* = DB 2010, 32; BFH v. 10.3.2010 – I R 41/09, FR 2010, 846 m. Anm. *Wendt* = DB 2010, 1270.
3 St. Rspr. zuletzt BFH v. 5.11.2009 – IV R 57/06, FR 2010, 279 m. Anm. *Wendt* = DB 2010, 32.
4 FG Hamburg v. 25.8.2006 – 5 K 9/06, EFG 2007, 279 und Bestätigung durch BFH v. 5.11.2009 – IV R 57/06, FR 2010, 279 m. Anm. *Wendt* = BFH/NV 2010, 355.
5 Vgl. gleich lautende Erlasse der Finanzbehörden der Länder vom 4.7.2008, BStBl. I 2008, 736 Rz. 4.
6 BFH v. 5.11.2009 – IV R 57/06, FR 2010, 279 m. Anm. *Wendt* = DB 2010, 32; Vorinstanz FG Hamburg v. 25.8.2006 – 5 K 9/06, EFG 2007, 279.

B. Die Personengesellschaft als ertragsteuerlicher Organträger

I. Überblick über die rechtformspezifischen Besonderheiten

Die Begründung einer ertragsteuerlichen Organschaft unter Einbeziehung einer Personengesellschaft als Organträger führt zu besonderen steuerlichen Fragestellungen, denn nicht jede Personengesellschaft ist zugleich tauglicher Organträger. 16.17

So hat sich 2013 der BFH[1] beispielsweise den Anforderungen an eine **eigengewerbliche Tätigkeit der Organträger-Personengesellschaft** angenommen und der bisherigen Auffassung der Finanzverwaltung teilweise widersprochen. Auch die Frage der Zuordnung des Organeinkommens bei unterjährigem **Ausscheiden des Gesellschafters** einer Organträger-Personengesellschaft hat das Gericht in 2013 beschäftigt.[2] Die höchstrichterliche Rechtsprechung[3] zur **Anrechnung der Gewerbesteuer auf die Einkommensteuer** der an der Organträger-Personengesellschaft beteiligten natürlichen Personen gem. § 35 EStG führt auch weiterhin zu zahlreichen Fragen. Schließlich gilt es, die relevanten Auswirkungen der sog. **kleinen Organschaftsreform** vom 20.2.2013[4] auf Organträger-Personengesellschaften zu beachten.

II. Anforderungen an eine Personengesellschaft als Organträger sowie Besonderheiten bei der Einkommenszurechnung

1. Begrenzung auf Mitunternehmerschaften

Als tauglicher Organträger kommt gemäß § 14 Abs. 1 Satz 1 Nr. 2 Satz 2 KStG auch eine Personengesellschaft i.S.d. § 15 Abs. 1 Satz 1 Nr. 2 EStG in Betracht. Mithin setzt der Gesetzgeber das Vorhandensein von **Mitunternehmerinitiative** und **Mitunternehmerrisiko** als prägende Merkmale des Mitunternehmerbegriffs voraus. Die Personengesellschaft (zB OHG, KG, GbR) i.S.d. § 15 Abs. 1 Satz 1 Nr. 2 EStG als solche ist weder einkommensteuerpflichtig (§ 1 EStG: nur natürliche Personen) noch körperschaftsteuerpflichtig (vgl. § 1 KStG). § 15 Abs. 1 Satz 1 Nr. 2 EStG rechnet daher das von gewerblichen Personengesellschaften oder Gemeinschaften (Oberbegriff: „Mitunternehmerschaft") „erzielte Einkommen" anteilig unmittelbar den einzelnen Mitunternehmern „als originäre eigene Einkünfte" zu und unterwirft sie dort nach deren persönlichen Merkmalen der Besteuerung.[5] 16.18

§ 15 Abs. 1 Satz 1 Nr. 2 EStG erfasst die (gewerbliche) **OHG und KG und andere Gesellschaften** (einschließlich wirtschaftlich vergleichbarer Gemeinschaftsverhältnisse), „bei der der Gesellschafter als Unternehmer (Mitunternehmer) anzusehen ist". Hierzu gehörte auch die Personen-Investitionsgesellschaft/KG (vgl. § 18 InvStG idF des AIFM-StAnpG)[6] sowie „andere" 16.19

---

1 BFH v. 24.7.2013 – I R 40/12, FR 2014, 28 = DStR 2013, 1939.
2 BFH v. 28.2.2013 – IV R 50/09, FR 2013, 1137.
3 BFH v. 22.9.2011 – IV R 3/10, BStBl. II 2012, 14 = FR 2012, 371; BFH v. 22.9.2011 – IV R 42/09, BFH/NV 2012, 236; BFH v. 22.9.2011 – IV R 8/09, BStBl. II 2012, 183; BFH v. 28.5.2015 – IV R 27/12, BStBl. II 2015, 837.
4 Gesetz zur Änderung und Vereinfachung der Unternehmensbesteuerung und des steuerlichen Reisekostenrechts v. 20.2.2013, BGBl. I 2013, 285.
5 Vgl. nur *Wacker* in Schmidt[37], § 15 EStG Rz. 160 ff., 175.
6 Weiterführend: *Bäuml*, FR 2013, 640 bzw. 746; mit der Reform des InvStG zum 1.1.2018 ist die sog. Investitionsgesellschaft als eigenständige Typusausprägung des InvStG wieder aufgegeben worden. Vgl. aber § 1 Abs. 3 Satz 1 Nr. 2 InvStG nF.

Gesellschaften wie zB die GbR (§§ 705 ff. BGB) und die Partenreederei (für „Altfälle" Fortgeltung des § 489 aF HGB).[1]

16.20 **Personengesellschaften ausländischen Rechts** zählen nur dann als „andere Gesellschaft" i.S.d. § 15 Abs. 1 Satz 1 Nr. 2 EStG, wenn sie wirtschaftlich einer deutschen OHG/KG vergleichbar sind (sog. **„Typenvergleich"**);[2] dieser Grundsatz ist nicht ohne weiteres auf Kapitalgesellschaften ausländischen Rechts übertragbar, auch wenn diese nach dem Typenvergleich einer inländischen Personengesellschaft angenähert sein sollten.

2. Eigene gewerbliche Tätigkeit der Organträger-Personengesellschaft

16.21 Organträger kann nach § 14 Abs. 1 Satz 1 Nr. 2 KStG eine Personengesellschaft gem. § 15 Abs. 1 Satz 1 Nr. 2 EStG sein, wenn sie eine Tätigkeit i.S.d. § 15 Abs. 1 Satz 1 Nr. 1 EStG ausübt. Das heißt, die Organträger-Personengesellschaft muss eine eigene (originäre) gewerbliche Tätigkeit ausüben.[3] Diese Voraussetzung gilt mit Abschaffung der sog. Mehrmütterorganschaft[4] durch das StVergAbG[5] seit dem VZ 2003. **Gewerblich geprägte Personengesellschaften** i.S.d. § 15 Abs. 3 Nr. 2 EStG können damit nicht Organträger sein,[6] rein **vermögensverwaltende Personengesellschaften** erst recht nicht. Die Abschaffung der Mehrmütterorganschaft wurde durch den BFH mit Beschluss vom 15.2.2012 bestätigt.[7]

16.22 Durch das Merkmal der eigenen gewerblichen Tätigkeit soll nach Auffassung der Finanzverwaltung insbesondere auch verhindert werden, dass mit Hilfe einer Personengesellschaft ohne substantielle originäre gewerbliche Tätigkeit das steuerliche Ergebnis einer Mehrmütterorganschaft erreicht werden kann. Die Voraussetzung ist daher nur erfüllt, wenn die **eigene gewerbliche Tätigkeit nicht nur geringfügig** ist.[8] Ob diese Einschränkung durch den Gesetzeswortlaut gedeckt ist, wird allerdings bezweifelt.[9] Auch lässt diese Formulierung die notwendige Trennschärfe vermissen.[10]

16.23 Die Gestaltungs- und Unternehmenspraxis zieht regelmäßig als Maßstab zur Bestimmung der **Geringfügigkeitsgrenze** die zu § 15 Abs. 3 Nr. 1 EStG ergangene Rechtsprechung zur Abfärbe- und Infektionstheorie heran. So soll nach bisheriger Rechtsprechung eine nicht nur ge-

---

1 Details vgl. *Wacker* in Schmidt[37], § 15 EStG Rz. 169 ff.
2 *Wacker* in Schmidt[37], § 15 EStG Rz. 173 mwN; vgl. auch ergänzend das BMF-Schreiben zur Anwendung der Doppelbesteuerungsabkommen auf Personengesellschaften, BMF v. 26.9.2014 – IV B 5 - S 1300/09/10003 – DOK 2014/0599097, BStBl. I 2014, 1258.
3 BMF v. 10.11.2005 – IV B 7 - S 2770 - 24/05, BStBl. I 2005, 1038 = FR 2005, 1216 Rz. 1.
4 Die Willensbildungs-GbR einer Mehrmütterorganschaft ist selbst nicht gewerblich tätig i.S.d. § 15 Abs. 1 Satz 1 Nr. 1 EStG und mangels Einkünfteerzielungsabsicht auch nicht gewerblich geprägt i.S.d. § 15 Abs. 3 Nr. 2 EStG. Sie wurde nach § 14 Abs. 2 KStG aF lediglich fiktiv als Gewerbebetrieb behandelt; vgl. auch BMF v. 10.11.2005 – IV B 7 - S 2770 - 24/05, BStBl. I 2005, 1038 = FR 2005, 1216 Rz. 8.
5 Steuervergünstigungsabbaugesetz (StVergAbG) v. 16.5.2003, BGBl. I 2003, 660; für die Gewerbesteuer vgl. Gesetz zur Änderung des GewStG und anderer Gesetze v. 23.12.2003, BGBl. I 2003, 2922.
6 BMF v. 10.11.2005 – IV B 7 - S 2770 - 24/05, BStBl. I 2005, 1038 = FR 2005, 1216 Rz. 15; vgl. auch OFD Frankfurt v. 29.6.2015 – S 2770 A – 39 – St 51 (= Fn. 5 in diesbzgl. ergänztem vorgenannten BMF-Schr. v. 10.11.2005).
7 BFH v. 15.2.2012 – I B 7/11, FR 2012, 521 = DB 2012, 607; vgl. auch *Wacker*, NWB 2012, 2462.
8 BMF v. 10.11.2005 – IV B 7 - S 2770 - 24/05, BStBl. I 2005, 1038 = FR 2005, 1216 Rz. 17.
9 Vgl. *Dötsch* in Dötsch/Pung/Möhlenbrock, § 14 KStG Rz. 145.
10 *Sauter/Heurung/Klübenspies*, BB 2005, 1304 (1306).

ringfügige gewerbliche Tätigkeit beispielsweise vorliegen, wenn die gewerblichen Einkünften lediglich 1,25 % der Gesamtumsätze ausmachen.[1] Auch ein Anteil von 2–3 % der Gesamtumsätze[2] galt als kritisch.[3] Mit mehreren Urteilen vom 27.8.2014[4] wurde die Bagatellgrenze für die Nichtanwendung des § 15 Abs. 3 Nr. 1 EStG dahingehend konkretisiert, dass dann keine Umqualifizierung in gewerbliche Einkünfte erfolgen soll, wenn die Nettoumsatzerlöse aus der gewerblichen Tätigkeit 3 % der gesamten Nettoumsatzerlöse der Gesellschaft und den Betrag von 24.500 € nicht übersteigen.[5]

Mit Urteil vom 26.6.2014[6] hat der BFH mit Verweis auf den Gesetzeswortlaut entschieden, dass die Abfärberegelung des § 15 Abs. 3 Nr. 1 EStG im Fall der Beteiligung an einer anderen Mitunternehmerschaft voraussetzt, dass der Gesellschaft tatsächlich ein Gewinnanteil im Sinne des § 15 Abs. 1 Satz 1 Nr. 2 EStG zugewiesen wird. Mithin soll das bloße Halten bzw. die Existenz einer Mitunternehmerstellung allein nicht ausreichen, um die Abfärbung des § 15 Abs. 3 Nr. 1 EStG auszulösen.

16.24

Hinzuweisen ist in diesem Zusammenhang allerdings auch auf ein beim BFH anhängiges Verfahren[7], in dem die Vorinstanz FG Baden-Württemberg v. 22.4.2016[8] der Auffassung ist, dass die Bagatellgrenze nicht für gewerbliche Beteiligungseinkünfte einer Ober-Personengesellschaft iSd § 15 Abs. 3 Nr. 1 Alt. 2 EStG gelte (s. hierzu auch Rz. 16.28).[9]

16.25

Das für die originäre gewerbliche Tätigkeit nach § 15 Abs. 2 EStG ebenfalls bedeutsame Merkmal der **Teilnahme am allgemeinen wirtschaftlichen Verkehr** ist bereits dann als erfüllt anzusehen, wenn eine Personengesellschaft Dienstleistungen nur gegenüber einem Auftraggeber erbringt. Unschädlich ist es, wenn eine Gesellschaft Dienstleistungen nur gegenüber Konzerngesellschaften erbringt.[10]

16.26

Hinsichtlich der **Gewinnerzielungsabsicht** als weiterem Merkmal originärer gewerblicher Tätigkeit ist bei Personengesellschaften als Organträger deren Vorliegen sicherzustellen, insbesondere darf diese zu einem späteren Zeitpunkt nicht entfallen. Ein diesbezügliches Risiko besteht beispielsweise bei dauerhaft defizitären Organträger-Personengesellschaften.

16.27

Zur „Stabilisierung" der notwendigen Eigengewerblichkeit bieten sich im Übrigen auch **Treuhandmodelle (sog. Vereinbarungstreuhand)** an, die eine wirtschaftliche Zurechnung origi-

16.28

---

1 BFH v. 11.8.1999 – XI R 12/98, BStBl. II 2000, 22 = FR 1999, 1182 m. Anm. *Wendt*.
2 BFH v. 8.3.2004 – IV B 212/03, BFH/NV 2004, 954.
3 Vgl. auch *Erle/Heurung* in Erle/Sauter[3], § 14 KStG Rz. 61 mwN.
4 BFH v. 27.8.2014 – VIII R 6/12, DB 2015, 357; BFH v. 27.8.2014 – VIII R 16/11, DB 2015, 469; BFH v. 27.8.2014 – VIII R 41/11, DB 2015, 471; dazu *Kanzler*, FR 2015, 512; vgl. BFH, PM Nr. 11 v. 11.2.2015.
5 Überholt ist damit EStH 2014 15.8 Abs. 5 „Geringfügige …"; s. a. *Wacker* in Schmidt[37], § 15 EStG Rz. 188; *Bäuml* in Kanzler/Kraft/Bäuml/ua.[3], § 15 EStG Rz. 518 ff.; vgl. auch *Erle/Heurung* in Erle/Sauter[3], § 14 KStG Rz. 61 mwN.
6 BFH v. 26.6.2014 – IV R 5/11, BStBl. II 2014, 972 = FR 2014, 976 m. Anm. *Wendt*.
7 Az. IV R 30/16; vgl. auch *Richter/Chuchra/Dorn*, DStR 2016, 2944.
8 FG Baden-Württemberg v. 22.4.2016 – 13 K 3651/13, DStRE 2017, 210; vgl. auch *Richter/Chuchra/Dorn*, DStR 2016, 2944; *Bäuml* in Kanzler/Kraft/Bäuml/ua.[3], § 15 EStG Rz. 533.
9 Ebenso *Wacker* in Schmidt[37], § 15 EStG Rz. 188; vgl. weiterführend mit Gestaltungshinweisen: *Bäuml* in Kanzler/Kraft/Bäuml/ua.[3], § 15 EStG Rz. 533, 534.
10 BMF v. 10.11.2005 – IV B 7 - S 2770 - 24/05, BStBl. I 2005, 1038 = FR 2005, 1216 Rz. 19.

närer gewerblicher Tätigkeiten sicherstellen können.[1] Problematisch sind Fälle einer **sog. „Treuhand-KG"**. Bei der Treuhand-KG besteht zwischen dem Komplementär und dem Kommanditisten einer KG ein Treuhandverhältnis. Im Ergebnis würden damit organschaftsgleiche Wirkungen erzielt, nämlich die Verrechnung der Gewinne bzw. Verluste der KG für steuerliche Zwecke mit den Gewinnen bzw. Verlusten der Komplementärin.[2] Kritisch zu sehen sind hier insbesondere die steuerliche Anerkennung eines Gewinnabführungsvertrages einer GmbH (Organgesellschaft) mit der Treuhand-KG und die Erfüllung des Erfordernisses der Gewinnabführung an „ein anderes Unternehmen".[3]

16.29 Einzelfälle:

– Holdinggesellschaften/geschäftsleitende Holding

Eine Holdinggesellschaft kann nur dann Organträger sein, wenn sie selbst eine eigene gewerbliche Tätigkeit ausübt. Es kann hierfür nicht auf die Kriterien der wirtschaftlichen Eingliederung abgestellt werden.[4] Eine nach außen erkennbare einheitliche Leitung durch eine koordinierende Geschäftsleitung über mehr als nur ein abhängiges Unternehmen soll allerdings ausreichend für die Begründung einer eigenen gewerblichen Tätigkeit sein.[5]

– Erbringung von sonstigen Dienstleistungen gegenüber Konzerngesellschaften

Das Merkmal der Teilnahme am allgemeinen wirtschaftlichen Verkehr ist schon dann erfüllt, wenn eine Gesellschaft Dienstleistungen nur gegenüber einem Auftraggeber erbringt. Eine gewerbliche Tätigkeit liegt daher auch vor, wenn eine Gesellschaft Dienstleistungen (wie zB Erstellen der Buchführung, EDV-Unterstützung etc.) nur gegenüber einer oder mehreren Konzerngesellschaften erbringt. Voraussetzung ist, dass die Leistungen gegen gesondertes Entgelt erbracht und wie gegenüber fremden Dritten abgerechnet werden.[6]

– Beteiligung an einer gewerblich tätigen Personengesellschaft

Eine vermögensverwaltende Personengesellschaft wird nicht allein deshalb gewerblich tätig i.S.d. § 14 Abs. 1 Satz 1 Nr. 2 Satz 2 KStG, weil sie an einer gewerblich tätigen Personengesellschaft beteiligt ist und aufgrund dieser Beteiligung gewerbliche Einkünfte erzielt.[7]

16.30 Eine **Besitzpersonengesellschaft** im Rahmen einer Betriebsaufspaltung kommt als Organträger in Betracht (siehe auch Rz. 16.57 ff.). Ihr wird die gewerbliche Tätigkeit i.S.d. § 15 Abs. 1 Satz 1 Nr. 1 EStG der Betriebsgesellschaft zugerechnet.[8] Steuerlich sollten der Fall der

---

1 Vgl. auch *Bäuml*, FR 2013, 1121 (1122); *Butler*, NWB 2012, 2925 ff.; *Olbing* in Streck[9], § 14 KStG Rz. 43; *Jochimsen/Mangold/Zinowsky*, DStR 2014, 2045.
2 Vgl. dazu *Kraft/Hohage*, FR 2016, 153; *Suchanek/Hesse*, GmbHR 2013, 1196.
3 Zur Kritik vgl. *Rüsch*, DStZ 2016, 263 (270) mwN.
4 BMF v. 10.11.2005 – IV B 7 - S 2770 - 24/05, BStBl. I 2005, 1038 = FR 2005, 1216 Rz. 18.
5 *Schirmer*, GmbHR 2013, 797 (798) mwN.
6 BMF v. 10.11.2005 – IV B 7 - S 2770 - 24/05, BStBl. I 2005, 1038 = FR 2005, 1216 Rz. 19.
7 Früher bejahend: R 138 Abs. 5 Satz 4 EStR 2003; Änderung der Rechtsprechung und ablehnend: BFH v. 6.10.2004 – IX R 53/01, BStBl. II 2005, 383 = FR 2005, 144; nunmehr: BMF v. 10.11.2005 – IV B 7 - S 2770 - 24/05, BStBl. I 2005, 1038 = FR 2005, 1216 Rz. 20; weiterhin aA *Erle/Heurung* in Erle/Sauter[3], § 14 KStG Rz. 62; vgl. auch BFH v. 26.6.2014 – IV R 5/11, BStBl. II 2014, 972; dazu ua. *Wendt*, FR 2014, 978; ausdrücklich offen lassend BFH v. 12.10.2006 – I R 92/12, BFH/NV 2017, 685.
8 BFH v. 24.7.2013 – I R 40/12, BStBl. II 2014, 272; BMF v. 10.11.2005 – IV B 7 - S 2770 - 24/05, BStBl. I 2005, 1038 = FR 2005, 1216 Rz. 16; vgl. auch BFH v. 25.5.2011 – I R 95/10, BStBl. II 2014, 760 = FR 2011, 1175 m. Anm. *Kempermann*.

Betriebsaufspaltung und der Fall einer Beteiligung an einer gewerblich tätigen Personengesellschaft gleichbehandelt werden, da jeweils aufgrund einer Fiktion gewerbliche Einkünfte erzielt werden. Ein sachlicher Grund für die Ungleichbehandlung im Rahmen des § 14 KStG ist nicht ersichtlich.[1]

Typisch stille Gesellschaften können nicht Organträger sein, da sie nur eine Darlehensfunktion übernehmen und daher keine originäre gewerbliche Tätigkeit ausüben. 16.31

Zur Behandlung der **atypisch stillen Gesellschaft** ist die (nicht weiter begründete) Auffassung der Finanzverwaltung im BMF-Schreiben vom 20.8.2015 zur körperschaftsteuerlichen Organschaft unter Beteiligung einer Kapitalgesellschaft, an der eine atypisch stille Beteiligung besteht, niedergelegt.[2] Besteht danach am Handelsgewerbe einer Kapitalgesellschaft eine stille Beteiligung nach § 230 HGB, die ertragsteuerlich als Mitunternehmerschaft zu qualifizieren ist (atypisch stille Gesellschaft), soll diese atypisch stille Gesellschaft weder Organgesellschaft nach den §§ 14, 17 KStG noch Organträgerin nach § 14 Abs. 1 Satz 1 Nr. 2 KStG sein können. Eine Kapitalgesellschaft, an der eine atypisch stille Beteiligung besteht, soll ebenfalls weder Organgesellschaft[3] nach den §§ 14, 17 KStG noch Organträgerin nach § 14 Abs. 1 Satz 1 Nr. 2 KStG sein können. 16.32

Das BMF-Schreiben vom 20.8.2015 sieht eine Übergangsregelung vor. Für am 20.8.2015 bereits bestehende, steuerlich anerkannte Organschaften mit Organträgern, an deren Handelsgewerbe atypisch stille Beteiligungen bestehen, können unter Berücksichtigung der Umstände des Einzelfalls im Wege der Billigkeit und aus Gründen des Vertrauensschutzes solche Konstrukte steuerlich anerkannt werden. 16.33

Auch wenn das BMF-Schreiben vom 20.8.2015 keine näheren Ausführungen zu Begründung der darin vertretenen Auffassung macht, kann dies unter Rückgriff auf die Entscheidung des BFH vom 31.3.2011 zur GmbH & atypisch Still als Organgesellschaft insoweit hergeleitet werden, als ein atypisch stiller Gesellschafter – im Gegensatz zum typisch stillen Gesellschafter – auch am Gewinn der Organgesellschaft beteiligt ist und eine Abführung des gesamten Gewinns daher nicht möglich ist. Dieses Argument geht jedoch im Falle einer Organträgerstellung der atypisch stillen Gesellschaft ins Leere. 16.34

Der generelle Ausschluss einer GmbH & atypisch Still aus dem Organkreis durch die Finanzverwaltung ist abzulehnen; dies gilt insbesondere auch für die Frage ihrer Organgesellschaftsfähigkeit.[4] Atypisch stille Gesellschaften können nach der hier vertretenen Auffassung auch durchaus als Organträger fungieren, sofern das Merkmal der finanziellen Eingliederung bejaht werden kann. Dieses muss nach dem Gesetzeswortlaut des § 14 Abs. 1 Satz 1 Nr. 1 KStG im Verhältnis zur Personengesellschaft selbst erfüllt sein. Die hierbei von der Finanzverwaltung[5] erhobene Forderung, wonach die Anteile zum zivilrechtlichen Gesamthandsvermögen der Personengesellschaft gehören müssen, kann sich nicht auf den Gesetzes- 16.35

---

1 *Bäuml*, FR 2013, 1121 (1123).
2 BMF v. 20.8.2015 – IV C 2 – S 2270/12/10001, BStBl. I 2015, 649 = FR 2015, 862; kritische Stellungnahme zum BMF-Schreiben vgl. *Baltromejus*, StuB 2015, 817.
3 Vgl. BFH v. 31.3.2011 – I B 177/10, BFH/NV 2011, 1397 und *Rüsch*, DStZ 2016, 263 (269).
4 Ebenso *Hoheisel/Tippelhofer*, StuB 2016, 889; *Hageböcke*, DB 2015 1993; *Suchanek*, GmbHR 2015, 1031.
5 BMF v. 10.11.2005 – IV B 7 - S 2770 - 24/05, BStBl. I 2005, 1038 = FR 2005, 1216 Rz. 13; vgl. auch OFD Frankfurt v. 29.6.2015 – S 2770 A – 39 – St 51 (= Fn. 5 in diesbzgl. ergänztem vorgenannten BMF-Schr. v. 10.11.2005).

wortlaut berufen.¹ Ginge man mit der Verwaltungsauffassung, wäre es dann allerdings folgerichtig, der atypisch stillen Gesellschaft den Organträgerstatus zu verweigern, denn zivilrechtlich handelt es sich um eine Innengesellschaft ohne dingliches Gesamthandsvermögen. In diesem Zusammenhang wäre dann auch das Vorliegen einer gewerblichen Tätigkeit kritisch zu hinterfragen (vgl. auch Rz. 16.57 ff.).

3. Finanzielle Eingliederung bei der Organträger-Personengesellschaft

16.36 Eine Personengesellschaft kommt nach § 14 Abs. 1 Satz 1 Nr. 2 Satz 3 KStG als Organträger nur in Betracht, wenn die **finanzielle Eingliederung** der Organgesellschaft **zur Organträger-Personengesellschaft selbst** besteht. Dies bedeutet insbesondere, dass zumindest nach Auffassung der Finanzverwaltung die Anteile, die die Mehrheit der Stimmrechte an der Organgesellschaft vermitteln, steuerbilanziell im Gesamthandsvermögen der Organträger-Personengesellschaft erfasst sein müssen.² Eine steuerliche **Zuordnung der Anteile zum Sonderbetriebsvermögen** mit einer entsprechenden Erfassung in einer Sonderbilanz des Mitunternehmers reicht danach nicht aus.

16.37 Hinzuweisen ist hierbei auf ein Urteil des BFH vom 22.2.2017, wonach Beteiligte einer Gewinn- und Verlustgemeinschaft iSd § 292 Abs. 1 Nr. 1 AktG eine Mitunternehmerschaft bilden könnten, worüber letztlich im Verfahren der gesonderten und einheitlichen Feststellung der Einkünfte zu entscheiden sei. Die Zulassung einer **„Querorganschaft"**, die eine Ergebniskonsolidierung im Gleichordnungskonzern ermöglichen würde, ist nach Auffassung des BFH allerdings nicht aus unionsrechtlichen Gründen geboten. National stehen dem die organschaftlichen Sonderregelungen der §§ 14 ff. KStG entgegen; das Merkmal der „finanziellen Eingliederung" setzt einen Überordnungskonzern voraus.³

16.38 Im Zusammenhang mit der Abschaffung der Mehrmütterorganschaft durch das StVergAbG hat der BFH mit Beschluss vom 15.2.2012⁴ in seinem Leitsatz festgehalten, dass bei vor dem 21.11.2002 abgeschlossenen Gewinnabführungsverträgen die **Übergangsregelung**⁵ verfassungskonform in der Weise auszulegen sei, dass die Voraussetzung der verschärfenden Neuregelung des § 14 Abs. 1 Satz 1 Nr. 2 Satz 3 KStG 2002 idF des StVergAbG, nach der die Organträger-Personengesellschaft selbst mehrheitlich an der Organgesellschaft vom Beginn deren Wirtschaftsjahres an beteiligt sein muss (sog. finanzielle Eingliederung), jedenfalls dann als erfüllt anzusehen ist, wenn die bisher im Sonderbetriebsvermögen bei der Organträger-Personengesellschaft gehaltenen Anteile (ganz oder anteilig) vor Ablauf des ersten nach Verkündung des StVergAbG endenden Wirtschaftsjahres in das Gesamthandsvermögen der Personengesellschaft mit der Folge einer mehrheitlichen Beteiligung iSv. § 14 Abs. 1 Satz 1 Nr. 1 KStG 2002 idF des StVergAbG übertragen werden.

---

1 Vgl. *Erle/Heurung* in Erle/Sauter³, § 14 KStG Rz. 77 ff. mit instruktiver Darstellung der Argumentation; vgl. insgesamt zum Streitstand und hM: *Dötsch* in Dötsch/Pung/Möhlenbrock, § 14 KStG Rz. 168 ff.
2 BMF v. 10.11.2005 – IV B 7 - S 2770 - 24/05, BStBl. I 2005, 1038 = FR 2005, 1216 Rz. 13.
3 BFH v. 22.2.2017 – I R 35/14, BStBl. II 2018, 33. Zu beachten sind auch die Diskussionen um die körperschaftsteuerlichen Änderungen in Bezug auf das Jahressteuergesetz 2018. Der Gesetzentwurf wurde im Verlauf des Gesetzgebungsverfahrens von „Jahressteuergesetz 2018" in „Gesetz zur Vermeidung von Umsatzsteuerausfällen beim Handel mit Waren im Internet und zur Änderung weiterer steuerlicher Vorschriften" umbenannt; vgl. BT-Drs. 19/4455 v. 24.9.2018 bzw. BR-Drucks. 372/18 v. 10.8.2018.
4 BFH v. 15.2.2012 – I B 7/11, FR 2012, 521 = DB 2012, 607; vgl. auch *Wacker*, NWB 2012, 2462.
5 § 34 Abs. 1 KStG 2002 idF des StVergAbG.

In der Gestaltungspraxis sollte auf einen „stabilen Organträger-Status" der Personengesellschaft geachtet werden; gegebenenfalls sind **vorbereitende Umstrukturierungsmaßnahmen** vorzunehmen.[1] Befinden sich die Anteile an der (künftigen) Organgesellschaft im Sonderbetriebsvermögen eines Mitunternehmers und sollen sie (zur Begründung der Organschaft) in das Gesamthandsvermögen der Personengesellschaft übertragen werden, kann dies nach **§ 6 Abs. 5 Satz 3 EStG zu Buchwerten** ohne Aufdeckung stiller Reserven erfolgen. Allerdings darf zwecks Vermeidung eines rückwirkenden Teilwertansatzes in der Folge keine Entnahme oder Veräußerung dieser Anteile innerhalb einer dreijährigen Sperrfrist stattfinden (§ 6 Abs. 5 Satz 4 EStG). Diese Rechtsfolge lässt sich vermeiden, wenn die bis zur Anteilsübertragung entstandenen stillen Reserven dem übertragenden Gesellschafter mittels einer Ergänzungsbilanz zugeordnet wurden. Auch soweit an der aufnehmenden Personengesellschaft weitere Kapitalgesellschaften beteiligt sind, ist nach § 6 Abs. 5 Satz 5 EStG der Teilwert anzusetzen und insoweit eine Aufdeckung stiller Reserven unvermeidbar.[2]

16.39

4. Praxishinweise/Gestaltungsmöglichkeiten

a) Beginn der gewerblichen Tätigkeit bei Organträger-Personengesellschaft

In zwei bedeutenden Urteilen aus dem Jahr 2013 ist der BFH auf besondere Fragestellungen in Zusammenhang mit Personengesellschaften als Organträger eingegangen, die erhebliche Praxisrelevanz besitzen und auch Spielraum zur steuerlichen Ausgestaltung eröffnen. Zum einen geht es um die Bestimmung des **Zeitpunkts, zu dem eine eigene gewerbliche Tätigkeit** der Organträger-Personengesellschaft als persönliche Voraussetzung für deren Eignung als Organträger **erstmalig vorliegen muss** (Rz. 16.41 ff.). Gegenstand der zweiten Entscheidung ist die nicht seltene Situation, dass der **Gesellschafter einer Organträger-Personengesellschaft unterjährig ausscheidet** und sich nunmehr die Frage stellt, wem und in welchem Umfang das Organeinkommen zuzurechnen ist (Rz. 16.46 ff.).

16.40

Zur steuerlichen Anerkennung einer Organschaft müssen alle gesetzlichen **Voraussetzungen** grundsätzlich **vom Beginn des Wirtschaftsjahres** der Organgesellschaft **an erfüllt** sein. Dies galt nach Auffassung der **Finanzverwaltung** auch für die eigene gewerbliche Tätigkeit des Organträgers.[3]

16.41

Dem entgegenstehend hat der **BFH** mit Urteil vom 24.7.2013[4] entschieden, dass der Organträger einer ertragsteuerlichen Organschaft nicht bereits zu Beginn des Wirtschaftsjahres der Organgesellschaft gewerblich tätig sein muss (s. hierzu auch Rz. 6.5 ff.). Dies entspricht auch der überwiegenden Auffassung im Schrifttum.[5] Nach dem BFH reicht es also aus, dass die Organträger-Personengesellschaft ihre **gewerbliche Tätigkeit erst im Zeitpunkt der tatsächlichen Gewinnabführung aufnimmt**. Weder aus dem Wortlaut der Gesetzesbegründung noch aus dem Zweck des § 14 Abs. 1 Satz 1 Nr. 2 Satz 2 KStG sei abzuleiten, dass der Gesetzgeber bestimmen wollte, dass die gewerbliche Betätigung der Personengesellschaft bereits zu Beginn des Wirtschaftsjahres der Organgesellschaft ausgeübt werden müsse.[6] Dies ergebe sich, so der

16.42

---

1 Vgl. *Prinz* in Prinz/Kanzler, Handbuch Bilanzsteuerrecht³, Rz. 1675.
2 BMF v. 10.11.2005 – IV B 7 - S 2770 - 24/05, BStBl. I 2005, 1038 = FR 2005, 1216 Rz. 14.
3 BMF v. 10.11.2005 – IV B 7 - S 2770 - 24/05, BStBl. I 2005, 1038 = FR 2005, 1216 Rz. 21.
4 BFH v. 24.7.2013 – I R 40/12, FR 2014, 28 = DStR 2013, 1939.
5 Vgl. nur *Frotscher* in Frotscher/Drüen, § 14 KStG Rz. 134, 85; *Erle/Heurung* in Erle/Sauter³, § 14 KStG Rz. 65 mwN.
6 BFH v. 24.7.2013 – I R 40/12, FR 2014, 28 = GmbHR 2013, 1105 m. Anm. *Walter* = DStR 2013, 1939 (1941).

BFH, schon als Umkehrschluss aus der ausdrücklichen zeitlichen Anforderung hinsichtlich der finanziellen Eingliederung in § 14 Abs. 1 Satz 1 Nr. 1 KStG. Die Finanzverwaltung hat das Urteil zwischenzeitlich im Bundessteuerblatt veröffentlicht.[1]

16.43 Weiterhin führt der BFH aus, dass eine Personengesellschaft, die Besitzunternehmen im Rahmen einer **Betriebsaufspaltung** (im Urteilsfall: sog. unechte Betriebsaufspaltung) und ansonsten nur vermögensverwaltend tätig ist, Organträgerin sein kann. In diesem Punkt bestätigt der BFH die oben erwähnte Verwaltungsansicht,[2] tritt aber einigen anderslautenden Stimmen im Schrifttum entgegen,[3] die eine „Tätigkeit" i.S.d. § 15 Abs. 1 Satz 1 Nr. 1 EStG verlangen.

16.44 Insbesondere legt der BFH in seiner Argumentation dar, dass es sich unter den Voraussetzungen einer Betriebsaufspaltung auch bei der – bei isolierter Betrachtung „nur" vermögensverwaltenden – **Tätigkeit des Besitzunternehmens selbst um eine originär gewerbliche Betätigung** handelt. Dies entweder, weil das Besitzunternehmen sachlich und personell mit dem gewerblich tätigen Betriebsunternehmen verflochten ist und das Besitzunternehmen als Folge dieser wirtschaftlichen Verflechtung über das Betriebsunternehmen am allgemeinen wirtschaftlichen Verkehr teilnimmt,[4] oder weil sich die vermögensverwaltende Betätigung des Besitzunternehmens im Wege der „Infektion" oder „Abfärbung" in eine gewerbliche Betätigung umwandelt.[5] Beide Sichtweisen führen im Ergebnis zur Annahme einer gewerblichen Betätigung auch der Besitzgesellschaft.[6]

16.45 Die für die **Anwendungspraxis** insgesamt positive Entscheidung ist von erheblicher Bedeutung, nicht zuletzt auch im Rahmen von Betriebsprüfungen und Rechtsbehelfsverfahren. In Bezug auf die Organträgereigenschaft einer Personengesellschaft kann nunmehr Folgendes festgehalten werden:

– Die Gewinnabführung, die sich auf den handelsrechtlichen Jahresgewinn der Organgesellschaft bezieht, findet sowohl zivilrechtlich als auch aus steuerlicher Sicht erst zum Ende des jeweiligen Wirtschaftsjahres der Organgesellschaft statt. Erst in diesem Zeitpunkt muss eine gewerbliche Tätigkeit des Organträgers vorliegen.

– Auch ein Besitzunternehmen einer Betriebsaufspaltung kann tauglicher Organträger sein.

b) Zurechnung von Organeinkommen bei unterjährigem Ausscheiden eines Gesellschafters aus der Organträger-Personengesellschaft

16.46 Der BFH hatte sich mit Urteil vom 28.2.2013[7] mit der Frage zu beschäftigen, ob einem **unterjährig ausscheidenden Gesellschafter** einer Organträger-Personengesellschaft das Einkommen der Organgesellschaft (zeitanteilig) zuzurechnen ist. Nach Auffassung des BFH ist das Einkommen der Organgesellschaft entsprechend dem allgemeinen Gewinnverteilungsschlüs-

---

1 BStBl. II 2014, 272.
2 BMF v. 10.11.2005 – IV B 7 - S 2770 - 24/05, BStBl. I 2005, 1038 = FR 2005, 1216 Rz. 16.
3 Vgl. nur *Frotscher* in Frotscher/Drüen, § 14 KStG Rz. 164; vgl. im Übrigen auch BFH v. 2.9.2009 – I R 20/09, GmbHR 2010, 273 = BFH/NV 2010, 391.
4 Vgl. auch BFH v. 16.6.1982 – I R 118/80, BStBl. II 1982, 662 = FR 1982, 543.
5 Vgl. auch BFH v. 29.3.2006 – X R 59/00, BStBl. II 2006, 661.
6 *Bäuml*, FR 2013, 1121 (1124).
7 BFH v. 28.2.2013 – IV R 50/09, BStBl. II 2013, 494 = FR 2013, 1137.

sel nur den Gesellschaftern einer Organträger-Personengesellschaft zuzurechnen, die im Zeitpunkt der Einkommenszurechnung an der Organträgerin beteiligt sind.

Begründet wird dies damit, dass der sich nach Maßgabe der Handelsbilanz ergebende **Anspruch der Organträger-Personengesellschaft auf Gewinnabführung** erst mit dem Ende des Wirtschaftsjahres der jeweiligen Organgesellschaft entsteht. Erst zu diesem Zeitpunkt ist dem Organträger auch das Organeinkommen nach § 14 KStG, welches aus der Steuerbilanz der Organgesellschaft abgeleitet wird, zuzurechnen. Daraus ergeben sich aus Sicht des erkennenden IV. Senats auch Folgen dafür, welchen Gesellschaftern einer Organträger-Personengesellschaft Anteile an dem Einkommen der Organgesellschaft zugerechnet werden, wenn sich im Laufe des Wirtschaftsjahres der Organträgerin Änderungen im Bestand ihrer Gesellschafter ergeben haben.

16.47

Anders als von der Vorinstanz[1] und Teilen der Kommentarliteratur[2] vertreten, richtet sich nach **Auffassung des BFH** die Zurechnung des Organeinkommens bei einer Organträger-Personengesellschaft, bei der ein unterjähriger Gesellschafterwechsel eingetreten ist, nicht nach dem **allgemeinen Gewinnverteilungsschlüssel** unter Berücksichtigung der Dauer der Beteiligung der Gesellschafter an der Organträger-Personengesellschaft. Bei einer zeitanteiligen Zurechnung würde bei der Organgesellschaft im Zeitpunkt des Ausscheidens eines Gesellschafters aus der Organträger-Personengesellschaft zwingend die Aufstellung einer Zwischenbilanz erforderlich, um die bis dahin realisierten Gewinne oder Verluste zu erfassen. Nach BFH bestehe aber eine solche Verpflichtung nicht und ohne eine Zwischenbilanz sei wiederum die zutreffende Gewinnverteilung nicht sichergestellt.

16.48

Weitergehend kann aus dem Urteil des BFH vom 28.8.2013 **für die Praxis abgeleitet** werden, dass Veräußerer und Erwerber einer Beteiligung an einer Organträger-Personengesellschaft durch eine **entsprechende Wahl des Erwerbs- bzw. Ausscheidenszeitpunkts** bestimmen können, wem das Organeinkommen zuzurechnen ist.[3] Dabei kann es für den Veräußerer, wenn dieser eine natürliche Person ist, günstiger sein, vor dem Wirtschaftsjahresende der Organgesellschaft aus der Organträger-Personengesellschaft auszuscheiden, da er so eine Zurechnung (und Versteuerung) des Organeinkommens vermeidet und für den gesamten Veräußerungsgewinn – bei Vorliegen der übrigen Voraussetzungen – die Tarifbegünstigung der §§ 16, 34 EStG nutzen kann.[4] Bedenkenswert ist allerdings die **gewerbesteuerliche Konsequenz des Ausscheidens eines Mitunternehmers** aus der Organträger-Personengesellschaft. Nach den allgemeinen Grundsätzen sind die Mitunternehmer Träger etwaiger Verlustvorträge der Organträger-Personengesellschaft, die bei Ausscheiden aus der Mitunternehmerschaft (anteilig) untergehen.[5]

16.49

Darüber hinausgehend ist festzuhalten, dass seit Inkrafttreten des **StVergAbG** ab dem Veranlagungszeitraum 2003 ein **Gesellschafterwechsel keine schädlichen Folgen für die finanzielle Eingliederung** und den Organträger im Allgemeinen in Bezug auf die Erfüllung der Voraussetzungen einer Organschaft hat. Dies liegt darin begründet, dass die finanzielle Eingliederung im Verhältnis zur Organträger-Personengesellschaft selbst erfüllt sein muss (Halten der Betei-

16.50

---

1 FG Düsseldorf v. 21.1.2009 – 9 K 2067/03, EFG 2010, 467.
2 Stellv. für andere: *Erle/Heurung* in Erle/Sauter[3], § 14 KStG Rz. 255.
3 Siehe *Walter*, GmbHR 2013, 664 (665); *Engel*, BB 2013, 1445 (1446).
4 Vgl. *Kleinheisterkamp*, JbFSt 2014/2015, 470.
5 A 10a.3 Abs. 3 GewStR.

ligung an der Organgesellschaft im Gesamthandsvermögen der Organträger-Personengesellschaft) und nicht im Verhältnis zu den einzelnen Gesellschaftern.

III. Änderungen durch die sog. „Kleine Organschaftsreform"

1. Überblick

16.51 Durch das Gesetz zur Änderung und Vereinfachung der Unternehmensbesteuerung und des steuerlichen Reisekostenrechts (sog. **„Kleine Organschaftsreform"**)[1] wurde § 18 KStG mit erstmaliger Geltung für den Veranlagungszeitraum 2012 gestrichen. Der neu gefasste § 14 Abs. 1 Satz 1 Nr. 2 KStG regelt, **ohne zwischen inländischen und ausländischen Unternehmen zu unterscheiden**, wer unter welchen Voraussetzungen Organträger sein kann; weiter ist dort die Einkommenszurechnung zur inländischen Betriebsstätte des Organträgers geregelt.

16.52 Die mit der **Streichung des § 18 KStG** (Zweigniederlassung) verbundene Anpassung des § 14 Abs. 1 Satz 1 Nr. 2 KStG führt im Ergebnis nur zu punktuellen Änderungen gegenüber der bisherigen Rechtslage. Nach der Aufhebung des § 18 KStG durch die Kleine Organschaftsreform wurde mit dem sog. **„Kroatien-Anpassungsgesetz"**[2] auch der bis dahin noch bestehende Verweis in § 19 Abs. 4 KStG gestrichen. Zeitgleich wurde § 19 KStG an die Technik des § 14 Abs. 1 Satz 1 Nr. 2 KStG in der aktuell geltenden Fassung angepasst. In den Absätzen 1 und 2 des **§ 19 KStG** wird durch Einfügung des Worts „unbeschränkt" herausgestellt, dass diese Absätze nur für unbeschränkt körperschaftsteuer- oder einkommensteuerpflichtige Organträger gelten. Der neu gefasste Absatz 3 regelt ergänzend die Anwendung der Tarifvorschriften für Organträger, die weder unbeschränkt körperschaftsteuer- noch unbeschränkt einkommensteuerpflichtig sind, aber mit den Einkünften aus der inländischen Betriebsstätte, der die Beteiligung an der Organgesellschaft zuzuordnen ist, der beschränkten Steuerpflicht unterliegen.[3] Der bisherige § 19 Abs. 5 KStG besteht **unverändert** fort.[4]

16.53 Für **unbeschränkt steuerpflichtige Organträger** bleibt im Grundsatz alles „beim Alten",[5] auch wenn dies in Bezug auf die Zuordnungserfordernisse von Betriebsstätten auch bei inländischen Organträgern nicht gänzlich unumstritten ist.[6] Für bereits nach bisherigem Recht anerkannte ausländische Organträger ändert sich in der Regel wenig, da die **Zweigniederlassung** i.S.d. § 18 KStG aF gem. § 12 Abs. 1 Satz 2 Nr. 2 AO bzw. Art. 5 Abs. 2 Buchst. b OECD-MA grundsätzlich die Voraussetzung einer Betriebsstätte erfüllt und auch die Zuordnungskriterien der einzelnen Wirtschaftsgüter im Wesentlichen gleich sind. Es bleibt also dabei, dass die Organbeteiligung in ein inländisches Betriebsvermögen eingebunden sein muss und dass das zugerechnete Organeinkommen im Rahmen der beschränkten Steuerpflicht des Organträgers besteuert wird. Ebenso bleibt die Gewerbesteuerpflicht für das Organeinkommen unverändert. Die gesetzliche Neuregelung ermöglicht auch nicht eine **grenzüberschreitende Organschaft**, dh. das deutsche Organschaftsrecht bleibt wie bisher rein national ausgerichtet.

---

1 Gesetz zur Änderung und Vereinfachung der Unternehmensbesteuerung und des steuerlichen Reisekostenrechts v. 20.2.2013, BGBl. I 2013, 285.
2 V. 25.7.2014, BGBl. I 2014, 1266.
3 *Ortmann-Babel/Bolik/Zöller*, DB 2014, 1570 (1574).
4 Die Neufassung betrifft ausdrücklich nur die Absätze 1–4 des § 19 KStG und nicht den Absatz 5; vgl. BR-Drs. 291/14, 21 v. 4.7.2014.
5 Vgl. im Überblick *Dötsch/Pung*, DB 2013, 305 ff.
6 Zum Streitstand vgl. *Dötsch* in Dötsch/Pung/Möhlenbrock, § 14 KStG Rz. 119–120; ergänzend auch *Kleinheisterkamp*, JbFSt 2014/2015, 447.

Wie bisher kann nach § 14 Abs. 1 Satz 1 Nr. 2 Sätze 1–3 KStG neben einer natürlichen Person (Einzelunternehmen) auch eine Personengesellschaft i.S.d. § 15 Abs. 1 Satz 1 Nr. 2 EStG Organträger sein, wobei Letztere – wie bisher – die im Gesetz genannten Zusatzvoraussetzungen (Ausübung einer eigengewerblichen Tätigkeit i.S.d. § 15 Abs. 1 Satz 1 Nr. 1 EStG; Zugehörigkeit der Organbeteiligung zum Gesamthandsvermögen) erfüllen muss, um tauglicher Organträger zu sein. **Anders als bisher** stellt das Gesetz nicht mehr darauf ab, dass die natürliche Person unbeschränkt steuerpflichtig sein muss und dass eine Körperschaft bzw. Personengesellschaft als Organträger die Geschäftsleitung im Inland haben muss.[1]

16.54

Das aus der Sicht der Finanzverwaltung „drängendste Organschaftsproblem",[2] dass sich insbesondere bei Organkreisen mit Personengesellschaften an der Spitze durch gezielt gestaltete, in organschaftlicher Zeit verursachte **Mehrabführungen i.S.d. § 14 Abs. 4 KStG** steuerfreie Vermögenszuflüsse bei den einkommensteuerpflichtigen Gesellschaftern im Umfang der im Betriebsvermögen der Organgesellschaft vorhandenen stillen Reserven erreichen lassen, ist vom Gesetzgeber nicht angegangen worden.

16.55

Betroffen von der kleinen Organschaftsreform sind ua. unbeschränkt steuerpflichtige Organträger, bei denen es bisher nicht auf das Vorhandensein einer Zweigniederlassung angekommen ist, deren Beteiligung an einer Organgesellschaft aber einer ausländischen Betriebsstätte zuzuordnen ist (zB bei Personengesellschaften mit Geschäftsleitung im Inland und ausländischen Mitunternehmern und natürlichen Personen).[3] Im Fokus stehen insbesondere ausländische Personengesellschaften als Organträger und hier die Folgefragen in Zusammenhang mit den unterschiedlichen Betriebsstättenbegriffen nach § 12 AO bzw. DBA im Rahmen des § 14 Abs. 1 Satz 1 Nr. 2 Satz 7 KStG.

16.56

2. Spezifische Aspekte des § 14 Abs. 1 Satz 1 Nr. 2 Sätze 4–7 KStG

a) Zusätzliche Anforderungen für die Anerkennung einer Organschaft

Bis zum Veranlagungszeitraum 2011 war die Anerkennung der Organschaft grundsätzlich unproblematisch, wenn die Organträger-Personengesellschaft eine gewerbliche Tätigkeit i.S.d. § 15 Abs. 1 Satz 1 Nr. 1 EStG ausübte und die Organbeteiligung zum Gesamthandsvermögen gehörte.

16.57

Mit Wirkung ab dem Veranlagungszeitraum 2012 droht nunmehr Organschaften, an deren Spitze eine **Organträger-Personengesellschaft mit ausländischen Gesellschaftern** steht, die steuerliche Nichtanerkennung, wenn sie die neu geschaffenen Voraussetzungen des um die **Sätze 4–7** erweiterten **§ 14 Abs. 1 Satz 1 Nr. 2 KStG** nicht erfüllen. Dessen relevanter Wortlaut wird nachfolgend (verkürzt) wiedergegeben:

16.58

„⁴Die Beteiligung im Sinne der Nummer 1 an der Organgesellschaft … muss ununterbrochen während der gesamten Dauer der Organschaft einer inländischen Betriebsstätte im Sinne des § 12 AO des Organträgers zuzuordnen sein. ⁵… ⁶Das Einkommen der Organgesellschaft ist der inländischen Betriebsstätte des Organträgers zuzurechnen, der die Beteiligung im Sinne der Nummer 1 an der Organgesellschaft … zuzuordnen ist. ⁷Eine inländische Betriebsstätte im Sinne der vorstehenden Sätze ist nur gegeben, wenn die dieser Betriebsstätte zuzurechnenden Einkünfte sowohl nach innerstaatlichem Steuerrecht als auch nach einem anzuwendenden Abkommen zur Vermeidung der Doppelbesteuerung der inländischen Besteuerung unterliegen."

---

1 Vgl. nur *Dötsch/Pung*, DB 2013, 305 (307).
2 Siehe dazu auch *Dötsch/Pung*, DB 2013, 305.
3 *Olbing* in Streck⁹, § 14 KStG Rz. 35.

16.59 Die gesetzliche Neuregelung soll sicherstellen, dass das dem Organträger zugerechnete Einkommen einer Organgesellschaft auch der inländischen Besteuerung unterliegt (s. auch Rz. 27.31 ff.). Sie ist als Reaktion des Gesetzgebers auf ein zur gewerbesteuerlichen Organschaft ergangenes **Urteil des BFH vom 9.2.2011**[1] zu verstehen, in dem er auf der Grundlage des Diskriminierungsverbots des Art. 20 Abs. 4 und 5 DBA-GB 1964/1970 eine **grenzüberschreitende „Wegrechnung" des inländischen Organeinkommens** zur ausländischen Muttergesellschaft bejaht, obwohl dem ausländischen Staat insoweit kein Besteuerungsrecht zusteht.[2]

16.60 In der **Unternehmens- und Beratungspraxis** ist es aufgrund der Ergänzungen in § 14 Abs. 1 Satz 1 Nr. 2 Sätze 4–7 KStG geboten, bei Organschaften, an deren Spitze eine Organträger-Personengesellschaft mit ausländischen Gesellschaftern steht, zu überprüfen, ob bei ihnen **ab dem Veranlagungszeitraum 2012 die Organschaftsvoraussetzungen noch vorliegen**. Dies gilt insbesondere hinsichtlich der Frage, ob eine tatsächliche (funktionale) Zugehörigkeit der Organbeteiligung zu einer inländischen Betriebsstätte der Organträger-Personengesellschaft vorliegt oder nicht.

16.61 Wegen der in Teilbereichen rückwirkenden Verschärfung ergeben sich möglicherweise verfassungsrechtliche Probleme.[3] Die **OFD Karlsruhe**[4] führt in einer Arbeitshilfe zu § 14 Abs. 1 Satz 1 Nr. 2 Satz 7 KStG aus: „Altfälle können u.U. durch zusätzliche funktionale Verbindungen geheilt werden; im Einzelfall kann die **Heilung** dann ggf. auch für den Veranlagungszeitraum 2012 anerkannt werden."

16.62 Kein spezifisches Problem der Personengesellschaft als Organträger sind die **Regelungen zur doppelten Verlustnutzung** im Zuge der kleinen Organschaftsreform gem. § 14 Abs. 1 Satz 1 Nr. 5 KStG (s. hierzu Rz. 28.1 ff.). Negative Einkünfte des Organträgers oder der Organgesellschaft bleiben danach bei der inländischen Besteuerung unberücksichtigt, soweit sie in einem ausländischen Staat im Rahmen der Besteuerung des Organträgers, der Organgesellschaft oder einer anderen Person berücksichtigt werden. In diesem Zusammenhang ist allerdings durchaus relevant, ob man Verluste der Personengesellschaft als deren negative Einkünfte betrachtet oder als solche der Mitunternehmer. Ebenfalls nicht abschließend geklärt ist, ob Sonderbetriebsausgaben eines ausländischen Mitunternehmers einer inländischen Organträger-Personengesellschaft zu den negativen Einkünften der Personengesellschaft zählen.[5]

b) Zuordnung der Organbeteiligung zu einer inländischen Betriebsstätte (§ 14 Abs. 1 Satz 1 Nr. 2 Sätze 4 und 5 KStG)

16.63 Eine der Voraussetzungen der Organschaft ist gem. § 14 Abs. 1 Satz 1 Nr. 2 Satz 4 KStG die ununterbrochene, die gesamte Dauer der Organschaft während **Zuordnung** der Organbeteiligung **zu einer inländischen Betriebsstätte** des Organträgers i.S.d. § 12 AO. Dies gilt entsprechend, wenn die Organträger-Personengesellschaft **mittelbar** über eine oder mehrere

---

1 BFH v. 9.2.2011 – I R 54, 55/10, BStBl. II 2012, 106; vgl. dazu Nichtanwendungserlass des BMF v. 27.12.2011 – IV C 2 - S 2770/11/10002 – DOK 2011/0965132, BStBl. I 2012, 119 = FR 2012, 95 sowie Rz. 6.168 f.
2 *Dötsch/Pung*, DB 2014, 1215; *Olbing* in Streck[9], § 14 KStG Rz. 35; weiterführend zum BFH-Urteil: *Lüdicke*, IStR 2011, 740 bzw. *Rödder/Schönfeld*, DStR 2011, 886.
3 Vgl. *Olbing* in Streck[9], § 14 KStG Rz. 35; ebenso *Dötsch/Pung*, DB 2014, 1215.
4 OFD Karlsruhe v. 16.1.2014 – S 2770/52/2 - St 221, FR 2014, 434; vgl. flankierend auch OFD Frankfurt v. 14.4.2014 – S 2270 A - 55 - St 51, DStR 2014, 2026.
5 Vgl. *Benecke/Schnitger*, IStR 2013, 143; *Schaden/Polatzky*, IStR 2013, 131.

Personengesellschaften an der Organkapitalgesellschaft beteiligt ist (§ 14 Abs. 1 Satz 1 Nr. 2 Satz 5 KStG). Handelt es sich bei dem Organträger um eine Personengesellschaft, muss nicht die Beteiligung an der Personengesellschaft, sondern deren Beteiligung an der Organgesellschaft einer inländischen Betriebsstätte zuzuordnen sein.[1]

Teilweise wird vertreten, dass das in § 14 Abs. 1 Satz 1 Nr. 2 KStG geregelte Erfordernis der „funktionalen Zuordnung der Organbeteiligung zu einer inländischen Betriebsstätte" faktisch zu einer Wiederauflage des früheren Organschaftsmerkmals „wirtschaftliche Eingliederung" führe.[2] Begründet wird dies damit, dass eine europarechtskonforme Auslegung eine unterschiedliche Handhabung des Kriteriums der „funktionalen Zuordnung" nicht zulasse und daher unter Umständen **auch auf reine Inlandsfälle zu erstrecken** sei.[3] Allerdings wird diese Auffassung – zu Recht – von maßgeblichen Stimmen im Schrifttum **abgelehnt**.[4]

16.64

Die sich grundsätzlich nach nationaler Rechtsauslegung[5] richtende **Zuordnung zu einer inländischen Betriebsstätte** i.S.d. § 12 AO[6] ist gegeben, wenn die Organbeteiligung zum notwendigen oder zum gewillkürten Betriebsvermögen der Organträger-Personengesellschaft zählt. § 14 Abs. 1 Satz 1 Nr. 2 Satz 3 KStG macht bei Personengesellschaften als Organträger die Anerkennung der Organschaft ohnehin von der Zugehörigkeit der Organbeteiligung zum Gesamthandsvermögen der Personengesellschaft abhängig.[7]

16.65

c) Sicherstellung des deutschen Besteuerungsrechts (§ 14 Abs. 1 Satz 1 Nr. 2 Satz 7 KStG)

aa) Problemstellung

Handelt es sich bei dem Organträger um eine **ausländische gewerbliche (Personen-) Gesellschaft**, ist nach § 14 Abs. 1 Satz 1 Nr. 2 Satz 7 EStG Voraussetzung für eine inländische Betriebsstätte, dass Deutschland sowohl nach innerstaatlichem Recht als auch nach dem jeweiligen DBA das Besteuerungsrecht für die Betriebsstätte besitzt. Neuerliche Abgrenzungsprobleme ergeben sich aufgrund der **unterschiedlichen Auslegung des Betriebsstättenbegriffs** nach **§ 12 AO (Zentralfunktion des Stammhauses)** bzw. DBA (**tatsächlicher funktionaler Zusammenhang**)[8] aus § 14 Abs. 1 Satz 1 Nr. 2 Satz 7 KStG.[9]

16.66

---

1 Olbing in Streck[9], § 14 KStG Rz. 36; für einen Gesamtüberblick über den Diskussionsstand vgl. Blumers, DB 2017, 2893.
2 Soweit ersichtlich vertritt diese Auffassung vor allem Schirmer, FR 2013, 605 (608); GmbHR 2013, 797 (798).
3 Details vgl. Schirmer, FR 2013, 605 (607).
4 So zB Dötsch in Dötsch/Pung/Möhlenbrock, § 14 KStG Rz. 119–120.
5 OFD Karlsuhe, Vfg. v. 16.1.2014 – S 2770/52/2 - St 221, FR 2014, 434; vgl. flankierend auch OFD Frankfurt v. 14.4.2014 – S 2270 A - 55 - St 51, DStR 2014, 2026.
6 Beachte hierzu: BFH v. 29.11.2017 – I R 58/15, DStR 2018, 657; Klein, Ubg, 2018, 334 (336 ff.).
7 Dötsch/Pung, DB 2014, 1215 (1215).
8 Zu den Einzelheiten des Begriffs „Betriebsstätte" nach Abkommensrecht (Art. 5 OECD-MA) vgl. ua. BMF v. 24.12.1999 – IV B 4 - S 1300 - 111/99, BStBl. I 1999, 1076 unter Berücksichtigung der Änderungen durch BMF v. 20.11.2000 – IV B 4 - S 1300 - 222/00, BStBl. I 2000, 1509; BMF v. 29.9.2004 – IV B 4 - S 1300 - 296/04, BStBl. I 2004, 917 und BMF v. 25.8.2009 – IV B 5 - S 1341/07/10004 – DOK 2009/0421117, BStBl. I 2009, 888 – Betriebsstätten-Verwaltungsgrundsätze.
9 Zu beachten sind in diesem Zusammenhang auch die steuerpolitischen Aktivitäten zur DBA-Berechtigung für Personengesellschaften.

16.67 Erfolgt die Prüfung der Zuordnung zur inländischen Betriebsstätte im Rahmen des Satzes 4 allein nach Maßgabe des nationalen Rechts, dh. unter Ausblendung der grundsätzlich strengeren Anforderungen an die **abkommensrechtliche Zuordnung**, findet durch § 14 Abs. 1 Satz 1 Nr. 2 Satz 7 KStG eine zusätzliche Eingrenzung statt. Die Formulierung des § 14 Abs. 1 Satz 1 Nr. 2 Satz 7 KStG stellt ausdrücklich klar, dass eine inländische Betriebsstätte im Sinne der vorstehenden Sätze nur gegeben ist, wenn die dieser Betriebsstätte zuzurechnenden Einkünfte **sowohl** nach innerstaatlichem Steuerrecht **als auch** nach einem anzuwendenden Abkommen zur Vermeidung der Doppelbesteuerung der inländischen Besteuerung unterliegen.[1] Damit soll verhindert werden, dass hinsichtlich des Organeinkommens sog. „weiße Einkünfte" entstehen können.[2] Über die **Zuordnungskriterien** herrscht allerdings sowohl bei § 12 AO als auch im Abkommensrecht **keine Einigkeit**.[3]

bb) Abkommensrechtliche Beschränkung des deutschen Besteuerungsrechts

16.68 Bei Personengesellschaften als Organträger stellt sich hier die Frage, ob die Voraussetzung des Satzes 7 auch erfüllt ist, wenn die **Beteiligung an der Organgesellschaft** (wegen der einkommensteuerlichen Transparenz der Organträger-Personengesellschaft) ganz oder anteilig **Personen mit steuerlicher Ansässigkeit im Ausland zuzurechnen ist**.[4]

16.69 In diesem Fall könnte nämlich das deutsche Besteuerungsrecht ggf. durch ein DBA beschränkt sein und es wäre nicht sichergestellt, dass Deutschland das Besteuerungsrecht an dem gesamten Organeinkommen hat. Um das **deutsche Besteuerungsrecht sicherzustellen**, wäre die Zurechnung der durch die Organbeteiligung vermittelten Einkünfte zur inländischen Betriebsstätte des Organträgers zu gewährleisten, was wiederum nur gelingen kann, wenn es sich gleichermaßen um eine Betriebsstätte im Sinne des nationalen Rechts (§ 12 AO) als auch um eine Betriebsstätte im Sinne des jeweiligen DBA handelt.[5]

cc) Zugehörigkeit der Organbeteiligung zu einer inländischen Betriebsstätte des Organträgers

16.70 Gehört eine Organbeteiligung tatsächlich zu einer inländischen Betriebsstätte i.S.d. Art. 5 OECD-MA, wird nach Art. 10 Abs. 4 und Art. 13 Abs. 2 OECD-MA das **vorrangige Besteuerungsrecht des Ansässigkeitsstaats des Gesellschafters** für die durch diese Beteiligung vermittelten Dividendenerträge und Veräußerungsgewinne durch das Besteuerungsrecht des Betriebsstättenstaats (hier Deutschland) **verdrängt**.[6]

16.71 Eine Beteiligung ist einer inländischen Betriebsstätte nur dann tatsächlich zuzuordnen, wenn sie in einem funktionalen Zusammenhang mit der in der Betriebsstätte ausgeübten Tätigkeit steht und die Beteiligungserträge Nebenerträge der aktiven Tätigkeit der Betriebsstätte darstel-

---

1 OFD Karlsuhe v. 16.1.2014 – S 2770/52/2 - St 221, FR 2014, 434; vgl. *Blumers*, DB 2017, 2893 (2894).
2 *Dötsch/Pung*, DB 2014, 1215 (1216).
3 Vgl. nur *Olbing* in Streck[9], § 14 KStG Rz. 37 mwN.
4 So *Frotscher* in Frotscher/Drüen, § 14 KStG Rz. 142d; ebenso: *Dötsch/Pung*, DB 2014, 1215 (1216).
5 Ähnlich: *Dötsch/Pung*, DB 2014, 1215 (1216); umfassend dazu auch *Blumers*, DB 2017, 2893 (2894); beachte auch FG Münster v. 15.12.2014 – 13 K 624/11 F, EFG 2015, 704, wonach die Betriebsstätte einer ausländischen Personengesellschaft abkommensrechtlich Betriebsstätten der einzelnen Gesellschafter darstellt.
6 S. a. *Dötsch/Pung*, DB 2014, 1215 (1216).

len.¹ Nach der **funktionalen Betrachtungsweise** sind einer Betriebsstätte Wirtschaftsgüter (und damit auch Beteiligungen) dann zuzuordnen, wenn sie für die Tätigkeit der Betriebsstätte funktional notwendig sind.²

Die Zuordnung der Organbeteiligung zu einer inländischen Betriebsstätte der Organträger-Personengesellschaft setzt voraus, dass zwischen der Organgesellschaft und der Betriebsstätte des Organträgers **wesentliche Lieferungs- bzw. Leistungsbeziehungen** bestehen und dass es für die wirtschaftliche Betätigung der Betriebsstätte wichtig ist, dass sie über das Stimmrecht die Geschäftstätigkeit der Organgesellschaft beeinflussen kann. Ein funktionaler Zusammenhang besteht zB, wenn die Organträger- Personengesellschaft den Vertrieb für die Organgesellschaft übernimmt.³ Zur **Nichtanerkennung der Organschaft** führt die Unterhaltung von Geschäftsbeziehungen an dem „Organträger" vorbei zwischen der „Organgesellschaft" und einem ausländischen Gesellschafter; dann ist nämlich die „Organbeteiligung" der ausländischen Betriebsstätte des Gesellschafters zuzuordnen.⁴

16.72

Einer **geschäftsleitenden Holding-Personengesellschaft**⁵ als Organträger ist eine Organbeteiligung funktional zuzuordnen, wenn die geschäftsleitende Holding über eine inländische Betriebsstätte i.S.d. Art. 5 OECD-MA verfügt, zu der die Beteiligung tatsächlich gehört. Sowohl für die Bejahung der persönlichen Eignung als Organträger als auch einer Betriebsstätte i.S.d. DBA ist es erforderlich, dass die **Holdinggesellschaft gewerblich tätig** ist,⁶ wobei aus Verwaltungssicht die Voraussetzung beim erstgenannten Merkmal in Teilbereichen strenger ist.⁷ Für die funktionale Zuordnung ist nach den allgemeinen Grundsätzen zusätzlich erforderlich, dass die gewerbliche Tätigkeit umfassend und von einigem Gewicht ist (erhebliches Personal und Umsatz).⁸ In diesem Zusammenhang ist hinzuweisen auf eine Entscheidung des BFH v. 29.11.2017, wonach eine nach § 15 Abs. 3 Nr. 2 EStG gewerblich geprägte (inländische) KG ihren (ausländischen) Gesellschaftern eine Betriebsstätte i.S.d. § 49 Abs. 1 Nr. 2 lit. a EStG i.V.m. § 2 Nr. 1 KStG vermittelt.⁹

16.73

Ist die persönliche Organträger-Eignung der geschäftsleitenden Holding-Personengesellschaft zu bejahen, soll nach der **restriktiven Auffassung** von *Dötsch/Pung*¹⁰ bezogen auf jede einzelne Organbeteiligung noch zu prüfen sein, ob der Organträger auch zu dieser Gesellschaft entsprechende Liefer- oder Leistungsbeziehungen unterhält. Nach deren Einschätzung sollen Or-

16.74

---

1 *Dötsch/Pung*, DB 2014, 1215 (1216) mit Verweis auf BFH v. 19.12.2007 – I R 66/06, BStBl. II 2008, 510 = FR 2008, 724 m. Anm. *Lohmann/Rengier*, s.a. OFD Karlsruhe v. 16.1.2014 – S 2770/52/2 - St 221, FR 2014, 434.
2 BFH v. 7.8.2002 – I R 10/01, BStBl. II 2002, 848 = FR 2003, 151 m. Anm. *Kempermann*; vgl. *Blumers*, DB 2017, 2893 (2895, 2896).
3 *Dötsch/Pung*, DB 2014, 1215 (1216) mit Verweis auf FG Köln v. 29.3.2007 – 10 K 4671/04, DStRE 2007, 1320.
4 *Dötsch/Pung*, DB 2014, 1215 (1216 f.).
5 BFH v. 29.11.2017 – I R 58/15, DStR 2018, 657; vgl. auch FG Münster v. 15.12.2014 – 13 K 624/11 F, EFG 2015, 704; *Blumers*, DB 2017, 2893 (2895); BFH v. 19.12.2007 – I R 66/06, BStBl. II 2008, 510 = FR 2008, 724 m. Anm. *Lohmann/Rengier* sowie Rz. 17.7 ff.
6 Bezüglich der Einzelheiten wird auf die Ausführungen zu der persönlichen Organträgereignung bei Personengesellschaften, insbesondere zur Eigengewerblichkeit, verwiesen.
7 *Dötsch/Pung*, DB 2014, 1215 (1217).
8 Fraglich ist, ob dies auch für inländische Personengesellschaften gleichermaßen gelten kann, vgl. zur Diskussion *Stangl/Winter*, Organschaft 2013/2014, Rz. 57.
9 BFH v. 29.11.2017 – I R 58/15, DStR 2018, 657.
10 *Dötsch/Pung*, DB 2014, 1215 (1216 f.).

ganschaften, bei denen der Organträger eine Kapitalbeteiligung hält, ohne zu der Tochtergesellschaft wesentliche Geschäftsbeziehungen zu unterhalten, von der Finanzverwaltung nicht mehr anerkannt werden. Vielmehr kommt es darauf an, dass die geschäftsleitende Holding auf das Geschäft der Beteiligungsgesellschaften tatsächlich Einfluss nimmt. Das faktische Ausüben der Leitungsfunktion ist das zentrale Kriterium für die Tätigkeit als geschäftsleitende Holding.[1] Das **bloße Halten einer Organbeteiligung** reicht demnach nicht aus, um die Beteiligung nach DBA-rechtlichen Grundsätzen einer inländischen Betriebsstätte des Organträgers zuzuordnen, weil es dafür auf die tatsächliche Zugehörigkeit der jeweiligen Beteiligung zur Betriebsstätte ankommt.[2] Die Nichtanerkennung der Organschaft zu dieser einen Organgesellschaft würde allerdings nicht den gesamten Organkreis infizieren, denn jedes Organschaftsverhältnis ist eigenständig zu beurteilen.[3]

d) Gleichlauf von Einkommenszurechnung und Beteiligungszuordnung (§ 14 Abs. 1 Satz 1 Nr. 2 Satz 6 KStG)

16.75 Gemäß § 14 Abs. 1 Satz 1 Nr. 2 Satz 6 KStG ist das Einkommen der Organgesellschaft der inländischen Betriebsstätte zuzurechnen, der die Beteiligung an der Organgesellschaft oder, bei mittelbarer Beteiligung an der Organgesellschaft, die Beteiligung an der vermittelnden Gesellschaft zuzuordnen ist. Auch bei der Anwendung des Satzes 7 folgt die Zuordnung der von der Organgesellschaft vermittelten Einkünfte der Zuordnung der Beteiligung zu einer inländischen Betriebsstätte des Organträgers. Dort wird die **Zurechnungsnorm des Satzes 6** jedoch **von den DBA-rechtlichen Zuordnungsregeln überlagert**.[4]

IV. Anrechenbare Steuern bei Organträger-Personengesellschaft/Steuerumlage

16.76 Stehen einer Organgesellschaft auf Grundlage entsprechender Steuerbescheinigungen **Steueranrechnungsansprüche** (zB aus einbehaltener Zinsabschlagsteuer) zu, stellt sich die Frage nach der Erfassung der anzurechnenden Steuerbeträge.

16.77 Nach § 19 Abs. 5 KStG findet eine **Steueranrechnung grundsätzlich beim Organträger** statt, wenn auf Ebene der Organgesellschaft Steuerabzugsbeträge (zB Kapitalertragsteuer und Zinsabschlagsteuer zzgl. anzurechnendem SolZ; Steueranrechnung nach § 12 AStG) einbehalten worden sind, die auf Betriebseinnahmen der Organgesellschaft erhoben wurden.[5] Diese durch Steuerabzug einbehaltenen Steuerbeträge sind grundsätzlich nach §§ 19 Abs. 5, 31 KStG i.V.m. § 36 Abs. 2 Nr. 2 EStG auf die Steuerschuld des Organträgers anzurechnen. Selbst wenn die Organgesellschaft eigenes Einkommen aufgrund von Ausgleichszahlungen zu versteuern hat, findet eine Steueranrechnung ausschließlich beim Organträger statt.

16.78 Sofern es sich bei dem **Organträger um eine Personengesellschaft** handelt, findet die **Steueranrechnung** auf die Körperschaft- oder Einkommensteuer **bei den Gesellschaftern** statt,

---

1 *Blumers*, DB 2017, 2893 (2896).
2 Beachte hierzu auch BFH v. 29.11.2017 – I R 58/15, DStR 2018, 657, wonach eine nach § 15 Abs. 3 Nr. 2 EStG gewerblich geprägte (inländische) KG ihren (ausländischen) Gesellschaftern eine Betriebsstätte iSd. § 49 Abs. 1 Nr. 2 lit. a EStG iVm. § 2 Nr. 1 KStG vermittelt.
3 Siehe dazu *Dötsch/Pung*, DB 2014, 1215 (1217).
4 *Dötsch/Pung*, DB 2014, 1215 (1217).
5 § 19 Abs. 5 KStG ist von der Neufassung des § 19 Abs. 1–4 KStG iRd. „Kroatien-Anpassungsgesetzes" nicht betroffen, vgl. BR-Drucks. 291/14, 21 v. 4.7.2014.

und zwar anteilig. Die Anrechnung der Steuerabzugsbeträge erfolgt deshalb beim Organträger bzw. dessen Gesellschaftern, weil dort über die Einkommenszurechnung auch die Einkünfte, die dem Steuerabzug unterlegen haben, versteuert werden. Die **Aufteilung der anrechenbaren Steuerabzugsbeträge** auf die Gesellschafter einer Organträger-Personengesellschaft hat hierbei nach dem gleichen **Schlüssel** zu erfolgen, nach dem auch das dem Organträger zuzurechnende Einkommen der Organgesellschaft verteilt wird. Unter § 19 Abs. 5 KStG fallen nicht die **ausländischen Quellensteuern** auf Dividenden; diese anrechenbaren ausländischen Steuern fallen unter die Abs. 1–4 des § 19 KStG.

Die anrechenbaren Steuern mindern als (nichtabziehbare) Betriebsausgaben das (handelsrechtliche) Ergebnis und damit die Gewinnabführung der Organgesellschaft auf Grundlage der Handelsbilanz, während das Ergebnis des Organträgers durch den Ertrag aus der Anrechnung in entsprechender Höhe erhöht wird. Dadurch wird das **Ergebnis beider Unternehmen verfälscht**. 16.79

Durch eine **Konzernumlage** kann bei beiden Unternehmen ein Ausweis des betriebswirtschaftlich zutreffenden Ergebnisses erreicht werden; der Organträger müsste, um dieses Ziel zu erreichen, der Organgesellschaft die anrechenbaren Steuern ersetzen. Die Erstattung führt beim zahlenden Organträger zu abziehbaren Betriebsausgaben und bei der empfangenen Organgesellschaft zu zu versteuernden Betriebseinnahmen. Dadurch erhöht sich das dem Organträger zuzurechnenden Einkommen der Organgesellschaft. 16.80

Bei **Steuerumlagen im Konzern** ist jede Methode der Belastung (im Umkehrschluss also auch der Entlastung) der Organgesellschaft erlaubt, die zu einem betriebswirtschaftlich vertretbaren Ergebnis führt.[1] 16.81

V. Ertragsteuerliche Organschaft und Anrechnung gem. § 35 EStG

1. Grundlagen der Gewerbesteueranrechnung

Anders als die Anteilseigner einer Kapitalgesellschaft haben Gesellschafter eines Personenunternehmens – bei ausreichend positiven gewerblichen Einkünften – die Möglichkeit der Anrechnung der Gewerbesteuer auf die Einkommensteuer gem. § 35 EStG. 16.82

Die Anrechnung ist auf die **tatsächlich zu zahlende Gewerbesteuer** begrenzt, eine Überkompensation ist seit der Unternehmenssteuerreform 2008 nicht mehr möglich. Die Anrechnung gem. § 35 EStG setzt das Vorhandensein von **Anrechnungspotential** in Gestalt ausreichender gewerblicher Einkünfte auf Ebene des Personenunternehmers voraus. Bei (krisenbedingtem) Rückgang der gewerblichen Einkünfte vermindert sich auch das Anrechnungspotential, zugleich verstärkt sich die Problematik von Anrechnungsüberhängen.[2] 16.83

Bei Hebesätzen bis zu 380 % ermäßigt sich die Einkommensteuer um die tatsächlich zu zahlende Gewerbesteuer; die höchste Kompensation erfolgt bei einem Hebesatz von 380 % (vor UntStRG 2008: 200 %). Hinsichtlich des auf die angerechnete Gewerbesteuer entfallenden Solidaritätszuschlages liegt sogar eine **leichte Überkompensation** vor. Eine vollständige Entlastung der Einkommensteuer auf gewerbliche Einkünfte von der Gewerbesteuer ergibt sich bei 16.84

---

1 Stellv. für andere: BMF v. 12.9.2002 – IV A 2 - S 2742 - 58/02, DStR 2002, 1716.
2 Ausführlich dazu *Schaumburg/Bäuml*, FR 2010, 1061 (1062).

einem Hebesatz von 400 %[1] (vor UntStRG 2008: 341 %). Oberhalb von 400 % steigt die Gesamtbelastung an, da die Gewerbesteuer nicht mehr vollständig angerechnet werden kann (Unterkompensation).

2. Anrechnung gem. § 35 EStG bei mehrstöckigen Mitunternehmerschaften

16.85 Bei **doppel- oder mehrstöckigen Mitunternehmerschaften** sind bei der Ermittlung des Ermäßigungshöchstbetrags nach § 35 EStG die Einkünfte aus der Obergesellschaft (einschließlich der Ergebnisse der Untergesellschaft) als gewerbliche Einkünfte zu berücksichtigen. Hierfür sind gem. § 35 Abs. 2 Satz 5 EStG die anteilig auf die Obergesellschaft entfallenden Gewerbesteuer-Messbeträge sämtlicher Untergesellschaften den Gesellschaftern der Obergesellschaft nach **Maßgabe des allgemeinen Gewinnverteilungsschlüssels** zuzurechnen.

16.86 Dies gilt nach **weitgehend unbestrittener Auffassung der Finanzverwaltung**[2] auch für die Zurechnung eines anteiligen Gewerbesteuer-Messbetrags einer Untergesellschaft an den mittelbar beteiligten Gesellschafter, wenn sich auf der Ebene der Obergesellschaft ein negativer Gewerbeertrag und damit ein **Gewerbesteuer-Messbetrag** von null Euro ergibt. Ein aus gewerbesteuerlichen Hinzurechnungen resultierender positiver Gewerbesteuer-Messbetrag der Unter- oder Obergesellschaft, dem jedoch negative gewerbliche Einkünfte zugrunde liegen, ist nicht zu berücksichtigen. Dies gilt für die Berücksichtigung der tatsächlich zu zahlenden Gewerbesteuer (§ 35 Abs. 1 Satz 5 EStG) entsprechend.

16.87 Hinzuweisen ist auf ein Urteil des BFH vom 28.5.2015 zur Frage der Anrechnung von Gewerbesteuer gemäß § 35 EStG auf die Einkommensteuer in Fällen, in denen ein **gewerbesteuerpflichtiger Veräußerungsgewinn** aus dem Anteil einer Personengesellschaft entstanden ist, die zuvor als Kapitalgesellschaft Organgesellschaft einer ertragsteuerlichen Organschaft war.[3] Der BFH hat abweichend von der Entscheidung der Vorinstanz die Gewerbesteueranrechnung zugelassen; das Urteil hat Eingang in das BMF-Schreiben vom 3.11.2016 zur Anrechnung nach § 35 EStG gefunden.[4]

3. Anrechnung gem. § 35 EStG im Falle einer der Organschaft nachgeordneten Personen- oder Kapitalgesellschaft

a) Vergleichbarkeit mit mehrstöckigen Mitunternehmerschaften?

16.88 Entsprechend stellt sich die Frage, ob bei Organträger-Personengesellschaften die auf das zugerechnete Organeinkommen entfallende **Gewerbesteuer** (einschließlich der Kapital-Organgesellschaft nachgeordneter Mitunternehmerschaften) für **typisierte Anrechnungszwecke gem. § 35 EStG** bei der Einkommensteuer der Mitunternehmer einer Organträger-Personen-

---

[1] Berechnung: 3,8 × 3,5 % [GewStMessbetrag] = 13,3 % [= Anrechnungsbetrag]. Da durch GewSt-Anrechnung auch die Bemessungsgrundlage des SolZ gemindert wird, ergibt sich noch eine Entlastung der Gesamtbelastung um 0,7 % [= 5,5 % von 13,3 %]. Daraus folgt eine Gesamtentlastung von 14 %, was im Ergebnis der GewSt bei einem Hebesatz von 400 % entspricht.
[2] BMF v. 3.11.2016 – IV C 6 - S 2296-a/08/10002, BStBl. I 2016, 1187 Rz. 25.
[3] BFH v. 28.5.2015 – IV R 27/12, BStBl. II 2015, 837; vgl. dazu Rz. 6.134 und *Schöneborn*, NWB 2015, 2480.
[4] BMF v. 3.11.2016 – IV C 6 - S 2296-a/08/10002, BStBl. I 2016, 1187 Rz. 14.

gesellschaft anteilig „**durchreichbar**" sein sollte. Dies ist auch nach den ablehnenden Entscheidungen des BFH vom 22.9.2011[1] weiterhin streitig.[2]

Mit Urteil vom 22.2.2017 hat das FG Saarland bei Vorliegen einer Organschaft zwischen einer Mitunternehmerschaft (Organträgerin) und einer Kapitalgesellschaft die entsprechende Anwendung des § 35 Abs. 2 Satz 5 EStG auf Gewerbesteuer-Messbeträge, die aus einer **Beteiligung an einer nachgeordneten Kapitalgesellschaft** stammen, ebenfalls versagt.[3]

16.89

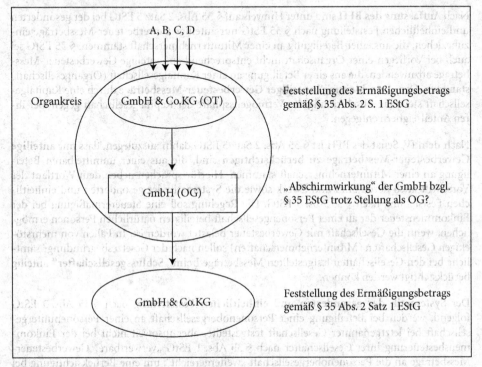

Abbildung: Organschaft mit nachgeordneter Personengesellschaft[4]

b) Die Entscheidungen des BFH v. 22.9.2011 (IV R 3/10; IV R 42/09)

Einschlägige höchstrichterliche Rechtsprechung zu der aufgeworfenen Fragestellung war bis zu den **Entscheidungen des BFH vom 22.9.2011**[5] nicht vorhanden. Allenfalls konnten aus dem zu § 32c Abs. 2 Satz 2 Nr. 2 EStG der in den Jahren 1999 und 2000 geltenden Fassung des

16.90

---

1 BFH v. 22.9.2011 – IV R 3/10, BStBl. II 2012, 14 = FR 2012, 371; BFH v. 22.9.2011 – IV R 42/09, BFH/NV 2012, 236; vgl. auch Anmerkungen von *Prinz/Hütig*, StuB 2012, 20.
2 Weiterhin für eine „Durchreichung" zB *Prinz* in Prinz/Kanzler, Handbuch Bilanzsteuerrecht³, Rz. 1675; zur ausführlichen Darstellung der Argumentation im Schrifttum vgl. *Schaumburg/Bäuml*, FR 2010, 1061.
3 FG Saarland v. 22.2.2017 – 1 K 1459/14, DStRK 2017, 254; s. a. *Weiss*, DStRK 2017, 254.
4 Vgl. *Schaumburg/Bäuml*, FR 2010, 1061 (1063).
5 BFH v. 22.9.2011 – IV R 3/10, BStBl. II 2012, 14 = FR 2012, 371; BFH v. 22.9.2011 – IV R 42/09, BFH/NV 2012, 236.

StEntlG 1999/2000/2002 ergangenen Beschluss des BFH vom 11.6.2003[1] Rückschlüsse gezogen werden. Dies hat sich durch die Entscheidungen des BFH vom 22.9.2011 grundlegend geändert. In den Verfahren war streitig, ob im Rahmen eines ertragsteuerlichen Organschaftsverhältnisses der einer Kapitalgesellschaft (Organgesellschaft) als Mitunternehmerin einer Personengesellschaft zuzurechnende Anteil am Gewerbesteuer-Messbetrag und an der tatsächlich zu zahlenden Gewerbesteuer in die **gesonderte und einheitliche Feststellung** nach § 35 Abs. 2 Satz 1 EStG beim Organträger (Mitunternehmerschaft) einzubeziehen ist.

16.91 Nach **Auffassung des BFH** sind unter Hinweis auf § 35 Abs. 2 Satz 5 EStG bei der gesonderten und einheitlichen Feststellung nach § 35 EStG nur anteilige Gewerbesteuer-Messbeträge einzubeziehen, die aus einer Beteiligung an einer Mitunternehmerschaft stammen. § 35 EStG sei auch bei Vorliegen einer Organschaft nicht entsprechend auf anteilige Gewerbesteuer-Messbeträge anzuwenden, die aus einer Beteiligung an einer Kapitalgesellschaft (Organgesellschaft) stammen. Der **„Durchleitung" anteiliger Gewerbesteuer-Messbeträge** durch eine Kapitalgesellschaft stehe die Abschirmung der Vermögenssphäre der Kapitalgesellschaft gegenüber ihren Anteilseignern entgegen.

16.92 Nach dem IV. Senat des BFH ist § 35 Abs. 2 Satz 5 EStG dahin auszulegen, dass nur **anteilige Gewerbesteuer-Messbeträge zu berücksichtigen** sind, die aus einer unmittelbaren Beteiligung an einer Mitunternehmerschaft stammen. Hierfür sprächen neben dem Wortlaut der Vorschrift auch deren Sinn und Zweck sowie die Systematik der gesonderten und einheitlichen Feststellung nach § 35 Abs. 3 EStG. Die Regelung soll eine Steuerermäßigung bei der Einkommensteuer der an einer Personengesellschaft beteiligten natürlichen Personen ermöglichen, wenn die Gesellschaft mit Gewerbesteuer belastet worden ist. In Fällen von mehrstöckigen Gesellschaften (Mitunternehmerschaften) sollen nach der Gesetzesbegründung[2] sämtliche bei den Gesellschaften festgestellten Messbeträge **beim „Schlussgesellschafter"** anteilig berücksichtigt werden können.

16.93 Der **Systematik der gesonderten und einheitlichen Feststellung** nach § 35 Abs. 3 EStG folgend, werden bei Beteiligung einer Personenobergesellschaft an einer Personenuntergesellschaft bei letztgenannter Gesellschaft festgestellte, aber insoweit nicht bei der Einkommensbesteuerung ihrer Gesellschafter nach § 35 Abs. 1 EStG „verwertbare" Gewerbesteuer-Messbeträge an die Personenobergesellschaft „weitergereicht", um eine Berücksichtigung bei den Gesellschaftern jener Gesellschaft („Schlussgesellschafter") zu ermöglichen.

16.94 Bei **mehrstufigen Beteiligungsverhältnissen (mehrstöckigen Personengesellschaften)** erfolgt die „Weiterleitung" so lange, bis eine Zuordnung an „Schlussgesellschafter" als natürliche Personen erfolgen kann. Schon hieraus ergibt sich für den BFH, dass bei der Feststellung für eine Personenobergesellschaft nach § 35 Abs. 2 Satz 5 EStG eine Berücksichtigung nur von Gewerbesteuer-Messbeträgen erfolgen darf, die aus einer unmittelbaren Beteiligung an einer Personenuntergesellschaft stammen.

c) Umsetzung der Urteile durch die Finanzverwaltung

16.95 Die Finanzverwaltung hatte sich hinsichtlich der Steuerermäßigung nach § 35 EStG bei einer über eine Organkapitalgesellschaft gehaltenen Personengesellschaft vor den Entscheidungen des BFH vom 22.9.2011 noch nicht geäußert. Das **Anwendungsschreiben zur Steu-**

---

1 BFH v. 11.6.2003 – IV B 47/03, BStBl. II 2003, 661 = FR 2003, 840 m. Anm. *Wendt*.
2 BT-Drucks. 14/3366, 119.

erermäßigung bei Einkünften aus Gewerbebetrieb nach § 35 EStG vom 3.11.2016[1] geht – wie auch seine Vorgängerschreiben – auf diesen Fall nicht explizit ein.

Nach Ergehen der Urteile hat sich zumindest die **Oberfinanzdirektion (OFD) Koblenz** in einer Kurzinformation vom 30.3.2012[2] zu beiden Urteilen geäußert:[3]

16.96

Infolge der Entscheidung des BFH sind – so die OFD Koblenz – auch bei Vorliegen einer Organschaft ein anteiliger Gewerbesteuer-Messbetrag und eine anteilige tatsächlich zu zahlende Gewerbesteuer, die aus einer Beteiligung der Organgesellschaft an einer Mitunternehmerschaft stammen, nicht in die gesonderte und einheitliche Feststellung beim Organträger einzubeziehen. § 35 Abs. 2 Satz 5 EStG sei insoweit keine geeignete Rechtsgrundlage, weil davon **nur Gewerbesteuer-Messbeträge aus der unmittelbaren Beteiligung an einer Mitunternehmerschaft** erfasst würden. Der Durchleitung eines anteiligen Gewerbesteuer-Messbetrags durch eine Kapitalgesellschaft (Organgesellschaft) stehe – entsprechend der Sichtweise des BFH – die **Abschirmwirkung der Vermögenssphäre der Kapitalgesellschaft** gegenüber ihren Anteilseignern entgegen.

16.97

Entsprechend wird vom FG Saarland für einen ähnlich gelagerten Fall argumentiert: Mit **Urteil vom 22.2.2017** hat es bei Vorliegen einer Organschaft zwischen einer Mitunternehmerschaft (Organträgerin) und einer Kapitalgesellschaft die entsprechende Anwendung des § 35 Abs. 2 Satz 5 EStG auf Gewerbesteuer-Messbeträge versagt, die aus einer Beteiligung an einer nachgeordneten Kapitalgesellschaft stammen.[4] Unter Bezugnahme auf die o. g. Entscheidung des BFH vom 22.9.2011[5] wird argumentiert, dass die Abschirmung der Vermögenssphäre der Kapitalgesellschaft gegenüber ihren Anteilseignern der „Durchleitung" anteiliger Gewerbesteuer-Messbeträge entgegenstehe.

16.98

Im Übrigen stellt die **OFD Koblenz** fest, dass die genannten BFH-Urteile vom 22.9.2011 beim Organträger keine (weiteren) Auswirkung auf die Ermittlung des anteiligen Gewerbesteuer-Messbetrags bzw. der anteiligen tatsächlich zu zahlenden Gewerbesteuer für Zwecke des § 35 EStG haben. Nach § 35 Abs. 2 Satz 1 EStG ist demnach bei Mitunternehmerschaften, auch wenn sie Organträger sind, der Betrag des Gewerbesteuer-Messbetrags, die tatsächlich zu zahlende Gewerbesteuer und der auf die einzelnen Mitunternehmer entfallende Anteil gesondert und einheitlich festzustellen. Die Organgesellschaft gilt als Betriebsstätte des Organträgers (§ 2 Abs. 2 Satz 2 GewStG) und damit der Mitunternehmerschaft. Der Gewerbeertrag der Organgesellschaft wird zum **Bestandteil des Gewerbeertrags des Organträgers.** Insoweit gibt es nur einen einheitlichen Gewerbesteuer-Messbetrag der Mitunternehmerschaft, der nach § 35 Abs. 2 Satz 1 EStG zwingend gesondert und einheitlich festzustellen ist. Für eine Nichtberücksichtigung des auf die Organgesellschaft entfallenden Anteils am einheitlichen Gewerbesteuer-Messbetrag sieht die Finanzverwaltung keine Rechtsgrundlage.

16.99

d) Analyse und Bedeutung der Urteile für die Praxis

Die auf die Organgesellschaft entfallenden, anteiligen Gewerbesteuermessbeträge aus der Beteiligung an der nachgeordneten Personengesellschaft können nach dem Wortlaut des § 35

16.100

---

1 BMF v. 3.11.2016 – IV C 6 - S 2296-a/08/10002, BStBl. I 2016, 1187.
2 OFD Koblenz, Kurzinformation v. 30.3.2012 – S 2296a - St 31 3, StEK EStG § 35 Nr. 13.
3 Im Übrigen geht die OFD Koblenz, aaO, auch auf das Urt. des BFH v. 22.9.2011 – IV R 8/09, FR 2012, 372 = BFH/NV 2012, 108 ein, das vorliegend nicht näher thematisiert wird.
4 FG Saarland v. 22.2.2017 – 1 K 1459/14, DStRK 2017, 254; s. a. *Weiss*, DStRK 2017, 254.
5 BFH v. 22.9.2011 – IV R 3/10, BStBl. II 2012, 14 = FR 2012, 371.

Abs. 2 Satz 5 EStG in die Feststellungen der Organträger-KG einbezogen werden, wenn sie „aus einer Beteiligung an einer Mitunternehmerschaft stammen". Insofern warfen die erstinstanzlichen Gerichte die Frage auf, ob Gewerbesteuer-Messbeträge auch dann noch aus einer Mitunternehmerschaft „stammen", wenn die Personenobergesellschaft (Organträger-KG) nicht unmittelbar an der Personenuntergesellschaft (nachgeordnete KG) beteiligt ist, sondern die **Beteiligung an der Untergesellschaft** von einer an dieser als Mitunternehmerin beteiligten GmbH, die ihrerseits (gewerbe- und körperschaftsteuerliche) Organgesellschaft der Personenobergesellschaft ist, **vermittelt** wird.

16.101 Für die **Zurechnung der anteiligen Gewerbesteuer-Messbeträge** der Personenuntergesellschaft bei der Personenobergesellschaft und eine entsprechende Erhöhung des Gewerbesteuer-Anrechnungsvolumens der Obergesellschaft würde maßgeblich angeführt,[1] dass zum einen der Gewinn der nachgeordneten Personen(unter-)gesellschaft körperschaftsteuerlich in das Einkommen der Organgesellschaft eingehe, der Organträger-Personengesellschaft nach §§ 14, 17 KStG zugerechnet und bei den Gesellschaftern der Obergesellschaft „schlussbesteuert" werde; dass zum anderen aber der Gewerbeertrag der nachgeordneten Personen(unter-)gesellschaft aus der gewerbesteuerlichen Bemessungsgrundlage der Organgesellschaft gem. § 9 Nr. 2 GewStG gekürzt werde und somit nicht in die Ermittlung des Gewerbesteuer-Messbetrags der Obergesellschaft eingehen könne. Ohne die Erhöhung des gewerbesteuerlichen Anrechnungsvolumens bei der Obergesellschaft um die anteiligen Gewerbesteuer-Messbeträge der nachgeordneten Personen(unter-)gesellschaft würde deshalb der gewerbliche Gewinn der Untergesellschaft – entgegen dem Grundanliegen des § 35 EStG[2] – bei den Gesellschaftern der Obergesellschaft **ohne die Möglichkeit einer Anrechnung** der gewerbesteuerlichen Vorbelastung **einkommensteuerpflichtig**.

16.102 Das **FG Hamburg**[3] gab den vorstehend zitierten Auffassungen zu, dass es – bezogen auf den Streitfall – durch die Nichtberücksichtigung der auf die Organgesellschaft entfallenden Gewerbesteuer-Messbeträge in den Feststellungsverfahren der Organträger-KG zu einer **ungekürzten Doppelbelastung** der von der Organgesellschaft bezogenen Gewinnanteile aus deren Beteiligung an der nachgeordneten Personen(unter-)gesellschaft mit Gewerbesteuer einerseits und Einkommensteuer andererseits kommt.

16.103 Allein am Wortlaut orientiert führte der erkennende Senat aus, dass die anteiligen Gewerbesteuer-Messbeträge der Organgesellschaft indes für die Organträger-KG nicht „**aus einer Beteiligung an einer Mitunternehmerschaft stammen**". Dabei verweist das Gericht auf die Auslegung des § 15 Abs. 1 Satz 1 Nr. 2 EStG, wonach einem unmittelbar beteiligten Gesellschafter einer Mitunternehmerschaft nur der über eine oder mehrere Personengesellschaften mittelbar beteiligte Gesellschafter gleich steht. Eine über eine Organgesellschaft vermittelte Mitunternehmerschaft des Organträgers scheidet danach aus. Das Gesetz ist nach Auffassung des FG Hamburg auch **nicht planwidrig unvollständig**, womit es an der Rechtsgrundlage für die Einbeziehung der auf die Organgesellschaft entfallenden, anteiligen Gewerbesteuer-Messbeträge

---

1 Vgl. *Schiffers* in Korn, § 35 EStG Rz. 88; *Rohrlack* in Blümich, § 35 EStG Rz. 75; *Korezkij*, GmbHR 2003, 1178 (1180); *Levedag* in HHR, § 35 EStG Anm. 78; *Neu*, DStR 2000, 1933 (1938); *Koretzkij*, GmbHR 2003, 1178; so auch beiläufig FG Düsseldorf v. 22.1.2009 – 16 K 1267/07 F, StE 2009, 245.
2 Vgl. zur Rechtsentwicklung und Bedeutung des § 35 EStG allgemein *Wendt*, FR 2000, 1173 ff.
3 FG Hamburg v. 26.8.2009 – 6 K 65/09, EFG 2010, 145; nachfolgend BFH v. 22.9.2011 – IV R 42/09, BFH/NV 2012, 236.

aus deren Beteiligung an der nachgeordneten Personen(unter-)gesellschaft in die Feststellungsverfahren der Organträger-KG fehle.[1]

Diese Rechtsauffassung des FG Hamburg stand in krassem **Widerspruch zu der des FG Düsseldorf**, das bereits in seiner Entscheidung vom 22.1.2009[2] ausführlich dargestellt hat, dass die gesetzliche Regelung in Bezug auf die hier maßgebliche Problematik – gemessen an dem mit ihr verfolgten Zweck – sehr wohl lückenhaft sei. Danach könnten die auf Organgesellschaften entfallenden Gewerbesteuer-Messbeträge aus Beteiligungen an Mitunternehmerschaften im Wege eines Analogieschlusses in die Feststellungen i.S.d. § 35 EStG einbezogen werden.

16.104

Die **Begründung des FG Düsseldorf** vom 22.1.2009 überzeugt. Die Anrechnung der Gewerbesteuer wurde im Zuge des Steuersenkungsgesetzes (StSenkG) vom 23.10.2000[3] eingeführt. Bei der Vorschrift des § 35 EStG handelt es sich um eine stark typisierende Regelung, bei der sich der Gesetzgeber offenbar im Wesentlichen am „Normalfall" orientiert hat. Schon die **Entwurfsfassung**[4] hatte daher in mehreren Punkten Nachbesserungsbedarf aufgewiesen. So war darin beispielsweise noch **keine Regelung für mehrstöckige Personengesellschaften vorgesehen**, da wohl übersehen worden war, dass der Gewerbeertrag der Untergesellschaft durch die Kürzung nach § 9 Nr. 2 GewStG nicht bei der Obergesellschaft ankommt;[5] erst auf eine Beschlussempfehlung des Finanzausschusses hin wurde dies ergänzt.[6]

16.105

Wenn aber schon der Fall der mehrstöckigen Personengesellschaft erst im Laufe des Gesetzgebungsverfahrens als regelungsrelevant erkannt wurde, kann – so das FG Düsseldorf – wohl davon ausgegangen werden, dass der **Gesetzgeber die hier zu beurteilende – deutlich speziellere – Gestaltung übersehen** hat. Weiterhin lasse sich auch aus der Existenz der – letztlich nicht umgesetzten – Regelung des § 35 Abs. 2 EStG für Organschaften im Entwurf des StVergAbG vom 2.12.2002[7] nicht ableiten, dass der Gesetzgeber alle im Zusammenhang mit der Organschaft stehenden Fallgestaltungen gesehen und sich – bezogen auf die hier maßgebliche Gestaltung – gegen eine Weiterleitung entschieden hat. Dies wird schon daran ersichtlich, dass die Regelung nicht einmal alle seinerzeit möglichen Organschaftskonstellationen abdeckte, da der Gesetzgeber offenbar die Möglichkeit zur Bildung einer nur körperschaftsteuerlichen Organschaft übersehen hatte.[8]

16.106

Der erkennende Senat des FG Düsseldorf hielt daher auch nach erneuter Prüfung in der Entscheidung vom 29.10.2009[9] an seiner Rechtsauffassung fest, dass von einer **Planwidrigkeit der Lücke** auszugehen ist. Sowohl die methodisch in erster Linie maßgebliche teleologische sowie historische Auslegung weisen, wie der Senat auch bereits in seiner Ausgangsent-

16.107

---

[1] Im Ergebnis gleicher Ansicht: *Frotscher*, UbG 2009, 426 (433); *Kollruss*, DStR 2007, 378; im Ergebnis ähnlich, aber andere Argumentation (Nichtberücksichtigung anteiliger Gewerbesteuermessbeträge ist nicht sachlich unbillig i. S. d. § 163 AO) *Wilhelm* in Kanzler/Kraft/Bäuml/ua.³, § 35 EStG Rz. 67.
[2] FG Düsseldorf v. 22.1.2009 – 16 K 1267/07 F, EFG 2009, 756; nachfolgend BFH v. 22.9.2011 – IV R 8/09, BStBl. II 2012, 183.
[3] BGBl. I 2000, 1433 ff.
[4] Vgl. den Entwurf des StSenkG in BR-Drucks. 90/00, 13.
[5] *Wendt*, FR 2000, 1173 (1180) Fn. 60.
[6] Vgl. BT-Drucks. 14/3366, 19 f.
[7] BGBl. I 2003, 660 ff.
[8] *Koretzkij*, GmbHR 2003, 1178.
[9] FG Düsseldorf v. 29.10.2009 – 16 K 1567/09 F, DStZ 2010, 264; nachfolgend BFH v. 22.9.2011 – IV R 3/10, BStBl. II 2012, 14.

scheidung vom 22.1.2009 ausgeführt hat, darauf hin, dass der Gesetzgeber den Personengesellschaften und Einzelunternehmen als Ausgleich dafür, dass der Körperschaftsteuersatz für juristische Personen gesenkt wurde, die Anrechnung der Gewerbesteuer ermöglichen wollte. Es sollte eine „gleichwertige Entlastung von Personengesellschaften und Einzelunternehmen einerseits und Kapitalgesellschaften andererseits" erreicht werden.[1] Als Alternative zur seinerzeit noch vorgeschlagenen „Option zur Besteuerung wie eine Kapitalgesellschaft" sollten im **sog. Basismodell** „alle Unternehmen, die Einkünfte aus Gewerbebetrieben erzielen und der Gewerbesteuer unterliegen, (…) durch eine Ermäßigung der Einkommensteuer um die Gewerbesteuer entlastet (werden)".[2]

16.108   Das FG Düsseldorf hielt in seiner Entscheidung vom 29.10.2009 insbesondere das Argument des FG Hamburg, dass das Gesetz ausdrücklich **Grundlagen- und Folgebescheidverhältnisse** für die Berücksichtigungsfähigkeit von Gewerbesteuer-Messbeträgen angeordnet habe und daher davon auszugehen sei, dass der Gesetzgeber die verfahrensrechtlichen Voraussetzungen bewusst gewählt und die hierdurch eintretenden Nachteile für Organschaften als hinnehmbar beurteilt habe, in der Sache für nicht überzeugend.

16.109   Auch die **Stellungnahme von** *Frotscher*[3] vermochte das FG Düsseldorf nicht dazu zu veranlassen, von seiner in der Ausgangsentscheidung vertretenen Auffassung abzurücken. *Frotscher* beruft sich darauf, dass es für eine Durchleitung an der Rechtsgrundlage fehle. Dies sei systematisch auch zutreffend, denn in dem Ausgangswert des auf der Ebene der Organträger-Personengesellschaft ermittelten Gewerbesteuer-Messbetrags sei der auf die nachgeschaltete Personengesellschaft entfallende Gewerbesteuer-Messbetrag nicht enthalten.

16.110   Nach Auffassung des FG Düsseldorf wird hier in einem Zirkelschluss argumentiert. Die zu stellende Frage, nämlich ob der anteilige Gewerbesteuer-Messbetrag, der auf die Organgesellschaft entfällt, in den Gewerbesteuermessbetrag der Organträger-Personengesellschaft einbezogen werden kann, wird von *Frotscher* gleichsam als Ergebnis vorweggenommen, verneint und dann argumentativ dazu herangezogen, das **Fehlen einer Rechtsgrundlage** zu legitimieren. Zutreffenderweise wäre aber zunächst die Ausgangsfrage zu klären, ob dem Gesetz nicht doch eine Rechtsgrundlage für die Durchleitung entnommen werden kann.

16.111   Auch wenn man entgegen der hier vertretenen Auffassung der abschließenden Argumentation des BFH bzgl. der Auslegung des § 35 EStG folgt, erscheint doch das Ergebnis zumindest irritierend. Würde anstelle der Beteiligung an einer nachgeschalteten Personengesellschaft eine Betriebsstätte der Organgesellschaft vorliegen, würde sich bei den Gesellschaftern der Organträger-Personengesellschaft ein entsprechendes Anrechnungsvolumen ergeben.[4] Die Sichtweise des BFH führt hingegen im vergleichbaren Fall einer nachgeordneten Personengesellschaft zu einer **ungekürzten Doppelbelastung des Steuerpflichtigen**,[5] wie auch die vorinstanzliche Entscheidung des FG Hamburg[6] einräumt. Schließlich entsteht der mit § 35 EStG eingeräumte Entlastungsbedarf nach dem Sinn und Zweck der Regelung beim Organträger; entsprechend wurde die Systematik des § 35 EStG gestaltet.[7]

---

1 Vgl. Entwurf des StSenkG, BT-Drucks. 14/2683, 97.
2 Vgl. Entwurf des StSenkG, BT-Drucks. 14/2683, 97.
3 *Frotscher*, Ubg 2009, 426.
4 Dies einräumend auch *Kollruss*, DStR 2007, 378, der ansonsten eine Durchleitung ablehnt.
5 *Schaumburg/Bäuml*, FR 2010, 1061 (1067).
6 FG Hamburg v. 26.8.2009 – 6 K 65/09, EFG 2010, 145. (BFH v. 22.9.2011 – IV R 42/09).
7 So u.a. *Schaumburg/Bäuml*, FR 2010, 1061 (1067) mwN.

VI. Verfahrensrechtliche Verknüpfung der an Organgesellschaft und Organträger gerichteten Steuerbescheide

Im Zuge der sog. **kleinen Organschaftsreform**[1] wurde mit § 14 Abs. 5 KStG eine **verfahrensrechtliche Grundlagen-/Folgebescheid-Beziehung** zwischen der Feststellung des Organeinkommens und der Besteuerung des Organträgers in den § 14 KStG eingefügt (s. hierzu Rz. 4.21 ff.). Die Neuregelung gilt gem. § 34 Abs. 9 Nr. 9 KStG erstmals für nach dem 31.12.2013 beginnende Feststellungszeiträume. 16.112

In der Vergangenheit hatte sich die Finanzverwaltung mit einem **internen Mitteilungsverfahren** beholfen; mit der sog. Mitteilung MO wurden dem für den Organträger zuständigen FA diejenigen Besteuerungsgrundlagen der Organgesellschaft mitgeteilt, die für die zusammengefasste Besteuerung von Bedeutung sind.[2] 16.113

Dass es im bisherigen Recht an einer verfahrensrechtlichen Grundlagen-/Folgebescheid-Beziehung mangelte, wurde besonders in einem vom BFH[3] entschiedenen Fall deutlich, in dem der Organgesellschaft eine Personengesellschaft nachgeordnet war. Da eine gesetzliche Regelung fehlte, konnten Gewinnänderungen, die sich bei der Personengesellschaft aufgrund einer steuerlichen Außenprüfung ergeben haben, nicht in die Veranlagung des Organträgers „weitertransportiert" werden; dies wirkte **sowohl zugunsten als auch zuungunsten der Unternehmen**.[4] 16.114

Nach **§ 14 Abs. 5 Satz 1 KStG nF** werden das dem Organträger zuzurechnende Organeinkommen und damit zusammenhängende andere Besteuerungsgrundlagen gegenüber dem Organträger und der Organgesellschaft gesondert und einheitlich festgestellt. Diese Feststellung gilt nach § 14 Abs. 5 Satz 3 KStG nF auch für die von der Organgesellschaft geleisteten Steuern,[5] die auf die Steuer des Organträgers anzurechnen sind. 16.115

Eine **Bindungswirkung besteht auch für „andere" Bescheide**, in denen sich die im Feststellungsbescheid i.S.d. § 14 Abs. 5 Satz 1 KStG enthaltenen Besteuerungsgrundlagen auswirken, zB für den Bescheid über die gesonderte Feststellung des steuerlichen Einlagekontos der Organgesellschaft hinsichtlich der Mehr-/Minderabführungen mit Verursachung in organschaftlicher Zeit.[6] Ist der Organträger eine natürliche Person oder eine Personengesellschaft, besteht die Bindungswirkung nach den Gesetzesmaterialien[7] für den an den Organträger zu richtenden Einkommensteuer- bzw. Feststellungsbescheid. 16.116

Für die **Gewerbesteuer** gilt die Organgesellschaft als Betriebsstätte des Organträgers; eine gesonderte und einheitliche Feststellung ist entbehrlich, da § 35b GewStG Möglichkeiten zur Änderung in ausreichendem Umfang vorsieht. 16.117

---

1 Gesetz zur Änderung und Vereinfachung der Unternehmensbesteuerung und des steuerlichen Reisekostenrechts v. 20.2.2013, BGBl. I 2013, 285.
2 Instruktiv dazu OFD Koblenz v. 30.3.2012 – S 2296a - St 31 3, StEK EStG § 35 Nr. 13; vgl. im Übrigen *Dötsch/Pung*, DB 2013, 305, 313.
3 BFH v. 28.1.2004 – I R 84/03, BStBl. II 2004, 539 = GmbHR 2004, 979.
4 *Dötsch/Pung*, DB 2013, 305, 313.
5 ZB Kapitalertragsteuer.
6 *Dötsch/Pung*, DB 2013, 305 (313).
7 Vgl. Begründung des BT-Finanzausschusses, BT-Drucks. 17/11217, 10.

VII. Praxishinweise/Gestaltungsmöglichkeiten

16.118 Die Personengesellschaft als Organträger ermöglicht die **Kombination der Vorteile zweier** ansonsten steuerlich weitgehend getrennter **Sphären**. Auf der einen Seite steht die transparente Besteuerung der Mitunternehmerschaft unter Einbeziehung der Möglichkeit einer Gewerbesteueranrechnung nach § 35 EStG auf die persönliche Einkommensteuer der Mitunternehmer. Auf der anderen Seite steht mit den konzern- bzw. unternehmenssteuerrechtlichen Vorteilen einer Gewinn- und Verlustübernahme im Organschaftsverhältnis – auch über mehrere Beteiligungsebenen – ua. die Gewerbesteueroptimierung im Vordergrund. Hier zeigt sich eine große Flexibilität der ertragsteuerlichen Organschaft, die auch mittelbaren GAV ermöglicht.

16.119 Nicht zuletzt bietet auf Ebene der Organträger-Personengesellschaft auch die sog. **Thesaurierungsbegünstigung gem. § 34a EStG** mit dem Sondertarifierungssatz von (nominal) 28,25 % erhebliche **steuerliche Optimierungsmöglichkeiten**, die einen möglichen Rechtsformnachteil gegenüber dem Thesaurierungssatz bei Kapitalgesellschaften zumindest annähernd auszugleichen hilft.[1] Gerade in Kombination mit Überlegungen zur vorweggenommenen Erbfolge ist dies für große Personenunternehmen attraktiv, kann doch die Entnahme des sondertarifierten Gewinns für Erbschaftsteuerzwecke ausnahmsweise ohne die grundsätzlich fällige Nachsteuer von 25 % erfolgen.

16.120 Die Anforderungen an die Personengesellschaft als Organträger sind jedoch zahl- und detailreich. Insofern ist insbesondere die Entscheidung des BFH vom 24.7.2013 zum Zeitpunkt des Vorliegens einer erstmaligen originären gewerblichen Tätigkeit von praktischer Relevanz, verschafft sie doch der Unternehmens- und Gestaltungspraxis einen zeitlichen Puffer zur Schaffung der entsprechenden Voraussetzungen bis zum Zeitpunkt der tatsächlichen Gewinnabführung. Bezüglich **Qualität und Mindestumfang der eigengewerblichen Tätigkeit** einer Organträger-Personengesellschaft wird man in der Unternehmenspraxis immer Wert auf eine valide Umsetzung legen müssen, führt doch eine steuerliche Nichtanerkennung der Organschaft insbesondere in den ersten fünf Jahren zu teilweise drastischen Folgen. Hier wäre eine Konkretisierung der Verwaltungsauffassung zur **„nicht nur geringfügigen" Tätigkeit** anhand quantitativer Kriterien wünschenswert.

16.121 Trotz der **Entscheidungen des BFH vom 22.9.2011** zur Frage der Gewerbesteueranrechnung gem. § 35 EStG unter Einbeziehung der der Kapital-Organgesellschaft nachgeordneten Mitunternehmerschaften ist der herrschende Meinungsstand nicht gänzlich unumstritten. Die berechtigte Kritik kann man sich im Rahmen von **Betriebsprüfungen bzw. Rechtsbehelfen** zu Nutze machen.[2]

C. Die Personengesellschaft im Rahmen einer umsatzsteuerlichen Organschaft

I. Überblick über die rechtsformspezifischen Besonderheiten

16.122 Eine **umsatzsteuerliche Organschaft nach § 2 Abs. 2 Nr. 2 UStG** liegt vor, wenn eine juristische Person nach dem **Gesamtbild der tatsächlichen Verhältnisse** finanziell, wirtschaftlich

---

1 Ausführlich dazu *Fechner/Bäuml*, DB 2008, 1652; *Fechner/Bäuml*, FR 2010, 744.
2 Instruktiv zur Verschmelzung einer Organträgerpersonen- auf eine Kapitalgesellschaft als neuen Organträger *Christ*, DStR 2018, 150.

und organisatorisch in ein Unternehmen eingegliedert ist. Es ist nicht erforderlich, dass alle drei Eingliederungsmerkmale gleichermaßen ausgeprägt sind. Eine Organschaft kann deshalb auch gegeben sein, wenn die Eingliederung auf einem dieser drei Gebiete nicht vollständig, dafür aber auf den anderen Gebieten umso eindeutiger ist, so dass sich die Eingliederung aus dem Gesamtbild der tatsächlichen Verhältnisse ergibt.[1] Vorliegend wird in erster Linie auf rechtsformspezifische Besonderheiten der Personengesellschaft als Organträger in der Umsatzsteuer eingegangen; vertiefende Ausführungen zur umsatzsteuerlichen Organschaft insgesamt finden sich in Rz. 22.22 ff.

Ist aus umsatzsteuerlicher Sicht eine Organschaft gegeben, sind die untergeordneten juristischen Personen (Organgesellschaften) als unselbständig anzusehen; **umsatzsteuerlicher Unternehmer** ist allein das Organträger-Personenunternehmen.

16.123

Als Organgesellschaften kamen ursprünglich regelmäßig nur juristische Personen des Zivil- und Handelsrechts in Betracht.[2] Dies war von Anfang an nicht unumstritten, auch wenn der Wortlaut des § 2 Abs. 2 Nr. 2 UStG diesbezüglich als eindeutig anzusehen ist. Die Frage, ob **auch Personengesellschaften taugliche Organgesellschaften** sein können, hatte der BFH deshalb dem **EuGH zur Entscheidung vorgelegt**.[3] Mit seinen Entscheidungen vom 16.7.2015 „Larentia + Minerva" sowie „Marenave"[4] hat der EuGH entschieden, dass eine Personengesellschaft als Organgesellschaft in Betracht kommen kann. Durch die Folgeurteile des BFH[5] und deren Umsetzung seitens der Finanzverwaltung[6] ist – entgegen dem Wortlaut des § 2 Abs. 2 Nr. 2 UStG – auch nach nationalem Recht eine Personengesellschaft grundsätzlich als taugliche Organgesellschaft anzusehen. Voraussetzung ist, dass Gesellschafter der Personengesellschaft neben dem Organträger nur Personen sind, die in das Unternehmen des Organträgers finanziell eingegliedert sind.[7]

16.124

Mit dem o. g. BMF Schreiben vom 26.5.2017 wurde eine **grundlegende Überarbeitung des Umsatzsteueranwendungserlasses (UStAE)** vorgenommen, insbesondere des Abschnitts A 2.8.[8] Die Änderungen gelten für Umsätze nach dem 31.12.2018. Die Änderungen in A 2.8 Abs. 10 und 12 sind in allen offenen Fällen anzuwenden; die übrigen Änderungen sind auf nach dem 31.12.2018 ausgeführte Umsätze anzuwenden. Eine frühere Anwendung wird nicht beanstandet, wenn sich im Organkreis Beteiligte bei der Beurteilung des Umfangs der umsatz-

16.125

---

1 A 2.8 Abs. 1 UStAE; vgl. auch BFH v. 23.4.1964 – V 184/61 U, BStBl. III 1964, 346; BFH v. 22.6.1967 – V R 89/66, BStBl. III 1967, 715.
2 Vgl. BFH v. 20.12.1973 – V R 87/70, BStBl. II 1974, 311.
3 Vgl. Vorlagebeschlüsse des BFH an den EuGH: BFH v. 5.3.2014 – XI R 17/11, BStBl. II 2014, 417 = UR 2014, 313 und BFH v. 11.12.2013 – XI R 38/12, BStBl. II 2014, 428 = UR 2014, 323; vgl. hierzu auch BMF v. 5.5.2014 – IV D 2 - S 7105/11/10001, IV D 2 - S 7105/13/10003 – DOK 2014/0394588, BStBl. I 2014, 820 = UR 2014, 497; vgl. *Grambeck*, StuB 2016, 268.
4 EuGH v. 16.7.2015, Larentia + Minerva, C-108/14 bzw. Marenave, C-109/14, BStBl. II 2017, 553; vgl. *Grünwald*, WPg 2016, 1097.
5 Vgl. nur BFH v. 2.12.2015 – V R 25/13, BStBl. II 2017, 547; BFH v. 3.12.2015 – V R 36/13, BStBl. II 2017, 563; BFH v. 19.1.2016 – XI R 38/12, BStBl. II 2017, 567; BFH v. 1.6.2016 – XI R 17/11, BStBl. II 2017, 581; vgl. auch *von Streit/Streit*, UStB 2016, 147; zu den unterschiedlichen Begründungsansätzen des V. und des XI. Senats des BFH s. auch Rz. 22.26 ff.
6 BMF v. 26.5.2017 – III C 2 - S 7105/15/10002, BStBl. II 2017, 790 (Änderung des UStAE); vgl. dazu *Hammerl/Fietz*, NWB 2018, 133.
7 A 2.8 Abs. 5a UStAE; BFH v. 2.12.2015 – V R 25/13, BStBl. II 2017, 547.
8 *Korn*, NWB 2017, 1856 (1857); s. a. OFD Frankfurt a.M. v. 11.7.2017 – S 7105 A – 22 – St 110, UR 2018, 179.

steuerlichen Organschaft übereinstimmend auf die entsprechenden Regelungen unter bestimmten Voraussetzungen berufen.[1]

16.126 Nach der Rundverfügung der **OFD Frankfurt** vom 11.7.2016 treten die Rechtsfolgen einer umsatzsteuerlichen Organschaft zwingend ein und müssen grundsätzlich auch für die Vergangenheit nachvollzogen werden, wenn eine umsatzsteuerliche Organschaft unerkannt geblieben ist. Nur sofern die Steuererhebung nicht gefährdet sei, keine materiell-rechtlichen Gründe entgegen stünden, aber auch keine Rechtsbehelfsverfahren wegen der Umsatzsteuerfestsetzung der Organgesellschaft mehr anhängig seien, könne eine Berücksichtigung der umsatzsteuerlichen Organschaft in der Veranlagung der Gesellschaften für die Vergangenheit aus Vereinfachungsgründen unterbleiben.[2]

16.127 **Organträgerunternehmen** kann jedes beliebige Unternehmen sein,[3] mithin auch ein Personenunternehmen. Voraussetzung ist in jedem Fall, dass die Unternehmereigenschaft des Organträgerunternehmens im umsatzsteuerlichen Sinne bejaht werden kann.

16.128 In Zusammenhang mit **GmbH & Co. KGs** gibt es einige **Besonderheiten** in Bezug auf deren Stellung als taugliche Organgesellschaft zu beachten. So kann eine GmbH, die an einer KG als persönlich haftende Gesellschafterin beteiligt ist, grundsätzlich nicht als Organgesellschaft in das Unternehmen dieser KG eingegliedert sein.[4] Dies gilt auch in den Fällen, in denen die übrigen Kommanditisten der KG sämtliche Gesellschaftsanteile der GmbH halten.[5] Bei der **sog. Einheits-GmbH & Co. KG** (100 %ige unmittelbare Beteiligung der KG an der GmbH) kann die GmbH jedoch als Organgesellschaft in die KG eingegliedert sein, da die KG auf Grund ihrer Gesellschafterstellung sicherstellen kann, dass ihr Wille auch in der GmbH durchgesetzt wird.[6]

16.129 Natürliche Personen, die **keine Unternehmer** i.S.d. § 2 Abs. 2 UStG sind, können keine Organträger oder Organgesellschaft sein.[7]

II. Finanzielle Eingliederung in Zusammenhang mit Personengesellschaften

16.130 Mit Blick auf das **Kriterium der finanziellen Eingliederung** ist festzuhalten, dass diese eine unmittelbare oder mittelbare Beteiligung der Organträger-Personengesellschaft an der Organgesellschaft voraussetzt.

16.131 Werden die Anteile zweier Kapitalgesellschaften **ausschließlich von natürlichen Personen**, die nicht Unternehmer sind, gehalten, ist eine Organschaft zwischen den beiden Kapitalgesellschaften nicht möglich.[8]

---

1 Vgl. Anlage 8 zum UStAE betr. BMF v. 26.5.2017 – III C 2 - S 7105/15/10002, BStBl. II 2017, 790.
2 OFD Frankfurt a.M. v. 11.7.2017 – S 7105 A - 22 - St 110, UR 2018, 179.
3 A 2.8 Abs. 2 UStAE.
4 A 2.8 Abs. 2 UStAE; BFH v. 14.12.1978 – V R 85/74, BStBl. II 1979, 288.
5 A 2.8 Abs. 2 UStAE; BFH v. 19.5.2005 – V R 31/03, BStBl. II 2005, 671 = UR 2005, 496.
6 Vgl. u. a. *Korn*, NWB 2017, 1856 (1857).
7 Vgl. A 2.8 Abs. 2 UStAE; BFH v. 2.12.2015 – V R 67/14, BStBl. II 2017, 560; BFH v. 10.8.2016 – XI R 41/14, BStBl. II 2017, 590.
8 BFH v. 18.12.1996 – XI R 25/94, BStBl. II 1997, 441 = GmbHR 1997, 668.

16.132 Das Gleiche gilt aufgrund einer **Änderung der Rechtsprechung des BFH** auch für die Eingliederung in eine **Personengesellschaft als Organträger**.[1] Danach reicht es für die finanzielle Eingliederung – entgegen der früheren Rechtsprechung[2] – nicht aus, wenn eine Organträger-Personengesellschaft nicht selbst an der Organgesellschaft beteiligt ist, sondern nur ein oder mehrere Gesellschafter.[3] In diesem Fall ist keine der beiden Gesellschaften in das Gefüge des anderen Unternehmens eingeordnet, sondern es handelt sich vielmehr um **gleich geordnete Schwestergesellschaften**. Dies gilt auch dann, wenn die Beteiligung eines Gesellschafters an einer Kapitalgesellschaft ertragsteuerlich zu dessen **Sonderbetriebsvermögen** bei einer Personengesellschaft gehört. Das Fehlen einer eigenen unmittelbaren oder mittelbaren Beteiligung der Gesellschaft kann nicht durch einen Beherrschungs- und Gewinnabführungsvertrag ersetzt werden.[4]

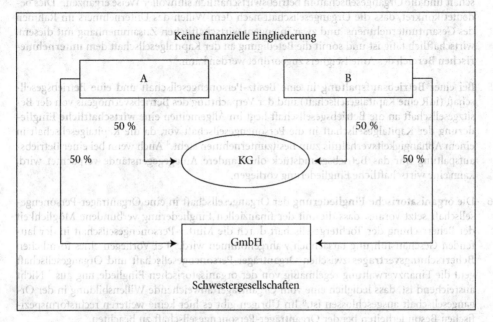

16.133 Mit dem zur **Betriebsaufspaltung** ergangenen **Urteil vom 1.12.2010** hat der BFH[5] entschieden, dass für eine finanzielle Eingliederung auch nicht ausreichend sein soll, wenn an der Besitz- und der Betriebsgesellschaft ein einziger Gesellschafter jeweils mehrheitlich beteiligt ist. Dies gilt auch dann, wenn die Beteiligung eines Gesellschafters an einer Kapitalgesellschaft ertragsteuerlich zu dessen Sonderbetriebsvermögen bei der Organträger-Personengesellschaft

---

1 BFH v. 22.4.2010 – V R 9/09, BStBl. II 2011, 597 = UR 2010, 579; BFH v. 1.12.2010 – XI R 43/08, BStBl. II 2011, 600 = GmbHR 2011, 494.
2 BFH v. 14.2.2008 – V R 12/06, BFH/NV 2008, 1365 – Fortgeltung der Mehrmütterorganschaft bei der Umsatzsteuer.
3 A 2.8. Abs. 5b UStAE; vgl. auch BFH v. 2.8.1979 – V R 111/77, BStBl. II 1980, 20 = UR 1980, 50; BFH v. 22.4.2010 – V R 9/09, BStBl. II 2011, 597 = GmbHR 2010, 823; BFH v. 1.12.2010 – XI R 43/08, BStBl. II 2011, 600 = GmbHR 2011, 494; bestätigt durch BFH v. 1.9.2010 – XI B 6/10, BFH/NV 2010, 2140; BFH v. 6.5.2010 – V R 24/09, BFH/NV 2011, 76 und BFH v. 10.6.2010 – V R 62/09, UR 2010, 907 = BFH/NV 2011, 79.
4 BFH v. 1.12.2010 – XI R 43/08, BStBl. II 2011, 600 = GmbHR 2011, 494.
5 BFH v. 1.12.2010 – XI R 43/08, BStBl. II 2011, 600 = GmbHR 2011, 494.

gehört. Das Fehlen einer eigenen unmittelbaren oder mittelbaren Beteiligung der Gesellschaft kann auch nicht durch einen Beherrschungs- und Gewinnabführungsvertrag ersetzt werden. Die Organträger-Personengesellschaft selber muss unmittelbar oder mittelbar an der Organgesellschaft beteiligt sein. Die Finanzverwaltung wendet diese Rechtsprechung in allen offenen Fällen an.[1] Auf übereinstimmenden **Antrag** aller am vermeintlichen Organkreis beteiligten Unternehmen kann die „alte Rechtslage" bis zum 31.12.2011 weiter angewendet werden.

III. Wirtschaftliche und organisatorische Eingliederung

16.134 Die **wirtschaftliche Eingliederung** setzt voraus, dass sich die Organträger-Personengesellschaft und die Organgesellschaft in betriebswirtschaftlich sinnvoller Weise ergänzen.[2] Dies bedeutet konkret, dass die Organgesellschaft nach dem Willen des Unternehmers im Rahmen des Gesamtunternehmens, und zwar in engem wirtschaftlichen Zusammenhang mit diesem, wirtschaftlich tätig ist und somit die Beteiligung an der Kapitalgesellschaft dem **unternehmerischen Bereich** des Anteilseigners zugeordnet werden kann.[3]

16.135 Bei einer **Betriebsaufspaltung** in eine Besitz-Personengesellschaft und eine Betriebsgesellschaft (idR eine Kapitalgesellschaft) und der Verpachtung des Betriebsvermögens von der Besitzgesellschaft an die Betriebsgesellschaft liegt im Allgemeinen eine **wirtschaftliche Eingliederung** der Kapitalgesellschaft in die Personengesellschaft vor, da die Kapitalgesellschaft in einem Abhängigkeitsverhältnis zum Besitzunternehmen steht.[4] Auch wenn bei einer Betriebsaufspaltung nur das Betriebsgrundstück ohne andere Anlagegegenstände verpachtet wird, kann eine wirtschaftliche Eingliederung vorliegen.[5]

16.136 Die **organisatorische Eingliederung** der Organgesellschaft in eine Organträger-Personengesellschaft setzt voraus, dass die mit der finanziellen Eingliederung verbundene Möglichkeit der Beherrschung der Tochtergesellschaft durch die Mutter-Personengesellschaft in der laufenden Geschäftsführung tatsächlich wahrgenommen wird.[6] Bei Vorliegen eines förmlichen **Beherrschungsvertrages** zwischen Organträger-Personengesellschaft und Organgesellschaft geht die Finanzverwaltung regelmäßig von der organisatorischen Eingliederung aus.[7] Nicht ausreichend ist, dass lediglich eine vom Organträger abweichende Willensbildung in der Organgesellschaft ausgeschlossen ist.[8] Im Übrigen gibt es hier keine weiteren rechtsformspezifischen Besonderheiten bei der Organträger-Personengesellschaft zu beachten.

---

1 BMF v. 5.7.2011 – IV D 2 – S 7105/10/10001 – DOK 2011/0518308, BStBl. I 2011, 703 = UR 2011, 681.
2 A 2.8 Abs. 6 bis 6c UStAE.
3 A 2.8 Abs. 6 UStAE; BFH v. 22.6.1967 – V R 89/66, BStBl. III 1967, 715.
4 A 2.8 Abs. 6b UStAE; vgl. BFH v. 28.1.1965 – V 126/62 U, BStBl. III 1965, 243; BFH v. 17.11.1966 – V 113/65, BStBl. III 1967, 103.
5 A 2.8 Abs. 6b UStAE; BFH v. 9.9.1993 – V R 124/89, BStBl. II 1994, 129 = UR 1994, 195.
6 A 2.8 Abs. 7 UStAE; BFH v. 28.1.1999 – V R 32/98, BStBl. II 1999, 258 = UR 1999, 251.
7 A 2.8 Abs. 10 UStAE.
8 A 2.8 Abs. 7 UStAE; BFH v. 8.8.2013 – V R 18/13, BStBl. II 2017, 543; BFH v. 2.12.2015 – V R 15/14, BStBl. II 2017, 553; zu weiteren Einzelheiten s. Rz. 22.66 ff.

D. Ausblick

Aufgrund der ertrags- und erbschaftsteuerlichen Vorteile einer Organschaft mit einer Personengesellschaft als Organträger an der Spitze, die insbesondere in familiengeführten Unternehmensgruppen gegenüber den rein kapitalistisch ausgestalteten Organschaften zum Tragen kommen, werden **Organträger-Personengesellschaften** sicherlich auch in Zukunft ihre **Daseinsberechtigung** haben.

16.137

Würde allerdings das **Modell der Organschaftsbesteuerung** in Deutschland grundlegend reformiert, zB durch Einführung einer modernen Gruppenbesteuerung, wird – wie bereits in der Vergangenheit – die Frage aufkommen, welche Rolle Personengesellschaften im Kontext des Konzernsteuerrechts spielen sollen. Dabei sollte nicht übersehen werden, dass im Unterschied zu zahlreichen anderen europäischen Ländern die Personengesellschaft in Deutschland eine erhebliche Verbreitung in der „Rechtsformlandschaft" vorweisen kann. Nicht zuletzt nutzen auch börsennotierte Konzerne **Personengesellschaften als flexible Vehikel innerhalb der Beteiligungsstruktur**, sei es als Zwischenholdings oder im Zuge von Umwandlungsmaßnahmen. Eine Gruppenbesteuerung ohne die Möglichkeit, Personengesellschaften als Spitzeneinheit vorzusehen, würde dies ignorieren. Die damit möglicherweise verbundene Komplikation eines solchen Systems sollte in Kauf genommen werden.

16.138

Die Voraussetzungen sowie die steuerliche Behandlung der Personengesellschaft als Organträger ist in den letzten Jahren zunehmend **Gegenstand der höchstrichterlichen Rechtsprechung** geworden. Diese hat einige wesentliche Rechtsfragen einer Lösung zugeführt und damit **Rechtssicherheit für die Anwendungspraxis** geschaffen.

16.139

Die **sog. Kleine Organschaftsreform** wiederum hat im Zuge der Neuregelungen einige bedeutsame Zweifelsfragen aufgeworfen, nicht zuletzt in Zusammenhang mit der Auslegung der Sätze 4–7 im Rahmen des § 14 Abs. 1 Satz 1 Nr. 2 KStG. Hier sind also auch künftig noch **Klarstellungen seitens der Finanzverwaltung sowie der Rechtsprechung** zu erwarten. Die dabei aufgeworfenen Fragen sind nicht notwendig organschaftsspezifisch, geht es doch insbesondere auch um die **Definition des Betriebsstättenbegriffs** und dessen Abgrenzung im nationalen Kontext vs. Abkommensrecht. Je nach Verlauf der weiteren Diskussionen wird man die spezifischen Reflexwirkungen auf Organträger-Personengesellschaften beobachten müssen.

16.140

Auch die künftige Entwicklung der Rolle der Personalgesellschaften als Organgesellschaft in der umsatzsteuerlichen Organschaft gilt es zu beobachten. Aufgrund der Übergangsregelungen zum Stichtag 31.12.2018 sollte die Praxis prüfen, ob in Konzernstrukturen oder bei Betriebsaufspaltungen eine umsatzsteuerliche Organschaft besteht.

16.141

Kapitel 17
Holding als Organträger

A. Begriff der Holding 17.1
  I. Holding als Organisations-
    struktur 17.1
  II. Ausprägungen der Holding-
    funktion 17.3
    1. Der Stammhaus-Konzern 17.3
    2. Geschäftsleitende Holding 17.4
    3. Finanzholding 17.5
    4. Gemischte Holding 17.6

B. Holding als ertragsteuerlicher
  Organträger 17.7
  I. Sog. Kleine Organschaftsreform .. 17.7
    1. Einfügung der Sätze 4 bis 7 in
      § 14 Abs. 1 Satz 1 Nr. 2 KStG 17.7
    2. Auslegung des § 14 Abs. 1 Satz 1
      Nr. 2 Sätze 4–7 KStG 17.9
  II. Auswirkungen auf Holding-
    strukturen 17.12
    1. Problemstellung 17.12
    2. Nationaler Betriebsstättenbegriff ... 17.14
    3. Funktionaler Zusammenhang zwi-
      schen Betriebsstätte und Organ-
      beteiligung 17.16

    4. Merkmal der wirtschaftlichen
      Eingliederung reloaded? 17.17
    5. Organträger-Personengesellschaft
      mit ausländischen Gesellschaftern ... 17.21
      a) Inländische Betriebsstätte 17.21
      b) Funktionale Zuordnung der
        Organbeteiligung 17.24
      c) Fortentwicklung der Recht-
        sprechung 17.27
      d) Fazit 17.31

C. Holding als umsatzsteuerlicher
  Organträger 17.32
  I. Problematik des Vorsteuerabzugs . 17.32
  II. Sphärentheorie in der Betriebs-
    prüfungspraxis 17.33
  III. Rechtsprechung des EuGH bei
    gemischten Holdings 17.38
  IV. Fazit 17.39

D. Holding als gewerbesteuerlicher
  Organträger 17.40

Literatur: *Balbinot/Berner*, Holdinggesellschaften in der Umsatzsteuer: Umfang der Berechtigung zum Vorsteuerabzug, DStR 2018, 648; *Benecke/Schnitger*, Wichtige Änderungen bei der körperschaftsteuerlichen Organschaft durch das UntStG 2013, IStR 2013, 143; *Blumers*, Organträgerpersonengesellschaft und DBA-Betriebsstättenvorbehalt, DB 2017, 2893; *Dötsch/Pung*, Organträger-Personengesellschaft mit ausländischen Gesellschaftern: Zur Anwendung des § 14 Abs. 1 Satz 1 Nr. 2 Satz 7 KStG, DB 2014, 1215; *Eggers*, Umsatzsteuerliche Behandlung von gesellschaftsrechtlichen Beteiligungen und Holdinggesellschaften, Wpg 2007, 616; *Eggers/Ahrens*, Vorsteuerabzug bei Holdinggesellschaften: Sphärentheorie reloaded?, DB 2013, 2528; *Eggers/Korf*, Umsatzsteuerrechtliche Fragen im Zusammenhang mit dem Halten von Beteiligungen, DB 2007, 361; *Everling*, Konzernführung durch eine Holdinggesellschaft, DB 1981, 2549; *Klein*, Betriebsstättenzurechnung bei gewerblich geprägter KG im Nicht-DBA-Fall, Ubg 2018, 334; *Kröner*, Körperschaftsteuererklärung 2013 – Organschaft, verdeckte Gewinnausschüttung und Verlustausgleich im Fokus, NWB 2014, 1186; *Rödder/Schönfeld*, Abschied (auslandsbeherrschter) inländischer Kapitalgesellschaften von der deutschen Ertragsteuerpflicht?, DStR 2011, 886; *Schirmer*, Holding als Organträger nach der Organschaftsreform – Bedeutet die Zuordnung zur inländischen Betriebsstätte nach § 14 Abs. 1 S. 1 Nr. 2 S. 4 KStG das „Aus"?, GmbHR 2013, 797; *Schirmer*, Neue Probleme durch das Zuordnungsmerkmal bei der Organschaft nach der Organschaftsreform, StBp 2013, 245; *Wiese/Lukas*, Betriebsvermögen und Einkünfte von Holding-Personengesellschaften, GmbHR 2016, 803.

A. Begriff der Holding

I. Holding als Organisationsstruktur

17.1 Beim **Begriff der „Holding"** handelt es sich weder um einen gesetzlich definierten, noch um einen in der juristischen Literatur eingeführten, einheitlich gebrauchten Begriff.[1] Letztlich beschreibt der Holdingbegriff eine Organisationsstruktur und keine Rechtsform. Geht man von dem englisch-sprachigen Begriffskern aus, kann man daraus ableiten, dass der betriebliche Hauptzweck im Halten einer auf Dauer angelegten Beteiligung an einem anderen oder mehreren anderen rechtlich selbständigen Unternehmen liegen könnte.[2] Der steuerliche Gesetzgeber hat lediglich einmal auf die Holding Bezug genommen, und zwar in § 8a Abs. 4 KStG in der Fassung vor 2007, ohne jedoch den Begriff weiter zu definieren.

17.2 Die **Rechtsform der Holding** ist von untergeordneter Bedeutung; Holding-Unternehmen kann sowohl eine natürliche als auch eine Personengesellschaft oder eine juristische Person sein. Nimmt man eine **funktionale Differenzierung** vor, sind im Wesentlichen vier Ausprägungen zu unterscheiden:

II. Ausprägungen der Holdingfunktion

1. Der Stammhaus-Konzern

17.3 Im Gegensatz zu den sog. Einheitsunternehmen hält der **Stammhaus-Konzern** auch Beteiligungen an anderen Unternehmen und Tochtergesellschaften. Gleichzeitig nimmt die an der Spitze stehende konzernleitende Einheit selbst alle für die Erstellung der Unternehmensleistungen wichtigen Funktionen einschließlich des operativen Geschäfts wahr,[3] dh. sie tritt selbst im breiten Umfang unternehmerisch am Markt auf.[4] Der Erwerb und die Gründung von Tochtergesellschaften hat im Stammhaus-Konzern also lediglich eine ergänzende und unterstützende Funktion für die Entfaltung der unternehmerischen Tätigkeit der leitenden Einheit, insbesondere für unternehmerische Tätigkeiten im Ausland.[5] Dementsprechend unterscheiden sich die Tochterunternehmen im typischen Stammhaus-Konzern lediglich durch ihre juristische Selbständigkeit von unselbständigen Betriebsabteilungen.[6]

2. Geschäftsleitende Holding

17.4 Dieser Typus der Holding wird auch **Management-Holding oder Führungs-Holding** genannt.[7] Der wesentliche Unterschied zum Stammhaus-Konzern besteht bei der geschäftsleitenden Holding darin, dass sie kein eigenes operatives Geschäft betreibt. Durchaus typisch ist, dass sie interne Dienstleistungen für die Gruppe erbringt, wie zB Recht, Steuern und EDV. Letztlich verfügt sie, da sie keine eigene Dienstleistung am Markt anbietet, mit Ausnahme zum Finanz- und Personalmarkt über keine Beziehungen zu Absatz- und Beschaffungsmärkten. Mithin ist das prägende Merkmal der geschäftsleitenden Holding, dass sie das operative Ge-

---

1 *Lutter* in Lutter/Bayer, Holding-Handbuch[5], Rz. 1.11 mwN.
2 *Lutter* in Lutter/Bayer, Holding-Handbuch[5], Rz. 1.13.
3 *Scheffler*, Konzernmanagement[2], 51.
4 *Everling*, DB 1981, 2549.
5 *Lutter* in Lutter/Bayer, Holding-Handbuch[5], Rz. 1.15.
6 *Everling*, DB 1981, 2549.
7 *Lutter* in Lutter/Bayer, Holding-Handbuch[5], Rz. 1.16.

schäft fast ausschließlich den Tochterunternehmen überlässt und sich auf die Aufgabe der strategischen Steuerung der Führungspositionen und des Kapitalflusses innerhalb der Gruppe sowie auf die Konzernkoordination beschränkt.[1] Im **Gegensatz zu einer reinen Finanz- bzw. Vermögensholding** beschränkt sich die geschäftsleitende Holding allerdings nicht nur auf das Halten der Beteiligung an den Tochterunternehmen, sondern sie führt diese auch. Dementsprechend erstreckt sich die **Leitungsverantwortung des Holdingvorstandes** nach § 76 Abs. 1 AktG auch auf die Leitung der Tochtergesellschaften.[2] Erste Stimmen in der Literatur leiten daraus ab, dass eine geschäftsleitende Holding durchaus originär gewerblich tätig sein kann[3].

3. Finanzholding

Die **Finanzholding** übt selbst keine Führungsfunktionen in ihren Tochtergesellschaften aus, sondern beschränkt sich auf die mit ihren Beteiligungen verbundenen **Finanzierungs- und Verwaltungsaufgaben**. Dabei schließt die Verwaltung von Beteiligungen eine Aufsicht über das Handeln der Unternehmen ein und kann daher auch eine Beratung mit deren Vorständen erfordern. Nach diesem Verständnis sind Aufsicht und Beratung aber noch keine Führung. Damit ähnelt die Finanz-Holding in ihrer Ausgestaltung einer reinen **Vermögensverwaltung i.S.d. § 11 Abs. 5 Satz 2 PublG**.[4]

17.5

4. Gemischte Holding

Daneben kann es Mischformen der bereits genannten Holdingformen geben, wie beispielsweise eine Holding, die weitgehend einer geschäftsleitenden Holding entspricht, daneben aber wie ein Stammhaus-Konzern eine eigene – wenn auch untergeordnete – unternehmerische Tätigkeit entfaltet.[5]

17.6

B. Holding als ertragsteuerlicher Organträger

I. Sog. Kleine Organschaftsreform

1. Einfügung der Sätze 4 bis 7 in § 14 Abs. 1 Satz 1 Nr. 2 KStG

Mit dem Gesetz zur Änderung und Vereinfachung der Unternehmensbesteuerung und des steuerlichen Reisekostenrechts v. 20.2.2013[6] wurden ua. diverse gesetzliche Änderungen im Bereich der Organschaft vorgenommen (**sog. Kleine Organschaftsreform**). Für Holdingstrukturen sind insbesondere die Einführung der Sätze 4 bis 7 in § 14 Abs. 1 Satz 1 Nr. 2 KStG sowie die Streichung des § 18 KStG von Bedeutung. Mit diesen Änderungen hat der Gesetzgeber die Organträgerstellung von der Voraussetzung eines inländischen Sitzes bzw. einer inländischen Geschäftsleitung gelöst und knüpft nunmehr an eine inländische Betriebsstätte an. Damit können auch Auslandsgesellschaften mit einer inländischen Betriebsstätte taugliche Organträger sein.

17.7

---

1 *Scheffler*, Konzernmanagement[2], 51; *Bühner*, Management Holding[2], 145 ff.
2 *Lutter* in Lutter/Bayer, Holding-Handbuch[5], Rz. 1.17.
3 *Wiese/Lukas*, GmbHR 2016, 803.
4 *Lutter* in Lutter/Bayer Holding-Handbuch[5], Rz. 1.22.
5 *Lutter* in Lutter/Bayer Holding-Handbuch[5], Rz. 1.21.
6 BGBl. I 2013, 285.

17.8 Gemäß § 14 Abs. 1 Satz 1 Nr. 2 Satz 4 KStG muss die Beteiligung an der Organgesellschaft ununterbrochen während der gesamten Dauer der Organschaft einer inländischen Betriebsstätte des Organträgers i.S.v. § 12 AO zuzuordnen sein. Nach Satz 5 gilt dies sinngemäß auch bei mittelbaren Beteiligungen. Nach Satz 7 liegt eine inländische Betriebsstätte im Sinne dieser Vorschrift aber nur dann vor, wenn die dieser Betriebsstätte zuzurechnenden Einkünfte sowohl nach innerstaatlichem Steuerrecht als auch nach einem anzuwendenden DBA der inländischen Besteuerung unterliegen.

2. Auslegung des § 14 Abs. 1 Satz 1 Nr. 2 Sätze 4–7 KStG

17.9 Die gesetzliche Neuregelung soll sicherstellen, dass das dem Organträger zugerechnete Einkommen einer Organgesellschaft auch der inländischen Besteuerung unterliegt. Die Notwendigkeit der Absicherung des deutschen Besteuerungsrechts hat sich nach Veröffentlichung des zur Gewerbesteuer ergangenen BFH-Urteils v. 9.2.2011[1] ergeben, in dem der BFH auf der Grundlage des Art. 20 Abs. 4 und 5 DBA-GB **eine grenzüberschreitende „Wegrechnung" des inländischen Organeinkommens** zur ausländischen Muttergesellschaft bejahte, obwohl dem ausländischen Staat insoweit kein Besteuerungsrecht zustand. Das Ergebnis waren sog. weiße Einkünfte.[2]

17.10 Zum besseren Verständnis der Norm ist es notwendig, die einzelnen Sätze nach **Tatbestands- und Rechtsfolgenebene** zu unterscheiden. Die Sätze 4 und 5 betreffen mit der Zuordnung der Beteiligung zur Betriebsstätte die Tatbestandsebene. Auch der Satz 7 betrifft die Tatbestandsebene, bezieht sich aber inhaltlich auf Satz 6, der die Zurechnung des Einkommens der Organgesellschaft zur inländischen Betriebsstätte des Organträgers als Rechtsfolge regelt. Insoweit führt dies, wie *Frotscher*[3] zutreffend ausführt, zu einem Zirkelschluss. Denn die Tatbestandsvoraussetzungen des Satzes 7 sind erst vollständig definiert, wenn die Rechtsfolge feststeht, die sich aus den Tatbestandsvoraussetzungen ergibt. Entsprechend muss Satz 7 so verstanden werden, dass die der Betriebsstätte zuzurechnenden Einkünfte der inländischen Besteuerung unterliegen würden, falls die Rechtsfolge des Satzes 6 einträte.[4]

17.11 Des Weiteren ist grundsätzlich zwischen den Tatbestandsvoraussetzungen der Sätze 4 und 5 einerseits und des Satzes 7 andererseits zu unterscheiden. Orientiert man sich an dem Wortlaut des Satzes 4 des § 14 Abs. 1 Satz 1 Nr. 2 KStG, wird hier auf den nationalen Betriebsstättenbegriff in § 12 AO abgestellt. Satz 7 der Vorschrift nimmt dagegen auf den DBA-rechtlichen Betriebsstättenbegriff Bezug. Dieser macht die Zuordnung von Beteiligungen zu einer Betriebsstätte von einer funktionalen Verbindung zwischen Betriebsstätte und Beteiligung abhängig.

II. Auswirkungen auf Holdingstrukturen

1. Problemstellung

17.12 § 14 Abs. 1 Satz 1 Nr. 2 Sätze 4 bis 7 KStG zielen zunächst auf ausländische Holdinggesellschaften, die als Folge der kleinen Organschaftsreform zusätzlich als Organträger in Betracht

---

1 BFH v. 9.2.2011 – I R 54, 55/10, BStBl. II 2012, 106 = FR 2011, 584 m. Anm. *Buciek* = BB 2011, 853.
2 *Rödder/Schönfeld*, DStR 2011, 886.
3 *Frotscher* in Frotscher/Drüen, § 14 KStG Rz. 141x.
4 So auch *Dötsch/Pung*, DB 2014, 1215.

kommen. Aber auch bestehende Organschaften sind gegebenenfalls betroffen. Insbesondere Organschaften, an deren Spitze eine **inländische Organträger-Personengesellschaft mit ausländischen Gesellschaftern** steht, müssen daraufhin überprüft werden, ob sie angesichts der Änderung in § 14 Abs. 1 Satz 1 Nr. 2 KStG ab dem VZ 2012 die Organschaftsvoraussetzungen weiterhin erfüllen. Bis zum VZ 2011 machte die Anerkennung der Organschaft hier keine Probleme, sofern der Organträger eine gewerbliche Tätigkeit i.S.d. § 15 Abs. 1 Satz 1 Nr. 1 EStG ausübte und die Organbeteiligung zum Gesamthandvermögen gehörte. Aufgrund der Anknüpfung in Satz 7 an den DBA-rechtlichen Betriebsstättenbegriff könnte die Organschaft aber nunmehr an einer **fehlenden tatsächlichen funktionalen Zugehörigkeit** der Organbeteiligung zu einer inländischen Betriebsstätte der Organträger-Personengesellschaft scheitern (s. Rz. 17.21 ff. und Rz. 27.70, 27.77).

Darüber hinaus wird diskutiert, ob sich auch bei **inländischen Organträger-Personengesellschaften mit inländischen Gesellschaftern** oder sogar bei **inländischen Holdingkapitalgesellschaften** die Anforderungen an die Organschaft wegen des DBA-rechtlichen Betriebsstättenbegriffs in § 14 Abs. 1 Satz 1 Nr. 2 Satz 7 KStG verschärft haben. In diesem Zusammenhang ist insbesondere umstritten, ob die Zuordnungsregelungen in § 14 Abs. 1 Satz 1 Nr. 2 Sätze 4 bis 7 KStG für in- und ausländische Organträger einheitlich auszulegen sind[1] oder ob zwischen in- und ausländischen Organträgern differenziert werden muss.[2]

17.13

2. Nationaler Betriebsstättenbegriff

Aus reiner Inlandsperspektive besteht eine Betriebsstätte, wenn die feste Geschäftseinrichtung, auf die § 12 AO abstellt, im Inland gelegen ist. Bei einem **Organträger mit inländischer Geschäftsleitung** liegt stets eine inländische Betriebsstätte vor.

17.14

Bei einer am Wortlaut orientierten Auslegung des § 14 Abs. 1 Satz 1 Nr. 2 Satz 4 KStG ist die Frage, wann eine Organbeteiligung einer solchen inländischen Betriebsstätte zuzuordnen ist, ebenfalls nach nationalem Recht zu beurteilen. Danach können einer Betriebsstätte Beteiligungen bereits dann zugeordnet werden, wenn sie zum notwendigen oder zum gewillkürten Betriebsvermögen gehören.[3] Die Bezugnahme auf die Zuordnung der Organbeteiligung zu einer inländischen Betriebsstätte des Organträgers stellt nach *Frotscher*[4] eine inhaltliche Verbindung zu der Organschaftsvoraussetzung der finanziellen Eingliederung her.

17.15

3. Funktionaler Zusammenhang zwischen Betriebsstätte und Organbeteiligung

Auf den **funktionalen Zusammenhang** zwischen Betriebsstätte und der ihr zugeordneten Beteiligung muss erst **in einem zweiten Schritt** eingegangen werden, nämlich bei der Frage, ob die Einkünfte aus der Organbeteiligung auch nach DBA-Recht der inländischen Betriebsstätte zuzurechnen sind. Nach Ansicht von *Dötsch*[5] hat diese in § 14 Abs. 1 Satz 1 Nr. 2 Satz 7 KStG angesprochene Zuordnung nur bei grenzüberschreitenden Organschaften mit einem ausländischen Organträger sowie bei inländischen Organträger-Personengesellschaften mit ausländischen Gesellschaftern Relevanz.

17.16

---

1 *Schirmer*, GmbHR 2013, 797 f.
2 *Dötsch* in Dötsch/Pung/Möhlenbrock, § 14 KStG Rz. 106b; so auch *Blumers* DB 2017, 2893.
3 *Dötsch* in Dösch/Pung/Möhlenbrock, § 14 KStG Rz. 106e.
4 *Frotscher* in Frotscher/Drüen, § 14 KStG Rz. 141e.
5 *Dötsch* in Dötsch/Möhlenbrock, § 14 KStG Rz. 106m.

Geht man allerdings wie *Schirmer*[1] davon aus, dass die Zuordnungsregelung für inländische und ausländische Organträger nur einheitlich ausgelegt werden kann, wird man auch in den übrigen Fällen die einschlägige BFH-Rechtsprechung[2] zu DBA-Betriebsstätten zu beachten haben. Danach wäre die Zuordnung von Beteiligungen zu einer Betriebsstätte in sämtlichen Holding-Konstellationen von einer **funktionalen Verbindung zwischen Betriebsstätte und Beteiligung** abhängig. Alleine das Halten einer Beteiligung wäre nicht ausreichend, sondern die Organgesellschaft müsste eine **Funktion für die Betriebsstätte** ausüben, sie zumindest fördern oder ergänzen.[3] Es wird insofern Bezug auf die Rechtsprechung des BFH zur wirtschaftlichen Eingliederung[4] genommen und die These aufgestellt, dass durch die Vorschrift des § 14 Abs. 1 Satz 1 Nr. 2 Satz 7 KStG die durch das Steuersenkungsgesetz v. 23.10.2000[5] abgeschaffte Voraussetzung einer wirtschaftliche Eingliederung in einer verschärften Form der DBA-Interpretation wiederauflebt.

4. Merkmal der wirtschaftlichen Eingliederung reloaded?

17.17 In der Konsequenz hieße dies, dass § 14 Abs. 1 Satz 1 Nr. 2 Satz 7 KStG ein Rückfall auf die Rechtslage vor dem Jahr 2000 bedeuten würde. Über die nach § 14 Nr. 2 KStG 2000 erforderliche **wirtschaftliche Eingliederung der Organgesellschaft in den Organträger** hinaus bedürfte es noch einer wirtschaftlichen Zweckabhängigkeit, dh. das beherrschte Unternehmen muss den gewerblichen Zwecken des herrschenden Unternehmens dienen.[6] Diese Interpretation hätte insofern erhebliche Folgen für Holding-Konstruktionen, als vermögensverwaltende Kapitalgesellschaften nach der zur früheren Rechtslage ergangenen Rechtsprechung nicht als Organträger anerkannt wurden.[7] Eine rein vermögensverwaltende Holding konnte daher von vornherein keine Organträgerin sein; erforderlich war vielmehr, dass die Holding die einheitliche Leitung über mehrere Kapitalgesellschaften in einer durch äußere Merkmale erkennbaren Form ausübte.[8] Auch die Eingliederung nur einer Untergesellschaft in die Holding reichte nicht aus, um die geschäftsleitende Tätigkeit als gewerbliche Tätigkeit zu qualifizieren.[9]

17.18 In einer „Erst-Recht"-Schlussfolgerung behauptet *Schirmer*,[10] dass eine reine Holding oder geschäftsleitende Holding, die das alte Merkmal der wirtschaftlichen Eingliederung nicht erfülle, auch das neue Merkmal der **Zuordnung zu einer inländischen Betriebsstätte** nicht erfüllen könne. Dieses Merkmal müsse vor dem Hintergrund der BFH-Rechtsprechung zur Zuordnung von Dividendenerträgen zum DBA-Betriebsstättenergebnis gesehen werden. Der BFH stelle in diesem Urteil eindeutig darauf ab, dass die Beteiligung eine tatsächliche funktio-

---

1 *Schirmer*, GmbHR 2013, 797.
2 BFH v. 19.12.2007 – I R 66/06, BStBl. II 2008, 510 = FR 2008, 724 m. Anm. *Lohmann/Rengier* = GmbHR 2008, 447.
3 *Schirmer*, StBp 2013, 245 (246).
4 BFH v. 22.4.1998 – I R 132/97, FR 1998, 961 = GmbHR 1998, 1050.
5 BGBl. I 2000, 1433.
6 Abschn. 48 Abs. 1 Satz 4 KStR 1995.
7 BFH v. 26.4.1989 – I R 152/84, BStBl. II 1989, 668 = FR 1989, 601; BFH v. 13.9.1989 – I R 110/88, BStBl. II 1990, 24 = FR 1990, 193; Abschn. 50 Abs. 1 Satz 67 KStR 1995.
8 BFH v. 17.12.1969 – I 252/64, BStBl. II 1970, 257; BFH v. 15.4.1970 – I R 122/66, BStBl. II 1970, 554; Abschn. 50 Abs. 2 Nr. 2 KStR 1995.
9 BFH v. 13.9.1989 – I R 110/88, BStBl. II 1990, 24 = FR 1990, 193; Abschn. 50 Abs. 2 Nr. 3 KStR 1995.
10 *Schirmer*, GmbHR 2013, 797 (799).

nale Bedeutung für die in der Betriebsstätte ausgeübte Tätigkeit haben müsse.[1] *Schirmer* überträgt diese Sichtweise auf die Zuordnungsregel des § 14 Abs. 1 Satz 1 Nr. 2 Satz 4 und 7 KStG und schließt daraus, dass eine Holding ohne eigenes operatives Geschäft zwar durch den Gruppenmitgliedern berechnete Verwaltungstätigkeit die Gewerblichkeitsvoraussetzung erfüllen könne, der Einkommenstransfer der Untergesellschaften an die Obergesellschaften aber keinen Nebenertrag zu einem Hauptertrag darstelle.

Dementsprechend soll die Zuordnung einer Beteiligung zur inländischen Betriebsstätte selbst bei einem Mischkonzern mit eigener operativer Tätigkeit zweifelhaft sein, sofern die Untergesellschaften in einem völlig anderen Geschäftsfeld tätig sind. Begründet wird dies damit, dass die Gewinnabführung durch die ureigenen Tätigkeiten der Untergesellschaften veranlasst sei und nicht aus dem Eingriff der Holding in den tatsächlichen wirtschaftlichen Geschäftsablauf herrühre. Letztlich zieht *Schirmer* daraus die Schlussfolgerung, dass eine Organschaft in Holding-Konstruktionen nur noch dann möglich sei, wenn die Holding zusätzlich zu den Leistungs- und Koordinations- sowie Strategiefunktionen eine **eigene wirtschaftliche Tätigkeit mit Außenwirkung gegenüber Nichtgruppenmitgliedern** ausübe.   17.19

Auch wenn diese Interpretation der Neuregelung nachvollziehbar ist, widerspricht sie dem Telos der Norm. Eine „Nichtzuordnung" von Beteiligungen zB bei ausschließlich vermögensverwaltenden Holdinggesellschaften kann es vor dem Hintergrund des **Betriebsstättenbegriffs des § 12 Satz 2 Nr. 1 AO** nicht geben.[2] Selbst die Finanzverwaltung geht von einer **„Zentralfunktion des Stammhauses"** aus,[3] wonach eine Beteiligung, die als „ungebundenes Vermögen" keiner Betriebsstätte eindeutig zuzuordnen ist, letztlich dem Stammhaus zugeordnet werden muss. Dementsprechend kann aus dem Merkmal der Zuordnung zu einer inländischen Betriebsstätte nicht auf die allgemeine Wiedereinführung der wirtschaftlichen Eingliederung als Merkmal bei körperschaftsteuerlichen Organschaften geschlossen werden. Dies gilt in jedem Fall für inländische Holdingkapitalgesellschaften sowie für inländische Holding-Personengesellschaften mit inländischen Gesellschaftern als Organträger.   17.20

5. Organträger-Personengesellschaft mit ausländischen Gesellschaftern

a) Inländische Betriebsstätte

Für **Organträger-Personengesellschaften mit ausländischen Gesellschaftern** regelt dagegen § 14 Abs. 1 Satz 1 Nr. 2 Satz 7 KStG zwar nicht ausdrücklich, aber doch faktisch, dass die inländische Betriebsstätte des Organträgers nicht nur eine solche im Sinne des nationalen Rechts (§ 12 AO), sondern auch eine solche im Sinne des jeweiligen DBA sein muss. Denn nur dann sind die durch die Kapitalbeteiligung vermittelten Einkünfte dieser zuzurechnen.[4]   17.21

Nach **Verwaltungsauffassung** ist zunächst darauf abzustellen, ob für die Einkünfte aus der Beteiligung an der Organgesellschaft abstrakt nach den Grundsätzen des Art. 10 OECD-MA bzw. des Art. 13 OECD-MA ein deutsches Besteuerungsrecht besteht.[5] Entsprechend werden   17.22

---

1 BFH v. 22.4.1998 – I R 132/97, FR 1998, 961 = GmbHR 1998, 1050.
2 So auch *Stangl/Winter*, Organschaft 2013/2014, 81.
3 BMF v. 24.12.1999 – IV B 4 - S 1300 – 111/99, BStBl. I 1999, 1076 Tz. 2.4; BMF v. 11.11.2011 – IV C 2 - S 1978-b/08/10001, S 1978 A – 43 – St 51 – DOK 2011/0903665, BStBl. I 2011, 1314 Tz. 03.20.
4 *Dötsch/Pung*, DB 2014, 1215 (1216).
5 OFD Karlsruhe v. 16.1.2014 – S 2770/52/2 – St 221, FR 2014, 434 (435); dazu auch *Kröner*, NWB 2014, 1186 (1189).

ausländische Gesellschafter einer Organträger-Personengesellschaft wegen ihrer einkommensteuerlichen Transparenz wie unmittelbare Gesellschafter der Organgesellschaft behandelt.

Gemäß Art. 10 Abs. 4 und Art. 13 Abs. 2 OECD-MA wird das Besteuerungsrecht des Ansässigkeitsstaats durch das des Betriebsstättenstaates (hier Deutschland) nur verdrängt, wenn die Organgesellschaft tatsächlich zu einer **inländischen Betriebsstätte i.S.d. Art. 5 OECD-MA** gehört. Zwingende Voraussetzung für das Besteuerungsrecht des Betriebsstättenstaates ist somit die tatsächliche funktionale Zuordnung der Organbeteiligung zu einer inländischen Betriebsstätte des Organträgers. Dies ergibt sich nach Ansicht von *Dötsch/Pung*[1] aus dem Umkehrschluss, dass Deutschland selbst dann kein Besteuerungsrecht an den Einkünften i.S.d. Art. 10 und Art. 13 OECD-MA hat, wenn die nicht im Inland ansässigen Gesellschafter keine „konkurrierende Betriebsstätte" im Ausland unterhalten.[2]

17.23 Positiv formuliert stellt sich damit die Frage, wann einer geschäftsleitenden Holding-Personengesellschaft als Organträger eine Organbeteiligung funktional zuzuordnen ist. Nach Art. 5 OECD-MA muss die Geschäftsleitung der Holding über eine inländische Betriebsstätte verfügen, zu der die Beteiligung tatsächlich gehört. Grundvoraussetzung für die Anerkennung der **geschäftsleitenden Holding** in diesem Sinne ist, dass die Holding-Gesellschaft gewerblich tätig ist. Dies ist unstreitig der Fall, wenn sie zB als Servicecenter EDV-Dienstleistungen, Buchführungen und weitere Dienstleistungen entgeltlich jeweils wie bei fremden Dritten abrechnet bzw. gegenüber einer oder mehrerer Konzerngesellschaften erbringt.[3] Damit erfüllt sie die Voraussetzungen für die Organträger-Eigenschaft als auch die Voraussetzung der inländischen Betriebsstätte i.S.d. Art. 5 OECD-MA.

b) Funktionale Zuordnung der Organbeteiligung

17.24 Eine weitere Voraussetzung, die funktionale Zuordnung, erfordert darüber hinaus, dass die **gewerbliche Tätigkeit umfassend und von einigem Gewicht** ist. Hier wird es auf den Einzelfall ankommen. Nach Ansicht von *Dötsch/Pung*[4] soll es bereits ausreichend sein, wenn eine Holding-Gesellschaft die umfassende Konzernleitung bzw. einzelne Konzernleitungsfunktionen gegenüber mehreren Tochtergesellschaften übernimmt. Die Ausübung der Geschäftsleitung gegenüber einer Tochtergesellschaft soll allerdings nicht ausreichen.

17.25 Nach Verwaltungsauffassung soll jedoch die **Konzernleitungsfunktion** alleine selbst dann nicht zur Begründung der Organschaft ausreichen, wenn sie gegenüber mehreren Konzerntochtergesellschaften ausgeübt wird.[5] Steht die Organträger-Eigenschaft der Holding-Personengesellschaft fest, soll darüber hinaus noch zu prüfen sein, ob der Organträger auch zu dieser Gesellschaft entsprechende Liefer- und Leistungsbeziehungen unterhält, weil das bloße Halten einer Organbeteiligung nicht ausreiche, um diese Beteiligung nach DBA-rechtlichen Grundsätzen einer inländischen Betriebsstätte des Organträgers zuzuordnen.[6]

17.26 **Zusammenfassend** bedeutet dies, dass nach Verwaltungsauffassung einer Organträger-Personengesellschaft trotz eigener gewerblicher Tätigkeit eine Organbeteiligung auch nach

---

1 *Dötsch/Pung*, DB 2014, 1215 (1216).
2 *Dötsch/Pung*, DB 2014, 1215 (1216).
3 BMF v. 10.11.2005 – IV B 7 – S 2770 – 24/05, BStBl. I 2005, 1038 = FR 2005, 1216 Rz. 19.
4 *Dötsch/Pung*, DB 2014, 1215 (1217).
5 BMF v. 10.11.2005 – IV B 7 – S 2770 – 24/05, BStBl. I 2005, 1038 = FR 2005, 1216 Rz. 19; *Dötsch* in Dötsch/Pung/Möhlenbrock, § 14 KStG Rz. 97.
6 *Dötsch/Pung*, DB 2014 1215 (1217).

DBA-Grundsätzen zuzuordnen sein muss. Entsprechend sind zwingende Voraussetzungen für die Anerkennung der Organschaft einer Organträger-Personengesellschaft mit ausländischen Anteilseignern, dass sie eine **Geschäftsbeziehung zu ihrer Tochtergesellschaft** unterhält. Eine Infektionswirkung auf andere im Organkreis befindliche Organgesellschaften soll davon allerdings nicht ausgehen.[1] Die Auslegung der Finanzverwaltung führt wohl zu einer Diskriminierung ausländischer Anteilseigner und ist damit evident unionsrechtswidrig.

c) Fortentwicklung der Rechtsprechung

In diesem Zusammenhang ist auch das **Urteil das BFH vom 29.11.2017 (I R 58/15)** zu berücksichtigen. Hierin hat der I. Senat entschieden, dass auch eine **gewerblich geprägte KG** ihren ausländischen, in einem Nicht-DBA-Staat ansässigen Gesellschaftern eine inländische Betriebsstätte vermitteln kann. Streitgegenständlich war allerdings keine Organschaft, sondern die Frage, ob Gewinnausschüttungen einer inländischen GmbH auch insoweit bei der empfangenden inländischen gewerblich geprägten Personengesellschaft gesondert und einheitlich festzustellen sind, als die Ausschüttungen auf ausländische Beteiligte entfallen, oder ob sie der Abgeltungswirkung des § 32 Abs. 1 Nr. 2 KStG unterliegen. An einer GmbH & Co. KG waren in dem Streitfall u.a. zwei Kapitalgesellschaften mit Sitz und Geschäftsleitung in Chile beteiligt, die auch Gesellschafter der Komplementär-GmbH waren. Die GmbH & Co. KG war im Ergebnis eine vermögensverwaltend tätige Personengesellschaft, bei der ausschließlich eine Kapitalgesellschaft persönlich haftende Gesellschafterin und zur Geschäftsführung befugt war. Damit erfüllte sie die Voraussetzungen einer sog. gewerblich geprägten Personengesellschaft i.S.d. § 15 Abs. 3 Nr. 2 Satz 1 EStG.

17.27

Nach Auffassung des BFH sind die Einkünfte auch insoweit, als sie den ausländischen (chilenischen) Kapitalgesellschaften zuzurechnen sind, im Inland nach § 49 Abs. 1 Nr. 2 Buchst. a EStG steuerpflichtig, da im **Inland eine Betriebsstätte** unterhalten wird. Der Begriff der Betriebsstätte bestimme sich nach innerstaatlichem Recht[2]. Da § 12 Satz 1 AO für das Vorliegen einer Betriebsstätte allgemein die unternehmerische Tätigkeit fordert, werden von § 12 AO auch Betriebsstätten erfasst, die einem Betrieb zuzurechnen sind, dessen Tätigkeit kraft Gesetzesfiktion ertragsteuerrechtlich als Gewerbebetrieb gilt[3]. Als Betriebsstätte ist nach § 12 S. 2 Nr. 1 AO insbesondere die Stätte der Geschäftsleitung anzusehen. Für die zur Geschäftsführung berufene Komplementär-GmbH einer KG sei entscheidend, an welchem Ort die für die GmbH handelnde Geschäftsführung die Tagesgeschäfte erledigt. Nach diesen Maßgaben habe die GmbH & Co. KG über eine inländische Stätte der **Geschäftsleitung** verfügt, da deren Tagesgeschäfte ausschließlich von dem im Inland ansässigen A als Geschäftsführer der Komplementärin erledigt wurden.

17.28

Nach Ansicht des BFH gehören zu den Einkünften eines „gewerblichen Betriebs" i.S.v. § 32 Abs. 1 Nr. 2 KStG **auch gewerblich geprägte Einkünfte**. Damit ist die Abgeltungswirkung für den Kapitalertragsteuerabzug für die von der KG bezogenen (inländischen) Dividenden ausgeschlossen. Folglich werden die ausländischen (chilenischen) Gesellschafter der KG nach Maßgabe ihrer beschränkten Steuerpflicht veranlagt und die auf die Dividenden erhobene Kapitalertragsteuer wird auf die sich hierbei ergebende Körperschaft- oder Einkommensteuerschuld angerechnet und ggf. auch erstattet.

17.29

---

1 *Dötsch/Pung*, DB 2014, 1215 (1217).
2 Vgl. BFH v. 20.7.2016 – I R 50/15, BStBl. II 2017, 230.
3 Vgl. BMF v. 24.12.1999 – IV B 4 - S 1300 – 111/99, BStBl. I 1999, 1076 Tz. 2.4.

17.30 Der BFH weist jedoch darauf hin, dass dies nicht uneingeschränkt gilt. Übt der Gesellschafter einer solchen inländischen KG **im Ausland eine weitere eigene unternehmerische Tätigkeit** aus, sei zu prüfen, ob und in welchem Umfang die Wirtschaftsgüter, aus deren Nutzung die Einkünfte erzielt werden, nach dem Veranlassungsprinzip der inländischen Betriebsstätte – oder vielmehr der ausländischen Betriebsstätte – zuzuordnen sind. Allein die Zugehörigkeit der Beteiligung zum Gesamthandsvermögen der Personengesellschaft reiche für die Zuordnung zur inländischen Betriebsstätte jedenfalls nicht aus.

d) Fazit

17.31 Welche konkrete Folgen das BFH-Urteil v. 29.11.2017 (I R 58/15) für die Zuordnung einer Organbeteiligung bei Organträger-Personengesellschaften mit ausländischen Gesellschaftern hat, bleibt abzuwarten. Unter anderem stellt sich die Frage, welche Kriterien letztlich für den wirtschaftlichen Veranlassungszusammenhang entscheidend sind und ob diese Grundsätze auch Auswirkungen auf die DBA-rechtliche Zuordnung haben.[1] Darüber hinaus wird der Einfluss des mittlerweile geltenden § 1 Abs. 5 AStG i.V.m. der sog. Betriebsstättengewinnaufteilungsverordnung v. 13.10.2014[2] diskutiert.[3] Tendenziell dürften sich aus dem BFH-Urteil jedoch erhöhte Anforderungen an die Zuordnung der Organbeteiligung zu einer inländischen Betriebsstätte ergeben. Aufgrund der gravierenden Auswirkungen, nämlich der **Versagung der Organträgereigenschaft für bestimmte Holdingkonstellationen**, sind in diesen Fällen deshalb vorsorglich geeignete Maßnahmen zu ergreifen oder zumindest die Bescheide offen zu halten.

C. Holding als umsatzsteuerlicher Organträger

I. Problematik des Vorsteuerabzugs

17.32 Die Anerkennung des Vorsteuerabzugs ist zwar keine originäre Frage der Organschaft sowie deren Anerkennung in Holding-Strukturen. Dennoch soll an dieser Stelle des Handbuchs darauf hingewiesen werden, dass selbst bei Vorliegen aller Voraussetzungen der umsatzsteuerlichen Organschaft der **Vorsteuerabzug bei Holding-Gesellschaften** nicht immer gegeben ist und daher einer besonderen Aufmerksamkeit bedarf.

In der Betriebsprüfungspraxis ist der Vorsteuerabzug von Holding-Gesellschaften nach wie vor ein Dauerbrenner. Ausgelöst wurde die Frage, ob bei sog. gemischten Holdings ein Vorsteuerabzug möglich ist, durch die **„Polysar-Entscheidung" des EuGH**.[4] Die entsprechende Spruchpraxis des BFH[5] hat die Polysar-Rechtsprechung darin bestätigt, dass einer Holding-Gesellschaft insoweit kein Vorsteuerabzug aus Gemeinkosten zusteht, als sie Beteiligungen hält, an die sie keine Dienstleistung erbringt.

---

1 Bejahend *Wacker*, FR 2018, 562 (564).
2 BsGaV, BGBl I 2014, 1603.
3 Vgl. *Klein*, Ubg 2018, 334 (337).
4 EuGH v. 20.6.1991 – C-60/90 – Polysar, DB 1992, 123 = UR 1993, 119 m. Anm. *Weiß*.
5 Zuletzt BFH v. 9.2.2012 – V R 40/10, BStBl. II 2012, 844 = UR 2012, 394.

II. Sphärentheorie in der Betriebsprüfungspraxis

In der Betriebsprüfungspraxis werden immer mehr Stimmen laut, die für die Frage, nach welchem **Schlüssel bei gemischten Holdings** und sogar Führungs-Holdings der Vorsteuerabzug vorzunehmen ist, an die eigentlich überholte Sphärentheorie[1] anknüpfen. Danach ist der Vorsteuerabzug bei Holding-Gesellschaften davon abhängig, für welche Sphäre die entsprechende Leistung erbracht worden ist. Diese Theorie besagt im Wesentlichen, dass jeder Unternehmer neben dem unternehmerischen Bereich auch einen nichtunternehmerischen Bereich haben kann. Die unternehmerische Sphäre begrenzt den Bereich, innerhalb dessen der Steuerpflichtige besteuerte Umsätze bewirkt. Die Verwendung von Eingangsumsätzen im Bereich außerhalb der unternehmerischen Sphäre schließe daher den Vorsteuerabzug aus.

17.33

In diese Richtung geht auch das **BMF-Schreiben v. 26.1.2007**,[2] in dem die Finanzverwaltung zwischen Finanz-, Führungs- und Funktions-Holdings sowie gemischten Holdings unterscheidet. Unternehmer im Sinne der Umsatzsteuer sollen nach Auffassung des BMF lediglich Führungs- oder Funktions-Holding sein, die – im Gegensatz zu Finanz-Holdings – entgeltliche Dienstleistungen gegenüber ihren Tochtergesellschaften ausführen und aktiv in deren Tagesgeschäft eingreifen.

17.34

Entsprechend sollen **gemischte Holdings**, die nur für einen Teil ihrer Tochtergesellschaften gegen Entgelt geschäftsleitend tätig werden und andere Beteiligungen lediglich halten und verwalten, sowohl einen unternehmerischen als auch einen nichtunternehmerischen Bereich haben.[3] Danach ist der Vorsteuerabzug nicht zulässig, soweit **Eingangsleistungen mit dem nichtunternehmerischen Bereich** zusammenhängen. Entsprechend der EuGH-Rechtsprechung[4] ist bei Allgemeinkosten eine differenzierte Vorsteueraufteilung vorzunehmen.

17.35

Unter Berufung auf die einschlägige EuGH-Rechtsprechung[5] sieht die Finanzverwaltung das Erwerben, Halten und Veräußern von Beteiligungen in drei Fällen als **unternehmerische Tätigkeit** an:

17.36

– soweit Beteiligungen im Sinne eines **gewerblichen Wertpapierhandels** gewerbsmäßig erworben und veräußert werden oder

– wenn die Beteiligung nicht um ihrer selbst willen gehalten wird, sondern zur **Förderung einer bestehenden oder beabsichtigten unternehmerischen Tätigkeit dient**, zB durch Sicherung günstigere Einkaufskonditionen oder zur Verschaffung von Einfluss bei potentiellen Konkurrenten (sog. strategische Beteiligung), oder

– soweit in die Verwaltung der Tochtergesellschaft, abgesehen von der Ausübung der Rechte als Gesellschafter oder Aktionär, durch unternehmerische Leistungen unmittelbar **eingegriffen wird** (zB durch entgeltliches Erbringen administrativer, finanzieller, kaufmännischer und technischer Dienstleistungen an die jeweilige Beteiligungsgesellschaft).

---

1 Vgl. dazu u.a. *Grünwald*, DStR 2015, 1377.
2 BMF v. 26.1.2007 – IV A 5 - S 7300 – 10/07, BStBl. I 2007, 211 = UR 2007, 150 = DB 2007, 315.
3 Abschn. 2.3 Abs. 3 Satz 1-4 UStAE.
4 EuGH v. 13.3.2008 – C-437/06 – Securenta, BStBl. II 2008, 727 = UR 2008, 344 m. Anm. *Eggers* = DB 2008, 739.
5 Vgl. u.a. EuGH v. 14.11.2000 – C-142/99 – Floridienne/Berginvest, EuGHE 2000, I-9567 = UR 2000, 530 = DB 2000; *Eggers/Ahrens*, DB 2013, 2528 (2529) mwN.

Bis zu diesem Punkt steht nach Meinung von *Eggers/Korf*[1] die Verwaltungsauffassung auch im Einklang mit der EuGH-Rechtsprechung.

17.37 Im **Widerspruch zur Holding-Rechtsprechung** steht allerdings die sehr weitgehende Missbrauchsklausel aus der Rz. 8 des BMF-Schreibens v. 26.1.2007[2], die unverändert in die UStAE übernommen wurde.[3] Damit ist die Frage, ob und inwieweit das Erwerben, Halten und Veräußern von Beteiligungen als Teil der unternehmerischen Tätigkeit einer Holding angesehen werden kann, nicht abschließend geklärt.[4]

III. Rechtsprechung des EuGH bei gemischten Holdings

17.38 Hier ist insbesondere weiter unklar, wie Vorsteuerbeträge aufzuteilen sind, die nicht direkt der wirtschaftlichen oder nichtwirtschaftlichen Tätigkeit zugeordnet werden können (**sog. Gemeinkosten**). Der EuGH hat sich hierzu bisher nicht geäußert bzw. hat diese Rechtsfrage im Ergebnis dahingehend beantwortet, dass die Lösung den nationalen Behörden obliege[5].

Auch zum **Aufteilungsmaßstab**, der eigentlichen Vorlagefrage des BFH, hat der EuGH betont, dass die Beantwortung den nationalen Behörden obliege[6]. Letztlich sei jeder Aufteilungsmaßstab zulässig, der objektiv widerspiegele, welcher Teil der Eingangsaufwendungen der jeweiligen Tätigkeit der Holding zuzurechnen sei. In Frage komme dabei insbesondere ein Investitionsschlüssel oder ein Umsatzschlüssel, aber auch jede andere geeignete Aufteilungsmethode[7]. BFH und Finanzverwaltung haben bisher § 15 Abs. 4 UStG analog angewandt[8]. Dabei ist bemerkenswert, dass der BFH ausdrücklich offengelassen hat, ob im Rahmen der Anwendung des § 15 Abs. 4 UStG die von der Holding auf Ausgangumsatze entrichtete Steuer eine Obergrenze für den Vorsteuerabzug für Eingangsumsätze darstellen kann[9].

IV. Fazit

17.39 Festgehalten werden kann daher, dass bei **Führungs- und Funktionsholdings**, die Dienstleistungen an alle Tochtergesellschaften erbringen, die Kosten für Eingangsleistungen, auch wenn sie mit dem Erwerb, dem Halten der Verwaltung und der Veräußerung von Beteiligung zusammenhängen, einen Teil der Allgemeinkosten darstellen, die das Recht auf vollständigen Vorsteuerabzug haben[10]. BFH und Finanzverwaltung schränken dies lediglich im Zusammenhang mit der Einbringung von Kapital im größeren Umfang ein.

Bei **gemischten Holdings**, die nur teilweise Dienstleistungen an ihre Tochtergesellschaften erbringen, ist nach wie vor nur ein anteiliger Vorsteuerabzug zulässig. Die Fragen des Auf-

---

1 *Eggers/Korf*, DB 2007, 361.
2 BMF v. 26.1.2007 – IV A 5 – S 7300 – 10/07, BStBl. I 2007, 211 = UR 2007, 150 = DB 2007, 315.
3 *Eggers*, WPg 2007, 616.
4 Vgl. auch *Eggers/Ahrens*, DB 2013, 2528 mit einem Überblick über die Rechtsprechung des BFH und der FG; zur EuGH-Rechtsprechung s. Schlussanträge des Generalanwalts v. 26.3.2015 in den EuGH-Verfahren C-108/14 und C-109/14 – Larentia + Minerva, juris.
5 *Balbinot/Berner*, DStR 2018, 648 (652).
6 EuGH v. 16.7.2015 – C 108/14 – C 109/14, Larentia + Minerva und Marinave, DStR 2015 1673.
7 EuGH v. 16.7.2015 – C 108/14 a.a.O.
8 BFH v. 9.2.2012 – V R 40/10, BStBl. II 2012 844, DStR 2012, 518 Rz. 25, 32.
9 BFH vom 6.4.2016, a.a.O., Rz. 40.
10 so auch *Wiese/Lukas*, GmbHR 2016, 803.

teilungsmaßstabes sind durch die letzten Judikaturen des EuGH sowie des BFH nicht weiter konkretisiert worden und bleiben daher offen.

D. Holding als gewerbesteuerlicher Organträger

Der BFH hat in seinem Urteil vom 6.12.2016[1] entschieden, dass auch Konzernfinanzierungsgesellschaften Kreditinstitute i.S.d. § 1 Abs. 1 KWG seien und damit die Voraussetzungen des sog. **Bankenprivilegs** nach § 19 Abs. 1 GewStDV (i.V.m. § 35c Abs. 1 Nr. 2 Buchstabe e GewStG) erfüllen können. Die Anwendung des Bankenprivilegs hat zur Folge, dass die gewerbesteuerliche Hinzurechnung von Zinsen nach § 8 Nr. 1 Buchstabe a GewStG entfällt.

17.40

Der BFH ist in dem Judikat zur der Erkenntnis gekommen, dass es für die Anwendung des § 19 Abs. 1 GewStDV nicht darauf ankomme, ob die Konzernfinanzierungsgesellschaft unter die Ausnahmeregelung des § 2 Abs. 1 Nr. 7 KWG falle und dadurch aufsichtsrechtlich im Ergebnis nicht als Kreditinstitut gelte.[2] Dabei orientiert sich der 1. Senat sehr eng an dem Wortlaut der Norm, der nur auf § 1 Abs. 1 KWG und nicht auf § 2 KWG Bezug nimmt. Darüber hinaus verweist er auf den begünstigenden Zweck des § 2 Abs. 1 Nr. 7 KWG, die Konzernfinanzierungsgesellschaften von der Erlaubnispflicht des § 32 KWG auszunehmen. Dieser begünstigende Zweck würde konterkariert, wenn die Regelung gleichzeitig den Ausschluss des gewerbesteuerlichen Bankenprivilegs zur Folge hätte. Schließlich führe die Anwendung des Bankenprivilegs im Vergleich zu Unternehmen, die von der Möglichkeit der Ausgliederung der Finanzierungsaufgaben in ein selbstständiges Unternehmen keinen Gebrauch machten, nicht zu einem Verstoß gegen Art. 3 Abs. 1 GG.

Es gibt jedoch erste Anzeichen, dass **die Finanzverwaltung** § 19 Abs. 1 GewStDV nach dem Sinn und Zweck eng auslegen will und die unter § 2 KWG fallende Institute von der Begünstigung bei der Zinshinzurechnung ausschließen möchte. Dies wird allerdings nur über eine Änderung des § 19 GewStDV zu regeln sein. Hier bleibt die Rechtsentwicklung abzuwarten.

---

1 BFH v. 6.12.2016 – I R 79/15, DB 2017, 824.
2 BFH v. 6.12.2016 – I R 79/15, DB 2017, 824.

Kapitel 18
Rechtsfolgen verunglückter Organschaft

A. Begriff der verunglückten Organschaft ... 18.1

B. Folgen der verunglückten Organschaft ... 18.5

I. Überblick ... 18.5

II. Folgen der Gewinnabführung ... 18.10

III. Folgen der Verlustübernahme ... 18.15

IV. Weitere Folgen ... 18.18
1. Folgen bei veräußerter Organgesellschaft ... 18.18
2. Folgen in Konzernstrukturen ... 18.19
3. Entfallende Haftung ... 18.20
4. Mittelbare Folgen ... 18.22
   a) Zinsschranke ... 18.22
   b) Mantelkauf ... 18.24

C. Gründe für das „Verunglücken" ... 18.25

I. Fehlerhafter Gewinnabführungsvertrag ... 18.25
1. Zivilrechtliche Unwirksamkeit oder Missachtung steuerlicher Anforderungen ... 18.25
2. Formulierungsfehler bei der Gewinnabführungs- und Verlustübernahmeklausel ... 18.26
3. Verletzung von Formvorschriften ... 18.27
4. Fehlerhafte Formulierung der Mindestlaufzeit ... 18.32
5. Fehlerhafte Formulierung der Ausgleichszahlung an außenstehende Aktionäre ... 18.35
6. Verspätete Eintragung ... 18.36
7. Handlungsalternativen bei fehlerhaftem Gewinnabführungsvertrag ... 18.41

II. Fehler bei der Durchführung des Gewinnabführungsvertrages ... 18.43
1. Allgemeine Überlegungen ... 18.43
2. Bilanzierungsfehler ... 18.47
3. Fehlender Ausgleich des vororganschaftlichen Verlustes ... 18.50
4. Abführungsverbot für Kapitalrücklagen und in vorvertraglicher Zeit gebildete Gewinnrücklagen ... 18.54
5. Verstoß gegen Ausschüttungssperren ... 18.55
6. Fehlerhafter oder fehlender Ausgleichsanspruch ... 18.60
7. Fehlerhafte Rücklagenbildung ... 18.67
8. Handlungsalternativen bei fehlerhafter Durchführung ... 18.68
9. Organschaftsunterbrechung ... 18.72

III. Fehler bei der Beendigung des Gewinnabführungsvertrages ... 18.77
1. Beendigung des Vertrages ohne wichtigen Grund vor Ablauf der fünfjährigen Mindestdauer ... 18.77
2. Handlungsalternativen bei der Beendigung ... 18.80

Literatur: *Adrian/Frey*, Organschaftsrettung durch den BFH, DStR 2017, 2409; *Braunagel/Paschke*, Die Haftung nach § 73 AO – Akquisitionshemmnis beim Unternehmenskauf, Ubg 2011, 233; *Brühl/Binder*, Neues zu den Voraussetzungen der ertragsteuerlichen Organschaft, NWB 2018, 331; *Ettinger*, Zum Untergang des Zinsvortrags bei Umwandlungen on Organschaften, Ubg 2017, 293; *Fey/Deubert/Lewe*, Erleichterung nach dem MikroBilG – Einzelfragen zur Anwendung der neuen Vorschriften, DB 2013, 107; *Forst/Suchanek/Klopsch*, Handelsrechtliche Bilanzierungsfehler und ihre Auswirkungen auf die tatsächliche Durchführung eines Gewinnabführungsvertrages, GmbHR 2013, 914; *Frotscher*, „Zweistufige Gewinnermittlung" und Korrektur der verdecken Gewinnausschüttung, FR 2003, 230; *Gonella/Starke*, Körperschaftsteuerliche Besonderheiten bei verunglückter Organschaft, DB 1996, 248; *Hageböcke/Hennrichs*, Organschaft: Der Gesetzeszweck der Ausschüttungssperre in § 253 Abs. 6 Satz 2 HGB n.F. als Thesaurierungsgrund i.S.v. § 14 Abs. 1 Satz 1 KStG, DB 2017, 18; *Hemme*, Zur Unschädlichkeit einer sog. Organschaftsunterbrechung, Ubg 2017, 678; *Jesse*, Neuregelung zur ertragsteuerlichen Organschaft (Teil II), FR 2013, 681; *Moritz*, Haftung der Organgesellschaft bei mehrstufiger Organschaft, DB 2017, 2702; *Lanfermann/Röhricht*, § 268 Abs. 8 HGB als neue Generalnorm für außerbilanzielle Ausschüttungssperren, DStR 2009, 1216; *Lenz/Adrian/Handwerker*, Geplante Neuregelung der ertragsteuerlichen Organschaft, BB 2012, 2851; *Oser/Wirtz*, Keine Abführungssperre für Bewertungsgewinne aus der Anwendung des § 253 Abs. 2 HGB n. F.; DB 2017,

261; *Prinz/Keller*, Neue BFH-Rechtsprechung zur ertragsteuerlichen Organschaft, DB 2018, 400; *Rödder*, Die kleine Organschaftsreform, Ubg 2012, 717; *Schimmele/Weber*, Aktuelle Entwicklungen der Haftung bei Organschaft (§ 73 AO), Der Konzern 2015, 437; *Schneider/Hinz*, Verunglückte Organschaften – Ursachen und Heilungsmöglichkeiten, Ubg 2009, 738; *Schneider/Sommer*, Organschaftsreform „light", GmbHR 2013, 22; *Stangl/Brühl*, Die kleine Organschaftsreform, Der Konzern 2013, 77; *Wachter*, Verunglückte Organschaft wegen verspäteter Eintragung im Handelsregister, DB 2018, 272; *Wassermeyer*, Einige Grundsatzüberlegungen zur verdeckten Gewinnausschüttung, GmbHR 1998, 157.

A. Begriff der verunglückten Organschaft

18.1 So vielfältig wie die Voraussetzung der körperschaftsteuerlichen Organschaft sind die Gründe für deren Scheitern. Eine **verunglückte Organschaft** liegt demnach vor, wenn die beteiligten Gesellschaften, der vermeintliche Organträger bzw. die vermeintliche Organgesellschaft, die Bildung einer Organschaft gewollt haben, diese aber von Anfang an nicht oder zunächst nicht zustande gekommen ist. Eine Organschaft wird ebenfalls als verunglückt bezeichnet, wenn sie entgegen dem Wunsch von Organträger und/oder Organgesellschaft nachträglich endgültig oder zeitweise weggefallen ist.[1] Darüber hinaus können die Rechtsfolgen einer verunglückten Organschaft auch dann eintreten, wenn Organträger und/oder Organgesellschaft sie absichtlich scheitern lassen. Unter welchen Voraussetzungen es zu einer solchen Konstellation kommen kann, wird aber nicht hier, sondern in Rz. 11.67 ff. erläutert.

18.2 Die Organschaft setzt als zentrales Merkmal einen Gewinnabführungsvertrag i.S.d. §§ 291 ff. AktG voraus. Durch das akzessorische „Anhängen" des Steuerrechts an diesen zivilrechtlichen Unternehmensvertrag werden faktisch Voraussetzungen und damit Unklarheiten aus dem Konzernrecht als Fehlerquellen in das Steuerrecht importiert.[2]

18.3 Im Hinblick auf den Gewinnabführungsvertrag unterscheidet man im Wesentlichen **drei Phasen des steuerlichen Scheiterns**

– einen fehlerhaften Gewinnabführungsvertrag,

– die fehlerhafte Durchführung des Gewinnabführungsvertrages sowie

– die fehlerhafte Beendigung des Gewinnabführungsvertrages.

18.4 Daneben – aber genauso wichtig – ist noch die Nichterfüllung der persönlichen Voraussetzungen der Organschaft durch Organträger und Organgesellschaft, auf die hier nicht eingegangen wird, weil sich darin keine typischen Fehlerquellen realisieren, die an dieser Stelle des Handbuches allein Gegenstand der Ausführungen sein sollen.

B. Folgen der verunglückten Organschaft

I. Überblick

18.5 Wird die Organschaft nicht anerkannt, treten die Folgen des § 14 KStG (und des § 2 Abs. 2 GewStG) nicht ein, dh. Organgesellschaft und Organträger sind nach den allgemein gültigen

---

1 *Neumann* in Gosch[3], § 14 KStG Rz. 530.
2 *Schneider/Hinz*, Ubg 2009, 738.

Grundsätzen zu veranlagen.¹ Die Organgesellschaft ist dann nach allgemeinen steuerlichen Vorschriften **selbst zur Körperschaft- und Gewerbesteuer zu veranlagen**; es erfolgt insbesondere keine Gewinn- und Verlustverrechnung in der Gruppe.² Eine (unter Umständen bereits vorgenommene) Gewinnabführung ist als **verdeckte Gewinnausschüttung** der Organgesellschaft an den Organträger zu qualifizieren, die § 8b Abs. 1 KStG bzw. § 3 Nr. 40 EStG unterliegt.³ Die Grundsätze zur **Erhebung von KESt** bei verdeckten Gewinnausschüttungen sind zu beachten (vgl. dazu unten Rz. 18.14). Die bereits vollzogenen Verlustübernahmen sind als **verdeckte Einlagen** zu qualifizieren und bei dem Organträger erfolgsneutral als nachträgliche Anschaffungskosten auf die Beteiligung an der Organgesellschaft zu erfassen.⁴ Diese Grundsätze gelten entsprechend in Fällen von mehrstufigen Konzernen und in Fällen der Klammerorganschaft.⁵

Gravierende steuerliche Folgen können sich daraus ergeben, dass Organträger und Organgesellschaft für den betreffenden Zeitraum der verunglückten Organschaft nicht mehr als ein Betrieb i.S.d. der **Zinsschranke** gem. § 15 Satz 1 Nr. 3 Satz 1 KStG zu behandeln sind. Entsprechend findet § 4h EStG iVm. § 8a KStG bei der Organgesellschaft wieder Anwendung. 18.6

Eine weitere Rechtsfolge der verunglückten Organschaft besteht darin, dass **gewerbesteuerliche Hinzurechnungen**, die bei Leistungen zwischen Organschaftsmitgliedern grundsätzlich nicht eingreifen,⁶ nunmehr vorliegen können. 18.7

Bei Laufzeitverstößen ist zu differenzieren, ob ein Verstoß gegen die Mindestlaufzeit des Gewinnabführungsvertrags von 5 Jahren gem. § 14 Abs. 1 Satz 1 Nr. 3 Satz 1 KStG vorliegt oder nicht. Dies ist insofern von entscheidender Bedeutung, als ein **Verstoß gegen die Mindestlaufzeit** zum Entfallen der Rechtsfolgen der Organschaft von Anfang an führt. Ist die Mindestlaufzeit bereits erfüllt oder eine Organschaftsvoraussetzung betroffen, die nicht mit der Mindestlaufzeit verknüpft ist, ergeben sich lediglich für das betreffende Jahr Auswirkungen.⁷ 18.8

Fallen die Voraussetzungen der Organschaft nachträglich innerhalb der 5-jährigen Mindestlaufzeit weg, handelt es sich um ein **rückwirkendes Ereignis** i.S.d. § 175 Abs. 1 Satz 1 Nr. 2 AO. Danach können bereits bestandskräftige Veranlagungen sowohl beim Organträger als auch bei der Organgesellschaft geändert werden.⁸ Auf die entsprechenden Zinsfolgen des § 233a AO sei an dieser Stelle nur hingewiesen. 18.9

II. Folgen der Gewinnabführung

Führt die Organgesellschaft den Gewinn aufgrund eines steuerlich unbeachtlichen Gewinnabführungsvertrags ab, stellt dies eine **Form der Gewinnverwendung** i.S.d. § 8 Abs. 3 KStG dar. Entsprechend darf sie den Gewinn oder das Einkommen der Organgesellschaft nicht 18.10

---

1 Vgl. R60 VIII S. 2 KStR; *Neumann* in Gosch³, § 14 KStG Rz. 540.
2 *Brink* in Schnitger/Fehrenbacher², § 14 KStG Rz. 1334.
3 *Sterner* in Herrmann/Heuer/Raupach, § 14 KStG Anm. 209 mwN.
4 *Brink* in Schnitger/Fehrenbacher², § 14 KStG Rz. 1344; BFH v. 16.5.1990 – I R 96/88, BStBl. II 1990, 797 = GmbHR 1991, 34; BFH v. 22.10.2008 – I R 66/07, BStBl. II 2009, 972 = GmbHR 2009, 329.
5 Vgl. *Frotscher* in Frotscher/Drüen, § 14 KStG Rz. 369.
6 Vgl. Abschn. 41 Abs. 1 Satz 5, 6 GewStR 1998 und R 7.1 Abs. 5 Satz 34 GewStR 2009.
7 *Brink* in Schnitger/Fehrenbacher², § 14 KStG Rz. 1336.
8 *Loose* in Tipke/Kruse, § 175 AO Rz. 33.

mindern.¹ Die Gewinnabführung auf der Grundlage eines Ergebnisabführungsvertrages ist im Übrigen nicht als Gewinnverteilung, die auf der Grundlage eines den gesellschaftsrechtlichen Vorschriften entsprechenden Gewinnverteilungsbeschlusses beruht, zu bewerten.² Es liegt eine **verdeckte Gewinnausschüttung** vor, da die Gewinnabführung eine gesellschaftsrechtlich veranlasste Vermögensminderung ist, die sich auf die Höhe des Unterschiedsbetrags gem. § 4 Abs. 1 Satz 1 EStG auswirkt und in keinem Zusammenhang mit einer offenen Ausschüttung steht. Dabei kommt es nicht darauf an, ob der Organgesellschaft ein Rückforderungsanspruch gegen den Organträger zusteht.³ Dies erklärt sich aus der Tatsache, dass die Rückforderung steuerlich als Einlage zu werten ist, da sie erst durch die verdeckte Gewinnausschüttung, also eine juristische Sekunde später, entsteht.⁴ Nach der herrschenden Meinung in der Literatur und nach der Rechtsprechung des BFH ist der geminderte Unterschiedsbetrag i.S.d. § 4 Abs. 1 Satz 1 EStG bei der Organgesellschaft außerbilanziell um die verdeckte Gewinnausschüttung zu erhöhen.⁵

18.11 Die Frage, zu welchem **Zeitpunkt** die vGA als erfolgt anzusehen ist, wird in der Literatur kontrovers diskutiert.⁶ Soweit in der Literatur erst auf die tatsächliche Buchung der Gewinnabführungsverpflichtung auf einem Verrechnungskonto im Zuge der Abschlussarbeiten bei der Organgesellschaft abgestellt wird, ist dem nicht beizupflichten. Vielmehr ist allein maßgebend, zu welchem Zeitpunkt die Einbuchung der Gewinnabführungsverpflichtung nach allgemeinen bilanziellen Grundsätzen hätte erfolgen müssen. Dies ist das Ende des Wirtschaftsjahrs der Organgesellschaft.⁷ Die Fälle einer **überhöhten Gewinnabführung** wirken sich auf Basis einer saldierten Betrachtungsweise nicht aus, weil die auch teilweise Rückforderung einer verdeckten Gewinnausschüttung steuerlich als Einlage bewertet wird.⁸

18.12 Eine Besonderheit stellt in den Veranlagungszeiträumen 2001 bis 2006 der Umstand der **Körperschaftsteuererhöhung** gem. § 38 Abs. 2 KStG durch die verdeckte Gewinnausschüttung dar. Eine Realisierung von Körperschaftsteuerguthaben gem. § 37 Abs. 2 KStG war in den Veranlagungszeiträumen 2002 bis 2006 aufgrund des Fehlens eines den gesellschaftsrechtlichen Vorschriften entsprechenden Gewinnverteilungsbeschlusses nicht möglich.⁹

18.13 Beim Organträger ist die Gewinnabführung als ein Bezug i.S.d. § 20 Abs. 1 Nr. 1 Satz 2 EStG zu qualifizieren, der entsprechend § 8b Abs. 1 Satz 1 KStG außer Ansatz zu lassen ist. Allerdings sind gem. § 8b Abs. 5 Satz 1 KStG 5 vH der Bezüge als nichtabzugsfähige Betriebsausgaben zu behandeln und entsprechend zu versteuern.

18.14 Verdeckte Gewinnausschüttungen lösen grundsätzlich die Rechtsfolgen des § 43 Abs. 1 Satz 1 EStG aus. Allerdings wird in Fällen der nachträglich festgestellten verdeckten Gewinnausschüttung **keine KESt** mehr nacherhoben, weil auch nach Ansicht der Finanzverwaltung

---

1 *Neumann* in Gosch³, § 14 KStG Rz. 540.
2 BFH v. 30.1.1974 – I R 104/72, BStBl. II 1974, 323.
3 BFH v. 26.4.1989 – I R 152/84, BStBl. II 1989, 668 (670) = FR 1989, 601.
4 BFH v. 29.4.1987 – I R 176/83, BStBl. II 1987, 733 (735) = FR 1987, 456.
5 Grundlegend *Wassermeyer*, GmbHR 1998 157; *Frotscher*, FR 2003, 230; BFH v. 29.6.1994 – I R 137/93, BStBl. II 2002, 366 = FR 1994, 833.
6 *Frotscher* in Frotscher/Drüen, § 14 KStG Rz. 699 ff.; *Brink* in Schnitger/Fehrenbacher², § 14 KStG Rz. 1337.
7 So auch *Frotscher* in Frotscher/Drüen, § 14 KStG Rz. 699.
8 BFH v. 29.4.1987 – I R 176/83, BStBl. II 1987, 733.
9 *Brink* in Schnitger/Fehrenbacher², § 14 KStG Rz. 1338, *Frotscher* in Frotscher/Drüen, § 14 KStG Rz. 367.

der Vorrang des Veranlagungs- vor dem Abzugsverfahren gilt.[1] Dies wird zumindest für den Fall, dass der Empfänger im Inland der Steuerveranlagung unterliegt, angenommen. Wird das Verunglücken der Organschaft allerdings bereits bei Erstellen der Steuererklärung erkannt und auch erklärt, ist KESt einzubehalten und abzuführen.[2] Wird die verdeckte Gewinnausschüttung erst im Rahmen einer Betriebsprüfung erkannt, werden die Fristen nach § 44b Abs. 3 EStG zur Erstattung der KESt naturgemäß nicht einzuhalten sein. Hier geht die Finanzverwaltung von dem Vorliegen von Billigkeitsgründen aus, die den Verzicht auf die Erhebung von KESt rechtfertigen.[3]

III. Folgen der Verlustübernahme

Die vollzogene Verlustübernahme stellt eine **verdeckte Einlage** der Organträgerin in die Organgesellschaft dar.[4] Die Einlage in Gestalt des erfolgten Ausgleichs von Fehlbeträgen bzw. des bilanziellen Ausweises eines entsprechenden Ausgleichsanspruchs ist gem. § 27 KStG auf dem steuerlichen Einlagekonto der Organgesellschaft zu bilanzieren. Entsprechend ist die erfolgte Verlustübernahme durch tatsächliche Zahlung oder durch Ausweis einer korrespondierenden Verbindlichkeit zum Bilanzstichtag als **nachträgliche Anschaffungskosten** der Beteiligung bei der Organträgerin zu verbuchen. Bei beiden Gesellschaften ist dieser Vorgang steuerlich erfolgsneutral zu handhaben. 18.15

Dies muss insbesondere in den Fällen gelten, die den Wert der Beteiligung an der Organtochter nicht erhöhen können, weil der gemeine Wert dieser Gesellschaft zB wegen einer nachhaltigen schlechten Ergebnisprognose trotz Verlustübernahme nicht steigt. Eine entsprechende Korrektur hat der Organträger im Wege der Teilwertabschreibung sowohl in der Handels- als auch in der Steuerbilanz vorzunehmen, die in der Steuererklärung gem. § 8b Abs. 3 KStG bzw. § 3c Abs. 2 EStG jedoch außerbilanziell wieder hinzuzurechnen sind.[5] 18.16

Der in der Praxis häufig vorzufindende **Verzicht** der Organgesellschaft **auf die Geltendmachung des Verlustausgleichsanspruchs** und seiner angemessenen Verzinsung (s. aber Rz. 2.87) führt im Ergebnis zu einer Rückgewährung von Einlagen und einer verdeckten Gewinnausschüttung. Die Vermögensmehrung beim Organträger infolge des Zinsverzichts erfolgt als Gewinnausschüttung gem. § 8b Abs. 1 KStG bzw. § 3 Nr. 40 EStG und nicht etwa in Gestalt eines Gewinns aufgrund ersparter Zinsen.[6] 18.17

IV. Weitere Folgen

1. Folgen bei veräußerter Organgesellschaft

Ein in der Praxis häufig anzutreffender Fall ist der Eintritt der Folgen einer verunglückten Organschaft im **Jahr der Veräußerung** der Organgesellschaft. Wenn es in einem solchen Fall 18.18

---

1 Vgl. OFD Münster v. 7.11.2007, DB 2008, 204.
2 So auch *Kohlhepp* in Schnitger/Fehrenbacher[2], § 8 KStG Rz. 484.
3 Vgl. OFD Cottbus v. 30.1.2003, HaufeIndex 1136077.
4 *Brink* in Schnitger/Fehrenbacher[2], § 14 KStG Rz. 1344; BFH v. 16.5.1990 – I 96/88, BStBl. II 1990, 797 = GmbHR 1991, 34; BFH v. 22.10.2008 – I R 66/07, BStBl. II 2009, 972 = GmbHR 2009, 329.
5 *Neumann* in Gosch[3], § 14 KStG Rz. 542 mwN.
6 *Neumann* in Gosch[3], § 14 KStG Rz. 543; *Gonella/Starke* DB 1996, 248 (249).

nach der Veräußerung zu einer Verlustübernahme kommt, führt sie zu Aufwendungen, die in einem wirtschaftlichen Veranlassungszusammenhang zu der veräußerten Beteiligung stehen und den erzielten Veräußerungsgewinn nachträglich mindern.[1]

2. Folgen in Konzernstrukturen

18.19 Die vorgenannten Grundsätze sind auch in **mehrstufigen Konzernstrukturen** entsprechend anzuwenden. Die Gewinnabführung einer Enkelgesellschaft (E) über die Tochtergesellschaft (T) an die Muttergesellschaft (M) stellt demnach im Fall der verunglückten Organschaft zwischen E und T eine vGA der E an T und je nachdem, ob zwischen T und M eine Organschaft besteht oder nicht, eine vorweggenommene Gewinnabführung oder vGA der T an M dar. Entsprechend wird mit der Verlustübernahme verfahren. Sie ist als verdeckte Einlage durch die M in T sowie weiterhin als verdeckte Einlage durch die T in E zu behandeln.[2]

3. Entfallende Haftung

18.20 Die **Haftung der Organgesellschaft** nach § 73 AO knüpft tatbestandlich an ein wirksames Organschaftsverhältnis an. Die Organgesellschaft haftet folglich nur für die Steuern, für welche die Organschaft besteht.[3] Die Haftung erstreckt sich daher ausschließlich auf die von einer Organschaft umfassten Steuerarten und den jeweiligen Organkreis, der beispielsweise in einem Konzern bei einer körperschaftsteuerlichen und einer umsatzsteuerlichen Organschaft unterschiedliche Konzerngesellschaften umfassen kann. Letztlich ist diese Art der „Ausfallhaftung" der Organgesellschaft von ihrem Umfang her streitig[4].

18.21 In der neuesten Entscheidung des BFH[5] prüft der I. Senat intensiv die Frage, ob sich die Haftung einer Organgesellschaft gem. § 73 AO für aus der Organschaft verursachte Steuerschulden des Organträgers nur auf unmittelbar zum Organkreis gehörende Unternehmen beschränkt oder auch auf sog. Organschaftsketten (Enkelgesellschaften und deren Beteiligungen) erstreckt. Der I. Senat orientiert sich in dieser Entscheidung wieder einmal sehr eng an dem Wortlaut des § 73 Satz 1 AO[6] und kommt zu dem Schluss, dass der Gegenstand der Haftung auf den gegen den durch das konkrete Organschaftsverhältnis bestimmten Organträger gerichteten Steueranspruch beschränkt ist[7]. Er geht dabei von dem Bild des sog. „zweipersonalen Organschaftsverhältnisses" aus, was grundsätzlich auch mittels einer sog. mittelbaren Organschaft bzw. Klammerorganschaft bestehen kann[8]. Gleichzeitig geht der BFH selbst davon aus, dass bei mehrstufigen Organschaftsketten ein politischer Handlungsbedarf besteht, wenn das mit § 73 AO verfolgte gesetzgeberische Ziel erreicht werden soll[9].

---

1 BFH v. 16.5.1990 – I R 96/88, BStBl. II 1990, 797; s. auch Rz. 20.2 ff. und *Füger/Rieger/Schell*, DStZ 2015, 404.
2 *Frotscher* in Frotscher/Drüen, § 14 KStG Rz. 369.
3 *Loose* in Tipke/Kruse, § 73 AO Rz. 5.
4 *Schimmele/Weber*, DK 2015, 437, *Braunagel/Paschke*, UBg 2011, 233.
5 BFH v. 31.5.2017 – I R 54/15, BStBl. II 2018, 54, DB 2017, 2392; s. auch Rz. 6.147 ff.
6 (…) „für solche Steuern des Organträgers, für welche die Organgesellschaft zwischen ihnen steuerlich von Bedeutung ist".
7 BFH (Fn. 30) Rz. 9, 11.
8 *Prinz/Keller*, DB 2018, 400 (407).
9 BFH (Fn. 30) Rz. 13.

Letztlich mag ein weitergehender Haftungsumfang zweckgerecht sein, indes steht der Wortlaut des § 73 AO einer weitergehenden Gesetzesauslegung entgegen[1].

4. Mittelbare Folgen

a) Zinsschranke

In § 15 Satz 1 Nr. 3 KStG wird für Zwecke der **Zinsschranke** die Annahme eines einheitlichen Organbetriebs geregelt, ähnlich wie bei § 2 Abs. 2 Satz 2 GewStG.[2] Die verunglückte Organschaft führt für den Zeitraum des Entfallens der Organschaft bei Anwendung der Zinsschranke zu teilweise **gravierenden wirtschaftlichen Folgen**. Die Innenfinanzierung zwischen Organträger und Organgesellschaft unterliegt nunmehr wieder den Regeln der Zinsschranke. Waren bei Bestehen der Organschaft sämtliche Zinsaufwendungen der Organgesellschaft abziehbar, wird der § 4h EStG nunmehr auf dieser Ebene wieder zu prüfen sein.[3] Insoweit können sich Cash-Pooling-Verträge in Konzernen negativ auswirken, wenn Sie eine Verzinsung über dem derzeit marktüblichen Niveau vorsehen. Entsprechend kann es wieder zu einer Hinzurechnung der Zinsaufwendungen gem. § 8 Nr. 1a GewStG kommen.[4]

18.22

Dem steht gegenüber, dass die Freigrenze des § 4h Abs. 2 a EStG bei der Organgesellschaft anzuwenden ist und damit nicht mehr länger lediglich einmal im Organkreis Anwendung findet.[5] Die weiteren Ausnahmen des § 4h EStG sind beim Verunglücken der Organschaft ebenfalls wiederum auf Ebene der Organgesellschaft zu prüfen.[6]

18.23

b) Mantelkauf

Nach den Vorschriften des durch § 8c KStG ersetzten § 8 Abs. 4 KStG aF i.V.m. § 34 Abs. 6 Satz 3 KStG konnten sich bis zum Ablauf des 31.12.2012 unschädliche **Betriebsvermögenszuführungen** an den Organträger oder die Organgesellschaft im Nachhinein als schädlich erweisen, soweit sie für Fragen der Zuführung überwiegend neuem Betriebsvermögens von Relevanz waren.[7]

18.24

C. Gründe für das „Verunglücken"

I. Fehlerhafter Gewinnabführungsvertrag

1. Zivilrechtliche Unwirksamkeit oder Missachtung steuerlicher Anforderungen

Ein **fehlerhafter Gewinnabführungsvertrag** kann sich zum einen aus der zivilrechtlichen Unwirksamkeit des Gewinnabführungsvertrages ergeben, zum anderen aber auch aus der Nichtbeachtung der zusätzlichen steuerlichen Anforderungen an den Gewinnabführungsvertrag. Dabei ist zu beachten, dass die gesellschaftsrechtlichen Grundsätze über die fehlerhafte

18.25

---

1 So auch *Moritz* in DB 2017, 2702.
2 Vgl. *Dallwitz* in Schnitger/Fehrenbacher[2], § 15 KStG Rz. 177.
3 *Herlinghaus* in HHR, § 15 KStG Anm. 63.
4 *Mattern* in Schnitger/Fehrenbacher[2], § 8a KStG Rz. 156.
5 *Herlinghaus* in HHR, § 15 KStG Anm. 67; *Neumann* in Gosch[3], § 15 KStG Rz. 36.
6 *Dallwitz* in Schnitger/Fehrenbacher[2], § 15 KStG Rz. 177.
7 Vgl. zur alten Gesetzeslage BMF v. 16.4.1999 – IV C 6 - S 2745 – 12/99, BStBl. I 1999, 455, Rz. 9.

Gesellschaft nicht dazu führen können, einen fehlerhaften Gewinnabführungsvertrag auch steuerlich anzuerkennen.[1]

2. Formulierungsfehler bei der Gewinnabführungs- und Verlustübernahmeklausel

18.26 Nach Änderung durch die **Kleine Organschaftsreform**[2] bestimmt § 17 Abs. 1 Satz 2 Nr. 2 KStG, dass in einem Gewinnabführungsvertrag mit einer anderen als der in § 14 KStG genannten Gesellschaften die Verlustübernahme durch den Organträger durch den Verweis auf die Vorschriften des § 302 AktG in seiner jeweilig gültigen Fassung zu vereinbaren ist. Dies gilt unabhängig davon, dass § 302 AktG nach herrschender Meinung auch ohne eine solche Vereinbarung analog auf einen GmbH-Konzern anzuwenden ist.[3] Welche konkreten Formulierungen möglich sind, ist aus dem Gesetz nicht eindeutig herzuleiten (s. hierzu Rz. 3.75 ff.).[4] Eine **einseitige Verlustübernahme** beispielsweise durch Gesellschafterbeschluss reicht jedenfalls nicht aus.[5] Da die Vereinbarung im Rahmen des Gewinnabführungsvertrags zu treffen ist, unterliegt sie auch dessen Formalien (Rz. 2.45 ff.). Entsprechendes gilt für die Regelung der Gewinnabführung gem. § 17 Abs. 1 Satz 2 Nr. 1 KStG.

3. Verletzung von Formvorschriften

18.27 Das **Schriftformerfordernis** ergibt sich für eine SE, AG oder KGaA bereits aus § 293 Abs. 3 AktG. Für die GmbH gilt es nach der Rechtsprechung des BGH entsprechend.[6]

18.28 Weitere Fehler können sich auch aus der **Nichtbeachtung der Mehrheitserfordernisse** bei den Zustimmungsbeschlüssen der Gesellschafter ergeben (s. auch Rz. 2.49 ff.). Grundsätzlich bedarf es bei der SE, AG und KGaA der Zustimmung der Hauptversammlung mit einer qualifizierten Mehrheit von drei Vierteln des bei der Beschlussfassung vertretenen Grundkapitals (§ 293 Abs. 1 Satz 2 und Abs. 2 AktG). Entsprechendes gilt für die GmbH als herrschendes Unternehmen.[7] Bei der KGaA ist zusätzlich § 285 Abs. 2 AktG zu beachten.

18.29 Nach wie vor umstritten ist in diesem Zusammenhang, ob bei einer GmbH als beherrschtem Unternehmen die Zustimmung aller Gesellschafter erforderlich ist oder eine **Dreiviertel-Mehrheit** ausreicht.[8] In der Praxis sollte daher ein einstimmiger Beschluss der GmbH-Gesellschafter herbeigeführt werden, um steuerliche Risiken zu vermeiden.

18.30 Ein weiteres Formerfordernis ergibt sich aus § 130 Abs. 1 Satz 1 AktG. Danach besteht das Erfordernis der **notariellen Beurkundung** der Gesellschafterbeschlüsse. Entsprechendes gilt auch bei einer GmbH als beherrschtem Unternehmen.[9] Der Zustimmungsbeschluss

---

1 BFH v. 30.7.1997 – I R 7/97, BStBl. II 1998, 33 = FR 1998, 164; *Frotscher* in Frotscher/Drüen, § 14 KStG, Rz. 175.
2 Gesetz zur Änderung und Vereinfachung der Unternehmensbesteuerung und des steuerlichen Reisekostenrechts v. 20.2.2013, BGBl. I 2013, 285.
3 BGH v. 14.12.1987 – II ZR 170/87, BGHZ 103, 1; BGH v. 11.11.1991 – II ZR 287/90, BGHZ 116, 37.
4 Vgl. *Pache* in HHR, § 17 KStG Anm. 40.
5 *Lawall* in Schnitger/Fehrenbacher², § 17 KStG Rz. 77.
6 BGH v. 24.10.1998 – II ZB 7/88, BGHZ 105, 342 = MDR 1989, 234.
7 BGH v. 24.10.1998 – II ZB 7/88, BGHZ 105, 342 = MDR 1989, 234.
8 Vgl. zum Meinungsstand *Schneider/Hinz*, Ubg 2009, 738 (740) und Rz. 2.59 ff. mwN.
9 BGH v. 24.10.1998 – II ZB 7/88, BGHZ 105, 342 = MDR 1989, 234.

einer GmbH als herrschendes Unternehmen bedarf dagegen nicht der notariellen Beurkundung.[1]

Ferner ergibt sich aus § 294 AktG, dass die Wirksamkeit des Gewinnabführungsvertrages von der **Eintragung im Handelsregister** abhängt. Diese formellen Anforderungen gelten grundsätzlich auch bei einer nachträglichen Änderung des Gewinnabführungsvertrages, § 295 Abs. 1 Satz 2 AktG. 18.31

4. Fehlerhafte Formulierung der Mindestlaufzeit

Bei der Formulierung der Mindestlaufzeit (s. auch Rz. 3.78 ff.) ist insbesondere zu beachten, dass es sich nach herrschender Meinung nicht um 5 Wirtschaftsjahre, sondern um 5 Zeitjahre handeln muss.[2] In der Praxis entstehen hier häufig zu kurze Laufzeiten durch Rumpfwirtschaftsjahre am Anfang bzw. am Ende einer Organschaft. Verhindert werden können derartige Probleme durch Bestimmungen im Gewinnabführungsvertrag, nach denen dessen Beendigung (durch Zeitablauf oder ordentliche Kündigung) frühestens auf das Wirtschaftsjahresende erfolgen darf, das 5 Zeitjahre nach Beginn des Vertrages liegt. 18.32

Zu ergänzen wäre diese Klausel noch durch eine dynamische Berechnung der Mindestlaufzeit dergestalt, dass die vertragliche Mindestlaufzeit von mindestens 5 Zeitjahren von Beginn des Wirtschaftsjahres an gerechnet wird, in dem der Gewinnabführungsvertrag zivilrechtlich wirksam wird. 18.33

In der Entscheidung I R 19/15[3] nimmt der I. Senat zu der Frage Stellung, ob die Mindestlaufzeit im Fall einer unterjährig erworbenen Vorratsgesellschaft trotz fehlender finanzieller Eingliederung zu Beginn des Wirtschaftsjahres eingehalten ist. Die entscheidende Bedeutung dieses Urteils liegt nach *Prinz/Keller*[4] darin, dass der BFH für die Berechnung der Mindestlaufzeit des Gewinnabführungsvertrages die umwandlungssteuerliche Rückwirkungsfiktion mitberücksichtigt, auch wenn der Rückwirkungszeitraum bereits vor Gründung der Organgesellschaft beginnt. 18.34

5. Fehlerhafte Formulierung der Ausgleichszahlung an außenstehende Aktionäre

In materieller Hinsicht kommt auch das **Fehlen einer Ausgleichsregelung** für außenstehende Gesellschafter nach § 304 AktG als Grund für die Unwirksamkeit eines Gewinnabführungsvertrages in Betracht. Sieht ein Gewinnabführungsvertrag trotz außenstehender Gesellschafter überhaupt keinen Ausgleich vor, ist dieser zivilrechtlich nichtig (§ 304 Abs. 3 Satz 1 AktG) und damit steuerlich nicht anzuerkennen. Ist dagegen ein Ausgleich vorgesehen, führt dies auch dann nicht zur Nichtigkeit, wenn er unangemessen niedrig ist. Steuerlich schädlich kann jedoch die Bemessung eines variablen Ausgleichs sein (s. Rz. 18.60). Ob diese Grundsätze auch für GmbHs als verpflichtete Gesellschaft gelten, ist gesellschaftsrechtlich umstritten (s. umfassend Rz. 15.25 ff.). 18.35

---

1 BGH v. 24.10.1998 – II ZB 7/88, BGHZ 105, 342 = MDR 1989, 234.
2 BFH v. 12.1.2011 – I R 3/10, BStBl. II 2011, 727 = FR 2011, 522 m. Anm. *Buciek* sowie R60 Abs. 1 Satz 1 KStR 2004.
3 BFH v. 10.5.2017 – I R 19/15, BFH/NV 2017, 1558; s. auch Rz. 6.67 ff.
4 *Prinz/Keller* DB 2018, 400.

6. Verspätete Eintragung

18.36 Wird der Vertrag mangels rechtzeitiger **Eintragung ins Handelsregister** nicht mehr in dem Wirtschaftsjahr wirksam, für das er nach dem Vertrag erstmals gelten soll, ist er steuerlich nicht anzuerkennen, wenn die Restmindestlaufzeit – gemessen ab Beginn des Wirtschaftsjahres des Wirksamwerdens – nicht mindestens 5 Zeitjahre beträgt.[1] Eine von der Finanzverwaltung anerkannte Möglichkeit zur Vermeidung dieses Problems liegt in einer vertraglichen Vereinbarung, nach der die Laufzeit des Gewinnabführungsvertrages erst in dem Wirtschaftsjahr beginnt, in dem der Gewinnabführungsvertrag im Handelsregister eingetragen wird (sog. dynamischer Verweis).[2] Stimmen in der Literatur,[3] wonach von vorneherein ein Mindestvertragsdauer von 6 Jahren vereinbart werden könnte, gehen an der Praxis vorbei und verlängern das Risiko des Verunglückens der Organschaft um ein Jahr.

18.37 Der BFH hat in seinem Urteil vom 23.8.2017[4] entschieden, dass die verzögerte Eintragung eines Gewinnabführungsvertrages im Handelsregister auch dann keine sachliche Unbilligkeit sei, wenn sie auf einem Fehlverhalten des Registergerichts beruht. In der Konsequenz bedeutet dies, dass der BFH an seiner formalen Betrachtungsweise festhält und dem Steuerpflichtigen selbst bei nicht zu vertretendem Fehlverhalten des Registergerichts kein Anspruch auf Korrektur des Körperschaftsteuerbescheids zusteht. Dies war bisher in Rechtsprechung und Schrifttum umstritten[5].

18.38 Unstreitig war bisher lediglich, dass die Eintragung des Gewinnabführungsvertrags im Handelsregister konstitutive Bedeutung hat, dh. die Eintragung nur für die Zukunft wirkt. *Wachter*[6] führt aus, dass im Gesellschaftsrecht die weitreichenden Rechtsfolgen der Unwirksamkeit eines Gewinnabführungsvertrages nach den Grundsätzen über die fehlerhafte Gesellschaft[7] zu behandeln sind, wenn er von den beteiligten Gesellschaften tatsächlich vollzogen wird.

18.39 Das Steuerrecht folgt dem Gesellschaftsrecht nicht; der BFH hat diese Auffassung jetzt nochmals bestätigt. Er lässt allerdings eine eigene Begründung vermissen und verweist insoweit auf eine Entscheidung des IV. Senats des BFH aus dem Jahre 2009[8], dessen Begründung auch nicht zu überzeugen vermag. Letztlich sollte bei einem zivilrechtlich als wirksam behandelten Vertrag, der darüber hinaus noch tatsächlich vollzogen wird, eine steuerliche Anerkennung angenommen werden. Aus den steuerlichen Vorschriften über die Organschaft ergibt sich kein entgegenstehender Wille des Gesetzgebers[9].

18.40 Im Ergebnis hat sich der BFH der Auffassung der Finanzverwaltung angeschlossen. Insoweit ist eine Änderung der KStR 2015 nicht zu erwarten. Auch wenn einzelne FG[10] Billigkeitsmaßnahmen zugestimmt haben und der I. Senat des BFH damals die Nichtzulassungsbeschwerden verworfen hat, wird die Rechtslage für die Praxis bis auf Weiteres durch das neue BFH-Urteil

---

1 BFH v. 22.10.2008 – I R 66/07, BStBl. II 2009, 972 = FR 2009, 618; BMF v. 10.11.2005 – IV B 7 - S 2770 – 24/05, BStBl. I 2005, 1038 = FR 2005, 1216 Rz. 4.
2 BMF v. 10.11.2005 – IV B 7 - S 2770 – 24/05, BStBl. I 2005, 1038 = FR 2005, 1216 Rz. 4.
3 *Brink* in Schnitger/Fehrenbacher[2], § 14 KStG Rz. 305.
4 I R 80/15 DB 2017, 3036; s. auch Rz. 6.141 ff.
5 Vgl. *Wachter*, DB 2018, 272 mwN.
6 Vgl. *Wachter*, DB 2018, 272 (278).
7 Vgl. *Sprau* in Palandt[77], § 705 BGB Rz. 17 ff. mwN.
8 BFH vom 3.9.2009 – IV R38/07, BStBl. II 2010, 60.
9 *Wachter* in DB 2018, 272 (275).
10 FG Düsseldorf vom 17.5.2011 – 6 K 3100/09, FG Düsseldorf vom 25.11.2003 – 6 K 3001/01.

bestimmt. Tröstlich ist dabei, dass die Registergerichte heute über alle Anträge „unverzüglich" entscheiden müssen[1]. In der Praxis erfolgen die meisten Eintragungen daher seit der Umstellung auf das elektronische Handelsregister innerhalb weniger Werktage, manchmal sogar am gleichen Tag. Um Rechtssicherheit für die Praxis zu erlangen, wäre es sachgerecht, für die Organschaft nicht auf die Eintragung des Gewinnabführungsvertrags im Handelsregister abzustellen, sondern auf dessen Anmeldung. Hierfür müsste der Gesetzgeber tätig werden.

7. Handlungsalternativen bei fehlerhaftem Gewinnabführungsvertrag

Neben der Änderung und Ergänzung eines Gewinnabführungsvertrages besteht auch die Möglichkeit der Beendigung des alten und des **Abschlusses eines neuen Gewinnabführungsvertrags**. Voraussetzung dafür ist allerdings, dass die fünfjährige Mindestlaufzeit bereits abgelaufen ist. Nach § 296 AktG besteht aber lediglich die Möglichkeit, die Aufhebung des Gewinnabführungsvertrages mit Wirkung zum Ende des Geschäftsjahres der verpflichteten Gesellschaft vorzunehmen. Dies ist insofern nachteilig, als ohne Einbeziehung eines Rumpfwirtschaftsjahres das laufende steuerliche Jahr zB für etwaige Verlustnutzungen verlorengeht. Das **Einlegen eines Rumpfwirtschaftsjahres** führt allerdings dazu, dass in der Regel sogar zweimal eine zivilrechtlich wirksame Satzungsänderung vorgenommen werden muss; einmal zur Bildung des Rumpfwirtschaftsjahres und ein zweites Mal für die Umstellung auf das Wirtschaftsjahr der Gruppe. Hinzu kommt die Erstellung eines Jahresabschlusses und ggf. eine Prüfung durch die Wirtschaftsprüfungsgesellschaft.

18.41

In Betracht käme noch eine unterjährige Beendigung durch eine **außerordentliche Kündigung**. Dies setzt aber einen wichtigen Grund voraus (s. hierzu Rz. 2.135 ff. und Rz. 11.26 ff.). Steuerlich ist eine Beendigung zudem nachteilig, wenn ein wichtiger Grund nicht sicher vorliegt und ein Scheitern der Organschaft nur möglich erscheint.[2] Zu der Frage, ob und inwieweit ein Gewinnabführungsvertrag bei inhaltlichen Fehlern oder bloßen Schreibfehlern nach §§ 133, 157 BGB auslegungsfähig ist, s. Rz. 6.44 ff.

18.42

II. Fehler bei der Durchführung des Gewinnabführungsvertrages

1. Allgemeine Überlegungen

Der Gewinnabführungsvertrag muss während seiner gesamten Laufzeit **tatsächlich durchgeführt** werden (§ 14 Abs. 1 Satz 1 Nr. 3 KStG). Dies setzt voraus, dass die Organgesellschaft ihren ganzen Gewinn an den Organträger abführt und im Gegenzug den anfallenden Verlust der Organgesellschaft übernimmt. Ausgangspunkt für die Ermittlung des Betrages der Gewinnabführung bzw. Verlustübernahme ist der Jahresabschluss (§ 275 Abs. 2 Nr. 20 Abs. 3 Nr. 19 HGB) vor Gewinnabführung.

18.43

Das Gesetz zur Änderung und Vereinfachung der Unternehmensbesteuerung und des steuerlichen Reisekostenrechts[3] brachte für alle nicht bestandskräftigen Veranlagungen deutliche Erleichterung bei der steuerlichen Anerkennung der Voraussetzungen des Gewinnabführungsvertrags. Insbesondere werden **Zuviel- oder Zuwenig-Abführungen** infolge fehlerhafter

18.44

---

1 Vgl. § 25 Abs. 1 Satz 2 HRV.
2 *Schneider/Hinz*, Ubg 2009, 738 (743).
3 V. 20.2.2013, BGBl. I 2013, 285, sog. Kleine Organschaftsreform.

18.45 Vor der Gesetzesänderung galt, dass nicht der festgestellte Jahresabschluss das objektiv richtige Ergebnis war, sondern dass zum Bilanzstichtag das nach den Grundsätzen ordnungsmäßiger Buchführung zutreffend auszuweisende Ergebnis abzuführen war. Nunmehr hat der Gesetzgeber erkannt, dass es die objektiv richtige Bilanz wohl nicht geben kann und arbeitet seither mit Fiktionen, die in § 14 Abs. 1 Nr. 3 Sätze 4 und 5 KStG neu geregelt wurden. Hierin finden sich die Fiktion der Durchführung des Gewinnabführungsvertrages und die Fiktion des Nicht-erkennen-müssens eines Bilanzierungsfehlers. Darüber hinaus dürfte geklärt sein, dass die Neuregelung an den subjektiven Fehlerbegriff des Handelsrechts anknüpft, ohne dass es auf Berichtigungsmöglichkeiten ankommt.[2] Die Gesetzesbegründung[3] macht aber deutlich, dass diese Erleichterung bei der Anerkennung der Organschaft nicht für nichtige Gewinnabführungsverträge und Gewinnabführungen bzw. Verlustübernahmen, die auf nichtigen Jahresabschlüssen beruhen, gelten soll.

Bilanzansätze nicht mehr zwingend zur steuerlichen Nichtanerkennung in der Organschaft führen.[1]

18.46 Zu der Sonderfrage, wann und unter welchen Voraussetzungen bereits bestandskräftige Bescheide aufgrund der verfahrensrechtlichen Neuregelung in § 14 Abs. 5 KStG geändert werden können, wird auf die Darstellung in Rz. 4.21 ff. verwiesen.[4]

2. Bilanzierungsfehler

18.47 Dementsprechend ist zwischen **drei Fallgruppen**, die sich wesentlich in ihren Rechtsfolgen unterscheiden, zu differenzieren: Die erste Fallgruppe sind **nicht wesentliche Bilanzierungsfehler**. Diese führen nicht dazu, dass der Jahresabschluss objektiv unrichtig ist; entsprechend besteht keine handelsrechtliche Verpflichtung zur Fehlerberichtigung. Die zweite Fallgruppe sind **wesentliche Bilanzierungsfehler**, die dazu führen, dass der Jahresabschluss ein nicht den tatsächlichen Verhältnissen entsprechendes Bild der Vermögens-, Finanz- und Ertragslage des Unternehmens vermittelt. Hier besteht die Pflicht zur Korrektur des Jahresabschlusses in laufender Rechnung.[5] Die dritte Fallgruppe sind Bilanzierungsfehler, die so gravierend sind, dass das Unternehmensvermögen wesentlich falsch ausgewiesen wird. Sie führen zur **Nichtigkeit des Jahresabschlusses**.

18.48 Eine Heilung des fehlerhaften handelsbilanziellen Bilanzansatzes ist in der ersten Fallgruppe nicht notwendig, in der zweiten Fallgruppe der Hauptanwendungsfall der neuen Vorschriften in § 14 Abs. 1 Nr. 3 Sätze 4 und 5 KStG und in der dritten Fallgruppe umstritten in der Frage, ob die tatsächliche Durchführung des Gewinnabführungsvertrages durch Rückwärtsberichtigung der Jahresabschlüsse erreicht werden kann. Die herrschende Meinung und die Finanzverwaltung[6] sind dagegen der Ansicht, dass ein nicht durchgeführter Gewinnabführungsvertrag nicht mit Rückwirkung geheilt werden kann.

---

1 *Dötsch* in Dötsch/Pung/Möhlenbrock, § 14 KStG Rz. 209b; s. Rz. 13.11 ff.
2 HFA, IDW-Fn. 2013, 358.
3 BT-Drucks. 17/10774, 19.
4 Eine ausführliche Darstellung findet sich in *Dötsch* in Dötsch/Pung/Möhlenbrock, § 14 KStG Rz. 209b/1 und 2.
5 IDW RS HFA 6 Tz. 14.
6 *Forst/Suchanek/Klopsch*, GmbHR 2013, 914 (921); BFH v. 5.4.1995 – I R 156/93, DB 1995, 1593 = FR 1995, 547; *Dötsch* in Dötsch/Pung/Möhlenbrock, § 14 KStG Rz. 209c/1; aA *Frotscher* in Frotscher/Drüen, § 14 KStG Rz. 403.

Der Frage, was als **Bilanzierungsfehler im Sinne** der Vorschrift eingestuft werden kann, wird in der Literatur[1] kontrovers diskutiert. Aus der Gesetzesbegründung lässt sich entnehmen, dass der Gesetzgeber den Begriff des fehlerhaften Bilanzansatzes sehr extensiv ausgelegt wissen will, um möglichst viele Praxisprobleme des Gewinnabführungsvertrages zu erfassen.[2] Demnach ist ein Bilanzansatz fehlerhaft, wenn er nicht den Grundsätzen ordnungsmäßiger Buchführung entspricht. Darunter ist die fehlerhafte Über- bzw. Unterbewertung von Wirtschaftsgütern ebenso zu subsumieren wie der Nichtausweis oder unrichtige Ausweis von zu bilanzierenden Wirtschaftsgütern. Ausweislich der vorbenannten Gesetzesbegründung ist auf den subjektiven Fehlerbegriff des Handelsrechts abzustellen. Dementsprechend führt jede Bilanzierung und Bewertung, die nach den Maßstäben eines ordentlichen und gewissenhaften Kaufmanns zum Zeitpunkt der Bilanzaufstellung vertretbar war, zu einer handelsrechtlich richtigen Bilanz auch in dem Fall, dass sich bestimmte rechtliche oder sachliche Annahmen des Kaufmanns im Nachhinein als unrichtig herausstellen.[3] Entsprechend dem Vorgesagten kommt auch bei folgenden Fallgruppen der Verstöße gegen gesellschaftsrechtliche Regelungen eine Heilungsmöglichkeit gem. § 14 Abs. 1 Nr. 3 Sätze 4 und 5 KStG in Betracht: 18.49

3. Fehlender Ausgleich des vororganschaftlichen Verlustes

Nach § 301 Satz 1 AktG ist im Rahmen der Ermittlung des **Höchstbetrages der Gewinnabführung** der Jahresüberschuss in einem ersten Schritt um einen Verlustvortrag für das Vorjahr zu mindern. Da während der Vertragslaufzeit Jahresfehlbeträge der Organgesellschaft wegen der Verlustübernahmeverpflichtung des anderen Vertragsteils gem. § 302 AktG nicht entstehen können, geht es um den Ausgleich von in vorvertraglicher Zeit entstandener Verluste der Organgesellschaft. 18.50

In der Praxis treten häufig Fälle auf, in denen der **Verlustausgleich schon in vororganschaftlicher Zeit möglich** gewesen wäre, aber „vergessen" wurde, sei es aufgrund mehrjähriger Verlustphasen oder beispielsweise bei der Aktivierung von Vorratsgesellschaften mit „Mini-Verlustvorträgen". Die Rechtsfolge einer Gewinnabführung ohne vorherige Verrechnung der deshalb noch bestehenden vorvertraglichen Verluste war drastisch. Der Gewinnabführungsvertrag galt als nicht durchgeführt. 18.51

Nach zutreffender herrschender Meinung konnte der Fehler schon bisher durch Änderung der handelsrechtlichen Jahresabschlüsse für die vororganschaftlichen Jahre der Organgesellschaft und des Organträgers rückwirkend geheilt werden.[4] Der Mindermeinung, welche dies ablehnte, ist spätestens durch die Neuregelung der Sätze 4 und 5 in § 14 Abs. 1 Nr. 3 KStG der Boden entzogen worden.[5] 18.52

Eine weitere – ebenfalls bisher bereits bestehende – Möglichkeit, den fehlenden Ausgleich des vororganschaftlichen Verlustes rückwirkend zu heilen, besteht in der **Auflösung der vor-** 18.53

---

1 *Rödder*, Ubg 2012, 717 (720); *Jesse*, FR 2013, 681 (683); *Dötsch* in Dötsch/Pung/Möhlenbrock, § 14 KStG Rz. 209d.
2 *Dötsch* in Dötsch/Pung/Mühlenbrock, § 14 KStG Rz. 209d, *Lenz/Adrian/Handwerker*, BB 2012, 2851 (2852); *Schneider/Sommer*, GmbHR 2013, 22 (24).
3 *Dötsch* in Dötsch/Pung/Mühlenbrock, § 14 KStG Rz. 209c; *Rödder*, Ubg 2012, 717 (719).
4 *Brink* in Schnitger/Fehrenbacher[2], § 14 KStG Rz. 360; *Dötsch* in Dötsch/Pung/Möhlenbrock, § 14 Rz. 181; *Erle/Heurung* in Erle/Sauter[3], § 14 KStG Rz. 176; weiter in Ernst & Young, § 14 KStG Rz. 680.2.
5 *Frotscher* in Frotscher/Drüen, § 14 KStG Rz. 403; *Neumann* in Gosch[3], § 14 KStG Rz. 310.

vertraglichen Kapital-/Gewinnrücklage. Ebenso wie bei der vorherigen Lösungsmöglichkeit wird auch hier im letzten Jahresabschluss vor Wirksamwerden des Gewinnabführungsvertrages eingegriffen. Dabei wird der Ergebnisverwendungsbeschluss des letzten Wirtschaftsjahres der Organgesellschaft vor Wirksamwerden des Gewinnabführungsvertrages dahin geändert, dass Beträge aus der Kapital- oder Gewinnrücklage zum Ausgleich des Verlustvertrages aufgelöst werden.[1] Durch die Korrektur in vororganschaftlicher Zeit ist damit der abgeführte Gewinn im ersten organschaftlichen Gewinnjahr korrekt. Entsprechend kann auch ein Verstoß gegen die Regeln der tatsächlichen Durchführung nicht mehr vorliegen.

4. Abführungsverbot für Kapitalrücklagen und in vorvertraglicher Zeit gebildete Gewinnrücklagen

18.54 Da **Entnahmen aus der Kapitalrücklage** (§ 158 Abs. 1 Satz 1 Nr. 2 AktG) und aus den Gewinnrücklagen (§ 158 Abs. 1 Satz 1 Nr. 3 AktG) nicht vom nach § 301 AktG zulässigerweise abführbaren Höchstbetrag erfasst werden, führt die Abführung vorvertraglicher Rücklagen dazu, dass der Gewinnabführungsvertrag steuerlich nicht als durchgeführt angesehen wird, R 60 Abs. 4 Satz 1 KStR. Das Abführungsverbot gilt auch für Kapitalrücklagen, die in der organschaftlichen Zeit gebildet wurden.[2] Hiervon zu unterscheiden ist der Fall der Ausschüttung der vorvertraglichen Rücklagen, denn diese Gewinnausschüttungen vollziehen sich außerhalb des Gewinnabführungsvertrages und haben keine schädlichen Auswirkungen auf die Organschaft.[3] Hinzuweisen ist in diesem Zusammenhang auch darauf, dass das **Abführungsverbot gem. § 324 Abs. 2 Satz 1 AktG** nicht bei eingegliederten AGs gilt.

5. Verstoß gegen Ausschüttungssperren

18.55 Durch das BilMoG[4] wurde eine neue bedingte **Ausschüttungssperre** in § 268 Abs. 8 HGB eingeführt, die insbesondere auch als Abführungssperre innerhalb eines Organschaftsverhältnisses wirkt. Hiervon betroffen sind insbesondere die **Aktivierung selbstgeschaffener immaterieller Vermögensgegenstände des Anlagevermögens** (§ 268 Abs. 8 Satz 1 HGB), ein **Überhang aus aktiven latenten Steuern** (§ 268 Abs. 8 Satz 2 HGB) sowie der **positive Überhang aus der Verrechnung von Anschaffungskosten** von Vermögensgegenständen, wie zB. Altersvorsorgevermögen und entsprechenden Schulden (§ 246 Abs. 2 Satz 2 HGB) abzgl. hierfür gebildeter passiver latenter Steuern (§ 268 Abs. 8 Satz 3 HGB). Allerdings sind Ausschüttung bzw. Abführung bedingt möglich und zulässig, wenn nach der Ausschüttung bzw. Abführung der Gesamtbetrag der ergebniserhöhenden Beträge aus der oben genannten Aktivierung bzw. den positiven Überhängen mindestens dem Teil verfügbarer Rücklagen zzgl. eines Gewinnvortrages und abzgl. eines Verlustvortrages entspricht. Im Ergebnis ist damit in Höhe des Gesamtbetrages der ergebniserhöhenden Beträge freies Eigenkapital ausschüttungs- und abführungsgesperrt.[5]

---

1 *Schneider/Hinz*, Ubg 2009, 738 (746).
2 BFH v. 8.8.2001 – I R 25/00, BStBl. II 2003, 923 = FR 2002, 514 m. Anm. *Pezzer*.
3 *Schneider/Hinz*, Ubg 2009, 738 (747).
4 Gesetz zur Modernisierung des BilR (Bilanzrechtmodernisierungsgesetz – BilMoG), BGBl. I 2009, 1102.
5 Vgl. im Einzelnen zur Ausschüttungs- und Abführungssperre des § 268 Abs. 8 HGB *Lanfermann/Röhricht/Ulrich*, DStR 2009, 1217; *Schneider/Hinz*, Ubg 2009, 738 (747).

Mit der Neuregelung in § 253 Abs. 2 HGB zur Ermittlung des handelsrechtlichen Ansatzes von Rückstellungen für Altersvorsorgeverpflichtungen[1] wurde eine Ausschüttungssperre in § 253 Abs. 6 HGB eingeführt, wonach der sich durch die Neubewertung ergebende höhere Gewinn (Abstockungsgewinn) nicht ausgeschüttet werden darf. Obwohl für den Bilanzansatz von Pensionsrückstellungen nach § 253 Abs. 2 Satz 1 HBG nF der 10-Jahres-Durchschnittszinssatz maßgeblich ist, haben die bilanzierenden Unternehmen zu jedem Abschlussstichtag in einer Nebenrechnung auch eine Bewertung mit dem 7-Jahres-Durchschnittszinssatz vorzunehmen und den Unterschiedsbetrag zwischen diesen beiden Wertansätzen zu ermitteln[2].

18.56

Nach § 253 Abs. 6 Satz 2 HGB nF dürfen Gewinne nur ausgeschüttet werden, wenn die nach einer Ausschüttung verbleibenden frei verfügbaren Rücklagen zzgl. eines Gewinnvortrags und abzgl. eines Verlustvortrags mindestens dem Unterschiedsbetrag entsprechen (Ausschüttungssperre). Bezüglich dieser Ausschüttungssperre ist dabei folgendes zu beachten:

18.57

- Die Ausschüttungssperre gilt nur für Kapitalgesellschaften und nicht für Einzelkaufleute sowie Personenhandelsgesellschaften bzw. nicht haftungsbeschränkte Personenhandelsgesellschaften i.S.d. § 264a HGB.

- Liegen bereits nach § 268 Abs. 8 HGB in entsprechender Höhe ausschüttungsgesperrte Beträge vor, erhöht sich der ausschüttungsgesperrte Betrag durch das Vorliegen eines Unterschiedsbetrages gem. § 253 Abs. 6 Satz 1 HBG. Eine isolierte Betrachtung, nach der freie Eigenkapitalbestandteile zweimal zur Deckung ausschüttungsgesperrter Beträge zur Verfügung stehen, ist nicht zulässig.

- Die Berücksichtigung von entgegengesetzten Effekten auf angesetzte aktive oder passive latente Steuern bei der Bemessung der Ausschüttungssperre analog zu den Regelungen in § 268 Abs. 8 HBG erscheint sachgerecht.

Letztlich ist die in Praxis und Literatur[3] kontrovers diskutierte Frage ob eine Ausschüttungssperre auch eine Abführungssperre im Rahmen einer Organschaft betrifft und welches der „richtige" abgeführte Gewinn ist, mit dem BMF-Schr. v. 23.12.2016[4] beantwortet worden. Danach ist die Abführung des gesamten Gewinns der Organgesellschaft an den Organträger, ungeachtet eines ausschüttungsgesperrten Betrags nach § 253 Abs. 6 HGB, erforderlich. Sofern es im Einzelfall bei vernünftiger kaufmännischer Beurteilung wirtschaftlich begründbar ist, kann allerdings der Betrag in eine Rücklage nach § 14 Abs. 1 Satz 1 Nr. 4 KStG eingestellt werden. Im Übrigen beanstandet es die Finanzverwaltung nicht, wenn eine vor dem 23.12.2016 unterlassene Abführung des Abstockungsgewinns spätestens in dem nächsten nach dem 31.12.2016 aufzustellenden Jahresabschluss nachgeholt wird.

18.58

Nach Art 75 Abs. 6 EGHGB ist die Neuregelung erstmals auf Jahresabschlüsse für das nach dem 31.12.2015 endende Geschäftsjahr anzuwenden; wahlweise war gedacht, die Neuregelung bereits in einem Jahresabschluss anzuwenden, der sich auf ein Geschäftsjahr bezieht, das nach dem 31.12.2014 beginnt und vor dem 1.1.2016 endet[5]. Hierdurch ergeben sich nach Handelsbilanz der nächsten Jahre voraussichtlich geringere Rückstellungen, damit höhere Gewinne, als bisher.

18.59

---

1 Gesetz zur Umsetzung der Wohn-Immobilienkreditrichtlinie und zur Änderung handelsrechtlicher Vorschriften vom 11.3.2016 (BGBl. I 2016, 396).
2 Vgl. § 253 Abs. 6 Satz 1 HGB nF.
3 *Hageböcke/Hennrichs*, DB 2017, 18; *Oser/Wirtz*, DB 2017, 261.
4 BMF v. 23.12.2016 – IV C 2-S 2770/16/100002.
5 Art. 75 Abs. 7 EGHGB.

6. Fehlerhafter oder fehlender Ausgleichsanspruch

18.60 Die §§ 304, 305 AktG sehen vor, dass der Gewinnabführungsvertrag im Falle von außenstehenden Aktionären einen **angemessenen Ausgleichs- und Abfindungsanspruch** für diese vorsehen muss. Eine **Nichtbeachtung führt zur zivilrechtlichen Nichtigkeit** (§ 304 Abs. 3 Satz 1 AktG) des Gewinnabführungsvertrags und zieht die steuerliche Nichtanerkennung der Organschaft nach sich. Sollte der Ausgleichsanspruch vorhanden, aber zu niedrig bemessen sein, führt dies nicht zur Nichtigkeit.[1]

18.61 Trotzdem können steuerliche Probleme sowohl bei der Höhe der Ausgleichszahlung als auch bei ihrer Zusammensetzung angelegt sein. § 304 Abs. 2 Satz 1 AktG ermöglicht einen festen Ausgleichsanspruch, der sich im Wesentlichen nach der Ertragslage und den Ertragsaussichten der Organgesellschaft richtet. § 304 Abs. 2 Satz 2 AktG regelt, dass alternativ bei einer AG oder KGaA als Organträger ein variabler Ausgleich vorgesehen werden kann, der sich nach dem Ergebnis des Organträgers richtet. Entsprechend sind diese Ausgleichszahlungen anzuerkennen, wenn sie den Voraussetzungen des § 304 Abs. 2 Satz 1 und 2 AktG genügen. Die Bemessung eines variablen Anteils anhand des Ergebnisses der Organgesellschaft ist dagegen grundsätzlich nicht zulässig. Nach Auffassung der Finanzverwaltung und Teilen der Literatur kann zwar ein variabler, am Ergebnis der Organgesellschaft bemessener Anteil als bloßer Zuschlag oder Abschlag zu einer ansonsten festen Ausgleichszahlung ausgestaltet werden.[2] Der BFH hat aber in seinem Urteil vom 4.3.2009[3] entschieden, dass in einem solchen Fall der zumindest teilweisen Kopplung der Ausgleichszahlung an das Ergebnis der Organgesellschaft die tatsächliche Durchführung des Gewinnabführungsvertrags in Frage gestellt ist. Der BFH setzt sich in seiner Entscheidung vom 10.5.2017[4] u.a. erneut mit den **Folgen einer variablen Ausgleichszahlung an Minderheitsgesellschafter** auseinander. Besonders an dem entschiedenen Fall war, dass die Minderheitsgesellschafterin eine jährliche Ausgleichszahlung erhielt, die sich aus einem Fixbetrag und einem variablen Zuschlag zusammensetzte, dessen Berechnung sich an dem Jahresüberschuss der Organgesellschaft vor Ergebnisabführung, Ausgleichszahlung und Ertragsteuern als Ausgleichsgröße orientierte. Der BFH stellt zwar nicht in Frage, dass die Vereinbarung von Ausgleichszahlungen der Anerkennung einer Organschaft grundsätzlich nicht entgegensteht. Jedoch führe die Ergebnisabführungsverpflichtung durch eine Koppelung der Ausgleichszahlung an das Ergebnis der Organschaft vor Gewinnabführung dazu, dass das **Merkmal der tatsächlichen Durchführung des Ergebnisabführungsvertrags** als nicht gegeben anzusehen sei[5].

18.62 Als Konsequenz muss daraus für die Praxis abgeleitet werden, dass die **Variabilität von Ausgleichszahlungen an außenstehende Gesellschafter weitestgehend eingeschränkt** ist. Letztlich ist zu raten, dass eine fixe Ausgleichszahlung vereinbart wird, die auch in kurzen Abständen angepasst werden kann (s. dazu auch Rz. 6.53 ff. und Rz. 15.38 ff.). Nach Ansicht von *Prinz/Keller*[6] sollte eine Anpassung der Fixbeträge auch vor Ablauf der Mindestlaufzeit des Gewinnabführungsvertrags möglich sein, ohne eine wesentliche Vertragsänderung im Sinne eines Neuabschlusses mit neuer Mindestlaufzeit darstellen zu müssen. Auch wenn das BMF-

---

1 *Schneider/Hinz*, Ubg 2009, 738 (747).
2 BMF v. 16.4.1991 – IV B 7 - S 2770 - 34/91, DB 1991, 2110; *Walter* in Ernst & Young, § 14 KStG Rz. 649 mwN.
3 BFH v. 4.3.2009 – I R 1/08, BStBl. II 2010, 407 = FR 2009, 1110 = DStR 2009, 1749.
4 I R 93/15, DB 2017, 2650.
5 BFH (Fn. 91), Rz. 18, 21 der Entscheidung.
6 *Prinz/Keller*, DB 2018, 400 (406).

Schr. v. 20.4.2010[1] wohl mit Wirkung für die Zukunft aufgehoben werden muss, sollten alle Gewinnabführungsverträge mit variablen Klauseln auf ihre Wirksamkeit überprüft und gegebenenfalls angepasst werden.

Die Verwaltungsauffassung soll nunmehr gesetzlich verankert werden[2]. Die Vereinbarung von über den aktienrechtlichen Mindestbetrag hinausgehenden Ausgleichszahlungen soll laut Gesetzesbegründung für die Anerkennung der Organschaft unschädlich sein. Erreicht wird dies durch eine gesetzliche Fiktion, wonach der ganze Gewinn auch dann als abgeführt gilt, wenn ein weiterer Bestandteil neben den festen Betrag hinzutritt[3]. 18.63

Voraussetzung für die steuerliche Anerkennung soll sein, dass die Ausgleichszahlung in Summe den gewöhnlichen Gewinnanteil, der dem Anteil am Grundkapital entspricht, nicht übersteigt. Zudem muss der über den aktienrechtlichen Mindestbetrag hinausgehende Betrag nach vernünftiger kaufmännischer Beurteilung wirtschaftlich begründet sein (sog. Kaufmannstest). 18.64

Eine rein variable Ausgleichszahlung, die an den gewöhnlichen Gewinnanteil an der Organgesellschaft anknüpft, ist von der Neuregelung nicht umfasst. Nach Verwaltungsauffassung ist eine derartige Ausgestaltung unzulässig (BMF v. 13.9.1991). 18.65

Die Neuregelung soll auch für Veranlagungszeiträume vor 2017 und damit in allen offenen Fällen anzuwenden sein[4]. 18.66

7. Fehlerhafte Rücklagenbildung

Die **Rücklagenbildung** nach § 14 Abs. 1 Satz 1 Nr. 4 KStG stellt begrifflich einen Bilanzansatz dar. Nach zutreffender Meinung in der Literatur[5] ist die Vorschrift aus rechtsdogmatischer Sicht eine spezialgesetzliche Regelung, auf die § 14 Abs. 1 Satz 1 Nr. 3 KStG keine Anwendung finden kann. Demgemäß führt die fehlerhafte Rücklagenbildung während der Laufzeit des Gewinnabführungsvertrages unweigerlich zu dessen Nichtdurchführung wegen Abführung des falschen Gewinns mit der Folge der Nichtanerkennung der Organschaft. 18.67

8. Handlungsalternativen bei fehlerhafter Durchführung

Die **weitreichenden Heilungsmöglichkeiten** der verunglückten Organschaft in § 14 Abs. 1 Satz 1 Nr. 3 Satz 4 und 5 KStG lassen die Fehler bei der Durchführung des Gewinnabführungsvertrages in einem milderen Licht erscheinen, da diese Fehler nunmehr vollständig reversibel sind und nicht mehr zum „Verunglücken" der Organschaft führen müssen. Diese Heilungsmöglichkeiten werden nach Ansicht von *Dötsch*[6] dazu führen, dass die Betriebsprü- 18.68

---

1 BMF vom 20.4.2010, BStBl. I 2010, 372, DB 2010, 927.
2 Gesetzentwurf der Bundesregierung über ein Gesetz zur Vermeidung von Umsatzsteuerausfällen beim Handel mit Waren im Internet und zur Änderung weiterer steuerlicher Vorschriften (ehemals Jahressteuergesetz 2018), BR-Drucks. 372/18, 9; vgl. auch Rz. 15.42.
3 Vgl. § 14 Abs. 2 KStG-E.
4 Vgl. § 34 Abs. 6b KStG-E.
5 *Dötsch* in Dötsch/Möhlenbrock, § 14 KStG, Rz. 209d; *Frotscher* in Frotscher/Drüen, § 14 KStG, Rz. 445g; aA *Stangl/Brühl*, Der Konzern 2013, 77 (88).
6 *Dötsch* in Dötsch/Möhlenbrock, § 14 KStG Rz. 209i/1.

fung in den Anwendungsfällen der neuen Vorschrift vielfach davon absehen wird, Bilanzierungsfehler, bei denen eine Heilungsmöglichkeit besteht, zu beanstanden. Ob die Außenprüfer des Finanzamts angesichts der Heilungsmöglichkeit bei der verunglückten Organschaften tatsächlich „bewusst die Augen verschließen"[1] werden, bleibt aber abzuwarten.

18.69 Dennoch muss man konstatieren, dass die neue Vorschrift ein scharfes Schwert in den Händen der Betriebsprüfung sein kann. Stellt die Betriebsprüfung einen Bilanzierungsfehler fest und besteht sie auf dessen Berichtigung, wird der Steuerpflichtige in der Regel gezwungen sein, der Ansicht des Betriebsprüfers zu folgen und den Jahresabschluss zu ändern. Die Alternative ist, dass der Steuerpflichtige die im Prüfungsbericht getroffenen Feststellungen im Einspruchsverfahren gegen die Änderungsbescheide des Finanzamts anficht und deshalb seiner Pflicht zur Berichtigung von Handelsbilanz und Gewinnabführung nicht nachkommt. Für diesen Fall heißt es in der Gesetzesbegründung,[2] dass „der Steuerpflichtige das Risiko des Ausgangs eines Rechtsstreits trägt".

18.70 In der Konsequenz bedeutet dies, dass bei Obsiegen des Finanzamts die Organgesellschaft und der Organträger die für die **Fiktion der ordnungsgemäßen Durchführung des Gewinnabführungsvertrages** gesetzte Frist nicht eingehalten haben, da sie den Bilanzierungsfehler nicht in laufender Rechnung berichtigt haben. Entsprechend kann die Fiktion des § 14 Abs. 1 Satz 1 Nr. 3 KStG nicht greifen und die Organschaft ist rückwirkend steuerlich nicht anzuerkennen.

18.71 Das einzige Korrektiv hierzu ist der § 14 Abs. 1 Satz 1 Nr. 3 Satz 4 Buchst. c KStG, wonach die **Verpflichtung zur nachträglichen Anpassung der Handelsbilanz** zur Abführung bzw. zum Ausgleich des Differenzbetrages nur insoweit greift, wie es sich um einen Fehler handelt, der in der Handelsbilanz zu korrigieren ist. Der Gesetzgeber hatte bereits im Blick, dass es Fälle geben könnte, bei denen die Handelsbilanz ausschließlich aus Gründen der steuerlichen Organschaft hätte geändert werden müssen. Dies sollte ausweislich der Gesetzesbegründung vermieden werden. In der Literatur[3] wird dementsprechend geschlossen, dass eine rückwirkende Änderung der Handelsbilanz zum Zwecke der Erfüllung des Merkmals der tatsächlichen Durchführung des Gewinnabführungsvertrages nur dann vonnöten ist, wenn auch für originär handelsrechtliche Zwecke eine Korrektur durchgeführt werden müsste. *Dötsch*[4] will hier differenzieren: Rückstellungen, die nicht nur aus steuerlicher Sicht, sondern auch nach Bilanzrecht unzulässig oder mit einem zu hohen Betrag gebildet worden sind, müssen korrigiert werden. Bewertungsdifferenzen, die sich daraus ergeben, dass die steuerliche Außenprüfung beispielsweise Abschreibungen anders als in der Handelsbilanz angesetzt hat, sollen dagegen nur dann zu einer Berichtigung der Handelsbilanz führen müssen, wenn gegen handelsbilanzielle Grundsätze verstoßen worden ist. Gemeint ist damit wohl ein Verstoß gegen die GoB.[5] Dass hier eine erhebliche Grauzone besteht, liegt auf der Hand. In der Konsequenz kann der Steuerpflichtige einen Berichtigungswunsch der Betriebsprüfung allein aus Risikogesichtspunkten wegen eines möglichen Scheiterns der Organschaft de facto nicht ablehnen.

---

1 *Dötsch* in Dötsch/Möhlenbrock, § 14 KStG Rz. 209i/1.
2 BT-Drucks. 17/11217, 10.
3 *Forst/Suchanek/Klopsch*, GmbHR 2013, 914 (921).
4 *Dötsch* in Dötsch/Pung/Möhlenbrock, § 14 KStG Rz. 209l.
5 So auch *Fey/Deubert/Lewe*, BB 2013, 1387.

9. Organschaftsunterbrechung

Der BFH hat in zwei aktuellen Urteilen erstmals zur Frage der sog. Organschaftsunterbrechung Stellung genommen.[1] In einem Urteil hat der BFH zu einer **unterjährig erworbenen Vorratsgesellschaft** entschieden, dass die finanzielle Eingliederung trotz umwandlungsrechtlicher Rückwirkung nicht, wie gesetzlich gefordert, vom Beginn ihres Wirtschaftsjahres an ununterbrochen bestehe. Dabei hat der BFH für die Folgejahre jedoch die Anerkennung der Organschaft nicht ausgeschlossen, da hierfür die Mindestvertragslaufzeit über die **umwandlungssteuerrechtliche Rückwirkung** genüge.

18.72

Dem anderen Urteil lag ein Fall der Mehrmütterorganschaft zugrunde. Der BFH erkannte die ertragsteuerliche Organschaft bei **ununterbrochener Durchführung des Gewinnabführungsvertrages** an, auch wenn in einzelnen Jahren der Mindestlaufzeit die Organschaft mangels finanzieller Eingliederung zu versagen war.[2] Insbesondere führt der BFH aus, dass es dem Gesetz nicht zu entnehmen sei, dass stets alle steuerlichen Tatbestandsvoraussetzungen erfüllt sein müssten, um den Anforderungen des § 14 Abs. 1 Satz 1 Nr. 3 Satz 1 KStG im Hinblick auf die tatsächliche Durchführung des Gewinnabführungsvertrages „**während seiner gesamten Geltungsdauer**" zu genügen.[3] Damit hat der BFH erstmals entschieden, dass eine Unterbrechung der Organschaft nicht zu einer kompletten Versagung der Anerkennung der Organschaft führt, wenn eine fünfjährige Mindestlaufzeit vereinbart ist und der Gewinnabführungsvertrag während seiner gesamten Geltungsdauer tatsächlich durchgeführt wird. In dieser Konstellation sei die Organschaft nur für die Jahre nicht anzuerkennen, in denen einzelne Tatbestände für die Voraussetzung der Organschaft nicht vorliegen. Für die übrigen Jahre sei die Organschaft anzuerkennen.[4]

18.73

Fraglich ist, ob diese Grundsätze auch auf Organschaftsunterbrechungen **nach Ablauf der Mindestvertragslaufzeit** Geltung haben können. Letztlich sind auch Fälle der verunglückten Organschaft denkbar, in denen nach Ablauf der Mindestvertragslaufzeit einzelne Tatbestandsvoraussetzungen nicht erfüllt werden. Hier ist die Frage zu stellen, ob gleich mehrere Jahre nicht anzuerkennen sind, wenn zwar nur in einem Jahr nicht alle Tatbestandsvoraussetzungen des § 14 KStG vorliegen, dies aber erst Jahre später im Rahmen einer Betriebsprüfung erkannt wird. Für einen unmittelbaren Neuabschluss eines Gewinnabführungsvertrags im Anschluss an das „Fehlerjahr" wäre es dann zu spät. *Adrian/Fey*[5] führen aus, dass es letztlich keinen Unterschied machen könne, da ansonsten die Organschaftsfälle, in denen nach Ablauf der Mindestlaufzeit einzelne steuerliche Tatbestandsvoraussetzungen der Organschaft nicht erfüllt seien, schlechter gestellt wären als entsprechende Fälle innerhalb der Mindestlaufzeit. Bei konsequenter Fortführung der BFH-Grundsätze bedürfe es im Fehlerjahr darüber hinaus auch nicht mehr der tatsächlichen Durchführung des Gewinnabführungsvertrags. Denn die durchgängige tatsächliche Durchführung des Gewinnabführungsvertrages sei an die Mindestlaufzeit gekoppelt.[6] Entsprechend sollte die Organschaft auch in den Folgejahren anzuerkennen sein, auch wenn sie in einem Jahr nach Ablauf der Mindestvertraglaufzeit mangels tatsächlicher Durchführung des Gewinnabführungsvertrags nicht anzuerkennen ist. Nach Ansicht der Fi-

18.74

---

1 BFH v. 10.5.2017 – I R 19/15, DStR 2017, 2112; BFH v. 10.5.2017 – I R 51/15, DStR 2017, 2109; s. hierzu auch Rz. 6.60 ff.
2 BFH v. 10.5.2017 – I R 19/15, DStR 2017, 2112.
3 BFH v. 10.5.2017 – I R 19/15, DStR 2017, 2109 Rz. 22.
4 Vgl. auch *Hemme*, Ubg 2017 678, *Prinz/Keller*, DB 2018 400.
5 *Adrian/Fey*, DStR 2017, 2409 (2412).
6 Vgl. *Adrian/Fey* (Fn. 110), 2413; *Brink* in Schnitger/Fehrenbacher², § 14 KStG Rz. 489.

nanzverwaltung ist in diesen Fällen allerdings die Vereinbarung einer **erneuten fünfjährigen Mindestlaufzeit** des Gewinnabführungsvertrags erforderlich.[1]

18.75 Bemerkenswert an beiden Entscheidungen ist somit, dass die tatbestandlichen Voraussetzungen der Vertragsdurchführung nach Ansicht des BFH sich allein auf die **zivilrechtlichen Vertragspflichten** und nicht allgemein auf die steuerrechtlichen Tatbestandsvoraussetzungen des § 14 KStG beziehen[2].

18.76 Allerdings bleibt abzuwarten, wie die Finanzverwaltung auf diese Urteile reagieren wird. Letztlich **nicht entschieden** hat der BFH, ob eine neue fünfjährige Mindestlaufzeit zu vereinbaren ist, wenn die Organschaftspause oder die Nichtdurchführung des Gewinnabführungsvertrags in einem Jahr nach Ablauf der Mindestlaufzeit erfolgt. Für die Praxis bedeutet dies, dass Gestaltungen insbesondere im Hinblick auf verkürzte Mindestlaufzeiten denkbar sind. Letztlich wird die neue BFH-Rechtsprechung aber wohl eher der Rettung vermeintlicher verunglückter Organschaften dienen[3].

III. Fehler bei der Beendigung des Gewinnabführungsvertrages

1. Beendigung des Vertrages ohne wichtigen Grund vor Ablauf der fünfjährigen Mindestdauer

18.77 Zu den **Beendigungsgründen** wie Aufhebung, ordentlicher Kündigung, außerordentlicher Kündigung sowie weiteren Gründen der ordentlichen Beendigung des Gewinnabführungsvertrages wird auf Rz. 11.26 ff. verwiesen.

18.78 Die Finanzverwaltung erkannte bisher als **wichtige Gründe für die vorzeitige Beendigung** des Gewinnabführungsvertrages die in R 60 Abs. 6 Satz 2 KStR genannten Gründe an, insbesondere die Veräußerung oder Einbringung der Organbeteiligung durch den Organträger, die Liquidation einer der Vertragsparteien, die Verschmelzung oder Spaltung des Organträgers sowie die Verschmelzung oder Spaltung der Organgesellschaft; darüber hinaus den Formwechsel der Organgesellschaft in eine Personengesellschaft, nicht mehr aber einen entsprechenden Formwechsel des Organträgers.[4]

18.79 Der in der Praxis häufig vorkommende Fall der **Veräußerung der Beteiligung** an der Organgesellschaft ist gesellschaftsrechtlich kein wichtiger Grund, der zur außerordentlichen Kündigung des Vertrages durch das herrschende Unternehmen berechtigt. In diesem Fall bedarf die Wirksamkeit der Kündigung einer Regelung im Gewinnabführungsvertrag, in dem die Parteien dieses als wichtigen Grund für eine außerordentliche Kündigung vereinbaren.

2. Handlungsalternativen bei der Beendigung

18.80 Besondere Probleme wirft die Neuregelung des § 14 Abs. 1 Satz 1 Nr. 3 Satz 4 Buchst. c KStG in den Fällen auf, in denen die steuerliche Organschaft zwischenzeitlich beendet und die Beteiligung veräußert wurde. Denn dadurch kann ein Fall der verunglückten Organschaft vorlie-

---

1 R 14.5 Abs. 8 Satz 1 Nr. 2 KStR.
2 So auch *Hemme*, Ubg 2017, 678 (679).
3 *Prinz/Keller*, DB 2018, 400 (408).
4 *Brink* in Schnitger/Fehrenbacher[2], § 14 KStG Rz. 579 mwN.

gen, ohne dass die vom Gesetz geforderte nachträgliche Bilanzierung und Abführung möglich ist.

In der Literatur werden hierfür verschiedene Lösungsmöglichkeiten diskutiert. *Schneider/Sommer*[1] schlagen vor, dass auch bei bereits beendeter Organschaft der Korrekturbetrag als **Einlage** ausgeglichen bzw. bei Veräußerung oder Teilveräußerung der Organbeteiligung durch schuldrechtliche Vereinbarung nachträglich eine Anpassung der Gewinnabführung bzw. Verlustübernahme geregelt werden kann. *Jesse*[2] sieht keine Möglichkeiten bei veräußerten Organbeteiligungen, schlägt aber bei noch bestehenden Beteiligungsverhältnissen vor, dass die Fehlerkorrektur rückwirkend für das letzte Organschaftsjahr erfolgen könne. *Dötsch*[3] beurteilt dies kritisch und legt dabei den Begriff des Fehlers im Jahresabschluss eng aus.

18.81

Orientiert man sich eng an dem Wortlaut der Norm, geht diese zumindest von einem Bestehen der Organschaft aus. Es spricht jedoch einiges dafür, die gesetzgeberische Regelungslücke dergestalt zu schließen, dass man zumindest bei noch bestehender Beteiligung auch nach Beendigung des Gewinnabführungsvertrages eine **Fehlerkorrektur im letzten Organschaftsjahr** vornehmen kann. Wie die Finanzverwaltung sich zu dieser Problematik positioniert, bleibt abzuwarten.

18.82

Weitere Heilungsmöglichkeiten bei ungewollter Beendigung des Vertrages, zB bei Wegfall der Unternehmereigenschaft oder dem Hinzutreten eines außenstehenden Aktionärs, bestehen nicht. Gleiches gilt bei der unterjährigen Beendigung des Vertrages ohne Bildung eines Rumpfwirtschaftsjahres.

18.83

---

1 *Schneider/Sommer*, GmbHR 2013, 2228.
2 *Jesse*, FR 2013, 681 (688).
3 *Dötsch* in Dötsch/Pung/Möhlenbrock, § 14 KStG, Rz. 209m.

Kapitel 19
Organschaft und Zinsschranke

A. Grundlagen der Zinsschranke 19.1

I. Einführung der Zinsschranke als Fremdfinanzierungsregelung 19.1

II. Funktions- und Wirkungsweise der Zinsschranke 19.2
1. Abzugsbeschränkung 19.2
2. Betrieb im Sinne der Zinsschranke . 19.3
3. Zinssaldo und verrechenbares EBITDA 19.4
4. Zins- und EBITDA-Vortrag 19.12

III. Ausnahme von der Zinsschranke .. 19.17
1. Freigrenze und Konzernklausel 19.17
2. Escape Klausel 19.21
3. Besonderheiten für Kapitalgesellschaften 19.25

B. Sondervorschriften für die Organschaft 19.30

I. Modifikationen der Zinsschranke innerhalb des Organkreises 19.30
1. Betriebsfiktion und Bruttomethode . 19.30
2. Maßgebliches verrechenbares EBITDA des Betriebs „Organkreis" . 19.32
3. Zins- und EBITDA-Vortrag in der Organschaft 19.35

II. Auswirkungen auf die Ausnahmen von der Zinsschranke 19.38
1. Freigrenze und Konzernklausel in der Organschaft 19.38
2. Escape Klausel in der Organschaft .. 19.42
3. Organschaft und § 8a KStG 19.45

III. Sonderfragen bei Begründung der Organschaft 19.54
1. Konzernklausel 19.54
2. Escape Klausel 19.59

IV. Sonderfragen bei Beendigung der Organschaft 19.61

C. Gestaltungspotential der Organschaft mit Blick auf die Zinsschranke 19.63

Literatur: *Beußer,* Der Zinsvortrag bei der Zinsschranke, FR 2009, 49; *Blumenberg/Benz,* Die Unternehmenssteuerreform 2008, Köln 2007; *Bohn/Loose,* Besonderheiten des EBITDA-Vortrags bei Organschaftsverhältnissen, DStR 2011, 1009; *Brunsbach,* Eigenkapitalvergleich im Rahmen der Zinsschranke – Bestimmung des relevanten Konzerns, IStR 2010, 745; *Ditz/Pinkernell/Quilitzsch,* BEPS-Reformvorschläge zu Lizenzgebühren und Verrechnungspreisen bei immateriellen Wirtschaftsgütern aus Sicht der Beratungspraxis, IStR 2014, 45; *Fischer/Wagner,* Anwendung der Zinsschranke bei Personengesellschaften, BB 2007, 1811; *Fischer/Wagner,* Das BMF-Schreiben zur Zinsschranke – Überblick/Bewertung/Verbleibende Gestaltungen, BB 2008, 1872; *Glahe,* Zur zeitlichen und inhaltlichen Begrenzung einer möglichen Vorwirkung der Anti-BEPS-Richtlinie, FR 2016, 416; *Häuselmann,* Zum Zinsbegriff der Zinsschranke als Steueroptimierungsfaktor (§ 4h Abs. 3 EStG), FR 2009, 401; *Herzig/Liekenbrock,* Zinsschranke im Organkreis, DB 2007, 2387; *Herzig/Liekenbrock,* Zum Zinsvortrag bei der Organschaft, DB 2009, 1949; *Herzig/Liekenbrock,* Konzernabgrenzung und Konzernbilanzierung nach §§ 4h EStG, 8 a KStG bei Organschaft, Ubg 2009, 750; *Heuermann,* Steuerinnovation im Wandel: Einige Thesen zur Zinsschranke und ihrer Verfassungsmäßigkeit, DStR 2013, 1; *Hey,* Verletzung fundamentaler Besteuerungsprinzipien durch die Gegenfinanzierungsmaßnahmen des Unternehmensteuerreformgesetzes 2008, BB 2007, 1303; *IDW,* IDW Steuerhinweis: Ermittlung der Eigenkapitalquote für Zwecke der Zinsschranke i.S.d. § 4h EStG (IDW Steuerhinweise 1/2010), FN-IDW 2010, 213; *Kessler/Köhler/Knörzer,* Die Zinsschranke im Rechtsvergleich: Problemfelder und Lösungsansätze, IStR 2007, 418; *Köhler,* Erste Gedanken zur Zinsschranke nach der Unternehmenssteuerreform, DStR 2007, 597; *Köhler/Hahne,* BMF-Schreiben zur Anwendung der steuerlichen Zinsschranke und zur Gesellschafter-Fremdfinanzierung bei Kapitalgesellschaften – Wichtige Verwaltungsregelungen, strittige Punkte und offene Fragen nach dem BMF-Schreiben v. 4.7.2008, IV C 7 – S 2742-a/07/10001, DStR 2008, 1505; *Kreft/Schmitt-Hohmann,* Der Rückgriff als schädliche Gesellschafterfremdfinanzierung unter der Zinsschranke, BB 2008, 2099; *Kußmaul/Pfirmann/Meyering/Schäfer,* Ausgewählte Anwendungsprobleme der Zinsschranke, BB 2008, 135; *Liekenbrock,* EBITDA-Kaskade bei der Zinsschranke bei mehrstöckigen Personengesellschaften? FG Köln sagt Ja!, DStR

2014, 991; *van Lishaut/Schumacher/Heinemann*, Besonderheiten der Zinsschranke bei Personengesellschaften, DStR 2008, 2341; *Mitschke*, Zinsschranke wirklich verfassungswidrig?, FR 2016, 416; *Prinz*, Mittelstandsfinanzierung in Zeiten der Zinsschranke, FR 2008, 441; *Prinz*, Sonderwirkungen des § 8c KStG beim Zinsvortrag, DB 2012, 2367; *Prinz*, Ist die Zinsschranke verfassungsrechtlich besser als ihr Ruf?, FR 2013, 145; *Prinz*, Finanzierungsbezogene Sonderbetriebsausgaben eines im Ausland ansässigen Mitunternehmers, GmbHR 2017, 553; *Rödder*, Entsteht ein EBITDA-Vortrag in Jahren mit einem Zinsüberhang?, DStR 2010, 529; *Rödder/Stangl*, Zur geplanten Zinsschranke, DB 2007, 479; *Schaden/Käshammer*, Die Neuregelung des § 8a KStG im Rahmen der Zinsschranke, BB 2007, 2259; *Schaden/Käshammer*, Der Zinsvortrag im Rahmen der Regelungen zur Zinsschranke, BB 2007, 3217; *Schnitger*, Weitere Maßnahmen zur BEPS-Gesetzgebung in Deutschland, IStR 2017, 214; *Schirmer*, Die Zinsschranke – Teil III, StBp 2012, 64; *Schuck/Faller*, Probleme der parallelen Anwendung von Zinsschranke und gewerbesteuerlichen Hinzurechnungen in der Organschaft, DB 2010, 2186; *Wilke/Süß*, Die Bedeutung des Gemeinschaftsrechts für die direkten Steuern am Beispiel der Zinsschranke, FR 2009, 796.

A. Grundlagen der Zinsschranke

I. Einführung der Zinsschranke als Fremdfinanzierungsregelung

19.1 Im Rahmen der Unternehmenssteuerreform 2008[1] wurde der steuerliche Zinsabzug grundlegend neu gefasst und die bisherige Regelung des § 8a KStG aF, die nur Fälle der Gesellschafterfremdfinanzierung aufgriff, ersetzt. Zur Begründung der erheblich weiter gehenden **Neuregelung** postuliert der Gesetzgeber die Notwendigkeit der Senkung der Fremdkapitalquote deutscher Unternehmen und die Bekämpfung steuermindernder Gestaltungen grenzüberschreitender Konzerne.[2] Gleichzeitig dient die Zinsschranke der Gegenfinanzierung der mit der Unternehmenssteuerreform 2008 einhergehenden Entlastungen, wie zB der Absenkung des Körperschaftsteuersatzes von 25 % auf 15 %.[3] In der steuerlichen Literatur schlägt der Zinsschranke insbesondere wegen europa- und verfassungsrechtlicher Bedenken ua. aufgrund signifikanter Verstöße gegen elementare Besteuerungsprinzipien wie das objektive Nettoprinzip seit jeher in außerordentlicher Weise Kritik entgegen.[4] Vergleichbare Konzepte sind zwischenzeitlich allerdings auch international weit verbreitet (Kapitel 9), darüber hinaus enthält die von den EU-Mitgliedsstaaten bis zum 31.12.2018 umzusetzende Anti-BEPS-Richtlinie[5] der EU in Artikel 4 eine in weiten Teilen identische Zinsschrankenregelung. Auch in den

---

1 Unternehmenssteuerreformgesetz 2008, BGBl. I 2007, 1912.
2 BT-Drucks. 16/4841, 31. Die Regierungsfraktionen führen in der Gesetzesbegründung aus, dass deutsche Unternehmen im „internationalen Vergleich eine hohe Fremdkapitalquote" aufweisen und dies problematisch sei, da „Eigenkapital ein wichtiger Schutz vor Insolvenz ist". Die Zinsschranke ist daher „gegen eine übermäßige Fremdfinanzierung [...] allein aus Gründen der Steueroptimierung" gerichtet und soll gleichzeitig verhindern, dass „Konzerne mittels grenzüberschreitender konzerninterner Fremdfinanzierung in Deutschland erwirtschaftete Gewinne ins Ausland transferieren".
3 Vgl. *Hey*, BB 2007, 1303 (1303); übergeordnete haushaltspolitische Vorgabe der Unternehmenssteuerreform 2008 war eine Beschränkung der Steuermindereinnahmen auf 5 Mrd. Euro (vgl. BT-Drucks. 16/4841, 30).
4 Vgl. an Stelle vieler *Hey*, BB 2007, 1303; zumindest der I. Senat des BFH teilt die verfassungsrechtlichen Bedenken, vgl. zB BFH v. 13.3.2012 – I B 111/11, BStBl. II 2012, 611 = FR 2012, 573; BFH v. 18.12.2013 – I B 85/13, FR 2014, 560 m. Anm. *Hick* = DStR 2014, 788; aA *Heuermann* in Blümich, § 4h EStR Rz. 24 und 25; *Heuermann*, DStR 2013, 1; *Möhlenbrock/Pung* in Dötsch/Pung/Möhlenbrock, § 8a KStG Rz. 22 mwN; abwägend und zusammenfassend *Prinz*, FR 2013, 145.
5 Vgl. EU Richtlinie 2016/1164/EU v. 12.7.2016.

Vereinigten Staaten wurde im Zuge der US-Steuerreform ab dem Jahr 2018 eine ähnliche Regelung eingeführt.[1] Der Bundesfinanzhof hat die Frage der Verfassungsmäßigkeit der Zinsschranke zwischenzeitlich dem Bundesverfassungsgericht zur Entscheidung vorgelegt.[2] Welchen Einfluss die Anti-BEPS-Richtlinie auf die Entscheidung des Bundesverfassungsgerichts hat, welche die Streitjahre 2008 und 2009 betrifft, ist umstritten. Einigkeit besteht grundsätzlich dahingehend, dass sich die Frage nach der Verfassungsmäßigkeit der Zinsschranke aufgrund des Vorrangs der europarechtlichen Vorgaben jedenfalls für nach dem 31.12.2018 realisierte Sachverhalte nicht mehr stellen sollte. Ob sich diese Wirkung auch für Zeiträume vor Ablauf der Umsetzungsfrist der Richtlinie ergibt, wird dagegen unterschiedlich beantwortet.[3] Die Finanzverwaltung hat mit Schreiben vom 4.7.2008[4] zur Anwendung der Zinsschranke Stellung genommen.

II. Funktions- und Wirkungsweise der Zinsschranke

1. Abzugsbeschränkung

Nach § 4h Abs. 1 Satz 1 EStG sind Zinsaufwendungen eines Betriebs (Rz. 19.5 ff.) in Höhe des Zinsertrags (Rz. 19.9) und darüber hinaus iHv. 30 % des verrechenbaren EBITDA (Rz. 19.10) abzugsfähig. Grundsätzlich führt die Zinsschranke daher für alle Unternehmen unabhängig von deren Rechtsform und der Art der Fremdfinanzierung zu einer **Beschränkung des Zinsabzugs** in Abhängigkeit von deren Gewinn.[5]   19.2

2. Betrieb im Sinne der Zinsschranke

Die Zinsschranke findet grundsätzlich Anwendung auf den Nettozinssaldo eines „Betriebs", § 4h Abs. 1 Satz 1 EStG. Mangels eigenständiger Definition des Betriebsbegriffs für Zwecke der Zinsschranke ist auf das allgemeine Begriffsverständnis des EStG abzustellen.[6] Hiernach ist ein **Betrieb** jede selbständige nachhaltige Betätigung, die mit der Absicht unternommen wird, Gewinne zu erzielen und sich als Beteiligung am allgemeinen wirtschaftlichen Verkehr darstellt.[7] Ein Einzelunternehmer kann daher mehrere Betriebe unterhalten, wohingegen eine Kapitalgesellschaft regelmäßig nur einen Betrieb hat.[8] Neben originär gewerblich tätigen Personengesellschaften sind gewerblich geprägte sowie lediglich gewerblich infizierte Personengesellschaften ebenfalls Betriebe im Sinne der Zinsschranke. Wie Kapitalgesellschaften haben Mitunternehmerschaften nur einen Betrieb, der jedoch auch das Sonderbetriebsvermögen der Mitunternehmer umfasst.[9] Daneben umfasst der Betrieb einer Personengesell-   19.3

---

1 Internal Revenue Code Sec. 163 (j).
2 Vgl. BFH v. 14.10.2015 – I R 20/15, FR 2016, 416; BVerfG 2 BvL 1/16.
3 Für eine solche Vorwirkung der Richtlinie vgl. *Mitschke*, FR 2016, 416; ablehnend vlg. *Glahe*, FR 2016, 829.
4 Vgl. BMF v. 4.7.2008 – IV C 7 - S 2742-a/07/10001 – DOK 2008/0336202, BStBl. I 2008, 718 = FR 2008, 778.
5 Vgl. *Köhler*, DStR 2007, 597 (597).
6 Vgl. *Heuermann* in Blümich, § 4h EStG Rz. 28.
7 Dieser allgemeine Betriebsbegriff lässt sich aus der gesetzlichen Definition des Gewerbebetriebs in § 15 Abs. 2 Satz 1 Halbs. 1 EStG ableiten.
8 Diesem Begriffsverständnis folgt auch die Finanzverwaltung und grenzt den „Betrieb" für Zwecke der Zinsschranke in Rz. 2 bis 10 des Schreibens zur Zinsschranke, vgl. BMF v. 4.7.2008, aaO, zutreffend ab.
9 Vgl. *van Lishaut/Schumacher/Heinemann*, DStR 2008, 2341 (2342).

schaft grundsätzlich auch Beteiligungen an Unterpersonengesellschaften, woraus sich hinsichtlich des EBITDA entgegen der Auffassung der Finanzverwaltung ein positiver/negativer Kaskadeneffekt ergeben kann.[1]

3. Zinssaldo und verrechenbares EBITDA

19.4 Nach § 4h Abs. 1 Satz 1 Halbs. 1 EStG sind Zinsaufwendungen in Höhe des Zinsertrags uneingeschränkt abziehbar. Die Zinsschranke orientiert sich damit an der Höhe des **Zinssaldos** als Überschuss der Zinsaufwendungen über die Zinserträge und nicht an der absoluten Höhe der Zinsaufwendungen. In dieser Saldierung von Zinserträgen und Zinsaufwendungen manifestiert sich der gesetzgeberische Wille zur Vermeidung asymmetrischer Finanzierungsstrukturen zu Lasten des deutschen Fiskus.[2]

19.5 **Zinsaufwendungen** im Sinne der Zinsschranke sind gem. § 4h Abs. 3 Satz 2 EStG alle Vergütungen für Fremdkapital, die den maßgeblichen Gewinn gemindert haben. Auf den Empfänger der Vergütung oder die Dauer der Kapitalüberlassung kommt es dabei nicht an.[3]

19.6 **Fremdkapital** in diesem Sinne sind nach Auffassung der Finanzverwaltung alle Kapitalzuführungen in Geld, die nach deutschen Bilanzierungsgrundsätzen nicht dem Eigenkapital zuzuordnen sind.[4] Aus diesem bilanziellen Verständnis des Fremdkapitalbegriffs folgt, dass Vergütungen für die Überlassung von Sachwerten wie Mieten und Lizenzgebühren nicht unter die Zinsschranke fallen. Gleiches gilt für Leasingraten, soweit das wirtschaftliche Eigentum nicht auf den Leasingnehmer übergeht.[5] Um zukünftig insbesondere auch Lizenzgebühren einer ähnlichen Abzugsbeschränkung zu unterwerfen, wurde in der Politik regelmäßig die Einführung einer eigenen „Lizenzschranke" diskutiert.[6] Mit Einführung der Lizenzschranke in § 4j EStG wurde diese Überlegung zwischenzeitlich durch den Gesetzgeber umgesetzt.

19.7 Als **Vergütungen** für Fremdkapital kommen neben klassischen Zinszahlungen auch Aufwendungen wie zB Damnum und Disagio in Betracht, die zwar nicht als Zins berechnet werden aber entsprechenden Vergütungscharakter aufweisen.[7] Im Gegensatz zum überlassenen Fremdkapital selbst kann die Vergütung für die Überlassung in Geld oder Sachwerten bestehen.[8] Der Gesetzeswortlaut fordert darüber hinaus einen unmittelbaren Zusammenhang der Vergütung mit Fremdkapital (Vergütungen „für" Fremdkapital). Keine Vergütungen in diesem Sinne sind daher zB Zinsen nach § 233 AO, Bereitstellungszinsen,[9] Entgeltminderungen wie Boni, Skonti und Rabatte sowie Kreditvermittlungsprovisionen.[10] Aufwendungen (und Erträge) aus Auf- bzw. Abzinsungen führen dagegen nach § 4h Abs. 3 Satz 4 EStG zu Zinsaufwendungen (bzw. Zinserträgen) im Sinne der Zinsschranke.

---

1 Vgl. FG Köln v. 19.12.2013 – 10 K 1916/12, DStR 2014, 995 – Rev. IV R 4/14; *Liekenbrock*, DStR 2014, 991; zur gegenteiligen Auffassung der Finanzverwaltung BMF v. 4.7.2008, aaO, Rz. 42.
2 BT-Drucks. 16/4841, 31.
3 Vgl. *Förster* in Gosch³, § 8a KStG Rz. 262.
4 Vgl. BMF v. 4.7.2008, aaO, 718 Rz. 11.
5 Vgl. *Heuermann* in Blümich, § 4h EStG Rz. 35.
6 Vgl. *Ditz/Pinkernell/Quilitzsch*, IStR 2014, 45 (46 ff.).
7 Vgl. BMF v. 4.7.2008, aaO, Rz. 15.
8 Vgl. *Hick* in HHR, § 4h EStG Anm. 75.
9 Vgl. BFH v. 10.7.1996 – I R 12/96, BStBl. II 1997, 253 = FR 1996, 797.
10 Vgl. *Heuermann* in Blümich, § 4h EStG Rz. 35; *Förster* in Gosch³, § 8a KStG Rz. 268 ff.; nach Auffassung der Finanzverwaltung gilt dies nicht für Provisionen und Gebühren, die an den Fremdkapitalgeber selbst gezahlt werden, vgl. BMF v. 4.7.2008, aaO, Rz. 15.

Die Vergütungen müssen zu einer **Minderung des maßgeblichen Gewinns** geführt haben. 19.8
Zinsaufwendungen, die bereits nach anderen Vorschriften nicht abzugsfähig sind, zB nach
§§ 3c, 4 Abs. 4a EStG, § 8 Abs. 3 Satz 2 KStG oder § 1 AStG, fallen daher nicht unter die
Zinsschranke. Auch Zinsen auf Darlehen eines Mitunternehmers an die Mitunternehmerschaft fallen nicht unter die Zinsschranke, da diese als Sonderbetriebseinnahmen des Mitunternehmers den Gewinn der Mitunternehmerschaft insgesamt nicht gemindert haben,
§ 15 Abs. 1 Satz 1 Nr. 2 Satz 1 EStG.[1] Als Sonderbetriebsausgaben abzugsfähige Zinsaufwendungen eines Mitunternehmers unterliegen der Regelung dagegen.[2] In Zusammenhang mit
im Ausland ansässigen Mitunternehmern einer inländischen Mitunternehmerschaft kann
sich insoweit eine weitere Anwendungskonkurrenz zwischen der Zinsschranke und § 4i EStG
ergeben. Das Gesetz äußert sich hierzu nicht, in der Literatur wird die Frage unterschiedlich
beantwortet. Allerdings lässt sich bereits daran, dass § 4h Abs. 3 Satz 2 EStG eine Minderung
des maßgeblichen Gewinns durch die Aufwendungen voraussetzt erkennen, dass § 4h EStG
insoweit als Generalnorm zu verstehen ist. Die Regelung des § 4i EStG sollte daher als spezie-
lere Abzugsbeschränkungen und außerdem als die jüngere Regelung vorrangig anzuwenden
sein und nur ein danach als abzugsfähig verbleibender Zinsaufwand der Zinsschranke unterliegen.[3]

Nach § 4h Abs. 3 Satz 3 EStG sind **Zinserträge** im Sinne der Zinsschranke alle Erträge aus 19.9
Kapitalforderungen jeder Art, die den maßgeblichen Gewinn erhöht haben. Korrespondie-
rend zum Verständnis des Fremdkapitalbegriffs sind als Kapitalforderungen in diesem Sinne
Forderungen aus Geldüberlassungen zu verstehen, die auf Ebene des Kapitalnehmers nicht zu
dessen Eigenkapital gehören.[4] Als Erträge aus solchen Forderungen sind analog zu den Ver-
gütungen für Fremdkapital jedwede Gegenleistungen für die Kapitalüberlassung anzusehen.[5]
Aus Sicht der Finanzverwaltung führen Erträge aus der Abzinsung im Rahmen der erstmaligen
Bewertung von unverzinslichen Verbindlichkeiten jedoch nicht zu relevantem Zinsertrag.[6]
Aufgrund der sich gegen diese Auffassung wenden Entscheidung des FG Münster vom
17.11.2017 liegt diese Frage nunmehr dem BFH vor.[7] Auch wenn die Finanzverwaltung im
Rahmen des Erlasses hierzu schweigt, führen Hinzurechnungsbeträge nach § 1 AStG und Ge-
winnerhöhungen durch verdeckte Gewinnausschüttungen aus niedrig- oder unverzinslichen
Darlehen zu Zinserträgen im Sinne der Zinsschranke.[8]

Übersteigen die Zinsaufwendungen die Zinserträge, ist der sich ergebende negative Zinssaldo 19.10
in Höhe des verrechenbaren EBITDA abzugsfähig. **Das verrechenbare EBITDA** beträgt nach
§ 4h Abs. 1 Satz 2 EStG 30 % des um Zinsaufwendungen und Abschreibungen (nicht jedoch
zB Teilwertabschreibungen und Sonderabschreibungen nach § 7g EStG) erhöhten und um
Zinserträge geminderten maßgeblichen Gewinns. Was wiederum als maßgeblicher Gewinn

---

1 Vgl. *Fischer/Wagner*, BB 2007, 1811; die Finanzverwaltung will diesen Grundsatz in europarechtlich bedenklicher Weise auf Fälle einschränken, in denen die Sonderbetriebseinnahmen des Mitunternehmers auch in Deutschland steuerpflichtig sind, vgl. BMF v. 4.7.2008, aaO, Rz. 19.
2 Vgl. BMF v. 4.7.2008, aaO, 718, Rz. 6 und 19.
3 Vgl. *Pohl*, in Blümich, § 4i EStG Rz. 17; *Prinz*, GmbHR 2017, 553; *Schnitger*, IStR 2017, 214 (217);
aA *Hick* in HHR, § 4i EStG Anm. J 16-5.
4 Vgl. *Förster* in Gosch[3], § 8a KStG Rz. 290.
5 Vgl. *Heuermann* in Blümich, § 4h EStG Rz. 36.
6 Vgl. BMF v. 4.7.2008, aaO, Rz. 27.
7 Vgl. FG Münster v. 17.11.2017 – 4 K 3523/14 F, FR 2018, 137 m. Anm. *F. Ludwig* – Rev. IV R
16/17.
8 Vgl. *Köhler/Hahne*, DStR 2008, 1505 (1507); *Förster* in Gosch[3], § 8a KStG Rz. 295 f.; *Heuermann*
in Blümich, § 4h EStG Rz. 36.

gilt, regelt § 4h Abs. 3 Satz 1 EStG. Hiernach ist maßgeblicher Gewinn der nach den Vorschriften des EStG ermittelte steuerpflichtige Gewinn vor Anwendung der Zinsschranke. Entsprechend ergibt sich folgendes Ermittlungsschema:

Berechnungsschema steuerliches EBITDA (Personenunternehmen)[1]
Steuerpflichtiger Gewinn vor Anwendung der Zinsschranke
+ Zinsaufwendungen
+ Als Betriebsausgabe erfasste GWG (§ 6 Abs. 2 Satz 1 EStG)
+ Auflösung des Sammelpostens (§ 6 Abs. 2a Satz 2 EStG)
+ Abschreibungen (§ 7 EStG)
./. Zinserträge
= **steuerliches EBITDA (davon 30 % verrechenbar)**

19.11 Da Ausgangsgröße für die Berechnung des verrechenbaren EBITDA der steuerpflichtige Gewinn nach den Vorschriften des EStG ist, erhöhen steuerfreie Betriebseinnahmen und Einlagen das Zinsabzugspotential nicht.[2] Im Gegenzug mindern nichtabzugsfähige Betriebsausgaben das verrechenbare EBITDA nicht. Verdeckte Gewinnausschüttungen einer Kapitalgesellschaft erhöhen deren verrechenbares EBITDA, da insoweit auf das maßgebliche Einkommen abgestellt wird, § 8a Abs. 1 Satz 1 KStG.[3] Bei Mitunternehmerschaften ist zu beachten, dass es auf den Gesamtbetrieb der Mitunternehmerschaft und damit auf den steuerpflichtigen Gewinn der Mitunternehmerschaft inklusive der Ergebnisse aus Ergänzungs- und Sonderbilanzen ankommt.[4]

4. Zins- und EBITDA-Vortrag

19.12 Durch das Wachstumsbeschleunigungsgesetz[5] wurde der **EBITDA-Vortrag** eingeführt. Grundsätzlich ist die Regelung für alle Wirtschaftsjahre anwendbar, die nach dem 31.12.2009 enden, § 52 Abs. 12d Satz 4 EStG aF Allerdings erhöhen (fiktive) EBITDA-Vorträge, die sich bei entsprechender Anwendung der Norm aus Vorjahren ergeben nach § 52 Abs. 12d Satz 5 EStG aF auf Antrag das EBITDA des ersten Wirtschaftsjahres, das nach dem 31.12.2009 endet, so dass die Regelung effektiv rückwirkend ab Einführung der Zinsschranke angewandt werden kann. Eine Nutzung des fiktiven EBITDA-Vortrags innerhalb des Rückwirkungszeitraums, also in Wirtschaftsjahren, die vor dem 31.12.2009 enden, ist allerdings nicht möglich. Übersteigt das verrechenbare EBITDA den Zinssaldo eines Jahres, kann dieses nicht ausgeschöpfte verrechenbare EBITDA nach § 4h Abs. 1 Satz 3 Halbs. 1 EStG in zukünftige Wirtschaftsjahre vorgetragen werden. Der EBITDA-Vortrag ist durch das für die Feststellung des Gewinns bzw. die Besteuerung zuständige Finanzamt gem. § 4h Abs. 4 EStG gesondert festzustellen.

19.13 Soweit eine der **Rückausnahmen von der Zinsschranke** zur Anwendung kommen könnte (Rz. 19.17 ff.), entsteht nach § 4h Abs. 1 Satz 3 Halbs. 2 EStG **kein EBITDA-Vortrag**. Ob eine solche Rückausnahme auch dann vorliegt, wenn die Zinserträge die Zinsaufwendungen

---

1 Abbildung ähnlich Möhlenbrock in Dötsch/Pung/Möhlenbrock, § 8a KStG Rz. 50.
2 Vgl. Förster in Gosch³, § 8a KStG Rz. 259.
3 Vgl. BMF v. 4.7.2008, aaO, Rz. 41.
4 Vgl. Heuermann in Blümich, § 4h EStG Rz. 40; zur Problematik der Erfassung des Gewinnanteils eines Mitunternehmers im Rahmen dessen eigenen Betriebs im Sinne der Zinsschranke (Beteiligungen im Betriebsvermögen) vgl. van Lishaut/Schumacher/Heinemann, DStR 2008, 2341 (2343) bzw. zur Auffassung der Finanzverwaltung in solchen Fällen BMF v. 4.7.2008, aaO, Rz. 42.
5 Gesetz zur Beschleunigung des Wirtschaftswachstums, BGBl. I 2009, 3950.

übersteigen (positiver Zinssaldo), ist jedenfalls nicht eindeutig. Soweit man hierin einen Fall der Freigrenze nach § 4h Abs. 2 Satz 1 Buchst. a) EStG sieht, entstünde kein EBITDA-Vortrag.[1] Allerdings steht dieser Betrachtungsweise wohl der Gesetzeswortlaut entgegen. Denn tatbestandliche Voraussetzung der Freigrenze ist es, dass die Zinsaufwendungen die Zinserträge übersteigen, was hier gerade nicht der Fall ist.[2] Soweit die Zinserträge die Zinsaufwendungen eines Jahres übersteigen und weder die Konzernklausel noch Escape Klausel anwendbar wären, entsteht daher ein EBITDA-Vortrag in Höhe des insgesamt vorhandenen verrechenbaren EBITDA.[3]

Ein negativer Zinssaldo, der das verrechenbare EBITDA eines Jahres übersteigt und insoweit grundsätzlich zu nichtabzugsfähigen Zinsaufwendungen führen würde, kann in Höhe des EBITDA-Vortrags abgezogen werden und mindert vorhandene EBITDA-Vorträge in der zeitlichen Reihenfolge ihrer Entstehung (FiFo), § 4h Abs. 1 Satz 4 EStG.[4] Ein nicht genutzter EBITDA-Vortrag **verfällt nach fünf Jahren**, § 4h Abs. 1 Satz 3 Halbs. 1 EStG.

19.14

Verbleiben nach Berücksichtigung eines eventuell vorhandenen EBITDA-Vortrags nichtabzugsfähige Zinsaufwendungen, werden diese nach § 4h Abs. 1 Satz 5 EStG als **Zinsvortrag** in die folgenden Wirtschaftsjahre vorgetragen. Wie der EBITDA-Vortrag ist auch der Zinsvortrag gesondert festzustellen. Ein Zinsvortrag erhöht die Zinsaufwendungen der Folgejahre, hat allerdings keinen Einfluss auf den maßgeblichen Gewinn dieser Jahre. Würden der Zinsvortrag bzw. die zugrunde liegenden Zinsaufwendungen erneut den maßgeblichen Gewinn erhöhen, wären diese im Ergebnis mehrfach im verrechenbaren EBITDA berücksichtigt.[5] Anders als der EBITDA-Vortrag ist der Zinsvortrag zeitlich nicht begrenzt.

19.15

Die Aufgabe oder Übertragung des Betriebs (im Sinne der Zinsschranke) führt nach § 4h Abs. 5 Satz 1 EStG zum **Untergang der Vorträge**. Nach Auffassung der Finanzverwaltung führt auch die Aufgabe oder Übertragung eines Teilbetriebs zum anteiligen Untergang.[6] Diese über den Gesetzeswortlaut hinausgehende teleologische Extension durch die Finanzverwaltung wird in der steuerlichen Literatur zutreffend weit überwiegend abgelehnt.[7] Denn dieser Betrachtungsweise steht der eindeutige Wortlaut des § 4h Abs. 5 Satz 1 EStG klar entgegen, welcher die Aufgabe oder Veräußerung des (gesamten) Betriebs fordert.[8] Wird lediglich ein Teilbetrieb aufgegeben oder veräußert, besteht der Betrieb im Sinne der Zinsschranke aber gerade fort, so dass ein Zins- oder EBITDA-Vortrag dieses Betriebs entsprechend ebenfalls weiter

19.16

---

1 Es ist zu erwarten, dass die Finanzverwaltung diese Betrachtungsweise verfolgen wird.
2 Vgl. ausführlich *Rödder*, DStR 2010, 529 (530).
3 Vgl. *Möhlenbrock/Pung* in Dötsch/Pung/Möhlenbrock, § 8a KStG Rz. 240 b.
4 Vgl. *Heuermann* in Blümich, § 4h EStG Rz. 48; so auch die Gesetzesbegründung, BT-Drucks. 17/15, 17.
5 Vgl. *Förster* in Gosch[3], § 8a KStG Rz. 106.
6 Vgl. BMF v. 4.7.2008, aaO, Rz. 47, für den Zinsvortrag, für den EBITDA-Vortrag wird die Finanzverwaltung wohl ebenso vorgehen wollen.
7 Vgl. zB *Förster* in Gosch[3], § 8a KStG Rz. 339; *Heuermann* in Blümich, § 4h EStG Rz. 104; *Hick* in HHR, § 4h EStG Anm. 113; *Köhler/Hahne*, DStR 2008, 1513; *Schaden/Käshammer*, BB 2007, 2317; wohl auch *Möhlenbrock/Pung* in Dötsch/Pung/Möhlenbrock, § 8a KStG Rz. 244, die die Auffassung der Finanzverwaltung mit Verweis auf das zum gewerbesteuerlichen Verlustvortrag bei einer Teilbetriebsveräußerung ergangene Urteil des BFH v. 7.8.2008 – IV R 86/05, BStBl. II 2012, 145 = FR 2009, 243 m. Anm. *Wendt* zumindest nicht vorbehaltlos ablehnen.
8 Vgl. *Hick* in HHR, § 4h EStG Anm. 113; *Förster* in Gosch[3], § 8a KStG Rz. 339; *Fischer/Wagner*, BB 2008, 1872 (1875).

besteht.[1] Auch das zum anteiligen Untergang eines gewerbesteuerlichen Verlustvortrags im Falle einer Teilbetriebsveräußerung ergangene Urteil des BFH vom 7.8.2008[2] ändert hieran nichts. Denn im Gegensatz zum gewerbesteuerlichen Verlustvortrag, der ua. auf die Unternehmensidentität abstellt, sind Zins- und EBITDA-Vortrag gesetzlich lediglich an den Fortbestand des Betriebs geknüpft.[3] Auf den Zinsvortrag einer Kapitalgesellschaft, nicht jedoch den EBITDA-Vortrag, ist überdies § 8c KStG entsprechend anzuwenden, § 8a Abs. 1 Satz 3 KStG (zu den Besonderheiten für Kapitalgesellschaften insgesamt s. Rz. 19.25 ff.).[4]

III. Ausnahme von der Zinsschranke

1. Freigrenze und Konzernklausel

19.17 Um den Anwendungsbereich der Zinsschranke entsprechend den gesetzgeberischen Zielen auf Fremdkapitalfinanzierungen aus Gründen der Steueroptimierung zu beschränken (Rz. 19.1), enthält § 4h Abs. 2 Satz 1 EStG in Form der Freigrenze, der Konzernklausel (Rz. 19.18) sowie der Escape Klausel (Rz. 19.21) drei **Ausnahmetatbestände**. Die Ausnahmeregeln sind jahresbezogen anzuwenden und können für das jeweilige Wirtschaftsjahr zu einer generellen Nichtanwendung der Zinsschranke führen.[5]

19.18 Nach § 4h Abs. 2 Satz 1 Buchst. a) EStG kommt die Zinsschranke nicht zur Anwendung, wenn der Zinssaldo (Rz. 19.4) weniger als drei Millionen Euro beträgt.[6] Die **Freigrenze** soll insbesondere sicherstellen, dass kleinere und mittlere Betriebe von der Zinsschranke nicht betroffen sind.[7] Da es sich um eine Freigrenze handelt, ist deren Anwendung ab einem Zinssaldo von drei Millionen Euro ausgeschlossen („Fallbeilprinzip").

19.19 Gehört ein Betrieb nicht oder nur anteilsmäßig zu einem Konzern, kommt die Zinsschranke nach der in § 4h Abs. 2 Satz 1 Buchst. b) EStG verankerten **Konzernklausel** ebenfalls nicht zur Anwendung. Die Konzernklausel trägt damit einem der grundsätzlichen Ziele der Zinsschranke Rechnung, nämlich der Vermeidung von steuermindernden Gestaltungen grenzüberschreitender Konzerne.[8] Ob ein Betrieb zu einem Konzern im Sinne der Zinsschranke gehört, richtet sich nach § 4h Abs. 3 Satz 5 und 6 EStG. Ein Betrieb ist hiernach Teil eines Konzerns im Sinne der Zinsschranke, wenn er nach dem für den Eigenkapitalvergleich (Rz. 19.21 ff.) zugrunde gelegten Rechnungslegungsstandard (Rz. 19.24) mit einem oder mehreren anderen Betrieben konsolidiert wird oder werden könnte.[9] Darüber hinaus gehört ein Betrieb auch dann zu einem Konzern (Gleichordnungskonzern), wenn seine Finanz- und Geschäftspolitik mit einem oder mehreren anderen Betrieben einheitlich bestimmt wer-

---

1 Vgl. *Heuermann* in Blümich, § 4h EStG Rz. 104; *Frotscher* in Frotscher/Geurts, § 4h EStG Rz. 190; *Möhlenbrock/Pung* in Dötsch/Pung/Möhlenbrock, § 8a KStG Rz. 244.
2 Vgl. BFH v. 7.8.2008 – IV R 86/05, BStBl. II 2012, 145 = FR 2009, 243 m. Anm. *Wendt*.
3 Vgl. *Hick* in HHR, § 4h EStG Anm. 113.
4 Vgl. *Möhlenbrock/Pung* in Dötsch/Pung/Möhlenbrock, § 8a KStG Rz. 243.
5 Vgl. *Frotscher* in Frotscher/Geurts, § 4h EStG Rz. 57.
6 Die ursprüngliche Freigrenze von € 1 Mio. wurde rückwirkend und zunächst zeitlich begrenzt auf Wirtschaftsjahre, die vor dem 31.12.2009 enden auf € 3 Mio. erhöht, später wurde die zeitliche Begrenzung der Erhöhung aufgehoben.
7 Vgl. BT-Drucks. 16/4841, 48; *Heuermann* in Blümich, § 4h EStG Rz. 52.
8 Vgl. BT-Drucks. 16/4841, 31.
9 Sog. erweiterter Konzernbegriff, vgl. BMF v. 4.7.2008, aaO, Rz. 59.

den kann.[1] Die Konzernspitze muss selbst keinen Betrieb im Sinne der Zinsschranke unterhalten.[2]

Die Frage nach dem **maßgeblichen Zeitpunkt der Konzernzugehörigkeit** hat der Gesetzgeber nicht beantwortet. Nach Auffassung der Finanzverwaltung ist grundsätzlich auf die Verhältnisse am vorangegangenen Abschlussstichtag des Betriebs (und nicht des Konzernabschlusses) abzustellen. Werden Betriebe im Sinne der Zinsschranke unterjährig erworben bzw. veräußert, soll dieser Grundsatz ebenfalls gelten.[3] Diese Auslegung der Finanzverwaltung lässt sich wohl insbesondere mit Vereinfachungsaspekten begründen.[4] Gleichwohl ergibt sich weder aus dem Wortlaut noch dem Sinn und Zweck der Regelung, dass ein zB durch Veräußerung aus einem Konzern ausscheidender Betrieb nach der Veräußerung anfallende Zinsaufwendungen nicht abziehen dürfen soll.[5] Eine insoweit nachteilige Anwendung der Regelung durch die Finanzverwaltung ist auch nicht mit Vereinfachungsüberlegungen zu rechtfertigen und daher abzulehnen.[6] Neu gegründete Betriebe einschließlich der Neugründung durch Umwandlungen betrachtet die Finanzverwaltung ab deren Gründung als konzernzugehörig im Sinne der Zinsschranke. Offensichtlich kann dies nur insoweit gelten, als dass es sich um Neugründungen von Betrieben innerhalb eines bestehenden Konzerns im Sinne der Zinsschranke handelt. Denn entsteht ein Konzern während des laufenden Jahres, zB durch den Erwerb von Tochtergesellschaften, gelten diese Betriebe auch nach Auffassung der Finanzverwaltung erst zum folgenden Abschlussstichtag als konzernzugehörig. Wäre die Entstehung eines Konzerns durch Neugründungen anders zu behandeln, läge insoweit eine nicht zu rechtfertigende Ungleichbehandlung vor.[7]

19.20

2. Escape Klausel

Übersteigt der Zinssaldo eines Betriebs die Freigrenze von drei Millionen Euro und gehört dieser Betrieb zu einem Konzern, kommt die Zinsschranke nach der in § 4h Abs. 2 Satz 1 Buchst. c) EStG normierten **Escape Klausel** nicht zur Anwendung, wenn die Eigenkapitalquote des Betriebs zum vorangegangenen Abschlussstichtag mindestens genauso hoch ist wie die Eigenkapitalquote des Konzerns. Mit dieser Regelung will der Gesetzgeber erreichen, dass ein Unternehmen dann nicht von der Zinsschranke betroffen ist, wenn es eine für den Konzern übliche Kapitalstruktur aufweist.[8] Ein Unterschreiten der Eigenkapitalquote des Konzerns um nicht mehr als zwei Prozentpunkte ist aufgrund der Toleranzgrenze nach § 4h Abs. 2 Satz 1 Buchst. c) Satz 2 EStG unschädlich für die Escape Klausel. Weicht der Abschluss-

19.21

---

1 Als Beispiel hierfür nennt die Finanzverwaltung in Rz. 60 des BMF v 4.7.2008, aaO, eine natürliche Person, die mehrere von ihr beherrschte Beteiligungen im Privatvermögen hält und somit als Konzernspitze fungiert. Allein die faktische Möglichkeit, die Finanz- und Geschäftspolitik mehrere Betriebe aufgrund der Identität der handelnden Personen (zB Geschäftsführer) einheitlich zu bestimmten reicht hierfür jedoch nicht aus, vgl. FG München v. 14.12.2011 – 7 V 2442/11, FR 2012, 354 mit Anm. *Töben*.
2 Vgl. *Hick* in HHR, § 4h EStG Anm. 95.
3 Vgl. BMF v. 4.7.2008, aaO, Rz. 68.
4 Vgl. *Förster* in Gosch[3], § 8a KStG Rz. 312; ähnlich *Heuermann* in Blümich, § 4h EStG Rz. 59.
5 *Heuermann* in Blümich, § 4h EStG Rz. 59.
6 Für eine Zeitraum- und nicht Zeitpunktbezogene Betrachtung sprechen sich ebenfalls *Möhlenbrock/Pung* aus, vgl. *Möhlenbrock/Pung* in Dötsch/Pung/Möhlenbrock, § 8a KStG Rz. 90; aA wohl *Hick* in HHR, § 4h EStG Anm. 42.
7 Vgl. *Förster* in Gosch[3], § 8a KStG Rz. 312.
8 Vgl. *Herzig/Liekenbrock*, DB 2007, 2387 (2389).

19.22 Die **Eigenkapitalquote** errechnet sich durch Division des Eigenkapitals durch die Bilanzsumme auf Basis des Jahres- bzw. Einzelabschlusses für den Betrieb bzw. für die Konzerneigenkapitalquote auf Basis des Konzernabschlusses, der den Betrieb umfasst. § 4h Abs. 2 Satz 1 Buchst. c) Satz 4 ff. EStG regelt darüber hinaus, wie die maßgeblichen Abschlüsse für Zwecke der Escape Klausel zu modifizieren sind. So sind zB Wahlrechte einheitlich auszuüben und das Eigenkapital des Betriebs ist um einen im Konzernabschluss enthaltenen Firmenwert des Betriebs zu erhöhen bzw. um Anteile an anderen Konzerngesellschaften und Einlagen der letzten sechs Monate zu kürzen.[2] Die Korrekturen des Eigenkapitals sind nach zutreffender Auffassung der Finanzverwaltung ebenfalls für die Bilanzsumme durchzuführen, auch wenn der Gesetzeswortlaut dies nicht vorsieht.[3]

stichtag des Betriebs vom Stichtag des Konzernabschlusses ab, ist für die Eigenkapitalquote des Betriebs der Abschluss heranzuziehen, der in den Konzernabschluss eingegangen ist.[1]

19.23 Durch die Kürzung des Eigenkapitals um den Buchwert der Anteile an anderen Konzerngesellschaften soll nach dem Willen des Gesetzgebers die kaskadenartige mehrfache Berücksichtigung desselben Eigenkapitals im Rahmen des Eigenkapitalvergleichs vermieden werden.[4] Die **Buchwertkürzung** in ihrer derzeitigen Form geht allerdings darüber hinaus, denn die Kürzung des Eigenkapitals erfolgt unabhängig von der Finanzierung der Beteiligung und auch bei über das bilanzielle Eigenkapital hinausgehenden Kaufpreiszahlungen vollumfänglich.[5] Im Ergebnis führt die Buchwertkürzung dazu, dass fremdfinanzierte Beteiligungserwerbe die Eigenkapitalquote des erwerbenden Betriebs in doppelter Hinsicht mindern, nämlich einmal durch die bilanziell erfasste Fremdfinanzierung und ein zweites Mal im Rahmen der Buchwertkürzung.[6] Teilweise wird dieses Ergebnis in der Literatur für sachgerecht gehalten, da die Summe des auf Ebene der einzelnen Betriebe genutzten Eigenkapitals dem im Konzernabschluss ausgewiesen Eigenkapital entspricht und so der Kaskadeneffekt vermieden wird.[7] Zur Verdeutlichung dient das nachfolgende Beispiel.

Beispiel: Die vollständig durch Eigenkapital finanzierte A GmbH hat eine Bilanzsumme iHv. 100. Die A GmbH erwirbt nun die B GmbH für 100 und finanziert diesen Erwerb vollständig durch Fremdkapital. Die B GmbH ist zu 50 % fremdfinanziert und hat eine Bilanzsumme von 100, die sich ergebenden stillen Reserven iHv. 50 entfallen in voller Höhe auf den Firmenwert.

Lösung: Die Eigenkapitalquote des Konzerns beträgt 40 % (Eigenkapital 100/Bilanzsumme 250). Die Eigenkapitalquote der B GmbH beträgt nach Erhöhung des Eigenkapitals und der Bilanzsumme um 50 für den Firmenwert 67 % (Eigenkapital 100/Bilanzsumme 150). Die nach § 4h Abs. 2. Satz 1 Buchst. c) EStG berechnete Eigenkapitalquote der A GmbH als Betrieb beträgt allerdings 0 %, da das vor Erwerb der B GmbH vorhandene Eigenkapital iHv. 100 vollständig durch die Buchwertkürzung um die Anteile an der B-GmbH aufgezehrt wird.

---

1 Vgl. BMF v. 4.7.2008, aaO, Rz. 70.
2 Vgl. ausführlich zur Eigenkapital- und Quotenbereinigung *Heuermann* in Blümich, § 4h EStG Rz. 74 ff.
3 Vgl. BMF v. 4.7.2008, aaO, Rz. 76; *Frotscher* in Frotscher/Drüen, § 8a KStG Rz. 145f; *Möhlenbrock/Pung* in Dötsch/Pung/Möhlenbrock, § 8a KStG Rz. 154.
4 Vgl. BT-Drucks. 16/4835, 2; *Möhlenbrock/Pung* in Dötsch/Pung/Möhlenbrock, § 8a KStG Rz. 154.
5 Vgl. *Frotscher* in Frotscher/Drüen, § 8a KStG Rz. 145; *IDW*, FN-IDW 2010, 213 (223).
6 Vgl. *Hick* in HHR, § 4h EStG Anm. 54.
7 Vgl. *Möhlenbrock/Pung* in Dötsch/Pung/Möhlenbrock, § 8a KStG Rz. 154.

Zutreffender und auch aus ökonomischer Sicht begrüßenswert wäre es daher, die Buchwertkürzung zumindest entsprechend der wirtschaftlichen Realität auf den Teil des Beteiligungsbuchwerts zu limitieren, der aus Eigenmitteln finanziert wurde.[1] Umsetzbar wäre dies zB durch Multiplikation des Beteiligungsbuchwerts mit der Eigenkapitalquote des Betriebs von Buchwertkürzung.

Die für den Eigenkapitalvergleich **maßgeblichen Abschlüsse** sind nach § 4h Abs. 2 Satz 1 Buchst. c) Satz 8 ff. EStG grundsätzlich einheitlich und nach den für den Konzernabschluss anzuwendenden Rechnungslegungsstandards und vorranging nach den **IFRS** zu erstellen.[2] Ist kein Konzernabschluss nach den IFRS zu erstellen und offen zu legen und wurde ein solcher für keines der vergangenen fünf Jahre erstellt, können die maßgeblichen Abschlüsse abweichend hiervon nach den handelsrechtlichen Vorschriften eines der Mitgliedstaaten der EU erstellt werden. Nach den US-GAAP zu erstellende und offen zu legende Abschlüsse sind dann zu verwenden, wenn weder ein Konzernabschluss nach den IFRS noch dem Handelsrecht eines der EU-Mitgliedstaaten erstellt wird. Wurden für den Einzel- oder Jahresabschluss des Betriebs einerseits und den Konzernabschluss andererseits unterschiedliche Rechnungslegungsstandards angewandt, ist die Eigenkapitalquote des Betriebs durch eine Überleitungsrechnung nach den für den Konzernabschluss angewandten Rechnungslegungsstandards zu ermitteln. Die Überleitungsrechnung muss einer prüferischen Durchsicht unterzogen werden, außerdem kann die Finanzverwaltung die Prüfung der Überleitungsrechnung oder des Abschlusses des Betriebs durch einen Abschlussprüfer verlangen.

19.24

3. Besonderheiten für Kapitalgesellschaften

§ 8a KStG enthält mehrere **spezielle Regelungen für Körperschaften** in Zusammenhang mit der Anwendung der Zinsschranke, insbesondere zur Konzern- und Escape Klausel. Für Körperschaften tritt nach § 8a Abs. 1 Satz 1 KStG das maßgebliche Einkommen an die Stelle des maßgeblichen Gewinns. Maßgebliches Einkommen ist nach § 8a Abs. 1 Satz 2 KStG das nach den Vorschriften des EStG und des KStG ermittelte Einkommen vor Anwendung der §§ 4h und 10d EStG (Zinsschranke und Verlustvor- bzw. -rücktrag) sowie § 9 Abs. 1 Nr. 2 KStG (Spenden). Insbesondere für Holdingkapitalgesellschaften ist diese Bezugnahme von Nachteil, da deren Einnahmen in der Regel effektiv zu 95 % steuerbefreit sind.[3] Für Kapitalgesellschaften ergibt sich insgesamt folgendes Berechnungsschema für das verrechenbare EBITDA:

19.25

Berechnungsschema steuerliches EBITDA (Körperschaften)
Stpfl. Einkommen vor Anwendung der Zinsschranke
+ Verlustabzug (§ 10d EStG)
+ Spendenabzug (§ 9 Abs. 1 Nr. 2 KStG)
= Zwischensumme (maßgebliches Einkommen)
+ Zinsaufwendungen
+ Als Betriebsausgabe erfasste GWG (§ 6 Abs. 2 Satz 1 EStG)
+ Auflösung des Sammelpostens (§ 6 Abs. 2a Satz 2 EStG)

---

1 Vgl. *Kessler/Köhler/Knörzer*, IStR 2007, 418 (420 f.); *Rödder/Stangl*, DB 2007, 479 (484); *IDW*, FN-IDW 2010, 213 (223).
2 Vgl. *Dötsch/Krämer* in Dötsch/Pung/Möhlenbrock, § 15 KStG Rz. 71; *Förster* in Gosch[3], § 8a KStG Rz. 181; zum relevanten Konsolidierungskreis im Konzernabschluss ausführlich vgl. *Brunsbach*, IStR 2010, 745.
3 Vgl. *Prinz* in HHR, § 8a KStG Anm. 10, der ebenfalls darauf hinweist, dass die Zinsschranke bei reinen Holdinggesellschaften die Pauschalierung der nichtabzugsfähigen Betriebsausgaben des § 8b Abs. 5 KStG insoweit unterläuft.

Berechnungsschema steuerliches EBITDA (Körperschaften) – Fortsetzung –
+ Abschreibungen (§ 7 EStG)
./. Zinserträge
= **steuerliches EBITDA (davon 30 % verrechenbar)**

19.26 § 8a Abs. 1 Satz 3 KStG bestimmt außerdem, dass auf den **Zinsvortrag**, nicht jedoch den EBITDA-Vortrag, **§ 8c KStG entsprechend** anzuwenden ist.[1] Die in § 8c Abs. 1 Satz 6 ff. KStG enthaltene Regelung zum Erhalt der steuerlichen Verlustvorträge in Höhe der vorhandenen (und im Inland steuerpflichtigen) stillen Reserven gilt auch für den Zinsvortrag, allerdings schreibt das Gesetz die vorrangige Verrechnung der stillen Reserven mit Verlustvorträgen vor.[2] Ein Zinsvortrag bleibt damit im Rahmen eines schädlichen Mantelkaufs aufgrund von stillen Reserven nur dann erhalten, soweit die relevanten stillen Reserven die Verlustvorträge übersteigen.[3]

19.27 Körperschaften können sich nach § 8a Abs. 2 und 3 KStG nur dann auf die Konzernklausel (Rz. 19.19 ff.) oder den Eigenkapitalquotenvergleich (Rz. 19.21 ff.) berufen, wenn keine **schädliche Gesellschafterfremdfinanzierung** vorliegt und die Körperschaft dies nachweist.[4] Eine schädliche Gesellschafterfremdfinanzierung liegt in Anlehnung an den Gesetzeswortlaut dann vor, wenn

1. Vergütungen für Fremdkapital an einen zu mehr als 25 % unmittelbar oder mittelbar beteiligten Anteilseigner, eine diesem nahe stehende Person oder einen rückgriffsberechtigten Dritten[5] gezahlt werden, die

2. mehr als 10 % des Zinssaldos (Rz. 19.4) betragen.

19.28 Obwohl gerade das Gegenteil gewollt ist, lässt § 8a Abs. 3 Satz 1 KStG seinem Wortlaut nach die Anwendung der Escape Klausel zu, wenn (irgend-) eine Konzerngesellschaft den Test auf eine schädliche Gesellschafterfremdfinanzierung besteht.[6] Aufgrund der eindeutigen gesetzgeberischen Intention überzeugt dieses Ergebnis allerdings nicht, vielmehr ist die Regelung entsprechend deren Zweck auszulegen und richtig zu stellen.[7] Für die Anwendung der Escape Klausel ist der Nachweis, dass keine schädliche Gesellschafterfinanzierung vorliegt daher für den gesamten, **weltweiten Konzern** zu erbringen. Konzerninterne Finanzierungen gelten nach § 8a Abs. 3 Satz 2 KStG für die Prüfung auf schädliche Gesellschafterfinanzierungen insoweit als unbeachtlich. Als wesentlich beteiligte Gesellschafter gelten in diesem Zusammenhang alle Personen, die an irgendeiner dem Konzern zugehörigen Gesellschaft entsprechend beteiligt sind. Außerdem darf keine dem Konzern zugehörende Gesellschaft mehr als 10 % ihres Nettozinsaufwands an einen schädlichen Kapitalgeber zahlen. Mit anderen Worten führt aufgrund dieser konzernweiten Betrachtung der fehlende Nachweis über die Nichtexistenz einer schädlichen Gesellschafterfinanzierung auch bei einer materiell unbedeuten-

---

1 Vgl. ausführlich zur Anwendung des § 8c KStG auf den Zinsvortrag *Prinz*, DB 2012, 2367.
2 Vgl. *Möhlenbrock/Pung* in Dötsch/Pung/Möhlenbrock, § 8a KStG Rz. 243a.
3 Vgl. *Prinz* in HHR, § 8a KStG Anm. 14.
4 Vgl. *Förster* in Gosch³, § 8a KStG Rz. 121 und 221.
5 Zum Begriff des rückgriffsberechtigten Dritten vgl. *Möhlenbrock/Pung* in Dötsch/Pung/Möhlenbrock, § 8a KStG Rz. 116; *Prinz* in HHR, § 8a KStG Anm. 22; *Heuermann* in Blümich, § 8a KStG Rz. 25 ff.; ausführlich *Kreft/Schmitt-Hohmann*, BB 2008, 2099.
6 Vgl. zur gesetzgeberischen Intention BT-Drucks. 16/4841, 75.
7 Vgl. *Frotscher* in Frotscher/Drüen, § 8a KStG Rz. 165; *Möhlenbrock/Pung* in Dötsch/Pung/Möhlenbrock, § 8a KStG Rz. 164.

den oder ausländischen Konzerngesellschaft zur Versagung der Escape Klausel für alle dem Konzern zugehörigen Körperschaften.[1]

Die Regelung zur schädlichen Gesellschafterfremdfinanzierung und deren Anwendung durch die Finanzverwaltung sind **nicht unumstritten**. Aufgrund des Vergleichs des anteiligen Zinssaldos mit den (Brutto-) Zinsaufwendungen für Gesellschafterdarlehen steigern grundsätzlich wünschenswerte Zinserträge durch die Minderung des Zinssaldos das Risiko einer schädlichen Gesellschafterfremdfinanzierung.[2] Darüber hinaus wollte die Finanzverwaltung zur Prüfung der 10 %-Grenze zunächst im Rahmen einer Gesamtbetrachtung auf die Summe der Zinsaufwendungen an alle potentiell schädlichen Fremdkapitalgeber abstellen.[3] Gestützt auf den insoweit eindeutigen Wortlaut der Norm hat der BFH dieser Auffassung in seinem Urteil vom 11.11.2015 jedoch ausdrücklich widersprochen, obwohl der Gesetzeszweck auch aus Sicht des I. Senats durch eine Gesamtbetrachtung wohl besser verwirklicht werden könnte.[4] Die Finanzverwaltung hat sich dieser Auffassung zwischenzeitlich angeschlossen und das Urteil des BFH in 2017 im Bundessteuerblatt veröffentlicht. Die 10 %-Grenze ist entsprechend für jeden schädlichen Fremdkapitalgeber separat und ausschließlich bezogen auf die an den individuellen Fremdkapitalgeber geleisteten Zinszahlungen zu prüfen. Als problematisch wird ebenfalls die gesetzliche Beweislastumkehr angesehen, insbesondere weil sich der Nachweis eines Nichtexistenten in der Praxis regelmäßig schwierig und faktisch unmöglich darstellen dürfte.[5] Vollkommen berechtigt steht dabei insbesondere die konzernweite Betrachtungsweise in § 8a Abs. 3 Satz 1 KStG zur Escape Klausel in der Kritik, die den Nachweis für große globale Konzerne mit entsprechender Eigentümerstruktur praktisch unmöglich macht und überdies mit dem Lenkungszwecke der Zinsschranke, nämlich der Minderung von Gewinnverlagerungen ins Ausland, potentiell in einem Konflikt steht.[6]

19.29

B. Sondervorschriften für die Organschaft

I. Modifikationen der Zinsschranke innerhalb des Organkreises

1. Betriebsfiktion und Bruttomethode

§ 15 KStG modifiziert die ertragsteuerliche Einkommensermittlung für Organschaften und schreibt in § 15 Satz 1 Nr. 3 KStG die organschaftliche **Bruttomethode** für Zwecke der Zinsschranke vor.[7] Bei der Ermittlung des Einkommens der Organgesellschaft ist § 4h EStG nicht anzuwenden, Zinsaufwendungen der Organgesellschaft mindern deren Einkommen daher unbeschränkt. Soweit das dem Organträger zugerechnete Einkommen der Organgesellschaft Zinsaufwendungen und Zinserträge im Sinne der Zinsschranke enthält, sind diese bei der Anwendung des § 4h Abs. 1 EStG auf den Organträger zu berücksichtigen. Im Ergebnis kommt es damit zu einer Addition des Zinsaufwands und Zinsertrags aller vom Organkreis abgedeckten Gesellschaften auf Ebene des Organträgers. In Zusammenhang mit der gewerbe-

19.30

---

1 Vgl. BMF v. 4.7.2008, aaO, Rz. 80; *Schaden/Käshammer*, BB 2007, 2259 (2264).
2 Vgl. *Möhlenbrock/Pung* in Dötsch/Pung/Möhlenbrock, § 8a KStG Rz. 102.
3 Vgl. BMF v. 4.7.2008, aaO, Rz. 82.
4 Vgl. BFH v. 11.11.2015 – I R 57/13, BStBl. II 2017, 319 = FR 2016, 675.
5 Vgl. *Heuermann* in Blümich, § 8a KStG Rz. 37; *Köhler*, DStR 2007, 597 (599); *Prinz* in HHR; § 8a KStG Anm. 30; *Rödder/Stangl*, DB 2007, 479 (484).
6 Vgl. *Schaden/Käshammer*, BB 2007, 2259 (2264); *Herzig/Liekenbrock*, DB 2007, 2387 (2389); *Köhler/Hahne*, DStR 2008, 1505 (1516).
7 Vgl. *Herlinghaus* in HHR, § 15 KStG Anm. 63.

steuerlichen Hinzurechnung von Finanzierungsentgelten stellt sich insbesondere die Frage nach der Aufteilung von nach der Zinsschranke nicht abzugsfähigem Zinsaufwand auf die einzelnen Organgesellschaften, da diese im Rahmen der (eigenständigen) Gewerbeertragsermittlung der Organgesellschaft insoweit nicht der Hinzurechnung nach § 8 Nr. 1 GewStG unterliegen.[1]

19.31 Nach § 15 Satz 1 Nr. 3 Satz 2 KStG gelten der Organträger und die Organgesellschaften als ein einziger Betrieb im Sinne der Zinsschranke. Zwischengeschaltete Gesellschaften im Rahmen von mittelbaren Organschaften sind nicht Bestandteil dieses Betriebs.[2] Ob diese **Betriebsfiktion** dazu führt, dass **organkreisinterne Darlehensbeziehungen** für Zwecke der Zinsschranke quasi zu konsolidieren und damit bereits dem Grunde nach unbeachtlich sind, oder ob sich Zinsaufwand und -ertrag solcher Darlehen erst auf Ebene des Organträgers neutralisieren, ist umstritten.[3] Nach der Gesetzesbegründung soll die Betriebsfiktion auch dem Umstand Rechnung tragen, dass Finanzierungsgestaltungen innerhalb eines Organkreises aus Sicht des Gesetzgebers keine Bedeutung haben.[4] Mit anderen Worten wollte der Gesetzgeber mit der Betriebsfiktion ua. die Unbeachtlichkeit von organkreisinternen Darlehensbeziehungen für die Zinsschranke gesetzlich fixieren, da diese dem Sinn und Zweck der Zinsschranke nach unschädlich sind.[5] Der Wortlaut des Gesetzes steht dieser Betrachtungsweise ebenso wenig entgegen, weshalb der grundsätzlichen Irrelevanz von Finanzierungsstrukturen innerhalb des Organkreises als innerbetriebliche Vorgänge letztlich zuzustimmen ist. Als Zinsaufwendungen und Zinserträge im Sinne der Zinsschranke kommen damit nur solche Aufwendungen und Erträge in Betracht, die auf Rechtsbeziehungen mit Schuldnern und Gläubigern außerhalb des Organkreises beruhen.[6] Diese Unterscheidung hat im Ergebnis jedoch dann keine materielle Bedeutung für Zwecke der Einkommen- bzw. Körperschaftsteuer, wenn sich Zinsaufwand und Zinsertrag in gleicher Höhe gegenüber stehen, was bei Finanzierungsbeziehungen innerhalb des Organkreises nahezu immer der Fall sein dürfte.[7] Im Falle eines unverzinslichen Darlehens kann es allerdings aufgrund der Abzinsung nach § 6 Abs. 1 Nr. 3 Satz 1 EStG über die Laufzeit des Darlehens zu Zinserträgen kommen, denen kein entsprechender Zinsaufwand gegenüber steht und umgekehrt, was entsprechenden Einfluss auf den Zinssaldo (Rz. 19.4) hat.[8] Für Zwecke der Gewerbesteuer kann diese Unterscheidung jedoch materielle Konsequenzen nach sich ziehen.[9] Werden organkreisinterne Finanzierungsbezie-

---

1 Vgl. *Schuck/Faller*, DB 2010, 2186 (2188 ff.).
2 Vgl. *Dötsch/Krämer* in Dötsch/Pung/Möhlenbrock, § 15 KStG Rz. 75.
3 Zustimmend vgl. *Blumenberg/Lechner* in Blumenberg/Benz, Die Unternehmenssteuerreform 2008, 121; *Herlinghaus* in HHR, § 15 KStG Anm. 72; ähnlich *Neumann* in Gosch[3], § 15 KStG Rz. 36; wohl auch *Frotscher* in Frotscher/Drüen, § 15 KStG Rz. 110 f.; aA *Dötsch/Krämer* in Dötsch/Pung/Möhlenbrock, § 15 KStG Rz. 77; *Kußmaul/Pfirmann/Meyering/Schäfer*, BB 2008, 135 (138); wohl auch *Danelsing* in Blümich, § 15 KStG Rz. 30.
4 Vgl. BT-Drucks. 16/4841, 77.
5 Durch die Zinsschranke sollen insbesondere steuermindernde Finanzierungsgestaltungen vermieden werden, was aus Sicht des Gesetzgebers innerhalb des Organkreises wohl nicht möglich ist, vgl. auch Rz. 19.1.
6 Vgl. *Häuselmann*, FR 2009, 401 (405); *Neumann* in Gosch[3], § 15 KStG Rz. 36; *Herlinghaus* in HHR, § 15 KStG Anm. 72; ähnlich *Frotscher* in Frotscher/Drüen, § 15 KStG Rz. 111; aA *Dötsch/Krämer* in Dötsch/Pung/Möhlenbrock, § 15 KStG Rz. 77; *Schaden/Käshammer* in Ernst & Young/BDI, Die Unternehmenssteuerreform 2008, Rz. 189; wohl auch *Danelsing* in Blümich, § 15 KStG Rz. 30.
7 Vgl. *Dötsch/Krämer* in Dötsch/Pung/Möhlenbrock, § 15 KStG Rz. 77.
8 Vgl. *Schaden/Käshammer* in Ernst & Young/BDI, Die Unternehmenssteuerreform 2008, Rz. 190.
9 Vgl. *Schuck/Faller*, DB 2010, 2186 (2190 f.).

hen für Zwecke der Zinsschranke vollständig ignoriert, beinhalten die abzugsfähigen und damit grundsätzlich der gewerbesteuerlichen Hinzurechnung unterliegenden Vergütungen für Fremdkapital der Organgesellschaft organkreisinterne Zinszahlungen konsequenterweise immer in voller Höhe. Da diesen innerhalb des Organkreises in gleicher Höhe Zinsertrag gegenübersteht, unterbleibt nach R 7.1 (5) Satz 3 und 4 GewStR in dieser Höhe eine Hinzurechnung und lediglich der verbleibende Betrag unterliegt der Hinzurechnung nach § 8 Nr. 1 GewStG. Bezieht man dagegen organkreisinterne Finanzierungen in die Zinsschranke mit ein, sind die insgesamt abzugsfähigen Zinsaufwendungen quotal auf nicht der Hinzurechnung unterliegende organkreisinterne und hinzuzurechnende organkreisexterne Zinsaufwendungen aufzuteilen, wodurch sich im Ergebnis eine höhere Hinzurechnung ergibt.

2. Maßgebliches verrechenbares EBITDA des Betriebs „Organkreis"

Aus der Betriebsfiktion folgt weiterhin, dass das verrechenbare EBITDA für den Betrieb „Organkreis" einheitlich auf Ebene des Organträgers ermittelt werden muss. Ausgangspunkt ist entsprechend **der maßgebliche Gewinn bzw. das maßgebliche Einkommen** (Rz. 19.8 und Rz. 19.25) **des Organkreises als Betrieb**. Ob hierfür ein konsolidierter Gewinn des fiktiven Betriebs des Organkreises ermittelt werden muss oder nicht, ergibt sich nicht unmittelbar aus dem Gesetz. In der steuerlichen Literatur wird allerdings zu Recht bezweifelt, dass der Gesetzgeber eine Konzernbesteuerung alleine für Zwecke der Zinsschranke schaffen wollte.[1] Der maßgebliche Gewinn des Betriebs Organschaft ist daher die Summe aus dem eigenen Einkommen des Organträgers sowie der hinzugerechneten Einkommen aller Organgesellschaften und nicht ein konsolidiertes Ergebnis des Organkreises.[2]   19.32

Neben den Zinsaufwendungen und Zinserträgen der Organgesellschaften sind auf Ebene des Organträgers außerdem die weiteren in § 4h Abs. 1 Satz 2 EStG genannten **Korrekturen zur Ermittlung des steuerlichen EBITDA** zu berücksichtigen (Rz. 19.10 und Rz. 19.25).[3] Dem Organträger müssen daher neben den Zinserträgen und Zinsaufwendungen auch die entsprechenden Abschreibungen der Organgesellschaften gemeldet werden, um eine zutreffende Berechnung des steuerlichen EBITDA zu ermöglichen.[4]   19.33

Da eine Organgesellschaft ihr Einkommen iHv. 20/17 der **Ausgleichzahlungen an Minderheitsgesellschafter** nach § 16 KStG selbst zu versteuern hat, ist das dem Organträger zugerechnete Einkommen in solchen Fällen entsprechend gemindert. Auch wenn das Gesetz zur Behandlung dieses durch die Organgesellschaft selbst zu versteuernden Einkommens schweigt, ist eine Hinzurechnung zum steuerlichen EBITDA des Betriebs der Organschaft entsprechend dem Sinn und Zweck der Ermittlung offensichtlich geboten.[5]   19.34

---

1 Vgl. *Kußmaul/Pfirmann/Meyering/Schäfer*, BB 2008, 135 (138).
2 Vgl. *Neumann* in Gosch³, § 15 KStG Rz. 37; *Herlinghaus* in HHR, § 15 KStG Anm. 66; *Frotscher* in Frotscher/Drüen, § 15 KStG Rz. 104.
3 Vgl. BMF v. 4.7.2008, aaO, Rz. 45.
4 Vgl. *Herlinghaus* in HHR, § 15 KStG Anm. 73.
5 Vgl. *Herzig/Liekenbrock*, DB 2007, 2387 (2392); *Möhlenbrock/Pung* in Dötsch/Pung/Möhlenbrock, § 8a KStG Rz. 55; *Frotscher* in Frotscher/Drüen, § 8a KStG Rz. 52a; ähnlich *Herlinghaus* in HHR, § 15 KStG Anm. 74.

3. Zins- und EBITDA-Vortrag in der Organschaft

19.35 Ein **Zins- oder EBITDA-Vortrag** kann **während der Organschaft** nur auf Ebene des Organträgers entstehen, da die Zinsschranke nach § 15 Satz 1 Nr. 3 Satz 1 KStG auf die Organgesellschaft nicht anzuwenden ist.[1] Die gesonderte Feststellung der Vorträge (Rz. 19.12 und Rz. 19.15) erfolgt entsprechend für den Organträger und nur dieser kann die Vorträge in zukünftigen Wirtschaftsjahren nutzen.[2]

19.36 Die Behandlung eines **vororganschaftlichen Zins- oder EBITDA-Vortrags** einer Organgesellschaft ist umstritten. Da die Begründung einer Organschaft kein schädliches Ereignis i.S.d. § 4h Abs. 5 EStG darstellt, der ohnehin nicht anwendbar wäre (s. unten), gehen diese jedenfalls durch Abschluss eines Gewinnabführungsvertrags nicht unter.[3] Nach Auffassung der Finanzverwaltung ist ein vororganschaftlicher Zinsvortrag einer Organgesellschaft während der Organschaft analog zu steuerlichen Verlustvorträgen eingefroren, von einer entsprechenden Behandlung vororganschaftlicher EBITDA-Vorträge ist auszugehen.[4] Da das Gesetz sich diesbezüglich nicht äußert, insbesondere eine Anpassung des § 15 Satz 1 Nr. 1 KStG im Rahmen der Einführung der Zinsschranke unterblieben ist, wird diese Auslegung durch die Finanzverwaltung teilweise als steuerverschärfende Analogie ohne gesetzliche Legitimation abgelehnt.[5] Vielmehr soll der Zinsvortrag einer Organgesellschaft im ersten Jahr den laufenden Zinsaufwand der Organschaft als Betrieb erhöhen und ggf. in den Zinsvortrag des Organträgers überführt werden.[6] Hiergegen und für die Auffassung der Finanzverwaltung spricht allerdings, dass die Neuaufnahme einer Organgesellschaft in den Organkreis auch so verstanden werden kann, dass der bisherige Betrieb der Organgesellschaft im Betrieb des Organkreises aufgeht und damit als solcher nicht länger separat existiert. Aufgrund der Betriebsbezogenheit des Zins- bzw. EBITDA-Vortrags läge es daher näher, diese in einem solchen Fall als eingefroren zu betrachten.[7] Darüber hinaus lässt sich die Auffassung der Finanzverwaltung zumindest mittelbar auch gesetzlich begründen, ohne die von der Finanzverwaltung angeführte Analogie bemühen zu müssen. Denn § 15 Satz 1 Nr. 3 Satz 1 KStG suspendiert die Anwendung des § 4h EStG für die Organgesellschaft insgesamt. Gerade § 4h Abs. 1 Satz 4 ff. EStG regelt aber die Nutzung des Zinsvortrags (sowie § 4h Abs. 1 Satz 3 ff. EStG für den EBITDA-Vortrag) in den späteren Wirtschaftsjahren.[8] Aufgrund der Nichtanwendbarkeit dieser Regelung ist der Nutzung vororganschaftlicher Zins- und EBITDA-Vorträge durch eine Organgesellschaft die gesetzliche Grundlage entzogen und der Finanzverwaltung im Ergebnis zuzustimmen.[9]

---

1 Vgl. *Beußer*, FR 2009, 49 (54); *Danelsing* in Blümich, § 15 KStG Rz. 29; *Dötsch/Krämer* in Dötsch/Pung/Möhlenbrock, § 15 KStG Rz. 87.
2 Vgl. *Neumann* in Gosch³, § 15 KStG Rz. 37; *Herlinghaus* in HHR, § 15 KStG Anm. 69.
3 Vgl. *Schaden/Käshammer*, BB 2007, 2317 (2322).
4 Vgl. BMF v. 4.7.2008, aaO, Rz. 48.
5 Vgl. *Danelsing* in Blümich, § 15 KStG Rz. 29; *Köhler/Hahne*, DStR 2008, 1505 (1512).
6 Vgl. *Köhler/Hahne*, DStR 2008, 1505 (1512).
7 Vgl. *Neumann* in Gosch³, § 15 KStG Rz. 39.
8 Vgl. *Herzig/Liekenbrock*, DB 2007, 2387 (2390 f.); *Schaden/Käshammer*, BB 2007, 2317 (2322); *Frotscher* in Frotscher/Drüen, § 15 KStG Rz. 126 ff.
9 Vgl. *Herzig/Liekenbrock*, DB 2009, 1949 (1950); *Schaden/Käshammer*, BB 2007, 2317 (2322); *Dötsch/Krämer* in Dötsch/Pung/Möhlenbrock, § 15 KStG Rz. 74; *Herlinghaus* in HHR, § 15 KStG Anm. 69; *Frotscher* in Frotscher/Drüen, § 15 KStG Rz. 127; ähnlich *Neumann* in Gosch³, § 15 KStG Rz. 39; aA *Danelsing* in Blümich, § 15 KStG Rz. 29; *Köhler/Hahne*, DStR 2008, 1505 (1512); *Hick* in HHR, § 4h EStG Anm. 32.

Im Falle des **Ausscheidens einer Organgesellschaft aus dem Organkreis** lebt ein eingefrorener Zins- oder EBITDA-Vortrag der ehemaligen Organgesellschaft wieder auf und kann von dieser genutzt werden.[1] Da der EBITDA-Vortrag allerdings auf fünf Jahre beschränkt ist (Rz. 19.14), geht dieser aufgrund der Mindestlaufzeit des GAV von ebenfalls fünf Jahren nach § 14 Abs. 1 Satz 1 Nr. 3 Satz 1 KStG durch den Eintritt einer Gesellschaft in die Organschaft faktisch unter.[2] Darüber hinaus sieht die Finanzverwaltung im Ausscheiden einer Organgesellschaft aus dem Organkreis die Aufgabe eines Teilbetriebs durch den Betrieb des Organkreises und will einen bestehenden Zinsvortrag des Organträgers daher im Wege einer teleologischen Extension nach § 4h Abs. 5 Satz 1 EStG anteilig untergehen lassen.[3] Selbst wenn man das Ausscheiden einer Organgesellschaft aus dem Organkreis als Teilbetriebsaufgabe betrachtet, was grundsätzlich mangels gesetzlicher oder wenigstens teleologischer Begründung abzulehnen ist, kommt es aufgrund des eindeutigen Wortlauts der Vorschrift dennoch nicht zu der von der Finanzverwaltung geforderten Rechtsfolge (Rz. 19.16).[4] Denn der Betrieb des Organkreises, um dessen Zins- oder EBITDA-Vortrag es geht, besteht fort, entsprechend bleibt auch ein Zins- oder EBITDA-Vortrag des Organträgers entgegen der Auffassung der Finanzverwaltung vollständig erhalten.[5]

19.37

II. Auswirkungen auf die Ausnahmen von der Zinsschranke

1. Freigrenze und Konzernklausel in der Organschaft

Die in § 4h Abs. 2 Satz 1 Nr. 1 EStG verankerte Freigrenze iHv. drei Million Euro (Rz. 19.18) ist auf den Zinssaldo des Betriebs (Rz. 19.4) anzuwenden. Aus der für den Organkreis geltenden Betriebsfiktion (Rz. 19.31) folgt unmittelbar, dass es nicht zu einer Addition der Freigrenzen der einzelnen Gesellschaften innerhalb des Organkreises kommt, sondern die **Freigrenze nur einmalig** auf Ebene des Organträgers zur Verfügung steht.[6]

19.38

Die Zinsschranke kommt nach § 4h Abs. 2 Satz 1 Buchst. b) EStG grundsätzlich nicht zur Anwendung, wenn der Betrieb nicht oder nur anteilsmäßig zu einem Konzern gehört (Rz. 19.19 ff.). Da der Organkreis als ein (einziger) Betrieb gilt (Rz. 19.31), kommt es im Rahmen von Organschaften vorbehaltlich § 8a KStG (Rz. 19.25 ff. und Rz. 19.45 ff.) deshalb dann nicht zur Anwendung der Zinsschranke, wenn **Organ- und Konzernkreis deckungsgleich** sind.[7]

19.39

---

1 Vgl. *Schaden/Käshammer*, BB 2007, 2317 (2322); *Frotscher* in Frotscher/Drüen, § 15 KStG Rz. 131; *Dötsch/Krämer* in Dötsch/Pung/Möhlenbrock, § 15 KStG Rz. 74.
2 Vgl. *Bohn/Loose*, DStR 2011, 1009 (1011); aA *Neumann* in Gosch[3], § 15 KStG Rz. 39.
3 Vgl. BMF v. 4.7.2008, aaO, Rz. 48.
4 Vgl. *Herzig/Liekenbrock*, DB 2009, 1949 (1952); *Hick* in HHR, § 4h EStG Anm. 113 und *Herlinghaus* in HHR, § 15 KStG Anm. 69; *Förster* in Gosch[3], § 8a KStG Rz. 339; *Frotscher* in Frotscher/Drüen, § 8a KStG Rz. 72a.
5 Vgl. *Herzig/Liekenbrock*, DB 2009, 1949 (1950); *Fischer/Wagner*, BB 2008, 1872 (1875); *Heuermann* in Blümich, § 4h EStG Rz. 104; *Frotscher* in Frotscher/Geurts, § 4h EStG Rz. 190; *Möhlenbrock/Pung* in Dötsch/Pung/Möhlenbrock, § 8a KStG Rz. 244; *Schaden/Käshammer* in Ernst & Young/BDI, Die Unternehmenssteuerreform 2008, Rz. 192.
6 Vgl. *Herzig/Liekenbrock*, DB 2007, 2387 (2388); *Danelsing* in Blümich, § 15 KStG Rz. 31; *Neumann* in Gosch[3], § 15 KStG Rz. 36; *Herlinghaus* in HHR, § 15 KStG Anm. 67; *Dötsch/Krämer* in Dötsch/Pung/Möhlenbrock, § 15 KStG Rz. 85; *Frotscher* in Frotscher/Drüen, § 15 KStG Rz. 114; BMF v. 4.7.2008, aaO, Rz. 57.
7 Vgl. *Herlinghaus* in HHR, § 15 KStG Anm. 67; *Frotscher* in Frotscher/Drüen, § 15 KStR Rz. 115; BMF v. 4.7.2008, aaO, Rz. 65.

19.40 Bildet lediglich ein Teil eines Konzerns eine Organschaft, gilt der Betrieb des Organkreises insgesamt als **konzernzugehörig**. Das ist zB dann der Fall, wenn eine zum Organkreis gehörende Gesellschaft mehrheitlich an einer Kapitalgesellschaft beteiligt ist, die nicht Teil der Organschaft ist.[1] Vor der Streichung des doppelten Inlandsbezugs für Organgesellschaften in § 14 Abs. 1 Satz 1 KStG im Rahmen des UntStReisekÄndG[2] bestanden in dieser Hinsicht erhebliche Zweifel an der Europarechtskonformität der Zinsschranke.[3] Denn aufgrund der Regelung war es nicht möglich, Tochtergesellschaften im europäischen Ausland in den Organkreis mit einzubinden und so der Zinsschranke aufgrund der Konzernklausel zu entgehen.[4] Ist eine Organgesellschaft oder der Organträger selbst an einer Mitunternehmerschaft beteiligt und könnte diese entweder in den Konzernabschluss mit einbezogen werden oder kann zumindest deren Finanz- und Geschäftspolitik einheitlich mit der des Betriebs des Organkreises bestimmt werden, decken sich Organ- und Konzernkreis ebenfalls nicht.[5] Denn die Personengesellschaft selbst und nicht der Mitunternehmer gilt als Trägerin des Betriebs, insoweit liegen zwei verschiedene Betriebe im Sinne der Zinsschranke vor.[6] Die Konzernzugehörigkeit des Organkreises als Betrieb kann sich auch aus der Eigentümerstruktur des Organträgers ergeben, was dann der Fall ist, wenn der Organträger mehrheitlich einem übergeordneten Konzern im Sinne der Zinsschranke zuzurechnen ist.[7]

19.41 Im Rahmen der Gesetzesbegründung hat der Gesetzgeber darüber hinaus ausgeführt, dass eine **inländische Betriebsstätte einer ausländischen Kapitalgesellschaft als Organträger** das Eingreifen der Konzernklausel bereits grundsätzlich ausschließt.[8] Denn neben der Betriebsstätte, die Bestandteil des Betriebs des Organkreises ist, unterhält die ausländische Kapitalgesellschaft nach der Gesetzesbegründung einen zweiten, nämlich ihren originären, Betrieb im Sinne der Zinsschranke. Insgesamt bilden dieser Betrieb sowie der Organkreis als Betrieb einen (grenzüberschreitenden) Konzern im Sinne der Zinsschranke.[9] Ob diese gesetzgeberische Intention einer europarechtlichen Prüfung standhält, ist allerdings fraglich. Denn wie vor Streichung des doppelten Inlandsbezugs für Tochterkapitalgesellschaften im europäischen Ausland (Rz. 19.40) hätte diese zur Folge, dass eine Konzernspitze im europäischen Ausland die Anwendung der Konzernklausel durch Begründung einer Organschaft pauschal ausschließt.

2. Escape Klausel in der Organschaft

19.42 Übersteigt der Zinssaldo eines Organkreises als Betrieb (Rz. 19.30) die Freigrenze von drei Millionen Euro und deckt sich der Organkreis nicht mit dem Konzern, kommt die Zinsschranke nach der **Escape Klausel** (Rz. 19.21 ff.) dennoch nicht zur Anwendung, wenn die

---

1 Vgl. *Herzig/Liekenbrock*, Ubg 2009, 750 (751).
2 Gesetz zur Änderung und Vereinfachung der Unternehmensbesteuerung und des steuerlichen Reisekostenrechts, BGBl. I 2013, 284.
3 Vgl. *Neumann* in Gosch[3], § 15 KStG Rz. 36; gleichwohl waren diese Bedenken systematisch eher gegenüber der Organschaftsbesteuerung anzubringen.
4 Vgl. *Wilke/Süß*, FR 2009, 796 (798); *Frotscher* in Frotscher/Drüen, § 15 KStG Rz. 119.
5 Vgl. *Dötsch/Krämer* in Dötsch/Pung/Möhlenbrock, § 15 KStG Rz. 76.
6 Vgl. *van Lishaut/Schumacher/Heinemann*, DStR 2008, 2341 (2343).
7 Vgl. *Prinz*, FR 2008, 441 (446); *Herlinghaus* in HHR, § 15 KStG Anm. 67; *Dötsch/Krämer* in Dötsch/Pung/Möhlenbrock, § 15 KStG Rz. 76.
8 Vgl. BT-Drucks. 16/4841, 77.
9 Vgl. *Dötsch/Krämer* in Dötsch/Pung/Möhlenbrock, § 15 KStG Rz. 78.

Eigenkapitalquote des Organkreises mindestens der des Konzerns entspricht bzw. diese maximal um zwei Prozentpunkte unterschreitet, § 4h Abs. 2 Satz 1 Buchst. c) EStG.

Wie die Eigenkapitalquote des Organkreises als Betrieb zu ermitteln ist, ist unklar.[1] Das Gesetz führt in § 4h Abs. 2 Satz 1 Buchst. c) Satz 3 ff. EStG lediglich aus, dass für den Betrieb ein Einzel- oder Jahresabschluss abhängig vom Konzernabschluss nach den IFRS, dem Handelsrecht eines Mitgliedsstaats der EU oder hilfsweise den US-GAAP erstellt wird (Rz. 19.24). Für den Organkreis als Betrieb ist hierfür nach der einhelligen Literaturmeinung ein den Konsolidierungsgrundsätzen folgender **Teilkonzernabschluss** zu erstellen, in den alle Gesellschaften des Organkreises einzubeziehen sind.[2]

19.43

Da es sich bei dem „Einzelabschluss" des Betriebs der Organschaft faktisch um einen konsolidierten Teilkonzernabschluss handelt, enthält dieser nicht die Beteiligungen an den Organgesellschaften selbst als Vermögensgegenstände, sondern direkt deren Vermögen und Schulden sowie etwaige Differenzen zum Beteiligungsbuchwert der Organgesellschaft.[3] Effektiv addiert sich damit das Eigenkapital aller am Organkreis beteiligten Gesellschaften auf Ebene des Organträgers. Außerhalb der Organschaft soll die in § 4h Abs. 2 Satz 1 Buchst. c) Satz 5 EStG verankerte Kürzung des Eigenkapitals um den Beteiligungsbuchwert (Rz. 19.23) anderer Konzerngesellschaften diesen Kaskadeneffekt verhindern.[4] **Innerhalb des Organkreises läuft die Buchwertkürzung** für Anteile an anderen Konzerngesellschaften damit **leer**, was dem Organkreis als Betrieb im Rahmen des Eigenkapitalquotenvergleichs erhebliche Vorteile im Vergleich zu nicht organschaftlich verbundenen Konzern- und insbesondere Holdingstrukturen bringt.[5] Mehrheitsbeteiligungen des Organträgers oder einer Organgesellschaft an Gesellschaften außerhalb des Organkreises sind jedoch nicht in die Konsolidierung einzubeziehen und unterliegen damit vollumfänglich der Buchwertkürzung.[6]

19.44

3. Organschaft und § 8a KStG

Für die Frage, ob es neben § 4h EStG auch zur **Anwendung von § 8a KStG** kommt, sind ausschließlich die Verhältnisse auf Ebene des Organträgers maßgeblich.[7] Ist Organträger eine Körperschaft oder eine Personengesellschaft, an der wiederum mittelbar oder unmittelbar Körperschaften beteiligt sind, kommt § 8a KStG insoweit nach § 4h Abs. 2 Satz 2 EStG zur Anwendung.[8] Dass die Organgesellschaften selbst Körperschaften sind, ändert hieran nichts,

19.45

---

1 Vgl. *Frotscher* in Frotscher/Drüen, § 15 KStG Rz. 120.
2 Vgl. *Köhler*, DStR 2007, 597 (602); *Kußmaul/Pfirmann/Meyering/Schäfer*, BB 2008, 135 (139); *Neumann* in Gosch[3], § 15 KStG Rz. 36; *Herlinghaus* in HHR, § 15 KStG Rz. 67, *Frotscher* in Frotscher/Drüen, § 15 KStG Rz. 120; *Dötsch/Krämer* in Dötsch/Pung/Möhlenbrock, § 15 KStG Rz. 78; ausführlich zur Ermittlung der Eigenkapitalquote und der Bewertung des Betriebsvermögens im Teilkonzernabschluss des Organkreises *Herzig/Liekenbrock*, Ubg 2009, 750 (755 ff.).
3 Vgl. *Herzig/Liekenbrock*, DB 2007, 2387 (2389); *Möhlenbrock/Pung* in Dötsch/Pung/Möhlenbrock, § 8a KStG Rz. 131; ebenso wenig sind organkreisinterne Forderungen und Verbindlichkeiten enthalten, vgl. *Möhlenbrock/Pung* in Dötsch/Pung/Möhlenbrock, § 8a KStG Rz. 156.
4 Vgl. *Hick* in HHR, § 4h EStG Anm. 54.
5 Vgl. *Köhler*, DStR 2007, 597 (601); *Neumann* in Gosch[3], § 15 KStG Rz. 36; *Dötsch/Krämer* in Dötsch/Pung/Möhlenbrock, § 15 KStG Rz. 79; *Herlinghaus* in HHR, § 15 KStG Anm. 67.
6 Vgl. *Herzig/Liekenbrock*, DB 2007, 2387 (2389).
7 Vgl. *Danelsing* in Blümich, § 15 KStG Rz. 28.
8 Vgl. *Neumann* in Gosch[3], § 15 KStG Rz. 37.

denn § 4h EStG und damit auch § 8a KStG sind auf Ebene der Organgesellschaft nach § 15 Satz 1 Nr. 3 Satz 1 KStG insgesamt nicht anzuwenden.[1]

19.46 § 8a Abs. 1 Satz 3 KStG schreibt zunächst vor, das § 8c KStG auf den Zinsvortrag entsprechend anzuwenden ist (Rz. 19.26). Da ein Zinsvortrag während der Organschaft nur auf Ebene des Organträgers entstehen kann (Rz. 19.35), betrifft die Regelung unmittelbar nur schädliche **Anteilsübertragungen an einer Körperschaft als Organträger** bzw. als (ggf. mittelbare) Mitunternehmerin einer als Organträger fungierenden Personengesellschaft.[2]

19.47 Kommt es zu einer schädlichen **Anteilsübertragung an einer Organgesellschaft**, hat dies auf einen Zinsvortrag des Organträgers entgegen der Auffassung der Finanzverwaltung keinen Einfluss (Rz. 19.36), kann sich jedoch auf einen eingefrorenen vororganschaftlichen Zinsvortrag der Organgesellschaft auswirken.[3] Wie schon die grundsätzliche Behandlung eines vororganschaftlichen Zins- oder EBITDA-Vortrags einer Organgesellschaft ist auch die Anwendung des § 8c KStG über § 8a Abs. 1 Satz 3 KStG auf Organgesellschaften nicht unumstritten.[4] Die Finanzverwaltung will die für Verlustvorträge geltenden Grundsätze des § 15 Satz 1 Nr. 1 KStG auch auf den Zinsvortrag anwenden und wird den vororganschaftlichen Zinsvortrag einer Organgesellschaft daher im Falle einer schädlichen Anteilsübertragung untergehen lassen wollen (zur Problematik dieser Analogie vgl. Rz. 19.36).[5] Dieser Auffassung könnte die Überlegung entgegen stehen, dass die Suspendierung von § 4h EStG durch § 15 Satz 1 Nr. 3 Satz 1 EStG generell auch die Anwendung von § 8a KStG auf Organgesellschaften ausschließt. § 15 Satz 1 Nr. 3 Satz 1 KStG will allerdings erkennbar nur die Anwendung der Zinsschranke auf die Organgesellschaft während der Organschaft ausschließen, der vororganschaftliche Zinsvortrag einer Organgesellschaft ist systematisch aber nicht der organschaftlichen Zeit zuzuordnen.[6] Darüber hinaus schließt § 15 Abs. 1 Nr. 3 Satz 1 KStG seinem Wortlaut nach nur die Anwendung von § 4h EStG aus, nicht jedoch von § 8a KStG. Mittelbar führt dies insoweit zum Ausschluss einer Anwendung des § 8a KStG, als dieser die Anwendung von § 4h EStG lediglich modifiziert und entsprechend auf die Norm verweist. § 8a Abs. 1 Satz 3 KStG verweist aber gerade nicht auf § 4h EStG, so dass sich hier kein Anwendungsausschluss auf die Organgesellschaft ergibt.[7] Ein vororganschaftlicher Zinsvortrag einer Organgesellschaft geht daher im Falle einer schädlichen Anteilsübertragung nach § 8a Abs. 1 Satz 3 KStG iVm. § 8c KStG anteilig oder vollständig unter und der Finanzverwaltung ist im Ergebnis, nicht jedoch in der Begründung, zuzustimmen.[8]

19.48 Ist § 8a KStG auf den Organkreis anzuwenden, kann sich der Organkreis als Betrieb nur auf die Konzernklausel oder den Eigenkapitalvergleich berufen, sofern keine **schädliche Gesellschafterfremdfinanzierung** vorliegt und der entsprechende Nachweis erbracht wird (Rz. 19.27 ff.).

---

1 Vgl. *Frotscher* in Frotscher/Drüen, § 15 KStG Rz. 108.
2 Vgl. *Prinz* in HHR, § 8a KStG Anm. 13.
3 Vgl. *Dötsch/Krämer* in Dötsch/Pung/Möhlenbrock, § 15 KStG Rz. 87; zum Untergang eines vororganschaftlichen Verlustvortrags durch § 8c KStG vgl. *Dötsch* in Dötsch/Pung/Möhlenbrock, § 8c KStG Rz. 89.
4 Vgl. *Dötsch/Krämer* in Dötsch/Pung/Möhlenbrock, § 15 KStG Rz. 88.
5 Vgl. BMF v 4.7.2008, aaO, Rz. 48.
6 Vgl. *Frotscher* in Frotscher/Drüen, § 15 Rz. 129.
7 *Schaden/Käshammer* in Ernst & Young/BDI, Die Unternehmenssteuerreform 2008, Rz. 194.
8 Vgl. *Dötsch/Krämer* in Dötsch/Pung/Möhlenbrock, § 15 KStG Rz. 88; *Frotscher* in Frotscher/Drüen, § 15 Rz. 129; *Schaden/Käshammer* in Ernst & Young/BDI, Die Unternehmenssteuerreform 2008, Rz. 194; wohl auch *Prinz* in HHR, § 8a KStG Anm. 13.

§ 8a Abs. 2 und Abs. 3 Satz 1 KStG sprechen von „der Körperschaft" bzw. „dem Rechtsträ- **19.49**
ger" im Sinne der Zinsschranke und nicht vom „Betrieb". In Bezug auf Organschaften stellt
sich daher die Frage, ob die Regelungen jeweils einzeln auf die Gesellschaften des Organkreises oder **insgesamt auf den Organkreis anzuwenden** sind. Der Gesetzeswortlaut selbst
spricht wohl eher für ersteres.[1] Eine isolierte Betrachtung nur des Organträgers hätte zur
Folge, dass Organgesellschaften durch Gesellschafter des Organträgers unbeschränkt fremdfinanziert werden könnten, was dem Sinn und Zweck sowie der Systematik der Betriebsfiktion widerspräche.[2] Eine isolierte Betrachtungsweise nicht nur des Organträgers, sondern
auch der Organgesellschaften könnte wiederum dazu führen, dass Kapitalüberlassungen des
Organträgers an Organgesellschaften die Anwendung der Konzernklausel ausschließt, soweit
man § 8a KStG auf Ebene der Organgesellschaft für anwendbar hält. Da Finanzierungsbeziehungen innerhalb des Organkreises als innerbetriebliche Vorgänge vollständig unbeachtlich
für die Zinsschranke sein sollen und auch sind (Rz. 19.31), überzeugt diese Betrachtung
nicht.[3] Darüber hinaus folgt dies auch bereits aus der Betriebsfiktion (Rz. 19.30 ff.) allgemein
und dem damit einhergehenden Anwendungsausschluss der Zinsschranke auf die Organgesellschaft in § 15 Satz 1 Nr. 3 Satz 2 KStG, wodurch auch eine separate Betrachtung der Organgesellschaften generell ausscheidet. Denn wenn § 4h EStG nicht auf die Organgesellschaft
anzuwenden ist, kann für § 8a Abs. 2 und 3 Satz 1 KStG nichts anderes gelten.[4] Eine schädliche
Gesellschafterfremdfinanzierung ist daher weder nur für den Organträger noch getrennt für
die einzelnen Gesellschaften des Organkreises, sondern insgesamt für den Organkreis als Betrieb auf Ebene des Organträgers zu prüfen. Entsprechend ist die **10 %-Grenze** im Rahmen
einer Gesellschafterfremdfinanzierung (Rz. 19.27 ff.) auf den auf Ebene des Organträgers
kumulierten Zinssaldo des Organkreises zu beziehen.[5] Mittelbar ergibt sich diese Betrachtungsweise auch aus dem Gesetzeswortlaut, denn nach § 15 Abs. 1 Nr. 3 Satz 3 KStG sind
Zinsaufwendungen und -erträge einer Organgesellschaft bei der Anwendung des § 4h EStG
und damit auch des § 8a KStG auf Ebene des Organträgers zu berücksichtigen.

Als **Gläubiger einer schädlichen Gesellschafterfremdfinanzierung** kommen lediglich Per- **19.50**
sonen außerhalb des Organkreises in Frage, da nur gegenüber solchen Zinsaufwand im Sinne
der Zinsschranke entsteht (Rz. 19.31). Fraglich ist allerdings, ob die wesentliche Beteiligung
an dem Organträger bestehen muss, oder ob bereits eine Beteiligung als außenstehender Gesellschafter an einer Organgesellschaft ausreichend ist.

In Bezug auf die **Konzernklausel** wird aus dem Sinn und Zweck des § 8a Abs. 2 KStG teilweise **19.51**
abgeleitet, dass eine wesentliche Beteiligung an einer Organgesellschaft ausreicht.[6] Diese Auslegung entspricht auf den ersten Blick auch der Betriebsfiktion, wonach der gesamte Organkreis einen insgesamt zu betrachtenden Betrieb bildet, der auch für Zwecke des § 8a KStG als

---

1 Vgl. *Möhlenbrock/Pung* in Dötsch/Pung/Möhlenbrock, § 8a KStG Rz. 104 und 169; ähnlich *Herzig/
Liekenbrock*, DB 2007, 2387 (2390).
2 Vgl. *Herzig/Liekenbrock*, DB 2007, 2387 (2390).
3 Vgl. *Frotscher* in Frotscher/Drüen, § 8a KStG Rz. 94c und § 15 KStG Rz. 116 und 122; *Möhlen-
brock/Pung* in Dötsch/Pung/Möhlenbrock, § 8a KStG Rz. 104 und 169; *Prinz* in HHR, § 8a KStG
Anm. 20.
4 Vgl. *Förster* in Gosch[3], § 8a KStG Rz. 125.
5 Vgl. *Herzig/Liekenbrock*, DB 2007, 2387 (2390); *Neumann* in Gosch[3], § 15 KStG Rz. 37; *Möhlen-
brock/Pung* in Dötsch/Pung/Möhlenbrock, § 8a KStG Rz. 104; *Prinz* in HHR, § 8a KStG Anm. 29
und *Herlinghaus* in HHR, § 15 KStG Anm. 69.
6 Vgl. *Möhlenbrock/Pung* und *Dötsch/Krämer* in Dötsch/Pung/Möhlenbrock, § 8a KStG Rz. 109
und § 15 KStG Rz. 86; wohl auch *Herzig/Liekenbrock*, DB 2007, 2387 (2390).

Einheit zu begreifen ist (Rz. 19.31).[1] Träger dieses Betriebs ist jedoch der Organträger, so dass systematisch nur dieser Adressat des § 8a Abs. 2 KStG sein kann, wobei Finanzierungsbeziehungen der Organgesellschaften dem Organträger zuzurechnen sind.[2] Mit dieser Auffassung lässt sich darüber hinaus auch der Wortlaut des § 8a Abs. 2 KStG und dessen Bezugnahme auf die Körperschaft in Einklang bringen. Denn § 4h EStG und damit § 8a Abs. 2 KStG sind nach § 15 Satz 1 Nr. 3 Satz 1 KStG nicht auf die Organgesellschaft, sondern implizit lediglich auf den Organträger anzuwenden. Der Organträger ist daher einzige Körperschaft innerhalb des Organkreises, auf den sich der Wortlaut des § 8a Abs. 2 KStG überhaupt erst beziehen kann. Eine wesentliche Beteiligung i.S.d. § 8a Abs. 2 KStG muss daher grundsätzlich gegenüber dem Organträger bestehen, außenstehende Gesellschafter einer Organgesellschaft sind nicht betroffen.[3] Für eine andere Auslegung des Gesetzeswortlauts besteht insoweit kein Raum, da ein abweichender gesetzgeberischer Wille jedenfalls nicht eindeutig erkennbar ist.[4]

19.52 Ob dies auch **im Rahmen der Escape Klausel** gilt, ist allerdings **fraglich**. Denn nach § 8a Abs. 3 Satz 1 KStG kommen für eine im Rahmen der Escape Klausel schädliche Gesellschafterfremdfinanzierung alle Personen in Betracht, die an (irgend-)einer zum Konzern gehörenden Gesellschaft wesentlich beteiligt sind. Eine Beteiligung eines außenstehenden Gesellschafters von mehr als 25 % an einer Organgesellschaft, die regelmäßig zum selben Konzern wie der Organträger gehören wird, erfüllt diese Voraussetzung. Eine Beteiligung an einer Organgesellschaft reicht daher für eine schädliche Gesellschafterfremdfinanzierung im Rahmen der Escape Klausel aus, Finanzierungsbeziehungen zu außenstehenden, wesentlich beteiligten Gesellschaftern einer Organgesellschaft sind entsprechend zu berücksichtigen.[5] Hieran ändert auch der weitere Verweis auf den Rechtsträger i.S.d. § 4h Abs. 3 EStG in § 8a Abs. 3 Satz 1 KStG nichts, womit mangels Anwendbarkeit des § 4h EStG auf die Organgesellschaft zwar nicht diese gemeint sein kann, wohl aber der Organträger, dem die Zinsaufwendungen und Erträge der Organgesellschaft zuzurechnen sind (Rz. 19.29).

19.53 Zur Verdeutlichung der unterschiedlichen Konsequenzen für die Konzernklausel einerseits und die Escape Klausel andererseits folgendes Beispiel:

Beispiel: Die A GmbH ist Organträgerin der B GmbH, an der zu 30 % außerdem der außenstehende Gesellschafter C beteiligt ist. An der A GmbH ist C nicht beteiligt. C hat der B GmbH ein Darlehen gewährt, auf das Zinsen iHv. 50 entfallen, der negative Zinssaldo des Organkreises beträgt 100.

Lösung – Konzernklausel: Da nur die A GmbH als Organträgerin, an welcher C nicht beteiligt ist, eine wesentliche Beteiligung i.S.d. § 8a Abs. 2 KStG vermitteln kann, liegt keine schädliche Gesell-

---

[1] Vgl. *Förster* in Gosch³, § 8a KStG Rz. 125; *Prinz* in HHR, § 8a KStG Anm. 20; *Frotscher* in Frotscher/Drüen, § 8a KStG Rz. 97b und § 15 KStG Rz. 106.
[2] Vgl. ähnlich *Frotscher* in Frotscher/Drüen, § 8a KStG Rz. 97b.
[3] Vgl. *Förster* in Gosch³, § 8a KStG Rz. 134; *Prinz* in HHR, § 8a KStG Anm. 20; *Schaden/Käshammer* in Ernst & Young/BDI, Die Unternehmenssteuerreform 2008, Rz. 204; *Frotscher* in Frotscher/Drüen, § 8a KStG Rz. 97b und § 15 KStG Rz. 116; aA *Möhlenbrock/Pung* in Dötsch/Pung/Möhlenbrock, § 8a KStG Rz. 109.
[4] Folgt man dieser Betrachtung insgesamt nicht und ersetzt den gesetzlichen Terminus der „Körperschaft" durch den „Betrieb" stellt sich außerdem die Folgefrage, wie die Wesentlichkeitsgrenze von 25 % zu verstehen ist. Denn bei konsequenter Umsetzung dieser Betrachtung müsste der Anteilseigner zu mehr als 25 % am gesamten Betrieb des Organkreises und beteiligt sein.
[5] Vgl. *Möhlenbrock/Pung* in Dötsch/Pung/Möhlenbrock, § 8a KStG Rz. 109; *Herzig/Liekenbrock*, DB 2007, 2387 (2390); aA *Förster* in Gosch³, § 8a KStG Rz. 233; *Schaden/Käshammer* in Ernst & Young/BDI, Die Unternehmenssteuerreform 2008, Rz. 205.

schafterfremdfinanzierung i.S.d. § 8a Abs. 2 KStG vor und der Organkreis kann sich auf die Konzernklausel berufen.

Lösung – Escape-Klausel: Da C zu mehr als 25 % an der B GmbH beteiligt ist, die grundsätzlich auch *eine* zum Konzern der A GmbH und der B GmbH gehörende Gesellschaft ist, und 50 % des Zinssaldos des Organkreises als Betrieb (Zinsaufwand 50/Zinssaldo 100), dh. mehr als 10 %, auf C entfallen, kann sich der Organkreis als Betrieb nicht auf die Escape Klausel berufen.

III. Sonderfragen bei Begründung der Organschaft

1. Konzernklausel

Im Falle der Begründung oder Erweiterung einer Organschaft ergeben sich Fragen insbesondere in Zusammenhang mit der Konzernklausel und dem Eigenkapitalquotenvergleich. Ein vororganschaftlicher Zins- oder EBITDA Vortrag einer Organgesellschaft ist während der Organschaft eingefroren, ein auf Ebene des Organträgers vorhandener Zins- oder EBITDA-Vortrag ist dagegen weiterhin nutzbar (Rz. 19.35 ff.). 19.54

Wird eine **Organschaft erstmalig begründet oder der Organkreis erweitert**, stellt sich in Zusammenhang mit der Konzernklausel zunächst die Frage, ab wann die Betriebsfiktion des § 15 Nr. 3 Satz 2 KStG hierfür ihre Wirkung entfaltet. Nach Auffassung der Finanzverwaltung kommt es grundsätzlich auf die Verhältnisse am vorangegangenen Abschlussstichtag des Betriebs an (Rz. 19.20).[1] Folgt man dieser Auffassung uneingeschränkt, würde die Betriebsfiktion der Anwendung der Konzernklausel jeweils erst mit einem Jahr Verzögerung ermöglichen.[2] Zur Verdeutlichung dient folgendes Beispiel: 19.55

Beispiel: Zum Abschlussstichtag des Jahres 1 hält die A GmbH 100 % der Anteile an der B GmbH. Im Jahr 2 begründen die A GmbH und die B GmbH eine Organschaft. Weitere Beteiligungsverhältnisse bestehen nicht.

Lösung: Im Jahr 1 bilden die A GmbH und die B GmbH einen Konzern im Sinne der Zinsschranke. Da die A GmbH und die B GmbH zum Bilanzstichtag des Jahres 1 entsprechend konzernzugehörig im Sinne der Zinsschranke waren, können sich beide Gesellschaften auch im Jahr 2 nicht auf die Konzernklausel berufen, obwohl inzwischen eine Organschaft begründet wurde.

Dieses Ergebnis widerspricht offensichtlich dem Sinn und Zweck der Betriebsfiktion und überzeugt daher nicht, dh. im Jahr 1 bilden die A GmbH und die B GmbH einen Konzern im Sinne der Zinsschranke, im Jahr 2 besteht dieser Konzern jedoch nicht mehr und die Konzernklausel findet grundsätzlich Anwendung.

Die Lösung ergibt sich abhängig davon, ob in der erstmaligen Begründung einer Organschaft die Neugründung des Betriebs des Organkreises oder aber eine Erweiterung des Betriebs des Organträgers gesehen wird. Betrachtet man die **erstmalige Begründung einer Organschaft als Neugründung des fiktiven Betriebs** des Organkreises, existiert ein vorangegangener Bilanzstichtag dieses neugegründeten Betriebs offensichtlich nicht.[3] Auch in solchen Fällen geht die Finanzverwaltung allerdings von einer Konzernzugehörigkeit im Jahr der Neugründung 19.56

---

1 Vgl. BMF v. 4.7.2008, aaO, Rz. 68.
2 Vgl. *Herzig/Liekenbrock*, Ubg 2009, 750 (751).
3 Vgl. *Herzig/Liekenbrock*, Ubg 2009, 750 (752); *Frotscher* in Frotscher/Drüen, § 15 KStG Rz. 121, der diese Betrachtung jedenfalls für grundsätzlich möglich hält.

aus.[1] Diese Auffassung der Finanzverwaltung kann aber nur insoweit gelten, als es sich um die Neugründung eines Betriebs innerhalb eines bestehenden Konzerns handelt (Rz. 19.20), was im Beispiel nicht der Fall ist.

19.57 Alternativ kann die **erstmalige Begründung der Organschaft als Erweiterung des Betriebs des Organträgers** um den Betrieb der Organgesellschaft angesehen werden.[2] Nach der hier vertretenen Auffassung ist dies auch zutreffend, da der Betrieb des (zukünftigen) Organträgers bereits vor Begründung der Organschaft existiert und § 15 Nr. 3 Satz 2 KStG im Ergebnis lediglich fingiert, dass der Betrieb der Organgesellschaft in den Betrieb des Organträgers integriert wird und in diesem aufgeht.[3] Hieraus ergibt sich aber nicht, dass dieser neue fingierte Betrieb den vorher vorhandenen Betrieb des Organträgers verdrängt. Darüber hinaus hätte die Betrachtung als Neugründung des Betriebs der Organschaft bei konsequenter Anwendung auch Auswirkungen auf einen vororganschaftlichen Zins- oder EBITDA-Vortrag des Organträgers. Denn wäre der durch den Organträger getragene Betrieb des Organkreises nicht wenigstens teilweise identisch mit dem bisherigen Betrieb des (zukünftigen) Organträgers, könnte ein Zins- oder EBITDA-Vortrag des Organträgers während der Organschaft ggf. nicht nutzbar sein oder schlimmstenfalls nach § 4h Abs. 5 Satz 1 EStG untergehen. Für diese Auffassung spricht außerdem die im Schrifttum herrschende Meinung für den Fall der Beendigung der Organschaft, wonach ein organschaftlicher Zins- oder EBITDA-Vortrag weiterhin durch den Organträger genutzt werden kann (Rz. 19.37). Dies setzt nämlich voraus, dass der Betrieb des ehemaligen Organträgers auch nach Beendigung der Organschaft wenigstens teilidentisch mit dem Betrieb des Organkreises ist. Wenn aber die Beendigung der Organschaft nicht als Aufgabe des Betriebs zu sehen ist, fällt es systematisch schwer, die Begründung der Organschaft als Neugründung eines neuen Betriebs anzusehen. Da die Finanzverwaltung das Ausscheiden einer Organgesellschaft aus dem Organkreis als Teilbetriebsaufgabe ansieht (Rz. 19.37) wäre es im Umkehrschluss jedenfalls konsequent, wenn sich die Verwaltung ebenfalls dieser Auffassung anschließen würde.[4]

19.58 Da die Begründung der Organschaft als Erweiterung des Betriebs des Organträgers anzusehen ist, existiert entsprechend ein vorangegangener Abschlussstichtag für diesen lediglich erweiterten Betrieb des Organträgers, zu dem dieser noch konzernzugehörig war. Dem kann allerdings entgegen gehalten werden, dass die Maßgeblichkeit des vorangegangenen Bilanzstichtags nicht durch den Wortlaut des Gesetzes und darüber hinaus auch nicht durch dessen Sinn und Zweck gerechtfertigt werden kann. Eine steuerverschärfende Rechtsanwendung durch die Finanzverwaltung allein aus Vereinfachungsgründen ist insoweit als unzulässig abzulehnen (Rz. 19.20). **Im Ergebnis** kann sich ein neu begründeter Organkreis **ab dem ersten Jahr der**

---

1 Diese Auffassung der Finanzverwaltung in Zusammenhang mit der Konzernklausel, vgl. BMF v. 4.7.2008, aaO, Rz. 68, steht insoweit in einem Widerspruch zur Behandlung von Neugründungen im Rahmen der Escape Klausel. In solchen Fällen will auch die Finanzverwaltung auf die Eröffnungsbilanz abstellen.
2 Vgl. *Schaden/Käshammer* in Ernst & Young/BDI, Die Unternehmenssteuerreform 2008, Rz. 150.
3 Vgl. zustimmend *Schaden/Käshammer* in Ernst & Young/BDI, Die Unternehmensteuerreform 2008, Rz. 150; *Frotscher* hält die Betrachtung als Neugründung in Frotscher/Drüen, § 15 KStG Rz. 121 für möglich, schließt eine andere Betrachtung aber nicht ausdrücklich aus; aA wohl *Herzig/Liekenbrock*, Ubg 2009, 750 (752).
4 In Zusammenhang mit der Escape Klausel ähnlich *Möhlenbrock/Pung* in Dötsch/Pung/Möhlenbrock, § 8a KStG Rz. 131.

Organschaft auf die Konzernklausel berufen.¹ Für die Konzernklausel gilt dies außerdem unabhängig davon, ob man hierin eine Neugründung oder Erweiterung des Betriebs sieht (zur Betrachtung als Neugründung vgl. Rz. 19.56). Für dieses Ergebnis spricht außerdem, dass die übrigen für die Zinsschranke relevanten Faktoren wie das verrechenbare EBITDA und der Zinssaldo ebenfalls bereits ab dem ersten Jahr der Organschaft unter Berücksichtigung der Bruttomethode und der Betriebsfiktion für den (erweiterten) Organkreis ermittelt werden. Wird eine bestehende Organschaft erweitert, was insoweit ebenfalls als Erweiterung des Betriebs zu sehen ist, und deckt der Organkreis im Anschluss den gesamten Konzern ab, gilt dies ebenfalls.²

2. Escape Klausel

In Zusammenhang mit der Escape Klausel stellt sich die Frage, ab wann Organgesellschaften in den für den Eigenkapitalvergleich maßgeblichen Teilkonzernabschluss des Organkreises einzubeziehen sind (Rz. 19.43) und so das Eigenkapital des Betriebs erhöhen. Nach § 4h Abs. 2 Satz 1 Buchst. c) EStG kommt es für die Eigenkapitalquote des Betriebs auf den vorangegangenen Abschlussstichtag an. Soweit es sich um die **erstmalige Begründung einer Organschaft innerhalb eines Konzerns** handelt, hängt die Lösung erneut davon ab, ob man hierin die Neugründung eines Betriebs oder aber die Erweiterung des Betriebs des Organträgers sieht. Folgt man der Betrachtung als Neugründung, existiert ein vorangegangener Abschlussstichtag des Betriebs nicht (Rz. 19.56). Die Finanzverwaltung lässt es in solchen Fällen aus Billigkeitsgründen zu, auf die Eigenkapitalquote der Eröffnungsbilanz abzustellen und diese mit der Eigenkapitalquote des Konzerns zum vorangegangenen Abschlussstichtag zu vergleichen.³ Bei analoger Anwendung auf neu gegründete, konzernzugehörige Organkreise bedeutet dies, dass für die Ermittlung der Eigenkapitalquote der Organschaft ein Teilkonzernabschluss auf den Beginn der Organschaft und unter Berücksichtigung der Organgesellschaften zu erstellen ist.⁴ Da die erstmalige Begründung einer Organschaft allerdings lediglich als Erweiterung des Betriebs des Organträgers zu betrachten ist (Rz. 19.57), entspricht die Behandlung der Neugründung einer Organschaft der Erweiterung des Organkreises (Rz. 19.60).

19.59

Wird ein konzernzugehöriger Organkreis erweitert und gehört der Organkreis auch nach dieser Erweiterung weiterhin zu einem Konzern, ist für die Eigenkapitalquote des Betriebs nach § 4h Abs. 2 Satz 1 Buchst. c) EStG der vorangegangene Abschlussstichtag maßgeblich. Im Unterschied zur Konzernklausel ergibt sich die Maßgeblichkeit des vorangegangenen Abschlussstichtags hier allerdings unmittelbar aus dem Gesetz, so dass die vorstehende Argumentation (Rz. 19.58) in diesem Fall nicht abhelfen kann. Die neu in den Organkreis aufgenommenen Gesellschaften wären daher im ersten Jahr der erweiterten Organschaft nicht in den relevanten Teilkonzernabschluss des Organkreises einbezogen und würden die Eigenkapitalquote des Betriebs entsprechend nicht erhöhen. Im Gegenteil würden diese Gesellschaften die Eigenkapitalquote des Organkreises sogar im Wege der Buchwertkürzung mindern, wenn diese bereits zum vorangegangenen Abschlussstichtag von dem Organträger oder einer Organ-

19.60

---

1 Vgl. *Frotscher* in Frotscher/Drüen, § 4h EStG Rz. 65; *Möhlenbrock/Pung* in Dötsch/Pung/Möhlenbrock, § 8a KStG Rz. 90, die sich zutreffend für eine von der Auffassung der Finanzverwaltung abweichende zeitraum- und nicht zeitpunktbezogene Betrachtung in allen Fällen aussprechen.
2 Vgl. *Neumann* in Gosch³, § 15 KStG Rz. 39; ähnlich *Herzig/Liekenbrock*, Ubg 2009, 750 (752), die dieses Ergebnis jedenfalls fordern.
3 Vgl. BMF v. 4.7.2008, aaO, Rz. 70; *Frotscher* in Frotscher/Drüen, § 8a KStG Rz. 136.
4 Vgl. *Herzig/Liekenbrock*, Ubg 2009, 750 (754), die außerdem darauf hinweisen, dass der relevante Stichtag regelmäßig der Tag der Eintragung in das Handelsregister sein wird.

gesellschaft gehalten wurden (Rz. 19.23).[1] Mangels Anwendbarkeit des § 4h EStG auf die Organgesellschaft selbst stünde deren Eigenkapital damit für ein Jahr für Zwecke des Eigenkapitalvergleichs nicht zur Verfügung, obwohl das Eigenkapital des Konzerns zum Vergleichszeitpunkt entsprechend erhöht wurde. Dieses asymmetrische Ergebnis wird vom Gesetzgeber so wohl nicht gewollt sein und ist daher abzulehnen. Vielmehr ist die Vorschrift ihrem Sinn und Zweck nach so auszulegen, dass eine Gesellschaft, die zum maßgeblichen Vergleichszeitpunkt zu dem betroffenen Konzern gehört hat und die erst später Organgesellschaft wurde in den Teilkonzernabschluss des Organkreises aufzunehmen ist.[2] Für nach dem maßgeblichen Abschlussstichtag des Konzernabschlusses erworbene Organgesellschaften gilt dies jedoch nicht, da diese das Eigenkapital des Vergleichskonzerns nicht erhöht haben.

IV. Sonderfragen bei Beendigung der Organschaft

19.61 Scheidet eine Organgesellschaft aus dem Organkreis aus, lebt ein vororganschaftlicher **Zins- oder EBITDA-Vortrag** dieser Gesellschaft wieder auf (Rz. 19.37). Ein auf Ebene des Organträgers vorhandener Zins- oder EBITDA-Vortrag bleibt entgegen der Auffassung der Finanzverwaltung hiervon unberührt (Rz. 19.37). Ob dies auch im Falle der Beendigung der Organschaft insgesamt gilt, ist nicht unumstritten. Vereinzelt wird hierin ein schädliches Ereignis i.S.d. § 4h Abs. 5 Satz 1 EStG (Rz. 19.16) gesehen, da mit dem Ende der Organschaft auch der fingierte Betrieb des Organkreises nicht länger existiert.[3] Diese Argumentation überzeugt jedoch nicht, denn während der Organschaft entsteht ein Zins- oder EBITDA-Vortrag auf Ebene des Organträgers als Träger des Betriebs des Organkreises (Rz. 19.35), welcher diesen bzw. seinen Betrieb auch nach Beendigung der Organschaft zwar in verringertem Umfang aber dennoch fortführt.[4] Der bloße Wegfall der Betriebsfiktion, die lediglich dazu führt, dass der Betrieb der Organgesellschaft im Betrieb des Organträgers aufgeht (Rz. 19.31), ändert hieran nichts. Eine ausdrückliche Äußerung der Finanzverwaltung zu dieser Frage findet sich im Rahmen des Zinsschrankenerlasses nicht, aus der Betrachtung des Ausscheidens einer einzelnen Organgesellschaft als Teilbetriebsaufgabe lässt sich jedoch ableiten, dass die Finanzverwaltung wohl von einer Betriebsaufgabe ausgehen will.[5]

19.62 Vor dem Hintergrund der **Konzernklausel** stellt sich in Zusammenhang mit der Beendigung der Organschaft erneut die Frage, ob die nun wieder für sich zu betrachtenden Betriebe des ehemaligen Organkreises im ersten Jahr nach Beendigung der Organschaft als konzernzugehörig gelten. In Neugründungsfällen will die Finanzverwaltung den Betrieb ab seiner Gründung als konzernzugehörig behandeln.[6] Da mit dem Ende der Organschaft allerdings lediglich die Betriebsfiktion entfällt, handelt es sich insoweit nicht um neu gegründete Betriebe, viel-

---

1 Wurde die Organgesellschaft zum vorangegangenen Abschlussstichtag von einer anderen Konzerngesellschaft, dh. nicht vom Organträger oder einer Organgesellschaft, gehalten, würde die Buchwertkürzung das Eigenkapital dieser Konzerngesellschaft entsprechend mindern.
2 Vgl. *Herzig/Liekenbrock*, Ubg 2009, 750 (754), die für die Praxis außerdem zutreffend darauf hinweisen, dass es sich bei dem Teilkonzernabschluss des Organkreises um einen steuerlichen Sonderabschluss handelt, der in zeitlicher Hinsicht beliebig an den Abschlussstichtag des Konzerns angepasst werden kann.
3 Vgl. *Neumann* in Gosch[3], § 15 KStG Rz. 38.
4 Vgl. *Schaden/Käshammer*, BB 2007, 2317 (2322); *Danelsing* in Blümich, § 15 KStG Rz. 33; *Dötsch/Krämer* in Dötsch/Pung/Möhlenbrock, § 15 Rz. 87; *Frotscher* in Frotscher/Drüen, § 15 KStG Rz. 133; zur Unschädlichkeit der Verringerung des Umfangs eines Betriebs vgl. Rz. 19.16.
5 Vgl. *Fischer/Wagner*, BB 2008, 1872 (1875); BMF v. 4.7.2008, aaO, Rz. 47.
6 Vgl. BMF v. 4.7.2008, aaO, Rz. 68.

mehr erlangen die vormals in den Betrieb des Organkreises integrierten Betriebe ihre Selbständigkeit zurück. Besser vergleichbar ist die Beendigung der Organschaft daher mit der Neuentstehung eines Konzerns. Für diesen Fall sieht der Zinsschrankenerlass aufgrund der Betrachtung des vorangegangenen Abschlussstichtags durch die Finanzverwaltung vor, dass die jeweiligen Gesellschaften erst zum folgenden Abschlussstichtag als konzernzugehörig gelten.[1] Insoweit handelt es sich um eine begünstigende und daher prinzipiell zulässige Vereinfachung. Im Ergebnis wären die einzelnen Betriebe des ehemaligen Organkreises im ersten Jahr nach Beendigung der Organschaft nicht als konzernzugehörig anzusehen, soweit der ehemalige Organkreis nicht schon während der Organschaft konzernzugehörig war. Dem Sinn und Zweck der Betriebsfiktion entspricht diese phasenverschobene Anwendung der Zinsschranke allerdings nicht.

C. Gestaltungspotential der Organschaft mit Blick auf die Zinsschranke

19.63 In Bezug auf die Zinsschranke bietet die Organschaft nicht unerhebliches **Gestaltungspotential**. In Zusammenhang mit der **Freigrenze** nach § 4h Abs. 2 Satz 1 Buchst a) EStG erscheint die Organschaft zwar auf den ersten Blick nachteilig, da die Freigrenze nur einmalig für den gesamten Organkreis zur Verfügung steht (Rz. 19.38 und Abwandlung zB in Rz. 19.64), bietet aber andererseits den Vorteil, dass es auf Ebene des Organträgers zu einer Addition aller Zinserträge und Zinsaufwendungen der am Organkreis beteiligten Gesellschaften kommt (Rz. 19.30).[2] Durch dieses „Pooling" kann erreicht werden, dass ein gesamter Konzernteil der Zinsschranke entgehen kann, obwohl einzelne Gesellschaften für sich betrachtet der Zinsschranke unterliegen würden. Darüber hinaus sind organkreisinterne Finanzierungsbeziehungen für die Zinsschranke unerheblich (Rz. 19.31). Zur Verdeutlichung folgendes Beispiel:

Beispiel: Die im Ausland ansässige M Inc. hält alle Anteile an der vollständig eigenfinanzierten A GmbH. Die B GmbH und die C GmbH wiederum sind operativ tätige Tochtergesellschaften der A GmbH. Die B GmbH ist in erheblichem Umfang fremdfinanziert und erzielt jährlich einen negativen Zinssaldo iHv. 4 Mio. Euro, wovon 2 Mio. Euro auf ein von X gewährtes Darlehen entfallen, der 30 % der Anteile an der M Inc. hält. Im Gegensatz dazu übersteigen die Zinserträge der C GmbH deren Zinsaufwendungen jährlich um 2 Mio. Euro.

Lösung: Da sowohl die A GmbH als auch die C GmbH einen positiven Zinssaldo aufweisen, unterliegen diese Gesellschaften nicht der Zinsschranke. Da der negative Zinssaldo der B GmbH allerdings die Freigrenze iHv. 3 Mio. Euro übersteigt und aufgrund der Gesellschafterfremdfinanzierung durch X weder die Konzernklausel (die ohnehin nicht eingreifen würde) noch die Escape Klausel zur Verfügung steht, unterliegt die B GmbH der Zinsschranke.

Gestaltung: Der aus der A GmbH, der B GmbH und der C GmbH bestehende inländische Konzernteil begründet eine Organschaft.

Lösung: Da der Organkreis als ein Betrieb im Sinne der Zinsschranke zu sehen ist, addieren sich der Zinsaufwand und Zinsertrag des Organkreises auf Ebene der A GmbH. Der sich ergebende Zinssaldo beträgt 2 Mio. Euro (4 Mio. Euro der B GmbH abzüglich 2 Mio. Euro positiver Zinssaldo der C GmbH), so dass die Zinsschranke aufgrund der Freigrenze insgesamt nicht zur Anwendung kommt.

---

1 Vgl. BMF v. 4.7.2008, aaO, Rz. 68.
2 Vgl. *Schirmer*, StBp 2012, 64 (68).

19.64 Reine Inlandskonzerne können durch den Einsatz der **Organschaft die Anwendbarkeit der Konzernklausel erreichen** und dadurch der Zinsschranke entgehen, dass ein den gesamten Konzern abdeckender Organkreis geschaffen wird (Rz. 19.39). Seit Streichung des doppelten Inlandsbezugs für Organgesellschaften steht diese Möglichkeit grundsätzlich auch deutschen Konzernen zur Verfügung, die Tochtergesellschaften im europäischen Ausland halten.

Beispiel: Die A GmbH hält alle Anteile an der B GmbH, deren Erwerb sie fremdfinanziert hat. Aufgrund dieser Finanzierung erzielt die A GmbH jährlich einen negativen Zinssaldo iHv. 5 Mio. Euro. Der negative Zinssaldo der B GmbH beträgt 1 Mio. Euro.

Lösung: Die A GmbH unterliegt der Zinsschranke, da ihr negativer Zinssaldo 3 Mio. Euro übersteigt, sie konzernzugehörig ist und der Eigenkapitalquotenvergleich nicht gelingt. Da der negative Zinssaldo der B GmbH weniger als 3 Mio. Euro beträgt, unterliegt diese nicht der Zinsschranke.

Gestaltung: Die A GmbH und die B GmbH begründen eine Organschaft.

Lösung: Die A GmbH und die B GmbH bilden aufgrund der Organschaft einen einzigen Betrieb. Da dieser Betrieb nicht konzernzugehörig ist, kommt die Zinsschranke insgesamt nicht zur Anwendung.

Abwandlung: Zusätzlich erwirbt die A GmbH die vollständig eigenfinanzierte niederländische C BV, deren Erwerb sie ebenfalls fremdfinanziert. Der jährliche negative Zinssaldo der A GmbH erhöht sich hierdurch auf 10 Mio. Euro.

Lösung: Der aus A GmbH und B GmbH bestehende Organkreis unterliegt ab dem Erwerb der C BV wieder der Zinsschranke (nach Auffassung der Finanzverwaltung ab dem folgenden Wirtschaftsjahr, Rz. 19.20), da der negative Zinssaldo 3 Mio. Euro übersteigt, der Organkreis konzernzugehörig ist und der Eigenkapitalquotenvergleich nicht gelingt. Der Zinsschranke unterliegt der addierte Zinssaldo der A GmbH und der B GmbH iHv. 11 Mio. Euro (im Vergleich dazu ohne Organschaft 10 Mio. Euro, nachteilig aufgrund nur einmaliger Gewährung der Freigrenze).

Gestaltung: Verlegung des Orts der Geschäftsleitung der C BV nach Deutschland und Einbezug der C BV in den Organkreis.

Lösung: Die A GmbH, die B GmbH und die C BV bilden aufgrund der Organschaft einen einzigen Betrieb. Da dieser Betrieb nicht konzernzugehörig ist, kommt die Zinsschranke insgesamt nicht zur Anwendung.

19.65 Mit Blick auf den **Eigenkapitalquotenvergleich** liegt der Vorteil der Organschaft insbesondere im Leerlaufen der Beteiligungsbuchwertkürzung (Rz. 19.22 ff. und Rz. 19.44). Zur Erläuterung folgendes Beispiel:

Beispiel: Die im Ausland ansässige M Inc. hält alle Anteile an der vollständig eigenfinanzierten A GmbH, deren Bilanzsumme 100 beträgt. Die A GmbH erwirbt für 100 die ebenfalls vollständig eigenfinanzierte B GmbH, deren Bilanzsumme 100 beträgt. Den Erwerb der B GmbH finanziert die A GmbH durch Fremdkapital, wodurch sich ein die Freigrenze von 3 Mio. Euro übersteigender negativer Zinssaldo ergibt. Die Eigenkapitalquote des M Inc. Konzerns beträgt 40 %.

Lösung: Da der Zinssaldo der A GmbH die Freigrenze von 3 Mio. Euro übersteigt, sie konzernzugehörig ist und ihre Eigenkapitalquote nach Kürzung des Eigenkapitals um den Buchwert der Beteiligung an der B GmbH 0 % beträgt (Eigenkapital 100 ./. Beteiligungsbuchwert 100 = Eigenkapital 0), unterliegt die A GmbH der Zinsschranke.

Gestaltung: Die A GmbH und die B GmbH begründen eine Organschaft.

Lösung: Die Eigenkapitalquote des Organkreises als Betrieb beträgt 50 %, da es sich insoweit um einen Teilkonzernabschluss handelt, der die A GmbH und die B GmbH umfasst (Eigenkapital im Teilkonzernabschluss von 100/Bilanzsumme im Teilkonzernabschluss 200). Da die Eigenkapitalquote des M Inc. Konzerns lediglich 40 % beträgt, kommt die Zinsschranke auf den Organkreis nicht zur Anwendung.

Allerdings ergeben sich neben diesen Vorteilen der Organschaft in Bezug auf die Zinsschranke **in der Praxis teilweise auch Nachteile**. Neben der nur einmaligen Gewährung der Freigrenze für den gesamten Organkreis (Rz. 19.38 und Abwandlung zB in Rz. 19.64) folgen aus der unscharfen Gesetzesformulierung und der teilweise sehr restriktiven Auslegung durch die Finanzverwaltung praktische Unsicherheit in Zusammenhang mit der Anwendung der Konzernklausel und der Escape Klausel bei Begründung oder Erweiterung einer Organschaft (Rz. 19.55 ff.). Gleiches gilt für die Behandlung eines organschaftlichen Zins- oder EBITDA-Vortrags im Falle des Ausscheidens einer Organgesellschaft aus dem Organkreis (Rz. 19.37) und bei Beendigung der Organschaft (Rz. 19.61), der nach – unzutreffender – Auffassung der Finanzverwaltung (anteilig) untergehen soll. In Zusammenhang mit vororganschaftlichen Zins- oder EBITDA-Vorträgen von potentiellen Organgesellschaften muss außerdem beachtet werden, dass solche Vorträge mit Begründung der Organschaft eingefroren werden (Rz. 19.36) und ein EBITDA-Vortrag aufgrund der Mindestlaufzeit des GAV im Ergebnis vollständig verloren gehen kann (Rz. 19.37). Im Rahmen der Anwendung des § 8a KStG ergeben sich für die Praxis weitere Unsicherheiten, die insbesondere die Prüfung einer schädlichen Gesellschafterfremdfinanzierung für Zwecke der Konzernklausel betreffen und zu einer Verschärfung der Regelung führen können (Rz. 19.48 ff.). Darüber hinaus treten in einer verunglückten Organschaft auch die Rechtsfolgenden der Betriebsfiktion rückwirkend nicht ein, so dass sich in solchen Fällen massive Konsequenzen für die Zinsschrank ergeben können.[1]

19.66

---

[1] Vgl. *Dötsch/Krämer* in Dötsch/Pung/Möhlenbrock, § 15 KStG Rz. 75; *Frotscher* in Frotscher/Drüen, § 15 KStG Rz. 107.

Kapitel 20
Organschaft und Umwandlung/Umstrukturierung/Unternehmenskauf

A. Überblick	20.1
B. Organschaft und Unternehmenskauf	20.2
I. Veräußerung der Anteile am Organträger	20.2
II. Veräußerung des Geschäftsbetriebs des Organträgers	20.6
III. Veräußerung der Anteile an der Organgesellschaft	20.8
1. Grundlagen	20.8
2. Unterjährige Veräußerung	20.12
3. Vorzeitige Beendigung des Ergebnisabführungsvertrags	20.16
4. Durchführung des Ergebnisabführungsvertrags für die letzte (Teil-)Periode	20.17
5. Auswirkungen der Kleinen Organschaftsreform	20.20
6. Ermittlung des Veräußerungsgewinns	20.21
7. Begründung einer steuerlichen (Anschluss-)Organschaft nach Anteilserwerb	20.22
IV. Veräußerung des Geschäftsbetriebs der Organgesellschaft	20.23
C. Organschaft und Umwandlung bzw. Umstrukturierung	20.27
I. Umwandlungs- bzw. zivilrechtliche Grundlagen	20.27
II. Begründung, Übergang und Beendigung von Organschaftsverhältnissen durch Umwandlung bzw. Umstrukturierung	20.32
1. Zivilrechtliche Grundsätze	20.32
2. Umwandlungssteuerrechtliche Grundlagen	20.36
3. Verschmelzung eines Organträgers	20.39
4. Verschmelzung einer Organgesellschaft	20.45
5. Spaltung	20.49
6. Einbringung	20.56
7. Formwechsel	20.59
8. Anwachsung	20.62
9. Umwandlung als wichtiger Grund für die fristlose bzw. vorzeitige Beendigung eines Ergebnisabführungsvertrags	20.63
III. Auswirkungen auf organschaftliche Ausgleichsposten	20.65
1. Begriff und Zweck von Ausgleichsposten	20.65
2. Auflösung von Ausgleichsposten	20.67
IV. Umwandlungsspezifische Fragen der Gewinnabführung und Einkommenszurechnung	20.72
1. Veränderungen auf Ebene des Organträgers	20.72
2. Umwandlung unter Beteiligung einer Organgesellschaft	20.74
a) Behandlung von Übertragungs- und Einbringungsergebnissen	20.74
b) Behandlung von Übernahmeergebnissen	20.78
V. Umwandlungen und vororganschaftlich bedingte Mehr- und Minderabführungen	20.86
1. Begriff und Sinn vororganschaftlicher Mehr- und Minderabführungen	20.86
2. Vororganschaftliche Mehrabführungen bei Umwandlung auf eine Organgesellschaft	20.87
3. Vororganschaftliche Mehrabführung als schädliches Ereignis nach § 22 Abs. 1 Satz 6 Nr. 3 UmwStG	20.92
VI. Auswirkungen auf Verlust-, Zins- und EBITDA-Vorträge	20.93
D. Begründung stiller Gesellschaften	20.96

Literatur: *Adrian/Fey*, Organschaftsrettung durch den BFH – Zugleich Anmerkung zu den BFH-Urteilen v. 10.5.2017 – I R 19/15, I R 51/15, DStR 2017, 2409; *Altmeppen*, Zur Entstehung, Fälligkeit und Höhe des Verlustausgleichsanspruchs nach § 302 AktG, DB 1999, 2453; *Bahns/Graw*, Organschaftliche Einkommenszurechnung bei Auflösung und Umwandlung einer Organgesellschaft, DB

2008, 1645; *Blumenberg/Lechner*, Umwandlung und Organschaft, Beihefter zu DB 2012, Heft 2, 57; *Brühl*, Umwandlung und Organschaft – Die finanzielle Eingliederung im Spannungsfeld von Rückwirkung und Rechtsnachfolge, Ubg 2016, 586; *Brühl/Binder*, (Steuerliche) Anwachsung und Organschaft, Ubg 2016, 647; *Carlé/Carlé*, Teilbetriebsveräußerung durch Organgesellschaft, NZG 2004, 650; *Dötsch*, Umwandlung und Organschaft nach dem UmwSt-Erlass 2011, GmbHR 2012, 175; *Dötsch*, Umwandlung und Organschaft, Ubg 2011, 20; *Ettinger*, Zum Untergang des Zinsvortrags bei Umwandlungen von Organgesellschaftenm, Ubg 2017, 293; *Füger/Rieger/Schell*, Die Behandlung von Ergebnisabführungsverträgen beim Unternehmensverkauf, DStZ 2015, 404; *Gebert*, Das Zusammenspiel von umwandlungssteuerrechtlicher Rückwirkung und Beginn der Organschaft – Aktuelle Entwicklungen, DStR 2011, 102; *von Freeden/Joisten*, Wie sind organschaftliche Ausgleichsposten bei der Veräußerung der Organbeteiligung aufzulösen?, Ubg 2014, 512; *Gelhausen/Heinz*, Handelsrechtliche Zweifelsfragen der Abwicklung von Ergebnisabführungsverträgen in Umwandlungsfällen, NZG 1995, 775; *Hageböke*, Nochmals: GmbH & atypisch Still und Organschaft – Kritische Anmerkungen zu den Verfügungen der OFD Frankfurt/M. vom 30.1.2013 und des FM Schleswig-Holstein vom 4.3.2013, Der Konzern 2013, 334; *Heerdt*, Die steuerliche Behandlung von Mehrabführungen im Rahmen eines Upstream-Mergers auf eine Organgesellschaft, DStR 2009, 938; *Herlinghaus*, Ausgewählte Praxisprobleme im Schnittpunkt von Umwandlung und ertragsteuerlicher Organschaft, FR 2004, 974; *Hierstetter*, Zinsvortrag und Restrukturierung, DB 2009, 79; *Hierstetter*, Übertragung des Geschäftsbetriebs einer Organgesellschaft, BB 2015, 859; *Hölzer*, Stille Beteiligung an Kapitalgesellschaft schädlich für deren Eignung als Organgesellschaft?, FR 2015, 1065; *Kroppen*, Ertragsteuerliche Organschaft – Faktische Auflösung – Übernahme von Verlusten, JbFSt, 841; *Lohmann/Heerdt*, Die Regelungen zu vororganschaftlich verursachten Mehrabführungen im neuen Umwandlungssteuererlass, Ubg 2012, 91; *Meyer*, Unterjährige Beendigung einer ertragsteuerlichen Organschaft, GmbH-StB 2005, 237; *Orth*, Organschaft und Anwachsung, DStR 2005, 1629; *Philippi/Neveling*, Unterjährige Beendigung von Gewinnabführungsverträgen im GmbH-Konzern – Beendigungsgründe und Rechtsfolgen, BB 2003, 1685; *Prinz*, 65. Berliner Steuergespräch: Die Entscheidung des BverfG zu § 8c KStG und ihre Folgen – Statement, FR 2018, 76; *Prinz/Keller*, Neue BFH-Rechtsprechung zur ertragsteuerlichen Organschaft, DB 2018, 400; *Rödder*, Umwandlung und Organschaft – Kritische Anmerkungen zu den Org. Textziffern des UmwSt-Erlass-Entwurfs vom 2.5.2011, DStR 2011, 1053; *Roser*, Umwandlung: Steuerfreies Übernahmeergebnis bei sog. Abwärts- und Seitwärtsabspaltungen, GmbHR 2013, 438; *Schaefer/Wind/Mager*, Beendigung und Begründung von Organschaften beim Unternehmenskauf, DStR 2013, 2399; *Schmidt/Hageböke*, Organträgereigenschaft der atypisch stillen Gesellschaft nach § 14 KStG n.F., DStR 2005, 761; *Schmidt/Werner*, Parallele Zulässigkeit von steuerlicher Organschaft und atypisch stiller Beteiligung, GmbHR 2010, 29; *Schmidtmann*, Anteilige Auflösung organschaftlicher Ausgleichsposten bei „up-stream" Abspaltungen, DStR 2014, 405; *Schumacher*, Mehr- und Minderabführungen i.S.d. § 14 Abs. 3 und 4 KStG im Rahmen von Umwandlungen, in FS für Schaumburg, 2009, 477; *Seer*, Unterjähriger Beteiligungswechsel bei der Organschaft und Verlustabzugsbeschränkung nach § 8c Abs. 1 KStG, § 10a S. 10 GewStG, FR 15, 729; *Sistermann*, Umwandlung und Organschaft, Beihefter zu DStR 2012, Heft 2, 18; *Stegemann*, Abspaltungen von Beteiligungen an Organgesellschaften, DStR 2002, 1549; *Stuth*, Auswirkungen der Umwandlung auf die Organschaft, Beihefter zu DStR 1998, Heft 17, 36; *Ulrich*, Gewinnabführungsverträge im GmbH-Konzern, GmbHR 2004, 1000; *Vogel*, Zweifelsfragen der Organschaft in Umwandlungsfällen, Ubg 2010, 618; *Vogel*, Geklärte, ungeklärte und neue Fragen zum Problemkreis von Organschaft und Umwandlung, DB 2011, 1239.

A. Überblick

20.1 **Wesentliche Auswirkungen.** Umwandlungen, Umstrukturierungen außerhalb des Anwendungsbereichs des UmwG und der Kauf bzw. Verkauf von Unternehmen oder Unternehmensteilen können sich in verschiedener Art und Weise auf ertragsteuerliche Organschaftsverhältnisse auswirken. Die insoweit relevanten Fragestellungen bzw. Schnittstellenbereiche beziehen sich auf die Relevanz der jeweiligen Transaktion für

- die Begründung, Fortführung oder Beendigung von Ergebnisabführungsverträgen (Rz. 20.9 ff.; Rz. 20.16; Rz. 20.22; Rz. 20.32 ff., Rz. 20.96 ff.),
- den Fortbestand bzw. die Auflösung organschaftlicher Ausgleichsposten i.S.d. § 14 Abs. 4 KStG (Rz. 20.21; Rz. 20.65 ff.),
- die Zurechnung von Einkünften einschließlich Veräußerungsgewinnen und umwandlungsbedingter Übertragungs- und Übernahmeergebnisse (Rz. 20.23; Rz. 20.72 ff.),
- vororganschaftliche Mehr- oder Minderabführungen in Sinne des § 14 Abs. 3 KStG (Rz. 20.86 ff.),
- die Fortführung von organschaftlichen oder vororganschaftlichen Verlust-, Zins- und EBITDA-Vorträgen (Rz. 20.3; Rz. 20.6 f., Rz. 20.11; Rz. 20.25, Rz. 20.93 ff.).

Die nachfolgende Darstellung beschränkt sich auf die Auswirkungen inländischer Umwandlungen auf die Organschaft. Zu Besonderheiten der Auswirkungen von Umwandlungen mit Auslandsbezug auf ertragsteuerliche Organschaftsverhältnisse vgl. Kapitel 25.

B. Organschaft und Unternehmenskauf

I. Veräußerung der Anteile am Organträger

Keine Auswirkung auf bestehende Ergebnisabführungsverträge. Die Veräußerung der Anteile an einem Organträger in der Rechtsform einer Kapital- oder Personengesellschaft wirkt sich auf den Fortbestand der Organschaft nicht aus. Zu Tochterkapitalgesellschaften bestehende Ergebnisabführungsverträge werden durch den Gesellschafterwechsel auf Ebene des Organträgers nicht berührt. 20.2

Verlust-, Zins- und EBITDA-Vorträge. Bei Bestehen einer steuerlichen Organschaft werden dem Organträger Verluste der zum Organkreis gehörenden Organgesellschaften zugerechnet (§ 14 Abs. 1 Satz 1 KStG). Zudem gilt der Organkreis für Zwecke der Anwendung der Zinsschranke (§ 4h EStG) als ein Betrieb (§ 15 Satz 1 Nr. 3 Satz 2 KStG) und § 4h EStG ist im Ergebnis nur auf Ebene des Organträgers anzuwenden (§ 15 Satz 1 Nr. 3 Satz 3 KStG). Demzufolge entstehen während des Bestehens einer steuerlichen Organschaft Verlust-, Zins und EBITDA-Vorträge ausschließlich auf Ebene des Organträgers. Bei der Veräußerung von mehr als 25 % (ab 2016[1]) bzw. mehr als 50 %[2] der Anteile an einem **Organträger in der Rechtsform** 20.3

---

[1] Nach BVerfG v. 29.3.2017 – 2 BvL 6/11, BStBl. II 2017, 1083, ist § 8c Satz 1 KStG idF des Unternehmensteuerreformgesetzes 2008 bzw. § 8c Abs. 1 Satz 1 KStG idF des Gesetzes zur Modernisierung der Rahmenbedingungen für Kapitalbeteiligungen v. 12.8.2008 (BGBl. I 2008, 1672) und nachfolgende Fassungen dieser Regelung bis zum Zeitpunkt des Inkrafttretens des Gesetzes zur Weiterentwicklung der steuerlichen Verlustverrechnung bei Körperschaften v. 20.12.2016 (BGBl. I 2016, 2998) mit Art. 3 Abs. 1 GG unvereinbar, soweit bei der unmittelbaren Übertragung innerhalb von fünf Jahren von mehr als 25 % des gezeichneten Kapitals an einer Kapitalgesellschaft an einen Erwerber (schädlicher Beteiligungserwerb) insoweit die bis zum schädlichen Beteiligungserwerb nicht ausgeglichenen oder abgezogenen negativen Einkünfte (nicht genutzte Verluste) nicht mehr abziehbar sind. Vgl. zu sich hieraus ergebenden Folgefragen und Lösungsansätzen sowie zur Rechtsentwicklung des § 8c KStG *Prinz*, FR 2018, 76.
[2] Auch für Beteiligungserwerbe von mehr als 50 % ist die Vereinbarkeit von § 8c KStG mit Art. 3 Abs. 1 GG fraglich. Das FG Hamburg hat mit Beschluß v. 29.8.2017 – 2 K 245/17, FR 2017, 1134 mit Anm. *Suchanek*, dem BVerfG die Frage zur Entscheidung vorgelegt, ob § 8c Satz 2 KStG idF

der **Kapitalgesellschaft** mit einem steuerlichen Verlust- oder Zinsvortrag sowie wegen des ggf. mittelbar eintretenden schädlichen Beteiligungserwerbs auch bei Organgesellschaften mit Blick auf bei diesen ggf. vorhandene vororganschaftliche Verlust- und/oder Zinsvorträge ist § 8c KStG zu beachten. Hiernach droht der anteilige oder vollständige Untergang etwaiger körperschaftsteuerlicher (und wegen § 10a Satz 10 GewStG auch gewerbesteuerlicher) Verlustvorträge sowie ggf. vorhandener Zinsvorträge des Organträgers und/oder der Organgesellschaften[1], sofern nicht eine der in §§ 8c Abs. 1 Satz 5 ff. KStG bestimmten Ausnahme- bzw. Verschonungsregelungen eingreift. Eine antragsgebundene Nichtanwendung des § 8c KStG nach § 8d Abs. 1 Satz 1 KStG kommt wegen §§ 8d Abs. 1 Satz 2 Nr. 2, Abs. 2 Satz 2 Nr. 5 KStG nur bei Organgesellschaften, nicht jedoch auf Ebene des Organträgers in Betracht. Mit Blick auf §§ 8c Abs. 1 Satz 6–9 KStG („Stille-Reserven-Klausel") ist zu beachten, dass nach Auffassung der Finanzverwaltung bei der Prüfung der Anwendbarkeit der Verschonungsregel nur eigene (steuerpflichtige) stille Reserven des Organträgers, nicht hingegen solche der Organgesellschaften zu berücksichtigen sind.[2] Auch sofern Organgesellschaften bis zum Zeitpunkt des auf Ebene des Organträgers eingetretenen schädlichen Beteiligungserwerbs noch Gewinne erzielt haben, sollen diese nach Auffassung der Finanzverwaltung weder mit Verlusten des Organträgers noch mit (vororganschaftlichen) Verlusten der Organgesellschaft verrechenbar sein.[3] Es ist umstritten, ob diese Auffassung in Einklang mit den hierzu vom BFH entwickelten Grundsätzen steht, wonach der Zeitpunkt des schädlichen Beteiligungserwerbs eine „eindeutige zeitliche Zäsur" bewirkt, die je nach dem konkreten Zeitpunkt des schädlichen Beteiligungserwerbs auch als Abkürzung der Ermittlungsperiode im laufenden Wirtschaftsjahr/Kalenderjahr zu verstehen sein kann.[4] Hiernach könnte ein von der Organgesellschaft bis zum unterjährigen Beteiligungserwerb erzielter Gewinn noch mit einem Verlustvortrag des Organträgers zu verrechnen sein. Die Tatsache, dass das Organeinkommen dem Organträger erst zum Ende des Wirtschaftsjahres zuzurechnen ist,[5] dürfte für den Anwendungsbereich des § 8c KStG dann nicht von Bedeutung sein, wenn auch insoweit im Ergebnis eine Zwischenveranlagung zu fingieren ist.[6] Hiergegen könnte sprechen, dass die Organschaft eine Ausnahmeregelung zum ansonst geltenden Steuersubjektprinzip darstellt und die Rechtsprechung die Reichweite dieser Ausnahmeregelung tendenziell eng auslegt. Als Alternative zur Erreichung einer unterjährigen Verrechnung von Gewinnen und Verlusten innerhalb der Organschaft bietet sich die Bildung eines Rumpfwirtschaftsjahres an, da bei Veräußerung bzw. schädlichem Beteiligungserwerb auf Ebene des Organträgers zum Ende eines (ggf. auf den Veräußerungszeitpunkt umgestellten) Wirtschaftsjahres des Organträgers bzw. der Organgesellschaft die Ver-

---

des Unternehmensteuerreformgesetzes 2008 v. 14.8.2007 (BGBl. I 2007, 1912) mit Art. 3 Abs. 1 GG für Beteiligungserwerbe von über 50 % vereinbar ist.

1 BMF v. 28.11.2017 – IV C 2 - S 2745/a/09/10002:004– DOK 2017/0789973, BStBl I 2017, 1645. Zur Anwendung für die GewSt und insoweit zu beachtender Besonderheiten siehe den koordinierten Erlass der Obersten Finanzbehörden der Länder, BStBl I 2017, 1643.
2 Vgl. BMF v. 28.11.2017 – IV C 2 - S 2745/a/09/10002:004– DOK 2017/0789973, Rz. 59, BStBl I 2017, 1645, kritisch hierzu z.B. *Prinz*, FR 2018, 76.
3 Vgl. BMF v. 28.11.2017 – IV C 2 - S 2745/a/09/10002:004– DOK 2017/0789973, Rz. 38, FR 2017, 1158.
4 Nach BFH v. 30.11.2011 – I R 14/11, BStBl. II 2012, 360 = FR 2012, 310 m. Anm. *Klein/Nosky*. Ob die nach BFH erforderliche Zäsur mit Blick auf den Regelungszweck des § 8c KStG auch die Zurechnung eines Zwischenergebnisses zwischen Organträger und Organgesellschaft und eine Beschränkung der Anwendung des § 8c KStG auf einen hiernach verbleibenden Verlust erlaubt, ist jedoch unklar.
5 BFH v. 28.2.2013 – IV R 50/09, BStBl. II 2013, 494 = FR 2013, 1137.
6 Vgl. hierzu auch ausführlich *Seer*, FR 2015, 729.

lustkürzung nach § 8c KStG beim Organträger auch nach Verwaltungsauffassung erst nach Zurechnung des Einkommens der Organgesellschaft vorzunehmen ist.[1]

Der EBITDA-Vortrag wird durch einen schädlichen Beteiligungserwerb i.S.d. § 8c KStG nicht berührt, da § 4h Abs. 5 Satz 3 EStG bzw. § 8a Abs. 1 Satz 3 KStG nur bzgl. des Zinsvortrags, nicht aber bzgl. des EBITDA-Vortrags auf § 8c KStG verweisen.

Bei der Veräußerung von Anteilen an einer **Organträger-Personengesellschaft** gelten bzgl. nachgeordneter Organgesellschaften die vorstehenden Ausführungen entsprechend, dh. ggf. kommt es aufgrund eines (mittelbaren) schädlichen Beteiligungserwerbs zu einem Wegfall vororganschaftlicher Verlust- und/oder Zinsvorträge. Auf Ebene des Organträgers selbst kann es durch die Übertragung der Anteile zu einem partiellen oder vollständigen Wegfall der Mitunternehmeridentität und damit zum Wegfall gewerbesteuerlicher Verlustvorträge kommen (§ 10a Satz 8 GewStG iVm. § 2 Abs. 5 GewStG).[2] Auf Zins- und EBITDA-Vorträge wirkt sich die Veräußerung der (ganzen)[3] Beteiligung eines Gesellschafters an einer Organträger-Personengesellschaft insofern aus, als diese nach § 4h Abs. 5 Satz 2 EStG anteilig oder vollständig untergehen. 20.4

Einkommenszurechnung. Der sich nach Maßgabe der Handelsbilanz ergebende Anspruch eines Organträgers auf Gewinnabführung entsteht erst mit dem Ende des Wirtschaftsjahres der jeweiligen Organgesellschaft. Erst zu diesem Zeitpunkt ist dem Organträger das Organeinkommen, welches aus der Steuerbilanz der Organgesellschaft abgeleitet wird, zuzurechnen. Nach Auffassung des BFH[4] ist das Einkommen einer Organgesellschaft daher entsprechend dem allgemeinen Gewinnverteilungsschlüssel nur den Gesellschaftern einer Organträger-Personengesellschaft zuzurechnen, die im Zeitpunkt der Einkommenszurechnung an dem Organträger beteiligt sind. Sofern sich im Laufe des Wirtschaftsjahres des Organträgers veräußerungsbedingte Änderungen im Bestand der Gesellschafter ergeben haben, kommt es zu keiner zeitanteiligen Zurechnung des Organeinkommens zu den ausgeschiedenen Gesellschaftern der Organträger-Personengesellschaft. 20.5

II. Veräußerung des Geschäftsbetriebs des Organträgers

Gesamtbetriebsveräußerung. Die Veräußerung des (gesamten) Geschäftsbetriebs des Organträgers führt zu einer Übertragung der Anteile an der oder den Organgesellschaft(en). Insoweit wird auf die Ausführungen unter Rz. 20.8 ff. verwiesen. Ein für den als ein Betrieb (§ 15 Abs. 1 Satz 1 Nr. 3 Satz 2 KStG) geltenden Organkreis auf Ebene des Organträgers festgestellter Zins- und/oder EBITDA-Vortrag geht bei Veräußerung des (gesamten) Betriebs des Organträgers gem. § 4h Abs. 5 Satz 1 EStG unter. Ein Verlustvortrag ist von der Betriebsveräußerung hingegen nicht betroffen und besteht grundsätzlich fort. 20.6

---

1 BMF v. 28.11.2017 – IV C 2 - S 2745/a/09/10002:004 – DOK 2017/0789973, Rz. 32 und 37, FR 2017, 1158. Für die Gewerbesteuer dürfte § 8c KStG entgegen der Verwaltungsauffassung mangels eines eindeutigen gesetzlichen Verweises in § 10a Satz 10 GewStG auf unterjährig entstandene laufende Gewerbeverluste nicht anwendbar sein, vgl. *Seer*, FR 2015, 729.
2 BFH v. 3.5.1993 – GrS 3/92, BStBl. II 1993, 616 mwN.
3 Vgl. hierzu *Hierstetter*, DB 2009, 79 (81); nach BMF v. 4.7.2008 – IV C 7 - S 2742-a/07/10001 – DOK 2008/0336202, BStBl. I 2008, 718 = FR 2008, 778 Rz. 47 soll auch eine teilweise Veräußerung der Beteiligung an einer Organträger-Personengesellschaft zu einem (anteiligen) Wegfall der Zins- bzw. EBITDA-Vorträge des Organträgers führen können.
4 BFH v. 28.2.2013 – IV R 50/09, BStBl. II 2013, 494 = FR 2013, 1137.

20.7 Teilbetriebsveräußerung. Die Veräußerung eines Teilbetriebs eines Organträgers hat, sofern die Beteiligung an der Organgesellschaft zurück behalten wird, keine Auswirkungen auf ein bestehendes Organschaftsverhältnis. Für einen auf Ebene des Organträgers festgestellten Zins- und/oder EBITDA-Vortrag ist die Veräußerung eines Teilbetriebs nach hM entgegen der Verwaltungsauffassung[1] unschädlich.[2] Insoweit wird auf die Ausführungen unter Rz. 20.25 ff. verwiesen.

III. Veräußerung der Anteile an der Organgesellschaft

1. Grundlagen

20.8 Beendigung des Ergebnisabführungsvertrags. Die Veräußerung der Anteile an einer Organgesellschaft bewirkt keine automatische Beendigung eines bestehenden Ergebnisabführungsvertrags.[3] Zudem ist zu beachten, dass eine rückwirkende Beendigung des Ergebnisabführungsvertrags nach § 296 Abs. 1 Satz 2 AktG unzulässig ist.[4] Die mit Blick auf die Veräußerung der Anteile an der Organgesellschaft regelmäßig wünschenswerte Beendigung des Ergebnisabführungsvertrags muss daher zeitgleich mit oder zeitnah vor dem Wirksamwerden der Veräußerung der Anteile an der Organgesellschaft erfolgen. Dies kann einseitig durch ordentliche Kündigung unter Einhaltung der vertraglich bedingten Kündigungsfrist oder durch fristlose Kündigung aus wichtigem Grunde (§ 297 AktG) oder durch einvernehmliche Aufhebung geschehen (§§ 296 AktG). Während die Kündigung bzw. Aufhebung des Ergebnisabführungsvertrags bei der AG bzw. KGaA als Geschäftsführungsmaßnahme in den Zuständigkeitsbereich des Vorstands der betroffenen Gesellschaft fällt, bedarf diese mit Blick auf eine Organgesellschaft in der Rechtsform der GmbH der Zustimmung der Gesellschafter.[5] Die Aufhebung des Ergebnisabführungsvertrags ist nach § 296 Abs. 1 AktG nur zum Ende eines Geschäftsjahres (der Organgesellschaft) möglich. Sie ist allerdings nicht fristgebunden.

20.9 Beendigung der Organschaft. Die Veräußerung der Anteile an einer Organgesellschaft führt unabhängig von der Kündigung bzw. Aufhebung des Ergebnisabführungsvertrages zwingend zur Beendigung der insoweit bestehenden Organschaft, sofern aufgrund der Übertragung der Anteile an der Organgesellschaft auf den Erwerber die finanzielle Eingliederung der Organgesellschaft zum Veräußerer bzw. bisherigen Organträger entfällt. Für das letzte vor oder zum Veräußerungszeitpunkt endende Geschäftsjahr ist der Ergebnisabführungsvertrag noch gegenüber dem bisherigen Organträger abzurechnen. Vgl. zum Fall einer unterjähriger Beendigung (Rz. 20.12).

---

1 BMF v. 4.7.2008 – IV C 7 - S 2742-a/07/10001 – DOK 2008/0336202, BStBl. I 2008, 718 = FR 2008, 778 Rz. 47.
2 Vgl. *Heuermann* in Blümich, § 4h EStG Rz. 104 mwN.
3 BGH v. 14.12.1987 – II ZR 170/87, GmbHR 1988, 174 = NJW 1988, 1326.
4 Dies gilt auch, wenn die abhängige Gesellschaft die Rechtsform einer GmbH hat, vgl. BGH v. 5.11.2002 – II ZR 119/00, GmbHR 2002, 62 = DB 2002, 87; OLG München v. 20.11.2013 – 7 U 5025/11, GmbHR 2014, 535; OLG München v. 16.3.2012 – 31 Wx 70/12, GmbHR 2012, 645.
5 BGH v. 31.5.2011 – II ZR 109/10, GmbHR 2011, 922 m. Anm. *Ulrich* = DStR 2011, 1576; bislang ungeklärt ist, welcher Mehrheit der Gesellschafterbeschluss der abhängigen Gesellschaft bedarf – für Erfordernis einer qualifizierten Mehrheit und Beurkundungspflicht AG Hamburg v. 4.2.2013 – HRB 38053, GmbHR 2013, 311 – bzw. ob auch bei der herrschenden Gesellschaft ein solcher Gesellschafterbeschluss notwendig ist. Nach hM ist dies nicht der Fall, dafür zB OLG Oldenburg v. 23.3.2000 – 1 U 75/99, GmbHR 2000, 1267 = NZG 2000, 138.

Die **finanzielle Eingliederung** endet insoweit mit dem Übergang des wirtschaftlichen Eigentums an den Anteilen an der Organgesellschaft. Nach der Rechtsprechung des BFH kann dies mit Blick auf die Regelung des § 39 Abs. 2 Nr. 1 AO im Einzelfall bereits vor Übergang des zivilrechtlichen Eigentums der Fall sein, sofern der Erwerber eine rechtlich geschützte, auf den Erwerb der Anteile gerichtete Rechtsposition erlangt, die ihm gegen seinen Willen nicht entzogen werden kann, er die mit dem Anteil verbundenen wesentlichen Rechte erwirbt, und ihm die Chance einer Wertsteigerung und das Risiko einer Wertminderung der Kapitalgesellschaft zusteht.[1] Um die steuerliche Organschaft möglichst bis zum Wegfall der finanziellen Eingliederung aufrecht zu erhalten, wird der Veräußerer regelmäßig bestrebt sein, die Übertragung des Eigentums an den Anteilen an der Organgesellschaft zeitgleich mit (oder kurz nach) dem Ende eines Wirtschaftsjahres oder ggf. Rumpfwirtschaftsjahres (Rz. 20.14) vorzunehmen, da die Organschaft andernfalls rückwirkend zum Beginn des im Beendigungszeitpunkt laufenden Wirtschaftsjahres endet (§ 14 Abs. 1 Satz 1 Nr. 3 Satz 3 KStG). Insoweit ist darauf zu achten, dass dem Veräußerer im Zeitraum zwischen Abschluss des Anteilskaufvertrages („Signing") und dem Vollzug der dinglichen Übertragung der Anteile („Closing") keine so starken Einschränkungen hinsichtlich der Ausübung seiner Gesellschafterrechte auferlegt werden, dass der Übergang des (für die finanzielle Eingliederung maßgeblichen) wirtschaftlichen Eigentums bereits vor der dinglichen Übertragung der Anteile anzunehmen ist.[2] In diesem Fall wäre die steuerliche Organschaft für das letzte vor der Übertragung liegende Wirtschaftsjahr bzw. Rumpfwirtschaftsjahr ggf. nicht anzuerkennen. Zu Haftungsfragen in Zusammenhang mit § 73 AO vgl. Rz. 24.5.

20.10

Verlust-, Zins- und EBITDA-Vorträge. Während des Bestehens der Organschaft sind steuerliche Verluste einer Organgesellschaft dem Organträger zuzurechnen. Eigene, vororganschaftliche Verlustvorträge der Organgesellschaft sind während dieses Zeitraums nicht nutzbar (§ 15 Satz 1 Nr. 1 KStG). Gleiches gilt nach Auffassung der Finanzverwaltung für vororganschaftliche Zinsvorträge.[3] Solche vororganschaftlichen Verlust- und Zinsvorträge leben durch eine veräußerungsbedingte Beendigung einer Organschaft grundsätzlich wieder auf. Die Übertragung der Anteile an einer Organgesellschaft führt jedoch ggf. zu einem schädlichen Beteiligungserwerb i.S.d. § 8c KStG[4] und kann zum teilweisen oder auch vollständigen Untergang der bei der betreffenden Organgesellschaft ggf. vorhandenen vororganschaftlichen Verlust- und/oder Zinsvorträge führen,[5] sofern nicht eine der in §§ 8c Abs. 1 Satz 5 ff. KStG getroffenen Ausnahme- bzw. Verschonungsregelungen eingreift. Zudem kann es nach Auffassung der Finanzverwaltung durch die veräußerungsbedingte Beendigung der Organschaft zu einem Wegfall von Zinsvorträgen auf Ebene des Organ*trägers* kommen.[6] Diese Auffassung findet allerdings keine gesetzliche Grundlage.[7] Auf (vororganschaftliche) EBITDA-Vorträge der Organgesellschaft wirkt sich die Veräußerung der Anteile nicht aus, da § 4h Abs. 5 Satz 3 EStG und § 8a Abs. 1 Satz 3 KStG nur bzgl. des Zinsvortrags auf § 8c KStG verweisen.

20.11

---

1 BFH v. 11.7.2006 – VIII R 32/04, BStBl. II 2007, 296 = FR 2007, 251; BFH v. 24.1.2012 – IX R 51/10, BStBl. II 2012, 308 = FR 2012, 642 m. Anm. *Bode*.
2 *Schaefer/Wind/Mager*, DStR 2013, 2399 (2400 f.).
3 BMF v. 4.7.2008 – IV C 7 - S 2742-a/07/10001 – DOK 2008/0336202, BStBl. I 2008, 718 = FR 2008, 778, Rz. 48.
4 Vgl. zu verfassungsrechtlichen Zweifeln an der Regelung des § 8c KStG Fn. 1 und 2.
5 Dies ist nicht unumstritten, aA zB *Benz*, Ubg 2012, 772, der davon ausgeht, dass § 8c KStG nur auf Ebene des Organträgers anzuwenden ist.
6 BMF v. 4.7.2008 – IV C 7 - S 2742-a/07/10001 – DOK 2008/0336202, BStBl. I 2008, 718 = FR 2008, 778, Rz. 47.
7 *Hierstetter*, DB 2009, 79 (83); aA *Ettinger*, Ubg 2017, 293.

2. Unterjährige Veräußerung

20.12 Gesellschaftsrechtliche Optionen. Sofern die Veräußerung der Organgesellschaft unterjährig erfolgen soll, erfordert die Beendigung des Ergebnisabführungsvertrags regelmäßig entweder eine fristlose Kündigung oder die Umstellung des Geschäftsjahres der Organgesellschaft auf den Zeitpunkt der Übertragung der Anteile verbunden mit einer Aufhebung des Ergebnisabführungsvertrags auf diesen Zeitpunkt.

20.13 Fristlose Kündigung. Nach § 297 Abs. 1 AktG ist eine fristlose Kündigung nur „aus wichtigem Grunde" möglich. Ein wichtiger Grund liegt nach dem Gesetzeswortlaut insbesondere dann vor, wenn der andere Vertragsteil voraussichtlich nicht in der Lage sein wird, seine auf Grund des Vertrags bestehenden Verpflichtungen zu erfüllen. Die Rechtsprechung hat das Vorliegen eines wichtigen Grundes insbesondere bei Unzumutbarkeit der Fortsetzung des Vertrags angenommen.[1] Im Rahmen der Vertragsfreiheit können die Vertragspartner darüber hinaus festlegen, dass auch bestimmte, durch die Vertragsparteien ggf. beeinflussbare Tatsachen, als wichtiger Grund für eine fristlose Kündigung des Ergebnisabführungsvertrags gelten sollen;[2] dies kann auch die Anteilsveräußerung durch das herrschende Unternehmen einschließen.[3] Daneben fingiert das AktG für besonders gelagerte Fälle das Vorliegen eines wichtigen Grundes (§§ 304 Abs. 4, 305 Abs. 5 und 307 AktG). Hingegen dürfte (ohne entsprechende vertragliche Vereinbarung) grundsätzlich kein wichtiger Grund i.S.d. § 297 Abs. 1 AktG anzunehmen sein bei Veräußerung der Organbeteiligung[4] sowie bei Auflösung der Organgesellschaft durch den Alleingesellschafter (Rz. 11.48, Rz. 11.51).[5]

20.14 Umstellung des Geschäftsjahres. Nach § 14 Abs. 1 Satz 1 Nr. 3 Satz 3 KStG wirkt die unterjährige Beendigung eines Ergebnisabführungsvertrags steuerlich auf den Beginn des betreffenden Wirtschaftsjahres zurück. Um die steuerliche Anerkennung der Organschaft bis zur Beendigung des Ergebnisabführungsvertrags zu erreichen, muss dieser daher zum oder kurz nach Ablauf eines Wirtschaftsjahres beendet werden. Bei unterjähriger Übertragung bietet sich insoweit an, das Geschäftsjahr der Organgesellschaft auf den Zeitpunkt der Veräußerung der Beteiligung an der Organgesellschaft bzw. der Beendigung des Ergebnisabführungsvertrags umzustellen. Die nach § 4a Abs. 1 Satz 2 Nr. 3 EStG bzw. § 7 Abs. 4 Satz 3 KStG erforderliche Zustimmung der Finanzverwaltung zu einer solchen Umstellung des Geschäftsjahres wird nach R 14.4 Abs. 3 Satz 1 KStR regelmäßig erteilt. Nach R 14.6 Abs. 7 KStR sind die für das letzte (Rumpf-) Geschäftsjahr erfolgenden Zahlungen der Organgesellschaft an den früheren Organträger (oder umgekehrt), obgleich diese erst nach Beendigung des Ergebnisabführungsvertrags erfolgen, steuerlich nicht als Gewinnausschüttung bzw. Einlage, sondern als Gewinnabführung bzw. Verlustausgleich zu werten. Bei zeitgleicher Umstellung des Geschäftsjahres ist eine nahtlose Fortführung der Organschaft zum Erwerber bzw. einem neuen Rechtsträger möglich (Rz. 20.22).[6] Auch eine insoweit ggf. erforderliche nochmalige Umstellung des Geschäftsjahres der Organgesellschaft wird von der Finanzverwaltung genehmigt, R 14.4 Abs. 3 KStR. Zu beachten ist, dass die jeweilige Umstellung des Geschäftsjahres als Satzungsänderung nur dann Wirkung entfalten kann, wenn diese vor dem Zeitpunkt der Umstellung bzw. dem geplanten Beginn des neuen Geschäftsjahres in das Handelsregister eingetragen wird. Entspre-

---

1 BGH v. 5.4.1993 – II ZR 238/91, GmbHR 1993, 446 = NJW 1993, 1976.
2 BGH v. 5.4.1993 – II ZR 238/91, GmbHR 1993, 446 = NJW 1993, 1976; LG München v. 14.12.2006 – HK O 17059/06, Der Konzern 2007, 279.
3 OLG Hamburg v. 30.12.1998 – 11 U 35/97, OLGReport Hamburg 1999, 175.
4 Umstritten, vgl. Nachweise bei Koch in Hüffer/Koch, AktG[13], § 297 Rz. 7.
5 OLG München v. 20.6.2011 – 31 Wx 163/11, GmbHR 2011, 871.
6 Vgl. hierzu R 14.4 Abs. 2 KStR.

chend sollte die Umstellung des Geschäftsjahres mit ausreichendem zeitlichen Vorlauf zum Register angemeldet werden.

Ansprüche für letzte Teilperiode. Zivilrechtlich sind die mit Blick auf den Ergebnisabführungsvertrag begründeten Ansprüche für den Zeitraum zwischen dem Beginn des Geschäftsjahres der Organgesellschaft und dem Zeitpunkt der veräußerungsbedingten unterjährigen Kündigung des Ergebnisabführungsvertrags unabhängig davon zu erfüllen, ob das Geschäftsjahr der Organgesellschaft umgestellt wird oder nicht. Dh. der bisherige Organträger hat nach hM einen zwischen Beginn des Geschäftsjahres und dem durch Umstellung oder Kündigung herbeigeführten Geschäftsjahresende erlittenen Verlust der Organgesellschaft nach § 302 AktG zu übernehmen[1] und hat ggf. Anspruch auf Abführung eines in diesem Zeitraums erzielten Gewinns.[2]

20.15

3. Vorzeitige Beendigung des Ergebnisabführungsvertrags

Erfordernis eines wichtigen Grundes. Nach § 14 Abs. 1 Satz 1 Nr. 3 Satz 1 KStG muss ein Ergebnisabführungsvertrag auf fünf Jahre abgeschlossen sein, um steuerlich anerkannt werden zu können. Eine vorzeitige Beendigung ist nach § 14 Abs. 1 Satz 1 Nr. 3 Satz 2 KStG nur dann unschädlich, wenn diese auf einem wichtigem Grund beruht. Die Finanzverwaltung sah bislang in der Veräußerung der Beteiligung an einer Organgesellschaft einen solchen wichtigen Grund, R 14.5 Abs. 6 KStR. Diese Sichtweise ist mit Blick auf die jüngere Rechtsprechung des BFH einzuschränken. Nach Auffassung des BFH ist der steuernormspezifische Rechtsbegriff des wichtigen Grundes eigenständig vom Zivilrecht zu interpretieren, insbesondere weil den zivilrechtlichen Vorgaben für einen wirksamen Gewinnabführungsvertrag eine Mindestlaufzeit unbekannt ist und daher die zivilrechtliche Auslegung einem solchen Erfordernis nicht Rechnung tragen muss. Anders als im Zivilrecht, das im Rahmen der Vertragsfreiheit eine individuelle Festlegung wichtiger Gründe gestattet,[3] darf der wichtige Grund, der eine vorzeitige Beendigung des Ergebnisabführungsvertrags aus steuerlicher Sicht rechtfertigen soll, daher nicht im Belieben der Parteien stehen. Vielmehr muss der wichtige Grund für die Vertragsbeendigung nach eigenen steuerrechtlichen Maßstäben objektiv vorliegen. Eine steuerlich motivierte zeitliche Begrenzung der Rechtsfolgen der Organschaft mittels Vertragsbeendigung stellt daher – per se – auch dann keinen wichtigen Grund dar, wenn die Beteiligung an der Organgesellschaft zwar veräußert wird, die Veräußerung jedoch innerhalb eines Konzernverbunds erfolgt.[4] Die Veräußerung der Anteile an einer Organgesellschaft an einen fremden Dritten dürfte hingegen regelmäßig als wichtiger Grund i.S.d. § 14 Abs. 1 Satz 1

20.16

---

1 BGH v. 14.12.1987 – II ZR 170/87, BGHZ 103, 1 = GmbHR 1988, 174.
2 Für den Fall, dass das Geschäftsjahr nicht umgestellt wird, ist dies strittig: Dafür *Philippi/Neveling*, BB 2003, 1685 (1691); *Altmeppen*, DB 1999, 2453 (2455) mwN, dagegen *Dötsch*, Ubg 2011, 20.
3 BGH v. 5.4.1993 – II ZR 238/91, GmbHR 1993, 446 = NJW 1993, 1976; LG München v. 14.12.2006 – HK O 17059/06, Der Konzern 2007, 279.
4 BFH v. 13.11.2013 – I R 45/12, BStBl. II 2014, 486 = FR 2014, 608; vgl. hierzu auch FG Hessen v. 28.5.2015 – 4 K 677/14 – rkr., DStRE 2016, 666, wonach bei eine konzerninterne Einbringung als wichtiger Grund anzusehen ist, wenn die Einbringung im Zuge einer betriebswirtschaftlich begründeten konzernweiten Umstrukturierung erfolgt und ernsthaft beabsichtigt ist, ab dem folgenden Wirtschaftsjahr Organschaften zwischen der Organgesellschaft und der aufnehmenden Gesellschaft einerseits und zwischen der aufnehmenden Gesellschaft und dem bisherigen Organträger andererseits zu begründen.

Nr. 3 Satz 2 KStG anzusehen sein. ME gilt dies unabhängig davon, ob die vorzeitige Beendigung zeitgleich mit, kurz vor oder kurz nach der Veräußerung der Anteile erfolgt.[1]

4. Durchführung des Ergebnisabführungsvertrags für die letzte (Teil-)Periode

20.17 **Bestimmung der Höhe des jeweiligen Anspruchs.** Da der Ergebnisabführungsvertrag nicht rückwirkend beendet werden kann, stellt sich die Frage, wie der Ergebnisabführungsvertrag für die letzte (Teil-) Periode seiner Geltungsdauer zivil- und steuerrechtlich abzuwickeln ist. Der bisherige Organträger hat für den Zeitraum zwischen Beginn des letzten bzw. laufenden Geschäftsjahrs der Organgesellschaft und dem Zeitpunkt der Beendigung des Ergebnisabführungsvertrags durch Kündigung oder Aufhebung entweder einen Gewinnabführungsanspruch (§ 291 Abs. 1 Satz 1 AktG) oder die Organgesellschaft hat einen Anspruch auf Verlustübernahme nach § 302 AktG. Dies erfordert die Ermittlung des Ergebnisses der Organgesellschaft für das laufende Geschäftsjahr. Sofern die Beendigung des Ergebnisabführungsvertrags zum Ende eines Geschäftsjahres erfolgt, ergibt sich der jeweilige Anspruch aus dem entsprechenden (ggf. prüfungspflichtigen) Jahresabschluss. Bei unterjähriger Übertragung der Anteile an einer Organgesellschaft ist eine Zwischenbilanz und Gewinn- und Verlust-Rechnung der Organgesellschaft zu erstellen.[2] Eine gesetzliche Prüfungspflicht für die Zwischenbilanz besteht nicht.

20.18 **Erfüllung des Anspruchs.** Die Ermittlung des Zwischenergebnisses oder, bei Veräußerung der Beteiligung an der Organgesellschaft zu einem (Rumpf-) Geschäftsjahresende, des Jahresergebnisses wird regelmäßig erst einige Zeit nach der Veräußerung der Beteiligung an der Organgesellschaft bzw. nach Beendigung des Ergebnisabführungsvertrags abgeschlossen werden. Der sich hieraus ergebende Gewinn oder Verlust ist grundsätzlich noch an den Organträger abzuführen bzw. als Ausgleich an die Organgesellschaft zu leisten, um die Anerkennung der steuerlichen Organschaft für das letzte (Rumpf-) Wirtschaftsjahr zu erreichen. Die für das letzte (Rumpf-)Geschäftsjahr erfolgenden Zahlungen der Organgesellschaft an den früheren Organträger (oder umgekehrt) sind, obgleich diese erst nach Beendigung des Ergebnisabführungsvertrags erfolgen, steuerlich nicht als Gewinnausschüttung bzw. Einlage, sondern als Gewinnabführung bzw. Verlustausgleich zu werten, R 14.6 Abs. 7 KStR. Ein Verzicht auf den jeweiligen Anspruch führt wegen des in § 14 Abs. 1 Satz 1 Nr. 3 Satz 1 KStG geregelten Durchführungsgebots zur steuerlichen Nichtanerkennung der Organschaft. Sofern der Ergebnisabführungsvertrag zum Zeitpunkt seiner Beendigung noch keine fünf Jahre bestanden hat, könnte zudem die Versagung der steuerlichen Organschaft für Vorjahre drohen. Dies gilt in Fällen der unterjährigen Veräußerung mE auch dann, wenn das Wirtschaftsjahr der Organgesellschaft anlässlich der Beendigung des Ergebnisabführungsvertrags nicht umgestellt wird. In diesem Fall ist die steuerliche Organschaft zwar für das laufende Jahr ohnehin nicht mehr anzuerkennen, jedoch fordert § 14 Abs. 1 Satz 1 Nr. 3 Satz 1 KStG die Durchführung des Ergebnisabführungsvertrags während „seiner gesamten Geltungsdauer". Dies dürfte eher an die zivilrechtliche Laufzeit des Vertrages anknüpfen als an die Dauer der steuerlichen Anerkennung, die mangels Geschäftsjahresumstellung ggf. bereits zum Ablauf des vorhergehenden Geschäftsjahres endet.[3] Folglich dürfte eine Nichtdurchführung des Ver-

---

1 Ähnlich *Dötsch* in Dötsch/Pung/Möhlenbrock, § 14 KStG Rz. 597. Vgl. hierzu auch FG Hessen v. 28.5.2015 – 4 K 677/14 – rkr., DStRE 2016, 666 zur Frage der Unschädlichkeit eines zeitlichen Auseinanderklaffens der Zeitpunkte der Beendigung des Ergebnisabführungsvertrags einerseits und des Eintreten des wichtigen Grundes andererseits.
2 BGH v. 5.11.2002 – II ZR 119/00, GmbHR 2002, 62 = DB 2002, 87.
3 So auch BFH v. 10.5.2017 – I R 51/15, BStBl II 2018, 30.

trags in einem Zeitraum, in dem er zivilrechtlich noch bestanden hat, ggf. die steuerliche Anerkennung der Organschaft in Vorjahren gefährden.[1] Soweit die Organgesellschaft einen Anspruch auf Verlustübernahme hat, scheitert ein Verzicht ohnehin an § 302 Abs. 3 AktG.

Regelungsmöglichkeiten im Anteilskaufvertrag. Um den zivilrechtlichen Anforderungen zu genügen und steuerliche Nachteile zu vermeiden, sollten in dem der Übertragung der Anteile an der Organgesellschaft zugrunde liegenden Vertrag Regelungen zur (letztmaligen) Durchführung des beendeten Ergebnisabführungsvertrags in der Zeit nach Übertragung der Anteile an der Organgesellschaft getroffen werden. Hierfür bieten sich insbesondere folgende Regelungsoptionen an: 20.19

– Die Organgesellschaft führt den Gewinn des (Rumpf-) Geschäftsjahres oder der Teilperiode noch an den bisherigen Organträger ab bzw. gleicht der bisherige Organträger der Organgesellschaft einen ggf. erlittenen Verlust aus; in der Praxis ist diese Variante häufig problematisch, weil insoweit bei Abschluss des Kaufvertrages Unsicherheit über die genaue Höhe des „effektiven" Kaufpreises besteht bzw. dieser ggf. von der Ausübung von Bilanzierungswahlrechten und Bewertungseinschätzungen abhängt.

– Um diese Unsicherheit zu beseitigen, können der Organträger (bzw. Verkäufer) und der Erwerber der Anteile vereinbaren, dass kompensierende Ausgleichszahlungen geleistet werden, ein Gewinn der Organgesellschaft also vom Organträger (kaufpreismindernd) an den Erwerber geleistet wird bzw. dass ein dem Organträger ggf. auszugleichender Verlust der Organgesellschaft vom Erwerber (als Kaufpreiserhöhung) erstattet wird.

– Schließlich kann der Organträger seinen Gewinnabführungsanspruch zum Zeitpunkt des Abschlusses des Kaufvertrages an den Erwerber abtreten bzw. kann eine Schuldmitübernahme durch die Käuferin mit Blick auf eine Verlustausgleichsverpflichtung vereinbart werden. Dies erlaubt eine pauschale und abschließende Kaufpreisfestlegung unabhängig von der tatsächlicher Höhe des abzuführenden Gewinns bzw. des auszugleichenden Verlusts. Dies setzt allerdings voraus, dass der sich ergebende Zahlungsanspruch später zwischen Erwerber und Organgesellschaft tatsächlich erfüllt wird. Hinsichtlich von steuerlichen Mehrbelastungen, die aus diesbezüglichen Versäumnissen resultieren, muss sich der Veräußerer ggf. durch Schadensersatzklauseln absichern.

Um Unsicherheiten mit Blick auf etwaige post-akquisitorische Umwandlungen der veräußerten Organbeteiligung zu vermeiden (Rz. 20.35; Rz. 20.37), empfiehlt sich zudem ggf. eine entsprechende vertragliche Regelung bzw. Verpflichtung des Erwerbers, keine Umwandlung mit Rückwirkung auf einen Zeitpunkt vor der Übertragung der Anteile vorzunehmen sowie eine Freistellung durch den Käufer bzgl. Steuern für Zeiträume vor der Übertragung der Anteile, die durch Handlungen des Käufers nach Übertragung der Anteile verursacht sind. Insoweit ist zu beachten, dass sich spätere Anpassungen des Gewinns oder anderer Besteuerungsgrundlagen der Organgesellschaft (etwa im Rahmen einer Betriebsprüfung) für Zeiträume vor Veräußerung bzw. Beendigung der steuerlichen Organschaft unmittelbar bei dem früheren Organträger bzw. dem Verkäufer auswirken, soweit die Organschaft die jeweiligen Steuern umfasst. Dies erfordert regelmäßig eine vertragliche Regelung, die dem Verkäufer entsprechende Mitwirkungs- und Entscheidungsrechte mit Blick auf Betriebsprüfungen für offene

---

[1] Insoweit kein steuerliches Risiko annehmend offenbar *Dötsch* in Dötsch/Pung/Möhlenbrock, § 14 KStG Rz. 584. Für den Fall, dass das Geschäftsjahr bei unterjähriger Beendigung des Ergebnisabführungsvertrags nicht umgestellt wird, ist ggf. fraglich, ob ein bis dahin erzielter Gewinn abführungspflichtig ist. Dafür *Philippi/Neveling*, BB 2003, 1685 (1691); *Altmeppen*, DB 1999, 2453 (2455) mwN, dagegen *Dötsch*, Ubg 2011, 20.

Veranlagungszeiträume bis zum Closing sichert. Ferner kommt in Betracht eine Regelung aufzunehmen, wonach der Käufer steuerliche Vorteile, die sich (zB) aus betriebsprüfungsbedingten Verschiebungen von steuerlichem Aufwand in Perioden nach dem Verkauf der Anteile ergeben, an den Verkäufer weitergeben muss.

5. Auswirkungen der Kleinen Organschaftsreform

20.20 **Fehlerberichtigung nach § 14 Abs. 1 Satz 1 Nr. 3 Satz 4 Buchst. c KStG.** Im Zuge der Kleinen Organschaftsreform vom 20.2.2013 wurde eine Regelung in § 14 Abs. 1 Satz 1 Nr. 3 KStG aufgenommen, wonach die für die Anerkennung einer steuerlichen Organschaft notwendige ordnungsgemäße Durchführung eines Ergebnisabführungsvertrags in Fällen fehlerhafter Bilanzansätze unter bestimmten Voraussetzungen auch dann fingiert werden kann, wenn der fehlerhafte Bilanzansatz nicht rückwirkend, sondern in laufender Rechnung berichtigt und der sich hieraus ergebende Differenzbetrag erst nachträglich abgeführt oder zurück erstattet wird. Wird der Fehler erst nach Beendigung einer Organschaft bzw. Veräußerung der Organbeteiligung bemerkt, kann die Anerkennung der Organschaft für die Jahre vor der Veräußerung demzufolge ggf. von der Mitwirkung des Käufers der Organbeteiligung abhängen. Um insoweit Interessengleichheit herzustellen, empfiehlt sich die Aufnahme entsprechender Mitwirkungspflichten in den der Veräußerung der Organbeteiligung zugrunde liegenden Kaufvertrag.

6. Ermittlung des Veräußerungsgewinns

20.21 **Behandlung eines Ausgleichspostens i.S.d. § 14 Abs. 4 KStG.** Der Gewinn aus der Veräußerung der Anteile an einer Organgesellschaft ist unter den Voraussetzungen des § 8b Abs. 2 KStG (im Ergebnis zu 95 %) steuerfrei[1] bzw. unterliegt nach § 3 Nr. 40 EStG dem Teileinkünfteverfahren. Verluste sind nicht bzw. nur anteilig zu berücksichtigen. Gleiches gilt nach § 14 Abs. 4 Satz 3 KStG für Gewinne bzw. Verluste aus der veräußerungsbedingten Auflösung (§ 14 Abs. 4 Satz 2 KStG) von bezüglich der veräußerten Organgesellschaft bestehenden aktiven bzw. passiven Ausgleichsposten. Für die Ermittlung des Veräußerungsergebnisses gelten die allgemeinen Grundsätze. Mit Blick auf bezüglich der veräußerten Organgesellschaft bestehende Ausgleichsposten stellt sich (insbesondere für aktive Ausgleichsposten) jedoch die Frage, ob der steuerliche Ausgleichsposten als Korrekturposten[2] zum Beteiligungsbuchwert (und damit als Teil des Beteiligungsansatzes anzusehen ist), oder ob die Auflösung des Ausgleichspostens steuerlich separat[3] zu erfassen ist (Rz. 20.68). ME ist die Verwaltungsauffassung, wonach § 8b KStG auf das Veräußerungsergebnis *nach* Berücksichtigung eines Betrags aus der

---

1 BMF v. 28.4.2003 – IV A 2 – S 2750a - 7/03, BStBl. I 2003, 292 = FR 2003, 528 Rz. 16.
2 Nach bisheriger Auffassung der Finanzverwaltung sind organschaftliche Ausgleichsposten wohl als Korrekturposten zum Beteiligungsbuchwert zu verstehen (BMF v. 26.8.2003 – IV A 2 – S 2770 - 18/03, BStBl. I 2003, 437 = FR 2003, 981, Rz. 43). Erfolgt die Auflösung eines passiven oder aktiven Ausgleichspostens im Zusammenhang mit der Veräußerung der Beteiligung, erhöht oder verringert der Betrag aus der Auflösung der Ausgleichsposten den Veräußerungsgewinn oder -verlust. § 8b KStG ist demgemäß auf den saldierten Betrag anzuwenden (vgl. OFD Frankfurt v. 8.11.2005 – S 2750a A - St II 1.01, DB 2005, 2608 sowie R 14.8 Abs. 3 Satz 4 KStR).
3 Nach BFH v. 29.8.2012 – I R 65/11, BStBl. II 2013, 555 = FR 2013, 285 sind Ausgleichsposten „weder als eigenständiges Wirtschaftsgut noch als Korrekturposten zum Beteiligungsansatz, sondern als steuerliche Bilanzierungshilfe zu qualifizieren, die in Form eines steuerbilanziellen Merkpostens ausschließlich darauf gerichtet ist, eine zweifache Besteuerung des nämlichen – dem Organträger steuerlich bereits zugerechneten – Einkommens zu vermeiden".

Auflösung eines Ausgleichspostens anzuwenden ist, vorzuziehen, da nur so sinnwidrige Ergebnisse vermieden werden (Rz. 14.53 ff.).[1]

7. Begründung einer steuerlichen (Anschluss-)Organschaft nach Anteilserwerb

Der Erwerber der Beteiligung an einer Organgesellschaft kann eine neue Organschaft frühestens zu Beginn des ersten Wirtschaftsjahres der Organgesellschaft nach Erwerb der (zu einer finanziellen Eingliederung führenden) Beteiligung begründen. Im Idealfall erfolgt der Erwerb der Beteiligung exakt „zum Ende" bzw. „mit Ablauf" eines Wirtschaftsjahrs der Organgesellschaft (sog. „**Mitternachtsgeschäft**"). Zwar hat der bisherige Organträger die Beteiligung an der Organgesellschaft in diesem Fall in der Schlussbilanz des betreffenden Wirtschaftsjahres idR nicht mehr auszuweisen.[2] Dennoch ermöglicht diese Vorgehensweise dem bisherigen Organträger die Fortführung der Organschaft bis zum Ende des Wirtschaftsjahrs und dem Erwerber der Beteiligung die Begründung einer Anschlussorganschaft ab diesem Zeitpunkt bzw. ab dem ersten Tag, 0 Uhr, des anschließenden Wirtschaftsjahrs der Organgesellschaft, R 14.4 Abs. 2 Satz 1, 2 KStR (sog. „Mitternachtserlass"). Veräußert der bisherige Organträger seine Beteiligung an der Organgesellschaft hingegen nicht zum Ende, sondern während des Wirtschaftsjahres[3] der Organgesellschaft, so erfordert die nahtlose Fortsetzung der Organschaft, dass die Organgesellschaft ihr Wirtschaftsjahr auf den Zeitpunkt der Veräußerung der Beteiligung umstellt, R 14.4 Abs. 2 Satz 3 KStR. Ist dies nicht möglich, so kann der Erwerber zwar keine nahtlose Fortsetzung der Organschaft erreichen, jedoch die Neubegründung der Organschaft zur erworbenen Gesellschaft dadurch beschleunigen, dass deren Geschäftsjahr nach Erwerb auf den nächstmöglichen Abschlussstichtag umgestellt und hiernach erforderlichenfalls wieder (zB auf das Kalenderjahr) rückumgestellt wird. Die für die Geschäftsjahresumstellung notwendigen Zustimmungen werden von der Finanzverwaltung idR erteilt, R 14.4 Abs. 3 KStR. Bei derartigen Gestaltungen ist allerdings zu beachten, dass das gewerbesteuerliche Schachtelprivileg für das erste (Rumpf-)Wirtschaftsjahr nach Erwerb der Beteiligung ggf. nicht zur Anwendung kommt, soweit die nach § 9 Nr. 2a Satz 1 GewStG erforderliche Beteiligung zu Beginn des Erhebungszeitraums (entspricht gemäß § 14 Satz 2 GewStG grds. dem Kalenderjahr) nicht bestanden hat, was insbesondere zu einer gewerbesteuerlichen Erfassung von im ersten Rumpfwirtschaftsjahr bewirkten vororganschaftlichen Mehrabführungen führen kann. Dies kann etwa dann von Bedeutung sein, wenn im Zusammenhang mit dem Erwerb der Beteiligung an der Organgesellschaft post-akquisitorische Umwandlungen geplant sind (vgl. hierzu Rz. 20.87 ff.).

20.22

IV. Veräußerung des Geschäftsbetriebs der Organgesellschaft

Gesamtbetriebsveräußerung. Insoweit stellt sich aus zivilrechtlicher Sicht insbesondere die Frage, ob ein Gewinn aus der Veräußerung des Geschäftsbetriebs der Organgesellschaft noch

20.23

---

1 So auch FG Münster v. 23.9.2015 – 9 K 4074/11 G, EFG 2016, 587 sowie *von Freeden/Joisten*, Ubg 2014, 512.
2 BFH v. 29.11.2006 – I R 78-80/05, GmbHR 2007, 608 m. Anm. *Hoffmann* = BFH/NV 2007, 1051; v. 22.9.1999 – II R 33/97, GmbHR 1999, 1312 m. Anm. *Fox/Lechner* = BFH/NV 2000, 258.
3 Auch anzunehmen bei Veräußerung zum ersten Tag eines neu beginnenden Wirtschaftsjahres, vgl. BFH v. 29.4.1993 – IV R 107/92, BStBl. II 1993, 666 = FR 1993, 636. Folglich ist auch darauf zu achten, dass Anteile an einer Organgesellschaft nicht „nach", sondern „mit" Ablauf des Geschäftsjahres veräußert werden.

der Abführungspflicht unterliegt[1] und aus steuerlicher Sicht, ob ein von der Organgesellschaft erzielter Gewinn von der Organgesellschaft selbst zu versteuern ist. Der BFH bejaht letztere Frage für den Fall der Abwicklung der Organgesellschaft[2] und auch dann, wenn die Liquidation zwar formell nicht beschlossen wurde, die Organgesellschaft jedoch faktisch abgewickelt wird.[3] Zivilrechtlich dürfte insoweit nur als gesichert gelten, dass die konkursbedingte Auflösung des *herrschenden* Unternehmens zur (automatischen) Beendigung eines Beherrschungs- und Ergebnisabführungsvertrags führt.[4] Die Auflösung der Organgesellschaft durch Beschluss führt hingegen nicht automatisch zur Beendigung eines Ergebnisabführungsvertrags. Sie berechtigt ggf. auch nicht zur fristlosen Kündigung des Vertrages.[5] Ob und wenn ja, ab wann ein Ende der Gewinnabführungspflicht vor Auflösung bzw. expliziter Vertragsbeendigung in Betracht kommt, wenn der Zweck des beherrschten Unternehmens nicht mehr auf Gewinnerzielung durch Betrieb eines werbenden Unternehmens gerichtet ist, sondern auf die Verwertung des Gesellschaftsvermögens, ist nicht abschließend geklärt.[6] Ob ein Ergebnisabführungsvertrag hiernach auch ohne vorherige Auflösung der Organgesellschaft bzw. vor expliziter Vertragsbeendigung als beendet angesehen werden muss, wenn die Organgesellschaft ihren gesamten Geschäftsbetrieb veräußert, ist demnach nicht zweifelsfrei. Der aus der Veräußerung des Betriebs der Organgesellschaft erzielte Gewinn dürfte aber noch der Abführungspflicht unterliegen und entsprechend steuerlich dem Organträger zuzurechnen sein.[7] Soweit ersichtlich, hat die Auffassung des BFH, dass die Abwicklung bzw. sogar die faktische Abwicklung einer Organgesellschaft zu einer zwingenden Beendigung der Organschaft führt, in der zivilrechtlichen Rechtsprechung keine Bestätigung gefunden. ME ist der Gewinn aus der Veräußerung des Betriebs, sofern die Liquidation der Organgesellschaft nicht beschlossen wurde, daher auch dann dem Organträger steuerlich zuzurechnen, wenn die Veräußerung in mehreren Schritten erfolgt.[8] Die Finanzverwaltung folgt jedoch insoweit der Auffassung des BFH und dürfte für diesen Fall von einer faktischen Abwicklung ausgehen.[9]

20.24 **Zins- und EBITDA-Vorträge.** Die Veräußerung des (gesamten)[10] Geschäftsbetriebs der Organgesellschaft kann gem. § 4h Abs. 5 Satz 1 EStG zum Untergang eines vororganschaftlichen Zins- und ggf. vorhandenen EBITDA-Vortrags führen. Sofern die Organgesellschaft anlässlich der Veräußerung ihres Geschäftsbetriebs aus der Organschaft ausscheidet, droht nach Verwaltungsauffassung zudem ein anteiliger Wegfall eines Zinsvortrags des Organ*trägers*. Hin-

---

1 Dafür insbesondere *Bahns/Graw*, DB 2008, 1645 (1648).
2 BFH v. 18.10.1967 – I 262/63, BStBl. II 1968, 105.
3 BFH v. 17.2.1971 – I R 148/68, BStBl. II 1971, 411.
4 BGH v. 14.12.1987 – II ZR 170/87, GmbHR 1988, 174 = NJW 1988, 1326, gilt gem. Leitsatz auch für die Insolvenz des beherrschten Unternehmens. Begründet wird dies vom BGH insbesondere mit dem durch den Konkurs eintretenden Verlust der Möglichkeit, eine das Konzernganze umfassende unternehmerische Zielkonzeption zu entwickeln und zu verfolgen.
5 OLG München v. 20.6.2011 – 31 Wx 163/11, GmbHR 2011, 871 = DStR 2011, 1476.
6 BGH v. 14.12.1987 – II ZR 170/87, GmbHR 1988, 174 = NJW 1988, 1326; BFH v. 17.2.1971 – I R 148/68, BStBl. II 1971, 411.
7 *Dötsch* in Dötsch/Pung/Möhlenbrock, § 14 KStG, Rz. 416, 628. Auch für den ähnlich gelagerten Fall einer Ausgliederung des Betriebs der Organgesellschaft geht die Finanzverwaltung wohl von der Abführungspflicht bzgl. eines ggf. entstehenden Ausgliederungsgewinns aus, vgl. BMF v. 11.11.2011 – IV C 2 - S 1978-b/08/10001 – DOK 2011/0903665, BStBl. I 2011, 1314, Rz. Org.27.
8 Vgl. zum Problem ausführlich *Hierstetter*, BB 2015, 859 sowie *Kroppen*, JbFSt 2010/2011, 841.
9 H 14.6 KStR.
10 Nach (mE unzutreffender) Verwaltungsauffassung sollen auch Teilbetriebsveräußerungen zu einem anteiligen Untergang eines Zins- und EBITDA-Vortrags führen können, vgl. BMF v. 4.7.2008 – IV C 7 - S 2742-a/07/10001 – DOK 2008/0336202, BStBl. I 2008, 718 = FR 2008, 778, Rz. 47.

sichtlich eines beim Organträger vorhandenen EBITDA-Vortrags dürfte die Verwaltungsauffassung hierzu vermutlich entsprechend sein.

Teilbetriebsveräußerung. Ein Gewinn aus der Veräußerung eines Teilbetriebs der Organgesellschaft ist dem Organträger zuzurechnen bzw. von diesem zu versteuern.[1] Eine Tarifermäßigung für den aus der Veräußerung erzielten Gewinn nach § 34 EStG kommt auch dann nicht in Betracht, wenn es sich bei dem Organträger um eine natürliche Person handelt.[2]

20.25

Anwendung von § 8b KStG. § 8b Abs. 1 bis 6 KStG ist auf Ebene einer Organgesellschaft gem. § 15 Satz 1 Nr. 2 Satz 1 KStG nicht anzuwenden. Sofern eine Organgesellschaft im Rahmen eine Gesamt- oder Teilbetriebsveräußerung Gewinne i.S.d. § 8b Abs. 2 KStG erzielt, ist § 8b KStG (bzw. § 3 Nr. 40 EStG) bei der Ermittlung des Einkommens des Organträgers anzuwenden (§ 15 Satz 1 Nr. 2 Satz 2 KStG). Der Gewinn einer Organgesellschaft aus der Veräußerung einer Beteiligung an einer anderen Kapitalgesellschaft wird demnach nur insoweit von der Besteuerung freigestellt, wie dies bei direkter Veräußerung durch den Organträger der Fall wäre. Soweit an einem Organträger in der Rechtsform einer Personengesellschaft auch natürliche Personen beteiligt sind, kommt nicht § 8b KStG, sondern § 3 Nr. 40 EStG zur Anwendung. Nachträgliche Änderungen des Veräußerungspreises bzw. der Veräußerungskosten eines Veräußerungsgeschäfts i.S.v. § 8b Abs. 2 KStG, müssen hingegen ggf. trotz § 15 Satz 1 Nr. 2 Satz 2 KStG auf Ebene der Organgesellschaft außerbilanziell korrigiert werden (Rz. 6.97).

20.26

C. Organschaft und Umwandlung bzw. Umstrukturierung

I. Umwandlungs- bzw. zivilrechtliche Grundlagen

Überblick. Die nachstehende Behandlung der Auswirkungen von Umwandlungen auf Organschaften umfasst die für die Praxis besonders bedeutsamen Umwandlungsformen nach UmwG (Verschmelzungen, Spaltungen und formwechselnde Umwandlungen) sowie praxisrelevante Umwandlungsformen außerhalb des UmwG (Einbringungen, Realteilungen und Anwachsungen).

20.27

Bei der **Verschmelzung** überträgt ein Rechtsträger sein gesamtes Vermögen unter Auflösung ohne Abwicklung auf einen anderen, entweder schon bestehenden oder neu zu gründenden Rechtsträger im Wege der Gesamtrechtsnachfolge. Als Gegenleistung wird den Anteilsinhabern des übertragenden und erlöschenden Rechtsträgers ggf. eine Beteiligung an dem übernehmenden oder neuen Rechtsträger gewährt. Bei einer Verschmelzung zur Aufnahme überträgt ein Rechtsträger durch Verschmelzungsvertrag sein Vermögen auf einen bereits bestehenden Rechtsträger. Dieser tritt als Gesamtrechtsnachfolger in sämtliche Rechtsverhältnisse des übertragenden Rechtsträgers ein. Eine Zustimmung bzw. Genehmigung der Vertragspartner des übertragenden Rechtsträgers ist insoweit nicht erforderlich. Soweit kein Fall des § 54 Abs. 1, 2 UmwG vorliegt (insbesondere keine Aufwärtsverschmelzung auf einen Gesellschafter des übertragenden Rechtsträgers), kann der übernehmende Rechtsträger neue Anteile ausgeben, die die Anteilseigner des übertragenden Rechtsträgers als Gegenleistung für ihre untergehende Beteiligung am übertragenden Rechtsträger erhalten. Zwingend ist dies jedoch nicht (Verzichtsmöglichkeit gem. § 54 Abs. 1 Satz 3 UmwG). Mit Eintragung der Verschmel-

20.28

---

1 R 14.6 Abs. 5 KStR.
2 BFH v. 22.1.2004 – III R 19/02, BStBl. II 2004, 515 = FR 2004, 761, kritisch *Carlé/Carlé*, NZG 2004, 650 mwN.

zung erlischt der übertragende Rechtsträger. Alternativ zur Verschmelzung zur Aufnahme kann der Verschmelzungsvertrag vorsehen, dass zwei Rechtsträger ihr Vermögen unter Auflösung ohne Abwicklung auf einen in gleicher Urkunde neugegründeten dritten Rechtsträger übertragen, der dann als Gesamtrechtsnachfolger in sämtliche Rechtsverhältnisse beider übertragender Rechtsträger eintritt.

20.29 Bei der **Spaltung** sind drei Arten zu unterscheiden. Bei einer **Aufspaltung** spaltet ein übertragender Rechtsträger unter Auflösung ohne Abwicklung sein gesamtes Vermögen auf und überträgt dieses im Wege der partiellen Gesamtrechtsnachfolge (§ 131 Abs. 1 Nr. 1 UmwG) auf zwei oder mehr andere, entweder bereits bestehende oder neu gegründete Rechtsträger. Als Gegenleistung hierfür erhalten die Anteilseigner des übertragenden Rechtsträgers ggf. Anteile an den übernehmenden Rechtsträgern. Insoweit gelten entsprechende Grundsätze wie bei der Verschmelzung. Anders als bei den anderen Spaltungsformen erlischt der übertragende Rechtsträger bei Eintragung der Aufspaltung. Bei einer **Abspaltung** bleibt der übertragende Rechtsträger bestehen. Der übertragende Rechtsträger spaltet in diesen Fällen nur einen Teil seines Vermögens im Wege der partiellen Gesamtrechtsnachfolge ab, zB einen Teilbetrieb, eine Beteiligung oder auch andere (ggf. einzelne) Vermögensgegenstände. Die Abspaltung kann dabei auf einen oder auf mehrere andere, bereits bestehende oder neue Rechtsträger (ggf. gegen Gewährung von Anteilen des oder der übernehmenden Rechtsträger an die Anteilseigner des übertragenden Rechtsträgers) erfolgen. Auch bei einer **Ausgliederung** besteht der übertragende Rechtsträger fort. Anders als bei Abspaltung werden die ggf. als Gegenleistung für das ausgegliederte Vermögen auszugebenden Anteile am übernehmenden Rechtsträgers nicht an die Anteilseigner des übertragenden Rechtsträgers, sondern an den übertragenden Rechtsträger selbst gewährt. Insoweit ähnelt die Ausgliederung der nicht im UmwG, sondern nur (und nur für bestimmte Fälle, vgl. § 20 Abs. 1 UmwStG) im UmwStG geregelten **Einbringung** gegen Gewährung von Anteilen. Anders als die Ausgliederung vollzieht sich die Einbringung im Wege der Einzelrechtsnachfolge, in der Praxis insbesondere in Gestalt einer Sacheinlage (§ 5 Abs. 4 GmbHG, § 27 AktG). Die Regelungen des UmwG gelten insoweit nicht, was insbesondere Beurkundungs- und Registrierungserfordernisse bzw. -kosten vereinfachen bzw. verringern kann. Ferner kann so die gesamtschuldnerische Haftung nach § 133 UmwG und die Vorlagepflicht des § 5 Abs. 3 UmwG vermieden werden. Die (wirtschaftliche) Aufspaltung eines Organträgers in der Rechtsform einer Personengesellschaft ist auch möglich im Wege der sog. **Realteilung**, also der Auflösung der Personengesellschaft und der Auseinandersetzung durch Zuteilung der einzelnen Vermögensgegenstände der Personengesellschaft an deren Gesellschafter außerhalb des Anwendungsbereichs des UmwG im Wege der Einzelrechtsnachfolge.

20.30 Der **Formwechsel** führt zivilrechtlich, anders als die Verschmelzung und Spaltung, zu keiner Vermögensübertragung. Insoweit kommt es lediglich zu einer Änderung der Rechtsform des formwechselnden Rechtsträgers unter Wahrung seiner rechtlichen Identität. Entsprechend bedarf es insoweit auch keiner Regelung zur Rechtsnachfolge.

20.31 Die **Anwachsung** bietet sich insbesondere an, wenn das Vermögen einer Personengesellschaft außerhalb des Anwendungsbereichs des UmwG auf einen der Gesellschafter der Personengesellschaft übertragen werden soll. Erreicht wird dies dadurch, das sämtliche anderen Gesellschafter aus der Gesellschaft ausscheiden bzw. ihren Anteil an der Personengesellschaft auf den „übernehmenden" Gesellschafter (ggf. gegen eine entsprechende Gegenleistung) übertragen. Mit dem Austritt des vorletzten Gesellschafters wachsen dem letzten verbliebenen Gesellschafter alle Vermögensgegenstände und Schulden der Personengesellschaft gem. § 738 Abs. 1 Satz 1 BGB an. Die Anwachsung erfolgt dabei im Wege der Gesamtrechtsnachfolge, dh. der letzte Gesellschafter tritt in sämtliche Rechtsverhältnisse der Personengesellschaft ein. Neben der Vermeidung von Beurkundungs- und Registrierungserfordernissen und -kosten kann die Anwachsung auch ein geeignetes Mittel sein, Unternehmen grenzüberschreitend rechtlich zu integrieren, wenn eine grenzüberschreitende Verschmelzung nicht in Betracht kommt.

II. Begründung, Übergang und Beendigung von Organschaftsverhältnissen durch Umwandlung bzw. Umstrukturierung

1. Zivilrechtliche Grundsätze

Gesamtrechtsnachfolge nach UmwG. Bei Verschmelzungen und Spaltungen ist der übernehmende Rechtsträger (ggf. partieller) Gesamtrechtsnachfolger des übertragenden Rechtsträgers (§§ 20 Abs. 1 Nr. 1, 131 Abs. 1 Nr. 1 UmwG). Der übernehmende Rechtsträger tritt somit in sämtliche Rechtsverhältnisse der übertragenden Gesellschaft bzw. (bei Spaltung) hinsichtlich des übertragenen Vermögens ein. Die Gesamtrechtsnachfolge erfasst bei Umwandlungen eines Organträgers demnach grundsätzlich auch Ergebnisabführungsverträge.[1] Soweit allerdings eine Organgesellschaft umgewandelt wird, wird der insoweit bestehende Ergebnisabführungsvertrag ggf. beendet (Rz. 20.45 ff.). Formwechsel sind zivilrechtlich nicht als Rechtsträgerwechsel zu werten, vielmehr besteht der jeweilige Rechtsträger in veränderter Rechtsform fort (§ 202 Abs. 1 Nr. 1 UmwG). Es kommt daher zu keinem Übergang eines ggf. bestehenden Ergebnisabführungsvertrags.

20.32

Zeitliche Aspekte. Nach §§ 20 Abs. 1, 125, 202 UmwG werden Verschmelzungen, Spaltungen und formwechselnde Umwandlungen erst mit der Eintragung ins Handelsregister des übernehmenden Rechtsträgers wirksam. Nach § 17 Abs. 2 UmwG kann der Verschmelzung bzw. Spaltung jedoch eine Bilanz zugrunde gelegt werden, deren Stichtag im Zeitpunkt der Anmeldung der Umwandlung höchstens acht Monate zurück liegt. Der Stichtag der der Verschmelzung bzw. Spaltung zugrunde gelegten Bilanz markiert den handelsrechtlichen Umwandlungsstichtag (§ 5 Abs. 1 Nr. 6 UmwG). In der Zeit zwischen diesem Umwandlungsstichtag und der Eintragung der Umwandlung führt der übertragende Rechtsträger die Geschäfte (im Innenverhältnis) für Rechnung des übernehmenden Rechtsträgers und bleibt insoweit ua. gesetzlich verpflichtet, Bücher zu führen und Jahresabschlüsse zu erstellen.

20.33

Letzte Abrechnungsperiode. Zivilrechtlich sind die mit Blick auf einen Ergebnisabführungsvertrag begründeten Ansprüche für Zeiträume, die vor dem Verschmelzungsstichtag liegen, zu erfüllen. Für das letzte vor oder zum Umwandlungsstichtag endende Geschäftsjahr ist der Ergebnisabführungsvertrag demnach grundsätzlich noch gegenüber dem bisherigen Organträger abzurechnen. Dies gilt mE auch, soweit die Verschmelzung auf einen – aus Sicht der Organgesellschaft – unterjährigen Stichtag bezogen wird. Dh. der bisherige Organträger hat einen zwischen Beginn des Geschäftsjahres und dem durch die Umwandlung bedingten unterjährigen Wirtschaftsjahresende[2] erlittenen Verlust der Organgesellschaft nach § 302 AktG zu

20.34

---

1 BMF v. 11.11.2011 – IV C 2 - S 1978-b/08/10001 – DOK 2011/0903665, BStBl. I 2011, 1314, Rz. Org.01.
2 Nach BFH v. 21.12.2005 – I R 66/05, BStBl. II 2006, 469 = FR 2006, 604 führt eine rückwirkende (unterjährige) Verschmelzung auch zur rückwirkenden Begründung eines Rumpf*wirtschafts*jahres. Ein – handelsrechtlich maßgebliches – Rumpf*geschäfts*jahr endet mit dem steuerlichen Übertragungsstichtag aber nicht, vgl. FG Nds. v. 26.9.2007 – 3 K 11559/02, EFG 2008, 263.

übernehmen[1] und hat ggf. Anspruch auf Abführung eines in diesem Zeitraum erzielten Gewinns.[2]

20.35 **Rückwirkungszeitraum.** Fraglich ist, wie für den Zeitraum zwischen dem (ggf. unterjährigen) Verschmelzungsstichtag und dem Zeitpunkt der rechtlichen Beendigung des Ergebnisabführungsvertrags (Rz. 20.33) anlässlich oder aufgrund (Rz. 20.45 ff.) der Umwandlung zu verfahren ist. Die insofern entstehenden Ansprüche aus dem Ergebnisabführungsvertrag sollen, obgleich diese nach der Rechtsprechung des BGH selbst bei unterjähriger Beendigung des Ergebnisabführungsvertrags zu erfüllen sind,[3] durch Verschmelzung rückwirkend beseitigt werden können.[4] Begründet wird dies mit der umwandlungsrechtlichen bzw. -vertraglichen Regelung, wonach die Handlungen des übertragenden Rechtsträgers ab dem Verschmelzungsstichtag als für den übernehmenden Rechtsträger vorgenommen gelten (§ 5 Abs. 1 Nr. 6 UmwG).[5] In Anbetracht der Unzulässigkeit einer rückwirkenden Aufhebung bzw. Kündigung des Ergebnisabführungsvertrags ist diese Ansicht zumindest für den Fall, dass die Organgesellschaft in diesem Zeitraum einen Verlust erzielt hat, nicht zweifelsfrei. Zwar bilanziert der übernehmende Rechtsträger letztlich die Geschäftsvorfälle auf Ebene des übertragenden Rechtsträgers ab dem Verschmelzungsstichtag als eigene; jedoch geht das zivilrechtliche bzw. wirtschaftliche Eigentum an dem betroffenen Vermögen erst zu einem späteren Zeitpunkt auf den übernehmenden Rechtsträger über.[6] Um in Fällen von Transaktionen mit konzernfremden Parteien diesbezügliche Unsicherheiten zu vermeiden, empfiehlt sich, bei der Veräußerung von Anteilen an Organgesellschaften eine entsprechende vertragliche Regelung bzw. Absicherung vorzusehen. In Betracht kommt insoweit etwa, den Erwerber der Anteile an einer Organgesellschaft zu verpflichten, keine Umwandlung mit Rückwirkung auf einen Zeitpunkt vor der Übertragung der Anteile vorzunehmen. Zusätzliche Fragen treten auf, wenn bei Verschmelzung auf einen unterjährigen Stichtag im Rückwirkungszeitraum noch ein Regelgeschäftsjahr der Organgesellschaft endet. Sofern die Umwandlung in diesen Fällen erst nach dem Ende des Regelgeschäftsjahres beschlossen wird, ist der Anspruch auf Gewinnabführung bzw. Verlustausgleich zum Zeitpunkt der Umwandlung bereits entstanden und

---

1 BGH v. 14.12.1987 – II ZR 170/87, BGHZ 103, 1 = GmbHR 1988, 174.
2 Strittig: Dafür *Philippi/Neveling*, BB 2003, 1685 (1691); *Meyer*, GmbH-StB 2005, 237; *Altmeppen*, DB 1999, 2453 (2455) mwN, dagegen *Dötsch*, Ubg 2011, 20.
3 BGH v. 14.12.1987 – II ZR 170/87, GmbHR 1988, 174 = NJW 1988, 1326.
4 *Gelhausen/Heinz*, NZG 2005, 775; *Herlinghaus* in Rödder/Herlinghaus/van Lishaut², Anh. 4 UmwStG Rz. 12.
5 Ab dem Verschmelzungsstichtag sind die Geschäftsvorfälle des übertragenden Rechtsträgers ergebnismäßig dem übernehmenden Rechtsträger zuzuordnen, rechtswirksam wird diese Ergebniszuordnung jedoch erst mit Eintragung der Verschmelzung in das Handelsregister, vgl. IDW RS HFA 42, Rz. 31.
6 Das zivilrechtliche Eigentum am zu übertragenden *Vermögen* geht erst mit Eintragung der Umwandlung ins Handelsregister des übernehmenden Rechtsträgers über (§ 20 Abs. 1 UmwG). Das wirtschaftliche Eigentum geht ggf. früher über, sofern zu einem Zeitpunkt vor Eintragung (i) der Verschmelzungsvertrag formwirksam abgeschlossen und die erforderlichen Zustimmungsbeschlüsse vorliegen, (ii) der Verschmelzungsstichtag vor diesem Stichtag liegt oder mit ihm zusammenfällt, (iii) wenn die Eintragung innerhalb der Aufhellungsphase erfolgt oder so gut wie sicher ist und (iv) wenn sichergestellt ist, dass der übertragende Rechtsträger nur im Rahmen eines ordnungsmäßigen Geschäftsgangs oder mit Einwilligung des übernehmenden Rechtsträgers über die Vermögensgegenstände verfügen kann; vgl. IDW RS HFA 42, Rz. 29.

dürfte auch durch die Überlagerung des Ergebnisabführungsvertrags nicht rückwirkend beseitigt oder beschränkt werden können.[1]

2. Umwandlungssteuerrechtliche Grundlagen

Steuerliche Rückwirkung. Bei einer Verschmelzung, Spaltung oder Einbringung ist das Einkommen der übertragenden Körperschaft (ggf. auf Antrag) nach §§ 2 Abs. 1, 20 Abs. 5 und 24 Abs. 4 UmwStG ab dem steuerlichen Übertragungsstichtag dem übernehmenden Rechtsträger zuzurechnen. Dies gilt auch für den steuerlich als Übertragung zu behandelnden typusändernden Formwechsel (§§ 9, 25 UmwStG). Durch die steuerliche Rückwirkung kann es auch zur organschaftlichen Erfassung von Einkommensteilen kommen, die vor der Begründung der relevanten Organschaft entstanden sind, wenn etwa eine neu gegründete Kapitalgesellschaft ab Gründung als Organgesellschaft fungiert und diese Gesellschaft Anteile an einem weiteren Rechtsträger erwirbt, der sodann mit steuerlicher Rückwirkung auf die neu gegründete Kapitalgesellschaft verschmolzen wird.

20.36

Beispiel: Verschmelzung und Organschaft „vor" Gründung. Die M-GmbH gründet zum 1.6.01 die T-GmbH. Mit Gründung der T-GmbH wird zwischen dieser und der M-GmbH ein Ergebnisabführungsvertrag abgeschlossen und noch im Jahr 01 ins Handelsregister eingetragen. Am 15.6.01 erwirbt die T-GmbH sämtliche Anteile an der E-GmbH. Mit Verschmelzungsvertrag vom 1.7.01 wird die E-GmbH unter Zugrundelegung der Bilanz der E-GmbH zum 31.12.00 auf die T-GmbH verschmolzen.

Da die steuerliche Rückwirkungsfiktion des §§ 2 Abs. 1 UmwStG nicht voraussetzt, dass der übernehmende Rechtsträger zum steuerlichen Übertragungsstichtag zivilrechtlich bereits besteht,[2] ist eine Verschmelzung der E-GmbH auf die T-GmbH mit steuerlicher Rückwirkung zum 31.12.00/1.1.01 möglich, obgleich die T-GmbH erst am 1.6.01 gegründet wurde. Die Steuerpflicht der T-GmbH beginnt daher wegen der rückwirkenden Verschmelzung unabhängig von ihrer zivilrechtlichen Entstehung bereits mit dem Ablauf des 31.12.00.

Ferner ist die steuerliche Rückwirkung ggf. in die Berechnung der fünfjährigen Mindestdauer des Ergebnisabführungsvertrages einzubeziehen.[3]

Rückwirkende Begründung eines Rumpfwirtschaftsjahres. Nach Auffassung des BFH kann die umwandlungssteuerliche Rückwirkung, sofern der steuerliche Übertragungsstichtag nicht auf einen Jahresabschlussstichtag fällt, auch zur rückwirkenden Begründung eines Wirtschaftsjahrs bei der übertragenden Gesellschaft führen, ohne dass dieses Rumpfwirtschaftsjahr in gesellschaftsrechtlich wirksamer Weise beschlossen, in das Handelsregister eingetragen oder von der Finanzverwaltung genehmigt werden müsste.[4] Entsprechend kann die Verschmelzung, Spaltung oder der Formwechsel einer (ehemaligen) Organgesellschaft ggf. zu einem Einkommenszurechnungskonflikt zwischen den Regelungen des § 2 Abs. 1 UmwStG und § 14 Abs. 1 Satz 1 KStG führen.

20.37

Beispiel: Anteilsveräußerung und Verschmelzung auf unterjährigen Stichtag. Die M-GmbH erwirbt von der OT-GmbH (Organträgerin) sämtliche Anteile an deren Organgesellschaft OG-GmbH

---

1 Vgl. hierzu insbesondere *Gelhausen/Heinz*, NZG 2005, 775 (779) sowie *Rödder* in Rödder/Herlinghaus/van Lishaut[2], Anh. 2 UmwStG Rz. 43.
2 BMF v. 11.11.2011 – IV C 2 – S 1978-b/08/10001 – DOK 2011/0903665, BStBl. I 2011, 1314, Rz. 02.11.
3 BFH v. 10.5.2017 – I R 19/15, FR 2018, 39.
4 BFH v. 21.12.2005 – I R 66/05, BStBl. II 2006, 469 = FR 2006, 604 = GmbHR 2006, 497 m. Anm. *Sinewe*.

zum 31.12.10. Die Geschäftsjahre der OT-GmbH und der OG-GmbH entsprechen jeweils dem Kalenderjahr. Der seit dem Jahr 01 zwischen der OT-GmbH und der OG-GmbH bestehende Ergebnisabführungsvertrag wird zeitgleich außerordentlich gekündigt. Nach dem Erwerb der Anteile wird die OG-GmbH unter Zugrundelegung einer auf den 30.6.10 erstellten Bilanz auf die M-GmbH verschmolzen. Im Zeitraum 1.1.–30.6.10 erzielt die OG-GmbH ein Einkommen in Höhe von Euro 400.000. Im Zeitraum 1.7.–31.12.10 erzielt die OG-GmbH ein Einkommen in Höhe von Euro 500.000.

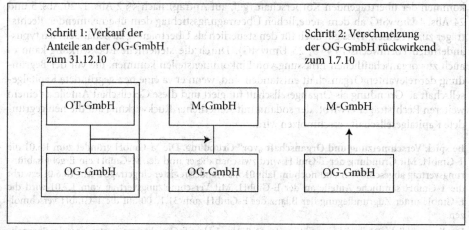

Die Verschmelzung der OG-GmbH führt bei dieser (rückwirkend) zur Bildung eines Rumpfwirtschaftsjahres. Das letzte (steuerlich fingierte) Wirtschaftsjahr der OG-GmbH umfasst daher den Zeitraum 1.1.–30.6.10. Das in diesem Zeitraum erzielte Einkommen der OG-GmbH in Höhe von Euro 400.000 ist steuerlich nach § 14 Abs. 1 Satz 1 KStG der OT-GmbH zuzurechnen. Auch das im Zeitraum 1.7.–31.12.10 erzielte Einkommen der OG-GmbH in Höhe von Euro 500.000 ist steuerlich grundsätzlich nach § 14 Abs. 1 Satz 1 KStG der OT-GmbH zuzurechnen, während dieses Einkommen nach § 2 Abs. 1 UmwStG der M-GmbH zuzurechnen ist. Nach hM ist insoweit § 2 Abs. 1 UmwStG vorrangig.[1] Ein handelsrechtliches Rumpfgeschäftsjahr entsteht insoweit nicht. Die steuerliche Zurechnung des Ergebnisses der OG-GmbH im Jahr 2010 weicht demzufolge von der zivilrechtlichen Gewinnzuordnung ab:

Gewinnabführungsanspruch:

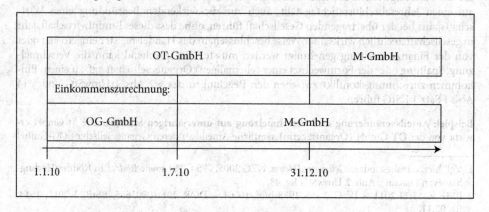

---

1 Vgl. hierzu insbesondere *Rödder* in Rödder/Herlinghaus/van Lishaut[2], Anh. 2 UmwStG Rz. 43.

Reichweite der steuerlichen Rechtsnachfolge. Nach §§ 4 Abs. 2, 12 Abs. 3, 23 Abs. 1, 24 Abs. 4 UmwStG tritt bei einer Verschmelzung, Spaltung sowie bei einem (typusändernden) Formwechsel der übernehmende Rechtsträger in die steuerliche Rechtsstellung des übertragenden Rechtsträgers ein. Nach § 4 Abs. 2 Satz 3 UmwStG ist der Zeitraum der Zugehörigkeit zum Betriebsvermögen der übertragenden Körperschaft dem übernehmenden Rechtsträger anzurechnen, sofern die Dauer der Zugehörigkeit zum Betriebsvermögen für die Besteuerung bedeutsam ist. Neben die ggf. anzunehmende zivilrechtliche Gesamtrechtsnachfolge tritt somit auch eine steuerliche Gesamtrechtsnachfolge der übernehmenden Gesellschaft. Mit Blick auf Organschaftsverhältnisse bewirkt die Rechtsnachfolge nach zutreffender Verwaltungsauffassung zunächst, dass mit Blick auf die Prüfung der Mindestlaufzeit des Gewinnabführungsvertrags nach § 14 Abs. 1 Satz 1 Nr. 3 KStG die **Vertragslaufzeiten** bei dem bisherigen und einem künftigen Organträger (dh. dem übernehmenden Rechtsträger bzw. Organträger neuer Rechtsform) zusammenzurechnen sind,[1] wenn der übernehmende Rechtsträger aufgrund der Umwandlung in den bestehenden Gewinnabführungsvertrag eintritt. Zudem hat die Rechtsnachfolge insbesondere insoweit Bedeutung, als auch die **finanzielle Eingliederung** eines Rechtsträgers in einen anderen Rechtsträger ein Tatbestand ist, der von der steuerlichen Rechtsnachfolge erfasst wird.[2]

20.38

Beispiel: Teilbetriebsausgliederung zur Neugründung mit anschließendem Anteilstausch. Die M-GmbH ist alleinige Gesellschafterin der T-GmbH. Zum 15.4.01 gliedert sie mit steuerlicher Rückwirkung zum 1.1.01 einen Teilbetrieb zur Neugründung auf die N-GmbH aus. Sodann bringt die M-GmbH die Anteile an der N-GmbH, ebenfalls mit steuerlicher Rückwirkung zum 1.1.01, gegen Gewährung neuer Anteile in die T-GmbH ein. Zwischen der T-GmbH und der N-GmbH wird hiernach mit Wirkung ab dem Wirtschaftsjahr 01 ein Ergebnisabführungsvertrag geschlossen.

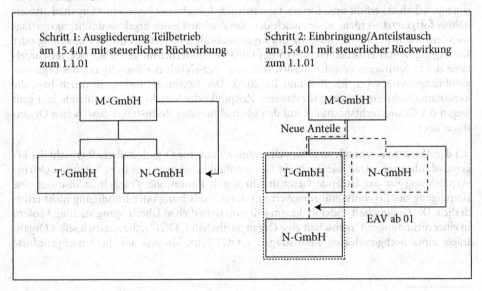

---
1 BMF v. 11.11.2011 – IV C 2 - S 1978-b/08/10001 – DOK 2011/0903665, BStBl. I 2011, 1314, Rz. Org.11.
2 BFH v. 28.7.2010 – I R 89/09, BStBl. II 2011, 528 = FR 2011, 184; BFH v. 28.7.2010 – I R 111/09, GmbHR 2011, 44 = BFH/NV 2011, 67; BFH v. 10.5.2017 – I R 19/15, FR 2018, 39. Vgl. hierzu näher *Prinz/Keller*, DB 2018, 400.

Nach Auffassung des BFH gilt die N-GmbH aufgrund des Eintritts der T-GmbH in die Rechtsstellung der M-GmbH (hinsichtlich der Anteile an der N-GmbH) sowie des Eintritts der N-GmbH in die Rechtsstellung der M-GmbH (hinsichtlich des übertragenen Teilbetriebs) ab Beginn des Wirtschaftsjahres 01 als in die T-GmbH finanziell eingegliedert. Die steuerliche Rechtsnachfolge im Sinne des § 4 Abs. 2 Satz 1 UmwStG gilt nach Auffassung des BFH für jegliche Gewinnermittlungsvorschriften und damit auch für die körperschaftsteuerlichen Organschaftsvoraussetzungen. Die Ausgliederung einer Mehrheitsbeteiligung mit nachfolgender erstmaliger Begründung einer Organschaft ist somit möglich, wenn seit dem Beginn des Wirtschaftsjahres eine finanzielle Eingliederung zunächst zum übertragenden Rechtsträger und anschließend zum übernehmenden Rechtsträger besteht und dieses Erfordernis bis zum Ende des Wirtschaftsjahres aufrechterhalten bleibt. Sind diese Voraussetzungen bei der übertragenden Körperschaft (hier: der M-GmbH) erfüllt, setzt sich dies für die übernehmende Körperschaft fort. Das betrifft auch den Übergang eines Teilbetriebes der Übertragerin auf eine neu gegründete Tochter-Kapitalgesellschaft durch Abspaltung oder Ausgliederung, da das insoweit übergehende Vermögen bereits vor der Umwandlung in die M-GmbH eingegliedert war (Teilbetriebseigenschaft als „stärkste Form der Eingliederung"). Auf die Frage ob die Voraussetzung der finanziellen Eingliederung einer Rückwirkung zugänglich ist, kommt es insoweit nicht an. Jedoch ist die steuerliche Rückwirkung ggf. in die Berechnung der fünfjährigen Mindestdauer des Ergebnisabführungsvertrages einzubeziehen.[1]

3. Verschmelzung eines Organträgers

20.39 Bei der **Aufwärts- oder Seitwärtsverschmelzung** eines Organträgers geht der Ergebnisabführungsvertrag auf den übernehmenden Rechtsträger über.[2] Folglich tritt der übernehmende Rechtsträger in die Stellung des Organträgers ein und das Organschaftsverhältnis kann, sofern die übrigen Voraussetzungen hierfür (zB gewerbliche Tätigkeit einer übernehmenden Personengesellschaft) erfüllt sind, fortgesetzt werden. Soll das bisher bestehende Organschaftsverhältnis fortgesetzt werden, ist demnach der Neuabschluss eines Ergebnisabführungsvertrags nicht erforderlich. Eine Beendigung des Ergebnisabführungsvertrags durch Aufhebung oder Kündigung ist nur erforderlich, sofern das Organschaftsverhältnis anlässlich der Verschmelzung des Organträgers beendet werden soll. Zur Zulässigkeit der Beendigung des Ergebnisabführungsvertrags vgl. Rz. 20.8 und Rz. 20.13. Der Gewinnabführungsanspruch bzw. die Verlustausgleichsverpflichtung für das zum Zeitpunkt der Verschmelzung laufende Jahr geht wegen der Gesamtrechtsnachfolge auf den übernehmenden Rechtsträger bzw. neuen Organträger über.

20.40 Bei der **Abwärtsverschmelzung** eines Organträgers auf eine Organgesellschaft erlischt der Ergebnisabführungsvertrag wie auch ein Gewinnabführungsanspruch bzw. Verlustausgleichsverpflichtung für das laufende Geschäftsjahr durch Konfusion.[3] Folglich ist insoweit eine Beendigung des Ergebnisabführungsvertrags durch Aufhebung oder Kündigung nicht erforderlich. Die Organschaft endet in diesem Fall zum steuerlichen Übertragungsstichtag.[4] Sofern in einer mehrstufigen Organschaft eine Organgesellschaft („OG1"), die zugleich selbst Organträger eines nachgeordneten Rechtsträgers („OG2") ist, abwärts auf diese nachgeordnete

---

1 BFH v. 10.5.2017 – I R 19/15, FR 2018, 39.
2 OLG Karlsruhe v. 7.12.1990 – 15 U 256/89, ZIP 1991, 101; LG Bonn v. 30.1.1996 – 11 T 1/96, GmbHR 1996, 774; auch: BMF v. 11.11.2011 – IV C 2 - S 1978-b/08/10001 – DOK 2011/0903665, BStBl. I 2011, 1314, Rz. Org.01.
3 Vgl. zB OLG Hamm v. 19.2.2003 – 8 U 139/02, NZG 2003, 632.
4 BMF v. 11.11.2011 – IV C 2 - S 1978-b/08/10001 – DOK 2011/0903665, BStBl. I 2011, 1314, Rz. Org.04.

Organgesellschaft verschmolzen wird, wird nach ganz hM[1] neben dem konfusionsbedingten Untergang des Ergebnisabführungsvertrags mit der OG2 auch der zum vorgeordneten Organträger bestehende Ergebnisabführungsvertrag beendet. Das Organschaftsverhältnis zur jeweiligen Organgesellschaft endet zum steuerlichen Übertragungsstichtag.[2] Da der Organträger auch nicht Gesamtrechtsnachfolger der abwärts verschmolzenen OG1 ist (vgl. § 13 Abs. 2 Satz 2 UmwStG) und er folglich nicht in den Ergebnisabführungsvertrag eintritt, ist zur Fortsetzung des Organschaftsverhältnisses zwischen dem Organträger und der OG2 der Neuabschluss eines Ergebnisabführungsvertrags notwendig.[3]

Verschmelzung auf einen Organträger. Die Verschmelzung eines anderen (dritten) Rechtsträgers auf den Organträger berührt den Bestand eines Ergebnisabführungsvertrages zu einer nachgeordneten Gesellschaft und das Organschaftsverhältnis nicht.[4]

20.41

Finanzielle Eingliederung und Rechtsnachfolge. Die Finanzverwaltung hat sich der Rechtsprechung des BFH,[5] wonach die Zeiten finanzieller Eingliederung in den übertragenden bzw. übernehmenden Rechtsträger aufgrund des Eintritts des übernehmenden Rechtsträgers in die Rechtsstellung des übertragenden Rechtsträgers im Ergebnis zusammenzurechnen bzw. insgesamt zu betrachten sind, teilweise angeschlossen.[6] Auf die Frage der steuerlichen Rückwirkung kommt es insoweit nicht an. Entsprechend dürfte eine nahtlose Fortsetzung (oder auch erstmalige Begründung rückwirkend auf den Beginn des Wirtschaftsjahres der Organgesellschaft)[7] der Organschaft zu einem neuen Organträger auch dann möglich sein, wenn die Verschmelzung des bisherigen Organträgers nicht auf das Ende des Wirtschaftsjahres der Organgesellschaft fällt, sondern zu einem anderen (aus Sicht der Organgesellschaft unterjährigen) Zeitpunkt erfolgt. Insoweit vertritt die Finanzverwaltung allerdings insoweit eine engere Sichtweise, als sie fordert, dass auch die Beteiligung an der Organgesellschaft steuerlich rückwirkend zum Beginn ihres Wirtschaftsjahres dem übernehmenden Rechtsträger zuzurechnen ist. Diese Sichtweise steht nach hM nicht Einklang mit der Rechtsprechung des BFH und ist folglich abzulehnen.[8]

20.42

---

1 Der Ergebnisabführungsvertrag endet zwingend, wenn eine abhängige Gesellschaft verschmolzen wird, vgl. zB *Koppensteiner* in KölnKomm/AktG, § 291 AktG Rz. 51; OLG Karlsruhe v. 7.12.1994 – 15 W 19/94, ZIP 1994, 1529; BMF v. 11.11.2011 – IV C 2 - S 1978-b/08/10001 – DOK 2011/0903665, BStBl. I 2011, 1314, Rz. Org.21.
2 BMF v. 11.11.2011 – IV C 2 - S 1978-b/08/10001 – DOK 2011/0903665, BStBl. I 2011, 1314, Rz. Org.21.
3 Vgl. hierzu das instruktive Beispiel von *Dötsch* in Dötsch/Pung/Möhlenbrock, Anh. 1 UmwStG Rz. 15.
4 BMF v. 11.11.2011 – IV C 2 - S 1978-b/08/10001 – DOK 2011/0903665, BStBl. I 2011, 1314, Rz. Org.20.
5 Vgl. BFH v. 10.5.2017 – I R 19/15, FR 2018, 39; BFH v. 28.7.2010 – I R 89/09, BStBl. II 2011, 528 = FR 2011, 184 unter II.2.c); BFH v. 28.7.2010 – I R 111/09, GmbHR 2011, 44 = BFH/NV 2011, 67 unter II.2.b): „Die Ausgliederung einer Mehrheitsbeteiligung mit nachfolgender erstmaliger Begründung einer Organschaft ist möglich, wenn seit dem Beginn des Wirtschaftsjahres eine finanzielle Eingliederung zunächst zum übertragenden Rechtsträger und anschließend zum übernehmenden Rechtsträger besteht und dieses Erfordernis bis zum Ende des Wirtschaftsjahres aufrechterhalten bleibt."
6 BMF v. 11.11.2011 – IV C 2 - S 1978-b/08/10001 – DOK 2011/0903665, BStBl. I 2011, 1314, Rz. Org.02 und Org.03.
7 AA BMF v. 11.11.2011 – IV C 2 - S 1978-b/08/10001 – DOK 2011/0903665, BStBl. I 2011, 1314, Rz. Org.03.
8 Vgl. *Dötsch* in Dötsch/Pung/Möhlenbrock, Anh. 1 UmwStG Rz. 22a mwN.

Beispiel: Unterjährige Verschmelzung des Organträgers. Die OT-GmbH ist alleinige Gesellschafterin der OG-GmbH. Zwischen der OT-GmbH und der OG-GmbH besteht ein Ergebnisabführungsvertrag. Das Geschäftsjahr der OT-GmbH umfasst den Zeitraum vom 1.7. bis zum 30.6. Das Geschäftsjahr der OG-GmbH entspricht dem Kalenderjahr. Basierend auf der Bilanz zum Ende ihres Geschäftsjahrs wird die OT-GmbH zum 30.6.01 auf ihre Schwestergesellschaft OT-AG verschmolzen. Obgleich die OG-GmbH weder in die OT-GmbH, noch in die OT-AG während ihres ganzen Geschäftsjahrs 01 finanziell eingegliedert war, ist die steuerliche Organschaft mE entgegen der Verwaltungsauffassung durchgängig anzuerkennen.[1] Vgl. zur Ergebniszurechnung Rz. 20.72.

20.43 Ist bei einer **mehrstufigen Organschaft** der verschmolzene Organträger zugleich Organgesellschaft, so ist zu beachten, dass für die Gesellschafterebene (dh. die Ebene des vorgeordneten Organträgers) die steuerliche Rückwirkung nicht gilt.[2] Folglich kommt insoweit eine nahtlose Fortsetzung der Organschaft zum übernehmenden (neuen) Organgeträger nach Verwaltungsauffassung nur in Betracht, wenn die verschmolzene Gesellschaft bereits zu Beginn ihres Wirtschaftsjahres (mittelbar) in den Organträger eingegliedert war.[3]

20.44 **Finanzielle Eingliederung und Rückwirkung.** Soweit durch die Verschmelzung die Beteiligungsvoraussetzungen für die finanzielle Eingliederung erst geschaffen werden, weil vor der Verschmelzung weder der übertragende noch der übernehmende Rechtsträger über eine Mehrheitsbeteiligung an der betreffenden nachgeordneten Gesellschaft verfügten, lehnt die Finanzverwaltung die rückwirkende Begründung eines Organschaftsverhältnisses zum übernehmenden Rechtsträger ab.[4] Begründet wird dies damit, dass der übernehmende Rechtsträger in diesem Fall nicht in die (zuvor nicht gegebene) Rechtsposition der Mehrheitsbeteiligung bzw. finanziellen Eingliederung eintreten kann. Aus der steuerlichen Rechtsnachfolge lässt sich die rückwirkende Begründung der Organschaft somit nicht ableiten. In Betracht kommt eine rückwirkende Begründung der Organschaft daher nur dann, wenn die steuerliche Rückwirkung nach §§ 2 Abs. 1, 20 Abs. 5 und 24 Abs. 4 UmwStG auch das Merkmal der finanziellen Eingliederung erfasst. In der Literatur wird dies zu Teil bejaht,[5] jedoch hat der BFH diese Frage bislang nicht entschieden, eine rückwirkende finanzielle Eingliederung jedoch für den Fall abgelehnt, dass zwischen dem Stichtag und der Wirksamkeit einer Umwandlung des Organträgers die Beteiligung an einer Organgesellschaft von einem Dritten im Wege der Einzelrechtsnachfolge erworben wird (Rz. 6.67 ff.).[6]

4. Verschmelzung einer Organgesellschaft

20.45 Bei der **Aufwärtsverschmelzung** einer Organgesellschaft (auf den Organträger) erlischt der Ergebnisabführungsvertrag wie auch ein Gewinnabführungsanspruch bzw. eine Verlustausgleichsverpflichtung durch Konfusion. Folglich ist eine Beendigung des Ergebnisabführungsvertrags durch Aufhebung oder Kündigung nicht erforderlich. Die Organschaft endet wegen

---

1 So ausdrücklich noch BMF v. 25.3.1998 – IV B 7 - S 1978 – 21/98, BStBl. I 1998, 268, Rz. Org.02 Satz 2 bis 4.
2 BMF v. 11.11.2011 – IV C 2 - S 1978-b/08/10001 – DOK 2011/0903665, BStBl. I 2011, 1314, BStBl. I 2011, 1314, Rz. 02.03 und 13.06.
3 BMF v. 11.11.2011 – IV C 2 - S 1978-b/08/10001 – DOK 2011/0903665, BStBl. I 2011, 1314, Rz. 02.03 und Org.21.
4 BMF v. 11.11.2011 – IV C 2 - S 1978-b/08/10001 – DOK 2011/0903665, BStBl. I 2011, 1314, Rz. Org.03 Satz 3.
5 Vgl. insbesondere *Neumann* in Gosch[3], § 14 KStG Rz. 158b mwN, ebenso *Blumenberg/Lechner*, DB 2012, 57 (59) mwN und *Brühl*, Ubg 2016, 585.
6 BFH v. 10.5.2017 – I R 19/15, FR 2018, 39.

der durch § 2 Abs. 1 UmwStG angeordneten Rückwirkung zum steuerlichen Übertragungsstichtag.[1] Sofern es sich insoweit um einen aus Sicht der Organgesellschaft unterjährigen Stichtag handelt, entsteht bei der Organgesellschaft ein Rumpfwirtschaftsjahr, dessen Einkommen dem Organträger noch nach § 14 Abs. 1 Satz 1 KStG zuzurechnen ist.[2] Ab dem steuerlichen Übertragungsstichtag ist dem Organträger das Einkommen der Organgesellschaft gem. § 2 Abs. 1 UmwStG zuzurechnen (Rz. 20.40).

20.46 Auch bei der **Seitwärts- oder Abwärtsverschmelzung** einer Organgesellschaft erlischt der Ergebnisabführungsvertrag nach ganz hM ohne Beendigung des Ergebnisabführungsvertrags durch Aufhebung oder Kündigung.[3] Der Grund hierfür liegt zum einen darin, dass der Ergebnisabführungsvertrag nicht ohne Zustimmung der Gesellschafter eines übernehmenden Rechtsträgers auf diesen erstreckt werden soll. Zum anderen wird durch diese Sichtweise verhindert, dass es zum Konflikt zweier Ergebnisabführungsverträge kommen kann, wenn auch der übernehmende Rechtsträger als abhängige Gesellschaft in ein Organschaftsverhältnis eingebunden ist.[4] Die Organschaft endet zum steuerlichen Übertragungsstichtag.[5] Die für das letzte (Rumpf-) Geschäftsjahr erfolgenden Zahlungen der Organgesellschaft an den bisherigen Organträger (oder umgekehrt) sind, obgleich diese erst nach Beendigung des Ergebnisabführungsvertrags erfolgen, steuerlich nicht als Gewinnausschüttung bzw. Einlage, sondern als Gewinnabführung bzw. Verlustausgleich zu werten, R 14.6 Abs. 7 KStR. Eine Fortsetzung der Organschaft kann ggf. durch den Abschluss eines neuen Ergebnisabführungsvertrags mit dem übernehmenden Rechtsträger erreicht werden. Eine bestehende Gewinnabführungsverpflichtung bzw. ein Verlustausgleichsanspruch der bisherigen Organgesellschaft geht wegen der Gesamtrechtsnachfolge auf den übernehmenden Rechtsträger über und ist von diesem oder diesem gegenüber zu erfüllen, um eine Nichtanerkennung der Organschaft zu vermeiden.

20.47 **Finanzielle Eingliederung.** Bei der Seitwärts- oder Abwärtsverschmelzung einer Organgesellschaft ist zu beachten, dass für die Gesellschafterebene (dh. die Ebene des Organträgers) die steuerliche Rückwirkung nicht gilt.[6] Der Organträger ist auch nicht steuerlicher Rechtsnachfolger der Organgesellschaft. Folglich kommt eine nahtlose Fortsetzung der Organschaft des bisherigen Organträgers zur übernehmenden (neuen) Organgesellschaft nach Verwaltungsauffassung nur in Betracht, wenn diese bereits zu Beginn ihres Wirtschaftsjahres (mittelbar) in den Organträger eingegliedert war.[7] Wird die finanzielle Eingliederung des übernehmenden Rechtsträgers hingegen erst durch die Eintragung der Verschmelzung begründet, so ist eine Organschaft des bisherigen Organträgers zu diesem Rechtsträger nach Verwaltungsauffassung erst ab dem Beginn des nächsten (ggf. Rumpf-) Wirtschaftsjahres der (neuen) Organgesellschaft möglich. Gegen diese Sichtweise lässt sich allerdings für Fälle der Buchwertfortführung (§ 13 Abs. 2 Satz 1 UmwStG) ggf. einwenden, dass nach § 13 Abs. 2 Satz 2

---

1 BMF v. 11.11.2011 – IV C 2 - S 1978-b/08/10001 – DOK 2011/0903665, BStBl. I 2011, 1314, Rz. Org.21.
2 BFH v. 21.12.2005 – I R 66/05, BStBl. II 2006, 469 = FR 2006, 604.
3 Vgl. zB *Koppensteiner* in KölnKomm/AktG, § 291 AktG Rz. 51; OLG Karlsruhe v. 7.12.1994 – 15 W 19/94, ZIP 1994, 1529.
4 *Philippi/Neveling*, BB 2003, 1685 (1686).
5 BMF v. 11.11.2011 – IV C 2 - S 1978-b/08/10001 – DOK 2011/0903665, BStBl. I 2011, 1314, Rz. Org.04.
6 BMF v. 11.11.2011 – IV C 2 - S 1978-b/08/10001 – DOK 2011/0903665, BStBl. I 2011, 1314, Rz. 02.03 und 13.08.
7 BMF v. 11.11.2011 – IV C 2 - S 1978-b/08/10001 – DOK 2011/0903665, BStBl. I 2011, 1314, Rz. 02.03 und Org.21.

UmwStG die Anteile an der übernehmenden Körperschaft bzw. neuen Organgesellschaft steuerlich an die Stelle der Anteile an der übertragenden Körperschaft (dh. der bisherigen Organgesellschaft) treten.[1]

20.48 **Verschmelzung auf eine Organgesellschaft.** Die Umwandlung eines anderen Rechtsträgers als des Organträgers auf eine Organgesellschaft als übernehmender Rechtsträger hat auf den Fortbestand eines Ergebnisabführungsvertrags keinen Einfluss, sofern die finanzielle Eingliederung der Organgesellschaft auch nach der Umwandlung gegeben ist.[2]

5. Spaltung

20.49 Bei der **Aufspaltung eines Organträgers** geht der Ergebnisabführungsvertrag wie auch ein hiermit verbundener Gewinnabführungsanspruch bzw. eine Verlustausgleichsverpflichtung aufgrund der partiellen Gesamtrechtsnachfolge (§§ 131 Abs. 1 Nr. 1 UmwG) und entsprechend der Zuordnung im Spaltungsplan oder -vertrag auf den übernehmenden Rechtsträger über und dieser tritt in den bestehenden Ergebnisabführungsvertrag ein[3] und das Organschaftsverhältnis kann, sofern die übrigen Voraussetzungen hierfür erfüllt sind, fortgesetzt werden. Gleiches gilt grundsätzlich für die **Abspaltung**[4] und **Ausgliederung durch einen Organträger**, sofern der Ergebnisabführungsvertrag (und die Beteiligung an der Organgesellschaft) dem abzuspaltenden bzw. auszugliedernden Vermögen zugeordnet wird.[5] Andernfalls bleiben der Ergebnisabführungsvertrag und das Organschaftsverhältnis unberührt, sofern eine die Mehrheit der Stimmrechte vermittelnde Beteiligung an der Organgesellschaft beim bisherigen Organträger verbleibt.[6] Bei der **Abspaltung der Beteiligung an einer Organgesellschaft** erlischt der Ergebnisabführungsvertrag und die Organschaft endet zum steuerlichen Übertragungsstichtag.[7]

20.50 Die (wirtschaftliche) Aufspaltung eines Organträgers in der Rechtsform einer Personengesellschaft ist auch möglich im Wege der sog. **Realteilung**, also der Auflösung der Personengesellschaft und der Auseinandersetzung durch Zuteilung der einzelnen Vermögensgegenstände der Personengesellschaft an deren Gesellschafter außerhalb des Anwendungsbereichs des UmwG im Wege der Einzelrechtsnachfolge. Durch die Auflösung der Organträger-Personengesellschaft bzw. mangels Gesamtrechtsnachfolge endet der betreffende Ergebnisabführungsvertrag in diesen Fällen und muss ggf. mit den übernehmenden Rechtsträgern neu begründet werden.

20.51 **Finanzielle Eingliederung.** Geht die Beteiligung an einer Organgesellschaft im Wege der Aufspaltung, Abspaltung oder Ausgliederung vom bisherigen Organträger auf ein anderes gewerbliches Unternehmen i.S.d. § 14 Abs. 1 Satz 1 Nr. 2 KStG über, wird dem übernehmenden Rechtsträger eine gegenüber dem übertragenden Rechtsträger bestehende finanziel-

---

1 So zB *Herlinghaus* in Rödder/Herlinghaus/van Lishaut[2], Anh. 4 UmwStG Rz. 53, aA *Dötsch* in Dötsch/Pung/Möhlenbrock, Anh. 1 UmwStG Rz. 44.
2 BMF v. 11.11.2011 – IV C 2 - S 1978-b/08/10001 – DOK 2011/0903665, BStBl. I 2011, 1314, Rz. Org.29.
3 *Hörtnagl* in Schmitt/Hörtnagl/Stratz[7], § 131 UmwG Rz. 59 mwN; BMF v. 11.11.2011 – IV C 2 - S 1978-b/08/10001 – DOK 2011/0903665, BStBl. I 2011, 1314, Rz. Org.06.
4 Vgl. zur Abspaltung von Organbeteiligungen *Stegemann*, DStR 2002, 1549.
5 *Hörtnagl* in Schmitt/Hörtnagl/Stratz[7], § 131 UmwG Rz. 59 mwN.
6 BMF v. 11.11.2011 – IV C 2 - S 1978-b/08/10001 – DOK 2011/0903665, BStBl. I 2011, 1314, Rz. Org.09.
7 *Kallmeyer/Sickinger* in Kallmeyer, UmwG[6], § 126 Rz. 26; BMF v. 11.11.2011 – IV C 2 - S 1978-b/08/10001 – DOK 2011/0903665, BStBl. I 2011, 1314, Rz. Org.09.

le Eingliederung zugerechnet.[1] Allerdings setzt eine nahtlose Fortsetzung der Organschaft nach mE unzutreffender (Rz. 20.42) Auffassung der Finanzverwaltung wie bei der Verschmelzung zusätzlich voraus, dass dem übernehmenden Rechtsträger auch die Beteiligung an der Organgesellschaft steuerlich rückwirkend zum Beginn des Wirtschaftsjahrs der Organgesellschaft zuzurechnen ist.[2] Für den Fall der Ausgliederung der Beteiligung an einer Organgesellschaft im Wege eines (reinen) Anteilstauschs ist die finanzielle Eingliederung in den übernehmenden Rechtsträger nach Auffassung der Finanzverwaltung erst ab der zivilrechtlichen Wirksamkeit der Ausgliederung bzw. ab Übergang des wirtschaftlichen Eigentums an der Beteiligung an der Organgesellschaft anzunehmen ist, da insoweit mangels Verweis des § 21 UmwStG auf § 20 Abs. 5, 6 UmwStG keine steuerliche Rückwirkung möglich ist.[3] Diese Auffassung steht insoweit nicht in Einklang mit der Rechtsprechung des BFH, als der Anteilstausch zum Buch- oder Zwischenwert erfolgt (Rz. 6.17). In diesen Fällen tritt der übernehmende Rechtsträger nach §§ 23 Abs. 1 Satz 1, 12 Abs. 3, 4 Abs. 2 Satz 1 UmwStG in die Rechtsstellung des ausgliedernden Rechtsträgers ein. Die hierdurch bedingte steuerliche Rechtsnachfolge führt nach der Rechtsprechung des BFH dazu, dass die Zeiträume der finanziellen Eingliederung zusammenzurechnen sind. Auf die Frage der Rückwirkung kommt es insoweit nicht an.[4]

Mittelbare finanzielle Eingliederung. Zur Sicherstellung einer lückenlosen Organschaft kann sich anbieten, ein bisheriges Organschaftsverhältnis im Zeitraum zwischen der Ausgliederung der Beteiligung an der Organgesellschaft und dem Ende des laufenden Wirtschaftsjahres der Organgesellschaft fortbestehen zu lassen und die Organschaft zum übernehmenden Rechtsträger erst ab Beginn des nächsten Geschäftsjahres der Organgesellschaft zu etablieren.[5] In Fällen, in denen die fünfjährige Mindestvertragsdauer zu diesem Zeitpunkt noch nicht abgelaufen, stellt sich allerdings die Frage, ob in diesen Fällen von einer Beendigung aus wichtigem Grund auszugehen ist;[6] insoweit dürfte eine Absicherung durch Einholung einer verbindlichen Auskunft ratsam sein. 20.52

Bei der **Aufspaltung einer Organgesellschaft** erlischt der Ergebnisabführungsvertrag und die Organschaft endet zum steuerlichen Übertragungsstichtag.[7] Die Übertragung eines Ergebnisabführungsvertrags im Rahmen der **Abspaltung bzw. Ausgliederung von Vermögen der Organgesellschaft** kommt allenfalls bei Abspaltung bzw. Ausgliederung zur Neugründung in 20.53

---

1 BMF v. 11.11.2011 – IV C 2 - S 1978-b/08/10001 – DOK 2011/0903665, BStBl. I 2011, 1314, Rz. Org.06, Org.07, Org.08.
2 BMF v. 11.11.2011 – IV C 2 - S 1978-b/08/10001 – DOK 2011/0903665, BStBl. I 2011, 1314, Rz. Org.06 iVm Org.02.
3 BMF v. 11.11.2011 – IV C 2 - S 1978-b/08/10001 – DOK 2011/0903665, BStBl. I 2011, 1314, Rz. Org.08 und Org.15. Anders liegt der Fall, wenn die Anteile als Teil einer Betriebs- oder Teilbetriebseinbringung übertragen werden, BMF v. 11.11.2011 – IV C 2 - S 1978-b/08/10001 – DOK 2011/0903665, BStBl. I 2011, 1314, Rz. Org.14.
4 BFH v. 10.5.2017 – I R 19/15, FR 2018, 39; BFH v. 28.7.2010 – I R 111/09, GmbHR 2011, 44 = BFH/NV 2011, 67.
5 BMF v. 11.11.2011 – IV C 2 - S 1978-b/08/10001 – DOK 2011/0903665, BStBl. I 2011, 1314, Rz. Org.16 f.
6 Bejahend *Stangl/Winter*, Organschaft 2013/2014, Rz. 478.
7 *Kallmeyer/Sickinger* in Kallmeyer, UmwG[6], § 126 Rz. 26; BMF v. 11.11.2011 – IV C 2 - S 1978-b/08/10001 – DOK 2011/0903665, BStBl. I 2011, 1314, Rz. Org.23.

Betracht. Bei einer Abspaltung bzw. Ausgliederung zur Aufnahme bleibt der Ergebnisabführungsvertrag zwingend zurück und ist grundsätzlich fortzuführen.[1]

20.54 **Finanzielle Eingliederung.** Bei der Aufspaltung einer Organgesellschaft kommt nach Verwaltungsauffassung eine nahtlose Fortsetzung der Organschaft des bisherigen Organträgers zur übernehmenden (neu entstehenden) Organgesellschaft nur in Betracht, wenn diese bereits zu Beginn des Wirtschaftsjahrs, in dem die Aufspaltung erfolgt, (mittelbar) in den Organträger eingegliedert war.[2] Vgl. hierzu Rz. 20.47. Bei einer Abspaltung oder Ausgliederung aus einer Organgesellschaft besteht diese (und der Ergebnisabführungsvertrag) hingegen fort und die Organschaft bleibt unberührt.[3]

20.55 Bei der **Ausgliederung eines Teilbetriebs** auf eine Kapitalgesellschaft zur Neugründung[4] und unterhalb des gemeinen Werts kann gemäß der Rechtsprechung des BFH mit Wirkung ab dem steuerlichen Übertragungsstichtag ein Organschaftsverhältnis zwischen dem ausgliedernden Rechtsträger und der neu gegründeten Kapitalgesellschaft begründet werden. Die bis zur Übertragung des Betriebs bestehende Eingliederung in den Betrieb des ausgliedernden Rechtsträgers gilt als hinreichendes Substitut für eine finanzielle Eingliederung.[5] Demzufolge ist die Zeit der Eingliederung (des Teilbetriebs) in den Betrieb des ausgliedernden Rechtsträgers wegen des Eintritts der neu gegründeten Kapitalgesellschaft in dessen steuerliche Rechtsstellung (§§ 4 Abs. 2, 12 Abs. 3, 23 Abs. 1 UmwStG) dem übernehmenden Rechtsträger zuzurechnen.

6. Einbringung

20.56 Bei der **Einbringung einer Organbeteiligung durch einen Organträger** im Wege der Einzelrechtsnachfolge geht der Ergebnisabführungsvertrag bzw. ein hiermit verbundener Gewinnabführungsanspruch bzw. eine Verlustausgleichsverpflichtung nicht auf den übernehmenden Rechtsträger über.[6] Folglich bleibt der Ergebnisabführungsvertrag und das Organschaftsverhältnis zum bisherigen Organträger unberührt, sofern bei diesem eine die Mehrheit der Stimmrechte vermittelnde (mittelbare) Beteiligung an der Organgesellschaft verbleibt.[7]

20.57 **Finanzielle Eingliederung.** Wird die Beteiligung an einer Organgesellschaft im Wege einer Betriebs- oder Teilbetriebseinbringung im Wege der Einzelrechtsnachfolge eingebracht, wird dem übernehmenden Rechtsträger eine gegenüber dem übertragenden Rechtsträger bestehen-

---

1 *Hörtnagl* in Schmitt/Hörtnagl/Stratz[7], § 131 UmwG Rz. 60 f. mwN; BMF v. 11.11.2011 – IV C 2 - S 1978-b/08/10001 – DOK 2011/0903665, BStBl. I 2011, 1314, Rz. Org.22.
2 BMF v. 11.11.2011 – IV C 2 - S 1978-b/08/10001 – DOK 2011/0903665, BStBl. I 2011, 1314, Rz. 02.03 und Org.21, Org.23.
3 BMF v. 11.11.2011 – IV C 2 - S 1978-b/08/10001 – DOK 2011/0903665, BStBl. I 2011, 1314, Rz. Org.22.
4 Nach Verwaltungsauffassung gilt dies wohl auch für Einbringungen in bestehende Tochterkapitalgesellschaften, vgl. BMF v. 11.11.2011 – IV C 2 - S 1978-b/08/10001 – DOK 2011/0903665, BStBl. I 2011, 1314, Rz. Org.13.
5 BFH v. 10.5.2017 – I R 19/15, FR 2018, 39; BFH v. 28.7.2010 – I R 89/09, BStBl. II 2011, 528 = FR 2011, 184 = GmbHR 2010, 1268.
6 Vgl. zB *Herlinghaus* in Rödder/Herlinghaus/van Lishaut[2], Anh. 4 UmwStG Rz. 22.
7 BMF v. 11.11.2011 – IV C 2 - S 1978-b/08/10001 – DOK 2011/0903665, BStBl. I 2011, 1314, Rz. Org.16.

de finanzielle Eingliederung zugerechnet.[1] Allerdings ist dem übernehmenden Rechtsträger die zum bisherigen Organträger bestehende finanzielle Eingliederung nach Auffassung der Finanzverwaltung frühestens ab dem steuerlichem Übertragungsstichtag zuzurechnen.[2] Für den Fall der Ausgliederung bzw. Einbringung der Beteiligung an einer Organgesellschaft im Wege eines (reinen) Anteilstauschs hat dies nach Auffassung der Finanzverwaltung zur Folge, dass die finanzielle Eingliederung in den übernehmenden Rechtsträger erst ab der zivilrechtlichen Wirksamkeit der Ausgliederung bzw. ab Übergang des wirtschaftlichen Eigentums an der Beteiligung an der Organgesellschaft anzunehmen ist, da insoweit mangels Verweis des § 21 UmwStG auf § 20 Abs. 5, 6 UmwStG keine Rückwirkung möglich ist.[3] Diese Auffassung steht nicht in Einklang mit der Rechtsprechung des BFH, als der Anteilstausch zum Buchwert oder einem Zwischenwert erfolgt. In diesen Fällen tritt der übernehmende Rechtsträger nach §§ 23 Abs. 1 Satz 1, 12 Abs. 3, 4 Abs. 2 Satz 1 UmwStG in die Rechtsstellung des ausgliedernden bzw. einbringenden Rechtsträgers ein. Die hierdurch bedingte steuerliche Rechtsnachfolge führt nach der Rechtsprechung des BFH dazu, dass die Zeiträume der finanziellen Eingliederung zusammenzurechnen sind. Auf die Frage der Rückwirkung kommt es insoweit nicht an.[4]

Bei der **Einbringung eines Teilbetriebs** in eine neu gegründete oder bereits bestehende Tochterkapitalgesellschaft zur Neugründung[5] und unterhalb des gemeinen Werts kann nach der Rechtsprechung des BFH mit Wirkung ab dem steuerlichen Übertragungsstichtag ein Organschaftsverhältnis zwischen dem ausgliedernden Rechtsträger und der neu gegründeten Kapitalgesellschaft begründet werden (Rz. 20.55). 20.58

7. Formwechsel

Die **formwechselnde Umwandlung eines Organträgers** steht dem Fortbestand eines Ergebnisabführungsvertrages für sich betrachtet nicht entgegen.[6] Mit Blick auf den Fortbestand der steuerlichen Organschaft ist der Formwechsel eines **Organträgers** dann unschädlich, wenn die aus dem Formwechsel entstehende neue Rechtsform als Organträger fungieren kann, es sich also entweder um eine Kapitalgesellschaft oder eine gewerblich tätige Personengesellschaft handelt (vgl. § 14 Abs. 1 Satz 1 Nr. 2 KStG und R 14.3 KStR). Mit Blick auf die Rechtsprechung des BFH[7] kommt auch eine rückwirkende Herstellung der Organträgereignung einer (nicht gewerblich tätigen) Personengesellschaft durch formwechselnde Umwandlung in eine Kapitalgesellschaft in Betracht.[8] Sofern im Anschluss an eine formwechselnde Umwandlung eines Organträgers zu diesem erstmals eine Organschaft begründet werden soll, kann diese nach Verwaltungsauffassung durch den Rechtsträger neuer Rechtsform dann rückwirkend begründet werden, wenn diesem die Anteile an der künftigen Organgesellschaft bereits zu Beginn des 20.59

---

1 BMF v. 11.11.2011 – IV C 2 – S 1978-b/08/10001 – DOK 2011/0903665, BStBl. I 2011, 1314, Rz. Org.14.
2 BMF v. 11.11.2011 – IV C 2 – S 1978-b/08/10001 – DOK 2011/0903665, BStBl. I 2011, 1314, Rz. Org.14.
3 BMF v. 11.11.2011 – IV C 2 – S 1978-b/08/10001 – DOK 2011/0903665, BStBl. I 2011, 1314, Rz. Org.15.
4 BFH v. 10.5.2017 – I R 19/15, FR 2018, 39; BFH v. 28.7.2010 – I R 111/09, GmbHR 2011, 44 = BFH/NV 2011, 67.
5 Nach Verwaltungsauffassung gilt dies wohl auch für Einbringungen in bestehende Tochterkapitalgesellschaften, vgl. BMF v. 11.11.2011 – IV C 2 – S 1978-b/08/10001 – DOK 2011/0903665, BStBl. I 2011, 1314, Rz. Org.13.
6 *Meister/Klöcker* in Kallmeyer, UmwG[6], § 202 Rz. 18.
7 BFH v. 17.9.2003 – I R 55/02, BStBl. II 2004, 534 = FR 2004, 36 m. Anm. *Lieber*.
8 *Meyer*, GmbH-StB 2005, 237 (240).

betreffenden Wirtschaftsjahrs der Organgesellschaft zuzurechnen waren oder diesem steuerlich rückwirkend nach §§ 2, 20 Abs. 5 und 6 oder § 24 Abs. 4 UmwStG zuzurechnen sind.[1]

20.60 Auch die **formwechselnde Umwandlung einer Organgesellschaft** steht dem Fortbestand eines Ergebnisabführungsvertrages für sich betrachtet nicht entgegen und zwar selbst dann nicht, wenn diese in eine Personengesellschaft umgewandelt wird.[2] Demgegenüber ist die formwechselnde Umwandlung der **Organgesellschaft** mit Blick auf den Fortbestand des Organschaftsverhältnisses nur dann unschädlich, sofern die neue Rechtsform als Organgesellschaft fungieren kann ist (andere Kapitalgesellschaft).[3] Bei Umwandlung einer Organgesellschaft in eine Personengesellschaft endet der Ergebnisabführungsvertrag zum steuerlichen Übertragungsstichtag.[4] Sofern dieser nicht auf den Jahresabschlussstichtag der Organgesellschaft fällt, dürfte ein steuerliches Rumpf-Wirtschaftsjahr anzunehmen sein, das zum steuerlichen Übertragungsstichtag endet.[5] Für dieses letzte Rumpf-Wirtschaftsjahr dürfte die steuerliche Organschaft grds. noch anzuerkennen sein. Der Ergebnisabführungsvertrag endet hierdurch jedoch nicht automatisch, sondern muss gekündigt oder aufgehoben werden, um ihn zu beenden.[6]

20.61 Bei formwechselnder Umwandlung einer Personengesellschaft in eine Kapitalgesellschaft ist eine **rückwirkende Begründung einer Organschaft**, jedenfalls soweit die Personengesellschaft zu diesem Zeitpunkt bereits bestanden hat und finanziell eingegliedert war, zu dieser Kapitalgesellschaft (als Organgesellschaft) möglich:

Beispiel: Formwechsel einer Personengesellschaft in eine Kapitalgesellschaft. Die Organträgerin OT ist seit Beginn des Jahres 01 zu 100 % als Kommanditistin an einer KG beteiligt. Im Laufe des Jahres 01 wird die KG mit steuerlicher Rückwirkung (nach §§ 25, 20 Abs. 6 Satz 1, 9 Satz 2, 2 Abs. 1 UmwStG) zum 1.1.01 bzw. unter Zugrundelegung der Bilanz der KG zum 31.12.00 nach §§ 190 ff., 214 ff. UmwG in eine GmbH formgewechselt.

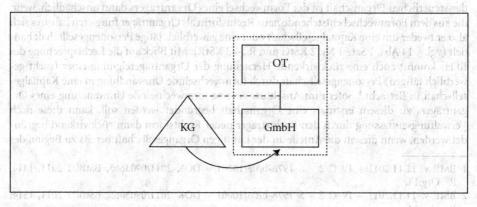

1 BMF v. 11.11.2011 – IV C 2 – S 1978-b/08/10001 – DOK 2011/0903665, BStBl. I 2011, 1314, Rz. Org.10 iVm. Org.03.
2 OLG Düsseldorf v. 27.2.2004 – 19 W 3/00 AktE, NZG 2005, 280.
3 BMF v. 11.11.2011 – IV C 2 – S 1978-b/08/10001 – DOK 2011/0903665, BStBl. I 2011, 1314, Rz. Org.24.
4 BMF v. 11.11.2011 – IV C 2 – S 1978-b/08/10001 – DOK 2011/0903665, BStBl. I 2011, 1314, Rz. Org.24.
5 BFH v. 21.12.2005 – I R 66/05, BStBl. II 2006, 469 = FR 2006, 604 = GmbHR 2006, 497 m. Anm. Sinewe.
6 OLG Düsseldorf v. 27.2.2004 – 19 W 3/00 AktE, NZG 2005, 280.

In dieser Fallkonstellation ist die rückwirkende Begründung eines Organschaftsverhältnisses möglich, dh. die Organträgerin OT kann mit der aus dem Formwechsel entstandenen GmbH ab 1.1.01 ein Organschaftsverhältnis begründen. Der BFH hat insoweit entschieden, dass eine durch eine (übertragende) Umwandlung aus einer Personengesellschaft entstandene Kapitalgesellschaft rückwirkend vom Beginn eines Wirtschaftsjahres an Organgesellschaft sein kann, wenn der steuerliche Übertragungsstichtag auf den Beginn des Wirtschaftsjahres zurückverlegt wird und die Eingliederungsvoraussetzungen tatsächlich bereits zu Beginn des Wirtschaftsjahres erfüllt waren.[1] Dies gilt mE wegen der Reichweite der umwandlungssteuerlichen Rechtsnachfolge[2] und ggf. entgegen der insoweit engen Anwendungsregelung der Verwaltung[3] auch dann, wenn die KG auf die GmbH rückwirkend verschmolzen wird und der übernehmende Rechtsträger das „eingebrachte" Betriebsvermögen mit einem unter dem gemeinen Wert liegenden Wert ansetzt (§§ 23 Abs. 1, 12 Abs. 3 UmwStG).[4]

8. Anwachsung

Anwachsung einer Organträger-Personengesellschaft. Wie bei Umwandlungen nach UmwG stellt sich die Frage, ob eine nahtlose Fortsetzung der Organschaft zu einem neuen Organträger möglich ist auch dann, wenn das Vermögen eines Organträgers in der Rechtsform einer Personengesellschaft infolge des Ausscheidens ihres vorletzten Gesellschafters auf den letzten verbleibenden Gesellschafter anwächst. Der Ergebnisabführungsvertrag geht aufgrund der anwachsungsbedingten Gesamtrechtsnachfolge (§ 738 Abs. 1 BGB) auf den letzten verbleibenden Gesellschafter über.[5] Folglich ist von Bedeutung, ob im Jahr der Anwachsung durchgängig eine finanzielle Eingliederung in den Organträger gegeben war. Unkritisch ist dies in den Fällen, in denen die Organgesellschaft bereits vor der Anwachsung mittelbar in den letzten verbleibenden Gesellschafter der Organträger-Personengesellschaft eingegliedert war. Sofern dies nicht der Fall ist, unterscheidet die Finanzverwaltung für die Beurteilung des Vorliegens der finanziellen Eingliederung wie folgt:[6]

20.62

- Sofern die Anwachsung Folge einer übertragenden Umwandlung mit steuerlicher Rückwirkung ist, ist dem verbleibenden Gesellschafter die Beteiligung an der Organgesellschaft auch mit steuerlicher Rückwirkung zuzurechnen.

- Ist die Anwachsung Folge einer Übertragung, für die die steuerliche Rückwirkung nach dem UmwStG nicht gilt (zB Veräußerung der Mitunternehmerbeteiligung), ist die Beteiligung an der Organgesellschaft dem verbleibenden Gesellschafter erst mit Übergang des wirtschaftlichen Eigentums zuzurechnen.

Dieser Auffassung dürfte zuzustimmen sein. Zwar handelt es sich bei der Anwachsung um einen Vorgang mit Gesamtrechtsnachfolge (§ 738 BGB). Jedoch kommt es insoweit nicht zu einem Eintritt des letzten verbleibenden Gesellschafters in die steuerliche Rechtsstellung der Organträger-Personengesellschaft. Folglich kommt es nicht zu einer „Zusammenrechnung" der Zeiten finanzieller Eingliederung und eine rückwirkende Zurechnung der finanziellen Einglie-

---

1 BFH v. 17.9.2003 – I R 55/02, BStBl. II 2004, 534 = FR 2011, 184 sowie BMF v. 11.11.2011 – IV C 2 - S 1978-b/08/10001 – DOK 2011/0903665, BStBl. I 2011, 1314, Rz. Org.25.
2 Vgl. hierzu BFH v. 10.5.2017 – I R 19/15, FR 2018, 39; BFH v. 28.7.2010 – I R 89/09, BStBl. II 2011, 528 = FR 2011, 184; BFH v. 28.7.2010 – I R 111/09, GmbHR 2011, 44 = BFH/NV 2011, 67.
3 BMF v. 24.5.2004 – IV A 2 - S 2770 - 15/04, DB 2004, 1343.
4 So auch *Sinewe*, GmbHR 2004, 62 (63).
5 BFH v. 10.5.2017 – I R 51/15, BStBl. II 2018, 30.
6 BMF v. 11.11.2011 – IV C 2 - S 1978-b/08/10001 – DOK 2011/0903665, BStBl. I 2011, 1314, Rz. Org.18.

derung kommt nur insoweit in Betracht, als die die Anwachsung auslösende Transaktion eine solche ist, die mit steuerlicher Rückwirkung erfolgen kann.[1]

9. Umwandlung als wichtiger Grund für die fristlose bzw. vorzeitige Beendigung eines Ergebnisabführungsvertrags

20.63 **Wichtiger Grund im Zivilrecht.** Nach § 297 Abs. 1 AktG ist eine fristlose Kündigung nur „aus wichtigem Grunde" möglich. Ein wichtiger Grund liegt nach dem Gesetzeswortlaut insbesondere dann vor, wenn der andere Vertragsteil voraussichtlich nicht in der Lage sein wird, seine auf Grund des Vertrags bestehenden Verpflichtungen zu erfüllen. Zudem können die Vertragspartner im Rahmen der Vertragsfreiheit auch festlegen, dass bestimmte, durch die Vertragsparteien beeinflussbare Tatsachen als wichtiger Grund für eine fristlose Kündigung des Ergebnisabführungsvertrags gelten sollen. (Rz. 20.13).[2]

20.64 **Wichtiger Grund im Steuerrecht.** Nach § 14 Abs. 1 Satz 1 Nr. 3 Satz 1 KStG muss ein Ergebnisabführungsvertrag auf fünf Jahre abgeschlossen sein, um steuerlich anerkannt werden zu können. Eine vorzeitige Beendigung ist nach § 14 Abs. 1 Satz 1 Nr. 3 Satz 2 KStG nur dann unschädlich, wenn diese auf einem wichtigem Grund beruht. Die Finanzverwaltung sieht insbesondere in folgenden Umwandlungsvorgängen einen solchen wichtigen Grund:

– Einbringung der Organbeteiligung durch den Organträger, R 14.5 Abs. 6 Satz 2 KStR,

– Verschmelzung oder Spaltung des Organträgers[3], R 14.5 Abs. 6 Satz 2 KStR, einschließlich der Abwärtsverschmelzung des Organträgers auf die Organgesellschaft,[4]

– Verschmelzung oder Spaltung der Organgesellschaft, R 14.5 Abs. 6 Satz 2 KStR.[5]

Der Formwechsel, jedenfalls ein solcher in eine Kapitalgesellschaft anderer Rechtsform, stellt demgegenüber keinen wichtigen Grund dar, R 14.5 Abs. 6 Satz 2 KStR. Demgegenüber kann ein typusändernder Formwechsel mE grundsätzlich einen wichtigen Grund für die vorzeitige Beendigung des Ergebnisabführungsvertrags darstellen.[6] Die frühere Verwaltungsauffassung, wonach bei Beendigung des Ergebnisabführungsvertrags aufgrund Verschmelzung oder Spaltung der Organgesellschaft selbst dann ein wichtiger Grund anzunehmen sei, wenn bereits im Zeitpunkt des Vertragsabschlusses feststand, dass der Ergebnisabführungsvertrag vor Ablauf der ersten fünf Jahre beendet werden wird, findet sich in den KStR 2015 nicht mehr.[7] Mit Blick auf die Rechtsprechung des BFH[8] kann zudem ungeachtet der Richtlinienregelung Vorsicht geboten sein, insbesondere wenn die fragliche Umwandlung innerhalb eines Konzernverbunds erfolgt und sich die Beendigung der Organschaft durch eine konzern-

---

[1] AA Neumann in Gosch[3], § 14 KStG Rz. 160b und Brühl/Binder, Ubg 2016, 647.
[2] BGH v. 5.4.1993 – II ZR 238/91, GmbHR 1993, 446 = NJW 1993, 1976; LG München v. 14.12.2006 – HK O 17059/06, Der Konzern 2007, 279.
[3] BMF v. 11.11.2011 – IV C 2 – S 1978-b/08/10001 – DOK 2011/0903665, BStBl. I 2011, 1314, Rz. Org.12.
[4] BMF v. 11.11.2011 – IV C 2 – S 1978-b/08/10001 – DOK 2011/0903665, BStBl. I 2011, 1314, Rz. Org.04.
[5] BMF v. 11.11.2011 – IV C 2 – S 1978-b/08/10001 – DOK 2011/0903665, BStBl. I 2011, 1314, Rz. Org.26.
[6] Evtl. aA die Finanzverwaltung, BMF v. 11.11.2011 – IV C 2 - S 1978-b/08/10001 – DOK 2011/0903665, BStBl. I 2011, 1314, Rz. Org.12.
[7] So noch R 60 Abs. 6 Satz 3, 4 KStR 2004, anders nunmehr R 14.5 Abs. 6 Satz 3 KStR.
[8] BFH v. 13.11.2013 – I R 45/12, BStBl. II 2014, 486 = FR 2014, 608.

interne Umwandlung einer Organgesellschaft angesichts der Sachverhaltsumstände als steuerlich motiviertes Unterlaufen der Mindestlaufzeit des § 14 Abs. 1 Satz 1 Nr. 3 Satz 1 KStG darstellen könnte (Rz. 6.35).

III. Auswirkungen auf organschaftliche Ausgleichsposten

1. Begriff und Zweck von Ausgleichsposten

Begriff. In der Steuerbilanz eines Organträgers sind nach § 14 Abs. 4 Satz 1 KStG erfolgsneutral aktive bzw. passive Ausgleichsposten zu bilden für in organschaftlicher Zeit verursachte Minder- bzw. Mehrabführungen einer Organgesellschaft, dh. für Unterschiede zwischen dem an den Organträger abgeführten Gewinn der Organgesellschaft und dem Steuerbilanzgewinn der Organgesellschaft (§ 14 Abs. 4 Satz 6 KStG). Diese Unterschiede können zB resultieren aus

20.65

– (der Änderung von) Bewertungsunterschieden bei Aktiv- oder Passivposten der Handels- bzw. Steuerbilanz, zB iVm. einer Sach- oder Anteilseinbringung durch die Organgesellschaft in eine andere Kapitalgesellschaft, die steuerlich mit dem Buchwert, in der Handelsbilanz jedoch mit dem Verkehrswert angesetzt wird,[1]

– der Bildung oder Auflösung einer Rücklage gem. § 14 Abs. 1 Satz 1 Nr. 4 KStG,

– der Verpflichtung zum Ausgleich vorvertraglicher Verluste.

Zweck. Ein aktiver Ausgleichsposten fingiert die Abführung und Wiedereinlage einer Minderabführung und dient dem Ziel, eine Doppelbesteuerung der während des Bestehens der Organschaft erzielten Erträge der Organgesellschaft zu vermeiden. Umgekehrt dient ein passiver Ausgleichsposten dazu, die Nichtbesteuerung von Mehrabführungsbeträgen zu vermeiden. Nach Auffassung des BFH[2] ist ein passiver Ausgleichsposten für Mehrabführungen nicht zu bilden, sofern die Steuerbilanzabweichung (im entschiedenen Fall aufgrund § 15a EStG) durch eine außerbilanzielle Korrektur neutralisiert wird und damit das dem Organträger zuzurechnende Einkommen durch die Mehrabführung nicht gemindert wird oder wenn es zwar zu einer Abweichung zwischen handels- und steuerrechtlich ermitteltem Gewinn kommt, diese Abweichung jedoch aus einem außerbilanziellen Abzugsverbot resultiert.[3] Wenngleich nach § 14 Abs. 4 Satz 6 KStG Mehrabführungen insbesondere dann vorliegen, wenn der an den Organträger abgeführte Gewinn von dem Steuerbilanzgewinn der Organgesellschaft abweicht und diese Abweichung in organschaftlicher Zeit verursacht ist, sei diese bilanzielle Betrachtung dann zu durchbrechen und keine Mehrabführung anzunehmen, wenn die Abweichung zwischen der handelsrechtlichen Gewinnabführung und dem Steuerbilanzgewinn durch die außerbilanzielle Zurechnung nicht abziehbarer Verluste i.S.d. § 15a EStG neutralisiert wird. Die Entscheidung darüber, ob von einer Mehr- oder Minderabführung auszugehen ist, sei am Grundanliegen des Gesetzgebers auszurichten, die Einmalbesteuerung der

20.66

---

1 BMF v. 11.11.2011 – IV C 2 - S 1978-b/08/10001 – DOK 2011/0903665, BStBl. I 2011, 1314, Rz. Org.28.

2 BFH v. 29.8.2012 – I R 65/11, BStBl. II 2013, 555 = FR 2013, 285.

3 BFH v. 15.3.2017 – I R 67/15, BFH/NV 2017, 1276, wonach eine durch die steuerliche Nichtabzugsfähigkeit eines Übernahmeverlustes nach § 12 UmwStG bedingte Abweichung keine Minderabführung auslöst.

organschaftlichen Erträge beim Organträger sicherzustellen. Nach Auffassung der Finanzverwaltung ist diese Entscheidung nur für vergleichbare Fallkonstellationen anzuwenden.[1]

2. Auflösung von Ausgleichsposten

20.67 **Auflösungsgründe.** Die bloße Beendigung eines Ergebnisabführungsvertrags lässt einen aktiven oder passiven Ausgleichsposten unberührt. Ausgleichsposten sind hingegen aufzulösen

– während des Bestehens der Organschaft bei Auflösung der Unterschiede zwischen dem an den Organträger abgeführten Gewinn der Organgesellschaft und dem Steuerbilanzgewinn der Organgesellschaft (erfolgsneutrale Auflösung des Ausgleichspostens),

– nach § 14 Abs. 4 Satz 2 KStG bei Veräußerung der Organbeteiligung (gewinnwirksame Auflösung), R 14.8 Abs. 3 KStR.

Eine veräußerungsbedingte und somit gewinnwirksame Auflösung eines Ausgleichspostens erhöht bzw. verringert das Einkommen des Organträgers vorbehaltlich der nach § 14 Abs. 4 Satz 3 KStG anzuwendenden Regelungen des § 8b KStG sowie der §§ 3 Nr. 40, 3c Abs. 2 EStG.

20.68 Nach Auffassung der Finanzverwaltung sind organschaftliche Ausgleichsposten **Korrekturposten zum Beteiligungsbuchwert.**[2] Die Auflösung des Ausgleichspostens im Zusammenhang mit der Veräußerung einer Beteiligung erhöht oder verringert somit den Veräußerungsgewinn oder -verlust und § 8b KStG ist nach Verwaltungsauffassung auf den saldierten Betrag anzuwenden (Rz. 20.21).[3] Die steuerlichen Folgen der Auflösung eines Ausgleichspostens sind wegen der Anwendbarkeit der § 8b KStG sowie der §§ 3 Nr. 40, 3c Abs. 2 EStG insbesondere bedeutsam für Organträger, die keine Kapitalgesellschaften sind.

20.69 **Auflösung bei Umwandlung.** Die Finanzverwaltung geht bzgl. Verschmelzung und Spaltungen allgemein davon aus, dass diese als Veräußerungen[4] anzusehen sind und somit grundsätzlich zur gewinnwirksamen Auflösung bestehender Ausgleichsposten führen. Insbesondere lösen nach Verwaltungsauffassung die folgenden Umwandlungsvorgänge zwingend eine (ggf. anteilige) Auflösung des Ausgleichspostens aus:

– die Aufwärts- und Seitwärtsverschmelzung eines Organträgers zum Zwischen- oder Verkehrswert,[5]

– die Abwärtsverschmelzung eines Organträger,[6]

– die Aufspaltung eines Organträgers zum Zwischen- oder Verkehrswert,[7]

---

1 BMF v. 15.7.2013 – IV C 2 - S 2770/07/10004:004, BStBl. I 2013, 921.
2 BMF v. 26.8.2003 – IV A 2 - S 2770 - 18/03, BStBl. I 2003 437 = FR 2003, 981, Rz. 43; aA wohl BFH v. 29.8.2012 – I R 65/11, BStBl. II 2013, 555 = FR 2013, 285.
3 OFD Frankfurt v. 8.11.2005 – S 2750a A - St II 1.01, DB 2005, 2608, auch R 14.8 Abs. 3 KStR; vgl. auch *von Freeden/Joisten*, Ubg 2014, 512.
4 BMF v. 11.11.2011 – IV C 2 - S 1978-b/08/10001 – DOK 2011/0903665, BStBl. I 2011, 1314, Rz. 00.02.
5 BMF v. 11.11.2011 – IV C 2 - S 1978-b/08/10001 – DOK 2011/0903665, BStBl. I 2011, 1314, Rz. Org.05.
6 BMF v. 11.11.2011 – IV C 2 - S 1978-b/08/10001 – DOK 2011/0903665, BStBl. I 2011, 1314, Rz. Org.05.
7 BMF v. 11.11.2011 – IV C 2 - S 1978-b/08/10001 – DOK 2011/0903665, BStBl. I 2011, 1314, Rz. Org.06.

- die Abspaltung der Beteiligung an einer Organgesellschaft zum Zwischen- oder Verkehrswert,[1]

- die Ausgliederung bzw. Einbringung der Beteiligung an einer Organgesellschaft zum Zwischen- oder Verkehrswert,[2]

- die Verschmelzung einer Organgesellschaft,[3]

- die Aufspaltung einer Organgesellschaft,[4]

- die Abspaltung von einer Organgesellschaft zum Zwischen- oder Verkehrswert,[5]

- der Formwechsel einer Organgesellschaft in eine Personengesellschaft.[6]

Die Auflösung eines Ausgleichspostens führt beim übertragenden Rechtsträger zu einer Erhöhung (passiver Ausgleichsposten) bzw. einer Minderung (aktiver Ausgleichsposten) des umwandlungsbedingt entstehenden Übertragungsgewinns.

Keine Auflösung des Ausgleichspostens ist nach Verwaltungsauffassung in folgenden Fällen erforderlich:

20.70

- bei Buchwertumwandlung eines Organträgers und Fortführung der Organschaft durch den neuen Organträger,[7]

- bei Buchwertabspaltung von einer Organgesellschaft und Fortführung der Organschaft durch den neuen Organträger,[8]

- bei Formwechsel der Organgesellschaft in eine andere Kapitalgesellschaft,[9]

- bei Anwachsung.[10]

---

1 BMF v. 11.11.2011 – IV C 2 - S 1978-b/08/10001 – DOK 2011/0903665, BStBl. I 2011, 1314, Rz. Org.07; vgl. hierzu auch *Schmidtmann*, DStR 2014, 405.
2 BMF v. 11.11.2011 – IV C 2 - S 1978-b/08/10001 – DOK 2011/0903665, BStBl. I 2011, 1314, Rz. Org. 08 bzw. Org.16.
3 BMF v. 11.11.2011 – IV C 2 - S 1978-b/08/10001 – DOK 2011/0903665, BStBl. I 2011, 1314, Rz. Org.21.
4 BMF v. 11.11.2011 – IV C 2 - S 1978-b/08/10001 – DOK 2011/0903665, BStBl. I 2011, 1314, Rz. Org.23, Org.21.
5 BMF v. 11.11.2011 – IV C 2 - S 1978-b/08/10001 – DOK 2011/0903665, BStBl. I 2011, 1314, Rz. Org.22.
6 BMF v. 11.11.2011 – IV C 2 - S 1978-b/08/10001 – DOK 2011/0903665, BStBl. I 2011, 1314, Rz. Org.24.
7 BMF v. 11.11.2011 – IV C 2 - S 1978-b/08/10001 – DOK 2011/0903665, BStBl. I 2011, 1314, Rz. Org.05 (Verschmelzung), Org.06 (Aufspaltung), Org.07 (Abspaltung), Org.08 u. Org.18 (Ausgliederung).
8 BMF v. 11.11.2011 – IV C 2 - S 1978-b/08/10001 – DOK 2011/0903665, BStBl. I 2011, 1314, Rz. Org.22.
9 BMF v. 11.11.2011 – IV C 2 - S 1978-b/08/10001 – DOK 2011/0903665, BStBl. I 2011, 1314, Rz. Org.24.
10 BMF v. 11.11.2011 – IV C 2 - S 1978-b/08/10001 – DOK 2011/0903665, BStBl. I 2011, 1314, Rz. Org.18.

In diesen Fällen ist der Ausgleichsposten durch den neuen Organträger (bzw. im Fall des Formwechsels vom bisherigen Organträger) fortzuführen.

Beispiel: Ausgleichsposten. Im Jahr 01 bildet eine Organgesellschaft („OG-GmbH", Geschäftsjahr entspricht Kalenderjahr) eine steuerlich nicht anzuerkennende Drohverlustrückstellung. Unter Zugrundelegung der Bilanz zum 31.12.01 wird deren Organträger („OT alt") auf eine andere Kapitalgesellschaft („OT neu") verschmolzen. Im Jahr 03 wird die Drohverlustrückstellung gewinnerhöhend aufgelöst.

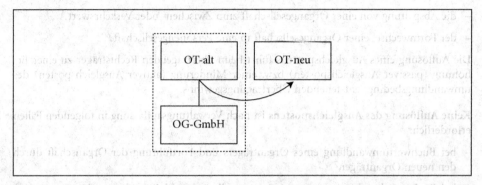

Die Bildung der Drohverlustrückstellung in der Handelsbilanz der OG-GmbH führt im Jahr 01 zu einer in organschaftlicher Zeit verursachten Minderabführung, da die handelsrechtliche Gewinnabführung niedriger ist als der Steuerbilanzgewinn der OG-GmbH. Aufgrund dieser Minderabführung ist bei OT-alt nach § 14 Abs. 4 Satz 1 KStG ein aktiver Ausgleichsposten zu bilden. Sofern die Verschmelzung auf Antrag (§ 11 Abs. 2 Satz 1 UmwStG) zu Buchwerten vollzogen wird und OT-neu das aufgrund Gesamtrechtsnachfolge grds. übergehende (Rz. 20.40) Organschaftsverhältnis zur OG-GmbH fortsetzt, hat OT-neu den Ausgleichsposten fortzuführen. Ansonsten ist dieser Ausgleichsposten anlässlich der als Veräußerung zu wertenden Verschmelzung des OT-alt grundsätzlich erfolgswirksam aufzulösen und mindert das Übertragungsergebnis. Soweit die Verschmelzung zu gemeinen Werten erfolgt, ist der Ausgleichsposten vollständig aufzulösen. Bei einer Verschmelzung zu Zwischenwerten ist der aktive Ausgleichsposten anteilig aufzulösen. Ein aus einer ggf. vorzunehmenden Auflösung des aktiven Ausgleichspostens entstehender Übernahmeverlust mindert das Einkommen des OT-alt wegen § 8b Abs. 3 KStG nicht, wenn OT-alt die Rechtsform einer Kapitalgesellschaft hat. Ist OT-alt eine natürliche Person oder eine Personengesellschaft, an der (auch) natürliche Personen beteiligt sind, ist insoweit § 3c Abs. 2 EStG anzuwenden, so dass der Auflösungsverlust iHv. 60 % steuerlich abzugsfähig ist.

20.71 Kritik. Angesichts dessen, dass ein Ausgleichsposten grundsätzlich auch bei Beendigung eines Organschaftsverhältnisses (ohne gleichzeitige Veräußerung der Organbeteiligung) fortzuführen ist, verwundert die Verwaltungsauffassung, wonach neben der Buchwertfortführung zudem auch die Fortführung des Organschaftsverältnisses Voraussetzung für die Nichtauflösung organschaftlicher Ausgleichsposten ist. Dies kann dazu führen, dass der Ausgleichsposten als Korrekturposten zum Beteiligungsansatz (Rz. 20.68) ertragswirksam aufzulösen ist, obgleich die stillen Reserven in der Beteiligung fortgeführt werden.[1] Konsequent scheint insoweit die Sichtweise, dass der Ausgleichsposten das Schicksal der Beteiligung teilt, also nur dann ertragswirksam aufzulösen ist, wenn die Umwandlung nicht zum steuerlichen Buchwert erfolgt.

---

1 *Sistermann*, Beihefter zu DStR 2012, Heft 2, 18 (21).

IV. Umwandlungsspezifische Fragen der Gewinnabführung und Einkommenszurechnung

1. Veränderungen auf Ebene des Organträgers

Zurechnung des Einkommens der Organgesellschaft. Das Einkommen der Organgesellschaft ist dem Organträger für das Kalenderjahr (bzw. den Veranlagungszeitraum) zuzurechnen, in dem die Organgesellschaft das Einkommen bezogen hat.[1] Bei nahtloser Fortsetzung einer bestehenden Organschaft nach Umwandlung des Organträgers auf einen anderen Rechtsträger (etwa bei Verschmelzung des Organträgers) ist das Organeinkommen demjenigen Rechtsträger zuzurechnen, der zum Schluss des Wirtschaftsjahrs der Organgesellschaft als Organträger anzusehen ist.[2] Bei der Verschmelzung einer Organgesellschaft zum Ende deren Geschäftsjahres bedingt dies, dass das Einkommen dieses Jahres noch dem bisherigen Organträger zuzurechnen ist. Bei einer (aus Sicht der Organgesellschaft) unterjährigen Verschmelzung eines Organträgers ist das Einkommen der Organgesellschaft steuerlich insgesamt dem neuen Organträger zuzurechnen und zwar ungeachtet dessen, dass auf Ebene des bisherigen Organträgers verschmelzungsbedingt ein Rumpfwirtschaftsjahr[3] entsteht (Rz. 20.37).

20.72

Organträger-Personengesellschaft. Der sich nach Maßgabe der Handelsbilanz ergebende Anspruch einer Organträger-Personengesellschaft auf Gewinnabführung entsteht erst mit dem Ende des Wirtschaftsjahres der jeweiligen Organgesellschaft. Erst zu diesem Zeitpunkt ist der Organträger das Organeinkommen, welches aus der Steuerbilanz der Organgesellschaft abgeleitet wird, zuzurechnen. Nach Auffassung des BFH[4] ist das Einkommen einer Organgesellschaft daher entsprechend dem allgemeinen Gewinnverteilungsschlüssel nur den Gesellschaftern einer Organträger-Personengesellschaft zuzurechnen, die im Zeitpunkt der Einkommenszurechnung an dem Organträger beteiligt sind. Sofern sich im Laufe des Wirtschaftsjahres des Organträgers umwandlungsbedingte Änderungen im Bestand der Gesellschafter ergeben haben, kommt es zu keiner zeitanteiligen Zurechnung des Organeinkommens zu den ausgeschiedenen Gesellschaftern der Organträger-Personengesellschaft.

20.73

2. Umwandlung unter Beteiligung einer Organgesellschaft

a) Behandlung von Übertragungs- und Einbringungsergebnissen

Begriff. Das Übertragungs- bzw. Einbringungsergebnis entsteht bei einer Umwandlung auf der Ebene des übertragenden Rechtsträgers und entspricht dem Gewinn oder Verlust aus dem Ansatz der Wirtschaftsgüter des übertragenden Rechtsträgers in seiner steuerlichen Schlussbilanz zu Zwischenwerten oder gemeinen Werten. Mit Blick auf Organgesellschaften kann ein Übertragungs- oder Einbringungsergebnis entstehen

20.74

- im Rahmen der Verschmelzung, Auf- oder Abspaltung (von) einer Organgesellschaft auf eine andere Kapitalgesellschaft (§ 11 UmwStG),

- bei Verschmelzung oder Formwechsel einer Organgesellschaft auf/in eine Personengesellschaft (§ 3 UmwStG), wenn ein Antrag, die Buchwerte fortzuführen nicht möglich ist oder nicht gestellt wird (Übertragungsergebnis),

---

1 BFH v. 29.10.1974 – I R 240/72, BStBl. II 1975, 126.
2 BMF v. 11.11.2011 – IV C 2 – S 1978-b/08/10001 – DOK 2011/0903665, BStBl. I 2011, 1314, Rz. Org.19.
3 BFH v. 21.12.2005 – I R 66/05, BStBl. II 2006, 469 = FR 2006, 604.
4 BFH v. 28.2.2013 – IV R 50/09, BStBl. II 2013, 494 = FR 2013, 1137.

– oder bei Ausgliederung bzw. Einbringung aus einer Organgesellschaft auf (in) eine Kapitalgesellschaft, aufgrund entsprechendem Ansatz der übergehenden Wirtschaftsgüter bei der Übernehmerin (Einbringungsergebnis, §§ 20 Abs. 2, 21 Abs. 1 UmwStG).

20.75 Handelsbilanz. Handelsbilanziell kann ein Übertragungsgewinn wegen der bei Verschmelzung, Auf- und Abspaltung nach § 17 Abs. 2 UmwG bestehenden Pflicht zum Ansatz der Buchwerte[1] in der Schlussbilanz der übertragenden Gesellschaft nur bei Ausgliederung entstehen.[2] Soweit eine Organgesellschaft einen Ausgliederungsgewinn erzielt, ist dieser abführungspflichtig.[3] In Anbetracht der Aufgabe der Maßgeblichkeit der Handels- für die Steuerbilanz im Rahmen der Novellierung des UmwStG durch das SEStEG ergibt sich bei Ausgliederungen die Möglichkeit, auf Ebene einer Organgesellschaft vorhandene stille Reserven durch Ausgliederung des Geschäftsbetriebs der Organgesellschaft oder der Beteiligung an dieser auf eine Tochterkapitalgesellschaft handelsbilanziell zu realisieren und sie in eine Gewinnabführung zu transformieren. Steuerlich können – ungeachtet der Gewinnrealisierung in der Handelsbilanz – auf Antrag der übernehmenden Tochterkapitalgesellschaft die Buchwerte der entsprechenden Wirtschaftsgüter fortgeführt werden, sofern die Voraussetzungen des § 20 Abs. 2 Satz 2 UmwStG erfüllt sind. Entsprechend entsteht auf Ebene der ausgliedernden Organgesellschaft kein steuerpflichtiger Gewinn (§ 20 Abs. 3 Satz 1 UmwStG).

Beispiel: Betriebsausgliederung zu Zeitwerten. Die Organgesellschaft („OG-GmbH") verfügt über erhebliche stille Reserven, die realisiert und an die Gesellschafter der Organträgerin („OT-KG"), eine AG und eine natürliche Person, ausgekehrt werden sollen.

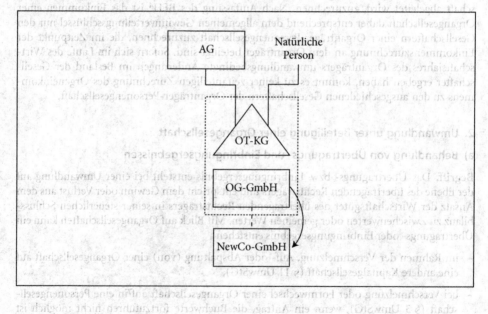

---

1 IDW RS HFA 43 Rz. 10 f.
2 IDW RS HFA 43 Rz. 21.
3 BMF v. 11.11.2011 – IV C 2 - S 1978-b/08/10001 – DOK 2011/0903665, BStBl. I 2011, 1314, Rz. Org.27; *Rödder*, DStR 2011, 1053 (1058); vgl. auch Nachweise bei *Vogel*, DB 2011, 1239 (1241).

Zur Realisierung der stillen Reserven bringt die OG-GmbH ihren Geschäftsbetrieb durch Ausgliederung zu Zeitwerten[1] in eine neu gegründete NewCo-GmbH ein. Die OG-GmbH erzielt somit handelsbilanziell einen entsprechenden Gewinn. Steuerlich setzt die NewCo-GmbH das eingebrachte Vermögen nach § 20 Abs. 2 Satz 2 UmwStG mit dem Buchwert an. Die OG-GmbH hat die neuen Anteile an der NewCo-GmbH gem. § 20 Abs. 3 Satz 1 UmwStG mit dem Buchwert des hingegebenen Betriebsvermögens anzusetzen, mithin ergibt sich steuerbilanziell kein Gewinn. Aus der Differenz zwischen dem Gewinn laut Handelsbilanz bzw. Steuerbilanz resultiert eine Mehrabführung der OG-GmbH an die OT-KG. Da diese in organschaftlicher Zeit entsteht, ist hierauf § 14 Abs. 4 KStG anzuwenden.[2] Diese organschaftliche Mehrabführung wird folglich nicht als Dividende besteuert, sondern führt lediglich zur Bildung eines passiven Ausgleichspostens. Es kommt mithin zu einer Steuerstundung mit Blick auf die Mehrabführung bzw. das hierdurch ggf. entstehende Entnahmepotential auf Ebene der OT-KG.[3]

Das gleiche Ergebnis kann eintreten, wenn eine Organgesellschaft Anteile an einer Tochtergesellschaft, deren Verkehrswert den Beteiligungsbuchwert übersteigt, in eine Tochterkapitalgesellschaft einbringt. Werden die Anteile handelsrechtlich zum Zeitwert, steuerlich jedoch nach § 20 Abs. 2 Satz 2 UmwStG zum Buchwert eingebracht, ist die Differenz zwischen dem Gewinn der Organgesellschaft laut Handelsbilanz bzw. Steuerbilanz wiederum als organschaftliche Mehrabführung i.S.d. § 14 Abs. 4 KStG erfassen.[4] Die Mehrabführung führt folglich zur Bildung eines passiven Ausgleichspostens und der insoweit erzielte handelsrechtliche Gewinn wird erst besteuert, wenn die Organgesellschaft veräußert wird oder der Gewinn auch steuerlich realisiert und an die Organgesellschaft ausgekehrt wird.

Besteuerung. Ein Übertragungs- bzw. Einbringungsgewinn unterliegt, sofern er nicht aufgrund DBA freigestellt ist, der laufenden Besteuerung (Körperschaftsteuer und Gewerbesteuer) ohne spezielle Vergünstigungen. Er entsteht mit Ablauf des steuerlichen Übertragungsstichtags, dh. die Besteuerung des Übertragungsgewinns oder -verlusts erfolgt in dem Veranlagungszeitraum, in dem das Wirtschaftsjahr endet, in das der steuerliche Übertragungsstichtag fällt.[5]

Zurechnung des steuerlichen Übertragungs- bzw. Einbringungsgewinns. Bei einer Abspaltung oder Ausgliederung ist der steuerliche Übertragungsgewinn der nach der Umwandlung fortbestehenden Organgesellschaft dem Organträger zuzurechnen.[6] Bei der Verschmelzung oder Aufspaltung ist ein steuerlicher Übertragungsgewinn nach Auffassung der Finanzverwaltung von der Organgesellschaft selbst zu versteuern.[7] Begründet wird dies mit

20.76

---

[1] Nach IDW RS HFA 43 Rz. 21 gelten für die Bewertung der für das ausgegliederte Vermögen erhaltenen Anteile die allgemeinen Tauschgrundsätze. Folglich können die erhaltenen Anteile ua. mit dem Zeitwert des übergegangenen Vermögens bewertet werden, wodurch die in diesem Vermögen enthaltenen stillen Reserven auf Ebene der ausgliedernden Organgesellschaft handelsbilanziell realisiert werden.

[2] BMF v. 11.11.2011 – IV C 2 – S 1978-b/08/10001 – DOK 2011/0903665, BStBl. I 2011, 1314, Rz. Org.28.

[3] Vgl. hierzu auch *Dötsch*, GmbHR 2012, 175 (179) sowie *Dötsch* in Dötsch/Pung/Möhlenbrock, § 14 KStG Rz. 920.

[4] BMF v. 11.11.2011 – IV C 2 – S 1978-b/08/10001 – DOK 2011/0903665, BStBl. I 2011, 1314, Rz. Org.28.

[5] BMF v. 11.11.2011 – IV C 2 – S 1978-b/08/10001 – DOK 2011/0903665, BStBl. I 2011, 1314, Rz. 02.04.

[6] BMF v. 11.11.2011 – IV C 2 – S 1978-b/08/10001 – DOK 2011/0903665, BStBl. I 2011, 1314, Rz. Org.27; anders noch die Auffassung in BMF v. 25.3.1998 – IV B 7 - S 1978 - 21/98, BStBl. I 1998, 268, Rz. Org.19.

[7] BMF v. 11.11.2011 – IV C 2 – S 1978-b/08/10001 – DOK 2011/0903665, BStBl. I 2011, 1314, Rz. Org.27.

der analogen Anwendung der Grundsätze zur Liquidation.[1] ME ist diese Auffassung abzulehnen, da die H 14.6 KStR zugrunde liegende BFH-Entscheidung[2] die Anwendung des Gewinnabführungsvertrags im entschiedenen Fall insbesondere deshalb abgelehnt hat, weil die Organgesellschaft aufgrund Liquidation nicht mehr ein auf Erwerb gerichtetes Unternehmen betrieb. An einer solchen Zweckänderung der Organgesellschaft fehlt es bei Umwandlungsfällen typischerweise.[3]

20.77 **Verrechnung eines Übertragungsgewinns mit Verlusten.** Nach §§ 2 Abs. 4 Satz 1 und 2, § 20 Abs. 6 Satz 4 UmwStG ist der Ausgleich oder die Verrechnung eines Übertragungs- bzw. Einbringungsgewinns eines übertragenden Rechtsträgers mit dessen

– verrechenbaren Verlusten,
– verbleibenden Verlustvorträgen,
– nicht ausgeglichenen negativen Einkünften,
– einem Zinsvortrag nach § 4h Abs. 1 Satz 5 EStG,
– einem EBITDA-Vortrag nach § 4h Abs. 1 Satz 3 EStG, und
– negativen Einkünften im Rückwirkungszeitraum

nur zulässig, wenn dem übertragenden Rechtsträger (bzw. bei negativen Einkünften im Rückwirkungszeitraum dem übernehmenden Rechtsträger, § 2 Abs. 4 Satz 2 UmwStG) die Verlustnutzung auch ohne die steuerliche Rückwirkung nach § 2 Abs. 1 UmwStG möglich gewesen wäre. Dies kann sich auch auf die Verrechnung bzw. Zurechnung von Übertragungs- bzw. Einbringungsgewinnen einer Organgesellschaft auswirken. Diese dürfen, soweit eine Verrechnung ohne Rückwirkung, etwa wegen eines zwischenzeitlich erfolgten schädlichen Beteiligungserwerbs i.S.d. § 8c KStG[4], nicht möglich gewesen wäre, nicht mit eigenen (vororganschaftlichen) Verlusten verrechnet werden. Mit Blick auf Organschaftsverhältnisse ist insoweit unklar, ob die Beschränkung des Verlustabzugs nach § 8c KStG auf Ebene des Organträgers bei einem unterjährigen Anteilseignerwechsel vor oder nach Zurechnung des Organeinkommens anzuwenden ist (Rz. 20.3).[5]

Beispiel: Übertragungs-/Einbringungsgewinn. Die OT-GmbH ist alleinige Gesellschafterin der OG-GmbH. Weitere Wirtschaftsgüter weist die Bilanz der OT-GmbH nicht aus. Zwischen der OT-GmbH und der OG-GmbH besteht ein Ergebnisabführungsvertrag. Das Geschäftsjahr der OT-GmbH und der OG-GmbH entspricht dem Kalenderjahr. Die OT-GmbH verfügt zum 31.12.01 über einen steuerlichen Verlustvortrag iHv. Euro 500.000, die OG-GmbH über einen vororganschaftlichen Verlustvortrag iHv. Euro 100.000. Sämtliche Anteile an der OT-GmbH werden zum 1.5.2002 an einen konzernfremden Erwerber übertragen. Mangels steuerpflichtiger stiller Reserven (Rz. 20.3) auf Ebene

---

1 Vgl. H 14.6 KStR.
2 BFH v. 18.10.1967 – I 262/63, BStBl. II 1968, 105; vgl. zu weiterer Kritik an der Entscheidung des BFH bzw. zu Zweifeln an der Geltung der insoweit entwickelten Grundsätze bei heutiger Rechtslage, *Bahns/Graw*, DB 2008, 1645.
3 So auch *Herlinghaus* in Rödder/Herlinghaus/van Lishaut, UmwStG[2], Anh. 4 Rz. 63; *Hierstetter*, BB 2015, 859.
4 Vgl. zu verfassungsrechtlichen Zweifeln an § 8c KStG Fn. 1 und 2.
5 Vgl. hierzu *Seer*, FR 2015, 729. Bei einem Beteiligungserwerb zum Ende des Wirtschaftsjahres des Organträgers bzw. der Organgesellschaft ist die Verlustkürzung nach § 8c KStG beim Organträger nach Zurechnung des Einkommens der Organgesellschaft vorzunehmen, vgl. BMF v. 28.11.2017 – IV C 2 - S 2745/a/09/10002:004– DOK 2017/0789973, Rz. 32, FR 2017, 1158.

der OT-GmbH droht der Untergang des steuerlichen Verlustvortrags der OT-GmbH. Um dies zu vermeiden,

- wird die OG-GmbH rückwirkend zum 31.12.01 auf die OT-GmbH verschmolzen. In ihrer steuerlichen Schlussbilanz setzt die OG-GmbH gem. § 11 Abs. 2 Satz 1 UmwStG Zwischenwerte an, woraus sich ein steuerpflichtiger Gewinn iHv. Euro 600.000 ergibt (Variante 1) bzw.
- bringt die OG-GmbH ihren Geschäftsbetrieb rückwirkend zum 31.12.01 in eine neu gegründete Tochtergesellschaft (T-GmbH) ein. Die T-GmbH setzt das übergegangene Vermögen gem. § 20 Abs. 2 Satz 2 UmwStG zu Zwischenwerten an, woraus sich ein steuerpflichtiger Gewinn iHv. Euro 600.000 ergibt (Variante 2).

Variante 1: Auf Ebene der OG-GmbH führt der (mittelbare) schädliche Beteiligungserwerb zum 1.5.2002 wegen der insoweit vorhandenen stillen Reserven aufgrund § 8c Abs. 1 Satz 6 ff. KStG nicht zum Untergang des vororganschaftlichen Verlustvortrags der OG-GmbH.[1] Folglich kann der erzielte Übertragungsgewinn, der von der OG-GmbH nach Verwaltungsauffassung selbst zu versteuern ist (Rz. 20.76), iHv. Euro 100.000 mit dem vororganschaftlichen Verlustvortrag der OG-GmbH verrechnet werden, da die Verrechnung auch ohne die Berücksichtigung der steuerlichen Rückwirkung möglich gewesen wäre. Eine Verrechnung des restlichen Übertragungsgewinns der OT-GmbH mit dem steuerlichen Verlustvortrag der OT-GmbH scheitert nach Verwaltungsauffassung daran, dass die OG-GmbH diesen Gewinn auch insoweit selbst zu versteuern hat. Wenn man diese Auffassung ablehnt (Rz. 20.76), so wäre der OT-GmbH der Übertragungsgewinn zuzurechnen und mit dem steuerlichen Verlustvortrag der OT-GmbH zu verrechnen (vgl. insoweit Variante 2).

Variante 2: Wie in Variante 1 führt der (mittelbare) schädliche Beteiligungserwerb zum 1.5.2002 wegen der insoweit vorhandenen stillen Reserven nicht zum Untergang des vororganschaftlichen Verlustvortrags der OG-GmbH.[2] Der erzielte Übertragungsgewinn ist (auch) nach Verwaltungsauffassung abführungspflichtig und damit steuerlich der OT-GmbH zuzurechnen und iHv. Euro 500.000 mit dem steuerlichen Verlustvortrag der OT-GmbH zu verrechnen. Die Verrechnung scheitert mE in diesem Fall nicht an § 2 Abs. 4 Satz 1, 2 UmwStG, weil der „übertragende Rechtsträger" (dh. die OG-GmbH) nicht identisch mit dem Rechtsträger ist, bei dem die Verlustverrechnung erfolgt (OT-GmbH). Für ein interpersonales Verrechnungsverbot gibt § 2 Abs. 4 Satz 1, 2 UmwStG (anders als § 2 Abs. 4 Satz 3 ff. UmwStG, vgl. § 2 Abs. 4 Satz 4 UmwStG) nichts her.

b) Behandlung von Übernahmeergebnissen

Begriff. Das Übernahmeergebnis entsteht bei einer Umwandlung auf der Ebene des übernehmenden Rechtsträgers (dh. der übernehmenden Organgesellschaft) und entspricht nach § 4 Abs. 4 UmwStG und § 12 Abs. 2 UmwStG der Differenz zwischen dem Ansatzwert der übergehenden Wirtschaftsgüter und dem Wert der Anteile an der übertragenden Körperschaft (abzgl. Umwandlungskosten). Der Ansatzwert der übergehenden Wirtschaftsgüter bei dem übernehmenden Rechtsträger entspricht dabei gem. §§ 4 Abs. 1, 12 Abs. 1 UmwStG den in der Schlussbilanz des übertragenden Rechtsträgers angesetzten Werten.

Bewertung in der Handelsbilanz. Anders als in der Steuerbilanz besteht in der Handelsbilanz bezüglich der Bewertung der durch die Umwandlung übergehenden Wirtschaftsgüter ein Wahlrecht. Nach § 24 UmwG kann die übernehmende Organgesellschaft

---

1 Durch die Einführung der sog. Verschonungsregelung des § 8c Abs. 1 Satz 6 ff. KStG durch das WachstumsbeschleunigungsG ist die Regelung des § 2 Abs. 4 KStG weitgehend konterkariert worden. Nach § 8c Abs. 1 Satz 6 ff. KStG gehen die Verluste einer Körperschaft insoweit nicht unter, als in ihrem Betriebsvermögen steuerpflichtige stille Reserven enthalten sind. Da Übertragungsgewinne i.S.d. § 2 Abs. 4 UmwStG stille Reserven gerade voraussetzen, bedeutet dies regelmäßig, dass der Hauptanwendungsfall des § 2 Abs. 4 UmwStG, nämlich der Wegfall eines steuerlichen Verlustvortrags aufgrund § 8c KStG, außer in Fällen des § 8c Abs. 1 Satz 9 KStG, nicht eintritt.
2 Vgl. die vorstehende Fn.

- entweder die Buchwerte (der übernommenen Wirtschaftsgüter) fortführen,
- oder die übernommenen Wirtschaftsgüter zu Anschaffungskosten, dh.
   - bei Durchführung einer Kapitalerhöhung mit dem Betrag der (ggf. vorgenommenen) Nennkapitalerhöhung zzgl. Agio[1]
   - sofern keine Kapitalerhöhung erfolgt[2]
      - mit dem Buchwert der untergegangenen Anteile am übertragenden Rechtsträger,
      - oder einem (erfolgsneutralen) Zwischenwert dieser Anteile,
      - oder mit dem Zeitwert der untergegangenen Anteile

bewerten.

20.80 **Erfassung der Vermögensmehrung bzw. -minderung in der Handelsbilanz.** Eine sich hieraus ggf. ergebende Vermögensmehrung ist in der Handelsbilanz der Organgesellschaft
- bei einer Aufwärtsverschmelzung erfolgswirksam auszuweisen,[3]
- bei einer Abwärts- oder Seitwärtsverschmelzung sowie einer Ausgliederung den Rücklagen gutzuschreiben bzw. ist eine Verrechnung mit dem Eigenkapital der Organgesellschaft vorzunehmen, dh. es kommt nicht zur Entstehung eines Übernahmeergebnisses.[4]

Eine Vermögensminderung ist hingegen erfolgswirksam als Verlust auszuweisen.[5] Für die Spaltung gelten entsprechende Grundsätze.[6]

20.81 **Abführungs- bzw. Ausgleichspflicht.** Ein von einer Organgesellschaft aufgrund der Aufwärtsverschmelzung einer Tochtergesellschaft erzielter handelsbilanzieller Übernahmegewinn unterliegt der Abführungspflicht.[7] Bei einer Seitwärts- oder Abwärtsverschmelzung auf eine Organgesellschaft kommt es idR nicht zur Entstehung eines Übernahmegewinns, sondern zu einer Rücklagendotierung und damit zu keiner Abführungspflicht. Auch wenn diese Rücklage später aufgelöst wird, kann diese – trotz Entstehung in organschaftlicher Zeit – nur ausgeschüttet, nicht jedoch abgeführt werden.[8] Ihre Auflösung mindert, anders als in organschaftlicher Zeit gebildete „andere Gewinnrücklagen" i.S.d. § 302 Abs. 1 AktG, auch nicht eine etwaige Verlustübernahmeverpflichtung des Organträgers. Ein Übernahmeverlust unterliegt der Verlustausgleichsverpflichtung nach § 302 AktG.[9] Ein Übernahmeverlust kann entstehen
- bei einer Aufwärtsverschmelzung, wenn der Buchwert der untergehenden Anteile größer ist als der Nettovermögenswert der übergehenden Wirtschaftsgüter,

---

1 IDW RS HFA 42, Rz. 43.
2 IDW RS HFA 42, Rz. 46.
3 IDW RS HFA 42, Rz. 72.
4 IDW RS HFA 42, Rz. 68, 74.
5 IDW RS HFA 42, Rz. 70, 74 f.
6 IDW RS HFA 43, Rz. 24 f.
7 BMF v. 11.11.2011 – IV C 2 – S 1978-b/08/10001 – DOK 2011/0903665, BStBl. I 2011, 1314, Rz. Org.30; offen lassend BFH v. 24.1.2001 – I R 103/99, GmbHR 2001, 838 = BFH/NV 2001, 1455.
8 BFH v. 8.8.2001 – I R 25/00, BStBl. II 2003, 923 = FR 2002, 514.
9 BMF v. 11.11.2011 – IV C 2 – S 1978-b/08/10001 – DOK 2011/0903665, BStBl. I 2011, 1314, Rz. Org.30.

– bei einer Seitwärtsverschmelzung, wenn der Betrag der Nennkapitalerhöhung größer ist als der Nettovermögenswert der übergehenden Wirtschaftsgüter.

Bei einer Abwärtsverschmelzung kann ein Übernahmeverlust hingegen nicht entstehen, einer Minderbetrag ist stattdessen mit dem Eigenkapital des übernehmenden Rechtsträgers zu verrechnen.[1]

Steuerbilanzielles Übernahmeergebnis. Ein steuerliches Übernahmeergebnis i.S.d. § 12 Abs. 2 Satz 1 UmwStG ist nach Verwaltungsauffassung und Rechtsprechung in allen Fällen der Auf-, Ab- und Seitwärtsverschmelzung – ungeachtet einer Beteiligung an der übertragenden Körperschaft – zu ermitteln.[2] Die übernehmende Organgesellschaft muss steuerlich gem. §§ 4 Abs. 1, 12 Abs. 1 UmwStG die in der Schlussbilanz des übertragenden Rechtsträgers ausgewiesenen Buchwerte fortführen. Das handelsbilanzielle Übernahmeergebnis bzw. der Übernahmegewinn kann daher (insbesondere bei Ansatz der Zeitwerte) deutlich höher sein als das Übernahmeergebnis gemäß Steuerbilanz. Bewertungsunterschiede zwischen der Handelsbilanz und der Steuerbilanz des übertragenden Rechtsträgers (bzw. der hieraus resultierende Unterschiedsbetrag zwischen dem handelsrechtlichen und dem steuerlichen Übernahmegewinn einer Organgesellschaft) als auch deren spätere Auflösung führt nach Verwaltungsauffassung zu Mehr- bzw. Minderabführungen i.S.d. § 14 Abs. 3 KStG (Rz. 20.87).[3] Das bei steuerlich gebotener Buchwertfortführung resultierende Übernahmeergebnis ist in der Steuerbilanz zunächst erfolgswirksam abzubilden. Der sog. Beteiligungskorrekturgewinn i.S.d. § 12 Abs. 1 Satz 2 iVm. § 4 Abs. 1 Satz 2, 3 UmwStG ist nicht Teil des Übernahmegewinns. Diese Vorschriften sind nach § 15 Abs. 1 Satz 1 UmwStG auch auf Fälle anzuwenden, in denen Vermögen einer Körperschaft durch Aufspaltung oder Abspaltung auf eine Organgesellschaft übergeht. Gewerbesteuerlich ist das Übernahmeergebnis unbeachtlich (§ 18 Abs. 2 Satz 1 UmwStG). Das Übernahmeergebnis entsteht (wie auch das Übertragungsergebnis) mit Ablauf des steuerlichen Übertragungsstichtags, dh. die Besteuerung des Übernahmegewinns oder -verlusts erfolgt in dem Veranlagungszeitraum, in dem das Wirtschaftsjahr endet, in das der steuerliche Übertragungsstichtag fällt.[4]

20.82

Außerbilanzielle Korrektur des Übernahmeergebnisses. Ein Übernahmegewinn bleibt nach § 12 Abs. 2 Satz 1 UmwStG grundsätzlich außer Ansatz. Gemäß § 12 Abs. 2 Satz 2 UmwStG ist jedoch bei der Aufwärtsverschmelzung einer Kapitalgesellschaft auf eine Organgesellschaft, bzw. allgemein, soweit die Organgesellschaft an der übertragenden Kapitalgesellschaft beteiligt ist, § 8b KStG anzuwenden. Demnach ist ein etwaiger Übernahmegewinn im Ergebnis (wegen § 8b Abs. 3 KStG) zu 5 % steuerpflichtig. Da § 15 Satz 1 Nr. 2 Satz 2 KStG die Anwendung der sog. Bruttomethode für die Besteuerung von Übernahmegewinnen nicht explizit anordnet und § 12 Abs. 2 Satz 1 UmwStG eine eigenständige Steuerbefreiung vorsieht, dürfte dies auch dann gelten, wenn der Organträger eine natürliche Person ist bzw. die Rechtsform einer Personengesellschaft hat und auch natürliche Personen am Organträger beteiligt sind.[5] Die Anwendung der Befreiung nach § 12 Abs. 2 Satz 1 UmwStG für

20.83

---

1 IDW RS HFA 42, Rz. 70, 74 f.
2 BMF v. 11.11.2011 – IV C 2 - S 1978-b/08/10001 – DOK 2011/0903665, BStBl. I 2011, 1314, Rz. 12.05; BFH v. 9.1.2013 – I R 24/12, FR 2013, 514 = BFH/NV 2013, 881.
3 BMF v. 11.11.2011 – IV C 2 - S 1978-b/08/10001 – DOK 2011/0903665, BStBl. I 2011, 1314, Rz. Org.34.
4 BMF v. 11.11.2011 – IV C 2 - S 1978-b/08/10001 – DOK 2011/0903665, BStBl. I 2011, 1314, Rz. 02.04, 12.05.
5 *Dötsch* in Dötsch/Pung/Möhlenbrock, Anh. 1 UmwStG Rz. 65, der allerdings darauf hinweist, dass die Finanzverwaltung diese Auffassung nicht teilt.

Übernahmegewinne einer Organgesellschaft erfolgt demnach – anders als bei Veräußerungsgewinnen (Rz. 20.26) – auf Ebene der Organgesellschaft. Ein Übernahmeverlust ist gem. § 12 Abs. 2 Satz 1 UmwStG vollständig nicht abziehbar. Bei einer („reinen") Seitwärts- oder Abwärtsverschmelzung auf eine Organgesellschaft kommt § 8b KStG mangels einer Beteiligung der Organgesellschaft an dem übertragenden Rechtsträger nicht zur Anwendung. Somit bleibt ein Übernahmegewinn oder -verlust gem. § 12 Abs. 2 Satz 1 UmwStG insgesamt außer Ansatz.[1]

20.84 Bei der **Verschmelzung einer Organgesellschaft auf den Organträger** stellt sich mit Blick auf die Ermittlung des Übernahmeergebnisses zum einen die Frage, ob steuerliche Ausgleichsposten (bzgl. der Beteiligung an der Organgesellschaft) Teil des Buchwerts der Anteile i.S.d. § 12 Abs. 1 Satz 1 UmwStG sind. Dies entscheidet darüber, ob die Auflösung eines aktiven Ausgleichspostens den ggf. zu 5 % steuerpflichtigen Übernahmegewinn vermindert oder als (separate) Wertminderung gem. § 8b Abs. 3 KStG in voller Höhe nicht abzugsfähig ist. Die Finanzverwaltung sieht den Ausgleichsposten als Korrekturposten zum Beteiligungsansatz.[2] Folglich erhöht oder verringert die Auflösung des Ausgleichspostens im Zusammenhang mit der Verschmelzung den Übernahmegewinn oder -verlust und § 8b KStG ist auf den saldierten Betrag anzuwenden.[3] Zum anderen stellt sich (bei mehrstufigen Organschaftsverhältnissen) die Frage, ob ein steuerlicher Ausgleichsposten bzgl. der Beteiligung an einer der Organgesellschaft nachgeordneten Organgesellschaft ein übergehendes Wirtschaftsgut i.S.d. § 12 Abs. 1 Satz 1 UmwStG ist. Die Finanzverwaltung bejaht dies wohl.[4] Die oben dargestellten Auffassungen der Finanzverwaltung stehen allerdings möglicherweise in Widerspruch zu der Rechtsprechung des BFH wonach „Ausgleichsposten ... weder als eigenständiges Wirtschaftsgut noch als Korrekturposten zum Beteiligungsansatz, sondern als steuerliche Bilanzierungshilfe zu qualifizieren" sind.[5]

Beispiel: Übernahmeergebnis bei Ausgleichsposten. Die OT-GmbH ist alleinige Gesellschafterin und Organträgerin der OG1-GmbH. Die OG1-GmbH ist alleinige Gesellschafterin und Organträgerin der OG2-GmbH. Aufgrund einer in organschaftlicher Zeit verursachten Minderabführung der OG2-GmbH an die OG1-GmbH (und damit auch von der OG1-GmbH an die OT-GmbH, (Rz. 14.39; Rz. 14.51) besteht auf Ebene der OT-GmbH bzgl. der OG1-GmbH ein aktiver Ausgleichsposten in Höhe von 100. In gleicher Höhe besteht ein Ausgleichsposten auf Ebene der OG1-GmbH bzgl. der OG2-GmbH. Die OG1-GmbH wird auf die OT-GmbH verschmolzen.

Bei Ermittlung des Übernahmeergebnisses ist die Auflösung des Ausgleichspostens bzgl. der OG1-GmbH gewinnmindernd zu erfassen. Der Ausgleichsposten bzgl. der OG2-GmbH erhöht das auf die OT-GmbH übergehende Betriebsvermögen der OG1-GmbH und erhöht somit das Übernahmeergebnis.

20.85 **Zurechnung des Übernahmeergebnisses bei Organschaft.** Das von einer Organgesellschaft erzielte Übernahmeergebnis ist dem Organträger zuzurechnen.[6] Die Bruttomethode des § 15 Satz 1 Nr. 2 Satz 2 KStG dürfte jedoch auf Übernahmegewinne nicht anwendbar sein (Rz. 20.83), so dass § 12 Abs. 2 Satz 1 UmwStG bzw. § 8b KStG auf Ebene der Organgesell-

---

1 Vgl. zur Vorfrage, ob in diesen Fällen überhaupt ein Übernahmegewinn entsteht bzw. zu ermitteln ist *Schmitt* in Schmitt/Hörtnagl/Stratz[7], § 12 UmwStG Rz. 43 mwN.
2 BMF v. 26.8.2003 – IV A 2 - S 2770 - 18/03, BStBl. I 2003 437, Rz. 43.
3 OFD Frankfurt v. 8.11.2005 – S 2750a A - St II 1.01, DB 2005, 2608, auch R 14.8 Abs. 3 KStR.
4 BMF v. 15.7.2013 – IV C 2 - S 2770/07/10004:004 – DOK 2013/0457677, BStBl. I 2013, 921.
5 BFH v. 29.8.2012 – I R 65/11, BStBl. II 2013, 555 = FR 2013, 285.
6 BMF v. 11.11.2011 – IV C 2 - S 1978-b/08/10001 – DOK 2011/0903665, BStBl. I 2011, 1314, Rz. Org.30, Org.32.

schaft anzuwenden ist. Etwas anderes gilt insoweit für (die in § 15 Satz 1 Nr. 2 Satz 2 KStG genannten) Übernahmeverluste i.S.d. § 4 Abs. 6 UmwStG, die nicht die Organgesellschaft selbst, sondern eine ihr nachgeordnete Personengesellschaft erzielt.

V. Umwandlungen und vororganschaftlich bedingte Mehr- und Minderabführungen

1. Begriff und Sinn vororganschaftlicher Mehr- und Minderabführungen

Begriff. Nach § 14 Abs. 3 Satz 1 KStG gelten Mehrabführungen, die ihre Ursache in vororganschaftlicher Zeit haben, als Gewinnausschüttungen der Organgesellschaft an den Organträger. Zweck dieser Regelung ist, ergebnismäßige Folgewirkungen steuerlich relevanter Sachverhalte, die vor der Entstehung einer steuerlichen Organschaft verwirklicht worden sind, nach den allgemeinen Bestimmungen zu behandeln (Rz. 14.3).

20.86

Beispiel: Vororganschaftliche Mehrabführung. Die T-GmbH bildet in ihrer Handelsbilanz zum 31.12.01 eine Drohverlustrückstellung iHv. Euro 100.000. Für die Steuerbilanz besteht insoweit ein Ansatzverbot (§ 5 Abs. 4a EStG). Ab 1.1.02 ist die T-GmbH organschaftlich in die M-GmbH eingebunden. Im Jahr 02 erfolgt die Inanspruchnahme der Drohverlustrückstellung.

Der auf Ebene der T-GmbH im Jahr 01 entstehende steuerbilanzielle „Mehrgewinn" wegen der Nichtpassivierung der Drohverlustrückstellung unterliegt auf Ebene der T-GmbH der Körperschaft- und Gewerbesteuer. Im Jahr 02 kommt es zur phasenverschobenen steuerlichen Realisierung des Aufwands iHv. Euro 100.000, der sich in der Handelsbilanz bereits im Jahr 01 ausgewirkt hat. Die Folge hiervon ist, dass die handelsrechtliche Ergebnisabführung im Jahr 02 die in der Steuerbilanz ausgewiesene Vermögensmehrung um Euro 100.000 übersteigt. Dieser Betrag stellt, da es sich insoweit um die Folgewirkung einer Bestandsdifferenz zwischen der Handels- und Steuerbilanz aus vororganschaftlicher Zeit handelt, eine Mehrabführung i.S.v. § 14 Abs. 3 Satz 1 KStG dar. Bei der M-GmbH unterliegen 5 % dieser Mehrabführung nach § 8b Abs. 1 und 3 KStG und §§ 7 Satz 1, 9 Nr. 2a Satz 4 GewStG der Besteuerung. Zudem muss die T-GmbH ggf. Kapitalertragsteuer gem. § 44 Abs. 7 EStG einbehalten und abführen.

2. Vororganschaftliche Mehrabführungen bei Umwandlung auf eine Organgesellschaft

Wird ein anderer **Rechtsträger auf eine Organgesellschaft umgewandelt**, so stellt sich die Frage, inwieweit hieraus resultierende Unterschiede zwischen Handels- und Steuerbilanz zu vororganschaftlich bedingten Mehrabführungen führen können. Mit Blick auf den Gesetzeswortlaut naheliegend[1] (wenngleich nicht unumstritten[2]) ist insoweit nur, dass Bewertungsunterschiede zwischen Handels- und Steuerbilanz, die bei dem übertragenden Rechtsträger bereits vor der Umwandlung bestanden haben, sowohl mit Blick auf den Unterschiedsbetrag zwischen dem handelsrechtlichen und dem steuerlichen Übernahmegewinn als auch hinsichtlich der späteren Auflösung der Bewertungsunterschiede bei der Organgesellschaft zu Mehr- bzw. Minderabführungen i.S.d. § 14 Abs. 3 KStG führen.[3]

20.87

Entstehung von Bewertungsdifferenzen auf Ebene der Organgesellschaft. Nach Auffassung der Finanzverwaltung soll eine Mehrabführung i.S.d. § 14 Abs. 3 Satz 1 KStG auch

20.88

---

1 Vgl. *Herlinghaus* in Rödder/Herlinghaus/van Lishaut[2], Anh. 4 UmwStG Rz. 72 mwN.
2 AA *Schumacher* in FS für Schaumburg, 2009, 477 sowie *Lohmann/Heerdt*, Ubg 2012, 91.
3 BMF v. 11.11.2011 – IV C 2 - S 1978-b/08/10001 – DOK 2011/0903665, BStBl. I 2011, 1314, Rz. Org.34.

dann anzunehmen sein, wenn das Vermögen einer anderen Gesellschaft durch Umwandlung oder Einbringung auf eine Organgesellschaft übergeht und Bewertungsunterschiede zwischen Handels- und Steuerbilanz erst dadurch entstehen, dass die übernehmende Organgesellschaft das auf sie übergehende Vermögen in der Steuerbilanz mit den Buchwerten, handelsrechtlich jedoch mit den Verkehrswerten ansetzt.[1] Die sich hieraus ergebenden steuerlichen Konsequenzen können erheblich sein:

Beispiel: Verschmelzung auf eine Organgesellschaft. Zum 1.5.02 erwirbt die Erwerber-GmbH sämtliche Anteile an der Ziel-GmbH. Der Kaufpreis für die Anteile übersteigt das (steuer- und handelsbilanzielle) Reinvermögen der Ziel-GmbH um Euro 100 Mio. Mit steuerlicher Wirkung zum 31.12.01 wird die Ziel-GmbH auf ihre neue Anteilseignerin, die Erwerber-GmbH verschmolzen. In ihrer steuerlichen Schlussbilanz setzt die Ziel-GmbH die Buchwerte an. Die Eintragung der Verschmelzung in das Handelsregister erfolgt im Oktober 02. Die Übernahme des Vermögens der Ziel-GmbH erfolgt bei der Erwerber-GmbH in der Handelsbilanz zu einem erfolgsneutralen Zwischenwert, dh. ein handelsbilanzieller Verschmelzungsverlust wird – in Ausübung des insoweit nach § 24 UmwG bestehenden Wahlrechts – durch den Ansatz eines Geschäftswerts vermieden. Die Erwerber-GmbH ist seit 1.1.01 Organgesellschaft der OT-GmbH. Zwischen der Ziel-GmbH und der Erwerber-GmbH bzw. der OT-GmbH bestand keine Organschaft. Das Wirtschaftsjahr der beteiligten Gesellschaften entspricht dem Kalenderjahr.

Die Verschmelzung führt auf Ebene der Erwerber-GmbH steuerbilanziell zu einem Verschmelzungsverlust bzw. negativen Übernahmeergebnis iHv. Euro 100 Mio. Dieses ist wegen der steuerlichen Rückwirkung der Verschmelzung in der Steuerbilanz zum 31.12.01 zu erfassen.[2] Auf die Handelsbilanz der Erwerber-GmbH zum 31.12.01 wirkt sich die Verschmelzung demgegenüber – unabhängig von dem insoweit gewählten Ansatzwert für das übergehende Vermögen – nicht aus. Folglich übersteigt das Ergebnis der Erwerber-GmbH laut Handelsbilanz bzw. die Gewinnabführung den Steuerbilanzgewinn um Euro 100 Mio., mithin ergibt sich eine Mehrabführung. Ursache hierfür ist das rückwirkungsbedingte zeitliche Auseinanderfallen der Erfassung des Geschäftsvorfalls der Verschmelzung in der Handels- und Steuerbilanz. Aufgrund der erheblichen Zeitspanne zwischen dem steuerlichen Übertragungsstichtag und dem Zeitpunkt der bilanziellen Erfassung der Verschmelzung in der Handelsbilanz und weil in der Praxis Umwandlungen zumeist auf Grundlage der Bilanz zum Ende des letzten Geschäftsjahres vollzogen werden, bedingt dieses zeitliche Auseinanderfallen typischerweise auch eine Erfassung des Geschäftsvorfalls in unterschiedlichen Veranlagungszeiträumen. Im Umwandlungssteuererlass wird zur Frage, ob die so entstehende Mehrabführung als organschaftlich oder vororganschaftlich bedingt anzusehen ist, nichts ausgeführt. Im Ergebnis will die Verwaltung so entstandene Differenzen aber wohl als organschaftlich bedingt ansehen.[3] Folglich ist im Beispielsfall insoweit erfolgsneutral ein passiver Ausgleichsposten i.S.d. § 14 Abs. 4 KStG iHv. Euro 100 Mio. zu bilden.

Im Jahr 02 ist die Verschmelzung in der Handelsbilanz der Erwerber-GmbH abzubilden. Hierdurch lösen sich zum einen die durch die zeitversetzte Erfassung des Untergangs der Beteiligung an der Ziel-GmbH und des Übergangs der Wirtschaftsgüter der Ziel-GmbH entstandenen Differenzen zwischen der Handels- und der Steuerbilanz auf. Insoweit entsteht eine organschaftlich verursachte

---

1 BMF v. 11.11.2011 – IV C 2 - S 1978-b/08/10001 – DOK 2011/0903665, BStBl. I 2011, 1314, Rz. Org.33.
2 BMF v. 11.11.2011 – IV C 2 - S 1978-b/08/10001 – DOK 2011/0903665, BStBl. I 2011, 1314, Rz. 02.04.
3 Anders noch Entwurfsversionen zu BMF v. 11.11.2011 – IV C 2 - S 1978-b/08/10001 – DOK 2011/0903665, BStBl. I 2011, 1314, in denen von einer vororganschaftlichen Veranlassung solcher, durch die unterschiedlichen Erfassungszeitpunkte bedingten Mehrabführungen ausgegangen wurde. Aus der Nichtübernahme dieser Einschätzung in den verabschiedeten Erlass dürfte vermutlich zu schließen sein, dass die Finanzverwaltung nunmehr von einer organschaftlichen Veranlassung ausgeht. GlA *Dötsch* in Dötsch/Pung/Möhlenbrock, Anh. 1 UmwStG Rz. 62, der davon ausgeht, dass die Verwaltung dies als eine Billigkeitsmaßnahme versteht.

Minderabführung, die zu einer (erfolgsneutralen) Kürzung des im Vorjahr gebildeten passiven Ausgleichspostens (idealtypisch bis auf Null) führt. Zum anderen entsteht durch die Abbildung der Verschmelzung in der Handelsbilanz im Jahr 02 eine neue Differenz zwischen Handels- und Steuerbilanz aufgrund der Aktivierung des steuerbilanziell nicht anzusetzenden Geschäftswerts iHv. Euro 100 Mio. Nach Auffassung der Finanzverwaltung führt diese Differenz zu einer vororganschaftlich verursachten Mehrabführung und ist demnach als Gewinnausschüttung der Erwerber-GmbH zu behandeln mit der Folge, dass (i) die Erwerber-GmbH Kapitalertragsteuer iHv. Euro 25 Mio. zzgl. Solidaritätszuschlag einzubehalten und abzuführen hat und (ii) die OT-GmbH nach § 8b Abs. 3 KStG 5 % des Geschäftswerts der soeben erworbenen Ziel-GmbH als Gewinn zu versteuern hat.

Vororganschaftliche vs. organschaftliche Verursachung. Sofern man die im Beispiel dargestellte Auffassung der Finanzverwaltung für richtig hält, kann diese Steuerbelastung wohl auch nicht durch Saldierung der vororganschaftlich verursachten Mehrabführung mit der im gleichen Jahr entstehenden organschaftlich verursachten Minderabführung vermieden werden.[1] Ferner ist unbeachtlich, ob die Organgesellschaft tatsächlich Gewinn abführt oder es zu einer Verlustübernahme kommt.[2] Die Auffassung der Finanzverwaltung ist jedoch – unabhängig davon, ob es sich bei dem übertragenden Rechtsträger ebenfalls um eine Organgesellschaft handelt oder nicht[3] – abzulehnen. Eine vororganschaftlich verursachte Mehrabführung ist mE nur anzunehmen, wenn sich diese als „Umkehreffekt" eines vororganschaftlichen Geschäftsvorfalls darstellt. Hiervon ist auszugehen, wenn die Differenz zwischen der Handelsbilanz und der Steuerbilanz der (späteren) Organgesellschaft bereits vor Begründung der Organschaft entstanden ist.[4] Insofern die Bewertungsdifferenz bzw. die Mehrabführung hingegen aus einem Geschäftsvorfall resultiert, der sich während des Bestehens der Organschaft der Organgesellschaft (im Beispielsfall der Erwerber-GmbH) ereignet hat, bedarf es keiner Behandlung der folgenden Mehrabführung als Dividendenausschüttung, da sowohl das auslösende Moment der Differenz als auch der Umkehreffekt in die Besteuerungsgrundlagen des Organträgers eingehen und über Ausgleichsposten abgebildet werden können. Entsprechend liegen mit Blick auf Fallkonstellationen, in denen Bewertungsunterschiede zwischen Handels- und Steuerbilanz durch die Ausübung des nach § 24 UmwG bestehenden Wahlrechts durch eine Organgesellschaft entstehen, keine vororganschaftlichen, sondern organschaftlich verursachte Mehrabführungen vor, da schon die Entstehung der Differenz (bzw. der Geschäftsvorfall der Verschmelzung) in den Zeitraum des Bestehens der Organschaft fällt. Zudem könnte mit Blick auf die Rechtsprechung des BFH[5] zweifelhaft sein, ob eine Mehrabführung auch dann anzunehmen ist, wenn die Abweichung zwischen der handelsrechtlichen Gewinnabführung und dem Steuerbilanzgewinn (wie vorliegend wegen § 12 Abs. 2 UmwStG der Fall) durch eine außerbilanzielle Zurechnung nicht abziehbarer Verluste neutralisiert wird. Zur

20.89

---

1 BFH v. 6.6.2013 – I R 38/11 BStBl. II 2014, 398 = FR 2013, 1140; BFH v. 27.11.2013 – I R 36/13, GmbHR 2014, 823 m. Anm. *Suchanek* = BB 2014, 1775.
2 Nach BFH v. 6.6.2013 – I R 38/11 BStBl. II 2014, 398 = FR 2013, 1140 sowie BFH v. 27.11.2013 – I R 36/13, GmbHR 2014, 823 m. Anm. *Suchanek* = BB 2014, 1775, sind vororganschaftlich verursachte Mehrabführungen als rein rechnerische Differenzbeträge zu begreifen. Eine Mehrabführung ist demnach nicht der Höhe nach auf den Betrag der tatsächlichen Gewinnabführung begrenzt. Ferner ist eine Saldierung mit weiteren vororganschaftlichen und/oder organschaftlichen Mehr- und Minderabführungen ausgeschlossen.
3 Die Verwaltungsauffassung insbesondere für den Fall der Verschmelzung zweier Organgesellschaften ablehnend zB *Vogel*, DB 2011, 1237 (1244), auch *Dötsch* in Dötsch/Pung/Möhlenbrock, Anh. 1 UmwStG Rz. 64 sowie § 14 Rz. 850.
4 So zB auch *Heerdt*, DStR 2009, 938 (941); *Lohmann/Heerdt*, Ubg 2012, 91, *Schumacher* in FS für Schaumburg, 2009, 477.
5 BFH v. 29.8.2012 – I R 65/11, BStBl. II 2013, 555 = FR 2013, 285.

Vermeidung dieser Problematik insgesamt bietet sich an, soweit gestaltbar, statt einer Aufwärtsverschmelzung eine Seitwärtsverschmelzung vorzunehmen, weil in diesen Fällen die Entstehung eines Verschmelzungsverlustes bzw. einer Mehrabführung typischerweise vermeidbar ist (Rz. 20.81).

20.90 **Beteiligung natürlicher Personen.** Wird ein Rechtsträger auf eine Organgesellschaft umgewandelt, deren Organträger eine natürliche Person oder eine Personengesellschaft mit Beteiligung natürlicher Personen ist, so kommt nach Auffassung der Finanzverwaltung eine Buchwertfortführung bzgl. der übergehenden Wirtschaftsgüter wegen der Voraussetzung des § 11 Abs. 2 Satz 1 Nr. 1 UmStG allenfalls aus Billigkeitsgründen in Betracht. Voraussetzung hierfür ist – für Umwandlungsbeschlüsse, die nach dem 31.12.2011 gefasst worden sind[1] – dass sich alle an der Verschmelzung Beteiligten übereinstimmend schriftlich damit einverstanden erklären, dass auf die aus der Verschmelzung resultierenden Mehrabführungen § 14 Abs. 3 Satz 1 KStG anzuwenden ist, insoweit also vororganschaftlich bedingte Mehrabführungen anzunehmen sind.[2]

20.91 **Anwachsung auf eine Organgesellschaft.** Nach hM hat der übernehmende Rechtsträger auch im Rahmen einer Anwachsung in analoger Anwendung des § 24 UmwG ein Wahlrecht, das im Wege der Anwachsung übergehende Vermögen mit den Buchwerten oder den Zeitwerten anzusetzen.[3] Soweit Vermögen einer Personengesellschaft auf eine Organgesellschaft als letzte Gesellschafterin dieser Personengesellschaft anwächst, kann die Organgesellschaft das übergehende Vermögen in der Handelsbilanz demzufolge mit einem höheren Wert als dem Buchwert ansetzen. Steuerlich sind insoweit je nach Sachverhaltsumständen ggf. zwingend die Buchwerte fortzuführen.[4] Insoweit stellt sich, wie bei einer Umwandlung eines Rechtsträgers auf eine Organgesellschaft (Rz. 20.88) die Frage, ob die insoweit entstehenden Unterschiede zwischen Handels- und Steuerbilanz als außer- und ggf. vororganschaftliche Tatbestände zu erfassen sind mit der Folge, dass etwaige Mehrabführungen als Gewinnausschüttungen zu behandeln sind. Die Finanzverwaltung dürfte dies wohl bejahen.[5] ME ist dies abzulehnen (Rz. 20.88).

3. Vororganschaftliche Mehrabführung als schädliches Ereignis nach § 22 Abs. 1 Satz 6 Nr. 3 UmwStG

20.92 **Sperrfrist i.S.d. § 22 Abs. 1 UmwStG.** Sofern bei einer Sacheinlage i.S.d. § 20 Abs. 1 UmwStG gem. § 20 Abs. 2 Satz 2 UmwStG ein niedrigerer Wert als der gemeine Wert angesetzt worden ist und innerhalb von sieben Jahren nach der Einbringung die als Gegenleistung für die Sacheinlage erhaltenen Anteile veräußert werden, ist der Einbringungsgewinn nach § 22 Abs. 1 UmwStG rückwirkend (ggf. anteilig) auf Basis gemeiner Werte zu ermitteln und zu besteuern. Als einen diese rückwirkende Besteuerung ebenfalls auslösender Ersatztatbestand für eine Veräußerung gilt nach § 22 Abs. 1 Satz 6 Nr. 3 UmwStG die Zahlung bzw. Ausschüttung

---

1 BMF v. 11.11.2011 – IV C 2 - S 1978-b/08/10001 – DOK 2011/0903665, BStBl. I 2011, 1314, Rz. S.06.
2 BMF v. 11.11.2011 – IV C 2 - S 1978-b/08/10001 – DOK 2011/0903665, BStBl. I 2011, 1314, Rz. 11.08.
3 *Schubert/Gadek* in Beck Bil. Komm[11], § 255 HGB, Anm. 45.
4 OFD Berlin v. 19.7.2002 – St 122 - S 2241 - 2/02, DStR 2002, 1811.
5 Nach *Dötsch* in Dötsch/Pung/Möhlenbrock, § 14 KStG Rz. 847 ff. sieht die Finanzverwaltung bei sämtlichen Differenzen, die in Zusammenhag mit stillen Reserven stehen, die einer Organgesellschaft von außen „angewachsen" sind, eine vororganschaftliche Verursachung.

von Beträgen aus dem Einlagekonto der Gesellschaft, der die Sacheinlage zugewendet wurde. Für Fälle, in denen zwischen dem einbringenden Rechtsträger und dem übernehmenden Rechtsträger ein steuerliches Organschaftsverhältnis besteht, birgt dies nach dem Gesetzeswortlaut die Gefahr, dass etwaige vororganschaftlich verursachte Mehrabführungen, selbst solche kleineren Umfangs, die Besteuerung nach § 22 Abs. 1 UmwStG auslösen können. Die Finanzverwaltung hat hierzu jedoch festgelegt, dass es in Fällen der Einlagenrückgewähr nur insoweit zu einer rückwirkenden Einbringungsgewinnbesteuerung kommt, als der tatsächlich aus dem steuerlichen Einlagekonto i.S.v. § 27 KStG ausgekehrte Betrag den Buchwert bzw. die Anschaffungskosten der sperrfristbehafteten Anteile im Zeitpunkt der Einlagenrückgewähr übersteigt. Der übersteigende Betrag gilt dabei unter Anwendung der Siebtelregelung des § 22 Abs. 1 Satz 3 UmwStG als Einbringungsgewinn, wenn dieser den tatsächlichen Einbringungsgewinn (§ 22 Abs. 1 Satz 3 und Abs. 2 Satz 3 UmwStG) nicht übersteigt. Dies gilt auch in den Fällen von Mehrabführungen i.S.d. § 14 Abs. 3 oder 4 KStG, soweit dafür das steuerliche Einlagekonto i.S.v. § 27 KStG als verwendet gilt.[1] Hierdurch werden im Erlasswege ggf. nur zufällig eintretende „Fallbeileffekte" vermieden.

VI. Auswirkungen auf Verlust-, Zins- und EBITDA-Vorträge

Umwandlung des Organträgers. Bei 20.93

– der Verschmelzung (§§ 4 Abs. 2 Satz 2, 12 Abs. 3 UmwStG)

– der Spaltung (§ 15 Abs. 3 UmwStG),

– der Ausgliederung bzw. Einbringung (§§ 20 Abs. 9, 23 Abs. 5, 24 Abs. 6 UmwStG) oder

– einem typusändernden Formwechsel (§§ 4 Abs. 2 Satz 2, 20 Abs. 9, 23 Abs. 5 UmwStG)

eines Organträgers kommt es zum (ggf. anteiligen) Wegfall eines ggf. vorhandenen steuerlichen Verlust-, Zins- und (anders als im Anwendungsbereich des § 8c KStG) auch eines EBITDA-Vortrages des Organträgers. Insoweit ergeben sich in Organschaftsfällen keine Besonderheiten. Zudem kann es im Rahmen einer Verschmelzung, Spaltung oder Ausgliederung bzw. Einbringung des Organträgers wegen des ggf. mittelbar eintretenden schädlichen Beteiligungserwerbs auch bei nachgeordneten Organgesellschaften zum Wegfall der bei diesen ggf. vorhandenen vororganschaftliche Verlust- und/oder Zinsvorträge aufgrund § 8c KStG[2] kommen, sofern nicht eine der in §§ 8c Abs. 1 Satz 5 ff, KStG getroffenen Ausnahme- bzw. Verschonungsregelungen eingreift (Rz. 20.3).

Umwandlung der Organgesellschaft. Bei der Verschmelzung, Spaltung, Ausgliederung bzw. Einbringung oder einem typusändernden Formwechsel einer Organgesellschaft kommt es ggf. zu einem Wegfall vororganschaftlicher Verlust-, Zins- und EBITDA-Vorträge der Organgesellschaft. Zudem kann es nach Auffassung der Finanzverwaltung durch die umwandlungsbedingte Beendigung der Organschaft zu einer Organgesellschaft zu einem Wegfall von Zinsvorträgen auf Ebene des Organ*trägers* kommen.[3] Diese Auffassung findet allerdings keine gesetzliche Grundlage.[4]

20.94

---

1 BMF v. 11.11.2011 – IV C 2 - S 1978-b/08/10001 – DOK 2011/0903665, BStBl. I 2011, 1314, Rz. 22.24.
2 Vgl. zu verfassungsrechtlichen Zweifeln an § 8c KStG Fn. 1 und 2.
3 BMF v. 4.7.2008 – IV C 7 - S 2742-a/07/10001 – DOK 2008/0336202, BStBl. I 2008, 718 = FR 2008, 778, Rz. 47.
4 *Hierstetter*, DB 2009, 79 (83).

20.95 **Gewinne im Rückwirkungszeitraum.** Nach § 2 Abs. 4 Satz 1 und 2, § 20 Abs. 6 Satz 4 UmwStG ist der Ausgleich oder die Verrechnung eines Übertragungs- bzw. Einbringungsgewinns eines übertragenden Rechtsträgers mit dessen

- verrechenbaren Verlusten,
- verbleibenden Verlustvorträgen,
- nicht ausgeglichenen negativen Einkünften,
- einem Zinsvortrag nach § 4h Abs. 1 Satz 5 EStG,
- einem EBITDA-Vortrag nach § 4h Abs. 1 Satz 3 EStG, und
- negativen Einkünften im Rückwirkungszeitraum

nur zulässig, wenn dem übertragenden Rechtsträger (bzw. bei negativen Einkünften im Rückwirkungszeitraum dem übernehmenden Rechtsträger, § 2 Abs. 4 Satz 2 UmwStG) die Nutzung auch ohne die steuerliche Rückwirkung nach § 2 Abs. 1 UmwStG möglich gewesen wäre (Rz. 20.77).

D. Begründung stiller Gesellschaften

20.96 **Atypisch stille Beteiligung am Organträger.** Beteiligt sich ein stiller Gesellschafter an einem Organträger in der Rechtsform einer Kapitalgesellschaft und entsteht hierdurch eine AG bzw. GmbH & atypisch stille Gesellschaft, so führt dies nach Auffassung der Finanzverwaltung zur Beendigung des Organschaftsverhältnisses.[1] Entsprechendes gilt bei der geplanten Begründung einer Organschaft durch eine KapGes & Atypisch Still. Die AG bzw. GmbH & atypisch stille Gesellschaft ist steuerlich als Personengesellschaft anzusehen. Die für die Anerkennung eines Organschaftsverhältnisses erforderliche finanzielle Eingliederung der Organgesellschaft muss demnach gem. § 14 Abs. 1 Satz 1 Nr. 2 Satz 3 KStG im Verhältnis zur AG bzw. GmbH & atypisch stille Gesellschaft selbst erfüllt sein. Nach Verwaltungsauffassung soll dies erfordern, dass die Anteile, die die Mehrheit der Stimmrechte an der Organgesellschaft vermitteln, im Gesamthandsvermögen der Personengesellschaft gehalten werden.[2] Da die AG bzw. GmbH & atypisch stille Gesellschaft als Innengesellschaft zivilrechtlich über kein Gesamthandsvermögen verfügt, können die Voraussetzungen der finanziellen Eingliederung nach Verwaltungsauffassung nicht erfüllt werden.[3] Ob diese Ansicht zutreffend ist, ist umstritten und bislang nicht finanzgerichtlich geklärt. In Betracht kommt auch, die Zurechnung der Organbeteiligung zu dem in der Steuerbilanz[4] der Innengesellschaft zu erfassenden Betriebsvermögen ausreichen zu lassen.[5] Das von der Finanzverwaltung angenommene Er-

---
[1] BMF v. 20.8.2015 – IV C 2 – S 2770/12/10001, BStBl I 2015, 649 = FR 2015, 862; OFD Frankfurt v. 30.1.2013 – S 2770 A - 53 - St 51, DB 2013, 610 sowie FinMin Schl.-Holst. v. 30.1.12013 – S 2770 A - 53 - St 51, Der Konzern 2013, 362.
[2] BMF v. 10.11.2005 – IV B 7 - S 2770 - 24/05, BStBl. I 2005, 1038 = FR 2005, 1216, Rz. 13.
[3] OFD Frankfurt v. 30.1.2013 – S 2770 A - 53 - St 51, DB 2013, 610.
[4] Vgl. zur strittigen Frage, ob für atypisch stille Gesellschaft eine eigenständige Steuerbilanz zu erstellen ist *Bode* in Blümich, § 15 EStG Rz. 318 mwN.
[5] *Schmidt/Hageböke*, DStR 2005, 761 (764).

fordernis einer Zurechnung zu einem Gesamthandsvermögen lässt sich § 14 Abs. 1 Satz 1 Nr. 2 Satz 3 KStG nicht entnehmen.[1]

Typisch stille Beteiligung am Organträger. Die Begründung einer typisch stillen Beteiligung an einem Organträger wirkt sich auf die Anerkennung des bestehenden Organschaftsverhältnisses nicht aus. Mit Blick auf die sich ggf. stellenden Abgrenzungsfragen zur atypisch stillen Beteiligung ist allerdings Vorsicht geboten, insbesondere, sofern der stille Gesellschafter, ggf. mittelbar, an stillen Reserven des Unternehmens beteiligt werden soll oder ihm Gesellschafterrechte jenseits der Vorgaben des § 230 ff. HGB eingeräumt werden sollen. 20.97

Atypische stille Beteiligung an einer Organgesellschaft. Auch die Begründung einer atypisch stillen Beteiligung eines Gesellschafters an einer Organgesellschaft führt nach Auffassung der Finanzverwaltung[2] und des BFH[3] zur Nichtanwendung des § 2 Abs. 2 Satz 2 GewStG und des §§ 14 ff. KStG, insoweit jedenfalls für den Gewinn, der für die AG bzw. GmbH & atypisch stille Gesellschaft zu ermitteln ist. Der Grund hierfür ist, dass die mitunternehmerschaftlichen Einkünfte der AG bzw. GmbH & atypisch stillen Gesellschaft die gewerbesteuerliche Betriebsstättenfiktion des § 2 Abs. 2 Satz 2 GewStG verdrängen.[4] Eine andere Frage ist, ob die Kapitalgesellschaft als Inhaberin des Handelsgeschäfts Organgesellschaft sein kann. Das FG Hamburg verneint dies, weil es aufgrund der (partiellen) Gewinnabführung an den stillen Gesellschafter an der nach § 14 Abs. 1 Satz 1 KStG erforderlichen Abführung des „ganzen" Gewinns an den Organträger fehle.[5] Der BFH neigt dieser Auffassung wohl zu,[6] hat aber zu dieser Frage noch nicht abschließend Stellung genommen.[7] ME dürfte in der Abführung des in § 301 AktG definierten Abführungshöchstbetrags dann eine Abführung des „ganzen" Gewinns zu sehen sein, wenn die Zahlung an den stillen Gesellschafter nicht als (eigenständige) Gewinnabführung i.S.d. § 301 Satz 1 AktG zu verstehen ist.[8] Die Basisgröße für die Bestimmung des Abführungshöchstbetrags, der Jahresüberschuss, ist nach Maßgabe des Handelsrechts (§ 275 HGB) zu bestimmen,[9] wobei der an den stillen Gesellschafter zu zahlende Gewinnanteil unabhängig von der steuerlichen Einordnung der stillen Beteiligung als Betriebsausgabe zu erfassen ist.[10] Die von § 301 AktG definierte Saldogröße ist demnach grds. bereits um die Vergütung eines (typisch oder atypisch) still beteiligten Gesellschafters gemindert.[11] Die hiervon abweichende steuerliche Behandlung der Vergütung eines atypisch still Beteiligten sollte we- 20.98

---

1 *Hageböke*, Der Konzern 2013, 334 (337), auch *Neumann*, in Gosch³, § 14 KStG Rz. 80a, jeweils mwN. Vgl. zum Meinungstreit im einzelnen *Dötsch* in Dötsch/Pung/Möhlenbrock, § 14 KStG Rz. 167 ff.
2 BMF v. 20.8.2015 – IV C 2 – S 2770/12/10001, BStBl I 2015, 649 = FR 2015, 862; OFD Frankfurt v. 30.1.2013 – S 2770 A - 53 - St 51, DB 2013, 610.
3 BFH v. 11.8.2011 – I B 179/10, GmbHR 2011, 1284 = BFH/NV 2011, 2052.
4 BFH v. 11.8.2011 – I B 179/10, GmbHR 2011, 1284 = BFH/NV 2011, 2052.
5 FG Hamburg v. 26.10.2010 – 2 K 312/09, rkr., GmbHR 2011, 329, so auch FinMin Schl.-Holst. v. 30.1.12013 – S 2770 A - 53 - St 51, Der Konzern 2013, 362.
6 BFH v. 31.3.2011 – I B 177/10, GmbHR 2011, 836 = BFH/NV 2011, 1397.
7 BFH v. 11.8.2011 – I B 179/10, GmbHR 2011, 1284 = BFH/NV 2011, 2052 unter 3. der Gründe. AA *Dötsch* in Dötsch/Pung/Möhlenbrock, § 14 KStG Rz. 34, der die Frage durch BFH v. 31.3.2011 – I B 177/10, GmbHR 2011, 836 = BFH/NV 2011, 1397 als (im Sinne der Entscheidung des FG Hamburg) geklärt ansieht.
8 Nach § 301 Satz 1 AktG kann eine Organgesellschaft als Gewinn höchstens den *vor Gewinnabführung* entstehenden Jahresüberschuss abführen.
9 Vgl. auch BFH v. 18.12.2002 – I R 51/01, BStBl. II 2005, 49 (51) = FR 2003, 457 m. Anm. *Then*.
10 Vgl. hierzu *Hölzer*, FR 2015, 1065 sowie *Schmidt/Werner*, GmbHR 2010, 29 (31) mwN.
11 *Hageböke*, Der Konzern 2013, 334 (341) mwN.

gen der Maßgeblichkeit der Behandlung in der Handelsbilanz ohne Belang sein.[1] Nach Auffassung des BGH[2] ist die stille Beteiligung an einer AG jedoch als Teilgewinnabführungsvertrag i.S.d. § 292 Abs. 1 Nr. 2 AktG anzusehen. Insoweit stellt sich die Frage, ob die Zahlung einer Vergütung an einen stillen Gesellschafter als „Gewinnabführung" i.S.d. § 301 Satz 1 AktG zu verstehen sein könnte mit der Folge, dass im Ergebnis zwei Gewinnabführungen vorliegen und damit der Gewinnabführungsvertrag nicht die Abführung des gesamten Gewinns umfasst. Sofern die Beteiligung des stillen Gesellschafters sich auf das gesamte Unternehmen der Organgesellschaft bezieht, könnte dies zu bejahen sein.[3] Sind nur Unternehmensteile bzw. Teilbetriebe Gegenstand der stillen Beteiligung, so ist die Anwendbarkeit des § 301 AktG zweifelhaft.[4] Ebenso ist fraglich, ob die Rechtsprechung des BGH auf Fälle einer stillen Beteiligung an einer GmbH übertragen werden kann.[5] Schließlich lässt sich ggf. argumentieren, dass die Vergütung des still Beteiligten nicht als Gewinnverwendung zu sehen, sondern der Sphäre der Gewinnerzielung zuzurechnen ist,[6] da es sich bei einer stillen Gesellschaft ungeachtet der aktienrechtlichen Einordnung als Teilgewinnabführungsvertrag um eine Vergütung für Fremdkapital bzw. eine Betriebsausgabe handelt.[7]

20.99 **Typische stille Beteiligung an einer Organgesellschaft.** Die Begründung einer typisch stillen Beteiligung an einer Organgesellschaft ist nach hM unschädlich für ein insoweit bestehendes Organschaftsverhältnis.[8] Wegen der aktienrechtlichen Einordnung der stillen Gesellschaft als Teilgewinnabführungsvertrag[9] besteht jedoch mE zumindest für die AG & typisch stille Gesellschaft das Risiko, dass die Abführung des ganzen Gewinns i.S.d. § 14 Abs. 1 Satz 1 KStG verwaltungsseitig bzw. finanzgerichtlich verneint wird. Insofern empfiehlt sich die Einholung einer verbindlichen Auskunft vor Begründung einer typisch stillen Beteiligung an einer Organgesellschaft.

---

1 AA *Dötsch* in Dötsch/Pung/Möhlenbrock, § 14 KStG Rz. 434, der auch die steuerliche Behandlung der Vergütung für relevant erachtet.
2 BGH v. 21.7.2003 – II ZR 109/02, BGHZ 156, 38; v. 29.11.2004 – II ZR 6/03, DStR 2005, 35; v. 1.3.2005 – II ZR 140/03, AG 2005, 390; v. 8.5.2006 – II ZR 123/05, AG 2006, 546.
3 Vgl. *Koch* in Hüffer/Koch, AktG[13], § 301 Rz. 2.
4 Vgl. *Koch* in Hüffer/Koch, AktG[13], § 301 Rz. 2 mwN.
5 BayObLG v. 18.2.2003 – 3Z BR 233/02, GmbHR 2003, 534.
6 So *Schmidt/Werner*, GmbHR 2010, 29 (30) mwN.
7 BayObLG v. 18.2.2003 – 3Z BR 233/02, GmbHR 2003, 534.
8 *Dötsch* in Dötsch/Pung/Möhlenbrock, § 14 KStG Rz. 79.
9 BGH v. 21.7.2003 – II ZR 109/02, BGHZ 156, 38; BGH v. 29.11.2004 – II ZR 6/03, DStR 2005, 35; BGH v. 21.3.2005 – II ZR 140/03, AG 2005, 390; BGH v. 8.5.2006 – II ZR 123/05, AG 2006, 546.

Kapitel 21
Organschaft bei non-profit-Organisationen (Kommunale sowie gemeinnützige Unternehmen)

A. Öffentlich-rechtliche Körperschaften als Teil der Organschaft 21.1
I. Der „Betrieb gewerblicher Art" als Organträger im Kommunalbereich 21.1
II. Besondere Anforderungen an die Organschaft 21.3
III. Organträger-Eigenschaft 21.4
  1. Öffentlich-rechtliche Körperschaft . 21.4
  2. Gewerbliches Unternehmen als Voraussetzung einer Organträger-Stellung 21.5
  3. Dauerdefizitäre BgA und ihre Organträger-Eignung 21.7
  4. Beteiligungserträge im dauerdefizitären BgA 21.9
  5. Vorliegen einer Betriebsaufspaltung . 21.13
  6. Zusammenfassendes Ergebnis: Organträgereigenschaft eines BgA .. 21.15
IV. Abschluss des Gewinnabführungsvertrages – § 14 Abs. 1 Nr. 3 KStG . 21.18
V. Besondere Fragestellungen zur Ermittlung des Einkommens i.S.d. § 15 KStG im Fall öffentlich-rechtlicher Organträger 21.19
  1. Nicht-Vorliegen einer vGA gem. § 15 Satz 1 Nr. 4 KStG 21.19

  2. Anwendung der Spartenrechnung i.S.d. § 8 Abs. 9 KStG auf Ebene des Organträgers gem. § 15 Satz 1 Nr. 5 KStG 21.22
B. Gemeinnützige Körperschaften mit partieller Steuerpflicht als Teil der Organschaft 21.29
I. Besonderheiten der Organschaft im Gemeinnützigkeitsrecht 21.29
  1. Partielle Steuerpflicht gemeinnütziger Körperschaften 21.29
  2. Gemeinnützigkeitsrechtliche Grundsätze 21.31
  3. Fragestellungen zur Organschaft im Gemeinnützigkeitsrecht 21.32
II. Steuerbefreite Körperschaft als Organträger 21.33
  1. Organträger bei partieller Steuerpflicht 21.33
  2. Partiell steuerpflichtiger Organträger als gewerbliches Unternehmen 21.34
  3. Verlustübernahmeverpflichtung vs. Mittelverwendungsgebot 21.35
III. Steuerbefreite Körperschaften als Organgesellschaft 21.36
IV. Fazit/Zusammenfassung – Gemeinnützige Körperschaften mit partieller Steuerpflicht als Teil der Organschaft 21.38

Literatur: *Buchna/Leichinger/Seeger/Brox*, Gemeinnützigkeitsrecht im Steuerrecht, 11. Aufl., Achim 2015; *Eversberg*, Steuerwirksame Verrechnung von Gewinnen und Verlusten der Städte und Gemeinden durch Betriebe gewerblicher Art als Organträger, DStZ 2012, 278; *Heurung/Seidel*, Organschaftsbesteuerung der öffentlichen Hand, BB 2009, 1786; *Hüttemann*, Gemeinnützigkeits- und Spendenrecht, 3. Aufl., Köln 2015; *Kronawitter*, Betriebe gewerblicher Art als Organträger, Versorgungswirtschaft Heft 1, 10; *Milatz/Schäfers*, Ausgliederung im Gemeinnützigkeitssektor am Beispiel von Krankenhäusern – Können Betriebe gewerblicher Art oder gemeinnützige Körperschaften steuerliche Organschaften nutzen?, DB 2005, 1761; *Orth*, Outsourcing durch gemeinnützige Einrichtungen, Stiftung & Sponsoring 5/1999, Beilage; *Wallenhorst/Halaczinsky*, Die Besteuerung gemeinnütziger Vereine, Stiftungen und der juristischen Personen des öffentlichen Rechts, 7. Aufl., München 2017.

A. Öffentlich-rechtliche Körperschaften als Teil der Organschaft

I. Der „Betrieb gewerblicher Art" als Organträger im Kommunalbereich

21.1 Im Bereich der juristischen Personen des öffentlichen Rechts spielt die Möglichkeit der Verrechnung von Gewinnen und Verlusten im Rahmen der steuerpflichtigen Betätigungen eine bedeutende Rolle. Insofern ist die Option der Begründung einer wirksamen ertragsteuerlichen Organschaft ein wichtiges Gestaltungsinstrument, um die Steuerbelastung im Bereich der steuerpflichtigen Betätigungen zu senken.

Gemäß § 1 Abs. 1 Nr. 6 KStG ist sie insoweit unbeschränkt körperschaftsteuerpflichtig, als sie einen **Betrieb gewerblicher Art** (BgA) unterhält. Die juristische Person des öffentlichen Rechts ist insoweit nicht unbeschränkt steuerpflichtig, wie sie sich auf die ihr eigentümlichen und vorbehaltenen hoheitlichen Tätigkeiten beschränkt.[1]

Betriebe gewerblicher Art sind gem. § 4 Abs. 1 KStG alle Einrichtungen, die einer nachhaltigen wirtschaftlichen Tätigkeit zur Erzielung von Einnahmen außerhalb der Land- und Forstwirtschaft dienen und die sich innerhalb der Gesamtbetätigung der juristischen Person des öffentlichen Rechts wirtschaftlich herausheben, wobei die Absicht, Gewinn zu erzielen, und die Beteiligung am allgemeinen wirtschaftlichen Verkehr nicht erforderlich sind.

Nach der Rechtsprechung des BFH ist nicht der Betrieb gewerblicher Art Steuerrechtssubjekt i.S.d. § 1 Abs. 1 Nr. 6 KStG, sondern die juristische Person des öffentlichen Rechts wegen jedes einzelnen Betriebs gewerblicher Art.[2] Für jeden einzelnen BgA sei grundsätzlich das Einkommen gesondert zu ermitteln und die Körperschaftsteuer mangels Rechtsfähigkeit des einzelnen BgA gegen die dahinter stehende juristische Person des öffentlichen Rechts festzusetzen.[3]

Auf der anderen Seite wird nach der vom BFH entwickelten Rechtsprechung in Bezug auf die ertragsteuerliche Abgrenzung zwischen dem einzelnen BgA und der öffentlich-rechtlichen Körperschaft als Träger fingiert, dass dem BgA eine (beschränkte) eigenständige Rechtssubjektqualität zukommt.[4] Danach ist der einzelne BgA in Beziehung zur Trägerkörperschaft so zu behandeln wie eine Kapitalgesellschaft in Beziehung zu seinem Alleingesellschafter. Der einzelne BgA kann insoweit selbständig steuerlich wirksame Vereinbarungen schließen und ist beim Fehlen solcher Regelungen an den Grundsätzen zum Vorliegen einer verdeckten Gewinnausschüttung zu messen.

21.2 Eine steuerlich wirksame **Zusammenfassung verschiedener BgA** ist gem. § 4 Abs. 6 Satz 1 KStG nur zulässig, wenn sie **gleichartig** sind (Nr. 1) oder zwischen ihnen nach dem Gesamtbild der tatsächlichen Verhältnisse objektiv eine **enge wechselseitige technisch-wirtschaftliche Verflechtung von einigem Gewicht** besteht (Nr. 2) oder Betriebe gewerblicher Art i.S.d. Abs. 3 vorliegen (Nr. 3), dh. es sich um Betriebe, die der **Versorgung der Bevölkerung** mit Wasser, Gas, Elektrizität oder Wärme, dem öffentlichen Verkehr oder dem Hafenbetrieb dienen, handelt.

---

[1] Ständige Rechtsprechung seit dem Gutachten des RFH v. 9.7.1937 – V D 1/37, RFHE 42, 253–256.
[2] BFH v. 13.3.1974 – I R 7/71, BStBl. II 1974, 391.
[3] BFH v. 18.8.1988 – V R 194/83, BStBl. II 1988, 932.
[4] BFH v. 17.5.2000 – I R 50/98, BStBl. II 2001, 558 = FR 2000, 1039; BFH v. 24.4.2002 – I R 20/01, BStBl. II 2003, 412 = FR 2002, 1222; *Krämer* in Dötsch/Pung/Möhlenbrock, § 4 KStG Rz. 205.

Beispiel: Die Stadt X ist als Versorgungsbetrieb ua. in den Bereichen Strom und Gas auf ihrem eigenen Gebiet tätig. Daneben errichtet und betreibt sie auf verschiedenen Schul-Dächern Photovoltaik-Anlagen; außerdem betreibt sie ein Schwimmbad, das mittels Blockheizkraftwerk mit Strom und Wärme versorgt wird, überschüssiger Strom wird eingespeist.

Die Zusammenfassung der unterschiedlichen Photovoltaik-Anlagen kommt sowohl unter dem Aspekt der Gleichartigkeit (Nr. 1) als auch unter dem Aspekt der Versorgung mit Elektrizität (Nr. 3) in Betracht. Im Fall des Blockheizkraftwerkes könnte unter bestimmten technischen Voraussetzungen eine Zusammenfassung („enge wechselseitige technisch-wirtschaftliche Verflechtung von einigem Gewicht") des in der Regel defizitären Betriebs eines Schwimmbades mit der profitablen Bereich der Strom- und Gasversorgung stattfinden.[1]

Ein Betrieb gewerblicher Art kann gem. § 4 Abs. 6 Satz 2 KStG nicht mit einem Hoheitsbetrieb zusammengefasst werden.

II. Besondere Anforderungen an die Organschaft

Grundsätzlich steht es der öffentlich-rechtlichen Körperschaft frei, unter Beachtung der gesetzlichen Voraussetzungen der §§ 14–19 KStG eine Ergebnisverrechnung gewerblich tätiger Unternehmen zu erreichen.[2]

Spartentrennung bei strukturellen Dauerverlusten: Um eine einfache Umgehung der og. Beschränkungen zur Verrechnung unterschiedlicher BgA-Ergebnisse durch organisatorische Zusammenfassung in einer Kapitalgesellschaften zu verhindern, hat der Gesetzgeber als Reaktion auf die Rechtsprechung des BFH[3] im Jahressteuergesetz 2009 gem. § 8 Abs. 9 Satz 2 KStG die getrennte Ermittlung des jeweiligen Gesamtbetrags der Einkünfte in sog. **Sparten** i.S.d. § 8 Abs. 9 Satz 1 Nr. 1–3 KStG angeordnet.

Die einzelnen Tätigkeiten der Gesellschaft sind konkret den folgenden Sparten zuzuordnen:

- Tätigkeiten, die als **Dauerverlustgeschäfte** Ausfluss einer Tätigkeit sind, die bei juristischen Personen des öffentlichen Rechts zu einem Hoheitsbetrieb gehören, sind jeweils gesonderten Sparten zuzuordnen (Nr. 1);
- Tätigkeiten, die nach § 4 Abs. 6 Satz 1 zusammenfassbar sind oder aus den übrigen, nicht in Nr. 1 bezeichneten Dauerverlustgeschäften stammen, sind jeweils gesonderten Sparten zuzuordnen, wobei zusammenfassbare Tätigkeiten jeweils eine einheitliche Sparte bilden (Nr. 2);
- Alle **übrigen Tätigkeiten** sind einer einheitlichen Sparte zuzuordnen (Nr. 3).

Anwendung der Spartentrennung bei Organschaft: Diese gesetzlich geregelte Trennung der Ermittlung des jeweiligen Gesamtbetrags der Einkünfte setzt sich im Fall der Organschaft insoweit fort, als der auf Ebene der Organgesellschaft ermittelte Gesamtbetrag der Einkünfte an den Organträger abgeführt und auf Ebene des Organträgers der jeweiligen Sparte zuzuordnen ist (vgl. § 15 Abs. 1 Nr. 5 Satz 1 KStG).

---

1 Vgl. BMF v. 11.5.2016, BStBl. 2016 I, 479.
2 Zu einem zusammenfassenden Überblick vgl. OFD Karlsruhe v. 19.7.2018, DB 2018, 1953.
3 BFH v. 22.8.2007 – I R 32/06, BStBl. II 2007, 961 = FR 2007, 1160 m. Anm. *Orth*.

Beispiel:[1] Die Stadt X hat folgende Tätigkeitsbereiche auf ihre Tochtergesellschaften A- GmbH und B-GmbH ausgegliedert:

A-GmbH: Schwimmbad (Verlust gesamt 50, davon Schulschwimmen Verlust 10); Theater (Verlust 25); Hausmüllentsorgung (Gewinn 20)

B-GmbH: Spaßbad (Verlust 30); Stromversorgung/Verkehr (Gewinn 10); IT-Dienstleistungen (Gewinn 20)

Die Beteiligungen werden im Rahmen einer Organschaft vom BgA Grundstücksverwertung gehalten.

Auf Ebene des Organträgers sind die folgenden getrennten Sparten zu bilden:

– Sparte „Schulschwimmen" (-10): Hoheitliches Dauerverlustgeschäft

– Sparte „Bäder" (-70 dauerdefizitär): gleichartig zusammengefasste, nicht verrechenbare, begünstigte Tätigkeiten

– Sparte „Theater" (-25 dauerdefizitär): nicht verrechenbare, begünstigte Tätigkeit

– Sparte „Stromversorgung/Verkehr" (+10)

– Sparte „übrige Tätigkeiten" (+40): Grundstücksverwertung, IT-Dienstleistungen, Hausmüllentsorgung

Die Verluste der Sparten „Schulschwimmen", „Bäder" und „Theater" werden gesondert festgestellt und sind nicht mit Gewinnen aus anderen Sparten verrechenbar. Die Sparten „Strom/Verkehr" und „übrige Tätigkeiten" werden bei der Einkommensermittlung des Organträgers BgA berücksichtigt, dh. sind auf dieser Ebene zusammenfassbar.

III. Organträger-Eigenschaft

1. Öffentlich-rechtliche Körperschaft

21.4 Der Organträger muss gem. § 14 Abs. 1 Satz 1 Nr. 2 KStG eine natürliche Person oder eine nicht von der Körperschaftsteuer befreite Körperschaft, Personenvereinigung oder Vermögensmasse sein oder eine Personengesellschaft i.S.d. §§ 14 Abs. 1 Satz 1 Nr. 2 Satz 2 ff. KStG.

Aus § 14 Abs. 1 Satz 1 KStG ergibt sich, dass der Gewinnabführungsvertrag zur Abführung des ganzen Gewinns an ein „anderes **gewerbliches Unternehmen**" verpflichten muss.

In Bezug auf die Rechtsform des Organträgers ergibt sich im Fall öffentlich-rechtlicher Körperschaften die besondere Fragestellung, unter welchen Voraussetzungen die Körperschaft selbst als tauglicher Organträger i.S.d. § 14 Abs. 1 Satz 1 Nr. 2 KStG iVm. § 14 Abs. 1 Satz 1 KStG in Betracht kommt.

Anders als die von der Körperschaft unterhaltenen Hoheitsbetriebe i.S.d. § 4 Abs. 5 Satz 1 KStG, die überwiegend der Ausübung der öffentlichen Gewalt dienen, stellen die Betriebe gewerblicher Art nach der gesetzlichen Definition des § 4 Abs. 1 KStG Einrichtungen dar, die einer „nachhaltigen wirtschaftlichen Tätigkeit zur Erzielung von Einnahmen dienen" und „sich innerhalb der Gesamtbetätigung wirtschaftlich herausheben".

Aufgrund der oben dargestellten fehlenden Rechtssubjektqualität des Betriebs gewerblicher Art kann nur die öffentlich-rechtliche Körperschaft selbst Organträger sein. Nach den von der Rechtsprechung entwickelten Grundsätzen ist die juristische Person des öffentlichen Rechts wegen jedes einzelnen Betriebs gewerblicher Art steuerlich einzeln zu erfassen und

---

1 Vgl. auch BMF v. 12.11.2009 – IV C 7 – S 2706/08/10004 – DOK 2009/0742398, BStBl. I 2009, 1303.

kann insoweit auch jeweils als gesonderter Organträger fungieren[1], dh. mehrere, voneinander unabhängige Organkreise bilden.

2. Gewerbliches Unternehmen als Voraussetzung einer Organträger-Stellung

Das Tatbestandsmerkmal des gewerblichen Unternehmens setzt abweichend von den gem. §§ 4 Abs. 1 Satz 1, 2 KStG genannten Voraussetzungen des Betriebs gewerblicher Art voraus, dass das Merkmal der **Gewinnerzielungsabsicht** und der Beteiligung am allgemeinen wirtschaftlichen Verkehr i.S.d. § 2 GewStG vorliegt.[2]

21.5

Zu beachten ist insoweit, dass die gesetzlich vorausgesetzte Gewerblichkeit nicht Kraft gesetzlicher Definition i.S.d. § 4 Abs. 1 Satz 1 KStG als Betrieb „gewerblicher" Art erfüllt wird. Im Ergebnis können nur solche Betriebe gewerblicher Art die Organträgereigenschaft ausfüllen, die alle gesetzlichen Tatbestandsmerkmale des Gewerbebetriebs im Sinne des Gewerbesteuergesetzes erfüllen, dh. der Gewerbesteuer unterliegen.

Unter **Gewerbebetrieb** ist gem. § 2 Abs. 1 Satz 2 GewStG ein gewerbliches Unternehmen im Sinne des Einkommensteuergesetzes zu verstehen. Gemäß § 15 Abs. 2 Satz 1 EStG setzt dies eine selbständige nachhaltige Betätigung voraus, die mit der Absicht, Gewinn zu erzielen, unternommen wird und sich als Beteiligung am allgemeinen wirtschaftlichen Verkehr darstellt und nicht als Ausübung von Land- und Forstwirtschaft oder als Ausübung eines freien Berufs oder andere selbständige Arbeit anzusehen ist.

Das Kriterium der Gewerblichkeit stellt einen Schlüsselpunkt bei der Frage der Verrechnungsfähigkeit von Ergebnissen auf Ebene des BgA-Organträgers dar. Daran anknüpfend ergeben sich in der Praxis zahlreiche Fragestellungen, die teilweise dem besonderen Charakter der partiellen Steuerpflicht öffentlich-rechtlicher Körperschaften geschuldet sind, wie zB:

– Fehlende Gewerblichkeit bei nachhaltig defizitären Tätigkeiten (sog. **dauerdefizitärer BgA**)

– Möglichkeit der Einbeziehung von **Beteiligungserträgen** zum Ausgleich dauerdefizitärer Tätigkeiten

– Möglichkeit der Anwendung der Zusammenfassungskriterien auf Ebene Organträger – Organgesellschaft

– Organträgereigenschaft im Fall des Verpachtungs-BgA sowie im Fall der Anwendbarkeit der Betriebsaufspaltungsgrundsätze

Zu diesen Fallgestaltungen liegen nur punktuelle Äußerungen des BFH in Gestalt des Beschlusses vom 25.7.2002[3] sowie des Urteils vom 2.9.2009[4] vor.

21.6

Deutlich detaillierter hat sich insbesondere das FG Düsseldorf[5] in insgesamt drei Urteilen mit der Frage der Organträgereigenschaft eines BgA auseinandergesetzt. Aufgrund der ausführlichen Auseinandersetzung mit den systematischen Fragestellungen der Abgrenzung zu

---

1 BFH v. 13.3.1974 – I R 7/71, BStBl. II 1974, 391.
2 BMF v. 26.8.2003 – IV A 2 - S 2770 - 18/03, BStBl. I 2003, 437 = FR 2003, 981 Rz. 2.
3 BFH v. 25.7.2002 – I B 52/02, BFH/NV 2002, 1341.
4 BFH v. 2.9.2009 – I R 20/09, GmbHR 2010, 273 = BFH/NV 2010, 391.
5 FG Düsseldorf v. 22.6.2006 – 15 K 2567/03 BB, rkr., DStZ 2007, 85 = EFG 2006, 1769; FG Düsseldorf v. 29.6.2010 – 6 K 2990/07 K, rkr., DStRE 2011, 1009 = EFG 2010, 1732; FG Düsseldorf v. 18.3.2014 – 6 K 3493/11 K, EFG 2014, 1032 – Rev. I R 26/14.

hoheitlichen Betätigungen und der partiellen Steuerpflicht öffentlich-rechtlicher Körperschaften werden die Urteile im Folgenden näher dargestellt.

Es ist jedoch darauf hinzuweisen, dass sich aufgrund des Fehlens höchstrichterlicher Entscheidungen ein hohes Maß an Unsicherheit ergibt, zu welchen Ergebnissen die aktuelle Rechtsauslegung des BFH führen würde.

Weitgehende Einigkeit besteht, dass die Frage, unter welchen Voraussetzungen ein BgA Organträger sein kann, von der im Jahressteuergesetz 2009 erfolgten Neuregelung der steuerlichen Behandlung dauerdefizitärer Tätigkeiten gem. §§ 8 Abs. 7–9 KStG sowie § 15 KStG unberührt bleibt.[1]

3. Dauerdefizitäre BgA und ihre Organträger-Eignung

21.7 Die Finanzverwaltung hat explizit auf die fehlende Organträgereigenschaft **dauerdefizitärer Betriebe gewerblicher Art** mit Hinweis auf das Fehlen der allgemeinen Voraussetzungen i.S.d. § 2 Abs. 1 Satz 2 GewStG hingewiesen.[2]

Gewinnerzielungsabsicht ist die Absicht einer nachhaltigen Mehrung des Betriebsvermögens.[3] An dieser Absicht fehlt es regelmäßig, wenn die Prognose des zu erwirtschaftenden Totalgewinns negativ ausfällt.

Allerdings lässt nach der Rechtsprechung des BFH allein das Erzielen langjähriger Verluste noch keinen zwingenden Schluss auf das Nichtvorliegen der inneren Tatsache „Gewinnerzielungsabsicht" zu. Zumindest bei Tätigkeiten, die typischerweise auf die Erzielung von Gewinnen gerichtet und deshalb grundsätzlich nicht dazu bestimmt und geeignet sind, der Befriedigung persönlicher (außersteuerlicher) Neigungen oder der Erlangung wirtschaftlicher Vorteile außerhalb der Einkunfts-Sphäre zu dienen, muss aus weiteren Beweisanzeichen die Feststellung möglich sein, dass der Steuerpflichtige die verlustbringende Tätigkeit nur aus im Bereich seiner Lebensführung liegenden persönlichen Gründen oder Neigungen ausübt.[4]

Daran anknüpfend wird im Falle defizitärer BgA im Sinne laufender Geschäftsergebnisse argumentiert, dass erst anhand einer „**Totalgewinnprognose**" ermittelt werden könne, ob es sich um einen dauerdefizitären BgA handle, dem die Gewinnerzielungsabsicht abzusprechen sei. Einzubeziehen seien insoweit auch Veräußerungsgewinne, Sonderdividenden, stille Reserven und steuerfreie Dividenden. Denn Gewinnerzielungsabsicht sei die Absicht, eine Mehrung des Betriebsvermögens i.S.d. § 4 Abs. 1 EStG zu erzielen.

Der BFH hatte im Beschluss vom 25.7.2002[5] festgestellt, dass im Fall der Einlage von Aktien in das Betriebsvermögen eines BgA zwecks Verbesserung der Ertragslage und Verrechnung mit den operativ anfallenden Verlusten gewerbesteuerrechtlich relevante Gewinne des BgA entstehen.

Der BFH war nach summarischer Prüfung zu dem Ergebnis gekommen, dass der BgA Musikschule und Volkshochschule aufgrund der Einlage der Aktien mit Gewinnerzielungsabsicht betrieben wurde. Die Zuordnung der Aktien zum Betriebsvermögen sei nicht missbräuchlich,

---

1 Dötsch in Dötsch/Pung/Möhlenbrock, § 14 KStG Rz. 82.
2 BMF v. 26.8.2003 – IV A 2 - S 2770 - 18/03, BStBl. I 2003, 437 = FR 2003, 981 Rz. 5.
3 BFH v. 25.6.1984 – GrS 4/82, BStBl. II 1984, 751 = FR 1984, 619.
4 Vgl. BFH v. 12.9.2002 – IV R 60/01, BStBl. II 2003, 85 = FR 2003, 135; BFH v. 21.7.2004 – X R 33/03, BStBl. II 2004, 1063 = FR 2005, 314 m. Anm. *Freiherr v. Proff zu Irnich*.
5 BFH v. 25.7.2002 – I B 52/02, BFH/NV 2002, 1341.

sondern als Teil des **gewillkürten Betriebsvermögens** als Teil des Gewinns der BgA anzusehen. Der BgA erziele auf Grundlage der zu erwartenden Beteiligungserträge einen Totalgewinn, so dass unter Einbeziehung des gewillkürten Betriebsvermögens insgesamt von einer Gewinnerzielungsabsicht des BgA Musikschule und Volkshochschule auszugehen sei.

Das FG Düsseldorf hatte in seinem Urteil vom 22.6.2006 ausdrücklich „gegen BFH-Beschluss vom 25.7.2002" festgestellt, dass ein strukturell dauerdefizitärer kommunaler Betrieb gewerblicher Art, der nur durch die Erträge eingelegter Finanzanlagen Überschüsse erziele, mangels **Gewinnerzielungsabsicht** keinen Gewerbebetrieb unterhalte.[1]   21.8

An dieser Absicht fehle es regelmäßig, wenn die Prognose des zu erwirtschaftenden Totalgewinns negativ ausfalle. Anknüpfend an die für natürliche Personen entwickelten Rechtsprechungsgrundsätze bedürfe es bei Tätigkeiten von Körperschaften des öffentlichen Rechts, soweit sie in Eigenregie ausgeübt würden, einer vergleichbaren Abgrenzung zwischen steuerbarer und nichtsteuerbarer Tätigkeit. An einer (gewerbe-) steuerbaren Tätigkeit der öffentlich-rechtlichen Körperschaft fehle es abgesehen vom hoheitlichen Aufgabenbereich auch bei solchen Tätigkeiten, die ohne Einkunftserzielungsabsicht unternommen werden. Zwar werde diese Abgrenzung durch die körperschaftsteuerrechtliche Sonderregelung für den BgA überlagert, der gerade keine Gewinnerzielungsabsicht erfordere. Auf der anderen Seite könne aber eine Tätigkeit, die bereits typischerweise nicht auf Erzielung von Gewinnen gerichtet ist und mit der auf Dauer gesehen auch nur Verluste erwirtschaftet werden – unabhängig davon, ob sie von einer natürlichen Person oder von einer öffentlich-rechtlichen Körperschaft in Eigenregie ausgeübt werde – keinen **Gewerbebetrieb** begründen. Der originäre Betriebszweck des BgA-Bäder, der konkretisiert werde durch die am Markt gegen Entgelt angebotenen Leistungen, bestehe in dem Betrieb eines Freibades. Die in diesem Betrieb erzielten und erzielbaren Einnahmen reichten zur Deckung der damit verbundenen Betriebskosten dauerhaft nicht aus. Es handele sich um einen **strukturell dauerdefizitären BgA**. Es stehe außer Zweifel, dass der BgA Freibad nach seiner Wesensart und der Art der Bewirtschaftung auf Dauer gesehen weder dazu geeignet noch bestimmt sei, mit Gewinn zu arbeiten. Die Entscheidung, den Bäderbetrieb trotz Dauerverluste weiterzuführen und der Verzicht auf Einnahmeerhöhungen, soweit diese überhaupt am Markt durchsetzbar wären, stelle eine kommunalpolitische Entscheidung dar, die einen Bereich betreffe, der bei natürlichen Personen dem nichtsteuerbaren Bereich der Lebensführung zuzurechnen wäre.

4. Beteiligungserträge im dauerdefizitären BgA

Die Einlage der Finanzanlagen in den BgA stelle aus betriebswirtschaftlicher Sicht keine (sinnvolle) Maßnahme der Strukturverbesserung dar. Hiervon könne allenfalls ausgegangen werden, wenn diese Mittel entweder zur Kostenreduzierung, etwa zur Ablösung von Verbindlichkeiten oder zur Einnahmesteigerung, zB durch Angebotsverbesserungen im Bäderbetrieb, verwendet worden wären. Entgegen der Auffassung des BFH vom 25.7.2002 könne eine Fortführung eines strukturell dauerdefizitären Betriebs ohne nähere Prüfung der Betriebsstruktur und des Betriebszwecks nicht allein deshalb eine Gewinnerzielungsabsicht unterstellt werden, weil durch die Einlage von im Rahmen der Vermögensverwaltung gehaltenen Kapitalanlagen in den Verlustbetrieb sich rechnerisch Gewinne ergeben.   21.9

---

1 FG Düsseldorf v. 22.6.2006 – 15 K 2567/03 BB, rkr., DStZ 2007, 85 = EFG 2006, 1769.

An dieser Linie hat das FG Düsseldorf durch die Entscheidungen vom 29.6.2010[1] sowie 18.3.2014[2], denen der gleiche Sachverhalt zugrunde lag, festgehalten bzw. diese fortentwickelt. Neben der Frage der Berücksichtigung von Beteiligungserträgen aus **gewillkürtem Betriebsvermögen** wird dabei der Aspekt der **wechselseitigen technisch-wirtschaftlichen Verflechtung** in Form eines Blockheizkraftwerkes zwischen BgA und der GmbH-Beteiligung behandelt.

Die den og. Entscheidungen zugrunde liegende Fallgestaltung stellte sich so dar, dass der operativ defizitäre kommunale BgA Bäderbetrieb ua. eine organschaftlich verbundene Mehrheitsbeteiligung an einem Energie- und Wasserversorger in der Rechtsform einer GmbH innehatte. Mittels Blockheizkraftwerk wurde außerdem die wechselseitige technisch-wirtschaftliche Verflechtung zwischen Schwimmbad und Strom- und Wärmeversorgung der GmbH i.S.d. § 4 Abs. 6 KStG hergestellt.

Auch in diesem Fall kommt es nach Ansicht des FG Düsseldorf auf den originären Betriebszweck des BgA Bäderbetrieb an, der durch die am Markt gegen Entgelt angebotenen Leistungen konkretisiert werde und allein im Betrieb des Bades bestehe. Es handele sich um einen strukturell dauerdefizitären Betrieb, da die am Markt erzielbaren Einnahmen nicht zur Deckung der damit verbundenen Kosten ausreichten. Der Bäderbetrieb sei damit nach seiner Wesensart wie auch der Art seiner Bewirtschaftung auf Dauer gesehen weder dazu geeignet noch dazu bestimmt, mit Gewinn zu arbeiten und stelle damit einen sog. Liebhabereibetrieb dar, der auf einer kommunalpolitischen Entscheidung beruhe.

Nach Auffassung des FG muss der Organträger unabhängig von der Beteiligung ein originär gewerbliches Unternehmen unterhalten, da anderenfalls dem Tatbestandsmerkmal „anderes gewerbliches Unternehmen" in § 14 Abs. 1 Satz 1 KStG im Ergebnis keine eigenständige Bedeutung zukäme.

Insoweit sei es nach Ansicht des FG sogar zweifelhaft, ob es sich bei der Beteiligung an der GmbH überhaupt um **gewillkürtes Betriebsvermögen** des BgA handele, da der reine Ausgleich von Verlusten oder die Stärkung des Betriebskapitals durch Einlage der Beteiligung keinen betrieblichen Zweck darstellen könne, da eine Ausgleichspflicht von Defiziten bereits auf haushaltsrechtlicher Grundlage geboten sei.

Für diese strikte geschäftsvorfallbezogene Betrachtungsweise spreche auch die Rechtsprechung des BFH, wonach sich die Verluste dauerdefizitärer Betriebe nicht durch die Ergebnisse einer gewinnträchtigen eingelegten Beteiligung kompensieren lassen.[3] Diese zu kommunalen Betrieben in der Rechtsform privater Kapitalgesellschaften ergangene Rechtsprechung gelte im Grundsatz auch für einen BgA.

Auf das Bestehen einer **wechselseitigen technisch-wirtschaftlichen Verflechtung von einigem Gewicht** i.S.d. § 4 Abs. 6 KStG komme es nicht an, da eine solche nach dem Wortlaut der Vorschrift nicht zu einer Kapitalgesellschaft, sondern nur zwischen mehreren BgA zu einem einzigen Betrieb möglich sei.

21.10 Das FG Düsseldorf hat in seiner Entscheidung vom 18.3.2014[4] als neuen Aspekt auf die Rechtsprechung des BFH bei Einzelgewerbetreibenden und Personengesellschaften zur gesonderten Betrachtung der wirtschaftliche eigenständigen Betätigungen verwiesen und den

---

1 FG Düsseldorf v. 29.6.2010 – 6 K 2990/07 K, rkr., DStRE 2011, 1009 = EFG 2010, 1732.
2 FG Düsseldorf v. 18.3.2014 – 6 K 3493/11 K, EFG 2014, 1032 – Rev. I R 26/14.
3 BFH v. 22.8.2007 – I R 32/06, BStBl. II 2007, 961 = FR 2007, 1160 m. Anm. *Orth*.
4 FG Düsseldorf v. 18.3.2014 – 6 K 3493/11 K, EFG 2014, 1032 – Rev. I R 26/14.

Begriff der „**Segmentierung**" eingeführt. Dies ergebe sich aus der Erkenntnis, dass der BgA über eine außerbetriebliche Sphäre verfüge[1] und insofern mit einer Personengesellschaft vergleichbar sei.

Der BgA Bäder betreibe bezüglich der Bäder einen gewerblichen Tätigkeitsbereich ohne Gewinnerzielungsabsicht und bezüglich der Beteiligungen eine vermögensverwaltende Tätigkeit mit Gewinnerzielungsabsicht, so dass im Ergebnis kein gewerbliches Unternehmen i.S.d. § 14 Abs. 1 Satz 1 KStG iVm. § 17 Satz 1 KStG vorliege.

Da das Halten der Beteiligung keinen BgA, sondern Vermögensverwaltung darstelle, komme eine Zusammenfassung (zweier BgA) unter dem Aspekt der wechselseitigen technisch-wirtschaftlichen Verflechtung nicht in Betracht. Zwischen dem Halten einer GmbH-Beteiligung und dem Betreiben von Schwimmbädern bestehe keine **wechselseitige technisch-wirtschaftliche Verflechtung**, so dass eine Zusammenfassung nicht in Betracht komme. Inwieweit das Vorhandensein der wechselseitigen technisch-wirtschaftlichen Verflechtung zur Charakterisierung der Beteiligung als **notwendiges Betriebsvermögen** führen könnte, hat das FG Düsseldorf nicht geprüft.

Voraussetzung dafür wäre, dass die Beteiligung ausschließlich und unmittelbar für eigenbetriebliche Zwecke des Steuerpflichtigen genutzt wird oder dazu bestimmt ist.[2]

Der Besitz und die Verwaltung von Anteilen an einer Kapitalgesellschaft ist grundsätzlich keine wirtschaftliche Tätigkeit i.S.d. § 4 KStG. Die Beteiligung an einer Kapitalgesellschaft stellt jedoch einen BgA dar, wenn mit ihr tatsächlich ein entscheidender Einfluss auf die laufende Geschäftsführung des Unternehmens ausgeübt wird.[3]

Ausdrücklich in Abweichung zur o.g. Rechtsprechung des FG Düsseldorf hat das FG Köln in seiner Entscheidung vom 19.12.2013[4] festgestellt, dass die Einbringung einer Kapitalbeteiligung von unter 10 % die Ertragslage eines im Übrigen defizitären BgA (öffentlicher Badebetrieb mit Freibad) so grundlegend ändern könne, dass von einer Gewinnerzielungsabsicht in gewerbesteuerlicher Hinsicht auszugehen sei. Der Senat folgt nicht der Auffassung des FG Düsseldorf, dass die Einlage keine betriebswirtschaftlich sinnvolle Maßnahme sei und daher im Hinblick auf die Gewinnerzielungsabsicht sich nicht auswirke. Der Senat könne dem Gesetz nicht entnehmen, dass bestimmte Einkunftsquellen bei der Bestimmung der Gewinnerzielungsabsicht eines BgA nicht zu berücksichtigen seien. Soweit Anteile als gewillkürtes Betriebsvermögen zur Verstärkung des Eigenkapitals eingebracht würden, seien die aus den Ausschüttungen resultierenden Erträge auch gewerbesteuerlich zu erfassen.

21.11

Im vom FG Düsseldorf entschiedenen Fall ist insoweit nicht nachvollziehbar, warum die Beteiligung der Kommune i.H.v. 74,9 % spätestens nach Abschluss des EAV keine als BgA zu erfassende wirtschaftliche Tätigkeit sein soll. Stellt das Halten der Beteiligung – unabhängig vom Vorliegen der Voraussetzungen der Betriebsaufspaltung – eine als BgA zu erfassende Betätigung aufgrund des entscheidenden Einflusses auf die laufende Geschäftsführung dar, ist im nächsten Schritt das Vorhandensein einer engen wechselseitigen technisch-wirtschaftlichen Verflechtung zwischen dem Bäderbetrieb (BgA Bäder) und der laufenden Geschäftsführung, die ua. im Betrieb eines Blockheizkraftwerk besteht (Versorgungs-GmbH), zu prüfen. Für den

21.12

---

1 Siehe dazu: *Gosch* in Gosch[3], § 8 KStG Rz. 1042.
2 R 4.2 Abs. 1 Satz 1 EStR 2008.
3 *Krämer* in Dötsch/Pung/Möhlenbrock, § 4 KStG Rz. 55.
4 FG Köln v. 19.12.2013 – 10 K 2933/11, EFG 2014, 662 f.

Fall des Vorliegens der Voraussetzungen des § 4 Abs. 6 Nr. 2 KStG muss es insoweit möglich sein, die Ergebnisse beider BgA zusammenzufassen.

Das FG Hessen hat im Fall der Einlage von Anteilen an einer Stadtwerke GmbH in das gewillkürte Betriebsvermögen eines defizitären Bäder-BgA ausdrücklich gegen die Rechtsansicht des FG Düsseldorf die wirksame Begründung einer Organschaft bestätigt, soweit sich unter Einbeziehung des Einkommens der GmbH ein Totalgewinn ergibt.[1]

Nach Ansicht des FG Hessen genügt für die Absicht Gewinne zu erzielen, dass der BgA nach seiner konkreten Struktur unter Berücksichtigung seines gesamten – ggf. teilweise gewillkürten – Betriebsvermögens darauf angelegt ist, insgesamt in Zukunft einen Totalgewinn zu erzielen. In diese Beurteilung sind auch die Gewinnabführungen einer zum Betriebsvermögen des BgA gehörenden Tochtergesellschaft einzubeziehen. Das Gericht vermag nach den Ausführungen der Urteilsbegründung nicht erkennen, aus welchen Gründen bzw. auf Grund welcher Vorschrift eine Körperschaft des öffentlichen Rechts daran gehindert wäre, in einem als Eigenbetrieb geführten BgA zur Stärkung des Kapitals (anstelle der Übernahme der Verluste) gewillkürtes Betriebsvermögen zu bilden und hierfür Wirtschaftsgüter zuzuführen. Aufgrund der getätigten Einlage der Anteile war der Bäderbetrieb mit Gewinnerzielungsabsicht tätig, denn durch die Einlage hat die Stadt bei dem BgA gewillkürtes Betriebsvermögen gebildet und damit das Eigenkapital des Bäderbetriebs in einer Weise gestärkt, dass der Bäderbetrieb nunmehr keine Verluste, sondern Gewinn erzielen sollte und auch erzielt hat. Nach Ansicht des FG Hessen ist die Wirksamkeit der Organschaft nicht von dem Bestehen einer Betriebsaufspaltung abhängig, sondern es genügt das Halten der Beteiligung im Sinne eines gewillkürten Betriebsvermögens. Im nächsten Schritt hält es das FG Hessen für erforderlich, die Verrechenbarkeit der zusammengefassten Betriebe zu prüfen. Ausgehend davon komme durchaus in Betracht, bei wesensverschiedenen Tätigkeiten eines ursprünglich dauerdefizitären BgA einerseits und einer gewinnerzielenden Organgesellschaft andererseits entweder bereits die Anerkennung der Organschaft oder zumindest die Verlustverrechnung auf Ebene der Körperschaft des öffentlichen Rechts zu versagen. Im entschiedenen Fall konnte die Zusammenfassung der Tätigkeitsbereiche des BgA Bäder einerseits und der Beteiligung an den Stadtwerken (Energieversorgung) über das Vorliegen von Energieversorgungstätigkeiten bzw. einer wechselseitigen technisch-wirtschaftlichen Verflechtung von einigem Gewicht nach Feststellung des Gerichts erreicht werden.

5. Vorliegen einer Betriebsaufspaltung

21.13   Befindet sich dagegen aufgrund des Bestehens einer **Betriebsaufspaltung** die Beteiligung an der Kapitalgesellschaft im **notwendigen Betriebsvermögen** des BgA, ist eine Zusammenfassung der Ergebnisse auf Ebene des BgA nach der Entscheidung des BFH vom 2.9.2009[2] zulässig und führt bei einer insgesamt positiven Ergebnisprognose zur Qualifizierung als Organträger im Sinne eines gewerblichen Unternehmens.

In dem vom BFH entschiedenen Fall verpachtete der BgA einen Teil der von der Tochter-Versorgungs-GmbH genutzten Anlagen, so dass seit Beginn der Verpachtung eine Betriebsaufspaltung bestand. Sämtliche GmbH-Anteile wurden damit notwendiges Betriebsvermögen des BgA als Besitzunternehmen. Zwischen BgA und Tochter GmbH wurde ein Ergebnisabführungsvertrag geschlossen. Der BgA erzielte in Bezug auf das Verpachtungsentgelt sowie sons-

---

1 FG Hessen v. 16.5.2017 – 4 K 1060/13, EFG 2017, 1544.
2 BFH v. 2.9.2009 – I R 20/09, GmbHR 2010, 273 = BFH/NV 2010, 391.

tige Baubetreuungs-Dienstleistungen dauerhaft operative Verluste. Auf Ebene der GmbH wurden vor Ergebnisabführung positive Ergebnisse erzielt.

Der BFH entschied, dass der betroffene BgA mit **Gewinnerzielungsabsicht** betrieben werde und als tauglicher Organträger i.S.d. § 14 KStG anzusehen sei.

Besitzgesellschaft und Betriebsgesellschaft seien rechtlich und wirtschaftlich selbständige Unternehmen. Der Besitzgesellschaft könne die Gewinnerzielungsabsicht fehlen, wenn sie der mit Gewinn tätigen Betriebsgesellschaft die wesentlichen Betriebsgrundlagen zu einem nicht kostendeckenden Entgelt überlässt. Die Gewinnerzielungsabsicht des Besitzunternehmens könne jedoch in dem Bestreben liegen, Beteiligungserträge zu erzielen. Unerheblich sei dabei, ob die Betriebsgesellschaft Gewinnausschüttungen vornehme oder diese thesauriere, denn Gewinnausschüttungen könnten nachgeholt werden und erhöhten im Übrigen den Wert der Beteiligung. Die Gewinnerzielungsabsicht sei erst dann zu verneinen, wenn der Gesellschafter mit den vereinbarten Entgelten und den tatsächlichen und möglichen Ausschüttungen auf die Dauer keine Kostendeckung erwarten könne.

Darauf, dass der BgA zum Zeitpunkt der Begründung der Organschaft noch gewinnlos war, komme es bei der Prüfung, ob ein Unternehmen mit Gewinnerzielungsabsicht betrieben wird, nicht an. Unter Einbeziehung der erfolgten oder möglichen Gewinnausschüttungen sei auf Dauer ein positives Geschäftsergebnis zu erwarten, so dass der BgA seit seiner Gründung als gewerbliches Unternehmen einzustufen war.

Seit Wegfall des Kriteriums der wirtschaftlichen Eingliederung könne auch eine Besitzgesellschaft, die nur über eine Betriebsgesellschaft als Gewerbebetrieb verfüge, als Gewerbebetrieb im Sinne eines tauglichen Organträger beurteilt werden. § 14 Abs. 1 Satz 1 Nr. 2 Satz 1 KStG bestimme, dass eine Personengesellschaft nur Organträger sein könne, wenn sie ein originär gewerbliches Unternehmen i.S.d. § 15 Abs. 1 Satz 1 Nr. 1 EStG betreibe. Daraus folge im Umkehrschluss, dass für Besitzunternehmen, die nicht in der Rechtsform der Personengesellschaft betrieben werden, eine originäre gewerbliche Tätigkeit nicht erforderlich sei.

Der BFH hat ausdrücklich offen gelassen, wie der Fall zu entscheiden gewesen wäre, wenn keine Betriebsaufspaltung bestanden hätte.

6. Zusammenfassendes Ergebnis: Organträgereigenschaft eines BgA

Einigkeit besteht in Bezug auf die gesetzliche Definition der Organträgereigenschaft und die grundsätzlichen Konsequenzen für einen BgA als Organträger i.S.d. § 14 KStG. Grundsätzlich kann ein BgA als Organträger fungieren, sofern dieser über seine gesetzlichen Merkmale i.S.d. § 4 KStG hinaus die Voraussetzungen für einen **Gewerbebetrieb** i.S.d. § 2 GewStG erfüllt.

Gewinnerzielungsabsicht des BgA als Organträger-Voraussetzung: Dies ist nach weitgehend einhelliger Meinung nicht der Fall, wenn der BgA insgesamt dauerhaft defizitäre Ergebnisse erzielt und somit über keine Gewinnerzielungsabsicht im Sinne einer **Totalgewinnprognose** verfügt.

Umstritten ist derzeit, inwieweit Beteiligungsergebnisse von Organgesellschaften oder sonstigen Beteiligungen an Kapitalgesellschaft zur Gewinnerzielungsabsicht auf Ebene des BgA führen können. Nach den BFH Entscheidungen vom 25.7.2002 sowie 2.9.2009 ist es als ausreichend und keinesfalls rechtsmissbräuchlich anzusehen, wenn es sich um gewillkürtes Betriebsvermögen handelt, das zum Ausgleich der operativ anfallenden Verluste gehalten wird und im Ergebnis zu positiven Ergebnissen auf Ebene des BgA führt. Der Aspekt der Steuerfreiheit solcher Beteiligungserträge i.S.d. § 8b Abs. 1 KStG spielt nach den beiden Entscheidungen des BFH keine Rolle. Als besonders erwähnenswerter Aspekt des BFH Urteils vom 2.9.2009 ist zu nennen, dass der BFH ausdrücklich festgestellt hat:

– Seit Wegfall des Kriteriums der wirtschaftlichen Eingliederung kann auch eine Besitzgesellschaft, die nur über eine Betriebsgesellschaft als Gewerbebetrieb verfüge, als Gewerbebetrieb im Sinne eines tauglichen Organträger beurteilt werden

– § 14 Abs. 1 Satz 1 Nr. 2 Satz 1 KStG bestimmt, dass eine Personengesellschaft nur Organträger sein kann, wenn sie ein originär gewerbliches Unternehmen i.S.d. § 15 Abs. 1 Satz 1 Nr. 1 EStG betreibt. Daraus folgt im Umkehrschluss, dass für Besitzunternehmen, die nicht in der Rechtsform der Personengesellschaft betrieben werden, eine originäre gewerbliche Tätigkeit nicht erforderlich ist.

Obwohl im Urteil ausdrücklich offengelassen wird, wie der Fall ohne das Vorliegen einer **Betriebsaufspaltung** zu entscheiden gewesen wäre, geht der BFH mit seiner gesetzlichen Auslegung, dass sich aus dem Umkehrschluss des § 15 Abs. 1 Satz 1 Nr. 1 EStG ergebe, dass eine originäre gewerbliche Tätigkeit nicht erforderlich sei, sehr weit und stellt sich eindeutig in Widerspruch zu den ausführlich erläuterten Urteilen des FG Düsseldorf, die grundsätzlich eine originäre gewerbliche Tätigkeit des Organträgers verlangen. Zu diesem Punkt bleibt abzuwarten, ob in der Zukunft Urteile des BFH Klarheit bringen. Von Seiten der Finanzverwaltung ist zu diesem Punkt in der Praxis derzeit wohl nicht zu erwarten, dass die Einbeziehung von Beteiligungsergebnissen aus dem **gewillkürten Betriebsvermögen** oder Berücksichtigung der Zusammenfassungsgrundsätze auf Beteiligungsebene akzeptiert wird.

Auf der Grundlage des BFH-Urteils vom 2.9.2009 darf es zumindest als derzeit gesichert angesehen werden, dass die Einbeziehung von Ergebnissen von Kapitalgesellschaften, die sich aufgrund des Vorliegens einer **Betriebsaufspaltung** im notwendigen Betriebsvermögen des BgA befinden, unabhängig von der Höhe der tatsächlichen Ausschüttung zulässig ist und zur Gewerblichkeit des Organträgers BgA führen, soweit sich eine positive Totalgewinnprognose ergibt.

21.17 **Öffentlich-rechtlich beherrschte Kapitalgesellschaft als Organträger**: Da die Tätigkeit einer Kapitalgesellschaft nach § 2 Abs. 2 GewStG stets und in vollem Umfang als Gewerbebetrieb gilt, kommen dagegen auch vermögensverwaltende oder dauerdefizitäre Kapitalgesellschaften als Organträger in Betracht.[1] Insofern können die öffentlich-rechtlichen Körperschaften grundsätzlich durch eine Verlagerung der Tätigkeiten auf eine Eigengesellschaft in der Rechtsform der Kapitalgesellschaft die Organträger-Eigenschaft erreichen.

IV. Abschluss des Gewinnabführungsvertrages – § 14 Abs. 1 Nr. 3 KStG

21.18 Nach der grundlegenden BFH-Rechtsprechung zur Gewinnermittlung auf Ebene des BgA als Teil seiner Trägerkörperschaft, der die eigentliche Steuersubjekt-Qualität zukommt,[2] ist nicht ganz geklärt, ob die öffentlich-rechtliche Körperschaft selbst oder der (teil-)verselbständigte BgA als Vertragspartei des Gewinnabführungsvertrages anzusehen ist. Aus steuerlicher Sicht besteht an der Organträger-Eigenschaft des BgA selbst kein Zweifel, so dass kon-

---

1 Vgl. BMF v. 26.8.2003 – IV A 2 - S 2770 - 18/03, BStBl. I 2003, 437 = FR 2003, 981 Rz. 3.
2 BFH v. 8.11.1989 – I R 187/85, BStBl. II 1990, 242 = FR 1990, 285.

sequenterweise bislang nicht in Zweifel gezogen wird, dass der BgA als Partei des Gewinnabführungsvertrages aufzutreten hat.[1]

Auf der anderen Seite könnte angeführt werden, dass die steuerliche Verselbständigung des BgA abzugrenzen ist von der Frage, inwieweit eine zivilrechtliche Bindungswirkung des Gewinnabführungsvertrages durch einen lediglich zu steuerlichen Zwecken verselbständigten Teil abgeschlossen werden kann. Folgt man dieser Überlegung, wäre als Vertragspartei die öffentlich-rechtliche Körperschaft bezogen auf ihr für steuerliche Zwecke verselbständigtes Vermögen im Sinne des BgA zu benennen.[2]

V. Besondere Fragestellungen zur Ermittlung des Einkommens i.S.d. § 15 KStG im Fall öffentlich-rechtlicher Organträger

1. Nicht-Vorliegen einer vGA gem. § 15 Satz 1 Nr. 4 KStG

21.19 § 15 Satz 1 Nr. 4 Satz 1 KStG bestimmt zunächst, dass auf Ebene der Organgesellschaft die Vorschriften des § 8 Abs. 3 Satz 2 KStG sowie § 8 Abs. 7 KStG im Fall des Vorliegens von Dauerverlustgeschäften i.S.d. § 8 Abs. 7 Satz 2 KStG keine Anwendung finden.

Dies bedeutet zum einen, dass im Rahmen der Einkommensermittlung auf Ebene der Organgesellschaft die Hinzurechnung des Einkommens für den Fall des Vorliegens einer verdeckten Gewinnausschüttung aufgrund von Dauerverlustgeschäften korrigiert wird.[3] Zum anderen wird klargestellt, dass die Regelungen des § 8 Abs. 7 KStG nicht auf Ebene der Organgesellschaft, sondern gem. § 15 Satz 1 Nr. 4 Satz 2 KStG bei der Ermittlung des Einkommens des Organträgers Anwendung finden.

Der Gesetzgeber definiert im § 8 Abs. 7 KStG sog. „begünstigte" Dauerverlustgeschäfte, die die Rechtsfolgen einer verdeckten Gewinnausschüttung nicht auslösen. Solche liegen vor, soweit die Tätigkeit aus verkehrs-, umwelt-, sozial-, kultur-, bildungs- oder gesundheitspolitischen Gründen eine wirtschaftliche Betätigung ohne kostendeckendes Entgelt unterhalten wird oder in den Fällen einer Kapitalgesellschaft, bei der die öffentlich-rechtlichen Körperschaft die Mehrheit der Stimmrechte ausübt und ausschließlich die Verluste aus den Dauerverlusten trägt, das Geschäft Ausfluss einer Tätigkeit ist, die bei juristischen Personen des öffentlichen Rechts zu einem Hoheitsbetrieb gehören.[4]

21.20 Im Fall der Organschaft bedeutet dies, dass zunächst auf Ebene der Organgesellschaft zu prüfen ist, ob einzelne dauerdefizitäre Tätigkeiten vorliegen, dh. eine wirtschaftliche Betätigung ohne kostendeckendes Entgelt unterhalten wird, und ob die jeweils identifizierte dauerdefizitäre Tätigkeit als begünstigt i.S.d. § 8 Abs. 7 Satz 2 KStG anzusehen ist, dh. konkret einem der im Gesetz genannten Tätigkeitsbereiche zugeordnet werden kann (Verkehr, Umwelt, Soziales, Kultur, Bildung, Gesundheitpolitik).

---

1 *Sterner* in HHR, § 14 KStG Anm. 153; FG Nds. v. 2.10.1986 – VI 85/84, rkr., ZKF 1987, 281; *Kronawitter*, Versorgungswirtschaft 2018, 11.
2 Vgl. *Eversberg*, DStZ 2012, 282.
3 *Krämer* in Dötsch/Pung/Möhlenbrock, § 15 KStG Rz. 95; *Neumann* in Gosch[3], § 15 KStG Rz. 40; aA *Frotscher* in Frotscher/Drüen, § 15 KStG Rz. 139: Hinzurechnung als vGA auf Ebene der OG und Korrektur auf Ebene des OT.
4 Zu den einzelnen begünstigten Tätigkeitsbereichen vgl. BMF v. 12.11.2009 – IV C 7 - S 2706/08/10004 – DOK 2009/0742398, BStBl. I 2009, 1303.

Ist dies der Fall, erfolgt im ersten Schritt eine Ermittlung des zuzurechnenden Einkommens ohne dass die Rechtsfolgen einer verdeckten Gewinnausschüttung gezogen werden.

Werden auf Ebene der Organgesellschaft dagegen wirtschaftliche Betätigungen ohne kostendeckendes Entgelt unterhalten, die nicht zu den im Gesetz genannten begünstigten Bereichen gehören, ist die Vorschrift des § 8 Abs. 7 Satz 1 KStG nicht anzuwenden, dh. die Rechtsfolgen einer verdeckten Gewinnausschüttung i.S.d. § 8 Abs. 3 Satz 2 KStG sind bereits auf Ebene der Organgesellschaft zu ziehen.

Beispiel: Die Stadt X hat die Tätigkeitsbereiche Wirtschaftsförderung sowie Tourismus auf ihre Tochtergesellschaften A-GmbH bzw. B-GmbH ausgegliedert.

Die Beteiligungen werden im Rahmen einer Organschaft vom BgA Grundstücksverwertung gehalten.

A-GmbH und B-GmbH erzielen nachhaltig Verluste.

Die Aktivitäten Wirtschaftsförderung und Tourismus stellen nicht begünstigte wirtschaftliche Betätigungen dar. Bereits jeweils auf Ebene der A-GmbH bzw. B-GmbH werden die im Wirtschaftsjahr erzielten Verluste als verdeckte Gewinnausschüttung erfasst, ohne dass eine Verrechnung mit positiven Ergebnissen auf Ebene des Organträgers erfolgen kann.

Im nächsten Schritt ist gem. § 15 Satz 1 Nr. 4 Satz 2 KStG auf Ebene des Organträgers zu prüfen, ob das zugerechnete Einkommen Verluste aus (begünstigten) Dauerverlustgeschäften i.S.d. § 8 Abs. 7 Sat 2 KStG (Verkehr, Umwelt, Soziales, Kultur, Bildung, Gesundheitspolitik) enthält. Für diesen Teil des zugerechneten Einkommens ist nach dem Gesetzeswortlaut „... § 8 Abs. 3 Satz 2 und Abs. 7 bei der Ermittlung des Einkommens des Organträgers anzuwenden."

Diese Formulierung ist insoweit widersprüchlich, als im Fall des Vorliegens eines begünstigten Dauerverlustgeschäftes i.S.d. § 8 Abs. 7 KStG die Vorschrift des § 8 Abs. 3 Satz 2 KStG gerade keine (direkte) Anwendung findet, dh. die Hinzurechnung zum Einkommen aufgrund des Vorliegens einer vGA aufgrund der Begünstigung i.S.d. § 8 Abs. 7 Satz 2 KStG unterbleibt.

21.21 **Anwendung der Bruttomethode bei strukturellen Dauerverlusten:** Zusammenfassend kann festgehalten werden, dass sich der Regelungsinhalt des § 15 Satz 1 Nr. 4 KStG auf die begünstigten Dauerverlustgeschäfte i.S.d. § 8 Abs. 7 KStG bezieht und deren steuerliche Privilegierung in Form einer Negierung der Rechtsfolgen einer verdeckten Gewinnausschüttung sowohl auf Ebene der Organgesellschaft als auch auf Ebene des Organträgers festlegt.

Im Fall des Organträgers in Form einer Kapitalgesellschaft oder eines BgA ist die Systematik insoweit relativ eindeutig.

Wenn es sich beim Organträger dagegen um eine Personengesellschaft handelt, kommt eine direkte Anwendbarkeit der Regelungen zur verdeckten Gewinnausschüttung i.S.d. § 8 Abs. 3 Satz 2 KStG bzw. der Rückgängigmachung von deren Folgen im Falle eines Dauerverlustgeschäftes i.S.d. § 8 Abs. 7 KStG nicht in Betracht. In diesem Fall sind die Grundsätze des § 8 Abs. 7 KStG auf Personengesellschaften mit Dauerverlustgeschäften analog anzuwenden.[1] Nach diesen Grundsätzen ist eine Personengesellschaft, deren Geschäftstätigkeit sich auf ein Dauerverlustgeschäft beschränkt, keine Mitunternehmerschaft. Die der öffentlich-rechtlichen Körperschaft zugerechnete anteilige Tätigkeit der Gesellschaft stellt bei der öffentlich-rechtlichen Körperschaft aber nach Auffassung der Finanzverwaltung nach den allgemeinen

---

[1] BMF v. 12.11.2009 – IV C 7 - S 2706/08/10004 – DOK 2009/0742398, BStBl. I 2009, 1303 Rz. 60–62.

Grundsätzen des § 4 KStG einen BgA dar, auf den die Regelungen des § 4 Abs. 6 KStG und § 8 Abs. 7 KStG anzuwenden sind. Im Fall der Ausübung von nicht verrechenbaren Gewinn- und Verlusttätigkeiten durch die Personengesellschaft, werden aus Sicht des öffentlich-rechtlichen Gesellschafters unterschiedliche BgA begründet, für deren Verlust-BgA die Regelungen des § 4 Abs. 6 und § 8 Abs. 7 KStG jeweils Anwendung finden.[1]

2. Anwendung der Spartenrechnung i.S.d. § 8 Abs. 9 KStG auf Ebene des Organträgers gem. § 15 Satz 1 Nr. 5 KStG

Die für steuerliche Zwecke grundsätzlich erfolgende Zusammenfassung sämtlicher Tätigkeiten auf Ebene einer Kapitalgesellschaft ohne Berücksichtigung der für die BgA geltenden, dargestellten Regelungen des § 8 Abs. 7 iVm. § 8 Abs. 3 Satz 2 KStG zu den (begünstigten) Dauerverlustgeschäften wird gem. § 8 Abs. 7 Satz 1 Nr. 2 KStG im Fall von Kapitalgesellschaften, bei denen die Mehrheit der Stimmrechte unmittelbar oder mittelbar auf juristische Personen des öffentlichen Rechts entfällt und nachweislich ausschließlich diese Gesellschafter die Verluste aus Dauerverlustgeschäften tragen, teilweise außer Kraft gesetzt.   21.22

Steuerlicher Querverbund gem. § 8 Abs. 9 KStG: Liegt eine Kapitalgesellschaft i.S.d. § 8 Abs. 7 Satz 1 Nr. 2 KStG vor, bestimmt § 8 Abs. 9 KStG, dass im Rahmen der Ermittlung des Gesamtbetrags der Einkünfte eine Trennung nach folgenden „Sparten" zu erfolgen hat (vgl. § 8 Abs. 9 Satz 1 Nr. 1–3 KStG):   21.23

Nr. 1: Tätigkeiten, die bei einer Ausübung durch die öffentlich-rechtlichen Körperschaft als hoheitlich zu qualifizieren sind und Dauerverluste erzielen, sind jeweils gesondert zu erfassen;

Nr. 2: übrige Dauerverlustgeschäfte sind jeweils gesondert zu erfassen, soweit keine Zusammenfassung i.S.d. § 4 Abs. 6 Satz 1 KStG erfolgt;

Nr. 3: alle übrigen Tätigkeiten sind zusammen als einheitliche Sparte zu erfassen.

Sinn und Zweck der sowohl im Wortlaut als auch in der praktischen Umsetzung extrem komplizierten gesetzlichen Regelung des § 8 Abs. 9 KStG ist es letztlich, diejenigen Tätigkeiten, die im Interesse oder im Rahmen des hoheitlichen Auftrags des öffentlich-rechtlichen Gesellschafters ausgeübt werden, im Rahmen der Ermittlung des Gesamtbetrags der Einkünfte „herauszupicken" und der im Übrigen auf Ebene der Kapitalgesellschaft stattfindenden Verrechnung der Ergebnisse zu entziehen.

Anwendung des § 8 Abs. 9 KStG beim Organträger: In Bezug auf die Organschaft bestimmt § 15 Abs. 1 Nr. 5 Satz 1 KStG, dass die Sparten-Rechnung i.S.d. § 8 Abs. 9 KStG auf Ebene der Organgesellschaft keine Anwendung findet. Die Einkommensermittlung findet insoweit grundsätzlich auf Ebene der Organgesellschaft ohne Berücksichtigung der Kriterien der Spartentrennung statt und wird dem Organträger unter Verrechnung sämtlicher Gewinne und Verluste aus den Tätigkeitsbereichen als Summe zugerechnet.   21.24

Gemäß § 15 Satz 1 Nr. 5 Satz 2 KStG ist im nächsten Schritt zu prüfen, ob in dem zugerechneten Einkommen der Organgesellschaft Einkommen einer Kapitalgesellschaft enthalten sind, auf die § 8 Abs. 7 Satz 1 Nr. 2 KStG anzuwenden ist.

---

1 BMF v. 12.11.2009 – IV C 7 - S 2706/08/10004 – DOK 2009/0742398, BStBl. I 2009, 1303 Rz. 62; vgl. auch *Krämer* in Dötsch/Pung/Möhlenbrock, § 15 KStG Rz. 95; *Neumann* in Gosch[3], § 15 KStG Rz. 41.

Aus dieser gesetzlich vorgesehenen Systematik zur Vornahme der Spartenrechnung ergeben sich mehrere Fragestellungen. Davon abgesehen ist vorab darauf hinzuweisen, dass die Durchführung der Spartenberechnung erst auf Ebene des Organträgers im Regelfall nicht praktikabel ist und in der Praxis in Form einer Nebenrechnung durch eine vorgelagerte Spartenbetrachtung auf Ebene der Organgesellschaften ergänzt wird, die dann auf Ebene des Organträgers zusammengeführt wird.

Die Vornahme der Spartenrechnung auf Ebene des Organträgers ist gem. § 15 Satz 1 Nr. 5 Satz 2 KStG (nur dann) vorzunehmen, wenn auf zugerechnete Einkommensteile die Vorschrift des § 8 Abs. 7 Satz 1 Nr. 2 KStG Anwendung findet, dh. (begünstigte) Dauerverluste enthalten sind.

Da die Vorschrift im ersten Schritt lediglich die Anwendung der Spartenrechnung i.S.d. § 8 Abs. 9 KStG auf Ebene des Organträgers für die zugerechneten Einkommensteile vorsieht, könnte vertreten werden, dass eigene Einkommensteile des Organträgers nicht in die Spartenrechnung einzubeziehen sind, falls der Organträger keine Einkünfte i.S.d. § 8 Abs. 7 Satz 2 KStG enthält.[1] Da die Vorschrift jedoch eine Anwendung des § 8 Abs. 9 KStG „bei der Ermittlung des Einkommens des Organträgers" vorsieht, ist davon auszugehen, dass der Gesetzgeber die Vornahme der Spartenrechnung unter Einbeziehung sämtlicher zugerechneter und eigener Einkommensteile unabhängig davon vorsieht, wo und in welcher Höhe die begünstigten Dauerverluste angefallen sind.

21.25 Diese Sichtweise ist systematisch nicht nachvollziehbar und kann in der Praxis in Einzelfällen zu einem erheblichen Aufwand auf Ebene des Organträgers führen, der selbst über keine Einkünfte i.S.d. § 8 Abs. 7 Satz 2 KStG verfügt, der in Bezug zum steuerlichen Nutzen in keinem Verhältnis steht. Dies ergibt sich aus der Tatsache, dass die Spartenrechnung einen Übergang zur tätigkeitsbezogenen Betrachtung auf Ebene der Kapitalgesellschaft führt. Im Ergebnis ist ein Organträger sogar dann gezwungen, sämtliche Geschäftsbereiche im Konzern der Tätigkeitsbetrachtung im Sinne der Spartenrechnung zu unterwerfen, obwohl lediglich auf Ebene einer Organgesellschaft ggf. geringfügige begünstigte Dauerverluste i.S.d. § 8 Abs. 7 Satz 2 KStG vorliegen. Wünschenswert wäre insoweit eine gesetzliche Anpassung oder Klarstellung der Finanzverwaltung, dass in diesen Fällen die von der betroffenen Organgesellschaft erstellte Spartenrechnung auf Ebene des Organträgers zu berücksichtigen ist, ohne dass sich ein gesondertes Erfordernis auf Ebene des Organträgers zur Aufstellung ergibt.

Die Finanzverwaltung verlangt davon unabhängig die Vornahme der Spartenrechnung immer dann, wenn neben einer Tätigkeit i.S.d. § 8 Abs. 7 Satz 2 KStG andere ggf. zusammenfassbare Tätigkeiten vorliegen.[2]

21.26 Nach der Regelung des § 15 Satz 1 Nr. 5 Satz 2 KStG „ist § 8 Abs. 9 KStG bei der Ermittlung des Einkommens des Organträgers anzuwenden", sofern die Voraussetzungen des § 8 Abs. 7 Satz 1 Nr. 2 KStG bei einer Organgesellschaft vorliegen.

Dies bedeutet, dass auf Organträger-Ebene die Spartenrechnung für das gesamte innerhalb des Organkreises zugerechnete und vom Organträger selbst erzielte Einkommen durchzuführen ist. Auf dieser Ebene findet dementsprechend in einem ersten Schritt eine tätigkeitsbezogene Erfassung sämtlicher Aktivitäten statt, um in einem zweiten Schritt die Zuordnung zu

---

1 Vgl. auch *Heurung/Seidel*, BB 2009, 1786; *Krämer* in Dötsch/Pung/Möhlenbrock, § 15 KStG Rz. 99.
2 BMF v. 12.11.2009 – IV C 7 - S 2706/08/10004 – DOK 2009/0742398, BStBl. I 2009, 1303 Rz. 66.

den drei Kategorien i.S.d. § 8 Abs. 9 Satz 1 Nr. 1–3 KStG sowie zu den innerhalb der Kategorien zu bildenden Sparten vornehmen zu können. Der tätigkeitsbezogene Ansatz entspricht im Ergebnis einer „BgA-Betrachtung", sämtliche Aktivitäten auf ihre „Nähe" zum hoheitlichen Gesellschafter zu überprüfen und entsprechende Kategorien zu bilden. Dies beinhaltet die Möglichkeit der Zusammenfassung unter den Voraussetzungen des § 4 Abs. 6 KStG sowie der Begünstigung i.S.d. § 8 Abs. 7 Satz 2 KStG.

Grundsätzlich erfolgt diese Betrachtung losgelöst von der Frage, welche Gesellschaft innerhalb des Organkreises die entsprechende Tätigkeit ausgeübt hat, in der Praxis ist im Regelfall – wie bereits erwähnt – eine erste Prüfung auf Ebene der betroffenen Organgesellschaft empfehlenswert, um im zweiten Schritt die zusammengeführten Kategorien unter Berücksichtigung des gesamten Organkreises zu prüfen.

Besonderheiten bei einem BgA als Organträger: Handelt es sich bei dem Organträger um einen BgA, ist eine Spartenbildung i.S.d. § 8 Abs. 9 KStG unter Einbeziehung der Tätigkeiten des Organträgers grundsätzlich nicht denkbar. Dies hat seinen Grund darin, dass § 8 Abs. 9 Satz 1 KStG explizit abschließend Tätigkeiten von Kapitalgesellschaften einer gesonderten Spartenbetrachtung unterzieht. Eine tätigkeitsbezogene Spartenbetrachtung im Fall eines BgA ist systematisch nicht möglich, da es sich bei dem BgA bereits um eine rein tätigkeitsbezogene Besteuerungsgröße i.S.d. § 4 Abs. 1 Satz 1 KStG handelt.

Nach Ansicht der Finanzverwaltung ist § 8 Abs. 9 KStG auch dann anzuwenden, wenn der Organträger ein BgA ist.[1]

Dem kann bezogen auf das nicht zugerechnete, dh. eigene Einkommen des Organträgers BgA nicht zugestimmt werden. Sowohl der Wortlaut des § 8 Abs. 9 Satz 1 KStG als auch der Wortlaut des § 15 Satz 1 Nr. 5 KStG setzen der Auslegung an dieser Stelle eine klare Grenze, die nach den allgemeinen rechtsstaatlichen Auslegungsgrundsätzen nicht überschritten werden kann.

Der Tatbestand des § 15 Satz 1 Nr. 5 Satz 2 KStG erfasst nach seinem Wortlaut das zugerechnete Einkommen von Kapitalgesellschaften, auf die § 8 Abs. 7 Satz 1 Nr. 2 KStG anzuwenden ist. § 15 Satz 1 Nr. 5 Satz 1 KStG bestimmt, dass § 8 Abs. 9 KStG bei der Organgesellschaft nicht anzuwenden ist. § 15 Satz 1 Nr. 5 Satz 2 KStG regelt, dass § 8 Abs. 9 KStG bei der Ermittlung des Einkommens des Organträgers anzuwenden ist. § 8 Abs. 9 Satz 1 KStG regelt, dass die Spartenrechnung bei Kapitalgesellschaften durchzuführen ist, für die § 8 Abs. 7 Satz 1 Nr. 2 KStG zur Anwendung kommt.

Die Auslegung des Wortlauts ergibt, dass beim Vorliegen der Tatbestandsvoraussetzungen auf Ebene des Organträgers § 8 Abs. 9 KStG „bei der Ermittlung des Einkommens" anzuwenden ist.

Der BFH hat in seiner jüngsten Entscheidung vom 9.11.2016 klargestellt, dass auf der Ebene des Organträgers zu prüfen ist, ob in dem zugerechneten Einkommen der Organgesellschaft Verluste aus begünstigten Dauerverlustgeschäften enthalten sind. Für diesen Teil des Einkommens sind auf Ebene des Organträgers die Rechtsfolgen der vGA nicht zu ziehen. Soweit § 15 Satz 1 Nr. 4 Satz 2 KStG davon spricht, dass § 8 Abs. 3 Satz 2 auf der Ebene des Organträgers anzuwenden ist, sieht der Senat auch darin – lediglich – eine sprachliche Ungenauigkeit.[2]

---

1 BMF v. 12.11.2009 – IV C 7 – S 2706/08/10004 – DOK 2009/0742398, BStBl. I 2009, 1303 Rz. 92; zustimmend *Eversberg*, DStZ 2012, 278.
2 BFH v. 9.11.2016 – I R 56/15, BStBl. II 2017, 498.

21.28 Dies kann nur bedeuten, dass die für Kapitalgesellschaften aufgestellten Kriterien des § 8 Abs. 9 KStG zwar auf Ebene der Einkommensermittlung des Organträgers heranzuziehen sind, eine Einbeziehung von eigenen BgA-Einkünften des Organträgers in diese Betrachtung jedoch nicht erfolgt.[1]

Aus dem Wortlaut ergibt sich, dass es zu einem „Hochziehen" der Einkommensermittlung i.S.d. § 8 Abs. 9 KStG auf die Ebene des Organträgers kommt, die Anwendbarkeit der Sparten-Ermittlungsprinzipien auf die BgA-Einkünfte ist jedoch nach dem klaren Wortlaut des § 8 Abs. 9 Satz 1 KStG „gesperrt".

B. Gemeinnützige Körperschaften mit partieller Steuerpflicht als Teil der Organschaft

I. Besonderheiten der Organschaft im Gemeinnützigkeitsrecht

1. Partielle Steuerpflicht gemeinnütziger Körperschaften

21.29 Körperschaften können unter bestimmten Bedingungen nach § 5 KStG von der Körperschaftsteuer und gem. § 3 GewStG von der Gewerbesteuer befreit sein (zB Pensions- und Unterstützungskassen nach § 5 Abs. 1 Nr. 3 KStG oder Berufsverbände gem. § 5 Abs. 1 Nr. 5 KStG). Nach § 5 Abs. 1 Nr. 9 KStG sind insbesondere auch Körperschaften, Personenvereinigungen und Vermögensmassen, die nach ihrer Satzung, dem Stiftungsgeschäft oder der sonstigen Verfassung und nach der tatsächlichen Geschäftsführung entsprechend §§ 51 bis 68 AO ausschließlich und unmittelbar gemeinnützigen, mildtätigen oder kirchlichen Zwecken dienen, körperschaftsteuer- und nach § 3 Nr. 6 GewStG auch gewerbesteuerbefreit. Die Steuerbefreiung ist aber insoweit ausgeschlossen als die **gemeinnützigen Körperschaften** einen wirtschaftlichen Geschäftsbetrieb – ausgenommen Land- und Forstwirtschaft – unterhalten (§ 5 Abs. 1 Nr. 9 Satz 2 KStG bzw. § 3 Nr. 6 Satz 2 GewStG, sog. partielle Steuerpflicht). Ein **wirtschaftlicher Geschäftsbetrieb** ist nach der Legaldefinition des § 14 AO *„eine selbständige nachhaltige Tätigkeit, durch die Einnahmen oder andere wirtschaftliche Vorteile erzielt werden und die über den Rahmen einer Vermögensverwaltung hinausgeht."* Die Absicht, Gewinn zu erzielen, ist hierfür nicht erforderlich. Eine Vermögensverwaltung liegt in Abgrenzung zum wirtschaftlichen Geschäftsbetrieb in der Regel vor, wenn Vermögen genutzt, zB Kapitalvermögen verzinslich angelegt oder unbewegliches Vermögen vermietet oder verpachtet wird (§ 14 Satz 3 AO).

21.30 Gemeinnützige Körperschaften sind also mit ihren wirtschaftlichen Geschäftsbetrieben **partiell steuerpflichtig**, was in §§ 14, 64 AO näher ausgeformt ist.[2] Unterhält eine Körperschaft mehrere wirtschaftliche Geschäftsbetriebe werden diese gem. § 64 Abs. 2 AO zusammengefasst. Mehrere wirtschaftliche Geschäftsbetriebe bilden ertragsteuerlich sowie gemeinnützigkeitsrechtlich damit eine Einheit.[3] Ertragsteuerlich führt dies dazu, dass eine **Gewinn- und Verlustverrechnung** zwischen den einzelnen wirtschaftlichen Geschäftsbetrieben möglich wird. Auch gemeinnützigkeitsrechtlich ist bei einer Körperschaft, die mehrere steuerpflichtige wirtschaftliche Geschäftsbetriebe unterhält, für die Frage, ob gemeinnützigkeitsrechtlich

---

1 *Heurung/Seidel*, BB 2009, 1786; *Krämer* in Dötsch/Pung/Möhlenbrock, § 15 KStG Rz. 100.
2 Vgl. *Hüttemann*, Gemeinnützigkeits- und Spendenrecht[3], Rz. 6.61 ff.
3 AEAO Nr. 12 und Nr. 134 zu § 64 Abs. 2 AO; vgl. *Buchna/Leichinger/Seeger/Brox*, Gemeinnützigkeit im Steuerrecht[11], 311.; *R. Wallenhorst* in Wallenhorst/Halaczinsky, Die Besteuerung gemeinnütziger Vereine, Stiftungen und der juristischen Personen des öffentlichen Rechts[7], Kap. G Rz. 2.

schädliche Verluste vorliegen, nicht auf das Ergebnis des einzelnen steuerpflichtigen wirtschaftlichen Geschäftsbetriebs, sondern auf das zusammengefasste Ergebnis aller wirtschaftlichen Geschäftsbetriebe abzustellen.[1]

2. Gemeinnützigkeitsrechtliche Grundsätze

Das Privileg der Steuerbefreiung ist bei gemeinnützigen Körperschaften an zahlreiche Bedingungen geknüpft. 21.31

Insbesondere müssen gemeinnützige Körperschaften selbstlos i.S.d. § 55 AO handeln (**Grundsatz der Selbstlosigkeit**). Nach § 55 Abs. 1 Nr. 1 AO dürfen gemeinnützige Körperschaften die ihnen zur Verfügung stehenden Mittel ausschließlich für satzungsgemäße und damit gemeinnützige Zwecke verwenden (sog. **Mittelverwendungsgebot**). Es dürfen nach § 55 Abs. 1 Nr. 1 Satz 2 AO weder Mitglieder noch Gesellschafter Gewinnanteile oder sonstige Zuwendungen von der gemeinnützigen Körperschaft erhalten.

Dem Mittelverwendungsgebot des § 55 Abs. 1 Nr. 1 AO entnehmen Rechtsprechung[2] und Finanzverwaltung[3] sowie Teile der Literatur[4] zudem ein grundsätzliches Verbot, Verluste in einem wirtschaftlichen Geschäftsbetrieb mit gemeinnützig zu verwendenden Mitteln auszugleichen. Gemeinnützigen Körperschaften ist es daher untersagt, Mittel aus den steuerbefreiten Bereichen zum Ausgleich von **Verlusten aus dem wirtschaftlichen Geschäftsbetrieb** zu verwenden. Zu den Mitteln aus dem steuerbefreiten Bereich zählen sowohl Mittel aus dem ideellen Bereich (zB Spenden, Mitgliedsbeiträge) und Gewinne aus den Zweckbetrieben als auch Überschüsse aus der Vermögensverwaltung.[5]

Die vorgenannten Grundsätze sollen nicht nur für wirtschaftliche Geschäftsbetriebe, sondern auch für steuerfreie vermögensverwaltende Tätigkeiten gemeinnütziger Körperschaften gelten, so dass auch der Ausgleich von Verlusten in der Vermögensverwaltung durch gemeinnützig gebundene Mittel (aus dem ideellen Bereich und dem Zweckbetrieb) einen Verstoß gegen die Selbstlosigkeit darstellen würde.[6]

Ein Verstoß gegen den Grundsatz der Selbstlosigkeit kann die Gemeinnützigkeit und damit die Steuerbefreiung der (gemeinnützigen) Körperschaft gefährden.

3. Fragestellungen zur Organschaft im Gemeinnützigkeitsrecht

Eine ertragsteuerliche (körperschaftsteuerliche und gewerbesteuerliche) Organschaft nach §§ 14 ff. KStG und § 2 Abs. 2 Satz 2 GewStG bietet die Möglichkeit einer rechtsträgerübergreifenden steuerlichen Gewinn- und Verlustverrechnung bei fortbestehender zivilrechtlicher 21.32

---

1 AEAO Nr. 14 zu § 64 Abs. 2 AO.
2 BFH v. 13.11.1996 – I R 152/93, BStBl. II 1998, 711 = FR 1997, 231; BFH v. 1.7.2009 – I R 6/08, BFH/NV 2009, 1837.
3 Vgl. AEAO Nr. 4 ff. zu § 55 Abs. 1 Nr. 1 AO.
4 Statt vieler *Buchna/Leichinger/Seeger/Brox*, Gemeinnützigkeit im Steuerrecht[11], 131 ff.; *R. Wallenhorst* in Wallenhorst/Halaczinsky, Die Besteuerung gemeinnütziger Vereine, Stiftungen und der juristischen Personen des öffentlichen Rechts[7], Kap. C Rz. 96; zum Diskussionsstand *Hüttemann*, Gemeinnützigkeits- und Spendenrecht[3], Rz. 6.13 ff.
5 *Buchna/Seeger/Brox*, Gemeinnützigkeit im Steuerrecht[11], 131.
6 Vgl. AEAO Nr. 8 zu § 55 Abs. 1 Nr. 1 AO; *Buchna/Leichinger/Seeger/Brox*, Gemeinnützigkeit im Steuerrecht[11], 139.

Selbständigkeit des Organträgers und der Organgesellschaften.[1] Besteht eine Organschaft, unterliegen die sog. Innenumsätze auf Ebene der Organgesellschaft nicht der Ertragsbesteuerung, Verluste im Organkreis können mit Gewinnen aus dem Organkreis verrechnet werden, dh. sie mindern das Einkommen des Organträgers.[2]

Dies kann auch im gemeinnützigen Bereich von Vorteil sein. So könnte die Organschaft insbesondere dazu genutzt werden, um laufende **Verluste in wirtschaftlichen Geschäftsbetrieben oder dem Bereich der Vermögensverwaltung** einer gemeinnützigen Körperschaft (zB Organträger) mit Gewinnen aus Organgesellschaften abzudecken. Hierdurch könnte ggf. vermieden werden, die Verluste mit gemeinnützig gebundenen Mitteln ausgleichen zu müssen, was zu einer Gefährdung der Gemeinnützigkeit führen könnte.

Eine solche Ergebnisverrechnung setzt aber im Grundsatz die Körperschaft- und Gewerbesteuerpflicht des Organträgers sowie der Organgesellschaften voraus. Insofern ist zu klären, ob und unter welchen Bedingungen gemeinnützige Körperschaften als Organträger in Betracht kommen. Zudem ist zu fragen, ob steuerbefreite Körperschaften überhaupt Organgesellschaften sein können. Dabei sind die oben genannten Grundsätze zur Gemeinnützigkeit (insb. der Grundsatz der Selbstlosigkeit und das Mittelverwendungsgebot) zu beachten.

II. Steuerbefreite Körperschaft als Organträger

1. Organträger bei partieller Steuerpflicht

21.33 Nach § 14 Abs. 1 Nr. 2 Satz 1 KStG muss der Organträger eine „*nicht von der Körperschaftsteuer befreite Körperschaft ...*" sein. § 2 Abs. 2 Satz 2 GewStG verweist uneingeschränkt auf die Regelungen des § 14 KStG und § 17 KStG.

Durch diese Voraussetzung soll sichergestellt werden, dass das Einkommen tatsächlich der Körperschaftsteuer auf Ebene des Organträgers unterliegt.[3] Diesem Zweck entsprechend kann Organträger tatsächlich kein Rechtsträger sein, der insgesamt nicht steuerpflichtig ist, zB weil er vollständig steuerbefreit ist. Das Erfordernis der Steuerpflicht des Organträgers schließt dagegen die **Organträgereigenschaft persönlich steuerbefreiter Körperschaften** für den Fall nicht aus, dass eine partielle Steuerpflicht besteht und die Beteiligung an der Organgesellschaft in dem partiell steuerpflichtigen Bereich gehalten wird.[4] In diesem Fall ist die Besteuerung der Gewinne der Organgesellschaft sichergestellt. Für gemeinnützige Organträger setzt dies voraus, dass die Beteiligung an der Organgesellschaft Teil des wirtschaftlichen Geschäftsbetriebes i.S.d. § 14 AO sein muss.[5]

In der Regel ist die **Beteiligung an einer Kapitalgesellschaft** aber dem Bereich der Vermögensverwaltung zuzurechnen.[6] Die Zuordnung einer Beteiligung an einer Kapitalgesellschaft zum steuerpflichtigen wirtschaftlichen Geschäftsbetrieb stellt die Ausnahme dar. Sie ist gege-

---

1 *Hüttemann* in Herzig, Organschaft, 2003, 399 mwN.
2 *Halaczinsky* in Wallenhorst/Halaczinsky, Die Besteuerung gemeinnütziger Vereine, Stiftungen und der juristischen Personen des öffentlichen Rechts[7], Kap. I Rz. 8.
3 *Frotscher* in Frotscher/Drüen, § 14 KStG Rz. 105a; *Walter* in Ernst & Young, § 14 KStG Rz. 266.
4 *Frotscher* in Frotscher/Drüen, § 14 KStG Rz. 105a; *Walter* in Ernst & Young, § 14 KStG Rz. 267; *Milatz/Schäfers*, DB 2005, 1761; *Hüttemann* in Herzig, Organschaft, 2003, 399 f.
5 Ebenso BFH v. 20.8.2009 – V R 30/06, BStBl. II 2010, 863; *Milatz/Schäfers*, DB 2005, 1761; *Hüttemann* in Herzig, Organschaft, 2003, 399 f.
6 AEAO Nr. 3 zu § 64 Abs. 1 AO; vgl. auch statt vieler *Buchna/Leichinger/Seeger/Brox*, Gemeinnützigkeit im Steuerrecht[11], 286 ff.

ben, wenn zum einen ein Fall der **Betriebsaufspaltung** vorliegt, also eine sachliche und personelle Verflechtung zwischen Besitz- und Betriebsgesellschaft gegeben ist.[1] Zum zweiten soll nach hM in dem Fall, in dem die steuerbefreite Körperschaft (Organträger) einen entscheidenden **Einfluss auf die laufende Geschäftsführung** der Kapitalgesellschaft (Organgesellschaft) ausübt, die Beteiligung an dieser Kapitalgesellschaft dem wirtschaftlichen Geschäftsbetrieb zuzuordnen sein.[2]

2. Partiell steuerpflichtiger Organträger als gewerbliches Unternehmen

Als weiteres gesetzliches Merkmal setzt die körperschaft- und gewerbesteuerliche Organschaft gem. § 14 Abs. 1 Satz 1 KStG, § 2 Abs. 2 GewStG voraus, dass es sich bei dem Organträger um ein *„gewerbliches Unternehmen"* handelt.

21.34

Anders als im Fall der öffentlich-rechtlichen Körperschaft ist es im Fall der steuerbefreiten Kapitalgesellschaft als Organträger als ausreichend anzusehen, dass das Gesetz gem. § 2 Abs. 2 GewStG die Eigenschaft als Gewerbebetrieb fingiert. Als Gewerbebetrieb gilt gem. § 2 Abs. 3 GewStG auch die Tätigkeit sonstiger juristischer Personen des Privatrechts und der (nicht-rechtsfähigen) Vereine, soweit sie einen wirtschaftlichen Geschäftsbetrieb unterhalten. Es kommt insofern nicht darauf an, ob die Körperschaft eine originär gewerbliche Tätigkeit ausübt.[3]

Sofern also eine gemeinnützige Körperschaft einen (steuerpflichtigen) wirtschaftlichen Geschäftsbetrieb unterhält, kann sie prinzipiell Organträger sein, vorausgesetzt die Beteiligung an der Kapitalgesellschaft ist dem wirtschaftlichen Geschäftsbetrieb zuzuordnen.[4]

3. Verlustübernahmeverpflichtung vs. Mittelverwendungsgebot

Die Begründung eines Organschaftsverhältnisses setzt gem. § 14 Abs. 1 KStG den Abschluss eines Gewinnabführungsvertrages zwischen dem Organträger und der Organgesellschaft i.S.d. § 291 Abs. 1 AktG voraus, der entsprechend § 302 AktG auch zur steuerlichen Anerkennung eine **Verlustübernahmeverpflichtung** des Organträgers beinhalten muss (§ 17 Nr. 2 KStG).

21.35

Im Fall des gemeinnützigen Organträgers stellt sich die Frage, ob die im Rahmen des Gewinnabführungsvertrags eingegangene Verpflichtung zur Verlustübernahme nicht einen Verstoß gegen das **Mittelverwendungsgebot** i.S.d. § 55 Abs. 1 Satz 1 AO darstellt. Hiernach darf eine gemeinnützige Einrichtung ihre Mittel nur für die satzungsmäßigen, gemeinnützigen Zwecke

---

1 BFH v. 21.5.1997 – I R 164/94, GmbHR 1997, 1007 = BFH/NV 1997, 825; AEAO Nr. 3 zu § 64 Abs. 1 AO; FinMin. Bdb. v. 7.3.1996 – 35 - S 0171 - 6/96, DB 1996, 1161; *Buchna/Leichinger/Seeger/Brox*, Gemeinnützigkeit im Steuerrecht[11], 298; vgl. *Hüttemann*, Gemeinnützigkeits- und Spendenrecht[3], Rz. 6.135 f.
2 BFH v. 30.6.1971 – I R 57/70, BStBl. II 1971, 753; AEAO Nr. 3 zu § 64 Abs. 1 AO; *Buchna/Leichinger/Seeger/Brox*, Gemeinnützigkeit im Steuerrecht[11], 288 ff.; einschränkend *Hüttemann*, Gemeinnützigkeits- und Spendenrecht[3], Rz. 6.131.
3 Zur Diskussion vgl. *Walter* in Ernst & Young, § 14 KStG Rz. 186 ff.; *Hüttemann* in Herzig, Organschaft, 2003, 401 f.
4 Ebenso *Walter* in Ernst & Young, § 14 KStG Rz. 267; *Erle/Heurung* in Erle/Sauter[3], § 14 KStG Rz. 57, *Frotscher* in Frotscher/Drüen, § 14 KStG Rz. 105a; *Hüttemann* in Herzig, Organschaft, 2003, 405; *Milatz/Schäfers* DB 2005, 1761.

und deshalb nicht zum Ausgleich von Verlusten im steuerpflichtigen wirtschaftlichen Geschäftsbetrieb verwenden.[1]

Grundsätzlich ergeben sich bei der Begründung einer Organschaft keine Unterschiede zum direkten Unterhalten eines wirtschaftlichen Geschäftsbetriebs durch eine steuerbefreite Körperschaft. Damit steht die Vereinbarung der Verlustübernahmeverpflichtung nicht per se der Gemeinnützigkeit des Organträgers entgegen.[2] Es müssen aber die gemeinnützigkeitsrechtlichen Grenzen und insbesondere die Grundsätze zum Ausgleich von Verlusten aus wirtschaftlicher Betätigung (Mittelverwendungsgebot) beachtet werden.[3] Die **Grundsätze der Gemeinnützigkeit**, welche die Finanzverwaltung im Anwendungserlass zur Abgabenordnung näher ausgeführt hat,[4] stellen in der Praxis ein sehr enges Korsett dar, das im Fall des Auftretens von Verlusten auf Ebene der Organgesellschaft sehr schnell zu einer unmittelbaren Gefährdung der Gemeinnützigkeit des Organträgers führen kann. Soweit die Organgesellschaft Gewinne erzielt und diese abführt, oder die Verluste aus der Organgesellschaft zumindest mit Gewinnen aus anderen wirtschaftlichen Geschäftsbetrieben des Organträgers (hierzu könnten auch andere Organgesellschaften zählen) ausgeglichen werden können, ist die Gemeinnützigkeit des Organträgers nicht gefährdet. Sollten aber die Verluste in der Organgesellschaft mit gemeinnützig gebundenen Mitteln ausgeglichen werden müssen, besteht ein hohes Risiko der Aberkennung der Gemeinnützigkeit des Organträgers.[5]

Daher kann zwar grundsätzlich auch eine gemeinnützige Körperschaft Organträger sein, vorausgesetzt sie unterhält einen (steuerpflichtigen) wirtschaftlichen Geschäftsbetrieb, dem auch die Beteiligung an der Organgesellschaft zuzuordnen ist. Aufgrund des hohen Gefährdungspotentials für die Gemeinnützigkeit dürfte die Organschaft im Fall gemeinnütziger Träger nur in seltenen Fällen empfehlenswert sein.

Beispiel: Ein gemeinnütziger Krankenhausträger (zB in der Rechtsform einer Stiftung, GmbH oder eines Vereins) hält mehrheitlich die Anteile an einer Service-GmbH, die den Betrieb der Kantine übernimmt. Die Räumlichkeiten werden der Service-GmbH von dem Krankenhausträger zur Nutzung überlassen.

Es liegt aufgrund der personellen und sachlichen Verflechtung ein Fall einer Betriebsaufspaltung vor. Die Beteiligung an der Service-GmbH ist dem wirtschaftlichen Geschäftsbetrieb des gemeinnützigen Krankenhausträgers zuzuordnen.

Bei Abschluss eines Gewinnabführungsvertrages zwischen dem gemeinnützigen Krankenhausträger und der Service-GmbH i.S.d. § 291 Abs. 1 AktG kann der gemeinnützige Krankenhausträger Organträger sein. Gemeinnützigkeitsrechtlich ist darauf zu achten, dass die Service-GmbH keine Verluste erzielt, die mit gemeinnützig gebundenen Mitteln ausgeglichen werden müssen.

---

1 S. Rz. 21.31; *Hüttemann* in Herzig, Organschaft, 2003, 402 f.; *Milatz/Schäfers*, DB 2005, 1761.
2 *Hüttemann* in Herzig, Organschaft, 2003, 405; *Orth*, Stiftung & Sponsoring 1999, Beilage zu Heft 5, 14 f.; ohne differenzierte Betrachtung aA wohl *Buchna/Leichinger/Seeger/Brox*, Gemeinnützigkeit im Steuerrecht[11], 290.
3 Ebenso *Hüttemann* in Herzig, Organschaft, 2003, 405; *Milatz/Schäfers*, DB 2005, 1761.
4 AEAO Nr. 3 ff. zu § 55 Abs. 1 Nr. 1 AO.
5 Zu den Ausnahmen vgl. AEAO Nr. 4 ff. zu § 55 Abs. 1 Nr. 1 AO; statt vieler *Buchna/Leichinger/Seeger/Brox*, Gemeinnützigkeit im Steuerrecht[11], 131 ff.; *Hüttemann*, Gemeinnützigkeits- und Spendenrecht[3], Rz. 6.13 ff.

III. Steuerbefreite Körperschaften als Organgesellschaft

Die §§ 14–19 KStG treffen keine Regelung dazu, ob eine nach § 5 KStG steuerbefreite Kapitalgesellschaft Organgesellschaft sein kann.[1] In seinem zur Gewerbesteuer ergangenen Urteil vom 9.10.1974 hat der BFH diese Frage ausdrücklich offen gelassen.[2] Sie scheint aber ohnehin eher akademischer Natur zu sein.[3]

21.36

Die Organgesellschaft muss sich im Rahmen des Gewinnabführungsvertrages i.S.d. § 291 AktG verpflichten, ihren gesamten Gewinn an den Organträger abzuführen. Handelt es sich bei dem Organträger um ein gewerbliches, nicht steuerbefreites Unternehmen, würde die Gewinnabführung der gemeinnützigen Körperschaft regelmäßig gegen den **Grundsatz der Selbstlosigkeit** i.S.d. § 55 Abs. 1 Nr. 1 AO und das **Mittelverwendungsgebot** (Rz. 21.31) verstoßen.[4] Hiernach darf eine gemeinnützige Einrichtung ihre Mittel nur für die satzungsmäßigen, gemeinnützigen Zwecke verwenden. Auch würde die Gewinnabführung einen Verstoß gegen das Verbot des § 55 Abs. 1 Nr. 1 Satz 2 AO darstellen, Mitgliedern oder Gesellschaftern Gewinnanteile oder sonstige Vorteile zuzuwenden.

Etwas anderes könnte zwar gelten, wenn es sich bei dem Organträger um eine ebenfalls gemeinnützige Körperschaft handelt, deren Mittel ebenfalls dem gemeinnützigen Verwendungsgebot (Mittelverwendungsgebot) unterliegen.[5] Allerdings wird dieser Sachverhalt in der Praxis kaum darstellbar sein. Eine gemeinnützige Körperschaft kann nur Organträger sein, wenn sie einen (steuerpflichtigen) wirtschaftlichen Geschäftsbetrieb unterhält, dem auch die Beteiligung an der Organgesellschaft zuzuordnen ist. Daher fließen die Mittel der Organgesellschaft zumindest in einem ersten Schritt in den wirtschaftlichen Geschäftsbetrieb des gemeinnützigen Organträgers. Es ist damit in der Regel nicht sichergestellt, dass die Mittel gemeinnützigen Zwecken zu Gute kommen, zumal entsprechend § 64 Abs. 2 AO die Möglichkeit besteht, dass Gewinne der Organgesellschaft mit Verlusten aus anderen wirtschaftlichen Geschäftsbetrieben verrechnet werden. Aus gleichem Grund lässt sich auch regelmäßig weder aus der Regelung des § 58 Nr. 1 AO noch aus § 58 Nr. 2 AO die Tauglichkeit einer gemeinnützigen Kapitalgesellschaft als Organgesellschaft rechtfertigen.[6] Zwar ist es hiernach unter gewissen Voraussetzungen gemeinnützigkeitsrechtlich unschädlich, wenn eine gemeinnützige Körperschaft Mittel an eine andere gemeinnützige Körperschaft weitergibt. Hierfür ist aber ua. erforderlich, dass die Mittel zur Verwirklichung „*steuerbegünstigter Zwecke*" zugewendet werden. Dies ist regelmäßig nicht sichergestellt, wenn der Organträger steuerpflichtig oder auch nur partiell steuerpflichtig mit seinem wirtschaftlichen Geschäftsbetrieb ist, was aber nach hier vertretener Ansicht notwendige Eigenschaft des gemeinnützigen Organträgers ist.

21.37

---

1 Zur Diskussion *Frotscher* in Frotscher/Drüen, § 14 KStG Rz. 184; *Walter* in Ernst & Young, § 14 KStG Rz. 97.
2 BFH v. 9.10.1974 – I R 5/73, BStBl. II 1975, 179.
3 *Dötsch* in Dötsch/Pung/Möhlenbrock, § 14 KStG Rz. 58.
4 *Frotscher* in Frotscher/Drüen, § 14 KStG Rz. 184; *Erle/Heurung* in Erle/Sauter³, § 14 KStG Rz. 32; *Dötsch* in Dötsch/Pung/Möhlenbrock, § 14 KStG Rz. 58; *Hüttemann* in Herzig, Organschaft, 2003, 403; *Müller* in Mössner/Seeger³, § 14 KStG Rz. 73; *Walter* in Ernst & Young, § 14 KStG Rz. 102, wenn der Organträger ein gewerbliches Unternehmen ist; *Milatz/Schäfers* DB 2005, 1761.
5 *Müller* in Mössner/Seeger³, § 14 KStG Rz. 73, ebenso wohl *Walter* in Ernst & Young, § 14 KStG Rz. 102.
6 *Hüttemann* in Herzig, Organschaft, 2003, 403; *Milatz/Schäfers*, DB 2005, 1761.

IV. Fazit/Zusammenfassung – Gemeinnützige Körperschaften mit partieller Steuerpflicht als Teil der Organschaft

21.38 Auch eine gemeinnützige Körperschaft kann prinzipiell Organträger sein, vorausgesetzt die Beteiligung an der Organgesellschaft ist dem (steuerpflichtigen) wirtschaftlichen Geschäftsbetrieb zugeordnet. Allerdings sind die gemeinnützigkeitsrechtlichen Grundsätze zu beachten. Es kann zu einer gemeinnützigkeitsrechtlichen Gefährdung des Organträgers kommen, wenn Verluste der Organgesellschaft mit gemeinnützig gebundenen Mitteln ausgeglichen werden (müssen). Als Organgesellschaft kommt eine gemeinnützige Körperschaft dagegen regelmäßig nicht in Betracht.

Kapitel 22
Sonderfragen umsatzsteuerlicher Organschaft

A. Entwicklung der umsatzsteuer-
   lichen Organschaft 22.1

I. Abgrenzung zur ertragsteuerlichen
   Organschaft 22.1

II. Die Rechtsprechung des RFH 22.2

III. Kodifikation durch das UStG 1934
    und weitere Rechtsentwicklung
    bis zum UStG 1951 . . . . 22.5

IV. UStG 1967 und Zweite Richtlinie
    67/228/EWG 22.9

V. Rechtsentwicklung seit 1980 . . . . . . 22.12

B. Zweck der umsatzsteuerlichen
   Organschaft 22.14

C. Voraussetzungen der umsatzsteuerlichen Organschaft 22.20

I. Nationales Recht und Unionsrecht 22.20

II. Mögliche Beteiligte des Organ-
    kreises bei der Umsatzsteuer 22.22
   1. Nationales Recht 22.22
   2. Organgesellschaft kann nur eine
      juristische Person sein 22.23
   3. Rechtsform des Organträgers 22.29
   4. Organgesellschaft und Organträger
      müssen Unternehmer sein 22.30

III. Eingliederungsvoraussetzungen . . . 22.37
    1. Wortlautvergleich 22.37
    2. Finanzielle Eingliederung 22.47
       a) Mehrheit der Stimmrechte 22.47
       b) Mittelbare Beteiligung 22.50

c) Vereinbarkeit mit Unionsrecht . . 22.55
3. Wirtschaftliche Eingliederung 22.56
   a) Grundsätze 22.56
   b) Vereinbarkeit mit Unionsrecht . . 22.58
4. Organisatorische Eingliederung . . . 22.62
   a) Grundsätze 22.62
   b) Organisatorische Eingliederung
      durch personelle Verflechtung . . 22.66
   c) Organisatorische Eingliederung
      ohne personelle Verflechtung . . . 22.69
   d) Beteiligungsketten 22.72
   e) Vereinbarkeit mit Unionsrecht . . 22.74

IV. Beschränkung der Organschaft
    auf das Inland 22.75
   1. Nationales Recht 22.75
   2. Vereinbarkeit mit Unionsrecht 22.77

D. Rechtsfolgen der umsatzsteuer-
   lichen Organschaft 22.80

I. Nationales Recht 22.80

II. Unionsrecht 22.82

III. Vereinbarkeit? 22.86

E. Beginn und Ende der Organschaft . 22.91

I. Beginn 22.91

II. Ende 22.92

III. Kein Wahlrecht 22.94

F. „Verunglückte" und „unerkannte"
   umsatzsteuerliche Organschaft . . . 22.96

G. Fazit 22.99

A. Entwicklung der umsatzsteuerlichen Organschaft

I. Abgrenzung zur ertragsteuerlichen Organschaft

Im Rahmen des uneinheitlichen deutschen Organschaftsrechts unterliegt die umsatzsteuerliche Organschaft seit längerer Zeit eigenen rechtlichen Voraussetzungen und führt zu eigenen umsatzsteuerlichen Rechtsfolgen (Rz. 1.2; Rz. 1.9). Die Tatbestandsmerkmale der umsatzsteuerlichen Organschaft entsprechen nicht (mehr) denen des Ertragsteuerrechts.[1] Seit dem Jahr 1968 hat zudem das sekundäre Unionsrecht Einfluss auf das deutsche Organschaftsrecht. (Auch) insoweit nimmt das Umsatzsteuerrecht eine Sonderstellung ein. Bei der Übertragung

22.1

---

[1] Zutreffend UStAE 2.8 Abs. 3; s. auch BFH v. 5.12.2007 – V R 26/06, BStBl. II 2008, 451 = GmbHR 2008, 331 m. Anm. *Binnewies* = UR 2008, 259 m. Anm. *Hidien*.

von ertragsteuerrechtlichen Überlegungen auf die Umsatzsteuer ist insoweit Vorsicht geboten. Oder überspitzt gesagt: Bei der Umsatzsteuer ist (fast) immer (fast) alles anders ...

II. Die Rechtsprechung des RFH

22.2 Das Institut der Organschaft bei der Umsatzsteuer blickt im nationalen Recht auf eine sehr lange, aber durchaus wechselvolle Tradition zurück, die es bei der Beleuchtung aktueller Fragen im Blick zu behalten gilt, weil das historische „Grundverständnis" der Organschaft teilweise bis heute nachwirkt.

22.3 Unter der Geltung der ersten reichsweiten Vorschriften zur Umsatzsteuer beruhte das Institut der Organschaft zunächst allein auf einer Rechtsschöpfung des RFH, wobei diese eher wirtschaftlich begründet wurde: Der RFH führte – gestützt darauf, dass bei natürlichen Personen eine Abhängigkeit gegenüber einem Arbeitgeber möglich sei[1] – unter Berufung auf frühere Rechtsprechung des Preußischen OVG aus, dass – ausnahmsweise – auch eine „Abhängigkeit" bei einer juristischen Person möglich sei, wenn ihre Tätigkeit im „Organismus" eines Unternehmens so ausgeübt werde, dass die tätige Person in der Betätigung ihres geschäftlichen Willens unter der „Leitung" des Unternehmers stehe, wofür der Unternehmer die Möglichkeit der „maßgebenden" Einwirkung auf die physischen Vertreter der juristischen Person haben müsse (Abhängigkeit „wirtschaftsorganisatorischer" Art).[2] Die Entstehung der Organschaft beruhte danach auf einer (aus heutiger Sicht zu) engen Definition des Tatbestandsmerkmals der **„Selbständigkeit"**.

22.4 Der II. Senat des RFH ließ zunächst offen, mit welchen Folgen eine umsatzsteuerliche Organschaft möglich sei.[3] Auch der V. Senat des RFH betonte anfangs, dass im Verhältnis von Gesellschaften mit demselben Gesellschafter (auch) das Umsatzsteuerrecht die bürgerlich-rechtliche „Sonderung" des Vermögens (auch) gegenüber dem Gesellschafter grundsätzlich anerkennen müsse.[4] Später hat er daran so nicht mehr festgehalten, sondern stärker wirtschaftlich argumentiert.[5] In der Folgezeit wurden durch die Rechtsprechung des RFH drei Eingliederungsvoraussetzungen (finanzielle, wirtschaftliche und organisatorische „Abhängigkeit") herausgearbeitet, die kumulativ vorliegen mussten.[6] Entsprechend wurde bereits vom RFH eine **Mehrmütterorganschaft** abgelehnt.[7] Bestand eine Organschaft, war die Organgesellschaft – anders als eine natürliche Person – insgesamt nicht mehr selbständig.[8]

---

1 RFH v. 12.5.1920 – II A94/20, RFHE 2, 339 (340), zu angestellten Bezirksschornsteinfegern – Selbständigkeit bejahend; RFH v. 17.5.1921 – II A 65-71/21, RFHE 5, 317, zu „Winzerwirten".
2 RFH v. 6.10.1920 – II 141/20, RFHE 3, 290 (291, 294).
3 So noch RFH v. 6.10.1920 – II A 189/20, RFHE 3, 281 (283 f.).
4 So RFH v. 10.10.1921 – V A 12/21, RFHE 7, 207 (208 ff.), zum UStG 1918 und der Besteuerung von Umsätzen zwischen Schwester-OHGs.
5 Einschränkend bereits RFH v. 5.5.1922 – V A 218/21, RFHE 10, 101 (102), das wirtschaftliche Grundsätze betont; in der Sache Organschaft einer Tochtergesellschaft als „Organismus" der Muttergesellschaft bejahend RFH v. 14.12.1923 – V A 141 und 150/23, RFHE 13, 146 (147 f., 149 f., 152); die frühere Rechtsprechung ausdrücklich aufgebend RFH v. 26.9.1927 – V A 417/27, RFHE 22, 69.
6 Vgl. RFH v. 3.11.1933 – V A 867/32, RFHE 34, 320 (323 f.); RFH v. 23.2.1934 – V A 480/33, RFHE 36, 39 (42 f.).
7 RFH v. 23.2.1934 – V A 480/33, RFHE 36, 39 (43); s. zur Notwendigkeit einer Ober- bzw. Muttergesellschaft bereits RFH v. 14.12.1925 – V A 185/25, RFHE 18, 75 (78).
8 RFH v. 28.1.1938 – V 386/37, RFHE 43, 153 (154).

III. Kodifikation durch das UStG 1934 und weitere Rechtsentwicklung bis zum UStG 1951

Der Gesetzgeber des UStG 1934 kodifizierte diese Rechtsprechung durch § 2 Abs. 2 Nr. 2 UStG 1934:[1] Danach wurde die unternehmerische Tätigkeit nicht selbständig ausgeübt, „wenn eine juristische Person dem Willen eines Unternehmers derart untergeordnet ist, dass sie keinen eigenen Willen hat". Die Umsatzsteuer-Durchführungsbestimmungen legten fest, dass dies dann der Fall sei, wenn die juristische Person nach dem Gesamtbild der tatsächlichen Verhältnisse **finanziell, wirtschaftlich und organisatorisch** in das Unternehmen des beherrschenden Unternehmers **eingegliedert** ist. Die Gesetzesvorschrift war zunächst eigentlich nur deklaratorisch. Dies lässt sich ua. daran erkennen, dass der RFH – und ihm folgend zunächst auch der BFH – die im Jahr 1927 entwickelte Rechtsfigur der Unselbständigkeit bei „**Unternehmereinheit**" bis 1978 beibehalten und auf „**organschaftsähnliche Verhältnisse**" ausgeweitet hat, obwohl der Gesetzgeber diese Rechtsfigur im Jahr 1934 nicht kodifiziert hatte.[2] Danach konnten ua. in gleicher Weise untergeordnete Personengesellschaften mit einem übergeordneten Unternehmer in einem „organschaftsähnlichen Verhältnis" stehen.

22.5

Nach Ende des 2. Weltkriegs beschränkten die Alliierten durch Art. II des Kontrollratsgesetzes Nr. 15[3] – gemäß dem Wortlaut nur teilweise – die Wirkungen der Organschaft, ohne diese gänzlich aufzuheben. § 2 Abs. 2 UStG 1934 „trat außer Kraft" bzw. „wurde nach Maßgabe der Vorschriften ... geändert". Allerdings ließ der BFH stattdessen – gestützt auf Rechtsprechung des RFH – die sog. „Unternehmereinheit"[4] auch zwischen juristischen Personen zu.[5] Zum 1.4.1958 wurde schließlich[6] die Organschaft wieder eingeführt.

22.6

Diese genügte nach den Feststellungen des BVerfG[7] der „**Steuergerechtigkeit**" insoweit nicht, als das UStG die Außenumsätze der einstufigen Unternehmen den Außenumsätzen der mehrstufigen Unternehmen ausnahmslos gleichstellte; allerdings erklärte das BVerfG weder das UStG insgesamt noch speziell § 2 Abs. 2 Nr. 2 UStG für verfassungswidrig, sondern gab dem Gesetzgeber lediglich auf, eine umfassende Umsatzsteuerreform vorzunehmen, um die Benachteiligung einstufiger Unternehmen zu beseitigen: Die vorläufige Beibehaltung der Organschaft bis zur Neuregelung sei geboten, weil sonst bei großen mehrstufigen Unternehmensgebilden die Einheitsgesellschaften vor den Konzernen ohne zureichenden Grund begünstigt und damit wirtschaftlich gleiche Vorgänge nur wegen ihrer formalrechtlich verschiedenen Ausgestaltung verschieden behandelt würden. Durch den geplanten Vorsteuerabzug werde die wettbewerbsbeeinträchtigende Wirkung „entschärft".[8]

22.7

Vollständig beseitigt worden ist diese **Ungleichbehandlung** allerdings nach wie vor nicht; sie besteht vielmehr dort, wo der Vorsteuerabzug ganz oder teilweise ausgeschlossen ist, bis heute

22.8

---

1 RGBl. I 1934, 942.
2 Vgl. zur Rechtsprechungsgeschichte BFH v. 7.12.1978 – V R 22/74, BStBl. II 1979, 356; BFH v. 8.2.1979 – V R 101/78, BStBl. II 1979, 362; BFH v. 16.11.1978 – V R 22/73, BStBl. II 1979, 347; BFH v. 23.11.1978 – V R 36/78, BStBl. II 1979, 350 und BFH v. 30.11.1978 – V R 29/73, BStBl. II 1979, 352, mit denen der BFH diese Rechtsprechung aufgegeben hat.
3 ABl. d. Alliierten Hohen Komm. 1946, 75.
4 Zum Begriff s. zB *Hartmann*, Die Vereinbarkeit der umsatzsteuerrechtlichen Organschaft mit dem Europäischen Unionsrecht, 25 f. unter B.I.
5 BFH v. 8.2.1955 – V 162/52 S, BStBl. III 1955, 113.
6 Durch das Neunte Gesetz zur Änderung des UStG, BGBl. I 1957, 1743.
7 BVerfG v. 20.12.1966 – 1 BvR 70/63, BVerfGE 21, 12 = BStBl. III 1967, 7.
8 BVerfG v. 20.12.1966 – 1 BvR 70/63, BVerfGE 21, 12 = BStBl. III 1967, 7, unter B.III.2.

unverändert fort. Konzerne, die zB umsatzsteuerfreie Bank- oder Versicherungsumsätze ausführen, werden – je nach Unternehmensstruktur – nach wie vor unterschiedlich besteuert. Insoweit ist dieser rechtliche Gesichtspunkt zur Erfassung des Zwecks der Vorschrift auch heute noch von Bedeutung.

IV. UStG 1967 und Zweite Richtlinie 67/228/EWG

22.9 Das Jahr 1967 brachte eine dogmatisch zentrale Rechtsänderung, ohne dass dies bei der Organschaft zunächst groß aufgefallen sein mag. Das UStG 1967[1] übernahm nämlich zum 1.1.1968 in § 2 Abs. 2 Nr. 2 UStG im Kern die Organschaftsregelung des UStG 1934/1951.[2]

22.10 Jedoch wurde mit der Zweiten Richtlinie 67/288/EWG[3] der Weg hin zu einem harmonisierten **gemeinsamen Mehrwertsteuersystem** eingeschlagen, der auch Auswirkungen für die Organschaft brachte: Gemäß Art. 4 der Richtlinie 67/228/EWG galt als „Steuerpflichtiger", wer regelmäßig mit oder ohne Absicht, Gewinn zu erzielen, selbständig Leistungen erbringt, die zu den Tätigkeiten eines Erzeugers, Händlers oder Dienstleistenden gehören. Im Anhang A Nr. 2, der Bestandteil der Richtlinie 67/228/EWG war und ua. Auslegungsfragen enthielt,[4] war dazu weiter bestimmt, dass der Begriff „selbständig" es den einzelnen Mitgliedstaaten gestattet, Personen, die „zwar rechtlich unabhängig, aber durch **finanzielle, wirtschaftliche und organisatorische Beziehungen** untereinander verbunden" sind, nicht „getrennt als mehrere Steuerpflichtige, sondern zusammen als einen Steuerpflichtigen" zu behandeln. Der Mitgliedstaat, der eine solche Regelung beabsichtigte, hatte eine Konsultation durchzuführen. Die umsatzsteuerliche Organschaft ist deshalb seither nicht (mehr) nur am nationalen Verfassungsrecht, sondern auch am sekundären Unionsrecht zu messen.

22.11 Man kann zwar auch hier davon sprechen, dass der Gesetzgeber das Unionsrecht nur dadurch „umgesetzt" hat, dass er seine bisherigen Regelungen **im Wesentlichen unverändert weitergeführt** hat.[5] Allerdings ist dies hier nicht als Kritik am Gesetzgeber zu verstehen: Die Richtlinienbegründung der Kommission[6] verwendete nämlich für die geschaffene Option den Begriff „Organschaft" und führte aus, dass bei „sauberer" Anwendung eine Organschaft keine Vorteile in „wettbewerblicher" Sicht biete. Es schienen daher keine „größeren Nachteile" vorhanden zu sein, wenn bestimmte Mitgliedstaaten weiterhin die „Organschaft" als einen Steuerpflichtigen ansehen. Die Richtlinienbegründung legt also nahe, dass die Weiterführung der bisherigen nationalen Regelungen von der Kommission als **zulässig** angesehen wurde. Die Gruppenbesteuerung war auch unionsrechtlich (noch) ein Unterfall fehlender Selbständigkeit.

---

1 BGBl. I 1967, 545.
2 Einzig eine zwischenzeitliche Erhöhung der Beteiligungsquote für die finanzielle Eingliederung wurde von zwischenzeitlich 75 % wieder auf mehr als 50 % abgesenkt.
3 Zweite Richtlinie 67/228/EWG des Rates v. 11.4.1967 zur Harmonisierung der Rechtsvorschriften der Mitgliedstaaten über die Umsatzsteuern – Struktur und Anwendungsmodalitäten des gemeinsamen Mehrwertsteuersystems (ABl. EG Nr. 71 v. 14.4.1967, 1303).
4 So der letzte Erwägungsgrund der Richtlinie 67/228/EWG.
5 So zB BFH v. 18.8.2005 – V R 71/03, BStBl. II 2006, 143 = UR 2006, 166 m. Anm. *Heidner*, unter II.2.c; BFH v. 16.10.2013 – XI R 19/11, BFH/NV 2014, 190, Rz. 20.
6 Unterrichtung der gesetzgebenden Körperschaften gem. Art. 2 des Gesetzes zu den Gründungsverträgen der Europäischen Gemeinschaften v. 3.5.1965, BT-Drucks. IV/3335, 14, zu Art. 2.

V. Rechtsentwicklung seit 1980

22.12 § 2 Abs. 2 Nr. 2 UStG 1980 übernahm die Organschaftsregelung des UStG 1967 unverändert. Zum 1.1.1987 wurde durch das Steuerbereinigungsgesetz 1986[1] – auf Klage der Kommission (Rz. 22.75) – **die Wirkung der Organschaft auf das Inland** (damals: Erhebungsgebiet) beschränkt.

22.13 Das Unionsrecht wurde durch die Sechste Richtlinie 77/388/EWG[2] dahin gehend geändert, dass Art. 4 Abs. 4 Unterabs. 2 der Richtlinie 77/388/EWG den unionsrechtlichen Rahmen veränderte: Vorbehaltlich einer Konsultation, die Deutschland durchgeführt hat,[3] stand es jedem Mitgliedstaat frei, im Inland ansässige Personen, die zwar rechtlich unabhängig, aber durch **gegenseitige finanzielle, wirtschaftliche und organisatorische Beziehungen** eng miteinander verbunden sind, zusammen als einen Steuerpflichtigen zu behandeln. Diese Bestimmung wurde im Jahr 2006[4] dahin gehend inhaltlich ergänzt, dass ein Mitgliedstaat, der die in Art. 4 Abs. 4 Unterabs. 2 Richtlinie 77/388/EWG vorgesehene Möglichkeit in Anspruch nimmt, die erforderlichen Maßnahmen treffen kann, um Steuerhinterziehung oder -umgehung durch die Anwendung dieser Bestimmung vorzubeugen. Die Gesamtregelung in dieser Form wurde sodann nach Art. 11 Abs. 1 und 2 MwStSystRL[5] übernommen.

B. Zweck der umsatzsteuerlichen Organschaft

22.14 Macht man sich anhand dieser Rechtsentwicklung auf die Suche, welcher Zweck mit der Organschaft (noch) verfolgt wird, stößt man auf ein Motivbündel: Nationaler Gesetzgeber wie Richtliniengeber betonen, die Regelung verfolge seit Einführung des UStG 1967 (wegen der Möglichkeit zum Vorsteuerabzug) nur noch einen **Vereinfachungszweck**. Der Finanzausschuss des Bundestags[6] gab an, er habe das Institut der Organschaft zur Vermeidung unnötiger Verwaltungsarbeit in der Wirtschaft beibehalten. Steuerliche Auswirkungen seien mit der Organschaft wegen des Vorsteuerabzugs grundsätzlich nicht verbunden. Ähnlich gab die Kommission[7] an, die Bestimmung über die Mehrwertsteuer-Gruppen sei für die Zwecke der Verwaltungsvereinfachung bzw. der Bekämpfung unlauterer Praktiken geschaffen worden (Rz. 1.68).[8] Teilweise wird in der Vorschrift auch ein verkapptes Haftungsinstrument gesehen.[9]

---

1 BGBl. I 1985, 2436.
2 Sechste Richtlinie 77/388/EWG des Rates v. 17.5.1977 zur Harmonisierung der Rechtsvorschriften der Mitgliedstaaten über die Umsatzsteuern – Gemeinsames Mehrwertsteuersystem: einheitliche steuerpflichtige Bemessungsgrundlage (ABl. EG Nr. L 145 v. 13.6.1977, 1).
3 Vgl. BFH v. 19.10.1995 – V R 71/93, UR 1996, 266 = BFH/NV 1996, 273, unter II.3.
4 Richtlinie 2006/69/EG v. 24.7.2006 zur Änderung der Richtlinie 77/388/EWG hinsichtlich bestimmter Maßnahmen zur Bekämpfung der Steuerhinterziehung oder -umgehung, zur Vereinfachung der Erhebung der Mehrwertsteuer sowie zur Aufhebung bestimmter Entscheidungen über die Genehmigung von Ausnahmeregelungen (ABl. EG Nr. L 221 v. 12.8.2006, 9).
5 Richtlinie 2006/2112/EG des Rates v. 28.11.2006 über das gemeinsame Mehrwertsteuersystem (ABl. EG Nr. L 347 v. 11.12.2006, 1).
6 BT-Drucks. V/1581, 10 f., zu § 2.
7 Mitteilung der Kommission an das Europäische Parlament und den Rat über die Option der Mehrwertsteuer-Gruppe gem. Art. 11 MwStSystRL (nationale Organschaftsregelungen), UR 2009, 632, unter 2.
8 Ebenso EuGH v. 9.4.2013 – C-85/11 – Kommission/Irland, UR 2013, 418 = DStR 2013, 806, Rz. 47.
9 *Stadie* in Rau/Dürrwächter, § 2 UStG Rz. 824 f. (Stand: Mai 2018).

22.15 Dabei kommt zu kurz, dass die Organschaft nach wie vor auch das Ziel der **Gleichbehandlung** verfolgt: Durch die Organschaft wird – wenn auch zugegebenermaßen recht unvollkommen – verhindert, dass nicht zum (vollen) Vorsteuerabzug berechtigte Einheitsgesellschaften gegenüber Organkreisen ohne zureichenden Grund begünstigt und damit wirtschaftlich gleiche Vorgänge nur wegen ihrer formal unterschiedlichen Ausgestaltung verschieden besteuert werden. Dies betrifft zwar nicht mehr alle Unternehmer, aber immer noch sehr viele, die in ganz erheblicher Zahl die Organschaft als Gestaltungsmittel zur Minimierung nicht abziehbarer Vorsteuer nutzen. Benachteiligt bleiben allerdings mehrstufige Unternehmensstrukturen, die die Tatbestandsmerkmale der Organschaft nicht erfüllen, und deshalb anders als Einheitsgesellschaften und Organkreise besteuert werden. Wollte man diese Benachteiligung beseitigen, müsste man gemäß der Option des Art. 18 MwStSystRL Innenumsätze wie Umsätze zwischen selbständigen Unternehmen besteuern, wenn kein Recht zum vollen Vorsteuerabzug besteht, und zwar nicht nur in Organkreisen, sondern auch bei Einheitsgesellschaften.

22.16 Man mag diesen gleichheitsrechtlichen Zweck argumentativ auf nationales **Verfassungsrecht**,[1] den Grundsatz der **Neutralität der Mehrwertsteuer** oder den unionsrechtlichen **Gleichbehandlungsgrundsatz**[2] stützen. Fest steht mE, dass sich aus einer geglückten Organschaft für Steuerpflichtige erhebliche steuerliche Vorteile und aus einer verunglückten Organschaft erhebliche steuerliche Nachteile ergeben können, die das Prinzip der Neutralität gefährden und Einfluss auf den steuerlichen Wettbewerb zwischen Unternehmen und Mitgliedstaaten haben können.[3] Durch eine vom EuGH für möglich gehaltene Einbeziehung von Nichtsteuerpflichtigen in den Organkreis[4] wird der potentielle Vorteil respektive Nachteil noch vergrößert.

22.17 Angesichts von mittlerweile über 350 Entscheidungen zu § 2 Abs. 2 Nr. 2 UStG[5] und zahlreichen trotzdem nach wie vor ungeklärten Rechtsfragen wird eine **Vereinfachung** durch die Organschaft tatsächlich oftmals kaum erreicht.[6] Vielmehr wird die Organschaft bereits teilweise als „strukturelle Rechtsunsicherheit" bezeichnet (Rz. 1.9). Schon mancher Organträger dürfte eine ihm gegen seinen Willen angediente „Vereinfachung" als Danaergeschenk empfunden haben, zumal diese „Vereinfachung" für ihn mitunter im Einzelfall **strafrechtliche Bedeutung** haben könnte.[7]

---

1 BVerfG v. 20.12.1966 – 1 BvR 70/63, BVerfGE 21, 12 = BStBl. III 1967, 7.
2 EuGH v. 25.4.2013 – C-480/10 – Kommission/Schweden, UR 2013, 423 m. Anm. *Hamacher/Dahm* = BFH/NV 2013, 1212, Rz. 17.
3 Zutreffend Kommission, UR 2009, 632, unter 1.; *Treiber* in Sölch/Ringleb, § 2 UStG Rz. 141; Generalanwalt *Jääskinen* hat in Rz. 45 seiner Schlussanträgen v. 27.11.2012 – C-85/11 – Kommission/Irland unter Verweis auf die Auffassung der Kommission ausgeführt, diese Vorteile seien einfach die zwangsläufige Konsequenz der „grundlegenden steuerpolitischen Entscheidung" eines Mitgliedstaats, Mehrwertsteuergruppen zuzulassen. Dies beantwortet jedoch nicht die Frage nach der rechtlichen Zulässigkeit.
4 So EuGH v. 9.4.2013 – C-85/11 – Kommission/Irland, UR 2013, 418 = DStR 2013, 806.
5 Zählung nach juris, Stand März 2018.
6 Aufgrund der weitgehenden Unanwendbarkeit der Mindestbemessungsgrundlage auf Umsätze zwischen voll zum Vorsteuerabzug berechtigten Unternehmern (vgl. EuGH v. 26.4.2012 – C-621/10, C-129/11 – Balkan and Sea Property, HFR 2012, 675; BFH v. 5.6.2014 – XI R 44/12, UR 2014, 700 = DStR 2014, 1673; aA BFH v. 24.1.2008 – V R 39/06, BStBl. II 2009, 786 = UR 2008, 342, bei Vorsteuerbeträgen, die der Berichtigung nach § 15a UStG unterliegen), stellte diese für den „Normalfall", der zur Begründung des Vereinfachungszwecks herangezogen wird, kein Argument gegen eine Abschaffung mehr dar.
7 Vgl. BGH v. 19.3.2013 – 1 StR 318/12, wistra 2013, 463, unter II.1.

Deutlich machen mag die Zweifel an einer Vereinfachung auch die vom EuGH gebilligte Regelung Irlands,[1] dass **Nichtsteuerpflichtige** Mitglieder der Mehrwertsteuergruppe sein können. Würden zB nach § 2 Abs. 2 Nr. 2 UStG ein gemeinnütziger Verein mit ausschließlich **nichtwirtschaftlicher Tätigkeit** und eine wirtschaftliche tätige GmbH, an der der Verein mehrheitlich beteiligt ist, deren Geschäftsführer der Vereinsvorstand ist und die bisher ausschließlich steuerpflichtige Ausgangsumsätze (ua. an den Verein) ausgeführt und dadurch den Vereinszweck gefördert hat, (zwingend?) eine Organschaft bilden (Rz. 22.32 ff.), müssten zB im Bereich der Vorsteuer möglicherweise Eingangsleistungen des Vereins auf ihre Abziehbarkeit untersucht und jedenfalls ein **Aufteilungsschlüssel** auf wirtschaftliche und nichtwirtschaftliche Tätigkeiten gefunden werden, dessen es vorher nicht bedurfte. Von einer „Vereinfachung" kann mE nicht die Rede sein. Sollte die Organschaft tatsächlich nur der Vereinfachung dienen, könnten Richtliniengeber bzw. Gesetzgeber erwägen, sie wegen Zweckverfehlung – aus Vereinfachungsgründen – ersatzlos aufzuheben.[2]

22.18

Zweck einer solchen Regelung kann allerdings die Gleichbehandlung sein. Der Verein, der seine wirtschaftliche Tätigkeit in eine GmbH auslagert, soll nicht gegenüber dem Verein benachteiligt werden, der dieser zulässigerweise selbst nachgeht. Dieser Zweck ist nach wie vor aktuell, wenn auch seinerseits gleichheitsrechtlich nicht unproblematisch.[3] Wollte Deutschland die Ungleichbehandlung wirklich vollständig beseitigen, müsste der Gesetzgeber von der Option der Art. 18, 27 MwStSystRL Gebrauch machen[4].

22.19

C. Voraussetzungen der umsatzsteuerlichen Organschaft

I. Nationales Recht und Unionsrecht

Betrachtet man die Tatbestandsmerkmale des heutigen § 2 Abs. 2 Nr. 2 UStG und vergleicht diese mit Art. 11 MwStSystRL, fallen schon auf den ersten Blick erhebliche Unterschiede ins Auge, die die Frage aufwerfen, ob sie mit Unionsrecht vereinbar sind.

22.20

Der EuGH hat mit seinem Urteil in der Rechtssache **Larentia+Minerva und Marenave Schifffahrt**[5] die sich insoweit stellenden Fragen teilweise geklärt; allerdings mit einem kleinen „Schönheitsfehler": Soweit das nationale Recht vom Unionsrecht abweicht, ist das Unionsrecht für den Steuerpflichtigen (d.h. m.E.: die Mehrwertsteuergruppe, Rz. 22.86 ff.) **nicht berufbar**. Deshalb müssen die nationalen Gerichte (und damit insbesondere der BFH) das Unionsrecht **bis zur Wortlautgrenze unionsrechtskonform** auslegen und außerdem prüfen, ob eine nationale Abweichung vom Unionsrecht eine Maßnahmen ist, die für die Erreichung der Ziele der **Verhinderung missbräuchlicher Praktiken oder Verhaltensweisen** und der **Vermeidung von Steuerhinterziehung oder -umgehung** erforderlich und geeignet sind. Dem soll im folgenden Tatbestandsmerkmal für Tatbestandsmerkmal nachgegangen werden.

22.21

---

1 EuGH v. 9.4.2013 – C-85/11 – Kommission/Irland, UR 2013, 418 = DStR 2013, 806.
2 Diese Forderung erhebt im Ergebnis *Hartmann*, Die Vereinbarkeit der umsatzsteuerrechtlichen Organschaft mit dem Europäischen Unionsrecht, 232 ff. (235).
3 BVerfG v. 20.12.1966 – 1 BvR 70/63, BVerfGE 21, 12 = BStBl. III 1967, 7.
4 Vgl. auch *Treiber* in Sölch/Ringleb, § 2 UStG Rz. 143 (Stand: März 2018).
5 EuGH v. 16.7.2015 – C-108/14 und C-109/14 – Larentia + Minerva und Marenave Schifffahrt, BStBl. II 2017, 604.

II. Mögliche Beteiligte des Organkreises bei der Umsatzsteuer

1. Nationales Recht

22.22 § 2 Abs. 2 UStG verlangt in seinem Einleitungssatz zunächst, dass eine „gewerbliche oder berufliche Tätigkeit" (i.S.d. § 2 Abs. 1 Satz 1 und 3 UStG) ausgeübt wird. Diese wird nicht selbständig ausgeübt, wenn eine „juristische Person" in das „Unternehmen" des „Organträgers" (in einer unter Rz. 22.37 ff. noch darzustellenden Weise) eingegliedert ist. Daraus folgen in personeller Hinsicht vier Voraussetzungen:

– Organgesellschaft kann nur eine juristische Person sein (Rz. 22.23 ff.);

– die Organgesellschaft muss Unternehmerin sein (Rz. 22.30 ff.);

– Organträger kann jede Person sein (Rz. 22.29);

– der Organträger muss Unternehmer sein (Rz. 22.30 ff.).

2. Organgesellschaft kann nur eine juristische Person sein

22.23 Rechtsprechung und Verwaltung leiteten (im Ergebnis seit Aufgabe der Rechtsprechung zu den **„organschaftsähnlichen Verhältnissen"** und zur **„Unternehmereinheit"**)[1] aus § 2 Abs. 2 Nr. 2 UStG ab, dass im Organkreis eine Organgesellschaft als untergeordnetes Unternehmen existiert; dies könne nur eine **juristische Person** sein.[2] **Personengesellschaften** konnten nach bisher herrschender Auffassung nicht Organgesellschaft sein.

22.24 Der Wortlaut des Art. 11 Abs. 1 MwStSystRL spricht demgegenüber von „Personen". Der BFH hat deshalb in seinen **Vorlagebeschlüssen** vom 11.12.2013[3] die bisher herrschende Auffassung in Frage gestellt und beim EuGH angefragt, ob die Beschränkung auf juristische Personen mit Art. 11 Abs. 1 MwStSystRL einerseits und dem Grundsatz der Rechtsformneutralität andererseits vereinbar sei.[4] Dies war von Teilen der Literatur bereits seit einiger Zeit in Frage gestellt worden.[5] Generalanwalt *Mengozzi* hat sich in seinen Schlussanträgen vom 26.5.2015[6] dieser Auffassung ebenfalls angeschlossen.

22.25 **Der EuGH** hat mit seinem Urteil **Larentia+Minerva und Marenave Schifffahrt**[7] der Gegenauffassung der Literatur grundsätzlich zugestimmt: Der Vorbehalt, dass die Organgesellschaft eine juristische Person sein muss, verstößt heute gegen Art. 11 Abs. 1 MwStSystRL. Dies ent-

---

1 BFH v. 7.12.1978 – V R 22/74, BStBl. II 1979, 356, unter I.5.; BFH v. 8.2.1979 – V R 101/78, BStBl. II 1979, 362, zu 5. und 6.; UStAE 2.2 Abs. 5, 2.8. Abs. 2 Satz 1.

2 ZB BFH v. 19.5.2005 – V R 31/03, BStBl. II 2005, 671 = GmbHR 2005, 1209 = UR 2005, 496, unter II.2.b cc; BFH v. 10.3.2009 – XI B 66/08, BFH/NV 2009, 977.

3 BFH v. 11.12.2013 – XI R 17/11, BStBl. II 2014, 417 = UR 2014, 313 m. Anm. *Marchal* = GmbHR 2014, 376 m. Anm. *Masuch*; BFH v. 11.12.2013 – XI R 38/12, BStBl. II 2014, 428 = UR 2014, 323.

4 Verneinend bereits FG München v. 13.3.2013 – 3 K 235/10, EFG 2013, 1434.

5 ZB *Stadie* in Rau/Dürrwächter, § 2 UStG Rz. 840 ff. (Stand: Mai 2018); *Birkenfeld*, UR 2008, 2 (4); sowie *Birkenfeld* in Birkenfeld/Wäger, Das Große Umsatzsteuer-Handbuch, § 44 Rz. 74, 101, 273 (Stand: Mai 2014); *Wäger* in FS Schaumburg, 1189 (1191 ff.).

6 Schlussanträge v. 26.3.2015 – C-108/14, C-190/14, ECLI:EU:C:2015:212, Rz. 59 ff.

7 EuGH v. 16.7.2015 – C-108/14 und C-109/14 – Larentia + Minerva und Marenave Schiffahrt, BStBl. II 2017, 604.

C. Voraussetzungen der umsatzsteuerlichen Organschaft | Rz. 22.27 Kap. 22

spricht mE sowohl dem nationalen **Verfassungsrecht**[1] als auch dem sekundärrechtlichen Grundsatz der **Neutralität der Mehrwertsteuer**[2] als Ausprägung des primärrechtlichen Grundsatzes der **Gleichbehandlung**,[3] der auch für die Definition des Begriffs des Unternehmers Bedeutung hat.[4] Zu prüfen vom BFH war (und ist) nach dem Grundsatz in Rz. 22.21 deshalb, ob das nationale Recht insoweit auslegbar ist und ob die Abweichung unionsrechtlich gerechtfertigt ist.

Der **BFH** geht insoweit (mit Unterschieden im Begründungsansatz) davon aus, dass der **Wortlaut** des § 2 Abs. 2 Nr. 2 UStG die Einbeziehung von Personengesellschaften als Organgesellschaften **prinzipiell nicht entgegensteht**.[5] Dem folgt inzwischen auch die Finanzverwaltung.[6] Der XI. Senat des BFH[7] nimmt insoweit eine „normale" unionsrechtskonforme Auslegung vor, während der V. Senat des BFH[8] eine richtlinienkonforme Rechtsfortbildung im Wege der „teleologischen Extension" für erforderlich hält. Bei allen Unterschieden in der Begründung darf dabei nicht vergessen werden: Hinsichtlich des Ergebnisses, dass das nationale Recht die Einbeziehung von Personengesellschaften zulässt, herrscht insoweit **Einigkeit in Rechtsprechung und Finanzverwaltung**.

22.26

Noch nicht vollständig geklärt ist allerdings, ob aus Gründen der **Verhinderung missbräuchlicher Praktiken oder Verhaltensweisen** und der **Vermeidung von Steuerhinterziehung oder -umgehung** (Art. 11 Abs. 2 MwStSystRL) die Anwendung des § 2 Abs. 2 Nr. 2 UStG auf Personengesellschaften nur eingeschränkt möglich ist. Der XI. Senat des BFH[9] hat bislang nur Entscheidungen zur GmbH & Co. KG getroffen. ME zeigt aber der Verweis auf die Rechtsprechung des BVerwG[10], dass der XI. Senat des BFH auch die Übertragung auf andere Personengesellschaften für möglich halten könnte. Der V. Senat des BFH hat bisher die Einbeziehung von Personengesellschaften nur zugelassen, wenn Gesellschafter der Personengesellschaft neben dem Organträger nur Personen sind, die nach § 2 Abs. 2 Nr. 2 UStG in das Unternehmen des Organträgers finanziell eingegliedert sind.[11] Die Finanzverwaltung wendet diese Rechtsprechung inzwischen an,[12] während der XI. Senat des BFH sich ihr noch nicht angeschlossen hat. Ob daneben noch weitere Fallgruppen existieren, ist derzeit noch unklar. Unternehmer

22.27

---

1 Vgl. BVerfG v. 10.11.1999 – 2 BvR 2861/93, BVerfGE 101, 151 = BStBl. II 2000, 160 = UR 1999, 498.
2 Vgl. EuGH v. 10.9.2002 – C-141/00 – Kügler, EuGHE 2002, I-6833 = BFH/NV 2003, Beilage 1, 30, Rz. 30; EuGH v. 4.5.2006 – C-169/04 – Abbey National, EuGHE 2006, I-4027 = BStBl. II 2010, 567, Rz. 56.
3 Vgl. EuGH v. 8.6.2006 – C-106/05 – L.u.P., EuGHE 2006, I-5123 = BFH/NV 2006, Beilage 4, 442, Rz. 48.
4 Vgl. EuGH v. 29.3.2012 – C-436/10 – BLM SA, BFH/NV 2012, 908, Rz. 27; s. auch EuGH v. 6.10.2009 – C-267/08 – SPÖ Landesorganisation Kärnten, EuGHE 2009, I-9781 = BFH/NV 2009, 2095, Rz. 20.
5 BFH v. 19.1.2016 – XI R 38/12, BStBl. II 2017, 567; BFH v. 2.12.2015 – V R 25/13, BStBl. II 2017, 547.
6 BMF v. 26.5.2017 – III C 2 - S 7105/15/10002 – DOK 2017/0439168, BStBl. I 2017, 790.
7 BFH v. 19.1.2016 – XI R 38/12, BStBl. II 2017, 567; BFH v. 1.6.2016 – XI R 17/11, BStBl. II 2017, 581.
8 BFH v. 2.12.2015 –V R 25/13, BStBl. II 2017, 547.
9 BFH v. 19.1.2016 – XI R 38/12, BStBl. II 2017, 567; BFH v. 1.6.2016 – XI R 17/11, BStBl. II 2017, 581.
10 BVerwG v. 1.10.2015– 7 C 8/14, UR 2016, 289.
11 BFH v. 2.12.2015 – V R 25/13, BStBl. II 2017, 547; BFH v. 3.12.2015 – V R 36/13, BStBl. II 2017, 563.
12 BMF v. 26.5.2017 – III C 2 - S 7105/15/10002 – DOK 2017/0439168, BStBl. I 2017, 790.

22.28 Die **natürliche Person** scheidet mE zulässigerweise weiter als untergeordnete Organgesellschaft aus, weil sie zB nicht finanziell eingegliedert sein kann. S. allerdings zur Unterordnung Rz. 22.38 ff.

3. Rechtsform des Organträgers

22.29 Hinsichtlich des Organträgers ist anerkannt, dass § 2 Abs. 2 Nr. 2 UStG **rechtsformneutral** ist und keine bestimmte Rechtsform des Organträgers vorschreibt.[1] Dies stimmt mit Art. 11 Abs. 1 MwStSystRL und dem Grundsatz der Rechtsformneutralität überein.

4. Organgesellschaft und Organträger müssen Unternehmer sein

22.30 Weiter wurde aus § 2 Abs. 2 Nr. 2 UStG bisher abgeleitet, dass die Organgesellschaft[2] und der Organträger[3] eine gewerbliche oder berufliche (das heißt **unternehmerische**) **Tätigkeit** ausüben müssen.

22.31 Reichte es nach früherer Rechtsprechung und Verwaltungsauffassung aus, dass die unternehmerische Tätigkeit der Organgesellschaft die Unternehmerstellung des Organträgers begründen kann, wenn sich der Organträger der Organgesellschaft bediente,[4] hat der BFH diese Rechtsprechung unter der Geltung des Unionsrechts aufgegeben und verlangt nunmehr, dass der Organträger – unabhängig vom Bestehen einer Organschaft – eine eigene entgeltliche Leistungstätigkeit ausübt.[5] Nach überwiegender Auffassung kann deshalb zB eine **Finanzholding**, die lediglich Beteiligungen an Tochtergesellschaften hält und nicht selbst unternehmerisch tätig ist,[6] keine Organträgerin sein.[7] Gleiches gilt, wenn eine Holding nicht Unternehmerin ist, weil sie nur **unentgeltliche Dienstleistungen** an die Tochtergesellschaften erbringt.[8]

---

1 *Korn* in Bunjes[18], § 2 UStG Rz. 112.
2 *Wäger* in FS Schaumburg, 1189 (1190); *Birkenfeld* in Kessler/Kröner/Köhler, Konzernsteuerrecht[2], Rz. 194; *Stadie* in Rau/Dürrwächter, § 2 UStG Rz. 844 (Stand: Mai 2018); s. auch UStAE 2.8 Abs. 1 Satz 5; für Personen allgemein auch die EU-Kommission, UR 2009, 632.
3 UStAE 2.8 Abs. 1 Satz 2 und 6; BFH v. 9.10.2002 – V R 64/99, BStBl. II 2003, 375 = GmbHR 2003, 123 = UR 2003, 74; BFH v. 22.10.2009 – V R 14/08, BStBl. II 2011, 988 = UR 2010, 268.
4 Vgl. zB BFH v. 26.2.1959 – V 209/56 U, BStBl. III 1959, 204, zur Holding; s. auch BFH v. 19.10.1995 – V R 71/93, UR 1996, 266 = BFH/NV 1996, 273, bei Betriebsaufspaltung; allgemein Abschnitt 21 Abs. 1 Satz 5 UStR 1996.
5 BFH v. 9.10.2002 – V R 64/99, BStBl. II 2003, 375 = GmbHR 2003, 123 = UR 2003, 74; BFH v. 29.1.2009 – V R 67/07, BStBl. II 2009, 1029; BFH v. 22.10.2009 – V R 14/08, BStBl. II 2011, 988 = UR 2010, 268.
6 EuGH v. 20.6.1991 – C-60/90 – Polysar, EuGHE 1991, I-3111.
7 Vgl. BFH v. 26.2.1959 – V 209/56 U, BStBl. III 1959, 204; BFH v. 19.10.1995 – V R 71/93, UR 1996, 266 = BFH/NV 1996, 273; BFH v. 22.5.2003 – V R 94/01, BStBl. II 2003, 954 = UR 2003, 541; BFH v. 7.7.2005 – V R 78/03, BStBl. II 2005, 849 = UR 2005, 608; BFH v. 3.4.2008 – V R 76/05, BStBl. II 2008, 905 = GmbHR 2008, 836 = UR 2008, 549 hatten dies noch ausdrücklich offen gelassen).
8 EuGH v. 12.1.2017 – C-28/16 – MVM, DStR 2017, 2806.

Dies entspricht allerdings nicht Art. 11 Abs. 1 MwStSystRL in seiner Auslegung durch den EuGH,[1] der es aufgrund der Formulierung „Person" zulässt, dass auch **nichtsteuerpflichtige** Personen Mitglied einer Mehrwertsteuer-Gruppe sein können. Da Art. 11 MwStSystRL nach Auffassung des EuGH seine Anwendung nicht von weiteren Voraussetzungen abhängig macht[2] und für die Mitgliedstaaten nicht die Möglichkeit vorsieht, den Wirtschaftsteilnehmern weitere Bedingungen für die Bildung einer Mehrwertsteuergruppe aufzubürden,[3] könnte die im UStG enthaltene Einschränkung unionsrechtswidrig sein.[4] Der BFH muss deshalb nach den Grundsätzen des EuGH (Rz. 22.21) prüfen, ob das nationale Recht richtlinienkonform ausgelegt werden kann (s. dazu Rz. 22.35) und ob eine Abweichung gerechtfertigt ist (Rz. 22.33 f.).

22.32

Dabei wurde schon früher – unabhängig vom Wortlaut – teilweise vertreten, dass der **Rechtfertigungsgrund**, Steuerhinterziehungen oder Steuerumgehungen entgegenzutreten,[5] die deutsche Regelung legitimiere.[6] Aber der EuGH hat in seinem Urteil Kommission/Irland sogar umgekehrt angenommen, dass die Einbeziehung Nichtsteuerpflichtiger Missbräuche vermeiden könne.[7] Soweit das BMF[8] und der V. Senat des BFH[9] nunmehr betonen, die Nichteinbeziehung Nichtsteuerpflichtiger vermeide Missbräuche und Steuerhinterziehungen, halte ich dies deshalb für erläuterungsbedürftig. Wieso soll die Begrenzung nun dazu dienen, Umgehungen zu verhindern, obwohl bei Verwendung einer Eingangsleistung für eine **nichtwirtschaftliche Tätigkeit** kein Recht zum Vorsteuerabzug besteht?[10] Weder Gesetzgeber noch RFH bzw. BFH haben die Beschränkung der Organschaft auf Unternehmer früher mit solchen Erwägungen begründet.

22.33

Wie fast immer kommt es auch hier bei der Beurteilung auf den Blickwinkel an: Für die – auf den ersten Blick systemwidrige – Einbeziehung Nichtsteuerpflichtiger in den Organkreis könnte immerhin das Prinzip der **Gleichbehandlung** von einstufigen und mehrstufigen Gestaltungen und der **Rechtsformneutralität** sprechen. Es ist nämlich ebenso systemwidrig, dass ein Unternehmer, der in einer Person wirtschaftlich und nichtwirtschaftlich tätig ist, anders (= aus Sicht des BMF und des V. Senats des BFH wohl „besser") besteuert werden soll als andere Unternehmer, die eine der beiden Tätigkeiten in eine Tochtergesellschaft auslagern (müssen). Eine solche Auslagerung auf eine Tochtergesellschaft ist weder eine Steuerumgehung noch ein Missbrauch.

22.34

---

1 EuGH v. 9.4.2013 – C-85/11 – Kommission/Irland, UR 2013, 418 = DStR 2013, 806, Rz. 41 ff.
2 EuGH v. 9.4.2013 – C-85/11 – Kommission/Irland, UR 2013, 418 = DStR 2013, 806, Rz. 36.
3 EuGH v. 25.4.2013 – C-480/10 – Kommission/Schweden, UR 2013, 423 m. Anm. *Hamacher/Dahm* = BFH/NV 2013, 1212, Rz. 35.
4 ZB *Grünwald*, MwStR 2013, 241; aA *Sterzinger*, UR 2014, 133.
5 EuGH v. 25.4.2013 – C-480/10 – Kommission/Schweden, UR 2013, 423 m. Anm. *Hamacher/Dahm* = BFH/NV 2013, 1212, Rz. 38.
6 S. bereits BMF v. 5.5.2014 – IV D 2 - S 7105/11/10001, IV D 2 - S 7105/13/10003 – DOK 2014/0394588, BStBl. I 2014, 820 = UR 2014, 497, unter I.; aA *von Streit*, UStB 2013, 295; *Slapio*, UR 2013, 407.
7 EuGH v. 9.4.2013 – C-85/11 – Kommission/Irland, UR 2013, 418 = DStR 2013, 806, Rz. 48.
8 BMF v. 5.5.2014 – IV D 2 - S 7105/11/10001, IV D 2 - S 7105/13/10003 – DOK 2014/0394588, BStBl. I 2014, 820 = UR 2014, 497, unter I.
9 BFH v. 2.12.2015 – V R 67/14, BStBl. II 2017, 560; BFH v. 15.12.2016 – V R 44/15, UR 2017, 302.
10 BFH v. 9.2.2012 – V R 40/10, BStBl. II 2012, 844 = UR 2012, 394, Rz. 25; BFH v. 19.7.2011 – XI R 29/09, BStBl. II 2012, 430 = UR 2012, 238, Rz. 21, 45; EuGH v. 13.3.2008 – C-437/06 – Securenta, EuGHE 2008, I-1597; EuGH v. 12.2.2009 – C-515/07 – VNLTO, EuGHE 2009, I-839.

22.35 Darauf kommt es jedoch (derzeit) nicht an. Der XI. Senat des BFH[1] hat (m.E. zutreffend) betont, dass § 2 Abs. 2 Nr. 2 Satz 1 UStG nicht richtlinienkonform dahin gehend ausgelegt werden kann, dass auch ein Nichtunternehmer Mitglied im Organkreis sein kann. Der BFH reicht damit den Prüfauftrag des EuGH zu Art. 11 Abs. 2 MwStSystRL quasi an den deutschen Gesetzgeber weiter.

22.36 Außerdem weist *Boor* mE zu Recht darauf hin, dass sich ein möglicher Verstoß gegen Unionsrecht auch deshalb derzeit nicht auswirken könne, weil keine ausreichende **wirtschaftliche Eingliederung** eines **Nichtsteuerpflichtigen** vorliegt.[2] Zur wirtschaftlichen Eingliederung s. Rz. 22.57.

III. Eingliederungsvoraussetzungen

1. Wortlautvergleich

22.37 Der Wortlaut des § 2 Abs. 2 Nr. 2 UStG verlangt für das Vorliegen einer Organschaft außerdem, dass die Organgesellschaft in das Unternehmen des Organträgers in dreifacher Weise „eingegliedert" ist.

22.38 Eine „**Eingliederung**" setzt nach ständiger Rechtsprechung des BFH voraus, dass ein **Über- und Unterordnungsverhältnis** zwischen dem Organträger und der Organgesellschaft als „untergeordneter Person" besteht.[3] Diese Auslegung durch den BFH stellt auch heute noch in gewisser Weise das Bindeglied zu der vor fast 100 Jahren vom RFH getroffenen Aussage dar, dass die Tätigkeit der Organgesellschaft im „Organismus" eines Unternehmens so ausgeübt werden müsse, dass die tätige Person in der Betätigung ihres geschäftlichen Willens unter der „Leitung" des Unternehmers stehe.[4] Entsprechend wird heute eine **Mehrmütterorganschaft**[5] ebenso abgelehnt wie eine Organschaft zwischen **Schwestergesellschaften**.[6]

22.39 Das Unionsrecht wählt auch hier begrifflich einen anderen Ansatz: Es lässt „**gegenseitige ... Beziehungen**" für eine Mehrwertsteuergruppe genügen. Nachdem der EuGH entschieden hatte, das Unionsrecht sehe nicht die Möglichkeit vor, den Wirtschaftsteilnehmern weitere Bedingungen für die Bildung einer Mehrwertsteuergruppe aufzubürden als diejenigen, die

---

1 BFH v. 10.8.2016 – XI R 41/14, BStBl. II 2017, 590; BFH v. 12.10.2016 – XI R 30/14, BStBl. II 2017, 597.
2 *Boor*, Die Gruppenbesteuerung im harmonisierten Mehrwertsteuerrecht, 120 unter 2.
3 Vgl. zB Urteile BFH v. 19.5.2005 – V R 31/03, BStBl. II 2005, 671 = GmbHR 2005, 1209 = UR 2005, 496, unter II.2.a aa; BFH v. 22.4.2010 – V R 9/09, BStBl. II 2011, 597 = UR 2010, 579 m. Anm. *Korf* = GmbHR 2010, 823, Rz. 20; BFH v. 8.8.2013 – V R 18/13, BFH/NV 2013, 1747, Rz. 22, mwN; ebenso BGH v. 19.3.2013 – 1 StR 318/12, DK 2013, 574, unter B.II.1.a bb (1) (b)).
4 RFH v. 6.10.1920 – II A 189/20, RFHE 3, 281.
5 BFH v. 30.4.2009 – V R 3/08, BStBl. II 2013, 873 = UR 2009, 639 = GmbHR 2009, 1003; BFH v. 3.12.2015 – V R 36/13, BStBl. II 2017, 563; BFH v. 24.7.2017 – XI B 25/17, BFH/NV 2017, 1591 Rz. 17. Inhaltlich gleich die Rechtsprechung des RFH v. 23.2.1934 – V A 480/33, RFHE 36, 39; RFH v. 14.12.1925 – V A 185/25, RFHE 18, 75.
6 BFH v. 22.4.2010 – V R 9/09, BStBl. II 2011, 597 = UR 2010, 579 m. Anm. *Korf* = GmbHR 2010, 823; BFH v. 1.12.2010 – XI R 43/08, BStBl. II 2011, 600 = GmbHR 2011, 494 = UR 2011, 456 m. Anm. *Eberhard/Mai*; BFH v. 24.8.2016 – V R 36/15, BStBl. II 2017, 595.

in dieser Bestimmung genannt sind,[1] war zweifelhaft geworden, ob die (in den letzten Jahren vom BFH verschärften) Anforderungen an eine „Eingliederung" im Sinne einer Unterordnung tatsächlich mit dem Unionsrecht kompatibel sind. Der BFH legte deshalb auch diese Frage dem EuGH zur Vorabentscheidung vor.[2]

Soweit der BFH früher zur Begründung, dass ein Verhältnis der Unterordnung unionsrechtlich zulässig bzw. geboten sei, die Aussagen des EuGH im Urteil „Ampliscientifica und Amplifin"[3] zu „untergeordneten Personen" bemüht hat, waren diese schon sprachlich unklar, weil zB die englische Sprachfassung des Urteils nur von „persons who are thus closely linked" sprach.[4] Generalanwalt *Mengozzi* hatte in seinen Schlussanträgen vom 26.3.2015[5] diesen Ansatz ebenfalls für nicht durchgreifend erachtet. 22.40

Der EuGH hat mit seinem Urteil **Larentia + Minerva und Marenave Schifffahrt**[6] anders entschieden: Dass Deutschland die Organschaft den Einheiten vorbehält, die mit dem Organträger der Mehrwertsteuergruppe durch ein Unterordnungsverhältnis verbunden sind, verstößt heute gegen Art. 11 Abs. 1 MwStSystRL. Damit ist insoweit der allgemeine Prüfauftrag des EuGH (Rz. 22.21) vom BFH und der Finanzverwaltung abzuarbeiten: Lässt § 2 Abs. 2 Nr. 2 UStG eine andere Auslegung überhaupt zu (Stufe 1)? Und falls ja, kann an der bisherigen Rechtsprechung (in vollem Umfang) aufgrund von Art. 11 Abs. 2 MwStSystRL festgehalten werden (Stufe 2)?[7] 22.41

Mit Unionsrecht vereinbar (weil begrifflich identisch) ist hingegen, dass auf drei Bereiche abzustellen ist: Zu untersuchen sind die **finanziellen, organisatorischen und wirtschaftlichen Beziehungen**, wobei die Eingliederung (wenn auch ggf. in unterschiedlich starker Ausprägung) in allen drei Bereichen vorliegen muss.[8] Das Unionsrecht hat diese Merkmale des deutschen Rechts 1967 übernommen. Eine fehlende finanzielle Eingliederung kann zB nicht durch einen EAV ersetzt werden[9] und eine organisatorische Eingliederung nicht durch die Abhängigkeitsvermutung des § 17 Abs. 2 AktG.[10] 22.42

---

1 Vgl. EuGH v. 9.4.2013 – C-85/11 – Kommission/Irland, UR 2013, 418 = DStR 2013, 806, Rz. 36; EuGH v. 25.4.2013 – C-480/10 – Kommission/Schweden, UR 2013, 423 m. Anm. *Hamacher/Dahm* = BFH/NV 2013, 1212 Rz. 35.
2 BFH v. 11.12.2013 – XI R 17/11, BStBl. II 2014, 417 = UR 2014, 313 m. Anm. *Marchal* = GmbHR 2014, 376 m. Anm. *Masuch*; BFH v. 11.12.2013 – XI R 38/12, BStBl. II 2014, 428 = UR 2014, 323.
3 EuGH v. 22.5.2008 – C-162/07 – Ampliscientifica und Amplifin, EuGHE 2008, I-4019 = BFH/NV 2008, Beilage 3, 217, Rz. 19.
4 Die französische Sprachfassung hingegen spricht (wie die deutsche) von „personnes subordonnées" und die italienische Verfahrenssprache (noch strenger?) von „soggetti giuridicamente dipendenti".
5 Schlussanträge v. 26.3.2015 – C-108/14, C-109/14, ECLI:EU:C:2015:212, Rz. 91, 99.
6 EuGH v. 16.7.2015 – C-108/14 und C-109/14 – Larentia + Minerva und Marenave Schiffahrt, BStBl. II 2017, 604.
7 Vgl. hierzu Rz. 22.44 ff.
8 ZB BFH v. 3.4.2008 – V R 76/05, BStBl. II 2008, 905 = GmbHR 2008, 836 = UR 2008, 549; UStAE 2.8 Abs. 1 Sätze 2 bis 4.
9 BFH v. 1.12.2010 – XI R 43/08, BStBl. II 2011, 600 = GmbHR 2011, 494 = UR 2011, 456 m. Anm. *Eberhard/Mai*.
10 BFH v. 5.12.2007 – V R 26/06, BStBl. II 2008, 451 = GmbHR 2008, 331 m. Anm. *Binnewies* = UR 2008, 259 m. Anm. *Hidien*.

22.43 Weder nach Unionsrecht noch nach nationalem Recht kommt es auf einen **Antrag** des Unternehmers an, so dass auch eine Organschaft ohne Antrag unionsrechtskonform ist.[1]

22.44 Der V. Senat des BFH hat in Gefolge des EuGH-Urteils Larentia + Minerva und Marenave Schifffahrt[2] an dem Erfordernis der Über- und Unterordnung im Ergebnis festgehalten.[3] Er benennt es nur euphemistisch vereinzelt anders („Eingliederung mit Durchgriffsrechten")[4], ohne dass damit eine Rechtsprechungsänderung verbunden sein kann; sonst hätte der V. Senat des BFH beim XI. Senat des BFH anfragen müssen.[5] Der V. Senat des BFH meint, die Eingliederungsmerkmale dienten „im nationalen Kontext" vornehmlich der Vereinfachung. Dieser Zweck ist allerdings in Art. 11 Abs. 2 MwStSystRL nicht genannt; die Begründung entspricht deshalb insoweit nicht dem Prüfauftrag des EuGH[6]. Daneben stellt der V. Senat des BFH aber auch auf die Vermeidung von Missbräuchen ab.[7] Der XI. Senat des BFH hat bisher mehrfach offen gelassen, ob er dieser Auffassung folgt.[8]

22.45 Dem V. Senat des BFH ist mE **auf Basis des nationalen Rechts** (wenn auch mit anderer Begründung) im Grundsatz **zuzustimmen**: Bei einer Organschaft, bei der Steuerpflichtiger (nur) der Organträger (und nicht die Mehrwertsteuergruppe) ist, darf der nationale Gesetzgeber zur Vermeidung von Missbräuchen und Steuerhinterziehungen eine „Eingliederung" verlangen, weil der Organträger seine Aufgabe als Steuerpflichtiger, die Steuer anzumelden und abzuführen, bei der Organgesellschaft, die die wirtschaftliche Tätigkeit ausübt, nur effektiv wahrnehmen kann, wenn ihm die Organgesellschaft untergeordnet ist. Die Haftung der Organgesellschaft (§ 73 AO) ergänzt zwar den finanziellen Schutz des Fiskus vor endgültigen Steuerausfällen. Die Übertragung der Pflicht zur Anmeldung der Steuer ist aber außerdem über § 370 ff. AO ggf. für den Organträger strafbewehrt[9]. Dies ist nur angemessen, wenn die Organgesellschaft dem Organträger untergeordnet ist.

22.46 Die Zulässigkeit des Kriteriums der Über- und Unterordnung ist damit gleichwohl nicht abschließend beantwortet; denn es stellt sich die **Vorfrage**, ob es unionsrechtlich zulässig ist, den Organträger als Gruppenmitglied zum Steuerschuldner zu bestimmen (s. dazu Rz. 22.86 ff.). Aus unionsrechtlicher Sicht ist Steuerpflichtiger die **Mehrwertsteuergruppe**.[10] **Art. 205 MwStSystRL** lässt an sich nur eine gesamtschuldnerische Entrichtungspflicht anderer Per-

---

1 BFH v. 22.4.2010 – V R 9/09, BStBl. II 2011, 597 = UR 2010, 579 m. Anm. *Korf* = GmbHR 2010, 823; BFH v. 29.10.2008 – XI R 74/07, BStBl. II 2009, 256 = GmbHR 2009, 163 = UR 2009, 344 m. Anm. *Straub* = UR 2009, 47; BFH v. 2.12.2015 – V R 15/14, BStBl. II 2017, 553; UStAE 2.8. Abs. 4. Ob sie de lege ferenda wirklich sinnvoll ist, ist eine andere Frage. S. dazu Rz. 22.94 f.
2 EuGH v. 16.7.2015 – C-108/14 und C-109/14, Larentia + Minerva und Marenave Schiffahrt, BStBl. II 2017, 604.
3 BFH v. 2.12.2015 – V R 15/14, BStBl. II 2017, 553.
4 Weiter von Unterordnung spricht aber z.B. BFH v. 12.10.2016 – XI R 30/14, BStBl. II 2017, 597.
5 § 11 Abs. 2 und 3 FGO.
6 *Lange*, UR 2016, 297.
7 BFH v. 2.12.2015 – V R 15/14, BStBl. II 2017, 553, Rz. 38 und 44.
8 BFH v. 19.1.2016 – XI R 38/12, BStBl. II 2017, 567; BFH v. 1.6.2016 – XI R 17/11, BStBl. II 2017, 581; BFH v. 12.10.2016 – XI R 30/14, BStBl. II 2017, 597. Möglicherweise besteht für den BFH bereits in den Revisionsverfahren XI R 3/17 oder XI R 26/17 Gelegenheit, dazu Stellung zu nehmen. Außerdem könnte das Revisionsverfahren XI R 16/18 zu einer Stellungnahme führen.
9 Vgl. BGH v. 19.3.2013 – 1 StR 38/12, wistra 2013, 463.
10 EuGH v. 17.9.2014 – C-7/13 – Skandia Sverige, UR 2014, 850 m. Anm. *Maunz* = BB 2014, 2264 m. Anm. *Hahne*, Rz. 33 ff.; so auch die EU-Kommission, UR 2009, 362, unter 3.4.; s. auch *Birkenfeld*, UR 2014, 120 ff.

sonen **neben** dem Steuerpflichtigen i.S. der Art. 193 ff. MwStSystRL (das heißt der Mehrwertsteuergruppe) zu.

2. Finanzielle Eingliederung

a) Mehrheit der Stimmrechte

Eine **finanzielle Eingliederung** der Organgesellschaft in das Unternehmen des Organträgers liegt vor, wenn der Organträger an ihr so beteiligt ist, dass er seinen Willen durch Mehrheitsbeschlüsse in der Gesellschafterversammlung der Organgesellschaft durchsetzen kann.[1] Er muss über die **Mehrheit der Stimmrechte** (nicht: Anteile) an der Organgesellschaft verfügen.[2]

22.47

Entsprechen die Beteiligungs- den Stimmrechtsverhältnissen, muss die Beteiligung des Organträgers regelmäßig über 50 % betragen (Sperrminorität von 50 % reicht nicht aus),[3] wenn keine andere[4] Mehrheit verlangt wird. Da bei Personengesellschaften nach dem Regelstatut **Einstimmigkeit** erforderlich ist (§ 709 Abs. 1 BGB, § 119 Abs. 1 HGB), wenn der Gesellschaftsvertrag keine abweichende Regelung enthält, würde für den Fall, dass eine **Personengesellschaft** Organgesellschaft sein kann (Rz. 22.22 ff.), eine finanzielle Eingliederung nur vorliegen, wenn der Organträger über sämtliche Stimmrechte verfügt.[5] ist jedoch nach dem Gesellschaftsvertrag Stimmenmehrheit vorgesehen, reicht an sich auch diese aus.[6] Der V. Senat des BFH sieht die Eingliederung jedenfalls dann als gegeben an, wenn Gesellschafter der Personengesellschaft neben dem Organträger nur Personen sind, die nach § 2 Abs. 2 Nr. 2 UStG in das Unternehmen des Organträgers finanziell eingegliedert sind.[7]

22.48

Durch Ausgabe stimmrechtsloser Anteile (zB **Vorzugsaktien**), **Mehrfachstimmrechte** oder **Stimmrechtsbindungsverträge** kann eine Stimmrechtsmehrheit auch ohne Mehrheitsbeteiligung anderweitig gesichert werden.[8] Alleine ein Beherrschungsvertrag genügt hierfür nicht (zur organisatorischen Eingliederung s. aber Rz. 22.62 ff.).[9]

22.49

---

[1] *Birkenfeld*, Das Große Umsatzsteuer-Handbuch, § 44 Rz. 301 ff. (Stand: Mai 2014); *Treiber* in Sölch/Ringleb, § 2 UStG Rz. 180 ff. (Stand: März 2018).

[2] BFH v. 8.8.2013 – V R 18/13, GmbHR 2013, 1167 = UR 2013, 785 m. Anm. *Slapio* = BFH/NV 2013, 1747, Rz. 35.

[3] Vgl. BFH v. 8.8.2013 – V R 18/13, GmbHR 2013, 1167 = UR 2013, 785 m. Anm. *Slapio* = BFH/NV 2013, 1747, Rz. 29.

[4] Vgl. BFH v. 1.12.2010 – XI R 43/08, BStBl. II 2011, 600 = GmbHR 2011, 494 = UR 2011, 456 m. Anm. *Eberhard/Mai*, Rz. 28.

[5] Weitergehend *Stadie* in Rau/Dürrwächter, § 2 UStG Rz. 846 (Stand: Mai 2018): „eignet sich nicht für finanzielle Eingliederung"; ihm folgend *Wäger*, DB 2014, 915, unter V.2.c und Fußnote 50: „zutreffend".

[6] So wohl auch *Stadie* in Rau/Dürrwächter, § 2 UStG Rz. 852 f. (Stand: Mai 2018).

[7] BFH v. 2.12.2015 – V R 25/13, BStBl. II 2017, 547; BFH v. 3.12.2015 – V R 36/13, BStBl. II 2017, 563.

[8] Vgl. BFH v. 22.11.2001 – V R 50/00, BStBl. II 2002, 167 = UR 2002, 127 = GmbHR 2002, 174, unter II.1.b.

[9] Für den dortigen Beherrschungsvertrag BFH v. 1.12.2010 – XI R 43/08, BStBl. II 2011, 600 = GmbHR 2011, 494 = UR 2011, 456 m. Anm. *Eberhard/Mai*, Rz. 32; verallgemeinernd UStAE 2.8 Abs. 5 Satz 9. In dieser Allgemeinheit hat die Aussage des BMF mE eine überschießende Tendenz: Es kommt mE auf den Vertragsinhalt an. In dem vom XI. Senat des BFH entschiedenen Fall war der Alleingesellschafter-Geschäftsführer der klagenden GmbH, die von ihrer Schwester-GmbH hätte beherrscht werden sollen, zugleich Alleingesellschafter-Geschäftsführer der Schwester-

b) Mittelbare Beteiligung

22.50 Eine finanzielle Eingliederung der Organgesellschaft in das Unternehmen des Organträgers ist auch bei einer mittelbaren Beteiligung möglich (mittelbare finanzielle Eingliederung).[1] Typischerweise existieren zwei Fallgruppen:

22.51 – Der Organträger (Muttergesellschaft) hält als Gesellschafter eine Mehrheitsbeteiligung an der Tochtergesellschaft, die ihrerseits eine Mehrheitsbeteiligung an einer (oder mehreren) Enkelgesellschaft(en) hält; die Enkelgesellschaft(en) und die Tochtergesellschaft sind Organgesellschaften der Muttergesellschaft. Ist die Tochtergesellschaft nichtunternehmerisch tätig, steht dies zwar der Organschaft zwischen Mutter- und Enkelgesellschaft nicht entgegen;[2] allerdings ist die Tochtergesellschaft dann nach nationalem Recht kein Mitglied des Organkreises (s. auch Rz. 22.30 ff.).

22.52 – Die Stimmenmehrheit an der Organgesellschaft (Enkelgesellschaft) wird mittelbar durch Zusammenrechnung eigener Anteile an dieser mit den Anteilen der Tochtergesellschaft erlangt: Die Muttergesellschaft hält die Mehrheit an der Tochtergesellschaft; daneben halten Muttergesellschaft und Tochtergesellschaft zwar jede für sich eine Minderheit der Anteile der Enkelgesellschaft (zB je 30 %), aber zusammen die Mehrheit (im Beispiel 60 %); die Enkelgesellschaft (und die Tochtergesellschaft) sind Organgesellschaften der Muttergesellschaft.

22.53 Es reicht hingegen seit dem BFH-Urteil v. 1.12.2010 – XI R 43/08[3] nicht (mehr)[4] aus, dass mehrere Gesellschafter nur gemeinsam über die Anteilsmehrheit an Organträger und Organgesellschaft verfügen.[5] Unerheblich ist dabei, dass sich die Anteile zB ertragsteuerrechtlich im **Sonderbetriebsvermögen** einer Personengesellschaft befinden, weil damit die Stimmrechte des Gesellschafters der GmbH nicht auf die Personengesellschaft übergehen.[6] Folglich ist auch

---

GmbH, und der Beherrschungsvertrag ließ zwar Weisungen der Schwester-GmbH an den Geschäftsführer zu (Rz. 3 = organisatorische Eingliederung), vermittelte aber keine Stimmrechte in der Gesellschafterversammlung (und schon gar keine Mehrheit). Die Stimmrechte standen nicht der Schwester-GmbH zu, sondern weiterhin dem Alleingesellschafter-Geschäftsführer beider GmbHs (Nichtunternehmer). Aufgrund der im Jahr 2013 vom EuGH (EuGH v. 9.4.2013 – C-85/11 – Kommission/Irland, UR 2013, 418 = DStR 2013, 806) bejahten Möglichkeit, dass Nichtsteuerpflichtige Mitglied einer Mehrwertsteuergruppe sein können, wäre nunmehr wohl auch eine Organschaft mit dem Gesellschafter-Geschäftsführer als unmittelbar beteiligtem (nichtunternehmerischem) Organträger zu erwägen (wenn dessen Geschäftsführertätigkeit für mehrere GmbHs nicht ohnehin unternehmerisch ist, wofür viel spricht [dann ohnehin tauglicher Organträger]).

1 BFH v. 22.4.2010 – V R 9/09, BStBl. II 2011, 597 = UR 2010, 579 m. Anm. *Korf* = GmbHR 2010, 823; BFH v. 1.12.2010 – XI R 43/08, BStBl. II 2011, 600 = GmbHR 2011, 494 = UR 2011, 456 m. Anm. *Eberhard/Mai*.
2 Vgl. BFH v. 7.12.2006 – V R 2/05, BStBl. II 2007, 848 = UR 2007, 277 = GmbHR 2007, 504, Rz. 1, 16; BMF v. 26.1.2007 – IV A 5 - S 7300 - 10/07, BStBl. I 2007, 211 = UR 2007, 150, Rz. 17.
3 BFH v. 1.12.2010 – XI R 43/08, BStBl. II 2011, 600.
4 Vgl. zur Übergangsregelung der Finanzverwaltung bis 31.12.2011 BMF v. 5.7.2011 – IV D 2 - S 7105/10/10001 – DOK 2011/0518308, BStBl. I 2011, 703 = UR 2011, 681 sowie zum Rechtsschutz nach § 176 Abs. 1 AO BFH v. 24.7.2017 – XI B 25/17, BFH/NV 2017, 1591.
5 BFH v. 24.11.2011 – V R 45/10, GmbHR 2012, 811 = BFH/NV 2012, 1184; BFH v. 10.6.2010 – V R 62/09, GmbHR 2011, 443 = UR 2010, 907 = BFH/NV 2011, 79; zur stillen Gesellschaft s. bereits BFH v. 2.8.1979 – V R 111/77, BStBl. II 1980, 20 = GmbHR 1980, 119 = UR 1980, 50 m. Anm. *Weiß*.
6 BFH v. 1.12.2010 – XI R 43/08, BStBl. II 2011, 600 = GmbHR 2011, 494 = UR 2011, 456 m. Anm. *Eberhard/Mai* Rz. 43 ff.

die **Komplementär-GmbH**, deren Anteile nicht die KG, sondern ein Gesellschafter der KG hält, nicht Organgesellschaft der KG.[1] Hält die KG indes unmittelbar selbst die Anteile der Komplementär-GmbH, wird eine Organschaft von der Verwaltung bejaht;[2] allerdings ist dazu auch eine organisatorische Eingliederung erforderlich.

Im Übrigen kommt es für die finanzielle Eingliederung auf die rechtliche Durchsetzbarkeit des Willens des Organträgers bei der Organgesellschaft an; unerheblich für die finanzielle Eingliederung ist, ob der Organträger rein faktisch seinen Willen in der Organgesellschaft durchsetzt.[3]   22.54

c) Vereinbarkeit mit Unionsrecht

Die nationale Sichtweise entspricht im Grundsatz der Auffassung der Kommission zu Art. 11 MwStSystRL.[4] Diese ist zwar nicht verbindlich, aber im Kern bestehen keine Zweifel an der Vereinbarkeit mit Unionsrecht.   22.55

3. Wirtschaftliche Eingliederung

a) Grundsätze

Für die **wirtschaftliche Eingliederung** ist nach ständiger Rechtsprechung des BFH charakteristisch, dass die Organgesellschaft im Gefüge des übergeordneten Organträgers als dessen Bestandteil erscheint.[5] Hierfür kommt es nicht auf eine wirtschaftliche Zweckabhängigkeit der Organgesellschaft an.[6] Es genügt, dass zwischen der Organgesellschaft und dem Unternehmen des Organträgers ein **vernünftiger wirtschaftlicher Zusammenhang** im Sinne einer wirtschaftlichen Einheit, Kooperation oder Verflechtung vorhanden ist.[7] Die Tätigkeiten von Organträger und Organgesellschaft müssen lediglich aufeinander abgestimmt sein und sich dabei fördern und ergänzen.[8] Eine das Unternehmen der Organgesellschaft fördernde Tätigkeit des Organträgers kann ausreichen,[9] zB die Vermietung eines Betriebsgrundstücks, wenn dieses für die Organgesellschaft von nicht nur geringer Bedeutung ist,[10] oder wenn die Organgesellschaft als Bauträgerin sämtliche für sie wesentlichen Architektenleistungen vom Organträger bezieht und der Organträger als Architekt ausschließlich für die Organgesell-   22.56

---

1 BFH v. 19.9.2011 – XI B 85/10, BFH/NV 2012, 283.
2 UStAE 2.8 Abs. 2 Satz 5.
3 BFH v. 16.12.2010 – V B 46/10, GmbHR 2011, 442 = BFH/NV 2011, 857; s. auch BFH v. 22.4.2010 – V R 9/09, BStBl. II 2011, 597 = UR 2010, 579 m. Anm. *Korf* = GmbHR 2010, 823, unter II.2; BFH v. 1.12.2010 – XI R 43/08, BStBl. II 2011, 600 = GmbHR 2011, 494 = UR 2011, 456 m. Anm. *Eberhard/Mai* Rz. 45.
4 EU-Kommission, UR 2009, 632, Tz. 3.3.4.
5 ZB BFH v. 17.1.2002 – V R 37/00, BStBl. II 2002, 373; BFH v. 11.12.2013 – XI R 17/11, BStBl. II 2014, 417 = UR 2014, 313 m. Anm. *Marchal* = GmbHR 2014, 376 m. Anm. *Masuch*.
6 BFH v. 3.4.2003 – V R 63/01, BStBl. II 2004, 434 = GmbHR 2003, 904 m. Anm. *Hering* = UR 2003, 394.
7 BFH v. 29.10.2008 – XI R 74/07, BStBl. II 2009, 256 = GmbHR 2009, 163 = UR 2009, 47 = UR 2009, 344 m. Anm. *Straub*.
8 ZB BFH v. 25.6.1998 – V R 76/97, BFH/NV 1998, 1534.
9 Vgl. BFH v. 17.4.1969 – V 44/65, BStBl. II 1969, 413, zur Verpachtung von Anlagegegenständen, die für das Unternehmen der Organgesellschaft wesentlich sind.
10 Vgl. BFH v. 16.8.2001 – V R 34/01, UR 2002, 214 = BFH/NV 2002, 223; BFH v. 6.5.2010 – V R 26/09, BStBl. II 2010, 1114 = GmbHR 2010, 1221 = UR 2010, 902.

schaft tätig ist.[1] Keine wirtschaftliche Eingliederung liegt dagegen vor, wenn den entgeltlichen Leistungen des Gesellschafters für die Unternehmenstätigkeit der Untergesellschaft nur unwesentliche Bedeutung zukommt,[2] zB der Gesellschafter für die Gesellschaft lediglich Verwaltungsaufgaben in den Bereichen Buchführung und laufende Personalverwaltung übernimmt.[3] Dies gilt auch in Holding-Strukturen.[4]

22.57 Entscheidend für die wirtschaftliche Eingliederung sind somit die Art und der Umfang der zwischen den Unternehmensbereichen von Organträger und Organgesellschaft bestehenden Verflechtungen;[5] **Leistungen an den nichtunternehmerischen Bereich** begründen keine wirtschaftliche Eingliederung.[6] Auch deshalb können **Nichtsteuerpflichtige** in der Regel (mangels wirtschaftlicher Eingliederung) nicht Mitglied in einem deutschen Organkreis sein.

b) Vereinbarkeit mit Unionsrecht

22.58 Verbindliche Aussagen des EuGH zur Auslegung des Unionsrechts liegen insoweit bisher noch nicht vor. Nach (nicht verbindlicher) Auffassung der Kommission[7] beruhen wirtschaftliche Beziehungen i.S.d. Art. 11 MwStSystRL auf zumindest einer der folgenden Situationen einer wirtschaftlichen Zusammenarbeit:

– Die Gruppenmitglieder üben die gleiche Haupttätigkeit aus, oder

– die Tätigkeiten der Gruppenmitglieder ergänzen einander oder hängen voneinander ab, oder

– ein Mitglied der Gruppe übt Tätigkeiten aus, die den übrigen Mitgliedern in vollem oder in wesentlichem Umfang zugutekommen.

22.59 Das nationale Recht erscheint danach mit Unionsrecht grundsätzlich vereinbar. Einzig problematisch erscheint, ob anders als bisher (Rz. 22.57) aufgrund des EuGH-Urteils Kommission/Irland[8] **nichtwirtschaftliche Tätigkeiten** in die Betrachtung zwingend einbezogen werden müssen.

22.60 Die Kommission hat im Jahr 2009 ausgeführt, der Wortlaut von Art. 11 MwStSystRL sei kurz, was es den Mitgliedstaaten überlasse, detaillierte Vorschriften für die Umsetzung der Option zur Bildung von Mehrwertsteuer-Gruppen festzulegen.[9] Der vom EuGH zu Art. 11 MwStSystRL im Jahr 2013 betonte[10] Grundsatz der unionsweiten autonomen Auslegung stößt an Grenzen, wenn der Richtliniengeber **unbestimmte Rechtsbegriffe** verwendet und dabei stillschweigend auf Begriffe des nationalen Rechts Bezug genommen hat; es ist dann nicht Sache des EuGH, ihnen eine unionsweit einheitliche Definition zu geben.[11] Dies gilt

---

1 Vgl. BFH v. 11.12.2013 – XI R 21/11, BStBl. II 2014, 425 = UR 2014, 276 m. Anm. *Sterzinger*, mwN.
2 Vgl. BFH v. 18.6.2009 – V R 4/08, BStBl. II 2010, 310 = GmbHR 2009, 1285 = UR 2009, 793; BFH v. 23.2.2012 – V R 59/09, BStBl. II 2012, 544 = UR 2012, 557.
3 BFH v. 25.6.1998 – V R 76/97, BFH/NV 1998, 1534.
4 *Wäger*, FS Schaumburg, 1189, 1202.
5 BFH v. 20.8.2009 – V R 30/06, BStBl. II 2010, 863 = UR 2009, 800, unter II.2.c.aa, cc und dd.
6 Ebenso *Treiber* in Sölch/Ringleb, § 2 UStG Rz. 197 f. (Stand: März 2018).
7 EU-Kommission, UR 2009, 632, unter 3.3.4.
8 EuGH v. 9.4.2013 – C-85/11 – Kommission/Irland, UR 2013, 418 = DStR 2013, 806.
9 EU-Kommission, UR 2009, 632, unter 1.
10 Vgl. EuGH v. 25.4.2013 – C-480/10 – Kommission/Schweden, UR 2013, 423 m. Anm. *Hamacher/Dahm* = BFH/NV 2013, 1212 Rz. 34 und 35.
11 EuGH v. 18.1.1984 – Rs. 327/82 – Ekro, EuGHE 1984, 107, Rz. 14.

auch im Bereich der Mehrwertsteuer.[1] Hinzu kommt die Zulässigkeit von Maßnahmen der Mitgliedstaaten zur Vermeidung von Missbräuchen und Steuerhinterziehungen[2] und die fehlende Berufbarkeit des Art. 11 MwStSystRL.[3]

ME kann deshalb der **nationale Gesetzgeber** bei einer gesetzlichen Neuregelung mit entsprechender Begründung weiter vorsehen, dass eine wirtschaftliche Eingliederung zum nichtwirtschaftlichen Bereich nicht besteht. Die Einbeziehung Nichtsteuerpflichtiger in den Organkreis scheidet derzeit aber bereits aus ganz anderen Gründen aus (s. Rz. 22.35). 22.61

4. Organisatorische Eingliederung

a) Grundsätze

In der Praxis eröffnet die organisatorische Eingliederung das größte Gestaltungspotential: Während die Mehrheitsverhältnisse und die wirtschaftliche Verflechtung von Konzerngesellschaften zumeist nur begrenzt disponibel sind, bestehen bei der konkreten Ausgestaltung der Geschäftsführung bei der Organgesellschaft oftmals mehrere Möglichkeiten. Durch gezielte Gestaltung kann (bei bestehender finanzieller und wirtschaftlicher Eingliederung) eine Organschaft herbeigeführt oder vermieden werden. 22.62

Gleichzeitig bereitet dieses Merkmal aber auch die größten Schwierigkeiten, da Rechtsprechung und Verwaltung[4] daran zwar seit 2017[5] einheitliche Maßstäbe anlegen, aber sich die Rechtsprechung und Verwaltungsauffassung dazu in den letzten Jahren dynamisch weiterentwickelt haben. 22.63

Nach nunmehr übereinstimmender Auffassung des BFH und des BMF setzt eine organisatorische Eingliederung voraus, dass der Organträger die mit der finanziellen Eingliederung verbundene Möglichkeit der Beherrschung der Tochtergesellschaft in der laufenden Geschäftsführung wahrnimmt, wobei er die Organgesellschaft durch die Art und Weise der Geschäftsführung beherrschen muss.[6] 22.64

Hatte der BFH früher angenommen, dass sich die organisatorische Eingliederung – ohne Möglichkeit zur **Willensdurchsetzung** – auch daraus ergeben kann, dass eine vom Organträger abweichende Willensbildung in der Organgesellschaft ausgeschlossen ist,[7] hat er diese 22.65

---

1 EuGH v. 28.3.1996 – C-468/93 – Gemeinde Emmen, EuGHE 1996, I-1721, Rz. 22, zum Begriff „Baugrundstück".
2 EuGH v. 25.4.2013 – C-480/10 – Kommission/Schweden, UR 2013, 423 m. Anm. *Hamacher/Dahm* = BFH/NV 2013, 1212.
3 EuGH v. 16.7.2015 C-108/14 und C-109/14 – Larentia + Minerva und Marenave Schiffahrt, BStBl. II 2017, 604.
4 Zuletzt BMF v. 5.5.2014 – IV D 2 - S 7105/11/10001, IV D 2 - S 7105/13/10003 – DOK 2014/0394588, BStBl. I 2014, 820 = UR 2014, 497, unter II. und III.
5 BMF v. 26.5.2017 – III C 2 - S 7105/15/10002 – DOK 2017/0439168, BStBl. I 2017, 790.
6 BFH v. 5.12.2007 – V R 26/06, BStBl. II 2008, 451 = GmbHR 2008, 331 m. Anm. *Binnewies* = UR 2008, 259 m. Anm. *Hidien*, unter II.2.; BFH v. 14.2.2008 – V R 12, 13/06, BFH/NV 2008, 1365, unter II.2.f aa; BFH v. 28.10.2010 – V R 7/10, BStBl. II 2011, 391 = GmbHR 2011, 333 = UR 2011, 256 m. Anm. *von Streit/Duyfjes*, unter II.2., mwN; BFH v. 12.10.2016 – XI R 30/14, BStBl. II 2017, 597, Rz. 21.
7 BFH v. 20.2.1992 – V R 80/85, BFH/NV 1993, 133, unter II.a.bb; BFH v. 13.3.1997 – V R 96/96, BStBl. II 1997, 580 = UR 1997, 396 = GmbHR 1997, 912, unter II.2.; BFH v. 28.1.1999 – V R 32/98, BStBl. II 1999, 258 = UR 1999, 251 = GmbHR 1999, 496, unter II.1. und 2.; BFH v.

Rechtsprechung – mit Ansage[1] – im Jahr 2013 geändert: Die Möglichkeit, eine abweichende Willensbildung in der Organgesellschaft zu verhindern, reicht nicht mehr aus.[2] Eine Abweichung von der Rechtsprechung des XI. Senats des BFH hat der V. Senat des BFH verneint.[3] Der XI. Senat des BFH hat sich von seinen früheren Formulierungen zwar noch nicht gelöst[4] und sich der Rechtsprechung des V. Senats bisher nicht explizit angeschlossen. Inhaltliche Unterschiede dürften allerdings auf Basis der übereinstimmenden Definition der Rz. 22.64 an sich nicht vorhanden sein.

Die grundsätzliche Übereinstimmung komplett macht, dass die Finanzverwaltung[5] die BFH-Rechtsprechung in Abschnitt 2.8 Abs. 7 Satz 2 und 3 UStAE übernommen hat. Damit herrscht hinsichtlich der Anforderungen an eine organisatorische Eingliederung (nur) abstrakt Klarheit.

b) Organisatorische Eingliederung durch personelle Verflechtung

22.66 Von organisatorischer Eingliederung ist danach zB auszugehen, wenn bei zwei GmbHs eine **Personenidentität in den Geschäftsführungsorganen** besteht.[6] Für das Vorliegen einer organisatorischen Eingliederung ist es jedoch nicht in jedem Fall erforderlich, dass die Geschäftsführung des Organträgers mit derjenigen der Organgesellschaft vollständig personenidentisch ist.[7] Sind für die Organgesellschaft **mehrere Geschäftsführer** bestellt, reicht es aus, dass zumindest einer von ihnen auch Geschäftsführer des Organträgers ist, der Organträger über ein umfassendes Weisungsrecht gegenüber der Geschäftsführung der Organgesellschaft verfügt und zur Bestellung und Abberufung aller Geschäftsführer der Organgesellschaft berechtigt ist.[8] Ganz allgemein kann man sagen: Ob eine organisatorische Eingliederung vorliegt, wenn die Organgesellschaft über mehrere Geschäftsführer verfügt, die nur zum Teil auch in dem Leitungsgremium des Organträgers vertreten sind, hängt von der Ausgestaltung der Geschäfts-

---

16.8.2001 – V R 34/01, UR 2002, 214 = BFH/NV 2002, 223, unter II.3., BFH v. 1.4.2004 – V R 24/03, BStBl. II 2004, 905 = UR 2004, 352 = GmbHR 2004, 981, unter II.2.

1 BFH v. 7.7.2011 – V R 53/10, BStBl. II 2013, 218, = GmbHR 2011, 1222 = UR 2011, 943 unter II.3.b.
2 BFH v. 8.8.2013 – V R 18/13, GmbHR 2013, 1167 = UR 2013, 785 m. Anm. *Slapio* = BFH/NV 2013, 1747, Rz. 27 ff.
3 In BFH v. 29.10.2008 – XI R 74/07, BStBl. II 2009, 256 = GmbHR 2009, 163 = UR 2009, 47 = UR 2009, 344 m. Anm. *Straub*, Rz. 16, das der V. Senat in Rz. 35 seines Urteils nicht erwähnt hat, hat der XI. Senat des BFH wörtlich ausgeführt: „Darüber hinaus ist erforderlich, dass der Organträger ... organisatorisch durch seinen Willen abweichende Willensbildung bei der Organgesellschaft verhindern kann (vgl. BFH-Urteil v. 5.12.2007 – V R 26/06, BFHE 219, 463, BStBl. II 2008, 451)." Diese mögliche Abweichung war aber wohl auch nicht entscheidungserheblich, weil sie einen nicht vergleichbaren Sachverhalt betraf und die neue Definition des V. Senats im Urteilsfall des XI. Senats zum selben Ergebnis geführt hätte.
4 Vgl. BFH v. 28.6.2017 – XI R 23/14, UR 2017, 921, Rz. 27.
5 BMF v. 26.5.2017 – III C 2 - S 7105/15/10002 – DOK 2017/0439168, BStBl. I 2017, 790.
6 BFH v. 17.1.2002 – V R 37/00, BStBl. II 2002, 373, unter II.1.c.bb; BFH v. 5.12.2007 – V R 26/06, BStBl. II 2008, 451 = GmbHR 2008, 331 m. Anm. *Binnewies* = UR 2008, 259 m. Anm. *Hidien*, unter II.3; UStAE 2.8 Abs. 8 Satz 2 idF von BMF v. 7.3.2013 – IV D 2 - S 7105/11/10001 – DOK 2013/0213861, BStBl. I 2013, 333 = UR 2013, 312.
7 UStAE 2.8 Abs. 8 Satz 3.
8 BFH v. 7.7.2011 – V R 53/10, BStBl. II 2013, 218 = GmbHR 2011, 1222 = UR 2011, 943, unter II.3.a aa; UStAE 2.8 Abs. 8 Satz 8.

führungsbefugnisse in der Organgesellschaft ab.[1] Entscheidend ist, ob im Einzelfall die Voraussetzungen der Rz. 22.64 vorliegen, nicht wie dies geschieht.

Auch ein **„leitender Mitarbeiter"** des Organträgers mit solchen Befugnissen[2] kann eine organisatorische Eingliederung begründen,[3] wenn er den Weisungen des Organträgers unterworfen ist.[4] Die Verwaltung lässt mittlerweile auch andere Mitarbeiter genügen.[5] Allerdings muss der Mitarbeiter weisungsgebunden sein.[6]

22.67

Die Besetzung des **Aufsichtsrats** dürfte hingegen im Regelfall nicht genügen,[7] weil sie gem. § 111 Abs. 1 AktG keine ausreichende Willensdurchsetzung bei der laufenden Geschäftsführung gewährleistet. Bei entsprechender Gestaltung im Übrigen sind jedoch Ausnahmen denkbar. Zu Fortbestand und Wegfall der Organschaft bei Insolvenz s. Kapitel 24.

22.68

c) Organisatorische Eingliederung ohne personelle Verflechtung

Die erforderliche organisatorische Eingliederung musste nach der früheren Rechtsprechung des BFH nicht zwingend durch eine personelle Verflechtung sichergestellt werden.[8] Entscheidend war (und ist wieder), dass der Organträger die Organgesellschaft durch die Art und Weise der Geschäftsführung beherrscht, und nicht, wie er dies tut. Hierfür ließ die Verwaltung seit jeher zu Recht schriftliche **Geschäftsführerordnungen**, **Konzernrichtlinien**, **Beherrschungsverträge** oder eine **Eingliederung** nach §§ 319 f. AktG genügen, wenn diese die in Rz. 22.64 genannten Rechte einräumen.[9] Insbesondere muss sichergestellt werden, dass sich die Möglichkeit zur Willensdurchsetzung auf die laufende Geschäftsführung sowie auf die gesamte unternehmerische Sphäre der Organgesellschaft erstreckt.[10] Bei der Ausgestaltung, wie die in Rz. 22.64 genannten Anforderungen erfüllt werden, war (und ist wieder) der Unternehmer im Übrigen weitgehend frei.

22.69

Diese Rechtsprechung war zwischenzeitlich ins Wanken geraten. Der BFH hatte in erkennbarer Zurückhaltung bzw. Abgrenzung gegenüber der bisherigen Rechtsprechung („in einem Einzelfall") ausgeführt, „im Regelfall" müsse eine personelle Verflechtung über die Geschäftsführung der juristischen Person als Organgesellschaft bestehen; nicht ausreichend seien Weisungsrechte, Berichtspflichten oder ein Zustimmungsvorbehalt zugunsten der Gesellschafterversammlung oder zugunsten des Mehrheitsgesellschafters.[11]

22.70

---

1 UStAE 2.8 Abs. 8 Satz 5.
2 Nicht ausreichend ist Prokura des leitenden Mitarbeiters des Organträgers in der Organgesellschaft, vgl. BFH v. 28.10.2010 – V R 7/10, BStBl. II 2011, 391 = GmbHR 2011, 333 = UR 2011, 256 m. Anm. *von Streit/Duyfjes*.
3 BFH v. 20.8.2009 – V R 30/06, BStBl. II 2010, 863 = UR 2009, 800, Rz. 38.
4 S. zur Abgrenzung BFH v. 7.7.2011 – V R 53/10, BStBl. II 2013, 218 = GmbHR 2011, 1222 = UR 2011, 943, Rz. 26 ff.
5 UStAE 2.8 Abs. 9 idF von BMF v. 5.5.2014 – IV D 2 - S 7105/11/10001, IV D 2 - S 7105/13/10003 – DOK 2014/0394588, BStBl. I 2014, 820 = UR 2014, 497.
6 Vgl. BFH v. 20.2.1992 – V R 80/85, BFH/NV 1993, 133.
7 UStAE 2.8 Abs. 8 Satz 11; aA *Birkenfeld*, Das große Umsatzsteuer-Handbuch, § 44 Rz. 418.
8 BFH v. 3.4.2008 – V R 76/05, BStBl. II 2008, 905 = GmbHR 2008, 836 = UR 2008, 549: institutionell abgesicherte Eingriffsmöglichkeiten erforderlich.
9 UStAE 2.8 Abs. 10 idF von BMF v. 5.5.2014 – IV D 2 - S 7105/11/10001, IV D 2 - S 7105/13/10003 – DOK 2014/0394588, BStBl. I 2014, 820 = UR 2014, 497.
10 Ähnlich UStAE 2.8 Abs. 10 Satz 6.
11 BFH v. 2.12.2015 – V R 15/14, BStBl. II 2017, 553, Rz. 43.

22.71 Umso erfreulicher ist es, dass beide Umsatzsteuersenate des BFH[1] nunmehr klargestellt haben, dass eine organisatorische Eingliederung auch ohne personelle Verflechtung weiter möglich ist. Die organisatorische Eingliederung kann durch schriftlich fixierte Vereinbarungen mit dem Fremdgeschäftsführer in dessen Anstellungsvertrag[2] oder (ab Eintragung ins Handelsregister) durch einen Beherrschungsvertrag[3] begründet werden.

d) Beteiligungsketten

22.72 Je größer der Konzern, umso schwieriger wird es, die organisatorische Eingliederung über alle Ebenen zu gewährleisten. Die (aus Sicht der Rechtsprechung idealtypische) personelle Verflechtung durch personenidentische Geschäftsführung auf allen Ebenen stößt bei mehreren Organmitgliedern schnell an natürliche Grenzen, wenn der Einfluss auf die laufende Geschäftsführung nicht nur auf dem Papier stehen soll. Erste Wahl wird deshalb oftmals die in Rz. 22.69 ff. geschilderte organisatorische Eingliederung ohne personelle Verflechtung sein. Andererseits wird von Seiten der Literatur z.T. grundsätzlich in Frage gestellt, ob eine **„mittelbare personelle Verflechtung"** möglich ist.[4]

22.73 Im Interesse der Rechtssicherheit für die betroffenen Unternehmer ist es deshalb zu begrüßen, dass die Verwaltung[5] klargestellt hat, dass aus ihrer Sicht eine organisatorische Eingliederung durch eine ununterbrochene Eingliederung über alle Beteiligungsstufen gewährleistet werden kann. Die Verwaltung lässt zu, dass das Medium, durch das der Einfluss auf die laufende Geschäftsführung gewährleistet wird, in der Kette gewechselt wird.

Beispiel:[6] Unternehmer U (Organträger) ist zu 100 % an der T-GmbH (Tochtergesellschaft, Finanzholding, kein Unternehmer i.S.d. § 2 UStG) beteiligt. Geschäftsführer der T-GmbH ist U. Die T-GmbH ist ua. zu 100 % an der unternehmerisch tätigen E-GmbH (Enkelgesellschaft) beteiligt. Aufgrund eines Beherrschungsvertrags (§ 291 AktG) beherrscht die T-GmbH die Geschäftsführung der E-GmbH.

Lösung des BMF: Die E-GmbH ist organisatorisch in das Unternehmen des U eingegliedert. Aufgrund der personenidentischen Geschäftsführungen (U und T-GmbH) sowie des zwischen T-GmbH und E-GmbH abgeschlossenen Beherrschungsvertrags ist sichergestellt, dass U seinen Willen nicht nur bei der T-GmbH, sondern auch bei der E-GmbH durchsetzen kann. Die nichtunternehmerisch tätige T-GmbH soll allerdings nicht Bestandteil des Organkreises sein (Rz. 22.30 ff.; Rz. 22.57 ff.).

e) Vereinbarkeit mit Unionsrecht

22.74 Nach Auffassung der EU-Kommission[7] liegen organisatorische Beziehungen bei einer „gemeinsamen oder zumindest teilweise gemeinsamen Managementstruktur" vor. Die Kriterien des nationalen Rechts sind danach jedenfalls nicht zu weit gefasst. Allenfalls könnten die Kriterien zu eng gefasst sein, da nach Unionsrecht gegenseitige organisatorische Beziehungen ausreichen. Dies deckt die Forderung des BFH nach **„Willensdurchsetzung"** im Grund-

---

1 BFH v. 12.10.2016 – XI R 30/14, BStBl. II 2017, 597; BFH v. 10.5.2017 – V R 7/16, BStBl. II 2017, 1261.
2 BFH v. 12.10.2016 – XI R 30/14, BStBl. II 2017, 597; UStAE 2.8 Abs. 10 Satz 3.
3 UStAE 2.8 Abs. 10 Satz 4 und 7; BFH v. 10.5.2017 – V R 7/16, BStBl. II 2017, 1261.
4 Verneinend *Birkenfeld*, Das große Umsatzsteuer-Handbuch, § 44 Rz. 441 ff. (Stand: Mai 2014).
5 In Abschnitt 2.8. Abs. 10a UStAE i.d.F. von BMF v. 5.5.2014 – IV D 2 - S 7105/11/10001, IV D 2 - S 7105/13/10003 – DOK 2014/0394588, BStBl. I 2014, 820 = UR 2014, 497.
6 Frei nach UStAE 2.8 Abs. 10a, Beispiel 2.
7 EU-Kommission, UR 2009, 632, unter 3.3.4.

satz nicht[1]. Allerdings muss auch insoweit das Prüfprogramm des EuGH (Rz. 22.21) abgearbeitet werden. Die Vereinbarkeit hängt damit mE im Ergebnis an der Frage, ob Deutschland den Organträger zum Steuerschuldner bestimmen darf (Rz. 22.45 f.).

IV. Beschränkung der Organschaft auf das Inland

1. Nationales Recht

Die Wirkungen der Organschaft sind seit dem 1.1.1987 auf das Inland beschränkt, nachdem die Kommission der EU gegen die Bundesrepublik Deutschland zu § 2 Abs. 2 Nr. 2 Satz 2 UStG 1980 am 4.10.1985 eine Vertragsverletzungsklage erhoben und diese damit begründet hatte, die Ausdehnung der umsatzsteuerlichen „Organschaft" über das Gebiet der Bundesrepublik Deutschland hinaus verstoße gegen den eindeutigen Wortlaut der Richtlinie 77/388/EWG.[2] Nachdem Deutschland sein Recht geändert hatte, wurde die Klage zurückgenommen und das Verfahren beendet.[3]   22.75

Nach § 2 Abs. 2 Nr. 2 Satz 2 und 3 UStG sind im Falle der **grenzüberschreitenden Organschaft** nur die im Inland gelegenen Unternehmensteile als ein Unternehmen zu behandeln. Hat der Organträger seine Geschäftsleitung im Ausland, gilt der wirtschaftlich bedeutendste Unternehmensteil im Inland als der Unternehmer (§ 2 Abs. 2 Nr. 2 Satz 4 UStG). Leistungen des Organträgers und anderer Organgesellschaften an eine nicht im Inland ansässige Organgesellschaft sind deshalb steuerbar.[4] Für Leistungen von und an Zweigniederlassungen (Betriebsstätten) gilt m.E. – entgegen der weiterhin fortbestehenden Auffassung der Finanzverwaltung[5] – nichts anderes.[6]   22.76

2. Vereinbarkeit mit Unionsrecht

Nach Art. 11 Abs. 1 MwStSystRL kann ein Mitgliedstaat nur „in seinem Gebiet ansässige Personen" zusammen als einen neuen einzigen Steuerpflichtigen behandeln. Trotz dieses eindeutigen Wortlauts des Richtlinienrechts ist die Unionsrechtmäßigkeit der von der Bundesrepublik auf Druck der EU übernommenen Beschränkung auf das Inland in letzter Zeit unter Hinweis auf das Primärrecht der EU erneut in Frage gestellt und geltend gemacht worden, Art. 11 Abs. 1 MwStSystRL sei ungültig.[7]   22.77

Der EuGH hat allerdings in seinem Urteil in der Rechtssache Skandia America Corp. (USA), filial Sverige[8] (in einem Drittlandsfall) mittelbar bestätigt, dass nur die inländische feste Niederlassung einer ausländischen Muttergesellschaft (und nicht die in den USA ansässige   22.78

---

1 EuGH v. 16.7.2015 – C-108/14 und C-109/14, Larentia + Minerva und Marenave Schiffahrt, BStBl. II 2017, 604.
2 Vgl. ABl. EG Nr. C 285 v. 8.11.1985, 6; Az. des EuGH: Rs. 298/85.
3 Streichungsbeschluss v. 11.2.1987, ABl. EG Nr. C 80 v. 27.3.1987, 6.
4 BFH v. 22.2.2017 – XI R 13/15, UR 2017, 464.
5 UStAE 2.9 Abs. 2 Satz 2.
6 Vgl. zu einem Drittlandsfall EuGH v. 17.9.2014 – C-7/13 – Skandia Sverige, UR 2014, 850 m. Anm. *Maunz* = BB 2014, 2264 m. Anm. *Hahne*.
7 ZB *Boor*, Die Gruppenbesteuerung im harmonisierten Mehrwertsteuerrecht, S. 48 ff., 70 ff.; aA zB *Hartmann*, Die Vereinbarkeit der umsatzsteuerrechtlichen Organschaft mit dem EU-Recht, 148 ff.
8 EuGH v. 17.9.2014 – C-7/13 – Skandia Sverige, UR 2014, 850 m. Anm. *Maunz* = BB 2014, 2264 m. Anm. *Hahne*.

Muttergesellschaft selbst) Mitglied der **Mehrwertsteuergruppe** sein kann:[1] Da die Wirkungen der Organschaft auf das Inland des jeweiligen Mitgliedstaats beschränkt seien, seien entgeltliche Leistungen der Muttergesellschaft an die **feste Niederlassung** steuerbar.[2] Leistungsempfänger sei die Mehrwertsteuergruppe.[3] Komme es zur Verlagerung der Steuerschuldnerschaft auf den Leistungsempfänger, schulde die Gruppe (und nicht die feste Niederlassung oder die Muttergesellschaft) die Umsatzsteuer.[4] Der BFH hat deshalb (m.E. zu Recht) die Vereinbarkeit der Beschränkung der Wirkungen auf das Inland mit Unionsrecht bejaht.[5]

22.79 Nun kann man sicher anmerken, dass der EuGH nicht nach der **Gültigkeit** des Art. 11 MwStSystRL gefragt worden sei und sich folgerichtig im Urteil dazu nicht geäußert hat. Trotzdem bestehen nach dem Urteil keinerlei Anhaltspunkte dafür, dass die Begrenzung unionsrechtswidrig sein könnte. Primärrechtlich dient die Beschränkung der Organschaft auf das Inland der **Aufteilung der Besteuerungsbefugnis zwischen den Mitgliedstaaten**[6] (insbesondere bei grenzüberschreitenden Dienstleistungen).[7] Wollte man die unterschiedliche Behandlung von in- und ausländischen Unternehmern im Mehrwertsteuerrecht für unzulässig halten, wären weite Teile der MwStSystRL ungültig (zB zu den steuerbaren Leistungen, zum Leistungsort, zu den Steuerbefreiungen, der Steuerschuldnerschaft und zum Besteuerungsverfahren).

D. Rechtsfolgen der umsatzsteuerlichen Organschaft

I. Nationales Recht

22.80 Die Rechtsfolgen des nationalen Rechts umschreibt § 2 Abs. 2 UStG[8] damit, dass die gewerbliche oder berufliche Tätigkeit der Organgesellschaft „nicht selbständig" ausgeübt wird. Die Organgesellschaft ist daher nicht Unternehmerin. Da die Organschaft nach nationalem Recht voraussetzt, dass der Organträger Unternehmer ist (Rz. 22.30 ff.) und nach § 2 Abs. 2 Nr. 2 Satz 3 UStG bewirkt, dass die im Inland belegenen Unternehmensteile als ein Unternehmen behandelt werden, schuldet damit der Organträger die Umsatzsteuer auf Leistungen der Organgesellschaft (§ 13a Nr. 1 UStG). **Innenumsätze** sind nicht steuerbar (§ 1 Abs. 1 Nr. 1 UStG, § 2 Abs. 2 Nr. 2 Satz 2 UStG). Werden versehentlich Rechnungen über Innenumsätze mit offenem Steuerausweis erteilt, liegen trotzdem die Voraussetzungen des § 14c UStG nicht vor.[9] Dem Organträger steht der **Vorsteuerabzug** (einschließlich eventueller Berichti-

---

1 EuGH v. 17.9.2014 – C-7/13 – Skandia Sverige, UR 2014, 850 m. Anm. *Maunz* = BB 2014, 2264 m. Anm. *Hahne*, Rz. 37: Muttergesellschaft (in den USA) und Mehrwertsteuergruppe (in Schweden) sind getrennte Steuerpflichtige.
2 EuGH v. 17.9.2014 – C-7/13 – Skandia Sverige, UR 2014, 850 m. Anm. *Maunz* = BB 2014, 2264 m. Anm. *Hahne*, Rz. 31.
3 EuGH v. 17.9.2014 – C-7/13 – Skandia Sverige, UR 2014, 850 m. Anm. *Maunz* = BB 2014, 2264 m. Anm. *Hahne*, Rz. 30.
4 EuGH v. 17.9.2014 – C-7/13 – Skandia Sverige, UR 2014, 850 m. Anm. *Maunz* = BB 2014, 2264 m. Anm. *Hahne*, Rz. 38.
5 BFH v. 22.2.2017 XI R 13/15, UR 2017, 464.
6 Vgl. zuletzt EuGH v. 17.7.2014 – C-48/13 – Nordea Bank, IStR 2014, 563, Rz. 27.
7 AA *Boor*, Die Gruppenbesteuerung im harmonisierten Mehrwertsteuerrecht, S. 79 ff.: unverhältnismäßig.
8 vgl. BFH v. 22.2.2017 – XI R 13/15, UR 2017, 464, Rz. 45.
9 Vgl. BFH v. 28.10.2010 – V R 7/10, BStBl. II 2011, 391 = GmbHR 2011, 333 = UR 2011, 256 m. Anm. *von Streit/Duyfjes*.

gungen nach § 15a UStG) zu (§ 15 Abs. 1 Satz 1 UStG). Für die Frage des Vorsteuerabzugs ist nicht auf die nicht steuerbaren Innenumsätze, sondern auf die Ausgangsumsätze gegenüber Dritten abzustellen.[1] Ist der Inhaber eines landwirtschaftlichen Betriebs Organträger, unterliegen auch die Lieferungen der Erzeugnisse dieses Betriebs durch die Organgesellschaft der Besteuerung nach Durchschnittssätzen.[2] Auch die **Pflichten im Besteuerungsverfahren** (§§ 18 ff., 22 UStG) hat grundsätzlich der Organträger zu erfüllen. Bei der Prüfung des § 19 UStG und § 20 UStG ist wegen § 2 Abs. 2 Nr. 2 Satz 3 UStG auf die Verhältnisse des gesamten Unternehmens abzustellen. Die **Umsatzsteuer-Identifikationsnummer** ist dem Organträger zu erteilen (§ 27a Abs. 1 Satz 1 UStG); allerdings kann auch Organgesellschaften eine solche erteilt werden (§ 27a Abs. 1 Satz 3 UStG); diese müssen eigene **Zusammenfassende Meldungen** abgeben (§ 18a Abs. 5 Satz 4 UStG).

22.81 Wäre es unionsrechtlich zwingend, dass auch Nichtsteuerpflichtige Organträger sein können (s. aber Rz. 22.30 ff.; Rz. 22.57), bestünde nach nationalem Recht ein „unternehmerisches Vakuum": Die Organgesellschaft wäre unselbständig (§ 2 Abs. 2 UStG) und damit nicht Unternehmerin und der Organträger in eigener Person auch nicht (§ 2 Abs. 1 UStG). In einem solchen Fall wäre zu überlegen, dem Organträger (wie früher)[3] die unternehmerische Tätigkeit der Organgesellschaft als eigene zuzurechnen.

II. Unionsrecht

22.82 Anders stellt sich die Rechtslage nach Unionsrecht dar. Der Wortlaut des Art. 11 Abs. 1 MwStSystRL sieht vor, dass die Mitgliedstaaten mehrere Personen „zusammen als einen Steuerpflichtigen behandeln".

22.83 Der EuGH hat daraus bereits zur Vorgängerregelung des Art. 4 Abs. 4 Unterabs. 2 Richtlinie 77/388/EWG abgeleitet, dass, wenn ein Mitgliedstaat von dieser Bestimmung Gebrauch macht, „die untergeordnete Person oder die untergeordneten Personen im Sinne dieser Vorschrift" (das heißt die Gruppenmitglieder) „nicht als **Steuerpflichtiger** oder Steuerpflichtige i.S.v. Art. 4 Abs. 1 der Sechsten Richtlinie gelten", sondern es zur „Verschmelzung zu einem einzigen Steuerpflichtigen" kommt. Dies schließe aus, dass „die untergeordneten Personen" (das heißt Gruppenmitglieder) „weiterhin getrennt Mehrwertsteuererklärungen abgeben" und „innerhalb und außerhalb ihres **Konzerns**" (das heißt: der Mehrwertsteuer**gruppe**) weiter als Steuerpflichtige angesehen werden, da nur „der einzige Steuerpflichtige" (das heißt: die Gruppe) befugt ist, diese Erklärungen abzugeben.[4] Die nationale Umsetzungsregelung muss also „einen einzigen Steuerpflichtigen" vorsehen und „dem Konzern" (dh. der Gruppe) darf nur eine „Mehrwertsteuernummer" zugeteilt werden.[5]

---

1 ZB BFH v. 19.5.2005 – V R 31/03, BStBl. II 2005, 671 = GmbHR 2005, 1209 = UR 2005, 496, unter II.2.a; BFH v. 29.10.2008 – XI R 74/07, BStBl. II 2009, 256 = GmbHR 2009, 163 = UR 2009, 47 = UR 2009, 344 m. Anm. *Straub*, unter II.2.d.
2 BFH v. 10.8.2017 – V R 64/16, UR 2018, 20.
3 Vgl. RFH v. 11.1.1935 – V A 136/34, RFHE 37, 132 (134), mwN, bei GbR; s. auch BFH v. 26.2.1959 – V 209/56 U, BStBl. III 1959, 204, unter I., bei AG; Abschnitt 21 Abs. 1 Satz 4 und 5 UStR 1996.
4 EuGH v. 22.5.2008 – C-162/07, EuGHE 2008, I-4019 = BFH/NV 2008, Beilage 3, 217, Rz. 19.
5 EuGH v. 22.5.2008 – C-162/07, EuGHE 2008, I-4019 = BFH/NV 2008, Beilage 3, 217, Rz. 20.

22.84 Noch deutlicher hat der EuGH in der Rechtssache „Skandia Sverige"[1] zu Art. 11 Abs. 1 MwStSystRL entschieden, dass, wenn eine Zweigniederlassung einer ausländischen Muttergesellschaft einer nach Art. 11 MwStSystRL gebildeten Mehrwertsteuergruppe angehört, „diese Mehrwertsteuergruppe als Dienstleistungsempfänger die Mehrwertsteuer schuldet",[2] weil die Zweigniederlassung „mit den anderen Mitgliedern einen einzigen Steuerpflichtigen bildet."[3] Weiter heißt es dort, dass „die Verschmelzung zu einem einzigen Steuerpflichtigen" es „ausschließt", dass die „Mitglieder" (!) „einer Mehrwertsteuergruppe" ... „innerhalb wie außerhalb ihres Konzerns weiter als Steuerpflichtige angesehen werden".[4] Die von einem Dritten zugunsten eines Mitglieds der Mehrwertsteuergruppe erbrachten Dienstleistungen seien „für Mehrwertsteuerzwecke nicht als zugunsten dieses Mitglieds, sondern vielmehr als zugunsten seiner Mehrwertsteuergruppe erbracht anzusehen."[5] Der EuGH stellt weiter fest, dass „die Mehrwertsteuergruppe, der die Zweigniederlassung angehört, die diese Dienstleistungen in Anspruch genommen hat, für Mehrwertsteuerzwecke als der Empfänger dieser Dienstleistungen gilt."[6] Unter diesen Umständen – und wenn ferner feststeht, dass die Gesellschaft, die diese Dienstleistungen erbracht hat, in einem Drittland ansässig ist und eine von der Mehrwertsteuergruppe getrennte Steuerpflichtige darstellt – wird die Mehrwertsteuer gemäß der Ausnahmeregelung des Art. 196 MwStSystRL „von der Mehrwertsteuergruppe" als Empfänger von Dienstleistungen i.S.v. Art. 56 MwStSystRL „geschuldet".[7]

22.85 Daraus ergibt sich, dass der EuGH nicht ein Gruppenmitglied wie den Organträger, sondern die Gruppe als **Steuerpflichtigen** (und **Steuerschuldner**) ansieht. Organgesellschaft und Organträger sind danach unionsrechtlich keine **Unternehmer**. Da die Organschaft nach Unionsrecht die Zusammenfassung (inländischer) Personen zu einem Steuerpflichtigen bewirkt, sind auch unionsrechtlich die im Inland belegenen Unternehmensteile als ein Unternehmen anzusehen. **Innenumsätze** sind nicht steuerbar. Die Gruppe schuldet die Umsatzsteuer auf Leistungen der Mitglieder (Art. 192a, 193, 11 Abs. 1 MwStSystRL) und ist deshalb auch der „Steuereinnehmer des Staates". Der Gruppe steht der **Vorsteuerabzug** zu (Art. 168 MwStSystRL). Bei der Prüfung der Art. 284 ff., Art. 3 Abs. 1 Buchst. b MwStSystRL ist auf die Verhältnisse des gesamten Unternehmens abzustellen.[8] Auch die **Pflichten im Besteuerungsverfahren** (Art. 206 ff., 213 ff., 217 ff., 241 ff., 250 ff., 262 ff. MwStSystRL) hat die Gruppe zu erfüllen.

---

1 EuGH v. 17.9.2014 – C-7/13 – Skandia Sverige, UR 2014, 850 m. Anm. *Maunz* = BB 2014, 2264 m. Anm. *Hahne*.
2 EuGH v. 17.9.2014 – C-7/13 – Skandia Sverige, UR 2014, 850 m. Anm. *Maunz* = BB 2014, 2264 m. Anm. *Hahne*, Tenor und Rz. 38.
3 EuGH v. 17.9.2014 – C-7/13 – Skandia Sverige, UR 2014, 850 m. Anm. *Hahne*, Rz. 28.
4 EuGH v. 17.9.2014 – C-7/13 – Skandia Sverige, UR 2014, 850 m. Anm. *Maunz* = BB 2014, 2264 m. Anm. *Hahne*, Rz. 29.
5 EuGH v. 17.9.2014 – C-7/13 – Skandia Sverige, UR 2014, 850 m. Anm. *Maunz* = BB 2014, 2264 m. Anm. *Hahne*, Rz. 29.
6 EuGH v. 17.9.2014 – C-7/13 – Skandia Sverige, UR 2014, 850 m. Anm. *Maunz* = BB 2014, 2264 m. Anm. *Hahne*, Rz. 35.
7 EuGH v. 17.9.2014 – C-7/13 – Skandia Sverige, UR 2014, 850 m. Anm. *Maunz* = BB 2014, 2264 m. Anm. *Hahne*, Rz. 37.
8 *Boor*, Die Gruppenbesteuerung im harmonisierten Mehrwertsteuerrecht, 44, mwN.

III. Vereinbarkeit?

Die Vereinbarkeit des nationalen Rechts mit dem Unionsrecht ist bereits zuvor in Frage gestellt worden[1] und ist spätestens seit dem EuGH-Urteil „Skandia Sverige" zweifelhaft: Es kann angesichts dieser Aussagen des EuGH zur Mehrwertsteuergruppe nicht mehr davon gesprochen werden, dass „die gerichtliche Anwendung des Gemeinschaftsrechts" (jetzt: Unionsrechts) „derart offenkundig ist, dass für einen vernünftigen Zweifel keinerlei Raum bleibt."[2]

22.86

Nicht durchgreifend gegen eine Besteuerung der Gruppe spricht mE der Einwand, es sei nicht möglich, den Konzern (als Gruppe) als Steuerschuldner anzusehen, weil ein derartiges, rein steuerrechtliches Gebilde nicht rechtsfähig sei und daher weder Steuer- noch Vollstreckungsschuldner sein könnte.[3] Einmal abgesehen davon, dass zumindest Schweden dies so praktiziert, können nämlich Leistungen umsatzsteuerrechtlich bereits heute auch von Nichtrechtsfähigen erbracht werden.[4] Bei der Umsatzsteuer ist jedes „Gebilde" steuerrechtsfähig, das sich am Wirtschaftsleben beteiligt.[5] Entscheidend für die **Steuerrechtsfähigkeit** ist, wer hinsichtlich der im Streit befindlichen Steuer aus dem Steuerrechtsverhältnis in Anspruch genommen wird oder werden soll; auch nichtrechtsfähigen Gebilden kommt Steuerrechtsfähigkeit (und damit im gerichtlichen Verfahren Beteiligtenfähigkeit) zu, wenn sie den Tatbestand erfüllen, an den das Gesetz die subjektive Steuerpflicht knüpft, wie zB nichtrechtsfähige Personenvereinigungen nach § 2 Abs. 1 UStG.[6] Deshalb können zB Bruchteilsgemeinschaften Unternehmer sein.[7] § 44 Abs. 1 AO ordnet für den Fall, dass mehrere Personen eine Steuer schulden, an, dass diese **Gesamtschuldner** sind. § 267 AO regelt die **Vollstreckung** gegen nichtrechtsfähige Personengemeinschaften, was ebenfalls deren besondere Steuerrechtsfähigkeit voraussetzt.[8]

22.87

Mit den §§ 420 ff., 428 ff., 741 ff. BGB stellt das Zivilrecht die Mittel zur Verfügung, mit denen das Außenverhältnis und das Innenverhältnis der Gruppe als Schuldner oder Gläubiger zivilrechtlich abgewickelt werden könnte. Der Organträger und die Organgesellschaften werden von der Rechtsprechung des BGH wegen § 44 Abs. 1 AO untereinander ohnehin bereits heute als **Gesamtschuldner** behandelt und der **Innenausgleich** entsprechend § 426 BGB vorgenommen.[9] Auch die **Insolvenzfähigkeit** der Gruppe, die keine Rechtsfähigkeit voraussetzt,[10] wäre zu prüfen; mit den Vorsteuervergütungsansprüchen gegen den Fiskus und den zivilrechtlichen Ausgleichsansprüchen gegen die Gruppenmitgliedern verfügt die Gruppe über Vermögen.

22.88

---

1 *Birkenfeld*, UR 2014, 120 ff.
2 So die Definition des „acte clair", zB EuGH v. 6.10.1982 – 283/81 – C.I.L.F.I.T, EuGHE 1982, 3415.
3 So aber *Wäger*, DB 2014, 915, unter III.3.b.
4 BFH v. 21.4.1994 – V R 105/91, BStBl. II 1994, 671 = UR 1995, 94, mwN.
5 BFH v. 11.12.1991 – I R 66/90, BStBl. II 1992, 595 = GmbHR 1992, 543, unter II.1.
6 BFH v. 6.12.1983 – VIII R 203/81, BStBl. II 1984, 318 = FR 1984, 294, unter II.1.a.
7 Vgl. BFH v. 15.12.2011 – V R 48/10, BFH/NV 2012, 808; BFH v. 1.9.2010 – XI S 6/10, UR 2010, 905 = BFH/NV 2010, 2140.
8 BFH v. 11.2.1987 – II R 103/84, BStBl. II 1987, 325.
9 Vgl. BGH v. 22.10.1992 – IX ZR 244/91, BGHZ 120, 50 (55 f.) = GmbHR 1993, 92; BFH v. 1.12.2003 – II ZR 202/01, GmbHR 2004, 258 = ZIP 2004, 164 (165); BFH v. 19.1.2012 – IX ZR 2/11, BGHZ 192, 221 Rz. 19; BFH v. 29.1.2013 – II ZR 91/11, GmbHR 2013, 318 = DB 2013, 447; s. in anderem Zusammenhang auch BFH v. 19.3.2014 – V B 14/14, UR 2014, 431 = GmbHR 2014, 663 = BFH/NV 2014, 999.
10 Vgl. § 11 Abs. 1 Satz 2, Abs. 2 InsO.

22.89 Sollte eine Mehrwertsteuergruppe tatsächlich eine für Mehrwertsteuerzwecke geschaffene „fiktive Einrichtung" sein,[1] was nach der Rechtsprechung des EuGH unionsrechtlich festzustehen scheint, wäre eine Umsetzung in nationales Recht (einschließlich Festsetzung und Erhebung) folglich keineswegs unmöglich.

22.90 Gleichwohl kann daraus nicht geschlossen werden, das nationale Recht sei zwingend mit Unionsrecht nicht vereinbar (Rz. 22.21, 22.46). Ob trotz dieser Ausführungen der „einzige **Steuerpflichtige**"[2] nicht vielleicht doch auch ein Gruppenmitglied sein darf, bedarf mE der Klärung durch den EuGH. Außerdem könnten sowohl Art. 11 Abs. 2 MwStSystRL als auch Art. 205 MwStSystRL § 2 Abs. 2 Nr. 2 UStG rechtfertigen. Indes führt möglicherweise gerade die Annahme, die Gruppe[3] sei statt des Organträgers Schuldner der Umsatzsteuer der gesamten Gruppe, zur Vermeidung von Missbräuchen und Steuerumgehungen sowie Steuerausfällen. Und Art. 205 MwStSystRL kann an sich nicht dahin ausgelegt werden, dass der anderen Person eine eigenständige Steuerpflicht auferlegt werden darf;[4] zudem darf kein System der unbedingten gesamtschuldnerischen Haftung eingeführt werden.[5]

E. Beginn und Ende der Organschaft

I. Beginn

22.91 Die Organschaft beginnt an dem Tag, an dem die drei **Eingliederungsvoraussetzungen gegeben** sind.[6], dh. zB bei organisatorischer Eingliederung aufgrund Beherrschungsvertrags ab dem Tag der Eintragung im Handelsregister.[7] Für die wirtschaftliche Eingliederung reichen Vorbereitungshandlungen aus.[8] Maßgeblich sind die Verhältnisse bei Steuerentstehung,[9] was eine Rückwirkung grundsätzlich ausschließt. Ab diesem Zeitpunkt werden Leistungen von[10] und an[11] den Organkreis nach deutschem Recht dem Organträger zugerechnet. Zuvor von ei-

---

1 So die EU-Kommission, UR 2009, 632, unter 3.2.
2 EuGH v. 22.5.2008 – C-162/07 – Ampliscientifica und Amplifin, EuGHE 2008, I-4019 = BFH/NV 2008, Beilage 3, 217, Rz. 20.
3 Eventuell (wegen § 44 Abs. 1 Satz 1 und 2 AO und der Rechtsprechung des BGH) alle Gruppenmitglieder als Gesamtschuldner? Oder doch die steuerrechtsfähige Gruppe selbst, wobei indes alle Mitglieder für die von der Gruppe geschuldete Steuer als Gesamtschuldner haften (s. zur „Organgesellschaft" § 73 AO)?
4 EuGH v. 10.10.2013 – C-622/11 – Pactor Vastgoed BV, UR 2014, 662 = HFR 2013, 1075, Rz. 39.
5 EuGH v. 21.12.2011 – C-499/10 – Vlaamse Oliemaatschappij, EuGHE 2011, I-14191, Rz. 24; EuGH v. 11.5.2006 – C-384/04 – Federation of Technological Industries, BFH/NV 2006, Beilage 3, 312, Rz. 32.
6 Vgl. BFH v. 9.3.1978 – V R 90/74, BStBl. II 1978, 486, zur GmbH in Gründung.
7 BFH v. 10.5.2017 – V R 7/16, BStBl. II 2017, 1261, Rz. 20; UStAE 2.8 Abs. 10 Satz 7.
8 Vgl. BFH v. 17.1.2002 – V R 37/00, BStBl. II 2002, 373, zur übertragenden Sanierung.
9 BFH v. 30.4.2009 – V R 3/08, BStBl. II 2013, 873 = UR 2009, 639 = GmbHR 2009, 1003, unter II.2.b.bb.; aA *Stadie* in Rau/Dürrwächter, § 2 UStG Rz. 1001 ff. (Stand: Mai 2018).
10 BFH v. 20.2.1992 – V R 80/85, BFH/NV 1993, 133, unter II.a.aa.
11 Vgl. BFH v. 13.5.2009 – XI R 84/07, BStBl. II 2009, 868 = UR 2009, 644 = GmbHR 2009, 948: Zeitpunkt der Rechnungserteilung irrelevant, weil dieser nur die Ausübung des bereits zuvor entstandenen Rechts auf Vorsteuerabzug betrifft.

nem anderen Steuerpflichtigen versteuerte Anzahlungen sind jedoch bei der Steuerfestsetzung steuermindernd zu berücksichtigen.[1]

II. Ende

Die Organschaft endet (insgesamt oder für einzelne Mitglieder des Organkreises), sobald und soweit eine der Voraussetzungen nicht mehr vorliegt. In Betracht kommt dies bei 22.92

– Wegfall der personellen Voraussetzungen für eine Organschaft (nach nationalem Recht zB Umwandlung der Organgesellschaft in eine Personengesellschaft);[2]
– Wegfall der finanziellen Eingliederung (zB durch Änderung der Stimmrechtsverhältnisse);[3]
– Wegfall der wirtschaftlichen Eingliederung (zB bei Zwangsversteigerung des zur Nutzung überlassenen Grundstücks[4] oder Verpachtungsende);[5]
– Wegfall der organisatorischen Eingliederung, zB durch Eröffnung des Insolvenzverfahrens bei der Organgesellschaft (wegen der Einzelheiten s. Kapitel 24).[6]

Wird die Organschaft in anderer organschaftlicher Verbindung mit anderen Mitgliedern fortgesetzt, bestehen **unterschiedliche Organkreise**, die geendet und begonnen haben.[7] 22.93

III. Kein Wahlrecht

Das nationale Recht sieht – trotz teilweise recht heftiger Kritik im Schrifttum – für das **Entstehen** der Organschaft **kein Wahlrecht** vor.[8] Ein solches ist mE auch nicht zwingend (Rz. 22.43). Treten jedoch die Wirkungen ohne Weiteres kraft Gesetzes ein und fallen wieder weg, kann dies zB dazu führen, dass eine Organschaft für einige Tage oder Wochen wegfällt und danach wieder neu begründet wird, wenn zB nach Abberufung eines von mehreren Geschäftsführern bis zur Bestellung eines neuen Geschäftsführers eine Willensdurchsetzung durch den Organträger (Rz. 22.64 ff.) nicht mehr gewährleistet ist. De lege ferenda sollte der Gesetzgeber deshalb mindestens eine Feststellung der Organschaft durch Bescheid (ob nun nur auf Antrag oder auch von Amts wegen) erwägen, bei der die Rechtsfolgen erst nach Er- 22.94

---

1 BFH v. 21.6.2001 – V R 68/00, BStBl. II 2002, 255 = UR 2002, 29.
2 *Korn* in Bunjes[18], § 2 UStG Rz. 145.
3 BFH v. 27.1.2011 – V R 38/09, BStBl. II 2012, 68 = GmbHR 2011, 435 = UR 2011, 307, unter II.1.cc.; BFH v. 11.1.1990 – V R 156/84, UR 1990, 355 = BFH/NV 1990, 741, unter II.1.c.
4 Der genaue Zeitpunkt ist allerdings streitig; vgl. BFH v. 29.1.2009 – V R 67/07, BStBl. II 2009, 1029: Anordnung genügt; insoweit aA BMF v. 1.12.2009 – IV B 8 - S 7105/09/10003 – DOK 2009/0793833, BStBl. I 2009, 1609 = UR 2010, 34: Anordnung genügt noch nicht, aber Wegfall der organisatorischen Eingliederung. Deshalb endet nach beiden Auffassungen die Organschaft mit Anordnung der Zwangsversteigerung.
5 Vgl. BFH v. 7.7.2005 – V R 78/03, BStBl. II 2005, 849 = UR 2005, 608, unter II.1.a.cc und b.
6 Vgl. BFH v. 8.8.2013 – V R 18/13, GmbHR 2013, 1167 = UR 2013, 785 m. Anm. *Slapio* = BFH/NV 2013, 1747; BFH v. 19.3.2014 – V B 14/14, UR 2014, 431 = GmbHR 2014, 663 = BFH/NV 2014, 999.
7 Vgl. BFH v. 13.5.2009 – XI R 84/07, BStBl. II 2009, 868 = UR 2009, 644 = GmbHR 2009, 948.
8 Vgl. BFH v. 11.12.2013 – XI R 17/11, BStBl. II 2014, 417 = UR 2014, 313 m. Anm. *Marchal* = GmbHR 2014, 376 m. Anm. *Masuch*; BFH v. 11.12.2013 – XI R 38/12, BStBl. II 2014, 428 = UR 2014, 323; jeweils mwN; s. auch *Michel*, DB 2014, 639 (640); aA ua. *Stadie* in Rau/Dürrwächter, § 2 UStG Rz. 806, 910 ff. mwN (Stand: Mai 2018).

lass des Feststellungsbescheids eintreten, um – für Unternehmer und Finanzverwaltung – Rechtssicherheit zu schaffen.

22.95 Immer wieder ist zu hören, es sei nicht zweifelsfrei, ob eine Organschaft auf Antrag mit Unionsrecht vereinbar sei. Eine derartige Regelung wäre mE mit Art. 11 Abs. 2 MwStSystRL sowie den Grundsätzen der Rechtssicherheit und des Vertrauensschutzes zu rechtfertigen.

F. „Verunglückte" und „unerkannte" umsatzsteuerliche Organschaft

22.96 Die Komplexität und Streitanfälligkeit der Tatbestandsmerkmale (in tatsächlicher und rechtlicher Hinsicht) macht die rechtssichere Beurteilung schwierig, ob eine Organschaft vorliegt. Hinzu kommen mehrere Rechtsprechungsänderungen des BFH innerhalb der letzten Jahre,[1] weitere offene Fragen (Rz. 22.27, 22.30 ff.) sowie Nichtanwendungserlasse[2] und Übergangsregelungen[3] des BMF. Deshalb entsteht manchmal **erst Jahre später** Streit darüber, ob eine von den Beteiligten zunächst angenommene Organschaft tatsächlich bestand oder eine bisher nicht erkannte Organschaft vorlag. Es ist sogar schon vorgekommen, dass über 20 Jahre nach dem Streitjahr und nach zwei Rechtsgängen das Vorliegen einer Organschaft vom BFH noch nicht beurteilt werden konnte.[4]

22.97 Wurde irrtümlich eine Organschaft angenommen, wurde die Umsatzsteuer der Organgesellschaft zu Unrecht gegenüber dem Organträger festgesetzt. Deshalb muss der Umsatzsteuerbescheid gegen den Organträger geändert und die Umsatzsteuer herabgesetzt werden. Ihm wird die von ihm zu viel gezahlte Umsatzsteuer erstattet.[5] Die Umsatzsteuer muss stattdessen gegen die Organgesellschaft festgesetzt (oder ein bereits vorhandener Bescheid geändert) werden.[6] Da diese im Regelfall **Dritte** i.S.d. § 174 Abs. 5 AO ist,[7] kann dieser Änderung der Ablauf der **Festsetzungsfrist** entgegenstehen. Um dies zu verhindern, kann die Organgesell-

---

[1] Vgl. BFH v. 22.10.2009 – V R 14/08, BStBl. II 2011, 988 = UR 2010, 268; BFH v. 22.4.2010 – V R 9/09, BStBl. II 2011, 597 = UR 2010, 579 m. Anm. *Korf* = GmbHR 2010, 823; BFH v. 1.12.2010 – XI R 43/08, BStBl. II 2011, 600 = GmbHR 2011, 494 = UR 2011, 456 m. Anm. *Eberhard/Mai*; BFH v. 8.8.2013 – V R 18/13, GmbHR 2013, 1167 = UR 2013, 785 m. Anm. *Slapio* = BFH/NV 2013, 1747.

[2] ZB BMF v. 5.5.2014 – IV D 2 - S 7105/11/10001, IV D 2 - S 7105/13/10003 – DOK 2014/0394588, BStBl. I 2014, 820 = UR 2014, 497; BMF v. 1.12.2009 – IV B 8 - S 7107/09/10003 – DOK 2009/0793833, BStBl. I 2009, 1609.

[3] BMF v. 7.3.2013 – IV D 2 - S 7105/11/10001 – DOK 2013/0213861, BStBl. I 2013, 333 = UR 2013, 312; BMF v. 10.12.2013 – IV D 2 - S 7105/11/10001 – DOK 2013/1136548, BStBl. I 2013, 1625 = UR 2014, 74; BMF v. 5.5.2014 – IV D 2 - S 7105/11/10001, IV D 2 - S 7105/13/10003 – DOK 2014/0394588, BStBl. I 2014, 820 = UR 2014, 497.

[4] Vgl. BFH v. 9.10.2002 V R 64/99, BStBl II 2003, 375 und BFH v. 20.8.2009 V R 30/06, BStBl II 2010, 863.

[5] Vgl. BFH v. 26.11.1996 – VII R 49/96, GmbHR 1997, 914 = UR 1998, 111 = BFH/NV 1997, 537.

[6] Vgl. BFH v. 8.2.1996 – V R 54/94, BFH/NV 1996, 733; im Ergebnis ebenso zur RAO s. BFH v. 7.7.1966 – V 20/64, BStBl. III 1966, 613.

[7] Vgl. BFH v. 19.12.2013 – V R 5/12, BFH/NV 2014, 1122 – ohne Abgrenzung zu BFH v. 28.2.2002 – V B 167/01, BFH/NV 2002, 1010, der § 174 Abs. 4 Satz 3 AO auch auf die Organgesellschaft für anwendbar hält; anders bei späterer Verschmelzung BFH v. 19.12.2013 – V R 6/12, BFH/NV 2014, 1126.

schaft zum Verfahren des Organträgers **hinzugezogen**[1] bzw. **beigeladen**[2] werden (vgl. auch Rz. 6.135 ff.).

Wurde eine bestehende Organschaft übersehen, wurde die Umsatzsteuer des Organträgers und der Organgesellschaft zu Unrecht in separaten Bescheiden festgesetzt. Deshalb muss der Umsatzsteuerbescheid gegen die Organgesellschaft im Regelfall ersatzlos aufgehoben[3] und der Umsatzsteuerbescheid gegen den Organträger dahin gehend geändert werden, dass die zuvor gegenüber der Organgesellschaft festgesetzte Umsatzsteuer nun gegenüber dem Organträger festgesetzt wird. Eine Billigkeitsmaßnahme hat der BFH abgelehnt.[4] Der Organgesellschaft wird die von ihr zu viel gezahlte Umsatzsteuer erstattet.[5] Da auch hier Organträger und Organgesellschaft **Dritte** i.S.d. § 174 Abs. 5 AO sind,[6] kann der Änderung beim Organträger der Ablauf der **Festsetzungsfrist** entgegenstehen und der Organträger zur Vermeidung des Fristablaufs zum Verfahren der Organgesellschaft **beigeladen** werden.[7] 22.98

G. Fazit

Die unionsrechtlichen Bestimmungen zur Mehrwertsteuergruppe sind nun zwar 50 Jahre alt; gleichwohl drängt sich der Eindruck auf, die „Entdeckung" der Gruppenbesteuerung durch EU-Kommission und EuGH habe gerade erst begonnen. Ironischerweise haben die von der Kommission gegen andere Mitgliedstaaten – sämtlich erfolglos – eingeleiteten Vertragsverletzungsverfahren erfolgreich die Vorschriften über die deutsche Organschaft teilweise in Frage gestellt. 22.99

Trotz der Rechtsprechung seit der Vorauflage weiterhin möglicherweise mit Unionsrecht nicht vereinbar sind insbesondere: 22.100

– Die Beschränkung, dass **Personengesellschaften** nicht ausnahmslos Organgesellschaft sein können;

– die Steuerschuldnerschaft des **Organträger**s statt der **Mehrwertsteuergruppe** (als Vorfrage) und deshalb

– das nationale Erfordernis der **Über- und Unterordnung** im Organkreis (als Folgefrage).

Für die Verfahrensbeteiligten (Unternehmer wie Finanzverwaltung) birgt dieser Befund weiterhin ganz erhebliche Unwägbarkeiten: Wenn zB *Birkenfeld* meint,[8] Steuerbescheide gegen einen Organträger könnten „keinen Bestand" haben, soweit darin Besteuerungsgrundlagen 22.101

---

1 ZB OFD Magdeburg v. 23.6.2014, USt-Kartei ST § 2 Abs. 2 UStG Karte 3.
2 Beiladung nach § 174 Abs. 5 Satz 2 AO; vgl. BFH v. 4.3.1998 – V B 3/98, BFH/NV 1998, 1056; BFH v. 4.8.2006 – V B 98/04, juris; BFH v. 25.3.2014 – XI B 127/13, BFH/NV 2014, 1012.
3 Vgl. BFH v. 17.1.1995 – VII R 28/94, UR 1996, 268 = BFH/NV 1995, 580.
4 Vgl. BFH v. 14.3.2012 – XI R 28/09, BFH/NV 2012, 1493.
5 Vgl. BFH v. 23.8.2001 – VII R 94/99, BStBl. II 2002, 330; BFH v. 16.11.2004 – VII B 106/04, BFH/NV 2005, 660.
6 Vgl. BFH v. 19.12.2013 – V R 5/12, BFH/NV 2014, 1122 – ohne Abgrenzung zu BFH v. 28.2.2002 – V B 167/01, BFH/NV 2002, 1010, der § 174 Abs. 4 Satz 3 AO auch auf die Organgesellschaft für anwendbar hält; anders bei späterer Verschmelzung BFH v. 19.12.2013 – V R 6/12, BFH/NV 2014, 1126.
7 BFH v. 27.8.1997 – V B 14/97, BFH/NV 1998, 148.
8 *Birkenfeld*, UR 2014, 120 (126), unter c.

aus der organschaftlichen Betätigung enthalten sind, weil die Mehrwertsteuergruppe **Steuerpflichtige** sei, stellt dies nicht weniger als jede Umsatzsteuerfestsetzung gegen einen Organträger seit dem Jahr 1968 unter den Verdacht, nicht mit Unionsrecht vereinbar (gewesen) zu sein, obwohl die Richtlinienbestimmung damals geschaffen worden ist, damit ua. die Bundesrepublik Deutschland ihre Organschaft beibehalten kann.[1] Dies könnten Organträger in allen verfahrensrechtlich noch änderbaren Fällen geltend machen, während gleichzeitig bei der Gruppe als potentiellem anderen Steuerpflichtigen **Festsetzungsverjährung** einzutreten droht.

22.102 Soweit bei der Abarbeitung des „Prüfprogramms" des EuGH[2] in der Rechtsprechung des BFH Unterschiede feststellbar sind, ist der BFH seiner Aufgabe, die Einheitlichkeit der Rechtsprechung im Mitgliedstaat Deutschland sicherzustellen, noch nicht optimal nachgekommen. Gleichwohl darf nicht übersehen werden, dass in fast allen Punkten Einigkeit herrscht.

22.103 Die Unterschiede lassen sich im Ergebnis auf zwei Fragen reduzieren:

1. Unter welchen Voraussetzungen kann eine Personengesellschaft Organgesellschaft sein?

2. Ist es zulässig, dass Deutschland den Organträger zum Steuerpflichtigen bestimmt hat?

Jedenfalls die zweite Frage muss m.E. aufgrund von Art. 267 Abs. 3 AEUV der EuGH klären. Die Antwort des EuGH könnte entweder zu einer **echten Gruppenbesteuerung** oder zu einer **weitgehend unveränderten Fortführung der umsatzsteuerrechtlichen Organschaft** führen.

---

1 Unterrichtung der gesetzgebenden Körperschaften gem. Art. 2 des Gesetzes zu den Gründungsverträgen der Europäischen Gemeinschaften v. 3.5.1965, BT-Drucks. IV/3335, 14, zu Art. 2.
2 EuGH v. 16.7.2015 – C-108/14 und C-109/14 – Larentia + Minerva und Marenave Schiffahrt, BStBl. II 2017, 604.

Kapitel 23
Sonderfragen grunderwerbsteuerlicher Organschaft

A. Bedeutung der Organschaft im Grunderwerbsteuerrecht	23.1	II. Exkurs: Bilanzsteuerrechtliche Behandlung der Grunderwerbsteuer	23.36
B. Die Organschaft im Gesamtgefüge der grunderwerbsteuerlichen Tatbestände	23.3	III. Sonstige Rechtsfolgen	23.37
C. Voraussetzungen der grunderwerbsteuerlichen Organschaft	23.9	1. Verhältnis zu den anderen Tatbestandsalternativen des § 1 Abs. 3 GrEStG	23.37
I. Überblick	23.9	2. Grunderwerbsteuerliche Selbstständigkeit der Organgesellschaften	23.39
II. Gesellschaft mit inländischem Grundbesitz	23.10	3. Zuordnung des inländischen Grundbesitzes im Fall der Organschaft	23.40
III. Herrschendes Unternehmen	23.13	E. Veränderungen des Organkreises (Anteilsverschiebung, Umwandlung)	23.46
1. Unternehmereigenschaft des herrschenden Unternehmens	23.13	I. Einführung	23.46
2. Kritik an der umsatzsteuerrechtlichen Auslegung der Norm	23.14	II. Veränderung der Anteilsverhältnisse im Rahmen einer Organschaft	23.47
3. Folgen für die Praxis	23.19		
IV. Abhängige Personen	23.21	III. Umwandlungsvorgänge im Organkreis	23.52
1. Abhängige natürliche Person	23.21	F. Vermeidungsstrategien in der Praxis	23.59
2. Abhängige juristische Person	23.22	G. Compliance-Aspekte der grunderwerbsteuerlichen Organschaft	23.66
a) Juristische Personen des in- und ausländischen Rechts (Notwendigkeit des Rechtstypenvergleichs)	23.22	I. Mitwirkungspflichten und Tax Compliance Management System	23.66
b) Finanzielle Eingliederung	23.24	II. Sonstige Dokumentationsanforderungen	23.69
c) Organisatorische Eingliederung	23.25	H. Fazit	23.71
d) Wirtschaftliche Eingliederung	23.26		
V. Zeitlicher Bezug zur Begründung der Organschaft	23.27		
D. Rechtsfolgen der grunderwerbsteuerlichen Organschaft	23.34		
I. Allgemeine Rechtsfolge (Steuererhebung)	23.34		

Literatur: *Behrens/Meyer-Wirges*, Anmerkungen zum koordinierten Ländererlass vom 21.3.2007 zur grunderwerbsteuerlichen Organschaft, DStR 2007, 1290; *Behrens*, Die grunderwerbsteuerliche Konzernklausel für übertragende Umwandlungen in § 6a GrEStG, AG 2010, 119; *Behrens*, Reform- und Änderungsbedarf bei der Grunderwerbsteuer, UVR 2014, 147; *Behrens*, Inwieweit ist die mögliche Verschärfung der Grunderwerbsteuer-Regelungen betr. Share Deals schon jetzt zu berücksichtigen?, UVR 2017, 15; *Boruttau/Klein*, Das Grunderwerbsteuergesetz vom 29.3.1940, 2. Aufl., Eberswalde 1942; *Bruschke*, Steueranrechnung bei aufeinanderfolgenden steuerbaren Rechtsvorgängen nach § 1 Abs. 6 GrEStG – Fallstricke vermeiden, UVR 2017, 279; *Dettmeier/Geibel*, Die neue Grunderwerbsteuerbefreiung für Umstrukturierungen innerhalb eines Konzerns – Wachstumsbeschleuniger oder Rohrkrepierer?, NWB 2010, 582; *Egner/Geißler*, Die Stiftung als „long-term-RETT-Blocker", DStZ 2015, 333; *Fuchs/Lieber*, Grunderwerbsteuer bei Organschaft – Inflation von Grunderwerbsteuertatbeständen? – Zugleich Anmerkung zu FG Düsseldorf vom 14.8.1998 und zu BFH vom 1.3.2000,

DStR 2000, 1333; *Gottwald*, Grunderwerbsteuer – Leitfaden für die Praxis, 4. Aufl., Köln 2013; *Günkel/Lieber*, Grunderwerbsteuerliche Organschaft, in Herzig, Organschaft, FS für *Thiel*, Stuttgart 2003, 353; *Heine*, Neue Anwendungserlasse der Länder zu § 6a GrEStG: Ziel verfehlt, Stbg 2012, 485; *Hoor/Medler*, Luxemburg – Der neue Reserved Alternative Investment Fund, IStR 2017, 401; *Jansen*, Entwicklungen bei der umsatzsteuerlichen Organschaft, BB 2016, 2263; *Kaiser*, Grunderwerbsteuerplanung bei Umstrukturierung und Unternehmenserwerb, Diss., Stuttgart 2007; *Klass/Möller*, Umwandlungsprivileg für Konzerne bei der Grunderwerbsteuer – koordinierte Ländererlasse vom 1.12.2010, BB 2011, 407; *Kroschewski*, Grunderwerbsteuerliche Anteilsvereinigung im Unternehmensverbund, Diss., Regensburg 2001; *Lieber*, Anwendung des § 1 Abs. 3 iVm. Abs. 4 GrEStG auf Organschaftsfälle – Anmerkungen zu den gleich lautenden Erlassen der obersten Finanzbehörden der Länder vom 21.3.2007, DB 2007, Beil. 4 zu Heft 25; *Lion*, Grunderwerbsteuergesetz, 2. Aufl., Berlin 1929; *Neitz/Lange*, Grunderwerbsteuer bei Umwandlungen – Neue Impulse durch das Wachstumsbeschleunigungsgesetz, Ubg 2010, 17; *Rothenöder*, Der Anteil i.S.d. § 1 Abs. 3 GrEStG – Zugleich eine Erörterung des Normzwecks nach Absenkung der Mindestbeteiligungshöhe auf 95 v.H. der Anteile, Diss., Berlin 2009; *Satish/Weiß*, Qualifizierung von Personengesellschaften als abhängige Unternehmen im Rahmen einer grunderwerbsteuerlichen Organschaft, DStR 2018, 1257; *Schade/Rapp*, Ländererlass v. 16.12.2015 zu § 8 Abs. 2 GrEStG nF – Vertrauensschutz „light"?, DStR 2016, 657; *Schaflitzl/Götz*, Erlass zur Anwendung der Konzernklausel i.S.v. § 6a GrEStG – geklärte und offene Fragen, DB 2011, 374; *Schanko*, Der Anwendungserlass zum neuen Ergänzungstatbestand § 1 Abs. 3a GrEStG, UVR 2014, 44; *Schanko*, Flexibilisierung der Grunderwerbsteuer als Reaktion auf steigende Steuersätze, UVR 2016, 16; *Schober/Kuhnke*, Die „Anti-RETT-Blocker"-Regelung des § 1 Abs. 3a GrEStG, NWB 2013, 2225; *Vossel/Peter/Hellstern*, Ausweitung der grunderwerbsteuerlichen Organschaft durch das EuGH-Urteil vom 16.07.2015?, Ubg 2016, 271; *Wagner/Mayer*, Der neue § 1 Abs. 3a GrEStG als „Super-Auffangtatbestand"? – Offene Fragen nach den gleichlautenden Erlassen der Länder vom 9.10.2013, BB 2014, 279; *Willibald/Widmayer*, Grunderwerbsteuerliche Organschaft – BFH entscheidet gegen OFD Münster, DB 2005, 2543; *Wischott/Schönweiß*, Grunderwerbsteuerpflicht bei Wechsel des Organträgers – Anmerkungen zum BFH-Urteil v. 20.7.2005, DStR 2006, 172; *Wischott/Schönweiß*, Wachstumsbeschleunigungsgesetz – Einführung einer Grunderwerbsteuerbefreiung für Umwandlungsvorgänge, DStR 2009, 2638; *Wischott/Keller/Uterhark*, Die zeitliche Anwendung des § 8 Abs. 2 GrEStG nF – Ist die Gleichmäßigkeit der Besteuerung sichergestellt?, DStR 2016, 1191.

A. Bedeutung der Organschaft im Grunderwerbsteuerrecht

23.1 Durch die Anhebung des Steuersatzes von ursprünglich bundesweit 3,5 % (seit 1997) auf nunmehr 4–6,5 % (vgl. Rz. 23.35) und die Neuregelung der Bemessungsgrundlage (vgl. Rz. 23.34) rückt die Grunderwerbsteuerbelastung auch im Unternehmensbereich vermehrt in den Fokus.[1] „Betroffen" sind neben Immobilienunternehmen auch operativ tätige Konzerne mit Grundbesitz im Inland. Problematisch für Konzerne ist insoweit, dass die in § 1 Abs. 3 iVm. Abs. 4 Nr. 2 GrEStG geregelte „grunderwerbsteuerliche Organschaft" **steuerbegründend** wirkt und gerade nicht – wie die körperschaft- oder umsatzsteuerliche Organschaft – steuerliche Vorteile verspricht. Außerdem können – und zwar nicht nur im Rahmen der grunderwerbsteuerlichen Organschaft, sondern des gesamten § 1 Abs. 3 GrEStG – auch Rechtsvorgänge in Bezug auf ausländische „Konzerngesellschaften" Grunderwerbsteuer für inländischen Grundbesitz auslösen.

23.2 Vor diesem Hintergrund stellen die Grunderwerbsteuer und somit auch die grunderwerbsteuerliche Organschaft an den Konzern und deren steuerliche Berater **erhöhte Anfor-**

---

[1] Das Aufkommen der GrESt betrug 1950 noch nur ca. 84 Mio. DM, stieg dann bereits im Jahr 1978 auf ca. 1,8 Mrd. DM. Seit der Jahrtausendwende ist die GrESt eine der wichtigsten Steuerquellen der Länder mit ca. 6,1 Mrd. € Aufkommen in 2006 und ca. 12,4 Mrd. € in 2016.

derungen. Betriebswirtschaftlich notwendige Restrukturierungen müssen gut durchdacht werden. In vielen Fällen bietet sich die Herauslösung des inländischen Grundbesitzes aus dem operativen Konzern an, um künftige Restrukturierungen grunderwerbsteuerlich zu erleichtern. Dies kann aber nicht in allen Fällen durchgeführt werden, insbesondere wenn mögliche grunderwerbsteuerliche Restrukturierungsvorteile der Zukunft nicht die ertragsteuerlichen Folgen (Realisierung stiller Reserven) aufwiegen. Die Einführung der sog. Anti-RETT[1]-Blocker Regelung in § 1 Abs. 3a GrEStG im Jahr 2013 hat die Bedeutung der grunderwerbsteuerlichen Organschaft nicht gemindert, denn der neue „Super-Auffangtatbestand"[2] erfasst zwar auch Fälle der grunderwerbsteuerlichen Organschaft, bleibt jedoch subsidiär.[3]

B. Die Organschaft im Gesamtgefüge der grunderwerbsteuerlichen Tatbestände

Die Grunderwerbsteuer ist grundsätzlich als **Rechtsverkehrsteuer** konzeptioniert. Sie knüpft an den Wechsel der Sachherrschaft über inländischen Grundbesitz an. Die Tatbestände des § 1 Abs. 1 Nr. 1 bis 5 GrEStG sind strikt an zivilrechtlichen Rechtsvorgängen in Bezug auf inländische Grundstücke ausgerichtet. Die Grunderwerbsteuer hat sich jedoch von der „Stempelsteuer" insoweit entfernt, als nicht erst der Eigentumsübergang, sondern bereits das schuldrechtliche Geschäft den Steuertatbestand auslöst. 23.3

Absätze § 1 Abs. 2 ff. GrEStG beinhalten sog. **Ersatztatbestände**. Eine erste Erweiterung bildet § 1 Abs. 2 GrEStG (sog. Verschaffung der Verwertungsbefugnis).[4] Die früher vereinzelt vertretene Auffassung, dass ein Beherrschungs- und Gewinnabführungsvertrag dem herrschenden Unternehmen eine Verwertungsbefugnis einräume, wird nicht mehr vertreten.[5] Die Tatbestände des § 1 Abs. 3 GrEStG – wozu auch die grunderwerbsteuerliche Organschaft gehört – sollen Steuerumgehungen entgegenwirken.[6] Es ist aber weder eine Umgehungsabsicht noch ein Vorsatz oder ein Tatbestandsbewusstsein erforderlich.[7] § 1 Abs. 3 GrEStG fingiert im Ergebnis Grundstückserwerbe, wenn Anteile an einer grundbesitzenden Gesellschaft im notwendigen Quantum (seit 1999: mindestens 95 %[8]) in einer Hand vereinigt oder aus einer vereinigten Hand auf eine andere Hand übertragen werden. Der BFH begründet den Steuertatbestand damit, dass der Inhaber des notwendigen Anteilsquantums so behandelt wird, als gehörten ihm als Folge der Vereinigung der Anteile in seiner Hand die Grundstücke, die dieser Gesellschaft grunderwerbsteuerrechtlich zuzuordnen sind.[9] Im Ergebnis geht es um eine mediatisierte Sachherrschaft bzw. Verfügungsbefugnis über die Grundstücke der Gesellschaft als wirtschaftlich begründeter Durchgriff durch die Kapital- bzw. Personengesellschaft.[10] Soweit 23.4

---

1 Die Grunderwerbsteuer wird im Englischen als Real Estate Transfer Tax (RETT) bezeichnet.
2 Zu dieser Bezeichnung vgl. *Wagner/Mayer*, BB 2014, 279.
3 *Meßbacher-Hönsch* in Boruttau[18], § 1 GrEStG Rz. 1179.
4 Vgl. umfassend bei *Fischer* in Boruttau[18], § 1 GrEStG Rz. 610 ff.
5 Vgl. BFH v. 1.3.2000 – II R 53/98, BStBl. II 2000, 357 = GmbHR 2000, 744; *Fuchs/Lieber*, DStR 2000, 1333; nunmehr ebenso *Fischer* in Boruttau[18], § 1 GrEStG Rz. 761 unter Aufgabe seiner bis zur 14. Aufl. (1997) vertretenen Auffassung.
6 RFH v. 26.4.1921 – II A 412/20, RFHE 5, 247; BFH v. 16.3.1966 – II 70/63, BStBl. III 1966, 378.
7 RFH v. 13.10.1931 – II A 281/31, RStBl. 1932, 27; *Lion* in Lion[2], § 3 GrEStG Rz. 6.
8 Zu steuerpolitischen Vorschlägen zur Herabsetzung auf 75 % vgl. *Behrens*, UVR 2017, 15; *Schanko*, UVR 2016, 16.
9 BFH v. 8.8.2001 – II R 66/98, BStBl. II 2002, 156 = GmbHR 2001, 1065 m. Anm. *Götz*.
10 Vgl. BVerfG v. 16.5.1969 – 1 BvR 600/66, HFR 1969, 398; *Rothenöder*, 48 ff.; *Kroschewski*, 234 ff. je mwN. Vereinzelt wurde § 1 Abs. 3 GrEStG durch die Rechtsprechung auch als Ergänzung des

ein Anteil von mehr als 5 % (bis 1999 genügte ein Zwergenanteil > 0 %) bei der Übertragung außen vor bleibt, greift der Ergänzungstatbestand jedoch nicht ein. Die unterschiedlichen Kriterien der grunderwerbsteuerlichen Tatbestände führen in der Praxis zu „unerfreulichen, dem Gerechtigkeitsempfinden widersprechenden Ergebnissen".[1] Dies liegt an der Konzeption als Verkehrsteuer nebst spezieller Missbrauchsvermeidungstatbestände, macht die Steuer aber nicht verfassungswidrig.[2]

23.5 Bereits mit dem GrEStG 1940[3] wurde auch die **Anteilsvereinigung auf bzw. durch „Konzerne"** als Erwerb durch „eine Hand" angesehen. Ausweislich der Gesetzesbegründung war tragender Gedanke, dass gerade in Konzernen eine Anteilsvereinigung umgangen werden könne, wenn Anteile in der Hand des herrschenden und eines abhängigen Unternehmens oder in der Hand mehrerer abhängiger Unternehmen vereinigt würden.[4] Die grunderwerbsteuerliche Organschaft orientierte sich in der Zeit von 1940 bis 1982[5] durch gesetzlichen Verweis an den Tatbestandsvoraussetzungen der umsatzsteuerlichen Organschaft.

23.6 Für die Übertragung von **Beteiligungen an Personengesellschaften** verblieb insoweit eine Besteuerungslücke, als unter einem Anteil die gesellschaftsrechtliche Beteiligung (gesamthänderische Mitberechtigung hinsichtlich des Gesellschaftsvermögens) unabhängig von der Beteiligung am Gesellschaftskapital verstanden wurde.[6] Dementsprechend war der vollständige Wechsel aller Kommanditisten einer grundbesitzenden GmbH & Co. KG nicht tatbestandsmäßig, wenn die Komplementär-GmbH in der KG verblieb. Dieser Fall wird seit 1997 von § 1 Abs. 2a GrEStG erfasst, der den Wechsel der Gesellschafter entsprechend ihrer Beteiligung am Gesellschaftskapital zum Anlass nimmt, eine Veräußerung des Grundbesitzes auf eine neue Personengesellschaft zu fingieren, obgleich die Personengesellschaft zivilrechtlich unverändert fortbesteht.

23.7 Durch die Zivilrechtsakzessorietät der Ergänzungstatbestände verblieben auch nach Einführung des § 1 Abs. 2a GrEStG Besteuerungslücken.[7] Ausweichgestaltungen, sog. **RETT-Blocker-Strukturen**, fanden Eingang in die Praxis der Konzernreorganisation; dies jedoch nicht nur mit der Absicht der „ungerechtfertigten Steuervermeidung", sondern auch in Kenntnis der zum Teil überschießenden Anwendungsbereiche der Ergänzungstatbestände. Denn abweichend von den weitreichenden Möglichkeiten einer ertragsteuerneutralen Umwandlung blieb das Grunderwerbsteuergesetz bis zur Einführung des § 6a GrEStG auf diesem Auge weitgehend blind. Die typisierten Ergänzungstatbestände wurden zur sog. „Umwandlungsbremse".[8] In einer typischen RETT-Blocker-Struktur erhielt der Erwerber eine Grundstücksgesellschaft nur weniger als 95 % der Anteile, während die übrigen mehr als 5 % bei einem Vehikel des Veräußerers blieben. Soweit dieses Vehikel eine Personengesellschaft war, kam zudem ein zeitlich gestreckter Erwerb der Anteile in Betracht, um die Privilegierung des § 6

---

§ 1 Abs. 2 GrEStG angesehen, da durch die Vereinigung aller Anteile die Verwertungsbefugnis an den der Gesellschaft gehörenden Grundstücken auf den Erwerber der Anteile übergegangen sei, vgl. BFH v. 26.2.1975 – II R 130/67, BStBl. II 1975, 456.

1 So *Lieber* in Müller/Stöcker/Lieber, Die Organschaft[10], Rz. 1755.
2 AA ausdrücklich *Tipke*, Die Steuerrechtsordnung II, 937 (945).
3 Gesetz v. 29.3.1940, RGBl. I 1940, 585.
4 RStBl. 1940, 387 (392).
5 Änderung durch das Gesetz v. 17.12.1982, BGBl. I 1982, 1770.
6 BFH v. 26.7.1995 – II R 68/92, BStBl. II 1995, 736 = GmbHR 1995, 840, mwN.
7 Vgl. die Stellungnahme des Bundesrats zum JStG 2013, BT-Drucks. 17/10604, 41.
8 *Wischott/Schönweiß*, DStR 2009, 2638.

Abs. 2 GrEStG zu nutzen.¹ Teilweise wurde vertreten, dass auch an der Blocker-Personengesellschaft sämtliche Kommanditanteile erworben werden konnten, wenn nur der Veräußerer als Gesellschafter ohne Beteiligung am Kapital und Vermögen (sog. 0 %-Gesellschafter) verblieb, da auch dem vermögensmäßig nicht beteiligten Gesellschafter eine sachenrechtliche Mitberechtigung an der Gesamthand zukam.² Der BFH hat jüngst aber entschieden, dass bei einer zwischengeschalteten Personengesellschaft, die unmittelbar oder mittelbar an einer grundbesitzenden Gesellschaft beteiligt ist, als Anteil die Beteiligung am Gesellschaftskapital und nicht die sachenrechtliche Beteiligung am Gesamthandsvermögen maßgeblich ist.³ Damit kann der 0 %-Gesellschafter einer Personengesellschaft nicht mehr den Anfall von Grunderwerbsteuer verhindern.

Im Jahr 2013 wurde mit § 1 Abs. 3a GrEStG ein **weiterer Ergänzungstatbestand** eingeführt, wonach es zur Auslösung von Grunderwerbsteuer ausreicht, wenn ein Rechtsträger unmittelbar und/oder mittelbar eine wirtschaftliche Beteiligung in Höhe von mindestens 95 % an einer Gesellschaft innehat.⁴ § 1 Abs. 2a und § 1 Abs. 3 GrEStG gehen der Neuregelung jedoch weiterhin ausdrücklich vor.⁵ Die hier im Fokus stehende Regelung der grunderwerbsteuerlichen Organschaft ist somit vorrangig zu prüfen. Auch wenn § 1 Abs. 3a GrEStG im Ergebnis einen Rechtsvorgang i.S.d. § 1 Abs. 3 GrEStG fingiert („gilt als"), handelt es sich qua gesetzlicher Anordnung um Tatbestände, auf die § 1 Abs. 6 GrEStG anwendbar ist. Die Grunderwerbsteuer wird nur insoweit erhoben, als die Bemessungsgrundlage für den nachfolgenden Rechtsvorgang den Betrag übersteigt, von dem beim vorausgegangenen Rechtsvorgang die Steuer berechnet worden ist. Voraussetzung ist, dass sowohl Grundstücks- als auch Erwerberidentität besteht.⁶

23.8

C. Voraussetzungen der grunderwerbsteuerlichen Organschaft

I. Überblick

Die grunderwerbsteuerliche Organschaft erweitert den Anwendungsbereich der (unmittelbaren oder mittelbaren) **Anteilsvereinigung** von Gesellschaften mit inländischem Grundbesitz auf Rechtsgeschäfte, wenn durch die Übertragung unmittelbar oder mittelbar mindestens 95 % der Anteile in der Hand von

23.9

– herrschenden und abhängigen Unternehmen

– herrschenden und abhängigen Personen

---

1 Vgl. zu diesen Modellen die umfangreichen Beispiele bei *Gottwald* in Gottwald⁵, Rz. 327 ff.
2 In der Richtung noch *Fischer* in Boruttau¹⁸, § 1 GrEStG Rz. 968; kritisch *Pahlke*⁶, § 1 GrEStG Rz. 301 aE mwN; aA *Meßbacher-Hönsch* in Boruttau¹⁸, § 1 GrEStG Rz. 978.
3 BFH v. 27.9.2017 – II R 41/15, DStR 2018, 189.
4 Vgl. nur *Behrens*, UVR 2014, 147; *Schanko*, UVR 2014, 44; *Schober/Kuhnke*, NWB 2013, 2225; *Wagner/Mayer*, BB 2014, 279. Diskutiert wird zudem die Schaffung eines neuen Ergänzungstatbestands für Kapitalgesellschaften in Anlehnung an § 1 Abs. 2a GrEStG sowie eine Senkung des notwendigen Quantums auf 90 %.
5 So auch der Gleichlautende Erlasse der obersten Finanzbehörden der Länder, Anwendung des § 1 Abs. 3a GrEStG v. 9.10.2013, BStBl. I 2013, 1364, Rz. 3.
6 Vgl. nur *Meßbacher-Hönsch* in Boruttau¹⁸, § 1 GrEStG Rz. 1186; vgl. zudem *Bruschke*, UVR 2017, 279.

- abhängigen Unternehmen allein
- abhängigen Personen allein

vereinigt werden (§ 1 Abs. 3 Nr. 1 Variante 2 und 3 iVm. Abs. 4 Nr. 2 GrEStG).

II. Gesellschaft mit inländischem Grundbesitz

23.10 Die Gesellschaft, deren Anteile „im Organkreis" vereinigt werden, muss über inländischen Grundbesitz verfügen (sog. **Grundstücksgesellschaft**). Bei der Gesellschaft kann es sich um eine Personen- oder Kapitalgesellschaft handeln; der Hauptanwendungsfall sind jedoch Kapitalgesellschaften. Das Grundstück muss noch nicht im zivilrechtlichen Eigentum der Gesellschaft stehen. Entscheidend ist die sog. spezifische grunderwerbsteuerliche Zuordnung des Grundbesitzes.[1] Es genügt, wenn in Bezug auf ein inländisches Grundstück ein Erwerbsvorgang i.S.d. § 1 Abs. 1 oder 2 GrEStG verwirklicht wurde. Spiegelbildlich gehört ein Grundstück bereits ab Abschluss des schuldrechtlichen (Veräußerungs)Geschäfts nicht mehr zum grunderwerbsteuerlichen Vermögen einer Gesellschaft.

23.11 Im Fall von **Umwandlungsvorgängen** bewirkt die steuerliche Rückwirkung (ua. § 2 UmwStG) keine rückwirkende Zugehörigkeit des Grundstücks im Sinne des GrESt-Rechts. Der Tatbestand des § 1 Abs. 1 Nr. 3 GrEStG ist erst zu dem Zeitpunkt bewirkt, in dem zivilrechtliches Eigentum erworben wird, mithin mit Eintragung des Umwandlungsvorgangs in das Handelsregister. Allerdings gilt als Grundstück auch die Beteiligung an einer Grundstücksgesellschaft i.S.d. § 1 Abs. 3 GrEStG. Insoweit genügt bei einem Umwandlungsvorgang (bspw. Abspaltung von 95 % der Anteile an einer Grundstücksgesellschaft) bereits das schuldrechtliche Geschäft (Abspaltungsvertrag) für die spezifische grunderwerbsteuerliche Zuordnung.

23.12 Problematisch kann die **spezifische grunderwerbsteuerrechtliche Zuordnung** zB dann werden, wenn ein schuldrechtlicher Vertrag über ein Grundstück geschlossen wird und sodann die Anteile am Veräußerer übertragen werden, jedoch später der Grundstücksverkauf mit Wirkung für die Vergangenheit rückabgewickelt wird (insb. Anfechtung). Dies kann rückwirkend eine Anteilsvereinigung bzw. Anteilsübertragung i.S.d. § 1 Abs. 3 GrEStG auslösen. Da kein subjektives Element (Absicht) zur Verwirklichung der Anteilsvereinigung von Grundstücksgesellschaften erforderlich ist, kommt es auch nicht auf einen vermeintlichen guten Glauben in Bezug auf die Grundstückslosigkeit der Gesellschaft an; der gute Glaube in Bezug auf die Grundstückslosigkeit einer Gesellschaft ist nicht geschützt.

III. Herrschendes Unternehmen

1. Unternehmereigenschaft des herrschenden Unternehmens

23.13 In der Grundkonstellation liegt eine Anteilsvereinigung in der Hand von herrschenden und abhängigen Unternehmen oder in der Hand von abhängigen Unternehmen allein vor. Nach dem Wortlaut des Gesetzes ist somit eine Unternehmereigenschaft erforderlich. Nach der hM in der Literatur und Rechtsprechung kann – trotz des vor über 30 Jahren weggefallenen Verweises auf das Umsatzsteuergesetz – auf die Rechtsprechung zur umsatzsteuerlichen Organschaft (Rz. 22.20 ff.) zurückgegriffen werden, da die Vorschriften (§ 1 Abs. 4 Nr. 2 Buchstb. b

---

1 Vgl. *Meßbacher-Hönsch* in Boruttau[18], § 1 GrEStG Rz. 1030.

GrEStG und § 2 Abs. 2 Satz 1 UStG) im Kernbereich wortgleich sind.[1] Der „Herrscher" muss demnach ein **umsatzsteuerlicher Unternehmer** sein.[2] Diese Voraussetzung ist nach der hM nicht erfüllt, wenn der „Herrscher" die Anteile der grundbesitzenden Gesellschaft im Privatvermögen hält.[3] Ferner sei die Unternehmereigenschaft nicht gegeben, wenn eine reine Finanzholding vorliege, die aufgrund der Rechtsprechung des EuGH[4] mangels eigener wirtschaftlicher Tätigkeit nicht Unternehmer im Sinne des Umsatzsteuerrechts ist. Der nicht vorhandene Wille zum unmittelbaren Eingreifen in die Verwaltung der abhängigen Gesellschaften führe dazu, dass mangels Beherrschungswille auch kein Unternehmen i.S.d. § 1 Abs. 3 GrEStG vorliege.[5] Der BFH folgt nicht der EuGH-Rechtsprechung[6], nach der auch ein Nichtunternehmer Mitglied einer umsatzsteuerlichen Organschaft und somit Organträger sein kann.[7]

2. Kritik an der umsatzsteuerrechtlichen Auslegung der Norm

Im Ergebnis erscheint die an das Umsatzsteuerrecht anknüpfende Auslegung des Gesetzes für Immobilienunternehmen und Konzerne vorteilhaft, da eine grunderwerbsteuerliche Organschaft nicht vorliegen kann, wenn die relevante Anteilsvereinigung nur auf Ebene einer **Finanzholding** als „Konzernspitze" erfolgt. Diese Auslegung durch die Rspr. und hM[8] ist mE aber nicht zwingend und widerspricht dem Sinn und Zweck des Gesetzes. In der Lit. erklärt zumindest *Meßbacher-Hönsch*[9], dass bisher noch nicht geklärt sei, ob eine Holdinggesellschaft ohne eigene wirtschaftliche Tätigkeit Organträger sein könne. Ausweislich der ursprünglichen Gesetzesbegründung[10] sollte mit der grunderwerbsteuerlichen Organschaft eine Aufteilung des relevanten Quantums der Anteile innerhalb des Konzerns verhindert werden. Dieser Gesetzeszweck besteht auch noch heute. Die Nichterfassung der Finanzholding als möglichen Organträger läuft dem zuwider und eröffnet Gestaltungsmöglichkeiten.   23.14

Der Begriff des „herrschenden Unternehmens" wird seit 2009 nicht nur in der „steuerverschärfenden" Norm verwandt, sondern hat auch Eingang in die Steuervergünstigung des **§ 6a GrEStG** gefunden.[11] Für die Anwendung dieser „**Konzernklausel**" kann es nunmehr vorteilhaft sein, wenn als herrschendes Unternehmen auch eine Finanzholding bzw. ein Privatier in   23.15

---

1 Vgl. *Meßbacher-Hönsch* in Boruttau[18], § 1 GrEStG Rz. 1094; Gleichlautender Erlass zur Anwendung des § 1 Abs. 3 iVm. Abs. 4 GrEStG auf Organschaftsfälle v. 21.3.2007, BStBl. I 2007, 422, Rz. 1.
2 Vgl. BFH v. 20.3.1974 – II R 185/66, BStBl. II 1974, 769; *Behrens* in *Behrens/Wachter*, § 1 GrEStG Rz. 605.
3 Kritisch aber *Kroschewski*, 256 ff. und 263 ff.
4 EuGH v. 20.6.1991 – C-60/90 – Polysar, Slg. 1991, I-3111 = UR 1993, 119; EuGH v. 14.11.2000 – C-142/99 – Floridienne und Berginvest, Slg. 2000, I-9567 = UR 2000, 530; EuGH v. 27.9.2001 – C-16/00 – Cibo Participations, Slg. 2001, I-6663 = UR 2001, 500 m. Anm. *Wäger*.
5 Vgl. *Behrens/Meyer-Wirges*, DStR 2007, 1290.
6 EuGH v. 9.4.2013 – C-85/11 – Kommission/Irland, UVR 2013, 355.
7 Vgl. BFH v. 10.8.2016 – XI R 41/14, BStBl. II 2017, 590; zur Entwicklung der Rechtsprechung, ob im Rahmen der umsatzsteuerlichen Organschaft die Unternehmereigenschaft des Organträgers erforderlich ist, s. Rz. 22.30 ff.
8 Vgl. *Lieber* in Müller/Stöcker/Lieber, Die Organschaft[10], Rz. 1783; *Pahlke* in Pahlke[6], § 1 GrEStG Rz. 359: *Hofmann* in Hofmann[11], § 1 GrEStG Rz. 176.
9 *Meßbacher-Hönsch* in Boruttau[18], § 1 GrEStG Rz. 1096.
10 Vgl. die Begründung zum Grunderwerbsteuergesetz 1940, RStBl. 1940, 387 (392).
11 *Pahlke* in Pahlke[6], § 1 GrEStG Rz. 351 geht davon aus, dass der Abhängigkeitsbegriff in § 1 Abs. 4 für § 6a ohne Bedeutung sei.

Betracht kommt. Nur in diesem Fall könnten Umwandlungsvorgänge unterhalb einer Finanzholding bzw. einem offenen Immobilienfonds grunderwerbsteuerneutral vorgenommen werden. Die Finanzgerichte bleiben bisher auch hier bei der umsatzsteuerlichen Betrachtung. Das FG Hamburg hat in seinem Urteil vom 26.11.2013[1] entschieden, dass für die Bestimmung des „herrschenden Unternehmens" gem. § 6a Satz 3 GrEStG die umsatzsteuerliche Definition des Unternehmers heranzuziehen sei. Aus den Gesetzesmaterialien ergebe sich nicht eindeutig, welche Anforderungen an das „herrschende Unternehmen" zu stellen seien, da zum einen auf Unternehmen und zum anderen auf Konzernsachverhalte abgestellt werde. Demgegenüber verwende die Norm ausdrücklich den Begriff des „herrschenden Unternehmens". Aus Sicht des Gerichts bestehe keine Veranlassung, die konzernrechtliche Definition des herrschenden Unternehmens heranzuziehen, da diese an einem Schutz der Minderheitsaktionäre orientiert sei und dieser Schutzzweck im Grunderwerbsteuerrecht keine Rolle spiele. Der Grundsatz der Einheit der Steuerrechtsordnung spreche eher für eine Heranziehung einer steuergesetzlichen Definition, hier die des § 2 Abs. 1 Satz 2 UStG. Zu einer vergleichbaren Entscheidung des FG Münster vom 15.11.2013[2] ist aber weiterhin die Revision vor dem BFH anhängig (Az. II R 50/13). Im Beschluss zur Aufforderung des BMF zum Verfahrensbeitritt hat der BFH Zweifel an der Maßgeblichkeit des umsatzsteuerrechtlichen Unternehmensbegriffs verdeutlicht, denn es erscheine fraglich, mit welchen sachlichen Gründen die Begünstigung von Verschmelzungen von Tochtergesellschaften verneint werden könne, wenn der Alleingesellschafter beider Tochtergesellschaften nicht Unternehmer im umsatzsteuerrechtlichen Sinn sei.[3]

23.16 Der Wortlaut des Gesetzes erfordert mE keine umsatzsteuerliche Unternehmereigenschaft. § 1 Abs. 3 GrEStG erfasst „herrschende und abhängige Unternehmen". Der Abhängigkeitsbegriff wird im Gesetz sodann legaldefiniert (§ 1 Abs. 4 Nr. 2 GrEStG), nicht aber das „herrschende Unternehmen". Dieser Begriff ist dem Steuerrecht auch ansonsten fremd. Das Umsatzsteuergesetz nutzt den Terminus nicht. Von Beherrschung ist in der Regel nur im Rahmen der Körperschaftsteuer die Rede (beherrschende Gesellschafter bzw. Beherrschungsverhältnisse im Rahmen der körperschaftsteuerlichen Organschaft). Innerhalb des Steuerrechts können Begriffe unterschiedlich ausgelegt werden, nur eine unterschiedliche Auslegung innerhalb eines Gesetzes ist begründungsbedürftig.[4] Der **Unternehmensbegriff** des GrEStG muss nicht zwingend umsatzsteuerlich ausgelegt werden. Insbesondere sollte eine voreilige Übernahme der EuGH Rechtsprechung zum harmonisierten Umsatzsteuerrecht unterbleiben. Letztlich bleibt unbegründet, warum die Finanzholding auch für Zwecke des Grunderwerbsteuerrechts nicht Unternehmer sein soll.[5] Umsatzsteuerlich ist allein die wirtschaftliche Tätigkeit der Holding entscheidend. Dies kann jedoch für Zwecke der grunderwerbsteuerlichen Organschaft kein Kriterium sein, da die Sachherrschaft grundstücksbezogen auszulegen ist. Die Beherrschung der Organgesellschaften ist unerheblich, insbesondere muss keine Beherrschung der Grundstücksgesellschaft vorliegen. Die Sachherrschaft wird durch das Vorliegen einer wirtschaftlichen Tätigkeit nicht berührt. Es ist anerkannt, dass allein das Quantum von 95 % der Anteile in der Hand der Organgesellschaften genügt. Der Aspekt der Beherrschung sollte also nicht in den Unternehmensbegriff einfließen, sondern sich spiegelbildlich aus der Abhängigkeit (Eingliederungsvoraussetzungen des § 1 Abs. 4 Nr. 2 Buchst. b GrEStG) ergeben.

---

1 FG Hamburg v. 26.11.2013 – 3 K 149/12, EFG 2014, 570, rkr.
2 FG Münster v. 15.11.2013 – 8 K 1507/11 GrE, EFG 2014, 306; später offen gelassen durch FG München v. 23.7.2014 – 4 K 1304/13, EFG 2014, 1703 = GmbHR 2014, 1217.
3 BFH v. 25.11.2015 – II R 50/13, BFH/NV 2016, 236.
4 BFH v. 25.11.2002 – GrS 2/01, BStBl. II 2003, 548.
5 Zur Kritik vgl. im Übrigen: *Schaflitzl/Götz*, DB 2011, 374; *Heine*, Stbg 2012, 485; *Klass/Möller*, BB 2011, 407.

C. Voraussetzungen der grunderwerbsteuerlichen Organschaft | Rz. 23.18 Kap. 23

Der BFH hatte zwar im Jahr 1974 entschieden, dass der Wille des Gesetzes angesichts des eindeutigen Wortlauts nicht dahin verstanden werden kann, Fälle umsatzsteuerlicher Nichtunternehmer zu erfassen.[1] Allerdings lag der Entscheidung (Streitjahr 1959) noch der alte Wortlaut des § 3 GrEStG mit dem ausdrücklichen Gesetzesverweis zugrunde. Die Auslegung der hM widerspricht ferner dem Gesetzeszweck des § 1 Abs. 3 GrEStG. Der ursprüngliche Verweis in § 1 Abs. 3 Nr. 1 GrEStG auf § 2 Abs. 2 UStG diente allein der Vereinfachung des finanzbehördlichen Verfahrens, da die Finanzverwaltung nach vorhandenem Aktenwissen entscheiden können sollte, ohne selbstständige Ermittlungen vornehmen zu müssen.[2] Bereits kurz nach Einführung der Norm wurde in der Literatur thematisiert, dass die Norm entgegen dem Wortlaut auch anzuwenden sei, „wenn der an der Spitze des Konzerns Stehende die Anteile, durch die er den vielleicht sogar sehr großen und wirtschaftlich bedeutenden Konzern beherrscht, in seinem Privatvermögen hält."[3] Die Gesetzesbegründung benutzte den Konzern- und Unternehmensbegriff nicht einheitlich. Zunächst war von „mehreren Gesellschaften eines Konzerns" die Rede, sodann von „größere[n] Unternehmen mit weitgehender gesellschaftlicher Verschachtelung" und eben den abhängigen und herrschenden Unternehmen. Der Verweis zu § 2 Abs. 2 UStG sollte dem „Gedanken der Einheit des Steuerrechts" entsprechen und zugleich die Anwendung der neuen Vorschrift erleichtern. Der historische Gesetzgeber hatte somit nicht strikt zwischen Konzernen oder „umsatzsteuerlichen Organschaften" unterschieden. Eine nichtunternehmerische Konzernspitze (Finanzholding) hat in der Vorstellungswelt des historischen Gesetzgebers nicht existiert. Sie musste es auch nicht, da die nichtunternehmerische Sphäre – in der damaligen Vorstellungswelt – nur eine private Sphäre sein konnte und hierzu die Anteilsvereinigung „in der Familie" (Fiktion der Familie von Ehegatten, Eltern und Kindern als eine Person nach § 3 Satz 1 GrEStG 1940) vorgesehen war. Eine nichtunternehmerische privatrechtliche Personenvereinigung (Personen- oder Kapitalgesellschaft) gab es nicht.[4]

23.17

Wegen der Verknüpfung der körperschaftsteuerlichen Organschaft mit dem Konzernrecht (Erfordernis eines Unternehmensvertrages i.S.d. § 291 AktG; vgl. Rz. 2.1 ff. u. Rz. 3.63 ff.) liegt es mE nahe, auch für das Grunderwerbsteuerrecht **einen konzernrechtlichen Unternehmensbegriff**[5] anzunehmen. Konzernrechtliche Vorschriften sind dann anzuwenden, wenn von der Unternehmenseigenschaft einflussreicher Gesellschafter die für einen Konzern typischen Gefahren ausgehen. Der BGH geht bereits dann von einer Unternehmereigenschaft des Gesellschafters aus, wenn er neben der Beteiligung anderweitige wirtschaftliche Interessenbindungen hat, die nach Art und Intensität die ernsthafte Sorge begründen, er könne wegen dieser Bindung seinen aus der Mitgliedschaft folgenden Einfluss auf die Gesellschaft zu deren Nachteil ausüben. Bei der Beteiligung an einer anderen Gesellschaft ist diese Besorgnis bereits dann gegeben, wenn seine Beteiligung „maßgeblich" ist und somit die Möglichkeit besteht, dass er sich unter Ausübung von Leitungsmacht auch in anderen Gesellschaften unternehmerisch betätigt.[6] Bei einer Anwendung des konzernrechtlichen Unternehmensbegriffs im Grunderwerbsteuerrecht geht es auch nicht – entgegen der Auffassung des FG Hamburg – um

23.18

---

1 BFH v. 20.3.1974 – II R 185/66, BStBl. II 1974, 769.
2 *Boruttau/Klein*[2], § 1 GrEStG Rz. 29.
3 *Boruttau/Klein*[2], § 1 GrEStG Rz. 29.
4 Für die Erfassung auch von Anteilen im Privatvermögen im Fall des § 6a GrEStG vgl. *Neitz/Lange*, Ubg 2010, 17.
5 Vgl. zum aktien- bzw. konzernrechtlichen Unternehmensbegriff allgemein *Bayer* in MüKo/AktG[4], § 15 AktG Rz. 7 ff.; für den Rekurs auf das Konzernrecht vgl. insb. *Behrens*, AG 2010, 119; *Dettmeier/Geibel*, NWB 2010, 582.
6 Vgl. BGH v. 18.6.2001 – II ZR 212/99, BGHZ 148, 123, mwN.

den Schutz der Minderheitsaktionäre, sondern spiegelbildlich um die Herrschaft des Mehrheitsaktionärs über den inländischen Grundbesitz. Insofern ist es mit dem Sinn und Zweck des Gesetzes zu vereinbaren, vom wirtschaftlich geprägten Unternehmensbegriff des Umsatzsteuerrechts abzugehen und stattdessen auf konzernrechtliche Beherrschungsaspekte abzustellen. Vereinfachungsaspekte sind durch den Rückgriff auf das Umsatzsteuerrecht ohnehin nicht mehr ersichtlich. Eine Überprüfung der Umsatzsteuerunternehmereigenschaft (aus nationaler bzw. europarechtskonform ausgelegter Sicht) der in Betracht kommenden Konzernspitzen erfordert eine deutlich umfangreichere Sachverhaltsermittlung durch die Finanzverwaltung.

3. Folgen für die Praxis

23.19 In der Praxis ist aus Gründen der Vorsicht vom **umsatzsteuerlichen Unternehmensbegriff** auszugehen.[1] Auch wenn die Finanzbehörden im Einzelfall zu Recht von einer Anteilsvereinigung im Organkreis ausgehen, sollte die Bestimmung des jeweiligen Organkreises genau überprüft werden. Im konkreten Fall mag es augenscheinlich unerheblich sein, ob die Mutter- oder die Großmuttergesellschaft als Organträger angesehen wird, solange es in jedem Fall zu einer Anteilsvereinigung kommt. Für spätere Strukturveränderungen im Konzern ist es jedoch bedeutsam, welche Gesellschaften zum Organkreis gehören. Es besteht nämlich eine faktische Bindung an das einmal gefundene Ergebnis, auch wenn die Bestimmung des Organträgers nicht förmlich festgestellt wird bzw. anderweitig in Bestandskraft erwachsen kann.

23.20 **De lege ferenda** entspräche es einer tatsächlichen Vereinfachung, den Wortlaut des § 1 Abs. 4 Nr. 2 Buchst. b GrEStG abzuändern und auf die umsatzsteuerlichen Eingliederungsvoraussetzungen zu verzichten. Soweit die Finanzverwaltung auf ausländische Konzerne trifft, erfordert die Anwendung der Regeln zur umsatzsteuerlichen Organschaft einen erhöhten Ermittlungsaufwand, da die Informationen zu möglichen anderen Organgesellschaften im Ausland, die ein relevantes Quantum von Anteilen vermitteln, gerade nicht in den Umsatzsteuerakten vorhanden sind. Es entspräche einer Vereinfachung, einen gesellschaftsrechtlichen Konzernbegriff, bspw. wie im Rahmen der Zinsschranke, zu nutzen und auf vorhandene Unterlagen (bspw. Angaben in Konzernabschlüssen nach IAS/IFRS) zurückzugreifen.

IV. Abhängige Personen

1. Abhängige natürliche Person

23.21 Soweit das Gesetz die „abhängige Person" erwähnt (§ 1 Abs. 4 Nr. 2 Buchst. a GrEStG), **läuft das Gesetz nach der hM leer**, da es eine solche abhängige Person nicht geben kann.[2] Erfasst sind von Buchst. a lediglich Personengesellschaften natürlicher Personen; soweit eine juristische Person beteiligt ist, ist Buchst. a nicht einschlägig.[3]

---

1 So bisher auch die Finanzverwaltung, vgl. Gleichlautender Erlass zur Anwendung des § 1 Abs. 3 iVm. Abs. 4 GrEStG auf Organschaftsfälle v. 21.3.2007, BStBl. I 2007, 422, Rz. 1 Abs. 5.
2 *Hofmann* in Hofmann[11], § 1 GrEStG Rz. 175. Die Nennung der bergrechtlichen Gewerkschaft soll im Rahmen des JStG 2018 zudem gestrichen werden (Art. 12 des Referentenentwurfs).
3 *Meßbacher-Hönsch* in Boruttau[18], § 1 GrEStG Rz. 1100, mwN.

2. Abhängige juristische Person

a) Juristische Personen des in- und ausländischen Rechts (Notwendigkeit des Rechtstypenvergleichs)

Nach § 1 Abs. 4 Nr. 2 Buchst. b GrEStG kommen ferner „juristische Personen" (§§ 21 ff. BGB) als abhängige Unternehmen in Betracht. Eine europarechtskonforme Auslegung der umsatzsteuerlichen Organschaft[1], wonach auch eine **kapitalistische Personengesellschaft** abhängiges Unternehmen sein kann (Rz. 22.23 ff.), ist wegen des entgegenstehenden klaren Wortlauts des § 1 Abs. 4 Nr. 2 Buchst. b GrEStG nicht auf das Grunderwerbsteuerrecht übertragbar.[2] Selbst wenn man die klassische GmbH & Co. KG – mit Kapitalgesellschaften als Kommanditisten – als kapitalistisch geprägt ansieht, wird diese nicht zur juristischen Person.[3] Die juristische Person muss nach dem Gesamtbild der Verhältnisse finanziell, organisatorisch und wirtschaftlich in das herrschende Unternehmen eingegliedert sein. Die drei Merkmale müssen nicht gleich stark ausgeprägt sein, jedoch muss jedes Merkmal vorliegen.

23.22

Juristische Personen sind im Wesentlichen die Kapitalgesellschaften, aber auch Genossenschaften. Der Anwendungsbereich ist nicht auf inländische juristische Personen beschränkt. Eine ausländische Kapitalgesellschaft kommt dann als juristische Person i.S.d. GrEStG in Betracht, wenn sie wie eine inländische juristische Person eigene Rechtspersönlichkeit erlangt hat[4]. Eine US-amerikanische **Limited Liable Company** (LLC) wird zwar nach dem körperschaftsteuerlichen Rechtstypenvergleich meist als Körperschaft behandelt,[5] aber sie ist mangels Rechtspersönlichkeit nicht als juristische Person i.S.d. GrEStG anzusehen. Auf der anderen Seite ist auch eine nach US-Steuerrecht als transparente Entität behandelte **S-Corporation** eine juristische Person i.S.d. GrEStG.[6] Ebenfalls als juristische Person sollte die **UK-LLP** qualifizieren, denn bei dieser handelt es sich – auch wenn sie oftmals mit einer Kommanditgesellschaft ohne Komplementär verglichen wird – um eine Corporation.[7] Die Einordnung ist auch bei Immobilienfondsvermögen von hoher Relevanz. Ausländische Fondsvermögen wie der luxemburgische **fonds commune de placement** (FCP) sind mit inländischen Sondervermögen vergleichbar[8] und deshalb nicht als juristische Person anzusehen. Bei dem inländischen Sondervermögen einer Kapitalverwaltungsgesellschaft handelt es sich nicht um eine gesonderte und verselbstständigte juristische Person, vielmehr ist das Vermögen der Kapitalver-

23.23

---

1 Vgl. EuGH v. 16.7.2015 – C-109/14, MwStR 2015, 583 – Larentia + Minerva; BFH v. 1.6.2016 – XI R 17/11, BStBl. II 2017, 581; BFH v. 2.12.2015 – V R 25/13, BStBl. II 2017, 547.
2 Vgl. *Behrens* in Behrens/Wachter[1], § 1 GrEStG Rz. 772. AA allerdings *Jansen*, BB 2016, 2263 (2269) mit der Begründung, dass der XI. Senat des BFH auf die kapitalistische Prägung der Personengesellschaft abstellt; zweifelnd auch *Vossel/Peter/Hellstern*, Ubg 2016, 271 hinsichtlich der Begründung des XI. Senats, dass eine GmbH & Co. KG juristische Person i.S.v. Art 19 Abs. 3 GG sei; ebenso *Satish/Weiß*, DStR 2018, 1257 zur Übertragbarkeit der Rspr. des V. Senats.
3 Vgl. *Hofmann* in Hofmann[11], § 1 GrEStG Rz. 176 Fn. 4; *Lieber* in Müller/Stöcker/Lieber, Die Organschaft[10], Rz. 1781; *Vossel/Peter/Hellstern*, Ubg 2016, 271.
4 Zu den abweichenden Kriterien beim körperschaftsteuerlichen Rechtstypenvergleich vgl. *Klein* in HHR, § 1 KStG Anm. 27.
5 Vgl. BMF v. 19.3.2004 – IV B 4 - S 1301 USA - 22/04, BStBl. I 2004, 411.
6 Vgl. zur ertragsteuerlichen Qualifizierung OFD Berlin v. 21.1.2003 – St 127 - S 1301 - USA - 4/97, FR 2003, 217.
7 Art. 1 (2) UK Limited Liability Partnerships Act 2000; vgl. auch SenF Berlin v. 19.1.2007, DStR 2007, 1034 zur ertragsteuerlichen Qualifizierung.
8 *Hoor/Medler*, IStR 2017, 401 (402).

waltungsgesellschaft zuzurechnen.[1] Insoweit sind die Regeln zur grunderwerbsteuerlichen Organschaft bei der Reorganisation von Banken von großer praktischer Bedeutung, da sie zumeist alleinige Anteilsinhaber von Kapitalverwaltungsgesellschaften sind. Dagegen sind Kapitalanlagegesellschaften mit variablem (société d'investissement à capital variable, **SICAV**) bzw. fixem Kapital (société d'investissement à capital fixe, **SICAF**) luxemburgischen Rechts sind i.d.R. juristische Personen.[2]

b) Finanzielle Eingliederung

23.24 Die juristische Person muss finanziell eingegliedert sein.[3] Hierunter wird die **Mehrheit der Stimmrechte**, vermittelt durch die Anteile, verstanden. Von wesentlichem Interesse ist insoweit der Anteilsbegriff des § 1 Abs. 3 GrEStG. Eine relevante (ggf. durch die Satzung vom gesetzlichen Typus abweichende) Stimmrechtsmehrheit muss in der Gesellschafter- bzw. Hauptversammlung gegeben sein. Auszuscheiden sind somit Vorzugsaktien, die ohne Stimmrecht, jedoch mit höheren Gewinnbezugsrechten ausgestattet sind. Zu berücksichtigen sind jedoch Mehrstimmrechte bzw. sog. „Golden Shares". Ermittlungsschwierigkeiten ergeben sich bei ausländischen Gesellschaften, die über verschiedene Klassen von Anteilen verfügen (unterschiedlich ausgeprägte Stimm- und Gewinnbezugsrechte in sog. class-shares) bzw. die durch hybride Instrumente finanziert werden (Anteile, die typische Elemente von Fremd- und Eigenkapital enthalten). Eine mittelbare finanzielle Eingliederung genügt, dh. die Stimmrechtsmehrheit kann auch über mehrere Gesellschaften im Konzern vermittelt werden; insoweit ist durchzurechnen (Rz. 22.50 ff.).

c) Organisatorische Eingliederung

23.25 Eine organisatorische Eingliederung der abhängigen juristischen Person liegt vor, wenn das herrschende Unternehmen seine **Stimmrechtsmehrheit organisatorisch absichert und tatsächlichen Einfluss** auf die juristische Person nimmt. Nach der Rechtsprechung liegt eine organisatorische Eingliederung vor, wenn der Organträger die mit der finanziellen Eingliederung verbundene Möglichkeit der Beherrschung der Tochtergesellschaft in der laufenden Geschäftsführung wahrnimmt, wobei er die Organgesellschaft durch die Art und Weise der Geschäftsführung beherrschen muss.[4] Die neuere umsatzsteuerliche Rechtsprechung sieht eine organisatorische Eingliederung nicht als gegeben an, wenn nur sichergestellt wird, dass keine vom Willen des Organträgers abweichende Willensbildung bei der Organgesellschaft stattfindet.[5] Noch unklar ist, ob diese Einschränkung auch für den Bereich der Grunderwerbsteuer anzuwenden sein wird, da diese auf rein umsatzsteuerlichen Erwägungen beruht (der Organträger, der lediglich ein Vetorecht hat, kann für die Organgesellschaft nicht als Steuereinnehmer fungieren). **Typischerweise** liegt eine organisatorische Eingliederung vor, wenn eine personelle Verflechtung der Geschäftsführung oder weiterer Organe (Beiräte, Aufsichtsräte) vorliegt. Ein klassischer Fall der organisatorischen Eingliederung ist gegeben,

---

1 Dies gilt unbeschadet der körperschaftsteuerlichen Behandlung solcher Sondervermögen als Körperschaftsteuersubjekt nach § 1 Abs. 1 Nr. 5 KStG.
2 Ein SICAV kann nur in Form einer luxemburgischen Aktiengesellschaft (S.A.) gegründet werden. Für den SICAF kommt aber auch eine Kommanditgesellschaft auf Aktien (S.C.A.) in Betracht.
3 Insoweit unterfallen anteilslose juristische Personen (insb. Stiftungen) nicht der Vorschrift, da es sich hierbei um verselbstständigte Vermögensmassen handelt; zur Stiftung als „long term RETT Blocker" vgl. Egner/Geißler, DStZ 2015, 333.
4 BFH v. 8.8.2013 – V R 18/13, BFHE 242, 433, BStBl. II 2017, 543.
5 So noch BFH v. 3.4.2008 – V R 76/05, BStBl. II 2008, 905 = UR 2008, 549.

wenn eine Personalunion der Geschäftsführungsorgane zwischen herrschendem Unternehmen und abhängiger juristischer Person besteht. Da es sich bei den Eingliederungsvoraussetzungen der umsatzsteuerlichen Organschaft jedoch um Typusbegriffe handelt, kommt eine organisatorische Eingliederung auch durch Weisungen im täglichen Geschäftsbetrieb bzw. durch Besetzung der Geschäftsführung der abhängigen juristischen Person mit leitenden Angestellten des herrschenden Unternehmens in Betracht. In der Praxis ergeben sich Schwierigkeiten, wenn eine inländische Grundstücksgesellschaft eines ausländischen Konzerns betroffen ist, da insoweit die Geschäftsführungspraxis eines gesamten Konzerns auf eine Beherrschung untersucht werden muss. In der Praxis anzutreffende Versuche, eine organisatorische Eingliederung zu vermeiden, indem lediglich Strohmann-Geschäftsführer eingesetzt werden, sind nicht erfolgsversprechend, da in diesen Fällen Weisungen an die Geschäftsführung bestehen.

d) Wirtschaftliche Eingliederung

Bei dem Erfordernis der wirtschaftlichen Eingliederung wird der Bezug zur umsatzsteuerlichen Organschaft deutlich; zugleich wird jedoch ersichtlich, dass beide Konzepte nicht aufeinander abgestimmt sind. Eine fehlende wirtschaftliche Eingliederung einer juristischen Person ändert nichts an der Sachherrschaft des herrschenden Unternehmens in Bezug auf Grundstücke der abhängigen Unternehmen. Während die beiden erstgenannten Eingliederungsvoraussetzungen eine organisatorisch abgesicherte Beherrschung der abhängigen juristischen Person abbilden, müsste das Vorliegen oder Nichtvorliegen einer wirtschaftlichen Eingliederung aus grunderwerbsteuerlicher Sicht schlicht unerheblich sein. Eine wirtschaftliche Eingliederung liegt dann vor, wenn die juristische Person im Gefüge des übergeordneten Unternehmens als dessen Bestandteil erscheint und zwischen beiden ein vernünftiger wirtschaftlicher Zusammenhang im Sinne einer wirtschaftlichen Einheit, Kooperation oder Verflechtung besteht.[1] Die Tätigkeiten müssen aufeinander abgestimmt sein und sich fördern bzw. ergänzen.[2] Als klassische Beispiele kommen hier die ertragsteuerliche **Betriebsaufspaltung** (Überlassung der Grundstücke an das herrschende Unternehmen) bzw. **operative Konzerne** in Betracht. In diesen Fällen wird die Feststellung einer wirtschaftlichen Eingliederung wenig problematisch sein. Schwieriger sind Fälle, in denen **Grundstücksgesellschaften von Immobilienunternehmen** (ua. Immobilienfonds) betroffen sind. In diesen Fällen beschränkt sich die wirtschaftliche Beziehung zumeist auf eine Gesellschafterfremdfinanzierung bzw. die Übernahme von Verwaltungs- und Geschäftsführungsaufgaben, was jedoch ausreichend für die Annahme einer wirtschaftlichen Eingliederung sein sollte. Das Typusmerkmal der wirtschaftlichen Eingliederung degeneriert im Immobilienkonzern zu einer reinen Unterstellung, wenn aus der organisatorischen Eingliederung (bspw. Personalunion) auf eine wirtschaftliche Eingliederung geschlossen wird. Eine wirtschaftliche Eingliederung ist jedoch dann nicht mehr gegeben, wenn sich das herrschende Unternehmen auf das Halten der Beteiligung beschränkt. In diesen Fällen wird aber zugleich eine organisatorische Eingliederung fehlen.

23.26

---

1 BFH v. 20.8.2009 – V R 30/06, BStBl. II 2010, 863 = UR 2009, 800.
2 BFH v. 22.10.2009 – V R 14/08, BStBl. II 2011, 988 = UR 2010, 268; BFH v. 3.4.2003 – V R 63/01, BStBl. II 2004, 434 = GmbHR 2003, 904 m. Anm. *Hering*.

V. Zeitlicher Bezug zur Begründung der Organschaft

23.27 Im Grundsatz setzt § 1 Abs. 3 GrEStG voraus, dass sich die relevanten Anteile im Organkreis vereinigen. Der Tatbestand geht also in seiner Grundkonstellation von einem bestehenden Organschaftsverhältnis und dem Erwerb bzw. der Vereinigung von Anteilen **im bestehenden Organkreis** aus.

23.28 Beispiel 1: Grundfall der grunderwerbsteuerlichen Organschaft[1]

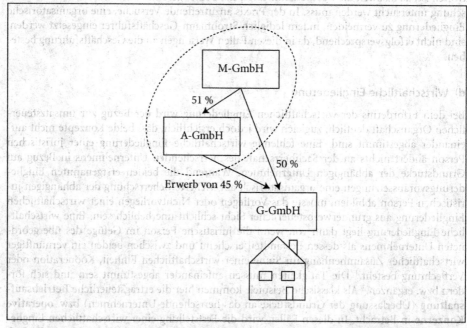

Die M-GmbH hält 51 % der Anteile an der A-GmbH und 50 % der Anteile an der Grundstücksgesellschaft G; ein Organschaftsverhältnis zwischen der M- und der A-GmbH ist bereits begründet. Nunmehr erwirbt die A-GmbH 45 % der Anteile an der Grundstücksgesellschaft G. Es liegt eine Anteilsvereinigung in der Hand von herrschenden und abhängigen Unternehmen vor. Ohne das Beherrschungsverhältnis würde keine Grunderwerbsteuer ausgelöst werden, denn die neu erworbenen 45 % Anteile an der Grundstücksgesellschaft könnten der M-GmbH nicht zugerechnet werden (Beteiligung an der A-GmbH < 95 %).

Erfüllt ist der Tatbestand auch, wenn ein Anteilserwerb mit der Begründung eines relevanten Organschaftsverhältnisses **zeitlich zusammenfällt**, wenn also erst mit dem Erwerb der Anteile durch die A-GmbH ein Organschaftsverhältnis zwischen der M- und der A-GmbH begründet wird.

---

[1] In den weiteren Fällen werden die Eingliederungsvoraussetzungen (s.o.) vorausgesetzt; vereinfachend handelt es sich bei allen beteiligten Gesellschaften – soweit nicht anders vermerkt – um GmbH.

Beispiel 2: Anteilsvereinigung nur in der Hand von abhängigen Unternehmen 23.29

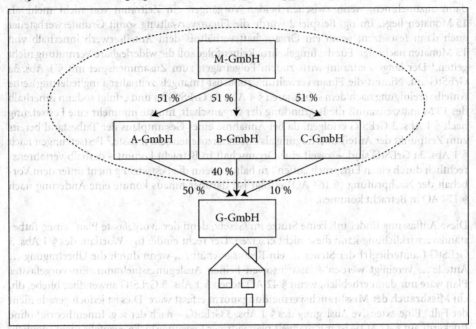

Die M-GmbH hält jeweils 51 % der Anteile an der A-, B- und C-GmbH. Die A- und B-GmbH halten jeweils 50 % der Anteile an der Grundstücksgesellschaft G. Nunmehr erwirbt die C-GmbH von der B-GmbH 10 % der Anteile an der Grundstücksgesellschaft G und zeitgleich begründet die M-GmbH ein Organschaftsverhältnis zu der A-, B- und C-GmbH. Es liegt eine Anteilsvereinigung allein in der Hand von abhängigen Unternehmen vor. Dass die M-GmbH ggf. keinen Einfluss auf die Anteilsverschiebung zwischen der B- und der C-GmbH hatte, ist unerheblich.

Der Tatbestand der **Anteilsvereinigung im Organkreis ist nicht erfüllt, wenn** ohne relevanten Anteilserwerb lediglich ein Organschaftsverhältnis begründet wird.

Wird im Beispiel 2 also nur ein Organschaftsverhältnis der M-GmbH zu deren Tochtergesellschaften begründet, ist dieser Vorgang nicht steuerbar. Auch die isolierte Übertragung des Anteils von 10 % von der B- auf die C-GmbH ohne Begründung eines Organschaftsverhältnisses ist nicht steuerbar. 23.30

Kein relevanter Anteilserwerb im Organkreis liegt ferner vor, wenn Gesellschaften eines Organkreises eine neue Organgesellschaft gründen und ein Grundstück als Sacheinlage einbringen.[1] Zum einen wird die Übertragung des Grundstücks bereits nach § 1 Abs. 1 GrEStG erfasst und zum anderen liegt in der erstmaligen Zuordnung der bei der Gesellschaftsgründung neu entstehenden Anteile kein Anteilserwerb vor. 23.31

Die **Finanzverwaltung** ist der Auffassung, dass eine widerlegbare **Vermutung eines vorgefassten Planes** besteht, wenn ein enger zeitlicher und sachlicher Zusammenhang zwischen dem Erwerb und der Begründung des Organschaftsverhältnisses gegeben ist.[2] In diesem Fall 23.32

---

1 Vgl. BFH v. 28.11.1979 – II R 117/78, BStBl. II 1980, 357.
2 Vgl. Gleichlautender Erlass zur Anwendung des § 1 Abs. 3 iVm. Abs. 4 GrEStG auf Organschaftsfälle v. 21.3.2007, BStBl. I 2007, 422, Rz. 2.4.2.

soll eine Anteilsvereinigung im Organkreis gegeben sein. Ein zeitlicher Zusammenhang sei dann anzunehmen, wenn zwischen beiden Vorgängen ein Zeitraum von nicht mehr als 15 Monaten liege. Im og. Beispiel 2 würde die Finanzverwaltung somit Grunderwerbsteuer auch dann festsetzen, wenn ein Organschaftsverhältnis dem Anteilserwerb innerhalb von 15 Monaten nachfolgt. Für die umgekehrte Reihenfolge soll die widerlegbare Vermutung nicht gelten.[1] Der lange Zeitraum wirft zudem Folgefragen zum Zusammenspiel mit § 1 Abs. 3a GrEStG auf. Nimmt die Finanzverwaltung zunächst (mangels zeitnaher Eingliederung) eine Anteilsvereinigung nach dem subsidiären § 1 Abs. 3a GrEStG an und erfolgt sodann innerhalb des 15 Monatszeitraums die Begründung der Organschaft, müsste nunmehr eine Festsetzung nach § 1 Abs. 3 GrEStG erfolgen, da bei Annahme eines Gesamtplans der Tatbestand bereits zum Zeitpunkt der Anteilsübertragung als erfüllt anzusehen sein müsste.[2] Festsetzungen nach § 1 Abs. 3a GrEStG sind – soweit eine Organschaft in Betracht kommt – deshalb verfahrensrechtlich durch einen Einspruch „offen" zu halten, wenn die Festsetzung nicht unter dem Vorbehalt der Nachprüfung (§ 164 AO) erfolgt ist; darüber hinaus könnte eine Änderung nach § 174 AO in Betracht kommen.

23.33   Diese Auffassung findet mE keine Stütze im Gesetz, denn der „vorgefasste Plan" einer Tatbestandsverwirklichung kann diese nicht ersetzen. Der recht eindeutige Wortlaut des § 1 Abs. 3 GrEStG („unterlieg[t] der Steuer ... ein Rechtsgeschäft ..., wenn durch die Übertragung ... Anteile ... vereinigt werden") lässt insoweit keinen Auslegungsspielraum. Ein vorgefasster Plan wäre nur dann erheblich, wenn § 42 AO neben § 1 Abs. 3 GrEStG anwendbar bliebe, dh. **ein Missbrauch der Missbrauchsvermeidungsnorm** erfasst wäre. Dies ist jedoch gerade nicht der Fall.[3] Eine extensive Auslegung des § 1 Abs. 3 GrEStG – nach der sog. Innentheorie[4] ohne Rückgriff auf § 42 AO – ist mE mangels planwidriger Regelungslücke ebenfalls nicht möglich. Die Problematik ist in der Finanzverwaltung zumindest seit dem Erlass des Finanzministeriums Baden-Württemberg vom 11.10.2005[5] bekannt. Es hätte nahe gelegen, eine entsprechende Gesetzesänderung zu forcieren, insbesondere hat der Bundesrat zahlreiche Änderungsvorschläge zum GrEStG in das Gesetzgebungsverfahren eingebracht, ohne hinsichtlich der hier diskutierten Frage die Notwendigkeit der Normierung zu sehen.

D. Rechtsfolgen der grunderwerbsteuerlichen Organschaft

I. Allgemeine Rechtsfolge (Steuererhebung)

23.34   Rechtsfolge der Vereinigung der Anteile im Organkreis ist, dass Grunderwerbsteuer in Bezug auf den der Grundstücksgesellschaft zuzuordnenden inländischen Grundbesitz erhoben wird. Die Anteilsvereinigung im Organkreis **fingiert Grundstückserwerbe** und führt zu so

---

1 So *Lieber*, DB 2007, Beil. 4, 4; wohl ebenso *Hofmann* in Hofmann[11], § 1 GrEStG Rz. 179 (ein tatsächlich ins Werk gesetztes Organschaftsverhältnis werde vorausgesetzt); aA wohl *Pahlke* in Pahlke[6], § 1 GrEStG Rz. 361 (nachfolgender Anteilserwerb nur eingeschränkt empfehlenswert).
2 AA *Lieber* in Müller/Stöcker/Lieber, Die Organschaft[10], Rz. 1830, die davon ausgeht, dass eine Anteilsvereinigung im Organkreis dann nicht mehr in Betracht kommen sollte, weil die Anteile dann bereits wirtschaftlich bei einem Mitglied des Organkreises vereinigt seien.
3 Vgl. nur BFH v. 29.5.2011 – II B 133/10, BFH/NV 2011, 1539; *Rothenöder*, 301 ff.; zweifelnd *Meßbacher-Hönsch* in Boruttau[18], § 1 GrEStG Rz. 1112, denn die Anwendung des § 42 AO sei wegen der weitreichenden Wirkung der Ergänzungstatbestände idR ausgeschlossen.
4 Vgl. *Fischer* in HHSp, § 42 AO Rz. 71 ff.
5 Erlass betr. Anwendung des § 1 Abs. 3 GrEStG in Organschaftsfällen v. 11.10.2005 – 3 - S 4501/10, DB 2005, 2270.

vielen Erwerben, wie der Grundstücksgesellschaft, deren Anteile betroffen sind, Grundstücke zuzuordnen sind.[1] Die Anteilsübertragung bzw. -vereinigung fingiert einen vollständigen Grundstückserwerb; Grunderwerbsteuer wird somit nicht nur anteilig – in Höhe des steuerauslösenden Anteilserwerbs – erhoben. Soweit keine Steuervergünstigung in Betracht kommt (insb. §§ 5, 6 und 6a GrEStG), wird die Steuer grundsätzlich nach einer Gegenleistung bemessen. Eine Gegenleistung für erworbene und vereinigte Anteile ist nicht in eine Gegenleistung für die der Grundstücksgesellschaft gehörenden Grundstücke umzurechnen. Aus diesem Grund ist die Geltung der **Ersatzbemessungsgrundlage** nach § 8 Abs. 2 Satz 1 Nr. 3 GrEStG iVm. § 151 Abs. 1 Satz 1 und § 157 Abs. 1 bis 3 BewG angeordnet. Anwendbar sind somit die Bewertungsvorschriften, die bisher vorrangig für Zwecke des ErbStG anzuwenden waren (Vergleichs-, Ertrags- oder Sachwertverfahren). Die vorherige Bemessung mit dem 12,5fachen der Jahresnettomiete unter Berücksichtigung einer Alterswertminderung hat das BVerfG als mit dem Gleichheitssatz unvereinbar erklärt.[2] Sie führte schätzungsweise zu einer Bewertung in Höhe von ca. 50–60 % des gemeinen Wertes.[3] Die Neuregelung der Bemessungsgrundlage durch das StÄndG 2015[4] gilt rückwirkend für Erwerbsvorgänge, die nach dem 31.12.2008 verwirklicht wurden. Die Rückwirkung wurde durch § 23 Abs. 14 Satz 2 GrEStG eingeschränkt, soweit Steuer- und Feststellungsbescheide vor dem Inkrafttreten des Änderungsgesetzes (5.11.2015) ergangen sind.[5]

Die Steuer wird mit einem **länderspezifischen Steuersatz** auf die Bemessungsgrundlage erhoben (§ 11 Abs. 1 GrEStG ist insoweit missverständlich formuliert und gilt so nur noch für die Länder Sachsen und Bayern, die keinen abweichenden Steuersatz bestimmt haben). Es gelten folgende Steuersätze: 23.35

Bundesland	Steuersatz	seit
Baden-Württemberg	5,0 %	05.11.2011
Bayern	3,5 %	01.01.1997
Berlin	6,0 %	01.01.2014
Brandenburg	6,5 %	01.07.2015
Bremen	5,0 %	01.01.2014
Hamburg	4,5 %	01.01.2009
Hessen	6,0 %	01.08.2014
Mecklenburg-Vorpommern	5,0 %	01.07.2012
Niedersachsen	5,0 %	01.01.2014
Nordrhein-Westfalen	6,5 %	01.01.2015
Rheinland-Pfalz	5,0 %	01.03.2012
Saarland	6,5 %	01.01.2015

---

1 Vgl. BFH v. 17.2.1982 – II R 25/81, BStBl. II 1982, 336; zu den verfahrensrechtlichen Folgen vgl. unten unter G.
2 BVerfG v. 23.6.2015 – 1 BvL 13-14/11, BStBl. II 2014, 871 = UVR 2015, 265.
3 *Loose*, DB 2016, 75 (77).
4 BGBl. I 2015, 1834.
5 Zu diesem Problem vgl. *Wischott/Keller/Uterhark*, DStR 2016, 1191; *Schade/Rapp*, DStR 2016, 657.

Bundesland	Steuersatz	seit
Sachsen	3,5 %	01.01.1997
Sachsen-Anhalt	5,0 %	01.03.2012
Schleswig-Holstein	6,5 %	01.01.2014
Thüringen	6,5 %	01.01.2017

II. Exkurs: Bilanzsteuerrechtliche Behandlung der Grunderwerbsteuer

23.36 Seit dem BFH-Urteil vom 20.4.2011[1] und dessen Veröffentlichung im Bundessteuerblatt ist anerkannt, dass nach § 1 Abs. 3 GrEStG entstandene Grunderwerbsteuer **sofort abzugsfähiger Aufwand** (= Betriebsausgaben, § 4 Abs. 4 EStG) ist.[2] Im Fall der Anteilsvereinigung im Organkreis sind Steuerschuldner die Glieder des Organkreises, die Anteile an der Grundstücksgesellschaft halten. Diese sind Gesamtschuldner (§ 44 AO). Die Grunderwerbsteuer ist anteilig als Aufwand (im Verhältnis der Beteiligungen) zu erfassen und innerhalb des Organkreises auszugleichen, damit weder verdeckten Gewinnausschüttungen noch verdeckte Einlagen angenommen werden können. Dies gilt insbesondere, wenn der Organträger die Steuerschuld leistet, obgleich er nicht Steuerschuldner ist.

III. Sonstige Rechtsfolgen

1. Verhältnis zu den anderen Tatbestandsalternativen des § 1 Abs. 3 GrEStG

23.37 Nach der (wohl) herrschenden Meinung modifiziert das Organschaftsverhältnis lediglich das Tatbestandsmerkmal „der einen Hand"; die grunderwerbsteuerliche Organschaft stellt sich deshalb als ein **besonders geregelter Fall der mittelbaren Anteilsvereinigung** dar.[3] *Hofmann* betont jedoch den Unterschied zwischen Anteilsvereinigung im Organkreis und mittelbarer Anteilsvereinigung.[4] Der relevante Unterschied bestünde darin, dass an der Spitze des „bloß organschaftlich verbundenen Konzerns" ein Unternehmer stehen müsse, während eine mittelbare Anteilsvereinigung auch durch Beteiligungen im Privatvermögen möglich sei.[5] *Hofmann* vertritt diese Ansicht auf Basis der hM, wonach nur ein Umsatzsteuer-Unternehmer herrschendes Unternehmen sein könne. Dass dies nicht zwingend ist, wurde bereits ausgeführt (Rz. 23.11 ff.). Auch *Lieber* spricht sich gegen eine Bezeichnung als besonders geregelten Fall der mittelbaren Anteilsvereinigung aus, da der Grundbesitz der „Hand des Organkreises" und nicht einer einzelnen Gesellschaft zugerechnet werde.[6] Im Übrigen haben diese terminologischen Differenzierungen keinerlei praktische Auswirkungen.

23.38 Als geklärt angesehen werden kann das **Verhältnis der grunderwerbsteuerlichen Organschaft zur „einfachen" Anteilsvereinigung**. Die Finanzverwaltung ging früher davon aus,

---

1 BFH v. 20.4.2011 – I R 2/10, BStBl. II 2011, 761 = FR 2011, 904.
2 Vgl. ausdrücklich OFD-Rheinland v. 23.1.2012 – S 2174 - St 141 (01/2009), FR 2012, 284.
3 *Meßbacher-Hönsch* in Boruttau[18], § 1 GrEStG Rz. 1085; ebenso Gleichlautender Erlass zur Anwendung des § 1 Abs. 3 iVm. Abs. 4 GrEStG auf Organschaftsfälle v. 21.3.2007, BStBl. I 2007, 422, Rz. 1; BFH v. 16.1.1980 – II R 52/76, BStBl. II 1980, 360; *Gottwald* in Gottwald[5], Rz. 301.
4 Vgl. *Hofmann* in Hofmann, GrEStG[11] § 1 GrEStG Rz. 178.
5 Dazu auch ausführlich *Rothenöder*, 269 f.
6 *Lieber* in Müller/Stöcker/Lieber, Die Organschaft[10], Rz. 1805.

dass eine Anteilsvereinigung im Organkreis auch erfolgen könne, obgleich 95 % oder mehr der Anteile bei einer Organgesellschaft vereinigt wurden.[1] Nach dem Urteil des BFH vom 20.7.2005[2] wird dies nicht mehr vertreten. Die Regelungen zur Organschaft sind im Ergebnis nur in Bezug auf solche Grundstücksgesellschaften zu prüfen, deren Anteile nicht bereits unmittelbar oder mittelbar in der Hand einer Person vereinigt sind.[3]

2. Grunderwerbsteuerliche Selbstständigkeit der Organgesellschaften

Die Nähe zur umsatzsteuerlichen Organschaft darf nicht dazu verleiten, die Organgesellschaften als unselbstständig zu betrachten (vgl. ausführlich zur Umsatzsteuerorganschaft Rz. 22.80 ff.). Das GrEStG kennt diese Rechtsfolge nicht, vielmehr bleiben die Organgesellschaften **selbstständige Zuordnungssubjekte**. Die Organschaftsregelungen sind punktuell zu prüfen und haben keine Auswirkungen auf einen bestimmten Zeitabschnitt. Folge dessen ist auch, dass Grundstücksgeschäfte zwischen Organgesellschaften steuerbar sind.

23.39

3. Zuordnung des inländischen Grundbesitzes im Fall der Organschaft

Soweit eine Anteilsvereinigung im Organkreis vorliegt, stellt sich die Frage, ob der Grundbesitz **allen Organkreismitgliedern zusammen (dem Organkreis) oder nur dem Organträger** zuzuordnen ist. Diese Frage hat Bedeutung für weitere Anteilsveränderungen (bspw. durch Umwandlungen) im Organkreis.

23.40

Beispiel 3: Zuordnung des inländischen Grundbesitzes[4]

23.41

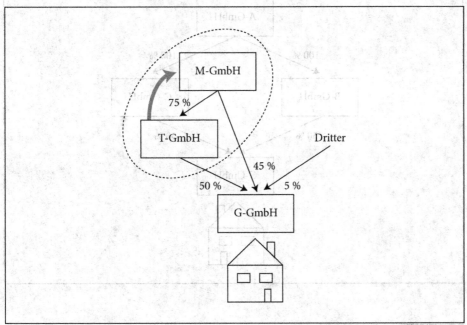

---
1 OFD Münster v. 7.12.2000 – S 4500 - 49 - St 24-35, UVR 2001, 366, Rz. 4.
2 BFH v. 20.7.2005 – II R 30/04, BStBl. II 2005, 839 = GmbHR 2005, 1578 m. Anm. *Adolf/Kleinert*.
3 Vgl. *Willibald/Widmayer*, DB 2005, 2543 (2546); *Wischott/Schönweiß*, DStR 2006, 172.
4 Fall nach *Rothenöder*, 271 (dort als Beispiel 26).

Die M-GmbH hält 75 % an der Organgesellschaft T-GmbH. Die Grundstücksgesellschaft G wird zu 45 % von der M-GmbH und zu 50 % von der T-GmbH gehalten. Die restlichen Anteile an der Grundstücksgesellschaft G werden von einem fremden Dritten gehalten. Nunmehr wird die T-GmbH auf die M-GmbH verschmolzen. **Nach der hM**[1] ist der Grundbesitz der Grundstücksgesellschaft G vor der Verschmelzung dem Organkreis und nicht der Organträgerin (M-GmbH) zuzuordnen. Die Verschmelzung führt deshalb zu einer erstmaligen Anteilsvereinigung bei der M-GmbH.

Allerdings hat der Organkreis (bestehend aus herrschendem und abhängigen Unternehmen) keinerlei grunderwerbsteuerlich relevante Rechtspersönlichkeit, auch wenn dieser als „eine Hand" fingiert wird. Die Fiktion der „einen Hand" dient lediglich der Erfassung der Anteilsvereinigung. Die Fiktion reicht jedoch nach der hM nicht so weit, dass daraus die Unselbstständigkeit der Organgesellschaften folgt. Die grunderwerbsteuerliche Zuordnung zum Organkreis bedingt somit keine grunderwerbsteuerliche Neutralität von Reorganisationen des Organkreises bzw. Grundstücksgeschäften zwischen den Organgesellschaften.

23.42 Nach aA ist der Grundbesitz dem Organträger allein zuzuordnen. In diesem Fall würde die Verschmelzung der T-GmbH auf die M-GmbH im Beispiel 3 unter Auflösung der Organschaft nicht steuerbar sein, da keine relevante Anteilsvereinigung bei der M-GmbH vorläge.[2] Die Zuordnung allein zum herrschenden Unternehmen entspricht auch der Systematik der anderen Fälle der mittelbaren Anteilsvereinigung, denn insoweit kommt es zu keiner Zuordnung des Grundbesitzes auch zu den mittelnden Gesellschaften.

23.43 **Beispiel 4: Mittelbare Anteilsvereinigung**

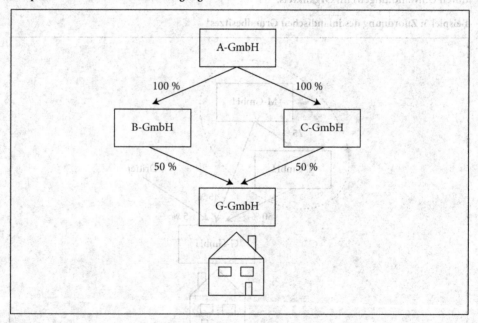

---

1 Vgl. die gleichlautende Erlasse zur Anwendung des § 1 Abs. 3 iVm. Abs. 4 GrEStG auf Organschaftsfälle v. 21.3.2007, BStBl. I 2007, 422, Rz. 1; für eine anteilige Zurechnung zu den Organkreismitgliedern, die Anteile der Grundstücksgesellschaft vereinigen *Behrens* in *Behrens*/Wachter[1], § 1 GrEStG Rz. 610.
2 Vgl. *Rothenöder*, 271 ff.; *Kaiser*, 308 ff.; *Meßbacher-Hönsch* in Boruttau[18], § 1 GrEStG Rz. 1090.

An der Grundstücksgesellschaft G sind zu jeweils 50 % die B- und C-GmbH beteiligt. Die A-GmbH hält jeweils sämtliche Anteile an der B- und C-GmbH.

Im Beispielsfall erfolgt eine Zuordnung des Grundstücks nur zur Grundstücksgesellschaft G und zur A-GmbH. Den Mittlern (B-GmbH und C-GmbH) wird das Grundstück grunderwerbsteuerlich nicht zugerechnet, da deren Anteilsbesitz an der Grundstücksgesellschaft das relevante Quantum von 95 % nicht erreicht.[1] Erst auf mittelbarer Ebene (A-GmbH) wird das relevante Quantum erreicht (2x 100 % von 50 %).

Für die Zuordnung zum Organträger (herrschendem Unternehmen) spricht somit die Vergleichbarkeit mit der einfachen mittelbaren Anteilsvereinigung. Die Fälle unterscheiden sich nur in der Ausgestaltung der Herrschaft über den Grundbesitz der Grundstücksgesellschaft. Im Fall der grunderwerbsteuerlichen Organschaft kann der Organträger die (mittelbare) Sachherrschaft nur durch die von ihm beherrschten (eingegliederten) Organgesellschaften ausüben. Im Fall der „einfachen" mittelbaren Anteilsvereinigung liegt jedoch auf allen Ebenen eine durch das grunderwerbsteuerlich notwendige Quantum von 95 % vermittelte Sachherrschaft vor. Dies führt dazu, dass sogar wirtschaftlich zu vernachlässigende mittelbare Beteiligungen zum Überschreiten der 95 % Grenze führen können. Eine Zuordnung zu allen mittelnden Gesellschaften erfolgt jedoch bei einer Kette von Beteiligungen, bei der das relevante Quantum von 95 % auf jeder Stufe erreicht wird. Diese Zuordnung zu allen Gesellschaften ist notwendig und folgerichtig, denn eine isolierte Zuordnung nur zur obersten Gesellschaft würde Anteilsbewegungen unterhalb der Konzernspitze nicht erfassen.

23.44

Für die hM und die Zuordnung zum Organkreis sprechen letztlich die mittelbaren Folgen: Wäre der Grundbesitz im Fall einer Organschaft dem Organträger zuzuordnen, würde dies eine teilweise grunderwerbsteuerliche Neutralität von Reorganisationen des Organkreises bedeuten (s. Beispiel 3). Dies ist vom Gesetzgeber nicht gewollt. Erhebliche Bedeutung kommt in diesem Zusammenhang der Einführung des § 6a GrEStG im Jahre 2009 zu. Der Gesetzgeber stellt bestimmte Umstrukturierungen im Konzern nur unter engen Voraussetzungen steuerfrei.[2] Er nutzt hierbei (zum Teil) auch die Terminologie der grunderwerbsteuerlichen Organschaft (herrschende Unternehmen und abhängige Gesellschaften). Wenn der Gesetzgeber jedoch eine Notwendigkeit der (punktuellen) Steuerbefreiung erkennt und eine spezielle Befreiungsnorm einführt, kann mE eine Zuordnung zum Organträger nicht mehr in Betracht kommen. Dieses Ergebnis ist zwar wirtschaftlich und gesetzessystematisch fraglich, der Gesetzgeber ist jedoch frei darin, Ausnahmen von speziellen Missbrauchsvermeidungsnormen nur punktuell einzuführen. Eine abweichende Auslegung des § 1 Abs. 3 GrEStG dürfte aus systematischen Gründen deshalb nicht mehr vertretbar sein.

23.45

---

1 Sofern nunmehr die B-GmbH auf die A-GmbH verschmolzen wird und bspw. die A-GmbH von der C-GmbH deren Anteile an der Grundstücksgesellschaft G erwirbt, liegt kein weiter steuerbarer Tatbestand vor, da die A-GmbH in Bezug auf die Grundstücksgesellschaft G nur ihre Position auf eine unmittelbare 100 % Beteiligung verstärkt; vgl. dazu ausführlich bei *Meßbacher-Hönsch* in Boruttau[18], § 1 GrEStG Rz. 1017.

2 Zur Anwendbarkeit des § 6a GrEStG im Fall der grunderwerbsteuerlichen Organschaft, vgl. unten Rz. 23.43.

E. Veränderungen des Organkreises (Anteilsverschiebung, Umwandlung)

I. Einführung

23.46 Ausgehend von der hM, wonach eine Zuordnung des inländischen Grundbesitzes zum Organkreis anzunehmen ist, ist bei jeder Konzernreorganisation zu prüfen, ob sie zu einer **Anteilsvereinigung im bestehenden Organkreis** führt. Die Übertragung von Grundbesitz im Rahmen eines Grundstückskaufvertrags ist in jedem Fall steuerbar (§ 1 Abs. 1 GrEStG), da die Glieder des Organkreises selbstständig bleiben. Durch die Zuordnung zum Organkreis kann darüber hinaus insbesondere eine Veränderung der Anteilsverhältnisse weitere Grunderwerbsteuer auslösen (Rz. 23.41). Nicht abschließend geklärt ist die Frage, wie mit Umwandlungen oberhalb eines Organkreises umzugehen ist (Rz. 23.52 ff.).

II. Veränderung der Anteilsverhältnisse im Rahmen einer Organschaft

23.47 Grunderwerbsteuer wird ausgelöst, wenn sich Anteile an einer Grundstücksgesellschaft erstmals im Organkreis vereinigen. Der Tatbestand wird allerdings auch dann erfüllt, wenn unterhalb einer Organgesellschaft **vereinigte Anteile auf Gesellschaften eines Organkreises „verteilt"** werden.

23.48 **Beispiel 5: Erstmalige Vereinigung im Organkreis bei bestehender Anteilsvereinigung auf Ebene einer Gesellschaft des Organkreises**[1]

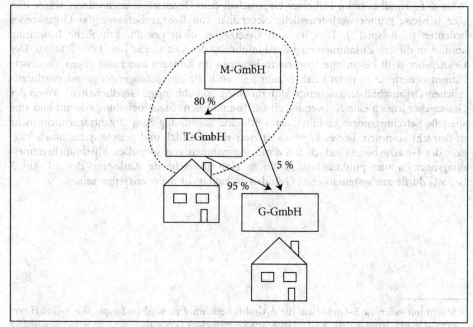

Die M-GmbH hält 80 % an der grundbesitzenden Organgesellschaft T-GmbH. Die Grundstücksgesellschaft G wird zu 95 % von der T-GmbH und zu 5 % von der M-GmbH gehalten. Der Grund-

---

[1] Entspricht dem Beispiel des gleichlautenden Erlasses zur Anwendung des § 1 Abs. 3 iVm. Abs. 4 GrEStG auf Organschaftsfälle v. 21.3.2007, BStBl. I 2007, 422, Rz. 2.3.1.

E. Veränderungen des Organkreises (Anteilsverschiebung, Umwandlung) | Rz. 23.51 Kap. 23

besitz der Grundstücksgesellschaft G ist nach hM nur der T-GmbH zuzuordnen. In der Hand des Organkreises ergibt sich keine zusätzliche Anteilsvereinigung.[1] Die Organschaft hat auch für den eigenen Grundbesitz der T-GmbH keine Relevanz, da die Eingliederung in die M-GmbH den fehlenden Anteilsbesitz von mindestens 95 % nicht ersetzen kann.[2] Trotz bestehender Organschaft ist der Grundbesitz der T-GmbH nicht der M-GmbH zuzuordnen.

Soweit nunmehr die M-GmbH Anteile an der Grundstücksgesellschaft G erwirbt, wird in jedem Fall Grunderwerbsteuer ausgelöst, denn entweder werden in der Hand der M-GmbH 95 % der Anteile vereinigt (Übertragung von mindestens 90 % der Anteile) oder es kommt zur Anteilsvereinigung im Organkreis von M- und T-GmbH (Übertragung von weniger als 90 % der Anteile).[3] Im letzteren Fall steht die vorangegangene unmittelbare Anteilsvereinigung bei einer Organgesellschaft dem nicht entgegen, weil der Organkreis und seine Mitglieder nicht identisch sind.

Dieselbe Rechtsfolge ergibt sich, wenn zunächst im Organkreis vereinigte Anteile erstmals in der Hand einer Organgesellschaft bzw. beim Organträger vereinigt werden.[4] 23.49

Die **Erweiterung eines Organschaftsverhältnisses** ist nur dann steuerbar, wenn es nicht nur zu einer bloßen Verstärkung der Beteiligung im Organkreis kommt. 23.50

Beispiel 6: Verstärkung der Beteiligung im Organkreis 23.51

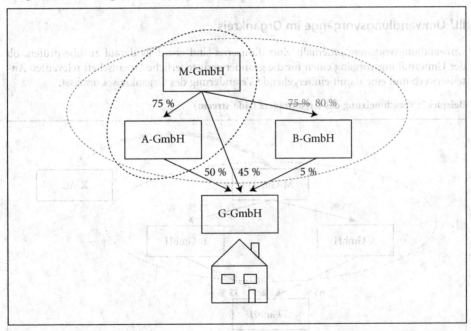

---

1 BFH v. 20.7.2005 – II R 30/04, BStBl. II 2005, 839 = GmbHR 2005, 1578 m. Anm. *Adolf/Kleinert*; vgl. auch das Beispiel des gleichlautenden Erlasses zur Anwendung des § 1 Abs. 3 iVm. Abs. 4 GrEStG auf Organschaftsfälle v. 21.3.2007, BStBl. I 2007, 422, Rz. 2.3.5.

2 Vgl. das Beispiel des gleichlautenden Erlasses zur Anwendung des § 1 Abs. 3 iVm. Abs. 4 GrEStG auf Organschaftsfälle v. 21.3.2007, BStBl. I 2007, 422, Rz. 2.2.1.

3 Eine teleologische Reduktion der Norm dürfte mangels Regelungslücke bzw. überschießender Wirkung der Missbrauchsvermeidungsnorm nicht in Betracht kommen; so allerdings *Behrens/Meyer-Wirges*, DStR 2007, 1290 (1292).

4 Vgl. das Beispiel des gleichlautenden Erlasses zur Anwendung des § 1 Abs. 3 iVm. Abs. 4 GrEStG auf Organschaftsfälle v. 21.3.2007, BStBl. I 2007, 422, Rz. 2.3.7.

Die M-GmbH hält jeweils 75 % der Anteile an der A- und B-GmbH. Die A-GmbH ist Organgesellschaft der M-GmbH, eine Eingliederung der B-GmbH wurde bisher vermieden. Die M-GmbH und die A-GmbH halten insgesamt 95 % der Anteile an der Grundstücksgesellschaft G; die B-GmbH hält die übrigen 5 %. Die Anteile der Grundstücksgesellschaft G sind im Organkreis der M- und A-GmbH vereinigt.

Soweit die M-GmbH ihre Beteiligung an der B-GmbH aufstockt und das Organschaftsverhältnis auf diese erstreckt, handelt es sich um eine Verstärkung der Beteiligung im Organkreis. Diese ist grunderwerbsteuerlich unerheblich.

Dasselbe gilt, wenn innerhalb eines bestehenden Organkreises der Anteilsbesitz an Organgesellschaften bzw. der Grundstücksgesellschaft verändert wird, ohne dass dies zu einer erstmaligen Anteilsvereinigung bei einer Gesellschaft oder in einem neuen Organkreis führt.[1]

Im Beispiel 6 wäre dies der Fall, wenn die A-GmbH weniger als 50 % der Anteile auf die M-GmbH überträgt.

Das Ausscheiden einer Organgesellschaft aus einem bestehenden Organkreis kann nur dann steuerneutral erfolgen, wenn es zu einer Anteilsverstärkung ohne Anteilsverschiebungen kommt.

Im Beispiel 6 wäre dies der Fall, wenn die M-GmbH ihren Anteil an der B-GmbH an einen Dritten veräußert. Grunderwerbsteuer wird nicht ausgelöst, da die Anteile weiterhin im Organkreis vereinigt sind.

III. Umwandlungsvorgänge im Organkreis

23.52 Umwandlungsvorgänge innerhalb eines Konzerns sind ebenfalls darauf zu überprüfen, ob der Umwandlungsvorgang einen für die grunderwerbsteuerliche Organschaft relevanten Anteilserwerb und eine damit einhergehende Veränderung des Organkreises umfasst.

23.53 **Beispiel 7: Verschmelzung des Organträgers (side-stream)**

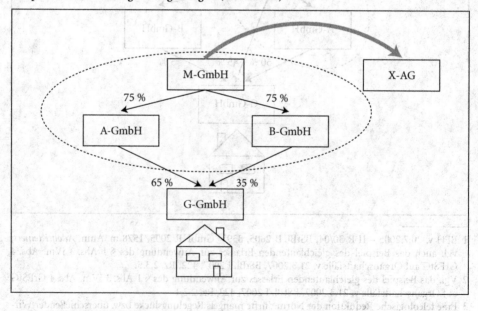

[1] Insoweit ist das Beispiel bei *Lieber* in Müller/Stöcker/Lieber, Die Organschaft[10], Rz. 1819 missverständlich, da die dortige C-GmbH mangels Beteiligung an der Grundstücksgesellschaft (E-GmbH) vorher nicht Organgesellschaft eines grunderwerbsteuerlichen Organkreises gewesen sein kann.

Die M-GmbH hält jeweils 75 % der Anteile an den Organgesellschaften A- und B-GmbH. Die Organgesellschaften halten insgesamt 95 % der Anteile an der Grundstücksgesellschaft G. Im Rahmen eines Unternehmenskaufs soll nunmehr die Konzernmutter X-AG des erwerbenden Konzerns mit der M-GmbH verschmolzen werden.

Alternative 1: Soweit die M-GmbH auf die X-AG verschmolzen wird und die Organgesellschaften in die X-AG eingegliedert werden, führt dies zum Übergang der Anteile an der A- und B-GmbH auf die X-AG. Es liegt eine Anteilsvereinigung der Anteile der Grundstücksgesellschaft G im **sog. fortgeführten Organkreis** mit der X-AG als Organträgerin vor.[1] Durch den Eintritt der X-AG in die Stellung als Organträger entsteht ein neuer Organkreis und eine neue grunderwerbsteuerliche Zuordnung des Grundbesitzes der Grundstücksgesellschaft G, die es rechtfertigen, Grunderwerbsteuer auszulösen.

Alternative 2: Eine Grunderwerbsteuerbelastung entsteht nicht, wenn die X-AG auf die M-GmbH verschmolzen wird, denn in diesem Fall kommt es nicht zu einer Anteilsübertragung in Bezug auf die A- und B-GmbH.

Steuerbar sind deshalb ebenfalls Gestaltungen, in denen der Organträger auf eine Organgesellschaft (down-stream) verschmolzen wird und die übrigen Organgesellschaften in diese eingegliedert werden.

Beispiel 8: Verschmelzung des Organträgers auf eine Organgesellschaft (down-stream)

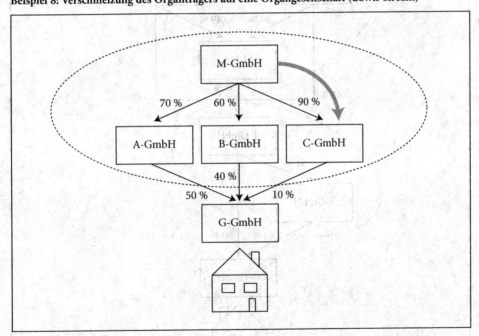

Die M-GmbH bildet mit der A-, B- und C-GmbH einen Organkreis in Bezug auf die Anteile an der Grundstücksgesellschaft G. Wird die M-GmbH auf die C-GmbH verschmolzen und die A- und B-GmbH in die C-GmbH eingegliedert, liegt eine **Anteilsvereinigung im fortgeführten Organkreis** vor.[2] Es kommt zwar zu keinem Eintritt einer neuen Gesellschaft in den Organkreis (so Beispiel 7),

---

1 Vgl. das Beispiel des gleichlautenden Erlasses zur Anwendung des § 1 Abs. 3 iVm. Abs. 4 GrEStG auf Organschaftsfälle v. 21.3.2007, BStBl. I 2007, 422, Tz. 4.1.2.
2 So auch das Beispiel des gleichlautenden Erlasses zur Anwendung des § 1 Abs. 3 iVm. Abs. 4 GrEStG auf Organschaftsfälle v. 21.3.2007, BStBl. I 2007, 422, Rz. 4.2, auch wenn die dortige

für die Auslösung von Grunderwerbsteuer genügt jedoch bereits die Umqualifizierung der C-GmbH zur neuen Organträgerin.

Im Beispiel kann die Grunderwerbsteuer vermieden werden, wenn die C-GmbH auf die M-GmbH (**up-stream**) verschmolzen wird. Denn das Ausscheiden der C-GmbH aus dem Organkreis unter Übertragung ihrer Anteile auf die M-GmbH führt nicht zu einem fortgeführten Organkreis. Die Anteilsübertragung führt nur zu einer unerheblichen Verstärkung der M-GmbH in Bezug auf die Grundstücksgesellschaft G.

23.56 Für **internationale Konzernstrukturen** ergeben sich weitere Probleme, wenn in einer Kette von Beteiligungen Organschaftsbeziehungen bestehen.

23.57 **Beispiel 9: Verschmelzung der Konzernspitze (Erweiterung von Beispiel 7)**

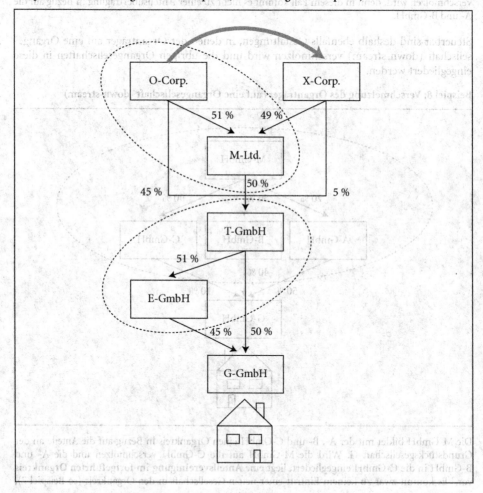

B-GmbH nicht Organgesellschaft des Organkreises sein kann, da diese keinerlei Anteile an der Grundstücksgesellschaft (C-GmbH) vermittelte, deren Anteile im Organkreis vereinigt wurden.

Es besteht eine grunderwerbsteuerliche Organschaft zwischen der T- und der E-GmbH in Bezug auf die Anteile der Grundstücksgesellschaft G. Die T-GmbH wird von der O- und X-Corp. sowie von der M-Ltd. gehalten. Die M-Ltd. ist in das Unternehmen der O-Corp. eingegliedert.

Wird nunmehr die O-Corp. auf die X-Corp. verschmolzen, stellt sich die Frage, ob dies eine Anteilsvereinigung im fortgeführten Organkreis darstellen kann, denn im Organkreis von O-Corp. und M-Ltd. sind 95 % der Anteile an der T-GmbH vereinigt.

Die Finanzverwaltung behandelt im Erlass nur einen ähnlich gelagerten Fall, in dem in einer Kette von Beteiligungen eine Beteiligung an einem Organträger besteht.[1] Die Lösung der Finanzverwaltung (keine Anteilsvereinigung, da das Organschaftsverhältnis den notwendigen Anteilsbesitz nicht ersetzt), ist zutreffend. Diese Auslegung ist jedoch davon abhängig, dass das Grundstück dem Organkreis von T- und E-GmbH zugerechnet wird und nicht der T-GmbH als Organträgerin.

Im Beispielsfall könnte eine Anteilsübertragung im fortgeführten Organkreis der X-Corp. nur angenommen werden, wenn in das Unternehmen der O-Corp. die T- und E-GmbH eingegliedert wären, denn in diesem Fall würde ein Organkreis unterhalb der O-Corp. bestehen, dem der Grundbesitz zuzuordnen wäre.

Die sog. **Konzernklausel** (§ 6a GrEStG) hat für den Fall der Umwandlung innerhalb der grunderwerbsteuerlichen Organschaft keine Relevanz. Nach dessen Satz 1 wird auch für einen nach § 1 Abs. 3 GrEStG steuerbaren Rechtsvorgang – und somit auch für Fälle der Anteilsvereinigung im Organkreis – auf Grund einer Umwandlung die Steuer nicht erhoben. Weitere Voraussetzung ist jedoch, dass an dem Umwandlungsvorgang ausschließlich ein herrschendes Unternehmen und ein oder mehrere von diesem herrschenden Unternehmen abhängige Gesellschaften etc. beteiligt sind. Da Satz 3 jedoch die Beherrschung allein an die Beteiligungshöhe von 95 % und eine Haltedauer knüpft, können Umwandlungen innerhalb der grunderwerbsteuerlichen Organschaft nicht erfasst sein, da deren Regelungen nur greifen, wenn das relevante Quantum von 95 % gerade nicht erreicht wird (vgl. in Beispiel 8 die Verschmelzung des Organträgers auf die Organgesellschaft). Die Konzernklausel kann jedoch für Umwandlungen oberhalb eines Organkreises relevant werden.[2]

23.58

F. Vermeidungsstrategien in der Praxis

Vermeidungsstrategien setzen in der Praxis an den gesetzlichen Tatbestandsmerkmalen bzw. an den weiteren Voraussetzungen der Finanzverwaltung an:

23.59

– Finanzielle Eingliederung der Organgesellschaft

– Organisatorische Eingliederung der Organgesellschaft

– Zeitlich enger Zusammenhang zwischen Anteilstransfer und Begründung der Organgesellschaft.

Das Kriterium der wirtschaftlichen Eingliederung eignet sich nicht für Vermeidungsstrategien, da es zu unbestimmt ist und es keinerlei Rechtssicherheit bietet (Rz. 23.22).[3] Ob die Vermeidung einer Organschaft durch Reduzierung des vermeintlichen Organträgers auf eine Finanzholding empfehlenswert ist, dürfte bezweifelt werden (Rz. 23.11 ff.).[4] Auch die weite-

23.60

---

1 Vgl. das Beispiel des gleichlautenden Erlasses zur Anwendung des § 1 Abs. 3 iVm. Abs. 4 GrEStG auf Organschaftsfälle v. 21.3.2007, BStBl. I 2007, 422, Rz. 6.
2 Vgl. das Beispiel bei *Lieber* in Müller/Stöcker/Lieber, Die Organschaft[10], Rz. 1764.
3 Mit dieser Tendenz bereits *Günkel/Lieber* in FS Herzig, 353 (368).
4 So aber ausdrücklich *Lieber* in Müller/Stöcker/Lieber, Die Organschaft[10], Rz. 1783.

ren Vermeidungsstrategien müssen zudem sämtliche weitere Grunderwerbsteuertatbestände in Betracht ziehen (hier insb. § 1 Abs. 3a GrEStG). Die üblichen Blocker-Modelle mit zwischengeschalteten Personengesellschaften[1] vermeiden zwar eine Anteilsvereinigung i.S.d. § 1 Abs. 3 GrEStG, nicht jedoch eine „wirtschaftliche Anteilsvereinigung" i.S.d. § 1 Abs. 3a GrEStG. In der Praxis dürfte die Prüfung der geplanten Gestaltung durch das zuständige Finanzamt (dazu unten Rz. 23.50) im Rahmen einer – wenn auch kostenpflichtigen – verbindlichen Auskunft (§ 89 Abs. 2 ff. AO) empfehlenswert sein.

23.61 Eine **finanzielle Eingliederung** kann grundsätzlich verhindert werden, wenn der rechnerische Anteilsbesitz (ausgehend vom Nominalwert der Anteile) von den Stimmrechten abweicht. Hält eine Obergesellschaft zwar mehr als 50 % der Anteile an einer Untergesellschaft, verfügt sie jedoch nicht in gleichem Maße über Stimmrechte (bspw. durch Gewährung von **Mehrstimmrechten** an den Minderheitsgesellschafter), liegt keine finanzielle Eingliederung vor.

23.62 **Beispiel 10: Vermeidung der finanziellen Eingliederung (Fortführung von Beispiel 1)**

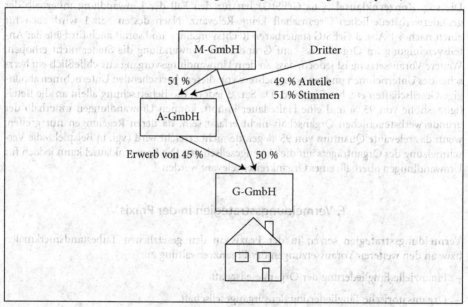

Die M-GmbH hält 51 % der Anteile an A-GmbH und 50 % der Anteile an der Grundstücksgesellschaft. Nach Erwerb von 45 % der Anteile an der Grundstücksgesellschaft G durch die A-GmbH wird eine finanzielle Eingliederung der A-GmbH unter der M-GmbH durch Gewährung von Mehrstimmrechten an den Dritten vermieden.

In der Praxis ist hier sicherzustellen, dass der Dritte für einen Teil der Anteile nicht als Treuhänder für die M-GmbH handelt bzw. eine Stimmbindungsvereinbarung den Gleichlauf von Stimmrechten und kapitalmäßiger Beteiligung wieder herstellt.

Im Beispielsfall greift § 1 Abs. 3a GrEStG nicht ein, da auch wirtschaftlich dem Dritten insgesamt 22,05 % der Anteile an der Grundstücksgesellschaft zuzurechnen sind (49 % von 45 %).

---

1 Vgl. nur das Beispiel bei *Günkel/Lieber* in FS Herzig, 353 (369 f.) aus der Zeit vor Inkrafttreten des § 1 Abs. 3a GrEStG.

Die **organisatorische Eingliederung** kann vermieden werden, wenn der potenzielle Organträger eine von seinem Willen abweichende Willensbildung bei der Untergesellschaft nicht ausschließen kann, insbesondere keine **personelle Verflechtung** der Geschäftsführung oder weiterer Organe vorliegt.

Beispiel 11: Vermeidung der organisatorischen Eingliederung (Fortführung von Beispiel 10)

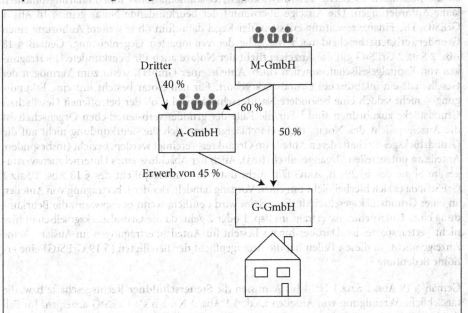

Wie in Beispiel 10 erfolgt ein Anteilserwerb durch die A-GmbH. Die Geschäftsführung der M-GmbH wird durch Herrn A, Frau B und Frau C im Wege der Gesamtvertretung übernommen. Bei der A-GmbH sind neben Frau C noch Herr D und Herr E als Geschäftsführer bestellt. Eine Einzelvertretung ist nicht vereinbart (§ 35 Abs. 2 GmbHG).

Durch die Möglichkeit der Überstimmung von Frau C in der Geschäftsführung der A-GmbH liegt keine organisatorische Eingliederung vor. Die Anteile der Grundstücksgesellschaft G sind nicht im Organkreis vereinigt.

Dies gilt jedoch nicht, wenn bspw. Herr A und Frau B bei der A-GmbH in sonst leitender Stellung tätig werden. Ein sicheres Indiz für eine tatsächlich nicht vorliegende organisatorische Eingliederung wäre gegeben, wenn Herr D und Herr E in den Organisationsbereich des Dritten gehören.

Im Zweifel empfiehlt sich, die organisatorische und die finanzielle Eingliederung zugleich zu vermeiden. Die Entstehung einer grunderwerbsteuerlichen Organschaft wird mit Sicherheit nur dann vermieden, wenn zwischen Anteilserwerb und Begründung des Abhängigkeitsverhältnisses ein Zeitraum von mehr als 15 Monaten liegt (in den Beispielen 10 und 11 wird nach dem Erwerb der Anteile an der Grundstücksgesellschaft die finanzielle und organisatorische Eingliederung zunächst vermieden und erst nach 15 bzw. 18 Monaten hergestellt). Die Gestaltungen mit Mehrstimmrechten und gemischten Geschäftsführungsorganen sind deshalb idR nur für eine Übergangszeit erforderlich.

G. Compliance-Aspekte der grunderwerbsteuerlichen Organschaft

I. Mitwirkungspflichten und Tax Compliance Management System

23.66 Der Erwerb eines inländischen Grundstücks (steuerbar nach § 1 Abs. 1 Nr. 1 GrEStG) stellt an die Beteiligten in Bezug auf Mitwirkungs-, Dokumentations- und Erklärungspflichten keine Anforderungen. Die Anzeige übernimmt der beurkundende Notar gem. § 18 Abs. 1 GrEStG. Die Finanzverwaltung erlässt in der Regel daraufhin ohne weitere Anhörung einen Grunderwerbsteuerbescheid nach Maßgabe der vereinbarten Gegenleistung. Gemäß § 18 Abs. 2 Satz 2 GrEStG gilt die **Anzeigepflicht der Notare** auch für beurkundete Übertragungen von Kapitalgesellschaftsanteilen (insb. Anteile einer GmbH), wenn zum Vermögen der Gesellschaft ein inländisches Grundstück gehört. Für den Notar besteht nur eine Erkundigungs-, nicht jedoch eine besondere Nachforschungspflicht, ob der betroffenen Gesellschaft Grundstücke zuzuordnen sind.[1] Für die Fälle der grunderwerbsteuerlichen Organschaft ist die Anzeigepflicht des Notars nicht einschlägig, wenn sich die Beurkundung nicht auf die Grundstücksgesellschaft, deren Anteile im Organkreis vereinigt werden, bezieht (insbesondere Anteile an potenziellen Organgesellschaften). Auch der Abschluss eines Unternehmensvertrages im Sinne des §§ 291 ff. AktG fällt nicht unter die Anzeigepflicht des § 18 Abs. 2 Satz 2 GrEStG, da es sich hierbei nicht um einen Vorgang handelt, der der Übertragung von Anteilen an einer Grundstücksgesellschaft dient. Dies wird deutlich, wenn es bspw. um die Beurkundung eines Unternehmensvertrags im Bsp. 1 oder 2 geht, da die Grundstücksgesellschaft hier nicht Vertragspartei ist. Darüber hinaus besteht für Anteilsübertragungen im Ausland keine Anzeigepflicht. In diesen Fällen hat die Anzeigepflicht der Beteiligten (§ 19 GrEStG) eine erhöhte Bedeutung.[2]

23.67 Gemäß § 19 Abs. 1 Satz 1 Nr. 4 bis 7 müssen die **Steuerschuldner** Rechtsgeschäfte bzw. die tatsächliche Vereinigung von Anteilen i.S.d. § 1 Abs. 3 Nr. 1 bis 4 GrEStG anzeigen. Im Fall der grunderwerbsteuerlichen Organschaft sind Steuerschuldner gem. § 13 Nr. 5 Buchstb. b GrEStG alle Beteiligten. Soweit der Organträger selbst keine Anteile an der Grundstücksgesellschaft hält (vgl. das Beispiel 2), soll ein Rückgriff auf diesen als Steuerschuldner und somit auch als Anzeigepflichtigen nicht in Betracht kommen.[3] Soweit dennoch der Organträger eine Anzeige macht, sollte diese im Namen der Organgesellschaften erfolgen. Die Anzeigefrist ist, mit nur zwei Wochen ab Kenntnis des Vorgangs, äußerst kurz. Auf die Kenntnis der Steuerbarkeit des betreffenden Vorgangs kommt es nicht an.[4] Da die Anzeigen ausdrücklich als Steuererklärungen gelten (§ 19 Abs. 5 Satz 1 GrEStG), drohen auch strafrechtliche Konsequenzen, denn die verspätete Abgabe einer Steuererklärung steht einer Nichtabgabe grundsätzlich gleich.[5] Entsprechende Zuständigkeitsregelungen im Konzern sollten in einem Tax Compliance Management System (i.S.e. Kontrollsystems nach AEAO zu § 153 Tz. 2.6 Satz 6) aufgenommen werden.[6] Erhebliche Auswirkungen hat in der Praxis auch § 16 Abs. 5

---

1 Vgl. zutreffend OFD München v. 6.11.2001 – S 4540 - 35 St 351.
2 Unter anderem schon deshalb, um eine Anlaufhemmung nach § 170 Abs. 2 Nr. 1 AO zu verhindern; vgl. BFH v. 6.7.2005 – II R 9/04, BStBl. II 2005, 780 zur Verhinderung der Anlaufhemmung durch die Anzeige des Notars.
3 *Viskorf* in Boruttau[18], § 13 GrEStG Rz. 42; ebenso schon *Heine*, UVR 2007, 245 (248).
4 *Viskorf* in Boruttau[18], § 19 GrEStG Rz. 22.
5 *Franzen/Gast/Joecks*, Steuerstrafrecht[7], § 370 AO Rz. 177.
6 Vgl. dazu allgemein IDW Praxishinweis 1/2016 v. 31.5.2017.

GrEStG, der die Anwendbarkeit der besonderen Korrekturvorschriften (§ 16 Abs. 1 und 2 GrEStG)[1] ausschließt, wenn der Erwerbsvorgang nicht ordnungsgemäß angezeigt wurde.

23.68 Im Fall der grunderwerbsteuerlichen Organschaft ist das **zuständige Finanzamt** sorgfältig zu bestimmen, da die Anzeige nur bei Erstattung an das zuständige Finanzamt Frist wahrend ist. Im Zweifel sollte die Anzeige – unter Hinweis auf mehrfache Anzeige – bei allen in Betracht kommenden Finanzämtern eingereicht werden. Grundsätzlich ist das Finanzamt örtlich zuständig, in dessen Bezirk sich die Geschäftsleitung der Grundstücksgesellschaft befindet.[2] Dieses Finanzamt führt eine gesonderte Feststellung nach § 17 Abs. 3 Satz 1 Nr. 2 GrEStG durch (Ausnahme: nur ein Grundstück im Bezirk nur eines Finanzamts). Liegt die Geschäftsleitung der Grundstücksgesellschaft nicht im Inland, ist dasjenige Finanzamt örtlich zuständig, in dessen Bezirk sich der wertvollste Grundstücksteil befindet (§ 17 Abs. 3 Satz 2 GrEStG). Im Rahmen der gesonderten Feststellung ist über die Tatbestandsmäßigkeit des Vorgangs, nicht jedoch über den Wert i.S.d. § 138 Abs. 2 bis 4 BewG zu entscheiden. Im Einverständnis der Finanzämter ist auch eine Zuständigkeit des Finanzamts der inländischen Konzernspitze möglich (§ 27 AO).

II. Sonstige Dokumentationsanforderungen

23.69 Soweit **grenzüberschreitende Konzernstrukturen** inländischen Grundbesitz haben, ist eine vorherige Sensibilisierung auch der Geschäftsleiter im Ausland (insbesondere der Konzernspitze) erforderlich. Dies gilt insbesondere dann, wenn in der ausländischen Rechtsordnung die „Bewegung" von Gesellschaftsanteilen zum Tagesgeschäft gehört (Ausschüttung von Anteilen zur Straffung von Konzernstrukturen, Übertragung und spätere Rückübertragung von Anteilen als Sicherungsmittel oder auch Umwandlungen von Gesellschaften statt deren Liquidierung). Nach einem Unternehmenskauf kann es zu einer Vielzahl von Reorganisationsschritten im Ausland kommen, die Auswirkungen auf bestehende grunderwerbsteuerliche Organschaften haben. Im schlimmsten Fall können nachgelagerte Reorganisationen mehrfach Grunderwerbsteuer in Bezug auf das nämliche Grundstück auslösen.

23.70 Die Beteiligungsverhältnisse inländischer Grundstücksgesellschaften sollten deshalb **dokumentiert** und fortlaufend **überwacht** werden, damit entweder der Anfall von Grunderwerbsteuer vermieden wird oder zumindest den Anzeigepflichten in der gesetzlichen Frist nachgekommen werden kann. Hierzu ist zunächst erforderlich, dass eine Übersicht der Gesellschaften mit inländischem Grundbesitz vorliegt und – bspw. über Organigramme – erkenntlich wird, welche Konzerngesellschaften an diesen Gesellschaften unmittelbar und mittelbar beteiligt sind. Soweit eine Anteilsvereinigung im Organkreis aktiv vermieden werden soll, sind auch die hierzu erforderlichen Maßnahmen zu überwachen und zu dokumentieren (bspw. Aufbewahrung von Organigrammen, Dokumentation zum Einsatz von Geschäftsführern und sonstigen leitenden Angestellten).

---

1 Zur Anwendbarkeit von § 16 Abs. 1 und 2 GrEStG auf den Tatbestand des § 1 Abs. 3 GrEStG vgl. *Loose* in Boruttau[18], § 16 GrEStG Rz. 274 f.
2 Vgl. auch den Gleichlautenden Erlass zur Durchführung der Feststellungen des § 17 GrEStG v. 18.7.2007, BStBl. I 2007, 549.

H. Fazit

23.71 Die Regelung zur grunderwerbsteuerlichen Organschaft in § 1 Abs. 3 iVm. Abs. 4 Nr. 2 GrEStG ist „eine Herausforderung für die Freunde von Denksportaufgaben"[1]. Die Norm wurde als Missbrauchsvermeidungsvorschrift eingeführt und enthielt durch den ursprünglichen Verweis auf die umsatzsteuerliche Organschaft eine materielle Vereinfachung für die Finanzverwaltung. In den letzten zwei Jahrzehnten hat sich der Anwendungsbereich jedoch erheblich vergrößert. Anteilsbewegungen im ausländischen Konzern, selbst mehrere Ebenen oberhalb der Grundstücksgesellschaft, können Grunderwerbsteuer auslösen und werden zunehmend von der Finanzverwaltung im Rahmen von Konzernbetriebsprüfungen tatsächlich aufgegriffen. Die Regelungen zur Organschaft, aber auch der Gestaltungswille der Konzerne zur Vermeidung von Steuerbelastungen, führen zu einem erheblichen Vollzugsaufwand auf Ebene der Steuerpflichtigen und der Finanzverwaltung.

23.72 Die neue Regelung des § 1 Abs. 3a GrEStG entbindet nicht von einer Prüfung der grunderwerbsteuerlichen Organschaft, da § 1 Abs. 3a GrEStG nur anwendbar ist, wenn kein Tatbestand des § 1 Abs. 3 GrEStG vorliegt. Trotzdem hat die grunderwerbsteuerliche Organschaft durch die Einführung des § 1 Abs. 3a GrEStG faktisch an Bedeutung verloren. Soweit der Gesetzgeber an § 1 Abs. 3a GrEStG festhält, sollte er über eine Abschaffung des § 1 Abs. 3 GrEStG nachdenken, zumindest jedoch über eine Abschaffung der Organschaftsalternative.

---

1 So ausdrücklich noch *Fischer* in Boruttau[17], § 1 GrEStG Rz. 1047. S. auch die „Denksport-Erkenntnis" des österreichischen Verfassungsgerichtshofs v. 29.6.1990, VfSlg. 12.420/1990, nach der ein Gesetz verfassungswidrig ist, wenn vom Anwender „außerordentliche methodische Fähigkeiten" abverlangt werden bzw. eine „gewisse Lust zum Lösen von Denksport-Aufgaben" erforderlich ist.

Kapitel 24
Organschaft bei Insolvenz und Sanierung

A. Insolvenz und Steuerrecht	24.1		4. Zusammenfassung	24.42
I. Steuerverbindlichkeiten als Masseverbindlichkeiten oder Insolvenzforderungen	24.1		IV. Folgen der Beendigung der Organschaft	24.44
			1. Berichtigung nach § 17 UStG	24.44
II. Haftung nach § 73 AO	24.8		2. Berichtigung nach § 15a UStG	24.50
1. Regelungsgegenstand	24.8		V. Insolvenzanfechtung und Organschaft	24.51
2. Umfang der Haftung	24.9			
3. Gesamtschuldnerschaft und Innenausgleich	24.12		C. Körperschaftsteuerliche Organschaft	24.56
B. Umsatzsteuerliche Organschaft	24.15		I. Grundsätzliche Problematik	24.56
I. Grundsätzliche Problematik	24.15		II. Auswirkungen der Insolvenz auf die Tatbestandsvoraussetzungen	24.57
II. Bedeutung des insolvenzrechtlichen Einzelverfahrensgrundsatzes	24.17		1. Finanzielle Eingliederung	24.57
III. Auswirkungen der Insolvenz auf die Eingliederungsvoraussetzungen	24.22		a) Insolvenz (nur) der Organgesellschaft	24.57
1. Finanzielle Eingliederung	24.22		b) Insolvenz (nur) des Organträgers	24.62
2. Wirtschaftliche Eingliederung	24.26		c) Insolvenz von Organträger und Organgesellschaft	24.64
3. Organisatorische Eingliederung	24.27		2. Fortbestand des Gewinnabführungsvertrags	24.67
a) Fallgruppen	24.27		3. Tatsächliche Durchführung	24.70
b) Insolvenz (nur) des Organträgers	24.28		4. Fazit	24.72
c) Insolvenz (nur) der Organgesellschaft	24.35		III. Folgen des Fortbestands bzw. der Beendigung	24.73
d) Insolvenz von Organträger und Organgesellschaft	24.41			

Literatur: *Fichtelmann*, Die Beendigung des Gewinnabführungsvertrags und ihre Auswirkungen auf die Organschaft, GmbHR 2010, 576; *Frotscher*, Besteuerung bei Insolvenz, 8. Aufl. 2014; *Gottwald* (Hrsg.), Insolvenzrechts-Handbuch, 5. Aufl. 2015; Großkomm/AktG, hrsg. von *Herbert Wiedemann*, Band 8, 4. Aufl., Stand: 1.10.2012; *Graeber*, Der Konzerninsolvenzverwalter – Pragmatische Überlegungen zu Möglichkeiten eines Konzerninsolvenzverfahrens, NZI 2007, 265; *Hasbach*, Beendigung der umsatzsteuerlichen Organschaft mit Eröffnung des (vorläufigen) Eigenverwaltungsverfahrens, MwStR 2017, 262; *Hobelsberger*, Umsatzsteuerpflicht und -haftung in der vorläufigen Eigenverwaltung, DStR 2013, 2545; *Jaffé/Friedrich-Vache*, Blick ins „Insolvenzumsatzsteuerrecht": Umsatzsteuer als Masseverbindlichkeit in der vorläufigen Eigenverwaltung?, MwStR 2014, 86; *Kahlert*, Beendigung der ertragsteuerlichen Organschaft mit dem vorläufigen Insolvenzverfahren, DStR 2014, 73; *Kahlert*, Ein neuer Schöpfungsakt des V. BFH-Senats zur Umsatzsteuer im Insolvenzverfahren und seine Entschlüsselung, ZIP 2015, 11; *Kahlert*, Umsatzsteuerliche Organschaft und (vorläufige) Eigenverwaltung, ZIP 2013, 2348; *Kahlert*, Insolvenzrecht und Steuerrecht – Gemeinsam für ein wettbewerbsfähiges Insolvenzrecht, ZIP 2014, 1101; *Kahlert*, Erhebung der Umsatzsteuer im Insolvenzverfahren – Rechtsvergleich und Vorlagepflicht, DStR 2015, 1485; *Kahlert*, Ein neuer Schöpfungsakt des V. BFH-Senats zur Umsatzsteuer im Insolvenzverfahren und seine Entschlüsselung, ZIP 2015, 11; *Kahlert/ Rühland*, Sanierungs- und Insolvenzsteuerrecht, 2. Aufl. 2011; *Kahlert/Schmidt*, Keine Beendigung der umsatzsteuerlichen Organschaft bei Eigenverwaltungsverfahren; DStR 2014, 419; *Klusmeier*, Ist die Umsatzsteuer in der vorläufigen Eigenverwaltung keine Masseverbindlichkeit i.S.d. § 55 Abs. 4 InsO?, ZInsO 2014, 488; *Krüger*, Insolvenzsteuerrecht Update 2017, ZInsO 2017, 405; *Lange*, Der steuerlich wichtige Kündigungsgrund bei der ertragsteuerlichen Organschaft, GmbHR 2011, 807;

Lenger/Khanian, Beendigung der umsatzsteuerlichen Organschaft in der vorläufigen Eigenverwaltung, NZI 2014, 385; *Linsenbarth*, Umsatzsteuer für nach Insolvenzeröffnung vereinnahmte Entgelte als Masseverbindlichkeit auch bei Eigenverwaltung EWiR 2016, 771; *Marchal/Oldiges*, Beendigung der umsatzsteuerlichen Organschaft auch bei Bestellung eines schwachen vorläufigen Insolvenzverwalters – BFH verschärft Anforderungen an umsatzsteuerliche Organschaft, DStR 2013, 2211; *Mock*, Das neue Konzerninsolvenzrecht nach dem Gesetz zur Erleichterung der Bewältigung von Konzerninsolvenzen, DB 2017, 951; *Möhlenkamp/Möhlenkamp*, (Umsatz-)Steuerliche Organschaft und eigenverwaltete Konzerninsolvenz – wohin treibt das Sanierungssteuerrecht?, DStR 2014, 1357; *Onusseit*, Rechtliche Uneinbringlichkeit im Zusammenhang mit § 55 Abs. 4 InsO, ZInsO 2016, 452; *Rekers*, Zur Haftung des Abtretungsempfängers gem. § 13c UStG für Umsatzsteuer beim sog. echten Factoring, ZInsO 2016, 681; *Roth*, Insolvenzsteuerrecht, 2. Aufl. 2015; *Scheifele/Marx*, Die zeitlichen Anforderungen an den Gewinnabführungsvertrag und seine Durchführung, DStR 2014, 1793; *Schneider/Hinz*, Verunglückte Organschaften – Ursachen und Heilungsmöglichkeiten, Ubg 2009, 738; Sonnleitner (Hrsg.), Insolvenzsteuerrecht, 2017; *Suchanek/Herbst*, Die tatsächliche Durchführung von Gewinnabführungsverträgen i.S.d. § 14 Abs. 1 S. 1 Nr. 3 S. 1 KStG, FR 2005, 665; *Trendelenburg*, Der Gewinnabführungs- und Beherrschungsvertrag in der Krise der Obergesellschaft, NJW 2002, 647; *Urban*, Aufgedrängter Haftungsanspruch – Insolvenzanfechtung bei umsatzsteuerlicher Organschaft in der neueren Rechtsprechung der ordentlichen Gerichte und des BFH, UR 2011, 285; *Wäger*, Rechtsprechungsauslese 2013, UR 2014, 90; *Wäger*, Umsatzsteuerliche Organschaft im Wandel, DB 2014, 915; *Wagner/Fuchs*, Das Schicksal der umsatzsteuerlichen Organschaft bei Eröffnung des Insolvenzverfahrens über das Vermögen von Konzerngesellschaften, BB 2014, 2583; *Wagner/Fuchs*, Umsatzsteuerliche Organschaft: Zwingendes Ende der finanziellen Eingliederung durch Insolvenz einer Gesellschaft?, BB 2017, 2202; *Wagner/Marchal*, Umsatzsteuerliche Auswirkungen der Bestellung eines vorläufigen Insolvenzverwalters, BB 2015, 86; *Waza/Uhländer/Schmittmann*, Insolvenzen und Steuern, 11. Aufl. 2015; *Weber*, Umsatzsteuerliche Organschaft in der Insolvenz, NWB 2017, 2035; *Zeeck*, Die Umsatzsteuer in der Insolvenz, KTS 2006, 407; *Zeidler*, Ausgewählte Probleme des GmbH-Vertragskonzernrechts, NZG 1999, 692.

A. Insolvenz und Steuerrecht

I. Steuerverbindlichkeiten als Masseverbindlichkeiten oder Insolvenzforderungen

24.1 Eine der zentralen Fragen an der Schnittstelle zwischen Insolvenz- und Steuerrecht ist die nach der Abgrenzung zwischen Steueransprüchen des Fiskus, die beim Insolvenzschuldner Masseverbindlichkeiten i.S.d. § 55 InsO sind, und solchen, die Insolvenzforderungen i.S.d. § 38 InsO darstellen. Während der Fiskus eine Insolvenzforderung nur durch Anmeldung zur Tabelle (§§ 87, 174 ff. InsO) geltend machen kann, sind Masseverbindlichkeiten vorrangig aus der Masse zu bedienen (§ 53 InsO). Im Grundsatz kommt es darauf an, ob die jeweilige Steuerverbindlichkeit **vor Eröffnung des Insolvenzverfahrens** begründet wurde (dann: Insolvenzforderung, § 38 InsO) oder ob sie nach Verfahrenseröffnung **durch eine Handlung des Insolvenzverwalters oder in anderer Weise durch die Verwaltung, Verwertung und Verteilung der Masse begründet** wurde (dann: Masseverbindlichkeit, § 55 Abs. 1 InsO). Unter bestimmten Voraussetzungen werden zudem Verbindlichkeiten, die nach Antragstellung, aber vor Verfahrenseröffnung unter Mitwirkung eines vorläufigen Insolvenzverwalters begründet worden sind, gem. § 55 Abs. 2 und Abs. 4 InsO zu Masseverbindlichkeiten. Wurde die Steuerverbindlichkeit zwar nach Verfahrenseröffnung begründet, erfüllt sie aber nicht die weiteren Voraussetzungen des § 55 InsO, entsteht eine den Schuldner im insolvenzfreien Bereich treffende sog. neue Forderung.[1] Wann eine Steuerverbindlichkeit im insolvenzrechtlichen Sinne begründet ist, ist weder in der InsO noch in den Steuergesetzen ausdrücklich geregelt.[2]

Für das Umsatzsteuerrecht geht der BFH davon aus, dass eine Steuerverbindlichkeit insolvenzrechtlich in dem Zeitpunkt begründet sei, in dem der Steuertatbestand nach steuerlichen Maßstäben **„vollständig verwirklicht und damit abgeschlossen"** ist, wobei es auf die Entstehung und Fälligkeit der Steuerschuld nicht ankomme.[3] In Fällen der Ist-Besteuerung ist damit ohne weiteres der Zeitpunkt der Entgeltvereinnahmung maßgeblich. In der Konstellation der Soll-Besteuerung, in der die Entgeltvereinnahmung eigentlich irrelevant ist, gelangt der BFH dennoch zu demselben Ergebnis, indem er einen Kunstgriff anwendet: Mit Übergang der Verwaltungs- und Verfügungsbefugnis auf den Insolvenzverwalter des Gläubigers wird dessen Forderung für uneinbringlich i.S.d. § 17 Abs. 2 Nr. 1 Satz 1 UStG erklärt, so dass es zu einer (ersten) Berichtigung kommt, der dann entsprechend § 17 Abs. 2 Nr. 1 Satz 2 UStG eine (zweite) Berichtigung folgt, wenn das Entgelt vereinnahmt wird.[4]

24.2

Beispiel:[5] Über das Vermögen des H, der seine Umsätze nach vereinbarten Entgelten versteuert (Sollbesteuerung), wurde das Insolvenzverfahren eröffnet und I zum Insolvenzverwalter bestellt. Damit ist auf diesen die Verwaltungs- und Verfügungsbefugnis übergegangen (§ 80 Abs. 1 InsO). In Bezug auf das von H bis zur Verfahrenseröffnung noch nicht vereinnahmte Entgelt für vor Verfahrenseröffnung erbrachte Leistungen tritt nach der Rechtsprechung des BFH (spätestens)[6] in diesem Zeitpunkt Uneinbringlichkeit ein. Es kommt zu einer (ersten) Berichtigung nach § 17 Abs. 2 Nr. 1 Satz 1 UStG. Vereinnahmt der Insolvenzverwalter das Entgelt nach Verfahrenseröffnung, kommt es zu einer erneuten Berichtigung nach § 17 Abs. 2 Nr. 1 Satz 2 UStG. Die aus der zweiten Berichtigung resultierende Steuerschuld ist eine Masseverbindlichkeit.

24.3

Für Einkommen- und Körperschaftsteuerzwecke sind **Veranlagungsabschnitte** zu bilden, wobei die Abgrenzung zwischen Insolvenzforderungen und Masseverbindlichkeiten nicht abschließend geklärt ist. Letztlich im Anschluss an die Rechtsprechung des V., des VII. und des XI. Senats zur Umsatzsteuer stellt der IV. Senat des BFH darauf ab, ob der einzelne (unselbständige) Besteuerungstatbestand vor oder nach Insolvenzeröffnung verwirklicht wurde.[7] Dies soll unabhängig davon gelten, ob die stillen Reserven vor oder nach Verfahrenseröffnung

24.4

---

1 Vgl. BFH v. 18.5.2010 – X R 11/09, BFH/NV 2010, 2114; s. dazu auch *Ries* in Kayser/Thole[9], § 38 InsO Rz. 3, 28 mwN.
2 Vgl. *Kahlert*, ZIP 2014, 1101 (1102), auch allgemein zu der Problematik der fehlenden Verzahnung zwischen Insolvenz- und Steuerrecht.
3 BFH v. 29.1.2009 – V R 64/07, BStBl. II 2009, 682 = UR 2009, 388; BFH v. 8.3.2012 – V R 24/11, BStBl. II 2012, 466 = UR 2012, 399; BFH v. 25.7.2013 – VII R 29/11, BStBl. II 2013, 36 = UR 2012, 927 m. Anm. *Marchal*; BFH v. 11.7.2013 – XI B 41/13, BFH/NV 2013, 1647; BFH v. 11.3.2014 – V B 61/13, BFH/NV 2014, 920; kritisch dazu ua. *Kahlert*, ZIP 2014, 1101 (1103); *Frotscher*, Besteuerung bei Insolvenz[8], 216 ff.; *Bornemann* in FK-InsO[9], § 55 InsO Rz. 15.
4 Vgl. BFH v. 9.12.2010 – V R 22/10, BStBl. II 2011, 996; erneut bestätigt durch BFH v. 6.9.2016 – V B 52/16, BFH/NV 2017, 67; kritisch zu dieser Rechtsprechung *Bornemann* in FK-InsO[9], § 55 InsO Rz. 14 f., 56; zum Rechtsvergleich und zur Verletzung der Vorlagepflicht an den EuGH durch den BFH s. *Kahlert*, DStR 2015, 1485.
5 Nach BFH v. 9.12.2010 – V R 22/10, BStBl. II 2011, 996.
6 Nach BFH v. 24.9.2014 – V R 48/13, BFH/NV 2015, 133, tritt Uneinbringlichkeit bereits mit Bestellung eines „schwachen" vorläufigen Insolvenzverwalters mit allgemeinem Zustimmungsvorbehalt und Recht zum Forderungseinzug ein.
7 BFH v. 16.5.2013 – IV R 23/11, BStBl. II 2013, 759 = FR 2014, 129 = FR 2014, 243 m. Anm. *Roth*; kritisch dazu *Kahlert*, ZIP 2014, 1101 (1103 f.); wie der IV. nun auch der VIII. Senat, vgl. BFH v. 12.10.2015 – VIII B 143/14, BFH/NV 2016, 40.

entstanden sind und ob der Erlös in die Masse fließt oder einem absonderungsberechtigten Gläubiger gebührt.[1] Diese Rechtsprechung hat der IV. Senat mittlerweile auch auf die **Gewerbesteuer** übertragen.[2]

24.5 **Beispiel:**[3] Die A-GmbH ist seit zehn Jahren Eigentümerin eines bebauten und mit Grundpfandrechten belasteten Grundstücks. Am 15. Januar 2015 wird über ihr Vermögen das Insolvenzverfahren eröffnet. Am 15. Februar 2015 veräußert der Insolvenzverwalter das Grundstück im Einverständnis mit den Grundpfandgläubigern freihändig an einen Dritten und erzielt dabei einen Veräußerungsgewinn von 100.000 Euro. Nach Befriedigung der absonderungsberechtigten Grundpfandgläubiger fließen der Masse 10.000 Euro zu. Nach der Rechtsprechung des IV. Senats ist die auf den gesamten Gewinn anfallende Körperschaftsteuer Masseverbindlichkeit, weil die erfolgswirksame Veräußerung nach Verfahrenseröffnung stattgefunden hat. Dass die aufgedeckten stillen Reserven vermutlich bereits vor Verfahrenseröffnung entstanden sind, ist danach ebenso irrelevant wie die Tatsache, dass der tatsächlich zur Masse gelangte Erlös nicht ausreicht, um die aus der Verwertungshandlung resultierende Körperschaftsteuerforderung zu befriedigen.

24.6 Der X. Senat schloss sich der Rechtsprechung des IV. Senats an. Er entschied hinsichtlich der vollständigen Verwirklichung des Besteuerungstatbestands, dass die insolvenzrechtliche Begründung einer Einkommensteuerforderung insoweit auch von der Art der Gewinnermittlung abhängen könne.[4] Demnach sei im Fall der Einnahmen-Überschuss-Rechnung der Tatbestand für die Einkommensbesteuerung aus einem Veräußerungsgewinn erst vollständig verwirklicht, wenn die Einnahmen dem Steuerpflichtigen zugeflossen sind.

Der I. Senat macht die Einordung als Masseverbindlichkeit oder Insolvenzforderung anders als der IV. und X. Senat davon abhängig, „wann der zugrunde liegende zivilrechtliche Sachverhalt [...] verwirklicht" worden und die relevante Forderung „ihrem Kern nach" entstanden ist.[5] Ob und inwieweit dieses Kriterium zu abweichenden Ergebnissen führt, ist offen. Für den Fall der Einkommensteuerforderung aus Veräußerungsgewinnen eines Schuldners, der seinen Gewinn durch Einnahmen-Überschuss-Rechnung ermittelt, ließe sich argumentieren, dass der für das Entstehen der Steuerforderung maßgebliche Sachverhalt in seinem Kern nicht erst mit der Vereinnahmung des Kaufpreises, sondern bereits mit der Veräußerung der Wirtschaftsgüter verwirklicht wurde;[6] dann aber wäre die Steuerforderung als Insolvenzforderung einzuordnen.

24.7 Eine Ausnahme von dem Grundsatz, dass Verbindlichkeiten, die vor Eröffnung des Insolvenzverfahrens begründet worden sind, nach § 38 InsO Insolvenzforderungen sind, gilt nach § 55 Abs. 2 und 4 InsO im **Insolvenzeröffnungsverfahren.** Nach § 55 Abs. 2 InsO gelten Verbindlichkeiten, die von einem „starken" vorläufigen Insolvenzverwalter begründet worden sind, nach Verfahrenseröffnung als Masseverbindlichkeiten. Dasselbe gilt nach § 55 Abs. 4 InsO für Verbindlichkeiten des Insolvenzschuldners aus dem Steuerschuldverhältnis, die von einem „schwachen" vorläufigen Insolvenzverwalter oder vom Schuldner mit Zustimmung eines vorläufigen Insolvenzverwalters begründet worden sind. Die Vorschrift des § 55 Abs. 4 InsO ist rechtspolitisch umstritten,[7] durch die Rechtsprechung und ein daran anknüpfendes BMF-

---

1 BFH v. 16.5.2013 – IV R 23/11, BStBl. II 2013, 759 = FR 2014, 129 = FR 2014, 243 m. Anm. *Roth*.
2 BFH v. 27.10.2016 – IV B 119/15, BFH/NV 2017, 320.
3 Nach BFH v. 16.5.2013 – IV R 23/11, BStBl. II 2013, 759.
4 BFH v. 9.12.2014 – X R 12/12, BStBl. II 2016, 852 = FR 2016, 1111.
5 BFH v. 23.2.2011 – I R 20/10, BStBl. II 2011, 822 = FR 2011, 714 m. Anm. *Roth*.
6 So unter Berufung auf den I. Senat *Kahlert*, ZIP 2014, 1101 (1104 f.).
7 S. dazu *Bornemann* in FK-InsO[9], § 55 InsO Rz. 65 mwN.

Schreiben sind mittlerweile aber wenigstens zahlreiche Anwendungsfragen für die Praxis geklärt: Der BFH hat zu § 55 Abs. 4 InsO entschieden, dass umsatzsteuerrechtliche Verbindlichkeiten im Sinne dieser Norm durch den „schwachen" vorläufigen Insolvenzverwalter nur durch die Entgeltvereinnahmung begründet werden können; außerdem hat der BFH seine Rechtsprechung zur doppelten Berichtigung nach § 17 Abs. 2 Nr. 1 UStG (s. dazu bereits oben Rz. 24.2) auf den Fall der Bestellung eines „schwachen" vorläufigen Insolvenzverwalters mit Recht zum Forderungseinzug übertragen.[1] Diesen Grundsätzen hat sich die Finanzverwaltung angeschlossen.[2] Nach Auffassung der Finanzverwaltung ist diese Rechtsprechung darüber hinaus auch auf den Fall eines „schwachen" vorläufigen Insolvenzverwalters anzuwenden, der lediglich mit einem allgemeinen Zustimmungsvorbehalt (§ 21 Abs. 2 Satz 1 Nr. 2 Alt. 2 InsO) ausgestattet wurde.[3] Dies ergibt sich zwar nicht unmittelbar aus der Rechtsprechung des BFH,[4] wird aber damit erklärt, dass der Schuldner nach § 24 Abs. 1 i.V.m. § 82 InsO schuldbefreiend lediglich mit Zustimmung des vorläufigen Insolvenzverwalters leisten könne.[5] Mittlerweile hat der BFH klargestellt, dass seine Doppelberichtigungsrechtsprechung auch auf den Fall eines „starken" vorläufigen Insolvenzverwalters Anwendung findet.[6] Bislang noch nicht geklärt ist allerdings die Frage, ob die Doppelberichtigungsrechtsprechung auch auf den Fall der (vorläufigen) Eigenverwaltung zu übertragen ist.[7]

II. Haftung nach § 73 AO

1. Regelungsgegenstand

Nach § 73 Satz 1 AO haftet eine Organgesellschaft für solche Steuern des Organträgers, für welche die Organschaft zwischen ihnen steuerlich von Bedeutung ist; nach Satz 2 stehen die Ansprüche auf Erstattung von Steuervergütungen den Steuern gleich. Der Haftungsschuldner wird nach § 191 AO grundsätzlich durch Haftungsbescheid in Anspruch genommen, wobei zu beachten ist, dass er gem. § 219 Satz 1 AO grundsätzlich nur subsidiär in Anspruch genom-

24.8

---

[1] BFH v. 24.9.2014 – V R 48/13, BStBl. II 2015, 506; dem beipflichtend BFH v. 1.3.2016 – XI R 9/15, BFH/NV 2016, 1310; kritisch zur Entscheidung des V. Senats *Kahlert*, ZIP 2015, 11.

[2] BMF v. 20.5.2015 – IV A 3 - S 0550/10/10020-05 – DOK 2015/0416027, BStBl. II 2015, 476; ergänzt um eine Übergangsregelung durch BMF v. 18.11.2015 – IV A 3 - S 0550/10/10020-05 – DOK 2015/1037464, BStBl. I 2015, 886, nach der die Rechtsgrundsätze des Urteils des V. Senats (s. vorstehende Fn.) erstmals auf Besteuerungstatbestände anzuwenden sind, bei denen die Sicherungsmaßnahmen vom Insolvenzgericht nach dem 31.12.2014 angeordnet wurden; ausführlich und kritisch zur aktualisierten Fassung des BMF-Schreibens *Onusseit*, ZIP 2016, 452 (454 ff.).

[3] BMF v. 20.5.2015 – IV A 3 - S 0550/10/10020-05 – DOK 2015/0416027, BStBl. II 2015, 476 Rz. 10.

[4] Vgl. BFH v. 24.9.2014 – V R 48/13, BStBl. II 2015, 506 Rz. 28 f., wonach die Uneinbringlichkeit auf der nach § 22 Abs. 2 InsO getroffenen Anordnung des Insolvenzgerichts beruht, dass der vorläufige Insolvenzverwalter zum Forderungseinzug ermächtigt wird; kritisch zur weitergehenden Auffassung des BMF *Onusseit*, ZIP 2016, 452 (455).

[5] BMF v. 20.5.2015 – IV A 3 - S 0550/10/10020-05 – DOK 2015/0416027, BStBl. II 2015, 476 Rz. 10; vgl. auch *Bornemann* in FK-InsO⁹, § 55 InsO Rz. 73.

[6] BFH v. 1.3.2016 – XI R 21/14, BStBl. II 2016, 756 = MwStR 2016, 721 (724) m. krit. Anm. *Hummel*, der jedoch der Doppelberichtigungsrechtsprechung des BFH jedenfalls im Ergebnis zustimmt.

[7] Dies bejahend FG BW v. 15.6.2016 – 9 K 2564/14, EFG 2016, 1565; kritisch dazu *Rekers*, ZInsO 2016, 681; *Linsenbarth*, EWIR 2016, 771 f.; *Krüger*, ZInsO 2017, 405 (409 ff.); ebenfalls aA *Thole* in Schmidt¹⁹, § 55 InsO Rz. 47; *Hobelsberger*, DStR 2013, 2545 (2547 f.); *Klusmeier*, ZInsO 2014, 488 (489).

men werden darf. Die Entscheidung über die Inanspruchnahme des Haftungsschuldners ist eine Ermessensentscheidung.[1] Die Vorschrift des § 73 AO definiert den Begriff der Organschaft nicht selbst, sondern setzt das Bestehen einer Organschaft nach dem UStG, dem KStG oder dem GewStG voraus. Sinn und Zweck der Regelung ist es, einer **Gefährdung des Steueranspruchs** entgegenzuwirken, welche andernfalls aus der Konzentration der Steuerschuldnerschaft auf den Organträger – als zivilrechtlich und steuerrechtlich selbständiges Rechtssubjekt – für alle im Organkreis begründeten Steueransprüche resultieren könnte.[2]

2. Umfang der Haftung

24.9 Die Organgesellschaft haftet – auch nach Beendigung der Organschaft – für solche Steuerverbindlichkeiten des Organträgers, die **während des Bestehens der Organschaft entstanden** sind. Bei mehrstufigen ertragsteuerlichen Organschaftsverhältnissen ist die Haftung nach einem neueren Urteil des BFH aber auf das zweipersonale Organschaftsverhältnis der Organgesellschaft zu ihrem direkten Organträger begrenzt (vgl. auch Rz. 6.147 ff.).[3] Dagegen ist die Haftung der Organgesellschaft tatbestandlich nicht auf ihre eigenen Verursachungsbeiträge beschränkt, sondern umfasst sämtliche Steuern, die der Organträger schuldet.[4] Das bedeutet, dass die Organgesellschaft auch für solche Steuern haftet, die durch die Tätigkeit des Organträgers selbst oder einer anderen Organgesellschaft verursacht worden sind.[5]

24.10 Im Rahmen der Ausübung seines Ermessens hat das Finanzamt jedoch grundsätzlich zu berücksichtigen, in welchem Umfang welcher zum Organkreis gehörende Rechtsträger die jeweilige Steuerverbindlichkeit verursacht hat. Regelmäßig wird die Inanspruchnahme des Haftungsschuldners nur insoweit ermessensgerecht sein, als sie seinen **Verursachungsbeitrag** umfasst.[6] Etwas anderes gilt jedoch zB dann, wenn die finanzielle Basis des Organträgers oder anderer Organgesellschaften willkürlich zugunsten des Haftungsschuldners geschmälert wurde.[7]

---

[1] So bereits die Begründung der Bundesregierung zum Entwurf einer Abgabenordnung (AO 1974) v. 19.3.1971, BT-Drucks. 6/1982, 120 („nach pflichtgemäßem Ermessen zu entscheiden"); *Boeker* in H/H/S, § 73 AO Rz. 15, 22 f.; *Halaczinsky* in Koch/Scholtz[5], § 73 AO Rz. 4; *Loose* in Tipke/Kruse, § 73 AO Rz. 8; *Rüsken* in Klein[13], § 73 AO Rz. 12; *Schwarz* in Schwarz, § 73 AO Rz. 9; darüber hinausgehend offenbar FG BW v. 30.4.1985 – I 174/81, EFG 1985, 533; FG Nürnberg v. 11.12.1990 – II 238/86, EFG 1991, 437 „Beschränkung der Haftung".
[2] Vgl. *Loose* in Tipke/Kruse, § 73 AO Rz. 2; *Boeker* in H/H/S, § 73 AO Rz. 4.
[3] Vgl. BFH v. 31.5.2017 – I R 54/15, BStBl. II 2018, 54; aA zur umsatzsteuerlichen Organschaft FG Düsseldorf v. 22.2.2018 – 9 K 280/15 H(U), GmbHR 2018, 442.
[4] *Boeker* in H/H/S, § 73 AO Rz. 4; *Loose* in Tipke/Kruse, § 73 AO Rz. 4; *Rüsken* in Klein[13], § 73 AO Rz. 7; aA wohl FG Baden-Württemberg v. 30.4.1985 – I 174/81, EFG 1985, 533; FG Nürnberg v. 11.12.1990 – II 238/86, EFG 1991, 437.
[5] BGH v. 22.10.1992 – IX ZR 244/91, GmbHR 1993, 92 = NJW 1993, 585, 586; *Boeker* in H/H/S, § 73 AO Rz. 4, 15; *Loose* in Tipke/Kruse, § 73 AO Rz. 4; *Rüsken* in Klein[13], § 73 AO Rz. 7.
[6] *Boeker* in H/H/S, § 73 AO Rz. 15, 22 f.; *Halaczinsky* in Koch/Scholtz[5], § 73 AO Rz. 4; *Loose* in Tipke/Kruse, § 73 AO Rz. 8, *Rüsken* in Klein[13], § 73 AO Rz. 12; darüber hinausgehend offenbar FG Baden-Württemberg v. 30.4.1985 – I 174/81, EFG 1985, 533; FG Nürnberg v. 11.12.1990 – II 238/86, EFG 1991, 437 „Beschränkung der Haftung"; einschränkend hingegen *Schwarz* in Schwarz, § 73 Rz. 9.
[7] *Rüsken* in Klein[13], § 73 AO Rz. 12; i.E. auch FG Baden-Württemberg v. 30.4.1985 – I 174/81, EFG 1985, 533 und FG Nürnberg v. 11.12.1990 – II 238/86, EFG 1991, 437.

§ 73 AO erstreckt die Haftung nur **auf Steuern und auf Forderungen zur Erstattung von** 24.11
Steuervergütungen, nicht auf sämtliche Ansprüche aus dem Steuerschuldverhältnis gem. § 37
Abs. 1 AO; Steuerabzugsbeträge und steuerliche Nebenleistungen sind infolgedessen nicht Gegenstand der Haftung.[1]

3. Gesamtschuldnerschaft und Innenausgleich

Der Organträger als Steuerschuldner und die Organgesellschaft als Haftungsschuldnerin werden – obwohl der Haftungsschuldner nach § 219 Satz 1 AO grundsätzlich nur subsidiär in Anspruch genommen werden darf – als **Gesamtschuldner** i.S.d. § 44 AO behandelt.[2] 24.12

Soweit vertraglich nichts anderes vereinbart ist (wie generell im Rahmen der körperschaftsteuerlichen Organschaft, bei der es – abgesehen von der Gewinnabführung und dem Verlustausgleich – keinen separaten Innenausgleich gibt), hat die Organgesellschaft gegen den Organträger daher grundsätzlich einen **Ausgleichsanspruch entsprechend § 426 Abs. 1 BGB**.[3] Hierbei gilt im Grundsatz, dass im Innenverhältnis derjenige die Steuern zu tragen hat, der sie verursacht hat.[4] 24.13

Umgekehrt ist der Organträger der Organgesellschaft im Innenverhältnis **entsprechend § 430 BGB** zum Ausgleich der Vorsteuerabzugsbeträge verpflichtet, die auf Leistungsbezüge der Organgesellschaft entfallen und die lediglich infolge der umsatzsteuerlichen Organschaft dem Organträger zu Gute gekommen sind.[5] 24.14

B. Umsatzsteuerliche Organschaft

I. Grundsätzliche Problematik

Die in vielen Fällen bestehende Unsicherheit über das Bestehen oder Nichtbestehen einer umsatzsteuerlichen Organschaft stellt die Praxis bereits außerhalb der Insolvenz vor große Probleme, welche sich in Konstellationen mit Insolvenzbezug noch erheblich verschärfen. Vor diesem Hintergrund könnte man es begrüßen, dass der BFH in der jüngsten Vergangenheit mit einer Reihe von Entscheidungen für weitgehende Klarheit darüber gesorgt hat, welche Auswirkungen die Insolvenz eines zu einem Organkreis gehörenden Rechtsträgers seiner Ansicht nach auf eine bestehende umsatzsteuerliche Organschaft hat. Soweit ersichtlich waren insoweit – bis auf die Konstellation der Bestellung eines vorläufigen Insolvenzverwalters (nur) beim Organträger und die der Bestellung eines vorläufigen Sachwalters im Rahmen eines Eröffnungsverfahrens in Eigenverwaltung über das Vermögen eines zum Organkreis gehörenden Rechtsträgers – sämtliche Konstellationen Gegenstand der BFH-Rechtsprechung. Im Ergebnis führt nach der Rechtsprechung des BFH die Insolvenz von Organträger oder 24.15

---

1 *Boeker* in H/H/S, § 73 AO Rz. 19; *Rüsken* in Klein[13], § 73 AO Rz. 10.
2 BGH v. 29.1.2013 – II ZR 91/11, GmbHR 2013, 318; BFH v. 23.9.2009 – VII R 43/08, BStBl. II 2010, 215; BFH v. 8.8.2013 – V R 18/13, GmbHR 2013, 1167 = UR 2013, 785 m. Anm. *Slapio* = BFH/NV 2013, 1747; aA *Ratschow* in Klein[13], § 44 AO Rz. 7.
3 BGH v. 29.1.2013 – II ZR 91/11, GmbHR 2013, 318; BFH v. 8.8.2013 – V R 18/13, GmbHR 2013, 1167 = UR 2013, 785 m. Anm. *Slapio* = BFH/NV 2013, 1747.
4 BGH v. 29.1.2013 – II ZR 91/11, GmbHR 2013, 318; BGH v. 19.1.2012 – IX ZR 2/11, BGHZ 192, 221.
5 BGH v. 29.1.2013 – II ZR 91/11, GmbHR 2013, 318.

Organgesellschaft ausnahmslos zur **Beendigung der umsatzsteuerlichen Organschaft**. Die Finanzverwaltung hat sich der Rechtsprechung des BFH angeschlossen.

24.16 Leider ist es jedoch so, dass die Rechtsprechung des BFH im Ergebnis **tendenziell krisenverschärfend** wirkt und in ihrer Begründung einer kritischen Überprüfung nicht standhält. Die folgenden Ausführungen beschränken sich daher nicht auf die Darstellung der Auffassung von BFH und Finanzverwaltung, sondern unterziehen diese auch einer kritischen Würdigung – nicht zuletzt deshalb, weil die Rechtsprechung bislang maßgeblich durch den V. Senat geprägt wurde und der XI. Senat erst in Kürze – im Anschluss an ein Urteil des FG Münster zu den Auswirkungen des Bestellung eines vorläufigen Sachwalters beim Organträger – Gelegenheit haben wird, zu der jüngsten Rechtsprechungsentwicklung selbst Position zu beziehen.[1]

II. Bedeutung des insolvenzrechtlichen Einzelverfahrensgrundsatzes

24.17 Mit seinem Urteil v. 15.12.2016 hat sich der V. Senat des BFH zu den Auswirkungen geäußert, die die Eröffnung eines Insolvenzverfahrens über das Vermögen eines zu einem Organkreis gehörenden Rechtsträgers auf den Fortbestand der Organschaft hat.[2] Danach soll die Organschaft stets enden, wenn über das Vermögen der Organgesellschaft, über das Vermögen des Organträgers oder über das Vermögen von Organgesellschaft und Organträger ein Insolvenzverfahren eröffnet wird. Dies soll jeweils unabhängig davon gelten, ob ein Insolvenzverwalter bestellt oder Eigenverwaltung angeordnet wird.

24.18 Diese Sichtweise hatte der V. Senat erstmals in einem AdV-Beschluss v. 19.3.2014, dem derselbe Sachverhalt wie dem Urteil v. 15.12.2016 zugrunde lag, formuliert.[3] In der Begründung seiner damaligen Entscheidung hatte der V. Senat seine Sichtweise dabei jedoch nicht auf die in § 2 Abs. 2 Satz 1 Nr. 2 UStG genannten Tatbestandsvoraussetzungen gestützt, sondern das von ihm gefundene Ergebnis in erster Linie mit dem insolvenzrechtlichen **Einzelverfahrensgrundsatz** begründet, nach dem die Vermögensmassen konzernverbundener Unternehmen getrennt voneinander abzuwickeln sind, sowie damit, dass der (bisherige) Organträger nach Eintritt der Insolvenz nicht mehr als „**Steuereinnehmer**" für die auf die Organgesellschaft entfallende Umsatzsteuer fungieren könne. In dem anschließenden Urteil in der Hauptsache v. 15.12.2016 blieb der V. Senat bei dem im AdV-Verfahren gefundenen Ergebnis und modifizierte die Begründung trotz erheblicher Zweifel der Vorinstanz im Hauptsacheverfahren[4] nur unwesentlich. Insbesondere wiederholt der V. Senat das Argument, dass es im Insolvenzrecht anders als im Umsatzsteuerrecht eine Zusammenfassung selbständiger Rechtsträger nicht gebe und aus dieser insolvenzrechtlichen Trennung abzuleiten sei, dass die aus der Umsatztätigkeit der bisherigen Organgesellschaft resultierende Umsatzsteuerschuld keine Masseverbindlichkeit i.S.v. § 55 Abs. 1 Nr. 1 InsO des bisherigen Organträgers begründen könne.[5]

---

1 S. FG Münster v. 7.9.2017 – 5 K 3123/15 U, EFG 2017, 1756 = ZIP 2017, 2217 (Rev. BFH, Az. XI R 35/17); mit einer Entscheidung ist nicht vor Ende 2018 zu rechnen.
2 BFH v. 15.12.2016 – V R 14/16, BStBl. II 2017, 600 = UR 2017, 305 = GmbHR 2017, 491.
3 BFH v. 19.3.2014 – V B 14/14 = UR 2014, 431 = GmbHR 2014, 663; bereits hierzu kritisch *Wagner/Fuchs*, BB 2014, 2583.
4 FG Hessen v. 15.2.2016 – 6 K 2013/12, EFG 2016, 863 = ZInsO 2016, 1713 m. Anm. *Wagner/Fuchs*.
5 Dem BFH zustimmend *Heuermann*, DStR 2017, 603; *Hasbach*, MwStR 2017, 262 (264 f.); *Weber*, NWB 2017, 2035 (2041 f.); *Stadie* in Rau/Dürrwächter, § 2 UStG Rz. 1016; *Wäger*, BFH/PR 2017, 192 (192 f.); *Wäger* in Birkenfeld/Wäger, Sonderthema Insolvenz, Rz. 261 ff.; *Sterzinger* in Küffner/

24.19 Abgesehen davon, dass sich die Frage des Bestehens oder Nichtbestehens einer umsatzsteuerlichen Organschaft nach den Kriterien des § 2 Abs. 2 Satz 1 Nr. 2 UStG bzw. des Art. 11 MwStSystRL bestimmt und nicht nach den Vorschriften des Insolvenzrechts, kann der Hinweis auf die Trennung der Vermögensmassen von Organträger und Organgesellschaft im Insolvenzrecht bereits deshalb nicht überzeugen, weil diese Trennung zivilrechtlich unabhängig von der Insolvenz besteht. Der „Witz" der umsatzsteuerlichen Organschaft besteht gerade darin, entgegen der zivilrechtlichen Betrachtung zwei an sich eigenständige Rechtsträger zu einem Steuerpflichtigen zusammenzufassen.[1] Überdies ist nicht einzusehen, weshalb die Organschaft, ein unionsrechtliches Institut (Art. 11 MwStSystRL), von der Ausgestaltung des nationalen Insolvenzrechts abhängen sollte.[2] Damit ist der insolvenzrechtliche **Einzelverfahrensgrundsatz** für die Beantwortung der Frage nach dem Bestehen oder Nichtbestehen der Organschaft richtigerweise ohne Relevanz. Dass die Begründung der Beendigung der Organschaft mit dem insolvenzrechtlichen Einzelverfahrensgrundsatz im Übrigen teleologisch in die falsche Richtung weist, wird dadurch deutlich, dass der Gesetzgeber mit dem Gesetz zur Erleichterung der Bewältigung von Konzerninsolvenzen v. 13.4.2017[3] inzwischen ein Instrument zur vertieften Koordination von Insolvenzverfahren konzernverbundener Unternehmen geschaffen hat. Denn das Gesetz bezweckt eine bessere Abstimmung der Verfahren, um die wirtschaftliche Einheit von Konzernen erhalten und ihren vollen Wert für die Gläubiger realisieren zu können,[4] wodurch der Einzelverfahrensgrundsatz im Insolvenzrecht aufgeweicht wird.[5]

24.20 Und auch das zweite Argument des V. Senats, die Organschaft müsse deshalb enden, weil die aus der Tätigkeit der (bisherigen) Organgesellschaft resultierende (hypothetische) Umsatzsteuerschuld des (bisherigen) Organträgers keine Masseverbindlichkeit begründe, weshalb der (bisherige) Organträger nicht mehr als „**Steuereinnehmer**" fungieren könne, ist nicht überzeugend. Die Behauptung, dass die aus Umsätzen der (bisherigen) Organgesellschaft resultierende Umsatzsteuer beim (bisherigen) Organträger und die bei der (bisherigen) Organgesellschaft entsprechend entstehende Ausgleichsverpflichtung gegenüber dem (bisherigen) Organträger jeweils keine Masseverbindlichkeiten seien, dürfte insolvenzrechtlich kaum haltbar sein.[6]

24.21 Vor diesem Hintergrund ist allein auf die in § 2 Abs. 2 Nr. 2 Satz 1 UStG genannten **Eingliederungsvoraussetzungen** abzustellen und in jeder Phase des Insolvenzverfahrens anhand aller Umstände des Einzelfalls sorgfältig zu prüfen, ob die Organgesellschaft noch finanziell,

---

Stöcker/Zugmaier, § 2 UStG Rz. 655; *Meyer* in Offerhaus/Söhn/Lange, § 2 UStG Rz. 99; wohl auch *Korn* in Bunjes[17], § 2 UStG Rz. 136; kritisch *Treiber* in Sölch/Ringleb, § 2 UStG Rz. 250, nach dem die Eingliederungsvoraussetzungen i.S.v. Art. 11 MwStSystRL nicht entfallen, das Abstellen auf den insolvenzrechtlichen Einzelverfahrensgrundsatz aber möglicherweise als Missbrauchsbekämpfung zulässig ist; die Rechtsprechung des V. Senats ablehnend *Wagner/Fuchs*, BB 2017, 2202 (2204 f.); *Onusseit*, EWiR 2017, 311 (312); kritisch jedenfalls bei Simultaninsolvenz von Organträger und Organgesellschaft *de Weerth*, NZI 2017, 363.

1 Siehe dazu auch *Wagner/Fuchs*, BB 2017, 2202 (2204 f. mwN).
2 Vgl. hierzu auch *Treiber* in Sölch/Ringleb, § 2 UStG Rz. 250, der den Einzelverfahrensgrundsatz allerdings als zulässiges Mittel der Missbrauchsbekämpfung begreift.
3 BGBl. I 2017, 866, in Kraft ab 21.4.2018; grundlegend hierzu *Mock*, DB 2017, 951.
4 Vgl. BT-Drucks. 18/407, 1.
5 Vgl. *Mock*, DB 2017, 951.
6 Vgl. *Wagner/Fuchs*, BB 2014, 2583 (2588 ff.); *Onusseit*, EWIR 2017, 311 (312); *de Weerth*, NZI 2017, 363; aA wohl *Hasbach*, MwStR 2017, 262 (265); *ders.* ZIP 2017, 914 (916).

organisatorisch und wirtschaftlich in das Unternehmen des Organträgers eingegliedert ist.[1] Dabei kommt es jeweils auf das **Gesamtbild der *tatsächlichen* Verhältnisse** an.[2]

III. Auswirkungen der Insolvenz auf die Eingliederungsvoraussetzungen

1. Finanzielle Eingliederung

24.22 Nach ständiger Rechtsprechung des BFH muss der Organträger finanziell in der Weise an der Organgesellschaft beteiligt sein, dass er seinen Willen durch Mehrheitsbeschluss in der Gesellschafterversammlung durchsetzen kann.[3] Dies setzt in der Regel den Besitz von mehr als 50 % der Anteile an der Organgesellschaft voraus, wenn nicht die Satzung eine höhere qualifizierte Mehrheit zur Beschlussfassung vorsieht.[4] Weder der Eintritt der materiellen Insolvenz, also der Zahlungsunfähigkeit oder Überschuldung, noch die Bestellung eines (vorläufigen) Insolvenzverwalters oder die Anordnung der (vorläufigen) Eigenverwaltung ändert unmittelbar etwas an dem Besitz der entsprechenden **Mehrheitsbeteiligung**. Bei unbefangener Betrachtung müsste also davon auszugehen sein, dass die finanzielle Eingliederung in der Insolvenz eines am Organkreis Beteiligten unangetastet bleibt.

24.23 Dies ist jedenfalls in der **Insolvenz des Organträgers** auch zutreffend. Denn dem insolventen Organträger verbleibt nicht nur die Anteilsmehrheit, er kann auch die sich aus der Beteiligung ergebenden Gesellschafterrechte weiterhin ausüben. Im Falle der (vorläufigen) Eigenverwaltung und auch im Falle der Bestellung eines „schwachen" vorläufigen Insolvenzverwalters steht dieses Recht dem Organträger selbst zu, im Falle der Bestellung eines („starken" vorläufigen) Insolvenzverwalters übernimmt die Ausübung dieses Rechts aufgrund des Übergangs der Verwaltungs- und Verfügungsbefugnis (§§ 22 Abs. 1 Satz 1, 80 Abs. 1 InsO) der (vorläufige) Insolvenzverwalter.

24.24 In Abweichung von der Begründung des AdV-Beschlusses vom 19.3.2014[5] (Rz. 24.18) geht der V. Senat nunmehr davon aus, dass mit der **Eröffnung des Insolvenzverfahrens über das Vermögen der Organgesellschaft** deren Eingliederung in den Organträger entfalle:[6] Er lässt dabei zwar offen, ob in diesem Fall die finanzielle oder die organisatorische Eingliederung endet. Für den Fall der Anordnung der Eigenverwaltung nach §§ 270 ff. InsO hat sich der V. Senat dagegen eindeutig dahingehend positioniert, dass mit der Eröffnung des Insolvenzverfahrens die finanzielle Eingliederung entfalle, weil die Obergesellschaft nicht mehr die erforderliche **Durchgriffsmöglichkeit** auf die Geschäftsführung der Untergesellschaft habe; konsequenterweise müsste der V. Senat dann auch im Regelinsolvenzverfahren bei der Organgesellschaft vom Wegfall der finanziellen Eingliederung ausgehen. Er stützt sich insoweit auf § 276a InsO, nach dem die Gesellschafterversammlung oder entsprechende Organe nach Eröffnung des Insolvenzverfahrens keinen Einfluss mehr auf die Geschäftsführung des Schuld-

---

[1] So auch die Vorinstanz, FG Hessen v. 15.2.2016 – 6 K 2013/12, EFG 2016, 863 = ZInsO 2016, 1713 m. Anm. *Wagner/Fuchs*.
[2] Vgl. auch *de Weerth*, NZI 2017, 363.
[3] BFH v. 8.8.2013 – V R 18/13, BStBl. II 2017, 543 = UR 2013, 785 = GmbHR 2013, 526 mwN zur Rechtsprechung.
[4] BFH v. 8.8.2013 – V R 18/13, BStBl. II 2017, 543 = UR 2013, 785 = GmbHR 2013, 526 mwN; vgl. auch *Korn* in Bunjes[17], § 2 UStG Rz. 117.
[5] BFH v. 19.3.2014 – V B 14/14 = UR 2014, 431 = GmbHR 2014, 663.
[6] BFH v. 15.12.2016 – V R 14/16, BStBl. II 2017, 600 = UR 2017, 305 = GmbHR 2017, 491.

ners haben und die Abberufung und Neubestellung von Mitgliedern der Geschäftsleitung nur noch mit Zustimmung des Sachwalters wirksam seien (§ 276a Satz 2 InsO).

Kritik. Diese Begründung ist in der Literatur vielfach auf Zustimmung gestoßen.[1] Vor dem Hintergrund, dass nach der bisherigen ständigen Rechtsprechung des BFH die finanzielle Eingliederung zu bejahen war, wenn der Organträger „seinen Willen durch Mehrheitsbeschluss in der Gesellschafterversammlung durchsetzen kann"[2] und es auf eine Durchgriffsmöglichkeit auf die Geschäftsführung gerade nicht ankommen sollte, überrascht dies. Denn an den Mehrheitsverhältnissen in der Gesellschafterversammlung ändert sich durch die Insolvenz der Organgesellschaft nichts. Und die Frage des Durchgriffs auf die Geschäftsführung wurde bislang nicht für die finanzielle, sondern vielmehr für die **organisatorische Eingliederung** für maßgeblich erachtet.[3] Dass der V. Senat hier die Anforderungen an das Merkmal der finanziellen Eingliederung überspannt, wird am Beispiel der Aktiengesellschaft als Organgesellschaft deutlich: Nach § 76 Abs. 1 AktG leitet der Vorstand diese in eigener Verantwortung. Das schließt ein Weisungsrecht anderer Gesellschaftsorgane oder von (Groß-)Aktionären aus; zudem kommt dem Aufsichtsrat der Aktiengesellschaft lediglich eine Überwachungsfunktion zu (§ 111 Abs. 1 AktG); und der Vorstand ist grundsätzlich nicht verpflichtet, den Beschlüssen der Hauptversammlung Folge zu leisten.[4] Hiergegen könnte zwar ins Feld geführt werden, dass aufgrund der Bestellungskompetenz des Aufsichtsrats nach § 84 AktG zumindest eine gewisse faktische Abhängigkeit besteht.[5] Das ändert jedoch nichts daran, dass die Obergesellschaft außerhalb eines Beherrschungsvertrages (§ 308 AktG) oder einer Eingliederung (§ 323 Abs. 1 AktG) keine rechtliche Möglichkeit zur Willensdurchsetzung hat.[6] Dementsprechend müsste bei konsequenter Anwendung der Entscheidung des V. Senats vom 15.12.2016 eine umsatzsteuerliche Organschaft mit einer Aktiengesellschaft eigentlich ausscheiden. Es kann jedoch – schon nach dem Wortlaut von § 2 Abs. 2 Nr. 2 UStG („juristische Person") – keinen Zweifel daran geben, dass auch eine Aktiengesellschaft taugliche Organgesellschaft ist.[7] Daneben ist es nicht überzeugend, wenn der V. Senat davon ausgeht, aufgrund von § 276a InsO käme den Beschlüssen der Gesellschafter keinerlei Bedeutung mehr zu. Zwar führt § 276a Satz 1 InsO in der Tat zu einer starken Einschränkung der Überwachungs- und Kontrollbefugnisse der Gesellschaftsorgane, dies jedoch nur insoweit, als die Verwaltung und Verwertung der Insolvenzmasse betroffen ist.[8] Die Kompetenzen der Gesellschaftsorgane für den insolvenzfreien Bereich bleiben dagegen uneingeschränkt erhalten. Außerdem verbleiben den Gesellschaftsorganen die Kompetenzen zur Vornahme von Grund-

---

1 *Heuermann*, DStR 2017, 603 (603 f.); *Hasbach*, MwStR 2017, 262 (268 f.); *ders*. ZInsO 2017, 914 (916 f.); *Weber*, NWB 2017, 2035 (2042 f.); *Wäger*, BFH/PR 2017, 192 (193); *ders*. in Birkenfeld/Wäger, USt-Handbuch, Sonderthema Insolvenz, Rz. 267; *Sterzinger* in Küffner/Stöcker/Zugmaier, § 2 UStG Rz. 652; *Meyer* in Offerhaus/Söhn/Lange, § 2 UStG Rz. 97.
2 So zuletzt BFH v. 15.12.2016 – V R 14/16, BStBl. II 2017, 600 mwN zur Rechtsprechung.
3 Vgl. hierzu BFH v. 8.8.2013 – V R 18/13, BStBl. II 2017, 543 = UR 2013, 785 = GmbHR 2013, 1167, wonach die organisatorische Eingliederung voraussetzt, dass der Organträger die mit der finanziellen Eingliederung verbundene *Möglichkeit der Beherrschung* der Tochtergesellschaft in der laufenden Geschäftsführung wahrnimmt, wobei er die Organgesellschaft durch die Art und Weise der Geschäftsführung beherrschen muss (mwN zur Rechtsprechung).
4 Ganz hM, vgl. nur *Koch* in Hüffer/Koch[13], § 76 AktG Rz. 25, 27.
5 Vgl. *Koch* in Hüffer/Koch[13], § 76 AktG Rz. 26.
6 Vgl. *Koch* in Hüffer/Koch[13], § 76 AktG Rz. 27.
7 Vgl. BFH v. 20.12.1973 – V R 87/70, BStBl. II 1974, 311 = BB 1974, 920, wonach als Organgesellschaften grundsätzlich nur juristische Personen des bürgerlichen Rechts in Betracht kommen; vgl. auch Abschn. 2.8 Abs. 2 Satz 4 UStAE nF.
8 *Klöhn* in MünchKomm/InsO[3], § 276a InsO Rz. 22; *Riggert* in Braun[7], § 276a InsO Rz. 2.

lagengeschäften und -entscheidungen, wie etwa Satzungsänderungen, sowie zur Ab- und Neuberufung von Mitgliedern der Geschäftsleitung nach § 276a Satz 2 InsO.[1] Die Bestellung bzw. Abberufung von Vorstandsmitgliedern ist zwar nur mit Zustimmung des Sachwalters wirksam (§ 276a Satz 3 AktG), doch hat der Aufsichtsrat einen gerichtlich durchsetzbaren Anspruch auf Erteilung der Zustimmung, sofern mit einer Gläubigerbenachteiligung nicht zu rechnen ist.[2]

2. Wirtschaftliche Eingliederung

24.26 Auf die wirtschaftliche Eingliederung haben weder der Eintritt der materiellen Insolvenz noch die Bestellung eines (vorläufigen) Insolvenzverwalters oder die Anordnung der (vorläufigen) Eigenverwaltung hinsichtlich eines oder mehrerer am Organkreis beteiligter Rechtsträger unmittelbar eine Auswirkung.[3] Denn der maßgebliche enge wirtschaftliche Zusammenhang[4] der Tätigkeit der Organgesellschaft mit derjenigen des Gesamtunternehmens wird hierdurch nicht berührt.[5] Allerdings ist durchaus denkbar, dass die wirtschaftliche Eingliederung im Zuge eines Insolvenzverfahrens entfällt, weil der Insolvenzschuldner seine werbende Tätigkeit einstellt.[6]

3. Organisatorische Eingliederung

a) Fallgruppen

24.27 Nach der hier vertretenen Auffassung zur finanziellen Eingliederung (s. Rz. 24.25) kommt es entscheidend darauf an, ob mit der Bestellung eines (vorläufigen) Insolvenzverwalters im Regelinsolvenzverfahren oder mit der Bestellung eines (vorläufigen) Sachwalters im Rahmen der Eigenverwaltung die organisatorische Eingliederung entfällt.[7]

Folgende Fallgruppen sind zu unterscheiden:

– Insolvenz (nur) des Organträgers

– Insolvenz (nur) der Organgesellschaft

– Insolvenz von Organträger und Organgesellschaft

b) Insolvenz (nur) des Organträgers

24.28 Nach der Rechtsprechung des BFH soll die Organschaft stets enden, wenn über das Vermögen des Organträgers das Insolvenzverfahren eröffnet wird, da der insolvenzrechtliche **Einzelver-**

---

1 *Zipperer* in Uhlenbruck[14], § 276a InsO Rz. 6; *Klöhn* in MünchKomm/InsO[3], § 276a InsO Rz. 23.
2 Vgl. *Undritz* in Schmidt[19], § 276a InsO Rz. 6; *Riggert* in Nerlich/Römermann, § 276a InsO Rz. 5, nach denen der Zivilrechtsweg einschlägig ist; abweichend *Zipperer* in Uhlenbruck[14], § 276a InsO Rz. 11; *Klöhn* in MünchKomm/InsO[3], § 276a InsO Rz. 61, nach denen der Insolvenzschuldner die Ausübung der insolvenzgerichtlichen Aufsichtspflicht nach §§ 58, 274 Abs. 1 InsO geltend machen kann.
3 Vgl. BFH v. 28.1.1999 – V R 32/98, BStBl. II 1999, 258 = GmbHR 1999, 496; BFH v. 17.1.2002 – V R 37/00, BStBl. II 2002, 373 = GmbHR 2002, 557 (jeweils noch zur Konkursordnung).
4 Vgl. Abschn. 2.8 Abs. 6 Satz 1 UStAE.
5 So auch *Frotscher*, Besteuerung bei Insolvenz[8], 269 f.
6 *Frotscher*, Besteuerung bei Insolvenz[8], 269 f.
7 Eingehend hierzu bereits *Wagner/Fuchs*, BB 2014, 2583 (2588 ff.).

fahrensgrundsatz der Fortsetzung der Organschaft entgegenstehe.[1] Das gelte unabhängig davon, ob ein Regelinsolvenzverfahren oder ein Insolvenzverfahren in Eigenverwaltung durchgeführt werde. Dieser Sichtweise hat sich die Finanzverwaltung angeschlossen.[2] Weitergehend nimmt die Finanzverwaltung an, dass die Organschaft auch dann endet, wenn für den Organträger ein vorläufiger Insolvenzverwalter eingesetzt wird und dieser den maßgeblichen Einfluss auf den Insolvenzschuldner erhält.[3] Das soll schon dann der Fall sein, wenn der vorläufige Insolvenzverwalter rechtsgeschäftliche Verfügungen des Schuldners aufgrund eines Zustimmungsvorbehalts nach § 21 Abs. 2 Satz 1 Nr. 2 Alt. 2 InsO (sog. „schwacher" vorläufiger Insolvenzverwalter) verhindern kann.[4] Zur Bestellung eines vorläufigen Insolvenzverwalters (nur) beim Organträger musste sich der BFH bisher nicht äußern. Für den Fall der Einsetzung eines „starken" vorläufigen Insolvenzverwalters ist aber davon auszugehen, dass der V. Senat zu demselben Ergebnis kommen würde.[5] Unsicher ist jedoch, ob dies auch bei Einsetzung eines „schwachen" vorläufigen Insolvenzverwalters gilt. Auf der Grundlage der bisherigen Rechtsprechung spricht viel dafür, dass die Organschaft dann fortbesteht, wenn sich der Zustimmungsvorbehalt nur auf die Verhältnisse beim Organträger bezieht.[6] Denkbar ist jedoch auch, dass der V. Senat – gewissermaßen unter Umdrehung des „Steuereinnehmer"-Arguments (s. dazu oben Rz. 24.18) – zu dem Ergebnis kommen würde, dass die Organschaft enden muss, weil die Organgesellschaft andernfalls einen etwaigen Vorsteuerüberschuss nicht mehr durchsetzen könnte.

24.29 Nach der hier vertretenen Auffassung endet die Organschaft nicht in jedem Fall automatisch mit der Bestellung eines (vorläufigen) Insolvenzverwalters. Vielmehr kommt es auf die Umstände des Einzelfalls an. Zunächst ist festzuhalten, dass die **Überschuldung oder Zahlungsunfähigkeit** des Organträgers durchaus zur Beendigung der organisatorischen Eingliederung führen kann, nämlich dann, wenn diese nicht auf einer personellen Verflechtung, sondern auf einem Beherrschungsvertrag beruht. In diesem Fall hat die Organgesellschaft das Recht, die Befolgung von Weisungen auf Basis des Beherrschungsvertrags nach § 273 BGB zu verweigern, weil nicht mehr sichergestellt ist, dass der Organträger seine mit dem Beherrschungsvertrag verbundene Verlustausgleichsverpflichtung (§ 302 AktG) wird erfüllen können;[7] spätestens mit Eröffnung des Insolvenzverfahrens soll der Beherrschungsvertrag nach wohl überwiegender Auffassung sogar automatisch enden oder zumindest suspendiert werden.[8] Beruht die organisatorische Eingliederung dagegen auf einer personellen Verflechtung der Geschäftsleitungsebenen, so wird sie durch die materielle Insolvenz des Organträgers nicht zwangsläufig berührt; es kommt vielmehr auf die Gegebenheiten des Einzelfalls an.

24.30 Wird bei Eröffnung des Insolvenzverfahrens ein **Insolvenzverwalter** beim Organträger bestellt, so endet die Organschaft nach der hier vertretenen Auffassung in Abhängigkeit davon,

---

1 BFH v. 15.12.2016 – V R 14/16, BStBl. II 2017, 600 = UR 2017, 305 = GmbHR 2017, 491.
2 Abschn. 2.8 Abs. 12 Satz 1 f. UStAE.
3 Abschn. 2.8 Abs. 12 Satz 3 UStAE.
4 Abschn. 2.8 Abs. 12 Satz 4 UStAE.
5 So auch *de Weerth*, NZI 2017, 363 (364).
6 *de Weerth*, NZI 2017, 363 (364).
7 *Altmeppen* in MünchKomm/AktG[4], § 302 Rz. 40; ähnlich *Kahlert*, ZIP 2013, 2348 (2350).
8 Die nach wie vor wohl hM befürwortet die automatische Beendigung, s. *Altmeppen* in MünchKomm/AktG[4], § 297 Rz. 106 ff.; *Koppensteiner* in Kölner Kommentar[3], § 297 AktG Rz. 48; *Mülbert* in Großkomm/AktG[4], § 297 Rz. 136 mwN; für „Suspendierung" im Fall der Eigenverwaltung: *Emmerich* in Emmerich/Habersack[8], § 297 AktG Rz. 52b; *Veil* in Spindler/Stilz[3], § 297 AktG Rz. 38; aA – Kündigungsmöglichkeit aus wichtigem Grund: *Hirte/Hasselbach* in Großkomm/AktG[4], § 304 Rz. 19; *Zeidler*, NZG 1999, 692 (697); *Trendelenburg*, NJW 2002, 647 (649).

worauf die organisatorische Eingliederung bis dato beruhte. Beruhte sie (ausschließlich) auf einem Beherrschungsvertrag, so entfällt sie, weil die Organgesellschaft den Weisungen des Organträgers (bzw. des Insolvenzverwalters) nicht mehr Folge leisten muss (Rz. 24.29). Beruhte sie (ausschließlich) auf der Personenidentität in den Geschäftsleitungsorganen von Organträger und Organgesellschaft, so endet sie mit dem Übergang der Verwaltungs- und Verfügungsbefugnis auf den Insolvenzverwalter. Beruhte die organisatorische Eingliederung hingegen darauf, dass Mitarbeiter des Organträgers Geschäftsführer der Organgesellschaft waren, so ändert die Bestellung des Insolvenzverwalters nichts an der organisatorischen Eingliederung, weil mit der Bestellung das Direktionsrecht des Arbeitgebers auf den Insolvenzverwalter übergeht.[1]

24.31 Ordnet das Insolvenzgericht im Insolvenzeröffnungsverfahren ein allgemeines Verfügungsverbot gegenüber dem Organträger an und bestellt es einen **„starken" vorläufigen Insolvenzverwalter** über das Vermögen des Organträgers, so gelten die Ausführungen für den Fall der Bestellung eines Insolvenzverwalters bei Eröffnung des Insolvenzverfahrens (Rz. 24.30) grundsätzlich entsprechend; ob die organisatorische Eingliederung endet oder fortbesteht, hängt nach der hier vertretenen Auffassung von den Umständen des Einzelfalls ab, insbesondere davon, worauf die organisatorische Eingliederung bis dato beruhte.[2]

24.32 Bestellt das Insolvenzgericht einen **„schwachen" vorläufigen Insolvenzverwalter** über das Vermögen des Organträgers, so endet die organisatorische Eingliederung nur dann, wenn diese bis dato (ausschließlich) auf einem Beherrschungsvertrag beruhte und der Organgesellschaft nunmehr nach § 273 BGB ein Leistungsverweigerungsrecht gegenüber den Weisungen des (ehemaligen) Organträgers zusteht (Rz. 24.29). In allen anderen Konstellationen ist grundsätzlich nach wie vor gewährleistet, dass der Organträger seinen Willen auf Ebene der Organgesellschaft durchsetzen kann, so dass die organisatorische Eingliederung bestehen bleibt.[3]

24.33 Wenn das Insolvenzgericht mit Verfahrenseröffnung **Eigenverwaltung** beim Organträger anordnet, bleibt nach der hier vertretenen Auffassung die organisatorische Eingliederung grundsätzlich bestehen. Etwas anderes gilt jedoch dann, wenn diese bis dato auf einem Beherrschungsvertrag beruhte; denn entweder endet dieser mit Verfahrenseröffnung automatisch,[4] oder der Organgesellschaft steht wenigstens eine Einrede gegen weitere Weisungen des Organträgers zu (Rz. 24.29).

24.34 Im Falle der **vorläufigen Eigenverwaltung** auf Ebene des Organträgers endet die organisatorische Eingliederung, wenn sie auf einem Beherrschungsvertrag beruhte, da der Organgesellschaft (spätestens mit der materiellen Insolvenz) ein Leistungsverweigerungsrecht zusteht

---

1 S. etwa *Uhlenbruck* in Uhlenbruck[14], § 80 InsO Rz. 144; *Ott/Vuia* in MünchKomm/InsO[4], § 80 Rz. 121 f.
2 S. dazu ausführlich *Wagner/Fuchs*, BB 2014, 2583 (2589 f.); s. auch noch BFH v. 28.1.1999 – V R 32/98, BStBl. 1999, 258 = UR 1999, 251 = GmbHR 1999, 496.
3 Vgl. BFH v. 22.10.2009 – V R 14/08, BStBl. II 2011, 988 = UR 2010, 268 – noch zum Konkursverfahren nach der KO.
4 Wohl hM, *Altmeppen* in MünchKomm/AktG[4], § 297 Rz. 106 ff.; *Koppensteiner* in Kölner Kommentar[3], § 297 AktG Rz. 48; *Mülbert* in Großkomm/AktG[4], § 297 Rz. 136 mwN; für „Suspendierung" im Fall der Eigenverwaltung: *Emmerich* in Emmerich/Habersack[8], § 297 AktG Rz. 52b; *Veil* in Spindler/Stilz[3], § 297 AktG Rz. 38; aA – Kündigungsmöglichkeit aus wichtigem Grund: *Hirte/Hasselbach* in Großkomm/AktG[4], § 304 Rz. 19; *Zeidler*, NZG 1999, 692 (697); *Trendelenburg*, NJW 2002, 647 (649).

(Rz. 24.29).[1] In den übrigen Konstellationen der organisatorischen Eingliederung bleibt diese bestehen.

c) Insolvenz (nur) der Organgesellschaft

Nach der Rechtsprechung des BFH endet die Organschaft weiterhin stets dann, wenn das Insolvenzverfahren über das Vermögen der Organgesellschaft eröffnet wird.[2] Für den Fall des Regelinsolvenzverfahrens hat der V. Senat offen gelassen, ob die finanzielle oder die organisatorische Eingliederung entfällt.[3] Für das Insolvenzverfahren in Eigenverwaltung hat er dagegen entschieden, dass die finanzielle Eingliederung endet.[4] Darüber hinaus hat der BFH entschieden, dass mit der Bestellung eines sog. „schwachen" vorläufigen Insolvenzverwalters mit allgemeinem Zustimmungsvorbehalt die organisatorische Eingliederung endet.[5] Die Finanzverwaltung hat sich im Ergebnis dem BFH angeschlossen. Nach ihrer Auffassung endet die Organschaft ebenfalls stets dann, wenn entweder das Insolvenzverfahren über das Vermögen der Organgesellschaft eröffnet wird oder wenn zumindest ein „schwacher" vorläufiger Insolvenzverwalter mit allgemeinem Zustimmungsvorbehalt nach § 21 Abs. 2 Satz 1 Nr. 2 Alt. 2 InsO eingesetzt wird.[6] Da mit der Bestellung eines „starken" vorläufigen Insolvenzverwalters die Verwaltungs- und Verfügungsbefugnis gem. § 22 Abs. 1 Satz 1 InsO auf den vorläufigen Verwalter übergeht, ist davon auszugehen, dass Rechtsprechung und Finanzverwaltung auch in diesem Fall ein **Ende der Organschaft** annehmen. Bislang nicht höchstrichterlich entschieden ist die Frage, ob die Organschaft auch dann endet, wenn für die Organgesellschaft ein vorläufiger Sachwalter bestellt wird. Das FG Münster hat dies in einer Entscheidung v. 7.9.2017 für den Fall bejaht, dass das Insolvenzgericht zusätzlich Vollstreckungsschutz gem. § 21 Abs. 2 Satz 1 Nr. 3 InsO anordnet; in der Urteilsbegründung verweist das FG Münster maßgeblich auf die unterschiedlichen Pflichtenkreise, die einer Willensdurchsetzung auf Ebene der Untergesellschaft entgegenstünden und damit die organisatorische Eingliederung ausschlössen.[7] Das Urteil ist nicht rechtskräftig, so dass der XI. Senat des BFH demnächst Gelegenheit haben wird, sich zu dieser Frage und im Übrigen auch grundsätzlich zur Rechtsprechung des V. Senats zu positionieren.[8] Nicht eindeutig ist, ob das BMF auch davon ausgeht, dass mit Einsetzung eines vorläufigen Sachwalters für die Organgesellschaft die Organschaft endet.[9]

24.35

---

1 S. hierzu *Wagner/Fuchs*, BB 2017, 2202 (2208).
2 BFH v. 15.12.2016 – V R 14/16, BStBl. II 2017, 600 = UR 2017, 305 = GmbHR 2017, 491.
3 BFH v. 15.12.2016 – V R 14/16, BStBl. II 2017, 600 = UR 2017, 305 = GmbHR 2017, 491.
4 BFH v. 15.12.2016 – V R 14/16, BStBl. II 2017, 600 = UR 2017, 305 = GmbHR 2017, 491.
5 BFH v. 8.8.2013 – V R 18/13, BStBl. II 2017, 543 = UR 2013, 785; BFH v. 3.7.2014 – V R 32/13, BStBl. II 2017, 666 = UR 2014, 986; BFH v. 24.8.2016 – V R 36/15, BStBl. II 2017, 595 = UR 2017, 117 = GmbHR 2017, 210; bestätigt durch BFH v. 15.12.2016 – V R 14/16, BStBl. II 2017, 600 unter Verweis auf seine dieser Entscheidung vorausgehenden Urteile zur Beendigung der Organschaft mit Bestellung eines vorläufigen Insolvenzverwalters.
6 Abschn. 2.8 Abs. 12 Sätze 1 und 3 f. UStAE.
7 FG Münster v. 7.9.2017 – 5 K 3123/15 U, EFG 2017, 1756 = MwStR 2018, 43 (nrkr., Rev. BFH – XI R 35/17).
8 Mit einer Entscheidung ist nicht vor Ende 2018 zu rechnen.
9 Vgl. Abschn. 2.8 Abs. 12 S. 5, wonach die Sätze 1 bis 4 des Absatzes auch im Falle eines personenidentischen Sachwalters, vorläufigen Insolvenzverwalters oder Insolvenzverwalters anzuwenden sind, von einem „vorläufigen" Sachwalter allerdings nicht die Rede ist. Der Verweis auf Satz 4 erweckt jedoch den Eindruck, dass das BMF das Ende der Organschaft schon mit Eröffnung des vorläufigen eigenverwalteten Insolvenzverfahrens annimmt.

24.36 Nach der hier vertretenen Auffassung kommt es wiederum darauf an, ob mit der Bestellung eines (vorläufigen) Insolvenzverwalters oder eines (vorläufigen) Sachwalters die organisatorische Eingliederung entfällt. Dem BFH ist darin zuzustimmen, dass die Organschaft endet, wenn das Regelinsolvenzverfahren eröffnet wird. Da auf den **Insolvenzverwalter** gem. § 80 Abs. 1 InsO die Verwaltungs- und Verfügungsbefugnis über das Vermögen der Organgesellschaft übergeht, verliert der Organträger spätestens zu diesem Zeitpunkt seinen Einfluss auf die Willensbildung in der Organgesellschaft. Damit endet grundsätzlich die organisatorische Eingliederung in das Unternehmen des Organträgers (zum Fall der Bestellung eines personenidentischen Insolvenzverwalters beim Organträger s. Rz. 24.41).[1] Dies hatte der V. Senat zuletzt offen gelassen.[2] Mit dem BFH ist auch davon auszugehen, dass die organisatorische Eingliederung regelmäßig bereits zuvor, nämlich mit der Bestellung eines vorläufigen Insolvenzverwalters, endet (Rz. 24.35 ff.).

24.37 Bei der Bestellung eines **„starken" vorläufigen Insolvenzverwalters** (§ 21 Abs. 2 Satz 1 Nr. 2 Alt. 1 InsO, allgemeines Verfügungsverbot) über das Vermögen der Organgesellschaft folgt dies daraus, dass die Verwaltungs- und Verfügungsbefugnis auf den vorläufigen Insolvenzverwalter übergeht (§ 22 Abs. 1 Satz 1 InsO).[3] Insofern ist die Entscheidung des BFH zum eröffneten Insolvenzverfahren zu übertragen (zum Fall der Bestellung eines personenidentischen vorläufigen Insolvenzverwalters beim Organträger s. Rz. 24.41).[4]

24.38 Ordnet das Insolvenzgericht im Insolvenzeröffnungsverfahren dagegen kein allgemeines Verfügungsverbot an, sondern bestimmt es lediglich, dass Verfügungen der Organgesellschaft nur mit Zustimmung des vorläufigen Insolvenzverwalters wirksam sein sollen (§ 21 Abs. 2 Satz 1 Nr. 2 Alt. 2 InsO, Zustimmungsvorbehalt – sog. **„schwacher" vorläufiger Insolvenzverwalter**), so ist dem Organträger eine positive Willensdurchsetzung ebenfalls nicht mehr möglich. Dementsprechend endet auch in diesem Fall die organisatorische Eingliederung.[5] Anders ist dies allerdings zu beurteilen, wenn das Insolvenzgericht zwar einen vorläufigen Insolvenzverwalter bestellt, aber **keine weiteren Sicherungsmaßnahmen**, also insbesondere keinen allgemeinen Zustimmungsvorbehalt und kein allgemeines Verfügungsverbot, anordnet. In diesem Falle ist dem Organträger aufgrund der besonders schwachen Stellung des vorläu-

---

1 Vgl. hierzu BFH v. 13.3.1997 – V R 96/96, BStBl. II 1997, 580 = UR 1997, 396 = GmbHR 1997, 912 (noch zur Bestellung des Konkursverwalters nach der KO); *Treiber* in Sölch/Ringleb, § 2 UStG Rz. 246; *Stadie* in Rau/Dürrwächter, § 2 UStG Rz. 1012; *Roth* in Roth[2], Rz. 4.379; *Wagner/Fuchs*, BB 2014, 2583 (2590 f.); *Schüppen/Ruh* in MünchKomm/InsO[3], InsolvenzsteuerR Rz. 191a; *Zeeck*, KTS 2006, 407 (415); vgl. auch *Stöcker* in Müller/Stöcker/Lieber, Die Organschaft[10], Rz. 1597, nach dem die wirtschaftliche und die organisatorische Eingliederung entfallen; *Korn* in Bunjes[17], § 2 UStG Rz. 134, nach dem nicht nur die finanzielle, sondern auch die organisatorische Eingliederung entfällt; aA *Sterzinger* in Küffner/Stöcker/Zugmaier, § 2 UStG Rz. 652, nach dem auf Basis der neuen BFH-Rechtsprechung (V R 14/16) mit der Eröffnung des Insolvenzverfahrens wohl nur die finanzielle Eingliederung entfällt.
2 BFH v. 15.12.2016 – V R 14/16, BStBl. II 2017, 600 = UR 2017, 305 = GmbHR 2017, 491.
3 *Sterzinger* in Küffner/Stöcker/Zugmaier, § 2 UStG Rz. 653; *Treiber* in Sölch/Ringleb, § 2 UStG Rz. 246 f.; *Korn* in Bunjes[17], § 2 UStG Rz. 135; *Radeisen* in Schwarz/Widmann/Radeisen, § 2 UStG, Rz. 255a; *Stadie* in Rau/Dürrwächter, § 2 UStG Rz. 1013; *Roth*, Insolvenzsteuerrecht[2], Rz. 4.380; *Schumacher*, Die Organschaft im Steuerrecht[3], 257; *Stöcker* in Müller/Stöcker/Lieber, Die Organschaft[10], Rz. 1596.
4 Vgl. BFH v. 15.12.2016 – V R 14/16, BStBl. II 2017, 600 = UR 2017, 305 = GmbHR 2017, 491.
5 BFH v. 8.8.2013 – V R 18/13, BStBl. II 2017, 543 = UR 2013, 785; BFH v. 3.7.2014 – V R 32/13, BStBl. II 2017, 666 = UR 2014, 986; BFH v. 24.8.2016 – V R 36/15, BStBl. II 2017, 595 = UR 2017, 117 = GmbHR 2017, 210.

figen Insolvenzverwalters eine Willensdurchsetzung weiterhin möglich, so dass die organisatorische Eingliederung bestehen bleibt.[1] Allerdings dürfte ein solcher vorläufiger Insolvenzverwalter nur im Ausnahmefall bestellt werden.[2]

Wird kein Insolvenzverwalter bestellt, sondern **Eigenverwaltung** angeordnet und ein Sachwalter über das Vermögen der Organgesellschaft bestellt, verbleibt die Verwaltungs- und Verfügungsbefugnis bei der Organgesellschaft (vgl. §§ 274 ff. InsO), so dass die Organschaft – entgegen der Auffassung des V. Senats des BFH und des FG Münster (Rz. 24.35) – nach der hier vertretenen Auffassung nicht automatisch endet.[3] Etwas anderes kann allenfalls dann gelten, wenn dem Sachwalter im Einzelfall ausnahmsweise besonders weitreichende Verwaltungs- und Verfügungsbefugnisse eingeräumt werden.[4] Denn maßgeblich für die Frage der organisatorischen Eingliederung ist nach der hier vertretenen Auffassung die tatsächliche Beherrschungsmacht.[5] Hieran ändert sich durch die Bestellung eines Sachwalters aber gerade nichts. Das vom V. Senat des BFH in dem AdV-Beschluss vom 19.3.2014[6] vorgebrachte Argument, die Organschaft müsse deshalb enden, weil – bei unterstelltem Fortbestand der Organschaft – die Ausgleichspflicht der Organgesellschaft gegenüber dem Organträger keine Masseverbindlichkeit darstelle, ist nicht überzeugend. Eine Verbindlichkeit des Insolvenzschuldners ist im Verfahren der Eigenverwaltung gem. §§ 270 Abs. 1 Satz 2, 55 Abs. 1 Nr. 1 InsO Masseverbindlichkeit, wenn sie durch eine Handlung des Geschäftsführers/Vorstands oder in anderer Weise durch die Verwaltung, Verwertung und Verteilung der Masse nach Verfahrenseröffnung begründet worden ist. Der Ausgleichsanspruch des Organträgers beruht auf einem Umsatz der Organgesellschaft und damit – im Fall der Eigenverwaltung – auf einer Handlung ihres Geschäftsführers/Vorstands, so dass die Tatbestandsvoraussetzungen des § 55 Abs. 1 Nr. 1 InsO nach der hier vertretenen Auffassung erfüllt sind.[7]

24.39

---

1 Vgl. BFH v. 8.8.2013 – V R 18/13, BStBl. II 2017, 543 = UR 2013, 785; v. 24.8.2016 – V R 36/15, BStBl. II 2017, 595 = UR 2017, 117 = GmbHR 2017, 210; Abschn. 2.8 Abs. 12 Satz 4 UStAE; vgl. auch *Korn* in Bunjes[17], § 2 UStG Rz. 135; *Sterzinger* in Küffner/Stöcker/Zugmaier, § 2 UStG Rz. 653; *Meyer* in Offerhaus/Söhn/Lange, § 2 UStG Rz. 97; *Stadie* in Rau/Dürrwächter, § 2 UStG Rz. 1013; *Treiber* in Sölch/Ringleb, § 2 UStG Rz. 248.
2 Vgl. *Böhm* in Braun[7], § 21 InsO Rz. 12.
3 So auch *Stöcker* in Müller/Stöcker/Lieber, Die Organschaft[10], Rz. 1598 (unter Berücksichtigung des AdV-Beschlusses des BFH v. 19.3.2014 – V B 14/14).
4 *Stöcker* in Müller/Stöcker/Lieber, Die Organschaft[10], Rz. 1598; *Rühland* in Kahlert/Rühland[2], Rz. 9.203; *Wagner/Fuchs*, BB 2014, 2583 (2591); vgl. auch *de Weerth*, NZI 2017, 363 (364); differenzierend noch *Wäger*, UR 2014, 90 (92), dem zufolge zB die Anordnung der Kassenführungsbefugnis des Sachwalters als nur „interne Maßnahme" nicht ausreicht, um die organisatorische Eingliederung zu beenden; abweichend hiervon aber nunmehr *ders.*, BFH/PR 2014, 229, 230: Die Organschaft soll unabhängig davon enden, „ob für [... den ...] Sachwalter (§ 274 InsO) besondere Befugnisse wie Kassenführung (§ 275 Abs. 2 InsO) [...] bestehen".
5 *Möhlenkamp/Möhlenkamp*, DStR 2014, 1357 (1362); *Wagner/Fuchs*, BB 2014, 2583 (2590); *dies.*, BB 2017, 2202 (2208); vgl. dazu auch *Stadie* in Rau/Dürrwächter, § 2 UStG Rz. 895 ff.
6 BFH v. 19.3.2014 – V B 14/14 = UR 2014, 431 = GmbHR 2014, 663.
7 So auch *de Weerth*, NZI 2017, 363; *Möhlenkamp/Möhlenkamp*, DStR 2014, 1357 (1363); *Wagner/Fuchs*, BB 2014, 2583 (2586); aA BFH v. 19.3.2014 – V B 14/14 = UR 2014, 431 = GmbHR 2014, 663; FG Münster v. 7.9.2017 – 5 K 3123/15 U, EFG 2017, 1756 = EWiR 2018, 55 m. Anm. *Debus/Hackl*; *Stadie* in Rau/Dürrwächter, § 2 UStG Rz. 1012; *Sterzinger* in Küffner/Stöcker/Zugmaier, § 2 UStG Rz. 655; *Wäger*, BFH/PR 2014, 229 (230).

24.40 Die organisatorische Eingliederung bleibt nach der hier vertretenen Auffassung außerdem bestehen, wenn im Insolvenzeröffnungsverfahren bei der Organgesellschaft kein vorläufiger Insolvenzverwalter bestellt, sondern **vorläufige Eigenverwaltung** angeordnet wird.[1]

d) Insolvenz von Organträger und Organgesellschaft

24.41 Nach der Rechtsprechung des BFH und des BMF ergeben sich im Fall der Doppelinsolvenz keine Besonderheiten. Dagegen bleibt nach der hier vertretenen Auffassung die organisatorische Eingliederung grundsätzlich bestehen, wenn sowohl über das Vermögen des Organträgers als auch über das Vermögen der Organgesellschaft Insolvenzverfahren eröffnet werden und bei beiden Schuldnern **derselbe Insolvenzverwalter** bestellt wird;[2] dasselbe gilt bei Bestellung desselben vorläufigen Insolvenzverwalters im Eröffnungsverfahren.[3] Mehr noch: Es kann sogar dazu kommen, dass die organisatorische Eingliederung durch die Bestellung desselben Insolvenzverwalters erst begründet wird, nämlich dann, wenn sie vorher mangels personeller Verflechtung oder institutioneller Vorkehrungen nicht bestanden hat. Unberührt bleibt die organisatorische Eingliederung richtigerweise erst recht, wenn über das Vermögen von Organträger und Organgesellschaft Insolvenzverfahren eröffnet werden und jeweils Eigenverwaltung angeordnet wird. Zum Teil wird gegen den Fortbestand der organisatorischen Eingliederung vorgebracht, die Möglichkeit der Willensdurchsetzung des Organträgers in der Organgesellschaft scheitere im Fall des personenidentischen Insolvenzverwalters und selbst bei fortbestehender personeller Verflechtung im Rahmen der Eigenverwaltung daran, dass den Verwalter in seiner Rolle als Insolvenzverwalter der Organgesellschaft bzw. – im Fall der Eigenverwaltung – die Geschäftsführung der Organgesellschaft die Pflicht zu Massesicherung treffe.[4] Dabei wird jedoch übersehen, dass Leitungsorgane von Organgesellschaften auch außerhalb der Insolvenz anderen Interessen als denen des Organträgers verpflichtet sein können, ohne dass sich dadurch etwas an der tatsächlichen Beherrschung durch den Organträger ändert.[5] Nach § 2 Abs. 2 Satz 1 Nr. 2 UStG kommt es auf das „Gesamtbild der *tatsächlichen* Verhältnisse" an, nicht auf die auf den einzelnen Ebenen bestehenden Pflichtenkreise.[6]

4. Zusammenfassung

24.42 Nach der Rechtsprechung des BFH und der Ansicht der Finanzverwaltung endet die Organschaft stets dann, wenn über eines der am Organkreis beteiligten Rechtsträger das Insolvenzverfahren eröffnet wird, gleich ob ein Regelinsolvenzverfahren oder ein eigenverwaltetes Insolvenzverfahren durchgeführt wird. Überdies endet die Organschaft im Regelfall auch mit

---

1 Eingehend *Wagner/Fuchs*, BB 2017, 2202 (2207 f.); ebenso *Wäger*, UR 2014, 90 (91 f.); aA *Kahlert*, ZIP 2013, 2048 (2050 f.); *Lenger/Khanian*, NZI 2014, 385; *Hasbach*, MwStR 2017, 262 (265 ff.); *ders.*, ZInsO 2017, 914 (917 ff.).
2 So auch OFD Frankfurt/M. v. 11.6.2014 – S 7105 A – 21 – St 110, Rz. 2.3, juris; *Klenk* in Sölch/Ringleb, § 2 UStG Rz. 135; *Korn* in Bunjes[17], § 2 UStG Rz. 134; *Radeisen* in Schwarz/Widmann/Radeisen, § 2 UStG, Rz. 256; *Wagner/Fuchs*, BB 2014, 2583 (2591); *Schüppen/Ruh* in MünchKomm/InsO[3], Insolvenzsteuerrecht, Rz. 191d; im Ergebnis auch *Boeker* in H/H/S, § 73 AO Rz. 8; *Birkenfeld* in Birkenfeld/Wäger, § 44 Rz. 731 – solange das Unternehmen unverändert fortgeführt wird; *Schumacher*, Die Organschaft im Steuerrecht[2], 239.
3 So grundsätzlich auch *Frotscher*, Besteuerung bei Insolvenz[8], 271; *Wäger*, UR 2014, 81 (91 f.).
4 *Kahlert/Schmidt*, DStR 2014, 419; für den Fall des personenidentischen Insolvenzverwalters auch *Wäger*, UR 2014, 90 (91 f.).
5 *Wagner/Fuchs*, BB 2014, 2583 (2590).
6 So für den Fall der Eigenverwaltung auch *Wäger*, UR 2014, 90 (92).

Bestellung eines vorläufigen Insolvenzverwalters.[1] Eine höchstrichterliche Entscheidung zur Bestellung eines vorläufigen Sachwalters steht noch aus; sie ist aber demnächst zu erwarten.[2]

Nach der hier vertretenen Auffassung kommt es dagegen einzig darauf an, ob die Organgesellschaft gem. § 2 Abs. 2 Nr. 2 UStG nach dem Gesamtbild der tatsächlichen Verhältnisse noch finanziell, wirtschaftlich und organisatorisch in das Unternehmen des Organträgers eingegliedert ist. Hierfür sind weder etwaige Einschränkungen der korporativen Überwachungs- und Kontrollrechte noch geänderte Pflichtenprogramme maßgeblich. Ob die Organschaft in der Insolvenz eines der am (ehemaligen) Organkreis beteiligten Rechtsträger endet, bestimmt sich folglich vorrangig danach, ob der Organträger seinen Willen in der Organgesellschaft auch noch nach Beginn des (vorläufigen) Insolvenzverfahrens durchsetzen kann. 24.43

IV. Folgen der Beendigung der Organschaft

1. Berichtigung nach § 17 UStG

Wenn es im Zusammenhang mit der Beendigung der Organschaft zu Umsatzsteuer- oder Vorsteuerberichtigungen kommt, stellt sich jeweils die Frage, ob die Berichtigung bei dem ehemaligen Organträger oder bei der ehemaligen Organgesellschaft vorzunehmen ist. Zur Berichtigung kommt es ua. nach § 17 Abs. 2 Nr. 1 UStG stets dann, wenn das Entgelt für einen steuerpflichtigen Umsatz **uneinbringlich** geworden ist. 24.44

Forderungen sind nach der Rechtsprechung **tatsächlich** uneinbringlich, wenn der Schuldner sie nicht erfüllt und bei objektiver Betrachtung damit zu rechnen ist, dass der Gläubiger sie jedenfalls auf absehbare Zeit auch nicht durchsetzen kann.[3] Diese Voraussetzungen werden in vielen Fällen bereits vor Bestellung eines vorläufigen Insolvenzverwalters erfüllt sein.[4] 24.45

Darüber hinaus tritt **aus rechtlichen Gründen** Uneinbringlichkeit ein, wenn ein („schwacher" oder „starker") vorläufiger Insolvenzverwalter bei dem Schuldner bestellt wird. Dann nämlich kann der Gläubiger seinen Entgeltanspruch nicht mehr durchsetzen, da der vorläufige Insolvenzverwalter vor dem Hintergrund der Massesicherungspflicht einem Verbot unterliegt, Gläubigeransprüche zu erfüllen, die vor seiner Bestellung begründet wurden und im Insolvenzverfahren lediglich Insolvenzforderungen sind.[5] 24.46

Aber auch wenn die Verwaltungs- und Verfügungsbefugnis über das Vermögen des **Gläubigers** gem. § 80 Abs. 1 InsO auf den Insolvenzverwalter übergeht, soll die Forderung nach Auffassung des BFH – was nach Wortsinn und allgemeinem Sprachgebrauch zunächst überrascht – uneinbringlich werden.[6] Der BFH begründet dies damit, dass die Vereinnahmung der Forde- 24.47

---

1 Vgl. Abschn. 2.8 Abs. 12 UStAE.
2 Rev. anhängig, Az. XI R 35/17.
3 BFH v. 10.3.1983 – V B 46/80, BStBl. II 1983, 389 = UR 1983, 92 m. Anm. *Weiß*; BFH v. 22.4.2004 – V R 72/03, BStBl. II 2004, 684 = UR 2004, 480 m. Anm. *Stadie*; BFH v. 20.7.2006 – V R 13/04, BStBl. II 2007, 22 = UR 2006, 713; v. 4.6.2007 – V B 76/06, UR 2007, 945 = BFH/NV 2007, 2151.
4 So auch *Rühland* in Kahlert/Rühland[2], Rz. 9.203.
5 BFH v. 8.8.2013 – V R 18/13, GmbHR 2013, 1167 = UR 2013, 785 m. Anm. *Slapio* = BFH/NV 2013, 1747; BFH v. 3.7.2014 – V R 32/13, DB 2014, 2512.
6 BFH v. 9.12.2010 – V R 22/10, BStBl. II 2011, 996 = UR 2011, 551 m. Anm. *Widmann*; vgl. auch Abschn. 17.1 Abs. 11 UStAE.

rung fortan Sache des Insolvenzverwalters sei.[1] Dies gilt auch dann, wenn ein „starker" vorläufiger Insolvenzverwalter bestellt wird,[2] sowie bei Bestellung eines „schwachen" vorläufigen Insolvenzverwalters mit allgemeinem Zustimmungsvorbehalt und Recht zum Forderungseinzug.[3] Außerdem spricht viel dafür, dass der BFH auch die Anordnung der Eigenverwaltung als Berichtigungsereignis ansehen würde.[4]

24.48 Die Berichtigung ist nach dem Gesetzeswortlaut (§ 17 Abs. 2 Nr. 1 i.V.m. Abs. 1 Satz 2 UStG) „bei dem Unternehmer [vorzunehmen], an den der Umsatz ausgeführt wurde". Diese gesetzliche Formulierung spricht dafür, dass sie – unabhängig davon, ob Schuldner oder Gläubiger der (ehemalige) Organträger oder die (ehemalige) Organgesellschaft ist – stets beim (ehemaligen) Organträger vorzunehmen ist, wenn zum Zeitpunkt der Ausführung des Umsatzes eine Organschaft bestanden hat. Die gesetzliche Formulierung „Unternehmer, an den dieser Umsatz ausgeführt wurde" ist nach der ständigen Rechtsprechung des BFH aber nicht so zu verstehen, dass dadurch der Schuldner des aus der Berichtigung resultierenden Steueranspruchs bezeichnet wird; vielmehr soll damit nur die jeweilige Seite der Leistungsbeziehung (ausführender vs. empfangender Unternehmer) bezeichnet werden.[5] Für die Frage, welcher Steuerpflichtige Schuldner des Berichtigungsanspruchs ist, soll es auf den Zeitpunkt ankommen, in dem das Berichtigungsereignis eintritt, weil nach § 17 Abs. 1 Satz 7 UStG die Berichtigung für den Besteuerungszeitraum vorzunehmen ist, in dem die Berichtigung eingetreten ist. Folglich ist die Berichtigung nicht bei dem ehemaligen Organträger, sondern bei der ehemaligen Organgesellschaft vorzunehmen, wenn ihre Forderung oder Verbindlichkeit zu einem Zeitpunkt uneinbringlich geworden ist, in dem die Organschaft nicht mehr bestanden hat.[6] Die rechtliche Uneinbringlichkeit aufgrund Bestellung eines (vorläufigen) Insolvenzverwalters tritt nach Auffassung des BFH **eine juristische Sekunde vor Beendigung der Organschaft** ein, so dass die (erste) Berichtigung in diesen Fällen stets beim Organträger vorzunehmen ist.[7]

24.49 Wird die Forderung zu einem späteren Zeitpunkt durch den Insolvenzverwalter des Schuldners beglichen bzw. vom Insolvenzverwalter des Gläubigers vereinnahmt, kommt es nach Auffassung des BFH gem. § 17 Abs. 2 Nr. 1 Satz 2 UStG zu einer **erneuten Berichtigung** (diesmal bei der ehemaligen Organgesellschaft); der hieraus resultierende Vorsteuerberichtigungsanspruch bzw. die hieraus resultierende Umsatzsteuerberichtigungsverbindlichkeit sind der Masse zuzurechnen.[8] Dasselbe gilt nach dem jüngsten Urteil des BFH zu § 55 Abs. 4 InsO im Fall der Vereinnahmung durch einen „schwachen" vorläufigen Insolvenzverwalter mit allgemeinem Zustimmungsvorbehalt und Recht zum Forderungseinzug.[9] Entgegen seiner früheren Auffassung schloss sich das BMF der Rechtsprechung des BFH an und erweiterte sie inso-

---

1 S. dazu auch *Korn* in Bunjes[17], § 2 UStG Rz. 68.
2 Abschn. 17.1 Abs. 12 UStAE.
3 BFH v. 24.9.2014 – V R 48/13, BFH/NV 2015, 133.
4 Dazu ausführlich *Kahlert*, ZIP 2014, 1101 (1106); aA *Jaffé/Friedrich-Vache*, MwStR 2014, 86 (91 f.).
5 BFH v. 7.12.2006 – V R 2/05, BStBl. II 2007, 848 = UR 2007, 277 = GmbHR 2007, 504; BFH v. 5.12.2008 – V B 101/07, BFH/NV 2009, 432.
6 BFH v. 7.12.2006 – V R 2/05, BStBl. II 2007, 848 = UR 2007, 277 = GmbHR 2007, 504; BFH v. 5.12.2008 – V B 101/07, BFH/NV 2009, 432.
7 BFH v. 8.8.2013 – V R 18/13, GmbHR 2013, 1167 = UR 2013, 785 m. Anm. *Slapio* = BFH/NV 2013, 1747; BFH v. 3.7.2014 – V R 32/13, DB 2014, 2512; *Korn* in Bunjes[17], § 2 UStG Rz. 146.
8 BFH v. 22.10.2009 – V R 14/08, BStBl. II 2011, 988 = UR 2010, 268; Abschn. 17.1 Abs. 11, 16 UStAE; *Korn* in Bunjes[17], § 2 UStG Rz. 146.
9 BFH v. 24.9.2014 – V R 48/13, BFH/NV 2015, 133.

weit, als die Ausführungen des BFH unabhängig davon gelten sollen, ob dem schwachen vorläufigen Insolvenzverwalter ausdrücklich das Recht zum Forderungseinzug eingeräumt wurde.[1]

2. Berichtigung nach § 15a UStG

Kommt es nach Beendigung der Organschaft aufgrund von Verwertungshandlungen des Insolvenzverwalters der ehemaligen Organgesellschaft zu einer Vorsteuerberichtigung nach § 15a UStG, so richtet sich der Anspruch des Fiskus gegen die ehemalige Organgesellschaft; es handelt sich insoweit um eine **Masseverbindlichkeit**.[2]

24.50

V. Insolvenzanfechtung und Organschaft

Nicht abschließend geklärt (und zwischen dem VII. Senat des BFH und dem IX. Zivilsenat des BGH umstritten) ist, ob und unter welchen Voraussetzungen Zahlungen, die die Organgesellschaft im Hinblick auf von ihr verursachte Steuerschulden des Organträgers vor Eröffnung des Insolvenzverfahrens über ihr Vermögen an das Finanzamt leistet, vom Insolvenzverwalter nach § 131 Abs. 1 Nr. 1 InsO angefochten werden können, wenn gegen sie (noch) kein Haftungsbescheid ergangen ist. Nach dieser Bestimmung ist eine Rechtshandlung anfechtbar, die einem Insolvenzgläubiger eine Befriedigung gewährt hat, die er nicht zu der Zeit zu beanspruchen hatte, wenn die Handlung im letzten Monat vor dem Antrag auf Eröffnung des Insolvenzverfahrens vorgenommen worden ist. Voraussetzung der Anfechtung der Zahlung der Organgesellschaft ist somit, dass das Finanzamt bezüglich der Zahlung als **Insolvenzgläubiger** der Organgesellschaft anzusehen ist.[3] Das führt – wenn es an einer ausdrücklichen Tilgungsbestimmung fehlt – zu der Frage, ob die Organgesellschaft (ausschließlich) auf die Steuerschuld des Organträgers oder (auch) auf ihre eigene latente (weil noch nicht durch Bescheid festgesetzte) Haftungsschuld zahlt.

24.51

Während der VII. Senat des BFH der Auffassung ist, die Organgesellschaft zahle – wohl zumindest bei Fehlen einer anderweitigen ausdrücklichen Tilgungsbestimmung – grundsätzlich **auf die Verbindlichkeit des Organträgers**,[4] meint der IX. Senat des BGH, sie zahle – wiederum vorbehaltlich einer abweichenden ausdrücklichen Tilgungsbestimmung – grundsätzlich **auf ihre eigene Haftungsschuld** gem. § 73 AO.[5] Folgerichtig verneint der VII. Senat des BFH die Anfechtbarkeit, während der IX. Senat des BGH sie – bei Vorliegen der weiteren Voraussetzungen des § 131 Abs. 1 Nr. 1 InsO – bejaht.

24.52

---

1 BMF v. 20.5.2015 – IV A 3 - S 0550/10/10020-05 – DOK 2015/0416027, ZIP 2015, 1093.
2 BFH v. 9.2.2011 – XI R 35/09, BStBl. II 2011, 1000 = UR 2011, 538 = BB 2011, 1765 m Anm. *Köhler/Wagner*; aA wohl BFH v. 6.10.2005 – VII B 309/04, BFH/NV 2006, 369; BFH v. 17.4.2007 – VII R 27/06, BStBl. II 2009, 589.
3 *Frotscher*, Besteuerung bei Insolvenz[8], 107 f.
4 So BFH v. 23.9.2009 – VII R 43/08, BStBl. II 2010, 215 = GmbHR 2010, 108 = UR 2010, 18 Rz. 25 ff.; implizit wohl auch BFH v. 26.8.2014 – VII R 16/13, juris; s. auch Hessisches FG v. 16.10.2012 – 6 K 721/10, EFG 2013, 1084, juris.
5 BGH v. 19.1.2012 – IX ZR 2/11, BGHZ 192, 221, der sich ausdrücklich gegen BFH v. 23.9.2009 – VII R 43/08, BStBl. II 2010, 215 = GmbHR 2010, 108 = UR 2010, 18, wendet; ebenso OLG Köln v. 14.12.2005 – 2 U 89/05, ZInsO 2006, 1329; OLG Nürnberg v. 9.3.2009 – 4 U 2506/08, ZInsO 2010, 207; OLG Hamm, v. 2.12.2010 – 27 U 55/10, I-27 U 55/10, GmbHR 2011, 258 = ZIP 2010, 2517.

24.53 Der VII. Senat des BFH begründet seine Auffassung, die Organgesellschaft zahle regelmäßig nur auf die Steuerschuld des Organträgers, damit, dass das Finanzamt im Zeitpunkt der Zahlung noch keinen Anspruch gegen die Organgesellschaft habe, solange das Ermessen gem. § 191 Abs. 1 Satz 1 i.V.m. § 5 AO nicht ausgeübt worden sei.[1] Im Hinblick auf die in § 219 Satz 1 AO angeordnete **Subsidiarität** könne ein Haftungsbescheid gegen die Organgesellschaft so lange nicht festgesetzt werden, wie eine Vollstreckung gegenüber dem Organträger möglich ist.[2]

24.54 Der IX. Senat des BGH wendet sich explizit gegen diese Argumentation. Zunächst komme es für die Anfechtung nicht darauf an, ob die beglichene Forderung tatsächlich besteht oder nicht. Selbst wenn gesetzliche Haftungsvoraussetzungen fehlten, sei eine **Anfechtung möglich.** Bereits der Wortlaut des § 131 Abs. 1 InsO, der ausdrücklich auch Zahlungen der Anfechtbarkeit unterwerfe, die nicht hätten beansprucht werden können, zeige, dass auch der Empfänger einer rechtsgrundlosen Leistung Insolvenzgläubiger sei – eine Ungleichbehandlung im Verhältnis zu Empfängern rechtlich begründeter Ansprüche mit (nur) inkongruenter Deckung sei nicht zu rechtfertigen. Gleiches gelte für § 130 InsO, der als Auffangvorschrift auch sämtliche Fälle des § 131 InsO erfasse.[3] Dass die Organgesellschaft als Haftungsschuldnerin nach § 219 Satz 1 AO nur sekundär hafte, sei ebenfalls irrelevant. Auch die Inhaber aufschiebend bedingter Forderungen seien Insolvenzgläubiger i.S.d. §§ 130 f. InsO, weil nach § 191 Abs. 1 InsO selbst bedingte Forderungen einen Vermögensanspruch begründeten. Deswegen sei etwa auch der Gläubiger eines Bürgen, der unter Verzicht auf die ihm zustehende Einrede der Vorausklage freiwillig zahle, Insolvenzgläubiger. Diese Grundsätze seien auch auf den Gläubiger des Haftungsanspruchs gem. § 73 AO übertragbar. Dieser werde bereits mit Entstehung des Steueranspruchs gegen den Organträger begründet. Der Erlass eines Haftungsbescheids sei ohne Auswirkung auf die Entstehung des materiell-rechtlichen Anspruchs aus dem Steuerschuldverhältnis. Hierbei beruft sich der BGH auf die Rechtsprechung des VII. Senats des BFH[4], nach der der Haftungsanspruch des Finanzamts entstehe, sobald die gesetzlichen Voraussetzungen des Haftungstatbestandes erfüllt seien, ohne dass es hierzu des Erlasses eines Haftungsbescheids bedürfe.[5] Die Anfechtung setze zudem voraus, dass der Schuldner mit Zahlung aus Sicht eines objektiven Empfängers die Tilgung einer eigenen Schuld bezweckte. Hier gälten die allgemeinen Regeln des bereicherungsrechtlichen Leistungsbegriffs. Lasse sich aus Sicht des Finanzamts nicht erkennen, ob auf die Haftungsschuld oder die Steuerverbindlichkeit gezahlt werden sollte, so sei – auch nach der Rechtsprechung des BFH – davon auszugehen, dass ein zahlender Gesamtschuldner nur seine eigene Schuld tilgen wollte.[6] Nähme man eine Zahlung auf die Steuerforderung und zugleich auf den Haftungsanspruch an, würde die Unterscheidung zwischen Steuer- und Haftungsschuld *de facto* aufgehoben, was nicht dem Leitbild der AO entspreche.[7] Schließlich ändere hieran weder das interne Ausgleichsverhältnis zum Organträger etwas, noch die Tatsache, dass die Organgesellschaft auch dem Organträger – als Sicherungsgläubiger – gegenüber zur Anfechtung gem. §§ 130, 131 InsO berechtigt sei. Die Zahlung an das Finanzamt komme auch dem Organträger

---

1 BFH v. 23.9.2009 – VII R 43/08, BStBl. II 2010, 215 = GmbHR 2010, 108 = UR 2010, 18.
2 Zustimmend *Urban*, UR 2011, 285 (287); *Frotscher*, Besteuerung bei Insolvenz[8], 107 f.; *Stöcker* in Müller/Stöcker/Lieber, Die Organschaft[9], Rz. 1503; offen lassend *Rühland* in Kahlert/Rühland[2], Rz. 9.264 b ff. und *Uhländer* in Waza/Uhländer/Schmittmann, Rz. 1953 f.
3 BGH v. 19.1.2012 – IX ZR 2/11, BGHZ 192, 211.
4 BFH v. 15.10.1996 – VII R 46/96, BStBl. II 1997, 171 = GmbHR 1997, 468.
5 BGH v. 19.1.2012 – IX ZR 2/11, BGHZ 192, 211.
6 BGH v. 19.1.2012 – IX ZR 2/11, BGHZ 192, 211.
7 BGH v. 19.1.2012 – IX ZR 2/11, BGHZ 192, 211.

zu Gute („Doppelwirkung"), weil dieser im Verhältnis zum Fiskus befreit werde. Der Insolvenzverwalter habe die Wahl, welchen der beiden Leistungsempfänger er in Anspruch nehme; beide würden ihrerseits als Gesamtschuldner haften.[1]

Die Sichtweise des IX. Senats des BGH erscheint überzeugend. Wäre es richtig, dass – wie der VII. Senat des BFH meint – die Haftungsverbindlichkeit der Organgesellschaft nicht schon durch deren Umsatztätigkeit begründet wird, so würde zu diesem Zeitpunkt im Übrigen auch noch keine Gesamtschuld entstehen und der Organträger hätte gegen die Organgesellschaft – bei Fehlen entsprechender vertraglicher Vereinbarungen – auch keinen **Ausgleichsanspruch** entsprechend § 426 BGB. Das wäre aber wiederum mit der (zuletzt im AdV-Beschluss v. 19.3.2014 bestätigten) Rechtsprechung des BFH, nach der ein solcher Ausgleichsanspruch unabhängig davon entsteht, ob gegen die Organgesellschaft ein Haftungsbescheid erlassen wird oder nicht, nur schwer zu vereinbaren.[2]

24.55

C. Körperschaftsteuerliche Organschaft

I. Grundsätzliche Problematik

Anders als die umsatzsteuerliche Organschaft endet die körperschaftsteuerliche Organschaft bei Wegfall ihrer Tatbestandsvoraussetzungen grundsätzlich nicht *ex nunc*. Vielmehr entfallen die Wirkungen der Organschaft **für das gesamte Wirtschaftsjahr**, während dessen eine der Tatbestandsvoraussetzungen wegfällt. Wenn die Organschaft vor Ablauf der in § 14 Abs. 1 Satz 1 Nr. 3 KStG geregelten Mindestlaufzeit endet, können ihre Wirkungen unter Umständen sogar mit **Rückwirkung** für bereits abgeschlossene Wirtschaftsjahre entfallen.

24.56

Im Regelfall ist eine Fortführung der Organschaft bei Insolvenz (auch) der Organgesellschaft aufgrund der Verlustausgleichsverpflichtung aus Sicht der Gläubiger des Organträgers nicht sinnvoll. Ist allein der Organträger insolvent, so kann es jedoch zweckmäßig sein, die Organschaft weiterzuführen, um entstehende Verluste mit etwaigen Gewinnen der Organgesellschaft zu verrechnen.

II. Auswirkungen der Insolvenz auf die Tatbestandsvoraussetzungen

1. Finanzielle Eingliederung

a) Insolvenz (nur) der Organgesellschaft

Anders als im Umsatzsteuerrecht wird der Begriff der finanziellen Eingliederung für Zwecke der körperschaftsteuerlichen Organschaft in § 14 Abs. 1 Satz 1 Nr. 1 Satz 1 KStG legaldefiniert. Danach muss der Organträger an der Organgesellschaft vom Beginn ihres Wirtschaftsjahrs an ununterbrochen in einem solchen Maße beteiligt sein, dass ihm die **Mehrheit der Stimmrechte** aus den Anteilen an der Organgesellschaft zusteht. Die materielle Insolvenz der Organgesellschaft als solche wirkt sich auf den Fortbestand der finanziellen Eingliederung nicht aus. Ob und unter welchen Voraussetzungen aber ein Insolvenz(eröffnungs)verfahren über das Vermögen der Organgesellschaft dazu führen kann, dass deren finanzielle Eingliederung entfällt, ist nicht abschließend geklärt.

24.57

---

1 BGH v. 19.1.2012 – IX ZR 2/11, BGHZ 192, 211.
2 Vgl. zuletzt BFH v. 19.3.2014 – V B 14/14, UR 2014, 431 = GmbHR 2014, 663 = BFH/NV 2014, 999 unter Verweis auf BGH v. 29.1.2013 – II ZR 91/11, GmbHR 2013, 318.

24.58 Rechtsprechung und Finanzverwaltung haben sich zu der Problematik bislang nicht geäußert. In der Literatur ist die Frage umstritten. In den Kommentaren zum Körperschaftsteuerrecht wird überwiegend die Auffassung vertreten, die finanzielle Eingliederung entfalle mit Eröffnung des Insolvenzverfahrens über das Vermögen der Organgesellschaft, da der Organträger ab diesem Zeitpunkt seine Stimmrechte **nicht mehr ausüben** könne.[1] Diese Sichtweise ist jedoch nicht überzeugend. Denn die Eröffnung des Insolvenzverfahrens ändert nichts daran, dass der Gesellschafter die mit seinen Anteilen verbundenen Stimmrechte in der Gesellschafterversammlung bzw. in der Hauptversammlung des Schuldners ausüben kann. Die Anteile oder Stimmrechte gehen nicht auf einen anderen, etwa den Insolvenzverwalter, über. Es kommt lediglich zu einer Verschiebung der Zuständigkeiten in allen masserelevanten Angelegenheiten hin zum Insolvenzverwalter. In allen übrigen Angelegenheiten behält die Gesellschafterversammlung bzw. die Hauptversammlung ihre Zuständigkeiten.[2]

24.59 Da § 14 Abs. 1 Satz 1 Nr. 1 Satz 1 KStG seinem Wortlaut nach lediglich auf die Mehrheit der Stimmrechte abstellt und nicht verlangt, dass mit diesen Stimmrechten ein bestimmtes Mindestmaß an Einfluss auf die Geschäftsführung verbunden ist, kann die Eröffnung des Insolvenzverfahrens richtigerweise keinen Einfluss auf die finanzielle Eingliederung haben.[3] Bei der Frage nach dem Einfluss des Organträgers auf die Geschäftsführung auf Ebene der Organgesellschaft handelt es nicht um eine Frage der finanziellen, sondern vielmehr um eine der organisatorischen Eingliederung; letztere ist aber seit Inkrafttreten des Gesetzes zur Senkung der Steuersätze und zur Reform der Unternehmensbesteuerung (StSenkG) vom 23.10.2000[4] gerade nicht mehr Voraussetzung der körperschaftsteuerlichen Organschaft. Für die hier vertretene Sichtweise spricht im Übrigen auch der vom Gesetzgeber mit Streichung der übrigen Eingliederungsvoraussetzungen verfolgte **Zweck** der Steuervereinfachung; schwierige Abgrenzungsfragen sollten gerade vermieden werden.[5] Dieser Zweck würde konterkariert, wenn einstmals (zutreffend) im Rahmen der organisatorischen Eingliederung diskutierte Abgrenzungsfragen nun auf einmal in die Auslegung des Merkmals der finanziellen Eingliederung verschoben werden, ohne dass der Gesetzeswortlaut hierfür irgendeinen Anhaltspunkt böte.[6] Daher entfällt die finanzielle Eingliederung bei Eröffnung des Insolvenzverfahrens über das Vermögen der Organgesellschaft nicht;[7] dasselbe gilt bei Bestellung eines vorläufigen Insolvenzverwalters sowie (erst recht) im Fall der (vorläufigen) Eigenverwaltung.

24.60 Stellt man dagegen darauf ab, ob die Stimmrechte eine umfassende Beherrschung der Organgesellschaft ermöglichen, so muss man die finanzielle Eingliederung konsequenterweise

---

1 So *Dötsch* in Dötsch/Pung/Möhlenbrock, § 14 KStG Rz. 623 ff. (Stand: August 2016); *Frotscher* in Frotscher/Drüen, § 14 KStG Rz. 675; *Kolbe* in HHR, § 14 KStG Anm. 110; aA *Neumann* in Gosch[3], § 14 KStG Rz. 297; aA wohl auch *Walter* in Ernst & Young, § 14 KStG Rz. 780.
2 S. im Einzelnen *Haas/Hossfeld* in Gottwald, Insolvenzrechts-Handbuch[5], § 92 Rz. 319 ff. für die GmbH und § 93 Rz. 28 ff. für die AG; für die Hauptversammlung in der AG: *Hirte* in Uhlenbruck, Insolvenzordnung[14], § 11 Rz. 189 ff.; für die Gesellschafterversammlung in der GmbH: OLG Karlsruhe v. 8.1.1993 – 4 W 28/92, GmbHR 1993, 101 – noch unter Geltung der KO; *Haas* in Baumbach/Hueck[21], § 60 GmbHG Rz. 52 f.
3 So auch *Neumann* in Gosch[3], § 14 KStG Rz. 297; *Roth*, Insolvenzsteuerrecht, Rz. 4.306; *Uhländer* in Waza/Uhländer/Schmittmann[11], 778.
4 BGBl. I 2000, 1433.
5 Vgl. dazu die Begründung der Regierungsfraktionen zum Entwurf des StSenkG v. 15.2.2000, BT-Drucks. 14/2683, 121.
6 Wie hier *Petersen/Winkelhog* in Sonnleitner, Insolvenzsteuerrecht, Kap. 4 Rz. 196.
7 So auch *Neumann* in Gosch[3], § 14 KStG Rz. 297; *Roth*, Insolvenzsteuerrecht, Rz. 4.306; *Uhländer* in Waza/Uhländer/Schmittmann[11], 778.

bereits ab dem Zeitpunkt der **Bestellung eines „schwachen" vorläufigen Insolvenzverwalters** mit Zustimmungsvorbehalt (§ 21 Abs. 2 Satz 1 Nr. 2 Alt. 2 InsO) über das Vermögen der Organgesellschaft verneinen.[1] Denn gegen dessen Willen kann der Mehrheitsgesellschafter seinen Willen auf Ebene der Organgesellschaft nicht durchsetzen (Rz. 24.25). Wenn man den Wegfall der finanziellen Eingliederung in diesem Fall wie *Kahlert* außerdem mit der Massesicherungspflicht des vorläufigen Insolvenzverwalters begründet, so muss man darüber hinaus zu dem Ergebnis kommen, dass die finanzielle Eingliederung sogar im Fall der **(vorläufigen) Eigenverwaltung** entfällt, weil dann den Geschäftsführer die Pflicht zur Massesicherung trifft.[2] Das ist allerdings schon deshalb für den Fall der körperschaftsteuerlichen Organschaft nicht überzeugend, weil sich auf Ebene einer in der Krise befindlichen Organgesellschaft in aller Regel ein abführungspflichtiger Gewinn gar nicht erst einstellen dürfte. Vielmehr wird der Organgesellschaft aus dem Gewinnabführungsvertrag ein Anspruch auf Verlustübernahme zustehen, der bei Fälligkeit im Insolvenz(eröffnungs)verfahren durchzusetzen ist.[3]

Zur umsatzsteuerlichen Organschaft hat der V. Senat des BFH mittlerweile entschieden, dass mit der Eröffnung des Insolvenzverfahrens über das Vermögen der Organgesellschaft die Eingliederung der Organgesellschaft in den Organträger entfällt (Rz. 24.11).[4] Diese Rechtsprechung ist nach der hier vertretenen Auffassung auf die körperschaftsteuerliche Organschaft nicht zu übertragen.[5] Denn aufgrund der gesetzlichen Definition des Merkmals der finanziellen Eingliederung (§ 14 Abs. 1 Satz 1 Nr. 1 Satz 1 KStG), die ausschließlich auf die Mehrheit der Stimmrechte abstellt, gibt es im Rahmen der körperschaftsteuerlichen Organschaft keinen Anhalt für die Auffassung des V. Senats, es sei eine „Eingliederung mit Durchgriffsrechten"[6] erforderlich.

24.61

b) Insolvenz (nur) des Organträgers

Die **Insolvenz** des Organträgers und die Bestellung eines **(vorläufigen) Insolvenzverwalters** oder die Anordnung der **(vorläufigen) Eigenverwaltung** über dessen Vermögen haben nach der hier vertretenen Auffassung keine Auswirkungen auf die finanzielle Eingliederung der Organgesellschaft. Dass nunmehr ggf. der (vorläufige) Insolvenzverwalter die Stimmrechte in der Tochtergesellschaft wahrnimmt und er – bzw. im Fall der (vorläufigen) Eigenverwaltung

24.62

---

1 So im Ergebnis *Kahlert*, DStR 2014, 73 (74); unter Bezugnahme auf diesen ebenso *Dötsch* in Dötsch/Pung/Möhlenbrock, § 14 KStG Rz. 624 ff. (Stand: August 2016); s. mittlerweile auch *Krumm* in Blümich, § 14 Rz. 82; für den Fall der Bestellung eines „starken" vorläufigen Insolvenzverwalters *Frotscher*, Besteuerung bei Insolvenz[8], 189; ablehnend hingegen beim „schwachen" vorläufigen Insolvenzverwalter mit Zustimmungsvorbehalt vgl. *Frotscher* in Frotscher/Drüen, § 14 KStG Rz. 678, unter Berufung auf ein Urteil des BFH v. 1.4.2004 – V R 24/03, BStBl. II 2004, 905 = UR 2004, 352 = GmbHR 2004, 981, das zur organisatorischen Eingliederung bei der umsatzsteuerlichen Organschaft ergangen und durch die Urteile des BFH v. 8.8.2013 – V R 18/13, BStBl. II 2017, 543 = GmbHR 2013, 1167 und BFH v. 3.7.2014 – V R 32/13, BStBl. II 2017, 666 = UR 2014, 986 sowie BFH v. 15.12.2016 – V R 14/16, BStBl. II 2017, 600 = UR 2017, 305 inzwischen überholt ist.
2 Konsequent *Kahlert*, DStR 2014, 73 (74 f.); sich diesem anschließend *Dötsch* in Dötsch/Pung/Möhlenbrock, § 14 KStG Rz. 624 (Stand: August 2016).
3 Vgl. *Neumann* in Gosch[3], § 14 KStG Rz. 296; *Koch* in Hüffer/Koch[13], § 302 AktG Rz. 16; vgl. auch *Emmerich* in Emmerich/Habersack[8], § 302 AktG Rz. 43 unter Verweis auf BGH v. 23.9.1991 – II ZR 135/90, BGHZ 115, 187 = AG 1991, 429.
4 BFH v. 15.12.2016 – V R 14/16, BStBl. II 2017, 600 = UR 2017, 305.
5 Hierzu schon *Wagner/Fuchs*, BB 2017, 2202 (2206 f.).
6 Vgl. BFH v. 15.12.2016 – V R 14/16, BStBl. II 2017, 600 = UR 2017, 305 Rz. 30.

der Geschäftsführer – zur Sicherung der Masse des Organträgers verpflichtet ist, vermag nichts daran zu ändern, dass dem Organträger nach wie vor die Stimmrechte aus den Anteilen an der Organgesellschaft zustehen.[1]

24.63 Nach Auffassung von Teilen der Literatur soll die finanzielle Eingliederung im Fall der Insolvenz des Organträgers jedoch deswegen entfallen, weil der Organgesellschaft gegenüber Weisungen des Organträgers ein **Leistungsverweigerungsrecht** nach § 273 BGB zustehe.[2] Dagegen spricht, dass es für die finanzielle Eingliederung überhaupt nicht darauf ankommt, ob der Organträger Weisungen erteilt oder erteilen kann; andernfalls wären zB Aktiengesellschaften keine tauglichen Organgesellschaften, weil der Mehrheitsaktionär selbst außerhalb der Insolvenz grundsätzlich kein Weisungsrecht gegenüber deren Vorstand hat (§ 76 Abs. 1 AktG; Ausnahmen: bestehender Beherrschungsvertrag oder Eingliederung, §§ 308, 323 AktG).[3] Im Übrigen ist fraglich, ob es außerhalb von Beherrschungsverträgen[4] (deren Bestand für die körperschaftsteuerliche Organschaft – anders als für die umsatzsteuerliche Organschaft – ohne Bedeutung ist) überhaupt einen Anwendungsbereich für ein Leistungsverweigerungsrecht nach § 273 BGB gibt.

c) Insolvenz von Organträger und Organgesellschaft

24.64 Im Fall der Insolvenz von Organträger und Organgesellschaft ergeben sich nach der hier vertretenen Auffassung keine Besonderheiten; die **finanzielle Eingliederung** besteht auch hier fort.

24.65 Nach der Gegenauffassung, die für die Frage nach der finanziellen Eingliederung auf das insolvenzrechtliche **Pflichtenprogramm** abstellt (Rz. 24.57), soll die finanzielle Eingliederung (auch) mit Eröffnung des vorläufigen Insolvenzverfahrens sowohl über das Vermögen des Organträgers als auch über das Vermögen der Organgesellschaft enden.[5]

24.66 Nach einer differenzierenden Auffassung[6] soll die finanzielle Eingliederung (nur) dann fortbestehen, wenn in beiden Gesellschaften **derselbe Insolvenzverwalter** eingesetzt wird.

2. Fortbestand des Gewinnabführungsvertrags

24.67 Die Auswirkungen der Insolvenz von Organträger und/oder Organgesellschaft auf den zwischen ihnen bestehenden Gewinnabführungsvertrag sind umstritten. Nach wohl überwiegender Auffassung wird der Gewinnabführungsvertrag durch die Eröffnung des Insolvenz-

---

1 Wie hier *Frotscher*, Besteuerung bei Insolvenz[8], 189; *Frotscher* in Frotscher/Drüen, § 14 KStG Rz. 676; vgl. auch *Neumann* in Gosch[3], § 14 Rz. 297.
2 Vgl. *Kahlert*, DStR 2014, 73 (75); unter Bezugnahme auf diesen nun ebenso *Dötsch* in Dötsch/Pung/Möhlenbrock, § 14 KStG Rz. 625 (Stand: August 2016).
3 Einhellige Auffassung, s. nur BGH v. 5.5.2008 – II ZR 108/07, GmbHR 2008, 758 m. Anm. *Blöse* = DStR 2008, 1448, Rz. 13; *Spindler* in MünchKomm/AktG[4], § 76 Rz. 22; *Koch* in Hüffer/Koch[13], § 76 AktG Rz. 25.
4 S. dazu *Altmeppen* in MünchKomm/AktG[4], § 302 Rz. 40.
5 So *Kahlert*, DStR 2014, 73 (75); *Dötsch* in Dötsch/Pung/Möhlenbrock, § 14 KStG Rz. 625 (Stand: August 2016); differenzierend danach, ob derselbe oder unterschiedliche Insolvenzverwalter bestellt werden noch *Dötsch* in Dötsch/Pung/Möhlenbrock, § 14 KStG Rz. 254 (Stand: September 2012).
6 *Frotscher* in Frotscher/Drüen, § 14 KStG Rz. 676.

verfahrens über das Vermögen einer der Parteien **automatisch beendet**;[1] dies entspricht der Rechtsprechung des BGH zur Eröffnung eines Konkursverfahrens über das Vermögen einer an einem Unternehmensvertrag beteiligten Partei.[2] Nach anderer Auffassung soll der Gewinnabführungsvertrag grundsätzlich **fortbestehen**.[3] Nach wiederum anderer Auffassung bleibt der Gewinnabführungsvertrag zwar bestehen, wird in seiner Geltung aber für die Dauer des Insolvenzverfahrens **suspendiert**.[4]

Einigkeit besteht lediglich darüber, dass der Organgesellschaft gem. (oder – im Fall der GmbH – analog) § 297 Abs. 1 Satz 2 AktG ein außerordentliches **Recht zur fristlosen Kündigung** des Gewinnabführungsvertrags zusteht, wenn der Organträger insolvent ist. Nach § 297 Abs. 1 Satz 2 AktG liegt ein wichtiger Grund für eine Kündigung namentlich dann vor, wenn der andere Vertragsteil voraussichtlich nicht in der Lage sein wird, seine auf Grund des Vertrags bestehenden Verpflichtungen zu erfüllen. Dies ist jedenfalls nach gestelltem Insolvenzantrag anzunehmen.[5] Sind darüber hinaus bereits im Vorfeld des Insolvenzverfahrens konkrete Anhaltspunkte zu erkennen, die mit einiger Wahrscheinlichkeit eine dauernde Leistungsunfähigkeit erwarten lassen, kann die Kündigung bereits zu diesem früheren Zeitpunkt erklärt werden.[6] Ob auch umgekehrt im Fall der Insolvenz der Organgesellschaft dem Organträger ein solches Kündigungsrecht zusteht, ist dagegen umstritten.[7]

24.68

Dass das Insolvenzverfahren nicht automatisch auf die Liquidation des Schuldnervermögens gerichtet ist, sondern stattdessen auch die Sanierung Ziel des Insolvenzverfahrens sein kann (§§ 1 Satz 1, 157 Satz 1 InsO),[8] spricht nach der hier vertretenen Auffassung entscheidend dafür, dass der Gewinnabführungsvertrag auch im Fall der Insolvenz einer oder beider Parteien **grundsätzlich bestehen** bleibt, der jeweils anderen Vertragspartei im Fall der Insolvenz jedoch stets ein außerordentliches Recht zur Kündigung zusteht.

24.69

3. Tatsächliche Durchführung

Der „schwache" vorläufige Insolvenzverwalter (§ 21 Abs. 2 Satz 1 Nr. 2 Alt. 2 InsO) ist (ebenso wie der „starke" vorläufige Insolvenzverwalter) zur Sicherung der Masse verpflichtet.[9] Da-

24.70

---

1 So zB *Altmeppen* in MünchKomm/AktG[4], § 297 Rz. 106, 116 ff.; *Deilmann* in Hölters[3], § 297 AktG Rz. 40; *Emmerich* in Emmerich/Habersack[8], § 297 AktG Rz. 52b; *Koch* in Hüffer/Koch[13], § 297 AktG Rz. 22a; *Kolbe* in HHR, § 14 KStG Anm. 216; *Dötsch* in Dötsch/Pung/Möhlenbrock, § 14 KStG Rz. 582 (Stand: August 2016).
2 Vgl. dazu BGH v. 14.12.1987 – II ZR 170/87, BGHZ 103, 1 = GmbHR 1988, 174.
3 So etwa *Koppensteiner* in Kölner Kommentar[3], § 297 AktG Rz. 47 f.; *Mülbert* in Großkomm/AktG[4], § 297 Rz. 134; *Neumann* in Gosch[3], § 14 KStG Rz. 296 f.; *Walter* in Ernst & Young, § 14 KStG Rz. 780.
4 Vgl. zB *K. Schmidt*, Gesellschaftsrecht[4], 957 f.; für den Fall der Eigenverwaltung auch *Emmerich* in Emmerich/Habersack[8], § 297 AktG Rz. 52b.
5 *Deilmann* in Hölters[3], § 297 AktG Rz. 13.
6 *Deilmann* in Hölters[3], § 297 AktG Rz. 13; *Emmerich* in Emmerich/Habersack[8], § 297 AktG Rz. 21; *Langenbucher* in K. Schmidt/Lutter[3], § 297 AktG Rz. 4.
7 Dafür zB *Koppensteiner* in Kölner Kommentar[3], § 297 AktG Rz. 48; *Neumann* in Gosch[3], § 14 KStG Rz. 296 mwN; dagegen *Fichtelmann*, GmbHR 2010, 576 (581); differenzierend *Emmerich* in Emmerich/Habersack[8], § 297 AktG Rz. 22, nach dem ein Recht des Organträgers zur außerordentlichen Kündigung in Betracht kommt, wenn er durch die Vertragserfüllung in seiner Existenz bedroht würde und dieser Umstand nicht allein von ihm zu vertreten ist.
8 S. dazu zB *Kießner* in Braun[8], § 1 InsO Rz. 3.
9 BGH v. 4.11.2004 – IX ZR 22/03, BGHZ 161, 49.

her darf er seine Zustimmung grundsätzlich nicht zur Begleichung solcher Verbindlichkeiten erteilen, die im Insolvenzverfahren nach § 38 InsO Insolvenzforderungen darstellen würden.[1] Dies gilt auch für Verbindlichkeiten aus einem Gewinnabführungsvertrag (dh. Gewinnabführungs- oder Verlustausgleichsverbindlichkeiten). Die jeweils andere Partei des Gewinnabführungsvertrags ist vielmehr darauf verwiesen, ihre Forderungen insoweit **zur Tabelle anzumelden**. Die Frage ist, ob dies dazu führt, dass der Gewinnabführungsvertrag nicht mehr als i.S.d. § 14 Abs. 1 Satz 1 Nr. 3 Satz 1 KStG tatsächlich durchgeführt anzusehen ist.

24.71 Unter welchen Voraussetzungen allgemein von einer tatsächlichen Durchführung auszugehen ist, ist nicht abschließend geklärt. Nach einer Auffassung, der in der Praxis wohl auch die Finanzverwaltung folgt, gilt ein Gewinnabführungsvertrag nur dann als tatsächlich durchgeführt, wenn die vertraglichen Verpflichtungen innerhalb angemessener Zeit erfüllt werden.[2] Dieser Auffassung hat sich das FG Hamburg angeschlossen.[3] Nach anderer Auffassung ist der Gewinnabführungsvertrag auch dann tatsächlich durchgeführt worden, wenn die Forderungen und Verbindlichkeiten erst bei Beendigung des Vertrags ausgeglichen werden.[4] Nach beiden Auffassungen ist jedoch grundsätzlich der **effektive Ausgleich** der Forderungen und Verbindlichkeiten Voraussetzung der tatsächlichen Durchführung.[5] Das leuchtet aber nur dann ein, wenn der effektive Ausgleich rechtlich möglich ist und die Parteien sich – in Abweichung von dem, was der Gewinnabführungsvertrag vorsieht – auf ein anderes Prozedere verständigen. Es ist jedoch fraglich, ob das auch dann gelten kann, wenn die Parteien nicht willentlich von dem Vertrag abweichen, sondern weil zwingende Vorschriften des Insolvenzrechts vorsehen, dass Forderungen nur noch über die Anmeldung zur Tabelle geltend gemacht werden können. Nach der hier vertretenen Auffassung kann das Steuerrecht von den Parteien nur das verlangen, was ihnen insolvenzrechtlich möglich ist. Die Anmeldung zur Tabelle tritt danach an die Stelle des effektiven Ausgleichs durch Zahlung, so dass die Insolvenz der tatsächlichen Durchführung des Gewinnabführungsvertrags nicht entgegensteht.

4. Fazit

24.72 Nach der hier vertretenen Auffassung endet die körperschaftsteuerliche Organschaft aufgrund der Insolvenz einer Vertragspartei oder der Eröffnung eines Insolvenzverfahrens nicht automatisch. Die finanzielle Eingliederung und der Gewinnabführungsvertrag bleiben vielmehr auch nach Eröffnung des Insolvenzverfahrens bestehen. Auch ist weiterhin von einer tatsächlichen Durchführung des Vertrags auszugehen. Den Parteien steht jedoch das Recht zur Kündigung aus wichtigem Grund nach § 297 Abs. 1 Satz 2 AktG (analog) zu. Das hat zur Folge, dass – zB im Fall der Bestellung eines personenidentischen (vorläufigen) Insolvenzverwalters für die Vermögen von Organgesellschaft und Organträger oder im Fall der (vorläufigen)

---

[1] *Kahlert*, DStR 2014, 73 (74).
[2] *Neumann* in Gosch[3], § 14 KStG Rz. 321; *Suchanek/Herbst*, FR 2005, 665 (666).
[3] FG Hamburg v. 19.5.2015 – 6 K 236/12, DK 2015, 558, rkr; die Nichtzulassungsbeschwerde (Az. I B 77/15) hat der BFH abgewiesen, ohne sich mit dem Erfordernis der Zeitnähe auseinanderzusetzen, so dass von einer Klärung dieser Frage nicht ausgegangen werden kann.
[4] *Dötsch* in Dötsch/Pung/Möhlenbrock, § 14 KStG Rz. 618 (Stand: August 2016); *Frotscher* in Frotscher/Drüen, § 14 KStG Rz. 450; *Walter* in Ernst & Young, § 14 KStG Rz. 653.
[5] So ausdrücklich BFH v. 26.4.2016 – I B 77/15, BFH/NV 2016, 1177; nach Auffassung des I. Senats wird der Gewinnabführungsvertrag dann tatsächlich durchgeführt, wenn die nach den Grundsätzen ordnungsmäßiger Buchführung ermittelten Gewinne entweder durch Zahlung oder aber durch eine zur Anspruchserfüllung führende und der tatsächlichen Zahlung gleichstehende Aufrechnung abgeführt werden.

Eigenverwaltung – die Möglichkeit besteht, die Organschaft aufrechtzuerhalten, wenn dies im **Interesse der Gläubiger** sowohl des Organträgers als auch der Organgesellschaft liegt. Vor dem Hintergrund der sanierungsfeindlichen Rechtsprechung des V. Senats zur umsatzsteuerlichen Organschaft in der Insolvenz, die nach der hier vertretenen Auffassung auf die körperschaftsteuerliche Organschaft nicht zu übertragen ist, besteht aktuell jedoch eine gewisse Unsicherheit, ob die Finanzämter einen Fortbestand der körperschaftsteuerlichen Organschaft anerkennen. Deshalb ist es geboten, die weitere Entwicklung von Rechtsprechung, Verwaltungsäußerungen und Literatur zu verfolgen.

III. Folgen des Fortbestands bzw. der Beendigung

Endet die Organschaft durch Kündigung des Gewinnabführungsvertrags aus wichtigem Grund, so ist es unschädlich, wenn zu diesem Zeitpunkt die fünfjährige Mindestlaufzeit noch nicht abgelaufen ist (§ 14 Abs. 1 Satz 1 Nr. 3 Satz 2 KStG); die unterjährige Kündigung führt zur Beendigung der Organschaft mit Rückwirkung auf den Beginn des laufenden Wirtschaftsjahrs (§ 14 Abs. 1 Satz 1 Nr. 3 Satz 3 KStG).

24.73

Endet die Organschaft aus einem **anderen Grund als durch Kündigung** vor Ablauf der fünfjährigen Mindestlaufzeit des Gewinnabführungsvertrags – zB weil entsprechend den anderen in der Literatur geäußerten Ansichten der Gewinnabführungsvertrag automatisch endet, er nicht mehr tatsächlich durchgeführt wird oder sogar die finanzielle Eingliederung entfällt –, stellt sich die Frage, ob die Organschaft für die vorangegangenen Wirtschaftsjahre anerkannt werden kann. Nach dem Wortlaut des § 14 Abs. 1 Satz 1 Nr. 1 Satz 2 KStG ist nämlich nur die vorzeitige *Kündigung* des Gewinnabführungsvertrags aus wichtigem Grund unschädlich; andere Fälle der vorzeitigen Beendigung der Organschaft sind von ihm jedoch nicht umfasst. Zwar erkennt die Finanzverwaltung auch die vorzeitige einvernehmliche *Vertragsaufhebung* als unschädlich an, wenn ein wichtiger Grund vorliegt.[1] Keine solche Aussage der Finanzverwaltung gibt es dagegen für die (automatische) Vertragsbeendigung von Gesetzes wegen. Es entspricht jedoch zu Recht der wohl überwiegenden Auffassung in der Literatur, dass auch in diesem Fall die Organschaft für die vorangegangenen Wirtschaftsjahre anzuerkennen ist, wenn ein wichtiger Grund vorliegt.[2] Ein unterjähriger Wegfall der finanziellen Eingliederung führt indes nicht zu einem Scheitern der Organschaft in den Vorjahren, da das Gesetz eine Mindestlaufzeit nur für den Gewinnabführungsvertrag, nicht aber für die finanzielle Eingliederung vorschreibt.[3] Aber selbst wenn man mit der – mittlerweile durch die Rechtsprechung überholten – Gegenauffassung auch für die finanzielle Eingliederung eine fünfjährige Mindestlaufzeit verlangen würde, müsste man wohl konsequenterweise bei Vorliegen eines wich-

24.74

---

[1] S. R 14.5 Abs. 6 Satz 1 KStR 2015.
[2] Vgl. *Olbing* in Streck⁹, § 14 KStG Rz. 106; *Kolbe* in HHR, § 14 KStG Anm. 212; *Walter* in Ernst & Young, § 14 KStG Rz. 782.
[3] So mittlerweile auch BFH v. 10.5.2017 – I R 51/15, BStBl. II 2018, 30 = GmbHR 2017, 1219; vgl. zur überwiegenden Ansicht in der Literatur *Brink* in Schnitger/Fehrenbacher², § 14 KStG Rz. 493; *Dötsch* in Dötsch/Pung/Möhlenbrock, § 14 KStG Rz. 633 (Stand: August 2016); *Scheifele/Marx*, DStR 2014, 1793 (1795); *Schneider/Hinz*, Ubg 2009, 738 (739); inzwischen auch *Walter* in Ernst & Young, § 14 KStG Rz. 385; aA (noch) *Frotscher* in Frotscher/Drüen, § 14 KStG Rz. 277 (Stand: Januar 2015); vgl. auch *Lange*, GmbHR 2011, 806 (808), nach denen die Organschaft in diesem Fall von Beginn an nicht anzuerkennen ist.

tigen Grundes die vorzeitige Beendigung als für die Vorjahre unschädlich behandeln,[1] so dass die Streitfrage für den Insolvenzfall letztlich dahinstehen kann.

24.75 Aufgrund der dargestellten Unsicherheiten kann jedoch auch in diesen Fällen eine **vorsorgliche Kündigung** aus wichtigem Grund sinnvoll sein.[2] Dabei ist darauf zu achten, dass die Kündigung wirksam wird, bevor eine andere Organschaftsvoraussetzung entfällt. Die Kündigung ist auch vor Stellung des Insolvenzvertrags möglich, wenn konkrete Umstände mit einiger Wahrscheinlichkeit eine dauernde Leistungsunfähigkeit erwarten lassen (s. dazu Rz. 24.68). Sie kann fristlos erfolgen, ist allerdings zum Handelsregister anzumelden, vgl. § 298 AktG, wobei die Eintragung nur deklaratorische Bedeutung hat.[3] Kündigen sollte allerdings nur die nicht von der Insolvenz bedrohte Partei, da andernfalls die Gefahr einer Anfechtung nach §§ 129 ff. InsO besteht. Um darüber hinaus sicherzustellen, dass die Kündigung von Seiten der Finanzverwaltung für steuerliche Zwecke akzeptiert und nicht etwa von einer schädlichen Beendigung oder tatsächlichen Nichtdurchführung des Gewinnabführungsvertrags ausgegangen wird, ist zudem zur vorigen Abstimmung der Kündigung mit dem Finanzamt zu raten.

---

1 Vgl. *Frotscher* in Frotscher/Drüen, § 14 KStG Rz. 277a (Stand: Januar 2015); *Lange*, GmbHR 2011, 806 (808 f.).
2 So bereits *Lange*, GmbHR 2011, 807 (808).
3 *Paschos* in Henssler/Strohn³, § 298 AktG Rz. 5.

3. Teil
Internationale Sonderfragen der Organschaft

Kapitel 25
Grundlagen internationaler Organschaft

A. Bedeutung von Organschaften im grenzüberschreitenden Kontext ... 25.1

B. Entwicklung in Rechtsprechung und Gesetzgebung 25.12

I. Entwicklung in der Rechtsprechung.................... 25.12
1. Rechtsprechung des EuGH zur grenzüberschreitenden Gruppen- bzw. Konzernbesteuerung 25.12
   a) Urteil des EuGH in der Rs. C-446/03 (Marks & Spencer) 25.12
   b) Urteil des EuGH in der Rs. C-231/05 (Oy AA) 25.17
   c) Urteil des EuGH in der Rs. C-18/11 (Philips Electronics) 25.20
   d) Urteil des EuGH in der Rs. C-397/09 (Scheuten Solar) .. 25.25
   e) Urteil des EuGH in der Rs. C-48/13 (Nordea Bank Danmark).................. 25.26
   f) Urteil des EuGH in der Rs. C-386/14 (Groupe Steria) ... 25.27
   g) Urteil des EuGH in der Rs. C-388/14 (Timac Agro Deutschland) 25.28
2. Rechtsprechung der nationalen Gerichte zur grenzüberschreitenden Organschaft 25.34

II. Vertragsverletzungsverfahren der Europäischen Kommission wegen des doppelten Inlandsbezugs der Organgesellschaft nach § 14 Abs. 1 Satz 1 KStG aF 25.39

III. Entwicklung in der Gesetzgebung . 25.43
1. Gesetz zur Fortentwicklung des Unternehmenssteuerrechts (UntStFG) v. 20.12.2001 .... 25.43
2. Die „Kleine Organschaftsreform" v. 24.2.2013 .... 25.44

IV. Ausblick 25.48

Literatur: *Ackermann/Höft*, Die steuerliche Berücksichtigung grenzüberschreitender Verluste – das endgültige Finale der finalen Verluste?, EuZW 2016, 258; *Benz/Böhmer*, Die Richtlinienvorschläge der EU-Kommission vom 25.10.2016 zur weiteren Harmonisierung der Unternehmensbesteuerung, DB 2016, 2800; *Benecke/Schnitger*, Wichtige Änderungen bei der körperschaftsteuerlichen Organschaft durch das UntStG 2013, IStR 2013, 143; *Breuninger*, JbFSt 2017/2018, S. 232; *Breuninger/Ernst*, Abschied vom Abzug endgültig gewordener ausländischer Betriebsstättenverluste im Inland? – Kein „Import-Stopp" nach der EuGH-Entscheidung Wannsee!; DStR 2009, 1981; *Czakert*, Der Stand der Arbeiten an einer gemeinsamen konsolidierten Körperschaftsteuer-Bemessungsgrund-lage in der Europäischen Union, IStR 2006, 561; *Danelsing*, Reform, der inländischen Organschaftsbesteuerung – die österreichische Gruppenbesteuerung als mögliches Modell, DStR 2005, 1342; *Dölker*, Konvergenz in der Unternehmensbesteuerung – ein deutsch-französisches Déjà-vu?, BB 2018, 666; *Endres*, Gesetzgeberischer Überarbeitungsbedarf bei der Organschaft: eine Bestandsaufnahme, FS Herzig, 2010, S. 189; *Esterer/Barelt*, Modernes Gruppenbesteuerungssystem für Deutschland, BB Special 1.2010 zu Heft 5, 2; *Frotscher*, Grenzüberschreitende Organschaft – wo stehen wir?, IStR 2011, 697; *Glahe*, Grenzüberschreitende Organschaft ohne Gewinnabführungsvertrag, IStR 2012, 128; *Goebel/Küntscher*, Gewerbesteuerliche Hinzurechnung von Zinsen auf dem europarechtlichen Prüfstand – Ein Beitrag anlässlich der Urteilsverkündung im Fall Scheuten Solar Technology, IStR 2011, 630; *Gosch*, Über Cross Border-Organschaften, IWB 2012, 694; *Günkel/Wagner*, Ertragsteuerliche Organschaft bei Wegfall des Gewinnabführungsvertrags – Überlegungen zu einer neuen Gruppenbesteuerung, Ubg 2010, 603; *Hahn*, Im Westen nichts Neues – Überlegungen zur Entscheidung des EuGH in der Rechtssache Papillon, IStR 2009, 198; *Herzig/Wagner*, EuGH-Urteil „Marks & Spencer" – Begrenzter Zwang zur Öffnung nationaler Gruppenbesteuerungssysteme für grenzüberschreitende Sachverhalte,

DStR 2006, 1; *Heurung/Schmidt/Kollmann*, Mögliche Auswirkungen des EuGH-Urteils Groupe Steria auf die deutsche Organschaft unter besonderer Berücksichtigung der EAV-Problematik, GmbHR 2016, 449; *Hoene*, Der grenzüberschreitende Gewinnabführungsvertrag, IStR 2012, 462; *Homburg*, AWD – ein deutscher Anwendungsfall für Marks & Spencer, IStR 2009, 350; *IFSt*, Einführung einer modernen Gruppenbesteuerung, IFSt-Schrift Nr. 471 (2011); *Ismer*, Gruppenbesteuerung statt Organschaft im Ertragsteuerrecht?, DStR 2012, 821; *Jakob/Fehling*, Harmonisierung 2.0 - Überblick über die wesentlichen Neuerungen im GKB-Richtlinienentwurf, ISR 2017, 290; *Kessler/Daller*, Die österreichische Gruppenbesteuerung aus der Sicht ausländischer Gruppenmitglieder - investitionsentscheidungsbeeinflussende Faktoren, IStR 2006, 289; *Mayr*, Moderne Gruppenbesteuerung für Deutschland? – zehn Vorschläge aus den Praxiserfahrungen Österreichs, IStR 2010, 633; *Mitschke*, Das EuGH-Urteil Groupe Steria – ein Meilenstein der europäischen Rechtsprechung?, FR 2015, 1117; *Mitschke*, Anmerkung zu Nordea Bank: Nachbesteuerung von Verlusten bei Umwandlung von ausländischen Betriebsstätten in Tochtergesellschaften – Nordea Bank Danmark A/S ./. Skatteministeriet, IStR 2014, 565; *Niemann/Dodos*, Verrechnung von „finalen" Auslandsverlusten – auch nach „Timac Agro"!, DStR 2016, 1057; *Pache/Englert*, Grenzüberschreitende Verlustverrechnung deutscher Konzernspitzen – Ist die Organschaft noch zu retten?, IStR 2007, 47; *Prinz*, Neue österreichische Gruppenbesteuerung – Steuersystematische und steuerplanerische Erwägungen aus deutscher Sicht, GmbHR 2005, 917; *Richter/Braun*, Eignung einer britischen Limited mit Geschäftsleitung in Deutschland als Organgesellschaft? – Eine kritische Analyse unter Berücksichtigung des BMF-Schreibens vom 28.3.2011 –GmbHR 2012, 18; *Rödder/Schönfeld*, Abschied (auslandsbeherrschter) inländischer Kapitalgesellschaften von der deutschen Ertragsteuerpflicht? Erste Anmerkungen zum überraschenden Urteil des BFH v. 9.2.2011 (I R 54, 55/10, DStR 2011, 762), DStR 2011, 886; *Scheffler/Köstler*, Richtlinie über eine Gemeinsame Körperschaftsteuer-Bemessungsgrundlage – mehr als eine Harmonisierung der steuerlichen Gewinnermittlung, ifst-Schrift 518 (2017); *Scheffler/Krebs*, Richtlinienvorschlag zur CCCTB: Bestimmung der Steuerbemessungsgrundlage im Vergleich mit der Steuerbilanz nach EStG, DStR-Beih 2011, 13; *Rublack*, Berücksichtigung finaler Auslandsverluste – Ein Vorschlag zur Umsetzung der unionsrechtlichen Anforderungen im deutschen Steuerrecht, IFSt-Schrift Nr. 472 (2011); *Schiefer*, Anmerkung zu Timac Agro: Verluste der österreichischen Betriebsstätte einer deutschen Kapitalgesellschaft – Timac Agro Deutschland GmbH/FA Sankt Augustin, IStR 2016, 74; *Schönfeld*, Praxisfragen der grenzüberschreitenden Organschaft – dargestellt anhand von Fallbeispielen, IStR 2012, 368; *Schmidt/Heinz*, Gruppenbesteuerung im internationalen Vergleich, Stbg 2006, 60; *Schneider*, Die italienische Gruppenbesteuerung, IStR 2007, 457; *Schnitger*, EuGH in der Rs. Timac Agro zu finalen ausländischen Betriebsstättenverlusten – War es das bei der Freistellungsmethode?, IStR 2016, 72; *Schnitger*, Fragestellungen zur steuerlichen Behandlung doppelt ansässiger Kapitalgesellschaften, IStR 2013, 82; *Schumacher*, Das EuGH-Urteil Timac Agro – Was bleibt von der Rechtsfigur der finalen Verluste übrig?, IStR 2016, 473; *Sillich/Schneider*, Sind die finalen Verluste noch zu retten? – Eine Anti-These zu „Timac Agro" und BFH Aktenzeichen I R 2/15, IStR 2017, 809; *Spengel/Stutzenberger*, Widersprüche zwischen Anti-Tax Avoidance Directive (ATAD), länderbezogenem Berichtswesen (CbCR) und Wiederauflage einer Gemeinsamen (Konsolidierten) Körperschaftsteuer-Bemessungsgrundlage (GK(K)B), IStR 2018, 37; *Staringer*, Kann die Gruppenbesteuerung wieder abgeschafft werden?, ÖStZ 2006, 493; *Sven-Christian Witt*, Grenzüberschreitende Organschaft – Neue Entwicklung der Rechtsprechung, Ubg 2010, 737; *Walter*, Organschaft zwischen Schwestergesellschaften de lege lata, GmbHR 2015, 182; *Winter/Marx*, Grenzüberschreitende" Organschaft mit zugezogenen EU-/EWR-Gesellschaften – Neue Gestaltungsmöglichkeiten aufgrund des BMF-Schreibens vom 28.3.2011, DStR 2011, 1101.

A. Bedeutung von Organschaften im grenzüberschreitenden Kontext

25.1 Im nationalen Steuerrecht trägt das Institut der Organschaft Konzernsachverhalten Rechnung.[1] Gesellschaften sind zwar eigenständige Rechts- und Steuersubjekte, sind sie jedoch in einem Konzern verbunden, entspricht eine isolierte Besteuerung nicht mehr der wirt-

---

1 *Herzig* in Herzig, Organschaft, 3.

schaftlichen Konsolidierung, wie sie für Zwecke der Bilanzierung und auch im Hinblick auf die Regeln des Konzernrechts besteht. Der nationale Gesetzgeber regelt diese Fälle nicht mit einer Gruppen- oder Konzernbesteuerung, sondern steuerartenspezifisch mittels des Instituts der körperschaftsteuerlichen Organschaft (§§ 14–19 KStG), der gewerbesteuerlichen Organschaft (§ 2 Abs. 2 Satz 2 GewStG) und der umsatzsteuerlichen Organschaft (§ 2 Abs. 2 Nr. 2 UStG).[1] Die körperschaftsteuerliche und die gewerbesteuerliche Organschaft führen allerdings nicht dazu, dass der Konzern selbst Steuersubjekt wird. Vielmehr bleiben die einzelnen Gesellschaften formal eigenständige Steuersubjekte.[2] Es findet nur eine Zurechnung des Einkommens der Organgesellschaften zum Organträger statt.[3] Eine Konsolidierung etwa von Zwischengewinnen unterbleibt somit.[4]

Konzerne sind heute regelmäßig grenzüberschreitend tätig. Mithin stellt sich in **grenzüberschreitenden Konzernsachverhalten** die Frage, wie auch hier eine **steuerliche Konsolidierung** erreicht werden kann.

Das nationale Recht der Organschaft trägt grenzüberschreitenden Sachverhalten zumindest partiell Rechnung.[5]   25.2

– Die Organgesellschaft muss ihre Geschäftsleitung im Inland haben, der Sitz muss sich in einem Mitgliedstaat der Europäischen Union oder in einem Vertragsstaat des EWR-Abkommens befinden (§ 14 Abs. 1 Satz 1 KStG nF).

– Der Organträger kann eine ausländische Gesellschaft (auch in einem Drittstaat) sein, die Beteiligung an der Organgesellschaft muss jedoch einer inländischen Betriebsstätte des Organträgers zuzuordnen sein, (§ 14 Abs. 1 Satz 1 Nr. 2 Satz 4, 7 KStG).

Im Ergebnis ist die Organschaft wegen des Inlandsbezugs der Betriebsstätte jedoch weiterhin national begrenzt, so dass insbesondere erhebliche europarechtliche Bedenken bestehen (vgl. hierzu Kapitel 27).

Ferner bleibt das Erfordernis des EAV gem. § 14 Abs. 1 Satz 1 KStG bestehen, was ein zusätzliches Hemmnis für die grenzüberschreitende Organschaft bedeutet, da insoweit unklar ist, ob eine inländische Kapitalgesellschaft überhaupt einen EAV mit einem ausländischen Organträger oder einer ausländischen Organgesellschaft abschließen kann (hierzu Kapitel 26).   25.3

Der restriktiven Haltung des Gesetzgebers liegt im Wesentlichen die Sicherstellung des inländischen Steuersubstrats zugrunde. Würden im Rahmen der grenzüberschreitenden Organschaft Einkünfte der Organgesellschaft dem ausländischen Organträger zugerechnet, bestünde nach Meinung der Finanzverwaltung die Gefahr der inländischen Nichtbesteuerung.[6] In die-   25.4

---

1 Hierbei unterscheiden sich die Voraussetzungen der umsatzsteuerlichen Organschaft, welche die finanzielle, wirtschaftliche und organisatorische Eingliederung der Organgesellschaft voraussetzt, von denen der körperschaftsteuerlichen Organschaft, die neben weiteren Voraussetzungen nur noch die finanzielle Eingliederung verlangt. Die gewerbesteuerliche Organschaft orientiert sich an der körperschaftsteuerlichen Organschaft (§ 2 Abs. 2 Satz 2 GewStG). Ausführlich hierzu Rz. 1.2 ff.
2 *Kolbe* in Herrmann/Heuer/Raupach, § 14 KStG Rz. 10.
3 Vgl. hierzu insbesondere *Krumm* in Blümich, § 14 KStG Rz. 1 ff.; *Neumann* in Gosch[3], § 14 KStG Rz. 1 ff.
4 *Rödder/Liekenbrock* in Rödder/Herlinghaus/Neumann, § 14 KStG Rz. 11.
5 Zu den internationalen Bezügen der Organschaft vgl. auch Rz. 1.54 f.
6 Hierzu das Urteil des BFH zur gewerbesteuerlichen Organschaft, BFH v. 9.2.2011 – I R 54, 55/10, BStBl. II 2012, 106 = FR 2011, 584 m. Anm. *Buciek* und Nichtanwendungserlass des BMF v. 27.12.2011 – IV C 2 - S 2770/11/10002 – DOK 2011/0965132, BStBl. I 2012, 119 = FR 2012, 95. Vor

sem Zusammenhang hat der Gesetzgeber § 14 Abs. 1 Satz 1 Nr. 5 KStG in problematischer Weise verschärft (vgl. hierzu Kapitel 28); hierdurch soll die doppelte Verlustnutzung vermieden werden, jedoch sind in der konkreten Ausgestaltung erhebliche Rechtsanwendungsprobleme kreiert worden.

Beispiel: Die A-AG ist alleiniger Anteilseigner der A-GmbH und der B-GmbH. Im VZ 01 hat die A-GmbH einen Gewinn von 50, die B-GmbH einen Verlust von 50. Wirtschaftlich betrachtet hat die A-AG ein Interesse, den Gewinn der A-GmbH ohne weitere Beschränkungen mit dem Verlust der B-GmbH zu verrechnen. Dies ermöglicht § 14 Abs. 1 Satz 1 KStG – sofern die weiteren Voraussetzungen der Organschaft erfüllt sind – indem das Einkommen der Organgesellschaft dem Organträger zugerechnet wird.

Die A-AG ist alleinige Anteilseignerin der in den Niederlanden ansässigen N.-B.V. und der inländischen B-GmbH. Die N.-B.V. erwirtschaftet im VZ 01 einen Gewinn von 50, die B-GmbH einen Verlust von 50. Die wirtschaftlichen Interessen der A-AG sind unzweifelhaft wie im obigen Beispiel, nur liegt diesmal ein grenzüberschreitender Sachverhalt vor. § 14 Abs. 1 Satz 1 KStG setzt eine inländische Geschäftsleitung der Organgesellschaft voraus, mithin kann die N.-B.V. nicht in die körperschaftsteuerliche Organschaft einbezogen werden.

25.5 **Rechtsvergleichend** ist festzustellen, dass insbesondere europäische Länder ihre Rechtsordnung auf Verbundbesteuerungssysteme angepasst haben, was im Wesentlichen im Zusammenhang mit den EU-Verträgen sowie der darauf beruhenden EuGH-Rechtsprechung zu erklären ist (hierzu Kapitel 9). Hierbei erkennt der EuGH in steter Rechtsprechung zwar die Zuständigkeit der Mitgliedstaaten im Bereich direkter Steuern an, jedoch müssen diese ihre Kompetenz unter Wahrung des Gemeinschaftsrechts ausüben und deshalb jede offene oder verdeckte Diskriminierung unterlassen.[1] Die Gruppen- oder Konzernbesteuerung wird demnach durch die Grundfreiheiten, insbesondere die Niederlassungsfreiheit (Art. 49 ff. AEUV) sowie subsidiär die Kapitalverkehrsfreiheit (Art. 63 ff. AEUV) und auch das DBA Diskriminierungsverbot in Art. 24 OECD-MA beeinflusst.

25.6 Eine **grenzüberschreitende Verlustverrechnung** in organschaftsähnlichen Strukturen ist bislang in Dänemark, Italien,[2] Österreich[3], nicht mehr hingegen in Frankreich[4] zugelassen.[5] Eine vollständige grenzüberschreitende Ergebnisverrechnung sehen Dänemark und Italien

---

dem Hintergrund des Urteils Gestaltungsüberlegungen zu „weißen Einkünften" bei *Rödder/Schönfeld*, DStR 2011, 886 (888).

1 Vgl. EuGH v. 13.12.2005 – C-446/03 – Marks & Spencer, Slg. 2005, S. I-10837 = FR 2006, 177 = IStR 2006, 19.
2 Zur italienischen Gruppenbesteuerung *Schneider*, IStR 2007, 457.
3 Zur österreichischen Gruppenbesteuerung s. *Kessler/Daller*, IStR 2006, 289; *Mayr*, IStR 2010, 633 sowie zu Erwägungen dazu aus deutscher Sicht *Prinz*, GmbHR 2005, 917.
4 Dies war nur bis zu einer Gesetzesänderung im Jahr 2011 möglich, vgl. *Jacobs*, Internationale Unternehmensbesteuerung, 1004. Schon damals war diese Möglichkeit der Verlustverrechnung jedoch sehr spezifisch und wurde lediglich von vier französischen Konzernen im Jahr 2011 angewandt. Zudem war die Inanspruchnahme der Regelung sehr aufwendig und war nicht auf den Verlustausgleich beschränkt, so dass es sich um eine vollständige grenzüberschreitende Steuerkonsolidierung handelte, die zu einem weltweiten steuerpflichtigen Ergebnis in Frankreich führte. Zum alten französischen System der intégration fiscale vgl. *Hahn*, IStR 2009, 198 im Zusammenhang mit der Erläuterung der EuGH-Entscheidung in der Rs. Papillon, EuGH v. 27.11.2008 – C-418/07 – Papillon, IStR 2009, 66.
5 Zur Gruppenbesteuerung im internationalen Vergleich s. *Jacobs/Endres/Spengel* in Jacobs, Internationale Unternehmensbesteuerung, 1002 ff.; *Schmidt/Heinz*, Stbg 2006, 60, sowie *Esterer/Barelt*, BB Special 1.2010 zu Heft 5, 2.

unter Anrechnung der im Ausland gezahlten Steuern vor. Die österreichische Gruppenbesteuerung erlaubt zumindest teilweise die grenzüberschreitende Einbeziehung der Verluste ausländischer Tochtergesellschaften in die Besteuerung der Muttergesellschaft.[1] Insoweit dabei die Verluste im laufenden Jahr nicht berücksichtigt werden können, sind sie in folgenden Jahren als vortragsfähige Verluste des Gruppenträgers abzuziehen. Voraussetzung hierfür ist die finanzielle Eingliederung (Stimm- und Kapitalmehrheit von mehr als 50 % des Unternehmens) an der Gruppenspitze, der Abschluss eines Gruppenvertrags mit mindestens dreijähriger Laufzeit sowie der Gruppenantrag, welcher den EAV ersetzt.[2] Der Verlustabzug wird im Falle späterer Gewinne der Tochtergesellschaft zur Vermeidung doppelter Verlustnutzung nachversteuert. Gewinne der ausländischen Tochtergesellschaft berücksichtigt die österreichische Gruppenbesteuerung wegen der möglichen Doppelbesteuerung nicht.

Die Einführung eines – der wirtschaftlichen Konsolidierung entsprechenden – modernen Gruppen- oder Konzernbesteuerungssystems welches eine grenzüberschreitende Ergebniskonsolidierung zulässt, steht (vermeintlich) im Spannungsverhältnis zur gesetzgeberischen Intention der Sicherstellung des inländischen Steuersubstrats. Aus diesem Grund bleibt auch die **„Kleine Organschaftsreform"**[3] hinter den Erwartungen zurück.

25.7

Ungeachtet dessen wurden Konzepte der Gruppenbesteuerung weiterhin diskutiert.[4] Insbesondere die IFSt-Arbeitsgruppe legte 2011 einen Reformvorschlag zur Einführung einer modernen Gruppenbesteuerung vor, welcher auch die Möglichkeiten einer grenzüberschreitenden Gruppenbesteuerung behandelt.[5] Hierin wird ua. diskutiert:

25.8

– Abschaffung des EAV; im Rahmen der durch die finanzielle Eingliederung sichergestellten wirtschaftlichen Einheit des Konzerns führen Verluste der Gruppengesellschaften zu einer wirtschaftlichen Belastung beim Gruppenträger

– Gruppenträger kann sein, wer Geschäftsleitung oder Sitz im Inland hat; bei doppeltansässigen Gesellschaften mit Geschäftsleitung im Ausland muss die Beteiligung an der Gruppengesellschaft zu einer inländischen Betriebsstätte gehören

– Gesetzliche Fiktion der Einkommenszurechnung zur inländischen Betriebsstätte des Gruppenträgers in Fällen, in denen aus Gründen des DBA-Diskriminierungsverbots, aus

---

1 Bei nicht in Österreich unbeschränkt steuerpflichtigen ausländischen Gruppenmitgliedern sind Verluste aus Einkunftsquellen des jeweiligen Wirtschaftsjahres, höchstens jedoch die nach ausländischem Steuerrecht ermittelten Verluste des betreffenden Wirtschaftsjahres dem unmittelbar beteiligten Gruppenmitglied bzw. Gruppenträger im Ausmaß der Beteiligungen aller beteiligter Gruppenmitglieder einschließlich eines beteiligten Gruppenträgers zuzurechnen. Zuzurechnende Verluste können nur im Ausmaß von 75 % der Summe der eigenen Einkommen sämtlicher unbeschränkt steuerpflichtiger Gruppenmitglieder sowie des Gruppenträgers berücksichtigt werden, vgl. § 9 Abs. 6 Ziff. 6 öKStG.
2 Ausführlich zur österreichischen Gruppenbesteuerung *Dötsch* in Dötsch/Pung/Möhlenbrock, § 14 KStG, Rz. 1184; *Danelsing*, DStR 2005, 1342; *Staringer*, ÖStZ 2006, 493; *Mayr*, IStR 2010, 633. Nachdem Österreich den EAV durch den Gruppenvertrag ersetzt hat, sind Deutschland und Slowenien die einzigen Länder, welche an einem EAV als Voraussetzung der Organschaft festhalten s. *Dötsch* in Dötsch/Pung/Möhlenbrock, § 14 KStG Rz. 1180 u. *Jacobs/Endres/Spengel* in Jacobs, Int. Unternehmensbesteuerung[8], 1005.
3 Durch Gesetz zur Änderung und Vereinfachung der Unternehmensbesteuerung und des steuerlichen Reisekostenrechts v. 20.2.2013; BGBl. I 2013, 285.
4 Beispielhaft *Endres* in FS Herzig, 2010, 189; *Pache/Englert*, IStR 2007, 47; *Mayr*, IStR 2010, 633; *Günkel/Wagner*, Ubg 2010, 603; *Ismer*, DStR 2012, 821.
5 IFSt-Schrift Nr. 471 (2011), 69 ff.

europarechtlichen oder aus anderen Gründen eine anderweitige Einkommenszurechnung erfolgt

– Gruppengesellschaft kann sein, wer die Geschäftsleitung im Inland hat. EU/EWR-Gesellschaften mit Sitz im Inland, können mit inländischen Betriebsstätten in die Gruppenbesteuerung einbezogen werden

– Unter dem Vorbehalt des Vorliegens der Voraussetzungen der Gruppenbesteuerung sollen „finale" Verluste von in EU/EWR-ansässigen Auslandsgesellschaften berücksichtigt werden

– Eine darüber hinausgehende echte grenzüberschreitende Gruppenbesteuerung ist nicht vorgesehen.

25.9 Der Gesetzgeber wird wohl auch nach der „Kleinen Organschaftsreform" von einer grundlegenden Reform der steuerlichen Organschaft absehen. (Punktuelle) Auswirkungen könnten sich jedoch aus der möglichen Unionsrechtswidrigkeit der derzeitigen Rechtslage (insbesondere im Hinblick auf die Nicht-Einbeziehung von inländischen Betriebsstätten ausländischer EU-Gesellschaften) ergeben, wobei diese bislang noch nicht Verfahrensgegenstand des EuGH war.

25.10 So ist etwa das Verlustabzugsverbot einer ausländischen Tochtergesellschaft bei der inländischen Muttergesellschaft wie im obigen Fall nach dem EuGH-Urteil in der Rs. *Marks & Spencer*[1] (hierzu auch Rz. 5.32 ff.) unionsrechtswidrig, soweit die Verluste der ausländischen Tochtergesellschaft „final" sind.[2] Nach § 14 Abs. 1 Satz 1 KStG ist eine Organschaft mit einer ausländischen Tochtergesellschaft nicht möglich, so dass mit Blick auf das unionsrechtliche Gebot der Berücksichtigung „finaler Verluste" der (ausländischen) Tochtergesellschaft bei der (inländischen) Muttergesellschaft die Unionsrechtskonformität der Regelung höchst fraglich ist.[3] Offen ist des Weiteren, ob eine Berücksichtigung „finaler Verluste" auch im Organschaftsfall dann einen Gewinnabführungsvertrag oder eine vergleichbare schuldrechtliche Vereinbarung voraussetzt.[4]

25.11 Ein weiterer Reformvorstoß geht von der Europäischen Kommission aus, welche eine EU-weite Harmonisierung der Unternehmensbesteuerung anstrebt.[5] Die EU-Kommission möchte auf Grundlage der Common Corporate Tax Base (CCTB)[6] bzw. der nachfolgenden Common

---

[1] EuGH v. 13.12.2005 – C-446/03 – Marks & Spencer, Slg. 2005, S. I-10837 = FR 2006, 177 = IStR 2006, 19.

[2] Zur „Finalität" s. Rz. 25.12 f. Wengleich der EuGH entgegen dem Vorbringen der Generalanwälte in mehreren Schlussanträgen an der *Marks & Spencer*-Ausnahme grundsätzlich festhält (vgl. EuGH v. 3.2.2015 – C-172/13, IStR 2015, 137 mit Anm. *Benecke* = ISR 2015, 139 m. Anm. *Müller*), ist derzeit noch ungeklärt, ob der EuGH finale Verluste einer ausländischen Tochtergesellschaft auch bei der Muttergesellschaft zum Abzug zulassen würde.

[3] Vgl. z.B. *Herzig/Wagner*, DStR 2006, 1 (10); *Pache/Englert*, IStR 2007, 47; *Sven-Christian Witt*, Ubg 2010, 737 (740 ff.); *Rublack*, IFSt-Schrift Nr. 472 (2011); *Schönfeld*, IStR, 2012, 368 (369).

[4] S. *Schönfeld*, IStR 2012, 368 (369 f.).

[5] Europäische Kommission (2016), Vorschlag für eine Richtlinie des Rates über eine Gemeinsame Körperschaftsteuer-Bemessungsgrundlage, COM(2016) 685 final vom 25.10.2016; *Spengel/Stutzenberger*, IStR 2018, 37 (40); Dies war auch bereits Ziel der gescheiterten Vorgängerregelung, vgl. Europäische Kommission, v. 16.3.2011, KOM (2011)121/4.

[6] Europäische Kommission (2016), Vorschlag für eine Richtlinie des Rates über eine Gemeinsame Körperschaftsteuer-Bemessungsgrundlage, COM(2016) 685 final vom 25.10.2016, abrufbar unter https://ec.europa.eu/taxation_customs/sites/taxation/files/com_2016_685_de.pdf; ausführlich hierzu *Scheffler/Köstler*, ifst-Schrift 518 (2017).

Consolidated Corporate Tax Base (CCCTB)[1] schrittweise eine gemeinsame Körperschaftsteuer-Bemessungsgrundlage schaffen.[2] Dazu wird in einem ersten Schritt eine gemeinsame Körperschaftsteuerbemessungsgrundlage geschaffen. In einem zweiten Schritt soll sodann die Konsolidierung und Aufteilung des Gesamtgewinns auf die EU Staaten anhand eines festgelegten Schlüssels erfolgen.[3] Bei den beiden vorgelegten Richtlinienentwürfen handelt es sich bereits um den zweiten Anlauf zur Schaffung einer gemeinsamen Körperschaftsteuerbemessungsgrundlage. Der erste Versuch datiert von 2011. Der bisherige Richtlinienentwurf der EU-Kommission wurde mangels ausreichender Zustimmung der Mitgliedsstaaten nicht umgesetzt.[4] Der neue Richtlinienentwurf zur CCTB aus dem Jahr 2016 basiert im Wesentlichen auf dem bisherigen Richtlinienentwurf aus dem Jahr 2011, enthält jedoch zusätzlich wirtschaftliche Anreize (Regelungen zur steuerlichen Förderung von Forschung und Entwicklung sowie steuerlichen Berücksichtigung von fiktiven Eigenkapitalzinsen).[5] Gleichzeitig sollen die neuen Richtlinien aber auch mehr Wirkungskraft entfalten, denn ihre Anwendung soll – anders als die Regelungen des Entwurfs von 2011 – für Unternehmen, deren Umsatz in dem Wirtschaftsjahr vor dem Beitritt zur CCTB 750 Mio. € übersteigt, verbindlich sein.[6] Auch der Richtlinienentwurf zur CCCTB entspricht weitgehend dem früheren Richtlinienentwurf. Die EU-Kommission plant die Umsetzung der CCTB-Richtlinie in nationales Recht bis zum 31.12.2018 (Art. 70 Abs. 1 des CCTB-Richtlinienentwurfs). Die CCCTB Richtlinie soll ab dem 1.1.2021 angewendet werden (Art. 80 Abs. 1 CCCTB-Richtlinienentwurf). Dieser Zeitplan erscheint durchaus ambitioniert, bedenkt man die politischen Widerstände gegen eine derart weite Integration des europäischen Unternehmenssteuerrechts.[7]

B. Entwicklung in Rechtsprechung und Gesetzgebung

I. Entwicklung in der Rechtsprechung

1. Rechtsprechung des EuGH zur grenzüberschreitenden Gruppen- bzw. Konzernbesteuerung

a) Urteil des EuGH in der Rs. C-446/03 (Marks & Spencer)

In seiner *Marks & Spencer*-Entscheidung[8] befasste sich der EuGH erstmals mit der grenzüberschreitenden Gruppenbesteuerung. Eine in Großbritannien ansässige Muttergesellschaft verlangte den Abzug der Verluste der in Belgien, Frankreich und Deutschland ansässigen Tochtergesellschaften. Nach anwendbarem Recht war die *UK group relief* auf inländische

25.12

---

1 Europäische Kommission (2016), Vorschlag für eine Richtlinie des Rates über eine Gemeinsame Konsolidierte Körperschaftsteuer-Bemessungsgrundlage COM(2016) 683 final, abrufbar unter https://ec.europa.eu/taxation_customs/sites/taxation/files/com_2016_683_ de.pdf.
2 Europäische Kommission (2016), Vorschlag für eine Richtlinie des Rates über eine Gemeinsame Körperschaftsteuer-Bemessungsgrundlage, COM(2016) 685 final vom 25.10.2016.
3 *Spengel/Stutzenberger*, IStR 2018, 37 (39).
4 *Benz/Böhmer*, DB 2016, 2800 (2800).
5 Vgl. *Dölker*, BB 2018, 666 (667); *Spengel/Stutzenberger*, IStR 2018, 37 (39).
6 *Spengel/Stutzenberger*, IStR 2018, 37 (39); *Krauß*, IStR 2017, 479 (480).
7 Vgl. hierzu *Jakob/Fehling*, ISR 2017, 290 (297).
8 EuGH v. 13.12.2005 – C-446/03 – Marks & Spencer, Slg. 2005, S. I-10837 = FR 2006, 177; vgl. hierzu zuletzt EuGH v. 3.2.2015 – C-172/13 – Europäische Kommission/Vereinigtes Königreich und Nordirland, unterstützt durch Bundesrepublik Deutschland, Königreich Spanien, Königreich der Niederlande, Republik Finnland, IStR 2015, 137 m. Anm. von *Benecke/Staats* = ISR 2015, 139 m. Anm. *Müller*.

Körperschaften beschränkt. Der EuGH sah hierin zwar einen Verstoß gegen die Niederlassungsfreiheit, dieser sei jedoch aus Gründen der ausgewogenen Aufteilung der Besteuerungsbefugnis zwischen den Mitgliedstaaten, der Vermeidung einer Steuerfluchtgefahr sowie zur Verhinderung doppelter Verlustnutzung gerechtfertigt. Eine Ausnahme sei dann erforderlich, soweit es sich um „finale" Verluste handelt.

25.13 Unklar blieb zunächst, was genau unter „finalen" Verlusten zu verstehen sei. Der BFH erkennt mittlerweile in stetiger Rechtsprechung eine derartige „Finalität" bei ausländischen Betriebsstätten an, „wenn die Verluste im Quellenstaat aus tatsächlichen Gründen nicht mehr berücksichtigt werden können oder ihr Abzug in jenem Staat zwar theoretisch noch möglich, aus tatsächlichen Gründen aber so gut wie ausgeschlossen ist und ein wider Erwarten dennoch erfolgter späterer Abzug im Inland verfahrensrechtlich noch rückwirkend nachvollzogen werden könnte."[1] Dies sollte auch für den Fall der grenzüberschreitenden Organschaft gelten.[2]

25.14 In der Rs. C-414/06 *Lidl Belgium*[3] hat der EuGH seine Rechtsprechung aus dem *Marks & Spencer*-Urteil auf ausländische Betriebsstätten übertragen (hierzu auch Rz. 5.40 ff.). Nach der Symmetriethese sind Verluste ausländischer Betriebsstätten im Inland grundsätzlich nicht abzugsfähig, sofern die korrespondierenden Gewinne von der inländischen Besteuerung ausgenommen werden; hinsichtlich finaler Verluste ist jedoch eine Ausnahme erforderlich.

25.15 Die Entscheidungsgründe in der Rs. C-414/06 *Lidl Belgium* haben durch die Rs. C-157/07 *KR Wannsee*[4] eine Einschränkung dahingehend erfahren, dass eine nationale Regelung nicht die Niederlassungsfreiheit beschränkt, wenn Verluste einer Betriebsstätte bei der Festsetzung der Steuer des Stammhauses berücksichtigt werden können, bei Gewinnen der Betriebsstätte später aber steuerlich wieder hinzugerechnet werden müssen, wenn der Betriebsstättenstaat keinen Vortrag von Verlusten einer Betriebsstätte zulässt (hierzu auch Rz. 5.43 ff.). Der Nachteil der fehlenden Verlustvortragsmöglichkeit im Betriebsstättenstaat wirkt folglich nicht zu Lasten des Ansässigkeitsstaats des Stammhauses.

25.16 In der Literatur ist man sich weitgehend einig, dass das *Marks & Spencer*-Urteil grundsätzlich zur Unionsrechtswidrigkeit der Organschaftsregelung in § 14 Abs. 1 Satz 1 KStG führt, da nach geltendem Recht finale Verluste einer ausländischen Tochtergesellschaft bei der Muttergesellschaft nicht berücksichtigt werden können.[5] Somit besteht hinsichtlich der Abzugsfähigkeit finaler Verluste ausländischer Tochtergesellschaften bei inländischen Muttergesellschaften die Frage, ob die derzeitige Regelung der Organschaft einer Anpassung an das Unionsrecht bedarf. Kernfrage ist dabei vor allem, ob mit der ausländischen Konzerngesellschaft der Abschluss eines EAV vorausgesetzt wird oder nicht.[6]

---

1 BFH v. 5.2.2014 – I R 48/11, FR 2014, 714 = DStR 2014, 837; BFH v. 9.6.2010 – I R 107/09, FR 2010, 896 m. Anm. *Buciek* = DStR 2010, 1611.
2 *Sven-Christian Witt*, Ubg 2010, 737 (744).
3 EuGH v. 15.5.2008 – C-414/06 – Lidl Belgium, FR 2008, 831 = IStR 2008, 400.
4 EuGH v. 23.10.2008 – C-157/07 – Krankenheim Ruhesitz am Wannsee, GmbHR 2008, 1285 = IStR 2008, 769; vgl. hierzu *Breuninger/Ernst*, DStR 2009, 1981.
5 EuGH v. 13.12.2005 – C-446/03 – Marks & Spencer, Slg. 2005, S. I-10837 = FR 2006, 177 = IStR 2006, 19.
6 Vgl. hierzu z.B. *Schönfeld*, IStR 2012, 368 (370).

b) Urteil des EuGH in der Rs. C-231/05 (Oy AA)

Der EuGH hatte über die finnische Gruppenbesteuerung zu befinden, nach der ein Konzernbeitrag beim Zahlenden als Betriebsausgabe und beim Empfänger als Betriebseinnahme zu behandeln ist (hierzu auch Rz. 5.37 ff.).[1] Im streitigen Sachverhalt leistete eine finnische Tochtergesellschaft für Zwecke des Verlustausgleichs bei der in Großbritannien ansässigen Muttergesellschaft einen Konzernbeitrag an diese. Aufgrund der Ansässigkeit der Muttergesellschaft im Ausland wurde dieser nicht anerkannt. Der EuGH stellte zwar eine Beschränkung der Niederlassungsfreiheit fest, sah diese im Ergebnis aber aus Gründen der ausgewogenen Aufteilung der Besteuerungsbefugnis zwischen den Mitgliedstaaten sowie der Gefahr der Steuerumgehung als gerechtfertigt an.

25.17

In der Entscheidung des EuGH in der Rs. C-337/08 *X Holding*[2] (hierzu auch Rz. 5.48 ff.) begehrte die niederländische Muttergesellschaft die Einbeziehung einer belgischen Tochtergesellschaft in die Gruppenkonsolidierung (fiscale eenheid), welche nach dem anwendbaren Recht auf inländische Kapitalgesellschaften beschränkt war. Der EuGH sah wiederum eine Beschränkung der Niederlassungsfreiheit als gegeben an, welche aber ebenfalls aus Gründen der ausgewogenen Aufteilung der Besteuerungsbefugnis zwischen den Mitgliedstaaten gerechtfertigt sei.

25.18

Das Abzugsverbot für laufende Verluste ausländischer Tochtergesellschaften bei der inländischen Muttergesellschaft (bzw. im Fall *Oy AA* das Abzugsverbot des Konzernbeitrags für Zwecke des Verlustausgleichs einer ausländischen Muttergesellschaft)[3] entspricht der aktuellen Rechtslage und verstößt somit grundsätzlich gegen die Niederlassungsfreiheit, ist aber mit Blick auf die Urteile des EuGH in der Rs. *Oy AA* sowie *X-Holding* gerechtfertigt.

25.19

c) Urteil des EuGH in der Rs. C-18/11 (Philips Electronics)

In dem Fall *Philips Electronics*[4] hatte die niederländische Tochtergesellschaft einer in Großbritannien ansässigen Muttergesellschaft eine Betriebsstätte in Großbritannien (hierzu auch Rz. 5.51 f.). Nach dem UK group relief war eine Berücksichtigung der Verluste der Betriebsstätte bei der britischen Muttergesellschaft zu versagen, da der britische Verlust in den Niederlanden berücksichtigt werden könne. Dieses Erfordernis galt für eine britische Tochtergesellschaft nicht, weshalb der EuGH eine im Ergebnis nicht zu rechtfertigende Beschränkung gegen die Niederlassungsfreiheit angenommen hat.

25.20

Die ebenfalls zur britischen Gruppenbesteuerung ergangene Entscheidung des EuGH v. 1.4.2014, Rs. 80/12 (*Felixstowe*)[5] behandelt Verlustübertragungen zwischen Gesellschaften eines Konsortiums und Konzerngesellschaften über eine gemeinsame, EU-ansässige „Bindegliedgesellschaft" (hierzu auch Rz. 5.57 f.). Das Erfordernis der Ansässigkeit der „Bindegliedgesellschaft" in Großbritannien bzw. des Innehabens einer britischen Betriebsstätte hat der EuGH als unionsrechtswidrig angesehen. Aus dem Urteil sollten für die bestehenden deutschen Regelungen unmittelbar jedoch keine Schlussfolgerungen hinsichtlich unionsrechtlich gebotener Änderungen wie etwa der Streichung des Betriebsstättenzugehörigkeitskriteriums gezogen werden können.

25.21

---

1 EuGH v. 18.7.2007 – C-231/05 – Oy AA, IStR 2007, 631.
2 EuGH v. 25.2.2010 – C-337/08 – X Holding, DStR 2010, 427.
3 EuGH v. 25.2.2010 – C-337/08 – X Holding, DStR 2010, 427.
4 EuGH v. 6.9.2012 – C-18/11 – Philips Electronics UK, DStRE 2013, 238 = ISR 2012, 101 m. Anm. *Pohl.* Siehe hierzu auch Rz. 27.5.
5 EuGH v. 1.4.2014 – C-80/12 – Felixstowe, GmbHR 2014, 612 = ISR 2014, 170 m. Anm. *Müller.*

25.22 In der verb. Rs. C-39-41/13 *SCA Group Holding*[1] beantragten drei niederländische Schwestergesellschaften die Anwendung der niederländischen Gruppenbesteuerung zur Gruppenkonsolidierung (fiscale eenheid) ihres niederländischen Einkommens (hierzu auch Rz. 5.59 ff.). Die in der EU ansässige Muttergesellschaft, die nicht in die Gruppenbesteuerung mit einbezogen werden sollte, verfügte zu keinem Zeitpunkt über eine Betriebsstätte in den Niederlanden. Die niederländische Finanzverwaltung lehnte den Antrag mangels steuerlicher Ansässigkeit der Muttergesellschaft in den Niederlanden ab. Der EuGH sah hierin eine Beschränkung der Niederlassungsfreiheit, die auch nicht gerechtfertigt werden konnte. Nach Ansicht des EuGH macht es die Niederlassungsfreiheit erforderlich, dass eine Gruppenbesteuerung zwischen Tochtergesellschaften einer gemeinsamen EU/EWR-Muttergesellschaft steuerlich anerkannt wird.

25.23 Die Urteile des EuGH in der Rs. *Philips Electronics und SCA Group Holding* weisen jeweils einen Inlandsbezug auf: zum einen die inländische Betriebsstätte der ausländischen Tochtergesellschaft, deren laufender Verlust bei der inländischen Muttergesellschaft berücksichtigt werden muss; zum anderen die inländischen Schwestergesellschaften einer ausländischen Muttergesellschaft, die laufende inländische Gewinne mit laufenden inländischen Verlusten auf Ebene der Schwestergesellschaften verrechnen wollen. Sofern ein Inlandsbezug gegeben ist, sieht der EuGH offensichtlich den Rechtfertigungsgrund der ausgewogenen Aufteilung der Besteuerungsbefugnis zwischen den Mitgliedstaaten als nicht gegeben an. Daher sind laufende Verluste im Gegensatz zum Urteil in der Rs. *X Holding* zu berücksichtigen.

25.24 Für die nationale Regelung zur Organschaft in § 14 Abs. 1 Satz 1 KStG bedeutet dies, dass sowohl der **Inlandsbezug des Organträgers** durch die Betriebsstätte in § 14 Abs. 1 Satz 1 Nr. 2 Satz 4 KStG (Rz. 27.46), als auch das Erfordernis der **Geschäftsleitung im Inland für die Organgesellschaft** in § 14 Abs. 1 Satz 1 KStG (Rz. 27.5) wohl **unionsrechtswidrig** ist. Außerdem stellt sich die Frage, ob nicht auch eine Organschaft zwischen (insbesondere inländischen) Schwestergesellschaften bei einer ausländischen Muttergesellschaft zulässig sein muss und ob dies bereits de lege lata,[2] was mE gut vertretbar ist, oder im Wege der Umsetzung des EuGH-Urteils *SCA Group Holding* durch den Gesetzgeber erst de lege ferenda zu ermöglichen ist.[3] Gleiches gilt ua. für eine ausländische Organgesellschaft in Bezug auf ihre inländische Betriebsstätte.

d) Urteil des EuGH in der Rs. C-397/09 (Scheuten Solar)

25.25 In dem Fall *Scheuten Solar*[4] hatte der EuGH über die Frage zu entscheiden, ob die Hinzurechnung der Zinszahlungen gem. § 8 Nr. 1 GewStG zum Gewinn aus Gewerbebetrieb, die eine in Deutschland ansässige Tochtergesellschaft an eine in den Niederlanden ansässige Muttergesellschaft geleistet hat, gegen Art. 1 Abs. 1 der Zins- und Lizenzrichtlinie verstoßen. Das Verfahren hatte über den konkreten Fall hinaus Bedeutung für die EU-rechtliche Beurteilung der

---

1 EuGH v. 12.6.2014 – C-39/13, C-40/13, C-41/13 – SCA Group Holding, IStR 2014, 486. Siehe hierzu auch Rz. 27.45 f.
2 Vgl. hierzu *Walter*, GmbHR 2015, 182, der davon ausgeht, dass eine Organschaft zwischen Schwestergesellschaften de lege lata möglich ist, wenn zwischen den Schwestergesellschaften ein EAV abgeschlossen wird und das Tatbestandsmerkmal der finanziellen Eingliederung teleologisch extendiert ausgelegt wird.
3 S. *v. Brocke/Müller*, DStR 2014, 2106 (2111), vgl. hierzu auch *Kessler/Arnold*, IStR 2016, 226.
4 EuGH v. 21.7.2011 – C-397/09 – Scheuten Solar, IStR 2011, 766 = GmbHR 2011, 935 m. Anm. *Rehm/Nagler*.

sog. Zinsschranke des § 4h EStG i.V.m. § 8a KStG.[1] Der EuGH verneinte ein Verstoß gegen die Zins- und Lizenzrichtlinie, da deren Sinn die Vermeidung der Doppelbesteuerung grenzüberschreitender Zinszahlungen sei, welche durch § 8 Nr. 1 GewStG gewahrt würden.[2]

Das Urteil des EuGH in der Rs. *Scheuten Solar* scheint zunächst Druck vom Gesetzgeber zu nehmen, eine grenzüberschreitende Gruppen- oder Konzernbesteuerung einzuführen, obwohl somit ein klarer Besteuerungsunterschied zwischen Zinszahlungen in einer Organschafts-Struktur und einem grenzüberschreitenden Konzern ohne Bestehen einer Organschaft besteht.

e) Urteil des EuGH in der Rs. C-48/13 (Nordea Bank Danmark)

Im Urteil des EuGH in der Rs. *Nordea Bank*[3], welches eine dänische Sonderregelung betraf, nach der zunächst im Inland berücksichtigte Verluste ausländischer Betriebsstätten nachversteuert wurden, ergab sich erstmals ein möglicher Ansatzpunkt für eine zukünftige Neuausrichtung der Rechtsprechung (hierzu auch Rz. 5.62 ff.). Der EuGH sah hier eine Vergleichbarkeit in- und ausländischer Betriebsstätten als gegeben an, da Dänemark die Ergebnisse ausländischer Betriebsstätten im Rahmen der Anwendung der Anrechnungsmethode der Besteuerung unterwarf. Noch nicht klar zu entnehmen war jedoch, inwieweit in Folge dieser Begründung eine stillschweigende Änderung der Rechtsprechung zur Berücksichtigung ausländischer Verluste einer Freistellungsbetriebsstätte entnommen werden konnte.[4]

25.26

f) Urteil des EuGH in der Rs. C-386/14 (Groupe Steria)

In einem Sachverhalt zu den frz. Gruppenbesteuerungsregeln entschied der EuGH[5], dass die Niederlassungsfreiheit dann verletzt wird, wenn durch eine mitgliedstaatliche Regelung eine gebietsansässige Gesellschaft, die eine Tochterkapitalgesellschaft in einem anderen Mitgliedstaat unterhält, gegenüber einer gebietsansässigen Gesellschaft mit Tochterkapitalgesellschaft im Mitgliedstaat unterschiedlich steuerlich behandelt wird (hierzu auch Rz. 5.69). Diskutiert werden die Anwendung der Entscheidung auf das deutsche Recht in Bezug auf die Hinzurechnung von 5 % nicht abzugsfähige Betriebsausgaben und die Hinzurechnung von Dauerschulden. Von besonderer Bedeutung ist allerdings die Relevanz der Entscheidung auf die Frage des Erfordernisses des Abschlusses eines Ergebnisabführungsvertrages (EAV) oder eines schuldrechtlich einem EAV äquivalenten Vertrages zu einer tauglichen Organschaftsbegründung zwischen ausländischen Gesellschaften.[6] ME ist die Auffassung von *Mitschke*[7] abzulehnen,

25.27

---

1 EuGH v. 21.7.2011 – C-397/09 – Scheuten Solar, IStR 2011, 766 = GmbHR 2011, 935 m. Anm. *Rehm/Nagler*; *Goebel/Küntscher*, IStR 2011, 630 (634).
2 Nach einem Urteil des FG Köln verstößt § 8 Nr. 1 GewStG auch nicht gegen die Niederlassungsfreiheit gem. Art. 49 AEUV, vgl. FG Köln v. 11.4.2013 – 13 K 1911/08, EFG 2013, 1422; s. nunmehr BFH v. 17.9.2014 – I R 30/13, GmbHR 2015, 215 = ISR 2015, 63 m. Anm. *Müller*, nachfolgend zusammengefasst unter Rz. 25.27.
3 EuGH Große Kammer v. 17.7.2014 – C-48/13 – Nordea Bank Danmark, IStR 2014, 563 m. Anm. *Mitschke*.
4 *Schnitger*, IStR 2016, 72; *Mitschke*, IStR 2014, 563 (565 f.).
5 EuGH v. 2.9.2015 – C-386/14 – Groupe Steria SCA, DStR 2015, 2125 m. Anm. *Heurung/Schmidt/Kollmann*, GmbHR 2016, 449; *Mitschke*, FR 2015, 1117; *Linn*, IWB 2015, 819, *Schmitger*, IStR 2015, 772. Vgl. in diesem Zusammenhang auch EuGH v. 6.10.2015 – C-66/14 – Finanzamt Linz, ISR 2015, 419.
6 S. hierzu Rz. 25.46.
7 *Mitschke*, FR 2015, 1117 (1122).

dass der EAV gewissermaßen als „Bollwerk" eine Anwendung des EuGH-Urteils in Deutschland hindert und eine Abschirmwirkung entfaltet. Vielmehr könnte in den Fällen der steuerlichen Unwirksamkeit des schuldrechtlichen Vertrages mit einer ausländischen Organgesellschaft eine indirekte Diskriminierung gesehen werden[1].

g) Urteil des EuGH in der Rs. C-388/14 (Timac Agro Deutschland)

25.28 Im Fall *Timac Agro Deutschland*[2] hat der EuGH den Anwendungsbereich finaler Verluste in Betriebsstättenfällen stark eingeschränkt (hierzu auch Rz. 5.77). Trotzdem betont das Gericht, dass die *Marks & Spencer*-Ausnahme auch weiterhin – wenngleich wohl nur in engen Grenzen – zu beachten ist.

25.29 Der EuGH hatte zunächst über die Frage zu entscheiden, ob die Niederlassungsfreiheit der Hinzurechnung ausländischer Betriebsstättenverluste wegen einer Veräußerung an eine ausländische Kapitalgesellschaft innerhalb des gleichen Konzerns entgegensteht. Zum anderen war zu entscheiden, ob finale ausländische Betriebsstättenverluste, welche nach Maßgabe des ausländischen Rechts entstanden sind, ins Inland „importiert" werden müssen, obwohl die ausländischen Einkünfte durch ein DBA von der deutschen Besteuerung freizustellen waren.

25.30 Eine bedeutende Aussage trifft der EuGH zunächst insoweit, als dass eine Beschränkung der Grundfreiheiten grundsätzlich zulässig ist, sofern eine objektive Vergleichbarkeit der Situation einer in- und einer ausländischen Betriebsstätte zu verneinen ist. Der EuGH stellt klar, dass sich in- und ausländische Betriebsstätten in Bezug auf abkommensrechtlich vereinbarte Maßnahmen zur Vermeidung bzw. Abschwächung der Doppelbesteuerung nicht in einer objektiv vergleichbaren Situation befinden, so dass die Niederlassungsfreiheit der Verwehrung eines Abzugs von finalen Verlusten einer ausländischen Betriebsstätte in Deutschland nach Ansicht des EuGH nicht entgegensteht.

25.31 Bei der ersten Frage bejahte der EuGH letztlich eine Vergleichbarkeit der Situationen. Die Beschränkung der Niederlassungsfreiheit sei jedoch aufgrund der Wahrung der Aufteilung der Besteuerungsbefugnisse, der Kohärenz des Steuersystems sowie der Verhinderung von Steuerumgehungen gerechtfertigt und grundsätzlich auch verhältnismäßig.

25.32 Hinsichtlich der zweiten Frage stellte das Gericht wieder auf die Frage der objektiven Vergleichbarkeit ab und verneinte diese im vorliegenden Falle einer Freistellungsbetriebsstätte. Dies hatte zur Folge, dass die Grundsätze der *Marks & Spencer*-Doktrin (folgerichtig) nicht zur Anwendung kamen, so dass danach keine Verpflichtung zur Berücksichtigung ausländischer Betriebsstättenverluste eines Freistellungsstaates besteht.

25.33 Nach der Entscheidung *Timac Agro* ist mithin fraglich, ob in den Fällen eines Freistellungs-DBA die *Marks & Spencer*-Doktrin überhaupt noch angewandt werden kann.[3] Nach verschiedenen Auffassungen besteht in Freistellungsfällen grundsätzlich kein Raum mehr für die Anwendung der *Marks & Spencer*-Doktrin.[4] Die *Marks & Spencer*-Doktrin ist damit nur noch in

---

[1] Vgl. hierzu *Heurung/Schmidt/Kollmann*, GmbHR 2016, 449 (455).
[2] EuGH v. 17.12.2015 – C-388/14 – Timac Agro Deutschland, BStBl. II 2016, 362 = IStR 2016, 74 m. Anm. *Schiefer* und *Benecke/Staats*.
[3] Vgl. *Schumacher*, IStR 2016, 473 (477 f.).
[4] FG Münster v. 28.3.2017 – 12 K 3541/14 G, F (Revision eingelegt unter dem Az. I R 49/17); *Ackermann/Höft*, EuZW 2016, 258 (261); *Schiefer*, IStR 2016, 74 (80); *Sillich/Schneider*, IStR 2017, 809 (816); aA *Niemann/Dodos*, DStR 2016, 1057 (1063).

engen Grenzen anwendbar. Fast dreizehn Jahre nach der Entscheidung ist deren Umfang relativ ungeklärt. Stattdessen überlässt es der EuGH den nationalen Gerichten, seine widersprüchliche Rechtsprechung zu interpretieren.[1]

2. Rechtsprechung der nationalen Gerichte zur grenzüberschreitenden Organschaft

Trotz der durchaus berechtigten Zweifel an der Unionsrechtskonformität der Regelung zur Organschaft in § 14 Abs. 1 KStG nF war diese Frage weder Gegenstand einer höchstrichterlichen Entscheidung, noch wurde sie bisher dem EuGH vorgelegt, was zunächst etwas verwundern mag.[2]   25.34

– Das FG Niedersachsen[3] hatte über eine Sachlage zu urteilen, in der eine inländische Holdinggesellschaft die Verluste zweier italienischer Tochtergesellschaften in Liquidation als „final" geltend machen wollte. Der Senat ließ in seinen Urteilsgründen erkennen, dass nach seiner Ansicht sowohl der nach § 14 Abs. 1 Satz 1 KStG aF geltende doppelte Inlandsbezug als auch das Erfordernis des EAV gegen Unionsrecht verstößt, da ein EAV „über die Grenze" vielfach nicht möglich sei. Im Ergebnis ließ das FG Niedersachsen dies jedoch offen, wies die Klage der Holdinggesellschaft mangels vorausgehender schuldrechtlicher Verpflichtung zur Übernahme von Verlusten ab. Die Revision beim BFH[4] war jedoch mangels Finalität der Verluste im streitgegenständlichen VZ unbegründet. Auf die eigentliche Streitfrage nach der Abzugsfähigkeit der Verluste musste der BFH nicht mehr eingehen. Immerhin ergibt sich aus der BFH-Entscheidung neben der Erkenntnis, dass die für Auslandsbetriebsstätten geltenden Finalitätsmaßstäbe auch auf Verluste EU-ausländischer Kapitalgesellschaften übertragbar seien, zumindest auch, dass ein „gedachtes Organschaftsverhältnis" tatsächlich vereinbart und durchgeführt werden muss.

– Dem Urteil des FG Rheinland-Pfalz[5] lag der Sachverhalt zugrunde, dass eine inländische Muttergesellschaft eine Berücksichtigung der laufenden Verluste ihrer in Dänemark ansässigen Tochtergesellschaft begehrte. Das FG Rheinland-Pfalz wies die Klage als unbegründet ab, da eine Vergleichbarkeit zwischen einer inländischen Tochtergesellschaft mit EAV und eine ausländischen Tochtergesellschaft ohne EAV nicht gegeben sei, mithin die Niederlassungsfreiheit nicht beschränkt ist. Ferner sei nach der Entscheidung des EuGH in der Rs. *X Holding* eine mögliche Beschränkung jedenfalls gerechtfertigt.

Urteile des BFH zur grenzüberschreitenden Organschaft: Grenzüberschreitende Organschaftsverhältnisse haben auch die BFH-Rechtsprechung mehrfach beschäftigt. Die einzelnen Entscheidungen verdeutlichen die Gemengelage von rein nationalem, Unions- und Abkommensrecht als Koordinaten für die steuerliche Anerkennung grenzüberschreitender Organschaften.   25.35

– **Fall der Dual Resident Organträgerin**: Der BFH entschied mit Urteil vom 29.1.2003, dass eine nach dem Recht des Staates Delaware gegründete US-Kapitalgesellschaft mit

---

1 *Schiefer*, IStR 2016, 74 (80).
2 Erklärungsversuche stellen *Homburg*, IStR 2009, 350, und *Sven-Christian Witt*, Ubg 2010, 737 (744) an. Auch die jüngste Vorlagefrage des FG Köln an den EuGH behandelt nur Aspekte der Finalität der Verluste, FG Köln v. 19.2.2014 – 13 K 3906/09, IStR 2014, 733 = ISR 2014, 341 m. Anm. *Müller* – Az. beim EuGH C-388/14 – Timac Agro Deutschland.
3 FG Nds. v. 11.2.2010 – 6 K 406/08, DStRE 2010, 474. Ausführlich zur Ausgangskonstellation *Homburg*, IStR 2009, 350.
4 BFH v. 9.11.2010 – I R 16/10, FR 2011, 489 = DStR 2011, 169.
5 FG Rh.-Pf. v. 17.3.2010 – 1 K 2406/07, EFG 2010, 1632 = DStRE 2010, 802.

statutarischem Sitz in den USA, die ihre tatsächliche Geschäftsleitung in die Bundesrepublik verlegt, Organträgerin einer inländischen Kapitalgesellschaft sein kann. Die dem entgegenstehende Regelung des § 14 Nr. 3 Satz 1 KStG 1984 war nicht mit dem Diskriminierungsverbot des Art. 24 Abs. 1 und 4 DBA-USA 1989 vereinbar.[1] Praktisch hatte die Entscheidung geringe Auswirkungen, da der Gesetzgeber zuvor im UntStFG den doppelten Inlandsbezug des Organträgers aufgegeben hatte (hierzu auch Rz. 25.43). Beachtlich ist das Urteil aber insoweit, dass über die unionsrechtlichen Grundfreiheiten hinaus auch abkommensrechtliche Diskriminierungsverbote grundsätzlich Einfluss auf die Organschaft haben können.

– **Fall der grenzüberschreitenden gewerbesteuerlichen Organschaft**: Mit Urteil vom 9.2.2011 erkannte der BFH für die Rechtslage bis einschließlich 2001 (also zu einer Zeit, in der die gewerbesteuerliche Organschaft isoliert ohne Begründung eines EAV begründet worden konnte) eine gewerbesteuerliche Organschaft zwischen einer Gesellschaft mit Sitz und Geschäftsleitung in Großbritannien als Organträgerin (einer Kapitalgesellschaft englischen Rechts) und einer Kapitalgesellschaft mit Sitz und Geschäftsleitung im Inland als Organgesellschaft an.[2] Die entgegenstehende Beschränkung der Organträgerfähigkeit auf ein Unternehmen mit Geschäftsleitung und Sitz im Inland nach § 14 Halbs. 2 KStG und § 14 Nr. 3 Satz 1 KStG 1999 i.V.m. § 2 Abs. 2 Satz 2 GewStG 1999 war nach Ansicht des BFH nicht mit dem Diskriminierungsverbot des Art. 20 Abs. 4 und 5 DBA-Großbritannien 1964/1970 vereinbar.[3] Als Folge wurde die persönliche Gewerbesteuerpflicht der Organgesellschaft für die Dauer der Organschaft dem Organträger und der Gewerbeertrag der inländischen Kapitalgesellschaft dem ausländischen Organträger für das Streitjahr 1999 zugerechnet, was zu einer grenzüberschreitenden „Keinmalbesteuerung" führte. Die Entscheidung hatte zu einer ganz erheblichen Resonanz im Schrifttum geführt,[4] so wurde schon plakativ nach dem „,Abschied' von KSt und GewSt" gefragt.[5] Schließlich wurde noch vor Ende des Jahres 2011 ein sog. Nichtanwendungserlass des BMF in Vorbereitung einer Gesetzesänderung veröffentlicht.[6]

25.36 In den beiden genannten Urteilen verwarf der BFH jeweils die streitgegenständliche Regelungen wegen Verstoßes gegen das abkommensrechtliche Diskriminierungsverbot. Insbesondere die Entscheidung zur gewerbesteuerlichen Organschaft veranlasste den Gesetzgeber zur Änderung des § 14 Abs. 1 Satz 1 Nr. 2 KStG in der kleinen Organschaftsreform (Rz. 25.44 und Kapitel 27).

– Im Rahmen des Schlussurteils zur Rechtssache *Scheuten Solar* diskutierte der BFH in Bezug auf die Geltendmachung eines durch die innerstaatlich eröffnete Möglichkeit, durch Begründung eines Organschaftsverhältnisses eine **gewerbesteuerliche Hinzurechnung von**

---

1 BFH v. 29.1.2003 – I R 6/99, BStBl. II 2004, 1043 = FR 2003, 912.
2 BFH v. 9.2.2011 – I R 54, 55/10, BStBl. II 2012, 106 = FR 2011, 584 m. Anm. *Buciek*. Vgl. Rz. 27.13.
3 BFH v. 9.2.2011 – I R 54, 55/10, BStBl. II 2012, 106 = FR 2011, 584 m. Anm. *Buciek*. Zum Zeitpunkt des streitigen Erhebungszeitraums war ein Gewinnabführungsvertrag für die gewerbesteuerliche Organschaft noch keine Voraussetzung.
4 Vgl. zB *Frotscher*, IStR 2011, 697; *Mössner*, IStR 2011, 349; *Rödder/Schönfeld*, DStR 2011, 886; *Buciek*, FR 2011, 588; *Kotyrba*, BB 2011, 1382.
5 *Frotscher*, IStR 2011, 697.
6 Vgl. BMF v. 27.12.2011 – IV C 2 – S 2770/11/10002 – DOK 2011/0965132, BStBl. I 2012, 119 = FR 2012, 95.

Dauerschuldzinsen zu verhindern.[1] Der BFH[2] betonte hierbei, dass Unternehmen eines grenzüberschreitenden Verbundes nicht nachträglich einzelne für sie vorteilhafte Elemente der Organschaftsbesteuerung für sich in Anspruch nehmen können, ohne zumindest den Willen bekundet zu haben, eine Organschaft zu bilden. Im Streitfall lag die Voraussetzung eines abgeschlossenen und durchgeführten Gewinnabführungsvertrags nicht vor. Der BFH betonte gleichwohl, dass von der Möglichkeit grenzüberschreitender Gewinnabführungsverträge auszugehen sei. Allerdings müsse die Organschaft zwecks grenzüberschreitender Anerkennung dann auch „faktisch gelebt" werden. Dazu sei zumindest zu verlangen, dass zum einen die Organträgerin laufende Verluste übernimmt und die Organgesellschaft ihre Gewinn ununterbrochen an die Organträgerin abführt und zum anderen auch die Absicht, ein Organschaftsverhältnis begründen zu wollen, auch gegenüber den Finanzbehörden nach außen hin kundgetan wird, und zwar nicht erst im Nachhinein unter Hinweis auf tatsächliche Gegebenheiten.

– Schließlich hatte der BFH zuletzt im Urteil v. 17.9.2014[3] auf der Linie seines Schlussurteils in der Rechtssache *Scheuten Solar* einen Verstoß der bei grenzüberschreitenden Darlehen für **Gewerbesteuerzwecke erfolgten Zinshinzurechnungen** gegen die Zins- und Lizenzgebührenrichtlinie verneint und konnte dabei im Ergebnis offen lassen, ob aus dem Inlandsbezug des Gewerbesteuerrechts bei Außerachtlassung der steuerlichen Behandlung der Zinsaufwendungen im Ausland eine unionsrechtswidrige Besteuerung grenzüberschreitender Konzernbeziehungen liegt. Im Unterschied zu der dem Schlussurteil *Scheuten Solar* zugrunde liegenden Sachverhaltskonstellation betraf diese Entscheidung einerseits die Streitjahre 1999 bis 2001, in denen die Begründung einer gewerbesteuerlichen Organschaft gerade nicht vom Erfordernis eines Gewinnabführungsvertrags abhing,[4] andererseits verfügte die Klägerin, eine US-amerikanische Gesellschaft in der Rechtsform der Inc. mit tatsächlicher Geschäftsleitung im Inland, über eine deutsche Niederlassung und konnte daher potentiell nach als Organträgerin gegenüber der Tochtergesellschaft und Darlehensgeberin qualifizieren. Obwohl letztlich nicht entscheidungserheblich, ist die Problematik der Unionsrechtkonformität deutlich angesprochen: So wirft der BFH ua.[5] die (offen gelassene) Frage auf, wie ein im Vergleich zum Streitfall umgekehrter Sachverhalt zu beurteilen wäre, in dem die ausländische Muttergesellschaft als Organträgerin für eine inländische Organgesellschaft fungieren würde – insoweit schlägt der BFH in seinen Überlegungen die Brücke zum oben geschilderten Urteilsachverhalt in der Entscheidung vom 9.2.2011,[6] in welcher das abkommensrechtliche Diskriminierungsverbot bemüht wurde.

---

1 Vgl. BFH v. 7.12.2011 – I R 30/08, BStBl. II 2012, 507 = FR 2012, 536.
2 Vgl. BFH v. 7.12.2011 – I R 30/08, BStBl. II 2012, 507 = FR 2012, 536.
3 BFH v. 20.9.2014 – I R 30/13, GmbHR 2015, 215 = ISR 2015, 63 m. Anm. *Müller*. Siehe dazu die Urteilsanmerkung von *Gosch*, BFH/PR 2015, 91.
4 Insoweit genügten die Tatbestandsmerkmale finanzielle, organisatorische und wirtschaftliche Eingliederung.
5 Die ebenfalls vom BFH aufgeworfene Frage, ob sich die Klägerin als in einem Drittstaat ansässige US-Gesellschaft überhaupt auf die Niederlassungsfreiheit berufen könne, sollte mittlerweile durch den EuGH im Urt. v. 11.9.2014 – C-47/12 – Kronos International, IStR 2014, 724 = ISR 2014, 28 m. Anm. *Pohl* geklärt sein, in welcher der EuGH einer Drittstaatengesellschaft die Berufung auf die Niederlassungsfreiheit versagt hat.
6 BFH v. 9.2.2011 – I R 54, 55/10, BStBl. II 2012, 106 = FR 2011, 584 m. Anm. *Buciek*.

– Im Urteil v. 22.2.2017[1] setzte sich der BFH ua. mit der Fragestellung auseinander, ob ein finaler Verlust unionsrechtlich nach dem *Timac Agro*-Urteil in einem vergleichbaren Fall noch abziehbar ist. Der BFH schließt sich dem *Timac Agro*-Urteil des EuGH an und lässt die im Zuge der Anteilsveräußerung an den Erwerber geleistete Ausgleichszahlung nicht als abzugsfähige Betriebsausgabe im Sinne eines finalen Verlusts zu.[2]

25.37 Die BFH-Rechtsprechung zeigt deutlich, dass auch die Regelungen der „Kleinen Organschaftsreform" sich zukünftig an den europa- und abkommensrechtliche Vorgaben messen lassen müssen. Hervorzuheben ist die grundsätzliche Anerkennung grenzüberschreitender Organschaften, wobei allerdings für die Praxis nach wie vor erhebliche Unsicherheiten darüber bestehen, wie im grenzüberschreitenden Kontext unter Beachtung des jeweils anwendbaren Rechts hinreichend sichergestellt werden kann, dass die Organschaftsbeziehung auch „faktisch gelebt" wird und damit eine steuerlich anzuerkennende Organschaft bestehen kann.

25.38 In dem Urteil v. 12.10.2016[3] konkretisierte der BFH die Ermittlung des Begriffs der negativen Einkünfte in der *Dual Consolidated* Loss *Rule* des § 14 Abs. 1 Satz 1 Nr. 5 KStG. Demnach liegen negative Einkünfte des Organträgers i.S.d. § 14 Abs. 1 Satz 1 Nr. 5 KStG nur dann vor, wenn bei diesem „nach" der Zurechnung des Einkommens der Organgesellschaft ein Verlust verbleibt.

II. Vertragsverletzungsverfahren der Europäischen Kommission wegen des doppelten Inlandsbezugs der Organgesellschaft nach § 14 Abs. 1 Satz 1 KStG aF

25.39 Die Europäische Kommission leitete wegen des sog. doppelten Inlandsbezugs ein Vertragsverletzungsverfahren nach Art. 258 AEUV gegen die Bundesrepublik Deutschland ein.[4] Die Europäischen Kommission war der Auffassung, der doppelte Inlandsbezug in §§ 14 Abs. 1 Satz 1, 17 Satz 1 KStG aF sei ein Verstoß gegen die Niederlassungsfreiheit gem. Art. 49 AEUV und Art. 31 EWR-Abkommen.

25.40 Das BMF reagierte hierauf mit Schreiben vom 28.3.2011, in welchem der doppelte Inlandsbezug gem. §§ 14 Abs. 1 Satz 1, 17 Satz 1 KStG für nach EU- bzw. EWR-Recht gegründete ausländische Kapitalgesellschaften mit Geschäftsleitung im Inland aufgegeben wurde.[5]

25.41 Der EuGH erachtet in ständiger Rechtsprechung eine Verwaltungsanweisung als nicht ausreichend, um eine Vertragsverletzung zu beseitigen, weshalb die Europäische Kommission am 22.3.2012 die Bundesrepublik Deutschland vor dem EuGH verklagt hat.[6]

25.42 Der **Gesetzgeber** reagierte auf das Vertragsverletzungsverfahren in der „Kleinen Organschaftsreform" durch Änderung des § 14 Abs. 1 Satz 1 KStG (Rz. 25.44 und Kapitel 27).

---

1 BFH v. 22.2.2017 – I R 2/15, BStBl. II 2017, 709 = IStR 2017, 490 m. Anm. *Kippenberg* und *Jung/Mielke*.
2 Vgl. *Sillich/Schneider*, IStR 2017, 809 (811).
3 BFH v. 12.10.2016 – I R 92/12, BFH/NV 2017, 685 = EStB 2017 m. Anm. *Weiss*.
4 Nr. 2008/4909; vgl. Rz. 27.1–27.3.
5 BMF v. 28.3.2011 – IV C 2 - S 2770/09/10001 – DOK 2011/0250044, BStBl. I 2011, 300 = FR 2011, 436.
6 Europäische Kommission, Pressemitteilung v. 22.3.2012, IP/12/283.

III. Entwicklung in der Gesetzgebung

1. Gesetz zur Fortentwicklung des Unternehmenssteuerrechts (UntStFG) v. 20.12.2001

Mit dem UntStFG[1] wollte der Gesetzgeber der „zunehmenden internationalen Verflechtung der deutschen Wirtschaft Rechnung tragen".[2] In Bezug auf die Organschaft waren wesentliche Änderungen:

25.43

– Aufgabe des „doppelten Inlandsbezugs" mit Sitz und Geschäftsleitung des Organträgers im Inland, stattdessen war die Geschäftsleitung im Inland ausreichend (§ 14 Abs. 1 Satz 1 Nr. 2 KStG aF)

– Einfügung der Verlustnutzungsbeschränkung, um eine doppelte Verlustberücksichtigung zu verhindern (§ 14 Abs. 1 Satz 1 Nr. 5 KStG aF).

2. Die „Kleine Organschaftsreform" v. 24.2.2013

Der Gesetzgeber reagierte auf das Urteil des BFH zur gewerbesteuerlichen Organschaft und das Vertragsverletzungsverfahren der EU-Kommission mit der „Kleinen Organschaftsreform".[3]

25.44

Wesentliche Änderungen der Organschaftsreform sind:

– Aufgabe des doppelten Inlandsbezugs bei der Organgesellschaft (§ 14 Abs. 1 Satz 1 KStG)

– Aufgabe des Inlandsbezugs beim Organträger, stattdessen „Inlandsbezug durch die Hintertür"[4] infolge Einführung der Betriebsstättenbezogenheit (§ 14 Abs. 1 Satz 1 Nr. 2 Satz 4–7 KStG)

– Ersatzlose Streichung des § 18 KStG aF

– Verschärfungen der Verlustnutzungsbeschränkung (§ 14 Abs. 1 Satz 1 Nr. 5 KStG).

Unverändert bleibt das Erfordernis des EAV.

Die Neuregelung ist im Hinblick auf das klare Bedürfnis der grenzüberschreitenden Organschaft und der europarechtlichen Rechtslage sowie das abkommensrechtliche Diskriminierungsverbot als sehr unbefriedigend zu sehen. Das Erfordernis der Betriebsstättenbezogenheit (§ 14 Abs. 1 Satz 1 Nr. 2 Sätze 4–7 KStG) bereitet erhebliche Probleme in der Praxis, es können sich erhebliche Unsicherheiten im Hinblick auf das Bestehen der Organschaft ergeben; dies gilt insbesondere für Personengesellschaften als Organträger, bei denen es möglich ist, dass die Organschaft allein durch die Neuregelung entfallen ist.

25.45

Positiv ist zwar zu werten, dass nunmehr auch ausländische Rechtsträger taugliche Organträger sein können, aber es bleibt auch hier als zentrales Problem die Zulässigkeit und damit verbunden die Frage der steuerlichen Anerkennung eines EAV zwischen ausländische Rechtsträgern. So ist momentan immer noch unklar, ob ein EAV zwischen einer oder zwei ausländischen Gesellschaften (mit Geschäftsleitung im Inland) von der Finanzverwaltung anerkannt

25.46

---

1 BGBl. I 2011, 3858.
2 BT-Drucks. 14/6882, 37.
3 Durch Gesetz zur Änderung und Vereinfachung der Unternehmensbesteuerung und des steuerlichen Reisekostenrechts v. 20.2.2013, BGBl. I 2013, 285. Ausführlich hierzu Kapitel 27.
4 *Gosch*, IWB 2012, 694 (695).

wird.¹ Ist eine Eintragung in dem dem deutschen Handelsregister vergleichbaren Register erforderlich? Genügt auch ein schuldrechtlicher Vertrag²? Es ist hierzu noch kein Erlass der Finanzverwaltung ergangen und dem Vernehmen nach werden hierzu derzeit auch keine verbindlichen Auskünfte erteilt. Dies macht die Implementierung einer grenzüberschreitenden Organschaft derzeit sehr schwierig.

25.47 Schließlich ist auch die Neuregelung des § 14 Abs. 1 Satz 1 Nr. 5 KStG total missglückt und Grund vieler offener Anwendungsfragen (s. hierzu ausführlich Kapitel 28) kaum anwendbar, wobei sich aber bei jedem Jahresabschluss die Frage stellen kann, ob nicht eine entsprechende Steuerrückstellung zu bilden ist oder im Rahmen der Steuererklärung eine entsprechende Offenlegung zu erfolgen hat³.

IV. Ausblick

25.48 Im Hinblick auf die aufgezeigten Defizite der Neuregelungen bzgl. einer internationalen Organschaft im Rahmen der „Kleinen Organschaftsreform" bleibt zu hoffen, dass hier weitere Klarstellungen durch die Finanzverwaltung erfolgen,⁴ mit einer neuerlichen gesetzlichen Änderung ist wohl kurzfristig nicht zu rechnen. Vollkommen unbefriedigend ist die dargestellte offene Situation der Anerkennung einer Organschaft zwischen ausländischen Rechtsträgern durch die Finanzverwaltung. Hier besteht das Risiko, dass die „Kleine Organschaftsreform" zunächst insoweit leerläuft und erst eine Klärung durch den BFH oder sogar den EuGH erfolgen muss.

25.49 Mit Blick auf die Rechtsprechung, insbesondere des EuGH in den Rs. *Marks & Spencer*, *Philips Electronics*, *SCA Group Holding* und *Timac Agro* ist zu erwarten, dass diese Urteile zukünftig auf die Regelung in § 14 Abs. 1 KStG ausstrahlen. Eine national anders zu beurteilende Sachlage wegen des Erfordernisses der EAV ist fraglich, da diese Voraussetzung ggf. selbst einen mindestens indirekten Verstoß gegen die Niederlassungsfreiheit darstellt. Von besonderem Interesse ist die Rs. *SCA Group Holding*, da die mögliche Rechtsfolge der Seitwärtskonsolidierung zwischen zwei Schwestergesellschaften bisher nach nationalem Recht nicht vorgesehen ist, allerdings nicht unmöglich erscheint.⁵ Allerdings wäre eine „klarstellende" Gesetzesänderung vorzuziehen, diese könnte gleichzeitig weitere Schwachstellen der internationalen Organschaft beseitigen. Dies erscheint derzeit aber eher unwahrscheinlich. Denn bisher hat man den Eindruck, dass die Sicherstellung des Besteuerungssubstrats Priorität hat und gewissermaßen den (erforderlichen) Reformprozess blockiert.

---

1 Vgl. hierzu auch Kapitel 28 und *Frotscher* in Frotscher/Drüen, § 14 KStG Rz. 327a (Stand: Juni 2013); *Winter/Marx*, DStR 2011, 1101 (1104); *Neu* in Centrale für GmbH, GmbH-Handbuch, 15. Abschnitt, Rz. 5676; iE ebenso *Richter/Braun*, GmbHR 2012, 18 (22) zur englischen Ltd.; *Frotscher*, IStR 2011, 697 (701; 702); *Glahe*, IStR 2012, 128 (131); *Benecke/Schnitger*, IStR 2013, 143 (145); *Hoene*, IStR 2012, 462; *Schnitger*, IStR 2013, 82; *Breuninger*, JbFSt 2017/2018, 232. Insbesondere im Fall einer österreichischen Tochtergesellschaft sollte der Abschluss eines EAV zur Begründung einer Organschaft anerkannt werden.
2 Vgl. hierzu auch EuGH v. 2.9.2015 – C-386/14 – Groupe Steria, DStR 2015, 2125.
3 Vgl. hierzu BFH v. 12.10.2016 – I R 92/12, DStR 2017, 589.
4 Allerdings besteht hier das Risiko, dass in einem späteren Finanzgerichtsverfahren die mögliche günstige Auffassung der Finanzverwaltung nicht bestätigt wird.
5 S. hierzu *Walter*, GmbHR 2015, 182.

Kapitel 26
Gesellschaftsrechtliche Fragen

A. Grenzüberschreitender Ergebnisabführungsvertrag 26.1
  I. Grundlagen: Inbound/Outbound EAV 26.1
  II. Anwendbares Recht: Gesellschaftsstatut der abführenden Gesellschaft 26.3
  III. Outbound EAV: Gewinnabführung durch inländische Tochter an ausländische Mutter 26.9
    1. Vertragsabschluss 26.9
    2. Vertragsinhalt 26.11
    3. Vertragsdurchführung 26.16
  IV. Inbound EAV: Gewinnabführung durch ausländische Tochter an inländische Mutter 26.18
    1. Vertragsabschluss 26.18
    2. Vertragsinhalt 26.24
    3. Vertragsdurchführung 26.26

B. Doppelte Ansässigkeit von Organgesellschaft/Organträger 26.27
  I. Problemstellung 26.27
  II. Gesellschaftsrechtliche Folgen des Auseinanderfallens von Gründungsstaat und tatsächlichem Verwaltungssitz 26.29
    1. Zuzugsfälle..................... 26.29
    2. Wegzugsfälle 26.34
    3. Grenzüberschreitender Formwechsel unter Beibehaltung des tatsächlichen Verwaltungssitzes 26.42

Literatur: *Bayer/Schmidt*, Grenzüberschreitende Sitzverlegung und grenzüberschreitende Restrukturierung nach MoMiG, Cartesio und Trabrennbahn, ZHR 2009, 735; *Behme/Nohlen*, „Entscheidung überraschend für die Praxis" – BB-Kommentar zur EuGH Cartesio-Entscheidung, BB 2009, 13; *Bernstein/Koch*, Internationaler Konzern und deutsche Mitbestimmung, ZHR 143 (1979), 522; *Brakalova/Barth*, Nationale Beschränkungen des Wegzugs von Gesellschaften innerhalb der EU bleiben zulässig, DB 2009, 213; *Däubler/Heuschmid*, Cartesio und MomiG – Sitzverlagerung ins Ausland und Unternehmensmitbestimmung, NZG 2009, 493; *Eidenmüller*, Die GmbH im Wettbewerb der Rechtsformen, ZGR 2007, 168; *Frotscher*, Grenzüberschreitende Organschaft – wo stehen wir?, IStR 2011, 697; *Heckschen*, Gründungserleichterung nach dem MoMiG – Zweifelsfragen in der Praxis, DStR 2009, 166; *Herzig/Wagner*, Zukunft der Organschaft im EG-Binnenmarkt, DB 2005, 1; *Hirte*, Die „Große GmbH-Reform" – Ein Überblick über das Gesetz zur Modernisierung des GmbH-Rechts und zur Bekämpfung von Missbräuchen (MoMiG), NZG 2008, 761; *Kort*, Anwendung der Grundsätze der fehlerhaften Gesellschaft auf einen „verdeckten" Beherrschungsvertrag NZG 2009, 364; *Astrid Krüger*, Rechtsgrundlagen und Abgrenzung zur Sitzverlegung, Beck'sches Handbuch Umwandlungen international, 2013; *Jung*, Die Niederlassungsfreiheit von Schweizer Gesellschaften bei Sitzwahl und Sitzverlegung im Europäischen Wirtschaftsraum, EuZW 2012, 863; *Kindler*, Internationales Gesellschaftsrecht 2009: MoMiG, Trabrennbahn, Cartesio und die Folgen, IPrax 2009, 189; *Leible/Hoffmann*, Cartesio – fortgeltende Sitztheorie, grenzüberschreitender Formwechsel und Verbot materiell-rechtlicher Wegzugsbeschränkung, BB 2009, 58; *Meilicke*, Korporative Versklavung deutscher Aktiengesellschaften durch Beherrschungs- und Gewinnabführungsverträge gegenüber inländischen und ausländischen Unternehmen, Festschrift Hirsch, 1968, 99; *U. Prinz*, Umwandlungen im Internationalen Steuerrecht, 2013; *Rixecker/Säcker*, Münchener Kommentar zum Bürgerlichen Gesetzbuch, Band 11, 6. Aufl. 2015; *Scheunemann*, Praktische Anforderungen einer grenzüberschreitenden Verlustberücksichtigung im Konzern in Inbound- und Outboundfällen nach der Entscheidung Marks & Spencer, IStR 2006, 145; *Selzner/Sustmann*, Der grenzüberschreitende Beherrschungsvertrag, Der Konzern 2003, 85; *Spahlinger/Wegen*, Internationales Gesellschaftsrecht in der Praxis: Kollisions- und Sachrecht wesentlicher Fälle mit Auslandsberührung, Europäisches Unternehmensrecht, Wahl der Gesellschaftsform, Corporate Governance, Wichtige ausländische Rechtsformen, 2005; *Staudinger/Großfeld*, Kommentar zu Bürgerlichen Gesetzbuch mit Einführungsgesetz und Nebengesetzen – Internationales Gesellschaftsrecht, 1998, Rz. 575; *Scheunemann*, Grenzüberschreitende konsolidierte Konzernbesteuerung 2005, 121 ff.; *Sethe/Winzer*, Der Umzug von Gesellschaften in Europa nach dem Cartesio-Urteil, WM 2009, 536; *Süß/Wachter*, Handbuch des internationalen GmbH-Rechts, 2. Aufl. 2011; *Werner*, Das deutsche Internationale Gesellschaftsrecht nach „Cartesio" und „Trabrennbahn", GmbHR 2009, 191.

A. Grenzüberschreitender Ergebnisabführungsvertrag

I. Grundlagen: Inbound/Outbound EAV

26.1 **Zulässigkeit grenzüberschreitender Ergebnisabführungsverträge.** Die gesellschaftsrechtliche Zulässigkeit von grenzüberschreitenden Ergebnisabführungsverträgen wird von der herrschenden Meinung in Rechtsprechung und Literatur heute anerkannt.[1] Die vereinzelten früheren Gegenstimmen konnten sich nicht durchsetzen.[2]

Für grenzüberschreitende Beherrschungsverträge gelten die nachstehenden Ausführungen grundsätzlich entsprechend. Im Kontext der ertragsteuerlichen Organschaft kommt ihnen allerdings keine Bedeutung zu.

26.2 **Konstellationen des grenzüberschreitenden Ergebnisabführungsvertrags.** Für einen grenzüberschreitenden Ergebnisabführungsvertrag gibt es zwei mögliche Konstellationen: (1) Ein Vertragsverhältnis zwischen einer ausländischen Muttergesellschaft und einer inländischen Tochtergesellschaft, oder (2) zwischen einer inländischen Muttergesellschaft und einer ausländischen Tochtergesellschaft. In beiden Konstellationen stellen sich gesellschaftsrechtliche Fragen auf der Ebene des Vertragsabschlusses, des Vertragsinhalts und der Vertragsdurchführung.

II. Anwendbares Recht: Gesellschaftsstatut der abführenden Gesellschaft

26.3 **Vorfrage:** Vor der Vertiefung dieser sachrechtlichen Fragen ist jedoch zunächst zu klären, welches Gesellschaftsrecht überhaupt für den grenzüberschreitenden Ergebnisabführungsvertrag maßgeblich ist.

26.4 **Gesellschaftsstatut und Vertragsstatut.** Die herrschende Meinung in Deutschland geht davon aus, dass der Ergebnisabführungsvertrag eine gesellschaftsrechtliche Frage der gewinnabführenden – dh. idR der abhängigen – Gesellschaft ist.[3] Grund dafür ist, dass ein Ergebnisabführungsvertrag als Organisationsvertrag zu qualifizieren ist, da er in seiner Wirkung – insbesondere durch die Verpflichtung zur Gewinnabführung – einer Satzungsänderung gleichkommt.[4] Er hat körperschaftsrechtlichen Charakter.[5] Eine Anknüpfung nach dem Vertragsstatut scheidet somit aus. In der Folge ist auch eine Rechtswahl für den Ergebnisabfüh-

---

1 BGH v. 15.6.1992 – II ZR 18/91, BGHZ 119, 1; *Altmeppen* in MünchKomm/AktG⁴, Einl. §§ 291 ff. Rz. 47; *Emmerich* in Emmerich/Habersack, Aktien- und GmbH-Konzernrecht⁸, § 291 AktG Rz. 34 ff., 37a; *Koppensteiner* in KölnKomm/AktG³, Vorb. § 291 Rz. 194, jeweils mwN.
2 *Meilicke* in FS Hirsch, 99 (118 ff.); *Bernstein/Koch*, ZHR 143 (1979), 522 (535).
3 *Frotscher*, IStR 2011, 697 (701); *Kindler* in MünchKomm/BGB⁷, InterGesR Rz. 681; *Kort*, NZG 2009, 364 (366); *Hüffer/Koch*, AktG¹³, § 291 Rz. 17; *Spahlinger/Wengen*, Internationales Gesellschaftsrecht, 102 Rz. 370 f.
4 *Kort*, NZG 2009, 364 (366); *Hüffer/Koch*, AktG¹³, § 291 Rz. 17; *Spahlinger/Wengen*, Internationales Gesellschaftsrecht, 102 Rz. 370 f.
5 *Kindler* in MünchKomm/BGB⁷, InterGesR Rz. 699.

rungsvertrag nicht möglich.[1] Das auf einen grenzüberschreitenden Ergebnisabführungsvertrag anwendbare Recht bestimmt sich also nach dem Gesellschaftsstatut, dh. dem auf die gewinnabführende Gesellschaft anwendbaren Recht.

Auch die Bundesfinanzhofrechtsprechung folgt dieser Auffassung: Der **BFH** hat am 7.12.2011 in einer Entscheidung über die gewerbesteuerliche Hinzurechnung von Zinsen bei einer deutschen Tochtergesellschaft aus Darlehen von einer niederländischen Muttergesellschaft darauf hingewiesen, dass sich die Zulässigkeit und der Abschluss eines Ergebnisabführungsvertrags nach dem **Konzernrecht der gewinnabführenden Gesellschaft** (hier: deutsches Recht) bestimme.[2] Im zu entscheidenden Fall war die alleinige Muttergesellschaft einer deutschen GmbH eine niederländische B.V. Die B.V. hatte der GmbH elf Darlehen über insgesamt ca. 5,2 Mio. Euro zu einem Zinssatz von 5 % gewährt. Die Finanzverwaltung hatte unter Berufung auf § 8 Nr. 1 GewStG 2002 diese Zinsen für Gewerbesteuer-Zwecke zur Hälfte auf den Gewinn der deutschen GmbH hinzugerechnet. Hiergegen richtete sich die Klage der GmbH mit dem Argument, dies sei diskriminierend, da in einer deutsch-deutschen Situation und unter Annahme einer steuerlichen Organschaft eine Hinzurechnung nicht erfolgt wäre.[3] Im Ergebnis lehnte der BFH die Klage ab, da die Beteiligten gerade keinen grenzüberschreitenden Ergebnisabführungsvertrag geschlossen – und damit keine steuerliche Organschaft begründet – hätten, was in dieser Konstellation seiner Ansicht nach aber zivilrechtlich möglich gewesen wäre.[4]

26.5

Bestimmung des Gesellschaftsstatuts. Zur Ermittlung des Gesellschaftsstatuts lautet die Grundregel des internationalen Gesellschaftsrechts: Maßgeblich für alle rechtlichen Angelegenheiten einer Gesellschaft[5] ist ihr Sitzland. Ob dieses durch den Gründungssitz oder durch den tatsächlichen Verwaltungssitz der Gesellschaft bestimmt wird, beurteilen die einzelnen Staaten unterschiedlich.[6] Zudem sind im deutschen Kollisionsrecht, insbesondere im EU-Kontext, viele Einzelheiten streitig (weitere Einzelheiten unter Rz. 26.27 ff.). Für Zwecke dieses Kapitels kommt es jedoch zunächst auf diese Theorien nicht an, weil von einer im gleichen Staat gegründeten und tatsächlich verwalteten Gesellschaft ausgegangen wird. Zu den Auswirkungen des Auseinanderfallens von Gründungssitz und tatsächlichem Verwaltungssitz s. unten B., Rz. 26.27 ff.

26.6

Inländische abführende Gesellschaft, Reichweite des anwendbaren Rechts. Für den Fall einer deutschen gewinnabführenden Gesellschaft käme man nach den vorstehenden Ausführungen zur Anwendung deutschen Rechts. Das deutsche Konzernrecht enthält Vorschriften in Bezug auf die gewinnabführende als auch auf die herrschende Gesellschaft. Insofern stellt sich die Frage, in welchem Umfang die deutschen Konzernrechtsvorschriften auf einen grenzüberschreitenden Ergebnisabführungsvertrag mit einer inländischen Tochter anwendbar sind. Die Rechtsprechung und die Literatur gehen einhellig davon aus, dass diejenigen Vorschriften greifen, die den Interessenschutz der Tochtergesellschaft, der außenstehenden Gesellschafter

26.7

---

1 *Spahlinger/Wengen*, Internationales Gesellschaftsrecht, 102 Rz. 370.
2 BFH v. 7.12.2011 – I R 30/08, BStBl. II 2012, 507 = FR 2012, 536 = IStR 2012, 262.
3 BFH v. 7.12.2011 – I R 30/08, BStBl. II 2012, 507 = FR 2012, 536 = IStR 2012, 262 (265).
4 BFH v. 7.12.2011 – I R 30/08, BStBl. II 2012, 507 = FR 2012, 536 = IStR 2012, 262, 264.
5 Der Begriff bezieht sich in diesem Kapitel auf Kapitalgesellschaften, sofern nicht anders gekennzeichnet.
6 Für einen Überblick: *Kindler* in MünchKomm/BGB[7], InterGesR Rz. 508 f.

und der Gläubiger bezwecken.[1] Keine Anwendung finden hingegen solche Vorschriften, die die Beziehung der herrschenden ausländischen Gesellschaft zu ihrer abhängigen inländischen Tochter regeln.[2] Insofern besteht weder eine Berichtspflicht der herrschenden Gesellschaft gem. § 293a AktG noch eine Prüfungspflicht gem. § 293b AktG. Auch das Zustimmungserfordernis nach § 293 Abs. 2 AktG gilt für die herrschende Gesellschaft nicht, da die Vorschrift nur den Schutz der herrschenden Gesellschaft bezweckt.[3] Das deutsche Recht würde aber grundsätzlich die Anwendung besonderer Wirksamkeitsvoraussetzungen für die herrschende Gesellschaft nach deren ausländischen Rechtsordnung anerkennen.[4]

26.8 **Ausländische abführende Gesellschaft.** Handelt es sich um eine ausländische gewinnabführende Tochtergesellschaft, so gelangt das deutsche Kollisionsrecht aufgrund des Personalstatuts der Gesellschaft grundsätzlich zur Anwendung der jeweiligen ausländischen Rechtsordnung.[5] Damit gilt auch für den grenzüberschreitenden Ergebnisabführungsvertrag das ausländische Recht. Hier stellt sich das Problem, dass die meisten ausländischen Rechtsordnungen das Instrument des Ergebnisabführungsvertrags nicht kennen. Lediglich die Rechtsordnungen von Österreich, Portugal, Slowenien und wohl noch Brasilien verfügen über entsprechende Instrumente.[6] In der Praxis gibt es deshalb Versuche, sich in solchen Fällen mit rein schuldrechtlichen Konstruktionen zu behelfen, siehe hierzu unten unter Rz. 26.18.

III. Outbound EAV: Gewinnabführung durch inländische Tochter an ausländische Mutter

1. Vertragsabschluss

26.9 Die Wirksamkeit des Vertragsabschlusses richtet sich – wie vorstehend gezeigt – in der Konstellation „deutsche Tochter – ausländische Mutter" nach deutschem Recht. Der Vertrag bedarf gem. § 293 Abs. 3 AktG der Schriftform. Beide Gesellschaften müssen nach ihrem jeweiligen Recht ordnungsgemäß vertreten sein. Die Hauptversammlung bzw. die Gesellschafterversammlung der gewinnabführenden deutschen Tochtergesellschaft muss dem Vertragsabschluss gem. § 293 Abs. 1 AktG zustimmen.[7] Ob die Gesellschafterversammlung der beherrschenden Gesellschaft oder ein anderes Gremium zustimmen muss, richtet sich nach dem auf diese anwendbaren Recht – also in dieser Konstellation der entsprechenden ausländischen Rechtsordnung. Wenn die entsprechende ausländische Rechtsordnung den Vertragstyp Ergebnisabführungsvertrag nicht ausdrücklich kennt, wird man überlegen müssen, ob sich ein Zustimmungserfordernis aus allgemeinen Regeln und insbesondere im Hinblick auf

---

1 *Mülbert* in Großkomm/AktG⁵, Vor §§ 291 ff. Rz. 26 f.; OLG Stuttgart v. 5.6.2013 – 20 W 6/10, AG 2013, 724; *Spahlinger/Wengen*, Internationales Gesellschaftsrecht, 102 Rz. 371; *Veil* in Spindler/Stilz³, Vor § 291 Rz. 47.
2 *Mülbert* in Großkomm/AktG⁵, Vor §§ 291 ff. Rz. 26; *Veil* in Spindler/Stilz³, Vor § 291 AktG Rz. 47.
3 *Mülbert* in Großkomm/AktG⁵, Vor §§ 291 ff. Rz. 26; *Spahlinger/Wengen*, Internationales Gesellschaftsrecht, 102 Rz. 371; *Veil* in Spindler/Stilz³, Vor § 291 AktG Rz. 47.
4 *Altmeppen* in MünchKomm/AktG⁴, Einl. §§ 291 ff. Rz. 50.
5 *Frotscher*, IStR 2011, 697 (701).
6 *Herzig/Wagner*, DB 2005, 1 (5); *Scheunemann*, IStR 2006, 145 (146); *Scheunemann*, Grenzüberschreitende konsolidierte Konzernbesteuerung 2005, 121 (122).
7 Da die herrschende Muttergesellschaft üblicherweise mindestens eine Dreiviertel-Mehrheit an der Tochtergesellschaft halten wird, ist das Zustimmungserfordernis regelmäßig unproblematisch.

das mögliche wirtschaftliche Risiko aus der Verlustübernahmeverpflichtung ergibt oder ob der Abschluss des Ergebnisabführungsvertrags im Rahmen des Handlungsspielraums des Vertretungsorgans ist.

Eintragung. Der Ergebnisabführungsvertrag mit der deutschen gewinnabführenden Gesellschaft bedarf zu seiner Wirksamkeit ferner gem. § 294 Abs. 2 AktG der Eintragung in das Handelsregister der beherrschten Gesellschaft. 26.10

2. Vertragsinhalt

Mindestinhalt. Grundsätzlich wird ein grenzüberschreitender Ergebnisabführungsvertrag dieselben inhaltlichen Regelungen wie ein rein inländischer Vertrag enthalten, also insbesondere die Pflicht zur Gewinnabführung durch die Tochtergesellschaft gem. § 301 AktG und die Pflicht zur Verlustübernahme durch die Muttergesellschaft gem. § 302 AktG.[1] Der Verweis auf § 302 AktG ist dynamisch auszugestalten. Sofern außenstehende Gesellschafter vorhanden sind, muss der Vertrag Regelungen zum angemessenen Ausgleich gem. § 304 AktG und zur Abfindung gem. § 305 AktG enthalten. 26.11

Zusätzlicher Inhalt. Daneben verlangen manche Meinungsvertreter in der Literatur noch zusätzliche nachfolgend dargestellte Vertragsinhalte.[2] 26.12

Loyalitätsklausel. Eine verbreitete Literaturmeinung verlangt, dass der Ergebnisabführungsvertrag eine sog. „Loyalitätsklausel" enthalten müsse, in der ausdrücklich das deutsche Recht als anwendbar erklärt werde.[3] Dies soll eine Wirksamkeitsvoraussetzung für den Ergebnisabführungsvertrag sein, damit auf diese Weise die Durchsetzung des deutschen (Konzern-)Rechts sichergestellt werde.[4] Das Bedürfnis einer Loyalitätsklausel wird allerdings von zahlreichen Meinungsvertretern bestritten.[5] Mangels bislang höchstrichterlicher Klärung empfiehlt aber selbst manche Gegenstimme zur Vermeidung des Unwirksamkeitsrisikos eine Loyalitätsklausel aufzunehmen.[6] 26.13

Gerichtsstandklausel. Die gleiche Literaturmeinung fordert neben bzw. als weiteren Bestandteil der Loyalitätsklausel auch eine Gerichtsstandsklausel, in der die Zuständigkeit der deutschen Gerichte für alle Streitigkeiten im Zusammenhang mit dem Vertrag festgeschrieben wird.[7] Argument ist auch hier wieder die Sicherstellung der Durchsetzbarkeit deutschen Rechts.[8] Ebenso wie die Loyalitätsklausel wird das Erfordernis einer Gerichtsstandklausel 26.14

---

1 *Mülbert* in Großkomm/AktG[5], Vor §§ 291 ff. Rz. 26.
2 Für einen Überblick über diese zusätzlichen Anforderungen: *Spahlinger/Wengen*, Internationales Gesellschaftsrecht, 102 Rz. 368 ff.
3 *Selzner/Sustmann*, Der Konzern 2003, 85 (95); *Staudinger/Großfeld*, InterGesR, Rz. 575; *Wiedemann*, Gesellschaftsrecht Band 1, 805.
4 *Staudinger/Großfeld*, InterGesR, Rz. 575; *Wiedemann*, Gesellschaftsrecht Band 1, S. 805.
5 *Altmeppen* in MünchKomm/AktG[4], Einl. §§ 291 ff. Rz. 49; *Mülbert* in Großkomm/AktG[5], Vor §§ 291 ff. Rz. 25; *Spahlinger/Wengen*, Internationales Gesellschaftsrecht, S. 102 Rz. 374; *Veil* in Spindler/Stilz[3], Vor § 291 AktG Rz. 49.
6 *Spahlinger/Wengen*, Internationales Gesellschaftsrecht, 102 Rz. 374.
7 *Selzner/Sustmann*, Der Konzern 2003, 85 (95); *Staudinger/Großfeld*, InterGesR, Rz. 575.
8 *Selzner/Sustmann*, Der Konzern 2003, 85 (95); *Staudinger/Großfeld*, InterGesR, Rz. 575.

überwiegend abgelehnt, aber zur Vermeidung des Unwirksamkeitsrisikos letztlich doch empfohlen.[1]

26.15 **Hinnahme der Zwangsvollstreckung.** Vereinzelt wird schließlich gefordert, dass ein grenzüberschreitender Ergebnisabführungsvertrag eine Verpflichtung der ausländischen herrschenden Gesellschaft zur Hinnahme der Zwangsvollstreckung aus Ansprüchen aus dem Ergebnisabführungsvertrag enthalten müsse, sofern sie über kein Vermögen im Inland verfüge. Erst dann dürfe die Geschäftsführung der inländischen Tochtergesellschaft nachteilige Weisungen befolgen.[2] Auch hier gilt für die vorsichtige Geschäftsführung wohl die Empfehlung, eine solche Klausel aufzunehmen, bis der Punkt höchstrichterlich geklärt ist.[3]

3. Vertragsdurchführung

26.16 Auch die Rechtsfolgen des grenzüberschreitenden Ergebnisabführungsvertrags bestimmen sich nach deutschem Recht.[4] Insofern bestehen keine Besonderheiten im Vergleich zu einer deutsch-deutschen Konstellation. Die Tochtergesellschaft muss ihren Jahresüberschuss gemäß § 301 AktG abführen. Die Gewinnermittlung auf Ebene der inländischen Tochtergesellschaft erfolgt nach HGB und AktG bzw. GmbHG. Für die Höhe der Gewinnabführung gilt § 301 AktG. Bei einem Verlust am Ende des Geschäftsjahres muss die ausländische Muttergesellschaft diesen gem. § 302 AktG ausgleichen. Zu den Einzelheiten vgl. oben Rz. 26.9 und zu den steuerlichen Anforderungen an die Vertragsdurchführung oben Rz. 3.46 ff.

26.17 **Beendigung.** Die Beendigung des grenzüberschreitenden Ergebnisabführungsvertrags kann – wie in einer deutsch-deutschen Konstellation auch – gem. §§ 296, 297 AktG entweder durch Aufhebung oder durch – ordentliche oder außerordentliche – Kündigung erfolgen. Die Zustimmungserfordernisse auf der Ebene der gewinnabführenden deutschen Gesellschaft unterscheiden sich nicht von denen im rein nationalen Fall, s. Rz. 11.16 ff. Im Falle einer Beendigung des Ergebnisabführungsvertrags haben die Gläubiger der Gesellschaft gem. § 303 AktG das Recht, von der ausländischen Muttergesellschaft Sicherheitsleistung zu verlangen.

IV. Inbound EAV: Gewinnabführung durch ausländische Tochter an inländische Mutter

1. Vertragsabschluss

26.18 In der Konstellation „ausländische Tochtergesellschaft – inländische Muttergesellschaft" gilt nach dem Gesellschaftsstatut der Tochtergesellschaft für den Vertragsabschluss grundsätzlich deren ausländische Rechtsordnung (Rz. 26.8). Allerdings kennen die meisten ausländischen Rechtsordnungen das Instrument des Ergebnisabführungsvertrags nicht. Ferner entsprechen die in ausländischen Rechtsordnungen vorgesehenen Ergebnisabführungsverträge möglicher-

---

1 *Altmeppen* in MünchKomm/AktG[4], Einl. §§ 291 ff. Rz. 49; *Mülbert* in Großkomm/AktG[5], Vor §§ 291 ff. Rz. 25; *Spahlinger/Wengen*, Internationales Gesellschaftsrecht, 102 Rz. 374; *Veil* in Spindler/Stilz[3], Vor § 291 AktG Rz. 49.
2 *Staudinger/Großfeld*, InterGesR, Rz. 577; *Kindler* in MünchKomm/BGB[7], IntGesR Rz. 786.
3 So auch *Spahlinger/Wengen*, Internationales Gesellschaftsrecht, 102 Rz. 376.
4 *Kindler* in MünchKomm/BGB[7], IntGesR Rz. 786.

weise dem deutschen Ergebnisabführungsvertrag nicht genau.[1] Insofern stellt sich in der Praxis die Frage, ob eine dem Ergebnisabführungsvertrag vergleichbare schuldrechtliche Gestaltung möglich und sinnvoll wäre.

Schuldrechtliche Möglichkeit. Die rein schuldrechtliche Möglichkeit zur Vereinbarung über Gewinnabführung bzw. Verlustübernahme wird man vor dem Hintergrund der Vertragsfreiheit wohl grundsätzlich bejahen können, sofern das jeweilige ausländische (Konzern-)Gesellschaftsrecht der Tochtergesellschaft dem nicht entgegensteht. Hier könnte insbesondere problematisch sein, ob das ausländische Recht die vollständige Gewinnabführung duldet, da hierdurch gegen Gewinnbezugsrechte der (übrigen) Gesellschafter verstoßen werden könnte. Zudem könnten ausländische Gläubigerschutzregelungen der – erschwerend auch noch „über die Grenze" erfolgenden – Gewinnabführung entgegenstehen. Das deutsche Konzernrecht auf Seite der Muttergesellschaft hingegen sollte einer schuldrechtlichen Vereinbarung nicht entgegenstehen, da es die Verlustübernahme in § 302 AktG durch die herrschende Gesellschaft bereits für inländische Sachverhalte kennt.

26.19

Steuerliche Organschaft. Der Grund für einen Ergebnisabführungsvertrag liegt für die Beteiligten regelmäßig in der Schaffung einer steuerlichen Organschaft. Nur wenn dieses Ziel erreicht werden kann, wird ihnen eine vergleichbare schuldrechtliche Gestaltung sinnvoll erscheinen. Hierzu gibt es insbesondere die zwei nachfolgend dargestellten relevanten Fälle aus der jüngeren Finanzrechtsprechung.

26.20

Das Niedersächsische FG hat in einer jüngeren rechtskräftigen Entscheidung ausgeführt, dass ein Ergebnisabführungsvertrag durch eine Vereinbarung mit der rechtlichen Verpflichtung zur Verlustübernahme als Voraussetzung für eine Organschaft ersetzt werden könnte.[2] In dem Fall hatte eine deutsche Muttergesellschaft Verluste von zwei italienischen Tochtergesellschaften gegenüber dem Finanzamt geltend gemacht. Die Möglichkeiten zur steuerlichen Berücksichtigung in Italien waren vorher ausgeschöpft worden. Das deutsche Finanzamt lehnte die Verlustverrechnung mit dem Argument ab, es bestünde kein Ergebnisabführungsvertrag und damit keine steuerliche Organschaft. Das Niedersächsische FG stellte zunächst fest, dass ein Ergebnisabführungsvertrag in dieser Konstellation nicht möglich sei.[3] § 14 Abs. 1 Satz 1 KStG führe damit zu einer versteckten Diskriminierung grenzüberschreitender Sachverhalte, da die Voraussetzung eines Ergebnisabführungsvertrags von ausländischen Tochtergesellschaften nicht erfüllt werden könnte.[4] Daher sei das Tatbestandsmerkmal „Ergebnisabführungsvertrag" in § 14 Abs. 1 Satz 1 KStG und die Verlustübernahmeverpflichtung in § 17 Satz 2 KStG teleologisch dahingehend zu reduzieren, dass bei grenzüberschreitenden Sachverhalten stattdessen eine rechtliche Verpflichtung der Muttergesellschaft zur Übernahme der Verluste ihrer Tochtergesellschaft erforderlich sei.[5] Hierzu müsse sich die Muttergesellschaft rechtsverbindlich für mindestens 5 Jahre verpflichtet haben. Zudem müssten die in §§ 14 ff. KStG geforderten Beteiligungsverhältnisse vorliegen.[6] Im Ergebnis fehlte es allerdings im Fall an diesen Vo-

26.21

---

1 ZB schildert *Scheunemann*, Grenzüberschreitende konsolidierte Konzernbesteuerung 2005, 121 (122 f.), dass der portugiesische Ergebnisabführungsvertrag keine korrespondierende gesetzliche laufende Verlustübernahmeverpflichtung kennt.
2 Nds. FG v. 11.2.2010 – 6 K 406/08, DStRE 2010, 474 ff.
3 Nds. FG v. 11.2.2010 – 6 K 406/08, DStRE 2010, 474 (475).
4 Nds. FG v. 11.2.2010 – 6 K 406/08, DStRE 2010, 474 (476).
5 Nds. FG v. 11.2.2010 – 6 K 406/08, DStRE 2010, 474 (476).
6 Nds. FG v. 11.2.2010 – 6 K 406/08, DStRE 2010, 474 (476).

raussetzungen, so dass eine Verrechnung vom Niedersächsischen FG letztlich abgelehnt wurde.

26.22 Das FG Rheinland-Pfalz[1] hatte einen ähnlichen Fall zu entscheiden. Das Urteil ist ebenfalls rechtskräftig. Eine deutsche Muttergesellschaft wollte die im Geschäftsjahr angefallenen Verluste einer dänischen Tochtergesellschaft von ihrem zu versteuernden Einkommen abziehen. Das Finanzamt lehnte dies ab, da es an einer Organschaft fehle. Ebenso wie das Niedersächsische FG kam auch das FG Rheinland-Pfalz zu dem Ergebnis, dass es durch die §§ 14 ff. KStG zu einer Ungleichbehandlung zwischen ausländischen und inländischen Tochtergesellschaften kommen könne.[2] Diese Ungleichbehandlung sei allerdings nur dann mit der europäischen Niederlassungsfreiheit nicht vereinbar, wenn die Situationen objektiv miteinander vergleichbar seien und kein zwingender Grund für die Ungleichbehandlung vorliege.[3] Im vorliegenden Fall war nach Ansicht des FG Rheinland-Pfalz das richtige Vergleichspaar nicht eine deutsche Muttergesellschaft und eine deutsche Tochtergesellschaft mit einem Ergebnisabführungsvertrag. Vielmehr sei die Situation vergleichbar mit einer deutsch-deutschen Konstellation ohne Ergebnisabführungsvertrag, bei der es ebenfalls an einer Organschaft fehle.[4] Hier wie dort könnten Verluste von Tochtergesellschaften mangels steuerlicher Organschaft nicht abgezogen werden.[5] Ein Ergebnisabführungsvertrag hätte nach Ansicht des FG Rheinland-Pfalz auch mit der ausländischen Tochtergesellschaft – wenn auch in teleologisch reduzierter Form – geschlossen werden können.[6] Die Beteiligten hätten zwar möglicherweise keinen „formalen" Ergebnisabführungsvertrag „über die Grenze" schließen können. Eine entsprechende schuldrechtliche Vereinbarung sei aber möglich gewesen.[7] Wesentlicher Bestandteil dieser Vereinbarung sei die Verpflichtung zur Verlustübernahme durch die inländische Muttergesellschaft, die auf mindestens fünf Jahre abgeschlossen und während der gesamten Geltungsdauer durchgeführt worden sein müsste.[8] Daran habe es hier gefehlt, so dass eine Verlustverrechnung im Ergebnis ausscheiden müsse.

26.23 Letztlich mussten beide Finanzgerichte nicht endgültig entscheiden, ob eine steuerliche Organschaft grenzüberschreitend in der Konstellation „deutsche Muttergesellschaft – ausländische Tochtergesellschaft" begründet werden kann. Die beiden Entscheidungen legen aber nahe, dass dies zumindest nicht an dem fehlenden Merkmal des Ergebnisabführungsvertrags scheitern würde. Das kann wohl nach Ansicht der beiden Gerichte durch teleologische Reduktion von insbesondere § 14 Abs. 1 Satz 1 KStG durch eine vergleichbare schuldrechtliche Vereinbarung ersetzt werden.

2. Vertragsinhalt

26.24 Die beiden vorgenannten Urteile liefern Anhaltspunkte für den wesentlichen Vertragsinhalt einer **vergleichbaren schuldrechtlichen Vereinbarung**. Wichtigster Bestandteil ist die Ver-

---

1 FG Rh.-Pf. v. 17.3.2010 – 1 K 2406/07, DStRE 2010, 802.
2 FG Rh.-Pf. v. 17.3.2010 – 1 K 2406/07, DStRE 2010, 802 (805).
3 FG Rh.-Pf. v. 17.3.2010 – 1 K 2406/07, DStRE 2010, 802 (805).
4 FG Rh.-Pf. v. 17.3.2010 – 1 K 2406/07, DStRE 2010, 802 (805).
5 FG Rh.-Pf. v. 17.3.2010 – 1 K 2406/07, DStRE 2010, 802 (805).
6 FG Rh.-Pf. v. 17.3.2010 – 1 K 2406/07, DStRE 2010, 802 (805).
7 FG Rh.-Pf. v. 17.3.2010 – 1 K 2406/07, DStRE 2010, 802 (805).
8 FG Rh.-Pf. v. 17.3.2010 – 1 K 2406/07, DStRE 2010, 802 (807 f.).

lustübernahmeverpflichtung durch die Muttergesellschaft.[1] Daneben gelten die Anforderungen an einen Ergebnisabführungsvertrag entsprechend, dh. die Verpflichtung muss für mindestens fünf Jahre fest abgeschlossen werden und während der gesamten Dauer durchgeführt worden sein.[2]

Da es sich formal betrachtet in dieser Konstellation nicht um einen Ergebnisabführungsvertrag, sondern um eine rein schuldrechtliche Vereinbarung handelt, würde dieser Vertrag kollisionsrechtlich dem Vertragsstatut unterliegen. Damit wäre wohl auch eine **Rechtswahl zugunsten des deutschen Rechts** möglich. Das für die Tochtergesellschaft anwendbare ausländische Recht muss ihr aber dennoch erlauben, in einen solchen Vertrag – insbesondere zur Abführung ihres Gewinns – einzutreten. Zu erwägen wäre, ob auch eine schuldrechtliche Vereinbarung ausreicht, die lediglich eine Verlustübernahme, nicht jedoch auch eine Gewinnabführung regelt. Eine solche wäre vermutlich nach den jeweiligen ausländischen Rechtsordnungen eher zulässig.

26.25

3. Vertragsdurchführung

Gegenstand der Durchführung ist die schuldrechtliche Vereinbarung, die inhaltlich soweit wie möglich dem Instrument des Ergebnisabführungsvertrags entsprechen wird. Danach muss die ausländische Tochtergesellschaft ihren **Jahresüberschuss** an die deutsche Muttergesellschaft **abführen**. Dieser Jahresüberschuss müsste wohl nach dem ausländischen Recht der Tochtergesellschaft ermittelt werden. Gleiches gilt für den Fall eines etwaigen Jahresfehlbetrags. Teilweise wird die Frage aufgeworfen, ob für die Berücksichtigung dieses Jahresüberschusses bzw. -fehlbetrags in der Bilanz der deutschen Muttergesellschaft der nach ausländischer Rechtsordnung ermittelte Gewinn oder Verlust in deutsche Buchführungsgrundsätze „transformiert" werden müsste. Dies erscheint bereits aus praktischer Sicht nicht durchführbar. Einen Anhaltspunkt gegen das Bedürfnis einer Transformation lässt sich uE auch aus dem Gesetz herleiten: Im Bereich der Verlustabzugssperre des § 14 Abs. 1 Satz 1 Nr. 5 KStG (Versagung doppelter Verlustnutzung bei grenzüberschreitender Organschaft) findet sich eine ausdrückliche Anknüpfung an die Besteuerung „in einem ausländischen Staat" (Rz. 28.25 f.). Diese wird regelmäßig von ausländischen Gewinnermittlungsvorschriften abhängen, so dass insoweit eine Übernahme des danach zu ermittelnden Ergebnisses für inländische Besteuerungszwecke erfolgt. Wenn der Gesetzgeber damit im Bereich der negativen Einkünfte implizit auf ausländische Gewinnermittlungsvorschriften abhebt, sollte dies auch auf die Frage der Anforderungen an die Ermittlung des abzuführenden Jahresüberschusses übertragbar sein. Im Ergebnis wird die inländische Muttergesellschaft den Jahresüberschuss bzw. -fehlbetrag daher wohl so zu übernehmen haben wie er von der ausländischen Tochtergesellschaft nach ihren Buchführungsregeln ermittelt wurde. Zudem ist zu erwägen, ob es einer steuerlichen Buchführung für die ausländische Tochtergesellschaft bedarf.

26.26

Bei einem **Jahresfehlbetrag** ist die deutsche Muttergesellschaft zur **Übernahme** verpflichtet, dh. es bedarf einer tatsächlichen Zahlung der Muttergesellschaft an die ausländische Tochtergesellschaft.

---

1 Nds. FG v. 11.2.2010 – 6 K 406/08, DStRE 2010, 474 (476); FG Rh.-Pf. v. 17.3.2010 – 1 K 2406/07, DStRE 2010, 802 (807 f.).
2 FG Rh.-Pf. v. 17.3.2010 – 1 K 2406/07, DStRE 2010, 802 (807 f.).

B. Doppelte Ansässigkeit von Organgesellschaft/Organträger

I. Problemstellung

26.27 Die Frage nach einer steuerlichen „Doppeltansässigkeit" wird stets dann relevant, wenn eine Kapitalgesellschaft ihren Ort der Geschäftsleitung in einem anderen Staat hat als dem, nach dessen Recht sie gegründet wurde. Dabei ist der **Ort der Geschäftsleitung**, dh. nach § 10 AO der Mittelpunkt der geschäftlichen Oberleitung, nicht zwingend der gleiche Ort wie der für die gesellschaftsrechtliche Zuordnung relevante tatsächliche **Verwaltungssitz**, dh. nach der Rechtsprechung des BGH[1] der Ort, wo die grundlegenden Entscheidungen der Unternehmensleitung effektiv in laufende Geschäftsführungsakte umgesetzt werden. Beide Orte können theoretisch auseinanderfallen. Gesellschaftsrechtlich relevant wird der Fall der steuerlich doppelt ansässigen Kapitalgesellschaft allerdings nur dann, wenn sich auch der tatsächliche Verwaltungssitz in einem anderen Staat befindet als dem, nach dessen Recht die betreffende Kapitalgesellschaft gegründet wurde.

26.28 Um zu beurteilen, welche Folgen eine solche Konstellation gesellschaftsrechtlich hat, muss man unterscheiden zwischen (i) den sog. „Zuzugsfällen" – also den Fällen, in denen eine ausländische Gesellschaft ihren tatsächlichen Verwaltungssitz nach Deutschland hineinverlegt –, (ii) den sog. „Wegzugsfällen" – also den Fällen, in denen eine nach deutschem Recht gegründete Gesellschaft ihren tatsächlichen Verwaltungssitz aus Deutschland in das Ausland verlegt, und, seit der „Polbud"-Entscheidung des EuGH[2] (iii) den Fällen, in denen eine nach deutschem Recht gegründete Gesellschaft ihren Satzungssitz aus Deutschland ins Ausland durch grenzüberschreitenden Formwechsel verlegt, dabei aber ihren Verwaltungssitz in Deutschland behält. Innerhalb der jeweiligen Fallgruppe ergeben sich wiederum gesellschaftsrechtlich unterschiedliche Folgen, abhängig davon, ob der Zuzug aus einem anderen EU-Mitgliedstaat oder einem Drittstaat oder ob der Wegzug oder der grenzüberschreitende Formwechsel in einen anderen EU-Mitgliedstaat oder einen Drittstaat erfolgt.

II. Gesellschaftsrechtliche Folgen des Auseinanderfallens von Gründungsstaat und tatsächlichem Verwaltungssitz

1. Zuzugsfälle

26.29 **Aus Drittstaaten.** Grundsätzlich wird in Deutschland das anwendbare Gesellschaftsstatut entsprechend dem Kollisionsrecht nach der Sitztheorie bestimmt. Danach ist auf eine Kapitalgesellschaft das Recht des Staates anzuwenden, in dem sie ihren tatsächlichen Verwaltungssitz hat.[3] Etwas anderes ergibt sich nur bei grenzüberschreitenden Sachverhalten mit anderen Mitgliedsstaaten der EU oder des EWR (Rz. 26.32) oder wenn ein besonderes bilaterales Anerkennungs-Abkommen mit dem jeweiligen Drittstaat besteht.[4]

26.30 Infolge der Anwendung der Sitztheorie ist grundsätzlich auf eine Drittstaaten-Kapitalgesellschaft, die ihren tatsächlichen Verwaltungssitz nach Deutschland verlegt oder ihn hier hat, deutsches Recht anzuwenden. Da das deutsche Recht die ausländische Gesellschaftsform re-

---

1 BGH v. 21.3.1986 – V ZR 10/85, BGHZ 97, 269 (272).
2 EuGH v. 25.10.2017 – C-106/16 – Polbud.
3 *Kindler* in MünchKomm/BGB[7], IntGesR Rz. 420.
4 ZB Art. XXV Abs. 5 Deutsch-Amerikanischer Handels-, Schifffahrts- und Freundschaftsvertrag v. 29.10.1954 (BGBl. II 1956, 487).

gelmäßig nicht kennt und die Gesellschaft auch nicht die (insbesondere formalen) Voraussetzungen einer vergleichbaren deutschen Kapitalgesellschaft – also zB Gründung mit beurkundetem Gesellschaftsvertrag und Eintragung in das Handelsregister – erfüllen wird, behandelt es sie als **Personengesellschaft**, dh. BGB-Gesellschaft oder OHG, nach deutschem Recht.[1] Denn es besteht zumindest nach dem Willen der Gesellschafter ein rechtlich verselbständigter Verband, dem die Gesellschafter durch Gründung der ausländischen Gesellschaft eine Verkörperung verleihen wollten.

Für die Beurteilung der Zulässigkeit und Durchführung eines Ergebnisabführungsvertrags mit solchen Gesellschaften sollte dann aus deutscher Sicht deutsches Konzernrecht anzuwenden sein.[2]

Zu einer steuerlichen Doppeltansässigkeit der Gesellschaft kann es in diesem Szenario nicht kommen, da Personengesellschaften im deutschen Recht ertragsteuerlich als transparent behandelt werden und keine steuerliche „Ansässigkeit" für sich in Anspruch nehmen können. Dies gilt unabhängig davon, ob der Drittstaat, aus dem die Gesellschaft wegzieht, der Gründungs- oder der Sitztheorie folgt. Denn in Deutschland würde die Anwendung der Sitztheorie stets zur Behandlung als Personengesellschaft führen, so dass aus steuerlicher Sicht die Ansässigkeit einer Drittstaaten-Kapitalgesellschaft in Deutschland ausscheiden müsste. 26.31

Aus EU- und EWR-Staaten. Ganz anders stellen sich die Folgen bei einem „Zuzug" einer Gesellschaft aus einem anderen EU-Mitgliedsstaat oder einem EWR-Staat dar. Aufgrund der europäischen Niederlassungsfreiheit muss die deutsche Rechtsordnung wirksam bestehende Gesellschaften aus anderen Mitgliedstaaten anerkennen. Dies hat der EuGH in seinen Entscheidungen *Centros*[3], *Überseering*[4] und *Inspire Art*[5] entschieden. Eine nach dem Recht eines anderen EU-Mitgliedsstaates wirksam bestehende Kapitalgesellschaft, die ihren tatsächlichen Verwaltungssitz in Deutschland hat, behält dementsprechend in Deutschland ihre Rechts- und Parteifähigkeit nach dem Recht ihres Gründungsstaates.[6] Für eine Gesellschaft aus einem EWR-Staat gelten hinsichtlich der europäischen Niederlassungsfreiheit aufgrund Art. 31 des EWR-Abkommens die gleichen Grundsätze.[7] In diesen Fällen kann es mithin zu einer steuerlichen Doppeltansässigkeit der Gesellschaft kommen. 26.32

Für die Problematik der grenzüberschreitenden Ergebnisabführungsverträge bedeutet dies: Auf den grenzüberschreitenden Ergebnisabführungsvertrag mit einer abhängigen EU- oder EWR-Gesellschaft, die ihren tatsächlichen Verwaltungssitz nach Deutschland verlegt, wird das ausländische Recht dieser Gesellschaft anzuwenden sein, da sie ihren Status als ausländische Gesellschaft weiterhin behält.

Träger der Niederlassungsfreiheit kann aber nur eine nach ihrem Gründungsstaat wirksam (fort-)bestehende Gesellschaft sein, siehe hierzu schon oben Rz. 26.32. Voraussetzung ist da- 26.33

---

1 *Kindler* in MünchKomm/BGB[7], IntGesR Rz. 486 ff.
2 So wohl auch: *Gsell* in Prinz, Umwandlungen im Internationalen Steuerrecht, 2013, Rz. 2.34 ff.
3 EuGH v. 9.3.1999 – Rs. C-212/97 – Centros, Slg. 1999, I-1459 = FR 1999, 449 m. Anm. *Dautzenberg*.
4 EuGH v. 5.11.2002 – Rs. C-2008/00 – Überseering, Slg. 2002, I-9919.
5 EuGH v. 30.9.2003 – Rs. C-167/01 – Inspire Art, Slg. 2003, I-10195 = GmbHR 2003, 1260 m. Anm. *Meilicke*.
6 *Astrid Krüger* in Beck'sches Handbuch Umwandlungen international, 1. Teil Rz. 33; Überblick über die umfangreiche Literatur bei: *Thorn* in Palandt[77], Anh zu EGBGB 12 (IPR), Rz. 4 ff.
7 Vgl. auch BGH v. 19.9.2005 – II ZR 372/03, NJW 2005, 3351 = GmbHR 2005, 1483 m. Anm. *Wachter*; *Gsell* in Prinz, Umwandlungen im Internationalen Steuerrecht, 2013, Rz. 2.15.

her, dass der Wegzugsstaat der betreffenden Gesellschaft nach seinem nationalen Recht die Verlegung des tatsächlichen Verwaltungssitzes ins Ausland unter Fortbestehen der Gesellschaft erlaubt.[1] Dies ist daher für jeden Einzelfall vor der Annahme des Fortbestands der Gesellschaft auch mit tatsächlichem Verwaltungssitz in Deutschland zu prüfen.

2. Wegzugsfälle

26.34 **In Drittstaaten.** Verlegt eine deutsche Kapitalgesellschaft ihren tatsächlichen Verwaltungssitz in einen Drittstaat, so ist aus Sicht des deutschen Kollisionsrechts nach der Sitztheorie zunächst das Recht des ausländischen Staates anwendbar. Für die daraus resultierenden Folgen ist jedoch zu differenzieren, ob der tatsächliche Verwaltungssitz in einen der Sitz- oder der Gründungstheorie folgenden Staat erfolgt.

26.35 **Verlegung in Gründungstheoriestaaten.** Das deutsche Recht würde nach der Sitztheorie bei einem tatsächlichen Verwaltungssitz in einem Drittstaat zunächst diesem das anwendbare Recht zuweisen. Folgt der Drittstaat der sog. Gründungstheorie, bedeutet das jedoch, dass er sich für die Frage des anwendbaren Rechts immer nach dem für die Gründung angewandten Recht richtet, hier also nach deutschem Recht. Das deutsche Kollisionsrecht würde diese sog. Rückverweisung annehmen (Art. 4 Abs. 1 Satz 2 EGBGB) und deutsches Sachrecht auf die Gesellschaft anwenden. Es bestünde also eine deutsche Kapitalgesellschaft mit tatsächlichem Verwaltungssitz im Ausland. Nach deutschem Sachrecht ist eine Verlegung des tatsächlichen Verwaltungssitzes auch grundsätzlich zulässig (§ 4a GmbHG, § 5 AktG), wobei allerdings teilweise bestritten wird, ob dies auch für Verlegungen ins Ausland gilt.[2] Die herrschende Meinung geht aber inzwischen von einer zulässigen Verwaltungssitzverlegung auch ins Ausland aus.[3] Im Ergebnis würde damit in diesem Szenario aus deutsch-rechtlicher Sicht eine deutsche Kapitalgesellschaft mit Verwaltungssitz im Ausland existieren.[4] Es könnte somit zu einer steuerlichen Doppeltansässigkeit kommen, da die Gesellschaft in Deutschland weiterhin existiert, ihren Ort der Geschäftsleitung aber in einem anderen Staat hätte.

26.36 **Verlegung in Sitztheoriestaaten.** Folgt der Staat dagegen der Sitztheorie, käme man auch nach dem Kollisionsrecht dieses Staates zur Anwendung des Rechts des tatsächlichen Verwaltungssitzes, also des Drittstaats, auf die „weggezogene" deutsche Kapitalgesellschaft. Es würde sich also nicht mehr um eine deutsche Kapitalgesellschaft handeln, sondern um die Rechtsform, die der Drittstaat dem Gebilde zuweist. Somit kann es nicht zu einer Doppeltansässigkeit kommen.

26.37 **In das EU- oder EWR-Ausland.** Auch wenn eine deutsche Gesellschaft ihren tatsächlichen Verwaltungssitz in einen anderen EU-Mitgliedstaat oder EWR-Staat verlegt, ist zu differenzieren, ob der Sitz in einen der Sitz- oder der Gründungstheorie folgenden Mitgliedstaat bzw. EWR-Staat erfolgt.

---

1 Vgl. hierzu auch EuGH v. 16.12.2008 – Rs. C-210/06 – Cartesio, Slg. 2008, I-9641 = GmbHR 2009, 86; s. unten Rz. 26.34.
2 *Eidenmüller*, ZGR 2007, 168 (205); *Heckschen*, DStR 2009, 166 (168 f.).
3 *Bayer* in Lutter/Hommelhoff[19], § 4a GmbHG Rz. 15; *Bayer/Schmidt*, ZHR 2009, 735 (749 ff.); *Hirte*, NZG 2008, 761 (766); *Leible/Hoffmann*, BB 2009, 58 (62); *Süß* in Süß/Wachter[3], § 1 Rz. 39.
4 *Astrid Krüger* in Beck'sches Handbuch Umwandlungen international, 1. Teil Rz. 35.

Verlegung in Gründungstheorie-Mitgliedstaat bzw. -EWR-Staat. In diesem Fall käme es, wie oben unter Rz. 26.35 für den „Wegzug" in einen Drittstaat erläutert, über eine Rückverweisung zur Anwendung deutschen Sachrechts auf die „weggezogene" deutsche Kapitalgesellschaft. Im Ergebnis würde damit auch in diesem Szenario aus deutsch-rechtlicher Sicht eine deutsche Kapitalgesellschaft mit Verwaltungssitz im EU- oder EWR-Ausland existieren, die steuerlich doppeltansässig sein könnte, da die Gesellschaft in Deutschland weiterhin existiert, ihren Ort der Geschäftsleitung aber in einem anderen Staat hätte.

26.38

Verlegung in Sitztheorie-Mitgliedstaat bzw. -EWR-Staat. Verlegt eine deutsche Kapitalgesellschaft ihren Sitz in einen Mitgliedstaat bzw. EWR-Staat, der der Sitztheorie folgt, ist dagegen umstritten, wie die Rechtsprechung des EuGH in diesem Kontext zu verstehen ist. Einerseits wird vertreten, dass im deutschen internationalen Privatrecht sowohl bei Zuzugs- als auch bei Wegzugsfällen innerhalb Europas die Gründungstheorie gelten müsse.[1] Dann wäre auch in diesem Fall die deutsche Kapitalgesellschaft als fortbestehend anzuerkennen. Andererseits wird argumentiert, dass im deutschen Kollisionsrecht grundsätzlich die Sitztheorie gelte. Die vom EuGH entschiedenen Fälle würden nur Zuzugsfälle betreffen. Die Anwendung der Gründungstheorie sei daher nur für Zuzugsfälle verpflichtend. Auf Wegzugsfälle könne weiterhin die Sitztheorie angewendet werden.[2]

26.39

Auch wenn viele gute praktische Erwägungen für die allgemeine Geltung der Gründungstheorie für Sitzverlegungsfälle innerhalb der EU und des EWR-Raumes sprechen, ist zu befürchten, dass die deutschen Gerichte der zweiten Ansicht folgen würden. Der BGH hat zuletzt bereits in Kenntnis der EuGH-Rechtsprechung zu Zuzugsfällen in seiner *Trabrennbahn* Entscheidung[3] die Anwendung der Sitztheorie für Gesellschaften aus Drittstaaten bestätigt. Die EuGH-Entscheidungen *Centros*[4], *Überseering*[5] und *Inspire Art*[6] betrafen alle nur Zuzugsfälle. In seiner *Cartesio-* Entscheidung[7] hat der EuGH dagegen geurteilt, dass die europäische Niederlassungsfreiheit einen Mitgliedstaat nicht daran hindert, einer nach seinem Recht gegründeten Gesellschaft im Falle ihres Wegzugs die rechtliche Anerkennung zu versagen.[8] Insofern ist es nach gegenwärtigem Stand in Deutschland aus Sicht des EuGH weiterhin zulässig – wenn auch wenig praktikabel und materiell eher nicht gewollt –, auf Wegzugsfälle weiterhin die Sitztheorie anzuwenden.

26.40

Konsequenz für Doppeltansässigkeit. Bei Wegzug einer deutschen Kapitalgesellschaft in einen Sitztheorie-Mitgliedstaat würde somit nach deutschem Kollisionsrecht (Sitztheorie) wie auch im Fall des Wegzugs in einen Drittstaat (Rz. 26.36) das Recht dieses Sitztheorie-Mitgliedstaates gelten. Dieser würde nach seinem Kollisionsrecht – ebenfalls Sitztheorie – zum

26.41

---

1 *Brakalova/Barth*, DB 2009, 213 (215 f.); *Behme/Nohlen*, BB 2009, 13 (14); *Däubler/Heuschmid*, NZG 2009, 493 (494); weitere Nachweise bei: *Astrid Krüger* in Beck'sches Handbuch Umwandlungen international, 1. Teil Rz. 35.
2 *Leible/Hoffmann*, BB 2009, 58 (62); *Jung*, EuZW 2012, 863 (865); *Kindler*, IPrax 2009, 189 (192); *Heckschen*, DStR 2009, 166 (168 f.); *Sethe/Winzer*, WM 2009, 536 (540); *Werner*, GmbHR 2009, 191 (193 f.).
3 BGH v. 27.10.08 – II ZR 158/06, BGHZ 178, 192.
4 EuGH v. 9.3.1999 – Rs. C-212/97 – Centros, Slg. 1999, I-1459 = FR 1999, 449 m. Anm. *Dautzenberg*.
5 EuGH v. 5.11.2002 – Rs. C-208/00 – Überseering, Slg. 2002, I-9919 = GmbHR 2001, 1137.
6 EuGH v. 30.9.2003 – Rs. C-167/01 – Inspire Art, Slg. 2003, I-10195 = GmbHR 2003, 1260 m. Anm. *Meilicke*.
7 EuGH v. 16.12.2008 – Rs. C-210/06 – Cartesio, Slg. 2008, I-9641.
8 *Leible/Hoffmann*, BB 2009, 58 (58 f.).

gleichen Ergebnis kommen. Da das Recht dieses Staates die deutsche Gesellschaft nicht kennt, würde sie in ihrer bisherigen Rechtsform nicht weiter existieren können, sondern würde entsprechend der hierfür jeweils in dem betreffenden Mitgliedstaat entwickelten Sondervorschriften behandelt werden. In Deutschland würde die Gesellschaft aufhören zu existieren. Damit wäre in diesem Szenario eine steuerliche Doppelansässigkeit nicht denkbar.

3. Grenzüberschreitender Formwechsel unter Beibehaltung des tatsächlichen Verwaltungssitzes

26.42 **In Drittstaaten.** Für einen grenzüberschreitenden Formwechsel einer deutschen Kapitalgesellschaft in einen Drittstaat unter Beibehaltung des tatsächlichen Verwaltungssitzes existieren bislang keine besonderen Regelungen. Ähnlich wie in den Wegzugsfällen wäre aus Sicht des deutschen Kollisionsrechts nach der Sitztheorie zunächst deutsches Recht anwendbar, da die Kapitalgesellschaft ihren Verwaltungssitz in Deutschland hat. Für den Fall des grenzüberschreitenden Formwechsels in einen Drittstaat existieren bislang keine klaren Regelungen.[1] Rechtsprechung gibt es nur für den Fall des Heraus-Formwechsel innerhalb der EU; hierfür wurden die §§ 190 UmwG als grundsätzlich entsprechend anwendbar erklärt.[2] Insofern muss derzeit angenommen werden, dass ein grenzüberschreitender Formwechsel in einen Drittstaat unter Beibehaltung des tatsächlichen Verwaltungssitzes nicht möglich ist, so dass es nicht zu einer steuerlich relevanten Doppelansässigkeit kommen kann.

Sollte sich dies aus deutsch-rechtlicher Sicht einmal ändern und ein grenzüberschreitender Formwechsel in einen Drittstaat zulässig werden, würde die Anschlussfrage lauten, ob der betroffene Drittstaat den Zuzug durch grenzüberschreitenden Formwechsel grundsätzlich zulässt. Hierfür würden die nationalen Regelungen des Drittstaats gelten. Ein wirksamer Formwechsel könnte dabei nur dann erfolgen, wenn der Drittstaat nach seinen nationalen Regelungen auch einen Verwaltungssitz der neuen geformwechselten Gesellschaft in Deutschland (bzw. Ausland) erlauben würde (vgl. hierzu Rz. 26.35).

Wäre dies der Fall (und würde Deutschland den Wegzug durch grenzüberschreitenden Formwechsel in den Drittstaat zulassen), so könnte es zu einer steuerlich relevanten Doppelansässigkeit kommen, da die neue geformwechselte Gesellschaft ihren Verwaltungssitz in einem anderen Staat hat als dem, nach dessen Recht sie (nach Formwechsel) gegründet wurde.

26.43 **In das EU- oder EWR-Ausland.** Im Falle eines grenzüberschreitenden Formwechsels von Deutschland in einen anderen Mitgliedstaat unter Beibehaltung des tatsächlichen Verwaltungssitzes in Deutschland ist die aktuelle „Polbud"-Entscheidung des EuGH[3] relevant. Der EuGH hat darin entschieden, dass die europäische Niederlassungsfreiheit auch für Fälle der Verlegung des satzungsmäßigen Sitzes unter Beibehaltung des tatsächlichen Verwaltungssitzes gelte, sofern der aufnehmende Staat dies zulässt. Zudem dürfe ein solcher grenzüberschreitender Formwechsel grundsätzlich nicht von einer Auflösung der Kapitalgesellschaft im Wegzugsstaat abhängig gemacht werden.

---

1 Eine Übersicht über theoretisch mögliche Strukturen zur Herbeiführung dieses Ergebnisses findet sich bei *Süß* in Herrler, Gesellschaftsrecht in der Notar- und Gestaltungspraxis, § 12 G. Der grenzüberschreitende Formwechsel in und aus Drittstaaten.
2 OLG Frankfurt a.M. v. 3.1.2017 – 20 W 88/15, NZG 2017, 423 ff.
3 EuGH v. 25.10.2017 – C-106/16 – Polbud.

Eine deutsche Kapitalgesellschaft könnte also grundsätzlich in eine Rechtsform eines anderen Mitgliedstaates geformwechselt werden und dabei ihren tatsächlichen Verwaltungssitz in Deutschland beibehalten.

Dabei müsste die Kapitalgesellschaft aber die formalen Voraussetzungen für einen Formwechsel sowohl der deutschen Rechtsordnung als auch der Rechtsordnung des anderen Mitgliedstaates bzw. EWR-Staates.

Nach erfolgtem Formwechsel würde die Kapitalgesellschaft in der neuen Rechtsform des anderen Mitgliedstaates bzw. EWR-Staates (fort-)bestehen, hätte aber ihren Verwaltungssitz weiterhin in Deutschland. Somit könnte es auch in diesem Fall zu einer steuerlich relevanten Doppelansässigkeit kommen.

Kapitel 27
Inlandsbezug bei Organträger und Organgesellschaft in grenzüberschreitenden Fällen

A. Aufgabe des doppelten Inlandsbezugs der Organgesellschaft 27.1	2. Zuordnung der Organbeteiligung zur inländischen Betriebsstätte des Organträgers 27.43
I. Rechtslage vor Umsetzung der „Kleinen Organschaftsreform" ... 27.1	a) Allgemeines zur Zuordnung 27.43
II. Neuregelung im Zuge der „Kleinen Organschaftsreform" 27.4	b) Zuordnungsgrundsätze nach dem Authorized OECD Approach (AOA) und der Betriebsstättengewinnaufteilungsverordnung .. 27.48
B. Wegfall des Erfordernisses der unbeschränkten Steuerpflicht bzw. der Eintragung einer Zweigniederlassung im Handelsregister für ausländischen Organträger 27.13	aa) Anwendungsbereich des AOA 27.48
	bb) Die Zuordnung von Beteiligungen nach der BsGaV .. 27.52
I. Rechtslage vor Umsetzung der „Kleinen Organschaftsreform" ... 27.13	cc) Auswirkungen der BsGaV auf die bisherigen Grundsätze der Beteiligungszuordnung 27.56
II. Neuregelung im Zuge der „Kleinen Organschaftsreform" 27.19	c) Funktionale Zuordnung als maßgebliches Zuordnungskriterium 27.59
1. Neues Betriebsstättenkriterium für Organträger 27.19	
2. Unionsrechtsprobleme der Neuregelung 27.24	III. Besonderheiten der Zuordnung einer Beteiligung zur inländischen Organträger-Personengesellschaft mit ausländischen Gesellschaftern . 27.67
C. Zuordnung der Beteiligung an der OG zur inländischen Betriebsstätte des OT und Sicherstellung des deutschen Besteuerungsrechts (§ 14 Abs. 1 Satz 1 Nr. 2 Satz 4–7 KStG) . 27.31	1. Änderungen durch die Neuregelung für Organträger-Personengesellschaften 27.67
I. Neuregelung des § 14 Abs. 1 Satz 1 Nr. 2 Satz 4–7 KStG 27.31	2. Zuordnung nach innerstaatlichem Recht 27.68
	3. Abkommensrechtliche Zuordnung . 27.69
	4. Holding-Personengesellschaft 27.73
II. Zuordnung der Beteiligung an der Organgesellschaft zu einer inländischen Betriebsstätte des Organträgers (§ 14 Abs. 1 Satz 1 Nr. 2 Sätze 4 und 7 KStG) 27.36	5. Änderung der Zuordnung der Organbeteiligung während des Bestehens der Organschaft 27.80
	IV. Abkommensrechtliche Behandlung des zugerechneten Organeinkommens 27.81
1. Vorliegen einer Betriebsstätte 27.36	
a) Vorliegen einer Betriebsstätte i.S.v. § 12 AO 27.36	V. Betriebsstättenzuordnung bei mittelbarer Beteiligung 27.83
b) Betriebsstätte i.S.d. Art. 5 OECD-MA und Abweichungen zum nationalen Betriebsstättenbegriff .. 27.39	D. Fazit und Ausblick 27.85

Literatur: *Benecke/Schnitger*, Wichtige Änderungen bei der körperschaftsteuerlichen Organschaft durch das UntStG 2013, IStR 2013, 143; *Blumers*, Organträgerpersonengesellschaft und DBA-Betriebsstättenvorbehalt, DB 2017, 2893; *Breuninger*, Die Zentralfunktion des Stammhauses bei grenzüberschreitenden Verschmelzungen, in Spindler/Tipke/Rödder (Hrsg.), Steuerzentrierte Rechtsberatung, FS für Schaumburg, Köln 2009, 587; *v. Brocke/Müller*, Die Auswirkungen des SCA Group Holding-Urteils auf das deutsche Steuerrecht, DStR 2014, 2106; *Cloer/Kahlenberg*, Die Gruppenbesteuerung im Lichte der EuGH-Rechtsprechung, SteuK 2014, 511; *Ditz/Tcherveniachiki*, Zuordnung von Beteiligungen an KapGes. zur Betriebsstätte einer Holding-PersGes, DB 2015, 2897; *Dötsch/Pung*, Gesetz zur Änderung und Vereinfachung der Unternehmensbesteuerung und des steuerlichen Reisekostenrechts: Die Änderungen bei der Organschaft, DB 2013, 305; *Dötsch/Pung*, Organträger-Personengesellschaft mit ausländischen Gesellschaftern: Zur Anwendung des § 14 Abs. 1 Satz 1 Nr. 2 Satz 7 KStG, DB 2014, 1215; *Drüen*, Organträgertauglichkeit einer Personengesellschaft trotz Beteiligung steuerbefreiter Gesellschafter, Ubg 2016, 109; *Ehlermann/Petersen*, Abkommensrechtliche vs. nationale Zuordnung von Beteiligungen – Besonderheiten bei ertragsteuerlicher Organschaft, IStR 2011, 747; *Förster/Naumann/Rosenberg*, Generalthema II des IFA-Kongresses 2006 in Amsterdam: Gewinnabgrenzung bei Betriebsstätten, IStR 2005, 617; *Goebel/Ungemach*, Neuregelung bei der Besteuerung ertragsteuerlicher Organschaften mit Auslandsbezug, NWB 2013, 595; *Gosch*, Über Cross Border-Organschaften, IWB 2012, 694; *Häck*, Abkommensrechtliche Zuordnung von Beteiligungen zu Betriebsstätten nach BFH, OECD und Finanzverwaltung, ISR 2015, 133; *Hagemann*, Betriebsstättenbesteuerung: Zuordnung von Wirtschaftsgütern (Teil 1), PIStB 2014, 111; *Hruschka*, Die Zuordnung von Beteiligungen zu Betriebsstätten von Personengesellschaften, IStR 2016, 437; *Jesse*, Neuregelungen zur ertragsteuerlichen Organschaft, FR 2013, 629; *Kaeser*, Der Begriff der „tatsächlichen Zugehörigkeit" nach dem OECD-MK 2010, ISR 2012, 63 ff.; *Kessler/Arnold*, National begrenzte Organschaft, IStR 2016, 225; *Kleinheisterkamp*, Personengesellschaften als Organträger, JbFSt 2014/2015, Satz 447; *Kraft/Dombrowski*, Die praktische Umsetzung des „Authorized OECD Approach" vor dem Hintergrund der Betriebsstättengewinnaufteilungsverordnung, FR 2014, 1105; *Kraft/Hohage*, Zuordnung von Beteiligungen zu einer Holding-Personengesellschaft nach nationalem Recht und DBA-Recht, DB 2017, 2565; *Kumpf/Roth*, Grundsätze der Ergebniszuordnung nach den neuen Betriebsstätten-Verwaltungsgrundsätzen, DB 2000, 741; *Lüdicke*, Das DBA-Gespenst bei der Organschaft, IStR 2011, 740; *Lukas/Wiese*, Betriebsvermögen und Einkünfte von Holding-Personengesellschaften, GmbHR 2015, 803; *Meretzki*, Weshalb der neue 50d Abs. 10 EStG sein Ziel verfehlt und neue Probleme schafft – Mitunternehmer-Betriebsstätten, floating income und weitere Streitfragen, IStR 2009, 217; *Micker*, Die Aufgabe des doppelten Inlandsbezugs bei der Organschaft, IWB 2013, 309; *Mitschke*, Keine Diskriminierung nach Art. XX Abs. 4 DBA-Großbritannien in Fällen ausländerbeherrschter Inlandskapitalgesellschaften, IStR 2011, 537; *Rehfeld*, Isolierte Gruppenbesteuerung zwischen Schwesterkapitalgesellschaften, IWB 2014, 619; *Rödder/Schönfeld*, Abschied (auslandsbeherrschter) inländischer Kapitalgesellschaften von der deutschen Ertragsteuerpflicht? Erste Anmerkungen zum überraschenden Urteil des BFH v. 9.2.2011 (I R 54, 55/10, DStR 2011, 762), DStR 2011, 886; *Ronge*, Anmerkungen zur geplanten Neufassung der Kommentierung zu Art. 5 des OECD-MA-Kommentars, IStR 2013, 266; *Schirmer*, Organschaft: Zuordnung zu einer inländischen Betriebsstätte, FR 2013, 605; *Schnitger*, Keine 5 % nichtabzugsfähige Betriebsausgaben in Folge grenzüberschreitender Organschaft – Auswirkungen der Entscheidung des EuGH in der Rs. Groupe Steria für den deutschen Rechtskreis, IStR 2015, 772; *Sydow*, Gruppenbesteuerung: steuerliche Einheit zwischen Tochtergesellschaften – EuGH-Entscheidung in den verb. Rs. C-39-41/13 „SCA Group Holding BV", IStR 2014, 480; *Schwenke*, Grenzüberschreitende Organschaft – Anmerkung zu den Neuregelungen im Gesetz zur Änderung und Vereinfachung der Unternehmensbesteuerung und des steuerlichen Reisekostenrechts, ISR 2013, 41; *Spahlinger/Wegen*, Internationales Gesellschaftsrecht in der Praxis: Kollisions- und Sachrecht wesentlicher Fälle mit Auslandsberührung, Europäisches Unternehmensrecht, Wahl der Gesellschaftsform, Corporate Governance, Wichtige ausländische Rechtsformen, 2005; *Stangl/Brühl*, Die „kleine Organschaftsreform", Der Konzern 2013, 77; *Wassermeyer*, Die BFH-Rechtsprechung zur Betriebsstättenbesteuerung vor dem Hintergrund des § 1 Abs. 5 AStG und der BsGaV, IStR 2015, 37; *Weigert/Strohm*, Voraussetzungen der ertragsteuerlichen Organschaft, Der Konzern, 2013, 256; *Wiese/Lukas*, Betriebsvermögen und Einkünfte von Holding-Personengesellschaften, GmbHR 2016, 803; *Wichmann*, Seminar F: Kommt nach dem „Anstreicher-Beispiel" die „Subunternehmer-Betriebsstätte"?, IStR 2012, 711.

A. Aufgabe des doppelten Inlandsbezugs der Organgesellschaft

I. Rechtslage vor Umsetzung der „Kleinen Organschaftsreform"

Nach der Rechtslage vor Umsetzung der sog. Kleinen Organschaftsreform mit dem Gesetz zur Änderung und Vereinfachung der Unternehmensbesteuerung und des steuerlichen Reisekostenrechts vom 20.2.2013[1] musste eine Organgesellschaft nach §§ 14 Abs. 1 Satz 1, 17 Satz 1 KStG aF sowohl ihren Sitz als auch ihren Ort der Geschäftsleitung im Inland haben (sog. „doppelter Inlandsbezug"). Das Bestehen der unbeschränkten Steuerpflicht, die bereits durch einen inländischen Sitz *oder* einen inländischen Ort der Geschäftsleitung begründet wird, war nicht ausreichend. Sog. doppelt ansässige Kapitalgesellschaften mit Sitz im Ausland und einem Ort der Geschäftsleitung im Inland waren damit ebenso wenig taugliche Organgesellschaften wie ausländische Gesellschaften, die weder Sitz noch Ort der Geschäftsleitung im Inland haben, aber eine deutsche Betriebsstätte unterhalten.

27.1

Der doppelte Inlandsbezug wurde in der Literatur bereits seit Längerem als europarechtswidrig kritisiert.[2] Mit Beschluss vom 29.1.2009 leitete die Europäische Kommission ein Vertragsverletzungsverfahren nach Art. 258 AEUV gegen die Bundesrepublik Deutschland ein.[3] Sie sah im Erfordernis des doppelten Inlandsbezugs für doppelt ansässige EU-/EWR-Kapitalgesellschaften einen Verstoß gegen die Niederlassungsfreiheit gem. Art. 49 AEUV und Art. 31 EWR-Abkommen, da diese Gesellschaften durch die Regelung davon abgehalten werden könnten, im Inland tätig zu werden, weil sie anders als inländische Gesellschaften den steuerlichen Vorteil des Verlust- und Gewinnausgleichs im Rahmen des Organschaftsregimes nicht nutzen können.[4]

27.2

Das BMF reagierte hierauf mit Schreiben vom 28.3.2011, in welchem der doppelte Inlandsbezug für im EU-/EWR-Ausland gegründete Kapitalgesellschaften mit Geschäftsleitung im Inland aufgegeben wurde.[5] Da eine durch eine Rechtsvorschrift verursachte Vertragsverletzung nach ständiger Rechtsprechung des EuGH jedoch nicht durch eine einfache Verwaltungsanweisung behoben werden kann, verklagte die Europäische Kommission die Bundesrepublik Deutschland am 22.3.2012 vor dem EuGH.[6]

27.3

---

[1] BGBl. I 2013, 285.
[2] So erschien es zumindest zweifelhaft, ob der doppelte Inlandsbezug uneingeschränkt für die OG gelten konnte. Bedenken hiergegen ergaben sich u.a. aus der sog. *Überseering*-Entscheidung des EuGH (EuGH v. 5.11.2002 – C-208/00, GmbHR 2002, 1137 = NJW 2002, 3614). Vgl. zB *Krumm* in Blümich, § 14 KStG Rz. 53 mwN; *Neumann* in Gosch³, § 14 KStG Rz. 56a mwN; *Mayr*, IStR 2010, 630 (633); *Frotscher*, Der Konzern 2003, 98 (103).
[3] Nr. 2008/4909.
[4] Vgl. *Jesse*, FR 2013, 629 (630); hierbei stützte sich die Europäische Kommission auf die Rechtsprechung des EuGH, insb. EuGH v. 9.3.1999 – C-212/97 – Centros, DStRE 1999, 414 = FR 1999, 449 m. Anm. *Dautzenberg*; EuGH v. 5.11.2002 – C-208/00 – Überseering, IStR 2002, 809 = GmbHR 2002, 1137; EuGH v. 30.9.2003 – C-167/01 – Inspire Art, IStR 2003, 849, GmbHR 2003, 1260 m. Anm. *Meilicke*.
[5] BMF v. 28.3.2011 – IV C 2 - S 2770/09/10001 – DOK 2011/0250044; BStBl. I 2011, 300.
[6] Europäische Kommission, Pressemitteilung v. 22.3.2012, IP/12/283.

II. Neuregelung im Zuge der „Kleinen Organschaftsreform"

27.4 Im Rahmen der sog. Kleinen Organschaftsreform wurden die §§ 14 Abs. 1 Satz 1, 17 Abs. 1 Satz 1 KStG dahingehend geändert, dass eine Organgesellschaft zwar ihre Geschäftsleitung im Inland haben muss, ihren Sitz jedoch in einem anderen Mitgliedstaat der Europäischen Union oder in einem Vertragsstaat des EWR-Abkommens haben kann.[1] Der doppelte Inlandsbezug wurde mithin aufgegeben.[2]

27.5 Damit wurde im Ergebnis die von der Europäischen Kommission kritisierte und dem EuGH vorgelegte Fallkonstellation neu geregelt.[3] Auch nach neuer Rechtslage kommen dem Wortlaut nach als Organgesellschaften aber weiterhin nicht in Betracht:

– Kapitalgesellschaften mit Sitz und Ort der Geschäftsleitung im Ausland, die eine inländische Betriebsstätte unterhalten (Fall 1)

– Kapitalgesellschaften mit Sitz im Inland und Ort der Geschäftsleitung im Ausland (Fall 2)

– Kapitalgesellschaften mit Sitz in einem Drittstaat (Fall 3)[4]

27.6 In der Rechtsache *Philips Electronics* (s. hierzu auch Rz. 5.51 f.) hat der EuGH in einer der Fallkonstellation 1 vergleichbaren Sachlage zum britischen „group relief" entschieden, dass eine Beschränkung der Niederlassungsfreiheit gem. Art. 49 AEUV vorliegt, wenn nationale Rechtsvorschriften die Möglichkeit der Übertragung der Verluste, die eine inländische Betriebsstätte einer ausländischen Kapitalgesellschaft erlitten hat, auf eine im Inland ansässige Gesellschaft im Wege des Konzernabzugs von der Voraussetzung abhängig machen, dass die Verluste nicht für die Zwecke einer ausländischen Steuer verwendet werden können, obwohl für die Übertragung von Verlusten, die eine gebietsansässige Gesellschaft im Inland erlitten hat, keine entsprechende Voraussetzung gilt.[5] § 14 Abs. 1 Satz 1 KStG nF stellt hinsichtlich der Organgesellschaft nur auf die Geschäftsleitung im Inland ab. Wie die britischen Regelungen zum Konzernabzug knüpfen damit auch die deutschen Vorschriften an die Ansässigkeit der Gruppen- bzw. Organgesellschaft an, welche nach der Mehrheit der deutschen DBA (weiterhin) durch den Ort der Geschäftsleitung bestimmt wird. Unter Berücksichtigung der EuGH-Entscheidung zum „group relief", wären auch beschränkt steuerpflichtige Kapitalgesellschaften, die weder ihren Sitz noch den Ort ihrer Geschäftsleitung im Inland haben, aber eine inländische Betriebsstätte unterhalten, als taugliche Organgesellschaften anzusehen.[6]

Die Begründung einer wirksamen Organschaft wird damit letztlich entscheidend auf das Tatbestandsmerkmal des Gewinnabführungsvertrags verlagert und es stellt sich die Frage, ob mit der ausländischen (potentiellen) Organgesellschaft ein für Zwecke des § 14 KStG anzuerkennender Gewinnabführungsvertrag abgeschlossen werden kann und welche Voraussetzungen an diesen zu stellen sind (s. hierzu auch Rz. 26.18 ff.). Dies richtet sich nach hM nach dem Ge-

---

[1] Gesetz zur Änderung und Vereinfachung der Unternehmensbesteuerung und des steuerlichen Reisekostenrechts v. 20.2.2013, BGBl. I 2013, 285.

[2] Zur Problematik des grenzüberschreitenden Gewinnabführungsvertrags vgl. *Krüger/Epe* in Kapitel 26.

[3] Vgl. zur Kritik daran zB *Schwenke*, ISR 2013, 41 (42 f.): Änderungen im „minimal-invasiven" Bereich.

[4] Kritisch hierzu etwa *Frotscher* in Frotscher/Drüen, § 14 KStG Rz. 191, 188; *Schwenke*, ISR 2013, 41 (43); *Jesse*, FR 2013, 629 (630 f.); vgl. zu den Fallkonstellationen *Micker*, IWB 2013, 309 (315 ff.).

[5] EuGH v. 6.9.2012 – C-18/11 – Philips Electronics, ISR 2012, 101 m. Anm. *Pohl*.

[6] So auch *Kessler/Arnold*, IStR 2016, 226 (229).

sellschaftsstatut der Organgesellschaft.¹ Im Fall einer Organgesellschaft mit statutarischem Sitz im Ausland ist mithin auf die Vorschriften des ausländischen Gesellschaftsrechts abzustellen. Die Zulässigkeit und Wirkungen eines Gewinnabführungsvertrages hängen somit von dem ausländischen Recht ab. Ist der Gewinnabführungsvertrag nach dem einschlägigen ausländischen Gesellschaftsrecht zulässig, bestimmen sich auch Form und Zustimmungserfordernisse nach diesem ausländischen Gesellschaftsrecht.²

Sofern der Abschluss eines Gewinnabführungsvertrages nach dem Recht des ausländischen Staates der Organgesellschaft zulässig ist und er zudem in ein dem deutschen Handelsregister vergleichbares Register eingetragen wird,³ steht der Anerkennung einer Organschaft mit einer ausländischen Gesellschaft nichts entgegen. Lässt das Gesellschaftsrecht des Sitzstaates der ausländischen Organgesellschaft den Abschluss eines Gewinnabführungsvertrags hingegen nicht zu, so werden durch das Tatbestandsmerkmal des Gewinnabführungsvertrags Unternehmensgruppen mit inländischer Muttergesellschaft und ausländischen Tochtergesellschaften faktisch von der Bildung einer Organschaft ausgeschlossen.⁴ Hierin könnte eine verdeckte Diskriminierung der Niederlassungsfreiheit zu sehen sein.⁵ Jedoch darf dabei die zentrale Bedeutung des Gewinnabführungsvertrags für die deutsche Organschaft nicht außer Acht bleiben. Vor diesem Hintergrund erscheint eine normenerhaltende Auslegung der Gewinnabführungsvoraussetzung geboten, die eine dem Gewinnabführungsvertrag vergleichbare schuldrechtliche (wenn auch nicht gesellschaftsrechtliche) Vertragsbeziehung als ausreichend anerkennt.⁶

27.7

Auch für die Fallkonstellation 2, in der eine Kapitalgesellschaft mit Sitz im Inland (aber Geschäftsleitung im EU-/EWR-Ausland⁷) inländische Einkünfte erzielt, welche weiterhin der deutschen unbeschränkten Steuerpflicht unterliegen,⁸ erscheint es zumindest zweifelhaft, inwiefern ein Ausschluss dieser Fallkonstellationen aus dem Organschaftsregime gerechtfertigt ist.⁹ Dies betrifft insbesondere sog. Wegzugsfälle, in denen eine in Deutschland gegründete Ka-

27.8

---

1 Vgl. BFH v. 7.12.2011 – I R 30/08, IStR 2012, 262 = FR 2012, 536; BGH v. 13.12.2004 – II ZR 256/02, GmbHR 2005, 299 = DStR 2005, 340; OLG Stuttgart v. 30.5.2007 – 20 U 12/06, AG 2007, 633; *Winter/Marx*, DStR 2011, 1101 (1103) mwN. Vgl. auch *Kindler* in MünchKomm/BGB, InterGesR, Rz. 681; *Kort*, NZG 2009, 364 (366); *Spahlinger/Wengen*, Internationales Gesellschaftsrecht, 102 Rz. 370 f.; vgl. Rz. 26.4.
2 Vgl. dazu *Frotscher* in Frotscher/Drüen, § 14 KStG Rz. 327a (Stand: Juni 2013); *Winter/Marx*, DStR 2011, 1101 (1104); *Neu* in Kallmeyer ua., GmbH-Handbuch, 15. Abschnitt, Rz. 5676; iE ebenso *Richter/Braun*, GmbHR 2012, 18 (22), zur englischen Ltd. *Frotscher*, IStR 2011, 697 (701 f.); *Glahe*, IStR 2012, 128 (131).
3 Sofern die Eintragung nach dem Recht des ausländischen Staates keine Wirksamkeitsvoraussetzung ist, sollte die Eintragung auch für deutsche steuerliche Zwecke entbehrlich sein.
4 Vgl. *Kessler/Arnold*, IStR 2016, 226 (231).
5 So *Englisch*, IStR 2006, 22; *Herzig/Wagner*, DB 2005, 1; *Homburg*, IStR 2010, 246; *v. Brocke*, DStR 2010, 964.
6 Vgl. *Kessler/Arnold*, IStR 2016, 226 (231) mwN.
7 Der Ausschluss von Drittstaatengesellschaften aus dem Kreis der tauglichen Organgesellschaften erscheint aus europarechtlicher Sicht insofern unkritisch, als die Niederlassungsfreiheit und nicht ausschließlich die Kapitalverkehrsfreiheit betroffen ist. Es könnte in Drittstaatenfällen bei Bestehen eines DBA aber ein Verstoß gegen das abkommensrechtliche Diskriminierungsverbot analog Art. 24 Abs. 1 OECD-MA vorliegen.
8 Auch wenn sich wegen der Geschäftsleitung im Ausland ggf. die Ansässigkeit nach dem jeweiligen DBA ändern könnte.
9 Vgl. dazu *Frotscher* in Frotscher/Drüen, § 14 KStG Rz. 191 mwN; *Schnitger*, IStR 2013, 82 (85 f.); *Schwenke*, ISR 2013, 41 (43); aA *Dötsch* in Dötsch/Pung/Möhlenbrock, § 14 KStG Rz. 100.

pitalgesellschaft ihren Verwaltungssitz in das EU-/EWR-Ausland verlegt. Die oben diskutierte Problematik des wirksamen Abschlusses eines Gewinnabführungsvertrags stellt sich aufgrund des inländischen Sitzes der Organgesellschaft in diesen Fällen nicht. Verfügt eine Kapitalgesellschaft mit Sitz im Inland und Geschäftsleitung in einem EU-/EWR-Staat über eine inländische Betriebsstätte, ist es u.E. – unter Berücksichtigung des zuvor dargestellten EuGH-Urteils *Philips Electronics* – unionsrechtlich nicht zu rechtfertigen, dass nach dem Gesetzeswortlaut eine solche Gesellschaft explizit nicht als Organgesellschaft anerkannt wird.

27.9 Weitere Implikationen ergeben sich aus dem Urteil des EuGH in der Rechtssache *Groupe Steria* (s. dazu auch Rz. 5.69 ff.), mit dem der EuGH entschied, dass die unterschiedliche Besteuerung von Dividendeneinkünften der Muttergesellschaften eines steuerlichen Konzerns nach Maßgabe des Ortes der Niederlassung der Tochtergesellschaften gegen das Unionsrecht verstößt.[1] In dem Urteilssachverhalt ging es – im Gegensatz zu der zuvor genannten Entscheidung in der Rechtssache *Philips Electronics* – nicht um die Verrechnung von Ergebnissen verschiedener Gesellschaften, sondern um die Hinzurechnung fiktiver Betriebsausgaben auf Dividendenausschüttungen ausländischer Tochtergesellschaften nach französischem Recht. Die Hinzurechnung fiktiver Betriebsausgaben auf Dividenden einer im Ausland ansässigen Gesellschaft stellt nach dem EuGH-Urteil eine ungerechtfertigte Schlechterstellung grenzüberschreitender Dividenden dar, weil die Hinzurechnung bei Inlandsdividenden unter Anwendung der französischen Gruppenbesteuerungsregeln verhindert werden kann. Für Dividenden einer im Ausland ansässigen Gesellschaft besteht diese Möglichkeit hingegen nicht, da im Ausland ansässige Gesellschaften nicht in die französische Gruppenbesteuerung einbezogen werden können. Wie der EuGH herausstellte, sind die Rechtsfolgen der Gruppenbesteuerung jeweils getrennt zu betrachten.[2] Für die korrespondierenden deutschen Regelungen lässt sich daraus schlussfolgern, dass eine Hinzurechnung nichtabzugsfähiger Betriebsausgaben auf Ausschüttungen von EU-/EWR- Tochtergesellschaften nicht vorzunehmen ist, wenn die Voraussetzungen für die Begründung einer Organschaft vorliegen, sich aber der Ort der Geschäftsleitung der ausschüttenden Gesellschaft nicht im Inland befindet.[3] Der Gesetzgeber ist in den dargestellten Konstellationen erneut gefordert, eine Anpassung an die aktuelle Rechtsprechung des EuGH vorzunehmen.

27.10 Ferner stellt sich mit Blick auf Fallkonstellation 3 (Kapitalgesellschaft mit Sitz in einem Drittstaat) das Problem der Vereinbarkeit mit einem etwaigen abkommensrechtlichen Diskriminierungsverbot entsprechend Art. 24 Abs. 1, Abs. 5 OECD-MA.[4] Die Problematik bzgl. des wirksamen Abschlusses eines Gewinnabführungsvertrags stellt sich hierbei ebenfalls, da es anderenfalls an einer für die Anwendung des Diskriminierungsverbots erforderlichen Ungleichbehandlung fehlen sollte.[5]

---

1 EuGH v. 2.9.2015 – C-386/14 – Groupe Steria, IStR 2015, 782.
2 Vgl. EuGH v. 2.9.2015 – C-386/14 – Groupe Steria, IStR 2015, 782 Rz. 28; zur Frage der Nichtanwendung der Zinsschranke bei Organgesellschaften gem. § 15 Satz 1 Nr. 3 Satz 1 KStG sowie die Einbeziehung der Zinserträge der Organgesellschaft beim Organträger gem. § 15 Satz 1 Nr. 3 Satz 4 KStG vgl. *Schnitger*, IStR 2015, 772 (774); zur gewerbesteuerlichen Hinzurechnung von Dauerschuldaufwendungen gem. § 8 Nr. 1 Buchst. a GewStG vgl. FG Münster v. 13.10.2017 – 13 K 951/16 G,F, EFG 2017, 1970–1975; s. auch BFH v. 17.9.2014 – I R 30/13, BStBl. II 2017, 726.
3 Vgl. *Krumm* in Blümich, § 14 KStG Rz. 42; *Schnitger*, IStR 2015, 772 (773).
4 Vgl. *Benecke/Schnitger*, IStR 2013, 143 (144); *Jesse*, FR 2013, 629 (630 f.); *Weigert/Strohm*, Der Konzern, 2013, 249 (256); *Walter* in Ernst & Young, § 14 KStG Rz. 74.
5 Vgl. BFH v. 7.12.2012 – I R 30/08, BStBl. II 2012, 507.

Der Gesetzgeber gibt zwar den doppelten Inlandsbezug der Organgesellschaft auf, hält aber nach wie vor durch das Erfordernis der Geschäftsleitung im Inland an einer unbeschränkten Steuerpflicht der Organgesellschaft selbst als tatbestandliche Voraussetzung einer wirksamen ertragsteuerlichen Organschaft fest. Die Vereinbarkeit der Regelung in § 14 Abs. 1 Satz 1 KStG nF mit dem Unionsrecht, insbesondere mit Art. 49 AEUV, erscheint – wie oben ausgeführt – insoweit weiterhin fragwürdig.[1] 27.11

Gemäß § 34 Abs. 9 Nr. 8 KStG gilt die Aufgabe des doppelten Inlandsbezugs in allen noch nicht bestandskräftig veranlagten Fällen. 27.12

B. Wegfall des Erfordernisses der unbeschränkten Steuerpflicht bzw. der Eintragung einer Zweigniederlassung im Handelsregister für ausländischen Organträger

I. Rechtslage vor Umsetzung der „Kleinen Organschaftsreform"

Nach § 14 KStG aF musste der Organträger eine unbeschränkt steuerpflichtige natürliche Person, ein unbeschränkt steuerpflichtiges Körperschaftssteuersubjekt mit Geschäftsleitung im Inland oder eine Personengesellschaft mit Geschäftsleitung im Inland sein. Nicht erforderlich war im Gegensatz zur Organgesellschaft ein sog. doppelter Inlandsbezug. Durch die Anknüpfung an den inländischen Ort der Geschäftsleitung des Organträgers sollte sichergestellt werden, dass das dem Organträger zugerechnete Einkommen der Organgesellschaft der inländischen Besteuerung auf Ebene des Organträgers unterliegt.[2] 27.13

Ein ausländisches gewerbliches Unternehmen konnte daher nur im Fall eines inländischen Orts der Geschäftsleitung oder bei Vorliegen der in § 18 KStG aF genannten Voraussetzungen als Organträger fungieren. In letztgenanntem Fall musste das ausländische Unternehmen im Inland eine in das Handelsregister eingetragene Zweigniederlassung unterhalten, unter deren Firma der Gewinnabführungsvertrag abgeschlossen wurde. Weiter forderte § 18 KStG aF, dass die Organbeteiligung zum Betriebsvermögen der inländischen Zweigniederlassung des ausländischen gewerblichen Unternehmens gehörte. Dem ausländischen gewerblichen Unternehmen, das durch die Begründung einer inländischen Betriebsstätte der beschränkten Steuerpflicht im Inland unterlag, wurde das Einkommen der inländischen Organgesellschaften zugerechnet und im Inland besteuert. 27.14

Mit Urteil vom 9.2.2011 erkannte der BFH für die Rechtslage bis einschließlich 2001 eine gewerbesteuerliche Organschaft zwischen einer Gesellschaft mit Sitz und Geschäftsleitung in Großbritannien als Organträgerin und einer Kapitalgesellschaft mit Sitz und Geschäftsleitung im Inland als Organgesellschaft an.[3] Tatbestandlich war dies nach § 14 Abs. 1 KStG 1999 i.V.m. § 2 Abs. 2 GewStG zwar ausgeschlossen, da ein ausländisches Unternehmen weder Sitz noch Geschäftsleitung im Inland hat, folglich kein inländisches Unternehmen i.S.v. § 14 Abs. 3 KStG 1999 sein konnte. Die entgegenstehende Beschränkung der Organträgerfähigkeit auf ein Unternehmen mit Geschäftsleitung und Sitz im Inland nach § 14 Halbs. 2 KStG und § 14 Nr. 3 Satz 1 KStG 1999 i.V.m. § 2 Abs. 2 Satz 2 GewStG 1999 war jedoch nach Ansicht des 27.15

---
1 Vgl. dazu zB *Micker*, IWB 2013, 309 (316).
2 Vgl. insoweit *Frotscher* in Frotscher/Drüen, § 14 KStG Rz. 100.
3 BFH v. 9.2.2011 – I R 54, 55/10, BStBl. II 2012, 106 = FR 2011, 584 m. Anm. *Buciek*.

BFH nicht mit dem Diskriminierungsverbot des Art. 20 Abs. 4 und 5 DBA-Großbritannien 1964/1970 vereinbar.[1]

27.16 Die Anerkennung der Organschaft führte dazu, dass das Einkommen der inländischen Organgesellschaft dem ausländischen Organträger zugerechnet und der Besteuerung im Inland entzogen wurde. Weil auch eine Besteuerung des inländischen Organeinkommens auf Ebene des britischen Organträgers nach dem nationalen Steuerrecht Großbritanniens nicht möglich war, blieb das Organeinkommen unversteuert. Der steuerliche Zugriff auf den ausländischen Organträger scheiterte nach den Ausführungen des BFH an der abkommensrechtlichen Verteilung der Besteuerungsrechte nach Art. 7 Abs. 1 i.V.m. Art. 5 Abs. 7 OECD-MA.[2]

27.17 In der Literatur wurden nach Veröffentlichung des Urteils einerseits Gestaltungsüberlegungen diskutiert, die durch den Abschluss eines EAV mit einer in einem DBA-Staat ansässigen Muttergesellschaft das Einkommen und den Gewerbeertrag der deutschen Organgesellschaften der inländischen Besteuerung entziehen sollten.[3] Andererseits wurde das Urteil als unzutreffend kritisiert, mit der Begründung, aus der Anti-Organklausel (Art. 5 Abs. 7 OECD-MA) könne nicht abgeleitet werden, dass die inländische Organgesellschaft dem ausländischen Organträger keine abkommensrechtliche Betriebsstätte vermittle.[4]

27.18 Das BMF belegte das Urteil des BFH mit einem Nichtanwendungserlass.[5] Zur Begründung führte es an, das Urteil widerspreche Tz. 77 des OECD-MK 2010 zu Art. 24 OECD-MA[6] und der einhelligen Auslegung des Diskriminierungsverbots durch die OECD-Mitgliedstaaten. Außerdem gingen die nach § 14 Nr. 1 bis 3 KStG 1999 i.V.m. § 2 Abs. 2 Satz 2 GewStG 1999 zu erfüllenden Eingliederungserfordernisse der Organgesellschaft in das Unternehmen des Organträgers über das Merkmal der Beherrschung des Art. 5 Abs. 7 OECD-MA hinaus, so dass Art. 5 Abs. 7 OECD-MA der Annahme einer Betriebsstätte bei Vorliegen der organschaftlichen Eingliederungsvoraussetzungen nicht entgegenstehe.[7]

---

1 BFH v. 9.2.2011 – I R 54, 55/10, BStBl. II 2012, 106 = FR 2011, 584 m. Anm. *Buciek*. Zum Zeitpunkt des streitigen Erhebungszeitraums war ein Gewinnabführungsvertrag für die gewerbesteuerliche Organschaft noch keine Voraussetzung.
2 BFH v. 9.2.2011 – I R 54, 55/10, BStBl. II 2012, 106 = FR 2011, 584 m. Anm. *Buciek*.
3 *Rödder/Schönfeld*, DStR 2011, 886 (888).
4 *Mitschke*, IStR 2011, 537; so auch das Argument des BMF zum Nichtanwendungserlass, s. unten.
5 BMF v. 27.12.2011 – IV C 2 – 2770/11/10002, BStBl. I 2012, 119.
6 In der Tz. wird ausgeführt, dass Art. 24 Abs. 5 OECD-MA nicht so ausgelegt werden kann, „dass er die Tragweite von Vorschriften, die der Verbundenheit eines ansässigen Unternehmens mit anderen ansässigen Unternehmen Rechnung tragen (zB Vorschriften, nach denen die Konsolidierung zwischen Unternehmen, die dieselben Eigentümer haben, zulässig ist) ausdehnt. Wenn das innerstaatliche Recht eines Staates einer ansässigen Gesellschaft erlaubt, ihr Einkommen mit dem einer ansässigen Muttergesellschaft zu konsolidieren, kann Abs. 5 nicht die Wirkung haben, den Staat zu zwingen, eine solche Konsolidierung zwischen einer ansässigen Gesellschaft und einer nicht ansässigen Muttergesellschaft zuzulassen. Dies setzte voraus, einen Vergleich zwischen der gemeinsamen Behandlung eines ansässigen Unternehmens und des nicht ansässigen Unternehmens, dem sein Kapital gehört, und der gemeinsamen Behandlung eines ansässigen Unternehmens und des ansässigen Unternehmens, dem sein Kapital gehört, vorzunehmen, was eindeutig über die Besteuerung des ansässigen Unternehmens allein hinausginge."
7 BMF v. 27.12.2011 – IV C 2 – 2770/11/10002, BStBl. I 2012, 119.

II. Neuregelung im Zuge der „Kleinen Organschaftsreform"

1. Neues Betriebsstättenkriterium für Organträger

Durch das Gesetz zur Änderung und Vereinfachung der Unternehmensbesteuerung und des steuerlichen Reisekostenrechts[1] wurde § 14 Abs. 1 Satz 1 Nr. 2 KStG neu gefasst und § 18 KStG mit erstmaliger Geltung für den VZ 2012 aufgehoben. Die Neuregelung unterscheidet jetzt nicht mehr zwischen inländischen und ausländischen Unternehmen als Organträger.

27.19

Damit reagierte der Gesetzgeber auf das BFH-Urteil v. 9.2.2011 und vermeidet nun eine Anknüpfung an ansässigkeitsbegründende Merkmale i.S.d. Art. 4 OECD-MA, die den BFH zur Anwendung des abkommensrechtlichen Diskriminierungsverbots veranlasst hatten.[2] Das Erfordernis der inländischen Geschäftsleitung wurde durch die Zuordnung der Beteiligung zu einer inländischen Betriebsstätte des Organträgers ersetzt. Durch diese Erweiterung von § 14 Abs. 1 Satz 1 Nr. 2 KStG soll sichergestellt werden, dass ein deutsches Besteuerungsrecht an dem Einkommen der inländischen Organgesellschaft besteht. Um zu vermeiden, dass das Einkommen der Organgesellschaft im „steuerlichen Nirwana" verschwindet, normieren die neu angefügten Sätze 4 bis 7, dass die Organbeteiligung einer inländischen Betriebsstätte des Organträgers i.S.v. § 12 AO zuzuordnen sein muss und die der Betriebsstätte zugerechneten Einkünfte sowohl nach innerstaatlichem Recht als auch nach einem anzuwendenden DBA der deutschen Besteuerung unterliegen müssen.

27.20

Während die Streichung von § 18 KStG und die korrespondierende Änderung von § 14 Abs. 1 Satz 1 Nr. 2 Sätze 1 und 2 KStG auf den ersten Blick erheblich erscheinen, stellt sich bei näherer Betrachtung heraus, dass dieser Teil der gesetzlichen Neuregelung bzgl. der Organträgerfähigkeit ausländischer Gesellschaften keine wesentliche materielle Änderung bedeutet. Den Kernpunkt der Gesetzesänderung stellen vielmehr die neu angefügten Sätze 4 bis 7 dar (s. hierzu unter C.).[3]

27.21

Auswirkungen auf Sachverhalte nach § 18 KStG aF: Für ausländische Unternehmen, die nach § 18 KStG aF Organträger sein konnten, sollten sich keine Änderungen ergeben, da Zweigniederlassungen nach § 12 Satz 2 Nr. 2 AO als Betriebsstätten anzusehen sind.[4] Zu einer Erleichterung kommt es insoweit, als das Eintragungserfordernis einer Zweigniederlassung entfällt, da nach § 14 KStG nF nur eine Betriebsstätte bestehen muss. Die Einordnung ausländischer Rechtsgebilde als Körperschaft, Personenvereinigung, Vermögensmasse oder Personengesellschaft für Zwecke der Anwendung des § 14 Abs. 1 Satz 1 Nr. 2 KStG sollte nach den allgemeinen Grundsätzen des Rechtstypenvergleichs erfolgen. Bei der Beurteilung der Organträgerfähigkeit eines ausländischen Rechtsträgers, der in seinem Ansässigkeitsstaat als Körperschaft qualifiziert, nach deutschem Recht aber als Personengesellschaft eingeordnet wird, ist zu beachten, dass das ausländische Gebilde nach § 14 Abs. 1 Satz 1 Nr. 2 Satz 2 KStG eine gewerbliche Tätigkeit i.S.d. § 15 Abs. 1 Satz 1 Nr. 1 EStG ausüben muss, um tauglicher Organträger sein zu können.

27.22

---

1 Gesetz zur Änderung und Vereinfachung der Unternehmensbesteuerung und des steuerlichen Reisekostenrechts v. 20.2.2013, BGBl. I 2013, 285.
2 Vgl. *Schwenke*, ISR 2012, 41 (46); *Jesse*, FR 2013, 629 (632) und auch die Gesetzesbegründung, BT-Drucks. 17/10774, 19.
3 *Dötsch/Pung*, DB 2013, 305 (307).
4 Änderungen können sich jedoch aufgrund der von § 14 Abs. 1 Satz 1 Nr. 2 Satz 4–7 KStG nF geforderten Zuordnung der Beteiligung an der Organgesellschaft zur inländischen Betriebsstätte ergeben.

27.23 Ausländische Unternehmen, die nicht über eine „qualifizierte" inländische Betriebsstätte[1] verfügen, können auch nach dem Wortlaut der Neuregelung nicht als Organträger fungieren. Demnach ist die Ergebnisverrechnung zwischen inländischen Schwestergesellschaften weiterhin ausgeschlossen, wenn die Muttergesellschaft keine inländische Betriebsstätte unterhält, der die Beteiligungen zuzuordnen sind.

2. Unionsrechtsprobleme der Neuregelung

27.24 Mit Blick auf das Urteil des EuGH in den verbundenen Verfahren C-39/13, C-40/13 und C-41/13 in der Rechtssache *SCA Group Holding BV* (s. dazu auch Rz. 5.59 f.) begegnet die Neuregelung unionsrechtlichen Bedenken.[2] Der EuGH hatte in dem Urteil entschieden, dass eine Regelung des niederländischen Steuerrechts, die es einer gebietsansässigen Muttergesellschaft mit gebietsansässigen Tochtergesellschaften ermöglicht, eine steuerliche Einheit zu bilden, während dies gebietsansässigen Schwestergesellschaften, deren gemeinsame Muttergesellschaft ihren Sitz nicht in diesem Mitgliedstaat hat und dort keine Betriebsstätte unterhält, nicht möglich ist, eine nicht zu rechtfertigende Beschränkung der Niederlassungsfreiheit darstellt.[3] Wie § 14 Abs. 1 Satz 1 Nr. 2 Satz 4 und 7 KStG verlangt auch das niederländische Recht das Vorliegen einer inländischen Betriebsstätte.

27.25 Mit seiner Entscheidung in der Rechtssache *SCA Group Holding BV* eröffnete der EuGH die Möglichkeit einer horizontalen Gruppenbesteuerung und setzte sich über die im niederländischen (wie auch im deutschen) nationalen Recht verankerte Notwendigkeit hinweg, dass eine steuerliche Einheit nur vertikal aus inländischen Mutter- und Tochtergesellschaften bestehen kann. Offen blieb jedoch, wie eine solche horizontale Ergebnisverrechnung erfolgen soll. Unstreitig kann aus der Entscheidung kein Gebot für die Mitgliedstaaten resultieren, einen Besteuerungsverzicht durch Zurechnung von inländischem Einkommen an einen ausländischen Organträger hinzunehmen.[4] Die Wahrung der Aufteilung der Besteuerungsbefugnisse sollte insoweit als tragender Rechtfertigungsgrund durchgreifen.[5] In der Rechtssache *SCA Group Holding* bezog sich die Prüfung des EuGH diesbezüglich nur auf eine doppelte Berücksichtigung von Verlusten, nicht jedoch auf den Verlust von Steuersubstrat, der droht, wenn die Gewinne einer Organgesellschaft die Verluste ihrer Organ-Schwestergesellschaft übersteigen.

27.26 Die deutschen Organschaftsregelungen verhindern den Verlust von Steuersubstrat – wie oben ausgeführt – nunmehr durch das Betriebsstättenerfordernis des Organträgers. Dadurch wird aber gleichzeitig eine horizontale Ergebnisverrechnung ausgeschlossen, wenn der Organträger dieses Erfordernis nicht erfüllt. Aus Gründen der Verhältnismäßigkeit wird mitunter gefordert, das Betriebsstättenerfordernis durch einen neuen Tatbestand in § 49 EStG zu ersetzen, der sicherstellt, dass der abgeführte Gewinn auch ohne Vorliegen einer inländischen Betriebsstätte der beschränkten Steuerpflicht unterliegt.[6]

---

1 Siehe hierzu *Jesse*, FR 2013, 629 (633).
2 Siehe *Schnitger*, IStR 2014, 587 (589); *Möhlenbrock*, DB 2014, 1582 (1583); *v. Brocke/Müller*, DStR 2014, 2106 (2107); *Cloer/Kahlenberg*, SteuK 2014, 511 (514); *Rehfeld*, IWB 2014, 619 (623 f.); *Frotscher* in Frotscher/Drüen, § 14 KStG Rz. 62a. Die Unionsrechtskonformität der Neuregelung bejahend: *Sydow*, IStR 2014, 480 (484); *Dötsch* in Dötsch/Pung/Möhlenbrock, § 14 KStG Rz. 181a.
3 EuGH v. 12.6.2014 – C-39/13, C-40/13, C-41/13, DStR 2014, 1333.
4 So auch *Kessler/Arnold*, IStR 2016, 226 (228); *Krumm* in Blümich, § 14 KStG Rz. 40.
5 Vgl. *Kessler/Arnold*, IStR 2016, 226 (228).
6 Dafür: *Jesse*, FR 2013, 629 (633); *v. Brocke/Müller*, DStR 2014, 2106 (2110); ablehnend: *Krumm* in Blümich, § 14 KStG Rz. 40.

27.27 In solchen Fällen, in denen die Verluste einer inländischen Kapitalgesellschaft die Gewinne ihrer inländischen Schwestergesellschaft übersteigen, sollte der Ausschluss der horizontalen Ergebnisverrechnung nicht mit dem Grund der Wahrung der Aufteilung der Besteuerungsbefugnisse gerechtfertigt werden können. Denn in dieser Konstellation droht kein Verlust von Steuersubstrat, so dass unter Berücksichtigung der Grundsätze in der „SCA Group Holding" Entscheidung eine Verrechnung der inländischen Ergebnisse nicht an dem Betriebsstättenerfordernis des Organträgers scheitern sollte.

27.28 Der BFH hat einer solchen sog. „Querorganschaft", die eine Ergebnisverrechnung zwischen Schwestergesellschaften ermöglicht, in seiner Entscheidung vom 22.2.2017 jedoch eine Absage erteilt.[1] Die Voraussetzung der finanziellen Eingliederung in § 14 Abs. 1 Satz 1 Nr. 1 Satz 1 KStG, die einen Überordnungskonzern verlangt, lässt nach Auffassung des BFH keine Diskriminierung grenzüberschreitender Sachverhalte erkennen, da es auch im rein nationalen Fall der Konzernmutter verwehrt ist, eine steuerliche Ergebnispoolung zwischen Schwestergesellschaften zu erreichen.[2] Ob damit die Querorganschaft im deutschen Steuerrecht endgültig ausgeschlossen ist, ist fraglich, da der BFH bedauerlicherweise keine Abgrenzung zu dem EuGH-Urteil *SCA Group Holding* vorgenommen hat.[3]

27.29 **Inländische steuerliche Organschaft zwischen zwei ausländischen Rechtsträgern:** Seit der Neuregelung ist nach dem Gesetzeswortlaut von §§ 14, 17 KStG die Begründung einer Organschaft zwischen zwei ausländischen Gesellschaften möglich, soweit der Organträger über eine inländische Betriebsstätte verfügt und dieser die Beteiligung an einer EU-/EWR-Organgesellschaft, die nach dem Gesetzeswortlaut einen inländischen Ort der Geschäftsleitung haben muss, steuerlich zuzuordnen ist. In diesen Fällen stellt sich die Frage, ob zwischen den betroffenen Gesellschaften ein für Zwecke des § 14 KStG anzuerkennender Gewinnabführungsvertrag abgeschlossen werden kann und welche Voraussetzungen für seine Wirksamkeit gegeben sein müssen. Dies richtet sich – wie oben ausgeführt s. Rz. 27.6 – nach hM nach dem Gesellschaftsstatut der Tochtergesellschaft bzw. Organgesellschaft, so dass im Fall einer Organgesellschaft mit statutarischem Sitz im Ausland auf die Vorschriften des ausländischen Gesellschaftsrechts abzustellen ist und die Zulässigkeit und Wirkungen eines Gewinnabführungsvertrages sowie dessen Form und Zustimmungserfordernisse von dem ausländischen Recht abhängen. Ist der Abschluss eines Gewinnabführungsvertrages nach dem Recht des ausländischen Staates der Organgesellschaft zulässig (wie zB in Österreich[4]), so muss auch das Organschaftsverhältnis zwischen zwei „zugezogenen" ausländischen Gesellschaften, also solchen Gesellschaften, die nach ausländischem Recht gegründet wurden und ihren Ort der Geschäftsleitung nach Deutschland verlegt haben, für deutsche steuerliche Zwecke anerkannt werden.

---

1 BFH v. 22.2.2017 – I R 35/14, BStBl. II 2018, 33, vgl. dazu *Pohl*, IWB 2018, 494 (495).
2 Vgl. BFH v. 22.2.2017 – I R 35/14, BStBl. II 2018, 33, Tz. 27 d), zustimmend *Prinz/Keller*, DB 2018, 400 (401).
3 Vgl. zur Organschaft bei mehreren inländischen Gesellschaften einer (EU-/EWR-) ausländischen Muttergesellschaft unter Berücksichtigung des EuGH-Entscheidung in der Rs. *SCA Group Holding* v. *Brocke/Müller*, DStR 2014, 2106 (2108 f.).
4 Sofern in der deutschen steuerrechtlichen Literatur die Ansicht vertreten wird, dass eine österreichische GmbH mit deutschem Ort der Geschäftsleitung aufgrund der in Österreich geltenden Sitztheorie nicht Organgesellschaft sein könne, entspricht dies nicht der Rechtslage in Österreich. Danach gilt nach herrschender Ansicht im österreichischen Schrifttum die Sitztheorie nicht für nach österreichischem Recht gegründete Gesellschaften, so dass ein Verwaltungssitz im Ausland nicht zur Verweisung auf das ausländische Recht führt; zudem folgt im Falle eines Verwaltungssitzes im Ausland aus dem unverändert anwendbaren österreichischen Gesellschaftsrecht weder die Auflösung noch der Verlust der Rechtsfähigkeit der GmbH.

Dies gilt jedenfalls für den Fall, dass der Gewinnabführungsvertrag im Staat der ausländischen Organgesellschaft eingetragen werden kann.[1] Dem Vernehmen nach will die Finanzverwaltung diese Gestaltung bislang nicht anerkennen, sie ist jedoch eindeutig vom Wortlaut der Neuregelung gedeckt. Hinsichtlich der Anforderungen an einen solchen Gewinnabführungsvertrag außerhalb des § 291 AktG sollen nach Auffassung der Finanzverwaltung bloße schuldrechtliche Verträge nicht ausreichen, um ein steuerlich anzuerkennendes Organschaftsverhältnis wirksam zu begründen.[2] Auch wenn das ausländische Gesellschaftsrecht das Institut des Gewinnabführungsvertrages entsprechend dem deutschen Recht kennt und den Abschluss eines solchen zulässt, soll ein Organschaftsverhältnis mit steuerlicher Wirksamkeit dann nicht begründet werden können, wenn das Bestehen eines Gewinnabführungsvertrages nicht im Handelsregister der ausländischen Organgesellschaft eingetragen wird. Die Eintragung in das Handelsregister des inländischen Organträgers soll nach Auffassung der Finanzverwaltung nicht ausreichen.[3] Nach zutreffender Auffassung und unter Berücksichtigung unionsrechtlicher Anforderungen kann es darauf nicht ankommen. Vielmehr ist darauf abzustellen, dass die Organschaft faktisch gelebt wird und der ernsthafte Versuch unternommen wurde, einen grenzüberschreitenden Gewinnabführungsvertrag bzw. ein Äquivalent[4] zu schließen. Sollte das ausländische Gesellschaftsrecht dies jedoch nicht ermöglichen, sollte das der steuerlichen Anerkennung des Organschaftsverhältnisses im Inland nicht entgegenstehen.[5] Im Ergebnis trägt das Erfordernis des Gewinnabführungsvertrags weiterhin zu großen Unsicherheiten und Benachteiligungen bestimmter internationaler Unternehmensstrukturen bei, deren Beseitigung aus Sicht des Steuerpflichtigen wünschenswert ist.

27.30 **Zeitlicher Anwendungsbereich**: Die Neuregelung ist erstmalig ab dem VZ 2012 anzuwenden, § 34 Abs. 1 KStG. Das Gesetz wurde am 17.1.2013 vom Bundestag und am 1.2.2014 vom Bundesrat beschlossen und am 20.2.2013 im Bundesgesetzblatt veröffentlicht.[6] Der zeitliche Anwendungsbereich liegt somit vor dem Zeitpunkt des Gesetzeserlasses, so dass eine „echte Rückwirkung" vorliegt, welche grundsätzlich unzulässig ist.[7] Insbesondere in solchen Fällen, in denen eine nach altem Recht bestehende Organschaft den neuen Anforderungen nicht mehr entspricht – etwa im Falle einer doppelt ansässigen Gesellschaft aufgrund einer Zuordnung der Beteiligung zu einer ausländischen Betriebsstätte – ist die Regelung verfassungswidrig.[8] Nach der – innerhalb der Finanzverwaltung wohl nicht abgestimmten – Verfügung der OFD Karlsruhe kommt für solche „Altfälle" ggf. eine Heilung in Betracht; ferner soll die Neu-

---

1 Sofern die Eintragung nach dem Recht des ausländischen Staates keine Wirksamkeitsvoraussetzung ist, sollte die Eintragung auch für deutsche steuerliche Zwecke entbehrlich sein.
2 Vgl. dazu die finanzverwaltungsintern wohl nicht abgestimmte Verfügung der OFD Karlsruhe v. 16.1.2014 – S 2770/52/2 – St 221, BeckVerw 281800 = FR 2014, 434.
3 Vgl. dazu die finanzverwaltungsintern wohl nicht abgestimmte Verfügung der OFD Karlsruhe v. 16.1.2014 – S 2770/52/2 – St 221, BeckVerw 281800 = FR 2014, 434.
4 *Krumm* in Blümich, § 14 KStG Rz. 39.
5 Vgl. *Gosch*, BFH/PR 2012, 163 (164); *Krumm* in Blümich, § 14 KStG Rz. 39; zur Darstellung des Meinungsstandes s. *Kessler/Arnold*, IStR 2016, 226 (231).
6 Gesetz zur Änderung und Vereinfachung der Unternehmensbesteuerung und des steuerlichen Reisekostenrechts v. 20.2.2013, BGBl. I 2013, 285.
7 Ausführlich *Frotscher* in Frotscher/Drüen, § 14 KStG Rz. 141b.
8 So auch *Frotscher* in Frotscher/Drüen, § 14 KStG Rz. 141b; *Walter* in Ernst & Young, § 14 KStG Rz. 114; *Goebel/Ungemach*, NWB 2013, 595 (598); verfassungsrechtliche Bedenken äußern ebenfalls *Stangl/Brühl*, Der Konzern 2013, 77 (84).

regelung keine Auswirkung auf Vorjahre haben, wenn in Altfällen die Organschaft wegen der Gesetzesänderung während der Mindestlaufzeit nicht mehr anerkannt werden könnte.[1]

C. Zuordnung der Beteiligung an der OG zur inländischen Betriebsstätte des OT und Sicherstellung des deutschen Besteuerungsrechts (§ 14 Abs. 1 Satz 1 Nr. 2 Satz 4–7 KStG)

I. Neuregelung des § 14 Abs. 1 Satz 1 Nr. 2 Satz 4–7 KStG

Im Rahmen der „Kleinen Organschaftsreform" wurde § 14 Abs. 1 Satz 1 Nr. 2 KStG um die Sätze 4 bis 7 ergänzt. Während in der Vergangenheit das inländische Besteuerungsrecht hinsichtlich des dem Organträger zugerechneten Einkommens der Organgesellschaft dadurch sichergestellt wurde, dass der Organträger seinen Ort der Geschäftsleitung in Deutschland haben musste und Deutschland damit auch im Fall der Anwendung von Doppelbesteuerungsabkommen als Ansässigkeitsstaat des Organträgers galt,[2] ist die Zurechnung des Einkommens der Organgesellschaft zu einer inländischen Betriebsstätte des Organträgers der Dreh- und Angelpunkt der Neuregelung.[3]   27.31

Eine Zurechnung des Einkommens der Organgesellschaft zum Organträger setzt nach den Sätzen 4 bis 6 zunächst voraus, dass die Beteiligung an der Organgesellschaft während der gesamten Dauer der Organschaft ununterbrochen einer inländischen Betriebsstätte des Organträgers i.S.v. § 12 AO zuzuordnen ist. Dies allein reicht aber für eine Zurechnung des Organeinkommens nicht aus, sondern nach Satz 7 ist zusätzlich[4] erforderlich, dass die dieser inländischen Betriebsstätte zuzurechnenden Einkünfte[5] auch nach einem anzuwendenden Doppelbesteuerungsabkommen der inländischen Besteuerung unterliegen.[6]   27.32

Satz 7, der auch als „Aufkommensvorbehalt" bezeichnet wird,[7] soll nach der Gesetzesbegründung sicherstellen, dass ein abweichendes Betriebsstättenverständnis von nationalem Recht und Abkommensrecht nicht dazu führt, dass das Einkommen der Organgesellschaft in Deutschland im Ergebnis unbesteuert bleibt.[8] Ohne die Regelung des Satz 7 wäre dies etwa   27.33

---

1 Siehe die finanzverwaltungsintern wohl nicht abgestimmte Verfügung der OFD Karlsruhe v. 16.1.2014 – S 2770/52/2 – St 221, BeckVerw 281800 = FR 2014, 434.
2 *Frotscher* in Frotscher/Drüen, § 14 KStG Rz. 100.
3 Vgl. hierzu *Schirmer*, FR 2013, 605 (606).
4 Satz 7 erwähnt ergänzenden zur Besteuerung nach dem DBA die Besteuerung nach innerstaatlichem Recht. Zu Recht wird aber in der Literatur darauf hingewiesen, dass Letzteres überflüssig ist, da durch die Zuordnung zu einer inländischen Betriebsstätte nach Satz 4 das inländische Besteuerungsrecht bereits ohnehin gegeben ist.
5 Abweichend von Satz 6, der vom zuzurechnenden „Einkommen" der Organgesellschaft spricht, verwendet Satz 7 den Begriff der Einkünfte, was in der Literatur zu Recht als sprachlich Ungenauigkeit kritisiert wird, da es um die Sicherstellung des deutschen Besteuerungsrechts an dem zugerechneten Einkommen der Organgesellschaft geht. Vor dem Hintergrund dieses Regelungszwecks erschiene es widersinnig, Satz 7 dahingehend auszulegen, dass das entsprechende inländische Besteuerungsrecht nicht nur an dem zugerechneten Einkommen der Organgesellschaft, sondern an sämtlichen Einkünfte der inländischen Betriebsstätte bestehen muss.
6 Zu dem „Zirkelschluss" der sich aufgrund der ungewöhnlichen Reihenfolge ergibt, vgl. *Frotscher* in Frotscher/Drüen, § 14 KStG Rz. 141c; *Dötsch/Pung*, DB 2014, 1215 (1215).
7 Vgl. *Stang/Brühl*, Der Konzern 2013, 77 (79).
8 Vgl. BT-Drucks. 17/10774.

dann der Fall, wenn zwar nach inländischem Recht eine Betriebsstätte vorliegt, nicht aber nach Abkommensrecht und Deutschland infolgedessen mangels abkommensrechtlicher Betriebsstätte kein Besteuerungsrecht nach Art. 7 OECD-MA hätte. Wenn auch in der Gesetzesbegründung nicht ausdrücklich aufgeführt, so sind vom Wortlaut und Gesetzeszweck des Satz 7 auch solche Fälle umfasst, in denen zwar sowohl eine Betriebsstätte i.S.v. § 12 AO als auch eine Betriebsstätte im abkommensrechtlichen Sinne vorliegt, dieser Betriebsstätte aber nach vom inländischen Steuerrecht abweichenden abkommensrechtlichen Zuordnungsgrundsätzen das Einkommen der Organgesellschaft nicht zuzurechnen ist.[1] Um das deutsche Besteuerungsrecht in jedem Fall sicherzustellen, hat der Gesetzgeber den Begriff der Betriebsstätte durch die Regelung in Satz 7 „organschaftsspezifisch" definiert.[2] Im Ergebnis liegt damit eine Betriebsstätte i.S.d. Sätze 4 bis 6 nur vor, wenn das Einkommen der Organgesellschaft sowohl nach nationalem Recht als auch nach DBA-Recht einer inländischen Betriebsstätte des Organträgers zuzurechnen ist.[3]

27.34 Auf reine Inlandssachverhalte hat die Neuregelung keine Auswirkungen: Ist der Organträger eine Kapitalgesellschaft mit Sitz und Ort der Geschäftsleitung in Deutschland ohne ausländische Betriebsstätte und verfügt die Organgesellschaft ebenfalls über einen inländischen Ort der Geschäftsleitung, ist die erforderliche Zuordnung der Einkünfte der Organgesellschaft zu einer inländischen Betriebsstätte des Organträgers stets gegeben. Dies gilt selbst für den Fall, dass die Organträger-Kapitalgesellschaft keine originär gewerbliche Tätigkeit ausübt und überhaupt kein funktionaler Zusammenhang zwischen der Tätigkeit der Organträger-Kapitalgesellschaft und der Organgesellschaft besteht. Einer Sicherstellung des deutschen Besteuerungsrechts über Satz 7 bedarf es insoweit nicht.[4] Soweit in der Literatur vereinzelt[5] die Ansicht vertreten wird, dass auch bei rein inländischen Sachverhalten zu prüfen sei, ob die Beteiligung an der Organgesellschaft einer inländischen Betriebsstätte des Organträgers zuzuordnen ist und damit das frühere Merkmal der wirtschaftlichen Eingliederung wieder eingeführt wird, ist dies abzulehnen. Zutreffend wird insoweit darauf verwiesen, dass im reinen Inlandsfall der Organträger zumindest eine inländische Geschäftsleitungsbetriebsstätte hat.[6] Da nach der Rechtsprechung des BFH[7] jedes Wirtschaftsgut einer Betriebsstätte zugeordnet werden muss und es somit kein betriebsstättenloses Vermögen gibt, ist die Beteiligung an der Organgesellschaft im Zweifelsfall der Geschäftsleitungsbetriebsstätte des Organträgers – und damit einer inländischen Betriebsstätte i.S.v. § 12 AO – zuzuordnen.[8]

27.35 Auch für den Inlandsfall einer deutschen gewerblich tätigen Organträger-Personengesellschaft mit zum Teil steuerbefreiten Mitunternehmern als Gesellschafter ergeben sich uE aus der Neuregelung keine Implikationen: Insoweit vertritt die Finanzverwaltung – uE unzutreffend[9] – im Hinblick auf die Anerkennung von Organschaftsverhältnissen mit Organträger-

---

[1] Vgl. *Stang/Brühl*, Der Konzern 2013, 77 (83); *Weigert/Strohm*, Der Konzern 2013, 249 (268).
[2] *Kolbe* in HHR, § 14 KStG Anm. 195.
[3] Vgl. *Frotscher* in Frotscher/Drüen, § 14 KStG Rz. 141z und 142b f.; *Jesse*, FR 2013, 629 (636); *Kolbe* in HHR, § 14 KStG Anm. 195.
[4] Vgl. *Dötsch* in Dötsch/Pung/Möhlenbrock, § 14 KStG Rz. 207.
[5] Vgl. *Schirmer*, FR 2013, 605 (607); *Schirmer*, GmbHR 2013, 797; *Schulze zur Wiesche*, DStZ 2013, 621 (627).
[6] Vgl. *Jesse*, FR 2013, 629 (633).
[7] Vgl. BFH v. 19.12.2007 – I R 19/06, BStBl. II 2010, 398 = FR 2008, 920.
[8] Vgl. *Stangl/Winter*, Organschaft 2013/2014, 80 f.; die Ansicht von *Schirmer* und *Schulze zur Wiesche* ablehnend auch *Dötsch* in Dötsch/Pung/Möhlenbrock, § 14 KStG Rz. 190.
[9] So auch *Neumann* in Gosch[3], § 14 KStG Rz. 84; *Drüen*, Ubg 2016, 109 ff.; *Dötsch* in Dötsch/Pung/Möhlenbrock, § 14 KStG Rz. 161, 211.

Personengesellschaften die Auffassung, dass deren steuerliche Anerkennung zu versagen sei, wenn Mitunternehmer an der Personengesellschaft beteiligt sind, die einer persönlichen Steuerbefreiung unterliegen.[1] Dies ergebe sich zwingend aus der Grundvoraussetzung des § 14 Abs. 1 Satz 1 Nr. 2 (aF und nF), wonach der Organträger eine unbeschränkt steuerpflichtige natürliche Person oder eine nicht steuerbefreite Körperschaft sein muss. Tatsächlich aber bezieht sich § 14 Abs. 1 Satz 1 Nr. 2 Satz 1 (aF und nF), der die Steuerpflicht des Organträgers verlangt und eine Steuerbefreiung als schädlich ansieht, nicht auf Personengesellschaften. Satz 2, der auch Personengesellschaften als Organträger zulässt, stellt nur auf die Personengesellschaft selbst ab und nicht auf die hinter der Personengesellschaft stehenden Mitunternehmer.[2] Wer an einer Organträgerpersonengesellschaft beteiligt ist, spielt demnach für deren Eignung als Organträgerin keine Rolle. Dies gilt umso mehr vor dem Hintergrund der im Zuge des sog. Steuervergünstigungsabbaugesetz (StVergAbG)[3] vorgenommenen Streichung der Anforderung in § 14 Abs. 1 Nr. 2 Satz 2 KStG idF vor StVergAbG, dass an einer Organträgerpersonengesellschaft nur Gesellschafter beteiligt sein durften, die mit dem auf sie entfallenden Teil des zuzurechnenden Einkommens der Einkommensteuer oder Körperschaftsteuer unterlagen. Für die diesbezügliche Irrelevanz des Gesellschafterkreises der Organträgerpersonengesellschaft spricht weiter auch Satz 3, der die finanzielle Eingliederung nach § 14 Abs. 1 Satz 1 Nr. 1 KStG im Verhältnis zur Personengesellschaft selbst fordert. Auch aus der Neuregelung in Satz 7, wonach die der inländischen Betriebsstätte zuzurechnenden Einkünfte der inländischen Besteuerung unterliegen müssen, folgt insoweit keine dahingehende Verschärfung, dass eine Zurechnung des Einkommens der Organgesellschaft auch im Inlandsfall nur möglich ist, wenn tatsächlich eine Besteuerung des Einkommens der Organgesellschaft erfolgt.[4] Dies würde den Regelungszweck des § 14 Abs. 1 Satz 1 Nr. 2 Satz 7 überdehnen, der nach der Gesetzesbegründung nur darauf abzielt, im DBA-Fall das deutsche Besteuerungsrecht zu sichern. Zudem sollte auch § 14 Abs. 1 Satz 1 Nr. 2 Satz 7 KStG lediglich das Bestehen des deutschen Besteuerungsrechts fordern und nicht, dass dieses Besteuerungsrecht auch tatsächlich ausgeübt wird.

II. Zuordnung der Beteiligung an der Organgesellschaft zu einer inländischen Betriebsstätte des Organträgers (§ 14 Abs. 1 Satz 1 Nr. 2 Sätze 4 und 7 KStG)

1. Vorliegen einer Betriebsstätte

a) Vorliegen einer Betriebsstätte i.S.v. § 12 AO

Die Zurechnung des Einkommens der Organgesellschaft zum Organträger erfordert, dass das Einkommen der Organgesellschaft sowohl nach nationalem Recht als auch nach DBA-Recht einer inländischen Betriebsstätte des Organträgers zuzurechnen ist. Die Frage, ob eine Beteiligung, die nach innerstaatlichem Verständnis zum Betriebsvermögen des Organträgers gehört, auch einer inländischen Betriebsstätte des Organträgers zuzuordnen ist, stellt sich grundsätzlich immer dann, wenn der Organträger nicht nur im Inland, sondern auch im Ausland tätig ist. Dies betrifft insbesondere folgende Sachverhalte:

27.36

---

1 Vgl. OFD Nds. v. 25.6.2013 – S 2270 – 117 – St 241, BeckVerw 273824; FinMin. Schl.-Holst., Kurzinformation v. 19.6.2013 – VI 3011 – S 2770 – 085, DStR 2013, 1607.
2 Vgl. *Neumann* in Gosch³, § 14 KStG Rz. 84.
3 Gesetz zum Abbau von Steuervergünstigungen und Ausnahmeregelungen (Steuervergünstigungsabbaugesetz – StVergAbG) v. 20.5.2003, BGBl. I 2003, 660.
4 Vgl. *Dötsch* in Dötsch/Pung/Möhlenbrock, § 14 KStG Rz. 211; *Drüen*, Ubg 2016, 109.

- Ausländischer Organträger mit inländischer Betriebsstätte
- Inländischer Organträger mit ausländischer Betriebsstätte
- Personengesellschaft als Organträger mit ausländischen Gesellschaftern

27.37 Eine Betriebsstätte nach § 12 AO Satz 1 ist eine feste Geschäftseinrichtung oder Anlage,[1] die der Tätigkeit eines Unternehmens dient. Die feste Einrichtung (zB Büro) muss fest i.S.v. dauerhaft vorhanden sein (zeitliches Merkmal) und ein Bezug zu einem bestimmten Teil der Erdoberfläche aufweisen.[2] Ferner muss die Einrichtung der Tätigkeit des Unternehmens unmittelbar „dienen",[3] wobei es unerheblich ist, ob es sich um Haupttätigkeiten oder bloße Hilfs- und Nebentätigkeiten handelt. Zwingende Voraussetzung ist jedoch die gewerbliche Tätigkeit.[4] Schließlich muss der Steuerpflichtige eine nicht nur vorübergehende Verfügungsmacht über die Einrichtung besitzen, dh. eine Rechtsposition, die ohne Mitwirkung des Betreffenden nicht ohne weiteres beseitigt oder verändert werden kann.[5] Das Kriterium der Verfügungsmacht wird bereits dann als erfüllt angesehen, wenn aus tatsächlichen Gründen anzunehmen ist, dass dem Unternehmer irgendein für seine Tätigkeit geeigneter Raum zur Verfügung gestellt wird.[6]

27.38 Der Betriebsstättengrundtatbestand des § 12 Satz 1 AO wird durch die Aufzählung der sog. Katalogbetriebsstätten in Satz 2 teilweise erweitert, als das Vorliegen einer festen Geschäftseinrichtung nicht zwingend erforderlich ist. Dies gilt insbesondere für die Stätte der Geschäftsleitung (§ 12 Satz 2 Nr. 1 AO).[7] Bei einem inländischen Organträger wird daher das Vorliegen einer Betriebsstätte i.S.d. § 12 AO i.d.R. unproblematisch gegeben sein.[8]

b) Betriebsstätte i.S.d. Art. 5 OECD-MA und Abweichungen zum nationalen Betriebsstättenbegriff

27.39 Maßgeblich ist der Betriebsstättenbegriff des jeweils anzuwendenden DBA. Dabei ist zu beachten, dass sich die Betriebsstättendefinitionen in den einzelnen DBA unterscheiden, und auch vom OECD-MA abweichen können. Daher ist eine konkrete Einzelfallbetrachtung geboten.

27.40 Nach Art. 5 Abs. 1 OECD-MA bedeutet der Ausdruck „Betriebstätte" eine feste Geschäftseinrichtung, durch die die Geschäftstätigkeit eines Unternehmens ganz oder teilweise ausgeübt wird. Durch das Update 2017 des OECD-MA wird der Begriff der Betriebsstätte abkommensrechtlich neu gefasst. Die Änderungen gehen zurück auf den BEPS-Aktionspunkt 7 (Verhinderung künstlicher Betriebsstättenvermeidung).[9]

---

1 Die Anlage wird gemeinhin als ein Unterfall der Geschäftseinrichtung angesehen. So etwa der Betriebsstättenerlass, BMF v. 24.12.1999 – IV B 4 - S 1300 – 111/99, BStBl. I 1999, 1076, Rz. 1.1.1.1.
2 BFH v. 17.9.2003 – I R 12/02, BStBl. II 2004, 396 = FR 2004, 291.
3 BFH v. 10.2.1988 – VIII R 159/84, BStBl. II 1988, 653 = FR 1988, 398.
4 BFH v. 10.2.1988 – VIII R 159/84, BStBl. II 1988, 653 = FR 1988, 398.
5 BFH v. 17.9.2003 – I R 12/02, BStBl. II 2004, 396 = FR 2004, 291.
6 BFH v. 3.2.1993 – I R 80/91, I R 81/91, BStBl. II 1993, 462 = FR 1993, 336 m. Anm. *Kempermann*.
7 Vgl. *Gersch* in Klein[13], § 12 AO Rz. 10.
8 Vgl. *Kolbe* in HHR, § 14 KStG Anm. 188 (Stand: Januar 2015).
9 Siehe hierzu *Bendlinger*, SWI 2017, 450 (454).

27.41 Unterschiede zwischen dem nationalen und dem abkommensrechtlichen Betriebsstättenbegriff ergeben sich vor allem in folgenden Fällen:

- Hilfs- und Nebentätigkeiten (zB Lager zur Ausstellung oder Auslieferung, Warenbestände, feste Geschäftseinrichtungen, die dem Einkauf oder der Informationsbeschaffung dienen, etc.) begründen abkommensrechtlich keine Betriebsstätte, wenn sie nach dem Gesamtbild der Tätigkeit vorbereitender Art oder Hilfstätigkeiten darstellen (Art. 5 Abs. 4 OECD-MA idF Update 2017). Nach nationalem Recht besteht eine solche Ausnahme nicht, so dass auch in diesen Fällen eine Betriebsstätte i.S.d. § 12 AO vorliegt.

- Ein abhängiger Vertreter begründet keine Betriebsstätte nach § 12 AO (vgl. § 13 AO), jedoch nach Abkommensrecht (Art. 5 Abs. 5 OECD-MA). Die Neufassung des Art 5 Abs. 5 OECD-MA idF Update 2017 führt zu einer erheblichen Erweiterung des Tatbestands der Vertreterbetriebsstätte, so dass in der Praxis künftig vermehrt Fälle auftreten können, in denen es zu einem Auseinanderfallen zwischen dem nationalen und dem abkommensrechtlichen Betriebsstättenverständnis kommt.

- Nach nationalem Recht wird eine Montagebetriebsstätte bereits nach sechs Monaten angenommen (§ 12 Satz 2 Nr. 8 AO), während die maßgebliche Frist nach dem OECD-MA zwölf Monate beträgt (Art. 5 Abs. 3 OECD-MA).

- Seit einigen Jahren ist insbesondere bei Kapitalimport-Staaten, aber auch innerhalb der OECD die Tendenz erkennbar, den Betriebsstättenbegriff nach Art. 5 OECD-MA aufzuweichen. Dies betrifft insbesondere die Dienstleistungsbetriebsstätte. Deutschland ist dieser Tendenz bislang nicht gefolgt, was in der Praxis dazu führen kann, dass der ausländische Quellenstaat eine Betriebsstätte annimmt und Besteuerungsansprüche erhebt, Deutschland aber nicht auf sein Besteuerungsrecht verzichtet, da nach deutschem Verständnis keine ausländische Betriebsstätte vorliegt.

- Abweichungen können sich auch durch Fiktionen des deutschen Steuerrechts ergeben, die nicht auf das Abkommensrecht durchschlagen. So vermittelt eine gewerblich geprägte oder gewerbliche infizierte Personengesellschaft zwar eine Betriebsstätte nach nationalem, jedoch nicht nach abkommensrechtlichem Verständnis. Da Voraussetzung für die Anerkennung einer Organträger-Personengesellschaft aber ohnehin deren originär gewerbliche Tätigkeit ist, entfaltet diese Unterscheidung keine Auswirkung auf die hier zu diskutierende Problematik.

27.42 Inwieweit die graduellen Abweichungen in den Betriebsstättendefinitionen tatsächlich dazu führen, dass eine Betriebsstättenzuordnung zwar nach nationalem Recht, nicht aber nach Abkommensrecht gegeben ist, kann letztlich nur anhand des konkreten Einzelfalls beurteilt werden. In diesen tendenziell eher seltenen Fällen dürfte sich ohnehin die Frage stellen, ob die Zurechnung des Einkommens der Organgesellschaft tatsächlich am Nichtvorhandensein einer abkommensrechtlichen Betriebsstätte scheitert oder ob die Zurechnung des Organgesellschaftseinkommens nicht vielmehr bereits an einer fehlenden Zuordenbarkeit der Beteiligung an der Organgesellschaft zur inländischen Betriebsstätte scheitert. So erscheint etwa die Zuordnung einer Organgesellschaft zu einer Bau- oder Montagebetriebsstätte ungeachtet der Dauer dieser Betriebsstätte tendenziell eher fraglich.

2. Zuordnung der Organbeteiligung zur inländischen Betriebsstätte des Organträgers

a) Allgemeines zur Zuordnung

27.43 § 14 Abs. 1 Satz 1 Nr. 2 Satz 4 KStG erfordert zunächst eine Zuordnung der Organbeteiligung zu einer inländischen Betriebsstätte des Organträgers nach innerstaatlichem Recht. In grenzüberschreitenden Sachverhalten, in denen ein Doppelbesteuerungsabkommen Anwendung findet, ist zudem nach Satz 7 zu prüfen, inwieweit neben der Zurechnung nach innerstaatlichem Recht nach dem jeweils anwendbaren Doppelbesteuerungsabkommen eine Zurechnung der Einkünfte der Organgesellschaft zu einer inländischen Betriebsstätte des Organträgers erfolgt.

27.44 **Innerstaatliche Grundlagen für die Zuordnung der Organbeteiligung:** Da § 14 Abs. 1 Satz 1 Nr. 2 Satz 4 KStG keine Kriterien für die Zuordnung der Beteiligung zur inländischen Betriebsstätte i.S.d. § 12 AO enthält, ist die Zuordnungsfrage auf Grundlage der allgemeinen innerstaatlichen Zuordnungsgrundsätze zu entscheiden (Rz. 27.48 ff.).[1] Dass es sich bei der Organbeteiligung um Betriebsvermögen[2] des Organträgers handeln muss, ergibt sich dabei bereits aus dem Erfordernis der finanziellen Eingliederung nach § 14 Abs. 1 Satz 1 Nr. 1 KStG.[3] Die Zugehörigkeit der Beteiligung zum Betriebsvermögen des Organträgers allein stellt aber noch kein Zuordnungskriterium zu einer inländischen Betriebsstätte des Organträgers dar, wenn der Organträger daneben auch eine oder mehrere Betriebsstätten im Ausland unterhält.[4] Nicht ausreichend für eine Zuordnung ist die bloße Aktivierung der Beteiligung in einer Bilanz der Betriebsstätte,[5] da dies letztlich auf eine freie Zuordenbarkeit der Beteiligung hinauslaufen würde. Vielmehr ist nach allgemeinen Zuordnungsgrundsätzen zu bestimmen, ob eine Zuordnung der Organbeteiligung zu einer inländischen Betriebsstätte des Organträgers gegeben ist.[6] Zumindest bis zum Inkrafttreten der Betriebsstättengewinnaufteilungsverordnung (Rz. 27.48 ff.) gab es im innerstaatlichen Recht keine expliziten Kriterien für die Zuordnung von Wirtschaftsgütern zu Betriebsstätten.[7] Die Zuordnung von Wirtschaftsgütern zu einer Betriebsstätte erfolgte daher ausgehend vom Veranlassungsprinzip nach wirtschaftlichen Grundsätzen.[8]

27.45 **Abkommensrechtliche Grundlagen für die Zurechnung der Einkünfte der Organgesellschaft zu einer inländischen Betriebsstätte:** Übt ein Unternehmen seine Geschäftstätigkeit in einem anderen Staat über eine dort belegene Betriebsstätte aus, so hat dieser Staat (Betriebsstättenstaat) das Recht, die auf die Betriebsstätte entfallenden Gewinne zu besteuern (Art. 7 Abs. 1 Satz 1 Halbs. 2 OECD-MA). Voraussetzung dafür ist unter Berücksichtigung

---

1 Vgl. *Kolbe* in HHR, § 14 KStG Anm. 189.
2 Nach hM kann die Organbeteiligung auch gewillkürtes Betriebsvermögen des Organträgers sein, vgl. finanzverwaltungsintern wohl nicht abgestimmte Verfügung der OFD Karlsruhe v. 16.1.2014 – S 2770/52/2 – St 221, BeckVerw 281800 = FR 2014, 434, wonach eine „Zuordnung der Beteiligung zum gewillkürten BV denkbar" ist; *Goebel/Ungemach*, NWB 2013, 595 (596 f.); *Kolbe* in HHR, § 14 KStG Rz. 189; *Schirmer*, FR 2013, 605 (607 f.); *Weigert/Strohm*, Der Konzern 2013, 249 (267).
3 Vgl. *Kolbe* in HHR, § 14 KStG Anm. 188 (Stand: Januar 2015).
4 Vgl. BFH v. 29.11.2017 – I R 58/15.
5 So aber *Frotscher* in Frotscher/Drüen, § 14 KStG Rz. 141h (Stand: Januar 2015).
6 Vgl. *Stangl/Brühl*, Der Konzern 2013, 77 (80); *Kolbe* in HHR, § 14 KStG Anm. 189 (Stand: Januar 2015).
7 Vgl. *Stangl/Brühl*, Der Konzern 2013, 77 (80).
8 Vgl. BFH v. 29.11.2017 – I R 58/15.

des Wortlauts der Betriebsstättenvorbehalte (Art. 10 Abs. 4, Art. 11 Abs. 4, Art. 12 Abs. 3 OECD-MA),[1] dass ein Wirtschaftsgut „tatsächlich zu dieser Betriebsstätte gehört". Zudem hat der Betriebsstättenstaat das Besteuerungsrecht an Veräußerungsgewinnen, wenn die Wirtschaftsgüter „Betriebsvermögen" der Betriebsstätte in diesem Staat sind (Art. 13 Abs. 2 OECD-MA).

Für die Einkünftezuordnung, die der Zuordnung des zugrunde liegenden Wirtschaftsgutes folgt, ergibt sich demnach abkommensrechtlich folgendes Prüfungsschema:[2] 27.46

– Betriebsstätteneinkünfte fallen unter Art. 7 OECD-MA (Unternehmensgewinne). Die Zuordnung von Wirtschaftsgütern erfolgt nach dem Fremdvergleichsgrundsatz (Art. 7 Abs. 2 OECD-MA), dh. es wird für die Zuordnung ein selbständiges und unabhängiges Unternehmen unter sonst gleichen oder ähnlichen Umständen unterstellt. Das Besteuerungsrecht für Unternehmensgewinne steht dem Betriebsstättenstaat zu.

– Enthält der Betriebsstättengewinn Einkünfte, die einem spezielleren Artikel des Abkommens unterfallen (zB Dividenden, Zinsen, Lizenzgebühren), geht dieser speziellere Artikel dem Art. 7 OECD-MA vor und schränkt das Besteuerungsrecht des Quellenstaates der Höhe nach ein.

– Soweit jedoch eine „tatsächliche Zugehörigkeit" zur Betriebsstätte gegeben ist, kommt es zu einer Rückverweisung zu Art. 7 (sog. Betriebsstättenvorbehalte in den Art. 10 Abs. 4, 11 Abs. 4 und 12 Abs. 3 OECD-MA). Daraus resultiert das Erfordernis der tatsächlichen Zugehörigkeit zu einer Betriebsstätte, welches Gegenstand zahlreicher BFH-Entscheidungen geworden ist.

Unter welchen Voraussetzungen diese tatsächliche Zugehörigkeit gegeben ist, regeln die DBA nicht. Der BFH hat eine tatsächliche Zugehörigkeit in seiner bisherigen Rechtsprechung bislang bejaht, wenn eine funktionale Zuordnung der Beteiligung zur Betriebsstätte gegeben war (s. dazu unten c)). Diese Rechtsprechung des BFH ist aber noch zu älteren Doppelbesteuerungsabkommen ergangen, welche noch nicht auf dem durch Authorized OECD Approach geänderten OECD-Musterabkommen 2010 beruhten. Gleichwohl ist aber davon auszugehen, dass zumindest die Grundzüge dieser Rechtsprechung auch in Zukunft für die Betriebsstättenzuordnung herangezogen werden können.[3] 27.47

b) Zuordnungsgrundsätze nach dem Authorized OECD Approach (AOA) und der Betriebsstättengewinnaufteilungsverordnung

aa) Anwendungsbereich des AOA

Es stellt sich die Frage, inwieweit die vorgenannten Zuordnungskriterien Modifikationen durch die die vom BMF erlassene Betriebsstättengewinnaufteilungsverordnung (**BsGaV**)[4] erfahren. Die BsGaV ist eine Rechtsverordnung und hat als solche Gesetzeskraft. Es ist die erste Norm im innerstaatlichen Recht, welche Grundsätze zur Zuordnung von Beteiligungen zu einer Betriebsstätte enthält. Die auf Grundlage von § 1 Abs. 6 AStG erlassene BsGaV dient der 27.48

---

1 Zu abweichenden Formulierungen im DBA Schweiz vgl. BFH v. 13.2.2008 – I R 63/06, BStBl. II 2009, 414 = FR 2008, 1053.
2 Vgl. *Ehlermann/Petersen*, IStR 2011, 747.
3 Vgl. Rz. 2.2.4.1. des BMF-Schreibens v. 26.9.2014, BStBl. I 2014, 1258.
4 BGBl. I 2014, 1603.

Konkretisierung von § 1 Abs. 5 AStG, der durch das AmtshilfeRL-UmsG v. 26.6.2013[1] eingefügt wurde. Regelungszweck von § 1 Abs. 5 AStG ist die Umsetzung des sog. Authorized OECD Approach (**AOA**), welcher auch unter der Bezeichnung „functionally separate entity approach" diskutiert wird. Mit dem AOA verfolgt die OECD das Ziel, eine Betriebsstätte für Zwecke der abkommensrechtlichen Gewinnaufteilung zwischen Stammhaus und Betriebsstätte als eigenständiges und selbständiges Unternehmen zu behandeln. Basierend auf diesem Konzept wurden Art. 7 OECD-MA sowie insbesondere auch der Kommentar zum OECD-MA maßgeblich geändert.[2]

27.49 Inwieweit die in der BsGaV dargelegten Grundsätze zur Zuordnung von Beteiligungen zu einer Betriebsstätte unmittelbar auch im Rahmen von § 14 Abs. 1 Nr. 2 Satz 4 bis 7 KStG gelten, ist unklar.[3] Die Finanzverwaltung geht aber wohl von einer generellen Anwendbarkeit dieser Grundsätze aus.[4] Im Regelungskontext des § 1 AStG handelt es sich bei § 1 Abs. 5 AStG grundsätzlich um eine Einkünftekorrekturnorm zur Ermittlung fremdüblicher Verrechnungspreise. Auch wenn der Anwendungsbereich des § 1 Abs. 5 AStG i.V.m. § 1 Abs. 4 Satz 1 Nr. 2 AStG über die bloße Einkünftekorrektur hinausgeht und überhaupt erst die Grundlage dafür schafft, auch Innentransaktionen zwischen einem Unternehmen und seiner Betriebsstätte als gewinnwirksame Geschäftsvorfälle zu fingieren, besteht der Regelungsgegenstand des § 1 Abs. 5 AStG ausweislich seines Wortlauts darin, die Bedingungen von Geschäftsvorfällen, insbesondere die Verrechnungspreise, zwischen einem Unternehmen und seiner Betriebsstätte so anzupassen, dass sie dem Fremdvergleichsgrundsatz entsprechen. Dies bestätigt auch § 1 Abs. 1 der BsGaV, wonach die darin beschriebene Funktions- und Risikoanalyse der Geschäftstätigkeit der Betriebsstätte und die darauf aufbauende Vergleichbarkeitsanalyse dazu dienen, fremdvergleichskonforme Verrechnungspreise für die Geschäftsbeziehungen der Betriebsstätte zu bestimmen. Zutreffend ist es daher, wenn von *Gosch*[5] darauf hingewiesen wird, dass die Umsetzung des AOA im Rahmen von § 1 Abs. 5 AStG „eigentlich" und unmittelbar bloß in Zusammenhang mit § 1 Abs. 1 AStG und in Zusammenhang mit der beschränkten Steuerpflicht, wenn überhaupt, allenfalls über Art. 7 Abs. 1 OECD-MA wirkt. Richtigerweise hätte der Gesetzgeber die Regelung des § 1 Abs. 5 AStG in die allgemeinen Gewinnermittlungsvorschriften aufnehmen müssen.[6]

27.50 Zudem enthält § 1 Abs. 5 Satz 8 AStG für Altabkommen, die den AOA – wie im Übrigen die meisten deutschen DBA – noch nicht umgesetzt haben, eine Bestandsklausel, wonach § 1 Abs. 5 AStG keine Anwendung findet, soweit der Steuerpflichtige nachweist, dass der andere Staat sein Besteuerungsrecht entsprechend diesem Abkommen ausübt und deshalb die Anwendung der Sätze 1 bis 7 zu einer Doppelbesteuerung führen würde.

---

1 § 1 Abs. 5 angef. durch Gesetz v. 26.6.2013, BGBl. I 2013, 1809.
2 Vgl. zB *Kaeser*, ISR 2012, 63 ff.
3 Vgl. *Rödder/Liekenbrock* in Rödder/Herlinghaus/Neumann, § 14 KStG Rz. 257; eine Anwendbarkeit bejahend *Dötsch* in Dötsch/Pung/Möhlenbrock, § 14 KStG Rz. 186. Zu Recht weisen die vorgenannten Autoren darauf hin, dass in diesem Fall die Zuordnung nach § 14 Abs. 1 Satz 1 Nr. 2 Satz 4 und Satz 7 KStG nach einheitlichen Kriterien vorzunehmen wäre, weshalb für Satz 7 wohl kein eigener Anwendungsbereich mehr verbliebe.
4 Vgl. Rz. 2.2.4.1. des BMF-Schreibens v. 26.9.2014 zur Anwendung der Doppelbesteuerungsabkommen auf Personengesellschaften. Dort heißt es insoweit: „Wirtschaftsgüter einer Personengesellschaft sind Betriebsvermögen der im anderen Staat gelegenen Betriebsstätte bzw. gehören tatsächlich zu der Betriebsstätte, wenn sie nach § 1 Abs. 5 AStG der Betriebsstätte zuzuordnen sind."
5 Vgl. *Gosch* in Kirchhof[17], § 50 EStG Rz. 19a.
6 Vgl. *Ditz*, IStR 2013, 262; *Hagemann*, PIStB 2014, 111 (113).

27.51 Ungeachtet der vorstehenden systematischen Bedenken ist aber gleichwohl davon auszugehen, dass die Zuordnungsgrundsätze der BsGaV zumindest faktisch auch auf die Frage der Betriebsstättenzuordnung der Beteiligung an der Organgesellschaft ausstrahlen. Zudem erscheint es vor dem Hintergrund einer in sich geschlossenen und konsistenten Besteuerungskonzeption naheliegend, einheitliche Zuordnungsgrundsätze im Rahmen des nationalen Steuerrechts wie auch auf Ebene der Doppelbesteuerungsabkommen anzuwenden.

bb) Die Zuordnung von Beteiligungen nach der BsGaV

27.52 Die Zuordnung von Vermögenswerten zu einer Betriebsstätte erfolgt gem. § 1 Abs. 2 Nr. 2 BsGaV – ausgehend von einer Funktions- und Risikoanalyse der Geschäftstätigkeit der Betriebsstätte als Teil der Geschäftstätigkeit des Gesamtunternehmens – anhand der sog. Personalfunktion. Die Personalfunktion wird in § 2 Abs. 3 BsGaV als eine Geschäftstätigkeit definiert, die von eigenem Personal des Unternehmens für das Unternehmen ausgeübt wird. Personalfunktionen sind danach insbesondere die Nutzung, die Anschaffung, die Herstellung, die Verwaltung, die Veräußerung, die Weiterentwicklung, der Schutz, die Risikosteuerung und die Entscheidung, Änderungen hinsichtlich von Chancen und Risiken vorzunehmen.

27.53 § 7 Abs. 1 Satz 1 BsGaV regelt, dass für die Zuordnung von Beteiligungen zu Betriebsstätten die Nutzung der Beteiligung die maßgebliche Personalfunktion ist. Gemäß § 7 Abs. 1 Satz 2 BsGaV ist eine Nutzung durch die Betriebsstätte dann gegeben, wenn ein funktionaler Zusammenhang zur Geschäftstätigkeit der Betriebsstätte besteht. Damit gilt also der funktionale Zusammenhang der Beteiligung zur Geschäftstätigkeit der Betriebsstätte als Nutzung.

27.54 Besteht ein funktionaler Zusammenhang gleichzeitig zu verschiedenen Betriebsstätten, so ist die Beteiligung der Betriebsstätte zuzuordnen, zu der der überwiegende funktionale Zusammenhang besteht (§ 7 Abs. 1 Satz 3 BsGaV). Unterscheidet sich die Nutzung der Beteiligung durch mehrere Betriebsstätten nicht nur in quantitativer, sondern auch in qualitativer Hinsicht, so soll nach den mit BMF-Schr. v. 22.12.2016 veröffentlichen Verwaltungsgrundsätzen Betriebsstättengewinnaufteilung die Zuordnung zu der Betriebsstätte erfolgen, der die größte Bedeutung für die mit der Beteiligung verbundenen Chancen und Risiken zukommt.[1]

27.55 Eine vom funktionalen Zusammenhang abweichende Zuordnung ist nach § 7 Abs. 2 BsGaV dann möglich, wenn die Bedeutung einer in einer anderen Betriebsstätte ausgeübten anderen Personalfunktion gegenüber der Personalfunktion „Nutzung" i.S.v. § 7 Abs. 1 BsGaV überwiegt. Dies sind insbesondere solche Personalfunktionen, die im Zusammenhang mit der Anschaffung, der Verwaltung, der Risikosteuerung oder Veräußerung einer Beteiligung im Sinne von Abs. 1 Satz 1 stehen. So sollen nach dem entsprechenden Anwendungsbeispiel in den Verwaltungsgrundsätzen Betriebsstättengewinnaufteilung[2] im Fall einer Betriebsstätte mit der Funktion eines Lohnfertigers keine Beteiligungen an Kapitalgesellschaften als Kapitalanlage zugeordnet werden können, die über die Jahre aus den Gewinnen des übrigen Unternehmens finanziert wurden. Werden andere Personalfunktionen i.S.d. Abs. 2 Satz 1 gleichzeitig in verschiedenen Betriebsstätten des Unternehmens ausgeübt, so ist ein Vermögenswert i.S.d. Abs. 1 Satz 1 der Betriebsstätte zuzuordnen, deren anderer Personalfunktion die größte Bedeutung zukommt (§ 7 Abs. 3 BsGaV). Sofern ein Vermögenswert i.S.d. Abs. 1 Satz 1 nicht eindeutig zugeordnet werden kann oder sich der überwiegende funktionale Zusammenhang häufig

---

1 Vgl. BMF v. 22.12.2016, Tz. 102 ff., BStBl. I 2017, 182 mit instruktiven Beispielen.
2 Vgl. BMF v. 22.12.2016, Tz. 106, BStBl. I 2017, 182.

ändert, so ist nach § 7 Abs. 4 BsGaV eine Zuordnung vorzunehmen, die den Abs. 1 bis 3 nicht widerspricht.

cc) Auswirkungen der BsGaV auf die bisherigen Grundsätze der Beteiligungszuordnung

27.56 In der Begründung der BsGaV wird ausgeführt, dass für Beteiligungen die Nutzung der zuverlässigste und eindeutigste Anknüpfungspunkt ist, wenn eine entsprechende funktionale Nutzung festgestellt werden kann, weshalb die der Betriebsstätte zuzuordnen ist, in welcher die Beteiligung **funktional genutzt wird**.[1] Damit solle auch einer Änderung bestehender Beteiligungszuordnungen vorgebeugt werden, da andernfalls die Wahrnehmung der Gesellschafterrechte bzw. der Aufsichtsratsfunktion als maßgeblich erachtet werden könnte.[2] Die Finanzverwaltung geht davon aus, dass diese Zuordnung „in Grundzügen" mit der BFH-Rechtsprechung zum funktionalen Zusammenhang übereinstimmt.[3] Auch in der Literatur wird darin „ein Schwenk in Richtung bekannter Maßstäbe für die Rechtsanwendung in Deutschland gesehen."[4] Zugleich wird in der Literatur zum Teil[5] aber darauf hingewiesen, dass dies keinesfalls immer zu deckungsgleichen Ergebnissen mit der funktionalen Zuordnung vor dem Wirksamwerden des AOA führen müsse, zumal auch das vorstehend zitierte BMF-Schreiben nur davon ausgeht, dass die Umsetzung des AOA durch die BsGaV „in Grundzügen" mit der Rechtsprechung zum funktionalen Zusammenhang übereinstimmt. Zwar gehen sowohl die BsGaV als auch die Rechtsprechung des BFH von einem erforderlichen funktionalen Zusammenhang aus.[6] Der Grund für mögliche Abweichungen wird darin gesehen, dass die Prüfung der funktionalen Zuordnung nach dem AOA aus einer anderen Perspektive als die funktionale Zuordnung nach der bisherigen Rechtsprechung des BFH erfolge. Während der BFH frage, ob die Beteiligung der Betriebsstättentätigkeit nütze bzw. dieser diene, sei nach dem AOA im Verständnis der OECD die umgekehrte Prüfung vorzunehmen.[7] Entscheidend sei insoweit, welche Tätigkeiten das in der Betriebsstätte tätige Personal im Interesse oder zur Förderung des Beteiligungsunternehmens ausführt.[8]

27.57 Inwieweit die Finanzverwaltung in Zukunft von dem Grundsatz der funktionalen Zuordnung im Einzelfall möglicherweise abweichen wird, bleibt abzuwarten. Bislang sind etwaige Fallkonstellationen noch nicht ersichtlich. Im Übrigen könnte sich im Anwendungsbereich des § 14 KStG – eine tatsächliche Anwendbarkeit der Zuordnungsgrundsätze des BsGaV unterstellt –, wo der Gesetzestext eine Zuordnung nach innerstaatlichem Recht und nach Abkommensrecht fordert, eine abweichende Zuordnung auch dann ergeben, wenn zwar in Anwendung des BsGaV nach innerstaatlichem Recht eine Zuordnung der Beteiligung zu bejahen wäre, es infolge der abkommensautonomen Auslegung des zugrunde liegenden Doppelbesteuerungsabkommens (welches schon auf Basis des AOA abgeschlossen wurde) aber zu einer anderen Zuordnung kommt.

---

1 BR-Drucks. 401/14 v. 28.8.2014, 70.
2 Vgl. *Hruschka*, IStR 2016, 437 (441).
3 Vgl. BMF v. 26.9.2014, Tz. 2.2.4.1., BStBl. I 2014, 1258.
4 Vgl. *Häck*, ISR 2015, 113 (120); vgl. auch *Kraft/Hohage*, DB 2017, 2565 (2567): „Rolle rückwärts".
5 Vgl. *Häck*, ISR 2015, 113 (120); *Kaeser*, ISR 2012, 63 (68).
6 Vgl. *Kaeser*, ISR 2012, 63 (68).
7 Vgl. *Kaeser*, ISR 2012, 63 (68); *Häck*, ISR 2015, 113 (120); *Kraft/Hohage*, DB 2017, 2565 (2567).
8 Vgl. *Kraft/Hohage*, DB 2017, 2565 (2567).

Letztlich sind insoweit zahlreiche Fragen offen, Ausgangspunkt für die praktische Prüfung 27.58
wird aber zunächst einmal die funktionale Zuordnung im Sinne des bisherigen Verständnisses sein (dazu im Folgenden unter c)). Ob und inwieweit es zukünftig tatsächlich zu Abweichungen kommen wird, kann derzeit nicht mit Bestimmtheit gesagt werden und hängt stark von den Gegebenheiten des Einzelfalls ab. Aus Gründen der Risikovorsorge sollte aber auch eine ggf. andere Perspektive des AOA im Sinne des OECD-Verständnisses in die Überlegungen einbezogen werden.

c) Funktionale Zuordnung als maßgebliches Zuordnungskriterium

Funktionale Zuordnung: Die Zuordnung von Beteiligungen zu einer Betriebsstätte ist im 27.59
Einzelnen mit erheblichen Unsicherheiten belastet.[1] Einvernehmen besteht aber darüber, dass weder eine Attraktivkraft der Betriebsstätte dergestalt besteht,[2] dass sämtliche inländischen Beteiligungen zwingend einer inländischen Betriebsstätte zuzuordnen wären noch allein rechtliche Zuordnungskriterien maßgeblich sind.[3] Stattdessen besteht nach der hM in Literatur,[4] Rechtsprechung[5] und Finanzverwaltung[6] im Grundsatz Einigkeit darüber, dass Beteiligungen einer Betriebsstätte im Grundsatz dann zuzuordnen sind, wenn ein funktionaler Zusammenhang zwischen der Tätigkeit der Betriebsstätte und der entsprechenden Beteiligungsgesellschaft besteht.[7] Wann ein solch funktionaler Zusammenhang besteht, ist im Einzelnen allerdings umstritten.[8] Die Herausbildung allgemeiner Grundsätze wird zudem dadurch weiter verkompliziert, dass die zur Zuordnungsfrage ergangenen BFH-Urteile überwiegend Personengesellschaften betreffen. Zwar vermitteln gewerblich tätige Gesellschaften ihren Gesellschaftern sowohl nach innerstaatlichen Recht wie auch nach abkommensrechtlichem Verständnis Betriebsstätten, gleichwohl wird aufgrund der Qualifikation der Per-

---

1 Vgl. *Stangl/Brühl*, Der Konzern 2013, 77 (80).
2 Vgl. BFH v. 1.4.1987 – II R 186/80, BStBl. II 1987, 550; *Gosch* in Kirchhof[17], § 49 EStG Rz. 15 mwN; *Schaumburg*, Internationales Steuerrecht[4], Rz. 19.264 Fn. 5.
3 Vgl. dazu auch *Gosch* in Kirchhof[17], § 49 EStG Rz. 15 mit dem Hinweis, dass im Bereich der Besteuerung von Mitunternehmerschaften auch rechtliche Maßstäbe genügen können.
4 Vgl. zB *Gosch* in Kirchhof[17], § 49 EStG Rz. 15; *Stangl/Brühl*, Der Konzern 2013, 77 (80); *Goebel/Ungemach*, NWB 2013, 595 (599).
5 Vgl. zur Zuordnung von Beteiligungen BFH v. 26.2.1992 – I R 85/91, BStBl. II 1992, 937 = GmbHR 1993, 58; BFH v. 19.12.2007 – I R 66/06, BStBl. II 2008, 510 = FR 2008, 724 m. Anm. *Lohmann/Rengier*; BFH v. 17.12.2003 – I R 47/02, BFH/NV 2004, 771.
6 Vgl. finanzverwaltungsintern wohl nicht abgestimmte Verfügung der OFD Karlsruhe v. 16.1.2014 – S 2770/52/2 – St 221, BeckVerw 281800 = FR 2014, 434; BMF v. 24.12.1999 – IV B 4 - S 1300 – 111/99, BStBl. I 1999,1076; BMF v. 26.9.2014, BStBl. I 2014, 1258 Tz. 2.2.4.1.
7 Unter Berufung auf das BFH, Urt. v. 12.6.2013 – I R 47/12, FR 2014, 57 m. Anm. *Kempermann* = BFH/NV 2013, 1999 wurde in der Literatur diskutiert, ob der BFH nach neuerer Rechtsprechung einen „wirtschaftlichen Zusammenhang" zwischen dem zuzuordnenden Wirtschaftsgut und der Betriebsstätte ausreichen lasse, um das betreffende Wirtschaftsgut dieser Betriebsstätte zuzuordnen, vgl. *Kempermann*, FR 2014, 60 (61 f.); *Hagemann*, PIStB 2014, 111 (118). Dies hatte der BFH im Urteilsfall für ausreichend erachtet. Allerdings ging es in dem Urteilsfall nicht um die Anwendung des Betriebsstättenvorbehalts, so dass uE für die Zuordnungsfrage im Rahmen der Abgrenzung von Art. 7 und Art. 10 OECD-MA keine Abkehr von dem Erfordernis der tatsächlichen Zugehörigkeit anzunehmen ist, vgl. *Gosch*, BFH/PR 2014, 36; *Dötsch/Pung*, DB 2014, 1215 (1216).
8 So auch das FG Münster v. 15.12.2014 – 13 K 624/11 F, BB 2015, 1699, welches konstatiert, dass die Zuordnung von Beteiligungen zu einer Betriebsstätte in der Rechtsprechung des BFH bislang nicht eindeutig geklärt ist.

sonengesellschaften als eigenständige Gewinnermittlungs- und partielle Steuersubjekte diskutiert, ob insoweit abweichende Zuordnungsgrundsätze gelten (s. dazu auch Rz. 27.68).

27.60 **Funktionale Zuordnung von Beteiligungen nach der Rechtsprechung des BFH:** Nach der Rechtsprechung des BFH ist für die Zuordnung maßgeblich darauf abzustellen, ob ein tatsächlicher Funktionszusammenhang zwischen einem Wirtschaftsgut und einer Betriebsstätte besteht. Eine Zugehörigkeit einer Beteiligung zu einer Betriebsstätte ist danach gegeben, wenn die Beteiligung in einem funktionalen Zusammenhang zu einer in der Betriebsstätte ausgeübten aktiven Tätigkeit steht und sich deshalb die Beteiligungserträge bei funktionaler Betrachtungsweise als Nebenerträge der aktiven Betriebsstättentätigkeit darstellen.[1] Weiter hat der BFH in seiner bisherigen Rechtsprechung geprüft, ob die Beteiligung der Betriebsstätte „dient"[2] oder von der wirtschaftlichen Konzeption her der Betriebsstätte untergeordnet ist.[3] Die vorgenannte Rechtsprechung des BFH ist zwar primär im abkommensrechtlichen Kontext zur Frage des „tatsächlichen Gehörens" zu einer Betriebsstätte ergangen. Es ist aber davon auszugehen, dass auch im innerstaatlichen Zusammenhang im Rahmen des Veranlassungsprinzips grundsätzlich dieselben Zuordnungsgrundsätze gelten.[4]

27.61 **Verwaltungsansicht zur funktionalen Zuordnung von Beteiligungen:** Nach dem Betriebsstätten-Erlass[5] aus dem Jahr 1999, der die bis dahin ergangene BFH-Rechtsprechung (teilweise) berücksichtigt, sind einer Betriebsstätte diejenigen Wirtschaftsgüter zuzuordnen, die der Erfüllung der Betriebsstättenfunktion dienen.[6] Dazu zählen vor allem die Wirtschaftsgüter, die zur ausschließlichen Verwertung und Nutzung durch die Betriebsstätte bestimmt sind oder aus denen Einkünfte erzielt werden, zu deren Erzielung die Tätigkeit der Betriebsstätte überwiegend beigetragen hat. Maßgeblich sind immer die tatsächlichen Verhältnisse und insbesondere Struktur, Organisation und Aufgabenstellung der Betriebsstätte im Unternehmen. Für die Zuordnung von Beteiligung ist nach Verwaltungsansicht die sog. „Zentralfunktion des Stammhauses" zu beachten, wonach Beteiligungen in der Regel dem Stammhaus zuzurechnen sind. Etwas anderes soll nur gelten, wenn die Beteiligung einer in der Betriebsstätte ausgeübten Tätigkeit dient.[7] Zu Recht wurde die Zentralfunktion des Stammhauses schon in der Vergangenheit in der Literatur aber abgelehnt, da sie vielfach der Organisationsstruktur von Unternehmen widerspricht.[8] Nach der BsGaV und unter Berücksichtigung der – nach neuem Verständnis – weiterreichenden Selbständigkeitsfiktion der Betriebsstätte sollte an der von der Finanzverwaltung propagierten Zentralfunktion des Stammhauses nicht weiter festgehalten werden können.[9]

---

1 Vgl. BFH v. 26.2.1992 – I R 85/91, BStBl. II 1992, 937 = GmbHR 1993, 58; BFH v. 19.12.2007 – I R 66/06, BStBl. II 2008, 510 = FR 2008, 724 m. Anm. *Lohmann/Rengier*; BFH v. 24.8.2011 – I R 46/10, BFHE 234, 339; finanzverwaltungsintern wohl nicht abgestimmte Verfügung der OFD Karlsruhe v. 16.1.2014 – S 2770/52/2 – St 221, BeckVerw 281800 = FR 2014, 434.
2 Vgl. BFH v. 1.4.1987 – II R 186/80, BStBl. II 1987, 550.
3 Vgl. BFH v. 13.2.2008 – I R 63/06, BStBl. II 2009, 414 = GmbHR 2008, 780 = FR 2008, 1053.
4 Vgl. dazu *Gosch* in Kirchhof[17], § 49 EStG Rz. 15 mit dem Hinweis, dass im Bereich der Besteuerung von Mitunternehmerschaften nach innerstaatlichem Recht ggf. abweichende Zuordnunsgsgrundsätze gelten.
5 BMF v. 24.12.1999 – IV B 4 - S 1300 – 111/99, BStBl. I 1999, 1076.
6 BFH v. 29.7.1992 – II R 39/89, BStBl. II 1993, 63 = GmbHR 1993, 61; BMF v. 24.12.1999 – IV B 4 - S 1300 – 111/99, BStBl. I 1999, 1076, Rz. 2.4.
7 BMF v. 24.12.1999 – IV B 4 - S 1300 – 111/99, BStBl. I 1999, 1076, Rz. 2.4.
8 Vgl. *Breuninger* in FS Schaumburg, 587 ff.
9 Vgl. *Kraft/Dombrowski*, FR 2014, 1109 mwN.

Relevanz von Ergebnisabführungsvertrag und Stimmrechtsallokation für Zuordnungsfrage: Die Neuregelung der Organträgerfähigkeit trifft keine Aussage darüber, ob der Gewinn der Organgesellschaft an die inländische Betriebsstätte oder an das ausländische Stammhaus abzuführen ist. Gleiches gilt für die Frage, ob der EAV mit dem ausländischen Organträger abgeschlossen werden kann. Nach alter Rechtslage war es erforderlich, dass der EAV unter der Firma der inländischen Zweigniederlassung abgeschlossen wurde. UE sollte die Frage, ob der EAV mit dem Stammhaus oder der Betriebsstätte abgeschlossen ist ebenso wie die Frage der Stimmrechtsallokation grds. keine Auswirkung auf die Zuordnung der Beteiligungen haben,[1] wenn sich aufgrund anderer Umstände ein eindeutiger funktionaler Zusammenhang ergibt. Gleichwohl kann dem Abschluss des EAV unter der Firma der Zweigniederlassung ebenso wie der Stimmrechtsallokation in bestimmten Fällen eine Indizwirkung zukommen, welche eine Zuordnung zur inländischen Betriebsstätte unterstützt. Im Übrigen ist darauf hinzuweisen, dass der sog. Personalfunktion im Rahmen der Betriebsstättengewinnaufteilungsverordnung (Rz. 27.52 ff.) eine entscheidende Bedeutung zukommt, weshalb es sinnvoll erscheint, die Verwaltung der Beteiligung ebenso wie die Stimmrechtsausübung bei der inländischen Betriebsstätte anzusiedeln.

27.62

Hilfsmaßstab für funktionale Zuordnung: UE kann für die Frage des Vorliegens eines funktionalen Zusammenhangs zumindest indiziell Anleihe bei den Grundsätzen für die Qualifikation von Beteiligungen als Sonderbetriebsvermögen bei einer Personengesellschaft genommen werden. Liegt nach diesen Sonderbetriebsvermögen vor, so dürfte auch eine funktionale Zuordnung zu bejahen sein. Denn die Voraussetzungen, die erfüllt sein müssen, um ein Wirtschaftsgut als notwendiges Sonderbetriebsvermögen zu qualifizieren, können (bei Wirtschaftsgütern des Gesamthandsvermögens) uE grundsätzlich auch eine funktionale Zugehörigkeit begründen. Voraussetzung für die ertragsteuerliche Anerkennung eines Organschaftsverhältnisses mit einer Organträgerpersonengesellschaft ist aber immer die Zugehörigkeit der Beteiligung zum Gesamthandsvermögen (s. hierzu auch Rz. 27.68 ff.).

27.63

Grundfall funktionaler Zuordnung: Als Paradebeispiel für einen bestehenden funktionalen Zusammenhang gilt allgemein eine Produktionsbetriebsstätte, welcher die Beteiligung an einer Kapitalgesellschaft, die die Produkte der Produktionsbetriebsstätte vertreibt, zuzuordnen ist.[2] Durch den Vertrieb der Produkte der Betriebsstätte unterstützt und fördert die Vertriebsgesellschaft unzweifelhaft die unternehmerische Tätigkeit der Produktionsbetriebsstätte, so dass die Voraussetzungen einer funktionalen Zuordnung gegeben sind. Gleiches sollte uE im umgekehrten Fall gelten, wenn eine Betriebsstätte die Produkte einer Produktionskapitalgesellschaft vertreibt. Ein funktionaler Zusammenhang zwischen der Tätigkeit einer Betriebsstätte ist uE auch dann zu bejahen, wenn die Kapitalgesellschaft durch die Betriebsstätte outgesourcte Funktionen wahrnimmt, die ohne das erfolgte Outsourcing andernfalls durch die Betriebsstätte selbst hätten wahrgenommen müssen. Gleiches gilt uE dann, wenn zB auf Ebene der Betriebsstätte und der Kapitalgesellschaft verschiedene Produktionsstufen für ein bestimmtes Produkt angesiedelt sind, da auch in diesem Fall ein entsprechender Zusammenhang zwischen den Tätigkeiten von Betriebsstätte und Beteiligungsgesellschaft besteht.

27.64

---

[1] Vgl. zur Unschädlichkeit der Stimmrechtsallokation zB *Stangl/Brühl*, Der Konzern 2013, 77 (81); *Weigert/Strohm*, Der Konzern 2013, 249 (267).

[2] Vgl. zB *Looks* in Looks/Heinsen, Betriebsstättenbesteuerung³, Rz. 821.

27.65 Funktionale Zuordnung bei multiplem funktionalen Zusammenhang: Von besonderem Interesse ist in diesem Zusammenhang die Frage, wie eine Zuordnung zu erfolgen hat, wenn ein funktionaler Zusammenhang sowohl zum ausländischen Stammhaus des Organträgers als auch der inländischen Betriebsstätte des Organträgers besteht. Als Beispiel kann insoweit eine inländische Vertriebskapitalgesellschaft gelten, welche zu 70 % Produkte des ausländischen Stammhauses und zu 30 % Produkte der inländischen Produktionsbetriebsstätte vertreibt. Zumindest nach Verwaltungsansicht ist davon auszugehen, dass die Zuordnung der Beteiligung zu einer Betriebsstätte nur einheitlich und nicht anteilig erfolgen kann. Zwar könnte man daran denken, die Beteiligung aufgrund des überwiegenden Vertriebs von Produkten des ausländischen Stammhauses diesem zuzuordnen. Dies ist uE aber keinesfalls zwingend, da unstreitig auch ein funktionaler Zusammenhang mit der inländischen Produktionsbetriebsstätte besteht. Maßgeblich sollte uE in diesem Fall vielmehr sein, wo die Beteiligung innerhalb der Organisationsstruktur des Gesamtunternehmens angegliedert ist. Ist beispielsweise die Beteiligung in der Betriebsstättenbilanz der deutschen Betriebsstätte ausgewiesen und werden die maßgeblichen Gesellschafterrechte durch Mitarbeiter der deutschen Betriebsstätte ausgeübt (ggf. ist ein Mitarbeiter der inländischen Betriebsstätte auch Geschäftsführer der Beteiligungsgesellschaft), so dass die deutsche Beteiligungsgesellschaft organisatorisch als Teil des einheitlichen Deutschlandgeschäfts des Gesamtunternehmens verstanden wird, sind diese Bezugspunkte zur deutschen Betriebsstätte uE stärker zu gewichten als der Umstand, dass nur 30 % der durch die Kapitalgesellschaft vertriebenen Produkte aus der deutschen Betriebsstätte stammen. In diesem Fall kann der Stimmrechtsausübung ebenso wie der Frage, ob der Gewinnabführungsvertrag unter der Firma der Zweigniederlassung abgeschlossen wurde, eine zumindest indizielle Bedeutung für die Frage der Zuordnung zu einer inländischen Betriebsstätte zukommen. Anders wäre der Beispielsfall uE aber zu lösen, wenn die Beteiligung gerade nicht als Teil des Deutschlandgeschäfts verstanden würde, sondern eine organisatorische Eingliederung der inländischen Kapitalgesellschaftsbeteiligung in das ausländische Stammhaus erfolgen würde.

27.66 Funktionale Zuordnung zu Holding-Betriebsstätte: Gerade auch vor dem Hintergrund der Neuregelung von § 14 Abs. 1 Satz 1 Nr. 2 KStG wird die Frage diskutiert, inwieweit eine Zuordnung von Kapitalgesellschaftsbeteiligungen zu einer inländischen Holdingbetriebsstätte erfolgen kann.[1] In diesem Fall sollte bereits die Qualifikation als Betriebsstätte i.S.v. § 12 AO erfordern, dass es sich bei der ausgeübten Holdingtätigkeit der Betriebsstätte um eine gewerbliche Tätigkeit handelt. Unstreitig sind diese Voraussetzungen einer gewerblichen Tätigkeit nicht erfüllt, wenn die Tätigkeit der Betriebsstätte als bloße Vermögensverwaltung zu qualifizieren ist. Sofern einer Betriebsstätte aber die Funktion einer geschäftsleitenden Holding zugewiesen ist und von dieser ausgeübt wird, sollte uE grundsätzlich eine funktionale Zuordnung der geleiteten Beteiligungsgesellschaften zu dieser Betriebsstätte möglich sein. Da sich die Frage des Vorliegens einer Holdingbetriebsstätte in der Praxis insbesondere in Zusammenhang mit Holding-Personengesellschaften stellt, werden die entsprechenden Anforderungen vorliegend einheitlich bei den Ausführungen zur Holding-Personengesellschaft unten (Rz. 27.73 ff.) dargestellt. Die Anforderungen gelten uE im Rahmen einer Holding-Betriebsstätte entsprechend.

---

1 Vgl. *Weigert/Strohm*, Der Konzern 2013, 261 (267); *Goebel/Ungemach*, NWB 2013, 595 (599).

III. Besonderheiten der Zuordnung einer Beteiligung zur inländischen Organträger-Personengesellschaft mit ausländischen Gesellschaftern

1. Änderungen durch die Neuregelung für Organträger-Personengesellschaften

Die Altregelung setzte voraus, dass die Organträger-Personengesellschaft eine originär gewerbliche Tätigkeit ausübte und die Organbeteiligung zum Gesamthandsvermögen der Personengesellschaft gehörte. Auf die hinter der Personengesellschaft stehenden Personen kam es nicht an.[1] Die originäre Tätigkeit der Personengesellschaft ist auch nach der Neuregelung weiterhin Voraussetzung für die Organträgereigenschaft einer Personengesellschaft. Zusätzlich ist nun § 14 Abs. 1 Satz 1 Nr. 2 Satz 7 KStG zu beachten, der eine Zuordnung zur inländischen Betriebsstätte auch nach abkommensrechtlichen Grundsätzen verlangt. Dies kann in Bezug auf Organschaftsverhältnisse mit Organträger-Personengesellschaften, deren Mitunternehmer im Ausland ansässig sind, zu einer Verschärfung der Rechtslage führen.

27.67

2. Zuordnung nach innerstaatlichem Recht

Die Voraussetzung des § 14 Abs. 1 Nr. 1 KStG muss gem. § 14 Abs. 1 Satz 1 Nr. 2 Satz 3 im Verhältnis zur Personengesellschaft selbst erfüllt sein, dh. die Beteiligung an der Organgesellschaft muss zum Gesamthandsvermögen der Personengesellschaft gehören.[2] Wirtschaftsgüter, die im Gesamthandsvermögen einer Personengesellschaft stehen, stellen grundsätzlich Betriebsvermögen der Personengesellschaft dar.[3] Nach nationalem deutschen Steuerrecht sind Wirtschaftsgüter, die zum Gesamthandsvermögen einer gewerblichen Personengesellschaft gehören, der Personengesellschaft als Gewinnermittlungssubjekt und nicht den dahinter stehenden Gesellschaftern zuzuordnen.[4] Bei einer Organträger-Personalgesellschaft mit ausländischen Gesellschaftern soll das zivilrechtliche Gesamthandseigentum eine ununterbrochene Zuordnung zur inländischen Betriebsstätte nach nationalen Grundsätzen indizieren.[5] Der BFH teilt diese Ansicht nicht, sondern hat betreffend eine inländische KG mit Drittstaatengesellschaftern entschieden, dass aufgrund der ertragsteuerrechtlich gebotenen Transparenzbetrachtung die allgemeinen Betriebsstättenzuordnungsgrundsätze gelten.[6]

27.68

3. Abkommensrechtliche Zuordnung

Nach deutschem Steuerrecht transparent behandelte gewerblich tätige Personengesellschaften werden abkommensrechtlich grundsätzlich als Betriebsstätte behandelt, dh. sie vermitteln ihren Gesellschaftern, die das Unternehmen i.S.d. Art. 3 Abs. 1 Buchst. d) OECD-MA betreiben, eine abkommensrechtliche Betriebsstätte. Gewerblich tätige Personengesellschaf-

27.69

---

1 Dötsch/Pung, DB 2014, 1215 (1216).
2 Vgl. BMF v. 10.11.2005 – IV B 7 - S 2770 – 24/05, BStBl. I 2005, 1038, Tz. 13.
3 Eine Zurechnung zum Gesellschafter nach § 39 Abs. 2 Nr. 2 AO scheidet bei der Gewinnermittlung einer Mitunternehmerschaft tatbestandsmäßig aus, da sie ist für die Besteuerung nicht erforderlich ist, weil Subjekt der Gewinnerzielung und Gewinnermittlung die Mitunternehmerschaft selbst und nicht der Mitunternehmer ist, vgl. BFH v. 16.6.1994 – IV R 48/93, BStBl. II 1996, 82 = FR 1994, 750 m. Anm. Söffing; Ehlermann/Petersen, IStR 2011, 747 (748).
4 Vgl. BFH v. 16.6.1994 – IV R 48/93, BStBl. II 1996, 82 = FR 1994, 750 m. Anm. Söffing.
5 Finanzverwaltungsintern wohl nicht abgestimmte Verfügung der OFD Karlsruhe v. 16.1.2014 – S 2770/52/2 – St 221, BeckVerw 281800 = FR 2014, 434; Benecke/Schnitger, IStR 2013, 143 (153), ggf. überholt, sofern man die BsGaV auch auf § 14 KStG anwendbar erachtet.
6 Vgl. BFH v. 29.11.2017 – I R 58/15, FR 2018, 558 m. Anm. Wacker; s. auch FG Münster v. 15.12.2014 – 13 K 624/11 F, EFG 2015, 704.

ten erzielen abkommensrechtlich grundsätzlich Unternehmensgewinne i.S.v. Art. 7 OECD-MA, so dass die unter Rz. 27.59 ff. dargestellten Grundsätze zur funktionalen Zuordnung entsprechend Anwendung finden.

27.70 Ebenso wie nach alter Rechtslage ist es auch weiterhin erforderlich, dass die Beteiligung an der Organgesellschaft zum Gesamthandsvermögen der Organträger-Personengesellschaft gehört.[1] Dh. die Zuordnung einer Beteiligung zum Sonderbetriebsvermögen eines (ausländischen) Mitunternehmers bei der Personengesellschaft ist nicht ausreichend, um ein Organschaftsverhältnis zu begründen. Gleichwohl kann die zur Zuordnung von Sonderbetriebsvermögen ergangene Rechtsprechung uE herangezogen werden, um zu beurteilen, ob eine Beteiligung, die Teil des Gesamthandsvermögens ist, einer durch die Personengesellschaft begründeten Betriebsstätte nach den Kriterien der funktionalen Zugehörigkeit zugeordnet werden kann. Denn die Zugehörigkeit eines Wirtschaftsguts zum notwendigen Sonderbetriebsvermögen impliziert uE eine funktionale Zugehörigkeit.

27.71 Den nationalen Zuordnungsgrundsätzen, wonach Wirtschaftsgüter des Gesamthandsvermögens und sogar solche des Sonderbetriebsvermögens der Personengesellschaft zuzuordnen sind, kommt abkommensrechtlich keine Bedeutung zu. Vielmehr stehen abkommensrechtlich durch die Personalgesellschaft vermittelte Betriebsstätten und Betriebsstätten des Gesellschafters, die dieser aufgrund seiner außerhalb der Personengesellschaft erfolgenden Aktivitäten unterhält, als gleichberechtigte Zurechnungsobjekte gegenüber.[2]

27.72 Fraglich ist, ob ein funktionaler Zusammenhang zu einer inländischen Betriebsstätte der Personengesellschaft auch dann erforderlich ist, wenn neben der inländischen Personengesellschafts-Betriebsstätte keine weitere Betriebsstätte besteht, etwa weil die im Ausland ansässigen Mitunternehmer weder für die Personalgesellschaft noch daneben selbst originär unternehmerisch tätig sind. In diesem Fall entschied der BFH zur Zuordnung von Sonderbetriebsvermögen II, dass eine Kapitalgesellschaftsbeteiligung der inländischen Betriebsstätte zuzuordnen ist, da die im Ausland ansässigen Gesellschafter keine weiteren Betriebsstätten i.S.d. Abkommensrechts besitzen und eine solche (Mitunternehmer-) Betriebsstätte auch nicht durch das bloße Innehaben einer Kapitalbeteiligung begründet wird.[3] Auch die Urteilsbegründung in der Rechtssache I R 58/15[4] betreffend einen Drittstaatensachverhalt könnte dahingehend verstanden werden, da der BFH die Sache an das FG mit der Begründung zurückverwiesen hat, dass der ausländische Mitunternehmer im Drittstaat ebenfalls über eine Betriebsstätte verfüge habe und daher zu klären sei, ob die im inländischen Gesamthandsvermögen gehaltene Beteiligung der inländischen oder der ausländischen Betriebsstätte zugeordnet werden könne; im Umkehrschluss deutet diese Aussage daraufhin, dass bei Nichtvorhandensein einer ausländischen Betriebsstätte unabhängig von einem weiteren Veranlassungszusammenhang von einer Zuordnung zur inländischen Betriebsstätte auszugehen ist, allerdings ist dieses Urteil zur Rechtslage vor dem Inkrafttreten der BsGaV ergangen.

---

1 Siehe auch die finanzverwaltungsintern wohl nicht abgestimmte Verfügung der OFD Karlsruhe v. 16.1.2014 – S 2770/52/2 – St 221, BeckVerw 281800 = FR 2014, 434.
2 Vgl. BFH v. 30.8.1995 – I R 112/94, BStBl. II 1995, 563; BFH v. 29.11.2000 – I R 84/99, IStR 2001, 185; BFH v. 19.12.2007 – I R 66/06, BStBl. II 2008, 510 = FR 2008, 724 m. Anm. *Lohmann/Rengier*.
3 Vgl. BFH v. 12.6.2013 – I R 47/12, BStBl. II 2014, 770 = FR 2014, 57 m. Anm. *Kempermann*.
4 Vgl. BFH v. 29.11.2017 – I R 58/15.

4. Holding-Personengesellschaft

Von besonderer praktischer Bedeutung ist die Frage, inwieweit eine geschäftsleitende Holding-Personengesellschaft als Organträgerin fungieren und dieser die Organschaftsbeteiligung zugeordnet werden kann. 27.73

Eine geschäftsleitend tätige Holding-Personengesellschaft, die Managementleistungen gegenüber ihren Tochtergesellschaften erbringt, erzielt nach der Rechtsprechung des BFH gewerbliche Einkünfte.[1] Nach Auffassung der Finanzverwaltung – welche in der Literatur uE zu Recht kritisiert wird[2] – reicht die Tätigkeit als geschäftsleitende Holding hingegen nicht aus, um eine gewerbliche Tätigkeit zu begründen; vielmehr geht die Finanzverwaltung davon aus, dass eine gewerbliche Tätigkeit zwingend die Erbringung sonstiger Dienstleistungen erfordert.[3] Im BMF-Schreiben zu § 50d Abs. 3 EStG, der auf eine „wirtschaftliche Tätigkeit" abstellt, erkennt die Finanzverwaltung eine solche hingegen bereits dann an, wenn mindestens zwei Beteiligungen von einigem Gewicht[4] gehalten und diesen gegenüber geschäftsleitende Funktionen wahrgenommen werden.[5] Insoweit stimmt die Finanzverwaltungsauffassung zur aktiven Beteiligungsverwaltung mit der BFH-Rechtsprechung zur gewerblichen Tätigkeit überein.[6] Wenngleich schon für das Mindesterfordernis des Haltens zweier Beteiligungen uE keine Rechtsgrundlage ersichtlich ist[7], sollte zumindest auf das Erfordernis der Erbringung weiterer Dienstleistungen auch für Zwecke des § 14 Abs. 1 Satz 1 Nr. 2 KStG verzichtet werden können. In der Praxis werden gleichwohl regelmäßig (ergänzend) Service-Agreements zwischen der Organträger-Personengesellschaft und den Organgesellschaften geschlossen, wodurch auch nach Auffassung der Finanzverwaltung die Voraussetzungen für eine gewerbliche Tätigkeit vorliegen sollten. 27.74

Zentraler Anhaltspunkt für das Vorliegen einer geschäftsleitenden Holding (in Abgrenzung zu einer vermögensverwaltenden Holding) ist die faktische Ausübung der Leitungsfunktion.[8] Geschäftsleitende Funktionen werden durch Führungsentscheidungen ausgeübt, die sich durch ihre langfristige Natur, Grundsätzlichkeit und Bedeutung auszeichnen, welche sie für den Bestand der Beteiligungsgesellschaft haben.[9] Als solche unterscheiden sie sich von Ent- 27.75

---

1 Vgl. BFH v. 17.12.1969 – I 252/64, BStBl. II 1970, 257; BFH v. 31.1.1973 – I R 166/71, BStBl. II 1973, 420; BFH v. 12.8.2002 – VIII B 69/02, GmbHR 2002, 1259 = BFH/NV 2002, 1579; BFH v. 17.9.2003 – I R 95, 98/01, BFH/NV 2004, 808.
2 Vgl. zB *Dötsch* in Dötsch/Pung/Möhlenbrock, § 14 KStG Rz. 152; *Orth*, DB 2005, 741; *Walter*, GmbHR 2005, 458.
3 Vgl. BMF v. 10.11.2005 – IV B 7 - S 2770 – 24/05, BStBl. I 2005, 1038 = FR 2005, 1216; s. dazu *Dötsch/Pung*, DB 2014, 1215 (1217); *Dötsch* in Dötsch/Pung/Möhlenbrock, § 14 KStG Rz. 152.
4 Ob eine Beteiligung von einigem Gewicht erworben wurde, hängt nicht von der Höhe der kapitalmäßigen Beteiligung ab. Es kommt darauf an, dass auf das Geschäft der Beteiligungsgesellschaft tatsächlich Einfluss genommen wird, vgl. BMF v. 24.1.2012 – IV B 3 - S 2411/07/10016 – DOK 2011/1032913, BStBl. I 2012, 171 = FR 2012, 233, Tz. 5.2.
5 BMF v. 24.1.2012 – IV B 3 - S 2411/07/10016 – DOK 2011/1032913, BStBl. I 2012, 171 = FR 2012, 233, Tz. 5.2.
6 Vgl. BFH v. 15.4.1970 – I R 122/66, BStBl. II 1970, 554, wonach eine gewerbliche Tätigkeit durch aktives Beteiligungsmanagement in Betracht kommt, wenn es sich um mindestens zwei Beteiligungen von einigem Gewicht handelt; BMF v. 24.1.2012 – IV B 3 - S 2411/07/10016 – DOK 2011/1032913, BStBl. I 2012, 171 = FR 2012, 233.
7 Ebenso *Hruschka*, IStR 2016, 437 (439).
8 Vgl. *Hruschka*, DStR 2014, 2421 (2424).
9 Vgl. *Hruschka*, IStR 2016, 437 (439).

scheidungen, die kurzfristig und ausführungsbezogen sind.[1] Sie kommen beispielsweise in folgenden Fällen in Betracht:

- Festlegung der Unternehmensstrategie,

- Steuerung der Unternehmensfinanzierung,

- Rechtliche Organisation des Konzerns als ganzen sowie die Produktions- und Investitionssteuerung im Gesamtkonzern,

- Wahrnehmung von übergeordneten Aufgaben in folgenden Bereichen (zB durch Erstellung von zentralen Leitlinien):

    - Corporate Governance,
    - Recht und Steuern,
    - Personal,
    - Corporate Identity, Marketing, Öffentlichkeitsarbeit
    - Strategischer Einkauf

27.76 Dabei ist ein Erscheinen nach außen nicht zwingend erforderlich, so dass auch die Einräumung von Zustimmungsvorbehalten in einem solchen Maße genügen kann, dass der Geschäftsführung der Beteiligungsgesellschaft kein echter Spielraum für unternehmerische Entscheidungen bleibt.[2] Nach Auffassung des BFH können auch Empfehlungen des herrschenden Unternehmens, gemeinsame Besprechungen und Beratungen genügen, wenn sie schriftlich festgehalten werden.[3] Hingegen reicht es nach Auffassung der Finanzverwaltung nicht aus, wenn nur einzelne Geschäftsfunktionen, wie zB Lizenzverwertung und oder/Kreditgewährung durch die Holdinggesellschaft erbracht werden.[4]

27.77 Die nach Satz 7 nunmehr ergänzend erforderliche Zuordnung der Organschaftsbeteiligung nach abkommensrechtlichen Grundsätzen verlangt eine funktionale Zugehörigkeit jeder Organschaftsbeteiligung zur inländischen Betriebsstätte der Holding-Personengesellschaft, dh. die funktionale Zugehörigkeit ist im Verhältnis zu jeder einzelnen Beteiligung zu prüfen.[5] Inwieweit die Zuordnung von Beteiligungen zu einer geschäftsleitenden Holding überhaupt möglich ist, ist noch nicht abschließend geklärt. In jüngerer Zeit hat diese Frage durch ein Urteil des FG Münster[6] besondere Aktualität erlangt, welches vor dem Hintergrund des BFH-Beschlusses I R 66/06[7] auf der einen und des BFH-Urteils I R 47/02[8] die Frage aufgeworfen hat,

---

1 BMF v. 24.1.2012 – IV B 3 - S 2411/07/10016 – DOK 2011/1032913, BStBl. I 2012, 171 = FR 2012, 233.
2 Vgl. *Hruschka*, DStR 2014, 2421 (2426); *Blumers*, DB 2017, 2893 (2897).
3 Vgl. BFH v. 10.8.2005 – I B 27/05, BFH/NV 2006, 133; BFH v. 17.9.2003 – I R 98/01, BFH/NV 2004, 808 und BFH v. 28.10.2008 – VIII R 73/06, BStBl. II 2009, 647.
4 BMF v. 24.1.2012 – IV B 3 - S 2411/07/10016 – DOK 2011/1032913, BStBl. I 2012, 171 = FR 2012, 233.
5 Vgl. *Dötsch/Pung*, DB 2014, 1215 (1217).
6 Vgl. FG Münster v. 15.12.2014 – 13 K 624/11 F, EFG 2015, 704 – das Revisionsverfahren wurde nach Rücknahme der Revision eingestellt (BFH v. 24.11.2017 – I R 10/15).
7 Vgl. BFH v. 19.12.2007 – I R 66/06, BB 2008, 1209.
8 Vgl. BFH v. 17.12.2003 – I R 47/02, BFH/NV 2004, 771.

ob nach der BFH-Rechtsprechung die Zuordnung einer Beteiligung zu einer Betriebsstätte einer geschäftsleitenden Holding möglicherweise generell ausgeschlossen ist. Für eine entsprechende Zuordnungsmöglichkeit spricht insoweit aber der Beschluss I R 66/06, in welchem der BFH darauf eingeht, dass auch keine geschäftsleitende Tätigkeit der entsprechenden Personengesellschaft dargelegt worden sei, was dahingehend verstanden werden kann, dass in diesem Fall eine abweichende Zuordnung möglich gewesen wäre. UE ist denjenigen Stimmen in der Literatur zuzustimmen, welche eine solche Zuordnung zu einer geschäftsleitenden Holding für möglich erachten.[1] Sofern in diesem Zusammenhang in der Literatur vereinzelt die Auffassung vertreten wird, dass zwischen dem Organträger und der Organgesellschaft jeweils Liefer- oder Leistungsbeziehungen unterhalten werden müssen,[2] ist dies uE abzulehnen.[3] Denn sofern nachgewiesenermaßen tatsächlich geschäftsleitende Funktionen in nicht nur unwesentlichem Umfang im oben dargestellten Sinne erbracht werden, sind derartige Tätigkeiten bereits isoliert betrachtet geeignet, um dadurch eine funktionale Zugehörigkeit zu begründen. Darüber hinausgehende, im Umfang und der Bedeutung nachgeordnete Dienstleistungsfunktionen können insoweit nicht für die Frage der funktionalen Zuordnung maßgeblich sein.

Dass auch eine geschäftsleitende Personenholdinggesellschaft als tauglicher Organträger und Zurechnungssubjekt ausreichen sollte, steht auch im Einklang mit der Zuordnung nach dem AOA, wonach die Organschaftsbeteiligung der Holding-Personengesellschaft zuzuordnen ist, wenn Personal der unternehmerisch tätigen Holdinggesellschaft Leitungsaufgaben in den Beteiligungsgesellschaften übernimmt. Denn die unternehmerische Leitungstätigkeit, die in der Betriebsstätte der Holding-Personengesellschaft ausgeübt wird, hängt funktional unmittelbar mit den nachgeordneten Beteiligungsgesellschaften zusammen.[4] In der Praxis sollte gleichwohl die funktionale Zuordnung der Beteiligung zur Organträger-Holdingpersonengesellschaft durch den Abschluss von Service-Agreements mit den Organgesellschaften unterstützt werden.

27.78

Da die Kriterien für die Zuordnung einer Beteiligung zu einer geschäftsleitenden Holdinggesellschaft von der höchstrichterlichen Rechtsprechung bislang noch nicht hinreichend konkretisiert worden sind, kann Rechtssicherheit derzeit letztlich allenfalls durch eine verbindliche Auskunft in Deutschland sowie ein entsprechendes Ruling im betroffenen ausländischen Staat erzielt werden.[5]

27.79

5. Änderung der Zuordnung der Organbeteiligung während des Bestehens der Organschaft

In zeitlicher Hinsicht verlangt § 14 Abs. 1 Satz 1 Nr. 2 Satz 4 KStG während der gesamten Dauer der Organschaft eine ununterbrochene Zuordnung der Organbeteiligung zur inländischen Betriebsstätte. Analog zur Voraussetzung der finanziellen Eingliederung muss auch die Zuordnung zur inländischen Betriebsstätte seit Beginn und während des ganzen Wirtschafts-

27.80

---

1 Vgl. dazu u.a. *Wiese/Lukas*, GmbHR 2016, 803 (804 f.); *Kraft/Hohage*, DB 2017, 2565 (2568); *Ditz/Tcherveniachiki*, DB 2015, 2897 (2900 f.); *Blumers*, DB 2017, 2893 (2896).
2 Vgl. *Dötsch/Pung*, DB 2014, 1215 (1217).
3 Ebenso *Wiese/Lukas*, GmbHR 2015, 803 (805).
4 Vgl. *Hruschka*, DStR 2014, 2421 (2426).
5 Vgl. *Wiese/Lukas*, GmbHR 2016, 803 (805); *Ditz/Tcherveniachiki*, DB 2015, 2897 (2901 f.).

jahres der Organgesellschaft gegeben sein.[1] Eine Änderung der Zuordnung[2] führt zu einem Ende der Organschaft mit Wirkung zum Beginn des Wirtschaftsjahres der geänderten Zuordnung, hat aber grds. keine Auswirkungen auf vorangegangene Wirtschaftsjahre. Hat die Organschaft aber zu diesem Zeitpunkt noch nicht über die Mindestlaufzeit von 5 Jahren nach § 14 Abs. 1 Satz 1 Nr. 3 KStG bestanden, so stellt sich mangels ausdrücklicher Regelung die Frage, ob die Organschaft entsprechend den Regeln zur Nichtdurchführung rückwirkend entfällt, wenn die Beteiligung aufgrund einer Änderung der tatsächlichen Umstände nicht länger der inländischen Betriebsstätte zuzuordnen ist. Letzteres wird von Teilen der Literatur[3] bejaht, da der Zweck der Mindestlaufzeit darin bestünde, das willkürliche Begründen und Beenden von Organschaften zu verhindern. Wäre die Änderung der Zuordnung der Organbeteiligung während der Mindestlaufzeit unschädlich, könnte dies quasi „durch die Hintertür" zu einer Umgehung der Mindestvertragslaufzeit führen. Auch die Finanzverwaltung sieht die geänderte Zuordnung während der Mindestlaufzeit als schädlich an.[4] Dem wird aber zu Recht entgegengehalten, dass § 14 Abs. 1 Satz 1 Nr. 3 KStG nur erfordert, dass der Gewinnabführungsvertrag während des Fünfjahreszeitraums tatsächlich durchgeführt wird, während die finanzielle Eingliederung nur während des gesamten Wirtschaftsjahres der Organgesellschaft bestehen muss.[5] Im Übrigen könnte die Organschaft im Rückgriff auf die Grundsätze zur – unschädlichen – vorzeitigen Beendigung von Gewinnabführungsverträgen auch für die Vergangenheit anzuerkennen sein, wenn die Beendigung der Zuordnung der Organbeteiligung auf einem wichtigen Grund[6] beruht (zB für den Fall, dass die inländische Betriebsstätte mit oder ohne die Organbeteiligung veräußert wird).[7]

---

1 Vgl. *Frotscher* in Frotscher/Drüen, § 14 KStG Rz. 141k (Stand: Januar 2015); *Kolbe* in HHR, § 24 KStG Anm. 190 (Stand: Januar 2015); *Weigert/Strohm*, Der Konzern 2013, 249 (268).
2 Zur Zuordnung an eine andere inländische Betriebsstätte vgl. *Frotscher* in Frotscher/Drüen, § 14 KStG Rz. 141l (Stand: Januar 2015), der eine solche für unschädlich hält; aA *Kolbe* in HHR, § 14 KStG Anm. 190.
3 Vgl. *Frotscher* in Frotscher/Drüen, § 14 KStG Rz. 141k (Stand: Januar 2015).
4 Vgl. die finanzverwaltungsintern wohl nicht abgestimmte Verfügung der OFD Karlsruhe v. 16.1.2014 – S 2770/52/2 – St 221, BeckVerw 281800 = FR 2014, 434.
5 Vgl. *Kolbe* in HHR, § 14 KStG Anm. 190; *Weigert/Strohm*, Der Konzern 2013, 249 (268); *Jesse*, FR 2013, 629 (635).
6 Vgl. R 14.5 Abs. 6 KStR 2015.
7 Gemäß der beispielhaften („insbesondere") Aufzählung in R 14.5 Abs. 6 Satz 2 KStR 2015 ist nach Auffassung der Finanzverwaltung ein wichtiger Grund ua. in der „Veräußerung" (der Organbeteiligung) zu sehen. Eine Unterscheidung zwischen konzerninternen und konzernexternen Veräußerungen sehen die Körperschaftsteuerrichtlinien nicht vor. Die Praxis ist bislang davon ausgegangen, dass die angeführten Fälle (Veräußerung oder Einbringung der Organbeteiligung durch den Organträger, Verschmelzung, Spaltung oder Liquidation des Organträgers oder der Organgesellschaft) außerhalb der Ausnahme des R 60 Abs. 6 Satz 3 KStR, dh. wenn nicht bereits bei Vertragsabschluss feststand, dass der Gewinnabführungsvertrag vor Ablauf der ersten fünf Jahre beendet werden wird, mit hinreichender Sicherheit von der Finanzverwaltung als wichtige Gründe i.S.v. § 14 Abs. 1 Satz 1 Nr. 3 Satz 2 KStG anerkannt werden, vgl. zB *Stangl/Brühl*, Ubg 2012, 657. Die Beendigung eines Gewinnabführungsvertrags infolge einer konzerninternen Veräußerung der Organgesellschaft war jüngst Gegenstand eines BFH-Verfahrens (BFH 13.11.2013 – I R 45/12, FR 2014, 608 = BFH/NV 2014, 783; Vorinstanz FG Nds. v. 10.5.2012 – 6 K 140/10, EFG 2012, 1591). Hier verneinte der BFH das Vorliegen eines wichtigen Grundes i.S.d. § 14 Abs. 1 Satz 1 Nr. 3 Satz 2 KStG bei einer konzerninternen Veräußerung der Organbeteiligung. Allerdings enthielt der dem Urteil zugrunde liegende Sachverhalt mehrere Anzeichen, die auf das (alleinige) Motiv der Verlustnutzung schließen lassen, und das Gericht dazu veranlassten, den konkreten Fall in die Nähe eines steuerlichen Gestaltungsmissbrauchs zu rücken. Vgl. dazu auch *Herzberg*, GmbHR 2014, 502; *Benecke/Schnittger*, IStR 2013, 143 (153).

IV. Abkommensrechtliche Behandlung des zugerechneten Organeinkommens

Schließlich verlangt § 14 Abs. 1 Satz 1 Nr. Satz 7 KStG nF, dass die der inländischen Betriebsstätte des Organträgers zugerechneten Einkünfte der Organgesellschaft auch nach dem anzuwendenden Doppelbesteuerungsabkommen der deutschen Besteuerung unterliegen. Die Regelung stellt einen Besteuerungsvorbehalt dar, der im DBA-Fall verhindern soll, dass das Einkommen der Organgesellschaft einem ausländischen Organträger zugerechnet wird, auf den der deutsche Fiskus keinen Zugriff hat, weil das deutsche Besteuerungsrecht an dem zugerechneten Einkommen durch ein DBA ausgeschlossen wird.[1] Dazu kommt es, wenn zwar nach § 12 AO eine Betriebsstätte besteht, jedoch nicht nach Abkommensrecht. Mangels abkommensrechtlicher Betriebsstätte steht das Besteuerungsrecht dem Ansässigkeitsstaat des Organträgers gem. Art. 7 Abs. 1 Satz 1 Halbs. 1 OECD-MA zu. Damit Deutschland sein Besteuerungsrecht nicht verliert muss es sich bei dem Organeinkommen somit um Unternehmensgewinne des (ausländischen) Organträgers i.S.v. Art. 7 OECD-MA handeln und diese müssen nach abkommensrechtlichen Grundsätzen der inländischen Betriebsstätte des Organträgers zuzurechnen sein, wobei nunmehr Art. 5 OECD-MA und nicht mehr § 12 AO über das Vorliegen einer Betriebsstätte sowie die Zuordnung der Beteiligung und die Zurechnung der Einkünfte entscheidet.

27.81

In der Literatur wurde die Frage aufgeworfen, ob das zugerechnete Einkommen der Organgesellschaft tatsächlich Unternehmensgewinne i.S.d. Art. 7 OECD-MA des Organträgers darstellt, da es nicht dessen eigene Einkünfte sind, sondern nur zugerechnetes Einkommen eines eigenständigen Rechtsträgers, nämlich der Organgesellschaft.[2] Insoweit handelt es sich um eine abkommensrechtliche Frage des Internationalen Steuerrechts, die noch nicht abschließend geklärt ist. Aus deutscher Sicht kann nach der hier vertretenen Auffassung jedoch davon ausgegangen werden, dass es sich bei dem Einkommen der Organgesellschaft um Unternehmensgewinne im abkommensrechtlichen Sinn handelt. Hierfür spricht die Gesetzesbegründung, wonach der Besteuerungsvorbehalt insbesondere die Fälle ausschließen soll, in denen wegen Unterschieden in der Definition oder Auslegung zwischen dem nationalen und dem abkommensrechtlichen Betriebsstättenbegriff formal die Zuordnung zu einer Betriebsstätte i.S.d. § 12 AO gegeben ist, aber ein inländisches Besteuerungsrecht dennoch nicht besteht, weil nach den Vorschriften des jeweils anzuwenden DBA eine Betriebsstätte nicht vorliegt.[3] Diese Frage würde sich nicht stellen, wenn das Organeinkommen abkommensrechtlich nicht den Unternehmensgewinnen zuzuordnen wären, die gem. Art. 7 Abs. 1 Halbs. 2 OECD-MA im Betriebsstättenstaat (Deutschland) besteuert werden können. Hiervon geht auch die Rechtsprechung aus.

27.82

V. Betriebsstättenzuordnung bei mittelbarer Beteiligung

Bei einer mittelbaren Beteiligung des Organträgers an der Organgesellschaft müssen die Voraussetzungen des Abs. 1 Satz 1 Nr. 2 Satz 4 in Bezug auf die Beteiligung an der vermittelnden Gesellschaft vorliegen. Besteht die mittelbare Beteiligung über mehrere vermittelnde Gesellschaften, ist nur auf die unmittelbare Beteiligung des Organträgers an der ersten vermitteln-

27.83

---

1 Vgl. *Krumm* in Blümich, § 14 KStG Rz. 75.
2 Vgl. *Lüdicke*, IStR 2011, 740 (744).
3 Vgl. BT-Drucks. 17/10774, 19.

den Gesellschaft abzustellen.[1] Denn Abs. 1 Satz 2 Nr. 4 stellt – im Gegensatz zu Abs. 1 Satz 1 Nr. 1 Satz 2 – nicht auf die Beteiligung an „jeder vermittelnden Gesellschaft", sondern auf die Beteiligung „an der vermittelnden Gesellschaft" ab.[2] Im Ergebnis ist es für das Bestehen der Organschaft insoweit irrelevant, ob es sich bei der bzw. den vermittelnden Gesellschaften um im Inland steuerpflichtige Gesellschaften handelt und ob die Organgesellschaftsbeteiligung einer inländischen Betriebsstätte der vermittelnden Gesellschaft zuzuordnen ist.[3]

27.84 Ist der Organträger mittelbar über eine oder mehrere Personengesellschaften an der Organgesellschaft beteiligt, gilt Satz 4 sinngemäß, § 14 Abs. 1 Satz 1 Nr. 2 Satz 5 KStG. Gegenstand von Satz 5 sind – ähnlich wie im Fall des Satz 4 – nur Konstellationen, in denen die Organschaft direkt mit dem mittelbar beteiligten Organträger und der Organgesellschaft besteht, nicht aber Fälle, in denen die Personengesellschaft selbst aufgrund unmittelbarer Beteiligung Organträger ist. Fraglich ist ua., was genau mit der sinngemäßen Anwendung von Satz 4 bei einer mittelbaren Beteiligung über eine oder mehrere Personengesellschaften gemeint ist.[4] Richtigweise sollte sich die Regelung des Satz 5 nur auf die erste Beteiligung des Organträgers an einer oder mehreren Personengesellschaften,[5] die die Beteiligung an der Organgesellschaft vermitteln, beziehen.[6] Es sollte daher auf die Zuordnung der Beteiligung an der (bzw. den) Personengesellschaft(en)[7] zu einer inländischen Betriebsstätte des Organträgers ankommen.

D. Fazit und Ausblick

27.85 Durch die Änderung des § 14 Abs. 1 Satz 1 Nr. 2 KStG ist der Gesetzgeber letztlich europarechtlichen Notwendigkeiten gefolgt, indem er offenkundige Verstöße gegen die EU-Grundfreiheiten beseitigt hat. Der große Wurf ist mit der Neuregelung jedoch nicht gelungen, da, wie oben dargestellt, in verschiedensten Fallkonstellationen weiterhin erhebliche Zweifel an der Vereinbarkeit mit EU-Recht bestehen, so dass weitere Anpassungen notwendig sind, um der jüngeren EuGH-Rechtsprechung Rechnung zu tragen. Durch das geänderte Regelungskonzept werden insbesondere schwierige Abgrenzungsfragen aus dem Bereich der Betriebsstättenbesteuerung in die Organschaftsregelungen inkorporiert, was dem Gedanken einer Vereinfachung des Organschaftsrechts zuwider läuft. Dies gilt umso mehr, als mit dem AOA und dessen Umsetzung im Rahmen von § 1 Abs. 5 AStG sowie der Betriebsstättengewinnaufteilungsverordnung weiteres Neuland betreten wurde und die Auswirkungen noch nicht vollumfänglich absehbar sind. Für den reinen Inlandsfall hingegen sollte sich durch die Neuregelung nichts geändert haben.

---

1 Vgl. *Dötsch* in Dötsch/Pung/Möhlenbrock, § 14 KStG Rz. 192; *Dötsch/Pung*, DB 2013, 305 (307); *Frotscher* in Frotscher/Drüen, § 14 KStG Rz. 141o f.; *Jesse*, FR 2013, 629 (635); *Kolbe* in HHR, § 14 KStG Anm. 189; aA *Schirmer*, FR 2013, 605 (608). Nicht Gegenstand von Satz 4 sind sog. Organschaftsketten, in den eine unmittelbare Beteiligung des jeweiligen Organträgers an der jeweils nachgeordneten Organgesellschaft besteht.
2 Vgl. *Jesse*, FR 2013, 629 (635); *Kolbe* in HHR, § 14 KStG Anm. 191.
3 Vgl. *Benecke/Schnitger*, IStR 2013, 143 (154); *Kolbe* in HHR, § 14 KStG Rz. 191.
4 Vgl. im Einzelnen dazu zB *Frotscher* in Frotscher/Drüen, § 14 KStG Rz. 141r ff. und (ausführlich) *Kolbe* in HHR, § 14 KStG Anm. 192 ff. jeweils mit weiteren Nennungen.
5 Bzw. wegen der sog. Spiegelbildtheorie deren Wirtschaftsgütern.
6 Vgl. *Dötsch* in Dötsch/Pung/Möhlenbrock, § 14 KStG Rz. 196; *Frotscher* in Frotscher/Drüen, § 14 KStG Rz. 141; *Kolbe* in HHR, § 14 KStG Anm. 192 ff., jeweils mit weiteren Nennungen. AA wohl die Gesetzesbegründung (BT-Drucks. 17/10774, 31).
7 Bzw. wegen der sog. Spiegelbildtheorie deren Wirtschaftsgüter.

Kapitel 28
Grenzüberschreitende Verlustabzugssperre des § 14 Abs. 1 Satz 1 Nr. 5 KStG

A. Hintergrund der Neufassung der Verlustabzugssperre 28.1	III. Inbound-Fall und US-amerikanische Check the Box Rules 28.39
I. Inhalt und Bedeutung 28.1	IV. Doppelt ansässige Gesellschaften .. 28.44
II. Normhistorie und Einordnung ... 28.3	1. Doppelt ansässiger Organträger 28.44
B. Sachlicher und persönlicher Anwendungsbereich des § 14 Abs. 1 Satz 1 Nr. 5 KStG 28.7	2. Doppelt ansässige Organgesellschaft 28.45
	E. Verfahrensrechtliche Gesichtspunkte 28.46
C. Tatbestandsvoraussetzungen der Verlustabzugssperre............. 28.14	F. Vereinbarkeit mit höherrangigem Recht und DBA-Grundsätzen 28.50
I. Negative Einkünfte 28.14	I. Unionsrecht 28.50
II. Berücksichtigung bei der Besteuerung im Ausland 28.21	II. Verfassungsrecht 28.54
	III. DBA....................... 28.58
D. Anwendungsbeispiele 28.27	G. Fazit und Ausblick 28.60
I. Inbound-Finanzierung über Organträger-Personengesellschaft ... 28.27	H. Checkliste: Problemkreise der Verlustabzugssperre in der Beratungspraxis 28.61
II. Ausländische Betriebsstätten von Organträger und/oder Organgesellschaft 28.35	

Literatur: *Benecke/Schnitger*, Wichtige Änderungen bei der körperschaftsteuerlichen Organschaft durch das UntStG 2013, IStR 2013, 143; *Bergmann*, Double dip ade – Erste Einordnung des neuen § 4i EStG, FR 2017, 126; *Blessing*, The U.S. Dual Consolidated Loss Rules: An Analysis and Reappraisal, Der Konzern 2003, 113 (Teil I) und 203 (Teil II); *Dötsch/Pung*, Gesetz zur Änderung und Vereinfachung der Unternehmensbesteuerung und des steuerlichen Reisekostenrechts: Die Änderungen bei der Organschaft, DB 2013, 305; *von Freeden/Liekenbrock*, Neue Zinsabzugsbeschränkung für Inbound-Akquisitionsfinanzierungen durch § 14 Abs. 1 Nr. 5 KStG n.F., DB 2013, 1690; *Goebel/Ungemach*, Neuregelung bei der Besteuerung ertragsteuerlicher Organschaften mit Auslandsbezug, NWB 2013, 595; *Gründig/Schmid*, Die Änderung des § 14 Abs. 1 S. 1 Nr. 5 KStG und deren Auswirkung auf grenzüberschreitende Unternehmensstrukturen, DStR 2013, 617; *Kanzler*, Das neue Abzugsverbot des § 4i EStG für Sonderbetriebsausgaben – A Farewell to Double-Dip, NWB 2017, 326; *Kröner/Momen/Boller*, Zeitliche Anwendung des § 14 Abs. 1 Satz 1 Nr. 5 KStG n.F. und verfahrensrechtliche Konsequenzen, IStR 2013, 405; *Liekenbrock*, Zusammenspiel von Zinsschranke und Anti-Double-dip-Rule, Ubg 2014, 785; *Löwenstein/Maier*, Organschaft und grenzüberschreitende Verlustnutzung bei doppelt ansässigen Organträgern – Mitwirkung von Dr. Jekyll und Mr. Hyde bei den Neuregelungen des UntStFG?, IStR 2002, 185; *Pohl*: Zum Standort der Einkommenszurechnung in Organschaftsfällen, DStR 2017, 1687; *Polatzky/Seitner*, Anwendung des § 14 Abs. 1 S. 1 Nr. 5 KStG auf US-Inbound-Strukturen nach Deutschland vor dem Hintergrund des US-Steuerrechts, Ubg 2013, 285; *Rehm/Nagler*, Neues von der grenzüberschreitenden Verlustverrechnung!, IStR 2008, 129; *Prinz*, Besprechung BFH, Urt. v. 12.10.2016 – I R 92/12 –, GmbHR 2017, 553–558; *Ritzer/Aichberger*, Die Anti-Double-Dip-Regelung des § 14 Abs. 1 S. 1 Nr. 5 KStG, Der Konzern 2013, 602; *Rödder*, Die kleine Organschaftsreform, Ubg 2012, 717; *Schaden/Polatzky*, Neuregelung der Verlustausgleichsbeschränkung des § 14 Abs. 1 Satz 1 Nr. 5 KStG – Auswirkungen auf deutsche Inbound-Finanzierungen über KG-Holding-Strukturen, IStR 2013, 131; *Scheipers/Linn*, Zur Unionsrechtswidrigkeit des § 14 Abs. 1 Nr. 5 KStG n.F., IStR 2013, 139; *Schneider/Schmitz*, Ausschluss der Verlustberücksichtigung bei Organschaft – Überblick über § 14 Abs. 1 Nr. 5 KStG n.F., GmbHR 2013, 281; *Schnitger*, Weitere Maßnahmen zur BEPS-Gesetzgebung in Deutschland, IStR 2017, 214; *Schönfeld*, Praxisfragen der grenzüberschreitenden Organschaft – dargestellt anhand von Fallbeispielen, IStR 2012, 368; *Schreiber/Meiisel*, Auswirkungen des § 14 Abs. 1 Nr. 5 KStG auf die Nutzung von Organträgerverlusten, IStR 2002, 581; *Schwenke*, Grenzüberschreitende Organschaft – Anmerkungen zu den gesetzlichen Neuregelungen, ISR 2013, 41; *Stangl/Brühl*, Die „kleine Organschaftsreform", Der Konzern 2013, 77; *Töben/Schulte-Rummel*, Doppelte Verlustberücksichtigung in Organschaftsfällen mit Auslandsberührung, FR 2002, 425; *Urtz*, Aktuelle Änderungen des Verlustverwertungsverbots bei Organschaften gemäß § 14 Abs. 1 Satz 1 Nr. 5 KStG, FS Frotscher, 629; *Wacker*, BFH – Doppelstöckige Personengesellschaft – Zuordnung von Zinsen als SBV II, IStR 2017, 278; *Wagner/Liekenbrock*, Organschaft und Ausschluss der doppelten Verlustberücksichtigung im In- und Ausland nach § 14 Abs. 1 Nr. 5 KStG n.F., Ubg 2013, 133; *Walter*, Berichtigungspflicht nach rückwirkend verschärfter organschaftlicher Verlustverrechnungsbeschränkung, IStR 2013, 535; *Weinberger*, Zum Begriff der negativen Einkünfte iSd Verlustverrechnungsbeschränkung des § 14 Abs. 1 S. 1 Nr. 5 KStG, IStR 2017, 970.

A. Hintergrund der Neufassung der Verlustabzugssperre

I. Inhalt und Bedeutung

28.1 Seit Einführung durch das UntStFG vom 20.12.2001 sieht § 14 Abs. 1 Satz 1 Nr. 5 KStG[1] die Beschränkung der Berücksichtigung negativer Einkünfte im Inland unter Anknüpfung an ausländische Besteuerungsmerkmale vor. Flankierende Vorschriften mit der Zielsetzung der Verhinderung der Einbeziehung negativer, bereits in einer Jurisdiktion berücksichtigter Einkünfte einer Gruppengesellschaft in das Besteuerungsregime einer anderen Jurisdiktion sind international verbreitet und bekannt unter der Bezeichnung „Dual Consolidated Loss Rules".

28.2 Die Stellung des § 14 Abs. 1 Satz 1 Nr. 5 KStG innerhalb des § 14 KStG mag verwundern: Systematisch ist die Regelung auf der Rechtsfolgenseite der Organschaftsregelungen anzusiedeln. Sie stellt kein (negatives) Tatbestandsmerkmal der Organschaft dar[2] und diese damit nicht in Frage. Im Zuge der sog. kleinen Organschaftsreform[3] wurde die Vorschrift des § 14 Abs. 1 Satz 1 Nr. 5 KStG geändert und in ihrem Anwendungsbereich erheblich erweitert. Daraus wurde geschlussfolgert, der Neuregelung komme eine sehr viel zentralere Bedeutung für die Organschaftsbesteuerung als der bisherigen Regelung zu.[4] Mit der Einführung des § 4i EStG durch das sog. BEPS I-Gesetz[5] mit Wirkung zum Veranlagungszeit-

---

[1] Gesetz zur Fortentwicklung des Unternehmenssteuerrechts, BGBl. I 2001, 3858. Die Regelung hatte folgenden Wortlaut: „Ein negatives Einkommen des Organträgers bleibt bei der inländischen Besteuerung unberücksichtigt, soweit es in einem ausländischen Staat im Rahmen einer der deutschen Besteuerung des Organträgers entsprechenden Besteuerung berücksichtigt wird."
[2] Zur Neuregelung vgl. *Stangl/Brühl*, Der Konzern 2013, 77 (98); zur Altregelung vgl. *Orth*, IStR 2002, Beihefter zu Heft 9, 10.
[3] Durch das Gesetz zur Änderung und Vereinfachung der Unternehmensbesteuerung und des steuerlichen Reisekostenrechts, BGBl. I 2013, 285.
[4] *Benecke/Schnitger*, IStR 2013, 143 (145); *Walter* in Ernst & Young, § 14 KStG Rz. 963.
[5] Ursprüngliche Fassung laut Gesetz zur Umsetzung der Änderungen der EU-Amtshilferichtlinie und von weiteren Maßnahmen gegen Gewinnkürzungen und -verlagerungen vom 20.12.2016, BGBl. I 2016, 3000: „Aufwendungen *eines Gesellschafters einer Personengesellschaft* dürfen nicht als Sonderbetriebsausgaben abgezogen werden, soweit diese Aufwendungen auch die Steuerbemessungsgrundlage in einem anderen Staat mindern. Satz 1 gilt nicht, soweit diese Aufwendungen Erträge desselben Steuerpflichtigen mindern, die bei ihm sowohl der inländischen Besteuerung unterliegen als auch nachweislich der tatsächlichen Besteuerung in dem anderen Staat."

raum 2017[1] ergibt sich im Bereich der Organträger-Personengesellschaften ein noch näher zu beleuchtendes Zusammenspiel zweier sog. Anti-Double-Dip-Regelungen.

II. Normhistorie und Einordnung

Ursprüngliche Fassung: In ihrer ursprünglichen Fassung wurde die Regelung des § 14 Abs. 1 Satz 1 Nr. 5 KStG vor dem Hintergrund der seinerzeitigen Aufgabe des bis dahin erforderlichen doppelten Inlandsbezugs des Organträgers eingeführt.[2] Die Regelung ist angelehnt an die Dual Consolidated Loss Regelung nach US-amerikanischem Vorbild. Nach dieser ist einer doppelt ansässigen Gesellschaft die Verlustnutzung in den USA grundsätzlich versagt und auf einen Ausgleich mit späteren Gewinnen beschränkt, wenn eine Verlustberücksichtigung gleichzeitig auch in einem anderen ausländischen Staat im Rahmen einer dort begründeten unbeschränkten Steuerpflicht erfolgt.[3] Nach Einführung führte die Altfassung des § 14 Abs. 1 Satz 1 Nr. 5 KStG in der Praxis zunächst ein „Schattendasein": Weder hatte die Finanzverwaltung in Form einer offiziellen Verlautbarung Erläuterungen zum Anwendungsbereich gegeben, noch fand die Regelung Niederschlag im Einkommensermittlungsschema der Körperschaftsteuerrichtlinien bzw. in anderen Steuerformularen.[4] Der Bundesfinanzhof hatte erstmals in einer bemerkenswerten Entscheidung vom 12.10.2016[5] betreffend das Streitjahr 2005 Gelegenheit, zu einzelnen Teilaspekten der Altfassung der Verlustabzugssperre zu entscheiden, ließ mangels Entscheidungserheblichkeit jedoch zahlreiche Fragen offen. Es bleibt daher in Bezug auf die Altfassung des § 14 Abs. 1 Satz 1 Nr. 5 KStG bei dem Befund, dass eine ganze Reihe von Anwendungsfragen offen geblieben ist, die sich auch in Bezug auf die Auslegung der Neufassung fortsetzen.

Neuregelung im Zuge der sog. Kleinen Organschaftsreform: Die Neufassung des § 14 Abs. 1 Satz 1 Nr. 5 KStG ist als flankierende Maßnahme zur Aufgabe des doppelten Inlandsbezugs für Organgesellschaften (§ 14 Abs. 1 Satz 1 Halbs. 1 KStG, s. dazu ausführlich Kapitel 27) zu sehen. Nachdem bislang nur Organträger doppelt ansässig sein konnten, sind taugliche Organgesellschaften nunmehr auch Kapitalgesellschaften mit statutarischem Sitz in einem EU/EWR-Staat und Ort der Geschäftsleitung im Inland. Der Gesetzgeber befürchtete offenbar vor diesem Hintergrund, dass auch auf Ebene der Organgesellschaft eine doppelte Verlustnutzung nicht auszuschließen sei und fasste dabei ausdrücklich die Fallkonstellation ins Auge, bei der negative Einkünfte einer doppelt ansässigen Organgesellschaft im Rahmen der Besteuerung in einem ausländischen Staat mit positiven Einkünfte eines Organträgers ausgeglichen

---

1 Geändert durch das Steuerumgehungsbekämpfungsgesetz vom 23.6.2017 mit Wirkung zum 25.6.2017, vgl. Gesetz zur Bekämpfung der Steuerumgehung und zur Änderung weiterer steuerlicher Vorschriften, BGBl. I 2017, S. 1682 durch Neuformulierung der Gesetzesüberschrift („Sonderbetriebsausgabenabzug *bei Vorgängen mit Auslandsbezug*") sowie des Einleitungssatzes („Aufwendungen *dürfen nicht als Sonderbetriebsausgaben abgezogen werden,* [...].").
2 BT-Drucks. 14/6882, 37.
3 Zur US-amerikanischen Dual Consolidated Loss Rule ausführlich *Blessing*, Der Konzern 2003, 113 und 203; zu deren Anwendung insbesondere auch im Zusammenhang mit den sog. „check-the-box" Regelungen s. *Endres/Thies*, RIW 2002, 275; *Kestler/Weger*, GmbHR 2003, 156 sowie *Prinz/Simon*, Der Konzern 2003, 104 (109); *Schreiber/Meiisel*, IStR 2002, 581. Siehe auch nachstehend die hierzu unter Berücksichtigung der Neuregelung des § 14 Abs. 1 Satz 1 Nr. 5 KStG erläuterten Beispielsfälle unter Rz. 28.45 f.
4 *Dötsch/Pung*, DB 2013, 305 (312) gehen davon aus, dass die Regelung wohl bislang in der Praxis noch nicht zur Anwendung gelangt ist.
5 Az. I R 92/12, GmbHR 2017, 425.

bzw. abgezogen werden.[1] Zwischenzeitlich im Laufe des Gesetzgebungsverfahrens diskutierte Änderungsvorschläge, die insbesondere europarechtlichen Bedenken Rechnung tragen sollten, wurden verworfen.[2] Die wesentlichen Änderungen gegenüber der bisher geltenden Fassung[3] sind folgende:[4]

– Verluste der Organgesellschaft werden erfasst

– Veränderte Begriffsverwendung („negative *Einkünfte*" statt negatives Einkommen)

– Ausdehnung des Merkmals der Verlustberücksichtigung im Ausland vom Organträger auf die *Organgesellschaft* oder eine *andere Person*

Nach § 34 Abs. 9 Nr. 8 KStG[5] findet die Neuregelung des § 14 Abs. 1 Satz 1 Nr. 5 KStG in allen noch nicht bestandskräftig veranlagten Fällen Anwendung[6]. Die Neufassung stellt gegenüber der bisherigen Regelung insgesamt eine deutliche Erweiterung dar. Sie kann deswegen nicht als bloß klarstellende bzw. redaktionelle Umformulierung angesehen werden, sondern bedeutet – wie nachfolgend aufgezeigt wird – insgesamt eine deutliche Verschärfung.[7]

28.5 **Praktische Erfahrungen mit der Neufassung des § 14 Abs. 1 Nr. 1 Satz 5 KStG**: Die Finanzverwaltung hat bislang – soweit ersichtlich – trotz umfänglicher Würdigung der Vorschrift im Schrifttum keine Verlautbarung oder Hinweise zu den vielschichtigen Problemstellungen bei der praktischen Anwendung der Vorschrift veröffentlicht und zunächst eine abwartende Haltung eingenommen.[8] Derzeit warten vielgestaltige Fallkonstellationen auf ei-

---

1 BT-Drucks. 17/10774, 20.
2 Ein Vorschlag der Regierungskoalition sah folgenden, gegenüber der endgültigen Fassung auf in Drittstaaten berücksichtigte Verluste beschränkten Gesetzeswortlaut vor, vgl. BT-Drucks. 17/11180 v. 24.10.2012: „Negative Einkünfte eines unbeschränkt steuerpflichtigen Organträgers oder einer unbeschränkt steuerpflichtigen Organgesellschaft, deren satzungsmäßiger Sitz sich nicht im Inland befindet, bleiben bei der inländischen Besteuerung unberücksichtigt, soweit sie im ausländischen Staat, der nicht Mitgliedstaat der Europäischen Union oder des Europäischen Wirtschaftsraums ist, im Rahmen der Besteuerung des Organträgers, der Organgesellschaft oder einer anderen Person berücksichtigt werden."
3 § 14 Abs. 1 Satz 1 Nr. 5 KStG in der Fassung des Gesetzes vom 20.12.2001, BStBl. I 2002, 35.
4 Vgl. *Frotscher* in Frotscher/Maas, § 14 KStG Rz. 511 (Stand: Januar 2015).
5 In der Fassung des Gesetzes v. 18.12.2013 (BStBl. I 2014, 2).
6 Zu Fragen der Rückwirkungsproblematik und Vertrauensschutz siehe Vorauflage, Rz. 28.13 f.
7 *Dötsch/Pung*, DB 2013, 305 (312).
8 So hat das BMF in einem Antwortschreiben vom 29.5.2013 (Az. IV C 2 - S 1910/10/10117:005, nicht amtlich veröffentlicht, BeckVw 276566) auf ein Schreiben der Wirtschaftsverbände vom 19.4.2013 zu Anwendungsfragen allgemeiner Bedeutung auch in Bezug auf die evtl. überschießenden Wirkungen der Regelung des § 14 Abs. 1 Satz 1 Nr. 5 KStG zunächst festgehalten: „Da es sich vielfach um komplexe, mehrstufige grenzüberschreitende Gestaltungen handelt, in denen zum Teil auch Wahlrechte hinsichtlich der Besteuerung einzelner Gesellschaften bestehen können, sollen auch die steuerlichen Auswirkungen dieser Regelung zunächst anhand konkreter tatsächlicher Einzelfälle untersucht werden. Im Anschluss daran kann entschieden werden, ob der Erlass eines BMF-Schreibens zu dieser Regelung erforderlich ist." In einer Verfügung der OFD Karlsruhe v. 16.1.2014 – S 2770/52/2 - St 221, FR 2014, 434 („Kleine Organschaftsreform – Arbeitshilfe für die Finanzämter") findet ebenfalls keine nähere thematische Auseinandersetzung statt, ebenso wenig in der Verfügung der OFD Frankfurt/M. v. 14.4.2014 – S 2770 A - 55 - St 51, DB 2014, 2194. Schließlich finden sich im Entwurf einer Allgemeinen Verwaltungsvorschrift über die Neufassung der Körperschaftsteuer-Richtlinien 2015 (KStR-E 2015) v. 18.5.2015 (DOK 2015/0343992, abrufbar auf bundesfinanzministerium.de) keine näheren Ausführungen zu Anwendungsfragen der Verlustabzugssperre.

nen „Praxistest", dessen Parameter nachfolgend dargestellt und anhand potentieller Anwendungsfälle exemplarisch beleuchtet werden sollen. Für den Steuerpflichtigen stellt sich in erster Linie die Frage nach Handlungs- und ggf. Anpassungsbedarf in Bezug auf bestehende Organschaftsstrukturen. Hinzu kommt, dass es mit Einführung des § 4i EStG für VZ ab 2017 zu Überschneidungen kommen kann. In jedem Fall dürfte in der Praxis die größte Herausforderung darin bestehen, die Anknüpfung dieser Vorschriften an die Behandlung negativer Einkünfte im Ausland zu bewältigen, was nicht nur profunde Kenntnis des ausländischen Rechts erfordert, sondern in Ermangelung der Vorgabe klarer Leitlinien durch die Finanzverwaltung in Bezug auf die Reichweite des Tatbestands mit erheblichen Rechtsunsicherheiten verbunden ist (Rz. 28.23 f.). Für laufende wie auch bereits abgeschlossene, jedoch nicht bestandskräftige Veranlagungen stellt sich im Anschluss daran die Folgefrage, wie diese Problematik verfahrensrechtlich umzusetzen ist und inwieweit sich daraus Handlungspflichten des Steuerpflichtigen ergeben könnten (eingehend Rz. 28.47 f.).

Einführung des § 4i EStG – Konkurrierende Abzugssperren?: Die Neuregelung des § 4i EStG hat dieselbe Intention wie die organschaftsbezogene Verlustabzugssperre, da § 4i EStG in Umsetzung des Aktionspunktes 2 der Base Erosion and Profit Shifting (BEPS) Initiative der OECD/G 20 der Verhinderung eines doppelten Betriebsausgabenabzugs bei Personengesellschaften dient (Verhinderung hybrider Gestaltungen, insbesondere Verhinderung „weißer Einkünfte"). Die § 4i EStG zugrunde liegende Problematik wurzelt letztlich im Besteuerungskonzept der deutschen Mitunternehmerschaft. Der Gesetzgeber sah eine fiskalische „Gefahrenlage"[1] durch doppelten Abzug von Aufwendungen als eigene Betriebsausgaben des Steuerpflichtigen im Ausland einerseits sowie als Sonderbetriebsausgaben einer (originär oder fiktiv gewerblichen) Personengesellschaft nach Maßgabe des § 15 Abs. 1 Satz 1 Nr. 2 EStG andererseits. In den Gesetzesmaterialien findet sich dementsprechend folgende Beschreibung der in den Blick genommenen Problematik[2]: 28.6

„Leistet (…) ein in einem DBA-Staat ansässiger Gesellschafter (regelmäßig eine ausländische Kapitalgesellschaft), der als Kommanditist an einer inländischen GmbH & Co. KG beteiligt ist, eine Einlage in die Personengesellschaft, die er wiederum über ein (Konzern-)Darlehen refinanziert hat, stellt der Refinanzierungsaufwand Sonderbetriebsausgaben des Kommanditisten bei der inländischen Personengesellschaft dar. Das zur Refinanzierung der Einlage aufgenommene Darlehen gehört zum Sonderbetriebsvermögen II des Kommanditisten bei der inländischen Personengesellschaft. Beim ausländischen Gesellschafter, der im anderen Staat unbeschränkt steuerpflichtig ist, stellen die Zinszahlungen regelmäßig auch abzugsfähige Betriebsausgaben dar. Im Inland erfolgt über die Zuordnung des Darlehens zum Sonderbetriebsvermögen II eine Berücksichtigung des Refinanzierungsaufwands als Sonderbetriebsausgabe in der Gewinnermittlung der Personengesellschaft (Mitunternehmerschaft). Folge dieser Konstellation ist, dass sich der Refinanzierungsaufwand doppelt gewinnmindernd auswirkt. In diesen Fällen soll der Betriebsausgabenabzug in Deutschland durch die Einfügung eines § 4i EStG versagt werden."

Einen konkreten Hinweis auf das Verhältnis von § 4i EStG zu § 14 Abs. 1 Satz 1 Nr. 5 KStG enthalten die Gesetzesmaterialien nicht. Dies stellt den Rechtsanwender – wie nachfolgend anhand von Beispielsfällen gezeigt wird – vor erhebliche Anwendungsschwierigkeiten und erzeugt eine komplexe Gemengelage, da § 4i EStG seinerseits wiederum Fragen zum Verhältnis

---

1 Siehe BT-Drucks. 18/10506, 84.
2 Empfehlung des Finanzausschusses des Bundesrates v. 9.9.2016, BR-Drucks. 406/1/16, 3 f.; Stellungnahme des Bundesrates v. 23.9.2016, BR-Drucks. 406/16, 3 f.

zu anderen Abzugsbeschränkungen wie der Zinsschranke[1] oder § 50d Abs. 10 EStG bei grenzüberschreitenden Sondervergütungen[2] aufwirft.

Dass der Gesetzgeber sich für ein Nebeneinander verschiedener Regelungen mit identischer Zielsetzung entschieden hat, ist bemerkenswert vor dem Hintergrund, dass der Gesetzgeber selbst jüngst im Rahmen der BEPS-Diskussion vor Einführung des § 4i EStG gewissermaßen als „große Lösung" die Schaffung einer Generalvorschrift in Erwägung gezogen hat, welche die Spezialvorschrift des § 14 Abs. 1 Satz 1 Nr. 5 KStG entbehrlich gemacht und zudem auch den Anwendungsbereich des § 4i EStG abgedeckt hätte. So hatte der Bundesrat initiativ ein allgemein gefasstes Verbot eines doppelten Betriebsausgabenabzugs in Gestalt des § 4 Abs. 5a EStG-E vorgeschlagen[3].

Nach diesem Gesetzesvorschlag würde ein allgemeines Betriebsausgabenabzugsverbot einerseits losgelöst von dem Bestehen einer Organschaft Platz greifen, andererseits auch nicht auf den Sonderbetriebsausgabenabzug beschränkt sein. Im Vergleich mit den derzeit gesetzlich normierten Verlustabzugssperren wäre also weder das Vorliegen einer Organschaft als Tatbestandsmerkmal noch die Verlustsituation der Organgesellschaft oder des Organträgers, noch die Qualifikation als Sonderbetriebsausgaben von Bedeutung. Allerdings ist diese Regelung wegen europarechtlicher Bedenken (drohende Unvereinbarkeit mit der Kapitalverkehrsfreiheit[4]) letztlich nicht verwirklicht worden. § 4i EStG regelt daher einen Teilbereich als „Sofortmaßnahme" unabhängig von weiteren ggf. noch umzusetzenden OECD-Empfehlungen zu „hybriden Gestaltungen". Nicht unerwähnt bleiben sollte in diesem Zusammenhang auch der Hinweis des Gesetzgebers darauf, dass sich der Regelungsbedarf auch aus der fehlenden Berücksichtigung von Personengesellschaften in der sog. ATAD-Richtlinie[5] ergebe, deren Anwendungsbereich sich auf Körperschaftsteuerpflichtige beschränke[6]. Die im Wesentlichen bis zum 31.12.2019 in nationales Recht umzusetzende Richtlinie[7] sieht für hybride Gestaltungen vor, dass bei einem doppelten Abzug von Ausgaben der Abzug nur in dem Mitgliedstaat zugelassen wird, aus dem die Zahlung stammt. Die weitere nationale Gesetzesentwicklung bleibt nicht zuletzt vor diesem Hintergrund abzuwarten.

B. Sachlicher und persönlicher Anwendungsbereich des § 14 Abs. 1 Satz 1 Nr. 5 KStG

28.7 Bereits die Bestimmung des sachlichen und persönlichen Anwendungsbereichs der Neufassung von § 14 Abs. 1 Satz 1 Nr. 5 KStG wirft zahlreiche Fragen auf, die im Schrifttum leb-

---

1 Fraglich ist das Verhältnis zur mitunternehmerbezogenen Anwendung der Zinsschranke (§ 4h, § 8a KStG), da es bei § 4i EStG keinen Zinsvortrag gibt, vgl. *Schnitger*, IStR 2017, 214 (217 – § 4i EStG als lex specialis).
2 Vgl. dazu *Gosch* in Kirchhof[16], § 4i EStG Rz. 4; *Bergmann*, FR 2017, 126.
3 Vgl. BR-Drucks. 432/14 v. 7.11.2014. Zu diesem Gesetzesentwurf *Staats*, DB 2015, Heft 12 „Standpunkte", 1 und *Hierstetter*, aaO, 3. Siehe ferner *Linn*, IStR 2014, 920; *Kahlenberg*, ISR 2015, 91.
4 Vgl. dazu *Kahlenberg*, ISR 2015, 91, *Milanin*, IStR 2015, 861.
5 Richtlinie (EU) 2016/1164 des Rates v. 12.7.2016, ABl. EU 2016 Nr. l 193, 1 (Anti Tax Avoidance Directive, „ATAD I"), nunmehr in Gestalt des Vorschlags einer Richtlinie des Rates zur Änderung der Richtlinie (EU) 2016/1164 bezüglich hybrider Gestaltungen mit Drittländern, („ATAD II"). Vgl. dazu *Niedling/Rautenstrauch*, BB 2017, 1500; *Oertel*, BB 2018, 351; *Zinowsky/Jochimsen*, ISR 2017, 325.
6 Vgl. BT-Drucks. 18/9956, 3.
7 S. Art. 11 ATAD.

haft diskutiert werden. Es kann daher als keineswegs gesichert angesehen werden, welchen Anwendungsbereich die Vorschrift überhaupt hat. Nachfolgend wird der derzeitige Diskussionsstand in Bezug auf den sachlichen und persönlichen Anwendungsbereich dargestellt.

Einschränkende Auslegung des Tatbestands – Beschränkung auf doppelt ansässige Gesellschaften? Vor dem Hintergrund der Gesetzesbegründung zur Änderung des § 14 Abs. 1 Satz 1 Nr. 5 KStG[1] wird im Schrifttum diskutiert, den Anwendungsbereich der Vorschrift im Wege einschränkender Auslegung allein auf Fälle doppelt ansässiger Gesellschaften zu beschränken.[2] Der Gesetzgeber hat die Ausdehnung der Regelung auf Organgesellschaften als Folge der Aufgabe des doppelten Inlandsbezugs der Organgesellschaft angesehen.[3] Daraus wird geschlussfolgert, dass nach dem Gesetzeszweck nur diese Fälle erfasst werden können, um einen „Verlustimport" nach Deutschland auszuschließen. Es wird daher im Schrifttum vorgeschlagen, den Anwendungsbereich der Norm auf Sachverhaltskonstellationen zu begrenzen, in denen – kumulativ – (i) Doppelansässigkeit der Gesellschaft (Organgesellschaft oder Organträger), (ii) Einbeziehung dieser Gesellschaft in eine ausländische Gruppenbesteuerung sowie (iii) doppelte Verlustberücksichtigung im In- und Ausland gegeben sind. Diese Einschränkungen sollen gewährleisten, dass nur gruppenbesteuerungsbedingte und nicht jedwede denkbare doppelte Verlustnutzung vom Anwendungsbereich der Norm erfasst werden. Fallgestaltungen, die keinerlei Bezug zu der Erweiterung des Tatbestands auf doppelt ansässige Organgesellschaften haben, sollen dagegen außen vor bleiben, da für ihre Erfassung kein Grund bestehe.[4] 28.8

Der Gesetzeswortlaut gibt unmittelbar eine solche Auslegung nicht her[5]. Ebenso wenig ist der Gesetzesbegründung eindeutig zu entnehmen, ob überhaupt und wenn ja, welche weiteren Voraussetzungen neben der Erweiterung des Tatbestands auf doppelt ansässige Organgesellschaften ins Blickfeld geraten. Die in der Gesetzesbegründung zur Skizzierung des Anwendungsbereichs gebrauchte Formulierung „insbesondere"[6] erscheint beispielhaft und nicht abschließend[7]. Dies lässt daher Raum zur Annahme eines grundsätzlich weiten Anwendungsbereichs, der einer teleologischen Auslegung nur schwer zugänglich sein dürfte. Im Ergebnis bleibt für die Praxis die Annahme, dass die Finanzverwaltung zur Frage der Einschränkung des Anwendungsbereichs auf doppelt ansässige Organgesellschaften wohl einer streng wortlautorientierten Auslegung zuneigen wird.[8] Es bleibt daher abzuwarten, wie sich die Finanz- 28.9

---

1 BT-Drucks. 17/10774, 20: „Ein Fall i.S.d. § 14 Abs. 1 S. 1 Nr. 5 KStG liegt insbesondere dann vor, wenn die negativen Einkünfte einer doppelt ansässigen Organgesellschaft im Rahmen der Besteuerung im ausländischen Staat mit positiven Einkünften eines Gruppenträgers ausgeglichen oder abgezogen werden."
2 *Stangl/Brühl*, Der Konzern 2013, 77 (100 f.); *von Freeden/Liekenbrock*, DB 2013, 1690 (1693), Eine einschränkende Auslegung wurde auch im Hinblick auf die Altfassung diskutiert, vgl. *Kestler/Weger*, GmbHR 2003, 156 (161); *Löwenstein/Maier*, IStR 2002, 185 (189); *Prinz/Simon*, Der Konzern 2003, 104 (109).
3 Vgl. BT-Drucks. 17/10774, 20.
4 *Stangl/Brühl*, Der Konzern 2013, 77 (100).
5 So auch *Kolbe* in HHR, § 14 KStG Anm. 271 (Stand Januar 2015) sowie *Schwenke*, ISR 2013, 41 (43).
6 BT-Drucks. 17/10774, 20.
7 Der Finanzausschuss des Deutschen Bundestags hatte zwar die Empfehlung ausgesprochen, die Regelung ausdrücklich auf doppelt ansässige Gesellschaften zu beschränken, siehe BT-Drucks. 17/11180, 15. Dieser Empfehlung wurde jedoch nicht gefolgt.
8 Die Doppelansässigkeit als Anwendungsvoraussetzung verneinen auch *Wagner/Liekenbrock*, Ubg 2013, 133 (141), *Benecke/Schnitger*, IStR 2013, 143 (151); *Urtz*, FS Frotscher, 629 (651).

gerichte – sollte die Frage jemals höchstrichterlich entschieden werden – hierzu positionieren werden. Sowohl strenge Wortlautinterpretation als auch eine einschränkende Auslegung erscheinen jeweils als denkbare Auslegungsergebnisse. Eine klarstellende Verwaltungsanweisung fehlt bislang.

28.10 **Anwendbarkeit auf Personengesellschaften als Organträger?** Offen ist weiterhin die Frage der Anwendbarkeit des § 14 Abs. 1 Satz 1 Nr. 5 KStG auf Organträger-Personengesellschaften. Der BFH hatte zwar im Urteil vom 12.10.2016 zur Altfassung (Streitjahr 2005) über einen Sachverhalt mit inländischer Organträger-Personengesellschaft zu entscheiden, ließ die Frage aber mangels Entscheidungerheblichkeit dahinstehen, da selbst bei unterstellter Anwendbarkeit die Verlustabzugssperre tatbestandlich nicht erfüllt sei, wenn wie im Streitfall weder die Organgesellschaft negatives Einkommen erzielt noch sich bei der Organträgerin nach organschaftlicher Ergebniszurechnung negative Einkünfte ergaben.[1]

Im Schrifttum wird einerseits von der Anwendbarkeit der Vorschrift auf Personengesellschaften als Organträger ausgegangen.[2] Auch in diesem Falle könne es zu einer doppelten Verlustnutzung kommen, wenn auf Gesellschafterebene ein Verlustabzug bei der inländischen Besteuerung möglich ist. Dagegen wird angeführt, dass die Vorschrift infolge der Anknüpfung an die Besteuerung des Organträgers bei Personengesellschaften mangels Steuerrechtssubjektivität der Personengesellschaft ins Leere gehe und daher nicht anwendbar sei. Zur Begründung dieser Auffassung wird angeführt, die Personengesellschaft als solche beziehe wegen ihrer (ertrag-)steuerlichen Transparenz keine Einkünfte.[3] Diejenigen Autoren, die eine einschränkende Auslegung des Tatbestands fordern, weisen darauf hin, dass entweder zumindest ein Gesellschafter der Personengesellschaft im Ausland in eine Gruppenbesteuerung einbezogen sein müsse oder aber sehen eine doppelte Verlustnutzung im Falle einer Organträger-Personengesellschaft als nicht „organschaftsbedingt" an.[4] Die Streitfrage hat erhebliche Bedeutung für in der Praxis häufig anzutreffende Akquisitionsfinanzierungen unter Zwischenschaltung einer inländischen Organträger-Personengesellschaft (s. dazu das Fallbeispiel unter Rz. 28.26.

28.11 **Durchschlagen auf die Gewerbesteuer?** Ebenfalls ungeklärt ist derzeit, ob die Rechtsfolgen der Vorschrift auf die Gewerbesteuer durchschlagen und damit auch für Gewerbesteuerzwecke von einer Verlustabzugssperre auszugehen ist. Der Gesetzgeber hat im Zuge der kleinen Organschaftsreform im Rahmen der Gewerbesteuer nur eine redaktionelle Anpassung des § 2 Abs. 2 Satz 2 GewStG vorgenommen,[5] ohne zu dieser Frage konkret Stellung zu beziehen. Aus gesetzessystematischer Sicht sollten folgende Überlegungen maßgeblich sein: Das GewStG verweist auf die im KStG normierten Voraussetzungen für die Begründung einer Organschaft, ohne jedoch zugleich auf die körperschaftsteuerlichen Einkommensermittlungsvorschriften Bezug zu nehmen. Da die Vorschrift des § 14 Abs. 1 Satz 1 Nr. 5 KStG eine Einkommens-

---

1 Az. I R 92/12, GmbHR 2017, 425, dort Rz. 48 f.
2 So zB *Frotscher* in Frotscher/Drüen, § 14 KStG Rz. 499 (Stand: Januar 2015), der auch verfassungsrechtlich die Einbeziehung von Personengesellschaften für erforderlich hält; *Jesse*, FR 2013, 629 (638); *Lohmar* in Lademann, § 14 KStG Rz. 399 (Stand: Dezember 2013).
3 *Gründig/Schmid*, DStR 2013, 617; *Schaden/Polatzky*, IStR 2013, 131 (134); *Wacker*, IStR 2017, 278 (287).
4 *Ritzer/Aichberger*, Der Konzern 2013, 602 (604).
5 Wegen Streichung des § 18 KStG musste korrespondierend der Verweis darauf in § 2 Abs. 2 GewStG gestrichen werden, BT-Drucks. 17/11217, 11.

ermittlungsvorschrift ist,[1] sollte diese bereits aus diesem Grund keine Anwendung für Zwecke der Gewerbesteuer finden.[2] Technisch knüpft die Gewerbeertragsermittlung nach § 7 GewStG an den Gewinn aus Gewerbebetrieb und nicht an die negativen Einkünfte an. Es fehlt an einem expliziten Verweis auf § 14 Abs. 1 Satz 1 Nr. 5 KStG und dieser kann mE auch nicht über die Bestimmung des § 2 Abs. 2 Satz 2 GewStG begründet werden, da diese nur die Voraussetzungen der gewerbesteuerlichen Organschaft regelt.

In Bezug auf die Altfassung wurde bislang gegen eine Berücksichtigung bei der Gewerbesteuer angeführt, im Ausland gebe es regelmäßig kein Äquivalent zur deutschen Gewerbesteuer und daher bestehe bereits abstrakt keine Gefahr einer doppelten Verlustberücksichtigung.[3] Diese Argumentation trifft in gleichem Maße auf die Neufassung zu. Aufgrund des Territorialitätsprinzips und des Inlandsbezugs der Gewerbesteuer wäre es überdies auch systemwidrig, ausländische Besteuerungsmerkmale für die Besteuerung des inländischen Gewerbebetriebs heranzuziehen.[4] 28.12

Persönlicher Anwendungsbereich: Die Neufassung zieht den Personenkreis, bezüglich dessen auf die Verlustnutzung im Ausland abzustellen ist, weit: Organträger, die Organgesellschaft oder eine andere Person sind in Betracht zu nehmen. Der Wortlaut erfasst eine Berücksichtigung negativer Einkünfte im Rahmen einer ausländischen Besteuerung somit unabhängig davon, bei welcher Person diese im Ausland erfolgt.[5] Diese Reichweite nimmt bei reiner Wortlautinterpretation ohne einschränkende Auslegung (organschaftsbedingte Nutzung als ungeschriebenes Tatbestandsmerkmal) uferlose Dimensionen an, die nicht mehr im Zusammenhang mit einer Gruppenbesteuerung stehen. Dies wird besonders deutlich in Fallgestaltungen, bei denen mittelbare und unmittelbare Gesellschafter daraufhin zu überprüfen sind, ob ihnen die jeweils anwendbare ausländische Rechtsordnung ein negatives Ergebnis zurechnet. 28.13

C. Tatbestandsvoraussetzungen der Verlustabzugssperre

I. Negative Einkünfte

Einkünftebegriff und Organschaft: Die Neuregelung knüpft nicht mehr an den Begriff des „Einkommens des Organträgers" an, sondern erfasst negative „Einkünfte" sowohl der Organgesellschaft als auch des Organträgers („oder"). Mit Blick auf die Gewinnermittlung bei Organschaften sind die Begrifflichkeiten im Anwendungsbereich des § 14 Abs. 1 Satz 1 Nr. 5 KStG nicht eindeutig und bedürfen der Auslegung, zumal die Gesetzesbegründung zur Neuregelung[6] keinerlei explizite Hinweise bereit hält. Im Schrifttum wurde bislang vertreten, dass für die Ermittlung negativer Einkünfte beim Organträger und bei der Organgesellschaft jeweils auf das originäre eigene Einkommen *vor* Zurechnung des Organeinkommens abzustel- 28.14

---

1 Nach *Benecke/Schnitger*, IStR 2013, 143 (147) soll dagegen § 14 Abs. 1 Satz 1 Nr. 5 KStG deswegen auf die Gewerbesteuer durchschlagen, weil die Vorschrift im Rahmen des § 7 Satz 1 GewStG als Gewinnermittlungsvorschrift anzusehen sei.
2 So auch *Schaden/Polatzky*, IStR 2013, 131 (137); *Schneider/Schmitz*, GmbHR 2013, 281 (282); *Wagner/Liekenbrock*, Ubg 2013, 133 (141).
3 Vgl. zB *Schreiber/Meiisel*, IStR 2002, 581.
4 *Ritzer/Aichberger*, Der Konzern 2013, 602 (604).
5 *Stangl/Brühl*, Der Konzern 2013, 77 (103); *Schwenke*, ISR 2013, 41 (43).
6 BT-Drucks. 14/6882, 37.

len sei (Stand-Alone-Betrachtung)[1] mit der Folge, dass eine Verrechnung der negativen Einkünfte innerhalb des Organkreises unterbleibe. Diese Betrachtung hat der BFH in seiner Entscheidung vom 12.10.2016[2] nunmehr insoweit verworfen, als für die Anwendung des § 14 Abs. 1 Satz 1 Nr. 5 KStG auf die konsolidierten Einkünfte des Organträgers *nach* Zurechnung des Einkommens der Organgesellschaft abzustellen sei. Zur Begründung führt der BFH die Gesetzessystematik und -begründung an. Der Gesetzgeber habe nach dem Verständnis des BFH einerseits die Verlustabzugsbeschränkung gerade der Vorschrift des § 14 Abs. 1 Satz 1 KStG zugewiesen und damit in den Zusammenhang der Einkommenszurechnung als Rechtsfolge der Organschaft gestellt und zweitens eine Ausdehnung der Altfassung, die noch ausschließlich auf negatives Einkommen des Organträgers abgestellt hatte, auf Organgesellschaften bezweckt[3]. Um ein Leerlaufen der neu gefassten Verlustabzugssperre in Bezug auf Organgesellschaften zu verhindern, müsse sich die Regelung bereits auf deren Einkünfte beziehen, da andernfalls durch Zurechnung des Einkommens der Organgesellschaft als Rechtsfolge des § 14 Abs. 1 Satz 1 KStG kein (negatives) Einkommen bei dieser verbleiben könne[4]. Der Gesetzgeber stelle nicht mehr auf das Einkommen des Organträgers ab, sondern bringe durch die alternative Verknüpfung („oder") zum Ausdruck, dass keine isolierte Betrachtung der eigenen Einkünfte des Organträgers erfolgen dürfe. Ein negativer Betrag der Einkünfte (in Höhe eines negativen Einkommens der Organgesellschaft vor Zurechnung) unterliegt danach nur einmal auf einer Stufe der Verlustabzugssperre: Entweder bereits in der ersten Stufe bei der Organgesellschaft durch die Rechtsfolge einer unterbliebenen Einkommenszurechnung, wenn insoweit eine Berücksichtigung bei der Organgesellschaft selbst im Ausland erfolgt oder auf zweiter Stufe beim Organträger, soweit zugerechnetes negatives Einkommen noch vorhanden ist und beim Organträger selbst oder einer anderen Person im Ausland berücksichtigt wird.[5] Der BFH stellt somit darauf ab, ob das Ergebnis des Organträgers insgesamt negativ ausfällt. Eine „atomisierte Einkunftssegmentierung"[6] wird damit letztlich vermieden, obwohl diese aus der nunmehrigen Bezugnahme auf Einkünfte des Organträgers oder der Organgesellschaft gleichermaßen hätte gefolgert werden können[7]. Der BFH versteht die Verwendung des Einkünftebegriffs zudem als Saldogröße und hält fest, dass bei insgesamt auf Ebene des Organträgers vorliegenden positiven Einkünften einzelne beim Organträger angefallene Betriebsausgaben nicht vom Abzug ausgeschlossen sind[8].

Ob über diese im BFH-Urteil vom 12.10.2016 explizit behandelte Problematik weitere Einschränkungen des Begriffs „negativer Einkünfte" im Sinne von § 14 Abs. 1 Satz 1 Nr. 5 KStG geboten sind, bleibt offen. So hat der BFH nicht entschieden, ob nur „organschaftsbedingte" negative Einkünfte des Organträgers erfasst sind, die ihre Ursache im Organschaftsverhältnis, d.h. in der Zurechnung von negativem Einkommen der Organgesellschaft haben[9].

---

1 Vgl. zB *Frotscher* in Frotscher/Drüen, § 14 KStG Rz. 502 (Stand: Januar 2015); *Benecke/Schnitger*, IStR 2013, 143 (145 f.); *Krumm* in Blümich, § 14 KStG Rz. 218 (Stand: März 2016).
2 Az. I R 92/12, GmbHR 2017, 425.
3 BT-Drucks. 17/10774, 20.
4 BFH, aaO.
5 *Walter* in Ernst & Young, § 14 KStG Rz. 965 (Stand: Oktober 2017).
6 So *Prinz*, GmbHR 2017, 553 (556).
7 Vgl. *Kahlenberg*, ISR 2017, 201 (205).
8 So im Ergebnis bislang auch *Schneider/Schmitz*, GmbHR 2013, 281 (282); *Schaden/Polatzky*, IStR 2013, 131 (136); *Rödder/Liekenbrock* in Rödder/Herlinghaus/Neumann, § 14 KStG Rz. 449.
9 Bejahend zB *Kolbe* in H/H/R, § 14 KStG Rz. 275; *Stangl/Brühl*, Der Konzern 2013, 77 (101 f.). Dagegen *Krumm* in Blümich, § 14 KStG Rz. 218; *Frotscher* in Frotscher/Drüen, § 14 KStG Rz. 508, *Benecke/Schnitger*, IStR 2013, 143 (147).

28.15 Der Gesetzeswortlaut stellt auf Einkünfte, nicht einzelne Einkunftsbestandteile ab. Daraus ist als Voraussetzung für die Anwendung der Neuregelung zu schließen, dass insgesamt negative Einkünfte auf Ebene des Organträgers oder der Organgesellschaft vorliegen müssen[1]. Einzelne negative Einkommensbestandteile (Gewinnminderungen, Aufwendungen) können unter der Neuregelung nicht berücksichtigt werden, da der Begriff „Einkünfte" eine Saldogröße darstellt.

28.16 **Einkünfte aus mehreren Quellen**: Dem Merkmal der negativen Einkünfte ist für die Anwendbarkeit der Verlustabzugsbeschränkung zu entnehmen, dass ein Verlustausgleich innerhalb der gleichen Einkunftsart bereits erfolgt ist, da es innerhalb dieser Einkunftsart ohne Unterscheidung der einzelnen Einkunftsquellen nach der Grundsystematik des § 2 Abs. 1 EStG nur einheitliche Einkünfte gibt.[2] Während unbeschränkt steuerpflichtige Kapitalgesellschaften (§ 8 Abs. 2 KStG) ebenso wie gewerblich tätige Personengesellschaften ausschließlich Einkünfte aus Gewerbebetrieb erzielen, stellt sich bei diesen von vornherein nicht die Frage, inwiefern bei getrennter Gewinnermittlung innerhalb der Einkünfte aus Gewerbebetrieb für Zwecke der Anwendung des § 14 Abs. 1 Satz 1 Nr. 5 KStG weiter zu differenzieren ist (zB betriebsbezogene Ermittlung negativer Einkünfte).[3] Im Rahmen der einzigen Einkunftsart hat hier nach § 14 Abs. 1 Satz 1 Nr. 5 KStG also eine Verrechnung von positiven und negativen Einkünfte zu erfolgen und die Rechtsfolge der Nichtabziehbarkeit tritt nur ein, wenn nach dieser Verrechnung noch ein Verlust vorhanden ist.

Beispiel: Die deutsche A-AG ist Organträgerin. Sie erzielt neben inländischen Gewinnen iHv. 100 auch negative Einkünfte aus einer ausländischen (Anrechnungs-)betriebsstätte von 50. Diese Verluste werden im Ausland auch berücksichtigt. Für Zwecke der Anwendung des § 14 Abs. 1 Satz 1 Nr. 5 KStG ergibt sich, dass die A-AG bei einkunftsartbezogener Verrechnung positive Einkünfte von 50 erzielt. Die negativen ausländischen Betriebsstätteneinkünfte können also trotz Berücksichtigung bei der Besteuerung im Ausland durch Verrechnung mit den inländischen Einkünften bei der inländischen Besteuerung abgezogen werden, da hier insgesamt bei isolierter Betrachtung auf Ebene der A-AG keine negativen Einkünfte entstehen.

28.17 Eine **natürliche Person als Organträger**[4] kann verschiedene Einkunftsarten verwirklichen und im Rahmen der Einkunftsart der gewerblichen Einkünfte mehrere Betriebe und Gewinnermittlungen haben. Gleichwohl kommt es hier für die Anwendung der Verlustabzugsbeschränkung nicht auf das Vorliegen einer negativen Gesamtsumme der Einkünfte an. Eine Verrechnung von positiven und negativen Einkünften zwischen verschiedenen Einkunftsarten ist für Zwecke des § 14 Abs. 1 Satz 1 Nr. 5 KStG ausgeschlossen. Wenngleich der Gesetzeswortlaut den Begriff „negative Einkünfte" nicht allein auf Einkünfte aus Gewerbebetrieb begrenzt, folgt dies aus dem gesetzessystematischen Zusammenhang, da die Organträgereigenschaft einer natürlichen Person an das Vorliegen eines anderen gewerblichen Unternehmens geknüpft ist.

28.18 **Folgefragen in Bezug auf das Verhältnis zu § 15 KStG**: Die Anknüpfung des Tatbestands an negative Einkünfte wirft auch bei der Einkünfteermittlung innerhalb des Organkreises Fragen auf, soweit hier die Anwendung des § 15 Satz 1 Nr. 2 KStG zu organschaftsbedingten gegenläufigen Effekten im Hinblick auf negative Einkünfte der Organgesellschaft führt.

---

1 Bestätigt durch BFH v. 12.10.2016 – I R 92/12, GmbHR 2017, 425.
2 *Frotscher* in Frotscher/Drüen, § 14 KStG Rz. 509 (Stand: Januar 2015).
3 *Benecke/Schnitger*, IStR 2013, 143 (146).
4 Diese konnte auch bisher unter die Altregelung des § 14 Abs. 1 Satz 1 Nr. 5 KStG fallen, vgl. *Lüdicke* in Herzig, Organschaft, 436 (444).

Nach der sog. Bruttomethode bleiben bestimmte Hinzurechnungen und Kürzungen bei der Einkünfteermittlung der Organgesellschaft unberücksichtigt.[1] Es stellt sich die Frage, ob Gegenkorrekturen auf der Ebene des Organträgers für Zwecke des § 14 Abs. 1 Satz 1 Nr. 5 KStG betragsmäßig wieder herauszurechnen sind, wenn – jedenfalls soweit die Korrektur reicht – eine doppelte Verlustnutzung nicht in Betracht kommt.

28.19 Mit Blick auf die spezielle Ermittlungstechnik der Einkommenszurechnung im Rahmen einer Organschaft ergibt sich zunächst Folgendes: Die Korrekturen nach § 15 KStG auf Organträgerebene werden erst nach der Einkünfteermittlung bei der Organgesellschaft vorgenommen, da sie sich auf das dem Organträger zugerechnete Einkommen und mithin auch auf die darin enthaltenen (Organgesellschafts-)Bestandteile beziehen. Ausgehend von dem in § 14 Abs. 1 Satz 1 Nr. 5 KStG verwendeten Begriff der negativen Einkünfte wären diese Korrekturen jedoch unbeachtlich, weil diese erst nach der Einkünfteermittlung der Organgesellschaft erfolgen.[2] Bei reiner Wortlautinterpretation („negative Einkünfte") wäre an sich eine Berücksichtigung der vorstehend beschriebenen Effekte aufgrund der Anwendung der Bruttomethode auf Ebene des Organträgers nicht möglich[3], was aber dann ggf. zu einer doppelten Nichtberücksichtigung von Verlusten führen kann. Wenn zB eine Abschreibung auf eine Beteiligung zu negativen Einkünften der Organgesellschaft im Sinne der Verlustabzugssperre führen würde und dann unberücksichtigt bliebe, dass die Hinzurechnung der wegen § 8b Abs. 3 KStG steuerlich grundsätzlich nicht relevanten Teilwertabschreibung beim Organträger erfolgt, bliebe dieser Gegeneffekt für Zwecke der Verlustabzugssperre unbeachtlich.

Richtigerweise wird im Schrifttum gefordert, dass deshalb die besondere Technik der Einkommensermittlung aufgrund der Bruttomethode nicht die Anwendung des § 14 Abs. 1 Satz 1 Nr. 5 KStG begünstigen soll.[4] Dazu werden folgende Lösungsvorschläge diskutiert:

– Keine Anwendung der Verlustabzugssperre, soweit bei einer Organgesellschaft negative Einkünfte entstehen, die sich aufgrund einer gegenläufigen Korrektur auf Ebene des Organträgers insgesamt nicht mindernd auf die im Inland steuerpflichtige Bemessungsgrundlage auswirken[5].

– Einschränkung der Bruttomethode mit der Folge, dass eine Hinzurechnung beim Organträger unterbleibt, soweit die Verlustabzugssperre in Bezug auf die Organgesellschaft angewendet wird.[6]

---

1 Dies betrifft bspw. die Kürzung von Bezügen und Gewinnen i.S.v. § 3 Nr. 40 EStG bzw. § 8b KStG oder die Hinzurechnung eines Übernahmeverlusts nach § 4 Abs. 6 UmwStG.
2 Vgl. R 7.1 Nr. 17 KStR 2015.
3 Für die Ermittlung der Einkünfte der Organgesellschaft dagegen schon, vgl. *Dötsch* in Dötsch/Pung/Möhlenbrock, § 14 KStG Rz. 661 (Stand: August 2016); *Frotscher* in Frotscher/Drüen, § 14 KStG Rz. 502b (Stand: Januar 2015).
4 *Ritzer/Aichberger*, Der Konzern 2013, 602 (606); *Wagner/Liekenbrok*, Ubg 2013, 133 (136); *Benecke/Schnitger*, IStR 2013, 143 (146).
5 Vgl. *Rödder/Liekenbrock* in Rödder/Herlinghaus/Neumann, § 14 KStG Rz. 465 sowie *Dötsch* in Dötsch/Pung/Möhlenbrock, § 14 KStG Rz. 661 (Stand: August 2016) mit Beispiel Teilwertabschreibung.
6 So *Ritzer/Aichberger*, Der Konzern 2013, 602 (606) hinsichtlich einer von § 8b Abs. 3 KStG erfassten Teilwertabschreibung mit der Begründung, der Wortlaut des § 15 Satz 1 Nr. 2 Satz 2 KStG setze voraus, dass in dem dem Organträger zuzurechnenden Einkommen auch Gewinnminderungen i.S.d. § 8b KStG enthalten sein müssen. Daher stelle sich die Frage, ob dies nach Anwendung des § 14 Abs. 1 Satz 1 Nr. 5 KStG bei der Organgesellschaft überhaupt der Fall sei. *Ritzer/Aichberger*, aaO, verneinen dies mit der Begründung, bei getrennter Anwendung der Verlustabzugssperre je-

Daher sollte m.E. im Anwendungsbereich der Bruttomethode so verfahren werden, als werde das Organeinkommen auch bei § 14 Abs. 1 Satz 1 Nr. 5 KStG berücksichtigt. Es wäre danach zu prüfen, ob bei isolierter Betrachtung entstandene negative Einkünfte auf der Ebene der Organgesellschaft wegen einer gegenläufigen Korrektur beim Organträger insgesamt zu einer Minderung der im Inland steuerpflichtigen Bemessungsgrundlage des Organkreises führen. Ist dies nicht der Fall, sollte die Verlustabzugssperre m.E. nicht greifen. Denn aufgrund der gegenläufigen Korrektur auf Organträgerebene werden die negativen Einkünfte der Organgesellschaft letztlich im Inland nicht berücksichtigt, weshalb die Anwendung der Verlustabzugssperre überschießend erscheint. Dieses Ergebnis wäre m.E. auch eine konsequente Fortschreibung der Aussagen zu § 14 Abs. 1 Satz 1 Nr. 5 KStG in der BFH-Entscheidung vom 12.10.2016, die sich zwar nicht mit der Bruttomethode zu befassen hatte (Organträgerin war eine Personengesellschaft), allerdings durch Zugrundelegung einer konsolidierten Betrachtung von Einkünften des Organträgers nach Zurechnung des Einkommens der Organgesellschaft Raum für eine Behandlung der Bruttomethode im oben beschriebenen Sinne lässt.

Verhältnis der Verlustabzugssperre zur Zinsschranke: Hinsichtlich der Berücksichtigung von Zinsaufwand nach Maßgabe der Zinsschranke (§ 4h EStG) stellen sich für das Zusammenspiel mit der Verlustabzugssperre weitere Fragen aufgrund der speziellen Einkommensermittlungstechnik bei der Organschaft.[1] Bei der Organgesellschaft ist die Zinsschranke nicht anzuwenden, denn die Organgesellschaft bildet kraft gesetzlicher Fiktion mit dem Organträger einen Betrieb im Sinne der Zinsschranke (vgl. § 15 Satz 1 Nr. 3 Satz 1 und 2 KStG). Daraus folgt für die Anwendung von § 14 Abs. 1 Satz 1 Nr. 5 KStG, dass mangels Anwendbarkeit der Zinsschranke auf Ebene der Organgesellschaft insoweit kein Konkurrenzverhältnis besteht.[2]

28.20

Die Voraussetzungen der Zinsschranke werden auf Organträgerebene unter Einbeziehung der Organgesellschaft geprüft und die entsprechenden Rechtsfolgen gezogen. Nach § 15 Satz 1 Nr. 3 Satz 3 KStG werden im Einkommen der Organgesellschaft enthaltene Zinsaufwendungen und -erträge der Organgesellschaft beim Organträger berücksichtigt („Zinsschranken-Bruttomethode"). Die für die Anwendung der Zinsschranke auf Organträgerebene maßgeblichen Größen (wie zB Zinssaldo und verrechenbares EBITDA) werden unter Berücksichtigung des zugerechneten Einkommens der Organgesellschaft ermittelt.

Während die Zinsschranke eine Gewinnermittlungsvorschrift darstellt, knüpft § 14 Abs. 1 Satz 1 Nr. 5 KStG als der Einkünfte- und Gewinnermittlung nachgelagerte Korrekturvorschrift an eine abgeschlossene steuerliche Gewinnermittlung an. Das Anwendungsverhältnis beider Vorschriften wirft Fragen auf und erscheint auf den ersten Blick zirkulär. Es könnte bei Organschaften mit Körperschaften als Organträger aus dem Wortlaut des § 8a Abs. 1 Satz 2 KStG die Schlussfolgerung gezogen werden, dass die Verlustabzugssperre vor Anwendung der Zinsschranke anzuwenden ist, weil für Zinsschrankenzwecke das „Einkommen" ermittelt wer-

---

weils auf Ebene des Organträgers und der Organgesellschaft seien die von der Verlustabzugssperre betroffenen Einkünfte bereits ausgeschieden worden.
1 Dazu eingehend *Liekenbrock*, Ubg 2014, 785 f. mit Berechnungsbeispielen.
2 Zinsaufwendungen der Organgesellschaft können unter der Verlustabzugssperre im Ergebnis nicht abzugsfähig sein, wenn sie im Rahmen der Stand-Alone-Betrachtung der Organgesellschaft einen Verlust erhöht oder begründet haben. Solche von der Anwendung der Verlustabzugssperre betroffenen Zinsaufwendungen sollten dann auch nicht der Einkommenszurechnung zum Organträger unterliegen. Steuerlich wegen Eingreifens der Verlustabzugssperre nicht abziehbare Zinsaufwendungen sind vom Zinsbegriff der Zinsschranke nicht erfasst, da die Legaldefinition in § 4h Abs. 3 Satz 2 EStG Vergütungen für Fremdkapital verlangt, die den maßgeblichen Gewinn gemindert haben. Eine Gewinnminderung tritt infolge der Anwendung der Verlustabzugssperre nicht ein.

den muss und dies auch die (vorrangige) Prüfung der Verlustabzugssperre voraussetzen könnte. Der Tatbestand der Verlustabzugssperre knüpft seinerseits an negative „Einkünfte" an und diese wiederum werden nach den Gewinnermittlungsvorschriften bestimmt. Die Verlustabzugssperre sollte m.E. als Korrekturvorschrift erst im Anschluss an die Anwendung der Zinsschranke als Einkommensermittlungsvorschrift Anwendung finden, dh. die Prüfung der Zinsschranke entscheidet mit darüber, ob der Organträger „negative Einkünfte" erzielt.[1] Andernfalls wäre die Beurteilung nach ausländischem Steuerrecht in die inländische Gewinnermittlung durch (vorrangige) Anwendung des § 14 Abs. 1 Satz 1 Nr. 5 KStG über das Tatbestandsmerkmal der Berücksichtigung bei der ausländischen Besteuerung zu übernehmen. Dies ist mE weder von § 8a Abs. 1 Satz 2 KStG bezweckt noch könnte diese Vorschrift eine solche Vorgehensweise rechtfertigen. Folglich beeinflusst die Zinsschranke als Gewinnermittlungsvorschrift, ob und in welcher Höhe negative Einkünfte i.S.d. § 14 Abs. 1 Satz 1 Nr. 5 KStG auf Organträgerebene bestehen.[2]

II. Berücksichtigung bei der Besteuerung im Ausland

28.21 Die negativen Einkünfte des Organträgers oder der Organgesellschaft müssen in einem ausländischen Staat **bei der Besteuerung des Organträgers, der Organgesellschaft** oder einer **anderen Person** berücksichtigt werden. Im Gegensatz zur bisher geltenden Fassung des § 14 Abs. 1 Satz 1 Nr. 5 KStG, dessen Wortlaut auf das negative Einkommen des Organträgers abstellte, knüpft der Tatbestand der Neuregelung nunmehr nicht daran an, ob der Organträger oder die Organgesellschaft im Ausland in eine Gruppenkonsolidierung einbezogen werden.

Eine „Berücksichtigung" im Ausland liegt nach zutreffender herrschender Meinung[3] dann vor, wenn es tatsächlich zur Minderung der ausländischen Bemessungsgrundlage kommt (konkrete Betrachtungsweise). Eine rein abstrakte Berücksichtigungsmöglichkeit sollte dagegen nicht genügen. Die Berücksichtigung der negativen Einkünfte im Ausland stellt damit eine konkret zu prüfende sachliche Begrenzung der Verlustabzugssperre dar. Die nachfolgenden Ausführungen dienen der Verdeutlichung praktisch wichtiger Anwendungsfragen in Bezug auf die Verlustberücksichtigung im Ausland.

28.22 Eine nur **mittelbare Berücksichtigung** der Verluste im Ausland ist vom Anwendungsbereich des § 14 Abs. 1 Satz 1 Nr. 5 KStG nicht erfasst.[4] Die Vorschrift findet daher zB keine Anwendung, wenn eine Teilwertabschreibung auf die Beteiligung am Organträger erfolgt, da diese keine Verluste des Organträgers bewirkt, sondern des Gesellschafters und damit einer anderen Person.[5] Es besteht hierin keine doppelte Verlustnutzung, sondern die Mehrstufigkeit der Beteiligungsstruktur zeitigt eine Folgewirkung.[6] Die Teilwertabschreibung auf die Beteiligung re-

---

1 Gleicher Ansicht *Benecke/Schnitger*, IStR 2013, 143 (146); *Liekenbrock*, Ubg 2014, 785 (788).
2 Zu Beispielsfällen s. *Liekenbrock*, Ubg 2014, 785 (789 f.), der aufzeigt, inwieweit durch das Eingreifen der Zinsschranke beim Organträger infolge der hintereinandergeschalteten Anwendung von Zinsschranke und Verlustabzugssperre deren Wirkung abgemildert oder gänzlich ausgeschlossen wird.
3 So bereits zur Altregelung *Kestler/Weger*, GmbHR 2003, 156 (160); *Prinz/Simon*, Der Konzern 2003, 104 (110); *Löwenstein/Maier*, IStR 2002, 185 (192); *Schreiber/Meiisel*, IStR 2002, 581 (583). Zur Neuregelung vgl. *Rödder/Liekenbrock* in Rödder/Herlinghaus/Neumann, § 14 KStG Rz. 469.
4 *Ritzer/Aichberger*, Der Konzern 2013, 602 (607).
5 *Schneider/Schmitz*, GmbHR 2013, 281 (283).
6 *Ritzer/Aichberger*, Der Konzern 2013, 602 (607).

sultiert lediglich aus negativen Einkünften, sofern diese für eine Wertminderung ursächlich sind, stellt aber nicht deren Nutzung dar.

Im Rahmen der konkreten Betrachtungsweise stellt sich die Frage, wie Besonderheiten der ausländischen Besteuerung, insbesondere abweichende ausländische Gewinnermittlungsvorschriften, im Einzelfall zu würdigen sind. 28.23

Berücksichtigung ausländischer Gewinnermittlungsvorschriften: Die Anknüpfung des § 14 Abs. 1 Satz 1 Nr. 5 KStG an die Berücksichtigung negativer Einkünfte im Ausland setzt die Prüfung ausländischer Rechtsvorschriften voraus und dies bedeutet, dass im Vergleich zu den inländischen Regelungen konzeptionell völlig verschiedene Abzugs- oder Einkünfteermittlungsregeln zum Tragen kommen. Eine profunde Kenntnis dieser Regelungen ist nicht zuletzt im Hinblick auf Mitwirkungspflichten des Steuerpflichtigen bei Auslandssachverhalten (§ 90 Abs. 2 AO) unerlässlich. So wird es in der Praxis häufig dazu kommen, dass aufgrund unterschiedlicher Regelungskonzepte im Ausland ein anderes Ergebnis ausgewiesen wird als unter Zugrundelegung der inländischen Regelungen oder dass sich eine zeitversetzte Berücksichtigung ergibt.

Denkbare Fallkonstellationen sind vielgestaltig und es ist jeweils genau zu prüfen, ob die deutsche Verlustabzugssperre greift. Die nachfolgende Auflistung beinhaltet in der Praxis häufig anzutreffende Beispielsfälle.

- **Abschreibungen vs. sofortiger Betriebsausgabenabzug**: Sieht das Ausland sofortigen Betriebsausgabenabzug vor, das Inland dagegen ratierliche Abschreibungen, die insgesamt im Inland bei Vorliegen anderer Einkünfte nicht zu negativen Einkünften führen, findet § 14 Abs. 1 Satz 1 Nr. 5 KStG keine Anwendung.

- **Abschreibungen und Finanzierungsaufwand**: Für Zwecke der Besteuerung im Inland entstehen Verluste infolge Zinsabzugs für ein finanziertes Wirtschaftsgut, auf das keine Abschreibungen zulässig sind; die ausländische Besteuerung lässt dagegen Abschreibungen zu, Finanzierungsaufwand aber unberücksichtigt. Verlustbegründend sind hier in den unterschiedlichen Jurisdiktionen jeweils zwei verschiedene Besteuerungsgrundlagen (Abschreibungen einerseits, Zinsaufwand andererseits), die in beiden Jurisdiktionen auseinanderfallen und nicht gleichermaßen aufgrund vergleichbarer Gewinnermittlungsvorschriften berücksichtigt werden.[1] Einen „Gleichlauf" in Bezug auf anzuwendende inländische und ausländische Gewinnermittlungsvorschriften sieht der Gesetzeswortlaut des § 14 Abs. 1 Satz 1 Nr. 5 KStG nicht vor, es genügt allein die Berücksichtigung bei der Besteuerung im Ausland, ohne dass die „Verlustursache" gewürdigt wird. Daher sollte auch dieser Fall vom Gesetzeswortlaut der Verlustabzugssperre erfasst sein, obwohl m.E. eine differenzierte Betrachtung in Bezug auf die Verlustverursachung angemessener erscheint.

- Abhängigkeit der Verlustberücksichtigung im Ausland von einem **Wahlrecht**: Eine tatsächliche Berücksichtigung sollte bei konkreter Betrachtung nur dann vorliegen, wenn das Wahlrecht auch ausgeübt wird. Das bloße Bestehen des Wahlrechts sollte dagegen nicht genügen. Im Rahmen der konkreten Betrachtungsweise, wonach für § 14 Abs. 1 Satz 1 Nr. 5 KStG eine tatsächliche und nicht bloß abstrakte Berücksichtigung negativer Einkünfte im Ausland zu fordern ist, sollte mE auch die Möglichkeit bestehen, durch Verzicht auf eine

---

[1] Nach *Prinz/Simon*, Der Konzern 2003, 104 (111) liegt in diesem Fall kein echter Double Dip vor.

im Ausland bestehende Abzugsmöglichkeit die Rechtsfolgen der inländischen Verlustabzugssperre zu vermeiden[1]. Eine bloß theoretisch im Ausland bestehende Verlustabzugsmöglichkeit, die nicht in Anspruch genommen wird, sollte keine Berücksichtigung i.S.d. § 14 Abs. 1 Satz 1 Nr. 5 KStG darstellen. Sinnvoll kann der Verzicht auf eine im Ausland bestehende Verlustabzugsmöglichkeit dann sein, wenn sich aufgrund unterschiedlicher Steuersätze im Inland eine höhere steuerliche Auswirkung der Berücksichtigung der negativen Einkünfte ergibt.

– **Negativer Progressionsvorbehalt:** Sofern negative Einkünfte im Rahmen eines negativen Progressionsvorbehalts im Rahmen der ausländischen Besteuerung erfasst werden, wird die Auffassung vertreten, dass die Verlustabzugssperre nicht eingreife.[2] Dem ist zuzustimmen, da das Merkmal der Berücksichtigung im Ausland eine Minderung der Bemessungsgrundlage erfordert, während eine Berücksichtigung beim Steuertarif nicht genügt, da das ausländische Besteuerungsniveau bei der inländischen Besteuerung (abgesehen von der Hinzurechnungsbesteuerung) unbeachtlich ist.

– **Ausländische Hinzurechnungsbesteuerung:** Werden negative Einkünfte durch ausländische Rechtsvorschriften zur Hinzurechnungsbesteuerung erfasst, sollte danach unterschieden werden, ob die inländischen negativen Einkünfte nur bei der Prüfung des Bestehens einer Niedrigbesteuerung herangezogen werden oder ob sie tatsächlich zu einer Minderung positiver ausländischer Einkünfte führen.[3] Nur im letzteren Fall sollte m.E. eine Anwendung des § 14 Abs. 1 Satz 1. Nr. 5 KStG denkbar sein.

28.24 **Zeitpunkt der Berücksichtigung im Ausland:** Der Gesetzeswortlaut sieht keinen Zeitpunkt hinsichtlich der Verlustberücksichtigung vor und trifft damit keine Aussage dazu, ob die negativen Einkünfte phasengleich im selben Veranlagungszeitraum berücksichtigt werden müssen oder ob eine phasenverschobene Berücksichtigung, etwa infolge eines Verlustvortrags oder -rücktrags bei der ausländischen Besteuerung genügt.[4]

28.25 Im Einklang mit der konkreten Betrachtungsweise erscheint es konsequent, in zeitlicher Hinsicht erst dann eine tatsächliche Berücksichtigung im Ausland zu bejahen, wenn es tatsächlich zu einer Minderung positiver Einkünfte infolge der **„Verwendung" des Verlustvortrags** kommt.[5] Dies ist bei Verlustvorträgen grundsätzlich erst dann der Fall, wenn eine Nutzung von Verlustvorträgen auch tatsächlich stattfindet. Das bloße Entstehen eines Verlustvortrags führt nicht zu einer „Berücksichtigung", da diese nicht konkret, sondern ungewiss ist. Ob in der Praxis die ggf. phasenverschobene tatsächliche Verlust(vortrags)nutzung nach ausländischen Rechtsvorschriften jedoch zuverlässig ermittelt werden kann, erscheint dagegen zweifelhaft: Es ist fraglich, wie genau der Zeitpunkt bestimmt werden soll, in dem im Ausland der-

---

1 Vgl. auch *Goebel/Ungemach*, NWB 2013, 595 (604); *Dötsch* in Dötsch/Pung/Möhlenbrock, § 14 KStG Rz. 670 (Stand: Juni 2017).
2 *Benecke/Schnitger*, IStR 2013, 143 (150); *Schneider/Schmitz*, GmbHR 2013, 281 (283); *Wagner/Liekenbrock*, Ubg 2013, 133 (138); *Rödder*, DStR 2002, 1800 (1802); *Prinz/Simon*, Der Konzern 2003, 104 (110); *Rödder/Liekenbrock* in Rödder/Herlinghaus/Neumann, § 14 KStG Rz. 469.
3 *Benecke/Schnitger*, IStR 2013, 143 (150).
4 Zur Altregelung vgl. insoweit *Lüdicke* in Herzig, Organschaft, 449: zeitgleiche Minderung einer positiven ausländischen Bemessungsgrundlage erforderlich.
5 Ebenso *Ritzer/Aichberger*, Der Konzern 2013, 602 (608); *Schneider/Schmitz*, GmbHR 2013, 281 (283); *Polatzky/Seitner*, Ubg 2013, 285 (286).

jenige Teil der negativen Einkünfte der Organgesellschaft oder des Organträgers, der nach Maßgabe des ausländischen Steuerrechts in den Verlustvortrag eingegangen ist, tatsächlich zur Verrechnung gebracht und damit (konkret) genutzt wurde. Die Ermittlung verkompliziert sich insbesondere, wenn mehrere „Verlustquellen" den Verlustvortrag bilden und sich dann die Frage einer etwaigen Verwendungsreihenfolge stellt. Der Steuerpflichtige wird hier vor nicht unerhebliche praktische Schwierigkeiten gestellt, die eine profunde Kenntnis der ausländischen Besteuerungsmaßstäbe erfordert.

Periodenübergreifend kann sich bei einer temporären steuermindernden Berücksichtigung von negativen Einkünften im Ausland in einem bestimmten Veranlagungszeitraum bei späterer Nachversteuerung von Gewinnen in Folgejahren die Frage stellen, ob der dadurch periodenübergreifend verwirklichte **Kompensationseffekt** die vorherige Berücksichtigung im Sinne der Verlustabzugssperre entfallen lässt.[1] Gerade in ausländischen Jurisdiktionen mit vollumfänglichen Anrechnungssystemen stellt sich die Verlustnutzung als bloßer Timing-Effekt dar, der durch den gegenläufigen Effekt der Besteuerung zukünftiger Gewinne wieder umgekehrt wird mit der Folge, dass es bei Anwendung des § 14 Abs. 1 Satz 1 Nr. 5 KStG zu einer endgültigen Nichtberücksichtigung des Verlusts im Inland käme, die sich als systemwidrig darstellt. Die Verwirklichung der gesetzgeberischen Intention, eine doppelte Verlustnutzung im In- und Ausland zu verhindern, darf nicht in einer „Keinmalnutzung" resultieren. Vor diesem Hintergrund ist auch im Blick zu behalten, dass Verlustvorträge, in denen negative Einkünfte des Organträgers oder der Organgesellschaft enthalten sind, ggf. nach ausländischen Besteuerungsvorschriften zu einem späteren Zeitpunkt nicht mehr nutzbar sein könnten (Entfallen der abstrakt denkbaren Verlustnutzungsmöglichkeit). Daher sollte die Erfassung negativer Einkünfte bei der ausländischen Besteuerung durch Verlustvortrag nicht genügen, um eine „Berücksichtigung" i.S.d. § 14 Abs. 1 Satz 1 Nr. 5 KStG darzustellen.

28.26

D. Anwendungsbeispiele

I. Inbound-Finanzierung über Organträger-Personengesellschaft

Beispiel 1: Organträger-Personengesellschaft als Akquisitionsvehikel. Die nachfolgend dargestellte Akquisitionsstruktur war bislang in der Praxis häufig anzutreffen und eine vergleichbare Konstellation lag auch der BFH-Entscheidung vom 12.10.2016[2] zugrunde. Derartigen Akquisitionsstrukturen lagen folgende (steuerliche) Erwägungen zugrunde: Die zum Erwerb der Zielgesellschaft erforderlichen Fremdmittel werden von einem ausländischen Investor zunächst direkt aufgenommen. Zwecks Erwerbs der Anteile an der Zielgesellschaft wird eine Personengesellschaft mit Sitz und Geschäftsleitung im Inland als Erwerbsvehikel gegründet. An diese werden die durch den Steuerausländer aufgenommenen Fremdmittel (als Eigen- oder Fremdkapital) weitergereicht. Die Personengesellschaft finanziert damit wiederum den unmittelbaren Erwerb der Anteile an der Zielgesellschaft und begründet im Anschluss an den Erwerb mit der Zielgesellschaft eine ertragsteuerliche Organschaft.[3]

28.27

---

1 Vgl. *Wagner/Liekenbrock*, Ubg 2013, 133 (138) mit Hinweis auf die recapture-Regelung bei der österreichischen Gruppenbesteuerung.
2 Az I R 92/12, GmbHR 2017, 425.
3 Dabei sind freilich die Anforderungen an eine Organträgerpersonengesellschaft sicher zu stellen, vgl. dazu BMF v. 10.11.2005 – IV B 7 - S 2770 - 24/05, BStBl. I 2005, 1038 = FR 2005, 1216 Rz. 13 f.

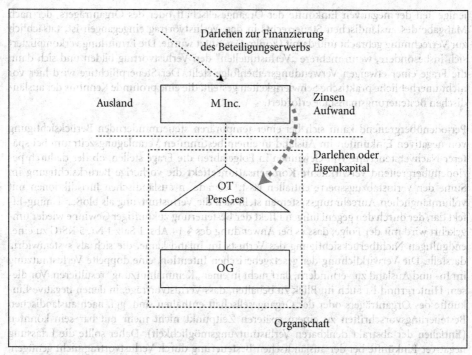

28.28 Durch Begründung einer ertragsteuerlichen Organschaft wird zunächst eine **Ergebniskonsolidierung** zwischen Zielgesellschaft und Organträger-Personengesellschaft bewirkt. Zudem wird dem ausländischen Investor durch die Zwischenschaltung der Organträger-Personengesellschaft ermöglicht, etwaige Gewinne durch Entnahmen ohne Kapitalertragsteuerbelastung zu repatriieren. Wesentliche Bedeutung kommt im Rahmen dieser Struktur regelmäßig der **Behandlung des Zinsaufwands** zu: Dieser stellt steuerlich aus deutscher Sicht grundsätzlich Sonderbetriebsausgaben des ausländischen Investors bei der deutschen Mitunternehmerschaft dar (Darlehensverbindlichkeit als negatives Sonderbetriebsvermögen) und ist im Rahmen der Zinsschranke (§ 4h EStG) bei der Ermittlung der inländischen Einkünfte des ausländischen Investors als Mitunternehmer zu berücksichtigen.[1] Aufgrund dieser deutschen ertragsteuerlichen Behandlung wird im Ergebnis Finanzierungsaufwand im Inland grundsätzlich[2] steuerlich berücksichtigt. Wenn darüber hinaus auch im Ansässigkeitsstaat

---

[1] Die Beteiligung an der Organträger-Personengesellschaft vermittelt der M Inc. eine inländische Betriebsstätte, vgl. Tz. 2.2.3 des BMF-Schreibens zur Anwendung von DBA auf Personengesellschaften, BMF v. 26.9.2014 – IV B 5 - S 1300/09/1003 – DOK 2014/0599097, BStBl. I 2014, 1258.

[2] Zur Diskussion einer Einschränkung des Sonderbetriebsausgabenabzugs infolge der Anwendung des § 50d Abs. 10 EStG (iVm. § 7 Satz 6 GewStG) vgl. *Blumenberg* in JbFfSt 2014/2015, 621 (635); *Brandenburg*, DStZ 2015, 393. Es könnte im Einzelfall fraglich sein, ob durch das Sonderbetriebsvermögen veranlasster Zinsaufwand einer durch die Beteiligung an der Organträger-Personengesellschaft vermittelten deutschen Betriebsstätte auch dieser Betriebsstätte zuzuordnen ist. Zu Anwendungsfragen des § 50d Abs. 10 EStG vgl. weiterführend *Rosenberg/Placke*, DB 2014, 2434; *Pohl*, DB 2013, 1572 sowie *Prinz*, GmbHR 2014, 729. Im Hinblick auf die Anwendung von § 50d Abs. 10 EStG bleibt ferner die offene Frage nach der Verfassungsmäßigkeit eines Treaty Override, vgl. BFH v. 11.12.2013 – I R 4/13, IStR 2014, 217 = GmbHR 2014, 323 = ISR 2014, 94 m. Anm.

des ausländischen Investors ein Abzug von Zinsaufwand möglich ist, würde dieser im Ergebnis sowohl im Inland als auch im Ansässigkeitsstaat berücksichtigt (Double-Dip).

Die **BFH-Entscheidung vom 12.10.2016 (Az. I R 92/12)** sowie die Einführung des § 4i EStG haben zu erheblichen Änderungen für derartige Akquisitionsstrukturen geführt, wie das nachfolgend dem der BFH-Entscheidung zugrunde liegenden Sachverhalt nachgebildete, leicht abgewandelte **Beispiel** zeigt:

28.29

Die A-BV ist Muttergesellschaft der B-BV, beide in den Niederlanden ansässige Kapitalgesellschaften. Die B-BV ist an der in Deutschland ansässigen C GmbH & Co. KG (C-KG) als alleinige Kommanditistin beteiligt und hält zudem sämtliche Anteile an deren Komplementärin C-GmbH. Die A-BV gewährt der B-BV ein Darlehen, welches zur Finanzierung einer Einlage in die C-KG verwendet werden soll, mittels derer wiederum die C-KG weitere Beteiligungen hinzuerwirbt. Mit Ausnahme des Haltens dieser Beteiligungen entfaltet die C-KG keine weitere Geschäftstätigkeit. Die C-KG erwirbt dementsprechend Beteiligungen an der D-GmbH sowie der E-GmbH und begründet mit der D-GmbH eine Organschaft. Für das Darlehen der A-BV musste die B-BV Zinsen in Höhe von EUR 2 Mio. (Alternative: 2.2 Mio) zahlen, die jeweils hälftig dem Erwerb der Beteiligungen zuzuordnen sind. Das Einkommen der Organgesellschaft beträgt EUR 1 Mio.

Grafisch lässt sich der Sachverhalt wie folgt darstellen:

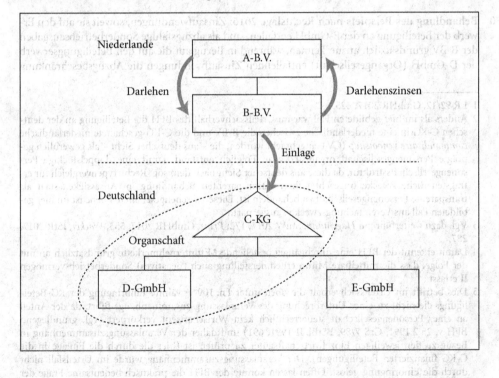

Hagemann/Kahlenberg, zu § 50d Abs. 10 EStG sowie in Bezug auf die Verlustabzugssperre unten Rz. 28.59 mwN.

Die Entscheidung des BFH vom 12.10.2016[1] geht weit über die Behandlung der Verlustabzugssperre nach § 14 Abs. 1 Satz 1 Nr. 5 KStG hinaus, die damit nur einen Teilaspekt der vielschichtigen Entscheidungsgründe darstellt. Die Kernaussagen des BFH betreffen schwerpunktmäßig ertragsteuerliche Fragestellungen der (doppelstöckigen)[2] Mitunternehmerschaft im grenzüberschreitenden Kontext mit erheblichen Konsequenzen für die Praxis, darunter grundlegende Fragen des Sonderbetriebsvermögens, der Zuordnung von Finanzierungsaufwand beim ausländischen Mitunternehmer sowie der abkommensrechtlichen Behandlung von negativem Sonderbetriebsvermögen[3]. Diese sollen hier nur kurz skizziert werden, um dann den Fokus auf die Anwendung der Verlustabzugsbeschränkungen des § 14 Abs. 1 Satz 1 Nr. 5 KStG und § 4i EStG zu lenken und deren Verhältnis zueinander zu beleuchten.

Im Einzelnen hat der BFH für die jenseits der Verlustabzugssperre relevanten Fragen dargelegt, dass (i) die gewerbliche Prägung, nicht jedoch allein das Halten der Beteiligungen durch die C-KG eine gewerbliche Tätigkeit begründet (§ 15 Abs. 3 Nr. 2 EStG), (ii) Sonderbetriebsvermögen II auch im Falle grenzüberschreitender mehrstöckiger Mitunternehmerschaften anzuerkennen[4] und (iii) veranlassungszusammenhangsbezogen zu prüfen ist und (iv) sich an dieser Betrachtung nichts ändert, wenn die Wirtschaftsgüter des Sonderbetriebsvermögens zu einem anderen Betriebsvermögen des Mitunternehmers zählen[5].

28.30 **Behandlung des Beispiels nach Rechtslage 2016**: Zinsaufwendungen, soweit sie auf den Erwerb der Beteiligung an der E-GmbH entfallen, sind als abzugsfähige Sonderbetriebsausgaben der B-BV grundsätzlich anzuerkennen, während in Bezug auf die auf den Beteiligungserwerb der D-GmbH (Organgesellschaft) entfallenden Zinsaufwendungen die Abzugsbeschränkung

---

1 I R 92/12, GmbHR 2017, 425.
2 Anders als im hier gebildeten Fall war im Urteilssachverhalt des BFH die Beteiligung an der deutschen C-KG in eine niederländische zwischen die B-BV und die C-KG geschaltete niederländische *commanditaire venootshap* (CV) eingebracht worden, die – aus deutscher Sicht – als gewerblich geprägte Personengesellschaft organisiert war. Folglich entstand damit eine doppelstöckige Personengesellschaftsstruktur, da diese aus deutscher Sicht nach dem sog. Rechtstypenvergleich für ertragsteuerliche Zwecke ungeachtet ihrer intransparenten Behandlung im Ansässigkeitsstaat als transparente Personengesellschaft zu behandeln ist. Diese zwischengeschaltete Ebene ist im hier gebildeten Fall aus Vereinfachungszwecken ausgespart.
3 Vgl. dazu weiterführend *Hagemann*, StuW 2017, 172; *Prinz*, GmbHR 2017, 553; *Wacker*, IStR 2017, 287.
4 Damit erkennt der BFH eine durchgängig bestehende Mitunternehmerkette grundsätzlich an mit der Folge, dass die mittelbare Mitunternehmerstellung auch (negatives) Sonderbetriebsvermögen II erfasst.
5 Dies betrifft im Urteilssachverhalt die oben unter Fn. 109 erwähnte Einbringung der KG-Beteiligung, die nicht zu einer Unterbrechung des Veranlassungszusammenhangs führt, da der Anteil an einer Personengesellschaft steuerrechtlich kein Wirtschaftsgut verkörpert (vgl. grundlegend BFH v. 25.2.1991, GrS 7/89, BStBl. II 1991, 691) und daher der Veranlassungszusammenhang in Bezug zu den jeweiligen Einzelwirtschaftsgüter zu prüfen ist (hier die durch die Einlage in die C-KG finanzierten Beteiligungen). Der Veranlassungszusammenhang wurde im Urteilsfall nicht durch die Einbringung gelöst. Offen lassen konnte der BFH die praktisch bedeutsame Frage der „Durchstockung", dh. ob ein Darlehen, das zur Finanzierung des Erwerbs der Beteiligung an der Oberpersonengesellschaft aufgenommen wird, anteilig entweder auch der Unterpersonengesellschaft zuzuordnen ist oder vorrangig zum Sonderbetriebsvermögen der Oberpersonengesellschaft zuzurechnen ist, da im Streitfall erstens der Gesellschafter seine Einlage in die Untergesellschaft refinanzierte und die doppelstöckige Struktur erst nach der Einlage durch Einbringung des KG-Anteils in die Obergesellschaft entsteht und zum Gesellschaftsvermögen der Obergesellschaft ausschließlich die eingebrachte Beteiligung gehört, vgl. dazu *Weider*, IWB 2017, 218 f.

nach § 14 Abs. 1 Satz 1 Nr. 5 KStG zu prüfen ist. Die Streitfrage, ob eine Personengesellschaft überhaupt in den Anwendungsbereich der Regelung fällt, ist bereits oben erläutert worden[1] und auch nach der BFH-Entscheidung vom 12.10.2016 (I R 92/12) weiterhin nicht höchstrichterlich geklärt. Soweit hier im Einklang mit dem BFH für die Frage des Vorliegens „negativer Einkünfte" auf Organträgerebene auf die Größe nach Verrechnung mit dem Einkommen der Organgesellschaft abgestellt wird, ergeben sich im vorliegenden Fall aufgrund der Zurechnung von EUR 1 Mio. Organeinkommen, dem Zinsaufwand in Höhe von ebenfalls EUR 1 Mio. gegenübersteht, per Saldo keine negativen Einkünfte mit der Folge, dass § 14 Abs. 1 Satz 1 Nr. 5 KStG im Ausgangsfall tatbestandlich nicht erfüllt ist.

In der Fallvariante (Zinsaufwand gesamt EUR 2,2 Mio., anteilig entfallend auf die Beteiligung an der D-GmbH EUR 1,1 Mio.) verbleibt auch nach Zurechnung des Organeinkommens trotz Erhöhung des Gesamthandergebnisses der C-KG ein Negativsaldo in Höhe von EUR 100T: Das Gesamthandsergebnis der C-KG (EUR 1. Mio durch Organeinkommen) ist der B-BV zuzurechnen und trifft dort auf die mit dem Erwerb der Beteiligung an der Organgesellschaft D-GmbH in einem Veranlassungszusammenhang stehenden Aufwendungen (EUR 1.1 Mio) zusammen. Bejaht man die Anwendung von § 14 Abs. 1 Satz 1 Nr. 5 KStG auf Organträger-Personengesellschaften, greift die Verlustabzugssperre in der Fallvariante in Bezug auf EUR 100.000 ein, sofern man unter „negativen Einkünften" der Personengesellschaft Sonderbetriebseinnahmen und -ausgaben erfasst sieht[2] und diese Saldogröße bei der B-BV als „anderer Person" im Sinne von § 14 Abs. 1 Satz 1 Nr. 5 KStG in den Niederlanden berücksichtigt wird.

Behandlung des Beispiels nach Rechtslage 2017: Ab dem VZ 2017 ist die Vorschrift des § 4i EStG bei Mitunternehmerschaften zu beachten und eigenständig neben § 14 Abs. 1 Satz 1 Nr. 5 KStG zu prüfen[3]. § 4i Satz 1 EStG betrifft jegliche Sonderbetriebsausgaben mit Auslandsbezug und stellt allein darauf ab, ob Sonderbetriebsausgaben eines Mitunternehmers vorliegen und schließt deren Berücksichtigung bei der Gewinnermittlung des Mitunternehmers aus. Die Sperrwirkung greift – anders als § 14 Abs. 1 Satz 1 Nr. 5 KStG nach dem Verständnis des BFH – unabhängig davon, ob aufgrund einer Saldobetrachtung bei dem Mitunternehmer nach unterstellter Berücksichtigung der Sonderbetriebsausgaben noch ein positives Ergebnis verbleibt. Mit anderen Worten: § 14 Abs. 1 Satz 1 Nr. 5 KStG setzt ein negatives Ergebnis voraus, während § 4i EStG für Sonderbetriebsausgaben „atomisiert". Voraussetzung des Abzugsverbots nach § 4i EStG ist, dass die Sonderbetriebsausgaben die Steuerbemessungsgrundlage in einem anderen Staat mindern[4]. Insoweit stellen sich vergleichbare Problemfelder wie beim Tatbestand des § 14 Abs. 1 Satz 1 Nr. 5 KStG und dem Merkmal

28.31

---

[1] Siehe die Ausführungen zum Anwendungsbereich, Rz. 28.11 sowie Hinweise auf die Diskussion der Vereinbarkeit von § 4i EStG mit Unionsrecht Rz. 28.51.

[2] Es kommt insoweit auf die Frage an, ob lediglich das auf Gesamthandsebene (Personengesellschaft) erzielte Ergebnis maßgeblich ist (Ergebnisse aus Sonderbetriebsvermögen bleiben außen vor) oder das Gesamtergebnis der Mitunternehmerschaft (Einbeziehung von Sonderbetriebsvermögen).

[3] Zum Verhältnis der Vorschriften vgl. bereits oben Rz. 28.6.

[4] Praktisch bedeutsam ist hier vor allem die Frage der Nachweispflicht über die Minderung der Bemessungsgrundlage. Anders als § 4i Satz 2 EStG enthält § 4i Satz 1 EStG keine ausdrückliche Regelung hierzu. Da § 4i Satz 1 EStG eine allgemeine Einschränkung des allgemeinen Grundsatzes des Sonderbetriebsausgabenabzugs darstellt, sollte die Beweislast hier bei der Finanzverwaltung liegen und den Steuerpflichtigen eine erweiterte Mitwirkungspflicht gem. § 90 Abs. 2 AO treffen. So auch Schnitger, IStR 2017, 214 (217).

„Berücksichtigung bei der ausländischen Besteuerung"[1]. Für den Anwendungsbereich des § 4i Satz 1 EStG ist im Beispielsfall zu prüfen, ob die Zinsaufwendungen zur Finanzierung der Kapitaleinlage bei der B-BV als Gesellschafter der C-KG ggf. in den Niederlanden abziehbar sind[2]. Bejahendenfalls ist die Rechtsfolge die vollständige Versagung des Sonderbetriebsausgabenabzugs im Inland. Damit ist gemeint, dass Aufwendungen weder als Sonderbetriebsausgabe noch in sonstiger Weise die inländische Bemessungsgrundlage mindern dürfen. Im Beispielsfall bleiben bei Anwendung des § 4i EStG also sämtliche auf die Erwerbe der Beteiligungen sowohl an der E-GmbH als auch der Organgesellschaft D-GmbH entfallende Finanzierungsaufwendungen unberücksichtigt, es sei denn diese Aufwendungen mindern Erträge der B-BV, die bei ihr sowohl der inländischen Besteuerung unterliegen als auch nachweislich der tatsächlichen Besteuerung in den Niederlanden (§ 4i Satz 2 EStG)[3].

28.32 Das **Verhältnis von § 14 Abs. 1 Satz 1 Nr. 5 KStG und § 4i EStG** ist unklar, jedenfalls aber führen beide Vorschriften für sich betrachtet – wie die Behandlung des Beispiels nach Rechtslage 2017 zeigt – möglicherweise zu unterschiedlichen Rechtsfolgen. Aus dem Gesetz allein lässt sich das Konkurrenzverhältnis nicht lösen und dementsprechend unterschiedlich fallen die Aussagen zum Verhältnis der Vorschriften aus. Einerseits soll die jeweils weitestgehende Vorschrift zur Anwendung gelangen[4], andererseits wird die organschaftsspezifische Verlustnutzungssperre gegenüber § 4i EStG als allgemeines Abzugsverbot[5], als lex specialis angesehen[6] oder es wird davon ausgegangen, dass „sich vermutlich die Regelungsbereiche überschneiden und wechselseitig in ihren Rechtsfolgen konsumieren"[7] bzw. eine Sperrwirkung des § 14 Abs. 1 Satz 1 Nr. 5 KStG gegenüber § 4i EStG verneint[8]. Diese Aussagenvielfalt belegt, mit welchen Unsicherheiten die Rechtsanwendung in diesem Bereich verbunden ist.

28.33 Selbst das Bemühen der **Methodenlehre führt zu keinem eindeutigen Ergebnis:** Nach allgemeinen Regeln hebt grundsätzlich jüngeres Recht widersprechendes älteres Recht auf (*lex posterior derogat legi priori*). Wenn das jüngere Gesetz eine Materie nicht im gleichen Um-

---

1 Siehe dazu ausführlich oben Rz. 28.20 f.
2 In Bezug auf die Niederlande könnte hier näher zu prüfen sein, ob die Niederlande den Zinsaufwand der B-BV ggf. der DBA-rechtlich freigestellten deutschen Mitunternehmerbetriebsstätte zuordnen oder ob zwischen A-BV und B-BV eine „organschaftliche" Verbindung nach nationalem Recht besteht („*fiskale eenheid*" in den Niederlanden), bei der Zweifel an der Anwendbarkeit des § 4i EStG bestehen, vgl. *Prinz*, GmbHR 2017, 553 (558).
3 § 4i Satz 2 EStG bezieht sich hauptsächlich auf Nicht-DBA und DBA-Anrechnungsfälle, um überschießende Wirkungen bei der Doppelerfassung von Einkünften desselben Steuerpflichtigen im In- und Ausland zu vermeiden, vgl. BT-Drucks. 18/9956, 3. Die tatsächliche Besteuerung von Erträgen im anderen Staat ist vom Steuerpflichtigen nachzuweisen, wobei die erhöhten Mitwirkungspflichten nach § 90 Abs. 2 AO zu beachten sind, vgl. *Wacker* in Schmidt[36], § 4i EStG Rz. 17.
4 So *Wacker* in Schmidt[36], § 4i EStG Rz. 2.
5 Vgl. *Bodden* in Carlé/Korn/Stahl/Strahl, § 4i EStG Rz. 11 (Stand: April 2017) unter der Prämisse, § 14 Abs. 1 Nr. 1 Satz 5 KStG sei auf Personengesellschaften nicht anwendbar.
6 *Pohl* in Blümich, § 4i EStG Rz. 24 (Stand: April 2017), der aber bei Organträger-Personengesellschaften § 4i EStG gleichwohl als einschlägig ansieht. Anders *Weinberger*, IStR 2017, 970 (975), der ein Spezialitätsverhältnis ablehnt und § 4i EStG systematischen Vorrang insoweit einräumt, als hiervon erfasst Sonderbetriebsausgaben nicht in die Einkünfte auf Ebene einer Organträger-Personengesellschaft eingehen.
7 *Gosch* in Kirchhof[16], § 4i EStG Rz. 4; *Heckeroth*, IWB 2017, 720 (728), auch zum Konkurrenzverhältnis mit anderen Vorschriften.
8 Vgl. *Käshammer/Gasser/Bellgardt*, ISR 2018, 115 (119); *Kahlenberg*, PIStB 2017, 213 (218).

fang regelt wie das ältere, ist es jedoch logisch möglich, dass dieses zum Teil neben jenem fort gilt. Doch kann auch in solchen Fällen erkennbar sein, dass das neue Gesetz das ältere voll ersetzen, also eine umfassende Neuregelung der betreffenden Materie enthalten soll. Ob dies der Fall ist, bemisst sich danach, welche Absicht dem jüngeren Gesetz zu entnehmen ist.[1] Der Grundsatz *lex posterior derogat legi priori* gilt zudem dann nicht ohne weiteres, wenn die spätere Vorschrift eine Regel allgemeiner Art, die ältere Vorschrift aber eine Sonderregel ist. In diesem Falle kann und wird regelmäßig auch die Sonderregel den Vorrang haben. Bei der systematisch-logischen Auslegung auftretende Widersprüche oder mehrdeutige Regelungsgehalte sind – sofern verschiedene Normen auf einen Sachverhalt anwendbar sind – durch allgemeine Kollisionsregeln aufzulösen. Eine speziellere Rechtsnorm hat Vorrang vor der allgemeineren und die historisch jüngere Norm steht bei gleicher Regelungsmaterie über der historisch älteren, es sei denn, die ältere Regelung ist spezieller als die jüngere oder die Geltung des lex-posterior-Grundsatzes wird abbedungen.[2] Spricht die spätere Regelung ganz oder teilweise nicht denselben Tatbestand an, bleibt jedoch – im Rahmen einer jeweils erforderlichen Einzelbetrachtung – die frühere Spezialnorm durch die spätere generelle Norm unberührt (*lex generalis posterior non derogat legi speciali priori*).[3]

Nun könnte man vor diesem Hintergrund schlussfolgern, dass hier zwei „Sonderregelungen" in diesem Sinne kollidieren, eine organschaftsbezogene und eine mitunternehmerschaftsbezogene. Da aber jedenfalls für den Tatbestand des § 14 Abs. 1 Satz 1 Nr. 5 KStG nicht einmal gesichert ist, ob dieser Organträger-Personengesellschaften erfasst (und damit ggf. eine Spezialität im Sinne einer rein organschaftsbezogenen Sonderregel begründen könnte), lässt sich die Normenkollision nicht eindeutig lösen. Es spricht jedoch viel für die Anwendung des lex posterior-Grundsatzes zugunsten des § 4i EStG. Erstens hat der Gesetzgeber damit zum Ausdruck gebracht, tatbestandlich von § 4i EStG erfasste Sonderbetriebsausgaben nicht mehr berücksichtigen zu wollen, und zwar losgelöst von einer organschaftlichen Beziehung. Zweitens besteht vor dem Hintergrund des durch beide Vorschriften letztlich verfolgten Ziels, eine doppelte Verlustnutzung zu verhindern, kein Wertungswiderspruch, wenn (wie im Beispielsfall bei Variante 1) die Nichtanwendung der organschaftsbezogenen Verlustabzugssperre durch die Vorschrift des § 4i EStG aufgefangen wird, da § 14 Abs. 1 Satz 1 Nr. 5 KStG insoweit keine „Schutzfunktion" haben dürfte.

Fazit zu Finanzierungsstrukturen bei grenzüberschreitenden Mitunternehmerschaften: 28.34
Mit der BFH-Entscheidung vom 12.10.2016[4] liegt eine erste höchstrichterliche Entscheidung zur Rechtslage im Streitjahr 2005 vor, die im Ergebnis den (mittelbaren) Sonderbetriebsausgabenabzug eines im Ausland ansässigen Oberpersonengesellschafters im Zusammenhang mit einer inländischen Organträger-Personengesellschaft zulässt. Auf der Grundlage des heute geltenden Rechts ergeben sich folgende Befunde:

- Die BFH-Entscheidung vom 12.10.2016 lässt eine Reihe von Fragen offen und wirft eine Vielzahl neuer Fragen in Bezug auf grenzüberschreitende Finanzierungsgestaltungen mit Personengesellschaften auf. Gleichzeitig werden einzelne Auslegungsfragen des § 14 Abs. 1 Nr. 1 Satz 5 KStG sowohl für die Alt- wie auch die Neufassung geklärt (insbesondere: „ne-

---

1 *Zippelius*, Juristische Methodenlehre[11], 33.
2 BVerfG v. 15.12.2015 – 2 BvL 1/12, DStR 2016, 359 (Tz. 50).
3 *Koenig* in Koenig[3], § 4 AO Rz. 96; *Pahlke* in Schwarz/Pahlke, § 4 AO Rz. 107 (Stand: September 2016); *Drüen* in Tipke/Kruse, § 4 AO Rz. 270 (Stand: Oktober 2011).
4 I R 12/92, GmbHR 2017, 425.

gative Einkünfte" des Organträgers sind konsolidiert nach Zurechnung des Einkommens der Organgesellschaft zu ermitteln).

– Mit der Einführung von § 4i EStG ab dem VZ 2017 könnten die gerade jüngst erst durch den BFH geklärten Rechtsfragen zu § 14 Abs. 1 Satz 1 Nr. 5 KStG jedoch möglicherweise schon wieder in Teilbereichen redundant werden.

– Das Verhältnis von organschaftsbezogener Verlustabzugssperre und mitunternehmerbezoger Sonderbetriebausgabenabzugssperre ist daher derzeit nicht sicher geklärt.

– In jedem Fall sind daher in der Praxis in- und ausländische Belastungswirkungen von Abzugssperren in einem immer komplexer werdenden Normengeflecht zu ermitteln und Finanzierungsstrukturen ggf. auf Anpassungsbedarf hin zu überprüfen.

II. Ausländische Betriebsstätten von Organträger und/oder Organgesellschaft

28.35 **Beispiel 2: Auslandsbetriebsstätten von Organträger/Organgesellschaft.** Die vorliegende Fallkonstellation dient der Verdeutlichung der Wirkungsweise der Verlustabzugssperre bei Auslandsbetriebsstätten. Zwischen Organträger (OT) und Organgesellschaft (OG), beide ansässig im Inland und dort unbeschränkt steuerpflichtig, besteht eine ertragsteuerliche Organschaft. Beide Gesellschaften unterhalten jeweils im Ausland eine Betriebsstätte.

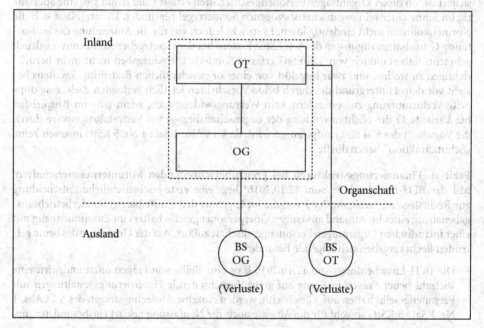

Erste Weichenstellung bei der Falllösung in Bezug auf die Anwendbarkeit der Verlustabzugssperre ist die Frage, ob – falls vorhanden – das einschlägige DBA im Hinblick auf die Besteuerung von Betriebsstätteneinkünften im Ansässigkeitsstaat die Freistellungs- oder die Anrechnungsmethode vorsieht.

– **DBA mit Freistellungsmethode**: Findet die Freistellungsmethode Anwendung, werden grundsätzlich weder Gewinne noch Verluste aus der ausländischen Betriebsstätte bei der Besteuerung in

- Deutschland berücksichtigt (Symmetriethese).[1] Daher findet die Neuregelung in diesem Fall bereits deshalb grundsätzlich[2] keine Anwendung[3].
- **DBA mit Anrechnungsmethode:** Sieht das einschlägige DBA die Anrechnungsmethode vor, ergibt sich Folgendes: Soweit sich Betriebsstättenverluste im Inland mindernd auf die Bemessungsgrundlage auswirken, findet § 14 Abs. 1 S. 1 Nr. 5 KStG nach seinem Wortlaut grundsätzlich Anwendung.

Insoweit ist zunächst die Vorschrift des § 2a EStG zu prüfen, die ggf. eine Verlustverrechnung im Inland in Bezug auf sog. „passive" Betriebsstätteneinkünfte ausschließt. Allerdings stellt sich dabei die Frage des Anwendungsverhältnisses zwischen § 2a EStG und § 14 Abs. 1 Satz 1 Nr. 5 KStG: Wendet man § 2a EStG vorrangig an[4], sind die dabei erfassten negativen passiven Betriebsstätteneinkünfte bereits nicht bei der Inlandsbesteuerung erfasst, so dass folglich auch kein Raum für die Anwendung von § 14 Abs. 1 Satz 1 Nr. 5 KStG bliebe. Allerdings müssen dann wiederum etwaige Auswirkungen in Folgejahren nachgehalten werden: Soweit die zunächst nicht berücksichtigten Verluste in einem späteren Gewinnjahr doch wieder zum Abzug im Inland zugelassen werden (§ 2a Abs. 1 Satz 3 EStG), führt dies im Ergebnis dann doch zu einer Doppelberücksichtigung und es stellt sich die Frage, ob die Verlustabzugssperre eingreift.[5]

Im skizzierten Beispielsfall hängt die Verlustberücksichtigung davon ab, ob jeweils auf Ebene der Organträgerin und der Organgesellschaft durch die jeweiligen Betriebsstättenverluste negative Einkünfte entstehen. Dabei ist insbesondere auf Ebene des Organträgers unerheblich, ob dieser erst nach Zurechnung des Organeinkommens ein negatives Einkommen aufweist, wenn der Organträger auch unter Berücksichtigung negativer Einkünfte aus der „eigenen" ausländischen Betriebsstätte positive Einkünfte bzw. positives Einkommen vorweist.

Aus dem Vorstehenden wird ersichtlich, dass die Anwendung der Verlustabzugsbeschränkung im Fall eines **Doppelbesteuerungsabkommens mit Anrechnungsmethode** zu unsachgerechten Ergebnissen führt: Erzielen Organträger oder Organgesellschaft negative Einkünfte aus einer ausländischen Anrechnungsbetriebsstätte und ergeben sich auf Ebene des Organträgers bzw. der Organgesellschaft insgesamt negative Einkünfte, würde dies grundsätzlich die Nichtberücksichtigung der negativen Betriebsstätteneinkünfte im Inland nach sich ziehen. Im umgekehrten Fall positiver Betriebsstätteneinkünfte würden diese im Inland jedoch der vollen Besteuerung unterliegen, ohne dass eine Verlustverrechnungsmöglichkeit mit Verlusten aus vergangenen Veranlagungszeiträumen besteht mit der Folge, dass es zu einer Besteuerung von Scheingewinnen kommen kann.[6]

28.36

---

1 Zur ausnahmsweisen Berücksichtigung finaler Auslands(betriebsstätten)verluste vgl. eingehend Rz. 5.32 sowie Kapitel 25 jeweils mwN.
2 Ausnahmsweise kann eine Berücksichtigung in Betracht kommen, soweit ein Anwendungsstaat die Symmetriethese ablehnt wie bspw. Österreich (vgl. ÖVwGH, Erkenntnis v. 25.9.2001, IStR 2001, 754).
3 Vgl. auch *Erle/Heurung* in Erle/Sauter[3], § 14 KStG Rz. 330; *Walter* in Ernst & Young, § 14 KStG Rz. 963 (Stand: Oktober 2017).
4 Dafür zB *Frotscher* in Frotscher/Drüen, § 14 KStG Rz. 5 sowie *Müller* in Mössner/Seeger[3], § 14 KStG Rz. 732c.
5 Vgl. dazu *Schneider/Schmitz*, GmbHR 2013, 281 (285).
6 Vgl. zu konkreten Beispielen auch IDW, Schreiben an das BMF v. 5.3.2014, abrufbar unter http://www.idw.de/idw/portal/d637626.

28.37 Denkt man sich die Organschaft im Beispielsfall weg, wird deutlich, dass die Anwendung der Verlustabzugsbeschränkung bei Anrechnungsbetriebstätten zu unsachgerechten Ergebnissen führt[1]: Der bloße Umstand des Bestehens einer Organschaft würde zu einer Nichtberücksichtigung der Verluste führen, während ohne Organschaft ganz andere (sachgerechte) Ergebnisse erzielt würden.

Beispiel:[2] Eine GmbH mit Sitz und Geschäftsleitung im Inland erzielt einen Verlust in einer Anrechnungsbetriebsstätte und hat im VZ 01 keine positiven in- oder ausländischen Einkünfte.

– **Ohne Organschaft**: Der Auslandsbetriebstättenverlust wird bei der GmbH als Verlustvortrag erfasst und zugleich im ausländischen Betriebstättenstaat berücksichtigt.

– **Mit Organschaft**: Ist die GmbH organschaftlich eingebunden (als Organträger oder Organgesellschaft eines rein inländischen Organkreises), greift § 14 Abs. 1 Satz 1 Nr. 5 KStG ein und schließt die Berücksichtigung des zu negativen Einkünften führenden Betriebstättenverlusts im Inland aus, und zwar selbst dann, wenn die Betriebsstätte im Folgejahr (VZ 02) einen Gewinn erwirtschaftet, welcher der deutschen Besteuerung unterliegt.

28.38 Vor diesem Hintergrund sollte eine schädliche „doppelte Verlustverwertung" i.S.d. § 14 Abs. 1 Satz 1 Nr. 5 KStG nur dann angenommen werden und die Anwendung der Verlustabzugssperre rechtfertigen, wenn negative Einkünfte des Organträgers oder der Organgesellschaft in einem ausländischen Staat mit positiven Einkünften verrechnet werden, die keiner Besteuerung im Inland unterliegen.[3] Andernfalls kommt § 14 Abs. 1 Satz 1 Nr. 5 KStG in Bezug auf Anrechnungsbetriebsstätten eine überschießende Wirkung zu, wie auch die Finanzverwaltung zumindest ansatzweise erkannt hat.[4]

Abwandlung zu Beispiel 2: OG hat Betriebsstätten in zwei verschiedenen Staaten. Hätte die OG im Beispielsfall mehrere Einkünftequellen in verschiedenen Staaten (zB mehrere Anrechnungsbetriebsstätten) stellt sich die Frage, ob Gewinne aus der Einkunftsquelle des einen Staates mit Verlusten aus der Einkunftsquelle eines anderen Staates für Zwecke der Anwendung des § 14 Abs. 1 Satz 1 Nr. 5 KStG zu verrechnen sind und dann das verbleibende (Gesamtbetriebstätten-)Ergebnis negativ sein müsste, um die Rechtsfolgen der inländischen Verlustabzugssperre zu bewirken. Gegen eine solche Saldierung spricht der Wortlaut, da dieser lediglich die Berücksichtigung in „einem" ausländischen Staat verlangt.[5]

---

1 So auch *Müller* in Mössner/Seeger[3], § 14 KStG Rz. 733d; *Walter* in Ernst & Young, § 14 KStG Rz. 963 (Stand: Oktober 2017); *Rödder/Liekenbrock* in Rödder/Herlinghaus/Neumann, § 14 KStG Rz. 475.

2 Vgl. *Dötsch/Pung*, DB 2013, 305 (312).

3 *Benecke/Schnitger*, IStR 2013, 143 (149). Weitergehend *Rödder/Liekenbrock* in Rödder/Herlinghaus/Neumann, § 14 KStG Rz. 475: generell keine Anwendung von § 14 Abs. 1 Satz 1 Nr. 5 KStG auf Betriebsstättenverluste im DBA-Anrechnungsfall und im Nicht-DBA-Fall.

4 BMF v. 29.5.2013 – IV C 2 - S 1910/10/10117:005 – DOK 2013/0499578, GmbHR 2013, 728: „Sollten zu den Neuregelungen konkrete Anwendungsfragen mit allgemeiner Bedeutung auftreten, werden diese in dem üblichen Verfahren über die Länderfinanzverwaltungen an das BMF herangetragen und dann selbstverständlich in den entsprechenden Gremien des Bundes und der Länder erörtert. Das gilt auch für den Hinweis auf evtl. überschießende Wirkungen des § 14 Abs. 1 Satz 1 Nr. 5 KStG in den Fällen, in denen die Anrechnungsmethode zur Anwendung kommt."

5 Gleicher Ansicht *Wagner/Liekenbrock*, Ubg 2013, 133 (143), die jedoch einschränkend anmerken, dass insbesondere bei abweichenden Gewinnermittlungsvorschriften in den verschiedenen Staaten Konstellationen vorstellbar seien, in denen eine staatenübergreifende Gesamtbetrachtung gerechtfertigt erscheine.

III. Inbound-Fall und US-amerikanische Check the Box Rules

Im Zusammenhang mit Inbound-Strukturen aus US-amerikanischer Sicht ist die Wirkungsweise der neu gefassten deutschen Verlustabzugssperre bereits mehrfach erörtert worden.[1] Um die Auswirkungen des US-Steuerrechts auf die Anwendung von § 14 Abs. 1 Nr. 1 Satz 5 KStG verständlich zu machen, sind vorab zunächst die wesentlichen konzeptionellen Vorgaben der zu berücksichtigenden US-Regelungen kurz zusammenzufassen:[2]   28.39

- **Check-the-box election**: Das US-Steuerrecht räumt bestimmten ausländischen Gesellschaften (zB einer deutschen GmbH) als sog. eligible entities ein Wahlrecht ein, ob sie aus US-Steuersicht als intransparent oder transparent behandelt werden sollen.[3] Bei intransparenter Behandlung werden Ausschüttungen beim US-Gesellschafter erfasst und besteuert. Bei transparenter Behandlung führt die Ausübung des Wahlrechts dazu, dass aus US-Sicht eine Betriebsstätte vorliegt und das Einkommen beim US-Gesellschafter unter Anrechnung der Steuern der Gesellschaft besteuert wird.

- **Dual consolidated loss rules**: Für den Fall, dass ein Verlust sowohl in den USA als auch im Ausland berücksichtigt werden könnte, hält das US-Steuerrecht mit den dual consolidated loss rules[4] Regelungen bereit, wonach der Steuerpflichtige grundsätzlich wählen kann, wo der Verlust berücksichtigt werden soll. Sofern bspw. im Falle deutscher Inbound-Strukturen deutsche Gesellschaften für Zwecke der US-Besteuerung nach der check-the-box-election als transparent behandelt werden, erfasst dies positive wie negative Einkünfte gleichermaßen. Aus Sicht des § 14 Abs. 1 Satz 1 Nr. 5 KStG stellt sich für deutsche steuerliche Zwecke die Frage, ob dies eine Berücksichtigung von Verlusten im Ausland darstellt (dazu sogleich).

- **Mirror legislation rule**: Bei der Verlustberücksichtigung in den USA sind Einschränkungen zu beachten. Die sog. mirror legislation rule[5] soll verhindern, dass Verluste stets in den USA berücksichtigt werden und richtet ihrerseits den Blick auf die Verlustberücksichtigung im Ausland. Wenn wegen der möglichen Verlustberücksichtigung in den USA eine Verlustabzugssperre im Ausland eingreifen könnte, ist die (sofortige) Verlustberücksichtigung in den USA ausgeschlossen, indem kraft Fiktion der Verlust dann als im Ausland genutzt gilt. Auf diese Weise soll die ausländische Verlustabzugssperre für US-Steuerzwecke grundsätzlich ausgehebelt werden, um eine einseitige Auswirkung zu Lasten des

---

[1] Vgl. *Gründig/Schmid*, DStR 2013, 617; *Polatzky/Seitner*, Ubg 2013, 285; *Schneider/Schmitz*, GmbHR 2013, 281 (285).

[2] Siehe eingehend *Gründig/Schmid*, DStR 2013, 617; *Polatzky/Seitner*, Ubg 2013, 285. Für einen Überblick über die wichtigsten Neuregelungen durch die Trump'sche Reform des US-Steuerrechts („Tax Cuts and Jobs Act", abrufbar im Internet unter https://www.congress.gov/115/bills/hr1/BILLS-115hr1enr.pdf), siehe *Schönfeld/Zinowsky/Rieck*, IStR 2018, 127, *Linn*, DStR 2018, 321.

[3] § 301.7701-3 Treasury Regulations – Classification of certain business entities. Das Wahlrecht ist durch Abgabe eines entsprechenden Formulars durch Setzen eines Häkchens („check the box") auszuüben. Zur Check-the-box election s. auch *Polatzky/Seitner*, Ubg 2013, 285 (288); *Jorde/Bernard*, DB 2013, 2765; *Flick*, IStR 1998, 110.

[4] Sec. 1.1503(d) Internal Revenue Code zur Begriffsdefinition dual consolidated losses.

[5] Sec 1.1503(d)-3 (e) Treasury Regulations – Foreign use: „[…] a foreign use shall be deemed to occur if the income tax laws of a foreign country would deny any opportunity for the foreign use of the dual consolidated loss in the year in which the dual consolidated loss is incurred (mirror legislation) […]."

US-Steueraufkommens zu verhindern. Hat eine ausländische, der US-Besteuerung unterliegende Gesellschaft Verluste, die nicht bei einer anderen ausländischen Gesellschaft berücksichtigt werden können (zB im Rahmen einer Organschaft oder einer gruppeninternen Übertragung), sehen die Regelungen hierfür eine Ausnahme vor (sog. stand alone exception). Darüber hinaus ist auch bei Eingreifen der mirror legislation rule keine endgültige Nichtberücksichtigung der Verluste gegeben, sondern vielmehr war nach bisher geltendem Recht eine Gewinnverrechnungsmöglichkeit der ausländischen Gesellschaft durch Verlustrücktrag (bis zu zwei Jahre zurück) oder Verlustvortrag (bis zu 20 Jahren) vorgesehen[1]. Nach der US-Steuerreform gilt für nach dem 31.12.2017 entstehende Verluste, dass grundsätzlich ein Verlustrücktrag entfällt und die zeitliche Beschränkung des Verlustvortrags aufgehoben wird[2].

Beispiel: Die US Corp., eine US-Kapitalgesellschaft, ist zu 100 % an der deutschen Organträger-Kapitalgesellschaft OT beteiligt. OT hält wiederum 100 % an der Organgesellschaft OG, ebenfalls eine deutsche Kapitalgesellschaft. Zwischen OT und OG besteht eine ertragsteuerliche Organschaft, der erforderliche Ergebnisabführungsvertrag wurde im Jahr 2014 geschlossen. Vor Einkommenszurechnung im Rahmen der Organschaft erzielt OT im VZ 2016 negative Einkünfte i.H.v. 100, die OG positive Einkünfte i.H.v. 50. OT hat im Rahmen der check-the-box election die transparente Behandlung für US-Steuerzwecke beantragt und wird demzufolge als sog. disregarded entity aus US-Sicht als transparent behandelt.

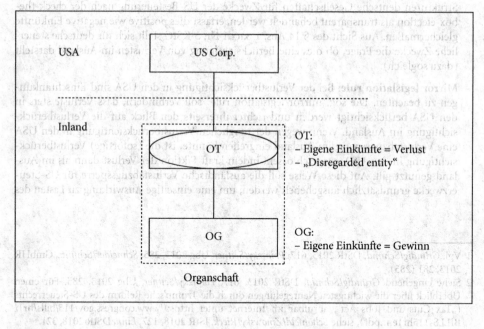

1 Nach Maßgabe der sog. separate return limitation year provisions (SRLY), Sec. 1.503(d)-4 Treasury Regulations.
2 Vgl. näher *Linn*, DStR 2018, 127 zu den Änderungen von Sec. 172(a) Internal Revenue Code.

Anwendung des US-Steuerrechts: Aus US-steuerlicher Sicht wird OT aufgrund der check-the-box election wie eine Betriebsstätte der US Corp. behandelt mit der Folge, dass Einkünfte der OT – anders als die positiven Einkünfte der aus US-Sicht intransparenten OG – bei der US Corp. unter Anrechnung deutscher Steuern erfasst werden. Negative Einkünfte von OT werden grundsätzlich ebenfalls in den USA berücksichtigt, es sei denn, die dual consolidated loss rules führen hier zu einem anderen Ergebnis. Mit § 14 Abs. 1 Satz 1 Nr. 5 KStG existiert aus US-Sicht eine ausländische Verlustabzugsbeschränkung. Daher greift die mirror legislation rule, und zwar ohne Rückausnahme, da die stand alone exception auf die Organschaft zwischen OG und OT keine Anwendung findet. Folglich können im VZ 2016 die negativen Einkünfte von OT in den USA nicht in Abzug gebracht werden und daher allenfalls im Wege eines Verlustrücktrags oder -vortrags für US-steuerliche Zwecke Berücksichtigung finden.

Anwendung von § 14 Abs. 1 Satz 1 Nr. 5 KStG: OT erzielt negative Einkünfte und diese werden wegen der Anwendung der check-the-box Regeln in den USA auch grundsätzlich zur Besteuerung herangezogen. Allerdings ist fraglich, ob insoweit auch eine hinreichende Berücksichtigung bei der Besteuerung im Ausland für Zwecke des § 14 Abs. 1 Satz 1 Nr. 5 KStG gegeben ist.

Insoweit ist auf die oben im Zusammenhang mit dem Tatbestandsmerkmal „Berücksichtigung bei der Besteuerung im Ausland" angestellten Überlegungen (Rz. 28.21 f.) folgendes festzuhalten:

– Die grundsätzliche Erfassung der Verluste von OT folgt hier daraus, dass aufgrund der check-the-box election dieselben Rechtsfolgen greifen wie im Fall einer Anrechnungsbetriebsstätte. Das bedeutet, dass etwaige in den Folgejahren durch die OT erzielte positive Einkünfte sowohl in den USA als auch im Inland in die Besteuerung einbezogen werden. Dieser doppelte Ansatz (zukünftiger) positiver Einkünfte wird durch § 14 Abs. 1 Satz 1 Nr. 5 KStG jedoch nicht berücksichtigt, da die Verlustabzugssperre nach ihrem Wortlaut nur an (irgend-)eine Berücksichtigung im Ausland anknüpft.

– Soweit die negativen Einkünfte aus US-Sicht in einen Verlustvortrag oder -rücktrag Eingang finden, stellt sich die Frage, ob dies bereits eine „Berücksichtigung" im Sinne der Verlustabzugssperre darstellt. Die US-Regelungen führen dazu, dass von OT in den USA maximal Einkünfte von Null erfasst werden, so dass eine Verlustnutzung (auch temporär) in den USA ausscheidet. Denn über die Totalperiode werden negative Einkünfte der OT nur insoweit berücksichtigt, als diese positive Einkünfte, welche in die Besteuerung der USA eingehen, übersteigen.

Daraus folgt mE, dass § 14 Abs. 1 Satz 1 Nr. 5 KStG auf diesen Fall keine Anwendung finden sollte. Zum einen sind die oben dargelegten systematischen Überlegungen zur Anwendung im Fall von Anrechnungsbetriebsstätten entsprechend heranzuziehen. Andererseits liegt hier auch kein Fall eines echten „double dip" vor, da effektiv nur die die negativen Einkünfte übersteigenden positiven Einkünfte von OT in den USA berücksichtigt werden.

1. Abwandlung des Beispiels: Häufig stellen sich auch im Zusammenhang mit Akquisitionsfinanzierungen Fragen in Bezug auf die Anwendung der Verlustabzugsbeschränkung. Resultieren in Abwandlung des Ausgangsfalls die negativen Einkünfte von OT aus einem Darlehen, welches OT von der US Corp. erhalten hat, um die Beteiligung an der OG zu finanzieren, sind die nachfolgenden Überlegungen für die Anwendung von § 14 Abs. 1 Satz 1 Nr. 5 KStG von Bedeutung.

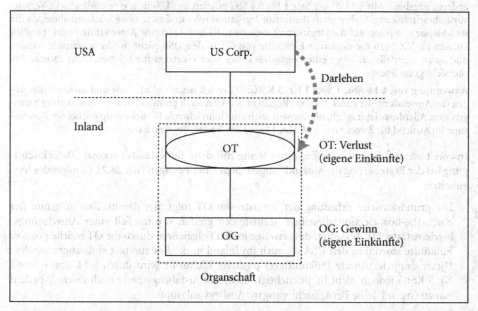

Anwendung des US-Steuerrechts: Wie im Ausgangsfall gilt die OT als Betriebsstätte der US Corp. und die Einkünfte von OT sind unter Anrechnung deutscher Steuern grundsätzlich steuerlich zu erfassen, einschließlich negativer Einkünfte unter Berücksichtigung der dual consolidated loss rules. Hinsichtlich des Darlehens ist aus US-Steuersicht zu berücksichtigen, dass OT wegen der check-the-box election steuerlich nicht existent ist und aufgrund dessen auch das Darlehen steuerlich nicht besteht, da sämtliche Aktiva und Passiva der OT als solche der US Corp. behandelt werden. Mangels steuerlicher Existenz der Darlehensbeziehung zwischen US Corp. und OT werden weder Zinsaufwendungen noch -erträge in den USA berücksichtigt. Aus US-steuerlicher Sicht liegt damit in Bezug auf die Zinsaufwendungen von OT bereits kein Verlust vor, so dass folglich auch die dual consolidated loss rules nicht anzuwenden sind.

Anwendung von § 14 Abs. 1 Satz 1 Nr. 5 KStG: Die Anwendung von § 14 Abs. 1 Satz 1 Nr. 5 KStG scheitert hier bereits daran, dass in den USA bei der US Corp. keine negativen Einkünfte der OT in die dortige Besteuerung eingehen. Eine Minderung der ausländischen Bemessungsgrundlage um negative inländische Einkünfte liegt damit nicht vor. Die Negierung der Darlehensbeziehung zwischen US Corp. und OT kann m.E. nicht als Berücksichtigung negativer Einkünfte bei der Besteuerung im Ausland im Sinne der Verlustabzugssperre angesehen werden.

2. Abwandlung des Beispiels: Neben OT beantragt nunmehr auch OG die transparente Behandlung nach den check-the-box Regeln als sog. disregarded entity. Fraglich ist die Anwendbarkeit von § 14 Abs. 1 Satz 1 Nr. 5 KStG, wenn OT wie im Ausgangsfall für sich betrachtet negative Einkünfte aufweist, das Einkommen im Organkreis insgesamt aber entweder positiv (Variante 1) oder negativ (Variante 2) ist.

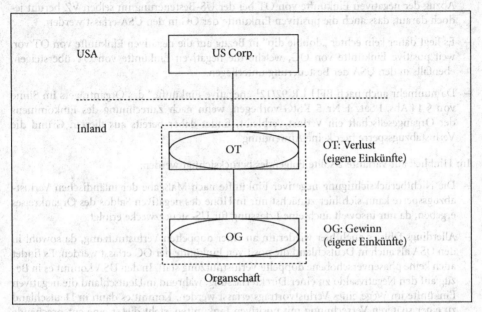

Anwendung des US-Steuerrechts: In dieser Fallvariante werden OT und OG aus US-Sicht wie Betriebsstätten behandelt. Die Einkünfte von OT und OG werden nach Maßgabe des US-Steuerrechts ermittelt und bei der US Corp. steuerlich unter Anrechnung deutscher Steuern erfasst. Für Zwecke der dual consolidated loss rule werden OT und OG als Einheit behandelt. Für die Variante 1 (Einkommen im Organkreis insgesamt positiv) bedeutet dies, dass die dual consolidated loss rules keine Anwendung finden, da aus US-Sicht bei einheitlicher Betrachtung von OT und OG kein Verlust vorliegt. In Variante 2 dagegen (Einkommen im Organkreis insgesamt negativ), findet die dual consolidated loss rules Anwendung. Da § 14 Abs. 1 Satz 1 Nr. 5 KStG aus US-Sicht eine ausländische Verlustabzugsbeschränkung darstellt, ist grundsätzlich die mirror legislation rule zu beachten. In Bezug auf die vorliegende Sachverhaltskonstellation greift dabei für US-Zwecke wiederum die stand alone exception, da OT und OG keine weiteren Tochtergesellschaften halten und es deswegen keine anderen, nicht der US-Besteuerung unterliegenden deutschen Gesellschaften gibt. Somit werden die negativen Einkünfte von OT und OG im Ergebnis ohne Einschränkung durch die dual consolidated loss rule bei der US-Besteuerung im Verlustentstehungsjahr erfasst.

Anwendung von § 14 Abs. 1 Satz 1 Nr. 5 KStG: Sowohl die negativen Einkünfte der OT also auch die positiven Einkünfte der OG werden zur Besteuerung in den USA herangezogen, und zwar bei Variante 1 das insgesamt positive Einkommen des gesamten Organkreises und in Variante 2 das in der Summe negative Einkommen des Organkreises. Es stellt sich jeweils die Frage, ob eine Verlustberücksichtigung im Ausland i.S.v. § 14 Abs. 1 Satz 1 Nr. 5 KStG vorliegt mit der Rechtsfolge der Versagung der Verlustberücksichtigung im Inland.

28.42 Zu Variante 1 sind folgende Überlegungen anzustellen:

- Die Berücksichtigung der negativen Einkünfte von OT beruht ebenso wie die Berücksichtigung positiver Einkünfte von OG auf dem Umstand, dass die USA diese unter Anrechnung ggf. anfallender deutscher Steuern für US-Steuerzwecke erfassen. Der unmittelbare Abzug der negativen Einkünfte von OT bei der US-Besteuerung im selben VZ beruht jedoch darauf, dass auch die positiven Einkünfte der OG in den USA erfasst werden.

- Es liegt daher kein echter „double dip" in Bezug auf die negativen Einkünfte von OT vor, weil positive Einkünfte von OG, welche die negativen Einkünfte von OT übersteigen, ebenfalls in den USA der Besteuerung unterliegen.

- Da nunmehr auch nach BFH I R 92/12[1] „negative Einkünfte" des Organträgers im Sinne von § 14 Abs. 1 Satz 1 Nr. 5 KStG vorliegen, wenn nach Zurechnung des Einkommens der Organgesellschaft ein Verlust verbleibt, findet daher bereits aus diesem Grund die Verlustabzugssperre hier keine Anwendung.

28.43 Im Hinblick auf Variante 2 sollte Folgendes berücksichtigt werden:

- Die Nichtberücksichtigung negativer Einkünfte nach Maßgabe der inländischen Verlustabzugssperre kann sich hier zunächst nur in Höhe des negativen Saldos des Organkreises ergeben, da nur insoweit auch eine Erfassung für US-Steuerzwecke erfolgt.

- Allerdings fehlt es auch hier wiederum an einer doppelten Verlustnutzung, da sowohl in den USA als auch in Deutschland die positiven Einkünfte der OG erfasst werden. Es findet auch keine phasenverschobene doppelte Verlustnutzung statt. In den USA kommt es in Bezug auf den Negativsaldo zu einer Direkterfassung, während in Deutschland die negativen Einkünfte im Wege eines Verlustvortrags erfasst werden. Kommt es dann in Deutschland zu einer späteren Verrechnung mit positiven Einkünften, steht dieser eine entsprechende Besteuerung in den USA gegenüber.

Somit sollte im Ergebnis die inländische Verlustabzugssperre des § 14 Abs. 1 Satz 1 Nr. 5 KStG in beiden Fallvarianten nicht anwendbar sein. Verrechnungen von Gewinnen der OG aufgrund der Regelungstechnik im Anrechnungsstaat USA dürfen zur Verhinderung einer Übermaßbesteuerung nicht als schädliche doppelte Berücksichtigung von Verlusten der OT betrachtet werden.

IV. Doppelt ansässige Gesellschaften

1. Doppelt ansässiger Organträger

28.44 Auch im Hinblick auf einen nach ausländischem Recht gegründeten Organträger (OT) mit Ort der Geschäftsleitung im Inland kann § 14 Abs. 1 Satz 1 Nr. 5 KStG grundsätzlich eingreifen. OT ist im Inland unbeschränkt steuerpflichtig und auch im Ausland besteht regelmäßig bei Anknüpfung der Steuerpflicht an den statutarischen Sitz eine unbeschränkte Steuerpflicht, im Rahmen derer das Welteinkommen erfasst wird.

---

1 GmbHR 2017, 425.

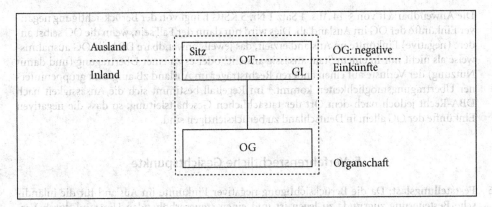

Besteht zwischen Deutschland und dem ausländischen Staat ein DBA, welches die negativen inländischen Einkünfte freistellt und kommt es infolgedessen nicht zu einer Berücksichtigung im Inland, sollte die Verlustabzugssperre nicht eingreifen. Besteht kein DBA oder sieht ein bestehendes DBA keine Freistellung der negativen Einkünfte vor, können diese sowohl in Deutschland als auch im Ausland grundsätzlich berücksichtigt werden. In diesem Fall ist die Verlustabzugssperre zu prüfen.

2. Doppelt ansässige Organgesellschaft

In Bezug auf doppelt ansässige Organgesellschaften ist die Anwendbarkeit von § 14 Abs. 1 Satz 1 Nr. 5 KStG ebenfalls zu prüfen, jedoch dürfte sich der praktische Anwendungsbereich in Bezug auf das nachfolgend gebildete Beispiel auf wenige Ausnahmekonstellationen beschränken.[1] Die Organgesellschaft (OG) wurde nach dem Recht eines ausländischen Staates gegründet und hat ihren Ort der Geschäftsleitung ins Inland verlegt. Ihre organschaftliche Anbindung hängt zunächst davon ab, dass gesellschaftsrechtlich auch die doppelt ansässige OG zulässigerweise einen in seiner Regelungswirkung einem Beherrschungs- und Gewinnabführungsvertrag gleichstehenden Vertrag abschließen kann, der auch tatsächlich durchgeführt wird (zu grenzüberschreitenden Gewinnabführungsverträgen s. Rz. 26.1 f.).

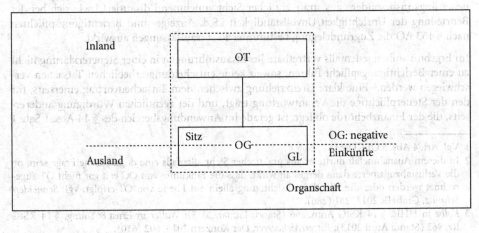

---

1 *Gründig/Schmid*, DStR 2013, 617 (620); *Wagner/Liekenbrock*, Ubg 2013, 133 (144).

Die Anwendbarkeit von § 14 Abs. 1 Satz 1 Nr. 5 KStG hängt von der Berücksichtigung negativer Einkünfte der OG im Ausland ab. Dies wird nur dann der Fall sein, wenn die OG selbst andere (negative) Einkünfte im Ausland erzielt, das jeweils anwendbare DBA die OG ausnahmsweise als nicht nur in einem Staat ansässig ansieht[1] oder es zu einer Übertragung (und damit Nutzung) der Verluste auf einen anderen Rechtsträger im Ausland zB aufgrund gruppeninterner Übertragungsmöglichkeiten kommt.[2] Im Regelfall bestimmt sich die Ansässigkeit nach DBA-Recht jedoch nach dem Ort der tatsächlichen Geschäftsleitung, so dass die negativen Einkünfte der OG allein in Deutschland zu berücksichtigen sind.

E. Verfahrensrechtliche Gesichtspunkte

28.46 **Feststellungslast:** Da die Berücksichtigung negativer Einkünfte im Ausland für die inländische Besteuerung zugrunde zu legen ist und einen steuererhöhenden Umstand durch Versagung der Verlustnutzung begründet, trägt nach allgemeinen Grundsätzen grundsätzlich die Finanzverwaltung die Darlegungs- und Feststellungslast. Wegen des Auslandsbezugs folgt für den Steuerpflichtigen dabei aus § 90 Abs. 2 AO eine erhöhte Mitwirkungspflicht.[3] Daraus folgt insbesondere auch, dass der Steuerpflichtige ggf. etwaige Folgeentwicklungen in Bezug auf eine Verlustnutzung im Ausland nachzuhalten hat. Die praktischen Probleme sind dabei vielschichtig: Nicht nur können komplexe ausländische Rechtsvorschriften erheblichen Bedarf an Rechtsberatung auslösen, sondern vor allem müssen zeitlich gestreckte Vorgänge und zukünftige Ereignisse (bspw. späteres Entfallen der Verlustnutzung im Ausland) nachgehalten und berücksichtigt werden. So erscheint es denkbar, dass sich die Möglichkeit der Verlustverrechnung im Ausland erst zu einem späteren Zeitpunkt ergibt. Diese „grenzüberschreitende Verlustnutzungsüberwachung" kann in der Praxis erheblichen Aufwand bedeuten und damit unter Umständen zu einer jahrelang andauernden Schwebelage führen.

28.47 **Offenlegung der Tatsachenbasis bei Zugrundelegung einer von der Sichtweise der Finanzverwaltung ggf. abweichenden Rechtsauffassung:** Die zahlreichen Rechtsunsicherheiten bei der Anwendung des § 14 Abs. 1 Satz 1 Nr. 5 KStG lassen erwarten, dass Steuerpflichtige und Finanzverwaltung in Bezug auf bestimmte Sachverhalte unterschiedliche Rechtsauffassungen vertreten (werden). Für diesen Fall wird in Bezug auf Anzeige- und Berichtigungspflichten neuerdings insbesondere aus strafrechtlicher Sicht zunehmend diskutiert,[4] wie sich bei der Beurteilung der Unrichtigkeit/Unvollständigkeit i.S.d. Anzeige- und Berichtigungspflichten nach § 153 AO die Zugrundelegung bestimmter Rechtsauffassungen auswirkt.

Im Ergebnis sollten jedenfalls vertretbare Rechtsausführungen in einer Steuererklärung nicht zu einer Berichtigungspflicht führen, soweit keine entscheidungserheblichen Tatsachen verschwiegen werden.[5] Eine klare Grenzziehung zwischen dem Tatsachenvortrag einerseits, für den der Steuerpflichtige die Verantwortung trägt, und der rechtlichen Würdigung andererseits, die der Finanzbehörde obliegt, ist gerade im Anwendungsbereich des § 14 Abs. 1 Satz 1

---

1 Vgl. Art. 4 Abs. 3 OECD-MA.
2 In diesem Ausnahmefall dürfte es aus praktischer Sicht allenfalls eine dogmatische Frage sein, ob die Verlustabzugssperre dann dergestalt wirkt, dass die Einkünfte von OG erst gar nicht OT zugerechnet werden oder die Nichtberücksichtigung allein auf Ebene von OT erfolgt, vgl. *Schneider/Schmitz*, GmbHR 2013, 281 (286).
3 *Kolbe* in HHR, § 14 KStG Anm. 266 (Stand: Januar 2015); *Walter* in Ernst & Young, § 14 KStG Rz. 962 (Stand: April 2013); *Ritzer/Aichberger*, Der Konzern 2013, 602 (610).
4 Vgl. *Sontheimer*, DStR 2014, 357; *Steinhauff*, AO-StB 2014, 113; *Seer/Krumm*, DStR 2013, 1757.
5 Vgl. *Geuenich/Kiesel*, BB 2012, 155 (160).

Nr. 5 KStG mit erheblichen praktischen Schwierigkeiten verbunden, insbesondere da die Tatsachenbasis immer von der zugrunde gelegten Rechtslage mitbestimmt wird[1] und diese hier maßgeblich von ausländischen Rechtsvorschriften abhängt. Die für die Offenlegungspflicht nach § 153 AO zu stellenden Anforderungen sollten m.E. unter Rückgriff auf die von der BGH-Rechtsprechung zu § 370 AO entwickelten Grundsätze, wonach eine weitgehende Pflicht zur Offenlegung der steuerlich relevanten Vorgänge angenommen wird,[2] bemessen werden. Im Ergebnis bedeutet dies, dass jedenfalls dann keine unrichtigen Angaben erfolgt sind, wenn der Steuerpflichtige eine ihm günstige unzutreffende Rechtsansicht vertritt und dabei die steuerrechtlich erheblichen Tatsachen in der Weise richtig und vollständig offenlegt, dass die Finanzbehörde in die Lage versetzt wird, die Steuer unter abweichender rechtlicher Beurteilung aus ihrer Sicht zutreffend festzusetzen.[3] Entscheidend kommt es somit auf die lückenlose Darstellung derjenigen relevanten Tatsachen an, die unter Ermittlung des „typisierten Empfängerhorizonts der Finanzverwaltung"[4] für deren Beurteilung maßgeblich sind. Die endgültige Beurteilung der Rechtslage bleibt dann ggf. einem sich anschließenden Steuerstreit vorbehalten.

Für den Anwendungsbereich des § 14 Abs. 1 Satz 1 Nr. 5 KStG kommt derzeit erschwerend Folgendes hinzu: Mangels offizieller Verlautbarung der Finanzverwaltung steht der Steuerpflichtige vor dem Problem, wie die für die Anwendung des § 14 Abs. 1 Satz 1 Nr. 5 KStG relevanten Sachverhaltselemente erkannt werden können, hinsichtlich derer auf der Grundlage des „typisierten Empfängerhorizonts der Finanzverwaltung" eine Offenlegungspflicht besteht.[5] Aus Vorsichtsgründen empfiehlt sich daher im Zweifel, den gesamten potentiell relevanten Sachverhalt zB in einer Anlage offenzulegen, um größtmögliche Transparenz zu schaffen.[6] Allerdings dürfen m.E. die Anforderungen an den „typisierten Empfängerhorizont" auch nicht überspannt werden, da ansonsten die Erklärungspflichten nicht mehr praktikabel erfüllt werden könnten. Es sollte daher genügen, wenn der Steuerpflichtige in einer Anlage zur Steuererklärung zu erkennen gibt, dass die Verlustabzugssperre in Bezug auf konkret bezeichnete negative Einkünfte nicht eingreift und dabei die Verhältnisse im Ausland dergestalt offenlegt, dass die Finanzverwaltung in die Lage versetzt wird, diese eigenständig zu überprüfen.

Änderung von Steuerbescheiden bei Änderungen der Verlustberücksichtigung im Ausland: Zeitliche Verschiebungen der Verlustberücksichtigung im Ausland und im Inland (vgl.

28.48

---

1 So auch *Seer* in Tipke/Kruse, § 153 AO Rz. 8 (Stand: Juni 2012).
2 Vgl. BGH v. 10.11.1999 – 5 StR 221/99, NStZ 2000, 203 sowie BGH v. 8.9.2011 – 1 StR 38/11, NStZ 2012, 160. Der BGH lässt insoweit für die Annahme bedingten Vorsatzes zur Begründung der Strafbarkeit wegen Steuerhinterziehung sogar in subjektiver Hinsicht das bloße Für-Möglich-Halten der Existenz eines Steueranspruchs genügen, wenn die Finanzbehörden dabei über die tatsächlichen Besteuerungsgrundlagen in Unkenntnis gelassen werden, BGH v. 10.11.1999 – 5 StR 221/99, NStZ 2000, 203.
3 Vgl. BGH v. 10.11.1999 – 5 StR 221/99, NStZ 2000, 203.
4 So BGH v. 10.11.1999 – Az. 5 StR 221/99, NStZ 2000, 203.
5 Für Zwecke des § 370 AO wird insoweit mit Blick auf das strafrechtliche Bestimmtheitsgebot (Art. 103 Abs. 2 GG) geschlussfolgert, dass eine Offenbarungspflicht nur dann begründet werden könne, wenn die abweichende Rechtsansicht der Finanzverwaltung veröffentlicht ist, vgl. *Sontheimer*, DStR 2014, 357 (360); *Seer/Krumm*, DStR 2013, 1814 (1815) beziehen insoweit nur Verwaltungsvorschriften bzw. Entscheidungen des BFH mit ein, die im BStBl. veröffentlicht werden. Dies sollte mE auch für § 153 AO gelten, kann aber im Einzelfall zu erheblichen Abgrenzungsschwierigkeiten führen (etwa wenn ein zu einem Problemkreis veröffentlichtes BMF-Schreiben einen bestimmten Sachverhalt nicht ausdrücklich erfasst, die Ausführungen aber auf eine abweichende Würdigung schließen lassen).
6 Ebenso allgemein auch *Werder/Rudolf*, BB 2015, 665 (669).

Rz. 28.25 f.) müssen auch verfahrensrechtlich nachvollzogen werden. Insoweit wird im Schrifttum die Anwendung von § 175 AO diskutiert.[1] Dazu ist zunächst festzuhalten, dass die Bestimmung des § 175 Abs. 2 Satz 1 AO (Wegfall einer Voraussetzung für eine Steuervergünstigung als rückwirkendes Ereignis) nicht einschlägig ist und daher allenfalls § 175 Abs. 1 Satz 1 Nr. 2 AO in Betracht kommt. Die Anwendung erscheint jedenfalls im Ergebnis angezeigt, wenn eine zeitversetzte Berücksichtigung der Verluste im In- und Ausland vorliegt. Wenn zB eine Verlustberücksichtigung im Inland durch die Finanzverwaltung so lange versagt wird, bis für die ausländische Besteuerung endgültig feststeht, dass die in Frage stehenden Verluste endgültig nicht mehr im Ausland berücksichtigt werden, nachdem sie sich auch dort zunächst nicht effektiv ausgewirkt haben (zB Entstehen eines Verlustvortrags ohne Minderung der Bemessungsgrundlage und dessen späterer Wegfall), sollten in einem späteren Veranlagungszeitraum für die inländische Besteuerung die entsprechenden Rechtsfolgen (keine Anwendbarkeit der inländischen Verlustabzugssperre) gezogen werden können und vor allem auch verfahrensrechtlich umsetzbar sein (rückwirkende Änderung der entsprechenden Steuerbescheide unter Berücksichtigung der Verluste im Inland). Aus Sicht der Finanzverwaltung ist, soweit eine Anwendung des § 14 Abs. 1 Satz 1 Nr. 5 KStG in Betracht kommt, vor diesem Hintergrund an eine Steuerfestsetzung unter dem Vorbehalt der Nachprüfung oder mit Vorläufigkeitsvermerk zu denken, da die endgültige Steuerfestsetzung erst dann erfolgen kann, wenn feststeht, ob sich der Verlust im Ausland tatsächlich ausgewirkt hat.[2]

28.49 **Rechtsbehelfseinlegung bei Versagung der Verlustberücksichtigung aufgrund der Verlustabzugssperre**: Die Rechtsfolge des § 14 Abs. 1 Satz 1 Nr. 5 KStG betrifft mit der Organschaft zusammenhängende Besteuerungsgrundlagen. Für diese ist verfahrensrechtlich nunmehr gem. § 14 Abs. 5 KStG die einheitliche und gesonderte Feststellung gegenüber dem Organträger und der Organgesellschaft vorgesehen (ausführlich Rz. 4.21 f. mwN). Besteht Streit über die Anwendung des § 14 Abs. 1 Satz 1 Nr. 5 KStG, ist der Bescheid über die einheitliche und gesonderte Feststellung i.S.v. § 14 Abs. 5 KStG anzufechten.[3]

F. Vereinbarkeit mit höherrangigem Recht und DBA-Grundsätzen

I. Unionsrecht

28.50 **Die Entscheidung des EuGH in der Rechtssache *Philips Electronics***: Europarechtlich begegnet die Neufassung erheblichen Bedenken im Hinblick auf die Entscheidung des EuGH in der Rechtssache Philips Electronics.[4] Diese Entscheidung ist über eine Regelung im Rahmen der britischen Gruppenbesteuerung ergangen, deren Anwendungsvoraussetzungen deutliche Parallelen zur Neufassung des § 14 Abs. 1 Satz 1 Nr. 5 KStG aufweisen. Die Entscheidung hatte (vereinfacht) folgenden Sachverhalt zum Gegenstand: Im Rahmen der britischen Gruppenbesteuerung ermöglicht der sog. group relief unter bestimmten Voraussetzungen eine Verlustübertragung innerhalb einer Unternehmensgruppe. Einbezogen in die Übertragungsmög-

---

1 *Benecke/Schnitger*, IStR 2013, 143 (149); *Goebel/Ungemach*, NWB 2013, 595 (603); *Kolbe* in HHR, § 14 KStG Anm. 266 (Stand: Januar 2015); *Schneider/Schmitz*, GmbHR 2013, 281 (283); *von Freeden/Liekenbrock*, DB 2013, 1690 (1692); *Wagner/Liekenbrok*, Ubg 2013, 133 (138).
2 *Frotscher* in Frotscher/Maas, § 14 KStG Rz. 515 (Stand: Januar 2015).
3 *Kolbe* in HHR, § 14 KStG Anm. 266 (Stand: Januar 2015).
4 EuGH v. 6.9.2012 – C-18/11 – The Commissioners for Her Majesty's Revenue & Customs/Philips Electronics UK Ltd, IStR 2012, 847 = ISR 2012, 101 m. Anm. *Pohl*. Zum unionsrechtlichen Einfluss auf die Organschaft s. ausführlich *Lausterer/Hulde*, Kapitel 5.

lichkeit werden dabei auch Verluste einer britischen Betriebsstätte, die von einer ausländischen (nicht britischen) Gesellschaft gehalten wird. Allerdings ist nach dem Regelungsregime eine Verlustübertragung dann ausgeschlossen, wenn der Verlust im selben oder einem anderen Rechnungsjahr bei der ausländischen Besteuerung von den Gewinnen der ausländischen Gesellschaft oder einer anderen Person abziehbar ist oder eine sonstige anderweitige Möglichkeit der Gewinnverrechnung besteht.

Der EuGH sieht darin eine **nicht gerechtfertigte Beschränkung der Niederlassungsfreiheit** (Art. 49 AEUV) eines gebietsfremden Unternehmens, wenn ein Mitgliedsstaat in seinem nationalen Steuerrecht nachteilige Folgen an die steuerliche Behandlung eines Sachverhalts in einem anderen Mitgliedsstaat knüpft. Der Urteilstenor lautet:

28.51

„Art. 43 EG ist dahin auszulegen, dass es eine Beschränkung der Freiheit eines gebietsfremden Unternehmens, sich in einem anderen Mitgliedsstaat niederzulassen, darstellt, wenn nationale Rechtsvorschriften die Möglichkeit der Übertragung von Verlusten, die eine in diesem Mitgliedstaat ansässige Betriebsstätte einer gebietsfremden Gesellschaft im Wege des Konzernabzugs von der Voraussetzung abhängig machen, dass die Verluste nicht für die Zwecke einer ausländischen Steuer verwendet werden können, obwohl für die Übertragung von Verlusten, die eine gebietsansässige Gesellschaft in diesem Mitgliedstaat erlitten hat, keine entsprechende Voraussetzung gilt."[1]

Sachliche Rechtfertigungsgründe für diese Beschränkung der Niederlassungsfreiheit hat der EuGH nicht erkannt. Weder die Wahrung der Aufteilung der Besteuerungshoheit zwischen den Mitgliedsstaaten konnte nach Ansicht des EuGH als sachliche Rechtfertigung angeführt werden, da die Besteuerungshoheit Großbritanniens nicht durch eine Verlustberücksichtigung in einem anderen Mitgliedsstaat in Frage gestellt wird (für die Betriebsstätte steht Großbritannien das Besteuerungsrecht zu), noch stehe es einem Mitgliedsstaat offen, sich allein auf die Gefahr doppelter Verlustnutzung als Rechtfertigungsgrund zu berufen.[2] Einem Mitgliedsstaat ist es danach nicht erlaubt, die Berücksichtigung eines in seinem Hoheitsgebiet entstandenen Verlustes mit der Begründung einzuschränken, dieser werde auch in einem anderen Mitgliedsstaat berücksichtigt. Dass die Gesellschaften Beteiligte einer Gruppenbesteuerung waren, hat der EuGH in der Prüfung der möglichen Rechtfertigungsgründe nicht näher berücksichtigt. Leitgedanke bei der Rechtfertigungsprüfung ist insbesondere die Überlegung, dass mit einem bestehenden Besteuerungsrecht eines Mitgliedsstaates auch die Verpflichtung zur Verlustberücksichtigung korrespondiert und diese nicht von Merkmalen der Besteuerung in einem anderen ausländischen Staat abhängig gemacht werden kann.

Schlussfolgerungen für die deutsche Regelung: Im Schrifttum wird die Europarechtswidrigkeit der Neufassung des § 14 Abs. 1 Satz 1 Nr. 5 KStG zu Recht in Anlehnung an die Entscheidung in der Rechtssache *Philips Electronics* fast einhellig bejaht.[3] Zwischen der durch

28.52

---

1 Das Urteil steht damit im Einklang zu der Entscheidung in der Rs. *Krankenheim Ruhesitz Wannsee*, EuGH v. 23.10.2008 – C-157/07, GmbHR 2008, 1285 = IStR 2008, 769, in welcher der EuGH ebenfalls judiziert hat, dass ein Mitgliedstaat nicht verpflichtet sein kann, die eventuell ungünstigen Auswirkungen der Besonderheiten einer Regelung eines anderen Staates zu berücksichtigen und seine Steuervorschriften auf diejenigen eines anderen Mitgliedsstaates abzustimmen.
2 EuGH v. 6.9.2012 – C-18/11, IStR 2012, 847 = ISR 2012, 101 m. Anm. *Pohl* Rz. 31–33.
3 *Ritzer/Aichberger*, Der Konzern 2013, 602 (612); *Scheipers/Linn*, IStR 2013, 139 (142); *von Freeden/Liekenbrock*, DB 2013, 1690 (1695); *Schneider/Schmitz*, GmbHR 2013, 281 (287); *Thömmes*, JbFfSt 2014/2015, 40 (44 f.). Im Ergebnis auch *Gosch*, IWB 2012, 694 (696). Anders *Frotscher* in Frotscher/Maas, § 14 KStG Rz. 515 (Stand: Januar 2015), der das Urteil als nicht auf die deutsche Rege-

den EuGH verworfenen Bestimmung des britischen group relief und der deutschen Neuregelung bestehen m.E. keine wesentlichen sachlichen Unterschiede, so dass die Grundsätze der EuGH-Entscheidung in der Rechtssache *Philips Electronics* auf die deutsche Verlustabzugssperre übertragbar sind. Ein ausländischer Gesellschafter eines inländischen Organträgers sollte sich im Hinblick auf die Verlustabzugssperre auf die Niederlassungsfreiheit berufen können, wenn negative Inlandseinkünfte von Organkreisgesellschaften in Deutschland deswegen nicht verrechnet/vorgetragen werden können, weil an ausländische Rechtsvorschriften im Ansässigkeitsstaat des ausländischen Gesellschafters angeknüpft wird, welche die Verrechnung mit anderen Einkünften dieses Gesellschafters (oder ggf. anderer Gruppengesellschaften) ermöglichen. Vergleichsmaßstab für die Frage der Diskriminierung wäre hierbei die rein nationale Konstellation eines deutschen inländischen Gesellschafters des Organträgers. Auf diesen findet § 14 Abs. 1 Satz 1 Nr. 5 KStG keine Anwendung, da eine Berücksichtigung der negativen Einkünfte hier nicht vorliegt. Wenn der EuGH die Anknüpfung der inländischen Verlustverrechnungsmöglichkeit an die Verhältnisse der Regelungen in einem anderen Mitgliedstaat jedenfalls dann als Beschränkung der Niederlassungsfreiheit ansieht, wenn eine solche Anknüpfung im reinen Inlandsfall nicht besteht, greift diese Überlegung auch hier. Rechtfertigungsgründe sind nicht ersichtlich. Insbesondere kann die Wahrung der Aufteilung der Besteuerungsbefugnisse insoweit keine Beschränkung der Niederlassungsfreiheit rechtfertigen. Es liegt außerhalb des Verantwortungsbereichs Deutschlands, bei grenzüberschreitenden Sachverhalten einen „Einmalabzug" sicherzustellen, wenn dadurch das inländische Besteuerungssubstrat nicht berührt wird.

28.53 Daher ist die **Neuregelung des § 14 Abs. 1 Satz 1 Nr. 5 KStG** als europarechtswidrig anzusehen. Der Gesetzgeber hat die Problematik erkannt,[1] aber nicht gelöst, indem er die ursprünglich vorgesehene Beschränkung der Neuregelung auf Verluste, die in Drittstaaten (nicht EU- oder EWR-Staaten) berücksichtigt werden, verworfen hat. Letztlich hat der Gesetzgeber sehenden Auges und unverständlicherweise eine nicht unionsrechtskonforme Regelung geschaffen.

Soweit sich ein Konkurrenzverhältnis mit § 4i EStG ergeben kann, stellt sich die Frage der Europarechtskonformität auch in Bezug auf diese Verlustabzugsbeschränkung. Die Gesetzesbegründung[2] geht – wie Teile des Schrifttums[3] – von Vereinbarkeit mit Unionsrecht aus mit der Begründung, die Beschränkungen der Niederlassungsfreiheit (Art. 49, 54 AEUV) und der auch im Verhältnis zu Drittstaaten geltenden Kapitalverkehrsfreiheit (Art. 63 AEUV) seien unter den Gesichtspunkten der Missbrauchsabwehr und Kohärenz des Steuersystems gerechtfertigt. Weshalb die europarechtliche Beurteilung vor dem Hintergrund der EuGH-Entscheidung in der Rechtssache *Philips Electronics* jedoch anders ausfallen soll, als in Bezug auf § 14 Abs. 1 Satz 1 Nr. 5 KStG, erscheint fraglich[4].

---

lung übertragbar ansieht, aber eine nicht gerechtfertigte Beeinträchtigung der Niederlassungsfreiheit annimmt.

1 Vgl. die Beschlussempfehlung des Finanzausschusses BT-Drucks. 17/11180, 15, welche die Einschränkung des Anwendungsbereichs auf Verluste, die in Drittstaaten (nicht EU oder EWR-Staaten) berücksichtigt werden, vorsah, aber im Zuge des Gesetzgebungsverfahrens nach Anrufung des Vermittlungsausschusses (BT-Drucks. 17/11841) wieder verworfen wurde.
2 BT-Drucks. 18/9956.
3 Vgl. zB *Wacker* in Schmidt[36], § 4i EStG Rz. 7; *Kanzler*, NWB 2017, 326 (327); *Pohl* in Blümich, § 4i EStG Rz. 12 (Stand: April 2017).
4 Zweifelnd auch *Gosch* in Kirchhof, § 4i EStG Rz. 2; *Schnitger*, IStR 2017, 214 (219); *Bärsch/Böhmer*, DB 2017, 567 (568).

II. Verfassungsrecht

Verstoß gegen Leistungsfähigkeitsprinzip: Das in Art. 3 Abs. 1 GG verankerte Gebot der Besteuerung nach der Leistungsfähigkeit wird durch die Regelung des § 14 Abs. 1 Satz 1 Nr. 5 KStG nicht vollumfänglich eingehalten. Vielmehr wird eine ungerechtfertigte Übermaß- bzw. Doppelbesteuerung bewirkt, da durch diese Norm im Einzelfall die Gefahr besteht, dass Gewinne sich in zwei Staaten steuererhöhend auswirken, Verluste aber aufgrund des Verbots des § 14 Abs. 1 Satz 1 Nr. 5 KStG nur einmal steuermindernde Wirkung entfalten.[1] Diese Situation wird noch dadurch verschärft, dass ein Verlustvortrag zur Verrechnung mit künftigen Gewinnen hingegen nicht geregelt wurde, so dass in der Folge von § 14 Abs. 1 Satz 1 Nr. 5 KStG ausgeschlossene Verluste auch zukünftig vollständig unberücksichtigt bleiben.[2] Die Verlustabzugssperre erfasst lediglich doppelt berücksichtigte negative Einkünfte, sieht jedoch keine Verhinderung einer doppelten Berücksichtigung positiver Einkünfte in zwei verschiedenen Staaten vor. Steuerliche Verluste werden hinsichtlich der Doppelberücksichtigung gegenüber steuerlichen Gewinnen mithin diskriminiert, ohne dass dafür eine systematische Rechtfertigung besteht. Konsequent wäre es, zur Vermeidung von Doppelbesteuerungen bei steuererhöhender Auswirkung von Gewinnen in zwei Staaten auch die steuermindernde Wirkung von Verlusten in diesen Staaten anzuerkennen. Eine andere Behandlung verstößt gegen das Prinzip der Besteuerung nach der wirtschaftlichen Leistungsfähigkeit.

28.54

Sachlich nicht gerechtfertigte Ungleichbehandlungen: § 14 Abs. 1 Satz 1 Nr. 5 KStG bewirkt zudem in mehrfacher Hinsicht sachlich nicht gerechtfertigte Ungleichbehandlungen von Organschaften gegenüber anderen Unternehmen (Rz. 4.21 f. mwN). Die Gefahr des doppelten Verlustabzuges im In- und Ausland besteht nicht nur im Fall von Organschaften, sondern auch bei nicht organschaftlich verbundenen Unternehmen, ohne dass der Gesetzgeber eine entsprechend einschränkende Regelung vorgesehen hätte.[3] Ein rechtfertigender Grund für diese unterschiedliche Behandlung gleichgelagerter Fälle ist hingegen nicht ersichtlich, vielmehr bekommt die Norm den Charakter einer „Strafregelung" für Organschaften.[4] Insbesondere kann als Rechtfertigung nicht das Argument der Missbrauchsvermeidung fruchtbar gemacht werden, da ein solch pauschaler Missbrauchsverdacht gerade nicht vorliegt. Denn eine Beschränkung der Norm auf „passive" Einkünfte ist nicht gegeben.[5] Die Entscheidung über den Umfang der Verlustberücksichtigung im Rahmen des nationalen Steuerrechts liegt bei dem ausländischen Staat, nicht bei dem Steuerpflichtigen. Ein Missbrauch ist damit bereits ausgeschlossen.[6] Zudem ist es nicht Aufgabe des deutschen Gesetzgebers, die Berücksichtigung von Verlusten in fremden Rechtsordnungen zu regeln oder sanktionieren.[7]

28.55

Wenn – wie oben dargelegt – § 14 Abs. 1 Satz 1 Nr. 5 KStG auch bei **Anrechnungsbetriebsstätten** eingreifen sollte, bestehen im Hinblick auf Art. 3 Abs. 1 GG verfassungsrechtliche Bedenken, da eine sachliche Rechtfertigung für den Ausschluss der sonst nach allgemeinen Grundsätzen im Vergleichsfall mit der Situation der Verlustnutzung in einer Konstellation

28.56

---

[1] *Frotscher* in Frotscher/Maas, § 14 KStG Rz. 510 (Stand: Januar 2015).
[2] *Benecke/Schnitger*, IStR 2013, 143 (151); *Lohmar* in Lademann, § 14 KStG Rz. 413; *Ritzer/Aichberger*, Der Konzern 2013, 602 (613); *Walter* in Ernst & Young, § 14 KStG Rz. 963.
[3] Siehe dazu *Frotscher* in Frotscher/Maas, § 14 KStG Rz. 529a (Stand: Januar 2015) mit Beispielen.
[4] *Schneider/Schmitz*, GmbHR, 2013, 281 (287).
[5] *Lohmar* in Lademann, § 14 KStG Rz. 414.
[6] *Frotscher* in Frotscher/Maas, § 14 KStG Rz. 532 (Stand: Januar 2015).
[7] *Ritzer/Aichberger*, Der Konzern 2013, 602 (612).

ohne Organschaft bestehenden Verlustnutzung nicht ersichtlich ist. Es ist verfassungsrechtlich daher zu beanstanden, dass hier der **Ausschluss** der Verlustnutzung nur **in Organschaftskonstellationen** besteht.[1]

28.57 **Sonstige verfassungsrechtliche Bedenken:** Auch das Gebot der **Folgerichtigkeit** wird durch die Vorschrift und die daraus resultierende Beschränkung bei der Verlustverrechnung verletzt. Denn dem Institut der Organschaft ist die erweiterte Möglichkeit zur Verlustnutzung immanent, die dem Steuerpflichtigen ermöglicht, Einkünfte verschiedener Gesellschaften zu verrechnen und damit auch Verluste steuerlich effektiver nutzen zu können.[2] Diese Wesensimmanenz ohne Rechtfertigung einzuschränken ist kaum nachvollziehbar und mithin verfassungsrechtlich zu beanstanden.

Ferner wird gegen den verfassungsrechtlich verankerten **Bestimmtheitsgrundsatz**[3] verstoßen. Dieser besagt, dass eine Eingriffsnorm so ausgestaltet sein muss, dass die Eingriffe messbar und für den Steuerpflichtigen in einem bestimmten Umfang vorhersehbar und berechenbar sind. Dem Bestimmtheitsgebot ist dann nicht genüge getan, wenn offene Tatbestandsmerkmale eine rechtssichere Auslegung nicht zulassen, dh. deren Inhalt nicht nur unbestimmt, sondern unbestimmbar ist. Die durch die Neufassung des § 14 Abs. 1 Satz 1 Nr. 5 KStG verursachten Rechtsunsicherheiten sind mE teilweise so weitgehend, dass die Reichweite der Norm und deren Anwendungsfälle praktisch kaum bestimmbar sind und daher dem Bestimmtheitsgebot nicht genügen dürften.[4] Die Norm gibt ohne hinreichende Konkretisierung ihrer Tatbestandsmerkmale eine Rechtsfolge an, deren tatbestandliche Voraussetzungen „gleich einem Ratespiel für den Gesetzesanwender"[5] allenfalls mittelbar aus dem gesetzessystematischen Zusammenhang oder dem ebenfalls unvollkommen zum Ausdruck gelangten Willen des historischen Gesetzgebers abgeleitet werden können.

III. DBA

28.58 **Unzulässiger Treaty Override?** § 14 Abs. 1 Satz 1 Nr. 5 KStG kann ggf. auch zur Überschreibung von Abkommensgrundsätzen führen und damit als Treaty Override qualifizieren. Die Vorschrift bestimmt nicht ausdrücklich, dass das Abzugsverbot ungeachtet der Bestimmungen des Abkommens anzuwenden ist. Sie kann jedoch in Widerspruch zu abkommensrechtlichen Vorschriften stehende Besteuerungsfolgen bewirken. Dies könnte zB der Fall sein, wenn – wie oben erläutert (s. Beispiel Rz. 28.39) – die Verlustabzugsbeschränkung zur Nichtberücksichtigung der in einer Anrechnungsbetriebsstätte entstandenen Verluste führt. Im Schrifttum herrscht seit längerer Zeit eine lebhafte Diskussion darüber, ob die unilaterale Verletzung von völkerrechtlichen Verträgen mit der verfassungsmäßigen Ordnung in Einklang zu bringen ist.[6] Der BFH hat – unter ausdrücklicher Aufgabe seiner bisherigen Rechtsprechung[7] – dem BVerfG mehrere Bestimmungen, die als Treaty Override qualifizieren, zur

---

1 *Schneider/Schmitz*, GmbHR 2013, 281 (286).
2 *Schneider/Schmitz*, GmbHR, 2013, 281 (287).
3 Zum Bestimmtheitsgebot s. *Hey* in Tipke/Lang[22], § 4 Rz. 243 mwN.
4 Zur Kritik hinsichtlich der Altfassung im Lichte des Bestimmtheitsgebots s. *Meilicke*, DB 2002, 911. Zur Neuregelung im Ergebnis ebenso *Ritzer/Aichberger*, Der Konzern 2013, 602 (613).
5 So treffend *Kolbe* in HHR, § 14 KStG Anm. 260 (Stand: Januar 2015).
6 Siehe dazu die umfassenden Nachweise im Vorlagebeschluss des BFH v. 10.1.2012 – I R 66/09, FR 2012, 819 zu § 50d Abs. 8 EStG.
7 Nach bisheriger Spruchpraxis sah der BFH das Treaty Overriding nicht als verfassungsrelevanten Vorgang an, vgl. bspw. BFH v. 13.7.1994 – I R 120/93, FR 1994, 829.

Entscheidung über die Verfassungsmäßigkeit vorgelegt.[1] Damit wird das Treaty Overriding grundsätzlich auf den verfassungsrechtlichen Prüfstand gestellt. Der vorlegende Senat führt zur Begründung der Vorlage unter Bezugnahme auf jüngere Rechtsprechung des BVerfG[2] aus, dass der Gesetzgeber mit der Überschreibung bilateraler Vereinbarungen nicht nur dem Vorwurf eines Verstoßes gegen Völkerrecht ausgesetzt sei, sondern grundsätzlich gegen Verfassungsrecht verstößt, wenn eine völkerrechtlich vereinbarte Verpflichtung nicht eingehalten wird und nicht besondere Rechtfertigungsgründe hierfür vorliegen. Diesen Befund stützt der BFH im Wesentlichen auf den Gedanken des Vorrangs der prinzipiellen Völkerrechtsfreundlichkeit des Grundgesetzes. Nur in Ausnahmefällen könne ein Bruch des Völkervertragsrechts innerstaatliche Bindung erlangen, wenn nur auf diese Weise Verstößen gegen tragende Verfassungsgrundsätze begegnet werden könne (Erforderlichkeitsgrundsatz).

Das Ergebnis der weiteren Rechtsentwicklung bleibt abzuwarten. Die uneingeschränkte Anwendung des § 14 Abs. 1 Satz 1 Nr. 5 KStG führt jedenfalls zu einem Verstoß gegen DBA, die jeweils die Besteuerung einer ausländischen Betriebsstätte im Inland unter der Anrechnungsmethode vorsehen. Rechtfertigungsgründe, die der BFH in seinen Vorlagebeschlüssen unter Erforderlichkeitsgesichtspunkten in Erwägung gezogen hat (zB schnelles Handeln im Falle eines besonderen Missstandes oder kurzfristig zutage tretende Steuerausfälle), sollten in Bezug auf die Verlustabzugssperre nicht greifen. Daher sollten Fallgestaltungen, in denen die Anwendung von § 14 Abs. 1 Satz 1 Nr. 5 KStG einer DBA-Bestimmung zuwiderläuft, unter diesem Gesichtspunkt im Auge behalten und mit entsprechender Begründung offen gehalten werden.

28.59

G. Fazit und Ausblick

Der Gesetzgeber hat mit der Erweiterung des § 14 Abs. 1 Satz 1 Nr. 5 KStG eine bereits in der Altfassung unvollkommene Norm noch einmal verschärft und dabei sehenden Auges bekannte, im Gesetzgebungsverfahren diskutierte „Warnschüsse" ignoriert. Der jetzige Gesetzeswortlaut führt in der Praxis zu überschießenden Auswirkungen. Der Neufassung haftet nicht nur der evidente Makel der Europarechtswidrigkeit an, sondern in zeitlicher und sachlicher Hinsicht begegnet die Vorschrift auch begründeten verfassungsrechtlichen Bedenken. Selbst eine Anwendung „mit Augenmaß" durch die Finanzverwaltung kann die gesetzgeberische Fehlleistung nicht beheben. Will man die Vorschrift gleichwohl wortlautgetreu ohne Einschränkungen anwenden, zeichnet sich aus Sicht der Steuerpflichtigen bereits jetzt eine breite Fülle von Argumenten zur Verteidigung gegen die überschießenden Rechtsfolgen ab. Die zahlreichen offenen Anwendungsfragen betreffen zwar in erster Linie die Steuerpflichtigen selbst, allerdings besteht auch auf Seiten der zum Testat von Jahresabschlüssen berufenen Wirtschaftsprüfer im Hinblick auf das Erfordernis der Bildung von Steuerrückstellungen eine star-

28.60

---

[1] BFH v. 10.1.2012 – I R 66/09, FR 2012, 819, zu § 50d Abs. 8 EStG; BFH v. 11.12.2013 – I R 4/13, IStR 2014, 217 = GmbHR 2014, 323 = ISR 2014, 94 m. Anm. *Hagemann/Kahlenberg*, zu § 50d Abs. 10 EStG, sowie bereits angedeutet im Rahmen summarischer Prüfung im AdV-Beschluss BFH v. 19.5.2010 – I B 191/09, FR 2010, 999, zu § 50d Abs. 9 EStG, vgl. zur aktuellen Diskussion der Treaty Override Problematik *Gosch*, BFH/PR 2014, 176; BFH/PR 2015, 94; IStR 2014, 698; *Ismer/Baur*, IStR 2014, 421; *Jochimsen/Gradl*, IStR 2015, 236; *Lehner*, IStR 2014, 189; *Mitschke*, FR 2015, 467.

[2] BVerfG v. 14.10.2004 – 2 BvR 1481/04, BVerfGE 111, 307 – Görgülü, sowie BVerfG v. 26.10.2004 – 2 BvR 955/00, 2 BvR 1038/01, BVerfGE 112, 1 – Alteigentümer.

ke Verunsicherung.[1] Die Finanzgerichtsbarkeit dürfte auch nach der Entscheidung des BFH vom 12.10.2016 – Az. I R 92/12, mit weiteren Praxisfällen konfrontiert werden. Besondere Bedeutung kommt dabei der profunden Kenntnis ausländischer Rechtsvorschriften zu – verlässlicher Rechtsrat hierzu ist aus Sicht des Steuerpflichtigen daher unabdingbar, da dieser hier gezwungenermaßen in eine „Vorleistungspflicht" gegenüber der Finanzverwaltung treten muss, um mögliche Nachteile zu vermeiden.

H. Checkliste: Problemkreise der Verlustabzugssperre in der Beratungspraxis

28.61 Aus der Vielzahl der dargestellten Einzelprobleme bei der Anwendung des § 14 Abs. 1 Satz 1 Nr. 5 KStG sollten für die praktische Handhabung insbesondere folgende Punkte besonders beachtet werden:

- Sicherstellung der Einholung verlässlichen Rechtsrats im Hinblick auf die Berücksichtigung von negativen Einkünften bei der Besteuerung im Ausland nach Maßgabe der dort anwendbaren Vorschriften.

- Laufende Überprüfung der Auswirkung von inländischen Verlusten bei der ausländischen Besteuerung und Offenlegung der maßgeblichen tatsächlichen Umstände und Besteuerungsvorschriften zur Erfüllung erhöhter Mitwirkungspflichten bei Auslandssachverhalten.

- Erforderlichenfalls Bildung von Rückstellungen bei unsicherer Rechtslage, wenn mit einer Versagung der im Inland beanspruchten Verlustnutzung durch die Finanzverwaltung zu rechnen ist.

- Aus Vorsichtsgründen Offenlegung einer gegenüber der Finanzverwaltungsmeinung (potenziell) abweichenden Rechtsansicht in Bezug auf die Anwendung von § 14 Abs. 1 Satz 1 Nr. 5 KStG bei der Abgabe von Steuererklärungen.

- Überprüfung bestehender Akquisitionsstrukturen unter Einschaltung einer Personengesellschaft als Organträger im Verhältnis zur Zielgesellschaft, sowohl im Hinblick auf § 14 Abs. 1 Satz 1 Nr. 5 als auch auf § 4i EStG.

- Offenhalten laufender Verfahren im Hinblick auf die fragliche Vereinbarkeit mit höherrangigem Recht.

- Beendigungsmöglichkeiten von Organschaften in Erwägung ziehen, soweit Anwendung der Verlustabzugssperre zu erheblichen steuerlichen Nachteilen führt, die kurzfristig nicht hinnehmbar erscheinen.

---

1 IDW, Schreiben an das BMF v. 5.3.2014, abrufbar unter http://www.idw.de/idw/portal/d637626.

Stichwortverzeichnis

Bearbeitung: Ruth Sterzinger

A OY-Entscheidung
- EuGH-Urteil 5.52 f.

Abfärbe- und Infektionstheorie 8.50 ff.
- Rechtsprechung 16.23 ff., 16.44

Abfärbung
- gewerbliche gem. § 15 Abs. 3 Nr. 1 EStG 6.7

Abfindung
- außenstehender Aktionäre 2.92 ff.
- gemäß §§ 304, 305 AktG *s.a. angemessener Ausgleich*
- gemäß § 305 AktG 2.38, 26.11 f.

Abführungssperre
- nach § 301 AktG für Organgesellschaften 7.65
- nach § 301 AktG iV. § 268 Abs. 8 HGB 1.49

Abführungsverbot
- gemäß § 324 Abs. 2 Satz 1 AktG 18.54

Abgeltungsteuer
- Ausgleichszahlung an außenstehenden Gesellschafter 15.47

Abhängigkeitsbericht 2.106, 10.32 f.
- Befreiung 2.19

Abschlussarbeiten
- Beendigung 13.36

Abschlussprüfer 13.38, 13.41

Absonderungsberechtigter Gläubiger 24.4

Abspaltung 20.29
- der Beteiligung an einer Organgesellschaft 20.49
- Organgesellschaft 20.53
- Organträger 20.49

Abspaltungsvertrag 23.11

Abstockung
- der Organbeteiligung 14.44

Abwärtsverschmelzung
- einer Organgesellschaft 20.46, 20.80
- eines Organträgers 20.40

Abwicklung der Organgesellschaft
- Gewinnabführung 20.23

Abzugsfähigkeit der Gewerbesteuer
- als Betriebsausgabe 16.13

Abzugsverbot 13.83

Additionsmethode 7.32, 12.36

Aktiengesellschaft
- Abfindungsanspruch außenstehender Aktionäre 2.92, 15.9 ff.
- Änderung des Gewinnabführungsvertrages 2.114 ff.
- Ausgleichsanspruch außenstehender Aktionäre 2.88 ff.
- Ausgleichszahlung an Aktionär 15.10
- Ausgleichszahlung, steuerrechtl. Behandlung 15.29 ff.
- Gewinnabführungsvertrag 2.22, 2.49 ff.
- Konzernrecht 2.102 ff.
- Minderheitenschutz 1.49
- Schutz außenstehender Gesellschafter 2.30 ff.

Aktive latente Steuer 10.33

All-in-all-out-Prinzip 10.29

Allphasenbruttoumsatzsteuer 1.63; *s.a. Bruttoallphasenumsatzsteuer*

Alternativstruktur
- zur Organschaft 1.75 ff.

Amendement Carrez 9.37 f.

Amendement Charasse 9.36

Ampliscientifica und Amplifin-Entscheidung
- EuGH-Urteil 22.40

Amtshilfe-Richtlinie 5.8

Amtshilferichtlinie-Umsetzungsgesetz 23.7

Änderung von Steuerbescheiden 28.48

Anfechtung
- Beschluss über Verwendung des Bilanzgewinns (§ 254 Abs. 1 AktG) 2.13
- des zustimmenden Hauptversammlungsbeschlusses 2.71
- Ergebnisverwendungsbeschluss 2.15
- nach §§ 129 ff. InsO 24.75

Anfechtungs- und Nichtigkeitsklage 2.70, 2.72

Angemessener Ausgleich
- gemäß § 304 AktG 26.11

Angestelltentheorie 1.20

Anlage MO 7.5, 13.85

Anlage OG 7.5

Anlage ORG 7.5

Anlage OT 7.5

Anrechnung der Gewerbesteuer
- Anrechnungspotential 16.83 f.
- Anrechnungsüberhang 16.83 f.
- auf die Einkommensteuer gemäß § 35 EStG 16.82 ff.
- bei mehrstöckigen Mitunternehmerschaften 16.85 f.
- Überkompensation 16.83 f.
- Unterkompensation 16.84

Anrechnungsbetriebsstätte 28.37 f., 28.56

Anrechnungsverfahren 15.2
– Abschaffung 1.22, 1.51, 5.3
– zur Vermeidung der Doppelbesteuerung 8.82
Ansässigkeit
– des Gesellschafters, Besteuerungsrecht 16.70
– Gruppenbesteuerung 10.26
Anschluss-Organschaft
– nach Anteilserwerb 12.73, 20.22
Anschlussprüfung
– nach § 4 Abs. 2 Betriebsprüfungsordnung (BpO) 7.9
Anspruch
– auf Sicherheitsleistung bei Beendigung des Gewinnabführungsvertrags 2.147 ff.
– auf Steueranrechnung 16.76 ff.
Anteilige Veräußerung
– der Organbeteiligung 14.43
Anteilstausch 6.15, 12.65, 20.39, 20.51
Anteilsübertragungsanspruch
– schuldrechtlicher 12.29 ff.
Anteilsvereinigung
– gemäß § 1 Abs. 3 GrEStG 1.14, 23.8
– im Organkreis 23.27 ff.
– mittelbare 23.37, 23.42 ff.
Anti-BEPS-Richtlinie
– Zinsschrankenregelung 19.1
Anti-Debt Push Down-Regel 9.37
Anti-Double-Dip-Regelung 28.2
Anti-RETT-Blocker-Regelung
– gemäß § 1 Abs. 3a GrEStG 23.2
Anti-Steuervermeidungs-Richtlinie 5.8
Anti-Tax-Avoidance-Directive (ATAD I) 9.11
Anti-Treaty-Regelung 8.65
Anwachsung 20.31
– auf eine Organgesellschaft 20.91
– einer Organträger-Personengesellschaft 20.62
Anzurechnende Steuer 4.31
Arbeitnehmerfreizügigkeit 5.14
Asset Deal 1.18
Atypisch stille Beteiligung 16.32 f.
– als Organträger 3.11
– am Organträger 3.14, 20.96
– an einer Organgesellschaft 3.26, 6.57, 20.98
Aufhebung
– Gewinnabführungsvertrag (GAV) 6.33 ff.
Aufkommensvorbehalt
– gemäß § 14 Abs. 1 S. 1 Nr. 2 Satz 7 KStG 27.33
Auflösung
– der Organgesellschaft 11.51, 11.54, 14.50
– des Organträgers 11.51
Aufrechnung 13.7

Aufspaltung 20.29
– einer Organgesellschaft 20.53
– eines Organträgers 20.49
Aufstockung
– der Organbeteiligung 14.60; s.a. Abstockung der Organbeteiligung
Aufteilung anrechenbarer Steuerabzugsbeträge 16.77 f.
Aufwärtskonsolidierung 12.14
Aufwärtsverschmelzung 20.28
– einer Organgesellschaft 20.45, 20.80
– eines Organträgers 20.39
Aufwendung
– auf Beteiligung an einer Organgesellschaft 13.119
Ausfallhaftung
– der Organgesellschaft (§ 73 AO) 1.66, 1.69
Ausgleich
– variabler 2.37
Ausgleichsanspruch
– außenstehender Aktionäre 2.33, 2.88 ff.
– Nießbrauch 15.49
Ausgleichsposten
– aktive/passive 1.43
– aktiver 1.8, 6.97, 7.83, 7.97, 20.66 ff.
– aktiver gem. § 14 Abs. 4 KStG 14.5, 14.39, 20.21
– als Korrekturposten zum Beteiligungsbuchwert 20.68, 20.84
– Auflösung 20.67 ff.
– Auflösung bei Umwandlung 20.69
– Auflösung einkommensneutral 14.57
– Auflösung einkommenswirksame 14.40, 14.53 ff.
– Auflösung erfolgsneutrale 20.67
– Auflösung gewinnwirksame (veräußerungsbedingte) 20.67
– Auflösungsgründe 20.67
– Begriff 20.65
– Behandlung bei Veräußerung von Anteilen an einer Organgesellschaft 20.21
– bei organschaftlich verusachten Mehr- oder Minderabführungen 8.75 f.
– bei organschaftlicher Auflösung 6.108
– einkommensneutrale Bildung 14.35
– einkommensneutrale Bildung (in der Steuerbilanz des Orantträgers) 14.69
– nicht erforderliche Auflösung (nach Verwaltungsauffassung) 20.70
– passiver 1.8, 6.93 ff., 6.97, 20.66 ff.
– passiver gem. § 14 Abs. 4 S. 1 KStG 7.74, 14.5, 14.31, 20.21 ff.
– Rechtsnatur 14.58
– Saldierung 14.34, 14.37

Stichwortverzeichnis

- steuerliche Bilanzierungshilfe (nach Auffassung des BFH) 14.59, 14.61 f., 20.84
- Teilwertabschreibung 14.63
- Zeitpunkt der Bildung 14.33
- Zweck 20.66

Ausgleichszahlung
- an einer außenstehenden Gesellschafter 6.52 ff.
- an Minderheitsgesellschafter/außenstehende Gesellschafter 1.8, 7.76, 15.1 ff., 15.10
- Änderung der Höhe 15.43
- Bemessung 15.17 ff., 15.35 ff.
- Bruttoausgleich 15.19
- Entstehungszeitpunkt 15.24
- fehlerhafte Formulierung bei – an außenstehende Aktionäre 18.35
- fixe 15.18 ff.
- Fünfjahresfrist nach § 14 Abs. 1 Nr. 3 KStG 15.43
- gemäß §§ 304305 AktG 1.49
- Gewerbesteuer 15.59
- Höhe 15.43
- Kapitalertragsteuer 15.56 ff.
- Koppelung an Ergebnis der Untergesellschaft 15.39 ff.
- nicht abziehbare Betriebsausgabe 15.46
- Nullausgleich 15.20
- Passivierung 15.46
- Schuldner 15.23
- Solidaritätszuschlag 15.60
- Sonderregelung gemäß § 16 KStG 1.6
- steuerfreie Einnahmen 15.51
- steuerliches Einlagenkonto 15.52 f.
- steuerrechtliche Behandlung 15.28 ff.
- überhöhte 15.61
- variable 15.21, 15.38 ff.
- verbindliche Auskunft 15.42
- verdeckte Einlagen/verdeckte Gewinnausschüttungen 15.61 ff.
- verfassungsrechtlich geboten (Art. 14 GG) 15.5
- Verlustausgleich innerhalb des Organkreises 15.45
- Verrechnung mit dem steuerlichen Einlagenkonto 15.55
- Versteuerung beim außenstehenden Gesellschafter 15.47 f.
- Versteuerung durch die Organgesellschaft 15.44 ff.
- Verwendungsreihenfolge 15.52 ff.
- vororganschaftliche Verluste 15.50
- Zeitpunkt des Abflusses 15.45

Ausgliederung 20.29, 20.80
- durch einen Organträger 20.49
- Teilbetrieb 20.38, 20.55
- von Vermögen einer Organgesellschaft 20.53

Auskunft
- verbindliche 4.16

Ausländische Hinzurechnungsbesteuerung
- und Verlustabzugssperre 28.23

Ausländische Organgesellschaft 3.22

Ausländischer Organträger 13.7

Auslandsöffnung
- ertragsteuerlicher Organschaftsregelungen 1.79

Ausschluss des Bezugsrechts 2.53

Ausschüttung
- an die Organgesellschaft von außerhalb des Organkreises 7.103 ff.

Ausschüttungssperre 7.65
- gemäß § 253 Abs. 2 HGB 18.56 ff.
- gemäß § 253 Abs. 6 HGB 1.49
- gemäß § 268 Abs. 8 HGB 18.55

Außenprüfung 4.18
- Zweck 7.20

Außenstehender Aktionär/Gesellschafter 15.13 ff.

Außenwirkung
- der Gesellschafterversammlung zum Gewinnabführungsvertrag 2.59
- der Hauptversammlungszustimmung zum Gewinnabführungsvertrag 2.49

Authorized OECD Approach (AOA) 27.48 ff.

Back-to-Back-Finanzierung
- in Schweden 9.106

Barabfindung 2.38, 2.95

Base Erosion and Profit Shifting (BEPS) 9.11, 9.33, 9.64, 28.4

Beanstandung
- in der Vor-Betriebsprüfung 7.65 f.

Beendigung des Gewinnabführungsvertrages
- Fehler bei 18.77 ff.
- vorzeitige 8.53 ff.
- wichtiger Grund (Auflistung) 8.54

Beherrschungsvertrag 1.13 ff., 2.17, 6.13
- finanzielle Eingliederung 12.9
- unternehmensrechtlicher § 291 Abs. 1 AktG 1.12

Beihilfe
- unionsrechtswidrige 1.3

Beitreibungs-Richtlinie 5.8

Beitritt eines außenstehendes Gesellschafter
- steuerrechtlich wichtiger Grund zur Beendigung des GAV 11.50

Bekanntgabe
- einheitlicher Feststellungsbescheid 4.45 f.

Bekanntgabeerleichterung
– nach § 183 AO 4.46
Belastungsmethode
– Berechungsmethode Steuerumlage 10.38 ff.
Belegenheitsprinzip 5.55
BEPS I-Gesetz 28.2
BEPS-Aktionsplan 9.11
BEPS-Umsetzungsgesetz 1.5
– Rechtsentwicklung 1.22
Berichtigungspflicht 4.42
Beschluss
– EU-Recht 5.10
Beschlusskontrolle
– materielle 2.52
Beschränkte Steuerpflicht 27.13
Besitzpersonengesellschaft 16.30
Besitzunternehmen 6.7
Bestätigungsvermerk
– eingeschränkter 13.39
– uneingeschränkter 13.38
– uneingeschränkter zu einem Konzernabschluss 13.40
– Versagung 13.38
Besteuerung
– rechtsformabhängige 4.2
Besteuerung thesaurierter Gewinne
– nach § 34 a EStG 16.2
Besteuerungsbefugnis
– Aufteilung zwischen den Mitgliedsstaaten 22.79
Besteuerungsgrundlagen
– andere 4.27
Besteuerungsrecht des Ansässigkeitsstaates 17.22
Besteuerungsrecht des Betriebsstättenstaates 5.52, 17.22
Besteuerungsverfahren 7.4 ff.
Besteuerungsvorbehalt
– Organeinkommen 27.81 f.
Bestimmheitsgrundsatz 28.57
Beteiligung
– Anschaffungskosten 13.66
– mittelbare 7.31, 27.83 f.
Beteiligungsaufwand
– auf Ebene der Organgesellschaft 8.29 ff.
– auf Ebene des Organträgers 8.26 ff.
Beteiligungsertrag 21.5
Beteiligungserwerb
– unterjähriger 20.3
Beteiligungsfreistellung 5.60
Beteiligungskette 22.72 f.
– Umhängungen 12.39
Beteiligungskorrekturgewinn 20.82

Beteiligungsveräußerung
– steuerliche Ausgleichsposten-Buchführung 1.67
Betrieb
– Begriff im Sinne der Zinsschranke 19.3
– einer Kapitalgesellschaft 19.3
– einer Mitunternehmerschaft 19.3
– einer Personengesellschaft 19.3
– eines Einzelunternehmers 19.3
Betrieb gewerblicher Art (BgA) 21.1 f.; *s.a. dauerdefizitärer Betrieb gewerblicher Art (BgA)*
– als Organträger 6.10
– dauerdefizitärer 6.10, 21.5 f.
– strukturell dauerdefizitär 21.8
– Zusammenfassung 21.2
Betriebsaufgabe 14.42
Betriebsaufspaltung 6.43 ff., 6.71, 21.13, 21.33, 23.26
– in Besitz-Personengesellschaft und Betriebs-Kapitalgesellschaft 16.135
Betriebsausgabenkonsolidierung 9.7
Betriebseinnahmenkonsolidierung 9.7
Betriebsfiktion 9.10, 19.31
Betriebsprüfung 7.9
– Aufgriff und Technik 7.21 ff.
– Ausgleichszahlung an außenstehende Gesellschafter 7.76
– Beanstandung 7.65 f.
– Berichtigung nach Beanstandung durch Vor-Bp 7.71 ff.
– Checkliste 7.11
– Formalia der Organschaft 7.23 ff.
– Konzern 7.16 ff.
– steuerliche Mindestlaufzeit eines Gewinnabführungsvertrages 7.25 ff.
– stille Reserven 7.80
Betriebsprüfungsordnung (BpO) 7.9 f.
Betriebsstätte
– abkommensrechtliche 27.69 f.
– Begriff 16.66
– Begriff gemäß § 12 AO 17.11, 17.20, 27.36 ff.
– Begriff gemäß Art. 5 Abs. 1 OECD-MA 27.39 f.
– Begriff gemäß DBA 17.11
– des Organträgers 27.19 ff.
– inländische 3.19, 12.41, 13.93, 16.63 f., 16.70, 17.7 f. ff.
– national und abkommensrechtliche, Unterschiede 27.41
– nationaler Betriebsstättenbegriff 17.14 f.
– Organbeteiligung, funktionaler Zusammenhang 17.16
– Organgesellschaft 4.56

– Zuordnungsgrundsätze nach dem AOA und der BsGaV 27.48 ff.
Betriebsstättenbezogenheit
– Kleine Organschaftsreform 25.44 f.
Betriebsstätten-Erlass von 1999 27.61
Betriebsstättenfiktion 4.56, 7.8
– des § 2 Abs. 2 Satz 2 GewStG 20.98
Betriebsstättengewinnaufteilungsverordnung (BsGaV) 27.52 ff., 27.62
Betriebsstättenkonzept
– gewerbesteuerliche Organschaft 1.35, 1.39 ff.
Betriebsstättenkriterium
– Neuerung für den Organträger gemäß § 14 Abs. 1 Nr. 2 KStG 1.55
Betriebsstättenstaat 27.45
Betriebsstättenvorbehalt
– gemäß Art. 10 Abs. 4, Art. 11 Abs. 4, Art. 12 Abs. 3 OECD-MA 27.45
Betriebsstättenzuordnung
– Voraussetzung für Organschaft 11.12
Betriebsstättenzurechnung 3.19 f. f.
Betriebsvermögen
– gewillkürtes 21.7, 21.9 ff.
– notwendiges 21.13
Betriebsvermögenszuführung
– bei verunglückter Organschaft 18.24
Bevola und Jens W. Trock-Entscheidung
– EuGH-Urteil 5.84 f., 10.9
Bezugsrecht
– Ausschluss 2.53
Bilanz
– Gewinnabführungsvertrag (GAV) 2.97 ff.
Bilanzansatz
– Abführungsverpflichtung 13.52
– Beanstandung 13.44 ff.
– fehlerhafter 13.14, 13.19, 18.48
– Folgefehler 13.19
Bilanzgewinn 2.11 ff., 2.4, 2.7
– verteilungsfähiger 2.20
– Verwendung 2.13
Bilanzierungsfehler 18.47 ff.
– Beanstandung 13.44 ff.
– Erkennbarkeit 13.28 ff., 13.37 ff.
– gravierender mit der Folge der Nichtigkeit des Jahresabschlusses 18.47
– handelsrechtlicher 7.62 ff.
– Heilung 7.66 f., 13.11, 18.48 ff.
– Kennen-Müssen 13.39
– nicht wesentlicher 18.47
– Tatsachen 13.34
– Verschulden 13.28 ff.
– wesentlicher 13.18, 18.47
Bilanzierungssubjekt
– eigenständiges 1.37

Bilanzrecht der Organschaft 1.41 ff.
Billigkeitsregelung 13.101
Bindegliedgesellschaft 5.102 f.
Bindungswirkung
– einer Feststellung 4.19
Börsengang der Organgesellschaft 11.53
Börsenkurs 2.35, 2.39
Börsennotierte Gesellschaft 2.31
Bruttoallphasenumsatzsteuer 1.30
Bruttomethode 6.74, 7.103, 8.18, 16.11, 28.18 f. ff.
– bei strukturellen Dauerverlusten im öffentlichen Bereich 21.21
– beim internationalen Schachtelprivileg (§ 15 Satz 2 KStG) 13.132
– Einschränkung bei Verlustabzugssperre 28.19
– gemäß § 15 Satz 1 Nr. 2 KStG 1.6, 13.124, 13.2 ff.
– im Rahmen der Zinsschranke 19.30
– Organgesellschaft 13.80 ff.
– Organschaftskette 13.108
– zur Ermittlung des Ergebnisses aus der Auflösung eines Ausgleichspostens 14.54
Buchprüfer
– vereidigter 13.42 f.
Buchwertfortführung 20.90
Buchwertkürzung 19.23, 19.44
– Beispielsrechnung 19.23

Cartesio-Entscheidung
– EuGH-Urteil 26.40
Cash-Pooling 2.101
Cash-Pooling-Vertrag 18.22
Cash-Repatriierung 12.36
Check-the-box election 28.39
Class-shares 23.24
Clearingverfahren 7.15
Closing 12.54, 20.10
– Conditions 12.56
Common Consolidated Corporate Tax Base (CCCTB) 1.78, 1.80, 25.11
Common Corporate Tax Base (CCTB) 25.11
Consortium group relief 5.57; s.a. group relief
Control-Konzept 10.3
corporate loss restriction
– Verlustvortrag im Vereinigten Königreich 9.119
Cum/ex-Transaktion 12.30

Darlehensanspruch
– Verzicht 13.7
Dauerdefizitärer Betrieb gewerblicher Art (BgA) 21.5

– und Organträger-Eignung 21.7 f.
Dauerschuldzinsen 6.162 ff.
Dauerverlustgeschäft 13.136 f., 21.3
– begünstigtes 21.19 f.
– Einkommenszurechnung 21.27
DBA-Diskriminierungsverbot 6.169, 25.5, 25.35
DBA-Freistellung (mit Progressionsvorbehalt)
– bei Auslandsbetriebsstätten 8.65
Debt push down 9.11
– in Österreich 9.65
– in Polen 9.82
– in Schweden 9.106
Debt push down-Gestaltung 9.11, 9.130
Depotbank
– Abzug der Kapitalertragsteuer 15.58
Dienstleistungsfreiheit 5.14
Directive Shopping-Regelung 8.65
Disagio 14.17
Diskriminierungsverbot
– abkommensrechtliches 25.35, 27.18
– Grundfreiheiten 5.18
Disquotale Entnahme 16.3
Disregarded entity 28.39
Divergenz
– in der Anerkennung der Organschaft 7.18 f.
Dividende
– Besteuerungsgrundlagen 4.27
– Neuregelung des § 7a GewStG 13.89 f.
– Steuerbefreiung 9.31
Dividendenbezüge
– grenzüberschreitende 1.8
– Schachtelstrafe 8.20
Doppelansässigkeit
– Formwechsel 26.43
Doppelberichtigungsrechtsprechung
– des BFH 24.7
Doppelbesteuerungsabkommen (DBA)
– mit Anrechnungsmethode 28.35 f.
– mit Freistellungsmethode 28.35
– Organeinkommen 27.81 f.
– steuerfreie Gewinnanteile 13.132 f.
Doppelerfassung
– außerbilanzielle Korrektur 1.43
Doppelstöckige Mitunternehmerschaft 16.85 f.
Doppelstöckige Organschaft 8.41
Doppelstöckige Personengesellschaft 8.41
Doppelt ansässige Kapitalgesellschaft 27.1
Doppeltansässigkeit
– steuerliche 26.27 ff.
Doppelte Verlustberücksichtigung (double dipping) 9.59
Doppelte Verlustnutzung 16.62, 28.26

Doppelter Inlandsbezug 5.100
– der Organgesellschaft 25.39, 27.1 f.
– der Organgesellschaft, Aufgabe 25.39, 27.4 f.
– der Organgesellschaft, Vertragsverletzungsverfahren nach Art. 258 AEUV 25.39
Double-dip-Regelung 1.79, 8.63, 9.59, 10.66, 28.28
– Ausweitung nach § 14 Abs. 1 Nr. 5 KStG 1.22
– und Verlustabzugssperre 28.28 f.
Down-stream 23.54
Dritter
– i.S.d. § 174 Abs. 5 AO 6.135 ff.
– i.S.d. § 174 Abs. 5 AO bei körperschaftsteuerlicher Organschaft 6.139 f.
– i.S.d. § 174 Abs. 5 AO bei umsatzsteuerlicher Organschaft 6.135 ff.
Drittmittelbestimmung 2.109
Drohende Verfallanordnung 11.53
Dual Consolidated Loss Rule 28.1, 28.39
– des § 14 Abs. 1 Satz 1 Nr. 5 KStG 25.38
Dualismus der Unternehmensbesteuerung
– Durchbrechung 1.6
Durchführungsgebot
– gemäß § 14 Abs. 1 Satz 1 Nr. 3 Satz 1 KStG 20.18
Durchgriff
– bei der Organschaft 1.34
Durchrechnungsmethode 7.32, 12.36; s.a. Additionsmethode
Dynamischer Verlustübernahmeverweis
– § 34 Abs. 10 b KStG 1.67

Ebitda
– Berechnungsschema 19.10
– gruppenbezogenes 9.35
– steuerliches, Kapitalgesellschaften/Körperschaften 19.25
– steuerliches, Organkreis 19.32 ff.
– steuerliches, Personenunternehmen 19.10
EBITDA-Vortrag 19.12 ff.
– auf Ebene des Organträgers 19.54
– Beendigung der Organschaft 19.61
– bei Umwandlung der Organgesellschaft 20.94
– bei Umwandlung des Organträgers 20.93
– bei Unternehmenskauf/-verkauf 20.3 f.
– bei Veräußerung der Anteile an einer Organgesellschaft 20.11
– bei Veräußerung des Geschäftsbetriebs der Organgesellschaft 20.24
– Untergang 19.16
– vororganschaftlicher 19.36, 19.54, 20.94
– während der Organschaft 19.35

– zeitliche Begrenzung 19.14, 19.37
Echter Haftungsverbund
– nach § 322 AktG, aktienrechtliche Eingliederung 10.59
Effective Tax Rate (ETR) 1.74
Eigenkapital 13.15
Eigenkapitalquote
– im Sinne der Zinsschranke 19.22
Eigenverwaltung 24.33
– Insolvenz nur der Organgesellschaft 24.39
– vorläufige 24.34
Einbringung 6.15, 20.29, 20.56 ff.
– einer Beteiligung an einer Organgesellschaft 20.57
– einer Organbeteiligung durch einen Organträger 20.56 f.
– eines Teilbetriebs 6.15, 12.67, 20.58 ff.
Einbringungsergebnis 20.74
Einbringungsgewinn
– § 22 Abs. 1 Satz 6 Nr. 3 UmwStG 14.29
– Besteuerung 20.75, 20.92
– Verrechnung mit Verlusten 20.77, 20.95
– Zurechnung 20.76
Eingeschränkte Einheitstheorie 9.14 f.
– Gewerbesteuer 13.88
Eingeschränkter Bestätigungsvermerk 13.39
Eingliederung
– der Organgesellschaft in das Unternehmen des Organträgers 22.37 ff.
– finanzielle 12.1, 22.47 ff.
– finanzielle, Rspr.-Übersicht 6.12 ff.
– mittelbare finanzielle 22.50 ff.
– organisatorische 1.12 f., 22.62 ff.
– wirtschaftliche 1.12, 22.56 ff.
Einheitliche Feststellung 4.24
Einheits-GmbH & Co. KG
s.a. *GmbH & Co.KG*
– und Organschaft 16.128
Einheitsgrundsatz 10.3
Einheitsprinzip 9.1 ff., 9.6 ff.
– Bruttogruppenergebnis, Bereinigung 9.31 ff.
Einheitstheorie 1.10 f., 1.36
– eingeschränkte/gebrochene 1.22, 1.39, 6.114, 15.59
Einkommen
– Ermittlung 13.57 ff.
– Zurechnung 1.35, 13.2, 13.91 ff.
Einkommen der Organgesellschaft 13.57 ff.
– Ermittlung/Errechnung 13.59 f.
– zu versteuerndes 13.61
Einkommen des Organträgers
– Ermittlung 13.112 f.

Einkommensermittlung
– der Organgesellschaft/dem Organträger zuzurechnen 4.25
– der Organgesellschaft/des Organträgers 4.13
– getrennte 4.13
Einkommenszurechnung
– bei Organschaft 20.5
– bei Umwandlung 20.72
Einkommenszurechnungskonflikt
– zwischen § 2 Abs. 1 UmwStG und § 14 Abs. 1 Satz 1 KStG 20.37
Einlage
– verdeckte 11.22 f., 13.62, 15.36, 18.5 ff.
Einlagekonto
– steuerliches 7.74, 14.5, 14.38 f.
Einlagenrückgewähr 20.92
Ein-Mutter-Organschaft 1.25
Einnahmen-Überschuss-Rechnung 24.4
Einstweiliger Rechtsschutz 4.55
Eintragung ins Handelsregister
– bei grenzüberschreitendem Ergebnisabführungsvertrag 26.10
– bei Umwandlung 20.33
Einzelbilanzkonzept 9.13
Einzelrechtsnachfolge 20.29, 20.56;
s.a. *Gesamtrechtsnachfolge*
Einzelunternehmen
– nicht Organschaft 1.18
Einzelverfahrensgrundsatz
– insolvenzrechtlicher 24.17 ff.
Eligible entity 28.39
Empfehlung
– EU-Recht 5.11
Enkelgesellschaft 2.51
– französisches Steuerrecht 9.22
– schwedisches Steuerrecht 9.91
Entgeltvereinnahmung 24.2
Entherrschungsvertrag
– finanzielle Eingliederung 12.8
Entnahme aus der Kapitalrücklage
– gemäß § 158 Abs. 1 Satz 1 Nr. AktG 18.54
Erbfolge
– vorweggenommene 16.4
Erbschaftsteuer 16.3
Erbschaftsteuervorsorge
– bei Familienunternehmern 16.3 f.
Erfüllungssurrogat
– Gewinnabführungsvertrag (GAV) 3.54 ff.
– Werthaltigkeit 3.57
Ergebnisabführungsvertrag s.a. *Gewinnabführung und Gewinnabführungsvertrag;*
s.a. *Verlustabführung und Verlustabführungsverpflichtung*
– Abführungspflicht 20.23

- Auswirkungen durch Unternehmenskauf/
  -verkauf 20.1 f.
- Beendigung 20.23 f.
- Beendigung bei unterjähriger Veräußerung der Organgesellschaft 20.12 ff.
- Begriff 16.7
- bei Formwechsel 20.59 ff.
- bei Spaltung 20.49 ff.
- bei Verschmelzung einer Organgesellschaft 20.45 ff.
- bei Verschmelzung eines Organträgers 20.39 ff.
- Durchführung des beendeten Vertrags 20.19
- EuGH-Rechtsprechung 5.101
- fristlose Kündigung 20.63 f.
- Gesamtrechtsnachfolge 20.62
- grenzüberschreitender 26.1 ff.
- rückwirkende Beendigung 20.8
- unterjährige Beendigung 20.35
- vorzeitige Beendigung 20.16, 20.63 f.
- zivil- und steuerrechtliche Abwicklung 20.17 ff.

Ergebniskonsolidierung 8.2 ff.
- Auswirkungen 8.4 ff.

Ergebnispoolung
- horizontale 1.56

Ergebnistransfer
- phasengleicher 1.41

Ergebnisverrechnung 9.27 f.

Erkennbarkeit
- Fiktion 13.37 ff.

Erklärungspflicht 4.39 ff.
- Person des Pflichtenträgers 4.41

Ersatztatbestand
- im Grunderwerbsteuerrecht 23.4

Ertragsteuerliche Organschaft 1.3
- Begriff und Bedeutung 3.1
- Einkommenszurechnung 8.2 ff.
- Gestaltungsfragen 8.1 ff.
- Nachteile 1.66
- steuerliche Vorteile 10.21
- Tatbestandsvoraussetzungen 1.7
- Verfassungsfragen 1.60 ff.
- Voraussetzungen 3.1 ff.
- Vorteile 1.65

Ertragsteuerliche Rechtsgrundlagen
- der Organschaft 1.5 ff.

Ertragsteuerrecht 1.1

Ertragswertverfahren 2.34, 2.38

Ertragszuschuss
- des Organträgers 6.102 ff.
- Mehrabführung 14.14

Erweiterte Kürzung gem. § 9 Nr. 1 Satz 2 GewStG im Organkreis 6.117 ff., 7.99 f.

Escape Klausel 8.33, 9.35, 19.21 ff., 19.42 ff.
- Fragen bei Begründung einer Organschaft 19.59 ff.

EuGH-Entscheidungen
- A OY 5.53, 10.9 f.
- Ampliscientifica und Amplifin 22.40
- Bevola und Jens W. Trock 5.84, 10.9 f.
- Cartesio-Entscheidung 26.40
- Felix Stowe Dock 1.58, 5.57, 25.21 f.
- Finanzamt Linz 5.72 ff.
- Groupe Steria 5.69, 9.2 ff., 9.31, 25.27, 27.9
- K 5.55 f.
- Kommission/Irland 22.59
- Kommission/Vereinigtes Königreich 5.66 ff.
- KR Wannsee 5.43 ff.
- Larentia + Minerva und Marenave Schifffahrt 1.11, 6.167, 22.21, 22.25, 22.41
- Lidl Belgium 5.14 f., 5.40, 10.9 ff.
- Marks & Spencer 5.12, 9.4 f., 9.121, 10.9
- mit Organschaftsbezug 5.28 ff.
- mit Organschaftsbezug, Marks & Spencer 5.31 ff.
- mit Organschaftsbezug, REWE Zentralfinanz 5.35 f.
- NN 5.86 f.
- Nordea Bank Danmark 5.62, 25.26 ff.
- Oy AA 5.37, 9.5, 25.17 ff.
- Papillon 5.46 f.
- Philips Electronics UK 1.58, 5.51, 9.120, 25.20, 27.6, 28.50 f.
- Polbud-Entscheidung 26.28, 26.43
- Prüfungspraxis des EuGH 5.88 ff.
- Rechtsprechung 5.13 ff.
- SCA Group Holding BV 1.58, 5.59, 9.22, 12.14, 25.22, 27.24 f. ff.
- Scheuten Solar-Entscheidung 25.25
- Skandia Sverige 22.84 f.
- Société Papillon 9.22
- Timac Agro Deutschland 5.77, 9.4, 10.9, 25.28 ff.
- Verfahrensübersicht 5.29 ff.
- X BV und X NV 5.80 ff.
- X Holding BV 5.48, 10.9, 25.18 ff.

EU-Recht
- Beschluss 5.10
- Einfluss auf Organschaft 5.1 ff.
- Empfehlung 5.11
- Grundfreiheiten 5.13 ff.
- Harmonisierung der Steuern 5.1 ff., 5.6 ff.
- Mitteilung 5.12
- Richtlinie 5.7 f.
- Stellungnahme 5.11
- Verordnung 5.6

Europäische Kommission
– Reformvorschlag zur Gruppenbesteuerung 25.11

Europäische Niederlassungsfreiheit 26.22, 26.32, 26.43

Existenzvernichtender Eingriff 2.108

Exit-Falle der Gruppenbesteuerung 9.60

Fahrlässigkeit 13.32

Faktische Organschaft 1.3, 1.71 f. f.

Faktischer Konzern 2.31
– für Umsatzsteuerzwecke (§ 2 Abs. 2 Nr. 2 UStG) 1.3

Familienunternehmen 16.3 ff.

Fehler bei der Beendigung des Gewinnabführungsvertrags
– Beendigung ohne wichtigen Grund vor Ablauf der fünfjährigen Mindestdauer 18.77 ff.
– Handlungsalternativen 18.80 f.

Fehler bei der Durchführung des Gewinnabführungsvertrags 18.43 ff.
– Abführungsverbot für in vorvertraglicher Zeit gebildeter Gewinnrücklagen 18.54
– Abführungsverbot für Kapitalrücklagen 18.54 f.
– Bilanzierungsfehler 18.47 f.
– fehlender Ausgleich des vororganschaftlichen Verlusts 18.50 f.
– fehlerhafte Rücklagenbildung 18.67
– fehlerhafter oder fehlender Ausgleichsanspruch 18.60
– Handlungsalternativen 18.68 ff.
– Verstoß gegen Ausschüttungssperren 18.55

Fehlerhafte Gesellschaft 2.113, 3.98, 3.34; s.a. *Grundsätze über die fehlerhafte Gesellschaft*

Fehlerhafte Gewinnabführung/Verlustübernahme 13.11 f.

Fehlerhafter Bilanzansatz 13.14, 13.19

Fehlerhafter Gewinnabführungsvertrag 18.25 ff.
– fehlerhafte Formulierung der Ausgleichszahlung an außenstehende Aktionäre 18.32
– fehlerhafte Formulierung der Mindestlaufzeit 18.32
– Formulierungsfehler bei Gewinnabführungs- bzw. Verlustübernahmeklausel 18.26
– Handlungsalternativen 18.41
– Verletzung von Formvorschriften 18.27
– verspätete Eintragung ins Handelsregister 18.36 ff.
– zivilrechtliche Unwirksamkeit 18.25

Felix Stowe Dock-Entscheidung
– EuGH-Urteil 1.59, 5.57, 9.115, 25.21 f.

Festsetzungsfinanzamt 7.1

Festsetzungsfrist 4.20

Feststellung
– einheitliche 4.24
– fehlerhafte 4.30
– Jahresabschluss 13.20 ff.
– lückenhafte 4.30

Feststellung Jahresabschluss s.a. *Jahresabschluss Feststellung*
– bei einer Aktiengesellschaft 13.21
– bei einer GmbH 13.23
– bei einer KGaA 13.24
– bei einer Societas Europaea 13.22

Feststellungsbescheid 4.20
– Bekanntgabe 4.45 f.
– Grundlagenwirkung 4.20
– nach § 14 Abs. 5 KStG 4.23, 7.6
– negativer 4.35
– Rechtsbehelfsbefugnis OT/OG, Übersicht 7.7

Feststellungsbeteiligter 1.35

Feststellungserklärung 4.40

Feststellungsverfahren
– Änderung der gesondert und einheitl. Gewinnfeststellung für die OG 7.37 ff.
– bei körperschaftsteuerlicher Organschaft (§ 14 Abs. 5 KStG) 4.21 ff.
– Beteiligte 7.6
– Bindungswirkung 4.47
– Feststellungsverjährung 4.48 f.
– Folgekorrektur 4.47
– Gegenstand der Feststellungen 4.25 ff.
– gestuftes 4.38
– gewerbesteuerliche Organschaft 7.8
– nach § 14 Abs. 5 KStG nF 4.21, 7.5 ff., 7.37
– nach der Kleinen Organschaftsreform 1.35
– Rechtsfolgen 4.47 ff.
– Träger der Erklärungspflicht 4.41
– verbindliche Auskunft 4.44, 7.12
– Zuständigkeiten 4.43 f.

Feststellungsverfahren bei der Körperschaftsteuer
– nach § 1 Abs. 5 KStG 4.11

Feststellungsverjährung 4.48 f.

Feststellungswirkung 4.19

Feststellungszuständigkeit 4.43 f.

Fiktion der tatsächlichen Durchführung des Gewinnabführungsvertrags 13.11, 18.45 ff., 18.70

Fiktion des Nicht-Erkennen-Müssens eines Bilanzierungsfehlers 18.45; s.a. *Bilanzierungsfehler*

Fiktive Betriebsstätte 1.32; s.a. *Betriebsstättenfiktion*

Fiktive Gewinnausschüttung
- der Organgesellschaft bei vororganschaftlicher Mehrabführung 14.25

Filialtheorie 1.39
Finaler Verlust 5.32, 9.99 f., 9.104, 25.13
Financial Assistance
- Verbot 2.101

Finanzamt Linz – Entscheidung
- EuGH-Urteil 5.72 ff.

Finanzholding 23.13 f.
Finanzielle Eingliederung 12.1 ff.
- Ausgliederung zur Aufnahme 12.68
- Ausgliederung zur Neugründung 12.67
- Beginn 11.7
- Begriff 12.1 ff.
- bei Aufspaltung einer Organgesellschaft 20.54
- bei Einbringung 20.57
- bei Insolvenz 24.22 ff.
- bei Spaltung 20.51
- bei Verschmelzung 20.47
- Beteiligungserwerb, unterjähriger 12.69
- Dauer 12.48 ff.
- der Organgesellschaft 8.45 ff., 8.71, 16.7 f., 16.36 ff.
- Einbringung einer Beteiligung 12.65 f.
- Einbringung eines Teilbetriebs 12.67 ff.
- Ende 20.10
- Erwerb einer Organbeteiligung 12.51
- Fehlen, zeitweises 6.60 ff.
- grunderwerbsteuerliche Organschaft 23.24
- in der Rechtsprechung 6.12 ff.
- Insolvenz 24.57 ff.
- Mehrheit der Stimmrechte 12.3, 22.47 ff.
- Mindestdauer 12.49
- mittelbare 20.52
- mittelbare Beteiligung 7.31 f., 22.50 ff.
- Organschaftspause 6.60 ff.
- Personengesellschaft 16.130 ff.
- Rechtsnachfolge 20.42
- Rückbeziehung 12.63
- Rückwirkung 8.73, 12.70, 20.44
- steuerliche Rechtsnachfolge 20.38
- Stimmrecht aus eigenem Recht 12.12
- Stimmrecht aus eigenen Anteilen 12.11
- Treuhandvertrag 12.50
- Überordnungskonzern 16.37
- Umwandlungsmaßnahmen 12.70
- unterjähriger Verkauf einer Beteiligung 12.52 f., 12.74
- ununterbrochene 12.63
- Voraussetzungen, nicht vertragslaufzeitbezogene 11.12

- Wegfall 12.72 ff.
- wirtschaftliches Eigentum an den Anteilen 12.12 ff.

Finanzierungstransferinstrument 1.2
Finanzverfassung 4.2
Firmenwert
- negativer 9.62

Firmenwertabschreibung 9.62
Fixe Ausgleichszahlung 15.18 ff.
Fixed-Ratio-Methode
- im Vereinigten Königreich 9.124

Fonds commune de placement (FCP) 23.23
Forderungsabschreibung 13.118
Forderungsanmeldung
- zur Tabelle im Insolvenzrecht 24.1, 24.70 f.

Forderungsverzicht 7.58 ff.
Formwechsel 11.54, 20.30, 20.59 ff., 20.64
- grenzüberschreitender, Beibehaltung des Verwaltungssitzes 26.42 f.
- steuerrechtlich wichtiger Grund zur Beendigung des GAV 11.49

Formwechselnde Umwandlung
- einer Organgesellschaft 20.60
- eines Organträgers 20.59
- Personengesellschaft in eine Kapitalgesellschaft 20.61

Fortführungsgebundener Verlustvortrag
- schädlicher Beteiligungserwerb 8.61
- Verlustnutzung gem. §§ 8c, d KStG 8.57

Fortgeführter Organkreis 23.52 ff.
Fragerecht des Aktionärs
- Verletzung 2.70

Frankreich
- Gruppenbesteuerung 9.16 ff.
- Körperschaftsteuerrecht 9.16 f., 9.19

Freigabeverfahren 2.67
Freigrenze
- Zinsschranke 8.34, 19.18, 19.38

Freistellung von Auslandseinkünften 8.65
Freizügigkeitsverordnung
- steuerliche Gleichbehandlung 5.6

Fremdkapital
- Zinsschranke 19.6

Fremdkapitalvergütung 19.7 f.
Führungsholding
- Vorsteuerabzug 17.39

Funktionale Zuordnung der Organbeteiligung
- zu einer (inländischen) Betriebsstätte 27.59 ff.

Funktionsholding
- Vorsteuerabzug 17.39

Fusionsrichtlinie 5.8
Fußstapfentheorie 6.14, 12.31 ff., 12.64 ff.

GAV-Durchführungsfiktion
- bei fehlerhaften Jahresabschlüssen 1.45 f.

Gebot der Rechtsschutzklarheit 4.15

Gebot der zeitnahen Mittelverwendung
- gemäß § 55 Abs. 1 Nr. 1 AO 3.31

Gebrochene Einheitstheorie 15.59
- Gewerbeerträge 13.3
- Gewerbesteuer 13.88 f.

Gemeinnützige Körperschaft 21.29 ff.; *s.a. öffentlich-rechtliche Körperschaft*
- gemeinnützlichkeitsrechtliche Grundsätze 21.31 f.
- partielle Steuerpflicht 21.29 f.

Gemeinnützigkeitsrecht 21.29 ff.
- Organschaft 21.29 ff.

Gemeinnützlichkeitsrechtliche Grundsätze 21.31, 21.35

Gemeinsame konsolidierte Körperschaftsteuer-Bemessungsgrundlage (GKKB) 9.130, 10.10 ff.
- Gruppenbesteuerungskonzept 10.17
- Richtlinie 5.12 f.

Gemeinsamkeiten
- strukturelle 1.17 ff.

Gemischte Holding
- Vorsteuerabzug 17.38 f.

Gerichtsstandklausel
- grenzüberschreitender Ergebnisabführungsvertrag 26.14

Geringfügigkeitsgrenze 16.23

Gesamtbetriebsveräußerung
- Organgesellschaft 20.23 f.
- Organträger 20.6

Gesamtgewinnermittlung
- originäre 9.15

Gesamthandsvermögen 7.88
- bei einer Personengesellschaft 12.33

Gesamtleistungsfähigkeit
- steuerliche 10.5

Gesamtrechtsnachfolge *s.a. Einzelrechtsnachfolge*
- Anwachsung 20.31, 20.62
- bei Spaltung 20.29
- bei Verschmelzung 20.28
- Ergebnisabführungsvertrag 20.32
- gemäß Umwandlungsgesetz 20.32
- partielle (§ 131 Abs. 1 Nr. 1 UmwG) 20.29, 20.49
- steuerliche 20.38

Gesamtschuldner 24.12

Gesamtschuldnerausgleich 10.37

Geschäftsbetrieb
- wirtschaftlicher 21.29

Geschäftsjahr
- Umstellung 20.14

Geschäftsleitende Holding 17.4

Geschäftsleitende Holding-Personengesellschaft *s. Holding-Personengesellschaft als Organträger*

Geschäftsleitung
- Ort bei Doppelansässigkeit 26.27

Geschäftsleitungsbetriebsstätte
- des Organträgers 27.34

Gesellschafter
- außenstehender, Ausgleichszahlung 2.30, 3.88, 6.52, 7.76, 15.1 ff.
- Gewinnanspruch 2.4

Gesellschafterdiskriminierungsverbot 8.81

Gesellschafterfremdfinanzierung
- schädliche 19.27 ff., 19.48

Gesellschafterliste GmbH
- finanzielle Eingliederung 12.32

Gesellschaftsrecht 1.48 ff.

Gesellschaftsrechtlicher Nachteilsausgleich 1.13

Gesellschaftsstatut 26.4 ff.

Gesetz gegen schädliche Steuerpraktiken im Zusammenhang mit Rechteüberlassungen 1.5

Gesetz zur Fortentwicklung des Unternehmenssteuerrechts (UntStFG) 25.43

Getrennte Einkommensermittlung 4.13

Gewährleistungsfunktion der Rechtsordnung 6.153

Gewerbebetrieb 21.5
- gewerbesteuerliche Zerlegung 8.43 f.
- Grundbesitz 8.42
- Grundstücksunternehmen 8.42
- Organträger 3.4 ff.
- Steuerermäßigung 8.39 ff.

Gewerbeertrag
- Dividendenertrag 13.89
- Ermittlung 13.111 f.

Gewerbesteuer
- Anrechnung auf die Einkommensteuer 16.16
- Ausgleichszahlung an außenstehenden Gesellschafter 15.59
- Bedeutung in der unternehmenssteuerlichen Praxis 16.13
- bei vororganschaftlicher Mehrabführung 14.28
- Gewerbeertrag, eigenständige Ermittlung 13.88
- Mehrbelastung 12.59
- Organgesellschaft, Betriebsstätte des Organträgers 16.16

Gewerbesteueranrechnung
– gemäß § 35 EStG 6.129 ff.
Gewerbesteuerliche Hinzurechnung 18.5
– bei grenzüberschreitendem Unternehmensverbund 25.35
– verunglückte Organschaft 18.7
Gewerbesteuerliche Organschaft 13.3, 16.15 f.; *s.a. Organschaft, gewerbesteuerliche*
– Betriebsprüfung 7.98 ff.
– Betriebsstättenkonzept 1.39
– Verfahren 4.56 ff.
Gewerbesteuerliches Schachtelprivileg 20.22
Gewerbesteuermessbescheid 4.57
– einheitlicher 4.56
Gewerbesteuermessbetrag 16.16
– Ermittlung 13.111
Gewerbesteuerpflicht
– Organgesellschaft 4.56
Gewerbliche Tätigkeit
– Fehlen, zeitweises 6.60 ff.
– Organschaftspause 6.60 ff.
– Voraussetzung einer Organschaft 6.5 ff.
– Voraussetzung für Organschaft 11.12
Gewerbliches Unternehmen 3.4 ff.
Gewillkürtes Betriebsvermögen 21.7
Gewinn
– handelsrechtlicher 13.15
Gewinn der Organgesellschaft 13.59 f.
Gewinn- und Verlustrechnung 2.8
Gewinn- und Verlustvortrag 2.7
Gewinnabführung 16.6; *s.a. Gewinnabführungsvertrag (GAV)*
– Anspruch der Organträger-Personengesellschaft 16.47
– Ausgleichszahlung an außenstehenden Gesellschafter 6.52 ff.
– ausländischer Organträger 13.8
– bei grenzüberschreitender Organschaft 3.45
– Betragshöhe 3.69 f.
– fehlerhafte 3.49, 13.11
– fehlerhafte Berechnung 13.52
– Folgen bei verunglückter Organschaft 18.5 ff.
– Frist zur 13.51
– Höchstbetrag nach § 301 AktG 1.49
– Stundung 3.56
– tatsächl. Durchführung 6.58, 13.51
– überhöhte 18.11
– vorweggenommene 7.93, 13.70, 18.19
Gewinnabführungsanspruch *s.a. Gewinnabführung*
– Fälligkeit 3.73
Gewinnabführungspflicht/-verpflichtung
– tats. Durchführung 3.50 ff.

Gewinnabführungsverbot 14.17
Gewinnabführungsvertrag (GAV) 1.3, 1.48 f., 2.16, 9.2, 16.7 ff.
– Abführung des ganzen Gewinns 3.48
– als gesellschaftsrechtlicher Organisationsvertrag 3.63
– Änderung 2.114, 13.99 ff.
– Aufhebung (§ 296 AktG) 1.49
– aufschiebende Bedingung 11.4 f.
– Ausgleichszahlungen an außenstehende Gesellschafter 3.88 ff.
– Auslegung 2.28 ff., 2.44
– außerordentliche Kündigung 18.42
– Beendigung 2.122 ff., 2.144 ff.
– Beendigung aus steuerrechtlich wichtigem Grund 11.26 ff.
– Beendigung aus zivilrechtlich wichtigem Grund 11.28 ff.
– Beendigung durch Aufhebung 2.122 ff.
– Beendigung durch außerordentliche Kündigung 2.135 ff.
– Beendigung nach Ablauf der Mindestlaufzeit 11.16 ff.
– Beendigung während der Mindestlaufzeit 11.26 ff.
– Befristung 2.41
– Begriff 2.1 ff.
– bei ausländischem Organträger 13.8
– bei doppelt ansässiger Kapitalgesellschaft 27.6
– Berechnung 2.75
– berechtigtes Unternehmen 2.23 ff.
– Betriebsprüfung 7.10, 7.25 ff.
– Bilanzierung der Gewinnabführung/des Verlustausgleichs 2.97 ff.
– Eintragung ins Handelsregister 2.66, 11.5, 13.97 ff.
– Erfüllung 13.7
– ertragsteuerliche Organschaft 3.34 ff.
– Fälligkeit des Gewinnabführungsanspruchs 3.73
– Fehler bei Beendigung 18.3, 18.77 ff.
– Fehler in der tatsächlichen Durchführung 11.56, 18.3 ff.
– fehlerhafter 2.111, 18.3 ff., 18.25 ff.
– Fiktion der Durchführung 18.45
– Fiktion des § 291 Abs. 1 Satz 2 AktG 1.49
– Forderung aus 13.7
– Fortbestand bei Insolvenz 24.67 ff.
– geänderter 13.99
– gemäß §§ 291, 300, 304 AktG 15.1, 18.2
– Gesetzesänderung 13.4
– gesetzliche Regelung 2.2 f.
– Gewinnabführung 13.2

- Gewinnabführungsklausel 3.69 ff.
- Gewinnabführungsverpflichtung 3.40
- Gleichbehandlung Kündigung und Aufhebung 6.33 ff.
- gleitende Laufzeitklausel 3.80
- grenzüberschreitender 3.45, 26.1 ff.; s.a. *grenzüberschreitender Gewinnabführungsvertrag*
- Hinzutritt außenstehender Gesellschafter 2.144 ff.
- in der Rechtsprechung 6.21 ff.
- Inhalt 2.28 ff.
- isolierter 2.102 ff., 2.106, 2.108 ff.
- Kapitalerhalung 2.101
- keine neue Laufzeit bei Ergänzung oder Änderung 11.62 ff.
- Kündigung 2.128 ff.
- Kündigung im Insolvenzfall 24.68
- Kündigung/Aufhebung in Mindestlaufzeit 7.11
- Kündigungsgründe 3.42 ff.
- Kündigungsmöglichkeiten 3.84 ff.
- Laufzeitklausel 3.67
- Liquidation der OG 7.11
- Maximalbetrag der Gewinnabführung 2.76 ff.
- Mehrheitsbeschluss der Gesellschafter 18.28 f.
- Mindestlaufzeit 3.35 ff., 3.78, 6.22, 11.6, 13.10 ff.
- Mindestlaufzeit, ausdrückliche Vereinbarung 3.37
- Mindestlaufzeit, rückwirkender Beginn 3.38
- Mindestlaufzeit, Verstoß 18.5
- Muster 3.62
- Nebenpflichten 13.9
- nicht eingegliederte Gesellschaft 13.97
- Nichtdurchführung/Verstoß 7.11, 11.69
- Nichtigkeit 15.11, 15.15
- notarielle Beurkundung des Gesellschafterbeschlusses 18.30
- offensichtliche Unrichtigkeit 3.64
- Prüfung der Formalia 7.11
- Prüfung des Vollzugs 7.11
- Rechtsgrundlagen 2.1 ff.
- Rechtsnatur 2.20
- Rückbeziehung/Rückwirkung 2.42, 11.2 f.
- rückwirkende Umwandlung 3.38
- Rückwirkungsklausel 3.66
- Rumpfwirtschaftsjahr bei Beginn der Organschaft 3.82
- Rumpfwirtschaftsjahr während der Organschaft 3.83
- salvatorische Klausel 3.68
- Schriftform 18.27
- Sicherheitsleistung bei Beendigung des Gewinnabführungsvertrags 2.147 ff.
- steuerliche Auslegung 6.44 ff.
- Steuerumlagevertrag 3.95
- stufenüberspringender 12.35
- tatsächliche Durchführung 3.46 f., 6.29, 7.40, 11.8, 13.1 ff., 13.4, 18.45 ff.
- tatsächliche Durchführung bei Insolvenz 24.70 f.
- Teilnichtigkeit 3.71
- Umwandlung in Darlehensverbindlichkeit 13.7
- unterjährige Kündigung (§ 297 AktG) 1.49
- variable Ausgleichszahlung an Minderheitsgesellschafter 18.61 ff.
- Verbindlichkeit aus 13.7
- Verlustübernahmeverpflichtung 3.41, 3.75, 13.2 ff.
- verpflichtetes Unternehmen 2.21 f.
- Verstoß gegen Mindestlaufzeit 11.11
- Vertragsschluss 2.45 f.
- Verzicht 10.7 f.
- Voraussetzung für die Organschaft 13.1
- vororganschaftliche Verluste 13.6
- vorzeitige Beendigung aus wichtigem Grund 6.31, 8.56, 18.78 f. ff.
- Wegfall nicht vertragslaufzeitbezogener Voraussetzungen 11.60 ff.
- Wiedereinlagevereinbarung 3.60 f.
- Wirksamkeit 3.78, 13.98 ff.
- Wirkung 2.74 ff.
- Zeitjahre, nicht Wirtschaftsjahre 3.35
- zeitnahe Durchführung 7.26 ff.
- zivilrechtliche Nichtigkeit (§ 304 Abs. 3 Satz 1 AktG) 18.61
- zivilrechtliche Wirksamkeit 3.34, 13.98 ff.
- zugunsten Dritter 2.26
- Zustandekommen 2.45 ff.
- Zustimmung der Gesellschafter 2.49 ff.
- Zustimmung des Aufsichtsrats 2.47 f.
- Zustimmungspflicht 2.54
- Zuviel-Abführung (Höchstbetragsregelung) 3.69 f.
- Zuviel- oder Zuwenigabführung 18.44
- Zuwenig-Abführung (Mindestabführungsbetrag) 3.71; s.a. *Ergebnisabführungsvertrag*
- zwischen Schwestergesellschaften 2.25

Gewinnanspruch des Aktionärs 2.11
Gewinnausschüttung, verdeckte 7.39, 7.93, 9.33, 11.21, 13.7, 13.62 ff., 13.121, 15.37 f., 15.61, 18.5 ff.
- Dauerverlustgeschäft 13.122 f.
- Gesellschafter 13.65

Stichwortverzeichnis

- im Organkreis 8.37, 13.126
- Organträger 13.63
- Schwestergesellschaft 13.64
- Zeitpunkt 18.11 f.

Gewinnerzielungsabsicht 6.10, 21.14
- bei Organträger-Personengesellschaften 16.27

Gewinnrücklage 2.77, 13.4, 14.17 f.
- Beschluss der Hauptversammlung 2.12

Gewinntransferinstrument 1.2

Gewinnverwendung
- i.S.d. § 8 Abs. 3 KStG 18.10

GK(K)B-Projekt 10.10 ff.

Gleichbehandlungsgrundsatz 6.158

Gleichheitssatz 4.3

Gleichordnungskonzern 19.19

GmbH 2.14 f.
- Änderung des Gewinnabführungsvertrages 2.121
- Ausgleichszahlung, steuerrechtl. Behandlung 15.25 ff., 15.32 ff.
- Feststellung Jahresabschluss 13.23
- Geschäftsführer 13.30
- Gewinnabführungsvertrag 2.22
- Gewinnabführungsvertrag, Zustimmung 2.59 ff.
- Jahresüberschuss 2.14
- Konzernrecht 2.108
- Mehrheitserfordernis 18.29
- Nichtigkeit des Jahresabschlusses 13.26
- Verlustübernahmeverpflichtung 7.36
- Weisungsrecht 2.108

GmbH & atypisch Still 16.34 f.

GmbH & Co. KG *s.a. Einheits-GmbH & Co. KG*
- und Organschaft 16.128

GmbH-Konzern
- Einbeziehung 7.33 f.

Golden Shares 23.24

Grenzüberschreitende Fusion 5.53

Grenzüberschreitende Mitunternehmerschaft
- Finanzierungsstrukturen 28.34

Grenzüberschreitende Organschaft 1.58, 22.76, 25.1 ff.; *s.a. Organschaft, grenzüberschreitende*
- BFH-Rechtsprechung 25.35
- FG-Rechtsprechung 25.34

Grenzüberschreitende „Wegrechnung"
- des inländischen Organeinkommens 16.58, 17.9

Grenzüberschreitender Ergebnisabführungsvertrag 3.45, 26.1 ff.
- anwendbares Recht 26.3 f.
- Beendigung 26.17
- Gerichtsstandklausel 26.14
- Gesellschaftsstatut 26.4 ff.
- gewinnabführende ausländische Tochter- an inländische Muttergesellschaft 26.18 ff.
- gewinnabführende inländische Tochter- an ausländische Muttergesellschaft 26.9 ff.
- Hinnahme der Zwangsvollstreckung 26.15
- Konstellationen 26.2
- Loyalitätsklausel 26.13
- Sicherheitsleistung 26.17
- Zulässigkeit 26.1

Grenzüberschreitender Unternehmenserwerb 8.62 ff.

Großbetrieb 7.9

Großmuttergesellschaft
- französisches Steuerrecht 9.22

Group contribution 1.79, 5.37, 9.13

Group relief 5.31 ff., 5.57, 9.13, 9.111, 28.50 ff.

Groupe Steria – Entscheidung
- EuGH-Urteil 5.69, 9.2 ff., 9.31, 25.27, 27.9

Group-Ratio-Methode
- im Vereinigten Königreich 9.124

Grunderwerbsteuer 23.1 ff.
- als Rechtsverkehrsteuer 23.3
- Auslösung bei Veränderung der Anteilsverhältnisse 23.47 f.
- bilanzsteuerrechtliche Behandlung 23.36
- Erweiterung des Organschaftsverhältnisses 23.50

Grunderwerbsteuerliche Organschaft 1.14, 10.21, 23.1 ff., 23.5
- abhängige juristische Person 23.22 ff.
- abhängige natürliche Person 23.21
- Compliance Aspekte 23.66 ff.
- Dokumentationsanforderungen 23.69 f.
- herrschendes Unternehmen 23.13 ff.
- Organkreisfiktion 1.15
- Praxisrelevanz 1.15
- Rechtsfolgen 23.34 ff.
- Steuersätze (Übersicht) 23.35
- Vermeidungsstrategien in der Praxis 23.59 ff.
- Voraussetzungen 23.9 ff.

Grunderwerbsteuerrecht 23.1 ff.

Grundfreiheiten
- als Beschränkungsverbot 5.19
- als Diskriminierungsverbot 5.18
- für direkte Steuern 5.13 ff.

Grundlagenwirkung
- des Feststellungsbescheids 4.20

Grundsatz der Einmalbesteuerung 5.27, 6.94, 14.5

Grundsatz der Einzelveranlagung 9.94

Grundsatz der Gleichbehandlung 6.158, 22.16

Grundsatz der Neutralität
– innerhalb des Organkreises 7.99
Grundsatz der Neutralität der Mehrwertsteuer 22.16
Grundsatz der Rechtsformneutralität 22.34 ff.
Grundsatz der Selbstlosigkeit
– i.S.d. § 55 AO 21.31, 21.36
Grundsatz von Treu und Glauben 6.145 f.
Grundsätze der Gemeinnützigkeit 21.31, 21.35
Grundsätze über die fehlerhafte Gesellschaft 2.113, 3.34
Grundstück
– Kürzung des Gewerbeertrags 8.42
Grundstücksgesellschaft
– Begriff 23.10
– Umwandlung 23.11
Grundstücksunternehmen 6.117 ff.
Gründungstheorie 3.22, 26.31, 26.34 f., 26.37 ff.; *s.a. Sitztheorie*
Gruppenbesteuerung 9.1, 25.6 ff.
– Exit-Falle 9.60
– Formalerfordernis Gewinnabführungsvertrag 9.2
– grenzüberschreitende 9.3 ff.
– grenzüberschreitende, EuGH-Rechtsprechung 25.12 ff.
– im Vereinigten Königreich 9.111 ff.; *s.a. Group relief*
– in Frankreich 9.16 ff.
– in Österreich 9.40 ff.
– in Polen 9.70 ff.
– in Schweden 9.85 ff.
– Rechtsvergleich in einzelnen europäischen Staaten 25.6 ff.
– Reformvorschlag der IFST-Arbeitsgruppe 25.11
Gruppenbesteuerungskonzept/-modell 1.8 ff.
– einzelveranlagungsbasiert 9.13; *s.a. Einzelbilanzkonzept*
– in beispielhaft ausgesuchten Ländern 9.15
– Rechtsprechung des EuGH 6.160
– zusammenveranlagungsbasiert 9.13 ff.; *s.a. Zusammenveranlagung und Zusammenveranlagungsmodell*
Gruppenbesteuerungssystem 10.1 ff.
– Beteiligung von mindestens 75 % 10.27 f.
– Finanzverwaltung, Anforderungen 10.18 ff.
– Gedanke der wirtschaftlichen Einheit 9.130
– grenzüberschreitendes 9.40
– ohne Gewinnabführungsvertrag (GAV) 10.75

– Rechtsfolgen der Gruppenbesteuerung 10.30 ff.
– Systematisierung 9.12 ff.
– Verfahrensrecht 10.73 f.
– Verrechnungskonten 10.69 ff.
– Voraussetzungen der Gruppenbesteuerung 10.23 ff.
Gruppenergebnis 9.27 f.

Haftung
– der Organgesellschaften 6.147 ff.
– Ermessensentscheidung der Finanzbehörde 4.59
– gemäß § 73 AO 24.8 ff.
– mehrere Organgesellschaften 4.59
– Umfang 24.9 ff.
– Verfahren 4.59
Haftung der Organgesellschaft
– gemäß § 73 AO 18.20 f.
Haftungsbescheid 4.59, 24.8
Haftungskonzentration
– des Organträgers 1.66
Haftungsschuldner 24.8
– Verursachungsbeitrag 24.10 f.
Haftungsübernahmeerklärung 10.59
Haftungsverbund
– der Organschaft 1.18
Halbeinkünfteverfahren 1.22, 15.3
Handelsbilanz 1.42
– Korrektur 7.68
– Rückstellung für Pensionsverpflichtungen 7.69
Handelsrechtlicher Bilanzierungsfehler 7.62 ff.
Handelsregister
– Gewinnabführungsvertrag (GAV) 2.66, 11.5 ff.
– verspätete Eintragung 18.36 ff.
Harte Patronatserklärung 10.59
Heilungsmöglichkeit
– fehlerhafte Gewinnabführung/Verlustübernahme 13.11 ff.
Herrschendes Unternehmen
– grunderwerbsteuerliche Organschaft 23.16
Hinnahme der Zwangsvollstreckung
– grenzüberschreitender Ergebnisabführungsvertrag 26.15
Hinzurechnung
– gewerbesteuerliche 16.13, 18.5
– körperschaftsteuerliche gem. § 8b Abs. 5 KStG 6.122 ff.
Holding 16.1 ff.
– als ertragsteuerlicher Organträger 17.7 ff.
– als Organisationsstruktur 17.1 ff.

- als Organträger 17.1 ff.
- als Personengesellschaft 16.1 ff.
- als umsatzsteuerlicher Organträger 17.32 ff.
- ausländische 17.12
- Bankenprivileg 17.40
- Begriff 17.1 ff.
- Finanz- 17.5
- Führungs- 17.4
- funktionale Differenzierung 17.2 ff.
- Gemeinkosten 17.38
- gemischte 17.6
- geschäftsleitende 17.4, 17.23, 27.75
- gewerbesteuerlicher Organträger 17.40
- Konzernfinanzierungsgesellschaft 17.40
- Management- 17.4
- Rechtsform 17.2
- Stammhaus-Konzern 17.3
- und Kleine Organschaftsreform 17.7 ff.
- Vermögens- 17.4
- vermögensverwaltende 27.75;
  s.a. *Vermögensverwaltung*

Holding-Betriebsstätte 27.44
Holdingkapitalgesellschaft
- inländische 17.13

Holding-Personengesellschaft
- als Organträger 16.73 f., 27.73 ff.

Holdingvorstand
- Leitungsverantwortung 17.4

IFST-Arbeitsgruppe
- Reformvorschlag zur Gruppenbesteuerung 25.11

Inbound Ergebnisabführungsvertrag 26.18 ff.
Inbound-Finanzierung
- Organträger-Personengesellschaft 28.27 ff.

Inbound-Investition 8.1, 8.62 ff.
Inbound-Struktur
- aus US-amerikanischer Sicht 28.39 ff.

Individualbesteuerung 1.1, 4.5
Infektion
- gewerbliche gem. § 15 Abs. 3 Nr. 1 EStG 6.7, 17.26

Inländische Betriebsstätte 17.7 f.;
  s.a. *Betriebsstätteinländische*
- bei mittelbarer finanzieller Eingliederung 12.41

Inländische Holdingkapitalgesellschaft 17.13
Inländische Organträger-Personengesellschaft
- mit ausländischen Gesellschaftern 17.12
- mit inländischen Gesellschaftern 17.13

Inländisches Sondervermögen 23.23
Inlandsbegrenzung 1.18
Inlandsbezug
- doppelter 25.39, 27.1 f.

Inlandsbindung
- erweiterte 3.19

Innenausgleich 24.13 f.
- Ausgleich der Vorsteuerabzugsbeträge entsprechend § 430 BGB 24.14
- Ausgleichsanspruch entsprechend § 426 Abs. 1 BGB 24.13

Innengesellschft 7.88
Innenumsatz 1.29
- Steuerbarkeit 22.80

Innerperiodische Verrechnung 9.3
Insolvenz 24.1 ff.
- des Organträger und der Organgesellschaft 24.41 ff.
- finanzielle Eingliederung 24.22 ff.
- Haftung 24.52 ff.
- nur der Organgesellschaft 24.35 ff.
- organisatorische Eingliederung 24.27 ff.
- Tilgungsbestimmung 24.52 ff.
- Umsatzsteuer 24.49 f.
- wirtschaftliche Eingliederung 24.26

Insolvenzanfechtung 24.51 ff.
Insolvenzeröffnungsverfahren 24.7
Insolvenzforderung 24.1, 24.6
Insolvenzrechtlicher Einzelverfahrensgrundsatz 24.17
Insolvenzverfahren 24.1 ff.
- steuerrechtlich wichtiger Grund zur Beendigung des GAV 11.54

Insolvenzverwalter 24.1, 24.30 ff.
- schwacher vorläufiger 24.7
- schwacher vorläufiger -, Zustimmungsvorbehalt 24.32, 24.38
- starker vorläufiger 24.7
- starker vorläufiger -, allgemeines Verfügungsverbot 24.31, 24.37
- vorläufiger 24.7

Intégration fiscale
- französische Regelung zur Gruppenbesteuerung 5.43, 9.22 ff.
- Unterschied zur deutschen Organschaft 9.24

Internationale Organschaft 25.1 ff.
Internationales Schachtelprivileg 13.132
Intragruppeninterne Verlustverrechnung 9.3
Isolierter Gewinnabführungsvertrag 2.102 ff., 2.106, 2.108 ff.
- Zulässigkeit 2.18

Ist-Besteuerung 24.2

Jahresabschluss
- Aktiengesellschaft 13.21
- Aufstellung 13.36, 13.50
- Bestätigungsvermerk 13.38 ff.
- Einbeziehung in Konzernabschluss 13.40

- Erstellung 13.36
- fehlerhafter Bilanzansatz 13.14
- Feststellung 2.11, 2.14 f., 2.80, 13.17, 13.20 ff., 13.36
- fingierte Richtigkeitsgewähr 1.46
- freiwillige Prüfung 13.41
- GmbH 13.30
- handelsrechtlicher 13.14, 13.54
- KGaA 13.24
- Korrektur 13.47 ff.
- Nichtigkeit 7.62, 13.17, 13.25 f.
- objektiv richtiger 13.27
- Organgesellschaft 13.20
- Prüfung 13.37 ff.
- Societas Europaea 13.22
- wesentlicher Fehler 13.55
- wirksame Feststellung 13.20 ff.

Jahressteuergesetz 2009 21.3
Jahressteuergesetz 2018 1.8
- Rechtsentwicklung 1.22

Jahresüberschuss 2.5
- Gewinnrücklage 2.10
- Verwendung 2.6

Kapitalertragsteuer 8.36, 14.3, 18.5, 18.14
- Ausgleichszahlung an außenstehenden Gesellschafter 15.56 ff.
- bei vororganschaftlicher Mehrabführung 14.27

Kapitalertragsteuereinbehalt
- bei vororganschaftlichen Mehrabführungen 1.66

Kapitalgesellschaft
- als Organgesellschaft 3.21
- als Organträger 3.5
- ausländ. Betriebsstätte im Inland 17.28
- Gewinnabführungsvertrag (GAV) 3.5
- Verlegung des Orts der Geschäftsleitung 3.20

Kapitalkonsolidierung 1.3, 9.7
Kapitalrücklage 2.8
Kapitalverkehrsfreiheit 5.14 f.
- Art. 63 ff. AEUV 25.5

Kapitalverkehrs-Richtlinie 5.14 f.
Kartellfreigabe 2.41
Katalogbetriebsstätte
- gemäß § 12 AO S. 2 27.38

Kaufmann
- Sorgfalt eines ordentlichen 13.32

Keinmalbesteuerung 6.168
K-Entscheidung
- EuGH-Urteil 5.55 f.

Kettenorganschaft 4.37
KG 16.18

- gewerbl. geprägte, Vermittlung inländ. Betriebsstätte 17.27 ff.

KGaA
- Ausgleichszahlung, steuerrechtl. Behandlung 15.10, 15.29 ff.
- Feststellung Jahresabschluss 13.24
- finanzielle Eingliederung 12.10
- Gewinnabführungsvertrag 2.22
- persönlich haftender Gesellschafter 13.31

Klammerorganschaft 18.5
Kleine Organschaftsreform 1.18, 1.22 f., 1.78, 4.20, 5.100, 6.9, 6.140, 6.168, 7.40, 8.80, 10.1, 10.9, 13.1, 16.17 f., 16.112, 16.140, 17.7, 18.26, 20.20, 25.7 f. f., 25.35, 25.39, 25.44 f., 27.19, 28.2 ff., 28.4
- Reaktion auf Vertragsverletzungsverfahren der Europäischen Kommission 25.39

Kohärenz des Steuersystems 5.26 ff.
Kollisionsrecht
- deutsches 26.35

Kommission/Irland-Entscheidung
- EuGH-Urteil 22.59

Kompensationseffekt
- Verlustabzugssperre 28.26

Konfusion 20.40, 20.45
Konkrete Betrachtungsweise
- Berücksichtigung der Verlustabzugssperre bei der Besteuerung im Ausland 28.23

Konsolidierte Einkünfte des Organträgers
- inländ. Verlustabzugssperre 1.55

Konsolidierte Konzernbesteuerung 4.5
Konsolidierung
- GK(K)B-Projekt 10.10 ff.
- steuerliche 9.6
- steuerliche bei grenzüberschreitend tätigen Konzernen 25.1
- steuerliche in der Gruppe 10.49 ff.

Konsortium 9.114
Konzern
- als wirtschaftliche Einheit 10.2 ff.
- mehrstufiger 1.12

Konzernabschluss 13.40
Konzernabzug
- Ertragsteuerrecht Schweden 9.85, 9.99 ff.

Konzernbegriff
- gesellschaftsrechtlicher 10.3
- handelsrechtlicher 10.3

Konzernbeitrag 5.36 f.
- Ertragsteuerrecht Schweden 9.85 ff.

Konzernbesteuerung 9.1 ff.
- europäische 10.10
- grenzüberschreitende, EuGH-Rechtsprechung 25.12 ff.
- konsolidierte 4.5

Konzernbetriebsprüfung 4.18, 7.16 ff.
– grunderwerbsteuerliche Organschaft 23.71
Konzernklausel 7.77
– § 4h Abs. 2 S. 1 Buchst. b EStG 9.10
– § 6a GrEStG 1.32, 3.58
– Beendigung einer Organschaft 19.62
– Begründung einer Organschaft 19.54 ff.
– Verlustnutzung gem. §§ 8c, d KStG 8.57
– Zinsschranke 19.19 f., 19.39 ff.
Konzernneutralität 10.54
Konzernprämie 10.38
Konzernprüfung
– Zuständigkeit 7.16 ff.
Konzernrecht 23.18
– Gewinnabführungsvertrag (GAV) 2.102 ff.
Konzernsteuerquote 1.74
Konzernsteuerrecht 1.3, 4.4, 10.1 f.
– Bedeutung in der Praxis 6.1
Konzernstruktur
– vertikale 9.72
Konzernumlage 16.80 f.
Konzernzugehörigkeit
– Zeitpunkt 19.20
Körperschaft
– gemeinnützige 21.29 ff.
– öffentlich-rechtliche 21.1 ff.
– steuerbefreite als Organgesellschaft 21.36 f.
– steuerbefreite als Organträger 21.33 ff.
Körperschaftsteuer
– Minderung/Erhöhung 14.26
– Nullbescheid 4.13
– Zerlegung 7.13 ff.
Körperschaftsteuerliche Organschaft 1.21 ff.
– Insolvenz 24.56 ff.
– internationale Öffnung 1.22
– Zurechnungskonzept 1.36 ff.
Körperschaftsteuerlicher Systemwechsel 1.22
Körperschaftsteuerliches Anrechnungsverfahren s. Anrechnungsverfahren
Körperschaftsteuerrecht
– französisches 9.16 f., 9.19
Körperschaftsteuerstelle 7.1
Korrektur
– freiwillige 13.46
– Unterbleiben der 13.56
– Zeitpunkt der 13.47 ff.
KR Wannsee – Entscheidung
– EuGH-Urteil 5.43 ff.
Krankenversicherungsunternehmen
– branchenspezifische Besonderheiten 1.27 f.
Kroatien-Anpassungsgesetz 16.52
Kündigung
– Gewinnabführungsvertrag (GAV) 6.33, 11.53 ff.

Larentia + Minerva und Marenave Schifffahrt-Entscheidung
– EuGH-Urteil 22.21, 22.25, 22.41
Latente Steuern 13.69 f.
Laufzeitklausel
– im Gewinnabführungsvertrag (GAV) 3.67
Lebensversicherungsunternehmen
– branchenspezifische Besonderheiten 1.27 f.
Leistungsfähigkeit
– wirtschaftliche 4.3
Leistungsfähigkeitsprinzip 1.1, 4.32, 8.54
Leistungsfähigkeitsverbund
– Konzern als 1.32
Leistungsunfähigkeit
– des Organträgers als Grund zur Beendigung des GAV 11.52
Leistungsverweigerungsrecht
– nach § 273 BGB 24.32, 24.63
Leitungs- und Kontrollmacht
– in der Organschaft 16.5
Leitungsmacht
– konzernrechtliche 2.102
Lidl Belgium-Entscheidung
– EuGH-Urteil 5.40, 10.9, 25.14 f. ff.
Limited Liable Company (LLC) 23.23
Liquidation 20.23
Lizenzschranke
– § 4j EStG 19.6
Loyalitätsklausel
– grenzüberschreitender Ergebnisabführungsvertrag 26.13

Mäander-Struktur
– Begriff 12.40
Mantelgesellschaft s. Vorratsgesellschaft
Mantelkauf 18.24
Marks & Spencer-Entscheidung
– EuGH-Rechtsprechung 5.31, 9.121 ff., 9.4, 10.9, 25.12 f.
Massesicherungspflicht 24.46
Masseverbindlichkeit 24.1, 24.6
Maßgeblichkeit
– der Handels- für die Steuerbilanz, Aufgabe 20.75
Maßgeblichkeitsgrundsatz
– gemäß § 5 Abs. 1 Satz 1 EStG 13.105
Materielle Beschlusskontrolle 2.52
Mehrabführung 1.43, 6.83, 8.74 f., 20.65 f. ff.
– aus Umwandlungsmaßnahmen 8.74 ff.
– außerorganschaftliche 14.20
– Begriff (Regelfall) 14.11 ff.
– Beispiele für Ursachen 14.17
– durch Ertragszuschuss 6.105
– Ertragszuschuss 14.14

- infolge Umwandlung einer Organgesellschaft 8.78 f.
- innerorganschaftliche 14.31 ff.
- i.S.d. § 14 Abs. 3 und 4 KStG 4.28, 7.74, 14.1, 16.55 ff.
- organschaftlich verursacht 7.74, 8.74, 14.18 ff.
- organschaftliche 1.22, 6.83, 20.75 f.
- Rechtsgrundlagen 14.23
- Saldierung 14.21 f., 14.69
- Schritte zur Prüfung der Voraussetzungen 14.10 ff.
- vororganschaftliche (§ 14 Abs. 3 KStG) 1.22, 6.83, 7.74, 8.75, 14.3 ff., 14.18, 20.89 ff.; s.a. vororganschaftliche Mehrabführung

Mehrmüttergruppe 9.43
Mehrmütterorganschaft 1.20, 1.24, 2.24, 6.171, 16.21 f., 22.4 ff., 22.38
- Abschaffung 1.22, 4.10, 6.5, 16.21, 16.38
- Abschaffung, steuergesetzliche Auswirkungen 1.26
- Rechtsentwicklung 1.25
- umsatzsteuerliche 1.13

Mehrstimmrecht 23.61
Mehrstöckige Mitunternehmerschaft 16.85 ff.
Mehrstöckige Organschaft 14.64
Mehrstöckige Personengesellschaft 16.88 ff.
Mehrstufige Organschaft 20.40, 20.43
Mehrstufige Organschaftskette 1.18
Mehrstufiger Konzern 18.19
Mehrstufiges Beteiligungsverhältnis 16.88 ff.
Mehrwertsteuergruppe 22.83 f., 22.89, 22.99 ff.
Mehrwertsteuersystem 1.31
Mehrwertsteuersystemrichtlinie (MwStSystemRL) 1.11
Minderabführung 1.43, 6.83, 8.75 f., 20.65 f. ff.
- außerorganschaftliche 14.20
- Begriff (Regelfall) 14.11 ff.
- Beispiele für Ursachen 14.17
- durch Verschmelzungsverlust 6.106
- innerorganschaftliche 14.39
- nach § 14 Abs. 3 und 4 KStG 4.28, 7.74, 14.1 ff.
- organschaftlich verursacht 8.75, 14.18 ff.
- organschaftliche 1.22, 6.83 f.
- Rechtsgrundlagen 14.23
- Saldierung 14.21, 14.69 f.
- Schritte zur Prüfung der Voraussetzungen 14.10 ff.
- vororganschaftliche (§ 14 Abs. 3 KStG) 1.22, 6.83, 8.75, 14.18 ff., 14.30; s.a. vororganschaftliche Minderabführung

Minderheitenschutz
- aktienrechtlicher 1.49
- im GmbH-Recht 10.45 f.

Minderheitsgesellschafter
- Ausgleichszahlung 1.49, 15.1 ff.

Mindestbesteuerung 9.28
- Grenzen (§ 10 d Abs. 2 EStG) 8.3

Mindestlaufzeit
- des Gewinnabführungsvertrages 6.23 ff.
- rückwirkendes Ereignis bei Unterschreiten 18.9
- Verstoß gegen 18.8 f.

Mindestverlustübernahme 6.89
Mirror legislation rule 28.39
Mißbrauchsvermeidungsnorm
- § 1 Abs. 3 i.V.m. Abs. 4 Nr. 2 GrEStG 23.33

Mitbestimmung
- paritätische 2.110

Mitbestimmungsrecht
- Gewinnabführungsvertrag (GAV) 2.109 f.

Mitteilung
- EU-Recht 5.12

Mittelbare Anteilsvereinigung 23.37, 23.42 ff.
Mittelbare Beteiligung 7.32
- Betriebsstättenzuordnung 27.83 f.

Mittelbare finanzielle Eingliederung 12.34 ff.
- Unterscheidung zur Organschaftskette 12.35

Mittelbare Organschaft 8.17, 14.66 f., 14.68; s.a. Organschaft, mittelbare
- Auflösung des organschaftlichen Ausgleichspostens 6.108, 12.45 ff.
- organschaftlicher Ausgleichsposten 12.44
- verdeckte Einlage 12.43
- verdeckte Gewinnausschüttung 12.43

Mittelverwendungsgebot 21.31, 21.36
Mitternachtserlass 1.73, 20.22
Mitternachtsgeschäft 8.46, 12.73, 20.22
Mitternachtsregelung
- Gesellschaftsrecht 1.48
- Transaktion mit Organgesellschaftsanteilen 1.44

Mitunternehmer 16.15
- Zinsaufwand 19.8

Mitunternehmerinitiative 16.18
Mitunternehmerrisiko 16.18
Mitunternehmerschaft 16.18
- § 15 Abs. 1 Nr. 2 EStG 1.1
- doppelstöckige 16.85 f.
- mehrstöckige 16.85 ff.

Mitwirkungspflicht des Steuerpflichtigen 4.12
- bei Auslandssachverhalten 28.23

Monitoring
- Anpassungsmaßnahmen 1.67

Muster eines Gewinnabführungsvertrags (GAV) 3.62
Muster eines Umlagevertrags
– Verteilungsverfahren 3.91 ff.
Mutter-Tochter-Richtlinie 5.8, 8.65, 8.68

Nachsteuer
– begünstigt besteuerter thesaurierter Erträge 16.2 f.
Nachteilsausgleich
– §§ 311, 317 Abs. 1 S. 1 10.30 f.
– gesellschaftsrechtlicher 1.13
Nachtragsvermerk 7.26 f.
– gelungener 7.26
– misslungener 7.28
Nationaler Betriebsstättenbegriff 17.11
Natürliche Person
– Nichtunternehmer 16.129, 16.131
– Organträger 16.9
Negative Einkünfte
– bei Verlustabzugssperre 28.14 ff.
Negative Steuerumlage 10.43
Negativer Feststellungsbescheid 4.35
Negativer Progressionsvorbehalt
– und Verlustabzugssperre 28.23
Negativerklärung des Vorstands 2.67
Nettomethode
– zur Ermittlung des Ergebnisses aus der Auflösung des Ausgleichspostens 14.54
Nicht abziehbare Betriebsausgaben
– gemäß § 8 b Abs. 5 KStG 1.20
Nicht (vollständig) vorsteuerabzugsberechtigtes Unternehmen 1.69
Nichtanwendungserlass 7.76, 25.35, 27.18
Nichtdurchführung des Gewinnabführungsvertrags (GAV) 11.69
Nichterfassung
– außerbilanzielle Korrektur 1.43
Nichtigkeit
– des Jahresabschlusses 13.25 f.
Niederlassungsfreiheit 1.54, 1.57, 5.14
– Beschränkung 28.51
– europäische 26.22, 26.32, 26.43
– gemäß Art. 49 ff. AEUV 25.5
– unionsrechtliche 6.159
– Verstoß 25.39, 27.2
Nießbrauch 12.21
– am Ausgleichsanspruch 15.49
– und Organschaft 12.21 f.
NN-Entscheidung
– EuGH-Urteil 5.86 f.
Non-Profit-Organisation 21.1 ff.
Nordea Bank-Entscheidung 5.62, 25.26 ff.
Novation 7.48 ff.

– fehlende Werthaltigkeit 7.51 ff.
– Gewinnabführungsvertrag (GAV) 3.54 ff.
Novellierung des Umwandlungssteuergesetzes 20.75
Nullausgleich 15.20

Offenbare Unrichtigkeit 7.27
Offensichtliche Unrichtigkeit
– Begriff (i.S.v. § 44a Abs. 2 Satz 1 BeurkG) 3.64
– im Gewinnabführungsvertrag (GAV) 3.64
Öffentlich-rechtliche Körperschaft 21.1 ff.;
s.a. gemeinnützige Körperschaft
– als Teil der Organschaft 21.1 ff., 21.4
OHG 16.19
Organbeteiligung
– Erwerb 12.51 ff.
– funktionale Zuordnung 17.24 ff.
Organeinkommen
– Zurechnung bei Ausscheiden eines Gesellschafters 16.46 ff.
Organgesellschaft
– Abwicklung 20.23
– als Betriebsstätte 4.56
– als Bilanzierungssubjekt 1.37 f.
– als eigenständiges Feststellungssubjekt/Körperschaftsteuersubjekt 1.6, 4.12
– Anteilstausch 8.72
– atypisch stille Beteiligung 3.26
– Auflösung 14.50
– Auflösung durch den Alleingesellschafter 20.13
– ausländische 3.22
– Besonderheiten bei der Rechtsform der GmbH 15.25 ff., 15.32 ff.
– Betriebsstätte des Organträgers 16.16
– Bruttomethode 13.80 ff.
– dauerdefizitärer Betrieb 6.80 f.
– Eignung 3.18 ff.
– Einbringung der Beteiligung 8.72
– Einkommen 13.2, 13.57 ff.
– faktische Abwicklung 20.23
– finanzielle Eingliederung 3.33
– Freigrenze des § 4h Abs. 2a EStG 18.23
– Gesamtbetriebsveräußerung 20.23 f.
– Gewerbeertrag, eigenständige Ermittlung 13.88
– gewerbliche Tätigkeit nicht erforderlich 3.23
– Gewinn 13.60
– Gewinnabführungsvertrag (GAV) 3.34 ff.;
s.a. Gewinnabführungsvertrag (GAV)
– Haftung 4.59
– hybride 4.38
– im Gewerbesteuerrecht 16.16

- Jahresabschluss 13.16, 13.20, 13.47 ff.
- Kapitalgesellschaft 3.21
- kein Teileinkünfteverfahren 13.80 ff.
- nachträgliche Änderung d. Veräußerungspreises/-kosten 20.26
- Ort der Geschäftsleitung 3.32
- Personengesellschaft 16.8 ff.
- Rechtsform 3.21
- Sanierung 11.68
- Sitz 3.32
- Sitz und Ort der Geschäftsleitung (Inland/Ausland) 9.2
- Spendenabzug 13.68
- steuerbefreite Körperschaft 3.31
- Steuersubjekt 1.37
- stille Gesellschaft 3.24
- Teilbetriebsveräußerung 20.25 f.
- Tracking Stock-Modell 3.28
- typisch stille Beteiligung 3.25
- verdeckte Einlage 13.66 ff.
- verdeckte Gewinnausschüttung 13.62 ff.
- Verlustabzug 13.71 ff.
- Verluste 13.115
- Verlustrücktrag 13.18
- Verlustvortrag 11.68
- Verschmelzung 20.45 ff.
- Vorgesellschaft 3.30
- Vorgründungsgesellschaft 3.29
- Zurechnung des Einkommens beim Organträger 13.91 ff.

Organisationsvertrag 2.20

Organisatorische Eingliederung 1.12 f.
- bei Insolvenz 24.27 ff.
- bei Insolvenz der Organgesellschaft 1.12
- grunderwerbsteuerliche Organschaft 23.25
- in der Rechtsprechung 6.20 ff.
- Insolvenz von Organträger und Organgesellschaft 24.41 ff.
- personelle Verflechtung 22.66 ff.
- Personengesellschaft 16.136 ff.
- umsatzsteuerliche Organschaft 22.62 ff.
- Vermeidungsstrategien in der Praxis 23.63 f.

Organkreis 23.19
- Anteilsvereinigung 23.27 ff.
- Anwendung des Grundsatzes von Treu und Glauben 6.145 f.
- fortgeführter 23.52 ff.
- Gewerbesteuer 3.4
- Grundbesitz, Zuordnung 23.40 f.
- Grunderwerbsteuer 23.27
- grunderwerbsteuerlicher 1.16
- umsatzsteuerlicher 1.3
- Veränderungen durch Anteilsverschiebung 23.46 ff.
- Veränderungen durch Umwandlung 23.52 ff.
- verdeckte Gewinnausschüttung 13.126
- Zinsschrankenwirkung (§ 15 Nr. 3 KStG) 1.67

Organkreisfiktion
- bei der grunderwerbsteuerlichen Organschaft 1.15

Organschaft
- als Finanzierungsinstrument im Konzern 1.3
- als Gestaltungsmittel 16.14
- als Gewinntransferinstrument im Konzern 1.3
- als Verlustnutzungsinstrument im Konzern 1.2
- Alternativstrukturen 1.75 ff.
- Änderung der Zuordnung der Organbeteiligung 27.80
- Ausgleichsposten 20.65 ff.
- ausländische Rechtsträger 27.29
- Bedeutung im Grunderwerbsteuerrecht 23.1 ff.
- beendete 13.53
- Beendigung 11.15, 20.96 ff.
- Beendigung durch Beendigung des Gewinnabführungsvertrags 11.16 ff.
- Beendigung durch gewollte Zerstörung 11.67 ff.
- Beendigung durch Insolvenz 24.44 ff.
- Beendigung durch Wegfall sonstiger Organschaftsvoraussetzungen 11.55 ff.
- Beendigung, Steuerumlagvertrag 3.100
- Beendigung unterjährig 11.19 f.
- Beendigung zum Ablauf eines Wirtschaftsjahres 11.18
- Beginn 11.1 ff.
- bei Non-Profit-Organisationen 21.1 ff.
- Beschränkung auf das Inland 22.75 ff.
- Divergenz in der Anerkennung 7.18 f.
- Einkommenszurechnung 20.5
- Entscheidungszuständigkeit 4.15
- Ermittlung Gewerbeertrag 13.88 ff.
- ertragsteuerliche (§§ 14 ff. KStG) 1.3, 10.21, 16.7 ff.; s.a. *Ertragsteuerliche Organschaft*
- ertragsteuerliche, Rechtsgrundlagen 1.5 ff., 3.1 ff.
- faktische 1.3, 1.71 f.
- Fortsetzung im Umwandlungsfall 8.69
- gesellschaftsrechtliche Grundlagen 2.1 ff.
- gesonderte Körperschaftsteuererklärungen 4.39
- Gestaltungspotential in Bezug auf die Zinsschranke 19.63 ff.
- getrennte Erklärungspflichten 4.39

- Gewerbeertrag, Ermittlung Gewerbesteuermessbetrag 13.111
- Gewerbesteuerbelastung 8.38 ff.
- gewerbesteuerliche 1.23, 4.56, 7.8 ff., 7.98 ff.
- gewerbesteuerliche, Betriebsstättenkonzept 1.35
- gewerbesteuerliche, Vorteile 16.15, 25.1
- Gewinnausschüttung aus vororganschaftlicher Zeit 6.82
- Gleichheitsrecht 4.9
- grenzüberschreitende 1.58, 3.45, 8.80, 9.2, 22.76, 25.1 ff.
- grunderwerbsteuerliche 1.14, 23.9 ff.; s.a. grunderwerbsteuerliche Organschaft
- haftungserweiternde Wirkung 1.66
- Haftungsverbund 1.18
- im Gemeinnützigkeitsrecht 21.29 ff.
- im Veranlagungsverfahren 7.1 ff.
- Inlandsbegrenzung 1.18
- Insolvenz 24.1 ff.
- Insolvenzanfechtung 24.51 ff.
- internationale Bezüge 1.54, 25.1 ff.
- Kapitalertragsteuer 8.36
- kein Steuerprivileg 1.18
- körperschaftsteuerliche 1.21, 25.3 ff.
- körperschaftsteuerliche, Insolvenz 24.56 ff.
- körperschaftsteuerliche, internationale Öffnung 1.22
- lückenlose 20.52
- mehrere 4.36 ff.
- mehrstöckige 14.64
- mehrstufige 20.40, 20.43
- mittelbare 8.17, 12.34 ff., 12.42 ff., 12.71, 14.66 f.
- Nachteile in Bezug auf die Zinsschranke 19.66
- nahtlose Fortsetzung 20.22, 20.42 f., 20.47, 20.54, 20.72
- Neubegründung 20.22
- Nichtanerkennung 3.85, 16.72
- Nichtbestehen 4.35
- öffentlich-rechtliche Körperschaften als Teil 21.1 ff.
- örtliche Zuständigkeit für die Besteuerung 7.2 f.
- partielle Durchbrechung des körperschaftsteuerlichen Trennungsprinzips 4.5
- Pause 6.60 ff.
- Rechteüberlassung, Aufwendungen für 13.79
- Rechtsentwicklung 1.19 ff.
- rechtsformspezifische Beschränkung 1.18
- Rechtsprechung des BFH und der FG 6.1 ff.
- Rechtsschutz 4.53 ff.
- rückwirkende Begründung 20.44
- Rumpfwirtschaftsjahr während der Laufzeit 3.83
- Rumpfwirtschaftsjahr zu Beginn 3.82
- Sanierung 24.1 ff.
- Sanierungserträge 13.78
- Sonderbestimmungen 1.8
- Steuereffekte 8.4 ff.
- steuerliche Anerkennung 15.63
- Steuersatzeffekte 8.21 ff.
- umsatzsteuerliche, § 2 Abs. 2 UStG 1.29 f., 1.68, 10.21, 16.122, 22.1, 24.15 f., 25.1 ff.
- umsatzsteuerliche, Entwicklung 22.1 ff.
- umsatzsteuerliche, Rechtsfolgen 22.80 ff.
- umsatzsteuerliche, Voraussetzungen 22.20 ff.
- umsatzsteuerliche, Zweck 22.14 ff.
- und Nießbrauch 12.21 f.
- und Umwandlungen 8.69 ff.
- und Unterbeteiligung 12.23
- und Unternehmenskauf 20.2 ff.; s.a. Unternehmenskauf
- unionsrechtliche Prägung 5.1 ff., 5.98 ff.
- Unionsrechtswidrigkeit 25.34
- Unterbrechung 18.72 ff.
- unterbrochene 6.63
- verfahrensrechtliche Grundlagen 4.11 ff.
- Verfassungsfragen 1.60, 4.7 f. ff.
- verfassungsrechtliche Grundlagen 4.1 ff.
- Verlustnutzung gem. §§ 8cd KStG 8.57 ff.
- vertragliche 1.71 f.
- verunglückte 1.49, 3.49, 7.21 f., 13.101, 15.63, 18.1 ff.; s.a. verunglückte Organschaft
- volle 1.71 f.
- Voraussetzungen 13.1, 13.4 ff.
- Voraussetzungen, nicht vertragslaufzeitbezogene 11.12 ff.
- Voraussetzungen, zeitliche Aspekte 6.59 ff.
- Vorteile in Bezug auf die Zinsschranke 19.63 ff.
- vs. konsolidierte Konzerneinheitsbesteuerung 4.6
- Weiterentwicklung zum Gruppenbesteuerungskonzept 1.78 ff.
- Wiederbelebung nach Organschaftspause 11.70 ff.
- Wirksamkeit 3.46
- wirtschaftliche Bedeutung 1.64 ff.
- zeitweise Nichterfüllung der Voraussetzungen 6.60 ff.
- Zinsschranke 19.1 ff.
- zusätzliche Feststellungserklärung 4.40
- Zuständigkeitsvereinbarung (§ 27 AO) 7.3
- zwischen inländischen Schwestergesellschaften 5.103

Organschaftliche Ausgleichsposten 20.65 ff.

Organschaftliche Mehrabführungen 6.84, 6.93 ff.
Organschaftliche Minderabführungen 6.84, 6.93 ff.
Organschaftskette 1.37, 1.58, 1.65, 8.16, 13.94 f., 13.108, 13.130, 14.64
– Bruttomethode 13.130
– entfallende Haftung 18.21
– Unterbrechung bei Zwischenschaltung einer Personengesellschaft 8.17
– Veräußerung der Beteiligung 13.107
Organschaftspause 1.52, 1.73, 8.71
– Mißbrauchsprüfung 11.14
– unschädliche 11.13 ff.
– Wiederbelebung 11.70 ff.
Organschaftsrecht
– deutsches 9.2
– steuerliches 1.2
Organschaftsreform
– Kleine *siehe Kleine Organschaftsreform*
Organschaftsunterbrechung
– Begriff 18.72 ff.
Organschaftsverbot
– zeitlich befristetes für Lebens- und Krankenversicherungsunternehmen 1.19
Organschaftsverhältnis
– Beendigung 20.96
– Erweiterung 23.50
Organschaftsvertrag 1.7
Organträger 16.9 ff.
– als eigenständiges Feststellungssubjekt/Körperschaftsteuersubjekt 4.12
– atypisch stille Beteiligung 3.11
– ausländischer 13.8, 13.93
– Beteiligungsaufwendungen 8.26 ff.
– Betrieb gewerblicher Art (BgA) 3.8
– Bruttomethode 13.124 ff.
– Eignung 3.3 ff.
– Einkommen 13.112 f.
– Einzelunternehmer 1.6
– Gesamtbetriebsveräußerung 20.6
– Gewerbebetrieb 3.4 ff.
– Holding 17.1 ff.
– inländische Betriebsstätte 13.93
– Jahresabschluss 13.47 ff.
– Kapitalgesellschaft 3.5
– Kommanditgesellschaft auf Aktien (KGaA) 3.6
– nicht Rechtsnachfolger der Organgesellschaft 20.47
– Personengesellschaft 1.6, 3.91
– Rechtsform 3.3
– Schachtelprivileg 13.132
– Spendenabzug 13.123
– steuerbefreite Körperschaft 3.7
– steuerlicher Querverbund 13.136
– Tracking Stock-Modell 3.12
– Treuhand-KG 3.10
– typisch stille Beteiligung 3.13
– verdeckte Einlage 13.121
– verdeckte Gewinnausschüttung 13.121
– Verlustvortrag 11.68
– Verschmelzung 20.39 ff.
– Vorgesellschaft 3.18
– Vorgründungsgesellschaft 3.17
– Zinsschranke 13.135
– Zurechnung 13.91 ff., 13.96 ff.
Organträgerfähigkeit 7.29 f.
Organträger-Personengesellschaft 1.37, 8.41, 16.17
– Anspruch auf Gewinnabführung 20.73
– Anwendbarkeit der Verlustabzugssperre (§ 14 Abs. 1 S. 1 Nr. 5 KStG) 28.10
– Auflösung 20.51
– Einkommenszurechnung 20.5
– Gesellschafterwechsel 6.75 ff.
– mit ausländischen Gesellschaften 16.58, 17.12, 17.21, 27.67 ff.
– mit inländischen Gesellschaftern 17.13
– Veräußerung von Anteilen 14.45, 20.4
– Zurechnung des Organeinkommens bei Gesellschafterwechsel 1.37, 6.75 ff.
Originäre Gesamtgewinnermittlung 9.15
Örtliche Zuständigkeit
– für die Besteuerung der Organschaft 7.2 f.
Österreich
– Gruppenbesteuerung 9.40 ff.
Outbound Ergebnisabführungsvertrag 26.9 ff.
Outbound-Investition 8.1, 8.65 ff.
– Direktinvestition in Form einer ausländischen Betriebsstätte/Personengesellschaft 8.67
– Direktinvestition in Form einer ausländischen Kapitalgesellschaft 8.68
Outbound-Struktur 1.57
Oy AA-Entscheidung
– EuGH-Urteil 5.37, 9.5, 10.9, 25.17 ff.

Papillon-Entscheidung
– EuGH-Urteil 5.46 f.
Paritätische Mitbestimmung 2.110
Partenreederei 16.19
Partiarisches Darlehen 3.25
Partielle Steuerpflicht 21.29
Passiver Ausgleichsposten
– nach § 14 Abs. 4 S. 1 KStG *s. Ausgleichsposten passiver*
Patronatserklärung 7.53

– harte 10.59
Personelle Verflechtung
– organisatorische Eingliederung 22.66 ff.
Personelle Voraussetzungen
– der Organschaft 6.5 ff.
Personengesellschaft 1.18, 2.22, 2.24, 16.1 ff.
– als Organträger 8.41, 8.50, 12.33, 13.109 ff., 13.133, 16.1 ff., 16.17 ff.
– als Organträger, Beginn der gewerblichen Tätigkeit 16.40 ff.
– als Organträger, eigengewerbliche Tätigkeit 16.17
– als Organträger einer umsatzsteuerlichen Organschaft 16.122 ff.
– ausländischen Rechts 16.20
– doppelstöckige 8.41
– erbschaftsteuerbegünstigte Vermögensübertragung 16.4
– Gewerbeertrag, Ermittlung 13.90
– Holdingstruktur 16.1 ff.
– Organträger 16.9
– Organträgerfähigkeit 7.29
– Person mit steuerl. Ansässigkeit im Ausland 16.68 f.
– Subjekt der Gewerbesteuer 13.129
– Transparenzprinzip 1.33
Personengesellschafts-Holding 16.5
Personenidentität
– in den Geschäftsführungsorganen 22.66 ff.
Personen-Investitionsgesellschaft 16.19
Pfandrechtsgläubiger
– finanzielle Eingliederung 12.25
Pfändung
– des Verlustausgleichsanspruchs 7.54 ff.
– und Organschaft 12.24
Phasengleiche Verlustverrechnung 5.41
Philips Electronics-Entscheidung
– EuGH-Urteil 1.59, 5.51, 9.120, 25.20, 27.6, 28.50 f.
Polbud-Entscheidung
– EuGH-Urteil 26.28, 26.43
Polen
– Gruppenbesteuerung 9.70 ff.; *s.a. steuerliche Kapitalgruppe*
Polysar-Entscheidung
– EuGH-Urteil 17.32
Poolvertrag 12.27
Poolwirkung 1.56
Prinzip der stufenweisen Zurechnung 9.56
Progressionsvorbehalt
– negativer und Verlustabzugssperre 28.23
Prüfungsschema
– Prüfung ertragsteuerlicher Organschaft 7.11
Prüfvermerk *s. Bestätigungsvermerk*

Put-Option
– steuerrechtlich wichtiger Grund zur Beendigung des GAV 11.48

Qualifizierte Stimmrechtsmehrheit 12.5 f.
Querkonsolidierung 12.15 f.
Querorganschaft 16.37
– Ergebnisverrechnung zwischen Schwestergesellschaften 27.28
– Zulassung 6.161
Querverbund
– steuerlicher 13.136, 21.23 f.

Realteilung 20.29, 20.50
Rechnungslegung
– Erleichterungen 1.42
Rechnungslegungspflicht
– eigenständige 1.41
Recht des faktischen Konzerns 10.30
Rechteüberlassung
– Aufwendungen 13.79
Rechtsanwalt 13.42 f.
Rechtsbehelfsbefugnis 4.54
– bei Versagung der Verlustberücksichtigung 28.49
– Feststellungsbescheid 7.7
Rechtsentwicklung
– der Organschaft 1.19 ff.
Rechtsfähigkeit
– zivilrechtliche 4.4
Rechtsform
– Organträger 3.3
Rechtsformabhängige Besteuerung 4.2
Rechtsformneutralität 22.34 ff.
Rechtsformspezifische Beschränkung 1.18
Rechtsformwechsel 1.18
Rechtsfragen
– bilanzielle 13.33
Rechtskonzept der Organschaft 1.32 ff.
Rechtsnachfolge
– finanzielle Eingliederung 20.42
– steuerliche 6.14 ff.
– steuerliche bei Umwandlung 20.38
Rechtsprechung
– DBA-rechtliche Aspekte 6.168 f.
– des BFH zur wirtschaftlichen Eingliederung 17.16
– des EuGH *siehe EuGH-Entscheidungen*
– unionsrechtliche Aspekte 6.159 ff.
– verfahrensrechtliche Aspekte 6.135 ff.
– verfassungsrechtliche Aspekte 6.151 ff.
– zu den gewerbesteuerlichen Aspekten der Organschaft 6.114 ff.

– zu den Rechtsfolgen einer Organschaft 6.73 ff.
– zu den Voraussetzungen einer Organschaft 6.5 ff.
– zum Gewinnabführungsvertrag 6.21 ff.
Rechtsschutz 4.53 ff.
– einstweiliger 4.55
Rechtsschutzklarheit 4.15
Rechtssicherheit 4.21
Rechtstypenvergleich 23.23
RETT-Blocker-Struktur 23.7
REWE Zentralfinanz
– EuGH-Urteil 5.35 f.
Richtlinie
– EU-Recht 5.7 f.
Richtlinie über Gemeinsame Konsolidierte Körperschaftsteuer-Bemessungsgrundlage (GKKB) 5.9
Richtlinie über Gemeinsame Körperschaftsteuer-Bemessungsgrundlage (GKB) 5.9
Richtlinien-Umsetzungsgesetz vom 9.12.2004 6.151
Rückabwicklung 9.63
Rückanknüpfung
– tatbestandliche s. *Rückwirkung unechte*
Rückbewirkung von Rechtsfolgen
s. *Rückwirkung echte*
Rückstellung
– wegen drohender Verlustübernahme 13.120
Rückstellung für Altersvorsorgeverpflichtung
– Verstoß gegen Ausschüttungssperren 18.56 ff.
Rückverweisung 26.35, 26.38
Rückwirkende Begründung
– der Organschaft 20.44, 20.61
Rückwirkende Herstellung
– der Organträgereignung 20.59
Rückwirkende Umwandlung 3.38
Rückwirkender Teilwertansatz
– Vermeidung 16.39
Rückwirkung 6.15, 6.67 ff.
– der Steuergesetzgebung 4.10
– finanzielle Eingliederung 6.70
– gemäß § 14 Abs. 1 Satz 2 KStG 12.50
– keine Negierung der Organschaft 6.40 ff.
– Mindestlaufzeit von fünf Jahren 6.71
– steuerliche 20.36, 20.44, 20.47, 20.62, 23.11
– umwandlungssteuerrechtliche 6.68
– unechte 6.152
Rückwirkungsfiktion 1.51, 6.15
– steuerliche gemäß § 2 Abs. 1 UmwStG 20.36
– umwandlungssteuerliche (§§ 220 Abs. 5 und 6 sowie § 24 Abs. 4 UmStG) 8.71

Rückwirkungsfragen
– bei finanzieller Eingliederung 1.50
Rückwirkungsklausel
– im Gewinnabführungsvertrag (GAV) 3.66
Rückwirkungsverbot 1.61, 2.125
Rückwirkungszeitraum 20.35, 20.95
Rumpfwirtschaftsjahr 6.27, 8.47, 13.105 f. ff.
– bei der Organgesellschaft 8.47 ff.
– bei Gewinnabführungsvertrag 6.27, 18.41 ff.
– Umstrukturierungs- und Transaktionsfall 1.44
– Verkauf des wirtschaftlichen Eigentums an Organgesellschaft 12.54
– vororganschaftliche Mehrabführungen 20.22

Sachliche Unbilligkeit gem. § 163 AO 6.141 ff.
Safe harbor 9.34
Saldierungsverbot
– zwischen Mehr- und Minderabführungen 6.90
Salvatorische Klausel
– im Gewinnabführungsvertrag (GAV) 3.68
Sanierung 24.1 ff.
Sanierungserträge
– Einkommensermittlung 13.137
– gem. § 3a EStG 13.78
Sanierungsgewinn 13.1
Satzungsstrenge
– aktienrechtliche 2.28
SCA Group Holding BV-Entscheidung
– EuGH-Urteil 1.58, 5.59, 9.22, 12.14, 25.22, 27.24 f. ff.
Schachtelbeteiligung 7.103 ff.
Schachteldividende 6.122, 7.103 ff.
Schachtelprivileg 8.65, 16.11
– gewerbesteuerliches 1.40, 6.124, 12.59, 20.22
– internationales 13.132 ff.
– Personengesellschaft 13.133
Schachtelstrafe
– Dividendenbezüge 8.20
– gemäß § 8b Abs. 5 KStG 6.122, 7.103, 8.18 ff., 6.171, 8.26, 8.85
– Gewerbeertrag des OT 7.108
Schädliche Gesellschafterfremdfinanzierung 19.27 ff., 19.48
Schädlicher Beteiligungserwerb 8.58 ff.
Schädlicher Gesellschafterwechsel
– gemäß § 8 c KStG 8.9
Scheitern
– der Organschaft 18.3
Scheuten Solar-Entscheidung
– EuGH-Urteil 25.25

Schiedskonvention
- multilaterales Abkommen 5.4

Schlussgesellschafter 6.131

Schneeballsystem 9.56

Schuldenkonsolidierung 1.3, 9.7

Schuldrechtlicher Anteilsübertragungsanspruch 12.29 ff.

Schweden
- Gruppenbesteuerung 9.85 ff.

Schwestergesellschaft 12.13 ff.
- Ergebniskonsolidierung 8.2
- Gewinnabführungvertrag 5.103
- gleich geordnete 16.132
- Niederlassungsfreiheit 12.14 ff.
- Organschaft 5.103

S-Corporation 23.23

Segmentierung 6.10

Seitwärtskonsolidierung
- zwischen Schwestergesellschaften 25.49

Seitwärtsverschmelzung
- einer Organgesellschaft 20.46, 20.80
- eines Organträgers 20.39

Selbständigkeit
- rechtliche 1.41

Share Deal 1.18

SICAF
- Kapitalanlagegesellschaft 23.23

SICAV
- Kapitalanlagegesellschaft 23.23

Sicherheitsleistung
- Anspruch auf 2.147
- bei grenzüberschreitendem Ergebnisabführungsvertrag 26.17

Sicherungsgeber
- finanzielle Eingliederung 12.18 ff.

Sicherungsnehmer
- finanzielle Eingliederung 12.20

Sicherungsübereignung 12.18 ff.

Signing 20.10

Sitztheorie 26.29 f., 26.31, 26.34, 26.37 ff.; s.a. Gründungstheorie

Sitztheoriestaat
- Verlegung 26.36

Skandia Sverige-Entscheidung
- EuGH-Urteil 22.84 f.

Societas Europaea 13.22
- Ausgleichszahlung 15.10
- Ausgleichszahlung, steuerrechtl. Behandlung 15.29 ff.

Société Papillon-Entscheidung
- EuGH-Urteil 9.22

Solidaritätszuschlag
- Ausgleichszahlung an außenstehenden Gesellschafter 15.60

Soll-Besteuerung 24.2 f.

Sonderbeschluss 2.118, 2.123 ff., 2.134, 2.137 f.

Sonderbetriebsausgaben
- bei Auslandssachverhalten 13.138

Sonderbetriebsausgabenabzug
- gem. § 4i EStG 13.138

Sonderbetriebsvermögen 16.36
- einer Personengesellschaft 22.53

Sonderregelungen
- sanierungssteuerliche 1.22 f.

Sondervermögen
- inländisches 23.23

Spaltung 20.29, 20.49
- Formen 20.29
- steuerrechtlich wichtiger Grund zur Beendigung des GAV 11.49

Sparte 21.3

Spartenrechnung
- i.S.d. § 8 Abs. 9 KStG 21.22 ff.

Spartentrennung 21.3

Spendenabzug 13.68
- beim Organträger 13.123
- keine gesonderte Feststellung 4.29
- Stiftungsspenden 13.68

Sperrfrist
- i.S.d. § 22 Abs. 1 UmwStG 20.92

Sperrfristbehafteter Anteil
- § 22 Abs. 1 UmwStG 14.29

Sphärentheorie 17.33
- in der Betriebsprüfungspraxis 17.33 ff.

Spruchverfahren 2.112, 2.140, 15.11 ff.

Stammhaus
- Konzern 17.3
- Zentralfunktion 17.20

Stand-alone-Betrachtung 1.23, 28.14, 28.39
- Berechnung der negativen Einkünfte 10.38 ff.
- Berechnungsmethode Steuerumlage 10.38 ff.

Statusfeststellungsverfahren 4.34 f.
- negative Feststellung 4.35

Stellungnahme
- EU-Recht 5.11

Steuer
- anzurechnende 4.31 ff.

Steueranrechnung
- gemäß § 19 Abs. 5 KStG 16.77 f.

Steueranrechnungsanspruch 16.76 ff.

Steuerartenspezifische Zersplitterung 10.22

Steuerbarwert 8.7

Steuerbefreite Körperschaft
- als Organgesellschaft 3.31, 21.36 ff.
- als Organträger 3.7, 21.33 ff.

Steuerberater 13.42 f.

Steuerberatungsgesellschaft 13.42 f.
Steuerbilanz 1.42, 13.16 f.
Steuereffekte der Organschaft 8.4 ff.
Steuerfestsetzungsverfahren
– Zuständigkeiten 4.43 f.
Steuerliche Auslegung
– des Gewinnabführungsvertrags 6.44 ff.
Steuerliche Gesamtleistungsfähigkeit 10.5
Steuerliche Kapitalgruppe
– Polen 9.70 ff.
Steuerliche Rückwirkung 23.11
Steuerlicher Querverbund 13.136 f.
Steuerliches Einlagekonto 7.74, 14.5, 14.38 f.
Steuerliches Organschaftsrecht 1.2
Steuerpflicht
– partielle 21.29
Steuerprivileg
– kein 1.18
Steuerrechtlich wichtiger Grund
– Aufhebung des Gewinnabführungsvertrages 11.30
– Auslegung durch Rechtsprechung und Finanzverwaltung 11.35
– Dokumentation 11.43
– Fallgruppen 11.45 ff.
– Kündigung des Gewinnabführungsvertrages 11.30
– Veräußerung 11.48
– Verbindliche Auskunft 11.44
– Zeitpunkt, maßgeblicher 11.31
– zur Beendigung des GAVs während der Mindestlaufzeit 11.29 ff.
– zur Leitlinien zum Vorliegen 11.37 ff.
Steuerrechtsfähigkeit 22.87
Steuersatzeffekte der Organschaft 8.21 ff.
Steuerstundungseffekt 10.53
Steuersubjekt
– eigenständiges 1.37
Steuersubjektprinzip 1.1, 1.32, 10.6 f.
– Ausnahme 20.3
– Durchbrechung 1.32 f. f.
Steuerumlage 10.35, 13.69 f. ff.
– Berechnungsmethoden 10.38 ff.
– negative 10.43
– steuerliche Behandlung 10.48
Steuerumlage im Konzern 16.80 f.;
  s.a. Konzernumlage
Steuerumlagevereinbarung 9.51
Steuerumlagevertrag 10.35 ff.
– Beendigung der Organschaft 3.100
– Belastungsverfahren 3.96 f.
– betriebswirtschaftl. Hintergrund 3.93
– Gewinnabführungsvertrag (GAV) 3.95
– Methoden der Steuerumlage 3.96 ff.

– steuerrechtliche Bedeutung 3.94
– Verteilungsverfahren 3.91, 3.98 ff.
Steuerverbindlichkeit
– als Insolvenzforderung (§ 38 InsO) 24.1
– als Masseverbindlichkeit (§ 55 Abs. 1 InsO) 24.1
Steuervergünstigungsabbaugesetz (StVergAbG) 6.5, 16.21, 16.50, 27.35
Stiftungsspende 13.68
Stille Gesellschaft 6.57, 16.31, 20.96 ff.;
  s.a. atypisch stille Gesellschaft
– als Organgesellschaft 3.24
– als Organträger 3.11
– atypisch stille Gesellschaft 7.88
– typisch stille Gesellschaft 7.88
Stille Reserve 2.11
– Einbeziehung 7.80
Stille-Reserven-Klausel 7.77 f.
– § 8c Abs. 1 Sätze 6–9 KStG 1.34, 20.3
– Einbeziehung der - 7.80 ff.
– Verlustnutzung gem. §§ 8c, d KStG 8.57
Stimmbindung 12.7
Stimmenmehrheit
– einfache 12.4
Stimmrechtsbeschränkung 12.26 ff.
Stimmrechtsmehrheit 23.24
– qualifizierte 12.5 f.
Stimmrechtsverbot 12.26
Stimmrechtsvollmacht 12.26 f.
Strategische Beteiligung 17.36
Streubesitz 13.131
Strukturneutralität der Besteuerung 9.49
Stundung
– Anspruch auf Gewinnabführung 3.56
– des Verlustausgleichsanspruchs 7.54 ff.
Substanzwert 13.116
Supermarkt-Entscheidung des Bundesgerichtshofs 2.60
Symmetriethese 28.35
System des Einzelausgleichs 10.31

Tatbestandliche Rückanknüpfung 6.152;
  s.a. Rückwirkungunechte
Teilabzugsverfahren 8.31
Teilbetriebsausgliederung 20.38, 20.55
Teilbetriebsveräußerung
– Organträger 20.7
Teileinkünfteverfahren 1.22 f., 8.22, 8.32, 14.56, 16.12 ff.
– Anwendung auf der Ebene des Organträgers 13.124 ff.
– Ausgleichszahlung an außenstehenden Gesellschafter 15.47
Teilgewinnabführungsvertrag 2.1, 2.74, 6.57

Teilkonzernabschluss 19.43
Teilveräußerung
– der Organbeteiligung s. anteilige Veräußerung der Organbeteiligung
Teilwert 13.114
Teilwertabschreibung 7.97, 13.114 ff.;
s.a. Forderungsabschreibung
– abführungsbedingte 13.117
– Anteile an der Organgesellschaft 1.47
– auf Beteiligung 13.114
– eines aktiven Ausgleichspostens 14.63
– Ertragswert 13.116
– Forderung 13.118
– funktionale Bedeutung 13.116
– niedrigerer Wert 13.115
– Substanzwert 13.116
Territorialitätsprinzip 5.33
Testat 13.42 f.
Thesaurierungsbegünstigung
– gemäß § 34a EStG 16.119
Timac Agro-Deutschland Entscheidung
– EuGH-Urteil 5.77, 9.4, 10.9, 25.28 ff.
Totalgewinn 21.7
Totalgewinnprognose 21.16 f.
Tracking-Stock-Modell/-Struktur 1.76
– am Organträger (auf Ebene des Organträgers) 3.12, 3.16
– an der Organgesellschaft 3.28
– Begriff 3.12, 3.16
Transparenzprinzip 1.1, 1.33
Treaty Override 28.58
Trennungsprinzip 1.1, 4.4, 8.3 ff., 8.62, 9.1, 10.6 ff.
– körperschaftsteuerliches 4.4
– partielle Durchbrechung bei der Organschaft 4.5
– verfahrensrechtliches 4.12
Trennungstheorie 6.2
Treuepflicht
– gesellschaftsrechtliche 2.15, 2.64
Treugeber
– finanzielle Eingliederung 12.18 ff.
Treuhänder
– finanzielle Eingliederung 12.20
Treuhand-KG
– als Organträger 3.10
– Gewinnabführungsvertrag (GAV) 3.10
Treuhand-Personengesellschaft (Treuhandmodell) 1.76
Treuhandverhältnis
– finanzielle Eingliederung 12.18 ff.
Treuhandvertrag
– finanzielle Eingliederung 12.50
Typenvergleich 3.22, 9.46

Typisch stille Beteiligung
– am Organträger 3.13, 20.97
– an einer Organgesellschaft 3.25, 20.99

Übergangsregelung 6.151 ff.
Überkompensation
– Gewerbesteueranrechnung gem. § 35 EStG 16.83 f.
Überleitungsrechnung
– passiver Ausgleichsposten 14.31
Übermaßbesteuerung 15.8
Übernahmeangebot 2.31
Übernahmeergebnis
– außerbilanzielle Korrektur 20.83
– steuerbilanzielles 20.82
– Zurechnung bei Organschaft 20.85
Übernahmegewinn 14.17
– Abführungspflicht 20.81
Übernahmeverlust 20.81
– Verlustausgleichsverpflichtung nach § 302 AktG 20.81
Übertragungsergebnis 20.74, 20.78
Übertragungsgewinn
– Besteuerung 20.75
– handelsbilanzieller 20.75
– Verrechnung mit Verlusten 20.77, 20.95
– Zurechnung 20.76
Übertragungsstichtag
– steuerlicher 20.45 f., 20.51, 20.55, 20.57, 20.60, 20.75
UK-LLP 23.23
Umlagegewinn 10.38
Umsatzsteuer-Identifikationsnummer 22.80
Umsatzsteuerliche Organlehre 1.29
Umsatzsteuerliche Organschaft 1.29, 22.1 ff.;
s.a. Organschaftumsatzsteuerliche
– Beginn 22.91
– Beteiligte 22.22 ff.
– Ende 22.92 f.
– gemäß § 2 Abs. 2 Nr. UStG 16.122 ff.
– Insolvenz 24.15 f.
– kein Wahlrecht 22.94
– Organträger 22.29 ff.
– Rechtsprechung 6.167 ff.
– Trennung der Vermögensmassen 24.19
– Über- und Unterordnung 22.44 ff.
– unerkannte 22.96 ff.
– Unternehmereigenschaft 22.30 ff.
– verunglückte 22.96 ff.
– wirtschaftliche Bedeutung 1.68 ff.
Umsatzsteuerliche Rechtsgrundlagen
– der Organschaft 1.9 ff.
Umsatzsteuerlicher Unternehmer 16.123
Umstellung des Geschäftsjahres 20.14, 20.22

Umstrukturierung 12.31, 20.1, 20.27 ff.
– steuerliche Ausgleichsposten-Buchführung 1.67
Umwandlung 14.17, 14.46, 20.1 ff., 20.27 ff.
– als steuerrechtlich wichtiger Grund zur Beendigung des GAV 11.49
– Auflösung von Ausgleichsposten 20.69
– Einkommenszurechnung 13.110
– formwechselnde 20.59 ff.
– gewerbesteuerlicher Organkreis 23.52 ff.
– unter Beteiligung einer Organgesellschaft 20.74 ff.
– Veräußerungsgewinne nach – in Personengesellschaft 6.134
Umwandlungsform
– nach Umwandlungsgesetz 20.27 ff.
– praxisrelevante 20.27 ff.
Umwandlungssteuererlass 14.46 ff.
Umwandlungssteuerliche Rückswirkungsfiktion
– gemäß §§ 220 Abs. 5 und 6 sowie § 24 Abs. 4 UmwStG 8.71
Umwandlungsstichtag
– handelsrechtlicher 20.33
Unbeschränkte Steuerpflicht
– der Organgesellschaft 27.11
Unechte Rückwirkung 6.152 ff.
Uneinbringlichkeit
– von Forderungen 24.44 ff.
Uneingeschränkter Bestätigungsvermerk 13.38
– zu einem Konzernabschluss 13.40
Uneingeschränktes Einheitskonzept 9.14 f.
Unionsrechtskompatibilität 1.57 f.
Unterbeteiligung
– und Organschaft 12.23
Unterbrechung der Organschaft 18.72 ff.
Unterjährige Beendigung des Ergebnisabführungsvertrags 20.35
Unterjährige Übertragung
– der Anteile an einer Organgesellschaft 20.17
Unterjährige Veräußerung 20.12 ff., 20.18
Unterjährige Verschmelzung 20.72
Unterjähriger Beteiligungserwerb 20.3
Unterjähriger Stichtag 20.34
Unterkapitalisierung 9.34
Unterkapitalisierungsregeln 9.122 f.
Unterkompensation
– Gewerbesteueranrechnung gem. § 35 EStG 16.84
Unternehmen
– wirtschaftliche Verflochtenheit 4.2

Unternehmensbegriff
– des Grunderwerbsteuergesetzes (GrEStG) 23.16
– umsatzsteuerlicher 23.19
Unternehmensbesteuerung 4.2
Unternehmenseinheit 4.12
Unternehmenserwerb
– grenzüberschreitender 8.62 ff.
Unternehmensgruppe 9.41
Unternehmenskauf
– Veräußerung der Anteile am Organträger 20.2 ff.
– Veräußerung der Anteile an der Organgesellschaft 20.8 ff.
– Veräußerung des Geschäftsbetriebs der Organgesellschaft 20.23 ff.
– Veräußerung des Geschäftsbetriebs des Organträgers 20.6 f.
Unternehmenssteuerrecht 1.1
Unternehmenssteuerreform 2008 (UntStRG 2008) 16.13
Unternehmensverbund 1.48, 4.2
Unternehmensvertrag
– im Sinne des § 291 AktG 23.18, 23.66
Unternehmerfreiheit
– freiheitsrechtlich geschützt durch Art. 2 Abs. 1 GG 4.2
Up-Stream-Verschmelzung 14.17
Urenkelgesellschaft
– schwedisches Steuerrecht 9.91

Variable Ausgleichszahlung 15.21
Veranlagungsabschnitt 24.7
Veranlagungsbezirk 7.1
Veranlagungsverfahren 7.1 ff.
Veräußerung
– der Anteile, finanzielle Eingliederung 12.52 ff.
– der Organbeteiligung 11.48, 14.41
– des Geschäftsbetriebs der Organgesellschaft 20.23 ff.
– des Geschäftsbetriebs des Organträgers 20.6 f.
– Freistellung durch den Käufer bzgl. Steuerlast 20.19
– unterjährige 12.74
– von Anteilen am Organträger 20.2 ff.
– von Anteilen an einer Organgesellschaft 20.8 ff.
– von Anteilen an einer Organträger-Personengesellschaft 14.46, 20.4 ff.
Verbindliche Auskunft 4.16
– Ausgleichszahlung 15.42

Stichwortverzeichnis

- bei Verzicht auf Forderung der Gewinn-
  abführung 11.25
- Feststellungsverfahren 4.44
- Feststellungsverfahren gem. § 14 Abs. 5 KStG
  7.12
- Gebühr 4.44
- steuerrechtlich wichtiger Grund zur
  Beendigung des GAV 11.44

Verbundene Unternehmen
- Besteuerung 9.9 ff.

Verbundleistungsfähigkeit 10.5

Verdeckte Einlage 1.37, 13.62 ff., 13.121,
  14.49, 15.61, 18.5 f. f.
- Ausgleichszahlung 15.36

Verdeckte Gewinnausschüttung *s.a. Gewinn-
  ausschüttungverdeckte*
- Ausgleichszahlung 15.37
- im Organkreis 8.37
- Verzicht auf Gewinnabführung 11.21 ff.

Vereinbarungstreuhand 16.28

Vereinigtes Königreich
- Gruppenbesteuerung 9.111 ff.; *s.a. Group
  relief*

Verfahrensökonomie 4.21

Verfahrensrecht 4.11 ff.
- Gruppenbesteuerungssystem 10.73 f.

Verfahrensrechtliche Grundlagen
- der Organschaft 4.11 ff.

**Verfahrensrechtliche Grundlagen-/Folge-
  bescheid-Beziehung**
- gemäß § 14 Abs. 5 KStG 16.112 ff.

Verfahrensrechtliche Selbständigkeit 4.18

Verfahrensrechtliche Verknüpfung 4.14

Verfahrensregeln 4.11

Verfahrenstrennung 4.12

Verfassungsfragen
- bei ertragsteuerlicher Organschaft 1.60 ff.
- bei umsatzsteuerlicher Organschaft 1.63

Verfassungsrecht 4.1 ff.
- für die Organschaft 4.1 ff.

Vergütung für Fremdkapital *s. Fremdkapitalvergütung*

**Verhinderung der grenzüberschreitenden
  doppelten Verlustnutzung** 8.63, 8.82 ff.

Verlust
- aus nichtorganschaftlicher Zeit 13.73
- aus organschaftlicher Zeit 13.73
- finaler 25.13
- Nutzung gem. §§ 8cd KStG 8.57 ff.
- verrechenbarer iSd § 15a EStG 6.95 ff.
- vororganschaftlicher 13.75

Verlustabzug
- Beschränkungen 6.109 ff.

Verlustabzugsbeschränkung
- § 8c KStG 1.22, 1.34 f.
- § 15 Satz 1 Nr. 1 KStG 13.72

Verlustabzugssperre
- § 14 Abs. 1 Nr. 5 KStG 1.55, 5.100, 26.26,
  28.1 ff.
- Anwendungsbeispiele 28.27 ff.
- bei Auslandsbetriebstätten 28.35
- Berücksichtigung bei der Besteuerung im
  Ausland 28.21 ff.
- doppelt ansässige Gesellschaften 28.44 ff.
- Feststellungslast 28.46
- grenzüberschreitende 28.1 ff.
- konsolidierte Einkünfte des Organträgers
  1.32
- negative Einkünfte 28.14 ff.
- Neuregelung des § 4i EStG 28.29 ff.
- Problemkreise in der Beratungspraxis
  (Checkliste) 28.61
- rückwirkende 1.61
- Tatbestandsvoraussetzungen 28.14 ff.
- Unionsrechtskompatibilität 1.59
- Vereinbarkeit mit Doppelbesteuerungs-
  abkommen 28.58 ff.
- Vereinbarkeit mit Unionsrecht 28.50 ff.
- Vereinbarkeit mit Verfassungsrecht
  28.54 ff.
- Verhältnis zur Zinsschranke 28.20

Verlustallokation
- horizontale 9.118
- vertikale 9.118

Verlustausgleich 2.40
- Anspruch auf 2.81 f.
- Entstehung, Fälligkeit 2.85 ff.
- Höhe 2.81 ff.
- innerhalb des Organkreises 15.45

Verlustausgleichsanspruch
- Aufrechnung 3.57
- Verrechnung 3.57
- Verzicht auf die Geltendmachung 18.17
- Verzinsung 3.74

Verlustausgleichspflicht/-verpflichtung 2.14,
  22.81 ff.
- gemäß § 302 AktG 20.81
- tatsächliche Durchführung 3.50 ff.

Verlustberücksichtigung
- keine doppelte im In- und Ausland 6.109 ff.
- mehrfache 10.66

Verlustkompensation
- im Organkreis 4.5

Verlustkürzung
- nach § 8c KStG 7.83
- nach § 8c KStG beim Organträger 20.3

Verlustnutzung
- Beschränkung gemäß § 14 Abs. 1 S. 1 Nr. 5 KStG 25.43 f.
- doppelte 8.63, 8.82, 9.120, 16.62, 28.26 ff.
- periodengleiche 1.19

Verlustnutzungsinstrument
- Organschaft 1.2

Verlustrücktrag 13.77
- aus nach- in vororganschaftliche Zeit 6.112 ff.
- französisches Steuerrecht 9.28
- schwedisches Steuerrecht 9.97
- Vereinigtes Königreich 9.119

Verlustübernahme 6.48, 10.7 f., 16.6 ff.; s.a. Gewinnabführung
- drohende 13.120
- einseitige 18.26
- fehlerhafte 13.11
- fehlerhafte Berechnung 13.52
- Folgen bei verunglückter Organschaft 18.15 ff.
- Frist zur 13.51
- gemäß § 302 AktG 1.49
- tatsächliche 13.51
- verdeckte Regelungen im Gewinnabführungsvertrag (GAV) 3.77
- vertragliche Regelung 6.48 ff.

Verlustübernahmeklausel
- im Gewinnabführungsvertrag (GAV) 3.75 ff.

Verlustübernahmeverpflichtung
- bei grenzüberschreitendem Ergebnisabführungsvertrag 26.24 f., 26.26
- des Organträgers 21.35
- geminderte 7.36
- vs. Mittelverwendungsgebot 21.35
- wirtschaftliches Risiko 26.9

Verlustübernahmeverweis
- dynamischer (§ 34 Abs. 10b KStG) 1.67

Verlustverrechnung
- grenzüberschreitende 25.6
- gruppeninterne beim group relief 9.111
- phasengleiche 5.41

Verlustverrechnungspotential 10.42 f.

Verlustvortrag 2.8
- bei Umwandlung der Organgesellschaft 20.94
- bei Umwandlung des Organträgers 20.93
- bei Unternehmenskauf/-verkauf 20.3 f.
- bei Veräußerung von Anteilen an einer Organgesellschaft 20.11
- Beteiligung an einer Personengesellschaft 8.13
- eingefrorener 8.14
- fortführungsgebundener 1.8, 7.78

- nach Beendigung der Organschaft 8.15
- schwedisches Steuerrecht 9.97
- steuerwirksame Nutzung 8.11 ff.
- Untergang 20.3
- Vereinigtes Königreich 9.119
- Verwendung 28.25
- vororganschaftlicher 7.63, 13.75, 15.54, 20.11 f., 20.94
- zweifache Sperre 9.97

Verlustwegfall
- gemäß § 8c KStG 7.77

Vermittlungsklausel 9.92

Vermögensverwaltung 21.29
- gemäß § 11 Abs. 5 Satz 2 PublG 17.5

Verordnung
- EU-Recht 5.6

Verrechnung von Gewerbeverlusten 16.15

Verrechnung von Verlustausgleichsansprüchen 3.57

Verrechnungskonto 13.7

Verrechnungsverbot
- vororganschaftlicher Verluste 15.50

Verschaffung der Verwertungsbefugnis
- gemäß § 1 Abs. 2 GrEStG 23.4

Verschmelzung 11.54, 12.31, 20.28
- auf einen unterjährigen Stichtag 20.35
- einer Organgesellschaft 20.45 ff.
- eines Organträgers 20.39 ff.
- rückwirkende 12.58
- steuerrechtlich wichtiger Grund zur Beendigung des GAV 11.49
- unterjährige 12.70

Verschmelzung zu einem Steuerpflichtigen 1.10

Verschmelzung zur Aufnahme 20.28

Verschmelzungsklausel 9.91

Verschmelzungsverlust 6.102, 20.88 ff.

Verschulden
- Begriff 13.32
- mangelndes 13.35

Verständigungsverfahren 4.17

Verteilungsmethode
- Berechnungsmethode Steuerumlage 10.38 ff.

Verteilungsverfahren 1.23

Vertikale Konzernstruktur 9.72

Vertrag über die Arbeitsweise der Europäischen Union (AEUV) 5.1 ff.

Vertrag über die Europäische Union (EUV) 5.1

Vertragliche Organschaft 1.71 f.

Vertragskonzern 1.71, 10.30
- Schutzmechanismen 10.30

Vertragsstatut 26.4

Vertragsverletzungsverfahren
- der Europäischen Kommission gegen die Bundesrepublik Deutschland 5.100, 25.39, 27.2
- der Europäischen Kommission gegen Vereinigtes Königreich 5.65 ff.

Vertrauensschutz
- (atpyisch) stille Beteiligung 3.27
- atypisch stille Beteiligung 3.15
- im Fall der unechten Rückwirkung 6.152 ff.

Verunglückte Organschaft 1.49, 15.63, 18.1 ff.
- Begriff 18.1 ff.
- entfallende Haftung 18.20 f.
- Folgen 18.5 ff.
- Folgen bei veräußerter Organgesellschaft 18.18
- Folgen in Konzernstrukturen 18.19
- Gründe 18.25 ff.
- Mantelkauf 18.24
- mittelbare Folgen 18.22 f.
- wegen Fehler bei der Beendigung des Gewinnabführungsvertrags 18.77 ff.; s.a. *Fehler bei der Beendigung des Gewinnabführungsvertrags*
- wegen Fehler bei der Durchführung des Gewinnabführungsvertrags 18.43 ff.; s.a. *Fehler bei der Durchführung des Gewinnabführungsvertrags*
- wegen fehlerhaftem Gewinnabführungsvertrag 18.25 ff.; s.a. *fehlerhafter Gewinnabführungsvertrag*
- Zinsschranke 18.22

Verwaltungskonzentration 4.23
Verwaltungssitz 26.27 f.
- Wegzugsfall 26.28
- Zuzugsfall 26.28

Verwendung des Verlustvortrags 28.25
Verwendungsreihenfolge
- des § 27 Abs. 1 KStG 14.29, 15.52 f.

Verzicht
- auf Gewinnabführung 11.21 ff.

Verzinsung
- Gewinnanspruch/Verlustübernahme 13.9

Vorbehalt der Nachprüfung
- nach § 164 Abgabenordnung (AO) 4.49, 7.9 f.

Vorgesellschaft
- als Organgesellschaft 3.30
- als Organträger 3.18
- Gewinnabführungsvertrag (GAV) 3.18

Vorgründungsgesellschaft
- als Organgesellschaft 3.29
- als Organträger 3.17

Vorgruppenverlust 9.119, 10.67 f. ff.

Vororganschaftliche Mehrabführung 6.87 ff.
- Begriff 6.83, 20.86
- bei Umwandlung auf eine Organgesellschaft 20.87 ff.
- Rechtslage ab 2004 6.85
- Rechtslage vor 2004 6.84

Vororganschaftliche Minderabführung 6.87 ff.
- Begriff 6.83
- Rechtslage ab 2004 6.85
- Rechtslage ab 2008 6.86
- Rechtslage vor 2004 6.84

Vororganschaftlicher Verlust 13.6
- fehlender Ausgleich 18.50 f.
- fehlender Ausgleich, Heilung 18.51 ff.

Vororganschaftlicher Verlustvortrag 7.63, 15.54 f.

Vorratsgesellschaft
- unterjähriger Erwerb 6.18 f., 12.60 ff.

Vorstand
- Erkennbarkeit fehlerhafter Bilanzansatz 13.29

Vorsteuerabzug 22.80
- bei Holdinggesellschaften 17.32

Vorsteuerberichtigungsanspruch 24.49
Vorteile gewerbesteuerlicher Organschaft 16.15

Vorweggenommene Erbfolge 16.4
- Gestaltung 16.4

Wachstumsbeschleunigungsgesetz 19.12
Wegzugsfall
- Verwaltungssitz 26.28, 26.34 ff.

Weiße Einkünfte 1.51, 6.168, 16.66, 17.9
Weisung
- durch Gesellschafterversammlung der GmbH 2.108

Weisungsrecht 2.103, 2.107 f.
Welteinkommensprinzip 9.16
Wertminderung
- Teilwertabschreibung 1.47

Wichtiger Grund
- für die vorzeitige Beendigung eines Ergebnisabführungsvertrages, Steuerrecht 20.64
- für die vorzeitige Beendigung eines Ergebnisabführungsvertrages, Zivilrecht 20.63

Wiederaufbauhilfe 2.151
Wiederbelebung der Organschaft 1.78 ff.
Wiedereinlagevereinbarung
- Gewinnabführungsvertrag 3.60 f.
- Schütt-aus-Hol-Zurück-Verfahren, Abgrenzung 3.60 f.
- Schwellenwert 3.61

Willensbildungs-GbR
– als Organträger 1.24 f.
Wirtschaftliche Bedeutung
– der ertragsteuerlichen Organschaft 1.64 ff.
– der Organschaft 1.64 ff.
Wirtschaftliche Eingliederung 1.12
– bei Insolvenz 24.26
– grunderwerbsteuerliche Organschaft 23.26
– nichtwirtschaftliche Tätigkeiten, Einbeziehung 22.59
– Personengesellschaft 16.134 ff.
– umsatzsteuerliche Organschaft 22.56 ff.
Wirtschaftliche Zweckabhängigkeit 17.17
Wirtschaftlicher Geschäftsbetrieb 21.29
Wirtschaftsjahr s.a. *Rumpfwirtschaftsjahr*
– abweichendes zwischen Organträger und Organgesellschaft 1.37, 13.104 f. ff.
– übereinstimmendes zwischen Organträger und Organgesellschaft 13.103
Wirtschaftsprüfer 13.42 f.
Worldwide dept cap regime 9.123 f.

X Holding BV-Entscheidung
– EuGH-Urteil 1.57, 5.48 ff., 5.80, 10.9, 25.18 ff.

Zeitebenen der Organschaft 1.50 ff.
Zeitlicher Bezug
– zur Begründung einer Organschaft 23.27 ff.
Zeitnahe Mittelverwendung 3.31
Zeitpunkt 13.96 ff.
Zentralfunktion des Stammhauses 17.20
Zerlegung der Körperschaftsteuer
– nach §§ 2–6 Zerlegungsgesetz (ZerlG) 7.13 ff.
– Zweck 7.13 ff.
Zerlegungserklärung 7.13 ff.
Zerlegungsverfahren 7.13 ff.
– gemäß § 28 GewStG 1.40
Zersplitterung
– steuerartenspezifische 10.22
Zins- und Lizenzgebühren-Richtlinie 5.8
Zinsabzug
– im französischen Steuerrecht 9.33 ff.
– im polnischen Recht 9.81 f.
Zinsaufwand
– Hinzurechnung 13.90
– im Sinne der Zinsschranke 19.5
– Mitunternehmerschaft 19.8
– Verlagerung ins Ausland 9.11; s.a. *debt push down*
Zinsen
– Besteuerungsgrundlagen 4.27

Zinsertrag
– im Sinne der Zinsschranke 19.9
Zinsertrag-Richtlinie 5.8
Zinsschranke 1.20, 1.22, 8.32, 13.86 ff., 13.135, 18.6
– § 4h EStG, § 8a KStG 9.10, 19.1 ff.
– § 15 S. 1 Nr. 3 S. 3 KStG 7.80
– Abzugsbeschränkung 19.2
– als Fremdfinanzierungsregelung 19.1
– als Gewinnermittlungsvorschrift 28.20
– Anwendung beim Organträger 13.135
– Ausnahme Escape Klausel 19.21 ff., 19.42 ff.
– Ausnahme Freigrenze 19.18, 19.38
– Ausnahme Konzernklausel 19.19 f., 19.39 ff.
– Ausnahmen 19.17 ff.
– Begriff 19.2
– bei verunglückter Organschaft 18.22
– Bruttomethode 28.20
– eines Organkreises (§ 15 Nr. 3 KStG) 1.67
– Escape-Klausel (§ 4h Abs. 2 Satz 1 EStG) 8.33
– europarechtliche Beurteilung 25.25
– Europarechtskonformität 19.40
– Funktions- und Wirkungsweise 19.2 ff.
– Verhältnis zur Zinsschranke 28.20
– Zerstörung der Organschaft 11.68
– Zinssaldo 19.4
Zinsvortrag 19.15 f.
– auf Ebene des Organträgers 19.54
– Beendigung der Organschaft 19.61
– bei Kapitalgesellschaften/Körperschaften 19.26
– bei Umwandlung der Organgesellschaft 20.94
– bei Umwandlung des Organträgers 20.93
– bei Unternehmenskauf/-verkauf 20.3 f.
– bei Veräußerung des Geschäftsbetriebs der Organgesellschaft 20.24
– bei Veräußerung von Anteilen an einer Organgesellschaft 20.11
– des Organträgers bei Beendigung der Organschaft 8.35
– Untergang 19.16, 19.37, 20.3
– vororganschaftlicher 19.36, 19.54, 20.11, 20.94
– während der Organschaft 19.35
Zivilrechtliche Rechtsfähigkeit 4.4
Zivilrechtsakzessorietät
– von Ergänzungstatbeständen bei der Grunderwerbsteuer 23.7
Zuflusszeitpunkt 15.56
Zurechnung
– bei Umwandlung 13.110
– bei Veräußerung 13.107

Stichwortverzeichnis

– erstmalige 13.100 f.
– Gesamtbetrag der Einkünfte 13.95
– Organschaftskette 13.108
– Personengesellschaft 13.109
– während der Organschaft 13.102 ff.
Zurechnung des Einkommens der Organgesellschaft
– beim Organträger 13.91 ff.
– zeitliche Zurechnung 13.96 ff.
Zurechnung von Einkommen 1.35
Zurechnungskonzept 1.3, 9.14 f., 9.55
– Durchbrechung 1.36
– körperschaftsteuerliche Organschaft 1.36 ff.
– ohne umfassende Konsolidierungsmaßnahmen 1.43
Zurechnungstheorie 1.21
– modifizierte 1.23
Zusammenfassende Meldung 22.80
Zusammenfassung
– von Betrieben gewerblicher Art (BgA) 21.2
Zusammenveranlagung 9.14
Zusammenveranlagungsmodell 9.14
– eingeschränktes Einheitskonzept 9.14 f.
– uneingeschränktes Einheitskonzept 9.14 f.
– Zurechnungskonzept 9.14 f.
Zuständigkeit
– örtliche, für die Besteuerung der Organschaft 7.2 f.

Zuständigkeitsvereinbarung
– im Sinne von § 27 Abgabenordnung (AO) 7.3
Zustimmungsbeschluss
– AG 2.70 ff.
– GmbH 2.73
Zustimmungspflicht
– zum Gewinnabführungsvertrag 2.54
Zuzugsfall
– Verwaltungssitz 26.28 ff.
Zwangsorganschaft 1.3, 1.9
Zweckabhängigkeit
– wirtschaftliche 17.17
Zweigniederlassung 16.53
Zweipersonales Organschaftsverhältnis
– Begriff 18.21
Zwischenabschluss
– handelsrechtlicher 3.83
Zwischenbilanz
– der Organgesellschaft 20.17
Zwischenergebniseliminierung 1.3, 1.79, 9.7
Zwischengesellschaft 14.66, 15.62 f.
– Ausgleichspostenauflösung 14.68
– Ausgleichspostenbildung 14.68
Zwischengewinn 9.7
Zwischengewinneliminierung 4.5 f., 10.53 ff.
Zwischenveranlagung 20.3